KB002237

원전에 충실한

고사성어 큰사전

임종욱 편

원전에 충실한

고사성어 큰사전

부록

한국 한자어 속담사전

이회

책을 내면서

한자를 중심으로 하나의 문화권을 형성한 한국과 중국, 일본 세 나라는 각기 개성 있는 문화를 창조하는 동시에 많은 부분을 공유하며 발전하였다. 그것은 지리적으로 아시아의 동쪽 대륙과 해양에 위치하고 있어 서로 밀접한 관계를 맺을 수밖에 없었던 이유도 컸지만, 무엇보다도 문화를 전파하거나 수용할 때 동일한 잣대가 적용될 수 있었기 때문이었다.

동양 세 나라는 세계사 가운데서도 가장 일찍부터 발달된 문화를 형성했으며 또 오랜 세월 거의 단절되지 않고 이어져 온 몇 안 되는 문명권이기도 하다. 근 1만년에 달하는 긴 세월 동안 축적된 문화유산은 호한浩瀚하다는 표현 이상의 엄청난 양을 자랑하고 있다. 그리고 한 가지 특기할 사항은 그 유산 중 문자로 기록된 문헌의 대부분은 한자로 쓰여 있다는 사실이다. 때문에 한자로 이루어진 한문에 대한 규범을 이해하고 질서를 해독할 수 있는 역량을 갖춘다는 것은 곧 동양 세 나라의 문화에 접근하는 데 필수불가결한 요소라고 할 수 있다.

한문은 여느 문자와는 달리 뜻글자로 이루어져 있어 시대와 장소, 민족적 차이에 상관없이 읽힐 수 있는 크나큰 장점을 가지고 있다. 한문은 특별한 경우를 제외하고는 철저하게 문언문文言文으로 되어 있다. 때문에 단순히 외국어를 구사하는 차원을 넘어서는 소양을 갖추기를 요구한다. 동양 문화 전반에 관한 폭넓은 지식이 필수적이며, 특히 중국의 고대 역사와 문화, 예술과 철학을 섭렵하지 않고서는 능수능란한 구사가 어렵다. 그것은 한자를 처음으로 고안하여 한문으로 체계화한 중국 민족이 자신들의 문화가 남긴 유산을 바탕으로 작문과 결구에 필요한 양식들을 생산해냈기 때문이다.

특히 한문 문장에는 용사用事 또는 전고典故라 해서 과거 시대에 이루어진

다양한 역사적 사실을 활용해 글을 쓰는 방식이 보편화되어 있다. 그것은 단순히 성명이나 지명·관직명의 차원이 아니라 하나의 사건이나 상황을 개념화시켜 작문하는 데까지 활용되었다. 그러므로 한문은 작문뿐 아니라 독서할 때에도 이렇게 여러 형태로 고안된 용사와 전고를 십분 활용해야만 원활한 의미 소통이 가능한 독특한 성격의 문자 체계라 할 수 있다.

이런 이유로 해서 만들어진 독특한 정보 저장 매체가 이른바 「고사성어故事成語」라는 것이다. 이 말에 담길 수 있는 범주는 사실 헤아릴 수 없이 많다고 해도 지나치지 않다. 관습적인 사용이 번다해지는 것을 막기 위해 대개 전고로 활용될 수 있는 저작의 범위를 제한하거나 시간적으로 상한선을 두고는 있지만, 지금도 용사의 활용과 생산은 계속 이루어지고 있다고 해도 좋을 것이다.

물론 우리가 살고 있는 21세기는 이런 한문이 가진 방대한 전고를 전부 알기를 요구하지는 않는다. 이미 한문은 사문화死文化되다시피 했으며, 새로운 정보를 다양하게 수용해야 할 입장에 서 있는 우리로서는 굳이 옛 선인들이 경주했던 것과 동일한 노력을 한문 수업에 투자할 수 없는 실정이다. 그러나 그렇다고 해도 우리 문화의 뿌리를 제대로 인식하고 이를 주체적으로 계승하기 위해서는 한문에 대한 소양 자체를 전혀 도외시度外視할 수 없다. 아니 도외시해서는 안 될 것이다.

한문은 단순한 언어나 언어를 기록한 문자 체계가 아니다. 한문은 곧 하나의 세계관世界觀이다. 한문을 통해 세계를 바라보면 그 세계를 이해하는 방식과 내용과 결과가 전혀 달라진다. 물론 그 달라짐이 긍정적이라고만 평가할 수는 없지만 여하간 이런 한문을 통한 세계 바라보기는 대단히 흥미 있고 유용한 경험이 될 것이다. 그러나 앞에서도 말한 것처럼 우리 시대에는 한문을 그렇게까지 자유자재로 구사할 필요는 없다. 물론 전문적으로 한문을 읽고 활용해야 할 사람도 있겠지만, 그런 사람을 길러내기 위해서 모든 이들이 한문을 배울 수는 없는 노릇이다. 그러나 다른 한편으로 한문이 가진 효용성을 완전히 배제할 수도 없기 때문에 우리는 이런 난제를 해소하기 위한 손쉬운 방법으로 동양이 남긴 고전을 두루 섭렵하고 아울러 고사성어에 대한 폭넓은 지식을 습득하기를 권하고자 한다.

이 책을 엮으면서 편자는 스스로 한문에 대한 소양 부족을 부끄러워한 적이 한두 번이 아니었다. 그러나 서툰 성과나마 또 다른 도약을 위해서 세상을 물어보는 것도 바람직한 일이 아닐까 여겨 그간의 작업을 정리해서 출간하기로 하였다. 궁극적으로 편자가 바라는 것은 『용사전고사전用事典故辭典』을 완성하는 것인데, 그 첫 삽질이 시원찮아 더욱 얼굴을 들기가 민망하다. 뜻을 같이하는 분들이 의견을 내어 더 큰 성과가 있기를 바랄 뿐이다. 때문에 아직 이 책이 그와 같은 임무를 감당할 수 없다는 판단에 따라 이름을 『고사성어 큰사전』으로 붙였다. 제목에 값하는 내용을 아직 담보하지는 못했지만 앞으로 이어질 작업을 격려하는 뜻에서 어여삐 양해해 주시기 바란다.

그리고 분명히 밝혀 두어야 할 것은, 이 책의 간행은 그간 이와 유사한 작업을 하신 여러분들의 성과가 없었다면 불가능했으리라는 점이다. 이 책에는 부분적으로 그분들의 심혈을 기울여 얻은 성과를 재인용한 경우도 간혹 있는데, 이 자리를 빌어 감사의 말씀을 드리면서 너그러운 양해를 구한다. 책의 뒷부분에 이 책을 내는 데 도움을 받은 문헌의 목록을 소개했는데, 이분들에게 깊은 감사의 말을 대신하고자 한다.

아울러 이 책이 빛을 볼 수 있도록 도와주신 여러분들의 은혜를 잊을 수 없다. 감히 제자라고 부르기에 부족한 저자이지만 한문학의 길에 접어든 뒤 물심양면으로 저자를 도와주신 많은 분들이 계셨기에 그나마 이만한 책이라도 낼 수 있었다.

시대는 바야흐로 인터넷 시대가 되었다. 이 책을 마무리하는 과정에서 편자도 인터넷에 담긴 다양한 자료들에 많은 도움을 받았다. 특히 부록에 실린 글들의 원천은 인터넷이라 해도 좋을 것이다. 이 점에 대해서도 그런 작업을 미리 해 두신 모든 분들께 감사의 말씀을 올린다.

엮은이 임종욱

이 책을 활용하는 방법

이 책에는 모두 1,500개에 이르는 고사성어가 수록되어 있다. 이는 물론 동양에서 쓰였던 전체 성어의 양과 비교해 볼 때 극소수에 불과하다. 사실 근래 한자 문화권에 대한 관심이 일어나면서 다양한 형태의 고사성어 안내서가 출간되어 있다. 물론 그 안내서들은 책마다 각기 일장일단(一長一短)이 있지만, 무엇보다도 다음과 같은 아쉬운 점이 있는 것을 외면하기 어렵다.

첫 번째로 수록된 성어의 수효가 제한적이다.

국내에서 간행된 대개의 안내서들은 500개 안팎의 항목을 수록하고 있다. 물론 이를 보충하기 위해 간단한 단어장 형태로 많은 성어를 수록한 경우도 있지만, 이런 것들은 성어 자체가 이루어진 자세한 역사적 배경을 이해하지 않고서는 정확한 의미를 파악하기 어렵다는 점을 볼 때 하나의 미봉책에 불과한 것이라 생각한다. 때문에 가능하면 성어가 이루어진 배경이 일목요연하게 소개된 안내서가 나올 필요를 느끼는 것이다. 이 책에 수록된 1,500개 분량도 물론 이러한 요구에 충분히 부응했다고 볼 수는 없다. 다만 이 작업을 계속 이어나가 속편, 속속편이 나올 수 있기를 희망할 뿐이다.

두 번째 성어가 구체적으로 설명된 책자라 해도 편저자의 역량에 따라 문체가 다소 난삽하다는 점이다.

이는 책자가 나온 시기가 오래되어 그간 문체상의 변화가 있어서이기도 하지만 한문에 익숙한 세대가 집필한 관계로 한글 문장에 대한 이해가 부족한 탓도 있을 것이다. 이 점에 염두를 두어 가능하면 설명을 우리말 문장에 맞게 풀고, 또 쉽게 이해할 수 있는 문체로 소개하고자 노력했다. 아직도 눈에 거슬리는 생경한 부분이 없지는 않지만 보이는 대로 최대한 다듬어 보았다. 읽는 분들의 많은 질정을 부탁드린다.

세 번째로는 성어가 실린 문헌의 구절을 소개하면서 오식이든 문헌에 대한 탐색을 소홀히 한 때문이든 원전을 충실히 소개하고 제대로 번역하지 못한 경우가 있다는 점이다.

이 책을 만든 편자 역시 이 책에서 똑같은 한계를 보였을 것임에 틀림없겠지만, 시간과 여건이 허락하는 한 최대한 원전을 직접 대조해서 가능하면 정확한 인용과 번역을 성취하고자 노력했다. 경우에 따라 원전을 찾을 수 없어 다른 분들의 저서나 번역에서 재인용한 경우도 있고, 또 중국이나 일본에서 나온 유사한 책자를 참고하기도 했는데, 궁극적으로 시정되어야 할 사항이지만 어쩔 수 없이 재인용한 경우도 적지 않음을 솔직하게 시인할 수밖에 없다. 차츰 이런 작업이 본 궤도에 올라가면 대개는 시정될 것으로 믿는다.

마지막으로 이 책에는 독자의 편의를 위해 표제어에 쓰인 고사성어의 한자에 대해 일일이 뜻과 소리를 달아 놓았고, 끝에는 그 성어를 우리가 일상생활 속에서 어떻게 사용할 수 있는가 하는 용례를 수록하였다.

사실 우리는 한자로 된 성어를 빈번하게 사용하면서도 그 글자의 뜻이 무엇인지는 별 관심을 기울이지 않는 편이다. 이는 집을 지으려는 사람이 연장의 쓰임새에 무심한 것이나 다름없다. 본문에 실린 한자의 뜻과 소리를 다 달면 좋겠지만 너무 분량이 늘어날 것 같아 표제어에 대해서만 활용해 보았다. 항상 옥편을 들고 글자의 뜻과 소리를 찾길 부탁하고 싶다. 성어의 활용 방법은 편자가 나름대로 만들어 붙인 것이다. 실제 고문헌이나 문학 작품 속에 쓰이고 있는 예를 꼽는 것이 이상적인 줄은 알지만 편자의 능력으로서는 도저히 감당할 수 없는 일이라 편의대로 상황을 설정해 제시했다. 다소 어색한 용례도 없진 않겠지만 성어를 우리 시대 언어생활에 활용하는 방식에 대한 작은 참고라도 되기를 바란다.

이렇게 이 책은 기존에 나온 여러 관련 서적이 가지고 있는 장점을 최대한 수용하고 단점을 수정하여 독자들이 고사성어를 즐겁고 편리하게 이용할 수 있도록 꾸며 보았다.

먼저, 성어 및 글자 풀이를 해서 자칫 말만 알고 뜻은 모르는 잘못을 저지르지 않도록 하였다. 어쩌면 지극히 상식적인 한자어조차도 일일이 뜻과 소리를 달아 한자 학습에 도움이 되도록 했다.

【뜻풀이】 항목에서는 성어 그 자체의 뜻을 직역하여 원 의미를 되새기게 했고, 이어 현재 우리가 쓰고 있는 의미는 무엇인지 보충 설명하였다. 그리고 유사한 성어나 어휘가 있으면 가능한 수록했다.

【출전】 항목에서는 성어가 나오는 책이나 작품이 무엇인지 밝히고 지면이 허락하는 한도 내에서 번역과 원문을 수록하였다. 때로 필요할 경우에는 전문(全文)을 번역하고 원문을 달아 한문을 본격적으로 공부하고자 하는 사람의 편의를 도모했다. 참고로 산문 가운데 전문이 번역된 작품과 그 표제 항목을 밝히면 다음과 같다.

- 가장고연명[家藏古硯銘, 당경(唐庚)] ⇒ 요산요수
- 간축객서[諫逐客書, 이사(李斯)] ⇒ 축객령
- 귀거래사[歸去來辭, 도연명(陶淵明)] ⇒ 왕자불간 내자가추
- 귀거래사병서[歸去來辭并序, 도연명(陶淵明)] ⇒ 왕자불간 내자가추
- 낙지론[樂志論, 중장통(仲長統)] ⇒ 안거낙업
- 독맹상군전[讀孟嘗君傳, 왕안석(王安石)] ⇒ 계명구도
- 등왕각서[滕王閣序, 왕발(王勃)] ⇒ 고붕만좌
- 백이송[伯夷頌, 한유(韓愈)] ⇒ 채미지가
- 부독서성남[符讀書城南, 한유(韓愈)] ⇒ 비황등달
- 사설[師說, 한유(韓愈)] ⇒ 시우지화
- 송궁문[送窮文, 한유(韓愈)] ⇒ 수두상기
- 악양루기[岳陽樓記, 범중엄(范仲淹)] ⇒ 선우후락
- 애련설[愛蓮說, 주돈이(周敦頤)] ⇒ 화지군자
- 애오잠[愛惡箴, 이달충(李達衷)] ⇒ 증오필찰 중호필찰
- 언잠[言箴, 한유(韓愈)] ⇒ 노노불휴
- 여미지서[與微之書, 백낙천(白樂天)] ⇒ 교칠지심
- 여오계중서[與吳季重書, 조식(曹植)] ⇒ 좌고우면

- 여오질서[與吳質書, 조비(曹丕)] ⇒ 건안칠자
- 오류선생전[五柳先生傳, 도연명(陶淵明)] ⇒ 불구심해
- 응과목시여인서[應科目時與人書, 한유(韓愈)] ⇒ 일거수일투족
- 익재진자찬[益齋眞自贊, 이제현(李齊賢)] ⇒ 반구저기
- 전론 · 논문[典論 · 論文, 조비(曹丕)] ⇒ 문장경국지대업
- 전적벽부[前赤壁賦, 소식(蘇軾)] ⇒ 우화등선
- 진정표[陳情表, 이밀(李密)] ⇒ 일박서산
- 진학해[進學解, 한유(韓愈)] ⇒ 이곡동공
- 춘야연도리원서[春夜宴桃李園序, 이백(李白)] ⇒ 천자자만물지역여
- 취옹정기[醉翁亭記, 구양수(歐陽脩)] ⇒ 굉주교착
- 후적벽부[後赤壁賦, 소식(蘇軾)] ⇒ 수락석출

【참조】 항목에서는 직접 성어와 관련은 없더라도 상식으로 알아두면 유용한 사항들을 삽입하였다. 사실 고사성어는 한 편의 저서나 작품에서 근거하여 이루어진 경우도 있지만 여러 사람들의 손때가 묻어 이루어진 경우도 적지 않다. 그러므로 단순히 성어를 아는 것이 지식을 늘린다는 차원이 아니라 동양 문화 전반을 이해하는 첩경도 된다는 점을 강조하고 싶다.

【용례】 항목은 이와 같은 성어들이 실제로 우리 언어생활에서 어떻게 쓰일 수 있는가를 보여주기 위한 시도로 만들어졌다. 때로 억지를 부린 느낌도 드는 용례도 있지만 「구슬이 서 말이라도 꿰어야 보배」라는 속담처럼 실제 언어생활에서 활용하지 못하는 지식은 참된 지식이 될 수 없는 법이다. 이를 바탕으로 다양한 용례를 만들어 쓰기를 부탁드린다.

목 차

책을 내면서 __ v
이 책을 활용하는 방법 __ ix

【가】
가도멸괵 假道滅虢 … 1
가도사벽 家徒四壁 … 1
가야물감야물 加也勿減也勿 … 2
가유호효 家喻戶曉 … 3
가인박명 佳人薄命 … 3
가정맹어호 苛政猛於虎 … 4
가중연성 價重連城 … 4
가화만사성 家和萬事成 … 5
각답실지 脚踏實地 … 6
각자위정 各自爲政 … 6
각주구검 刻舟求劍 … 7
각축 角逐 … 8
각화무염 刻畵無鹽 … 8
간경하사 干卿何事 … 9
간담상조 肝膽相照 … 9
간담초월 肝膽楚越 … 10
간장막야 干將莫射 … 11
갈불음도천수 渴不飮盜泉水 … 11
갈택이어 竭澤而漁 … 12
감당유애 甘棠遺愛 … 13
강거목장 綱擧目張 … 14
강남일지춘 江南一枝春 … 14
강남종귤 강북위지
江南種橘 江北爲枳 … 15
강노지말 强弩之末 … 16
강동보병 江東步兵 … 16
강랑재진 江郎才盡 … 17
강안 强顔 … 17
강퍅자용 剛愎自用 … 18
개관사시정 蓋棺事始定 … 19
개권유익 開卷有益 … 20
개문읍도 開門揖盜 … 20
개문칠건사 開門七件事 … 21
개원절류 開源節流 … 22
개천벽지 開天闢地 … 22
거기지엽 去其枝葉 … 23
거수마룡 車水馬龍 … 23
거안사위 居安思危 … 24
거안제미 擧案齊眉 … 24
거이기 양이체 居移氣 養移體 … 25
거이소지 이소부지 인기사저
擧爾所知 爾所不知 人其舍諸 … 26
거일반삼 擧一反三 … 27
거자일이소 去者日以疎 … 27
거재두량 車載斗量 … 28
거족경중 擧足輕重 … 29
거주양난 去住兩難 … 30
건곤감리 乾坤坎離 … 30
건곤일척 乾坤一擲 … 31
건달 乾達 … 32
건안칠자 建安七子 … 33
걸견폐요 桀犬吠堯 … 35
걸해골 乞骸骨 … 36

검려기궁 黔驢技窮 … 37
게간이기 揭竿而起 … 38
격물치지 格物致知 … 38
격화소양 隔靴搔痒 … 39
견란구계 見卵求鷄 … 40
견렵심희 見獵心喜 … 40
견벽청야 堅壁淸野 … 41
견불체문 見不逮聞 … 41
견아상착 犬牙相錯 … 42
견아설 見我舌 … 43
견토지쟁 犬兎之爭 … 43
결초보은 結草報恩 … 44
겸청즉명 편신즉암 兼聽則明 偏信則暗 … 45
경광도협 頃筐倒篋 … 45
경국지색 傾國之色 … 46
경단급심 綆短汲深 … 47
경보불사 노난미이 慶父不死 魯難未已 … 48
경원시 敬遠視 … 49
경위지사 傾危之士 … 49
경전서후 耕前鋤後 … 50
경죽난서 罄竹難書 … 51
계견승천 鷄犬升天 … 51
계구우후 鷄口牛後 … 52
계두지육 鷄頭之肉 … 52
계란유골 鷄卵有骨 … 53
계륵 鷄肋 ⇒ 여작계륵 如嚼鷄肋
계맹지간 季孟之間 … 53
계명구도 鷄鳴狗盜 … 54
계발 啓發 … 55
고곡주랑 顧曲周郞 … 56
고망언지 姑妄言之 … 56
고목후주 枯木朽株 … 57
고복격양 鼓腹擊壤 … 57
고분지통 鼓盆之痛 … 58
고붕만좌 高朋滿座 … 59
고성낙일 孤城落日 … 63
고식지계 姑息之計 … 64
고육지책 苦肉之策 … 64
고정무파 古井無波 … 65
고조불탄 古調不彈 … 65
고주일척 孤注一擲 … 66
고침무우 高枕無憂 … 66
고희 古稀 … 67
곡고화과 曲高和寡 … 68
곡굉지락 曲肱之樂 … 69
곡돌사신 曲突徙薪 … 70
곡학아세 曲學阿世 … 71
곤수유투 困獸猶鬪 … 71
골경지신 骨鯁之臣 … 72
골동 骨董 … 73
공곡공음 空谷跫音 … 74
공명수죽백 功名垂竹帛 … 74
공성계 空城計 … 75
공옥이석 攻玉利石 … 75
공자문전매효경 孔子門前賣孝經 … 76
공자천주 孔子穿珠 … 76
공중누각 空中樓閣 … 77
공휴일궤 功虧一簣 … 77
과목불망 過目不忘 … 78
과문불입 過門不入 … 79
과유불급 過猶不及 … 80
과전이하 瓜田李下 … 80
과즉물탄개 過則勿憚改 … 81
관규추지 管窺錐指 … 82
관맹상제 寬猛相濟 … 82
관인대도 寬仁大度 … 83

관중규표 管中窺豹 … 84
관포지교 管鮑之交 … 84
괄목상대 刮目相對 … 85
광인기여여하 匡人其如予何 … 86
광일지구 曠日持久 … 87
광풍제월 光風霽月 … 87
괘관 掛冠 … 88
괴여만리장성 壞汝萬里長城 … 89
굉주교착 觥籌交錯 … 89
교룡득수 蛟龍得水 … 91
교병필패 驕兵必敗 … 92
교사음일 驕奢淫逸 … 92
교언영색 巧言令色 … 93
교왕과정 矯枉過正 … 94
교자채신 教子採薪 … 94
교주고슬 膠柱鼓瑟 … 95
교취호탈 巧取豪奪 … 95
교칠지심 膠漆之心 … 96
교토구팽 狡兎狗烹 … 97
교학상장 教學相長 … 98
구강지화 口講指畵 … 98
구맹주산 狗猛酒散 … 99
구미속초 狗尾續貂 … 100
구밀복검 口蜜腹劍 … 101
구반문촉 扣盤捫燭 … 101
구사일생 九死一生 … 102
구상유취 口尙乳臭 … 102
구수회의 鳩首會議 … 103
구약현하 口若懸河 … 103
구오지분 九五之分 … 104
구용 九容 … 105
구우일모 九牛一毛 … 107
구이지학 口耳之學 … 108
구인득인 求仁得仁 … 109
구즉득지 사즉실지求則得之 舍則失之 … 110
구화지문 口禍之門 … 111
국궁진췌 鞠躬盡瘁 … 111
국사무쌍 國士無雙 … 112
국사우지 국사보지 國士遇之 國士報之 … 113
국인개왈가살 國人皆日可殺 … 114
국척 跼蹐 … 114
국파산하재 國破山河在 … 115
군명유소불수 君命有所不受 … 116
군욕신사 君辱臣死 … 117
군자불기 君子不器 … 118
군자삼계 君子三戒 … 118
군자삼락 君子三樂 … 119
군자삼외 君子三畏 … 120
군자원포주 君子遠庖廚 … 121
군자유구사 君子有九思 … 121
군자이사이난열야 君子易事而難說也 … 122
군자지덕풍 君子之德風 … 123
군자표변 君子豹變 … 123
군자피삼단 君子避三端 … 124
군책군력 群策群力 … 124
굴신제천하 屈臣制天下 … 125
궁서설묘 窮鼠囓猫 … 126
권선징악 勸善懲惡 … 127
권토중래 捲土重來 … 127
궤범 軌範 … 128
귀마방우 歸馬放牛 … 129
귀매최이 鬼魅最易 … 130
귀사물엄 궁구막추 歸師勿掩 窮寇莫追 … 130
귀이천목 貴耳賤目 … 131

극기복례 克己復禮 … 131
극기봉공 克己奉公 … 132
근수누대 近水樓臺 … 133
근열원래 近悅遠來 … 133
근주자적 近朱者赤 … 134
근화일일자위영 槿花一日自爲榮 … 134
금낭가구 錦囊佳句 … 135
금란지교 金蘭之交 … 136
금상첨화 錦上添花 … 136
금석위개 金石爲開 … 137
금성탕지 金城湯池 … 137
금슬상화 琴瑟相和 … 138
금오 金烏 … 139
금옥 金屋 … 140
금의야행 錦衣夜行 … 140
급과이대 及瓜而代 … 141
긍경 肯綮 … 141
기구지업 箕裘之業 … 142
기기기닉 己饑己溺 … 142
기기애애 期期艾艾 … 143
기대취소 棄大就小 … 143
기로망양 岐路亡羊 … 144
기린아 麒麟兒 … 144
기사회생 起死回生 … 145
기산지절 箕山之節 … 146
기소불욕 물시어인 己所不欲 勿施於人 … 147
기인우천 杞人憂天 … 147
기호난하 騎虎難下 … 148
기화가거 奇貨可居 … 149

【나】
나작굴서 羅雀掘鼠 … 150
낙모지신 落帽之辰 … 150
낙백 落魄 … 151
낙양지귀 洛陽紙貴 … 152
낙정하석 落井下石 … 153
낙화유수 落花流水 … 154
난상가란 卵上加卵 … 155
난신적자 亂臣賊子 … 155
난의포식 暖衣飽食 … 156
난형난제 難兄難弟 … 156
남가일몽 南柯一夢 … 157
남비징청 攬轡澄清 … 158
남산가이 南山可移 … 159
남상 濫觴 … 159
남우충수 濫竽充數 … 160
남원북철 南轅北轍 … 161
남전생옥 藍田生玉 … 161
남주북병 南酒北餠 … 162
남취 濫吹 … 163
남풍불경 南風不競 … 163
낭중지추 囊中之錐 … 164
낭중취물 囊中取物 … 165
낭패위간 狼狽爲奸 … 166
내우외환 內憂外患 … 167
내조지공 內助之功 … 167
노구능해 老嫗能解 … 168
노노불휴 呶呶不休 … 169
노마식도 老馬識途 … 169
노마십가 駑馬十駕 … 170
노발충관 怒髮衝冠 … 170
노불습유 路不拾遺 … 171
노사불상왕래 老死不相往來 … 172
노사일음 勞思逸淫 … 172
노생상담 老生常譚 … 173
노안비슬 奴顔婢膝 … 174
노어해시 魯魚亥豕 … 174

노요지마력 사구견인심
路遙知馬力 事久見人心 … 175
노우지독 老牛舐犢 … 175
노이무공 勞而無功 … 176
노즉기린불여노마 老則麒麟不如駑馬 … 177
녹림 綠林 … 178
녹사수수 鹿死誰手 … 179
녹엽성음 綠葉成陰 … 180
녹의사자 綠衣使者 … 181
논공행상 論功行賞 … 181
농단 壟斷 … 182
농병황지 弄兵潢池 … 183
농장지경 弄璋之慶 … 184
뇌란물계리 賴亂勿計利 … 184
누란지위 累卵之危 … 185
능서불택필 能書不擇筆 … 186
능파 凌波 … 187
니취 泥醉 … 187

【다】

다난흥방 多難興邦 … 189
다다익선 多多益善 … 190
다반사 茶飯事 … 191
다사제제 多士濟濟 … 191
단기지교 斷機之教 … 192
단두장군 斷頭將軍 … 193
단말마 斷末魔 … 194
단사표음 簞食瓢飮 … 194
단사호장 簞食壺漿 … 195
단장 斷腸 … 196
단장취의 斷章取義 … 196
담소자약 談笑自若 … 197
담하용이 談何容易 … 198
당동벌이 黨同伐異 … 199
당랑지부 螳螂之斧 … 200
당랑포선 螳螂捕蟬 … 200
당비당거 螳臂當車 … 201
대간사충 大姦似忠 … 202
대공무사 大公無私 … 202
대기만성 大器晩成 … 204
대도폐언유인의 大道廢焉有仁義 … 205
대동사회 大同社會 … 205
대동소이 大同小異 … 206
대복편편 大腹便便 … 207
대우탄금 對牛彈琴 … 207
대의멸친 大義滅親 … 208
대장부 大丈夫 … 209
대장부당웅비 大丈夫當雄飛 … 210
대재소용 大材小用 … 211
덕불고 필유린 德不孤 必有隣 … 212
도가도 비상도 道可道 非常道 … 213
도견상부 道見桑婦 … 213
도궁비현 圖窮匕見 … 214
도량 盜糧 … 215
도룡지기 屠龍之技 … 215
도리불언 桃李不言 … 216
도리상영 倒履相迎 … 216
도문대작 屠門大嚼 … 217
도방고리 道傍苦李 … 218
도외시 度外視 … 218
도원결의 桃園結義 … 219
도원낙토 桃源樂土 … 220
도주의돈지부 陶朱猗頓之富 … 220
도지태아 倒持泰阿 … 221
도청도설 道聽塗說 … 222
도탄지고 塗炭之苦 … 223
도팽해아 倒繃孩兒 … 224

도행역시 倒行逆施 … 224
독당일면 獨當一面 … 225
독서망양 讀書亡羊 … 226
독서백편의자현 讀書百遍義自見 … 227
독서삼도 讀書三到 … 227
독안룡 獨眼龍 … 228
돈견 豚犬 … 229
돈오점수 頓悟漸修 … 229
돈제일주 豚蹄一酒 … 230
돌돌괴사 咄咄怪事 … 231
동가지구 東家之丘 … 232
동도주 東道主 … 232
동류합오 同流合汚 … 234
동병상련 同病相憐 … 234
동산고와 東山高臥 … 235
동산재기 東山再起 … 236
동상례 東床禮 … 236
동시효빈 東施效顰 … 237
동심동덕 同心同德 … 238
동엽봉제 桐葉封弟 … 238
동일지일 冬日之日 … 239
동취 銅臭 … 240
동호지필 董狐之筆 … 240
두구과족 杜口裹足 … 241
두우륙 杜郵戮 … 242
두찬 杜撰 … 243
득과차과 得過且過 … 244
득기소재 得其所哉 … 244
득롱망촉 得隴望蜀 … 245
득어망전 得魚忘筌 … 246
득의망형 得意忘形 … 246
등고자비 登高自卑 … 247
등도자 登徒子 … 248
등용문 登龍門 … 249
등태산이소천하 登泰山而小天下 … 249

【마】
마고소양 麻姑搔痒 … 251
마루 摩壘 … 251
마생각 馬生角 … 252
마수시첨 馬首是瞻 … 253
마이동풍 馬耳東風 … 253
마저작침 磨杵作針 … 254
마혁과시 馬革裹尸 … 255
막고야산 藐姑射山 … 256
막제고 藐諸孤 … 257
막천적지 寞天寂地 … 257
만가 挽歌 … 258
만부지망 萬夫之望 … 259
만사구비 지흠동풍 萬事俱備 只欠東風 … 259
만사일생 萬死一生 … 260
만사형통 萬事亨通 … 261
만사휴의 萬事休矣 … 262
만성풍우 滿城風雨 … 263
만수무강 萬壽無疆 … 263
만전지책 萬全之策 … 264
망국지음 亡國之音 … 265
망극득모 亡戟得矛 … 265
망매지갈 望梅止渴 … 266
망양보뢰 亡羊補牢 … 266
망양흥탄 望洋興嘆 … 267
망운지정 望雲之情 … 268
망자재배 芒刺在背 … 268
망자존대 妄自尊大 … 269
망진막급 望塵莫及 … 270
매독환주 買櫝還珠 … 271
매처학자 梅妻鶴子 … 271

매황유하 每況愈下 … 272
맥구읍인 麥丘邑人 … 272
맥수지탄 麥秀之嘆 … 273
맹인모상 盲人摸象 … 274
맹인할마 盲人瞎馬 … 274
면류관 冕旒冠 … 275
면리장침 綿裏藏針 … 276
면목 面目 … 276
면벽공심 面壁攻深 … 277
멸차조식 滅此朝食 … 277
명강리쇄 名繮利鎖 … 278
명경지수 明鏡止水 … 279
명고이공 鳴鼓而攻 … 279
명락손산 名落孫山 … 280
명렬전모 名列前茅 … 281
명모호치 明眸皓齒 … 281
명목장담 明目張膽 … 282
명주애일빈일소 明主愛一嚬一笑 … 283
명찰추호 明察秋毫 … 284
명철보신 明哲保身 … 285
모릉양가 摸棱兩可 … 285
모사재인 성사재천 謀事在人 成事在天 … 286
모수자천 毛遂自薦 … 286
모야무지 暮夜無知 … 288
모우남릉수사종 暮雨南陵水寺鐘 … 288
모피지부 毛皮之附 … 289
목경지환 木梗之患 … 290
목계양도 木鷄養到 … 291
목무전우 目無全牛 … 291
목불식정 目不識丁 … 292
목인석심 木人石心 … 293
목탁 木鐸 … 294
목후이관 沐猴而冠 … 295
묘항현령 猫項懸鈴 … 295
무가내하 無可奈何 … 296
무명 無明 … 297
무병자구 無病自灸 … 298
무산지몽 巫山之夢 … 298
무신불립 無信不立 … 299
무안 無顔 … 300
무양 無恙 … 300
무용지용 無用之用 … 301
무위이화 無爲而化 … 302
무이구곡 武夷九曲 … 303
무진장 無盡藏 … 303
무하유지향 無何有之鄕 … 304
무항산무항심 無恒産無恒心 … 304
묵돌불검 墨突不黔 … 306
묵수성규 墨守成規 … 306
묵자비염 墨子悲染 … 307
문가라작 門可羅雀 … 308
문경지교 刎頸之交 … 308
문과즉희 聞過則喜 … 311
문도어맹 問道於盲 … 311
문일득삼 問一得三 … 312
문일지십 聞一知十 … 313
문장경국지대업 文章經國之大業 … 313
문장도리 門墻桃李 … 316
문적수만복 불여일낭전 文籍雖滿腹 不如一囊錢 … 316
문정약시 門庭若市 … 316
문정지대소경중 問鼎之大小輕重 … 317
물극필반 物極必反 … 319
물망재거 勿忘在莒 … 320
물부충생 物腐蟲生 … 320
물색 物色 … 322
물의 物議 … 322

물이유취 物以類聚 … 323
미능면속 未能免俗 … 323
미도지반 迷途知返 … 324
미망인 未亡人 … 325
미봉책 彌縫策 … 326
미불유초 선극유종 靡不有初 鮮克有終 … 327
미생지신 尾生之信 … 328
미연방 未然防 … 328
미주신계 米珠薪桂 … 329
미증유 未曾有 … 330
민불가여려시 가여락성공 民不可與慮始 可與樂成功 … 330
밀운불우 密雲不雨 … 331

【바】
박면피 剝面皮 … 332
박삭미리 撲朔迷離 … 332
박학어문 약지이례 博學於文 約之以禮 … 333
반간계 反間計 … 334
반골 反骨 … 334
반구저기 反求諸己 … 335
반근착절 盤根錯節 … 336
반노환동 返老還童 … 337
반면지교 半面之交 … 337
반문농부 班門弄斧 … 338
반벽 返璧 … 338
반부논어 半部論語 … 339
반식재상 伴食宰相 … 339
반의희 斑衣戲 … 340
반형도고 班荊道故 … 340
발본색원 拔本塞源 … 341
발분도강 發憤圖强 … 342
발산거정 拔山擧鼎 … 343
발호 跋扈 … 343
방모두단 房謀杜斷 … 344
방민지구 심어방천 防民之口 甚於防川 … 345
방약무인 傍若無人 … 346
방예원조 方枘圓鑿 … 346
방촌지지 方寸之地 … 347
배궁사영 杯弓蛇影 … 348
배난해분 排難解紛 … 349
배성차일 背城借一 … 349
배수거신 杯水車薪 … 350
배수진 背水陣 … 351
백구과극 白駒過隙 … 352
백년하청 百年河淸 … 352
백두여신 白頭如新 … 353
백락일고 伯樂一顧 … 354
백락자 伯樂子 … 355
백룡어복 白龍魚服 … 355
백면서생 白面書生 … 356
백문불여일견 百聞不如一見 … 356
백미 白眉 … 357
백발백중 百發百中 … 358
백발삼천장 白髮三千丈 … 358
백아절현 伯牙絕絃 ⇒ 지음 知音
백안시 白眼視 … 359
백옥루 白玉樓 … 360
백운창구 白雲蒼狗 … 360
백운친사 白雲親舍 … 361
백인유아 伯仁由我 … 361
백절불요 百折不撓 … 362
백주지조 柏舟之操 … 363
백중지간 伯仲之間 … 364
번간걸여 墦間乞餘 … 364

벌가벌가 기칙불원 伐柯伐柯 其則不遠 … 365
법지불행 자상정지 法之不行 自上征之 … 366
별개생면 別開生面 … 367
별무장물 別無長物 … 367
별유천지비인간 別有天地非人間 … 368
병귀신속 兵貴神速 … 369
병문졸속 兵聞拙速 … 370
병불염사 兵不厭詐 … 370
병불혈인 兵不血刃 … 371
병사지야 兵死地也 … 372
병입고황 病入膏肓 … 373
보보생연화 步步生蓮花 … 373
보우지탄 鴇羽之嘆 … 374
보원이덕 報怨以德 … 374
보졸불여근 補拙不如勤 … 375
보천욕일 補天浴日 … 375
복거지계 覆車之戒 ⇒ 전거지감前車之鑑
복고 腹稿 … 376
복룡봉추 伏龍鳳雛 … 377
복마전 伏魔殿 … 378
복수난수 覆水難收 … 378
복주복야 卜晝卜夜 … 380
본래무일물 本來無一物 … 380
본연지성 本然之性 … 381
봉모인각 鳳毛麟角 … 382
봉시장사 封豕長蛇 … 382
부기미 付驥尾 … 383
부득요령 不得要領 … 384
부마 駙馬 … 385
부복장주 剖腹藏珠 … 386
부언시용 婦言是用 … 386
부이세어 附耳細語 … 387
부자량력 不自量力 … 387
부정 斧正 … 388
부정모혈 父精母血 … 389
부족현치아 不足懸齒牙 … 390
부족회선 不足回旋 … 391
부중지어 釜中之魚 … 391
부중치원 負重致遠 … 392
부탕도화 赴湯蹈火 … 392
부형청죄 負荊請罪 … 393
부화뇌동 附和雷同 … 395
북산지감 北山之感 … 395
분도양표 分道揚鑣 … 396
분서갱유 焚書坑儒 … 397
불가구약 不可救藥 … 398
불가동일이어 不可同日而語 … 399
불각기양 不覺技痒 … 399
불교이주 不教而誅 … 400
불구대천지수 不俱戴天之讎 … 401
불구심해 不求甚解 … 401
불두착분 佛頭着糞 … 402
불립문자 不立文字 … 403
불문마 不問馬 … 403
불변숙맥 不辨菽麥 … 404
불수진 拂鬚塵 … 405
불식지무 不識之無 … 405
불식태산 不識泰山 … 406
불야성 不夜城 … 407
불요불굴 不撓不屈 … 407
불원천리이래 不遠千里而來 … 408
불월뇌지일보 不越雷池一步 … 408
불위농시 不違農時 … 409
불유여력 不遺餘力 … 409
불익이비 不翼而飛 … 410
불인지심 不忍之心 … 411

불입호혈 언득호자 不入虎穴 焉得虎子 … 412
불척척어빈천 불급급어부귀 不戚戚於貧賤 不汲汲於富貴 … 412
불초 不肖 … 413
불치하문 不恥下問 … 413
불학무술 不學無術 … 414
불한이율 不寒而栗 … 415
불혹 不惑 … 416
붕정만리 鵬程萬里 … 416
비견접종 比肩接踵 … 417
비려비마 非驢非馬 … 418
비류직하삼천척 飛流直下三千尺 … 418
비방지목 誹謗之木 … 419
비부감수 蚍蜉撼樹 … 419
비아부화 飛蛾赴火 … 420
비육부생 髀肉復生 … 420
비잠동치 飛潛同置 … 421
비장수기 飛將數奇 … 422
비조 鼻祖 … 423
비조경사 飛鳥驚蛇 … 424
비황등달 飛黃騰達 … 424
빈계지신 牝鷄之晨 … 425
빈모여황 牝牡驪黃 … 426
빈자지일등 貧者之一橙 … 427
빈지여귀 賓至如歸 … 427
빙동삼척 비일일지한 氷凍三尺 非一日之寒 … 428
빙탄불상용 氷炭不相容 ⇒ 수화불상용水火不相容

【사】

사공견관 司空見慣 … 430
사기종인 舍己從人 … 430
사단칠정 四端七情 … 431
사마소지심 司馬昭之心 … 431
사면초가 四面楚歌 … 432
사문난적 斯文亂賊 … 433
사반공배 事半功倍 … 434
사분오열 四分五裂 … 434
사불급설 駟不及舌 … 435
사불여죽 죽불여육 絲不如竹 竹不如肉 … 436
사숙 私淑 … 436
사이비 似而非 … 437
사인사질 斯人斯疾 … 437
사인선사마 射人先射馬 … 437
사자신중충 獅子身中蟲 … 438
사자후 獅子吼 … 438
사제갈주생중달 死諸葛走生仲達 … 439
사제사초 事齊事楚 … 440
사족 蛇足 ⇒ 화사첨족 畫蛇尖足
사체불근 오곡불분 四體不勤 五穀不分 … 440
사택망처 徙宅忘妻 … 441
사해형제 四海兄弟 … 441
사회부연 死灰復燃 … 442
산음승흥 山陰乘興 … 443
산전수전 山戰水戰 … 443
살신성인 殺身成仁 … 444
살인부잡안 殺人不眨眼 … 444
삼고초려 三顧草廬 … 445
삼년불비우불명 三年不飛又不鳴 … 446
삼령오신 三令五申 … 447
삼마태수 三馬太守 … 448
삼매경 三昧境 … 448
삼복백규 三復白圭 … 449
삼불후 三不朽 … 449

삼사이행 三思而行 … 450
삼생유행 三生有幸 … 450
삼성오신 三省吾身 … 452
삼십육계 三十六計 … 452
삼여독서 三餘讀書 … 458
삼인시호 三人市虎 … 459
삼인행필유아사 三人行必有我師 … 460
삼종지도 三從之道 … 460
삼지무려 三紙無驢 … 461
삼척동자 三尺童子 … 461
삼천갑자동방삭 三千甲子東方朔 … 462
삼천지교 三遷之敎 … 463
삼촌지설 三寸之舌 … 464
삼호망진 三戶亡秦 … 464
상가지구 喪家之狗 … 465
상경백유 相驚伯有 … 466
상궁지조 傷弓之鳥 … 466
상기석의 賞奇析疑 … 467
상당연 想當然 … 468
상덕부덕 上德不德 … 468
상분 嘗糞 … 469
상사병 相思病 … 470
상산사세 常山蛇勢 … 471
상전벽해 桑田碧海 … 472
상중지기 桑中之期 … 473
상하기수 上下其手 … 473
새옹지마 塞翁之馬 … 474
생기사귀 生寄死歸 … 475
생살여탈 生殺與奪 … 475
생탄활박 生呑活剝 … 476
서리지탄 黍離之嘆 … 476
서제막급 噬臍莫及 … 477
서족이기성명 書足以記姓名 … 478
석권 席卷 … 478
석파천경 石破天驚 … 479
선경후사 先景後事 … 480
선발제인 先發制人 … 481
선사좌우 善事左右 … 482
선우후락 先憂後樂 … 483
선의순지 先意順旨 … 485
선입주 先入主 … 485
선입지어 先入之語 … 486
선자위모 善自爲謀 … 486
선종외시 先從隗始 … 487
선착편 先着鞭 … 488
섭공호룡 葉公好龍 … 489
성공자퇴 成功者退 … 489
성동격서 聲東擊西 … 490
성명낭자 聲名狼藉 … 491
성야소하 패야소하 成也蕭何 敗也蕭何 … 491
성중형외 誠中形外 … 492
성하지맹 城下之盟 … 493
성호사서 城狐社鼠 … 493
세사부운하족문 世事浮雲何足問 … 494
세세불철 世世不輟 … 495
세월부대인 歲月不待人 … 496
세이공청 洗耳恭聽 … 496
세태염량 世態炎涼 … 497
소거백마 素車白馬 … 497
소견다괴 少見多怪 … 498
소국과민 小國寡民 … 500
소규조수 蕭規曹隨 … 500
소년이로학난성 少年易老學難成 … 501
소리장도 笑裏藏刀 … 501
소상팔경 瀟湘八景 … 502
소시료료 小時了了 … 503
소심익익 小心翼翼 … 504

소아변일 小兒辯日 … 505
소인한거위불선 小人閒居爲不善 … 505
소향무적 所向無敵 … 506
소훼난파 巢毁卵破 … 507
속수지례 束脩之禮 … 507
속지고각 束之高閣 … 508
손방투지 孫龐鬪智 … 508
송도계원 松都契員 … 511
송양지인 宋襄之仁 … 511
수가재주 역가복주 水可載舟 亦可覆舟 … 512
수담 手談 … 513
수도호손산 樹倒猢猻散 … 513
수두상기 垂頭喪氣 … 514
수락석출 水落石出 … 517
수불석권 手不釋卷 … 519
수서양단 首鼠兩端 … 519
수석침류 漱石枕流 … 520
수식변폭 修飾邊幅 … 521
수심화열 水深火熱 … 522
수어지교 水魚之交 … 522
수여쾌오 羞與噲伍 … 523
수욕다 壽辱多 … 524
수욕정이풍부지 樹欲靜而風不止 … 525
수자부족여모 豎子不足與謀 … 525
수주대토 守株待兎 … 526
수주탄작 隨珠彈雀 … 527
수지오지자웅 誰知烏之雌雄 … 527
수청무대어 水淸無大魚 … 528
수총약경 受寵若驚 … 529
수화불상용 水火不相容 … 529
숙능생교 熟能生巧 … 530
숙흥야매 夙興夜寐 … 531
순망치한 脣亡齒寒 … 532
순치보거 脣齒輔車 … 533
술이부작 述而不作 … 533
습인아혜 拾人牙慧 … 534
승거목단 수적석천 繩鉅木斷 水滴石穿 … 534
승영구구 蠅營狗苟 … 535
승패병가지상사 勝敗兵家之常事 … 536
승풍파랑 乘風破浪 … 537
시가인 숙불가인 是可忍 孰不可忍 … 537
시랑당도 豺狼當道 … 538
시언지 가영언 詩言志 歌永言 … 539
시우지화 時雨之化 … 540
시위소찬 尸位素餐 … 542
시유사리 詩有四離 … 543
시유사불 詩有四不 … 543
시유사심 詩有四深 … 543
시자지지소지야 詩者志之所之也 … 544
시자조슬 視子蚤蝨 … 544
시작용자 始作俑者 … 545
시종불투 始終不渝 … 546
식마육불음주상인 食馬肉不飮酒傷人 … 546
식소사번 食素事繁 … 547
식언이비 食言而肥 … 548
식우지기 食牛之氣 … 548
식자우환 識者憂患 … 549
식지동 食指動 … 550
신구개하 信口開河 … 550
신구자황 信口雌黃 … 551
신목여전 천청여뢰 神目如電 天聽如雷 … 552
신서단단 信誓旦旦 … 552
신언서판 身言書判 … 553
신종추원 愼終追遠 … 553

신체발부 수지부모 身體髮膚 受之父母 … 554
신출귀몰 神出鬼沒 … 555
신풍절비옹 新豊折臂翁 … 555
신후지간 身後之諫 … 556
실부의린 失斧疑隣 … 557
실사구시 實事求是 … 558
실언 失言 … 558
심복지환 心腹之患 … 559
심부재언 시이불견 心不在焉 視而不見 … 560
심원의마 心猿意馬 … 560
심허 心許 … 561
심효진상 甚囂塵上 … 562
십년수목 백년수인 十年樹木 百年樹人 … 562
십년한창 十年寒窓 … 563
십목소시 十目所視 … 563
십보방초 十步芳草 … 564
십습이장 什襲而藏 … 565
십팔반무예 十八般武藝 … 565
쌍관제하 雙管齊下 … 566
쌍희 雙喜 … 566

【아】

아도물 阿堵物 … 568
아두 阿頭 … 568
아비규환 阿鼻叫喚 … 570
아수라장 阿修羅場 … 571
아심여칭 我心如秤 … 571
아장동사 我將東徙 … 572
아향 阿香 … 572
악관만영 惡貫滿盈 … 573
악목불음 惡木不蔭 … 573
악사주천리 惡事走千里 … 574
안거낙업 安居樂業 … 574
안도 安堵 … 576
안도색기 按圖索驥 … 576
안보당거 安步當車 … 577
안서 雁書 … 578
안여태산 安如泰山 … 578
안연무양 安然無恙 … 579
안족 雁足 … 580
안중지정 眼中之釘 … 580
안토중천 安土重遷 … 581
알묘조장 揠苗助長 … 582
알운곡 遏雲曲 … 582
암도진창 暗渡陳倉 … 583
암전상인 暗箭傷人 … 584
암중모색 暗中摸索 … 584
압권 壓卷 … 585
앙급지어 殃及池魚 … 585
앙인비식 仰人鼻息 … 586
앙천대소 仰天大笑 … 587
애리증식 哀梨蒸食 … 587
애옥급오 愛屋及烏 … 588
애자필보 睚眦必報 … 588
애홍편야 哀鴻遍野 … 589
야단법석 野壇法席 … 590
야도화쟁발 野渡花爭發 … 590
야랑자대 夜郎自大 … 591
야불폐호 夜不閉戶 … 591
야서혼 野鼠婚 … 592
야이계일 夜以繼日 … 592
야화소부진 춘풍취우생 野火燒不盡 春風吹又生 … 593
약관 弱冠 … 594
약로경권송생애 藥爐經卷送生涯 … 594

약롱중물 藥籠中物
⇒ 자가약롱중물 自家藥籠中物
약법삼장 約法三章 … 595
양고심장약허 良賈深藏若虛 … 595
양금택목 良禽擇木 … 596
양두구육 羊頭狗肉
⇒ 현양두매구육 懸羊頭賣狗肉
양상군자 梁上君子 … 597
양약고어구 충언역어이
良藥苦於口 忠言逆於耳 … 598
양웅불구립 兩雄不俱立 … 598
양질호피 羊質虎皮 … 599
양체재의 量體裁依 … 600
양탕지비 揚湯止沸 … 601
양포지구 楊布之狗 … 601
어목혼주 魚目混珠 … 602
어부지리 漁父之利 ⇒ 휼방상쟁 鷸蚌相爭
어언무미 면목가증 語言無味 面目可憎
… 603
언과기실 言過其實 … 603
엄이도령 掩耳盜鈴 … 604
여도지죄 餘桃之罪 … 605
여민동락 與民同樂 … 605
여민유지 與民由之 … 606
여반장 如反掌 ⇒ 이여반장 易如反掌
여병말마 厲兵秣馬 … 607
여산진면목 廬山眞面目 … 608
여세추이 與世推移 … 608
여어득수 如魚得水 … 609
여연지필 如椽之筆 … 610
여일월지식 如日月之食 … 610
여작계륵 如嚼鷄肋 … 611
여호모피 與虎謀皮 … 612
여화여도 如火如荼 … 612
역린 逆鱗 … 613
역발산기개세 力拔山氣蓋世 … 613
역보역추 亦步亦趨 … 614
역부몽 役夫夢 … 615
역자이교지 易子而敎之 … 615
역자이식 易子而食 … 616
역책 易簀 … 617
연년세세화상사 年年歲歲花相似 … 617
연리지 連理枝 … 618
연목구어 緣木求魚 … 619
연작안지홍곡지지 燕雀安知鴻鵠之志
… 620
연작처당 燕雀處當 … 620
연저지인 吮疽之仁 … 621
연편누독 連篇累牘 … 622
영계기삼락 榮啓期三樂 … 622
영불리신 影不離身 … 623
영서연설 郢書燕說 … 624
영영대풍 泱泱大風 … 625
예미도중 曳尾塗中 … 626
오관참육장 五關斬六將 … 626
오두초미 吳頭楚尾 … 627
오리무중 五里霧中 … 627
오매불망 寤寐不忘 … 628
오부홍교 誤付洪喬 … 629
오사필의 吾事畢矣 … 629
오서지기 鼯鼠之技 … 630
오손공주 烏孫公主 … 630
오십보소백보 五十步笑百步 … 632
오우천월 吳牛喘月 … 633
오월동주 吳越同舟 … 633
오일경조 五日京兆 … 634
오장군 烏將軍 … 635
오조사정 烏鳥私情 … 635

오하아몽 吳下阿蒙 … 636
오합지졸 烏合之卒 … 637
옥석혼효 玉石混淆 … 638
옥야천리 沃野千里 … 639
옥하가옥 屋下架屋 … 639
온고지신 溫故知新 … 640
옹치봉후 雍齒封侯 … 640
와신상담 臥薪嘗膽 … 641
와우각상지쟁 蝸牛角上之爭 … 642
완낭수삽 阮囊羞澁 … 643
완물상지 玩物喪志 … 643
완벽귀조 完璧歸趙 … 644
완석점두 完石點頭 … 645
완화자분 玩火自焚 … 646
왕고좌우이언야 王顧左右而言也 … 647
왕자불간 내자가추 往者不諫 來者可追 … 647
왕좌지재 王佐之才 … 650
왜자간희 矮子看戱 … 651
외불피구 내불피친 外不避仇 內不避親 … 651
외수외미 畏首畏尾 … 652
요고순목 堯鼓舜木 … 652
요동지시 遼東之豕 … 653
요량삼일 繞梁三日 … 654
요령부득 要領不得 ⇒ 부득요령 不得要領
요산요수 樂山樂水 … 655
요원지화 燎原之火 … 656
요조숙녀 窈窕淑女 … 656
욕개미창 欲蓋彌彰 … 657
욕속부달 欲速不達 … 658
용관규천 用管窺天 … 658
용두사미 龍頭蛇尾 … 659
용사지세 龍蛇之歲 … 660
우각괘서 牛角掛書 … 661
우공이산 愚公移山 … 662
우귀사신 牛鬼蛇神 … 662
우맹의관 優孟衣冠 … 663
우사풍생 遇事風生 … 664
우유구화 迂儒救火 … 665
우익이성 羽翼已成 … 665
우정팽계 牛鼎烹鷄 … 666
우직지계 迂直之計 … 667
우화등선 羽化登仙 … 667
운용지묘재일심 運用之妙在一心 … 670
운주유악 運籌帷幄 … 670
웅장여어 熊掌與魚 … 671
원교근공 遠交近攻 … 672
원수불구근화 遠水不救近火 … 673
원앙지계 鴛鴦之契 … 674
원철골수 怨徹骨髓 … 675
원형이정 元亨利貞 … 676
월단 月旦 … 676
월락오제상만천 月落烏啼霜滿天 … 677
월명성희 月明星稀 … 678
월조대포 越俎代庖 … 679
월하빙인 月下氷人 … 680
위군난위신불이 爲君難爲臣不易 … 681
위방불입 危邦不入 … 682
위소회 葦巢悔 … 683
위여누란 危如累卵 … 684
위연구어 위총구작 爲淵驅魚 爲叢驅雀 … 685
위위구조 圍魏救趙 … 685
위인설항 爲人說項 … 686
위인작가 爲人作嫁 … 687
위편삼절 韋編三絶 … 687
위호작창 爲虎作倀 … 688

유교무류 有教無類 … 688
유능제강 柔能制剛 … 689
유무상생 有無相生 … 690
유문사자 필유무비 有文事者 必有武備 … 691
유방백세 流芳百世 … 691
유붕자원방래 有朋自遠方來 … 692
유비무환 有備無患 … 693
유속불식 무익어기 有粟不食 無益於饑 … 694
유신 維新 … 695
유약무 실약허 有若無 實若虛 … 696
유유상종 類類相從 … 697
유일불원 遺佚不怨 … 697
유자가교 孺子可教 … 698
유자유행어잔월 遊子猶行於殘月 … 699
유종유전 謬種流傳 … 699
유좌지기 宥坐之器 … 700
유주망국 有酒亡國 … 700
유지경성 有志竟成 … 701
유치인무치법 有治人無治法 … 702
육사자책 六事自責 … 702
육적회귤 陸績懷橘 … 703
윤형피면 尹邢避面 … 704
융융설설 融融泄泄 … 704
융준용안 隆準龍顏 … 705
은감불원 殷鑑不遠 … 706
은거방언 隱居放言 … 706
을야지람 乙夜之覽 … 707
음덕양보 陰德陽報 … 708
읍참마속 泣斬馬謖 … 709
응대여류 應對如流 … 710
응성충 應聲蟲 … 711
응접불가 應接不暇 … 711
의기양양 意氣揚揚 … 712
의문의려 倚門倚閭 … 713
의불경신하유이고 衣不經新何由而故 … 713
의심생암귀 疑心生暗鬼 … 714
의양호로 衣樣葫蘆 … 715
의공희학 懿公喜鶴 … 715
이곡동공 異曲同工 … 716
이도살삼사 二桃殺三士 … 719
이란격석 以卵擊石 … 720
이령지혼 利令智昏 … 720
이린위학 以隣爲壑 … 721
이매망량 魑魅魍魎 … 722
이목지신 移木之信 … 722
이소산금 二疏散金 … 723
이시목청 耳視目聽 … 724
이신위본 以信爲本 … 724
이심전심 以心傳心 … 725
이십사효 二十四孝 … 726
이여반장 易如反掌 … 726
이용후생 利用厚生 … 727
이전투구 泥田鬪狗 … 727
이판사판 理判事判 … 728
이포역포 以暴易暴 … 729
이화구화 以火救火 … 730
인면도화 人面桃花 … 731
인봉구룡 麟鳳龜龍 … 731
인비목석 人非木石 … 732
인생감의기 人生感意氣 … 732
인생여조로 人生如朝露 … 733
인생칠십고래희 人生七十古來稀 ⇒ 고희古稀
인심불가측 人心不可測 … 734
인심여면 人心如面 … 734

인언가외 人言可畏 … 735
인인성사 因人成事 ⇒ 모수자천毛遂自薦
인지장사 기언야선 人之將死 其言也善 … 736
인함지어질 막지어산 人咸躓於垤 莫躓於山 … 737
일가지언 一家之言 … 737
일거수일투족 一擧手一投足 … 738
일거양득 一擧兩得 … 739
일견폐형 백견폐성 一犬吠形 百犬吠聲 … 740
일고작기 一鼓作氣 … 741
일고지영 一顧之營 … 742
일구지학 一丘之貉 … 742
일국삼공 一國三公 … 743
일규불통 一竅不通 … 744
일기이족 一夔已足 … 745
일단일표 一簞一瓢 … 745
일락천금 一諾千金 … 746
일룡분이호 一龍分二虎 … 746
일망타진 一網打盡 … 747
일명경인 一鳴驚人 … 748
일모도원 日暮途遠 … 749
일목난지 一木難支 … 751
일박서산 日薄西山 … 751
일반지은 一飯之恩 … 753
일부당관 만부막개 一夫當關 萬夫莫開 … 755
일부중휴 一傅衆咻 … 756
일부출사 천승불경 一夫出死 千乘不輕 … 757
일사천리 一瀉千里 … 758
일시동인 一視同仁 … 758
일신시담 一身是膽 … 759
일야십기 一夜十起 … 760
일엽낙천하지추 一葉落天下知秋 … 760
일엽장목 一葉障目 … 761
일의대수 一衣帶水 … 761
일이관지 一以貫之 … 762
일일삼추 一日三秋 … 763
일자사 一字師 … 764
일자천금 一字千金 … 764
일장공성만골고 一將功成萬骨枯 … 765
일전불치 一錢不値 … 766
일전쌍조 一箭雙鳥 … 767
일침견혈 一針見血 … 767
일침황량 一枕黃粱 … 768
일패도지 一敗塗地 … 769
일폭십한 一暴十寒 … 770
일한여차 一寒如此 … 770
일호천 一壺天 … 771
일훈일획 一薰一獲 … 772
임갈굴정 臨渴掘井 … 772
임기응변 臨機應變 … 773
임난불구 臨難不懼 … 774
임하선어 불여결망 臨河羨魚 不如結網 … 775
임현물이 任賢勿貳 … 776
입립개신고 粒粒皆辛苦 … 777
입목삼분 入木三分 … 777
입석시 立石矢 … 779
입오구중 入吾彀中 … 780
입이착심 入耳着心 … 781
입향순속 入鄕循俗 … 782

【자】

자가당착 自家撞着 … 783
자가약롱중물 自家藥籠中物 … 783

자고영웅진해시 自古英雄盡解詩 … 784
자광 藉光 … 784
자상모순 自相矛盾 … 785
자솔이정 숙감부정 子帥以正 熟敢不正 … 786
자승가강 自勝家强 … 786
자역유시 子亦猶是 ⇒ 양포지구 楊布之狗
자포자기 自暴自棄 … 787
자허오유 自虛烏有 … 787
자형화 紫荊花 … 788
작법자폐 作法自斃 … 789
작사필모시 출언필고행 作事必謨始 出言必顧行 … 790
작심삼일 作心三日 … 791
잔배냉적 殘杯冷炙 … 791
잠룡물용 潛龍勿用 … 792
장경오훼 長頸烏喙 … 792
장곡망양 臧谷亡羊 … 793
장광설 長廣舌 … 794
장롱작아 裝聾作啞 … 795
장수선무 다전선고 長袖善舞 多錢善賈 … 796
장욕취지 필선여지 將欲取之 必先與之 … 797
장유이 복구재측 牆有耳 伏寇在側 … 797
장창소인 臧倉小人 … 798
장협귀래 식무어 長鋏歸來 食無魚 … 798
재덕부재험 在德不在險 … 799
재점팔두 才占八斗 … 800
저수하심 低首下心 … 800
적선지가 필유여경 積善之家 必有餘慶 … 801
전가통귀 錢可通鬼 … 802
전거지감 前車之鑑 … 803
전거후공 前倨後恭 … 804
전국옥새 傳國玉璽 … 805
전도유랑 前度劉郎 … 805
전문거호 후문진랑 前門据虎 後門進狼 … 806
전심치지 專心致志 … 807
전전긍긍 戰戰兢兢 … 807
전전반측 輾轉反側 … 808
전화위복 轉禍爲福 … 809
절부구조 竊符求趙 … 809
절용애인 節用愛人 … 810
절전 折箭 … 811
절차탁마 切磋琢磨 … 811
절함 折檻 … 812
점석성금 點石成金 … 813
점입가경 漸入佳境 … 814
접석이행 接淅而行 … 814
접접자희 沾沾自喜 … 815
정건삼절 鄭虔三絕 … 816
정곡 正鵠 … 816
정관지치 貞觀之治 … 817
정문입설 程門立雪 … 818
정신이출 挺身而出 … 818
정위전해 精衛塡海 … 819
정저지와 井底之蛙 … 820
정훈 庭訓 … 820
제궤의혈 堤潰蟻穴 … 821
제대비우 齊大非耦 … 822
제포지의 綈袍之義 … 822
조강지처 糟糠之妻 … 823
조도상금 操刀傷錦 … 824
조령모개 朝令暮改 … 825
조로지위 朝露之危 … 825
조맹지소귀 조맹능천지

趙孟之所貴 趙孟能賤之 … 826
조명시리 朝名市利 … 827
조문도석사가의 朝聞道夕死可矣 … 828
조삼모사 朝三暮四 … 829
조수불가여동군 鳥獸不可與同群 … 829
조여청사모성설 朝如靑絲暮成雪 … 830
조이불망 釣而不網 … 832
조장 助長 ⇒ 알묘조장 揠苗助長 … 832
조조삼소 曹操三笑 … 833
조주위학 助紂爲虐 … 833
종남첩경 終南捷徑 … 834
종선여등 종악여붕 從善如登 從惡如崩 … 835
종선여류 從善如流 … 836
종옥 種玉 … 837
종용유상 從容有常 … 837
종호귀산 縱虎歸山 … 838
좌고우면 左顧右眄 … 839
좌우단 左右袒 … 841
좌우수 左右手 … 842
좌우존비 左右尊卑 … 842
좌이대단 坐以待旦 … 843
좌중유강남객 座中有江南客 … 844
주경야송 晝耕夜誦 … 845
주공삼태 周公三笞 … 845
주관방화 州官放火 … 846
주급불계부 周急不繼富 … 846
주낭반대 酒囊飯袋 … 847
주마간화 走馬看花 … 848
주마등 走馬燈 … 848
주백약지장 酒百藥之長 … 849
주유열국 周遊列國 … 850
주중적국 舟中敵國 … 850
주지육림 酒池肉林 … 851
죽두목설 竹頭木屑 … 852
죽림칠현 竹林七賢 … 852
죽마지우 竹馬之友 … 853
준마매태치한주 駿馬每馱癡漢走 … 854
준조절충 樽俎折衝 … 855
줄탁동시 啐啄同時 … 855
중과부적 衆寡不敵 … 856
중구난방 衆口難防 … 857
중노난범 衆怒難犯 … 857
중류격즙 中流擊楫 … 858
중류지주 中流砥柱 … 859
중심성성 衆心成城 … 860
중오필찰 중호필찰 衆惡必察 衆好必察 … 861
중작풍부 重作馮婦 … 862
중족측목 重足側目 … 863
중취독성 衆醉獨醒 … 863
증삼살인 曾參殺人 … 865
지강급미 舐糠及米 … 866
지록위마 指鹿爲馬 … 866
지만 持滿 … 867
지사미타 至死靡他 … 868
지상담병 紙上談兵 … 868
지우책인명 至愚責人明 … 869
지음 知音 … 870
지자국지본 地者國之本 … 871
지자막여부 知子莫如父 … 872
지자불언 언자부지 知者不言 言者不知 … 873
지재사방 志在四方 … 874
지치득거 舐痔得車 … 875
지피지기 知彼知己 … 876
직금회문 織錦回文 … 876
직정경행 直情徑行 … 877

진경고현 秦鏡高懸 … 877
진목열자 瞋目裂眦 … 878
진비일호 振臂一呼 … 879
진선진미 盡善盡美 … 880
진인사대천명 盡人事待天命 … 880
진정지곡 秦庭之哭 … 881
진진지호 秦晉之好 … 882
진촌퇴척 進寸退尺 … 882
진충보국 盡忠報國 … 883
질풍경초 疾風勁草 … 883
집사광익 集思廣益 … 884
집우이 執牛耳 … 885
징열갱이취회혜 懲熱羹而吹膾兮 … 886
징전비후 懲前毖後 … 886

【차】
차래지식 嗟來之食 … 888
착금현주 捉襟見肘 … 888
착도 捉刀 … 889
찰나 刹那 … 889
창업수성 創業守成 … 890
창해상전 滄海桑田 … 890
창해일속 滄海一粟 … 891
채국동리하 유연견남산
採菊東籬下 悠然見南山 … 892
채대고축 債臺高築 … 893
채미가 采薇歌 … 893
척단촌장 尺短寸長 … 895
척소 尺素 … 896
척지금성 擲地金聲 … 897
척확지굴 이구신야 尺蠖之屈 以求伸也 … 898
천고마비 天高馬肥 … 899
천금매소 千金買笑 … 899
천금지자 불사어시 千金之子 不死於市 … 900
천도시야비야 天道是耶非耶 … 902
천려일득 千慮一得 … 903
천리송아모 千里送鵝毛 … 903
천리안 千里眼 … 904
천리지행 시어족하 千里之行 始於足下 … 904
천망회회이불루실 天網恢恢而不漏失 … 905
천시지리인화 天時地利人和 … 906
천양관슬 穿楊貫虱 … 907
천여불취 반수기구 天與弗取 反受其咎 … 907
천의무봉 天衣無縫 … 908
천인지낙낙불여일사지악악
千人之諾諾不汝一士之諤諤 … 909
천재일우 千載一遇 … 910
천지자만물지역려 天地者萬物之逆旅 … 910
천지현황 天地玄黃 … 911
천참 天塹 … 921
천편일률 千篇一律 … 921
철면피 鐵面皮 … 922
철저마침 鐵杵磨針 … 922
철주 掣肘 … 923
철중쟁쟁 鐵中錚錚 … 924
첨전고후 瞻前顧後 … 924
첩상가옥 疊床架屋 … 925
첩족선득 捷足先得 … 926
첩첩불휴 喋喋不休 … 927
청군입옹 請君入甕 … 927
청담 淸談 … 928
청백리 淸白吏 … 929
청운지지 靑雲之志 … 932

청천백일 靑天白日 … 932
청천벽력 靑天霹靂 … 933
청출어람 靑出於藍 … 934
청풍양수 淸風兩袖 … 934
초가벌진 楚可伐陳 … 935
초관인명 草菅人命 … 936
초록몽 焦鹿夢 … 936
초목개병 草木皆兵 … 938
초미지급 焦眉之急 … 938
초요과시 招搖過市 … 939
초인유궁 초인득지 楚人遺弓 楚人得之 … 940
촌철살인 寸鐵殺人 … 940
촌초춘휘 寸草春暉 … 941
추기급인 推己及人 … 941
추녀실처 追女失妻 … 942
추선 秋扇 … 943
추지대엽 麤枝大葉 … 944
추호무범 秋毫無犯 … 944
축객령 逐客令 … 945
축록자불견산 逐鹿者不見山 … 948
춘래불사춘 春來不似春 … 948
춘면불각효 春眠不覺曉 … 950
춘소일각치천금 春宵一刻値千金 … 951
춘수모운 春樹暮雲 … 951
춘재지두이십분 春在枝頭已十分 … 952
춘추오패 春秋五覇 … 952
출이반이 出爾反爾 … 953
출필고반필면 出必告反必面 … 954
충신불사이군 忠臣不事二君 … 954
취모멱자 吹毛覓疵 … 955
취옹지의 醉翁之意 … 956
취이대지 取而代之 … 956
치강인의 差强人意 … 957
치인설몽 痴人說夢 … 957
치주안족사 巵酒安足辭 … 958
치지도외 置之度外 … 959
친통구쾌 親痛仇快 … 959
칠거지악 七去之惡 … 960
칠보지재 七步之才 … 961
칠신탄탄 漆身呑炭 … 962
칠종칠금 七縱七擒 … 963
침과대단 枕戈待旦 … 964
침어낙안 沈魚落雁 … 965
침윤지참 浸潤之讒 … 965

【카 · 타 · 파】

쾌도참난마 快刀斬亂麻 … 967
타면자건 唾面自乾 … 968
타산지석 他山之石 … 969
타수가득 唾手可得 … 970
타압경원앙 打鴨驚鴛鴦 … 970
타인한수 他人鼾睡 … 971
타초경사 打草驚蛇 … 971
탁발난수 擢髮難數 … 972
탈태환골 奪胎換骨 … 973
탐려득주 探驪得珠 … 973
탐어여악 耽於女樂 … 974
탐천지공 貪天之功 … 975
태산북두 泰山北斗 … 976
태산불사토양 泰山不辭土壤 … 977
태산압란 泰山壓卵 … 977
태산퇴 양목괴 泰山頹 梁木壞 … 978
태산홍모 泰山鴻毛 … 979
토문불입 討門不入 … 979
토포악발 吐哺握發 … 981
통음황룡 痛飮黃龍 … 981
퇴고 推敲 … 982

퇴피삼사 退避三舍 … 983
투편단류 投鞭斷流 … 984
투필종융 投筆從戎 … 985
투향 偷香 … 985
파경중원 破鏡重圓 … 987
파과지년 破瓜之年 … 988
파락호 破落戶 … 988
파렴치 破廉恥 … 989
파로대 罷露臺 … 990
파부침주 破釜沈舟 … 990
파죽지세 破竹之勢 … 991
파증불고 破甑不顧 … 992
파천황 破天荒
팔월구월정장야 八月九月正長夜 … 993
팔징구징 八徵九徵 … 994
패군지장 敗軍之將 … 995
패령자계 佩鈴自戒 … 995
편언절옥 片言折獄 … 996
편장막급 鞭長莫及 … 997
평장우 平章雨 … 998
평지기파란 平地起波蘭 … 998
폐문조거 閉門造車 … 999
폐형폐성 吠形吠聲 … 1000
포락지형 炮烙之刑 … 1000
포류 蒲柳 … 1001
포벽유죄 抱璧有罪 … 1001
포불각 抱佛脚 … 1002
포신구화 抱薪救火 … 1002
포옹관휴 抱瓮灌畦 … 1003
포장화심 包藏禍心 … 1004
포전인옥 抛磚引玉 … 1005
폭호빙하 暴虎馮河 … 1005
표사유피인사유명 豹死留皮人死留名 … 1006
풍림화산 風林火山 … 1007
풍마우 風馬牛 … 1007
풍성학려 風聲鶴唳 ⇒ 초목개병 草木皆兵
풍우대상 風雨對牀 … 1008
풍촉잔년 風燭殘年 … 1009
피지부존 모장언부 皮之不存 毛將焉附 … 1010
필로남루 篳輅襤褸 … 1010
필부무죄 匹夫無罪 … 1011
필부지용 匹夫之勇 … 1012
필야사무송 必也使無訟 … 1013

【하】
하도낙서 河圖洛書 … 1014
하동사후 河東獅吼 … 1015
하로동선 夏爐冬扇 … 1015
하분문하 河汾門下 … 1016
하어복질 河魚腹疾 … 1017
하자 瑕疵 … 1017
하청난사 河淸難俟 … 1018
하필성문 下筆成文 … 1019
하필왈리 何必曰利 … 1019
하학상달 下學上達 … 1020
학립계군 鶴立鷄群 … 1021
학불염이교불권 學不厭而敎不倦 … 1022
학철지부 涸轍之鮒 … 1022
한단학보 邯鄲學步 … 1023
한류협배 汗流浹背 … 1024
한마공로 汗馬功勞 … 1024
한우충동 汗牛充棟 … 1025
할계언용우도 割鷄焉用牛刀 … 1025
할고료친 割股療親 … 1026
할석분좌 割席分坐 … 1027
함사사영 含沙射影 … 1027

함흥차사 咸興差使 … 1028
합종연횡 合從連衡 … 1031
합포주환 合浦珠還 … 1032
항룡유회 亢龍有悔 … 1033
항장무검 項莊舞劍 … 1033
항해일기 沆瀣一氣 … 1034
해군지마 害群之馬 … 1035
해령환시계령인 解鈴還是繫鈴人 … 1035
해로동혈 偕老同穴 … 1036
해불양파 海不揚波 … 1037
해시신루 海市蜃樓 … 1038
해어화 解語花 … 1038
해옹호구 海翁好鷗 … 1039
해의추식 解衣推食 … 1039
해인청문 駭人聽聞 … 1040
해중방사멱삼산 海中方士覓三山 … 1041
해현경장 解弦更張 … 1041
행림춘만 杏林春滿 … 1042
행백리자 반어구십 行百里者 半於九十 … 1043
행불유경 行不由徑 … 1043
행재낙화 幸災樂禍 … 1044
향벽허구 向壁虛構 … 1045
허실상배 虛實相配 … 1045
헌폭지침 獻曝之忱 … 1046
현거 懸車 … 1047
현두각 見頭角 … 1048
현량자고 懸梁刺股 … 1048
현양두매구육 懸羊頭賣狗肉 … 1049
혈구지도 絜矩之道 … 1049
혈류표저 血流漂杵 … 1050
협견첨소 脅肩諂笑 … 1051
형설지공 螢雪之功 … 1052
형이상 形而上 … 1053
혜이부지위정 惠而不知爲政 … 1053
혜전탈우 蹊田奪牛 … 1054
호가호위 狐假虎威 … 1055
호거용반 虎踞龍盤 … 1056
호계삼소 虎溪三笑 … 1056
호구여생 虎口餘生 … 1057
호구지계 狐丘之誡 … 1058
호단 護短 … 1058
호랑지국 虎狼之國 … 1059
호명지인 능양천승지국 好名之人 能讓千乘之國 … 1060
호사다마 好事多魔 … 1061
호사수구 狐死首丘 … 1061
호사토비 狐死兎悲 … 1062
호생지덕 好生之德 … 1062
호손입포대 猢猻入布袋 … 1063
호시탐탐 虎視眈眈 … 1064
호연지기 浩然之氣 … 1064
호의불결 狐疑不決 … 1065
호접지몽 蝴蝶之夢 … 1066
호추불두 유수불부 戶樞不蠹 流水不腐 … 1066
호한위천 戶限爲穿 … 1067
호호선생 好好先生 … 1068
혼정신성 昏定晨省 … 1069
홀륜탄조 囫圇呑棗 … 1070
홍구위계 鴻溝爲界 … 1070
홍익인간 弘益人間 … 1071
홍일점 紅一點 … 1072
화광동진 和光同塵 … 1072
화기소장 禍起蕭墻 … 1073
화락송정한 花落訟庭閒 … 1073
화룡점정 畵龍點睛 … 1074
화병충기 畵餠充饑 … 1075

화사첨족 畵蛇添足 … 1076
화서지몽 華胥之夢 … 1076
화실상칭 華實相稱 … 1077
화언교어 花言巧語 … 1078
화옥산구 華屋山丘 … 1078
화우지계 火牛之計 … 1079
화이부실 華而不實 … 1080
화조월석 花朝月夕 … 1080
화중지병 畵中之餠 ⇒ 화병충기 畵餠充饑
화지군자 花之君子 … 1081
화표학귀 華表鶴歸 … 1082
화호유구 畵虎類狗 … 1082
확금자불견인 攫金者不見人 … 1083
환락극혜애정다 歡樂極兮哀情多 … 1084
활연개랑 豁然開朗 … 1084
황견유부 黃絹幼婦 … 1085
황금용진환소삭 黃金用盡還疎索 … 1085
황당무계 荒唐無稽 … 1086
회광반조 廻光返照 … 1087
회록지재 回祿之災 … 1088
회자부적 懷刺不適 … 1088
회자인구 膾炙人口 … 1089
획지위뢰 劃地爲牢 … 1089
효빈 效顰 ⇒ 동시효빈 東施效顰
효시 嚆矢 … 1090
효자종치명 부종난명 孝子從治命 不從亂命 … 1091
효학반 斅學半 … 1092
후고지우 後顧之憂 … 1093
후래거상 後來居上 … 1094
후목난조 朽木難雕 … 1094
후문여해 侯門如海 … 1095
후생가외 後生可畏 … 1095
훈지상화 壎篪相和 … 1096
훼장삼척 喙長三尺 … 1096
휘막여심 諱莫如深 … 1097
휘하 麾下 … 1097
휴척상관 休戚相關 … 1098
휼방상쟁 鷸蚌相爭 … 1098
흉유성죽 胸有成竹 … 1099
흑백혼효 黑白混淆 … 1100
흑우생백독 黑牛生白犢 … 1100
흑풍백우 黑風白雨 … 1101
흔흔향영 欣欣向榮 … 1102
흥고채열 興高采烈 … 1103
희생 犧牲 … 1103

【찾아보기】
인　명 __ 1105
작품명 __ 1137
참조 및 기타 __ 1152
【참고문헌】 __ 1167
【부록】
비슷한 고사성어 찾아보기 __ 1173
한국 한자어 속담 사전 __ 1187

ㄱ

가도멸괵 假道滅虢

假 : 거짓·빌릴(가) 道 : 길(도)
滅 : 멸망할(멸)
虢 : 범발톱자국·나라이름(괵)

【뜻풀이】 길을 빌려서 괵을 멸한다.

괵은 주문왕의 아우인 괵중(虢仲)이 세운 나라로, 평왕(平王)이 동쪽으로 수도를 옮길 때 서괵(西虢)으로 옮겼다가 진(晉)나라에 의해 멸망하였다. 이 이야기는 바로 괵이 진나라에 의해 망할 때 나온 것이다.

【출전】 이 성어는 『천자문(千字文)』에 실려 있다.

진나라 헌공(獻公)이 괵을 치고자 하여 순식(荀息)에게 의견을 물었다. 왜냐하면 괵으로 가자면 중간에 있는 소국인 우(虞)나라를 지나가야 했기 때문이었다. 순식이 계책을 말했다.

"우나라 임금은 욕심이 많은 사람입니다. 그러니 수극(垂棘)에서 나는 구슬과 굴(屈) 지방에서 나오는 명마를 보내 길을 빌려 달라고 하면 분명 허락할 것입니다."

순식의 계책대로 구슬과 말을 보내자 우임금은 마음이 흔들려 이 일을 궁지기(宮之奇)라는 책사에게 의논하였다. 궁지기가 말했다.

"진나라 군대는 우리에게 길을 빌려 괵을 무너뜨린 뒤에 반드시 우리를 공격할 것입니다. 그러니 길을 빌려 주어서는 안 될 것입니다. 우리 우나라와 괵은 이빨과 입술 같은 사이로, 입술이 없어지면 이빨이 시린 것처럼 괵이 망한 뒤면 우리 우나라도 위태로워질 것입니다."

그러나 욕심에 눈먼 우나라 임금은 이를 허락하고 말았다.

결국 진나라는 괵을 멸망시키고 돌아오는 길에 우나라까지 공격해서 함락시키고 말았다. 궁지기의 건의를 묵살한 우나라 임금도 비참한 최후를 맞이하였다. 눈앞의 이익으로 앞날을 예측하지 못한 어리석음이 빚어낸 비극이었다.

이 이야기에서 또 하나의 성어가 나왔는데, 순망치한(脣亡齒寒)이다. (➡ 순망치한脣亡齒寒 참조)

【용례】 대기업에 납품할 물품을 독점하기 위해 경쟁 회사가 부도가 나도록 두는 것은 옳지 못한 일입니다. "가도멸괵"이라고 대기업은 결국 우리 회사까지 부도가 나도록 유도해 합병시킬 것이 뻔합니다.

가도사벽 家徒四壁

家 : 집(가) 徒 : 무리·다만(도)
四 : 넉(사) 壁 : 벽(벽)

【뜻풀이】 집안 형편이 어려워서 집 안에 있

는 것이라고는 네 벽밖에 없다는 뜻이다. “석자 막대기 휘둘러도 거칠 것이 없다.”거나 “털어 봐야 먼지밖에 나오지 않는다.”, “가랑이가 찢어지게 가난하다.” 등의 속담과 같은 뜻을 담고 있다.

【출전】 한나라 때의 문인 사마상여(司馬相如)는 시 창작으로 명망이 높은 사람이었지만 당시의 황제(한경제 유계)가 시는 즐기지 않고 사냥에만 몰두한 까닭에 크게 빛을 보지 못하였다. 그는 고작 사냥터를 관리하다가 그것도 신통치 않아 그만두고 임공이라는 곳에 가서 왕길에게 몸을 의탁하게 되었다. 당시 임공(臨邛)에는 탁왕손(卓王孫)이라는 갑부가 살고 있었다.

어느 날 그는 귀빈을 접대하는 기회에 성대한 연회를 베풀면서 왕길(王吉)과 사마상여도 초청했다. 연회에서 사마상여가 거문고를 타는 소리를 들은 탁왕손의 딸 탁문군(卓文君)은 그만 사마상여를 사랑하게 되었고, 사마상여도 그녀에게 사랑을 느끼게 되었다.

그러나 탁왕손은 사마상여의 집안이 너무나 빈한했기 때문에 두 사람이 결혼하는 것을 반대하였다. 그러자 탁문군은 사마상여를 좇아 성도(成都)에 있는 그의 집으로 야반도주를 하였다. 그런데 사마상여의 집은 지독하게 가난해서 방 안에는 네 벽밖에 아무것도 없었다. 그래도 탁문군은 실망하지 않고 사마상여와 함께 백년가약(百年佳約)을 맺고 술집을 차려 생계를 꾸렸다.

나중에 한무제가 사마상여의 글을 읽고 크게 기뻐하며 도성으로 불러들여 벼슬을 내렸는데, 이때부터 사마상여는 필명을 드날리게 되었다. 이렇게 되자 탁왕손 집안에서도 감히 그를 깔보지 못했다고 한다.

가도사벽은 『한서(漢書)·사마상여전』에 나오는 “탁문군이 야밤에 사마상여에게로 도망쳐 나오자 그는 그녀와 함께 성도로 말을 달려 돌아왔다. 집에 와 보니 그가 가진 것이라고는 아무것도 없고 다만 집 안에는 네 벽만 덩그렇게 놓여 있었다.(文君夜亡奔相如 相如馬馳歸成都 家徒四壁立)”는 구절에서 나온 성어다. 가도벽립(家徒壁立)이라고도 한다.

【용례】 그의 집은 남산 아래 자리하고 있었다. 평소 검소한 생활을 한다는 것을 익히 알긴 했지만 참으로 남루한 집안이었다. 집안에 들인 가구라곤 달랑 옷장 하나여서 말 그대로 “가도사벽”이었다.

가야물감야물
加也勿減也勿

加 : 더할(가) 也 : 어조사(야)
勿 : 말(물) 減 : 줄일(감)

【뜻풀이】 더하지도 말고 덜하지도 말라는 뜻으로, 오곡백과(五穀百果)가 풍성해 인심이 후하고 친지들이 모여 조상의 은덕을 기리는 한가위 추석(秋夕)의 만족감을 나타내는 말이다.

【출전】 『열양세시기(洌陽歲時記)』에 다음과 같은 기록이 있다.

추석(秋夕)이란 명칭은 신라(新羅) 시대 때부터 비롯되었다. 만물이 풍성하게 자라 민가에서는 일 년 가운데 가장 큰 명절로 여겼다. 이날이 되면 쌀로 술을 빚고 닭을 잡아 찬(饌)을 만들고 온갖 과일을 풍성하게 준비했다. 더욱이 이때는 추수를 한 직후이기에 양식도 넉넉하고 인심도 더할 나위 없이 좋을 때였다. 그래서 흔히 “더도 말고 덜도 말고 한가위

같아라."고 말했다. 보통 설날과 한식(寒食), 추석, 동지(冬至)의 네 명절에 산소에 가서 제사를 지내는데 특히 한식과 추석이 가장 성대했다.

추석에는 더욱 풍성하여 병졸이나 노예, 고용안, 거지 등 사회의 가장 천대받는 하층민조차도 이때만은 모두 조상의 산소에 성묘(省墓)를 했다.

【용례】 요즘에는 하는 일마다 다 잘 돼서 두려울 정도야. 그저 평소 일들이 모두 오늘처럼 "가야물감야물"했으면 소원이 없겠네.

가유호효 家喩戶曉

家 : 집(가) 喩 : 깨우칠(유)
戶 : 지게(호) 曉 : 새벽·밝을(효)

【뜻풀이】 집집마다 다 알다. 누구나 다 아는 사실을 말한다.

【출전】 한나라 때 편찬된 『열녀전(列女傳)』에 다음과 같은 이야기가 있다.

어느 마을에 양고자(梁故姊)라는 여자가 살고 있었다. 하루는 그녀의 집에 불이 났다. 집에는 오빠의 아이와 그녀의 두 아이가 있었는데, 양고자는 위험을 무릅쓰고 집으로 뛰어들어가 오빠의 아이부터 구해 내려 하였다. 그런데 아이를 안고 나와 보니 자기 아이였다. 이미 불길은 맹렬하게 타올라 다시 들어갈 수 없을 정도였다. 이에 양고자는 발을 구르면서 외쳤다.

"이게 어디 될 말이냐. 내가 내 자식만 생각한다는 누명을 쓰게 되었구나! 이제 집집마다 서로 알려 사람들이 모두 알게 될 텐데(戶告人曉) 내가 어찌 남의 비웃음을 받을 수 있으며 무슨 낯으로 사람들을 대하랴!"

결국 오빠의 아이들을 구하려고 그녀는 다시 불길 속으로 뛰어들었지만 끝내 구해 내지 못하고 그 맑은 영혼과 몸을 태워 버렸다고 한다.

호고인효(戶告人曉)는 집집마다 서로 알려 사람들이 모두 안다는 뜻인데, 나중에 가지호효(家知戶曉) 또는 가유호효로 바뀌었다.

【용례】 자네 그런 소리 하지도 말게. 뻔히 들통 날 거짓말 아닌가. "가유호효"야. 세 살배기 어린애도 다 안단 말일세.

가인박명 佳人薄命

佳 : 아름다울(미) 人 : 사람(인)
薄 : 엷을(박) 命 : 목숨(명)

【뜻풀이】 아름다운 사람은 운명이 가혹하다. 재주가 많고 출중한 사람의 운명이 의외로 평탄하지 않을 때 쓰는 말이다. 보통 미인이 그 미모에 걸맞은 행복한 생애를 보내지 못하고 기구한 처지에 빠져 있을 때 인용한다.

【출전】 이 성어는 소식(蘇軾, 1036~1101)의 〈박명가인(薄命佳人)〉(『동파집(東坡集)』 권4)에서 유래한 것이다. 산중에 들어와 비구니가 된 어린 여승의 애처로운 모습을 보고서 지은 작품이다. 시 전편을 소개하면 다음과 같다.

「두 볼은 우윳빛, 머리는 옻칠한 듯
안광이 주렴으로 드니 옥처럼 빛난다.
짐짓 흰 비단으로 선녀 옷을 지었더니
본바탕 더럽힐까 연지는 안 발랐구나.
오나라 교태 찬 말 아이처럼 가녀려도
끝없는 근심은 다 알지 못하겠네.
예로부터 미인의 운명은 순탄치 않다더니

문 닫히고 봄날 가자 버들 꽃은 떨어진다.

雙頰凝酥髮抹漆　眼光入簾珠的皪
故將白練作仙衣　不許紅膏汚天質
吳音嬌軟帶兒癡　無限閑愁總未知
自古佳人多命薄　閉門春盡楊花落」

【용례】 그렇게 잘나가던 사람이 자동차 사고로 죽다니. 재주가 아까워. "가인박명"이란 말이 실감나는군.

가정맹어호 苛政猛於虎

苛 : 매울(가)　**政** : 정사(정)
猛 : 사나울(맹)　**於** : 어소사(어)
虎 : 범(호)

【뜻풀이】 가혹한 정치는 호랑이보다 더 사납다.

정치가 잘못되어 사람을 해치는 것은 호랑이가 사람을 잡아 죽이는 것보다 더욱 견디기 힘들다는 뜻으로, 그릇된 정치의 폐해를 지적하는 성어다.

【출전】『예기 · 단궁편(檀弓篇)』에 다음과 같은 이야기가 있다.

하루는 공자(孔子)가 제자들과 함께 산길을 가고 있었다. 워낙 깊은 산골이라 인적조차 끊어지고 이름 모를 새들만 이따금 푸드덕 하늘을 가를 뿐이었다. 그때 멀리서 웬 여자 울음소리가 들려 왔다.

"아니, 이 깊은 산중에 웬 곡성인가?"

의아하게 생각한 공자가 제자를 시켜 주위를 살펴보게 하였다. 그랬더니 어떤 젊은 아낙네가 길가에 있는 세 무덤가에 엎드려 목 놓아 울고 있는 것이었다.

"어찌 그렇게 슬피 우십니까? 연거푸 상을 당하신 모양이군요?"

"예. 이 일대는 호랑이가 많은 곳입니다. 얼마 전에는 시아버지가 호환(虎患)을 당하셨는데, 뒤이어 남편을 잡아먹더니 이번에는 제 아들마저 죽음을 당했습니다."

"아니 그렇게 위험한 곳인 줄 알면서 어찌 이곳을 떠나지 않으셨단 말씀입니까?"

"왜냐고요? 비록 이곳에는 호랑이가 많지만 악다구니처럼 세금을 뜯어가는 관리가 없기 때문이지요."

이 말을 들은 공자는 한참 깊이 생각하더니 제자들을 둘러보며 말했다.

"잘 들어 두어라. 혹독한 정치는 호랑이보다도 무섭다는 것을.(苛政猛於虎也)"

물론 이 이야기는 공자가 살던 당시의 정치가 얼마나 부패했고 민중들의 고혈을 짰던가를 보여 주는 예일 뿐이다. 그러나 어느 시대를 막론하고 하늘이 내리는 천재(天災)보다 인간이 스스로 자초하는 인재(人災)가 많았던 사실을 볼 때 가볍게 넘길 일은 아닌 것이다. 비슷한 성어로 가렴주구(苛斂誅求)가 있다.

이 이야기는『공자가어(孔子家語) · 정론해(正論解)』에도 그대로 나온다.

【용례】 지난날 우리는 무척 어려운 시절을 보냈다. 특히 정치는 경제의 발전과는 반대로 뒷걸음질 쳐서 우리의 삶을 더욱 힘겹게 만들었다. "가정맹어호"라고나 할까, 사회 현실이 질적인 성장을 이루지 못했던 것이다.

가중연성 價重連城

價 : 값(가)　**重** : 무거울(중)
連 : 이어질(련)　**城** : 성(성)

【뜻풀이】 값어치가 여러 성을 합할 만큼 중하다.

【출전】 춘추시대 초나라의 변화(卞和)라는 사람은 옥벽(玉璧)이라는 아직 다듬지 않은 구슬을 임금에게 바쳤는데, 돌을 들고 와서 임금을 속였다는 누명을 쓰고 한쪽 다리를 잘리고 말았다. 그 후 임금이 세상을 떠나고 무왕(武王)이 즉위하자 변화는 다시 옥벽을 올렸지만 역시 같은 누명을 쓰고는 나머지 한쪽 다리마저 잘리게 되었다. 그러다가 무왕의 뒤를 이어 즉위한 문왕(文王)이 그 옥벽을 알아보고 이를 초나라의 국보로 삼으면서 변화지벽(卞和之璧) 또는 화씨지벽(和氏之璧)이라고 부르게 하였다.

그런데 전국시대에 이르러 그 옥벽이 우여곡절(迂餘曲折) 끝에 조나라 혜문왕의 손에 들어가게 되었는데, 그 소식을 들은 진왕(秦王)이 욕심을 내기 시작했다. 그러나 억지로 빼앗지는 못하고 처음에는 15개 성의 영토와 바꾸자고 조나라에 제의하였다. 조왕은 이것을 내주기는 아까웠지만 진나라의 원한을 살까 두려워 주지 않을 수도 없는 일이어서 매우 난처해하였다. 나중에 인상여(藺相如)라는 사람을 파견하여 진나라와 교섭을 하였는데 인상여의 재치 덕분에 다행히 옥벽을 뺏기지 않고 무사히 지킬 수 있게 되었다. (▶ 완벽귀조完璧歸趙 참조)

이때부터 옥벽은 다시 조벽(趙璧) 또는 연성지벽(連城之璧) 등으로 불렸는데, 사람들은 귀중한 보물 또는 가치가 높은 물건을 가리켜 연성지보(連城之寶) 또는 가중연성, 가치연성(價値連城)이라 부르기도 한다.

【용례】 김 박사를 우리 회사로 끌어오는 데 총력을 기울이게. 그는 보물단지야. "가중연성"이란 말 알지. 얼마든지 투자할 가치가 있는 사람일세.

가화만사성 家和萬事成

家 : 집(가) 和 : 화목할(화)
萬 : 일만(만) 事 : 일 · 섬길(사)
成 : 이룰(성)

【뜻풀이】 집안이 화목하면 모든 일이 제대로 이루어진다. 이 성어의 출전이 무엇인지는 분명하지 않지만, 예로부터 자주 입에 오르내리던 말임은 분명한 듯하다.

【출전】 『대학』에 다음과 같은 말이 있다.

"몸을 수양한 뒤 집안을 가지런히 하고 이어 나라를 다스리면 천하를 평정할 수 있다.(修身齊家治國平天下)"

이 말은 집안사람들을 불평 없이 고르게 대우할 수 있는 역량은 곧 사회 질서를 바로잡고 천하를 이롭게 하는 데 있어 첫 번째 관문이라는 뜻이다.

'수신'은 인간이 스스로의 노력으로 성취할 수 있는 덕목이지만 '제가'부터는 나와 남이라는 집단 속에서 조화를 꾀하는 차원으로 바뀐다.

때문에 가장 적은 구성원을 가진 사회 집단인 가정을 화목하게 다스려 모든 일이 순조롭게 이루어질 수 있게 한다면 국가나 천하를 경영하는 일도 그만큼 순조로울 것이다. 국가나 천하는 다만 가정에서 구성원의 수효가 늘어났을 뿐이기 때문이다.

『통속편(通俗篇) · 윤상(倫常)』에 보면 "집안에 어진 아내가 있으면 장부가 횡액을 당하지 않는다.(家有賢妻 丈夫不遭橫事)"는 말이 있고 "사내는 집안일에 대해 간섭하지 않고 여자는 바깥일에 대해 간섭하지 않는다.(男不語內 女不語外)"는 말도 있는 것처럼 결국 가정의 화목은 남자가 여자를 믿어 일을 맡기고, 또 여성 역시 이런 믿음에 어긋나지 않게 가사를 돌볼 때 이루어지는 것이다.

【용례】 정치를 한답시고 집안 꼴이 그렇게 되도록 관심조차 주지 않았다니 어리석기 그지없구먼. 보게, "가화만사성"이라고 했는데 가정이 저 지경에 빠지니까 뭐 잘 되는 일이 있는가?

각답실지 脚踏實地

脚 : 다리(각) **踏** : 밟을(답)
實 : 열매·참(실) **地** : 땅(지)

【뜻풀이】 일을 처리하는 솜씨가 착실하다는 뜻으로, 품행이 단정하고 태도가 성실한 것을 일컫는 성어다. 출전은 사마광(司馬光, 1019~1086)이 『자치통감(資治通鑑)』을 써낸 뒤에 사람들이 그에 대해 평가하면서 나온 말이다.

【출전】 사마광은 송나라 때의 저명한 역사학자로서 자는 군실(君實)이었다. 그는 청년 시절부터 역사 연구에 뜻을 두고 많은 책들을 읽었다. 영종 황제 연간에 그는 『통감(通鑑)』의 주필이 되어 19년 동안 노심초사(勞心焦思)하면서 연구에 매진해 전력을 다하여 집필에 힘을 기울였다. 어떤 때는 밤늦게까지 글을 쓰고도 이튿날 날이 밝기도 전에 일어나서 계속 연구와 집필에 골몰했는데, 너무 깊이 잠들어 일에 지장을 줄까 봐 둥근 나무로 경침(警枕)을 만들어 베고 선잠을 자기도 했다는 것이다.

그는 『자치통감』을 쓸 때 먼저 널리 사료를 수집 정리하여 세심히 연구한 뒤 신빙성 있는 자료들만 선택하여 이들을 순리대로 연관 지은 다음 수정해서 책으로 묶었는데, 그 태도는 매우 엄숙하고 세심하였다고 한다.

『자치통감』은 도합 294권에 목록 30권을 첨부한 방대한 저술이다. 전국시대부터 오대(五代) 시기에 이르기까지 1,360여 년 동안의 역사가 기술되어 있는데, 『자치통감』이라는 책 이름은 당시 황제였던 신종(神宗)이 붙인 것이라 한다. 말 그대로 "정치에 바탕이 되는 보배로운 거울"로 이후 가장 체계적이고 합리적인 역사서로 인정받았다.

사마광의 이같이 성실한 태도는 당시 사람들에게 깊은 인상을 남겼다. 소옹(邵雍)이라는 학자는 그를 칭송하여 "그는 실제 사실을 확인하기 위해 발로 뛰며 답사한 사람이다.(君實脚踏實地人也)"라고 말하였다.

【용례】 무슨 일을 하든지 현장 경험은 대단히 중요해. 탁자에 앉아서 펜대만 굴린다고 문제가 해결되는 것은 아니야. "각답실지"라고 문제가 발생한 장소에 가서 문제의 핵심을 꿰뚫어보는 자세가 필요한 시점이야.

각자위정 各自爲政

各 : 각각(각) **自** : 스스로(자)
爲 : 할(위) **政** : 정사(정)

【뜻풀이】 사람마다 자기 마음대로 행동한다는 말로, 전체적인 조화나 다른 사람과 협력하지 않으면 실패할 것이 분명하다는 뜻이다.

【출전】 『좌전·선공(宣公) 2년』조에 다음과 같은 이야기가 나온다.

춘추시대 송(宋)나라와 진(晉)나라가 서로 협조하는 바람에 송나라와 초(楚)나라 사이에 틈이 생겼다. 초나라 장왕(莊王)은 실력을 보여 주기 위해 동맹국 정(鄭)나라를 시켜 송나라를 공격하도록 하였다.

정나라와의 결전을 앞둔 송나라의 대장 화원(華元)은 군사들의 사기를 돋우기 위해 특별히 양고기를 나눠 주었다. 군사들은 모두 크게 기뻐하며 맛있게 먹었지만 화원의 전차를 모는 양짐(羊斟)만 고기를 먹지 못했다. 한 부장이 그 까닭을 묻자 화원이 대답하였다.

"전차를 모는 사람에게까지 양고기를 먹일 필요는 없네. 그는 전쟁과는 아무 관계도 없으니까."

이튿날 전투가 시작되었다. 화원은 양짐이 모는 전차 위에서 전투를 지휘했는데, 양국의 군사가 모두 잘 싸워 승패가 쉽게 가려지지 않자 화원이 양짐에게 명령하였다.

"전차를 적의 병력이 허술한 오른쪽으로 돌려라."

그러나 양짐은 반대로 정나라 병력이 밀집해 있는 왼쪽으로 전차를 몰았다. 당황한 화원이 방향을 바꾸라고 소리치자 양짐이 말했다.

"어제 양고기를 군사들에게 먹인 것은 장군의 판단에 따라 한 일이지만 오늘 전차 몰이는 내 생각대로 할 것입니다.(疇昔之羊子爲政 今日之事我爲政)"

그리고는 곧바로 정나라 군사가 모인 곳으로 마차를 몰아 화원은 결국 정나라 군사에게 포로가 되고 말았다.

화원이 포로가 된 것을 본 송나라 군사는 전의(戰意)를 상실하고 전열(戰列)도 무너졌다. 그 결과 250여 명의 군사가 포로로 잡혔고, 사공(司空, 토지와 민사를 맡아보는 관리)까지 포로가 되었다. 이리하여 정나라는 460량의 전차를 노획하는 등 대승을 거두었다. 송나라가 대패한 것은 양짐이 화원의 지시에 따르지 않고 제멋대로 행동한 탓이었다.

이처럼 군사 행동에서뿐 아니라 나라나 단체를 이끌어 갈 때에도 전체적인 조화와 개개인의 협력이 뒤따르지 않으면 소기의 성과를 거둘 수 없는 법이다. 당장 쓸모가 없다 하여 마부를 괄시했던 화원은 그 때문에 엄청난 손실을 당하고 말았던 것이다.

【용례】 중요하지 않다며 경비를 값싼 임시직으로 골라 쓰더니, 결국 물류 창고를 통째로 털렸다더군. "각자위정"하는 것이 회사가 망하는 길임을 몰랐던 데 대한 응분의 대가지.

각주구검 刻舟求劍

刻 : 새길(각) **舟** : 배(주)
求 : 구할·찾을(구) **劍** : 칼(검)

【뜻풀이】 배에 표시를 새긴 뒤 칼을 찾다. 어리석고 단편적인 지식에 얽매여 일을 그르치는 경우를 말한다.

【출전】『여씨춘추·찰금편(察今篇)』에 다음과 같은 이야기가 있다.

어느 날 초나라 사람이 배를 타고 강을 건너다가 부주의로 칼을 강물에 떨어뜨리고 말았다. 이에 그는 급히 뱃전에 금을 그어 놓고는 배가 강기슭에 닿자마자 뛰어내려 뱃전에 표시한 금을 따라 칼을 찾기 시작하였다. 그러나 배는 이미 지나갔고 칼은 그 자리에 있었다.

각주구검은 바로 이 고사에서 나온 성어다. 물에 떨어진 칼이 배를 따라 기슭으로 나올 수 없다는 것은 말할 필요조차 없다.

이로부터 시대나 정황이 변했음에도 불구하고 낡고 보수적인 사고방식을 고집하는 사람의 행실을 비유하여 각주구검 또는 계주구검(契舟求劍)이라고 하게 되었다.

【용례】 그 친구 정말 앞뒤가 꽉 막힌 사람이더군. 생각하는 게 항상 고루해. 이미 물 건너간 일을 가지고 "각주구검"이나 하고 있으면 어쩔 거냔 말이야?

각축 角逐

角 : 뿔(각) **逐** : 쫓을(축)

【뜻풀이】 서로 뿔을 맞대고 싸우는 형세. 조금도 양보 없이 대등하게 겨루고 있는 모습을 비유하는 말이다. 각축지세(角逐之勢) 또는 호각지세(互角之勢)라고도 한다.

【출전】 『전국책·조책(趙策)』에 다음과 같은 이야기가 있다.

"서수에게 수레를 씌우고 마복을 곁말로 세워서 진나라와 각축을 벌인다.(駕犀首而驂馬服 與秦角逐)"

서수는 관직 이름으로 위(魏)나라의 재상인 공손연(公孫衍)을 말한다. 마복은 조(趙)나라의 장군 조사(趙奢)의 호(號)다.

당나라 말기의 시인 위장(韋莊, 836~910)의 시 〈상원현(上元縣)〉에 보면 "남조 때 서른여섯 영웅들이, 흥망을 다투다가 그 와중에 다 스러졌다.(南朝三十六英雄 角逐興亡盡此中)"는 시구가 있다.

【용례】 정말 팽팽한 시합입니다. 오늘 경기는 두 팀 다 한 치의 양보도 없이 "각축"을 벌이고 있습니다.

각화무염 刻畵無鹽

刻 : 새길(각) **畵** : 그림·그릴(화)
無 : 없을(무) **鹽** : 소금(염)

【뜻풀이】 비유가 타당치 않거나 너무 차이가 나는 물건을 비교하는 것을 비유하는 말이다.

【출전】 전국시대 제나라의 무염(無鹽)이라는 곳에 성은 종리(鐘離)라 하고 이름은 춘(春)이라고 하는 여자가 살고 있었다. 그녀는 워낙 박색이어서 나이가 마흔이 되도록 시집도 가지 못하였다.

그러던 중 어느 날 그녀는 제선왕(齊宣王)을 찾아가 당시 제나라에 산재했던 문제들을 열거하면서 해결책을 올렸더니 제선왕은 그녀의 재능에 탄복해서 황후로 삼고 무염군에 봉했다.

그러나 사람들은 그녀가 왕후가 되었든 무염군이 되었든 간에 얼굴이 못생긴 여자를 일러 '무염'이라고 부르게 되었다. 미녀를 서시(西施)라고 부르듯이 무염은 아예 추한 여자의 대명사가 되어 버린 것이다. 이리하여 무염과 서시는 정반대의 뜻이 되고 말았는데, 만일 이 양자를 병칭(竝稱)한다면 그것은 바로 추한 것을 높이 여기고 아름다운 것은 낮게 보는 것이 된다. 이것을 가리켜 "무염을 새겨 그렸는데 엉뚱하게도 서시가 되었다.(刻畵無鹽唐突西施)"고 한다.

『진서(晉書)·주의전(周顗傳)』에 보면 진원제 때 신하들 중 일부가 주의를 가리켜 고결하기로는 악광(樂廣)과 같은 사람이라고 평하였다. 그러나 주의는 "나는 감히 악광과 비교될 수 없다."고 하면서 "어찌 무염에게 분칠을 한다고 갑자기 서시가 될 것인가!(何乃

ㄱ

刻畵無鹽 唐突西施也)"라며 겸양했다고 한다.

【용례】 때로 자기가 엄청나게 뛰어난 능력을 지녔다고 믿는 사람이 있다. 자기 계발을 위해 최면 효과를 주는 것도 중요하지만 그렇다고 주제를 알지 못하고 일을 해결하겠다고 나서는 것은 "각화무염"이나 마찬가지일 것이다.

간경하사 干卿何事

干 : 방패·막을(간) 卿 : 벼슬(경)
何 : 어찌(하) 事 : 일·섬길(사)

【뜻풀이】 쓸데없이 남의 일에 참견하는 사람을 비웃을 때 쓰는 말이다.

【출전】 『남당서(南唐書)·풍연사전(馮延巳傳)』에 다음과 같은 이야기가 있다.

오대 때 강남에 위치한 남당(南唐)에서는 이름난 시인들이 몇 사람 배출되었다. 2대 황제 이경(李璟), 3대 황제 이욱(李煜, 937~978), 재상 풍연사(903~960) 그리고 성언웅·서현 등이 그 대표적인 인물이다.

이경의 사(詞)는 오늘날까지 전해 오는 작품이 5수 있는데, 〈탄파완계사(攤破浣溪沙)〉〔〈산화자(山花子)〉라고도 함〕가 대표작이다. 이것은 깊은 밤, 먼 변방의 싸움터에서 고생하는 남편을 그리는 여인의 심정을 읊은 시인데, 거기에 다음과 같은 구절이 나온다.

"보슬비에 꿈을 깨니 닭 울음소리 아득하고 작은 누대에 울어 예는 옥피리 소리 차가워라.(細雨夢回鷄塞遠 小樓吹徹玉笙寒)"

『설랑재일기(雪浪齋日記)』의 기록에 따르면 송나라 때의 학자인 왕안석(王安石)은 이 두 구절을 가리켜 강남사(江南詞) 가운데 가장 훌륭한 문구라고 칭찬했다고 한다.

풍연사의 작품은 전해져 내려오는 것이 비교적 많은 편이다. 그 중 〈알금문(謁金門)〉이라는 작품 역시 님 생각에 애끓는 여인의 심정을 그린 것이다. 작품에 "봄바람 문득 불어와 연못에 잔잔한 물결을 일으킨다.(風乍起 吹皺一池春水)"는 구절이 들어 있다. 이에 〈탄파완계사〉의 작자인 황제 이경이 풍연사를 보고 "연못에 잔물결이 이는 것이 경과 무슨 상관이란 말이오?(吹皺一池春水 干卿何事)" 하고 농담을 건네자 풍연사도 "폐하께옵서도 '작은 누대에 울어 예는 옥피리 소리 차가워라(小樓吹徹玉笙寒)'라는 글귀를 짓지 않으셨습니까?"라며 농담으로 받아넘겼다고 한다.

이리하여 "경과 무슨 상관인가?" 또는 "그대와 무슨 상관인가?"라는 뜻으로서 간경하사가 나중에 성어로 되었다. 간경심사(干卿甚事) 또는 간경저사(干卿底事), 저사간경(底事干卿)이라고도 한다.

【용례】 그는 참 오지랖도 넓지. 무슨 일이든지 무턱대고 끼어든단 말이야. 가끔 덕분에 일이 성공하기도 하지만 왠지 경망스러워 보여. 남들이 "간경하사"라고 놀려도 도통 괘념치를 않는다니까.

간담상조 肝膽相照

肝 : 간·마음(간) 膽 : 쓸개·씻을(담)
相 : 서로도울(상) 照 : 비출(조)

【뜻풀이】 간과 쓸개가 밖으로 드러나 햇볕을 쪼이다. 친구 사이의 진정한 우정을 비유하는 말이다.

【출전】 이 성어는 한유(韓愈)의 〈유자후묘지

명(柳子厚墓誌銘)〉에서 유래되었다.

유종원(柳宗元)이 조정의 명령으로 유주자사(柳州刺史)가 되었을 때의 일이다. 그때 절친한 친구였던 유우석(劉禹錫)도 파주(播州) 자사로 발령을 받았다.

그러나 파주는 국경에 인접한 험악한 고장이었고, 남달리 병약했던 유우석이 파견 나가기에는 너무나 척박한 땅이었다. 더구나 그는 연로한 어머니를 봉양해야 하는 어려움까지 감당해야 했다.

이 소식을 들은 유종원은 몹시 안타까워하다가 이렇게 말했다.

"피니지 않을 수도 없는 일일 테고, 어머니에게 알리지도 못할 것이니, 그가 난처해하는 모습을 차마 볼 수가 없다. 내 조정에 간청해서 그 대신 파주자사로 갈 것을 부탁해야겠다. 비록 이 일로 징계를 받더라도 그를 떠나보낼 수는 없다."

이 사실을 소개하면서 한유는 유종원의 참다운 우정을 높이 평가하면서 이렇게 결론지었다.

"사람이 어려운 지경에 처했을 때야 비로소 진정한 절의(節義)가 드러나는 법이다. 보통 때 안일하게 지내면서 서로 그리워하고 술자리나 잔치 자리에 불러가며 서로 웃고 즐기면서 마치 서로 간이나 쓸개라도 내줄 것(肝膽相照)처럼 맹세를 한다고 해도 이해관계에 얽히면 질시하고 헐뜯고 배신하는 것이 상정이다. 함정에 빠진 사람을 구해 주기는커녕 도리어 구덩이 속으로 밀어 넣고 돌을 던지는 사람이 이 세상에는 어디에나 널려 있다."

이로 볼 때 간담상조라는 성어가 나온 원래 의도 속에는 부정적인 뜻도 숨겨 있다고 할 수 있다. 때문에 진정한 우정이 더욱 빛을 발하는 것이다. 비슷한 성어로 문경지교(刎頸之交)가 있다.

【용례】 좋은 친구는 인생에서 소금과 같은 것이다. 정말 힘겨울 때 좋은 친구만큼 믿을 수 있는 사람이 누구이겠는가? 요즈음에는 "간담상조"하는 친구를 점점 찾기 어려워지는데, 안타까운 일이 아닐 수 없다.

간담초월 肝膽楚越

肝 : 간(간) **膽** : 쓸개(담)
楚 : 나라이름(초) **越** : 나라이름(월)

【뜻풀이】 비록 거리상으로는 아주 가까운 곳에 있지만 매우 멀리 있는 것 같이 보이는 경우를 비유하는 말이다.

【출전】 『장자(莊子)·덕충부(德充符)』에 다음과 같은 말이 있다.

"공자가 말하기를 뜻이 다른 사람의 입장에서 보면 간과 쓸개도 초나라와 월나라와 같으며(肝膽楚越也), 뜻이 같은 사람의 입장에서 보면 삼라만상은 모두 하나다."

남조(南朝) 양(梁)나라 때의 문인 유협(劉勰)이 지은 『문심조룡(文心雕龍)·비흥편(比興篇)』에는 "물체가 비록 멀리 떨어져 있다 해도 합쳐놓고 보면 간과 쓸개처럼 가까운 사이다."라는 구절이 있다.

간담(肝膽)은 본래 관계가 매우 가까운 것을 비유하는 말이다. 『회남자·숙진훈(俶眞訓)』에서는 간담호월(肝膽胡越)이라 했는데, 간담초월과 같은 뜻이다.

밀접한 관계에 있는 것도 입장이 바뀌면 한없이 멀어질 수도 있고, 또 서로 적대시했거나 관계가 다른 일일지라도 형편에 따라서는 가까워질 수도 있는 것이 세상일이다. 그러니

ㄱ

너무 남을 믿어서도 안 되고 제 속마음을 다 드러내서도 안 될 일이다.

【용례】 20년지기로 살아온 친구이지만 이젠 그만 마음으로 끊어 버리기로 했어. 신의를 저버리고 제 이익만 챙기려고 드니, 견딜 수가 없어. 그렇게 멀어지니 이젠 완전히 "간담초월"이 되어 버렸네.

간장막야 干將莫射

干 : 방패 · 막을(간)
將 : 장차 · 장수(장) **莫** : 아닐(막)
射 : 쏠(사)/벼슬 이름 · 산 이름(야)

【뜻풀이】 옛날의 유명한 두 자루의 명검(名劍)을 이른다.

【출전】 『오월춘추(吳越春秋) · 합려내전(闔閭內傳)』에 다음과 같은 이야기가 있다.

오나라 조정에서 당시 최고의 칼 제조 기술을 가졌던 간장(干將)에게 명검 두 자루를 주조하라고 명령하였다.

간장은 정선한 구리를 모아 주조하기 시작했는데, 3년이 지나도록 구리가 녹질 않았다.

그래서 마침내 아내인 막야(莫射)의 머리카락과 손톱을 잘라 화로에 넣고, 동녀(童女) 300명을 시켜 풍로를 불게 해서야 겨우 구리를 녹일 수 있었다. 이런 힘든 주조 과정을 거쳐 두 자루 명검을 만들어 냈는데, 각각 이름을 '간장'과 '막야'라고 붙였다.

이 두 자루 명검에 대한 명성은 예로부터 대단하였다. 『순자 · 성악편(性惡篇)』에 보면 사람의 성품이 악한 것을 논증하면서 이런 이야기를 했다.

「제나라 환공의 총, 주나라 태공의 궐, 문왕의 녹, 초장왕의 흘, 오나라 합려의 간장과 막야, 그리고 거궐과 벽려는 모두 옛날부터 이름 있는 좋은 칼이다. 그러나 아무리 좋은 칼이라도 숫돌에 갈지 않으면 예리해지지 않으며, 사람의 힘이 가해지지 않으면 아무것도 끊을 수가 없다.

桓公之蔥 太公之闕 文王之錄 莊君之曶 闔閭之干將莫射 鉅闕辟閭 此皆古之良劍也 然而不加砥礪 則不能利 不得人力 則不能斷」

아무리 명검이라 해도 숫돌에 갈아야만 날카로워지고 사람이 힘으로 내리쳐야만 물건을 벨 수 있듯이 인간의 성품은 악한 것이라 해도 그 악함은 어떤 계기가 있어야만 밖으로 드러난다는 뜻이다.

【용례】 대낮에 깡패들이 칼부림을 벌여 사람을 죽이는 세상이니, 그런 놈들은 "간장막야" 시퍼런 칼날로 가차 없이 도려내야 돼.

갈불음도천수 渴不飮盜泉水

渴 : 목마를(갈) **不** : 아닐(불)
飮 : 마실(음) **盜** : 훔칠(도)
泉 : 샘(천) **水** : 물(수)

【뜻풀이】 아무리 목이 말라도 도천의 물은 마시지 않는다. 자신의 몸과 마음을 어지럽힐 여지가 있는 일은 아예 하지 않는다는 뜻이다. 도천은 산동성 사수현(泗水縣) 동북쪽에 있다고 하는데, 부끄럽고 수치스런 일의 비유로 쓰인다.

【출전】 『설원 · 설총편(說叢篇)』에 보면 다음과 같은 이야기가 나온다.

공자가 어느 날 승모(勝母, 어머니의 뜻을 거

스름)라는 마을에 닿았을 때 마침 날이 저물었다. 그러나 그 마을에는 머물지 않고 떠났다.

또 도천(盜泉, 도적의 샘)이라는 샘물 옆을 지나가게 되었는데, 목이 말랐지만 그 물을 떠 마시지 않았다. 그 까닭은 마을과 샘물의 이름이 도의에 어긋났기 때문이었다. 자식이 되어 어머니를 거스른다는 것은 불효이고, 남의 물건을 훔치는 것은 정당한 태도가 아니라는 것이다. 둘 다 고결한 정신의 선비가 취할 태도가 아니어서 그 불명예를 감당할 수 없었기 때문이다.

진(晉)나라의 시인 육기(陸機, 261~303)가 지은 〈맹호행(猛虎行)〉이라는 시가 『문선(文選)』에 실려 있는데, 역시 이 성어의 의미를 보여 주는 작품이다. 선비가 바르게 세상을 살아가자면 여러 가지 난관이 많음을 설명하면서 자세를 흩뜨리지 말 것을 권한 글이다. 여기 그 전문을 읽어 보자.

「목말라도 도천의 물은 마시지 않으며
더워도 악목의 그늘에는 쉬지 않노라.
악목인들 어찌 가지가 없겠는가만
지사에게는 고통스런 마음이 많도다.
수레를 정비하여 시대의 명령을 받들고
지팡이 짚고서 먼 곳을 찾으려 하노라.
굶주려서는 맹호의 굴 속에 들어가 먹고
추우면 들판 참새의 숲에서 머무노라.
세월은 가는데 공은 세우지 못했으니
시간은 흘러 한 해도 저물어 가네.
높은 구름은 강가에 닿아 흩어지고
우는 가지는 바람을 따라 읊조리네.
그윽한 골짝 아래서 조용히 말하고
높은 산자락에서 길게 한숨 쉬노라.
세찬 시울 울림에 나약한 떨림은 없고
밝은 절조는 소리가 되기 어렵네.
사람살이가 참으로 쉽지 않으니
이 옷깃을 열라고 어찌 말하는가.
나의 떳떳한 생각을 돌아보면서
우러르고 내려 보며 고금에 부끄럽구나.
渴不飮盜泉水 熱不息惡木陰
惡木豈無枝 志士多苦心
整駕肅時命 杖策將遠尋
饑食猛虎窟 寒栖野雀林
日歸功未建 時往歲載陰
崇雲臨岸駭 鳴條隨風吟
靜言幽谷底 長嘯高山岑
急絃無懦響 亮節難爲音
人生誠未易 曷云開此衿
眷我耿介懷 俯仰愧古今」

【용례】 내 아무리 가난한 공무원이라지만 "갈불음도천수"로 살아왔다. 이제 와서 이런 하찮은 뇌물로 명예를 더럽히고 싶진 않으니, 썩 가져가거라.

갈택이어 竭澤而漁

竭 : 다할(갈) **澤** : 연못(택)
而 : 어조사(이) **漁** : 고기 잡을(어)

【뜻풀이】 일시적인 탐욕 때문에 조금의 여지도 두지 않는 것을 비유하는 말인데, 지배층이 백성들의 고혈을 가차 없이 악랄하게 짜내는 것을 비유하기도 한다.

【출전】 『여씨춘추(呂氏春秋) · 효행람(孝行覽)』 중 〈수시편(首時篇)〉에 다음과 같은 이야기가 실려 있다.

춘추시대 어느 날 진(晉)나라와 초(楚)나라 사이에 성복(城濮)이라는 곳에서 큰 싸움이 벌어졌다. 그때 진문공이 기만술을 써서 초나라 군대를 격파하고 패주(覇主)로서의 기반

을 닦게 되었다.(▶ 퇴피삼사退避三舍 참조)

그런데 성복에서의 싸움이 시작되기 전에 진문공은 옹계(雍季)라는 신하에게 호언(狐偃)이 올린 기만술이 어떠냐고 물었다. 그는 처음에는 찬성하지 않았지만 달리 좋은 방법이 없는지라 결국 찬성하고 말았는데, 미진한 것이 있어 이렇게 말하였다.

"연못의 물을 말끔히 퍼낸 뒤 고기를 잡으면 잡지 못할 까닭이 없겠지만 이듬해에는 한 마리 고기도 얻지 못할 것이고, 숲속의 초목을 모조리 태워 버리고 사냥을 한다면 짐승을 잡지 못할 까닭이 없겠지만 이듬해에는 숲이 사라졌으니 다시는 사냥을 할 수 없을 것입니다. 마찬가지로 기만술도 이번에만 쓸 만한 것일 뿐으로 뒷날에는 장차 다시 쓸 수 없을 것이니 장기적인 계책은 아닌 줄로 압니다.(竭澤而漁 豈不獲得 而明年無魚 焚藪而畋 豈不獲得 而明年無獸 詐僞之道 雖今偷可 後將無復 非長術也)"

싸움이 끝나고 논공행상(論功行賞)을 할 때였다. 진문공은 뜻밖에도 옹계를 호언의 앞에 놓는 것이었다. 이에 신하들은 문공이 잘못 생각하지 않았나 하여 어리둥절해하자 진문공이 말했다.

"옹계의 말은 백세의 이익이고 호언의 말은 일시적인 방책인즉 일시적인 방책을 어찌 백세의 이익 앞에 놓을 수 있겠는가?"

갈택이어와 분수이전은 바로 앞에서 언급한 옹계의 말에서 나온 성어들이다. 『회남자·본경훈(本經訓)』에서는 "분림이전(焚林而畋) 갈택이어"라 쓰여 있으며 『회남자·지술훈(至述訓)』에는 "연못을 말려 고기를 잡고 숲을 태워 사냥을 한다.(涸澤而漁 焚林而獵)"고 하였다.

【용례】 그렇게 사람을 사정없이 조여서야 되겠냐? 쥐도 구석에 몰리면 고양이에게 달려든다는데, "갈택이어"도 형편을 봐 가면서 해야 하지 않겠나?

감당유애 甘棠遺愛

甘 : 달(감) **棠** : 팥배나무(당)
遺 : 남을·남길(유) **愛** : 사랑(애)

【뜻풀이】 청렴결백(淸廉潔白)한 인물이나 은인(恩人)을 그리워하는 마음을 이른다.

【출전】 주(周)나라 성왕(成王) 때 주공(周公)과 소공(召公)이라는 두 현인이 있었는데, 주공은 문왕(文王)의 작은아들로 무왕(武王)의 아우였고, 소공은 문왕의 조카로 무왕의 사촌 아우였다. 그리고 성왕은 무왕의 아들로서 주공과 소공은 모두 그의 숙부였다.

무왕은 아버지인 문왕의 뜻을 계승하여 상(商)왕조를 멸하고 주왕조를 세운 사람인데(▶ 애옥급오愛屋及烏 참조), 무왕이 죽은 뒤 그의 아들이 뒤를 이으니 그가 성왕이다. 그러나 당시 성왕은 나이가 어렸기 때문에 아직 정치를 할 능력이 부족했다. 그래서 처음에는 주공이 정치를 보좌하다가 뒤에는 소공이 함께 보좌하게 되었는데 정치를 워낙 잘해서 백성들 사이에서 신망이 두터웠다.

어느 날 소공이 남쪽 지방을 순시할 때였다. 한수(漢水) 상류 일대의 어느 한 시골 마을에 이른 소공은 백성들의 어려운 문제를 풀어 주어 크게 환심을 산 일이 있었다. 그러다가 주나라 말년에 이르러 유왕(幽王)이라는 포악한 임금이 나오자 백성들은 소공을 한층 더 그리워하게 되었다. 그리하여 그들은 소공이 전에 남방을 순시할 때 쉬어 갔다는 감당수(甘棠樹)

를 정성껏 보호하면서 소공을 그리워했다고 하는데, 다음과 같은 민요까지 전해지고 있다.

「사랑스런 팥배나무
꺾지를 마소
소공이 여기에 머무셨다오!
사랑스런 팥배나무
상하지를 마소
소공이 여기서 쉬어갔다오!
사랑스런 팥배나무
꺾지를 마소
소공이 여기서 묵어갔다오!
蔽芾甘棠　勿剪勿代
召伯所茇　蔽芾甘棠
勿剪勿敗　召伯所憩
蔽芾甘棠　勿剪勿拜(拔)
召伯所說」

이 시는 나중에 『시경』에 수록되었는데 〈소남편(召南篇)〉에 〈감당(甘棠)〉이란 제목으로 실려 있다. 감당유애는 바로 이 작품에서 나온 성어다. 이 성어를 간단히 줄여 소당(召棠)이라고도 쓴다.

【용례】 사람들에게 사표(師表)가 될 만한 인물이 점점 드물어지고 있다. 모두 자기 이익만 챙기고 남의 어려움을 돌보지 않는다면 세상은 정말 삭막하게 바뀌지 않을까? "감당유애" 할 수 있는 사람이 많아졌으면 좋겠다.

강거목장 綱擧目張

綱 : 벼리(강) **擧** : 들(거)
目 : 눈(목) **張** : 펼칠(장)

【뜻풀이】 요점을 정확히 알고 이해하다.

【출전】 이 성어는 후한 사람 정현(鄭玄)이 편찬한 『시보(詩譜)』에서 나왔다.

그 책에 "벼리를 하나 들어 올리면 모든 그물코가 다 펼쳐진다.(擧一綱而萬目張)"는 말이 있으며, 수나라 때 왕통(王通)이라는 사람도 "벼리 하나를 들어 올리면 모든 그물코가 펼쳐진다.(擧一綱 衆目張)"고 말한 적도 있다. 여기에서 강(綱)이라는 것은 그물의 벼리를 뜻하고 목(目)은 그물코를 이르는 것으로서 벼리를 들면 모든 그물코가 펼쳐진다는 뜻이다. 이것을 가리켜 강거목장이라고 한다.

강과 목의 관계는 경전을 읽을 때 쓰는 참고 서적으로도 설명할 수 있다. 이런 참고 서적은 흔히 간단명료한 대의와 함께 상세한 설명이 달려 있어 색인으로 쓰기에 편리한 점이 많다. 요컨대 송나라 때의 학자 주희(朱熹)가 편찬한 『자치통감강목(資治通鑑綱目)』, 명나라 때의 학자 이시진(李時眞)이 편찬한 『본초강목(本草綱目)』 등이 그러하다.

이와 동시에 어떠한 일에서 요점을 정확하게 아는 것을 가리켜 제강(提綱)이라고 하는데, 설령(契領)이라고도 한다. 그래서 제강설령(提綱契領)이라는 성어도 나왔는데, 역시 요점을 정확하게 안다는 뜻으로 쓰이고 있다.

【용례】 그 작가의 글을 읽으면 속이 다 후련해진다니까. 어쩌면 그렇게 핵심을 정확하게 찌르니? 쓰는 글마다 "강거목장"해서 핵심을 정확하게 짚어줘요.

강남일지춘 江南一枝春

江 : 강(강) **南** : 남녘(남) **一** : 한(일)
枝 : 가지(지) **春** : 봄(춘)

【뜻풀이】 강남에서 친구에게 매화 한 가지

를 보낸 이야기. 친구 사이에 돈독한 우정을 대신하는 정표(情表)를 보낼 때 사용한다. 꼭 물건이 아니더라도 자신의 정성을 말할 때도 이용할 수 있다.

【출전】『형주기(荊州記)』에 다음과 같은 이야기가 실려 있다.

육개(陸凱)와 범엽(范曄)은 아주 가까운 친구 사이였다. 어느 날 육개가 강남에서 사람을 통해 매화 한 가지를 꺾어 장안에 있는 범엽에게 전해 주었다. 이때 매화를 주면서 시도 한 편 써서 주었는데, 다음과 같다.

「매화를 꺾다가 역리를 만났으니
한 가지 전해 농두인에게 보내노라.
강남에는 이 꽃이 없을 것이니
다만 한 가지 봄꽃으로 대신하노라.
折梅逢驛使　寄與隴頭人
江南無所有　聊贈一枝春」

이 시구에서 3구와 4구의 일부 구절을 따서 지금과 같은 성어가 되었다.

【용례】 오랜만의 승진인데 달리 선물할 것도 마땅치 않아 고민하다가 조그만 성의로 보내네. "강남일지춘"이니 기쁘게 받아 주면 고맙겠네.

강남종귤 강북위지
江南種橘 江北爲枳

江 : 강(강)　南 : 남녘(남)
種 : 심을(종)　橘 : 귤(귤)
北 : 북녘(북)　爲 : 할(위)
枳 : 탱자(지)

【뜻풀이】 강남에서 자라는 귤을 강북에 심으면 탱자가 된다. 같은 사람이라고 해도 환경에 따라 얼마든지 달라질 수 있음을 비유하는 말이다.

【출전】 춘추시대 제(齊)나라에 안영(晏嬰)이라는 유명한 재상이 있었다. 그는 뛰어난 화술과 지략으로 당시 여러 나라의 정치를 마음대로 좌지우지(左之右之)하였다. 그러던 그가 한번은 초(楚)나라에 사신으로 가게 되었다.

평소 안영이 지략이 뛰어나다는 소문을 들은 초나라의 영왕(靈王)은 그를 시험할 욕심으로 몇 가지 준비를 해 놓았다. 그런데 안영은 뛰어난 재능에 비해 외모는 형편없었다. 특히 키가 작달막하기로 유명했다. 안영을 만나자 영왕이 물었다.

"제나라에는 사람이 없습니까?"

"무슨 말씀이십니까? 길 가는 사람이 어깨를 부딪치고 땀을 흘리면 비가 내릴 정도로 많습니다."

"그런데 어째서 제나라에서는 당신처럼 키 작은 사람을 사신으로 보냈단 말이오?"

외국 사신을 대하는 언사로 볼 때 이는 대단히 모욕적인 질문이었다. 영왕은 안영이 키가 작은 것을 빌미로 삼아 그를 비웃은 것이었다. 이에 안영은 아무렇지도 않게 대답하였다.

"우리 제나라에는 각국에 사신을 보낼 때 한 가지 원칙을 세워 두고 있습니다. 즉, 대국에 보낼 때는 큰 사람을 골라 보내고 소국에 보낼 때는 작은 사람을 보내는 것이지요. 그런데 저는 작은 사람 가운데에서도 가장 작기 때문에 이렇게 초나라에 사신으로 오게 된 것입니다."

이 말에 넋이 빠진 영왕은 한동안 대꾸도 못한 채 앉아 있었다. 영왕은 망신을 만회하기 위해 다시 꾀를 부렸다.

마침 궁궐 뜰로 죄수를 이끌고 병사가 지나갔다. 영왕이 물었다.

"그 죄수는 어느 나라 사람인가?"
"예, 제나라 사람입니다."
"그런가. 그럼 죄명은 무엇인가?"
"예, 절도죄입니다."
"어허, 여보시오 안영. 제나라 사람들은 원래 도적질을 잘 합니까?"

이 말에도 안영은 굴하지 않고 사연을 말했다.

"이런 말이 있습니다. 귤은 강남에 심으면 귤로 자라 사람들의 입맛을 돋구지만, 이것이 강북으로 올라가면 탱자가 되어 버린다는 것입니다. 마찬가지로 우리 제나라 사람은 하나같이 선량한 사람들뿐인데 초나라같이 풍토가 나쁜 곳에 오니 저렇게 도적질하는 사람이 된 것이옵니다."

이렇게 번번이 안영을 궁지에 몰아넣으려는 계획이 무산되자 영왕도 그만 두 손 들고 항복하고 말았다.

【용례】 그 사람은 원래 그렇게 악한 사람은 아니었어. 강남 귤이 강북에 가면 탱자가 된다잖아?("강남종귤 강북위지") 자란 환경만 좋았더라면 아마 훌륭한 사람이 되었을 거야. 바탕은 착한 사람이니까.

강노지말 強弩之末

強 : 강할(강) 弩 : 쇠뇌(노)
之 : 갈(지) 末 : 끝(말)

【뜻풀이】 강한 화살도 나중에는 힘이 떨어져 맥을 못 춘다. 강대하던 것이 시간이 지나면서 힘을 잃고 쇠약해진다.

【출전】 『한서 · 한안국전(韓安國傳)』에 의하면 한무제 때 북방의 흉노족들이 사신을 파견하고 화친할 것을 제의해 오자 왕회(王恢)라는 사람은 화친을 끝까지 반대하면서 무력으로 흉노를 완전히 정복해야 한다고 주장하였다. 이에 한안국이 말했다.

"저쪽에서 화친을 제의해 왔는데 우리 쪽에서 오히려 무력행사로 나온다면 어찌 될 것인가? 그리고 항차 1천 리 길에 원정을 떠난다면 아무리 강한 군사라 하더라도 막판에 가서는 강한 화살이 나중에 맥을 못 추는 것과 같이(強弩之末) 승산이 없게 될 것이다."

이렇게 그는 왕회의 논조를 반박했던 것이다. 결국 여러 대신들이 한안국의 말이 옳다고 하자 한무제도 그의 뜻을 따라 흉노와 화친하게 되었다. 이 이야기는 『사기 · 한장유열전』에도 기재되어 있으며, 『삼국지 · 촉지 · 제갈량전』에도 강노지말이라는 말이 나온다.

【용례】 여러분, 이쯤해서 일을 정리하는 것이 좋을 듯합니다. 물론 계속 진행한다고 해도 성과가 없지는 않을 겁니다. 그러나 "강노지말"이라고 언제까지나 잘 되리란 보장은 없습니다. 관심을 다른 곳으로 돌릴 필요를 느끼는군요. 다들 어떻게 생각하십니까?

강동보병 江東步兵

江 : 강(강) 東 : 동녘(동)
步 : 걸음 · 걸을(보) 兵 : 병사(병)

【뜻풀이】 동진(東晉) 때의 유명한 문인 장한(張翰)을 일컫는 말이다.

보병은 벼슬 이름인데, 보통 진(晉)나라 때의 문인인 완적(阮籍)을 일컫는 별명이다. 동진은 강동에 도읍을 정한 나라였다. 때문에 장한을 완적과 비교해서 말할 때 이렇게 부르는 것이다.

【출전】『진서·장한전』에 다음과 같은 이야기가 있다.

장한의 자는 계응(季鷹)이고, 오(吳)나라 사람으로 뛰어난 재능을 지녔으며 특히 글을 잘 지었다. 또 세상 사람들의 이목에 얽매이지 않고 마음 내키는 대로 행동하면서 삶을 즐겼는데, 이 때문에 당시 사람들이 그를 일러 강동보병이라고 하였다. 완적 역시 세상의 속된 선비들을 백안시(白眼視)하면서 자부심이 대단했던 인물이었다.(➡ 백안시白眼視 참조)

당(唐)나라 때 출현한 두 사람의 두씨 성을 가진 시인에 대해 두보(杜甫, 712~770)를 '노두(老杜)'라 부르고 두목(杜牧, 803~853)을 '소두(少杜)'라고 부른 것과 비슷한 관습이다.

【용례】 저 친구 하는 행동을 보면 정말 거칠게 없다는 듯이 안하무인(眼下無人)이야. 풍류를 즐기며 사는 것도 좋지만 "강동보병"이 아닌 다음에야 자제할 필요도 있겠어.

강랑재진 江郎才盡

江 : 강(강) 郎 : 사내(랑)
才 : 재주(재) 盡 : 다할(진)

【뜻풀이】 재주를 다 써먹었다는 뜻으로, 다음과 같은 이야기에서 나온 성어다.

【출전】 남북조 시대의 유명한 문인으로 강엄(江淹)이라는 사람이 있었는데, 젊어서 집안 형편이 말할 수 없이 궁핍했지만 열심히 공부해서 주옥같은 글을 많이 지었다. 그러나 말년에 가서 송나라와 제나라, 양나라 3대에 걸쳐 벼슬을 지내다 보니 글재주가 점차 무뎌져서 좋은 글을 써내지 못하게 되었다. 이에 사람들은 "강씨의 재주도 이젠 거덜 났다.(江郎才盡)"고 말하였다.

『남사(南史)·강엄전(江淹傳)』에 보면 이런 전설도 있다. 어느 날 밤 꿈에 강엄은 진(晉)왕조 때의 유명한 문인인 곽박(郭璞)을 만나게 되었다.

곽박은 그를 보며 이렇게 말했다.

"나의 붓을 자네에게 맡겨 둔 지 여러 해 되었는데 이제는 돌려주게."

이에 강엄이 자신의 품을 만져 보니 과연 오색 붓이 있어서 돌려주었다는 것이다.

이때부터 강엄은 좋은 글을 써내지 못했다고 하는데, 재주가 뛰어난 작가가 좋은 작품을 써내지 못하는 것을 일러 강랑재진이라고 한다.

【용례】 그는 지난해까지는 펄펄 날던 투수였는데, 올해 들어서는 거의 무기력하게 공을 뿌려 대고 있어. 무모한 등판으로 체력이 한계에 온 것이 분명해. "강랑재진"의 교훈을 잘 새겨들었더라면 그렇게까지 스스로를 혹사하지는 않았을 텐데.

강안 强顔

强 : 굳셀·강할(강) 顔 : 얼굴(안)

【뜻풀이】 후안무치(厚顔無恥). 얼굴이 너무 두꺼워서 부끄러움을 모르다.

【출전】『신서(新序)』에 다음과 같은 이야기가 나온다.

옛날 제(齊)나라에 한 여자가 살고 있었는데, 그녀는 너무나 못생겨 비견할 여자가 없을 정도였다. 그런 이유로 거들떠보는 남자도 없어 출가할 나이가 훨씬 지났지만 여전히 처녀로 살고 있었다. 사람들은 그녀를 일러 '무염녀(無鹽女)'라고 불렀다.(◘ 각화무염刻畵無鹽 참조) 어느 날 그녀는 제선왕(齊宣王)에게 나아가 한번 뵙기를 청하면서 내시에게 다음과 같이 말을 전하도록 하였다.

"저는 제나라의 보잘것없는 계집입니다. 들으니 폐하의 성덕이 천하에 자자한지라 후궁을 청소하면서 그 은덕에 보답하고 싶습니다. 부디 허락해 주시기 바랍니다."

그녀는 궁문 밖에서 머리를 조아린 채 대답을 기다렸다. 내시가 이 사실을 선왕에게 전했다. 그때 선왕은 궁전 뜰에서 대신들을 불러 놓고 점대(漸臺)에서 술자리를 벌이던 중이었다. 대신들은 이 말을 듣더니 모두 낄낄거리면서 웃음을 감추지 못했다. 무염녀의 추한 얼굴에 대해서는 제나라에서 모르는 사람이 없을 정도로 소문이 파다했던 것이다. 한 대신이 웃음을 간신히 멈추더니 이렇게 말했다.

"그 여자가 정말 천하의 얼굴 두꺼운 사람이로군.(此天下强顔女子也)"

이 이야기에서 성어 강안이 나왔다.

【용례】 국민의 공복이랍시고 청렴결백을 그렇게 외치던 사람이 비리 때문에 구속되는데 저렇게 얼굴을 뻔뻔하게 쳐들고 수감될 수 있을까? 지독한 "강안"이로군. 저만하면 정치를 해도 괜찮겠어.

강퍅자용 剛愎自用

剛 : 굳셀(강) **愎** : 괴팍할(퍅)
自 : 스스로(자) **用** : 쓸(용)

【뜻풀이】 고집불통. 자기의 주장만 고집하면서 제멋대로 행동하는 경우를 비유하는 말이다.

【출전】『좌전·선공 12년』조에 다음과 같은 이야기가 실려 있다.

어느 날 진(晉)나라와 초(楚)나라 사이에 전쟁이 벌어졌는데 승부가 나기도 전에 초나라 군사들이 후퇴하기 시작했다. 이때 진나라 군대의 총사령관이자 중군 주장(主將)이었던 순림보(荀林父)는 적군의 형편과 전반적인 정세를 분석한 결과 추격하지 않기로 결정하였다. 그런데 중군 부장(副將)인 선곡(善穀)이 명령을 따르지 않고 자의적으로 군사들을 거느리고 추격전을 벌였다. 순림보는 할 수 없이 전군에 명령을 내려 초나라 군대를 추격하게 하였다. 이때 초군 진중에서 대부(大夫) 오삼(伍參)은 돌아서서 진군을 공격하자고 주장하였고, 영윤(令尹) 손숙오(孫叔敖)는 내버려 두고 계속 퇴군하자고 주장하였다. 이에 오삼은 급히 초장왕(楚莊王)을 찾아가 싸울 것을 극구 주장하였다.

"진나라 장수 순림보는 방금 중군 주장에 임명되었기 때문에 그의 명령을 따르는 사람이 별로 없습니다. 그리고 중군 부장인 선곡은 고집이 세고 모진 사람(其佐善穀 剛愎不仁)이어서 제멋대로 일을 처결하고 있습니다. 공격하기만 하면 이길 수 있는데 왜 치지 않는단 말입니까?"

이리하여 초장왕은 손숙오로 하여금 반격하게 하였는데 결국 진나라 군대는 대패하고 말았다.(◘ 곤수유투困獸猶鬪 참조)

강퍅이라는 말은 이렇게 해서 나온 말인데, 흔히 자용이라는 말과 함께 쓰인다. 예를 들면『금사(金史)·적잔합희전(赤盞合喜傳)』에 "고집이 세고 괴팍하여 제멋대로 하기를 즐긴다.(性剛愎 好自用)"고 한 글이 있다. 고집이 센 사람은 흔히 제멋대로 행동하기 때문이라고 하겠다.

자용에 관해서는 『좌전·환공(桓公) 13년』조에 다음과 같은 이야기가 있다.

춘추시대 초무왕 때 있었던 일이다. 어느 날 초무왕은 굴가(屈暇)라는 장군으로 하여금 근처의 작은 나라인 나국(羅國)을 치게 하였다. 그를 배웅하고 돌아온 두백비(斗伯比)라는 대부가 임금 앞에 나서며 말했다.

"이번 싸움에 굴가는 반드시 패할 것인즉 일찌감치 응원군을 보내야 할 줄로 아옵니다."

이에 초무왕은 싸움을 치르기도 전에 응원군부터 보내라는 것이 무슨 뜻인지 몰라 왕후 등만(鄧曼)에게 물었다. 왕후는 잠시 생각에 잠기더니 곧 대답하였다.

"대부 두백비가 한 말의 참뜻은 응원군을 보내자는 데 있는 것이 아니라 굴가 장군이 전번에 있었던 운국(隕國)과의 자그마한 싸움에서 이긴 일로 인하여 교만해진 것을 걱정하는 것입니다. 굴가 장군은 아마 우쭐해져서 반드시 나국을 가볍게 여길 것입니다.(自用也 必小羅)"

초무왕은 왕후의 말을 옳게 여기고 급히 사람을 보내 굴가에게 신중히 행동하라는 명령을 전하게 하였으나 그 사람은 굴가를 따라잡지 못하고 돌아왔다.

결국 굴가의 대군은 나국과 노융국(虜戎國) 군사들이 필사적으로 방어하는 바람에 변변히 싸워 보지도 못한 채 대패하고 말았고, 굴가 자신은 이를 부끄럽게 여겨 자살하고 말았다는 것이다.

【용례】 업무에는 먼저 해야 할 일이 있고 나중으로 미뤄도 될 일이 있어 아무리 유능한 사람이라도 능력에는 한계가 있는 법이지. 분수도 모르고 "강퍅자용"하다가는 큰코다치기 십상이지.

개관사시정 蓋棺事始定

蓋 : 뚜껑·덮을(개)
棺 : 널·입관할(관)　事 : 일(사)
始 : 시작할·비로소(시)
定 : 정할·정해질·머무를(정)

【뜻풀이】 관 뚜껑을 닫아야 비로소 일은 정해진다. 사람에 대한 평가란 모든 일이 완전히 끝나기 전에는 아무도 모른다는 말이다. 지금은 "개관사정"이라고 더 많이 쓴다.

【출전】 이 성어는 당나라 두보(杜甫, 712~770)의 시 〈군불견간소혜(君不見簡蘇徯)〉에 나오는 말이다. 시 전문은 다음과 같다.

「그대 보지 못했나,
　길가에 버려진 연못을.
　그대 보지 못했나,
　전에 꺾여 넘어진 오동을.
　백 년 지난 죽은 나무도 거문고로 쓰이고
　한 홉 썩은 물에도 교룡이 숨어 있다네.
　장부에게 있어서 관이 덮여야 일은 끝나는 법이니
　그대는 지금 다행히도 늙은 노인네가 아닐세.
　초췌한 몰골로 산중에 있음을 어이 한탄하는가
　깊은 산 아득한 골짜기는 사람이 살 곳이 아니니
　벼락과 귀신들이 오가고 때로 미친 바람이 분다네.
　君不見道邊廢棄池
　君不見前者摧折桐
　百年死樹中琴瑟
　一斛舊水藏蛟龍
　丈夫蓋棺事始定

君今幸未成老翁
何恨憔悴在山中
深山窮谷不可處
霹靂魍魎兼狂風」

악부체(樂府體)인 이 시는 두보가 사천성 기주(夔州)에서 살 때 소혜라는 사람에게 준 작품이다. 아무리 하찮은 물건이라 해도 언젠가 쓰일 날이 올 것이란 뜻을 담아 실의에 잠긴 친구의 아들을 격려하고 있다. 그 시구 가운데 한 구절이 떨어져 성어가 된 것이다.

이와 비슷한 구절은 두보의 시 〈자경부봉선현영회오백자(自京赴奉先縣永懷五百字)〉에도 나온다. 그 중 일부만 인용하면 다음과 같다.

「어느덧 세상에서 버림을 받았으니
흰머리에 고생을 달게 여긴다.
관 뚜껑 닫은 뒤에야 만사는 끝나리니
이 뜻은 항상 펼쳐지기를 바란다.
居然成濩落 白首甘契闊
蓋棺事則已 此志常覬豁」

【용례】 실패했다고 해서 너무 좌절하지 말거라. 사람의 일이란 관 뚜껑을 닫아 봐야 아는 것이다("개관사시정"). 더욱 용기를 내서 문제점을 찾아낸다면 다음에는 반드시 성공할 거야.

개권유익 開卷有益

開 : 열(개) **卷** : 책·두루마리(권)
有 : 있을(유) **益** : 더할·이익(익)

【뜻풀이】 책은 읽지 않고 펼치기만 해도 유익하다는 말로, 제대로 독서를 하면 좋은 효과가 높다는 뜻이다.

【출전】 송나라 초기, 황제 태종은 이방(李昉) 등에게 명하여 천여 권이나 되는 방대한 저작을 편찬하게 했는데, 1,600여 종의 옛 전적(典籍)에 대한 중요한 내용이 55개 부분으로 분류되어 있었다. 더구나 이 책은 여러 가지 사실을 확인하는 데 참고할 가치가 높은 책으로 송태종 태평흥국 연간에 완성되었기 때문에 흔히 『태평편류(太平編類)』라 했다.

기록에 따르면 태종은 이 책을 매우 즐겨 읽었는데 매일 두세 권씩 1년 동안 다 읽어 보았다고 한다. 그래서 황제가 읽었다는 의미에서 그 후엔 이 책을 『태평어람(太平御覽)』이라고 했다.

당시 어떤 사람들은 황제가 바쁜 가운데 침식도 잊어 가며 책을 읽자 천천히 쉬어가면서 읽으라고 간하였다고 한다. 그러자 태종은 "이 책은 펼치기만 해도 유익한 점이 많기 때문에 피로를 느끼지 않는다.(開卷有益 豈徒然也)"고 대답했다고 하는데, 개권유익은 바로 태종의 이 말에서 나온 성어다.

【용례】 독서의 계절이 돌아오고 있다. 메마른 마음에 한줄기 단비 같은 양서를 읽는다면 우리의 삶은 한층 풍요로워질 것이다. 아니, 좋은 책은 읽지 않고 펼쳐 보기만 해도 유익할지 모른다("개권유익").

개문읍도 開門揖盜

開 : 열(개) **門** : 문(문)
揖 : 읍할(읍) **盜** : 도적(도)

【뜻풀이】 문을 열어 도둑에게 인사를 하다. 주위 사정을 깨닫지 못하고 감상(感傷)이나 비탄에 젖어 스스로 재앙을 불러들이는 어리석은 행동을 비유하는 말로, 개문납도(開門

納盜), 개문납적(開門納賊)이라고도 한다.

【출전】『삼국지·손권전(孫權傳)』에 다음과 같은 이야기가 나온다.

후한(後漢) 말 오(吳)나라 장수 손책(孫策)의 세력이 점점 강해지자 태수(太守, 지방장관) 허공(許貢)이 헌제(獻帝)에게 손책을 제거해야 한다고 상서를 올렸다. 그러나 상서문은 그만 손책의 손에 들어갔고, 화가 난 손책은 허공을 죽여 버렸다. 그때 허공의 집에는 식객(食客) 세 명이 있었는데 간신히 목숨을 부지하여 탈출했다.

이들은 허공의 원수를 갚기 위해 사냥을 즐기는 손책을 기다렸다가 기습하였다. 손책은 다행히 깊은 상처만 입고 간신히 도망쳤지만 상처가 악화되어 위독해지자 동생 손권에게 후사를 맡긴 채 세상을 떠났다. 권력을 물려받은 손권은 형의 죽음을 슬퍼하며 비탄에 빠져 아무 일도 하지 않고 있었다. 그러나 손책의 가신(家臣)인 장소(張昭)가 손권에게 충고하였다.

"이렇게 상황이 위급한데 하릴없이 슬픔에 잠겨 있으면 안 됩니다. 이러시면 스스로 문을 열어 놓고 도적을 맞이하는 꼴입니다.(開門揖盜) 난세에는 탐욕스런 늑대들이 득실거리는 법이니, 정신을 바짝 차려야 합니다."

손권은 충고의 참뜻을 깨닫고 즉시 상복을 벗어던진 뒤 주변을 단속했다. 먼저 그는 아버지 손견(孫堅)의 원수 황조(黃祖)를 무찔렀고, 적벽(赤壁)에서는 유비(劉備)와 연합하여 조조(曹操)의 군대를 격파, 강남(江南)에서의 지위를 굳혔다. 또 조조의 아들 조비(曹丕)가 헌제를 핍박하여 제위를 빼앗아 위(魏)라는 나라를 세우고 황제라 칭하자, 자신도 제위에 올라 오(吳)나라를 이룩하였다.

이것이 바로 중국 역사상의 삼국시대다. 뛰어난 군주와 충신은 호흡이 서로 잘 맞아야 국가를 올바르게 경영할 수 있다. 손권과 장소 역시 그런 손발이 잘 맞는 군신 관계를 보여 준 예다.

【용례】 사업이 위기에 닥쳤다고 해서 자포자기하고 버려둔다면 이것은 "개문읍도"하는 짓이야. 더욱 정신을 가다듬어 돌파구를 찾아야지. 아버지가 어떻게 세운 회사인지는 너도 알지 않니.

개문칠건사 開門七件事

開 : 열(개) 門 : 문(문) 七 : 일곱(칠)
件 : 구분할·사건(건) 事 : 일·섬길(사)

【뜻풀이】 사람이 먹고 살면서 매일같이 겪게 되는 일곱 가지 문제를 말한다.

【출전】 송나라 때 오자목(吳自牧)이 자신의 책 『몽량록(夢粱錄)』에서 지목한 것인데, 땔나무를 비롯하여 쌀과 기름, 소금, 간장, 식초, 차 등 일곱 가지를 들었다.

옛날에 사람들은 먹고살아야 한다는 근심 걱정 때문에 매일같이 이 일곱 가지 일로 골머리를 앓았던 것이다. 그래서 "아침에 일어나 문을 열면서 이 일곱 가지 때문에 걱정이 앞선다."는 말을 하곤 했다. 이렇게 해서 일상생활의 필수품을 가리키게 된 것으로, 지금은 흔히 땔나무·쌀·기름·소금(柴米油鹽)을 들고 있다.

【용례】 궁핍한 사람이 자고 나면 떠오르는 걱정은 어떻게 하루를 보낼 것인가가 아닌가 싶다. "개문칠건사"같이 목전에 닥친 생계가 염려되는 사람들을 위해 근검절약하는 정신을 잊지 말아야겠다.

개원절류 開源節流

開 : 열(개) **源** : 근원·물줄기(원)
節 : 마디·절약할(절) **流** : 흐를(류)

【뜻풀이】 자원을 개발해서 비용을 절약한다는 뜻으로, 『순자(荀子)·부국편(富國篇)』에서 유래한 성어다.

【출전】 『순자』의 저자이자 전국시대 조나라의 학자였던 순황(荀況)은 「부국편」에서 나라의 빈부에 대해 언급했는데, 백성을 돌보고 생산을 발전시켜야 나라를 부강하게 만들 수 있으며, 세금에만 의지해서 낭비를 일삼는다면 결국 나라는 가난해진다고 하였다. 그러면서 그는 이렇게 지적했다.

"백성들이 계절에 따라 힘껏 농사를 지으면 풍년을 맞이할 수 있고 사업도 순서에 맞게 진행한다면 이것이야말로 경제의 근본으로서 물의 원천과도 같다. 세금을 거둬들여 국고에 저축한 것은 아무리 많다 해도 다 써 버릴 수 있는 것이니 그것은 흐르는 물과도 같은 것이다. 때문에 현명한 군주는 생산 발전에 편리한 조건을 마련해 주고 재정 지출을 줄이는 한편 경제에 필요한 자원을 개발하고 합리적으로 조절해서 나라와 백성을 고르게 돌보는 것이다.(百姓時和 事業得敍者 貨之源也 等賦府庫者 貨之流也 故明主必謹養其和 節其流 開其源 而時斟酌焉)"

여기에서 순황은 물로 재정과 경제를 비유했는데, 생산과 수입을 원천(源)에 비기고 비용과 지출을 흐름(流)으로 비기면서 양자를 반드시 결합시켜 적절하게 균형을 잡아야 한다고 주장하였다.

개원절류는 바로 순황의 이 말에서 나온 성어로, 오늘은 국가의 재정에만 제한되지 않고 증산이나 절약과 마찬가지로 넓은 범위에서 쓰이고 있다.

【용례】 지금 우리나라는 그간 흥청망청 낭비하던 작태를 버리고 새롭게 도약해야 할 시점에 서 있습니다. 사소한 물건 하나라도 아끼고 재생해 써서 "개원절류"하는 지혜를 되살려야 하겠습니다.

개천벽지 開天闢地

開 : 열(개) **天** : 하늘(천)
闢 : 열·열릴(벽) **地** : 땅(지)

【뜻풀이】 반고(盤古)의 천지개벽 신화에서 나온 성어로서 그 신화의 내용은 대략 다음과 같다.

【출전】 삼국시대 오나라의 학자 서정(徐整)이 쓴 『삼오력기(三五歷記)』에 다음과 같은 이야기가 나온다. 세상은 처음에 하늘과 땅의 분별이 없어 커다란 알과 같았는데 세상 만물의 창조자인 반고가 바로 그 속에서 태아마냥 성장하다가 약 1만 8천 년이 지난 뒤에 그 알을 깨고 나왔다. 그때 알 속에서 나온 가볍고 맑은 기체는 하늘이 되고 무겁고 혼탁한 잡물은 땅이 되었다.

그런데 처음에는 하늘과 땅 사이가 너무 낮았기 때문에 반고는 허리도 펴지 못하였다. 그리하여 반고는 땅을 딛고 하늘을 짊어져서 하늘과 땅이 맞붙지 못하게 했는데, 이때부터 날마다 하늘은 한 길씩 높아가고 땅은 한 길씩 두터워져 반고의 키도 하루에 한 길씩 커갔다. 이렇게 또 1만 8천 년이 지나자 하늘과 땅 사이는 9만 리가 되고 반고의 키도 마찬가지로 9만 리가 되었다. 이렇게 해서 하늘과 땅이 맞붙을 우려가 없어지자 천지개벽의 사명을 완수한 반고는 운명을 다했다.

그때 그의 숨결은 바람과 구름이 되고 그가 남긴 소리는 우레 소리가 되었으며, 왼쪽 눈은 해가 되고 오른쪽 눈은 달이 되었다. 손발과 체구는 대지의 4극(極)과 5방(方)의 명산이 되고, 피는 강이 되고 근육과 힘줄은 길이 되고, 살은 밭이 되고 뼈는 금속이 되고 눈물과 침 따위는 전부 비나 감로수가 되었다.

이상이 바로 반고의 천지개벽 신화인데, 우주와 천지만물의 창조에 대한 옛사람들의 생각을 이 신화를 통해 이해할 수 있다.

성어 개천벽지는 바로 이 신화에서 나온 성어로서 반고의 천지개벽과 같은 위대한 사건이나 어려운 위기를 극복하고 창업에 성공한 경우를 비유할 때 쓰이고 있다.

【용례】 이번에 댐 공사를 성공적으로 마무리한 것은 우리나라 건설 역사상 참으로 획기적인 일이라고 하겠습니다. 현장에서 일한 인부에서부터 총지휘한 관리자에 이르기까지 "개천벽지"한 장본인으로서 자부심을 가져도 좋을 것입니다.

거기지엽 去其枝葉

去 : 갈(거) **其** : 그(기)
枝 : 가지(지) **葉** : 입(엽)

【뜻풀이】 가지와 잎을 없앤다는 뜻으로 사물이나 현상의 원인이 되는 부분, 즉 가장 중추가 되는 부분을 제거하는 것을 말한다. 발본색원(拔本塞源)과도 뜻이 통하는 성어다.

【출전】 『국어(國語)·진어(晉語)』에 나오는 말이다.

진(晉)나라 평공(平公)이 전란을 피하기 위해서는 어떻게 하면 좋을지 묻자 양필(陽畢)은 이렇게 대답했다.

"사물이나 현상의 발단은 우뚝 자란 나무와도 같습니다. 가지나 이파리가 자라면 밑뿌리도 굵어지고 뻗어나가는 법이지요. 일이 이렇게 되었으면 세상의 혼란도 그치기 어렵습니다. 그러나 만약 지금 큰 도끼로 가지와 잎을 쳐내고, 그 밑뿌리를 잘라 버린다면 얼마간 평화를 유지할 수 있을 것입니다.(本根猶樹 枝葉益長 本根益茂 是以難已也 今若大其柯 去其枝葉 絕其本根 可以少閒)"

【용례】 근본적인 대책은 세우지 않고 일시적인 증상만 완화시켜서는 효과를 볼 수 없습니다. 다소간의 출혈이 있더라도 "거기지엽" 하는 용기를 가집시다.

거수마룡 車水馬龍

車 : 수레(거) **水** : 물(수)
馬 : 말(마) **龍** : 용(룡)

【뜻풀이】 많은 수레와 말들이 끊임없이 오가면서 떠들썩하다. 어떤 사람의 행차가 대단한 장관을 이루는 것을 비유하는 말이다.

【출전】 『후한서·마후기(馬后記)』에 나오는 이야기인데, 마후는 후한 초기의 명장인 마원(馬援)의 딸로 한명제 때 입궁해서 비(妃)가 되었고 나중에 황후가 되었으며, 명제의 아들 장제(章帝) 때는 황태후가 되었다.

한장제는 비록 마후의 소생은 아니지만 그녀를 몹시 존중했는데, 이로 인해 어느 날 장제가 마후의 몇몇 외삼촌들에게 관작(官爵)

을 내리려 하였다. 그러자 몇몇 간사한 신하들이 이에 맞장구치며 동의했지만 마후만은 끝내 이를 반대하였다. 그러면서 그 이유를 이렇게 밝혔다.

"내가 지난번에 친정에 갔을 때 어느 외삼촌이나 모두 호화스런 정원에서 살고 있었습니다. 그리고 찾아오는 손님들이 어찌나 많은지 '수레는 물이 흐르는 듯했고, 말은 용이 헤엄치는 듯했습니다(車如流水馬如遊龍)'. 그리고 하인들도 옷차림이 하나같이 화려했는데 내 마부는 그들에게 비길 바도 못 되었습니다. 그때 나는 짐짓 화를 참고 아무 책망도 하지 않았지만 이후로 다시는 그들에게 아무런 지원도 해주지 않았습니다. 그들의 사치가 얼마나 지독한지 스스로 깨우치게 해 주지는 못할망정 이제 다시 관작을 내려서야 되겠습니까?"

거수마룡은 바로 마후의 이 말에서 유래한 성어로 "거여유수, 마여유룡"을 줄인 말이다.

【용례】 국군의 날 시가행진은 정말 장관이더라. 탱크가 지나가고 미사일 부대가 뒤따라 오는데, 정말 "거수마룡"이 따로 없더군.

거안사위 居安思危

居 : 머물(거) **安** : 편안할(안)
思 : 생각·생각할(사)
危 : 위험·위태로울(위)

【뜻풀이】 편안할 때 경각심을 높여 장차 있을지도 모르는 위험에 대비해 미리 방지해야 한다는 뜻이다.

【출전】 춘추시대 어느 날 송(宋)·제(齊)·진(晉)·위(衛) 등 12개 나라가 연합하여 정(鄭)나라를 공격한 적이 있었다. 이때 정나라는 몹시 당황하여 급하게 그 중 가장 강한 나라인 진(晉)나라에 화의를 청했는데, 진나라가 이를 받아들이자 다른 나라도 모두 군사를 철수하고 말았다. 이에 정나라에서는 악사 3명과 병졸들을 실은 각종 병거(兵車) 100대와 가녀(佳女) 16명을 진나라에 예물로 보냈다. 이때 진도공(晉悼公)은 공이 큰 위강(魏絳)에게 가녀 8명을 주면서 그의 공로를 치하하였다. 그러나 위강은 받지 않고 겸손하게 몇 마디 할 뿐이었다.

"바라건대 안락을 향수할 때 나라에 아직 처리해야 할 일이 많다는 것을 생각해 주십시오. 『서경』에 이르기를, '안락할 때 장차 있을 수 있는 위험에 대해 생각해야 한다. 이런 생각이 있으면 재난이 닥치더라도 미리 방비할 수 있고, 방비가 있으면 곧 우환이 없다.(居安思危 思則有備 有備無患)'고 하였습니다."

이렇게 승리에 들뜬 임금의 방심하는 마음을 한마디로 일깨워 주었다.

성어 거안사위는 바로 여기에서 유래한 말이며, 유비무환(有備無患)도 마찬가지로 성어로 쓰이고 있다.

【용례】 자네 요즘 너무 게으름을 피우는 거 아닌가? 그 정도 성공했다고 방만해지면 쓰겠나? "거안사위"라 했네, 어려워질 때를 대비해야지.

거안제미 擧案齊眉

擧 : 들(거) **案** : 책상·밥상(안)
齊 : 가지런히 할(제) **眉** : 눈썹(미)

【뜻풀이】 밥상을 들어 눈썹에 맞추다. 『후한서·양홍전(梁鴻傳)』에 다음과 같은 이야

기가 있다.

【출전】 후한 사람 양홍은 젊어서 집안 살림이 몹시 구차했지만 열심히 공부하여 나중에 학문에 조예가 깊은 사람이 되었다. 그러나 그는 벼슬에 뜻이 없어 아내와 함께 손수 몸을 움직여 검소한 생활을 하는 것을 즐거움으로 삼았다.

그의 아내 맹광(孟光)은 피부가 검고 몸이 뚱뚱한 여인으로, 처녀 시절 그의 부모들은 딸의 혼사 때문에 무척 골치를 앓았다. 그것은 사윗감들이 맹광을 못났다고 나무라서가 아니라 오히려 그녀가 신랑감을 못마땅하게 생각했기 때문이었다. 그리하여 나이 서른이 되었는데도 불구하고 양홍 같은 사람이 아니면 시집을 가지 않겠다고 버텼다.

이에 처녀의 부모가 할 수 없이 양홍에게 청혼을 해보았더니 맹광의 성격을 알고 있는 양홍은 선선히 허락하고 말았다. 이리하여 맹광은 양홍과 결혼하게 되었다.

그들이 결혼하는 날 맹광은 예복을 곱게 차려입었다. 그런데 양홍은 도리어 그것을 못마땅하게 여겨 일주일간이나 그녀를 거들떠보지 않았다.

여드레째 날 신부가 예복을 벗고 무명옷으로 갈아입자 그제야 양홍은 기뻐하면서 "이제야말로 양홍의 아내답다."고 말했다.

이때부터 그들은 서로 돕고 아끼며 생활하였는데, 양홍이 일을 마치고 돌아오면 아내는 밥과 반찬을 담은 쟁반을 자기 눈썹 높이까지 치켜세워 남편에게 바쳤다.(擧案齊眉)

이래서 훗날, 사람들은 금실이 좋은 부부를 가리켜 양맹(梁孟)이라 부르며, 부부간에 금실이 좋음을 일러 거안제미 또는 거안상장(擧案相莊)이라는 말로 비유한다.

【용례】 이번에 네가 선본 아가씨 정말 참하더구나. 옷맵시하며 말투가 그렇게 공손할 수가 없었어. "거안제미"하던 요조숙녀가 옛말인 줄로만 알았는데, 꼭 며느리 삼았으면 좋겠다는 생각이 절로 들더구나.

거이기 양이체
居移氣 養移體

居 : 머물(거) **移** : 옮길(이) **氣** : 기운(기)
養 : 기를(양) **體** : 몸(체)

【뜻풀이】 머무는 곳에 따라 기상은 변하고, 음식과 의복은 몸을 변하게 한다. 사람은 처해 있는 환경에 따라 기상이 달라지고 먹고 입는 것에 따라 몸이 달라진다는 말이다. 결국 물질적인 조건과 처해진 사회적 형편이 인간을 변화하게 만든다는 뜻이다. 그러므로 머문다는 의미는 단순한 거처만 뜻하는 것은 아니다.

【출전】『맹자 · 진심장구(盡心章句)』 상편에 다음과 같은 이야기가 있다.

맹자가 범 지방을 떠나 제나라의 서울로 갔다. 그곳에서 제나라 임금의 아들을 보고는 크게 한숨지으며 탄식해 말했다.

"거처하는 곳은 사람의 기상을 바꾸고 먹고 입는 것에 따라 몸도 변하는 법이다. 크구나. 거처하는 곳이여! 무릇 다 같은 사람의 자식이 아닌가?"

맹자가 다시 말했다.

"저 왕자는 살고 있는 집이나 수레나 마차, 또는 의복이 다른 여느 사람과 같은데 왕자의 거동이 저렇게 당당한 것은 무엇 때문인가? 바로 그가 거처하는 곳이 그렇게 만든 것이다. 그런데 제나라와 같은 궁벽한 땅에 사는 왕자도 저런데 하물며 천하의 넓은 곳에서 사는 사람은 어떻겠는가? 옛날에 노나라 임금이 송나라에 갔는데, 질택이라는 고을의 성문에 서서 크게 외쳐 부르니 성문을 지키던 병사가 나와 보며 말했다.

'저 사람은 분명 우리 임금이 아니다. 그런데 어떻게 목소리가 우리 임금과 같을까?'

그 이유는 다른 것이 아니다. 바로 머무는 곳이 서로 비슷하기 때문인 것이다."

(孟子自范之齊 望見齊王之子 喟然歎曰 居移氣 養移體 大哉居乎 夫非盡人之子與 孟子曰 王子宮室車馬衣服多與人同 而王子若彼者 其居使之然也 況居天下之廣居者乎 魯君之宋 呼於垤澤之門 守者曰 此非吾君也 何其聲之似我君也 此無他 居相似也)

이 이야기는 맹자가 늘 주장했던 호연지기(浩然之氣)와도 연관 지어 생각해 볼 수 있을 것이다.

【용례】 사람은 자신이 처한 위치나 의복 또는 음식에 큰 영향을 받게 마련이다. 이것은 반드시 물질적인 측면에서만 그런 것은 아니다. 정신적으로 그가 어떤 상황에 처해 있고 처하고자 하는가에 따라 "거이기 양이체"는 실현될 수 있을 것이다.

거이소지 이소부지 인기사저
擧爾所知 爾所不知 人其舍諸

擧 : 들·모두(거)
爾 : 어조사·너[汝](이) 所 : 바(소)
知 : 알(지) 不 : 아닐(부/불)
人 : 사람·남(인) 其 : 그(기)
舍 : 집·버릴(사)
諸 : 모두(제)/지어[之於](저)

【뜻풀이】 네가 아는 인재를 등용하면 네가 모르는 인재를 사람들이 어찌 버려두겠는가? 즉, 인재를 쓸 때 한꺼번에 모든 인재를 찾을 수는 없지만 먼저 아는 인재부터 등용해 쓰면 모르고 있던 인재들도 사람들이 추천해 쓸 수 있게끔 한다는 뜻이다.

【출전】 『논어·자로편(子路篇)』에 다음과 같은 이야기가 있다.

중궁(仲弓)이 당시의 실권자인 계씨의 총리가 되자 공자에게 와서 어떻게 다스려야 할지를 물었다. 공자가 대답하였다.

"책임을 맡은 관리를 앞세우고 작은 허물은 용서해 주며 어진 인재를 등용해 쓰거라."

중궁이 다시 물었다.

"제가 어떻게 어진 인재인 줄 알고 그를 천거할 수 있겠습니까?"

공자가 대답하였다.

"먼저 네가 알고 있는 인재를 등용하면 네가 모르던 인재들을 사람들이 추천하지 그냥 버려두겠느냐?"

(仲弓爲季氏宰 問政 子曰 先有司 赦小過 擧賢才 曰 焉知賢才而擧之 曰 擧爾所知 爾所不知 人其舍諸)

책임을 맡은 관리를 앞세운다는 것은 적재적소(適材適所)에 마땅한 관리를 배치해서 그의 책임 아래 일을 처리하라는 뜻이다. 즉, 혼자 잘난 척하는 정치를 하지 말라는 뜻이다. 작은 허물은 용서하라는 말은 좋은 일을 하려고 힘쓰다가 생긴 사소한 실수는 너그럽게 이해하라는 뜻이다. 그래야만 처벌에 대한 걱정 없이 백성을 위해 충정을 다한다는 말이다.

그러나 이 두 가지는 누구라도 쉽게 실천할 수 있지만 인재를 찾아 등용하는 일은 용이한 일이 아니다. 때문에 중궁은 다시 물은 것이고, 이에 대해 공자는 우선 네가 아는 인재를 먼저 등용하면 당연히 나머지 인재들도 남이 추천하거나 스스로 찾아온다는 사실을 일러 주었다.

지금 생각하면 다소 비합리적이고 어리석은 수법으로 치부될 수도 있겠지만, 인간성의 본질과 정치의 근본이 무엇인지를 정확하게 꿰뚫은 공자의 혜안이 담긴 발언으로 볼 수도 있겠다.

【용례】 시험에만 의존하는 사원 선발은 시정되어야 할 부분도 있습니다. 공평하다 하겠지만 사실은 책임을 회피하는 일이지요. 자신이 아는 사람을 한번 추천해 보시지요. "거이소지 이소부지 인기사저"하는 효과가 있을 겁니다.

거일반삼 擧一反三

擧 : 들(거) **一** : 한(일)
反 : 반대 · 거꾸로(반) **三** : 석(삼)

【뜻풀이】 하나를 들면 셋을 돌이켜 안다.

【출전】 공자의 제자들이 엮은 언행록인 『논어 · 술이편(述而篇)』에 "몰라서 알려고 하지 않으면 가르쳐 주지 않고, 표현하려고 애쓰지 않으면 일깨워 주지 않으며, 한 귀퉁이를 일러 주어도 나머지 세 귀퉁이를 알지 못하는 사람에게는 반복해서 설명해 주지 않는다. (不憤不啓 不悱不發 擧一隅不以三隅反 則不復也)"라는 말이 있다.

첫 두 구절의 뜻은, 배우려는 사람이 진정으로 알려고 하지 않을 때는 서둘러 알려 주지 말고, 그가 급히 도리를 말하려고 하지 않을 때는 서둘러 계발하지 말라는 것이다.

그리고 마지막 두 구절은 배우는 사람이 하나를 깨우친 다음 그것으로 동일한 문제 세 개를 깨우치지 못하게 되면 굳이 애써서 다시 반복할 필요가 없다는 것이다. 여기에서 우(隅)는 한 모퉁이라는 뜻이고, 반(反)은 되새겨서 추리해 본다는 뜻이다.

공자의 이런 발언이 온전하게 정당한가 하는 문제는 좀 더 연구해 볼 여지가 있지만 성어 거일반삼은 오늘날까지도 여전히 쓰이고 있다.

요컨대 전형적인 사실 하나를 들어서 사람들로 하여금 그와 동일한 여러 가지 문제들을 터득할 수 있게 한다면, 이것을 가리켜 거일반삼 · 일우삼반(一隅三反) 또는 우반(隅反)이라고 하는 것이다.

그리고 이 성어의 이 같은 함의에서 일우지견(一隅之見)이라든가 일우지지(一隅之地)라고 하는 말도 나오게 되었다.

전자는 부분적인 시각에서 나온 극히 편파적인 견해를 일컫는 말로 쓰이고, 후자는 아주 협소한 고장을 이르는 말로 쓰이고 있다.

【용례】 우리 반 반장 있잖아. 참 똑똑해. 하나를 말해 주면 셋을 알아요("거일반삼").

거자일이소 去者日以疎

去 : 갈(거) **者** : 놈(자) **日** : 날 · 해(일)
以 : 써(이) **疎** : 트일 · 나눌 · 멀(소)

【뜻풀이】 한 번 떠난 사람과는 시간이 지날수록 사이가 점점 멀어지며, 이미 죽은 사람에 대한 기억도 세월이 흐르면 점차 잊힌다는 뜻이다.

【출전】 이 성어는 『문선(文選) · 잡시(雜詩)』에 있는 〈고시(古詩) 19수〉 중 제14수의 첫머

리에 나오는 구절이다. 〈고시 19수〉는 모두 한나라 때의 민중들이 생활 속에서 체험한 여러 가지 애환들을 자유롭게 표현한 작품이다. 모두 19수가 남아 있어 〈19수〉라고 한다. 대개 남녀 사이의 애정을 노래하거나 인생살이의 허무함을 탄식하는 내용으로 이루어져 있다.

제14수의 전편을 소개하면 다음과 같다.

「가 버린 사람과는 날로 멀어지고
산 사람과는 날로 가까워지네.
곽문을 나서서 바라보노니
오직 보이느니 언덕과 무덤뿐일세.
옛 무덤은 갈아엎어 논밭이 되고
소나무와 잣나무는 땔감이 되네.
백양나무 숲에 구슬픈 바람이 일어
소연하게 내 마음을 죽이는구나.
옛 고향으로 돌아가고 싶어도
갈 길이 막막하니 이를 어찌할거나.
去者日以疎
生者日以親
出郭門直視
但見丘與墳
古墓犂爲田
松柏摧爲薪
白楊多悲風
蕭蕭愁殺人
思還故里閭
欲歸道無因」

고단하고 파란 많은 삶에 대해 적극적인 극복보다는 소극적인 애상에 젖어 있는 것이 자칫 건강하지 못하게 보일 수도 있지만 달관과 체념으로써 삶의 영욕을 갈무리한 태도는 일견 독자에게 큰 위안을 준다. 뿐만 아니라 유치한 감상의 유로(流露)에 빠지기 쉬운 정서를 유려하고 생동감 넘치는 언어를 통해 제시함으로써, 인간이기 때문에 가질 수밖에 없는 자연스런 감회를 더없이 아름다운 결구로 구성한 점은 후세 시인들에게도 많은 영향을 끼쳤다.

【용례】 부장님께. 영전해 가신 지도 어느덧 두 달이 지나가고 있습니다. 그동안 별고 없으신지요. "거자일이소"라더니 항상 마음으로는 찾아뵙겠다 하면서 아직 인사도 변변히 못 드렸습니다. 결례를 용서해 주시기 바랍니다.

거재두량 車載斗量

車 : 수레(거) **載** : 실을(재)
斗 : 말(두) **量** : 무게 · 잴(량)

【뜻풀이】 수량이 헤아릴 수 없이 많은 것을 비유한 말이다.

【출전】 이 이야기는 『삼국지 · 오지(吳志) · 오주권기(吳主權記)』에 실려 있다. 삼국시대 촉(蜀)나라의 장수 관우(關羽)가 오나라 장수 여몽(呂蒙)의 꼬임에 빠져서 전사하고, 뒤이어 장비(張飛)마저 죽자 유비(劉備)는 70만 대군을 이끌고 수륙 양 방향에서 오나라를 공격하였다.

이에 손권은 대경실색(大驚失色)해서 중대부(中大夫) 조자(趙咨)를 위(魏)나라에 보내 원조를 청했다. 손권은 조자가 떠날 때 원조를 청하기는 하지만 절대로 국가의 자존심이 손상당하는 일이 없도록 하라고 당부하였다.

조자가 허도에 가서 위문제를 만나자 위문제 조비(曹丕)는 과연 언행이 오만불손(傲慢不遜)하기 이를 데 없었다. 그러나 조자는 예의는 예의대로 갖추면서 조비의 모욕적인 태도를 번번이 힐책하였다. 이에 조비는 속으로 감탄해 마지않으면서 공손한 어조로 물었다.

"오나라에는 그대와 같은 인재가 얼마나 있는가?"

조자는 기회를 놓칠세라 대답하였다.

"총명이 남다른 사람은 80~90명쯤 되고 나와 같은 사람은 수레로 실어내어 되(斗)로 헤아릴 수 있을 정도입니다."

【용례】 이번 감귤 수확은 예전에 보기 힘든 풍작이었다. 집안사람들이 모두 동원되어 하루 종일 감귤 따기에 정신이 없었다. 창고에 가득 찬 감귤은 어찌나 많던지 "거재두량"이란 말을 실감할 수 있었다.

거족경중 擧足輕重

擧 : 들(거) **足** : 발(족)
輕 : 가벼울(경) **重** : 무거울(중)

【뜻풀이】 다리 한쪽을 들어 어디에 두는가에 따라 무게 중심이 옮겨져 세력의 우열이 결정된다는 뜻이다. 아슬아슬하게 세력이 균형을 잡고 있는 것을 말한다.

【출전】 한신(韓信)이 한고조(漢高祖) 유방(劉邦)을 도와 항우(項羽)와 싸우고 있을 때 일이다. 제(齊)나라의 변사 괴통(蒯通)이 그를 찾아와 유방을 배반하고 독립하여 정족지세(鼎足之勢, 세 사람이 세력을 잡는 일)를 이루라고 권했다.(▶ 천여불취 반수기구天與弗取 反受其咎 참조) 그러나 한신은 유방과의 신의를 지켜 거절했다. 당시는 초(楚)나라와 한(漢)나라가 팽팽하게 대립하고 있어서 한신의 거취는 유방과 항우 모두에게 결정적인 영향을 미치게 되어 있었다. 괴통은 한신에게 말했다.

"처음 난이 일어났을 때 천하의 영웅호걸(英雄豪傑)들이 연이어 크게 한 소리로 외치자 천하의 뜻 있는 인재들이 구름처럼 합치고 안개처럼 모여들었습니다. 이때의 관심사는 어떻게 하면 진(秦)나라를 망하게 하느냐 하는 것이었습니다. 그러나 지금은 천하가 초나라와 한나라 둘로 나뉘어 서로 패권을 다투고 있습니다. 현재 한왕 유방과 항우의 두 사람의 목숨은 장군의 손에 달려 있습니다. 장군께서 한나라를 위하면 한나라가 이기고 초나라에 가담하면 초나라가 이기도록 되어 있습니다."

한신의 경우처럼 세력 균형을 흔드는 데 절대적인 영향력을 끼칠 수 있는 경우를 두고 하는 말이 거족경중(擧足輕重)이다. 이 말이 나타난 것은 한신의 일이 있고 난 약 230년 뒤인 후한(後漢) 초기다.

『후한서(後漢書)·두융전(竇融傳)』에 나오는 이야기다.

광무제(光武帝) 유수(劉秀)가 천하를 새롭게 평정할 때 마지막까지 남은 군벌은 하서(河西) 지방의 두융과 농서(隴西) 지방의 외효(隗囂) 그리고 촉(蜀)의 공손술(公孫述)이었다. 유수는 하서 지방은 땅이 기름질 뿐만 아니라 지리적으로도 농서와 촉에 연결되어 있어 먼저 두융을 회유하여 나머지 두 군벌을 치려고 하였다. 그래서 두융에게 조서(詔書)를 보내 말했다.

"지금 공손술과 외효가 다투고 있지만 그 세력의 저울대를 쥐고 있는 사람은 바로 그대요. 이때 그대가 다리를 좌우 어디에 두는가에 따라(擧足左右), 저울의 무게도 달라질 것이오(便有輕重)."

광무제가 조서에서 인용한 것이 바로 거족경중이다.

이렇게 해서 두융을 끌어들인 유수는 마침내 두 군벌을 정벌하고 천하를 제패하였다.

이때 세운 공으로 두융은 대사공(大司空, 감찰을 맡는 정승)이 되었다. 이처럼 한 사람의 행동 하나가 어떤 일에 결정적인 영향을 끼치는 것을 일러 거족경중이라 한다.

【용례】 지금 심사위원들의 표가 팽팽하게 동점을 유지하고 있습니다. 이번 콩쿠르에서 유진이가 우승하느냐 못하느냐는 선생님의 "거족경중"에 달려 있다고 해도 과언이 아닙니다.

거주양난 去住兩難

去 : 갈(거) **住** : 머물(주)
兩 : 두(양) **難** : 어려울(난)

【뜻풀이】 가는 것도 머무는 것도 둘 다 어렵다. 이러지도 못하고 저러지도 못하는 난처한 사정을 비유하는 말이다.

【출전】 후한 말년의 유명한 문인이자 음악가인 채옹(蔡邕)의 딸 채문희〔蔡文姬, 이름은 염(琰)〕는 어려서부터 매우 총명(聰明)하여 그 소문이 자자하였다.

문희가 아홉 살 때 채옹이 밤에 거문고를 타는 도중 줄이 하나가 끊어졌다. 옆에서 조용히 이를 듣고 있던 문희가 채옹에게 말했다.

"거문고 둘째 현이 끊어졌습니다."

어둠 속에서도 거문고의 어느 현이 끊어졌는지 정확히 알아내는 딸의 재주를 비범히 여긴 채옹은 이번엔 불을 끄고 연주하다가 일부러 거문고의 현 하나를 끊었다.

"네 번째 현이 끊어졌습니다."

불을 켜고 보니 과연 네 번째 현이 끊겨 있는 것이 아닌가. 채옹은 그녀의 총명함을 널리 자랑하였다.

이렇게 어릴 때부터 총명함을 자랑해 마지않았던 그녀는, 한헌제 때 북방의 흉노족에게 잡혀가 흉노의 좌현왕(左賢王)과 강제로 결혼하여 12년 동안이나 살았다.

당시의 한나라 승상 조조(曹操)는 채옹과 아주 각별한 사이였다. 채옹이 세상을 떠난 뒤 채옹의 저작을 정리할 사람이 마땅치 않자 조조는 흉노와 교섭하여 채문희를 고국으로 데려왔다.

그러나 이미 두 아이의 어머니가 된 그녀의 마음은 괴로웠다. 사랑하는 아이들을 남겨 두고 떠나기도 어려웠고 그렇다고 흉노에 남아 있기도 역시 싫었다.

채문희는 고국에 돌아온 뒤 〈호가18박(胡笳十八拍)〉이라는 악곡(樂曲)을 지어 마음을 달랬는데, 이것은 흉노의 민간 악기인 호가로 연주하는 곡으로, 그녀의 심중을 여실히 그려 낸 작품이었다. 바로 이 작품에 "가야 하나 머물 것인가 두 마음이여 모두 펼쳐 내기 어렵구나.(去住兩情兮難俱陳)"라는 구절이 있는데, 거주양난은 여기에서 나온 성어다.

【용례】 사랑을 좇자니 돈이 울고 돈을 좇자니 사랑이 울고, 그야말로 "거주양난"이로구나. 누가 대신 결정해 줬으면 좋겠네.

건곤감리 乾坤坎離

乾 : 하늘 · 마를 · 건괘(건)
坤 : 땅 · 곤괘(곤)
坎 : 구덩이 · 험할 · 감괘(감)
離 : 떨어질 · 떠날 · 이괘(리)

【뜻풀이】 모두 『주역』에 나오는 8괘 중 네 개의 이름이다. 특히 우리의 국기인 태극기

(太極旗)의 사방을 감싸고 있는 괘의 이름이기도 한다.

【출전】 『주역』에는 모두 64개의 괘가 나온다.

원래 괘를 만든 사람은 복희(伏羲)라고 하는데, 그는 건(乾-天), 태(兌-澤), 이(離-火), 진(震-雷), 손(巽-風), 감(坎-水), 간(艮-山), 곤(坤-地) 등 여덟 개를 그렸다고 한다. 이것을 후세 사람들이 중복시켜 64괘를 만들었다. 이 8괘는 64괘에도 동일한 괘가 중복되어 그대로 사용되고 있다. 8괘의 의미를 간단하게 정리하면 다음과 같다.

건[乾(天)]	父	首	馬	健	西北
태[兌(澤)]	小女	口	羊	悅	西
이[離(火)]	中女	目	雉	麗	南
진[震(雷)]	長男	足	龍	動	東
손[巽(風)]	長女	股	鷄	人	東南
감[坎(水)]	中男	耳	豕	險	北
간[艮(山)]	小男	手	狗	止	北東
곤[坤(地)]	母	腹	牛	順	南西

이렇게 보면 건곤감리는 결국 하늘·땅·물·불의 의미를 담고 있다고 할 수 있다.

【용례】 우리 태극기의 가운데 있는 태극은 음양이 융화되면서 우주를 창조하는 모습이고, 이를 둘러싸고 있는 4괘는 "건곤감리"야. 각각 하늘·땅·물·불을 상징한단다.

건곤일척 乾坤一擲

乾 : 하늘·마를·건괘(건)
坤 : 땅·황후·곤괘(곤)
一 : 한(일) **擲** : 던질(척)

【뜻풀이】 천하를 걸고 싸우는 승부.

【출전】 이 성어는 당나라의 유명한 시인 한유(韓愈)의 〈홍구를 지나며(過鴻溝)〉라는 시에서 유래했다. 홍구는 오늘날의 하남성 가로하 지방이다.

옛날 진나라가 망하자 천하를 다투던 초나라의 항우와 한나라의 유방은 휴전을 한 뒤 이곳을 경계로 해서 국경선을 긋게 되었다.

한유의 시는 그때 일을 추억하는 내용으로 이루어져 있다.

「용은 지치고 호랑이는 고달파 벌판을 가르니
억만의 창생이 생명을 부지하였다.
누가 임금에게 말머리를 돌리기를 권해서
실로 일척에 건곤을 걸게 했는가.
龍疲虎困割川原
億萬蒼生性命存.
誰勸君王回馬首
眞成一擲賭乾坤.」

전쟁에 뛰어든 지 3년 만에 진나라를 무너뜨리고(기원전 206) 스스로 초패왕(楚覇王)이 된 항우는 팽성을 도읍으로 정하고 의제(義帝)를 초나라 황제로 삼았다. 그리고 유방을 비롯해서 진나라를 타도하는 데 공이 큰 사람들을 제후로 봉하자 천하는 일단 진정 국면에 접어들었다. 그러나 이듬해 의제가 시해당하자 논공행상(論功行賞)에 불만을 품었던 제후들이 각지에서 반기를 들고 일어나 천하는 다시 혼란에 빠졌다.

항우가 제나라와 조(趙)나라와 양(梁)나라 등의 지방을 전전하면서 반군을 공략하는 사이에 유방은 관중 땅을 합병하고, 이듬해 의제를 시해했다는 구실을 내세워 56만의 대군을 휘몰아 단숨에 팽성을 공격하였다. 그러나 급보를 받고 달려온 항우의 반격에 유방의 군사는 추풍낙엽(秋風落葉)처럼 격파되어 유방은 아버지와 아내까지 적진에 남겨둔 채 겨우 목숨만 부지하여 형양(滎陽)으로 달아났다.

그 후 병력을 충원한 유방은 항우와 일진일퇴(一進一退)의 공방전을 거듭하다가 마침내 홍구를 경계로 해서 천하를 양분하고 싸움을 멈췄다. 항우는 유방의 아버지와 아내를 돌려보내고 팽성을 향해 철군길에 올랐다. 이에 유방도 철군하려고 하자 참모인 장량(張良)과 진평(陳平)이 유방을 만류했다.

“한나라는 천하의 태반을 차지하고 제후들도 우리를 따르고 있습니다. 지금 초나라 군사들은 몹시 지쳐 있는데다가 군량마저 바닥이 난 처지입니다. 이야말로 하늘이 초나라를 공격하라는 천의(天意)이니 당장 공격해서 그들을 쳐부숴야 할 것입니다. 만약 지금 치지 않는다면 ‘호랑이를 길러 후환을 남기는 꼴(養虎遺患)’이 될 것입니다.”

이에 마음을 고쳐먹은 유방은 말머리를 돌려 항우를 추격하였다. 이듬해 유방은 한신(韓信)과 팽월(彭越) 등의 군사와 더불어 해하(垓下)에서 초나라 군사를 포위하고 최후의 일전을 벌여 초나라 군대를 완전히 섬멸했다.(➡ 사면초가四面楚歌 참조) 참패한 항우는 오강(烏江)으로 달아나 끝내 자결하였고, 유방은 마침내 천하를 통일했다.

한유는 지난날 유방을 보필하여 천하를 횡행했던 장량과 진평의 큰 공적을 생각하며 시를 지었는데, 이때의 전쟁을 실로 생사와 천하를 걸었던 일대 도박이었다고 여겼던 것이다.

한편, 장량과 진평의 말에서 나온 양호유환(養虎遺患)도 성어로 쓰이는데, 호랑이를 키워 근심을 남긴다는 말로, 남의 사정을 봐주었다가 후에 화를 당하게 된다는 뜻이다.

【용례】 앞으로는 정말 열심히 공부해서 이번 기말고사에서는 반드시 수석을 차지하겠어요. 항상 일등만 하는 유진이는 제 가장 친한 친구이지만, “건곤일척” 이번에 일등을 걸고 한번 당당하게 겨뤄 보겠습니다.

건달 乾達

乾 : 하늘·마를(건) **達** : 통달할(달)

【뜻풀이】 돈도 없으면서 아무 일도 하지 않고 게으름을 피우거나 무위도식(無爲徒食)하는 사람을 일컫는 말이다.

【출전】 불교 용어인 건달바(乾達婆)에서 유래하였다. 건달바는 수미산(須彌山) 남쪽의 금강굴(金剛窟)에 살며 제석천(帝釋天)의 음악을 관장한다는 신 이름이다. 그는 술이나 고기는 입에도 대지 않고 항상 향(香)을 먹고 하늘을 날아다닌다고 한다.

이런 뜻의 건달바는 인도에서 음악을 전문적으로 연주하는 악사나 배우를 가리키기도 했는데, 이 말이 중국을 거쳐 우리나라에 들어오고 나서도 한동안 같은 뜻으로 쓰였다.

그러다가 노래를 부르는 가수나 광대를 천시했던 풍습에 따라 차차 속화되어 단순히 할 일 없이 놀고먹는 사람을 지칭하는 말로 변했다.

우리 문학사에서 봤을 때 이 말이 처음 나오는 작품은 신라시대의 가요인 〈혜성가(彗星歌)〉일 것이다.

「녜 ᄉᆡᆺ믌ᄀᆞᆺ 乾達婆ᄋᆡ
노론 잣ᄒᆞᆯ란 ᄇᆞ라고
예ᄉᆞ 軍두 옷다
燧ᄉᆞᆯ얀 ᄀᆞᆺ 이슈라
三花ᄋᆡ 오롬보샤올 듣고
ᄃᆞᆯ두 ᄇᆞ즈리 혀렬바애
길ᄡᅳᆯ 별 ᄇᆞ라고
彗星여 ᄉᆞᆯᄫᅧᆫ여 ᄉᆞᄅᆞ미 잇다

아으 ᄃᆞᆯ아래 ᄠᅥ갯더라
이 어우 므슴ㅅ彗ㅅ기 이실꼬 (梁柱東 옮김)
舊理東尸汀叱 乾達婆矣
游烏隱城叱肹良望良古
倭理叱軍置來叱多
烽燒邪隱邊也藪耶
三花矣岳音見賜烏尸聞古
月置八切爾數於將來尸波衣
道尸掃尸星利望良古
彗星也白反也人是有叱多
後句 達阿羅浮去伊叱等邪
此也友物北所音叱彗叱只有叱故」

『삼국유사』에 실려 있는 이 작품은 융천사(融天師)가 지은 10구체 신라 가요다.

진평왕(眞平王) 때 세 사람의 화랑이 금강산으로 유람을 가고자 하는데 갑자기 혜성이 나타나 심대성(心大星)을 범했다. 이에 낭도들이 유람을 중지하려고 하자 융천사가 이 노래를 지어 괴변을 물리쳤다고 한다.

여기에 나오는 건달바는 음악을 관장하던 "건달바들이 놀던 성"이란 뜻으로 금강산의 뛰어난 경관을 비유한 것이다.

【용례】 저 친구 3개월 실직하더니 노는 데 이골이 났군. 참 부지런한 사람이었는데 완전히 "건달"이 되어 버렸어. 불황이 뭔지 모르겠어. 쓸 만한 사람을 폐인으로 만들다니 말야.

건안칠자 建安七子

建 : 세울(건) **安** : 편안할(안)
七 : 일곱(칠) **子** : 아들(자)

【뜻풀이】 건안시대에 뛰어난 활약을 했던 일곱 사람의 문학가. 건안은 후한(後漢)의 마지막 임금인 헌제(獻帝) 때의 연호(시기 : 196~220)다.

【출전】 이 당시 후한은 명맥만 유지되었지 사실상 위(魏)의 조조(曹操)와 촉(蜀)의 유비(劉備), 오(吳)의 손권(孫權)에 의한 삼국시대로 접어들어 군웅이 할거하는 난세나 다름없었다.

이들 군웅 중 가장 문학에 재능을 보인 사람은 조조였다. 그는 자신이 탁월한 문인이었을 뿐 아니라 그의 두 아들 조비〔曺丕, 자는 자환(子桓)〕와 조식〔曺植, 자는 자건(子建)〕도 뛰어난 역량을 지닌 문학가였다. 더욱이 이들의 막하에는 당시 문단을 주름잡던 문인들이 대거 기용되어 있었는데, 그 중 특히 일곱 사람이 뛰어났다. 이들의 이름은 다음과 같다.

공융(孔融) : 노(魯)나라 사람
진림(陳琳) : 광릉(廣陵) 사람
왕찬(王粲) : 산양(山陽) 사람
서간(徐幹) : 북해(北海) 사람
완우(阮瑀) : 진류(陳留) 사람
응창(應瑒) : 여남(汝南) 사람
유정(劉楨) : 동평(東平) 사람

이들의 이름이 주목받기 시작한 것은 물론 그들의 문학적 역량이 뛰어난 탓도 있지만, 그들의 후원자라고 할 수 있는 조비가 두 편의 글 속에서 그들의 문학을 높이 평가해 쓴 덕택도 있다. 두 편의 글은 각각 〈전론(典論)·논문(論文)〉과 〈여오질서(與吳質書)〉이다. 여기서는 〈여오질서〉만 읽어 보자.

「2월 3일에 조비는 말하노라. 세월은 쉽게 흘러 헤어진 지 벌써 4년이 지났다. 3년을 만나지 못하면 동산도 오히려 그 먼 것을 한탄한다는데 하물며 그보다 지나쳤으니 생각을 무엇으로 지탱하겠는가? 비록 편지나 글은 오고 가지만 그 수고롭고 맺힌 것을 풀기에는 부족하다. 지난 날 질병이 돌았을 때 친구들이 많이 그 재앙에 걸려 서·진·응·유가 일시에 세상을 떠났으니 애통함을 어찌 말로 다 하리요. 옛날에 놀던 곳에서는 노닐면 수레가 연이어지고 머물면 자리를 서로 대었으니 어찌 한순간이라도 서로 떨어진 적이 있었는가? 항상 술잔이 물 흐르듯 오갔고 음악 소리는 아울러 울려 퍼졌으며 술에 취해 귀가 붉어지면 하늘을 우러러 시를 읊곤 하였다. 그때를 당해서는 홀연히 스스로 그 즐거움을 알지 못했다. 이르기를 1백 년이 이미 나뉘었으니 가히 오랫동안 서로 보존할 수 있으리라 했는데, 몇 년 사이에 영락하고 소략하게 다 사라질 줄 알았으리요? 이런 말을 하지니 마음은 더욱 아파온다. 지난번에 그들이 남긴 글을 편찬하는데 모으니 모두 한 권이 되었다. 그들의 이름을 보니 이미 모두 귀신들의 명부에 올라가 있구나. 지난 날 놀던 일을 미루어 생각하니 마치 귀와 눈에 들리고 보이는 듯한데 이들이 모두 똥이나 흙이 되었다는 것을 가히 다시 말하겠는가! 고금의 문인을 보면 대개 작은 행실을 지키지 못해 능히 명예와 절조로 스스로 선 사람이 드물다. 그러나 위장은 홀로 문학적 재능을 품고 바탕을 안아 조용하고 담담하며 욕심이 적어 기산의 의지가 있으니 가히 조화를 갖춘 군자라고 할 수 있다. 중론 20여 편을 지어 일가의 문장을 이루었다. 말뜻은 전아하여 족히 후세에까지 전할 만하니 이 사람은 불후할 것이라고 하겠다. 덕련은 항상 화려한 문체로 저작에 뜻이 있었다. 그의 재주와 학문이라면 충분히 책을 지을 수 있었는데 그 아름다운 뜻을 끝내 이루지 못했다. 참으로 애통하고 안타까운 일이로다! 근래에 여러 사람들의 문장을 두루 읽었는데 글을 대할 때마다 눈물을 훔쳤으니 이미 떠난 사람을 애통해하는 것은 갈수록 절로 생각이 난다. 공장은 표와 장이 남달리 굳세고 변화하고 풍부하게 글을 쓰지 않았으며, 공간은 탁 트인 기상이 있었지만 다만 견고하진 못했다. 그의 오언시 중 뛰어난 작품은 당시 사람들의 수준을 뛰어넘은 오묘한 것이다. 원유는 서와 기에서 드날려 운치가 족히 즐길 만하다. 중선은 뒤이어 사와 부에 뛰어났지만 몸이 약해서 문장을 일으키기 부족했던 것이 아쉽다. 그러나 훌륭한 솜씨가 드러난 작품에 이르면 옛 사람들도 멀리 지나칠 수는 없을 것이다. 옛날 백아는 종자기가 죽자 거문고 줄을 끊었고 공자께서는 자로의 시신이 젓갈로 담긴 통을 엎었는데, 모두 지음을 만나기 어려운 것을 아파한 것이고 제자를 만날 수 없을 것을 아파한 것이다. 후생이 두렵고 올 일은 속이기 어렵지만 나와 그대가 미처 보지 못할까 두렵다. 세월이 흘러 이미 장대해졌으니 회포는 만 갈래로 나뉘고 때로 생각이 나면 너무나 가슴이 아려 밤에 잠들지도 못한다. 뜻과 의지로는 어느 때에나 지난날의 기쁨을 가질 수 있으리요. 이미 늙어 노인네가 되었지만 단지 머리만 백발이 되지 않았을 뿐이로다. 광무제가 말하기를 나이 30여 세에 병사들 가운데서 10년을 보내 바꾸어야 할 것이 하나가 아니라고 했다. 내 덕이 그에 미치지는 못하지만 나이는 그와 비슷한 연배다. 개나 양과 같은 바탕으로 호랑이나 표범의 무늬를 입었고, 뭇 별들의 밝음도 없는 처지에 해와 달의 빛을 빌렸으니 움직이고 보고 살피는 것이 어느 때에나 바뀌겠는가? 영원히 다시 얻어 지난날의 노닒을 갖지 못할까 두렵다. 젊고 건장할 때 진실로 노력해야 할 것이니 나이란 한 번 흘러가 버리면 어떻게 다시 끌어당길 수 있겠는가? 옛날 사람들이 촛불을 밝히고 밤늦게까지 노닌 것도 진실로 이유가 있었음을 생각하노라. 잠시인들 무엇으로 스스로 즐기겠는가? 자못 다시 짓고 나가려는가 아닌가? 동녘을 바라보며 길게 한숨을 쉬면서 편지를 써서 내 마음을 담노라. 조비가 말했도다.

(二月三日 丕白 歲月易得 別來復四年 三年不見 東山猶歎其遠 況乃過之 思何可支 雖書疏往返 未足解其勞結 昔年疾疫 親故多罹其災 徐·陳·應·劉 一時俱逝 痛可言邪 昔日游處 行則連輿 止則接席 何曾須臾相失 每至觴酌流行 絲竹竝奏 酒酣耳熱 仰而賦詩 當此之時 忽然不自知樂也 謂百年已分 可長共相保 何圖數年之間 零落略盡 言之傷心 頃撰其遺文 都爲一集 觀其姓名 已爲鬼錄 追思昔游 猶在耳目 而此諸子 化爲糞壤 可復道哉 觀古今文人 類不護細行 鮮能以名節自立 而偉長 獨懷文抱質 恬淡寡欲 有箕山之志 可謂彬彬君子者矣 著中論二十餘篇 成一家之言 辭義典雅 足傳於後 此子爲不朽矣 德璉 常斐然有述作之意 其才學 足以著書 美志不遂 良可痛惜 間者 歷覽諸子之文 對之抆淚 旣痛逝者 行自念也 孔璋 章表殊健 微爲繁富 公幹 有逸氣 但未耳 其五言詩之善者 妙絕時人 元瑜 書記翩翩 致足樂也 仲宣 續自善於辭賦 惜其體弱 不足起其文 至於所善 古人 無以遠過 昔伯牙絕絃於鍾期 仲尼覆醢於子路 痛知音之難遇 傷門人之莫逮 諸子 但爲未及故人 自一時之雋也 今之存者 已不逮矣 後生可畏 來者難誣 恐吾與足下 不及見也 年行已長大 所懷萬端 時有所慮 至痛夜不瞑 志意 何時復類 昔日 已成老翁 但未成白頭耳 光武曰三十餘 在兵中十歲 所更非一 吾德不及之 年與之齊矣 以犬羊之質 服虎豹之文 無衆星之明 借日月之光 動見瞻觀 何時易乎 恐永不復得爲昔日游也 小壯 眞當努力 年一過往 何可攀援 古人 思炳燭夜遊 良有以也 頃 何以自娛 頗復有述造不 東望於邑 裁書敍心 丕白)」

이 두 편의 글에서 조비는 불의의 사고로 횡액을 만나 세상을 떠난 일곱 문인의 생애에 대해 조상하고 그들의 문학 세계를 나름대로 정리하였다. 특히 이들의 문학을 일컬어 건안체(建安體) 또는 건안풍골(建安風骨)이라고 한다. 『시인옥설(詩人玉屑)』에 보면 "건안체는 한나라 말기의 연호인데, 조자건 부자와 건업에서 활동하던 일곱 시인의 시를 말한다.(建安體 漢末年號 曹子建父子及鄴中七子之詩)"고 하였다.

지금 이들의 작품은 그리 많이 남아 있지는 않다. 그러나 당대 최고의 문인이자 비평가였던 조비의 눈에 들어 문학으로 손꼽혔던 것을 볼 때 최고의 기량을 가진 인물들이었음에는 의심의 여지가 없다.

【용례】 어떻게 모이다 보니 늘 일곱 사람이 되는군. 우리도 이 기회에 모임 이름을 하나 짓지. 이름은 "건안칠자"나 죽림칠현이 어떨까?

걸견폐요 桀犬吠堯

桀 : 걸임금(걸) 犬 : 개(견)
吠 : 짖을(폐) 堯 : 요임금(요)

【뜻풀이】 걸임금의 개는 요임금을 보고도 짖는다. 주인이 포악하면 그를 따르던 사람이나 물건조차 덩달아 사악해진다는 뜻이다.

【출전】 한나라 경제 때 오왕(吳王) 유비(劉濞)가 반란을 일으키려 하자 그의 수하에 있던 추양(鄒陽)이라는 사람은 여러 차례 말리다가 오왕이 듣지 않자 결국 그를 떠나서 양효왕 유무한테로 가게 되었다. 추양은 지혜와 용모가 출중하고 심지가 바른데다가 글재주도 좋고 말재간도 있는 사람이라 양효왕 수하

에서도 인정을 받을 줄 알았다. 그런데 양효왕은 그의 심복들인 양승 등의 무고를 경솔하게 믿고 추양을 옥에 가두고 말았다.

이에 추양은 자신의 억울함과 분함을 호소하기 위하여 〈옥중에서 양왕에게 올리는 글(獄中上梁王書)〉을 쓰게 되었는데 양왕은 그 글을 받아 보고 크게 느낀 바가 있어 즉시 그를 석방했다고 한다.

추양은 이 〈옥중상양왕서〉라는 글에서 역사상 유명한 인물들이 까닭 없이 의심을 받고 쫓겨난 사실들을 일일이 열거하고 인재를 중용해야 한다는 사실을 역설한 다음 양승과 같은 간사한 무리들을 빗대어 "걸임금의 개라면 능히 요임금을 보고 짖게 할 수 있고, 도척의 부하라면 능히 허유를 찌를 수 있다.(桀之犬可吠堯 跖之客司使刺由)"고 말했다.

여기에서 걸은 하(夏)나라 폭군인 걸(桀)임금을 가리키는 것이고, 척은 역사상의 대도적이라고 하는 도척(盜跖)을 가리킨다. 그리고 유는 바로 요임금이 왕위를 물려주는 것도 굳이 받지 않은 그 허유(許由)를 가리킨다. 그러한즉 이 말의 숨은 뜻은 "폭군 걸이 기른 개는 요임금 같은 성인을 보고도 짖으며 달려들고, 대도적 도척이 기른 자객은 허유 같은 성인에게도 칼을 들고 달려든다."는 것이다.

걸견폐요는 바로 이 말에서 나온 성어로, 주구들은 그 주인에게 충성해야 한다는 것만 알았지 그 외의 시비곡절 따위는 전혀 염두에 두지 않는다는 말이다.

걸견폐요는 척구폐요(跖狗吠堯)라고도 하는데 『전국책』이나 『사기』에도 척구폐요라는 말이 나오고 있다.

『사기·회음후전(淮陰侯傳)』에 보면 이런 이야기가 있다.

어느 날 한고조 유방은 괴통(蒯通)이라는 사람이 전에 한신을 부추겨 모반하게 했다고 트집을 잡아 그를 삶아 죽이려 하였다.

이때 괴통은 "진나라가 망하게 된 것은 마치 사슴 한 마리 잃은 것과 같은데 천하 사람들이 다 이를 쫓고 있으니 키가 크고 발이 빠른 사람이 먼저 얻게 마련이다. 도척이 기른 개가 요임금을 보고 짖으며 달려드는 것은 요임금이 어질지 못해서 그런 것이 아니다. 개는 그 주인을 대신하여 주인이 아닌 사람을 물어야 한다는 것밖에 모른다.(秦失其塵 天下共逐之 于是高材疾足者先得焉 跖之狗吠堯 堯非不仁 狗固吠非其主)"라고 하면서 자신의 억울함을 하소연했다. 그러면서 괴통은 그때 자기는 한신만 알았지 유방은 몰랐다고 하면서 변명했다는 이야기다.(▶ 첩족선득捷足先得 참조) 이래서 척구폐요 폐비기주(跖狗吠堯 吠非其主)라는 말이 생겨났는데 구폐비주(狗吠非主)라고도 한다.

【용례】 나쁜 놈 꽁무니만 따라다니더니 하는 짓마다 못돼 먹은 짓이구나. 누가 너를 착하다고 하겠느냐? 네가 아무리 변명해도 한번 물든 고약한 버릇이 쉽게 고쳐지겠니? "걸견폐요"다, 걸견폐요!

걸해골 乞骸骨

乞 : 빌·구할·거지(걸)
骸 : 뼈·정강이뼈(해) 骨 : 뼈(골)

【뜻풀이】 해골을 구걸하다. 옛날 관료는 관직에 임명되면 자신의 몸을 임금에 바친 것으로 여겼다. 때문에 사직을 원하거나 은퇴하고자 할 때 이를 주청하는 것을 일러 "해골을 돌려 달라"고 하였다. 그래서 이 성어는 늙은

관리가 사직을 원할 때 주로 인용하고 있다.

【출전】『사기·항우본기』에 보면 다음과 같은 이야기가 있다.

초패왕 항우(項羽)와 한왕 유방(劉邦)은 서로 천하를 차지하기 위해 피나는 격전을 거듭하였다. 기원전 204년, 유방은 형양(滎陽)에 진을 치고 항우와 일전을 벌였다. 유방은 지구전을 펼치고자 수송로를 확보하기 위해 노력했지만 번번이 실패로 끝나고 마침내 궁지에 몰리게 되었다.

이에 유방은 항우에게 화친을 제의했고 이에 항우도 동의하는 눈치였다. 그런데 항우의 아부(亞父) 범증(范增)은 이를 강력하게 제지하여 유방을 제거해야 한다고 주장하였다. 이에 항우도 태도를 바꿔 형양성을 포위하고 말았다.

이런 사실을 접한 유방의 부하 진평(陳平)은 평소 의심이 많고 다혈질인 항우의 기질을 이용해 범증과 이간질시키기로 작정하였다. 그래서 초나라 진영에다가 범증이 항우를 배신하고 유방과 내통한다는 소문을 퍼뜨렸다. 이 소문을 그대로 믿은 항우는 급히 사신을 파견해 화친을 허락했다.(▶ 건곤일척乾坤一擲 참조)

항우의 사신이 오자 진평은 온갖 산해진미(山海珍味)를 내놓으며 그들을 맞이하였다. 여흥이 무르익자 슬그머니 진평이 사신에게 물었다.

"아부께서는 무고하십니까?"

항우에 대해서는 일언반구도 없고 범증에 대해서만 묻자 사신은 발끈하며 대답하였다.

"나는 초패왕의 사신으로 온 겁니다."

그러자 진평은 짐짓 낭패한 표정을 지으며 말했다.

"뭐요, 초패왕의 사신이라고? 난 또 아부의 사신인 줄 알았는데……."

그러면서 기껏 차려 놓은 잔칫상을 치우더니 대신 형편없는 음식을 내놓는 것이었다. 이 소식을 들은 항우는 격분하면서 당장에 범증에게 부여했던 모든 권한을 박탈하고 말았다.

유방의 간악한 꼬임에 속아 넘어간 한심한 항우를 보면서 범증은 소리쳤다.

"천하대세는 이미 결정 난 것과 다름없으니 왕이 스스로 마무리 지으시오. 내게 해골을 내린다면 평범한 사람으로 돌아가겠습니다.(賜骸骨 歸卒伍)"

이렇게 해서 항우는 자신에게 남은 유일한 책사(策士)를 잃고 말았다. 격분해서 고향으로 돌아가던 범증은 노여움이 극에 달해 그만 등에 등창이 터져 75세의 나이로 세상을 떠났다.

걸해골이란 성어는『안자춘추(晏子春秋)』나『사기·평진후전(平津侯傳)』에도 나온다.

【용례】 남자란 일을 할 때는 최선을 다해야 한다. 설혹 소신껏 일을 추진하다가 난관에 부딪히더라도 "걸해골"하겠다는 정신으로 맞서야 할 것이다.

검려기궁 黔驢技窮

黔 : 검을·검어질·귀신이름(검)
驢 : 나귀(려) 技 : 기술·재주(기)
窮 : 다할(궁)

【뜻풀이】 쥐꼬리만한 재간마저 바닥이 드러났다는 말이다.

당나라 때 문인 유종원(柳宗元, 773~819)은 일찍이 유명한 우화(寓話) 3편을 지었는데(이를 합해서 〈삼계(三戒)〉라고 부름), 그 중 한 편인 〈귀주의 나귀(黔之驢)〉는 그 내용이 대략 다음과 같다.

【출전】 옛날에 어떤 사람이 나귀가 나지 않

는 귀주 지방에 나귀 한 마리를 배로 실어 갔다가 쓸모가 없어지자 산 밑에 내버려 두었다. 이때 호랑이 한 마리가 숲 속에 숨어서 나귀를 살펴보면서 그 웅장한 체구에 놀라움을 금치 못하고 살펴보기만 하고 있었다. 그런데 갑자기 나귀가 큰 소리로 우는 바람에 어찌나 놀랐던지 넋을 잃고 달아나 버렸다.

그러나 호랑이는 이튿날도 그 다음날도 여전히 숲속에 숨어서 나귀를 관찰하였다. 이렇게 며칠이 지나도 호랑이는 나귀한테서 대단한 것을 발견하지 못했다. 그래서 호랑이는 마침내 나귀의 몸 가까이에 가서 이리저리 건드려 보면서 약을 올려 주었더니 나귀란 놈이 노하여 고작 뒷발질을 해대는 것뿐이었다. 이에 호랑이는 나귀의 재간이 그것뿐인 줄 알고 와락 덮쳐 잡아먹고 말았다는 이야기다.

이 이야기는 우리들에게 아무런 능력도 없이 큰소리만 치다가는 그 결과가 비참하다는 것을 말해 주고 있다. 쥐꼬리만 한 재간을 가리켜 검려지기(黔驢之技)라고 하며 그런 재간마저 바닥이 드러났음을 일컬어 검려기궁이라고 한다.

【용례】 그 친구 실력 있다고 꽤나 자랑하더니 결국 제 꾀에 제가 넘어가고 말았더군. 그 사람 "검려기궁"이란 말도 못 들어 봤나?

게간이기 揭竿而起

揭 : 걸(게) **竿** : 장대 · 횃대(간)
而 : 어조사(이) **起** : 일어날(기)

【뜻풀이】 반기를 들고 일어나다. 봉기를 일으키다.

【출전】 진(秦)나라 이세(二世) 원년 변방 수비에 징발된 진승(陳勝)과 오광(吳廣)은 행군 도중 큰비를 만나 지정된 기한 내에 목적지인 어양(漁陽)에 도달할 수 없게 되었다. 이래도 죽고 저래도 죽을 판국이라 결국 두 사람은 모의하여 정부에 반기를 들고일어났다.(▶ 연작안지홍곡지지燕雀安知鴻鵠之志 참조) 봉기자들은 오른쪽 팔을 내놓아 표식으로 삼고 우선 대택향(大澤鄕)을 점령한 뒤 "나무를 찍어 병장기로 삼고 장대를 세워 깃발을 달아(斬木爲兵 揭竿爲旗)" 전투력을 연마한 다음 일제히 근처 각 고을로 진격하였다.

나중에 이 성어는 백성들이 일제히 일어 잔인무도한 지배층과 대결하는 것을 비유할 경우에 널리 쓰이게 되었다.

【용례】 이번 파업으로 손해가 엄청났어. "게간이기"라고 노동자들도 단결하니까 무섭더군.

격물치지 格物致知

格 : 이름 · 궁구할 · 자리(격)
物 : 만물 · 무리(물) **致** : 이를(치)
知 : 알(지)

【뜻풀이】 주자학(朱子學)과 양명학(陽明學)에서 사용하는 용어.

【출전】 사서삼경(四書三經)은 유가에서 성전으로 중시하는 책이다. 사서는 『논어』 · 『맹자』 · 『중용』 · 『대학』을 일컬으며, 삼경은 『시경』 · 『서경』 · 『주역』을 말한다.

이 가운데 특히 『대학』은 유가의 교리를 간결하고도 체계적으로 정리한 저서라 할 수 있는데, 이 책은 크게 삼강령(三綱領)과 팔조목(八條目)으로 구성되어 있다. 삼강령은 명명덕(明明德)과 신민(新民), 지어지선(止於至善)의 세 가지이고, 팔조목이란 격물(格物), 치지(致知), 성의(誠意), 정심(正心), 수신(修身), 제가(齊家), 치국(治國), 평천하(平天下)를 말한다.

그런데 팔조목 중 격물과 치지를 제외한 나머지 여섯 가지는 『대학』에 상세하게 설명이 되어 있지만, 두 가지에 대해서만은 이렇다 할 해설이 없어 예부터 이런저런 설명이 구구하게 많았다. 『대학』의 시발이라 할 수 있는 이 대목에 대한 명쾌한 해석이 빠진다면 출발점부터 모호해지는 한계를 지닐 수밖에 없었다. 때문에 송나라 이후 많은 유학자들은 이를 해석하기 위해 많은 노력을 경주하였다. 그 중 가장 대표적인 견해가 주희(朱熹)와 왕양명(王陽明)의 이론이다.

왕양명은 양명학의 시조로 명나라 때의 대학자였다. 그는 20대 젊은 시절에 주자(즉, 주희)의 학문을 중심으로 공부하였다.

주자는 격물치지를 이렇게 설명하였다.

"세상의 삼라만상은 나무 한 그루, 풀 한 포기에도 모두 그 이치를 갖추고 있다. 이 이치를 하나하나씩 따져 들어가면 마침내 확연하게 세상 만물의 이치를 밝혀낼 수 있을 것이다."

다시 말하면 주자는 격을 "도달한다"는 것으로 보고, 격물을 "사물에 도달한다"는 뜻으로 파악했던 것이다. 그러면서 만물이 지닌 이치를 추구하는 궁리(窮理)와 같은 뜻이라 보았으며, 사물에 이르러 이치를 추궁하는 것에서 지식을 쌓아 앎(知)에 이른다(致)는 것, 이것을 격물치지라 일컫는다는 입장이었다.

왕양명은 주자의 가르침에 따라 이를 실천에 옮겼다. 그래서 그는 먼저 대나무 한 그루를 통해 그 이치를 캐내고자 시도하였다. 오랫동안 세심하게 관찰하고 심지어 대나무를 갈라 보기까지 하면서 연구에 몰두했다. 그러나 뜻한 바와 같이 그 이치가 명확하게 눈에 잡히지 않을 뿐더러 오히려 병에 걸리기까지 하였다. 이에 왕양명은 주자의 학설에 의심을 품고 나름대로 이 말의 뜻을 풀이하는 쪽으로 방향을 바꾸었다. 그 결과 그가 얻어 낸 격물치지의 의미는 다음과 같다.

"격물의 물이란 사물을 가리키는 것이니 사(事), 즉 일이다. 일이란 부모를 모시고 섬긴다거나 임금을 받들고 섬기는 따위와 같이 일체 마음의 행동을 이른다. 그러니 일이라고 말하는 데에는 그 이면에 마음이 있으며, 마음의 겉에는 달리 물건이라든가 이치가 있을 리 없다. 때문에 격물의 격이란 '바로잡는다'고 읽어야 한다. 일을 바로잡고 마음을 바로잡는 것이 바로 격물이다. 악을 버리고 마음을 바로잡음으로써 사람의 마음속에 선험적으로 지니고 있는 양심(良心)과 지혜를 밝힐 수 있는 것이다. 이것이 '앎에 이른다'는 치지다."

이렇게 사변에 치우친 주자의 해석과 적극적인 행동을 중시하는 왕양명의 해석은 그 후 여러 사람에 의해 더욱 갈고 닦여 마침내 유학의 두 학파로 정립되기에 이르렀다.

【용례】 공부를 할 때는 잔꾀를 부려 부족한 것을 메우려고 하지 말아야 한다. 원리를 하나하나 따져 "격물치지"하는 것이 올바른 학문의 길이다.

격화소양 隔靴搔痒

隔 : 막을·막이(격) **靴** : 가죽신(화)
搔 : 긁을(소) **痒** : 종기·가려울(양)

【뜻풀이】 가죽신을 사이에 두고, 즉 가죽신을 신고서 가려운 곳을 긁다. 힘써 노력하지만 얻는 성과는 아무것도 없거나 일이 철저하

지 못해서 성에 차지 않는다는 뜻이다.

【출전】 이 성어는 불가(佛家)에서 주로 쓰였다. 『무문관(無門關)』의 〈서문〉에 보면 "방망이를 들어 달을 치고 가죽신을 신고서 가려운 곳을 긁는다.(捧棒打月 隔靴爬痒)"는 말이 있고, 『속전등록(續傳燈錄)』에도 "영릉의 안복의 아들 등장이 말하기를 당에 오르니 어떤 사람이 빗자루를 들고 상을 두드리니 정말 가죽신을 신고서 가려운 곳을 긁는 것과 같다.(寧陵安福子滕章日 上堂更或拈帚鼓床 大似隔靴)"는 구절도 있다.

또 『시화총구(詩話總龜)』에는 "시에 제목이 드러나지 않는 것은 가죽신을 신고 가려운 곳을 긁는 것과 다름없다.(詩不著題 如隔靴搔痒)"는 말이 나온다. 모두 적절하지 못하게 대처하는 태도를 비유한 것이다.

【용례】 그런 방식으로 일을 처리하면 어떡하니. 겉만 번지르르하지 속은 옛날 그대로잖아? 가죽신 신고 가려운 곳을 긁어도("격화소양") 정도가 있지. 정말 너는 못 말릴 애구나?

견란구계 見卵求鷄

見 : 볼(견)/드러날(현) **卵** : 알(란)
求 : 구할(구) **鷄** : 닭(계)

【뜻풀이】 계란을 보고 밤에 시간을 묻는다. 미처 일이 이루어지기도 전에 결과를 보려고 하는 몹시 급한 성격을 비유하는 말이다. "첫술에 배부르랴."나 "우물에 가서 숭늉 찾는다." 또는 "콩밭에 가서 두부 찾는다." 등의 속담과 뜻이 통한다.

【출전】 『장자·제물론편(齊物論篇)』에 다음과 같은 이야기가 있다.

구작자(瞿鵲子)가 장오자(長梧子)에게 물었다.

"내가 공자(孔子)에게서 들어 보니 성인(聖人)은 속된 일에 종사하지 않고 이익을 추구하지도 않고 도를 따르려고도 하지 않으며 말을 안 해도 말함이 있고, 말을 해도 말함이 없으며, 멀리 속세를 떠나서 노닌다고 하였습니다. 공자는 이 말이 맹랑하기는 하지만 미묘한 도의 본질이 발현된 것이라고 하였습니다. 당신은 어떻게 생각하십니까?"

장오자가 대답하였다.

"이 말은 황제가 들어도 황당할 노릇인데 한갓 공구(孔丘)가 어찌 그것을 알겠는가? 그리고 자네도 지나치게 속단을 한 걸세. 계란을 보고 새벽을 알리기를 바라는 것이나 탄환을 보고 구운 새를 찾는 것이나 다름없는 일일세.(是黃帝之所聽熒也 而丘也何足以知之 且女亦大早計 見卵而求時夜 見彈以求鴞炙)"

이 말을 간추려서 "견란구계 견탄구효(見卵求鷄 見彈求鴞)" 또는 "견탄구자(見彈求炙)"라고 하는데 보통 견란구계라고 한다. "견란이구시야(見卵而求時夜)"라고도 한다.

【용례】 이번에 다리가 공사 중에 붕괴된 것은 너무 공사 기간을 단축시키려고 한 데 있는 것 같습니다. "견란구계"하는 태도를 버리고 공정을 하나하나 밟아 나가는 자세가 필요합니다.

견렵심희 見獵心喜

見 : 볼(견) **獵** : 사냥·사냥할(렵)
心 : 마음(심) **喜** : 기쁠(희)

【뜻풀이】 어렸을 때를 그리워하는 심정을 비유해서 이르는 말이다.

【출전】『근사록(近思錄)』에 다음과 같은 이야기가 있다.

송나라 때 정호(程顥)라는 사람이 있었다. 그는 진사 시험에 급제한 뒤 높은 벼슬을 하다가 중도에 그만두고 책을 쓰기 시작하였다. 그는 어렸을 때 사냥을 몹시 즐겼는데 벼슬을 그만두고 낙향하는 길에 고향에 들르게 되었다. 고향의 눈에 익은 풍경을 보자 사냥을 하며 즐거웠던 젊은 시절의 달콤한 정경들이 부지중에 머리에 떠올랐다. 특히 고향 사람들이 사냥하는 모습을 보고는 그들 속에 뛰어들어 함께 사냥하고 싶은 충동을 억제할 수 없었다(在田野間見畋獵者 不覺有喜心)고 한다.

이래서 나온 성어가 견렵심희인데 자기가 어렸을 때 하던 일을 남이 하는 것을 보고 마음이 동하는 경우에 이르는 말이다.

【용례】 애들 구슬치기하는 걸 보니까 우리 어릴 때가 생각나는군. "견렵심희"랄까, 갑자기 그 시절이 그리워져.

견벽청야 堅壁淸野

堅 : 굳을(견) 壁 : 벽(벽)
淸 : 맑을(청) 野 : 들판(야)

【뜻풀이】 성벽을 튼튼히 다지고 주변의 모든 물건들을 다 거둬 버린다는 뜻으로, 흔히 전쟁 용어로 쓰이고 있다.

【출전】『삼국지 · 순욱전(荀彧傳)』에 다음과 같은 이야기가 있다.

후한 말년 군벌들이 천하를 할거하며 횡행할 때 유명한 정치가이며 전략가이자 문학가인 조조(曹操)가 연주 일대에서 여포(呂布)를 격파하자 그 기세는 금세 하늘을 찌를 듯하였다. 조조는 뒤이어 풍요한 서주(徐州)를 탐냈지만 서주태수 도겸(陶謙)이 민심을 얻고 있어 쉽사리 깨뜨릴 수 없었다. 후에 도겸이 죽었다는 소식이 들어오자 조조는 즉시 군사를 움직이려 하였다. 그러나 이때 조조의 참모 순욱이 말리면서 말했다.

"지금 도겸이 죽었다고는 하지만 우리가 전에 그들을 공격한 적이 있기 때문에 그의 부하들은 경각심을 높여 우리의 공격에 대비하고 있을 것입니다. 그들은 성벽을 굳건히 다지고 들판을 깨끗이 정리하는(堅壁淸野) 방법으로 우리들의 공격을 대처할 것인즉 만약 우리가 이기지 못하면 처지가 몹시 위태롭게 될 것입니다."

이에 조조는 그 말을 옳게 여기고 서주를 칠 생각을 포기했다.

이 밖에『진서(晉書) · 석륵재기(石勒載記)』에 따르면 진나라 때 북방 16개 소수 민족 국가의 하나였던 후조(後趙)와 진의 싸움에서도 견벽청야 전술이 쓰였다고 한다.

【용례】 정부의 정책이 갑자기 급선회하여 당황스럽기 그지없습니다. 다행히 우리 회사는 이럴 경우를 대비해서 "견벽청야"했기에 망정이지 그렇지 않았다면 크게 낭패를 볼 뻔했습니다.

견불체문 見不逮聞

見 : 볼(견) 不 : 아니(부)
逮 : 미칠(태)/미치게 할 · 좇을 · 잡을(체)
聞 : 들을(문)

【뜻풀이】 "열 사람이 백 마디 말을 해도 듣는 이 짐작"이라는 속담과 비슷한 말로 직접

목격해 보니 이전에 들었던 것보다는 못 할 때 쓰는 말이다.

【출전】『당서』에 다음과 같은 이야기가 있다. 당나라 초기에 시 쓰기를 즐겨 하고 자부심이 매우 강한 최신명(崔信明)이라는 사람이 있었다.

그의 작품 중 "단풍잎이 떨어지니 오강이 차가워라.(楓落吳江冷)" 하고 읊은 시구는 당시 양주록사참군의 벼슬에 있던 정세익(鄭世益)에게 높은 칭찬을 받은 적이 있다.

어느 날 정세익이 장강에서 배를 타다가 우연히 최신명을 만나 이 시구에 대해 담론하던 끝에 새 작품이 없는가 하고 묻으니 치는 기쁨을 이기지 못해 즉시 한 묶음의 작품을 내놓았다. 그러나 몇 장 들춰 보던 정세익은 점차 흥미를 잃더니 급기야 강물에 던져 버리고는 "본 것이 듣던 바만 못하구나.(所見不逮所聞)" 하고는 배를 타고 가 버렸다는 이야기다.

견불체문은 견불여문(見不如聞)이라고도 한다.

【용례】 그가 성실하지 못하다는 말은 남들에게서 자주 듣긴 했지만, 직접 보고 나니 더욱 실감할 수 있었어요. "견불체문"이라고 뭐든지 눈으로 확인하는 자세를 가져야겠더군요.

견아상착 犬牙相錯

犬 : 개(견) **牙** : 어금니(아)
相 : 서로(상) **錯** : 섞일(착)

【뜻풀이】 개의 이빨이 서로 어긋나며 물려 있다는 뜻으로, 많은 요인들이 얽혀 상황이 복잡한 것을 비유하는 말이다.

【출전】『한서·중산정왕전(中山靖王傳)』에 다음과 같은 이야기가 나온다.

한고조(漢高祖) 유방(劉邦)은 나라를 세운 이후, 각지에 분봉했던 이성제후(異姓諸侯)들을 제거하고 같은 성씨의 사람들을 왕후로 봉하였다. 그러나 세 번째 황제인 경제(景帝) 때가 되자 각 지역의 동성 제후들이 자신들의 세력을 믿고 조정에 집단적으로 대항하며 황제의 자리를 다투었다.

오왕(吳王) 유비(劉濞)의 반란이 진압된 뒤, 경제는 자신의 아들을 왕으로 봉했다. 한무제가 제위를 계승한 뒤, 조정 대신들 사이에서는 다시 분봉한 제후들이 반란을 일으킬까 우려하면서 이들을 제거하도록 무제에게 건의하였다. 이 사실을 들은 제후들은 크게 반발하며 항의하였다.

"우리는 모두 한 황실의 골육지친(骨肉至親)입니다. 선왕께서 땅을 나눠 주셔서 개의 이빨처럼 서로 얽혀 있고, 서로 도와 도읍을 지키면서 황실을 반석 위에 올려놓고 있습니다. 이런 우리를 의심하면서 무고하다니 참으로 억울하고 원통한 일입니다.(諸侯王自以骨肉至親 先帝所以廣封連城 犬牙相錯者 爲盤石宗也 今或無罪 爲臣下所侵辱 有司吹毛求疵 笞服其臣 使證其君 多自以侵冤)"

이들 가운데 중산정왕은 아예 무제의 앞에서 대성통곡(大聲痛哭)하면서 억울함을 호소하였다. 한무제는 그들의 입장을 이해하고 위로했지만, 암암리에 중앙집권 통치를 강화하는 정책을 펼쳤다. 중산정왕의 말에서 성어 견아상착이 나왔다. 지금은 많은 요인들이 얽혀 상황이 복잡한 것을 비유할 때 주로 쓰인다.

또 그의 말에서 취모구자(吹毛求疵)란 성어도 나왔는데, 털을 입으로 불어가며 그 속에 있는 작은 흉터를 찾아낸다는 뜻으로, 남의 약점을 악착같이 찾아내려는 야박하고 가혹한 행동을 가리키는 말이다.

【용례】 대책도 없이 사업을 확장하는 데만 혈안이 되어 지금은 회사 꼴이 "견아상착"한 지경이 되었습니다. 어서 빨리 구조조정을 통해 이 난맥상을 바로잡아야 할 것입니다.

견아설 見我舌

見 : 볼(견)/드러날(현) **我** : 나(아)
舌 : 혀(설)

【뜻풀이】 내 혀를 보아라. 이 말은 다른 곳은 모두 상했다고 해도 정작 긴요한 부분이 멀쩡하다면 개의할 바 없다는 뜻으로 쓰인다.

【출전】『사기·장의전(張儀傳)』에 다음과 같은 이야기가 있다.

장의는 전국시대 때 살던 유세객(遊說客)이었다. 당시는 무엇이든 재주만 있으면 제후에게 발탁이 되어 출세할 수 있는 그런 시대였다. 장의 역시 입신양명(立身揚名)의 웅지를 품고 귀곡선생(鬼谷先生)에게서 여러 가지 권모술수(權謀術數)를 배워 자신의 계책을 써 줄 사람을 찾아 여러 나라를 떠돌았다. 그러다가 초나라에서 소양(昭陽)이란 사람의 식객이 되었다.

하루는 소양이 초나라 임금에게서 하사받은 화씨지벽(和氏之璧)을 구경시키면서 잔치를 열었는데, 공교롭게도 그것이 감쪽같이 없어지고 말았다. 더구나 재수 없게도 그 혐의를 장의가 덮어썼다. 집안도 가난한 데다 평소 남들과 사이좋게 못 지낸 것이 화근이 되었던 것이다.

소양은 그를 불러 엄중하게 문초했지만 자백하지 않자 나중에는 매질을 가하며 구슬의 소재를 추궁하였다. 그러나 장의는 수백 차례나 얻어터지면서도 끝내 거짓 실토를 하지 않았다. 결국 소양도 더 이상 어쩌지 못하고 장의를 석방하고 말았다.

만신창이(滿身瘡痍)가 되어 집으로 돌아온 그를 보자 아내가 대성통곡(大聲痛哭)을 하며 넋두리를 늘어놓았다.

"아니, 서방님은 그렇게 공부를 열심히 하고 지략이 많다 하시더니 고작 매 찜질이나 당한단 말씀입니까?"

그런 와중에서도 장의는 눈 하나 깜짝하지 않고 아내에게 말하는 것이었다.

"자, 우선 내 혀가 멀쩡한지 살펴보시오."

어안이 벙벙해진 아내는 남편이 돌아 버린 것은 아닌가 내심 염려스럽기도 하고 그 몰골이 우습기도 해서 배시시 웃으며 대꾸했다.

"혀는 멀쩡하군요."

"그럼 됐소. 나야 어차피 세 치 혀로 먹고 살 놈인데 몸이 좀 상한 거야 무슨 큰일이겠소. 이제야 안심이 되는구먼."

이렇게 자신의 신념을 굽히지 않았던 장의는 결국 연횡책(連衡策)을 주장하면서 진나라 임금의 눈에 들어 천하를 떡 주무르듯 좌지우지(左之右之)하게 되었다. (☞ 사분오열四分五裂 · 합종연횡合從連衡 참조)

【용례】 네 혀를 한번 봐라("견아설"). 비록 이번에는 실패했지만 넌 아직 젊어. 다음엔 꼭 성공할 거야.

견토지쟁 犬兎之爭

犬 : 개(견) **兎** : 토끼(토)
之 : 갈(지) **爭** : 다툴(쟁)

【뜻풀이】 개와 토끼의 싸움. 만만한 두 사람이 싸우다 지치는 바람에 제3자가 이득을 보는 것을 말한다. 또는 쓸데없는 다툼을 비유하기도 한다. 비슷한 성어로 어부지리(漁父之利)가 있다.

【출전】『전국책·제책(齊策)』에 다음과 같은 이야기가 있다.

전국시대 제나라에 순우곤(淳于髡)이라는 사람이 있었다. 그는 해학이 남다르고 변론에 뛰어난 재능을 가진 유세객이었다. 어느 날 제나라 임금이 위(魏)나라를 공격하려고 하자 순우곤이 나서며 이런 이야기를 했다.

"옛날에 한자로(韓子盧)라는 날랜 사냥개와 동곽준(東郭逡)이라는 발 빠른 토끼가 있었습니다. 한번은 개가 토끼를 보고는 그놈을 잡으려고 뒤쫓았습니다. 두 놈은 수십 리를 달리며 산자락을 세 바퀴나 돈 다음 산꼭대기를 다섯 번이나 오르내리면서 조금의 양보도 없이 내달렸습니다. 그러더니 결국 두 놈 다 지쳐 개도 토끼도 쓰러져 죽고 말았습니다. 그것을 발견한 길을 가던 농부가 운 좋게도 횡재를 하였습니다."

그러면서 순우곤이 말을 이었다.

"지금 제나라와 위나라는 오랫동안 대치하고 있어서 기력은 떨어질 대로 떨어져 있습니다. 그런데 만약 이런 형편에 위나라를 공격한다면 얼마 못 가 둘 다 힘에 부쳐 나가떨어지고 말 것입니다. 그러면 저 서쪽의 진나라가 기회를 틈타 횡재한 농부가 되지 않을까 염려스럽습니다. 깊이 생각하시기 바랍니다."

이 말을 들은 제나라 임금도 그의 말이 옳다 여기고 마침내 위나라를 공격할 뜻을 버리고 국력을 기르는 데 힘을 쏟았다.

【용례】 남북한이 서로 대립만 하다가는 자칫 남 좋은 일만 시킬 수 있습니다. 양자가 실리를 생각하며 통일의 길로 나가야지 "견토지쟁"으로 이웃 나라 일본이나 재미를 보게 해서는 안 됩니다.

결초보은 結草報恩

結 : 맺을(결) **草** : 풀(초)
報 : 갚을(보) **恩** : 은혜(은)

【뜻풀이】 남에게 입은 은혜를 끝까지 갚다. 결초(結草)와 함환(銜環)이라는 두 이야기에서 나온 성어다. 우선『좌전·선공(宣公) 15년』조에 보면 결초에 대한 전설이 실려 있다.

【출전】 춘추시대 어느 날 진환공(秦桓公)이 진(晉)나라를 공격하였다. 진(晉)나라 장수 위과(魏顆)가 왕명을 받들어 대적했는데, 그는 진(秦)나라 군대를 크게 무찔러 완전히 섬멸하였다. 이때 그는 어떤 노인의 도움을 받아 진(秦)나라 장수 두회(杜回)마저 사로잡을 수 있었다. 그런데 위과는 그 노인이 누구이며 어째서 자기를 도와주었는지 전혀 몰랐다. 그날 밤 꿈에 노인이 나타나서 그에게 말하였다.

"내 딸은 바로 장군의 부친께서 아끼던 첩이었습니다. 장군의 부친께서 세상을 떠나실 때 첩을 순장하라고 했지만 장군은 그렇게 하지 않고 그녀를 재가시켜 미천한 목숨을 구해주셨습니다. 그래서 나는 그 은혜를 갚기 위해 오늘 싸움터에서 풀을 묶어 두어 두회가 쓰러지게 한 것입니다."(➡ 효자종치명 불종난명 孝子從治命 不從亂命 참조)

함환에 관해서는 남북조 시기 양(梁)나라 사람 오균(吳均)이 지은『속제해기(續齊諧記)』에 다음과 같은 전설이 실려 있다.

후한 때 사람 양보(梁甫)가 아홉 살 때 산

아래에서 올빼미에게 물려 다친 꾀꼬리를 발견하고 집에 데려와 치료해 주었다. 백여 일쯤 지나자 꾀꼬리는 다시 털도 나고 상처도 아물어 죽음을 면하게 되었다. 이에 양보가 즉시 꾀꼬리를 놓아주었더니 그날 밤 노란 옷을 입은 동자가 꿈에 나타나 옥가락지 네 개를 예물로 주면서 목숨을 구해 준 은혜를 갚는다 하고는 꾀꼬리로 변하여 날아갔다는 이야기다.

이상에서 본 바와 같이 노인결초(老人結草)와 황작함환(黃雀銜環)이라는 두 전설은 선행에 대한 보은설화(報恩說話)다. 여기에서 나온 결초함환 또는 함환결초라고도 하는 성어는 요즈음에도 자주 쓰이고 있다. 그리고 결초와 함환은 다 같이 은혜에 보답한다는 뜻으로 별로 큰 구별이 없는 바 양자가 함께 쓰일 때는 광의적인 보은의 뜻으로 쓰인다. 그런데 양자를 나눠 쓸 경우 함환은 살아서 보답한다는 뜻이고 결초는 죽어서 보답한다는 뜻이 된다. 그래서 "살아서는 함환이고, 죽어서는 결초다.(生當銜環 死當結草)"라는 말도 있다.

【용례】 선생님의 도움으로 무사히 졸업해서 이제는 어엿한 사회의 일원이 되었습니다. 더욱 노력해서 "결초보은"(엄밀하게 표현하자면 "함환보은"이다)하겠습니다. 그때까지 건강하게 지내시기 바랍니다.

겸청즉명 편신즉암 兼聽則明 偏信則暗

兼 : 더불(겸) **聽** : 들을(청)
則 : 곧(즉)/법칙(칙) **明** : 밝을(명)
偏 : 치우칠(편) **信** : 믿을(신)
暗 : 어두울(암)

【뜻풀이】 여러 방면의 의견을 들으면 현명해지고 한 방면의 말만 들으면 어두워진다는 뜻이다.

【출전】 『신당서 · 위징전(魏徵傳)』에 보면 다음과 같은 이야기가 나온다.

어느 날 당태종이 위징에게 물었다.

"황제는 어떻게 하면 현명해지고 어떻게 하면 아둔해지느냐?"

이 말을 듣고 위징이 대답하였다.

"황제가 현명해지는 것은 여러 방면의 의견을 두루 듣기 때문이고 아둔해지는 것은 일방적으로 몇몇 사람의 말만 듣기 좋아하기 때문입니다.(君所以明 兼聽也 所以暗 偏信也)"

이 성어는 『관자(管子) · 군신편(君臣篇)』에 나오는 "구별해서 편벽되이 들으면 어리석어지고 종합해서 두루 듣는다면 총명해질 것이다.(別而聽之則愚 合而聽之則聖)"는 말과 뜻이 통한다. 즉, 단편적이고 일방적으로 들으면 아둔해지고, 종합적이고 총체적으로 들으면 총명해진다는 뜻이다.

【용례】 남의 말 너무 쉽게 듣지 말거라. "겸청즉명이요, 편신즉암"이란 말도 있잖니. 의견을 두루 경청하는 편이 도움이 될 것이다.

경광도협 頃筐倒篋

頃 : 기울(경) **筐** : 광주리 · 평상(광)
倒 : 뒤집을 · 뒤집힐(도) **篋** : 상자(협)

【뜻풀이】 광주리와 궤짝을 거꾸로 하다. 손님에 대한 대접이 융숭한 것을 이르는 말이다. 또는 허심탄회(虛心坦懷)하게 속마음을 털어놓는 것을 말하기도 한다.

【출전】『진서(晉書)』에 보면 다음과 같은 이야기가 있다.

진나라의 태위 치감(郗鑒)의 딸은 미모가 출중했을 뿐 아니라 학문에 뛰어나 치감은 그 딸을 몹시 애지중지(愛之重之)하였다. 그는 재색을 겸비한 딸에게 어울리는 배필을 구하기 위해 백방으로 수소문하다가 왕도(王導)의 자식들이 모두 훌륭한 인재라는 말을 들었다. 그래서 그의 문하생에게 왕부(王府)에 가서 그들의 행동거지를 살펴보게 하였다.

문생은 왕도의 집에 가 자기가 찾아온 이유를 설명하고 아들들을 보고 싶다고 말했다. 왕도의 부름에 따라 문생과 마주한 소년들은 하나같이 이목이 수려하고 총명해 보였는데, 그들은 치감이 사윗감을 고른다는 말을 들었는지라 몹시 긴장해 있어서 태도가 자연스럽지 못했다.

그때 문생이 고개를 돌리다가 문득 동쪽 창밖의 걸상에 한 소년이 배를 다 드러내 놓고(坦腹東床) 음식을 먹는데(▶ 동상례東床禮 참조), 그가 쳐다보는 것도 개의치 않고 자연스럽게 행동하는 것을 보았다. 문생은 그를 유심히 살펴보다가 치감에게 돌아가 그들의 일거수일투족(一擧手一投足)을 상세하게 보고하였다. 보고를 들은 치감은 배를 다 드러내 놓고 자연스럽게 음식을 먹던 그 소년이 사윗감이라고 여겨 직접 가서 그를 만나보고는 마침내 그에게 딸을 시집보냈다. 그가 바로 당대의 대서예가인 왕희지(王羲之)였다.

치감의 딸은 왕희지와 결혼한 뒤 어느 날 친정으로 놀러갔다가 두 남동생에게 이런 말을 하였다.

"왕씨 집안사람들이 사안(謝安)과 사만(謝萬)이 온 것을 보더니 즉시 광주리와 궤짝에 들어 있던 음식들을 모조리 내다가 손님을 극진히 대접하더구나."

이 이야기에서 유래하여 자기가 가지고 있던 모든 것을 남김없이 다 내놓는다든가, 말을 숨기지 않고 다 하는 것을 일러 경광도협이라고 하게 되었다. 보통 이 성어는 좋은 의미로 쓰인다.

그리고 이 이야기 중에 태위 치감이 사윗감을 고르는 일에서 유래하여 중국에서는 사위를 동상(東床)·동탄(東坦)이라 하고, 탄복동상(坦腹東床)·동상쾌서(東床快壻)라는 성어를 쓰기도 한다. 이 성어에는 그 사람을 칭찬하는 의미가 내포되어 있다.

【용례】 저번에 과장님 댁을 방문했는데 사모님 대접이 너무 융숭해서 민망할 정도였어. "경광도협"도 그 정도면 내겐 과분할 지경이었지.

경국지색 傾國之色

傾 : 넘어질·쓰러질·기울(경)
國 : 나라(국) 之 : 갈(지)
色 : 빛깔·미인(색)

【뜻풀이】 나라를 쓰러뜨릴 정도로 미모가 뛰어난 여자. 절세미인(絕世美人)을 말한다.

【출전】 한(漢)나라 무제(武帝) 때의 일이다. 당시 궁중 가수로 있던 이연년(李延年)은 노래 솜씨도 뛰어났지만 곡조를 만들고 가사를 붙이는 재주도 뛰어난 사람이었다. 때문에 무제 역시 그를 항상 측근에 두고서 짬이 날 때마다 그의 노래를 듣곤 했다.

어느 날 궁중에서 벌어진 잔치에 이연년이 나와 노래를 부르게 되었다. 그때 그는 다음과 같은 짧은 곡조 한 소절을 읊었다.

「북방의 한 아름다운 여인
세상에 둘도 없이 홀로 서 있네.
한 번 고갯짓하면 성이 기울고
두 번 고갯짓하면 나라가 기운다네.
성이 기울고 나라가 기운들 어이 모르리오만
미인은 두 번 다시 얻기 어려워라.
北方有佳人
絕世而獨立
一顧傾人城
二顧傾人國
寧不如傾城與傾國
美人難再得」

이연년이 춤에 맞춰 구성지게 부르는 노랫소리에 귀를 기울이고 있던 무제는 곡이 끝나자 누나인 평양공주(平陽公主)의 귀에 대고 소곤거렸다.

"과연 좋은 노래입니다. 그렇지만 이 세상에 어디 그렇게 아름다운 여자가 있겠습니까?"

"아마 저 이연년의 누이동생이라면 그럴 겁니다."

이 말에 무제는 이연년의 누이동생을 즉시 불러들였다.

과연 그녀는 절세미인으로 그녀를 한 번 본 무제는 한순간에 매혹되고 말았다. 이 여자가 바로 『한서』에 나오는 이부인(李夫人)이다.

무제 만년에 황제의 사랑을 독차지했던 그녀는 아쉽게도 젊은 나이에 세상을 떠나 버렸다. 이부인은 경국지색이었지만 미인박명(美人薄命)이란 말 그대로 요절하고 말았던 것이다.

경국이란 말은 『사기』의 〈항우본기〉와 이백(李白)의 악부(樂府) 〈청평사(淸平詞)〉와 백낙천(白樂天)의 〈장한가(長恨歌)〉 등에도 나온다.

【용례】 예부터 여자를 너무 밝히는 사람치고 잘된 이를 못 봤다. 아무리 "경국지색"이라고 해도 조강지처만은 못한 법이야. 이제 바람 좀 그만 피우고 집안 돌볼 궁리를 해야지.

경단급심 綆短汲深

綆 : 두레박·줄(경) **短** : 짧을(단)
汲 : 물길(급) **深** : 깊을(심)

【뜻풀이】 두레박의 줄이 짧으면(短) 깊은 우물의 물을 길을 수 없다는 뜻으로, 재간이 없는 사람은 심오한 이론을 터득할 수 없고 큰 일을 이룰 수 없다는 말이다.

【출전】 『장자·지락편(至樂篇)』에 다음과 같은 이야기가 실려 있다.

춘추시대 어느 날 공자의 제자 안회(顔回)가 제나라 임금과 정치에 대해 토론하려고 노나라를 떠나 제나라에 간 적이 있었다. 그때 공자가 근심에 잠겨 있는 것을 보고 제자 자공(子貢)이 그 까닭을 물었다. 공자는 이렇게 대답하였다.

"옛날에 관중(管仲)이라는 사람이 말씀하시기를 '자루가 작으면 많은 것을 넣을 수 없고 두레박줄이 짧으면 깊은 우물의 물을 길을 수 없다(褚小者 不可以懷大 綆短者 不可以汲深).'고 하였다. 그런즉 내가 걱정하는 것은 제나라 임금이 성현의 말씀을 받아들이기는 고사하고 되레 일을 그르칠까 싶어서다."

공자는 이렇게 말하고 나서 두어 가지 실례를 들어 설명하기도 하였다.

그런데 앞에서 공자가 인용한 관중의 말은 『관자(管子)』라는 책에 실려 있는 관중의 말과 다소 차이가 있다. 『관자』의 기록에는 관중의 말을 "짧은 두레박줄로는 깊은 우물 속물을 길을 수 없고, 옅은 지식으로는 성인의 말씀을 헤아릴 수 없다.(短綆 不可以汲深井 知鮮 不可以與聖人之言)"고 적고 있다. 여기서 말하는 지선(知鮮)이란 지식이 천박하다는 뜻이고, 뒷부분은 그런 사람들은 성인의 말을 헤아릴 수 없다는 말이다.

이 밖에 『순자(荀子)』라는 책에도 비슷한 말이 나오고 있으며, 『회남자(淮南子)』에도 "줄이 짧은 두레박으로는 깊은 우물의 물을 길을 수 없고, 작은 그릇으로는 많은 것을 담을 수 없다.(短綆 不可以汲深 器小 不可以盛大)"는 말이 보이고 있다.

이리하여 경단급심이라든가 기소성대(器小盛大)라는 성어가 생겨난 것이다.

【용례】 세계적인 피아니스트가 되겠다는 뜻은 장하다. 하지만 내가 들어 보니 너는 아무래도 예술적인 방면에는 재능이 없는 것 같구나. "경단급심"이란다. 두레박 줄이 짧으면 우물물을 길을 수 없는 법이지.

경보불사 노난미이
慶父不死 魯難未已

慶 : 경사(경) 父 : 사내(보)
不 : 아닐(불) 死 : 죽을(사)
魯 : 노나라(노) 難 : 어려울(난)
未 : 아닐(미) 已 : 이미·그칠(이)

【뜻풀이】 경보가 죽지 않고서는 노나라의 어지러움은 그치지 않는다. 분란을 일으킨 장본인을 제거하지 않는 한 나라 안이 조용할 수 없다는 뜻이다.

【출전】 『좌전·장공(莊公) 32년』조에 다음과 같은 이야기가 나온다.

경보는 춘추시대 노장공의 형(일설에는 아우라고 함)으로 노장공이 죽은 뒤 계속 두 번이나 내란을 일으켜 임금을 둘씩이나 죽인 장본인이다.

장공은 병세가 위독해지자 이복아우인 숙아(叔牙)에게 누구를 후사로 삼을 것인지 물었더니 숙아는 경보(慶父)를 추천하고, 동복아우인 계우(季友)에게 물었더니 계우는 장공의 아들 반(般)이 되어야 한다고 했다.

장공이 세상을 떠난 뒤 계우는 공자 반을 임금으로 세우고 숙아를 독살했다. 그 후 두 달이 지나 이번에는 경보가 반을 죽이고 나이 어린 개(開)를 임금으로 세웠는데 그가 바로 노민공(魯閔公)이다. 이에 계우는 할 수 없이 진(陳)나라로 달아나고 말았다.

노민공은 경보의 손에 놀아나는 허수아비였다. 경보는 적당한 기회에 노민공을 없애 버리고 자신이 임금이 되고자 생각하였다. 그런데 노민공의 외삼촌인 제환공(齊桓公)은 노민공을 지지하면서 계우를 국상으로 삼으려고 중손(仲孫)이라는 사람을 노나라에 파견하여 정세를 살펴보게 하였다. 이에 중손은 노나라를 돌아보고 와서 제환공에게 보고하였다.

"경보를 제거하지 않는 한 노나라의 내란은 진정될 수 없습니다.(不去慶父 魯難未已)"

아니나 다를까 2년 뒤 경보는 노민공을 죽이고 스스로 임금이 되었다.

그러나 계우를 따르는 노나라 사람들이 한결같이 일어나 경보가 왕위에 오르는 것을 반대하였다. 이에 경보는 할 수 없이 제나라로 달아나 버렸다.

이렇게 해서 계우는 다시 노나라로 돌아오고 제환공은 공자 신(申)을 노나라 군주로 세우니 그가 바로 노희공(魯僖公)이다. 뒤이어

ㄱ

희공은 계우의 계책대로 제나라 군주에게 예물을 보내 경보를 처단해 달라고 하니 막다른 골목에 이른 경보는 마침내 자살하였고 이로써 노나라의 내란은 평정되었다.(➡ 휘막여심 諱莫如深 참조)

이리하여 그 후 사람들은 늘 내분을 일으키는 자를 가리켜서 경보라 부르게 되었다. 성어 경보불사 노난미이는 불거경보 노난미이(不去慶父 魯難未已) 또는 경보불거 노난미이(慶父不去 魯難未已)라고도 한다.

【용례】 이번 국회 사태가 진정되기 위해서는 여당 쪽에서 문제 해결을 위해 근본적인 대책을 수립할 필요가 있다. "경보불사면 노난미이"라고 했다. 분란을 일으킨 장본인이 사퇴해야 할 것이다.

경원시 敬遠視

敬 : 공경할(경) 遠 : 멀(원) 視 : 볼(시)

【뜻풀이】 공경은 하면서도 한편으로 멀리함. 여기서 멀리한다는 것은 적당한 거리를 둔다는 뜻이지 아예 상종하지도 않는다는 말은 아니다.

【출전】 『논어·옹야편(雍也篇)』에 다음과 같은 대화가 실려 있다.

어느 날 공자의 제자인 번지(樊遲)가 공자에게 물었다.

"선생님, 앎이란 무엇입니까?"

이에 공자는 다음과 같이 대답하였다.

"사람이 해야 할 도리를 다하려고 힘쓰며 혼령이나 귀신에 대해서는 존경은 하되 적당한 거리를 둔다면, 이를 안다고 말할 수 있을 것이다.務民之義 敬鬼神而遠之 可謂知矣)"

공자가 이 말을 하게 된 동기가 무엇인지 궁금해지지 않을 수 없다. 귀신의 일이란 사실 너무 깊이 빠지면 자칫 균형 감각을 잃기 쉽다. 그렇다고 허황된 일이라 해서 무조건 배척한다면 오히려 불안에 떠는 사람이 마음의 위안을 얻지 못할 수도 있다. 이런 가운데에서 적당히 공경하면서 섬기고 아울러 적당히 멀리해서 경계한다면, 어느 한쪽에도 치우치지 않으면서도 양자를 온전히 보전할 수 있는 방법이 될 것이다.

같은 책 『술이편(述而篇)』에 보면 "공자는 괴상한 것과 폭력이나 난동에 관한 것과 불가사의(不可思議)한 귀신의 일에 대해서는 말씀하시지 않았다.子不語怪力亂神)"는 구절도 나오는데, 이것 역시 현실에 당면한 과제들은 버려두고 헛된 망상이나 요행수나 바라는 인간의 속된 마음을 경계한 공자의 가치관이 드러나는 대목이다.

이처럼 원래 경원시라는 성어의 뜻은 균형 감각을 지닌 온전한 태도를 가리켰는데, 오늘날엔 다소 의미가 바뀌어 겉으로는 공손한 척하지만 실제로는 꺼려 피하는 경우에 많이 비유된다.

【용례】 그 교수는 우리들에게 잘해 주기는 하지만, 왠지 꺼림칙해. 마음을 열고 대화를 하려고 해도 이상하게 자꾸 "경원시"하게 된단 말이야.

경위지사 傾危之士

傾 : 기울어질(경) 危 : 위태로울(위)
之 : 어조사(지) 士 : 선비(사)

【뜻풀이】 궤변(詭辯)으로 사람을 현혹시켜

나라를 어지럽히고 위태롭게 하는 사람을 일컫는 말이다.

【출전】『사기·장의열전(張儀列傳)』에 나오는 말이다.

사마천은 장의의 일생을 다루고 난 뒤 맨 마지막에 자신의 평을 붙여 이렇게 말했다.

"삼진〔三晉, 전국시대 한(韓)·위(魏)·조(趙) 세 나라를 부르는 말. 이들이 모두 진(晉)나라에서 쪼개져 나왔기 때문이다.〕에서는 많은 권변(權變, 임기응변臨機應變의 계략)을 부린 인물들이 나왔다. 무릇 합종과 연횡을 말하여 진나라를 부강하게 한 이들은 대개가 삼진 출신 사람들이다. 그런데 장의의 활동은 소진(蘇秦)보다도 훨씬 심했다. 그러나 세상 사람들은 소진을 더 미워하는데, 그가 먼저 죽은 뒤 장의가 소진의 결점을 폭로하면서 자신의 학설을 보완하여 연횡의 설을 만들어 냈기 때문이다. 요컨대 이 두 유세가(遊說家)는 바로 궤변으로 세상을 어지럽히고 위태롭게 만든 장본인들이다.(三晉多權變之士 夫言從衡彊秦者大抵皆三晉之人也 夫張儀之行事甚於蘇秦 然世惡蘇秦者 以其先死 而儀振暴其短以扶其說 成其衡道 要之 此兩人眞傾危之士哉)"

【용례】 그 사람의 논리는 그럴듯해 보이지만 써 보면 하나같이 회사를 파멸시키는 술책이었습니다. 그런 "경위지사"의 말에 더 이상 현혹되어서는 안 됩니다.

경전서후 耕前鋤後

耕 : 밭갈(경) 前 : 앞(전)
鋤 : 호미·호미질할(서) 後 : 뒤(후)

【뜻풀이】 부부가 서로 극진히 도우며 일하는 것을 비유해 이르는 말이다.

진(晉)나라 때의 저명한 작가와 시인으로 도연명(陶淵明)이라는 사람이 있었는데 이름은 잠(潛)이었고 자는 원량(元亮)이었다.

【출전】『진서·도잠전』에 보면 도연명은 마음이 청빈한 사람으로 한때 참군이니 현령이니 하는 낮은 벼슬을 지냈다고 하는데 그가 마지막으로 있던 벼슬은 팽택현(彭澤縣) 현령이었다.

도연명이 41세 되던 해의 일이었다. 어느 날 상급 고을에서 벼슬아치가 팽택현에 내려오게 되었는데 그 앞에서 굽실거리며 융숭하게 맞아 줄 뜻이 전혀 없던 도연명은 "닷 되의 쌀 때문에 허리를 굽힐 수 없다.(不爲五斗米摺腰)"고 하면서 곧 사표를 내고 낙향했다. 이때부터 그는 완전히 벼슬길에서 물러나 아내와 함께 농사를 지으며 살았다고 하는데, 당시 사람들은 그들을 가리켜 "남편은 앞에서 밭을 갈고 아내는 뒤에서 김을 맨다.(夫耕於前 妻鋤於後)"고 하였다.

성어 경전서후는 바로 이 이야기에서 나온 것이다. 훗날 사람들은 부부간의 금실이 좋아 아기자기하게 서로 도우며 함께 일하는 것을 가리켜 이런 말로 일컫게 되었다.

또 불위오두미접요(不爲五斗米摺腰)란 말은 "쌀 닷 되밖에 안 되는 봉급 때문에 그따위 벼슬아치에게 허리를 굽히랴."라고 해석할 수 있는데, 도연명의 이 말은 사회적으로 현실에 불만을 품고 벼슬을 버리는 사람들에 의해 자주 인용되었다.

【용례】 집 장만하겠다고 두 내외가 "경전사후" 고생을 하는데, 도와주지 못하는 내 마음은 미어질 듯하구나.

ㄱ

경죽난서 磬竹難書

磬 : 빌 · 다할 · 경쇠(경)
竹 : 대나무(죽) 難 : 어려울(난)
書 : 책 · 글 · 쓸(서)

【뜻풀이】 죄가 하도 많아서 일일이 다 적을 수 없다.

【출전】 중국에서는 종이가 발명되기 전인 한나라 때는 죽간(竹簡)에 글을 썼다. 때문에 이 성어의 뜻은 죄가 하도 많기에 나라 안의 죽간을 다 사용해도 적을 수가 없다는 뜻이다. 그런데 오랜 관례상 좋은 일에 대해서는 이 성어를 쓰지 않는다.

요컨대, 수나라 말년 농민군의 우두머리 이밀(李密)은 수양제의 죄악을 성토하는 격문에서 "그 죄악은 남산의 죽간을 다 허비해도 기록할 수 없다.(罄南山之竹 書罪無窮)"라고 하였다(『구당서 · 이밀전』).

그러나 경죽난서와 유사한 말은 벌써 전한 한무제 때 나타났다. 당시 주세안(朱世安)이라는 협객이 승상 공손하(公孫賀)의 모함으로 옥에 갇혔을 때 공손하의 죄악을 고발하면서 "남산의 죽간을 다 써도 내가 하고 싶은 말을 다 적을 수 없다.(罄南山之竹 不足受我詞)"라고 말한 적이 있다(『한서 · 공손하전』). 그리고 전한 말년 위효라는 사람이 왕망(王莽)을 성토하는 격문에서 또 이와 비슷한 말을 하였으며, 남조 양원제 때 하남왕 후경이 반란을 일으키자 양원제도 유사한 어구로 반란자를 성토하였다.

이와 같이 경죽난서라는 성어는 만들어진지 오래인데, 뒤에 이밀의 격문에 쓰인 이 성어의 제한된 함의가 진일보하여 확정된 것이라 할 수 있다.

【용례】 공무원 신분으로 그런 엄청난 일을 저지르다니. 세상에 어느 놈을 믿고 세금을 내겠어. 그놈들 죄는 "경죽난서"야. 종로 네거리에서 효수해 버려야 해!

계견승천 鷄犬升天

鷄 : 닭(계) 犬 : 개(견)
升 : 오를(승) 天 : 하늘(천)

【뜻풀이】 닭과 개들마저 하늘로 올라가 신선이 되다.

【출전】 『신선전(神仙傳)』의 기록에 따르면 한나라 때 회남왕(淮南王)이 팔공(八公)이라는 신선한테서 선단 만드는 법을 배워 선단을 만들어 먹었더니 대낮에 하늘로 올라가고, 나머지 선단을 먹은 닭과 개도 죄다 하늘로 올라가 신선이 되었다는 이야기가 있다. 그리고 『수경주(水經注)』라는 책에도 어떤 사람이 단약을 먹고 닭이나 개, 짐승들과 함께 승천했다는 이야기가 있는데, 그 책에 "닭은 하늘에서 울고 개는 구름 속에서 짖는다.(鷄鳴天上 狗吠雲中)"라는 말이 보이고 있다. 그 밖에 『태청기(太淸記)』에도 허진군(許眞君)이라는 이가 단약을 먹고 "온 집안 사람들과 함께 승천했다.(拔宅飛天)"는 이야기가 있다.

이와 같은 이야기들은 한낱 전설로 허황하기 짝이 없는 것이지만 새겨들을 만한 뜻도 있다. 회남왕 유안(劉安)의 경우만 보아도 그는 죄를 짓고 자결한 사람이었다. 그런 그가 하늘로 올라갔다는 설이 어쩌다가 나오게 되었는지는 알 수 없다. 다만 그의 울분을 후세 사람들이 이런 식으로 미화했다고 볼 수도 있을 것이다.

이러한 전설로부터 여러 가지 재미있는 성어들이 나오게 되었다. 고대 사회에서 갑자기 벼락출세를 하는 것을 가리켜 백일승천(白日升天) 또는 백일비승(白日飛升)이라고 하였으며, 한 사람이 출세해서 온 집안이 덕을 보게 되는 것을 발택비승(拔宅飛升) 또는 일인득도 계견승천(一人得道 鷄犬升天)이라고 조소하기도 하였다. 그리고 권세에 아부하여 출세하는 자들을 가리켜 회남계견(淮南鷄犬)이라는 말로 비웃기도 하였다.

【용례】 그저 집안에는 똑똑한 자식 하나만 있으면 당장 흥한다니까. 첫째 아이가 출세하니까 "계견승천"이더군. 나머지 애들도 일이 절로 풀려요.

계구우후 鷄口牛後

鷄 : 닭(계) 口 : 입(구)
牛 : 소(우) 後 : 뒤(후)

【뜻풀이】 닭의 주둥이가 될지언정 소꼬리는 되지 마라. "소꼬리보다 닭대가리가 낫다"는 속담과 비슷하다.

【출전】 전국시대 말기 진(秦)나라가 강성해지자 정치가들은 천하를 통일하는 문제를 둘러싸고 합종(合縱)이냐 연횡(連橫)이냐 하면서 치열한 논쟁을 벌이게 되었다. 이때 소진(蘇秦)이라는 사람이 동방의 여섯 개 나라가 힘을 합하여 진나라와 대적해야 한다고 역설하면서 어떤 나라 임금에게 이렇게 유세하였다.

"속담에 닭의 주둥이가 될지언정 소꼬리는 되지 마라(寧爲鷄口 無爲牛後)는 말이 있습니다. 대왕께서 만일 진나라와 손을 잡으면 소꼬리가 되는 것인즉 그렇게 되면 저마저도 낯 뜨겁게 될 것입니다."

즉, 작은 곳에서나마 자유롭게 주인 행세를 할지언정 큰 편에 붙어서 남의 지배를 받지 말라는 뜻이다. 이래서 계구우후라는 성어가 생겨났다. 어떤 사람들은 구(口)자와 후(後)자를 각기 시(尸)자와 종(從)자의 변형으로 보면서 계시우종(鷄尸牛從)이라 하는 것이 옳다고 주장하기도 한다. 그러나 지금은 이미 계구우후로 굳어져 계시우종이라고 하는 사람은 거의 없다.

【용례】 저는 대기업보다는 건실한 중소기업에 취직하겠습니다. 닭 부리가 될망정 소꼬리는 되기 싫습니다("계구우후"). 그곳에서 제 웅지를 맘껏 펴 보겠습니다.

계두지육 鷄頭之肉

鷄 : 닭(계) 頭 : 머리(두)
之 : 어조사(지) 肉 : 고기(육)

【뜻풀이】 여자의 젖가슴을 비유하는 말이다.

【출전】 『천보유사(天寶遺事)』에 보면 다음과 같은 이야기가 나온다.

현종(玄宗)의 사랑을 한 몸에 받던 양귀비(楊貴妃)가 하루는 화청궁(華淸宮) 온천에서 목욕을 한 뒤에 화장을 하고 있었다. 그때 그녀의 몸을 감싸고 있던 수건이 떨어지면서 곤혹스럽게도 양귀비의 알몸이 고스란히 드러났다. 이때 그녀의 양쪽 젖가슴도 봉긋하게 드러났는데, 이를 본 현종이 감탄하면서 이렇게 말했다.

"부드럽고 따뜻해서 계두 열매의 과육(菓肉)을 막 벗겨 놓은 듯하구나.(軟溫新剝 鷄頭

ㄱ

之肉)”

계두는 검(芡, 가시연밥)이라 불리는 풀이다. 수련과에 속하는 일년생 수초로, 못이나 늪 주변에서 서식한다. 땅속에서 자라는 뿌리는 식용으로 쓰이며 열매와 씨는 약용으로 사용한다.

현종의 말은 양귀비의 봉긋한 젖가슴이 마치 이 가시연밥 열매를 까 놓은 듯하다는 뜻이다. 일종의 육두문자(肉頭文字)라고 할 수 있다.

【용례】 저 여자 비키니 차림이 정말 죽여주는군. 아마 “계두지육”도 볼 만할 거야.

계란유골 鷄卵有骨

鷄 : 닭(계) 卵 : 알(란)
有 : 있을(유) 骨 : 뼈(골)

【뜻풀이】 계란에도 뼈가 있다. 일이 안 풀리는 사람에게는 순조로운 일을 할 때에도 뜻밖의 장애가 생긴다는 말이다.

【출전】 조선 순조 때의 학자 조재삼(趙在三)이 지은 『송남잡지(松南雜識)·방언류(方言類)』에 다음과 같은 이야기가 있다.

옛날 어떤 사람이 살았는데 그가 너무나 가난했기 때문에 임금이 그를 위해 특별히 명령을 내렸다. 즉, 그날 하루만 새벽에 성문을 열면서 저녁에 문을 닫을 때까지 문으로 드나드는 물건은 모두 그에게 주라는 것이었다.

그런데 일이 어떻게 된 셈인지 그날따라 새벽부터 비바람이 쳐서 물건을 가진 이들이 한 사람도 지나가지 않았다. 그러다가 해가 저물 무렵에 한 사람이 계란 꾸러미를 들고 왔기에, 그것을 받아 집에 가지고 왔다. 계란을 삶아 먹으려고 하니 모두 곯아서 한 알도 먹을 수 없었다.

이 이야기에서 이 말이 나온 것인데, 골(骨)은 “곯다”의 “곯” 음을 따서 쓴 글자다. 한편, 전하는 말로는 그 박복한 사람은 고려 시대 사람 강일용(康日用)이라고도 하고, 조선 세종 때의 명재상 황희(黃喜, 1363~1452)라고도 한다.

【용례】 그렇게 어렵게 데이트 승낙을 받았는데, 약속한 날 폭우가 쏟아지다니… 좋은 일엔 마가 낀다더니, 완전히 “계란유골”이었어.

계륵 鷄肋

→ 여작계륵 如嚼鷄肋

계맹지간 季孟之間

季 : 어릴·끝·철(계)
孟 : 맏·우두머리·클·맹랑할(맹)
之 : 어조사(지) 間 : 사이(간)

【뜻풀이】 공자가 35세 되던 해의 일이었다.

【출전】 노소공(魯昭公)이 노나라 삼경(三卿)에게 패배하여 제나라로 도망치고 뒤이어 나라에 내란이 일어나자 공자도 제나라에 옮겨 앉아 제나라 대부 고소자(高昭子)의 집에 유숙하게 되었다. 그는 여기에서 다시 한 번 제경공(齊景公)과 만나게 되었다.

제경공은 그 전부터 공자의 정치 사상에 크게 흥미를 느껴 오던 터라 그를 국빈으로 대접하였다. 그러나 공자가 아무런 작위도 없는 지라 제경공은 생각 끝에 접대를 책임진 관리에게 “공자를 계손(季孫)과 비기자니 낮은 것 같고 맹손(孟孫)과 비기자니 높은 것 같은데 계맹 사이의 대우로 접대하라"고 분부하였다.

이래서 상대를 보아 가면서 알맞게 접대하는 것을 계맹지간이라고 하게 되었다. 계손·맹손·숙손(叔孫)은 바로 노나라의 삼경으로서 당시 그 세력은 임금을 능가하는 처지였다. 그런즉 계맹지간이라고 하는 것은 상류 중 중등에 해당하는 위치가 된다.

【용례】 이번에 발탁한 친구 있지? 적당한 직급으로 김 부장이 배치하게나. 형평을 고려해 "계맹지간"을 찾아보면 합당한 자리가 있지 싶어.

계명구도 鷄鳴狗盜

鷄 : 닭(계) 鳴 : 울(명)
狗 : 개(구) 盜 : 도둑·훔칠(도)

【뜻풀이】 닭 울음소리나 내고 개구멍으로 물건을 훔치는 따위의 변변치 못한 재주.

【출전】『사기·맹상군전(孟嘗君傳)』에 기재되어 있는 이야기다.

전국시대 어느 날 진(秦)나라 소양왕은 제나라의 대귀족 맹상군을 함양(咸陽)에 초청한 적이 있었다. 당시 진나라 국상은 맹상군 수하에 참모들이 많은 것을 질투하여 맹상군이 진나라 실정을 탐지한다는 구실로 소왕에게 모함해서 맹상군을 죽여 버리려고 했다.

이에 맹상군은 자기의 문객들을 시켜 이미 진왕에게 선사했던 흰여우 가죽옷을 훔쳐내어 진왕이 총애하는 왕비 연희에게 주면서 구해 주기를 청원하였다. 뇌물에 눈먼 연희는 소왕을 구슬려 맹상군을 돌려보내게 하였다. 맹상군 일행이 황급히 도망쳐 함곡관(函谷關)에 이르렀을 때였다. 아직 밤중이었기 때문에 관문은 굳게 닫혀 있었다. 당시 규정에는 닭의 울음소리가 들려야 관문을 열게 되어 있었다.

이때 맹상군의 식객들 중에 닭 울음소리를 잘 내는 자가 있어 몇 번 흉내를 냈더니 근처 농가의 닭들이 일시에 울어대기 시작했다. 이에 문지기들은 날이 밝은 줄로 알고 순순히 관문을 열어 주어 맹상군은 무사히 진나라를 빠져나왔다는 이야기다.

그런데 당시 여러 식객들은 여우 옷을 훔쳐 내온 사람이나 닭 울음소리를 낸 사람들을 가리켜 깊은 학문도 없고 당당한 풍채도 없는 사람들이라며 비웃었다는 것이다. 그래서 나중에 참다운 학문이 없이 비천한 재주만 가지고 있는 사람을 가리켜 계명구도지도(鷄鳴狗盜之徒)라 부르게 된 것인데, 이를 줄여 계명구도라고도 한다.

이와 관련된 글로 왕안석(王安石)의 〈독맹상군전(讀孟嘗君傳)〉이 유명하다. 여기 전문을 소개한다.

「세상 사람들이 모두 말하기를 맹상군은 능히 선비를 얻었다고 한다. 선비들이 이 때문에 그에게 귀의하여 마침내 그들의 힘을 입어 호랑이나 표범 같은 진나라를 벗어날 수 있었다는 것이다. 오호라! 맹상군은 다만 닭 울음소리나 내고 개 울음소리나 내는 무리의 우두머리일 뿐이다. 어찌 선비를 얻었다고 말할 수 있겠는가? 그렇지 않다면 그가 제나라의 강성함을 마음대로 했는데 한 사람의 제대로 된 선비라도 얻었다면 마땅히 남면해서(임금이 되어) 진나라를 제압할 수 있었을 것이니 오히려 닭 울음소리나 내고 개 울음소리나 내는 이들의 힘을 빌렸겠는가? 닭 울음소리나 내고 개구멍으로 도적질이나 하는 자들이 그의 문하에서 나온 것은 바로 참된 선비가 그에게 오지 않았던 까닭이다.

(世皆稱孟嘗君能得士 士以故歸之 而卒賴其力 以脫於虎豹之秦 嗟乎 孟嘗君特鷄鳴狗吠之雄耳 豈足以言得士 不然齊之强 得一士焉 宜可以南面而制秦 尙取鷄鳴狗吠之力哉 鷄鳴狗盜之出其門 此士之所以不至也)」

【용례】 그 양반 수하에 따르는 사람이 많다고 기고만장한데, "계명구도"나 할 줄 아는 사람 백이 있으면 뭐 하나. 정작 필요할 때 제 역할 하는 인재 한둘이 낫지.

계발 啓發

啓 : 열(계) 發 : 밝힐(발)

【뜻풀이】 지식과 지혜를 깨우쳐 열어 준다는 뜻으로, 문답을 주고받으면서 스스로 이해하게 하여 지식을 향상시키고 창의력과 자조심(自助心)을 길러 주는 교육 방법을 말한다.

【출전】 『논어·술이편(述而篇)』에 나오는 말이다.

「공자께서 말씀하셨다.

"알고 싶어 안달하지 않으면 열어 줄 수 없고, 애태우지 않으면 말해 줄 수 없다. 한 모퉁이를 예로 들어 주었는데 나머지 세 모퉁이를 알지 못하면 다시 일러 주지 않노라."

(子曰 不憤 不啓 不悱不發 擧一隅 不以三隅反 則不復也)」

위 글에서 불계(不啓)와 불발(不發)의 끝 두 글자를 모아 계발이란 성어가 나왔다.

분(憤)은 마음으로 알아내고 싶어도 그렇지 못해 애태운다는 뜻이다. 비(悱)는 입으로 말하려 해도 말이 나오지 않는 모양이다. 계(啓)는 그 뜻을 열어 주는 것이고, 발(發)은 그 말을 열어 주는 것이다. 네 모퉁이가 있는 사물은 그 가운데 한 모퉁이만 예로 들어 주면 나머지 세 모퉁이는 저절로 알 수 있다. 반(反)은 서로 증명한다는 뜻이며, 부(復)는 다시 말해 주는 것이다. 앞장에서 이미 성인이 사람을 가르칠 때에 게을리 하지 말라고 말했고, 덧붙여 이 말을 기록하였다. 이는 배우는 사람에게 힘써 노력하여 가르침의 터전을 다지게 하려고 한 것이다.

우리가 지식을 아는 방법에는 여러 가지 길이 있을 수 있다. 첫 번째가 일방적으로 알려 주는 것이다. 이른바 주입식 교육이라는 것인데, 듣는 사람은 당장은 알지만 오래 가지 못하는 병폐가 있다. 다른 방법으로 학생이 의문을 갖도록 하여 몹시 궁금해 할 때 알려 주는 것이다. 이렇게 안 지식이야말로 오래가고 참 지식으로 남는다. 이것이 이른바 이해 중심 교육인데, 이 두 가지는 반드시 어느 것이 낫다고 말하기는 어렵다.

요즘 교육은 흔히 암기보다는 이해를 선호한다. 더구나 학습자 중심 교육이라 하여 학생들의 이해도를 높이는 교육을 중시한다. 물론 좋은 교육 방법이다. 그러나 아무리 이해가 중요하다고 해도 기본적인 지식이 없다면 이해도 불가능하다. 이해할 게 있어야 이해를 할 것이 아니겠는가. 학생 중심의 이해 중심 교육은 자칫 학생들의 학습 의욕을 떨어뜨리고 집중력을 산만하게 만드는 병폐도 있다. 이 세상에 공부하고 싶어 공부하는 학생은 그리 많지 않다. 다들 억지로 하는데, 학생들의 입장만 고려해서 수업을 하면 밀도나 효과가 분산될 위험성도 높다. 따라서 양자의 장단점을 적절히 활용하는 교육이 필요한 것이다.

공자는 제자들을 가르칠 때 스스로 알려고 노력하지 않으면 알려 주지 않았다. 어떤 문제에 대해 궁금해 하다가 뜻을 알거나 문제를 풀면 그 지식은 어지간해서는 잊히지 않는다. 공자도 그런 점을 노렸던 것 같다. 궁금해 하다가 알게 되면 원리를 이해하기 때문에 한 문제를 풀고서도 여러 문제를 풀 수 있는 능력이 생겨난다. 이것이 한 모서리를 보아 나머지 세 모서리를 돌이켜 안다는 말과 같은 것이다.

【용례】 선생님께서는 절대 먼저 나서서 까닭을 설명하시진 않으셨지. 제자가 혼자 끙끙거리다가 도저히 풀지 못해 물어오면 그제야 소상하게 알려 주셨네. 그 덕분에 지금도 가르침을 잊지 않고 있으니, "계발"의 진정한 뜻으로 몸소 보여 주신 분이지.

고곡주랑 顧曲周郎

顧 : 돌아볼(고) 曲 : 굽을·곡(곡)
周 : 두루(주) 郎 : 사내(랑)

【뜻풀이】 음악에 조예가 깊은 사람을 일컫는 말이다.

【출전】 『삼국지 · 오지 · 주유전(周瑜傳)』에 보면 다음과 같은 이야기가 있다.

삼국시대 오(吳)나라의 도독(都督) 주유는 지모가 출중하고 용병술이 비상한 사람이었을 뿐 아니라 음악에 대한 감식력도 대단한 사람이었다.

그는 술에 만취해서 음악을 듣다가도 잘못된 부분이 있으면 곧 연주자를 건너다볼 정도였다. 그래서 당시 오나라에서는 "곡조에 잘못이 있으면 주랑이 돌아다본다.(曲有誤 周郎顧)"는 민요까지 퍼졌다. 여기서 주랑은 바로 주유를 말한다.

이리하여 나중에 사람들은 음악을 감상하거나 노래를 듣거나 하는 것을 고곡(顧曲)이라 하게 되었으며, 가곡 평론가나 가곡에 조예가 깊은 사람을 가리켜 고곡주랑이라고 했다.

【용례】 관리직에 있는 사람이란 겸손하면서도 위엄과 실력을 갖춰야 하네. "고곡주랑" 해야 사람들이 우러러보는 법이지.

고망언지 姑妄言之

姑 : 시어머니 · 짐짓(고)
妄 : 그릇될 · 망령될(망)
言 : 말씀(언) 之 : 갈(지)

【뜻풀이】 무슨 얘기든 들려 달라.

【출전】 송나라 때의 유명한 문학가이자 시인이었던 소식〔蘇軾, 1036~1101, 호는 동파거사(東坡居士)〕은 일찍이 항주 등지에서 지방 관헌으로 있다가 한때 그의 시가 문제시되어 황주 단련부사로 좌천되기도 하였다. 그러다가 나중에 한림학사 · 예부상서 등 높은 벼슬에 오르기도 했지만 말년에 이르러 또 혜주와 담주 등 벽지로 좌천되는 신세를 면치 못하였다. 이처럼 소식의 정치 생활에는 곡절이 적지 않았지만 그는 즐거운 마음으로 일에 대처하였다. (➡ 창해일속滄海一粟 · 하동사후河東獅吼 참조)

소식이 담주로 좌천되었을 때의 일이다.

그 고장은 외지고 황량한 지방인지라 공무라고는 이렇다 할 것이 별로 없이 한가한 시간이 많았다. 이에 소식은 부지런히 독서를 하고 시를 짓는 외에 늘 동료들을 보며 이야기를 들려달라고 졸랐다. 이렇게 오랜 시일을 두고 이야기를 하고 나니 그의 동료들은 더 들려줄 이야기가 없게 되었다. 그러나 소식은 여전히 이야기를 해 달라고 조르면서 "고망언지 고망언지(姑妄言之 姑妄言之)" 하고 빌듯이 말했다고 하는데, 뜻인즉 "아무렇게나 지껄여도 괜찮으니 이야기를 해 달라"는 것이었다.

고망언지라는 말은 일찍이 『장자·제물론(齊物論)』에 나오는데, 거기에는 "위여망언지 여이망청지(爲汝妄言之 汝以妄聽之)"라는 말이 있다. 뜻은 "내가 되는 대로 말하는 것이니 그대 역시 너무 진지하게 들을 것 없다."는 것이다. 이래서 나온 말이 고망언지 고망청지 또는 망언망청(妄言妄聽)이라는 것이다.

【용례】 "고망언지"란 말도 모르니. 무엇이라도 좋으니까 한 마디만 해라. 그렇게 묵묵부답이면 내가 무슨 재미로 마주앉아 얘기를 하겠니?

고목후주 枯木朽株

枯 : 마를(고) 木 : 나무(목)
朽 : 썩을(후) 株 : 그루터기(주)

【뜻풀이】 마른 나무와 썩은 그루터기와 같다는 뜻으로, 자신을 낮추어 겸손하게 표현할 때 쓰는 말이다. 축성여석(築城餘石, 성 쌓고 남은 돌)과 비슷하며 때로 나이가 들어서 몸이 쇠약함을 일컫는 데 쓰이기도 한다.

【출전】 한경제 때 오왕 유비(劉濞)의 수하에 추양(鄒陽)이라는 사람이 있었는데 유비가 반란을 꾀하려 하자 그는 양효황 유무의 수하로 들어갔다. 그러나 양효왕은 양승 등과 같은 간신들의 말을 듣고 추양을 옥에 가두고 말았다. 추양은 〈옥중에서 양효왕에게 올리는 글(獄中上梁孝王書)〉을 지어 자신의 무고함을 호소하였는데 이 글에 고목후주라는 말이 나온다.

추양은 이렇게 쓰고 있다.

"명월주나 야광벽과 같은 보물도 만약 캄캄한 밤중에 행인에게 던진다면 누구나 즉시 칼을 뽑아 들고 노한 표정을 지을 것입니다. 왜냐하면 사전에 말도 없이 갑자기 당한 일이기 때문입니다. 그러나 구불구불한 나무는 기괴하게 생겼지만 황상의 수레를 만드는 데 쓰이는데, 이것은 황상의 주위 사람들이 진작 보아 두었기 때문입니다. 이로부터 얻을 수 있는 교훈이 있으니 갑작스러운 것은 그것이 비록 주옥이라 할지라도 남의 의심을 받아 눈에 들지 못하지만, 만약 누군가가 추천을 한다면 그것이 고목후주라 할지라도 공로를 세울 수 있고 버림을 받지 않게 되는 것입니다…."

여기에서 추양은 자신을 명월주와 야광벽에 비기고 양승 같은 사람들을 고목후주에 비기면서 신세타령을 늘어놓은 것이다.

이 밖에 한무제 때의 문인 사마상여(司馬相如)도 한무제에게 올리는 〈간렵소(諫獵疏)〉라는 글에서 고목후주라는 말을 쓰고 있는데, 고주후목(枯株朽木)이라고도 한다.

【용례】 마른 나무나 썩은 그루터기 같은 ("고목후주") 저를 불러 주셔서 대단히 감사합니다. 그럼 변변찮은 생각입니다만 제 소견을 말씀드리겠습니다.

고복격양 鼓腹擊壤

鼓 : 북·두드릴(고) 腹 : 배(복)
擊 : 칠(격) 壤 : 땅(양)

【뜻풀이】 배를 두드리고 땅을 친다. 부러운

것이 아무것도 없는 풍족한 생활을 비유하는 말이다. 함포고복(含哺鼓腹)과 같은 말이다.
【출전】『십팔사략(十八史略)·제요편(帝堯篇)』에 다음과 같은 이야기가 있다.

사람들은 누구든지 안락한 생활과 행복한 인생을 원하게 마련이다. 중국 역사상 요순시대라고 하면 인간의 욕구를 충족시켜 준 가장 이상적인 시대라 할 수 있다. 이 성어는 그 중 요임금이 통치할 때 있었던 이야기에서 유래했다.

태평성대를 구가하던 어느 날이었다. 요임금은 정말 세상이 태평무사한 것일까 하는 걱정이 들어 하루는 남루한 옷을 입고 마을로 들어가 시정을 살폈다. 네거리의 모퉁이를 지날 때 보니 어린아이들이 모여 요임금의 덕을 찬양하는 노래를 부르고 있었다.

"우리 백성들을 잘 살펴서 어디 하나 부러운 것이 없구나. 알 듯 모를 듯한 사이에도 모두 우리 임금님 은덕으로 산다네.(立我烝民 莫匪爾極 不知不識 順帝而則)"

그래도 요임금의 의문은 완전히 가시지 않았다. 철없는 어린아이의 노래만 가지고는 분명한 증거를 삼을 수 없었기 때문이었다. 요임금은 번화한 시가지를 벗어나 한적한 교외로 들어섰다. 그때 백발이 성성한 노인이 격양(擊壤, 놀이의 일종. 양은 나무 신 모양의 팽이로, 이것을 서로 맞닥뜨려서 승부를 결정짓는다)에 열중해 있었다. 그리고 두 손으로 배를 두드리며 즐겁게 노래를 부르는 것이 아닌가.

"동이 트면 일하고 해가 지면 쉰다네. 우물을 파서 물을 마시고 밭을 갈아 밥을 해 먹으니 황제의 힘이 내게 무슨 소용이랴!(日出而作 日入而息 鑿井而飮 耕田而食 帝力於我何有哉)"

이 노랫소리를 듣고서야 비로소 요임금의 얼굴에는 기쁨의 미소가 흘러넘쳤다. 백성들이 아무런 불만도 없이 고복(鼓腹, 배를 두드림)하며 격양을 즐기면서 정치 따위에는 아랑곳없이 살고 있었던 것이다. 이를 통해 요임금은 자신의 정치가 백성들의 삶을 더욱 풍요롭고 윤택하게 해 주고 있음을 알게 되었다. 이때 아이들이 부른 노래를 〈강구요(康衢謠)〉라고 하며 노인이 부른 노래를 〈격양가(擊壤歌)〉라고 한다.
【용례】 배가 불러야 예절을 안다고 우선 의식주부터 해결하는 것이 급선무입니다. 사람들이 "고복격양"해야 공자님 말씀도 귀에 들어오지요.

고분지통 鼓盆之痛

鼓 : 두드릴(고) 盆 : 동이(분)
之 : 어조사(지) 痛 : 아플(통)

【뜻풀이】 동이를 두드리는 근심. 아내가 죽은 것을 말한다.
【출전】『장자·지락편(至樂篇)』에 다음과 같은 이야기가 있다.

장자의 아내가 죽자 혜자(惠子)가 문상을 갔다. 몹시 슬퍼하고 있으리라 여겨 한껏 슬픈 표정으로 장자의 집에 가 보니 장자는 동이를 두드리며 노래를 부르고 있었다.(鼓盆而歌)

혜자가 깜짝 놀라며 물었다.

"자네는 부인과 살면서 자식도 낳고 함께 늙었지 않았는가. 아내가 죽어 곡을 하지 않는다면 그럴 수도 있겠지만 동이를 두드리며 노래를 부르다니 좀 과한 듯하이."

ㄱ

장자가 이렇게 대답하였다.

"그렇지 않네. 아내가 처음 죽었을 때는 나도 슬펐지. 그러나 아내가 태어나기 이전을 살펴보면 원래 생명이란 건 없었네. 생명이 없었을 뿐 아니라 형체조차도 없었지. 형체는 고사하고 기(氣)마저도 없었네. 흐릿하고 아득한 사이에 섞여 있다가 변해서 기가 생기고 또 기가 변해서 형체를 이루고 형체가 변해서 생명을 갖추었네. 그것이 지금 또 바뀌어 죽음으로 간 것일세. 이것은 봄·여름·가을·겨울이 번갈아 운행하는 것과 같지. 아내는 지금 천지 사이의 큰 방에서 편안히 자고 있을 걸세. 그런데 내가 큰 소리로 운다면 나 자신이 천명에 통하지 못하는 듯해서 울음을 그쳤다네."

이런 해괴한 답변에 혜자는 이마를 탁 치고는 집으로 돌아가고 말았다.

【용례】 김 과장의 부인이 벌써 이태째 앓고 있다는구먼. 그 친구 그러다가 "고분지통"이라도 당하는 것 아닌지 모르겠군.

고붕만좌 高朋滿座

高 : 높을(고) 朋 : 친구·벗(붕)
滿 : 가득찰(만) 座 : 자리(좌)

【뜻풀이】 뜻이 맞는 고아한 친구들이 자리에 가득하다.

【출전】 전하는 바에 따르면 초당사걸(初唐四傑)의 한 사람으로 불리던 당나라 초기의 문인 왕발(王勃, 650~676)은 어려서부터 총명이 남달리 뛰어나 7세 때 벌써 글을 지을 수 있었고 14세 때 벼슬길에 나섰다. 젊은 사람이 너무 일찍부터 출세하게 된 데다가 그만큼 자부심 또한 강해서 여러 번 어려움을 당했다.

그리고 옹주 사공참군으로 있던 그의 부친인 왕복치(王福峙) 역시 아들 때문에 일에 연루되어 교지(交趾)의 현관으로 좌천되기도 했다. 이에 왕발은 부친을 만나기 위해 교지로 가던 길에 바다에 빠져 죽고 말았는데, 그때 그의 나이 겨우 26세(일설에는 29세)였다.

왕발의 대표작으로는 〈등왕각서(滕王閣序)〉를 들 수 있는데 바로 그가 교지(지금의 베트남 하노이 부근)로 가는 길에 종리〔鍾離, 서주(徐州)에 있는 작은 마을〕를 지나다가 9월 9일에 등왕각에서 잔치가 있다는 소리를 듣고 홍주에 들러 거기에서 쓴 글이다. 여기에서 등왕각은 당고조(唐高祖) 이연(李淵)의 아들 이원영(李元嬰)이 일찍이 홍주자사(洪州刺史)로 있을 때 지은 누각으로, 후에 그가 등왕에 봉해짐에 따라 누각의 이름을 고쳐 등왕각이라고 부르게 된 것이다. 그 후 염백서(閻伯嶼)가 당고종 함형(咸亨) 2년(675)에 새로 홍주자사로 부임하면서 이 전각을 수축하고 9월 9일 등고절(登高節)에 강남의 저명한 학자와 명사 백여 명을 초청하여 큰 잔치를 벌였다.

『강서통지(江西通志)』의 기록을 읽어 보면 이날 잔치에서 염백서는 등왕각의 비문에 쓸 글을 모집한다는 이유로 손님들에게 글을 올리라고 했는데, 실은 사위인 오자장(吳子章)의 글재주를 한번 자랑해 보려는 심산이었다. 물론 오자장은 장인인 염백서가 미리 등왕가의 중수(重修)를 기념하는 서(序)를 한 편 지으라 일러 놓은 터여서, 오래 전에 벌써 이날 밤에 쓸 글을 준비해 놓고 있었다. 이런 낌새를 알아차린 사람들은 겸손하게 사양할 뿐 아무도 글을 올리려 하지 않았는데 방금 홍주에 도착해 아무것도 모르는 왕발이 조금도 주저하지 않고 붓을 들어 일필휘지(一筆揮之)로 써 내려갔다. 염백서는 이 눈치코치도 없는 젊은이의 방자한 소행에 잔뜩 심사가 뒤틀렸지만 화를 낼 수도 없고 해서 억지로 참고 은밀히 아랫사람을 보내 왕발이 문장을 하나하나 지을 때마다 보고하도록 했다. 그런데 왕발이 쓴 글이 하도 명문이었기에 결국 탄복하지 않을 수 없었다. 결국 염백서는 왕발에게 글을 끝까지 완성하도록 하고 잔치가 끝날 때까지 즐거움을 누리게 했다. 이렇게 옆에 있던 사람들도 칭찬을 아끼지 않은 이른바 〈등왕각서〉는 바로 왕발이 이날 밤 쓴 글이었는데, 그 속에 고붕만좌·승우여운(勝友如雲)·평수상봉(萍水相逢) 등의 글귀가 들어 있다.

여기서 고붕·승우는 존귀한 벗들이라는 뜻이고, 만좌·여운은 많이 모였다는 뜻으로 쓰이고 있다. 그리고 평수상봉은 부평초가 강물에 실려 떠내려가다가 우연히 만나듯이 안면 없는 사람들이 기약 없이 문득 만나게 되는 것을 이르는 말이다.

〈등왕각서〉는 홍주의 수려한 경관을 후세에까지 만인의 입에 오르내리게 했으며, 이 글 한 편으로 고조의 스물두 번째 아들인 등왕 이원영이 다른 자식들보다 더 알려지게 되었다. 이 글은 왕발의 작품 중에서도 걸작에 드는 것이다. 왕발을 내쳤던 당고종이 이 서를 읽고 다시 왕발을 부르려 했으나 그때엔 이미 왕발이 죽고 없었다. 전편에 걸쳐 함축·온고·직유·암유 등의 기법이 현란하게 사용되어, 왕발의 재기가 유감없이 발휘된 작품이다. 고사를 교묘히 사용하여, 넉 자 여섯 자의 대구를 겹친 육조풍의 변려문이다.

그러면 〈등왕각서〉와 시를 읽어 보자.

「남창(南昌)은 옛 고을의 명칭이요, 홍도(洪都)는 새로 생긴 도독부(都督府)의 소재지다. 별의 분야(分野)는 익수(翼宿)와 진수(軫宿)에 해당하고 땅은 형산(衡山)과 여산(廬山)에 접해 있다. 삼강(三江)을 옷깃처럼 전면에 놓고 오호(五湖)를 띠처럼 둘렀으며, 만형(蠻荊)을 연결하고 구월(甌越)에 인접하였다. 물건의 정화(精華)는 천연적인 보물이니, 용천검(龍泉劍) 검광(劍光)이 우성(牛星, 견우성)과 두성(斗星, 북두칠성)의 자리를 쏘았고, 사람의 걸출함은 지역이 영특해서이니, 서유(徐孺)가 진번(陳蕃)의 걸상을 내려놓게 하였다. 큰 고을이 안개처럼 나열되어 있고, 준걸들의 광채가 별처럼 생동한다. 대황(臺隍)은 오랑캐와 중국의 접경에 임해 있고, 손님과 주인은 동남(東南) 지방의 훌륭한 인물을 다 하였다. 자사(刺史) 염공(閻公)의 고상한 명망은 깃대와 창으로 멀리 임하였고, 신주(新州, 새 고을)로 부임(赴任)해 가는 우문씨(宇文氏)의 아름다운 위의(威儀)는 휘장을 드리운 수레를 잠시 멈추었다. 열흘이라서 휴가를 받으니 훌륭한 벗들이 구름처럼 많고, 천 리 밖에서 맞이하니 높은 벗이 자리에 가득하다. 날아오르는 용과 춤추는 봉처럼 훌륭한 문장은 맹학사(孟學士)의 사종(詞宗)이요, 맑은 번개 빛과 푸른 서릿발 같은 기개는 왕장군(王將軍)의 무고(武庫)다. 가군(家君)이 읍재(邑宰)가 되니, '나는 가군(家君)이 계신 곳으로 가던 도중' 길이 명구(名區)를 지나게 되었다. '나이 어린' 동자가 무엇을 알겠는가. 몸소 훌륭한 전별(餞別) 자리를 만나게 되었다.

때는 9월이요, 절서(節序)는 삼추(三秋)에 속한다. 장마 물이 다하니 차가운 못의 물이 맑고 연광(煙光)이 엉기니 저녁 산(山)이 노을 져 붉다. 수레를 길가에 엄숙히 정돈하여 높은 언덕에서 풍경을 찾으니, 제자〔帝子(滕

王)〕가 놀던 긴 모래섬에 임하여 선인(仙人)의 옛 관사(館舍)를 찾았다.

중첩된 산봉우리가 높이 푸르니 위로 구중(九重)의 하늘로 솟아나오고, 나는 듯한 누각이 단청을 흘리니 아래로 땅이 없는 곳에 임하였다. 학이 노는 물가와 오리가 노는 물가는 도서(島嶼)를 빙 둘러 다하였고, 계수나무 전각과 목란(木蘭) 궁궐은 강만(崗巒)의 지형에 따라 나열되어 있다. 비단 장막을 헤치고 아로새긴 기와를 굽어보니, 산과 들은 아득히 시야에 가득하고 내와 못은 멀리 보는 눈을 놀라게 한다. 여염(閭閻)의 집이 땅에 몰려 있으니 종을 울려 솥을 늘어놓고 먹는 대갓집들이요, 큰 배가 나루에 어지러우니 청작(青雀)과 황룡(黃龍)으로 치장한 배다. 무지개가 사라지고 비가 개니, 햇볕은 운구(雲衢, 하늘)에 통한다. 지는 노을은 외로운 따오기와 함께 날고, 가을 물은 푸른 하늘과 한 빛이다. 고깃배에서 저녁에 노래를 부르니 메아리가 팽려(蠡彭)의 물가에 다하고, 기러기 떼가 추위에 놀라니 울음소리가 형양(衡陽)의 포구에서 끊어진다.

멀리 읊조리고 굽어 노래하니, 고상한 흥취가 빨리 일어난다. 상쾌한 퉁소 소리가 발함에 청풍(淸風, 맑은 바람)이 일고, 가냘픈 노래가 모임에 백운(白雲, 흰 구름)이 멈춘다. 저원(睢園)의 녹죽(綠竹, 푸른 대나무)은 기개가 팽택〔彭澤, 도연명(陶淵明)〕의 술잔을 능멸하고, 업수(鄴水)의 붉은 연꽃은 광채가 임천〔臨川, 왕희지(王羲之)〕의 붓을 비춘다. 네 가지 아름다움이 갖추어지고 두 가지 어려움도 함께했으니, 중천(中天)을 아득히 바라보고 한가로운 날에 즐거운 놀이를 지극히 한다. 하늘이 높고 땅이 머니 우주가 무궁함을 깨닫겠고, 흥(興)이 다함에 슬픔이 오니 영허(盈虛, 가득 차고 텅 빔)에 수(數, 운수)가 있음을 알겠노라. 장안(長安)을 해 아래에서 바라보고, 오회(吳會)를 구름 사이에서 가리킨다. 지세가 다하여 남명(南溟)이 깊고, 천주(天柱)가 높아 북신〔北辰, 북극성(北極星)〕이 멀리 있다. 관산(關山)을 넘기 어려우니 그 누가 길 잃은 사람을 슬퍼할까? 물 위에 부평초처럼 서로 만나니, 모두 타향의 나그네다. 황제가 계신 궁궐을 그리워하나 보지 못하니, 선실〔宣室, 한(漢)나라 미앙궁(未央宮)의 정전(正殿)〕을 받들 해가 언제인가?

오호라! 시운(時運)이 고르지 않고 명도(命途, 운명)가 기구함이 많아, 풍당(馮唐)이 늙기 쉽고 이광(李廣)이 봉해지기 어려웠다. 가의(賈誼)를 장사(長沙)로 좌천시킨 것은 성주(聖主)가 없어서가 아니요, 양홍(梁鴻)이 해곡(海曲)으로 도망한 것은 어찌 좋은 때가 아니어서이겠는가. 믿는 것은 군자(君子)는 가난을 편안히 여기고, 통달한 사람은 천명을 아는 것이다. 늙어서도 더욱 건장하니 어찌 백수(白首)의 마음을 알 것이며, 궁해도 더욱 견고하니 청운(青雲)의 뜻을 떨어뜨리지 않는다. 탐천(貪泉)을 떠 마셔도 상쾌함을 느끼고, 학철(涸轍)에 처해 있어도 오히려 즐거워한다. 북해(北海)가 비록 아득하나 부요(扶搖, 회오리 바람)를 타면 접할 수 있고, 동우(東隅, 해가 뜨는 곳)는 이미 지나갔으나 상유(桑榆, 해가 지는 곳)는 늦지 않다. 맹상(孟嘗)은 고결하니 부질없이 국가에 보답하려는 마음을 품고, 완적(阮籍)은 창광(猖狂)하니 어찌 막다른 길의 통곡을 본받겠는가.

발(勃, 왕발)은 삼척(三尺)의 하찮은 관원이요, 일개 서생(書生)이라 끈(밧줄)을 청할 길이 없으나 나이는 종군(終軍)의 약관(弱冠)과 같고, 붓을 던질 생각이 있으니, 종각(宗慤)

의 장풍(長風)을 사모한다. 잠홀(簪笏, 벼슬)을 백 년 동안 버리고, 만리에서 혼정신성(昏定晨省)을 받들려 한다. 사씨(謝氏) 집안의 보배로운 나무는 아니지만 맹씨(孟氏)의 좋은 이웃을 접하였다. 타일(他日)에 뜰을 지나다가 외람되이 어버이 모시고 이(鯉, 공자의 아들)처럼 대답하였으며, 오늘 아침 옷깃을 떨쳐 용문(龍門)에 의탁함을 기뻐한다. 양득의(楊得意)를 만나지 못하니 〈능운부(凌雲賦)〉를 어루만지며 스스로 애석해하고, 종자기(鍾子期)를 이미 만나니 〈유수곡(流水曲)〉을 연주한들 어찌 부끄럽겠는가.

오호라! 좋은 곳은 항상 있는 것이 아니요, 성대한 자리는 두 번 만나기 어려우니, 난정(蘭亭)이 이미 끝났고 재택〔梓澤, 부호 석숭(石崇)의 별장이 있던 금곡(金谷)〕이 빈터만 남아 있다. 작별에 임하여 글을 올리니 이는 다행히 위대한 전별(餞別)에 은혜를 받았기 때문이요, 높은 곳에 올라 부(賦)를 지으니 이는 여러 공(公)에게 바라는 바다. 감히 비루한 정성을 다하여 공손히 짧은 인(引, 서문)을 엮는다. 한 글자로 똑같이 부(賦)하니, 네 운(韻)의 시가 이루어졌다.

등왕(滕王)의 높은 누각 강가에 임했으니

패옥(佩玉) 소리와 울리는 방울 소리에 가무(歌舞)가 파한다.

그림 그린 기둥에는 아침에 남포(南浦)의 구름이 날고,

붉은 주렴은 저녁에 서산의 비를 거둔다.

한가로운 구름과 못 그림자가 날로 아득하니,

물건이 바뀌고 성상(星霜)이 옮긴 것이 몇 해를 지났는가.

누각 가운데의 제자(帝子)는 지금 어디에 있는가?

난간 밖의 장강(長江)만이 부질없이 절로 흐르누나.〔성백효(成百曉) 옮김〕

(南昌 故郡 洪都新府 星分翼軫 地接衡廬 襟三江而帶五湖 控蠻荊而引越 物華天寶 龍光射牛斗之墟 人傑地靈 徐孺下陳蕃之榻 雄州霧列 俊彩星馳 臺隍枕夷夏之交 賓主盡東南之美 都督閻公之雅望 棨戟遙臨 宇文新州之懿範 暫駐 十旬休暇 勝友如雲 千里逢迎 高朋滿座 騰蛟起鳳 孟學士之詞宗 紫電淸霜 王將軍之武庫 家君作宰 路出名區 童子何知 躬逢勝餞 時維九月 序屬三秋 潦水盡而寒潭淸 煙光凝而暮山紫 儼於上路 訪風景於崇阿 臨帝子之長洲 得仙人之舊館 層巒聳翠 上出重霄 飛閣流丹 下臨無地 鶴汀鳧渚 窮嶋嶼之縈廻 桂殿蘭宮 列岡巒之體勢 披繡闥 俯雕甍 山原曠其盈視 川澤盱其駭矚 閭閻撲地 鍾鳴鼎食之家 舸艦迷津 靑雀黃龍之舳 虹銷雨霽 彩徹雲衢 落霞與孤鶩齊飛 秋水共長天一色 魚舟唱晚 響窮彭蠡之濱 雁陣驚寒 聲斷衡陽之浦 遙吟俯暢 逸興遄飛 爽籟發而淸風生 纖歌凝而白雲遏 睢園綠竹 氣凌彭澤之樽 鄴水朱華 光照臨川之筆 四美具 二難并 窮睇眄於中天 極娛遊於暇日 天高地迥 覺宇宙之無窮 興盡悲來 識盈虛之有數 望長安於日下 指吳會於雲間 地勢極而南溟深 天柱高而北辰遠 關山難越 誰悲失路之人 萍水相逢 盡是他鄕之客 懷帝閽而不見 奉宣室以何年 嗚呼 時運不齊 命途多舛 馮唐易老 李廣難封 屈賈誼於長沙 非無聖主 竄梁鴻於海曲 豈乏明時 所賴君子安貧 達人知命 老當益壯 寧知白首之心 窮且益堅 不墜靑雲之志 酌貪泉而覺爽 處涸轍以猶懽 北海雖賖 扶搖可接 東隅已逝 桑榆非晚 孟嘗高潔 空懷報國之心 阮籍猖狂 豈效窮途之哭 勃三尺微命 一介書生 無路請纓 等終軍之弱冠 有懷投筆 慕宗慤之長風 舍簪笏於百齡 奉晨昏於萬里 非謝家之寶樹 接孟氏之芳隣 他日

趨庭 叨陪鯉對 今晨捧袂 喜托龍門 楊意不逢 撫凌雲而自惜 鍾期旣遇 奏流水以何慙 嗚呼 勝地不常 盛筵難再 蘭亭已矣 梓澤丘墟 臨別贈言 幸承恩於偉餞 登高作賦 是所望於群公 敢竭鄙誠 恭疎短引 一言均賦 四韻俱成

滕王高閣臨江渚 佩玉鳴鑾罷歌舞.
畵棟朝飛南浦雲 朱簾暮捲西山雨.
閑雲潭影日悠悠 物換星移度幾秋.
閣中帝子今何在 檻外長江空自流.」

【용례】 제 회갑 잔치에 이렇게 많이 참석해 주셔서 몸 둘 바를 모르겠습니다. 평소 부족한 점이 많았던 저이기에 오늘처럼 "고붕만좌"하는 영광을 누리리라고는 꿈에도 생각지 못했습니다.

고성낙일 孤城落日

孤 : 외로울(고) 城 : 성(성)
落 : 떨어질(락) 日 : 해·날(일)

【뜻풀이】 구원군이 오지 않는 고립된 성과 기울며 떨어지는 저녁의 낙조. 기운도 떨어지고 재기할 힘도 없는데 도와주는 사람도 없어 처량한 신세로 전락한 것을 비유하는 말이다.

【출전】 이 성어는 왕유(王維, 699~759)의 칠언절구(七言絕句)인 〈위평사를 보내며(送韋評事)〉란 시에서 유래하였다.

「장군을 좇아 우현을 잡고자 하여
모래밭에서 말 달려 거연으로 향한다.
멀리 한나라 사신이 소관을 나가노니
외로운 성 저녁에 근심스레 바라보노라.
欲逐將軍取右賢
沙場走馬向居延
遙知漢使蕭關外
愁見孤城落日邊」

평사는 재판을 맡아 처결하는 관리다. 왕유는 성당(盛唐) 때 시인이지만 여기서는 한나라 때의 일인 양 가장하고 있다. 한나라 당시 흉노족에게는 좌우에 현왕(賢王)이 있었는데, 한번은 우현왕이 한나라 군대에 포위당했다가 간신히 빠져나간 일이 있었다. 실제로는 달아난 것을 마치 그를 잡기 위해 의기충천(意氣衝天)해서 달려나가는 것처럼 가상으로 꾸며 위평사의 의욕을 돋구고 있다.

거연은 주천(酒泉)의 땅을 말하는데, 그 남쪽에는 5,564미터나 되는 기련산(祈連山)이 우람하게 솟아 있고, 북쪽으로는 만리장성(萬里長城)의 서쪽 끝을 지나 드넓은 사막이 펼쳐져 있다. 소관은 하서(河西) 지방으로 오늘날의 감숙성 일대에 해당한다. 이런 황량한 지역에서라면 아무리 기백이 당당한 장수라 해도 황무지에 홀로 자리한 성채와 검붉게 하늘을 물들이며 떨어지는 낙조를 본다면 수심에 잠기지 않을 수 없을 것이다. 그러므로 마지막 결구는 수도 장안(長安)을 그리워하며 성마루에서 변경의 동향을 살피는 위평사의 울적한 기분을 대신 그렸다고 할 수 있다.

여기에서 볼 수 있듯이 고성낙일은 원군이 올 기약도 없이 외따로 떨어진 극한적인 상황을 의미했던 것은 아니다. 단지 황량한 자연경관을 대하면서 느끼는 감정을 고성과 낙일이라는 두 사물을 등가적으로 대비시켜 놓았을 뿐이다.

【용례】 그 사람 허구한 날 술이다 도박이다 하더니 결국 마누라도 달아나고 친구도 다 떨어져 나갔더군. 게다가 병까지 들어 누웠는데 돌볼 사람조차 없으니 꼴이 "고성낙일"이나 다를 바 없게 되었어.

고식지계 姑息之計

姑 : 시어머니 · 짐짓(고)
息 : 쉴 · 아이(식)
之 : 어조사(지) 計 : 헤아릴(계)

【뜻풀이】 아녀자나 어린아이가 꾸미는 것 같은 계책. 생각이 단순하거나 당장에 편한 것만 찾는 미봉책(彌縫策)을 비유하는 말이다. 정현(鄭玄)은 이를 풀이해서 "고"는 차(且)이고 "식"은 휴(休)라고 해서 "구차하게 편안한 것만을 취하는 자세"라고 보았다. 우리 속담 "언 발에 오줌 누기"와 비슷한 뜻이다.
【출전】 『예기 · 단궁편(檀弓篇)』 상편에 보면 "증자가 말하기를, '군자가 사람을 사랑할 때는 덕으로 하고, 소인배가 사람을 사랑할 때는 고식으로 한다(君子之愛人也以德 細人愛人也以姑息)'고 하였다."는 구절이 있다. 또 양자(揚子)는 "망령된 언동은 풍속을 해치고 망령된 즐김은 원칙을 해치며 눈앞의 이익밖에 모르는 계책은 덕을 해친다. 따라서 군자는 언동을 삼가고 즐김을 조심하며 때가 오면 서둘러 한다.(譌言敗俗於 譌好敗則 姑息敗德 君子謹於言 愼於好 亟於時)"고 하였다.

『양승암집(楊升菴集)』에 보면 이런 설명이 있다.

『시자(尸子)』에는 "은나라 주왕은 노련한 사람의 말은 버리고 아녀자나 어린애들의 말만 썼다.(紂棄老之言而用姑息之語)"는 말이 있는데, 주석에서는 "고는 부녀자이고 식은 어린아이"라고 하였다

자기 눈앞에 떨어진 이익이나 손해밖에 볼 줄 모르는 사람의 말을 들으면 당장은 이로울 듯하지만 결국 큰 화를 불러오기 십상이다. 바둑에서 수를 읽듯이 몇 수 앞을 내다보는 안목이 있어야 무엇을 하든 성공할 수 있는 법이다.

조선시대 말기의 학자 이유원(李裕元, 1814~1888)의 『임하필기(林下筆記) · 시향관편(時香館編)』에 보면 다음과 같은 이야기가 있다.

"어린아이의 태도를 갖지 말고 큰 사람의 그릇을 가질 것이요, 제 한 몸만 위하는 꾀를 내지 말고 천하 사람을 위하는 뜻을 가질 것이며, 제 평생만 생각하는 계획을 세우지 말고 후세 사람을 걱정하는 염려를 할 것이니, 이를 일러 '마음을 먼 곳에 둔다'고 한다.(莫爲嬰兒之態 而有大人之器 莫爲一身之謀 而有天下之志 莫爲終身之計 而有後世之慮 此之謂心遠)"

【용례】 사장님, 박 부장의 말은 회사의 이익보다는 제 이익만 챙기려는 "고식지계"에 불과합니다. 회사의 장래를 내다본다면 이번 기회에 해외 시장 개척에 나서야 할 것입니다.

고육지책 苦肉之策

苦 : 씀바귀 · 쓸 · 괴로움(고)
肉 : 고기(육) 之 : 어조사(지)
策 : 대쪽 · 문서 · 꾀(책)

【뜻풀이】 자기 편 사람을 고의로 해쳐 적국으로 달아나게 하여 적정을 염탐하게 하고 함정에 빠뜨리는 전략을 말한다.
【출전】 『삼국지연의 · 제45회』에 다음과 같은 이야기가 있다.

"제갈공명이 말하기를, 고육계를 쓰지 않고서 어떻게 조조를 속일 수 있겠는가?(孔明曰 不用苦肉計 何能瞞過曹操)"

달리 고육계(苦肉計)라고도 한다.(➡ 삼십육계三十六計 참조)

【용례】 회사 형편상 부득이 감원을 하지 않을 수 없게 되었습니다. 함께 동고동락(同苦同樂)한 사원을 퇴직시켜야 하는 마음도 편치는 않습니다. 이런 "고육지책"을 써야 하는 제 심정도 널리 헤아려 주시기 바랍니다.

고정무파 古井無波

古 : 옛(고) 井 : 우물(정)
無 : 없을(무) 波 : 물결(파)

【뜻풀이】 오래되어 물이 말라 버린 우물에는 물결이 일지 않는다.

【출전】 당나라 시인 맹교(孟郊, 751~814)의 시 〈열녀조(烈女操)〉에 "첩의 마음은 오랜 우물물과 같으니, 맹세코 파란이 일지 않을 것입니다.(妾心古井水 波瀾誓不起)"라는 구절이 있고, 백거이(白居易, 772~846)의 시 〈원구에게 드림(寄贈元九)〉에도 "오랜 우물물에 물결은 없고, 가을 대나무 줄기에는 마디가 있다네.(無波古井水 有節秋竹竿)"라는 구절이 있다.

고정무파는 말 그대로 마른 우물에 물결이 일지 않는다는 뜻으로, 옛날에 여인들이 정조를 지키는 것을 비유하던 말이다. 그런데 이 성어는 여인들이 정조를 지키는 데만 쓰인 것이 아니라 무릇 의지가 꺾이거나 흔들리지 않아 쉽사리 감정적 충동을 느끼지 않는 경우를 비유하는 데 쓰이기도 하는데, 고정불파(古井不波)라고도 한다. 따라서 의기가 소침해졌던 사람이 다시 활기를 찾았을 때 그것을 가리켜 고정중파〔古井重波, 말라 버린 우물에서 다시 물결이 일다〕라고 한다. 그리고 정직한 사람들이 말년에 이르러서도 계속 절개를 지켜 나가는 것을 가리켜 추죽유절(秋竹有節)이라고 한다.

【용례】 입시에 한 번 고배를 마셨다고 이렇게 "고정무파"가 되어 풀이 죽어서야 쓰겠느냐? 더욱 힘을 내서 권토중래(捲土重來)해야 사내대장부지.

고조불탄 古調不彈

古 : 옛(고)
調 : 곡조·고를·길들일(조)
不 : 아니(불)/(부) 彈 : 튕길·연주할(탄)

【뜻풀이】 옛날 곡조라서 연주되지 않는다.

【출전】 당나라 시인 유장경(劉長卿)이 지은 〈탄금(彈琴)〉이라는 오언시에 "나는 비록 옛날의 곡조라도 사랑하지만 오늘날의 많은 사람들은 타지 않는다.(古調雖自愛 今人多不彈)"라는 두 구절이 있다. 성어 고조불탄은 바로 이 시구(詩句)에서 나온 것으로 옛날에 뜻을 이루지 못한 문인들은 "인심이 옛날만 못하다.(人心不古)"는 것을 이런 말로 비유하면서 지금 사람들이 옛사람들보다 고상하지 못하다고 개탄하였다.

유장경의 다른 한 오언시에는 "나의 이 청아한 거문고로 옛 곡조를 탈 수는 있지만 누구를 두고 탈 것인가.(淸琴有古調 更向何人操)"라는 구절이 있다. 이로부터 고조독탄(古調獨彈, 옛 곡조를 홀로 타다)과 고조자상(古調自賞, 옛 곡조를 스스로 감상하다)이라는 말이 나오게 되었다. 옛사람들은 이런 말로 지기(知己)의 벗을 만나기 어려운 것을 개탄하였다.

【용례】 십 년 만에 동창들이 의기투합해서 모였다. 교가를 부르고 막걸리를 마시며 제법 옛날 학창 시절을 떠올리려 애썼다. 그러나 "고조불탄"이랄까. 젊은 시절의 유쾌한 기분은 좀체 일어날 줄 몰랐다.

고주일척 孤注一擲

孤 : 외로울(고) 注 : 물댈(주)
一 : 한(일) 擲 : 던질(척)

【뜻풀이】 도박꾼이 있는 밑천을 다 걸고 달라붙는다. 있는 힘을 다해 모험하다.

【출전】 지금은 도박에서 쓰이는 이 말이 군사적으로나 정치상의 표현으로 가장 일찍 쓰이기는 『진서(晉書)·손작전(孫綽傳)』이라고 하겠는데 그 이야기는 다음과 같다.

진왕조는 북방 민족들에게 밀려 도읍지를 낙양에서 건강(建康, 오늘날의 남경)으로 옮기고 남하하면서부터 동진(東晉)이라 불렸다.

그 후 대장 환온(桓溫)이 낙양으로 환도하자고 주장할 때였다. 당시 환온의 권세는 황제를 능가할 정도였기 때문에 그의 주장이라면 누구도 감히 반대하며 나서지 못할 형편이었는데, 유독 손작이라는 이가 나서서 반대 의사를 표명했다.

"무엇 때문에 수많은 유리한 조건을 버리고 나라를 가지고 도박하려는가?(何故舍石勝之長理 擧天下而一擲哉)"고 하면서 반대하였다.

송나라 때에는 또 이런 이야기가 있다.

진종황제 당시 북방 거란족이 대거 침략해 오자 수많은 대신들이 다 천도를 주장했지만 재상 구준(寇准)만 끝까지 반대해 진종황제로 하여금 친정(親征)하게 하여 대승을 거두게 하였다. 이리하여 진종황제는 구준을 더욱 신임하게 되었으나 다른 재상인 왕흠약(王欽若)은 되레 이것을 질투하여 "구준이 황제를 상대로 위험한 도박을 한다.(陛下 寇准之孤注也 斯亦危矣)"고 모함하였다.

그리고 『진서(晉書)·하무기전(何無忌傳)』이나 당나라 때 편찬된 『소년행(少年行)』같은 책에는 일척백만(一擲百萬) 또는 일척천금(一擲千金)이라는 말도 나오고 있는데, 이 역시 큰 도박꾼들의 소행을 두고 하는 말인 동시에 극단적인 사치를 비유하는 말로 쓰이고 있다. 이와 같이 고주일척은 고주와 일척이 합쳐 만들어진 성어다.

【용례】 이미 한물간 사업에 뛰어들어 무엇 하냐고? 꼭 그렇지는 않네. 아직 허술한 곳이 많아. "고주일척"으로 최선을 다하면 좋은 성과가 있을 거야.

고침무우 高枕無憂

高 : 높을(고) 枕 : 배게·벨(침)
無 : 없을(무) 憂 : 근심·걱정(우)

【뜻풀이】 높은 베개를 베고 근심 없이 지낸다는 뜻이다.

【출전】 전국시대 제나라에 이름은 전문(田文)이라 하고 봉호(封號)가 맹상군(孟嘗君)인 대귀족이 있었다. 그는 한때 제나라의 국상으로 있으면서 세력이 대단했고 재산도 엄청나게 많았다. 그러나 맹상군은 이에 만족하지 않고 전세(田稅)를 받아들여 고리대까지 놓았다.

어느 날 맹상군은 그의 문하에 있는 3천 명의 식객 중에서 풍환(馮驩)이라는 사람을 골라 설(薛)이라는 지방에 가서 전세를 받아오게 했다. 풍환이 떠나기에 앞서 맹상군에게 물었다.

"다녀오겠습니다. 빚을 받은 다음 사 올 것은 없습니까?"

풍환이 이렇게 묻자 맹상군은 대수롭지 않게 대꾸했다.

"아무거나 우리집에 없는 걸로 사오게나!"

풍환은 설이라는 곳에 이르자 전세를 낼 사람들을 모아 놓고 외쳤다.

"맹상군께서는 이번에 전세를 받지 않기로 하셨다."

이렇게 선포하고 나서 가가호호(家家戶戶)의 전세 문서들을 거둬들여 모조리 불살라 버리고는 돌아왔다. 물론 그곳 백성들이 기뻐하는 모습이란 이루 형언할 수 없었다.

풍환이 너무 빨리 돌아온 것을 보고 미심쩍게 생각한 맹상군이 그를 불러 물었다.

"전세는 다 거둬들였는가?"

풍환은 그렇다고 대답하였다.

부쩍 의심이 난 맹상군이 다시 물었다.

"보아하니 빈손으로 온 것 같은데, 그러면 그것으로 무엇을 사 왔는가?"

"분부대로 대인 집에 없는 것을 사 왔습니다. 소인이 보건대 대인에게는 진주며 미녀는 얼마든지 있지만 의리(義理)가 없기에 의리를 사 왔습니다."

그러면서 전세 문서들을 태워 버린 일을 이실직고(以實直告)하였다. 맹상군은 어이가 없고 화도 치밀어 올랐지만 그렇다고 성낼 수도 없었다.

일 년이 지난 뒤의 일이었다. 맹상군은 어찌어찌하여 재상 자리에서 밀려나 설이라는 곳으로 쫓겨 가게 되었다.

이때 이곳 백성들은 남녀노소 떼를 지어 1백 리 밖까지 나와 맞이하면서 지난날의 은혜에 목메어 어쩔 줄을 몰라 했다. 이에 맹상군이 풍환을 보면서 감탄하여 말했다.

"그대가 사다 준 의리를 이제야 보게 되었구려."

그러자 풍환은 대답했다.

"약삭빠른 토끼는 굴을 셋이나 만든다(狡兎有三窟)고 합니다. 하지만 대인께서는 지금 하나밖에 없으니 아직 베개를 높이 베고 누워 있을 수(高枕而臥)만은 없지 않을까 합니다. 앞으로 두 개는 더 있어야 할 줄 아옵니다."

그 후 풍환은 맹상군을 위해 두 가지 대사를 더 이룩하였다. 하나는 꾀를 부려 제나라 임금으로 하여금 맹상군을 다시 국상으로 쓰게 한 것이고, 다른 하나는 임금으로 하여금 설이라는 곳에 맹상군을 위해 종묘를 세우게 한 것이었다. 이에 풍환은 맹상군을 보고 "이젠 굴이 셋 있으니 베개를 높이 베고 근심 없이 지낼 수 있게 되었습니다.(高枕無憂)"라고 말했다는 것이다. (▶ 장협귀래 식무어長鋏歸來 食無魚 참조)

이 이야기는 『전국책·제책』에 실려 있는 것으로 교토삼굴(狡兎三窟, 편안한 곳이 많다)과 함께 고침무우 또는 고침이와(高枕而臥)라는 성어는 바로 이 이야기에서 나온 것이다. 고침안면(高枕安眠)이라고도 쓴다.

【용례】 이제 막내딸까지 치워 버렸으니, 한동안은 "고침무우"하며 근심 걱정 없이 지내게 되었구나.

고희 古稀

古 : 옛(고) 稀 : 드물(희)

【뜻풀이】 사람의 나이가 일흔이 되는 것을 일컫는 말이다.

【출전】 당나라 때의 시인 두보(杜甫, 712~770)의 시 〈곡강2수(曲江二首)〉 중 두 번째 작품에서 유래하였다.

두보는 어릴 때부터 전국을 떠돌다가 나이 47세 때인 건원(乾元) 원년(758)에 일년 정도 좌습유(左拾遺)로 일생에서 유일한 관직 생활을 하였다. 그때 그는 궁중을 출입하면서 수도 장안의 동남쪽 끝에 있는 연못인 곡강에 거처를 정하였다. 그러나 당시 정국은 어지러울 대로 어지러워서 두보의 마음을 상하게 만들었다.

이 작품은 그때 곡강에 머물면서 남긴 몇 편의 시 중 한 편이다. 그의 생애에서 드물게 찾아왔던 안온한 생활에 젖어 있는 느긋한 심경과 함께 혼탁한 세태에 대한 비애가 설핏 서려 있어 널리 읽히고 있다.

「조회가 끝나면 날마다 봄옷을 잡혀
하릴없이 강가에서 만취해 돌아오네.
술빚이야 가는 곳마다 늘 있는 것이니
사람살이 70세는 예부터 드물었네.
꽃 사이로 벌 나비는 분분히 날아들고
물가의 잠자리 떼 하염없이 나는구나.
들으니 좋은 경치는 함께 다닌다 했으니
잠시라도 서로 즐겨 어긋남이 없자꾸나.
朝回日日典春衣
每日江頭盡醉歸
酒債尋常行處有
人生七十古來稀
穿花蛺蝶深深見
點水蜻蜓款款飛
傳語風光共流轉
暫時相賞莫相違」

길지도 않은 인생이라 일흔을 맞기도 드물다. 그러니 술빚일랑 걱정을 말고 즐거움을 한껏 누리자는 비관인 듯 달관인 듯한 두보의 권유하는 음성을 듣는 듯하다.

항상 국가와 겨레를 생각하며 근심에서 벗어나지 못했던 두보의 일생을 생각한다면 좀체 보기 드문 애상조의 시상이다.

어쩌면 가장 득의한 때였을 것임에도 불구하고 고달팠던 그의 삶의 편린이 엿보여 읽는 이의 옷깃을 여미게 한다. 시인묵객(詩人墨客)으로서 호방함이 누구 못지않았던 두보였던 만큼 이런 정서가 표출되는 것도 당연하다 할 수 있다.

곡강 시절을 청산하고 다시 정처 없이 떠돌던 두보는 결국 그의 나이 59세 때 겨울날 상강(湘江)의 배 안에서 다난했던 생애를 끝마치고 말았다.

【용례】 선생님께서 벌써 "고희"를 맞으시다니. 교정에서 같이 공차기를 한 게 엊그제 같은데 말입니다.

곡고화과 曲高和寡

曲 : 곡조·굽을(곡) **高** : 높을(고)
和 : 조화로울·화답할(화)
寡 : 부족할(과)

【뜻풀이】 곡조가 높을수록 화답하는 사람도 적다. 재능이 뛰어난 사람일수록 그를 추종하는 사람은 적은 경우를 비유하는 말이다.

【출전】 초나라의 대부 송옥(宋玉)은 문장을 아주 절묘하게 썼기 때문에 사람들이 그의 작품을 잘 이해하질 못했다.

따라서 그의 문장을 칭찬하는 사람도 극히 드물었다.

이 때문에 초나라 임금은 그의 행동에 절도가 없는 탓이 아닌가 의심하여 하루는 송옥을 불러 놓고 사람들에게 뭔가 잘못한 일이 없었느냐고 물었다. 그러자 송옥은 다음과 같이 대답했다.

"어떤 사람이 거리에서 노래를 부르는데 그가 처음 부르는 노래는 아주 통속적인 유행가였기 때문에 많은 사람들이 쉽게 이해하며 수천 명이 되는 사람이 따라 불렀습니다. 그러다가 조금 수준이 높은 노래인 양아(陽阿)의 〈만가(輓歌)〉를 부르자 따라 부르는 사람은 몇백 명으로 줄어들었습니다. 다시 그가 꽤 어려운 노래인 〈양춘백설(陽春白雪)〉을 부르니까 단지 몇십 명만이 따라 부를 뿐이었습니다.

마지막으로 그가 부른 노래는 상조(商調)와 우조(羽調)를 사용하고, 곡 가운데 가장 높은 치조(徵調)를 섞어 부르니 이해하는 사람이 너무 적어 고작 몇 사람만이 따라 흥얼거릴 뿐 아무도 호응하지 않았다는 것입니다. 이것은 노래가 나빠서가 아니라 곡이 너무 어려워서 이에 화답할 능력이 있는 사람도 적어졌기 때문입니다.

그러므로 새 중에 봉황이 있어 구천 리를 날아 푸른 하늘을 등에 지고 구름을 넘나들지만, 울타리 위에 앉은 작은 참새는 고작 열 길 하늘을 날 뿐입니다. 그러니 참새가 어찌 하늘이 높은 줄 알겠습니까? 그리고 물고기 중에 곤(鯤)이라는 것이 있는데, 이놈은 아침에는 곤륜산 밑에 있다가 저녁이 되면 맹제(孟諸) 큰 연못에 들어가 놉니다.

그러니 고작 시냇물에서 헤엄치며 사는 작은 피라미가 어찌 바다가 깊은 줄 알겠습니까? 이런 경우는 새나 물고기에게만 있는 것이 아니라 선비들 가운데에도 마찬가지인 것입니다."

이 이야기에서 유래하여 사람들은 재능이 높으면 높을수록 따르는 사람도 갈수록 적어지는 것을 곡고화과라고 했다.

【용례】 사람들과 너무 척지지 않고 사는 것이 순리라고들 말한다. 그러나 그렇게만 산다면 무슨 발전이 있을까? 곡조가 고상하면 화답하는 사람이 적은 법("곡고화과")이지만 나는 내가 옳다고 생각하는 방향으로 계속 나가겠다.

곡굉지락 曲肱之樂

曲 : 굽을(곡) 肱 : 팔뚝(굉)
之 : 어조사(지) 樂 : 즐거울(락)

【뜻풀이】 팔을 베개 삼아 잠을 자는 가운데 있는 즐거움이라는 뜻으로, 가난에 만족하여 그 안에서 즐거움을 찾는 검소하고 자족(自足)하는 생활을 비유한 말이다.

【출전】 『논어(論語)·술이편(述而篇)』에 다음과 같은 말이 나온다.

「공자께서 말씀하셨다. "거친 밥을 먹고 맹물을 마시며 팔을 굽혀 베고 눕더라도, 즐거움이 또한 그 가운데 있구나. 옳지 못한 일을 하고서 부유해지거나 고귀한 자리에 오르는 일은 나에게는 하늘의 뜬구름과 같을 뿐이니라."

(子曰 飯疏食飮水 曲肱而枕之 樂亦在其中矣 不義而富且貴 於我如浮雲)」

부귀와 명예를 얻기 위해 세상과 타협하고, 곡학아세(曲學阿世)하며 혹세무민(惑世誣民)을 서슴없이 자행하는 무리도 있다. 부귀는 잠깐이고 치욕은 영원하다는 것을 모르는 소인 잡배들의 망동이다. 입으로는 의리와 정의를 뇌까리면서 교활한 흉계로 자신과 남을 속이는 파렴치한 인간에게 경종을 울리는 공자의 말이다. 바람 따라 떠돌다가 끝내 스러져 버리는 구름이 되지 말고 언제나 푸름을 잃지 않는 하늘이 되라는 공자의 간곡한 마음이 깃들어 있다.

공자는 "부자가 될 수 있다면 마부 노릇도 마다하지 않겠다."고 하면서 자신도 부귀에 대해 무심할 수 없음을 토로했지만, 불의한 방법으로 얻는 것이라면 당연히 거절하겠다는 의지도 보여주었다. 요컨대 부귀는 정당한 방법으로 추구해야 할 것임을 강조한 말이다.

부귀를 얻고자 열심히 일하여 돈을 벌고 나아가서 높은 자리에 올라 남을 다스리고 이름을 날릴 수 있다면 인생 최대의 즐거움일 것이다.

그리고 소유욕(所有欲)은 인간의 기본적 본능이다. 정당한 소유욕은 인류나 개인의 발전의 원동력이 되기도 한다. 그러나 그것이 정도를 넘어서면 자신에게뿐 아니라 남까지도 고통에 빠뜨리는 재앙을 가져온다. 공자도 이 점을 염려했던 것이다.

【용례】 조기 퇴직하고 서울을 떠나 고향에 와서 지내니 이렇게 즐거울 수가 없네. 공자의 "곡굉지락"을 내 이제야 만끽하네 그려.

곡돌사신 曲突徙薪

曲 : 굽을·곡진할(곡)
突 : 부딪칠·뚫을·굴뚝(돌)
徙 : 옮길·이사할(사)
薪 : 섶·땔나무(신)

【뜻풀이】 재앙을 미연에 방지하다.

【출전】 한나라 때 학자 유향(劉向)이 편찬한 『설원(說苑)·권모편(權謀篇)』에 다음과 같은 이야기가 있다.

옛날에 어떤 사람이 어느 집에서 굴뚝을 곧게 세우고 굴뚝 옆에 나뭇단까지 갈무리해 놓은 것을 보고 화재가 일어나기 쉬우니 굴뚝을 구부리고 나뭇단을 옮기라고 충고하였다. 그러나 집주인은 들은 척도 하지 않았다.

그런데 며칠 뒤 과연 그 집에 불이 났다. 동네 사람들이 벌떼처럼 모여들어 겨우 불을 끄긴 했지만 적지 않은 사람들이 상처를 입고 어떤 사람들은 중상까지 당하였다.

그래서 화재를 진화한 뒤 집주인은 신세를 갚기 위해 술상을 차리고 마을 사람들을 초청했는데 중상을 입은 사람들을 상좌에 모셨다.

그런데 처음에 굴뚝을 고치고 나뭇단을 옮기라고 권고한 그 사람을 기억하는 이는 아무도 없었다. 이에 어떤 사람이 시를 한 수 지었는데, 그 시에 "굴뚝을 고치고 나뭇단을 옮기라고 권고한 사람의 은혜를 모르고, 불에 덴 사람만 상빈 대접을 하누나.(曲突徙薪無恩澤 焦頭爛額是上賓)"라는 두 구절이 들어 있었다.

이 이야기는 『한서·곽광전(霍光傳)』에도 인용하고 있는데 이야기의 초점은 근본을 잊지 말라는 것이지만, 성어 곡돌사신은 재해를 미연에 방지한다는 뜻으로 방환미연(防患未然)과 그 뜻이 일치한다.

어떤 화근이나 나쁜 일을 그 시초에 방지하는 것을 가리켜 방미두철(防微杜漸) 또는 두철방미라고도 한다.

그리고 앞 구절 중 초두난액(焦頭爛額)도 성어가 되었는데 불에 덴 모습만이 아니라 일이 순조롭게 되지 않아 어려움을 치르고 있는 것을 비유하는 말로 쓰이고 있다.

【용례】 서초동 삼풍백화점 붕괴 참사는 사람들이 조금만 주의를 기울였어도 그렇게 큰

재난을 야기하지는 않았을 거야. "곡돌사신" 하는 자세가 너무나 아쉬웠던 사건이지.

곡학아세 曲學阿世

曲 : 굽을·악곡(곡) 學 : 배울(학)
阿 : 언덕·아부할(하) 世 : 세상(세)

【뜻풀이】 학문을 왜곡시키고 세상에 아부한다.

【출전】 『사기·유림전(儒林傳)』에 다음과 같은 이야기가 나온다.

전한의 효경제(孝景帝, 기원전 155~기원전 140년 재위)는 제위에 오르자 산야에 숨어 있는 학자를 널리 발탁하여 정치를 새롭게 하고자 했다. 이때 부름을 받아 왕궁으로 들어온 사람 중에 원고생(轅固生)이라는 시인이 있었는데, 그는 이미 나이가 아흔을 넘긴 고령이었음에도 불구하고 황제의 부름에 지체 없이 달려왔다.

박사라는 관직에 오르자 그는 조금도 굽힘없이 직언을 쏟아내 직언일철거사(直言一徹居士)가 나왔다며 칭송이 자자했다. 간신배들의 입장에서 보자면 눈엣가시와 같은 존재로 기회가 있을 때마다 황제에게 그의 허물을 탄원했지만, 황제는 한 번도 그 말에 귀를 기울이지 않았다.

한편 원고생과 함께 황제의 부름을 받아 온 사람 중에 공손홍(公孫弘)이라는 젊은 학자도 있었다.

그는 원고생이 늙은 나이에 주책없이 정치에 간여해 격의 없이 논다고 여겨 내심 그를 몹시 경멸하던 터였다. 그러나 원고생은 흉허물 없이 그를 대하다가 하루는 공손홍을 불러놓고 간절하게 말하는 것이었다.

"지금 학문의 도는 문란해지고 거짓된 학설이 판을 치고 있소. 만약 이를 이대로 방치하다가는 유서 깊은 학문의 전통이 끊길까 두렵습니다. 그대는 나이도 젊거니와 학문을 매우 아끼고 사랑한다고 알고 있습니다. 그러니 부디 바른 학문을 익혀서 세상에 널리 옳은 풍토를 심어 주시오. 결코 자기가 믿는 학문을 굽힌다거나 속물들에게 아부하는 일(曲學阿世)이 있어서는 안 됩니다."

이 말을 들은 공손홍은 항상 그를 경멸하는 마음을 품고 있다가 원고생의 고결한 인격과 풍부한 학식에 감복하여 마침내 크게 깨우치고 진심으로 그에게 사죄를 했다.

이렇게 하여 공손홍은 서슴지 않고 원고생의 제자가 되었다.

성어 곡학아세는 바로 원고생의 이 말에서 유래하였다.

【용례】 학문의 정도를 망각하고 "곡학아세" 하는 무리들이 판을 치는 세상입니다. 참다운 교육은 교실에서 이루어지는 것이 아니라 그 사람의 삶 자체가 보여 주는 것임을 알아야겠습니다.

곤수유투 困獸猶鬪

困 : 어려울(곤) 獸 : 길짐승(수)
猶 : 오히려(유) 鬪 : 싸울(투)

【뜻풀이】 곤경에 빠진 짐승일수록 더욱 발악한다는 뜻으로, 어려움에 처한 사람일수록 최후의 발악을 하는 것을 비유하는 말이다.

【출전】 『좌전·선공 12년』조에 보면 진(晉)나라 경공 때 진나라와 초나라 사이에 정나라

의 일로 인해 큰 싸움이 벌어진 적이 있었다.

그 결과 진나라의 장수 순림보(荀林父)가 대패하고 말았다. 이에 진경공은 대노하여 우선 그의 관직을 삭탈한 다음 참형에 처하려고 하였다. 그러나 대부 사정자(士貞子)는 이에 반대했다.

예전 진문공 때 진나라와 초나라 사이에 있었던 성복의 싸움을 상기시키면서 이렇게 말했다.

"성복의 싸움에서 우리 군사들이 대승하여 초군의 군량을 빼앗은 것만 해도 사흘은 넉넉히 먹을 수 있었습니다. 그러나 진문공은 근심에 싸여 있을 뿐 기뻐하는 기색이 없었지요. 그러자 한 신하가 '이렇게 대승했는데 어이하여 기뻐하지 않는가'고 물으니 진문공은 '이번 싸움을 친히 지휘한 초나라 국상 성득신(成得臣)이 아직 살아 있는데 어찌 시름을 놓을 수 있겠는가? 묶인 짐승일수록 발악(困獸猶鬪)하는 법인데 하물며 일국의 국상인 그가 어찌 실패를 달가워하겠는가?'라고 말했습니다. 나중에 성득신이 군사를 거두어 초나라에 돌아가는 도중 초왕은 그에게 명하여 자살하게 하였습니다. 이에 진문공은 크게 기뻐하면서 '이젠 과인을 해치려는 사람이 없게 되었다(莫余毒也已)'고 말했다고 합니다. 그러한즉 당시 초나라에서 성득신을 죽인 것은 진나라에 또 한 차례 승리를 안겨준 꼴이 되었습니다. 그리하여 이때부터 초나라의 국력은 날로 내리막길을 걷게 되었습니다."

이와 같이 사정자는 진경공에게 지난날의 이야기를 들려준 다음 계속하여 말을 이어 나갔다.

"이제 대왕께서 순림보를 죽인다면 마찬가지로 초나라가 또 한 번 승리하는 꼴이 되고 우리 진나라는 다시 한 번 패배하는 꼴이 될 것입니다. 하물며 순림보는 시종 나라에 충성을 다한 사람인데 한 번의 패전 때문에 죽일 수는 없는 것입니다."

이렇게 해서 진경공은 마침내 사정자의 말을 옳게 여기고 순림보의 죄를 면해 주고 관직도 회복시켜 주었다.

곤수유투는 바로 이 이야기에서 나온 성어인데, 간단히 곤수투(困獸鬪) 또는 곤투(困鬪)라고도 한다.

그리고 진경공의 말 막여독(莫余毒)에서 인막여독(人莫余毒)이라는 성어가 나왔는데, 오늘날에는 흔히 "나를 건드릴 사람이 없다."는 뜻으로 쓰이고 있다.

【용례】 잘못한 사람을 일벌백계(一罰百戒)로 다스리는 것도 좋습니다만 정상을 참작할 필요도 있습니다. 곤경에 처하면 짐승도 발악을 하는데("곤수유투") 하물며 사람을 그렇게 모질게 다루어서는 안 되겠지요.

골경지신 骨鯁之臣

骨 : 뼈(골) 鯁 : 가시걸릴(경)
之 : 어조사(지) 臣 : 신하(신)

【뜻풀이】 강직한 신하를 이르는 말이다. '경'은 『설문해자(說文解字)』에 보면 물고기의 뼈로 나와 있다. 직언을 받아들이기 힘든 것이 마치 목구멍에 가시가 걸린 것 같다는 말에서 유래하였다.

【출전】 『사기·자객열전』에 보면 "지금 오나라는 밖으로는 초나라에 고통을 당하고 있고 안으로는 조정이 텅 비어 믿을 만한 신하가 없다.(方今吳外困於楚 而內空無骨鯁之臣)"는 말이 있고, 『한서·두주전(杜周傳)』에도

"조정에 강직한 신하가 없다.(朝無骨鯁之臣)"는 말이 있다.

또『송사·노종도전(魯宗道傳)』에도 "노종도의 자는 관지로, 우간의대부 참지정사를 지냈는데, 귀족이나 척신들로부터 관리에 이르기까지 모두 그를 꺼려해서 그를 지목해 '어두참정'이라 했다. 그의 성에서 기인한 별명인데, 그를 어두와 같이 목에 가시 같은 사람이라 하기도 했다.(宗道字貫之 拜右諫議大夫參知政事 自貴戚用事者 皆憚之 目爲魚頭參政 因其姓 且言骨鯁如魚頭)"는 기록이 보인다.

예나 지금이나 나라가 어지러우면 먼저 떠오르는 사람은 직언을 서슴지 않는 충직한 신하인 것이다.

그리고 한유(韓愈)의 〈쟁신론(爭臣論)〉에도 같은 성어가 나온다.

「임금께서 그 행동이 떳떳한 것을 아름답게 여겨 이 직위에 발탁해서 관직을 간언하는 것으로 명분을 삼았습니다. 그러니 진실로 그 직분에 맞게 행동하여 천하의 사람이나 후대 사람들로 하여금 조정에 직언을 하는 골경과 같은 강직한 신하가 있다는 것을 알게 해야 할 것입니다. 천자께서도 참람되이 상을 주지 않고 간언을 좇는 것이 물 흐르듯 하는 아름다움이 있으면 거의 암혈에 숨어사는 선비들이 이 소문을 듣고 흠모하여 띠를 머리에 묶어서 궐 안으로 들어와 자신의 생각을 펼치기를 바랄 것입니다. 또 우리 임금을 요순과 같은 훌륭한 임금으로 만들고 그 큰 이름이 무궁토록 빛나게 전해지기도 바랄 것입니다.

(主上 嘉其行誼 擢在此位 官以諫爲名 誠宜有以奉其職 使四方後代 知朝延有直 言骨鯁之臣 天子有不僭賞從諫如流之美 庶巖穴之士 聞而慕之 束帶結髮 願進於闕下 而伸其辭說 致吾君於堯舜 希鴻號於無窮也)」

간언을 맡은 양성(陽城)이 직분에 충실하지 않자 이를 경계한 글이 바로 〈쟁신론〉인데, 논리를 굳세게 밀고 나가는 글의 기세가 가히 읽을 만하다.

【용례】 자기 맘에 안 든다고 장관 바꾸기를 손바닥 뒤집듯이 한다면 어떻게 내각에 "골경지신"이 있기를 바랄 수 있겠는가. 또 사람을 자주 바꾼다는 것은 그만한 재목감이 못 되는 사람을 썼다는 얘긴데, 이래저래 근시안이긴 마찬가지일세.

골동 骨董

骨 : 뼈(골)
董 : 바로잡을·물을·감출(동)

【뜻풀이】 오래되어 희귀한 세간이나 미술품. 오늘날에는 제작된 지 오래된 예술품에만 국한되어 쓰이지만, 원래 의미는 뼈를 푹 고아 나온 국물을 일컫는 말이었다.

어떤 물건의 정수가 모두 뽑혀 나왔다는 뜻에서 의미가 확대된 것이다.

【출전】『구지필기(九池筆記)』에 보면 "나부영로가 음식을 마구 섞어 끓인 뒤 만든 국물을 이름하여 골동갱(骨董羹)이라 했다."는 것이다.

『비설록(霏雪錄)』에는 "골동은 사투리로, 처음에는 정해진 글자가 없었는데 소동파가 맛을 보고는 골동갱이라 했다"고 했으며,『회암선생어류(晦菴先生語類)』에는 단지 골동(汨董)으로 적혀 있다.

『미암묵담(米菴墨談)』에 다음과 같은 말이 있다.

골동에 대한 이야기는 여러 책에 나온다.

방이지(方以智)는 이렇게 말했다.

"오래된 그릇을 일러 홀동이라고 한다. 『설문』에 보면 홀은 옛날 그릇이라고 하였다. 호골절이다. 전에서 말하기를 오늘의 골동은 옛날 홀동의 변한 것이라고 했다.(古器謂之圖董 說文 圖古器也呼骨切 箋曰 今謂骨董 圖董之訛也)"

이 밖에도 어육 따위를 밥에 섞어 만든 음식을 골동반(骨董飯)이라고 하는데, 오늘날의 비빔밥과 비슷한 음식이라고 한다.

【용례】 이 사전에 해설되어 있는 성어는 하나같이 핵심을 찌르고 있기에 마치 "골동" 국물을 마시는 듯한 기분이 들어.

공곡공음 空谷跫音

空 : 빌·하늘(공) 谷 : 골짜기(곡)
跫 : 발자국소리(공) 音 : 소리(음)

【뜻풀이】 빈 골짜기의 발자국 소리. 몹시 신기한 일이나 뜻밖의 즐거운 일 또는 반가운 소식을 들었을 때 쓰는 말이다.

【출전】 『장자·서무귀편(徐無鬼篇)』에 다음과 같은 이야기가 있다.

은자인 서무귀가 여상(女商)의 소개로 위나라 임금 무후(武侯)를 만나게 되었다. 서무귀가 임금을 배알하고 물러나오자 여상이 물었다.

"그렇군요. 나는 주상을 만날 때마다 시서예악(詩書禮樂)과 병법에 대해 진언하여 도움을 준 것이 헤아릴 수 없이 많았습니다. 그런데 지금처럼 폐하께서 유쾌하게 웃으신 적은 한 번도 없었습니다. 도대체 무슨 말씀을 드렸기에 폐하께서 저렇게 기뻐하시는 겁니까?"

그러자 서무귀가 대꾸했다.

"그저 개나 말을 감정하는 방법을 말씀드렸을 뿐입니다."

뭔가 숨기는 것이 있다고 여긴 여상이 꼬치꼬치 캐묻자 서무귀는 심드렁한 표정으로 이렇게 대답하는 것이었다.

"생각해 보십시오. 인적도 끊기고 인가도 없는 빈 골짜기를 지나간다고 합시다. 주위에 보이는 것이라고는 족제비나 잡초밖에 없는데, 그때 사람의 발자국 소리를 듣는다면 누구나 마음이 기쁠 것입니다.(夫逃虛空者 聞人足音 跫然而喜矣) 하물며 형제나 친지들이 옆에서 즐겁게 말하는 소리를 듣는다면 더할 나위 없이 기쁘겠지요. 무후께서는 오랫동안 참다운 사람의 말을 들어 보시지 못했기 때문에 내 이야기를 듣고 저렇게 즐거워하신 것입니다."

이 이야기에서 공곡공음이란 성어가 나왔는데, 달리 공곡족음(空谷足音)이라고도 한다.

【용례】 아는 사람 하나 없는 시골길을 걷다 보면 왠지 모르게 으스스한 생각이 들 때가 있다. 이럴 때 친절한 사람을 만난다는 것은 빈 골짜기에서 사람 발소리를 듣는 것처럼("공곡공음") 반갑기 그지없는 일이다.

공명수죽백 功名垂竹帛

功 : 공(공) 名 : 이름(명) 垂 : 드리울(수)
竹 : 대나무(죽) 帛 : 비단(백)

【뜻풀이】 공명이 대나무와 비단에 드리워져 있다.

대나무와 비단은 종이와 발명되기 이전에 글을 쓰는 도구로 이용되었다. 때문에 죽백하면 서적이나 역사를 일컫는 말로 대신 많이 쓰였다. 공명은 공을 이룬 뒤에 따르는 명예를 말한다. 그러므로 이 성어의 뜻은 "큰 공을 이뤄 그 명예가 역사에 길이 전한다."는 말로 사람이 큰일을 계획하면서 자신의 포부를 말할 때 많이 쓰인다.

【출전】『사기 · 장승상열전(張丞相列傳)』에 보면 "공명은 그 시대에 밝히 드러나는 것이다.(功名有著於當世者)"라는 말이 있고, 『후한서 · 등우전(鄧禹傳)』에는 "공명을 역사에 길이 드리웠다.(垂功名於竹帛)"고 쓰여 있다.

【용례】 기왕에 고시 공부를 하겠다고 나섰으면 꼭 합격해서 공명이 역사에 길이 남을("공명수죽백") 그런 훌륭한 법조인이 되도록 노력하거라.

공성계 空城計

空 : 빌(공) 城 : 성(성)
計 : 셀 · 헤아릴 · 계책(계)

【뜻풀이】 성을 비워 적을 혼란에 빠뜨리는 계책을 말한다.

【출전】『삼국지 · 촉지 · 제갈량전』에 다음과 같은 이야기가 있다.

촉나라 승상 제갈량(諸葛亮)이 양평에 군사들을 주둔시키고 있을 때였다. 어느 날 그는 장수 위연(魏延) 등을 파견해서 위나라를 공격하게 하고 소수의 군사들만 남겨두어 성을 지키게 하였다. 이때 위나라 도독(都督) 사마의(司馬懿)가 대군을 이끌고 쳐들어온다는 급보가 들어왔다. 이 소식을 듣고 성을 지키는 군사들 중 두려워 떨지 않는 이가 없었다. 사태는 아주 긴박했다. 성을 지키며 싸우자니 싸울 병사의 수는 태부족이고 철수하자니 그럴 수도 없는 노릇이었다.

그래서 제갈량은 성문을 활짝 열어 놓고 사람들을 시켜 길까지 쓸게 하면서 사마의를 맞이하라고 명령을 내린 다음 자신은 성루에 올라가 단정히 앉아서 거문고를 타기 시작했다. 얼마 후 사마의가 성 밑까지 쳐들어와 보니 제갈량의 모습이 태연자약(泰然自若)한 데다 거문고 소리마저 은은하게 들리는 것이었다. 이에 사마의는 제갈량이 매복 전술로 유인하는 줄만 알고 황급히 물러가고 말았다.

나중에 사람들은 제갈량의 계책을 공성계라고 불렀는데, 겉으로는 기세가 당당하지만 실속은 텅 비어 있는 것을 비유하는 데 쓰이고 있다. 그리고 집이나 어떤 부문에 한 사람도 없이 텅 비어 있는 것을 가리켜 공성계라고도 한다.(▶ 삼십육계三十六計 참조)

【용례】 상대가 방심하고 있는 틈을 노려야겠어. 그러자면 "공성계"를 써서 우리에게 마치 허점이 있는 것처럼 일을 꾸미는 것도 괜찮을 거야.

공옥이석 攻玉以石

攻 : 칠(공) 玉 : 구슬(옥)
以 : 써(이) 石 : 돌(석)

【뜻풀이】 돌로 옥을 갈다. 하찮은 물건이나 사람이라도 중요한 일을 완성할 때에는 긴요하게 쓰일 수도 있다는 말이다.

【출전】『시경 · 소아(小雅)』에 실린 〈학명(鶴鳴)〉에 보면 "이웃 산의 돌도 이곳의 옥을 갈 수 있네.(他山之石 可以攻玉)"란 구절이 나오며, 『역림(易林)』에는 "무딘 칼로 옥을 갈면 단단해서 갈 수 없다.(鉛刀攻玉 堅不可得)"고

하였다. 또 『잠부론(潛夫論)』에는 "또 돌로 옥을 갈고 소금으로 금을 닦는데, 물건에는 참으로 천한 것으로 귀한 것을 다스리고 추한 것으로 좋은 것을 이루는 경우가 있다.(且攻玉以石 洗金以鹽 物固有以賤理貴 以醜化好者矣)"는 말이 있다.

아무리 하찮은 사람이라도 언젠가 어려운 처지에 놓일 때 꼭 필요할 수 있는 법이니 평소 멸시해서는 안 된다는 교훈이 담긴 성어다.

【용례】 체력장 연습을 하는데 복돌이가 너를 도울 줄은 생각도 못 했지. "공옥이석"이라고 했어. 친구를 함부로 업신여기면 안 돼

공자문전매효경 孔子門前賣孝經

孔 : 성(공) 子 : 아들(자) 門 : 문(문)
前 : 앞(전) 賣 : 팔(매)
孝 : 효성(효) 經 : 날줄·경전(경)

【뜻풀이】 공자의 집 문 앞에서 『효경』을 판다. 전문가 앞에서 자신의 보잘것없는 재주를 과시하는 경우에 쓰이는 중국 속담이다.

【출전】 『효경』은 누구나 다 알고 있는 유가의 중요한 경전으로 효(孝)에 대한 여러 가지 이야기를 공자와 제자인 증자(曾子) 사이의 문답 형식으로 꾸며 놓은 책이다. 실제로 이 책을 만든 때는 기원전 4세기에서 2세기에 걸친 시대라고 하는데, 비록 후세의 유학자들이 편집한 책이긴 하나 오랜 기간 동양에서는 집집마다 소장해야 할 필독서로 존중되어 왔다.

그런데 그렇게 고귀하고 소중한 책이라 해도 그 책을 바로 효 사상의 창시자라고 할 수 있는 공자의 문 앞에 앉아서 팔려고 한다면 이는 대단히 어리석은 일이라고 할 수 있다.

이와 비슷한 성어는 이 밖에도 여러 가지가 있다. "공자 앞에서 문자 쓴다."나 "노반〔魯班, 초나라의 뛰어난 목수 공수반(公輸班)을 이르는 말〕 문전에서 도끼자루 휘두른다." 따위를 들 수 있다.

【용례】 저 친구 좀 안다고 가볍게 입을 놀리는군. 컴퓨터에 대해서는 나도 알 만큼 아는데 고작 두 달 배우고 와서 행세를 하려고 들다니… "공자문전매효경"이야. 가관일세.

공자천주 孔子穿珠

孔 : 성(공) 子 : 아들(자)
穿 : 꿸(천) 珠 : 구슬(주)

【뜻풀이】 공자가 구슬을 꿴다는 뜻으로, 자기보다 못한 사람일지라도 모르는 것이 있으면 묻는 것이 부끄러운 일이 아니라는 말이다. 불치하문(不恥下問)의 실례편이라 하겠다.(➡ 불치하문不恥下問 참조)

【출전】 송(宋)나라 때 목암선경(睦庵善卿)이 편찬한 『조정사원(祖庭事苑)』에 다음과 같은 이야기가 나온다.

공자가 진(陳)나라를 지나갈 때 생긴 일이다. 예전에 공자가 아는 사람에게 진기한 구슬을 얻었는데, 구슬의 구멍이 무려 아홉 구비나 되었다. 이것을 실로 꿰려고 갖은 방법을 다 써 보았지만 성공하지 못했다. 그러다가 바느질하는 아낙이라면 어렵지 않게 꿸 수 있지 않을까 여겨 뽕밭에서 뽕잎을 따고 있던 아낙네에게 그 방법을 물었다. 공자의 이야기를 듣더니 아낙이 말했다.

"찬찬히 꿀(蜜)을 가지고 생각해 보세요."

아낙의 말을 골똘히 생각하던 공자는 잠시 후 그녀의 말뜻을 깨닫고 무릎을 치며 외쳤다.

"그렇구나."

그리고는 나무 그늘 밑을 오가는 개미를 붙잡아 허리에 실을 묶고 구슬 한쪽 구멍으로 넣었다. 그런 뒤 반대편 구멍에는 꿀을 발라 놓았다. 개미는 꿀 냄새를 맡고는 구멍 속으로 기어 들어가더니 저쪽 구멍으로 나왔다. 이렇게 해서 구슬에 실을 꿸 수 있게 되었다.

공자는 배우는 일에 나이나 신분, 귀천과 부귀를 따지지 않았다. 모르는 것이 있으면 배우는 것이지 다른 조건이 중요한 것은 아니라고 생각했기 때문이다. 또한 좋은 일만 배우는 것도 아니고 나쁜 경계와 반성의 대상이 되니 배울 수 있다고 보았다.

"세 사람이 길을 가면 반드시 나의 스승이 될 사람이 있다.(三人行 必有我師)"고 한 것도 그런 생각을 보여 준 말이다.(☞ 삼인행필유아사三人行必有我師 참조)

【용례】 아이라고 해서 우습게 봤더니 그게 아니더군. 이번 일은 그 아이의 말이 없었으면 낭패(狼狽)를 볼 뻔했으니 말이야. "공자천주"라고 사람은 누구든 남의 말에 경청해야 해.

공중누각 空中樓閣

空 : 하늘(공) **中** : 가운데(중)
樓 : 누대(루) **閣** : 집(각)

【뜻풀이】 하늘 위에 지은 다락. 헛된 망상이나 진실성이 없고 비현실적인 이야기나 문장 따위를 비유하는 말이다. 사상누각(沙上樓閣)도 같은 말이다.

【출전】 송나라 때의 학자 심괄(沈括)이 지은 『몽계필담(夢溪筆談)』에 다음과 같은 이야기가 나온다.

"등주는 사방이 바다로 둘러싸여 있는데, 봄날과 여름철이면 바다 멀리서 하늘위로 도시와 누대 모양이 어렴풋이 보인다. 그 고장 사람들은 그것을 일러 해시라고 한다.(登州四面臨海 春夏時 見空際城市樓臺之狀 土人謂之海市)"

나중에 청나라의 적호(翟灝)가 『통속편(通俗篇)』이란 책을 만들면서 이 문장 뒤에 이런 해설을 달아 놓았다.

"요즘 사람들이 말과 행동이 허황된 경우를 일러 공중에 누각을 짓는다고 하는데, 바로 이 일에서 유래한 것이다.(今稱言行虛構者曰空中樓閣 用此事)"

이와 비슷한 성어로 신기루(蜃氣樓)가 있다. 신은 큰 대합 또는 교룡(蛟龍)의 일종으로 해석할 수 있는데, 그들이 뿜어내는 기운이 헝크러지면 누대나 성곽과 비슷한 형상을 짓는다고 한다. 이것을 신기루라고 한다. 『사기·천관서(天官書)』에 보면 이 신기루에 대한 짤막한 설명이 나온다.

"큰 대합의 기운은 누대와 모양이 비슷한데 광야에서는 기운이 뭉쳐져 궁궐 모양을 띤다.(蜃氣象樓臺 廣野氣成宮闕)"

【용례】 평소에 공부를 부지런히 하고 난 뒤에 좋은 성적 올리기를 기대해야지. 당일치기를 한다고 "공중누각"이 철옹성이 될까.

공휴일궤 功虧一簣

功 : 공로(공) **虧** : 이지러질(휴)
一 : 한(일) **簣** : 삼태기(궤)

【뜻풀이】 한 삼태기의 흙이 모자라 산을 높이 쌓지 못했다는 뜻으로, 힘들게 벌인 일을 마지막까지 견지하지 못해서 실패했다는 말이다.

【출전】『상서·여오편(旅獒篇)』에 "위산구인 공휴일궤(爲山九仞 功虧一簣)"라는 말이 있는데, 이 말은 "높이가 9인이나 되는 산을 쌓다가 마지막 한 삼태기의 흙이 모자라 다 쌓지 못하고 실패했다."는 뜻이다(주나라 때 8척을 1인이라고 했다).

비슷한 말이 『논어』에도 나오는데, 〈자한편(子罕篇)〉에는 "비유하자면 산을 쌓는 데 한 삼태기가 모자라 이루지 못했다.(譬如爲山 未成一簣)"로 되어 있다.

【용례】 답안 하나를 잘못 써서 장학금을 놓치다니, "공휴일궤"로구나. 조금만 더 노력했으면 좋은 성과를 거두었을 텐데.

과목불망 過目不忘

過 : 지날(과) 目 : 눈(목)
不 : 아닐(불) 忘 : 잊을(망)

【뜻풀이】 눈에 스쳐 지나간 것은 잊지 않는다는 말로, 한 번 본 일은 결코 잊어버리지 않는다는 박문강기(博聞强記)를 뜻한다.

【출전】『삼국지』에 다음과 같은 이야기가 나온다.

익주(益州) 출신의 선비 장송(張松)은 허도(許都)에 가서 조조 휘하의 장수 양수(楊脩)를 만나 유창한 언변으로 자신의 재주와 학문을 자랑하였다. 이에 약이 오른 양수는 조조의 학덕과 병법을 내세우면서 조조가 지었다는 『맹덕신서(孟德新書)』를 보여 주었다. 그랬더니 장송이 웃으면서 말했다.

"이 정도 내용이라면 촉나라의 어린아이도 다 알고 있소이다. 게다가 이 책의 내용은 본래 전국시대 이름 없는 학자의 저서인데, 승상이 자기 것으로 도용한 것에 불과하오."

불쾌해진 양수는 그러면 내용을 다 외울 수 있느냐고 물었다. 장송은 지체 없이 처음부터 끝까지 한 자도 안 틀리고 암송하였다. 이에 양수가 놀라 말했다.

"한번 눈으로 본 것은 절대로 잊어버리지 않으니 그대는 정말 천하의 기재(奇才)입니다."

이처럼 장송의 달변과 기억력은 삼협〔三峽, 장강 상류의 급류 지역〕의 물줄기가 쏟아지는 듯하여 한 눈에 열 줄의 글을 읽을 수 있었다. 비상한 두뇌 회전으로 조조를 놀라게 한 양수도 그의 박학다식(博學多識)과 유창한 달변에는 혀를 내두르지 않을 수 없었다.

다음날 양수가 조조에게 장송을 천거하면서 말했다.

"그의 말솜씨는 마치 강물이 쏟아지듯 막히지 않습니다. 승상께서 엮으신 『맹덕신서』를 한 번 보고도 암송하니, 이렇게 박학하고 기억력이 뛰어난 사람은 또다시 없을 것입니다."

그러나 자신의 약점을 열거하는 데 화가 난 조조는 그를 쓰기는커녕 몽둥이로 두들겨 내쫓아 버리고 말았다. 몽둥이찜질을 당하고 쫓겨난 장송은 이내 유비(劉備)를 찾아갔고, 유비는 그를 극진하게 환대하였다. 장송은 유비에게 익주를 차지하여 천하의 패권을 잡으라고 적극 권한다. 결국 조조는 호랑이를 길러 적에게 바친 꼴이 되고 말았다.

【용례】 천재성을 따지는 방법에는 여러 가지 있겠지만, 암기력도 분명 포함된다. "과목불망"하는 비상한 기억력은 창조성을 실현하는 밑거름이 되기 때문이다.

과문불입 過門不入

過 : 지날(과) 門 : 문(문)
不 : 아닐(불) 入 : 들(입)

【뜻풀이】 집 앞문을 지나면서도 집에 들르지 않다. 공무에 바쁜 모습을 비유하는 성어다.

【출전】 요임금과 순임금 때 20년 동안이나 지속된 홍수 때문에 사람들이 큰 피해를 입었다고 한다. 요임금은 이를 해결하기 위해 먼저 곤이라는 사람을 시켜 홍수를 다스리게 하였다. 그러나 곤은 제대로 물길을 다스리지 못해 9년 동안 열심히 일했지만 결국 실패하고 말았다. 요임금은 그 책임을 물어 곤을 처형했다.

그 뒤 요임금이 제위(帝位)를 순임금에게 양위하였다. 순임금은 다시 이 일을 우(禹)에게 맡겼는데, 우는 바로 처형당한 곤의 아들이었다.

우는 아버지의 실패를 거울삼아 물을 막는 방법으로써가 아니라 물길을 내서 빠지게 하는 방식을 써서 작은 시내는 큰 강으로 흘러들고 큰 강물은 바다로 빠지게 했다. 이렇게 13년이라는 긴긴 세월 동안 노력한 끝에 우는 마침내 홍수를 다스리게 되었다. 그가 일일이 답사한 곳이 얼마인지 헤아릴 수 없었고 겪은 곤경도 몇 차례인지 알 수 없을 정도였다.

『장자·천하편(天下篇)』에서는 우의 이러한 분투를 "소나기에 머리를 감았고 질풍 속에서 머리를 빗었다.(沐甚雨 櫛疾風)"고 했는데, 이는 폭우에 머리를 감고 질풍으로 머리를 빗었다는 뜻이다. 비록 여섯 자밖에 안 되는 간단한 글이지만 오랜 세월 산야에서 홍수와 싸우는 우의 모습을 아주 생동감 넘치게 그려낸 표현이라고 하겠다. 그래서 뒷날 사람들은 이 문맥을 간추려 즐풍목우(櫛風沐雨)라고 말하고 있다.

이와 같이 우는 치수(治水)에 여념이 없이 바쁘게 다니다 보니 나이가 서른이 될 때까지 장가도 들지 못했다. 그러다가 여교(女嬌)라는 처녀를 만나 그녀를 사랑하게 되었는데, 말 한 마디 붙여 보지도 못한 채 길을 떠나게 되었다. 그 후 다행히 인연이 닿아 우는 바쁜 와중에서도 여교와 혼인을 하고 고향인 안읍으로 아내를 데려갔지만 그 후로도 10년 동안 그녀를 만날 기회가 없었다. 전하는 바에 따르면 우는 그동안 세 번 정도 고향집 문 앞을 지나가면서도 "시간이 없구나. 일촌광음(一寸光陰)이라도 아껴야 한다."고 하면서 들르지 않았다고 한다.

이에 대해 『열자·양주편(楊朱篇)』에서는 "우는 문 앞을 지났으면서도 들어간 적이 없었는데, 그의 몸은 온통 바짝 말라 있었고 손과 발에도 굳은살이 단단히 박여 있었다.(禹… 過門不入 身體偏枯 手足胼胝)"라고 했으며, 『맹자·이루장구(離婁章句)』 하편에서는 "우임금은 세 번 집을 지났지만 한 번도 들어가지 않았다.(禹… 三過其門而不入)"고 하였다.(▶ 토문불입討門不入 참조)

그리고 수족변지(手足胼胝, 손과 발에 굳은살이 박이다)란 말도 성어가 되었다. 즉, 힘겹게 노동에 종사한다는 뜻으로, 변지수족(胼胝手足) 또는 수족중견(手足重繭)이라고도 한다.(▶ 묵수성규墨守成規 참조) 그리고 우가 말한 애석촌음(愛惜寸陰)도 나중에 성어가 되었으며, 촌음시석(寸陰是惜), 촌음자석(寸陰自惜)이라고도 한다.

【용례】 이번에 대통령 포상을 받은 김 순경은 정말 누가 봐도 모범적인 공무원임에 틀림없을 거야. 한 달이면 집에 들어간 날이 열흘도 안 된다니 "과문불입"을 몸으로 실천한 사람이라고 할 수 있지.

과유불급 過猶不及

過 : 지날 · 지나칠 · 허물(과)
猶 : 같을 · 오히려(유)
不 : 아닐(부)/(불) 及 : 미칠(급)

【뜻풀이】 지나친 것은 미치지 못하는 것과 같다. 일을 처리하거나 수행할 때 성과를 초과하여 달성한 것은 미치지 못한 것과 같다는 말이다. 물론 이 말은 물질적 성과만 가지고 성패를 따지는 것은 아니다. 지나치지도 않고 모자람도 없는 중용(中庸)의 문제를 거론한 것이다.

【출전】 『논어 · 선진편(先進篇)』에 다음과 같은 이야기가 있다.

「자공이 공자에게 물었다.

"선생님, 사(子張)와 상(子夏) 중 누가 뛰어납니까?"

공자께서 말씀하셨다.

"사는 지나치고 상은 미치지 못하는구나."

자공이 다시 물었다.

"그러시다면 사가 더 낫다는 말씀이십니까?"

공자께서 다시 대답하셨다.

"지나친 것이나 미치지 못한 것이나 마찬가지니라."

(子貢問師與商也 孰賢 子日 師也過 商也不及 日然則師愈與 子日過猶不及)」

이 말을 통해 공자가 생각했던 중용의 의미를 반추해 볼 수 있다.

【용례】 사람이란 자기 본분에 충실하게 사는 자세가 중요하다. 자신을 혹사해서 만족할 만한 성과를 거두었다고 해도 건강을 해쳤다면 무슨 득이 되겠는가. "과유불급"이란 말도 있듯이 최선을 다하는 것이 더 중요할지도 모르겠다.

과전이하 瓜田李下

瓜 : 오이(과) 田 : 밭(전)
李 : 오얏(리) 下 : 아래(하)

【뜻풀이】 혐의를 받지 않도록 미리 방지하다.

【출전】 〈군자행(君子行)〉이라는 고시에 나오는 시구에서 유래한 말이다. 그 시의 첫머리에 다음과 같은 구절이 나온다.

「군자는 무엇이든지 미연에 방지하여
혐의가 없도록 해야 하는 것이다.
참외밭을 지날 때는 허리를 굽혀 신을 고쳐 신지 말 것이며
오얏나무 밑을 지날 때는 갓을 고쳐 쓰지 말아야 한다.
君子防未然
不處嫌疑間
瓜田不納履
李下不整冠」

이것이 바로 속담에서 말하는 "오이밭과 오얏나무 아래를 지날 때는 각각 혐의를 받지 않도록 조심하라.(瓜田李下 客避嫌疑)"는 것으로, 사람들은 그 어떤 말 못할 혐의를 가리켜 과리지혐(瓜李之嫌)이라고 하였다.

이에 대해 『당서 · 유공권전(柳公權傳)』에

다음과 같은 이야기가 있다.

당나라 문종황제가 어느 날 곽민이라는 사람을 빈영 지방의 지방관에 임명한 적이 있었다. 당시 적지 않은 사람들이 이것은 곽민이 딸 둘을 대궐에 들여보냈기 때문이라고 쑥덕공론을 벌였다. 이에 황제는 유공권에게 "곽민의 두 딸은 태후를 만나기 위해 입궐한 것이지 짐과는 아무런 상관도 없노라."고 말하자, 유공권은 "참외밭이나 오얏나무 밑에서의 혐의를 어찌 집집마다 다 알릴 수 있겠습니까.(瓜李之嫌 何以戶曉)"라고 대답하였다.

이와 비슷한 이야기가 『열녀전(列女傳)』에도 전한다.

전국시대 제위왕(齊威王)에게는 우희(虞姬)라는 후궁이 있었다. 위왕에게는 파호(破胡)라는 간신이 있어 왕의 눈을 속이고 온갖 부정을 다 저지르고 있었다. 보다 못한 우희가 위왕에게 그의 죄상을 낱낱이 폭로하였다. 이 소식을 들은 파호는 9층 누각에 그녀를 감금하고는 위왕에게 말도 안 되는 중상모략을 하였다. 화가 난 위왕은 사실을 확인하려고 그녀를 불렀다. 위왕 앞에 선 우희는 이렇게 말했다.

"이것은 모두 간신배가 지어낸 모함입니다. 제게 잘못이 있다면 오이밭에서는 신을 고쳐 신지 말고 오얏나무 아래에서는 관을 바로잡지 말라는 옛 격언을 피하지 않은 것입니다."

그녀의 말을 들은 위왕은 깨달은 바가 있어 곧 간신 파호를 내쫓고 흐트러진 조정의 기강을 바로잡았다.

【용례】 지금 감사가 한창인데 그런 물건을 들고 나오면 어떡하나? 자네야 떳떳하다고 해도 남이 보면 이상하게 생각할 걸세. "과전이하"라고 시기가 안 좋으니 자제하게나.

과즉물탄개 過則勿憚改

過 : 지날·허물(과) **則** : 곧(즉)/법칙(칙)
勿 : 아닐(물) **憚** : 꺼릴(탄)
改 : 고칠(개)

【뜻풀이】 허물이 있다면 고치기를 꺼리지 마라. 즉, 잘못을 저질렀다고 후회만 하지 말고 그것을 빨리 바로잡아야만 다시는 같은 잘못을 저지르지 않는다는 뜻이다. 남의 이목을 두려워해서 이것을 얼버무린다든가 감추려고 한다면 다시 과오를 저지르는 잘못을 범한다는 말이다.

【출전】 원문은 『논어 · 학이편(學而篇)』과 〈자장편(子張篇)〉에 나오는데, 〈자장편〉에 실린 내용부터 보기로 하자.

"군자의 허물은 마치 해와 달이 일식이나 월식을 일으키는 것과 같아서 누구나 다 보게 마련이다. 그러나 그것을 고친다면 사람들은 모두 그 용기를 우러러보기도 한다.(君子之過也 如日月之食焉 人皆見之 更也 人皆仰之)"

물론 이 말은 공자의 제자인 자공(子貢)이 한 말이지만, 바로 공자의 생각을 정리한 것으로 보아도 무방할 것이다. 이를 통해 공자는 진정한 군자는 허물이 없는 사람이 아니라 허물이 있으면 이를 즉시 고치는 용기를 가진 사람임을 천명하였다. 또 같은 편에는 "소인은 잘못을 저지르면 반드시 이를 변명하려고 한다.(小人之過也 必文)"는 말도 있다. 〈학이편〉에는 이런 생각이 좀 더 구체적으로 진술되어 있다.

"군자는 신중하지 않으면 위엄이 없고 학문을 익혀도 견고하지 못하다. 오직 충성과 믿음으로 중심을 삼되 자기만 못한 사람과는 사귀지 않으며, 허물이 있으면 이를 고치기를 주저하지 않는다.(君子不重則不威 學則不固 主忠信 無友不如己者 過則勿憚改)"

【용례】 나는 네가 행실이 나쁜 것을 탓하는 것은 아니다. 그보다는 잘못을 저지른 뒤에도 또 똑같은 잘못을 저지르는 네 태도를 탓하는 것이다. 허물을 저지르고 그것을 고치기를 꺼리지 않는다면("과즉물탄개") 누가 너를 탓하겠느냐.

관규추지 管窺錐指

管 : 대롱(관) **窺** : 엿볼 · 살필(규)
錐 : 송곳(추) **指** : 손가락 · 가리킬(지)

【뜻풀이】 대나무 대롱으로 보고 송곳이 가리키는 곳을 살피다. 학식이나 견문이 좁거나 또는 자신의 의견을 겸손하게 말할 때 쓰이는 성어다.

【출전】『장자 · 추수편(秋水篇)』에 다음과 같은 이야기가 있다.

전국시대 조나라에 공손룡(公孫龍)이라는 학자가 있었는데, 천성이 총명하고 학식이 깊어 스스로도 몹시 자부하고 있던 터였다. 그러던 중 장자의 학설을 배우고 난 뒤부터 탄복한 나머지 "세상에 이렇게 고명한 학자도 있었더란 말인가!" 하고 위나라 공자 위모(魏牟)에게 실토한 적이 있었다. 이에 위모는 "우물 안 개구리(井底之蛙)"에 대한 이야기를 들려준 다음 그것이 "대나무 통으로 하늘을 관측하거나 송곳으로 땅을 살피는 것(用管窺天 用錐指地)"과 무엇이 다르냐고 말했다는 것이다. 성어 관규추지는 바로 이 이야기에서 나온 것으로, 관규(管窺) 또는 관견(管見)이라고도 하는데 식견이 좁은 것을 이르는 말이다.

관규추지는 또 관규려측(管窺蠡測)이라고도 하는데 『한서 · 동방삭전(東方朔傳)』에 나오는 "대통으로 하늘을 보고 표주박으로 바닷물을 측량한다.(以管窺天 以蠡測海)"는 말로 간단히 관려(管蠡)라고도 한다.

이상의 성어들은 모두 식견이 좁다는 뜻으로 쓰이고 있으나 스스로 겸손을 표시할 때도 쓰이는데, 이럴 경우에는 특히 관견이라고 한다.(➡ 관중규표管中窺豹 참조)

【용례】 이번에 제가 발표한 학설은 "관규추지"로서 감히 자신 있게 내놓기에는 부족한 점이 많습니다. 모쪼록 선배 동학 여러분들의 넓은 질정을 부탁드리고 싶습니다.

관맹상제 寬猛相濟

寬 : 관대할 · 넓을(관) **猛** : 사나울(맹)
相 : 서로(상) **濟** : 구제할(제)

【뜻풀이】 관대함과 엄벌을 더불어 시행하다. 남을 다스릴 때는 부드러운 훈계와 엄한 징벌이 잘 조화되도록 해야 한다는 말이다.

【출전】 춘추시대 정나라에 공손교〔公孫喬, 자는 자산(子産)〕라는 유명한 혁신파 정치가가 있었다. 그는 정나라에서 수십 년을 집정하는 동안 귀족들의 권력을 분쇄하는 데 총력을 기울여 전제(田制)와 병부제도(兵賦制度) 등을 개혁하고 나라의 기강을 바로잡음으로써 자그마한 정나라를 한때 강성하게 만들었다.

어느 날 공손교는 자태숙(子太叔)이라는 사

ㄱ

람에게 "덕이 있는 사람이라야만 관대하고 후덕한 정책으로 백성들을 감화시킬 수 있는 것이니, 그런 재간이 없는 사람은 당연히 고압 정책을 쓸 수밖에 없다." 하면서, 고압 정책으로 백성들을 누르기는 쉬워도 관후(寬厚)한 정책으로 민심을 얻기는 어렵다고 말한 적이 있었다.

그 후 공손교가 세상을 떠나자 자태숙이 그의 뒤를 이어 집정하면서 관대하고 후덕한 정책을 들고 나왔다. 그런데 그는 이러한 정책을 너무 폭넓게 실시했기 때문에 귀족 집단의 완고한 세력이 다시 대두되어 이를 반대하는 민중들의 봉기가 곳곳에서 일어나는 사태가 벌어졌다. 이에 자태숙은 할 수 없이 군사를 움직여 이런 봉기를 탄압했다.

이때 노나라의 공자는 이 소식을 듣고 매우 기뻐하면서 이렇게 말하였다.

"훌륭하구나. 정책이 관대하고 후덕해지면 백성들이 경박해지고 백성들이 경박해지는 것을 시정하려면 정책이 엄해야 한다. 그렇지만 엄한 정책은 살인을 피할 수 없어도 많은 사람들에게 경계심을 촉발시키니, 이때 다시 관후한 정책을 취할 수 있는 것이다. 이같이 관대하고 후덕함과 엄격함을 결합하는 것이 적당한 정책이다.(政寬則民慢 慢則糾之以猛 猛則民殘 殘則施之以寬 寬以濟猛 猛以濟寬 政是以和)"

공자의 이런 이론은 물론 완벽한 것은 못 되지만 그의 말에서 나온 관맹상제라는 성어는 오늘날까지도 관대함과 엄격함을 적절하게 결합한다는 뜻으로 쓰이고 있다.

【용례】 학생들을 지도하려면 당근과 채찍을 적절히 써야 해. "관맹상제"라고 너무 관대하면 버릇이 없어지고 지나치게 매몰차면 반발이 뒤따르거든.

관인대도 寬仁大度

寬 : 너그러울(관) **仁** : 어질(인)
大 : 큰(대) **度** : 법도·정도·국량(도)

【뜻풀이】 남을 걱정하는 어진 마음이 깊고 생각하는 바가 넓다. 남에게 너그럽고 자애롭게 대하는 넉넉한 마음씨를 비유하는 말이다.

【출전】 『사기·고조본기(高祖本紀)』에 다음과 같은 말이 있다.

"관대하고 어질며 남을 사랑하고 베풀기를 좋아했으며 뜻이 탁 트였다. 항상 큰 도량을 지녀 집안사람들이 하는 생산 작업을 일삼지 않았다.(寬仁而愛人喜施 意豁如也 常有大度 不事家人生産作業)"

『사기』 원문에는 '관(寬)'자는 없다.

"물이 맑으면 큰 고기가 모이지 않는다"는 속담처럼 남을 수하에 거느리기 위해서는 위엄과 술수도 필요하지만 넉넉한 도량이 가장 필요하다. 용서하고 이해하며 그들의 생각을 공감할 때 비로소 큰 인물들이 심복이 되어 들어오는 것이다.

『중용·17장』에 보면 "때문에 큰 덕은 반드시 그 지위를 얻을 것이고 그 녹을 받을 것이며 그 이름을 얻을 것이고 그 목숨을 유지할 수 있을 것이다.(故大德 必得其位 必得其祿 必得其名 必得其壽)"는 말이 나오는데, 바로 관인대도한 마음이 낳은 효과라고 할 것이다.

【용례】 최고 지도자는 술수에 능하다고 해서 다 되는 게 아니야. 사람이 믿고 따를 수 있는 "관인대도"한 덕이 있어야지. 술수나 대책은 능력 있는 참모에게 맡기면 되는 거라고.

관중규표 管中窺豹

管 : 대롱(관) 中 : 가운데(중)
窺 : 살필·엿볼(규) 豹 : 표범(표)

【뜻풀이】 대나무 대롱으로 표범을 보다.

【출전】 진(晉)왕조 때의 유명한 서예가 왕희지(王羲之)의 아들 왕헌지(王獻之)가 아홉 살 되던 해의 일이었다.

어느 날 왕희지의 제자들이 모여 앉아 지금의 카드놀이와 비슷한 유희를 즐기고 있었다. 왕헌지는 그 유희에 대해서 잘 모르면서도 곁에서 제법 어물쩍 훈수를 두는 것이었다. 이에 왕희지의 제자들은 "이 도련님은 대나무 통으로 표범을 보는 식으로 표범의 전신은 보지 못하나 표범 신상의 수많은 반점 중의 하나는 보아 낸다.(此郎亦管中窺豹 時見一斑)"고 하면서 감탄했다. 성어 관중규표는 바로 이 말에서 나온 것으로 두 가지 뜻으로 쓰이고 있다.

하나는 식견이 좁다는 뜻으로서 관규추지(管窺錐指)나 관규려측(管窺蠡測)과 비슷하며, 다른 하나는 자기의 견해가 전반적이지 못하다는 것을 겸손하게 표시하는 말로 관견(管見)이라고도 한다.

그리고 그 어떤 일반적인 사례를 통해 사람들로 하여금 다른 것을 추리하여 전체를 알게 하는 것을 가리켜, 일반(一斑), 약견일반(略見一斑) 또는 가견일반(可見一斑)이라고도 한다.

【용례】 하나를 보면 열을 알 수 있다고, 그 사람 됨됨이를 보니까 "관중규표"만 일삼고 있어. 나중에 크게 되긴 틀린 사람일세.

관포지교 管鮑之交

管 : 대롱(관) 鮑 : 사람이름(포)
之 : 어조사(지) 交 : 엇갈릴·사귈(교)

【뜻풀이】 관중과 포숙아의 뜨거운 우정. 영원히 변치 않고 믿는 친구 사이의 두터운 우정을 말한다.

【출전】 춘추시대 제나라의 관중(管仲)과 포숙아(鮑叔牙)는 고대 중국에 있어서 가장 절친한 벗으로 알려진 사람들이다. 그들의 우정이 얼마나 돈독했던가는 『좌전·장공(莊公) 8년』조와 〈장공 9년〉조에 실린 이야기를 읽어봐도 넉넉히 알 수 있다.

제양공 연간에 관중은 공자 규(糾)의 스승으로 있었고 포숙아는 공자 소백(小白)의 스승으로 있었는데, 규와 소백은 모두 제양공의 아우였다. 그런데 당시 제양공이 포악무도했기 때문에 포숙아는 공자 소백과 더불어 거국(莒國)으로 도망치고 관중은 규와 함께 노나라로 도망쳐 버렸다.

그런데 얼마 안 가서 제나라에서 변이 일어나 제양공이 피살되자 공자 규와 소백은 서로 자신이 임금이 되기 위해 앞을 다투어 귀국하려 하였다. 이때 관중은 급히 규를 제나라로 호송하는 한편 군사들을 보내어 소백과 포숙아의 행차를 막으면서 당장 거국으로 돌아가라고 명령했다. 그러다가 상대방에서 듣지 않자 관중은 활을 들어 공자 소백을 쏴 죽이고 돌아왔다. 그러나 소백은 죽지 않고 포숙아와 함께 지름길로 내달려 규보다 먼저 귀국하여 임금이 되니, 그가 제환공(齊桓公)이다.

제환공은 왕위에 오르자마자 곧 군사들을 풀어 공자 규와 관중 일당을 소탕해 버렸다.

이에 노나라에서도 가만히 있을 수 없어 대군을 일으켜 제나라 군사를 공격했다. 그러나 결국 노나라 군사들이 크게 패배하여 화의를 청했는데 제나라에서는 이때라 생각하고 사자를 파견해 공자 규를 잡아 죽이라고 했다. 노나라에서는 할 수 없이 규를 죽이고 관중마저 죽이려고 하였다. 그러자 제나라 사신은 "관중은 우리 임금을 사살하려던 사람으로서 우리 임금께서 직접 처치할 것이다."라고 하면서 죽이지 못하게 했다.

그리하여 관중은 죄수를 옮기는 수레에 실려 제나라로 압송되었는데, 그때 관중은 포숙아가 자기를 살려 주기 위한 계책일 것이라고 생각하였다.

관중이 제나라에 이르고 보니 포숙아가 직접 나와서 맞이하는 것이 실로 예상했던 것과 다름이 없었다. 그리고 포숙아는 관중을 살려주었을 뿐 아니라 제환공에게 추천하여 국상으로 삼게 하였으며, 자신은 거리낌 없이 관중의 조수가 되었다. 이렇게 해서 제환공은 자신을 죽이려던 사람을 국상으로 삼았고, 관중은 또 자기가 죽이려던 사람을 성심껏 보좌하여 춘추시대 다섯 패왕(春秋五覇)의 한 사람으로 서게 만들었던 것이다.

관중은 나중에 친구 포숙아를 회상하면서 "나를 낳아 준 분은 부모지만 나를 알아준 이는 포숙아였다.(生我者 父母 知我者 鮑子也)"고 술회하였다.

이상의 이야기로 인해서 사람들은 친구 사이가 절친한 것을 가리켜 관포(管鮑) 또는 관포지교라고 했으며, 벗이 나를 알아주는 것에 대해 사의를 표시할 때 포자지아(鮑子知我)라 부르게 되었다.

【용례】 두 사람이 서로를 돕는 모습을 보면 정말 친형제도 그럴 수 없을 만큼 눈물겹지. 옛날 관중과 포숙아의 사귐("관포지교")이 무색할 정도야.

괄목상대 刮目相對

刮 : 씻을(괄) 目 : 눈(목)
相 : 서로(상) 對 : 대할(대)

【뜻풀이】 눈을 비비고 사람을 다시 보다. 사람이 이전과는 여러 면에서 달라져서 눈을 씻고 다시 보게 된다는 뜻으로 주로 좋은 의미로 쓰인다.

【출전】 『삼국지·여몽전(呂蒙傳)』에 다음과 같은 이야기가 실려 있다.

오나라 사람으로 여몽이라는 장군이 있었다. 그는 박식하고 다재다능한 사람으로 주유(周瑜)가 죽은 후 그 뒤를 이어 도독이 되었고, 부장 반장(潘璋)을 시켜 촉나라의 관우를 죽인 인물이기도 하다.

그는 어려서부터 가난하고 의지할 데 없어서 오로지 무술 공부에만 힘을 쏟았을 뿐 글공부는 한 적이 없어 학식은 거의 없었다. 그는 손권(孫權)의 부하로 있으면서 오직 전투에만 충실하였다.

그러던 어느 날 손권이 여몽과 장흠(蔣欽) 두 사람에게 말했다.

"당신들은 우리나라를 위해 큰일을 하는 사람들로 마땅히 책을 좀 읽어 지식을 함양해 두는 것이 어떻겠소?"

이 말을 들은 여몽이 말했다.

"소신은 글도 모르고 또 해야 할 일도 많은데 어느 겨를에 책을 읽겠습니까?"

이에 손권이 자신의 속뜻을 밝혔다.

"그대는 내가 그대에게 경학박사(經學博

士)라도 되라는 줄 생각하는 모양이구려. 내가 바라는 것은 선인들이 남긴 기록들을 조금이라도 들춰 보라는 뜻이오. 그대가 일이 많다고는 하지만 나보다 많기야 하겠소? 일찍이 공자께서도 말씀하시기를, '하루 종일 먹지도 않고 잠도 자지 않고 생각만 했는데 얻은 것이 없었다. 차라리 책을 읽는 편이 낫다'고 하셨고, 한나라 광무제는 작전을 짤 때도 손에서 책을 놓지 않았다고 하며, 조조(曹操) 역시 스스로 배우기를 좋아한다 했는데, 그대들은 어찌해서 자기를 계발하는 일을 소홀히 한단 말이오?"

손권의 말을 들은 여몽은 그때부터 열심히 공부하여 의리(義理)와 문장을 깨우쳐 어떤 때는 전문가조차 모르는 일까지 논의할 정도가 되었다.(➡ 수불석권手不釋卷 · 오하아몽吳下阿蒙 참조)

노숙(魯肅)은 여몽이 힘만 쓸 줄 아는 사람이라고 여기고 별로 눈여겨볼 만한 인물이 아니라고 생각했다. 그런데 뒷날 그의 외모에서 풍기는 느낌이 달라지고, 군사 문제를 상의할 때 그가 의외로 해박한 지식을 가지고 있다는 사실을 알고는 깜짝 놀라며 말했다.

"나는 자네가 오직 무술밖에는 모른다고 생각했는데, 자네의 학문이 이렇게 폭넓은 줄 누가 알았겠는가? 자네는 예전의 여몽이 아닐세."

그러자 여몽이 대답하였다.

"선비란 서로 헤어져 사흘이 지나면 다른 눈으로 상대를 보아야 마땅한 것이 아니겠습니까?(士別三日 卽更刮目相對)"

이때부터 사람들은 여몽이 노숙에게 대답한 말을 인용하여 괄목상대라는 성어를 쓰게 되었다.

괄목상간(刮目相看)이라고도 한다.

【용례】 네가 이렇게 달라질 줄은 기대도 하지 않았는데, 내가 사람을 보는 눈이 형편없는 모양이다. 참으로 "괄목상대"해야겠구나.

광인기여여하 匡人其如予何

匡 : 바로잡을·땅이름(광)
人 : 사람·남(인) 其 : 그(기)
如 : 같을(여) 予 : 나(여) 何 : 어찌(하)

【뜻풀이】 광(匡) 지방 사람들이 나를 어찌할 수 있겠는가? 운명에 대한 자신감이나 맡은 사명에 대한 떳떳한 신념을 표현할 때 쓰는 말이다.

【출전】 『논어 · 자한편(子罕篇)』에 다음과 같은 이야기가 나온다.

공자가 광이라는 지방을 지나가다가 봉변을 당한 적이 있었다. 전에 광 지방 사람들은 양호(陽虎)라는 관리로부터 가혹한 통치를 받은 적이 있는데, 우연찮게 공자가 그와 외모가 비슷했기 때문이었다. 원수를 자기 손으로 때려잡겠다며 광 지방 사람들은 공자를 찾아다녔다.

일이 이쯤 되자 공자의 제자들도 덜컥 겁이 났다. 힘으로 맞서 이길 수 있는 상대가 아니었기 때문이었다. 그러나 공자는 조용히 자세를 가다듬으며 제자들을 향해 말했다.

"걱정들 하지 말거라. 문왕께서는 이미 세상을 떠나셨으니 문화의 핵심은 모두 내게 있는 셈이다. 하늘이 이 문화를 장차 없애고자 했다면 미래에 죽을 사람들이 이 문화를 얻지 못하게 될 것이다. 하늘이 장차 이 문화를 없애지 않을 것이라면 저 광 사람들이 나를 어찌할 수 있겠느냐?(子畏於匡 曰 文王旣沒 文

不在茲乎 天之將喪斯文也 後死者 不得與於斯文也 天之未喪斯文也 匡人其如予何)"

이렇게 공자는 자신에게 주어진 역사적 임무에 대해서 무거운 책임감을 느끼며 살았다.

그가 "책임은 막중한데 갈 길은 멀기만 하구나.(任重而道遠)"〔『논어 · 태백편(泰伯篇)』〕라며 탄식 아닌 탄식을 했던 심정도 이해할 수 있을 듯하다. 송(宋)나라의 환퇴(桓魋)로부터 생명의 위험을 느낄 때에도 "하늘이 내게 덕을 낳게 하셨거늘 환퇴가 나를 어떻게 하겠느냐?(天生德於予 桓其如予何)"〔『논어 · 술이편(述而篇)』〕라며 끝까지 진리에 대한 믿음을 버리지 않았던 공자의 꿋꿋한 자세가 새삼 이 시대에 그리워진다.

【용례】 세태가 그렇게 어렵고 힘겹게 전개되었을 때도 선생님은 광인이 나를 어찌하겠느냐("광인기여여하")는 믿음으로 굴하지 않으셨지. 지금처럼 또 다른 폭력이 난무하는 시대에 그런 선생님의 정신이 새삼 그리워지는군.

광일지구 曠日持久

曠 : 빌 · 밝을 · 헛되이 지낼(광)
日 : 날 · 해(일) 持 : 지킬(지)
久 : 오랠(구)

【뜻풀이】 시간을 질질 끌어서 일을 그르치는 것을 일컫는 말로, 광일미구(曠日彌久)라고도 한다.

【출전】 『전국책(戰國策) · 조책(趙策)』에 다음과 같은 이야기가 있다.

전국시대 어느 날 연(燕)나라에서는 대장 영분(瓮榮)으로 하여금 대군을 거느리고 나가 조나라를 치게 한 적이 있었다. 연나라 군사들이 쳐들어온다는 소식을 접한 조왕은 급히 대신들을 모아 놓고 대책을 의논하기 시작했다. 이때 국상 조승(趙乘)이 말하기를 "제나라의 명장 전단(田單)은 날래고 계책이 많으니 제나라에 세 개의 성을 떼어 주고 전단을 불러다가 조나라 군사들을 통솔하게 하면 반드시 싸워 이길 수 있을 것"이라고 하였다.

그러나 대장 조사(趙奢)는 "우리 조나라에는 군사를 거느릴 사람이 없단 말이오? 싸움도 하기 전에 성을 세 개나 잃다니 그게 될 법이나 한 말입니까?"라고 하면서 반대했다. 이어 조사는 "가령 전단을 청해 온다 하더라도 그는 조나라를 싸움터에 묶어두고 시일만 끌게 될 것인즉(曠日持久) 그렇게 되면 몇 해 지나지 않아 우리나라는 반드시 인력 · 재력 · 물력을 탕진하여 그 결과는 상상할 수 없게 될 것입니다."라고 하였다.

그러나 조왕은 조사의 말을 듣지 않고 조승의 말대로 제나라 장수 전단을 불러다가 조나라 군대의 장수로 삼게 했다. 그 결과는 조사가 말한 대로 시일만 끌었고, 제나라는 많은 대가만 지불했을 뿐 이렇다 할 만한 승리를 거두지도 못했던 것이다.

광일지구는 바로 조사의 말에서 나온 성어다.

【용례】 난 그 사람 정말 싫어. 괜히 도와주지도 않으면서 시간만 질질 끌어 일을 망치게 한단 말이야. "광일지구"도 정도가 있어야지. 꼭 그래야만 직성이 풀리는 모양이지?

광풍제월 光風霽月

光 : 빛(광) 風 : 바람(풍)
霽 : 갤 · 풀릴(제) 月 : 달(월)

【뜻풀이】 맑은 날의 시원한 바람과 비 갠 날의 상쾌한 달빛. 사람의 높고 깊은 인격을 비유할 때 쓰이는 성어다.

【출전】『송사·주돈이전(周敦頤傳)』에서 황정견(黃庭堅, 1045~1105)이 송나라 때의 학자인 주돈이〔자는 무숙(茂叔), 1017~1073〕의 인품을 추앙하면서 쓴 말이다.

주돈이는 북송 때의 학자로 〈태극도설(太極圖說)〉과 『통서(通書)』를 저술해 성리학의 이론적 기초를 닦고, 이를 정호(程顥)와 정이(程頤) 형제에게 전해 주희(朱熹)가 집대성할 수 있는 계기를 마련한 사람이다. 그에게는 〈애련설(愛蓮說)〉과 같은 깔끔한 소품도 있다. 사람들이 내남없이 화려하고 부귀한 모란만 좋아하고 은일군자의 품격을 갖춘 국화나 청렴한 선비 기질이 스며 있는 연꽃을 싫어하는 세태를 풍자하고 있다. 이런 글을 통해서도 그의 인품을 알 수 있다.

광풍제월은 마음이 깨끗하게 맑고 고결한 상태나 그런 사람을 비유할 때 주로 쓰이고, 때로 "세상이 잘 다스려지고 있는 시기"를 일컫기도 한다.

【용례】 어려운 일을 겪을 때마다 그분을 생각하면 절로 힘이 솟아. 그분을 대할 때마다 맑은 날 시원한 바람을 맞고 갠 날 상쾌한 달빛("광풍제월")이 비춰지는 것처럼 기분이 개운해진다니까.

괘관 掛冠

掛 : 걸(괘) 冠 : 모자(관)

【뜻풀이】 갓을 벗어 걸다. 즉, 벼슬을 그만두고 사퇴하는 것을 말한다.

【출전】『후한서·봉맹전(逢萌傳)』에 다음과 같은 이야기가 실려 있다.

봉맹은 학문을 좋아했지만 집안이 가난해서 호구지책(糊口之策)으로 정장〔亭長, 도둑을 잡는 야경꾼의 일종〕이 되었다가 뜻한 바가 있어 걷어치우고 장안(長安)에 가서 부지런히 학문을 연마하였다. 그 결과 그는『춘추』에 정통한 학자가 되었다.

그때 전한(前漢)의 12대 황제인 애제(哀帝)가 죽자 대사마 왕망(王莽)은 평제(平帝)를 내세웠다. 그러나 그는 자신의 권력을 잃을까 두려워 평제의 어머니 위희(衛姬)와 그 집안 식구들이 도성으로 들어오는 것을 허락하지 않았다. 더욱이 그 일을 비난한 자신의 장남 왕우(王宇)마저 죽여 버리고 말았다.

이 소식을 접한 봉맹은 친구를 보며 이렇게 울부짖었다.

"맙소사, 삼강(三綱)의 도는 이미 끊어져 버렸네. 지금 떠나지 않는다면 그 재앙이 우리들에게도 미칠 거야."

그리고는 갓을 벗어 장안성 북문인 동도문(東都門)에 걸고는 가족들을 이끌고 바다를 건너 요동(遼東) 땅으로 들어가 숨어살았다.

음악에도 조예가 깊었던 봉맹은 왕망이 조만간 실각할 것을 알고 머리에 기와로 만든 분(盆)을 지고는 시장거리를 돌아다니면서 "오호라, 신(新)나라여, 신나라여!"라고 외치면서 다니다가 달아나 버렸다.

과연 얼마 뒤 신나라는 망하고 왕망도 처형당했다. 후한의 광무제(光武帝)가 즉위하자 칙령을 내려 그를 다시 불러들이려고 했지만, 그는 끝내 다시는 입조(入朝)하지 않았다.

【용례】 이렇게 부정부패가 극에 달한 공직사회에서 더 이상 더러운 녹을 먹고 살 수는 없네. 내 일찌감치 "괘관"하고 은퇴할까 하네.

괴여만리장성 壞汝萬里長城

壞 : 무너질(괴) **汝** : 너(여)
萬 : 일만(만) **里** : 마을(리)
長 : 길 · 성장할 · 어른(장) **城** : 성(성)

【뜻풀이】 너의 만리장성을 무너뜨리는가? 자신의 든든한 방패막이가 될 사람을 순간적인 욕심 때문에 제거했을 때 쓰는 말이다.

【출전】『송서 · 단도제전(檀道濟傳)』에 다음과 같은 이야기가 실려 있다.

단도제가 살던 시기는 북위(北魏)와 남쪽의 송나라가 서로 대치하고 있던 무렵이었다. 위나라는 어떻게든 틈을 보아 송나라를 공격하려고 호시탐탐 송나라 진영을 엿보고 있었다. 그러나 단도제가 대장이 되어 방위를 굳건히 하고 있었기 때문에 감히 침략할 엄두를 내지 못했다.

그런데 송나라 조정에서는 이렇게 위세가 대단한 단도제를 시기해서 그를 제거하려는 무리들이 있었다. 그들은 자신들이 정권을 잡고 권력을 마음대로 휘두르기 위해 단도제를 제거할 여러 가지 방안을 강구하였다. 그러던 중 임금이 병든 틈을 타서 어명이라는 구실로 단도제를 서울로 불러들였다. 아무것도 모르던 그는 서울로 오자마자 어명에 의한 것처럼 꾸며져 옥에 갇히고 말았다.

그제야 간신들의 협잡에 속은 줄 안 단도제는 불같이 화를 내면서 쓰고 있던 두건을 내팽개치며 외쳤다.

"너희들이 지금 만리장성을 허물려고 한단 말이냐?"

결국 그는 외적과 내통하였다는 억울한 누명을 쓰고 감옥에서 분사(憤死)하고 말았다.

기회만 엿보고 있던 북위는 단도제가 죽었다는 소식을 듣자마자 즉시 군사를 출동시켜 송나라로 물밀듯이 쳐들어왔다. 결국 송나라의 권신들은 그들의 안전을 지켜 주었던 사람을 스스로 죽여 위험을 자초했던 것이다.

이렇게 사소한 욕심에 눈이 멀어 진정한 힘이 되는 사람을 해치는 경우를 일러 괴여만리장성이라고 한다.

【용례】 그간 우리 팀이 적지에 가서도 선전할 수 있었던 것은 모두가 그 선수 덕분이었는데 그를 상대팀에 트레이드시킨단 말야. 이건 우리 스스로 만리장성을 무너뜨리는 짓이야("괴여만리장성").

굉주교착 觥籌交錯

觥 : 술잔(굉) **籌** : 살 · 산가지(주)
交 : 사귈 · 합할 · 섞일(교)
錯 : 꾸밀 · 숫돌 · 어긋날(착)

【뜻풀이】 술잔과 산가지가 흥건하게 흐트러져 있다. 술자리가 도도함을 지나 파장에 이르렀음을 비유하는 말이다.

【출전】 송나라 때의 유명한 문학가이며 시인이었던 구양수(歐陽脩)가 저주(滁州)의 태수로 있을 때의 일이다. 당시 구양수는 저주성 남쪽에 있는 낭야산에 자주 놀러 다니면서 산 위에 있는 정자의 이름을 취옹정(醉翁亭)이라 지어 놓고는 〈취옹정기(醉翁亭記)〉라는 유명한 글까지 지은 적이 있는데(➡ 취옹지의醉翁之意 참조), 성어 굉주교착은 바로 이 글에 나오는 말이다.

『구양문충공집(歐陽文忠公集)』 권39에 나

오는 전문을 소개한다.

「저주는 모두 둘러서 산이다. 그 서남쪽의 여러 봉우리들은 숲과 골짜기가 더욱 아름다운데, 멀리서 바라볼 때 울창하며 깊고 빼어난 것이 낭야산이다. 산에서 6~7리를 더 가면 조금씩 물소리가 잔잔해지면서 양 봉우리 사이에서 쏟아져 나오는 시냇물 소리를 들을 수 있는데, 그곳이 바로 양천이다. 봉우리를 돌고 길이 구부러지면서 정자가 있다. 날개를 뻗은 듯 샘가에 서 있는 정자가 취옹정이다. 정자를 지은 이는 누구인가? 그 산의 승려인 지선이고, 정자의 이름을 지은 사람은 누구인가? 태수가 스스로 그렇게 불렀다.

태수가 손님들과 더불어 이곳에 와 술을 마시는데, 조금만 마셔도 곧 취했지만 나이는 가장 연장이어서 때문에 스스로 호를 취옹이라고 하였다. 취옹의 뜻은 술에 있는 것이 아니요 산수 사이에 있었다. 산수의 즐거움을 마음으로 얻어 이를 술에 담은 것이다. 만약 해가 떠서 숲속의 안개가 개고 구름이 물러가 바위 굴이 어두워지면, 어둡고 밝은 변화가 바로 산에서의 아침과 저녁이 된다. 들에는 향기로운 꽃이 피고 그윽한 향기가 번지며, 아름다운 나무에는 이파리가 돋아나 울창하게 그늘이 지고, 바람과 서리는 높고 깨끗하며, 돌 사이에서 물방울이 떨어져 샘솟는 것은 산 속의 네 계절이다. 아침이 되어 갔다가 저녁이 되어 돌아오니 네 계절의 경치는 같지 않아도 즐거움은 또한 무궁한 것이다.

등짐을 진 자는 길을 걸으며 노래 부르고 맨손으로 걷는 자는 나무에 앉아 쉬는데, 앞선 이가 부르면 뒤에 선 이가 응하고, 허리를 구부리고 손에 손을 잡고서 왕래하여 끊이지 않는 것은 바로 저주 사람들의 노닒이다. 개울가에 머물며 고기를 잡는데, 개울이 깊어서 고기도 살졌으며, 양천을 길어다 술을 빚으면 샘물이 시원하여 술맛도 향기롭다. 산에서 나는 열매 안주와 들에서 캔 채소들을 쟁반 위에 잔뜩 늘어놓고 앞에 펼친 것은 태수가 여는 잔치다. 잔치를 열며 술에 취해 태수가 즐거운 것은 현악기나 관악기 때문이 아니요, 활을 쏘아 적중시키고 바둑을 두어 승리를 거두면서 술잔과 산가지가 뒤섞여 있는데, 자리에서 일어나 떠들썩하게 잡담을 나누는 것은 뭇 손님들이 기꺼워하는 것이고, 파란 얼굴에 흰 머리카락으로 그 사이에 쓰러져 있는 사람은 태수가 취한 것이다.

이윽고 시간이 지나 석양은 산자락에 걸리고 사람 그림자도 흩어져 어지러울 때면 태수도 집으로 돌아가고 손님들도 그 뒤를 따른다. 나무와 숲에는 어두운 그림자가 깔리고 지저귀는 소리 아래위로 들려오는 것은 노닐던 사람들이 떠나자 뭇 새들이 기뻐하는 것이다. 그러나 새들은 산림의 즐거움은 알지만 사람들의 즐거움은 알지 못하고, 사람들은 태수를 좇아 노닐면서 즐거운 줄은 알지만 태수가 그들이 즐거워하는 것을 즐기는 줄은 알지 못한다. 취해서도 능히 그 즐거움을 함께하고 깨어서도 능히 그것을 글로 서술할 수 있는 사람은 태수인 것이다. 태수는 누구를 말하는가? 여릉의 구양수다.

(環滁皆山也 其西南諸峯 林壑尤美 望之蔚然而深秀者 琅琊也 山行六七里 漸聞水聲潺潺 而瀉出于兩峯之間者 釀泉也 峯回路轉 有亭翼然 臨于泉上者 醉翁亭也 作亭者誰 山之僧智僊也 名之者誰 太守自謂也 太守與客 來飮于此 飮少輒醉 而年又最高 故自號曰醉翁也 醉翁之意 不在酒 在乎山水之間也 山水之樂 得之心 而寓之酒也 若夫日出 而林霏開 雲歸而巖穴暝 晦明變化者 山間之朝暮也 野芳

發而幽香 嘉木秀而繁陰 風霜高潔 水落而石出者 山間之四時也 朝而往 暮而歸 四時之景不同 而樂亦無窮也 至於負者歌于塗 行者休于樹 前者呼 後者應 傴僂提携 往來而不絶者 滁人遊也 臨溪而漁 溪深而魚肥 釀泉爲酒 泉洌而酒香 山肴野蔌 雜然而前陳者 太守宴也 宴酣之樂 非絲非竹 射者中 奕者勝 籌交錯 起坐而諠譁者 衆賓歡也 蒼顔白髮 頹乎其中間者 太守醉也 而已 夕陽在山 人影散亂 太守歸而賓客從也 樹林陰 鳴聲上下 遊人去而禽鳥樂也 然而禽鳥知山林之樂 而不知人之樂 人知從太守遊而樂 而不知太守之樂其樂也 醉能同其樂 醒能述以文者 太守也 太守 謂誰 廬陵歐陽脩也)」

여기에서 '굉'은 술잔을 말하고 '주'는 술을 권할 때 쓰는 패쪽 같은 물건으로, 술좌석에서 주거니 받거니 하는 떠들썩한 장면을 비유할 때 굉주교착이라고 한다.

【용례】 술자리의 흥이 무르익자 취흥은 더욱 도도해졌다. 어떤 이는 노래를 부르고 어떤 이는 술잔을 권하는 등 "굉주교착"한 가운데 밤은 깊어만 갔다.

교룡득수 蛟龍得水

蛟 : 교룡(교) 龍 : 용(룡)
得 : 얻을(득) 水 : 물(수)

【뜻풀이】 교룡이 물을 얻다. 사람이 자기의 능력을 보여줄 기회를 얻자 자만에 빠져 자신의 분수를 잊어버리는 경우를 비유해서 쓰는 말이다.

【출전】 『북사·양대안전(楊大眼傳)』에 다음과 같은 이야기가 있다.

북조 후위(後魏)의 무제(武帝)는 군대를 일으켜 남방의 양(梁)나라를 공격하려 했다. 그때 상서 이충(李沖)이 출정할 군사를 선발하는 책임을 맡았는데, 하급관리인 양대안이 자청해서 참전하게 해 줄 것을 부탁하였다. 그러나 이충은 그의 부탁을 들어주지 않았다.

그러자 양대안이 물었다.

"당신이 나의 재주를 어찌 알겠습니까? 나의 재주를 모르고 나를 이해하지 못하니, 제게 작은 재주나마 보여 드릴 기회를 주십시오."

그는 말을 마치자마자 맨발로 내달리는 솜씨를 보여 주었다. 그런데 그 빠르기가 달리는 말도 따라잡지 못할 정도였다. 이충은 이것을 보고 감탄하며 그를 즉시 군주(軍主)의 관병으로 발탁하였다.

양대안은 이 갑작스런 승진에 득의만만(得意滿滿)해져서 자신의 근본도 잊고 옛날 함께 지내던 동료들에게 떠들어 댔다.

"오늘날 나는 사람들이 말하는 교룡이 물을 얻은 바가 되었다. 이제부터 너희들과는 같은 대열에 서지 않겠다."

그리고 얼마 지나지 않아 그는 통군(統軍)으로 승진하였고, 여러 차례 전투에 참여해서 많은 공을 세웠다. 그는 특히 전투에 능란해서 양나라 군사들이 그를 두려워했을 뿐 아니라, 어린아이조차도 그의 이름을 들으면 울던 울음도 그칠 정도가 되었다.

교룡이란 용의 일종으로 홍수가 나면 볼 수 있다고 한다. 사실은 장맛비가 넘쳐 산이 무너지면서 산에 살던 짐승들이 물길에 휩쓸려 떠내려 온 것인데, 그것을 잘못 보고는 교룡이라고 불렀던 것이다.

이 이야기에서 유래되어 양대안이 말한 교룡득수가 성어로 쓰이게 되었다.

【용례】 그동안 변변한 일 하나 맡아보지 못

해서 실력을 보여주지 못했는데, 두고 보라고. "교룡득수"야. 다들 깜짝 놀랄 정도로 일을 처리할 테니까.

교병필패 驕兵必敗

驕 : 교만할(교) **兵** : 군사(병)
必 : 반드시(필) **敗** : 패할(패)

【뜻풀이】 자신들의 무력만 믿는 군대나 싸움에 이긴 뒤 뽐내는 군대는 반드시 패한다는 말이다. 어떤 경우든 자만(自慢)은 금물이란 뜻이다.

【출전】 『한서(漢書)·위상전(魏相傳)』에 보면 병교자멸〔兵驕者滅, 군사에서 교만한 자는 망한다〕이라는 말이 나온다. 그 예화가 될 만한 이야기를 들어보자.

기원전 68년, 전한(前漢)의 선제(宣帝)가 서역(西域)에 있는 거사국(車師國)을 정벌하려고 정길(鄭吉)과 사마희(司馬憙)를 시켜 대군을 이끌고 공격하도록 명령을 내렸다. 다급해진 거사왕은 개로국에 구원병을 요청했지만 개로국에서 구원병을 보내주지 않자 항복하고 말았다.

거사국이 쉽게 항복해 버리자 개로국의 대신들은 뒤늦게 후회하면서 왕에게 말했다.

"거사국은 땅도 기름진 데다 우리와 인접해 있습니다. 그러니 언제 침략을 당할지 모를 일입니다. 이 위기를 벗어나려면 승리감에 젖어 군기가 해이해진 적의 허점을 노려 기습하는 것이 좋습니다."

이에 개로국왕은 즉시 기습 공격을 감행해 점령군을 포위하였다. 위기에 봉착한 정길은 즉시 선제에게 구원을 요청하였다. 그러나 구원병을 즉시 보내려는 선제에게 승상 위상(魏相)이 만류하면서 말했다.

"… 난국을 구하고 폭군을 죽이는 싸움을 의병(義兵)이라 하며, 이런 싸움을 하게 되면 천하의 임금이 될 수 있습니다. 적이 도전해 옴으로써 부득이 싸우게 되는 것을 응병(應兵)이라 하고, 사소한 일로 다투어 노여움을 참지 못하고 싸우는 것을 분병(忿兵)이라 합니다. 타인의 토지나 재산을 탐내어 싸우는 것을 탐병(貪兵)이라 하는데, 이러면 나라가 문란해집니다. 자기 나라의 큰 힘을 믿고 백성이 많음을 자랑하여 승리에 도취해서 적에게 위세를 보이기 위한 싸움을 교병(驕兵)이라 하는데 이런 교병은 반드시 패합니다.(恃國家之大 矜人庶之衆 欲見威於敵者 謂之驕兵 兵驕者滅) 결국에는 이러한 싸움으로 나라가 망합니다. 이와 같은 다섯 가지 길은 단순한 인사(人事)일 뿐 아니라 천도(天道)입니다……."

이 말에 깊이 깨달은 선제는 자신도 교만했음을 반성하고 파병을 취소시켰다.

【용례】 판매량이 조금 증가했다고 해서 방심하면 다시 저쪽 회사에 선두를 빼앗길 수 있습니다. "교병필패"라 했으니 이럴 때일수록 긴장을 거두면 안 됩니다.

교사음일 驕奢淫逸

驕 : 교만할(교) **奢** : 사치할(사)
淫 : 넘칠(음) **逸** : 숨을(일)

【뜻풀이】 성질이 교만하고 사치스러우며 방탕무도(放蕩無道)한 사람을 뜻한다. 교사음일(驕奢淫佚)이라고도 한다.

【출전】『좌전·은공(隱公) 3년』조에 다음과 같은 이야기가 나온다.

춘추시대 위(衛)나라 장공(莊公)의 첩 장강(莊姜)이 아들을 낳자 이름을 주우(吁州)라 하였다. 주우는 어려서부터 장공의 총애를 받고 자랐는데, 그는 항상 군대놀이 하기를 좋아하였다.

당시 석작(石碏)이라는 늙은 신하가 이것을 보고 장공에게 간언하였다.

"신이 들으니, 자식을 아낀다면 그를 의로운 방법으로 가르쳐서 나쁜 길로 들어서지 않도록 하는 것이라고 합니다. 교만하고 사치스러우며 음란하고 멋대로 행동하는 것은 모두 나쁜 바탕에서 나오는 것입니다. 이 네 가지 병폐는 총애와 녹봉이 지나치게 넘치는 데에서 오는 것입니다.(臣聞愛子 教子以義方 弗納於邪 驕奢淫逸 所自邪也 四者之來 寵祿過也)"

그러나 장공은 석작의 말을 듣지 않았다. 뒷날 장공이 죽고 환공(桓公)이 왕위를 계승하였다. 그러나 은공 4년(기원전 719) 봄, 탐욕스럽고 권력욕에 눈이 멀어버린 주우는 과연 환공을 죽이고 스스로 군주의 자리에 올랐다.

【용례】 분수를 알지 못하고 "교사음일"하다가는 결국 패가망신(敗家亡身)할 테니 정신 좀 차려라. 네 아버지가 어떻게 일으킨 회사니?

교언영색 巧言令色

巧 : 교묘할(교) 言 : 말씀(언)
令 : 명령·하여금·아름다울(령)
色 : 얼굴빛(색)

【뜻풀이】 말투를 교묘하게 하고 얼굴 표정을 예쁘게 꾸미다. 이 성어에는 뒤에 선의인(鮮矣仁)이라 해서 "그런 사람치고 어진 이는 드물다"는 말이 덧붙어 있다. 말 그대로 지나치게 말이나 행동을 꾸미는 사람은 믿을 수 없다는 뜻이다.

【출전】『논어·학이편(學而篇)』에 나오는 말이다.

공자는 인간의 심성에 대해 여러 가지 방식으로 설명하고 있다. 궁극적으로 가장 완성된 인격을 갖춘 사람을 공자는 군자(君子)라고 명명하고 있는데, 군자는 "수식과 바탕이 잘 조화를 이루어야 비로소 군자라고 할 수 있다.(文質彬彬 然後君子)"〔〈옹야편(雍也篇)〉〕는 말처럼 지나치지도 않고 부족하지도 않은 중용(中庸)의 자리에 서 있는 사람을 일컫는 것이다. 교언영색하는 사람이란, 수식(文)이 많아서 지나친 사람을 가리킨다고 할 수 있다.

공자는 『논어』의 다른 장에서 "강직하고 의연하며 단단하고 어눌한 사람이라면 어짊에 가깝다.(剛毅木訥 近仁)"〔〈자로편(子路篇)〉〕고 하였는데, 이는 공자의 입장에서 볼 때 세련되고 교묘해서 겉치레가 심한 쪽보다는 본디 바탕을 잘 유지하여 얼핏 보기에 우직한 사람이 오히려 진실된 품성을 갖추었다고 본 것이다. 결국 공자는 교언영색하는 인간형에 혐오감을 드러내면서 참된 인간상을 제시하고자 했다고 할 수 있다.

【용례】 그 사람은 믿을 만한 사람이 못 돼. 앞에서는 온갖 말로 "교언영색"하다가도 등만 돌리면 갖은 음해를 다한다니까. 너도 가까이하지 않는 게 좋을 거야.

교왕과정 矯枉過正

矯 : 바로잡을(교) **枉** : 굽을(왕)
過 : 지나칠·허물(과) **正** : 바를(정)

【뜻풀이】 굽은 것을 바로잡으려고 하다가 너무 곧게 되었다는 뜻으로, 어떤 오류나 착오를 시정하려다가 절충이 지나친 것을 비유하는 말이다.

【출전】 이 성어는 고대의 여러 저작들에서 볼 수 있는데, 비교적 빠른 출전은 『월절서(越絕書)』에 나오는 교왕과직(矯枉過直)이 아닌가 싶다. 나중에 『한서(漢書)』에서 처음으로 교왕과정이라 쓰고 있는데, 같은 책 〈제후왕표(諸侯王表)〉의 첫머리 서언에서 한나라 초기의 분봉제(分封制)가 지나친 정책이었다는 점을 언급하면서 이를 가리켜 교왕과기정(撟王過其正)이라며 비난 비슷한 어조로 비평하고 있다.

이에 대해 당나라 학자 안사고(顏師古)가 훗날 주석을 달았다. 교(撟)는 교(矯)와 같아 굽은 것을 곧게 편다는 뜻이고 왕(枉)은 곡(曲)과 같다고 하였다. 그러면서 안사고는 한왕조 초기에 황자(皇子)들을 함부로 책봉하여 그들이 지나치게 강성해지게 한 것은, 말로는 진(秦)왕조가 고립되어 망한 것을 바로잡는다고 했지만 사실은 과실이었다고 지적하고 있다.

이 밖에 『후한서』에 대한 여러 평론에서도 이 성어에 대한 주석이 적지 않지만 여기서는 생략한다.

【용례】 지난 시절 각종 비리와 특혜를 둘러싸고 일어난 정치인의 모습을 작파하기 위해 정계 혁명이 단행되었지만 이 조치는 "교왕과정"이었다고 생각해.

교자채신 教子採薪

教 : 가르칠(교) **子** : 아들(자)
採 : 캘(채) **薪** : 땔나무(신)

【뜻풀이】 자식에게 땔나무 캐오는 법을 가르치라는 뜻으로, 무슨 일이든 장기적인 안목을 갖고 근본적인 처방에 힘쓰라는 말이다.

【출전】 당나라 때의 학자 임신사(林愼思)가 지은 『속맹자(續孟子)』에 다음과 같은 이야기가 나온다.

춘추시대 노(魯)나라에 살던 사람이 하루는 아들을 불러 놓고 땔감을 해 오라고 하면서 물었다.

"여기서 백 걸음 떨어진 산에 가서 해 오겠느냐? 아니면 힘이 들더라도 백 리 떨어진 산에 가서 해 오겠느냐?"

아들은 말할 필요도 없이 백 걸음 떨어진 산에서 하겠다고 대답했다. 그러자 그가 말했다.

"가까운 산에 가서 나무를 하면 힘도 덜 들고 언제든지 갈 수 있는 장점은 있지. 하지만 백 리 떨어진 산에는 아무도 가려고 하지 않으니, 먼저 그곳의 나무부터 가져오고, 다 떨어졌을 때 가까운 산의 나무를 한다면 우리는 훨씬 오랫동안 땔감을 쓸 수 있지 않겠니?"

이 말을 들은 아들은 아버지의 뜻을 헤아리고 먼 산으로 땔나무를 하러 떠났다.

【용례】 자식을 잘 키우는 사람은 지혜를 주지 금전을 주지 않아. 돈은 쓰면 없어지지만 지혜는 쓸수록 빛이 나거든. 옛날 아들에게 나무하는 지혜를 가르친 사람("교자채신")의 교훈을 기억하게.

ㄱ

교주고슬 膠柱鼓瑟

膠 : 아교·붙일(교) 柱 : 기둥(주)
鼓 : 두드릴(고)
瑟 : 큰거문고·많을(슬)

【뜻풀이】 거문고의 까치발을 아교를 붙여서 연주한다는 뜻으로, 규칙에 얽매여 융통성이 없는 사람을 이르는 말이다.

【출전】『사기 · 염파인상여열전(廉頗藺相如列傳)』에 다음과 같은 이야기가 있다.

전국시대의 일이다. 어느 날 진(秦)나라가 조나라를 침공하자 조왕은 이미 작고한 조사(趙奢) 장군의 아들 조괄(趙括)을 대장으로 삼아 진나라 군사를 막게 하였다. 조괄은 어려서부터 부친이 남겨준 병서를 탐독한 까닭에 군사 이론에 밝았다. 그러나 그는 실제를 떠나 독서에만 열중한 까닭에 그의 이론은 속빈 강정이나 다름없었다.(▶ 지상담병紙上談兵 참조) 이에 조괄의 어머니가 이 일을 알고 조왕에게 조괄은 안 되니 임명을 취소해 달라고 사정하였다. 그리고 인상여도 "조괄은 유명무실(有名無實)하니 그를 대장으로 삼으면 거문고에 아교를 붙여 타는 격(若膠柱而鼓瑟耳)이 될 것입니다." 하고 극구 반대했지만 조왕은 끝내 듣지 않았다. 그리하여 조나라의 40만 대군은 조괄의 잘못된 지휘로 말미암아 하루아침에 무너지고 조괄 자신마저 전사했다.

이 밖에 『문자(文子) · 도덕편(道德篇)』에도 "어느 한 시기의 낡은 규정이나 낡은 제도를 기준으로 하여 후대의 생활방식을 비판하거나 부정한다면 거문고에 아교를 붙여 연주하는 격이다.(執一世之法籍 以非傳代之俗 譬猶膠柱調瑟)"는 말이 나온다. 이 말은 노자의 말이라고 알려져 있는데 아마도 이 성어의 가장 초기에 해당하는 출전이 아닌가 싶다.

【용례】 세상 일이 그렇게 원칙만 가지고 되는 게 아닐세. 때론 권도(權道)도 필요한 경우가 있어. 그렇게 "교주고슬"한다면 자칫 일을 그르치기 십상이지.

교취호탈 巧取豪奪

巧 : 교묘할(교) 取 : 얻을(취)
豪 : 호걸(호) 奪 : 빼앗을(탈)

【뜻풀이】 온갖 술책을 다하여 백성들을 착취하고 약탈하다. 백성들이 재물을 약탈하는데 여념이 없는 탐관오리(貪官汚吏)의 포악한 행위를 규탄하는 말이다.

【출전】 송나라 때 유명한 화가로 미불(米芾)이라는 사람이 있었다. 송의 유명한 서법사대가(소·황·미·채)의 한 사람인 미불의 산수화는 독자적으로 계파를 이루어 미가산(米家山)이라고도 했다.

그런데 이 미불은 생활이 방탕하고 성품이 좋지 못한 위인이었다. 『청파잡지(靑坡雜誌)』에 따르면 그는 고대의 서화를 모으는 데 특히 관심이 많았다고 하는데, 좋은 작품이라면 그것을 얻기 위해 수단과 방법을 가리지 않았다고 한다. 교묘한 수단을 써서 얻어 내지 않으면 더러운 술책으로 빼앗아 내는 것이 다반사였다. 더구나 남의 진품을 빌려다가 모사해 가지고는 모사품을 주인에게 돌려주기도 하였다.

한번은 배 위에서 채유라는 사람이 진(晉)나라 때의 서법가 왕희지(王羲之)의 필적 진품을 가지고 있는 것을 본 미불은 자기의 그림과 바꾸자면서 끈덕지게 달라붙었다. 채유가 거절하자 미불은 강물에 빠져 죽겠다면서 위협하여 결국 목적을 달성했다고 하는데, 이런 짓은 그에게는 비일비재(非一非再)한 일이었다. 이래서 사람들은 미불과 같이 비열한 술책으로 남의 물건을 빼앗아 내는 것을 교투호탈(巧偸豪奪)이라고 하였는데, 나중에 교취호탈이라고 불렸다.

【용례】 그 사람 웬 재산이 그렇게 많았나 했더니만 알고 보니 뇌물을 받아 거둬들인 거라잖아? 기가 차더군. "교취호탈"도 그 정도면 옛사람 뺨칠 노릇이 아니고 뭔가.

교칠지심 膠漆之心

膠 : 갓풀·굳을·붙을(교)
漆 : 옻나무·옻칠·검을(칠)
之 : 어조사(지) 心 : 마음(심)

【뜻풀이】 아교와 칠과 같은 마음. 아교와 칠은 모두 물건을 붙이는 데 쓰이는 도구로, 친구 사이의 우정이 두터운 것을 비유하는 말이다.

【출전】 이 성어는 백낙천(白樂天, 772~846)이 친구인 원진〔元稹, 자는 미지(微之), 779~831〕에게 보낸 편지인 〈여미지서(與微之書)〉에서 유래했다.

백낙천과 원진은 과거 공부를 할 때부터 아주 절친한 친구였다. 두 사람은 원화(元和) 원년(806)에 함께 과거에 급제해 백낙천은 주질현(周至縣)의 위(尉, 검찰관)가 되었고, 원미지는 좌습유〔左拾遺, 문하성의 간관(諫官)〕가 되어 도탄에 빠진 백성들을 구제하려는 웅지를 품고 관계에 발을 내디뎠다.

아울러 그들은 관료의 길뿐 아니라 문학적으로도 동지였다. 두 사람은 백낙천이 주장한 신악부(新樂府) 운동의 주체가 되어 백성들의 고뇌와 영혼이 담긴 시를 창작하는 데 힘을 기울였다.

이렇게 의기투합(意氣投合)한 두 사람이었지만 세상은 그들의 뜻대로 움직여 주지 않았다.

원화 12년(817)에 백낙천은 강주(江州)의 허울 좋은 부지사로 좌천되었다. 그때 백낙천은 여산(廬山) 향로봉(香爐峰) 기슭에 암자를 지었는데, 그곳에서 원진에게 보낸 편지가 바로 앞서 말한 글이다.

원진도 이때 통주사마(通州司馬)로 좌천되어 있었다.

두 사람의 우정의 깊이를 생생하게 보여 주는 이 글은 예부터 명문으로 손꼽힌다. 그리 길지 않은 글임에도 불구하고 친구를 그리워하는 백낙천의 절절한 심정이 구절마다 선연하게 배어 있다. 여기서 전문을 읽어 본다.

「4월 10일 밤에 낙천은 쓰노라. 미지여, 미지여. 그대의 얼굴을 보지 못한 지도 어느덧 3년이 지났고, 그대의 편지를 받아 보지 못한 지도 2년이 되어 가려고 하네. 사람살이가 그 얼마나 되기에 이렇듯 헤어져서 멀리 있어야만 하는가. 하물며 아교와 옻과 같이 달라붙어 있고 싶은 마음으로써 북쪽 오랑캐의 땅에 몸을 둘 수 있겠는가? 나간들 서로 만날 수 없고 물러선들 서로 잊을 수 없구나. 마음으로 서로 끌면 끌수록 끊기고 멀어져만 가는구나. 어느덧 서로는 머리카락마저 하얗게 세려고 하네. 미지여, 미지여. 이를 어찌해야 하는가, 이를 어찌해야 하는가. 진실로 하늘이 시킨 일이라면 우린들 어쩔 수 없다고 해야 하는가!

(四月十日夜 樂天白 微之微之 不見足下面已三年矣 不得足下書 欲二年矣 人生幾何 離

闊如此 況以膠漆之心 置於胡越之身 進不得相合 退不得相忘 牽攣乖隔 却欲白首 微之微之 如何如何 天實爲之 謂之奈何)」

【용례】 네가 이사 간 뒤로 벌써 한 해가 저물고 있다. 어떻게 지내는지 궁금하구나. "교칠지심"으로 늘 생각은 하면서도 이제야 편지 띄우게 되어 정말 미안하다.

교토구팽 狡兎狗烹

狡 : 간교할·재빠를(교) 兎 : 토끼(토)
狗 : 개(구) 烹 : 삶길(팽)

【뜻풀이】 원문은 "교활한 토끼가 죽으면 날랜 사냥개가 삶긴다.(狡兎死良狗烹)"인데, 줄여서 교토구팽이라고도 한다. 그러나 요즈음은 토사구팽(兎死狗烹)으로 더 많이 쓴다.

【출전】『사기·회음후열전(淮陰侯列傳)』에 다음과 같은 이야기가 있다.

한나라 유방(劉邦)이 항우(項羽)를 꺾고 천하를 제패한 데는 명장 한신(韓信)의 공적이 누구보다도 컸다. 때문에 한신은 전쟁이 끝난 뒤 초왕(楚王)에 봉해졌다.

한신에게는 종리매(鍾離眛)라는 아주 절친한 친구가 있었다. 그는 원래 항우의 부하로 전투 중에 여러 차례 유방을 괴롭혔다. 때문에 종리매가 한신의 보호를 받고 있다는 소식을 들은 유방은 그를 체포해 압송하라는 명령을 내렸다. 그러나 차마 절친한 친구를 사지에 보낼 수 없어 차일피일 미루고 있었다.

그때 어떤 사람이 한신이 종리매와 함께 반란을 꾀하고 있다고 모함하였다. 유방이 이 문제를 진평(陳平)과 상의하자 진평은 이렇게 대답했다.

"초나라 군대는 최고 정예이고 한신은 둘도 없는 명장입니다. 섣불리 무력으로 진압하려다가는 오히려 일을 그르칠 것입니다. 이렇게 하십시오. 폐하께서는 운몽(雲夢)으로 납시어서 제후들에게 초나라 서쪽 국경인 진(陳)나라로 수행차 집합하라고 하면 한신은 아무 의심도 하지 않고 나올 것입니다. 그때 체포하시는 것이 좋을 듯합니다."

이러한 명령을 받은 한신은 뭔가 꺼림칙하긴 했지만, 아무 죄도 없는 자신을 어쩌겠냐 싶어 명령에 따르기로 했다. 그때 어떤 사람이 한신에게 권했다.

"종리매의 목을 들고 배알한다면, 폐하께서는 몹시 기뻐하실 것입니다."

이런 이야기를 종리매에게 하자 종리매가 주먹을 불끈 쥐며 말했다.

"한나라가 초나라를 공격하지 못하는 것은 내가 자네한테 있기 때문일세. 그렇게 한나라에 아부하기를 원한다면 지금 당장 죽어 주겠네. 그러면 자네도 끝장이야."

그리고는 스스로 목을 찔러 자결하고 말았다.

한신은 유방에게 종리매의 목을 바쳤지만 그 자리에서 체포돼 간신히 죽음만 면한 채 회음후로 강등되고 말았다.

그때 한신은 이렇게 말하면서 자신의 어리석음을 자탄하였다.

"과연 사람들의 말이 맞구나. 교활한 토끼가 죽으면 날랜 사냥개가 삶기고, 높이 나는 새가 사라지면 좋은 활도 감춰지며, 적국이 패망하면 모신도 망한다더니 이제 천하가 평정되었으니 내가 삶기는 것도 당연하다.(果若人言 狡兎死良狗烹 高鳥盡良弓藏 敵國破謀臣亡 天下已定 我固當烹)"

천하를 호령하던 한신도 인간의 간교한 속성에 대해서는 무지했던 것이다.

【용례】 필요할 때는 간이라도 내줄 듯 잘해 주더니, 이제 소용없다고 헌신짝 버리듯 할 수 있는가? "교토구팽"이라 군소리 없이 물러가겠지만, 자네도 마찬가지 꼴이 될 걸세.

교학상장 教學相長

教 : 가르칠(교) **學** : 배울(학)
相 : 서로(상) **長** : 자랄(장)

【뜻풀이】 가르치고 배우면서 서로 성장함. 가르치고 배우는 일은 별개의 일이 아니고 서로 돕는다는 뜻이다.

【출전】 『예기(禮記)·학기(學記)』에 다음과 같은 글이 있다.

"아무리 맛있는 안주가 있다 해도 먹어야만 맛을 알 수 있다. 또 지극히 심오한 진리가 있다 해도 배우지 않으면 왜 좋은지 알지 못한다. 따라서 배워 본 다음에야 자신의 부족함을 알 수 있고, 가르쳐 본 다음에야 비로소 그 어려움을 이해할 수 있다. 지혜가 부족해진 뒤에야 능히 스스로 반성하고, 지혜가 바닥난 다음에야 스스로 강하게 만드는 것이다. 그러기에 가르치고 배우면서 더불어 성장한다고 하는 것이다.(雖有嘉肴 弗食不知其旨也 雖有至道 弗學不知其善也 是故學然後知不足 教然後知困 知不足 然後能自反也 知困 然後能自强也 故曰教學相長也)"

"벼도 익을수록 고개를 숙인다."는 속담처럼 공부란 깊어질수록 겸허(謙虛)해져야 한다.

학문이 아무리 깊다고 해도 가르쳐 보면 자신이 미처 알지 못하는 부분이 적지 않다는 사실을 깨닫게 된다. 때문에 부족한 부분은 더욱 공부하여 제자들에게 가르친다.

그리하여 제자는 스승의 가르침을 남김없이 받아 더욱 학식과 인격을 갖춘 인재로 성장하는 것이다.

공자는 『논어·자한편(子罕篇)』에서 후생가외(後生可畏)라는 말도 했다. 즉, 뒤이어 배우는 사람은 젊고 기력이 왕성하기 때문에 쉼 없이 배우니 어디까지 배워나갈지 알 수 없으니 두려워할 만하다는 뜻이다. 그런 젊은 이를 가르치는 만큼 스승의 배움도 게으를 수 없는 것이다.(➡ 후생가외後生可畏 참조)

『서경·설명(說明)』 하편에 보면, 은(殷)나라 고종(高宗) 때의 재상 부열(傅說)이 "가르치는 것은 배움의 반이다.(教學半)"라는 말을 하고 있는데, 교학상장과 같은 맥락이다.

【용례】 전에 대학 다닐 때는 몰랐는데, 막상 학생을 가르치려고 하니 쉬운 일이 아니더군. "교학상장"의 의미를 이제야 깨달았어.

구강지화 口講指畵

口 : 입(구) **講** : 강할(강)
指 : 손가락·가리킬(지)
畵 : 그림·그릴(화)

【뜻풀이】 말로 설명하고 그림을 통해 가르치다. 간곡하게 교육하는 자세를 비유하는 말이다.

【출전】 한유(韓愈)의 〈유자후묘지명(柳子厚墓誌銘)〉에 나오는 한 구절이다.

「관찰사가 그 법령을 다른 고을에서도 시행했는데, 일 년이 지나자 죄를 면하고 고향으로 돌아간 사람이 또 천 명에 다다랐다. 형주와 상주 이남에서 진사 시험에 급제한 사람들은 모두 자후를 스승으로 섬겼는데, 그들은 자후가 입으로 설명하고 그림을 통해 가르치는 것들을 경전인 듯 받들어서 문장을 지었다. 그것들은 모두 법도가 있어 볼만했다.

(觀察使下其法於他州 比一歲 免而歸者且千人 衡湘以南 爲進士者 悉以子厚爲師 其經承子厚口講指畫爲文詞者 悉有法度可觀)」

유종원(柳宗元, 773~819)은 당(唐)나라 때의 문학가이자 철학자다. 자는 자후고, 하동(河東) 해현(解縣) 출신이다. 그는 한유와 함께 고문운동(古文運動)을 이끌었고 당송팔대가(唐宋八大家)로서도 이름을 드날렸다.

그의 문장은 힘이 넘치고 논리가 투철했으며 강건했다. 당시의 사회적 모순과 정치를 비판한 〈포사자설(捕蛇者說)〉이나 짧은 문장 속에 주제를 강하게 부각한 〈삼계(三戒)〉, 자연 경관과 풍물을 비유적으로 묘사한 〈영주팔기(永州八記)〉 등 뛰어난 명편을 많이 남겼다. 시에도 능해 시풍이 맑고 엄격했으며 〈어옹(漁翁)〉이나 〈강설(江雪)〉과 같은 작품이 전한다.

사상적으로는 원기(元氣)가 물질의 객관적 존재라고 하여 근본적으로 원기 위에 달리 최고의 주재자가 있다는 사실을 인정하지 않았다. 또 천지와 원기·음양은 공(功)이 있는 사람에게 상을 주거나 죄를 지은 사람에게 벌을 주지 못한다는 견해를 내놓아 당시 불교의 영향으로 유행한 인과응보(因果應報) 사상을 비판하기도 했다. 그가 쓴 〈천대(天對)〉는 천년 전에 굴원(屈原)이 쓴 〈천문(天問)〉이 제기한 문제를 나름대로 풀이한 것이다. 그러나 그는 불교에 대해 일정 정도 수용하는 입장이었고, 유·불·도 삼교의 조화를 주장하기도 했다.

그는 학문을 닦을 때 건실하고 꼼꼼히 따져보는 자세를 중시했을 뿐 아니라 학문을 전수할 때에도 일일이 문제를 지적해서 방안을 모색하는 태도가 절실히 요구된다고 보았다. 이런 그의 학문 자세를 보여 주는 성어가 바로 구강지화라고 할 수 있다.

【용례】 학생들이 잘 알아듣지 못한다고 그렇게 구박을 하면 어떡하니. 자세히 설명하고 적절한 예를 들어서 "구강지화"하면 누구나 이해할 수 있을 거야. 네 교수 방법에도 문제가 있어.

구맹주산 狗猛酒散

狗 : 개(구) **猛** : 사나울(맹)
酒 : 술(주) **散** : 실(산)

【뜻풀이】 개가 사나우면 술이 시다는 뜻으로, 한 나라의 조정에 간신배가 있으면 어질고 양심적인 선비가 오지 않거나 떠나 버려 결국 그 나라는 쇠약해지는 것을 비유하는 말이다.

【출전】『한비자(韓非子)·외저설우상(外儲說右上)』에 다음과 같은 이야기가 나온다.

「송나라 때에 술을 만들어 파는 사람이 살았다. 그는 술을 팔면서 되를 속이지도 않았고, 손님도 아주 친절하게 맞았다. 게다가 술을 만드는 재주가 뛰어났고, 술도가임을 알리는 깃발을 아주 높이 세워 두었다. 그런데도 술은 팔리지 않고 모두 시어져 버려야 했다. 도무지 까닭을 알 수 없었던 그가 마을의 어른인 양천(楊倩)에게 물었다. 양천이 사연을 듣더니 말했다.

"혹시 자네 집 개가 사납지 않은가?"

술집 주인이 물었다.

"개가 사납긴 합니다만 그것이 술이 팔리지

않는 것하고 무슨 관계가 있습니까?"

양천이 대답했다.

"사람들이 사나운 개를 두려워하기 때문이지. 사람이 어린 자식을 시켜 돈을 들려 주고 술을 받아 오게 했는데, 개가 달려와서 그 아이를 물었다네. 이것이 술이 시어질 때까지 팔리지 않는 까닭일세."

(宋人有酒者 升概甚平 遇客甚謹 爲酒甚美 縣幟甚高 然而不售 酒酸 怪其故 問其所知 閭長者楊倩 倩曰 汝狗猛耶 曰 狗猛 則酒何故而不售 曰 人畏焉 或令孺子懷錢挈壺甕而往酤 而狗迓而齕之 此酒所以酸而不售也)」

이 이야기를 한 다음 한비자는 나라를 잘 다스리는 방법에 대해 논의하고 있다. 사직에 들끓는 쥐 떼들이 결국 건물을 망가뜨리고 종국에는 건물을 쓰러뜨리듯이, 조정에 교활한 간신들이 있으면 충직한 신하는 떠나 버리거나 오지 않아 결국은 나라가 망한다는 것이다. 이런 일이 어찌 나라에만 해당되겠는가? 작게는 가정에서부터 사회, 직장에 이르기까지 "미꾸라지 한 마리가 연못물을 흐리는 일"은 비일비재(非一非再)하다.

【용례】 장사를 할 때는 벨을 내 놓고 한다지 않나? 그렇게 자존심 다 챙기면 어떻게 손님 비위를 맞추겠니? 개가 사나우면 술집 술이 시어진다는 말("구맹주산")도 못 들어봤어.

구미속초 狗尾續貂

狗 : 개(구) **尾** : 꼬리(미)
續 : 이을(속) **貂** : 담비(초)

【뜻풀이】 개꼬리로 담비 꼬리를 잇다.

【출전】 진무제(晉武帝) 사마염(司馬炎)은 위·촉·오 세 나라를 병합해서 진(晉)나라를 세운 뒤 한고조 유방(劉邦)의 방식대로 일족의 자제들을 각지에 왕으로 봉함으로써 진왕조의 통치를 견고하게 다지려고 하였다.

그러나 그 결과 진왕조의 중앙집권 정책과 각지에 퍼진 왕들과의 권력 다툼으로 인해 벌어진 내란은 한왕조 때보다도 극심하게 벌어졌고, 정치의 부패는 극도에 달했다.

이런 사실은 조왕 사마륜(司馬倫)의 경우만 보아도 알 수 있다.

사마륜은 삼국시대 위나라 장수 사마의(司馬懿)의 아홉째 아들로 조왕(趙王)에 봉해졌는데 그 뒤 팔왕지난(八王之亂)이 일어났을 때 팔왕 중 한 사람이 되었다.

『진서·조왕륜전(趙王倫傳)』에 보면 사마륜은 조왕이 된 뒤 일가친척과 심복 부하들에게 함부로 관직을 내려 "조회 때마다 담비 꼬리를 단 감투를 쓴 벼슬아치로 꽉 들어차 있었다.(每朝會 貂尾續)"고 한다. 이에 항간에서는 "담비 꼬리가 부족하게 되니 나중에는 개꼬리로 대체했다."는 소문이 나돌 지경까지 갔다. 이로 인해 벼슬아치가 너무 많아 번다하게 된 것을 가리켜 구미속초라고 부른다.

그리고 어떤 일이 앞은 잘 되었으나 뒤가 잘못된 경우에도 이런 말로 비유했는데, 이런 경우에는 용두사미(龍頭蛇尾)라는 말과 비슷하다.

요컨대 남의 훌륭한 글 뒤에 되는대로 첨부하거나 남의 미완성 유고를 대신 완성시켰을 때 잘 되지 못한 것을 가리키는 말로도 쓰이고 있으며, 또 경우에 따라서는 스스로 자기 글에 대해서 겸손을 표시하는 말로 쓰이기도 한다.

【용례】 사람 쓰려고 자리를 늘리다 보면 언젠가는 배보다 배꼽이 커지는 날이 올 거야. 담비 꼬리 없어서 개꼬리 달게 되는 때("구미

속초")가 올 테니 두고 보게나.

구밀복검 口蜜腹劍

口 : 입(구) **蜜** : 꿀(밀)
腹 : 배(복) **劍** : 칼(검)

【뜻풀이】 입에는 꿀을 바르고 있지만 뱃속엔 칼을 품고 있다는 말로, 겉으로는 친절한 듯이 좋은 말만 하지만 마음속으로는 엉큼한 생각을 하고 있다는 뜻이다. 우리 속담 중 "웃음 속에 칼이 있다."는 말과 같다.

【출전】 당현종 때 병부상서 겸 중서령으로 이림보(李林甫)라는 사람이 있었다. 그는 벼슬이 재상에 해당하는 데다가 황제의 일가친척이었기 때문에 권세가 실로 대단했다. 그리고 그는 글재주와 그림 재주도 갖춘 사람이었다.

그러나 이림보는 사람됨이 음험해서 권세에 아부하는 수단이 비상했다. 그리하여 그는 높은 벼슬자리에 19년 동안이나 앉아 있었는데 겉으로는 충신인 듯 보였지만 속마음은 여우와 같은 사람이었다. 그래서 『자치통감·당현종 천보원년』조에는 "세인들은 이림보를 가리켜 입에 꿀을 바르고 뱃속에 칼을 품고 있는 자라고 한다.(世謂李林甫 口有蜜腹有劍)"라는 기록이 있다.

구밀복검은 바로 "입에는 꿀을 발랐지만 뱃속에는 칼을 품었다.(口有蜜腹有劍)"는 말이 줄어 나온 성어다.

【용례】 아버님, 갑자기 사업을 벌이시는 것은 좋지 않습니다. 경험도 없으시고, 또 동업하자는 사람 말이 너무 번드르르해 미덥지가 못합니다. "구밀복검"일지도 모르는데 한번 재고해 보시지요.

구반문촉 扣盤捫燭

扣 : 두드릴 · 칠 · 당길(구)
盤 : 쟁반(반) **捫** : 문지를(문)
燭 : 촛불 · 촛대(촉)

【뜻풀이】 쟁반을 만지고 촛불을 문지르다.

【출전】 옛날에 태어날 때부터 장님이었던 사람이 있었는데, 당연히 그는 해가 어떻게 생겼는지 몰랐다. 어느 날 어떤 사람이 그에게 해는 둥글게 생겼는데 쟁반과 같다고 하면서 쟁반을 두드려 보였다. 이에 장님은 알았다는 듯이 머리를 끄덕여 보였다.

며칠 후 먼 곳에서 둥둥둥 하는 소리가 들려오자 장님은 기뻐하면서 "해가 떴다."고 하는 것이었다. 이에 어떤 사람이 그것은 해가 아니라 종이라고 하면서, 해는 매우 밝아서 촛불보다도 더 빛난다고 일러 주었다.

장님은 또 알았다는 듯이 고개를 끄덕이면서 그 사람이 쥐어 준 초 모양을 마음속 깊이 기억해 두었다.

며칠 후 장님은 우연히 피리를 만지고는 크게 놀라 "아, 이것이 해로구나!" 하고 외쳤다.

이상은 송나라 문학가 소식(蘇軾)의 작품 〈일유(日喩)〉에 나오는 이야기로, 이로부터 구반문촉 또는 종반촉약(鍾盤燭籥)이라는 성어가 나왔다. 전자는 잘못 이해해서 웃음거리를 빚어낸 것을 비유하는 말이고, 후자는 학식이 천박해서 오류를 빚어낸 것을 비유하는 데 쓰인다.

【용례】 하나만 알고 둘은 모르는 셈이군. 장님 "구반문촉"하듯이 경망스럽게 일을 처리하다가는 밤이 새도 모자랄 걸세.

구사일생 九死一生

九 : 아홉(구) 死 : 죽을(사)
一 : 한(일) 生 : 날(생)

【뜻풀이】 원뜻은 아홉 번 죽어 한 번도 살아나지 못함. 거의 죽을 뻔하다 간신히 살아나거나 너무나 위태로워 거의 살 가망이 없을 때 쓰는 말이다.

【출전】 『사기 · 굴원가생열전(屈原賈生列傳)』에 다음과 같은 이야기가 있다.

"굴평(屈平, 굴원의 이름)은 임금이 신하의 말을 가려 분간하지 못하고, 참언과 아첨하는 말이 임금의 지혜를 가리며, 간사하고 왜곡된 언사가 임금의 공명정대(公明正大)함에 상처를 내서 행실이 방정한 선비들이 용납되지 못하는 것을 미워하였다. 그래서 그 근심스런 마음을 담아 〈이소(離騷)〉 한 편을 지었다."

이렇게 지어진 〈이소〉의 21~22단에 다음과 같은 구절이 나온다.

「긴 한숨을 쉬며 눈물을 감춤이여
백성들 힘든 삶이 서럽기 때문이지.
내 비록 고결하고 조심한다 했지만
아침에 바른말 올려 저녁에 쫓겨났네.
혜초를 둘렀다고 나를 버리셨는가
구릿대까지 나는 두르고 있었네.
그래도 내게는 아름다운 것이기에
아홉 번 죽어도 후회하지 않으리라.
長太息以掩涕兮
哀民生之多艱
余雖好脩姱以鞿兮
謇朝而夕替
既替余以蕙纕兮
又申之以攬茝
亦余心之所善兮
雖九死其猶未悔」

이 "구사"에 대해 『문선』의 주를 편찬한 유량(劉良)은 다음과 같은 해설을 달았다.

"아홉은 수의 끝이다. 충성과 신의와 정숙함과 고결함(忠信貞潔)이 내 마음이 착하고자 하는 바이니, 이런 재앙을 만남으로 해서 아홉 번 죽어서 한 번도 살아남지 못한다 해도 아직 후회하고 원한을 품기에 족한 것은 아니다."

성어 구사일생은 유량이 말한 "아홉 번 죽어 한 번도 살아나지 못한다."는 말에서 유래한 것이다.

【용례】 그날 일어난 교통사고로 여러 사람이 죽고 다쳤다는데 그만은 용케 상처 하나 없이 살아났다고 해. 정말 "구사일생"이라고 해야겠어.

구상유취 口尙乳臭

口 : 입(구) 尙 : 숭상할 · 오히려(상)
乳 : 젖(유) 臭 : 냄새(취)

【뜻풀이】 입에서 아직 젖냄새도 가시지 않았다. 상대방을 얕잡아 볼 때 쓰는 말이다. 즉, 나이가 어리고 경험이 없어 언행(言行)이 유치한 경우를 비웃으며 하는 말이다.

【출전】 『사기 · 고조기(高祖紀)』에 다음과 같은 이야기가 있다.

유방(劉邦)이 한신(韓信)을 보내 위왕(魏王) 표(豹)를 공격할 때였다. 한창 기세를 올리고 있었던 한나라였지만 신중하게 공격할 필요를 느낀 유방은 위나라 사정에 정통한 역이기(酈食其)를 불러 그쪽 사정이 어떤지 물어보았다.

"위나라 군대를 지휘하고 있는 장군은 누군가?"

역이기가 대답하였다.

"백직(柏直)이라는 사람입니다."

이 말을 들은 유방은 근심스런 표정을 이내 거두면서 말했다.

"그래, 그자라면 나도 좀 알지. 아직 입에서 젖냄새도 안 떨어진 애송이 아닌가? 위나라를 공격해서 차지하는 건 시간문제로군. 그런 자가 무슨 재주로 우리 장군 한신을 당해 내겠는가?"

그리고는 곧바로 한신을 시켜 위나라 군대를 공격하게 하였다.

이 이야기에서 성어 구상유취가 나왔다.

【용례】 아직 고등학교도 마치지 않은 어린아이가 공부는 안 하고 연애편지나 쓰고 돌아다니니, "구상유취"야. 뭐가 되려고 저러지. 장래가 걱정되네.

구수회의 鳩首會議

鳩 : 비둘기(구) 首 : 머리(수)
會 : 모일(회) 議 : 의논할(의)

【뜻풀이】 비둘기처럼 머리를 맞대고 의논하는 것을 말하는 성어다.

【출전】 구(鳩)는 鳥(새 조)자와 九(아홉 구)자의 결합해서 만들어진 글자다. 때문에 글자만 봐도 '새'와 관련이 있음을 알 수 있다. '九'가 붙은 까닭은 비둘기들은 항상 "구구"거리면서 울기 때문이다. '鳩'는 형성자인 셈이다.

비둘기는 습성이 항상 수십 마리가 떼 지어 산다. 그래서 구합(鳩合)이라 하면 많은 사람을 불러 모은다는 규합(糾合)의 뜻으로 쓰인다. 또 비둘기는 그렇게 많이 떼 지어 살면서도 서로 다투거나 독차지하는 법이 없다.

그래서 비둘기를 원앙(鴛鴦)과 함께 금실이 좋은 부부에 비유하기도 한다. 또 구민(鳩民)(『좌전·은공 8년』조)이라 하면 백성들이 비둘기처럼 편안하게 모여 사는 것을 뜻한다. 물론 '鳩'자가 들어간 단어가 대개 좋은 뜻이지만 때로 나쁜 뜻으로 쓰이기도 한다.

구주(鳩酒)라 하면 독주(毒酒)를 가리킨다. '鳩'자가 짐〔鴆, 중국 남방에 사는 독조(毒鳥)〕자와 닮았기 때문이다.

비둘기는 모여서 먹이를 쪼아 먹을 때 늘 머리를 맞대고 먹는다. 이것을 멀리서 보면 마치 무엇인가 심각한 이야기를 주고받는 것처럼 보여, 여기에서 구수회의란 말이 나왔다.

비둘기는 스스로 둥지를 짓지 못한다고 한다.

그래서 다른 새가 지어 놓은 둥지에 들어가 제 집인 양 산다는 것이다. 그래서 남의 집에 들어가 살면서 행세하는 것을 구거작소〔鳩居鵲巢, 비둘기가 까치 둥지에서 삶〕라 하고, 누추한 자기 집을 말할 때도 구거(鳩居)라 한다.

【용례】 경제 위기를 타개하겠다고 관계 장관이 모여 허구한 날 "구수회의"를 열더니 고작 내놓은 대책이 공공요금 인상을 통해 재정을 보충한다는 거야.

구약현하 口若懸河

口 : 입(구) 若 : 같을·만약(약)
懸 : 뒤집어놓을·걸어놓을(현)
河 : 물이름(하)

【뜻풀이】 말솜씨가 청산유수(靑山流水)와

같다. 말재간이 대단히 빼어난 것을 비유해서 이르는 말이다.

【출전】 진(晉)왕조 때의 학자로 곽상(郭象)이라는 사람이 있었는데 그는 어려서부터 책을 부지런히 읽어 무슨 문제든지 깊이 파고 들어가 도리를 깨우쳤다고 한다. 그러다가 나중에는 노자와 장자의 학설을 연구하여 얻은 바가 많았다고 하는데, 『진서·곽상전』에 보면 그는 학문이 출중했을 뿐 아니라 말재주도 대단했다고 한다. 당시의 명사였던 왕연(王衍)은 "곽상의 말을 듣고 있으면 높이 걸려 있는 강물이 거침없이 흘러내려 마르지 않는 듯하다(聽象語 如懸河瀉水 注而不竭)"고 말한 적도 있었다.

구약현하는 바로 왕연의 이 말에서 나온 성어인데 오늘날 우리는 그 뒤에 도도불절〔滔滔不絕, 도도하여 끊어짐이 없다〕이라는 넉 자를 덧붙임으로써 그 뜻을 더욱 생동감 있게 표현하고 있다.

【용례】 자네 말솜씨 하나는 정말 "구약현하"로군. 어디서 그런 재주를 배웠는가? 나도 좀 배우세.

구오지분 九五之分

九 : 아홉(구) 五 : 다섯(오)
之 : 어조사(지) 分 : 나눌(분)

【뜻풀이】 황제의 자리를 일컫는 말이다. 구오지존(九五之尊)이라고도 하고, 임금이 된 날을 일러 구오지일(九五之日)이라고 한다.

【출전】 『주역(周易)』에 나오는 64괘 가운데 첫 번째 괘인 건괘(乾卦)의 다섯 번째 효(爻)의 이름이 구오인데, 천자의 자리를 의미한다. 『주역』에서는 이것을 풀어서 "나는 용이 하늘에 있으니 이로워 대인을 볼 것이다.(飛龍在天 利見大人)"고 하였다. 또 『주역·계사(繫辭)』 상편에 보면 "임금이 된 자는 구오의 부귀한 자리에 머문다.(王者 居九五富貴之位)"고 하였다.

『삼국지』에 보면 다음과 같은 이야기가 나온다.

동탁(董卓)이 헌제를 위협하여 수도를 낙양에서 장안으로 옮길 때의 일이다.

낙양에 제일 먼저 입성하여 화재를 진압한 손견(孫堅)은 소제(少帝)가 재위하고 있을 때 일어난 십상시(十常侍)의 난 당시 잃어버렸던 옥새를 우물 속에서 찾아내 손에 넣었다. 그러자 손견의 참모 정보(程普)가 옥새의 내력을 자세히 설명하면서 손견에게 말했다.

"지금 하늘이 옥새를 주공(主公)에게 주셨으니, 이는 반드시 구오지위(九五之位, 황제)에 등극한다는 암시입니다. 이곳에 오래 머물러 있을 수 없으니, 빨리 강동으로 돌아가 앞으로의 큰일을 도모하심이 마땅할 것입니다."

그래서 손견은 옥새를 찾은 일은 비밀에 부친 채 몸을 빼내 고향 강동으로 돌아가려고 하였다. 그러나 손견과 동향인 사람이 탈영하여 원소에게 이 사실을 밀고하고 말았다.

중국의 옥새(玉璽)는 전국시대 초나라 사람 변화(卞和)가 형산(荊山)에서 얻은 옥석에, 진시황 26년 승상 이사(李斯)가 전서(篆書)로 "수명우천 기수영창〔受命于天 其數永昌, 하늘로부터 명을 받았으니, 나라의 수명이 길이 번창하리라"〕이란 여덟 자를 새겨 전국(傳國)의 도장〔새(璽)〕으로 삼은 데에서 유래하였다. 이 진시황의 옥새는 초한전쟁(楚漢戰爭)의 혼란기를 거쳐 우여곡절(迂餘曲折) 끝에 한고조(漢高祖) 유방의 수중으로 들어갔다.

ㄱ

그러다가 왕망(王莽)이 세운 신(新)나라를 거쳐, 후한의 광무제(光武帝)에게 넘어갔고 다시 영제에게 계승되었다. 그 뒤 소제 때, 십상시(十常侍)의 난 와중에 잠시 잃어버렸던 것을 손견이 찾아냈던 것이다. 옥새는 원술(袁術)의 손에 들어갔다가 건안 4년 6월 원술이 죽으면서 결국은 조조(曹操)가 차지해 버렸다.

한편 출세를 위하여 남의 비밀 정보를 빼내 다른 사람에게 제공하는 계략을 일러 진신지계(進身之計)라 한다.

【용례】 최고 권력의 자리는 하늘이 내린 "구오지위"라지만, 왕후장상(王侯將相)의 씨앗이 따로 있느냐는 말도 있지. 결국 운명만큼이나 노력도 중요한 것이야.

구용 九容

九 : 아홉(구) 容 : 얼굴(용)

【뜻풀이】 심신수양(心身修養)에 필요한 아홉 가지 태도와 몸가짐을 일컫는 말이다. 신언서판(身言書判)도 비슷한 뜻이다.(▶ 신언서판身言書判 참조)

【출전】 율곡(栗谷) 이이(李珥, 1536~1584)가 쓴 『격몽요결(擊蒙要訣)·지신장(持身章)』에 나오는 말이다. 그 조목은 아홉 가지로 족용중(足容重)을 비롯해서 수용공(手容恭), 목용단(目容端), 구용지(口容止), 성용정(聲容靜), 두용직(頭容直), 기용숙(氣容肅), 입용덕(立容德), 색용장(色容莊)이다. 이를 간단하게 설명하면 다음과 같다.

"이는 군자가 몸과 마음을 수양하는 방법이다. 걸을 때에는 발걸음은 무겁게 해 가볍게 보이지 않도록 하고, 손은 공손하게 두어 태만하고 게으른 느낌을 주지 않으며, 눈의 움직임은 단정하게 해 곁눈질을 하지 않고, 입은 굳게 다물어 신중하게 하며, 목소리는 재채기나 기침을 삼가 고요하게 하고, 머리는 곧게 하여 한쪽으로 기울지 않도록 하며, 기운(숨소리)은 엄숙하고 맑게 가지고, 서 있을 때의 자세는 중심을 잡고 의젓하게 하여 덕이 있게 하며, 얼굴빛은 씩씩하게 해 긍지를 갖게 하는 것이다."

【참조】 『격몽요결』에 대해 잠깐 살펴보고 넘어가도록 하자.

이 책은 1577년(선조 10) 이이가 학문을 시작하는 이들을 가르치기 위해 편찬한 책으로, 한 권짜리다. 저술 당시부터 현대에 이르도록 여러 형태로 간행되었다. 예를 들어 1629년(인조 7)에는 황해감사가 수백 권을 인쇄하여 조정에 바쳐 반포하게 하였으며, 다음해에는 예조에서 『소학』을 〈오륜가(五倫歌)〉와 함께 간행하였다. 『율곡전서(栗谷全書)』에도 실려 있다.

이 책은 저자가 해주에서 학도들을 가르친 경험을 바탕으로 기초교육에 대해 정리한 것으로, 국왕의 학문을 위해 저술한 『성학집요(聖學輯要)』, 관학(官學) 교육을 위해 저술한 『학교모범(學校模範)』에 대응하는 책이다.

조선 전기를 이끌어온 훈구파가 남을 다스리는 데 필요한 문물과 제도에 우선적인 관심을 가지고 있었던 데 비하여, 16세기 이후의 사림은 종래의 학문이 시가와 문장(詞章)을 중시하고 근본이 되는 경학(經學)과 이학(理學)을 소홀히 여겨 학자들이 학문의 방향을 알지 못했다고 비판하면서 먼저 자신을 수양(修己)해야 한다는 측면을 강조하였다. 중종 때의 사림이 어린이에게 일상생활을 가르치기 위한 『소학』에 성리학의 요체가 모두 갖추어져 있다고 하면서 그 책을 대대적으로 보급하고 깊이 연구하기 시작한 것은 학문의 방법과 내용을 일신하여 그들 중심의 사회질서를 새로 수립하기 위해서였다. 그리하여 『소학』 외에도 『동몽수지(童蒙須知)』를 비롯한 아동 교육서들이 번역되고 보급되었으며, 나아가 박세무(朴世茂, 1487~1554)의 『동몽선습(童蒙先習)』이나 유희춘(柳希春, 1513~1577)의 『속몽구(續蒙求)』와 같은 교육서들이 직접 편찬되었다.

이이는 성리학을 체질화한 사림파가 정권을 잡고 그들의 이념을 국정 전반에 본격적으로 적용해 나가던 선조 초년의 정치와 사상을 주도하던 인물로서, 이 책도 단순히 아동을 교육하기 위한 개인 저술이 아니라 학문을 통해 사림파의 이념을 사회 저변에 확산하기 위한 근본적인 노력의 일환이었으며, 초기 사림 이래 『소학』에 대한 관심과 연구가 결실을 맺은 저술이다. 1635년 이이를 문묘에 종사할 것을 건의한 유생들이 이 책을 『성학집요』와 함께 그의 대표적인 저술로 꼽고 학자 일반의 일상생활에 극히 절실한 책이라고 높인 것은 위와 같은 까닭에서였다.

앞머리에 저자의 서문이 있고, 10개 장으로 구성되었으며, 각 장마다 여러 항목이 나열되어 있다. 학문이란 특별한 것이 아니라 인간이 인간답게 살아가기 위하여 일상생활을 마땅하게 해나가는 것일 따름이라는 입장에서 저술되었다. 물론, 이때의 일상생활은 아버지는 자애롭고, 자식은 효성스러워야 하며, 신하는 충성되고, 부부는 유별해야 하고, 형제간에는 우애가 있고, 어린 자는 나이가 많은 자를 공경해야 하고, 붕우(朋友)된 자는 신의가 있어야 한다는 유교 이념을 구현하는 것이었다. 그 방법은 글을 읽어 이치를 연구하여(讀書窮理) 마땅히 행해야 할 길을 밝힌 다음에, 깊은 경지로 들어가 올바름을 얻고 밟아 실천하여 지나치거나 모자람이 없는 중도(中道)에 도달하는 것이라고 하였다. 따라서 이 책의 목적은 학도에게 뜻을 세우고 몸을 삼가며 부모를 모시고 남을 대하는 방법을 가르쳐, 바로 마음을 닦고 도를 향하는 기초를 세우도록 노력하게 만든다는 데 있으며, 동시에 저자로서도 스스로를 경계하고 반성하는 자료로 삼고자 하였다.

제1장 입지(立志)에서는 학문에 뜻을 둔 모든 사람이 성인(聖人)이 되기를 목표로 하여 물러서지 말고 나아가라고 하였으며, 제2장 혁구습(革舊習)에서는 학문 성취를 향해 용감히 나아가기 위해 "마음과 뜻을 게을리 하여 겉으로 드러나는 것만을 모방할 뿐 안일한 것을 생각하고 얽매임에 깊이 물들어 있는 것" 등 구체적 조항 8개를 떨쳐 버려야 한다고 하였다. 제3장 지신(持身)에서는 충신(忠信) 등 몸을 지키는 방도를 제시하여 뜻을 어지럽히지 말고 학문의 기초를 마련하도록 하였다. 제4장 독서는 독서가 도에 들어가기 위한 궁리의 전제가 되며, 단정한 자세로 깊이 정독할 것을 가르치고 독서의 순서를 제시하였다. 즉, 먼저 『소학』을 읽어 부모님과 형, 임금, 어른, 스승, 친우와의 도리를, 『대학』과 『대학혹문(大學惑問)』을 읽어 이치를 탐구하고 마음을 바로 하며 자기를 수양하고 남을 다스리는 도를, 『논어』를 읽어 어짊〔仁〕을 구하여 자기를 위하고 본원(本源)이 되는 것을 함양할 것을, 『맹자』를 읽어 의(義)와 이익을 밝게 분별하여 인욕(人慾)을 막고 천리(天理)를 보존할 것을, 『중용』을 읽어 성정(性情)의 덕이 미루어 극진하게 하는 공력과

바른 자리에 길러내는 오묘함을, 『시경』을 읽어 성정의 그릇됨과 올바름 및 선악에 대한 드러냄과 경계함을, 『예경』을 읽어 하늘의 도를 이치에 따라 적절하게 드러내는 것과 사람이 지켜야 할 법칙의 정해진 제도를, 『서경』을 읽어 중국 고대의 요순(堯舜)과 우왕, 탕왕, 문왕이 천하를 다스린 큰 줄기와 법을, 『역경』을 읽어 길흉과 존망, 진퇴, 소장(消長)의 조짐을, 『춘추』를 읽어 성인이 선(善)을 상주고 악을 벌하며 어떤 것은 누르고 어떤 것은 높여 뜻대로 다루는 글과 뜻을 체득하여 실천하라고 하였다. 위 책들을 반복 숙독한 다음에 『근사록(近思錄)』과 『가례(家禮)』 『이정전서(二程全書)』 『주자대전(朱子大全)』 『주자어류(朱子語類)』와 기타 성리설을 읽어 의리를 몸에 익히고, 여력이 있으면 역사서를 읽어 식견을 키우되 이단과 잡류의 책은 읽지 못하게 하였다. 여기서 정립된 독서 순서와 방법은 조선의 사림파가 그들의 사상체계를 세워 유교의 모든 경전과 성리서를 조망하게 되었음을 보여 주는 학문적 성과다. 제5장 사친〔事親, 어버이를 섬김〕에는 평상시의 부모 섬기기를 비롯하여 부모의 뜻이 의리에 어긋날 때 자식이 부드럽게 아뢰어 뜻을 바꾸게 하라는 것 등의 내용이, 제6장 상제(喪祭)와 제7장 제례(祭禮)에는 그것들을 주희의 『가례』에 따라서 할 것과 반드시 사당을 갖추라는 내용 등이 실려 있다. 제8장 거가(居家)에는 부부간의 예를 비롯하여 집안을 다스리고 가산을 관리하는 방법이, 제9장 접인(接人)에는 사회생활을 하는 데 필요한 기본적인 교양이, 제10장 처세(處世)에는 과거를 거쳐 벼슬생활을 하는 데 필요한 자세가 실려 있다.

이러한 구성과 내용은 학문에 뜻을 두는 것으로부터 시작하여 자기 몸을 바로 세우고 사회에 나가 활동하도록 하는 성리학의 근본이념을 일상생활에 구체적으로 적용한 것이다. 자연과 사회를 파악하는 데 이기철학이 바탕이 되며, 부모와 자식 사이의 효가 사회질서의 근본이념을 이루고, 향촌 지주로서의 경제적 기반을 바탕으로 한 사족(士族)들이 사회를 주도하던 조선시대에는 가장 기본적인 교과서였다. 그러나 사회 운영의 철학과 질서가 크게 바뀐 현대에는 그 내용들을 그대로 학문과 사회생활에 적용하기 어렵다. 친필본인 『이이수필격몽요결(李珥手筆擊蒙要訣)』은 보물 제602호로 지정되어 있다.

【용례】 옛말에 사람은 신언서판(身言書判)을 갖추어야 한다는 말이 있습니다. 사람을 볼 때 처음에는 외모를 보게 되니, 신(身)이란 결국 "구용"을 말한다고 하겠습니다.

구우일모 九牛一毛

九 : 아홉(구) 牛 : 소(우)
一 : 한(일) 毛 : 터럭(모)

【뜻풀이】 아홉 마리 소 중에서 뽑은 한 오라기 터럭. 지극히 작은 것을 비유하는 말이다.

【출전】 한무제 때 이릉(李陵)이라는 용장(勇將)이 5천 명이라는 적은 군사로 8만의 흉노족 대군을 맞아 싸우다가 열흘간의 혈전 끝에 사로잡혀 항복한 일이 있다. 이에 한무제는 격노하여 이릉 장군의 가족을 주멸(誅滅)하였는데, 이때 태사령(太史令) 사마천(司馬遷)이 나서서 이릉은 공로가 있는 장수로서 그가 항복한 것은 가짜이고 장차 기회를 봐서 한나라 조정에 보답하기 위해서라고 하면서

무제의 처사가 부당함을 직언하였다. 그랬더니 한무제는 더욱 화를 내며 사마천에게 궁형(宮刑)을 내린 뒤 하옥시켜 버리고 말았다. 한무제의 부당한 처사 때문에 모욕적인 형벌을 받고 투옥된 사마천은 처음에는 깨끗이 자결하고자 했지만 곧 생각을 돌렸다.

이때의 심경을 그는 〈임소경에게 보내는 편지(報任少卿書)〉에서 "내가 만약 이렇게 죽어 버린다면 숱한 소들의 몸에서 털 한 올(九牛之一毛)이 없어지는 격이니 개미의 죽음과 무슨 다를 바가 있겠습니까? 그리고 사람들도 나의 죽음을 절개 있는 죽음으로 보지 않고 그저 나의 죄가 크니 죽은 것이라고 할 것입니다."라고 썼다.

구우일모는 바로 사마천이 말한 구우지일모(九牛之一毛)에서 나온 성어인데 그것은 문자 그대로 숱한 소들의 몸에서 털 한 올과 같다는 뜻으로 아주 가볍고 미미한 것을 일컫는 말이다.

사마천은 이어 그의 편지에서 "나는 본디 한마음 한뜻으로 조정에 보답하면서 친구들과 식솔들을 잃는 한이 있더라도 자신의 능력을 다하여 자신의 직책에 충직하기만 하면 황제에게 충성하는 것이라고 생각했는데, 뜻밖에 일이 이토록 맹랑해졌습니다.(事乃有大謬不然者)"라고 말했다. 여기에서 대류불연(大謬不然)도 나중에 성어로 쓰였는데, 생각 밖으로 일이 황당하게 된 경우를 일컫는 말이다. 이렇게 해서 사마천은 죽지 않고 꿋꿋이 살아 천고에 길이 남을 위대한 저작인 『사기』를 편찬했다.

【용례】 그렇게 칭찬을 해 주시니 고맙습니다. 하지만 이번에 제가 도와드린 것은 "구우일모"나 다름없습니다. 선생님께서 노심초사(勞心焦思)하신 것에 비하면 아무것도 아니지요.

구이지학 口耳之學

口 : 입(구) 耳 : 귀(이)
之 : 어조사(지) 學 : 배울(학)

【뜻풀이】 귀로 들은 즉시 입으로 내뱉어 버리는 배움. 들은 것을 깊이 새겨보지도 않고 그대로 남에게 전하기만 하여 조금도 자기 것으로 만들지 못한 학문을 말한다.

【출전】 『순자(荀子)·권학편(勸學篇)』에 다음과 같은 말이 나온다.

"구이지학은 소인배들의 학문이다. 귀로 들은 것이 입으로 나오는데, 입과 귀 사이의 거리는 고작 네 치일 뿐이다. 어찌 일곱 자의 몸도 아름답게 꾸미지 못하는가.(口耳之學 小人之學也 入乎耳出乎口 口耳之間則四寸耳 曷足以美七尺軀哉)"

순자가 말하려는 취지는 이런 것이다. 옛사람들이 배운 까닭은 자신의 몸을 갈고 닦아 덕을 쌓기 위해서였다. 그런데 요즈음의 배움은 남을 가르쳐서 먹고살기 위한 수단으로 학문을 한다. 즉, 군자의 학문은 자신의 학문과 덕행을 높이기 위한 것인데, 소인배의 학문은 생활의 방편이다. 때문에 참다운 배움은 이루어지지 않고 듣는 사람의 귀나 즐겁게 하고 호기심만 채우는 공부에만 힘쓴다는 것이다. 또 어떤 사람은 남에게 가르치는 것을 재미로 삼아 가르치고 싶어 하며, 모르는 것도 애써 아는 체하기도 한다. 이것은 위선에 찬 공부다. 맹자도 "사람의 병폐는 남의 스승이 되기를 좋아하는 데 있다.(人之患 在好爲人師)"〔〈이루장구(離婁章句)〉 상편〕고 훈계하고 있다. 또 공자도 "모르는 것을 모른다 하고 아는 것을 안다고 하는 것이 아는 것이다.(知之爲知之 不知爲不知 是知也)"〔〈위정편(爲政篇)〉〕고 하였다. 또 〈양화편(陽貨篇)〉에서는 "길에서 들은 것을 길에서 그대로 옮기는 것은 덕을 버리는 짓이다.(孔子曰 道聽塗說 德之棄也)"고도 하였다.

아무리 좋은 말을 들었다고 해도 거듭 되새기면서 자신의 것을 만든 다음에 남에게 전해야 신뢰와 깊이를 갖추는 법이다. 알았다고 해서 그대로 발설하면 이것은 덕을 내팽개치는 행위라고 한 공자의 말을 거듭 되새길 필요가 있다.

【용례】 시간에 쫓겨 아침에 작성하고 오후에 상사에게 보고하려니 미처 오류나 미숙한 부분을 되잡을 시간도 없네. 평소 "구이지학"을 비웃었으면서 나도 똑같은 짓을 하니 정말 부끄러워.

구인득인 求仁得仁

求 : 구할(구) 仁 : 어질(인)
得 : 얻을(득)

【뜻풀이】 어짊을 구해 어짊을 얻다.

【출전】 백이(伯夷)와 숙제(叔齊)는 고죽군(孤竹君)의 아들이었다. 고죽군은 세상을 떠나면서 큰아들 백이보다는 숙제가 더 통치 능력이 있다고 여겨 왕위를 숙제에게 물려준다는 유언을 남기고 죽었다. 그러나 숙제는 형이 장남으로서 왕위를 물려받는 것이 당연하다고 하면서 이를 거절했고, 백이 역시 아버지의 유언을 어길 수 없다며 동생이 왕위를 계승할 것을 주장했다. 끝내 해결이 안 되자 백이는 아무도 모르게 고죽군을 떠나 은둔하고 말았다. 동생인 숙제 역시 형이 자취를 감춘 것을 알고는 몸을 숨겨 나라를 떠나 버렸다. 그러자 고죽군의 대신들은 할 수 없이 셋째를 왕으로 추대해서 임금으로 섬겼다.

이렇게 조국을 떠나 각자 생활하던 두 사람은 서백후 희창〔姬昌, 주나라 문왕(文王)〕이 노인을 공경하는 덕망 있는 사람이라는 소문을 듣고 마치 약속이나 한 듯이 그를 섬기려고 찾아갔다. 그러나 그들이 도착했을 때는 문왕은 이미 세상을 떠나고 그의 아들인 무왕(武王)이 문왕의 뒤를 이어 왕위에 올라 있었다. 그는 선왕의 유언에 따라 상(商)나라의 주(紂)를 토벌하여 학정에 시달리는 백성들을 구하러 갈 참이었다.

이 소문을 들은 백이와 숙제는 부친이 돌아가신 뒤에 아직 장례도 치르지 않은 채 무기를 들고 전쟁을 하러 나가는 것은 자식 된 도리가 아니라고 여겼다. 더구나 아직 주왕은 천자로서 그 권위가 있었는데, 천자를 공격한다는 것은 신하로서 마땅한 도리가 아니라고 판단하고 막 진군하려는 무왕의 말고삐를 잡고 만류하였다.

그러나 무왕은 오랫동안 계획한 대업을 이제 와서 중단할 수 없다며 오히려 가로막는 그들을 죽이려 했다. 그러자 옆에 있던 강태공(姜太公)이 그들이 의로운 사람이라는 것을 알고 무왕을 막아서 간신히 목숨만은 건져 석방될 수 있었다.

무왕은 그 길로 출정해서 상나라를 멸망시켜 버렸다. 장기간 주왕의 폭정에 시달렸던 백성들은 가뭄에 단비를 만난 듯 기뻐하며 주나라 무왕에게 귀의하였다.

그러나 백이와 숙제는 무왕의 행동이 옳지 못하다고 여겨 그를 섬기기를 거부하였고, 또 주나라 땅에서 나는 음식은 먹지 않겠다면서 수양산(首陽山)으로 들어가 고사리를 캐먹고 살았다. 그러자 어떤 사람들이 그들을 비웃으면서 말했다.

"주나라의 음식을 먹지 않겠다고 하는데 그들이 먹는 고사리는 주나라 영토에서 나는 것이 아니란 말인가?"

결국 이 두 사람은 수양산에서 굶어 죽었는데(➡ 이포역포以暴易暴 참조), 나중에 공자는 『논어·술이편(述而篇)』에서 두 사람을 이렇게 평가하였다.

"백이와 숙제는 다른 사람의 나쁜 점을 염두에 두지 않고 자기가 인을 구하고자 해서 인을 얻었으니 무슨 여한이 있겠는가?(求仁而得仁 又何怨)"

이후로 공자가 말한 구인득인은 지조와 절개로 의리를 지키다 죽은 사람을 칭송하는 말로 쓰이게 되었다. 그러나 이 성어를 가지고 남을 비꼬는 말로 자작자수〔自作自受, 자신이 만들어 자신이 받는다는 뜻〕의 뜻으로 사용하는 사람도 있다.

【용례】 그렇게 장한 일을 하고도 그는 겸손하게 공을 남에게 돌렸다. 명예욕에 눈이 어두워 공치사하기에 바쁜 게 세태인데, 정말 "구인득인"하는 표본을 본 것 같아 가슴이 뿌듯했다.

구즉득지 사즉실지
求則得之 舍則失之

求 : 구할(구) 則 : 곧(즉)
得 : 얻을(득) 之 : 갈(지)
舍 : 버릴(사) 失 : 잃을(실)

【뜻풀이】 구하면 얻을 것이고 버려두면 잃을 것이다.

진실로 나에게 가치가 있고 반드시 필요한 것은 모두 내 안에 있다. 그러므로 이것은 구하려고 마음만 먹는다면 곧 얻을 수 있는 것인데, 이런 소중한 것은 등한시하고 있어서 반드시 이로운 것도 아닌 것에 눈이 멀어 진정한 재산을 잃고 마는 경우가 허다하다.

돈에 눈이 어두워 건강을 잃는다든가 이익 때문에 친구를 잃는 따위가 그런 것이다.

【출전】 『맹자·진심장구(盡心章句)』 상편에 다음과 같은 맹자의 말이 있다.

「맹자가 말했다.

"구하면 얻고 버리면 잃게 되니, 이 구하는 것은 유익한 것이 있다. 왜냐하면 자신에게 있는 것을 구하기 때문이다. 구하는 데는 도가 있고 얻는 데는 명이란 것이 있으니 이런 구하는 것은 얻어야 유익할 것이 없다. 왜냐하면 밖에 있는 것을 구하기 때문이다."

(孟子曰 求則得之 舍則失之 是求 有益於得也 求在我者也 求之有道 得之有命 是求 無益於得也 求在外者也)」

이 말에 대해 주희(朱熹)는 이렇게 보충 설명을 하고 있다.

"자신에게 있다는 말은 인의예지(仁義禮智)와 같은 사단(四端)이 모두 성(性)에 있다는 것을 말한다. 도가 있다는 것은 망령되이 구해서는 안 된다는 말이고, 명이 있다는 것은 노력한다고 해서 반드시 얻을 수는 없다는 말이다. 밖에 있다는 말은 부귀나 이익이나 사물에 통달하는 것을 말한다."

이렇게 진정으로 자신에게 있는 좋은 바탕을 갈고 닦을 생각은 않고 가식된 치장에만 정신이 팔려 있는 물질주의를 맹자는 경계하고 있는 것이다.

【용례】 여보게, 윤형. 아무리 애가 귀엽다고 해도 그렇게 원하는 대로 다 들어주면 곤란할 것 같은데. 정말 아이한테 필요한 것은 그런 게 아니야. 그냥 구하면 얻을 수 있는 자질과 바탕을 외면하고 버려둔다면 애 성격이 금방 망가지고 말 거야("구즉득지 사즉실지").

구화지문 口禍之門

口 : 입(구) 禍 : 재앙(화)
之 : 어조사(지) 門 : 문(문)

【뜻풀이】 입은 재앙을 불러들이는 문이라는 뜻이다.

【출전】 풍도(馮道, 882~954)의 유명한 시 〈설시(舌詩)〉에서 유래하였다.

「입은 재앙을 불러들이는 문이요
혀는 몸을 자르는 칼이다.
입을 닫고 혀를 깊이 감춘다면
가는 곳마다 몸을 편히 할 수 있겠네.
口是禍之門
舌是斬身刀
閉口深藏舌
安身處處牢」

풍도는 당나라 말기에 태어나 왕조가 망한 뒤에도 여러 나라에서 벼슬을 지낸 사람이다.

이 시에서처럼 그는 항상 행동과 언사를 조심하며 살았던 모양으로, 덕분에 그 어려운 시절에 73세까지 장수를 누릴 수 있었다. 그에게는 별달리 시가 남아 있지 않은데, 이 작품도 『전당시(全唐詩)』에 실려 있다.

【용례】 너 말조심하는 게 좋을 거야. 너 때문에 일이 얼마나 커진지 아니? "구화지문"이라고 했잖아.

국궁진췌 鞠躬盡瘁

鞠 : 기를(국) 躬 : 몸(궁)
盡 : 다할(진) 瘁 : 병들(췌)

【뜻풀이】 몸을 굽혀 기력이 다할 때까지 노력하다.

【출전】 후한 말기에 이르러 조조(曹操)의 아들 조비(曹丕)가 한헌제를 폐하고 국호를 위(魏)라고 하며 스스로 황제가 되었다.

그러자 뒤따라 사천(四川) 일대에 웅거하고 있던 유비(劉備)도 황제로 칭하고 촉(蜀)나라를 세워 제갈량(諸葛亮)을 승상으로 성도(成都)에 도읍을 정했다.

이렇게 해서 강남의 동오(東吳)와 함께 위·촉·오 세 나라가 정립하는 이른바 삼국시대가 막을 열기에 이르렀다.

얼마 뒤 촉나라에서 유비가 세상을 떠나고 그의 아들 유선(劉禪)이 뒤를 이으니 그가 바로 촉나라의 후주(後主)다.

이때 제갈량은 계속 승상의 자리에 있으면서 무향후에 봉해졌다.

전부터 동오와 손을 잡고 위나라를 토벌할 것을 주장해 오던 그는 이때 이르러서도 여전히 그 주장을 버리지 않고 꾸준히 촉나라의 국력을 기르고 있었다.

그러던 중 제갈량은 대군을 움직여 두 번이나 위나라를 토벌하고자 했는데 군대를 출발시키기 전에 그는 번번이 〈출사표(出師表)〉라는 글을 지어 후주 유선에게 올리니 이것이 바로 유명한 〈전출사표〉와 〈후출사표〉라는 것이다.

국궁진췌는 바로 〈후출사표〉에 나오는 "신 국궁진췌 사이후이(臣鞠躬盡瘁 死而後已)"라는 두 구절에서 나온 성어인데, 나라와 백성들을 위해 죽을 때까지 모든 것을 다 바치겠다는 뜻으로 이 두 구절은 흔히 어우러져 쓰이고 있다.

『삼국지·촉지·제갈량전』에서는 『진한춘추(晉漢春秋)』를 인용하면서 국궁진력(鞠躬盡力)이라고도 하였지만 그 뜻에는 변함이 없다.

그리고 〈전출사표〉의 마지막 두 구절에서는 "출사표를 다 쓰고 나니 눈물이 앞을 가려 제가 무슨 말을 했는지조차 알 수 없습니다.(臨表涕泣 不知所云)"라고 하였는데 이로부터 또한 부지소운(不知所云)이라는 성어가 나왔다. 그 뜻은 어떤 사람의 말이나 글에 논리성이 전혀 없는 것을 일컫는 말이다.

【용례】 이런 훌륭한 모임에 저를 참여시켜 주셔서 정말 감사합니다. 이곳에서 바라는 소기의 성과가 나올 때까지 "국궁진췌" 최선을 다할 것을 다짐합니다.

국사무쌍 國士無雙

國 : 나라(국) **士** : 선비(사)
無 : 없을(무) **雙** : 쌍(쌍)

【뜻풀이】 천하에서 가장 뛰어난 인물. 너무나 기량이 출중하여 달리 비견할 사람이 없는 것을 말한다.

【출전】 『사기·회음후열전(淮陰侯列傳)』에 보면 한신(韓信)과 관련된 여러 가지 재미난 일화가 소개되어 있다.

한나라 고조를 도와 천하를 통일한 한신이 아직 이름을 날리기 전이었다. 그때 그는 몹시 궁핍하게 삶을 영위하고 있었다. 늘 성 아래 강가에 가서 낚싯대를 드리웠다가 운이 좋아 고기가 잡히면 그것으로 그날 끼니를 때우곤 했다.

한신이 항상 낚시를 하러 가는 곳에는 삯빨래를 하는 노파들이 모여 빨래를 하고 있었다. 그 중 한 노파가 그의 처지를 가엾게 여겨 때로 그가 고기를 잡지 못해 굶주릴 때 먹을 것을 나눠 주었다. 밥을 얻어먹은 한신은 감격해서 나중에 이 은혜는 꼭 보답하겠다고 말했다. 그러자 노파는 불쾌한 표정을 감추지 못하며 그런 보답은 바라지 않는다고 말했다. (➡ 일반지은一飯之恩 · 표모반신漂母飯信 참조)

뒷날 한신이 한나라가 천하를 통일하는 데 큰 공을 세워 초왕(楚王)에 임명되어 온갖 부귀영화(富貴榮華)를 누리자 어려웠던 시절 노파에게서 은혜를 입은 것이 생각났다. 그래서 시종에게 명령하여 그 노파를 찾게 했지만 그녀는 이미 세상을 떠난 뒤였다. 몹시 상심한 한신은 대신 그녀의 후손들에게 황금 천냥을 주어 은혜에 보답하였다.

그리고 그가 어려운 처지에 있었을 무렵 그가 살던 동네에 힘이 장사인 불량배가 있었다. 어느 날 한신이 장터를 지나다가 우연히 그 불량배와 마주치게 되었다. 자신의 힘만 믿고서 그는 건달같이 떠돌던 한신에게 시비를 걸었다.

"야, 아무 쓸모도 없는 칼을 그렇게 차고 다니면 누가 네놈을 무서워할 줄 아느냐? 어디 이 길을 지나려면 그 칼로 나를 찌르고 지나가 보거라. 아니면 내 가랑이 밑으로 기어 지나가든가."

그러자 한신은 뜻밖에도 두말 않고 그 불량배의 가랑이 사이를 지나가는 것이었다. 이 모습을 바라보던 사람들은 그때부터 한신을 조롱하기 시작했다.

그러나 훗날 유방의 인정을 받아 대장군이 되자 한신은 그 불량배를 불러다 부하로 삼았다. 이 같은 그의 태도에 사람들은 비로소 진정한 용기가 무엇인가를 깨달았고, 불량배 역시 감복해서 진심으로 충성을 다했다.

본래 한신은 초패왕(楚覇王) 항우(項羽) 밑에서 일했지만 그가 자신을 중용하지 않자 떠나서 유방에게 왔다. 그러다가 소하(蕭何)의 눈에 띄어 유방에게 천거되었는데, 한신의 소문을 들어 알고 있던 유방은 그를 별로 탐탁잖게 여겼다.

유방의 진영에서도 별다른 직책을 얻지 못한 한신은 자신을 알아주는 다른 군주를 찾아보려고 몰래 유방의 진영을 빠져나왔다. 항상 한신에게 관심을 가지고 주의를 기울이던 소하는 한신이 떠났다는 소식을 듣고 재빨리 그의 뒤를 쫓아갔다.

당시는 유방의 전세가 불리한 때였기 때문에 밤새 달아나는 장수들이 비일비재(非一非再)했다. 그래서 유방은 소하도 다른 장수들처럼 도망갔다고 여겨 크게 낙담하였다.
(➡ 좌우수左右手 참조)

그런데 며칠 후 소하가 한신을 데리고 유방의 진영으로 되돌아왔다. 그의 모습을 본 유방은 기쁘기도 하고, 소하가 한마디 말도 없이 떠난 것에 화가 치밀기도 해서 꾸짖듯 물었다.

"도망갔다더니 왜 돌아왔는가?"

"저는 달아난 것이 아니올시다. 한신이 주군 곁을 떠나려고 하기에 그를 설득해서 다시 데려온 것뿐입니다."

소하의 대답을 들은 유방은 의외라는 표정을 지었다. 평소 많은 병졸과 장수들이 떠나도 눈 한번 깜짝 않던 소하가 며칠을 뒤쫓아서 다시 사람을 데려온 적은 없었기 때문이었다.

"그래, 도대체 한신이라는 인물이 어떤 사람이기에 그대가 그토록 신경을 쓰는가?"

"만약 주군께서 지금의 위치에서 만족하신다면 한신 같은 인물은 별로 필요하지 않습니다. 그러나 천하를 제패하시고자 한다면 반드시 그가 필요할 것입니다. 한신 같은 인물은 온 천하를 다 뒤져도 찾을 수 없는 천하제일의 인물(國士無雙)입니다. 그러니 그를 중용해야 한다는 것이 제 생각입니다."

소하의 말을 들은 유방은 그 자리에서 한신을 대장군에 임명했다고 한다.

이때부터 사람들은 능력이 뛰어나 천하에 둘도 없는 인재를 지칭할 때 "국사무쌍"이라는 성어를 쓰게 되었다.

【용례】 이번 프레젠테이션에서 우리 회사가 단연 돋보이는 상품을 발표했습니다. 어느 회사에서도 감히 모방하기 힘든 제품입니다. 이 제품을 만든 우리 연구팀을 "국사무쌍"으로 손꼽아도 좋을 것입니다.

국사우지 국사보지
國士遇之 國士報之

國 : 나라(국) 士 : 선비(사)
遇 : 만날(우) 之 : 어조사(지)
報 : 갚을(보)

【뜻풀이】 국사로 대우하면 국사로 갚는다는 뜻. 같은 대접이라도 그 정성의 경중에 따라 보답하는 정도도 달라진다는 말이다.

【출전】『사기·자객열전(刺客列傳)』에 다음과 같은 예양(豫讓)의 말이 나온다.

"나를 국사로 대우했으니 나도 국사로서 그 은혜를 갚는다.(國士遇我 我故國士報之)"

예양은 진(晉)나라 사람으로 처음에는 진나라 육경(六卿)의 한 사람인 범씨(范氏)와 중행씨(中行氏)를 섬겼다. 그러나 두 사람은 모두 그를 알아주지 않았다. 그래서 다시 지백(智伯)에게로 가서 그를 섬겼다. 지백은 예양을 스승처럼 친구처럼 극진히 대우하였다.

그 후 지백은 조양자(趙襄子)와 싸우다가 패전하고 죽었는데 조양자는 지백의 머리뼈에 옻칠을 하여 술 따르는 그릇으로 썼다고 하며, 혹은 요강으로 썼다고도 한다. 산 속에 숨어살던 예양은 이 소식을 듣고 분개하여 기어이 그 원수를 갚기로 결심하였다. 그러나 첫 번째 복수 계획은 실패하고 조양자로부터 용서를 받았지만, 다시 두 번째 계획이 탄로되자 조양자가 그를 꾸짖었다.

"너는 이전에 범씨와 중행자를 섬기다가 달아나서 지백을 섬겼다. 그런데 유독 지백을 위해 이렇게 복수를 하려는 것은 무슨 까닭이냐?"

이에 그가 대답하였다.

"지백은 나를 국사로서 대우하였습니다. 그러므로 나도 국사로서 그 은혜를 갚으려 하는 것입니다."

그리고 그는 스스로 목숨을 끊었다.

【용례】 상관이 거지 짓을 하면 부하도 거지가 되는 법이지. 그러니 자네가 부하를 귀빈으로 대우하면, 부하 또한 자네를 귀빈으로 대접할 걸세. "국사우지에 국사보지"라지 않는가.

국인개왈가살
國人皆曰可殺

國 : 나라(국) 人 : 사람(인) 皆 : 모두(개)
曰 : 가로(왈) 可 : 가할(가) 殺 : 죽일(살)

【뜻풀이】 나라 사람이 모두 죽여야 한다고 말하다. 여론을 널리 들어 본 뒤에 정책을 시행해야 하는 것을 비유한 말이다.

【출전】 어느 날 맹자는 제선왕에게 인재 선발에 관해 언급하면서 다음과 같이 말하였다. 이 이야기는 『맹자·양혜왕장구(梁惠王章句)』 하편에 나온다.

"어떤 사람을 가리켜 주위 사람들이 다 현능(賢能)한 인재라고 해도 꼭 그런 것은 아닙니다. 여러 대부들이 다 현자(賢者)라고 인정할 때 비로소 살펴보고 인재라는 것이 확증되면 써야 합니다. 어떤 사람을 두고 주변 사람들이나 여러 대부들이 모두 안 된다고 해서 반드시 그런 것만은 아닙니다. 나라 사람들이 다 안 된다고 할 때 비로소 살펴보고 정말 안 될 것 같으면 그때 가서 파면시켜야 합니다. 마찬가지로 주변 사람들이나 여러 대부들이 어느 한 사람을 두고 죽일 놈이라고 할 때도 반드시 살펴보고 정말 죽일 놈이라면 그때 가서 죽여야 하는 것입니다. 그러면 그 사람은 대왕께서 죽인 것이 아니라 나라 사람들이 죽인 것이 되는 것입니다.(左右皆曰可殺 勿聽 諸大夫皆曰可殺 勿聽 國人皆曰可殺 然後察之 見可殺焉 然後殺之 故曰國人殺之也)"

국인개왈가살은 바로 맹자의 이 말에서 나온 성어로 백성들이 한결같이 죽일 놈이라고 말할 정도로 죄악이 올 때 일컫는 말이다.

【용례】 사람 죽이기를 파리 목숨 없애는 것보다 쉽게 여기는 그런 인간들은 한푼 어치 온정을 베풀 필요가 없어. 그야말로 "국인개왈가살"이 아니고 뭔가. 가차 없이 징벌해야 해.

국척 跼蹐

跼 : 구부릴(국) 蹐 : 살살걸음(척)

ㄱ

【뜻풀이】 국천척지(跼蹐天地)의 준말. 머리가 하늘에 닿을까 봐 허리를 구부리고, 땅이 꺼질 것을 두려워하여 발을 조심스럽게 걷는다는 뜻이다. 즉, 겁이 많아서 몸 둘 바를 모르는 상태를 비유한다.

【출전】『시경·소아편』의 〈정월(正月)〉의 제6연에서 그 용례를 찾을 수 있다.

「하늘이 높다고들 말하지만
몸을 굽히지 않을 수 없네.
땅이 두텁다고들 말하지만
살살 걷지 않을 수 없네.
이렇게 호소하는 소리
도리도 있고 이유도 있네.
서럽다 지금 사람들이여
어쩌다 도마뱀이 되었을까?
謂天蓋高
不敢不跼
謂地蓋厚
不敢不蹐
維號斯言
有倫有脊
哀今之人
胡爲虺蜴」

이 작품은 소인배들이 정권을 잡고 올바른 사람들에게 해를 끼치는 어지러운 현실을 개탄한 것이다. 그런 시대에는 행여 하늘이라도 무너질까 허리를 굽히고 땅이 꺼질까 조심해 걸으면서 화를 피해야 한다는 말이다. 시대를 풍자하는 의미가 강한 시구였는데, 오늘날에는 단지 겁 많고 소심한 행동을 비유할 때 쓰인다.

【용례】 저 사람은 왜 저렇게 소심하지. "국척"대는 모양이 마치 천하의 죄는 혼자 다 뒤집어쓴 사람 같다니까.

국파산하재 國破山河在

國 : 나라(국) 破 : 깨질·깨뜨릴(파)
山 : 메(산) 河 : 물이름(하)
在 : 있을(재)

【뜻풀이】 나라는 깨졌어도 산하는 의연하다. 인간사의 극심한 변화에는 아랑곳하지 않고 나름대로의 순리에 따라 존재하는 자연의 모습을 대비적으로 보여 주는 말이다.

【출전】 두보(杜甫)의 〈춘망(春望)〉이라는 시의 한 구절이다.

「나라는 깨졌어도 산하는 의연해
성 안에 봄이 오자 초목은 흐드러지네.
때를 느낀 듯 꽃은 망울져 피고
이별이 서러워 새는 놀란 듯 운다.
봉홧불은 석 달 동안 연이어지고
집안 편지는 만금으로도 볼 길 없구나.
흰 머리 자주 쓸어 더욱 짧아지니
쓸어 묶으려도 비녀질조차 안 되네.
國破山河在
城春草木深
感時花濺淚
恨別鳥驚心
烽火連三月
家書抵萬金
白頭搔更短
渾欲不勝簪」

두보의 나이 43세 때 주조참군(胄曹參軍)이란 관직에 오른 그는 그럭저럭 안정된 생활을 꾸릴 수 있게 되었다. 그랬는데 755년 11월에 황제의 주변에 있는 간신배들을 토벌한다는 명목 아래 안록산(安祿山)이 반란을 일으켰다. 그는 낙양을 점령한 뒤 대연황제(大

燕皇帝)라 자칭하면서 수도 장안을 위협했다. 이 와중에 두보와 그의 일가족도 난을 피해 산속으로 목숨을 걸고 탈주해야 했다.

미관말직(微官末職)에 앉았다는 이유로 애꿎게 도망자가 되어 버린 두보는 여기저기 피난을 다니다가 영무(靈武)에서 즉위한 숙종(肅宗)을 배알하기 위해 길을 떠났다가 적병의 손에 체포되고 말았다.

이때 비록 포로가 되기는 했지만 벼슬이 그리 높지 않았고 또 남달리 겉늙어 보이는 그였는지라 허약한 노인으로 여겼기 때문에 큰 위험은 겪지 않고 안전하게 장안에 머물 수 있었다. 그곳에 머물면서 그는 전쟁으로 쑥밭이 되어 버린 황량한 장안의 거리 풍경을 직접 목격할 수 있었다.

한때 세계 최고의 제국으로 불리던 당나라의 수도 장안은 명성에 걸맞게 화려하고 웅장한 도시였다. 그런 장안이 이제는 전쟁의 손아귀에 할퀴여 한낱 폐허로 변해 버렸다. 남달리 애국심이 강하고 민중들의 고통을 아파했던 두보였다. 당연히 회한과 자탄이 터져 나올 수밖에 없었을 것이다.

이러한 심경이 담긴 작품이 바로 〈춘망〉이다. 전쟁으로 폐허가 되었어도 자연의 이치는 어김없이 다시 봄을 맞이했다. 만물이 생기를 되찾으면서 나뭇가지에도 꽃망울이 맺히더니 하나둘씩 터져 만개하였다. 화살이 박히고 칼날에 찢긴 나무라 해서 예외는 아니었다. 사람들은 전화에 휩싸여 허덕이는데, 자연은 아는지 모르는지 자신의 삶을 영위해 나가는 것이다.

혼란의 와중에서도 자연의 변화를 놓치지 않고 세심하게 읽는 시인으로서의 두보와 삶의 허망함을 자연의 영구성과 대비시킨 두보의 시심(詩心)을 읽을 수 있는 성어다.

【용례】 경제 발전을 위해 어쩔 수 없는 일이겠지만 그간 국토가 상처를 너무 많이 입었어. 물마다 산마다 오염되지 않은 곳이 없구나. 그래도 봄이라고 폐허 속에서도 꽃은 피는군. "국파산하재"로구나.

군명유소불수
君命有所不受

君 : 임금(군) 命 : 목숨(명)
有 : 있을(유) 所 : 바(소)
不 : 아닐(불) 受 : 받을(수)

【뜻풀이】 전쟁을 치를 때에는 상황에 따라 장수는 임금의 명령도 듣지 않을 수 있다는 말이다.

【출전】 『사기·손자오기열전(孫子吳起列傳)』에 다음과 같은 이야기가 있다.

춘추시대 제(齊)나라 경공(景公) 때 일이다. 제나라는 이웃인 진(晉)나라와 연(燕)나라의 침략을 받아 번번이 패하여 위기에 처하곤 했다. 경공은 양저(穰苴)를 대장군으로 임명하여 군대를 지휘하게 하고 장가(莊賈)라는 총신을 감군(監軍)으로 임명하였다.

다음날 양저가 장가를 만나기로 약속하고 군문 앞에서 기다리고 있었다. 그러나 임금의 총애를 믿고 평소부터 교만했던 장가는 시간을 어기고 저녁때가 지나서야 나타났다. 그러자 양저는 장가를 꾸짖은 다음 그 자리에서 목을 쳐 버리고 말았다.

지각했다는 이유로 총신의 목이 날아가자 놀란 군사들은 두려움에 떨었다. 이 소식이 적진에도 전해지자 적은 싸우기도 전에 지레 겁을 먹고 달아나 버렸다.

또 오(吳)나라의 병법가 손무(孫武)는 궁녀들을 훈련시키라는 왕의 명령을 받아 대장으로 뽑힌 왕의 총희(寵姬)를 명령 불복종으로 목을 베려 하였다. 오왕 합려(闔閭)가 이 소식을 듣고 사람을 급히 보내 용서를 청했지만, 손무는 단호하게 말했다.

"신은 이미 왕의 명령을 받아 장군이 되었습니다. 장군은 진중에 있을 때 임금의 명령을 받지 않는 경우도 있습니다.(臣旣已受命爲將 將在軍 君命有所不受)"

그리고는 총희의 목을 날리자 그때까지 웃으며 재잘거리던 궁녀들은 얼굴이 하얗게 질려 훈련에만 열중했다.(➡ 삼령오신三令五申 참조)

【용례】 아무리 사장님의 명이라지만, 여기는 현장입니다. 현장의 일은 현장감독에게 맡겨야죠. "군명유소불수"라 하지 않았습니까?

군욕신사 君辱臣死

君 : 임금(군) 辱 : 욕될(욕)
臣 : 신하(신) 死 : 죽을(사)

【뜻풀이】 임금이 치욕을 당하면 신하는 죽는다. 임금과 신하는 생사고락(生死苦樂)을 함께한다는 뜻이다.

【출전】 『국어·월어(越語)』에 다음과 같은 범려(范蠡)의 말이 있다.

"남의 신하가 된 사람은 임금이 근심하면 이를 해결하고자 애쓰는 법이며, 임금이 치욕을 당하면 이를 갚기 위해 신하는 목숨을 버려야 한다.(爲人臣者 君憂臣勞 君辱臣死)"

『한비자』에도 "군주가 치욕을 당하면 신하는 괴로워하니 상하가 서로 근심을 함께한 것이 오래되었다.(主辱臣苦 上下相與同憂久矣)"는 말이 나온다.

임금과 신하가 이처럼 일심동체(一心同體)가 되어 일을 함께할 때 마침내 바라던 과업이 이룩된다. 그런 일체감은 바로 믿음을 바탕으로 이루어지는 것이다. 이는 넓은 의미에서 보면 나라와 국민 사이의 일체감이 이루어질 때도 마찬가지로 적용될 수 있다.

『논어·안연편(顔淵篇)』에 다음과 같은 이야기가 나온다.

자공(子貢)이 공자에게 물었다.

"정치는 어떻게 해야 합니까?"

공자가 대답하였다.

"먹을 것이 풍족해야 하고 군사력이 충분해야 하며 백성들이 믿고 따라야 할 것이다.(足食 足兵 民信之矣)"

자공이 다시 물었다.

"그 중 하나를 부득이한 사정으로 버려야 한다면 무엇을 먼저 버려야 합니까?"

"군사력부터 버려야 한다."

"또 부득이해서 버려야 한다면 어느 것을 버려야 합니까?"

"식량을 버려야겠지. 예로부터 사람은 모두 죽었지만 백성들의 믿음이 없이 임금 자리를 지탱했던 사람은 없었다.(去食 自古皆有死 民無信不立)"

이처럼 믿음이 존재할 때 생사도 함께 하는 것이고, 이런 믿음으로 선 나라는 영원히 그 국기(國基)를 지탱할 수 있는 것이다.

【용례】 독재자의 말로가 얼마나 초라한지는 우리가 요즘 흔히 보아 왔다. 국민과 부하를 믿음으로 따르게 하지 않고 힘으로 눌렀으니 당연한 결과라고 할 수 있다. 참된 지도자는 사람들이 "군욕신사"하도록 스스로 반성하고 애써야 한다.

군자불기 君子不器

君 : 임금(군) 子 : 아들(자)
不 : 아닐(부) 器 : 그릇(기)

【뜻풀이】 군자는 그릇으로 잴 수 없다.

즉, 군자는 기량이 워낙 커서 측량할 수 없다는 뜻이다. 군자는 유가(儒家)에서 말하는 가장 이상적인 인간을 지칭하는 말이다. 군자는 도덕적으로 순수할 뿐 아니라 모든 기량을 갖추고 있어서 어떤 일이든지 수행할 수 있는 능력이 있다. 때문에 일정 분량만 담을 수 있는 그릇이 아니라는 것이다.

【출전】 『논어 · 위정편(爲政篇)』에 나오는 말이다.

주희(朱熹)에 따르면, 그릇은 각각 그 쓰임새에 적당한 능력밖에 없지만 덕을 이룬 선비는 어떤 한 가지 재주나 기술에만 국한되지 않아서 이렇게 부른다고 했다.

여하간 이 군자불기라는 말은 사람이 덕성을 갖추고 능력이 뛰어나며 인격적으로 완성된 모습으로 있는 것을 비유할 때 쓰인다.

【용례】 사람이 배우는 이유는 훌륭한 인간이 되기 위해서다. 그러니 부지런히 학업을 연마하고 인격을 가꾸어 "군자불기"하는 일꾼이 되길 바란다.

군자삼계 君子三戒

君 : 임금(군) 子 : 아들(자)
三 : 석(삼) 戒 : 경계할(계)

【뜻풀이】 군자가 일생을 살아가면서 지켜야 할 세 가지 경계. 나이에 따라 특히 조심해야 할 점을 열거한 것이다.

【출전】 『논어 · 계씨편(季氏篇)』 다음과 같은 말이 나온다.

「공자께서 말씀하셨다.

"군자에게는 세 가지 경계해야 할 일이 있다. 젊었을 때에는 혈기가 아직 안정되지 않았으니 여색을 조심해야 한다. 장성해서는 혈기가 바야흐로 굳세어지니 싸움을 조심해야 한다. 늙어서는 혈기가 이미 쇠약해졌으니 뭔가를 차지하려는 욕심을 조심해야 하느니라."

(孔子曰 君子 有三戒 少之時 血氣未定 戒之在色 及其壯也 血氣方剛 戒之在鬪 及其老也 血氣旣衰 戒之在得)」

인생을 크게 세 시기로 나누면 청소년기와 장년기, 노년기로 나눌 수 있다. 이 시기는 모두 한 사람이 살아가는 것이지만 신체적인 여건이나 사회적 지위가 다른 만큼 특별히 주의해야 할 부분도 달라진다. 이것에 대해 공자는 위와 같이 지적했던 것이다.

청소년기 때 주의해야 할 점은 색욕(色慾)이다. 나이 15세에서 20세를 전후한 시기의 남자는 혈기가 왕성하여 세상에 두려울 것이 없다. 힘도 넘치고 나날이 굳세어지니 눈에 겁나는 것이 없다. 그러나 이 시기의 혈기는 왕성하여 주체하기 어렵기도 하지만 여전히 불안정하다. 때문에 혈기의 흐름이 자칫 감정에 치우치기 쉽다. 이성적인 판단보다 본능적인 감각이 앞서기 때문에 쉽게 유혹에 빠지는데 특히 여색의 유혹에 약하다. 그래서 여자 문제로 괴로워하거나 고민하기 쉬운 것이다.

장년기에는 다툼을 삼가야 한다. 나이 20

세에서 40세까지의 혈기는 청소년기 때보다는 안정되었지만 아직도 왕성하고 의욕(意慾)도 넘친다. 또한 사회에 나아가 경쟁을 하면서 자기의 자리를 차지해야 하는 시기이기 때문에 여러 경쟁자와 싸워야 하고 또 이겨야 한다. 그런 경쟁이 어쩔 수 없는 선택이긴 하지만 싸워 이기는 일에만 쾌감을 느껴 무모한 경쟁에 빠진다면 결국 패배를 자초하고 좌절감과 상실감에 젖어 인생을 그르치기 쉽다. 때문에 무모한 싸움보다는 지혜로운 양보와 공존을 모색할 줄 알아야 하는 것이다.

노년기는 인생을 정리하는 시기다. 지금까지 살아온 길을 되돌아보고 미진했던 부분을 보충하거나 졸가리를 만들기도 해야 한다.

인생에 대한 경험이나 안목은 넓어졌고 풍부해졌지만 대신 혈기는 많이 쇠퇴한 상태다. 때문에 여색에 대한 관심도 줄어들고 자신감이나 성취욕도 예전만 못하다. 또 미처 이루지 못한 지난 일에 대한 미련이나 아쉬움도 밀려오는 때다. 이럴 때 자칫 일이나 물질에 대해 과욕을 부리면 마음만큼 몸이 따르지 못하기 때문에 큰 낭패(狼狽)를 당할 수 있다. 그것이 바로 노욕(老慾)인데, 때로 지나치면 노추(老醜)를 보이기도 한다.

인생의 황혼기에 노탐(老貪)에 빠져 굶주린 개처럼 헐떡거린다면 참으로 추악할 것이다.

물론 인생을 살면서 우리가 주의해야 할 일이 이 세 가지만은 아니다. 또 어느 시기에나 여색이나 투쟁, 탐욕은 경계해야 한다. 인간이 짐승과 다른 점은 바로 욕망을 절제하고 조절할 수 있는 데 있음을 잊어서는 안 될 것이다.

【용례】 관 뚜껑에 못이 박혀 봐야 사람은 판단할 수 있다더니, 정년을 앞둔 이사가 접대비를 착복한 데다 아래 직원들에게 줘야 할 상여금까지 횡령했다네. "군자삼계"를 본받기는커녕 소인삼악(小人三惡)을 실천하는 사람이라고 해야겠지.

군자삼락 君子三樂

君 : 임금(군) **子** : 아들(자)
三 : 석(삼) **樂** : 즐거울(락)

【뜻풀이】『맹자·진심장구(盡心章句)』 상편에 다음과 같은 이야기가 있다.

「군자에게는 세 가지 즐거움이 있으니 이 중에는 덕으로 천하를 다스리는 일은 포함되지 않는다. 부모님이 다 생존해 계시고 형제들이 모두 무고한 것이 첫 번째 즐거움이고, 하늘을 우러러 부끄러움이 없고 아래로 남들에게 부끄러움이 없는 것이 두 번째이며, 천하의 뛰어난 인재를 얻어 그들을 가르치는 것이 세 번째다. 군자에게는 세 가지 즐거움이 있으니, 그 중에 덕으로 천하를 다스리는 일은 포함되지 않는다.

(君子有三樂 而王天下 不與存焉 父母俱存 兄弟無故 一樂也 仰不愧於天 俯不怍於人 二樂也 得天下英材 而敎育之 三樂也 君子有三樂 而王天下 不與存焉)」

맹자는 공자의 뒤를 이어 유가 사상을 더욱 발전시키고 공자 사상에 철학성을 부여한 인물이다. 공자의 이론은 인간의 원형적인 품성에 근거하여 학설을 설파함으로써 논리적인 연관 관계가 부족한 측면도 있었다. 이것을 보완하고 체계화한 사람이 맹자다.

그는 당대의 논객이나 임금들과 논쟁을 벌

이면서 그들을 설득하고 유가 사상을 전파하기에 힘썼다.

왜냐하면 그가 산 시대는 공자 시대보다 훨씬 제후들 간의 알력과 경쟁이 극심해진 상황이었기 때문이다. 그래서 단순히 감정에 호소하는 방식으로는 그들과의 대결에서 설득력을 가지기 힘들었던 것이다.

군자삼락이라는 격언을 내세우면서 한편으로 왕천하하는 일만은 극구 배제한 것도 기존의 질서를 수용하면서 현실적인 개혁을 달성하자는 의도가 다분하다. 혁명론(革命論)을 주장할 만큼 과격한 그였지만 기존 질서를 완전히 와해시키는 상황까지는 원하지 않았던 것이다.

공자도 삼락에 대해 이야기했는데, 그때의 낙은 맹자의 경우와는 달리 부정적인 즐거움에 해당한다. 즉, "손해가 되는 세 가지 즐거움(損者三樂)"이라 해서 "교만에 빠진 즐거움, 방탕한 즐거움, 주연의 즐거움(驕樂·佚遊·宴樂)"〔『논어·계씨편(季氏篇)』〕을 들고 있는 것이다.

【용례】 내가 세상을 살면서 잘못도 많이 저질렀고 더구나 제자를 거느릴 주제도 못 되는 위인이지만, 저렇게 부모님께서 건강하시고 형제들이 별 탈 없는 것을 보면 "군자삼락" 중에서 가장 큰 즐거움을 누릴 복은 있는가 봐.

군자삼외 君子三畏

君 : 그대(군) **子** : 당신(자)
三 : 석(삼) **畏** : 두려워할(외)

【뜻풀이】 군자가 경계해야 할 세 가지 일. 삼외(三畏)란 천명(天命)과 대인(大人), 성인(聖人)의 말을 가리킨다.

【출전】『논어·계씨편(季氏篇)』에 나오는 말이다.

「공자께서 말씀하셨다.

"군자에게는 세 가지 두려워하는 일이 있다. 천명(天命)을 두려워하고, 대인(大人)을 두려워하며, 성인(聖人)의 말씀을 두려워한다. 그러나 소인배는 천명을 알지 못하여 두려워할 줄 모른다. 때문에 대인에게 함부로 대하며, 성인의 말씀도 업신여기느니라."

(孔子曰 君子有三畏 畏天命 畏大人 畏聖人之言 小人 不知天命而不畏也 狎大人 侮聖人之言)」

첫 번째 두려워해야 할 것은 천명이다. 천명은 하늘이 인간을 내면서 내린 임무다. 사람으로 태어나게 해 준 일이 고마운 만큼 주어진 책임도 크기 때문에 두려운 것이다.

두 번째는 대인을 두려워해야 한다. 대인이란, 덕이 높고 도량이 큰 인격자를 말한다. 이런 사람의 언행을 본받아 실천해야 하니 부족할까 두려운 것이다.

세 번째는 성인의 말씀, 즉 가르침이다. 하늘의 바름이 실현된 것이 성현의 말씀이니 거울삼아 부족함을 깨닫고 고쳐야 하니 두려울 수밖에 없다.

공자는 이 말을 하면서 아울러 소인(小人)의 얄팍한 잔꾀에 대해서도 언급하였다. 그들은 자신의 하찮은 재주만 믿고서 천명을 무시하고 대인과 성인의 말씀도 업신여긴다. 군자와 소인의 차이는 종이 한 장 차이임을 생각한다면 더욱 겸손해지지 않을 수 없다.

【용례】 네가 아무리 철부지라지만 그렇게 저밖에 몰랐으니, 누가 너를 위해 도움을 주겠니. "군자삼외"를 모르면 그 재앙은 너에게 다 돌아갈 뿐이야.

ㄱ

군자원포주 君子遠庖廚

君 : 임금(군) 子 : 아들(자)
遠 : 멀·멀리할(원)
庖 : 푸줏간·요리사(포) 廚 : 부엌(주)

【뜻풀이】 군자는 푸줏간과 부엌을 멀리 한다. 군자는 덕이 있어 짐승의 죽음이나 죽으면서 내는 비명을 차마 보거나 듣지 못한다. 또 비명 소리를 듣고서는 차마 그 고기를 먹을 수 없기 때문에 푸줏간과 부엌을 피한다는 것이다.

【출전】 이 성어는 『예기·옥조편(玉藻篇)』과 『맹자·양혜왕장구(梁惠王章句)』 상편에 나온다.

『맹자』에 보면 맹자가 양혜왕과 나눈 대화가 나온다. 맹자는 덕치(德治)를 논하면서 이를 "차마 하지 못하는 마음(不忍之心)"과 결부시켜 "차마 하지 못하는 정치(不忍之治)"를 한다면 천하를 덕으로써 지배할 수 있을 것이라고 충고한다. 여기서 예로 든 것이 흔종(釁鐘, 옛날에 종을 주조한 뒤 종 표면에 생긴 구멍을 메우기 위해 짐승의 피를 바르는 의식) 때 있었던 혜왕의 일화다.

혜왕은 소가 비통하게 울면서 도살장으로 끌려가는 것을 차마 보지 못하고 소를 풀어 주라고 하면서 대신 양으로 흔종을 하라고 명령했다. 이 소식을 들은 백성들은 임금이 인색하다고 비난했는데, 큰 소 대신 작은 양을 죽여 썼기 때문이었다. 이런 실례를 들어 맹자는 양혜왕이 덕으로 천하를 다스릴 수 있는 바탕을 지녔다고 확언했던 것이다. 즉, 소의 비통한 울음소리를 듣자 마음에 내재해 있던 불인지심이 촉발되어 나왔고, 그로 말미암아 소를 죽이지 말라고 했지만 아직 양의 울음소리는 듣지 못했기 때문에 양으로 대신하라고 했던 것이다. 그런 뒤 의아해하는 왕에게 맹자는 결론적으로 이렇게 말한다.

"왕께서는 조금도 괴로워할 필요가 없습니다. 이것이 바로 어진 바탕입니다. 왕께서는 소는 보았지만 양은 보시지 못했던 것입니다. 군자는 짐승을 대할 때 그 살아 있는 것을 보고는 차마 죽는 것을 보지 못하고, 그 비통한 울음소리를 듣고서는 차마 그 고기를 먹지 못하는 법입니다. 이런 이유로 군자는 푸줏간과 부엌을 멀리하는 것입니다.(無傷也 是乃仁術也 見牛不見羊也 君子之於禽獸也 見其生 不忍見其死 聞其聲 不忍食其肉 是以君子遠庖廚也)"

반드시 해야 하지만 워낙 어진 품성으로 인해 차마 못 할 때 아예 그런 어진 덕성이 싹틀 여지를 막아 버리는 경우, 이런 성어가 쓰일 수 있을 것이다.

【용례】 자네같이 술주정이 심한 사람은 아예 술집 근처에도 안 가는 게 좋을 거야. "군자원포주"라 하지 않았나. 화근(禍根)은 싹부터 도려내야지.

군자유구사 君子有九思

君 : 임금(군) 子 : 아들(자)
有 : 있을(유) 九 : 아홉(구)
思 : 생각(사)

【뜻풀이】 군자에게는 아홉 가지 생각이 있다. 즉, 사람이 살아가면서 늘 가슴속에 명심해야 할 아홉 가지 소신을 말한다.

【출전】 『논어·계씨편(季氏篇)』에 다음과 같

은 말이 있다.

"군자에게는 아홉 가지 생각이 있어야 한다. 볼 때는 밝음을 생각해야 하고, 들을 때는 총명한 것을 생각해야 하며, 얼굴빛을 가질 때는 온화함을 생각해야 하고, 용모를 갖출 때는 공손함을 생각해야 하며, 말을 할 때는 충성을 다할 것을 생각해야 하고, 일을 할 때는 경건함을 생각해야 하며, 의심이 들 때는 물어볼 것을 생각해야 하고, 화가 날 때는 그 화로 말미암아 처하게 될 어려움을 생각해야 하고, 뭔가를 얻게 될 때는 의로운가를 생각해야 한다.(君子有九思 視思明 聽思聰 色思溫 貌思恭 言思忠 事思敬 疑思問 忿思難 見得思義)"

군자란 알게 모르게 남의 모범이 되고 남의 행동에 기준이 되기 쉽다. 군자라는 단어를 지식인으로 바꾸어 생각한다면 이 말은 오늘날에도 여전히 유용한 경구가 될 수 있겠다.

【용례】 때로 독단이 필요할 때도 있지만 항상 네 자신이 옳다는 생각은 버려야 한다. "군자유구사"라 했다. 무슨 일을 하든지 자신을 되돌아보는 시간을 갖도록 하거라.

군자이사이난열야
君子易事而難說也

君 : 임금(군) 子 : 아들(자)
易 : 쉬울(이) 事 : 섬길(사)
而 : 어조사(이) 難 : 어려울(난)
說 : 기뻐할(열) 也 : 이끼(야)

【뜻풀이】 군자는 섬기기는 쉬워도 기쁘게 하기는 어렵다.

【출전】 『논어·자로편(子路篇)』에 다음과 같은 말이 있다.

「공자께서 말씀하셨다.

"군자는 섬기기는 쉽지만 기쁘게 하기는 어렵다. 올바른 도가 아니면 기뻐하지 않기 때문이다. 그러나 군자가 사람을 부릴 때는 각자의 기량과 재능을 살펴 부린다. 그러나 소인은 섬기기는 어렵지만 기쁘게 하기는 쉽다. 그를 기쁘게 하기 위해서 비록 올바른 도가 아닌 방법을 쓴다고 해도 마음에 흡족하면 기뻐하기 때문이다. 그러나 소인이 사람을 부릴 때는 완전히 갖출 것을 요구한다."

(子曰 君子易事而難說也 說之不以道 不說也 及其使人也 器之 小人難事而易說也 說之雖不以道 說也 及其使人也 求備焉)」

군자와 소인의 차이를 이렇게 정확하게 비교한 예는 다시 찾을 수 없을 것이다. 비위만 맞춰 주면 뭐든지 좋다고 하는 인간들이 이 세상에는 얼마나 많은가. 그러나 정작 그런 인간들은 조금이라도 자기 마음에 들지 않거나 불리해질 듯하면 가차 없이 사람을 버린다. 그야말로 달면 삼키고 쓰면 뱉어 버리는 인간이 이런 소인배들이다.

그러나 덕을 갖춘 군자는 마음속에 절대 불변의 원칙이 자리하고 있기 때문에 무작정 기뻐하지도 않고 노여워하지도 않는다. 때문에 원칙에 어긋나지 않으면 섬기기에 아무런 장애도 없는 것이다. 또 그들은 사람을 부릴 때도 느닷없이 아무 일이나 마구 맡기지 않는다. 그가 할 수 있는 일을 시키고 할 수 없는 일이라면 마땅한 사람을 찾아 시킨다. 때문에 무슨 일을 하든 힘들지 않고 즐겁기까지 하다.

겉으로는 군자인 체하지만 알고 보면 소인배만도 못한 인간을 우리는 하루하루 안 보고 지날 수 없는 그런 시대를 살고 있다. 참으로 역겨운 일이 아닐 수 없다.

【용례】 우리 과장님과 같이 일을 하면 그렇게 유쾌할 수가 없어. 워낙 엄격해서 때로 불편하기도 하지만 그분의 원칙만 알면 일하기가 더없이 수월해지지. 군자는 기쁘게 하기는 어려워도 섬기기는 쉽다("군자이사이난열야")는 말은 우리 과장님을 두고 하는 말일 거야.

군자지덕풍 君子之德風

君 : 임금(군) 子 : 아들(자)
之 : 어조사(지) 德 : 큰(덕)
風 : 바람(풍)

【뜻풀이】 군자의 덕은 바람과 같다. 바람이 불면 풀이 그 방향으로 눕듯이 윗사람의 행동은 곧 아랫사람이 행동하는 데 표본이 된다는 말이다. 지도적인 위치에 서 있는 사람의 경거망동(輕擧妄動)을 경계하는 뜻이 담겨 있다.

【출전】 『논어·안연편(顔淵篇)』에 다음과 같은 이야기가 나온다.

계강자(季康子)가 하루는 정치에 대해 공자(孔子)에게 물었다.

"무도한 인간들을 죽이고 도가 있는 사람을 공직에 나아가게 한다면 어떻겠습니까?"

공자가 대답했다.

"그대가 정치를 하겠다고 하면서 어떻게 사람 죽이는 방법을 쓰겠다는 것이오? 그대가 먼저 착해지려고 노력하면 백성들도 착해질 것입니다. 군자의 덕은 바람과 같은 것이고 소인의 덕은 풀과 같은 것입니다. 바람이 불면 풀은 반드시 바람에 쓸려 따르게 마련이지요.(子爲政 焉用殺 子欲善而民善矣 君子之德風 小人之德草 草尙之風 必偃)"

남을 지도하고 다스리는 입장에 서 있는 사람이라면 먼저 솔선수범(率先垂範)해야 할 것이다. 자신은 온갖 부정한 짓을 도맡아 하면서 아랫사람에게 정도를 걸으라고 한다면 이 말을 들을 사람은 아무도 없을 것은 너무나 당연하다. 우리 속담에 "윗물이 맑아야 아랫물이 맑다."는 말이 있는데, 바로 이 성어와 그 의미가 동일하다.

【용례】 아범아, 네가 이번에 국장으로 승진했다니 축하할 일이구나. 자리란 게 올라가면 갈수록 책임은 무거워지고 행동거지 하나하나가 조심스러워지게 마련이다. 군자의 덕은 바람과 같다("군자지덕풍")고 하지 않느냐. 매사에 주위 사람의 모범이 되도록 노력해야 한다.

군자표변 君子豹變

君 : 임금(군) 子 : 아들(자)
豹 : 표범(표) 變 : 변할·바뀔(변)

【뜻풀이】 군자는 표범과 같이 변한다. 군자는 허물을 고쳐 바른 길로 나가는 것이 표범이 가을에 새로 털갈이를 하는 것처럼 분명하다는 뜻이다.

【출전】 이 성어는 『주역』의 〈혁괘(革卦)〉에 딸린 효사(爻辭)인 〈구오(九五)〉와 〈상륙(上六)〉에서 유래했다.

구오 : 대인은 표범처럼 변한다. 점을 치지 않아도 바름이 있다.(九五 大人豹變 未占有孚)

상륙 : 군자는 표범과 같이 변하고 소인은 얼굴을 바꾼다. 가면 흉하고 머물러 있으면 곧고 길하다.(上六 君子豹變 小人革面 征凶居貞吉)

이 말의 뜻을 간추리면 다음과 같다.

"임금에게는 천하를 혁신해서 큰 사업을 성

취하는 기상이 있기 때문에 표범이 가을날에 털갈이를 해서 가죽의 아름다움을 더하는 것에 비유할 수 있다. 따라서 군이 점을 쳐서 길흉을 알아보지 않더라도 사람들로부터 올바르다는 평을 얻는 것이다.(九五)"

"조용히 때를 기다리면 혁명이 성취될 것이기 때문에 이 대업에 참여한 군자의 공은 가을에 표범의 털이 아름답게 변하는 것처럼 빛난다. 그러면 덕이 없는 소인들은 임금의 덕에 감화 받아 얼굴빛을 바르게 바꿀 것이다. 다만 혁명은 중대하고 자칫 백성들의 희생이 뒤따르는 수가 있으므로 힘으로 강행한다면 흉해질 수 있으니 꾹 참고 성과가 오기만을 기다린다면 결국 길하게 된다.(上六)"

이렇게 원래는 긍정적인 의미로 쓰였는데, 오늘날에는 요령이나 수완 좋은 처세술을 일컬을 때도 사용한다.

【용례】 이번 일은 변명의 여지없이 제 잘못입니다. 주제넘은 욕심이겠지만 이후부터는 "군자표변"의 결심으로 다시는 같은 실수를 되풀이하지 않겠습니다. 부디 용서해 주시기 바랍니다.

군자피삼단 君子避三端

君 : 임금(군) **子** : 아들(자)
避 : 피할(피) **三** : 석(삼) **端** : 끝(단)

【뜻풀이】 군자는 세 가지 끝을 피한다. 즉, 군자는 일생 동안 남과 다툼을 벌이지 않고 자신의 몸을 지킨다는 말이다.

【출전】 『한시외전(韓詩外傳)』에 다음과 같은 말이 있다.

"새 중에서 고운 깃털과 갈고리 같은 부리를 가진 것을 새는 두려워하고, 물고기 중에서 큰 입과 아랫배가 축 처진 것을 물고기는 두려워하며, 사람 중에는 구변이 날카롭고 말을 요란하게 하는 이를 사람들은 두려워한다. 이렇기 때문에 군자는 세 가지 끝을 피한다. 즉, 글쟁이의 붓끝과 칼잡이의 칼끝 그리고 말쟁이의 혀끝이 그것이다.(鳥之美羽勾喙者 鳥畏之 魚之侈口垂腴者 魚畏之 人之利口贍辭者 人畏之 是以君子避三端 文士之筆端 武士之鋒端 辯士之舌端)"

이 말은 자기에게 위해를 가할 소지가 많은 사람들에게는 미리 조심해서 약점을 보이지 않는다는 말이다. "똥은 무서워서 피하는 것이 아니고 더러워서 피한다."는 속담과도 상통하는 성어인데, 화근을 아예 미연에 막음으로써 자신의 몸과 마음을 더럽히지 않는 지혜를 보여 준다.

【용례】 처음부터 그런 인간하고 언쟁을 벌인 네가 잘못이다. 남 험담 못해 몸살이 난 애를 붙잡고 그런 소릴 하다니, "군자피삼단"이란 말도 몰랐니?

군책군력 群策群力

群 : 무리(군)
策 : 방법 · 책략(책) **力** : 힘(력)

【뜻풀이】 여러 사람이 다 같이 방법을 생각해 짜내고 함께 힘을 모으다. 민중이 지혜와 힘을 쏟아 붓다.

【출전】 진왕조 말년과 한왕조 초기에 펼쳐진 초한 전쟁은 한(漢)나라의 승리와 초(楚)나라의 패배로 결말이 났다. 초패왕 항우(項羽)는 해하(垓下, 오늘날의 안휘성 영벽현 동

남쪽)에서 한나라 군에 의해 대패한 다음 오강(烏江, 오늘날의 안휘성 화현 동북쪽)에 이르러 자결하고 말았다. 그때 그는 "이것은 하늘이 나를 망하게 하는 것이다."고 세 번이나 곱씹어 말했다. 즉, 그는 전투에서나 모든 면에서 다 잘못이 없었는데도 패배한 것은 오로지 천명(天命) 때문이었다는 것이다.

그러나 한나라 때의 문인 양웅(揚雄)은 항우의 이러한 생각에 동의하지 않고 그의 저서 『법언(法言)·중려편(重黎篇)』에서 다음과 같이 논평하였다. 즉, 초한 전쟁에서 한나라가 승리한 것은 여러 사람이 계책을 생각해내고 힘을 쏟았기 때문이며(漢屈群策 群策屈群力), 그에 반해서 항우는 필부지용(匹夫之勇)만 믿고 부하들의 적극성을 충분히 발휘시키지 않았으며 그들의 계책을 무시했기 때문이라는 것이다.(▶ 필부지용匹夫之勇 참조)

군책군력은 바로 양웅의 이 말에서 나온 성어다. 물론 그가 말한 군(群)은 통치자 수하의 책사(策士)들을 말하는 것으로 오늘날 우리가 말하는 민중이 아닌 것은 분명하다. 그렇다 해도 여러 사람의 의견을 경청한 유방(劉邦)의 태도는 본받을 만하다고 할 수 있다.

【용례】 회사가 부도가 났다 해서 넋 놓고 앉아 있을 수만은 없습니다. "군책군력"으로 이 난국을 타개할 수 있도록 힘써 봅시다. 하늘은 스스로 돕는 자를 돕는다잖습니까.

굴신제천하 屈臣制天下

屈 : 굽을(굴) 臣 : 신하(신)
制 : 다스릴(제) 天 : 하늘(천)
下 : 아래(하)

【뜻풀이】 신하에게 허리를 굽혀 천하를 다스림. 자신보다 못한 사람에게 허리를 굽혀 큰일을 성취한다는 뜻으로, 극천하이굴신(克天下而屈臣)이라고도 한다. 우리 속담 "이 보 전진을 위한 일 보 후퇴"가 여기에 해당한다.

【출전】 『전국책(戰國策)·진책(秦策)』에 다음과 같은 이야기가 나온다.

진(秦)나라와 조(趙)나라가 대결한 장평(長平) 싸움에서 진나라가 승리한 지 1년 뒤 진나라 소왕(昭王)은 재차 조나라를 공격하려고 했다. 이때 진나라의 명장 무안군(武安君) 백기(白起)가 이에 반대하면서 소왕에게 말했다.

"지금은 공격할 적기가 아닙니다. 장평 싸움에서 우리가 대승을 거두었지만, 전사자를 묻고 부상자를 보살피는 일로 많은 재정이 소비되었습니다. 게다가 조나라는 비록 전쟁에 패하여 전사자나 부상자를 제대로 돌보지는 못했지만, 온 국민이 슬픔 속에 위로하며 부흥에 힘썼습니다. 때문에 국력이 제법 탄탄해졌고, 신하들도 밤낮 없이 정치에 힘쓰고 있습니다. 그러니 이런 때 조나라를 공격하는 것은 현명한 처사가 아닙니다.(長平之事 秦軍大剋 趙軍大破 秦人歡喜 趙人畏懼 秦民之死者厚葬 傷者厚養 勞者相饗 飮食餔餽 以靡其財 趙人之死者不得收 傷者不得療 涕泣相哀 勠力同憂 耕田疾作 以生其財 今王發軍雖倍其前, 臣料趙國守備亦以十倍矣 趙自長平已來 君臣憂懼 早朝晏退 卑辭重幣 四面出嫁 結親燕魏 連好齊楚 積慮并心 備秦爲務 其國內實 其交外成 當今之時 趙未可伐也)"

그러나 소왕은 왕릉(王陵)을 시켜 조나라를 공격하였다. 출전한 왕릉은 조나라의 수도 한단(邯鄲)을 포위했지만 악전고투(惡戰苦鬪)를 거듭하다가 패배하여 5개 군단의 병사들을 모두 잃고 말았다.

일이 이렇게 되자 소왕은 무안군을 출정시키려고 하였다. 하지만 무안군은 병을 핑계로 사퇴하고 집으로 돌아갔다. 소왕은 하는 수 없이 왕흘(王齕)에게 이 일을 맡도록 했지만, 그 또한 출정하여 수많은 사상자만 냈을 뿐 조나라 공략에 실패했다. 일이 이렇게 되자 짜증이 난 소왕은 무안군을 찾아가 강권하였다.

"아프다고 하니 누워서라도 군사들을 지휘하시오. 승리하면 상을 내리겠고, 거절한다면 정말 섭섭할 것이오."

이에 대해 무안군이 대답했다.

"조나라를 공격하지 않고도 천하를 제패하는 방법은 얼마든지 있습니다. '신하에게 허리를 굽혀 천하를 이긴다.(爲一臣屈而勝天下)'는 것은 이를 두고 하는 말입니다. 조나라를 공격하고 소신을 벌주시면, 이는 '신하에겐 이기고 천하에게 굴복하는 것(勝一臣而爲天下屈)'입니다. 저를 이겨서 폐하의 위엄을 세우는 것과 저에게 굽히셨지만 천하를 이겨서 폐하의 자리를 빛내는 것 가운데 어느 쪽이 낫겠습니까?"

무안군의 말에 기분이 잔뜩 상한 소왕은 대답도 않고 돌아가 버렸다.

【용례】 들어보니 김 과장의 말이 백 번 옳습니다. 사장님의 의견과는 다르더라도 저 사람 의견을 좇는다면 "굴신제천하"하는 이득이 있을 것 같으니 따르십시오.

궁서설묘 窮鼠囓猫

窮 : 궁할(궁) 鼠 : 쥐(서)
囓 : 깨물(설) 猫 : 고양이(묘)

【뜻풀이】 궁지에 몰린 쥐가 고양이를 문다. 사람이 위급해지면 평소에 못할 일도 하게 된다는 뜻이다.

【출전】 전한(前漢) 때의 학자 환관(桓寬)이 지은 『염철론(鹽鐵論)·조성편(詔聖篇)』에 나오는 말이다.

『염철론』은 중국 전한의 선제(宣帝, 재위 기원전 74~기원전 49) 때의 학자 환관이 편찬한 책으로 12권 60장으로 구성되어 있다. 기원전 81년 전한의 조정에서 열렸던 회의의 토론 내용을 재현(再現)하는 형태로 정리한 독특한 형식으로 편찬되었다. 무제(武帝) 때부터 실시한 소금을 비롯한 철, 술 등의 전매(專賣) 및 균수(均輸), 평준(平準) 등 일련의 재정 정책을 무제가 죽은 뒤에도 존속시킬 것인가의 여부를 놓고 전국에서 추천받아 참석한 학자들 사이에 오간 열띤 토론을 수록한 책이다. 참석자 가운데 오경교수(五經敎授)인 현량(賢良)과 문학(文學) 약 60명은 유가사상(儒家思想)을 근거로 제도의 폐지를 주장했고, 관리인 승상 차천추(車千秋)와 어사대부(御史大夫) 상홍양(桑弘羊) 및 부하 관리들은 법가사상(法家思想)을 내세워 존속을 주장하여 격론이 벌어졌다. 이 책에는 염·철 전매 등의 존속 여부에 관한 것만 아니라, 당시의 정치와 사회·경제·사상 등에 관해서도 전반적으로 논의되어 있어 당시의 역사적 상황을 이해하는 데 기본적인 사료(史料)가 된다.

이 궁서설묘는 상홍양이 엄격한 법의 집행을 통한 법치(法治)를 주장하자, 유가 지식인들이 예치(禮治)를 주장하는 반론을 펴는 중에 나왔다. 즉, 유가 지식인들은 진시황(秦始皇) 시대를 예로 들면서 가혹한 법 때문에 민생은 도탄에 빠지고 악법을 이기지 못한 백성들이 도처에서 봉기하여 결국 진나라는 통일 15년 만에 멸망했다고 반박했다. 그러면서 결론적으로 이렇게 말했다.

"궁지에 몰린 쥐는 살쾡이도 무는 법이고, 필부일지라도 만승의 군대를 내칠 수 있으며, 평범한 사람도 활을 꺾을 수 있습니다. 진승(陳勝)과 오광(吳廣)이 바로 그런 사람입니다. 이때를 당하여 천하의 사람들이 함께 봉기하여 사방에서 진나라를 공격하니, 한 해도 못 가서 사직은 폐허가 되고 말았다고 합니다. 그러니 어찌 무리들을 오래 거느리면서 그 나라를 길이 지킬 수 있겠습니까?(窮鼠囓狸 匹夫奔萬乘 舍人折弓 陳勝·吳廣是也 當此之時 天下俱起 四面而攻秦 聞不一期而社稷爲墟 惡在其能長制群下 而久守其國也)"

원전에는 궁서설리(窮鼠囓狸)로 나와 있지만, 지금은 궁서설묘로 더 많이 쓰인다.

【용례】 고리대금업자의 빚 독촉에 시달린 사람이 결국 그 업자의 집을 찾아가 가족을 몰살한 뒤 자기도 자살했다는군. "궁서설묘"라는데 얼마나 모질게 다그쳤으면 그랬을까.

권선징악 勸善懲惡

勸 : 권할(권) 善 : 착할(선)
懲 : 징계·징계할(징)
惡 : 악할(악)/미워할(오)

【뜻풀이】 선행은 권장하고 악행은 징계한다.

【출전】 『좌전·성공(成公) 14년조』에 다음과 같은 이야기가 있다.

9월에 제나라로 공녀(公女)를 맞으러 가 있던 교여(僑如, 선백을 말함)가 부인 강씨를 데리고 제나라에서 돌아왔다. 교여라고 높여서 부른 것은 부인을 안심시켜 데려오기 위해서였다. 이보다 앞서 선백(宣伯)이 제나라로 공녀를 맞이하러 갔을 때는, 선백을 숙손(叔孫)이라고 불러 사자(使者)로서 높여 부르는 방법을 썼다.

그러므로 군자는 이렇게 말한다.

"춘추시대의 말이나 호칭은 알기 어려운 듯 보이지만 이해하기 쉽고, 쉬우면서도 담긴 뜻은 깊으며, 우회적으로 표현한 것 같지만 잘 정돈되어 있다. 또 표현이 노골적이지만 품위를 잃지 않으며, 악행을 징계하고 선행을 권장한다(勸善懲惡). 성인이 아니고서야 누가 이렇게 할 수 있겠는가?"

【용례】 고전 소설 주제가 천편일률적(千篇一律的)으로 "권선징악"을 다루고 있다지만 나름대로 그 시대의 요구를 반영한 작품도 적지 않다. 예컨대 〈홍길동전〉은 바로 당대 민중들의 사회혁명에 대한 희망을 반영하고 있다고 볼 수 있다.

권토중래 捲土重來

捲 : 말(권) 土 : 흙(토)
重 : 다시·무거울(중) 來 : 올(래)

【뜻풀이】 실패한 뒤 힘을 길러 다시 일어나다. 벼슬을 그만두었다가 다시 벼슬길에 나서다. 어떤 일을 하다가 실패한 뒤에도 굽히지 않고 거듭 노력해 재기하는 경우에 쓰인다.

【출전】 초패왕 항우(項羽)와 한왕 유방(劉邦) 사이에 천하를 다투었던 이른바 초한전쟁(楚漢戰爭)은 5년간이나 지속되다가 드디어 유방의 승리로 끝을 맺었다. 이에 대해 『사기·항우본기』에서는 다음과 같이 서술하고 있다.

항우는 해하(垓下)라는 곳에서 유방군에게 포위되었는데 밤에 사방에서 초나라의 노랫소리가 들려오는 바람에 그만 눈물을 흘리고 말았다.(➡ 사면초가四面楚歌 참조) 항우는 더 생각할 겨를도 없이 800여 명의 기병을 인솔해서 포위망을 뚫고 빠져나가고자 했다. 항우가 해하를 건넜을 때 그의 수하에는 백여 명밖에 남지 않았고 동성이라는 곳에 이르렀을 때는 자신을 포함해 28명밖에 남지 않았다. 이에 항우는 28명의 기병을 4대로 나누어 돌진하게 하고 자기는 한나라 군대의 장수들을 비롯해 백여 명의 목을 베었다. 뒤이어 포위를 뚫고 집합 지점에 이르러 보니 수하 병졸들의 희생은 고작 2명에 지나지 않았다. 일행 26명이 오강(烏江) 가에 이르렀을 때였다. 오강의 정장(亭長)은 이미 배까지 구해 놓고 항우에게 말했다.

"강동이 작다고 하지만 아직 천 리 땅이 있고 몇 십만 민중이 있으니 그곳에 가서도 왕업을 도모할 수 있습니다. 빨리 강을 건너십시오."

그러나 항우는 웃으면서 대꾸하였다.

"내가 당초 강을 건너 서쪽으로 진군하면서 이끌고 간 8천 형제 중 지금 한 사람도 살아남은 이가 없다. 내가 이제 무슨 면목으로 강동의 노인장들을 대하겠는가?(無顔見江東父老)"

이렇게 말한 뒤 그는 타고 있던 말을 정장에게 선사하고 기병들에게 모두 말에서 내려 최후 결전을 벌이도록 명령하였다. 이때 항우 혼자서 한나라 군사 몇 백 명을 베어 버렸다. 그러던 중 문득 뒤를 돌아보니 그가 잘 알고 있는 여마동(呂馬童)이라는 한나라 군대의 장군이 보이자 큰소리로 외쳤다.

"여보게, 한군은 나의 머리에 황금 천 근과 고을 만 호를 걸었다니 어서 나의 수급을 가져다 바치게."

말을 마치자 항우는 배를 갈라 자결하고 말았다.

나중에 당나라의 시인 두목(杜牧, 803~853)이 오강을 유람하다가 그때 항우가 오강을 건너 강동으로 내려가지 않은 것을 아쉬워하면서 〈오강정(烏江亭)〉이라는 시를 지었다.

「병가의 승패는 뜻대로 되는 게 아니니 수치를 끌어안고 패배를 견디는 것이 남아가 할 바다.

강동의 자제들 얼마나 슬기로운 사람들이었던가

강을 건넜더라면 권토중래했을지도 몰랐을 것을.

勝敗兵家事不期
包羞忍敗是男兒
江東子弟多才俊
捲土重來未可知」

권토중래는 바로 두목의 이 시에서 나온 성어인데, 고향 사람들의 후원과 기대를 저버렸기에 고향에 돌아가기가 미안해진 것을 가리켜 무안견강동부로(無顔見江東父老) 또는 수견강동(羞見江東)이라고 하며, 죽을 때가 되지 않은 한 무슨 일이든 그만두려 하지 않는 태도를 가리켜 불도오강불긍휴(不到烏江不肯休)라고 한다.

【용례】 그만한 일로 사람이 주눅이 들면 어떡하니? 살다 보면 실패할 때도 있는 거야. 다음 기회에는 "권토중래"할 수 있도록 함께 노력하자.

궤범 軌範

軌 : 바큇자국(궤) 範 : 법·한계(범)

【뜻풀이】 법도. 규범.

【출전】 궤는 수레의 왼쪽 바퀴와 오른쪽 바퀴 사이를 말한다. 고대에 그 너비는 8척이 기준이었다고 한다. 『중용·제28장』에 나오는 "지금 천하는 수레가 궤를 같이 하고 글을 씀에 문장을 같이하게 되었다.(今天下 車同軌 書同文)"는 말은 곧 천하가 하나로 통일되었다는 뜻이다.

범은 홍범(洪範)의 준말로, 원래 『서경·주서(周書)』에 있는 편명이다. 홍은 크다는 뜻이며, 범은 법·규범을 말한다. 상(商)나라〔은(殷)이라고도 한다〕 설화에 따르면 기자(箕子)가 주(周)나라 무왕(武王)에게 말한 "하늘과 땅 사이에서 지켜야 할 큰 법"이라 전하고 있는데, 근래의 연구에 따르면 전국시대의 작품으로 보고 있다. 이 글의 내용은 임금이 백성을 통치할 때 지켜야 할 원칙을 9개 조목으로 나누어 설명하고 있다. 거북점과 점대〔구첨(龜筮)〕로 일상생활의 길흉화복(吉凶禍福)을 점칠 수 있고, 국가의 흥망성쇠(興亡盛衰)가 기후 변화에 영향을 미칠 수 있다는 생각이 반영되어 있다. 이러한 사고는 한(漢)나라 때 유행한 천인감응설(天人感應說) 등에 이론적 근거를 제공했다. 이 홍범구주(洪範九疇)가 줄어서 "범주"란 말이 나왔다.

구주의 목록을 소개하면 다음과 같다.

①오행(五行)	水·火·木·金·土
②오사(五事)	貌·言·視·聽·事
③팔정(八政)	食·貨·祀·司空·司徒·司寇·賓·師
④오기(五紀)	歲·月·日·星辰·曆數
⑤황극(皇極)	
⑥삼덕(三德)	正直·剛極·柔克
⑦계의(稽疑)	雨·霽·蒙·驛·克·貞·悔
⑧서징(庶徵)	雨·暘·寒·風·時
⑨오복(五福)	壽·富·康寧·攸好德·考終命
육극(六極)	凶短折·疾·憂·貧·惡·弱

공안국(孔安國)의 〈상서서(尙書序)〉에 보면 "전모·훈고·서명 등의 문장 1백여 편은 지극한 도를 회복하고 넓혀서 임금에게 궤범을 보여 준다.(典謨訓誥誓命之文凡百篇 所以恢弘至道 示人主以軌範也)"고 하였다.

【용례】 교사는 항상 남의 주목을 받기 쉬운 자리다. 학부모로부터 학생들에 이르기까지 너를 보는 눈이 한둘이겠니. 항상 남의 "궤범"이 되도록 조심하거라.

귀마방우 歸馬放牛

歸 : 돌아갈(귀) **馬** : 말(마)
放 : 풀어놓을·방종할(방) **牛** : 소(우)

【뜻풀이】 말을 돌려보내고 소를 방목하다. 전쟁이 끝나고 태평한 시대를 여는 것을 비유하는 말이다.

【출전】 『상서(尙書)·무성편(武成篇)』에 다음과 같은 이야기가 있다.

주나라 무왕(武王)이 군사를 일으켜 상(商)나라의 주(紂)를 정벌할 때 일이다.

무왕이 거느린 의로운 군사들이 밤에 맹진을 건너 황하에 이르자 강물은 잔잔하고 달빛은 대낮처럼 밝았다. 무왕의 군사들은 이어 황하를 건너 목야(牧野)라는 곳에 이르러 전열을 정비한 다음 곧바로 상나라의 도읍지 조가(朝歌)를 들이쳤다. 무왕의 군사들은 의로운 싸움에 나섰는지라 모두 목숨을 걸고 싸웠기 때문에 상나라의 군사들은 제대로 싸워 보지도 않고 무너지기 시작했다. 그들의 대부분이 무왕에게 순순히 항복하자 상나라의 도성은 손쉽게 함락되고 주왕(紂王)은 결국 분신자살하고 말았다. 이렇게 해서 상왕조는 멸망하고 주왕조가 일어나 무왕은 주왕조의 제1대 천자(天子)가 되었다.

전쟁이 끝나자 무왕은 곧 전쟁 상태를 종식시키고 평화로운 생활을 회복하는 데 걸맞은 조치를 강구했다. 그 중 하나가 바로 "군대를 감축하고 문화를 발전시키는 동시에 전쟁 때 동원되었던 소와 말을 모두 화산의 남쪽과 도림의 들판에 풀어놓는다.(偃武修文 歸馬於華山之陽 放牛於桃林之野)"는 것이었다.

귀마방우는 바로 여기에서 나온 성어로 전쟁이 끝나고 평화로운 생활이 회복되었음을 일컫는다.

【용례】 그동안 회사의 사운을 걸고 전 사원이 합심해서 분투한 것을 치하하는 바입니다. 이제 잠시 피로도 풀고 머리도 식힐 겸 "귀마방우"하면서 여가를 즐기도록 합시다.

귀매최이 鬼魅最易

鬼 : 귀신(귀) **魅** : 도깨비(매)
最 : 가장(최) **易** : 쉬울(이)

【뜻풀이】 귀신이나 도깨비처럼 형체가 없는 것이 오히려 그리기 쉽다는 말이다. 실재하는 것보다 상상 속의 사물이 그리기에는 좋다는 뜻인데, 그림을 보는 사람도 형체를 모르기 때문이다.

【출전】 『한비자(韓非子) · 외저설상좌(外儲說上左)』에 나오는 이야기다.

제(齊)나라의 어떤 임금이 그림을 매우 좋아하였다. 그래서 궁궐에는 화가들이 꽤 많이 들락거렸는데, 어느 날 궁전에서 그림을 그리던 화가에게 임금이 물었다.

"그림을 그릴 때 무엇이 가장 어려운가?(孰最難者)"

"개나 말 같은 게 가장 어렵습니다.(犬馬最難)"

"그럼 그리기 가장 쉬운 것은 무엇인가?(孰易者)"

"귀신이나 도깨비 같은 게 가장 쉽습니다. 개나 말은 누구나 잘 아는 것이고 아침저녁으로 항상 보기 때문에 그와 같게 그릴 수가 없습니다. 그래서 그리기 어렵지요. 귀신이나 도깨비는 형체가 없는 것이어서 눈앞에 나타나지 않습니다. 그래서 쉽습니다.(鬼魅最易 夫犬馬 人所知也 旦暮罄於前 不可類也 故難 鬼神無形者 不罄於前 故易之也)"

【용례】 대부분 S.F.영화를 만드는 작업은 "귀매최이"라고 오히려 고증이 필요한 역사영화보다 만들기가 쉬울지도 모르겠네.

귀사물엄 궁구막추
歸師勿掩 窮寇莫追

歸 : 돌아갈(귀) **師** : 군사(사)
勿 : 말(물) **掩** : 막을(엄)
窮 : 궁할(궁) **寇** : 도둑(구)
莫 : 없을(막) **追** : 뒤좇을(추)

【뜻풀이】 물러나는 군사는 포위해 덮치지 말고, 달아나는 도적을 뒤쫓지 말라는 뜻이다. 사람이 위급해지면 모진 마음으로 대항할 수도 있으니, 자칫 작은 이익 때문에 큰 피해를 당할 수 있다는 말이다.

【출전】 원래 이 말은 『손자병법 · 군쟁편(軍爭篇)』에 나오는 말이다.

"배가 부른 병사에게는 음식을 더 이상 먹이지 말고, 달아나는 군대는 추적해서 퇴로를 막지 마라.(餌兵勿食 歸師勿遏)"

이 성어는 『삼국지』에 그대로 나온다.

가정〔街亭, 한중(漢中) 동쪽〕 전투로 마속(馬謖)을 물리친 사마의(司馬懿)는 추적하여 잔병들까지 소탕하자는 참모들의 건의를 막으면서 조심스럽게 이렇게 말했다.

"이미 전쟁에서 승리를 거두었는데, 작은 이익 때문에 군사를 움직인다면 자칫 궁지에 몰린 적군의 반격을 받아 위험을 자초할 수도 있다."

사마의는 지족(知足)의 묘도 알았던 장군이었다.

【용례】 어리석은 언행으로 회원들에게 질타와 불신을 사고 있는 협회장을 더 공격해 봤자 좋을 것이 없습니다. "귀사물엄 궁구막추"라 했으니, 스스로 물러날 때를 기다립시다.

귀이천목 貴耳賤目

貴 : 귀할(귀) 耳 : 귀(이)
賤 : 천할(천) 目 : 눈(목)

【뜻풀이】 귀를 귀하게 여기고 눈을 천하게 여긴다. 먼 곳에 있는 것만 대단하다고 여기고, 가까운 것은 나쁘게 보는 그릇된 풍조를 비판하는 말이다. 귀고천금〔貴古賤今, 옛것은 귀하게 여기고 새것은 천하게 여김)과 같은 뜻의 성어다.

【출전】 환담(桓譚, 기원전 23~기원후 50)의 『신론(新論)』에 이런 내용이 있다.

"세상 사람들은 먼 곳의 소문만 귀하게 여기고, 가까운 데서 제 눈으로 직접 본 것은 천한 것으로 여긴다. 또 옛것만 귀하게 여기고, 지금 것을 비천하게 여긴다."

장형(張衡, 78~139)의 〈동경부(東京賦)〉에 보면, "세상에서 말하는, 후학들이 속뜻은 모르고 겉만 보고 전하며, 들은 것만 귀히 여기고 눈으로 본 것은 천하게 여긴다.(所謂末學膚受 貴耳而賤目者也)"는 말도 나온다.

이 말 역시 잘 알지 못하는 이론이나 귀로만 전해들은 지식에 무책임한 신뢰를 보내고 경의를 표하는 어리석은 세태를 비판한 것이다.

【용례】 요즘 학생들이 작품은 제대로 읽지 않고 설익은 서양 학자들의 이론서만 들고 다니면서 보물처럼 여기는데, 참으로 딱한 일이야. "귀이천목"하다가 낭패를 당한 지난날의 교훈을 왜 보지 못하는 걸까?

극기복례 克己復禮

克 : 이길(극) 己 : 몸·나(기)
復 : 회복할(복) 禮 : 예(례)

【뜻풀이】 나를 이기고 예의를 회복하다. 개인적인 이익을 좇는 욕심을 버리고 공공의 이익을 위해 세워진 질서인 예를 회복한다는 뜻이다.

【출전】 『논어·안연편(顔淵篇)』에 다음과 같은 이야기가 실려 있다.

「어느 날 공자의 제자인 안연이 인(仁)에 대하여 공자에게 물었다.

공자는 이 질문에 다음과 같이 대답하였다.

"나〔사리사욕(私利私慾)〕를 이기고 예의를 회복하는 것이 인(仁)이다. 하루라도 나를 이기고 예를 회복한다면 천하가 인으로 돌아갈 것이다. 인을 실천하는 것은 나로부터 시작하는 것이지 어찌 남에게서 나오는 것이겠느냐?"

이 말을 들은 안연이 다시 물었다.

"극기복례할 수 있는 조목으로는 어떤 것이 있습니까?"

"예가 아니면 보지를 말고 예가 아니면 듣지를 말며 예가 아니면 말하지 말고 예가 아니면 행동하지도 마라."

안연은 공손히 읍하면서 대답하였다.

"비록 제가 불민합니다만 선생님의 말씀을 항상 실천하겠습니다."

(顔淵問仁 子曰 克己復禮爲仁 一日克己復禮 天下歸仁焉 爲仁由己 而由人乎哉 顔淵曰 請問其目 子曰 非禮勿視 非禮勿聽 非禮勿言 非禮勿動 顔淵曰 回雖不敏 請事斯語矣)」

어짊〔仁〕은 공자 사상에서 가장 중요한 핵심 과제다. 때문에 공자는 제자들과 토론을 벌일 때마다 이 어짊의 철학을 강조했다. 그의 언행록이라 할 수 있는 『논어』에도 곳곳에서 그 의미를 설파하는 공자를 만날 수 있다.

【용례】 도덕이 땅에 떨어진 현실을 목도하면서 상심하지 않는 이는 드물 것이다. 그러나 이러한 난세에 우리가 취해야 할 자세는 "극기복례"하는 마음가짐으로 새로운 변화를 시도하는 것이 아닐까 싶다.

극기봉공 克己奉公

克 : 이길(극) 己 : 몸·자기(기)
奉 : 받들(봉) 公 : 공변될·한가지(공)

【뜻풀이】 자신의 욕망을 엄격하게 제어하고 한마음 한뜻으로 사업에 몰두한다는 뜻으로, 극기와 봉공이 합쳐진 성어다.

【출전】 『논어·안연편(顔淵篇)』에 보면 어느 날 안연이 스승 공자에게 사람이 어떻게 해야 인의(仁義)를 지켰다고 할 수 있는가 하고 물었다. 공자는 "사리사욕을 극복하고 예의를 회복하는 것이 인이다.(克己復禮爲仁)"라고 간단히 대답하였다. 그 뜻은 언제나 자신을 억제하여 매사마다 예의에 어긋남이 없도록 해야 한다는 것이었는데 이것이 바로 극기의 유래다.

『사기·염파인상여열전(廉頗藺相如列傳)』에서는 전국시대 조나라의 장군 조사(趙奢)에 대해 언급하면서 봉공(奉公)에 관해 다음과 같은 이야기를 쓰고 있다.

소혜왕 때 전부리(田部吏)라는 벼슬에 있던 조사는, 권세만 믿고 세금을 납부하지 않은 이들을 법으로 다스리는 과정에서 어느 날 조나라의 대귀족 조승〔趙勝, 평원군(平原君)〕의 마름을 아홉 명이나 징벌하였다. 이에 격노한 조승은 조사를 체포해서 죽여 버리려고 했다.

이때 조사는 조승에게 당당하게 말하였다.

"당신이 조나라 공자가 되어 마름들을 부추겨서 공사(公事)를 봉행(奉行)하지 않고 법을 지키지 않게 한다면 나라는 쇠약해져서 적의 침략을 받기 십상일 터이고, 결국은 멸망하게 될 것입니다. 그러나 반대로 만약 당신이 앞장서서 공사를 봉행하고 법을 준수한다면 나라가 강성해질 것인 바 당신도 존경을 받게 될 것입니다."

조승이 그 말을 들어 보니 일리가 있는지라 그를 풀어 주고는 임금에게 이 사실을 아뢰었다. 그러자 조왕은 조사를 발탁하여 전국의 조세 업무를 총괄하게 했다. 이때부터 조나라에서는 국고가 튼실해지고 나라는 부강하게 되었다. 나중에 조사는 대장군이 되어 한(韓)나라를 도와 진(秦)나라 군사들을 대파한 일도 있다.

극기봉공은 이 이야기에서 나온 성어로, 봉공은 달리 수법(守法)과 결합되어 봉공수법(奉公守法)으로 쓰이기도 한다.

【용례】 근래 공무원들의 타락상은 극에 달한 느낌이 든다. 물론 일부 몰지각한 공무원들의 작태 때문에 전 공무원들을 매도하는 방향으로 나아가서는 안 되겠지만, 이를 계기로 우리 공무원들이 "극기봉공"하면서 일로매진하는 변신을 꾀해야 할 것이다.

근수누대 近水樓臺

近 : 가까울(근) 水 : 물(수)
樓 : 다락(루) 臺 : 누대(대)

【뜻풀이】 물에 가까운 누대.

【출전】 송나라 인종황제 때 범중엄(范仲淹, 983~1052)이라는 유명한 인물이 있었다. 그는 어릴 적부터 의지할 데 없는 고아가 되었지만 독학을 하면서 분발하여 책을 읽더니 나중에 이부원외랑(吏部員外郎)과 용도각직학사(龍圖閣直學士) 등의 높은 벼슬에까지 오르게 되었다. 그러나 사람됨이 겸손한 그는 아랫사람들과도 흉허물 없이 곧잘 어울렸다고 한다.

송나라 때 사람 유문표(兪文豹)가 편찬한 『청야록(淸夜錄)』에 다음과 같은 이야기가 있다.

범중엄이 항주(杭州)의 지부(知府)로 있을 때 항주 성내의 문무관원들 중에는 그의 추천을 받아 발탁된 사람이 대단히 많았다. 이렇게 사람들은 그의 도움을 많이 받았는데 유독 소린(蘇麟)이라는 사람만은 오랫동안 외지에 나가 있었기 때문에 그의 도움을 별로 받지 못했다. 이에 소린은 어느 날 무슨 일로 하여 항주를 돌아보게 된 기회에 범중엄을 만나 시 한 수를 증송(贈誦)했는데, 그 시구에 "못가에 있는 다락이기에 달을 먼저 볼 수 있고, 태양을 향한 꽃나무가 봄을 쉽게 맞을 수 있다.(近水樓臺先得月 向陽花木易爲春)"는 구절이 들어 있었다.

범중엄은 시를 한 번 읽어 보고는 곧바로 소린의 뜻을 짐작하고 지체 없이 그의 요구를 들어주었다.

이리하여 나중에 사람들은 근수누대선득월(近水樓臺先得月)이라는 말로 실력 있는 사람에게 접근하여 덕을 보는 것을 비유하게 되었고, 이를 간추려 근수누대라고 했다.

【용례】 제 보잘것없는 능력을 높이 평가해 주신 선생님의 배려에 감사드립니다. "근수누대"라고 선생님의 추천이 있어 훨씬 수월하게 직장을 잡을 수 있었던 것 같습니다.

근열원래 近悅遠來

近 : 가까울(근) 悅 : 기쁠(열)
遠 : 멀(원) 來 : 올(래)

【뜻풀이】 가까운 주변 사람들이 기뻐하면 멀리 있는 사람들도 소식을 듣고 그 나라에 귀의한다.

【출전】 춘추시대 공자(孔子)가 위(衛)·조(曹)·송(宋)·정(鄭)·진(陳)·채(蔡) 등 여러 나라를 돌아보고(➡ 주유열국周游列國 참조) 초(楚)나라에 들렀을 때였다. 어느 날 초나라 대부 심제량(沈諸梁)이 공자에게 정치를 어떻게 하면 좋으냐고 물었다. 그러자 공자는 "가까이 있는 사람들이 기뻐하면 먼 곳에 있

는 사람들이 오게 되지요.(近者悅 遠者來)"라고 간단히 대답하였다〔『논어·자로편(子路篇)』〕.

이 말은 경내의 백성들을 이롭게 하여 그들이 기뻐하도록 하면 멀리 떨어진 경외의 사람들도 소문에 이끌려 찾아와 의지한다는 뜻이다.

근열원래는 바로 공자가 말한 근자열 원자래(近者悅 遠者來)를 줄여 쓴 성어인데, 나중에 사람들은 이로써 한 나라나 한 지방이 잘 다스려지는 것을 비유하게 되었다.

【용례】 주변 사람의 마음부터 잡도록 노력하게. "근열원래"야. 그렇게 하면 자연히 멀리 있는 사람도 자네를 인정하게 될 걸세.

근주자적 近朱者赤

近 : 가까울(근) 朱 : 붉을(주)
者 : 놈(자) 赤 : 붉을(적)

【뜻풀이】 붉은색을 가까이하면 자신도 붉어진다. 사람의 성격이나 능력은 주변의 환경이나 친구에 의해 많이 좌우된다는 것을 비유하는 말이다.

【출전】 진(晉)나라 때의 문인이자 철학자였던 부현(傅玄)의 『태자소부잠(太子少傅箴)』이라는 책에 보면 "붉은색을 가까이하는 사람은 붉은 물이 들고, 먹을 가까이하는 사람은 검은 물이 든다. 소리가 조화로우면 음향도 청아하며 외모가 단정하면 그림자 역시 곧다.(近朱者赤 近墨者黑 聲和則響淸 形正則影直)"는 말이 있다.

이 말뜻은 사람은 환경의 지배를 받는다는 것을 강조한 말로 좋은 환경에서 생활하면 좋은 영향을 받고 나쁜 환경에서 생활하면 나쁜 영향을 받는다는 뜻이다. 여기에서 첫 두 구절은 주사(朱砂)처럼 붉은 물건과 자주 접촉하면 붉은색에 물들고 먹처럼 검은 물건과 자주 접촉하면 검은색에 물든다는 말이고, 마지막 두 구절은 소리가 고르면 청아하게 울리고 형태가 바르면 그림자도 곧아진다는 뜻이다.

근주자적 근묵자흑(近朱者赤 近墨者黑)을 간략하게 줄여서 근주근묵(近朱近墨)이라고도 하고, 또는 각각 근주자적이나 근묵자흑이라고 따로 쓰기도 한다. 남제(南齊) 사람 소자량(蕭子良)이 편찬한 『정주자(淨住子)』에는 "먹을 가까이하면 반드시 검어지고 주사를 가까이하면 반드시 붉어진다.(近墨必緇 近朱必赤)"로 쓰여 있다. 그러나 뜻은 다 같이 특정 성향을 띤 개인이나 집단과 어울리면 그런 부류의 사람들과 접촉함으로써 차차 그 영향을 받게 된다는 것이다.

【용례】 자네가 요즘 만나는 사람들 내가 보기엔 질이 안 좋은 것 같다. 자네만 당당하다면 괜찮다고 하겠지만, "근주자적"이야. 좀 신중하게 동료를 사귀면 좋겠네.

근화일일자위영 槿花一日自爲榮

槿 : 무궁화(근) 花 : 꽃(화)
一 : 한(일) 日 : 날·해(일)
自 : 스스로(자) 爲 : 할(위)
榮 : 영화·빛(영)

【뜻풀이】 무궁화 꽃이 하루에 피었다가 지는 것이 꼭 인간 세상의 영화와 같다. 무궁화

꽃은 아침에 피었다가 저녁이면 지기 때문에 이런 성어가 나왔다고 한다.

【출전】 백낙천(白樂天, 772~846)의 〈방언(放言)〉에서 나왔다. 이 작품은 그가 강주사마(江州司馬)로 좌천가 있을 때 친구인 원진(元稹, 779~831)이 보내 준 같은 제목의 시에 대한 화답시다.

「태산은 터럭 끝을 속일 필요가 없으며
안자는 노팽을 부러워하는 마음이 없었다.
소나무도 천 년이 지나면 썩고 마는데
무궁화 꽃 하루 만에 져도 절로 영광이다.
어찌 세상을 그려 근심 속에 죽으려는가
몸을 싫어 말고 삶도 싫어 말게나.
살다 가고 죽는 것 모두 헛된 것이니
환인의 애환이 무슨 정에 얽매였는가?
泰山不要欺毫末
顏子無心羨老彭
松樹千年終是朽
槿花一日自爲榮
何須戀世常憂死
亦莫嫌身漫厭生
生去死來都是幻
幻人哀樂繫何情」

공자의 제자 안자(顏子)는 비록 32세의 젊은 나이에 죽었지만 800년을 살았다는 팽조(彭祖)를 부러워하지 않았듯이 천 년을 사는 소나무도 결국은 썩고, 하루 만에 피고 지는 무궁화꽃도 자신에게는 크나큰 영광이라는 것이다. 결국 살아가면서 겪는 영욕이란 것도 마음먹기에 따라서는 얼마든지 긍정적으로 수용할 수 있으니 기뻐하고 슬퍼하는 자세 자체가 어리석다는 말이다.

【용례】 요즈음 겪은 시련 때문에 너무 위축되지는 맙시다. 옳지 못한 방법으로 낙찰 받은 저들이 언제까지나 승리자의 위치를 누리지는 못할 것입니다. "근화일일자위영"이라는 말도 있듯이 슬기롭게 극복한다면 반드시 좋은 날이 오리라 저는 믿습니다.

금낭가구 錦囊佳句

錦 : 비단(금) **囊** : 자루(낭)
佳 : 아름다울(가) **句** : 글귀·구절(구)

【뜻풀이】 묘한 시구.

【출전】 『당서·이하전(李賀傳)』과 『당시기사(唐詩記事)』에 당나라 중기의 저명한 시인 이하(791~817)에 대한 다음과 같은 일화가 소개되어 있다.

어려서부터 총명하여 남다른 시재(詩才)를 보여 주었던 이하는 7세 때 벌써 시를 짓기 시작해서 당시의 유명한 문학가인 한유(韓愈, 768~824)를 위시한 대가들을 놀라게 했다. 몸이 몹시 허약했던 이하는 늘 서동(書僮)을 데리고 여윈 말을 타고 교외에 나가 천천히 거닐면서 경치를 보고 시를 읊었다.

서동은 그가 좋은 시구를 읊을 때마다 얼른 받아써서 금낭(錦囊)에 집어넣곤 했다. 이렇게 하루 종일 들판에서 시를 읊다가 저녁에 집에 돌아온 뒤 이하는 금낭 속에 담긴 시구들을 다시 정리하여 완전한 작품으로 다듬었다. 이하는 이렇게 매일 밤늦게까지 시 짓기에 몰두하다가 애석하게도 27세의 젊은 나이에 일생을 마치고 말았다.

극히 절묘한 시구를 비유하는 성어 금낭가구는 바로 앞에서 말한 이하의 독특한 시 창작 방법에서 나온 말이다. 이하처럼 고심하면서 창작하는 것을 가리켜 구심(嘔心) 또는 구심역혈(嘔心瀝血)이라고 하기도 한다.

【용례】 정지용 시인이 지은 〈향수〉라는 시는 "금낭가구"로 이루어져 있어 모든 사람들에게 따뜻한 고향을 그리게끔 해 주네 그려.

금란지교 金蘭之交

金 : 쇠(금) 蘭 : 난초(란)
之 : 갈(지) 交 : 사귈(교)

【뜻풀이】 쇠같이 단단하고 난초처럼 향기로운 사귐.

【출전】 『주역 · 계사(繫辭)』 상전(上傳)에 다음과 같은 구절이 나온다.

"두 사람이 마음을 같이하면 그 예리함은 쇠도 끊을 수 있고, 마음을 같이해서 하는 말은 그 향기가 난초와 같다.(二人同心 其利斷金 同心之言 其臭如蘭)"

『세설신어』에는 "산도(山濤)와 혜강(嵇康) · 완적(阮籍)이 한 번 얼굴을 보고는 금란과 같은 사귐을 가졌다.(山公與嵇阮 一面契若金蘭)"는 말이 나오며, 범질(范質)의 시에 보면 "세상 사람들이 모두 교유를 중시하는데, 마치 금란의 사귐을 맺은 듯하다.(擧世重交游 擬結金蘭契)"는 구절도 있다.

그리고 대홍정(戴洪正)이라는 사람은 친구를 얻을 때마다 그 사람의 이름을 장부에 기록하고 향을 피워 조상에게 고했다고 한다. 이 이야기에서 유래한 『금란부(金蘭簿)』를 친구의 주소와 이름을 기록한 장부의 이름으로 부르기도 한다.

【용례】 생각해 보면 그 친구와 나는 어릴 적부터 "금란지교"를 맺은 사이였어. 내가 그간 너무 격조했던 것 같아.

금상첨화 錦上添花

錦 : 비단(금) 上 : 위(상)
添 : 더할(첨) 花 : 꽃(화)

【뜻풀이】 비단 위에 꽃 장식을 첨가했다는 뜻으로 본래부터 좋던 것이 더욱 좋아졌다는 뜻이다. 이 성어는 원래 속담이었는데 나중에 여러 시인들이 반복하여 씀에 따라 성어로 굳어졌다.

【출전】 송나라 때의 시인이자 정치가였던 왕안석(王安石, 1021~1086)의 〈즉사(卽事)〉라는 시의 여섯 번째 구에 나오는 구절이다. 이 시는 『임천선생문집(臨川先生文集)』 권22에 맨 마지막 작품으로 실려 있다.

「강은 남쪽 뜰을 흘러 서쪽 강가로 기우는데
맑은 빛 속에 바람은 불고 이슬은 꽃 떨기에 맺혔네.
문 앞의 버들은 옛 도연명의 집이고
우물가의 오동나무는 전날 총지의 집이구나.
좋은 모임에서 만나 술잔을 거듭 비우려 하는데
아름다운 노래는 정녕 비단 위에 꽃을 더한 듯하네.
문득 무릉 땅의 술과 안주를 즐기는 나그네 되어
시내 근원에 응당 붉은 노을이 적지 않겠구나.
河流南苑岸西斜 風有晶光露有華
門柳故人陶令宅 井桐前日摠持家
嘉招欲履盃中淥 麗唱仍添錦上花
便作武陵樽俎客 川源應未少紅霞」

역시 송나라 때의 시인 황정견(黃庭堅, 1045~1105)의 시에도 "아침마다 비단 위에 꽃을 수놓은 이불을 쓴다.(旦用錦上添花)"는 구절이 들어 있다.

시인들의 전례를 따라 소설가들도 일상적으로 금상첨화라는 속담을 작품에 인용하기 시작하였다.

예컨대 『수호전』 제19회에 보면 조개(晁盖)와 오용(吳用) 등이 양산박(梁山泊)에 올랐을 때 임충(林忠)은 "오늘 많은 호걸들이 이곳에 모여서 서로 받들고 도와주고 있으니 실로 금상첨화요, 가문 날 새싹에 단비가 내리는 것과도 같소이다."라며 흥에 겨워 말한 구절이 있다.

그리고 금상첨화는 경우에 따라 "설중송탄(雪中送炭, 눈이 올 때 땔나무를 갖다 준다는 뜻으로 남이 어려울 때 도와주는 것을 일컫는 말)"과 어울려 쓰기도 한다.

설중송탄에 관해서는 『송사 · 태종기(太宗記)』에 이런 이야기가 있다.

송태종 순화 4년 2월에 큰 눈이 내려 날씨가 갑자기 추워졌다. 이때 태종 황제는 크게 인정(仁政)을 베풀어 도성 안의 가난한 집에 쌀과 땔나무를 갖다 주도록 했다. 이래서 당시 태종 황제의 미덕을 칭송한다는 의미로 역사책에까지 오르게 되었다고 한다.

【용례】 정기 상여금에다 위로금이라니, 정말 "금상첨화"로군.

금석위개 金石爲開

金 : 쇠(금) 石 : 돌(석)
爲 : 할 · 될(위) 開 : 열(개)

【뜻풀이】 쇠나 금을 뚫다.

【출전】 『신서(新序)』라는 책에 사석음우(射石飮羽) 또는 사석몰우(射石沒羽)라 하여 다음과 같은 이야기가 실려 있다.

주(周)나라 때 초(楚)나라 사람으로 웅거자(熊渠子)라는 사람이 있었다. 어느 날 밤길을 걷다가 그는 바위를 호랑이로 잘못 보고 활에 시위를 먹여 힘껏 쏘았는데, 화살이 어찌나 깊이 박혔는지 화살의 깃이 보이지 않을 지경이었다.

이에 사람들은 웅거자가 힘이 센 것도 있겠지만 아마 온 정신을 가다듬어 필승의 정신으로 상대를 제압했기 때문이라면서 "그 정성스런 마음을 보여서 금석도 꿰뚫었다.(見其誠心 而金石爲之開)"며 탄복했다.

사석음우 또는 사석몰우의 속뜻은 "굳센 뜻은 쇠나 돌도 당하지 못한다."는 말이다.

그리고 "견기성심 이금석위지개"는 "정성이 이르는 곳에 금석마저도 열린다.(精誠所至 金石爲開)"고도 하는데, 『한시외전(韓詩外傳)』이나 『사기 · 이광열전(李廣列傳)』에도 모두 사석몰우에 관한 이야기가 실려 있다.

【용례】 무의식적으로 하는 일이 때로는 놀라운 힘을 발휘할 때도 있는 모양이야. "금석위개"라고 죽을힘을 다해 던진 3점 슛이 골인이 되어 우리 팀이 역전승을 거뒀으니 말이야.

금성탕지 金城湯池

金 : 쇠(금) 城 : 성(성)
湯 : 끓을(탕) 池 : 연못(지)

【뜻풀이】 쇠로 만든 성곽과 끓는 물로 채운 연못. 주변에 대한 경계와 방비가 철통 같은 것을 비유하는 말이다.

【출전】 『한서(漢書) · 괴통전(蒯通傳)』에 다

음과 같은 이야기가 실려 있다.

진(秦)나라 말기 농민군의 수령 진승(陳勝)의 수하에서 부장으로 있던 무신(武信)이라는 사람이 조(趙)나라를 공격해 대부분 영토를 점령한 뒤 범양현(范陽縣)을 위협하고 있을 때였다. 이때 구변이 좋아 변사(辯士)라고 일컫던 괴통(➡ 첩족선득捷足先得 참조)이 범양 현령 서공(徐公)을 찾아가 이런저런 변설로 회유하여 서공으로 하여금 아무런 항거도 하지 않고 범양을 내놓게 해서 그의 목숨을 건지게 한 일이 있었다.

괴통은 아군이 닿기 전에 먼저 서공을 찾아가 그에게 말했다.

"당신이 10년 동안 현령으로 있으면서 많은 사람을 죽였기 때문에 오늘날과 같은 무법천지(無法天地)에 당신의 뱃속에 칼이 날아와 박히는 것쯤은 어려운 일도 아닙니다. 다행히 오늘 나를 만났기에 죽음은 면할 수 있게 된 것이오. 무신이 이제 소문을 듣고 나를 찾아와 범양을 차지할 방법을 묻는다면 나는 그에게 방책을 알려 줄 뿐 아니라 아울러 당신을 잘 우대하라고 귀띔해 줄 것입니다."

이에 서공은 자신의 목숨을 건지기 위해 괴통의 말대로 범양을 내놓겠노라고 하면서 순순히 항복하는 것이었다.

그러자 괴통은 서공에게 자신이 나중에 무신을 만나더라도 항복한 서공 당신을 죽여서는 안 된다는 점을 설명하겠다고 약속했다. 즉, "서공을 죽이면 다른 지방의 관리들이 그 소문을 듣고 이래도 죽고 저래도 죽을 판이라면 필사적으로 자기가 맡은 성을 사수할 것이고, 그러면 성마다 모두 다 금성탕지가 되어 깨뜨리기 힘들게 될 것(邊地之城 必將嬰城固守 皆爲金城湯池 不可攻也)"이라고 말해 주겠다는 것이었다.

이리하여 무신은 괴통의 계책을 받아들여 연나라와 조나라의 30여 개 성을 싸우지 않고 얻게 되었고, 서공 또한 죽음을 면할 수 있었다.

금성탕지는 바로 금성철벽(金城鐵壁)과 그 뜻이 일치한다. 그리고 금성탕지는 간단히 금탕(金湯)이라고도 하는데, 고약금탕(固若金湯)이라는 말은 이렇게 해서 나왔다.

【용례】 저 친구 기세가 당당한 것도 지나친 일은 아니야. 워낙 매사에 일처리가 깔끔해 "금성탕지"처럼 견고하게 준비를 하고 있으니 무서울 게 뭐가 있겠어.

금슬상화 琴瑟相和

琴 : 거문고(금) 瑟 : 비파(슬)
相 : 서로·도움·살필(상)
和 : 화목할(화)

【뜻풀이】 거문고와 비파가 서로 화음을 맞춰 연주되는 것처럼 금실이 좋은 부부를 일컬을 때 쓰는 성어다.

【출전】 『시경·소아(小雅)』의 〈상체(常棣)〉와 『시경·주남(周南)』의 〈관저(關雎)〉에 나오는 시구에서 유래하였다.

「아내와 자식이 화합한 것이
마치 거문고와 비파를 뜯는 듯해도
형제가 모두 모여 있어야
화기애애 즐거움이 더욱 오래가리라.
妻子好合
如鼓琴瑟
兄弟旣翕
和樂且湛 〈상체 7연〉」
올망졸망 마름 풀을

이리저리 헤치며 따노라니
아리따운 아가씨를
금슬처럼 사귀고 싶구나.
參差荇菜
左右采之
窈窕淑女
琴瑟友之 〈관저 3연〉」

옛날부터 부부 사이에 애정이 두터운 것을 비유할 때면 즐겨 금슬과 연관 지었다. 그것은 두 악기가 가장 화음이 잘 맞았기 때문이다.

이 밖에 기러기(雁)나 원앙(鴛鴦)으로 부부를 대신하는 경우도 많다. 성어 부창부수(夫唱婦隨)(『천자문』)도 비슷한 뜻이다.

【용례】 오늘 두 사람의 결혼을 진심으로 축하합니다. 그간 고초가 많았다는 말은 들었습니다만 앞으로는 한마음으로 단결해 "금슬상화"하는 부부가 되리라는 것을 저는 믿어 의심치 않습니다.

금오 金烏

金 : 쇠(금) 烏 : 까마귀(오)

【뜻풀이】 금빛으로 빛나는 까마귀, 즉 해(太陽)를 뜻하는 말이다.

【출전】 한나라 때 회남왕(淮南王) 유안(劉安)이 편찬한 『회남자·본경훈(本經訓)』에 다음과 같은 이야기가 있다.

태고시대 요(堯)임금 때의 일이라고 한다.

어느 날 갑자기 하늘에 해가 열 개나 떠서 땅에는 강물이 마르고 초목이 시들며 사람들은 더워서 견딜 수 없게 되었다. 이에 요임금이 하늘을 향해 빌었더니 하느님은 명궁 예〔羿, 후예(後羿)라고도 함〕를 내려보내 재앙을 없애라 일렀다. 이에 예는 상아 아가씨와 함께 내려와 하느님이 하사한 활로 해를 하나씩 쏘아 나갔다. 얼마 뒤 천지가 진동하는 소리와 함께 시뻘건 물체가 화살에 맞아 떨어졌다. 사람들이 달려가 보니 그 물건의 정체는 발이 세 개인 까마귀였다. 이에 사람들이 목이 터질 듯 환성을 질렀고 신바람이 난 예는 연이어 활에 화살을 메겨 해를 계속 쏘아 떨어뜨렸다. 이렇게 여덟 발을 더 쏴 떨어뜨리자 하늘에는 해가 하나밖에 남지 않았다.

그러나 흥에 겨운 예는 마지막 해마저도 쏴 떨어뜨릴 작정이었다. 깜짝 놀란 요임금은 예의 화살통에 남아 있는 화살들을 뽑아 던져 버려 간신히 해 하나를 남겨 두었다. 하마터면 세상이 암흑천지(暗黑天地)로 변할 뻔했다는 것이다.

이러한 신화에 연유하여 태양 속에 세 발 가진 금빛 까마귀가 있다고 해서 사람들은 태양을 금오 또는 적오(赤烏)라고 부르게 되었다는 것이다.

그리고 달에 대해서는 옥토끼(玉兎) 또는 백토끼(白兎)라는 별칭이 있는데, 백거이(白居易)의 시에 나오는 "달과 해가 앞서거니 뒤서거니 달린다.(白兎赤烏相走)"는 구절이 바로 그 예다.

그뿐 아니라 옛사람들은 오비토주(烏飛兎走)라는 말로써 세월이 빠른 것을 비유하기도 하였다.

【용례】 옛날에는 해가 열 개나 되어 사람이 살 수 없을 정도였는데, 그걸 어떤 사람이 활로 쏴서 떨어뜨렸는데 하나하나가 전부 새였다더군. 그래서 지금처럼 하나만 남게 되었다는데, 이때부터 해를 달리 "금오"라고도 부른다는군.

금옥 金屋

金 : 쇠(금) 屋 : 집(옥)

【뜻풀이】 사랑하는 사람과 함께 사는 집을 비유하는 말이다.

【출전】『한무고사(漢武故事)』에 다음과 같은 이야기가 나온다.

한(漢)나라 때의 일이다. 한무제가 어렸을 때 아버지 경제(景帝)가 아들에게 물었다.

"너는 장가들고 싶지 않으냐?"

"예, 들고 싶습니다."

이런 당돌한 대답을 듣던 경제의 누이가 자기 딸인 아교(阿嬌)를 가리키면서 물었다.

"그럼 이 아이는 어떠냐?"

무제는 그녀를 보면서 이렇게 대답했다.

"만약 아교와 혼인한다면 저는 반드시 금으로 만든 집(金屋)에 이 사람을 모셔 놓고 살 것입니다."

【용례】 여보, 그동안 집안일 돌보느라 얼마나 마음고생이 많았소. 조금만 참으면 내 "금옥" 같은 집을 지어 행복하게 해 주리다.

금의야행 錦衣夜行

錦 : 비단(금) 衣 : 옷(의)
夜 : 밤(야) 行 : 갈(행)

【뜻풀이】 비단옷을 입고 밤길을 걷다. 아무 보람도 없는 행동을 비유하거나 입신양명(立身揚名)한 뒤에도 고향으로 돌아가지 않는 것을 비유하는 말이다.

【출전】『사기 · 항우본기(項羽本紀)』에 다음과 같은 이야기가 실려 있다.

유방(劉邦)의 뒤를 이어 진(秦)나라의 수도 함양(咸陽)에 입성한 항우는 유방과는 대조적인 행동으로 일관하였다. 그는 3세 황제 자영(子嬰)을 죽이고 아방궁에 불을 질러 석 달 동안 타는 것을 지켜보면서 미녀들의 시위를 받아가며 술잔치를 벌였다. 그리고 시황제의 무덤을 파헤치고 진나라의 금은보화를 모두 약탈하는 등 스스로 위신을 깎아먹는 짓을 서슴없이 자행하였다. 아부(亞父) 범증(范增)이 극구 말렸지만 막무가내였다.

승리에 도취한 항우는 싸움터에서 떠도는 생활에 이골이 나 어서 빨리 고향으로 돌아가고 싶어 했다.

그때 한생(韓生)이라는 사람이 충고했다.

"함양 일대는 사방이 산과 강으로 둘러싸인 요충지인 데다가 땅도 기름집니다. 그러니 이곳에다 도읍을 정하고 천하를 지배하십시오."

그러나 함양의 황량한 폐허를 본 항우는 이 말이 귀에 들어오지 않았다. 그보다는 하루바삐 고향으로 돌아가 자신의 출세를 자랑하고 싶었다. 항우는 고향 하늘을 바라보며 말했다.

"이렇게 부귀한 몸이 되어 고향으로 돌아가지 않는 것은 마치 비단옷을 입고 밤길을 가는 것(錦衣夜行)과 같다. 누가 알아주겠는가?"

이런 한심한 소리를 들은 한생은 더 이상 항우를 만류할 방법이 없다는 것을 깨닫고는 물러나면서 혼자 중얼거렸다.

"초나라 사람은 원숭이가 갓을 쓰고 옷을 입은 것처럼 지혜가 없다.(▶ 목후이관沐猴而冠 참조)더니 과연 그렇군."

이 말을 전해들은 항우는 화가 머리끝까지 치밀어 올라 그 자리에서 한생을 잡아 삶아 죽였다고 한다.

이와 반대되는 성어로 금의주행(錦衣晝行) · 금의환향(錦衣還鄕)이 있다.

【용례】 이렇게 큰일을 했는데 너무 겸손을 떨지 말게. 장한 일을 했으니 당연히 칭찬을 받아야지. "금의야행"하면 무슨 소용이 있겠나. 어려운 가운데 묵묵히 일하는 사람들을 위해서라도 이번 일은 널리 알려져야 해.

급과이대 及瓜而代

及 : 미칠 · 닿을(급) 瓜 : 오이(과)
而 : 어조사(이) 代 : 대신할 · 세대(대)

【뜻풀이】 오이가 익을 무렵에 교체해 준다. 임기를 마치면 좋은 자리로 옮겨 주겠다는 말인데, 말한 약속을 제대로 지키지 않는다는 뜻도 있다.

【출전】 『좌전 · 장공(莊公) 8년』조에 다음과 같은 이야기가 있다.

춘추시대 제(齊)나라 양공이 송(宋)나라와 노(魯) · 진(陳) · 채(蔡) 등 네 나라와 함께 위(衛)나라를 공격한 적이 있었다. 이때 주장왕(周莊王)은 군사를 파견하여 위나라를 도왔지만 그도 역시 패전하고 말았다. 이에 제양공은 주장왕이 다시 공격하지 않을까 두려워 연칭(連稱)과 관지부(管至父)라는 장군을 각각 대장군과 부장군으로 임명해서 규구(葵丘)에 보내어 국경을 수비하게 하였다. 두 장군은 떠날 때 언제 차례를 바꾸어 주겠느냐고 물었다. 그러자 때마침 오이를 먹고 있던 제양공은 "오이가 익을 무렵이면 바꿔 주겠다.(及瓜而代)"고 간단히 대답하였다.

즉, 금년에 오이가 익을 때 떠났으니 내년에 오이가 익을 때 사람을 보내 바꿔 주겠다는 말이었다. 이듬해 여름 두 장군은 오이를 먹다가 제양공의 말을 상기하고 탐문해 보았더니 제양공은 곡성으로 간 지 한 달이나 지났다는 것이었다. 그래서 그들은 임금에게 오이를 선물하는 것으로 귀띔해 주기로 하였다. 그러나 오이를 본 제양공은 노발대발하면서 "다음해 오이가 익을 때 다시 보자"고 전달했다.

이에 두 장군은 신의를 지키지 않는 제양공에게 큰 불만을 품고 군사를 일으켜 쳐들어가 그를 죽여 버리고 말았다는 것이다.

후세 사람들은 이 이야기에 근거하여 임기가 차서 차례를 바꾸는 것을 과대(瓜代) 또는 급과이대, 과시이대(瓜時而代)라고 했다. 그리고 임기가 만료되는 것을 일러 과만(瓜滿)이라고 했다.

【용례】 이번 발령지가 지내기 힘든 곳이라는 것은 잘 알고 있습니다. 그러나 공무원이면 누구나 한 번은 거쳐야 할 자리이니 "급과이대"하기만 기다리면서 분투해 주시기 바랍니다.

긍경 肯綮

肯 : 수긍할 · 감히 · 뼈에 붙은 살(긍)
綮 : 힘줄 붙은 곳(경)/창집(계)

【뜻풀이】 긍은 뼈에 붙은 살이고, 경은 힘줄과 뼈가 한데 엉킨 곳이다. 따라서 "긍경을 맞추다.(中肯綮)"라는 말은 일의 급소를 찌르는 것, 요점을 정확하게 포착하는 것을 말한다.

【출전】 『장자 · 양생주편(養生主篇)』에 다음과 같은 이야기가 있다.

전국시대 때 포정(庖丁)이라는 유명한 요리사가 있었다. 그는 양(梁)나라 문혜왕(文惠王)의 집에서 일하고 있었는데, 소를 잡아 요리하는 솜씨가 신기(神技)에 달해 있었다. 멀쩡한 한 마리 소라 해도 그의 칼이 닿으면 순식간에 가죽과 고기와 뼈로 발라져 나왔다.

어느 날 그의 솜씨를 보던 문혜왕이 감탄하며 칭찬하자 포정이 말했다.

"아닙니다. 제가 바라는 것은 도(道)이지 한낱 재주가 아닙니다. 저도 처음 소를 잡았을 때는 마음이 쏠려 제대로 칼을 대지 못했습니다. 그러다가 3년쯤 지나자 더 이상 소의 육중한 몸은 걱정하지 않게 되었습니다. 본능적인 감각을 움직여서 오관(五管)의 기능도 정지되고 정신력만 남았기 때문입니다. 이 정도에 이르면 자연의 이치에 따라 소의 몸에 있는 커다란 틈새에 칼을 넣고, 커다란 구멍으로 칼날을 이끌어 전혀 무리한 힘을 쏟지 않습니다. 때문에 이제까지 한 번도 칼날이 긍경에 닿은 적이 없었습니다. 그러니 큰 뼈에 칼이 닿는다는 것은 생각할 수도 없는 일이지요."

이 말을 들은 문혜왕은 더욱 감탄하며 말했다.

"정말 놀라운 솜씨구나. 나는 포정의 말을 듣고 양생(養生)의 도를 터득했다."

결국 가장 훌륭한 솜씨는 자연의 순리를 어기지 않고 요점을 발라내는 것이라고 할 수 있다.

【용례】 글을 쓸 때는 자기가 글 속에 담고 싶은 핵심이 무엇인가를 파악하는 일이 중요하다. "긍경"을 정확하게 찌른 글은 읽는 이를 독서의 즐거움에 빠뜨린다.

기구지업 箕裘之業

箕 : 키(기) 裘 : 갖옷(구)
之 : 갈(지) 業 : 업(업)

【뜻풀이】 할아버지와 아버지 대대로 이어져 오는 직업〔가업(家業)〕을 말한다.

【출전】 『예기(禮記) · 학기편(學記篇)』에 나오는 말이다.

"솜씨 좋은 대장장이의 아들은 반드시 짐승의 가죽을 기워 가죽옷 만드는 일을 배우고, 활을 잘 만드는 사람의 아들은 반드시 버들가지로 키를 만드는 일을 배운다.(良冶之子必學爲裘 良弓之子必學爲箕)"

가죽옷이나 키를 만드는 일은 아버지가 하던 그 일은 아니지만 비슷한 일이어서 배워 따라 하기가 쉽다. 이렇게 처음에는 배우기 쉬운 일부터 흉내 내어 하다 보면 나중에는 훌륭한 대장장이나 활장이가 되어 가업을 잇게 된다는 뜻이다.

【용례】 우리나라에는 3대를 이어오는 가업이 없다고 한다. 다들 출세에만 골몰하여 "기구지업"에는 무관심하니 기술이 축적될 여지가 없는 것이다.

기기기닉 己饑己溺

己 : 몸 · 나(기) 饑 : 굶주릴(기)
溺 : 빠질(닉)

【뜻풀이】 내가 굶주리는 것이고, 내가 물에 빠진 것과 다름이 없다. 사람들의 고통을 자신의 고통인 양 여기는 정치가의 태도를 비유하는 말이다.

【출전】 전국시대 유가(儒家)의 대표적인 인물이었던 맹자(孟子)는 『맹자 · 이루장구(離婁章句)』 하편에서 상고시대부터 농사(農師)라 하여 유명한 직(稷)과 13년 동안 홍수와 싸워 이긴 우(禹)임금을 두고 "우임금은 자기

가 사명을 제대로 완수하지 못했기 때문에 백성들이 물로 인해 고초를 겪고 있다고 생각했고, 직은 자기가 일을 잘하지 못했기 때문에 백성들이 굶주리고 있다고 생각했는데, 이와 같이 그들은 백성들의 곤경에 대해 책임을 다하지 못했다고 생각했기 때문에 스스로 그렇게 조급해할 수 있었다.(禹思天下有溺者 由己溺之也 稷思天下有饑者 由己饑之也 是以如是其急也)"고 칭송했다.

이러한 정신을 기려서 옛사람들은 "남이 물에 빠진 것을 내가 빠진 듯이 여기고, 남이 굶주리는 것을 내가 굶주리는 듯이 여긴다.(人溺己溺 人饑己饑)"거나 기기기닉이라고 하였는데, 무슨 일을 하든지 사명감이 투철한 것을 비유하는 말이다.

【용례】 공직자는 무엇보다도 책임감이 강해야 한다. 잘못이 있으면 떳떳하게 사죄하면서 그 때문에 고통 받는 이들을 위해 "기기기닉"하는 자세를 갖출 필요가 있다.

기기애애 期期艾艾

期 : 때 · 기약할 · 약속(기)
艾 : 쑥 · 기를 · 갚을 · 예쁠(애)

【뜻풀이】 반벙어리. 말할 때 몹시 떠듬거리는 것을 비유하는 말이다.

【출전】 이 성어는 기기(期期)와 애애(艾艾)와 관련된 두 이야기에서 나왔다.

한나라 초기에 주창(周昌)이라는 장군이 있었는데 한고조 유방(劉邦)과 같은 고장 출신인 그는 진나라를 뒤엎고 한왕조를 세우는 데 공로가 커서 분음후(汾陰侯)에 봉해졌고, 유방이 황제가 된 뒤에는 벼슬이 어사대부에 올랐다. 그런데 주창은 반벙어리로서 말할 때 몹시 더듬거리는 사람이었다. 어느 날 한고조가 여후(呂后)의 소생인 태자 영(뒷날의 효혜제)을 폐하고 척부인(戚夫人)의 소생인 여의(如意)를 세우려 했다. 그러자 종사의 앞날을 걱정한 여러 대신들이 모두 반대하고 나섰다. 주창도 이에 반대하면서 한고조에게 "폐하께서 태자를 폐하시려 하는데 신은 겨겨결코 어명을 따를 수 없습니다.(陛下欲廢太子 臣期期不奉詔)"라고 말했다. 반벙어리였기 때문에 그는 '기(期)'자를 연거푸 두세 번 곱씹었던 것이다. 이래서 기기라는 말이 생겨났다(『사기 · 주창전』).

그 후 삼국시대 위나라에 등애(鄧艾)라는 명장이 있었다. 그는 촉나라와 싸워 전공을 많이 세우고 나중에는 촉나라의 도읍지인 성도(成都)에까지 쳐들어가 촉나라를 멸망시켰다. 그런데 그 역시 심한 반벙어리로서 자기 이름을 말할 때면 애애(艾艾)하며 늘 서너 번 곱씹었다고 한다〔『세설신어(世說新語) · 번어편』〕.

이래서 기기와 애애가 합쳐져 말을 떠듬거리는 것을 비유하는 성어가 되었다.

【용례】 저 친구 어지간히 말을 더듬는군. "기기애애"하는 품이 웃음을 참지 못하게 만든단 말이야.

기대취소 棄大就小

棄 : 버릴(기) **大** : 큰(대)
就 : 나아갈(취) **小** : 작을(소)

【뜻풀이】 큰 것을 버리고 작은 것을 취하다. 손익(損益)의 차이를 헤아리지 못하는 어리석은 생각이나 행동을 비유하는 말이다.

【출전】『삼국지』에 다음과 같은 이야기가 나온다.

서주자사 도겸(陶謙, 132~194)은 죽으면서 유비에게 서주(徐州)의 통치를 맡겼고, 유비는 서주의 행정과 병마권을 장악하였다. 조조가 서주를 공격하려고 하자, 조조의 참모 순욱(荀彧)이 연주(兗州)를 지키는 일과 서주를 공격하여 탈취하는 일을 비교하면서 설명했다.

"주공께서 연주를 버리고 서주를 차지하려고 하시는 것은 큰 것을 버리고 작은 것을 취하는 것이고(棄大而就小), 근본은 없애고 말단만 구하려는 것이며(去本而求末), 안전함을 위태로움과 바꾸려는 것이오니(以安易危也), 심사숙고(深思熟考)하시기 바랍니다."

이런 순욱의 건의를 받아들여 조조는 서주를 포기한 채 황건적(黃巾賊)의 잔당이 아직도 기승을 부리고 있는 진(陳)을 점령한 뒤 군사력을 강화시켜 뒷날을 도모했다.

【용례】 우리 회사에서 "기대취소"하는 기획안이 많아지면 경제적으로 손실이 클 것입니다.

기로망양 岐路亡羊

岐 : 갈림길(기) 路 : 길(로)
亡 : 잃을(망) 羊 : 양(양)

【뜻풀이】 갈림길이 많아서 양을 잃었다는 뜻으로, 사람들이 공부를 하거나 사업을 벌일 때 정확한 방향을 잡지 못하고 오락가락하다가 정도를 놓치는 경우를 비유하는 말이다. 다기망양(多岐亡羊)이라고도 한다.

【출전】『열자(列子) · 설부(說符)』에 다음과 같은 이야기가 있다.

전국시대 위(衛)나라의 유명한 학자로 양자(揚子)라는 사람이 있었다.

어느 날, 양자의 이웃집에서 양을 잃었다. 숱한 사람들이 나가서 날이 저물 때까지 찾았지만 끝내 찾지 못하고 돌아왔다. 더구나 그 이웃 사람은 양자의 집 자제들에게까지 부탁해 함께 찾아 나섰던 것이다. 이에 양자가 그 까닭을 물었더니 이웃 사람은 갈림길이 너무 많아서 찾지 못했다고 하면서 갈림길을 가니 또 갈림길이 나와 도저히 양이 간 방향을 알 수 없었다고 대답했다. 그 말을 들은 양자는 마음속으로 "학문을 하는 일도 한 곳으로 가지 않고 갈림길에서 헤맨다면 마치 잃은 양을 찾는 것처럼 길을 잃게 될 것이다."고 생각하면서 오래도록 말없이 침묵을 지키는 것이었다.

이에 그의 심중을 모르는 한 제자가 "양 한 마리가 뭐 대단해서 그러십니까? 그리고 잃어버린 양이 스승님의 것도 아닌데 왜 괴로워하십니까?"라고 물었지만 양자는 여전히 대답이 없었다고 한다. 기로망양이라는 성어는 바로 이 이야기에서 나온 것이다.

【용례】 학문에 뜻을 둔 사람은 그 목적을 달성하기 위해 노력해야지 목적을 이루기 위한 방법론에만 골몰하다가는 자칫 목적을 망각하는 수가 있네. "기로망양"이라고 길만 찾다가 양을 잃어버리는 우를 범하지는 말게나.

기린아 麒麟兒

麒 : 기린(기) 麟 : 기린(린) 兒 : 아이(아)

【뜻풀이】 재능이나 기술이 비상하게 뛰어난 사람을 비유하는 말이다.

【출전】 기린은 신령한 짐승으로 일컫는 상

상 속의 동물이다.

성군(聖君)이 나서 왕도(王道)를 행하면 나타나며, 이 짐승은 풀을 밟지 않고 생물은 먹지 않는다고 한다.

모양은 전체적으로 사슴과 비슷한데 이마는 이리, 꼬리는 소, 발굽은 말과 같고 머리에는 뿔이 하나 있다고 한다.

수컷을 "기"라 하고 암컷을 "린"이라고 한다. 『예기·예운편(禮運篇)』에 보면 "산에서는 그릇과 수레가 나오고 물에서는 마도가 나왔으며 봉황과 기린이 모두 교외 모퉁이에 있었다.(山出器車 河出馬圖 鳳凰麒麟皆在郊陬)"는 말이 있고, 『공자가어·집비편(執轡篇)』에는 "털 난 짐승 360가지 중에 기린이 가장 으뜸이다.(毛蟲三百六十 而麟爲之長)"는 말도 있다.

이처럼 성스러운 짐승이기 때문에 두각을 나타내는 젊은 남자를 일컬어 기린아라고 한다.

두보(杜甫, 712~770)의 〈견서경이자가(見徐卿二子歌)〉에 나오는 구절이다.

「서경의 두 아들, 날 때부터 뛰어나서
길몽에 감응하여 서로 좇고 따랐네.
공자와 부처님이 몸소 안아 보내시니
두 사람 모두 천하의 기린아일세.
徐卿二子生絕奇
感應吉夢相追隨
孔子釋氏親抱送
竝是天下麒麟兒」

기린각(麒麟閣)이라고 하면 전한(前漢)의 무제(武帝)가 기린을 얻었을 때 세운 누각인데, 선제(宣帝)가 공신 열한 사람의 상을 그려 이곳에 걸었다고 한다.

【용례】 저 선수는 이제 겨우 나이 열다섯인데 올해 전국 육상 대회에서 한국 신기록을 세우며 우승을 했다더군. 그래서 육상계를 이끌 "기린아"로 부쩍 각광을 받고 있다네.

기사회생 起死回生

起 : 일어날(기) **死** : 죽을(사)
回 : 회복할(회) **生** : 날(생)

【뜻풀이】 원래 뜻은 죽은 사람을 살린다는 말로 의술이 뛰어난 것을 일컫는 말이었다. 오늘날에는 뜻이 조금 바뀌어 힘든 역경을 이겨내고 다시 재기한다는 뜻으로 쓰인다.

【출전】 춘추시대 때 진월인(秦越人)이라는 명의(名醫)가 있었다. 그는 달리 편작(扁鵲)이라고도 했다. 전하는 말에 따르면 그는 젊은 시절에 한 여인숙에서 관리원 노릇을 한 적이 있었는데, 마침 그 여인숙에 와서 숙박하던 장상군(長桑君)이라는 명의에게 의술을 배웠다고 한다.

『사기·편작전(扁鵲傳)』에 다음과 같은 이야기가 있다.

어느 날 진월인은 괵국(虢國)이라는 작은 나라에 갔다가 어제까지도 건강하던 그 나라 태자가 아침에 급사했다는 소식을 듣고 급히 궁중으로 달려갔다. 월인은 파수병들을 보고 태자를 구할 수 있으니 얼른 임금께 통보해 달라고 하였다.

조금 뒤 월인은 임금의 부름을 받고 제자 자양과 함께 궁중에 들어가 태자를 살펴본즉 그때까지도 아랫도리에 온기가 남아 있었다. 월인이 얼른 태자의 머리와 가슴·손·발 등 여러 곳에 침을 몇 대 놓으니까 태자가 서서히 소생하는 것이었다. 이어 월인이 수술을 하고 약을 먹였더니 태자는 병이 씻은 듯이 나아 일어나 앉았고 한 달 뒤에는 완전히 기력을 회복했다고 한다.

이래서 월인은 죽은 사람을 살렸다 해서 더

욱더 이름을 떨치게 되었는데 그때마다 그는 "내가 어찌 죽은 사람을 살릴 수 있겠습니까? 그가 완전히 죽지 않아 살려 낼 수 있는 사람이었기 때문에 구할 수 있었을 뿐이지요."라고 말했다는 것이다.

기사와 회생은 동의어로서 의술이 고명하거나 약이 효험이 있을 때는 "기사유방 회생유술(起死有方 回生有術)"이라고 하며, 이미 죽어 도저히 구할 가망이 없을 때는 "기사무방 회생핍술(起死無方 回生乏術)"이라고 한다.

【용례】 매몰된 갱구에서 15일 만에 극적으로 구조된 광부들 기사 봤냐? 놀라운 의지력이더군. 역경에 처해서도 "기사회생"하는 정신력은 우리가 꼭 배워야 할 점이야.

기산지절 箕山之節

箕 : 키(기) 山 : 메(산)
之 : 어조사(지) 節 : 마디·절개(절)

【뜻풀이】 기산의 절개라는 말로, 굳은 절개나 자신의 신념에 충실한 것을 비유하는 말이다. 기산은 요임금 때 허유(許由)와 소부(巢父)가 은거하며 살았던 산 이름이다.

【출전】 『한서·포선전(鮑宣傳)』에 다음과 같은 이야기가 나온다.

한나라 때 설방(薛方)이라는 사람이 살았다.

그는 일찍이 군연(郡掾)을 지냈는데, 한번은 좨주(祭酒)가 그를 불렀지만 벼슬에 큰 뜻이 없는 그는 나가지 않았다.

한(漢)나라를 뒤엎고 신(新)나라를 세운 왕망(王莽)이 어느 날 안군(安軍)이라는 벼슬로 그를 초빙하였다. 그러나 정계로 진출할 생각이 전혀 없었던지라 거절하며 사자에게 말했다.

"요임금과 순임금께서 임금 자리에 계셨을 때에는 아래에 허유와 소부가 있었습니다. 지금 계신 임금님의 밝음은 요순시대의 덕을 높이려 하시니, 저는 재야에서 옛날 기산의 절개를 지키고자 합니다.(堯舜在上 下有巢由 今明主方隆堯舜之德 小臣欲守箕山之節也)"

설방의 말은 지금 정치를 맡고 있는 왕망이 옛 요순임금과 같은 덕을 보이고 있으니, 자신은 재야의 현신(賢臣)으로 남아 임금의 덕을 더욱 빛내겠다는 뜻이 담겨 있었다. 이 말을 들은 왕망은 몹시 기뻐하면서 더이상 관직에 나오는 일을 강요하지 않았다.

기산지절이란 요임금 때 허유가 벼슬길에 나아가지 않고 기산에 숨어살면서 절조를 지킨 이야기를 말한다.

어느 날 허유는 자신에게 임금 자리를 선양(禪讓)하겠다는 요임금의 말을 듣더니 귀가 더럽혀졌다며 영천(潁川)으로 달려가 귀를 씻었다.

그때 마침 소부라는 사람이 소에게 물을 먹이려고 오고 있었는데, 귀를 씻고 있는 허유를 보더니 이상히 여겨 물었다.

"이 냇물에서 귀를 씻는 것은 무슨 까닭입니까?"

허유가 대답했다.

"임금님께서 내게 제위를 물려주시겠다고 했습니다. 이 말을 들었으니 귀가 더럽혀진 듯하여 냇가로 와서 씻는 중이오."

그리고는 곧장 기산으로 들어가 버렸다.

허유의 말을 들은 소부는 소에게 물을 먹이려던 것을 멈추고 갑자기 발을 돌리며 말했다.

"더러운 말을 들은 귀를 씻었으니 이 물 역시 더럽혀졌을 것이다. 어떻게 그런 물을 소에게 먹이겠는가."

그 역시 기산으로 들어가 나무 위에 집을

ㄱ

짓고 살았다고 한다.(▶ 세이공청洗耳恭聽 · 월조대포越俎代庖 참조)

이 성어는 기산지조(箕山之操)라고도 하는데, 『후한서·조기전(趙岐傳)』에 보면 "대장부가 세상에 태어났으면 숨어 기산의 절조가 없겠는가.(大丈夫生世 遯無箕山之操)"라는 말이 나온다.

【용례】 요즘 정치인들에게는 "기산지절"하는 정신이 없어 큰일이야. 정치를 하면 으레 신념에 충실해지지 못하는 모양이야.

기소불욕 물시어인 己所不欲 勿施於人

己 : 몸·나(기) 所 : 바(소)
不 : 아니(부)(불) 欲 : 하고자할(욕)
勿 : 아닐(물) 施 : 베풀(시)
於 : 어조사(어) 人 : 사람·남(인)

【뜻풀이】 내가 하고 싶지 않은 일을 남에게도 시키지 마라.

【출전】『논어·위령공편(衛靈公篇)』에 다음과 같은 이야기가 실려 있다.

어느 날 자공(子貢)이 공자에게 물었다.

"한마디 말로 제가 평생 동안 실천할 말이 있습니까?(有一言而可以終身行之者乎)"

공자가 대답했다.

"있다. 그것은 서(恕)다. 자기가 원하는 것이 아니면 남에게 베풀지도 말아야 할 것이다.(其恕乎 己所不欲 勿施於人)"

'서'란 오늘날의 용서(容恕)와 같은 뜻이다. 서를 뜯어보면 그것은 여심(如心), 즉 "마음을 같이한다."가 된다. 상대방의 마음과 나의 마음을 같이할 때 비로소 용서하는 마음이 일어나는 법이다. 내가 남에게 잘못을 저질렀을 때 내가 미안해하듯이 남 역시 잘못을 저질렀을 때 당연히 미안하게 여기리라 생각하는 것, 이런 조건이어야만 이해가 있을 수 있고 용서할 마음이 일어난다.

이런 정신을 확대하면 내가 하기 싫은 일이라면 남도 하기 싫으리라는 사실을 알게 되고 따라서 서로의 입장이 용서가 된다. 즉, 마음이 하나가 되는 것이다. 이렇게 남을 이해하고 용서할 수 있는 여유를 가질 때 인간은 참된 인격을 갖춘 존재로서 출발할 수 있다. 공자는 바로 이 점을 납득시키고자 자공에게 이런 금언을 남겼다.

이 성어는 같은 책 〈안연편(顔淵篇)〉에도 나오며, 〈이인편(里仁篇)〉에는 공자가 "나의 도는 하나로 꿰뚫어져 있다.(吾道一以貫之)"고 말하자 제자들이 무슨 뜻인가 묻는 말에 증자(曾子)가 "선생님의 도는 충과 서일 따름이다.(夫子之道 忠恕而已矣)"라고 대답한 장면이 나온다. 역시 같은 맥락에서 논의될 수 있다.

【용례】 누군가 반드시 해야 할 일인데 서로 기피하는 일이라면 자발적으로 나서서 희생정신을 발휘할 때도 있어야 한다. "기소불욕"을 "물시어인"하란 말은 내가 하기 싫은 일이라면 당연히 남도 하기 싫을 터이니 남에게 시키기 전에 스스로 처리하라는 교훈이 담긴 금언이다.

기인우천 杞人憂天

杞 : 나라이름(기) 人 : 사람(인)
憂 : 근심·걱정할(우) 天 : 하늘(천)

【뜻풀이】 기나라 사람이 하늘이 무너질까 걱정하다. 쓸데없는 근심이나 지나친 걱정을 비유하는 말이다.

【출전】『열자·천서편(天瑞篇)』에 나오는 이야기다.

지금으로부터 대략 3천 년 전, 오늘날의 하남성 기현 일대에 기국(杞國)이라는 작은 나라가 있었는데, 바로 그 나라에는 늘 쓸데없는 걱정을 하는 사람이 살고 있었다. 그런데 그의 근심거리 중에서 가장 큰 걱정은 하늘이 무너져서 세상이 멸망해 자신도 죽음을 면하지 못하리라 하는 근심이었다. 이 때문에 그는 늘 안절부절못하며 지냈다. 이에 어떤 사람이 하늘이 무너질 수 없다고 하면서 걱정 말라고 하자 그는 "막상 하늘이 무너지지 않는다 해도 해나 달이나 별이 떨어질 수도 있지 않은가? 그리고 혹시 땅이라도 꺼지면 어떡하나?"면서 여전히 수심에 잠겨 안절부절못했다는 것이다.

이렇게 해서 기인우천이라는 성어가 생겨났는데 하늘이 무너질까 봐 걱정한다는 뜻으로, 쓸데없는 근심을 하는 것을 비유하는 말이다. 간단하게 줄여 기우(杞憂)라고도 한다.

【용례】 검진 결과가 좀 안 좋은 모양인데, 그렇다고 죽을 상까지 할 필요 있겠나. 그 정도 수치라고 다 발병하는 것은 아니라네. 별일 아닌 걸로 "기인우천"하면 몸에만 해로워, 이 사람아.

기호난하 騎虎難下

騎: 탈(기) **虎**: 호랑이(호)
難: 어려울(난) **下**: 아래·내릴(하)

【뜻풀이】 진퇴양난(進退兩難). 이러지도 못하고 저러지도 못하는 딱한 형편.

【출전】 기호난하는 본래 기수난하(騎獸難下)라고 했는데, 당나라 때부터 기호난하로 바뀌었다. 비슷한 격언에 "늙은 이리는 앞으로 갈 때에는 턱 밑에 늘어진 살을 밟아 넘어지고, 뒤로 물러날 때에는 꼬리를 밟아 자빠진다.(狼跋其胡 載疐其尾)"는 말이 있다.『시경·빈풍(豳風)』의 〈낭발(狼跋)〉에서 나왔다.

『수서·후비전(后妃傳)』에 다음과 같은 이야기가 있다.

수나라 개국 황제 양견(楊堅, 수문제)의 아내인 독고황후(獨孤皇后)는 본래 북주 대사마(大司馬)인 하내공 독고신(獨孤信)의 딸로 그의 언니는 북주(北周) 명제(明帝)의 황후였고 큰언니는 선제(宣帝)의 황후였다. 그때 양견은 북주의 수주자사(隨州刺史)로 있으면서 수공에 봉해져 있었다. 그러다가 선제가 세상을 떠나고 정제(靜帝)가 제위에 오르자 양견은 새 황제가 어리기 때문에 보좌해야 한다는 구실로 스스로 상국이 되어 궁중에 들어가 손쉽게 정권을 탈취했다. 이에 황제 정제는 허수아비로 전락했고 양견은 사실상의 황제가 되었다.

이렇게 얼마가 지난 뒤 독고씨는 때가 되었음을 알고 남편더러 아주 황제가 될 것을 권고하면서 "대세가 이미 이렇게 되어서 마치 짐승 등에 올라탄 꼴과 다름없습니다. 결코 내릴 수 없는 것이지요.(大勢已然 騎獸之勢 必不得下)"라고 했다. 즉, 대세는 이미 결정난 것이니 맹수를 타고 앉아서 중도에 내릴 수 없다는 것이었다.

이리하여 양견은 정제를 죽이고 스스로 황제가 되어 그의 원래의 봉호였던 수공(隨公)의 수(隨)를 수(隋)로 고쳐 나라 이름을 수라고 하였다. 그리고 양견의 처 독고씨도 독고 황후가 되었다.

그 밖에 『진서·온교전(溫嶠傳)』에도 "맹수의 등에 탔으니 어찌 도중에 내릴 수 있으리요?(騎猛獸安可中下哉)"라는 말이 있는데 독고황후의 말과 같은 뜻이다. 그래서 기호난하 또는 세성기호(勢成騎虎)·세여기호(勢如騎虎)라는 말로 진퇴양난의 어려운 사정을 비유하게 된 것이다.

【용례】 이미 시위를 떠난 화살이고, 엎질러진 물이야. "기호난하"라고 죽이 되든 밥이 되든 계속 밀고 나가는 수밖에 없어.

기화가거 奇貨可居

奇 : 기이할(기) 貨 : 재물(화)
可 : 가할·옳을(가) 居 : 머물(거)

【뜻풀이】 진귀한 물품들을 쌓아 두었다가 나중에 높은 값에 판다는 뜻이다.

【출전】 진시황의 아버지인 장양왕〔이름은 초(楚)이고, 본명은 이인(異人)〕은 일찍이 왕위에 오르기 전에 인질로 조(趙)나라에 가 있던 적이 있었다. 때는 바로 전국시대 말기라 진나라는 다른 여섯 나라와 자웅을 겨루면서 나날이 강성해지고 있는 형국이었다.

그러나 인질로 조나라에 가 있던 이인의 처지는 쓸쓸하기만 하였다. 이때 대상인 여불위(呂不韋)라는 사람이 때마침 조나라의 도읍지인 한단에 왔다가 이 소식을 듣고 이인을 이용하여 큰 돈벌이를 해보리라 작정하였다. 그러면서 부친 앞에서 "이 기이한 재물에는 한번 투자할 만합니다.(此奇貨可居也)"라고 했는데 이 말이 줄어 나중에 기화가거라는 성어가 된 것이다.

뒤이어 여불위는 진나라의 도읍지 함양에 가서 활동하기 시작하였다. 당시 진나라에서는 이인의 생부인 주(柱)가 태자로 있었는데, 태자비인 화양부인(華陽夫人)에게는 아들이 하나도 없었다. 이에 여불위는 화양부인을 설득시켜 이인을 양자로 삼게 하고 이름도 초라고 고치게 했다.

그 후 태자 주가 왕위에 올라 효문왕이 되자 초는 태자에 봉해졌다. 그런데 효문왕은 왕위에 오른 지 사흘 만에 세상을 떠나고 초가 왕위에 오르니 그가 바로 장양왕이다. 이에 화양부인은 태후가 되고 여불위는 승상이 되어 문신후에 봉해져 낙양 일대 12개 현 10만 호의 조세를 봉록으로 받아 부귀영화를 누렸다.

그뿐 아니라 장양왕이 죽고 난 뒤 태자 정(政, 즉, 진시황)이 즉위한 뒤에도 여불위는 당당히 상국 자리에 있으면서 권세를 마음대로 휘둘렀다. 이쯤 되고 보면 이 장사꾼의 모략은 일시적인 성공을 거둔 셈이었다.

그러나 그 후 얼마 못 가서 그의 모략 활동도 꼬리가 잡혀, 항상 그의 존재를 눈엣가시처럼 생각했던 시황제에 의해 핍박을 받아 드디어 자살하기에 이르렀다.

일설에 따르면 진시황은 사실은 여불위의 자식이라는 말도 있는데, 이것이 사실이라면 여불위는 자기 아들을 황제의 자리에 오르게 한 것이지만, 동시에 자식에게 죽음을 당해 비참한 최후를 마친 사람이라고도 할 수 있겠다.

【용례】 이번에 스카우트한 저 선수 지금은 물건처럼 안 보이지만 뭔가 큰일을 저지를 테니 두고 보게. "기화가거"야, 좀 더 지켜보면 실망시키진 않을 걸세.

ㄴ

나작굴서 羅雀掘鼠

羅 : 펼칠·그물(라) 雀 : 참새(작)
掘 : 파헤칠(굴) 鼠 : 쥐(서)

【뜻풀이】 그물을 쳐서 참새를 잡고 굴을 파서 쥐를 잡다. 궁지에 몰려 할 수 있는 모든 일을 다 해보는 것을 비유하는 말이다.

【출전】 『당서·장순전(張巡傳)』에 나오는 말이다.

당나라 천보 연간에 안록산(安祿山)이 반란을 일으키자 장순이 군사를 이끌고 나가 수양성(睢陽城)을 지키게 되었다. 장순은 반란군의 맹렬한 공격에도 두려워하지 않고 용감하게 성을 지키고 있었다. 그렇지만 나중에 수양성은 안록산의 부장 윤자기(尹子琦)의 수십만 대군에 의해 물샐틈없이 포위당했다. 전세가 이렇게 매우 다급해지자 장순은 비장 남제운(南霽雲)을 파견하여 포위를 뚫고 나가 임회태수 하란진명(賀蘭進明)에게 급보를 전하게 했다. 그러나 하란진명은 장순을 평소 시기했기 때문에 앉아서 구경만 할 뿐 구원병을 보내지 않았다. 이렇게 수양성은 몇 달 동안 계속 포위망 속에 갇혀 있었는데, 마침내 성안에는 식량이 바닥나고 말았다. 이때 반란군은 장순에게 항복하라고 회유했지만 장순은 조금도 동요하지 않고 군인들에게 참새와 쥐를 잡아먹으라고 명령하고는 끝까지 성을 지켰다. 심지어 그는 굶주림에 허덕이는 병사들을 위해 자신의 애첩(愛妾)을 죽여 먹이기까지 하였다.

이와 같이 장순은 반란군을 맞이하여 용감하게 싸웠지만 결국 중과부적(衆寡不敵)으로 수양성은 함락되고 장순은 윤자기에 의해 피살되고 말았다.

이상의 이야기에서 나작굴서라는 성어가 나오게 되었다. 모조리 먹고 쓰고 하여 나중에 하찮은 것까지 들춰낸다는 말로 나굴태진(羅掘殆盡) 또는 나굴구궁(羅掘俱窮)이라고도 한다.

【용례】 그들이 무인도에 표류해서 구조될 때까지 연명했던 실화를 읽으면 나도 모르게 눈물이 난다. 그들은 "나작굴서"하며 그야말로 형언할 수 없는 고통을 감내했던 것이다.

낙모지신 落帽之辰

落 : 떨어질(락) 帽 : 모자(모)
之 : 어조사(지) 辰 : 때(신)/별자리(진)

【뜻풀이】 음력 9월 9일. 중양절(重陽節)을 달리 부르는 말이다.

【출전】 『진서·환온전(桓溫傳)』에 다음과 같은 이야기가 있다.

맹가(孟嘉)는 자를 만년(萬年)이라 하고,

강하군 사람이다. 어렸을 때부터 이름이 알려져 있었다. 장성하여 정서장군인 환온의 참군(參軍, 보좌관)이 되었는데 환온은 그를 대단히 중하게 여겼다. 어느 해 9월 9일 중양절에 환온은 형주의 용산(龍山)에서 주연을 베풀자 그 부하들과 속관들이 모두 모였다.

그때 부관들은 모두 군복을 입고 있었는데 갑자기 바람이 불어와 그만 맹가의 모자가 땅에 떨어져 버렸다. 그러나 그는 너무 취해 있었기 때문에 그것을 알아차리지 못했다. 환온은 주위 사람들에게 명하여 그것을 말하지 않도록 하고 그가 어떤 행동을 하는지 보려고 생각했다. 얼마 지나지 않아 맹가는 화장실에 갔다. 환온은 그 사이에 모자를 감추어 두고 손성(孫盛)에게 명하여 맹가를 조소하는 글을 짓게 하고 모자와 함께 그의 자리에 두었다. 돌아와서 그 글을 보자 그는 그 자리에서 답하는 글을 지었다. 그것이 또 훌륭하였기 때문에 자리에 있던 사람들은 모두 혀를 내둘렀다.

그는 원래 애주가로 술을 많이 마셨는데 많이 마신다 해도 완전히 취하지는 않았다. 환온이 물었다.

"술의 어떤 점이 좋아서 자네는 그렇게 마시는가."

그가 대답하였다.

"공께서는 아직 술을 마시고 얼큰하게 취했을 때의 즐거운 맛을 모르기 때문에 그와 같이 묻는 것입니다."

환온이 다시 물었다.

"노래 부르는 기생의 음악을 듣는데 가야금과 같은 현악기는 피리와 같은 관악기에 미치지 못하고 관악기는 또 육성으로 노래하는 소리에는 모자라는 듯한데 이는 무슨 까닭인가?"

그는 역시 선뜻 대답하였다.

"그것은 조금씩 몸에 가까워져서입니다. 즉, 자연에 가까워지기 때문에 듣는 사람의 마음이 흡족해지는 것입니다."

【용례】 음력 9월 9일을 중양절이라고 하는데, 다른 말로는 "낙모지신"이라고도 한대. 옛날 어떤 사람의 일화에서 유래했다는군.

낙백 落魄

落 : 떨어질(락) **魄** : 넋(백)

【뜻풀이】 영락하다. 뜻을 얻지 못하다.

【출전】『사기 · 역생육가열전(酈生陸賈列傳)』에 다음과 같은 이야기가 실려 있다.

역이기(酈食其)는 진류현(陳留縣) 고양(高陽) 사람이다. 어려서부터 글 읽기를 좋아했지만 집안이 몹시 빈한했고 아주 영락했으며(落魄) 의식주를 해결할 직업조차 없었다.

그는 자기 고을의 문지기를 하고 있었는데, 사람이 워낙 괴팍해서 고향 사람들은 그를 '미친 선생(狂生)'이라고 불렀다.

그러다 진나라 말기가 되면서 세상이 어지러워지자 그는 아는 사람을 통하여 유방(劉邦)을 위해 일하고 싶다는 의사를 전하게 했다. 그러자 친구가 그에게 충고를 했다.

"패공(沛公)은 선비를 싫어해서 선비가 갓을 쓰고 오면 그걸 벗겨서 오줌을 눌 정도라네. 괜한 망신만 당하지 말고 그만두지."

"그런 염려는 말고 만날 수 있게만 주선해 주게."

이렇게 해서 역이기는 유방과 대면하게 되었다. 그때 유방은 의자에 앉아 두 여인에게 발을 씻기게 하고는 그를 보고도 일어나지 않았다. 그러자 역이기가 엄숙하게 말문을 열었다.

"당신은 진나라를 도와서 제후들을 공격하려는가? 아니면 제후들을 도와서 진나라를 공격하려는가?"

이 말에 유방이 소리를 버럭 지르며 말했다.

"이 쥐새끼 같은 선비놈아! 제후들을 이끌고 진나라를 치려는 것도 몰랐느냐?"

"의병을 일으켜 무도한 진나라를 친다면 다리를 내리고서 경건하게 어른을 만나야 하지 않겠는가?"

그러자 유방은 태도를 바꿔 정중하게 그를 상좌에 앉히고는 이야기를 들었다. 이때부터 역이기는 유방의 모사(謀士)가 되어 그를 위해 활약했다.

당시 유방은 항우에게 밀려 고전을 면치 못하고 있었다. 기세가 꺾인 유방은 성고(成皐) 이동의 땅을 포기하고 전선을 축소하고자 했다.

그때 한신은 제(齊)나라를 공격하려던 참이었는데, 역이기는 이런 유방의 소극적인 생각이 잘못되었음을 극구 설명한 뒤 제나라 임금을 설득시켜 아군의 편을 들도록 하겠다고 다짐하였다.

그리고 역이기는 제나라로 가서 유방과 손을 잡는 것이 여러 가지로 유리하다는 사실을 역설하여 제나라 임금을 설득했다. 이에 제나라에서도 이를 수용하여 마침내 한신의 군대에 대한 대비를 풀었다.

그러나 한신은 역이기가 세 치 혀끝만 놀려 제나라를 평정했다는 소식을 듣자 이 사실을 듣지 못한 듯 가장하고는 그대로 제나라를 향해 진군했다. 일이 이렇게 되자 제나라 임금은 역이기가 자신을 함정에 빠뜨렸다고 생각해 그를 심하게 꾸짖었다.

"이놈아, 네가 한나라 군대를 제지한다면 모를까 그렇지 않다면 너를 삶아 죽일 것이다."

당황한 역이기는 어떻게든 한신과 연락을 취해 보고자 했지만 끝내 선이 닿지 않자 모든 것을 포기하고는 이렇게 말했다.

"큰일을 하는 사람은 작은 법에 구애받지 않고, 성한 덕이 있는 사람은 작은 예절로 괴롭지 않은 법이다. 너를 위해 앞에서 한 말을 번복하지는 않을 것이다."

드디어 제나라 임금은 역이기를 삶아 죽이고 말았다. 뒤이어 한신의 군대가 제나라 수도에 닿자 결국 제나라도 망하고 말았다.

【용례】 저 친구 학교 다닐 때는 집이 부자라며 으스대더니 아버지가 사업에 실패하고 난 뒤에는 풀이 죽어 아주 "낙백"한 처지에 놓였다는군.

낙양지귀 洛陽紙貴

洛 : 물이름(락) 陽 : 밝을(양)
紙 : 종이(지) 貴 : 귀할·비쌀(귀)

【뜻풀이】 낙양 땅의 종이 값이 크게 오르다. 책이나 글이 크게 명성을 날려 갑자기 이름이 나는 것을 비유하는 성어다.

【출전】 『진서·좌사전(左思傳)』에 다음과 같은 이야기가 나온다.

서진(西晉) 때의 문인 좌사는 필명을 당대에 드날린 인물이었지만 원래부터 그렇게 출중한 재능을 보이지는 못했다. 그는 젊었을 때 공부도 잘하지 못했고 거문고를 배워도 제대로 터득하지 못하는데다가 반벙어리였던 것이다. 어느 날 그의 부친 좌옹이 좌사를 곁에 두고 친구들 앞에서 "이놈은 내 어릴 적에 비기면 아직 멀었소!"라고 말했다. 이런 망신을 당한 좌사는 그때부터 열심히 독서를 하여 마침내 훌륭한 작품을 써내게 되었다.

좌사는 교제도 즐기지 않고 조용하게 지내는 것을 좋아했으며, 많이 쓰고 빨리 쓰는 글을 좇지 않고 훌륭한 문장을 쓰기 위해 노력했다고 한다. 그의 〈제도부(齊都賦)〉라는 작품은 근 1년 동안에 걸쳐 써낸 것이라고 한다.

그 후 좌사의 누이동생 좌분(左芬)이 대궐에 뽑혀 들어가자 그의 집안도 도성인 낙양으로 이사를 갔다. 이때부터 그는 위·촉·오 세 나라의 도읍지에 관한 〈삼도부(三都賦)〉를 쓰기로 결심하고 전적을 살피고 시상을 가다듬는 등 고심하다가 10년 만에야 완성했다.

그러나 처음 이 작품이 나왔을 때 사람들은 그것이 걸작인 줄 알지 못했다. 그러다가 당시의 유명한 학자였던 황보밀(皇甫謐)과 문학계의 권위자였던 장화(張華) 등에게서 높은 평가를 받자 〈삼도부〉는 그제서야 크게 이름을 날리게 되었다.

이리하여 좌사의 〈삼도부〉는 순식간에 세상에 알려져서 낙양성 내의 문사들과 권문세가의 자제들은 앞다투어 이 작품을 베끼기 시작했는데, 이 때문에 낙양 성내의 종이 값이 갑자기 치솟았다.

낙양지귀는 바로 이 이야기에서 나온 성어로, 어떤 작품이 독자가 많아지거나 어떤 서적이 발행량이 많은 것을 비유하는 말로 쓰이고 있다.

전하는 바에 따르면 당시의 또 다른 이름난 작가였던 육기(陸機)도 일찍이 〈삼도부〉를 쓰려다가 좌사가 먼저 썼다는 말을 듣고 처음에는 코웃음을 쳤다고 한다. 그러나 좌사의 〈삼도부〉를 직접 읽어 보고는 자기가 써도 이 작품을 능가할 수 없음을 깨닫고 처음 계획을 포기했다는 것이다.

【용례】 이번에 출간한 고사성어집이 그렇게 많이 나갈 줄은 꿈에도 짐작 못했어. 그야말로 낙양의 지가를 올렸다고("낙양지귀") 해야겠지.

낙정하석 落井下石

落 : 떨어질(락) 井 : 우물(정)
下 : 아래(하) 石 : 돌(석)

【뜻풀이】 우물에 빠진 사람에게 돌을 던지다. 남이 어려운 처지에 놓였는데도 도와주지는 않고 오히려 박해를 가하는 경우를 일컫는 말이다.

【출전】 유종원(柳宗元, 773~819)은 자가 자후(子厚)로 당송팔대가(唐宋八大家)의 한 사람이다. 소년 시절부터 글을 잘 써서 이름이 널리 알려졌다. 나중에 그가 어사대부(御史大夫)가 되었을 때 실수로 인해 옹주(雍州)로 좌천되어 그곳에서 사마(司馬)를 지내다가 다시 유주자사가 되었다. 그가 죽은 뒤에 유주 지방 사람들은 그가 생전에 쌓았던 공적을 기려 나지현(羅池縣)에 사당을 건립해서 그를 제사했다.

당시 한유(韓愈, 768~824)는 친구인 유종원이 시정잡배(市井雜輩)나 다름없는 간신들에 의해 모함을 받아 자신의 뜻을 다 이루지 못하고 죽자 그를 위해 〈유자후묘지명(柳子厚墓誌銘)〉을 썼는데, 그 가운데 다음과 같은 구절이 들어 있다.

「아! 선비는 그가 곤궁할 때 비로소 그의 지조를 알 수 있다. 오늘날 어떤 사람들이 어두운 골목에서 머물면서 서로 아끼고, 술과 음식을 나눠 노닐면서 즐겁게 웃고, 마치 자신의 심장도 꺼내 줄 것처럼 친구라고 하고, 하늘의 해를 가리키며 눈물을 흘리면서 생사를 함께하겠노라고 정말 간곡하게 말한다. 그러나 만약 머리털만한 아주 작은 이익과 관련된 문제라도 생기면 친구는 그만두고 사람을 구분할 줄도 모르게 된다. 그대가 만약 남의 모함으로 함정에 빠졌다면 그대를 구해 주지 않을 뿐 아니라 도리어 돌을 들어 그대에게 던질 사람이 의외로 많을 것이다. 이런 짓은 금수나 오랑캐들도 차마 하지 못하는데, 그들은 스스로 이를 훌륭한 계책이라고 여긴다. 그러다가 유종원의 풍모를 듣는다면 가히 조금은 부끄러워할 것이다.

(嗚呼 士窮乃見節義 今夫平居里巷相慕悅 酒食游戲相徵逐 詡詡强笑語 以相取下 握手出肝肺相示 指天日涕泣 誓生死不相背負 眞若可信 一旦臨小利害僅如毛髮比 反眼若不相識 落陷穽 不一引手救 反擠之 又下石焉者 皆是也 此宜禽獸夷狄不忍爲 而其人自視以爲得計 聞子厚之風 亦可以少愧矣)」

후세 사람들은 이 문장 가운데 나오는 낙정과 하석을 따와 성어로 삼았다. 즉, 한때는 절친하게 지내며 온갖 아양을 다 떨던 사람도 위기가 닥치면 거들떠보지도 않으며, 거기에다 오히려 위해(危害)까지 가하려 한다는 것이다. 비정한 세태를 꼬집는 말이다.

이 성어는 행재락화(幸災樂禍, 남의 재앙을 보고 기뻐하다)와 그 뜻이 상통하며, 투정하석(投井下石)·낙정하석(落穽下石)이라고도 쓴다.

【용례】 친구란 것도 망하니까 아무 소용없더군. 와서 위로는 고사하고 빌려 준 돈 못 받을까 봐 더 안달이야. "낙정하석"도 유분수지. 어려워지니까 진정한 친구가 누구인 줄 알겠어.

낙화유수 落花流水

落 : 떨어질(락) **花** : 꽃(화)
流 : 흐를(류) **水** : 물(수)

【뜻풀이】 말 그대로 흐르는 물 위에 꽃잎이 떨어진다는 뜻이다.

【출전】 늦봄의 처량한 정취를 묘사한 시에서 나왔는데, 옛날 시인들이 쓴 낙화유수나 유수낙화와 같은 많은 시구들은 본질적으로는 소극적인 정서를 토로하고 있지만, 어쨌든 자연경물을 보고 느낀 감정을 서정적으로 묘사한 것임에 틀림없다. 그래서 사람들은 나중에 이 성어를 빌려 쇠퇴해 가는 정경이나 싸움에서의 참패를 일컫게 되었다.

그 밖에 사람들은 이 성어를 낙화와 유수로 갈라, 전자는 유정(有情)에 비기고 후자는 무정(無情)에 비기기도 했다.

이리하여 이 성어는 완전히 다른 뜻으로 쓰이게 되었다. 예컨대 "떨어지는 꽃잎은 정을 담았고, 흐르는 물은 무심하게 흐른다.(落花有意 流水無情)"는 것이 바로 그것이다. 이러한 예는 이 밖에도 많이 들 수 있다. 가장 먼저 나온 경우는 송나라 시인 하주(賀鑄)의 〈남가자(南柯子)〉에 나오는 시구인 "한스럽게 꽃은 시들어 가고, 무정하게 물은 흘러간다.(有恨花空委 無情水自流)"라고 하겠다.

【용례】 우리네 삶이란 것도 알고 보면 참 덧없는 것일세. "낙화유수"처럼 흘러가다 보면 어느덧 저승사자가 코앞에 닥치게 되는 거지.

난상가란 卵上加卵

卵 : 알(란) 上 : 위(상) 加 : 더할(가)

【뜻풀이】 계란 위에 계란을 또 포갠다는 뜻으로, 절대로 불가능한 일을 비유하는 말이다.

【출전】 『성수패설(醒睡稗說)』에 다음과 같은 이야기가 나온다.

어느 대신이 귀양을 가게 되었다. 그 부인이 남편에게 물었다.

"언제나 돌아올 수 있습니까?"

이에 그가 대답했다.

"글쎄 혹 계란 위에 계란을 포갤 수 있다면 돌아올 수 있을까… 그렇지 않으면 살아 돌아오지 못할 것이오."

그 후 부인은 날마다 "포개지게 해 주십시오!"를 외치면서 통곡 속에 계란 쌓기를 계속했다.

여러 해가 지난 뒤 마침 임금이 미복(微服) 차림으로 민가를 순시하다가 그 집에서 나는 통곡 소리를 듣게 되었다. 그 곡절을 알아보게 하고, 전후 사정을 알게 된 임금은 부인의 지성에 감동하여 대신을 귀양에서 풀어 주었다. 대신이 입궐해 임금을 알현을 하자 임금이 물었다.

"그대가 귀양에서 풀려난 까닭을 아는가?"

"그저 폐하의 성은이 망극할 뿐입니다."

그러자 임금이 말했다.

"그렇지 않노라. 자네 부인이 계란 위에 계란을 정성으로 포갰기 때문이니라."

대신은 무슨 말인지 어리둥절해하면서 임금의 입만 바라보았다.

지성이면 감천이란 말도 있듯이, 아무리 어려운 일이라도 지극정성(至極精誠)으로 최선을 다하면 뜻밖의 성과를 얻을 때도 있는 것이다. 이것은 노력의 결과이지 단순한 우연은 아니기 때문이다.

『성수패설』은 편자나 편찬 연대를 알 수 없는 잡기류의 책이다. 내용은 대부분 희화적(戱畵的)인 것으로 채워져 있는데, 날카로운 풍자로써 웃음을 자아내거나 인정세태(人情世態)의 현실을 풍자하는 재미있는 이야기들로 가득 차 있다.

【용례】 그녀가 내 사랑을 받아주는 일은 "난상가란"이나 마찬가지라고 하더군. 하지만 난 내 정성을 다해 그녀의 마음을 열도록 노력해 볼 거야.

난신적자 亂臣賊子

亂 : 어지러울(난) 臣 : 신하(신)
賊 : 도둑(적) 子 : 아들(자)

【뜻풀이】 임금을 죽이는 신하와 어버이를 죽이는 아들. 또는 나라를 어지럽히는 무리나 역적 등을 가리키는 말.

【출전】 『맹자 · 등문공장구(滕文公章句)』 하편에 나오는데, 제자 공도자(公都子)가 왜 논쟁을 피하지 않는지를 묻는 질문에 대답하는 과정에서 나왔다.

맹자는 그 까닭을 인의(仁義)를 실천하기 위한 것으로 설명했는데, 바로 그 대목에서 이렇게 말했다.

"공자께서 『춘추』를 완성하시자 나라를 어지럽히고 어버이를 욕보이는 무리들이 모두 두려워했다.(孔子成春秋而亂臣賊子懼)"

이 성어는 『후한서 · 동탁전(董卓傳)』에도 나온다.

"너희들은 반역하여 천자를 핍박하니, 천하의 역적들 가운데 지금까지 너희들과 같은 난신적자는 없었다.(亂臣賊子未有如汝者)"

【용례】 어찌 나라를 팔아먹어야만 매국노(賣國奴)겠어. 국익을 이유로 나라의 명예를 실추시키는 위정자야말로 이 시대의 "난신적자"일 거야.

난의포식 暖衣飽食

暖 : 따뜻할(난) **衣** : 옷(의)
飽 : 배불리 먹을(포) **食** : 먹을(식)

【뜻풀이】 따뜻한 옷을 입고 배불리 음식을 먹는다.

【출전】 『맹자 · 등문공장구(滕文公章句)』 상편에 다음과 같은 이야기가 나온다.

맹자는 예순이 넘은 나이에 등문공의 초빙을 받아 등나라에 갔다. 맹자는 등문공에게 주(周)나라의 정전법(井田法)을 써서 이상적인 국가를 건설할 것을 강조했다.

그런데 공교롭게도 그때 묵자(墨子)의 영향을 받은 중농주의자 허행(許行)이 와서 일종의 자급자족(自給自足) 경제를 꾸리면서 지내고 있었다. 그의 제자인 진상(陳相)이란 사람이 맹자를 만나서는 등문공도 백성들과 함께 손수 농사를 지어야 한다고 주장했다.

그러자 맹자는 분업론(分業論)을 내세워 농사짓는 사람과 사람을 다스리는 사람은 엄연히 구분되어야 할 것이라고 하면서 이렇게 말했다.

「후직이 백성들에게 심고 거두는 방법을 가르치고 오곡을 심어 키우게 했는데, 오곡이 영글자 백성들은 잘살게 되었다. 그러나 사람에게는 도가 있으니, 배불리 먹고 따뜻하게 입고 편안하게 산다 해도 가르침이 없으면 새나 짐승에 가까워진다. 성인께서 이것을 또 근심하여 설을 사도로 삼아 인륜으로써 백성들을 가르치게 하였다. 그것이 이른바 오륜(五倫)이다.

〔后稷敎民稼穡 樹藝五穀 五穀熟而人民育 人之有道也 飽食煖衣 逸居而無敎 則近於禽獸 聖人有憂之 使契爲司徒 敎以人倫 此之謂五倫(父子有親 君臣有義 夫婦有別 長幼有序 朋友有信)〕」

이처럼 맹자가 이 말을 인용한 의도는 그런 생활 자체를 긍정한다기보다는 육체적인 안일과 편안함만으로는 사람다운 사람이 될 수 없다는 점을 지적하기 위해서였다. 그러나 오늘날에는 단지 배불리 먹고 따뜻한 옷을 입고서 근심 없이 사는 넉넉한 생활을 비유하는 말로 주로 쓰인다.

【용례】 지난번 영 · 호남 지방 가뭄으로 해서 세상이 참 시끄러웠지. 특히 공무원들의 안일한 대처 방식 때문에 지방 주민들의 불평이 대단했어. "난의포식"이라고 의식주가 안정되어야 민심이 수습된다는 걸 왜 모를까?

난형난제 難兄難弟

難 : 어려울(난) **兄** : 맏(형) **弟** : 아우(제)

【뜻풀이】 형이라 하기도 어렵고 아우라 하기도 어렵다. 두 가지 사물이나 사람의 우열을 가리기 어려울 때 쓰는 성어다.

【출전】 『세설신어 · 방정편(方正篇)』에 보면 다음과 같은 이야기가 있다.

양상군자(梁上君子)로 유명한 후한 말의 진

식(陳寔, 104~187)은 태구현령(太丘縣令)이라는 낮은 관직에 있었지만, 두 아들인 진기(陳紀)와 진심(陳諶)과 함께 세 군자로 불릴 정도로 덕망과 인격이 남달랐다.

그러던 어느 날 진식이 친구와 함께 여행을 가기로 약속했다. 정오에 떠나자고 했는데 시간이 지났는데도 친구가 오지 않자 할 수 없이 진식이 먼저 출발하였다. 그 뒤 친구가 도착해서 진기에게 아버지의 소재를 물었다.

"아버님은 한참을 기다리시다가 먼저 떠나셨습니다."

"어허, 고약한 사람이로구나. 약속을 해놓고 어찌 먼저 떠날 수가 있나?"

그러자 진기가 말했다.

"아버님과 만나기로 한 것은 정오가 아닙니까? 그런데도 제시간에 오지 못하셨으니 신의에 관계되는 일이 아닙니까? 또 자식이 앞에 있는데 그 아비를 욕하는 것은 예의에 어긋난 처사가 아닌지요?"

이 말을 듣고 몹시 부끄러워진 친구는 사과하려고 했는데, 진기는 돌아보지도 않고 집으로 들어가 버렸다.

진기에게는 진군(陳群)이란 아들이 있었다. 그는 위문제 조비(曹丕) 밑에서 사공(司空)과 재상을 지낸 사람인데, 어릴 때 이런 일이 있었다.

하루는 숙부인 진심의 아들, 즉 사촌 간인 진충(陳忠)과 서로 자기 아버지가 뛰어나다며 다투게 되었다. 아무리 논쟁을 해도 결론이 나지 않자 결국 두 사람은 할아버지인 진식에게 자문을 구하기로 했다. 그러자 진식이 말했다.

"글쎄다, 원방(진기의 자)을 형이라 하기도 어렵고 계방(진심의 자)을 아우라 하기도 어렵구나.(元方難爲兄 季方難爲弟)"

【용례】 두 사람은 우리나라 육상계를 이끌어 나갈 대들보야. 함께 뛰면 아마 대단할걸? 국제 대회에 나가도 워낙 실력이 비슷해서 쉽게 승부가 나지 않는 "난형난제"라니까.

ㄴ

남가일몽 南柯一夢

南 : 남녘(남) 柯 : 가지(가)
一 : 한(일) 夢 : 꿈(몽)

【뜻풀이】 허황된 꿈. 인간의 부귀공명(富貴功名)은 한낱 꿈 같다는 말이다.

【출전】 당나라 사람 이공좌(李公佐)가 지은 『남가기(南柯記)』에 다음과 같은 이야기가 있다.

옛날에 술을 좋아하는 순우분(淳于棼)이라는 사람이 있었다. 어느 날 그는 뜰의 큰 홰나무 밑에서 술을 잔뜩 마시고는 만취해서 쓰러졌는데 그의 친구 두 사람이 집에 들여다 눕혀 놓았다. 순우분은 곧 꿈나라로 들어갔다.

잠시 후, 사자 두 사람이 들어와서 괴안국(槐安國) 임금의 명을 받고 모시러 왔다고 말하였다. 이에 순우분은 사자를 따라 밖으로 나가 수레에 올라 홰나무 아래의 깊은 굴속으로 들어갔다. 굴속에 들어가 보니 햇빛이 찬란하고 산천은 수려하며 성과 촌락들이 즐비(櫛比)하였다. 뒤이어 순우분은 왕궁에 들어가 임금을 알현하고, 그 자리에서 부마가 되어 남가군 태수로 임명되었다.

이리하여 어느덧 30년이 지나 슬하에는 5남 2녀를 두게 되었다. 그런데 어느 날 단란국에서 침입하기에 그는 대군을 이끌고 나가 싸웠는데, 그만 패전하고 말았다. 아내까지 피살되자 그는 그만 국왕의 신임을 잃고 쫓겨 나게 되었다.

순우분이 놀라 깨어 보니 한갓 꿈이었다. 그때까지 그의 친구들은 곁에 앉아서 발을 씻고 있었다. 순우분이 꿈 이야기를 들려준 다음 친구들과 함께 뜰에 나가 홰나무 밑을 파보았더니 커다란 개미굴이 하나 있더라는 이야기다.

이 이야기는 물론 사람들이 꾸며낸 전설이지만 이공좌는 이 이야기를 소재로 하여 『남가태수전』이라는 소설을 쓴 적도 있으며, 명나라 때 탕현조(湯顯祖)도 『남가기』라는 극본을 쓴 일이 있나. 남가일몽 또는 괴안지몽(槐安之夢), 일침남가(一枕南柯), 일침괴안(一枕槐安)이라고도 하는 성어는 바로 이 이야기에서 유래한 것이다. 남가일몽은 황량일몽(黃粱一夢)이나 일침황량(一枕黃粱)과 뜻이 비슷하다.

【용례】 그와 함께 지낸 그때는 비록 아주 짧은 순간이었지만 너무나 좋은 추억으로 남아 있어요. "남가일몽"처럼 깨진 꿈이라고 하기에는 우리들의 사랑은 정말 순수했습니다.

남비징청 攬轡澄淸

攬 : 잡을·살필(람) **轡** : 말고삐(비)
澄 : 맑을(징) **淸** : 맑을(청)

【뜻풀이】 말고삐를 잡으면서 정치를 맑고 깨끗하게 할 것을 다짐하다. 관직에 나가면서 공명정대(公明正大)한 정치를 하겠다는 의지를 비유하는 말이다.

【출전】 『후한서·범방전(范滂傳)』에 보면 다음과 같은 이야기가 실려 있다.

후한 환제 때 범방이라는 사람이 있었다. 그는 정직하고 청렴하기로 소문이 자자해 사람들의 사랑과 존경을 한 몸에 받았다. 그런데 당시 기주에 기근이 들고 탐관오리들의 부패로 백성들이 목숨을 연명하기 힘들 지경에 이르자 여기저기서 민란이 일어났다.

그러자 조정에서는 범방에게 기주를 순행하며 백성들을 착취하는 무리들을 색출하고 백성들의 마음을 위로하라는 명령을 주어 파견하였다.

마차에 올라 막 출발하려고 할 때 범방은 시국이 날로 어려워지는 것을 상기하고는 문득 비분을 느꼈다. 자신이 간악한 무리들을 철저하게 가려내어 세상의 어지러움을 다스려 맑게 하겠다는 뜻을 굳게 세웠던 것이다. (登車攬轡 慨然有澄淸天下之志)

그는 태위 황경(黃瓊)의 집무실에서 자신의 임무를 수행하면서 각지의 관리들 가운데 부패한 자들을 색출해 내어 탄원서를 올렸는데, 그 수가 무려 20여 명에 달했다. 더구나 그들은 하나같이 조정 권신들의 비호를 받는 자사(刺史)나 태수들이었다.

이렇게 조정 권신들과 연줄이 닿아 있는 사람들을 마구 잡아들이자 몇몇 권신들이, 범방이 자신의 권한을 이용하여 공을 세우겠다는 욕심으로 죄 없는 사람들까지 마구 탄핵한다는 비난을 퍼부었다.

이 소식을 들은 범방은 황제에게 상소문을 올려 자신의 결백을 주장했다. 그러나 황제는 그의 말을 듣지 않고, 범방이 탄핵한 관리들을 다시 석방하고 말았다.

이를 본 범방은 더 이상 자신의 힘으로는 이 어지러운 난국을 바로잡을 수 없다는 사실을 깨닫고 직인(職印)을 집무실에 걸어 둔 채 고향으로 돌아가고 말았다.

여기에서 범방이 임지로 떠나면서 속으로 다짐한 결심 중 한 구절을 따 남비징청이라는 성어가 유래했다. 사람이 어떤 일을 처음 맡았을 때 그 일을 잘 수행하여 사태를 쇄신하겠다는 뜻을 세워 차질이 없는 점을 비유하는 말이다.

【용례】 광현아, 이번에 시의원에 당선된 것을 축하한다. 평소 너의 자세를 보면 걱정할 필요도 없겠지만, "남비징청"하는 마음가짐으로 시정에 임해야 할 거다. 나는 너를 믿는다.

남산가이 南山可移

南 : 남녘(남) 山 : 뫼(산)
可 : 옳을·가히(가) 移 : 옮길(이)

【뜻풀이】 남산은 옮길 수 있을지언정 이미 내린 결정은 절대로 고칠 수 없다는 말이다. 한번 먹은 결심은 절대로 굽히지 않겠다는 의지를 나타낼 때 쓴다.

【출전】『구당서·이원굉전(李元紘傳)』에 다음과 같은 이야기가 있다.

당나라 때 옹주군(雍州郡)에 사호참군(司戸參軍)이라는 벼슬을 지내는 이원굉이란 사람이 있었다. 옹주군은 당시 당나라의 도읍지인 장안 일대에 있었는데, 사호참군이라는 것은 호적을 관리하고 민사소송을 판결하는 벼슬이었다. 이원굉은 사람됨이 정직하고 안건 처리에 대단히 공정한 사람이었다.

어느 날 승려가 어떤 사람이 절간의 석마(石馬)를 빼앗아 갔다고 하면서 탄원하였다. 그런데 그 범인은 태평공주(太平公主)라는 조정의 권세를 등에 업고 갖은 악행을 일삼는 세력가였다. 하지만 이원굉은 조금도 아랑곳하지 않고 석마를 임자에게 돌려주라는 판결을 내렸다.

이에 이원굉의 상전인 두회정(竇懷貞)은 태평공주가 두려워 이원굉에게 원래 판결을 고치라고 권고하였다. 그러나 그는 얼굴빛도 바꾸지 않고 판결문 뒤에 "남산은 옮길 수 있어도 판결은 흔들 수 없다.(南山可移 判不可搖)"는 여덟 자를 써 보였다.

남산은 장안성 남쪽의 큰산인데 이원굉의 뜻은, 원래 판결을 움직인다는 것은 남산을 움직이기보다 어렵다는 것이었다. 이래서 절대로 변할 수 없는 결정 따위를 비유해서 남산가이라고 하게 된 것이다.

【용례】 그분은 다 좋은데 한번 눈 밖에 난 사람은 거들떠보지도 않는 게 흠이야. "남산가이"일지언정 그 양반 생각을 바꾸기는 힘들어. 자네도 괜히 애쓰지 말고 일찌감치 포기하는 게 좋을 거야.

남상 濫觴

濫 : 넘칠·뜰·담글(람) 觴 : 술잔(상)

【뜻풀이】 술잔이 뜰 정도로 적은 물. 사물의 시초나 근원을 이르는 말이다.

【출전】『순자·자도편(子道篇)』에 다음과 같은 이야기가 나온다.

공자에게는 제자가 3천여 명이나 있었지만, 그 중 가장 뛰어난 축에 속하는 사람은 단연 안연(顔淵)과 자로(子路)였다. 안연의 경우는 사람됨이 건실하고 사리를 분별하는 마음이 깊어 항상 조용히 사색하고 삶을 관조하는 사람이었다. 그러나 자로는 사색보다는 실천을 중시하면서 무슨 일이든 적극적으로 나서서 처리하기를 좋아하는 식이었다. 때문에 자로는 자주 스승인 공자로부터 꾸중을 듣기도 했다. 자로는 비록 공자와 나이 터울은 그리 차이 나지 않았지만 그럴 때마다 늘 겸손하게 스승의 충고를 받아들이곤 하였다.

어느 날 자로가 화려한 옷을 입고 나타났다. 너무 사치스럽다는 생각을 한 공자가 자로를 불러 놓고 한마디 했다.

"자로야, 지금 너의 이 옷자락은 무엇이냐? 저 양자강(楊子江)은 사천 땅 오지에 자리잡은 민산(岷山)에서 발원한 강이다. 그러나 그 근원을 살펴보면 겨우 술잔 하나를 띄울 수 있을 정도로 적은 양의 물이다. 그렇지만 그 물이 하류로 내려오면서 점점 물줄기도 불어나고 흐름도 세차진다. 이쯤 되면 배를 타지 않고서는 강을 건널 수도 없거니와 바람이 잔잔한 날이라야 겨우 배를 띄울 수 있다. 다 물이 많아졌기 때문이 아니겠느냐? 지금 너는 의복은 이미 풍성하게 차렸고 얼굴빛도 기쁨으로 가득 차 있구나. 이러니 천하의 누가 있어 즐겨 너에게 충고하겠느냐?

(子路盛服見孔子 孔子曰 由是裾裾何也 昔者江出於岷山 其始出也 其源可以濫觴 乃其至江津 不放舟不避風 則不可涉也 非唯下流水多邪 今女衣服旣盛 顔色充盈 天下且孰肯諫女矣)"

공자는 제자에게 무슨 일이든 시초가 중요하며 시초가 나쁘면 갈수록 상황도 더 악화된다는 것을 일깨워 주려고 했던 것이다.

공자의 이야기를 들은 자로는 그 길로 집에 돌아가 옷을 갈아입었다고 한다.

【용례】 강강수월래가 언제부터 무슨 연유로 시작되었는지 그 "남상"을 정하긴 쉽지 않네. 대개 임진왜란(壬辰倭亂) 때 나왔다는 게 정설로 굳어져 가긴 하지만, 그것도 확실한 건 아니야.

남우충수 濫竽充數

濫 : 넘칠(람) **竽** : 피리(우)
充 : 채울(충) **數** : 숫자·헤아릴(수)

【뜻풀이】 남아도는 악사로 머릿수를 채우다.

【출전】『한비자·내저설(內儲說)』에 다음과 같은 이야기가 있다.

전국시대 제선왕(齊宣王)은 생황(아악에서 쓰는 관악기의 일종) 듣기를 무척 좋아했다. 그것도 독주보다 합주를 즐겨하여 매번 3백 명의 악사들로 하여금 연주를 하게 했다. 그런데 그 3백 명의 악사들 중에는 남곽(南郭)이라는 사람처럼 생황을 불 줄도 모르는 이도 있었다. 그는 악사들 중에 섞여 번번이 흉내만 내면서 몇 해 동안 후한 대접을 받으며 지냈다.

그러던 중 제선왕이 세상을 떠나고 그의 아들이 제위에 올랐는데, 그가 바로 민왕이었다. 그런데 민왕도 생황 듣기를 좋아했지만 공교롭게도 그는 합주보다는 독주를 즐겨하였다. 그래서 그는 3백 명 악사들을 하나하나 불러 놓고 독주를 하게 했다. 이리하여 우리의 남곽선생(南郭先生)은 하는 수 없이 생황을 버리고 도망치는 수밖에 없었다.(▶ 남취濫吹 참조)

이런 일로 인해 사람들은 참된 재주가 없는 사람이 머릿수나 채우는 것을 가리켜 남곽선생 또는 남우충수라고 한다. 때로는 자기를 낮춰 겸손하게 나타낼 때도 남곽(南郭) 또는 남우(濫竽)라고 한다.

【용례】 저 친구 빽으로 낙하산 타고 내려와 일만 망치는군. "남우충수"도 정도 문제지. 이러다간 간신히 기반을 잡은 회사 말아먹겠어.

남원북철 南轅北轍

南 : 남녘(남) 轅 : 끌채(원)
北 : 북녘(북) 轍 : 바퀴자국(철)

【뜻풀이】 남쪽으로 가려 하면서 수레는 북쪽으로 몰고 간다는 뜻으로, 행동이 목적과 상반되거나 두 가지 사물이 정반대로 나가는 것을 비유하는 말이다.

【출전】 『전국책 · 위책(魏策)』에 다음과 같은 이야기가 있다.

전국시대의 일이다. 어느 날 위나라에서 조나라를 공격하려 하자 외국에 사자로 파견되어 있던 계량(季良)이라는 신하가 소식을 듣고 황급히 되돌아와서 임금에게 다음과 같이 아뢰었다.

"신은 오늘 길에서 마차에 앉아 초나라로 간다는 사람을 만났습니다. 그러나 초나라는 남쪽에 있는데 수레는 북으로 가기에 이상해서 물었더니 그 사람은 말이 좋아서 괜찮다느니 노자가 많아서 괜찮다느니 마부가 수레를 잘 몰기에 괜찮다느니 하는 것이었습니다. 정말 미련한 사람이었습니다. 말이 좋고 노자가 많고 마부가 아무리 수레를 잘 부린다고 해도 근본적으로 방향이 틀렸는데 어찌 목적지에 다다를 수 있겠습니까? 갈수록 목적지와 더 멀어질 게 아닙니까? 지금 대왕께서 나라가 크고 군사가 많은 것만 믿고 남의 나라를 침공한다면 초나라로 가는 사람이 북행하는 것과 다를 바 없는 줄로 압니다."

계량의 이 말을 듣고 임금은 느낀 바가 있어 즉시 조나라를 칠 계획을 포기했다고 한다.

한나라 때 순열(荀悅)이 쓴 『신감(申鑒)』이라는 책에도 비슷한 이야기가 실려 있다.

「옛날에 어떤 일민(逸民)이 말했다. 초나라로 가려고 하면서 북쪽으로 말을 달리는 사람이 말하기를 "내 말은 힘이 좋고 비용은 넉넉하며 마부가 솜씨가 좋다."고 했다. 그러나 이 세 가지가 더욱 잘 갖춰져 있다고 해도 초나라와의 거리는 또한 점점 멀어질 것이다. (先民有言 適楚而北轅者曰 吾馬良用多御善 此三者益侈 其去楚亦遠矣)」

이래서 남원북철이라는 성어가 생겨났는데 남기원이북기철(南其轅而北其轍) 또는 배도이치(背道而馳)라고도 한다.

【용례】 자네 과장 승진 준비를 한다더니 고작 부장들 집에 찾아다닌다는 말이었나? 지금이 어떤 세상인데 실력을 갖출 생각은 않고 그따위 짓이나 일삼는가? 그건 "남원북철"하는 어리석음이야.

남전생옥 藍田生玉

藍 : 쪽(남) 田 : 밭(전)
生 : 날(생) 玉 : 구슬(옥)

【뜻풀이】 남전에서 옥이 나다. 남전은 중국 섬서성 남전현(藍田縣)의 동남쪽에 있는 산인데, 예로부터 고품질의 옥이 생산되는 곳으로 유명하다. 남전에서 아름다운 옥이 나오듯이 명문가에서 뛰어난 인재가 태어난다는 뜻으로, 부자(父子)를 함께 칭송할 때 쓰는 말이다.

【출전】『삼국지(三國志)·오서(吳書)·제갈각전(諸葛恪傳)』에 다음과 같은 이야기가 나온다.

제갈량(諸葛亮)의 형 제갈근(諸葛瑾)은 동생과는 달리 오(吳)나라의 관리가 되어 오나라 왕 손권(孫權)의 휘하에서 봉사하였다. 제갈각은 자가 원손(元遜)인데, 제갈근의 맏아들이다. 어려서부터 재능을 보였고 널리 명성을 떨쳐 태자의 빈우(賓友)가 되기도 하였다. 그는 재주와 지혜도 남달랐을 뿐 아니라 발상이 기발하고 임기응변(臨機應變)에도 뛰어나 대적할 사람이 없을 정도였다.

제갈근은 얼굴이 길쭉하여 마치 당나귀처럼 생겼다. 제갈각이 여섯 살 때 그런 아버지를 따라 조정의 연회에 참석한 일이 있었다. 장난끼가 발동한 손권이 당나귀를 끌어오게 하더니 당나귀 얼굴에 제갈자유(諸葛子瑜, 자유는 제갈근의 자)라고 썼다. 모두들 낄낄거리며 웃었지만, 제갈각은 조금도 당황하지 않고 손권에게 붓을 빌려, '지려(之驪)'라는 두 글자를 더 써 넣었다. 그러자 "제갈근의 당나귀"란 뜻이 되었다. 모든 사람이 그의 기지에 감탄했고, 손권도 감동하여 즉석에서 당나귀를 제갈각에게 주었다.

또 하루는 손권이 제갈각에게 물었다.

"너의 아버지와 숙부 공명 가운데 누가 현명하다고 생각하는가?"

이 곤란한 질문에도 역시 그는 재치 있게 대답하였다.

"명군을 섬기는 아버지 쪽이 현명하다고 생각합니다."

자신을 추켜세우는 이 말에 손권은 몹시 기뻐하였다. 여러 차례의 실험을 통해 제갈각이 비범한 인물임을 알아챈 손권은 아버지 제갈근에게 이렇게 말했다.

"남전에서 옥이 난다고 하더니, 헛된 말이 아닙니다.(藍田生玉 眞不虛也)"

【용례】 어머니는 뛰어난 첼리스트이고 아버지는 학식과 인품을 갖춘 인문학자이니, "남전생옥"이라고 우리 견지와 은지는 세계적인 음악가가 될 거야.

남주북병 南酒北餠

南 : 남녘(남) 酒 : 술(주)
北 : 북녘(북) 餠 : 떡(병)

【뜻풀이】 옛날 서울의 도성 남쪽 지역에서는 술을 잘 빚었고, 북쪽 지역에서는 떡을 잘 만들었다는 말이다.

【출전】 한양(漢陽)의 남쪽 지역에 있던 공덕옹막(孔德甕幕)에는 1천여 개의 삼해주(三亥酒) 독이 항상 갖추어져 있었다. 삼해주란, 음력 정월의 상·중·하 세 번의 해일(亥日)에 빚은 술이다.

상해일(上亥日)에 찹쌀가루로 죽을 쑤어 식힌 다음 누룩가루와 밀가루를 섞어서 독에 넣고, 중해일(中亥日)에 찹쌀가루와 멥쌀가루를 쪄서 식힌 다음 독에 넣으며, 하해일(下亥日)에 다시 찹쌀가루를 쪄서 식힌 다음 독에 넣어 익힌 술이다.

한양 북쪽 지역에는 떡만 만들어 파는 전문 떡집들이 많았는데, 절편이며 개피떡, 송편, 콩인절미, 팥인절미 등을 가지런히 괴어 놓고 팔았다고 한다.

【용례】 옛날 한양성 남쪽에서는 술을 많이 빚었고, 북쪽에서는 떡을 많이 빚었다네. 지금도 종로 낙원상가에 떡집이 많은 것도 그런 이유에서일 거야.

남취 濫吹

濫 : 넘칠·뜰·담글(람) 吹 : 불(취)

【뜻풀이】 함부로 분다는 뜻으로, 무능한 사람이 재능이 있는 것처럼 속여 분수에 넘치게 높은 자리를 차지하는 것을 말한다.

【출전】 『한비자·내저설상칠술편(內儲說上七術篇)』에 다음과 같은 이야기가 있다.

한비자는 여기에서 임금이 신하를 다스릴 때 쓸 수 있는 일곱 가지 방법을 설명하고 있다.

첫째, 여러 가지 일의 발단을 참고해 볼 것. 둘째, 잘못된 일은 반드시 처벌해서 위엄을 높일 것. 셋째, 잘한 사람에게는 상을 주어 능력을 다하게 할 것. 넷째, 무슨 일이든 신하들의 의견을 들어 볼 것. 다섯째, 의심스러운 명령을 내려 일부러 잘못되게 해볼 것. 여섯째, 아는 것도 숨기고서 물어볼 것. 일곱째, 말을 거꾸로 해서 반대되는 일을 시켜 볼 것 등이다.

이와 함께 한비자는 그 실례로 이런 이야기를 하고 있다.

"옛날에 제나라 선왕이 사람들을 시켜 피리를 불게 했는데 반드시 3백 명을 한 조로 하였습니다. 그때 남곽처사란 사람이 임금에게 자기도 함께 피리를 불겠다고 청했습니다. 선왕이 기뻐하면서 그에게 수백 명분의 곡식을 하사했지요. 그 뒤 선왕이 죽고 민왕이 즉위했는데, 그는 합주보다는 독주를 즐겨했습니다. 그래서 한 사람씩 불러 연주를 듣자 마침내 처사는 달아나고 말았답니다.(齊宣王使人吹 必三百人 南郭處士 請爲王吹 宣王說之 食以數百人 宣王死 湣王立 好一一聽之 處士逃)"(☞ 남우충수濫竽充數 참조)

남취는 이 이야기에서 유래한 성어다.

【용례】 어쩌다 저런 사람이 저 자리에 앉아서 나라 망신을 다 시키나? 선비는 공을 이루면 물러날 줄도 알아야 하는데, "남취" 하는 꼴을 보니 세상이 어떻게 될지 알 만하구나.

남풍불경 南風不競

南 : 남녘(남) 風 : 바람(풍)
不 : 아닐(불) 競 : 다툴(경)

【뜻풀이】 남쪽 나라의 세력이 떨치지 못하다. 보통 세력이 크게 떨치지 못할 때 사용하는 말이다.

【출전】 『좌전·양공(襄公) 18년』조에 다음과 같은 이야기가 실려 있다.

노(魯)나라 양공 18년에 진(晉)나라를 중심으로 노나라와 위(衛)나라, 정(鄭)나라의 연합군이 제(齊)나라를 공격했다. 이때 정나라에서는 군대를 출전시키면서 자공(子孔)과 자전(子展), 자장(子張) 등을 남겨 나라를 수비하게 했다.

그런데 자공은 이 기회를 틈타 초(楚)나라 군대를 끌어들여 정권을 빼앗을 계략을 꾸몄다. 자공은 사신을 초나라의 재상인 자경(子庚)에게 보내 이 일을 상의했는데, 자경은 이를 반대하고 나섰다. 그러나 초강왕(楚康王)이 이 소식을 듣고 사람을 보내 자경에게 말했다.

"나는 즉위한 지 벌써 5년이 되어 가지만 한 번도 외국으로 군대를 파견한 적이 없소. 이래서야 조상들에게 면목이 서지 않으니 반드시 이번 일은 성사시키도록 하시오."

임금의 명령인지라 자경은 하는 수 없이 군대를 파견하였다. 대신 일이 잘 성사되면 임금도 따라나서겠지만 잘못되면 곧 군대를 철수한다는 단서를 달았다.

이리하여 자경은 초나라 군대를 이끌고 정나라를 공격했는데, 이미 자공의 야심을 눈치챈 정나라의 자전과 자장이 수비를 강화해 두었기 때문에 소기의 목적을 달성할 수 없었다. 정나라의 수도인 순문(純門)을 공격했지만 실패하고 결국 후퇴해야 했는데, 마침 겨울이라 많은 사상자까지 발생하였다.

한편, 초나라 군대가 정나라를 공격한다는 소문은 연합군의 진중에도 퍼졌다. 그때 악사인 사광(師曠)은 이렇게 노래 불렀다.

"해로울 게 없다. 나는 자주 북쪽 지방의 노래를 불렀고 남쪽 지방의 노래도 불렀지만, 남쪽 지방의 노래는 다투는 기운이 없어 죽은 소리가 많았다. 초나라는 분명히 별 소득이 없을 것이다.(不害 吾驟歌北風 又歌南風 南風不競 多死聲 楚必無功)"

이 말에서 남풍불경이라는 성어가 나왔다.

【용례】 경쟁 회사에서 동시에 프로젝트를 시작한다고 겁먹을 필요는 전혀 없습니다. 그 회사 운영 방식으로 볼 때 하나같이 "남풍불경"이니, 완료되는 시점은 우리가 훨씬 앞설 겁니다.

낭중지추 囊中之錐

囊 : 주머니(낭) **中** : 가운데(중)
之 : 어조사(시) **錐** : 송곳(추)

【뜻풀이】 주머니 속에 든 송곳.

송곳을 숨기려고 주머니에 넣어도 곧바로 삐져나오기 때문에, 사람이 재주를 숨기려고 해도 결국 알려진다는 뜻이다. 또는 사람의 재능을 확인하기 위해 그를 시험하는 것을 말하기도 한다.(➡ 모수자천毛遂自薦 참조)

【출전】 이 성어는 모수(毛遂)가 자신을 추천하면서 한 말로 유명하지만, 성어와 관련된 재미난 이야기가 『동헌필록(東軒筆錄)』에 전하고 있어 소개한다.

옛날 중국 장산(長山)이란 곳에 용한 점쟁이가 살고 있었다. 그는 신을 불러내어 사람들이 의심스러워하는 일을 물어 대답을 들었는데, 신통하게 잘 맞아 명성이 높았다. 그가 신으로 섬기는 신령의 이름은 하선고(何仙姑)라 했다.

그때 그 마을에 이(李) 아무개라고 하는 뛰어난 선비가 살고 있었다. 그는 열심히 공부했을 뿐 아니라 총명하여 누구나 큰 학자로 인정했지만, 어떻게 된 일인지 과거에만 나가면 족족 떨어지는 것이었다. 그래서 친구가 점쟁이를 찾아가 그 까닭을 들으려고 하였다. 말을 들은 하선고가 고개를 갸우뚱하며 물었다.

"그래, 그렇다면 그가 쓴 글을 좀 보세."

글을 읽어 본 하선고가 말했다.

"이런 정도의 글이라면 당연히 장원급제를 해야 하는데, 이상하군. 한 번 알아보겠네."

잠시 후 다시 나타난 하선고가 말했다.

"알겠네. 그 사람의 시험을 감독하는 사람이 채점을 직접 하지 않고 부하들에게 맡기는데, 부하들 가운데 신통한 자가 없어 그 사람의 시험지가 대접받지 못한 걸세. 부하들 가운데 똑똑한 사람도 있지만, 불행하게도 그의 손을 거치지 못했으니, 다음번 시험에서도 낙방할 듯하네."

이 말을 들은 이씨는 크게 실망했다. 그러나 배움을 포기할 수는 없어 당시 문장의 대가였던 손선생(孫先生)을 찾아가 질정을 구했다. 그의 글을 읽어 본 손선생이 말했다.

"이런 훌륭한 글이 낙방하다니 말도 안 되는 일일세. 그대는 반드시 합격할 터이니 그깟 점쟁이의 말에 현혹되지 말고 더욱 학업에 매진하게."

그러나 다음번 과거에서도 그는 보기 좋게 떨어지고 말았다. 그의 답안을 본 손선생이 개탄하며 말했다.

"이것은 분명 채점자가 답안 처리를 소홀히 다루어 일어난 게 분명하네. 형편없는 부하에게 일을 맡겼던 것이야."

이 말을 들은 이씨는 다시 점쟁이를 찾아가 하선고를 불러냈다.

"역시 말씀하신 대로 낙방했습니다. 하지만 다음번 과거에는 꼭 합격하고 싶으니, 방법을 알려 주십시오."

그러자 하선고가 말했다.

"특별한 방법은 없네. 다만 진실은 언젠가는 알려지게 마련일세. 마치 자루 속에 송곳을 넣어 두어도 날카로운 끝이 자루를 뚫고 나오듯이 말일세. 그러니 한두 번 실패했다고 실망하지 말고 열심히 학문을 더하여 문장 수련에 매진하게. 그러면 좋은 결과가 있을 것일세."

이 말에 용기를 얻은 그는 포기하지 않고 더욱 문장과 학문을 갈고 닦아 마침내 다음 시험에서는 장원급제했다고 한다.

【용례】 기회란 준비하는 사람에게 오는 법이다. 아무것도 하지 않고 있으면 기회가 와도 놓치게 마련이지. 준비를 게을리 하지 않는다면 언젠가 "낭중지추"가 되어 사람들의 주목을 받을 것이니, 명심하거라.

낭중취물 囊中取物

囊 : 주머니(낭) **中** : 가운데(중)
取 : 취할(취) **物** : 사물(물)

【뜻풀이】 주머니 속에 든 물건을 가진다는 뜻으로, 힘 안 들이고 쉽게 얻을 수 있는 물건이나 손쉽게 이룰 수 있는 일을 비유하는 말이다. 우리 속담 "누워서 떡 먹기"와 비슷하게 쓰인다.

【출전】 『삼국지』에 나오는 이야기다.

삼국시대에는 많은 전쟁이 벌어졌지만, 중요한 3대 전쟁을 들라면 역시 관도대전(官渡大戰)과 적벽대전(赤壁大戰), 이릉대전(彝陵大戰)을 들 수 있을 것이다.

관도대전은 후한 말년인 200년에 조조(曹操)의 군대와 원소(袁紹)의 군대 사이에 치러진 대격전이다. 199년 원소는 10만여 군병을 이끌고 관도(하남성 중모현)에서 조조의 군대와 대치했다. 세가 약함을 직감한 조조는 원소 진영의 내부 모순을 이용해 후방에 있던 그들의 군량 보급부대를 급습하였다. 군량을 잃은 원소의 부대가 크게 동요하자 이 틈을 이용해 조조는 적의 주력부대를 일거에 섬멸하였다.

적벽대전은 208년 호북성 가어현(嘉魚縣)의 북동에 있는, 장강 남안에 있는 적벽에서 치른 전투를 말한다. 위나라의 조조가 오나라의 손권(孫權), 촉나라의 유비(劉備) 연합군과 치른 싸움이다. 원소를 무찌르고 화북(華北) 일대를 장악한 조조는 천하통일을 위해 80만 대군을 이끌고 남하, 적벽에서 오·촉

연합군과 대치하였다. 그러나 오나라의 장수 황개(黃蓋)의 화공계(火攻計)로 전선(戰船)이 모조리 불타는 대패를 당한 뒤 화북으로 후퇴했다. 이 결과 손권의 강남 지배가 확정되고 유비도 형주(荊州, 호남성) 서부에 세력을 얻어 천하삼분(天下三分)의 형세가 확정되었다.

이릉대전은 관우의 죽음과 형주 문제로 인해 발생한 촉나라와 오나라 사이의 전쟁이다. 유비가 익주를 손에 넣어 천하삼분의 형세가 굳어졌는데, 문제는 형주와 한중(漢中)이었다. 유비에게 형주를 빼앗긴 손권은, 215년 제갈근(諸葛瑾, 제갈량의 형)을 보내 형주를 반환하라고 요구했지만 유비가 거절하자 결국 두 나라 군사가 대치한 것이다. 그리고 뒤를 이어 219년 여몽(呂蒙, 178~219)을 보내 형주를 장악한 손권은 사로잡은 관우 부자를 참수한 뒤 그 수급을 조조에게 보냈다. 이 과정에서 유비와 손권의 관계는 급속히 악화되었고, 마침내 이릉대전으로 확산되기에 이른다.

그러나 전략적으로 미숙한 유비는 전투에 경험이 많은 조운〔趙雲, 자는 자룡(子龍)〕의 충고도 무시한 채 221년 7월 손권 토벌을 위한 출병을 시작했다. 효정(虓亭)을 공격하며 시작된 전쟁은 결국 오나라 장수 육손(陸遜)이 화공으로 총공격하자 마침내 끝장나고 말았다. 유비는 간신히 목숨만 건진 채 백제성(白帝城)으로 달아났고, 223년 2월 제갈량에게 모든 것을 맡긴 뒤 사망하고 말았다.

위 성어는 관도대전 때 나왔다. 관우(關羽)가 원소의 부하 안량(顔良)과 문추(文醜)의 목을 베어 오니 조조를 비롯, 수하의 장수들이 모두 그의 무용(武勇)을 침이 마르도록 칭찬했다. 그러나 관우는 오히려 겸손하게 이렇게 말했다.

"이것은 대단하달 게 없는 일입니다. 제 아우 장비(張飛)는 용맹이 대단하여 백만 대군 속에서 적장의 목을 베어 오는 일을 마치 주머니 속의 물건을 꺼내듯이 합니다."

【용례】 저 투수는 엄청난 강속구와 정확한 제구력을 모두 갖춘 선수야. 등판해서 승리를 거두는 것은 그야말로 "낭중취물"처럼 쉬운 일이지.

낭패위간 狼狽爲奸

狼 : 승냥이·어지러울(랑)
狽 : 이리·허겁지겁할(패)
爲 : 할·될(위) 奸 : 간사할(간)

【뜻풀이】 악당들이 모여 못된 흉계를 꾸미는 것을 비유하는 말이다.

【출전】 옛날 사람들은 낭(狼)과 패(狽)를 아주 괴상한 동물로 인식했다. 『박물전회(博物典匯)』라는 책에 보면 "승냥이는 앞다리가 길고 뒷다리가 짧으며 이리는 앞다리가 짧고 뒷다리가 길다. 때문에 승냥이는 이리가 없으면 서지 못하고 이리는 승냥이가 없으면 걷지 못한다."고 설명하고 있다.

그러나 사실 패라는 동물은 실재하지 않으며, 승냥이도 앞다리가 뒷다리보다 길지도 않다. 그러나 승냥이는 암컷과 수컷이 같이 자고 같이 다니기 때문에 혹시 사람들이 그것을 잘못 보고서 낭패라고 부른 것이 아닌가 짐작된다.

위에서 설명한 바와 같이 이 성어가 나오게 된 연유는 이렇게 모호하지만 성어가 담고 있는 의미는 대단히 생동감이 넘친다. 이 말은 행동이 곤란하거나 생활이 어렵거나 일이 순조롭지 못할 때 주로 쓰인다. 간단하게 줄여 낭패라고도 하고, 곤경을 겪어서 볼품이 없게 된 모양을 일러 낭패상(狼狽相)이라고도 한다.

그리고 낭과 패라는 짐승이 서로 어울려 행동하듯이 악한들이 서로 결탁해서 나쁜 짓을 도모하는 것을 가리켜 낭패위간이라고 한다.

【용례】 그렇게 네게 충고를 했는데도 또 그런 잔꾀를 쓰는 거냐? 암수가 통하는 세상이 아니란 말이다. "낭패위간"은 시대착오적인 자가당착(自家撞着)일 뿐이야.

내우외환 內憂外患

內 : 안(내) 憂 : 근심 · 걱정할(우)
外 : 바깥(외) 患 : 근심할(환)

【뜻풀이】 내부에서 발생한 걱정거리와 밖으로부터 들어오는 근심거리. 내란(內亂)과 외구(外寇).

【출전】 『국어(國語) · 진어(晉語)』에 다음과 같은 이야기가 있다.

춘추시대 중엽 한때 초(楚)나라와 진(晉)나라가 대립한 적이 있었다. 기원전 579년에 진나라 여공(厲公)이 송(宋)나라와 동맹을 맺어 잠시 평화가 유지되었지만 3년 뒤 초나라 공왕(共王)이 정(鄭)나라와 위(衛)나라를 공격하자 결국 평화는 깨지고 말았다.

이듬해 언릉(鄢陵)에서 진나라와 초나라 양국의 군대가 맞부딪쳤다. 당시 진나라 내부에서는 극씨(郤氏)와 낙씨(欒氏), 범씨(范氏) 등의 대부들이 정권을 손아귀에 쥐고 있었다.

이보다 앞서 낙서(欒書)는 진나라에 반기를 든 정나라를 치기 위해 동원령을 내리고 스스로 중군의 장군이 되었다. 범문자(范文子)가 부장군이 되어 출병했는데, 정나라와 초나라 군대가 나타나자 낙서는 초나라와 싸울 것을 주장했다. 그러자 범문자는 이에 반대를 하고 나섰다.

"제후에 있는 사람이 반란을 꾀하면 이를 토벌하고 공격을 당하면 구원하는 것은 당연한 일이다. 그러나 그러다가는 자칫 나라가 위태로워질 우려가 있다. 오직 성인이라면 능히 밖으로의 근심도 없고 안으로의 걱정도 없게 할 수 있겠지만(唯聖人耳 能無外患 能無內憂), 우리의 경우는 밖으로부터의 재난이 없으면 반드시 내부에서 일으키는 근심이 있는 형편이다. 그러니 잠시 정나라와 초나라는 놓아두고, 내부의 문제부터 정리하는 것이 어떻겠는가?"

【용례】 WTO 체제다 경제 제국주의다 하면서 밖에서는 난리인데, 안에서는 똥오줌 못 가리고 분식 회계니 자본 잠식이니 하며 "내우외환"이 겹으로 밀려오는군. 나랏일이 걱정이야.

내조지공 內助之功

內 : 안(내) 助 : 도울(조) 之 : 갈(지)
功 : 공 · 보람 · 공치사할(공)

【뜻풀이】 아내가 집안을 잘 다스려 남편을 돕는 일을 비유하는 말이다.

【출전】 『삼국지 · 위서(魏書) · 후비전(后妃傳)』에 다음과 같은 이야기가 있다.

위문제 조비(曹丕)의 황후 곽씨(郭氏, 187

~234)는 곽영(郭永)의 딸이다. 그녀는 태어나면서부터 남달리 영특해서 곽영은 그녀를 두고 "내 딸은 여자 중에서 왕이다."라고 말해 여왕(女王)이라고도 했다.

조조(曹操)가 위나라 왕이 되었을 때 그녀는 동궁(東宮)으로 들어갔다. 왕세자를 정할 때 조조가 조비보다는 아우인 조식(曹植)을 더 편애했기 때문에 그녀는 여러 가지 방책을 써서 조비가 왕세자가 되는 데 여러모로 공을 세웠다.

그러나 그녀는 시기심도 강해서 조예〔曹叡, 나중의 명제(明帝)〕를 낳은 견후(甄后)를 모함하여 그녀를 결국 죽게 만들기도 하였다. 견후는 죽음을 당할 때 머리카락으로 얼굴이 덮이고 겨로 입이 틀어막힌 채 매장되었다고 한다.

이보다 앞서 곽씨를 황후로 삼을 때 중랑(中郎)인 잔잠(棧潛)이 이의를 제기하면서 이렇게 문제에게 상소하였다.

"예부터 제왕이 훌륭한 정치를 할 수 있기 위해서는 조정에서 정사를 돕는 사람들뿐 아니라 아내가 남편을 돕는 공(內助之功)도 중요합니다. 성품이 온화하지 못하거나 표독한 사람을 황후의 자리에 앉히거나 신분이 천한 사람을 귀한 자리에 앉혀 패가망신(敗家亡身)한 경우가 여러 차례 있었습니다. 그러니 황후를 세울 때는 각별히 신중해야 할 것입니다."

그러나 조비는 이 말을 받아들이지 않고 곽씨를 황후에 앉혔다.

잔잠이 올린 이 상소문에서 성어 내조지공이 나왔다.

【용례】 제가 오늘 이 자리에 설 수 있었던 것은 오로지 그간 인내하며 "내조지공"을 아끼지 않은 아내 덕분입니다. 이 모든 영광을 아내에게 돌리겠습니다.

노구능해 老嫗能解

老 : 늙을(로) **嫗** : 할머니·늙은여자(구)
能 : 능할(능) **解** : 풀(해)

【뜻풀이】 늙은 할머니도 다 이해하다. 글을 쉽게 쓰기 위해 노력하는 자세를 말한다.

【출전】 당나라 때의 유명한 시인 백거이(白居易, 772~846)는 열 살 때부터 시를 쓰기 시작해서 75세에 세상을 뜰 때까지 수없이 많은 훌륭한 작품들을 창작했다. 그의 작품은 당시 사회의 암흑상과 지배층의 부패를 폭로하고 민중들의 어려운 처지를 생생하게 반영하고 있다. 그뿐 아니라 그의 시는 이해하기 쉽도록 구어(口語)를 많이 사용한 점이 특징이다.

전하는 말에 따르면 그는 매번 시를 완성하면 무식한 할머니들에게 들려주고 그들이 알아듣지 못하는 구절이 있으면 반드시 수정했다고 한다. 이 때문에 "백거이의 시는 할머니도 알아들을 수 있었다.(白居易詩 老嫗能解)"는 이야기가 나온 것이다.

물론 이것은 시정을 떠돌던 일화에 불과한 것이고, 백거이의 시가 진짜 할머니도 이해할 수 있을 만큼 쉬운 글도 아니지만, 어쨌든 그의 시가 다른 작가에 비해 상대적으로 알기 쉽게 쓰인 작품임은 사실이다.

이리하여 시나 다른 작품이 알아보기 쉬운 것을 일러 노구능해라고 했는데, 노구도해(老嫗都解) 또는 노온능해(老媼能解), 노온도해(老媼都解)라고도 한다.

【용례】 자네 논문은 너무 어려워서 지도 교

수인 나도 무슨 소린지 모르겠네. 진짜 좋은 글은 "노구능해"해야 되는 거야. 알지도 못하는 얘길 쓰니 이 지경이지. 다시 쉽게 고쳐 써 오게.

노노불휴 呶呶不休

呶 : 떠들썩할(노)
不 : 아닐(부) 休 : 쉴(휴)

【뜻풀이】 수다스럽다는 뜻으로 한유(韓愈, 768~824)의 글에서 나온 말이다.

【출전】 당나라 때의 저명한 문인이었던 한유는 덕종·현종 연간에 감찰어사(監察御史)·국자박사(國子博士)·고공낭중(考功郎中) 등의 높은 벼슬을 역임했지만 사람됨이 정직하고 권세에 아부할 줄 몰랐기 때문에 여러 번 좌천을 당하기도 했다. 여러 차례 곡절을 겪은 뒤 한유는 〈언잠(言箴)〉이라는 단문을 써서 자신을 경계하였는데 그 전문은 다음과 같다.

「말을 알지 못하는 사람과 어찌 더불어 말하겠는가? 말을 아는 사람은 묵묵히 침묵을 지키지만 그의 뜻은 이미 전해졌다. 장막 안에서의 변론을 듣고 사람들은 오히려 네가 모반했다고 하며, 누대 위에서의 평가를 듣고 사람들은 오히려 네가 경도되었다고 말한다. 너는 어찌 이런 일들에서 교훈을 얻지 못하고 마구 떠들어 자신의 생명을 다치게 하는가? (不知言之人 烏可與言 知言之人 默焉而其意已傳 幕中之辯 人反以汝爲叛 臺中之評 人反以汝爲傾 汝不懲邪而呶呶 以害其生邪)」

쉰두 자밖에 안 되는 글에서 한유는 부패한 통치자 아래에서 정직한 지식인이 겪어야 하는 침통한 심정을 생생하게 그려 냈다. 마지막 두 구절의 뜻은 "그대는 아직도 교훈을 찾지 못하는가! 그래 수다스럽게 입을 놀려 생명을 잃고 싶단 말인가!" 하는 말이다. 바로 여기에서 노노불휴라는 성어가 나왔는데, 첩첩불휴(喋喋不休)라고도 한다.

【용례】 옆집 저 아줌마들 또 모여서 수다를 떠는군. "노노불휴"니 저러다가 지붕 내려앉겠군.

노마식도 老馬識途

老 : 늙을(로) 馬 : 말(마)
識 : 알(식) 途 : 길(도)

【뜻풀이】 늙은 말이 길을 안다는 뜻으로, 경험이 풍부하여 실무에 익숙한 사람이 일을 잘 처리하는 경우를 일컫는 말이다.

【출전】 『한비자·설림편(說林篇)』에 다음과 같은 이야기가 있다.

어느 날 제나라의 국상 관중(管仲)은 제환공(齊桓公)을 따라 고죽국(孤竹國)을 공격한 일이 있는데, 봄에 떠난 군사들이 겨울에야 겨우 철수를 시작했다. 그런데 이때 제나라 군사들이 길을 잘못 들어 엉뚱한 곳에서 길을 헤매게 되었다. 어디가 어딘지 분간할 수 없었던 군사들은 갈팡질팡 갈 길을 찾아 떠돌았다. 이때 관중이 나서서 말했다.

"괜찮소. 늙은 말들이 우리를 안내해 줄 것이오. 그놈들은 경험이 많기 때문에 길을 잘 알 겁니다."

그러면서 늙은 말을 몇 필 골라 앞장서 걷게 하였다. 그랬더니 아니나 다를까 늙은 말들은 고스란히 봄에 왔던 길을 따라 걸어가는 것이었다. 이렇게 해서 제나라 군사들은 무사히 회군할 수 있었다고 한다.

『관자(管子)』에도 같은 이야기가 실려 있는데, 앞의 이야기와 다른 부분은 길을 잃게 된 동기가 적군의 계략에 빠져 그렇게 되었다는 것뿐이다.

노마식도는 바로 이상과 같은 이야기에서 유래한 성어로, 식도노마라고도 한다. 또는 노마지지(老馬之智)라고도 쓴다.

【용례】 어려울 때일수록 경험 많은 사람의 조언이 필요한 법이지. 수위 아저씨 좀 불러오게. 그 양반이 가장 오래 근무했으니까, "노마식도"라고 이 문제가 왜 발생했는지 말해 줄 수 있을 거야.

노마십가 駑馬十駕

駑 : 둔할(노) 馬 : 말(마)
十 : 열(십) 駕 : 멍에(가)

【뜻풀이】 비루먹은 말이 열흘 동안 수레를 끌고 다닌다는 뜻이다. 재주 없는 사람이라도 열심히 노력하면 훌륭한 성과를 올릴 수 있음을 비유하는 말이다.

【출전】 『순자 · 수신편(修身篇)』에 나오는 말이다.

"무릇 천리마는 하루에 천 리를 거뜬히 달리지만, 비루먹은 말일지라도 열흘 동안 달려간다면 역시 이에 미칠 수 있다.(夫驥一日而千里 駑馬十駕則亦及之矣)"

또 〈왕패편(王覇篇)〉에서는 "반 걸음을 걷더라도 쉬지 않으면 절룩거리며 가는 사람이라도 천 리를 갈 수 있다.(此夫過擧 步而覺跌千里者夫)"고 했고, 〈유효편(儒效篇)〉에서는 "흙을 쌓는 데도 멈추지 않고 쌓아나가면 언덕이나 산을 이룰 것이다.(故積土而爲山)"라고도 하였다.

노마(駑馬)란 걸음이 느린 비루먹은 말을 가리키는데, 재능이 없고 무능력한 사람을 비유하는 말이다. 그리고 말이 멍에를 지고 하루 동안 수레를 끌고 다니는 거리를 일가(一駕)라 한다. 그러므로 십가(十駕)는 곧 열흘 동안 간 거리를 말한다.

비루먹은 말은 한 번에 천 리를 달리지는 못하지만, 하루에 백 리씩 열흘을 가면 늦더라도 목적은 달성한다는 말이다.

【용례】 네 스스로 머리가 나쁘다고 자책하면 항상 꼴찌를 벗어나지 못할 거야. "노마십가"하는 자세로 열심히 공부하면 좋은 성과가 있을 거다.

노발충관 怒髮衝冠

怒 : 화날 · 성낼(노) 髮 : 머리카락(발)
衝 : 찌를(충) 冠 : 모자(관)

【뜻풀이】 화가 나서 머리카락이 관을 꿰뚫다. 어떤 일을 하기에 앞서 그 기상을 높이 떨치는 것을 비유하는 말이다.

【출전】 『사기 · 염파인상여열전』에 다음과 같은 이야기가 있다.

어느 날 조나라 혜문왕이 화씨지벽(和氏之璧)이라는 귀중한 보물을 얻게 되었는데 진(秦)나라 소양왕이 그 보물을 빼앗기 위해 15개의 성과 바꾸자고 하면서 즉시 사신을 파견하여 보물을 가지고 와 담판할 것을 강요했다. 이에 작은 나라 임금인 조왕은 감히 거절할 수 없어 안절부절못하다가 결국 인상여(藺

相如)라는 사람을 사신으로 파견하여 진왕을 만나보게 했다.

이때 소양왕은 대국의 위세를 부리면서 거짓말을 늘어놓고 공갈을 쳐서 화씨지벽을 빼앗아 내려 했지만 슬기롭고 용감한 인상여는 끝내 보물을 빼앗기지 않았을 뿐 아니라 진왕의 음흉한 계책까지 폭로하면서 진왕 앞에서 오히려 그를 꾸짖고 화씨지벽도 아무런 손상 없이 조나라로 가지고 돌아갔다. 이것이 바로 역사상 유명한 완벽귀조라는 이야기다.(➡ 완벽귀조完璧歸趙 참조)

『사기』에 따르면, 인상여가 보물을 지니고 진왕을 꾸짖을 때 어찌나 분노가 서릿발 같았던지 머리칼이 곤두서서 감투가 벗어질 정도였다고 한다.(相如持璧却立倚柱 怒髮上衝冠)

노발상충관(怒髮上衝冠)은 대단히 화난 모습을 비유하는 말로 나중에 노발충관이 되었는데, 송나라 때 악비(岳飛)의 작품 〈만강홍(滿江紅)〉에도 노발충관이라는 구절이 있다.

【용례】 공부라면 지지리도 안 하던 놈이 한 번 공부에 미치니까 무섭데. 밤낮 없이 책만 파는데, "노발충관"이 따로 없어. 사내자식이라면 저런 기백이 있어야지.

노불습유 路不拾遺

路 : 길(로) **不** : 아니(불)
拾 : 주울(습) **遺** : 남길·버릴(유)

【뜻풀이】 길에 떨어진 물건을 줍지 않는다는 말로, 나라가 잘 다스려지고 있어서 사회 분위기가 좋은 것을 이르는 말이다.

【출전】 『구당서(舊唐書)』에 다음과 같은 이야기가 있다.

한 행인이 무양을 지날 때 옷 한 벌을 잃었는데 몇십 리를 가서야 생각이 났다. 어떤 사람이 그가 조급해하는 것을 보더니 위로하며 말했다.

"우리 무양 경내에서는 길에 떨어진 물건을 줍지 않으니 지금 돌아가서 찾으면 아마 찾을 수 있을 겁니다."

그래서 행인이 돌아가 찾아보니 과연 옷은 떨어진 그 자리에 그대로 있었다.

이 밖에 『한비자』에도 춘추시대 공손교〔公孫僑, 자는 자산(子産)〕라는 사람이 5년 동안 정나라의 재상으로 있으면서 나라를 잘 다스렸기 때문에 사람들이 길에 떨어진 물건을 줍지 않았다는 이야기가 실려 있으며, 『공자세가(孔子世家)』에도 사람들이 길에 떨어진 물건을 줍지 않았다는 기록이 있다.

그리고 가의(賈誼)의 『신서(新書)·선성편(先醒篇)』에도 "부유한 백성은 항상 한결같아서 길에 떨어진 물건을 줍지도 않아 나라에 옥사나 소송이 일어나지 않는다.(富民恒一路不拾遺 國無獄訟)"는 말이 나온다.

이 밖에도 『십팔사략(十八史略)·당태종』에 보면 그의 훌륭한 정치를 칭송하면서 "몇 년이 지난 뒤에는 길에서 떨어진 물건을 줍지도 않았고 길가는 상인들이 들판에 물건을 풀어놓고 잤다.(數年之後 路不拾遺 商旅野宿焉)"는 구절이 나오고, 『경세통언(警世通言)·19권』에는 "재임하고 있을 때 과연 물처럼 맑고, 저울처럼 공평하며, 승묵(繩墨, 줄자)처럼 곧고, 거울처럼 밝아서 한 달을 다스리지 않았는데도 고을 안에서 길가에 떨어진 물건도 줍지 않았다.(在任果然是如水之淸 如秤之平 如繩之直 如鏡之明 不一月之間 治得府中路不拾遺)"는 말도 나온다.

또 나관중(羅貫中)의 소설 『삼국지연의(三國志演義)』에 "양천 백성들은 태평한 세상을 즐기고 있었으니 그들은 밤에도 문을 닫지 않았고 길에 물건이 떨어져 있어도 주우려 들지 않았다.(兩川之民 欣樂太平 夜不閉戶 路不拾遺)"

노불습유는 도불습유(道不拾遺)라고도 한다.

【용례】 우리 동네 사람들은 정말 순박하고 착한 사람들이야. 지금까지 10년 동안 절도 사건 한 건 없었다니까. 우리 관내에서는 "노불습유"가 옛말이 아니야.

노사불상왕래 老死不相往來

老 : 늙을(로) **死** : 죽을(사)
不 : 아닐(불) **相** : 서로(상)
往 : 갈(왕) **來** : 올(래)

【뜻풀이】 피차간에 서로 관계가 없는 것을 비유하는 말로 춘추시대 노자(老子)의 말에서 유래한 성어다.

【출전】 『사기 · 화식열전서(貨殖列傳序)』에서 사마천(司馬遷)은 이런 말을 하고 있다.

"두 나라가 인접해 있으면서 서로 바라다보고 닭이나 개와 같은 짐승 소리도 들리지만 두 나라 백성들은 각기 자기 나라 음식을 먹고 자기 나라 옷만 아름답게 여기며 자기 생활 관습대로 살며 유쾌하게 자기 할 일을 하면서 서로 죽을 때까지도 왕래하지 않을 수 있다.(隣國相望 鷄狗之聲相聞 民各甘其食 美其服 安其俗 樂其業 至老死不相往來)"

이처럼 사마천은 노자의 말을 첫머리에 인용하면서 "노자의 이런 말은 지금에는 불가능한 일이다."라고 지적하였다.(➡ 안거낙업安居樂業 참조)

그러나 이 성어는 여전히 의미심장(意味深長)하게 지금까지도 쓰인다.

그리고 '계구지성상문'도 나중에 성어가 되어 계구상문(鷄狗相聞) 또는 계견상문(鷄犬相聞)이라 쓰고 있다. 이 성어는 인구가 조밀하고 마을이 연이어진 것을 비유하는 데 쓰인다.

【용례】 아파트란 곳은 사람 살 데가 못 돼. 옆집 사람이 죽었는데, 글쎄 열흘 뒤에나 발견됐다지 뭔가. "노사불상왕래"라지만 이게 어디 사람 사는 곳인가.

노사일음 勞思逸淫

勞 : 힘쓸(로) **思** : 생각 · 생각할(사)
逸 : 숨을 · 한가할(일)
淫 : 지나칠 · 음탕할(음)

【뜻풀이】 일을 해야만 근검절약이 무엇인 줄 알지 안락만 추구하면 나쁜 마음만 일어난다는 뜻이다.

【출전】 춘추시대 때의 일이다.

노나라의 대부 공보문백(公父文伯)이 하루는 퇴궐한 뒤 집에 돌아와 보니 어머니가 삼을 삼고 있었다. 이에 그는 "우리 같은 집에서 어머님께서 삼을 삼으신다면 남들이 아들을 무능하다고 비웃지 않겠습니까?"라며 만류하였다. 그러자 귀족 출신인 그의 어머니는 "너 같은 사람이 조정에서 벼슬을 하고 있으니 우리 노나라가 망하게 된 게 아니냐? 거기 앉거라." 하고는 이렇게 타이르는 것이었다.

"일을 해야 좋은 생각이 드는 법이다. 늘 안일하게 생활하면 사람은 방탕해지고 타락하여 나쁜 마음이 이는 것이니라.(勞則思 思則善心生 逸則淫 淫則忘善 忘善則惡心生)"

공보문백의 어머니는 호가 대기(戴己)인데, 노나라 대부 공보목백(公父穆伯)의 아내로, 당시 현모양처(賢母良妻)로 이름이 높았다. 그녀의 이야기는 『열녀전·모의전(母儀傳)』에도 나온다.

이렇게 해서 노사일음 또는 노사선생(勞思善生)이라는 성어가 나왔는데, 오늘날에도 여전히 깊이 생각해 볼만한 말이다.

【용례】 정말 힘든 게 뭔지 알고 싶으면 직접 노동판에 뛰어들어 보라고. 펜대 위에서 민중을 외친들 그게 설득력이 있을까. "노사일음"이 되지 않으려면 참다운 노동의 즐거움과 그에 따르는 고통을 경험해 봐야 해.

노생상담 老生常譚

老 : 늙을(로) **生** : 날·선비(생)
常 : 항상·떳떳할(상)
譚 : 이야기·말씀(담)

【뜻풀이】 늙은 서생(書生)이 늘 하는 말. 새로운 의견이 없이 늘 들어서 누구나 외울 수 있을 정도로 상투적인 말을 비유한다.

【출전】 『위서·관로전(管輅傳)』에 다음과 같은 이야기가 전한다.

위나라에 관로라는 사람이 있었다. 그는 어려서부터 천문학에 큰 흥미를 보이더니 8~9살이 되어서는 동네 친구들과 놀면서도 땅에 일월성신(日月星辰)을 그리며 설명을 해 주곤 하였다. 그 후 어른이 되어 『주역』을 독파하더니 사람들에게 점을 쳐 주었는데, 그 점괘가 신통하게 잘 맞았다.

한번은 이부상서(吏部尙書) 하안(何安)이 그를 청하러 갔더니 다른 상서인 등양(鄧颺)이 관로와 이야기를 나누고 있었다. 하안은 관로에게 점을 쳐 달라고 부탁하였다.

"내가 삼공(三公)이 될 가능성이 있는지 점을 좀 쳐 주시게. 그리고 요즘 꿈에 날파리 10여 마리가 쫓아도 도망가지 않고 자꾸 내 코에 달라붙는데, 이건 또 무슨 꿈인지도 해몽해 주시게나."

그러자 관로가 대답하였다.

"제가 꾸미지 않고 말씀드리는 것을 용서해 주시기 바랍니다. 옛날에 주나라 성왕(成王)을 보좌하던 주공(周公)께서는 늘 충심으로 직무를 수행했기 때문에 앉아서 밤을 지샌 적도 많았는데, 이로 인해서 성왕은 나라를 크게 발전시킬 수 있었습니다. 또 각국의 제후들도 그를 존경했으니 이것은 오직 하늘의 도리를 따르고 지킨 결과이지 결코 점을 치거나 액막이를 해서 그렇게 된 것은 아닙니다. 지금 당신의 권세는 이미 높은 지위에 있지만 덕행이 부족하여 남에게 괜한 권위를 내세울 때가 많은데, 이것은 좋은 일이 못 됩니다. 그리고 『상서』에 이르기를 코는 하늘 가운데 있는데 날파리가 얼굴에 달라붙는 것은 위험하다는 뜻입니다. 앞으로 당신께서 위로는 문왕을 좇고 아래로는 공자를 생각한다면 능히 삼공이 될 수 있을 것이고 날파리도 쫓을 수 있을 것입니다."

관로의 이 말을 듣고 있다가 등양이 한마디 거들었다.

"그런 말이야 하도 많은 사람이 하는 얘기라서 이미 귀에 못이 박힐 지경인데(此老生常譚也) 무슨 신기한 점괘일 게 있는가?"

등양의 이 말에서 성어인 노생상담이 생겨났다. 덕담(德談)이야 늘상 들어도 행동에 해로울 것이 없지만, 같은 이야기를 너무 반복해서 들으면 무감각해져서 별 효용을 볼 수 없다는 뜻이다.

【용례】 밤낮 어린 놈이라고 홀대를 하니 그 놈이 말을 듣나. 이젠 다 큰 어른인데, 어른 대접을 해야 책임감도 느끼지. 좋은 덕담도 자주 하면 "노생상담"일 뿐이야.

노안비슬 奴顔婢膝

奴 : 종·노예(노) 顔 : 얼굴(안)
婢 : 계집종(비) 膝 : 무릎(슬)

【뜻풀이】 노비가 상전을 대하듯이 굽실거리며 아첨하다. 남에게 아부하며 빌붙는다는 뜻이다.

【출전】 이 성어는 그 유래가 꽤 오래되었는데 일찍이 진(晉)나라 때 갈홍(葛洪)이라는 사람이 쓴 『포박자(包朴子)·교제편(交際篇)』에 "굽실거리며 정면으로 쳐다보지 못하다. (奴顔婢睐)"라는 말이 나오며, 당나라 시인 육구몽(陸龜蒙)의 시 〈강호산인가(江湖散人歌)〉에도 노안비슬이라는 말이 나온다.

그 후 남송 도종(度宗) 때 이르러 원나라의 침입이 빈번한데다가 황제 도종과 재상 가사도 등을 비롯한 지배자들의 무능과 부패가 쌓이고, 외적과의 타협 정책으로 인해 영토가 크게 상실되자, 진중위라는 사람이 대담하게 상소를 올려 집권자들을 질책할 때 역시 노안비슬이라는 말을 사용하였다.

즉, 적들 앞에서 노비가 상전을 대하듯 얼굴에는 웃음을 띠고 다리는 후들후들 떨기만 한다는 뜻이다.

【용례】 저 앵커는 방송국 사장 눈에 들려고 온갖 아부를 다 떠는데, 방송국 사장도 눈이 있는 사람이라면 어디 저런 놈을 이사로 발탁하겠어. "노안비슬"하면서 한 자리 앉겠다는 심보나 저런 사람이 계속 앵커를 하고 있는 세상이나 다 한심할세.

노어해시 魯魚亥豕

魯 : 노나라(노) 魚 : 물고기(어)
亥 : 돼지·열두째지지(해) 豕 : 돼지(시)

【뜻풀이】 글자를 쓰거나 목판에 새길 때 저지르는 실수를 말한다. 지금은 교정을 볼 때 생기는 오류를 뜻하는 말로 쓰인다.

【출전】 『공자가어(孔子家語)·자해편(子解篇)』에 보면 다음과 같은 이야기가 있다.

공자의 제자 자하(子夏, 卜商)가 진(晉)나라로 들어갈 때의 일이었다. 어느 날 그는 위나라를 지나다가 누군가 역사책을 읽으면서 "진사벌진(晉師伐秦)하매 삼시섭하(三豕涉河)로다", 즉, 진(晉)나라 군사가 진(秦)나라를 칠 때 돼지 세 마리가 강을 건넜다는 뜻으로 읽는 것을 듣게 되었다. 이에 자하는 "아니, 진나라 군사 중에 돼지 세 마리가 강을 건넜다니 어디 이치에 맞는 말입니까? 아마 삼시섭하가 아니라 기해섭하(己亥涉河, 기해 날에 강을 건너다)일 것이오." 하고 말했다. 그 뒤 진(晉)나라에 가서 다시 알아보니 아니나 다를까 기해섭하〔기해도하(己亥渡河)라고도 함〕였다.

여기에서 기해는 옛날 사람들이 60갑자로 날짜를 표시하는 것이다. 기해섭하는 "기해 날에 강을 건넜다."는 것인데, 기해(己亥)와 삼시(三豕)가 글자 모양이 비슷하기 때문에 읽는 사람이 틀리게 읽었던 것이다.

이 이야기는 『여씨춘추(呂氏春秋) · 찰전(察傳)』에도 실려 있다. 이와 같이 글자가 틀림으로 해서 웃음거리가 되는 경우를 가리켜 노어해시라고 하게 된 것이다.

노(魯)와 어(魚)도 글자 모양이 비슷해서 혼동하기 쉽다는 뜻으로 쓰이고 있다. 이 밖에 글자 모양이 서로 비슷하여 혼동하기 쉬운 경우가 많아 옛날부터 이런 경우를 빗댄 성어가 많이 나왔다. 노어해시와 비슷한 성어로서 노어제호(魯魚帝虎) · 오언성마(烏焉成馬) · 석마호제(舃馬虎帝) 등이 있다.

【용례】 교정이란 게 아무리 꼼꼼히 살펴봐도 책으로 나오면 오자가 있게 마련이지. 오죽했으면 옛말에 "노어해시"란 말이 다 있겠나.

노요지마력 사구견인심 路遙知馬力 事久見人心

路 : 길(로) **遙** : 멀(요) **知** : 알(지)
馬 : 말(마) **力** : 힘(력)
事 : 일 · 섬길(사) **久** : 오랠(구)
見 : 볼(견)/드러날(현)
人 : 사람 · 남(인) **心**마음(심)

【뜻풀이】 갈 길이 멀 때 말의 힘을 알 수 있고, 일이 오래 지체될 때 사람 속마음을 볼 수 있다. 참된 능력은 일이 난관에 부딪혔을 때 비로소 드러나며, 동시에 그런 능력을 가진 사람이 누구인지도 알게 된다는 말이다. 또는 오랫동안 경험하면서 체험한 뒤에야 사람의 선악을 파악할 수 있다는 말로도 쓰인다.

【출전】 이 성어는 『사림광기(事林廣記) · 결교경어(結交警語)』에 나오는 말이다. 간단하게 줄여 "시간이 오래 경과하면 사람의 속마음을 볼 수 있다.(日久見人心)"고 쓰이기도 한다.

【용례】 처음에는 그저 좋은 친구로만 알았는데, 이젠 둘도 없는 원수가 되다니. 갈 길이 멀어야 말의 힘을 알고 일이 오래 지나니 인심을 볼 수 있다("노요지마력 사구견인심")더니 이런 경우를 두고 하는 말인가?

노우지독 老牛舐犢

老 : 늙을(로) **牛** : 소(우)
舐 : 핥을(지) **犢** : 송아지(독)

【뜻풀이】 어미 소가 송아지를 핥다. 자식에 대한 부모의 깊은 사랑을 비유하는 성어다.

【출전】 삼국시대 당시 조조(曹操)의 휘하에 양수(楊脩)라는 사람이 있었다. 그는 학식이 풍부하고 지혜가 남달라 조조는 그에게 주부(主簿)라는 자리를 맡겼다.

건안 24년(219)에 유비와 조조는 한중(漢中) 지방을 두고 일대 격전을 벌이고 있었다. 그러나 점차 시일이 지나자 군량미가 바닥난 조조는 더 이상 버티기 어려워졌다. 요행히 승리를 거둔다고 해도 지키기에도 힘이 부칠 지경이었다.

그렇다고 이대로 철수하자니 그것도 체면이 안 서는 일인지라 조조는 이러지도 저러지도 못한 채 고민만 거듭하고 있었다.

그가 한참 고민을 하고 있을 때 취사병이 닭국을 한 그릇 가지고 왔다. 그 국에는 닭고기 몇 조각과 갈비뼈가 들어 있었는데, 조조는 닭국 속의 갈비뼈를 보더니 문득 상념에 잠기는 것이었다.

그때 마침 부장 하후돈(夏侯惇)이 들어와 그날 저녁에 쓸 군호(軍號)를 물었다. 그러자 조조는 닭갈비, 즉 계륵(鷄肋)이라고 대꾸하였다. 곁에서 이 군호를 들은 양수는 곧 자기 숙소로 돌아와 짐을 정리하며 회군할 준비를 갖추었다. 그의 이런 행동을 본 하후돈이 의아해하며 이유를 물었다. 이에 양수가 대답하였다.

"닭갈비라는 것은 먹자니 살이 없고 버리자니 아까운 것이오. 우리는 지금 싸워도 별 승산이 없고, 그렇다고 물러서자니 명분이 없어 남의 웃음이나 살 처지에 놓여 있지 않습니까? 하지만 이곳에 더 있어 봤자 별 이득이 없으니 일찌감치 철수하는 게 낫지요. 승상께서 이미 계륵이라고 말씀하셨으니 틀림없이 가까운 시일 안에 우리는 회군할 겁니다. 그래서 나는 미리 짐을 꾸려 때가 되었을 때 허둥대지 않으려는 것입니다."

이 말을 들은 다른 군사들도 옳다고 여겨 제각기 주섬주섬 행장을 꾸리기 시작하였다. 밤에 진영을 순시하던 조조는 군사들이 어느새 퇴각할 준비를 끝낸 것을 보고 깜짝 놀라 그 까닭을 물었다. 그래서 양수가 승상이 퇴각하려 한다는 결심을 굳혔다는 말을 했다는 사실을 알고 자기 속을 꿰뚫어 본 그의 총명함에 한편으로는 놀라면서, 다른 한편으로는 허점을 찔린 듯한 질투를 느꼈다. 그래서 조조는 한중에서 철수한 다음 군심(軍心)을 어지럽혔다는 핑계로 그를 처형하고 말았다.(➡ 여작계륵如嚼鷄肋 참조)

그 후 사태가 진정된 뒤, 어느 날 조조는 양수의 아버지인 양표(楊彪)가 몹시 초췌해진 것을 보았다. 의아하게 생각한 조조가 양표에게 물었다.

"그대는 어쩌다가 그렇게 초췌해졌는가?"

그러자 양표가 울음을 감추며 말했다.

"면구스럽습니다. 저는 일찍이 아들에 대한 선견지명(先見之明)이 없어 자식을 제대로 가르치지 못해서 이렇게 큰 죄를 짓게 만들었습니다. 아이가 죽은 지금 제 마음속에는 마치 늙은 어미 소가 송아지를 핥듯이(老牛舐犢) 부모가 된 이로서 자식에 대한 사랑만 남아 슬픔을 가눌 길이 없습니다. 그래서 이렇게 초췌해진 것이지요."

양표의 심중을 짐작한 조조는 아무 말도 못한 채 겸연쩍게 입맛만 쩍쩍 다셨다고 한다.

양표의 이 말에서 노우지독이라는 성어가 나온 것이다. 물론 이 이야기는 계륵과 관련된 성어로 유명하지만, 부모의 자식에 대한 사랑이 어떠한가를 보여 주는 뒷이야기도 경청할 만한 가치가 있다.

【용례】 어머니의 사랑이 지고지순(至高至純)하다지만, 이번에 젖먹이를 살리고 자신은 죽은 기사를 보니 실감이 나더군. "노우지독"하는 정성을 사람들이 조금만이라도 안다면 부모 버리는 자식이 나올 까닭이 없지.

노이무공 勞而無功

勞 : 힘쓸(로) 而 : 어조사(이)
無 : 없을(무) 功 : 공(공)

【뜻풀이】 몸만 수고로웠지 이룬 공은 이렇다 할 게 없다. 나름대로 노력을 기울였지만 이렇다 할 실효는 거두지 못했다는 뜻이다.

【출전】『장자·천운편(天運篇)』에 다음과 같은 이야기가 있다.

공자가 위(衛)나라로 떠났을 때 안연(顔淵)이 사금(師金)에게 물었다.

"이번 우리 선생님의 여행이 어떻겠습니까?"

사금이 대답하였다.

"애석하지만 아마 그대의 선생은 이번에 곤욕을 치르게 될 것이오."

"어째서 그렇습니까?"

"그대 스승이 여러 지방에서 곤욕을 치른 게 한두 번이 아니었습니다. … 대개 물길을 가기 위해서는 배를 쓰는 것만 한 수단이 없고, 육지를 가기 위해서는 수레를 쓰는 것만 한 수단이 없소이다. 그런데 물길을 가야 할 배를 육지에서 밀고 가려면 한평생 수고로워도 한 발짝도 못 갈 것입니다. 지금 옛날과 현재의 차이는 물과 육지의 차이와 같고, 주(周)나라와 노(魯)나라의 차이도 배와 수레의 차이와 같지 않습니까? 이제 주나라의 도를 오늘의 노나라에서 행하려고 하는 것은 마치 배를 육지에서 끄는 것과 같아서 노력은 하지만 성과는 신통치 않을 것입니다(猶推舟於陸 勞而無功). 또 그 몸에도 재앙이 닥칠 것이지요."

『관자·형세편(形勢篇)』에는 "억지로 알지 못하는 것을 말할 수는 없으니, 이를 일러 수고롭기만 하지 성과가 없다고 한다.(彊不能告不知 謂之勞而無功)"는 말이 있고, 『순자·정명편(正名篇)』에는 "궁핍이 극심해 끝간 데가 없고 열심히 노력해도 성과가 없다.(窮藉而無極 甚勞而無功)"고 했으며, 『회남자·원도훈(原道訓)』에서는 "도를 체득한 사람은 내버려두어도 다함이 없고 운수에 맡기는 사람은 노력해도 성과가 없다.(體道者 逸而不窮 任數者 勞而無功)"고 했다.

【용례】 자네가 성실하다는 점은 나도 인정하네. 하지만 일을 하면 집중을 해야지, 벌여만 놓는다고 해결이 되나. 그래서는 "노이무공"밖에 얻는 것이 없을 걸세.

노즉기린불여노마
老則麒麟不如駑馬

老: 늙을(로) **則**: 곧(즉)
麒: 검푸른말·준마(기) **麟**: 기린(린)
不: 아닐(불) **如**: 같을(여)
駑: 비루먹은 말(노) **馬**: 말(마)

【뜻풀이】 늙으면 기린도 비루먹은 말만 못하다. 영웅도 노쇠하면 보통 사람만 못하다는 것을 비유하는 말이다. "기린도 늙으면 비루먹은 말이 그를 따라잡는다.(麒麟之衰 駑馬先之)"고 쓰기도 한다. 원래 기린은 성인(聖人)이 나오면 나타나는 상서로운 짐승이 아니라 하루에 천 리를 달리는 명마를 일컫는다.

【출전】『전국책·제책(齊策)』에 다음과 같은 이야기가 나온다.

전국시대의 연횡가(連衡家)의 한 사람인 소진(蘇秦)이 어느 날 제나라에 가서 민왕(閔王)에게 자신의 생각을 역설하였다. 그는 강대한 진(秦)나라를 견제하기 위해서는 나머지 여섯 나라가 단결하여 진나라와 대결해야 한다고 주장하였다.(☞ 계구우후鷄口牛後·불가동일이어不可同日而語·사분오열四分五裂·전거후공前倨後恭·포신구화抱薪救火·합종연횡合從連衡 참조)

"저는 이렇게 듣고 있습니다. 군사를 동원해 강국을 쳐서 천하를 제패한다고 해도 곧 근심이 뒤따릅니다. 반대로 어느 나라와 동맹을 맺어 다른 나라를 공격하는 나라는 원한을 사서 결국은 고립되어 버립니다. 따라서 대국이라고 해서 무조건 무력을 앞세워서도 안 되고, 소국이라면 조용히 때를 기다리면서 기회를 노려야지 함부로 일을 꾸며서도 안 됩니다. 강대한 나라가 힘으로 일어나고 소국이 일을 꾸몄다가 패망한 일은 역사를 읽어 보면 무수히 등장합니다. 하루에 천 리를 달리는 기린이라도 기운이 떨어지면 비루먹은 말이 이를 앞지르고 천하에 둘도 없는 용사인 맹분(孟賁)도 지치면 여자가 이보다 낫다고 합니다. 이것은 비루먹은 말이나 여자가 실제로 그들보다 낫기 때문도 아니고 더 우월하기 때문도 아닙니다. 오로지 뒤에 일어나 때를 맞추어 하늘의 힘을 빌렸기 때문인 것입니다."

같은 책 〈연책(燕策)〉에도 비슷한 말이 나온다.

연나라 태자 단(丹)이 나라의 치욕을 갚기 위하여 진시황을 암살할 자객을 구할 때 먼저 그는 전광(田光)에게 이 일을 부탁하였다.

그러나 전광은 자신은 이미 늙어 그런 막중한 일을 감당할 수 없다고 하면서 대신 소개한 이가 바로 형가(荊軻)였던 것이다.(▶ 도궁비현圖窮匕見 참조) 그리고는 앞서와 비슷한 뜻의 말을 남기고는 형가를 격려하기 위해 스스로 목숨을 끊어 버렸다.

유안(劉安)이 쓴 『회남자(淮南子)』에도 일맥상통(一脈相通)하는 구절이 나온다.

"기린은 하루에 천 리를 가지만 비루먹은 말도 열흘이면 그곳에 도달한다."(▶ 노마십가駑馬十駕 참조)

【용례】 한때 아시아가 낳은 불세출의 스트라이커란 말을 듣던 친구인데, 나이에는 당할 장사가 없구먼. "노즉기린불여노마"라더니 결국 신예 선수로 교체되고 말았지 뭔가.

녹림 綠林

綠 : 푸를(록) 林 : 수풀(림)

【뜻풀이】 녹림은 원래 형주(荊州)에 있는 산 이름이었는데, 오늘날에는 도적떼를 일컫는 말로 쓰인다.

【출전】 『한서·왕망전(王莽傳)』과 〈유현전(劉玄傳)〉에 다음과 같은 이야기가 있다.

왕망(기원전 45~기원후 23)은 한(漢)나라의 정권을 찬탈해 신(新)나라를 세워 여러 가지 개혁 정책을 펼쳤지만, 그것이 너무 급진적이었고, 또 이를 실행할 만한 과단성도 부족했기 때문에 모두 실패하고 말았다. 더구나 그 실패는 단순한 실패로만 끝난 게 아니라 엄청난 혼란을 가져왔다.

실정으로 인해 발생한 기근 때문에 백성들의 생활이 도탄에 빠지자 일반 백성들과 지방 호족들이 중심이 된 반란이 곳곳에서 일어났다. 그들은 처음에는 작은 세력이었는데, 형주에 있는 녹림산(綠林山)으로 몰려들면서 대규모 반란군으로 불어나게 되었다. 이때 모인 반란군의 우두머리에는 장패(張覇)와 양목(羊牧), 왕광(王匡), 왕봉(王鳳), 마무(馬武), 왕상(王常), 성단(成丹) 등이 있었다.

이들은 각지에서 관군(官軍)과 싸워 승리를 거두면서 눈덩이처럼 세력을 키워 나갔다. 한때 그 병력은 무려 5만 명을 넘어선 적도 있었다.

그러다가 유수〔劉秀, 광무제(光武帝)〕와 유현이 군사를 일으키자 이들도 이에 합세하여 마침내 왕망을 타도하기에 이르렀던 것이다.

여기에서 볼 수 있는 것처럼 원래 녹림은 도탄에 빠진 백성들이 모인 형주의 산 이름이었는데, 그들이 나중에 도적떼가 되었기 때문에 도적을 일컫는 대명사가 되었다.

그러나 백성들의 입장에서 보면 결국 자

신들을 환난에서 건져 주었기 때문에 군도(群盜)와 같은 부정적인 의미보다는 의적(義賊)에 가까운 뜻으로 쓰인다. 그래서 도적을 달리 녹림호객(綠林豪客)이라고 부르기도 한다.

【용례】 옛날 황해도 일대에 임꺽정이란 사람이 "녹림"으로 군림했다네. 더구나 그는 한갓 비적이 아니라 세상을 뒤엎으려던 의적이었어. 비참한 최후를 마치긴 했지만 하여간 아직도 그에 관한 무수한 설화가 전해 내려오고 있잖아.

녹사수수 鹿死誰手

鹿 : 사슴(록) 死 : 죽을(사)
誰 : 누구(수) 手 : 손(수)

【뜻풀이】 사슴은 누구의 손에 죽는가. 양자간에 실력이 대등해서 승부가 어떻게 날지 알 수 없을 때 쓰는 말이다.

【출전】 진(晉)나라 때 북방의 다섯 개 민족이 다투어 독자적인 나라를 일으켜 16개의 국가를 세웠는데, 이것이 바로 역사상 이른바 오호십육국(五胡十六國)이라는 것이다. 그중에서도 저족(氐族)이 세운 전진(前秦)과 갈족(葛族)이 세운 후조(後趙)가 가장 강성해서 진나라는 마침내 그들에게 밀려 양자강 남쪽으로 옮겨 가는 처지에 이르렀다.(➡ 투편단류 投鞭斷流 참조)

이때 후조의 왕 석륵(石勒)은 재주가 출중한 사람으로 자부심이 대단히 강했다. 『진서(晉書)·석륵재기』의 기록에 따르면 어느 날 그는 술기운을 빌려 신하 서광(徐廣)에게 "나 같은 사람은 역사상 어느 임금에 비길 수 있겠는가?" 하고 물었다. 서광은 "폐하의 지혜와 용기는 한고조 유방을 능가하는 줄 아옵니다." 하고 대답했다. 이에 석륵은 "과분한 말이오. 내가 만약 한고조 유방을 만난다면 달갑게 그의 부하가 되어 그의 지휘를 받을 것이오. 그러나 한나라 광무제 유수를 만나게 되면 그와 중원에서 한바탕 겨루어 볼 것인즉 필경 사슴이 누구의 손에 죽을지 모르는 것이오.(脫遇光武 當幷驅於中原 不知鹿死誰手)"하며 웃으면서 말했다고 한다.

여기에서 '부지녹사수수'라는 말은 누가 이길지 모른다는 뜻으로, 옛날에는 흔히 지위나 정권을 사슴에 비유하였다. 또 "사슴을 쫓는다(逐鹿)"는 말로 천하를 다투는 것을 비유하기도 하였다.

예컨대 『사기·괴통전(蒯通傳)』에 보면 괴통은 진나라가 망하여 사람들이 천하를 다투는 것을 가리켜 "진나라가 사슴을 잃으니 천하 사람들이 다투어 사슴을 쫓는구나.(秦失其鹿 天下共逐之)"(➡ 첩족선득捷足先得 참조) 라고 하였는데, 사실 『사기』 이전의 『좌전(左傳)』에도 벌써 이와 비슷한 말이 나오고 있다.

이렇게 싸움터에서 각축(角逐)을 벌이는 것을 축록(逐鹿)이라고 하게 되었다. 중원축록(中原逐鹿)이 바로 그것으로, 싸우는 쌍방의 실력이 대등하여 승부를 예측하기 어려움을 가리켜 부지녹사수수 또는 녹사수수·상난예료(尙難預料)라고 한다. 그러나 오늘날 이 성어는 정권 다툼에만 국한되지 않고 운동이나 시합 등에서도 광범위하게 쓰이고 있다.

【용례】 한일전은 항상 전력과 관계없이 팽팽한 맞대결을 펼치곤 했지. 이번 결승전에서도 일본이 전력상 우세라고 하지만 "녹사수

수"라고 시합이 끝나 봐야 승부를 알 수 있을 것 같군.

녹엽성음 綠葉成陰

綠 : 푸를(록) **葉** : 이파리(엽)
成 : 이룰(성) **陰** : 어두울·그림자(음)

【뜻풀이】 푸른 잎이 무성하게 피어 그늘이 짙게 드리우다. 혼인한 여자가 슬하(膝下)에 많은 자녀를 둔 것을 비유한 성어다.

【출전】 당나라의 시인 두목(杜牧, 803~852)은 할아버지 두우(杜佑)가 일찍이 대종과 덕종 때 고관을 지낸 명문 집안 출신이다. 그는 어려서부터 문재(文才)가 뛰어났으며 성품이 강직하여 작은 일에 신중하고 큰 일에는 용감하게 의견을 제시했는데, 특히 사태의 장단점을 정확하게 가릴 줄 알았다.

그리고 그의 시는 호기롭고 씩씩해서 사람을 놀라게 하는 구절이 많았기 때문에 사람들은 그를 두보(杜甫, 712~770)와 비교하여 두보를 대두(大杜), 그를 소두(小杜)라고 불렀다.

태화(太和) 말년 두목은 호주(湖州)를 유람한 적이 있었다. 그때 한 노파가 열 살 정도 먹은 계집아이를 데리고 지나가는 것을 보았다. 우연히 소녀의 얼굴을 본 두목은 그 경국지색(傾國之色)의 아름다움에 감탄하며 노파에게 10년 뒤에 그녀를 아내로 맞이하겠다며 청혼을 올렸다. 그러면서 만약 10년이 지나도 자신이 그녀를 맞으러 오지 않으면 시집보내도 좋다고 약속했다.

그 뒤 주지(周墀)가 재상이 되자 자사였던 두목은 자기의 임지를 호주로 옮겨 달라고 청원하였다. 이렇게 해서 다시 그는 호주자사로 그 고장에 가게 되었는데, 이때는 이미 약속한 기일에서 무려 4년이 지난 14년 만이었다. 그가 맞이하려고 했던 소녀는 어느새 처녀로 훌쩍 커 벌써 3년 전에 다른 사람에게 시집을 가 두 아이의 어머니가 되어 있었다.

이를 확인한 두목은 몹시 실망하며 당시의 이별을 한탄하는 시를 한 수 남겼다.

「이제 봄을 찾아가나 때는 이미 늦었으니
꽃다운 날 원망하며 슬퍼할 수도 없구나.
광풍 몰아쳐 붉은 꽃 다 져 버리고
녹엽 무성한 가지엔 열매만 가득하네.
自是尋春去較遲
不須惆悵怨芳時
狂風落盡深紅色
綠葉成陰子滿枝」

여기에서 말하는 꽃이란 바로 그 소녀를 뜻하는 것으로, 자기가 늦게 찾은 것을 탓할 뿐 아름답게 성장했을 그녀를 보지 못한 것을 원망할 수는 없다는 뜻이다. 만개한 꽃을 보고자 했다면 화창한 봄날에 찾았어야 될 것인데, 때를 놓쳤으니 벌써 꽃은 다 떨어지고 대신 열매만 주렁주렁 열렸다고 했다. 열매란, 곧 결실(結實)로서 아이들이 있는 것을 비유한 말이다.

뒤에 사람들은 두목의 시 가운데 마지막 구절인 녹엽성음을 성어로 만들어, 여자가 이미 출가해서 자녀가 많은 것을 비유하고 있다.

【용례】 첫사랑을 지난번에 우연히 만나게 되었는데, 참 많이 변했더군. 얼굴에 주름도 지고 머리에 서리가 내려앉은 게 풍파가 많았던 모양이야. 그래도 자식이 많아 "녹엽성음"이니 노후는 든든할 게 좀 위안이 되더군.

녹의사자 綠衣使者

綠 : 푸를(녹) **衣** : 옷(의)
使 : 부릴(사) **者** : 사람(자)

【뜻풀이】 푸른 옷을 입은 사자라는 뜻으로, 앵무(鸚鵡)새를 다르게 부르는 이름이다.

【출전】 『개원천보유사(開元天寶遺事)』에 다음과 같은 이야기가 나온다.

중국 역사에서 가장 문화가 꽃을 피웠다는 당나라 때의 수도 장안(長安)에 최고의 부자는 양숭의(楊崇義)였다. 그의 아내 유씨(劉氏)는 미모가 뛰어났는데, 인물값 하느라고 이웃집 아들 이엄(李弇)과 사통(私通)을 했다. 서로 정분이 두터워진 그들은 남편 양숭의를 죽일 모의까지 하기에 이르렀다.

어느 날 양승의가 잔뜩 술에 취해 집으로 돌아와 잠을 자고 있었는데, 유씨와 이엄은 이때를 이용해 그를 살해했다. 그리고 주위 사람들의 눈을 피하기 위해 물이 말라 버린 우물 속에 묻어 버렸다.

안타깝게도 아무도 이 사실을 알지 못했고, 당 앞의 횃대 위에 있던 앵무새만 유일하게 현장을 목격했다.

며칠이 지난 뒤, 유씨는 관청으로 달려가 남편이 며칠째 집으로 돌아오지 않고 있는데, 살해된 것이 아닌가 생각된다고 진술했다. 이 일로 인해 혐의가 있는 사람들과 노복들 가운데 엄중한 심문을 받고 곤장을 맞은 사람이 백여 명이나 되었지만, 끝내 범인은 오리무중(五里霧中)이었다.

관청의 관리가 양숭의의 집에 와서 다시 한 번 수사를 했지만 별다른 소득은 올리지 못했다.

그런데 갑자기 횃대 위에 있던 앵무새가 큰 소리로 말했다.

"우리 주인을 죽인 놈은 유씨와 이엄이다. (殺家主者 劉氏李弇也)"

깜짝 놀란 관리는 즉시 두 사람을 포박하여 감옥에 가두고 사건의 진상을 철저하게 조사했다. 그 결과 사건은 백일하에 드러나게 되었고, 유씨와 이엄은 처형을 당했다.

이 놀라운 소식을 접한 현종(玄宗)은 앵무새를 녹의사자에 봉하고, 궁궐로 데리고 와서 길렀다고 한다.

【용례】 "녹의사자"(앵무새)는 새일망정 바른 말로 주인의 억울한 죽음을 풀어 주었는데, 자네 집 셰퍼드는 밤낮 고기만 먹었으면서도 도둑놈 하나 지키지 못했으니, 당장 내다 버리게.

논공행상 論功行賞

論 : 논할(논) **功** : 공·보람(공)
行 : 갈·실행할(행) **賞** : 상·상줄(상)

【뜻풀이】 공적을 따져 그에 적절한 상을 내리다.

【출전】 『삼국지·위지(魏志)』의 〈명제기(明帝紀)〉에 다음과 같은 이야기가 나온다.

위문제 조비(曹丕)는 황초(黃初) 7년(226) 5월에 병사했는데, 죽기 직전에 조예(曹叡)를 황태자로 정하고, 장군인 조진(曹眞)과 조휴(曹休), 유학과 법률에 능통한 진군(陳群)과 원로 사마의(司馬懿) 등 네 사람에게 뒷일을 부탁하였다. 조예는 황제의 자리에 올라 명제(明帝)가 되었지만, 문제의 죽음을 접한 오(吳)나라와 촉(蜀)나라는 즉시 위나라에 대한 공격의 포문을 열었다.

석 달이 지난 8월에 오나라의 손권(孫權)이 군대를 이끌고 위나라를 공격하였다. 태수인 문빙(文聘)이 이들과 맞서 응전하였다. 조정에서는 응원군을 보내 문빙을 지원하려고 하였다. 그러자 명제가 말했다.

"오나라는 원래 수전(水戰)이 강한 군대다. 그런데도 그들이 배를 버리고 뭍으로 기어오른 것은 그만큼 자신이 있기 때문일 것이다. 힘으로 밀어붙여 올라왔으니 일이 뜻대로 되지 않으면 금방 지칠 것이다. 더구나 우리의 수비군은 문빙의 지휘를 받고 있으니 공수의 자세가 역전되는 것은 오래 기다리지 않아도 될 것이다."

과연 얼마 뒤 손권은 후퇴하고 말았다. 이 기회를 놓치지 않고 위나라 군대는 즉시 오나라를 공격했다. 사마의는 적장 장패(張覇)의 목을 베었고, 조휴도 심양 땅에서 적을 격파하였다.

전투가 끝난 뒤 위나라 조정은 각자의 공적에 따라 상을 내렸는데, 그 정도가 한 치도 어김이 없었다.

『사기·항우본기(項羽本紀)』에 보면, 항우가 인사 문제를 처리했을 때의 잘못된 태도에 대한 이야기가 나온다. 즉, 진나라의 수도 함양(咸陽)을 차지한 뒤, 싸움에 공이 있었던 막료들에게 논공행상에 따라 봉지(封地)를 내려야 했다. 그러나 워낙 인색했던 항우는 차마 관인(官印)을 주지 못하고 아까워해서 만지작거려, 나중에는 관인의 글자가 다 지워질 정도였다. 항우가 역발산기개세(力拔山氣蓋世)의 힘을 가졌으면서도 끝내 황제가 되지 못한 이유를 이를 통해서도 알 수 있다.

【용례】 경쟁에서 이기는 것도 중요하지만 더욱 중요한 건 "논공행상"일세. 자칫 잘못 시상하면 다음번 싸움에서는 패할 수도 있는 것이거든.

농단 壟斷

壟 : 밭두둑·언덕(롱) **斷** : 끊을(단)

【뜻풀이】 높은 곳에 올라 지세를 살펴본 뒤 시장에서 가장 목이 좋은 곳을 차지하여 이익을 독차지하는 것을 말한다.

【출전】 『맹자·공손추장구(公孫丑章句)』 상편에 다음과 같은 이야기가 나온다.

맹자가 제나라에서 관리로 있다가 뜻을 얻지 못하자 고향으로 돌아가게 되었다. 인사차 제선왕(齊宣王)을 찾아뵈니 선왕이 말했다.

"전에는 만나 뵙고자 했어도 뵙지 못하다가 함께 조정에 모실 수 있어 몹시 기뻤습니다. 언제 다시 뵐 수 있을지 모르겠군요."

"감히 청할 수 없을 뿐이지 진정으로 바라는 바입니다.(不敢請耳 固所願也)"〔여기서 불감청 고소원(不敢請 固所願)이라는 성어가 나왔다.〕

뒷날 선왕이 시자(時子)를 불러 말했다.

"짐이 맹자에게 도성에 집을 주고 만 종(萬鍾)의 녹을 주어 제자들을 육성하게 하면서 대부(大夫)와 백성들에게 모범이 되게 하고 싶은데, 이 뜻을 그대가 대신 전해 주지 않겠는가?"

시자가 진자(陳子)를 통해 이 사실을 맹자에게 알렸다. 이 말을 들은 맹자가 대답하였다.

"그렇소? 시자는 어찌 그것이 될 수 없다는 것을 모르는가? 만일 내가 부자가 되고자 한다면 10만 종의 녹을 사양하고 만 종의 녹을 받으려고 하겠는가? 옛날에 계손(季孫)이 이렇게 말했다. '이상도 하구나. 자숙의(子叔疑)야. 자기가 정치를 하다가 받아들여지지 않으면 그만둘 뿐이다. 다시 제자로 하여금 경(卿)을 시키겠는가? 누군들 부귀를 바라지 않겠는가? 그렇지만 부귀 가운데서 홀로 우뚝한 곳을 차지하는 사람이 있구나.'라고 하였다."

그런 뒤에 들려준 이야기가 바로 농단이다. 이 이야기는 『맹자·공손추장구』 하편에 나온다.

「옛날에 시장에서 하는 일이란 자기가 가진 것으로써 가지지 못한 것을 바꾸는 것이었다. 시장을 관리하는 사람은 다만 그것을 살필 뿐이었다. 그러던 것이 어느 날 천한 인간이 나타나 언덕이 끊어진 높은 곳에 올라가 사방을 살펴보고는 목이 좋은 곳을 골라 시장의 이익을 그물질해 버렸다. 사람들이 모두 그 짓을 천하게 여겼기 때문에 이때부터 세금을 거두게 된 것이다. 장사에 세금을 매기는 일은 바로 이 천한 인간의 일에서 시작된 것이다.

(古之爲市者 以其所有 易其所無者 有司者治之耳 有賤丈夫焉 必求龍斷而登之 以左右望而罔市利 人皆以爲賤 故從而征之 征商 自此賤丈夫始矣)」

여기에서 성어 농단이 나왔는데, 원문에는 용(龍)으로 되어 있지만, 이 글자는 농(壟)과 통한다. 상품을 매점매석(買占賣惜)하거나 담합하여 이익을 독점하는 행위를 농단이라고 하는데, "농간(弄奸)을 부린다"는 말도 여기에서 유래한 것이다.

【용례】 처남이긴 하지만 장사꾼 "농단"은 정말 무서워. 창고에 물건을 산더미처럼 쌓아두고도 값이 더 오르면 팔겠다고 딱 오리발이더라구.

농병황지 弄兵潢池

弄 : 희롱할(롱) **兵** : 병사(병)
潢 : 못·깊을·장황할(장) **池** : 못(지)

【뜻풀이】 하는 일이 아이들 장난과도 같다는 뜻이다. 또는 몹시 소란스럽다.

【출전】 『한서·공수전(龔遂傳)』에 다음과 같은 이야기가 있다.

한선제 때 발해군 일대(오늘날의 하북성·산동성 일대)의 백성들은 관리들의 압박과 착취로 인한 생활고를 이겨내지 못하고 곳곳에서 봉기하였다. 이에 한선제는 신하들의 추천에 따라 공수라는 사람을 발해태수로 임명해서 발해군의 민란을 평정하게 하였다.

그런데 공수는 그때 이미 일흔을 넘긴 노인이었고 체구도 왜소했기 때문에 한선제는 미덥게 여기지 못하고 그에게 무슨 방법으로 민란을 진정시킬 것인가 물어보았다. 그러자 공수는 백성들이 들고 일어나는 것은 생활이 곤궁한 탓이므로 "폐하의 무지한 아이들이 수렁창에서 병장기를 휘두르며 장난하는 것과 같다.(弄兵潢池)"고 대답했다.

공수의 이 말은 무력으로 억누를 것이 아니라 회유책을 써야 한다는 뜻인데, 백성들의 항거를 아이들 장난에 비유한 것은 물론 지나친 인용이다. 그런데 공수의 이 한마디에서 농병황지 또는 황지농병이라는 성어가 나온 것이다. 오늘날에는 지나치게 소란스러운 사람을 경멸하는 뜻으로 쓰이고 있다.

【용례】 거 무슨 큰일 났다고 그리 방정을 떠는가? 좀 무게 있게 처신하게. "농병황지"하는 아이처럼 들떠서야 일이 제대로 마쳐지겠는가 말이야.

농장지경 弄璋之慶

弄 : 희롱할(농) 璋 : 구슬(장)
之 : 어조사(지) 慶 : 경사(경)

【뜻풀이】 아들을 낳은 경사. 아들을 낳아서 손에 구슬을 쥐어 주는 즐거움이라는 뜻으로, 축하인사로도 쓰고 있다.

【출전】『시경 · 소아(小雅)』의 〈사간(斯干)〉이라는 시는 새 집을 지어 화목하게 살아가는 어느 대가족의 이야기를 그리고 있다. 여기에 보면 태몽(胎夢)부터 시작하여 "아들을 낳으면 침상에 누이고 고까옷을 입혀 손에는 구슬을 쥐어 준다.(乃生男子 載寢之牀 載衣之裳 載弄之璋)"는 구절이 나온다.

아이가 자라 입신양명(立身揚名)하기를 바라는 마음에서, 아들을 낳으면 온 집안이 떠들썩하게 잔치를 벌였던 것이다.

반면에 "딸을 낳으면 맨바닥에 재우고 포대기를 두른 다음 손에 실패 장난감을 쥐어 준다.(乃生女子 載寢之地 載衣之裼 載弄之瓦)"고 표현하였다.

좋을 것도 나쁠 것도 없으며 평상시와 다름없이 보낸다. 그저 술이나 데우고 밥 짓기나 배우게 하여 부모 걱정이나 덜기를 바랐던 것이다.

이 시에서 유래하여 아들을 낳는 것을 농장지경이라 하고, 딸을 낳는 것을 농와지경이라 하게 되었다. 농장지경은 농장지희(弄璋之喜), 농와지경(弄瓦之慶)은 농와지희(弄瓦之喜)라고도 하는데, 모두 축하의 말로도 쓰인다.

【용례】 저 부부가 결혼을 하고도 오랜 동안 애가 없어 애태우더니, 부처님께 정성을 다해 불공을 드렸더니 임신을 했다는구만. "농장지경"이든 농와지경이든 건강하게 출산하길 바라네.

뇌란물계리 賴亂勿計利

賴 : 의지할(뢰) 亂 : 어지러울(란)
勿 : 아닐(물) 計 : 헤아릴(계)
利 : 이익 · 날카로울(리)

【뜻풀이】 어지러움에 의지했을 때는 이익을 계산해서는 안 된다. 즉, 혼란을 틈타 자신의 이익을 구하면 곧 자신에게도 해가 돌아온다는 뜻이다.

【출전】『춘추 · 선공(宣公) 12년』조의 〈주사일(周史佚)〉에 다음과 같은 이야기가 나온다.

선공 12년 봄에 초자(楚子)가 정(鄭)나라를 포위하였다. 정나라에서는 화친할 의향이 있어서 점을 쳤는데 점괘가 불길하게 나왔다. 다음에는 죽음을 각오하고 일전을 벌이는 것은 어떤지 점쳤더니 길하다는 것이었다. 이에 정나라는 조상의 묘당(廟堂)에 제사 지낸 뒤 결사의 항전을 다짐하는 곡(哭)을 하였다.

이 소리를 들은 초나라 군대는 저들이 죽음을 무릅쓸 각오인 것을 알아차리고 일단 후퇴하였다. 그 뒤 일진일퇴(一進一退)를 거듭하다가 석 달 뒤에야 겨우 함락시킬 수 있었다. 그때 정백(鄭伯)이 나와 웃통을 벗고 말했다.

"나를 죽이든 노예로 만들든 상관하지 않겠습니다. 다만 우리를 멸망시키지 않고 다시 초나라를 섬기게 한다면 그 은혜는 죽어도 잊지 않을 것입니다."

그러자 초나라 진영에서는 가부를 놓고 논란이 일어났는데, 왕이 일어나 정백이 백성들에게 신망을 얻었을 것이라고 하면서 포위를 풀고 물러났다.

그때 진(晉)나라에서 정나라를 돕고자 군대를 파견하였다. 그러나 오던 도중에 이미 두 나라 사이에 화해가 이루어졌다는 소식을 들었다. 그러자 진나라 진영에서도 의견이 갈려 선곡(先穀)이란 장군이 사회(士會)의 충고도 듣지 않고 초나라 군대와 겨루었다가 대패하고 말았다.

이때 초나라 장수 반당(潘黨)이 말했다.

"연거푸 싸워 모두 큰 승리를 거두었으니 적군의 시체를 모아 기념이 될 만한 진지를 만드는 것이 좋겠습니다."

그러나 초자는 의리와 덕으로 그를 꾸짖었다. 그리고는 황하의 신에게 제사 지내고 조상의 궁을 지어 싸움의 결과만 알린 뒤 귀국해 버렸다.

한편, 정나라에서 초자를 끌어들인 장본인은 바로 석제(石制)란 사람이었다. 그는 정나라 땅 반은 초나라에 넘기고 나머지 반은 공자 어신(魚臣)을 세워 자기 수중에 넣을 심산이었다. 이 사실이 발각되자 정나라는 석제와 어신을 처형시켜 버렸다.

이 사건에 대해 군자가 다음과 같은 평가를 내렸다.

"주사일(周史佚)이 '어지러움을 이용해 자신의 이익을 꾀하지 마라(賴亂勿計利)'고 했는데, 바로 이 사람에게 해당될 것이다. 『시경·사월(四月)』에도 "산에 아름다운 초목이 있으니, 밤나무와 매화나무로다. 나를 버리고 남을 해치는 이가 되었으니, 누구의 허물인지 알 수 없네.(山有嘉卉 侯栗侯梅 廢爲殘賊 莫知其尤)"라고 하였다. 재앙은 세상이 어지럽기를 기대하는, 난을 이용해 자기 욕심을 채우려는 사람에게 돌아갈 것이다."

【용례】 회사 사정이 파국으로 치닫는 마당에 자네 지금 퇴직금 걱정하고 있나. 어떻게 해서든 회사부터 살리고 봐야지. "뇌란물계리"야. 회사가 살아야 퇴직금도 나오는 게 아닌가. 급한 불부터 끌 생각이나 하자고.

누란지위 累卵之危

累 : 포갤(루) 卵 : 알(란)
之 : 갈(지) 危 : 위태로울(위)

【뜻풀이】 계란을 쌓아 올린 것처럼 위태로운 상황을 비유하는 말이다.

【출전】 『사기·범수열전(范雎列傳)』에 다음과 같은 이야기가 실려 있다.

전국시대 위(魏)나라에 범수란 사람이 살고 있었다. 그는 가난한 집 자식으로 태어났지만 부지런히 학문을 연마해 종횡가(縱橫家)로서 일가를 이루었다. 그러나 워낙 한미한 집안 출신이었기 때문에 누구도 알아주는 사람이 없어 자신의 뜻을 펼치기가 용이하지 않았다.

그래서 그는 먼저 제(齊)나라에 사신으로 가는 중대부 수가(須賈)의 수행원이 되어 그를 쫓아갔다. 그런데 제나라에 도착하자 사신인 수가보다는 범수가 더 주목을 받았다. 기분이 몹시 상한 수가는 귀국하자마자 재상에게 범수가 제나라와 내통했다는 얼토당토않은 누명을 씌웠다. (➡ 일한여차一寒如此 참조)

체포당한 범수는 모진 고문 끝에 거의 반죽음이 되어 변소에 버려졌다. 그러나 그는 옥리(獄吏)를 설득해 무사히 빠져나온 뒤 정안평(鄭安平)이라는 사람의 집에 은신해 있으면서 이름도 장록(張祿)이라고 바꾸어 버렸다.

달아날 기회만 노리고 있던 중 마침 진(秦)나라에서 사신이 왔다. 정안평은 몰래 진나라 사신 왕계(王稽)를 찾아가 장록을 추천했고, 왕계의 힘을 입어 어렵사리 진나라로 달아나 소양왕(昭陽王)을 만났다.

왕계는 임금에게 장록을 소개하며 말했다.

"폐하, 위나라의 장록은 천하의 뛰어난 외교가입니다. 그는 우리나라의 정치를 평해서 '마치 계란을 쌓아 놓은 것처럼 위태롭다(累卵之危)'고 지적했습니다. 그를 기용해 쓰면 국력은 커지고 민심은 크게 안정될 것입니다."

이 말을 들은 소양왕은 한편으로 몹시 자존심이 상했지만 인재라는 점만은 인정해서 일단 그에게 작은 관직을 주어 머물게 하였다. 그 후 장록은 원교근공(遠交近功)의 방법을 써서 자신의 진가를 드날렸다.(▶ 원교근공遠交近攻 참조)

【용례】 나라가 누란의 위기("누란지위")에 빠져 있을 때 몸을 버려 나라를 구한 선열들을 생각하면 절로 머리가 숙여져. 그들이 있었기에 지금의 우리도 있는 게 아닐까? 과연 나도 그런 상황에서 목숨을 초개(草芥)와 같이 버릴 수 있을지 모르겠어.

능서불택필 能書不擇筆

能 : 능할(능) 書 : 글·책·글쓸(서)
不 : 아닐(불) 擇 : 가릴·고를(택)
筆 : 붓(필)

【뜻풀이】 서에에 능한 사람은 붓을 가리지 않는다. 재주나 능력이 경지에 이른 사람은 도구의 성능에 구애받지 않고 일을 잘 처리한다는 뜻이다. "서툰 목수가 연장 탓한다"는 속담은 이 성어와 정반대되는 뜻을 담고 있다.

【출전】 이 성어는 주현종(周顯宗)의 〈논서(論書)〉에 나온다.

"글씨를 잘 쓰는 사람은 붓을 가리지 않는다고 하는데 반드시 옳다고만은 할 수 없다. 행서(行書)나 초서(草書)를 쓸 때는 이렇게 말할 수도 있을 것이다. 그러나 해서(楷書)나 전서(篆書)·예서(隸書)를 쓸 때는 붓에 따라 잘 써지고 못 써지는 차이가 난다. 그러니 붓을 가리지 않을 수도 없는 일이다."

『당서·구양순전(歐陽詢傳)』에 보면 이와 관련된 이야기가 보인다.

구양순은 저수량(褚遂良), 안진경(顔眞卿), 우세남(虞世南)과 더불어 서예의 달인으로 유명했다. 특히 구양순은 아들인 구양통(歐陽通)과 함께 대소구양체(大小歐陽體)라 해서 명망이 높았다. 그의 서체는 솔경체(率更體)라 해서 힘찬 기세는 스승인 왕희지(王羲之)보다 뛰어났다.

저수량은 좋은 붓과 먹이 없으면 글을 쓰려고 하지 않았다. 한번은 그가 우세남에게 물었다.

"내 글씨와 구양순의 글씨를 비교하면 누가 더 뛰어나다고 생각하나?"

우세남이 대답하였다.

"순은 종이나 붓 따위에는 일체 관심을 두지 않고 어떤 붓이나 종이라도 글을 쓰면 뜻대로 쓸 수 있다고 하네. 그런데 자네는 아직 종이나 붓의 품질에 얽매여 있는 듯하니 도저히 순을 따르지는 못할 것 같구먼.(吾聞詢不擇紙筆 皆得如志 君豈得此)"

【용례】 게으른 선비가 책장만 넘긴다더니, 제대로 예습 복습도 않고 좋은 성적이 나오길 기대하다니. 그러고는 고작 학과 선생님 탓하냐. "능서불택필"이야. 네 실력을 탓해야지, 누굴 탓하는 거냐?

능파 凌波

凌 : 얼음·떨·건널·업신여길(릉)
波 : 물결(파)

【뜻풀이】 미인의 걸음걸이가 가볍고 우아한 것을 비유하는 말이다.

【출전】 조식(曹植, 192~232)의 〈낙신부(洛神賦)〉에서 유래하였다.

「몸은 나는 물오리처럼 날렵하여
가볍고 하느작거림이 여신과 같구나.
물결을 건너는 듯 가벼운 걸음걸이
버선을 펼치니 먼지가 일어나네.
움직일 때에도 일정한 모습이 없어
위태로운 듯해도 어느새 편안하네.
나가고 멈추기도 기약하기 어려우니
가는 듯하다가 다시 돌아오네.
體迅飛鳧 飄忽若神
陵波微步 羅襪生塵
動無常則 若危若安
進止難期 若往若還」

이 작품에서 유래하여 능파는 여자의 아름다운 걸음걸이를 비유하는 성어로 자리잡았다.

【용례】 그녀의 걸음걸이는 마치 물결을 건너는 듯("능파") 가벼워. 정말 누구라도 다 반하겠더라니까.

니취 泥醉

泥 : 진흙·진창·흐릴(니) 醉 : 취할(취)

【뜻풀이】 사람이 술에 질탕하게 취한 것을 이르는 말이다. 일설에 따르면 니(泥)는 뼈가 없는 벌레로 물속에 있을 때는 활발하게 움직이지만 일단 물이 빠지고 나면 맥없이 진흙이 되어 버린다고 한다.

【출전】 이백(李白)의 시 〈양양가(襄陽歌)〉는 작자가 현종과 양귀비(楊貴妃)의 총애를 받아 궁정시인이 되기 이전에 지은 작품이다. 그는 20대 후반부터 30대의 대부분을 호북성(湖北省) 일대를 떠돌면서 명승고적(名勝古蹟)을 탐방하였다. 이 시도 그때 양양 지방을 유람하면서 지은 것이다.

「지는 해 현산 서편으로 기울려 하는데
흰 모자 거꾸로 쓰고 꽃밭을 헤맨다.
양양의 아이들 일제히 손뼉을 치며
거리를 달리며 백동제를 노래하네.
사람에게 물으니 왜 그리 웃으시오?
산공이 잔뜩 취해 그를 보며 웃는다네.
落日欲沒峴山西
倒著接䍦花下迷
襄陽小兒齊拍手
攔街爭唱白銅鞮
傍人借問笑何事
笑殺山公醉如泥」

이 작품의 마지막 구절에서 유래하여 니취가 나왔다. 산공(山公)은 죽림칠현(竹林七賢)의 한 사람인 산도(山濤, 205~283)를 일컫는 말이다. 그는 매번 인물을 가려 그에 대한 평을 직접 짓기를 즐겼다고 하는데, 여기에서 산공계사(山公啓事)라는 말이 나왔다.

시에 나오는 백동제(白銅鞮)는 원래 백동제(白銅蹄)라고 쓰는데, 양(梁)나라 때의 가요 이름이다.

남제(南齊) 말기에 소연(蕭衍)이 옹주부사(雍州府事)로 있으면서 양양(襄陽)을 쳐 진압했다. 그때 유행한 동요에 "양양의 백동제가 오히려 양주 아이를 묶어 버렸네.(襄陽白銅

蹄 反縛揚州兒)"란 노래가 있었다고 한다.
【용례】 신년하례식이라고 과음을 했는가 봐. 맥주에 소주, 양주까지 섞었더니 완전히 "니취"했어. 아직도 골치가 지끈거리는군.

ㄷ

다난흥방 多難興邦

多 : 많을(다) **難** : 어려울(난)
興 : 일어날·흥할(흥) **邦** : 나라(방)

【뜻풀이】 어려운 일을 겪고서야 나라를 일으킨다. 큰일을 성취하기 위해서는 그만한 각고의 노력이 뒤따라야 한다는 말이다.

【출전】 진(晉)왕조 2대 혜제(惠帝) 때 진나라는 지배층 사이의 분쟁이 심했다. 이른바 팔왕지난(八王之亂)이 일어나 나라가 10여 년간 혼란의 구렁텅이에 빠져 버린 것이다. (▶ 학립계군鶴立鷄群 참조) 더구나 뒤이어 서북방과 북방의 다섯 민족이 이 틈을 타서 진의 지배에서 벗어나 독자적인 나라를 세우고 남진(南進)해 내려왔다. 이를 오호난화(五胡亂禍)라고 한다. 이때 3대 회제(懷帝)와 4대 민제(閔帝)는 모두 포로로 잡혀 피살되고 진은 부득이 중원 땅을 버리고 양자강 이남 지방으로 나라를 옮기는 처지에 이르렀다. 이를 가리켜 동진(東晉)이라고 한다.(▶ 중류격즙中流擊楫 참조)

당시 사마예(司馬睿)는 좌승상으로 있으면서 건강〔建康, 지금의 남경(南京)〕을 지키고 있었다. 수도 장안(長安)은 금방이라도 함락될 형편이었고 민제가 흉노족에게 피살되었으며, 광대한 영토가 적의 수중에 떨어져 수많은 백성들이 재난을 당하는 것을 눈으로 지켜보면서도 그는 강남에 가만히 앉아서 움직이지를 않았다.

이에 조적(祖逖)과 유곤(劉昆) 등의 장군이 군사를 풀어 북벌(北伐)을 단행하는 한편 사람을 보내 사마예에게 〈권진표(勸進表)〉를 올려 그에게 제위에 올라 국사를 맡을 것을 청원하였다. 그들은 이 글에서 다음과 같이 말했다.

"나라가 이렇게 계속 재난을 당하고 있을 때 조정이 얼마나 근심에 잠겨 있을까는 이해할 수 있습니다. 그러나 만약 경험에서 교훈을 얻어 분발한다면 나쁜 일이 좋은 일로 될 수도 있는 것입니다. 다난(多難)은 우리로 하여금 나라를 부흥시키고 공고히 할 수 있게끔 격려해 줄 수 있으며, 깊은 사려〔深憂〕는 황제로 하여금 정세를 똑똑히 내다보고 새로운 결심을 내릴 수 있도록 할 것입니다.(或多難以固邦國 或殷憂以啓聖明)"

바로 이때 그들이 올린 〈권진표〉에서(▶ 침과대단枕戈待旦 참조) 말한 한 구절에서 다난흥방이라는 성어가 나왔다.

결국 사마예는 동진(東晉)의 첫 황제, 즉 진원제(晉元帝)로 즉위했다. 그러나 진원제는 끝내 북벌의 결정을 내리지 못하고 오히려 조적과 유곤을 의심했다. 그 결과 원제는 유곤을 살해하기까지 이르렀는데, 조적은 울분을 이기지 못해 분사(憤死)하고 말았다. 그 후 동진은 동남 연해 일대에서 1백여 년간 왕조를 이어 갔다.

다난흥방이란 나라의 혹독한 고난이 때로는 사람들이 나라를 부흥시킬 수 있도록 격려한다는 뜻이다. 이후 나라의 위기가 닥쳐올 때마다 뜻있는 사람들은 이 성어를 빌려 스스로를 격려하고 다른 사람들의 용기를 고취시켰던 것이다.

【용례】 큰일을 하려면 그만큼 각고의 노력이 있어야 하는 법이다. 이제 너도 네 가게를 가졌으니 자만하지 말고 더욱 노력해서 "다난흥방"했으면 좋겠구나.

다다익선 多多益善

多 : 많을(다) **益** : 이익·더할(익)
善 : 좋을·착할(선)

【뜻풀이】 많으면 많을수록 좋다.

이 이야기는 『한서(漢書)』와 『사기·회음후열전』 두 군데에 나오는데, 『한서』에는 다다익변(多多益辨)으로 써 있어서 차이가 있다.

【출전】 한신(韓信)은 한고조 유방의 대장군으로서 소하·장량과 함께 한흥삼걸(漢興三傑)이라 불리던 사람이다. 그러나 유방은 한신에 대해 불만이 많았다. 유방은 황제가 되자 먼저 한신의 대장군 벼슬과 병권을 빼앗고 초왕(楚王)에 봉하더니 뒤이어 한신이 반역을 도모한다는 구실로 체포할 준비를 하였다.

이때 유방은 다른 모사(謀士)인 진평(陳平)의 계책을 받아들여 운몽(雲夢, 옛 초나라의 명승지)에 유람간다는 것을 명분으로 삼아(僞遊雲夢) 제후들을 불러들인 다음 그 기회에 한신을 공격하기로 하였다. 이 일을 알게 된 한신은 유방을 만날 수도 없고 또 그렇다고 공개적으로 반항할 수도 없어서 속만 앓고 있었다.

그때 어떤 사람이 한신의 집에 숨어 있는 항우의 옛 부하인 종리매(鍾離昧)의 머리를 유방에게 갖다 바치면 무사할 것이라고 계책을 알려 주었다. 종리매와 한신은 옛 친구로서 당시 유방은 종리매도 붙잡으려고 혈안이 된 상황이었다.

한신은 자신의 안전을 위해서 마침내 옛 친구를 죽이고 말았다. 그러나 유방은 한신이 나타나자마자 체포하고 운몽에 가려던 계획도 취소하고 말았다. 그리고는 낙양에 돌아가서 한신의 죄를 면해 준다고 하면서 석방하고는 회음후(淮陰侯)로 강등시켜 버렸다.

『사기·회음후열전』에 다음과 같은 이야기가 실려 있다.

하루는 유방이 한신을 보고 물었다.

"경이 보건대 짐과 같은 사람은 얼마만한 군사를 거느릴 수 있을 것 같은가?"

한신이 대답하였다.

"폐하께옵서는 십만 정도의 군사면 충분할 듯합니다."

유방이 다시 물었다.

"그럼, 경 같은 사람은 어떻소?"

이에 한신은 조금도 거리낌 없이 대답하였다.

"신은 많으면 많을수록 좋은 줄 아뢰오.(臣多多而益善耳)"

그러자 유방이 비웃듯 다시 물었다.

"경이 그토록 많은 군사들을 잘 거느린다면 어쩌다가 짐의 수하에서 일하게 되었는가?"

한신은 한동안 끙끙거리다가 궁색하게 대꾸하였다.

"폐하께옵서는 군사들을 통솔하는 능력은 신보다 못하지만, 장군들을 거느리는 능력에서는 누구도 당할 수 없는 줄 아옵니다."

이 성어는 한신장병 다다익선(韓信將兵 多多益善)이라고도 하는데, 그냥 한신장병이라고도 쓴다.

【용례】 그 친구는 워낙 역량이 뛰어나서 무슨 일을 시켜도 거뜬히 처리할 겁니다. 휘하 직원 수도 "다다익선"이니 될 수 있으면 여럿 딸려 주는 게 좋을 것 같습니다.

다반사 茶飯事

茶 : 차(다) 飯 : 밥(반) 事 : 일·섬길(사)

【뜻풀이】 차를 마시거나 밥을 먹는 일. 일상사. 자주 있는 일. 옛날에 차를 마시거나 밥을 먹는 일은 항상 있었던 일이기 때문에 이런 성어가 나왔다. 항다반사(恒茶飯事)라고도 한다.

【출전】 원래 동양에서 차는 여러 가지 의미를 가진 식물이다. 설날이면 온 가족이 모여 다례(茶禮)를 지냈고, 차를 마시며 정신적 깊이를 운위한다 해서 다도(茶道)가 있었다.

불가(佛家)에서는 다선일여(茶禪一如)라 하여 차를 끓여 마시는 가운데서 선의 경지를 반추하기도 했다. 조선 후기의 스님인 초의(艸衣, 1786~1866)는 『동다송(東茶頌)』과 『다신전(茶神傳)』을 남겨 우리 고유 차의 신비한 맛과 운치를 자랑한 바도 있다.

『조주어록(趙州語錄)·459칙』에 보면 다음과 같은 이야기가 있다.

조주선사(趙州禪師)는 차를 즐겨 마셨다. 때문에 절을 찾는 사람이면 누구에게나 차를 권했다. 어느 날 어떤 사람이 절에 오자 물었다.

"당신은 여기 몇 번째 온 거요?"

"처음입니다."

"그렇소? 차나 한 잔 드시오.(喫茶去)"

얼마 뒤 또 한 사람이 왔다.

"당신은 여기 몇 번째 온 거요?"

"여러 번 왔지요."

"그렇소? 차나 한 잔 드시오."

이러자 옆에서 차 시중을 하던 시봉 스님이 의아해하며 물었다.

"아니 스님, 스님께서는 처음 온 사람이나 여러 번 온 사람이나 모두 '차나 한 잔 드시오' 라며 권하시니 무슨 까닭이십니까?"

이 말을 들은 조주가 말했다.

"아! 내가 그랬던가? 그럼 자네도 차나 한 잔 드시게."

이 이야기는 불가에서 전해 오는 공안(公案) 중 하나로 유명하다. 그만큼 차 마시는 일은 옛사람들과 친숙한 일상사였던 것이다.

【용례】 자네 어쩌자고 그런 중대한 실수를 "다반사"로 저지르나? 주의력이 부족한 탓이야. 제발 말하거나 행동할 때 생각 좀 하면서 하게.

다사제제 多士濟濟

多 : 많을(다) 士 : 선비·군사(사)
濟 : 건널·구제할(제)

【뜻풀이】 제제는 여러 가지 뜻이 있다. ① 엄숙하고 신중한 모양. ② 위의(威儀)가 있는 모양. ③ 많고 풍성한 모양. ④ 아름답고 훌륭한 모양 등이 그것이다. 여기에서는 인재가 많은 것을 비유하는 말이다.

【출전】 『시경·대아(大雅)』에 있는 〈문왕(文王)〉이라는 시에서 나왔다.

주왕조를 일으킨 문왕의 덕을 노래한 작품이라고 하는데, 전체가 7연으로 구성되어 있다. 이 성어는 제3연에서 볼 수 있다.

「대대로 밝게 빛나니
그 계획 신중하고 충성스럽다.
빛나는 많은 신하들이
이 왕국에서 태어났구나.
왕국이 이들을 낳은 것은
주나라의 대들보로 삼기 위해서지.
많고도 많은 신하들이여
문왕이 이로써 편히 지내시리라.
世之不顯
厥猶翼翼
思皇多士
生此王國
王國克生
維周之楨
濟濟多士
文王以寧」

【용례】 나라가 부강해지려면 "다사제제"한 인재들이 많이 등용되어야 하지. 세종대왕 당시에는 집현전을 위시하여 "다사제제"한 학사들이 많았다고 하지.

단기지교 斷機之敎

斷 : 끊을(단) **機** : 틀·재치·베틀(기)
之 : 갈(지) **敎** : 가르칠(교)

【뜻풀이】 베틀의 옷감을 끊어 버린 가르침. 자식의 교육을 위해 헌신하는 어머니의 정성을 일컫는 말이다.

【출전】 맹자(孟子)는 전국시대의 위대한 사상가로 덕치(德治)를 주장하여 당대뿐 아니라 오늘날에 이르기까지 커다란 영향을 끼친 사람이다. 이렇게 위대한 사상가가 탄생하기까지는 그의 어머니의 남다른 노고가 숨어 있었다. (➡ 삼천지교三遷之敎 참조)

한(漢)나라 유향(劉向)이 지은 『열녀전(列女傳)』에 다음과 같은 이야기가 실려 있다.

맹자는 공자(孔子)의 손자인 자사(子思)의 문하생에게 학업을 닦았다. 어느 날 유학 가 있던 맹자가 갑자기 어머니를 찾아왔다. 그때 어머니는 베를 짜고 있었다.

"그래, 네 공부는 얼마나 진척이 되었느냐?"

"예, 별로 나아진 것이 없습니다."

그 말을 들은 어머니는 힘써 짜고 있던 베를 단칼에 베어 버렸다. 깜짝 놀란 맹자가 물었다.

"아니 고생스럽게 짠 베를 왜 잘라 버리십니까?"

어머니가 대답하였다.

"네가 공부를 등한시하는 것은 지금 베를 잘라 버린 것과 같다. 군자란 모름지기 학문에 힘써 이름을 날리고, 모르는 것이 있으면 물어 앎을 넓혀야 하는 법이다. 그래야만 마음과 몸도 수양이 되며 세상에 나아가서도 위험에 빠지지 않는다. 이제 네가 학문을 그만두었다면 너는 다른 사람의 꽁무니나 좇아다녀야 할 것이니 재앙을 피하기 어렵게 되었다. 그러니 생계를 위해서 짜던 베를 끊는 것과 무엇이 다르겠느냐?"

이 말을 들은 맹자는 즉시 학교로 되돌아가 부지런히 학업에 힘써 마침내 훌륭한 학자가 되었다.

【용례】 옛날 한석봉(韓石峰) 어머니는 아들의 서예 실력을 북돋기 위해 불을 끄고 떡 썰기 내기를 했다더군. 그래서 결국 한석봉은 대서예가가 되었다니, 맹자 어머니의 "단기지교"에 비겨도 손색없는 장한 어머니상이야.

단두장군 斷頭將軍

斷 : 끊을(단) 頭 : 머리(두)
將 : 장수·이끌(장) 軍 : 군사·군대(군)

【뜻풀이】 죽어도 항복할 줄 모르는 장군을 가리켜 하는 말이다.

【출전】 『삼국지·촉지·장비전(張飛傳)』에 나오는 이야기다.

삼국시대 유비는 제갈량(諸葛亮)의 계책에 따라 동쪽으로는 손권과 손을 잡고 북쪽으로는 조조와 맞서 싸우는 병법을 썼다. 그러나 당시 유비는 호북(湖北)·형주(荊州) 일대에 자리잡고 있어서 발전하기도 어려웠거니와 고수하기도 어려웠다. 이에 유비는 와룡선생(臥龍先生) 제갈량과 봉추선생(鳳雛先生) 방통(龐統)의 제의에 따라 서천(西川)으로 진군하여 지세가 험준하고 산물이 풍부한 그곳에서 촉나라의 기틀을 공고히 다져 보고자 하였다.(▶ 복룡봉추伏龍鳳雛 참조)

그런데 당시 서천을 지키고 있던 장수는 바로 유비의 문중 아우인 유장(劉璋)이었다. 그러나 패권을 잡기 위해 혈안이 되어 있던 유비에게는 그런 것쯤은 상관할 겨를이 없었다.

유비와 부군사(副軍師) 방통이 대군을 이끌고 서천으로 진군할 때였다. 공교롭게도 방통이 낙봉파(落鳳坡)에서 급사하자 군사 제갈량은 할 수 없이 관우에게 형주를 지키게 하고 직접 서천으로 진군하였다. 제갈량은 우선 장비에게 만여 명의 군사를 주어 큰길을 따라 서진하게 하였다. 장비는 아무런 장애도 받지 않고 무난히 파군(巴郡)과 강주(江州)에 도착했다. 강주를 지키고 있던 사람은 당시 파군 태수로 있던 노장 엄안(嚴顔)이었는데, 그는 성문을 굳게 걸어 잠그고는 좀체로 항복하려 하지 않았다.

장비가 사람을 파견하여 엄안에게 빨리 항복하라고 재촉했지만 그는 거들떠보지도 않았다.

엄안은 장비와 직접 맞대결해서는 이기지 못한다는 것을 알고 가능한 한 정면충돌을 피해 성문을 굳게 닫아걸고 지켰다.

그렇게 시간을 끌어 장비의 군사들이 군량이 떨어져 스스로 물러가기를 기다리고 있었다. 다급해진 장비는 몇 차례 싸움을 걸었지만 엄안은 들은 체도 하지 않았다.

이에 장비는 어느 날 밤 계략을 써서 엄안을 성 밖으로 끌어내 사로잡은 다음에야 겨우 성을 빼앗을 수 있었다.

장비는 단상에 높이 앉아 엄안을 끌어오게 했지만 그는 꿇어앉으려 하지 않았다. 장비가 큰 소리로 엄안을 꾸짖었다.

"우리 대군이 여기까지 왔는데 왜 일찌감치 항복하지 않았는가?"

엄안은 낯색도 흐리지 않고 도도하게 대답하였다.

"이곳에는 단두장군만 있을 뿐 항복하는 장군은 없다!"

화가 머리끝까지 오른 장비는 부하들에게 호통을 쳤다.

"당장 끌어내다가 참형에 처하라!"

그러자 엄안은 태연하게 서서 말하는 것이었다.

"머리를 자르려면 어서 자를 것이지 성낼 건 또 뭐냐!"

본래 호탕한 장수인 장비는 엄안의 굴하지 않는 군센 기상에 탄복하여 즉시 단상에서 내려와 사죄한 뒤 예의를 갖춰 그를 맞았다.

ㄷ

【용례】 전에 장정구라고 하는 권투 선수가 있었는데, 얻어터지면서도 결코 물러서지 않고 맞붙어 상대를 다운시키는 것으로 유명했지. 정말 "단두장군" 같은 독종이었어. 아마 이봉주 선수도 그에 버금가지 뒤지지는 않을 거야.

단말마 斷末魔

斷 : 끊을(단) 末 : 끝(말)
魔 : 마귀(마)

【뜻풀이】 사람이 숨이 끊어질 때 고통스럽게 지르는 비명을 말한다.
【출전】 말마는 범어(梵語) Marman을 음차한 것으로, 사혈(死穴)을 뜻한다. 사람의 몸 가운데 있는데 여기에 물건이 닿으면 그대로 즉사하는 급소를 나타낸다. 그런 급소를 끊는다는 말이니, 고통은 몹시 클 것이고 곧바로 죽음에 이를 것은 뻔하다.

『현종론(顯宗論)』에 보면 다음과 같은 말이 있다.

"사람의 마음을 해친 사람은 죽을 자리에서 단말마의 고통을 맛보게 된다.(傷害人心者 臨終受斷末磨苦)"

결국 가장 큰 죄는 사람의 몸을 해치거나 물건을 훔친 죄가 아니라 마음을 해친 죄라는 논리다. 나머지 것들이야 시간이 지나고 돈을 들이면 회복되지만 한 번 다친 마음은 다시는 회복되지 않기 때문이다.
【용례】 전에 도살장에 간 적이 있는데, 소가 죽으면서 내는 비명이란 게 끔찍하더구먼. 그 "단말마"의 비명 소리는 내 뇌리에서 영원히 지워지지 않을 거야.

단사표음 簞食瓢飮

簞 : 대광주리(단) 食 : 밥(사)·먹을(식)
瓢 : 박(표) 飮 : 마실(음)

【뜻풀이】 대(竹) 바구니에 담긴 밥과 표주박에 찬 물. 아주 형편없는 음식을 말하거나 청빈(淸貧)한 살림 형편을 비유한다. 이 이야기의 주인공인 안연(顔淵)과 관련되어 도를 얻기 위해 가난한 가운데서도 노력하는 자세를 말하기도 한다.
【출전】 공자는 많은 제자를 두었다고 한다. 모두 3천 명이라고 하는 제자들 가운데 일가를 이룬 제자들만 77명이나 되어 칠십칠자(七十七子)라고 불렸다. 그 가운데 공자는 안연을 가장 사랑하고 아꼈다. 안연은 이름은 회(回)이고 자가 자연(子淵)이었다.

그가 세사를 돌아보지 않고 열심히 공부한 모습은 『논어』에 공자와 제자들의 입을 통해 충분히 알 수 있다. 공자는 이렇게 말했다.

"내가 안회와 함께 하루 종일 말을 주고받았는데, 그는 내가 하는 말을 하나도 어기지 않아 마치 어리석은 사람처럼 보였다. 그런데 그가 물러난 뒤 그의 사사로운 생활을 살펴보니, 또한 내가 말한 이치를 분명하게 행동으로 옮겼다. 안회는 어리석은 사람이 아니다.(吾與回 言終日 不違如愚 退而省其私 亦足以發 回也 不愚)"〔『논어 · 위정편(爲政篇)』〕

이처럼 공자는 그를 아꼈지만 수명이 길지 못해 그만 젊은 나이에 세상을 떠나고 말았는데, 그때 공자는 하늘이 자신을 버렸다면서 대성통곡(大聲痛哭)을 아끼지 않았다. 이런 칭송은 공자뿐 아니라 제자들 사이에서도 마찬가지여서 자공(子貢)은 자신과 안회를 비

교하라는 공자의 말에 이렇게 대답하였다.(➡ 문일지십聞一知十 참조)

「"너와 안회(顔回)를 견준다면 누가 더 나으냐?"

자공이 대답하였다. "제가 어찌 안회를 바라볼 수 있겠습니까? 안회는 하나를 들으면 열을 알고, 저는 하나를 들으면 둘밖에 모릅니다."

스승께서 말씀하셨다.

"그래 너는 안회만 못하느니라. 네가 안회에게 미치지 못하는 것을 허락하노라."

(子謂子貢日女與回也 孰愈 對日賜也 何敢望回 回也 聞一以知十 賜也 聞一以知二 子日 不如也 吾與女 不如也)」

공자가 이렇게 극구 안회를 칭찬한 것은 까닭이 있겠지만, 무엇보다 배움에 대한 진지한 자세와 환경에 굴복하지 않는 투철한 정신을 높게 평가한 탓인 듯하다.

과연 안연이 그만큼 대단한 학자였는지는 논외로 두더라도 스승의 입장에서 열심히 공부하는 학생은 항상 사랑스럽고 칭찬해 주고 싶을 것은 당연한 일인 것이다.

그의 투철한 학구열을 칭찬하고 격려한 말은 『논어·옹야편(雍也篇)』에도 나온다.

"어질구나, 안회여! 한 그릇 밥과 한 바가지 물만 마시면서 누추한 곳에 산다면, 남들이라면 그런 괴로움을 견디지 못할 터인데, 안회는 그 즐거움을 고치지 아니하였다. 참으로 어질구나. 안회여!(賢哉 回也 一簞食 一瓢飮 在陋巷 人不堪其憂 回也 不改其樂 賢哉 回也)"

성어 단사표음은 바로 이 공자의 말에서 유래하였다.

【용례】 "개천에서 용 나온다."는 말도 옛말인 듯 싶다. "단사표음"으로 공부해서 입신양명하기에는 지금의 교육 제도는 부유층을 중심으로 교육이 편중되는 현상이 더욱 골을 깊이 파고 있지 않나. 정부까지 수수방관하고 있으니, 백년지대계(百年之大計)로써 교육이 어찌될지 적이 염려스러울세.

단사호장 簞食壺漿

簞 : 도시락(단) **食** : 밥(사)·먹을(식)
壺 : 호리병(호) **漿** : 미음·마실것(장)

【뜻풀이】 한 소쿠리 밥과 장국 한 종지. 아주 형편없는 음식을 말한다. 그러나 단순히 음식만을 뜻하는 것은 아니고, 없는 가운데서도 손님이나 사람을 환영한다는 뜻이 내포되어 있다.

【출전】 『좌전(左傳)·소공(昭公) 25년』조에 다음과 같은 이야기가 있다.

노(魯)나라의 대귀족 계손씨가 반란을 일으키자 임금인 소공은 황급하게 제(齊)나라로 피신하게 되었다. 이때 제경공(齊景公)은 고자(高子)와 국자(國子) 등을 거느리고 나와 맞이했는데 "고자는 밥 도시락과 네 개의 구운 갈비를 들고 나오고 국자는 물통을 들고 나왔다.(高子執簞食與四脡脯 國子執壺漿)"

말하자면 제경공은 소공이 황급하게 피난하면서 아무것도 먹지 못해 시장하고 갈증이 심하리라 짐작하고 미리 음식을 준비해 나온 것이었다. 소공은 제나라에서 이렇게 관심을 가지고 후하게 접대해 주는 데 대해 거듭 사의를 표시했다.(➡ 시가인 숙불가인是可忍 孰不可忍 참조)

『맹자·양혜왕장구(梁惠王章句)』 하편에도

이와 비슷한 이야기가 있다.

한번은 제나라가 연(燕)나라를 공격해서 승리를 거두자 연나라 백성들은 모두 뛸 듯이 기뻐하며 그들을 맞이하였다. 이에 맹자가 제나라 임금에게 말하였다.

"저들이 밥 도시락과 물통을 들고 나와 대왕의 군사들을 영접하는 것은 제나라가 그들을 어려운 처지에서 구원해 주기를 바라기 때문입니다. 만약 제나라에서 그들을 구원하지 않고 오히려 도탄(塗炭) 속에 허덕이게 한다면, 그들은 결코 대왕의 군대를 환영하지 않을 것입니다."(➡ 수심화열水深火熱 참조)

단사호장은 바로 이상의 이야기에서 유래한 성어인데, 나중에 전투에 지친 군사를 위로한다는 의미로도 쓰이게 되었다.

【용례】 이번에 새로 부임한 도지사는 정말 도민과 생사고락(生死苦樂)을 같이하는 관리인 것 같아. 전임지에서도 그가 시찰을 나가면 주민들이 "단사호장"을 들고 다투어 나와 환영했다지 않아. 귀감이 될 만한 관리야.

단장 斷腸

斷 : 끊을(단) **腸** : 창자 · 마음(장)

【뜻풀이】 창자가 끊어질 정도로 큰 고통을 말한다.

【출전】 『세설신어 · 출면편(黜免篇)』에 다음과 같은 이야기가 있다.

「환온(桓溫, 317~373)이 촉 땅을 정벌하기 위해 군사를 배에 싣고 삼협(三峽)을 지나갔다. 그때 부하 중 한 사람이 원숭이 새끼 한 마리를 붙잡았다. 어미 원숭이는 강을 따라오면서 애달프게 울어댔다. 근 백여 리를 쫓아오던 어미는 배가 강가로 다가오자 훌쩍 뛰어 배 안으로 들어와서는 그만 기절해 죽고 말았다. 그 배를 갈라 보니 창자가 마디마디 끊겨 있었다. 이 소식을 들은 환온은 크게 화를 내며 부하를 잡아 매질을 한 뒤 내쫓아 버렸다.

(桓公入蜀 至三峽中 部伍中有得猨子者 其母緣岸哀號 行百餘里不去 遂跳上船 至便絕 破視其腹中 腸皆寸寸斷 公聞之怒 命黜其人)」

이 이야기에서 유래한 성어가 단장이다. 이와 비슷한 이야기는 『수신후기(搜神後記)』에도 나온다.

옛날부터 슬픔을 비유할 때면 즐겨 이 성어가 사용되었다.

당나라의 두목(杜牧, 803~852)은 "연이어 지는 푸른 풀밭, 애끊듯 이어지는 이 슬픔(芳草復芳草 斷腸復斷腸)"이라는 시구를 남겼고, 포조(鮑照, 421?~456) 역시 "자방(황태후가 거처하는 방) 아가씨의 명랑한 옥귀고리 소리에, 난새의 노래와 봉황의 춤 님의 애간장을 끊어 놓는구나.(紫房綵女弄明璫 鸞歌鳳舞斷君腸)"라는 절창을 남겼으며, 위문제 조비(曹丕, 187~226) 또한 "객지를 떠도는 그대 생각하니 나의 애가 끊어질 듯하네.(念君客遊思斷腸)"와 같은 시구를 남기고 있다.

【용례】 해마다 새해가 되면 북녘 땅에 부모 형제를 두고 온 이들이 전방에 모여 제사를 올린다는군. 지척에 피붙이를 두고도 못 보는 마음은 정말 "단장"의 아픔이라고 해야겠지.

단장취의 斷章取義

斷 : 끊을(단) **章** : 빛나는 문장(장)
取 : 취할(취) **義** : 옳을 · 뜻(의)

【뜻풀이】 자신의 의견을 증명하거나 의향을 대변하기 위해 남의 글에서 한두 구절을 따와 전체 글의 의미와는 관계없이 풀이하는 방식을 말한다.

【출전】 춘추시대 경대부(卿大夫)들은 회의나 연회석상 같은 교제 장소에서 자기의 의사를 표시하거나 태도를 암시하기 위해서 『시경』 중의 시구를 따다가 읊곤 하였다. 그때 인용되는 시 구절은 완전한 한 편의 작품은 아니고 시 중 일부분이었기 때문에 단장(斷章)이라 하였다. 그리고 그들이 선택한 구절은 모두 다 자신의 심정을 나타내기 위한 것이었기 때문에 이를 가리켜 단장취의라고 한 것이다.

『좌전·양공(襄公) 10년』조에 다음과 같은 이야기가 있다.

어느 날 진(晉)나라와 노(魯)나라 등 10여 개 국가의 군대가 연합하여 진(秦)나라를 공격한 적이 있었다. 연합군이 경수(涇水)에 이르렀을 때 강을 건널 것인가 말 것인가를 두고 논의가 벌어졌다. 이때 진(晉)나라의 대부 숙향(叔向)이 노나라 경대부 숙손표(叔孫豹)를 찾아가서 그의 뜻을 물었더니 숙손표는 즉시 '포유고엽(匏有苦葉)'이라고 대답하였다. 이에 숙향은 그가 도강하는 쪽을 지지하는 줄 알아차리고 돌아와서 강을 건널 배를 준비했다.

여기에서 포유고엽은 『시경·패풍』에 나오는 일종의 연애시다. 작품의 내용은 한 여인이 물가에서 사랑하는 사람을 기다리는 정경을 묘사한 것이다. 이 시는 모두 4장으로 구성되어 있고 모든 장은 4구절로 되어 있다. 첫 장의 4구는 다음과 같다.

「박에는 마른 잎이 달려 있고
제수에는 깊은 나루가 있네.
깊으면 옷 입은 채 건너고
얕으면 옷을 걷고 건너야지.
匏有苦葉
濟有深涉
深則厲
淺則揭」

뜻은 바로 물이 깊든 얕든 반드시 강을 건너오라는 것이다. 손숙표는 바로 첫 장의 첫 구절을 인용함으로써 반드시 강을 건너야 한다는 자신의 입장을 은연중에 표시한 것이다.

이상에서 보는 바와 같이 단장취의는 처음에는 완전히 좋은 뜻으로 쓰였다. 그러나 나중에는 그 뜻이 변해 한두 구절 따내다가 자의적으로 사용하는 것을 가리키게 되었다.

【용례】 실연을 당하면 유행가 가사가 전부 자기를 빗대 놓은 듯하다더니, 그 말이 맞아. 저 친구 부르는 노래가 하나같이 자기 심정을 "단장취의"한 게 아니야?

담소자약 談笑自若

談 : 말씀(담) 笑 : 웃을(소)
自 : 스스로(자) 若 : 같을(약)

【뜻풀이】 태연자약(泰然自若)하게 담소를 즐긴다는 말로, 위험에 처했을 때에도 당황하지 않고 의연하게 대처하는 모습을 비유한다.

【출전】 『삼국지·오서(吳書)·감녕전(甘寧傳)』에 다음과 같은 이야기가 나온다.

삼국시대 오나라의 장수 감녕은 원래 장강(長江)의 해적 출신이었다. 후한 말 군웅이 할거할 때 처음에는 황조(黃祖) 밑에 들어갔는데, 뒤에 손권의 휘하가 되어 적벽대전 때에는 주유(周瑜)의 참모로 공을 세웠다. 그는 성격이 불같아 불의를 보면 참지 못했지만, 지략과 용맹도 뛰어났다. 적벽대전에서 수전(水戰)에 약한 조조군을 기습하여 예봉을 꺾은 이도 바로 그였다.

적벽대전에서 대패한 조조는 합비(合肥)에서 전열을 재정비하여 강동을 차지할 틈만 엿보고 있었다. 이에 오나라 측에서는 정보(程普)를 비롯하여 감녕과 여몽(呂蒙) 등에게 군대를 주어 조조와 대치하도록 하였다.

처음에 감녕은 적은 군사로 환성(晥城)을 공략하여 성공을 거두었다. 그러나 오나라는 소요진에서 조조군에게 참패하고 후퇴한 뒤 전열을 가다듬고 있었다. 한편 조조는 오나라가 소요진에서의 패배를 설욕하려 한다는 소식을 접하고 몸소 40만의 대군을 이끌고 합비로 나왔다.

조조의 대군이 진격중이라는 소식을 들은 오나라 진중은 상당한 혼란에 빠졌다. 당시 오나라의 군대는 10만에 불과했기 때문이었다. 그러나 정작 감녕은 아무렇지도 않은 듯 평소와 다름없이 담소만 즐길 뿐이다.

그러나 아군의 염려와는 달리 감녕은 전투가 시작되자마자 기병 백 명을 편성하여 그들과 술과 고기로 회식을 한 뒤 곧바로 조조군을 기습하였다. 뜻밖의 복병을 만난 조조군을 큰 혼란에 빠졌고, 조조군의 진영을 한 차례 휘젓고 돌아왔음에도 불구하고 그의 군사는 다친 사람 하나 없었다고 한다. 이렇게 위기가 닥쳤을 때도 변함없이 침착했던 그의 모습을 『삼국지』에서는 담소자약이란 말로 표현하고 있다.

【용례】 위급하다고 해서 사장이란 사람이 덩달아 흔들리면 안 돼. 직원들을 잘 추스르고 "담소자약"하게 대처해야 위기를 이길 길이 보이는 거야.

담하용이 談何容易

談 : 이야기할(담) **何** : 어찌(하)
容 : 얼굴(용) **易** : 쉬울(이)

【뜻풀이】 말하는 것이 어찌 어렵겠느냐는 뜻으로, 좋은 말이건 나쁜 말이건 쉽사리 말하는 것은 삼가야 한다는 말이다.

【출전】『한서·동방삭전(東方朔傳)』에 다음과 같은 이야기가 나온다.

전한(前漢) 때 문인 동방삭은 산동성 염차(厭次) 출신으로, 막힘이 없는 유창한 변설과 해학에 능해 무제(武帝)의 사랑을 받았다. 그러나 측근으로서 무제의 뜻을 좇기만 한 것이 아니고 때로 황실의 사치를 간하는 강직함도 갖추었다. 무제가 장안 근처에 황실 전용의 사냥터인 상림원(上林苑)을 만들려고 할 때 그는 국고를 비게 하고 백성들의 삶의 터전을 빼앗는 일이라며 반대했지만 무제는 이를 듣지 않았다. 또 부국강병책을 건의했지만 그것도 받아들여지지 않았다. 그러자 그는 〈객난(客難)〉과 〈비유선생지론(非有先生之論)〉 등의 글을 써서 무제에게 간하였다.

담하용이란 말은 〈비유선생지론〉에 나오는 말이다. 이 작품은 비유선생과 오왕이라는 허구의 인물이 문답을 나누는 형식으로 이루어졌다.

비유선생은 오왕을 섬긴 지 3년이 지나도록 자기 의견은 조금도 말하지 않았다. 오왕이 어이가 없어서 계속 의견을 말할 것을 요청했지만 선생은 여전히 말이 없었다. 오왕이 나중에는 안달이 나서 무슨 말이든지 해보라고 하자, 비유선생은, "좋습니다. 입을 여는 것은 간단한 일입니다." 하고는, 역사 이래 임금에게 간하다가 죽은 충신들의 행적과 이름을 풀어낸 뒤 "입을 열기가 어찌 쉬운 일이겠습니까(談何容易)?" 하였다.

그러고는 다시 아부하고 아첨하여 등용된 인물, 임금이 포악했기 때문에 세상을 피해 살아간 인물의 행적을 들어 충신을 멀리하고 소인배를 등용한 어리석음을 말하며 "입을 열기가 어찌 쉬운 일이겠습니까?" 라고 했다.

선생은 또 현인이 밝은 군주를 만나 서로 도와 가며 나라를 일으키고 융성하게 한 사례도 들어 군주로서의 올바른 마음가짐을 말하였다.

이 말을 들은 오왕은 감동하여 이후부터 선생의 간언을 받아들이고 정치를 개혁하여 마침내 오나라를 융성하게 하였다.

담하용이란 이와 같이 입으로야 무슨 말이라도 할 수 있다는 뜻으로, 스스로 말을 삼가고 행동을 근신하라는 의미가 담겨 있다.

【용례】 사람은 말보다는 실천에 힘써야 한다. "담하용이"라고 말하는 게 뭐 어렵겠느냐? 실천이 따르지 않으면 불신과 비난만 들을 뿐이다.

당동벌이 黨同伐異

黨 : 무리(당) **同** : 한가지·같을(동)
伐 : 칠(벌) **異** : 다를(이)

【뜻풀이】 같은 편과는 당을 만들고 다른 편은 공격한다. 옳고 그른 것을 따지지 않고 같은 무리에 속한 사람들이 다른 무리에 속한 사람을 무조건 배척한다는 말이다.

【출전】 『후한서·당동전(黨同傳)』에 다음과 같은 이야기가 나온다.

진시황(秦始皇)이 천하를 통일하여 강력한 중앙 집권 체제를 완성한 이래 중국의 권력은 오직 황제 한 사람에게만 집중되었다. 때문에 황제를 둘러싼 친위 세력이 권력을 독차지했는데, 그 중심을 이룬 집단이 환관(宦官)과 외척(外戚)들이었다.

한(漢)나라 때에는 유교를 국교로 하여 유학을 공부한 선비 집단이 성장하였다. 그런데 왕망(王莽)이 제위를 찬탈하자 선비들은 초야로 숨어 들어가 청의(淸議)를 일삼았다. 자연스럽게 명망 있는 인물을 중심으로 뜻을 같이하는 무리들이 모이게 되었다. 이들을 당인(黨人)이라 부른다.

후한 때에는 화제(和帝) 이후 역대 황제가 모두 어린 나이에 즉위하였다. 그래서 황태후가 섭정했는데, 이 과정에서 황태후의 친인척인 외척들이 실권을 잡은 것이다. 그러나 장성한 황제는 이들의 전횡을 탐탁지 않게 여겨 자신의 친위 세력을 키워 이들을 제거해 나가는 데에 그 중심이 된 세력이 바로 환관이었다.

환관들은 신분 상승을 이루려고 스스로 거세한 사람들이었다. 때문에 집단의 결속력이 대단히 강했고, 사회적 책임이나 정치적 경륜보다는 자신들의 이해에 더 민감하였다. 따라서 이들이 권력을 쥐면 부정과 부패가 만연하게 마련이었다. 그러나 유교적 교양을 쌓은 예비 관료 집단인 선비들이 환관의 농단(壟斷)으로 국정이 문란하고 풍속이 타락해 가는 것을 수수방관(袖手傍觀)하고 있을 리 없었다. 이들도 명망 있는 인물을 중심으로 모여 전국적으로 방대한 세력을 형성하고 있었던 것이다.

이렇게 선비 집단과 외척, 환관 세력이 서로 물고 물리는 정권 다툼을 벌이는 과정에서, 옳고 그름을 떠나 다른 집단을 무조건 배척하고 비방하는 풍토가 싹트게 되었다. 이를 일컫는 말이 바로 "당동벌이"다.

이 말의 뜻을 좁게 보면 연희(延熹) 9년(166)에 있었던 1차 당고(黨錮)의 옥(獄) 이후 이응(李膺)을 중심으로 한 당인들이 유교적 지식층 이외의 세력을 적대시하며 부르던 호칭이기도 하다.

전한은 외척 때문에 망했고, 후한은 환관 때문에 망했다고 한다. 후한 말에 이르러 환관들은 외척과 선비 집단을 철저히 탄압했는데, 그 결과 지식인 관료 집단인 선비들이 황실에 등을 돌림으로써 후한은 자멸하고 말았다. 이 점은 또한 제갈량(諸葛亮)이 〈출사표(出師表)〉 말미에 지적하고 있다.

【용례】 사람들의 의견이 다양하다는 것과 국론 분열은 다른 것이지. 서로 의견을 존중하고 경청한다면 좋지만, "당동벌이"해서 상대방을 헐뜯기에 바쁘다면 그 나라의 운명은 뻔한 것 아니겠나?

당랑지부 螳螂之斧

螳 : 사마귀(당) 螂 : 사마귀(랑)
之 : 어조사(지) 斧 : 도끼(부)

【뜻풀이】 허약한 사람이 자기의 분수도 모르고 덤벼들거나 저돌적으로 밀어붙이는 것을 비유하는 말이다. 당랑은 사마귀를 말한다. 사마귀는 먹이를 잡을 때 앞의 두 다리를 세우고 공격한다. 이것이 작은 벌레에게는 큰 위협이겠지만, 큰 상대에게는 하찮은 무기일 뿐이다.

【출전】 『한시외전(韓詩外傳)』에 다음과 같은 이야기가 실려 있다.

춘추시대 때 제(齊)나라의 장공(莊公)이 어느 날 수레를 타고 사냥터를 향해 가고 있었다. 그런데 도중에 웬 벌레 한 마리가 앞발을 도끼처럼 휘두르며 수레바퀴를 칠 듯이 덤벼드는 것이었다.

"어허, 기세가 대단한 놈이로군. 저건 무슨 벌레인가?"

마부가 대답하였다.

"저놈은 사마귀라는 벌레입니다. 놈은 앞으로 나갈 줄만 알았지 후퇴라는 것을 모릅니다. 그래서 자기 힘은 생각하지도 않고 저렇게 덤벼드는 것이지요."

이 말에 장공은 고개를 끄덕이며 말했다.

"비록 작은 벌레이긴 하지만 인간으로 태어났다면 천하의 용사가 되었을 것이다. 미물이긴 하지만 용기가 가상하니 수레를 돌려 가도록 하라."(➡ 당비당거螳臂當車 참조)

당랑지위(螳螂之衛)라는 말도 있는데, 큰 적에 대하여 방비가 미약한 것을 가리킨다. 좌사(左思)의 〈위도부(魏都賦)〉에 보면 "약한 병사의 튼튼한 갑옷은 사마귀가 도끼를 들고 지키는 것과 같다.(弱卒鎖甲 螳螂之衛)"는 구절이 있다.

【용례】 아무리 제가 싸움에 일가견(一家見)이 있다고 해도 그렇지, 조그만 초등학생 녀석이 고등학생하고 주먹다짐을 벌여? "당랑지부"로 설치고도 죽지 않은 게 다행이다.

당랑포선 螳螂捕蟬

螳 : 사마귀(당) 螂 : 사마귀(랑)
捕 : 잡을(포) 蟬 : 매미(선)

【뜻풀이】 자신에게 당장 닥쳐올 재난은 모

르고 눈앞의 이익에만 눈독을 들이는 어리석은 사람을 비웃는 말이다.

【출전】 전한 시대의 학자인 유향(劉向, 기원전 77~기원전 6)이 편찬한 『설원(說苑)·정간편(正諫篇)』을 보면 다음과 같은 이야기가 실려 있다.

춘추시대에 오나라 임금이 초나라를 공격하려 하는데 누구도 감히 제지하지 못했다. 그러던 어느 날 어떤 시종의 아이가 고무줄 새총을 들고 후궁의 꽃밭에서 새잡이를 하다가 임금과 직면하게 되었다. 왕이 "이놈, 너 거기서 뭘 하느냐?" 하고 물으니 그 아이가 대답하였다.

"대왕님 뜨락의 나무에 매미가 앉아 노래하며 이슬을 먹고 있는데, 사마귀는 당장 자기에게 달려들려는 새가 뒤에 있는 줄도 모르고 매미를 잡아먹으려 합니다. 새도 역시 자기를 겨누고 있는 새총이 있는 줄도 모르고 있으니, 이들은 모두 다 눈앞의 이익밖에는 모르는 줄 아뢰옵니다."

이에 오왕은 크게 깨달은 바 있어 초나라를 공격할 계획을 포기했다고 한다.

한편 『오월춘추(吳越春秋)』의 기록을 보면 당시 오왕이 치려고 한 나라는 제나라로 되어 있고 시종의 아들은 태자의 친구로 되어 있다. 그리고 『장자』에는 장자 자신의 자술 형식으로 적혀 있다. 여하 간에 이 이야기들은 모두 같은 내용이라고 볼 수 있다. "사마귀가 매미를 잡으려는데 참새는 그 뒤에서 사마귀를 노리고 있다.(螳螂捕蟬 黃雀在後)"라는 성어는 이래서 생겨났다.

당랑포선은 당랑박선(螳螂搏蟬) 또는 당랑사선(螳螂伺蟬)이라고도 하는데, 그 내용은 황작재후(黃雀在後)까지 포괄하고 있다.

【용례】 신용카드 만들었다고 공짜로 착각하여 막 쓰는데, 자네 그러다가 큰코다칠 걸세. 한 달 뒤면 전부 빚이 되어 돌아오네. "당랑포선"이라더니 꼭 자네 꼴이구먼.

당비당거 螳臂當車

螳 : 사마귀(당) **臂** : 어깨(비)
當 : 당할·마땅할(당) **車** : 수레(거)

【뜻풀이】 자신의 형편에 어울리지 않게 영웅호걸(英雄豪傑)로 행세하거나 도저히 막을 수 없는 사태나 세력에 대항하려는 무모한 행동을 비유하는 말이다.

【출전】 한나라 때 사람인 한영(韓嬰)의 『한시외전(韓詩外傳)』과 유안(劉安, 기원전 179~기원전 122)의 『회남자·인간훈(人間訓)』에 다음과 같은 이야기가 전한다.

춘추시대 제장공이 수레를 타고 사냥을 떠나는데 길 옆에서 자그마한 벌레 한 마리가 앞발을 쳐들고 달리는 수레를 막기라도 할 듯이 버티고 서 있었다. 이에 장공이 마부에게 "저것이 무슨 벌레인가?" 하고 물으니, 마부는 "당랑(사마귀)이라고 하는데 수레가 오는데도 피할 줄 모르고 막아섰다니 어이가 없군요!"라고 대답했다. 이에 장공은 "참으로 씩씩한 용사로군! 해치지 말고 수레를 몰게." 하면서 웃었다고 한다.(➡ 당랑지부螳螂之斧 참조)

이것이 바로 당비당거라는 성어가 나온 유래인데, 오늘날에는 풍자를 할 때 주로 쓰이고 있다.

【용례】 고시 1차에 합격했다고 세상을 다 얻은 양 기세가 당당한데, 아서라! 그러다 인생 망친 사람 여럿이네. "당비당거"하다가 망신당하는 것보다는 차분히 공부에 전념하는 게

좋을 걸세.

대간사충 大姦似忠

大 : 큰(대) 姦 : 간사할(간)
似 : 같을(사) 忠 : 충성(충)

【뜻풀이】 아주 간사한 사람의 언행은 마치 절세(絕世)의 충신의 모습과 닮았다는 뜻으로, 악한 본마음은 숨긴 채 가장 충실한 척하는 사람을 가리키는 말이다. 최고의 간신(姦臣)은 항상 당대에는 최고의 충신이란 소리를 듣지 않은 사람이 없다.

【출전】『송사(宋史)』에 다음과 같은 이야기가 나온다.

송나라는 개국할 때부터 숭문주의(崇文主義)를 표방하여 많은 선비를 배출했지만, 상대적으로 국방을 소홀히 하여 늘 이민족 때문에 고민하였다. 그 대안으로 나온 것이 이민족의 요구 사항을 금전적으로 해결해 주는 것이었는데, 이 때문에 재정은 심하게 고갈되고 말았다.

송나라 제5대 황제 영종(英宗)은 고갈된 국고를 든든히 하고 국력을 키우기 위해 재정을 개혁하는 데 힘썼지만 즉위한 지 4년 만에 세상을 뜨고, 열아홉 살 어린 나이의 신종(神宗)이 뒤를 이어 즉위하였다. 신종은 아버지가 이루지 못한 개혁을 계속 진행시켰는데, 이러한 어린 신종을 도와 개혁을 추진한 인물이 바로 왕안석(王安石)이었다.

왕안석은 신종의 지지를 발판으로 기득권층의 반대를 무릅쓰고 새로운 법을 공포하였다. 이것이 이른바 신법(新法)인데, 농민의 조세와 부역의 부담을 덜고, 상인의 물품 독점에 따른 품귀 현상을 해소시켰으며, 병농일치(兵農一致)를 내세워 국방을 강화하는 등 절실한 정책들이었다. 그러나 기득권을 가진 지주와 부호, 황실, 귀족 관료들은 자신의 이익이 침해당하자 강력하게 저항하였다.

그 반대의 선봉에 섰던 사람이 어사중승(御史中丞) 여회(呂誨)였다. 그는 왕안석이 재상에 취임하는 것부터 반대했던 사람으로, 신법이 계속 제출되자 마침내 왕안석을 탄핵하는 상소를 올렸다. 이 글에서 그는 "아주 간사한 사람은 충신과 비슷하고, 큰 속임수는 믿음직스럽게 보인다.(大姦似忠 大詐似信)"고 하면서 왕안석을 논박하였다. 즉, 겉으로는 질박하게 보이지만 가슴속에는 간사한 음모가 도사리고 있으며, 성격은 교만하고 음험하여 황실을 업신여기고 남을 해치려는 간특한 사람이라는 것이다. 그러나 신종은 왕안석에 대한 신임을 거두지 않고, 오히려 여회를 지방으로 좌천시키면서까지 개혁을 추진하였다. 그러나 신종이 죽고 왕안석도 물러나자 기득권층이 득세하여 개혁은 결국 수포로 돌아갔다.

대간사충 대사사신(大姦似忠 大詐似信)이란 구절은 글로 보면 명문이지만, 개혁 세력의 정당한 행위를 중상하기 위해 쓰인 글이기 때문에 그 빛을 잃고 말았다.

【용례】 연구실 조교의 말만 믿고 말도 안 되는 고집으로 우리를 닦달하면서, 아무리 설명을 해도 알아듣질 못하네. "대간사충"한 줄도 모르니 그게 무슨 학자냐.

대공무사 大公無私

大 : 큰(대) 公 : 공정할(공)
無 : 없을(무) 私 : 사사로울·개인(사)

【뜻풀이】 공평무사(公平無私)하다. 대의를 위해서 사소한 원한은 잊어버리고 일을 추진하거나 사람을 추천하는 일을 비유하는 말이다.

【출전】『사기·진세가(晉世家)』에 다음과 같은 이야기가 있다.

춘추시대에 진평공(晉平公)이 어느 날 기황양(祈黃羊)에게 물었다.

"남양현령 자리가 공석중인데 경이 보기에 누구를 보내는 것이 좋겠소?"

그러자 기황양은 조금도 주저하지 않고 대답하였다.

"제 생각에는 해호(解狐)를 보내는 것이 적합한 듯합니다. 그는 반드시 임무를 한 치의 착오도 없이 수행해 낼 것입니다."

그 대답에 진평공은 의외라는 듯이 놀라며 다시 물었다.

"해호는 그대와 원수 사이가 아닌가? 그런데도 그대는 굳이 해호를 추천하겠다는 것이오?"

이에 기황양이 대답하였다.

"공께서 제게 물으신 것은 누가 임무를 잘 수행할 수 있는 적임자인가를 물었지 해호와 제가 원수인가 아닌가를 물은 것은 아닙니다."

이에 평공은 해호를 남양현의 현령으로 파견하였다. 임지에 도착한 해호는 맡은 바 임무에 충실해서 그 고장 백성들을 위해 적지 않은 일을 하여 모든 사람들이 다 그를 칭송하였다.

얼마간 세월이 흐른 뒤에 평공이 다시 기황양에게 물었다.

"현재 조정에 법관 자리가 하나 비었는데, 그대 생각에는 누가 그 직책을 수행할 만하다고 보시오?"

이에 기황양이 대답하였다.

"기오(祈午)라면 충분히 그 직책을 감당할 수 있을 것입니다."

그의 대답에 평공은 아주 기이하게 여기며 다시 물었다.

"아니 기오는 그대의 자식이 아니오? 그대는 어떻게 자신의 자식을 추천한단 말이오? 다른 사람들의 뒷말이 두렵지도 않으시오?"

"공께서 제게 그 직책에 누가 적임자인가를 물으셨기에 그를 추천한 것입니다. 언제 제게 기오가 제 자식인지 아닌지를 물으셨습니까?"

그의 대답에 따라 진평공은 기오를 법관으로 임명하였다. 기오는 법관으로 임명된 뒤에 모든 송사를 공명정대(公明正大)하게 처결(處決)하여 백성들도 크게 기뻐했고 누구나 그를 존경하였다.

우연히 이 두 사건의 전말을 들은 공자(孔子)는 기황양을 칭찬하며 말했다.

"기황양이 말하는 것이 정말 이치에 어긋남이 없구나. 그는 사람을 추천하되 오로지 그 사람의 재능을 기준으로 추천하였다. 자신의 원수라고 편견을 가지고 배척하는 일도 없고, 자신의 자식이라고 해서 남의 뒷공론이 두려워 추천하지 않는 일도 없구나. 이런 사람이야말로 바로 대공무사하다고 말할 수 있겠다."

이렇게 무슨 일을 하든지 정도에 따를 뿐 사사로운 감정의 개입을 배제하는 자세를 일러 대공무사라 한다.(☞ 대의멸친大義滅親 · 외불피구 내불피친外不避仇 內不避親 참조)

【용례】 공무원은 자기 돈 가지고 자기 사업하는 게 아닐세. 그런데 제 돈 제가 쓰는 것처럼 허세가 도도하니, 어떻게 뇌물을 안 바치겠어. "대공무사"한 관료상은 다 옛말이 되어 버린 것 같아.

대기만성 大器晩成

大 : 큰(대) **器** : 그릇(기)
晩 : 늦을(만) **成** : 이룰(성)

【뜻풀이】 큰 그릇은 늦게 이루어진다. 크게 될 사람은 성취는 더딜 수 있지만 일단 이루어지면 남과 비교가 되지 않는다는 말이다.
【출전】『노자』 제41장에 보면 "아주 큰 네모는 구석이 없으며 가장 가치가 있는 그릇은 뒤늦게 완성된다.(大方無隅 大器晩成)"는 구절이 있다.

큰 인물은 하루아침에 갑자기 되는 것이 아니고 오랜 시일과 끊임없는 수련, 그리고 노력이 쌓여서 비로소 이루어지는 것이다. 세상의 사물이나 이치 역시 긴 안목과 세심한 관찰로써 접근해야지 단지 일시적인 상황만 보고 판단해서는 안 된다는 뜻도 담겨 있다.

『위지(魏志)·최염전(崔琰傳)』에 다음과 같은 이야기가 전한다.

삼국시대 위나라에 최염이라는 장수가 있었다. 그는 허우대도 멀쩡했지만 우렁차고도 투명한 음성과 시원한 생김새를 갖춘 호탕한 위인이었다. 수염이 넉 자나 휘늘어져 그의 외모와 재능에 반한 무제(武帝)가 특별히 그를 총애할 정도였다.

그런 최염에게는 사촌동생이 한 사람 있었는데, 이름이 최림(崔琳)이었다.

그런데 어찌된 셈인지 최림은 기골이나 인품이 형과는 달리 이렇다 하지도 않을 뿐 아니라 구변도 신통치 않아 관료로서 출세의 길이 열리지 않았다. 사정이 이렇자 일가친척들도 최림은 아예 눈밖에 두고 누구도 관심을 기울이지 않았다.

다만 사촌형인 최염만은 그가 그렇게 형편없는 인간이 아님을 꿰뚫어 보고 언젠가는 큰 일을 할 인재임을 간파하였다.

"큰 종이나 큰 솥은 쉽게 만들어지는 것이 아니다. 마찬가지로 사람도 큰 재능을 가진 인물이란 역시 쉽게 만들어지지 않으며 또 금방 그 재능이 나타나는 것도 아니다. 아무래도 시간이 걸리게 마련이다. 내 아우 최림도 그와 같은 대기만성형으로 언젠가는 반드시 큰 인물이 될 것이니 두고 봐라."

이런 최염의 예언대로 최림은 나중에 삼공(三公)이라는 고위 관직에 올라 천자를 보필하는 대임을 맡아서 백성들을 잘 다스린 훌륭한 정치가가 되었다.

또 마원(馬援, 기원전 14~기원후 49)과 관련된 이야기도 전한다.

마원은 부풍군(扶風郡) 무릉현(茂陵縣) 태생으로 젊었을 때 그는 전한(前漢)을 무너뜨리고 신(新)나라를 세운 왕망(王莽)의 신하로 있었다. 그러나 왕망이 패하고 죽은 뒤에는 후한의 광무제를 섬겨 큰 공을 세워 복파장군(伏波將軍, 전한의 무제 이래 큰 공을 세운 장군에게만 수여되는 지위)에 임명되었다. 그는 멀리 남방의 반란을 평정하고 각지에서 후한의 위세와 명예를 드날렸는데, 이를 기념해 그의 동상까지 세워졌다고 한다.

그러다가 만년에 흉노족 오환(烏桓)을 토벌하기 위해 출정했다가 진중에서 병을 얻어 63세를 일기로 세상을 떠났다.

이 명장 마원이 어렸을 때 그는 시골에 있는 공지(公地)를 감독하는 말단 관리가 되어 형 마황(馬況)과 이별하고 임지로 향하게 되었다. 떠나기에 앞서 형이 그에게 다음과 같이 충고하였다.

"너는 이른바 대기만성에 속하는 사람이다.

능란한 목수는 산에서 갓 찍어 온 통나무를 남에게 보여 주는 법이 없지만 아무도 모르게 잘 다듬어서 훌륭한 작품을 만들어 낸다. 너도 너만이 가지고 있는 천성과 재능을 살려서 시간을 기다리며 참고 지낸다면 반드시 큰 인물이 될 수 있을 것이다."

형의 진심 어린 충고를 가슴 깊이 새긴 마원은 이로부터 날로 매진하여 마침내 역사에 길이 이름이 남을 장군이 되었던 것이다.

【용례】 내 이번에 손녀 사윗감으로 데려온 사람을 보니 언뜻 부족해 보이지만 나중에 크게 될 인물인 듯싶다. 성실하고 부지런하니 "대기만성"형이야. 웬만하면 허락하도록 하거라.

대도폐언유인의
大道廢焉有仁義

大 : 큰(대) **道** : 길(도)
廢 : 집쏠릴 · 못쓰게 될 · 폐할(폐)
焉 : 어조사(언) **有** : 있을(유)
仁 : 어질(인) **義** : 옳을(의)

【뜻풀이】 큰 도가 무너지자 인이니 의이니 하는 것이 생겼다.

【출전】 『노자(老子)』 제18장에 다음과 같은 이야기가 나온다.

「대도가 없어지니까 인의가 있게 되었다. 슬기로움이 생겨나니까 큰 거짓이 있게 되었다. 육친이 불화하니 효도니 자애니 하는 말이 있게 되었다. 나라가 혼란에 빠지자 충신이라는 존재가 나오게 되었다.

(大道廢有仁義 慧智出有大僞 六親不和有孝慈 國家昏亂有忠臣)」

노자는 사람(人)의 행위(爲)를 곧 거짓(僞)으로 보는 독특한 세계관을 피력하였다. 그에 따르면 인간은 항상 이기적으로 사물을 재단하고 자기에게 유리하게 해석하며 변화시키려고 한다는 것이다. 때문에 사물을 자연 그대로의 모습으로 보지 못하고 적당하게 굴절시켜 이해하는 고약한 버릇이 있다는 것이다.

여기에서 바로 자연친화(自然親和)라는 위대한 사상이 나오게 되었다. 인간이 선이나 미덕이라고 주장하는 것을 가만히 살펴보면 이미 참된 본질이 마모되고 변질된 뒤에 이를 바로잡으려는 의식적인 행위라고 할 수 있다. 그러므로 이미 참된 것은 사라져 버렸고, 이를 회복하기보다는 감추고 미화하는 데 사람들은 더 적극적이게 된다. 그러니 인의니 진리니 효성이니 충신이라는 것도 따져 보면 그 앞에 뭔가 파국적인 국면이 전제가 되어 있다는 것이다. 자연의 원융무애(圓融無碍)한 순리를 따를 때 본성의 순수함도 보존될 수 있는 것이지 소리 높여 이를 외친다고 이루어지는 것은 아닌 것이다.

【용례】 지금 관가는 사정이다 감사다 해서 난리야. "대도폐언유인의"라더니 이미 썩을 대로 썩은 판에 어딜 도려내겠다는 건지. 사후약방문(死後藥方文)도 정도가 지나쳐.

대동사회 大同社會

大 : 큰(대) **同** : 같을 · 함께(동)
社 : 땅귀신 · 제사지낼 · 단체(사)
會 : 모일(회)

【뜻풀이】 손문(孫文, 1866~1925)이 삼민주의(三民主義)를 부르짖으며 신해혁명(辛亥革

命)을 완수했을 때 대동사회란 말을 쓰면서부터 이 성어는 널리 알려졌다. 원래 대동은 "크게 같다" 또는 "완전하게 같다"는 의미다. 중국에서는 아주 오랜 옛날부터 즐겨 썼으며, 때문에 여러 문헌에 이 말이 나온다.

【출전】『장자』와『열자』·『서경·홍범편』·『공자가어』등 많은 문헌에서 이 말이 쓰이는 것을 볼 수 있다.

이 성어의 의미는 가장 이상적인 사회를 지칭하는 말이다. 동양적인 평등과 민주주의 사상이 담겨 있는 이상 국가로서 이 사회가 갖는 위상을 정립할 수 있을 것이다. 여기서는 가장 대표적인『예기·예운편(禮運篇)』에 실려 있는 문장을 읽어 그 의미를 되새겨 본다.

「큰 도가 행해지면 천하가 공평해져서 현명한 사람과 능력 있는 사람이 통치자로 뽑히며 신의가 존중되고 화목함을 이루게 된다. 그러므로 모든 사람들은 자기 부모만 부모로 생각지 않게 되고 자기 자식만 자식으로 생각지 않게 된다. 노인네는 여생을 편안히 마치게 되고 젊은이들은 각자 자기 능력에 맞는 자리에 나가 쓰이게 되며 어린이들은 곧고 바르게 성장하게 된다. 또 홀아비와 홀어미, 부모가 없는 아이들, 자식이 없는 노인네들과 의지할 데 없이 병든 사람들도 모두 적절하게 봉양을 받게 된다. 남정네는 분수에 맞는 일을 하고 여성들도 적당한 혼처를 얻어 시집을 가게 된다. 재물이 땅에 마구 버려지는 것을 미워하지만 자신을 위해 갈무리하지는 않으며, 힘이 몸에서 나오지 않는 것을 미워하지만 반드시 자기만을 위해서 쓰지는 않는다. 이런 까닭으로 음모 따위는 사라져 필요 없게 되고, 도적이나 절도범, 깡패나 사기꾼들도 자취를 감추게 된다. 때문에 바깥 문을 닫아걸 필요도 없어지는 것이다. 이런 사회를 일러서 대동사회라고 한다.

(大道之行也 天下爲公 選賢與能 講信修睦 故人不獨親其親 不獨子其子 使老有所終 壯有所用 幼有所長 矜寡孤獨廢疾者 皆有所養 男有分 女有歸 貨惡其棄於地也 不必藏於己 力惡其不出於身也 不必爲己 是故謀閉而不興 盜竊亂賊而不作 故外戶而不閉 是謂大同)」

이를 통해 알 수 있듯이 동양 사회에서도 일찍부터 이상적인 사회에 대한 관심이 있어 왔다. 그리고 그것이 비록 서구와 같은 민주주의로 발전하지는 않았지만 나름대로 동양인의 정서와 가치 기준에 맞는 사회 제도를 구축하는 데 큰 역할을 했던 점도 잊어서는 안 될 것이다. 청(淸)나라 말기의 대학자인 강유위(康有爲, 1858~1927)는『대동서(大同書)』를 써서 이 같은 사상을 서구의 정치 사상과 연계시키려는 노력을 보이기도 하였다.

【용례】 이번 선거에서 저를 과대표로 뽑아주신다면 미력하나마 정성을 다해 우리 과가 "대동"단결(團結)해서 조화를 이룰 수 있도록 힘쓰겠습니다.

대동소이 大同小異

大 : 큰(대) **同** : 같을·함께(동)
小 : 적을(소) **異** : 다를(이)

【뜻풀이】 대개는 같고 다른 것은 적다. 양자가 조금씩 차이는 나지만 거의 비슷하다는 말이다.

【출전】『장자·천하편(天下篇)』에 다음과 같은 이야기가 있다.

「하늘은 땅보다도 낮고 산은 연못보다 평평하다. 해는 장차 중천에 뜨지만 바야흐로 기운다. 만물은 모두 태어나지만 마침내 죽는다. 크게 보면 한 가지이지만 작게 보면 각각 다르니 이것을 소동이라고 하며, 만물은 크게 보면 각자 하나이지만 각각 다른데, 이것을 일러 대동이라고 한다.

(天與地卑 山與澤平 日方中方睨 物方生方死 大同而與小同異 此之謂小同異 萬物畢同畢異 此之謂大同異)」

이 구절은 장자가 묵가(墨家)와 법가(法家) 등의 학설을 비판한 뒤에 도가 사상을 선양한 글에 이어 나온다. 장자의 친구인 혜시(惠施)의 말이 인용되고 있는데, 위 인용된 글도 그 말 중 일부분이다.

【용례】 선생님, 저와 이 친구는 답안도 비슷하고 틀린 부분도 비슷해서 전반적으로 "대동소이"한 점수를 기대했습니다. 그런데 이 친구는 A이고 저는 F라니 이게 어찌된 일입니까?

대복편편 大腹便便

大 : 큰(대) 腹 : 배(복) 便 : 편할(편)

【뜻풀이】 배가 몹시 큰 것을 비유해서 이르는 말로 비양거리는 뜻도 담겨 있다.

【출전】『후한서 · 변소전(邊韶傳)』에 보면 다음과 같은 이야기가 있다.

변소는 자를 효선(孝先)이라 하고 일찍이 적지 않은 유학 관련 서적을 읽었다고 하는데, 글을 가르치는 것을 업으로 삼아 많은 제자들을 길렀다고 한다. 그러나 그는 배가 비대하고 행동이 굼떴으며 게을러 빠져 한낮에도 누워서 잠을 잤다고 한다. 때문에 몇몇 제자들이 노래를 지어 퍼뜨렸는데 노래의 내용은 다음과 같다.

「변효선은요
배가 뚱뚱하고요.
책 읽기가 싫어서
잠만 잔대요.
邊孝先
腹便便
懶讀書
但欲眠」

한편, 변소는 이 일을 알고 그만 화가 나서 역시 시를 한 수 지어 제자들에게 대답했다.

「성은 변씨요
자는 효선이라네.
배가 이렇게 큰 것은
오경이 가득하기 때문이지.
잠은 잘 자도
경서의 일들만 생각한다네.
姓邊氏
孝爲字
腹便便
五經笥
但欲眠
思經事」

대복편편은 바로 이 노래들에서 나오는 "복편편"에서 유래한 성어로, "편편대복"이라고도 한다.

【용례】 김 감독 똥배는 알아줘야 해. 그 배짱도 다 거기에서 나오는 건가? "대복편편"하니 셋이 모여 화투를 쳐도 좋겠구먼.

대우탄금 對牛彈琴

對 : 대할 · 마주할(대) 牛 : 소(우)
彈 : 퉁길(탄) 琴 : 거문고(금)

【뜻풀이】 소귀에 경 읽기. 우이독경(牛耳讀經). 아무리 좋은 것이라 해도 그것을 이해할 수 없는 사람에게는 무용지물(無用之物)이라는 뜻이다.

【출전】 후한 말기 모융(牟融)이 편찬한 『모자(牟子)』라는 책에 다음과 같은 이야기가 있다.

모융은 불경(佛經)에 밝아 많은 사람이 불경을 배우러 그를 찾아왔다. 그런데 찾아온 사람이 유학자일 경우에는 불경을 설명하면서 늘 유학의 경전을 인용했다. 유학자들이 그 까닭을 묻자, 모융은 이렇게 대답하였다.

"당신들은 불경을 읽은 일이 없을 것이오. 그래서 나는 당신들이 잘 알고 있는 유교 경전을 인용하는 것이오."

그러고는 사람들에게 송(宋)나라 때 목암(睦庵)이 지은 선집 『조정사원(祖庭事苑)』에 나오는 공명의(公明儀)의 일화를 말해 주었다.

어느 날 악사(樂師) 공명의가 야외에서 거문고를 타다가 멀지 않은 곳에 소 한 마리가 풀을 뜯고 있는 것을 보고 속으로 생각하였다.

"내 몇 곡조 타서 저 소에게 들려주리라."

그러고는 소 앞에 나가 진지하게 거문고를 타기 시작하였다.

한 곡조 한 곡조 연주하는 곡마다 모두 우아하고 아름다웠다. 그러나 소는 머리를 숙이고 풀만 뜯을 뿐 조금도 반응을 보이지 않았다. 공명의는 크게 실망했다. 동시에 그는 소에게 거문고를 타는 것은 공연한 헛수고임을 알았다.

뒤이어 그는 시험 삼아 거문고로 다른 소리를 내보았다. 어떤 소리는 모기나 파리가 우는 소리 같았고 어떤 것은 강아지의 울음소리 같기도 했다. 그제야 소는 비로소 꼬리를 휘적거리기도 하고 귀를 쫑긋거리기도 하고 천천히 몸을 돌려 몇 걸음 걷기도 하면서 듣는 체하는 것이었다.

거문고 소리를 가려듣고 아름다운 곡조를 감상할 수 있는 능력을 갖춘다는 것은 원래 쉬운 일이 아니다. 그래서 예부터 거문고를 타는 악사들은 언제나 자신의 음악을 이해해 줄 지음(知音)이 없는 것을 한탄했다고 하는데 하물며 소가 어찌 지음이 될 수 있겠는가? 이 성어는 아무것도 모르는 사람 앞에서 심오한 도리를 이야기하는 것을 비유하는 말로, 그런 상대방을 풍자하는 뜻이 담겨 있다. 그리고 아무리 도리로 이치에 맞게 설득해도 완고하게 제 고집만 부리는 경우에도 이 성어를 쓸 수 있다.

【용례】 눈만 뜨면 디스코텍에 가서 춤 출 생각밖에 없는 놈을 두고 아무리 설득한들 무슨 소용이겠어. "대우탄금"일 뿐이니, 차라리 일찌감치 그 길로 나가게 두지.

대의멸친 大義滅親

大 : 큰(대) **義** : 옳을(의)
滅 : 멸할(멸) **親** : 친할·어버이(친)

【뜻풀이】 옳은 일을 위해서, 나라와 백성의 이익을 위해서는 피붙이의 죄악조차도 덮어 감추지 않는다는 뜻이다.

【출전】 『좌전(左傳)·은공(隱公) 4년』조에 다음과 같은 이야기가 나온다.

춘추시대 위환공에게 주우(州吁)라는 배다른 아우가 있었는데, 아버지인 위장공이 생전에 주우를 지나치게 편애한 탓으로 주우는 여러 가지 나쁜 습관에 물들게 되었다. 대부 석작(石碏)은 일찍이 장공에게 자제들을 잘 가르쳐야 한다며 오만함과 사치스러움·방탕함

·안일에 빠지게 해서는 안 된다고 충고했지만 장공은 이 말을 깊이 새겨듣지 않았다.

아니나 다를까 장공이 세상을 떠나고 환공이 즉위하자 주우는 시시때때로 환공을 음해하고 왕위를 찬탈할 음모를 꾀하기 시작했으며, 석작의 아들 석후(石厚)도 언제나 주우에게 나쁜 계책을 알려주곤 했다.

그러던 차에 주우는 마침내 기회를 잡아 환공을 시해하고 스스로 임금이 되어 석후를 상대부에 봉하였다. 그러나 위나라 백성들은 그에게 복종하지 않았고 여러 제후국들도 그에게 불만을 품고 있었다.

이를 크게 우려한 석후는 어느 날 주우의 동의를 얻어 아버지 석작의 가르침을 받으러 갔다. 석작은 천자의 지지를 받아야 한다고 일러 주었다. 즉, 당시의 천자국이었던 주(周)나라의 임금이자 여러 제후들의 최고 지도자인 천자의 지지만 있으면 모든 우려는 한꺼번에 풀린다는 것이었다. 그러면서 그는 천자의 총애와 신임을 받고 있는 진환공(陳桓公)을 찾아가서 말하면 천자를 만날 수 있을 것이라고 귀띔해 주었다.

석후가 돌아가서 이 말을 주우에게 전하자 주우는 기쁨을 금치 못하며 선물을 준비해 가지고 함께 진나라로 향했다.

이때 석작은 이미 주우와 석후를 잡아죽이라는 편지를 진환공에게 띄운 뒤였는데 그의 편지에는 이렇게 쓰여 있었다.

"우리 위나라는 작은 나라이고 나도 이젠 늙었습니다. 주우와 석후는 임금을 시해한 죄인인즉 아무쪼록 우리를 도와 그들을 없애 주시기 바랍니다."

이리하여 주우와 석후는 진나라에 도착하자마자 체포되고 말았다. 위나라에서는 이 사실을 알고 곧 사람을 진나라에 보내 주우를 처단하게 한 다음 환공의 아우인 진(晉)을 임금으로 세우니 그가 바로 위선공이다.

한편, 위나라 대신들은 석후가 석작의 아들이므로 너그럽게 처분해야 한다고 주장하였다. 그러나 석작은 이 말을 듣지 않았다. 그는 주우가 저지른 수많은 악행은 모두 석후가 교사한 것이니 그를 징벌하지 않으면 공정하지 못한 일이라고 하면서 끝내 가신(家臣)을 진나라에 보내 석후를 처단케 했다.

『좌전』의 저자는 이 사실을 적고 난 뒤 석작의 대공무사(大公無私)한 정신을 대의멸친이라고 높이 평가하였다.

그리고 석작이 일찍이 위장공에게 말한 교사음일(驕奢淫逸)도 뒤에 지배층의 황음무치(荒淫無恥)한 생활을 비유하는 성어가 되었다.

【용례】 이번에 대법원장이 되신 분은 판사 시절 그렇게 엄정할 수가 없었다는군. 죄가 있으면 자기 자식이라도 중형에 처했다는 거야. "대의멸친"하는 인물이 사법부의 수장이 되었으니 뭔가 달라지지 않겠어?

대장부 大丈夫

大 : 큰(대) 丈 : 어른·길이·지팡이(장)
夫 : 사내·지아비(부)

【뜻풀이】 남자를 달리 부르는 말. 장부만으로도 사내라는 뜻이 있는데 여기에 대를 붙여 의미를 강조하였다. 그러나 단순히 사내를 뜻할 때만 이 말을 쓰는 것은 아니다.

【출전】 『맹자·등문공장구(滕文公章句)』 하편에 다음과 같은 이야기가 나온다.

어느 날 경춘(景春)이란 사람이 맹자를 찾아왔다. 이런저런 이야기를 나누다가 당시 유세객으로 이름을 떨치던 공손홍(公孫弘)과 장의(張儀)에까지 화제가 미쳤다. 경춘은 그들을 추켜세우며 이렇게 말했다.

"참 대단한 사람들입니다. 그들이 한 번 화를 내면 제후들마저 두려워 떨었다고 하더군요. 또 그들이 조용히 있으면 천하도 덩달아 조용해진다니 말입니다. 정말 대장부라고 하겠습니다."

그러나 맹자의 생각은 달랐다.

"어허, 그들이 어찌 대장부일 수 있겠소? 그대도 예를 배우지 않았습니까? 사내가 관례를 올릴 때는 아버지가 그에게 명을 내리고 계집이 시집을 갈 때는 어머니가 명을 내립니다. 딸아이가 길을 떠날 때 어머니는 딸에게 주의를 주는데 '시집을 가거든 반드시 시부모님을 공경하고 항상 조심해서 남편의 뜻을 거스르는 일이 없도록 하거라.' 하지요. 순종하는 것으로 정도를 삼는 것은 첩이나 지어미의 도입니다. 천하라는 넓디넓은 거처에 머물면서 천하의 바른 자리에 서고, 천하의 큰 도를 시행하면서 뜻을 얻었을 때는 백성들과 그것을 함께하고, 그렇지 못했을 때는 홀로 그 길을 걸어가는 것입니다. 부귀도 그의 마음을 들뜨게 하지 못하고, 가난과 천함도 그의 마음을 움직이지 못하며, 위협과 무기도 그를 억누르지 못하는 것, 이런 사람을 일러서 대장부라고 합니다.(居天下之廣居 立天下之正位 行天下之大道 得志與民由之 不得志獨行其道 富貴不能淫 貧賤不能移 威武不能屈 此之謂大丈夫)"

맹자의 말에서 볼 수 있는 것처럼 대장부는 대도를 걸으면서 대도를 실천하고 그 성과를 민중과 함께하는 인물인 것이다.

【용례】 사내"대장부"가 그깟 일로 기가 죽어서야 되겠니. 기죽지 말고 다시 한 번 도전해 보거라. 다음번에는 반드시 성공할 테니까.

대장부당웅비
大丈夫當雄飛

大 : 큰(대) **丈** : 장·길이·어른(장)
夫 : 사내·지아비(부)
當 : 당할·마땅할(당)
雄 : 수컷(웅) **飛** : 날(비)

【뜻풀이】 사나이는 마땅히 수컷답게 날아야 한다. 남자다운 의기를 나타낼 때 즐겨 쓰는 말이다. 간단히 줄여 웅비(雄飛)라고도 한다.

【출전】 『후한서·조전전(趙典傳)』에 다음과 같은 이야기가 있다.

조전은 후한 말기 사람인데, 그는 젊었을 때부터 강단(剛斷) 있는 행동으로 이름이 알려져 있었다. 아울러 경전에도 박식했기 때문에 각지에서 찾아온 제자들로 항상 북적거렸다.

그는 명성에 걸맞게 여러 관직을 역임했는데, 그때마다 강직하고 올곧은 충언으로 일관하여 의로운 기상을 떨쳤다.

한번은 환제(桓帝)가 궁궐 안에 화려한 연못을 만들려고 하자 시중(侍中)으로 있던 조전이 나서서 만류하였다.

"임금 된 사람은 검소하게 생활해서 백성들에게 이로움을 주어야 합니다. 이같이 사치스런 연못은 마음을 어지럽힐 수 있습니다."

또 한번은 그가 외홍로(外鴻臚, 외국의 사신들을 접대하는 관리)로 있을 때 환제가 봉지(封地)를 하사하는데 공로도 없는 사람들에게까지 혜택이 돌아가 조정의 불만이 컸다. 이때도 그는 황제 앞으로 나아가 말했다.

"공로도 없는 사람에게 상을 주면 진정으로

나라를 위해 몸을 바치는 사람들이 의욕을 잃을 것입니다. 그러면 세상은 어지러워질 것이고 백성들에게도 이롭지 못한 결과를 낳을 것입니다."

이렇게 그는 어떤 자리에 있건 황제가 잘못된 일을 처결할 때마다 용감하게 나서서 간언(諫言)을 올렸던 것이다.

이런 조전의 기질은 그의 조카 조온(趙溫)이 고스란히 물려받았다. 조온이 경조(京兆)의 승(丞)으로 있을 때 정치가 원활하지 못한 것을 보고는 "대장부가 마땅히 힘껏 날아올라 활약을 해야지 어찌 암컷처럼 웅크리고 있겠는가?(大丈夫當雄飛 安能雌伏)"라면서 사직하고 말았다.

그는 또 기근이 심하게 들자 그동안 저축해 두었던 식량을 모조리 풀어 1만 명이 넘는 사람들을 아사(餓死)의 지경에서 구하기도 했다.

【용례】 대장부가 마땅히 웅비할 생각을 해야지("대장부당웅비"). 고작 여자한테 차였다고 훌쩍거려서야 되겠냐? 좀 더 큰 안목을 갖는 사람이 되어야 하지 않겠냐?

대재소용 大材小用

大 : 큰(대) 材 : 재목(재)
小 : 작을(소) 用 : 쓸(용)

【뜻풀이】 큰 재목감을 작은 일에 쓴다는 뜻으로, 정부나 조직에서 사람을 쓰는 법이 잘못되었음을 가리키는 말이다.

【출전】 남송(南宋)시대의 시인인 육유(陸遊, 1125~1210)의 시에서 나왔다.

남송의 시인이자 정치가인 신기질(辛棄疾, 1140~1207)은 본래 금(金)나라의 지배 아래 있었던 산동성 출신이었다. 경경(耿京)이 금나라에 대항하는 의병을 일으키자 그에게 가담하여 싸우다가 효종(孝宗) 때 인정을 받아 송나라를 섬기게 되었다.

그 후 호북(湖北)과 호남, 강서 등 남송 각지의 안무사(按撫使)를 역임하면서 금나라에 대항할 것을 주장하고, 상무(尙武)의 시문을 지어 영토 회복과 국가의 통일을 주장하였다. 그러나 이러한 그의 태도는 주화파(主和派)의 미움을 초래하여, 40대 초반에 탄핵을 받고 면직되었다. 농촌으로 낙향한 신기질은 가헌(稼軒)이라는 초당을 짓고, 동시대의 애국시인 육유와 교류하며 금나라 토벌의 꿈을 키워 갔다.

그 후 당시의 총신(寵臣) 한탁주(韓侂冑, 1151~1207)가 나라를 유지하기 위해 명망이 있는 신기질을 절동(浙東)의 안무사로 기용하였다. 그의 나이 예순을 넘어선 때였다. 그리고 이듬해에는 영종(寧宗)이 그를 수도 임안(臨安)으로 불렀다. 금나라 토벌에 관한 대책을 듣고 싶다는 것이었다. 가슴이 뛴 그는 이 사실을 육유에게 알렸고, 육유는 그를 격려하며 시 한 수를 지어 주었는데, 그 가운데 "대재소용은 예부터 탄식하는 바"라는 구절이 있다.

임안으로 간 신기질은 북벌에 대한 의견을 적극적으로 개진했지만, 한탁주는 단지 그의 명성만 이용하고 싶었을 뿐 그의 의견에는 별로 관심이 없었다. 그러나 황제의 이름을 빌려 부른 체면 때문에 그를 진강부(鎭江府) 지사에 임명하였다.

지사가 된 그는 북벌에 필요한 실질적인 군비를 갖추면서, 금나라에 밀정을 보내 적정을 파악하는 등 실지 회복의 준비를 서둘렀지만, 한탁주는 큰소리만 칠 뿐 북벌을 한담거리로

만 삼아 진지하게 대처하려고 하지 않았다. 그러다가 결국 신기질을 면직시켜 버렸다. 그 후 한탁주는 북벌 작전에서 대패의 쓴맛을 보고, 다시 신기질을 찾았지만 그때는 이미 신기질이 병석에 누워 출사할 수 없었다.

육유는 남송 때의 가장 열혈한 애국시인으로 조국이 외적의 침입에 고통받는 현실에 비분강개(悲憤慷慨)하는 시를 많이 남겼다. 그 중 아래 시는 특히 유명하다.

「죽고 나면 모든 일 헛되다는 것 알지만
구주 천하가 하나 되는 것 보지 못해 서럽구나.
우리 군대가 저 중원 땅을 평정하는 날이 오면
제사 때에 잊지 말고 내 혼령에게 알리거라.
死去元知萬事空 但悲不見九州同
王師北定中原日 家祭無忘告乃翁」

제목이 〈아들에게(示兒)〉인 이 시를 통해서도 그의 불타는 애국심을 능히 짐작할 수 있다.

【용례】 세태가 부정과 불의만 숭상하다 보니 인재가 능력을 발휘하지 못하고 "대재소용"하는 꼴이 가관이로구나. 비전도 안목도 없는 지도자가 나라를 다스리니 누가 대재를 알아보겠는가.

덕불고 필유린
德不孤 必有隣

德 : 큰(덕) 不 : 아닐(불)
孤 : 외로울(고) 必 : 반드시(필)
有 : 있을(유) 隣 : 이웃(린)

【뜻풀이】 덕은 외롭지 않으니 반드시 이웃이 있는 법이다.

훌륭한 일을 하는 사람은 한때 고립되고 남의 질시를 받을 수는 있지만 결국 정성이 통해 이에 동참하는 사람이 나온다는 뜻이다. 덕필유린(德必有隣)이라 줄여서 많이 쓴다.

【출전】『논어·이인편(里仁篇)』에 나오는 말이다.

『주역·문언(文言)』에는 "군자는 공경으로써 마음을 바르게 하고 의로움으로써 외모를 반듯하게 한다. 공경과 의로움이 섰으니 덕은 외롭지 않다.(君子敬以直內 義以方外 敬義立而德不孤)"는 말이 있다.

공자(孔子)의 말은 이『주역』에 나오는 논리를 좀더 심화시킨 것이라고 할 수 있다. 즉,『주역』이 개인적인 덕성의 확립이라는 문제에 초점을 맞췄다면, 공자는 대사회적인 효용의 문제를 간파한 것이다.

물론 이때 지칭하는 이웃은 반드시 눈에 보이는 사람들이 아닐 수도 있다. 역사를 읽으면 항상 정의가 승리했던 것도 아니고 의롭고 덕 있는 사람이 늘 동지들의 지지를 받지도 못했다. 그러나 그들의 삶이 비참했고 죽음 역시 비극적이었다고 해서 덕과 의리는 외롭고 보상되지 않는 도로(徒勞)라고 치부해서는 안 된다.

역사는 인간의 품성이나 행위에 대해 훨씬 긴 시간을 두고 포폄(褒貶, 옳고 그름이나 선하고 악함을 판단하여 결정함)을 가하기 때문이다. 공자가『춘추(春秋)』를 짓자 세상의 난신적자(亂臣賊子)들이 비로소 두려움에 떨었다는 말도 바로 역사의 준엄성에 대한 한 반증이 될 것이다.

【용례】 남들의 비난을 들어가면서도 결국 동료의 누명을 벗긴 자네의 행동은 세상의 귀감이 될 만하네. 부장의 엄포가 무서워 말은 안 했지만 모두 자네가 옳다고 여겼네. "덕불고 필유린"이라지만 어쨌든 내 자네를 볼 면

목이 없네.

도가도 비상도
道可道 非常道

道 : 말할(도) 可 : 가할(가)
非 : 아닐(비) 常 : 항상(상)

【뜻풀이】 도를 도라고 말할 수 있으면 이미 영원한 도가 아니다. 이때 도는 진리나 길로 바꾸어도 무방하다. 노자(老子)가 한 말인데, 원래 노자의 의도는 언어에 대한 불신보다는 참된 도는 언어를 떠난 존재라는 자기 생각을 강조한 것으로 보인다.

【출전】『노자』 제1장에 다음과 같은 구절이 있다.

「도를 도라고 말할 수 있다면 이미 떳떳한 도가 아니다.

이름 지어 부를 수 있다면 이미 떳떳한 이름이 아니다.

이름을 지을 수 없는 것이 하늘과 땅의 시작이고,

이름을 지을 수 있는 것은 천지만물의 어머니다.

때문에 항상 욕심이 없으면 그 오묘함을 볼 수 있고,

항상 욕심을 가지고 있으면 그 현상만을 볼 수 있다.

이 양자, 오묘함과 현상은 같은 데에서 나와 이름만 달라진 것이다.

그 같음을 일컬어 가물거린다고 한다.

가물거리고 또 가물거림이여.

온갖 묘함이 이 문에서 나오는구나.

(道可道 非常道 名可名 非常名 無名 天地之始 有名 萬物之母 故常無欲以觀其妙 常有欲以觀其徼 此兩者同出而異名 同謂之玄 玄之又玄 衆妙之門)」

노자는 도의 본체는 말로 표현될 수 있을 만큼 말이 정확한 것이 아니라고 보았다. 때문에 도를 말할 수 있다면 그것은 참된 도가 아니라고 하였다. 이는 불가에서 말하는 참된 진리는 이심전심(以心傳心)의 경지에서 통하고 전해져야만 한다는 주장과 일면 상통하는 측면이 많다.

【용례】 햇병아리 검사는 모든 일을 법대로만 적용하려고 하지. 그러나 법에도 얼마든지 융통성을 발휘해야 할 부분이 많아. 그것을 설명해 달라고 하면 나는 한마디도 말할 게 없네. "도가도 비상도"일세. 법에 대한 깊은 통찰이 따라야 할 거야.

도견상부 道見桑婦

道 : 길(도) 見 : 볼(견)
桑 : 뽕나무(상) 婦 : 지어미(부)

【뜻풀이】 길에서 뽕잎 따는 여자를 보고 사통(私通)한다는 말로, 눈앞의 일시적인 이익을 좇다가 가지고 있던 것까지 모두 잃는다는 뜻이다.

【출전】『열자(列子)·설부(說符)』에 다음과 같은 이야기가 나온다.

진(晉)나라 문공(文公)이 나라 밖으로 돌아다니며 제후들을 모아 위(衛)나라를 정벌하려고 하였다. 그러자 공자 서(鉏)가 하늘을 보며 크게 웃었다. 이것을 본 문공이 물었다.

"무엇 때문에 그렇게 웃는 것인가?"

공자가 대답하였다.

"신은 이웃 사람의 일이 생각나서 웃었습니다. 그는 아내를 처가로 보냈는데, 아내를 배웅하다가 길가에서 뽕잎을 따는 여자를 우연히 보았습니다. 예쁜 얼굴에 혹해 그녀와 이야기를 나누었습니다. 그러다가 아내를 돌아보니 아내 역시 손짓하며 부르는 남자가 있었습니다. 신은 이 남자의 일을 생각하고 웃은 것입니다.(臣笑隣之人有送其妻 適私家者 道見桑婦 悅而與言 然顧視其妻 亦有招之者矣 臣竊笑此也)"

문공은 이 말을 듣고 깨달은 바가 있어 위나라를 치려던 계획을 포기하고 돌아왔다. 문공이 미처 국내에 돌아오지도 못했는데 진나라의 북쪽 변방을 침범하는 나라가 있었다는 것이다.

이 성어는 내가 할 수 있는 일이라면 남도 할 수 있다는 비유를 담고 있다. 내가 남의 땅을 넘보는 사이에 자기 나라가 공격의 대상이 될 수 있다는 말이다. 도견상부란 이처럼 누구나 발의하여 실천할 수 있는 일을 가지고 자기만 한다는 착각에 빠져 작은 이익을 찾아 뛰어들었다가 이미 가지고 있던 소중한 것마저 잃게 된다는 뜻이다.

【용례】 자기 회사에서 열심히 일할 생각은 않고 어떻게 하든 월급 더 주는 곳으로 옮길 궁리만 하더니, 결국 해고를 당했군. "도견상부"하면 어떻게 된다는 걸 몸으로 보여 준 친구야.

도궁비현 圖窮匕見

圖 : 그림·지도·도모할(도)
窮 : 다할·궁할(궁) 匕 : 비수(비)
見 : 볼(견)/드러날(현)

【뜻풀이】 일이 탄로 나다. 음모가 폭로되다.

전국시대 연(燕)나라는 진(秦)나라의 침범을 자주 받곤 했는데, 태자 단(丹)까지 인질로 진나라에 잡혀간 일조차 있었다. 단은 훗날 본국으로 돌아온 뒤 늘 복수를 꿈꾸며 진왕 정(政, 뒷날의 진시황)을 암살할 계획을 꾸미던 중에 형가(荊軻)라는 자객을 만나게 되었다.

【출전】『사기·자객열전』에 보면 형가는 원래 위(衛)나라 사람이었다. 나중에 연나라에 와서 고점리(高漸離) 등 협객들과 사귀면서 뜻을 키우고 있었다. 그때 태자 단은 원한을 갚을 마음이 간절했고 자신의 스승 국무를 통해 형가를 만날 수 있었고 세 사람이 함께 복수할 방도를 상의하게 되었다. 이리하여 형가는 그때 진왕에게 미움을 받아 연나라에 피신해 있던 진나라 장수 번오기(樊於期)의 머리를 베어 가지고 연나라의 남부 지방인 도항의 지도와 함께 칼날에 독을 바른 비수를 지도 안에 넣어 가지고 연나라의 사절로 진나라로 향했다.

연나라 사신들의 선물을 받은 진왕은 기뻐서 어쩔 줄을 몰라 했다. 진왕은 번오기의 머리를 한쪽에 밀어 놓고는 천천히 지도를 펼쳐 보았는데, 돌돌 말린 지도가 풀리자 그때 시퍼런 비수가 뎅그렁 하고 땅에 떨어졌다(秦王發圖 圖窮而匕首見). 이때 형가는 재빨리 비수를 집어 들고 진왕에게 다가갔으나 성공하지 못하고 도리어 자기가 잡혀 살해되고 말았다.

도궁비현 또는 도궁비수현(圖窮匕首見)이라고도 하는 이 성어는 바로 도궁이비수현(圖窮而匕首見)이라는 말에서 나왔다. 오늘날에는 흔히 적들의 음모가 폭로되었다는 뜻으로 쓰이고 있다.

【용례】 검찰이 피의자하고 짜고는 피해자를 가해자로 만들다니. 다행히 증인도 있고

물증이 있어서 "도궁비현"했기에 망정이지 정말 된통 당할 뻔했어. 검찰도 언제나 그 상투적인 수법에서 탈피할지 걱정이로군.

도량 盜糧

盜 : 훔칠(도) 糧 : 양식(량)

【뜻풀이】 곡식을 훔치다. 자신을 이롭게 하려고 했던 일이 오히려 경쟁 중에 있는 상대방을 돕는 결과를 빚을 때 쓰는 성어다.

【출전】 『사기 · 범수채택열전(范雎蔡澤列傳)』에 다음과 같은 이야기가 실려 있다.

위(魏)나라에서 달아나 진(秦)나라에 와서 소왕(昭王)을 만난 범수는 이렇다 할 직책도 없이 숙소에 머물면서 1년이라는 세월을 허송하였다. 이때의 진나라 정치는 소왕에게는 아무 실권도 없고 권력은 선태후(宣太后)와 그녀의 동생인 양공(穰公)의 손아귀에 쥐어져 있었다.

범수는 생각다 못해 간절한 내용을 담은 상소문을 올려 간신히 소왕과의 알현을 허락받았다. 알현하는 날, 범수는 짐짓 궁궐의 다른 방으로 들어갔다. 이 꼴을 본 왕은 화가 나서 자리를 박차고 나가 버렸다. 그러자 범수가 말했다.

"아니 진나라에 아직도 임금이 있는가? 태후와 양공이 있을 뿐이 아닌가?"

이 말을 전해 들은 소왕은 뜻한 바가 있어 범수를 은밀히 불렀다. 그 자리에서 범수는 그간 진나라가 썼던 원공근교(遠攻近交)의 외교술이 잘못되었으니 이를 원교근공(遠交近攻)으로 바꾸어야 함을 극구 간언하였다.

즉, 먼 곳을 공격해서 승리를 거둬 봐야 직접 다스릴 수가 없어 주변 나라만 이롭게 만들었다는 것이다. 그러면서 옛날 제(齊)나라 민왕(湣王)의 이야기로 말을 맺었다.

"그러므로 제나라가 크게 패배한 까닭은 초나라를 정벌하여 한나라와 위나라를 살찌게 했기 때문이었습니다. 이것은 이른바 적의 군대를 빌려 도둑에게 식량을 준 꼴이라고 하겠습니다.(故齊所以大破者 以其伐楚而肥韓魏也 此所謂借敵兵 齎盜糧者也)"

수고는 혼자 다 했지만 실속은 엉뚱한 사람이 차지했다는 말이다.

【용례】 바보 같은 놈. 훔친 물건이 장물일 줄 누가 알았겠어. 덕분에 나머지 죄까지 다 뒤집어쓰고 콩밥을 먹고 있다는군. "도량"으로 제 눈 찔렀으니 거 참 안됐다.

도룡지기 屠龍之技

屠 : 잡을 · 죽일(도) 龍 : 용(룡)
之 : 어조사(지) 技 : 재주 · 기술(지)

【뜻풀이】 용 잡는 기술. 대단한 기술인 것 같지만 사실은 전혀 쓸모없는 기술을 말한다.

【출전】 『장자 · 열어구편(列御寇篇)』에 보면 다음과 같은 이야기가 실려 있다.

주(周)나라 때 주평만(朱泙漫)이라는 사람이 기술을 배우기 위해 집과 재산까지 팔아치우고 먼 길을 떠났다. 그런데 3년 뒤 그가 돌아와서 한다는 말이 어떤 사람에게서 용 잡는 기술을 배웠다는 것이었다. 그러면서 용은 어떻게 붙잡아야 하며 어떤 칼을 써야 하며 머리는 어떻게 눌러야 하고 배는 어떻게 갈라야 하는지 등등 장황하게 솜씨를 늘어놓는 것이었다. 이에 듣던 사람들이 물었다.

ㄷ

"당신이 배웠다는 용 잡는 기술은 정말 대단히 묘하구먼. 그런데 도대체 어디 가서 용을 잡는단 말이오?"

그러자 그는 아무 대꾸도 못해 사람들이 한바탕 웃었다는 것이다.

이 이야기에서 나온 성어가 도룡지기다. 아무리 좋은 솜씨라고 해도 그 솜씨를 부릴 대상이 없으면 말짱 헛것이라는 말이다.

【용례】 뭐 1억만 있으면 10억 벌 재주가 있다고? 우선 1억부터 벌고 나서 얘길 해라. 그까짓 "도룡지기"는 누군들 없겠니? 제발 허황된 꿈 좀 빨리 버려라.

도리불언 桃李不言

桃 : 복숭아꽃(도) 李 : 오얏(리)
不 : 아닐(불) 言 : 말씀·말할(언)

【뜻풀이】 어떤 일을 하든지 허장성세를 부리지 않고 꾸준히 힘쓰는 것을 일컫는 말이다.

【출전】 한나라 초기의 장수 이광(李廣)은 말타기와 활쏘기에 출중한 재능을 지닌 사람이었다. 그는 흉노족 침입자들과 70여 차례나 싸워 여러 번 전공을 세운 용장이었지만, 조정에서는 그를 중용하지 않고 배척하고 있었다. 그러던 중 이광은 나이 60여 세 때 흉노족과의 싸움을 치르던 중 대장군 위청(衛靑)의 핍박에 못 이겨 자살하고 말았다. 이에 군민들은 비통함을 금치 못했다.(➡ 비장수기飛將數奇 참조)

후한의 사학자 반고(班固, 32~92)는 이에 대해 그의 저서 『한서』에서 다음과 같이 말했다.

"말없이 꾸준히 힘쓰고 정직한 이 장군은 보통 사람들과 다름이 없었지만 그가 죽었을 때 모든 사람들이 슬피 울었다. 여기서 우리는 탁상공론(卓上空論)이나 아부를 일삼는 그런 사대부들에 비해 이 장군이 얼마나 고상한 인품을 갖췄는가를 엿볼 수 있다. 그야말로 속담과 같이 '복숭아나무와 오얏나무는 사람을 부르지 않아도 그 아름다운 꽃과 맛 좋은 열매 때문에 늘 사람들이 오고 가 나무 밑에는 절로 길이 생긴다(桃李不言下自成蹊)'는 사실을 온몸으로 보여 준 사람이라고 할 수 있다."

【용례】 자네가 진실하다면 그렇게 안 떠들고 다녀도 다 아네. 뭔가 찔리는 게 있으니까 변명을 늘어놓는 것 아니겠는가? "도리불언"이라고 노력하면 남들이 절로 다 알아주네.

도리상영 倒履相迎

倒 : 거꾸로·뒤집을(도)
履 : 밟을·신발(리) 相 : 서로(상)
迎 : 맞을·맞이할(영)

【뜻풀이】 가까운 벗이나 반가운 손님이 찾아온다는 소식을 듣고 기쁜 나머지 신마저 거꾸로 신고 나가 마중한다는 뜻으로, 손님을 반갑게 맞이하는 것을 비유하는 말이다.

【출전】 『한서·준불의전(雋不疑傳)』에 다음과 같은 이야기가 있다.

한(漢)나라 때 발해(渤海, 오늘날의 하북성 창현 일대) 사람으로 준불의라는 사람이 있었다. 그는 『춘추』를 깊이 연구해서 명망이 자못 높았다. 어느 날 포승지(暴勝之)가 발해에 왔을 때 준불의가 그의 숙소로 찾아간 적이 있었는데, 포승지는 "불의의 용모가 근엄하고 의관이 위엄 있는 것을 보고 신발을 거꾸로 끌고 황급하게 나와 맞았다.(望見不疑容

貌莊嚴 衣冠甚偉 躧履起迎)"고 하였다.

여기서 사리(躧履)는 신발을 바로 신지 못하고 급히 걷는 모양을 말한다.

후한 때의 문인 채옹(蔡邕, 132~192)은 벗들과 사귀기를 즐겨하여 그의 집에는 언제나 손님이 그칠 새가 없었다. 어느 날 왕찬(王粲, 177~217)이라는 사람이 자기 집으로 온다는 소식을 듣고 그는 기뻐서 어쩔 줄을 몰랐다. 『삼국지·위지·왕찬전』에 따르면 "채옹은 왕찬이 자기 집으로 온다는 소식을 듣고 신을 거꾸로 신고 나가 맞이하였다.(蔡邕聞粲在門倒履迎之)"고 써 있다.

성어 도리상영은 이런 이야기들에서 나온 말인데, 도사상영(倒躧相迎) 또는 도사이영(倒躧而迎)이라고도 한다.

【용례】 저 친구 집에 놀러 가면 제수씨가 반갑게 맞아 줘서 기분이 좋아. 사실 좀 귀찮을 텐데도 "도리상영"하며 반겨 주니 기분이 좋지 않을 수 있겠어?

도문대작 屠門大嚼

屠 : 잡을(도) **門** : 문(문)
大 : 큰(대) **嚼** : 씹을(작)

【뜻풀이】 도살장 문 앞에서 크게 입맛을 다시다. 탐내고 부러워하는 바를 실제로 가질 수 없지만 얻은 것처럼 만족하는 경우를 비유하는 말이다.

【출전】 환담(桓譚, 기원전 23~기원후 50)이 쓴 『신론(新論)』에 보면 "사람이 장안의 음악을 들으면 문밖을 나서서 서쪽을 보며 웃고, 고기의 맛이 좋다는 말을 듣고 나면 도살장 문을 바라보며 입맛을 다신다.(人聞長安樂則出門西向而笑 肉味美 對屠門而嚼)"는 말이 나오고, 조식(曹植, 192~232)의 〈여오계중서(與吳季重書)〉에도 "도살장 문 앞을 지나가면서 크게 입맛을 다시니, 비록 고기를 못 먹었지만 귀하고 통쾌하다.(過屠門而大嚼 雖不得肉 貴且快意)"는 구절이 나온다.

【참조】 조선 시대 중기 때의 문인이자 정치가인 허균(許筠, 1569~1618)에게도 『도문대작』이란 저작이 있다. 우리나라 전국 8도의 식품과 명산지에 관해 기술한 책으로 필사본 1권이 규장각 도서로 소장되어 있다. 지은 연대는 1611년(광해군 3년)이다. 저자는 서문에서 책을 쓰게 된 동기를 이렇게 밝히고 있다.

"내가 죄를 짓고 귀양살이를 하게 되니 지난날에 먹었던 음식 생각이 나서 견딜 수 없었다. 이에 종류별로 나누어 기록해 놓고 때때로 읽어가며 맛보는 것이나 못지않게 하였다."

내용은 강릉의 방풍죽(防風粥)과 개성의 석이병(石耳餠), 엿, 대만두(大饅頭), 두부, 다식(茶食), 웅지정과(熊脂正果) 등 병이류(餠餌類) 11종, 강릉의 천사배(天賜梨), 전주의 승도(僧桃) 등 과실류 28종, 곰의 발바닥(熊掌), 표범의 태(豹胎), 사슴의 혀와 꼬리 등 비주류(飛走類) 6종, 붕어와 청어, 복어, 송어, 광어, 방어, 도루묵, 홍합, 대하 등 해수족(海水族) 46종, 무와 배추 등 채소류 33종, 기타 5종을 열거하면서, 이들 식품의 특징과 명산지를 밝혔고, 끝으로 서울 음식 28종을 계절과 재료에 따라 분류하였다.

이 책에서 특히 흥미를 끄는 대목은 실국수에 대해 설명하면서 중국의 오동(吳同)이라는 사람이 이를 잘 만들었기 때문에 그 이름이 지금까지 전해져 오고 있다고 말하고 있어, 오늘날의 '우동'이라는 명칭이 왜식(倭食)에서 유래된 것이 아님을 입증하는 부분이다.

책 끝에는 1611년 4월에 쓴 저자의 제사(題辭)가 있는데, 『도문대작』이라는 제목은 고기를 먹고 싶지만 그럴 수 없기 때문에 도문(도살장의 문)이나 바라보고 대작(질겅질겅 씹는다)하며 자위한다는 것으로, 가당치 않은 자신의 행동을 부끄러워한다는 뜻이다.

【용례】 집안 형편이 어려워서 라면으로 끼니를 때우는 줄 알고 도와주려는데 저렇게 허세를 부리니, "도문대작"도 분위기를 봐 가며 해야지.

도방고리 道傍苦李

道 : 길(도) 傍 : 곁(방)
苦 : 쓸(고) 李 : 오얏(리)

【뜻풀이】 길가에 있는 오얏나무의 열매는 쓰다는 말로, 많은 사람이 무시하는 것은 반드시 그럴 만한 까닭이 있다는 뜻이다.

【출전】 육조(六朝)시대(222~588) 송(宋)나라의 학자 유의경(劉義慶, 403~444)이 지은 『세설신어(世說新語)』에 다음과 같은 이야기가 나온다.

왕융(王戎, 234~305)은 동진(東晉) 사람으로, 노장사상에 심취하여 예교(禮敎)를 빌미로 권세를 잡으려는 세태에 저항하였다. 평생을 자연에 묻혀 유유자적하며 청담(淸談)을 즐겨 완적(阮籍), 혜강(嵇康) 등과 함께 죽림칠현(竹林七賢)으로 불렸다.(▶ 죽림칠현竹林七賢 참조)

왕융이 어렸을 때의 일이다. 동네의 또래 아이들과 어울려 놀고 있는데, 저쪽 길가에 오얏나무 한 그루가 가지가 휘어질 만큼 많은 열매를 주렁주렁 달린 채 서 있는 것이 보였다. 그것을 본 아이들은 열매를 따먹으려고 앞다투어 달려갔다. 그러나 왕융만은 움직이려 들지 않았다. 그래서 지나가던 사람이 물었다.

"너는 왜 열매를 따러 가지 않느냐?"

그러자 왕융이 담담하게 대답하였다.

"길가에 있는데도 저렇게 열매가 많이 달려 있는 것은 틀림없이 써서 먹지 못할 열매이기 때문입니다."

아이들이 열매를 따 맛을 보니 과연 그의 말대로 써서 도저히 먹을 수 없는 것뿐이었다. 이 일로 사람들은 왕융의 영민함을 칭찬하면서도 두려워했다고 한다.

도방고리란 이처럼 쓰일 곳이 없어 버림받는다는 뜻에서 시작하여 오늘날에는 모두가 버리고 돌아보지 않는 것은 나름대로의 까닭이 있다는 뜻으로 확대되어 쓰이고 있다.

『진서 · 왕융전(王戎傳)』에도 나온다.

【용례】 옛날의 명성만 보고 사람을 쓰면 안 됩니다. "도방고리"라고 사람들이 도외시하는 데에는 반드시 그만한 까닭이 있을 겁니다. 섣불리 스카우트하지 말고 좀더 지켜보는 게 좋을 듯합니다.

도외시 度外視

度 : 법도(도) 外 : 바깥(외) 視 : 볼(시)

【뜻풀이】 이 성어에는 두 가지 뜻이 있다. 하나는 가외(加外)의 것으로 본다는 것이고, 또 하나는 안중(眼中)에 두지 않고 무시한다는 뜻이다. 어떤 일을 문제 삼지 않거나 불문에 붙인다는 것으로, 치지도외(置之度外)라고도 한다.

【출전】 『후한서 · 광무제기(光武帝紀)』에

다음과 같은 이야기가 나온다.

광무제 유수(劉秀)는 한(漢)나라를 무너뜨리고 신(新)나라를 세운 왕망(王莽)을 몰아내고 유현(劉玄)을 세워 황제로 삼아 한나라를 재건하였다.

대사마(大司馬)가 된 유수는 그 후 동마(銅馬)와 적미(赤眉) 등의 반란군을 진압하면서 부하들에 의해 황제로 추대되었는데, 천하를 통일하기 위한 싸움은 여전히 계속되었다.

이윽고 제(齊) 땅과 강회(江淮) 땅이 수중에 들어오자 중원(中原)은 거의 광무제의 세력권으로 들어왔다.

그러나 서쪽 벽지인 진(秦) 땅에 웅거했던 외효(隗囂)와 역시 산간 오지인 촉(蜀) 땅의 성도(成都)에 거점을 둔 공손술(公孫述)만은 끝내 항복하지 않았다.

눈엣가시 같았던 이 두 세력에 대해 중신들은 거듭 토벌할 것을 진언했다. 그러나 광무제는 거절하면서 이렇게 말했다.

"이미 중원 땅이 평정되었으니 그들은 문제시할 것 없소.(度外視)"

광무제의 마음속에는 그간 험난한 고생길을 함께 걸었던 휘하 장병들을 하루속히 고향으로 돌려보내 쉬게 해 주려는 희망이 있었던 것이다.

【용례】 가랑비에 옷 젖는다는 말이 있습니다. 더 이상 이 문제를 "도외시"했다가는 회사의 기반 자체가 흔들릴 것입니다.

도원결의 桃園結義

桃 : 복숭아(도) 園 : 정원(원)
結 : 맺을(결) 義 : 옳을(의)

【뜻풀이】 복숭아 밭에서 맺은 의로운 약속. 보통 삼국시대 촉(蜀)나라를 세운 유비(劉備)와 관우(關羽), 장비(張飛) 세 사람이 의형제를 맺은 사건을 말하지만, 의기투합(意氣投合)해서 함께 사업이나 일을 추진할 때도 비유적으로 쓰인다.

【출전】 이 성어는 명(明)나라 때의 소설인 『삼국지연의』의 첫머리를 장식하는 이야기를 골간으로 하는데, 물론 꾸며낸 이야기에 불과하다.

환관들의 득세로 후한 왕조가 몰락해 갈 무렵 흉년과 기아가 극심해지자 백성들은 장각(張角)이 창시한 태평도(太平道)에 깊이 빠져 황건적(黃巾賊)이라는 거대한 종교 집단을 형성하였다. 그러나 이름만 종교 집단일 뿐 일종의 비밀 결사로서 도적 떼나 다름이 없는 부랑자 무리였다.

관군의 힘으로는 도저히 이 세력을 꺾을 수 없자 조정에서는 격문(檄文)을 붙여 의용군을 모집하였다. 그 모집관이 유주(幽州) 탁현(涿縣)에도 왔는데, 여기에서 만나 결의형제(結義兄弟)한 이들이 바로 앞의 세 사람이다.

한 왕실의 먼 친척인 유비〔자는 현덕(玄德)〕와 푸줏간을 운영하던 장비〔자는 익덕(翼德)〕, 포학(暴虐)한 관료의 횡포를 참지 못하고 베어 버린 뒤 떠돌던 관우〔자는 운장(雲長)〕는 장비가 운영하던 푸줏간 뒤에 있는 복숭아밭에서 "비록 한날한시에 태어나지는 못했지만 한날한시에 죽기를 다짐한다.(不求同年同月同日生 但願同年同月同日死)"는 맹서를 했던 것이다.

이후 이들은 그 고장 젊은이 3백여 명을 이끌고 황건적 토벌에 나선 뒤 위나라의 조조(曹操), 오나라의 손권(孫權)과 함께 천하를 다투며 정립(鼎立)했다.

ㄷ

【용례】 우리 세 사람은 같은 고향 출신인 데다 초등학교부터 대학교까지 전부 같은 곳을 나왔어. 그러니 "도원결의"를 맺어 의형제처럼 지내는 것도 당연한 일이지.

도원낙토 桃源樂土

桃 : 복숭아(도) 源 : 근원(원)
樂 : 즐거울(락) 土 : 흙(토)

【뜻풀이】 이른바 극락세계를 비유하는 말이다. 진(晉)나라 때의 유명한 문인 도연명(陶淵明, 365~427)(➡ 경전서후耕前鋤後 참조)은 자신의 글 〈도화원기(桃花源記)〉에서 다음과 같이 쓰고 있다.

【출전】 옛날 중국 무릉(武陵) 지방에 어부가 살고 있었다.

어부가 흐르는 물을 따라 배를 몰고 가는데 홀연히 앞에 꽃이 만발한 복사나무숲이 나타났다. 계속 나무숲을 지나가노라니 앞에 있는 산 아래의 자그마한 굴에서 물이 흘러나오고 있었다. 굴속을 들여다보니 불빛이 있기에 몇 발자국 들어가 보니 생전에 보지도 못하던 세상이 펼쳐져 있었다.

즐비하게 늘어선 집들, 기름진 땅… 남녀노소 모두가 안락하게 살고 있었다. 그들은 어부를 마을에 청해다가 닭을 잡는다, 밥을 짓는다 하면서 푸짐하게 대접하였다. 그들은 자기들의 선조는 진(秦)나라 때 난세를 피하여 이 고장에서 자손대대 살아오고 있다는 것이었다.

그러다 보니 그들은 진나라가 언제 망했는지, 그 후 한(漢)나라가 언제 건국했다가 망했는지, 그리고 지금의 진(晉)왕조가 언제 세워졌는지 전혀 모르고 있었다.

며칠 묵으면서 융숭한 대접을 받은 어부가 떠날 때 그곳 사람들은 "돌아가면 우리가 여기 살고 있다는 것을 절대 입 밖에 내지 마라.(不足爲外人道也)" 하고 당부했다. 그러나 집에 돌아온 어부는 끝내 소문을 퍼뜨리고 말았다. 이에 사람들이 다시 찾아가 보았으나 그런 고장은 도저히 찾을 수 없었다.

물론 이 이야기는 허구다. 그러나 뒷날 사람들은 이 이야기를 빌려 인간 세상과 동떨어져 있는 가공의 극락세계를 도원낙토 또는 세외도원(世外桃源)이라 칭했으며, 부족위외인도(不足爲外人道) 역시 그만한 경지에 오르지 못한 사람에게는 말할 필요가 없다는 뜻의 성어로 쓰이게 되었다.

【용례】 오래간만에 고향에 오니 이렇게 좋을 수가 없네. 맑은 공기하며 정다운 사람들, 풋풋한 고향 음식들… 정말 "도원낙토"가 따로 있나, 고향이 바로 그곳이지.

도주의돈지부 陶朱猗頓之富

陶 : 질그릇·구울(도) 朱 : 붉을(주)
猗 : 불깐개·의지할(의)
頓 : 갑자기(돈) 之 : 어조사(지)
富 : 부유할(부)

【뜻풀이】 중국에서 부자의 대명사로 지칭하는 사람들 중 가장 대표적인 사람이 바로 도주와 의돈이다. 이 때문에 부자를 가리켜 도의(陶猗)라고 하고 그 부를 일러 도주의돈의 부라고 한다.

【출전】 『사기·화식열전(貨殖列傳)』에 다음

과 같은 이야기가 실려 있다.

도주는 월(越)나라 구천(句踐)의 신하였던 범려(范蠡)의 늙었을 때 이름이다. 구천을 도와 20년의 각고 끝에 오(吳)나라 부차(夫差)를 꺾고 회계에서 당했던 치욕을 설욕한 뒤 범려는 상장군에 임명되었다. 그러나 범려는 구천이 "환난은 같이할 수 있지만, 태평성세를 함께 구가하기는 어려운 사람"임을 알고 미련 없이 관직을 버리곤 제(齊)나라에 가 살았다.

여기서 그는 이름도 치이자피(鴟夷子皮)라 고치고 스승 계연(計然)의 가르침에 따라 장사를 해서 수천만금에 달하는 재산을 모았다.

이를 본 제나라 조정은 그의 재주를 아껴 재상으로 맞이하려고 했지만, 그는 아낌없이 재산을 사람들에게 나눠 주고는 도(陶) 지방으로 떠났다. 여기서 그는 다시 이름을 주(朱)로 바꾸고 유통업에 손을 대 큰돈을 벌었다. 그곳 사람들은 그를 도주공(陶朱公)이라고 불렀다.

이렇게 두 번씩이나 엄청난 재산을 모은 그는 다시 재산을 가난한 백성들에게 나누어 주었다고 한다. 이런 선행 때문인지 그의 자손 역시 장사 수완이 좋아 큰 부자가 되었다고 한다.

의돈(猗頓)은 춘추시대 노(魯)나라 사람이다. 그는 처음에는 빈한한 선비일 뿐이었는데, 소금과 목축으로 큰돈을 벌어 엄청난 재산을 모았다. 사람들은 그를 의돈이라고 불렀다.

이렇게 중국에서는 예부터 재산가라고 하면 석숭(石崇)과 더불어 이 두 사람을 손꼽았다.

【용례】 돈 많다던 그 갑부도 결국 암에 걸려 죽었군. "도주의돈지부"인들 무슨 소용이겠어. 한치 앞 자기 목숨도 지켜 주지 못하는데. 그 돈을 좋은 일에 썼으면 인심이나 얻어 사람들이 추모라도 해 주지.

도지태아 倒持泰阿

倒 : 거꾸로·뒤집을(도) **持** : 지닐(지)
泰 : 클(태) **阿** : 언덕·모퉁이(아)

【뜻풀이】 태아(泰阿)는 전설에 나오는 보검의 이름이다. 명검을 거꾸로 쥐었다는 뜻으로 자신의 위세만 믿고 상대를 우습게 여기다가 결국 자신이 낭패를 당하는 경우를 말한다.

【출전】 태아라는 보검에 대해서는 일찍이 몇 가지 전설이 전해 오고 있다. 예컨대 『월절서(越絕書)·외전(外傳)』의 〈기보검(記寶劍)〉에서는 이렇게 쓰고 있다.

춘추시대 초왕은 풍호자(風胡子)라는 사람을 보내 월나라의 구야자(歐冶子)와 오나라의 간장(干將)이라는 이를 찾아 보검 몇 자루를 만들어 오게 했는데, 구야자는 당시 가장 이름 있는 제검기사(制劍技師)였고, 간장과 그의 아내 막야(莫射)도 역시 이름난 제검기사였다. 그들은 초왕의 위탁을 받아 세 자루의 예리한 보검을 만들었는데, 그 중 하나가 바로 태아(太阿라고도 함)이고 나머지 두 자루가 용연〔龍淵, 일명 용천(龍泉)〕과 공포〔工布, 일명 공시(工市)〕였다.

『진서·장화전(張華傳)』에는 또 다음과 같은 이야기가 있다.

진무제 때의 어느 날 사람들은 두(斗)와 우(牛) 두 성좌(전하는 바에 따르면 이 별이 떠 있는 곳은 오·월 두 나라의 분계선 상공이라고도 한다) 사이에 자색 빛이 비껴 있는 것을 발견했다. 이에 중서령의 벼슬에 있던 장화라는 사람이 천문에 조예가 깊던 뇌환(雷煥)에게 웬일이냐고 물었다. 뇌환이 대답하였다.

"이건 보검의 빛이올시다. 우두에 비낀 빛을 보건대 그 보검은 비범한 물건임에 틀림없습니다."

이에 장화는 다시 보검이 대략 어느 곳에 있느냐고 물었더니 뇌환은 자세히 관찰하더니 "예장군(豫章郡) 풍성현에 있다"고 아뢰었다. 이에 장화는 뇌환을 풍성현령으로 추천하고 즉시 부임케 하여 보검을 찾게 하였다. 뇌환은 도착하자마자 곧 보검을 찾기 시작해서 마침내 어느 감옥의 지하에서 검광(劍光)이 번뜩이는 것을 발견하고 땅 밑을 네 길이나 깊이 파헤쳐 보았다. 그랬더니 돌로 만들어진 갑이 나왔는데 열어 보니 그 안에는 한 쌍의 보검이 들어 있었다. 번쩍거리는 보검에는 글귀가 새겨져 있었는데 한 자루에는 용천, 다른 한 자루에는 태아라고 쓰여 있었다.

이렇게 보검을 손에 넣은 뒤 그날 저녁 다시 하늘을 보니 두 성좌 사이에 비껴 있던 자색 빛은 보이지 않았다고 한다.

이상의 전설에서 태아가 유명한 보검의 이름임을 알 수 있다. 그러나 칼이 아무리 좋다 해도 만약 그것을 거꾸로 쥐고 있다면 그것은 상대방에게 칼자루를 쥐게 하는 꼴이 되어 결국 자신을 해치고 말게 될 것이다.

『한서·매복전(梅福傳)』에도 "태아를 거꾸로 들었으니, 칼자루는 초나라가 쥐고 있다.(倒持泰阿 授楚其柄)"는 말이 보인다.

태아는 태아(太阿)라고도 하기 때문에 도지태아를 도지태아(倒持太阿) 또는 태아도지(泰阿倒持)라고도 한다.

【용례】 너 그 친구를 함정에 빠뜨렸다고 쾌재를 부를지 모르지만, 누가 봐도 뻔한 흉계를 사람들이 모를 것 같으냐? "도지태아"한 꼴이 될 테니 두고 봐라.

도청도설 道聽塗說

道 : 길(도) **聽** : 들을(청)
塗 : 진흙·길(도)
說 : 말할(설)/기쁠(열)/설복할(세)

【뜻풀이】 아무런 근거도 없는 허황한 소문을 이르는 말이다.

【출전】 『여씨춘추·찰전편(察傳篇)』에 다음과 같은 이야기가 있다.

송(宋)나라에 정(丁)씨네 가문이 있었는데, 우물이 멀어서 하인 한 사람이 물을 길어야 했다. 후에 그들은 집 근처에 조그마한 우물을 팠다. 이리하여 물을 쓰기도 편하게 되었고 일손도 하나 덜게 되었다.

그런데 이 소문이 한 입 건너 두 입 건너 나중에는 "정씨네가 우물을 파다가 사람 하나를 파냈다."는 어처구니없는 소문으로 퍼져 송나라 임금의 귀에까지 들어가게 되었다. 송나라 임금은 하도 소문이 괴상해서 사람을 보내 알아보았더니 결국 허무맹랑(虛無孟浪)한 헛소문이었다.

그러면 도청도설은 어떻게 성어가 되었으며 원래 뜻은 무엇이었는가?

『논어·양호편(陽虎篇)』에 다음과 같은 공자의 말이 있다.

"공자가 말하기를, '길가에서 얻어들은 헛소문을 그대로 길가에서 퍼뜨리는 것은 자신의 덕을 버리는 것이다.'라고 하였다(子曰 道聽而塗說 德之棄也)"

공자의 이 말이 변해서 성어가 된 것이다. 그 후 송나라 학자 형병(邢昺)은 공자의 이 말에 "길에서 얻어들은 소문을 길에서 퍼뜨리게 되면 허튼소리가 많게 마련이다."라고 주석을 달기도 하였다.

이에서 볼 수 있는 것처럼 도청도설은 원래 헛소문에 귀를 기울인다는 뜻과 얻어들은 헛소문을 퍼뜨린다는 두 가지 뜻이 포함되어 있었는데, 오늘날에는 헛소문을 듣고 믿어 반성도 하지 않고 그대로 남에게 전한다는 뜻으로 주로 쓰이고 있다.

【용례】 요즘 어느 여배우가 누구하고 어쨌다는 둥 뜬소문이 자자한데, 그게 무슨 대단한 일이라고 염불 외듯 떠들고 다니나. "도청도설" 같은 말에 현혹되다니, 평소의 자네 같지 않구먼.

도탄지고 塗炭之苦

塗 : 진흙·매흙질할(도)
炭 : 숯·숯불·재(탄) 之 : 어조사(지)
苦 : 쓸·힘들(고)

【뜻풀이】 도탄에 빠지다. 민생고가 극심한 지경에 이른 상황을 비유하는 성어다.

【출전】 요염한 미녀 매희(妺喜)와 달기(妲己)의 품안에서 주지육림(酒池肉林)의 세월을 보내던 하나라의 걸(桀)과 은나라의 주(紂)는 도리를 그르치고 나라를 멸망에 이르게 한 임금으로서 걸주라는 이름으로 불릴 만큼 중국 역사상 대표적인 폭군이다.

이 하나라 마지막 임금인 걸의 학정에 반대해서 군사를 일으켜 무력으로 그와 대적한 사람이 탕왕(湯王)이다. 탕왕은 걸의 대군을 명조산(鳴條山)에서 격파한 다음 걸을 몰아내고 천자(天子)의 자리를 차지하였다.

탕왕이 반란을 일으켰을 때 수만 군중을 앞에 두고 이른바 출전의 서약을 선언한 말 가운데 "백성들이 도탄에 빠져 있다."는 유명한 구절이 있다. 탕왕은 군사를 이끌고 나가 걸과 싸워 대승을 거두었다. 개선장군이 되어 자기 고장인 호(亳) 지방으로 돌아왔을 때 탕왕은 다시 제후들을 모아 놓고 한바탕 연설을 하였다.

"하나라 임금은 덕을 멀리하고 폭정만을 일삼아 백성들에게 학정을 가하였다. 천하의 백성들은 하나같이 그의 폭정에 해를 당했고 도독(荼毒)의 아픔을 견디지 못해 뼈가 저리는 고통을 하늘에 고해 올리기도 하였다. 천도는 언제나 착한 이에게 복을 내리고 음란한 이에게 벌을 준다. 하늘은 이제 걸에게 재앙을 내려 그의 죄를 밝혔도다."

이렇게 격렬하게 걸의 죄악을 논하고 하늘은 이미 하나라를 버렸으며 은나라에 새로이 권력을 내려 주었다고 공표하였던 것이다. 이 밖에도 걸을 응징하고 비난한 말은 허다하게 많지만 『서경』의 〈중훼지고(仲虺之誥)〉에 보면 다음과 같은 이야기가 있다.

"유하혼덕〔有夏昏德, 하나라가 덕을 어지럽혀서〕하여 백성은 도탄에 빠졌다."

다시 말하면 탕왕의 신하였던 중훼가 탕왕에게 올린 말을 백성들에게 알린 것이다. 걸의 잔인무도한 부덕과 악행 때문에 백성들이 당해야 했던 고난을 한마디로 "도탄에 빠졌다."고 표현한 것이다.

여기에서 도탄지고라는 성어가 나오게 되었다. 도탄이란 글자 그대로 흙탕물과 숯불을 가리키는 말이다. 그러니 "도탄 속에 빠진 고통", 즉 흙탕물에 몸을 더럽힌 뒤 다시 숯불로 몸을 지지는 고통은 참혹하기 이를 데 없는 끔찍한 참상임을 알 수 있다.

【용례】 갑자기 그 사람을 독립 운동가니 위대한 정치가니 하면서 추켜세우기에 난리인

데, 그 신문사 사람들 제정신으로 하는 짓이야. 국민을 도탄의 구덩이("도탄지고")에 빠뜨린 장본인을 두고 그 따위 헛소리를 하다니 말이야.

도팽해아 倒繃孩兒

倒 : 거꾸로 · 뒤집을(도) 繃 : 업을(팽)
孩 : 어린아이 · 어릴 · 웃을(해)
兒 : 어린아이(아)

【뜻풀이】 아이를 거꾸로 업다. 평소에는 아주 익숙하게 처리하는 일도 급하거나 방심하고 있을 때는 실수할 수 있으므로 늘 경계하고 부지런히 익혀야 한다는 뜻이다.

【출전】 『권유록(倦游錄)』에 보면 다음과 같은 이야기가 실려 있다.

송(宋)나라 인종(仁宗) 때 묘진(苗振)이라는 선비가 있었다. 그는 처음으로 경고시(京考試)를 보았는데 운 좋게도 4등으로 합격해서 관리 생활을 몇 년 동안 하고 있었다. 그 뒤 그는 조정에서 관직(館職, 한림의 벼슬) 시험을 공고하자 그에 응시하려고 하였다. 그는 시험을 치르러 가기 전에 승상 안주(晏殊)를 만났는데, 안주가 그에게 말하였다.

"그대는 관직에 있은 지 벌써 여러 해가 되어 글 짓는 일이 다소 생소할 텐데, 이제 시험을 보게 되었으니 연습 좀 해야겠구먼."

자신을 격려하기 위해 한 말을 묘진은 업신여기는 말로 듣고는 화가 나서 조금도 개의치 않는다는 듯이 말하였다.

"뭐 그리 어려울 게 있겠습니까? 설마 30년을 유모 노릇이나 한 아낙네가 아이를 거꾸로 업겠습니까?"

그 뒤에 묘진이 시험을 보러 갔을 때 출제된 시제(試題)는 〈택궁선사부(澤宮選士賦)〉(택궁은 궁궐 이름으로 옛날에 황제가 활 연습을 하던 장소이자, 재능 있는 선비를 선발하던 곳이기도 하다.)였다. 그런데 묘진은 문장을 지으면서 실수로 "온 천하에 임금의 신하가 아닌 사람이 없도다.(普天之下 莫非王土)"로 쓴다는 것을 그만 "온 천하에 왕이 아닌 사람이 없구나.(普天之下 莫非王)"로 잘못 쓰고 말았다. 그래서 결국 그는 낙방의 고배를 마시고 말았다.

뒷날 안주가 우연히 묘진과 마주쳤을 때 안주가 그에게 말하였다.

"여보게, 묘진. 자네는 아이를 거꾸로 업고 말았네그려."

부끄러움으로 얼굴도 들지 못하고 묘진은 대꾸 한마디 못했다는 것이다.

이 성어는 다른 사람을 격려하거나 스스로 자신을 겸손하게 낮출 때 주로 쓰인다.

【용례】 아무리 바빠도 바늘 허리에 묶어 쓰진 못한다. 그렇게 허둥대니 뭔들 제대로 되겠니. 침착하기만 하면 "도팽해아"할 일이 전혀 아니었는데 말이야.

도행역시 倒行逆施

倒 : 거꾸로 · 뒤집을(도) 行 : 갈(행)
逆 : 거꾸로 · 거스를(역) 施 : 베풀(시)

【뜻풀이】 사리에 어긋나게 행동하는 것을 비유하는 말이다.

【출전】 『사기 · 오자서열전(伍子胥列傳)』에 다음과 같은 이야기가 있다.

춘추시대 초(楚)나라의 오자서는 초평왕이

그의 부친과 형제를 살해하자 구사일생(九死一生)으로 오(吳)나라로 도망쳐 복수의 결의를 다졌다. 이때 오자서의 가까운 벗인 신포서(申包胥)는 그에게 너무 극단적인 행동은 조심하라고 충고했지만 그는 듣지 않았다. 이에 신포서가 말했다.

"그럼 좋네. 자네가 만약 기어코 초나라를 멸망시킨다면 나는 반드시 초나라를 다시 부흥시킬 것이네."

그 후 오자서는 오나라를 도와 과연 초나라의 도성 영도를 공격하였다. 그러나 초평왕은 이미 세상을 떠난 뒤였기 때문에 오자서는 그의 시체를 파내어 채찍으로 3백 번이나 치는 것으로 가슴속 깊이 맺힌 원한을 풀었다.

이 소식을 들은 신포서는 사람을 시켜 오자서에게 편지를 보냈다.

"그대의 복수는 너무 지나쳤다. 그대는 자신이 초나라 사람임을 잊지 말아야 했다."

이에 오자서는 편지를 가져온 사람에게 말했다.

"나를 대신해서 신포서에게 고맙다는 말을 전해 주시오. 이미 날이 저물었는데 갈 길은 멀기만 하듯이 내 처지가 한정되어 있기 때문에 사리에 어긋나게 복수를 할 수밖에 없었다고.(爲我謝申包胥 我日暮途遠 我故倒行而逆施之)"(➡ 일모도원日暮途遠 참조)

그 후 신포서는 진(秦)나라 군사들의 도움을 받아 초나라를 부흥시켰고(➡ 진정지곡秦庭之哭 참조) 오자서는 도리어 오왕 부차에게 살해되고 말았다.

오자서가 말한 일모도원도 훗날 일모도궁(日暮途窮)으로 바뀌어 성어가 되었다. 그리고 그 뜻도 변해서 말로가 닥쳐왔다는 뜻으로 쓰이는데, 궁도모일(窮途暮日) 또는 궁도말로(窮途末路)라고도 한다.

【용례】 아무리 부모를 죽인 원수라지만 그를 네 손으로 죽이면 너도 똑같은 사람이 되는 거야. 법으로 해결해도 충분히 될 일을 "도행역시"해서 뭘 얻겠니.

독당일면 獨當一面

獨 : 홀로(독) 當 : 당할·마땅히(당)
一 : 한(일) 面 : 얼굴·방면(면)

【뜻풀이】 혈혈단신(孑孑單身) 단독으로 한 방면이나 한 부문의 임무를 담당하는 것을 비유하는 말이다.

【출전】 『한서·장량전(張良傳)』에 다음과 같은 이야기가 나온다.

장량은 유방의 유능한 보좌역으로서(➡ 암도진창暗渡陳倉 참조) 유방과 항우(項羽)가 천하를 다투었던 초한 전쟁에서 많은 계책을 내놓은 사람이며 한왕조 개국 공신의 한 사람이었다.

어느 날 유방은 그의 본거지 관중에서 대군을 출병하여 동쪽으로 초패왕 항우를 공격하였다. 처음에는 한군의 군사 행동이 순조롭게 진행되어 초나라의 도읍지인 팽성(彭城)까지 순식간에 점령하고 말았다. 그러나 항우가 즉시 반격을 가하는 바람에 한군은 여지없이 무너져 후퇴하게 되었다. 이 때문에 유방은 기세가 꺾여 의기소침(意氣銷沈)해졌다.

퇴군 도중 말에서 내려 휴식을 취할 때 그는 분개하며 장량에게 말했다.

"나의 한을 풀어 주는 사람에게 함곡관 동쪽 지방을 떼어 주겠다. 이런 큰 공을 세울 수 있는 인재는 누구인가?"

이에 장량이 대답했다.

"구강왕 경포(黥布)는 아주 날랜 장수인 줄

아옵니다. 그는 초나라 장수이나 줄곧 항우와 반목하고 있습니다. 그리고 만여 명의 군대를 거느리고 있는 팽월(彭越)은 제왕(齊王)으로 자처하고 있는 전영의 사주를 받아 양(梁) 지방에서 초나라에 반기를 들고 일어났습니다. 그러니 구강과 양, 이 두 지방에 급히 사람을 띄워 연락을 하는 것이 좋겠습니다. 그리고 주공의 부하 장수들 중에서는 오직 한신(韓信)이 큰일을 맡아 한 방면의 중임을 책임질 수 있습니다.(獨韓信可屬大事 當一面) 주공께서 만약 관동 땅을 공을 세운 사람에게 주려 한다면 이 세 사람이 마땅할 것입니다. 그들은 기필코 항우를 격파할 것입니다."

독당일면은 바로 장량의 이 말에서 처음 나온 성어다. 유방은 당시 장량의 제의를 받아들이고 즉시 경포와 팽월에게 연락을 취하는 동시에 한신을 중용했다. 전하는 바에 따르면 유방이 항우를 꺾고 한왕조를 세우기까지는 이 세 사람의 공로가 가장 컸다.

이 성어는 뒷날 당나라 때나 오대(五代) 때 와서 완전하게 자리잡은 것으로 보이는데, 후진(後晉) 때 유후(劉煦)와 장소원(張昭遠) 등이 편찬한 『구당서·장준전(張濬傳)』에 이런 이야기가 있다.

당나라 말년 장준이 이극용(李克用)을 토벌하는 싸움에 장수로 임명되었다. 장준이 도읍지를 떠나 태원으로 떠나기 전날 저녁 연회에서 양복공(楊復恭)이라는 사람이 그에게 술을 권했지만 그는 받지 않았다.

양복공은 원래 권세가 대단한 고관이었는데, 장준을 발탁한 사람이기도 했다. 그러나 이 무렵에 와서는 양복공이 세력을 잃고 장준의 지위가 그보다 높아지자 장준이 상대를 깔본 것이었다. 하지만 양복공은 감히 화를 낼 수도 없고 해서 농담조로 이렇게 말했다.

"상공께서 대군을 장악해서 수기를 높이 들고 독당일면한다고 해서 이 양복공의 성의를 받아 주지 않고 얼굴도 봐 주지 않는단 말씀이오?(相公 握禁兵 擁大旆 獨當一面 不領復恭意作面子耶)"

【용례】 자네가 아무리 사려분별(思慮分別)이 뛰어나다고 해도 이번 일은 "독당일면"할 성질이 아닐세. 유능한 사람 몇을 파견할 테니 함께 상의해서 일을 처리하기 바라네.

독서망양 讀書亡羊

讀 : 읽을(독) 書 : 책·글(서)
亡 : 잃을(망) 羊 : 양(양)

【뜻풀이】 책을 읽다가 양을 잃다. 다른 일에 정신이 팔려 중요한 일을 소홀히 여기는 것 또는 마음이 밖에 있어 도리를 잃어버리는 것을 뜻한다.

【출전】 『장자·변무편(騈拇篇)』에 다음과 같은 이야기가 있다.

「옛날 어느 곳에 장과 곡이라는 사람이 양을 치면서 살고 있었다. 그런데 우연히도 같은 날 동시에 기르던 양을 잃어버렸다. 사람들이 장에게 물어보았다.

"당신은 무슨 일을 하다가 양을 잃었습니까?"

"댓가지를 옆에 끼고 책을 읽고 있었습니다."

이번에는 곡에게 물어 보았다.

"그러면 당신은 무슨 일을 하고 있었습니까?"

"주사위 놀이를 하고 있었습니다."

이렇게 두 사람이 한 일은 달랐지만 양을 잃어버린 것은 같았다.

(臧與穀二人 相與牧羊 而俱亡其羊 問臧奚事 則挾筴讀書 問穀奚事 則博賽以遊 二人者事業不同 其於亡羊均也)」

여기서 말하는 장(臧)은 사내 종(奴僕)을 말하고 곡(穀)은 계집 종(奴婢)을 말한다.

【용례】 노름에 빠져서 마누라 달아나는 것도 모르다니, 자업자득(自業自得)이군. "독서망양"한다더니 이놈이 그 짝일세.

독서백편의자현 讀書百遍義自見

讀 : 읽을(독) **書** : 글(서)
百 : 일백(백) **遍** : 두루(편)
義 : 뜻(의) **自** : 스스로(자)
見 : 드러날(현)

【뜻풀이】 책을 여러 번 읽으면 뜻이 저절로 드러난다. 뜻을 모르는 글이라도 자꾸 반복해서 읽으면 저절로 그 뜻이 드러나게 된다는 말이다. 무엇이든지 반복을 거듭하여 얻는 재주도 무시할 수 없는 것이다.

【출전】『주자훈학재규(朱子訓學齋規)』에는 옛사람의 말이라고 하면서 이 구절이 인용되어 있다.

또한 주자 스스로도 이런 말을 남겼다.

"책은 다만 읽음으로써 귀해지는 것이고, 읽는 것이 많아지면 자연스럽게 깨닫게 될 것이다. 동우도 말하기를 책을 여러 번 읽다 보면 뜻이 절로 드러난다고 하였다.(書只貴讀 讀多自然曉 董遇云 讀書百遍義自見)"

『난성유언(欒城遺言)』에도 "책을 거듭 읽다 보면 경전의 뜻은 절로 드러난다.(讀書百遍經義自見)"는 말이 보인다.

반복해서 억지로 머리에 담아 넣는 주입식 교육에 대해 이런저런 회의적인 의견도 많지만, 교육이란 근본적으로 외우는 데서 출발하는 것이다.

외국어는 단어를 외워야 하고 수학이라도 공식은 외워야 한다. 외운 뒤에야 이해도 가능한 것이고, 논리적인 추리도 나오는 것이다. 외우는 훈련이 마치 인성(人性)을 해치기라도 하는 것처럼 말한다면 그 말이야말로 인성을 해치는 결과를 빚을 것이다.

공자(孔子)의 말처럼 "지나친 것이나 모자란 것이나 마찬가지(過猶不及)"다.(▶ 과유불급過猶不及 참조) 암기와 이해 사이에 적절한 대책을 세워 중용(中庸)을 좇는 교육이 필요한 상황이다.

【용례】 아무리 이해하려고 해도 모르겠다고 해서 네가 아둔하다고 여기진 마라. "독서백편의자현"이란 말처럼 자꾸 읽다 보면 언젠간 뜻이 통하게 될 테니까 열심히 노력하거라.

독서삼도 讀書三到

讀 : 읽을(독) **書** : 책(서)
三 : 석(삼) **到** : 이를(도)

【뜻풀이】 책을 읽다가 삼도(三到)에 떨어진다는 말로, 정신을 집중하여 책을 읽는 것을 뜻한다. 책을 읽을 때에는 마음을 흩뜨리지 말고 마음을 모아 정성을 들여 읽어야 효과가 있다는 말이다.

【출전】 삼도란 심도(心到), 안도(眼到), 구도(口到)를 말한다.

즉, 마음과 눈, 입을 함께 기울여 책을 읽으라는 것이다. 그래서 독서삼매경(讀書三昧

境)이라고도 한다.

본래 삼매(三昧)는 불교에 말하는 수행법이다. 마음을 하나의 대상에 집중시켜 감각적 자극이나 자극에 대한 일상적 반응을 초월한 상태를 유지하는 것을 말한다. 때문에 삼매경에 들면 바로 옆에서 벼락이 쳐도 모른다. 삼도(三到) 역시 그런 경지를 뜻한다.

우리나라를 비롯한 동양에서는 예로부터 교육열이 높았다.

공자도 『논어·학이편(學而篇)』에서 "배우고 때때로 익히면 또한 즐겁지 아니한가.(學而時習之 不亦說乎)" 하면서 배움의 즐거움을 노래했고, 맹자 또한 군자에게는 세 가지의 즐거움이 있는데, 그 중 하나가 "천하의 영재를 얻어 그를 가르치는 것(得天下英才而教育之)"이라고 『맹자·진심장구(盡心章句)』 상편에서 설파했다.

송(宋)나라 때의 대학자이자 공부 귀신인 주자 역시 〈권학시(勸學詩)〉와 〈권학문〉을 통해 배움의 이루기 어려움을 토로하였다.(➡ 소년이로학난성少年易老學難成 참조)

【용례】 속으로는 딴 생각을 하면서 아무리 책을 들여다본들 뭐 남을 게 있겠니. "독서삼도"하는 경지에 들어 읽으면 잠깐을 읽어도 효과가 클 거야.

독안룡 獨眼龍

獨 : 홀로·외로울(독)
眼 : 눈(안) 龍 : 용(룡)

【뜻풀이】 당나라 말에 황소(黃巢)의 난을 진압하는 데 큰 공을 세운 이극용〔李克用, 856~908: 후당(後唐)의 태조(太祖)〕을 일컫는 말이다. 그의 눈 한쪽이 몹시 작아 거의 감겨 있었기 때문에 이렇게 불렸다.

【출전】 이극용은 6세기경부터 중국 북부 몽고 고원에서 알타이 지방을 걸쳐 지배한 돌궐족의 일파인 사타족(沙陀族) 출신이었다. 할아버지 때부터 당나라에 들어와 아버지 주야적심(朱邪赤心)이 방훈(龐勛)의 난(868~869)에서 공을 세워 이국창(李國昌)이란 이름을 하사받아 이후 성씨를 이씨로 하였다.

황소(黃巢)의 난은 과거에 거듭 낙방한 뒤 변신한 일개 소금 밀매업자가 주동이 된 폭동이었지만 순식간에 폭정과 극빈에 시달리던 농민들의 지지를 얻어 전후 10년간에 걸쳐 천하를 뒤흔들어 놓았다. 당시 세계 최고의 문화를 자랑하던 당나라도 이 반란의 여파에 휩쓸려 결국 망하고 말았던 것이다.

황소가 이끄는 반란군은 광명(廣明) 원년(880) 12월에 장안(長安)에 입성하였다. 관군은 곧 장안성을 겹겹으로 포위하고 장기전에 돌입하였다.

사기가 충천했던 반란군의 기세를 관군이 도저히 당해내지 못했기 때문이었다. 누구도 선불리 황소의 반군을 공격하지 못하고 있었는데, 유독 이극용이 이끄는 검은 옷 차림의 4만 달단족〔韃靼族, 타타르(Tatar)인〕기마 부대만 용감하게 그들과 맞붙어 전과를 올렸다. 황소의 반군들은 이들을 아아군(鴉兒軍, 검은 옷을 입어서 까마귀 부대라고 불렸다.)이라 하며 싸우지도 않고 달아났다고 한다.

『자치통감(資治通鑑)』에는 이극용의 모습을 다음과 같이 기술하고 있다.

"이극용의 나이 그때 28세로 여러 장군들 중에서 가장 어렸다. 그러나 황소를 격파하고 장안성을 회복하는 데 가장 큰 공을 세웠다.

때문에 당시 장군들은 모두 그를 두려워하였다. 이극용은 한쪽 눈이 아주 작았기 때문에 사람들은 그를 외눈박이 용이라고 불렀다. (克用時年二十八 於諸將最少 而破黃巢 復長安 功第一 兵勢最彊 諸將皆畏之 克用一目微 時人謂之獨眼龍)"

이 밖에 이극용과 관련된 기사는 『당서(唐書) · 이극용전』과 『오대사(五代史) · 당기(唐紀)』 『오국고사(五國故事)』 등에도 나온다.

여기에서 성어 독안룡이 나왔다. 남달리 출중하고 용감한 젊은 사람을 비유할 때 쓰인다.

【용례】 그 친구 무슨 생각에 빠져 있는 모습을 보면 꼭 애꾸처럼 보여. 한쪽 눈만 뜨고 있는 것 같으니, 좋게 말해 "독안룡" 같다고 하겠지.

돈견 豚犬

豚 : 돼지(돈) 犬 : 개(견)

【뜻풀이】 원래 뜻은 돼지와 개를 말하지만, 자기 자식을 낮춰 부를 때 쓰는 말이다. 또는 돈아(豚兒)라고도 한다.

【출전】 『삼국지 · 오지(吳志) · 손권전주(孫權傳注)』에 다음과 같은 이야기가 나온다.

조조(曹操)가 천하통일에 나서서 25만 대병력을 내세워 장강 일대에 진영을 갖추고 주유(周瑜)와 제갈량(諸葛亮)이 이에 맞서 결전한 전쟁이 유명한 적벽대전이다. 이때 수전(水戰)에 미숙했던 조조는 화공작전에 말려 들어가 참패하고 말았다. 이후에도 조조는 손권〔자는 중모(仲謀)〕을 치려고 했으나 끝내 성공하지 못했다. 그때 조조가 탄식하면서 말했다.

"자식을 낳으려면 마땅히 손중모와 같은 자를 낳아야지. 앞서 항복했던 형주의 유표(자는 경승) 아들인 유종(劉琮) 따위는 '돈견'과 같다. (生子當如孫仲謀 劉景升兒子 若豚犬耳)"

『삼국지』의 주해에 보면 돈견에 대해 돈아견자(豚兒犬子)로 보면서 상대를 경멸하고 업신여기는 말이라고 하였다. 자기 아들을 낮추어 말할 때 '돈아'라 말하는 관습도 여기에서 나왔다.

두 아들 조비(曹丕), 조식(曹植)과 함께 건안시대(建安時代)를 대표하는 시인이었던 조조는 일이 있을 때마다 한 마디 하지 않고서는 직성이 풀리지 않는 문인적 기질이 다분한 사람이었다. 돈견이라는 말도 뒤집어 보면 가볍게 보았다가 의외의 일격을 당한 적벽에서의 패전에 대한 사무친 심정도 스며 있는 것이다.

【용례】 지난번 제 "돈견"의 혼사에 몸소 오셔서 자리를 빛내주셔서 대단히 감사합니다. 부족한 아이니 앞으로도 많은 지도 편달을 부탁드립니다.

돈오점수 頓悟漸修

頓 : 조아릴 · 넘어질 · 갑자기(돈)
悟 : 깨달을(오)
漸 : 점차(점) 修 : 닦을(수)

【뜻풀이】 갑자기 깨우치고 점진적으로 수양한다. 특히 우리나라 선가(禪家)에서 기본적인 수행 원리로 제창하는 주장인데, 중국 화엄종의 제5조인 종밀(宗密)에 의해 이론적으로 정립된 것을 고려시대 스님 지눌(知訥,

1158~1210)이 계승한 것이다.

【출전】 돈오는 점오(漸悟)의 상대말로 진리를 한꺼번에 깨친다는 뜻이다. 동진의 축도생(竺道生)이 돈오성불(頓悟成佛)을 주장한 이후, 특히 남종선(南宗禪)에 의해 돈오설이 적극 선양되었다. 사람은 누구나 다 원래부터 부처가 될 수 있는 가능성을 가지고 있으므로, 좌선(坐禪)이나 송경(誦經)을 하면서 긴 시간 동안 수행을 하거나 많은 재물을 보시(布施)할 필요가 없으며, 곧바로 자신의 본래 모습이 부처와 같다는 사실을 깨닫기만 하면 견성성불(見性成佛)할 수 있다는 것이다. 이렇게 돈오하기 위한 방편으로 선가에서는 화두(話頭) 또는 공안(公案)이라는 독특한 수양 방편을 마련해 이를 참구(參究)함으로써 돈오에 이르도록 유도한다.

그러나 이러한 돈오의 체험 뒤에는 반드시 점차로 마음의 번뇌를 닦아 나가는 점수가 뒤따라야 한다. 그것은 자신의 마음이 곧 부처임을 깨달았다고 부처가 되는 것이 아니고, 여러 겁(劫)을 통해 익혀 온 습기(習氣)가 완전히 제거될 때 비로소 부처가 될 수 있기 때문이다. 깨달음이란 수행을 위한 전제를 이론적으로 파악할 따름이므로 이 이해가 지속적인 실천을 통해 적용되지 않으면 그 깨달음은 진정한 깨달음으로 인정될 수 없는 것이다.

때문에 지눌에 따르면 돈오에 입각한 점수는 필연적으로 정(定)과 혜(慧)를 함께 견지해야 하는 것(定慧雙修)이다.

【용례】 그래 너는 워낙 총명해서 뭐든지 금방 이해하는구나. 하지만 재주가 있다고 교만에 빠지면 안 된다. 그럴수록 더욱 노력하는 모습을 보여야지. "돈오점수"하는 자세야말로 진짜 지혜로운 사람의 자세란다.

돈제일주 豚蹄一酒

豚 : 돼지(돈) 蹄 : 발굽(제)
一 : 한(일) 酒 : 술(주)

【뜻풀이】 돼지 발굽과 술 한 잔이라는 뜻으로, 작은 성의를 들여놓고 많은 것을 구하려 한다는 말이다. 큰 수확을 거두기 위해서는 그만큼 노력과 정성을 들여야 한다는 말이다.

【출전】 『사기·골계열전(滑稽列傳)』에 다음과 같은 이야기가 나온다.

순우곤(淳于髡)은 제(齊)나라 사람으로, 키는 7척도 안 됐지만 익살스럽고 변설에 능했다. 여러 번 제후들의 부름을 받아 보좌하면서도 자신의 뜻을 함부로 굽히거나 몸을 욕되게 하지 않았다.

위왕(威王) 8년에 초(楚)나라가 크게 군대를 동원하여 제나라를 침공하였다. 위왕은 순우곤을 불러 조(趙)나라에 가서 구원병을 청하도록 하면서, 황금 백 근과 수레 열 대를 예물로 가져가게 하였다. 이에 순우곤이 하늘을 우러르며 크게 웃자(仰天大笑), 관의 끈이 모두 끊어졌다. 이를 본 왕이 물었다.

"선생은 이것을 적다고 생각하시오?"

그러자 순우곤이 대답하였다.

"어찌 감히 그럴 수 있겠습니까?"

"웃는 데에 어찌 까닭이 없겠소?"

이에 순우곤이 다음과 같이 대답하였다.

"이제 신이 동쪽에서 오던 중에 길가에서 풍년을 비는 사람을 보았습니다. 그 사람은 돼지 발굽 하나와 술 한 잔(豚蹄一酒)을 길가에 놓고 빌기를 '높은 밭에서는 채롱에 가득하고, 낮은 밭에서는 수레에 가득하도록, 오곡이여 풍성하게 익어서 집안에 가득 넘치거라.' 하였습니다. 신은 그가 손에 쥔 것은 볼품이 없으면서 원하는 것은 그처럼 거창한 것이기 때문에 웃은 것입니다."

이에 위왕은 다시 황금 천일(千鎰)과 백벽(白璧) 열 쌍, 네 마리가 끄는 마차 백 대로 예물을 늘려 주면서 가지고 가도록 하였다. 순우곤이 작별 인사를 하고 조나라에 들어가자, 조나라 왕은 정병 10만과 가죽수레 천 량을 도와주었다. 이 말을 들은 초나라는 밤중에 군사를 돌려 철수하였다.

【용례】 밤낮 지각과 결석을 도맡아 하면서 성적은 A+가 나오기를 바라니, 너처럼 "돈제일주"하는 놈에게 그런 기적이 일어난다면 내 손에 장을 지지겠다.

돌돌괴사 咄咄怪事

咄 : 혀찰(돌) 怪 : 괴이할(괴)
事 : 일·섬길(사)

【뜻풀이】 일이 이상하리만치 기괴하게 벌어져서 이해가 안 될 정도로 뜻밖임을 비유하는 말이다.

【출전】 진(晉)나라 때 은호(殷浩)라는 사람이 살고 있었다. 그는 성어 오부홍교(誤付洪喬)에 등장하는 홍교의 아들이다. 전하는 바에 따르면 그는 어릴 때부터 성품이 호협(豪俠)하여 벼슬에 뜻이 없고 부귀를 바라지 않았다고 한다.

『세설신어(世說新語)·문학편』에 다음과 같은 이야기가 전한다.

어느 날 어떤 사람이 은호에게 물었다.

"듣건대 꿈에 송장을 보면 벼슬을 하게 되고 똥을 보면 재물을 얻게 된다고 하는데 무슨 근거가 있는 말인가?"

이 물음에 그는 즉시 대답하였다.

"벼슬 자체가 썩은 것이고 재물 자체가 분토(糞土)이기 때문입니다."

그때 사람들은 그의 대답이 묘하다면서 명통지론(名通之論)이라고 하였다.

그렇다고 은호가 전혀 벼슬을 하지 않은 것은 아니었다. 그는 일찍이 진무제 때 정서장군 유량의 막하에서 기실참군(記室參軍) 등의 관직을 맡아보다가 10여 년 뒤에 은퇴한 일이 있다. 그리고 강제(康帝) 때는 양주지사로 있었고, 북정(北征) 이후에는 한때 중군장군이 되어 양주·예주·서주·연주·천주 등지의 군사들을 통솔한 적도 있었지만, 관직으로 말해도 그리 낮은 직책이 아니었다.

그러나 당시 진왕조 내부가 몹시 어지러웠고 관료들 사이에 반목과 질투가 심한데다가 서로 화합보다는 자기 주장만 옳다고 큰소리치는 세상인지라 결국 은호는 파직당하고 동양군(東陽郡) 신안이라는 곳으로 쫓겨 가고 말았다. 이때부터 은호는 다시는 벼슬을 하지 않았다고 하는데, 이런 일 등에서 받은 자극이 너무 커서 마음을 크게 상했기 때문에 나중엔 정신이 조금 이상해졌다고 한다.

『진서·은호전』에 따르면 은호는 파직당한 뒤 아무 말도 하지 않았을 뿐 아니라 불평 한마디 없었다고 한다. 집사람들도 누구 하나 은호가 추방된 뒤 불만을 토로하는 것을 보지 못했다는 것이다. 그러나 사람들은 그가 늘 손가락 하나를 들고 공중에 돌돌괴사 네 글자를 쓰는 것을 보았다고 한다. 이로부터 우리는 은호의 입에서는 비록 불평이 나오지 않았으나 심중에는 많은 비분과 불평이 숨어 있었다는 것을 알 수 있다.

【용례】 경찰이 밤새워 지키고 서 있어도 아

침이면 일대 자동차 타이어가 전부 펑크가 나 있다는데, 단서 하나 찾지 못했다는군. "돌돌괴사"라도 이런 희한한 일이 또 있을까?

동가지구 東家之丘

東 : 동녘(동) 家 : 집(가)
之 : 갈(지) 丘 : 언덕(구)

【뜻풀이】 동쪽 집에 사는 공자(孔子). 가까이에 있는 유명한 인물을 알아보지 못하는 것을 비유하는 말이다.

【출전】 고대 중국의 사상가이자 교육자였던 공자(기원전 552~기원전 479)는 성이 공씨였고 이름은 구(丘)였으며 자는 중니(仲尼)였다. 전하는 말에 따르면 그에게는 제자가 무려 3천 명이 있었는데, 이들 중 이름을 날린 사람만 해도 72명이나 되었다고 한다. 중국의 통치자들은 역대에 걸쳐 대부분 공구를 숭상했기 때문에 그를 높여 공자라고 불렀을 뿐 아니라 성인(聖人)으로 추앙하였다. 그 때문에 2천 4백여 년 동안 중국에서는 공자를 모르는 사람이 거의 없었던 것이다.

그러나 공자가 살아 있을 때는 그의 명성이 그렇게 대단했던 것으로는 보이지 않는다. 『공자가어』의 기록에 따르면 당시 공자의 서쪽 이웃에 살고 있던 사람조차 동쪽 집에 누가 살고 있으며 어떤 인물인지 잘 몰랐다는 것이다. 그래서 그는 매번 공자에 대해 말할 때마다 조금도 꺼리지 않고 공자의 이름을 척척 불러 가면서 "우리 동쪽 집에 살고 있는 구(俺東家之丘)"가 어찌어찌했다고 말했다는 것이다.

후한(後漢) 때도 이와 비슷한 이야기가 있다. 『삼국지·병원전(邴員傳)』의 주석에 보면 다음과 같은 이야기가 남아 있다.

병원이라는 사람이 젊은 시절에 학문이 높은 스승을 만나기 위해 사방을 두루 주유하고자 하였다. 그때 어떤 사람이 "자네 집에서 멀지 않은 곳에 강성선생(康聲先生)이라는 유명한 분이 계신데 하필이면 멀리까지 가려고 하는가?"라고 귀띔해 주었다. 이에 병원은 강성선생을 찾을 수 있었다. 강성선생의 본명은 정현(鄭玄)인데, 무려 제자를 천여 명이나 길러낸 대유학자였다.

이렇게 해서 병원은 정현을 스승으로 모시게 되었다고 하는데, 처음에 병원은 정현에 대해 아무것도 모르고 있었던 것이다. 그래서 사람들은 병원이 정현을 "동쪽 집에 살고 있는 구로 알았다."고 했다는 것이다.

【용례】 그분이 그렇게 유명한 작가였다는 게 사실이야? 나는 뭐 하릴없는 건달로만 봤는데, "동가지구"를 옆에 두고도 못 알아보다니.

동도주 東道主

東 : 동녘(동) 道 : 길(도)
主 : 주인(주)

【뜻풀이】 주인을 가리켜 이르는 말이다.

【출전】 『좌전·희공(僖公) 30년』조에 다음과 같은 이야기가 기록되어 있다.

춘추시대 진(晉)나라의 공자 중이(重耳)는 나라 밖으로 달아나서 19년 동안이나 망명생활을 했는데, 정(鄭)나라를 지나갈 때 크게 모욕을 당한 적이 있었다. 나중에 중이는 귀국해서 임금〔진문공(晉文公)〕이 되자 정나라에 대한 개인적인 원한을 갚는 동시에 정나라와 초(楚)나라 사이의 관계를 깨뜨리고자 진(秦)나라와 손잡고 정나라를 공격하게 되었다.

정문공(鄭文公)이 두 나라의 공격을 받게 되어 궁지에 몰리자 대부 일지호(佚之狐)가 나서서 계책을 올렸다.

"촉지무(燭之武)를 보내 진목공(秦穆公)에게 철군할 것을 진언한다면 우리나라는 위험에서 벗어날 수 있을 것입니다."

촉지무는 언변(言辯)이 뛰어나고 재주가 많은 사람이었지만, 여태껏 조정에서 크게 쓰이지 못해 불만이 많았다. 촉지무는 정문공의 권유에도 불구하고 이 일을 맡지 못하겠다고 하였다. 정문공은 계속하여 그를 설득하였다.

"내가 일찍이 그대를 중용하지 않다가 이제야 다급하게 그대에게 이 일을 맡기고자 하니, 이는 나의 잘못이오."

촉지무는 불만이 다소 풀렸다. 이에 정문공은 일지호의 말대로 촉지무를 파견하기로 했고, 그날 저녁 촉지무는 밧줄을 타고 성을 빠져나가 진나라 진영으로 향했다. 감쪽같이 진군 진중으로 가서 진목공을 만났다. 촉지무는 진목공 앞에 나가 인사를 한 다음 유세하기 시작했다.

"진(秦)과 진(晉)의 두 나라 군대가 정나라를 공격하니 이제 정나라는 결국 망하게 될 것입니다. 그러나 안타깝게도 우리 정나라는 진(秦)나라와 접해 있지 않습니다. 정나라는 동쪽에 있고 진(秦)나라는 서쪽에 있어 가운데 진(晉)나라가 끼어 있으니 정나라가 망하는 날이면 그 영토는 가까운 진(晉)나라에게 들어갈 뿐입니다. 그렇게 되면 진(秦)나라의 이웃인 진(晉)나라는 강성해지고 진(秦)나라는 도리어 약화될 것입니다. 그런즉 저는 대왕께서 무엇 때문에 정나라를 멸망시키고 진(晉)나라를 강성하게 하면서 자신의 나라는 약화시키려고 하는지 알 수 없습니다."

이에 진(秦)목공은 크게 깨달은 바 있어 곧 철수하기로 결정하였다.

당시 촉지무는 진목공에게 이런 말도 하였다.

"대왕께서 만일 정나라를 동도주로 만든다면 귀국의 사절들이 동방의 길을 지나갈 때 정나라는 주인으로서의 책임감으로 귀빈들을 잘 맞이할 것이니 결코 대왕께도 불리하지 않으리라 생각합니다.(若舍鄭以爲東道主 行李之往來 供其乏困 君亦無所害) 다시 말하면 진(晉)나라의 침략 욕심은 만족될 날이 없을 것인즉, 그들이 동쪽에서 정나라를 멸망시킨 다음에는 서쪽으로 전진해서 진(秦)나라까지 영토를 확장하려고 하지 않으리라 어떻게 장담하겠습니까? 대왕께서는 심사숙고(深思熟考)하시기 바랍니다."

진(秦)목공은 들으면 들을수록 촉지무의 말이 일리가 있는 것 같아 마침내 소리 없이 병사들을 거두고 말았다. 일이 이렇게 되자 진(晉)문공도 퇴각하지 않을 수 없었다.

촉지무가 말한 동도주란 정나라가 동도, 즉 동방의 길에서 진(秦)나라를 위해 접대 임무를 책임지겠다는 뜻이었다. 이렇게 해서 후세 사람들은 주인을 가리켜 동도주라고 부르게 되었는데, 오늘날에도 습관적으로 주인을 말할 때면 동도주라 부르고 손님을 청할 경우에는 작동도(作東道)라 하고 집주인을 가리켜 방동(房東)이라 한다.

【용례】 이번 지자제 선거에서 가장 중요한 관건은 역시 서울이겠지. 서울이 어느 당 후보에 의해 "동도주"가 되느냐에 따라 정국에 엄청난 파란을 몰고 올 게 분명해.

동류합오 同流合汚

同 : 함께 · 같을(동)
流 : 흐를 · 무리(류) 合 : 합할(합)
汚 : 더러울(오)

【뜻풀이】 사람이 악한들과 휩쓸려 나쁜 일만 저지른다는 뜻이다.

【출전】『맹자 · 진심장구(盡心章句)』 하편에 나오는 말로, 어느 날 맹자는 그의 제자 만장(萬章)과 마주앉아 이런저런 이야기를 나누고 있었다.

"일찍이 공자님께서는 향원(鄕原)들을 가장 꺼려했는데 그들을 예의가 없는 놈들이라고 하셨다."

"모두 다 그런 사람들을 좋은 사람이라 하고 또 그들 스스로도 좋은 사람으로 자처하는데 왜 공자님께서는 예의 없는 사람이라고 하셨습니까?"

"그런 사람들은 나쁜 습속에 휩쓸려 세상을 어지럽히는(同乎流俗 合乎汚世) 사람들로 겉으로 보기에는 성실하고 청렴결백(淸廉潔白)한 것처럼 보여 모든 사람들이 좋다고 하고, 또 그들 스스로도 그렇게 생각하지만 실은 그런 사람들은 결코 좋은 일을 할 수 없는 것이지. 때문에 공자님께서는 그들을 가리켜 예의가 없는 사람이라고 하신 것일세."

이상에서 보는 바와 같이 동류합오라는 성어는 바로 동호유속 합호오세(同乎流俗 合乎汚世)의 준말이다.

【용례】 그런 못된 애들과 휩쓸려 다니면 네가 배울 게 뭐가 있겠느냐? 네 말로는 의리는 대단한 녀석이라고 하는데, 그런 "동류합오"나 하는 의리라면 차라리 없는 게 나을 거다.

동병상련 同病相憐

同 : 같을 · 함께(동) 病 : 병 · 앓을(병)
相 : 서로 · 도울 · 살필(상)
憐 : 어여삐 여길 · 불쌍히 여길(련)

【뜻풀이】 같은 병을 앓아 아픔을 함께하다. 비슷한 처지에 놓인 사람들끼리 도우며 살아가는 것을 말한다.

【출전】『오월춘추 · 합려내전(闔閭內傳)』에 다음과 같은 이야기가 실려 있다.

오(吳)나라 임금 합려(闔廬)를 도와 월나라 구천(勾踐)과 싸운 오자서(伍子胥)는 원래 초(楚)나라 사람이었다. 그런데 그의 아버지 오사(伍奢)가 비무기(費無忌)란 사람의 모함으로 그의 형인 오상(伍尙)과 함께 죽음을 당하자 복수를 다짐하며 오나라로 망명해서 합려의 수하에 들어갔다. 마침 그때 마찬가지로 비무기의 모함으로 아버지 백주려(伯州黎)를 잃은 백희(伯喜)가 도망쳐 오나라로 왔다. 오자서는 힘써 그를 도와 조정에 추천해서 대부(大夫)에 임명되게끔 했다.

그런데 같은 대부인 피리(被離)는 백희를 별로 달갑게 여기지 않는 눈치였다. 그 낌새를 안 오자서가 물었다.

"당신은 왜 백희를 탐탁지 않게 생각하십니까?"

"그러면 당신은 왜 백희를 신뢰하는 게요?"

"왜냐하면 그와 나는 같은 원한을 품고 있기 때문입니다. 〈하상가(河上歌)〉라는 노래에도 나오지 않습니까? '같은 병을 앓으니 서로 돕고 같은 근심을 하니 서로 구한다. 놀라서 날아오르는 새들이 서로 좇으며 나는구나. 여울 따라 아래로 흐르는 물은 이로 인해 다시 함께 흐르네.(同病相憐 同憂相救 驚翔之鳥 相隨而飛 瀨下之水 因復俱流)'"

"당신이 하는 말뜻은 알겠습니다. 그러나 내가 볼 때 백희는 눈빛이 매와 같고 걸음걸이는 호랑이와 같아(鷹視虎步) 사람을 해칠 상입니다. 결코 마음을 허락해서는 안 될 사람입니다."

피리의 충고에도 불구하고 오자서는 백희를 동료로서 함께 일했다. 뒷날 백희는 월나라에 매수당해 오자서를 무고하여, 오자서는 마침내 분사(憤死)하고 말았다.

오자서가 인용한 〈하상가〉의 한 구절이 지금과 같은 성어가 되었다. 그리고 피리가 백희의 외모를 지적하면서 말한 응시호보(鷹視虎步) 역시 성어가 되어 매처럼 눈길이 날카롭고 호랑이처럼 용맹한 모습을 비유하게 되었다.

【용례】 부군과 사별하신 지 5년째라고요. 저도 상처한 지 벌써 7년째입니다. 남자인 저도 이런데 혼자 사시기가 보통 힘들지 않으시겠습니다. "동병상련"을 느낍니다. 제가 도와드릴 일이라도 있으면 좋겠군요.

동산고와 東山高臥

東 : 동녘(동) 山 : 뫼(산)
高 : 높을(고) 臥 : 누울(와)

【뜻풀이】 동산에 높이 누워 있다는 뜻으로, 은거하여 자유롭게 살고 있음을 가리키는 말이다. 세속을 피해 마음 편하게 초야에 묻혀 사는 사람들의 모습을 비유한다. 동산은 절강성(浙江省) 회계(會稽)에 있는 산 이름이고, '고와'란 세상을 피해 평화롭게 숨어사는 것을 말한다.

【출전】『세설신어 · 언어편(言語篇)』에 다음과 같은 이야기가 나온다.

진(晉)나라의 사안(謝安, 320~385)은 하남성 진군(陳郡) 양하(陽夏) 출신으로, 젊었을 때부터 재능과 식견이 뛰어나 조정에서 불렀지만 매번 사양하고 초야에 묻혀 살았다.

조정은 문벌 세력이 서로 다투고 북방에서는 전진(前秦)이 호시탐탐(虎視耽耽) 침략할 기회를 노리고 있는 등 당시의 정치 상황이 출사(出仕)하기에 알맞지 않았기 때문이다.

그는 회계군의 동산에 집을 짓고, 그곳의 수려한 산수에 묻혀 왕희지(王羲之)와 지둔(支遁) 등과 어울리며 시를 짓고 술을 마시면서 풍류를 즐겼다. 그러다가 나이 마흔에 이르러, 문벌 세력을 진압한 정서대장군(征西大將軍) 환온(桓溫)이 사마(司馬)의 직책으로 청하자, 마침내 그의 휘하에 들어가 이부상서(吏部尙書)라는 요직까지 올랐다.

그러나 환온이 황제의 자리를 넘보려 들자 이를 저지하다가 잠시 관직에서 물러났다.

사안이 동산으로 돌아가기 위해 당시 진나라의 수도인 신정(新亭)을 떠나려고 하자, 조정의 관리들이 모두 전송을 나왔다. 그 자리에서 당시 중승(中丞)의 자리에 있던 고령(高靈)이란 사람이 연회를 베풀면서 이렇게 말했다.

"당신은 한때 조정의 뜻을 어기고 동산에 높이 누워 있었습니다(東山高臥). 이때 사람들은 '안석(安石, 사안의 자)이 세상으로 나올 수 없다면 장차 백성들의 고통은 어찌하리.(安石不出 如蒼生何)'라고 했소. 오늘 백성들은 다시 '장차 당신의 고통을 어찌하리.' 할 것이오."

사안이 동산에 있을 때는 모두들 나라를 위해 나오지 않음을 걱정했는데, 그가 다시 돌

야간다니 그 마음의 고통을 어쩔 것이냐 하는 말이다.

【용례】 지금처럼 난세인 때는 의기를 내세우기보다는 조용히 제 할 일만 하며 "동산고와" 하는 것이 순리라고 생각하네. 자네 한 사람의 힘으로 바로잡기에는 역부족(力不足)일 거야.

동산재기 東山再起

東 : 동녘(동) 山 : 뫼(산)
再 : 다시(재) 起 : 일어날(기)

【뜻풀이】 어떤 일이나 벼슬을 그만두었다가 다시 하게 되는 경우에 쓰이는 말이다.

【출전】 『진서(晉書) · 사안전』에 다음과 같은 이야기가 있다.

동진(東晉) 때 진무제의 대신 사안(謝安, 320~385)은 선비로서 수양과 기품이 있어 젊어서부터 명성이 높았다. 양주자사(揚州刺史) 유영(庾永)이 여러 차례 벼슬길에 나갈 것을 권고했지만 번번이 사양하다가 나중에 더는 사양할 수 없게 되자 마지못해 부임했다고 한다. 그러나 한 달 가량 지나자 그는 핑계를 대며 집으로 돌아가 버렸다. 나중에 벼슬을 높여 다시 불러도 그는 듣지 않았으며 이부상서 범왕(范汪)이 이부랑으로 추천하여도 여전히 응하지 않고 회계군(오늘날의 절강성 소흥)의 동산(東山)에 가서 은거 생활을 하는 것으로 정치에 뜻이 없음을 표시하였다.

그러다가 당시 남군공(南郡公)으로 있으면서 군사 대권을 장악하고 있던 환온(桓溫, 312~373)이 부르자 사안은 그제야 산에서 내려와 환온의 수하에 들어가 사마(司馬)라는 직책을 맡았다. 환온이 죽은 뒤에는 상서복야(尙書僕射)로 승진했는데, 지위는 재상과 대등했다. 그리고 북방 전진(前秦)의 국왕 부견이 남침했을 때 사안은 정토도독이 되어 조카인 전무장군 사현(謝玄, 343~388)과 함께 부견의 백만 대군을 비수(淝水)에서 보기 좋게 물리쳤다. 이것이 바로 역사상 작은 힘으로 우세한 상대를 이긴 비수의 싸움이었다.(➡ 초목개병草木皆兵 참조)

이와 같이 사안이 일찍이 동산으로 은퇴했다가 후에 다시 정치 일선에 나서서 명망이 높아진 관계로 훗날 사람들은 이 일을 일컬어 동산재기라고 한다. 그리고 일단 패배했다가 권토중래(捲土重來)하는 것도 동산재기라고 하는데, 이럴 경우에는 동산재기 권토중래라고 이어 쓰는 것이 보통이다.

【용례】 그 선수 3년 동안 뭘 했는지 보이지도 않다가 다시 선수로 나섰다는군. 워낙 자질은 뛰어났던 선수니까 열심히 훈련하면 "동산재기"에 성공한 일례로 남을 수 있을 거야.

동상례 東床禮

東 : 동녘(동) 床 : 평상(상) 禮 : 예도(례)

【뜻풀이】 동쪽 평상 위에서 배를 드러내 놓고 밥을 먹는다는 뜻으로, 혼례식이 끝난 뒤 신랑이 신부의 집에서 마을 사람과 친구들에게 음식을 대접하는 일을 말한다. 원래는 결혼이 예정된 남자가 친구와 동료들을 불러 축하연을 여는 일을 뜻했다. 지금 우리가 쓰는 피로연(披露宴)에 해당하는 풍습이라고 하겠는데, 원래 피로연이란 "결혼이나 출생 따위를 널리 알리는 뜻으로 베푸는 잔치"를 말하는 것이다. 그러니까 식이 있기 전에 베푸는

잔치를 말하는 것이니, 식이 끝난 뒤에 하는 잔치라면 동상례라고 해야 옳을 것이다.

【출전】『진서(晉書)』 열전 권50과 『세설신어·아량편(雅量篇)』에 다음과 같은 이야기가 나온다.

왕희지(王羲之)는 자가 일소(逸少)다. 왕광(王曠)의 아들이자 사도(司徒)인 왕도(王導)의 조카로 글씨를 잘 쓰기로 유명했다. 당시 진류(陳留) 지방에 명망가 완유(阮裕)가 살고 있었다. 왕도는 조카 왕희지를 가리키며 말했다.

"이 애는 우리 집안의 뛰어난 인물로, 완유에 뒤지지 않을 것이오."

어느 날 태위(太尉)가 왕도에게 사람을 보내 사윗감을 구했는데 왕도가 동상(東床)으로 안내해 자제들을 살펴보기로 했다. 여러모로 살피고 돌아간 사람이 태위에게 말했다.

"왕씨집 자제들이 훌륭하긴 했지만 모두 다들 사위가 되려고 노심초사하는 모습이었습니다. 그런데 오직 한 사람이 동상에서 배를 드러내 놓고 태연히 밥을 먹고 있었습니다."

그가 바로 왕희지였고, 사윗감으로 선택되었다. 모든 형제들이 그의 결혼을 축하하며 큰 잔치를 베풀었다.(▶ 경광도협傾筐倒 참조)

【용례】 저 친구 남의 집 잔치에 가서는 축의금도 안 내고 "동상례"만 뻔질나게 좇아다니더니 제 혼인식엔 하객 한 사람 오지 않았다더군. 인과응보(因果應報)야.

동시효빈 東施效顰

東 : 동녘(동) **施** : 베풀(시)
效 : 본받을(효) **顰** : 찡그릴(빈)

【뜻풀이】 억지로 남을 모방하지만 결과적으로 웃음거리밖에 안 되는 경우를 비유해서 일컫는 말이다.

【출전】 전하는 말에 따르면 춘추시대 월나라에는 서시(西施)라는 천하 절색의 미녀가 살았다.

『오월춘추(吳越春秋)』나 『월절서(越絕書)』의 기록에 보면 처음에 어떤 사람이 이 미녀를 발견하고 오왕 구천(勾踐)에게 바쳤는데 구천은 다시 그녀를 월왕 부차(夫差)에게 바쳤다. 그 후 구천이 월나라를 멸망시키는 데 다소 공로가 있던 서시도 크게 이름을 날리게 되었다. 이후 2천여 년 동안 사람들은 서시를 전형적인 미녀의 대명사로 간주하면서 미모가 출중한 여자들을 가리켜 "아름답기가 서시와 같다"고 했다.

그런데 서시의 전설로부터 동시(東施)에 관한 이야기가 나오게 되었다.

『장자·천운편(天運篇)』에 보면 다음과 같은 이야기가 나온다.

서시는 속병(아마도 위장병이었던 듯)이 있었던 모양으로 언제나 가슴을 가볍게 붙잡고 양미간을 가늘게 찡그리곤 했다. 그런데 서시는 워낙 예쁘게 생겼기 때문에 그의 이런 태도는 조금도 밉게 보이지 않았을 뿐더러 오히려 더욱 매력적으로 보였다.

이때 서시네 집에서 멀지 않은 곳에 아주 추하게 생긴 여자가 살고 있었는데 서시를 한 번 보고는 찬탄을 금치 못했다. 그래서 서시를 흠모한 나머지 늘 서시의 자태를 모방하여 자신도 가슴을 지그시 누르고 양미간을 힘껏 찌푸린 채 다녔다. 그러면 자기도 아름답게 보이리라 여긴 것이다. 그러나 그녀는 본래 추하게 생긴데다가 얼굴을 잔뜩 찡그리고 다녔으니 그 자태가 괴상망측(怪常罔測)했으리란 것은 말할 필요조차 없었다. 그리하여 그를 보는 사람들마다 모두 얼굴을 돌리지 않는 사람이 없었다고 한다.

이렇게 이 성어의 뜻은 부정적인 의미가 내포되어 있긴 하지만, 경우에 따라서는 스스로 겸손을 표시하는 뜻으로 쓰이기도 한다.

그런데 동시(東施)라는 것은 후대에 만들어 낸 인물인 듯 『장자 · 천운편』의 기록에는 나오지 않고, 청나라 사람 적호의 『통속편 · 23권 · 부녀』 중 〈태평환우기(太平寰宇記)〉에서 처음으로 나온다.

【용례】 그 키에 덩크 슛을 쏘겠다니 가당치도 않네그려. 기초부터 다질 생각을 해야지 "동시효빈"하는 겉멋에 빠지면 아무것도 못될 테니 생각을 고쳐먹기 바라네.

동심동덕 同心同德

同 : 같을 · 함께(동) 心 : 마음(심)
德 : 큰 · 덕(덕)

【뜻풀이】 같은 목표를 위해 다 같이 힘쓰고 노력하는 것을 비유하는 말이다.

【출전】 『상서 · 태서편(泰誓篇)』에 나오는 말이다.

주나라 무왕이 군사를 일으켜 상나라 주왕을 징벌할 때 무왕의 군사들은 황하를 건너 조가라는 곳에 이르러 다시 전열을 가다듬었다.

거기서 무왕은 〈태서〉를 공포했는데 그 내용은 이렇다.

"상주왕에게는 군사들과 관리들이 많아도 합심이 되지 않아 오합지졸(烏合之卒)에 불과하지만 우리 군사들은 모두 다 하나의 목표로 뭉쳐 있다."

내용인즉 난국을 이겨 내기 위해 "한 마음 한뜻으로 목숨 걸고 싸워 큰 공을 세우자.(一德一心 立定厥功)"는 뜻이다.

동심동덕과 일덕일심은 모두 자주 쓰이는 성어로, 일덕일심은 일심일덕(一心一德)이라고도 한다. 그리고 동심동덕의 반대말로 이심이덕(離心離德)이라는 말이 있다.

【용례】 갑자기 아버님께서 돌아가셔서 얼마나 상심이 크겠나. 이럴 때일수록 형제가 똘똘 뭉쳐 "동심동덕"으로 역경을 헤쳐 나가는 것이 참으로 아버님 영전에 효성을 다하는 길일세.

동엽봉제 桐葉封弟

桐 : 오동나무(동) 葉 : 잎(엽)
封 : 봉할(봉) 弟 : 아우(제)

【뜻풀이】 장난삼아 오동나무 잎으로 동생을 제후(諸侯)에 봉한다는 뜻으로, 제후에 봉하는 일을 말한다. 말을 삼가라는 가르침이 담긴 성어다.

【출전】 『사기 · 진세가(晉世家)』에 다음과 같은 이야기가 나온다.

「어린 나이로 등극한 주성왕(周成王)이 동생 숙우(叔虞)와 소꿉놀이를 하면서 농담으로 오동나무 잎을 규〔珪,(標信)〕로 삼아 숙우에게 주면서 말했다.

"이것으로써 너를 제후에 봉하노라."

이 말을 전해들은 사일(史佚)이 성왕에게 길일(吉日)을 가려 숙우를 제후에 봉하는 의식을 거행하자고 주청(奏請)하였다. 그러자 성왕은 그때 일은 장난삼아 한 일일 뿐이라고 말했다. 이에 사일은 정색을 하면서 말했다.

"천자(天子)에게는 장난으로 하는 말이 없는 법입니다. 말씀을 하면 사관(史官)이 기록을 하고, 이를 거행하는 예식이 이루어지며 음악으로 노래해야 하는 것입니다."

이리하여 숙우는 당(唐)에 봉해졌다.

(成王與叔虞戱 削桐葉爲珪以與叔虞日 以此封若 史佚因請擇日立叔虞 成王日 吾與之戱耳 史佚日 天子無戱言 言則史書之 禮成之樂歌之 於是遂封叔虞於唐)」

사일의 말에서 천자무희언(天子無戱言)이란 성어도 나왔다. 책임 있는 자리에 있는 사람이라면 그만큼 말을 삼갈 줄 알아야 한다는 뜻이다.

【용례】 80년 당시 주한 미사령관인 워컴이란 자가 "한국 사람은 들쥐 같은 민족" 운운하며 망발을 했는데 "동엽봉제"한 옛 고사대로 마땅히 해임되어야 할 일이었지.

동일지일 冬日之日

冬 : 겨울(동) 日 : 날·해(일)
之 : 어조사(지)

【뜻풀이】 겨울날의 태양처럼 화기애애(和氣靄靄)하고 사랑스럽다는 뜻이다.

【출전】『좌전·문공(文公) 7년』조에 다음과 같은 이야기가 나온다.

조쇠(趙衰)와 그의 아들 조돈(趙盾)은 춘추시대 진(晉)나라의 유명한 공신들이었다.

조쇠는 재능 있는 정치가였을 뿐 아니라 진문공(晉文公)의 둘도 없는 모사(謀士)였는데 일찍이 진문공 중이(重耳)가 부왕인 진헌공(晉獻公)의 박해를 받아 외국에 가서 망명 생활을 할 때(▶ 퇴피삼사退避三舍 참조) 조쇠와 호언(狐偃) 등이 줄곧 그를 따라다니며 충성을 다했으며 그에게 좋은 계책을 제공해 주기도 하였다. 그러다가 19년 뒤 중이가 귀국하여 왕위에 올라 진문공이 되자 조쇠는 그를 전력 보좌해서 국정을 보살피게 되었는데, 진문공이 춘추오패(春秋五覇)가 된 데는 조쇠의 역할이 적지 않은 도움이 되었다. 진문공이 세상을 떠나고 양공(襄公)이 즉위한 뒤에도 조쇠는 여전히 충성을 다하면서 진나라를 위해 그의 일생을 바쳤다.

조쇠의 아들 조돈도 재능 있는 사람으로 진양공 때 재상으로 있으면서 많은 치적을 쌓은 바 있다. 양공이 죽은 뒤 일부 대신들은 일곱 살 난 공자 이고(李告)를 임금으로 세우려 했지만, 조돈은 너무 어리다고 하면서 반대하였다. 대부 호사고(狐射姑, 즉, 호언의 아들)는 공자 낙을 임금으로 세우려 했는데, 조돈은 여전히 듣지 않고 공자 옹을 세우고자 하였다.

그러다가 사람들이 끝내 이고를 세우니 그가 진영공(晉靈公)이다. 진영공은 유치한 구석이 있는데다가 무능하고 방자하며 무모한 임금이었다. 조돈이 몇 번을 간곡하게 간언을 올렸지만 그는 듣지 않았을 뿐 아니라 오히려 그를 죽이려고까지 하였다. 이에 조돈은 부득이 잠시 도성을 떠났다. 얼마 후 진영공이 조찬에게 시해되자 그제야 조돈은 돌아와서 진성공(晉成公)을 세우고 계속 왕을 섬겼다.(▶ 동호지필董狐之筆 참조)

당시 사람들은 조쇠와 조돈 두 부자를 진나라의 공신이라고 칭찬을 아끼지 않았다. 그러나 그들 두 부자의 성격은 판이하게 달랐다.

『좌전·문공 7년』조에 보면 어느 날 어떤 사람이 호사고에게 물었다.

"조쇠와 조돈은 어떠한 사람들인가?"

호사고가 이에 대답하였다.

"조쇠는 겨울날의 해와 같고, 조돈은 여름날의 해와 같다.(趙衰 冬日之日也 趙盾 夏日之日也)"

동일지일은 바로 호사고의 이 말에서 나온 성어다. 그리고 하일(夏日)과 같은 뜻으로 추상(秋霜)이라는 말도 있는데, 모두 다 정직하고 인격이 높은 사람을 가리키는 말로서 하일추상(夏日秋霜)이라고도 한다.

【용례】 누군지는 모르지만 몇 해 전부터 우리 고아원을 음으로 양으로 도와주시는 독지가가 한 분 계십니다. 이름도 주소도 밝히지 않고 매년 운영비를 보내 주시는데, 정말 "동일지일" 같은 따스함이 그 돈에는 깃들어 있는 것 같습니다.

동취 銅臭

銅 : 구리(동) **臭** : 냄새·냄새날(취)

【뜻풀이】 동전에서 나는 냄새라는 뜻으로, 돈으로 벼슬을 산 사람을 비웃는 말이다. 오늘날에는 뇌물을 써서 일을 이루려는 짓이나 그런 인물을 가리키는 말에 두루 쓰이고 있다.

【출전】 『후한서·최열전(崔烈傳)』에 다음과 같은 이야기가 나온다.

후한 말, 영제(靈帝) 때 왕조 말기 증상이 곳곳에서 나타나기 시작하였다. 신흥 종교인 태평도가 비밀결사를 이루어 황건적(黃巾賊)의 난을 일으키고, 조정에서는 환관이 득세하여 권력을 독점한 채 매관매직으로 사복을 채우는 등 나라 안팎이 혼란의 극을 치닫고 있었다. 더구나 황제는 사치한 생활을 거듭하여 국고를 탕진하였다.

조정에서는 고갈된 국고를 채우기 위한 대책으로 급기야 홍도문(鴻都門)을 열어 관직과 작위를 공공연하게 매매하였다. 이때 최열이라는 사람이 유모를 통해 5백만 전을 내고 사도(司徒)라는 관직을 샀다. 그리고는 주위의 반응을 보려고 아들에게 이렇게 물었다.

"내가 지금 삼공의 자리에 있게 되었는데, 사람들은 이것을 어떻게 평가하고 있느냐?"

그러자 아들이 대답하였다.

"아버님은 젊어서는 영민하다는 평가를 받았고, 대신과 태수의 자리를 역임하기도 했습니다. 그래서 사람들은 아버님이 삼공이 되는 것은 당연하다고 했습니다. 그러나 이번에 아버님이 그 지위에 오르자 천하 사람들은 모두 실망하고 말았습니다."

최열이 그 까닭을 물으니 아들이 다시 대답하였다.

"사람들이 돈 냄새(銅臭)를 싫어하기 때문입니다."

이 이야기는 『십팔사략(十八史略)·동한전(東漢傳)』에도 나온다.

【용례】 부정부패가 만연할수록 큰 비리, 큰 뇌물을 먹은 사람은 안전하고 영달하게 마련이지. "동취"가 진한 사람일수록 안전장치도 철저하게 마련해서 절대로 다치지 않도록 대비하거든.

동호지필 董狐之筆

董 : 바로잡을·물을·감출(동)
狐 : 여우(호) **之** : 어조사(지) **筆** : 붓(필)

【뜻풀이】 오류나 결함을 조금도 숨기지 않고, 있는 그대로 공정하게 기록하다. 특히 포폄(褒貶, 잘한 일에 대해서는 칭찬하고, 잘못

한 일에 대해서는 깎아내려 비판한다는 뜻)이 분명한 춘추필법(春秋筆法) 같은 사필(史筆)을 비유할 때 많이 쓰인다.

【출전】『좌전·선공(宣公) 2년』조에 다음과 같은 이야기가 나온다.

어린 나이로 즉위한 진영공(晉靈公)은 아주 어리석고 포학한 임금이었다. 예컨대 그는 높은 정자 위에서 지나가는 행인을 활로 쏘아 맞히는 것을 즐거움으로 삼았고, 요리사가 곰국을 맛없게 조리했다 해서 죽여 버리기까지 하는 위인이었다. 이에 재상 조돈(趙盾)이 여러 차례 간언했지만 왕은 듣지 않았을 뿐 아니라 세 번이나 조돈을 죽이려다가 실패하였다. 결국 신변의 위협을 느낀 조돈은 외지로 나가 잠시 피신했다.

그러던 중 조돈의 사촌형인 조천(趙穿)이 진영공이 도원에서 술에 만취한 틈을 타서 심복을 시켜 감쪽같이 시해하고 말았다. 이에 조돈은 즉시 도성으로 돌아와 진성공(晉成公)을 세우고 계속 재상직을 맡아보았다.(➡ 동일지일冬日之日 참조)

그 후 사관인 동호(董狐)가 이 사실을 역사에 기록할 때 "조돈이 임금을 시해하였다."고 써넣었다. 그 기록을 본 조돈은 깜짝 놀라 급히 동호를 찾아가 일이 그렇게 된 변명을 늘어놓았다. 그러자 동호가 질책하는 어조로 조돈을 꾸짖었다.

"대인께서는 일개 재상의 몸으로 당시 달아나기는 했지만 국경을 넘어가지 않았으며 또 돌아와서도 죄인들을 징벌하지 않았으니, 이 죄를 대인께서 지지 않으면 누가 책임져야 하겠습니까?"

『좌전』에서는 이 사실을 서술하면서 "동호는 옛날 훌륭한 사관으로 사건의 진실을 왜곡하지 않았다."고 평한 공자의 말을 인용하고 있다. 동시에 공자는 조돈에 대해서도 "옛날 훌륭한 대부였던 조선자(趙宣子, 즉, 조돈)는 억울하게 죄명을 뒤집어썼는데 안타까운 일이다. 만일 그가 자기 나라를 떠났더라면 아무 책임도 없었을 것이다."라고 말했다.

이렇게 해서 나중에 공정한 사관을 칭송할 때면 동호라고 하게 된 것이다.

【용례】 일제 시대 때 가장 나쁜 영향을 입은 분야 중 하나가 사학이야. 이른바 식민사관이라 해서 명망 있는 사학자란 것들이 스스로 역사를 왜곡했으니, "동호지필"은 구사하지 못할망정 개돼지만도 못한 짓을 했으니 우리 역사가 이 꼴이지.

두구과족 杜口裹足

杜: 팥배나무·닫을(두) **口**: 입(구)
裹: 쌀(과) **足**: 발(족)

【뜻풀이】 마음속에 우려나 반감이 있으면서도 의견을 말하지 않고, 무슨 일에 함께 종사하려고도 하지 않는 태도를 비유하는 말이다.

【출전】『사기·범수전(范雎傳)』과 『전국책·진책(秦策)』에 나오는 이야기다.

책사세객풍(策士說客風, 춘추전국시대 때 전략가들이 자신의 이론을 설득하던 풍토)이 성행하던 전국시대에 말재간을 부려 지배층들의 신임을 얻고 정치 대권을 장악하려는 사람들이 적지 않았는데, 범수라는 사람 역시 그러한 인물이었다.

범수는 원래 위(魏)나라 사람으로 처음에는 위나라 중대부 수가(須賈) 밑에서 일했는데, 별로 큰일도 하지 못하고 얼쩡대다가 되레 억울하게 목숨까지 잃을 뻔하였다. 뒤에 구사일생(九

死一生)으로 살아난 그는 성명을 고치고 진(秦)나라로 들어갔다.(▶ 탁발난수擢髮難數 참조)

당시 진나라의 임금은 재위에 오른 지 36년이나 되는 소왕(昭王, 昭襄王)이었지만 조정의 실력자는 선태후(宣太侯, 소왕의 모친)의 아우들인 양후(穰侯)와 화양군 그리고 소왕의 아우들인 경양군과 고릉군이었다. 그 중 양후는 재상으로 있으면서 국정을 좌지우지(左之右之)하였고 나머지 세 사람은 번갈아 군사 대권을 잡으면서 엄청난 세력을 떨치고 있었다.

범수는 진나라의 이런 형편에 비추어 우선 진소왕에게 편지를 써서 면담할 것을 요청하였다. 이에 소왕은 특별히 수레까지 보내어 범수를 맞이하게 했는데 범수는 대궐로 들어가자 일부러 비틀거리며 아무렇게나 걸었다. 그러자 내시들이 "대왕께서 옵신다." 하고 소리쳤다. 그러나 범수는 "진나라에는 양후와 태후뿐이다. 왕이 어디 있단 말이냐?" 하면서 듣지 않았다. 때마침 진소왕이 들어오다가 그 소리를 듣고 흠칫 하더니 범수를 극진히 맞이하는 것이었다.

진소왕은 어리둥절해하며 서 있는 내시들을 물리친 다음 범수에게 공손히 물었다.

"선생은 무슨 가르침이 있으시오?"

진소왕이 세 번이나 거듭 물어도 범수는 세 번 모두 "예, 예!" 할 뿐이었다. 이에 진소왕은 무릎을 꿇고 애걸하듯 말했다.

"선생은 끝까지 가르쳐 주지 않으시려오?"

범수는 그제야 입을 열고 장광설(長廣舌)을 늘어놓기 시작하였다.

"지금 신이 몸을 두고 있는 곳은 진나라이고, 또 대왕과 신은 아직 생소한 처지입니다. 그런데 신이 말하고자 하는 것은 다름 아닌 군신 관계와 혈친 관계에 관한 것으로 오늘 잘못 발설했다가는 내일 살신지화(殺身之禍)를 입을 수도 있습니다. 물론 사람은 한 번은 죽는 법이니 신의 말이 진나라에 유익하다면 이로 인해서 죽은들 두려울 게 무엇이겠습니까? 오직 신이 우려하는 것은 천하의 재능 있는 사람들이 신이 진나라에 충성을 다하고도 죽음을 당하는 걸 보고는 그때부터 〈입을 다물고 아무 말도 하지 않으며 발을 동여 가지고 걷지도 않을 것(杜口裹足)〉 같아서입니다."

범수는 이렇게 말하고 나서 왕권을 튼튼히 해야 한다는 점을 역설하였다. 그의 이런 강변은 진소왕의 마음을 크게 움직여 놓았다. 이로부터 범수는 진소왕의 신임을 얻고 재상의 자리에까지 올랐다. 그리고 선태후에 대해서 진소왕은 그가 늙었다는 이유를 들어 더 이상 조정의 일에 간섭하지 못하게 하였고, 화양군과 고릉군·경양군은 멀리 지방으로 보냈다.(▶ 원교근공遠交近攻 참조)

【용례】 기왕 장관이 되었으면 분명하게 자기 의견을 발표하든가 아니면 사퇴할 일이지, 그저 "두구과족"으로 자리만 차지하고 있으면 대순가. 왜 사람이 그렇게 줏대가 없어.

두우륙 杜郵戮

杜 : 팥배나무(두) 郵 : 역말(우)
戮 : 죽일(륙)

【뜻풀이】 두우라는 곳에서 죽인다는 말로, 충신이 죄 없이 죽음을 당하는 것을 뜻한다.

【출전】 『사기·백기열전(白起列傳)』에 다음과 같은 이야기가 나온다.

진(秦)나라 소왕(昭王) 때 무안군(武安君) 백기는 한(韓)나라와 조(趙)나라를 공격해서 큰 공을 세웠다. 뒷날 소왕이 다시 조나라를 공격하려 하자, 무안군은 당시의 상황을 들어 반대했는데, 소왕은 왕릉(王陵)을 시켜 한단을 공격하게 하였다. 그러나 9개월에 걸친 포위에도 불구하고 한단은 함락되지 않았고, 오히려 진나라 군사는 연합군의 공격에 많은 피해만 당했다. 초(楚)나라의 춘신군(春申君)이 위(魏)나라의 신릉군(信陵君)과 함께 수십만 명의 군사로 진나라 군사를 공격했던 것이다. 이때 무안군이 탄식하며 말했다.

"진나라가 내 계책을 듣지 않더니 결국 어떻게 되었는가?"

진왕은 이 말을 듣고 반성하기는커녕 화를 내며 무안군에게 출정을 강요하였다. 무안군이 병을 핑계로 응하지 않자, 화가 난 왕은 무안군을 파면시켜 졸병의 대오에 편입한 뒤, 음밀(陰密)에 옮기게 하였다. 무안군은 병으로 옮기지 못하고 석 달을 그곳에 머물렀는데, 그 사이 연합군의 공격이 더욱 심해져서 진나라 군사는 패전을 거듭하였다. 그러자 진왕은 사람을 시켜 무안군을 함양에서 옮기게 했다.

무안군이 함양을 떠나 서쪽으로 10리쯤 되는 두우(杜郵)라는 곳에 이르렀을 때, 진왕은 응후(應侯)를 비롯한 군신들과 무안군을 어떻게 처리할까 상의했는데, 그들은 한결같이 이렇게 말했다.

"백기가 옮겨가면서도 오히려 원망하면서 심복하지 않고 있습니다."

이에 진왕은 드디어 사자를 보내 무안군에게 자결을 명하였다. 무안군은 칼을 잡고 죽으려 하면서 말했다.

"내가 하늘에 무슨 죄가 있어 오늘 이 지경에 이르는가?"

그리고는 다시 이렇게 말하며 자결하였다.

"내 본래 죽어야 마땅할 것이다. 지난날 장평(長平)의 싸움에서 항복해 온 조나라의 군사 수십만 명을 속여 죄다 구덩이에 생매장해 죽였으니, 내가 죽지 않으면 누가 죽어야 하겠는가?"

백기는 일찍이 장평의 싸움에서, 포위전 끝에 굶주림에 지쳐 항복해 온 조나라 군사들을 "조나라 군사는 믿을 수 없다"고 하여 계책을 써서 생매장하고, 어린아이들만 돌려보낸 일이 있었던 것이다.

두우륙이란 무안군 백기가 두우에서 억울하게 죽은 사건에서 나온 말이다. 진나라 사람들은 그의 죽음을 불쌍히 여겨 고을마다 모두 그를 제사지냈다고 한다.

【용례】 사람을 섬겨도 제대로 된 사람을 섬겨야지, 억울하게 죄를 뒤집어쓰고 "두우륙"을 당하는데도 누구 하나 변호하는 사람도 없구나.

두찬 杜撰

杜 : 막을·팥배나무(두) 撰 : 지을(찬)

【뜻풀이】 두씨의 편찬. 전거가 분명치 않거나 틀린 부분이 많은 저술을 일컬을 때 쓰는 말이다.

【출전】 이 성어의 유래에 대해서는 여러 가지 이야기가 많은데 그 중 송(宋)나라의 왕무(王楙)가 지은 『야객총서(夜客叢書)』에 실린 이야기만 소개하기로 한다.

송나라 때 시인으로 두묵(杜默)이란 사람이 있었는데, 그는 한때 구양수(歐陽脩, 1007~1072)와도 어깨를 겨룰 만큼 시에 조예가 깊었다. 그런데 그의 시는 율격이 잘 맞지 않는 폐단이 있었다. 그래서 문장이 격식에 잘 맞지 않는 경우를 두찬이라고 하게 되었는데, 바로 두묵이 지은 것이라는 뜻이다.

그러나 원래 두라는 글자는 좋지 못한 것을 지칭할 때 붙는 접두사의 기능을 하고 있었다. 좋지 않은 밭을 두전(杜田)이라 하고 형편없는 정원을 두원(杜園)이라고 하며 자기 집에서 빚은 맛없는 술을 두주(杜酒)라고도 한다.

【용례】 이번에 최 선생이 낸 책은 오류가 많이 보여. 방학 내내 부지런히 도서관이다 서점이다 찾아다니셨는데, 고작 "두찬"을 낸 셈이군. 그래도 고생한 보람은 있어 우리들에게 요긴한 이야기가 많은 것도 사실이지.

득과차과 得過且過

得 : 얻을(득) **過** : 지날 · 허물(과)
且 : 또(차)

【뜻풀이】 그럭저럭 한가하게 소일하는 것을 일컫는 말이다.

【출전】 전하는 말에 따르면 오대산에는 괴상한 동물이 살고 있었다고 한다. 이 괴물은 네 다리에 날개까지 달려 있었는데 아마도 박쥐와 비슷한 짐승인 듯하지만 날지는 못했다고 한다. 따뜻한 봄철이나 무더운 여름철이면 몸에서는 풍만하고 아름다운 털이 돋아나서 아주 보기 좋았다는 것이다. 이때 그 울음소리는 마치 "봉황새도 나만 못해. 봉황새도 나만 못해." 하는 듯이 득의양양(得意揚揚)하게 들렸다고 한다. 또 가을이 가고 겨울이 오면 그의 털은 몽땅 빠져서 마치 방금 알에서 나온 새 새끼와도 같았는데 몸을 웅송그리면 흉측하기 그지없었다는 것이다. 그리고 그때의 울음소리는 마치 "그럭저럭 지내자. 그럭저럭 지내자.(得過且過 得過且過)"고 말하는 듯했다고 한다. 그래서 사람들은 그 동물을 한호충(寒號蟲) 또는 한호조(寒號鳥)라고 불렀다.

이상의 이야기는 명(明)나라 사람 도종의(陶宗儀)가 편찬한 『남촌철경록(南村輟耕錄)』에 기술되어 있는 전설이다. 실제로 그런 동물이 있을 까닭이야 없겠지만 동물조차도 자신의 형편에 따라 우는 소리마저 달라진다는 점이 우리가 삶을 살아갈 때 처세에 도움을 준다고 할 것이다.

요컨대 이 성어의 뜻은 멀리 앞을 내다볼 줄 모르고 눈앞의 이익에만 얽매여 의지가 부족하고 싫증을 잘 내며 무기력하게 하루하루를 살아가는 태도를 나무라는 의미가 담겨 있다.

【용례】 회사를 그만두고 난 뒤부터 이렇다 하게 하는 일도 없이 세월만 보내고 있습니다. 직장생활 할 때는 그렇게 쉬고 싶더니 하루하루 "득과차과"하는 요즘엔 그때가 그리워져요. 사람 생각 참 간사하더군요.

득기소재 得其所哉

得 : 얻을(득) **其** : 그(기)
所 : 바 · 장소(소) **哉** : 어조사(재)

【뜻풀이】 자신의 처지가 자신의 능력이나 뜻에 부합해서 만족스러운 상태에 놓여 있는 것을 비유하는 말이다.

【출전】 『맹자 · 만장장구(萬章章句)』 상편에 다음과 같은 이야기가 나온다.

춘추시대 정(鄭)나라에 자산(子産)이라는 유명한 정치가가 있었다. 그는 정간공 때부터 정공, 헌공을 거쳐 성공 연간에 이르기까지 20년간 집정하면서 많은 치적을 쌓은 사람이었다. 그리하여 역사적으로 그에게는 재미나는 많은 일화들이 전해지고 있다.(➡ 조도상금

操刀傷錦 · 포장화심包藏禍心 참조)

어느 날 어떤 사람이 자산에게 산 물고기를 한 마리 갖다 주었는데 자산은 연못을 관리하는 사람에게 고기를 주면서 못에 넣어 기르라고 분부하였다. 그러나 그 사람은 시키는 대로 하지 않고 남몰래 고기를 끓여 먹고는, 자산에게는 그럴듯한 거짓말을 꾸며 말했다.

"분부대로 물고기를 못에 넣었습니다. 처음 물에 넣었을 때는 그다지 움직이지 않더니만 좀 지나자 꼬리를 치면서 헤엄치더니 곧 푸드덕거리며 헤엄쳐 나갔습니다."

그 말을 들은 자산은 몹시 흐뭇해하면서 말했다.

"마땅한 자리를 얻었구나! 마땅한 자리를 얻었어!(得其所哉 得其所哉)"

이런 일이 있은 뒤 물고기를 끓여 먹은 사람은 이 일을 다른 사람에게 몰래 말하고 나서 "누가 자산을 총명하고 능숙한 사람이라고 했는가. 그 물고기는 내 뱃속에 들어간 지 오래인데도 그는 그저 '득기소재! 득기소재!' 하고 있지 않은가."라고 말했다.

맹자는 이 이야기를 끝마친 뒤에 연못을 관리하는 사람이 너무나 그럴듯하게 이야기를 꾸며댔기 때문에 자산처럼 총명한 사람도 속았다고 부언하였다.

여기에서 자산이 말한 득기소재라는 것은 물고기가 원래 있어야 할 자리인 연못을 만났으니 잘 되었다는 뜻이다. 즉, 자신에게 만족스럽게 된 것을 비유한 것이다. 그래서 모든 사람들이 다 합당한 자리에 있을 때 그것을 가리켜 각득기소(各得其所)라고 한다.

【용례】 이번에 우리 학교 문예부는 전반적으로 구성이 참 탄탄하게 짜인 것 같아. 분야별로 적당한 사람이 "득기소재"하고 있으니까, 왠지 올해 성과가 기대되는데.

득롱망촉 得隴望蜀

得 : 얻을(득) 隴 : 땅이름(롱)
望 : 바랄(망) 蜀 : 나라이름(촉)

【뜻풀이】 농주를 얻고 촉 땅을 다시 넘보다. 욕심이 끝없는 것을 비유해서 이르는 말이다.

【출전】 『후한서·잠팽전(岑彭傳)』에 다음과 같은 이야기가 나온다.

전한(前漢) 말년 왕망(王莽, 기원전 45~기원후 23)이 왕위를 찬탈할 무렵 잠팽은 고향인 극양에서 지방관으로 있었다. 얼마 지나지 않아 유현(劉玄)과 그의 아우 유수(劉秀)가 연합해서 농민들의 반란을 이용하여 곤양 일대에서 왕망군을 격멸시키고 한나라를 부흥시켰다. 이로 인해 유현을 경시제(更始帝)라 일컬었는데 한나라 군대가 극양으로 진격할 때 잠팽은 부대를 이끌고 유현에게 항복했다가 뒤에 유수의 막하로 들어갔다.

유수는 하남을 평정한 뒤 하북을 점령하고 산동으로 진격해서 농민 반란을 진압한 다음 스스로 광무제(光武帝)라고 했다. 약 2백여 년간 지속된 후한은 이로부터 시작되었다.

광무제 유수는 동부 지역 일대를 차지한 뒤 군사를 움직여 서쪽으로 진군하였다. 이때 잠팽은 대장군이 되어 유수를 따라 먼저 천수를 깨뜨리고 뒤이어 편장군 오한(吳漢)(☞ 치강인의差强人意 참조)과 함께 서성에서 외효를 포위했는데, 이 외효라는 사람은 왕망 세력이 클 때는 왕망 부하로 있다가 후에 유현에게 붙고 다시 유수에게 항복한 사람이었다. 그러나 이때는 다시 유수를 배반하고 공손술(公孫述)에게 투항한 상태였다. 그리고 공손술은 왕망 때부터 촉(오늘날의 사천성 일대) 땅에서 독립을 선언하고 성도(成都)에 도읍을 정한 뒤 촉왕으로 자칭한 사람으로 수십만의 군사를 거느리고 있었다. 유수가 서진했던 목적은 외효와 공손술이 각기 웅거하고 있는 농(감숙성)과 촉(사천성) 두 지방을 평정해서 천하를 통일하려는 데 있었다. 유수의 목적은 마침내 실현되어 외효와 공손술은 모두 소멸되고 말았다.

잠팽과 오한의 군대가 서성에서 외효를 포위했을 때 유수는 일이 생겨 먼저 낙양으로 돌아갔다. 떠날 때 유수는 잠팽에게 서성을 공략한 다음 즉시 사천으로 들어가라는 편지를 남겼는데, 거기에는 "사람은 지쳐어도 만족을 모르니 이제 농이 평정될 것인데도 다시 촉을 바라본다.(人苦不知足 旣平隴 又望蜀)"고 쓰여 있었다.

득롱망촉은 바로 유수의 이 말에서 유래한 것으로, 작은 성취에 만족하지 않고 더 큰 것을 노리고 탐낸다는 뜻이다.

【용례】 기왕 돈 버는 작가로 나섰으면 돈 번 것으로 만족해야지 문학상까지 기대하다니. "득롱망촉"도 정도 문제 아닌가! 어찌 두 마리 토끼를 다 잡으려고 하나.

득어망전 得魚忘筌

得 : 얻을(득) 魚 : 물고기(어)
忘 : 잊을(망) 筌 : 통발(전)

【뜻풀이】 물고기를 잡았으면 통발은 잊는다.

전(筌)은 물고기를 잡을 때 쓰는 통발을 말한다. 이 말은 일단 목적을 달성하면 수단으로 이용하던 물건을 잊어버린다는 뜻으로, 두 가지 의미로 해석할 수 있다. 하나는 사소한 일에 얽매여 큰일을 놓치지 말아야 한다는 것이고, 또 하나는 반대로 결과 못지않게 과정도 중시해야 한다는 것이다.

【출전】 『장자 · 외물편(外物篇)』에 다음과 같은 이야기가 실려 있다.

「통발은 물고기를 잡는 데 필요한 기구인데, 물고기를 잡으면 통발은 곧 잊어버린다. 덫은 토끼를 잡는 데 쓰이는데, 일단 토끼를 잡으면 덫은 잊어버린다. 말이란 뜻을 담는 데 필요한데, 일단 뜻을 얻으면 말은 잊어버린다. 내 어찌 저 말을 잊는 사람들과 더불어 말을 할 수 있겠는가?

(筌者所以在魚 得魚而忘筌 蹄者所以在兎 得兎而忘蹄 言者所以在意 得意而忘言 吾安得夫忘言之人 而與之言哉)」

장자가 말하는 망언지인(妄言之人)이란 말에 구애를 받지 않는 사람을 뜻한다. 개념에 얽매여 사고가 경직된 사람은 상대적인 측면에만 사로잡혀 진정으로 사물의 경계에서 초월하지 못한다. 때문에 절대적인 경지에 대해서는 함께 논의할 수 없다는 것이다.

【용례】 영인본 팔아서 출판사 입지를 굳혔으면 빨리 그때 생각은 버려야지. 아직도 그런 책에 애착을 가지고 있다면 어떻게 큰 사업을 하겠나? "득어망전"이라고 이젠 책다운 책을 내는 데 전념하게.

득의망형 得意忘形

得 : 얻을(득) 意 : 뜻(의)
忘 : 잊을(망) 形 : 형상 · 나타낼(형)

【뜻풀이】 뜻을 얻어 자신의 형체마저 잊어버리다. 득의양양(得意揚揚)해하다.

【출전】 위(魏)나라와 진(晉)나라 왕조의 교

체기에 시인 완적(阮籍, 210~263)은 진왕조 지배층에 대해 불만이 적지 않았다. 그러나 그는 감히 말로는 표현하지 못하고 자신의 울적한 심정을 매일 술을 마시고 시를 쓰는 일로 달랠 뿐이었다.

완적에게는 친근한 벗이 많았는데 혜강을 비롯하여 산도와 향수, 유령, 왕계 등과 함께 조카 완함(阮咸)을 포함하여 일곱 사람이 작은 모임을 만들어 항상 죽림 밑에 모여 한담하고 술을 마시며 시를 짓고 거문고를 타면서 세월을 보냈다. 이들이 바로 『세설신어(世說新語)』에서 말한 죽림칠현(竹林七賢)이다.

(➡ 죽림칠현竹林七賢 참조)

그런데 이 칠현 중에도 희로애락(喜怒哀樂)의 변화가 가장 심했던 사람은 다름아닌 완적이었다. 『진서·완적전(阮籍傳)』에 보면 완적은 "술을 잘 마시고 휘파람을 길게 불면서 거문고를 잘 탔고 기쁠 때는 그 형체마저도 잊을 정도였다.(嗜酒能嘯 善彈琴 當其得意忽忘形骸)"고 한다. 여기에서 나온 이른바 '당기득의 홀망형해'가 득의망형이라는 성어의 유래가 되었다. 이 성어는 본래 지나치게 기뻐해서 정상적인 상태를 벗어난다는 뜻이었지만, 지금은 득의양양하여 우쭐거리는 태도를 비유하는 말로도 쓰인다.

【용례】 신통찮은 잡문을 모아 책을 내 놓고 책 좀 팔린다고 무슨 대작가가 된 것처럼 "득의망형"하다니. 그런 사람으로 안 봤는데 말야.

등고자비 登高自卑

登 : 오를(등) 高 : 높을(고)
自 : 스스로(자) 卑 : 낮을(비)

【뜻풀이】 높은 곳에 오르려면 낮은 곳에서부터 출발해야 한다는 뜻으로, 모든 일에는 순서가 있다는 말이다.

【출전】 『중용(中庸)』 제15장에 보면 다음과 같은 글이 있다.

「군자의 도는 먼 곳을 가려면 반드시 가까운 곳으로부터 시작하는 것과 같고, 높은 곳에 오르려면 반드시 낮은 곳으로부터 시작하는 것과 같은 것이다. 『시경』에 말했다. "처자가 잘 화합하는 것은 비파와 거문고를 타는 것과 같고, 형제가 이미 화합하여 화락하고 또 즐거워지네. 너의 집안을 잘 해나가고, 너의 처자식을 즐겁게 하네." 공자께서 말씀하셨다. "부모가 기뻐하실 것이니라."

(君子之道 辟(譬)如行遠必自邇 辟如登高必自卑 詩曰 妻子好合 如鼓瑟琴 兄弟旣翕 和樂且耽 宜爾室家 樂爾妻孥 子曰 父母 其順矣乎)」

공자가 그 집 부모가 참으로 기뻐하겠다고 한 것은 가족 사이의 화목이 이루어져 집안의 근본이 바로 서 있기 때문이니, 바로 『시경』의 행원자이(行遠自邇)나 등고자비의 뜻과 맞는다는 말이다.

성어 "등고자비"는 모든 일은 순서에 맞게 기본적인 것부터 하나씩 이루어 나가야 한다는 뜻이다. 우리 속담 "천릿길도 한 걸음부터"와도 뜻이 통한다.

『맹자·진심장구(盡心章句)』 상편에서도 "물을 보는 데도 방법이 있으니, 반드시 물결의 급한 곳을 볼 일이다.(觀水 有術 必觀其瀾)"고 해서 군자는 아래서부터 수양을 쌓아야 한다는 내용이 있다.

또 불경(佛經)에 보면, 어떤 사람이 누가 3층짜리 정자를 지은 것을 보고 샘이 나서 목수를 불러 정자를 짓게 하는데, 1층과 2층은 짓지 말고 아름다운 3층만 지으라고 했다는 이야기가 있다.

좋은 업은 쌓으려 하지 않고 허황한 결과만 바란다는 교훈이 담긴 이야기다.

학문이나 진리의 경지를 아무리 높다고 해도 차근차근 아래서부터 시작하지 않으면 그 높은 경지의 깊은 맛도 이해할 수 없는 법이다.

【용례】 "아무리 바빠도 바늘 허리에 꿰어 못 쓴다."는 말처럼, 일이란 기초부터 차근차근 "등고자비"해야지 서두른다고 되는 게 아니다. 그러니 제발 침착하게 처리하거라.

등도자 登徒子

登 : 오를(등) 徒 : 무리·다만(도)
子 : 아들(자)

【뜻풀이】 여색(女色)을 밝히는 사람을 비유해서 이르는 말이다.

【출전】 전하는 말에 따르면 전국시대 후기 초(楚)나라의 문학가 중 한 사람이었던 송옥(宋玉)은 글재주가 비상했을 뿐 아니라 풍채도 남달랐다고 한다. 어느 날 대부 등도자가 초양왕 앞에서 송옥을 가리켜 호색한(好色漢)이라고 비난하였다.

양왕은 그 말을 듣고 송옥에게 진짜 그러냐고 물었다.

이에 송옥이 대답하였다.

"전혀 그런 일이 없습니다. 호색한은 신이 아니라 바로 등도자 자신인 줄 알고 있습니다."

초양왕이 무슨 근거로 그렇게 말하느냐고 물었다.

송옥은 이렇게 말하였다.

"천하의 미인이라 할지라도 우리 초나라의 처자들과는 비교할 수 없고 초나라의 아름다운 처자 중에서도 우리 고향의 처녀들이 가장 아름답고 우리 고향의 처녀들 중에 가장 예쁜 여인은 신의 동쪽 이웃에 사는 한 처녀(東家之子)입니다. 그 처녀는 몸이 호리호리하고 키는 크지도 작지도 않으며 발그스름한 빰은 연지를 바르지 않아도 보기 좋습니다. 눈썹·살결·허리·치아 또한 미운 곳이 전혀 없습니다. 그녀가 웃으면 그 아름다움은 형용할 말이 없을 정도이며 양성과 하채의 공자라 해도 그녀에게 반해 오금을 펴지 못한다고 들었습니다. 그러나 그 같은 처녀가 담장 위에 올라서서 신을 훔쳐본 지도 어느덧 만 3년이 되어 갑니다만 아직까지 소신은 그녀에게 눈길조차 주어 본 적이 없습니다."

이렇게 말한 뒤 송옥은 계속 말을 이었다.

"그러나 등도자는 신과는 전혀 다른 것으로 알고 있습니다. 그의 부인은 머리는 헝클어지고 귀는 비뚤어져 있으며 입술은 갈라 터지고 치아는 듬성듬성하며 길을 걸을 때면 허리를 꼬부리고 지팡이를 짚고 다닐 뿐 아니라 온몸에는 옴이 돋아나서 얼굴에는 부스럼이 가득하다고 합니다. 하지만 등도자는 그런 그녀를 좋아해서 벌써 그녀의 몸에서 아이 다섯을 보았다고 합니다."

그런 뒤 마지막으로 송옥은 초양왕에게 말했다.

"보십시오. 과연 누가 더 여자를 밝히는 사람인가는 뻔하지 않습니까?"

초양왕은 송옥의 말을 듣고 일리가 있다고 여겨서 그 말에 수긍했다고 한다.

송옥이 초양왕 앞에서 한 말은 그가 쓴 〈등도자호색부(登徒子好色賦)〉라는 글에 나오고 있다. 이 때문에 사람들은 등도자를 호색한의 전형으로 간주하게 되었으며, 따라서 색을 즐기는 사람을 말할 때 등도자라고 하게 되었다.

그리고 송옥이 말한 동가지자〔또는 동가지녀(東家之女)〕 역시 후에 미녀를 가리키는 성어가 되었는데, 어떤 사람은 동린(東隣)이라고 하기도 한다.

【용례】 저놈 그렇게 예쁜 마누라를 얻어 놓고도 여직원 꽁무니나 슬슬 쫓아다니더니, 결국 간통죄로 잡혀가는군. 제가 무슨 "등도자"라고 주제 파악도 못하고 함부로 한눈을 팔아.

등용문 登龍門

登 : 오를(등) 龍 : 용(룡) 門 : 문(문)

【뜻풀이】 용문을 오르다. 관리가 되는 길 또는 입신양명(立身揚名)한 것을 비유하는 말이다.

【출전】 『후한서·이응전(李膺傳)』을 보면 다음과 같은 이야기가 실려 있다.

후한(後漢) 환제 때 이응이라는 청렴하고 강직한 관리가 있었다. 그는 하남윤으로 있을 때 명문 호족인 양원군의 죄를 고발했다가 도리어 벌을 받은 적이 있었으며, 사예교위〔司隷校尉, 경찰청장〕가 된 뒤에도 탐관오리들을 원수 대하듯 했다.

어느 날 야왕현령이자 환관 장양의 아우 장삭이 죄를 짓고 도성에 와 형의 집에 숨어 있다는 말을 들은 이응은 지체 없이 부하들을 이끌고 가서 그를 잡아 공개적으로 죄상을 심의한 다음 참수형에 처해 버렸다.

이렇게 해서 당시 환관의 무리들은 이응의 말만 꺼내도 벌벌 떠는 형편이 되어 이응의 명성은 갑자기 높아졌다. 그러자 많은 사람들이 그를 만나러 왔는데, 그와 만나는 것을 일러 "용문에 들어선다.(登龍門)"고 하면서 커다란 영광으로 여겼다.

이 이야기에서 알 수 있는 것처럼 예전에는 신망이 높은 명문가의 대문을 가리켜 용문이라고 하였다. 당(唐)나라 현종 때 형주자사로 있던 한조종(韓朝宗)이라는 사람이 당시 조야(朝野)에서 명망이 높아 사람들은 그를 가리켜 한형주(韓荊州)라고 하면서 대단히 존경하였다. 시인 이백(李白, 701~762)도 한때 그를 만나고 싶은 생각이 있어서 "한 번 용문에 들어서 보았으면 좋겠다."는 뜻을 담은 편지 〈여한형주서(與韓荊州書)〉를 써서 보낸 적이 있다고 한다. 그리고 이백의 이 편지에는 "많은 문인 학자들이 만호후에 봉해지는 대신 한형주와 알고 지내기가 소원이다."라는 말도 적혀 있다. 이리하여 "한형주와 알게 되다(識荊)"는 말로 처음 남을 대면할 때 상대방을 존중하는 뜻을 표현하게 되었다고 한다.

【용례】 예전과 달리 요즘은 배우 학원에 다니다가 연기자로 "등용문"에 들어서는 사례가 많다고 하지.

ㄷ

등태산이소천하 登泰山而小天下

登 : 오를(등) 泰 : 클(태) 山 : 메(산)
而 : 어조사(이) 小 : 작을(소)
天 : 하늘(천) 下 : 아래(하)

【뜻풀이】 태산에 올라 천하가 작은 것을 안다.

【출전】 공자(孔子, 기원전 552~기원전 479)가 태산에 올라간 뒤에야 비로소 천하가 작다는 것을 알았다는 이야기에서 나왔다. 큰 진리를 깨우친 사람은 그만큼 사고나 행동의 폭

이 넓어져 세상을 인식하는 방식도 거침이 없어진다는 말이다.

『맹자·진심장구(盡心章句)』 상편에 다음과 같은 맹자의 말이 있다.

「공자께서 동산에 올라가서는 노나라가 작다고 여기셨고, 태산에 올라가서는 천하를 작다고 여기셨다. 그러므로 바다를 이미 본 사람에게는 시냇물 따위는 물로 인정받기 어렵고, 성인의 문하에서 노닌 사람에게는 잡다한 말들이 모두 올바른 말이라고 인정받기 어렵다. 물을 보는 데는 방법이 있다. 반드시 그 큰 물결을 보아야 한다. 해와 달이 밝은 빛을 지니고 있는 것은 작은 틈새까지도 그 빛이 고루 비추는 사실에서 알 수 있다. 흐르는 물의 본질은 웅덩이를 채우지 않으면 나아가지 않는 법이다. 군자가 도에 뜻을 두는 것도 마찬가지여서 빛나는 문장을 이루지 않으면 통달할 수 없다.

(孔子登東山而小魯 登泰山而小天下 故觀於海者難爲水 遊於聖人之門者難爲言 觀水有術 必觀其瀾 日月有明 容光必照焉 流水之爲物也 不盈科不行 君子之志於道也 不成章不達)」

이 말은 물론 유가(儒家)의 입장에서 한 말이지만 사물을 인식하고 세상을 조망할 때의 보편적인 방식으로 차용할 수도 있다. 즉, 기왕에 일을 꾸미고 뜻을 품을 바에는 좀 더 크고 폭넓은 위치에 서서 보고 거시적인 안목을 갖추어 이해하는 것이 소기의 성과를 초과해서 이루는 첩경이라는 말이다.

달리 말하면 눈에 보이는 이익이나 효과만 고려해 사태를 수습한다면 결국 더 큰 손실을 입을 수도 있다는 방향으로 논리를 펼 수 있다. 성인(聖人)의 도가 뛰어난 것은 보이지 않는 미래까지 예측하여 이에 슬기롭게 대처할 수 있는 기량과 안목을 부여하기 때문이다.

【용례】 네가 중도에 학업을 포기하고 유학을 떠나는 것에 대해 나는 일단 찬성한다. "등태산이소천하"란 말이 있듯이 더 넓은 세계를 보면 너의 안목이나 세계관도 훨씬 향상될 수 있을 테니까 말이다.

ㅁ

마고소양 麻姑搔痒

麻 : 삼(마) 姑 : 시어미(고)
搔 : 긁을(소) 痒 : 가려울(양)

【뜻풀이】 손톱이 긴 마고라는 선녀가 가려운 곳을 긁어 준다는 뜻으로, 일이 뜻대로 잘 되어 가는 것을 말한다.

【출전】『신선전(神仙傳)·마고편(麻姑篇)』에 다음과 같은 이야기가 나온다.

한(漢)나라 환제(桓帝) 때 이름이 마고라는 선녀가 장안(長安)에 들어와 채경(蔡經)이라는 관리의 집에 머물렀다. 마고의 손톱은 사람의 손톱과 달리 마치 새의 발톱처럼 길고 뾰족하게 생겼다. 마고를 맞은 채경은 마고의 손톱을 보고 이렇게 생각했다.

"만일 등이 가려울 때 저 손톱으로 긁는다면 얼마나 시원하겠는가."

그런데 그만 채경의 이런 불경한 생각이 선녀들에게 읽히고 말았다. 방평(方平)이라는 선녀가 혼자 중얼거린 채경의 마음을 읽은 것이다. 방평은 곧 사람들을 불러 그를 끌어다 채찍질하고는 꾸짖었다.

"마고는 선녀다. 어찌 감히 불경스럽게도 마고의 손톱으로 등을 긁을 수 있겠다고 생각하느냐!"

이처럼 마고소양이란 힘이나 능력을 가진 사람의 도움으로 자기의 원하는 일을 뜻대로 실현하는 것을 가리킨다. 오늘날에는 뜻이 넓어져 자기 일이 뜻대로 이루어지는 것을 비유하는 말로도 쓰인다. 마고파양(麻姑爬痒)도 같은 말이다.

【용례】 운영비가 없어 쩔쩔매고 있는데, 우리 사업의 가치를 알고 투자하겠다는 사람이 줄을 있고 있어. 이것이야말로 "마고소양"이 아니고 뭔가. 조짐이 좋아.

마루 摩壘

磨 : 갈·비빌·만질(마)
壘 : 진·포갤·겹칠(루)

【뜻풀이】 원래는 능력이 비슷해서 호각(互角)의 역량에 육박하는 것을 뜻했는데, 나중에 의미가 다소 바뀌었다. 두 가지 뜻이 있다. 하나는 적의 성루를 뜻하고, 다른 하나는 다른 사람의 작품이 옛날 대가(大家)의 작품에 필적할 때 칭찬하는 말로 쓰인다.

【출전】『좌전·선공 12년』조에 다음과 같은 이야기가 나온다.

초(楚)나라와 진(晉)나라는 춘추시대의 강국들로 패권을 잡기 위해 항상 격전을 벌였다. 양국 사이에는 정(鄭)이라는 약소국이 있었는데, 항상 양국의 눈치를 보며 위기를 모면하였다. 한번은 정나라의 변절에 화가 난 초장왕(楚莊王)이 정나라를 공격한 적이 있었다. 정나라가 재빨리 항복해 버려 일은 싱겁게 끝났는데, 뒤늦게 진나라의 구원군이 왔다. 진나라 진영에서는 후퇴와 공격 사이에서 격론을 벌이다가 사정상 공격하는 방향으로 상황이 전개되었다.

그때 있었던 이야기 중 한 토막이다.

초나라 진영에 허백(許伯)과 악백(樂伯), 섭숙(攝叔)이라는 사람이 있었다. 그들은 함께 진나라 군대를 공격하기로 작전을 숙의하였는데 각자 의견이 달랐다.

허백 : 싸움을 걸 때는 어자(御者)가 깃발이 휘날릴 정도로 빨리 달려 적진까지 육박했다가(摩壘) 되돌아온다고 들었다.

악백 : 내가 듣기로는 전차 왼쪽에 탄 사람이 화살을 쏜 다음 어자와 자리를 바꾼 뒤 어자가 말에서 내려 마구를 손질하면서 여유를 보인다고 하더군.

섭숙 : 싸움을 걸 때는 전차 오른쪽에 탄 사람이 적진에 뛰어들어 적을 죽이되, 귀를 자르고 포로를 잡아 가지고 돌아온다고 하던데.

이렇게 의견이 제각기 다르자 서로 자기 방식대로 공격하기로 합의하였다.

그 결과 승패에는 관계없이 적장인 포계(鮑癸)로부터 모두 군자라는 칭찬을 들었다.

허백이 한 말에서 성어 마루가 나왔다.

【용례】 자네 그림은 대가의 경지에 육박하는 뛰어난 기량을 보이고 있네. 가히 "마루"에 이르렀다고 할 만해.

마생각 馬生角

馬 : 말(마) 生 : 날(생) 角 : 뿔(각)

【뜻풀이】 말대가리에 뿔이 난다는 말로, 세상에 결코 일어날 수 없는 일을 가리키는 말이다.

【출전】 『사기 · 색은(索隱)』에 다음과 같은 이야기가 나온다.

전국시대 연(燕)나라에 태자 단(丹)이라는 사람이 있었다. 일찍이 조(趙)나라에 인질로 가 있었는데, 그때 그곳에서 출생한 진왕(秦王) 정(政, 뒷날의 진시황)과 친하게 지냈다. 그 뒤 인질에서 풀려난 단은 조나라로 돌아갔는데, 정이 진나라 왕으로 즉위하자 이번에는 진나라에 인질로 잡혀갔다.

당시의 형세는 강력한 진나라를 필두로 전국칠웅(戰國七雄)이 합종책(合從策)과 연횡책(連橫策)을 번갈아 시행하면서 힘의 균형이 유지되었던 시기였다. 때문에 태자가 인질로 가는 경우는 드문 일이 아니었다. 진나라로 가던 단은 함께 조나라에서 불우한 시절을 보낸 정이 잘 대해 주리라 믿었다. 그러나 예상은 보기 좋게 빗나가 진왕은 단을 박대하였다.

이에 화가 치민 단은 본국으로 돌려보내 줄 것을 요구했다. 그러자 진왕이 비웃듯이 말했다.

"물론 그러지. 다만 까마귀의 대가리가 희어지고, 말대가리에 뿔이 나거든.(烏頭白 馬生角)"

이 말에 어안이 벙벙해진 단은 하늘을 우러러 탄식했다고 한다. 뒷날 진나라를 탈출하여 조국으로 돌아온 단은 그때의 치욕을 잊지 않고 원수를 갚을 결심을 하였다. 그래서 자객 형가(荊軻)를 보내 진왕을 죽이려 했지만 실패했고, 이 일로 진나라의 침입을 자초했다.

연왕조는 도읍 계성이 함락을 당했고, 산동지방까지 밀렸다가 진나라의 추적이 계속되자 끝내 멸망하고 말았다. 그 다음 해에 진나라 임금 정은 천하를 통일하고 스스로 진시황(秦始皇)이 되었다.

【용례】 우리나라 국회의원들이 정치자금에 대해 깨끗해질 것을 기대하느니 차라리 "마생각"을 기대하는 게 나을 거야.

마수시첨 馬首是瞻

馬 : 말(마) 首 : 머리(수)
是 : 이·옳을(시) 瞻 : 볼·살필(첨)

【뜻풀이】 옛날 전쟁에서 병사들이 장수의 말머리를 따라 움직였듯이 한 사람의 의사를 좇아 일사불란(一絲不亂)하게 행동하는 것을 비유하는 말이다.

【출전】 『좌전·양공 14년』조에 다음과 같은 이야기가 있다.

기원전 562년, 진(晉)나라의 도공(悼公)이 정(鄭)나라를 향하여 진격하자, 진(秦)나라 경공(景公)은 정나라를 구원하기 위해 출병하여, 역 땅에서 진(晉)나라를 크게 물리쳤다. 이에 두 나라는 깊은 원한을 품게 되었다. 3년 후 기원전 559년, 진도공은 당시의 패배를 설욕하기 위해, 제(齊), 노(魯), 송(宋), 위(衛), 정(鄭)나라 등 12개 나라를 연합하여 진(秦)나라 정벌에 나섰다.

연합군이 간신히 경수(涇水)를 건넜을 때였다. 진(晉)나라의 중군통수(中軍統帥) 순언(荀偃)은 "내일 새벽 닭이 울 때 진격하되 우물은 메워 버리고 부뚜막 같은 것은 깨뜨려 버리고 전진할 것이며 나의 말머리가 움직이는 대로만 행동하라!(鷄鳴而駕 塞井夷竈唯余馬首是瞻)"는 세 마디 명령을 하달하였다.

이때 진(晉)나라 하군원수(下軍元帥) 난염(欒黶)이 이에 불복하여 "진나라에서는 지금까지 이런 명령을 내린 적이 없다. 나의 말머리는 그럴수록 동쪽으로 향할 것이다."라고 하면서 휘하의 군졸들을 거느리고 돌아서 버렸다.

순언 장군은 그제야 명령을 잘못 하달하여 내부 분열만 조성한 것을 뉘우치고 승산이 없는 싸움을 그만두고 동쪽으로 함께 철수할 것을 전군에 명령하였다. 이렇게 되어 싸움은 유야무야(有耶無耶) 끝나고 말았는데, 순언 장군이 한 유여마수시첨(唯余馬首是瞻)이라는 말에서 마수시첨이라는 성어가 나오게 된 것이다.

【용례】 우리나라에서 개최한 월드컵에서 보여 준 우리 국민의 응원은 지도하는 사람이 없이 펼친 "마수시첨"인 광경이 정말 장관이었지.

마이동풍 馬耳東風

馬 : 말(마) 耳 : 귀(이)
東 : 동녘(동) 風 : 바람(풍)

【뜻풀이】 남의 말을 신중하게 새겨듣지 않고 흘려듣다. "쇠귀에 경읽기"라는 속담과 같은 뜻이다.

【출전】 원래 이 성어는 당나라 때 시인 이백(李白, 701~762)의 시 〈답왕십이한야독작유회(答王十二寒夜獨酌有懷)〉의 한 구절이다. 왕거일(王去一)이란 사람이 밤늦게 혼자 술을 마시다가 느낀 감회를 적어 보낸 시에 이백이 화답한 작품인데, 장단구가 섞인 대단히 긴 시다.

왕거일은 아마도 자신의 불우한 형편에 상심하여 그 심사를 시에 담아 이백에게 보낸 듯하다. 때문에 이백은 그의 상심한 마음을 달래고 술을 마시고 달빛에 취해 세상사의 고뇌를 잊기를 당부하였던 것이다.

성어 마이동풍이 나오는 구절의 앞뒤 부분만 읽으면 다음과 같다.

「인생 길어 본들 백 년 안에 사라지나니
그저 술에 취해 만고 시름을 풀어내세.
그대는 여우 기름 바르고 쇠발톱 끼어 투계를 배우지도 못하면서
앉아 콧김을 내뿜으며 무지개를 가르려고 하는가.
그대는 가서한(哥舒翰, 당현종 당시 장수)이 청해를 주름잡으며 빔에 길을 잡고 나니면서
서쪽으로 석보성을 공격해 보랏빛 솜옷을 얻은 일을 배울 수도 없네.
북창에 앉아 시를 읊고 부를 짓는다지만
수많은 말은 한 잔 술만도 못한 법.
세상 사람 이 말에 머리를 흔드는데
마치 동풍이 말귀를 스치고 지나가는 듯하도다.
물고기 눈이 우리를 또한 비웃으며
감히 밝은 달과 같기를 청하고 있구나.
人生飄忽百年內
且須酣暢萬古情
君不能狸膏金距學鬪鷄
坐令鼻息吹虹霓
君不能學哥舒橫行靑海夜帶刀
西屠石堡取紫袍
吟詩作賦北窓裏
萬言不直一杯水
世人聞此皆掉頭
有如東風射馬耳
魚目亦笑我
請與明月同」

생선의 눈처럼 어리석고 비열한 안목을 가진 무리들이 밝은 달처럼 빛나는 시인의 자리를 탐내고 있다는 말이다.

다시 말해 옥석이 뒤섞이고 우현(愚賢)이 전도된 세태를 풍자하면서 훗날 올바른 평가를 내려 줄 사람을 기다리자는 당부가 깃들어 있다.

소식(蘇軾)의 시 〈화하장관육언시(和何長官六言詩)〉에도 이 성어가 나온다.

「청산은 절로 아름다운데
세상엔 함께 할 사람이 없구나.
시장 거리 뺀질이에게 말씀해봐야
마이동풍과 무엇이 다르랴.
靑山自是絕世 無人誰與爲容.
說向市朝公子 何殊馬耳東風.」

【용례】 그렇게 딴전을 피우고 있으니 내가 아무리 설명해도 이해가 안 되지. 네 귀에 내 말이 들리겠니. 다 "마이동풍"이지.

마저작침 磨杵作針

磨 : 갈(마)
杵 : 공이·다듬이방망이(저)
作 : 지을(작) **針** : 바늘(침)

【뜻풀이】 쇠공이를 갈아서 바늘을 만들다. 한 번 일을 시작했으면 불요불굴(不撓不屈, 흔들리지 않고 굽히지 않음)의 정신으로 끝까지 노력해야 성공한다는 뜻이다. 철저마침(鐵杵磨針)이라고도 한다.

【출전】 『잠확유서(潛確類書)』에 다음과 같은 이야기가 나온다.

당나라 때의 시인 이백(李白)은 각지의 명승지를 유람하면서 다양한 풍격의 시를 남겼다. 그의 시는 중국 시문학의 모든 장점들이

마치 강물이 모여 바다에 집결하듯 풍부한 색채와 화려한 빛을 발하고 있다.

이백은 또한 자유분방한 성격과 술을 좋아해서 많은 일화를 남겼다. 그는 술기운을 못 이겨 토한 뒤 현종의 용포(龍袍)에 입을 닦기도 했으며, 당시 세력이 막강하던 환관 고역사(高力士)에게 자기의 신발을 벗기게 하기도 했다. 그리고 시를 쓰는 동안 양귀비(楊貴妃)에게 연적(硯滴)을 들고 있게 하는 등 보통 사람들이 상상할 수도 없는 일을 서슴없이 저지르곤 하였다.

그런 이백도 사실 어렸을 때는 시 공부보다는 놀기를 더 좋아한 말썽꾸러기였다. 그리고 어려운 일은 피하고 무슨 일이든 끈기를 가지고 노력하지 않았다. 부모가 그를 서당에 보내면 공부하는 것이 노는 것보다 힘들고 어려워 며칠 다니다 그만두고는 다시 친구들과 어울리곤 했다. 그는 고리타분하게 책이나 읽으면서 살기를 바라지 않았다. 그래서 겉으로 보기엔 열심히 공부하러 다니는 것처럼 보였지만, 사실은 여기저기 정신없이 돌아다니기에 바빴던 것이다.

그러던 어느 날 이백은 밖에 놀러 나갔다가 길에서 머리가 하얗게 세고 얼굴이 주름투성이인 노파가 앉아 있는 것을 보았다. 그런데 이상하게도 노파는 손에 굵고 둥근 쇠공이를 들고 머리를 숙인 채 허리를 굽혀 가며 열심히 땅 위 돌에다 그것을 갈고 있었다. 이를 지켜보던 이백은 호기심이 일어 노파에게 물었다.

"아니 할머니, 그 쇠공이를 갈아서 무엇에 쓰시려는 겁니까?"

이백이 묻자 노파가 고개를 들며 말했다.

"갈아서 바늘을 만들려고 한다네."

이 말에 이백은 실소를 금치 못하며 반문했다.

"뭐라고요? 이렇게 굵은 쇠공이를 갈아서 바늘을 만든다고요?"

그러자 노파는 다시 쇠공이를 갈며 중얼거리듯 대답했다.

"그게 뭐 그리 어려운 일인가? 열심히 하기만 하면 되지, 쇠공이가 언제 바늘이 될지가 무슨 걱정인가."

노파의 이 말을 들은 이백은 크게 느낀 바가 있었다. 집에 돌아와서도 곰곰이 생각에 잠겼던 이백은 그때부터 뜻을 굳게 세우고 공부에 전심전력(專心專力)하여 마침내 중국 문학사상 가장 뛰어난 시인이 되었다.

【용례】 기왕 네 손으로 프로그램을 만들기로 했으면 "마저작침" 노력해서 결과를 손에 넣어야지, 몇 번 실패했다고 포기하면 사내대장부라고 하겠느냐? 힘을 내라.

마혁과시 馬革裹尸

馬 : 말(마) **革** : 가죽(혁)
裹 : 쌀·꽃송이(과) **尸** : 시신(시)

【뜻풀이】 말가죽에 시신을 담는다. 전쟁에 나가기 전에 전의(戰意)를 가다듬으면서 하는 말이다.

【출전】 『후한서·마원전(馬援傳)』에 다음과 같은 이야기가 있다.

후한 때 마원(기원전 14~기원후 49)이라는 유명한 장군이 있었다. 그는 광무제〔光武帝(劉秀)〕 때 외적의 침입을 물리치는 전투에 몇 차례 참가하여 여러 번 큰 전공을 세운 바 있었다. 그래서 광무제는 마원을 복파장군(伏波將軍)으로 삼고 신식후(新息侯)에 봉하였다.

어느 날 위무장군 유상이 귀주 일대에 나가 싸우다가 패전했다는 소식을 들은 62세의 노장군 마원은 즉시 싸움터로 나가게 해 달라고 요청하였다. 그러나 광무제는 그가 너무 연로한 것을 염려해서 허락하지 않았다.

이에 마원은 전마(戰馬)에 올라앉아 병장기를 휘둘러 보이는데 날래기가 젊은 장군에 못지않았다. 광무제는 크게 탄복하면서 그의 출전을 윤허(允許)했다. 마원은 마침내 대군을 인솔하고 귀주 일대의 싸움터로 출병했다.

마원은 늘 "대장부는 궁할수록 뜻이 굳어야 하고 늙을수록 기개가 있어야 한다.(大丈夫爲志 窮當益堅 老當益壯)"고 말했으며, "남자라면 나라를 위해 싸움터에서 죽어 천리마의 가죽으로 시체를 말아 가지고 돌아와야 한다. 어찌 침대에 누워서 아녀자의 수중에서 죽겠는가?(男兒當效死於邊野 以馬革裹尸還葬 何能臥床上 在兒女子手中耶)"고 말했다.

훗날 귀주 일대에서 작전할 때 많은 병사들이 전염병에 걸리고 마원 자신도 병에 걸려 처지가 아주 어렵게 되었다. 그러나 그는 한시도 부대를 떠나지 않고 전투를 독려하다가 끝내 전사함으로써 그의 장한 뜻을 실현했다.

그리하여 이때부터 나라를 위한 싸움에서 장렬하게 전사하는 것을 마혁과시라고 했으며, 궁당익견(窮當益堅)과 노당익장(老當益壯)도 하나의 성어가 되었다. 노당익장은 간단히 줄여 노익장(老益壯)이라고도 한다.

【용례】 지난 대회에는 우승 직전에서 고배를 마셨는데, 올해는 절대로 그런 불운을 겪진 않을 거야. "마혁과시"하겠다는 비장한 각오로 경기에 임하겠어.

막고야산 藐姑射山

藐 : 작을 · 업신여길(묘)/멀(막)
姑 : 시어머니 · 짐짓(고)
射 : 쏠(사)/벼슬이름(야) 山 : 메(산)

【뜻풀이】 막고야산은 옥황상제(玉皇上帝)가 산다는 산을 말한다. 이곳에는 신인(神人)이 살고 있어 인간 세상과는 전혀 다른 별천지를 형성하고 있다고 한다.

【출전】 『열자 · 황세편(黃帝篇)』에서는 이곳을 열고야산(列姑射山)이라고 하는데, 『장자 · 소요유편(逍遙遊篇)』에는 다음과 같이 써 있다.

견오(肩吾)와 연숙(連叔)이 대화를 나누다가 막고야산의 신인에 대해 견오가 이렇게 설명하였다.

"막고야산에는 신인이 살고 있는데 살결은 얼음이나 눈같이 차고 희며 온화하고 부드럽기가 처녀와 같다고 합니다. 오곡은 먹지도 않고 바람을 마시고 이슬을 먹는데 구름을 타고 비룡을 몰고 다니며 사해의 바깥을 떠돈다는군요. 그 정신이 응집하면 만물이 병들지 않게 하고 해마다 농사가 풍년이 든다고 합니다. 나는 이 말이 너무도 어이가 없어서 믿진 않습니다.(藐姑射山 有神人居焉 肌膚若氷雪 淖約若處子 不食五穀 吸風飮露 乘雲氣 御飛龍 而遊乎四海之外 其神凝 使物不疵 癘而年穀熟 吾以是狂而不信也)"

이에 연숙이 그 말을 반박하며 눈에 보이는 일로써만 믿는 것은 소인배나 하는 것이라고 핀잔했다. 견오의 말이 부정적이기는 하지만, 여기에서 유래해 나중에는 이상향(理想鄕)을 가리키는 말이 되었다.

【용례】 이번 주말 산행에서 우리가 가는 산은 비록 유명하지는 않지만 태백산맥 줄기가 닿아 있는 비경(秘境)을 감추고 있어. "막고야산"의 아름다움을 한껏 뽐내는데 이번 등산은 그 산으로 가는 게 어떨까?

막제고 藐諸孤

藐 : 아득할(막) 諸 : 모두(제)
孤 : 외로울(고)

【뜻풀이】 어리고 연약한 고아. 막은 "어리고 약하다(小弱)"는 뜻이고 제는 허사(虛詞)이며 고는 고아를 말한다.

【출전】『좌전·희공(僖公) 9년』조에 다음과 같은 이야기가 있다.

진헌공(晉獻公)은 애첩 여희(驪姬)의 계략에 속아 태자 신생(申生)을 비롯하여 공자 중이(重耳), 이오(夷吾) 등 세 아들을 역모죄로 핍박하고 여희의 소생 해제(奚齊)를 후계자로 세웠다. 그러나 헌공이 죽자 이극(里克)과 비정(丕鄭)이 반란을 일으켜 해제를 죽였다. 이에 순식(荀息)은 여희의 동생이 낳은 도자(悼子)를 후계자로 옹립하였다. 이에 앞서 순식을 해제의 스승으로 삼은 헌공은 병들어 눕자 순식을 불러 말했다.

"저 어리고 연약한 자식을 대부에게 부탁했는데 어떻게 되겠소?(是藐諸孤 辱在大夫 其若之何)"

순식은 머리를 조아리며 대답하였다.

"신은 고굉(股肱, 팔과 다리. 온몸을 뜻한다.)의 힘을 다하고 충성을 다할 뿐입니다. 일이 성공한다면 이것은 지하에 계신 주군의 음덕이옵고 만일 실패한다면 죽음으로써 뒤를 따를 것입니다."

그러나 결국 해제는 죽음을 당했고 순식도 따라 죽으려 했지만 사람들의 만류로 도자를 세워 진헌공을 장사지냈다.

이처럼 아비가 죽어 갈 곳이 없게 되어 버린 자식을 일러 막제고라고 한다.

【용례】 단란하던 가정이 교통사고로 저렇게 떼죽음을 당하다니. 혼자 남은 저 어린 "막제고"의 앞날이 걱정이네. 우리가 좀 도와줄 수 있는 방법을 찾아보세.

ㅁ

막천적지 寞天寂地

寞 : 고요할(막) 天 : 하늘(천)
寂 : 고요할(적) 地 : 땅(지)

【뜻풀이】 적막강산(寂寞江山). 쓸쓸하고 적적함을 일컫는 말이다.

【출전】 명나라 때의 문인인 낭영(郎瑛, 1487~1566)이 편찬한 『칠수유고(七修類稿)』라는 책에 보면 다음과 같은 이야기가 있다.

"어떤 어사또가 방금 부임해 올 때는 하늘이 놀라고 땅이 흔들리더니 몇 달이 지난 뒤에는 암흑천지(昏天黑地)가 되고, 이임하여 돌아갈 때는 적막강산이 되었더라.(御史初至 則曰驚天動地 過幾月 則曰昏天黑地 去時 則曰寞天寂地)"

이것은 옛날 탐관오리들의 행패를 몇 마디 안 되는 말로 신랄하게 폭로하고 비판한 것이다.

성어 막천적지는 여기에서 나온 말로서 훗날 사람들은 이 성어로 지극히 황량하고 쓸쓸한 고장을 비유하게 되었다.

【용례】 사업이 잘 될 때는 이놈 저놈 와서

아부하며 흥청거리더니 막상 망하고 나니까, "막천적지" 거들떠보는 놈 하나 없구나.

만가 挽歌

挽 : 끌·당길·말릴(만)
歌 : 노래·노래부를(가)

【뜻풀이】 죽은 사람을 위해 부르는 노래. 만가는 수레를 끌면서 부르는 노래인데, 그 수레는 바로 상여를 말한다. 만가(輓歌)라고도 한다.

【출전】 당나라 때의 문인 이한(李瀚)이 지은 『몽구(蒙求)』에 보면 다음과 같은 이야기가 나온다.

전한 때의 사람인 전횡(田橫)은 고향이 적현이었다. 그는 전국시대 제나라의 왕족이었던 전씨의 일족이다. 진나라 말기 세상이 어지러워지자 그도 나름대로 대업을 이룰 준비를 하였다. 그러던 중 재상으로 있던 전광(田廣)이 죽었다는 소리를 듣고 일어나 제나라 왕이 되었다.

그러나 미처 나라가 정비되기도 전에 한나라 군대가 쳐들어왔다. 한나라 장수인 관영(灌嬰)이 전횡의 군대를 물리치고 결국 제나라를 평정하였다. 그는 붙잡혀 죽을까 봐 두려워서 가족들과 함께 달아나 바다 가운데 있는 섬에 숨어 살았다. 한나라가 천하를 통일하자 고조가 전횡을 불렀다. 그래서 전횡은 식객 두 사람과 함께 낙양으로 들어와 황제의 사자에게 사례하며 말했다.

"나는 처음 한나라 왕과 함께 남면(南面)의 자리에 있었고 스스로를 고(孤)라고 불렀습니다. 그러나 지금은 어떻습니까? 한나라 왕은 천자가 되어 있는데 나는 망국의 포로일 뿐입니다. 이런 현실이 너무나 부끄럽습니다."

그러고는 자신을 수행한 두 식객에게 자신의 머리를 가져가 고조에게 바치라고 한 뒤 스스로 목을 찔러 자결하였다. 이 소식을 들은 고조는 눈물을 흘리면서 애도를 표하였다. 그리고 왕자의 예를 갖추어 장례를 지내 주고 두 사람의 식객은 도위에 임명했다.

그렇게 장례는 끝났고, 식객들도 전횡에게서 받은 소임을 다한 셈이었다. 얼마 뒤 두 식객은 주인의 무덤 옆에 구멍을 파고 역시 자신들의 목을 찔러 순절하였다. 섬에 남아 있던 제나라의 유민과 가족 5백여 명도 전횡이 죽었다는 소식을 듣자 모두 자살하고 말았다.

당나라 때의 학자인 이주한(李周翰)은 『문선(文選)』에 주석을 달면서 이렇게 말하고 있다.

"전횡이 자살했다. 그를 따르던 사람들은 드러내 놓고 울지는 못했지만 슬픔을 참을 길이 없었다. 그래서 슬픈 심정을 담은 노래를 지어 자신들의 마음을 대신했다. 뒷날 사람들이 이것을 널리 퍼뜨려 〈해로호리가(薤露蒿里歌)〉라고 했는데, 그것이 관례가 되어 죽은 자를 보낼 때면 항상 이 노래를 부르게 되었다."

유명한 악사인 이연년(李延年)은 이 노래를 두 개의 장으로 나누어 연주하게 만들었다. 〈해로가〉는 왕이나 귀인의 장례를 지낼 때 쓰고, 〈호리가〉는 사대부나 서민의 장례 때 썼던 것이다. 죽은 사람의 관을 만드는 사람이 이 노래를 부르기도 했다. 세월이 지나면서 이때 부르던 노래에 근거하여 죽은 사람을 저승으로 보낼 때 부르는 노래를 만가라고 하게 되었다.

『몽구』의 이 구절은 『전한서·열전』 권3에

도 나온다.

【용례】 그분이 돌아가시던 날이 아직도 눈에 선하군. 비는 부슬부슬 내리는데, "만가" 소리는 왜 그리 구슬펐던지. 바로 엊그제 일인 것 같아.

만부지망 萬夫之望

萬 : 일만(만) **夫** : 지아비·사내(부)
之 : 어조사(지) **望** : 바랄(망)

【뜻풀이】 모든 사람이 우러러 받든다는 뜻으로, 소망이나 일 따위를 말한다.

【출전】『주역 · 계사하전(繫辭下傳)』에 다음과 같은 말이 있다.

「공자께서 말씀하셨다.

"기미(幾微)를 아는 것이 참으로 신기롭도다. 군자는 윗사람을 사귈 때는 아부하지 않으며 아랫사람을 사귈 때는 몸을 더럽히지 않는다. 왜냐하면 그는 기미를 알기 때문이다. 기미란 것은 움직임의 작은 징조이고, 길흉을 미리 아는 것이다. 그러므로 군자는 기미를 보면 일을 시작해서 하루가 지나기를 기다리지 않는다. 역에서 말하기를 '굳기가 돌과 같다. 하루 해를 보내지 않으니 정하고 길하다.'고 하였다. 의지는 돌과 같이 굳은 것이다. 어찌 하루를 보낼 수 있는가. 과단성을 알 수 있을 것이다. 군자는 기미를 알기 때문에 큰 것도 알며 부드러운 것을 알기 때문에 강한 것도 안다. 그러므로 만인의 숭배를 받는 것이다."

(子曰 知幾其神乎 君子上交不諂 下交不瀆 其知幾乎 幾者動之微 吉凶之先見者也 君子見幾而作 不俟終日 易日 介于石 不終日 貞吉 介如石焉 寧用終日 斷可識矣 君子知微知彰 知柔知剛 萬夫之望)」

이 글은 군자와 소인의 차이에 대해 일의 기미를 안다는 점을 중심으로 논의한 것이다. 작은 기미를 앎으로써 큰 변화에도 능동적으로 대처할 수 있는 것이 군자의 힘이라고 하였다. 그리고 그 같은 힘으로 말미암아 뭇사람들이 군자를 우러러 받든다는 것이다.

【용례】 김씨 아저씨는 우리 동네 터줏대감이지. 좋은 일 궂은 일 언제나 발 벗고 나서지 않는 일이 없다니까. 그래서 사람들도 일이 생기면 먼저 김씨 아저씨부터 찾는다고. "만부지망"을 한 몸에 받는 우리 동네 어른이야.

만사구비 지흠동풍 萬事俱備 只欠東風

萬 : 일만(만) **事** : 일·섬길(사)
俱 : 갖출(구) **備** : 갖출(비)
只 : 다만(지) **欠** : 빠질(흠)
東 : 동녘(동) **風** : 바람(풍)

【뜻풀이】 어떤 일을 할 때 다른 모든 조건은 다 갖추어졌지만 유독 가장 핵심적인 요건이 구비되지 않았을 때 일컫는 말이다.

【출전】『삼국지연의』에 다음과 같은 이야기가 있다.

조조(曹操)가 백만 대군을 거느리고 적벽(赤壁, 오늘의 호북성 가어현의 장강 북안)으로 육박하며 유비(劉備)와 동오(東吳)를 소멸하고 천하를 통일하려고 하던 때였다. 이때 유비의 군사(軍師) 제갈량(諸葛亮)은 동오와 연합하여 공동으로 조조를 물리치기 위해 직접 동오에 가서 오왕 손권(孫權)을 설복(說服)하고 동오의 대장 주유(周瑜)의 항전 결심을 굳게 하였다.

주유와 제갈량은 전함과 수군이 많은 조조의 군대를 화공(火攻)으로써만 꺾을 수 있다고 판단했다. 이에 주유는 암암리에 준비를 해 나가는 한편, 노장군 황개(黃蓋)로 하여금 가짜로 조조에게 항복하게 하여 전황을 어지럽히게 하고 또 제갈량은 방통(龐統)을 조조에게 투항하게 해서 30~50척의 전함을 쇠고리로 한데 연결시켜 놓게 하였다.

오군은 공격할 만반의 준비를 다 갖추었다. 그러나 때마침 겨울이어서 서북풍만 불 뿐 동남풍(東南風)이 불지 않아 화공할 방도가 없었다.

이에 주유는 안달이 나서 앓아누웠는데 병문안을 온 제갈량은 주유가 앓아누운 이유가 무엇인지 뻔히 알면서도 "조조를 꺾으려면 화공이 상수라 만사가 구비되었지만 단지 동풍이 불지 않는구나."라고 쓴 쪽지를 주유의 손에 살그머니 쥐어 주었다.

이리하여 제갈량이 자기의 속셈을 몽땅 들여다보고 있다는 것을 알게 된 주유는 제갈량에게 동풍을 빌 방도를 물었다.

이때 천문에 대해 잘 알고 있던 제갈량은 며칠 내로 동남풍이 불어올 것을 예측했지만 실속은 감추고, 주유더러 제단을 차리고 하늘에 기도를 드리면서 바람을 빌겠노라고 하였다. 그 결과 며칠 뒤 과연 동남풍이 불어오자 오군은 화공으로 조조의 전함을 몽땅 불살라 버리고 조군을 허창(許昌) 일대로 패주하게 만들었다.

【용례】 버젓한 직장도 있고 집도 장만했고 자금도 충분한데 혼인을 하려니 여자가 없네. "만사구비에 지흠동풍"이로군.

만사일생 萬死一生

萬 : 일만(만) **死** : 죽을(사)
一 : 한(일) **生** : 날(생)

【뜻풀이】 만 번 죽을 뻔하다가 한 번 살아나다. 목숨이 극히 위험한 처지에 놓여 있음을 말한다.

【출전】 이 성어는 『정관정요(貞觀政要)』에 기술되어 있는데, 정말 위험한 처지에서 간신히 목숨을 건져 살아났다는 뜻으로 쓰인다.

당나라 태종 이세민(李世民, 598~649)은 아버지 이연(李淵, 566~635)을 도와 천하를 제패하는 위업을 이룩했다. 그러나 이렇게 천하를 제패하기까지의 과정은 그리 순탄했던 것만은 아니었다. 본래 수나라의 관리였던 이연은, 수나라 말엽에 전국 각지에서 일어난 민란을 진압하라는 명령을 받들어 산서·하동 등 곳곳을 떠돌았다.

그때 이세민의 나이는 고작 18살로, 그 역시 아버지를 따라 작전에 참가하였다. 그러나 반란군은 진압하면 할수록 더욱 거세게 반항했고, 흩어져 있던 세력들을 규합해서 더욱 큰 무리를 만들곤 하였다.

태원유수로 있던 이연은 비록 수나라의 녹봉을 받고는 있었지만 수나라의 통치에 반감을 품고 있었기 때문에 수양제도 사람을 보내 그의 행동을 은밀하게 감시하고 있었다. 이세민은 이미 천하의 대세가 기울었음을 느끼고 아버지에게 궐기할 것을 권했다.

"오늘날 날이 갈수록 반란군의 수는 많아지고 있는데, 아버님께서 그들을 다 진압할 수 있겠습니까? 만약 그들을 다 토벌하지 못한다면 황제가 아버님을 가만 두지 않을 것입니다."

그래서 마침내 이연은 아들에게 설득당하여 태원을 거점으로 군사를 일으켜 관중으로 진격해서 당나라를 개국하였던 것이다. 이때는 이미 만신창이(滿身瘡痍)가 된 수나라는 강남과 하북 지방 등 각지에서 민란이 끊이지 않고 일어났으며, 반란군들은 경쟁이라도 하듯이 각지에서 나라를 세우고 있는 상황이었다.

이렇게 수나라가 망하자 천하는 새로운 국면에 접어들어 당나라가 천하를 통일하려는 방향으로 대세가 흘러갔다.

이 시기는 이세민이 누구 못지않은 혁혁한 공훈을 세운 때였다. 그는 각지의 전투에 참가해서 수많은 승리를 거두었으며, 한편으로는 내부에서 알력 관계에 있던 세력과도 대결하여 성공적으로 그들을 몰아냈다.

천하의 제왕이 된 그는 인재를 알아보고 그들을 부릴 수 있는 남다른 능력을 지니고 있었다. 당태종 때 재상을 지낸 이정(李靖, 570~649)은 본래 수나라 재상 양소(楊素)가 자기 자리에 앉혀야 할 사람이라고 극찬한 인물이었다. 이정이 이연의 거병을 눈치 채고 장안으로 가서 보고하려고 했지만 한 발 늦어 이연에게 붙잡히는 신세가 되었다.

까딱하면 거병이 실패로 돌아갈 뻔한 이연은 화가 머리끝까지 나서 이정을 그 자리에서 처형하려고 했다. 그러나 그때 곁에서 이정을 지켜보던 이세민은 이정이 지혜와 용기를 겸비한 사람임을 알아보고 아버지를 만류해서 나중에 재상으로까지 삼았다.

이렇듯 숱한 고초를 겪는 가운데 재능을 발휘하면서 한때는 자신의 형제까지도 죽여야 했던 이세민은 사람들에게 늘 이렇게 말하곤 하였다.

"옛날에 방현령(➡ 방모두단房謀杜斷 참조)은 나를 좇아 천하를 평정하느라고 일찍이 온갖 고초를 겪었으니, 만 번의 죽을 고비에서 살아나기도 하였다.(昔日房玄齡從我定天下 備嘗艱苦 出萬死而遇一生)"

태종의 이 말에서 성어 만사일생이 나오게 되었다.

이 성어 대신에 구사일생(九死一生)이란 말도 많이 쓰이는데, 이 성어는 굴원(屈原)의 〈이소(離騷)〉에 나오는 "또한 내 마음이 올바름이여, 비록 아홉 번 죽을지라도 후회하지 않겠노라.(亦余心之所善兮 雖九死其猶未悔)"는 구절을 『문선(文選)』을 편찬한 소통(蕭統, 501~531)이 "아홉 번 죽어서 한 번도 살아나지 못한다 해도 후회와 원한을 품기에 족하지 않다."고 평했는데, 여기에서 유래하여 여러 번 죽을 고비를 넘기고 간신히 살아났다는 뜻으로 쓰이게 된 것이다.

꼭 목숨과 결부되지 않더라도 힘든 과정을 겪은 뒤 일에 성공했을 때도 이 말을 쓸 수 있다.

【용례】 한때 시련을 겪으면서 좌절한 적도 여러 번이었지만 다 이겨 내고 마침내 나는 성공을 거두었지. 그때 위기를 생각하면 지금도 "만사일생"한 느낌이 들어 모골이 송연하다니까.

만사형통 萬事亨通

萬 : 일만(만) **事** : 일·섬길(사)
亨 : 형통할(형) **通** : 통할(통)

【뜻풀이】 모든 일이 두루 뜻대로 이루어지다.

【출전】 형(亨)은 『주역』 중 건괘(乾卦)에 나오는 사덕(四德) 가운데 하나다. 만물을 성장

시키는 힘이 형인데, 사계(四季)로 보면 여름(夏)에 속하고 사단(四端)으로 따지면 예(禮)에 속한다.

건은 굳세다(健)는 뜻으로 자연으로 보면 하늘이 움직이는 것이고, 사람으로 보면 운이 뻗어나가는 것이며, 사업으로 보면 한창 전성기를 구가하는 시점이 될 것이다. 이렇게 왕성하고 정력적인 활동을 의미하는 괘가 건괘다. 따라서 모든 일이 형통한다는 말은 어떤 일을 하든지 뜻대로 이루어져 조금도 어긋나지 않는 것을 말한다.

그러나 한편 달도 차면 기울듯이 일도 가장 왕성할 때부터 쇠미해지기 시작하는 법이나. 때문에 모든 일이 뜻대로 되어 가는 순간일지라도 자만한다든가 방심하는 것은 금물이다. 그러므로 만사형통은 긍정적인 뜻과 함께 경계하는 뜻도 담겨 있다고 볼 수 있다.

【용례】 새해 복 많이 받으시고, 올해에도 "만사형통"하시기 바랍니다.

만사휴의 萬事休矣

萬 : 일만(만) **事** : 일·섬길(사)
休 : 쉴·그칠(휴) **矣** : 어조사(의)

【뜻풀이】 모든 일이 다 끝나다. 뜻하지 않은 난관에 부딪혀 더 이상 어떤 기대도 걸 수 없는 상황을 비유하는 말이다.

【출전】 『송사·형남고씨세가(荊南高氏世家)』에 다음과 같은 이야기가 있다.

당나라 말기 황소(黃巢)의 난이 일어나자 천하는 극도로 어지러워져 마침내 당이 망하고 이후 당말오대(唐末五代)라는 난세가 이어졌다.

이때의 임금이란 도적 떼 출신이 아니면 무력을 갖춘 장군이거나 이민족이었다. 그런 와중에 큰 나라는 고작 몇 십 년 정도 유지하다가 망하곤 했고, 약소국들은 연이어 건국되는 대국의 보호를 받으며 명맥을 유지하였다.

형남〔荊南, 남평(南平)이라고도 함〕 역시 이와 같은 약소국의 일원이었다. 개조(開祖)인 고계흥(高季興)은 주전충(朱全忠)이 후량(後梁)의 태조에 오르자 형남절도사에 임명되었다. 그 뒤 섬기는 나라가 망할 때마다 형남의 군주들은 표변을 거듭해서 그때마다 무사히 나라를 유지하였다. 2대 종회(從誨)는 후당(後唐)을 섬겼고, 3대 보융(保融)은 후주(後周)를, 4대 보욱(保勛)은 송(宋)을 섬겼던 것이다.

바로 보욱 때의 일이다. 그는 어렸을 때부터 아버지인 고종회의 편애를 받고 자라 누가 뭐라고 해도 싱글벙글 웃기만 할 뿐이었다. 그러더니 그가 정권을 물려받자 정치와 외교는 등한시한 채 오직 향락과 주색잡기(酒色雜技)에만 골몰했다. 이런 과정에서 정치는 썩을 대로 썩어 들어갔고, 마침내 모든 실권은 송으로 넘어가고 말았다. 결국 형남은 송나라 건덕(乾德) 원년(963)에 멸망하고 말았다.

이때 형남 사람들은 보욱의 황음(荒淫)을 지켜보면서 이렇게 말했다고 한다.

"모든 게 다 끝났구나(爲萬事休矣), 더 이상 무슨 기대를 하겠는가!"

【용례】 내가 이렇게 열심히 일하고 재산을 모은 것은 순전히 부모님 호강시켜 드리려는 뜻이었는데, 그새 못 참고 두 분 다 세상을 버리셨으니, 이깟 재산이 무슨 소용 있나. "만사휴의"야.

만성풍우 滿城風雨

滿 : 찰(만) 城 : 성(성)
風 : 바람(풍) 雨 : 비(우)

【뜻풀이】 여론이 파다하고 소문이 자자한 것을 일컫는 말이다.

【출전】 송(宋)나라 때 유명한 시인으로 사무일(謝無逸)과 반대림(潘大臨)이 있었다. 사무일은 나비를 몹시 사랑해서 나비를 읊은 시만도 300여 수나 되었고, 반대림도 시문에 능하여 소식(蘇軾)과 황정견(黃庭堅) 등과도 내왕이 잦았다.

『냉재야화(冷齋夜話)』에 따르면 어느 날 사무일이 반대림더러 "근래 시를 좀 지었는가?" 하고 물었다.

반대림은 "엊저녁에 한가롭게 누워 있는데 숲이 설레는 소리와 빗소리를 들으면서 느낀 바가 있어 '성에 가득 비바람 소리 들으니 중양절이 머지않구나(滿城風雨近重陽)'라고 한 구절을 떠올렸다네. 그런데 갑자기 빚 독촉을 하는 사람이 찾아오는 바람에 나머지 구절을 얻지 못했지."라고 대답하였다.

이로 보건대 당시 반대림은 가정 형편이 상당히 어려웠던 것을 알 수 있다. 그는 결국 빚 독촉 때문에 시를 한 구절밖에 짓지 못했지만, 이 한 구절 시는 오히려 명구가 되어 유전되었고, 또 만성풍우라는 성어까지 낳게 되었다.

또 『시화총귀(詩話總龜)』에 다음과 같은 이야기가 실려 있다.

사무일이 한번은 반대림에게 물었다.

"요즈음 새로 쓴 시라도 있습니까?"

반대림이 대답하였다.

"예, 가을날 모든 경치가 하나같이 아름다운 시구더군요. 어제 맑은 바람을 맞으며 누워 있는데, 숲을 스치는 비바람 소리가 들려 일어나 벽에 시 한 수를 지었더랬습니다. 그것은 '성안에 비바람이 가득 찼으니 중양절이 가까웁구나'였는데, 갑자기 세금쟁이가 들이닥쳐 그만 흥이 깨지고 말았습니다. 그래서 더 짓지 못하고 한 구만 남고 말았습니다."

반대림은 자는 빈로(邠老)이고 황강(黃岡) 사람이다.

『사문유취(事文類聚)』에 보면 이에 대한 다음과 같은 기사가 있다.

"사무일의 『계당집(溪堂集)』에 보면 반대림의 〈만성풍우근중양〉 구절은 중양절을 나흘 앞둔 날에 비바람이 크게 일곤 하는데, 이 일 때문에 그의 시구가 널리 삼절(三絕)이 되었다."

【용례】 ① 자네가 둘러친다고 그 소문이 없어질 것 같나? "만성풍우"야, 솔직히 이실직고(以實直告)하는 게 어때.

② 이 가을에 웬 비람. 그래도 한 줄기 쏟아지니 제법 서늘한 기운이 도는데. "만성풍우근중양"이라더니 바야흐로 가을놀이하기에 딱 좋은 계절이 돌아오는구나.

만수무강 萬壽無疆

萬 : 일만(만) 壽 : 목숨(수)
無 : 없을(무) 疆 : 지경·끝·두둑(강)

【뜻풀이】 만년을 살아도 끝이 없다. 어른의 생일이나 새해에 덕담(德談)으로 장수를 축원하면서 하는 인사말이다.

【출전】 『시경·빈풍(豳風)』에 있는 〈칠월(七

月)〉에 나오는 구절이다.

「섣달에는 탕탕 얼음을 깨어
 일월에는 얼음 창고에 넣는다네.
 이월엔 이른 아침에 일어나
 염소와 부추를 바쳐 제사 지낸다네.
 구월엔 된서리 내리고
 시월엔 타작 마당을 치운다네.
 두어 통 술을 마련해 동네 사람 대접하고
 염소와 양을 잡아 어른들 대접하지.
 임금님 처소에 올라가서
 뿔 술잔에 담긴 술을 권한다네.
 부디 만수무강하소서.
 二之日鑿氷沖沖
 三之日納于凌陰
 四之日其蚤
 獻羔祭韭
 九月肅霜
 十月滌場
 朋酒斯饗
 曰殺羔羊
 躋彼公堂
 稱彼兕觥
 萬壽無疆」

이 작품은 빈(豳) 땅 농민들의 세시 생활과 농촌의 정경을 노래한 것이다. 주공(周公)과 관련해서 빈 땅 사람들이 부른 노래라고 하는데, 빈 땅 자체는 주공과 아무런 관련이 없다고 한다. 빈은 기산(岐山) 북쪽 평탄하고 낮은 들판에 있다.

이 작품에서 고대 중국인의 세시풍습과 사회사가 어떠했는지 많은 대목을 시사해 주고 있다.

【용례】 해마다 명절이 돌아오면 내남 없이 고향으로 부모님을 찾아뵙는데 우리 실향민들은 어디 갈 곳이 없구먼. 그저 휴전선에 나가 북녘 하늘을 바라보며 부모님 "만수무강"을 빌 뿐이지.

만전지책 萬全之策

萬 : 일만(만) 全 : 온전할(전)
之 : 어조사(지) 策 : 대책(책)

【뜻풀이】 가장 안전한 대책. 여기서의 만은 숫자라기보다는 많은 것을 대신하는 의미로 쓰였다. 한 치의 실수도 허락하지 않는 방안을 뜻한다.

【출전】『후한서·유표전(劉表傳)』에 다음과 같은 이야기가 실려 있다.

건안 5년(201)에 원소(袁紹)와 조조(曹操)는 관도(官渡)에서 일대 격전을 치렀다. 이 싸움에서 조조의 군사는 10만 대 3만이라는 열세한 병력에도 불구하고 원소의 군대를 격파해서 적잖은 타격을 입혔다.

당시 형주목사였던 유표는 이들의 전투를 관망하면서 대세를 살피는 중이었다. 그는 원소의 지원 요청에 응했지만 실제로는 병사를 움직이지도 않았을 뿐더러 조조에 대해서도 적대 행위는 삼가고 있었다.

이때 그의 부하인 한숭(韓嵩)과 유선(劉先)이 유표를 만나 말했다.

"이렇게 사태의 추이만 관망한다면 나중에 양쪽 모두로부터 원망을 사게 될 것입니다. 원소는 조조를 격파한 뒤 분명 우리를 공격할 듯싶습니다. 그러니 조조를 도와 안전을 도모하는 것이 좋겠습니다. 조조는 분명 장군의 은혜를 잊지 않고 우리를 도울 것이니 이것이 가장 안전한 방책(萬全之策)이 될 것입니다."

그러나 우유부단(優柔不斷)했던 유표는 결

단을 내리지 못하고 있다가 뒷날 크게 봉변을 당하고 말았다.

여기에서 유래한 성어가 만전지책이다.

【용례】 그 친구는 유능하긴 하지만 언제 배신할지 알 수 없는 크렘린 같은 인물입니다. 회사 사정이 조금 힘들다고 해도 스카우트하지 않는 것이 "만전지책"일 듯합니다.

망국지음 亡國之音

亡 : 망할(망) 國 : 나라(국)
之 : 어조사(지) 音 : 소리 · 음악(음)

【뜻풀이】 망해 가는 나라의 음악이라는 뜻으로, 세태와 풍속의 추이에 따라 유행이나 삶의 방식도 달라진다는 말이다.

【출전】『예기 · 악기(樂記)』에 보면 다음과 같은 구절이 나온다.

「무릇 음악은 사람의 마음에서 나오는 것이다. 정이 마음에서 울리면 이로 인해 소리로 형성된다. 이 소리가 문채를 갖추면 이를 바로 음악이라고 한다. 이런 이유로 해서 잘 다스려진 시대의 음악은 편안해서 즐거우며, 그 정치도 조화를 이루고 있다. 반면에 어지러운 시대의 음악은 원망에 차 있고 노여움으로 떨리며, 그 정치도 괴리가 심하다. 더욱이 망해 가는 나라의 음악은 슬프고 근심이 많으며, 그 백성들은 피곤하다.

(凡音者生人心者也 情動於中 故形於聲 聲成文 謂之音 是故治世之音 安以樂 其政和 亂世之音 怨以怒 其政乖 亡國之音 哀以思 其民困)」

위에서 볼 수 있듯이『예기』는 한 시대의 음악을 크게 세 가지로 나누고 있다. 즉, 치세, 난세, 망국의 음악이 그것이다. 사람의 생각이나 생활 역시 그들이 처한 여러 가지 상황에 따라 달라지기 때문에 음악도 이를 반영한다고 보는 것이다.

이런 분류는 반드시 정치적인 상황만을 가지고 구분지은 것은 아니어서 아무리 부강하고 화려한 태평성세(太平盛世)가 이어진다 해도 윤리나 도덕이 피폐한 시대라면 긍정적인 평가를 받기는 어려울 것이다.

『한비자 · 십과편(十過篇)』에 보면 임금이 정치를 잘못해 나라를 망치는 열 가지 허물을 열거하고 있는데, 여기서도 "나라를 망칠 음악"이라 해서 이와 비슷한 내용을 실례를 들어 설명하고 있다. 망국지성(亡國之聲)이라고도 한다.

【용례】 잇따라 터지는 재해에 비가 안 와 흉작까지 겹쳐 여기저기 흉흉한 소문들이 끊이지 않고 도는군. "망국지음"이 별거겠나. 저런 소리가 바로 그거지.

망극득모 亡戟得矛

亡 : 없을 · 잃을(망) 戟 : 창(극)
得 : 얻을(득) 矛 : 창(모)

【뜻풀이】 이득과 손실이 서로 맞물려 별 손해가 없다는 뜻이다.

【출전】『여씨춘추 · 이속편(離俗篇)』에 다음과 같은 이야기가 있다.

전국시대에 제(齊)나라와 진(晉)나라가 싸울 때 어떤 나이 어린 병사가 극(戟)이라는 병장기를 잃어버렸다. 대신 긴 창 한 자루를 얻었지만 병장기를 잃어버렸다는 생각으로 마음이 영 찜찜하였다. 이에 어린 병사는 지나가던 행인에게 물었다.

ㅁ

"싸움터에서 극을 잃은 사람이 그 대신 장창을 얻어 가지고 부대로 돌아가면 벌을 받지 않겠습니까?"

그 사람이 위로하듯 말했다.

"극도 병장기이고 장창도 병장기다. 병장기를 하나 잃고 대신 하나를 얻었으면 대등한 일인데 어찌 부대로 돌아가지 못하겠는가?"

어린 병사는 그래도 시름이 그치지 않아 또 다른 사람에게 물어보았다. 그랬더니 그의 대답은 또 달랐다.

"극은 극이고 장창은 장창이라 어찌 같을 수 있겠는가?"

이렇게 상반된 대답을 들은 병사는 이러지도 저러지도 못하고 갈등만 거듭했다.

그러나 오늘날 이 성어는 관습적으로 득실이 서로 맞물려 손해도 없고 이득도 없다는 뜻으로 쓰이고 있다.

【용례】 화재로 공장 건물이 다 타버렸지만 회사를 위해 신명을 바치겠다는 사원이 이렇게 많다는 사실을 이번에 알았네. "망극득모" 한 정도가 아니라 손실보다 얻은 게 더 많다고 생각해.

망매지갈 望梅止渴

望 : 바랄 · 바라볼(망) 梅 : 매화(매)
止 : 그칠(지) 渴 : 목마를(갈)

【뜻풀이】 매화나무 열매라는 소리만 듣고도 입에 신물이 돌아 갈증을 던다는 뜻이다. 공상을 통해 위안거리를 삼거나 빈말로 남의 욕구를 충족시켜 남에게 희망을 줄 뿐 실제 문제는 해결하지 못한다는 말이다. 원래 매실은 신맛이 돌기 때문에 그 소리만 듣고도 입에 침이 돈다고 한다.

【출전】 이 성어는 화병충기(畵餠充飢)와도 뜻이 통하는데, 어떤 경우에는 두 성어를 연이어 쓰기도 한다.

조조(曹操)와 관련된 일화에서 나온 것으로 『세설신어 · 가귤편(假橘篇)』에 보면 다음과 같은 이야기가 나온다.

어느 날 조조가 군사들을 거느리고 행군하는데 날씨는 무덥고 식수는 바닥나 병사들은 기진맥진하여 걸음조차 제대로 걷지 못할 지경에 이르렀다. 이때 조조는 문득 기발한 생각이 떠올라 병사들을 향해 이렇게 외쳤다.

"저 산 너미에 매화나무밭이 있으니 우리 어서 가서 시큼하고 달콤한 매화나무 열매를 실컷 따 먹고 갈증을 풀자!"

이에 병사들은 매화나무 열매라는 소리에 자신도 모르게 입에서 침이 돌면서 정신을 차려 계속 진군했다고 한다.

【용례】 사장님은 자꾸 다음번에 보자고 하시는데 그게 벌써 몇 번째입니까? "망매지갈"도 한두 번이지, 이젠 더 이상 직원들을 무마시킬 수는 없을 겁니다.

망양보뢰 亡羊補牢

亡 : 잃을(망) 羊 : 양(양)
補 : 고칠 · 수리할(보) 牢 : 우리(뢰)

【뜻풀이】 양을 잃어버린 뒤 양우리를 고쳐도 늦지 않았다는 뜻으로, 잘못이 발생한 뒤라고 할지라도 즉시 시정하면 때가 늦지는 않았다는 말이다.

【출전】 『전국책 · 초책(楚策)』에 다음과 같은 이야기가 나온다.

전국시대 초양왕은 정말 어리석은 군주였다.

그는 아버지 초회왕이 진(秦)나라에 들어갔다가 억류되어 그곳에서 병사(病死)했는데도 즉위한 뒤 진나라에 대한 경각심을 높이기는 커녕 도리어 부화방탕(浮華放蕩)한 생활로 세월을 보내고 있었다.

이에 대부 장신(莊辛)은 초양왕에게 정치에 힘쓸 것을 여러 차례 간언했지만 임금은 듣지 않고 도리어 장신에게 욕설을 퍼붓곤 했다.

이에 장신은 하는 수 없이 잠시 피신하기 위해 조나라로 갔다.

장신이 떠난 뒤 겨우 다섯 달이 지나기 무섭게 과연 진나라는 초나라를 침공하여 도성까지 짓밟아 버렸다. 초양왕은 급히 성양(城陽, 오늘의 하남성 식현 서북쪽)으로 달아나야 했다.

초양왕은 그제야 장신의 충고가 옳았다는 것을 알고 깊이 뉘우치며 그를 불렀다.

장신이 돌아오자 초양왕은 그에게 사과하면서 물었다.

"지금의 형편으로 어떻게 해야 하는가?"

이에 장신은 임금을 위로하며 말했다.

"속담에 말하기를 '들토끼를 만난 다음 돌아서서 사냥개를 불러도 늦지 않고, 양을 잃은 뒤 즉시 양우리를 고쳐도 늦지 않다.'고 하지 않았습니까?(臣聞鄙語曰 見兎而顧犬 未爲晩也 亡羊而補牢 未爲晩也) 옛날 상탕(商湯)과 주무왕(周武王)은 모두 좌우 백 리밖에 안 되는 땅에서 일어나 강성해져 각기 상(商)나라와 주(周)나라를 세웠습니다. 그런데 폭군 하걸(夏桀)과 상주(商紂)는 비록 천하를 소유하고 있었지만 도리어 망국의 화를 면치 못했습니다. 지금 초나라에는 여전히 수천 리의 땅이 있지 않습니까!"

망양(亡羊)에 대해서는 기로망양(岐路亡羊)을 참조하기 바란다.

【용례】 공무원들의 부정이 날로 더하다고 해서 한탄하고만 있을 수는 없습니다. 늦었다고 생각할 때가 가장 빠른 때입니다. "망양보뢰"한다면 차후로는 이런 부정이 없을 것이라 믿습니다.

망양흥탄 望洋興嘆

望 : 바랄·바라볼(망) 洋 : 큰바다(양)
興 : 일으킬·흥겨울·흥(흥)
嘆 : 탄식할(탄)

ㅁ

【뜻풀이】 큰 바다를 보자 절로 탄식이 나오다. 원래는 남의 훌륭한 점을 보아야 자신이 보잘것없다는 사실을 안다는 뜻이었는데, 나중에는 일을 처리하는 데 힘이 부족하고 조건이 결핍되어 할 수 없는 경우를 빗대는 말로 바뀌었다.

【출전】 『장자·추수편(秋水篇)』에 다음과 같은 이야기가 있다.

가을철에 큰물이 나 수많은 작은 하천들의 물이 황하에 모여들면 황하가 갑자기 범람하여 강가의 소와 말도 잘 보이지 않았다.

이럴 때마다 황하의 신(神) 하백(河伯)은 자기가 세상에서 제일이라고 생각하면서 뽐내게 마련이었다.

어느 날 하백은 황하의 거센 물줄기를 따라 동쪽으로 동쪽으로 내려가다가 북새〔北塞(渤海)〕에 이르게 되었는데, 바라보니 망망한 바다는 끝이 보이지 않았다. 하백은 그제야 부끄러움을 느끼고 하늘을 우러러보고 북해신(北海神)을 향해 탄복하면서 말했다.(望洋向若而嘆曰)

"나는 내가 대단한 줄 알았는데 지금 당신

이 이렇게 넓고도 끝이 없는 것을 보니 내가 오만할 까닭이 전혀 없다는 것을 이제야 알게 되었소이다. 나는 영원히 뜻 있는 사람들의 웃음거리가 되었소이다!"

이때 북해신은 이런 말로 하백을 위로하였다.

"우물 안의 개구리는 바다가 어떠한가를 알지 못하며 여름을 사는 벌레는 얼음이 어떤지도 모르는 법이오."

그런 뒤 하백이 바다에 와 보고 자기의 유치함을 뉘우친 것은 커다란 발전이라고 칭찬했다는 것이다.

그리고 북해신은 또 자기는 넓은 우주의 자그마한 한 부분이기 때문에 지금까지 한 번도 우쭐해 본 적이 없노라고 하면서, 우주를 놓고 볼 때 지구 위의 있는 중원(中原) 땅도 큰 곡식 창고에 들어 있는 좁쌀 한 알과 같지 않느냐고 의미심장(意味深長)하게 말했다.

이 우화에서 망양흥탄 및 북해난궁(北海難窮), 대방지가(大方之家), 견소대방〔見笑大方, 또는 이소대방(貽笑大方)〕, 하백견해약(河伯見海若), 정와불가이어해(井蛙不可以語海), 하충불가이어빙(夏蟲不可以語氷), 대창제미〔大倉稊米, 또는 태창제미(太倉稊米)〕 등과 같은 성어들이 나왔다.

【용례】 친구가 집안 형편이 어려워 자퇴를 하겠다는데, 아무 도움도 주지 못하니 너무 속상하구나. 이번처럼 "망양흥탄"이 절로 나오는 경우는 처음일 거야.

망운지정 望雲之情

望 : 바랄(망) 雲 : 구름(운)
之 : 어조사(지) 情 : 뜻(정)

【뜻풀이】 아득히 떠나가는 구름을 바라보는 심정이란 뜻으로, 타향에서 고향에 계신 부모님을 그리워한다는 말이다. 멀리 길을 떠나온 자식이 어버이를 사모하여 그리는 정을 말한다. 백운고비(白雲孤飛)라고도 한다.

【출전】 『후당서 · 적인걸전(狄仁傑傳)』에 다음과 같은 이야기가 있다.

적인걸이 병주(并州)에서 법조참군(法曹參軍)으로 근무하고 있을 때였다.

그의 부모님은 하양(河陽) 땅의 별업(別業, 별장)에 계셨는데, 적인걸은 고향과 부모님이 그리울 때마다 태항산(太行山)에 올라가 외롭게 떠다니는 흰 구름(白雲孤飛)을 바라보면서 주위 사람에게 말했다.

"내 부모님께서 저 구름이 나는 아래에 계신데, 나는 멀리 바라만 볼 뿐 가서 뵙지 못하니 슬퍼함이 오래되었다.(吾親舍其下 瞻悵久之)"

그리고는 구름이 다 흘러간 뒤에야 산에서 내려왔다.

【용례】 고향을 한 해만 못 가도 이렇게 그리운데 북녘에 고향을 둔 실향민(失鄕民)들의 "망운지정"은 오죽하겠어. 그런데도 통일은 늦게 해도 된다고 말하는 사람은 도대체 어떤 작자들이야.

망자재배 芒刺在背

芒 : 가시(망) 刺 : 찌를(자)
在 : 있을(재) 背 : 등(배)

【뜻풀이】 가시를 등에 지고 있다는 뜻으로, 주변에 꺼리고 두려워하는 사람이 있어 마음이 불안하거나 편치 않은 상황을 가리키는 말이다.

【출전】『한서·곽광전(霍光傳)』에 다음과 같은 이야기가 있다.

전한(前漢) 때 사람인 곽광은 한무제(漢武帝) 때 공신 곽거병(霍去病)의 이복동생으로 일찍부터 무제를 섬겨 말년에는 대사마대장군(大司馬大將軍) 박륙후(博陸侯)가 되어 후사를 위촉받았다. 기원전 87년, 무제가 세상을 떠나자 여덟 살 난 아들이 제위를 계승했다. 그가 바로 소제(昭帝)다. 곽광은 유조(遺詔)를 받들어 어린 소제를 세우고, 소제의 이복형 연왕(燕王) 단(丹)의 반란을 진압한 뒤 정권을 독점하였다. 그런데 소제가 스물한 살의 젊은 나이로 세상을 떠나자, 곽광은 무제의 손자인 창읍왕(昌邑王) 유하(劉賀)를 제위에 앉혔다. 그러나 유하는 천성이 음란하고 놀기만을 좋아하여, 나라를 다스리는 일에는 전혀 관심이 없었다. 이런 행실을 구실 잡아 곽광은 유하를 폐하고, 무제의 증손자인 유순(劉詢)을 제위에 앉혔다.

이렇게 제위를 계승한 선제(宣帝) 유순은 국권(國權)을 좌지우지(左之右之)하는 곽광이 몹시 두려웠다. 언제 자신도 폐위시킬지 알 수 없는 노릇이었기 때문이었다.

어느 날 선제가 즉위 사실을 종묘사직(宗廟社稷)에 아뢰기 위해 궁궐을 출발할 때, 대장군 곽광이 몸소 수레를 몰고 그를 호위했다. 기골이 장대하고 날카로운 눈빛에 엄숙한 표정을 한 곽광을 본 순간 선제는 도저히 편안한 마음을 가지기 어려웠다. 이때 그의 불안한 모습을 『한서』에서는 "수레 안에서 마치 등에 가시가 박힌 것과 같은(若有芒刺在背)" 참기 어려운 모습으로 떨었다고 묘사했다.

뒷날 거기장군(車騎將軍) 장안세(張安世)가 곽광을 대신하여 선제를 모신 적이 있는데, 이때는 편안하고 조용한 모습을 하고 있었다고 한다. 곽광은 자기 딸을 선제의 황후로 삼았지만, 기원전 68년 곽광이 세상을 떠나자 선제는 곽광의 일족을 모두 처형하고 말았다. 그리고 선제는 그제야 이러한 느낌을 갖지 않게 되었다고 한다.

망자재배는 원래 권세 있는 이를 두려워하는 마음을 비유하는 성어로 쓰였지만, 오늘날에는 일을 도모할 때 주변의 눈치를 살피지 않을 수 없는 처지를 비유하는 데 두루 쓰인다.

【용례】 평소에는 말이 잘 나오는데, 이사회에 가서 보고하려니까 긴장해서 그런지 입술이 짝짝 마르더군. "망자재배"하려니 영 마음에 부담스럽지가 않아.

ㅁ

망자존대 妄自尊大

妄 : 망령될·어리석을(망)
自 : 스스로(자)
尊 : 높일·받들(존) **大** : 큰(대)

【뜻풀이】 분별 없이 스스로를 높이고 크게 여기다. 터무니없이 우쭐대다.

【출전】『후한서·마원전(馬援傳)』에 다음과 같은 이야기가 있다.

마원(기원전 14~기원후 49)은 무릉(武陵, 오늘의 섬서성 홍평현) 사람으로 유수(劉秀, 후한 광무제)가 낙양에서 즉위하여 후한을 세웠을 때 농서(隴西, 오늘의 감숙성 일대)에서 장순과 외효(隗囂)의 부하로 있으면서 수덕장군이라는 직책을 맡고 있었다.

그때 공손술(公孫述)도 성도(成都)에서 황제를 칭하였는데, 외효는 마원더러 먼저 성도에 가서 형편을 알아보라고 하였다. 마원은 공손술과 같은 고향 사람인지라 공손술이 자기를 반겨 맞아 주리라 생각했는데, 뜻밖에도 그는 단상에 높이 앉아 거드름을 피우면서 마원을 쌀쌀하게 맞이하는 것이었다.

그런 데다 한동안 시간이 지나자 공손술은 황제의 신분으로 마원에게 벼슬을 내리고 관복을 하사하는 것이었다. 이에 노한 마원은 무릉에 돌아와서 외효에게 말했다.

"자양(공손술의 자)은 우물 안의 개구리처럼 터무니없이 우쭐대는 사람입니다. 동쪽(낙양을 가리킴)을 섬기는 것만 못하겠습니다.(子陽井底蛙耳 而妄自尊大 不如專意東方)"(➡ 정저지와井底之蛙 참조)

이에 외효는 다시 마원을 낙양에 파견하였는데 유수의 극진한 대접을 받은 마원은 유수의 부하가 되어 돌아왔다. 그러나 외효는 여전히 유수에 대한 경계심을 품고 있어서 마원이 아무리 설득해도 여전히 걱정만 되풀이하는 것이었다.

나중에 유수는 차례로 외효와 공손술을 소멸하고 통일을 완수하였다.

『후한서·원안전(袁安傳)』에도 망자존대와 비슷한 말로 망자과대(妄自誇大)라는 말이 나오고 있지만, 사용하는 사람은 드물다.

【용례】 한 시즌에 타율이 좀 좋아졌다고 그렇게 "망자존대"하다니. 자만심에 빠져 우쭐대다가는 기껏 이룬 성과가 만사휴의(萬事休矣)로 돌아갈 수 있으니 훈련이나 더 열심히 해라.

망진막급 望塵莫及

望 : 바랄·바라볼(망)
塵 : 먼지·티끌(진)
莫 : 아닐(막) **及** : 미칠(급)

【뜻풀이】 너무나 빠르기 때문에 미처 따라잡을 수 없다. 지나치게 뒤떨어져 따라잡을 수 없다는 뜻으로 망진불급(望塵不及)이라고도 한다.

【출전】 『남사(南史)·오경지전(吳慶之傳)』에 다음과 같은 이야기가 나온다.

남북조시대 남조 송나라 사람 오경지는 재주가 비상한 사람이었지만 벼슬에는 별 뜻이 없었다. 오흥태수 왕곤(王琨)이 오경지의 재주를 기특하게 여겨 그에게 오흥군에 와서 벼슬할 것을 권하였다.

그러나 오경지는 이를 단호히 거절하면서 말했다.

"당신이 나더러 벼슬을 하라는 것은 마치 나무에다 고기를 기르라거나 새를 물 속에서 살라고 하는 것과 같습니다.(若欲見吏 則是蓄魚於樹 棲鳥 於泉耳)"

이에 왕곤은 얼른 따라 나가 사과하려고 했지만 먼지만 보얗게 일 뿐 사람은 그림자도 보이지 않았다.(不辭而退 琨追謝之 望塵不及矣)

그리고 『후한서·조자전(趙咨傳)』에 따르면, 조자는 동해상이 되어 부임하는 길에 형양(滎陽) 땅을 지나갔다. 그때 조숭(曹嵩)이라는 사람이 조자와 안면이 있던 사이인지라 그를 맞이하고 서로 이야기를 나누어 볼 생각으로 길목에 나가 기다리고 있었다. 그러나 조자는 조숭을 보고 수레에서 내리지도 않고 지나쳐 버렸다. 조숭은 조자를 성 밖까지 배웅하려 했지만 뜻밖에도 조자의 수레가 너무나 빨리 달려가는 바람에 흩어지는 먼지만 바라볼 뿐 도저히 따라잡을 수 없었다.

【용례】 나도 한때는 단거리 선수로 이름깨나 날렸는데, 그 도둑놈이 얼마나 빠른지 결국 놓치고 말았지 뭐야. 정말 "망진막급"이더

군. 잡는다면 육상 선수로 키워 볼 만하겠어.

매독환주 買櫝還珠

買 : 살(매) **櫝** : 궤·널(독)
還 : 도로·돌려줄(환) **珠** : 구슬(주)

【뜻풀이】 빈 갑을 사고 진주는 돌려주다. 물건을 볼 줄 모르거나 취사선택(取捨選擇)을 제대로 할 줄 모르는 것을 비유하는 말이다.
【출전】『한비자·외저편(外儲篇)』에 다음과 같은 이야기가 나온다.

정(鄭)나라에 가서 진주 장사를 하던 초(楚)나라의 장사꾼이 귀중한 진주 한 알을 좋은 나무로 갑을 만들어 정성을 다해 포장하였다. 그 갑에는 아롱다롱 어여쁜 꽃무늬와 함께 여러 개의 자그마한 보석들이 박혀 있었을 뿐 아니라 좋은 향내까지 풍겼다.

그랬더니 이 아름다운 진주갑은 과연 사람들의 이목을 끌었다.

어느 날 어떤 사람이 와서 두말 않고 비싼 값을 주고 진주를 사 가는 것이었다. 진주 상인은 만면에 웃음을 머금으며 돈을 받고 즉시 진주함을 넘겨주었는데, 의외로 그 사람은 갑 속의 진주를 꺼내 돌려준 다음 빈 갑만 들고 갔다.

이래서 매독환주라는 성어가 생겨났는데, 득합환주(得盒還珠, 갑을 얻고 진주를 돌려주다)라고도 한다.
【용례】 저 물건은 상품의 질이 좋아서가 아니라 그럴듯한 포장 덕분에 잘 팔리는 거라고. 아무 쓸데도 없는 물건을 저렇게 무턱대고 사다니, "매독환주"도 이익을 따지면서 해야지 말야.

매처학자 梅妻鶴子

梅 : 매화(매) **妻** : 아내(처)
鶴 : 학(학) **子** : 아들(자)

【뜻풀이】 매화를 아내로 삼고 학을 자식으로 삼았다는 말로, 속세를 떠나 자연을 벗 삼으며 유유자적(悠悠自適)하게 사는 생활을 비유하는 말이다.
【출전】『시화총귀(詩話總龜)』에 다음과 같은 이야기가 나온다.

송나라 때 임포(林逋)라는 선비가 살았다.

그는 평생 동안 장가도 들지 않고 자식도 없이 무림(武林)의 서호(西湖)에 초가집을 짓고 삶을 소요하며 살다 간 시인이다. 그는 세상의 이익을 좇지 않고 담박하게 사는 삶을 즐겨 했는데, 그가 쓴 시 역시 청고(淸高)하면서 그윽한 풍취를 담고 있었다. 하지만 그는 시인으로 평가되는 것조차 꺼려 지은 시를 대개 버렸고, 혹시 시가 후세에 전해질까 써 두지도 않았다.

임포는 서호 근처에 있는 산에서 은둔 생활을 했는데, 가끔 호수에 조각배를 띄워 절에 가서 노닐었다. 그가 호수로 나오면 학이 이를 알고 마중 나왔는데, 산사의 동자승은 학이 나는 것을 보고 그가 온다는 것을 알았다고 한다.

임포는 아내와 자식이 없는 대신 자신이 살고 있는 주변에 매화나무를 심어 놓고 학과 어울리며 즐겁게 살았다. 그래서 사람들은 임포는 매화 아내를 두고 학 자식과 산다고 말했다.

이 이야기에서 매처학자라는 성어가 나와 풍류에 가득 찬 생활을 하는 것을 비유하게 되었다.
【용례】 공해와 험담에 찌든 도시 생활은 이

제 신물이 나. 그만 이 생활을 정리하고 은퇴해서 "매처학자"하며 시골 고향에서 여생을 보내고 싶네.

매황유하 每況愈下

每 : 매번(매) 況 : 하물며 · 상황(황)
愈 : 나아질 · 더욱(유)
下 : 아래 · 떨어질(하)

【뜻풀이】 형편이 날로 악화되다. 날이 갈수록 점점 더 나빠지다. 이 성어는 처음에는 매하유황(每下愈況)이라고 하였다.
【출전】『장자 · 지북유편(知北遊篇)』에 다음과 같은 이야기가 있다.

어느 날 동곽자(東郭子)라는 사람이 장자에게 도(道)라는 것은 어디에 있는가 하며 물었다. 장자는 처음에 개구리나 개미 같은 것에 있다고 대답하였다. 동곽자가 그처럼 신성한 도가 어떻게 그토록 미천한 것에 있을 수 있겠느냐고 따졌더니 장자는 다시 쌀이나 기왓장 또는 벽돌 같은 것에 있다고 대답했다. 더욱 아리송해진 동곽자는 왜 점점 낮아지느냐고 물었더니 장자는 정색을 하며 대꾸했다.

"도는 그 어디에나 다 있는 것으로 자질구레하고 하찮은 데에서 더욱더 도리가 밝아진다."

이런 사실을 장자는 여러 가지 예를 들어가며 설명하면서 그때 매하유황이라는 말을 하였다. 그런데 뒷날 이것이 바뀌어 매황유하가 되어 버렸고, 그 뜻도 원래의 그것과는 판이하게 달라져 버렸다.
【용례】 모두들 밤잠을 설쳐 가면서 간호하고 염려했는데, 병세는 "매황유하"니, 하늘도 무심하구나. 아무래도 마음의 준비를 해야 할 것 같다.

맥구읍인 麥丘邑人

麥 : 보리(맥) 丘 : 언덕(구)
邑 : 고을(읍) 人 : 사람(인)

【뜻풀이】 맥구읍의 사람이란 뜻으로, 곱고 덕스럽게 늙은 사람을 가리키는 말이다.
【출전】 전한 말의 학자 유향(劉向, 기원전 79~기원전 8)이 지은 『신서(新序) · 잡사편(雜事篇)』에 다음과 같은 이야기가 나온다.

제(齊)나라 환공(桓公)이 맥구(麥丘)로 사냥을 나갔다가 곱게 늙은 한 노인을 만났다. 노인의 외모에 흥미를 느낀 환공이 나이를 물으니 여든세 살이라고 하였다. 감탄한 환공이 물었다.

"그렇게 장수하셨으니 좋으시겠습니다. 그대의 긴 수명으로 나를 위해 기도해 주지 않겠소?"

그러자 노인이 다음과 같이 축원하였다.

"주군을 축원합니다. 주군께서 무병장수(無病長壽)를 누리게 하소서. 돈이나 옥은 천한 물건이고, 사람은 귀한 물건입니다."

"좋은 말입니다. 참으로 덕이 있는 사람은 외롭지 않지요. 다시 한 말씀 더 해 주시지요."

노인은 다시 축원하였다.

"주군을 축원합니다. 주군께서 배우는 일을 즐겁게 여기시게 하고, 아래 사람들에게 묻는 것을 싫어하지 않게 해 주십시오. 현명한 분은 항상 곁에 충언을 하는 사람을 있게 합니다."

"옳은 말씀입니다. 참으로 덕이 있는 사람은 외롭지 않지요. 다시 한 말씀 더 해 주시지요."

"주군을 축원합니다. 주군께서 신하와 백성

들에게 죄를 짓지 않도록 해 주십시오."

이 말에 환공은 안색을 바꾸고 화를 내며 말했다.

"저는 자식이 부모에게 죄를 짓고, 신하가 군왕에게 죄를 짓는다는 말은 들었지만, 군주가 신하에게 죄를 짓는다는 말은 일찍이 듣지 못했습니다. 이는 먼저 한 두 말씀과는 다르니 고치시오."

그러자 노인은 앉아 절을 하고 일어서며 말했다.

"이 말은 앞의 두 말에서 자라난 것입니다. 자식이 부모에게 죄를 짓는 것은 주변에 있는 친척 때문이고, 신하가 군주에게 죄를 짓는 것은 주위의 그릇된 신하 때문인데, 모두 오해를 풀어 죄를 용서해 줄 수 있습니다. 옛날 걸(桀)은 탕(湯)에게 죄를 졌고, 주(紂)는 무왕(武王)에게 죄를 졌습니다. 이것은 군왕이 신하에게 죄를 진 것으로, 오늘날까지도 용서받지 못하고 있습니다."

이 말을 듣더니 환공은 크게 기뻐하며 노인을 수레로 모시고 돌아와 예를 극진히 하였다. 이 이야기에서 볼 수 있듯이 맥구읍인이란 올바르고 슬기로워 사람을 바른 길을 인도할 수 있는 노인을 말한다.

【용례】 제가 그동안 미욱해서 선생님의 깊은 뜻을 전혀 헤아리지 못했습니다. 이제 선생님의 말씀을 들으니 "맥구읍인"을 뵌 듯합니다. 저를 용서해 주십시오.

맥수지탄 麥秀之嘆

麥 : 보리(맥) 秀 : 빼어날·무성할(수)
之 : 어조사(지) 嘆 : 탄식할(탄)

【뜻풀이】 보리가 무성하게 자란 것을 보고 내는 탄식. 세상이 바뀌어 지난날 화려했던 고장이 폐허가 되었을 때 쓰는 말이다.

【출전】 은나라의 마지막 임금이었던 주(紂)는 포악하기 짝이 없는 군주였다. 그는 간신들의 꼬임에 빠져 폭정을 일삼았다. 그때의 정황을 공자(孔子)는 『논어·미자편(微子篇)』에서 "미자는 떠나고 기자는 종이 되고 비간은 간하다가 죽었다. 은나라에는 어진 이가 세 사람 있었다.(微子去之 箕子爲之奴 比干諫而死 孔子曰 殷有三仁焉)"고 요약했다.

이처럼 기자(箕子)는 미친 사람처럼 머리를 풀어헤치고 종이 되어 몸을 숨겼다.

그 뒤 무왕(武王)이 은나라를 멸망시키고 나서 무왕은 기자의 인품을 흠모하여 그를 조선(朝鮮)의 왕으로 봉했다고 하는 이야기도 있다.

몇 해가 지나 오랜만에 은나라의 도읍을 찾은 기자는 비애에 젖지 않을 수 없었다. 은허(殷墟)란 말이 있듯이 그 화려하고 번화했던 도읍지는 보리와 기장이 무성하게 자란 폐허로 변해 있었던 것이다.

이를 본 기자는 세상사의 무상함과 지난 감회에 젖어 노래를 지어 불렀는데 그것이 바로 유명한 〈맥수가(麥秀歌)〉다.

「무성하게 자란 보리여
벼와 기장도 가득하구나
저 교활한 어린아이가
내 말을 듣지 않은 탓이지
麥秀漸漸兮
禾黍油油
彼蕎童兮
不與我好兮」

교활한 아이는 주왕을 말한다. 이런 곡절로 해서 맥수지탄은 망한 나라를 탄식한다는 뜻이 되었는데, 오늘날에는 지나간 과거를 돌이켜 생각하면서 비탄에 잠기는 경우에도 두루 사용한다.

【용례】 동양 굴지의 대규모 공단이 들어섰던 이곳이 이런 황무지로 변하다니. "맥수지탄"이 절로 나오는군.

맹인모상 盲人摸象

盲 : 눈멀(맹) **人** : 사람(인)
摸 : 더듬을(모) **象** : 코끼리(상)

【뜻풀이】 장님이 코끼리 만지듯 문제나 상황을 전체적으로 관찰하지 못하고 일면만 본다는 뜻이다.

【출전】 이 성어는 불교 설화에서 유래한 것으로 『열반경(涅槃經)·32』에 다음과 같은 이야기가 전한다.

어느 날 임금이 코끼리 한 마리를 끌고 오게 하고는 몇몇 장님들로 하여금 코끼리가 어떻게 생겼는가 만져 보도록 하였다. 장님들이 한동안 코끼리를 만져 보았다. 임금이 코끼리가 어떻게 생겼는지 알겠는가 하고 묻자 장님들은 제각각 자기가 만진 대로 대답하였다.

"예, 알겠사옵니다. 코끼리는 뾰족하고 길다란 무같이 생겼사옵니다."

코끼리의 상아를 만져 본 첫 번째 장님이 말하였다.

"아니올시다. 코끼리가 어떻게 무 같을 수 있겠습니까. 키같이 생겼사옵니다."

코끼리의 귀를 만져 본 두 번째 장님이 대답하였다.

"이 사람들아, 쓸데없이 떠들지 말게. 코끼리는 꼭 기둥같이 생겼단 말이야."

코끼리의 다리를 만져 본 세 번째 장님이 반박하였다.

이어서 코끼리의 등을 만져 본 장님은 침상같이 생겼다고 했으며, 배를 만져 본 장님은 큰 독처럼 생겼다고 하고, 꼬리를 만져 본 장님은 굵은 동아줄처럼 생겼다고 우겼다.

이렇게 장님들이 서로 자기가 옳다고 우기는 것을 보고 임금과 여러 대신들은 웃음을 금치 못했다고 한다.

무엇이든 전체적으로 이해하지 못하고 자기가 보거나 들은 것에만 근거하여 제 주장을 세우는 것을 비유하는 말이다. 맹인모상은 군맹모상(群盲摸象)이라고도 한다.

【용례】 전부 대안이라고 내놓은 게 미봉책에 불과하니, 원. 문제의 본질은 생각지 않고 결과만 갖고 따지니까 그런 거야. "맹인모상" 하는 데야 해결책이 나올 리가 없지.

맹인할마 盲人瞎馬

盲 : 눈멀(맹) **人** : 사람(인)
瞎 : 애꾸눈·눈멀(할) **馬** : 말(마)

【뜻풀이】 소경이 눈먼 말을 타고 다니듯이 아주 위태롭다. 두 사람 다 잘 알지도 못하면서 어림짐작으로 일을 처리할 때 쓰는 말이다.

【출전】 『세설신어·배조편(排調篇)』에 다음과 같은 이야기가 나온다.

진(晉)나라 때 고개지(顧愷之, 346~407)라는 사람이 있었는데, 그는 재간이 비상하고 그림을 잘 그리는 외에도 우스갯소리를 좋아했다. 그래서 당시의 고관대작들인 환현(桓玄)·은중감(殷仲鑒) 등과 가깝게 사귀면서 우스갯소리를 곧잘 주고받았다.

어느 날 은중감 집에서 셋이 모여 서로 우스갯말을 하던 끝에 무엇이 이 세상에서 가장 위태로운가에 대해 시를 읊듯이 하면서 이야기를 주고받았다.

환현이 먼저 말을 꺼냈다.

"창끝이나 칼날이 부서진 파편으로 밥을 지어 먹는 것이지.(矛頭淅米劍頭炊)"

이어 은중감도 예 한 가지를 들었다.

"백 살 먹은 노인이 마른 나뭇가지에 오른 것이 아니겠나.(百歲老翁攀枯枝)"

마지막에 고개지가 입을 열었다.

"우물의 고패(도르래) 위에 어린애가 누워 있는 것이오.(井上轆轤臥嬰兒)"

그때 참군(參軍)이라는 낮은 벼슬에 있던 사람이 곁에서 듣고 있다가 가소롭다는 듯이 한마디 내뱉었다.

"소인이 생각하기에는 소경이 눈먼 말을 타고 야밤중 깊은 못가에 이르는 것(盲人騎瞎馬夜半臨深池)이 아닐까 합니다."

듣고 보니 위태로운 상황을 묘사하는 표현으로서 나무랄 데 없는 문구였다.

그런데 공교롭게도 은중감은 한쪽 눈이 먼 사람이었는데, 그런 사람 앞에서 소경이 어떻다고 하는 것은 실로 불경(不敬)스런 언행이 아닐 수 없었다. 그리고 아랫사람으로서 고관대작들 앞에서 함부로 입을 놀린 것도 불경스런 짓이었다. 그러나 그렇다고 화를 낼 수도 없고 하여 그날의 유희는 그저 이렇게 멋쩍게 끝났다고 한다.

맹인할마는 바로 이 참군의 말에서 유래한 성어다.

【용례】 그런 고가 장비를 햇병아리 신참에게 맡기고도 잠이 잘 옵디까? 내가 보기엔 "맹인할마"라서 설비가 망가지는 건 시간 문제 같더군요.

면류관 冕旒冠

冕 : 면류관(면) 旒 : 면류관(류)
冠 : 모자(관)

【뜻풀이】 면류로 장식된, 제후와 경대부(卿大夫) 이상의 관리가 쓰는 예관(禮冠)을 말한다. 면류는 면류관 앞뒤에 끈으로 꿰어 늘어뜨린 주옥(珠玉)을 말한다. 겉은 검고 속은 붉게 만든다. 천자는 12줄, 제후는 9줄, 상대부(上大夫)는 7줄, 하대부는 5줄을 늘어뜨린다.

뚜껑을 면(冕)이라고 하며, 눈앞을 가리기 위해 옥으로 엮어 늘인 것을 류(旒)라고 한다.

【출전】『고금주(古今注)·문답석의(問答釋義)』에 보면 "우형이 묻기를 면류로써 번거롭게 드러내는 것은 무엇인가 하니 답하기를 구슬을 엮어 아래로 드리운 것이니 무겁기가 번거롭게 드러낸 것과 같다고 했다.(牛亨問曰冕旒以繁露 何也 答曰綴珠垂下 重如繁露)"는 말이 있고,『후한서·채무전(蔡茂傳)』에는 "삼공의 복식으로 보불과 면류를 하사하였다.(賜以三公之服黼黻冕旒)"는 기록이 있으며, 장온고(張蘊古)의 〈대보잠(大寶箴)〉에는 "비록 면류로 눈을 가린다고 해도 형체가 없는 것도 보고, 비록 황광으로 귀를 덮는다 해도 소리 없는 것까지 듣는다.(雖冕旒蔽目 而視於未形 雖黈纊塞耳 而聽於無聲)"고 하였다.

이처럼 면류관은 옛날에는 고관대작의 머리를 장식하는 관으로 쓰였으나, 오늘날에는 영광된 상황을 맞이하거나 명예를 얻었을 때 비유적으로 쓰인다.

【용례】 지난 아시안 게임에서 황영조 선수

가 또 우승을 차지했잖아. 일본 사람들 우리 선수가 월계수로 만든 "면류관"을 쓴 걸 보면서 속 좀 뒤집혔을 거야.

면리장침 綿裏藏針

綿 : 솜·솜옷(면) 裏 : 속(리)
藏 : 감출(장) 針 : 바늘(침)

【뜻풀이】 웃음 속에 칼이 있다. 겉으로는 웃으면서 몰래 사람을 칠 준비를 한다는 말이다.

【출전】 조맹부(趙孟頫, 1254~1322)의 〈발동파서(跋東坡書)〉에 나오는 말이다.

송(宋)나라 때의 유명한 문학가인 소식〔蘇軾, 1037~1101 : 호는 동파(東坡)〕은 글씨에도 일가를 이룬 사람이었다. 그의 글은 겉으로 보기에는 부드러운 것 같지만 실상은 속에 뼈가 담겨 있었다. 그래서 소동파 자신도 "나의 글씨는 마치 솜 속에 숨겨진 쇠붙이와 같다."고 말한 적이 있다. 여기서 말한 "솜 속의 쇠붙이(綿裏鐵)"는 외유내강(外柔內强)을 비유하는 말로서 원래는 조금도 나쁜 뜻이 담겨 있지 않았다. 그런데 나중에 면리철이 면리침(綿裏針, 솜 속의 바늘)으로 되면서부터는 칭찬하는 말이 아니라 "웃음 속에 칼이 있다."는 뜻으로 쓰이게 되었다.

면리침은 면리장침이라고도 하는데, 그 뜻은 소리도(笑裏刀)와 일치한다.(➡ 소리장도笑裏藏刀 참조)

【용례】 저 친구 겉으로는 히히거리며 웃고 있지만 얼마나 날 시기하고 있는지는 내가 잘 알아. "면리장침"한 속셈을 내가 모를 것 같지. 나대로 다 대비하고 있다고.

면목 面目

面 : 얼굴(면) 目 : 눈(목)

【뜻풀이】 얼굴과 눈이라는 뜻으로, 체면을 가리키는 말이다.

【출전】『사기·항우본기(項羽本紀)』에 보면 다음과 같은 이야기가 있다.

한(漢)나라 유방(劉邦)과 초(楚)나라 항우 사이에 천하를 둘러싼 피나는 다툼이 막바지에 이르렀을 무렵이다. 해하(垓下)에서 사면초가의 수세에 몰린 항우는 20여 명밖에 남지 않은 기마병을 이끌고 장강 기슭에 도착해서는 오강(烏江)을 건너려고 했다. 이때 오강을 지키던 정장(亭長)이 배를 강 언덕에 대고 기다리다가 항우에게 말했다.

"강동(江東) 땅이 비록 작지만 사방 천 리요, 백성이 수십만 명에 이르니 그곳 또한 족히 왕업을 이룰 만한 곳입니다. 원컨대 대왕께서는 빨리 건너십시오. 지금 저희에게만 배가 있으니 한나라 군사가 이곳에 온다고 해도 강을 건너지는 못할 것입니다."

이 말을 들은 항우가 웃으면서 말했다.

"하늘이 나를 버렸는데 강은 건너서 무엇하겠는가? 또한 내가 전에 강동 땅을 떠나 서쪽으로 올 때 강동의 젊은이 8천 명과 함께 왔는데, 이제는 한 사람도 남지 않았네. 설사 강동의 부모형제들이 나를 불쌍히 여겨 임금으로 삼아 준다 한들 내가 무슨 면목(面目)으로 그들을 보겠는가? 설사 그들이 아무 말도 하지 않는다 해도 내 양심에 부끄럽지 않겠는가?"

그리고는 다시 정장에게 말했다.

"그대가 호의가 참으로 고맙구나. 내가 지난 5년 동안 이 말을 탔는데, 용맹하고 굳세하루에도 천 리를 달렸다. 차마 이 말을 죽일 수 없으니 그대에게 주겠노라."

그런 뒤 부하들에게 모두 말에서 내려 걷도록 하고 손에 짧은 무기만을 들고 싸우게 하였다.

이때, 한나라 군사 중에 옛날 그의 부하였던 여마동(呂馬東)이 있는 것을 보고 말했다.

"들으니 한나라 왕이 내 머리를 천금과 만호의 값으로 사려 한다고 한다. 내 그대에게 은혜를 베풀어 주리라."

그리고는 스스로 목을 찔러 죽었다.

이처럼 면목은 염치(廉恥)와 같은 뜻인데, "면목이 없다"는 말은 스스로 자기 잘못을 뉘우쳐 사람다움을 지켜 나간다는 뜻으로 쓰인다.

【용례】 자네의 본뜻도 알지 못하고 무조건 화를 내서 미안하네. 정말 얼굴 들 "면목"이 없구먼.

면벽공심 面壁攻深

面 : 얼굴·마주볼(면) **壁** : 벽(벽)
攻 : 칠(공) **深** : 깊을(심)

【뜻풀이】 면벽수양(面壁修養). 부지런히 배워 학문에 조예가 깊어지도록 노력하다. 달리 면벽구년(面壁九年)이라고도 한다.

【출전】 남북조시대에 달마(達摩) 스님이 있었다. 『전등록(傳燈錄)』에 기술된 바에 따르면 그는 남천축국 향지왕(香至王)의 셋째 아들이라고 한다.

양무제(梁武帝) 보통(普通) 원년(520)에 달마는 바다를 건너 광주를 거쳐 남양의 도읍지인 건업(建業, 오늘날의 남경)에 이르렀다.

당시 불교를 독실하게 믿고 있던 양무제와 몇 번 만나 이야기해 보았지만 뜻이 맞지 않자, 다시 북상하여 북위 숭산(嵩山, 오늘날의 하남성 등봉현 북쪽) 소림사(少林寺)에 여장을 풀었다. 그때부터 그는 죽을 때까지 꼬박 9년 동안 벽을 마주보고 앉아 말 한 마디 없이 수행했다고 한다.(面壁而坐 終日默然)

이 전설은 송나라 스님 보제(普濟)가 자신의 저서에 기술한 내용인데, 그 후 청나라 때의 요원지(姚元之)가 쓴 『죽엽잡기(竹葉雜記)』에 상세하게 묘사한 바 있다.

물론 이 이야기는 사실 그대로 믿을 필요는 없지만, 도를 깨치기 위해 수행하는 일이 얼마나 지난(至難)한 일인가를 깨닫게 해 준다.

이 달마 이야기에서 면벽공심이라는 성어가 나왔다.

면벽 두 자는 공심(조예가 깊다)을 비유하는 외에도 "할 일 없이 벽을 마주하고 앉아 있다."거나 "어처구니가 없어 벽을 마주하고 앉아 말이 없다."는 뜻으로도 쓰이고 있다.

【용례】 기왕 직장까지 버리고 고시 공부에 뛰어들었다면 한눈팔지 말고 "면벽공심"해서 소기의 성과를 거두도록 노력하거라.

멸차조식 滅此朝食

滅 : 없앨(멸) **此** : 이(차)
朝 : 아침(조) **食** : 먹을(식)/밥(사)

【뜻풀이】 눈앞의 적들을 섬멸한 다음 아침 식사를 하겠다는 뜻으로, 원수를 없애겠다는 절박한 심정과 결의를 비유해서 이르는 말이다.

【출전】 『좌전·성공(成公) 2년』조에 다음과

같은 이야기가 있다.

춘추시대 노성공 2년 봄에 제경공이 대군을 풀어 위(衛)나라를 공격하자 노·위 두 나라에서는 진(晉)나라에 구원해 줄 것을 요청하였다.

이에 진경공은 극극(郤克)이라는 장수를 중군장군으로 삼아 제나라 군사들을 막게 했다.

6월경 진·노·위 3국 연합군은 미계산(오늘날의 산동성 장청현 일대)까지 진격했지만, 제경공은 그들은 안중에도 두지 않고 군사들을 파견해서 전투를 시작하게 하였다.

제나라 장수 고고(高固) 역시 진나라 군대와 싸우고 돌아와서는 "또 누가 나가서 싸워볼 텐가. 나는 아직도 나머지 용기를 팔 용의가 있다.(欲勇者 賈余餘勇)"고 하면서 소리 높여 외쳤다.

이튿날 아침, 양편 군사들은 안이라는 곳에 진을 치고 대치하게 되었다. 이때 제경공은 "눈앞의 적들을 소멸한 다음 돌아와서 아침 식사를 하자."고 하면서 군사들을 이끌고 공격하였다.

그런데 싸움은 예상 밖으로 치열해서 제경공 자신마저도 하마터면 포로가 될 뻔했다.

그러나 나중에 제경공이 외친 그 호기로운 말은 적을 능멸하고 투지를 고무하며 사기를 진작하는 말이 되었다.

『좌전(左傳)』에는 전멸차이조식(翦滅此而朝食)으로 되어 있다. 그리고 고고 장군이 말한 고여여용(賈余餘勇)도 여용가고(餘勇可賈)로 변하여 성어가 되었다.

【용례】 오갈 데 없는 사람을 외삼촌께서 거두셔서 대학까지 보냈는데, 그걸 배신하고 사기를 치다니. 내 반드시 재기해서 "멸차조식"할 테니 기다리라고 그래.

명강리쇄 名繮利鎖

名 : 이름(명) **繮** : 고삐(강)
利 : 이익(리) **鎖** : 쇠사슬·맬(쇄)

【뜻풀이】 명예욕과 이익의 쇠사슬. 사람을 명예욕과 이익에 사로잡히게 만드는 욕심을 오랏줄에 비유하는 말이다.

【출전】 『경여박람(耕餘博覽)』에 다음과 같은 이야기가 있다.

당(唐)나라 덕종(德宗) 때 재상으로 있던 노기(盧杞)라는 사람은 생김새가 추악하고 속마음이 음험한 작자였다.

노기가 아직 높은 벼슬에 오르기 전의 어느 날 그는 길가에서 풍성(馮盛)이라는 사람을 만났다.

노기는 그를 골려 주고 싶은 마음이 일어나 풍성의 호주머니에 무엇이 들어 있는가 뒤져 보자고 하였다. 풍성은 그가 하자는 대로 내버려 두었더니 노기는 붓 한 자루를 들춰내고는 가소롭다는 듯이 웃어대는 것이었다.

"그렇게 웃지 마시오. 나도 당신의 호주머니를 뒤져 보겠습니다."

풍성이 이렇게 말하자 노기도 거절할 수 없어 뒤져 보게 하였더니 풍성은 그의 호주머니에서 3백 장이나 되는 명함을 찾아낼 수 있었다.

이에 풍성은 비웃으며 말했다.

"이건 좀 보시오. 명함을 수 백 장이나 넣어 가지고 다니는 명리객(名利客)과 비교할 때 내가 어떻습니까?"

이래서 벼슬 자리를 바라며 혈안이 된 사람을 명리객 또는 명리노(名利奴)라고 부르게 되었다.

『한서(漢書)』와 『북제서(北齊書)』에도 계

명성지강쇄(系名聲之繮鎖)라는 말이 있다. 이로부터 명강리쇄라는 성어가 생겨났는데, 명강리색(名繮利索)이라고도 한다.

북송 때의 시인 유영(柳永, 987~1053)의 사(詞)에도 "이후로는 명예와 이익에 빠져 헛되이 시간을 허비하지 않겠네.(向此免名繮利鎖 虛費光陰)"라는 구절이 나온다.

【용례】 사내가 아무리 유혹이 크더라도 정도(正道)를 걸어야지. 그런 일로 "명강리쇄"에 얽매여 일을 그르친다는 게 말이 되느냐. 빨리 사죄하거라.

명경지수 明鏡止水

明 : 밝을(명) 鏡 : 거울(경)
止 : 그칠(지) 水 : 물(수)

【뜻풀이】 때 묻지 않은 맑은 거울과 괴어 있어 수면이 잔잔한 물. 사람의 고요하고 맑은 마음가짐을 비유하는 말이다.

【출전】 『장자·덕충부편(德充符篇)』에 나오는 두 이야기에서 유래하였다.

신도가(申徒嘉)와 정자산(鄭子產) 사이의 대화에서 명경이란 말이 나온다.

정자산은 같은 백혼무인(伯昏無人) 문하의 신도가가 집정(執政)인 자신을 업신여긴다고 생각해 항의했다. 그러자 신도가가 대답하였다.

"선생의 문하에 참으로 집정이 있는 것이 이와 같구나. 그대는 자신이 집정인 것을 기뻐해서 사람을 뒤로 하는 자일세. 내 들으니 거울이 맑으면 티끌이나 먼지가 앉지 않고 앉으면 밝지 못하며, 오랫동안 어진 사람과 함께 있으면 허물이 없다고 하였다. 지금 그대가 취한 큰 것은 바로 선생님이다. 그런데도 오히려 이와 같은 말을 한다면 이 또한 허물이 아니겠는가?(先生之門 固有執政焉如此哉 子而說子之執政 而後人者也 聞之曰 鑑明則塵垢不止 止則不明也 久與賢者處則無過 今子之所取大者先生也 而猶出言若是 不亦過乎)"

다음은 왕태(王駘)의 문하에 제자가 많은 것을 보고 불만스럽게 여긴 공자(孔子)의 제자 상계(常季)가 이를 물어보자 공자가 한 대답에 지수(止水)가 나온다.

"사람은 흐르는 물을 거울로 삼아 보지 않고 괴어 있는 물을 거울로 삼아 보는 법이다.(人莫鑑於流水 而鑑於止水)"

즉, 왕태의 인품이 괸 물처럼 잔잔하고 맑기 때문에 제자가 많다는 뜻이다.

이 두 이야기에서 성어 명경지수가 유래하였다. 장자가 이 말을 한 원래 취지는 무위(無爲)의 경지를 비유하기 위해서였는데, 후일 그 뜻이 변하여 순진무구(純眞無垢)한 깨끗한 마음을 가리키게 되었다.

【용례】 김 군은 내가 어릴 때부터 죽 성장 과정을 지켜본 사람입니다. 내가 알기로는 마음씀씀이가 "명경지수" 같아서 절대로 그런 부도덕한 짓을 할 사람이 아니라고 생각합니다.

명고이공 鳴鼓而攻

鳴 : 울(명) 鼓 : 북(고)
而 : 어조사(이) 攻 : 칠(공)

【뜻풀이】 북을 울려 공격하다. 허물이나 과오를 범한 사람을 여럿이서 공박할 때 쓰는 말이다.

【출전】 춘추시대의 일이다.

노(魯)나라의 대귀족인 계씨(季氏)는 대대로

높은 벼슬에 있으면서 세력을 부리더니 계강자의 대에 이르자 그 세력은 이미 임금과 별 차이가 없게 되었다.(➡ 화기소장禍起蕭墻 참조)

그런데 당시는 귀족제가 차츰 몰락하면서 봉건제가 자리를 잡아 그 갈등이 첨예화되는 시기였다. 때문에 귀족제 지배 계급 내부에서도 혁신과 보수로 파가 갈렸다.

이때 계강자(季康子)는 혁신파로 기울면서 토지 제도를 개혁하고 토지의 사유제와 농민들의 권익을 인정하는 한편, 토지에 따라 조세를 받으려고 하였다.

당시 공자(孔子)는 이 정책에 반대했지만 그의 제자인 염구(冉求)는 도리어 세상자를 지지하고 나섰다. 이에 공자는 대로(大怒)하여 "염구는 더 이상 나의 문하생이 아니다. 너희들은 북을 치며 그를 공격하거라!(求 非吾徒也 小子鳴鼓而攻之可也)"〔『논어·선진편(先進篇)』〕며 제자들에게 말했다.

명고이공이라는 성어는 바로 공자의 이 말에서 나왔다. 옛날에 전투를 벌일 때는 먼저 북을 울려 공격을 시작했기 때문이다. 이것이 바뀌어 오늘날에는 범죄자를 성토한다는 뜻으로 명고이공지(鳴鼓而攻之)라고도 한다.

【용례】 선생님께서 그놈을 얼마나 염려하셨는데, 고작 한다는 짓이 선생님 뜻에 반기를 드는 일이야. 말씀은 안 하시지만 얼마나 상심이 크시겠어. 우리라도 나서서 "명고이공"해야 마땅할 거야.

명락손산 名落孫山

名 : 이름(명) 落 : 떨어질(락)
孫 : 손자·자손(손) 山 : 메(산)

【뜻풀이】 낙방하다. 시험이나 시합 또는 평가에서 밀려나 고배를 마시다.

【출전】 송나라 때 소주(蘇州)에 손산(孫山)이라는 선비가 살고 있었다. 어느 날 고향 친구와 함께 향시(鄕試)에 응시했다. 그 결과 손산은 맨 마지막으로 합격하고 고향 친구는 낙방하였다.

손산이 먼저 고향에 돌아오자 고향 사람들과 함께 그 친구의 부친까지 모두 손산을 축하하면서 같이 갔던 친구는 합격했느냐고 물었다. 그러자 익살꾼인 손산은 "해명진처시손산 현랑갱재손산외(解名盡處是孫山 賢郎更在孫山外)"라고 대답하였다. 그 뜻은 "방에 나붙은 명단(합격자)의 맨 마지막은 손산이요, 당신의 아드님은 손산 밖에 있다."는 말이다. 즉, 고향 친구는 합격하지 못했다는 말이었다.

여기서 해명(解名)은 향시 합격자라는 말로서 향시 일등을 해원(解元)이라고 했기 때문에 향시를 해시(解試)라고도 하였다.

이 이야기에는 또 다른 설도 있다.

손산과 같이 향시에 응시하러 간 고향 친구는 한 사람이 아니라 여럿이었는데, 손산은 맨 마지막으로 합격했고 나머지 선비들은 다 낙방한 것이다. 그래서 손산은 "해명진처시손산 여인갱재손산외(解名盡處是孫山 餘人更在孫山外)"라고 대답했다는 설도 있다. 명락손산은 손산지외(孫山之外)라고도 한다.

【용례】 어떻게 말씀을 드려야 할지 모르겠습니다. 저는 다행히 시험에 합격했는데, 아드님은 "명락손산"이 되고 말았습니다. 하지만 예비 합격자 명단에는 올라가 있으니 실망하기엔 이른 듯합니다.

명렬전모 名列前茅

名 : 이름(명) 列 : 줄(렬)
前 : 앞(전) 茅 : 띠(모)

【뜻풀이】 시험 또는 시합에서 성적이 좋아 앞머리에 선 것을 일컫는 말이다.

【출전】 전모(前茅)에 관해서는 다음과 같은 이야기가 전한다. 춘추시대의 일이다. 북방의 진(晉)나라와 남방의 초(楚)나라가 패권을 다투며 날카롭게 대치하고 있을 때 소국인 정(鄭)나라는 그들의 틈바구니에 끼어서 고생이 이루 말할 수 없었다.

어느 날 초나라에서 대군을 풀어 정나라를 공격한 적이 있는데, 이 소식을 듣고 진(晉)나라에서는 대장 순림보(荀林父)를 장군으로 삼아 정나라를 돕게 하였다. 그런데 진나라 대군이 아직 황하를 건너기도 전에 정나라가 굴복하고 초나라 군사들은 퇴각하기 시작했다는 소식이 들려 왔다.

이에 순림보는 장령들을 모아 놓고 대책을 의논했다. 어떤 사람은 초군을 추격하자고 주장하고 어떤 사람은 추격하지 말자고 주장하였다. 이때 대장 사회(士會)라는 사람은 순림보와 의견을 같이하면서 추격하지 말자고 주장했는데, 그의 말 가운데 "전모려무 중권후경(前茅慮無 中權後勁)"이라는 구절이 있었다.

즉, 초나라 군대의 선봉은 서슬이 시퍼렇고 중군의 지휘는 강하며 후군의 실력도 아주 강하다는 뜻이었다. 이래서 사람들은 전모라는 말을 빌려서 이름 앞자리에 놓이는 것을 명렬전모라고 하게 되었다.

【용례】 그렇게 말썽을 피우던 놈이 마음을 다잡고 공부하니까 어느새 "명렬전모"하는 위치에 왔지 뭔가. 그 상으로 이번에 컴퓨터를 한 대 사줄 생각이야.

명모호치 明眸皓齒

明 : 밝을(명) 眸 : 눈동자(모)
皓 : 흴(호) 齒 : 이빨·나이(치)

【뜻풀이】 밝은 눈동자와 하얀 치아. 미인을 비유할 때 쓰는 말이다. 비슷한 성어로 단순호치(丹脣皓齒)가 있다. 이 밖에도 미인을 비유할 때 침어낙안(沈魚落雁)이니 폐월수화(蔽月羞花)가 많이 쓰인다.

【출전】 조조(曹操)의 넷째아들 조식(曹植)은 견씨를 좋아했는데, 그녀는 형인 조비(曹丕)에게 시집을 가 견후(甄后)가 되었다.

그러나 견후는 얼마 뒤 곽씨에게 황후 자리를 빼앗기고 죽음을 당했고 조식은 그녀의 유품인 베개를 형 위제 조비한테 받아 임지로 돌아오는 길에 낙수가에 이르렀다. 그때 조식은 견씨의 모습을 회상하며 〈낙신부(洛神賦)〉를 지었는데 조식은 매우 비감한 심정이 되어 다음과 같이 읊었다.

"엷은 구름에 쌓인 달처럼 아련하고 흐르는 바람에 눈이 날리듯 가뿐하네.(髣髴兮若輕雲之蔽月 飄飄兮若流風之迴雪)" 폐월(蔽月)은 여기에서 비롯되었다. 〈낙신부〉에서 명구(名句)인 폐월을 쓴 대목에 이어 그는 다음과 같이 노래하고 있다.

"어깨선은 깎은 듯 매끄럽고 허리에는 흰 비단을 두른 것 같구려. 목덜미는 길고 가름하며 흰 살결을 드러내고 있구나. 향기로운 연지를 바르지도 않고 분도 바르지 않았네.

구름 같은 모양으로 머리는 높직하고, 길게 그린 눈썹은 가늘게 흐르는도다. 빨간 입술은 선연하게 눈길을 끌고 하얀 이는 입술 사이에서 빛나는 구나. 초롱한 눈은 때로 곁눈질치고 보조개는 귀엽기 그지없도다."

여기서 명모(明眸)란 시원스럽고 맑은 눈동자, 호치(皓齒)는 하얗고 아름다운 치아를 말한다. 그래서 명모호치는 미인의 조건이 되었고, 뒷날 시인들은 이 말을 빌어 미인을 뜻할 때 명모호치 또는 폐월수화라고 노래했던 것이다.

두보(杜甫, 712~770)가 쓴 시 〈애강두(哀江頭)〉에서도 같은 구절이 나온다.

「맑은 눈동자 흰 치아 지금은 어디 갔나
피로 얼룩진 떠도는 넋은 돌아가지도 못하네.
위수는 맑게 동쪽으로 흐르고 검각은 깊은데
가고 머문 그대와 나는 서로 소식조차 없구나.
사람살이 느끼는 정에 눈물은 가슴을 씻고
강가에 핀 꽃 어찌 다함이 있으리.
저물녘 오랑캐 말발굽에 먼지는 자욱한데
성 남쪽으로 가고자 하며 성 북쪽을 바라본다.

明眸皓齒今何在
血汗遊魂歸不得
淸渭東流劍閣深
去住彼此無消息
人生有情淚霑臆
江水江花豈終極
黃昏胡騎塵滿城
欲往城南望城北」

이 작품은 두보가 안록산(安祿山)의 난 당시, 현종은 양귀비와 함께 달아나고 천자로 즉위한 태자가 있는 영무(靈武)로 가던 중 체포되어 장안에 억류되어 있을 때 쓴 시다.(➡ 국파산하재國破山河在 참조)

강두는 곡강지(曲江池)로 당시 왕족과 귀족들이 모여 놀던 곳이다. 반란군의 수중에 떨어진 장안에서 봄을 맞은 두보는 이곳 곡강지에 찾아와 옛날의 번화했던 시절을 그리워하면서 이 시를 지었던 것이다.

작품의 1연에 나오는 명모호치는 양귀비의 아리따운 자태를 묘사한 글귀인데, 오늘날에는 보통 미인의 모습을 비유하는 말로 쓰인다.

【용례】 미팅에 나가 내 파트너가 된 여자애가 의외로 괜찮지 뭐야. 맑은 눈동자에 하얀 이가 "명모호치"라서 첫눈에 반해 버렸어.

명목장담 明目張膽

明 : 밝을(명) **目** : 눈(목)
張 : 베풀(장) **膽** : 쓸개(담)

【뜻풀이】 공공연하게. 거리낌 없이. 서슴없이. 노골적으로.

【출전】『사기·장이진여열전(張耳陳餘列傳)』에는 이 성어가 진목장담(瞋目張膽)으로 되어 있지만, 원래의 뜻은 그런 것이 아니었다.

장이와 진여는 모두 진(秦)나라 말기 사람으로 더할 나위 없이 가까운 친구였다. 그뿐 아니라 진승(陳勝)이 일으킨 농민 봉기가 일어나자 다 같이 봉기군에 가담하여 적지 않은 활약을 한 사람들이었다.

그러다가 뒷날 두 사람은 의견이 맞지 않아 장이는 한나라 군대에 항복하고 진여는 한신에게 패하여 죽음을 당했다.

『사기』에 따르면, 바로 장이와 진여가 진승을 찾아가서 농민 봉기군에 가담할 때 진승을 찬양하면서 "두 눈을 부릅뜨고 담대하게(瞋目張膽)" 진나라의 폭정에 항거한 영웅이라고 했다.

그 뒤 『당서·위사겸전(韋思謙傳)』과 『송서·유안세전』에서도 명목장담이라는 말이 나오는데, 역시 같은 뜻으로 쓰이고 있다. 그런데 오늘날에 이 성어는 아무런 거리낌 없이 공공연하게 나쁜 짓을 하는 것을 비유하고 있다.

【용례】 네가 여자를 밝히는 줄은 진작 알고 있었다만, 그렇게 남들 앞에서 부끄러움도 없이 "명목장담"하며 떠들다니. 넉살이 좋아도 너무 좋구나.

명주애일빈일소 明主愛一嚬一笑

明 : 밝을(명) 主 : 임금(주)
愛 : 아낄(애) 一 : 한(일)
嚬 : 찡그릴(빈) 笑 : 웃을(소)

【뜻풀이】 밝고 지혜로운 군주는 한 번의 찡그림이나 웃음도 아낀다. 높은 지위에 있는 사람은 자신의 감정을 함부로 드러내서는 안 된다는 말이다. 자칫 소인배의 아첨거리로 쓰일 수 있기 때문이다.

【출전】 『한비자·내저상편(內儲上篇)』에 다음과 같은 이야기가 있다.

춘추시대의 제후국 진(晉)나라는 문공(文公) 때 이르러 오패(五覇) 중 한 나라로 군림했고, 소후(昭侯) 시대에는 신불해(申不害)를 등용하여 더욱 강대한 나라가 되었다.

어느 날 소후가 가신(家臣)을 불러서는 낡아빠진 바지 한 벌을 장롱 속에 넣어 두라고 하였다. 이 명령을 받은 가신이 의아해하며 물었다.

"폐하, 낡아빠진 바지를 가신들에게 하사하지 않고 장롱에 넣어 두신다면 인색하고 덕이 없다고 사람들이 말하지 않겠습니까? 다른 신하들에게 주어도 좋을 듯합니다."

그러자 소후가 말했다.

"아니다. 내 나름대로 생각한 바가 있다. 나는 '명철한 임금은 찡그림 한 번, 웃음 한 번도 아낀다.'고 들었다. 그 표정을 보고 아랫사람들이 그릇된 판단을 할까 염려스럽기 때문이라고 한다. 이렇게 웃음이나 찡그림도 함부로 하지 않거늘 옷 한 벌을 내리는 일이라면 더욱 삼가야 할 것이다. 이 옷을 내가 끝내 갖겠다는 뜻은 아니다. 그만한 공을 세운 신하가 있다면 언제든지 내릴 것이다. 그러나 아직 그런 신하를 만나지 못했으니 잠시 맡아 둘 뿐이다."

군주가 경거망동(輕擧妄動)하면 신하들은 어떻게 대처해야 할지 중심을 잡을 수 없고 만다. 이것은 곧 군주의 위신을 떨어뜨릴 뿐 아니라 나라까지 위태롭게 만드는 결과를 가져올 수도 있다. 그렇기 때문에 한 나라의 지도자라면 항상 언행을 조심스럽게 가져야 함이 마땅하다. 옛날에는 군주가 신하를 만날 때에는 가운데 발을 쳤다고 한다. 그것은 위엄 때문만이 아니라 신하에게 표정을 보이지 않게 하기 위함이었다.

【용례】 아첨을 듣고 즐거워한다면 누구나 와서 입에 발린 말만 하지 진실을 말하지는 않을 것이야. "명주가 애일빈일소"한 것은 권위를 위해서가 아니라 참된 사람을 얻기 위한 방법이었던 것이지.

명찰추호 明察秋毫

明 : 밝을(명) 察 : 살필(찰)
秋 : 가을(추) 毫 : 터럭(호)

【뜻풀이】 사소한 일에 대해서까지도 빈틈없이 살핀다는 뜻으로, 맹자(孟子)의 말에서 나온 성어다.

【출전】 『맹자·공손추장구(公孫丑章句)』 상편에는 다음과 같은 이야기가 나온다.

춘추시대에 제환공〔소백(小白)〕과 진(晉)문공이 서로 패권(霸權)을 다투더니 전국시대에 이르러서는 제선왕이 다시 패권을 잡으려고 맹자에게 가르침을 청한 적이 있었다. 제선왕이 맹자에게 물었다.

"선생께서 제환공과 진문공의 치적에 대해 들려줄 수 없겠습니까?"

"미안합니다만 공자의 문하생들은 왕도(王道)에 대해서만 알고 있을 뿐 패도(霸道)에 대해서는 별로 흥미가 없습니다. 말하자면 덕으로 천하를 통일해야만 진정으로 통일을 이루는 것입니다."

"어떤 덕으로 말씀입니까? 과인(寡人)과 같은 사람도 천하를 통일할 수 있겠습니까?"

"물론입니다. 제가 들으니 전에 귀국에서 새로 종을 만들고 소를 잡아 흔종(衅鐘, 쇠로 종을 만든 뒤 종 사이에 난 구멍을 메우기 위해 짐승의 피를 칠하는 행사)을 치르려고 했는데, 대왕께서는 소를 가엾게 여겨 잡지 못하게 하셨다던데 그런 일이 있으십니까?"

(➡ 군자원포주君子遠庖廚 · 불인지심不忍之心 참조)

"예, 있습니다."

"그렇다면 대왕의 그렇게 착한 마음씨로 왕도에 따라 착한 정치를 행하면 천하를 통일할 수 있습니다. 문제는 되느냐 안 되느냐에 있는 것이 아니라 하느냐 마느냐에 있는 것입니다. 요컨대 어떤 사람이 '나의 힘은 3천 근의 무게를 들 수 있는데 새털 하나도 들지 못한다고 하고, 안광이 밝은 사람이 짐승의 가을 털의 끄트머리까지 관찰할 수 있는데 나무 달구지는 볼 수 없다.(吾力足以擧百鈞 而不足以擧一羽 明足以察秋毫之末 而不見輿薪)'고 한다면 대왕께서는 믿을 수 있겠습니까?"

"물론 믿을 수 없지요."

"그렇습니다. 마찬가지로 대왕께서 짐승에 대해서는 그토록 어진 마음을 썼는데 백성들에 대해서 그렇지 못하다면 역시 믿기 어려운 일입니다. 그러한즉 새털은 들지 못하는 것이 아니라 들지 않는 것이고, 나무 수레는 보지 못하는 것이 아니라 보지 않는 것입니다. 그리고 백성들이 안거낙업(安居樂業)하지 못하는 것은 대왕께서 그들에게 관심을 갖지 않기 때문입니다. 그러므로 문제는 하지 않는 것이지 하지 못하는 것이 아닙니다.(是不爲也 非不能也)"

여기에서 나온 성어가 명찰추호다.

물론 추호(秋毫)에 대한 해석은 각기 다르나 어쨌든 섬세하고 지극히 작은 것이라는 뜻에는 아무런 이의가 없다. 짐승은 봄과 가을에 두 번 털갈이를 하는데, 가을철에 시작하는 털갈이는 묵은 털이 빠지고 새로 나는 것이기 때문에 아주 가늘고 예리하다고 한다.

그래서 백성들의 바늘 하나 실 한 오라기 다치지 못하게 하는 엄한 군대 규율을 가리켜 추호불범(秋毫不犯)이라고 한다.

【용례】 강력계 형사라면 뭐니뭐니 해도 날카로운 관찰력이 가장 중요하지. 한 가지 단서라도 사소하게 넘기지 않고 "명찰추호"하는 자세가 갖춰져야 비로소 노련한 형사가 되는 길에 들어섰다고 할 수 있지.

명철보신 明哲保身

明 : 밝을(명) **哲** : 밝을(철)
保 : 지킬(보) **身** : 몸(신)

【뜻풀이】 난세를 살 때 요령 있게 처신해서 몸을 보전하는 것을 말한다.
【출전】 『시경 · 대아(大雅)』의 〈숭고(崧高)〉에서 유래했다.

「엄숙한 임금의 명을
중산보가 받들어 행하네.
나라의 좋고 나쁨을
중산보가 밝혔네.
이미 도리에 밝고 또 일을 살펴서
그 몸을 보전하였네.
밤낮으로 게으르지 않아서
오직 한 사람을 섬기도다.
肅肅王命
仲山甫將之
邦國若否
仲山甫明之
旣明且哲
以保其身
夙夜匪解
以事一人」

이 구절은 작품 중 제4연이다.

중산보는 주나라 선왕(宣王) 때의 재상으로 그가 임금의 명을 받들어 제나라에 가 성을 쌓을 때 윤길보(尹吉甫)가 이를 전송하면서 지은 시라고 한다.

주자(朱子)에 따르면 명(明)은 "이치에 밝은 것(明於理)"이고, 철(哲)은 "일을 살피는 것(察於事)"이라고 한다. 보신(保身)은 "이치에 순종해서 몸을 지키는 것이지 이익을 좇고 재앙을 피해서 구차하게 몸을 온전히 하는 것은 아니다.(蓋順理以守身 非趨利避害 而偷以全軀之謂也)"라고 하였다.

당나라 시인 유종원(柳宗元)이 은(殷)나라의 기자(箕子)를 추모하면서 쓴 비문에서 기자의 덕망을 칭송하면서 "그 명철을 지켰다."고 했다. 기자는 은나라 주왕(紂王)의 잘못된 정치를 간했지만 받아들여지지 않자 거짓으로 미친 체하며 몸을 보전하고 도를 후세에 남긴 현인이다.

또 당나라 시인 백낙천(白樂天)은 〈두우치사지제(杜佑致仕之制)〉라는 글에서 이렇게 두우를 칭송하였다.

"힘을 다하여 임금을 받들고 명철보신(明哲保身)하며 진퇴종시(進退終始), 그 길을 잃지 않았다. 현달(顯達)한 사람이 아니고서야 누가 능히 이것을 겸할 수 있겠는가."

【용례】 사람들은 나를 기회주의자라고 헐뜯고 다닐 거야. 하지만 지금 세상 꼴은 당랑거철(螳螂拒轍)이야. 공연히 나서서 몸 망치기보다는 "명철보신"하면서 때를 기다리는 게 나으리라고 나는 생각해.

ㅁ

모릉양가 摸棱兩可

摸 : 더듬을 · 본뜰(모)
棱 : 모서리 · 위엄(릉)
兩 : 두 · 짝(량) **可** : 가할 · 옳을(가)

【뜻풀이】 어중간하다. 이래도 좋고 저래도 좋다. 태도가 모호하다.
【출전】 당나라 초에 소미도(蘇味道, 648~705)라는 사람이 있었다. 그는 어릴 때부터 총명해서 20세에 진사 시험에 급제하여 이부시

랑의 벼슬까지 올랐으며 무측천(武則天, 624~705)이 집정한 때에는 재상까지 지냈다.

그런데 그는 일처리에는 결단력이 없어서 이래도 좋고 저래도 좋다는 식으로 태도 표시가 분명하지 못했다.

『당서·소미도전』에는 "일을 처리하면서 태도를 명확하게 표시할 필요는 없다. 잘못이 생기면 후회하게 될 것인즉 능을 잡고 양쪽을 만지기만 하면 된다.(決事不欲明白 誤則有悔 摸棱持兩端可也)"는 그의 말이 기록되어 있는데, 이것은 그의 능란한 처세술을 잘 보여 주는 말이다.

능은 모서리각을 말하는 것으로, 모서리각을 손으로 잡으면 양쪽 면이 다 만져진다. 이래서 사람들은 모릉지양단가야(摸棱持兩端可也)를 간추려서 모릉양가라고 하게 된 것이다.

【용례】 대한제국 말에 불가불가(不可不可) 대신이 있었다는군. 그런 처세에 밝은 사람이 신하로 있으면서 "모릉양가"했으니 나라가 안 망하고 배기겠어. 이 시대에는 과연 그런 사람이 없을지 의심스럽군.

모사재인 성사재천 謀事在人 成事在天

謀 : 꾸밀(모) 事 : 일(사)
在 : 있을(재) 人 : 사람(인)
成 : 이룰(성) 天 : 하늘(천)

【뜻풀이】 일을 꾸미는 것은 사람이지만 그 일이 다 이루어지는 것은 하늘에 달려 있다는 뜻으로, 노력해서 이룰 수 있는 일도 있지만 자연 환경이나 조건에 따른 특별한 도움이 없으면 이룰 수 없는 일도 있다는 말이다.

【출전】 『삼국지연의』 제103회에 나오는 이야기다.

호로곡에서 사마의(司馬懿)를 유인하여 포위망에 잡아 가둔 제갈량은 화공(火攻)으로 그를 제거할 수 있게 되자 회심의 미소를 지었다. 그러나 때마침 소나기가 쏟아져 계획은 수포로 돌아가고 말았다. 이에 제갈량이 통탄하며 하늘을 우러러 이렇게 말했다.

"일을 꾸미는 것은 사람이지만 이루게 하는 것은 하늘이니, 억지로 할 수 없는 일이구나.(謀事在人 成事在天 不可强也)"

이 성어는 『홍루몽(紅樓夢)』 제6회에도 유노로(劉老老)의 말로 나온다.

【용례】 "모사재인이나 성사재천"이라더니, 밤새 공부해서 겨우 시험 범위를 다 외었는데, 지하철이 고장 나 시간을 놓치다니. 또 낙제로구나.

모수자천 毛遂自薦

毛 : 털(모) 遂 : 수행할·마침내(수)
自 : 스스로·부터(자) 薦 : 추천할(천)

【뜻풀이】 모수가 자신을 추천하다. 스스로 자신을 추천하거나 자진해 나서는 것을 말한다.

【출전】 전국시대 조(趙)나라 평원군(平原君)의 식객으로 모수(毛遂)라는 사람이 있었다. 어느 날 진(秦)나라에서 조나라의 도성을 공격하여 정세가 급박해지자 조나라 임금은 평원군을 초나라에 파견하여 구원을 청하게 하였다.

이때 평원군은 식객들 중에서 문무에 정통한 사람 20여 명을 골라 시종으로 데려가려고 했다.

그런데 19명을 고른 뒤에는 더 고를 만한 사람이 없었다. 이에 모수가 자청해 나섰다.

평원군이 모수를 보고 이리저리 물어보니 그는 문하에 들어온 지 3년이나 된다고 하는데도 그의 눈에 들지 않았다는 사실로 보아 별다른 재주가 있는 것 같지 않았다.

"어떤 사람에게 재주가 있다면 마치 자루에 넣은 송곳처럼 당장 비어져 나왔을 것일세(譬若錐之處囊中 其末立見). 그대는 3년 동안이나 나의 문하에 있었으면서도 아무런 재주도 보여 주지 못했으니 그만두게나."(➡ 낭중지추 囊中之錐 참조)

평원군이 미덥지 못해 하며 이렇게 말하니 모수는 선뜻 일어서며 말했다.

"제가 지금 저를 스스로 천거하려는 것은 바로 나리께서 지금 나를 자루 안에 넣어 달라는 뜻입니다. 일찌감치 소인을 자루 안에 넣었더라면 벌써 비어져 나왔을 게 아닙니까?"

평원군은 모수의 말도 옳다고 여겨 마침내 그를 20번째 사람으로 선발하였다.

평원군 일행은 드디어 초나라에 이르러 조·초 두 나라가 연합하여 진나라에 대항할 일에 대해 담판을 벌였다. 그러나 초나라 임금의 태도는 그리 달가워하는 표정이 아니었다.

평원군과 초왕은 아침부터 저녁까지 담판을 벌였지만 아무런 결과도 얻지 못했다.

이에 모수는 참지 못하고 장검을 비껴 들고 단상으로 뛰어들었다. 그 광경을 보고 초왕이 외쳤다.

"무엄하도다! 어서 물러서지 못할까!"

이렇게 힐책하자 모수는 칼을 짚고 선 채 호령하였다.

"아무리 대국이라 해도 이렇게 사람을 질책하는 법이 어디 있습니까? 지금 이 열 발자국 안에서는 대국이라도 쓸데없으니, 대왕의 목숨은 바로 내 손안에 달려 있소이다. 내 말을 들어보시오. 초나라는 대국이라 하지만 이미 강국은 아니올시다. 진나라 장수 백기(白起)가 단숨에 대왕의 군사들을 물리치고 초나라의 도성을 격파한 뒤 조상들까지 모욕하던 일을 잊으셨습니까? 이에 대해서는 우리 조나라 사람들도 부끄럽게 생각하는데 대왕께서는 왜 모른 체하십니까? 우리 두 나라가 연합해서 진나라에 대항하자는데, 그것이 어찌 우리 조나라만을 위해서이겠습니까?"

이렇게 피를 토하는 듯한 목소리로 말하자 초나라 임금도 느끼는 바가 있어 고개를 끄덕이며 말했다.

"옳다. 그대의 말이 옳구나."

모수의 말을 듣고 얼굴이 붉어진 초나라 임금은 당장 조나라와 손잡을 것을 맹세하였다. 결국 모수의 담력과 거침없는 언변으로 조나라는 외교 담판에서 성공한 것이다.

이에 평원군은 모수를 극구 칭찬했으며 다른 사람들도 이를 인정했다. 그러자 모수 또한 우쭐해져서 "무능한 그대들은 남한테 붙어서 일을 성사시켰을 뿐이다.(公等碌碌 所謂因人成事者也)"라고 말했다.

이리하여 그때부터 자기 스스로 자신을 추천하는 것을 일러 모수자천이라 칭했으며, 재주 있는 사람이 잠시 남의 눈에 들지 못해 파묻혀 있는 상태를 추처낭중(錐處囊中, 자루 속에 든 송곳), 재능이 충분히 발휘된 상태를 탈영이출(脫穎而出)이라고 하게 되었다. 그리고 인인성사(因人成事)도 성어가 되었는데, 남의 도움으로 일을 성사시켰다는 뜻으로 쓰인다.

【용례】 일이 성사될 것 같지 않으니까 서로 눈치만 보면서 남에게 떠맡기려고만 하는군. 이럴 때 "모수자천"하며 나와 난제를 해결할

인재는 없는 걸까?

모야무지 暮夜無知

暮 : 저녁(모) **夜** : 밤(야)
無 : 없을(무) **知** : 알(지)

【뜻풀이】 밤이 깊어 아무도 모른다는 뜻으로 뇌물이나 선물을 몰래 주는 것을 일컫는다.
【출전】『후한서 · 양진전(楊震傳)』에 보면 다음과 같은 이야기가 있다.

후한 때 양진이라는 사람이 있었는데, 가세는 비록 빈곤했지만 학문이 높아서 사람들은 그를 관서공자(關西孔子)라고 불렀다.

그는 50세가 넘어서 벼슬길에 올랐는데 형주자사로 있다가 나중에 동래태수로 옮기게 되었다. 창읍현령으로 있던 왕밀(王密)은 양진이 형주자사로 있을 때 은혜를 입은 사람이었는데, 양진이 동래태수로 부임하자 옛 상관을 극진히 접대하는 한편, 밤에 황금 10근을 갖다가 예물로 올렸다.

왕밀이 이렇듯 후한 예물을 올린 것은 옛날에 입은 은혜에 사의를 표하기 위한 일도 있었지만 앞으로 더 은덕을 입자는 속셈이었다.

그러나 양진은 굳이 사절하면서 이렇게 말했다.

"옛 친구는 그대를 알고 있는데, 그대는 옛 친구의 마음을 몰라주니 웬일인가?"

그러자 왕밀은 그가 일부러 사양한다고 생각하고는 다음과 같이 둘러대었다.

"어두운 밤이라 아는 이는 아무도 없습니다.(暮夜無知者)"

즉, 밤이 깊어 아는 사람이 없다면서 굳이 받으라고 강권한 것이다. 이에 양진은 노기를 띠면서 말했다.

"하늘이 알고 땅이 알고 그대가 알고 내가 아는데 어찌 아는 사람이 없다고 하는가!(天知 地知 爾知 我知 怎說無知)"

이에 왕밀은 부끄러워 황금을 도로 가지고 돌아갔다는 것이다.

이 일로 해서 당시 사람들은 양진을 보기 드문 청렴한 관리라고 칭송했으며 양자사지(楊子四知)라는 이야기가 전해져 내려온 것이다.

그리고 남몰래 뇌물을 주는 일을 모야무지 또는 모야회금(暮夜懷金) · 모야포저(暮夜苞苴)라고 하게 되었다.

『후한서』에 보면 양진은 당시 한안제가 방탕한 생활로 소일하는 것을 보고만 있을 수 없어 상소를 올려 간언하였다. 그때 간신들을 꾸짖으면서 "흑백이 뒤섞여 있다.(白黑溷淆)"는 말을 했는데, 이것이 뒤에 흑백혼효(黑白混淆) 또는 혼효흑백(混淆黑白, 흑백을 혼돈하다)이라는 성어가 되었다.
【용례】 검사 나리, 이거 약소합니다마는 제 성의입니다. "모야무지"니 염려 마시고 기름값으로라도 쓰시고, 그저 국가 발전에만 진력하신다면 더 바랄 게 없겠습니다요.

모우남릉수사종 暮雨南陵水寺鐘

暮 : 저녁(모) **雨** : 비(우)
南 : 남녘(남) **陵** : 언덕(릉)
水 : 물(수) **寺** : 절(사) **鐘** : 쇠북(종)

【뜻풀이】 저물녘 비 오는 남쪽 언덕에는 수사의 종소리 아득하다. 오랜만에 만난 사람과 다시 이별해야 하는 슬픔을 토로하는 말이다.

【출전】 명나라 시인 고계(高啓, 1336~ 1374)의 〈봉오수재부송귀강상(逢吳秀才復送歸江上)〉에 나오는 시구다.

「강가에 배를 묶고 나그네 자취 묻나니
난리 전에 헤어졌다가 난리가 끝난 뒤 만났네.
잠시 손을 잡았다가 다시 손을 놓으니
저물녘 비 오는 남쪽 언덕에는 수사의 종소리 아득하다.
江上停舟問客蹤
亂前相別亂餘逢
暫時握手還分手
暮雨南陵水寺鐘」

고계는 자가 계적(季迪)이고 호는 청구자(靑邱子)다. 원(元)나라 말기 어지러운 시대에 태어난 시인인데, 천재는 난세를 만나야만 재주를 떨칠 수 있다는 생각을 가지고 살았다. 그는 소주(蘇州)에서 태어나 생애의 대부분을 그곳에서 보냈다.

명(明)나라가 들어서자 발탁되어 남경(南京)으로 들어가 6개월 만에 호부시랑(戶部侍郎)까지 올랐는데, 스스로 빠른 승진에 불안감을 느껴 사직한 뒤 고향으로 돌아왔다. 39세의 나이로 무고를 당해 요참(腰斬, 허리를 베어 죽이는 형벌)을 받아 비극적인 종말을 고했다.

그에게는 약 2천여 수의 작품이 있는데, 자신의 삶을 자전적으로 읊은 〈청구자가(靑邱子歌)〉가 유명하다.

이 작품은 오수재라는 친구를 강가에서 우연히 만났다가 잠시 후 헤어지면서 지은 시다. 어스름이 깔린 비 오는 저녁에 남쪽 언덕 멀리서 들려오는 산사의 종소리가 어울려 친구와 아쉬운 작별을 해야 하는 작가의 심정이 정감 있게 토로되어 있다.

【용례】 연말이나 돼야 겨우 얼굴 한 번 볼 수 있구먼. 앞으로는 자주 만나 "모우남릉수사종" 소리나 듣는 일은 없도록 하세.

모피지부 毛皮之附

毛 : 털(모) 皮 : 가죽(피)
之 : 어조사(지) 附 : 붙을·붙일(부)

【뜻풀이】 가죽도 없는데 털이 붙다. 일을 해결할 때 근본적인 문제는 해결하지 않고 지엽적인 문제만 해결하려고 할 때 쓰는 말이다.

【출전】『좌전·희공(僖公) 14년』조에 다음과 같은 이야기가 있다.

진(晉)나라의 공자 이오(夷吾)는 유랑 생활을 청산하고 귀국하여 임금이 되기 위해 진(秦)나라에 도움을 요청했다.

이에 그는 진나라의 지지를 받기 위해서 만약 진나라의 도움을 얻어 왕위에 오르면 사례로 성 다섯 군데를 바치겠다고 약속하였다.

이렇게 해서 자신의 계획을 관철시킨 이오는 진나라 임금으로 등극했는데, 그가 바로 진혜공(晉惠公)이다.

혜공은 즉위한 뒤 비록 진(秦)나라에 성 다섯 군데를 준다는 약속을 하긴 했지만, 못내 아까웠다. 그래서 차일피일 미루면서 약속을 이행하지 않았다.

그 뒤 몇 년이 지나 진(晉)나라의 농사가 흉년이 들어 백성들이 굶주리게 되었다. 그래서 이번에는 진(秦)나라에 쌀을 빌리기 위해 사신을 파견했다.

그러자 진왕(秦王)은 혜공이 약속을 이행하지 않았던 과거의 일에는 개의치 않고 흔쾌히 그의 요청을 받아들여 진(晉)나라 백성들의 굶주림을 해소해 주었다.

이듬해에는 반대로 진(秦)나라가 수확이 좋지 않아 진(晉)나라에 쌀을 사려고 했는데, 혜공은 쌀을 팔지 않았다. 그러자 대부 경정(慶鄭)은 혜공에게 한 나라의 임금으로서 신의를 저버리면 나라의 기강을 바로잡기 힘드니 이번 기회에 진(秦)나라를 도와 예전에 입었던 은혜와 성의에 사의를 표해야 한다고 하였다.(➡ 행재낙화幸災樂禍 참조)

이때 대신 괵사(虢射)는 이미 약속을 어겨 진나라에 성 다섯 군데를 주지 않았으니 이번에 식량을 빌려 준다고 해도 진(秦)나라는 여전히 우리나라에 불만이 남을 것이라고 말했다.

또한 그는 "가죽이 남아 있지 않은데 털을 장차 어디에다가 붙이려는 겁니까(皮之不存 毛將焉附)?"라는 비유도 들었다.

그 뜻은 진나라에게 성 다섯 군데를 주어야 하는 일이 근본적인 문제인데, 이 문제도 해결하지 않고 진나라에 쌀을 파는 행위는 마치 털만 있고 가죽이 없는 것과 같아서, 가죽이 없는 털이 무슨 소용이겠느냐는 말이다.(➡ 피지부존 모장언부皮之不存 毛將焉附 참조)

【용례】 교육 개혁한다고 야단법석을 떨지만, 하나같이 나오는 정책이란 게 고식지계(姑息之計)야. 근자에 관료 작자들이 "모피지부"나 할 줄 아니 제대로 된 정책이 나올 까닭이 없지.

목경지환 木梗之患

木 : 나무(목) 梗 : 인형(경)
之 : 어조사(지) 患 : 근심(환)

【뜻풀이】 나무 인형의 근심이라는 뜻으로, 타향에서 죽어 고향으로 돌아가지 못하거나 자기 본래의 모습으로 돌아가지 못함을 가리키는 말.

【출전】『사기·색은(索隱)』에 다음과 같은 이야기가 있다.

맹상군(孟嘗君)은 제(齊)나라의 공족(公族)이자 전국시대 말기 사군(四君)이라 하던 사람으로, 이름은 전문(田文)이다.

선왕(宣王)의 서제(庶弟)인 아버지 전영(田嬰)의 뒤를 이어, 귀천을 구분하지 않고 천하의 인재들을 모아 우대하였다. 그래서 식객이 수천 명이나 되었고, 어질다는 소문이 천하에 퍼졌다.

맹상군이 진(秦)나라 소왕(昭王)의 초청으로 진나라로 들어가려 했을 때의 일이다. 여러 빈객들이 반대했지만 그는 간언을 물리치면서 말했다.

"인간 세상의 일로 나에게 간한다면 그것은 내가 다 아는 일이고, 만약 귀신의 일을 빌려 나에게 간한다면 나는 그를 죽일 것이다."

그때 소대(蘇大)라는 빈객이 들어오더니 말했다.

"제가 이곳으로 오다가 치수(淄水) 위를 지나게 되었습니다. 그때 마침 흙으로 만든 인형과 나무로 만든 인형이 서로 말하는 것을 듣게 되었습니다. 나무 인형이 흙 인형에게 말하더군요. '그대는 본래 흙인데 인형으로 만들어졌군요. 이제 소나기가 쏟아져 물이 불면 사람들은 당신을 부수어 무너진 곳을 막을 것입니다.' 그러자 흙 인형이 대답합니다. '나는 무너진 곳을 막다가 본래 모습으로 돌아가는 것뿐입니다. 당신은 정원에 있던 복숭아나무인데 깎여 나무 인형이 되었군요. 소나기가 내려 물이 불면 당신은 결국 둥둥 떠내려가 멈출 수 없을 것입니다.' 지금 진나라는 천하를 노리는 강한 나라이고, 호랑이와 이리와 같은 마음을 가지고 있습니다. 공께서 그래도 진나라로 들어간다면 나무 인형의 재앙을 당하지 않을까 두렵습니다."

이 말을 듣고 맹상군은 진나라로 들어가는 일을 그만두었다.

목경지환이란 나무 인형이 재앙을 당하면 본래의 나무로 돌아갈 수 없듯이, 본래의 제 모습을 망각하고 함부로 행동해서는 돌이키지 못할 처지에 빠질 수 있다는 뜻으로 쓰인다. 그리고 타향에서 죽어 고향으로 돌아오지 못하는 것을 말하기도 한다.

『설원(說苑) · 정간편(正諫篇)』에도 "죽어 고향으로 돌아오지 못하는 재앙을 당할까 두렵다.(恐其有木梗之患)"는 말이 나온다.

【용례】 교회에 다니면서 신앙 간증을 한다고 설치더니 결국 뇌물을 먹이다가 해외로 달아나는 꼴을 당하는구나. 죄진 놈은 귀신도 돌보지 않을 테니, "목경지환"을 당해도 누굴 원망할까.

목계양도 木鷄養到

木 : 나무(목) 鷄 : 닭(계)
養 : 기를(양) 到 : 이를 · 다다를(도)

【뜻풀이】 아주 점잖다. 사람됨이 변통이 없다는 말이다.

【출전】 『장자 · 달생편(達生篇)』에 다음과 같은 이야기가 있다.

옛날에 닭싸움이라는 투기가 성행한 적이 있었다. 그때 싸움닭을 기르는 데 특출난 재간이 있는 기성자(紀渻子)라는 사람이 있었다.

어느 날 제나라 임금이 기성자에게 명하여 싸움닭을 기르게 한 적이 있었다. 그런데 성급한 임금은 열흘 만에 다 되었는가 묻고, 그 후 열흘 만에 또 되었느냐고 묻는 것이었다.

그때마다 기성자는 닭이 침착하지 못하다느니 성질이 급하다느니 하는 이유로 안 되었다고 대답했다.

그러다가 한 달 만에 임금이 다시 다 되었느냐고 묻자 그제야 기성자는 닭이 침착해지고 뽐내지 않고 마음이 차분해졌다는 등의 이유를 대며 다 길러 놓았다고 대답했다.

그러면서 그는 "이래야만 싸움닭이라고 할 수 있는데 마치 나무로 만든 닭 같아서 다른 닭들이 보기만 해도 싸울 엄두를 내지 못하고 도망치게 될 것"이라고 덧붙였다.

그래서 나중에 사람들은 수양이 높고 점잖은 사람을 가리켜 목계양도라고 하였다. 그리고 경우에 따라서는 변통이 조금도 없는 사람을 가리켜 나무닭(木鷄)이라고도 하는데 그래서 나온 말이 매약목계(呆若木鷄)다.

【용례】 아무리 세상 물정을 몰라도 그렇지, 지금 때가 어느 땐데 그런 식으로 공장을 운영해. "목계양도" 같은 위인이라지만 답답하기 짝이 없구먼.

목무전우 目無全牛

目 : 눈(목) 無 : 없을(무)
全 : 온전할(전) 牛 : 소(우)

【뜻풀이】 눈앞에 온전한 소가 남아 있지 않다는 말로, 일솜씨가 대단하다는 뜻으로 쓰인다. 이와 관련된 다음과 같은 이야기가 있다.

【출전】 『장자 · 양생주편(養生主篇)』에 다음과 같은 이야기가 있다.

전국시대에 소를 잘 잡는 포정(庖丁)이라는 사람이 있었다. 어느 날 위나라 임금 양혜왕이 포정에게 명하여 소를 잡게 하였는데, 포정의 칼 다루는 솜씨는 경쾌하기 그지없었으며 그 동작은 마치도 춤을 추는 듯이 절도가 있었다.

"과연 훌륭한 솜씨로다. 그대의 솜씨는 어찌하여 그토록 훌륭한가?"

양혜왕이 감탄을 금치 못하면서 물었더니 포정은 이렇게 대답했다.

"부지런히 노력하고 열심히 연습한 결과입니다. 처음 소를 잡기 시작했을 때 눈에 보인 것은 한 마리의 소뿐이었으나 삼 년이 지난 뒤에는 눈에 온근 한 마리 소가 보이는 것이 아니었습니다.(始臣解牛之時 所見無非牛者 三年之後 未嘗見全牛也) 뼈와 살로 엉켜진 고깃덩어리가 보일 따름이었습니다. 그래서 뼈와 살 사이로 칼을 날려 소 한 마리를 완전 분해할 수 있었습니다."

그 말을 듣자 양혜왕은 아주 기뻐하며 말했다.

"아주 훌륭하다. 그대의 말을 듣고 과인이 느낀 바 적지 않도다."

이 이야기가 바로 포정해우(庖丁解牛)인데, 훗날 사람들은 포정의 말에서 목무전우라는 말을 빌려 대단한 일솜씨를 비유하게 되었다.

【용례】 우리 회사 프로그래머의 일솜씨는 정말 탄복할 만해. 무슨 요구든 척척 처리하는데 너무 완벽해서 "목무전우"라니까.

목불식정 目不識丁

目 : 눈(목) 不 : 아닐(불)
識 : 알(식) 丁 : 고무래(정)

【뜻풀이】 눈을 뜨고도 고무래를 알아보지 못한다. 우리 속담 "낫 놓고 기역자도 모른다."와 같은 의미가 담긴 성어다. 일자무식(一字無識)의 까막눈을 가리킬 때 쓰는 말이다.

【출전】 『당서·장홍정전(張弘靖傳)』에 다음과 같은 이야기가 실려 있다.

당나라 때 국경을 수비하던 관리를 절도사(節度使)라고 했는데 워낙 세력이 막강했기 때문에 때로 중앙 정부의 간섭을 달갑지 않게 여겨 독자적인 행동을 취할 때도 있었다.

유주(幽州) 절도사로 있던 유총(劉總)이란 사람이 있었다. 그는 아버지와 형을 죽이고 절도사가 되었는데, 스스로 죄책감을 느껴 절도사직을 내놓고 승려가 되었다.

그때 그는 세 가지 조건을 내세우며 절도사직을 내놓았다. 장홍정을 후임으로 할 것과 자기의 심복인 주극융(朱克融)을 요직에 등용할 것, 부하들에게 위로금조로 백만 냥을 하사하고 1년 동안 유주 지방 백성들로부터 세금을 걷지 말 것이 그것이었다. 조정에서는 이를 모두 받아들였다. 그런데 문제는 장홍정이 부임하면서부터 일어났다.

검소와 절약을 미덕으로 알고 살던 변방 백성들은 장홍정의 휘황찬란한 행렬을 보고 크게 실망하였다. 또 주극융은 요직에 등용되기는커녕 아예 벼슬조차 내리지 않았다.

장홍정을 따라온 군사들과 막료들도 하는 행동이 마찬가지여서 질탕 술이나 마시며 변방 토착민들을 능욕하기 일쑤였다. 그들은 대놓고 이런 말까지 서슴없이 지껄였다.

"지금 천하는 태평스럽기 그지없는데, 너희들이 양석궁을 당길 줄 아는 것은 글자 하나 아는 것만도 못하다.(今天下太平 汝曹能挽兩石弓 不若識一丁字)"

『강희자전(康熙字典)』에 보면 원래 정(丁)

자는 개(介)자로 개수를 헤아리는 단위였다고 한다. 이것이 와전되어 지금의 고무래 정자가 되었다는 것이다.

더구나 장홍정은 조정에서 하사한 위로금 중 20만 냥을 착복해 사비로 써 버렸다. 사정이 이쯤에 이르자 참다못한 병사들이 방화를 하는 등 소란을 피우며 항의하기에 이르렀다. 장홍정의 막료였던 위웅(韋雄)이 이 꼴을 보고는 하급 장교를 말에서 끌어내 사람들이 보는 앞에서 매질을 가하였다.

이로 말미암아 사태는 급속도로 악화되어 병사들은 닥치는 대로 중앙 정부에서 파견된 막료들을 때려죽이고 장홍정을 감금해 버렸다. 그런 뒤 이 문제에 대해서 더 이상 거론하지 말자고 제의했지만 장홍정은 허락하지 않았다. 결국 그들은 주극융을 절도사로 옹립하고 중앙 정부와는 관계를 끊고 말았다.

이런 이야기 가운데 나온 성어가 목불식정이다.

【용례】 우리 할머님은 별로 학교 공부를 못 하셔서 "목불식정"이나 다름없는 문맹이시지. 그렇지만 사람을 보고 진실성을 꿰뚫어 보는 안목은 대단히 높으셔. 배웠다고 해서 반드시 현명한 사람이 되는 건 아니라니까.

목인석심 木人石心

木 : 나무(목) 人 : 사람(인)
石 : 돌(석) 心 : 마음(심)

【뜻풀이】 나무와 돌로 만들어진 사람. 세상을 살면서 오직 자기가 할 일만 하고 한눈을 팔 줄 모르는 고지식하고 융통성 없는 사람을 비유하는 말이다.

【출전】 『진서(晉書)·하통전(夏統傳)』에 다음과 같은 이야기가 있다.

하통은 웅변이 아주 유창한 강남 사람이었다. 하루는 우연히 낙양에 갔는데, 당시 낙양에는 가충(賈充)이라는 관리가 태위 자리에 있었다.

그는 본래 위나라의 신하였지만, 고귀향공(高貴鄕公)을 살해하고 진(晉)나라에 항복해서 진나라가 오나라를 공격할 때 총수로 있던 사람이었다.

가충은 하통이 학문이 깊다는 소문을 듣고 그를 자기 세력으로 끌어들이고자 직접 그를 방문하였다. 그러나 하통은 줄곧 관직에 몸담는 것은 깨끗하지 못한 일로 여겨 오래 전부터 관직에는 뜻을 두지 않던 사람이었다. 그래서 그는 가충이 자신을 찾아온 목적을 알고는 대뜸 거절했다.

가충은 본래 교활한 인물인 데다 사람을 다루는 데 능란해서 여러 가지 방법으로 그를 회유하였다. 그는 인솔하고 온 병사들에게 즉시 하통의 앞에서 대오를 정비하라 하고는 하통을 호위하도록 하게 하며 말했다.

"당신이 만일 관리가 되어 내 밑에서 일하겠다고 하면 이 군대가 당신의 지휘를 받도록 하겠소. 그러면 그대의 모습이 얼마나 위풍당당할 것인가 한번 생각해 보시구려."

그러나 이런 달콤한 가충의 말도 그는 듣는 둥 마는 둥했다.

그러자 가충은 어여쁜 가희(佳姬)들을 불러다가 하통 앞에서 춤을 추고 교태를 부리게 하면서 은근히 그를 유혹하였다.

"보시오. 얼마나 사랑스런 미희들입니까? 만약 당신이 관리가 된다면 당신은 저 많은 미녀들과 마음껏 즐길 수 있을 겁니다."

그러나 하통은 처음과 마찬가지로 단정하

게 앉아 마치 그 많은 미희들이 보이지도 않는 것처럼 눈길 한번 주지 않았다. 온갖 회유책에도 불구하고 꿈쩍도 않는 그를 보고는 가충도 더 이상 그의 마음을 돌이킬 방법이 없다는 것을 깨달았다. 이에 잔뜩 화가 난 가충은 벌떡 일어나며 주위 사람들에게 말했다.

"이 사람은 도대체 나무로 몸을 만들고 돌로 심장을 새긴 작자로구먼. 어찌 이럴 수가 있나?"

이 이야기에서 목인석심이라는 성어가 생겨났다.

【용례】 세태가 워낙 어수선해 약삭빠르고 임기응변(臨機應變)에 능한 사람만 인정받더군. 이럴 때일수록 고지식하지만 "목인석심"으로 중심을 잃지 않는 사람도 나와 줘야 하는 거 아닐까?

목탁 木鐸

木 : 나무(목) 鐸 : 방울(탁)

【뜻풀이】 나무로 만든 방울로, 쇠로 만든 것보다 목탁은 소리가 부드럽다고 한다. 오늘날 이 성어는 불가(佛家)에서 주로 쓴다. 즉, 나무를 깎아 잉어 모양을 만들어 속을 파내 만든 기구로, 목어(木魚)라고도 한다.

【출전】 그러나 이 말은 사실 불가보다는 유가(儒家)에서 더 오래 전부터 사용했다. 『예기·명당위편(明堂位篇)』에 "소정에서 목탁을 치는 것이 천자의 정치다.(振木鐸於朝 天子之政也)"는 구절이 있으며, 『서경·윤정편(胤征篇)』에는 "명령을 전하는 벼슬아치는 목탁을 가지고 길을 다닌다.(遒人以木鐸 徇於路)"고 했다.

가장 널리 알려진 용례는 『논어·팔일편(八佾篇)』에 나오는 이야기다.

「의(儀) 지방의 봉인(封人)이 공자를 만나 뵙기를 청했다.

"군자가 이곳에 오면 내가 만나 보지 않은 적이 없었습니다."

그래서 공자를 따르던 제자가 그를 공자와 만나도록 하였다. 봉인이 공자를 만나고 나오면서 말했다.

"그대들은 어찌 낙망하고 있는가? 천하에 도가 없어진 지 오래되었다. 장차 하늘이 선생님으로서 목탁을 삼으려고 하신다."

(儀封人請見 曰君子之至於斯也 吾未嘗不得見也 從者見之 出曰 二三子 何患於喪乎 天下之無道也久矣 天將以夫子爲木鐸)」

한편, 불가에서 쓰는 목탁은 염불이나 독경 또는 예배를 올릴 때 쓰거나 공양을 하거나 대중을 모을 때도 사용한다.

그것이 고기 모양을 본뜬 까닭에 대해서 믿을 만한 근거는 없지만, 다음과 같은 이야기가 전하고 있다.

옛날에 어떤 스님이 스승의 가르침을 지키지 않다가 죽어서 물고기가 되었는데, 죄 값으로 등에 나무가 났다. 어느 날 스승이 배를 타고 바다를 지나가는데, 물고기 한 마리가 머리를 내밀면서 말했다.

"스승님, 제가 그간의 잘못을 크게 뉘우쳤사오니 제발 등에 난 나무를 없애 주십시오."

그래서 스승은 수륙재(水陸齋)를 열어 고기 허물을 벗게 한 뒤 그 나무로 고기 모양의 방울을 만들어 게으른 승려를 경계했다고 한다.

또 어떤 이야기로는, 고기는 밤낮으로 눈을 감지 않기 때문에 수행자로 하여금 잠을 자지 말고 도를 닦으라는 뜻에서 고기 모양으로 만들었다고 한다.

우리나라에서는 둥근 것은 목탁, 긴 것은 목어라고 한다.

【용례】 신문이 있는 건 사회의 "목탁"이 되기 위해서인데, 요즘 신문은 변죽만 울리고 귀나 시끄럽게 하는 꽹과리 역할도 제대로 못하니, 말세야.

목후이관 沐猴而冠

沐 : 머리감을(목) 猴 : 원숭이(후)
而 : 어조사(이) 冠 : 모자(관)

【뜻풀이】 목욕한 원숭이가 감투를 썼다는 뜻으로 어리석은 사람을 깔보며 하는 말이다. "원숭이 흉내 내듯"이나 "잔나비 잔치" 등의 속담과 뜻이 비슷하다.

【출전】 『사기·항우본기』에 보면 다음과 같은 이야기가 있다.

진(秦)나라 말기 유방과 항우를 위시한 여러 장수들이 군사를 일으켜 진나라의 학정에 대항해 싸울 때의 일이다. 처음 이들은 진나라의 도성인 함양(咸陽)을 먼저 점령하는 사람을 관중 일대 왕으로 삼기로 약속했다. 그런데 결국 함양에 먼저 닿은 사람은 항우보다 세력이 열세였던 유방이었다. 이에 흥분한 항우는 뒤따라 함양에 당도해서 진나라 궁궐을 모조리 불살라 버렸다. 그리고는 허다한 금은보화(金銀寶貨)와 젊은 여자들을 약탈해 갖고 동쪽으로 돌아가려 했다.

이때 어떤 사람이 항우에게 함양 땅에 도읍을 정하면 장차 대업을 이룩할 수 있다고 하면서 함양에 남아 있을 것을 극구 권고하였다. 그러나 항우는 "사람이 부귀하게 된 다음에는 고향으로 돌아가야 한다. 부귀하게 된 다음 고향으로 돌아가지 않으면 좋은 옷을 입고 밤에 다니는 것과 같으니 누가 알아본단 말인가?"고 하면서 듣지 않았다.(➡ 금의야행 錦衣夜行 참조)

이에 그 사람은 항우가 큰 인물이 되지 못할 것을 알고 "초나라 사람(항우를 가리킴)들은 '목욕한 원숭이가 감투를 쓴 꼴'이라고 하더니 과연 그 말이 옳구나!" 하고 개탄했다는 것이다. 그런데 이 말이 어쩌다가 항우의 귀에 들어가 항우는 그 사람을 잡아다 끓는 물에 삶아 죽였다.

당시 초나라 사람들은 원숭이를 목후라고 했는데 원숭이가 감투를 썼다는 것은 사람의 흉내를 내는 짐승이라는 뜻으로도 쓰이고 있다.

【용례】 졸부가 돈으로 치장하고 거만을 떤들 누가 알아주나. 돈에 절하는 거지 사람에게 절하는 줄로 아나 봐. 게다가 시의원이 되겠다며 난리니 "목후이관"도 자기 분수를 알면서 해야지.

묘항현령 猫項懸鈴

猫 : 고양이(묘) 項 : 목(항)
懸 : 매달(현) 鈴 : 방울(령)

【뜻풀이】 고양이 목에 방울 달기. 방법은 그럴듯하지만 현실적으로 이루어지기 아주 어렵고 불가능한 일을 꾸미는 것을 말한다.

【출전】 『순오지(旬五志)』에 다음과 같은 이야기가 나온다.

고양이 때문에 늘 시달리는 쥐들이 모여서 묘책을 상의했다.

"우리들은 생활도 퍽 윤택하고 어려움이 없지만, 저 밖에 있는 고양이 때문에 항상 생명의 위협을 느끼며 살 수밖에 없네."

그러자 한 쥐가 말했다.

"우리가 만약 고양이 목에 방울만 매단다면 그 소리를 듣고서 죽음을 피할 수 있을 것이오."

쥐들은 모두 기뻐하며 말을 거들었다.

"자네 말이 옳아. 이제 두려운 것은 없구나."

그러자 늙은 쥐 한 마리가 천천히 말을 꺼냈다.

"옳기는 옳지만 누가 고양이에게 가서 목에 방울을 달 수 있을까?"

쥐들이 깜짝 놀라며 어쩔 줄을 몰라했다.

【참조】『순오지』는 조선 인조 때의 학자이며 비평가인 현묵자(玄默子) 홍만종(洪萬宗, 1643~1725)이 쓴 문학평론집이다. 『십오지(十五志)』라고도 한다. 필사본으로 1책이며, 국립중앙도서관에 소장되어 있다. 1678년(숙종 4)에 저술하였다. 저자의 서문에 따르면, 병석에 누워 있을 때 15일 만에 탈고해서 『순오지』라 이름 붙였다고 한다.

정철(鄭澈)과 송순(宋純) 등의 시가와 중국 소설 『서유기』에 대한 평론이 있고, 부록으로 130여 종의 한역속담(漢譯俗談)을 실었다. 정철의 〈속미인곡(續美人曲)〉을 비평한 글을 보면 "〈속미인곡〉 또한 정철의 작품으로 앞서 지은 가사에서 미진했던 부분을 풀어 말했는데, 그 말이 또한 능란하고 뜻이 간결하여 제갈공명(諸葛孔明)의 두 〈출사표(出師表)〉와 백중(伯仲)의 위치에 있다고 하겠다."고 평했다.

그 밖에도 우리나라의 역사와 유불선(儒佛仙)에 관한 일화, 〈훈민정음(訓民正音)〉 창제에 대한 견해, 속자(俗字)에 대한 기술 등 실로 다양한 내용들이 실려 있다

【용례】 우리 당은 지난 선거 때 불법 선거자금에 대해 고백해야 해. 하지만 누가 그 일을 맡을지 나서는 사람이 없으니 "묘항현령"이네. 그러니 당 대표가 사퇴도 하지 않고 버티는 거지.

무가내하 無可奈何

無 : 없을(무) 可 : 가할·옳을(가)
奈 : 어찌(내) 何 : 어찌(하)

【뜻풀이】 어찌할 수 없다는 뜻으로, 무가여하(無可如何) 또는 불가내하(不可奈何)라고도 한다.

【출전】『사기·혹리열전(酷吏列傳)』에 다음과 같은 이야기가 있다.

한무제 때 중앙 정부에서는 해마다 큰 전쟁을 벌여 백성들, 특히 농민들의 부담이 날마다 과중되어 갔다. 그러자 생활은 극도로 어려워져 곳곳에서 봉기가 일어났다. 봉기 규모는 큰 경우에는 수천 명에 이르렀고 작다고 해도 백여 명이 되었다. 이처럼 봉기군의 총 숫자가 얼마나 되는지 누구도 알 수 없었다.

봉기군은 도처에서 도시와 고을을 공격해 무기고를 탈취하고 죄수들을 석방했으며 악질 관리들을 닥치는 대로 처단하는 등 과감한 투쟁을 벌였다. 이에 당황한 황제와 조정 대신들은 관리들을 파견하고 군대를 집결시켜 진압책을 들고 나와, 한꺼번에 봉기군 수만 명을 학살하고 봉기군과 관련이 있을 듯한 사람들도 수천 명씩 죽여 나갔다.

이렇게 여러 해 동안 봉기군에 대해 참혹한 탄압을 가했지만 봉기군은 "여전히 방대한 규모로 산천을 끼고 웅거하는 기세가 하늘을 찌를 듯한지라 어쩔 방법이 없었다.(復聚黨而阻山川者 往往而郡居 無可奈何)"고 한다.

『사기·범수전(范雎傳)』을 보면, 범수가 진(秦)나라의 재상이 되었을 때 왕계라는 사람이 있었다. 그는 일찍이 범수를 도와준 적도 있고 또 범수를 진나라에 데려온 사람이기도 하지만, 벼슬은 한 번도 승진하지 못하여 여전히 원래의 관직에 머물러 있었다.

이에 왕계는 범수에게 "알 수 없는 일이 세 가지가 있으며, 어찌할 수 없는 일도 세 가지가 있다.(事有不可知者三 有不可奈何者亦三) 그 알 수 없는 일 중 하나는 황제가 어느 날 갑자기 붕어하는 것이고, 둘째는 혹시 재상께서 갑자기 세상을 떠나는 것이며, 셋째는 내가 어느 날 산골짜기에서 죽을지 알 수 없는 것이다. 그리고 세 가지 할 수 없는 일이란 황제가 붕어할 때 나를 원망해도 할 수 없고(君雖恨於臣 無可奈何), 재상께서 세상을 떠날 때 나를 원망해도 할 수 없으며, 내가 갑자기 죽게 되어 재상께서 나를 원망해도 그 역시 할 수 없는 일이지요."라고 말했다.

이 말을 듣고 범수는 매우 불쾌해서 진소왕 앞에 나가 왕계의 관직을 올려 줄 것을 상주(上奏)하자 왕계는 그제야 비로소 하동수(河東守)로 진급되었다고 한다.(➡ 애자필보睚眦必報 참조)

이 성어는 『사기』 이전에 『장자』에도 나오고 있다. 『장자·인간세편(人間世篇)』을 보면 공자는 "어찌할 수 없다는 것을 알고 운명에 결정된 대로 편안히 행하는 것이 지극히 덕성스러운 품성이다.(知其不可奈何而安之若命 德之至也)"라고 말했다.

무가내하는 간단히 무내(無奈)라고도 하며 경우에 따라 내지하(奈之何)로 쓰이기도 하는데, 요컨대 내지하나 내약하(奈若何), 내아하(奈我何), 내타하(奈他何) 등이 모두 그런 뜻이다.

【용례】 네가 정말 그렇게 나온다면 나도 "무가내하"로구나. 네 마음대로 해 보거라. 대신 실패하든 성공하든 다시 내 앞에 얼굴 비출 생각은 마라.

무명 無明

無 : 없을(무) **明** : 밝을(명)

ㅁ

【뜻풀이】 범어(梵語) Avidyā의 한역어(漢譯語). 진리를 깨치지 못한 몽매한 상태를 일컫는 말이지만 불교에서는 다양한 뜻으로 쓰인다.

【출전】 ① 심소(心所)의 이름이다. 치번뇌(癡煩惱). 모든 현상과 본체에 어두워서 명료하지 못한 것을 말한다. 구사종(俱舍宗)에서는 대번뇌지법(大煩惱地法)의 하나라고 하며, 유식종(唯識宗)에서는 근본 번뇌의 하나로 본다.

② 12인연의 하나. 구사종에서는 전세의 번뇌를 말하며, 유식종에서는 제6식과 상응하는 우치(愚癡)와 무치(無癡)의 치번뇌를 말한다.

③ 불각(不覺)과 같은 뜻. 〈기신론(起信論)〉에 나오는데, 진여(眞如)에 대해 자각하지 못하는 것이라고 한다. 진여가 한결같이 평등한 것을 알지 못하고, 현상의 차별적인 여러 모양에만 집착해서 현실 세계의 온갖 번뇌와 망상의 근본이 되는 것을 말한다.

④ 천태종에서 말하는 삼혹(三惑)의 하나. 모든 생사의 근본인 미세한 번뇌로 일법계의 뜻을 알지 못하고 법성(法性)의 장애가 되는 혹이다.

이 무명 의혹은 보살만 끊을 수 있기 때문에 별혹(別惑)이라 하고, 계외(界外)의 생사를 받는 번뇌이기 때문에 계외혹(界外惑)이라고도 한다.

이처럼 여러 의미로 쓰이는 말이 무명인데, 결국 이를 벗어던지고 활연개오(豁然開悟)할 때 번뇌를 떨친 해탈의 경지에 오르는 것이다. 무명은 윤회를 거듭할 수밖에 없는 인간이 선험적으로 지닐 수밖에 없는 천형(天刑)이라고도 말할 수 있지만, 한편 이를 통해 열반의 길로 들어설 수 있다는 점에서는 필요악으로 간주할 수도 있을 것이다.

【용례】 도박으로 일확천금을 얻겠다는 망상 좀 제발 버려라. 그렇게 재산을 탕진하고도 아직 성에 차지 않았냐? 언제서야 그 칠흑 같은 "무명"에서 벗어나 사람답게 살겠니?

무병자구 無病自灸

無 : 없을(무) 病 : 병들(병)
自 : 스스로(자) 灸 : 구울·뜸질할(구)

【뜻풀이】 병이 없는데도 뜸을 뜨다. 뜸을 뜰 필요가 없는데도 뜸을 뜬다는 말로, 무익한 일을 고통스럽게 수행한다는 뜻이다.

【출전】 『장자·도척편(盜跖篇)』에 다음과 같은 이야기가 있다.

공자(孔子)가 도척을 만나 이야기를 나눈 뒤 노(魯)나라 동쪽 성문 밖으로 돌아오다가 도척의 형인 유하혜(柳下惠)를 만났다.

유하혜가 말했다.

"요즘 며칠 뵙지 못했습니다. 수레 자림새를 보니 어디 여행을 다녀오신 모양인데, 혹시 도척을 만나고 오신 것은 아닌지요?"

공자가 하늘을 보며 탄식한 뒤 대답하였다.

"그렇습니다."

유하혜가 물었다.

"도척이 선생님의 뜻을 거스른 것이 제가 전날 말씀드린 것과 같지 않았습니까?"

"그랬습니다. 나는 세상에서 말하는 병도 없는데 뜸을 뜬 사람입니다.(丘所謂無病而自灸也) 급히 달려가 호랑이 머리를 쓰다듬고 수염을 잡아 묶은 것과 같아서, 하마터면 그 아가리에 물려 죽을 뻔했습니다."

【용례】 자네가 아무리 동분서주한다고 해서 회사의 부도를 막을 수는 없을 걸세. 어차피 막지 못할 일이라면 차라리 은행 관리로 넘기는 게 낫지, 쓸데없이 "무병자구"할 필요가 뭐 있겠나?

무산지몽 巫山之夢

巫 : 무당(무) 山 : 메(산)
之 : 어조사(지) 夢 : 꿈(몽)

【뜻풀이】 남녀가 육체적인 성관계를 갖는 것을 말한다.

【출전】 『문선(文選)』에 수록된 〈고당부병서(高堂賦并序)〉는 송옥(宋玉)이 지은 글이다. 송옥은 전국시대 초나라의 정치가이자 시인인데 굴원(屈原)의 제자라고 한다.

이 서문은 초나라 회왕(懷王)이 운몽(雲夢)에 있는 고당지관(高堂之館)에 갔을 때 꿈에서 무산의 여신과 운우지정(雲雨之情)을 나누었다는 이야기를 내용으로 쓴 것이다.

「옛날에 초나라 양왕이 송옥과 함께 운몽의 누대에서 놀았다. 그때 고당의 관사를 우러러 보니 그 위에만 구름이 몰려 있는데, 구름은 갑자기 하늘로 솟구치는가 싶더니 홀연히 모양을 바꾸는 등 짧은 시간 동안에 변화가 끝이 없었다. 왕이 송옥에게 물었다.

"저것은 무슨 기운인가?"
송옥이 대답하였다.
"이른바 조운(朝雲)이라는 것입니다."
왕이 다시 물었다.
"조운이라니? 그게 뭔가?"
"옛날에 선왕께서 일찍이 고당에서 노신 적이 있는데, 몸이 노곤해 낮잠을 주무셨습니다. 그때 꿈에 웬 여인이 나타나 말하기를 '저는 무산의 여신입니다. 고당의 나그네로 왔다가 폐하께서 이곳에 오셨다는 소식을 듣고 함께 베개를 벨까 해서 왔습니다.' 하는 것입니다. 이에 왕은 그녀와 함께 잠자리를 같이했던 것이지요. 다음날 그녀는 떠나면서 말했습니다. '저는 무산의 남쪽 험준한 벼랑에 있습니다. 아침이면 구름으로 날고 저녁이면 스치는 빗방울로 머뭅니다. 아침저녁으로 양대의 아래에 있을 것입니다.' 과연 다음날 아침에 보니 그 말과 같았습니다. 그래서 그곳에 묘당을 짓고 이름을 조운이라고 한 것입니다."

(昔者楚襄王 與宋玉遊於雲夢之臺 望高唐之館 其上獨有雲氣 崒兮直上 忽兮改容 須臾之間 變化無窮 王問玉曰 此何氣也 玉對曰 所謂朝雲者也 王曰 何謂朝雲 玉曰 昔者先王嘗遊高唐 怠而晝寢 夢見一婦人曰 妾巫山之女也 爲高堂之客 聞君遊高堂 願薦枕席 王因幸之 去而辭曰 妾在巫山之陽 高丘之岨 旦爲朝雲 暮爲行雨 朝朝暮暮 陽臺之下 旦朝視之如言 故爲立廟 號曰朝雲)」

말미에 나오는 양대(陽臺)는 따뜻한 햇볕이 드는 누대라는 뜻도 되지만, 달리 남녀 사이의 성교를 의미하기도 한다. 그래서 남녀가 남모르게 정을 통하는 것을 양대라고 하며, 한 번 정을 통한 뒤 다시는 만나지 못하는 것을 양대불귀지운(陽臺不歸之雲)이라고 한다.

【용례】 요즈음 너무 사업에만 몰두하다 보니, 기력이 많이 떨어진 것 같아. 아내와 "무산지몽"을 나누지 못한 것도 한 달이 더 된 것 같으니 말이야.

무신불립 無信不立

無 : 없을(무) 信 : 믿을(신)
不 : 아닐(불) 立 : 설(립)

ㅁ

【뜻풀이】 사람에게 믿음이 없으면 살아갈 수 없다. 사람이 살아가는 데 가장 중요한 미덕은 역시 신뢰(信賴)라는 말이다.

【출전】 『삼국지』에 나오는 말이다.

북해태수로 있던 공융(孔融)은 조조의 공격을 받아 위기에 처한 서주자사 도겸(陶謙)을 구원해 주고자 자기의 군사 외에 유비를 공손찬(公孫瓚)에게 보내 약간의 군사를 빌려 돕도록 했다. 중간에 군사를 얻으면 변심할까 걱정한 공융이 유비에게 절대로 신의를 잃는 일이 없기를 신신당부(申申當付)하자 유비가 대답하였다.

"공께서는 저를 어떻게 생각하시는지 모르겠습니다만, 성인께서 말씀하시기를 '자고로 사람은 누구나 다 죽는다지만 신의가 없다면 살아갈 수 없다.(自古皆有死 民無信不立)'고 하셨습니다. 유비는 군대를 빌린다 하더라도 반드시 이곳으로 되돌아올 것입니다."

유비가 인용한 공자의 말은 『논어·안연편(顔淵篇)』에 나온다. 또 비슷한 말이 『논어·위정편(爲政篇)』에도 나온다.

「공자께서 말씀하셨다.

"사람이 되어 믿음이 없다면 그를 어디에 쓸지 모르겠구나. 큰 수레에 멍에가 없고 작은 수레에 끌채가 없다면 그것이 어떻게 앞으로 가겠느냐?"
(子曰 人而無信 不知其可也 大車無輗 小車無軏 其何以行之哉)」

【용례】 가기 귀찮고 번거로워도 약속을 했으면 가야지. 그러면서 네가 어떻게 친구냐? 옛날부터 "무신불립"이라 했어. 그렇게 의리가 없어서야 어떻게 남의 도움을 받으며 살아가겠니?

무안 無顔

無 : 없을(무) 顔 : 얼굴(안)

【뜻풀이】 얼굴이 없다. 잘못을 깨닫고 부끄러워 고개를 들지 못할 때 쓰는 말이다. 무색(無色)이라고도 하고, 면목이 없다는 표현을 쓰기도 한다.

【출전】 백낙천(白樂天, 772~846)의 〈장한가(長恨歌)〉의 한 대목에 다음과 같은 구절이 있다. 〈장한가〉는 당나라 현종(玄宗)이 양귀비(楊貴妃)의 미모에 빠져 국정을 방치하여 나라를 혼란에 빠뜨리고 결국 양귀비와 죽음의 이별을 한 사실을 소재로 쓴 장편 서사시인데, 당시(唐詩) 최고의 걸작 중 하나로 손꼽히는 작품이다.

「한나라 황제께서 여색을 좋아해 경국할 미인을 구했더니
여러 해 천자로 있으며 구하려 해도 못 구했네.
양씨의 집안에 딸이 태어나 이제 갓 장성했는데
깊은 규방에서 고이 자라나 사람들이 알지 못했지.
하늘이 아름다운 자질을 주어 버리기 어려웠으니
하루아침에 뽑혀서 임금님 곁으로 오게 되었구나.
눈동자를 돌리며 미소 지으니 온갖 교태 넘치는데
육궁에서 곱게 단장한 궁녀들 얼굴빛이 없어졌도다.

漢皇重色思傾國
御宇多年求不得.
楊家有女初成長
養在深閨人未識.
天生麗質難自棄
一朝選在君王側.
廻眸一笑百媚生
六宮粉黛無顔色.」

양귀비의 너무나 아름다운 자태로 해서 다른 궁녀들의 미색은 내세울 게 없게 되었다는 말이다.

【용례】 처음부터 자넬 속이려고 한 일은 아닌데 결과적으로 이렇게 돼서 "무안"하구먼. 악의는 없었으니 용서해 주시게나.

무양 無恙

無 : 없을(무) 恙 : 병(양)

【뜻풀이】 병이 없다는 뜻으로, 모든 일이 평온 무사하거나 사람이 건강한 것을 가리키는 말이다. 오늘날에는 이 말 대신 무고(無故)라는 말을 많이 쓴다.

【출전】 굴원(屈原)의 제자이며 초나라 때의 시인인 송옥(宋玉)의 글 〈구변(九辯)〉에 보면 "황왕(皇王)의 후덕에 힘입어 돌아가신 우리 임금님의 무양(無恙)함을 뵈오리라.(賴

皇天之厚德兮 還及君之無恙)"라고 쓴 구절이 있다.

또 『사기·흉노열전』에도 흉노의 선우(單于)가 한(漢)나라 황제에게 편지를 보내면서 그 첫머리에, "하늘이 세운 흉노의 대선우가 삼가 묻노니 황제는 무양(無恙)하신가?" 하고 있다.

여기서 나오는 양(恙)은 사람의 뱃속에 들어가 마음을 파먹는 벌레를 가리킨다고도 하는데, 확실하지는 않다.

『전국책·제책(齊策) 4』에 보면 다음과 같은 이야기가 나온다.

제나라 왕이 조(趙)나라의 위태후(威太后)에게 사신을 보내 안부를 전했다. 사신을 맞이한 위태후는 왕이 보낸 편지를 보기도 전에 제나라 사신에게 물었다.

"해도 무양하고, 백성들도 무양하며, 왕도 무양하신가?(歲亦無恙耶 民亦無恙耶 王亦無恙耶)"

"해가 무양하냐."는 말은 날씨가 농사짓기에 괜찮으냐고 물은 것인데, 사신은 그 뜻을 깨닫지 못하고 물었다.

"한 나라에서는 왕이 첫째입니다. 그러니 왕의 안부를 먼저 묻고 다음에 백성의 안부를 묻는 것이 옳지 않습니까?"

그러자 위태후가 자신의 말을 해명하였다.

"풍년이 들어야 백성들의 생활이 편하고, 백성들이 편해야 왕도 그들을 잘 다스릴 수 있는 법이다. 그러니 근본부터 먼저 묻는 것이 당연하지 않은가?"

이 일이 있고 난 뒤부터 국가 간의 외교적인 문안 인사를 할 때에는 해와 백성, 임금의 세 가지 무양함으로 인사말을 주고받았다고 한다.

【용례】 가족들과 헤어져 이국땅에 유학을 온 지 어느덧 3년이 지나갑니다. 그동안 멀리 있다는 핑계로 자주 찾아뵙지 못했습니다. 다들 "무양"하시겠지요?

무용지용 無用之用

無 : 없을(무) 用 : 쓸(용) 之 : 어조사(지)

【뜻풀이】 쓸모가 없는 가운데서의 쓸모. 도가(道家)에서 말하는 논리로, 세속적인 안목으로 보면 별 도움이 안 될 것 같지만, 이런 것이야말로 진정한 도움을 준다는 말이다.

【출전】 『장자·인간세편(人間世篇)』에 다음과 같은 말이 나온다.

"산의 나무는 스스로를 해치고 기름 등불은 스스로를 태운다. 계수나무는 향기를 쓸 수 있어 베이고 옻나무는 칠로 쓸 수 있어 베인다. 사람들은 모두 쓸모가 있는 것만 쓸모 있는 줄 알지 쓸모가 없는 가운데 쓸모가 있다는 것은 모른다.(山木自寇也 膏火自煎也 桂可食 故伐之 漆可用 故割之 人皆知有用之用而莫知無用之用也)"

이 말에는 쓰임이 있다는 것이 어쩌면 삶을 살아가는 데 긴요한 조건일 듯하지만 실제로 그 쓰임 때문에 스스로를 망치는 경우가 더 많다는 교훈이 담겨 있다. 진실로 삶을 오래 보전할 수 있는 방법은 인위적으로 능력을 개발하는 태도가 아니라 주어져 있는 그대로를, 즉 자연(自然) 그대로를 잘 지키는 데 있다는 말이다.

이와 비슷한 이야기가 『장자·산목편(山木篇)』에도 실려 있다.

「장자가 산길을 걷다가 가지와 이파리가 무성한 큰 나무를 보았다. 나무꾼이 주변을 맴돌더니 베지 않고 가 버렸다. 그 까닭을 묻자 나무꾼은 이렇게 대답했다.

"옹이가 너무 많아 쓸모가 없습니다."

장자가 제자들에게 말했다.

"이 나무는 재목감이 못 되어 천수를 누릴 수 있구나."

이후 장자가 산에서 내려와 친구의 집에서 묵자 친구는 기뻐하며 동자에게 시켜 기러기를 잡아 올리라고 했다. 동자가 와서 물었다.

"두 마리 중 한 마리는 잘 울고 한 마리는 울지 못하는데 어느 것을 잡을까요?"

"잘 울지 못하는 놈을 잡거라."

다음날 제자가 장자에게 물었다.

"어제 산속의 나무는 재목감이 못 되어서 천수를 누렸는데, 지금 주인집의 기러기는 재목감이 못 되어 죽음을 당했습니다. 선생님께서는 장차 어느 쪽을 택하시렵니까?"

장자가 빙그레 웃으며 대답하였다.

"나는 장차 재목감이 되는 것과 그렇지 못한 것 중간을 택할 것이니라."

(莊子行於山中 見大木 枝葉茂盛 伐木者 止其傍而不取也 問其故 日無所可用 莊子日 此木以不材 得終天年 夫子出於山 舍故人之家 故人喜 命豎子 殺雁而烹之 豎子請日 其一能鳴 其一不能鳴 請問奚殺 主人日 殺不能鳴者 明日 弟子問於莊子日 昨日山中之木 以不材 得終天年 今主人之雁 以不材死 先生將何處 莊子笑日 周將處夫材與不材之間)」

앞에서 나온 무용지용의 가치관과 이 예화가 보여 주는 재여부재(材與不材)라는 줄타기 같은 중용의 태도가 바로 노장 사상의 깊은 뜻을 보여 주는 좋은 예라고 할 것이다. 유가의 중용이 과유불급(過猶不及)에서 보여 주는 것처럼 모자람도 지나침도 없는 균형 감각을 지니는 것이라면, 도가의 중용은 그 어느 쪽도 선택하지 않는 중용인 것이다. 즉, 도가는 분별하는 태도 자체를 부정하고 있다.

【용례】 사람을 볼 때 너무 쓸모에만 치중해서 판단하는 것은 자칫 위험한 결과를 낳을 수도 있습니다. 때론 전혀 엉뚱한 데서 쓸모를 발휘하는 "무용지용"하는 사람도 있으니, 두루 다독거리는 게 좋다고 생각합니다.

무위이화 無爲而化

無 : 없을(무) 爲 : 할(위)
而 : 어조사(이) 化 : 될(화)

【뜻풀이】 아무런 일을 하지 않아도 일이 저절로 이루어진다.

【출전】『노자·제57장』에 다음과 같은 말이 나온다.

"때문에 성인이 말하기를, 내가 아무 일을 하지 않아도 백성들은 절로 교화되며, 내가 고요함을 좋아하면 백성들은 절로 바르게 되며, 내가 일삼는 것이 없으면 백성들은 절로 부유해지며, 내가 욕심이 없으면 백성은 절로 순박해진다.(故聖人云 我無爲而民自化 我好靜而民自正 我無事而民自富 我無欲而民自樸)"

이 말 속에는 인위적인 변화를 꾀하지 않고 자연의 순리를 좇는 태도에서 바로 올바른 결과가 빚어진다는 주장이 담겨 있다. 자연이 인간에게 준 여러 가지 품성들은 그것만으로도 충분하게 우주 공간 속에서 살아갈 수 있기 때문에 부여된 것이다. 만약 그렇지 못하다면 더 큰 재능을 하늘은 인간에게 주었을 것이기 때문이다. 여기에서, 강요가 아닌 자발과 인위가 아닌 정성, 외화(外華)가 아닌

내치(內治)를 중시한 노자의 정신을 읽을 수 있겠다.

물론 이런 무위 사상은 도가뿐 아니라 유가에서도 중시했다.『논어 · 위령공편(衛靈公篇)』에 보면 이런 공자의 말이 나온다.

"아무것도 하지 않고도 훌륭한 정치를 한 사람은 순임금일 것이다. 그가 무슨 일을 했는가? 그저 공손하게 남쪽을 바라보며 있었을 뿐이다.(子曰 無爲而治者 其舜也與 夫何爲哉 恭己正南面而已矣)"

유가는 도가와 달리 무위이화가 아닌 무위이치(無爲而治)를 내세워 좀더 실용적인 측면을 강조하긴 했지만, 무위가 지닌 힘을 긍정한 점은 같다.

【용례】 우리 회사는 얼마나 인화단결(人和團結)이 잘 되는지, 간부들이 이래라 저래라 안 해도 사원들이 자발적으로 나선다니까. 사장님의 "무위이화"하려는 정책이 주효했다고나 할까.

무이구곡 武夷九曲

武 : 호반(무) 夷 : 오랑캐(이)
九 : 아홉(구) 曲 : 곡조 · 굽을(곡)

【뜻풀이】 무이산 안에 있는 아홉 굽이 계곡을 이르는 말이다.

【출전】 무이산은 무이(武彝)라고도 하는데, 복건성 숭안현(崇安縣) 남쪽에 있다. 전설에 따르면 이 산에 신선인 무이군(武夷君)이 살았다고 한다. 이 산은 120여 리에 걸쳐 펼쳐져 있으며 36개 봉우리와 37개의 바위가 있는데 그 사이를 계곡이 아홉 굽이로 나눠져 흐른다고 한다.

『군서습타(群書拾唾)』에 따르면 무이구곡은 승진동(升眞洞)과 옥녀봉(玉女峰), 선기암(仙機巖), 금계암(金鷄巖), 철적정(鐵笛亭), 선장봉(仙掌峰), 석당사(石唐寺), 고루암(鼓樓岩), 신촌시(新村市)를 말한다. 경치가 몹시 아름다워 주희(朱熹)가 일찍이 이곳에 머물며 〈구곡가(九曲歌)〉를 지었다고 한다.

한무제(漢武帝)가 이곳에서 제사를 지냈다고 하며,『송서 · 신기질전(辛棄疾傳)』에 따르면 그가 주희와 함께 구곡에서 노닐다가 〈무이구곡도가(武夷九曲櫂歌)〉를 지었다고 한다.

【용례】 주희의 〈구곡가〉는 "무이구곡"의 아름다운 경치를 노래한 작품인데, 주자라고 불리는 사람의 작품답게 도학자적인 풍취가 물씬 풍긴다네. 그래서 우리나라에도 이를 본뜬 작품이 있대.

무진장 無盡藏

無 : 없을(무) 盡 : 다할(진) 藏 : 감출(장)

【뜻풀이】 물건이나 지식을 습득한 것이 너무 많아 바닥이 나지 않는다. 부처님의 한량없는 자비심(慈悲心)을 비유하는 말인데, 지금은 다양하게 쓰인다.

【출전】『대장법수(大藏法數) · 무진장하(無盡藏下)』에 다음과 같은 말이 있다.

「장(藏)이라는 것은 포함하고 융섭한다는 것이다. 이 열 가지의 장은 곧 화엄회상에서 공덕림 보살이 여러 보살들을 위해 연설하여 그들로 하여금 모두 일체 불법의 문으로 들어가서 한량없는 진리를 성취하고 모든 중생들에게 두루 이익이 되도록 하여 각각 그들의 능

ㅁ

력에 따라 다함 없는 법의 바다를 포함하고 융섭하고자 하였다. 때문에 그 이름을 일러서 무진장이라고 할 수 있다.

(藏者含攝也 此之十藏 乃功德林菩薩於華嚴會上 爲諸菩薩演說 欲令其普入一切佛法之門 成就無上菩提 饒益一切衆生 以其各能含攝無盡法海 故能名謂無盡藏也)」

이처럼 무진장은 원래 불가에서 덕성이 한량없는 것을 비유한 말이었는데, 오늘날에는 단위로 계량화할 수 없는 많은 물량을 비유하는 말로 쓰이고 있다.

【용례】 우리나라에는 태백산맥 일대에 석회암이 "무진장" 묻혀 있어서 앞으로도 몇 백 년 동안 시멘트 걱정은 안 하고 살아도 된다는군.

무하유지향 無何有之鄉

無 : 없을(무) 何 : 어찌(하)
有 : 있을(유) 之 : 어조사(지)
鄉 : 고을(향)

【뜻풀이】 그 무엇도 없는 곳. 장자가 설정한 이상향(理想鄉)의 이름이다.

【출전】『장자』에는 이 무하유지향에 대한 언급이 세 군데에 걸쳐 나온다. 〈소요유편(逍遙遊篇)〉과 〈응제왕편(應帝王篇)〉·〈지북유편(知北遊篇)〉이 그것인데, 여기서는 〈응제왕편〉에 실린 구절을 읽어 보기로 하지.

「무명인이 말하기를, 가거라. 너는 비천한 사람이다. 어찌 그런 유쾌하지 못한 질문을 하는가? 나는 장차 조물주와 친구가 되어 이 세상이 싫어지면 저 하늘을 마음대로 나는 새를 타고 육극의 밖으로 나가서 무하유지향에서 노닐면서 광활한 들판에서 머물고자 한다. 또 어찌 천하를 다스리는 것으로서 내 마음을 어지럽히려 하는가?

(無名人曰 去 汝鄙人也 何問之不豫也 予方將與造物者爲人 厭則又乘夫莽眇之鳥 以出六極之外 而遊無何有之鄉 以處壙埌之野 汝又何以治天下 感予之心爲)」

육극(六極)은 상하사방(上下四方)을 말하며, 광랑(壙埌)은 들이 넓은 모양이고, 예는 법을 뜻한다. 아무것도 없다는 것은 달리 말하면 모든 것이 갖춰진 곳, 바로 자연(自然) 그 자체를 말하는 역설적인 표현으로 볼 수 있을 것이다.

【용례】 사람에게는 누구나 나름대로의 이상 사회가 있게 마련이지. 장자는 그것을 "무하유지향"이라고 표현했는데, 주지육림(酒池肉林) 따위의 저급한 낙원을 말하는 건 물론 아니야.

무항산무항심 無恒産無恒心

無 : 없을(무) 恒 : 항상(항)
産 : 낳을(산) 心 : 마음(심)

【뜻풀이】 일정한(恒常) 생산이 없으면 일정한 마음도 없다. 일정하게 생계를 유지할 바탕이 없으면 자칫 중심을 잃고 방종하거나 방황할 수 있다는 말이다. 정치에서 의식주(衣食住)의 중요성을 강조한 말이다. 반드시 의식주에만 국한된 뜻은 아니고, 정치에서 국민을 이끄는 요체를 비유적으로 표현한 말이다.

【출전】『맹자·등문공장구(滕文公章句)』상

편에 다음과 같은 이야기가 나온다.

등나라는 지금의 산동성 등현(滕縣)에 있던 소국이다. 가까운 이웃인 추(鄒) 땅에 살던 맹자가 한번은 이 나라를 방문했다. 그때 등나라의 임금은 문공(文公)이었는데, 평소 맹자를 존경했던 그는 맹자를 정치 고문으로 기용하였다. 그리고는 어떻게 하면 나라를 바르게 다스릴 수 있는지 물었다. 그 정열에 감동한 맹자는 한동안 등나라에 머물면서 어진 정치의 요체를 들려주었다.

「"백성의 일은 늦춰서는 안 되니, 『시경』에 이르기를, 〈낮에 띠(茅)를 취하여, 밤에 새끼를 꼬아서 빨리 지붕을 덮어야만 비로소 백곡을 뿌릴 수 있다〉고 했습니다. 백성의 도는 일정한 생산이 있으면 일정한 마음이 있고, 일정한 생산이 없으면 일정한 마음이 없을 것이니, 진실로 일정한 마음이 없으면 방벽하고 사치하지 않음이 없을 것입니다. 죄에 빠진 다음에 좇아서 형벌을 가하면 이것은 백성을 속이는 것이니, 어찌 어진 사람이 위에 있으면서 백성을 속일 수 있겠습니까? 이 때문에 어진 임금은 반드시 공손하고 검소하여 아랫사람에게 예로 하고, 백성에게 취하는 것도 절제가 있는 것입니다. 양호가 말하기를, '부유하려면 착한 일은 못하고, 착한 일을 하면 부유하지 못하다.'고 했습니다. 하후씨(하나라)가 오십에 공법(貢法)을 쓰고, 은나라 사람은 칠십에 조법(助法)을 쓰고, 주나라 사람은 백 무에 철법(徹法)을 썼으니, 그 실상은 다 열에 하나입니다. 철은 통하고 고른 것이고, 조는 빌리는 것입니다. 용자가 말하기를, '땅을 다스리는 데는 조법보다 좋은 것이 없고, 공법보다 좋지 못한 것이 없다. 공법은 여러 해를 비교해서 표준을 삼으니, 풍년이 든 해에 쌀이 많아 많이 취해도 가혹하지 않은데 적게 취하고, 흉년에는 그 밭의 비료 값에도 족하지 못하거늘 반드시 가득하게 취하니, 백성의 부모가 되어서 백성으로 하여금 원망을 품게 하고, 일년 내내 일을 하고도 그 부모를 봉양하지 못하게 하며, 또 꾸어준 이자를 더 받아서, 늙은이와 어린아이로 하여금 개천과 구렁 속에 구르게 한다면 어찌 백성의 부모가 될 수 있겠느냐?'고 했습니다."

(民事 不可緩也 詩云 晝爾于茅 宵爾索綯 亟其乘屋 其始播百穀 民之爲道也 有恒産者 有恒心 無恒産者 無恒心 苟無恒心 放辟邪侈 無不爲已 及陷乎罪 然後 從而刑之 是罔民也 焉有仁人 在位 罔民而可爲也 是故 賢君 必恭儉禮下 取於民 有制 陽虎曰 爲富 不仁矣 爲仁不富矣 夏后氏 五十而貢 殷人 七十而助 周人百畝而徹 其實 皆什一也 徹者 徹也 助者 藉也 龍子曰 治地 莫善於助 莫不善於貢 貢者 挍數歲之中 以爲常 樂歲 粒米狼戾 多取之而不爲虐 則寡取之 凶年 糞其田而不足 則必取盈焉 爲民父母 使民 盻盻然將終歲勤動 不得以養其父母 又稱貸而益之 使老稚 轉乎溝壑 惡在其爲民父母也)」

백성들을 편안하게 다스릴 방법으로 세법(稅法)에 대해 말하면서 은나라에서 시행한 조법(助法)을 써서 백성들의 삶을 윤택하게 한 다음에 예법과 도덕 교육을 가르쳐야 한다고 주장했던 것이다. 가난에 지쳐 굶주린 사람을 이끌고 인의도덕을 논할 수는 없는 일이기 때문이다.

【용례】 옛날 우리나라에는 보릿고개라 하여 끔찍한 춘궁기(春窮期)가 있었다. "무항산이면 무항심"이란 말도 있듯이, 민생고(民生苦) 해결은 당시 국민과 정부가 가장 시급하게 해결해야 할 과제였다.

묵돌불검 墨突不黔

默 : 먹(묵) 突 : 굴뚝(돌)
不 : 아닐(불) 黔 : 검을(검)

【뜻풀이】 동분서주(東奔西走)하며 몹시 분주한 경우를 일컫는 말이다. 너무 바빠서 한 자리에 앉아 있을 여유가 없다.

【출전】 묵자(墨子)는 전국시대 노나라(일설에는 송나라) 사람으로 고대 중국의 유명한 사상가 중 한 사람이다. 이름은 적(翟)이라 하는 그는 겸애(兼愛)와 비공(非攻)을 주장하면서 묵가의 학설을 전파하기 위해 동분서주는 바쁘게 보냈다.(☞ 묵수성규墨守成規 참조)

그래서 묵자는 한곳에 오래 머물러 있지 못했는데 후한 시대 역사가 반고(班固, 32~92)는 〈답빈희(答賓戲)〉에서 "공자의 집 돗자리는 따뜻해질 틈이 없고, 묵자의 집 굴뚝은 검어질 시간이 없다.(孔席不暖 墨突不黔)"는 말을 쓰고 있고, 당나라 작가 한유(韓愈, 768~824)도 〈쟁신론(爭臣論)〉 중에서 공석불가난 묵돌부득검(孔席不暇暖 墨突不得黔)이라는 말을 사용하고 있다. 즉, "공자가 앉았던 자리는 더워질 짬이 없고 묵자가 살던 집 굴뚝은 검어질 시간이 없다."는 뜻으로, 유가의 창시자인 공자도 그토록 분망하게 떠돌았고 묵가의 창시자인 묵자 역시 바쁘게 다녀 분주했다는 말이다.

공석불난과 묵돌불검은 다 같이 바쁜 것을 비유하는 성어이기 때문에 두 구절을 합쳐 공석묵돌(孔席墨突)이라고도 하며, 양자를 바꾸어 공자무검돌 묵자무난석(孔子無黔突 墨子無暖席)이라고도 한다.

그리고 어떤 경우에는 공자와 묵자의 이름을 들지 않고, 그저 석불급난(席不及暖) 또는 석불가난(席不暇暖)이라고도 쓴다.

【용례】 세종대왕께서는 나라의 안녕과 백성들의 복지를 위해 "묵돌불검"하며 한시도 쉬지 않고 고민하셨지. 그 뛰어난 업적이 지금까지도 남아 후손들이 쓰고 있을 정도니, 그런 훌륭한 지도자를 다시 한 번 만났으면 좋겠어.

묵수성규 墨守成規

墨 : 먹(묵) 守 : 지킬(수)
成 : 이룰(성) 規 : 규율·규칙(규)

【뜻풀이】 낡은 규칙을 끝까지 고수하다. 낡은 틀에 얽매여 있다는 뜻으로, 묵자(墨子)의 일화에서 나온 말이다.

【출전】 전국시대 노나라 사람이었던 묵자는 일찍이 목수질을 하면서 수레나 공성(攻城) 기구들을 만든 적이 있었다. 그는 워낙 솜씨가 비상하여 당시의 유명한 공장(工匠)이었던 노반(魯班)과 어깨를 겨룰 정도였다고 한다.

겸애(兼愛, 사람마다 서로 사랑함)와 비공(非攻, 전쟁을 하지 않음)을 주장하는 묵자는 유가의 학설에 정면으로 맞서면서 이른바 묵가라는 학파를 세우고 사방을 돌아다니면서 자신의 학설을 전파했다.(☞ 묵돌불검墨突不黔 참조)

그러던 중 어느 날 초나라에서 송나라를 치려고 노반에게 성을 공격하는 운제(雲梯)라는 무기를 만들라고 지시했다. 이 소식을 들은 묵자는 황급하게 초나라로 달려가서 노반과 초나라 임금을 만나 싸움을 그만둘 것을 혀가 닳도록 충고하였다. 그랬더니 초나라 임금은 송나라를 치지 않겠다고 하면서도 새로운 무기인 운제를 실전에서 시험해 보지 못하게 된 것을 몹시 유감스럽게 생각하는 눈치였다.

"그렇다면 당장 시험해 봅시다."

묵자는 이렇게 말하고 띠를 풀어 성곽처럼 둘러 놓고 작대기로 무기를 삼아 노반과 단둘이서 치고 막는 동작을 했다. 노반을 연달아 아홉 번이나 공격했지만 끝내 성을 함락시키지 못했다.

이에 노반이 "나는 그대를 대처할 방도가 있지만 말하진 않겠다."고 하자 묵자도 지지 않고 "나는 그대가 무슨 방책을 쓰려 하는지 알고 있지만 역시 말하진 않겠다."고 응수하였다.

초왕이 그들의 말뜻을 몰라 무슨 말이냐고 묻자 묵자는 웃으면서 "공수자(노반)의 뜻은 나를 죽이겠다는 것이올시다. 그러나 나를 죽인다 해도 나의 제자 3백 명이 송나라의 성을 지키고 있습니다."라고 말하는 것이었다. 이에 초나라 임금은 송나라를 칠 생각을 완전히 포기해 버리고 말았다.

이와 같이 "묵자가 성을 잘 지킨다."는 뜻으로 묵수라는 말이 나온 것이다. 그런데 시간이 지남에 따라 묵수는 원래의 뜻과는 달리 보수적이라는 뜻으로 쓰이게 되었다. 이리하여 낡은 틀과 규칙에 얽매여 새로운 가능성을 포기한다는 뜻으로 묵수성규라는 성어가 생겨난 것이다.

【용례】 규칙이란 건 대다수에게 옳다고 인정된 사실을 가지고 만드는 거야. 그런데 그게 잘못된 것이라면 과감하게 바로잡아야지, 여론이 어쩌고 하면서 "묵수성규"하는 건 비겁한 태도라고 생각해.

묵자비염 墨子悲染

墨 : 먹(묵) 子 : 아들(자)
悲 : 슬플(비) 染 : 물들일(염)

【뜻풀이】 묵자가 하얀 명주실이 검게 물든 것을 슬퍼한다는 말로, 사람은 평소 습관에 따라 성품과 인생의 성패가 결정된다는 뜻이다. 묵자읍사(墨子泣絲)라고도 한다.

【출전】『묵자·소염편(所染篇)』에 다음과 같은 이야기가 있다.

어느 날 묵자가 실에 물을 들이는 사람을 보고 탄식하며 말했다.

"파란 물감으로 물들이면 파랗게 되고, 노란 물감으로 물들이면 노랗게 되는구나. 이렇게 들어가는 물감에 따라 실의 색깔도 변하여 매번 다른 색깔을 만드니 물들이는 일이란 삼가지 않을 수 없는 일이다. 어찌 유독 실을 물들이는 것만 이렇겠는가? 나라도 또한 물들여짐이 있는 것이다.(染於蒼則蒼 染於黃則黃 所入者變 其色亦變 五入必而已則爲五色矣 故染不可不愼也 非獨染絲然也 國亦有染)"

그러면서 이어 몇 가지 예를 들었다.

옛날 순(舜)임금은 어진 허유(許由)와 백양(伯陽)의 착함에 물들어 천하를 태평으로 다스렸고, 우(禹)임금은 고요(皐陶)와 백익(伯益)의 가르침에 물들었으며, 은(殷)나라의 탕왕(湯王)은 이윤(伊尹)과 중훼(仲虺)의 가르침에 물들었고, 주(周)나라의 무왕(武王)은 태공망(太公望)과 주공단(周公旦)의 가르침에 물들어 천하의 제왕이 되었고, 그 공적이 천지를 뒤덮었다. 그리하여 후세 사람들은 천하에 인의를 실천한 임금을 꼽을 때면 반드시 이들 네 임금을 들어 말한다.

ㅁ

그러나 하(夏)나라의 걸(桀)은 간신 추치(推哆)의 사악함에 물들어 폭군이 되었고, 은나라의 주(紂)는 숭후(崇候)와 악래(惡來)의 사악함에 물들었으며, 주나라 여왕(厲王)은 괵공 장보(長父)와 영이종(榮夷終)의 사악함에 물들었고, 유왕(幽王)은 부공이(傅公夷)와 채공곡(蔡公穀)의 사악함에 물들어 음탕하고 잔학무도한 짓을 하다가 결국 나라를 잃고 제 목숨마저 끊는 치욕을 당했다. 그리하여 천하에 불의를 행하여 가장 악명을 떨친 사람을 꼽으라면 반드시 이들 네 임금을 들어 말한다.

묵자는 평소의 사소한 행실일지라도 이것이 오래 묵어 나쁜 병폐로 굳어지면 작게는 망신을 당하고 크게는 나라를 망치고 목숨까지 잃는 참극에까지 미칠 수 있다고 보았다.

그러나 반대로 좋은 행실로 물들면 나라를 얻어 잘 다스리는 영화를 보게 되니 삼가지 않을 수 없다는 것이다.

【용례】 "세 살 버릇 여든까지 간다."는 속담이 있다. 그만큼 습관은 사람의 천성까지 바꿔 놓을 수 있다. "묵자비염"했던 깊은 뜻을 잊어서는 안 될 것이다.

문가라작 門可羅雀

門 : 문(문) **可** : 옳을(가)
羅 : 그물(라) **雀** : 참새(작)

【뜻풀이】 찾아오는 손님이 적다. 손님들 발길이 끊어져 한가한 것을 비유하는 말이다.

【출전】 한(漢)나라 초기에 급암(汲黯)과 정당시(鄭當時)라는 유명한 대신이 있었다. 급암은 경제(景帝) 때 태자세마(太子洗馬)가 되고 무제(武帝) 때는 동해태수와 주작도위(主爵都尉)라는 벼슬에 올랐던 사람이다.

정당시는 무제 때 대농령(大農令)의 벼슬에 있었던 인물로, 모두 다 높은 벼슬을 지내고 권세가 있었기 때문에 날마다 찾아오는 사람들로 해서 문턱이 닳을 지경이었다.

그런데 그들 두 사람은 모두 다 성품이 강직한 사람들이어서 나중에 벼슬에서 쫓겨나자 처지가 궁핍하게 되어 버렸다. 그러자 그들의 집에는 다시는 찾아오는 사람조차 없게 되었다.

『사기 · 급정열전(汲鄭列傳)』에서는 급암과 정당시의 생애를 소개한 다음 그들이 음해를 당한 사실에 대해 동정을 표시하면서 비분강개(悲憤慷慨)했다.

"급암과 정당시처럼 출중한 사람들도 일단 세력에서 밀려나면 찾아 주는 이가 없었는데 보통 사람들이야 말해 무엇 하겠는가!"

문 앞에 새들이 떼 지어 날고 있어 그물로 잡을 수 있을 정도로 찾아오는 사람이 없다는 이 성어는 "문밖에 참새를 잡을 그물을 칠 수 있다.(門外可設雀羅)"는 말을 간추린 것이다.

【용례】 알짜배기 자리에 있을 땐 선물이다 뇌물이다 해서 주체를 못할 정도로 들어오더니, 한 번 콩밥 먹고 나오니까 "문가라작"이로군. 두고 보자, 어차피 세상이 변한 건 아니니까.

문경지교 刎頸之交

刎 : 목 벨(문) **頸** : 목(경)
之 : 어조사(지) **交** : 사귈(교)

【뜻풀이】 대신 목 베임 당하는 것도 아깝지

않은 사귐. 생사를 같이하는 벗이나 사귐을 비유하는 말이다.

【출전】 인상여(藺相如)는 한때 조나라 혜문왕(惠文王) 시절 총신이자 왕의 신임도 두터웠던 무현(繆賢)의 식객에 지나지 않았다. 그러던 것이 이른바 화씨지벽(和氏之璧)이라는 보물을 잘 지켜 귀국한 공으로 일약 상대부라는 벼슬을 차지하게 되었다.(➡ 완벽귀조完璧歸趙 참조)

그 후 3년째 되던 해(기원전 280)에 진(秦)나라 왕과 조나라 왕이 민지〔澠池, 오늘날의 하남성 낙양 서쪽〕에서 회견을 가진 일이 있었다. 이때 조나라 왕을 보좌해 한 자리에 참석했던 인상여가 하마터면 수치를 당할 뻔한 조나라 왕을 기지로써 구원하고 아울러 역습을 가하게 해서 진나라 왕을 궁지에 빠뜨리는 공을 세웠다.

이 때문에 그는 다시 상경(上卿)으로 임명되었다. 너무나 빠른 시일에 승진해서 인상여는 조나라의 명장으로 널리 알려진 염파(廉頗)보다 더 높은 지위에 올랐던 것이다. 이렇듯 빠른 출세로 높은 직위에 오른 인상여를 보자 그간 수많은 죽을 고비를 넘기면서 조국을 위해 피땀을 흘린 염파로서는 속이 상하지 않을 수 없었다.

"내가 적군의 성채를 공격하고 시산혈해(屍山血海, 시체가 산을 이루고 피가 바다를 이룸. 치열한 전쟁)의 전투에서 큰 공을 세운 것이 한두 번이 아니었다. 그런데 인상여는 기껏 세 치 혀나 잘 놀렸을 뿐인데 오늘날 오히려 내 윗자리를 차지했다. 근본도 보잘것없는 천민 출신 주제였던 그 따위 인간 밑에서 벼슬이나 지키고 있자니 도저히 창피해서 견딜 수가 없구나."

그가 이렇게 노골적으로 불평을 털어놓는 것도 지나친 일은 아니었다. 성격이 괄괄하고 앞뒤를 잴 줄 몰랐던 무인이었던 염파는 울분을 참지 못하다가 나중에는 이렇게 사람들에게 다짐을 하기에 이르렀다.

"내 만약 어디서든 인상여를 직접 대면하는 날이 오면 반드시 그를 욕보이고야 말겠다."

이렇게 드러내 놓고 인상여에 대한 불만을 털어 놓자 그때부터 인상여는 조정 회의에 병을 핑계 삼아 결석하고, 거리에서 염파와 마주치더라도 급히 피하는 등 애써 정면충돌을 피했다. 이런 비굴한 태도에 인상여의 측근들은 몹시 불쾌해하며 당당히 그와 맞서라고 충고했지만, 인상여는 막무가내로 이를 듣지 않았다.

한번은 부하 중 한 사람이 그에게 욕설을 퍼부으며 용기 없고 비겁한 당신 밑에서는 더 이상 일할 수 없다고까지 나오자, 인상여가 그를 불러 말했다.

"자네는 염파 장군과 진나라 임금 중 누가 더 강하다고 생각하는가?"

"그야 물론 진나라 임금이지요."

"그렇네. 나는 일찍이 진나라 임금과 맞싸워 조금도 굴함이 없었네. 아니 오히려 진나라 궁궐에 들어가 그에게 호통까지 친 정도일세. 그런 내가 아무리 무골충(無骨蟲)이라 한들 염파 장군이 두려워서 피한다고 생각하는가?

저 강대한 진나라가 우리 조나라를 감히 침략하지 못하고 있는 까닭은 바로 나와 염파 장군이 버티고 있기 때문일세. 그런데 만약 나와 염파 장군 사이에 반목이 생겨 틈이 벌어진다면 진나라는 당장이라도 군사를 일으켜 공격해 들어올 것이 불 보듯 뻔하잖은가. 그러니 내가 염파 장군을 피하는 까닭은 무엇보다도 나라의 위급을 먼저 생각하고 사사로운 개인의 원한은 뒤로 제쳐 놓기 때문일세."

이 말을 들은 부하는 그제서야 자신의 얕은 견해를 뉘우치고 사죄하였다.

한편 이 말을 전해들은 염파 장군도 역시 인상여의 대인다운 기상에 감격하면서 자신의 어리석음을 부끄러워했다. 그리하여 그는 육단(肉袒)의 형(刑, 상반신을 발가벗고 곤장을 때리는 형벌에 사용하는 가시나무 묶음을 잔등에 진 채 사정없이 자신을 때려 달라는 마음을 표시하는 것)을 지고 인상여의 집을 찾아가 깊이 사죄했다.(➡ 부형청죄負荊請罪 참조)

이리하여 인상여와 염파 두 사람은 더욱 우의를 두터이 쌓고 문경지교의 예로써 한마음 한뜻이 되어 나라를 지켰다고 한다.

문경지교에 대한 설화로 출전은 알 수 없지만 다음과 같은 이야기가 전한다.

옛날 중국에 막역한 두 친구가 있었는데, 한 친구가 실수로 사람을 죽여 사형을 당하게 되었다. 처형 날을 기다리고 있는데, 고향에서 어머님이 위독하다는 소식이 날아왔다. 부모보다 먼저 죽는 것도 죄인인데, 임종(臨終) 마저 지키지 못하게 된 친구는 몹시 애통해했다. 이 소식을 들은 친구가 다음날 고을 원을 찾아가 사정하였다.

"제 친구는 의리를 중히 여기는 사람이라 어머니의 임종을 지키기 위해 잠시 석방한다고 해도 결코 달아날 사람이 아닙니다. 마지막으로 자식으로서의 본분을 다하도록 해 주십시오. 제가 보장하겠습니다."

그러자 고을 원이 말했다.

"그 사람의 일은 나도 안타깝네. 하지만 그를 풀어 준다면 결코 돌아올 리가 없지 않나? 그가 돌아오지 않으면 내가 문책을 당하네."

"그러면 좋습니다. 대신 제가 옥에 갇혀 있겠습니다. 만약 친구가 오지 않으면 대신 저를 처형하십시오."

"자네 미쳤나. 나라도 돌아오지 않을 걸세. 어떻게 친구를 믿겠나?"

그러나 그의 청은 간곡했고, 고을 원은 마지못해 이를 허락했다. 친구는 거듭 감사하면서 고향을 향해 떠났고, 친구는 대신 옥에 갇혔다. 다들 정신 나간 짓을 했다면 비웃었지만, 그는 조금도 의심하지 않았다.

그러나 처형 날은 다가왔고, 친구는 나타나지 않았다.

그의 처지가 어슬히게 된 것을 알고 있는 고을 원은 어쩔 수 없다며 안타깝지만 친구 대신 죽음을 자청했으니 원망 말라며 제 시간에 처형을 집행하라고 하였다.

드디어 처형의 시간은 닥쳤고, 친구는 누구 하나 원망하지 않고 형장으로 나갔다. 망나니의 큰 칼이 빙빙 돌고, 막 목을 치려는 순간이 왔다. 그때 저쪽에서 다급한 목소리가 들렸다.

"당장 처형을 멈추시오. 내가 왔소이다."

바로 어머니의 임종을 지키기 위해 고향으로 달려갔던 그 친구였다.

"미안합니다. 진작 올 수 있었는데, 오다가 그만 홍수로 다리가 끊겨 돌아오느라 늦었습니다. 어서 저 사람을 풀어 주고 저를 죽이십시오."

이 아름다운 광경을 본 고을 원은 감격하여 말했다.

"내가 평생을 다니면서 이런 우정은 어디서도 보질 못했다. 이런 의로운 사람들을 죽이는 것은 나라의 큰 손실이다."

그는 즉시 처형을 중지한 뒤 진상을 적은 글을 황제에게 올리면서 사면을 청원하였다.

황제 역시 두 사람의 우정을 크게 사서 사면

하는 한편, 두 사람 모두 관료로 등용해서 아름다운 마음을 백성들에게 펼치도록 하였다.

친구를 믿고 목숨까지 걸 수 있는 사이, 진정한 문경지교의 표본을 보여 준 이야기라고 하겠다.

【용례】 너와 나는 "문경지교"로 맺어진 친구가 아니냐? 그런데 네가 어려운 형편에 놓인 걸 내가 뻔히 알면서도 돕지 않는다는 건 말이 안 돼. 그러니 잔말 말고 이 돈 받아서 사업을 재개할 방안을 강구해 봐라.

문과즉희 聞過則喜

聞 : 들을(문) **過** : 지날 · 허물(과)
則 : 곧(즉)/법칙(칙) **喜** : 기쁠(희)

【뜻풀이】 자신의 허물을 듣고 기뻐하다. 잘못을 저질렀을 때 비판을 기꺼이 받아들인다는 뜻이다.

【출전】 맹자는 어느 날 제자들과 함께 남의 비판을 달갑게 받아들이는 문제에 대해 토론할 때 역사상 이름난 세 사람, 즉 자로(子路)와 우(禹)임금 · 순(舜)임금을 그 전형적인 실례로 들었다.

자로는 춘추시대 노나라 사람으로 성은 중(仲)이고 이름은 유(由)다. 공자의 제자들 중에서 가장 성실하고 강직하며 실천적인 인물이었다. 우임금은 하(夏)나라를 개국한 사람으로 일찍이 홍수를 다스렸으며, 요(堯)임금 · 순임금과 함께 사람들에게 널리 칭송받는 군왕이다.

그리고 순임금은 대순(大舜)이라고도 불리는데, 우임금은 순임금에게서 왕위를 물려받았다.

『맹자 · 공손추장구(公孫丑章句)』 상편에서 맹자는 이렇게 말하고 있다.

"자로는 남이 자기의 결함을 지적해 주면 기뻐하고(人告之以有過則喜), 우임금은 남이 자기에게 좋은 말로 충고해 주면 매우 감격해했다. 순임금은 더욱 대단했는데 그는 자신의 치적을 여러 사람들의 공로로 간주했으며 자신의 결함은 고치고 남의 장점을 본받고자 노력하였다. 순임금은 일찍이 농사일도 하고 도자기도 굽고 어부 노릇도 하였으며 나중에는 임금에까지 올랐는데, 그의 장점은 어느 하나라도 남에게 배우지 않는 것이 없다. 남의 장점을 따라 배워 자기를 제고(提高)함으로써 여러 사람들에게 더욱 많고 좋은 일을 하게 하는 것, 그것이 바로 남이 잘 되도록 도와주는 것이다.(與人爲善)"

문과즉희는 바로 맹자의 이 말에서 나온 성어로 문과색희(聞過色喜)라고도 한다.

【용례】 남에게서 자기 허물을 듣기 좋아할 사람이 어디 있겠는가? 하지만 충고를 받아들여 고치면 자신에게 큰 이득이 되는 것이다. 그러니 "문과즉희"할 수 있는 도량을 갖추도록 노력해야 할 것이야.

문도어맹 問道於盲

問 : 물을(문) **道** : 길(도)
於 : 어조사(어) **盲** : 눈멀 · 장님(맹)

【뜻풀이】 맹인에게 길을 묻다. 알지도 못하는 사람에게 물건의 행방이나 사태의 추이에 대해 묻는 어리석은 태도를 비유하는 말이다.

【출전】 한유(韓愈, 768~824)의 〈답진생서(答陳生書)〉에 다음과 같은 말이 있다.

「그대는 빨리 교화할 수 있는 방법을 구하고자 하여 내가 그 물음에 대답할 마땅한 사람이 아닌데도 내게 와서 물었습니다. 이는 이른바 귀머거리에게 소리를 구하고 눈먼 사람에게 길을 구하는 것이라고 하겠습니다. 비록 당신의 요청은 간절하고 부지런히 가르침을 받고자 하지만 끝내 대답을 얻을 수는 없을 것입니다.

(足下求速化之術 不於其人 乃以訪愈 是所謂借聽於聾 求道於盲 雖其請之勤勤敎之云云 未有見其得者也)」

물론 이 구절은 한유의 겸손에 불과하지만, 의문이 있으면 그 의문을 풀어 줄 수 있는 사람을 찾아 질정(質正)을 구하는 것이 올바른 태도인데 전혀 엉뚱한 사람을 찾아 구한다면 대답을 듣지 못할 뿐 아니라 자칫 그릇된 방안으로 일을 그르칠 우려도 있다.

누가 적임자인가를 알아내는 문제도 어려운 일이지만 사람의 능력을 감별할 수 있는 능력을 갖추는 일도 쉬운 일은 아니다.

【용례】 경제에 대해서는 당체 깜깜인 목사님께 주식이나 재테크에 대해 덕담을 해 달라고 하니 이건 "문도어맹"하는 실례야.

문일득삼 問一得三

問 : 물을(문) 一 : 한(일)
得 : 얻을(득) 三 : 석(삼)

【뜻풀이】 물어본 것은 적어도 얻은 대답은 많다. 적은 노력으로 많은 이익을 얻었을 때 쓰는 말이다.

【출전】 『논어 · 계씨편(季氏篇)』에 다음과 같은 이야기가 있다.

공자의 제자들 중 어떤 사람은 한때 공자가 강학(講學)을 하다가 무엇인가 중요한 한 부분은 남겨 두고 자기들을 가르치는 것이 아닌가 하고 의심한 적이 있었다. 이를 알게 된 공자는 제자들을 불러 놓고 한마디 했다.

"그대들은 내가 무엇을 숨긴다고 생각하는가? 나는 그대들 앞에서 추호도 감추는 것이 없다. 이것이 바로 내가 어떤 사람인가를 말해 주는 것이다!"

그러니 어떤 제자는 여전히 의심하면서 공자가 친아들에게는 좀더 많이 상세하게 가르쳐 줄 것이라고 생각하였다.

그래서 하루는 진항(陳亢)이라는 제자가 공자의 아들 공리(孔鯉)를 만나자 넌지시 물었다.

"그대는 스승님에게서 특별한 강의를 받은 적이 없는가?"

그러자 공리가 대답하였다.

"아니오. 한번은 내가 정원에 혼자 서 계시는 아버님 곁을 지나가는데 나를 보시더니 시(詩)를 배우지 않으면 언어가 생동감이 떨어진다고 하셨습니다. 하여 나는 곧 시를 배우기 시작했지요.

그 후 한번은 내가 정원을 거니는데 또 혼자서 계시던 아버님께서 예의(禮義)를 배우느냐고 물으셨소. 내가 배우지 않는다고 대답하자 아버님께서는 예의를 배우지 않으면 사회에 발붙일 근거가 없다고 하셨습니다. 이에 나는 바로 예의를 배우기 시작했지요.

아버님께서 둘만이 대면했을 때 내게 말씀해 주신 것은 이 두 가지뿐입니다."

그러자 진항은 매우 흡족해하면서 이렇게 말했다.

"나는 한 가지를 묻고 세 가지를 얻었다.(問一得三) 시를 배워야 한다는 것과 예의를 배워야 한다는 것을 알게 되었으며, 군자는 친

자식이라 해서 특별히 생각해 주지 않는다는 것을 알았다."

이 이야기를 통해 부친의 가르침을 받는 것을 추정(趨庭)·과정(過庭) 또는 과정지훈(過庭之訓)이라고 하게 되었다.

【용례】 이번 인터뷰에서 기자가 물어본 사항은 거의 없었는데, 신문기사 내용은 "문일득삼"이라고 별 이야기가 다 써 있더군.

문일지십 聞一知十

聞 : 들을(문) 一 : 한(일)
知 : 알(지) 十 : 열(십)

【뜻풀이】 하나를 들으면 열을 통한다는 뜻으로, 지극히 총명한 사람을 비유할 때 쓴다.

【출전】 춘추시대 공자의 제자들 중에 자공(子貢)이라는 사람이 있었다. 말재주가 뛰어났던 그는 공자가 여러 나라를 편력할 때 외교 업무를 주로 도맡아 처리하곤 하였다.

제나라에서 전상이라는 임금이 집권할 때 노나라를 공격하려고 준비한 적이 있었다. 그때 공자가 자기의 조국인 노나라를 지키기 위해 제나라에 사람을 보내 교섭해 보려고 하였다. 그러자 제자인 자로와 자장, 자석〔子石(公孫龍)〕 등이 모두 다 앞을 다투면서 자청해 나섰지만 공자는 허락하지 않았다.

그러다가 자공이 나서자 공자는 즉시 응락했다는 것이다. 이리하여 자공은 제나라에 가게 되었을 뿐 아니라 뒤에는 오나라와 월나라, 진나라 등을 방문하여 그들끼리 서로 싸우게 함으로써 노나라를 위기에서 벗어나게 했다.

그러나 공자는 자공을 안연(顔淵)보다 다소 떨어진다고 생각했으며(▶ 일단일표-簞-瓢 참조), 자공 역시 자기가 안연보다 못하다는 사실을 인정했다.

한번은 공자가 자공을 보고 "사(賜, 자공의 이름)야, 너와 회(回, 안연의 이름)를 비겨 볼 때 누가 낫다고 생각하느냐?"하고 물었다.

자공은 지체 없이 대답하였다.

"소생이 어찌 회와 비길 수 있겠습니까? 회는 하나를 들으면 열을 통하지만 저는 하나를 듣고 둘밖에 모릅니다.(回也聞一以知十 賜也聞一以知二)"〔『논어·공야장편(公冶長篇)』〕

【용례】 내가 가르친 학생 중에 이 학생만큼 총명한 애는 없었어. 하나를 들으면 열을 아는데("문일지십"), 정말 장래가 촉망되는 학생이야.

문장경국지대업 文章經國之大業

文 : 글월(문) 章 : 글(장)
經 : 다스릴(경) 國 : 나라(국)
之 : 어조사(지) 大 : 큰(대) 業 : 일(업)

【뜻풀이】 문장은 나라를 경영하는 데에 반드시 필요한 일이다.

【출전】 이 말은 조비(曹丕, 187~226)의 『전론(典論)·논문(論文)』에 나온다.

「문인들이 서로를 가볍게 여기는 것은 옛날부터 그러했다. 부의는 반고와 비교하여 실력은 백중한 사이였을 뿐이지만 작게 여겼으니, 〈여제초서(與弟超書)〉에서 이렇게 말했다. 무중은 글을 잘 지어 난대영사가 되었는데, 한번 붓을 잡으면 자신도 쉬지 못할 정도였다. 무릇 사람이란 자기를 드러내는 데에는 뛰어나지만 문장이 일체만은 아니어서 그 잘하는 점들을 두루 갖추는 경우는 드물다. 이 때문에 각자의 장점을 가지고 남의 단점을 가볍게 보는 것이다. 상말에 이르기를 "집에 있는 헌 빗자루를 천금인 듯 여긴다."는데, 이것이 바로 스스로를 보지 못하는 데에서 생긴 우환이다. 지금의 문인들 중에 노나라의 공융 문거와 광릉의 진림 공장, 산양의 왕찬 중선, 북해의 서간 위장, 진류의 완우 원유, 여남의 응창 덕련, 동평의 유정 공간 등 일곱 사람이 배움에 남긴 것이 없고 문장에 빌려온 것이 없이 모두 스스로 1천 리를 내달리고 뛰어다니면서 우러러 다리를 나란히 하면서 함께 내닫고, 이로써 서로 복종하니 또한 참으로 어려운 일이다. 대개 군자가 자신을 살펴 남을 헤아린다면 능히 이런 얽매임에서 벗어나 논리를 갖춘 글을 지을 수 있을 것이다. 왕찬은 사부(辭賦)에 능한데, 서간이 때로 기상을 가지런히 하니 왕찬의 짝이 될 만하다. 왕찬의 〈초청〉과 〈등루〉 〈괴부〉 〈정사〉와 서간의 〈현원〉과 〈누치〉 〈원선〉 〈굴부〉와 같은 글은 비록 장형(張衡)과 채옹(蔡邕)을 넘어서지는 못하지만 다른 문장과 비교한다면 능히 이들 작품과 대등할 수는 없을 것이다.

진림과 완우의 표장서기(表章書記)는 이 시대의 걸작이다. 응창은 조화를 이루어도 웅장하지 않으며, 유정은 웅장하면서도 엄밀하지 않고, 공융은 체제와 기운이 높고 오묘해서 남들보다 뛰어난 것이 있지만 그러나 능히 논리를 지키지 못하고 이치가 문채를 이기지 못하여 잡스럽게 조소하고 희롱하는 글에 이르러 잘하는 바에 미치게 되었으니 양웅(揚雄)이나 반고와 비견할 수 있을 것이다.

범상한 사람은 먼 것을 귀하게 여기고 가까운 것을 천하게 보며 소문만 좇고 실상을 등지며, 또 자기 견해에 빠져 어두운 것이 병통인데도 스스로를 일러 현명하다고 여긴다. 무릇 문장의 본질은 동일하지만 말미에 다다르면 달라진다. 대개 주의(奏議)는 우아해야 마땅하고, 서론(書論)은 이치가 바르게 이어져야 마땅하다. 명뢰(銘誄)는 사실을 숭상하며, 시부(詩賦)는 아름답게 꾸미고자 애쓴다. 이 네 가지는 각각 다르니 때문에 이에 능한 사람도 치우쳐 있다. 오직 두루 통하는 재주를 가진 사람만이 그 체제를 갖출 수 있을 뿐이다.

문장은 기(氣)를 주로 삼는다. 기의 청탁에 따라 체도 다르게 나타나는 법이니, 억지로 힘으로 밀어붙여 이를 수는 없는 것이다. 이 사실을 음악과 비교한다면 곡조가 비록 고르고 절주가 같은 수법을 취했다고 해도 기운을 끌어들인 것이 가지런하지 못하여 공교로움과 졸렬함은 원래 타고난 바탕이 있는 것에 이르러서는 비록 아비와 형에게 있다고 해도 이를 자식과 아우에게 옮길 수는 없는 노릇이다.

문장은 국가를 경영하는 데 중요한 일일 뿐 아니라 결코 썩지 않는 성대한 사업이다. 목숨이란 때가 되면 사라지고 영예와 즐거움도 자신에 머물 뿐이다. 그러니 이 두 가지는 반드시 정해진 기한이 오게 마련이니 문장이 다함이 없는 것만은 못하다. 이 때문에 옛날에 글을 짓는 사람들은 모두 문장에 몸을 맡기고 글 속에서 뜻을 펼쳤다. 그래서 굳이 훌륭한 사관의 글을 빌리지 않고 날듯이 뛰는 말의 기세에 의지하지 않더라도 명성은 절로 후세에 전해졌던 것이다. 때문에 서백 문왕은 옥에 갇혔을 때 『주역』을 구연(口演)했고, 주공단(旦)은 현달하자 『예기』를 지었던 것이다.

숨기고 요약한다고 해서 더 힘쓰지 않을 것도 아니고, 편안하고 즐거운 것이라 해서 생각을 더 하는 것도 아니다. 무릇 이러했기 때문에 옛사람들은 옥구슬과 같은 보배는 천하게 여기고 한 치 시간을 중하게 여겼던 것이다. 시간이 자신을 지나쳐 흘러가 버려도 사람들이 애써 더 힘을 기울이지 않는 것이 두렵구나. 가난하면 굶주리고 추위에 떠는 것을 두려워하며 부유하고 귀해지면 일락에 빠져든다. 그리하여 목전에 닥친 업무만 완수하지 1천 년을 길이 갈 공훈은 놓치게 된다. 해와 달은 하늘 위에서 노닐며 지나가고 신체는 땅 아래에서 쇠약해지기만 하다가, 갑자기 만물과 더불어 죽음에 이르게 된다. 이것이 바로 뜻 있는 선비가 크게 가슴 아파하는 일이다. 공융 등은 이미 세상을 버렸고 오직 서간의 빛나는 논문만이 일가의 말을 이루었다.

(文人相輕 自古而然 傅毅之於班固 伯仲之間耳 而固小之 與弟超書曰 武仲以能屬文 爲蘭臺令史 下筆不能自休 夫人善於自見 而文非一體 鮮能備善 是以各以所長 相輕所短 里語曰 家有弊帚 享之千金 斯不自見之患也 今之文人 魯國孔融文擧 廣陵陳琳孔璋 山陽王粲仲宣 北海徐幹偉長 陳留阮瑀元瑜 汝南應德璉 東平劉楨公幹 斯七子者 於學無所遺 於辭無所假 咸以自騁驥騄於千里 仰齊足而竝馳 以此相服 亦良難矣 蓋君子審己以度人 故能免於斯累而作論文 王粲長於辭賦 徐幹時有齊氣 然粲之匹也 如粲之初征登樓槐賦征思 幹之玄猿漏巵圓扇橘賦 雖張蔡不過也 然於他文未能稱是 琳瑀之章表書記 今之雋也 應和而不壯 劉楨壯而不密 孔融體氣高妙 有過人者 然不能持論 理不勝辭 至於雜以嘲戲 及其所善 揚班儔也

常人貴遠賤近 向聲背實 又患闇於自見 謂己爲賢 夫文本同而末異 蓋奏議宜雅 書論宜理 銘誄尙實 詩賦欲麗 此四科不同 故能之者偏也 唯通才能備其體 文以氣爲主 氣之淸濁有體 不可力彊而致 比諸音樂 曲度雖均 節奏同檢 至於引氣不齊 巧拙有素 雖在父兄 不能以移子弟 蓋文章經國之大業 不朽之盛事 年壽有時而盡 榮樂止乎其身 二者必至之常期 未若文章之無窮 是以古之作者 寄身於翰墨 見意於篇籍 不假良史之辭 不託飛馳之勢 而聲名自傳於後 故西伯幽而演易 周旦顯而制禮 不以隱約而弗務 不以康樂而加思 夫然則古人賤尺璧而重寸陰 懼乎時之過已 而人多不彊力 貧賤則於飢寒 富貴則流於逸樂 遂營目前之務 而遺千載之功 日月逝於上 體貌衰於下 忽然與萬物遷化 斯志士之大痛也 融等已逝 唯幹著論 成一家言)」

조조(曹操)와 그의 둘째아들(장자 앙은 전사하였다.)인 조비(曹丕)와 넷째아들인 조식(曹植)은 삼국시대 때의 정치가이자 당시 문단을 이끌던 주역이기도 했다.(➡ 칠보지재七步之才 참조)

그들은 또한 자신의 휘하에 뛰어난 문인들을 두고 아낌없이 지원한 후원자이기도 했다. 이들 밑에서 성장한 문인들을 우리는 건안칠자(建安七子)(➡ 참조)라고 하는데, 현재 그들의 작품이 많이 남아 있지는 않지만, 조비가 쓴 〈여오질서(與吳質書)〉를 통해 문학적 역량을 알 수 있다.

이렇게 문학의 중요성을 인식한 조비였던 만큼 경국지대업이라는 글도 나올 만했다.

건안은 후한(後漢)의 마지막 황제인 헌제(獻帝)의 연호(196~219)다. 이때의 문학적 풍토를 일러 건안풍골(建安風骨)이라고 한다.

【용례】 글이 무슨 대단한 것이냐고 반박할지도 모른다. 그러나 때로 글은 나라를 경영하는 큰 도구("문장경국지대업")가 될 때도 있어. 이런 사실을 등한시하면서 글공부를 하겠다면 진작 그만두거라.

ㅁ

문장도리 門墻桃李

門 : 문(문) 墻 : 담(장)
桃 : 복숭아나무(도) 李 : 오얏(리)

【뜻풀이】 문장(門墻)이라는 것은 스승의 문하를 가리키는 말이고 도리(桃李)라는 것은 스승이 길러낸 뛰어난 제자를 말한다. 스승이 길러낸 제자들과 그의 문하생들을 남들 앞에서 문장도리라고 한다. 그리고 어떤 사람이 길러낸 제자들과 인재들이 도처에 흩어져 있는 것을 가리켜 도리문전(桃李門前) 또는 도리만문(桃李滿門) · 만문도리(滿門桃李)라고 한다.

【출전】 문장은 궁장(宮墻)이라고도 하는데, 『논어 · 자장편(子張篇)』에 기록된 자공의 말에서 유래했다. 도리라는 말은 한(漢)나라 때 유향(劉向)이라는 사람이 편찬한 『설원(說苑) · 복은편(復恩篇)』의 이야기에서 나왔다.

【용례】 저의 칠순 잔치에 이렇게 성황을 이루어 주셔서 너무나 감사합니다. 제가 살면서 한 일은 변변찮습니다만, 기념논문집을 꾸밀 수 있을 만큼 많은 "문장도리"를 육성한 것이 자랑이라면 자랑이겠습니다.

문적수만복 불여일낭전 文籍雖滿腹 不如一囊錢

文 : 글월(문) 籍 : 문서(적)
雖 : 비록(수) 滿 : 찰(만) 腹 : 배(복)
不 : 아닐(불) 如 : 같을(여) 一 : 한(일)
囊 : 주머니(낭) 錢 : 동전(전)

【뜻풀이】 책에 대한 지식이 비록 배에 가득찼어도 주머니 속 동전 한푼만도 못하다. 학문이 아무리 깊어도 실행에 옮기지 않으면 하찮은 한푼 동전만도 못하다는 뜻이다.

【출전】 『후한서 · 조일전(趙壹傳)』에 실린 조일의 시에 나온다.

「황하가 맑아지기를 기다릴 수는 없고
사람의 목숨도 늘릴 수 없다네.
순한 바람도 빨라지면 풀을 쓰러뜨리고
부유하고 귀해지면 어질다 칭찬받지.
학문이 비록 뱃속에 가득하다 해도
행하지 않으면 동전 한푼만도 못한 것.
북당 위에서는 아첨하기 바쁘고
비대한 몸집으로 문가에 기대섰네.
河清不可俟
人命不可延
順風激靡草
富貴者稱賢
文籍雖滿腹
不如一囊錢
伊優北堂上
抗髒倚門邊」

【용례】 박지원(朴趾源)의 〈허생전〉에 나오는 허생은 학식은 풍부했지만 경제적으로 무능한 남편이었던 것 같아. 내가 그런 남자의 아내였다면 학문이 배를 채웠어도 한푼 동전만도 못하다("문적수만복 불여일낭전")고 막바가지를 긁어댔을 거야.

문정약시 門庭若市

門 : 문(문) 庭 : 뜰(정)
若 : 같을(약) 市 : 저자(시)

【뜻풀이】 문 앞 정원이 시장 바닥같이 떠들

썩하다. 사람이 출세하고 권세가 대단해 아부하고 추켜세우는 사람이 많은 것을 비유하는 말이다.

【출전】『전국책·제책(齊策)』에 다음과 같은 이야기가 나온다.

제(齊)나라 때 추기(鄒忌)라는 재상이 있었는데, 그는 기골이 장대하고 풍채 또한 늠름한 사람이었다. 어느 날 거울 앞에서 옷을 입고 있던 추기가 아내에게 물었다.

"나와 성북의 서공(徐公) 중 누가 더 잘났소?"

아내는 생글생글 웃으며 대답하였다.

"낭군님이 더 잘났지요. 성북의 서공이 다 뭡니까?"

그러나 추기는 당시 제나라에서도 미남자로 소문난 성북의 서공보다 자기가 더 잘났다는 사실이 도무지 믿어지지 않아 다시 첩에게 물었더니 첩의 대답 역시 그러하였고, 조금 뒤 찾아온 손님에게 물어도 역시 같은 대답을 들었다.

이튿날이었다. 마침 서공이 찾아왔기에 추기는 그의 모습을 다시 한 번 깐깐하게 훑어보았다. 확실히 그는 미남자였다. 추기는 서공이 돌아간 뒤 다시 거울에 자신의 모습을 비춰 보니 자신의 모습은 그와 비할 바도 못되었다.

그런데 아내와 첩과 손님은 무엇 때문에 자기를 더 잘났다고 말한 것일까? 그날 밤 이리저리 생각을 굴리던 추기는 마침내 그 이유를 깨닫게 되었다.

이튿날 아침 날이 밝기가 무섭게 추기는 대궐로 들어가 임금(제위왕)에게 아뢰었다.

"신이 서공보다 못생긴 것은 말할 바도 못되는데도 아내와 첩과 손님은 모두 신이 더 잘났다고 하였사옵니다. 그것은 아내는 신을 편애하기 때문이고, 첩은 신을 두려워하기 때문이고, 손님은 신에게 도움을 바라는 바가 있기 때문이올시다. 그래서 사실대로 말하지 않았던 것입니다.

나라를 놓고 볼 때 궁중에서 대왕을 우러러보지 않는 이가 어디 있겠으며, 문무백관(文武百官)으로서 대왕을 두려워하지 않는 자가 누구이겠고, 온 나라 백성치고 대왕의 은혜를 바라지 않는 이가 어찌 있겠습니까? 그러므로 대왕 앞에서 공경하는 말을 하는 사람들은 더욱 많을 것입니다. 이 점 널리 유념해 주시기 바랍니다."

제나라 위왕도 추기의 말을 듣고 크게 느낀 바가 있어 즉각 전국에 명령을 내려 임금에게 직언으로 간언하는 것을 장려한다고 선포하고 구체적인 방도까지 제시했다고 한다. 그래서 이때부터 한때 임금에게 간언하기 위해 입궐하는 사람들이 부지기수(不知其數)로 늘어났는데, 이런 광경을 장바닥처럼 흥청댔다는 의미로 문정약시라고 하게 되었다. 지금은 이런 뜻으로 쓰이는 성어는 문전성시(門前成市)가 더 많이 알려져 있다.

【용례】 진짜 친구는 어려울 때 알 수 있다더니 정말 그래. 권좌에 앉아 있을 때는 너나없이 와서 "문정약시"를 이루더니 일단 자리를 떠나고 나니까 책임 떠넘기기에 난리잖아.

문정지대소경중
問鼎之大小輕重

問 : 물을(문) 鼎 : 솥(정)
之 : 어조사(지) 大 : 큰(대)
小 : 작을(소) 輕 : 가벼울(경)
重 : 무거울(중)

【뜻풀이】 솥의 크고 작음과 가볍고 무거운 것을 묻다.

【출전】 정(鼎)은 다리가 세 개이고 귀가 둘 달린 솥을 말하는데, 고대 중국에서는 중요한 사건이나 큰 공적, 죄인을 삶아 죽일 때 이것을 사용했다고 한다. 특히 솥의 표면에 명문(銘文)을 새겨 후대에 길이 기념하려는 목적으로 정을 주조하기도 했다. 여기서 솥의 크기와 무게를 물어본 것은, 솥이 천하(天下)를 상징하기 때문에 세상을 지배하여 제왕(帝王)이 될 욕심을 은연중에 드러내는 것이다.

솥에 대한 이야기는 여러 문헌에 나온다. 『춘추좌씨전(春秋左氏傳)』과 『사기(史記)』, 『전국책(戰國策)·동주(東周)』 등이 그것이다. 먼저 『좌씨전』에 나오는 이야기부터 읽어 보자.

주(周)나라 정왕(定王) 원년(기원전 606) 때의 일이다. 당시 패권은 춘추오패(春秋五霸)의 한 사람인 초장왕(楚莊王)에게 있었는데, 그는 야망이 큰 인물이었다. 이해 봄에 육혼〔陸渾, 지금의 낙수(洛水) 서남쪽〕에 있던 융(戎, 오랑캐)을 토벌하고 낙수 일대로 진출한 그는, 북쪽에 있던 주나라의 수도 낙양(洛陽)을 향해 군사를 배치해 두고 공격할 채비를 갖추었다. 그러나 아직 주나라의 권위가 남아 있었기 때문에 주저하고 있었는데, 정왕은 대부 왕손만(王孫滿)을 보내 장왕을 회유하도록 하였다. 왕손만을 만난 장왕은 주왕실의 보배인 정(鼎)에 대해 평소에 궁금했던 차라 이때를 틈타서 그 대소경중에 대해 물었다. 이에 대해 왕손만은 상세하게 그 유래와 연혁을 설명하였다.

"원래 정은 하(夏)나라의 시조 우(禹)임금께서 구주(九州, 중국을 구성한 아홉 개의 고을)의 우두머리에게 명령하여 금(사실은 구리)을 바치도록 하여 만든 것입니다. 정의 표면에는 세상에 있는 온갖 물상들의 형상이 새겨져 있는데, 하나라의 마지막 임금인 폭군 걸(桀) 때 은〔殷(商)〕나라로 옮겨졌습니다. 그것이 다시 은나라의 마지막 임금 폭군 주(紂) 때 다시 주나라로 옮겨지게 된 것입니다. 주나라의 두 번째 임금 성왕(成王)이 이것을 교욕(郟鄏, 지금의 낙양)에 두고 도읍을 정했으니, 지금 정왕 때까지 30대, 700년 동안 계승되어 온 것이지요."

그리고 왕손만은 끝으로 강조하였다.

"중요한 것은 솥의 크기나 무게가 아닙니다. 우리 주나라가 쇠약하다고는 하지만 천명(天命)이 아직 우리에게 있으니, 저 솥이 주나라에 있는 것입니다. 천명을 어기고서 솥을 옮긴다면, 이것은 하늘의 뜻을 거역하는 무도한 짓이 될 것입니다."

이 말을 들은 초장왕은 내심의 야욕을 드러내지 못하고 철수하고 말았다.

『사기』에는 주나라 왕실에는 구정(九鼎)과 대려〔大呂(鐘)〕라는 대보(大寶)가 전래하고 있다는 기록이 보이고, 『전국책』에는 제(齊)나라에서 이것을 달라고 우기자 안솔(顔率)의 변론으로 무사히 지켰다는 기록도 나온다. 이렇게 대대로 전하던 솥은 주나라가 멸망하고(기원전 249) 진(秦)나라로 옮기는 도중 사수〔泗水, 강소성 패현(沛縣)의 북쪽〕에 빠뜨려 버렸다고 하는데, 진위는 알 수 없다.

【용례】 벌써 회사를 물려받은 듯이 "문정지대소경중"하는데, 회사의 앞날이 걱정이군. 재벌 2세라 해서 능력도 없는 사람이 경영에 나선다면, 회사의 앞날이야 불을 보듯 뻔한 게 아닌가.

물극필반 物極必反

物 : 사물(물) 極 : 다할(극)
必 : 반드시(필) 反 : 돌아올·거꾸로(반)

【뜻풀이】 사물의 형세는 발전이 극에 다다르면 반드시 뒤집히게 마련이라는 뜻이다. 사물이나 형세는 고정되어 있지 않고 흥성과 쇠망을 반복하게 마련이다.

【출전】 『당서』 권4와 권76, 『구당서』 권6 등에 다음과 같은 이야기가 있다.

무조(武曌)는 문수(汶水) 사람으로 태종의 후궁 중 하나였다. 그녀는 또한 중국 역사상 유일하게 황후 자리에도 오르고 여황제가 되기도 한 인물인데, 그녀가 바로 그 유명한 측천무후(則天武后)다.

흔히 그녀가 여황제가 되기까지 온갖 악독한 일을 눈 하나 깜짝 않고 저질렀기 때문에 그녀에 대해 대부분의 전해 내려오는 이야기는 악행에 관한 내용들만 널리 알려져 있다. 그러나 일부 사람들은 그녀가 뛰어난 정치가였음을 높이 평가하기도 한다.

태종의 후궁이었던 그녀는 태종이 죽자 후사가 없는 다른 후궁들과 함께 감업사(感業寺)에 들어가 비구니가 되었다. 그런데 태종의 뒤를 이어 황제가 된 고종이 후궁을 총애하고 황후를 돌보지 않자, 황후는 무조의 미모를 이용해서 고종과 후궁 사이를 벌어지게 하였다.

그러자 평생 비구니로 꽃다운 청춘을 썩히게 되리라 여겼던 무조는 새롭게 기회를 얻어 고종과 황후에게 온갖 정성을 다했고, 고종도 더 이상 다른 후궁은 거들떠보지도 않고 그녀를 후궁으로 삼았다.

이렇게 고종의 총애를 독점한 무조는 마침내 자기에게 새로운 삶의 기회를 주었던 황후까지 몰아내고 황후가 되었다.

그녀는 병약한 고종을 대신해서 차츰 정치에 개입하기 시작하더니 고종이 죽고 중종이 즉위하자 섭정을 하였다. 그러나 섭정만으로는 성에 차지 않았던 그녀는 마침내 중종을 폐위시키고 스스로 황제의 자리에 올랐다.

또한 그녀는 나라 이름도 주(周)로 바꾸고 스스로 신성황제(神聖皇帝), 또는 측천황제라고 칭하였다. 이 사건으로 황실은 무씨(武氏) 천하가 되었다.

측천무후는 처음 중종의 나이가 어려 국정을 처리하지 못한다 해서 섭정을 했지만 중종이 이미 정치를 할 수 있는 나이가 되었을 때도 여전히 섭정의 자리에서 물러나지 않으려고 하였다. 그때 대신 소안환(蘇安桓)이 그녀에게 상소를 올려 간언하였다.

"천자의 보령이 이미 성년에 이르러 사리를 분별할 줄 알고, 재주와 덕망 역시 훌륭하신데 아직 보좌를 탐하는 것은 모자의 정분을 잊은 처사라 하겠습니다. 제가 생각하기에 하늘의 뜻과 백성들의 마음은 모두 이씨에게 향하고 있습니다. 무후께서는 아직까지는 편안하게 섭정에 있지만 모든 사물이나 상황은 극에 달하면 반드시 반전하고(物極必反), 그릇도 가득 차면 넘친다(器滿則傾)는 사실을 아실 것입니다. 제가 생명의 위협을 무릅쓰고 이렇게 간언을 올리는 것은 모두 이 나라의 종묘사직(宗廟社稷)을 위해서입니다."

여기에서 유래한 물극필반이라는 성어는 사람들이 일을 할 때 너무 지나치게 욕심을 부리지 말라는 뜻이 담겨 있다. 아울러 이 성어에는 상대방의 발전을 시기하고 질투하는 의미도 가미되어 있으니, 사용할 때 주의해야 할 것이다.

【용례】 권력이란 앉아 있을 때보다는 물러난 뒤를 생각하면서 써야 하는 거야. "물극필반"이라고 극성했던 권력도 언젠가는 몰락하게 마련이지.

물망재거 勿忘在莒

勿 : 말(물) 忘 : 잊을(망)
在 : 있을(재)
莒 : 주나라제후이름 · 땅이름(거)

【뜻풀이】 거 땅에 있었음을 잊지 말라는 말로, 즉 어려웠을 때를 잊지 말고 항상 경계하라는 뜻이다.

【출전】 『사기 · 전단열전(田單列傳)』에 다음과 같은 이야기가 있다.

전국시대 연(燕)나라의 소왕(昭王)은 지난날 제(齊)나라에 패한 원한을 풀려고 제후들과 손잡고 제나라를 공격하였다. 제나라는 연나라 군대에게 수도를 점령당하고, 민왕(緡王)은 산동성의 거 땅으로 피했지만, 초나라의 장군 도치(悼齒)에게 죽음을 당했다.

일이 이렇게 되자 거 땅 사람들은 아들 법장(法章)을 세워 왕으로 삼았다. 그러나 제나라 내부의 결속이 무너져 버려 제나라의 성은 잇달아 함락되고 오직 거(莒)와 즉묵(卽墨) 두 성만 남게 되었다. 이때 거로 피한 제나라 사람들이 모두 전단을 사령관으로 삼을 것을 추천하였다. 연나라가 침입할 때 전단은 자기 식구들에게 모든 수레바퀴의 굴대를 가죽으로 씌우게 했다. 그 덕분에 다른 사람들은 혼란 속에서 수레가 망가져 낭패를 볼 때 안전하게 가족들을 지킬 수 있었다. 이를 알고 있던 사람들이 그의 식견을 높이 산 것이다.

제나라의 사령관이 된 전단은 먼저 계략을 써서 연나라 장군 악의(樂毅)를 실각시키고, 무당을 동원해 자신의 등장이 하늘의 뜻이라는 사실을 누구나 믿고 따르도록 만들었다. 그런 다음 병사들과 노고를 같이하고, 자기 아내와 첩도 대오에 끼워 함께 고생하게 하는 등 필사적인 노력을 기울여 부하들과 백성들의 사기를 진작시켰다.

이렇게 하여 싸워 볼 만하다고 판단한 전단은 연나라 진영에 사람을 보내 거짓으로 항복하였다. 이 소식에 속은 연나라 군대가 승리에 취해 있을 때, 전단은 꼬리에 불을 붙인 소 5백 마리를 성 밖 연나라 진영으로 몰아 나갔다. 이른바 화우지계(火牛之計)로, 당황한 연나라 군사는 지리멸렬하여 패퇴하였고, 이후 제나라 군대는 도처에서 연나라 군대를 격파하여 빼앗겼던 70여 성을 순식간에 모조리 탈환하였다.

승리를 거둔 군대는 거 땅에 있던 법장을 모셔다가 제나라를 다시 일으켰다. 이후 제나라에서는 국왕이나 지배층이 해이할 때마다 물망재거의 교훈을 강조하였다.

【용례】 살림살이가 조금 나아졌다고 쓰임새가 이렇게 헤퍼지다니, "물망재거"의 옛 가르침을 너희들은 벌써 잊었단 말이냐. 나라가 가정이나 옛날을 잊으면 다시 옛날로 돌아가는 법이란다.

물부충생 物腐蟲生

物 : 사물(물) 腐 : 썩을(부)
蟲 : 벌레(충) 生 : 날(생)

【뜻풀이】 생물이 썩은 뒤에야 벌레가 생긴다. 즉, 남에 대해 의심을 품고 난 뒤에라야 그 사람을 두고 하는 비방이나 헛소문을 믿게 된다는 것이다.

【출전】 이 성어가 최초로 등장하는 책은 『순자·권학편(勸學篇)』으로, 원문은 "고기는 부패한 뒤에 벌레가 생기고, 생선은 마른 다음에야 좀이 슨다.(肉腐生蟲 魚枯生蠹)"고 써 있다.

이 구절이 하나의 성어가 되어 널리 쓰이게 된 계기는 송나라의 대문호인 소식(蘇軾, 1037~1101)이 쓴 〈범증론(范增論)〉에서 비롯했다.

범증은 진(秦)나라 말기 진의 폭정에 항거하여 반란을 일으킨 장군들 중 한 사람인 항량(項梁)의 모사였는데, 항량이 전사한 뒤에 그의 조카 항우(項羽)를 돕게 되었다.

항우는 용맹하고 보기 드문 장사였지만 지략이 부족했다. 그래서 그는 모든 계책을 범증에게 의존하여 그의 의견을 따르고, 자신은 그 계획을 용감하게 실천함으로써 마침내 제후의 자리에까지 오르게 되었다. 만약 항우 곁에 범증이 없었더라면 항우는 고작 한 시대의 일개 무장(武將)에 그치고 말았을 것이다. 그러므로 범증에 대한 항우의 신임은 절대적인 것이어서, 항우는 그를 아부(亞父)라 부르며 믿고 따랐다.

그런데 범증은 당시 아직 항우의 세력에는 미치지 못하지만 유방(劉邦)의 세력이 날로 커지고 있음에 점차 불안을 느꼈다. 범증은 앞으로 항우가 천하를 제패하는 데 유방이 가장 큰 적수가 될 것임을 알아차렸다.

그래서 범증은 항우에게 유방이 더 세력을 확장하기 전에 없애야 한다고 강력하게 주장했다. 사실 항우는 자신의 힘을 너무 믿었기 때문에 유방 같은 사람은 안중에도 없었지만, 범증의 간곡한 성화에 못 이겨 유방을 없애겠다고 약속하였다.

유방이 홍문(鴻門)의 연회에 참석하겠다는 연락을 받은 범증은 유방을 처치할 만반의 준비를 갖추었다. 그러나 한때 유방이 먼저 관중을 공략한 일 때문에 기분이 상했던 항우는 유방의 공손한 태도에 화가 풀리고 말았다. 범증이 패옥을 들면 유방을 처치하기로 한 약속을 모른 체해 버려 유방을 살해할 기회를 놓치고 말았다. (➡ 치주안족사卮酒安足辭 · 항장무검項莊舞劍 참조)

홍문의 연회에서 간신히 도망쳐 나온 유방은 범증이 항우를 보좌하는 한 항우와 맞서기가 힘들다는 사실을 깨달았다. 그래서 유방은 그때부터 각지에 첩자를 풀어 범증에 대한 여러 가지 헛소문을 퍼뜨려 항우와 범증 사이를 이간하는 작업에 착수하였다.

본래 용맹만 뛰어날 뿐 지략이 없었던 항우는 유방의 이 같은 계획에 말려들어 차츰 범증에 대한 소문을 믿고 그를 멀리하기 시작하였다. 이에 견디다 못한 범증은 마침내 항우를 떠났다. (➡ 수자부족여모豎子不足與謀 참조) 그리고 얼마 뒤 범증은 병들어 죽고, 항우 역시 유방에게 패배하여 오랫동안 그와 생사고락(生死苦樂)을 함께하던 8천 명의 강동 자제들을 다 잃고(➡ 권토중래捲土重來 참조) 끝내 스스로 목숨까지 끊고 말았다. (➡ 면목面目 참조)

소식은 〈범증론〉에서 이 사실을 언급한 뒤 "생물은 반드시 먼저 썩은 다음에야 벌레가 생겨나며, 사람도 반드시 먼저 의심하고 난 뒤에야 남의 비방을 듣게 된다.(物必先腐也而後 蟲生之 人必先疑也而後 讒入之)"고 평하고 있다.

즉, 세상의 모든 이치나 상황 따위도 외부

의 힘에 의해서라기보다는 내적으로 부패하고 알력이 생긴 뒤에야 비로소 무너지기 시작한다는 것이다.

【용례】 너는 청렴했는데 주변 사람들이 오명을 씌웠다고 말하지 마라. "물부충생"이다. 네가 이미 그런 마음이 있었으니까 그런 인간들이 모여 세상을 어지럽혔던 거야.

물색 物色

物 : 만물(물) **色** : 빛깔 · 낯(색)

【뜻풀이】 물건의 빛깔. 여기에는 두 가지 뜻이 있다. 하나는 사람의 인상착의(人相着衣)를 그려 그 사람을 찾는다는 것이고, 또 하나는 어떤 일에 쓸 만한 사람이나 물건을 찾는다는 것이다.

【출전】 청(淸)나라 학자 적호(翟灝)가 쓴 『통속편(通俗篇)』에 보면 "『예기』의 〈월령〉에 중추의 달이 오면 제사를 담당하는 사람에게 명령을 내려 물색하게 하였다.(禮月令 仲秋之月 命宰祝察物色)"는 말이 나온다. 물색이란 말은 여기에 처음으로 썼는데, 원래 뜻은 희생으로 쓸 짐승의 털 빛깔을 말하는 것이었다. 그것이 사람의 경우에도 외모에 따라 뚱뚱하고 수척하며 기골이 크고 작은 차이가 있기 때문에 물과 동일하게 봐서 사람을 찾을 때도 빌려 쓰게 된 것이다.

『후한서 · 은일전(隱逸傳)』에는 "황제(광무제)의 명령으로 초상을 그려 방문했다.(帝令以物色訪之)"는 기록이 있고 『진서(晉書) · 명제기(明帝紀)』에는 "왕돈이 말 다섯 필을 골라서 황제를 뒤쫓게 했다.(王敦使五騎物色追帝)"는 말도 나온다.

【용례】 기생 오라비처럼 생긴 놈한테 돈을 맡긴 내가 잘못이지. 좋은 땅을 "물색"해서 떼돈을 벌게 해 주겠다더니, 내 돈을 들고 외국으로 달아나. 이걸 어디 가서 하소연하나.

물의 物議

物 : 만물(물) **議** : 논의할(의)

【뜻풀이】 세상 사람들의 평판이나 뒷소문 따위를 말한다. 흔히 "물의를 일으키다"식으로 쓰인다.

【출전】 『남사 · 사기경전(謝幾卿傳)』에 다음과 같은 이야기가 있다.

사기경은 사령운(謝靈運, 385~433)의 증손으로 남조(南朝) 때 제나라와 양나라에서 관리로 있었다. 그는 어릴 때부터 영민해서 물에 빠진 아버지를 구하는 등 남다른 재주를 보였다.

그가 산 시대는 왕조의 몰락이 극심하고 사회적으로 혼란이 극에 달한 때였다. 때문에 그는 진작부터 정치에 뜻을 잃고 오직 술을 마시면서 세상 시름을 잊고 사는 쪽으로 나아갔다.

결국 술로 인해 불미한 일이 자주 벌어지자 양무제 보통(普通) 6년(525)에 면직당하고 귀향하였다. 그러나 여전히 교제하기 좋아하는 관리들이 술을 들고 찾아왔기 때문에 집안은 늘 떠들썩했다.

사기경은 특히 유중용(庾仲容)과 친했다. 두 사람은 뜻이 서로 맞아 의기투합하면 기분대로 자유롭게 행동했으며 때로는 덮개가 없는 수레를 타고 교외 들판을 노닐면서 세상 사람들의 평판에는 조금도 괘념치 않았다.

(二人意相得 竝肆情誕縱 或乘露車 歷游郊野 不屑物議)

이 이야기에서 성어 물의가 나왔는데, 오늘날에는 부정적인 뜻으로 더 많이 쓰인다.

【용례】 본의 아니게 국민 여러분께 "물의"를 일으켜 대단히 유감스럽게 생각합니다. 차제에 발본색원(拔本塞源)해서 다시는 이런 일이 재발하지 않도록 노력하겠습니다.

물이유취 物以類聚

物 : 물건(물) 以 : 써(이)
類 : 무리·종류·같을(류)
聚 : 모일·모을(취)

【뜻풀이】 물건이란 종류대로 모이게 마련이다. 성격이 비슷한 것끼리 어울려 모인다는 뜻으로 흔히 악한들이 한데 모여 흉계를 꾸미는 것을 일컫는다.

【출전】 전국시대 제나라에 순우곤(淳于髡)이라는 사람이 있었는데, 몸집은 작아도 말재간은 대단한 사람이었다. 어느 날 제선왕이 현사(賢士)를 초빙하려고 하자 순우곤은 하루 사이에 일곱 사람이나 천거했다.

이에 제선왕이 물었다.

"현사는 천 리 길을 걸어다니며 백 년을 찾아 헤매도 찾기가 어렵다고 하는데 경은 하루 사이에 일곱 사람이나 천거했으니 너무 과하지 않은가."

그러자 순우곤이 대답하였다.

"그렇지 않습니다. 새는 새들과 함께 있고 짐승은 짐승들과 함께 있는 법입니다. 만약 더덕이나 도라지 같은 약재를 늪에 가서 찾는다면 한평생 한 뿌리도 찾지 못하겠지만 고칠산이나 양부산에 가서 찾는다면 얼마든지 찾을 수 있을 것입니다. 이것이 바로 '물건은 각기 비슷한 부류가 있다(物各有類)'는 것입니다. 신은 현사들과 늘 함께 생활하기 때문에 현사를 찾는 것이 마치 강에서 물을 퍼내는 것과 같으며 부싯돌을 쳐서 불을 취하는 것처럼 쉬운 일이올시다."(▶ 유유상종類類相從 참조)

『주역·문언(文言)』에도 비슷한 말이 나온다.

"같은 소리는 서로 응하며, 같은 기운은 서로 구한다. 물은 축축한 곳으로 흐르고, 불은 메마른 곳을 향하게 마련이다. 구름은 용을 좇아 일고, 바람은 호랑이를 좇아 분다. 성인이 나오면 만물이 보고, 하늘에 근본을 둔 이는 위와 친하며, 땅에 근본을 둔 이는 아래와 친하다. 이는 모두 각자가 그 비슷한 것을 좇기 때문이다.(同聲相應 同氣相求 水流濕 火就燥 雲從龍 風從虎 聖人作而萬物覩 本乎天者親上 本乎地者親下 則各從其類也)"

물각유류(物各有類)는 물각유주(物各有疇)나 물이군분(物以群分), 물종기류(物從其類)라고도 하는데, 나중에는 물이유취로 많이 쓰게 되었다.

【용례】 "물이유취"라고 끼리끼리 노는 게 당연하지 않겠어. 누구라고 밝힐 순 없지만 세상이 사악한 무리로 뒤덮여 있다던 그 사람도 똑같은 인간일 게 뻔해.

미능면속 未能免俗

未 : 아닐(미) 能 : 능할(능)
免 : 면할(면) 俗 : 세속·속될(속)

【뜻풀이】 여전히 속물스런 습관에 빠져 있

다는 뜻이다. 즉, 한 번 물든 비속한 기운은 씻어 내기가 어렵다는 말이다.

【출전】『진서·완적전(阮籍傳)』에 다음과 같이 이야기가 있다.

완함(阮咸)과 그의 숙부 완적(阮籍, 210~263)은 모두 진(晉)나라 초기에 활약한 활달하고 비범한 문인들이었다.(➡ 득의망형得意忘形 · 죽림칠현竹林七賢 참조)

그들 숙질은 가까운 이웃에 살았고, 나머지 완씨 일가들은 북쪽에 이웃하며 살았다.

때문에 사람들은 완함·완적 일가를 남완(南阮)이라 하고 그 밖의 완씨 가족들을 북완(北阮)이라 하였다.

그런데 남완 사람들은 모두 가난했지만 북완 사람들은 한결같이 부유한 사람들이었다.

당시의 풍속에 옷에 좀이 먹고 습기가 차는 것은 방지하기 위해 매년 7월 7일이 되면 뜨거운 햇볕 아래 겨울옷을 쬐는 행사가 있었다.

그래서 이날이 되면 북완의 집안사람들은 모두 화려한 의복들을 내다가 햇볕에 쪼이면서 이 기회에 자기들이 잘사는 것을 은근히 자랑하기도 했다. 북완 사람들의 이런 행동을 눈꼴사납게 여긴 완함은 어느 해 7월 7일 굵은 베로 지은 짧은 바지 하나를 장대 위에 꿰어 햇볕에 쪼이면서 비웃는 어조로 말했다.

"여전히 속된 습속에 젖어 있으니(未能免俗) 나도 그런 뜻을 표시해야겠다!"

이래서 나온 성어가 미능면속이다.

【용례】 성직자가 되기 위해 입산을 했으면 조신하면서 수양에 힘써야지. 아직도 "미능면속"하여 방황한다면 어떻게 큰 그릇이 되겠느냐? 내 말 명심해서 앞으로는 한눈파는 일이 없도록 해라.

미도지반 迷途知返

迷 : 헤맬(미) 途 : 길(도)
知 : 알(지) 返 : 돌이킬(반)

【뜻풀이】 길을 잘못 들어섰다가 돌아서다. 잘못된 길에 빠졌다가 회개하고 돌아서는 것을 비유하는 말이다.

【출전】『남사(南史) · 진백지전(陳伯之傳)』에 다음과 같은 이야기가 있다.

남북조(南北朝)시대 남제(南齊)에 벼슬이 강주자사(强州刺史)에까지 올랐던 진백지라는 사람이 살고 있었다. 그는 남제가 멸망한 뒤 잠시 남량(南梁)에 귀순해서 원래 직책에 머물러 있으면서 강주를 지켰다.

그러나 진백지는 남량에 진심으로 항복한 것이 아니었기 때문에 마침내 군사를 일으켜 저항하다가 패한 뒤 부득이 북조에 투항하여 북위(北魏)에서 평남장군이 되어 회남 일대의 병마를 통솔하고 남량과 대치한 것이었다.

이에 남량 황제 소연(蕭衍)은 아우 소홍(蕭洪)에게 명하여 수양(壽陽, 오늘날의 안휘성 수현) 일대에 가서 진백지와 접전을 벌이게 했다. 이때 소홍은 그의 비서인 구지(丘遲)로 하여금 진백지에게 편지를 써서 투항할 것을 권고했다.

구지는 편지에서 남량의 조정에서는 진백지의 과거는 묻지 않을 것이니 하루빨리 속죄하라고 하면서 "길을 잘못 들어섰다가 돌아서는 것은 옛날부터 성현들이 찬양하는 바다. 그러니 길을 잘못 들어 멀리 가기 전에 돌아서는 것은 이왕의 전적들이 높이 숭상하는 바.(夫迷途知返 往哲是與 不遠而復 先典攸高)"라고 종용하였다.

진백지는 구지의 이 글을 받아 보고 크게 느낀 바 있고, 또 소홍이 거느리는 강한 양나라 군대와 대적하기 어려운 것을 알고 결연히 북위를 떠나 남량으로 투항했다.

그런데 미도지반이라는 성어는 일찍이 전국시대의 시인 굴원(屈原)의 시 〈이소(離騷)〉와 후한(後漢) 말년 원술(袁術)이 진규(陳珪)에게 보낸 편지 및 진(晉)나라의 유명한 문인이자 시인인 도연명(陶淵明, 365~427)의 〈귀거래사(歸去來辭)〉 등에서도 그 원형을 찾아볼 수 있다.

【용례】 내가 도박에 빠져 재산 날리고 신세까지 망쳤지만, 다행히 아내와 가족들이 나를 믿고 의지하니 희망은 있어. 뒤늦게나마 "미도지반"했으니 한번 믿어 주게.

미망인 未亡人

未 : 아닐(미) 亡 : 죽을·잃을(망)
人 : 사람(인)

【뜻풀이】 남편과 사별한 여자가 스스로를 지칭하는 말.

【출전】 『좌전·성공(成公) 9년』조에 다음과 같은 이야기가 있다.

춘추시대 노(魯)나라 성공이 왕위에 오른 지 9년째 되던 해 그의 백희(伯姬)가 송나라 임금에게 시집을 갔다. 계문자(季文子)라고 하는 성공의 신하가 신부를 송나라로 인솔하는 임무를 맡게 되었다.

그가 무사히 임무를 완수하고 돌아오자 성공은 어느 날 저녁에 계문자의 노고를 위로할 겸 잔치를 열었다. 이 자리에서 계문자는 『시경』에 있는 구절을 인용하면서 성왕과 송나라 임금을 함께 찬양하였다. 그리고 새롭게 사돈이 된 송나라의 풍토와 환경이 매우 아름답고 기름져서 백희가 행복하게 살리라는 노래도 지어 올렸다.

노래를 듣고 있던 백희의 어머니 목강(穆姜)이 크게 기뻐하면서 몸소 계문자에게로 와서 정중하게 사례하였다.

"이번 일로 그대에게 큰 은혜를 입었습니다. 그대는 이미 선대 왕 때부터 노고를 아끼지 않았는데 오늘날에는 이 미망인에게까지 힘을 보태 주고 기쁨을 주니 고맙기 이를 데가 없습니다."

그러면서 목강도 역시 『시경』에 있는 〈녹의(綠衣)〉의 마지막 구절을 인용해 자신의 뜻을 노래로 읊고는 술을 권하였다.

역시 춘추시대의 일이다. 앞서의 일이 있은 지 5년 뒤의 일이다(『좌전·성공 14년』조). 위(衛)나라 정공(定公)이 심상치 않은 병으로 해서 몸져누운 채 차도가 없자 첩복(妾腹) 경사(敬姒)의 몸에서 낳은 자식 간을 세워 태자에 책봉하였다.

정공의 병세는 날로 악화되다가 마침내 그 해 10월에 세상을 등지고 말았다. 그러나 태자로 책봉된 간은 아버지의 죽음을 당해서도 조금도 슬퍼하거나 애통해하지 않았다. 정공의 아내 강씨(姜氏)는 3일 동안의 상을 치르고 나자 태자의 무례한 태도에 분개해서 아예 식음을 전폐하고 말았다. 그러다가 마침내 이렇게 부르짖는 것이었다.

"저 망나니는 기필코 나라를 망치고야 말 것이다. 그뿐 아니라 당장 이 미망인에게로 화살을 돌려 나를 괴롭힐 것이다. 아아! 이제 하늘은 우리 위나라를 버리시려는가? 마땅히 왕위를 이어야 할 내 아들 전야(鱄也)가 따돌림을 당하는 신세가 되어 버렸구나."

이 두 이야기에서 나온 것처럼 미망인은 남편이 죽었으니 자기도 함께 죽어야 할 몸이지만 아직 살아남아 있다는 뜻으로, 아내인 여자가 스스로를 부끄럽게 여겨 사용한 말이다.

그런데 언제부터인지 자칭(自稱)하는 말로 쓰이던 이 성어가 타칭(他稱)하는 말로 쓰였고, 오늘날에는 남편과 사별한 부인을 지칭하고 있다.

【용례】 대한제국의 마지막 황제와 대한민국 첫 대통령의 "미망인"이 다 외국인이라는 사실은 여러 가지 면에서 시사해 주는 바가 커. 우리 근대사의 서글픈 단면을 읽게 해 주는 부분일 거야.

미봉책 彌縫策

彌 : 더욱·걸릴(미)
縫 : 꿰맬(봉) 策 : 책·문서(책)

【뜻풀이】 빈 구석을 메우다. 모자란 부분을 때우고 잇는다. 또는 시급한 일을 대충 눈가림으로 덮어 두다.

【출전】 『좌전·환공(桓公) 5년』조에 다음과 같은 이야기가 있다.

춘추시대 초엽인 제(齊)나라 환공(桓公) 13년(기원전 707) 가을의 일이다. 환공은 점차 약화되어 가는 국세를 회복하고자 여러 가지로 고민 중에 있었다. 그런데 당시 정(鄭)나라의 장공(莊公)은 국력이 강해지자 세나라를 얕보고서 제환공이 주재하는 회의에 출두하지 않는 등 오만을 부리고 있었다.

이에 제환공은 정나라의 기세를 꺾지 않고서는 전세를 만회할 수 없다고 생각하고는 마침내 각국의 군사를 차출, 정나라를 징벌하려 했다.

그러자 정장공 역시 올 것이 왔다고 여기고는 곧 이들을 방어할 준비를 갖추었다.

환공은 스스로 연합군의 총사령관이 되어 정나라 장공의 토벌에 나섰다.

토벌군의 엄청난 배치 상황을 본 정나라의 공자 원(元)이 장공에게 계책을 말했다.

"지금 연합군 중에서 국내 문제로 가장 복잡한 나라는 진(秦)나라입니다. 그러니 먼저 진나라 군사를 공격한다면 사기가 떨어진 진나라 군대는 금방 격파될 것입니다. 그러면 차례로 저들의 진영은 무너져 쉽게 승리를 거둘 수 있을 것입니다."

장공은 원의 계책에 따라 대적하기로 결정하였다. 장공은 대부 만백(曼伯)을 우익으로 삼고 상경(上卿) 제중(祭仲)을 좌익에 배치한 다음 자신은 중군을 지휘했다.

이때의 전투 상황이 『좌전』에는 다음과 같이 기록되어 있다.

"어려(魚麗, 둥근 형태)의 진을 짜고 편(扁, 전차)을 앞머리에 세웠으며 오승미봉(伍承彌縫, 보병을 후진으로 하여 전차와 전차 사이의 빈틈을 메우는 진영)하였다."

이런 진영을 갖춰 마침내 격돌한 두 군대는 장공의 전략대로 맞아떨어져 진나라 군대가 격파되자 연합군은 걷잡을 수 없이 무너지고 말았다.

환공은 장공의 부하인 축담(祝聃)이 쏜 화살에 맞아 어깨에 부상을 입은 채 달아나야 했다. 환공은 흩어진 군사를 수습해 죽음을 각오하고 싸웠지만, 파죽지세(破竹之勢)로 밀고 오는 정나라 군사를 대적할 수는 없었다.

이때 장공은 급히 군사를 정지시킨 뒤에 말했다.

"군자는 달아나는 적을 공격하지 않는다. 우리의 목적은 공격해 오는 적군을 무찌르는

데 있었으니 이미 목적은 달성한 셈이다. 이대로 철군하는 것이 마땅하다."

그런 뒤 장공은 사신을 보내 환공을 위로한 뒤 군대를 철수하였다.

이 일로 해서 정장공은 의로움을 천하에 떨치게 되었으며, 패배한 제환공 역시 전열을 정비해 마침내 천하를 제패하는 패자(覇者)가 되었다.

미봉이란 말은 『좌전』 가운데 세 군데에서 볼 수 있다. 원래 그 뜻은 반드시 나쁜 의미로 쓰인 것은 아니었고, 다만 군대를 배치할 때 그 사이를 메운다는 뜻일 뿐이었는데, 시간이 지나면서 얼렁뚱땅 일을 처리하는 것이나 그러한 처리 방식을 일컫는 성어가 되었다.

【용례】 공무원들의 총체적인 부정 행각은 단순한 "미봉책"으로는 해결하기 어려운 문제임에 틀림없네. 근본적인 대책이 마련되어야 할 터인데, 대책을 세울 사람도 공무원이니 고양이 목에 누가 방울을 달겠는가?

미불유초 선극유종
靡不有初 鮮克有終

靡 : 없을(미) **不** : 아닐(불)
有 : 있을·가질(유)
初 : 처음(초) **鮮** : 드물(선)
克 : 이길(극) **終** : 마칠(종)

【뜻풀이】 시작이 있지 않은 경우는 없지만 끝까지 마무리 짓는 경우는 드물다. 우리가 잘 쓰는 유종의 미(有終之美)는 이 말이 변형된 것이다.

누구나 시작할 때는 끝까지 일을 훌륭하게 마치겠다고 작정하지만 막상 도중에 중단하는 경우가 종종 있다. 그때 격려의 뜻으로 이 말을 쓰기도 하고, 반대로 사람이 끈기가 없어서 일을 원만하게 마무리 짓지 못했을 때도 쓴다.

【출전】 『주역·겸괘(謙卦)』의 〈구삼(九三)〉에 "겸은 수고로운 군자다. 마침이 있어 길하리라.(謙勞君子 有終 吉)"는 말이 있고, 『서경·열명(說命)』 상편에도 고종(高宗) 무정(武丁)과 부열(傅說)의 대화에서 "아아, 삼가 나의 명을 받들어 끝까지 힘써 주시오.(嗚呼 欽予時命 其惟有終)"라 하여 고종의 말도 나오지만 성어의 원모습은 『시경·대아』에 있는 〈탕(蕩)〉에 보인다.

「넓디넓으신 상제는
하민의 임금이시다.
포학한 상제는
그 명에 사벽(邪辟)함이 많도다.
하늘이 뭇 백성을 내시니
그 명을 믿을 수 없도다.
처음부터 착하지 않은 이 없지만
착하게 마치는 이가 적기 때문이다.
蕩蕩上帝
下民之辟
疾威上帝
其命多辟
天生烝民
其命匪諶
靡不有初
鮮克有終」

여기서 볼 수 있는 것처럼 원래 유종이 가리키는 의미는 착한 본성을 끝까지 지켜 완전한 인격을 완성한다는 것이었다. 그러나 오늘날에는 이런 인격적인 문제에 국한되지 않고 맡은 일을 하자 없이 마무리 짓거나 또 그렇게 되기를 바라는 마음을 표현할 때 사용하고 있다.

【용례】 일을 시작하면서 뜻은 크게 가져야

겠지만 너무 욕심을 내는 건 안 좋아. 모든 일이란 게 시작은 있지만 마지막까지 최선을 다해 끝내는 경우는 드물지 않은가("미불유초 선극유종"). 유종의 미를 거둘 수 있도록 가능한 일부터 차근차근 진행시켜야지.

미생지신 尾生之信

尾 : 꼬리(미) 生 : 날·선비(생)
之 : 어조사(지) 信 : 믿을(신)

【뜻풀이】 미생의 믿음. 미생은 누구인지는 정확히 알 수 없지만 성씨가 미인 선비라고 할 수 있다. 어떤 사람은 『논어』에 나오는 미생고(微生高)와 같은 사람이라고 보기도 한다.

원래 뜻은 신의가 두터운 것을 말하기도 하고, 반대로 너무 우직해서 융통성이 없는 경우를 가리키기도 한다.

【출전】 『사기 · 소진열전(蘇秦列傳)』에 다음과 같은 구절이 있다.

"믿는다면 미생과 같아야 한다. 그는 어떤 여자와 다리 아래에서 만나기로 약속을 하였다. 그러나 여자는 오지 않고 때마침 밀물 때라 물은 밀려오는데 교각을 붙잡고 끝내 떠나지 않고 있다가 물에 빠져 죽고 말았다.(信如尾生 與女子期於梁下 女子不來 水至不去 抱柱而死)"

비슷한 일화는 이 밖에도 『장자 · 도척편(盜跖篇)』이나 『전국책 · 연책(燕策)』, 『회남자 · 설림훈(說林訓)』에도 실려 있다. 『전국책』에서는 "믿음이 미생고와 같은 것은 사람을 속이지 않는 것에 불과하다.(信如尾生高 則不過 不欺人耳)"고 했으며, 『회남자』에는 "미생의 믿음은 소를 뒤따라가는 것만도 못하다."는 말이 있다.

【용례】 믿음이 맹신이 되면 안 되지만 그렇다고 지나친 불신도 큰 문제지. 참된 마음으로 믿고 지키려는 자세라면 "미생지신"의 우를 범할 수도 있겠지만, 한편으로는 필요한 일일 거야.

미연방 未然防

未 : 아닐(미) 然 : 그럴(연)
防 : 막을(방)

【뜻풀이】 일이 일어나기 전에 미리 막다.

【출전】 『문선(文選)』에 실린 육기(陸機, 216~303)의 〈악부십칠수(樂府十七首)〉 중 〈군자행(君子行)〉의 한 구절이다.

육기는 자가 육사형(陸士衡)으로, 어려서부터 재주가 뛰어난 사람이었다. 태강(太康) 말년에 동생 육운(陸雲, 262~303)과 함께 낙양에 가서 활약했다. 특히 그는 가밀(賈謐)이 관장하는 문하에 들어가 이른바 이십사우(二十四友)의 한 사람이 되었다. 조국인 오(吳)나라가 망하자 두문불출(杜門不出)하고 10년 동안 책을 읽어 〈변망론(辯亡論)〉 두 편을 짓기도 했다.

〈군자행〉 전편을 읽어 보면 다음과 같다.

「하늘의 도는 온화하고 간략한데
사람의 도는 험난하고 어렵구나.
길함과 흉조가 서로 오르고 밟나니
뒤집히고 엎어져 파란이 이는 듯하네.
병 나아도 고통은 멀지 않으니
아마도 곧 근심거리 일 것 같도다.
불을 가까이하니 뜨겁기 당연하고
얼음을 밟으면서 어찌 추위를 싫어하는가?
벌을 떼다가 하늘의 도를 무너뜨렸고

먼지를 줍다가 안연은 의혹에 빠졌지.
쫓겨난 신하는 오히려 무엇이 있었으며
버려진 친구가 어찌 탄식하겠는가?
복이 모임에 항상 조짐이 있듯이
화가 올 때도 실마리가 없는 것이 아니지.
하늘에 손해가 나도 말을 바꾸지 않지만
사람이 이익을 보니 오히려 즐겁구나.
밝은 거울을 어찌 멀리서 빌리려는가
모자가 비뚤어졌으니 거울을 봐야 하지.
소인은 정에 가까워 괴롭고 자신에 차 있지만
군자는 화가 일기 전에 미리 방지한다네.
天道夷且簡 人道嶮而難
休咎相乘躡 翻覆若波瀾
去病苦不遠 疑似實生患
近火固宜熱 履氷豈惡寒
掇蜂滅天道 拾塵惑孔顔
逐臣尙何有 棄友焉足歎
福鍾恒有兆 禍集非無端
天損未易辭 人益猶可懽
朗鑒豈遠假 取之在傾冠
近情苦自信 君子防未然」

이 시에서 철봉(掇蜂)은 주(周)나라 때 윤길보(尹吉甫)의 후처가 전처소생인 백기(伯奇)를 모함하려고 몸에 벌을 붙였다가 그것을 백기에게 떼게 해서 마치 자기 계모를 겁탈하는 것처럼 보이게 했다는 고사에서 빌려온 용사(用事)다.

그리고 습진(拾塵)은 공자의 제자 안연(顔淵)이 스승을 위해 밥을 짓다가 솥에 먼지가 들어가자 그것을 주운 것이 마치 음식을 훔쳐 먹는 것처럼 보였다는 이야기에서 유래하였다.

앞 이야기는 『설원(說苑)』에 나오고 뒷이야기는 『여씨춘추·임수편(任數篇)』에 실려 있다.

『문중자(文中子)』에도 "일이 일어나기 전에 치란을 밝히다.(昭治亂於未然)"는 구절이 보인다. 또 『한서·유향전(劉向傳)』에는 "지혜로운 사람은 형체가 보이기 전에 복을 일으키고, 사태가 벌어지기 전에 걱정거리를 제거한다.(明者起福于無形 消患于未然)"는 말이 있다.

【용례】 교통사고는 일어난 뒤에 해결하기보다는 미리 예방하는 것("미연방")이 중요합니다. 항상 침착하게 교통 법규를 잘 지키겠다는 시민 정신이 절실하게 요구되는 때입니다.

미주신계 米珠薪桂

米 : 쌀(미) 珠 : 구슬(주)
薪 : 땔나무(신) 桂 : 계수나무(계)

【뜻풀이】 쌀값이 구슬 값과 같고, 땔나무 값이 계수나무 값과 같다는 말로, 물가가 너무 치솟아 살아가기 힘든 것을 비유하는 말이다.

【출전】 『전국책·초책(楚策)』에 다음과 같은 이야기가 나온다.

전국시대를 풍미한 소진(蘇秦)은 여러 나라를 다니며 유세를 통해 합종책(合從策)을 주장하였다.

그가 초나라에 가서 회왕(懷王)에게 합종책을 채택하도록 설득할 때였다. 사흘을 기다린 끝에 겨우 초회왕을 만날 수 있었지만, 초회왕이 자신을 소홀하게 대접하는 것 같아 적잖이 불쾌하였다. 초회왕이 나타나자 말을 마친 소진은 일부러 당장 떠나겠다며 작별인사를 고했다. 이상하게 생각한 초회왕이 까닭을 물었다.

"내가 선생에게 듣는 것은 옛 성현에게 듣는 것과 같습니다. 지금 선생이 천리를 멀다 않고 와서 나를 만났는데 머물려고 하지 않고 떠나겠다니, 까닭이 궁금합니다.(寡人聞先生若聞古人 今先生乃不遠千里而臨寡人 曾不肯留 願聞其說)"

그러자 소진이 대답하였다.

"초나라의 식량은 주옥(珠玉)보다 더 비싸고, 땔감은 계수나무보다 비쌉니다. 또 알자(임금과 신하 사이에서 소개하는 사람)를 만나기는 귀신 만나기보다 어렵고, 폐하를 뵙기는 천자를 뵙는 것보다 어렵습니다. 지금 저는 옥을 먹고 계수나무를 때면서 귀신을 통해 천자를 만나니, 어떻게 더 머물 수 있겠습니까? (楚國之食貴於玉 薪貴於桂 謁者難得見如鬼 王難得見如天帝 今令臣食玉炊桂 因鬼見帝)"

그러자 초회왕은 그의 말뜻을 알아듣고 귀빈으로 대접했다.

【용례】 IMF 때가 힘들었다고 하지만 지금도 그에 못지않아. 위정자란 사람이 제 명예만 생각해서 터무니없는 선심을 썼으니, 이런 "미주신계"하는 고물가 취업난 시대를 연 것 아니겠어? 하여간 선거는 잘 해야 돼.

미증유 未曾有

未 : 아닐(미) 曾 : 일찍이(증)
有 : 있을(유)

【뜻풀이】 일찍이 있지 않았다.

벌어진 상황이나 사건이 너무 뜻밖이라 유례를 찾을 수 없을 때 쓰는 말이다. 전대미문(前代未聞)과 같은 뜻이지만, 굳이 구분하라면 미증유는 좋은 일에, 전대미문은 나쁜 일에 주로 사용된다. 이 말은 달리 미상유(未嘗有)라고도 쓴다.

【출전】『묵자 · 수신편(修身篇)』에 보면 "천하를 상대로 선비가 될 수 있는 사람은 일찍이 없었다.(可以爲士於天下者 未嘗有也)"는 말이 있으며,『맹자 · 고자장구(告子章句)』 상편에도 "사람들이 산의 나무가 베어져 깨끗한 것만 보고 일찍이 이 산에 나무가 없다고 여기지만, 이것이 어찌 산의 본성이겠는가!(人見其濯濯也 以爲未嘗有材焉 此豈山之性也哉)"라는 구절이 보인다. 또『전국책 · 진책(秦策)』에는 "만승의 나라를 세울 땅은 일찍이 있지 않았다.(萬乘之地 未嘗有也)"라는 글도 있다.

미증유는『묵자 · 친사편(親士篇)』에 "일찍이 있지 않았다.(未曾有也)"라 하여 나온다.

【용례】 사업 자금을 마련하기 위해 자기 아버지를 살해한 사건은 정말 전대미문이요 "미증유"의 끔찍한 사건이야. 인간이 점점 더 짐승만도 못한 것 같아 참담하기 그지없군그래.

민불가여려시 가여락성공 民不可與慮始 可與樂成功

民 : 백성(민) 不 : 아닐(부)(불)
可 : 가할 · 옳을(가) 與 : 더불 · 줄(여)
慮 : 생각할(려) 始 : 처음 · 비로소(시)
樂 : 즐거울(락) 成 : 이룰(성) 功 : 공(공)

【뜻풀이】 백성들은 어리석기 때문에 함께 일을 시작할 수는 없지만 일단 일이 성공한 뒤에는 함께 즐길 수 있다. 민중의 속성 중 대단히 부정적인 측면을 강조한 말이다.

【출전】『상자(商子) · 경법편(更法篇)』에 나오는 말이다.

민중이란 대단히 어리석은 존재라고 말하는 사람도 있다. 자신에게 이로운 일조차도 당장 힘들고 불편하다는 이유로 실천하기를 꺼리기도 한다. 물론 이들이 한뜻으로 단결될 때 분출되는 힘은 엄청난 것임은 분명하다. 세계사에서 일어났던 다양한 혁명과 변혁의 성공은 대개 민중들의 힘이 결집되었을 때 가능한 것이었다. 그러나 대개의 경우, 민중은 여러 가지 이유로 해서 자신을 굽히고 왜소하게 살 때가 많다. 때로 위정자들은 그들을 어리석게 만들어 올바른 사고를 할 수 없도록 유도하기도 한다. 바로 우민화(愚民化) 정책이 그것이다.

물론 이 말에 담긴 본질적인 의도는 민중에 대한 일방적인 매도는 아니다. 다만 큰일을 도모할 때는 독자적인 자기 판단을 가지고 행동에 옮겨야 한다는 사실을 암시적으로 표현한 것일 뿐이다.

【용례】 나는 민중의 힘에 대해서 그렇게 신뢰하지는 않아. 그들과 같이 일을 도모하기는 힘들어. 다만 일이 성공한다면 함께 즐길 수는 있겠지("민불가여려시 가여락성공"). 서글픈 사실이지만 말이야.

밀운불우 密雲不雨

密 : 촘촘할(밀) 雲 : 구름(운)
不 : 아닐(부)(불) 雨 : 비(우)

【뜻풀이】 구름은 끼었지만 비는 오지 않는다. 모든 조건은 갖추어져 있지만 아직 일이 성사되지 못한 경우를 비유하는 말이다.

【출전】 『주역 · 소축괘(小畜卦)』에 "먹구름은 가득 끼었지만 비가 오지 않으니 나 스스로 서쪽 교외로 나간다.(密雲不雨 自我西郊)"란 말이 있다. 〈단전(彖傳)〉에서는 이 뜻을 풀이해 "밀운불우는 아직도 가고 있다는 뜻이다. 자아서교는 베풂이 아직 시행되지 않았다는 뜻이다.(密雲不雨 尙往也 自我西郊 施未行也)"라고 하였다. 또 같은 책 〈소과괘(小過卦)〉의 육오(六五)에서는 "먹구름은 가득 끼었지만 아직 비가 오지 않으니 나 스스로 서쪽 교외로 나간다. 공께서 줄을 맨 화살로 굴 속에 있는 그를 취한다(密雲不雨 自我西郊 公取彼在穴)"라고 하였다.

이 이야기는 주(周)나라 문왕(文王)이 주(紂)의 폭정을 간하다가 오히려 박해를 받은 뒤에 임금이 나라를 바로 다스리지 못하면 나부터라도 솔선수범(率先垂範)해서 백성을 위하겠다는 의지를 표명한 것이다. 덕치(德治)를 베풀 수 있는 모든 조건을 문왕 자신은 갖추고 있지만 자신이 임금이 아니기 때문에 참람하지만 덕치로써 자임(自任)하겠다는 말이다.

【용례】 결혼식 준비는 다 마쳤는데 아직 주례로 모실 선생님이 결정되지 않았어. 정말 "밀운불우"야. 이 교수님만 그날 별일 없으시다면 더 걱정할 것이 없겠는데 말이야.

ㅂ

박면피 剝面皮

剝 : 벗길(박) 面 : 얼굴(면) 皮 : 가죽(피)

【뜻풀이】 얼굴 가죽(面皮)을 벗긴다. 원래 뜻은 잔혹한 고문이나 형벌을 가리켰는데, 뜻이 바뀌어 파렴치한 사람의 본색을 다 드러내 망신을 준다는 말이 되었다.

【출전】 『배씨어림(裵氏語林)』에 다음과 같은 이야기가 있다.

진(秦)나라가 천하를 통일할 수 있던 데에는 오(吳)나라 임금 손호(孫皓)가 저지른 폭정이 컸다. 진의 통일이 오의 폭정의 반대급부였다고 해도 좋을 정도로 그의 포학함은 극에 달해 있었다. 간언하는 신하를 거열형(車裂刑)에 처하거나 뜻에 거역하는 궁녀가 있으면 참살하여 물속에 던져 버리는 등 그는 갖은 학정을 다 저질렀다. "박면피"도 손호가 얼마나 잔혹했는가를 보여 주는 대표적인 사례 가운데 하나다. 손호는 마음에 들지 않는 사람이 있으면 그의 얼굴 가죽을 벗기는 일쯤은 아무렇지도 않게 생각했다.

그가 진나라에게 항복하여 낙양(洛陽)으로 끌려갔을 때 실력자인 가충(賈充)이 물었다.

"어째서 사람의 얼굴 가죽을 벗기는 그런 끔직한 짓을 저질렀는가?"

그러자 손호는 태연하게 대답했다.

"얼굴 가죽이 두꺼운 것이 미웠기 때문이었소."

【용례】 터무니 없게 비싼 값에 제품을 사게 하고, 그것도 모자라 싸구려 가짜 제품을 팔아먹다니. 이런 상인들은 "박면피"해서 광화문 네거리에 매달아야 해.

박삭미리 撲朔迷離

撲 : 칠(박) 朔 : 초하루(삭)
迷 : 어지러울(미) 離 : 헤어질(리)

【뜻풀이】 남녀의 구분이 분명하지 않다. 사물이나 상황이 마구 뒤섞여 있어 갈피를 잡을 수 없을 때 쓰는 말이다.

【출전】 목란종군(木蘭從軍)은 중국 사람들 사이에 수천 년 동안을 널리 전해 내려오는 이야기다. 고시 〈목란사(木蘭辭)〉(〈목란시〉 또는 〈목란가〉라고도 함)에 따르면 목란은 그녀의 늙은 아버지를 대신하여 싸움터에 나가 12년간이나 외적과 싸워 숱한 전공을 세웠다. 그러나 싸움이 끝나자 목란은 상도 받지 않고 의연히 고향에 돌아왔다. 그런데 목란이 고향에 돌아와 다시 여복으로 갈아입을 때까지 그녀의 동료들조차 그녀가 여자인 줄 몰랐다는 것이다.

나라를 사랑하고 부모에게 효도를 다한 이 영웅이 어느 때 사람이며 성이 무엇인가 하는 등에 대해서는 이론이 많지만, 그에 대해서는 차치하고 여기에서는 박삭미리라는 성어가 나오게 된 배경을 살펴본다.

〈목란사〉의 끝부분에는 남장을 한 목란이 12년 동안이나 동료들의 눈을 속일 수 있는 데 대해 "수토끼는 앞발을 잘 비비고 암토끼는 눈을 잘 감지만, 둘이 함께 달려갈 때는 암수를 분별하기 어렵도다.(雄兎脚撲朔 雌兎眼迷離 兩兎傍地走 安能辨我是雄雌)"라고 쓰고 있다.

전하는 말에 따르면 수토끼는 조용할 때는 앞발을 마구 부벼대는 것(撲朔)이 특징이고, 암토끼는 틈만 나면 눈을 감고(迷離) 휴식을 취한다는 것이다. 때문에 평상시에는 이것으로 암수를 가릴 수 있지만 그들이 달려갈 때는 암수를 분별하기 어렵다는 말이다.

이리하여 남녀를 구별하기 어려울 경우를 가리켜 박삭미리라 하게 되었고, 나아가서는 어떤 일이나 사물이 막 뒤섞여 진상을 분별하기 어려운 경우에도 이런 말로 비유하게 된 것이다.

〈목란사〉는 〈공작동남비(孔雀東南飛)〉와 함께 고대 민간의 장편 서사시로 쌍벽을 이루는 작품이다.

【용례】 〈뮬란〉이라는 디즈니 만화영화가 있었는데, 이것은 〈목란사〉를 원작으로 따서 만든 듯한데, 서양에서 만든 영화여서인지 "박삭미리"라고 동양 민간 설화를 모호하게 엮어 놓았어.

박학어문 약지이례
博學於文 約之以禮

博 : 넓을(박) 學 : 배울(학)
於 : 어조사(어) 文 : 글월(문)
約 : 요약할(약) 之 : 어조사(지)
以 : 써(이) 禮 : 예절(례)

【뜻풀이】 문장으로써 배움을 넓히고 예의로써 이를 요약한다.

【출전】 『논어·안연편(顔淵篇)』에 다음과 같은 공자의 말이 있다.

"글을 통해 배움을 넓히고 이를 예의로써 요약할 수 있다면 또한 그렇게 어긋나지는 않을 것이다.(博學於文 約之以禮 亦可以弗畔矣夫)"

이 말 속에는 학문하는 본질과 방법에 대한 대단히 깊은 암시가 담겨 있다. 단순히 많이 읽고 외워 정보가 풍부하다고 해서 배움이 달성되는 것도 아니고 그런 사람이 곧 학자는 아니다. 그는 고물상은 차렸는지 모르지만 아무것도 제 구실을 할 수 있는 물건은 아무것도 가진 것이 없는 셈이다.

때문에 다양한 정보를 일목요연하게 체계화하는 것이 필요하며 이것이 진정한 학문이다. 문제를 제기하고 대안을 제시할 수 있는 배움이야말로 진정한 학문인 것이다.

이 사실을 간파한 공자는 단 한 마디의 말로 이것을 알려 주고 있다.

오늘날 마치 박학만이 최고의 가치인 것처럼 동분서주하는 시대를 살면서 사람들은 배우는 일로 날을 보내고 있다. 진정한 학문은 많이 아는 것이 아니다. 이를 적절하게 요약하는 데 있다는 사실을 아는 사람이 드문 요즈음 세태다.

【용례】 새벽에는 영어와 일어 회화 학원, 낮에는 운전 학원, 거기에 밤에는 컴퓨터에 속기 학원까지 다닌다고? 아니, 무작정 배운다고 그게 모두 머리에 들어가니? 하나라도 제대로 배워 정리할 수 있는 "박학어문 약지이례"라야 그게 진짜 네 산지식이 되는 거야.

반간계 反間計

反 : 거꾸로(반)
間 : 사이 · 이간질할(간) **計** : 꾀(계)

【뜻풀이】 적의 첩자가 우리 편에 잠입해 정탐하다가 발각된 뒤에 그를 설득해서 반대로 아군을 위해 일하게 하는 경우를 말한다. 또는 아군이 발견하지 못한 척하면서 일부러 가짜 정보를 제공하여 첩자를 안전하게 돌려보냄으로써 그를 역이용하여 적들로 하여금 우리의 계략에 빠지게 하는 것을 가리켜 반간계 또는 반간지계(反間之計)라고 한다.(➡ 삼십육계三十六計 참조)

【출전】 일찍이 『손자병법 · 용간편(用間篇)』에서도 "반간이란 적의 첩자를 역이용하는 것이다.(反間者 因其敵間而用之)"라고 말한 바 있다.

『삼국지연의』에 나오는 "장간이 서류를 훔치다"라는 이야기는 반간계의 대표적인 실례이다. 그 이야기는 다음과 같다.

동오의 도독 주유(周瑜)는 조조(曹操)를 공격하려 했지만 조조 군중에 유능한 수군 장수들인 채모(蔡瑁)와 장윤(張允)이 장강 북쪽 연안을 지키고 있기 때문에 승산이 없었다.

이때 마침 조조의 막하에 있는 장간(蔣干)이라는 사람이 주유를 만나러 오군 진중에 왔다. 그는 지난날 주유와 교제가 두터웠다는 것을 이용해서 동오의 군사 기밀을 탐지하려는 것이었다.

주유는 장간이 찾아온 목적을 미리 간파하고 채모와 장윤의 이름을 써 놓은 가짜 항복문서를 만들어 놓았다. 그 편지에 "조만간에 조조의 목을 따서 바치겠다."는 말이 들어 있었다. 장간은 한밤중에 주유가 잠든 틈을 타 이 항복문서를 발견하고는 즉시 그 편지를 품에 품고 부랴부랴 돌아가서 조조에게 바쳤다.

이에 대노한 조조는 깊이 생각지도 않고 채모와 장윤을 죽여 버리고 말았다. 이렇게 해서 주유의 반간계는 성공을 거두었고, 오나라 군사들은 나중의 전투에서 조조군을 대파했다.

【용례】 저들이 이런 식으로 치사하게 "반간계"를 부린다고 해서 우리도 따라 그런 짓을 할 순 없어. 설사 우리가 진다 해도 나는 당당한 패자가 되고 싶다.

반골 反骨

反 : 거꾸로(반) **骨** : 뼈(골)

【뜻풀이】 인체의 뼈가 거꾸로 솟아 있다는 뜻으로, 권세나 권위에 타협하지 않고 저항하는 강인한 정신력을 일컫는 말이다.

【출전】 『삼국지(三國志) · 촉서(蜀書) · 위연전(魏然傳)』에 나온다.

삼국시대 촉나라에는 용감하고 지략이 뛰어난 장수 위연이 있었다. 그는 다 좋은데 자신의 능력을 과신하여 상대편을 깔보는 나쁜 버릇이 있었다. 유비(劉備)가 그를 한중태수(漢中太守)에 임명한 뒤 앞으로 어떻게 직책을 수행할지 물었다. 그러자 위연이 거침없이 대답했다.

"만일 조조가 천하를 몰고 쳐들어온다면 폐하를 위해 막을 것이고, 부장이 인솔하는 10만 대군이 온다면 폐하를 위해 그들을 섬멸할 것입니다."

유비와 주변 사람들은 모두 그의 말에 감동하였다. 그러나 제갈량(諸葛亮)은 그의 목덜미에 거꾸로 솟아 있는 뼈(反骨)를 보고 장차 모반을 도모할지도 모를 인물이라고 판단해 썩 좋게 생각하지 않았다.

어느 날 위연은 자신의 머리에 뿔 두 개가 거꾸로 솟는 이상한 꿈을 꾸었다. 조직(趙直)에게 해몽을 부탁하니 길몽이라고 대답하였다. 위연은 이 말을 맹신하여 모반을 일으키려 했는데, 낌새를 미리 알아챈 제갈량이 선수를 쳐서 대비책을 세우는 바람에 실패했다. 결국 위연은 마대(馬岱)의 칼날에 목이 날아갔고, 삼족(三族)도 죽음을 면치 못했다. 위연이 꾼 꿈에 나타난 뿔(角)은 칼(刀)을 쓴다(用)는 뜻으로, 길몽이 아닌 흉몽이었다.

그는 모반을 꾀했다는 혐의를 받고 죽었지만, 『삼국지』를 쓴 진수(陳壽)는 자신의 책에서 위연은 결코 촉나라를 배반하려는 의도가 없었다고 결론을 내리고 있다. 그래서 원래는 위연이 모반을 일으킬 사람이라는 뜻으로 반골이 쓰였지만, 오늘날에는 불의에 타협하지 않는 강인한 성격의 소유자를 가리키는, 긍정적인 뜻으로 알려져 있다.

【용례】 역사상 "반골"들은 대개 패역의 무리, 모반의 역도들로 낙인이 찍혀 있다. 하지만 이것은 그들을 진압한 사람들의 논리일 뿐이고, 그들은 진정으로 불의와 부조리를 미워하여 타협하지 않았던 사람들이다.

반구저기 反求諸己

反 : 거꾸로(반) 求 : 구할(구)
諸 : 지어[之於](저) 己 : 몸(기)

【뜻풀이】 허물을 자신에게서 구하다.

【출전】 약 3천 년 전에 중국에는 하(夏)나라가 천하를 다스리고 있었다. 당시의 임금은 치수(治水)에 공을 세워 제위를 물려받은 우(禹)임금이었다.

어느 날 배반했던 제후 유호씨(有扈氏)가 군사를 이끌고 쳐들어오자 우임금은 그의 아들 백계(伯啓)에게 유호씨의 공격을 방어하게 하였다. 그들은 감택에서 한 차례 싸움을 했지만 결과는 백계의 참패로 끝나고 말았다.

백계의 부하들은 어처구니없는 패전에 승복하지 못하고 다시 한 번 싸워 보자고 요청하였다. 그러나 백계가 부하들에게 말했다.

"다시 싸울 필요는 없다. 내 근거지가 그에 비해 적지 않고, 내 군사 역시 약하지 않은데 도리어 우리가 졌으니 이것은 무엇 때문이겠느냐? 이는 나의 덕생이 그보다 못하기 때문이다. 나는 나 자신에게서 원인을 찾아 더욱 노력해서 먼저 자신부터 바로잡아야 할 것이다."

이때부터 백계는 뜻을 세우고 분발해서 날이 밝자마자 일어나 일했고, 먹는 데도 맛있는 것에 욕심을 부리지 않았으며, 의복도 검소하게 입는 등 수양에 힘썼다. 아울러 백성을 사랑하고 덕 있는 사람을 우대하며 재능 있는 사람을 널리 기용하였다. 이렇게 1년이 지나자 유호씨도 이를 알고 감히 침범하지 못하고 오히려 기꺼운 마음으로 항복해서 귀순했다.

이 이야기는 퍽이나 의미심장한 교훈을 담고 있다. 우리는 어떤 일을 해서 성공을 거두면 으레 자신의 몫을 많이 요구하지만, 일이 잘못되었을 때에는 남의 탓으로 돌리기 쉽다.

그러나 진정으로 일을 성사시키고자 하는 사람이라면 이런 태도를 버리고 오히려 허물과 과오를 나에게서 찾아 이를 시정함으로써 반전의 기회로 삼아야 하는 것이다.

이 이야기에서 유래하여 사람들은 자기 자신으로부터 결점을 찾고 노력해서 고치는 사람을 일러 반구저기하는 인물이라고 말한다. 이 성어는 반궁자문(反躬自問) 또는 반궁자성(反躬自省)이라고도 한다.

이와 비슷한 이야기가 고려 때 학자인 이제현(李齊賢, 1287~1367)의 〈익재진자찬(益齋眞自贊)〉〔『익재난고(益齋亂藁)』 권9〕에도 나온다. 전문을 소개하면 다음과 같다.

「혼자 공부해서 학문이 누추하니 도를 들은 때도 늦은 것이 마땅하다. 불행이 나에게서 나오거늘 어찌 스스로 반성하지 않는가. 내가 백성들에게 무슨 덕이 있었기에 네 번이나 나라의 재상을 지냈는가. 다행히 나이 들어 벼슬에서 물러났으니 다만 뭇사람의 비방만 부르겠구나. 떨치지 못한 용모를 또 무엇 때문에 그리려고 하는가. 너희들 후손들에게 이르노니 한 번 보고 세 번 생각하라. 그 불행을 경계로 삼아 이른 아침부터 늦은 밤까지 쉬지 말고 공부하라. 그 행운을 좋게 여기지 말아야 비로소 거의 면함을 알게 될 것이다.

(獨學而陋 聞道宜晩 不幸由己 何不自反 何德于民 四爲國相 幸而致之 祇速衆謗 不揚之貌 又何寫爲 告爾後嗣 一覩三思 誡其不幸 早夜以勉 毋苟其幸 庶幾知免)」

【용례】 일이 잘못됐다면 먼저 내게 허물이 없는가부터 돌이켜 살펴야지("반구저기"), 남 탓만 한다면 그게 올바른 처사겠니. 스스로 떳떳하면 두려울 게 없는 거야.

반근착절 盤根錯節

盤 : 서릴(반) 根 : 뿌리(근)
錯 : 섞일(착) 節 : 마디(절)

【뜻풀이】 서린 뿌리와 뒤틀린 옹이마디. 복잡해서 처리하기 곤란한 일이나 그로 인해 당하는 고통을 말한다.

【출전】 『후한서 · 우후전(虞詡傳)』에 다음과 같은 이야기가 실려 있다.

우후는 후한 안제(安帝) 때의 사람이다. 그는 어릴 때부터 성실히 학업에 힘써 12세 때 벌써 『서경』에 정통해 있을 정도였다. 아울러 효심이 지극해 사람들이 관리로 천거를 해도 늙은 할머니를 봉양하기 위해 이를 거부하기도 했다. 할머니가 돌아가시자 이수(李修)의 천거로 낭중(郎中)이 되었다.

그는 대단히 강직한 인물이었다. 한번은 흉노족이 병주(并州)와 양주(凉州)를 침입했다. 당시 외척으로 권력을 휘둘렀던 등즐(鄧騭)이 양주는 포기하고 북쪽 변방만 수비하자는 의견을 내놓았다. 모두들 이에 찬성했는데, 우후만 이의를 제기하였다. 우후의 설명을 들은 이수는 마침내 대신들을 설득해서 등즐의 견해를 뒤엎고 말았다.

이 일로 해서 등즐의 미움을 산 우후는 얼마 뒤 조가현(朝歌縣)에 민란이 일어나 군수와 관리들이 살해당하는 일이 발생하자, 등즐의 보복으로 이곳 군수로 파견되었다. 이에 친구들이 우후를 위로하기 위해 모였는데, 우후는 조금도 두려워하는 기색 없이 호탕하게 웃으며 대답하였다.

"뜻은 편안한 것을 구하지 않고 일은 어려운 것을 피하지 않는 것이 신하의 직분이다. 서린 뿌리와 뒤틀린 옹이마디를 만나지 않는다면 어떻게 날카로운 무기를 구별할 수 있겠는가?(志不求易 事不避難 臣之職也 不遇盤根錯節 何以別利器乎)"

이렇게 길을 떠난 그는 결국 용기와 지혜를 발휘하여 민란을 수습하였다.

【용례】 컴퓨터 배우기가 왜 그렇게 어려운

지 모르겠어. 쉬운 입문서가 많다고들 말하지만 내가 보기엔 하나같이 "반근착절"해서 아무리 읽어도 무슨 소린지 모르겠단 말이야.

반노환동 返老還童

返 : 돌이킬(반) 老 : 늙을·노인(로)
還 : 돌아올(환) 童 : 아이(동)

【뜻풀이】 늙은이가 어린아이로 변하였다는 뜻으로, 노인네가 건강이 아주 좋은 것을 비유하는 말이다.

【출전】『신선전(神仙傳)』에 다음과 같은 이야기가 있다.

전설에 따르면 한나라 때의 회남왕 유안(劉安, 기원전 179~기원전 122)은 선학도(仙學道)를 몹시 즐겨했으며 장생불로(長生不老)의 술수를 얻으려고 무척 노력했다고 한다. (➡ 계견승천鷄犬升天 참조) 그러던 어느 날 여덟 노옹(八公)이 와서 자기들에게 늙는 것을 물리치는 기술(却老之術)이 있다면서 왕에게 드리고자 한다고 했다.

문지기가 들어와서 이 사실을 알리자 유안은 언성을 높이며 믿으려 하지 않았다.

"그들 자신이 모두 저렇게 늙었는데 무슨 놈의 각로지술이야! 분명히 속임수야!"

이에 여덟 노옹은 웃으면서 말했다.

"회남왕께서 우리들이 늙은 것을 보고 꺼리는 모양인데 자, 보시오! 지금은 젊소이다. (王薄我老 今則少矣)"

말이 채 끝나기도 전에 그들은 일제히 어린아이로 변해 버렸다.

【용례】 벌써 여든을 넘기셨다는데 제가 보기엔 청년 못지않은 젊음을 구가하고 계시는 것 같습니다. "반노환동"하시는 비결 좀 알려주십시오.

반면지교 半面之交

半 : 절반(반) 面 : 얼굴(면)
之 : 어조사(지) 交 : 사귈(교)

【뜻풀이】 잠깐 만난 사이인데 얼굴을 기억하고 있다는 뜻으로, 친분이 그렇게 돈독하지 않은 사이를 이르는 말이다. 반면식(半面識), 일면식(一面識), 일면지교(一面之交), 반면지분(半面之分)이라고도 한다.

【출전】『후한서·응봉전(應奉傳)』에 다음과 같은 이야기가 있다.

하남성의 유명한 학자 응봉은 기억력이 매우 비상해서 한 번 보거나 겪은 일은 절대로 잊어버리지 않았다. 응봉이 스무 살 되던 어느 날, 팽성(彭城)에 있는 원하(袁賀)를 찾아갔는데 외출중이라 되돌아가려고 하였다. 그때 하인이 나와 대문에 반쯤 얼굴을 내밀고는 매정하게 몇 마디하고는 대문을 닫아 버렸다.

그리고 몇 십 년이 지난 어느 날, 응봉은 우연히 길 위에서 손수레를 만들고 있는 목수를 만났다. 응봉은 그가 전날 원하의 집에서 자신을 쌀쌀맞게 대한 그 사람임을 알아차리고 아는 체했다. 그러나 그는 응봉이 어째서 자신을 아는지 전혀 알 수가 없어 어리둥절할 뿐이었다. 그래서 응봉이 왜 기억하고 있는지 자초지종을 설명해 주자 그제야 알아차렸다.

목수는 몇 십 년 전 딱 한 번밖에 만난 적이 없는 자신을 정확하게 기억하고 있는 사실에 그저 놀랄 뿐이었다. 이 이야기의 핵심은 특출한 기억력을 말하는 것은 아니다. 다만, 인간관계는 자주 만나야 친분 관계가 두터워진다는 뜻으로, 별로 친하지 않은 사이라는 뜻이다.

【용례】 우리 사이가 "반면지교"도 아니고 20년을 사귄 사이인데, 고작 친구를 제 이익을 챙기는 데만 써먹다니. 네 주변에 참다운 친구가 왜 없는지 이제야 알겠다.

반문농부 班門弄斧

班 : 나눌·이별할(반) 門 : 문(문)
弄 : 희롱할(롱) 斧 : 도끼(부)

【뜻풀이】 비상한 재주를 소유하고 있는 사람 앞에서 감히 제 자랑을 하는 사람을 비웃는 말이다.

【출전】 명(明)나라 때 매지환(梅之渙)이 이백(李白)의 무덤에 쓴 시에서 유래했다.

당(唐)나라의 위대한 시인 이백은 채석기(采石磯)라는 곳에서 세상을 떠났는데, 그의 죽음을 두고 후세에 여러 가지 전설이 나왔다. 사람들은 채석기에 들를 때마다 이백의 무덤 앞에서 그를 회고하는 시를 남기곤 했다.

매지환도 이곳에 들렀다가 그들이 남긴 보잘것없는 시들을 보고 분노해서 시 한 수를 지었다.

그는 자기 작품에서 위대한 시인의 무덤에 시 같지 않은 시들을 함부로 써서 놓는 것은 마치 "노반의 문 앞에서 도끼질을 자랑하는 것과 같다.(魯班門前弄大斧)"고 비웃었다.

전국시대 노(魯)나라 사람이었던 노반〔魯班, 또는 노반(魯般)이라고도 한다〕은 정밀한 기구를 만드는 데 재간이 많았던 사람인데, 민간에서는 그를 목공 기술의 시조라 지칭했다. 그러니 누가 노반 앞에서 감히 목공 솜씨를 자랑할 수 있으며, 누가 감히 위대한 시인 앞에서 시 쓰는 재주를 부릴 수 있단 말인가!

이 때문에 매지환은 노반문전농대부라는 시구로 그런 사람들을 야유한 것인데, 이 시구를 간략하게 줄여 반문농부라고도 해서 자신을 겸손하게 낮출 때 사용하기도 한다.

【용례】 갓 공대를 졸업해 놓고는 다 안다는 듯이 그 사람 앞에서 강의를 했단 말이냐? 그 사람은 이 바닥에서 30년을 일한 사람이야. "반문농부"했으니 아마 속으로 널 꽤나 비웃었을 거다.

반벽 返璧

返 : 돌이킬(반) 璧 : 둥근옥(벽)

【뜻풀이】 벽옥(碧玉)을 돌려보내다. 받은 선물을 받지 않고 돌려보낸다는 뜻이다. 반금(反錦)이라고도 한다.

【출전】 『좌전·희공(僖公) 30년』조에 다음과 같은 이야기가 있다.

진(晋)나라에 명문가의 자제로 중이(重耳)란 사람이 있었다. 그는 한때 조(曹)나라에 갔다가 굶어 죽을 뻔한 적이 있었다. 그때 조나라의 대부 희부기(僖負羈)가 그에게 밥 한 술을 대접하였다. 허겁지겁 밥을 먹던 중이는 밥 속에서 구슬 한 개를 발견하였다. 가만히 생각해 보니 자신의 신분이 높은 것을 안 희부기가 자신에게 바치는 선물이었다.

중이는 밥만 먹고 구슬은 정중하게 돌려주었다.

원래 반벽은 구슬을 돌려준다는 뜻이지만, 뇌물의 성격이 강하기 때문에 받지 않고 돌려준 것이다.

【용례】 아무리 처지가 어려워도 공무원이라면 "반벽"할 줄 아는 용기와 신념이 있어야 한다. 돈이 탐이 났으면 장사꾼이 되어야지 공직자가 왜 되었냐.

반부논어 半部論語

半 : 반(반) 部 : 거느릴(부)
論 : 논할(론) 語 : 말씀(어)

【뜻풀이】 무조건 많이 배우는 것보다는 제대로 된 공부가 더 중요하다는 말로, 고전(古典)의 학습이 아주 중요하다는 뜻이다.

【출전】 나대경(羅大經)이 쓴 『학림옥로(鶴林玉露)』에 나오는 이야기다.

북송(北宋) 초, 산동(山東) 지방에 조보(趙普)라는 사람이 살고 있었다. 그는 일찍이 송 태조를 도와 천하를 통일하여 송나라의 건국에 크게 기여하였다. 태종이 즉위하자, 그는 승상이 되어 나라를 잘 다스렸다.

그러나 그를 반대하는 세력들도 만만치 않았다. 그들은 그가 고작 『논어』밖에는 읽은 게 없어서 학식도 떨어지는 데에다 이렇다 할 재능도 없어 중책을 맡기에 적합하지 않다고 비방하였다. 송 태종이 이 말을 듣고 조보에게 물었더니, 조보가 대답하였다.

"그들의 말대로 저의 평생 지식은 분명 『논어』를 넘어선 적이 없었습니다. 하지만 저는 『논어』를 통해 배운 절반의 지식으로 태조께서 천하를 평정하시는 일을 도왔습니다. 이제 그 나머지 절반으로 폐하께서 천하를 다스리도록 도울 것입니다."

이 말에 그를 모략했던 사람들도 고개를 숙이며 부끄러워했다고 한다.

【용례】 사람이 너저분하게 많이 아는 것보다는 한 가지라도 제대로 아는 게 필요하다. 살아가면서 정작 필요한 것은 "반부논어"의 지식이지 잡학이 아니란다.

반식재상 伴食宰相

伴 : 짝(반) 食 : 먹을(식)
宰 : 재상(재) 相 : 재상·서로(상)

【뜻풀이】 곁다리 끼어서 밥이나 축내는 재상. 즉, 유능한 관리 옆에 붙어서 정치에 참여하는 무능한 사람을 가리킨다.

【출전】 『당서·노회신전(盧懷愼傳)』과 『십팔사략·현종 3년』조에 다음과 같은 이야기가 실려 있다.

노회신은 요숭(姚崇, 650~721)과 함께 당나라 현종 초기 이른바 개원지치(開元之治)라 하는 태평성대를 구가할 때 재상을 지낸 사람이다. 그는 대단히 청렴결백했고 욕심이 없어서 녹봉이 나오면 모두 어려운 친지나 친척들에게 나누어 주곤 하였다. 이 때문에 정작 집안 처자들은 굶주림에 떨기까지 하였다.

그러나 이처럼 맑은 인품을 지닌 그였지만 행정 업무를 원활하게 처리하기에는 역량이 미흡했던 모양이다.

어느 날 요숭이 일이 생겨 10여 일 휴가를 받아 정치를 잠시 노회신에게 맡기고 갔다. 그러나 중요한 문제를 도저히 혼자 처리하지 못해서 결재 서류가 산처럼 쌓였다. 요숭이 나와서 마침내 이들 산적한 문제를 다 처결한

ㅂ

뒤에 부하인 제한(齊澣)을 돌아보며 물었다.

"나는 재상으로서 어떤가?"

"가히 시대를 구원할 재상이라고 하겠습니다."

이때부터 노회신은 자신이 요숭만 못하다는 것을 알고 무슨 일이든 요숭과 상의해 처리했다.

그래서 당시 세상 사람들은 이런 노회신을 보고 반식재상이라고 했다.

【용례】 하는 일 없이 거수 기계나 되어 "반식재상"으로 자리를 지킬 바엔 저는 사표를 내겠습니다. 직원의 의견을 이렇게 무시하면 어떻게 일을 하겠습니까?

반의희 斑衣戲

斑 : 얼룩(반) **衣** : 옷(의) **戲** : 놀(희)

【뜻풀이】 때때옷을 입고 나와 재롱을 떤다는 뜻으로, 늙어서도 부모님께 효성을 다한다는 말이다.

【출전】 당(唐)나라 중기 때 문인 이한(李瀚)이 지은 『몽구(蒙求)』에 『고사전(高士傳)』을 인용하여 다음과 같은 이야기가 실려 있다.

노래자(老萊子)는 춘추시대 초(楚)나라 사람이다. 어렸을 때부터 효성이 지극해서 부모를 봉양할 때 항상 맛있고 부드러운 음식만 준비하였다.

나이 일흔의 고령이 될 때까지 부모님이 생존해 계셨다. 때문에 그는 부모님에게 나이 든 모습을 보이지 않도록 하기 위해 얼룩무늬가 있는 아리따운 아이옷을 입고 어린아이처럼 놀곤 하였다. 또 부모 앞에서는 결코 늙었다는 말을 사용하지 않았다.

부모님을 위해서 음식을 가지고 마루 위에 오를 때 발을 헛디뎌 넘어지자 그는 엎어진 채 어린아이처럼 엉엉 울었다. 모두 부모님에 대한 효성을 다하기 위한 진심에서 우러나온 일이었다.

초나라의 왕실이 어지러워지자 세상을 피해서 몽산의 남쪽 기슭에서 밭을 갈면서 살았는데 책을 저술하여 『노래자』라고 불렀다. 그가 언제 어디서 죽었는지 아는 사람이 아무도 없었다.

이 이야기는 『몽구』에는 〈노래반의(老萊斑衣)〉란 제목으로 실려 있다.

부모와 자식의 관계는 인력으로는 끊을 수 없는 천륜(天倫)이다. 오늘날처럼 진정한 효행이 퇴색해 가는 현실에서 어버이에 대한 지극한 효성이 무엇인가를 일깨워 주는 이야기다. 이 성어는 달리 반의지희(斑衣之戲), 노래지희(老萊之戲)라고도 하고, 비슷한 말에 반포지효(反哺之孝), 채의이오친(綵衣以娛親), 채의지년(綵衣之年) 등이 있다.

【용례】 늙어 쇠약해진 부모를 양로원에 버리고 가는 파렴치한 사람들이 자꾸 늘고 있다네. 옛날 노래자는 고희(古稀)의 나이에도 "반의희"로 노부모를 섬겼다는데… 정말 부끄러운 세태야.

반형도고 班荊道故

班 : 나눌(반) **荊** : 가시나무(형)
道 : 길(도) **故** : 옛(고)

【뜻풀이】 옛 친구를 만나 허물없이 옛 정을 토로하는 것을 일컫는 말이다.

【출전】 『좌전·양공 26년』조에 실려 있는

오거(伍擧)와 성자(聲子)에 관한 일화에서 유래한다.

오거는 춘추시대 초(楚)나라의 대부로서 채(蔡)나라 대부 성자와 막역한 사이였다. 그리고 오거의 아버지 오삼(伍參)과 성자의 아버지 자조(子朝)도 역시 절친한 사이였다.

오거의 아내는 왕자모(王子牟)의 딸이었는데, 왕자모는 신이라는 지방에서 벼슬을 하다가 죄를 짓고 도망친 사람이었다. 이를 두고 당시 어떤 사람이 "왕자모가 죄를 무서워 도망친 것은 그의 사위 오거가 빼돌린 것이다."라는 유언비어(流言蜚語)를 퍼뜨렸다. 그리하여 오거는 할 수 없이 이웃 나라인 정나라로 피신하고 말았다.

오거가 정나라에서 다시 진(晉)나라로 들어가려 할 때였다. 때마침 나랏일로 해서 진나라로 파견되어 가던 성자가 정나라를 경유하다가 우연히 정나라 도성 근처에서 오거를 만났다. 그들 두 사람은 너무도 기뻐서 풀밭에 앉아 음식을 나눠 먹으면서 흘러간 옛일을 하나하나 더듬으며 이야기를 주고받았다고 하는데, 이것이 바로 성어 반형도고의 유래다.

【용례】 근엄하신 회장님도 어릴 때 불알친구를 만나시니까 완연 사람이 바뀌시더군. "반형도고"하시는 모습이 평소 회장님 모습과는 딴판이잖아.

발본색원 拔本塞源

拔 : 뽑을(발) 本 : 근본(본)
塞 : 막을(색) 源 : 근원(원)

【뜻풀이】 나무를 뿌리째 뽑아 없애고 물의 근원을 덮어 막는다. 문제를 해결할 때 근본적인 부분까지 철저하게 손을 댄다는 뜻이다.

【출전】 『춘추·소공 9년』조에 다음과 같은 소공(昭公)의 말이 실려 있다.

「내게 백부〔주공(周公)〕가 계신 것은 마치 의복에 갓과 면류관이 있고 나무나 물에 뿌리와 근원이 있으며 백성들에게 훌륭한 임금이 있는 것과 같다. 백부께서 만약 갓을 찢고 면류관을 부수며 뿌리를 뽑고 근원을 막고 훌륭한 임금을 완전히 버리셨다면 비록 오랑캐라고 한들 그 어찌 나 한 사람조차 남아 있었겠는가?

(我在伯父 猶衣服之有冠冕 木水之有本原 民人之有謀主也 伯父若裂冠毁冕 拔本塞原 專棄謀主 雖戎狄其何有余一人)」

여기에서 발본색원이라는 성어가 나왔는데, 이 말은 나중에 왕양명〔王陽明, 1472~1529 : 이름은 수인(守仁)〕의 제자들이 만든 『전습록(傳習錄)』에 실린 〈발본색원론(拔本塞源論)〉에 의해 더욱 유명해졌다.

왕양명의 나이 55살 때 쓴 이 글은 그의 정치철학을 보여 주는 글로서 중시되어 왔다. 그 글의 서두에 이런 말이 나온다.

「이 발본색원하는 논의가 천하에 밝혀지지 않는다면 천하에서 성인을 배우는 사람들이 장차 날로 번거로워지고 날로 어렵게 될 것이다. 이 사람들이 금수나 오랑캐와 같은 지경에 빠지고서도 스스로는 성인의 학문을 한다고 여기게 될 것이다.

(夫拔本塞源之論 不明於天下 則天下之學聖人者 將日繁日難 斯人淪於禽獸夷賊而猶自以爲聖人之學)」

【용례】 고시에 합격하고 사법 연수원에 들어오신 것을 축하합니다. 여러분들은 우리 사법계의 장래를 짊어질 인재로서 불의한 일을

보면 "발본색원"하는 자세를 갖추어야 할 것입니다.

발분도강 發憤圖强

發 : 필(발) 憤 : 결낼·결(분)
圖 : 도모할(도) 强 : 억셀(강)

【뜻풀이】 강성해지기 위해서 분발하다.

발분이라는 이 단어는 두 가지 뜻으로 해석할 수 있다. 하나는 분통한 심정을 토로한다는 뜻이고, 다른 하나는 스스로 부족함을 느껴 분발한다는 뜻으로, 여기에서는 두 번째 뜻이다.

【출전】 『송사·소순전(蘇洵傳)』에 따르면 송나라 때의 유명한 문인들인 소순과 함께 그의 두 아들 소식(蘇軾, 1037~1101)과 소철(蘇轍, 1039~1112)은 모두 문학에 조예가 깊어 삼소(三蘇)라 불린 사람들이었다. 그러나 소순은 문학을 깊이 연구하기 시작한 시기가 비교적 늦은 편이었다. 때문에 그는 "나이 27세에야 분발해서 공부에 힘쓰기 시작했다.(年二十七 始發憤爲學)"

『위서·부화전(傅禾傳)』에는 또 이런 이야기가 있다.

남북조 북위 때의 학자 부화는 20세가 넘도록 글을 제대로 깨치지 못해 친구에게서 편지라도 오면 다른 사람의 손을 빌려야만 답장을 쓸 수 있었다.

한번은 그가 홍중이라는 사람을 청하여 편지를 써 달라고 했더니 써 주지도 않았을 뿐더러 한바탕 욕설까지 퍼부었다. 이에 부화는 크게 깨친 바가 있어 "분발해서 독서에 전념하였다.(發憤讀書)"

『논어·술이편(述而篇)』에 기술된 공자의 말을 보면 그곳에도 발분이라는 단어가 나온다.

「어느 날 섭공이 자로에게 공자의 사람됨에 대해 물었는데, 자로는 어떻게 대답하면 좋을지 몰라 아무 말도 못했다. 공자는 이 일을 알고 자로에게 말했다.

"너는 왜 공자라는 사람은 한번 정열을 불태우면 밥 먹는 것마저 잊고 아무런 걱정 없이 즐거운 마음으로 살아 장차 늙음이 오는 것조차 모르고 산다고 말하지 않았느냐?"

(葉公問孔子於子路 子路不對 子曰 汝奚不曰 其爲人也 發憤忘食 樂以忘憂 不知老之將至云爾)」

이상에서 보는 바와 같이 발분은 옛사람들에 의해 보통 책을 열심히 읽는 것을 가리키는 말로 쓰이고 있었다.

그러나 발분과 도강(圖强)이라는 단어가 합쳐지기는 근대에 들어와서부터였다. 청나라 말기 유신파 학자인 강유위(康有爲, 1858~1927)가 광서황제에게 적극적으로 정치를 개혁할 것을 주장한 상소에서 처음으로 발분도강이라는 말을 사용하였다.

이리해서 개인이나 국가를 부강하게 만들기 위해 분발하는 것을 가리켜 발분도강이라고 하게 되었는데, 발분도강(發奮圖强)이라고도 한다. 그리고 발분망식(發憤忘食)·낙이망우(樂以忘憂)·부지노지장지(不知老之將至)도 나중에 성어가 되었고, 망식(忘食)과 폐침(廢寢)이 합쳐져 성어 폐침망식(廢寢忘食) 또는 폐침망찬(廢寢忘餐)이 되었다.

【용례】 어려움을 극복하고 훌륭한 사회인으로 성장한 선배들을 본받아 "발분도강"해서 선배의 얼굴에 누를 끼치는 일은 없어야 할 것이다.

발산거정 拔山擧鼎

拔 : 뽑을(발) 山 : 메(산)
擧 : 들어올릴(거) 鼎 : 세발솥(정)

【뜻풀이】 산을 뽑아 올리고 세발솥을 들어 올리다. 용기와 힘이 남보다 월등하게 뛰어난 것을 비유하는 말로, 항우(項羽, 기원전 233~기원전 202)의 일화에서 유래하였다.

【출전】 항우가 그의 숙부인 항량(項亮)과 함께 오중(吳中)에 있을 때였다. 항량은 병법에 능통한 데에다 재능이 출중해서 오중 사람들은 모두 그를 우러러보았으며 항우에 대해서도 매우 존중하는 터였다. 그 때 항우는 스물두세 살밖에 되지 않았지만, 체구가 우람하고 용맹스러워 몇 백 근이나 되는 솥(鼎)도 거뜬하게 들어올렸다고 한다. 여기에서 거정(擧鼎)이라는 말이 나왔다.

나중에 항우는 진(秦)나라의 폭정에 항거해서 군사를 일으켰는데, 진나라가 망한 뒤에는 유방(劉邦)과 천하를 다투는 싸움을 8년 동안 벌이기도 하였다. 그러다가 결국 패배하여 오강(烏江)에서 자결하고 말았다.(☞ 면목面目 참조) 항우는 자결하기 전에 애첩인 우미인(虞美人)과 명마인 오추마(烏騅馬)를 애타게 바라보면서 "힘은 산을 뽑을 듯하고 기세는 세상을 뒤덮을 듯하였다.(力拔山兮氣蓋世)"고 노래하였다.(☞ 역발산기개세力拔山氣蓋世 참조)

바로 이 노래에서 나온 발산(拔山)과 앞에서 말한 거정이 합해져서 발산거정이 된 것이다.

【용례】 강호동 선수가 한창 씨름으로 이름을 날릴 때는 그 힘이 "발산거정"할 정도였지. 지금은 남을 웃기는 일로 한자리하던데, 역시 천하장사는 천하장사야.

발호 跋扈

跋 : 밟을·갈(발) 扈 : 따를·막을(호)

【뜻풀이】 자기 마음대로 행동하다.

발은 뛰어넘는다는 뜻이고, 호는 대나무로 만든 통발을 말한다. 즉, 통발을 물에 넣으면 작은 물고기들은 힘이 없어서 그대로 남지만 큰 물고기들은 이를 뛰어넘어 달아난다는 데서 유래하였다. 아랫사람 또는 신하가 윗사람 또는 임금을 우습게 보고 권한을 침범하는 경우에 쓰인다.

【출전】 『후한서 · 양기전(梁冀傳)』에 다음과 같은 이야기가 실려 있다.

양기는 자가 백탁(伯卓)이고 포친민후 양송(梁竦)의 증손이다. 그는 외모가 아주 인상적인 사람이었다. 어깨는 성난 듯이 들썩거렸고 눈은 날카롭기 짝이 없었다. 또 눈동자는 남을 꿰뚫을 듯 섬광이 번뜩였고, 말투는 묘하게도 더듬거려 분명하게 들을 수 없었다.

순제(順帝) 때 그는 대장군에 임명되었다. 그러나 기질은 그대로여서 포악함은 극에 달했다. 충제(沖帝)가 죽은 뒤 조정의 실권을 쥐고 있던 그는 유찬(劉纘)을 세워 질제(質帝)로 등극시켰다. 찬은 어리긴 했지만 총명하고 영리해서 양기의 교만하고 횡포한 성질을 잘 알고 있었다. 일찍이 조회가 있을 때 양기를 평하면서 신하들에게 이렇게 말했다.

"그는 발호장군이다. 도무지 제멋대로란 말이야."

이 말을 들은 그는 황제를 몹시 미워하게 되어 급기야 독살해 버리고 말았다. 그런 뒤 질제를 대신하여 환제(桓帝)를 세우고, 이고

ㅂ

(李固)와 두교(杜喬)는 죄를 뒤집어씌워 살해해 버렸다. 나라 안은 이런 일들로 해서 탄식과 두려움으로 가득 찼고 인심도 흉흉하게 바뀌어 갔다.

그의 권력이 얼마나 대단했던가는 다음과 같은 일화를 통해서도 알 수 있다. 사방의 나라에서 징발해 온 물건과 세시 때가 되어 헌상한 물품들이 도성에 도착하면 최상품은 먼저 양기의 집으로 갔고, 천자에게는 한 등급 떨어지는 물건이 가곤 했다는 것이다.

이후 그의 가문은 크게 번성해서 전후 일곱 명의 제후와 세 명의 황후를 배출했으며, 여섯 명의 귀인과 장군 두 사람도 나왔다. 그가 재직한 연수는 20년 남짓으로 영화는 극에 달했고, 권세는 조정의 안팎에 넘쳐 모든 관리가 두려움에 벌벌 떨었으며 감히 그의 명령을 거역할 사람이 없었다.

천자(天子)는 몸을 삼가고 정치를 아예 그에게 맡겨 버려 천자가 직접 정치에 간섭하는 일도 드물게 되었다.

환제는 오래 전부터 이것을 몹시 불만스럽게 여기고 있었다. 그러다가 마침내 견디다 못해 계략을 꾸며 양기를 없애고 조정 안팎에 있는 그의 일족과 친척들은 남녀노소를 가리지 않고 모두 죽이고 그 시체를 시장 바닥에 내걸었다. 그 밖에도 양기에게 빌붙어 살던 벼슬아치와 교위·자사·군수 등 처형된 사람이 수십 명에 달했다. 양기가 임명한 관리들 중 면직된 사람도 3백여 명에 이르러서 조정은 삽시간에 텅 비어 버렸다.

환제는 또 양기의 재산 30여 만 석을 몰수하여 천자의 창고에 두고 그것을 재정에 충당하자 천하의 세금이 반으로 줄게 되었다. 그만큼 그는 엄청난 권력과 부를 누리고 있었다.

【용례】 정계를 떠돌면서 주먹의 힘으로 "발호"하던 폭력배들이 지금은 많이 사라진 것 같군. 하지만 독버섯은 방심하면 알게 모르게 번지는 독소야. 늘 경계하며 살펴야 재발을 막을 수 있을 걸세.

방모두단 房謀杜斷

房 : 방(방) 謀 : 꾀·도모할(모)
杜 : 막을(두) 斷 : 끊을(단)

【뜻풀이】 각자가 특색이 있고 장점이 있어 조화를 이루어 일이 원만하게 해결되는 것을 비유하는 말이다.

【출전】 가장 뛰어난 임금으로 알려진 당태종에게는 믿음직한 재상이 두 사람 있었다. 한 사람은 방현령(房玄齡, 579~648)이고 다른 한 사람은 두여회(杜如晦, 585~630)였다. 개국 초기인 당시에 당나라의 많은 법률들은 모두 이 두 사람이 토의해서 제정한 것이었다.

그러면 두 사람에 대해 잠깐 살펴보자.

방현령은 당나라 때의 재상으로, 제주(齊州) 임치(臨淄, 산동성) 출생이다. 대대로 북조(北朝)를 섬기고, 18세에 수(隋)나라의 진사(進士)가 되었다. 당나라가 일어나자 태종(太宗, 이세민)의 세력에 가담, 측근으로 활약하였다. 태종이 즉위하자 중서령(中書令)이 되고, 이어 상서좌복야(尙書左僕射)가 되었다. 정치에 밝고, 공평한 태도로 일관했기 때문에 두여회와 더불어 현상(賢相, 어질고 능력 있는 재상)이라는 칭송을 받았으며, 정관지치(貞觀之治)는 그들에게 힘입은 바가 컸다. 태종의 신임이 지극하여 고구려 공격 때에는 장안(長安)에 남아 성을 지키기도 하였다. 태종의 소릉(昭陵)에 배장(陪葬)되었다.

두여회 역시 당나라 창업기의 재상으로, 자는 극명(克明)이며, 경조두릉(京兆杜陵, 산시성 장안현) 출생이다. 대대로 북조(北朝)와 수(隋)에 벼슬하던 관료 집안 출신인데, 수나라 때 현위(縣尉)가 된 뒤 초야에 묻혀 있었다.

당나라 태종(太宗) 때 벼슬에 나가 진왕부병참군(秦王府兵參軍)이 되어 각처를 전전하였다.

문학관(文學館) 18학사의 한 사람으로 방현령에게 그 재능을 인정받아 태종 즉위 후부터 태자좌서자(太子左庶子)와 병부상서(兵部尙書, 상서우복야 등의 요직을 맡아 일하고, 채국공(蔡國公)에 봉해졌다. 법률제도의 인사행정을 정비하여 당왕조 확립의 입안 추진자로서 방현령과 더불어 정관지치를 구축한 명신이었다.(➡ 정관지치貞觀之治 참조)

『구당서·방현령두여회전』에 보면 당태종이 방현령과 국사를 토의할 때 방현령은 언제나 훌륭한 의견과 구체적인 방법을 제기했지만 때로 용기 있는 결단을 내리지 못했다고 한다. 그때마다 당태종은 반드시 두여회를 청해 왔다고 하는데, 그가 일단 참여하면 잠깐 동안 분석을 한 다음, 즉시 방현령의 의견과 방법을 지지했다고 한다.

이처럼 방현령과 두여회는, 한 사람은 계책을 잘 내고 다른 한 사람은 용단을 잘 내린다고 하여 방모두단이라고 한다.

【용례】 무슨 일이든 팀워크가 중요해. 지금 우리 진용은 각자가 뛰어난 역량을 가지고 있지만 자칫 개성만 내세우다가는 낭패를 당할 수도 있어. "방모두단"해서 이번 기회를 도약의 발판으로 삼자고.

방민지구 심어방천
防民之口 甚於防川

防 : 막을(방) **民** : 백성(민)
之 : 갈(지) **口** : 입(구) **甚** : 심할(심)
於 : 어조사(어) **川** : 내(천)

【뜻풀이】 백성들의 입을 막는 것이 강물을 막는 것보다 더 어렵다. 즉, 백성들에게 언론의 자유를 주어 마음대로 자신의 뜻을 표현할 수 있게 해야 한다는 말이다.

【출전】 『국어·주어(周語)』에 다음과 같은 이야기가 있다.

서주(西周) 때의 임금 여왕(厲王)은 백성들의 원망과 비난을 한몸에 받던 폭군이었다. 당시 상경리의 벼슬에 있던 소목공은 주려왕의 포악무도함을 보고는 여러 차례 간해 보았지만 그는 좀처럼 듣지 않았다. 그뿐 아니라 위나라에서 무당을 불러다가 뒤에서 왕에게 불손한 언사를 하는 사람을 점을 쳐서 찾아내게 하고는 불평분자들을 마구 잡아들여 즉시 처단하곤 했다.

일이 이 지경까지 가자 아무도 감히 입을 놀리는 사람이 없게 되었다. 그렇게 해서 "나라 사람들은 누구 하나 감히 말을 하지 못했고 길에서 만나도 눈짓으로만 뜻을 표시했다.(國人莫敢言 道路以目)" 이에 여왕은 득의만만하여 말했다.

"얼마나 태평스러운가. 과인에 대해 나쁜 말을 하는 사람이 하나도 없지 않은가!"

그러자 소목공은 이렇게 말했다.

"하지만 이것은 진정한 태평성대(太平聖代)가 아닙니다. 백성들의 입을 막는 것은 강물을 막는 것보다 더 어려운 것입니다.(防民

之口 甚於防川) 큰 강은 막을 수 없습니다. 일단 막으면 강물은 결국 넘쳐 범람하고 큰 재앙을 빚어냅니다. 그러니 강물은 반드시 잘 배수해서 거침없이 흐르게 해야 합니다. 백성들을 위해 일하는 것도 이와 마찬가지로 반드시 언로를 개방하고 그들이 자신의 의견을 자유롭게 발표할 수 있도록 해야 할 것입니다. 그들의 입은 막으려 해도 결코 막을 수 없습니다."

그러나 여왕은 끝내 듣지 않았다. 결국 3년도 지나지 않아 민란이 일어나 여왕은 왕위에서 밀려 진(晉)나라의 체 지방으로 쫓겨나고 말았다.

【용례】 전에 군부 정권은 여론을 호도하기 위해 무력으로 언론을 통제했었지. 하지만 "방민지구는 심어방천"이라는 말처럼 그런 패도가 언제까지 성공할 수는 없는 법이지. 결국 민중의 힘이 승리하는 날이 오고야 만거지.

방약무인 傍若無人

傍 : 곁(방) 若 : 같을 · 만약(약)
無 : 없을(무) 人 : 사람(인)

【뜻풀이】 주변에 사람이 없는 듯이 행동하다. 성격이 활달해서 남의 이목에 얽매이지 않고 자유롭게 행동하거나 오만불손(傲慢不遜)한 태도를 보이는 것을 뜻한다. 긍정적인 의미와 부정적인 의미가 함께 담겨 있다.

【출전】 『사기 · 자객열전(刺客列傳)』에 다음과 같은 이야기가 실려 있다.

형가(荊軻)는 위(衛)나라 사람이다. 그는 칼과 술과 글을 좋아했다. 위나라에서 뜻을 얻지 못한 그는 천하를 정처 없이 떠돌면서 당대의 협객(俠客)과 현인(賢人)들을 두루 사귀었다.

연(燕)나라에 가서 전광(田光)을 만나 서로 마음을 터놓고 사귀었고, 또 축(筑)을 잘 탔던 고점리(高漸離)도 이곳에서 만났다. 고점리가 축을 타면서 연주를 하면 그가 음률에 따라 노래를 불렀는데, 감정이 극에 달해 복받쳐 오르면 서로 얼싸안고 울면서 주변에 그들을 보는 사람이 없는 것처럼(傍若無人) 행동하였다.

그러 그가 진(秦)나라에 진 원수를 갚기 위해 골몰해 있던 태자 단(丹)을 전광의 소개로 만난 것도 이 무렵이었다.

번오기(樊於期)의 목을 들고 역수(易水) 강가에서 〈역수가(易水歌)〉를 비장하게 부르면서(➡ 진목열자瞋目裂眦 참조) 진시황을 죽이러 떠났지만, 간발의 차로 실패하고 말았던 것이다. 형가와 고점리가 축을 치면서 노래 부를 때의 모습을 비유한 말에서 성어 방약무인이 나왔다.

【용례】 아버지가 땅투기 해서 돈 좀 벌었다고 "방약무인"하더니, 음주운전 하다가 사고를 내서 쇠고랑을 찼다지. 될 성부른 나무는 떡잎부터 알아본다더니 내 그럴 줄 알았다.

방예원조 方枘圓鑿

方 : 모(방) 枘 : 장부(예)
圓 : 둥글(원) 鑿 : 구멍(조)/뚫을(착)

【뜻풀이】 둥근 것과 네모난 것은 함께 쓰일 수 없다는 말로, 충신과 간신이 섞여 있어 견해가 합치하지 않는 것을 비유하는 말

이다.

【출전】 전하는 바에 따르면 『초사(楚辭)』 중 〈구변(九辯)〉은 전국시대 초나라 대부 송옥(宋玉)의 작품이라고 한다. 유명한 애국시인인 굴원(屈原)의 제자였던 그는 굴원이 초왕의 미움을 받고 오지로 추방당하자 스승에 대한 동정심과 초왕에 대한 불평으로 이 글을 썼다고 한다.

바로 이 〈구변〉의 제5편에 "둥근 구멍과 네모난 쐐기는 어긋나서 예부터 맞지 않는 줄 내 알고 있도다!(圓鑿而方枘兮 我固知其鉏鋙 而難入)"라는 두 구절이 나온다. 말하자면 구멍이 둥글면 쐐기도 둥글어야 하고 구멍이 네모나면 쐐기도 그런 모양이어야 한다는 뜻으로서, 둥근 구멍에 네모난 쐐기는 들어맞지 않는다는 것이다.

〈구변〉의 작자는 이런 비유를 통해 굴원의 훌륭한 정치적 견식과 간신들의 그것이 결코 일치되지 못하고 융합할 수 없다는 사실을 풍자했던 것이다.

원조방예라고도 하며 〈구변〉 중 서어난입(鉏鋙難入)도 성어가 되었는데, 뜻은 방예원조와 일치한다.

『사기·맹가전(孟軻傳)』에도 "모난 장부를 가지고 둥근 구멍에 뚫어 넣고자 하니 그것이 능히 들어가겠는가?(持方欲內圓鑿 其能入乎)"라는 말이 나온다.

그리고 이 성어는 "고무래는 고무래고, 달걀은 달걀이다.(丁是丁 卯是卯)"라는 말과도 그 뜻이 같다. 이 말은 『홍루몽(紅樓夢)』 제42회에 나온다.

【용례】 지금 두 정당이 내세우는 정책 중 어느 쪽이 옳은지는 분명하지 않지만 "방예원조"라 앞으로의 정국이 예측불허(豫測不許)일 것은 분명하겠군.

방촌지지 方寸之地

方 : 모(방) 寸 : 마디(촌)
之 : 갈(지) 地 : 땅(지)

【뜻풀이】 옛사람들이 "마음의 위치는 고작 한 뼘일 뿐이다.(心之地位 方寸而已)"라고 했듯이 방촌이라고 하는 것은 심장 또는 마음의 별칭으로 많이 쓰였다.

【출전】 송나라 때 나대경(羅大經)이 편찬한 『학림옥로(鶴林玉露)』라든가 당나라 때의 시인 백거이(白居易, 772~846)의 〈기원진(寄元稹)〉 등에도 방촌이라는 말이 나온다.

『열자·중니편(仲尼篇)』에 "오호라! 내 그대의 마음을 보니 방촌의 터전이 텅 비어 있구나. 가히 성인에 가깝다고 하겠다.(嘻 吾見子之心矣 方寸之地虛矣聖人也)"라는 공자의 말이 실려 있다.

『삼국지·촉지·제갈량전』에 보면 서서(徐庶)라는 사람에 대해 이야기할 때도 방촌이라는 말을 쓰고 있다. 서서는 한때 유비의 막하에서 군사(軍師)로 있던 사람이었다. 당시 조조는 서서의 재능을 아껴 유비에게서 그를 빼앗아 자기의 모사로 쓰고자 우선 그의 모친을 허창(許昌)으로 납치하여 가두어 놓은 다음 그녀의 필적을 모방해서 서서에게 어서 허창으로 오라는 편지를 띄웠다.

이에 효자인 서서는 그것을 모친의 친필로만 믿고 급히 허창으로 가려 하면서 유비에게 하직을 고하였다.

"오늘 이미 늙으신 어머님을 잃었기에 방촌이 산란해서(今已失老母 方寸亂矣) 부득이 떠나지 않을 수 없습니다."

이렇게 해서 방촌지지 또는 방촌이란(方寸

已亂) 같은 성어가 나왔다.

그러나 방촌지지라는 말이 가장 먼저 나오는 문헌은 뭐니 뭐니 해도 『열자·중니편』이라고 할 수 있다.

한번은 용숙(龍叔)이라는 사람이 명의 문지(文摯)에게 병을 묻자 문지는 이렇게 말했다.

"내 그대의 심장을 들여다보니 방촌지지가 허약합니다. 거의 성인이군요.(吾見子之心矣 方寸之地虛矣 幾聖人也)"

그리고 옛사람들은 촌심(寸心)이라는 말로 자신의 심정이나 자그마한 성의를 표현하기도 했는데, 약표촌심(略表寸心, 대략 촌심을 표한다)이라든가 요표촌심(聊表寸心, 애오라지 촌심을 표한다) 등이 바로 그것이다. 우리가 자주 쓰는 말인 촌지(寸志)도 여기에서 유래한 것이다.

【용례】 저 역시 어려워서 물질적인 도움은 드리지 못하겠습니다만, "방촌지지"만은 정성을 담아 선생님과 함께할 것이니 용기를 잃지 마시고 소신을 지켜 주시기 바랍니다.

배궁사영 杯弓蛇影

杯 : 술잔(배) 弓 : 활(궁)
蛇 : 뱀(사) 影 : 그림자(영)

【뜻풀이】 의심이 많고 겁이 많아 환각을 사실로 믿는 경우를 비유해서 이르는 말이다.

【출전】 『진서(晉書)·악광전(樂廣傳)』에 다음과 같은 이야기가 나온다.

진(晉)나라 때 악광이라는 사람이 있었다. 어느 날 그의 친한 친구가 찾아왔기에 낙광은 술상을 차려 놓고 친구를 대접하였다. 그러나 술상에 마주앉은 그의 친구는 마치 무슨 근심이라도 있는 듯 말수도 적어지고 술도 얼마 마시지 않고 앉아 있다가 곧 집으로 돌아가고 말았다.

집으로 돌아간 그 친구는 까닭도 없이 병이 들어 앓아누웠다. 그는 의사를 청해 진맥도 보고 약도 먹었지만 병은 좀체 차도가 없었다.

이 소식을 들은 악광이 부랴부랴 달려가 병을 앓게 된 원인을 물었더니 그제야 그 친구가 자리에서 일어나 어물어물거리면서 실토하는 것이었다.

"그날 자네 집에서 술을 마실 때 술잔에서 작은 뱀이 꿈틀거리는 걸 보고 나서는 기분이 매우 좋지 않더군. 그 술을 마시고 집으로 돌아오자마자 이렇게 앓아눕게 된 거라네."

이에 악광은 언뜻 생각나는 바가 있어 다시 물었다.

"그럴 것 없이 우리 집에 가서 다시 한 번 술을 마시면 병은 아마 금방 완쾌될 것이네."

이에 그 친구는 악광의 권유에 못 이겨 그를 따라 나섰다.

두 사람은 다시 전처럼 같은 자리에 술상을 차려 놓고 마주앉았다. 주인인 악광이 친구의 술잔에 술을 붓고 웃으면서 물었다.

"오늘 술잔에는 뱀이 안 보이는가?"

그 친구는 얼굴이 아주 사색이 되어서 대꾸했다.

"왜 안 보여? 뱀의 그림자가 어른거리는 것 같네."

악광은 침착하게 일어나서 벽에 걸려 있는 활을 벗겨 낸 다음 다시 물었다.

"지금도 뱀이 보이는가?"

그러자 그 친구는 보이지 않는다고 말했다. 자초지종(自初至終)을 알고 보니 그 친구는 술잔에 비낀 활 그림자를 뱀으로 착각했던 것이다.

이렇게 해서 그 친구는 의심이 깨끗하게 사라지고 병도 즉시 완쾌되었다.

후한 사람 응소(應劭)가 편찬한 『풍속통(風俗通)』〔원래 제목은 『풍속통의(風俗通義)』다. 32권이었는데 10권만 현존한다. 당시의 사회 풍속과 문물을 기록하였다〕에도 같은 이야기가 나온다. 배궁사영은 사영배궁이라고도 한다.

【용례】 영화 속의 일을 진짜로 착각해서 지붕에서 뛰어내리다니. 그런 "배궁사영" 같은 어리석은 짓을 하는 놈이 장차 뭐가 될지 염려스럽군.

배난해분 排難解紛

排 : 밀칠(배) 難 : 어려울(난)
解 : 풀(해) 紛 : 어지러울(분)

【뜻풀이】 어려움을 물리치고 분쟁을 풀다. 남을 위해 문제를 해결해 주는 것을 말한다.

【출전】 『전국책·조책(趙策)』에 보면 다음과 같은 이야기가 있다.

어느 날 진소왕(秦昭王)이 군사를 일으켜 조나라를 공격해서 조나라의 도성 한단(邯鄲)을 포위한 적이 있었다. 이에 조나라 효성왕은 위나라에 구원을 청했는데, 위나라는 즉시 장군 진비(晉鄙)를 파견하여 출전시켰다.

그러나 진비는 진군과 싸우는 것을 싫어해서 위나라와 조나라의 접경지인 탕음(湯陰, 현재의 하남성 탕음현)에 군사를 주둔시키고는 진군하지 않았다. 이에 위나라에서는 다시 신원연(辛垣衍)이라는 사람을 조나라에 사신으로 파견해서 진나라에 일단 굴복함으로써 한단의 위기를 모면하라고 권하였다.

이때 제나라 사람으로 조나라를 방문하고 있던 노중련(魯仲連)이라는 사람이 이 소식을 듣고 급히 평원군(조나라의 재상)과 함께 신원연을 찾아가 진나라에 굴복해서는 절대 안 된다고 역설하면서 그 이유를 차근차근 설명해 주었다.

신원연은 그 말을 듣고 즉각 타협안을 포기하였다. 이에 진나라에서는 무슨 뜻밖의 변이라도 있을까 싶어 50리 밖으로 퇴군하고 말았다. 이와 함께 위나라의 신릉군은 장군 진비를 죽이고 대군을 거느리고 와서 한단의 포위를 풀어 주었다.

이렇게 해서 조나라는 마침내 위기에서 벗어나게 되었는데 평원군은 노중련에게 사의를 표하기 위해 봉토를 떼어 주었지만 받지 않았고 천금을 주어도 역시 받지 않았다. 그러면서 그는 이렇게 말했다.

"남을 위해 곤란을 해결해 주거나 분규를 해소시키고 보수를 받지 않을 때라야 비로소 고상한 선비라고 할 수 있다. 그렇지 않으면 장사치와 무엇이 다르겠는가?"

이런 연유로, 남을 위해 분규를 해소해 주는 것을 배난해분이라 하고, 그런 역할을 하는 사람을 노중련이라고 한다.

【용례】 저렇게 둘이 앙숙으로 싸움만 하고 있으면서 난국을 어떻게 이겨 나가겠다는 거야. 누가 좀 나서서 "배난해분"할 수 없겠나?

배성차일 背城借一

背 : 등(배) 城 : 성(성)
借 : 빌릴(차) 一 : 한(일)

【뜻풀이】 목숨을 바치고라도 끝까지 싸울 결

ㅂ

심을 비유하는 말이다.

【출전】『좌전·경공(頃公) 2년』조에 다음과 같은 이야기가 나온다.

춘추시대에 제경공(齊頃公)은 안(鞍)이라는 곳에서 진(晉)나라 장수 극극(郤克)이 이끄는 진(晉)나라와 노(魯)나라, 위(衛)나라 등 세 나라의 연합군에게 대패한 적이 있는데(▶ 멸차조식滅此朝食 참조), 진나라 군사들은 승세를 타고 계속 제나라를 공격하여 제경공을 궁지에 빠뜨렸다.

이때 제경공은 상경의 벼슬에 있는 빈미인(賓媚人)이라는 사람을 보내 국보와 토지 문서 등을 갖고 진군 진중에 가서 화친을 교섭하게 하였다. 그러면서 제경공은 그에게 이렇게 당부하였다.

"화친한다는 것은 절대 항복한다는 것은 아니다. 만약 진나라 쪽에서 무리한 요구를 들고 나온다면 다시 싸울지언정 절대 굴복은 않겠다는 뜻을 밝혀라."

빈미인이 진군 진중에 이르자 진나라 장수 극극은 과연 이 기회를 놓칠세라 무리한 요구를 들고 나왔다. 이에 빈미인이 대답하였다.

"우리 임금께서는 내가 출발할 때 당부한 바가 있다. 만약 그대들이 우리 제나라를 멸망시키려 하지 않고 두 나라 사이의 친선을 다시 회복하고자 한다면 우리들도 조상들이 물려준 자그마한 재물과 땅을 아끼지 않을 것이다. 그러나 만일 이를 달가워하지 않고 계속 침공한다면 우리도 나머지 군사들을 모아 도읍의 성 아래에서 일전을 하는 한이 있더라도 결코 굴복하지 않을 것이다."

이렇게 엄한 목소리로 꾸짖었다.

여기서 "도읍의 성 아래에서 일전을 불사하겠다."는 말은 바로 배성차일이라는 뜻인데, 간단히 줄여서 차일(借一)이라고도 한다.

【용례】 우리 팀이 비록 2연패를 당해 패색이 짙지만 정신만 가다듬어 "배성차일"할 각오를 다진다면 역전의 기회가 있을 거야. 힘내자!

배수거신 杯水車薪

杯: 술잔(배) **水**: 물(수)
車: 수레(거) **薪**: 땔나무(신)

【뜻풀이】 한 잔 물로 수레에 실린 나무에 붙은 불을 끄겠다는 것으로, 혼자 힘으로는 어림도 없는 일을 해결하거나 감당하겠다고 나설 때를 비유하는 말이다.

【출전】『맹자·고자편(告子篇)』에 다음과 같은 이야기가 있다.

전국시대의 유명한 사상가였던 맹자(孟子)는 공자(孔子)의 유가 학설을 계승한 사람이다. 그는 인(仁)을 주요 사상으로 해서 패도(覇道)를 반대하고 왕도(王道)를 주장하면서, 당시의 통치자들에게 인정(仁政)을 베풀어 민심(民心)을 얻는 것으로 천하를 통일할 것을 호소했다.

여기서 그가 말하는 이른바 인정의 정치 철학은 비록 유심론적(唯心論的)인 성격은 강하지만 전쟁이 끊임없이 일어나고 백성들이 도탄 속에 허덕이던 전국시대에는 다수 백성들의 염원을 반영했다고 할 수 있다.

물론 맹자 자신도 인정을 실시하는 것이 결코 쉬운 일이 아니라는 것을 모르는 바 아니었지만, 그는 가는 곳마다 그의 주장을 설파했다.

맹자는 이렇게 말했다.

"인(仁)이 불인(不仁)을 이기는 것은 마치 물이 불을 이기는 것과 같다. 그러나 지금 인을 주장하고 있는 어떤 사람들은 한 잔의 물로 한 수레나 되는 나무에 붙은 불을 끄려 하고 있는데, 물론 이것은 안 될 일이다. 그러나 만약 이것으로 해서 물이 불을 이기지 못한다는 결론을 내린다면 실제적으로 불인자(不仁者)의 용기를 돋우어 주어 그들로 하여금 더욱 불인하게 하는 빌미가 될 것이다. 아울러 이런 사람들에게 있었던 원래의 작은 한 잔의 물〔인(仁)〕도 마침내 사라지고 말 것이다."

맹자의 이 말에 대해서 구구하게 논한 바 없지만, 어쨌든 배수거신이라는 이 성어는 여기에서 나왔다. 약한 힘으로 어떤 곤란한 문제를 해결하기에는 힘들다는 뜻으로, 흔히 배수거신 무제어사(杯水車薪 無濟於事)가 쓰이고 있다.

【용례】 아이디어 하나로 대기업에 도전하겠다는 자세는 좋지만 "배수거신"하는 만용일 뿐이야. 자네의 장점을 살려 그 방면에만 힘쓰는 것이 어떻겠나?

배수진 背水陣

背 : 등질(배) **水** : 물(수) **陣** : 줄(진)

【뜻풀이】 물을 등지고 군진(軍陣)을 치다. 목숨을 걸고 일을 도모하는 결연한 자세를 말한다.

【출전】 『사기 · 회음후열전(淮陰侯列傳)』에 다음과 같은 이야기가 나온다.

한고조(漢高祖) 유방(劉邦)이 아직 제위에 오르기 두 해 전(기원전 204)의 일이다. 한나라의 한신(韓信)은 위(魏)나라를 격파한 뒤 여세를 몰아 조(趙)나라로 진격하였다. 이에 조나라 임금 헐(歇)과 성안군(成安君) 진여(陳餘)는 20만의 군사를 정형(井陘, 지금의 하북성 정형현)에 집결시켜 견고한 진지를 구축한 뒤 침공에 대비하였다. 이에 한신은 2천 명의 기병을 선발하여, 적기(赤旗)를 하나씩 들게 한 뒤 말했다.

"너희들은 조나라의 성채 근처 산에서 매복하고 있거라. 내일 전투에서 우리가 거짓으로 패주하면 적은 사력을 다해 쫓아올 것이다. 그때 너희들은 성안으로 들어가 조나라의 깃발을 뽑고 이 깃발을 꽂으면 된다."

다음날 한신은 군사를 이끌고 나섰는데, 기이하게도 강을 등지고 진을 치는 것이었다. 조나라는 이를 크게 비웃었다. 과연 한신의 군대는 몇 차례의 격돌 끝에 퇴각하기 시작했고, 조나라 군대는 전군을 동원해 추격해 왔다. 이때를 틈타 매복해 있던 기병들이 성안으로 쳐들어가 손쉽게 성을 함락할 수 있었다.

한편 쫓기던 한신의 군대도 강을 등진 탓에 달아날 길이 없어지자 결사항전(決死抗戰)하여 마침내 조나라 군대를 물리쳤다. 본진으로 돌아오던 조나라 군대는 성이 이미 적의 수중에 떨어진 것을 보고 아연 경악을 금치 못했고, 사기가 땅에 떨어진 그들은 변변히 싸워보지도 못하고 패퇴하고 말았다. 승리를 거둔 뒤 축하연을 베풀 때, 한신의 부하들이 물었다.

"병법에 보면 오른쪽과 등뒤로 산을 끼고 앞쪽과 왼쪽으로 물을 두라 했습니다. 그런데 이번 싸움에서 장군은 물을 등지는 진영을 치라 하여 저희들이 복종하지 않았는데, 오히려 승리를 거두었습니다. 이것은 무슨 병법인지요?(兵法 右倍山陵 前左水澤 今者 將軍 令臣等 反背水陣 臣等不服 竟以勝 此何術也)"

이에 한신이 대답하였다.

"이것은 모두 병법에 나오는 것인데, 자네들이 잘 살펴보지 않은 것일세. 병법에서 말하기를, 죽을 곳에 빠진 다음에야 살고, 망할 곳에 떨어진 뒤에야 생존한다고 하지 않았는가. 또 이번 군대는 내가 평소에 훈련을 시키고 키운 군사가 아니라 시장 사람들을 몰아 전쟁터로 끌고 나온 것이니, 형세가 이들을 죽을 곳에 두지 않고서는 싸우기가 불가능했네.(此在兵法 顧諸君不察耳 兵法不曰陷之死地然後 生 置之亡地而後 存 且信 非得素撫順將卒也 此所謂驅市人而戰之也 其勢 非置之死地則不可)"

【용례】 그때 그 여자를 놓친 것이 평생 후회가 되네. 용기도 없고 자신도 없어서 포기하고 말았는데, "배수진"을 치고서 적극적으로 구애했다면 잘 되었을 텐데 항상 아쉬운 마음이 가시질 않네.

백구과극 白駒過隙

白 : 흰(백) 駒 : 말·망아지(구)
過 : 지날(과) 隙 : 틈(극)

【뜻풀이】 흰 망아지가 문틈을 달려 지나간다. 세월이 빨리 흐르는 것을 비유하는 말이다. 흰 망아지는 세월(歲月)을 지칭한다.

【출전】 『장자 · 지북유편(知北遊篇)』에 다음과 같은 이야기가 실려 있다.

「사람이 천지 사이에서 사는 것은 흰 망아지가 빈 틈새를 달려 지나가는 것과 같이 순간일 뿐이다. 모든 것들은 물이 솟아나듯 문득 생겨났다가 물이 흘러가듯 아득하게 사라져 간다. 일단 변화해서 생겨났다가 다시 변화해서 죽는 것이다. 생물들은 이를 슬퍼하고 사람들도 이를 애달파한다. 죽음이란 화살이 활통을 빠져나가고 칼이 칼집에서 빠져 나가는 것처럼 분주하고 완연하니 혼백이 장차 가려고 하면 몸도 이를 따르는 법이다. 이 얼마나 거대한 돌아감인가!

(人生天地之間 若白駒之過郤 忽然而已 注然勃然 莫不出焉 油然漻然 莫不入焉 已化而生 又化而死 生物哀之 人類悲之 解其天弢 墮其天袠 紛乎宛乎 魂魄將往 乃身從之 乃大歸乎)」

【용례】 10~20대의 젊은 시절에는 잘 느끼지 못하지만 서른이 넘어서는 세월이 "백구과극"처럼 흘러간다고 느낄 수 있을 거야. 그러니 젊은 시절 하루를 방탕하게 살지 말게나.

백년하청 百年河淸

百 : 일백(백) 年 : 해(년)
河 : 물(하) 淸 : 맑을(청)

【뜻풀이】 황하(黃河)의 물이 맑아지기를 무작정 기다린다는 뜻으로, 아무리 기다려도 실현될 수 없는 일 또는 전혀 믿을 수 없는 일을 언제까지나 기다릴 때 쓰는 말이다. 원래 황하는 이름처럼 내륙의 흙먼지를 쓸고 내려와 물빛이 항상 누렇기(黃) 때문에 맑을 때가 거의 없다고 한다. 원어는 백년사하청(百年俟河淸)이고, 비슷한 말로 천년하청(千年河淸)과 부지하세월(不知何歲月) 등이 있다.

【출전】 『좌전 · 양공(襄公) 8년조』에 다음과 같은 이야기가 나온다.

춘추전국시대 소국인 정(鄭)나라는 진(晉)나라와 초(楚)나라와 같은 대국의 틈바구니에서 나름대로 생존 전략을 펼쳐 독립을 유지하기에 급급했다. 그런 정나라가 초나라의 속국인 채(蔡)나라를 침공하여 공자 섭(燮)을 포로로 잡아가면서 화를 자초하였다. 초나라는 이를 자신들에 대한 도전으로 간주하여 자낭(子囊)에게 정나라를 공격하라고 명령하였다.

국가 존망의 위기에 몰린 정나라는 대책을 강구하기 위해 회의를 거듭 열었으나 말만 무성할 뿐 아무 결론이 나지 않았다. 항복하여 백성을 위험에서 구하자는 항복론자와 진(晉)나라에 구원병을 요청하자는 주전론자로 나뉘어 양측의 의견이 팽팽하게 대립하였다.

이때 자사(子駟)가 일어나 말했다.

"주(周)나라의 시에 "황하의 물이 맑아지기를 기다리지만 사람의 목숨은 얼마나 되는가. 이렇게 저렇게 점을 치지만, 그물에 얽힌 듯 갈피를 잡지 못하네.(待河之淸 人壽幾何 非云詢多 職競作羅)"라고 했습니다."

이 말의 뜻은 진나라의 구원병을 기다린다는 것은 황하의 물이 맑아지기를 기다리는 것과 같다는 말이다. 결국 자사의 주장이 수용되어 초나라에 항복하여 화친을 맺고 위기를 현실적으로 모면하였다.

백년하청은 보통 불가능한 일의 상징으로 쓰인다. 현실적으로 불가능한 일을 하염없이 기다리는 것은 어리석은 짓이다. 때문에 상황을 정확하게 읽어 실질적인 대책을 세우는 것이 바람직하고 효과적인 방법인 것이다.

【용례】 그 친구가 개과천선(改過遷善)하기를 기다리는 것은 "백년하청"이야. 워낙 이기적인 사람이라 제가 무슨 말을 하는지도 모르고 마구 지껄인다니까.

백두여신 白頭如新

白 : 흰(백) 頭 : 머리(두)
如 : 같을(여) 新 : 새로울(신)

【뜻풀이】 머리카락이 희어졌어도 새롭게만 보인다. 마음이 맞지 않은 사람은 아무리 오래 사귀어도 새로 사귀기 시작한 사람과 같다는 뜻이다.

【출전】『사기·추양열전(鄒陽列傳)』에 다음과 같은 이야기가 나온다.

전한(前漢) 초기에 추양이라는 사람이 있었다. 그가 양(梁)나라에서 억울하게 죄를 뒤집어써 사형선고를 받고 왕에게 억울함을 호소하는 글을 올렸다. 호소문 내용은 여러 가지 예를 들고는 사람이 사람을 아는 것이 쉽지 않다는 요지를 담았다. 양나라 왕은 추양의 글을 읽고 감동되어 그를 석방했을 뿐 아니라 융숭하게 대접하였다. 글에서 든 예를 다음과 같다.

연(燕)나라 태자 단(丹)을 존경한 형가(荊軻)는 단을 위해 진시황제를 암살하러 갔지만 단도 형가를 의심하였고, 초(楚)나라 왕에게 보석을 바친 변화(卞和) 역시 왕을 속였다고 해서 발이 잘리는 형벌을 받았다. 또한 진(秦)나라를 위해 헌신한 재상 이사(李斯)도 결국 2세 황제에 의해 저잣거리에서 처형되었다. 그러니 아무리 오래 사귄 사이라고 해도 서로 잘 알지 못하면 다 헛수고인 셈이다.

이 성어의 반대말로는, 잠깐 만났는데도 친숙하다는 뜻의 경개여고(傾蓋如故) 또는 경개여구(傾蓋如舊)가 있다. 경개(傾蓋)는 수레를 잠시 멈추고 정답게 이야기를 나누는 것을 말한다.

【용례】 그렇게 매일 엘리베이터에서 인사를 나누고서도 다른 곳에서 만나면 알아보질 못하니, 이웃 사이에 어떻게 그럴 수 있나? 세상이 점점 "백두여신"으로 치달으니 정말 걱정이로구나.

ㅂ

백락일고 伯樂一顧

伯 : 맏(백) 樂 : 즐거울(락)
一 : 한(일) 顧 : 돌아볼(고)

【뜻풀이】 명마가 백락의 눈에 띄어 그 재능이 알려지다. 자신의 재능이 현자의 인정을 받는 것을 비유하는 말이다. 백락은 옛날의 유명한 말 감식가다.

【출전】『전국책·연책(燕策)』에 다음과 같은 이야기가 있다.

소대(蘇代)가 순우곤(淳于髡)에게 유세하면서 이런 말을 했다.

"어떤 사람이 백락을 만나 말하기를, '제게는 준마가 한 필 있어 저번에 팔려고 했습니다. 그러나 사흘이나 저잣거리에 내놓았지만 누구 하나 거들떠보지 않더군요. 청컨대 제 말을 한번 살펴보아 주셨으면 합니다. 사례는 아끼지 않고 드리겠습니다.'라고 했습니다.

그래서 백락이 가서 그 말을 한번 살펴보고는 돌아갔습니다. 그러자 말 값이 갑자기 열 배로 치솟으며 서로 사겠다고 아우성을 쳤다고 합니다."(▶ 일고지영一顧之榮 참조)

이 이야기에서 성어 백락일고가 나왔는데, 아무리 역량이 탁월한 사람도 뛰어난 인물의 인정을 받아야 그 가치가 드러난다는 뜻으로 쓰인다.

한유(韓愈, 768~824)의 〈송온조처사서(送溫造處士序)〉에도 백락과 관련된 이야기가 나온다.

「백락이 한번 기북의 평야를 지나가면 말의 무리가 다 없어진다고 한다. 무릇 기북의 말은 천하에서 가장 많다고 하는데, 백락이 비록 말을 잘 본다고 하지만 어찌 능히 그 많은 말을 텅 비게 할 수 있겠는가? 이것을 해석하는 사람이 말했다. 내가 말한 텅 비었다는 것은 말이 없다는 것이 아니다. 백락이 말을 볼 줄 알아 좋은 말을 만나면 문득 이를 취했으니 무리 중에 좋은 말은 다 없어져 버렸다. 진실로 좋은 말이 남지 않았다면 비록 일컬어 말이 없다고 해도 헛된 말은 아닐 것이다. 동도는 진실로 사대부에게 기북과 같은 곳이다. 재능을 믿고 깊이 감추어서 시장에 내다 팔지 않는 사람 중에 낙수의 북쪽 강가에는 석생이 있고 그 남쪽 강가에는 온생이란 사람이 있다.

(伯樂 一過冀北之野而馬群遂空 夫冀北馬多於天下 伯樂雖善知馬 安能空其群邪 解之者日 吾所謂空 非無馬也 無良馬也 伯樂知馬 遇其良 輒取之 群無留良焉 苟無留其良 雖謂無馬 不爲虛語矣 東都固士大夫之冀北也 恃才能深藏而不市者 洛之北涯日石生 其南涯日溫生)」

이 글은 말을 잘 보는 백락이 지나가면 좋은 말이 남아나지 않는 것처럼 오공(烏公)의 눈에 띈 처사들도 금방 발탁되어 동도에 인재가 없다는 내용을 담고 있다.

이백(李白, 701~762)에게도 〈여한형주서(與韓荊州書)〉라는 글이 있는데, 이 글도 한조종(韓朝宗)에게 자기를 천거해 달라는 부탁을 하면서 자신이 용문(龍門)에 올라 벼슬길로 나아가는 데 힘이 되어 줄 것을 탄원하고 있다.

그러면서 자신의 재주가 한조종의 인정을 받는 것은 백락이 천리마의 기량을 인정하는 것과 같다는 표현을 쓰고 있다.(▶ 안도색기按圖索驥 참조)

【용례】 예전에는 대다수의 신인 문학가들이 저명한 문학가에게 "백락일고" 받아 등단했지.

백락자 伯樂子

伯 : 맏(백) 樂 : 즐거울(락)
子 : 아들(자)

【뜻풀이】 백락(伯樂)의 아들이라는 말로 아주 어리석은 사람이라는 뜻한다.

【출전】 『낭야대취편(琅揶代醉編) · 백락자』에 다음과 같은 이야기가 나온다.

주(周)나라 때 말을 기가 막히게 감정하는 백락이라는 사람이 살았다. 그에게는 말 감정법을 배우는 아들이 있었다. 어느 날 백락은 아들에게 말을 보는 방법을 가르치면서 이렇게 말했다.

"좋은 말이란, 이마는 불쑥 나와야 하고, 눈은 툭 튀어나와야 하며, 발굽은 누룩을 쌓아 올린 것처럼 생겨야 한다.(隆 跌目 蹄如累麴)"

아버지가 가르쳐 준 대로 손에 적은 아들은 좋은 말을 구하려고 곳곳을 돌아다녔다. 그러다가 어느 날 두꺼비를 잡아와서 말했다.

"아버지, 명마를 구했습니다. 말씀하신 명마의 모습과 똑같아요."

두꺼비를 보고 명마라고 우기는 아들을 보고 백락은 기가 막혀 할 말을 잃고 말았다. 화가 치밀어 올랐지만 겨우 참고서 다시 말했다.

"얘야, 이 말은 잘 뛰겠지만 수레는 끌지 못하겠구나."

사람이 하는 말의 핵심은 듣지 않고 그 말의 액면만 좇아 물건을 찾는다면 영영 원하는 물건은 손에 넣을 수 없다.

【용례】 해는 동그란 노란 쟁반 같다고 했더니 쟁반을 가져와서 해라니, 어린애도 아니고 "백락자"가 영락없는 너로구나.

백룡어복 白龍魚服

白 : 흰백龍 : 용(룡)
魚 : 물고기(어) 服 : 입을·옷(복)

【뜻풀이】 귀인(貴人)이 천민 행색을 흉내내는 것을 비유하는 말이다.

【출전】 한나라 때 사람 유향(劉向, 기원전 79~기원전 8)이 편찬한 『설원(說苑)』에 다음과 같은 이야기가 있다.

어느 날 백룡 한 마리가 물고기로 변해서 인간 세상에 내려와 놀았다. 그가 한창 맑은 강물에서 재미나게 놀고 있을 때였다.

갑자기 어부인 예저(豫且)가 이 큼직한 물고기를 발견하고는 곧 화살을 쏘았다. 이리해서 왼쪽 눈이 상한 백룡은 황급히 하늘로 날아올라가서 이 일을 천제에게 고해바치면서 예저를 징벌해 달라고 하였다.

천제는 자초지종(自初至終)을 다 듣고 나서 말하였다.

"어부는 본래 고기잡이를 업으로 하는 사람인만큼 예저가 쏜 것은 백룡인 네가 아니라 물고기였는데, 그에게 무슨 죄가 있단 말이냐. 누가 너더러 물고기로 변하라고 했더냐."

후한 때 사람 장형(張衡, 78~139)이 쓴 〈동경부(東京賦)〉에 보면 "백룡이 물고기로 변해서 예저의 손에 의해 곤욕을 치렀다.(白龍魚服 見困豫且)"는 구절이 있는데, 백룡어복이라는 성어는 바로 여기에서 유래했다.

옛사람들은 이 성어를 빌려 귀인이 천민의 행색을 차리고 민간으로 출행(出行)하는 것을 비유하였다. 『사기 · 오자서열전(伍子胥列傳)』에도 비슷한 이야기가 나온다.

【용례】 옛날 숙종 임금께서는 가끔 평민 복

ㅂ

장을 하고 궁궐을 나와 민정을 시찰하셨다는 군. 성과야 어찌 되었든 "백룡어복"하는 정신은 오늘날에도 본받을 만해.

백면서생 白面書生

白 : 흰(백) 面 : 얼굴(면)
書 : 글(서) 生 : 날·선비(생)

【뜻풀이】 얼굴이 하얀 선비. 실제적인 업무에 대한 경험이 없고 책을 통해 이론적으로만 아는 사람을 가리킨다.

【출전】 『송서·심경지전(沈慶之傳)』에 다음과 같은 이야기가 있다.

남북조시대 북위(北魏)의 태무제는 원가(元嘉) 26년(449)에 군사를 일으켜 유연(柔然)을 공격했다. 이 틈을 이용해 송(宋)나라의 문제(文帝)가 북위를 공격하고자 했다. 그래서 권신들에게 이 문제를 논의하기 위해 회의를 소집했는데, 그때 교위(校尉)라는 관직에 있던 심경지가 나서서 문제에게 충고하였다.

"밭 가는 일을 알려면 종들에게 물어보고 베 짜는 일을 알려면 하녀에게 물어보아야 하는 법입니다. 지금 폐하께서는 적국인 북위를 공격하려고 하시는데, 저 따위 얼굴이나 허연 샌님(白面書生)들에게 물어 일을 도모하신다면 어떻게 성공하시겠습니까?"

원래 무인의 집안에서 자란 문제는 이 말을 듣고 문약(文弱)에 빠진 권신들과 시슬이 시퍼런 심경지의 강직함이 묘한 대조를 이루자 웃음을 참지 못하고 가가대소(呵呵大笑)했다고 한다.

이렇게 성어 백면서생은 심경지의 말에서 유래했다.

【용례】 펜대나 굴리던 "백면서생"이었던 자네가 갑자기 공사판에 뛰어들어 돈을 벌겠다는 건가? 약값만 축낼 테니 포기하게나.

백문불여일견 百聞不如一見

百 : 일백(백) 聞 : 들을(문)
不 : 아닐(불) 如 : 같을(여)
一 : 한(일) 見 : 볼(견)

【뜻풀이】 백 번 듣는 것보다 한 번 보는 것이 낫다는 뜻으로 실제에 접근해서 직접 조사하고 연구하는 자세를 강조해서 일컫는 말이다.

【출전】 『한서·조충국전(趙充國傳)』에 다음과 같은 이야기가 나온다.

한선제(漢宣帝) 때 서북 변경에서 강인(羌人)들과 한인들 사이에 자주 충돌이 발생하였다. 이에 한선제가 대신들을 모아 놓고 대책을 물어보자, 여러 대신들은 이구동성(異口同聲)으로 즉시 대군을 파견하여 강인들을 진압하자고 주장했다. 그러나 누가 대군을 이끌고 나가 출전하겠는가 하는 한선제의 물음에는 아무도 대답하는 사람이 없었다.

이때 조충국(기원전 137~기원전 52)이라는 76세 고령의 장수가 자진해 나섰다. 선제는 기뻐하며 물었다.

"경은 강인들의 실력이 어떠하다고 생각하며, 강인들을 토벌하려면 얼마의 병사가 소요되고 얼마의 무기와 군량이 있어야 한다고 생각하는가?"

그러자 조충국은 그 자리에서 엎드려 대답하였다.

"정세가 어떠한지 지금은 분명하게 알 수

없어 짐작하기 어렵사옵고 요구를 제기하기는 더욱 어렵습니다. 백문이 불여일견이라 하였사오니 신이 직접 가본 다음 다시 계략을 말씀드리겠나이다.(百聞不如一見　兵難隃度　臣願馳至金城　圖上方略)"

조충국은 황제의 승낙을 받아 황하를 건너 강인들이 사는 지역의 정세를 상세하게 살펴본 다음, 강인들에 대해 군사력으로 공격하거나 변방을 봉쇄하기보다는 분열시키고 와해시키는 술책을 써서 화친을 도모할 계책을 내놓았다.

그러나 조충국의 의견은 조정 대신들의 반대를 받았다. 그들은 여전히 군사를 풀어 공격할 것을 주장했던 것이다. 그러나 조충국이 거듭해서 상세한 정황을 알리면서 요구한 결과 황제와 대신들은 끝내 그의 방책을 수락하였다.

이렇게 해서 한인들과 강인들 사이의 일시적인 긴장 상태는 곧 풀리게 되었다.

우리는 일마다 다 직접 눈으로 볼 것을 요구할 수는 없다. 그러나 실제 상황에 접근해서 직접 정황을 조사하고 확인해야 된다는 의미에서 백문불여일견이라는 성어는 매우 큰 의의를 가지고 있는 것이다.

【용례】 귀사에서 원하는 조건이 제가 가진 조건과 맞지 않을 줄은 잘 알고 있습니다. 그러나 "백문불여일견"이오니 한번 불러다 써 보시고 판단을 내려도 늦지는 않으리라 봅니다. 선처를 바랍니다.

백미 白眉

白 : 흰(백)　眉 : 눈썹(미)

【뜻풀이】 하얀 눈썹. 일이나 물건 가운데에서 가장 좋고 뛰어난 부분을 일컬을 때 쓰는 말이다. 비슷한 말로 압권(壓卷)이나 절창(絕唱)이란 성어도 있다.

【출전】 『삼국지 · 촉지 · 마량전』에 다음과 같은 이야기가 있다.

삼국 가운데 촉(蜀)은 가장 뒤늦게 출발했지만 제갈량과 같은 재사와 용사들이 모이면서 차츰 그 기반을 갖추어 갔다. 많은 참모 가운데 마량〔馬良, 187~222, 자는 계상(季常)〕이란 이가 있었는데, 뛰어난 재주와 충성으로 유비를 섬겼다. 나중에 유비가 촉한(蜀漢)을 세우고 소열제(昭烈帝, 유비가 죽은 뒤에 받은 시호)가 되자 그도 시중(侍中)에 임명되었다. 그는 남방에 창궐했던 만인(蠻人)들을 달변으로 설득시켜 귀순시키는 데에도 크게 공을 세웠다.

그에게는 마속〔馬謖, 190~228, 자는 유상(幼常)〕을 비롯해서 모두 4명의 동생이 있었다. 이들은 하나같이 재주가 출중하여 당시 사람들이 오상(五常)이라 부르며 칭송하였다. 그 까닭은 그들의 자(字)에 모두 상(常)자가 들어갔기 때문이었다. 그러나 그 가운데에서도 마량의 재주가 월등 뛰어나서 사람들은 이렇게 말했다.

"마씨의 다섯 형제 가운데 가장 뛰어난 이는 역시 흰 눈썹(白眉)이지."

'흰 눈썹'이란 바로 마량을 가리키는 말인데, 그가 태어나면서부터 눈썹이 하얗기 때문이었다.

그런 마량인지라 전투 때마다 앞장서서 큰 공을 세웠다. 그러나 장무(章武) 3년(223) 무협(武峽)에서 오(吳)나라와 전투를 벌이던 유비는 전투에 진전이 없자 마음을 졸인 나머지 제갈량과 상의도 않고 출병시켜 그만 대패하고 말았는데, 마량도 이 싸움에서 전사하고 말았다. 아우인 마속은 이후 위(魏)나라의 사마중달(司馬仲達)과의 전투에서 함부로 전략을 썼다가 패배한 뒤 군율에 따라 참수형에 처해지고 말았다.(➡ 읍참마속泣斬馬謖 참조)

【용례】 이 드라마의 "백미"는 두 남녀 주인공이 처절하게 자살하는 장면이야. 사랑을 위해 모든 것을 희생하는 모습은 참으로 감동적이지.

백발백중 百發百中

百 : 일백(백) 發 : 필 · 쏠(발)
中 : 가운데 · 적중할(중)

【뜻풀이】 활을 쏘는 솜씨가 아주 뛰어나거나 예상했던 일 또는 계획했던 일들이 모두 순조롭게 성사되는 것을 비유하는 말로, 춘추시대 초(楚)나라의 명장인 양유기(養由基)의 이야기에서 유래한 것이다.

【출전】 『좌전(左傳) · 성공 16년』조와 『사기(史記) · 주본기(周本紀)』에 다음과 같은 이야기가 있다.

어느 날 진려공(晉厲公)이 군사를 일으켜 정나라를 공격한 적이 있었다. 이때 초공왕은 정나라를 도와 나가 싸우다가 진나라 장수인 위기(魏錡)의 화살에 맞아 눈이 상했다.

이에 크게 화가 난 초공왕은 양유기에게 화살 두 대를 뽑아 주면서 원수를 갚아 달라고 하였다. 양유기는 화살 한 대를 날려 위기를 사살하고 다른 한 대는 초공왕에게 되돌려 주었다.

초공왕 때 양유기와 함께 명궁(名弓)으로 이름을 날린 반당(潘黨)이라는 사람이 있었는데, 그는 활을 쏘기만 하면 사격판의 중심인 붉은 점을 맞혔다. 그러나 양유기는 반당에게 "이것을 어찌 재간이라고 하겠는가. 백 보 밖에서 버드나무 잎을 맞혀야 재간이라고 할 수 있을 것이다."라고 했다.

반당은 이 말을 듣자 즉시 버드나무 잎사귀 세 잎을 표시해 놓고 양유기더러 차례로 맞추라고 하였다. 양유기는 연거푸 세 번 쏘아 세 잎을 차례로 떨구었는데, 화살은 모두 다 버드나무 잎 한가운데를 뚫고 지나갔다.

『사기』에서 말하기를 "초나라에 양유기라는 사람이 있었는데, 활쏘기에 능해서 백 보 밖에서 버드나무 잎을 쏘아도 백발백중이었다."고 했는데, 이 말은 달리 백보천양(百步穿楊)이라고도 한다.

【용례】 우리 양궁팀이야 대회에 나갔다 하면 금메달이지. 쏘는 족족 "백발백중"인데 감히 누가 상대하겠어.

백발삼천장 白髮三千丈

白 : 흰(백) 髮 : 머리카락(발)
三 : 석(삼) 千 : 일천(천)
丈 : 장 · 길이 · 어른(장)

【뜻풀이】 근심으로 허옇게 센 머리카락의 길이가 3천 장이나 된다.

중국인은 원래 허풍이 심한 민족이다. 특히 이런 기질은 문학 작품에서 잘 드러나고 있는데, 이 성어도 그런 예의 하나다.

【출전】 이 시구는 이백(李白, 701~762)의 연작시 〈추포가(秋浦歌)〉 17수 중 15번째 작품에 나오는 한 구절이다. 추포는 오늘날의 안휘성 귀지현(貴池縣) 서남쪽에 있는 둘레

가 40킬로미터에 폭이 16킬로미터쯤 되는 호수다.

「하얀 머리털이 무려 삼천 길
근심에 지쳐 이렇게 길어졌나.
모르겠네 밝은 거울 속에서는
어디서 가을 서리를 저렇게 맞았는가?
白髮三千丈
緣愁似箇長
不知明鏡裏
何處得秋霜」

호방하고 자유롭게 산 이백의 기질을 생각할 때 어딘지 모르게 우수에 찬 상념이 엿보이는 작품이다. 그럼에도 그는 그 근심의 양을 머리카락 3천 장으로 희화화해서 낙천적이고 해학적인 기질을 유감없이 드러냈다.

이백에게는 이렇게 자신의 감정을 수치로 계량화하거나 과장스런 수사를 쓴 시구가 여럿 있다.

"떨어지는 폭포수는 높이가 3천 척일세.(飛流直下三千尺)"〔〈망여산폭포(望廬山瀑布)〉〕나 "아침에는 푸른 실타래 같던 머리카락이 저녁에 눈이 덮인 듯 허옇게 변했구나.(朝如青絲暮成雪)"〔〈장진주(將進酒)〉〕 등이 그 좋은 예일 것이다.

【용례】 사람이 나이가 들면 세상을 보는 눈이 생긴다잖아. 그분은 "백발삼천장"쯤 될 수염에 눈에는 총기가 형형한데다 말씀하시는 내용이 늘 심상찮지 않나. 한번 가서 이 문제로 상의를 드려 보시게.

백아절현 伯牙絕絃

→ 지음(知音)

백안시 白眼視

白 : 흰(백) 眼 : 눈(안) 視 : 볼(시)

【뜻풀이】 눈을 하얗게 뜨고 바라보다. 즉, 사람을 무시해서 흘겨보는 것을 말한다. 또는 냉정한 눈길로 보는 것도 이렇게 표현한다.

【출전】『진서(晉書)·완적전(阮籍傳)』에 다음과 같은 이야기가 실려 있다.

완적은 죽림칠현(竹林七賢)의 한 사람으로 노장 사상에 심취하여 술과 거문고를 벗 삼아 한 세상을 보낸 인물이다. 그도 처음에는 관료로 진출했지만, 가평(嘉平) 원년(249)에 사마의(司馬懿)가 반란을 일으켜 위(魏)나라 황실의 조상(曹爽)을 죽이고 정권을 잡자 그만 환멸을 느껴 벼슬을 그만두고 산야에 묻혀 살았다.(▶ 죽림칠현竹林七賢 참조)

그는 어머니의 장례 때도 슬픈 기색을 보이기는커녕 머리를 풀어헤치고 지내 당시 사람들에게 크게 비난을 받기도 하였다.

그뿐 아니라 "완적은 예교(禮敎)에 얽매이지 않고, 능히 눈동자를 굴려 하얗게 하거나 푸르게 할 수 있었다. 세속적인 예절에 젖은 선비를 만나면 흰 눈자위를 드러내며 대했는데, 어느 날 혜희(嵇喜)가 찾아오자 여느 때와 마찬가지로 흰 눈을 드러냈다. 몹시 기분이 상한 혜희는 그만 자리를 박차고 집을 나오고 말았다. 혜희의 동생 혜강(嵇康, 223~263)이 이 말을 듣고 술을 사서 거문고를 옆구리에 끼고 완적을 찾았다. 그러자 완적은 반색을 하여 맞이하며 푸른 눈자위를 보였다.(籍不拘禮敎 能爲青白眼 見禮俗之士 白眼對之 及嵇喜來 卽籍白眼 喜不懌而退 喜弟康 聞之 乃齎酒挾琴 造焉 籍大悅 乃見青眼)"

ㅂ

이렇게 당시 이름난 명사 중에 그의 눈 밖에 나서 망신을 당한 사람이 한둘이 아니었다.

성어 백안시는 이 이야기에서 나왔다.

【용례】 솔직히 내 마음을 털어놓았을 뿐인데, 그 뒤로는 날 거머리 보듯 "백안시"하니 이거 미치겠군. 내 대신 가서 그 숙녀분께 말 좀 잘해 줘.

백옥루 白玉樓

白 : 흰(백) 玉 : 구슬(옥) 樓 : 누각(루)

【뜻풀이】 문인이 죽으면 간다는 하늘에 있는 누각으로, 문인이나 시인묵객(詩人墨客)의 죽음을 이르는 말이다.

【출전】 『당서(唐書) · 이하전(李賀傳)』에 다음과 같은 이야기가 나온다.

당나라 시인 이하(791~817)는, 자는 장길(張吉)인데, 중국 시인 가운데 가장 독특한 시세계를 보여 준 작가다. 몰락한 왕족의 후손으로 태어나 27살에 요절했으며, 두보의 먼 친척이기도 하다. 어려서부터 글재주가 남달랐던 그는 시기하는 무리들이 많아 과거시험에 응시조차 못한 비운을 겪었다.

그의 시세계는 비운에 가득 찬 자신의 삶을 표현했기 때문에 염세적인 경향이 강했고, 때로는 과장된 수사법과 화려하고 환상적인 세계를 동경하면서도 현실을 예리하게 풍자하는 면도 있었다.

이하가 세상을 떠날 때 일어난 일이다. 정신이 몽롱한데 하늘에서 붉은 옷차림을 한 천사 한 명이 내려와 말했다.

"저희가 하늘에 백옥루를 지어 놓고 기다리고 있습니다. 천제께서 당신에게 하늘에서 글을 쓰도록 하시려는 것입니다. 저 하늘은 고통도 괴로움도 없는, 정말 자유롭고 마음 편하게 글을 쓸 수 있는 낙원이랍니다."

이 이야기에서 나온 것처럼 백옥루는 문인이 세상을 떠날 때 천사가 한 말이었는데, 이후로 문인의 죽음을 뜻하게 되었다.

【용례】 이 땅에서는 가난하게 헐벗으며 살다가 그는 떠났지만, 누구보다 맑은 영혼을 가진 시인이었어. "백옥루" 가는 길이라도 편히 가기를 기도하네.

백운창구 白雲蒼狗

白 : 흰(백) 雲 : 구름(운)
蒼 : 검푸를(창) 狗 : 개(구)

【뜻풀이】 세상만사가 뜻밖으로 급하게 변화하는 것을 비유하는 말이다.

【출전】 당(唐)나라 때 위대한 시인 두보(杜甫, 712~770)는 일찍이 〈가탄(可嘆)〉이라는 칠언시(七言詩)를 쓴 적이 있는데, 그 시는 당시 시인인 왕계우(王季友)를 위해 쓴 것이었다. 왕계우는 비록 집안이 곤궁했지만 독서를 부지런히 하고 성품이 참되고 품행이 단정한 사람이었다.

그러나 그의 아내는 그를 싫어해 결국 이혼하고 말았다. 당시 어떤 사람들은 자세한 내막도 모르면서 이 일을 두고 이러쿵저러쿵하면서 왕계우를 비난하였다. 두보의 〈가탄〉은 바로 이러한 잘못된 세평에 맞서 쓴 작품이다. 즉, 두보는 왕계우처럼 품행이 단정한 사람이 갑자기 이렇듯 형편없는 인간으로 몰리는 세태를 개탄하였다. 〈가탄〉의 첫머리는 다음과 같다.

「저 하늘에 뜬 구름 흰 옷 같더니,

갑자기 검푸른 개 모양으로 변했네.
세상일이란 예나 지금이나 이와 같거늘,
인생만사에 무슨 일인들 없겠는가.
天上浮雲似白衣
斯須改幻爲蒼狗.
古往今來共一時
人生萬事無不有.」

후세 사람들은 두보의 이 시에서 백의창구(白衣蒼狗)를 빌려와 세상만사가 의외로 갑자기 변하는 것을 비유했는데, 지금은 보통 백운창구라고 많이 쓴다.

【용례】 어제까지만도 사정당할 대상 중 대표 인물처럼 지목되던 사람이 지금은 시장이라니, 세상사가 이렇게 "백운창구"할 수도 있는 건가?

백운친사 白雲親舍

白 : 흰(백) 雲 : 구름(운)
親 : 어버이(친) 舍 : 집 · 머물(사)

【뜻풀이】 부모에 대한 그리움을 비유하는 말이다.

【출전】 『당서 · 적인걸전』에 다음과 같은 이야기가 있다.

당나라 초기에 활동한 적인걸(狄仁杰, 630~700)이라는 사람은 당고종과 무측천(武則天) 시기의 명신으로 대리승(大理丞)과 자사(刺史) 등의 벼슬을 역임하였다.

그가 젊은 시절 병주법조참군(并州法曹參軍)의 벼슬에 있을 때 그의 부모님은 하남 땅에 살고 있었다. 하루는 적인걸이 태항산에 올라가 흰 구름이 외롭게 떠다니는 하늘을 바라보다가 하양(河陽) 방향을 내려다보면서 옆에 있던 사람에게 "우리 부모님은 저 흰 구름 아래 살고 계신다.(我親舍其下)"고 말하였다. 그는 흰 구름이 사라질 때까지 석연히 바라보고 있다가 쓸쓸히 돌아섰다.

백운친사는 바로 여기에서 나온 말인데, 백운고비(白雲孤飛)라고도 한다.

【용례】 고향에 계신 부모님을 뵙지 못한 것도 벌써 세 해째군. 사업 때문에 가진 못하지만 "백운친사"하는 내 마음을 두 분은 아실지 모르겠네.

백인유아 伯仁由我

伯 : 맏(백) 仁 : 어질(인)
由 : 말미암을(유) 我 : 나(아)

【뜻풀이】 직접적으로 사람을 죽이지는 않았지만 죽은 사람에 대해 자신이 일정한 책임이 있기 때문에 안타까워하는 것을 비유해서 이르는 말로, 어떤 사건에 간접적으로 연관되어 있는 것을 일컫는다.

【출전】 『진서(晉書)』에 다음과 같은 이야기가 있다.

진원제(晉元帝)가 건강(建康, 오늘날의 남경)에서 즉위한 뒤 승상 왕도(王導, 276~339)의 사촌형 왕돈(王敦, 266~324)이 진동대장군이 되어 군권을 틀어쥐는 바람에 그의 세력은 갑자기 하늘을 찌를 듯하였다.

이에 원제는 왕돈을 시기하고 의심해서 그의 권한을 제한하려 했다. 그러자 왕돈은 형주에서 군사를 일으켜 건강을 향해 쳐들어오기 시작하였다.

왕돈의 군사들이 곧장 석두(石頭)까지 쳐들어오자 급해진 원제는 화해할 것을 제의했다.

이에 왕돈은 그와 반목하고 있던 환관들을 잡아 죽인 다음 호북(湖北)으로 돌아가 버렸다.

이때 이름을 주의(周顗)라 하고 자가 백인(伯仁)이라고 하는 사람이 있었는데, 그의 사람됨을 모르는 왕돈은 아우인 왕도에게 물었다.

"주의는 도대체 적이냐, 아니면 친구냐?"

그러나 왕도는 자기도 알지 못했기 때문에 긍정적인 대답을 못했다. 그래서 왕돈은 백인을 죽여 버리고 말았다.

그 후 왕도는 주의가 일찍이 자기의 생명을 구해 준 사람임을 알게 되었다. 왕돈이 군사를 일으켜 건강으로 진격할 때 원제는 왕돈의 아우인 왕두를 의심했다. 다행히 주이가 원제에게 상소해서 왕도를 변호했기 때문에 원제는 더 추궁하지 않았다.

왕도가 이 사실을 알았을 때는 주의는 이미 왕돈에게 피살된 뒤였다. 이에 왕도는 땅을 치고 통곡하면서 울부짖었다.

"나는 비록 백인을 죽이지 않았지만 백인은 나 때문에 죽음을 당했다.(我雖不殺伯仁 伯仁由我而死)"

나중에 백인유아이사를 간략하게 줄여 백인유아라고 하게 되었다.

【용례】 자네가 용기를 내서 증언을 하면 그가 무죄로 풀려날 수 있네. 못 나가는 자네 사정도 딱하지만 그러다가 유죄 판결이라도 받아 감옥에 가면 "백인유아"하는 죄책감을 어떻게 견디려고 이러는가?

백절불요 百折不撓

百 : 일백(백) 折 : 꺾일(절)
不 : 아닐(불) 撓 : 흔들(요)

【뜻풀이】 백절불굴(百折不屈). 백 번 꺾여도 휘어지지 않는다는 뜻이다. 의지를 굽히지 않는 강인한 정신력을 비유하는 말이다.

【출전】『후한서·교현전(橋玄傳)』에 보면 다음과 같은 이야기가 있다.

후한 때 교현이라는 사람이 있었는데, 본래 심지가 굳었던 그는 그릇된 일과 언제나 과감히 맞서 싸웠다. 젊은 시절 현에서 자그마한 벼슬에 있을 때는 양창의 죄악을 적발한 적이 있으며, 한양 태수로 있을 때는 그의 수하에서 상규령(上邽令)으로 있는 황보정(皇甫禎)이 법을 어기자 즉각 사형에 처한 일도 있었다.

한영제(漢靈帝) 때 상서령 벼슬에 오른 교현은 태중대부 개승(蓋升)이 황제와 친분이 있다는 것을 믿고, 백성들의 재물을 마음대로 횡령한 일을 적발해서 상소하였다. 그러나 한영제는 교현의 말을 듣지 않았을 뿐 아니라 오히려 개승의 관직을 더 높여 주었다.

이에 분노한 교현은 병을 핑계로 즉시 사직하고 집으로 돌아가 버렸다. 그 후 영제는 태위라는 벼슬까지 내렸지만, 그는 끝내 받지 않았다.

또 하루는 교현의 열 살 난 어린 아들이 문 앞에서 놀다가 갑자기 떼강도에게 붙잡혀가 버렸다. 이에 양구(陽球)라는 장수가 이 일을 알고 즉시 군사를 풀어 강도들을 물샐틈없이 포위했다. 그러나 더 이상 접근하면 강도들이 어린애를 해칠까 싶어 감히 무찌르지 못했다.

그러자 교현이 화를 벌컥 내면서 소리쳤다.

"강도는 백성들의 화근인데 어찌 내 아들 때문에 백성들의 화근을 용서한단 말인가."

그리고는 병사들을 다그쳐서 강도들을 몽땅 체포하였다. 그러나 그의 아들은 결국 강도들에게 살해당하고 말았다.

당시 사람들은 교현의 강건하고 과단성 있

는 정신을 높이 찬양하였다.

교현은 죽은 뒤 남긴 유산이 전혀 없었고, 장례도 극히 간소하게 치러졌다. 뒷날 조조(曹操, 155~220)는 교현의 무덤 앞에서 공경하는 마음으로 제사를 지내 주었고, 채옹(蔡邕, 132~192)은 〈태위교현비송(太尉橋玄碑頌)〉이라는 글을 지어 교현을 "백 번 꺾일지언정 휘어지지 않았고, 큰 절개를 세움에 빼앗을 수 없는 풍모를 지녔다.(有百折不撓 臨大節而不可奪之風)"고 칭송하였다.

성어 백절불요는 바로 채옹의 이 글에서 유래된 것으로, 백절불회(百折不回) 또는 불굴불요(不屈不撓)라고도 한다.

【용례】 우리 민족은 긴 세월을 이 땅에 살면서 끊임없는 외침(外侵)을 당했지. 그렇지만 "백절불요"의 정신으로 이 터전을 지켜 냈네. 이제 우리에게 주어진 사명은 세계로 우리의 힘을 뻗어 나가는 것이야.

백주지조 柏舟之操

柏 : 잣나무(백) 舟 : 배(주)
之 : 어조사(지) 操 : 잡을·지조(조)

【뜻풀이】 잣나무로 만든 배의 절개. 남편에 대한 지극한 애정과 정절을 비유하는 말이다.

【출전】 『시경·용풍(鄘風)』의 〈백주〉라는 시에서 나왔다. 이 시를 지은 사람은 공강(共姜)이라는 여성이다. 시의 전문은 다음과 같다.

「저기 잣나무로 만든 배가
황하의 강물 위로 넘실거리네.
양 갈래 더벅머리 늘어뜨린 이가
진실로 나의 짝이로구나.
죽을지언정 다른 마음은 먹을 수 없어라.
어머님은 비록 하늘과 같지만
남의 마음을 헤아리지 못하네.
저기 잣나무로 만든 배가
황하 강가에 매어 있네.
양 갈래 더벅머리 늘어뜨린 이가
진실로 나의 배필이로세.
죽을지언정 나쁜 생각은 갖지 않으리.
어머님은 비록 하늘과 같지만
남의 마음을 헤아리지 못하네.
汎彼柏舟
在彼中河
髧彼兩髦
實維我儀
之死矢靡
母也天只
不諒人只
汎彼柏舟
在彼河側
髧彼兩髦
實維我特
之死矢靡慝
母也天只
不諒人只」

공강은 주(周)나라 여왕(厲王, 기원전 878~828) 때 사람이다. 그때 위(衛)나라의 희후(僖侯)에게 여(余)라는 세자가 있었는데, 불행하게도 일찍 세상을 떠나고 말았다. 공강은 그와 혼인을 했는데, 갑작스런 남편의 죽음으로 미망인(未亡人)이 되고 말았다. 남편의 시호가 공백(共伯)이라 그녀도 이름을 공강이라 했던 것이다.

공강은 일생을 남편을 위해 살면서 수절하기로 결심하였다. 그러나 젊어 과부가 된 공강을 딱하게 여긴 사람들은 재혼을 권했다. 특히 공강의 어머니의 권유는 강요에 이를 정도였다. 창창한 앞날을 가진 딸이 과부가 되어 외롭게 살아가는 모습을 도저히 볼 수 없었기 때문이었다. 물론 공강은 끝내 거부했지만, 날이 갈수록 어머니의 추궁은 더해 갔고, 마침내 이 시를 지어 자신의 의지를 알렸던 것이다. 그래서 과부가 죽은 남편의 명복을 빌면서 한평생 정절을 지키는 일을 백주지조라 부르게 되었다.

【용례】 젊어 남편을 잃고 혼자 살아가는 딸년을 보면 가슴이 미어진다오. 지금 시대에 "백주지조"를 강요하는 것도 아닌데 저렇게 고집을 버리지 않으니, 딸년이 아니라 원수랍니다.

백중지간 伯仲之間

伯 : 맏(백) 仲 : 버금·가운데(중)
之 : 어조사(지) 間 : 사이(간)

【뜻풀이】 백중이란 원래 형제간의 순서를 나타낼 때 쓰는 말이다. 그러던 것이 형제는 서로 비슷하게 닮았기 때문에 우열을 가릴 수 없을 정도로 힘이나 능력이 비슷한 경우를 비유하는 말이 되었다.

【출전】 이 성어를 원형 그대로 처음 쓴 사람은 조비(曹丕, 187~226)다. 그는 『전론(典論)·논문(論文)』에서 "문인들이 서로를 경시한 것은 옛날부터 그러했던 것이다. 부의가 반고에게는 백중한 사이였을 뿐이다.(文人相輕 自古而然 傅毅之于班固 伯仲之間耳)" 라고 하였다(사실 반고는 부의를 경시했다).

『전론』은 중국 최초의 문학 평론서라 하나 원본은 소실되었고 다만 남조(南朝) 양(梁)나라의 소통(蕭通)이 편찬한 『문선(文選)』에 수록된 〈논문(論文)〉 한 편만이 전해지고 있다.

부의(傅毅)는 자가 무중(武仲)이며, 한장제(漢章帝) 때 반고와 함께 난대영사(蘭臺令史)를 지냈다. 그리고 반고(班固)는 자가 맹견(孟堅)으로, 후한 초기의 역사가이자 문학가로 아버지 반표(班彪)의 유지를 받아 기전체 역사서 『한서(漢書)』를 편집했다.

난대영사는 한나라 때 궁중 장서를 보관하던 난대를 관장하는 관직명이며, 도서 교감(校勘)을 주관했다.

한편, 중국에서는 형제들이 태어난 순서에 따라 각각 이름을 달리했다. 이런 관례는 우리나라에서도 채용되어 사대부들 사이에 널리 쓰이기도 했다. 그 가장 일상적인 방식이 백(伯)·중(仲)·숙(叔)·계(季)로 나누는 명칭이다. 중국에서는 일찍부터 백중숙계의 순서로 자를 붙이는 것이 관례화되어 있었다.

【용례】 두 사람의 실력은 거의 대등해서 "백중지간"이라고 할 수 있지.

번간걸여 墦間乞餘

墦 : 무덤(번) 間 : 사이·이간질한(간)
乞 : 구걸할(걸) 餘 : 남을(여)

【뜻풀이】 무덤가에서 남은 음식을 구걸해 먹다. 구차하게 살면서도 부끄러운 줄 모르고 허세를 부리는 것을 비유한다.

【출전】 『맹자·이루장구(離婁章句)』 하편에 다음과 같은 이야기가 있다.

전국시대 제(齊)나라에 한 사나이가 살고 있었다. 집안은 그다지 부유한 편은 못 되었지만 아내도 있었고 첩도 두고 살았다.

그런데 그 사나이는 거의 매일같이 밖에서

술을 마시고 거나하게 취해서 집으로 돌아오는 것이었다. 아내와 첩이 어디를 갔다 왔느냐고 물으면 그는 항상 부귀한 사람들과 교제하면서 술을 마셨다고 둘러댔다.

그의 아내는 왠지 의심이 들어 첩을 보고 말했다.

"우리 서방님께서는 언제나 부귀한 사람들과 교제하면서 술을 드신다고 하시지만 어째서 그런 분들이 우리 집은 찾아오시지 않는단 말인가? 내 한번 뒤를 밟아 무슨 짓을 하는지 알아봐야겠네."

이튿날 아침에 남편은 여느 때와 마찬가지로 거드름을 피우며 문을 나섰다. 그의 아내는 남편 몰래 살금살금 뒤를 밟았다. 한동안 뒤를 밟아도 거리에서 남편을 아는 체하는 사람은 없었고, 그와 만나 이야기를 나누는 사람조차 없었다. 남편은 저벅저벅 걸어 성문까지 간 다음 동교(東郊)로 가서 다시 공동묘지 쪽으로 발길을 옮겼다.

그곳에는 방금 송장을 묻은 사람들이 제사를 지내면서 쓰다 남은 술과 안주를 먹고 있는 중이었다. 알고 보니 남편은 바로 그들에게서 남은 술과 밥을 빌어서는 배를 채웠던 것이다. 얼마 뒤 남편은 그래도 배가 차지 않았는지 머리를 들어 사방을 두리번거리며 살펴보고는 다시 다른 곳으로 얻어먹으러 가는 것이었다.

"부귀한 사람들과 교제하면서 술을 마신다더니 고작 이런 판국이었구나."

그제야 아내는 어찌된 영문인지 죄다 알게 되었다.

아내는 상심해서 집으로 돌아와 그가 목격한 것을 낱낱이 첩에게 이야기했다. 첩은 이 말을 듣고 기절초풍하면서 놀랐다. 두 여자는 뜰에서 부둥켜안고 대성통곡(大聲痛哭)을 터뜨렸다.

때마침 남편이 돌아왔는데, 그때까지도 자기의 행실이 탄로 난 줄은 꿈에도 몰랐던 남편은 여전히 사내대장부답게 뚜벅뚜벅 힘차게 대문간을 들어서는 것이었다. 그러다가 아내와 첩이 부둥켜안고 울고 있는 모습을 보고는 호통을 쳤다.

"웬일이냐? 나 같은 남편을 두었으면 됐지 무엇이 부족해서 징징 짜는 게야!"

이 이야기는 부귀영화(富貴榮華)만 추구하는 비속한 사람들을 신랄하게 풍자하고 있다.

남의 밥찌꺼기나 빌어먹으면서도 득의양양(得意揚揚)해서 자기보다 지위가 낮은 사람을 깔보고 비웃는 비열한 행태를 생동감 있게 묘사하고 있다.

성어 번간걸여는 바로 이 같은 비천한 인간들과 행실을 비유할 때 쓰이고 있는데, 번간주식(墦間酒食)이라고도 한다.

【용례】 그것이 불의한 재물인지는 생각도 않고 "번간걸여"하는 정치가가 얼마나 많은가? 처음부터 중상모략으로 권좌에 오른 인간들이니 아는 게 그것뿐이겠지.

벌가벌가 기칙불원
伐柯伐柯 其則不遠

伐 : 칠(벌) 柯 : 도끼자루(가)
其 : 그(기) 則 : 법칙(칙)
不 : 아닐(불) 遠 : 멀(원)

【뜻풀이】 도끼 자루를 베고 또 벰이여, 그 방법이 멀지 않구나. 진리란 멀리 있는 것이 아니라 바로 내가 실천하는 가운데 있다는 말이다.

ㅂ

【출전】『중용·제13장』에 다음과 같은 공자(孔子)의 말이 나온다.

「공자께서 말씀하시기를 "도란 사람에게서 멀지 않다. 사람이 도를 하는데 도가 사람과 멀게 한다면 그것은 도가 될 수 없다.『시경』에서 말하기를 '도끼 자루를 벰이여, 도끼 자루를 벰이여. 그 방법이 멀지 않구나.'라고 하였다. 사람들은 손에 도끼 자루를 쥐고 도끼 자루를 베는데 물끄러미 바라만 보면서 그 일이 멀다고만 여긴다. 때문에 군자는 사람으로서 사람을 다스리고 허물이 고쳐지면 그만둔다. 충서란 것도 도에서 어그러진 것이 멀지 않다. 자기에게 베풀어 봐서 원치 않는다면 남에게도 그것을 베풀지 않는 것, 그것이 도인 것이다."

(子曰 道不遠人 人之爲道而遠人 不可以爲道 詩云 伐柯伐柯 其則不遠 執柯以伐柯 睨而視之 猶以爲遠 故君子 以人治人 改而止 忠恕違道不遠 施諸己而不願 亦勿施於人)」

도끼 자루를 만들기 위해 나무를 벨 때는 심각하게 산에 있는 나무를 전부 일일이 견주어 볼 필요는 없는 것이다. 다만 자기가 가진 도끼의 구멍 크기에 맞추어 적당한 나뭇가지를 베면 되는 것이다.

마찬가지로 도를 발현시키고 체득하는 일도 자성(自省)하는 데서 출발한다. 너무 멀고 넓게 잡아 자신의 능력으로는 도저히 감당할 수 없다고 여겨 남의 일로 치부할 것은 아니라는 교훈이 담겨 있다.

공자는 물획(勿劃)이란 말도 쓰고 있다. 이 뜻은 "스스로 자신의 능력을 규정해 선을 긋지 마라."는 것으로, 자신의 능력이 얼마인지는 실제로 일을 해봐야 아는 것이지 미리 재단할 필요는 없다는 말이다.

즉, 사람의 능력이란 노력 여하에 따라서 얼마든지 확장될 수 있는 것인데, 미리 이것을 제한한다면 실제 능력의 반도 쓰지 못할 경우가 있다는 것이다. 맡은 바 일에 최선을 다하는 태도를 공자는 높이 평가하였다.

【용례】 선행을 하려고 해도 할 게 없다는 말은 하지 마라. 선행을 마치 엄청나게 큰 일이라고 생각하지 말고 바로 주위에 있는 휴지 한 장이라도 줍는 일이라고 생각해 봐. "벌가벌가에 기칙불원"이란 말도 있잖니.

법지불행 자상정지
法之不行 自上征之

法 : 법(법) 之 : 어조사(지)
不 : 아닐(불) 行 : 갈(행)
自 : 부터·스스로(자) 上 : 위(상)
征 : 칠(정)

【뜻풀이】 법이 제대로 시행되지 않는 것은 위에 있는 사람부터 법을 어기기 때문이다.

【출전】 이 성어는 법가(法家)의 대표적인 철학자 중 한 사람인 상앙(商鞅)이 한 말에서 나왔다.

상앙은 진(秦)나라 효공(孝公) 때 재상으로 있으면서 여러 가지 강력한 법령을 시행했다. 부국강병의 일환으로 시행하긴 했지만 위반했을 때 받는 형벌이 워낙 엄격했기 때문에 사람들 사이에서 법령에 대한 원성이 날로 높아갔다.

그러던 어느 날 태자가 새로 시행한 법령을 어기는 일이 발생했다. 상앙은 좋은 기회다 싶어 즉시 태자를 형벌에 처하려고 하였다.

"법령이 제대로 시행되지 않는 것은 위에 있는 사람들부터 이를 어기기 때문이다. 태자라 해서 면책이 있을 수 없다."

그러나 대통을 이어 갈 태자에게 형벌을 가할 수는 없었기 때문에 대신 태자의 스승인 공자(公子) 건(虔)에게 책임을 물어 처형하고 공손가(公孫賈)를 묵형(墨刑)에 처했다. 묵형이란 죄목을 이마에 먹물로 새겨 넣는 형벌이다.

이렇게 되자 백성들 중에서 감히 법령을 어기려는 사람이 없었고 10년이 지나자 진나라에는 좀도둑 하나 나오지 않았다. 또 상앙은 법령에 대해 가타부타 말하는 사람은 모두 변방 요새로 내쫓아 버렸기 때문에 그야말로 법령에 맹종하는 사람 이외에는 아무도 없게 되었다. 이런 상앙의 정책에 힘입어 진나라는 일약 천하의 강국으로 발돋움할 수 있었다.

그러나 효공이 죽고 태자가 왕위에 오르자 평소 상앙의 정책에 대해 반감을 가지고 있었던 태자는 그를 체포해 거열형(車裂刑)에 처하고 말았다. 거열형은 팔다리를 말에 묶어 잡아당겨 찢어 죽이는 형벌이다.

【용례】 국가 공직자가 이권 개입이나 하고 자기 사람만 자리에 앉히면서 질서를 어긴다면 누가 그 사회에서 정직하게 살아가겠는가. 고위 관리부터 법을 어기면 그 법이 온전히 시행될 수 없는 것("법지불행 자상정지")이야 불 보듯 뻔한 것 아닌가?

별개생면 別開生面

別 : 따로·구별할(별) 開 : 열(개)
生 : 날(생) 面 : 얼굴(면)

【뜻풀이】 새로운 형식과 새로운 격식을 만들어서 평상적인 것과 구별된다는 뜻이다.

【출전】 당(唐)나라 때의 유명한 시인 두보(杜甫, 712~770)의 〈단청인(丹靑引) : 증조장군패(贈曹將軍霸)〉라는 시에서 유래한 말이다.

전하는 말에 따르면 조 장군은 이름이 패라 하는데 조조(曹操)의 후예라고 한다. 당현종 때 조패(曹霸)의 회화 작품은 소문이 자자했는데, 특히 말과 인물의 초상을 그리는 데 능했다.

당현종은 그에게 말과 공신들을 그리게 하는 한편, 좌무위장군으로 봉하였다.

일찍이 당태종 때 궁중의 능연각(凌煙閣)에는 화가들이 그린 24폭의 당왕조 개국 공신들의 초상이 그려져 있었는데, 1백 년이 지난 현종에 이르러 그 공신상의 색채가 상당히 흐려져 버렸다. 이에 조패는 현종의 명령을 받고 공신들의 초상에 다시 색칠을 해서 24명의 공신들은 새로운 면모를 지니게 되었다.

두보는 〈단청인〉에서 이 사건을 몇 구절 다루었는데, "능연 공신들의 안색이 희미해져 갈 때 장군의 붓끝에서 새로운 모습이 나타났다(凌煙功臣少顏色 將軍筆下開生面)."는 구절이 그것이다. 여기서 개생면(開生面)은 새롭고 생동감 넘치는 면모를 그려 냈다는 뜻으로, 나중에 사람들은 그 앞에 별(別)자를 덧붙여 별개생면으로 썼다.

【용례】 이번에 나온 한글 워드 프로세서는 워낙 기존 제품과는 차이가 많아 익히기가 쉽지 않겠어. "별개생면"하는 것도 좋지만 자꾸 바뀌면 어쩌겠다는 것인지 모르겠어.

별무장물 別無長物

別 : 따로(별) 無 : 없을(무)
長 : 길(장) 物 : 사물(물)

【뜻풀이】 몸에 없어서는 안 될 물건을 제외

하고는 이렇다 할 좋은 물건이 없다는 뜻으로, 몹시 가난한 것을 비유해 이르는 말이다.
【출전】 남북조시대에 유의경(劉義慶, 403~444)이라는 사람이 편찬한 『세설신어·덕행편(德行篇)』이나 『진서(晉書)·왕공전(王恭傳)』에 보면 왕공에 대한 다음과 같은 이야기가 있다.

동진(東晉) 때 활동한 왕공[자는 효백(孝伯)]과 왕침(王忱)은 서로 막역한 친구였는데 그들 두 사람은 둘 다 일찍이 태자의 스승으로 있던 적이 있다.

어느 날 왕공은 부친인 광록대부 왕온(王溫)을 따라 괴계 지방에 가서 소일하다가 도성으로 돌아왔다. 왕침은 왕공을 보러 갔다가 그가 여섯 치나 되는 새 죽석(竹席, 대자리. 대오리로 엮어 만든 자리)을 깔고 있는 것을 보고, 속으로 저 훌륭한 죽석은 괴계에서 가져온 특산물일 것이고 가져온 죽석이 적지 않을 것이라 생각했다.

왕침은 그 죽석을 보면 볼수록 부러움이 커져서 왕공에게 한 장 선사해 달라고 부탁하였다. 그랬더니 왕공은 즉석에서 응낙하고 자신이 깔고 있던 새 죽석을 왕침에게 내주었다.

그런데 사실은 왕공의 생활은 아주 검소해서 죽석도 다만 그 한 장뿐이었다. 때문에 왕침에게 그것을 선물로 준 뒤 그는 짚으로 엮은 낡은 방석을 까는 수밖에 없었다.

그 후에 이 일을 알게 된 왕침은 깜짝 놀라 왕공의 집으로 찾아가서 사과하였다.

"난 자네에게 죽석이 많은 줄로만 알았네."

그러자 왕공은 웃으면서 이렇게 말하였다.

"난 평생에 남아도는 물건이 없는 사람일세.(我平生無長物)"

이래서 별무장물이라는 성어가 생겨났는데, 신무장물(身無長物) 또는 일무장물(一無長物)이라고도 한다.

【용례】 워낙 이재에는 눈을 주지 않았던 분이시라 "별무장물"이니 이런 경사를 맞이하시고도 변변히 대접할 여유도 없으시다지 않나. 우리가 좀 추렴해서 도와드려야겠는데, 자네들 생각은 어떤가?

별유천지비인간
別有天地非人間

別 : 구별할·따로(별) **有** : 있을(유)
天 : 하늘(천) **地** : 땅(지)
非 : 아닐(비) **人** : 사람(인)
間 : 사이(간)

【뜻풀이】 따로 세상이 있지만 인간 세상은 아니다. 경험하지 못한 새로운 세계를 체험하거나 그런 세계가 왔을 때 쓰는 표현이다.
【출전】 이백(李白, 701~762)의 〈산중문답(山中問答)〉에 나오는 구절이다.

「무슨 일로 푸른 산에 사냐고 묻는다면
웃을 뿐 대답은 안 해도 마음은 절로 한가롭네.
복숭아꽃이 물 따라 두둥실 떠가는 곳
따로 세상이 있지만 인간 세상은 아닐세.
問余何事栖碧山
笑而不答心自閑
桃花流水杳然去
別有天地非人間」

이 작품은 원래 자연에 묻혀 사는 즐거움에 대해 노래한 소박한 자연시다. 그런데 작품이 담고 있는 시상이나 심상이 대단히 선취(禪趣)가 넘쳐흐르면서 도가적(道家的) 풍류가 스며 있어 오랜 기간 절창(絕唱)으로 회자되어 왔다.

유언(有言)의 물음에 대해 무언(無言)의 대답을 함으로써 마음속에 깃들어 있는 운치를 다 토로하는 것이다. 특히 3·4구에서 보여주는 독특한 정취는 무릉도원(武陵桃源)의 신비로운 경관을 그대로 재연한 부분으로 색다른 정취를 느끼게 한다.

【용례】 서울 가까운 곳에 이렇게 아름다운 계곡이 있을 줄은 꿈에도 생각 못했어. 그야말로 "별유천지비인간"이로군. 꼭 다시 오고 싶은 곳이야.

병귀신속 兵貴神速

兵 : 전술(병) 貴 : 귀할(귀)
神 : 귀신(신) 速 : 빠를(속)

【뜻풀이】 용병(用兵)은 잠시도 머뭇거리지 말고 신속하게 움직이는 것이 중요하다는 뜻이다.

【출전】 『삼국지·위서(魏書)·곽가전(郭嘉傳)』에 나오는 말이다.

후한(後漢) 말기의 정치적 혼란 속에서도 명문가 출신 원소(袁紹)는 기주(冀州)의 지방 장관에 임명되어 그의 세력은 강대해졌다. 이때 원소의 통치 지역 북쪽에는 오환(烏丸, 소수 민족의 마을)이 있었는데, 그 중에서도 요서(遼西)에 있는 선우(單于)의 세력이 가장 강했다. 선우가 만만치 않다고 판단한 원소는 그를 화친정책으로 회유하여 후방 지역의 군사적 보루로 삼았다. 이때 원소는 조조(曹操)와 화북 지방을 양분하여 상호 견제하던 중이었는데, 조조에게 불의의 기습을 받고 대패한 뒤, 분한 마음을 참지 못해 피를 토하고 죽었다.(▶ 만전지책萬全之策 참조)

원소가 죽자 세 아들 가운데 원소가 총애하던 막내 원상(袁尙)이 아버지의 뒤를 이어 기주의 장관이 되었는데, 이 때문에 장남 원담(袁譚)과 사이가 벌어졌다. 조조는 형제간의 불화를 절호의 기회라고 여겨 두 형제를 공격했다. 두 형제는 할 수 없이 화해했지만 오래 가지 못하고 원담이 원상을 공격하여 영토를 차지해 버렸다. 큰형에게 영토를 빼앗긴 원상은 둘째 형 원희(袁熙)에게 피신하였다. 조조는 형제들에게서 고립된 원담을 쳐서 멸망시켰다.

한편, 원희의 세력권에서도 내분이 일어나 초촉(焦觸)과 장남(張南)이 반란을 일으키자 원희와 원상 형제는 북쪽에서 세력을 형성하고 있던 선우에게 의지하였다. 조조의 세력이 날로 확장되자 선우는 변경 지역에서 군대를 일으켜 번번이 조조를 괴롭혔다. 마침내 조조는 선우의 잦은 침략을 좌시하지 않고 괴멸하기로 작정했는데, 문제는 병사와 말, 식량, 물의 더딘 수송이었다. 고민 끝에 조조는 책사 곽가에게 방책을 물었다. 곽가가 이에 대책을 내며 말했다.

"병귀신속입니다. 먼저 경기병(輕騎兵)만 보내십시오."

조조는 곽가의 전술을 받아들여 경기병을 이끌고 진격하였다. 그의 병력은 비록 선우가 지휘하는 병력과는 차이가 났지만 워낙 신속하게 움직였기 때문에 순식간에 선우의 군대를 섬멸하였다. 병귀신속은 병사의 특성을 상황에 따라 잘 활용하여 유효적절(有效適切)하게 이용하는 것을 말한다.

【용례】 물류의 흐름은 한 번 막히면 회사에 치명적인 악재가 될 수 있습니다. "병귀신속"이란 말처럼 구입자가 나타났을 때 빨리 재고를 소모해야 합니다.

병문졸속 兵聞拙速

兵 : 병사(병) 聞 : 들을(문)
拙 : 못날(졸) 速 : 빠를(속)

【뜻풀이】 전쟁은 졸렬하다는 소리를 들어도 빨리 끝내는 것이 좋다는 뜻이다.

【출전】 『손자병법(孫子兵法) · 작전편(作戰篇)』에 나오는 말이다.

춘추시대의 병법가 손자는, 전쟁은 오래 끌어서는 안 되고 속전속결로 승부를 내야 한다고 했다. 그가 속전속결을 주장한 까닭은 지구전(持久戰)을 치를 때의 폐단을 잘 알았기 때문이다. 그 폐단에 대해 손자는 이렇게 설명했다.

「무릇 전쟁을 하는 법은 천 대의 수레와 수십만 명의 병사, 그에 따른 식량과 물자 등이 필요한 대규모 전쟁을 치르려면 막대한 비용이 소모된다. 전쟁을 벌이는 것은 승리하는 것을 귀하게 여기지만 장기전일 경우는 병사들을 지치게 만들고 사기도 떨어뜨린다. 또한 병사들을 계속 전쟁터에 주둔하게 하면 국가의 재정 상태는 걷잡을 수 없이 나빠질 것이다. 전쟁을 오래 끌면 무기는 무뎌지고 사기 또한 떨어지며 이런 상태에서 적을 공격하면 힘이 약화된다. 공격이 실패했다는 것은 국력이 그만큼 소모되었다는 말이다. 그러면 이때를 노리고 있던 인접국의 공격을 받아 치명적인 타격을 입게 되고, 상황이 이렇게 악화일로에 이르면 아무리 지혜로운 군사전략가나 정치가가 있다고 해도 사태를 수습하지 못한다. 때문에 전쟁은 부족한 점이 있더라도 빨리 매듭을 지어야 한다는 말은 많이 들었어도 교묘한 술책으로 전쟁을 잘하더라도 오래 끌어 성공한 예는 본 적이 없다. 모름지기 장기전을 끌어 나라에 이로운 적은 결코 없다. 그러므로 전쟁에 따른 해악을 충분히 인식하지 못한 사람은 전쟁이 주는 이익 또한 깊이 알지 못한다.

(凡用兵之法 馳車千駟 革車千乘 帶甲十萬 千里饋糧 則內外之費 賓客之用 膠漆之材 車甲之奉 日費千金 然後十萬之師擧矣 其用戰也貴勝 久則鈍兵挫銳 攻城則力屈 久暴師則國用不足 夫鈍兵挫銳 屈力貨 則諸侯乘其弊而起 雖有智者 不能善其后矣 故兵聞拙速 未睹巧之久也 夫兵久而國利者 未之有也 故不盡知用兵之害者 則不能盡知用兵之利也)」

때문에 손자는 짧은 기간에 모든 전력을 한 곳에 모아 싸우는 것이 가장 합리적이고 효율적인 싸움이라고 주장하였다. 병문졸속은 전쟁이 장기전으로 접어들면 적군뿐 아니라 아군의 인적, 물적인 피해도 만만치 않으므로 빨리 끝내면 끝낼수록 좋다는 뜻이다. 전쟁에서 군사력은 아무리 잘 갖추어도 부족한 법이다. 때를 정확하게 보아 적기에 공격하여 단기간에 끝내는 것만 못한 것이다.

【용례】 이번 광고는 긴 시간 방영한다고 유리한 것이 아닙니다. "병문졸속"이라 했으니 단기간에 핵심을 집어 장점을 인식시켜 광고 효과를 높이고 비용도 절약하도록 하죠.

병불염사 兵不厭詐

兵 : 병사·병장기(병) 不 : 아닐(불)
厭 : 싫어할(염) 詐 : 속일(사)

【뜻풀이】 전쟁에서 많은 계책을 써서 상대방을 어지럽히고 승리를 거두는 것이 상책임

을 이르는 말이다. 다시 말하면 적에 대해서는 계책을 써야 할 뿐 아니라 계책을 쓰는 일을 부끄러워하거나 싫증을 내지 말아야 한다는 것이다.

【출전】 이 말은 중국 고대의 유명한 병법(兵法)인 『손자병법·계편(計篇)』에 나오는 말이다. 거기에는 "싸움을 하는 자는 계책을 부려야 한다.(兵者 詭道也)"고 쓰고 있으며, 『손자병법·군쟁편(軍爭篇)』에서도 "싸움을 하는 자는 계책을 써야만 이길 수 있다.(兵以詐立)"고 쓰고 있다.

그리고 진(晉)·초(楚) 두 나라 사이의 싸움인 성복 싸움(城濮之戰)에 대한 『여씨춘추(呂氏春秋)』의 기록에도 이런 말이 나오고 있다.

싸움에 앞서 진문공이 호언(狐偃)에게 물었다.

"초나라는 군사들이 많고 우리는 적은데 어떻게 하면 이길 수 있겠소?"

이에 호언이 대답하였다.

"격식 차리기를 좋아하는 임금은 격식이 아무리 번거로워도 그 화려함에 싫증을 내지 않고 싸움을 잘하는 임금은 싸움이 아무리 많아도 계책을 꾸미기에 싫증을 느끼지 않는 줄 아뢰오. 대왕께서도 속이는 계책을 씀이 지당한 줄 압니다.(繁禮之君不足於文 繁戰之君不足於詐 君亦詐之而已)"

진문공은 호언의 말대로 계책을 써서 싸운 결과 전투에서 승리를 거두었다. 『한비자·난일편(難一篇)』에도 다음과 같은 말이 나온다.

진문공(晉文公)이 초(楚)나라와 싸울 생각으로 구범(舅犯)을 불러 이 일을 물어보자 구범이 대답했다.

"신이 듣기에 예의를 닦은 군자는 충성과 신뢰를 싫어하지 않고, 전쟁을 할 때에는 거짓말을 하고 속이는 일을 꺼리지 않아야 한다고 들었습니다.(臣聞之 繁禮君子 不厭忠信 戰陣之間 不厭詐僞)"

【용례】 기왕 경쟁을 벌였으면 이기는 게 능사라고 생각해. "병불염사"라고 지금 찬밥 더운밥 가릴 때가 아니야. 지고도 떳떳할 수 있다지만, 이기고 떳떳한 것보다야 못하지.

병불혈인 兵不血刃

兵 : 병사·병장기(병) 不 : 아닐(부)(불)
血 : 피(혈) 刃 : 칼날(인)

【뜻풀이】 병장기에 피를 묻히지 않았다는 뜻으로, 군사상의 작전이 순조롭게 진행되어 피를 흘리지 않고 승리를 거두었음을 비유해서 쓰는 말이다.

【출전】 전국시대 순황(荀況)이 편찬한 『순자·의병편(議兵篇)』에 나온다.

순자(즉, 순황)는 그의 저서에서 상고시대 몇 차례의 정의로운 전쟁을 높게 평가하면서 환두(驩兜)에 대한 요(堯)의 토벌, 유묘(有苗)에 대한 순(舜)의 토벌, 공공(共工)에 대한 우(禹)의 토벌, 하(夏)에 대한 탕(湯)의 토벌, 숭(崇)에 대한 문왕(文王)의 토벌, 주(紂)에 대한 무왕(武王)의 토벌 등을 열거했다.

순자는 말하기를 그들은 "모두 인의의 군사로 천하에 행하였다. 때문에 가까이 있는 사람들은 그 착함에 친근해지고, 멀리 있는 사람들은 그 덕을 흠모하게 되었다. 그리해서 병장기에 피를 묻히지 않았어도 원근의 사람들이 스스로 와서 귀의했다.(皆仁義之兵行於天下也. 故近者親其善 遠方慕其德 兵不血刃 遠邇來服)"고 하였다.

삼국시대 촉(蜀)나라의 승상 제갈량(諸葛

亮, 181~234)도 위(魏)나라를 토벌하기 위해 후주 유선(劉禪)에게 올린 〈출사표〉에서 군불혈인(軍不血刃)이라는 말을 썼는데, 그 뜻은 병불혈인과 일치한다.

【용례】 맞불 작전으로 나가면 우리 회사에도 적지 않은 피해가 돌아올 겁니다. 가장 좋은 방법은 "병불혈인"이라고, 묘안을 짜내 저들의 계획을 무산시키는 것이라고 여겨지는군요.

병사지야 兵死地也

兵 : 병사·병장기(병) **死** : 죽을(사)
死 : 땅(지) **也** : 어조사(야)

【뜻풀이】 전쟁터에 나가서는 목숨을 걸고 싸워야 한다. 즉, 전쟁은 머리나 요령으로 싸워 이기는 것이 아니라 군사 하나하나가 죽음을 각오하고 싸워야 승리할 수 있다는 뜻이다.

【출전】 『사기·염파인상여열전(廉頗藺相如列傳)』에 다음과 같은 이야기가 나온다.

조(趙)나라에 조사(趙奢)라는 명장이 있었다. 그는 본래 시골에서 전답의 세금을 거두던 하급 관리였는데, 워낙 청렴결백(淸廉潔白)하고 공평한 처결로 이름이 나서 평원군(平原君)에게 발탁된 사람이었다. 이후 그는 여러 전투에서 혁혁한 공을 세워 마복군(馬服君)으로 봉군되기에 이르렀다.

이처럼 뛰어난 건력가였던 그에게는 조괄(趙括)이라는 아들이 하나 있었다. 조괄은 어릴 때부터 지극히 총명해서 아버지의 뒤를 이어 각종 병법을 익히는 등 실력을 발휘했다. 그는 스스로 "병법이라면 천하의 그 누구도 나의 상대가 되지 못한다."며 대단한 자부심을 보였다.

하루는 조사가 아들 조괄과 함께 병법에 대한 토론을 나누었다. 그때도 조괄은 거침없이 이론을 펼쳐 아버지를 곤경에 빠뜨렸다. 이를 본 조괄의 어머니는 흐뭇해하며 자식을 대견하게 바라보았다. 그러나 아버지인 조사는 썩 탐탁지 않다는 듯 자식의 능란한 언변을 꼬나보는 것이었다. 아들이 나가고 나자 아내가 조사에게 따졌다.

"아니 당신은 저렇게 총명한 자식이 대견하지 않습니까? 어째서 그렇게 못마땅한 표정으로 애를 내려다보셨습니까?"

그러자 조사가 대답하였다.

"여보, 전쟁이란 목숨을 걸고 싸워야 하는 것이오.(兵死地也) 언제 죽을지도 모르는 긴박한 상황이 중첩되는 것이 전쟁터란 말이오. 그런데 저놈은 마치 전쟁을 지도 위에서 하는 것인 양 착각하고 있어요. 저런 놈이 대장이라도 되어서 전쟁터에 나갔다가는 크게 망신을 당할 것이오. 이론이 정연하다 해도 실제 상황에서 응용할 수 없다면 무슨 소용이겠소."

과연 조괄은 조나라 효성왕(孝成王) 7년(기원전 262)에 일어난 진(秦)나라와의 전쟁에 사령관으로 참여했다가 탁상공론(卓上空論)으로 일을 처리하는 바람에 45만 명이라는 대군을 잃고 말았다.(➡ 지상담병紙上談兵 참조)

체험이나 현장 경험이 없는 지식은 한갓 모래성일 뿐임을 보여 주는 예로, 어떤 일이든 다양한 경험과 이론을 겸비해야 한다는 뜻을 표현할 때 병사지야라는 성어를 쓴다.

【용례】 네가 내 뒤를 이어 육군사관학교에 지원하겠다니, 뜻이 가상하구나. 기왕 다진 마음이라면 "병사지야"니 요행수만 기대하며 한눈 팔지 말고 참된 군인이 되도록 하거라.

병입고황 病入膏肓

病 : 병·병들(병) 入 : 들(입)
膏 : 가슴아래(고) 肓 : 명치끝(황)

【뜻풀이】 질병이 깊어져서 더는 치료할 수 없게 되었음을 일컫는 말이다.

【출전】 『좌전·성공(成公) 10년』조에 다음과 같은 이야기가 있다.

춘추시대의 일이다. 어느 날 진경공(晉景公)이 중병에 걸리자 사람을 진(秦)나라로 보내 명의를 구해 오라고 했다.

한편, 병상에 누워 앓고 있던 진경공은 비몽사몽(非夢似夢) 중에 두 아이를 만났는데, 그 중 한 아이가 "안 되겠다. 환자가 명의를 구해 오게 했단다. 참 재수도 없구나. 빨리 달아나자." 하고 말하자, 다른 한 아이는 "당황할 것 없어. 우리 명치끝 아래에 숨어 있자. 그러면 그 어떤 명의가 와서 아무리 좋은 묘약을 쓰더라도 우리를 어쩌지 못할 거야."라고 말하는 것이었다. 깨고 보니 꿈이었다.

그 꿈을 되새겨 보는 진경공의 머릿속에는 별별 괴상한 생각이 다 들었다. 그는 속으로 꿈에 본 그 두 아이가 병마(病魔)일 것이라고 생각하였다.

얼마 뒤 진나라 명의가 와서 진경공의 병을 진단한 다음 "방법이 없습니다. 병은 이미 명치끝까지 미쳐 약으로는 도저히 치료할 수 없게 되었습니다."라고 말했다.

물론 이 이야기는 지어낸 말로 꿈에 병마를 보았다는 식으로 사실 다소 황당무계(荒唐無稽)한 전설로 꾸민 것이다.

이 이야기에서 병입고황이라는 성어가 나왔는데, 질병이 깊어져서 더는 치료할 수 없게 된 것을 비유하는 말이다. 그러다가 나중에는 뜻이 확대되어 어떤 나쁜 사상이나 습관 또는 작풍(作風)이 몸에 배어 도저히 고칠 수 없는 것을 비유하는 말로도 쓰이게 되었다.

【용례】 어쩌다가 환자가 이 지경이 되도록 방치했습니까? 이미 "병입고황"이어서 수술로는 도저히 손을 쓸 수가 없으니 집으로 데려가십시오.

보보생연화 步步生蓮花

步 : 걸음·걸을(보) 生 : 날(생)
蓮 : 연꽃(련) 花 : 꽃(화)

ㅂ

【뜻풀이】 발걸음마다 연꽃이 피어난다. 미인의 가볍고 부드러운 발걸음을 비유하는 말이다.

【출전】 『남사(南史)·제폐제동혼후기(齊廢帝東昏侯紀)』에 다음과 같은 말이 있다.

"금박지에다 연꽃을 새겨 땅에 붙여 놓고 반비를 그 위로 걷게 하니 이야말로 발걸음마다 연꽃이 피어나는 것이로구나.(鑿金爲蓮花以帖地 令潘妃行其上 日此步步生蓮華也)"

제나라의 동혼후는 반비(潘妃)의 미모에 빠져 정치를 등한시하다가 폐위된 한심한 임금이다. 예로부터 미인의 교태에 빠져 나라와 몸을 망친 임금은 수도 없이 많지만 동혼후 역시 마찬가지 잘못을 저질러 자멸하고 말았다.

오늘날에는 이런 유래와는 관계없이 미인의 고운 자태를 묘사할 때 쓰이고 있다.

【용례】 올해 새로 들어온 그 여학생 있지. 정말 예쁘더군. 걷는 모습이 "보보생연화"야. 나 아무래도 사랑에 빠질 것 같아.

보우지탄 鴇羽之嘆

鴇 : 너새(보) 羽 : 깃(우)
之 : 어조사(지) 嘆 : 탄식할(탄)

【뜻풀이】 너새 깃의 탄식이라는 말로, 백성이 전쟁터나 부역에 끌려 나가 어버이의 봉양을 다하지 못하는 안타까움을 탄식한다는 뜻이다.(➡ 북산지감北山之感 참조) 보우지차(鴇羽之嗟)라고도 한다.

【출전】 『시경 · 당풍(唐風)』의 〈보우(鴇羽)〉에 나오는 말이다.

「푸드득 너새 날갯짓하며 상수리나무 떨기에 내려앉네.
나라 일로 쉴 수 없이 찰기장 메기장 심지 못하니
부모님께서는 무얼 드시고 사시나.
아득한 푸른 하늘이여 언제나 우리 집에 있게 될 것인가.
푸드득 너새 날갯짓하며 대추나무 떨기에 모여 앉네.
나라 일로 쉴 수 없이 메기장 찰기장 심지 못하니
부모님께서는 무엇 드시고 사시나
아득한 푸른 하늘이여 언제나 다 끝날 것인가
푸드득 너새 줄지어 날아 뽕나무 떨기에 모여 앉네.
나라 일로 쉴 수 없이 벼 수수도 심지 못했으니
부모님께서는 무얼 맛보고 지내시나
아득한 푸른 하늘이여 언제면 옛날로 돌아갈 것인가.
肅肅鴇羽 集于苞栩
王事靡盬 不能蓺稷黍
父母何怙 悠悠蒼天 曷其有所
肅肅鴇翼 集于苞棘
王事靡盬 不能黍稷
父母何食 悠悠蒼天 曷其有極
肅肅鴇行 集于苞桑
王事靡盬 不能蓺稻粱
父母何嘗 悠悠蒼天 曷其有常」

진(晉)나라는 소공(昭公)이 왕위에 오른 뒤부터 정치가 어지러워져 병사들의 출정이 빈번해졌다. 당시의 병사는, 곧 일반 백성들이었다.

"보우"는 전쟁터로 나간 병사들이 고향에 계신 늙으신 부모님을 생각하며 제대로 봉양하지 못한 애타는 마음을 읊은 시다. 너새는 기러기와 비슷하게 생겼는데 크고 뒷다리에 발톱이 없다.

【용례】 해외 지사에 근무한 지도 어느덧 다섯 해가 지났네. 멀리 떠나 있어 부모님을 모시지 못하기는 "보우지탄"이나 마찬가지구나.

보원이덕 報怨以德

報 : 갚을(보) 怨 : 원한 · 원망할(원)
以 : 써(이) 德 : 큰(덕)

【뜻풀이】 덕을 베풀어 원한을 갚다. 원한을 원한으로 갚으면 다시 또 원한을 사게 된다. 때문에 진정한 복수는 덕으로 원한을 갚는 데 있다는 것이다.

【출전】 이 성어는 『노자 · 63장』에 나온다.

「함이 없음(無爲)을 실천하고, 일이 없음(無事)을 일삼으며, 맛이 없음(無味)을 맛보아라.
크던 작든, 많든 적든 간에 원한이 있으면

덕으로 갚아라.

어려움을 꾀할 때에는 쉬운 것부터 시작하고, 큼을 할 때에는 사소한 것부터 살핀다.

천하에 아무리 어려운 일일지라도 반드시 쉬운 것에서부터 만들어지며,

천하에 아무리 큰일일지라도 반드시 사소한 것에서부터 만들어진다.

때문에 성인은 끝내 큰일을 하지 않으니, 그리하여 능히 큰일을 이룬다.

무릇 가볍게 승낙하는 일에는 반드시 믿음이 적고, 쉬워 보이는 일이 많으면 반드시 어려움도 많게 마련이다.

때문에 성인은 오히려 어렵게 여기는 것이니, 그리하여 끝내 어려움이 없는 것이니라.

(爲無爲 事無事 味無味 大小多少 報怨以德 圖難於其易 爲大於其細 天下難事 必作於易 天下大事 必作於細 是以聖人終不爲大 故能成其大 夫輕諾必寡信 多易必多難 是以聖人猶難之 故終無難矣)」

【용례】 그 사람이 네 아버지를 그 지경에 빠뜨린 장본인인지는 너도 잘 알 것이다. 그런데도 그를 도와주겠다니, "보원이덕"하겠다는 네 뜻은 나무랄 수 없지만 왠지 좀 찜찜하구나.

보졸불여근 補拙不如勤

補 : 기울(보) 拙 : 못날(졸)
不 : 아닐(불) 如 : 같을(여)
勤 : 부지런할(근)

【뜻풀이】 졸렬함을 메우는 데는 부지런한 것만한 것이 없다. 서툰 일은 근면으로 보충한다는 뜻이다.

【출전】 당나라의 시인 백거이〔白居易, 772~846 : 흔히 백낙천(白樂天)이라고 함〕가 한 말이다.

당나라 중엽 백거이가 소주자사(蘇州刺史)로 있을 때 일어난 일이다. 소주는 당시만 해도 인구 50만 명이 웃도는, 동남 지역에서 가장 큰 고을이었다. 큰 지방이었던 만큼 자연히 즐기고 놀 만한 명승지도 매우 많았지만, 백거이는 한눈을 팔지 않고 정치에만 골몰하였다.

뒷날 백거이는 친구에게 눈코 뜰 새 없이 바빠 산천 구경은커녕 좋아하는 술과 음악도 멀리하게 된 까닭을 토로하였다.

"사람이 자신에게 서툰 일을 보충하는 데는 부지런한 것밖에는 없다네.(補拙不如勤)"

자신은 정치에 워낙 서툴렀기 때문에 보충하기 위해 근면밖에 없다는 말이었다.

보졸불여근은 살아가면서 이미 갖춘 것은 더욱 든든하게 다지고, 모자라는 부분은 노력으로 보완해야 한다는 평범한 진리를 일깨워주는 말이다.

【용례】 저는 워낙 날 때부터 재주가 없었던 사람입니다. 그래서 재주를 보충하기 위해 "보졸불여근"이란 말처럼 그저 성실하게 열심히 일했던 것입니다. 이제 무사히 소임을 마치고 떠나게 되니 도와주신 분들에게 두루 고마울 뿐입니다.

보천욕일 補天浴日

補 : 기울(보) 天 : 하늘(천)
浴 : 몸씻을(욕) 日 : 날·해(일)

【뜻풀이】 극히 큰 공적을 비유해서 이르는

ㅂ

말로 "여와가 하늘을 깁다.(女媧補天)"와 "희화가 해를 목욕시키다.(羲和浴日)"라는 두 신화에서 유래한 성어다.

【출전】『회남자(淮南子) · 남명훈(覽冥訓)』에 보면 다음과 같은 이야기가 있다.

상고시대의 어느 날 수신(水神) 공공(共工)과 화신(火神) 축융(祝融)이 대판 싸움을 벌인 적이 있었다. 그 결과 공공이 대패해서 홧김에 그는 하늘을 받치는 기둥인 불주산을 무너뜨렸다.

그 바람에 하늘이 무너져 내리고 땅도 여러 군데 갈라졌으며, 산에는 불이 나고 사방으로 홍수가 범람했다.

이때 우주를 창조한 여신 여와가 이 어려운 문제를 풀기 위해 나섰다. 여와는 강에서 오색찬연한 돌을 수없이 골라 불로 녹여 붙인 다음 그것으로 찢어진 하늘을 받드는 네 기둥을 만들었다. 그리고 불에 탄 재를 이용해서 홍수를 막았다. 이리하여 한 차례의 큰 재앙은 종말을 보고 말았다.

『산해경(山海經)』에는 또 이런 이야기가 있다.

태양의 여신인 희화는 아들 열 명을 낳았다. 즉, 해를 열이나 낳았는데, 그들은 동방 해외의 탕곡(湯谷)이라는 곳에서 살고 있었다. 그곳에는 부상(扶桑)이라는 큰 나무가 있어서 그 장소도 부상이라 불렀다. 그들은 이 큰 나무에 머물러 있으면서 윤번제로 하늘에서 감시를 했다. 그런데 어느 태양이 감시를 하든지 그들의 어머니 희화는 수레를 몰고 아이를 바라다 주었는데, 그 수레는 용 여섯 마리가 끄는 수레였다.

감시를 한 태양은 매일 아침 부상을 떠나 다시 용거(龍車)에 오르기 전에 우선 함지(咸池)에 가서 목욕을 해야 했다. 희화는 언제나 아들들을 데리고 동남 해외의 감연(甘淵) 일대에서 목욕하였다. 감연의 물은 몹시 감미로워 희화와 아들들은 모두 깨끗하게 몸을 씻곤 하였다.

보천욕일은 이 두 이야기가 합쳐져 형성된 것이다.

【용례】 이번에 우리 회사가 개발한 레이더 장비는 정말 획기적인 제품임에 틀림없습니다. 이로서 우리는 이 분야에서 세계 최고의 기술을 가졌다고 자부할 수 있게 되었습니다. 참으로 "보천욕일"할 공훈을 올렸습니다.

복거지계 覆車之戒
→ 전거지감 前車之鑑

복고 腹稿

腹 : 배(복) 稿 : 원고(고)

【뜻풀이】 배(腹) 안에 초고를 쓰다. 글을 억지로 생각해서 짓는 것이 아니라 붓을 들기 전에 반복적으로 구상을 익히는 것을 가리켜 복고 또는 묵고(黙稿)라고 한다.

【출전】 당나라 초기의 유명한 문학가였던 왕발(王勃, 649~675)은 어려서부터 총명이 과인해서 일곱 살에 글을 지을 줄 알고 열댓 살에 벌써 문장으로 이름은 날렸다.

그는 비록 26세(29세라는 설도 있다)의 새파란 나이로 짧은 일생을 마쳤지만 〈등왕각서(滕王閣序)〉와 같은 그의 대표작은 지금까지도 명작으로 전해지고 있다.

그래서 사람들은 그와 양형(楊炯)과 노조

린(盧照隣), 낙빈왕(駱賓王)을 가리켜 초당사걸(初唐四傑)이라 했다.(➡ 고붕만좌高朋滿座 참조)

『당서·왕발전』에 보면, 왕발은 글을 지을 때 왕왕 초고를 쓰지 않고 또 억지로 시상을 짜내지도 않고, 먼저 먹을 갈아 놓고 종이와 붓을 갖춰 놓은 다음 술을 몇 모금 마시기도 하고 이불을 쓰고 드러누워 잠을 자기도 했다.

그러다가 잠에서 깨어나면 즉시 침상에서 뛰어내려 붓을 들고 단숨에 글을 써내려갔는데 그렇게 써 놓은 글은 한 자도 고칠 것이 없었다. 그래서 당시 사람들은 그가 잠을 자는 것이 아니라 그동안 구상이 무르익으면서 배(腹) 안에 초고를 쓰는 것이라고 하였다.

【용례】 글을 잘 쓰려면 "복고"를 해야 하는 법인데, 처음부터 제대로 할 수 있는 사람은 무척 드물단다. 그러므로 글을 익힐 때에는 꾸준히 이 "복고" 하는 것을 게을리 하지 말아야 한다.

복룡봉추 伏龍鳳雛

伏 : 엎드릴(복) 龍 : 용(룡)
鳳 : 봉황새(봉) 雛 : 병아리(추)

【뜻풀이】 엎드려 있는 용과 봉황의 새끼라는 뜻으로, 초야에 숨어 있는 훌륭한 인재를 일컫는 말이다.

【출전】 『삼국지·촉지·제갈량전(諸葛亮傳)』의 주(注)에 나오는 말이다.

제갈량(181~234)은 어려서 부모를 여의고 난세 속에 숙부를 따라 형주(荊州)의 양양(襄陽, 지금의 호북성 양양현)으로 피난왔다가, 숙부가 세상을 떠나자 양양 서쪽에 있는 융중(隆中) 땅에 정착하였다. 그는 난세를 피해 이곳에 은거하면서 독서로 세월을 보냈다.

그 무렵 유비(劉備)는 황건적(黃巾賊)의 난에서 이렇다 할 전공을 세우지 못한 채 형주에 와서 유표(劉表)에게 의지해 있었다. 이때부터 유비는 본격적으로 인재를 찾아 나섰다.

어느 날 양양 땅에 머물고 있던 사마휘(司馬徽)에게 시국의 흐름에 대해 넌지시 물었다. 그러자 사마휘가 대답했다.

"글만 읽는 저는 아무것도 모릅니다. 그런 일이라면 이곳에 계신 복룡과 봉추 두 분 선생이 잘 알지요."

이 말에서 복룡봉추가 나왔는데, 증선지(曾先之)가 편찬한 『십팔사략(十八史略)』에도 동일한 말이 나온다. 여기서 말하는 '복룡'은 초야에 은거하고 있던 제갈량을 가리키고, '봉추'는 방통(龐統)을 말한다. 두 사람은 비록 시운을 만나지 못해 초야에 묻혀 살고 있었지만 비상한 재주의 소유자들이었다.

이처럼 복룡봉추는 겉으로 드러나지 않는, 재주와 지혜가 탁월한 사람을 일컫는다. 흔히 제갈량을 가리켜 와룡선생(臥龍先生)이라고도 한다.

같은 뜻의 말로 와룡봉추(臥龍鳳雛, 누워 있는 용과 봉황의 새끼)가 있고, 용구봉추(龍駒鳳雛, 뛰어난 말과 봉황의 병아리)도 있다. 또 비슷한 말로 기린아(麒麟兒, 재주와 슬기가 탁월한 사람)란 말도 있다.(➡ 기린아麒麟兒 참조)

【용례】 저 두 사람은 앞으로 우리 학계를 이끌어갈 인재들이야. 한문학계의 "복룡봉추"긴 하지만 서로 은근히 사이가 좋지 않은 것이 아쉽지.

ㅂ

복마전 伏魔殿

伏 : 엎드릴(복) **魔** : 마귀(마)
殿 : 전각(전)

【뜻풀이】 마귀가 숨어 있는 전각이란 뜻으로, 나쁜 일이나 음모가 끊임없이 행해지고 있는 악의 본거지라는 말이다. 또는 아주 일이 복잡하게 얽혀 있는 상황을 비유하기도 한다.
【출전】 『수호지(水滸誌)』에 나오는 말이다.

북송(北宋) 인종(仁宗, 1010~1063) 때의 일이다. 나라 전역에 전염병이 돌자 인종은 신주(信州)의 용호산(龍虎山)에서 수도하고 있던 장진인(張眞人)에게 명하여 전염병을 퇴치하기 위해 기도를 올리도록 홍신(洪信)을 파견하였다. 용호산에 도착한 홍신은 마침 장진인이 외출하고 없어 이곳저곳 구경하다가 우연히 복마지전(伏魔之殿)이라는 간판이 붙은 전각을 보았다.

이상하게 여긴 홍신이 무슨 전각이냐고 물으니 옛날에 노조천사(老祖天師)가 마왕을 물리친 신전으로, 함부로 열어서는 안 된다는 대답을 들었다. 이 말에 더욱 호기심이 발동한 그는 안내인을 거의 위협하여 열도록 하였다. 문을 열어 보니 신전 한복판에 석비(石碑)가 있었는데 그 뒷면에 "드디어 홍이 문을 열었구나."라는 글이 있었다.

홍신은 마왕이 석비에 있다고 생각하여 어서 석비를 파내라고 하였다. 한창 파들어 가는데 갑자기 굉음과 함께 검은 연기가 치솟았고, 이어 금빛으로 변하면서 사방팔방으로 흩어졌다. 이런 괴변에 홍신과 주변 사람들은 모두 넋이 빠져 버렸다. 때마침 장진인이 돌아오더니 말했다.

"하지 말아야 할 일을 저지르셨군요. 그곳은 마왕 108명을 가두어둔 곳입니다. 저놈들이 세상 밖으로 빠져 나왔으니 머지않아 나라에 큰 소동을 일어날 것입니다."

장진인의 예상은 1121년에 송강(宋江)이 농민반란을 일으킨 사건으로 증명되었다. 이처럼 복마전은 겉으로 드러나지 않는 악의 소굴로, 사람들에게 해를 입히는 것이다. 부정부패와 비리가 그치지 않는 곳을 보통 복마전이라 부른다. 떳떳치 못한 짓을 저지르고 남들이 알지 못하도록 숨기기 위한 곳이다.

【용례】 그 정당의 재정국은 당의 살림을 꾸려가는 중요한 부서이지만, 비리와 부정부패가 끊이지 않는 의혹의 "복마전"으로도 전락했다.

복수난수 覆水難收

覆 : 엎지를·뒤집힐(복) **水** : 물(수)
難 : 어려울(난) **收** : 거둘(수)

【뜻풀이】 쏟아진 물은 다시 수습할 수 없다는 뜻으로, 상황이 더 이상 만회할 수 없는 지경에 이르렀음을 비유하는 말이다.
【출전】 강태공(姜太公)의 이야기에서 나온 성어다.

강태공의 본명은 강상(姜尙)이라고 하는데 그의 선조들이 일찍이 대우씨(大禹氏)의 치수 사업에 공로가 있어 여(呂)라는 곳에 봉읍을 받았기에 여씨라고도 해서 여상(呂尙)이라고도 했다.

전설에 따르면 강태공은 비록 학문과 재질이 뛰어나고 병법에도 통달했지만 평생 가난에 시달렸다. 일찍이 조가〔朝歌, 상(商)나라의 도읍지]에서 소잡이도 하고 맹진이라는 곳에서는 밥장사도 했으며 또 다른 곳에서는 잡역부로도 있었다. 이렇게 고난의 세월을 보내는 중에 아내인 마씨는 견디다 못해 이혼할 것을 제의하였다. 강태공은 좋은 말로 타일렀지만, 마씨는 이를 들은 체도 않고 결국 이혼하고 말았다.

강태공은 위수가의 변계라는 곳에서 강변에 초막을 지어 놓고 낚시질로 생계를 유지하고 있었다. 당시 위수 일대는 주(周)민족의 거주지로서 당시 임금은 주문왕〔희창(姬昌)〕이었다. 이에 강태공은 언제든지 문왕을 만나 자기의 재능을 활짝 펼 수 있는 기회가 오기만 기다리고 있었다.

그러다가 몇 해 지난 어느 날 강태공은 드디어 위수가에 나와 사냥을 하던 문왕을 만났다. 문왕은 백발이 성성한 낚시꾼을 만나 몇 마디 나눠 보고는 그의 학식이 보통이 아니라는 것을 대뜸 알아차리고 말을 건넸다.

"우리 부친께서 전에 말씀하시기를 '장차 유능한 분이 우리를 도와 나설 것이니 우리는 이로 해서 크게 번영할 것'이라고 하시더니 이제 보니 노인장이야말로 가친께서 말씀하신 그 유능한 분임에 틀림없습니다."

그때 강태공의 나이는 이미 여든이었는데 주문왕은 즉시 그를 모시고 돌아가서 국사(國師)로 삼고 태공망(太公望)과 사상보(師尙父) 또는 상보(尙父)라고 존대하였다. 이렇게 해서 사람들은 그를 강태공 또는 여망(呂望)이라고 부르게 된 것이다.

강태공은 나중에 주무왕을 도와 상(尙)나라를 무너뜨리고 주(周)나라를 세우는 데 큰 공로를 세웠다.(▶ 애옥급오愛屋及烏 참조) 주무왕은 그를 제왕(齊王)에 봉하였다.

강태공이 호위병들의 호위를 받으며 위세 당당하게 제나라로 들어갈 때였다. 갑자기 웬 여인이 길 한복판에 꿇어앉아 우는데 강태공이 내려다보니 다름 아닌 전처 마씨였다. 그녀는 땅바닥에 머리를 조아리면서 전날의 부부 관계를 다시 회복하자고 애걸복걸하였다. 그러자 강태공은 하녀를 시켜 물을 한 대야 떠오게 하고는 땅에 쏟아 놓더니 말했다.

"그대가 전날 그렇게 달아나고서 오늘 다시 부부 관계를 회복할 수 있다고 믿는다면 쏟은 물도 얼마든지 다시 담을 수 있을 것이 아닌가? 어디 한번 해보시게."

이 말은 이미 지나간 일은 도저히 회복할 수 없다는 뜻이었다.

이와 비슷한 이야기가 『전한서(前漢書)·열전』 권64에도 나온다. 한나라 때 주매신(朱買臣)이라는 사람이 있었다. 젊었을 때 그의 집안 살림이 너무도 구차해서 아내는 홧김에 그를 버리고 재가해 버리고 말았다. 나중에 주매신이 큰 벼슬을 하고 금의환향(錦衣還鄕)하자 그의 아내는 전날의 부부 관계를 회복하자고 하였다.

이에 주매신은 대야의 물을 엎질러 놓은 다음 그녀에게 도로 담아 보라고 하면서 크게 창피를 주어 그녀로 하여금 자살케 했다는 것이다.

이 성어는 주로 부부 관계란 한 번 깨어지면 다시 회복하기 힘들다는 뜻으로 많이 쓰이지만, 한번 잘못된 일은 바로잡을 수 없다거나 국가를 경영할 때의 조심해야 할 점을 말할 때에도 쓰인다.

『후한서·광무기(光武紀)』에 보면 "엎어진 물을 도로 담을 수 없으니 후회해도 어쩔 수 없다.(反水不收 後悔無及)"는 말이 나오고, 같은 책 〈하진전(何進傳)〉에는 "국가의 일이 어찌 쉽겠는가. 엎어진 물은 다시 담을 수 없으니 심사숙고해야 한다.(國家之事 亦何容易 覆水不收 宜深思之)"고 하였다.

복수난수는 바로 이상의 이야기에서 나온 성어로, 복수불수(覆水不收) 또는 반수불수(反水不收)라고도 한다.

【용례】 저장도 않고 내리 컴퓨터만 두들겼다니. 그러다 전원이 빠져 날려 버린 걸 어쩌겠냐. "복수난수"니 다시 기억을 더듬어 작성하는 수밖에 더 있겠니.

복주복야 卜晝卜夜

卜 : 점·자리잡을(복) 晝 : 낮(주)
夜 : 밤(야)

【뜻풀이】 시간을 아끼지 않고 밤낮 놀기만 하는 사람을 비유하는 말이다.

【출전】 『좌전·장공(莊公) 22년』조에 다음과 같은 이야기가 있다.

춘추시대 진(秦)나라에 경중(敬仲)이라는 사람이 있었는데, 그는 진선공(秦宣公)과 형제간이었다.

진선공이 총희(寵姬)의 몸에서 나온 아들을 태자로 삼기 위해 처음 태자로 봉했던 큰아들 어구(御寇)를 살해하자 어구의 편에 서 있던 경중은 진나라에 있을 수가 없어 제(齊)나라로 도망치고 말았다.

이때 제환공(齊桓公)은 경중을 따뜻하게 대해 주면서 그에게 경(卿)이라는 벼슬까지 내렸다. 그러나 그가 받지 않자 다시 공정(工正)이라는 벼슬을 내려 주었다.

어느 날 제환공이 경중의 집으로 놀러 오자 경중은 왕에게 술을 대접했는데, 제환공은 어찌나 기뻤던지 날이 어두워져도 계속 술을 마시고 있었다. 이에 경중은 할 수 없이 "신은 낮에 대왕을 모시고 놀 것을 준비했을 뿐 밤에까지 계속 놀리라고는 생각하지 못했습니다. 신이 감히 대왕을 만류하지 못함을 용서해 주십시오.(臣卜其晝 未卜其夜 不敢)" 하며 돌아가기를 권고했다고 한다.

복주복야는 바로 경중의 이 말에서 유래한 성어다.

【용례】 샌드위치는 영국 귀족 샌드위치가 만든 음식이라는데, 그 사람은 도박에 빠져 밥 먹을 시간도 아까워서 그런 음식을 만들었다지 않니. "복주복야"도 그 정도면 프로급이지.

본래무일물 本來無一物

本 : 근본(본) 來 : 올(래) 無 : 없을(무)
一 : 한(일) 物 : 물건(물)

【뜻풀이】 본래 아무것도 없다. 마음이 맑고 청정해 진공과 같다는 말이다.

【출전】 『전등록(傳燈錄)』에 다음과 같은 이야기가 있다.

중국 선종(禪宗)의 5조 홍인(弘忍)은 자신의 의발(衣鉢)을 당시 한낱 불목하니에 불과했던 혜능(慧能)에게 전수하고자 했다.

그러나 혜능은 같은 승려들의 인정을 전혀 받지 못한 처지였고, 더구나 홍인에게는 수제자나 다름없는 신수(神秀)라는 뛰어난 제자가 있었다.

신수보다는 혜능의 선기(禪機)가 훨씬 출중한 것을 안 홍인은 어느 날 절 안에 있는 모든 승려들을 불러 놓고 말했다.

"내가 의발을 전하고자 한다. 그러기 위해 마땅한 인물을 가리고자 하니 각자 계송(偈

頌) 한 수씩 지어 오거라."

이렇게 해서 신수와 혜능이 게송을 한 수씩 지어 왔다. 먼저 신수의 게송은 다음과 같았다.

「몸은 지혜의 나무이고
마음은 밝은 거울대로다.
항상 부지런히 털어 내어서
먼지가 앉지 않도록 하리라.
身是菩提樹
心如明鏡臺
時時勤拂拭
不令有塵埃」

다음은 혜능의 게송이다.

「지혜는 원래 나무가 아니요
명경도 역시 대는 아니다.
본래 아무것도 아닌 것인데
어디서 먼지가 일어나겠는가?
菩提本非樹
明鏡亦非臺
本來無一物
何處惹塵埃」

이 두 편의 게송을 읽은 홍인은 확신을 가지고 그날 밤에 혜능을 불러 의발을 전한 다음 남쪽으로 내려가 몸을 피하게 하였다.

혜능은 나중에 소주(韶州)의 조계(曹溪)에서 돈오법문(頓悟法門)을 크게 열어 견성성불(見性成佛)의 선리(禪理)를 널리 전파하였다.

그리고 신수는 그대로 그곳에 머물면서 수행을 통한 깨달음의 교리를 전파했는데, 이로 말미암아 남종선(南宗禪)과 북종선(北宗禪)의 구별이 있게 되었다.

【용례】 눈에 보이는 저 따위 석고상이 무슨 깨달음을 주겠느냐? 진리는 마음속에 있다. 마음은 진공으로 "본래무일물"인데 허깨비 같은 신상에 기도나 하고 있다니, 딱한 노릇이다.

본연지성 本然之性

本 : 근본(본) 然 : 그럴(연)
之 : 어조사(지) 性 : 본성(성)

【뜻풀이】 주자학(朱子學)에서 주장하는 학설의 하나. 사람에게는 두 가지 형태의 성(性)이 있는데, 그것은 본연지성과 기질지성(氣質之性)이라는 것이다. 본연지성은 순연(純然)하게 하늘에게서 부여받은 성이고, 기질지성은 혈기나 기질과 뒤엉켜진 뒤에 생긴 성이다.

【출전】『주자어류(朱子語類)』에 보면 다음과 같은 말이 나온다.

"천지지성이 있고 기질지성이 있다. 천지지성은 태극의 본연한 오묘함을 지니고 있어 겉으로 보면 만 가지로 다르지만 근본은 하나에 있다. 기질지성은 두 가지 기운이 뒤섞여 움직여서 생겨나는 것으로 겉보기에는 근본이 하나인 듯하지만 만 가지로 서로 다르다.(有天地之性 有氣質之性 天地之性 則太極本然之妙 萬殊而一本也 氣質之性 則二氣交運而生 一本而萬殊也)"

주희가 말한 천지지성은 본연지성과 같은 뜻이다.

본연지성과 기질지성의 차이는, 곧 이(理)와 기(氣)의 문제와도 연관이 있다. 즉, 이는 하늘의 이치로서 하늘의 섭리는 바름(正)을 바탕으로 하기 때문에 이가 간섭해서 이루어진 성은 순진무구(純眞無垢)하다. 때문에 그것이 인간에게는 선(善)으로 나타나며, 이런 이유로 해서 유가(儒家)는 인성(人性)을 선하다고 보는 성선설(性善說)을 옹호하는 것이다.

그런데 이 선한 본연지성은 외부 상황과 부딪힐 때 그대로 발현되지 못한다. 즉, 기의 간섭을 받게 되는 것이다. 기에는 청탁(淸濁)의 변별이 있어서 청의 성분을 받으면 선한 본성이 유지되지만, 탁의 성분에 영향을 받으면 불선(不善)에 빠질 여지가 있다. 그러므로 기질지성은 항상 선할 수만은 없게 된다.

그래서 유가에서는 선한 본연지성을 기질지성에도 그대로 발현되게 하기 위해서는 교육이 절대적으로 필요하다고 보는 것이다.

【용례】 아무리 기질이 사람마다 다르다고 해도 형제가 저렇게 다를 수가 있나. 그래도 같은 사람인데 본연의 성품("본연지성")이 반만이라도 있다면 저리 매몰차지는 않을 텐데.

봉모인각 鳳毛麟角

鳳 : 봉황(봉) **毛** : 털(모)
麟 : 기린(인 · 린) **角** : 뿔(각)

【뜻풀이】 봉황의 털과 기린의 뿔. 아주 뛰어난 인재를 비유하는 말이다.

【출전】 『남사(南史) · 사초종전(謝招宗傳)』에 보면 다음과 같은 이야기가 있다.

남북조시대 송나라에 사초종이라는 사람이 있었는데, 그는 바로 유명한 문학가인 사령운(謝靈運, 385~433)의 손자다.

전하는 말에 따르면 사초종은 본디 머리가 총명하고 부지런히 독서를 한 데에다가 글재주가 출중해서 효무제는 그를 특별히 아끼고 사랑해 주었다고 한다.

사초종은 일찍이 신안왕(효문제의 여덟째 아들)의 상시(常侍)로 있을 때 왕부(王府) 안의 모든 중요한 서류들을 친히 작성하면서 크게 이름을 떨쳤다. 그리고 신안왕의 모친이 세상을 떠났을 때 그의 생전의 덕행을 찬양하는 뇌사(誄詞) 역시 사초종이 손수 지었다.

그 글이 어찌나 훌륭했던지 효무제는 한번 읽어 보더니 "초종에게는 봉모가 있어. 사령운이 다시 나타났구나!(招宗殊有鳳毛 靈運復出)" 하면서 감탄해 마지않았다.

여기에서 봉모(鳳毛)는 문호의 후손들이 글재주가 있어 부친이나 조상에 못지않다는 뜻으로 쓰이고 있다.

봉(鳳)은 전설에 나오는 봉황새로, 만약 봉모가 정말로 있다면 두말할 것 없이 그것은 진품 중의 진품일 것이다. 때문에 사람들은 봉모로 극히 희소한 인재를 비유하게 되었는데 흔히 인각(麟角)과 함께 봉모인각으로 쓰이고 있다.

인각(기린의 뿔) 역시 봉모와 같은 뜻으로 쓰이고 있는데, 『북사(北史) · 문원전(文苑傳)』에 보면 "배우는 자는 소털처럼 많지만 성공하는 사람은 기린의 뿔처럼 드물다.(學者如牛毛 成者如麟角)"는 말이 있다. 여기에서 우모(牛毛, 소털)는 봉모나 인각과 정반대로 부지기수(不知其數)라는 뜻으로 쓰이고 있는데, 그래서 나온 말이 다여우모(多如牛毛)라는 성어다.

【용례】 지금까지 우리 학교를 졸업한 선배치고 사회에서 "봉모인각"이 되어 활동하지 않는 분이 없습니다.

봉시장사 封豕長蛇

封 : 봉할(봉) **豕** : 돼지(시)
長 : 길 · 어린(장) **蛇** : 뱀(사)

【뜻풀이】 잔인무도(殘忍無道)한 침략자나 사람의 탐욕이 끝없는 것을 비유해서 이르는

말이다.

【출전】 전설에 따르면 상고시대의 황산 숲속에는 도처에 사나운 독사와 야수들이 있어 사람과 가축을 해쳤다고 한다. 『산해경』과 『회남자』 등 고서 중에 나오는 봉시(封豕)와 장사(長蛇)는 모두 당시의 이름난 괴수들이었다.

봉시란 봉희(封豨)라고도 하는 일종의 큰 멧돼지로 상림(桑林) 지방에 살았는데, 이빨이 길고 발톱이 예리하며 힘이 소보다도 센 아주 흉측한 짐승이라고 한다.

그리고 장사 또는 수사(修蛇)라고 하는 뱀은 길이가 백 자나 되고 등에는 가시 같은 털이 돋았다고 하며 울음소리는 목탁 두드리는 소리 같았다고 한다. 어떤 것은 머리가 빨갛고 몸뚱이는 하얗다고 하며 울음소리는 마치 황소가 우짖는 소리 같았다고 한다.

그 밖에 동정호(洞庭湖)에는 파사(巴蛇)라는 청두흑신(靑頭黑身)의 큰 구렁이가 살았다고 하는데 어찌나 컸던지 코끼리마저 통째로 삼켜 버린 일이 있다는 것이다.

이렇게 해서 사람들은 나중에 봉시장사라는 네 글자로 포악무도한 침략자를 가리키게 되었다.

『좌전·정공(定公) 4년』조에 보면 진애공(秦哀公)에게 군사를 일으켜 오나라를 토벌하라고 권유했을 때 "오나라는 봉시장사가 되어 상국을 삼키려 한다.(吳爲封豕長蛇 以薦食上國)"고 말한 적이 있다.(➡ 진정지곡秦庭之哭 참조) 그리고 파사라는 구렁이가 코끼리를 삼켰다는 전설에서 파사탄상(巴蛇呑象)이라는 말과 "욕심이 족히 코끼리를 삼켜도 시원치 않다.(貪心不足蛇呑象)"는 말이 나오게 되었다. 『후한서·장호전(張皓傳)』에 보면 "오로지 봉시장사가 되어 탐욕스럽게 횡포를 부린다.(專爲封豕長蛇 肆其貪叨)"는 말이 나온다.

【용례】 식탐(食貪)이라더니 먹는 것만 보면 넌 사족을 못 쓰는구나. "봉시장사"도 네 앞에서는 혀를 내두르겠다.

부기미 付驥尾

付 : 붙을(부) 驥 : 천리마(기)
尾 : 꼬리(미)

【뜻풀이】 천리마의 꼬리에 붙다. 큰 인물에게 인정을 받은 뒤에야 비로소 참된 가치가 드러난다는 뜻이 있고, 큰 인물의 힘을 빌려 출세하거나 능력을 발휘하는 것을 일컫는 말이기도 하다.

【출전】 『사기·백이열전(伯夷列傳)』과 『후한서·외효전주(隗囂傳註)』에 각각 다음과 같은 이야기가 있다.

사마천(司馬遷)은 『사기』라는 방대한 역사서를 쓰면서 이후 동양의 역사 기술에 하나의 원형이 되는 전범을 만들어 놓았다. 즉, 본기(本紀)와 세가(世家), 서(書), 지(志), 열전(列傳) 등으로 역사를 성격에 맞게 분리해서 입체적인 조명을 가했던 것이다.

특히 사마천은 정치사의 소용돌이 속에 자칫 희석되기 쉬운 개인의 역할을 부각시키기 위해 열전이라는 독특한 역사 기술 방식을 고안했는데, 그 열전의 첫머리를 장식하는 인물이 바로 백이(伯夷와 숙제(叔齊)다. 그는 백이와 숙제의 전기를 다 서술한 뒤에 말미에 이런 말을 덧붙였다.

「백이와 숙제가 비록 어질지만 공자가 칭찬하는 말을 얻어서 그 이름이 더욱 드러났다. 또 안연이 비록 학문에 독실하였지만 파리가 준마의 꼬리에 붙어서 1천 리를 갈 수 있는

ㅂ

것처럼 공자의 칭찬을 얻어서야 비로소 그 덕행이 더욱 드러나 드날렸다. 산중에 숨어 사는 선비로서 나아가고 물러남에 있어 시의(時宜)에 맞게 행동하는 사람이 있다. 그러나 이와 같은 사람들의 이름이 그대로 사라지고 세상에 알려지지 않으니 슬픈 일이로다! 시골구석의 사람으로서 행동을 가다듬어 이름을 드러내고자 하는 사람이 청운의 선비에게 붙지 않으면 어찌 후세에 이름을 남길 수 있겠는가?

(伯夷叔齊雖賢 得夫子而名益彰 顔淵雖篤學 附驥尾而行益顯 巖穴之士 趣舍有時 若此類名堙滅而不稱 悲夫 閭巷之人 欲砥行立名者 非附靑雲之士 惡能施于後世哉)」

전한 말기의 사람이었던 장창(張敞)이 쓴 편지의 한 대목에 이런 구절이 나온다.

"파리는 아무리 몸부림쳐도 고작 열 걸음 거리밖에는 날지 못한다. 그러나 기(騏)나 기(驥)와 같은 천리마의 꼬리에 붙으면 천 리 길도 한달음에 갈 수 있다. 그러면서도 말에게는 조금도 폐를 끼치지 않는다."

이 두 이야기에서 부기미라는 성어가 유래했다.

【용례】 오늘 제가 이 학교로 부임할 수 있었던 것은 오로지 선생님의 보살핌 덕분입니다. 선생님의 큰 학덕에 제가 "부기미"할 수 없었다면 언감생심(焉敢生心) 이런 영광을 누릴 수 있었겠습니까?

부득요령 不得要領

不 : 아닐(부) 得 : 얻을(득)
要 : 구할(요) 領 : 옷깃(령)

【뜻풀이】 요령을 얻지 못하다.

【출전】 요령이 무엇인가에 대해서는 몇 가지 해석이 있다. 요는 허리(腰)이고, 영은 목덜미라는 것이 하나다.

『여람(呂覽)·계추기편(季秋記篇)』에 "허리와 목덜미가 이어지지 않고, 팔과 다리가 있는 곳을 달리한다."는 말은 목과 허리가 따로 잘라져 있다는 뜻이다.

또 다른 해석은 요령이란 옷의 허리와 깃〔襟〕을 뜻하는 것으로, 옷을 들 때 이 두 곳을 쥐기 때문에 뜻이 바뀌어 중요한 점을 의미하게 되었다는 것이다.

『한서·장건전(張騫傳)』에 다음과 같은 이야기가 있다.

한나라 무제(武帝)가 한창 서역을 정벌할 즈음 오늘날의 감숙성 일대에 월지(月氏)라는 나라가 있었다. 한편 한나라와 월지 사이에는 흉노족이 있어서 자주 국경을 침범하면서 노략질을 일삼아 한나라를 괴롭혔다.

그때 흉노가 월지를 공격해 멀리 서쪽으로 이동하게 되어 흉노에게 앙심을 품고 있다는 소식을 접한 무제는 월지와 연합해 흉노를 공격하기로 결심했다. 그래서 월지 땅까지 사신으로 갈 사람을 모집했는데 이에 응시해서 선발된 사람이 바로 장건이었다.

장건은 행장을 꾸려 길을 떠났지만 얼마 가지 못하고 흉노족에게 포로가 되어 버렸다. 그는 그곳에서 10년을 넘게 거주하면서 결혼을 해서 처자까지 두었다. 그러면서도 호시탐탐(虎視眈眈) 탈출할 기회를 엿보다가 결국 성공해서 월지국에 도착하게 되었다.

그러나 월지는 이미 정착한 지역에서 만족스럽게 살고 있었기 때문에 장건의 제의를 별로 달가워하지 않았다. 때문에 결국 장건은 소기의 목적을 달성하지 못하고, 즉 월지의 요령(要領)을 얻지 못하고 1년 정도 머물렀다가 귀국하고 말았다.

그러나 장건의 그 길고도 긴 여행은 당시 서역으로의 교통과 문화 교류에 큰 영향을 끼쳤고, 서역에서 포도와 명마, 보석류, 악기인 비파 따위가 유입되는 계기가 되었으며, 반대로 중국의 금과 비단 등이 전파되는 데 크게 기여하였다.

한편, 장건이 서역의 여러 나라를 다니면서 애썼지만 월지의 뜻을 얻지 못한 일이 성어가 되어 요령부득(要領不得)이 나왔다. 사물의 중요한 부분을 잡을 수 없다는 말이다. "요령"은 우리말로 미립(경험으로부터 얻은 묘한 이치)이라고도 하는데, 사물의 요긴하고 으뜸가는 점이나 그 줄거리를 말한다.

【용례】 아니, 남들은 하나를 가르쳐 주면 셋도 알고 열도 안다던데, 너는 어쩌면 그렇게 "부득요령"이냐. 멍청한 탓인지 대기만성형이라 그런지 모르겠구나.

부마 駙馬

駙 : 곁말·가까울(부) 馬 : 말(마)

【뜻풀이】 임금의 사위. 부마는 원래 궁궐에 예비로 준비해 둔 말을 뜻했다. 그러던 것이 이렇게 뜻이 바뀌게 된 것은 한무제(漢武帝) 때 부마도위(駙馬都尉)를 설치해서 공주의 남편인 김일선(金日禪)을 그 자리에 임명한 데서 시작되었다.

【출전】 『수신기(搜神記)』에 보면 다음과 같은 이야기가 있다.

농서(隴西) 지방에 살던 신도도(辛道度)가 유학을 가는 길에 진(秦)나라의 도읍인 옹(雍)을 지나가게 되었다. 도중에 그는 큰 저택 앞에서 하녀 한 사람을 보았다. 그녀는 안으로 사라지더니 다시 나와서 그를 집 안으로 안내해 들어갔다.

여주인과 인사를 마치자 요리가 나와서 함께 식사를 하였다.

그녀가 그에게 말했다.

"저는 진나라 민왕(閔王)의 딸로 조(曹)나라로 시집을 가게 되었는데, 불행하게도 식을 올리기 전에 남편이 죽고 말았습니다. 그로부터 23년 동안이나 이곳에서 혼자 살고 있습니다. 이렇게 오늘 이곳을 지나신 것도 인연이니 부디 사흘 밤만 함께 있어 주십시오."

이렇게 해서 사흘을 함께 보낸 뒤 공주는 작별의 인사를 하고는 정표로 화장 상자에서 황금으로 만든 베개를 꺼내 주었다.

공주와 헤어져 밖으로 나와 저택을 돌아보니 집은 흔적도 없이 사라지고 산소만 하나 덩그렇게 놓여 있을 뿐이었다. 그러나 품안의 베개는 그대로였다.

시장에 온 신도도는 여비로 쓸 겸 베개를 팔려고 하였다. 그런데 우연히 지나가던 진나라 왕비가 그 베개를 보았다. 공주의 것과 너무나 똑같았기 때문에 왕비는 신도도를 불러 연유를 물었다.

사실대로 이야기하자 왕비는 깜짝 놀라며 사람을 시켜 공주의 무덤을 파 보게 하였다. 그랬더니 정말 무덤의 부장품에 베개만 빠져 있었다. 그리고 공주의 몸에도 관계를 맺은 흔적이 완연했다.

"죽은 지 23년이나 지났는데도 산 사람과 성교를 가지다니, 공주는 분명 신이 된 것이다. 그리고 당신이야말로 진짜 나의 사위요."

왕비는 이렇게 탄식하더니 그를 부마도위에 임명하고 많은 선물과 함께 고향으로 돌아가게 하였다.

물론 사실과는 동떨어진 이야기지만 임금의 사위를 부마라고 하는 까닭을 그럴듯하게 설명한 경우라고 할 수 있다.

【용례】 옛날에야 공주와 결혼하는 게 최고의 영광이었겠지만, 요즈음은 재벌 딸과 결혼하는 게 "부마"가 되는 거나 마찬가지 아니겠어.

부복장주 剖腹藏珠

剖 : 가를(부) 腹 : 배(복)
藏 : 감출(장) 珠 : 진주·구슬(주)

【뜻풀이】 배를 가르고 보물을 감춘다는 뜻으로, 재물에 눈이 어두워 자신에게 해가 되는 일도 서슴지 않고 자행한다는 말이다.

【출전】 『자치통감·당기(唐紀)·태종정관 원년』조에 다음과 같은 이야기가 있다.

어느 날 당태종이 신하들에게 다음과 같은 이야기를 들려주었다.

서역에 어떤 장사꾼이 있었는데, 하루는 귀중한 보물을 얻고 어디에 감추면 좋을지 몰라 헤매다가 결국 배를 가르고 뱃속에 감춰 버렸다. 이렇게 하니 안전하기는 했지만 그는 목숨을 잃고 말았던 것이다. 이것이 바로 부복장주 또는 부신장주(剖身藏珠)라는 성어의 유래다.

당태종은 이어서 "이것은 짐이 들은 이야기인데 실로 그럴 수 있겠는가?" 하고 물었더니, 신하들은 "있을 수 있는 일"이라고 대답하였다.

그러자 당태종은 계속해서 "이 장사꾼이 재물 때문에 목숨을 잃은 것이 가소롭다는 것은 누구나 다 알고 있지만 어떤 벼슬아치들은 탐심(貪心)이 많아 목숨을 잃기도 하고, 어떤 황제는 끝없이 향락을 추구해서 망국을 자초하기도 하니 이 장사꾼과 마찬가지가 아니겠는가?"라고 말했다고 한다.

【용례】 이번에 발굴한 부장품이 무슨 보배인 양 "부복장주"하는데, 좋은 부장품이면 공개를 해서 널리 알릴 생각을 해야지 그게 무슨 짓이냐.

부언시용 婦言是用

婦 : 아내·아녀자(부) 言 : 말씀(언)
是 : 이(시) 用 : 쓸(용)

【뜻풀이】 아녀자(婦)의 말(言)은 무조건 옳다고 여겨(是) 쓴다(用)는 뜻으로, 줏대 없이 여자의 말을 잘 듣는 사람이나 행동을 비유하는 말이다.

【출전】 『서경·주서편(周書篇)』의 〈목서장(牧誓章)〉에 다음과 같은 이야기가 나온다. 이 글은 목야(牧野)에서 주무왕(周武王)이 은주왕(殷紂王)과 결전을 치르기에 앞서 군사들에게 훈시한 내용을 기록한 것이다.

은(殷)나라의 주왕(紂王)이 달기(妲己)라는 요부(妖婦)에게 빠져 정치를 그르치고 있었다. 그는 달기의 말이라면 무엇이든 들어주었고, 매일같이 주연(酒宴)을 열어 황음(荒淫)을 즐기면서 어진 신하들을 멀리했고, 심지어 일족(一族)들조차 돌보지 않았다.

이 때문에 백성들의 생활은 도탄에 빠지고 세상은 극심하게 혼란해져 곳곳에서 반란이 일어났다.

그때 주(周)나라의 무왕(武王)이 이런 난맥상을 바로잡고자 군사를 일으키면서 말했다.

"옛사람들이 말하기를, 암탉은 새벽을 알리지 않느니, 암탉이 새벽을 알리면 집안이 망한다고 했다. 지금 상나라의 임금 수는 오직 아녀자의 말만 옳다고 여겨 따르고 있다. 조상의 제사도 폐기하여 보답하지 않고, 선왕이 남기신 어버이 같은 동생들을 버려 임용하지 않았다.(古人有言曰 牝鷄無晨 牝鷄之晨 惟家之索 今商王受 惟婦言是用 昏棄厥肆祀 弗答 昏棄厥遺王父母弟 不迪)"

무왕의 이 말에서 성어 부언시용이 나왔고, 또 다른 성어 빈계무신(牝鷄無晨)도 나왔다.
(➡ 빈계지신牝鷄之晨 참조)

【용례】 아무리 아내의 말을 무시해서는 안 된다고 하지만, 자네 부인이 사업에 대해 뭘 알겠나? 그렇게 "부언시용"하다가는 큰 낭패를 볼 테니 조심하게.

부이세어 附耳細語

附 : 붙을(부) 耳 : 귀(이)
細 : 가늘(세) 語 : 말씀(어)

【뜻풀이】 귀에 대고 소곤거리며 말하다. 즉, 남의 장단점을 함부로 말하지 않는다는 뜻이다.

【출전】 『지봉유설(芝峯類說)』에 다음과 같은 이야기가 나온다.

조선 초기 때의 명재상 황희(黃喜, 1363~1452)가 벼슬길에 오르기 전 젊은 시절에 겪었던 일이다. 어느 날 길을 가다 잠시 쉬고 있자니 논에서 한 농부가 소 두 마리로 쟁기질을 하고 있었다. 그가 농부에게 무심코 물었다.

"두 마리 소 가운데 어느 놈의 힘이 더 낫습니까?"

그러자 농부는 쟁기질을 멈추고 다가오더니 귀에 바짝 대고 말했다.

"이쪽 놈이 더 셉니다."

황희가 이상해서 물었다.

"아니, 거기서 직접 말하지 않고 이렇게 와서 귀에다 대고 조용히 말을 하시는 겁니까?"

그러자 농부가 대답했다.

"소가 비록 짐승이긴 해도 마음은 사람과 같습니다. 이놈은 힘이 좋다 하고 저놈은 힘이 약하다고 하면 저쪽 소가 섭섭하지 않겠습니까."

황희는 부리는 짐승에게까지도 세심한 배려를 다하는 농부를 보고 깊은 감명을 받았다. 그 후 정승이 된 후에도 그는 남의 장단점을 함부로 입에 담지 않았다고 한다.

【용례】 아무리 나쁜 놈이라도 제 험담하면 싫어한다네. 그런 놈들에게 원망을 사지 않으려면 "부이세어" 하면서 어를 필요가 있지.

부자량력 不自量力

不 : 아닐(불)(부) 自 : 스스로(자)
量 : 무게 · 헤아릴(량) 力 : 힘(력)

【뜻풀이】 자신의 힘은 고려하지도 않고 섣부르게 행동하는 것을 이르는 말이다.

【출전】 『좌전 · 은공(隱公) 11년』조에 다음과 같은 이야기가 있다.

춘추시대 어느 날 정(鄭)나라와 식(息)나라 사이에 분쟁이 일어났다. 식나라 임금은 담판을 하고 협상하자는 태도로 나오지 않고 도리어 군사를 풀어 정나라를 공격하였다. 이에 정나라에서는 부득이 응전해서 식나라 군대를 대파하였다. 그때 사람들은 이 사건을 이렇게 논평하였다.

"식나라는 다섯 가지 오류〔五不〕를 범했기 때문에 실패했는데 이제 얼마 안 가서 멸망할 것이다."

여기에서 불위(不韙)란 옳지 않다는 뜻으로 감모불위(甘冒韙不)라든가 모천하지대불위(冒天下之大韙不, 분명 옳지 않다는 것을 알면서도 마구잡이로 행동해서 천하에서 가장 큰 오류를 범한다)와 같은 성어도 모두 여기에서 유래한 것이다.

그러면 당시 식나라가 범했다는 다섯 가지 오류는 무엇인가?

『좌전』의 기록을 보면 그 다섯 가지 오류는 "덕을 가늠하지 못한 것(不度德), 힘을 가늠하지 못한 것(不量力), 두 나라 임금이 동성임에도 불구하고 서로 친하게 지내지 못한 것(不親親), 쌍방의 논쟁에 대해 시비를 따져보지 않은 것(不徵詞), 자신의 잘못을 인식하지 못한 것(不察有罪)"이다.

보는 바와 같이 성어 부자량력은 바로 이 다섯 가지 오류의 하나인 부량력(不量力)에서 유래한 것이다.

이 밖에 『한시외전(韓詩外傳)』과 『회남자(淮南子)』에도 부량력이라는 말이 나오고 있으며(➡ 당비당거螳臂當車 참조), 한유(韓愈, 768~824)의 시에도 "왕개미가 아름드리 나무를 흔드니, 힘을 요량치 못해 우습기만 하구나.(蚍蜉撼大樹 可笑不自量)"라는 구절이 있는데, 여기에서 부자량력 또는 자분량력(自不量力)이라는 성어가 나왔다.

【용례】 컴퓨터에 대해 아무것도 모르면서 성능이 우수한 노트북을 사 달라니, 자기 능력도 모르면서("부자량력") 너무 무리하는 것은 아닌지 모르겠다.

부정 斧正

斧 : 도끼(부) 正 : 바를(정)

【뜻풀이】 귀신도 탄복할 만한 뛰어난 솜씨를 말한다.

【출전】 『장자 · 서무귀편(徐無鬼篇)』에 다음과 같은 이야기가 있다.

초(楚)나라의 도읍지 영도(郢都)에 아주 용감하고 침착한 사람이 있었다. 이름은 전해지지 않지만 사람들은 그를 영인(郢人)이라고 불렀다. 그리고 이 영인에게는 손재간이 비상한 공장이 친구가 한 사람 있었는데, 성이 석씨였는지 이름이 석이었는지 사람들은 모두 그를 장석(匠石)이라고 불렀다.

영인과 장석은 보기 드문 한 쌍의 재주꾼으로서 그들에게는 사람들을 놀라게 하는 묘기가 있었다. 영인이 코끝에 파리 날개처럼 밀가루를 한 층 바른 것을 장석이 도끼로 찍어 깎아 내는 재주였다.

말하자면 장석의 손에서 도끼가 울리면서 영인의 코를 내리치면 코 위의 밀가루는 말끔히 사라져 버리지만 영인의 코는 조금도 상하지 않았다. 그리고 매번 그럴 때마다 영인은 낯빛도 흐리지 않고 태연자약(泰然自若)하게 서 있었다.

그 소문을 들은 송나라 송원군이 그들의 묘기를 구경하고자 장석을 청해 오게 했더니 뜻밖에도 그는 "안됐습니다만 이젠 재주를 부릴 방법이 없게 되었습니다. 소인의 훌륭한 친구 영인은 이미 세상을 뜨고 말았습니다. 그러니 소인은 재주를 부릴 수 있는 유일한 동반자를 잃은 셈입니다."라고 말했다.

이상은 "장석이 도끼를 휘두르다.(匠石運

斤)"라는 이야기인데, 바로 이 이야기로부터 부정(斧正)이니 영정(郢正)이니 영삭(郢削)이니 부삭(斧削)이니 운근성풍(運斤成風)이니 하는 말들이 나온 것이다.

말하자면 작품을 수정하는 것이 마치 장석이 큰 도끼로 영인의 코끝에 바른 밀가루를 깎아 내듯 깨끗하고 시원스럽다는 뜻으로, 작품을 윤색하는 사람의 뛰어난 수준을 칭찬하는 말이다.

【용례】 환갑을 바라보는 연세에도 김 박사의 외과 수술 실력은 조금도 녹슬지 않았어. 정확하게 환부를 찾아내 도려내는데, "부정"하는 모습은 마치 귀신이 칼을 쓰는 것 같더라니까.

부정모혈 父精母血

父 : 아버지(부) 精 : 자세할(정)
母 : 어머니(모) 血 : 피(혈)

【뜻풀이】 자식은 정신과 몸을 부모에게서 물려받아 태어나 성장했다는 뜻으로, 부모님의 은혜를 잊지 않는 자세를 말한다.

【출전】 『삼국지연의』에 다음과 같은 이야기가 나온다.

하후돈(夏侯惇)은 패국초현(沛國郡) 사람으로 자는 원양(元讓)이다. 그는 조조(曹操)와 한 집안 사람으로 조조가 거병했을 때 가장 먼저 참여할 정도였다.

그는 어려서부터 창술(槍術)을 익혀 그 재주가 특출했다. 성격이 강직했던 그는 어떤 사람이 자기의 스승을 욕보였다고 하자 그를 죽이고 족제(族弟)인 하후연(夏侯淵)과 함께 조조의 진영에 합류하여 맹장이 되었다.

조조가 여포(呂布)를 공격할 때였다. 소패성 30리 밖에서 하후돈이 여포의 부하 고순과 결전을 벌이게 되었다. 하후돈을 당해내지 못한 고순이 도망치자 성안에 있던 조성이라는 장수가 고순을 구하려고 성을 나와 화살을 날렸는데, 그만 화살이 하후돈의 왼쪽 눈알에 가 박혔다.

손을 들어 눈에 꽂힌 화살을 뽑아보니 화살에 눈알이 붙어 나왔다. 하후돈은 즉시 눈알을 입에 넣어 삼키면서 말했다.

"내 몸의 모든 것은 다 부모님의 정액과 혈액으로 이루어진 것이니, 어찌 하난들 버릴 수 있겠는가.(父精母血 不下弃也)"

그리고 다시 창을 들고 진격하여 조성을 한 칼에 허리를 베어 죽이고 말았다.

하후돈이 말한 이 대목은 『효경』에 나오는 "몸이며 머리카락, 피부는 모두 어버이께서 물려주신 것이니 함부로 훼손하지 않는 것이 효의 시작이니라.(*身體髮膚 受之父母 不敢毁傷 孝之端也*)"란 말을 연상시킨다. 하후돈은 『삼국지』에 등장하는 많은 인물 가운데 진궁(陳宮), 서서(徐庶)와 더불어 그 시대를 대표했던 효자였다.

【참조】 진궁은 동군(東郡) 사람으로 자는 공대(公臺)다.

『삼국지연의』에서는 진궁이 조조를 위해 그를 구해 주었다가 조조가 여백사(呂伯奢) 일족을 몰살하는 것을 보고 실망해 떠났다고 되어 있지만, 사실과는 다르다. 사실은 조조가 위기에 처했을 때 배신하여 여포의 수하가 되었지만, 결국 조조에게 사로잡혀 죽음을 맞이한 것이다.

그때 조조가 진궁에게 "자네의 노모와 딸은 어떻게 하면 좋겠나?"라고 물었는데, 그는 "천하를 효로써 다스리는 사람은 다른 사람의 피붙이를 끊지 않는다고 들었소이다. 그들의 운명은 당신에게 달려 있지 제 소관은 아닙니다."라고 대답하였다. 조조는 그의 노모와 딸을 끝까지 돌봐 주었다.

서서는 유비가 조조에게 패하고 유표의 밑에 있을 때 만난 사람으로, 영천(穎川) 사람이며 자는 원직(元直)이다. 〈제갈량전〉에 따르면 유비와 함께 남쪽으로 달아났다가 조조가 그의 어머니를 사로잡자 할 수 없이 조조의 진영으로 들어갔다. 그는 조조에게 가면서 어머니 때문에 가지만 결코 조조를 위해 일하지 않겠다고 맹서하였다.

그러나 그는 조조 밑에서 어사중승(御史中丞, 승상 다음의 관직)이라는 고위 관직까지 지냈다. 여하간 어머니를 위해 의리도 등진 효자였다.

【용례】 남의 물건을 훔쳐 달아나다가 차에 치여 반신불수가 되었다니. "부정모혈"한 몸을 그렇게 굴렸으니 누굴 원망하겠어.

부족현치아 不足懸齒牙

不 : 아닐(부) 足 : 족할(족)
懸 : 거꾸로 걸(현) 齒 : 이빨(치)
牙 : 어금니(아)

【뜻풀이】 치아 사이에 두기 부족하다. 문제 삼을 필요조차 없거나 말할 가치가 없을 때 쓴다.

【출전】 『사기 · 숙손통전(叔孫通傳)』에 다음과 같은 이야기가 있다.

진(秦)나라 2세 황제인 호해(胡亥)는 즉위하자마자 폭정을 일삼고, 특히 환관 조고(趙高)의 꾐에 빠져 갖은 악행을 다 저질렀다.(➡ 지록위마指鹿爲馬 참조) 그런 폭정을 견디다 못한 민중들은 결국 진승(陳勝)과 오광(吳廣)이 반기를 들자 잇달아 호응해서 순식간에 큰 세력이 되었다.

이런 반란군들이 진승을 황제로 삼아 장초(張楚)라는 국가를 세웠다는 소식을 접하고는 황제는 대책 회의를 열었다.

회의에 모인 박사들은 모두 진승을 반역자라고 하며 군사를 보내 진압해야 한다고 주장했다. 그러나 2세 황제는 진승이 반역자라는 말에 자존심이 상해서 불쾌한 빛을 드러냈다.

그때 설(薛)나라 사람인 숙손통이 그 자리에 있다가 일어서 나와 말했다.

"저들이 진승을 반역자라고 한 것은 잘못된 것입니다. 지금은 천하가 통일되어 군현은 모두 무기를 없앴습니다. 더구나 위로 영명하신 폐하의 지도 아래 법령이 골고루 포고되어 사람들은 모두 편안하게 직업에 종사하면서 나라를 섬기고 있습니다. 이런 태평성대(太平聖代)에 반역하는 무리가 나타날 리 없습니다. 그들은 한낱 도적의 무리로서 문제 삼을 필요조차 없습니다.(不足懸齒牙) 곧 군현에서 진압할 것이니 폐하는 조금도 염려하실 일이 아닌 줄 아옵니다."

이 말을 들은 황제는 기분이 풀려 그에게 비단 20필과 옷 한 벌을 하사했고, 나머지 박사들은 모두 극형에 처하고 말았다.

숙손통은 황제에게 아부하기 위해 이런 말을 한 것은 아니다. 단지 위기를 벗어나 진나라에서 빠져나가기 위한 수작일 뿐이었다. 과연 숙손통은 곧 진나라를 빠져나가 항량(項亮) 밑에서 일하다가 뒤에 항우(項羽)를 섬기는 중에 유방(劉邦)에게 귀순하였다. 천하가 통일된 뒤 그는 한나라의 문물 제도를 정비하는 데 큰 공을 세웠다.

성어 부족현치아는 이 이야기에서 나왔다.

【용례】 그 따위 말이라면 듣고 싶지도 말하고 싶지도 않아. 도무지 가치가 있는 소리라야 말이지. "부족현치아"도 못 될 일로 날 방해하지 말게.

부족회선 不足回旋

不 : 아닐(부) 足 : 족할(족)
回 : 돌릴(회) 旋 : 돌릴·선회할(선)

【뜻풀이】 처지가 어려워 몸 돌리기조차 어렵다. 돌이킬 여지가 없다.

【출전】『한서(漢書)』에 다음과 같은 이야기가 있다.

어느 날 한경제(漢景帝)는 각지에 분봉받은 왕들을 불러들여 황제를 알현케 하였다. 경제는 성대한 잔치를 베풀어 초대하면서 여러 왕들로 하여금 춤추고 축수하면서 마음껏 즐기게 하였다.

이에 여러 왕들은 모두 덩실덩실 춤을 추면서 즐겁게 노는데, 유독 장사에 분봉된 정왕(定王)만은 손발도 제대로 놀리지 못하는 것이었다. 이에 여러 왕들은 모두 그가 춤도 출 줄 모른다고 쑥덕거렸으며 황제도 이상하게 생각해서 그 까닭을 물었다.

그러자 정왕은 "신은 나라가 작고 지방이 협소해서 몸 돌리기도 어렵사옵니다.(國小地窄不足回旋)" 하고 대답하였다. 그러자 경제는 그의 뜻을 알아차리고 즉시 무릉(武陵)·영릉(零陵)·계양(桂陽) 등 세 지방을 정왕에게 임시로 분봉해서 그의 영토를 넓혀 주었다고 한다.

이렇듯 지방이 협소해서 몸 돌리기도 어려운 것을 가리켜 부족회선이라고 하는데, 이와 반대로 지반이 넓어 몸 돌릴 여지가 많은 것을 회선여지(回旋餘地)라고 한다.

【용례】 하나를 해결하면 또 다른 문제가 터지니 이러다간 제풀에 지쳐 뻗어 버리겠어. 이젠 나도 기력이 달려 "부족회선"이니 자네가 좀 어떻게 손을 써 보게나.

부중지어 釜中之魚

釜 : 가마솥(부) 中 : 가운데(중)
之 : 어조사(지) 魚 : 물고기(어)

【뜻풀이】 가마솥 속의 물고기가 곧 삶겨 죽을 줄도 모르고 즐겁게 헤엄치고 있다는 뜻으로, 눈앞에 닥칠 위험도 모른 채 쾌락에 빠져 있는 사람을 가리킨다.

【출전】『자치통감·한기(漢紀)』에 다음과 같은 이야기가 있다.

후한 8대 순제(順帝)부터 11대 환제(桓帝) 때까지 20여 년 동안 천하의 정치는 모두 양기(梁冀)와 그의 동생인 불의(不疑)의 손에 의해 좌지우지(左之右之)되었다.

한번은 불의가 하남태수로 있을 때 여덟 명의 사자를 파견해 각 고을을 순찰하게 하였다.

그 여덟 사람 중에는 장강(張綱)이라는 사람이 있었다. 그는 낙양 근처 숙소에 수레바퀴를 땅에 묻고서 이렇게 말했다.

"들개나 이리와 같은 양기 형제가 조정을 횡행하고 있는데, 그까짓 여우나 살쾡이 따위를 잡아 무엇하겠는가?"

그러면서 양기 형제를 탄핵하는 상소문을 올렸다. 이 때문에 장강은 양기에게 원한을 사, 장영(張嬰)이란 도적이 10년 동안 휩쓸고 다니는 광릉군(廣陵郡)의 태수로 임명되었다.

그러나 장강은 눈 하나 깜짝 않고 임지로 가 그날로 도적 떼의 소굴로 들어가 장영을 만났다. 그런 뒤 사태의 전후를 잘 가려 일깨우자 도적들은 크게 감복했고 장영도 그에게 이렇게 말했다.

"저희들이 이런 짓을 해서 목숨을 오래 보전한다 해도 그것은 한낱 물고기가 솥 안에서 헤엄을 치고 있는 것이나 마찬가지일 뿐입니다."

이리해서 도적들은 모두 항복하였고, 장강은 그들에게 큰 잔치를 베푼 뒤 전원 석방시켜 주었다.

【용례】 내일 부자며 헤어진 친구가 교통사고로 죽다니 허망하구나. 인간이란 어쩌면 곧 죽을 줄도 모르고 즐거워하는 "부중지어" 같은 존재인지도 모르겠어.

부중치원 負重致遠

負 : 질(부) **重** : 무거울(중)
致 : 보낼(치) **遠** : 멀(원)

【뜻풀이】 무거운 짐을 지고 먼 곳을 향해 간다는 뜻으로, 중요한 직책을 맡은 것을 말한다.

【출전】 『삼국지 · 촉지 · 방통전(龐統傳)』에 다음과 같은 이야기가 나온다.

오(吳)나라의 대도독(大都督) 주유(周瑜)가 병으로 죽자, 그의 친구인 방통은 몹시 슬퍼하며 달려와 조문하였다. 박학다식(博學多識)하고 명성이 높았던 방통이 오나라에 오자, 이 지역의 명사인 육적(陸績)과 고소(顧邵), 전종(全琮) 등이 그와 친교를 나누었다. 문상을 마친 뒤 방통이 길을 떠나려 하자 그를 환송하는 술자리가 마련되었고 이런저런 대화가 오갔다. 그때 방통은 참석한 사람들의 인물평을 하는데, 육적에 대해서는 "잘 달리는 말과 같은 인재"라고 평하고, 고소는 "힘든 일을 이겨내며 일하는 소와 같다."고 했으며, 전종은 "지혜는 다소 떨어지지만 역시 당대의 인재"라고 평했다.

이 말을 듣던 어떤 사람이 방통에게 물었다.

"그렇다면 육적의 재능이 고소를 능가한다는 뜻입니까?"

방통은 이렇게 대답하였다.

"말은 민첩하여 빠르게 달릴 수 있지만, 한 사람밖에 태우지 못합니다. 그러나 소는 하루에 삼백 리를 갈 수 있을 뿐 아니라 짊어진 짐의 무게가 어찌 한 사람의 몸무게밖에 되지 않겠습니까?"

성어 부중치원은 방통의 이 말에서 나왔다. 무거운 물건을 지고 먼 곳까지 간다는 뜻인데, 중요한 직책을 맡을 만한 역량을 갖추었음을 말한다.

【용례】 그 사람은 성실하면서도 자기에게 주어진 임무는 끝까지 수행하는 "부중치원"할 수 있는 재원입니다.

부탕도화 赴湯蹈火

赴 : 나아갈(부) **湯** : 끓는물(탕)
蹈 : 밟을(도) **火** : 불(화)

【뜻풀이】 어려움이나 위험을 가리지 않는 자세를 비유하는 말로, 물불을 가리지 않고 뛰어든다는 뜻이다.

부탕은 부글부글 끓는 뜨거운 물 속으로 뛰어들어간다는 뜻이고, 도화는 활활 타오르는 열화 속으로 뛰어들어간다는 말로, 『한서 · 조조전』에 나오는 성어다.

【출전】 전한 초기 영천 사람으로 조착(鼂錯, 기원전 200~154)이라는 학자가 있었다. 그는 한문제 때 태상장고(太常掌故)의 벼슬에 있으면서 복승의 구술에 따라 잃어버린 『상서(尙書)』를 기록·정리한 일이 있으며(☞ 향벽허구向壁虛構 참조), 나중에는 태자의 가령(家令)으로 있었다.

당시 사람들은 조착을 가리켜 뱃속에 학문이 꽉 들어찬 사람이라고 칭찬하면서 지낭(智囊)이라고 하였는데, 태자 유계철(劉啓哲)이 한경제(漢敬帝)로 즉위한 뒤 그의 신망은 더욱 높아졌다.

그래서 그는 벼슬이 어사대부에 올라 백관의 위에 놓이게 되었으며 한경제는 조착의 의견이라고 하면 받아들이지 않는 것이 없었다.

얼마 뒤, 각지에 분봉되어 왕이 된 유씨 자제들, 예컨대 오왕(吳王) 유비(劉濞), 초왕(楚王) 유무(劉戊), 교서왕(膠西王) 유앙(劉卬) 등이 점차 조정에 불복하고 각기 독립 왕국을 형성했다. 이에 조착은 한경제에게 그들의 영지를 삭감하고 중앙 집권을 강화함으로써 반란을 방지할 것을 제안한 적이 있는데 이로 인해서 오·초 등 나라들에서는 조착에게 원한을 품게 되었다.

이때 조착의 부친은 그 소식을 듣고 고향인 영천에서 급히 상경하여 "황제와 각지의 왕들은 친골육(親骨肉)인데 네가 그들의 일을 상관할 수 있단 말이냐?" 하고 조착에게 물었다.

조착은 "그러하지만 제가 만약 수수방관(袖手傍觀)하고 있으면 유씨 천하는 망하고 맙니다."라고 대답했다.

이에 분개한 조착의 부친은 "너는 유씨만 알고 우리 조씨 가문은 돌보지 않는구나!" 하고 한마디 내뱉더니 즉시 집에 돌아가 독약을 마시고 자살했다. 그 후 오·초 등 일곱 개 나라에서 반기를 들고 일어나자, 아니나 다를까 한경제는 위험한 국면을 완화시키기 위해서 조착을 살해하고 말았다.

조착은 한 왕조를 위해서 일찍이 30여 편이나 되는 글을 써서 나라의 정책에 관계되는 중요한 방책을 제기하였다. 한번은 그가 나라의 변방을 튼튼히 하기 위해 장병들을 독려할 것을 주장하면서 이렇게 말했다.

"싸움에서 이기거나 진지를 고수해서 물러서지 않는 자는 마땅히 승진시켜야 하며 적들의 성이나 진지를 쳐서 빼앗는 자는 응당 장려해야 합니다. 그래야만 장병들이 쏟아지는 화살과 돌벼락을 무릅쓰고 싸울 수 있으며 뜨거운 물 속이나 열화 속에라도 뛰어듭니다. (蒙矢石 赴湯火)"

이와 같이 부탕도화는 부탕화(赴湯火)가 변해서 이루어진 성어인데 후한 때의 학자 환담(桓譚, 기원전 23~50)의 『신론(新論)·변악(辯樂)』에서는 부탕도화로 쓰이고 있다. 즉, "초나라와 월나라의 풍속은 용맹을 좋아해서 부탕도화의 노래가 있다.(楚越之俗好猛 則有赴湯蹈火之歌)"는 구절이 그것이다.

【용례】 이번 일을 수행하자면 자기 몸도 돌보지 않고 밀어붙이는 "부탕도화"하는 패기가 필요합니다. 각자 자기 부서에서 그럴 만한 직원을 한 사람씩 추천해 주시기 바랍니다.

부형청죄 負荊請罪

負 : 질(부) 荊 : 가시나무(형)
請 : 부탁할(청) 罪 : 죄·죄지을(죄)

【뜻풀이】 다른 사람에게 자신의 잘못을 인

정하고 사과하면서 엄격한 처벌을 요구하는 것을 비유하는 말이다.

【출전】『사기 · 염파인상여열전』에 다음과 같이 이야기가 있다.

전국시대 조나라의 혜문왕에게는 인상여(藺相如)와 염파(廉頗)라는 두 신하가 있었는데 모두 재능이 출중하고 나라에 충직한 사람들이었다.

인상여는 원래 조왕의 내시장으로 있던 무현이라는 사람의 가신(家臣)이었으나 진(秦)나라에서 조나라의 국보 화씨지벽(和氏之璧)을 빼앗으려 할 때 크게 활약함으로써 차차 정계에 얼굴을 내민 것이다.(➡ 가중연성價重連城 참조)

당시 진나라에서 기만적 술책으로 화씨벽을 빼앗으려 하자, 조왕 이하 여러 대신들은 이에 대처할 방법이 없어 머리만 앓고 있었다.

인상여는 무현의 추천으로 진나라에 들어가서 이 외교적 사명을 훌륭히 완수함으로써 화씨벽을 빼앗기지 않게 하였다.(➡ 완벽귀조完璧歸趙 참조) 이에 인상여는 조왕의 두터운 신임을 받고 이름을 사방에 떨쳤다.

그 후 진(秦)왕과 조왕이 민지(澠池)에서 만났을 때 진왕이 뭇사람들 앞에서 조왕을 망신주려 하자, 인상여는 남다른 지략과 언변으로 진왕을 골려 줌으로써 그로 하여금 진땀을 흘리게 만들었다.

이처럼 인상여가 연이어 큰 공을 세우자 조왕은 마침내 그를 국상으로 삼고 상경의 지위로 대하니 그의 벼슬은 대장군의 위에 있게 되었다.

이쯤 되자 염파가 가만히 있을 리 없었다.

"나의 대장군 직위는 싸움터에서 목숨으로 바꿔 온 것이지 결코 아무개처럼 세 치 혀를 놀려 얻은 것이 아니다! 일개 가신의 주제에 나의 머리 위에 올라앉다니! 내 이제 그를 만나면 톡톡히 망신을 주리라!"

염파가 사람들 앞에서 이렇게 벼르고 있다는 소식을 들은 인상여는 그때부터 염파를 피해 다니기 시작했다. 이에 어떤 사람들은 인상여가 염파를 두려워해서 그러는 것이라고 했고 염파는 또 염파대로 이로 인해 득의양양해하는 것이었다. 그러자 인상여가 이렇게 말했다.

"진왕의 위세에도 두려워하지 않는 내가 어찌 염 장군을 두려워할 것인가? 오늘 진나라에서 우리 조나라를 두려워하는 까닭은 바로 나와 염파 장군이 합심하고 있기 때문이다. 만약 내가 염파 장군과 반목하고 서로 공격한다면 이는 바로 진나라에서 바라는 바다. 그렇게만 되면 진나라에서는 우리 조나라를 두려워하지 않을 것이고 조나라는 마침내 그들의 침략을 받게 될 것이다. 내가 염 장군을 피해 다니는 것은 바로 이 때문인즉 국사를 중히 여겨 사사로운 원한과 체면 같은 것을 제쳐 놓을 뿐이다."

며칠 뒤 인상여의 이 말을 전해 듣고 자신의 잘못을 크게 깨우친 염파는 직접 회초리를 짊어지고 그의 집에 찾아가서 사죄하는 한편, 지고 간 회초리로 자신을 때려 달라고까지 하였다. 물론 인상여는 때리지도 않고 책망도 하지 않았다.

이때부터 두 사람은 생사고락(生死苦樂)을 함께하자는 교분을 맺었다고 하니 이것이 바로 "장상이 화해하다(將相和)"라는 이야기다.

이 이야기가 서술되는 마지막 부분에서 "염파는 뒷잔등을 드러내 놓고 회초리를 짊어지고 인상여의 집에 찾아가서 사죄하였다. 이에 장군과 국상은 화해하고 문경지교를 맺게 되었다.(廉頗肉袒負荊 至藺相如門謝罪 卒相與

歡 爲刎頸之交)"고 쓰고 있다.

부형청죄는 바로 『사기』의 이 기록에서 나온 성어로 육단부형(肉袒負荊)이라고도 한다.

그리고 생사를 같이할 수 있는 막역한 친구 사이를 가리켜 문경지교(刎頸之交)(◘ 참조)라고도 한다.

【용례】 내가 너의 본심을 모르고 오해해서 큰 실수를 저질렀구나. "부형청죄"하는 내 심정을 안다면 부디 용서해 주기 바란다.

부화뇌동 附和雷同

附 : 붙을(부) 和 : 화목할(화)
雷 : 우레(뢰) 同 : 함께(동)

【뜻풀이】 주관이 없이 경솔하게 남의 이야기에 찬동하는 태도를 비유하는 말이다.

【출전】 『예기 · 곡례편(曲禮篇)』 상편에 이런 구절이 있다.

"이야기에 움직이지 말고 뇌동하지 말고 반드시 옛날을 본받고 선왕을 일으켜라.(毋動說 毋雷同 必法古 興先王)"

뇌동이란 우레가 울리면 모든 사물이 덩달아 울리는 것처럼 남이 말하는 것을 들은 뒤, 사리를 따져 옳고 그름을 생각해 보지도 않고 경솔하게 동조하는 태도를 말한다. 원래는 뇌동만으로 온전한 뜻을 이루었는데 나중에 부화란 말이 첨가되었다.

『논어 · 자로편(子路篇)』에 나오는 "군자는 화합하되 동조하지는 않는데, 소인배들은 동조하되 화합할 줄 모른다.(君子和而不同 小人同而不和)"는 말 속의 동(同)이 이와 비슷한 의미다.

【용례】 사람이 친구들과 휩쓸리다 보면 "부화뇌동"하는 경우도 없지 않다는 건 나도 아네. 하지만 내일이 결혼식인데 새벽까지 술잔치를 벌이다니, 이건 좀 경우가 지나치지 않은가?

북산지감 北山之感

北 : 북녘(북) 山 : 뫼(산)
之 : 어조사(지) 感 : 느낄(감)

【뜻풀이】 나랏일에 바빠 부모님을 제대로 봉양하지 못하는 자식의 안타까움을 비유한 말이다.

【출전】 『시경 · 소아(小雅)』의 〈북산(北山)〉에 나오는 말이다.

이 작품은 주(周)나라 유왕(幽王) 때 백성이 부역에 끌려 나가 부모님을 제대로 봉양하지 못하자 이를 탄식하면서 풍자하여 읊은 시다. 모두 6장으로 구성되어 있는데, 1장과 6장만 읽어 보자.

「저 북산에 올라가 구기자를 따네.
건장한 사내가 아침 저녁으로 일하지만
나랏일을 소홀히 못하니 부모님이 걱정일세(1장)
陟彼北山 言采其杞
偕偕士子 朝夕從事
王事靡盬 憂我父母」
어떤 이는 즐겁게 술 마시며 노는데
어떤 이는 허물이 될까 두려워하네.
어떤 이는 들락날락거리면서 수군거리는데
어떤 이는 안 하는 일 없이 고생하는구나(6장)
或湛樂飮酒 或慘慘畏咎
或出入風議 或靡事不爲」

비슷한 성어로, 역시 백성이 전쟁터나 부역에 끌려 나가 부모님을 봉양하지 못하는 안타까움을 노래한 보우지탄(鴇羽之歎)(▶ 참조)이 있다.

【용례】 아무리 출세를 하고 사업이 잘 된다 한들 다 부모형제를 잘 모시자고 하는 일인데, 고향에 계신 부모님은 늘 뒷전이니 "북산지감"에 몸둘 바를 모르겠네.

분도양표 分道揚鑣

分 : 나눌(분) 道 : 길(도)
揚 : 떨칠(양) 鑣 : 재갈·성할(표)

【뜻풀이】 뜻과 취미가 서로 다르고 목적이 달라 피차 가는 길이 같지 않음을 비유해서 일컫는 말이다. 분로양표(分路揚鑣)라고도 한다.

【출전】 『북사(北史)·위종실하간공제전(魏宗室河間公齊傳)』에 다음과 같은 이야기가 나온다.

남북조시대 북위의 도읍지는 원래 평성이었지만 효문제 때 낙양으로 천도했다. 바로 이때 낙양령 원지(元志)라는 사람과 어사대부 이표(李彪) 사이에 낙양 거리에서 길을 다투느라고 옥신각신한 일이 있었다.

원지는 오만한 사람으로 자기가 재능이 있다는 것을 뽐내면서 학문이 천박한 고관대작들 따위는 눈에도 두지 않는 위인이었다. 어느 날 원지가 수레에 앉아 거리를 지나다가 우연히 이표의 행차와 맞닥뜨리게 되었다. 벼슬이 낮은 그가 응당 이표에게 길을 비켜 주어야 했지만 그는 아랑곳하지 않고 길을 재촉했다.

이에 화가 난 이표는 원지를 불러 한바탕 훈계했는데 그렇다고 원지가 굽힐 리 없었다. 이렇게 해서 결국 두 사람은 옥신각신하며 말다툼을 벌이고 말았다.

당시의 관습대로 하면 이럴 경우 벼슬이 낮은 사람이 벼슬이 높은 사람에게 길을 비켜 주고 벼슬이 비슷한 경우에는 어느 한 쪽이 먼저 길을 양보함으로써 겸손을 표하는 것이 예절이었다. 그런데 벼슬이 낮은 원지가 이렇게 나오자 이표로서도 모른 체할 수 없었다.

두 사람은 마침내 효문제(孝文帝) 앞에 나아가서 시비를 가리게 되었다. 이표가 "낙양의 일개 지방 관헌으로 어사대부에게 길을 비켜 주지 않는 법이 어디 있는가?"라고 하자, 원지는 "나는 도성의 장관이다. 낙양에 사는 사람은 모두 다 내가 주관하는 호적부에 적혀 있는데 내 어찌 일개 지방 관헌처럼 어사대부에게 길을 비켜 줄 수 있겠는가!"라고 말하였다.

그들의 말을 들은 효문제는 시비를 가리려 하지 않고 웃으면서 말했다.

"낙양은 과인의 도읍지로서 경들은 응당 분로양표(分路揚鑣)해야 할 것이오. 앞으로 경들은 길을 갈라서 각기 자기가 갈 길을 가야 하겠구려.(洛陽我之豊沛 自應分路揚鑣 自今以後 可分路而行)"

여기에서 분로양표는 길을 갈라서 서로 제 갈 길을 간다는 뜻으로, 피차 자질이 비슷해서 높고 낮음이 없이 각기 자기의 자리를 차지하고 있는 것을 비유하기도 하는데, 보통 분도양표라고 한다.

【용례】 그 친구와 저는 이번 기획안에 대한 의견이 전혀 다릅니다. 각자 업무 방식이 다른 탓이겠지만, 이렇게 "분도양표"하니 같이

협력하여 일하기가 어려울 듯합니다. 차라리 한 사람에게 전담시켜 주십시오.

분서갱유 焚書坑儒

焚 : 태울(분) 書 : 책·글(서)
坑 : 묻을(갱) 儒 : 선비·약할(유)

【뜻풀이】 책을 불태우고 유학자들을 묻어 버리다. 상황이나 형편은 고려하지 않고 무조건 발본색원(拔本塞源)하는 지독한 폭정을 비유하는 말이다.

【출전】『사기·진시황본기』에 다음과 같은 이야기가 전한다.

진(秦)나라의 시황제(始皇帝)는 이미 천하를 통일한 뒤에 봉건제를 폐지한 다음 처음으로 중앙 집권의 대제국을 만들어 스스로 황제가 되었다. 이를 통해 그는 그 제위를 자손만대(子孫萬代)에 전하리라는 꿈을 꾸었던 것이다.

그가 통치한 지 34년(기원전 213)째 되던 어느 날, 문무백관을 한 자리에 불러 함양궁(咸陽宮)에서 큰 잔치를 베풀었을 때 박사 순우월(淳于越)이 시황제 앞으로 나서며 말했다.

"은나라와 주나라가 과거 천여 년이나 왕위를 전할 수 있었던 것은 공신이나 친인척들을 제후로 봉하고 이들이 병풍과 같이 둘러앉아 힘을 다해 왕실을 보호했기 때문입니다.

그런데 지금 임금께서는 나라 안의 여러 지방을 분할해서 군현제를 채택하고 있기 때문에 설혹 왕족이라고 해도 일개 백성에 지나지 않습니다. 이제 만약에 제나라의 전상〔田常, 자신의 임금 간공(簡公)을 죽인 사람〕이라든가 진나라의 육경(六卿)과 같이 황실을 둘러엎으려는 불충한 자가 나올 경우, 황실을 지켜 주는 세력들이 없다면 어떻게 황실을 보전할 수 있겠습니까? 모름지기 지나간 역사를 거울삼지 않고 장구한 안전을 얻었던 예는 없었습니다."

이 말을 들은 시황제가 여러 대신들을 돌아보며 의견을 물었다. 그러자 바로 군현제의 입안자이자 개혁론자인 승상 이사(李斯)가 순우월의 의견을 반박하며 나섰다.

"옛날에는 천하가 어지러웠지만 이를 통일할 만한 인물이 없었기 때문에 도처에서 군웅이 할거해서 제후가 서로 엎치락뒤치락 세력을 다투어 싸웠던 것입니다. 그러나 지금은 그 어지럽던 천하가 통일이 되어 안정되고 법률이나 명령 따위도 모두 권위와 계통이 서서 세상이 평안합니다.

그럼에도 불구하고 그 잘난 학식만을 떠받들어서 정부의 정책이나 명령을 비방하거나 조정에 나와서는 입을 다물었다가 시정에 나아가서는 이를 논란하고 더구나 문하에다가 숱한 무리들을 거느리고 은근히 세력을 형성하고 있는 자들마저 있습니다. 이러한 무리들을 그대로 방치하는 일이야말로 황제 폐하의 절대적인 권위와 위신에 손상을 줄 뿐 아니라 장차 화근을 남기는 일이 아닐 수 없습니다.

이에 신은 즉시 사민필수(四民必須)의 의약과 복술(卜術), 농경에 관한 글과 우리 진나라의 기록을 제외한 모든 글, 다시 말하면 시서(詩書)에서 제자백가(諸子百家)에 이르기까지 모든 서적을 모조리 불태워 없애시기를 청원합니다. 그리고 아울러 시서(詩書)를 논하는 자에게는 기시(棄市, 사형에 처하고 그 시체를 끌어내서 사람들에게 구경시키는 형벌)

의 형을 가하고 옛날과 비교해서 현재를 비판하는 자들은 일족을 모조리 잡아 죽일 것과 이러한 범법 행위를 한 사실을 알면서도 그들을 숨겨 주는 이들도 역시 같은 형벌을 내려야 할 것이옵니다.

그리고 법령이 공포된 뒤 30일이 지났는데도 글과 서적을 불살라 버리지 않는 자는 살가죽 속에 먹물을 넣어서 표시를 하는 동시에 부역을 시키도록 해야 할 것입니다."

시황제는 이렇게 소름끼치듯 잔인한 이사의 말에 공감했을 뿐 아니라 각지의 귀중한 문서들과 고귀한 서적들을 닥치는 대로 불태워 버렸다.

초기에는 영웅적인 활동으로 진나라를 최강의 국가로 키웠던 그가 이렇게 패륜적인 일을 거듭한 데는 몇 가지 계기가 있었다.

시황제는 나이가 점점 들어가자 신선술에 빠져서 요사스런 방사(方士)들을 불러들여 장생불사(長生不死)의 방책을 구하려고 하였다. 그는 특히 그 가운데 노생(盧生)과 후생(侯生)이라는 두 사람을 신뢰해서 온갖 재물을 내려 그들을 후대하였다. 그러나 이들은 시황제를 유혹해 갖은 호사를 다 누리고는 재물을 챙겨서 멀리 이역 땅으로 달아나 버렸다. 그뿐 아니라 그들은 달아나면서 시황제에 관련된 악담과 중상모략을 세상에 떠벌리고 다녔다.

화가 머리끝까지 치민 시황제는 발을 동동 구르면서 소리질렀다.

"그렇게 애지중지(愛之重之) 남나든 대우를 한 놈들이 저럴 수가 있는가? 그러니 하물며 아무 대접도 안 한 함양의 학자들이야 말할 것도 없을 것이다."

이런 생각이 들자 그는 즉시 정탐꾼을 보내 함양의 학자들의 동정을 살피게 하였다. 그랬더니 아니나 다를까 과연 그들은 함양 거리를 나다니면서 시황제의 실정을 비난하고 있었다. 체포당한 그들은 책임을 면하기 위해 다른 사람을 끌어들여 결국 460명이나 되는 많은 학자들이 줄줄이 체포당했다.

시황제는 이들을 잔인하게도 산 채로 구덩이에 생매장해 버렸다. 이렇게 생매장당한 사람들 대부분이 당시의 유학자들이었기 때문에 이를 일러 갱유(坑儒)라고 했다.

【용례】 전에 이른바 보도지침이라는 요상한 문서가 판을 치던 시대가 있었지. 말만 다를 뿐이지 진시황의 "분서갱유"나 다름없는 극악한 만행임은 마찬가지야. 지옥에도 떨어지지 못할 놈들.

불가구약 不可救藥

不 : 아닐(부)(불) 可 : 가할·옳을(가)
救 : 구할·찾을(구) 藥 : 약(약)

【뜻풀이】 어떤 사람의 나쁜 습관을 고치거나 악한 사람을 구제할 길이 전혀 없다는 것을 비유하는 말이다.

【출전】 『시경·대아(大雅)』에 〈판(板)〉이라는 시가 한 수 있다. 전하는 바에 따르면 주(周)나라 때 한 경사(卿士)였던 범백(凡伯)이라는 사람이 지은 것이라고 한다.

당시 범백은 포악한 임금인 여왕(厲王)에게 여러 차례 글을 올려 어진 정치를 베풀 것을 간했지만, 그는 도리어 여왕 수하에 있는 간신들의 비웃음만 받았다. 범백은 이에 격분해서 〈판〉이라는 시를 지었다고 하는데, 그 중 네 구절을 보면 다음과 같다.

「내가 참말을 했는데 어찌 잘못이라 하는가

너희들은 오히려 나를 비웃고 있구나.
악한 일을 하고도 위풍만 부리니
고칠 방법이 전혀 없는가 보다.
匪我言耄
爾用憂謔
多將熇熇
不可救藥」

불가구약은 바로 이 시에서 나온 성어로, 여기에서 약(藥)은 병을 치료하는 데 쓰이는 약품이 아니라 '치료한다'는 동사로 쓰였다.

【용례】 한 번 마약에 빠지면 그렇게 헤어나기 힘든가 봐. 무슨 짓을 해도 다시 주사를 맞아야 한다니 "불가구약"한 병은 암이 아니라 마약이라고 해야겠어.

불가동일이어 不可同日而語

不 : 아닐(불) 可 : 가할(가)
同 : 같을(동) 日 : 날(일)
而 : 어조사(이) 語 : 말씀(어)

【뜻풀이】 전혀 비교할 수도 없는 사물을 같은 위치에 놓고 말할 수 없다는 뜻이다.

【출전】 전국시대 때의 일이다. 유명한 유세가인 소진(蘇秦)은 동방의 여섯 나라가 연합해서 함께 진(秦)나라에 대항할 것을 주장하며(▶ 계구우후鷄口牛後 · 전거후공前倨後恭 참조) 여러 나라를 다니면서 자신의 정치적 견해를 피력하였다.

어느 날 소진은 조(趙)나라에 이르러 조왕에게 이렇게 말하였다.

"우리 여섯 나라의 토지 면적은 진(秦)나라의 다섯 배나 되고 여섯 나라의 군대는 진나라의 열 배나 됩니다. 동방의 여섯 나라가 하나처럼 힘을 합쳐 함께 서방의 진나라에 대항한다면 진나라는 반드시 우리들에게 격파당하고 우리의 수하에 떨어질 것입니다.

만약 그렇지 않다면 진나라는 여섯 나라를 하나하나 격파하여 결국 그 발 아래 굴복시킬 것입니다. 격파하는 것과 격파당하는 것, 지배하는 것과 지배당하는 것은 완전히 다른 것이오니, 이를 어찌 같은 날 한 입에 담을 수 있겠습니까?(夫破人之與破於人也 臣人之與臣於人也 豈可同日而言之哉)"(▶ 포신구화抱薪救火 참조)

동일이언(同日而言) 또는 동일이어(同日而語)라고도 하는 이 성어는 바로 소진의 말에서 유래했다. 동일이어는 동년이어(同年而語)라고도 하는데, 그 뜻은 동일하다.

【용례】 공자의 사상이 인공위성에 미친 영향을 연구하겠다니 네가 제정신이냐? "불가동일이어"할 주제를 가지고 도대체 뭘 하겠다는 말이냐?

불각기양 不覺技痒

不 : 아닐(불) 覺 : 깨달을(각)
技 : 재주·재능(기) 痒 : 부스럼(양)

【뜻풀이】 자신이 가지고 있는 재주를 보이고 싶어 안달하는 것을 비유하는 말로, 가려움을 견디기 힘든 것처럼 그 같은 간절한 마음을 기양(技痒)이라고 한다.

【출전】 한나라 말기 때 사람인 응소(應邵)가 그의 저서 『풍속통의(風俗通義)·성음편(聲音篇)』에서 고점리(高漸離)에 대한 이야기를 서술할 때 기양이라는 말을 쓴 적이 있다.

ㅂ

고점리는 전국시대 연(燕)나라 사람으로 축(筑, 악기의 일종)의 명수였다. 그는 형가(荊軻)와 막역한 사이였는데 둘 다 가난한 집안 출신인 그들은 종종 함께 앉아 술을 마시며 축을 타면서 노래를 부르곤 했다.(▶ 진목열자 瞋目裂眦 참조)

나중에 형가는 연나라 태자 단(丹)의 명을 받아 진(秦)나라에 가서 진왕을 암살하려다가 실패하여 죽고 말았다.(▶ 도궁비현圖窮匕見 참조)

이에 진나라에서 태자 단과 형가의 일당을 체포하기 시작하자 고점리는 성명을 바꿔 산골 오지에 있는 송자(宋子) 일내에 숨어 살면서 머슴살이를 했다.

어느 날 주인집에 손님이 와서 축을 타는 것을 본 고점리는 끝내 참지 못하고 그 연주에 대해 말하기 시작하였다. 주인이 그 말을 듣고 고점리더러 한 번 타보라고 하니 그는 사양하지 않고 축을 연주하였다.

과연 그의 연주는 높은 수준에 도달한 것으로 뭇사람들이 그 소리를 듣고 침이 마르도록 칭찬하였다. 그러나 그의 신분은 그 자리에서 탄로가 나고 말았다.

고점리는 상자 안에 오랫동안 감춰 두었던 축과 의복을 꺼내 보였다. 이에 주인은 놀랍기도 하고 기쁘기도 해서 이후 다시는 그를 머슴으로 생각하지 않고 귀한 손님으로 대접해 주었다는 것이다.

이 이야기에서 유래하여 자신의 재주를 드러내고 싶어 저도 모르게 가려움증을 내는 것을 일러 불각기양 또는 기양난인(技痒難忍)이라고 한다.

【용례】 빨리 시즌이 시작되어 그동안 닦은 기량을 자랑하겠다는 "불각기양"하는 네 마음을 내가 왜 모르겠니. 하지만 다 때가 되면 절로 이루어지는 일이니 너무 조급해하지 마라.

불교이주 不敎而誅

不 : 아닐(불) 敎 : 가르칠(교)
而 : 어조사(이) 誅 : 벨(주)

【뜻풀이】 평소에는 제대로 가르치지 않다가 일단 일을 저지르면 경솔하게 사람을 죽인다는 뜻으로, 교육을 강조하는 말이다.

【출전】 『논어 · 요왈편(堯曰篇)』에 보면 공자(孔子)는 일찍이 "다섯 가지 미를 제창하고 네 가지 악을 제거해야 한다.(尊五美 屛四惡)"고 주장한 바 있다.

어느 날 그의 제자 자장(子張)이 이 오미사악(五美四惡)의 내용을 몰라 공자에게 해석해 주기를 청하였다. 이에 공자는 우선 다섯 가지 미에 대해 언급한 다음 네 가지 악에 대해 말했다.

"교육은 시키지 않고 사람만 죽이는 것을 일러 잔학이라 하고, 평소에 독촉하지 않다가 때가 되면 성적을 보자고 하는 것을 일러 조포하다 하고, 처음에는 틀어쥐지 않다가 갑자기 기한을 정하는 것을 일러 기만이라 하고, 다른 사람에게 재물을 주는 것에 인색한 사람을 벼슬아치와 같다고 한다.(不敎而殺謂之虐 不戒視成謂之暴 慢令致期謂之賊 猶之與人也 出納之吝謂之有司)"

여기에서 공자가 말한 불교이살(不敎而殺)이 훗날 성어가 되었는데 흔히 불교이주라고 한다.

【용례】 아이들에게 공중예절을 제대로 가르치지 않으면 "불교이주"할 게 불 보듯 뻔한 이치 아니겠어? 요즘 부모들은 아이들 기죽

이는 일이랍시고 예절 교육을 거의 방치하고 있어 문제야.

불구대천지수 不俱戴天之讎

不 : 아닐(불) 俱 : 동반할(구)
戴 : 머리에일(대) 天 : 하늘(천)
之 : 어조사(지) 讎: 원수(수)

【뜻풀이】 같은 하늘 아래에서는 함께 살 수 없는 원수로, 흔히 부모를 죽인 원수를 이를 때 쓴다. 그만큼 사무친 원한을 비유할 때도 사용한다.
【출전】 『예기·곡례편(曲禮篇)』 상편에 다음과 같은 구절이 있다.

"아버지의 원수는 같은 하늘 아래 함께 있지 않고, 형제의 원수는 결코 뽑은 칼을 돌리지 않으며, 친구의 원수는 같은 나라에 함께 살지 않는다.(父之讐 弗與共戴天 兄弟之讐 不反兵 交遊之讐 不同國)"

아버지의 원수는 같은 하늘 아래 살 수 없을 정도로 반드시 갚아야 할 원한이다. 즉, 조금의 타협의 여지도 없는 것이다.

그리고 형제의 원수는 만났을 때 무기를 가지러 집으로 돌아가면 달아날 우려가 있다. 그러니 항상 칼을 품고 다니다가 만나는 즉시 원수를 갚아야 한다.

친구일 경우에는 같은 나라에 살지 않는다고 했다. 그를 내보내거나 자기가 떠나거나 하는 것이 도리라고 했다.

원한의 정도에 따라 복수하는 정도도 달라지겠지만, 자식으로서 형제로서 친구로서 일삼는 복수에 대해 옛사람들은 관대하게 받아들였다는 사실을 이를 통해 알 수 있다. 즉, 사사로운 개인적인 보복이 아닌 것으로 간주했다는 말이다.

【용례】 아니 부모를 죽인 원수도 아닌데, 웬 "불구대천지수"란 말인가? 그러지 말고 서로 화해해서 사이좋게 지내는 게 어때. 이웃사촌이란 말도 있잖은가?

불구심해 不求甚解

不 : 아닐(불) 求 : 구할(구)
甚 : 심할(심) 解 : 풀·이해할(해)

【뜻풀이】 책을 읽으면서 깊이 이해하려고 하지 않는 여유작작한 태도를 비유하는 말이다.
【출전】 진(晉)나라 때 사람인 도연명(陶淵明, 365~427)의 〈오류선생전(五柳先生傳)〉(『도정절집(陶靖節集)』 권2)에서 나온 성어다.

도연명은 당시의 세태에 불만을 품고 시골에서 은거 생활을 한 시인이며 문학가였다. (➡ 경전서후耕前鋤後 참조) 〈오류선생전〉은 그가 쓴 일종의 탁전(托傳)인데, 오류선생은 바로 자기 자신을 비유한 것이다.

전하는 바에 따르면 그의 집 뜰에 버드나무가 다섯 그루 서 있었기 때문에 스스로 오류선생이라 불렀다고 한다. 다음에 전문을 소개한다.

「선생은 어떤 사람인지 잘 알 수 없고 그의 성이나 자도 분명하지 않다. 다만 집 근처에 버드나무 다섯 그루가 있어 이로 인해 호를 삼았다. 한가하고 맑으면서 말이 적었고, 영예나 이익을 사모하지 않았다. 책읽기를 좋아했지만 깊이 이해하기를 구하지 않았으며, 매번 뜻과 일치하는 구절이 나올 때마다 흔연히

ㅂ

기뻐하며 밥 먹는 것도 잊었다. 성품이 술을 좋아했지만 집안이 가난했기 때문에 항상 마실 수가 없었다. 이런 사정을 안 친구가 때로 술을 준비해 두고 그를 부르면 달려가 마셔 금방 바닥을 냈다. 기약은 반드시 취하는 데 두어서 일단 취하면 집으로 돌아와서 일찍이 떠나고 머무는 데에 미련을 두지 않았다. 담장은 무너져 쓸쓸하고 바람이나 햇빛을 가리지도 못했으며, 짧은 베옷도 떨어져 군데군데 기워 입었다. 도시락 밥과 간장 그릇이나마 자주 빌 때가 많았지만 그는 항상 느긋해하였다. 늘 문장을 지어 스스로 즐기면서 자못 자신의 뜻을 보였다. 득실을 품기를 잊었으며 이렇게 스스로 생애를 마쳤다. 찬을 지어 말한다. "검루가 말하기를 빈천을 걱정하지 않으며, 부귀하고자 서두르지 않노라."고 했는데, 이 말을 더욱 극진히 하면 바로 이 사람의 짝이겠구나. 술잔을 기울여 취하면서 시를 지어 그 뜻을 즐거워했으니, 무회씨 시대의 백성인가! 갈천씨 시대의 백성인가!

「先生 不知何許人 亦不詳其姓字 宅邊有五柳樹 因以爲號焉 閑靖少言 不慕榮利 好讀書 不求甚解 每有意會 便欣然忘食 性嗜酒 家貧 不能常得 親舊知其如此 或置酒而招之 造飮輒盡 期在必醉 旣醉而退 曾不吝情居留 環堵蕭然 不蔽風日 短褐穿結 簞瓢屢空 晏如也 常著文章自娛 頗示己志 忘懷得失 以此自終 贊曰黔婁有言 不戚戚於貧賤 不汲汲於富貴 極其言 玆若人之儔乎 酣觴賦詩 以樂其志 無懷氏之民歟 葛天氏之民歟」

이렇듯 도연명은 자신은 "책읽기를 즐겨하지만 억지로 이해하려 하지는 않고, 매번 자신의 뜻과 맞는 글귀를 보면 문득 기뻐하며 밥 먹는 것도 잊는다."고 말했다. 여기서 도연명이 말하는 불구심해는 억지로 외우거나 파고들지 않아도 될 일이라면 굳이 깊이 알려고 하지 않는다는 뜻이었다.

그러다가 이후에는 글자 그대로 책을 읽을 때 그 이치를 너무 깊이 이해하지 않으려는 태도를 비유하는 말로 쓰였다. 그리고 사업을 하면서 조사 연구에 힘을 쏟지 않고 마구잡이로 일을 해치우는 것을 불구심해라고도 한다.

【용례】 저는 워낙 아둔해서 무슨 책을 읽어도 깊은 뜻을 알지 못합니다. 하지만 요즘 젊은이들의 세태가 "불구심해"하는 추세라 무척 마음이 아픕니다.

불두착분 佛頭着糞

佛 : 부처님(불) **頭** : 머리(두)
着 : 묻을·입을(착) **糞** : 똥(분)

【뜻풀이】 고결한 사람이 속세에 때 묻어 버리거나 선량한 사람이 수모를 당하는 것을 비유하는 말이다.

【출전】 송나라 승려 도원(道原)이 편찬한 『전등록(傳燈錄)』에 나오는 이야기다.

어느 날 최상공이라는 사람이 절간의 뜨락을 거닐다가 부처님 머리 위에 새똥이 떨어져 있는 것을 보고 짐짓 성난 체하면서 스님에게 물었다.

"그래 이놈의 새들에게는 불성(佛性)이 조금도 없단 말입니까?"

스님이 얼른 대답하였다.

"물론 있지요."

그러자 최상공이 다시 물었다.

"그렇다면 저것들이 어이해서 부처님 머리 위에 똥을 싼단 말입니까?"

스님이 반문했다.

"그렇다면 그것들이 왜 소리개 머리 위에는 똥을 싸지 않습니까?"

이와 같이 새들이 부처님 머리 위에는 똥을 쌀 수 있을망정 소리개 머리 위에는 감히 그럴 수 없다는 이 유머러스한 대답에서 불두착분이라는 성어가 유래했다. 성스럽고 결백한 것에 오물이 묻거나 착한 사람이 수모를 당하는 경우를 두고 쓰는 성어다.

그리고 훌륭한 물건 위에 불순물이 첨가되는 경우에도 불두착분이라고 한다.

한 일화를 들어 보면 송나라 문학가 구양수(歐陽脩, 1007~1072)가 편찬한 『오대사(五代史)』(즉 『신오대사』)를 두고 사람들은 그것이 설거정(薛居正, 912~981) 등이 전에 편찬한 『구오대사』보다 내용상으로나 문필상으로나 훨씬 낫다고 하면서 서문을 써서 책 앞에 붙이는 것으로 평가와 칭찬의 뜻을 표한 일이 있었다.

이때 왕안석(王安石)은 구양수의 그런 걸작 앞에 아무렇게나 서문을 쓰는 일에 반대하면서 "어찌 부처님 머리 위에 똥이 묻게 하리요!(佛頭上豈可着糞)"라며 비웃었다고 한다.

【용례】 그토록 청렴한 분을 뇌물죄로 모함하다니, "불두착분"할 걸 생각하니 안타깝기 그지없네.

불립문자 不立文字

不 : 아닐(불) 立 : 세울(립)
文 : 글월(문) 字 : 글자(자)

【뜻풀이】 문자로는 세울 수 없다. 진정한 깊은 진리는 말이나 글을 써서 전할 수 없다는 뜻이다.

【출전】 이 말은 "가르침 외에 따로 전했는데 문자로는 세울 수 없기 때문이다. 곧바로 인간의 마음을 꿰뚫어서 본성을 본다면 부처가 될 것이다.(不立文字 敎外別傳 直指人心 見性成佛)"라는 구절에서 나왔다.

『전등록(傳燈錄)』에 다음과 같은 말이 있다.

"지선사가 말하기를 성은 곧 부처요 부처가 곧 성이기 때문에 성을 보면 부처가 된다고 하는 것이다.(智禪師云 性卽佛 佛卽性 故云見性成佛)"

『석씨요람(釋氏要覽)』에도 "달마는 곧바로 인간의 마음을 꿰뚫어 성을 보고 부처가 된 사람이니 태어남이 없는 문제에 대하여 순식간에 명료해졌다.(達摩 直指人心 乃見性成佛者 明頓了無生也)"고 하였다.

결국 진리의 본체가 문자나 언어로 전달할 수 있는 성질의 것이 아닐 때 가시적이고 판독 가능한 체계가 아닌 초월적이고 초감각적인 방법을 써야 한다는 것이다. 선가(禪家)에서 할(喝)이나 방(棒)을 써서 제자를 깨우친다거나 논리적으로는 어처구니없는 이야기인 화두(話頭)로써 진리를 참구(參究)하는 방식이 나온 것도 이러한 문자의 한계에서 비롯되었다고 할 수 있다.

【용례】 눈에 보이고 대화를 통해서만 이해할 수 있는 사실도 많다. 그러나 때로 어떤 사실은 마음을 통해 이해하고 보아야만 알 수 있는 것도 있다. 이른바 "불립문자"라는 거지.

불문마 不問馬

不 : 아닐(불) 問 : 물을(문) 馬 : 말(마)

【뜻풀이】 말에 대해서는 묻지 않다.

【출전】『논어 · 향당편(鄕黨篇)』에 이런 이야기가 나온다.

"마구간에 불이 났는데 공자께서 조정에서 돌아오셔서 사람이 다쳤는가는 묻고 말에 대해서는 묻지 않았다.(廐焚 子退朝曰 傷人乎 不問馬)"

마구간에 불이 났으면 으레 말의 안위가 염려되는 것이 당연한 이치다. 그런데도 사람이 다쳤는가를 물었으니 그만큼 공자는 얼마나 사람을 존귀하게 여겼는지 알 수 있다.

그러나 한편으로 생각하면 말도 역시 생명체이고 더구나 말이 사는 마구간에 불이 났는데 정작 말에 대해서는 일언반구(一言半句)도 없었을까 의아하기도 하다. 이에 대해 재미있는 우리나라 일화가 있어 소개한다.

조선 후기의 학자인 윤휴(尹鑴, 1617~1680)는 이 문제에 대해 특히 이의를 제기한 사람이다.

옛날이나 지금이나 경전에 실린 말은 절대적인 권위를 지니는 것이다. 때문에 다소 이상하고 문맥이 맞지 않는다고 해도 한 번 정해진 순서나 해석을 바꾸는 것은 대단히 불경스런 행동으로 보았다.

그렇게 인(仁)의 사상을 강조한 공자의 덕이 짐승에게 미치지 않을 리가 없다고 본 윤휴는 이 문구를 두고 고심하기를 거듭했다. 그 결과 얻은 답이 이렇다.

"그래, 문제는 공자의 말씀이 아니라 구두를 잘못 끊은 데 있다."

옛날 한문 문장은 원문이 끊어 쓰기가 되어 있는 것이 아니고 그대로 연결되어 있었다. 그래서 이를 적당히 끊어 의미를 이해하는 데 용이하게 했던 것이다. 그래서 윤휴는 끊어 읽기를 다시 해보았다. 그 결과 얻은 결론은 이랬다.

"마구간에 불이 났는데 공자께서 조정에서 돌아오셔서 사람이 다쳤는가 아닌가를 물어 보시고 이어 말에 대해서 물으셨다.(廐焚 子退朝曰 傷人乎不 問馬)"

이렇게 해석하니 인간은 인간대로 존귀하고 짐승의 생명 역시 소중히 여겨야 한다는 공자의 본뜻이 잘 살아나는 듯 보였다.

그러나 이런 윤휴의 논리는 당시 교조적인 사대부들에 의해 혹독한 비난을 사서 사문난적(斯文亂賊)(➡ 참조)이라는 극단적인 폭언까지 들어야 했다.

조선조 후기 사상사에서 중요한 논쟁 중의 하나가 호락논쟁(湖洛論爭)이다. 인성(人性)과 물성(物性)이 같은가 다른가 하는 인물성동이론(人物性同異論)을 두고 격렬하게 벌인 논쟁으로 윤휴의 이 발언도 이런 논쟁의 맥락에서 이해할 수 있을 것이다.

【용례】 공자님도 "불문마"해서 구설수에 올랐던 판인데, 일개 국회의원이 무슨 배짱으로 그런 망발을 하고 다니나?

불변숙맥 不辨菽麥

不 : 아닐(불) 辨 : 구별할(변)
菽 : 콩(숙) 麥 : 보리(맥)

【뜻풀이】 콩과 보리도 구별하지 못한다는 뜻으로, 너무나 아둔해서 상식적인 일마저도 모르는 사람을 일컫는 말이다.

【출전】『좌전 · 성공(成公) 18년』조에 나오는 이야기에서 유래한 성어다.

춘추시대 진(晉)나라 귀족들 사이에는 권력 쟁탈전이 치열하게 전개되고 있었다. 진여공(晉厲公)이 서동(胥童)을 편애해서 국권을 그에게 일임하자 난서(欒書), 중행언(中行偃) 등은 우선 서동을 잡아 죽인 다음 진여공마저 죽여 버렸다.

그러고 나서 진양공의 증손인 주자(周子)를 임금으로 내세우고 실권은 자신들이 장악하였다. 그리하여 고작 14세밖에 안된 주자는 명색이 임금이었지 사실은 허수아비에 지나지 않았다.

그럼에도 난서와 일부 귀족 대부들은 주자가 특별히 총명하고 재질이 출중하다고 떠벌리는 한편, 주자의 형은 아둔해서 임금이 될 수 없다고 소문을 냈다.

『좌전』에는 이에 대해서 "주자에게는 형이 있었지만, 지혜가 없어 콩과 보리도 구분하지 못해 임금으로 세울 수 없었다.(周子有兄而無慧 不辨菽麥 故不可立)"고 쓰고 있는데, 불변숙맥이라는 성어는 바로 여기에서 유래한 말이다.

【용례】 빨간색을 건너라는 신호로 알고 횡단보도를 지나다가 사고를 당했다니, "불변숙맥"이라지만 이건 해도 너무했구나.

불수진 拂鬚塵

拂 : 털(불) **鬚** : 수염(수)
塵 : 먼지(진)

【뜻풀이】 남의 수염에 묻은 먼지를 털다. 윗사람이나 권력자에게 아부하거나 비굴한 태도를 보이는 것을 말한다.

【출전】『송사·구준전(寇準傳)』에 다음과 같은 이야기가 있다.

송나라 때 구준(961~1023)이라는 사람이 살았다. 그는 강직하기로 이름이 난 인물로, 인종(仁宗)의 치하에서 재상을 역임하면서 많은 인재를 천거하였다. 그 중에 정위(丁謂)란 사람도 있었다.

어느 날 구준이 여러 대신들과 식사를 했는데, 음식 찌꺼기가 수염에 묻었다. 이것을 본 정위는 재빨리 달려 나가 자기의 소맷자락으로 찌꺼기를 닦아냈다. 그러자 구준이 껄껄 웃으며 말했다.

"어허, 자네는 나라의 중신인데, 어찌 남의 수염에 묻은 음식 찌꺼기나 털어 준단 말인가."

이 말을 들은 정위는 부끄러워 몸 둘 바를 몰라하다가 결국 달아나듯 그 자리를 물러나고 말았다고 한다.

여기에서 불수진 하면 남에게 잘 보이려고 아부하는 행동을 가리키게 되었다.

【용례】 저 친구 국회의원 비서관 하겠다고 매일 의원 집에 가 세차까지 해 준다는군. "불수진"도 좋지만 분위기 파악을 못 해도 그렇지. 지금이 어느 땐데 그런 아부를 해서 출세를 하겠다는 거야?

불식지무 不識之無

不 : 아닐(불) **識** : 알(식)
之 : 어조사(지) **無** : 없을(무)

【뜻풀이】 이 성어는 다른 성어인 목불식정(目不識丁)과 그 뜻이 완전히 같은 것으로, "낫 놓고 기역자도 모른다."는 속담과도 뜻이 통한다.

【출전】 당(唐)나라의 위대한 시인인 백거이(白居易, 772~846)는 어렸을 때부터 대단히 총명했다고 한다. 『신당서·백거이전』에 따

르면 "그는 태어난 지 7개월 만에 책을 읽을 줄 알았고, 보모가 그에게 지무(之無) 두 글자를 가리키라고 하면 몇 백 번 가리켜도 틀리지 않았다." 이것이 바로 천년 동안 전해져 오는 "백거이는 한 살 때 지무 두 자를 알았다."는 이야기다.

그런데 말도 못 하는 한 살짜리 어린애가 글자를 알았다는 것은 물론 한낱 전설에 불과한 이야기다. 그러나 백거이 자신이 뒤에 어떤 친구에게 보낸 편지에서 쓴 것처럼 보모가 너무나 여러 번 그 두 글자를 짚으면서 공부를 시켰기 때문에 나중에는 눈에 익어서 짚을 수 있었다는 것은 가능한 일로 여겨진다.

여하간 불식지무라는 성어는 이 이야기에서 유래한 것으로, 한 살짜리 어린애까지도 다 알고 있는 간단한 '지무'라는 글자마저도 모른다면 눈뜬 소경이라고 하지 않을 수 없다는 것이다.

불식지무는 지무불식이라고도 하는데, 자신을 겸손하게 낮춰 그저 몇 자 안다거나 문화적 수준이 낮다는 것을 말할 때는 약식지무(略識之無)라고 한다.

【용례】 대학 나왔다는 자네보다 초등학교도 못 나온 "불식지무"한 할머니가 어떤 때는 더욱 지혜로울 수도 있는 법이야. 지식이란 게 얼마나 하찮은 것인지 자네도 살다 보면 곧 알게 될 걸세.

불식태산 不識泰山

不 : 아닐(불) 識 : 알(식)
泰 : 클(태) 山 : 메(산)

【뜻풀이】 태산을 몰랐다는 뜻인데, 여기서 말하는 '태산'은 산 이름이 아니라 춘추시대 노(魯)나라 사람이다. 당시 유명한 기술자였던 노반(魯班)의 제자다. 노반은 공수반(公輸般)이라는 이름도 있었는데, 천하의 명장(名匠)으로 『맹자』나 『묵자』에도 자주 등장한다. 위대한 인물을 공경할 줄 모르는 어리석은 태도를 비유하는 말이다.

【출전】 태산이 처음 목공일을 배울 때였다. 하나라도 더 배우려고 열심히 노력하는 모습이 노반의 마음에 들었다. 그런데 얼마 지나지 않아 태산은 게으름을 피우면서 배우려는 의욕이 떨어지는 것처럼 보였다. 게다가 짬만 생기면 공장을 나가 산 속으로 들어가는 것이었다. 근처에 대나무 숲이 있었는데, 그곳에 한번 들어가면 몇 시간이고 나올 생각을 하지 않았다.

연말이 되어 그간의 성과를 시험했는데, 과제는 탁자를 만드는 것이었다. 다른 제자들은 다들 잘 만들었는데 태산만은 엉망이었다. 화가 난 노반은 그를 내쫓고 말았다.

10여 년이 지난 어느 날 노반은 시장에서 정교하기 이를 데 없는 대나무로 만든 가구를 발견했다. 너무도 놀라워 수소문해 보니 자신이 실력이 없다며 쫓아냈던 태산이 만든 것이었다. 10여 년 전 그에게 기술을 배울 때 태산은 대나무의 유연성에 관심을 두고 그때부터 대나무를 익히기 시작했던 것이다. 그런데 노반은 여느 나무로 만들기를 고집하여 하는 수 없이 대나무 숲에 들어가서 혼자 기술을 익혔던 것이다.

이 사실을 안 노반은 부끄러움을 감추지 못하면서 말했다.

"나는 멀쩡한 눈을 가지고도 태산을 제대로 보지 못했구나."

태산은 죽공예(竹工藝) 기술의 창시자가 되

었다.

【용례】 사람들이 예나 지금이나 돌아가신 공병우 박사를 알기를 "불식태산"하니 이거야말로 참으로 한심하기 짝이 없네그려.

불야성 不夜城

不 : 아닐(불)(부) 夜 : 밤(야)
城 : 성(성)

【뜻풀이】 밤이 오지 않는 성. 등불이 아주 많은 것을 비유하는 말인데, 보통 사람들로 항상 번잡하거나 사업이나 경기가 아주 좋아 활기찬 상태를 비유하는 데 쓰인다. 행등(行燈)이라고도 쓴다.

원래는 지명이었는데 이곳은 밤에도 해가 지지 않아 대낮같이 밝았다고 한다. 때문에 항상 변화하고 떠들썩한 곳을 말할 때 불야성을 이룬다는 식의 표현이 나왔다.

【출전】 『삼제략기(三齊略記)』에 보면 "불야성은 양천(陽遷) 동남쪽에 있는데 옛날부터 밤에도 해가 떠서 이 성을 불야(不夜)로 이름 짓고 특이하게 여겼다."는 기록이 나온다.

또 소정(蘇頲, 670~727)의 〈광달루하야시포연응제시(廣達樓下夜侍酺宴應製詩)〉에는 "누대의 빼어난 경관을 춘원이라 부르는 것이 당연한데, 등불은 연이어져 불야성과 같구나.(樓臺絕勝宜春苑 燈火還同不夜城)"라고 한 구절이 있으며, 『서초(書焦)』에는 "오늘날의 등불을 달리 불러 불야역이라고 한다.(今之燈 亦謂不夜域)"는 말도 보인다.

【용례】 옛날 창경원에서는 봄이 되면 밤 벚꽃놀이가 성황을 이뤘는데, 인파와 등불로 "불야성"을 이루곤 했지. 정말 장관이었어.

불요불굴 不撓不屈

不 : 아닐(불) 撓 : 흔들(요)
屈 : 굽힐(굴)

【뜻풀이】 뜻이나 결심이 꺾이거나 휘어지지 않는다는 뜻으로, 의지가 굳세고 강인한 사람을 말한다.

【출전】 『한서(漢書)·왕상전(王商傳)』에 나오는 "왕상의 사람 됨됨이는 질박하고 성격은 불요불굴했기 때문에 오히려 주위 사람들에게 원한을 샀다."는 말에서 나왔다.

이런 말이 나오게 된 배경은 다음과 같다.

전한(前漢)시대 성제(成帝) 때의 일이다. 장안(長安)에 홍수가 들 것이라는 소문이 갑자기 퍼져 도성에는 큰 혼란이 일어났다. 이에 성제는 대책을 세우기 위해 신하들을 소집하여 의견을 물었다. 성제의 장인인 왕봉(王鳳)은 제대로 조사도 해보지 않고 우선 도성을 피하자고 주장하였다.

그러나 왕상은 생각이 달랐다. 이것은 분명 헛소문이라면서 도성을 비워서는 안 된다고 주장하였다. 그러나 왕봉도 의견을 굽히거나 꺾지 않고 끝까지 이에 반대하였다. 나중에 왕상의 의견이 정확하다는 것이 사실로 판명되자, 성제는 왕상을 신임하게 되었고 왕봉을 불신하게 되었다. 그 일로 왕봉은 왕상을 눈엣가시처럼 여겼다.

또 왕봉의 친족 양융이 정치를 잘못해서 백성들에게 큰 고통을 주었다. 왕상은 왕봉의 호소에도 불구하고 그를 처벌해야 한다는 뜻을 굽히지 않았고, 결국 양융은 파면되었다. 이렇게 공명정대한 뜻이라면 절대 굽히지 않았던 왕상의 성품을 빗대 불요불굴이라는 성어가 나온 것이다.

【용례】 부장님, 옳다고 생각하신 일이라면 "불요불굴" 밀고 나가셔야지요. 더구나 부장님의 의견이 회사를 살릴 수 있는 방안인데 물러서서는 안 됩니다.

불원천리이래 不遠千里而來

不 : 아닐(불) 遠 : 멀(원)
千 : 일천(천) 里 : 마을(리)
而 : 어조사(이) 來 : 올(래)

【뜻풀이】 "천 리가 멀다고 여기지 않고 찾아왔다"는 뜻이다. 뜻을 전하기 위해 먼 길을 오는 수고도 마다하지 않는 정성을 비유하는 말이다.

【출전】 『맹자·양혜왕장구』 상편에 나오는 성어다.

양혜왕(梁惠王)은 당시 여러 나라 임금 중에서 가장 인재를 아끼는 임금으로 알려졌다. 그리하여 적지 않은 문인 학자들이 그에게 와서 봉사했는데, 인의(仁義)를 제창했던 맹자도 양혜왕을 찾아가서 만나본 적이 있었다.

이때 양혜왕은 맹자를 보고 "선생께서 천 리를 멀다 하지 않고 저를 찾아오셨는데 우리나라를 이롭게 할 무슨 좋은 방법이라도 있으십니까?(叟不遠千里而來 亦將有以利我國乎)" 하고 물었다.

이에 맹자가 대답했다.

"대왕께서는 어찌 반드시 이익에 대해 말씀하십니까? 오직 인의만이 있을 뿐입니다.(王何必曰利 亦有仁義而已)"

불원천리이래는 바로 양혜왕의 말에서 유래한 성어로 불원만리이래(不遠萬里而來)라고도 한다.

【용례】 평소에 자주 찾아뵙지도 못했는데, 이렇게 "불원천리"하고 와 주시다니요.("불원천리이래") 정말 뭐라고 감사의 말씀을 드려야 할지 모르겠습니다.

불월뇌지일보 不越雷池一步

不 : 아닐(부)(불) 越 : 건널·넘을(월)
雷 : 벼락(뢰) 池 : 못(지)
一 : 한(일) 步 : 걸음·발자국(보)

【뜻풀이】 일정한 범위나 경계를 넘어서지 않거나 넘어서서는 안 된다는 뜻이다.

【출전】 『진서(晉書)』 권73에 다음과 같은 이야기가 있다.

동진(東晉) 왕조는 지배층 간의 끊임없는 권력 쟁탈전으로 인해 나라는 말할 수 없이 어지러운 지경에 빠져 있었다. 그런 와중에 호군장군 유량(庾亮, 289~340)이 중서령으로 승진해서 조정의 실권을 장악해 버렸다.

이때 장군 소준(蘇峻)은 전쟁에서 공로가 크다는 것만 믿고 점점 교만해지더니 성제 때에 이르러서는 역양에서 군사를 모아 반기를 들기에 이르렀다. 그는 유량의 독단을 거부한다는 명분을 내세워 도성인 건강(建康, 오늘날의 남경)으로 쳐들어오기 시작했다.

이때 유량의 편이었던 강주도독 온교(溫嶠, 288~329)는 도성의 안전이 걱정되어 군사를 거느리고 동쪽으로 내려가서 건강을 지키고자 하였다. 이 소식을 들은 유량은 즉시 온교에게 편지를 써서 절대 뇌수〔雷水, 즉, 뇌지

(雷池)]를 건너지 말라고 하였다.

그는 편지에서 "나는 역양보다도 서부 변경이 더 걱정됩니다. 하오니 뇌수를 한 발자국도 넘어서서는 안 되겠습니다.(我憂西陲過於歷陽 足下無過雷池一步也)"라고 썼다.

여기서 역양은 소준의 주둔지를 가리키는 것이고, 뇌지는 뇌수를 말하는 것으로 온교가 동진해서 도성으로 가자면 반드시 뇌수를 건너야만 가능했던 것이다. 그래서 유량은 온교더러 소준은 관계하지 말고 본 고장을 잘 지키라고 당부했던 것이다.

불월뇌지일보는 바로 유량의 이 편지에서 유래한 성어로 경우에 따라 불가월뇌지일보(不可越雷池一步) 또는 불감월뇌지일보(不敢越雷池一步)라고도 한다.

【용례】 우리 회사는 규율이 아주 엄해. 방심하면 사고 나기 십상이기 때문이지. 그러니까 규율에 대해 "불월뇌지일보"할 각오가 없으면 일찌감치 그만두는 게 좋을 거야.

불위농시 不違農時

不 : 아닐(불) 違 : 어길(위)
農 : 농사(농) 時 : 때(시)

【뜻풀이】 농사지을 때를 어기지 않는다. 적절한 시기에 때를 놓치지 않고 농사일을 하도록 해 주는 것을 일컫는다.

【출전】 『맹자 · 양혜왕장구』 상편에 다음과 같은 이야기가 나온다.

전국시대 유가의 대사상가였던 맹자(孟子)는 인의(仁義)를 시행하고 왕도(王道)를 실현할 것을 주장한 사람이었다.

어느 날 양혜왕(梁惠王)이 그에게 어떻게 하면 국력을 강화해서 나라를 부유하게 하고 백성이 편안하게 살 수 있을지에 대해 물었더니 이렇게 대답했다.

"농사철을 놓치지 않으면 곡식을 이루 다 먹지 못할 것이고, 촘촘한 그물을 못에 넣지 않는다면 물고기를 이루 다 먹지 못할 것이며, 도끼를 들고 산에 올라가도 때에 맞춰 실시한다면 목재를 이루 다 쓰지 못할 것입니다. 식량과 물고기를 이루 다 먹지 못하고 목재를 이루 다 쓰지 못한다면 백성들은 생계나 상사에 근심 걱정이 없을 것입니다. 이렇게 백성들이 생계와 상사에 근심 걱정이 없으면 이것이 바로 왕도가 시작되는 것이라고 할 수 있습니다.(不違農時 穀不可勝食也 數罟不入洿池 魚鱉不可勝食也 斧斤以時入山林 材木不可勝用也 穀與魚鱉 不可勝食 材木不可勝用 是使民養生喪死 無憾也 養生喪死無憾 王道之始也)"

불위농시는 바로 맹자의 이 말에서 유래한 성어다.

【용례】 이번 거래는 무엇보다도 시간을 잘 맞춰야 하네. "불위농시"하면 곧 실패하는 것이나 마찬가지야. 꼭 물량을 기한 내에 선적할 수 있도록 하게.

불유여력 不遺餘力

不 : 아닐(불) 遺 : 남길(유)
餘 : 남을(여) 力 : 힘(력)

【뜻풀이】 여력을 남기지 않고 있는 힘을 다하다. 어떤 일에 전력투구(全力投球) 하다.

【출전】 『전국책 · 조책(趙策)』과 『사기 · 우경열전(虞卿列傳)』에 다음과 같은 이야기가

ㅂ

있다.

전국시대 어느 날 진(秦)나라에서 조나라를 공격한 적이 있었는데, 조나라 군사들은 장평이라는 곳에서 막아 싸웠지만 대패하고 말았다. 이에 조왕은 우경과 누창(樓昌)을 불러놓고 대책을 물었더니 누창은 즉시 화의할 것을 주장하고, 우경은 이에 반대하였다.

이때 조왕도 더 싸울 기력이 없어서 "진나라에서는 여력을 남기지 않고 달려드니 반드시 조나라 군사들을 깨뜨릴 것이다.(秦不遺餘力必且破趙軍)" 하고 맥없이 말하는 것이었다.

우경은 완패한 직후의 불리한 조건에서 즉시 화의를 제기하면 성사되기도 어렵거니와 손실도 많다고 하면서 초(楚)나라나 위(衛)나라 같은 대국에 사신을 보내어 연합군이 형성될 듯이 적군을 미혹시킨 다음에 화의하자고 주장하였다.

그러나 조왕은 듣지 않고 정주라는 사람을 진나라에 파견해서 화의하게 했다. 아니나 다를까 진나라에서는 응하지 않고 계곡 공격해서 조나라의 도성 한단(邯鄲)까지 포위하고 말았다. 그러다가 진나라도 지쳐서 퇴군한 다음 6개 성을 주어야 화의하겠다는 무리한 요구를 들고 나왔다.

사정이 이렇자 조왕은 다시 진나라의 요구에 응해 주려고 하였다. 이때 우경은 임금에게 "진나라는 이번에 전력을 다해 우리를 공격했다고 생각하십니까?"라고 물었더니 임금은 "전력을 다하고 지쳐서 물러간 것이다.(秦之攻我也 不遺餘力也)"라고 대답하였다.

이에 우경은 "그들이 전력을 다해서 공격하고도 아무것도 얻지 못했는데 어찌 6개 성을 고스란히 넘겨 줄 필요가 있겠습니까?" 하고 끝까지 굴복하는 것을 반대했다. 결국 조왕은 우경의 주장을 받아들였다.

불유여력은 바로 이상의 이야기에서 유래한 성어다.

【용례】 불합격한 뒤에 후회한들 무슨 소용이 있겠니. 시험 보는 전날까지 "불유여력"해서 때늦은 후회가 없도록 하거라.

불익이비 不翼而飛

不 : 아닐(불) 翼 : 날개(익)
而 : 어조사(이) 飛 : 날(비)

【뜻풀이】 의식적으로 알리지 않아도 신속하게 전파되다. 또는 어떤 물건이 감쪽같이 없어지다.

【출전】『전국책·진책(秦策)』에 다음과 같은 이야기가 있다.

전국시대 어느 날 진(秦)나라에서는 대장군 왕계(王稽)로 하여금 군사들을 이끌고 가서 조나라의 도성 한단(邯鄲)을 치게 한 적이 있었다. 그러나 왕계의 군사들은 17개월이나 계속 공격했지만 끝내 성을 함락하지는 못하였다.

이때 장(莊)이라고 하는 사람이 왕계에게 "무엇 때문에 장병들을 위로해서 사기를 북돋아 주지 않습니까?"고 물었다.

왕계가 대답하였다.

"나는 다만 왕명을 따를 따름이지 다른 어떤 사람의 의견이나 사정 같은 것은 괘념치 않는다."

장은 이에 왕계에게 "장군으로서 이렇게 독단적으로 일을 처리하고 백성들을 무시하는 것은 잘못"이라고 하면서 "여러 사람들이 이구동성(異口同聲)으로 불합리한 점을 고치자고 말하면 이런 아우성은 날개가 없어도 신속하게 전파될 것입니다."라고 역설하였다.

그러나 왕계는 끝내 그의 말을 귀담아듣지 않았다가 나중에 군 내부에서 반란이 일어나 진왕에 의해 처형되고 말았다.

그리고 『관자(管子)·계편(戒篇)』에 보면 제(齊)나라 재상이었던 관중(管仲)은 일찍이 임금인 제환공에게 "날개가 없이 날아가는 것이 소리(無翼而飛者 聲也)"라고 말한 적이 있는데, 여기서 소리라는 것은 진리라는 뜻이 되었다. 즉, 진리는 날개가 없어도 자연스럽게 전파된다는 것이다.

불익이비는 바로 이상의 이야기에서 유래한 성어로, 무익이비(毋翼而飛) 또는 무익이비(無翼而飛)라고도 한다. 흔히 무경이행(無脛而行, 발이 없어도 걸어간다.)과 서로 어울려 쓰이고 있다. 예컨대 『열자(列子)』에 나오는 "구슬은 다리가 없어도 쓰이고 옥은 날개가 없어도 날아다닌다.(珠無脛而行 玉無翼而飛)"는 말이나 『신론(新論)』에 나오는 "옥은 날개가 없어도 날아다니고 구슬은 다리가 없어도 걸어다닌다.(玉無翼而飛 珠無脛而行)"는 것 등이 그 같은 경우다.

무경이행은 불경이주(不脛而走) 또는 무족이주(無足而走)라고도 한다.

【용례】 옆집 사람이 사기당한 사실을 사람들이 어떻게 그렇게 빨리 알았을까. 나쁜 소문은 "불익이비"라더니, 남의 말하길 왜 그리 좋아하지.

불인지심 不忍之心

不 : 아닐(불) 忍 : 참을(인)
之 : 어조사(지) 心 : 마음(심)

【뜻풀이】 차마 하지 못하는 마음. 남의 불행에 대해 차마 모른 척하고 지나칠 수 없는 마음을 말한다.

【출전】 『맹자·공손추장구(公孫丑章句)』 상편에 나오는 말로, 맹자가 인성(人性)을 도덕적인 측면에서 논의한 것이다. 맹자는 제(齊)나라에 머물러 있으면서 가혹한 정치를 펴는 군주들의 각성을 강력히 촉구하면서 불인지심에 대해 다음과 같이 말했다.

"옛날의 훌륭한 임금에게는 차마 하지 못하는 마음이 있으니 때문에 차마 그냥 모른 척할 수 없는 정치가 있습니다. 사람에게 차마 하지 못하는 마음으로 남들에게 차마 하지 못하는 정치를 행하면 천하를 덕으로 다스리는 일은 손바닥에서 움직이는 것처럼 쉬울 것입니다.(先王 有不忍人之心 斯有不忍人之政矣 以不忍人之心 行不忍人之政 治天下 可運之掌上)"

맹자는 인간에게는 누구에게나 불인지심이 내재해 있다고 보았다. 옛날의 어진 임금들이 선정을 베푼 것도 이 불인지심이 있었기 때문에 가능했다고 보았다. 이를 바탕으로 그는 인간은 본래 착하다는 성선설(性善說)을 주장하였다. 즉, 인간에게는 인(仁)에 해당하는 측은지심(惻隱之心, 측은해하는 마음), 의(義)에 해당하는 수오지심(羞惡之心, 부끄러워하는 마음), 예(禮)에 해당하는 사양지심(辭讓之心, 사양하는 마음), 지(智)에 해당하는 시비지심(是非之心, 옳고 그름을 가리는 마음)이 있으며, 이런 마음이 없으면 인간이 아니라고 하였다.

【용례】 지하철 철로에 떨어진 사람을 구하려다 희생한 사람의 소식을 접하고 숙연해지는 마음을 가눌 수 없다. 사람이 마음속에 본래 가지고 있다는 "불인지심"을 몸으로 실천한 분이라고 할 수 있다.

불입호혈 언득호자
不入虎穴 焉得虎子

不 : 아닐(불) 入 : 들(입)
虎 : 호랑이(호) 穴 : 구멍(혈)
焉 : 어조사·어찌(언) 得 : 얻을(득)
子 : 아들(자)

【뜻풀이】 호랑이 굴에 들어가지 않고서 어찌 호랑이 새끼를 얻겠는가? 위기에 처했을 때 과감하게 돌파해서 고난을 극복해야만 성공할 수 있다는 뜻이다.

【출전】 『후한서·반초전(班招傳)』에 나오는 말이다.

후한 사람 반초(32~102)(▶ 투필종융投筆從戎 참조)는 한명제 때 황제의 명으로 서역의 여러 나라를 편력한 적이 있었다.

그가 막 선선(鄯善) 땅에 도착했을 때 선선왕은 대단히 공손한 태도로 반초를 맞이해 상국의 귀빈으로 초대해서 상호간에 우호적인 입장을 보여 주었다.

그러다가 며칠 후 흉노국의 사자가 선선국에 와서 이간질을 하는 바람에 선선왕은 차차 반초에게 적의를 보이기 시작하였다.

그런데 당시 반초에게는 36명의 수행원밖에는 없었다. 어떻게 할 것인가?

"호랑이 굴에 들어가지 않고는 범의 새끼를 잡을 수 없다. 우리는 신속하게 적과 결사적으로 싸워야만 이길 수 있다."

이렇게 결심한 반초는 밤에 수행원들을 거느리고 불시에 흉노 사절단을 습격해서 30여 명의 흉노군을 죽이고 백여 명을 불 속에서 타 죽게 하였다. 이튿날 반초는 선선왕 앞에 흉노 사자의 머리를 내보이고는 좋은 말로 회유하기도 하면서 위무(慰撫)하였다.

선선왕은 그제야 기뻐하면서 한나라와 더욱 돈독한 친선 관계를 발전시킬 것을 원했다고 한다.

이렇게 해서 불입호혈 부득호자(不入虎穴 不得虎子)라는 말이 성어가 되었는데, 오늘날에는 보통 "호랑이 굴에 들어가지 않고서 어찌 호랑이 새끼를 잡을 수 있겠는가?(不入虎穴 焉得虎子)"로 쓰이고 있다.

【용례】 그래 일본을 이기기 위해선 일본을 알아야지. 그런 생각으로 일본 유학을 결심했다니 그 뜻이 장하구나. 호랑이 굴에 들어가지 않고 어떻게 호랑이 새끼를 잡겠나?("불입호혈 언득호자") 건투를 빈다.

불척척어빈천 불급급어부귀
不戚戚於貧賤 不汲汲於富貴

不 : 아닐(불) 戚 : 슬퍼할(척)
於 : 어조사(어) 貧 : 가난할(빈)
賤 : 천할(천) 汲 : 물길을(급)
富 : 넉넉할(부) 貴 : 귀할(귀)

【뜻풀이】 자신이 가난하게 살더라도 걱정하지 않으며, 부귀를 얻기 위해 조급해 하지 않는다. 주어진 삶과 조건에 만족하면서 살아가는 생활 자세를 비유하는 말이다.

【출전】 이 말은 전한 때의 학자인 유향(劉向, 기원전 79~기원전 8)이 편찬한 『열녀전』에 나오는 검루(黔婁, 춘추시대 제(齊)나라 때의 사람으로 절조를 지켜 벼슬길에 나가지 않았다)의 아내가 증자(曾子)에게 한 말이지만 도연명(陶淵明, 365~427)이 〈오류선생전(五柳先生傳)〉에서 인용하면서 유명해졌다.

〈오류선생전〉은 도연명이 자신의 삶을 빗대서 지은 탁전(托傳)인데, 전을 쓴 뒤 찬(贊)을 붙여 이런 말을 남겼다.

「검루가 말하기를 가난하고 천해도 걱정하지 않으며, 부귀를 얻고자 조급해하지 않는다 했다더니 이 말을 극진히 한다면 이 사람도 저 사람의 짝이겠구나. 술을 마시고 취해 시를 지어 부르며 자신의 뜻을 즐기니 그는 무회씨 시대의 백성인가! 갈천씨 시대의 백성인가!

(黔婁有言 不戚戚於貧賤 不汲汲於富貴 極其言 茲若人之儔乎 酣觴賦詩 以樂其志 無懷氏之民歟 葛天氏之民歟)」

『열녀전』은 인용 부분이 흔흔(忻忻)으로 되어 있는데, 도연명이 이를 조금 수정해 급급으로 고쳐 썼다.

【용례】 선생님께서는 늘 욕심 없이 살라고 말씀하셨지. 이따금 검루 이야기를 곁들이시면서 "불척척어빈천하고 불급급어부귀"하라고 하셨는데, 이제야 그 가르침의 깊은 뜻을 알 것 같아.

불초 不肖

不 : 아닐(불) 肖 : 닮을(초)

【뜻풀이】 닮지 않았다. 이 말은 아버지를 닮지 못해서 재주가 부족하다는 뜻인데, 주로 자식이 부모에게 자기를 말할 때 붙이는 투어의 일종이다. 불초소생(不肖小生)이라고도 한다.

【출전】 『맹자 · 만장장구(萬章章句)』 상편에 이런 구절이 있다.

"요임금의 아들인 단주(丹朱)는 아버지와는 달리 부족했고, 순임금의 아들 역시 부족했다. 순이 요임금을 돕고 우가 순임금을 도운 것이 어느덧 오래되었고, 백성들에게 은혜를 베푼 것 역시 오래되었다.(丹朱之不肖 舜之子亦不肖 舜之相堯 禹之相舜也 歷年多 施澤於民久)"

또 『중용 · 제4장』에는 이런 구절이 있다.

"공자께서 말씀하시기를, 도가 밝혀지지 않은 것을 나는 알고 있다. 또 어진 사람은 지나치고, 모자라는 사람은 미치지 못하는 사실도 안다.(子曰 道之不明也 我知之矣 賢者過之 不肖者不及也)"

『사기 · 오제본기(五帝本紀)』에도 『맹자』의 기술과 비슷한 말이 나온다.

"순임금은 아들 단주가 부족해서 족히 천하를 물려줄 수 없다는 것을 알았다.(舜知子丹朱之不肖 不足授天下)"

불초에 대한 의미는 문헌에 따라 해석이 구구한데 지금은 대개 자식이 부모에 대해 자신을 낮추는 말로만 쓰인다.

【용례】 "불초"소생이 서울에 올라온 지도 어느 덧 10년이 되어 갑니다. 늘 마음속으로 생각은 간절하면서도 그간 한 번도 찾아뵙지 못한 저를 용서해 주십시오.

불치하문 不恥下問

不 : 아닐(불) 恥 : 부끄러울(치)
下 : 아래(하) 問 : 물을(문)

【뜻풀이】 겸허하고 부끄럼 없이 배움을 즐기는 것을 이르는 말이다.

【출전】 옛날 통치자들은 유가 학설의 창시자인 공자(孔子)를 가리켜 천성적으로 가장

ㅂ

학문이 높은 성인(聖人)으로 높게 받들었다.

그러나 공자 자신은 『논어·술이편(述而篇)』에서 "나는 태어나면서부터 학문이 있었던 것은 아니다. 옛것을 좋아해서 민첩하게 이를 구하려는 사람이다.(我不生而知之 好古敏以求之者也)"라고 말했다.

『논어·팔일편(八佾篇)』에 기술된 내용을 보면, 어느 날 공자는 태묘(太廟)에 가서 노나라 임금이 조상에게 제사를 지내는 의식에 참가한 적이 있었는데, 매사를 사람들에게 물어본 뒤 시행했다.

이에 어떤 사람들은 그가 의례를 너무 모른다고 비난했다. 그 말을 들은 공자는 "내가 매사에 묻는 것이 바로 예다."라고 대답했다.

그 무렵 위나라에는 공어(孔圉)라고 하는 대부가 있었는데 죽은 뒤에 시호를 문(文) 이라 하였다. 때문에 사람들은 그를 공문자(孔文子)라고 불렀다. 이 일을 두고 공자의 제자인 자공(子貢)이 어느 날 공자에게 "공문자는 왜 시호를 문이라고 했습니까?"라고 물었다.

자공이 이런 질문을 한 것은 그 공문자의 평소 행실이 도저히 문(文)이라는 시호를 받을 만한 위인이 아니었기 때문이었다. 그는 태숙질(太叔疾)이 본처를 쫓아내고 자기 딸을 아내로 삼도록 했다. 그런데 태숙질이 자기 첫 부인의 여동생과 간통을 하자 화가 난 공문자는 태숙질을 죽이려고 공자에게 어떻게 해야 할지 물었다. 그러자 공자는 대꾸도 하지 않고 수레를 타고 떠나 버렸다. 태숙질이 송나라로 달아나자, 공문자는 이번에는 태숙질의 동생 유(遺)에게 자기 딸 공길(孔姞)을 아내로 맞게 하였다. 그 공문자의 인간성이 이와 같았는데도 시호를 문이라고 했기 때문에 자공이 의아하게 여겨 물은 것이다.

『논어·공야장편(公冶長篇)』에 보면, 공자는 그가 "민첩하고 부지런하며 아랫사람에게 묻는 것을 부끄럽게 여기지 않았기 때문에 시호를 문이라고 한 것이다.(敏而好學 不恥下問 是以謂之文)"라고 대답했다.

불치하문은 바로 공자의 이 말에서 유래한 성어로, 오늘날에는 겸허하고 부끄럼 없이 배우기를 즐기고 진심으로 남의 가르침을 받는 태도를 말한다.

【용례】 자네는 다 좋은데 너무 자존심이 강한 게 문제네. "불치하문"할 수 있는 여유를 가질 때 비로소 큰 성과를 올릴 수 있을 걸세.

불학무술 不學無術

不 : 아닐(불) 學 : 배울(학)
無 : 없을(무) 術 : 재주(술)

【뜻풀이】 지식이 부족하고 재주가 없는 것을 일컫는 말이다.

【출전】 한(漢)나라 때 곽광(霍光)이라는 장군이 있었는데, 그는 한무제 때의 명장 곽거병(霍去病)의 아우로 일찍이 대사마, 대장군 등의 요직을 맡아보면서 한나라에 상당한 공헌을 한 사람이었다. 그는 자신이 세운 공에 자만하여 배움을 게을리 해서 사리에 밝지 못했다.

때문에 『한서』를 쓴 반고(班固, 32~92)는 〈곽광전〉에서 "곽광은 국가를 바로잡고 사직을 안정시켰다.(匡國家安社稷)"고 칭찬하면서 동시에 "곽광은 배우지를 않아 재주가 없고 사리에 어두웠다.(不學亡術 闇於大理)"고 지적하고 있다.

여기서 망(亡)은 무와 같은 뜻으로 나중에

불학망술을 불학무술이라고 하게 되었다.

송(宋)나라 초기 때의 일이다. 송태종의 재상으로 구준(寇準, 961~1023)이라는 사람이 있었는데, 그는 장영(張詠)이라는 사람과 젊었을 때부터 아주 막역한 사이였다.

뒷날 장영이 성도(城都)에서 벼슬을 할 때 구준이 곧 재상이 되리라는 소문을 듣고 동료들에게 "구준은 뛰어난 인재지만 아쉽게도 배운 것이 적다."고 말한 적이 있다.

그러던 중 구준이 과연 재상이 되니 어느 날 장영은 도읍지로 돌아와 옛 친구를 만났다. 두 친구는 반갑게 만나 옛정을 나누다가 며칠 후 헤어질 때가 되었다. 장영이 떠날 때 구준은 "가르쳐 줄 말이라도 없는가."고 묻자, 장영은 "곽광전을 읽어 봐야 할 걸세."라고 말하였다.

그때 구준은 그 말이 무슨 뜻인지 몰랐다가 집에 돌아와서 〈곽광전〉을 펼쳐 보니 광불학망술(光不學亡術)이라는 구절이 유난히 눈에 띄었다. 그제서야 구준은 "이것이 바로 장공이 나를 두고 한 말이었구나!" 하고 크게 느낀 바가 있었다고 한다.〔『송사·구준전(寇準傳)』에 나오는 이야기다〕

【용례】 이렇게 좋은 지위에 오르게 된 것은 모두 사장님 덕분입니다. "불학무술"한 저를 버리지 않고 거두어 주셔서 정말 감사합니다.

불한이율 不寒而栗

不 : 아닐(불) 寒 : 추울(한)
而 : 어조사(이) 栗 : 두려워할·떨(율)

【뜻풀이】 춥지도 않은데 공포에 떨다. 폭정이 하도 심해 날씨가 춥지 않은데도 저절로 몸이 떨린다는 말이다.

【출전】『사기·혹리열전(酷吏列傳)』에 다음과 같은 이야기가 나온다.

한무제 때 잔혹한 관리로 이름난 의종(義縱)이라는 사람이 있었다. 도적 출신이었던 그는 그의 누이 의후(義姁)가 의사 일을 하다가 황태후의 병을 치료해 준 인연으로 벼슬길에 오르기 시작했다.

의종은 처음에는 상당군(上黨郡)의 어느 자그마한 현의 현감으로 있다가, 나중에 장안령(長安令)을 거쳐 순풍에 돛을 단 듯이 남양태수를 거쳐 정양태수로 벼슬이 올랐다. 의종은 백성들을 참혹하게 탄압했을 뿐 아니라 일부 지방 토호들도 사정없이 숙청하였다. 때문에 백성들은 그를 두려워했을 뿐 아니라 일부 명문대가들도 그에 대해 적이 위구심(危懼心)을 품고 있었다.

의종이 남양태수로 부임해 갈 때의 일이다. 당시 남양에는 영성(甯成)이라는 관도위(關都尉)가 있었는데, 사람이 모질기가 양 떼 속의 승냥이와 같은 인간이었다. 때문에 그곳 백성들과 관리, 그리고 상인들은 감히 그의 비위를 거스르지 못하였다.

의종은 남양에 도착하기 전에 이미 영성의 소문을 듣고 이번에 도착하면 영성부터 제거하리라 다짐했다. 그래서 의종은 남양에 도착하던 그날로 영성을 잡아 가두고는 그의 가족까지 몽땅 죽여 버렸다.

그 후 의종은 정양 지방의 민란을 진압하는 데 공이 있어 정양태수로 승진했는데, 그는 정양에 이르자마자 200여 명을 잡아 가두고 감옥으로 면회하러 온 200여 명의 백성들까지 합쳐 일거에 400여 명의 무고한 백성들을 학살하였다.

이에 대해 『사기』에는 "이날 400여 명을

살해했다는 소문을 듣고 군내의 사람들은 날씨가 춥지도 않은데 모두 공포에 벌벌 떨었다.(是日皆報殺四百餘人 郡中不寒而栗)"고 쓰고 있다. 그 밖에 『한서 · 의종전(義縱傳)』에도 같은 기록이 있는데, 불한이율은 바로 이상의 기록에서 나온 성어다.

【용례】 저 형은 괜히 옆에 있기만 해도 무서워. 눈이 부리부리한 게 꼭 사람 백정같이 생겼단 말이야. 잘못한 것도 없는데 "불한이율" 하게 돼요.

불혹 不惑

不 : 아닐(불) 惑 : 의혹될(혹)

【뜻풀이】 의혹되지 않는다. 하늘의 이치를 터득했기 때문에 흔들림이 없다는 뜻인데, 보통 나이 마흔을 일러 불혹이라고 한다.

【출전】 『논어 · 위정편(爲政篇)』과 〈자한편(子罕篇)〉에 다음과 같은 말이 나온다.

「공자가 말씀하시기를, 나는 나이 15세에 학문에 뜻을 두어 서른에 자립하였고, 마흔에는 어떤 일이든 의혹되지 않았으며, 쉰에는 하늘의 뜻이 무엇인지를 알았고, 예순에는 무슨 소리를 듣든 귀에 걸림이 없었으며, 일흔에는 마음이 하고자 하는 대로 좇았지만 한 번도 도리에서 어긋난 적이 없었다.

(子曰 吾十有五而志於學 三十而立 四十而不惑 五十而知天命 六十而耳順 七十而從心所欲 不踰矩)

공자께서 말씀하시기를, 지혜로운 사람은 의혹되지 않으며 어진 사람은 근심하지 않고 용기 있는 사람은 두려워하지 않는다.

(子曰 知者不惑 仁者不憂 勇者不懼)」

동양에서는 사람의 나이를 숫자로만 세지 않고 다른 명칭을 붙이는 경우가 종종 있다. 그 중 가장 빈번하게 쓰이는 단어가 바로 공자의 말에서 나온 것이다. 지학(志學, 15세) · 이립(而立, 30세) · 불혹(不惑, 40세) · 지천명(知天命, 50세) · 이순(耳順, 60세) · 종심(從心, 70세) 등이 그것이다.

이 밖에도 70세를 고희(古稀)라고 하며 77세를 희수(喜壽), 88세를 미수(米壽), 99세를 백수(白壽)라고 부른다. 그리고 81세를 망구(望九)라고 하는데 우리말 할망구는 이 어휘에서 나왔다는 속설이 있다.

【용례】 한 일도 없는데 벌써 내 나이가 "불혹"에 가까웠군. 심기일전(心機一轉)해서 뭔가를 이룰 때야.

붕정만리 鵬程萬里

鵬 : 붕새(붕) 程 : 한도 · 법 · 헤아릴(정)
萬 : 일만(만) 里 : 마을(리)

【뜻풀이】 전도가 양양하다. 앞길이 구만리 같다.

【출전】 『장자 · 소요유편(逍遙游篇)』에 다음과 같은 이야기가 나온다.

「북방의 바다에 곤(鯤)이라는 고기가 있어 그 길이가 몇 천 리인지 모르는데, 그 고기가 일단 새로 변하면 붕(鵬)새가 된다. 붕새 또한 어찌나 큰지 그 길이가 몇 천 리인지 모른다.

그리고 붕새가 북해에서 남해로 날아갈 때 날갯짓을 한 번 하면 삼천 리에 달하는 격랑이 일어나면서 구만 리 창공으로 솟구쳐 오른다.

(鵬之涉於南溟也 水擊三千里 搏扶搖而上

者九萬里)」

여기에서 붕정만리·붕정구만(鵬程九萬)·부요직상(扶搖直上) 등의 성어가 나왔다.

【용례】 그동안의 공부는 앞으로 이룰 성과를 위한 훈련이었을 뿐이야. "붕정만리"의 기세로 날아올라 남들이 깜짝 놀랄 일을 할 거야.

비견접종 比肩接踵

比 : 비교할·견줄(비) 肩 : 어깨(견)
接 : 닿을(접) 踵 : 발꿈치(종)

【뜻풀이】 사람들의 어깨가 서로 닿고 발뒤꿈치가 서로 맞닿는다는 뜻으로, 사람이 많은 것을 비유해서 이르는 말이다.

【출전】 『안자(晏子)·잡편(雜篇)』 하편에 다음과 같은 이야기가 있다.

춘추시대 제(齊)나라에서 한때 재상으로 있던 안자는 체구는 왜소했지만 말주변은 뛰어난 사람이었다.

어느 날 안자가 초(楚)나라를 방문했을 때의 일이다. 초왕은 나라가 강대한 것만 믿고 제나라에서 온 사신을 무례하게 함부로 대하면서 안자를 보고 빈정거렸다.

"제나라에 아무리 사람이 없기로 그대와 같은 난쟁이를 보내 왔단 말인가?"

이에 안자는 "우리 제나라에는 사람이 너무나 많아 서로 어깨가 닿고 발뒤꿈치가 부딪치며 팔소매를 들어 올리면 태양도 가려져 그늘이 지는 형편이고 사람들이 땀을 흘리면 비 오듯 하는데(張袂成陰 揮汗成雨 比肩接踵而在) 어찌해서 사람이 없다고 하십니까?

그러나 우리 제나라에는 하나의 규칙이 있습니다. 말하자면 잘나고 재주 있는 사람은 상등국에 사신으로 가서 재덕(才德)을 겸비한 임금을 만나고, 나와 같은 사람은 이곳으로 와서 대왕과 같은 임금이나 만나게 되어 있습니다."라고 그 자리에서 대답하였다.

이렇게 해서 안자를 골려 주려던 초왕은 도리어 놀림을 당해 더 이상 입을 놀리지 못했다.

비견과 접종은 이 밖에도 다른 뜻이 있는데, 부부간의 금실이 좋은 것을 비유할 때 비견상친(比肩相親)이라고 하며, 어떤 인물들이 서로 어깨를 겨룰 만큼 능력이 비슷한 것을 비유할 때도 비견이라고 한다.

그리고 접종에 관해서는 사람들이 잇달아 도착하는 것을 가리켜 접종이래(接踵而來) 또는 접종이지(接踵而至)라고 한다.

성어 비견접종은 비견수종(比肩隨踵)이라 쓰기도 한다.

『전국책·제책(齊策)』에 보면 "나는 듣기에 훌륭한 인물은 좀처럼 있는 것이 아니라고 들었다. 천 리 사이에 한 선비가 있어도 어깨가 닿을 만큼 많고, 백 세에 한 성군이 나온다고 해도 발꿈치가 닿을 만큼 많다고 들었다.(寡人聞之 千里而一士 是比肩而立 百世而一君 若隨踵而至)"는 말이 나오고, 『한비자(韓非子)·난세편(難勢篇)』에 보면 "요임금이나 순임금 같은 성군이나 걸과 주 같은 폐주는 천 세에 한 사람 나오는 것이지 어깨를 나란히 하고 발꿈치를 이으면서 나오는 것은 아니다.(堯舜桀紂 千世而一出 是比肩隨踵而生也)"라는 말이 나온다.

【용례】 그렇게 조용하던 우리 동네에 빌라가 여러 채 들어서고 난 뒤부터 "비견접종"할 정도로 사람들이 늘어났어. 그 때문인지 교통 체증이 말이 아니야.

ㅂ

비려비마 非驢非馬

非 : 아닐 · 그를(비) 驢 : 나귀(려)
馬 : 말(마)

【뜻풀이】 나귀도 아니고 말도 아니다. 그 무엇과도 같지 않음을 비유해서 이르는 말이다.
【출전】 한(漢)나라 때 서역(西域)이라고 하던 당시의 신강(新疆) 일대에는 구자국(龜玆國)이라는 나라를 포함해서 수십 개의 작은 나라들이 산재해 있었다. 한선제 때 구자국 임금 강빈(絳賓)이 한나라에 와서 1년간 체류한 적이 있었는데, 이때 한나라 조정에서는 그를 융숭하게 대접했을 뿐 아니라 돌아갈 때도 많은 예물을 증정했으며 나중에도 몇 번인가 다시 그를 초청하였다. 이렇게 해서 강빈은 한나라에 대해 깊은 우의와 호감을 갖고 있었다.
『한서(漢書) · 서역전』에 다음과 같은 이야기가 있다.
구자국 임금은 한나라의 궁정 생활을 흠모한 나머지 자국 내에서도 그것을 모방해서 한나라 식으로 궁전을 지어 놓고 궁중의 기물이나 비빈, 시종 들의 복식 및 제도에 이르기까지 모두 한나라 식을 따랐다. 심지어 조회에 이르기까지도 전부 한나라 식을 모방하였다.
이에 서역의 여러 나라들에서는 "나귀가 나귀 같지 않고 말이 말 같지 않으니 마치 노새와 같다."고 하며 구자국의 모방을 비웃었다.
말하자면 노새는 나귀와 말이 교배해서 생긴 짐승으로 구자국의 모습이 나귀도 아니고 말도 아니라는 뜻이다.
【용례】 그러니까 지금 말하려고 하는 요점이 뭔가? "비려비마" 마냥 얼버무리지 말고 분명한 입장을 밝혀 주게.

비류직하삼천척 飛流直下三千尺

飛 : 날(비) 流 : 흐름(류) 直 : 곧(직)
下 : 아래 · 떨어질(하) 三 : 석(삼)
千 : 일천(천) 尺 : 자(척)

【뜻풀이】 날릴 듯 내리 떨어지는 폭포의 물줄기가 삼천 척이나 된다. 시원하게 떨어지는 폭포수 줄기를 비유하는 말이다.
【출전】 이백(李白, 701~762)의 시 〈망여산폭포(望廬山瀑布)〉에 나오는 한 구절인데, 중국인이 흔히 쓰는 과장법의 전형적인 예라고 할 수 있다. 전문은 다음과 같다.
「향로봉에 햇살 드리우니 안개는 푸르게 이는데
멀리서 보는 폭포는 하늘가에 아득히 걸렸도다.
날릴 듯 내리 떨어져 길이는 삼천 척이니
은하수가 구천으로 떨어지는 듯하구나.
日照香爐生紫烟
遙看瀑布掛長天
飛流直下三千尺
疑是銀河落九天」
향로봉은 오늘날 강서성 구강시(九江市) 남쪽에 있는 산으로 기이한 봉우리와 폭포, 유서 깊은 사찰이 많기로 유명하다.
【용례】 금강산에 관광을 가서 본 구룡폭포를 위시한 4대 폭포는 정말 장관이더군. 쏟아져 내리는 물줄기가 "비류직하삼천척"이었어. 정말 대단하더군.

비방지목 誹謗之木

誹 : 헐뜯을(비) 謗 : 헐뜯을(방)
之 : 어조사(지) 木 : 나무(목)

【뜻풀이】 정치를 잘못한 임금을 헐뜯는 글을 적는 나무. 훌륭한 정치의 표본이 되는 물건이나 사건을 의미한다.

동양에서 가장 훌륭한 정치를 한 임금으로 꼽는 사람 중에 요순(堯舜)을 빼놓을 수 없다. 아득한 고대에 백성들을 통치했다고 하는 그들은, 실재 여부에 관계없이 최고의 통치 전범으로 인식되어 왔던 것이다.

이 이야기도 그런 훌륭한 정치의 일면을 보여 주는 설화다.

【출전】 이 성어는 훌륭한 정치에 대한 경구인 만큼 여러 문헌에 써 있다. 『대대례기(大戴禮記) · 보전(保傳)』에 나오고, 『사기 · 효문기(孝文紀)』에 나오며, 『한서 · 문제기(文帝紀)』에 나오고, 『색은(索隱)』에도 나오며, 『여씨춘추 · 자지편(自知篇)』에도 나온다.

요임금은 항상 자신의 정치가 백성들을 편안히 잘 이끌고 있는지에 대해 관심을 갖고 있었다.(➡ 고복격양鼓腹擊壤 참조) 그래서 이를 확인하기 위해 거처 앞에 북과 나무를 각각 세워 놓았다.

북은 이름이 감간지고(敢諫之鼓)라 해서 "감히 간언하는 북"이란 뜻이고, 나무는 비방지목이라 해서 임금의 정치가 잘못되었을 때 이를 비난하는 내용을 쓸 수 있는 나무다.

이를 통해 요임금은 백성들이 불편하고 불만스러운 일이 있을 때마다 즉시 그것을 자신이 들을 수 있게끔 배려했다.

일설에는 감간지고는 요임금이 세웠고 비방지목은 순임금이 세웠다고도 한다. 또 『대대례기』에서는 요임금이 진선지정(進善之旌) 곧 "좋은 말을 올리는 깃발"을 세웠다고도 한다.

【용례】 조선시대에는 백성들이 억울한 일을 하소연할 수 있는 신문고가 있었다잖아? 중국에도 그 비슷한 제도가 있었다는데, 그게 "비방지목"이라는군. 실효는 있었는지 모르지만 정신만은 본받을 필요가 있겠어.

비부감수 蚍蜉撼樹

蚍 : 왕개미(비) 蜉 : 왕개미(부)
撼 : 흔들릴(감) 樹 : 나무(수)

【뜻풀이】 왕개미가 나무를 흔들어 보려 한다는 뜻으로, 자기의 능력이나 분수도 모르고 지나치게 과대평가(誇大評價)하는 것을 비웃는 말이다.

【출전】 당나라의 문학가로 산문과 시에 능했던 한유(韓愈, 768~824)가 문단에서 크게 이름을 떨치고 있었을 때는 위대한 시인인 이백(李白)과 두보(杜甫)가 세상을 뜬 지 이미 몇 십 년 되는 때였다.

이때 일부 사람들이 이백과 두보의 시에 대해 과소평가하려 하자 한유는 이를 나무라면서 친구인 장적(張籍, 역시 유명한 시인으로 두보를 숭배했던 사람)에게 시 한 수를 써주었는데 시의 첫 구절은 이러했다.

「이백과 두보의 문장은
그 빛이 만 길이나 뻗는다.
어리석은 아이들 그것도 모르니
어찌 비방이 명성을 해칠까.
왕개미가 큰 나무를 흔드는 격이니

가소롭다 자신의 역량도 모르는구나.
李杜文章在
光焰萬丈長
不知群兒愚
哪用故謗傷
蚍蜉撼大樹
可笑不自量」

여기서 한유는 이백과 두보의 시를 헐뜯는 사람들을 군아(群兒, 유치한 아이들)라고 하면서 왕개미가 큰 나무를 흔들어 보려는 것처럼 가소로운 일이라고 비웃고 있다.(➡ 부자량력不自量力 참조)

성어 비부감대수와 비부감수는 그 뜻이 일치하며 광염만장(光焰萬丈)과 광망만장(光芒萬丈)도 나중에 성어가 되었다.

【용례】 그런 제품을 만들 수만 있다면야 바랄 나위가 없겠지만, 너무 많은 비용이 들어갑니다. 착상은 좋지만 우리 회사 형편으로서는 "비부감수"라고 할 수밖에 없습니다.

비아부화 飛蛾赴火

飛 : 날(비) **蛾** : 나방(아)
赴 : 갈(부) **火** : 불(화)

【뜻풀이】 불을 향해 날아드는 나방. 스스로 자멸의 길로 들어가거나 재앙 속으로 몸을 던지는 것을 말한다.

【출전】 『양서·도개전(到漑傳)』에 다음과 같은 이야기가 전한다.

도개는 아주 충직하고 학문도 뛰어난 정치가였다. 때문에 고조(高祖)는 늘 그를 곁에 두고 국정을 의논하는 등 신임이 두터웠다. 도개에게는 도경(到鏡)이란 아들이 있었는데, 그만 일찍 죽고 손자인 도신(到藎)이 할아버지의 뒤를 이어 고조를 위해 일하였다.

어느 날 도신이 고조를 수행해 경구(京口)의 북고루(北顧樓)에 갔다. 고조는 도신에게 누대에 올라 시를 한 수 지으라고 명령하였다. 도신은 지체 없이 누대에 올라가 시를 지어 고조에게 바쳤는데, 그 시를 읽은 뒤 도개에게 주면서 이렇게 말했다.

"도신은 정말 대단한 인재이오. 그래서 생각한 것인데 혹시 경이 지금까지 써낸 문장이 손자의 손에서 나온 것이 아닌가 싶으오?"

그러면서 도개에게 글 한 편을 주었다.

"벼루에 먹을 갈아 글을 전하고 붓은 털을 날려 편지를 쓴다. 그러나 비아가 불로 들어가는 것 같으니 어찌 몸을 불태우는 것을 멈출 수 있겠는가?(如飛蛾之赴火 豈焚身之可)"

도개는 키가 훤칠한 데다 위풍이 당당했고, 청렴결백을 생명보다 귀중하게 여겨 항상 심신을 수행하는 데 힘썼다. 또한 생활이 검소해서 집안에는 고작 의자 하나만 있을 뿐이었고, 10년에 한 번씩 관모와 신발을 바꿀 정도였다고 한다.

【용례】 취미면 괜찮지만 일확천금을 노리고 경마에 뛰어들다가는 패가망신(敗家亡身)하기 십상이지. "비아부화"인 줄 번연히 알면서도 왜 그런 짓을 하는지 알다가도 모르겠어.

비육부생 髀肉復生

髀 : 넓적다리(비) **肉** : 고기(육)
復 : 다시(부)/회복할(복) **生** : 날(생)

【뜻풀이】 넓적다리에 다시 살이 오르다. 무

료하게 허송세월(虛送歲月)하면서 아무런 성취도 없는 것을 일컫는 말이다.

【출전】『삼국지·촉지·선주전주(先主傳注)』에 다음과 같은 이야기가 나온다.

후한(後漢) 말년에 유비(劉備, 162~223)가 막 군사를 일으킬 무렵이었다. 한번은 여남 땅에서 조조(曹操, 155~220)와 싸우다가 크게 패한 적이 있었는데, 그때 남은 병사라고는 천 명도 못 되는데다가 갈 곳조차 없는 신세가 되었다.

이에 부장 손건은 잠시 유표(劉表, 142~208)에게 가서 몸을 의지하자고 제안했다. 유표는 유비와 종친으로 당시 형주자사로 있었다.

유비가 유표에게 간 후 유표는 그를 극진히 대접하면서 그로 하여금 편안하게 소일하도록 도와주었다. 유비는 형주에서 한동안 머물러 있었다.

그러던 어느 날 유표와 유비 두 사람이 술을 마시면서 세상사에 대해 이야기를 나누고 있는데, 갑자기 유비가 상심에 젖어 울기 시작하였다. 유표는 그의 얼굴에 눈물이 얼룩진 것을 보고 놀라서 그 까닭을 물었다.

유비는 길게 탄식하고 나서 이렇게 말했다.

"나는 이전에 말을 타고 싸움을 하느라고 넓적다리가 바싹 여위었댔습니다. 그러나 생활은 아주 즐거웠지요. 그런데 지금은 할 일 없이 이렇게 한가롭게 지내다 보니 넓적다리에 다시 살이 오르는군요. 세월은 헛되이 흘러가고 몸은 늙어만 가는데 이루어 놓은 것이라고는 아무것도 없으니 그래서 슬퍼하는 것입니다.(吾常軍不離鞍 髀肉皆消 今不復騎 髀裏肉生 日月若馳 老將至矣 而功業不建 是以悲耳)"

이렇게 해서 후세 사람들은 오랜 세월 무료하게 시간을 허송하면서 아무런 성과도 없는 것을 일컬어 비육부생, 비육중생(髀肉重生) 또는 무비흥탄(撫髀興嘆), 부비흥차(拊髀興嗟)라 말했다.

【용례】 그간 등산을 좀 등한시했더니 "비육부생"하는군. 날이 풀리면 한번 날을 잡아 근교 산에라도 올라가야겠어.

비잠동치 飛潛同置

飛 : 날(비) **潛** : 가라앉을·잠길(잠)
同 : 같을·함께(동) **置** : 놓을·놓일(치)

ㅂ

【뜻풀이】 날고 잠기는 표현이 같은 작품에 놓여 있다.

【출전】 옛날 한시를 지을 때 좋은 작품을 얻기 위한 기본적인 수사법을 말한다. 즉, 비(飛)는 하늘을 난다는 뜻으로 공간적으로 상향을 가리키며, 잠(潛)은 가라앉다는 뜻으로 하향의 의미가 있다. 지면을 기준으로 상하가 대립되는 대구(對句)가 갖춰져야만 균형과 대칭이 이루어져 좋은 표현이 된다는 것이다.

또 이 대구의 문제는 반드시 공간적인 상하만 요구하는 것도 아니다. 좌우(左右)와 전후(前後)도 동일하며 색채나 시간, 후각이나 청각 등 인간이 감각 기관을 통해 대칭 상태를 느낄 수 있는 경우라면 무엇이든지 가능하다.

이를 기왕이면 우리 한시 작품을 통해 살펴보기로 하자. 다음 작품은 고려 초기의 문신인 박인량(朴寅亮)의 〈사송과사주구산사(使宋過泗州龜山寺)〉라는 제목의 7언율시다.

「험한 바위와 괴이한 돌이 쌓여서 산을 이루었는데

산 위에는 절이 있고 물이 사방으로 둘렀

도다.

탑 그림자는 강에 떨어져 물결 아래에서 출렁거리고

풍경 소리는 달을 치며 구름 사이로 떨어진다.

문 앞에 나그네의 삿대질에 파도는 거침없는데

대나무 아래 스님은 대낮에 바둑 두며 한가롭다.

한 번 황화를 받들었다가 떠나니 헤어지기 섭섭하지만

다시 시구를 남겨 다시 오리라 다짐하노라.

巉巖怪石疊成山
山有蓮坊水四環
塔影倒江飜浪底
磬聲搖月落雲間
門前客棹洪波疾
竹下僧棋白日閒
一奉皇華堪惜別
更留詩句約重攀」

이 작품은 전편이 대구로 이루어졌다고 해도 과언이 아닐 정도다. 우선 1연〔수연(首聯)〕에서는 산과 물이 대립되어 상하 대구가 이루어지며, 2연〔함연(頷聯)〕에서는 강에 떨어진 탑 그림자와 달을 치는 풍경 소리로써 상하라는 공간적 대구와 그림자와 소리라는 감각적인 대구가 쓰였다. 3연〔경연(頸聯)〕에서는 거침없이 빠른 파도와 대낮의 한가로움이 망(忙)과 한(閑)이라는 정서적 대구로 짜여져 있고, 4연〔(미연(尾聯)〕은 석별(惜別)과 중반(中攀)이라는 이별과 만남의 행위가 대구를 이루었다.

이처럼 전편에 걸쳐 다양한 방식으로 이루어져 있는 대구는 시를 한층 감칠맛 나게 할 뿐 아니라 종이 위에 쓰인 글을 읽으면서 광대한 자연 공간을 마음대로 오가는 흥미를 유발시킨다.

여기서 특히 1연과 2연의 경우는 비잠동치라는 한시에서 쓰는 수사법의 한 양식이 그대로 적용된 예이기도 하다.

【용례】 비행기를 타고 와서 스쿠버 다이빙이라니, 그야말로 "비잠동치"로군. 제주도에 온 참맛은 이런 데서 느껴지는군.

비장수기 飛將數奇

飛 : 날(비) 將 : 장수(장)
數 : 셋사(수) 奇 : 기이할(기)

【뜻풀이】 재주 있는 사람일수록 불행한 처지에 놓이게 됨을 비유해서 이르는 말이다.

【출전】 『한서·이광전(李廣傳)』에 다음과 같은 이야기가 있다.

한나라 때의 명장이었던 이광은 말타기와 활쏘기에 능했는데, 구변이 없고 말수가 적은 그는 활쏘기 외에는 거의 다른 취미가 없었다.

이광은 한문제 때 종군해서 나중에 흉노족의 침입을 저지하는 싸움에 거의 다 참가하여 여러 차례 작은 군사력으로 큰 적군을 격파해서 승리를 거두었다. 흉노 사람들은 이광에 대해 두려워도 하고 탄복도 하면서 그를 가리켜 비장군(飛將軍)이라고 했다.

어느 날 이광은 임금의 명을 받고 소수의 군사들을 거느린 채 장성 밖에 나가 흉노의 대군과 맞서 싸우게 되었다. 그러나 쌍방의 현격한 실력 차이로 인해서 이광은 포로가 되고 말았다. 그러나 그는 적의 영지로 끌려가는 도중 적들이 해이해진 틈을 타서 비호같이 몸을 날려 적군의 말을 빼앗아 타고 간신히 한군의 진중으로 돌아왔다.

그러나 한군은 도리어 군법에 의해서 그를 사형에 처하려고 했다. 이광은 부득이 많은 금전을 내고 속죄하는 것으로 관직만 박탈당하고 겨우 목숨을 건지게 되었다.

몇 년 뒤 흉노족이 다시 한 번 대거 침공해 오자 이광은 명령을 받고 기병 4천을 거느리고 나가 싸우다가 4만 명의 흉노군에 의해 겹겹이 포위당하고 말았다.

상황이 이렇게 되자 이광의 부하들은 모두 겁에 질려 벌벌 떨고 있었다. 그러나 이광은 그의 아들 이감을 파견해서 몇십 명 기병을 거느리고 나가 왼쪽으로부터 오른쪽으로 적진을 가로질러 한 바퀴 돌아오게 하였다. 그들이 돌아와서 "아무 일도 없소. 흉노는 결코 대적하기 어려운 것이 아니오."라고 말하고 나서야 한군은 조금 안심하게 되었다.

이때 이광은 가장 탄력 있는 큰 활로 적의 부장을 쏴 죽였다. 뒤이어 또 몇 놈을 쏴 죽이자 적들의 공세는 점차 수그러들었다. 그런 뒤 이광의 지휘를 받으면서 조금도 당황하지 않고 침착하게 응전하였다. 이렇게 이틀간 대치하다가 응원군이 이르자 적은 물러가고 말았다.

이광이 마지막으로 흉노와 싸운 것은 그가 60여 세 되었을 때였다. 이번에는 대장군 위청(衛靑)의 대군을 통솔했다. 이광은 명의상 전장군이었지만 위청은 이광이 공을 세울까 싶어 정면으로 공격하지 못하게 하고 고의로 동쪽으로 돌게 하였다.

그런데 설상가상(雪上加霜)으로 척후병이 없는 이광의 부대는 길을 잃어 지정된 시간 내에 목적지에 도달할 수 없게 되었다. 대장군 위청이 이를 트집 잡아 문책하려 하자 이광은 홧김에 배를 갈라 자결하고 말았다.

이와 같이 흉노족들과 70여 차례나 싸워 커다란 공로를 세운 이광의 최후는 말할 수 없이 비참하였다. 이에 사람들은 이광을 대신해서 불평을 토로했지만 그의 운수가 나쁘다고 하는 외에 달리 무엇이라 말할 수가 없었다.

옛날 사람들은 수리학(數理學)에 따라 우수(偶數, 짝수)는 길할 징조이고, 기수(奇數, 홀수)는 불길한 징조라고 하였다. 이광은 비록 재능이 뛰어난 장군이었지만 애석하게도 운수가 나빴기 때문에 불행하게 죽었다는 것이다.

즉 『사기』에서 말한 바와 같이 "이광은 언제나 기수였다.(李廣老奇數)"는 것인데, 비장수기는 바로 이런 수리학에서 나온 성어다.

【용례】 모난 돌이 정 맞는다더니, 어쩌다가 그런 놈 모략에 걸려 된서리를 맞나. "비장수기"라더니 아연 그 짝일세.

비조 鼻祖

飛 : 코(비) 祖 : 할아버지(조)

【뜻풀이】 시조(始祖). 창시자. 어떤 일을 처음 시작한 사람이나 그런 경우를 가리켜 말하기도 한다.

【출전】 허정양(許旌陽)이 쓴 〈복기서(服氣書)〉에 보면 "사람이 뱃속에서 생길 때 코부터 먼저 생성되는데, 화가가 사람을 그릴 때도 코부터 시작해서 두상을 그리기 때문에 조라고 한다.(人受胎於母 其生始成鼻 畵家畵人 鼻始故鼻云祖)"라고 써 있다.

양웅(揚雄, 기원전 53~기원후 18)의 〈반이소(反離騷)〉에 보면 "주씨가 아름다움을 지니고 있음이여, 아마도 분수가에서는 처음이로다.(有周氏之嬋嫣兮 或鼻祖於汾隅)"라는 구절이 있고, 『양자방언(揚子方言)』에는 "비는 시작이다. 짐승이 처음 생길 때 이를 비라고 한다. 양주와 익주 등지에서는 코를 일러 초라고 하는데, 어떤 사람은 조라고도 한다.(鼻始也 獸之初生謂之鼻 梁益之閒謂鼻爲初 或謂之祖)"면서, 주(注)에서 "비조는 모두 시작하는 것의 별칭이다.(鼻祖皆始之別稱也)"라고 하였다.

이 밖에도 시작을 뜻하는 성어는 많은데, 남상(濫觴)이나 원조(元祖), 효시(嚆矢) 따위가 있다.

【용례】 우리가 단골로 다니는 칼국수 집은 벌써 생긴 지 50년도 더 됐다는군. 그쯤 됐으면 가히 칼국수 집의 "비조"라고 해도 무방할 거야.

비조경사 飛鳥驚蛇

飛 : 날(비) 鳥 : 새(조)
驚 : 놀랄(경) 蛇 : 뱀(사)

【뜻풀이】 활달하고 생동감 넘치는 서체(書體)를 비유하는 말이다.

【출전】 『법서원(法書苑)』이라는 책에 다음과 같은 이야기가 실려 있다.

당나라 때의 승려로 명필로 알려진 석아주는 글씨 쓰는 것을 가리켜 "새가 수림을 벗어나 날아가는 듯하고 뱀이 놀라 숲속으로 뛰어들어가듯(飛鳥出林 驚蛇入草)"해야 한다고 말한 적이 있다. 이 말은 글씨는 기백이 있고 활달하며 생동감 넘치게 써야 한다는 뜻이다.

후세 사람들은 석아주의 말을 간추려 비조경사 또는 경사입초(驚蛇入草)라고 부르게 되었다.

【용례】 자네가 쓴 글은 읽기에 아주 시원해. "비조경사"하는 듯해서 한 번 읽으면 뜻을 금방 알 수 있다니까.

비황등달 飛黃騰達

飛 : 날(비) 黃 : 누루(황)
騰 : 오를·날(등) 達 : 이를·통달할(달)

【뜻풀이】 갑자기 운수가 트여 벼슬이 올라가거나 현달하게 되는 것을 비유하는 말이다.

【출전】 당나라 때의 유명한 문학가 한유(韓愈, 768~824)의 시 〈부독서성남(符讀書城南)〉에서 나온 이 성어의 원형은 비황등답(飛黃騰踏)이다. 〈부독서성남〉은 한유가 아들 부부로 하여금 공부에 힘쓰도록 격려하기 위해 쓴 글이라고 하는데 전문을 보면 대략 다음과 같다.

「나무가 규(規, 컴퍼스)를 받는가 구(矩, 곱자)를 받는가는, 목공이 바퀴를 만드는가 가마를 만드는가에 달려 있다. 사람이 능히 사람답게 되는 것은 뱃속에 시서가 있는가에 따르니, 시서는 부지런히 익히면 있게 되고, 게으르면 배는 텅 비게 된다. 배움의 힘을 알고자 한다면, 현인과 우인도 처음에는 동일했다네. 그들이 능히 배우지 못했기 때문에, 들어가는 바가 마침내 다른 골목으로 이르는 것이지.

두 집에서 각기 아이를 낳았는데, 두 아이는 용모가 비슷하고 똑같이 활발하고 사랑스러웠다. 조금 자란 뒤에 그들은 어울려 장난을 치는데, 다를 바 없이 함께 물고기 놀이를 하지. 나이가 열두세 살에 이르자, 두각을 나타내는 것이 조금씩 벌어지기 시작하지. 스무 살에 이르러서는 분명히 달라져서, 하나는 맑은 시냇물처럼 깨끗하고 다른 하나는 수렁창의 오물과도 같았다. 서른 살이 되자 두 사람의 모습은 완연히 달라져서, 한 사람은 용과 같고 다른 사람은 돼지와 같았다. 이에 비황(飛黃, 신화에 나오는 신마)처럼 구름 타고 호풍환우(呼風喚雨)하며 날아가는데 뒤에 떨어져 있는 두꺼비같이 게으른 사람은 돌아볼 겨를이 없게 되었다. 한 사람은 말 앞의 병졸이 되어 등에 채찍 받으니 벌레가 생길 정도네. 한 사람은 공경이나 재상이 되어 당당하게 도성 안에서 살게 되었다. 묻노니 어쩌다가 이렇게 되었는가? 배운 것과 배우지 않은 차이일 뿐이로다. 금이나 구슬이 비록 귀중한 보배지만, 쓰고 나면 모아 두기는 어려운 일이지. 학문은 몸 안에 갈무리해 두는 것이니, 몸이 있다면 언제나 넉넉한 법이로다. 군자와 소인의 차이도 부모와는 아무 관계가 없는 것. 보지 못했는가, 공경과 재상이 농사를 짓다가 몸을 일으킨 것을. 보지 못했는가, 삼공의 후손이 헐벗고 굶주리며 대문을 나섬에 나귀조차 없는 것을. 문장이 어찌 귀하지 않겠는가만, 경전의 교훈은 바로 묵은 밭처럼 기름지다네. 도랑물은 근원이 없으니, 아침에는 가득해도 저녁이면 다 없어진다네. 사람이 고금을 통하지 않으면, 소나 말에 옷을 입혀 놓은 꼴이지. 몸을 움직이면 불의한 일에 빠지는데, 하물며 명예를 바랄 수 있겠는가? 때는 가을이라 장맛비도 걷히고, 새로 시원한 바람이 교외에서 불어온다. 등불을 차츰 가깝게 할 만하니, 책을 펼쳐 읽고 덮을 만하구나. 어찌 아침저녁으로 걱정하지 않으리요만, 너를 위해 세월을 아까워하노라. 은혜와 의리가 서로 빼앗음이 있으니, 시를 지어 주저하는 너를 권면하노라.

(木之就規矩 在梓匠輪輿 人之能爲人 由腹有詩書 詩書勤乃有 不勤腹空虛 欲知學之力 賢愚同一初 由其不能學 所入遂異閭 兩家各生子 提孩巧相如 少長聚嬉戲 不殊同隊魚 年至十二三 頭角稍相疎 二十漸乖張 淸溝映汚渠 三十骨骼成 乃一龍一豬 飛黃騰踏去 不能顧蟾蜍 一爲馬前卒 鞭背生蟲蛆 一爲公與相 潭潭府中居 問之何因爾 學與不學歟 金璧雖重寶 費用難貯儲 學問藏之身 身在則有餘 君子與小人 不繫父母且 不見公與相 起身自犁鋤 不見三公後 寒飢出無驢 文章豈不貴 經訓乃菑畬 潢潦無根源 朝滿夕已除 人不通古今 馬牛而襟裾 行身陷不義 況望多名譽 時秋積雨霽 新凉入郊墟 燈火稍可親 簡編可卷舒 豈不旦夕念 爲爾惜居諸 恩義有相奪 作詩勸躊躇)」

이와 같이 시로서 남긴 작품 가운데 두 구절이 "비황등답거 불능고섬여(飛黃騰踏去 不能顧蟾蜍)"인데 나중에 이것이 비황등달로 바뀌었다. 이 글에서 가을을 형용하는 대표적인 말인 등화가친(燈火可親)이란 성어도 나왔다.

【용례】 가난하다고 천대만 받던 사람이 그렇게 "비황등달"할 줄 누가 알았겠어. 진작 잘 사귀어 뒀다면 나도 덕 좀 봤을 텐데.

빈계지신 牝鷄之晨

牝 : 암컷(빈) **鷄** : 닭(계)
之 : 갈(지) **晨** : 새벽(신)

【뜻풀이】 암탉이 울어 새벽을 알린다. 암탉이 울면 집안이 망한다는 뜻이다.

【출전】 『서경·목서편(牧誓篇)』에 나오는 성

어다.

주무왕(周武王)이 은(殷)나라의 폭군 주왕(紂王)을 정벌하기 위한 대의명분을 천명하면서 한 말이다. 발(發)이 주문왕(周文王) 서백(西伯)의 뒤를 이으니 그가 바로 무왕이다. 당시 은나라의 주왕은 달기(妲己)라는 요부의 미모에 넋이 나가 주색으로 세월을 보내면서 온갖 해괴한 짓을 일삼아 백성들의 원망이 하늘을 찔렀다. 무왕은 주왕의 폭정이 날이 갈수록 극심해지자 제후들의 강력한 요청과 은나라의 백성들을 구한다는 명분으로 주왕의 토벌을 결심하였다. 무왕은 병사 3천 명을 이끌고 은나라의 목야(牧野) 지역까지 진출한 뒤 그곳에서 병사들에게 말했다.

"병사들이여, 창날을 세우고, 방패를 올려라. 옛 사람이 말하기를 '암탉은 새벽에 울지 않으니, 암탉이 새벽에 울면 집안이 망하는 법이다.(牝鷄無晨 牝鷄之晨 惟家之索)'라고 했다. 지금 주왕은 계집의 미모에 빠져 백성을 학대하고 나라를 어지럽히고 있다."

신하인 무왕이 천자인 주왕을 정벌하는 데 대한 명백한 대의명분을 제시한 것이다. 암탉은 물론 달기를 가리킨다. 예부터 새벽에 우는 것은 수탉인데 암탉이 새벽에 울면 불길하다고 여겼다. 집안에서 여자가 소리를 높이면서 권세를 휘두르는 것을 비유한 말이다.(➡ 부언시용婦言是用 참조)

비슷한 말이 『예기(禮記)·곡례편(曲禮篇)』에도 나온다.

"바깥에서 일어난 이야기는 집안으로 들이지 않으며, 집안 이야기는 바깥으로 나가지 않게 한다.(外言不入於梱 內言不出於梱)"

남자는 집 밖에서 일어난 일에 대해 아내에게 말하지 않고, 또 집안 일에 대해서는 아내에게 일임한다는 뜻이다.

【용례】 부인이 일일이 남편 일에 간섭하는 것은 좋아 보이지 않아. 지금 시대에 "빈계지신"을 믿는 것은 아니지만, 부부에게는 각자의 본분이 있는 게 아닐까?

빈모여황 牝牡驪黃

牝 : 암컷(빈) **牡** : 수컷(모)
驪 : 가라말(려) **黃** : 누를(황)

【뜻풀이】 사물을 인식하려면 그 실질을 파악해야 함을 비유하는 말이다.

【출전】 『열자·설부편(說符篇)』에 다음과 같은 이야기가 있다.

진(秦)나라 목공이 백락(伯樂)에게 말을 잘 고를 만한 사람을 추천해 달라고 부탁했다. 그러자 그는 자식들은 제쳐놓고 구방고(九方皐)를 소개했다. 목공은 그에게 좋은 말을 구해 오도록 명령을 내렸고, 석 달 뒤 구방고는 돌아와서 보고하였다.

"지금 사구(沙丘)라는 곳에 있는데, 색이 누런 암놈입니다.(牝而黃)"

목공이 사람을 시켜 끌고 오게 했더니, 구방고가 말한 말은 검은 색에 수놈(牡而驪)이었다. 목공은 곧 백락을 불러 따졌다.

"그 친구는 말의 색깔과 암수조차도 구별하지 못했소."

백락은 크게 한숨을 쉬며 다음과 같이 말했다.

"참으로 이런 경지까지 이르렀구나. 이것이 곧 저보다 뛰어나기가 천만 배나 되는 것으로, 헤아릴 수 없는 것입니다. 그가 보는 것은 선천적인 소질입니다. 그 정신을 얻어서 육체를 잊고, 그 내용을 보고서 외형을 잊은 것입니다. 그의 눈에 띄는 점인 선천적인 요소를 보고, 보이지 않는 점인 후천적인 요소는 보지 않았으며, 그 주시할 점인 정신과 내용은 보고, 주시할 필요가 없는 육체나 외형은 마음에 두지 않았던 것입니다. 그가 말을 구별하는 것은 다만 말을 보는 것을 넘어 그보다 더 중요한 것입니다.(一至於此乎 是乃其所以千萬臣而無數者也 若皐之所觀 天機也 得其精而忘其麤 在其內而忘其外 見其所見 不見其所不見 視其所視 而遺其所不視 若皐之相馬 乃有貴乎馬者也)"

그가 골랐다는 말을 데려와 보니 과연 천하의 명마였다. 빈모려황은 사물을 인식하려면 그 실질부터 파악해야 함을 비유한 성어다.

【용례】 사람을 고를 때에는 겉만 보아서는 안 됩니다. 아무리 학력이 그럴 듯하고 경력이 화려하다고 해도 성실하고 신뢰성은 있는지도 살펴보아야 합니다. 이렇게 "빈모여황" 할 때 좋은 인재를 얻을 수 있는 것입니다.

빈자지일등 貧者之一燈

貧 : 가난할(빈) 者 : 놈(자)
之 : 어조사(지) 一 : 한(일)
燈 : 등불(등)

【뜻풀이】 가난한 사람의 등불 하나. 어려운 형편에 처해 있으면서도 부처님을 정성스럽게 섬기는 자세를 말한다.

【출전】 『현우경(賢愚經) · 빈녀난타품(貧女難陀品)』에 다음과 같은 이야기가 있다.

석가모니 부처님께서 사위국(舍衛國)의 어느 사찰에 계실 때의 일이다. 그 나라에는 난타라는 아주 가난한 여인이 살고 있었는데, 하루하루 구걸을 해서 겨우 연명을 하고 있었다.

국왕을 비롯해 온 나라 사람들이 모두 정성껏 석가모니를 공양하는 것을 보고 그녀는 깊은 시름에 빠졌다.

"저 사람들은 모두 정성을 다해 부처님을 섬기는데, 나는 전생의 죄가 많아 이렇게 걸인이 되어 아무것도 공양할 수가 없구나."

난타는 하루 종일 부지런히 구걸을 해서 겨우 1전을 마련할 수 있었다. 그 돈으로 기름을 사기 위해 기름집에 갔다. 사정을 들은 주인이 이를 갸륵하게 여겨 훨씬 많은 기름을 그녀에게 주었다. 난타는 기쁨에 넘쳐 등 하나에 불을 밝혀 사찰로 가서 석가모니에게 등불 하나를 바쳤다.

그런데 난타의 등불은 밤새도록 밝혀져 있었고 먼동이 터서 다른 등불은 다 꺼졌는데도 홀로 빛을 발하고 있었다. 사람들이 손이나 입으로 불어 끄려고 해도 등불을 끌 수 없었다.

나중에 석가모니는 그녀의 정성스러운 마음을 어여삐 여겨 비구니로 출가시켜 주었다.

【용례】 선생님께서 내신 물품은 가치로 보면 "빈자지일등"이라고 할 수 있는 것이지요. 돈 많은 부자의 거금에 못지않은 정성입니다.

빈지여귀 賓至如歸

賓 : 손님(빈) 至 : 이를 · 지극할(지)
如 : 같을(여) 歸 : 돌아갈(귀)

【뜻풀이】 손님 접대를 잘해서 손님들로 하여금 자기 집에 돌아온 듯한 느낌을 갖게 한다는 뜻으로, 춘추시대 자산(子産)의 이야기

ㅂ

에서 유래하였다.

【출전】『좌전(左傳)·양공(襄公) 31년』조에 보면 다음과 같은 이야기가 있다.

자산은 정(鄭)나라의 대부로 여러 해 동안 재상의 직위에 있었던 사람이다. 어느 날 자산이 정간공(鄭簡公)의 명령으로 진(晉)나라를 방문하게 되었는데, 마침 노양공(魯襄公)이 세상을 떠났기 때문에 진평공(晉平公)은 노나라의 국상을 애도한다는 명분으로 자산을 만나 주지 않았다.

그러자 자산은 종자들을 시켜 진나라 빈관(賓館)의 담벼락을 허물게 하고는 마차를 몰고 안으로 들어갔다. 이에 깜짝 놀라 진나라의 대부 사문백(士文伯)은 즉시 빈관으로 달려가서 자산에게 따져 물었다.

"우리나라에서는 도적을 방지하고 제후국에서 온 손님들의 안전을 보장하기 위해 빈관을 짓고 두터운 담벼락까지 쌓았는데 당신이 오늘 담벼락을 허물어뜨렸으니 앞으로 누가 내빈들의 안전을 책임지겠습니까? 더구나 우리나라는 제후의 맹주(孟主)이기 때문에 여러 제후국에서 오는 손님들이 특히 많습니다."

그러자 자산은 손님 대접을 이렇게 하는 것은 예의가 아니라는 것을 입에 침이 마르도록 역설하였다. 즉, 이전에 진문공(晉文公)이 패자로 있던 때에는 손님 대접을 잘해서 손님들이 자기 집에 온 듯한 느낌을 받았는데(賓至如歸), 지금의 빈관은 노복(奴僕)들을 재우는 곳이나 다름없어 대우나 안전에 있어서 모두 볼품이 없다고 면박을 주었다.

사문백이 자산의 말과 함께 그가 빈관 담벼락을 무너뜨린 사실을 임금에게 그대로 전했더니 진평공은 곧 자산에게 사죄를 하는 한편, 빈관을 새롭게 중수하도록 명령했다고 한다.

【용례】 기껏 오신 손님을 그렇게 박대하다니. 남들은 손님 접대를 그렇게 중시 한다는데, "빈지여귀"하지는 못할망정 오는 손님까지 몰아낼 필요가 뭐 있느냐?

빙동삼척 비일일지한
氷凍三尺 非一日之寒

氷 : 얼음(빙) 凍 : 얼(동) 三 : 석(삼)
尺 : 자(척) 非 : 아닐(비) 一 : 한(일)
日 : 날·해(일) 之 : 어조사(지)
寒 : 추울·찰(한)

【뜻풀이】 세 척이나 쌓인 얼음도 하루나절의 추위로 이루어진 것은 아니다. 어떤 사물의 탄생이든지 모두 오랜 기간 동안의 노력과 말 못할 힘든 과정이 있었음을 비유하는 말이다.

【출전】 한(漢)나라 때의 철학자 왕충(王充)이 그의 저서『논형(論衡)·상류편(狀留篇)』에서 이와 비슷한 말로 "강이 얼어붙는 것은 하루 추위에 이루어진 것이 아니고, 흙이 쌓여 산을 이루는 것도 삽시간(揷匙間)에 된 것은 아니다.(河氷結合 非一日之寒 積土成山 非斯須之作)"라고 했다.

즉, 자연 속의 어떠한 사물의 탄생이든 필연적인 노력과 발전하는 과정을 거치는 것으로 갑자기 이루어지는 것은 아니라는 말이다.

그런데 옛날에는 빙동삼척 비일일지한이라는 말에 또 다른 뜻이 포함되어 있었다. 그것은 한(寒, 추위)을 겸(嗛, 원한)으로 차용한 것이다. 뜻인즉 사람의 원한은 하루아침에 쌓여진 것이 아니라 오랜 기간의 연유가 있다는 것이다. 그러나 지금은 위에서 말한 한 가지 뜻으로만 쓰이고 있다.

【용례】 무슨 일이든 한 술 밥에 배부른 일이

란 없는 거야. "빙동삼척도 비일일지한"이라지 않냐? 서두르지 말고 차근차근 단계를 밟아야지.

빙탄불상용 氷炭不相容
➜ 수화불상용 水火不相容

사공견관 司空見慣

司 : 맡을(사) 空 : 빌·하늘(공)
見 : 볼(견)/들어날(현) 慣 : 익숙할(관)

【뜻풀이】 자주 보아서 신기하지 않다. 아주 평범하다.

【출전】 당나라 때 유우석(劉禹錫, 772~842)이라는 시인이 있었다. 문장과 시문에 출중했던 그를 백거이(白居易, 772~846)는 시호(詩豪)라고 했는데, 한유(韓愈)와 유종원(柳宗元)과도 절친한 사이였다.

유우석이 소주자사로 있을 때의 일이었다. 한번은 사공(司空, 토목 공정을 맡아보는 벼슬) 이신(李紳)이 연회를 베풀면서 유우석을 초청하고는 무희들에게 노래와 춤을 추게 하였다. 술에 만취한 유우석은 기분이 좋은 김에 즉석에서 칠언시를 한 수 지었는데 그 시에 사공견관이라는 말이 있다.

「높은 상투 하얀 머리 궁녀처럼 예쁘게 꾸몄는데
봄바람 한 자락에 어여쁜 두위랑일세.
사공이야 흔히 보아 심드렁한 일이겠지만
소주자사의 마음은 끊어질 듯 뛴다네.
高髻雲鬟宮樣妝
春風一曲杜韋娘
司空見慣渾閑事
斷盡蘇州刺史腸」

즉, "이사공은 이런 장면을 늘 보았기에 신기할 것도 없지만 소주자사의 마음은 무던히도 뛴다."는 뜻이다. 그래서 이때부터 아주 일상적인 것을 가리켜 사공견관이라고 하게 되었다.

『당송유사(唐宋遺事)』라는 책에도 이 이야기가 실려 있지만, 인물은 유우석이 위응물(韋應物, 737~792)로 되고 이신은 두홍점(杜興漸)으로 되어 있다.

【용례】 저 묘기는 처음 볼 때는 신기하기 짝이 없더니만 자꾸 보니까 "사공견관"이야. 이젠 다른 기술을 개발할 때도 된 것 같군.

사기종인 舍己從人

舍 : 버릴(사) 己 : 자기(기)
從 : 좇을(종) 人 : 남(인)

【뜻풀이】 자신의 사리사욕(私利私慾)을 버리고 다른 사람의 착한 행실과 마음을 좇는다는 뜻으로, 남의 언행(言行)을 거울삼아 나의 언행을 바로잡는다는 뜻이다.

【출전】 『퇴계어록(退溪語錄)』에 다음과 같은 말이 나온다.

"선생이 말씀하시기를, 능히 자신을 버리고 남을 좇지 못하는 것은 배우는 사람의 큰 병통이다. 천하의 의리는 끝이 없으니 어찌 자신만 옳고 다른 사람은 그르다 하겠는가? 사람이 나에게 질문을 하면 아무리 얕고 가까운 말이라 해도 반드시 마음에 담아 두었다가 잠시 시간이 지난 뒤에 대답하고, 곧바로 응하여 대답하지 말지니라.(先生曰 不能舍己從人 學者之大病 天下之義理無窮 豈可是己而非人 人有質問 則淺近說 必留意 少間而答之 未嘗應聲而對)"

【용례】 사람은 남의 좋은 점을 배우면서 사람 구실을 하는 것이오. 사심을 버리고 공익을 우선하는 "사기종인"하는 자세는 공무원이라면 반드시 갖춰야 할 덕목이니 명심하시오.

사단칠정 四端七情

四 : 넉(사) 端 : 실마리(단)
七 : 일곱(칠) 情 : 감정(정)

【뜻풀이】 사단과 칠정을 합한 말. 사단은 인의예지(仁義禮智)를 말하고 칠정이란 희로애락애오욕(喜怒哀樂愛惡欲)을 말한다. 원래는 낙(樂) 대신 구(懼)를 썼다.

【출전】 『맹자·공손추장구(公孫丑章句)』 상편에 다음과 같은 맹자의 말이 있다.

「측은히 여기는 마음을 일러 어짊의 실마리라 하고, 부끄러워하고 미워하는 마음을 일러 의로움의 실마리라 하며, 감사하고 양보하는 마음을 일러 예의 실마리라 하고, 옳고 그름을 가리는 마음을 일러 지혜의 실마리라 한다.(惻隱之心 仁之端也 羞惡之心 義之端也 辭讓之心 禮之端也 是非之心 智之端也)」

『예기·예운편(禮運篇)』에 보면 "무엇을 일러 사람의 정이라 하는가. 기뻐하고, 노여워하며, 슬퍼하고, 두려워하며, 사랑하고, 미워하고, 하고자 하는 것을 말한다. 이 일곱 가지는 사람이 배우지 않아도 능히 할 수 있다. 何謂人情 喜怒哀懼愛惡欲 七者不學而能"는 말이 나온다.

유가에서는 사단은 사람의 사지(四肢)와 마찬가지로 태어나면서부터 선험적으로 가지고 있는 것이라고 보며, 칠정은 감정이나 심리적 작용의 일환으로 파악한다. 대개 사단은 천리(天理)의 발현이기 때문에 선한 본성을 그대로 드러내지만 칠정은 기에 의해 제어되어 혼탁이 가미되기 때문에 선악의 구별이 생긴다는 것이다. 따라서 실제 인간의 감정으로 발현되는 정서는 악할 수도 있기 때문에 이를 교육을 통해 억제할 필요가 있다고 보는 것이다.

조선조에 이황(李滉, 1501~1570)과 기대승(奇大升, 1527~1572)에 의해 전개된 사단칠정론은 한국 유학사상의 대표적인 논쟁으로 유명하다.

【용례】 교육의 목표는 전인적인 인간을 육성하는 데 있다. 이는 "사단"과 "칠정" 중 전자를 그대로 유지시켜 선한 본성을 간직하게 하는 것이라고 말할 수 있다.

사마소지심 司馬昭之心

司 : 맡을(사) 馬 : 말(마)
昭 : 밝을·밝힐(소) 之 : 어조사(지)
心 : 마음(심)

【뜻풀이】 이 성어는 전문을 인용하면 "사마소의 마음은 길 가는 사람도 다 안다.(司馬昭之心 路人皆知)"인데 음흉한 심보나 음모가 백일하에 드러났다는 뜻이다.

【출전】『진서(晉書)』 권2에 다음과 같은 이야기가 있다.

삼국시대 위나라는 위문제 조비(曹丕, 187~226)가 세상을 떠난 뒤 정권이 점차 사마씨의 손으로 옮아갔다. 조비는 죽으면서 황족 조상(曹爽)과 공신(功臣) 사마의(司馬懿, 179~251)로 하여금 새 황제 조예(曹叡, 조비의 아들)를 보좌하게 했지만 조예가 죽고 그의 아들 조방(曹芳)이 등극한 뒤 사마의는 황족 조상을 죽이고 실권을 잡았다.

그 후 사마의 아들 사마사는 조방을 몰아내고 조모(曹髦)를 명목상의 황제로 내세우고는 스스로 재상이 되어 모든 권력을 장악하였다. 사마사가 죽은 뒤에는 또 그의 아우 사마소가 권력을 잡았다.

사마소의 안중에는 황제라는 존재는 눈에 띄지도 않았다. 어느 날 황제 조모가 사마소를 진공에 봉하고 많은 보물을 하사했는데, 사마소는 코웃음을 치면서 받지도 않았다. 이리하여 사마소가 노리는 것이 황제의 지위라는 것을 알게 된 조모는 격분해서 "사마소의 마음은 길 가는 사람들도 다 알고 있다.(司馬昭之心 路人皆知) 앉아서 수모를 당하느니 차라리 생사결판을 내리라!" 하고 결심한 다음 시위대의 병졸들을 거느리고 사마소를 습격하였다.

그러나 조모의 작은 병력으로 사마소를 꺾을 수는 없었다. 결국 그 습격으로 조모는 사마소의 부하에 의해 피살되고, 사마소는 조환(曹奐)을 다시 허수아비 황제로 세웠다. 그 뒤 사마소의 아들 사마염(司馬炎)은 손쉽게 조환을 몰아내고 황제가 되어 국호를 진(晉)이라 고치니 그가 진문공(晉文公)이다.

【용례】 내가 걱정이 돼서 하는 충고라고? 너의 "사마소지심"을 내가 모를 줄 알아!

사면초가 四面楚歌

四 : 넉(사) 面 : 얼굴·방향(면)
楚 : 초나라(초) 歌 : 노래(가)

【뜻풀이】 사방에 온통 초나라의 노랫소리만 들린다. 극도로 궁지에 빠진 것을 비유하는 말이다.

【출전】『사기·항우본기』에 보면 다음과 같은 이야기가 있다.

진(秦)나라가 멸망한 뒤 초패왕(楚霸王) 항우(項羽, 기원전 233~기원전 202)와 한왕(漢王) 유방(劉邦, 기원전 256~기원전 195)은 천하를 다투면서 5년 동안 싸움을 벌였다. 지칠 대로 지친 초나라와 한나라 쌍방은 싸움 4년째 되는 가을에 휴전 협정(☞ 홍구위계鴻溝爲界 참조)을 맺었다.

휴전이 성립되자 항우는 약속한 대로 동쪽으로 철수하기 시작했지만 유방은 장량(張良)과 진평(陳平)의 계책에 따라 항우를 추격하여 해하(垓下)라는 곳에 이르러 항우군을 물샐틈없이 포위하고 말았다.

이때 항우군은 얼마 되지 않았는데 군량마저 떨어져 말할 수 없는 어려움을 겪고 있었다. 그러던 어느 날 밤 사방의 한군 진중에서 초나라 노랫소리가 들려오자 항우는 초나라가 이미 한군(漢軍)에게 모두 항복한 줄 알고 그만 낙담했다.(☞ 발산거정拔山擧鼎 · 권토중래捲土重來 참조)

이리하여 적에게 포위당했거나 형편이 극히 어렵게 된 처지를 가리켜 사면초가라고 한다.

【용례】 뒤에서 몰리고 앞에서 쫓기고 더 이상 갈 곳이 없어. 영락없는 "사면초가"군. 이렇게 된 바에야 갈 데까지 가 보는 거야.

사문난적 斯文亂賊

斯 : 이(사) 文 : 글월(문)
亂 : 어지러울(난) 賊 : 도적·해칠(적)

【뜻풀이】 유가(儒家)의 입장에서 봤을 때 이단(異端)의 학문을 총칭하는 말이다.

【출전】 사문은 『논어·자한편(子罕篇)』에 나오는 말이다.

「공자께서 광(匡) 지방에서 위태로운 처지에 빠졌을 때 말씀하셨다.

"문왕은 이미 세상을 떠나셨지만 그가 남긴 문화는 나에게 있지 않은가. 하늘이 장차 이문화(異文化)를 없애신다면 후세 사람들이 이문화를 향유하지 못할 것이다. 하늘이 장차 이문화를 없애려 하지 않는다면 광 지방 사람들이 나를 어떻게 하겠느냐?"

(子畏於匡 曰 文王旣沒 文不在玆乎 天之將喪斯文也 後死者 不得與於斯文也 天之未喪斯文也 匡人其如予何)」

이처럼 사문(斯文)에는 이문화라는 의미가 담겨 있다. 공자가 말한 문화란 유가의 이념 아래 계승된 경험의 총화를 가리킨다. 따라서 사문은 곧 유가 자체를 일컫는 말이다.

그런 문화를 어지럽히고 해친다는 말은 곧 유가에 대한 도전을 뜻하며, 유가의 이념을 수용하지 않으려는 모든 세력이 여기에 해당한다. 그러므로 사문난적하면 이단이란 말과 일치한다.

그런데 이 성어는 꼭 이단에만 국한되지 않고 같은 유가 내에서도 통용된다. 공자의 적통을 이어받지 않은 유가 학설을 주장하는 것도 곧 이단과 동일한 취급을 했기 때문이다. 이 문제는 유가 사상사와 맞물려 대단히 복잡하게 전개된 상황이기 때문에 여기서 길게 논의할 수는 없지만, 한 가지 예를 들어 대신하기로 한다.

조선 중기 때 남인계열 학자 윤휴(尹鑴, 1617~1680)는 경학자로서 유가 경전에 해박한 지식을 가진 사람이었다. 그는 『논어』를 읽다가 이상한 구절을 발견했다. 그것은 〈향당편(鄕黨篇)〉에 나오는 구절이다.

「마구간에 불이 났다. 공자께서 조정에서 돌아오셔서 묻기를 "사람이 다쳤느냐?" 하시고 말에 대해서는 묻지 않으셨다.

(廐焚 子退朝 日傷人乎 不問馬)」

이를 정통 유학자들은 공자의 인본주의(人本主義) 정신이 드러난 구절이라고 해석하였다. 그러나 윤휴의 입장에서 생각할 때 사랑방도 아닌 마구간에 불이 났는데 말의 안위에 대해서 묻지 않았다는 것은 인(仁)을 주장한 공자로서 지닐 태도가 아니라고 판단하였다. 말도 하나의 생명체인데 어찌 말에 대해서 그렇게 냉담할 수 있을 것인가? 그 결과 윤휴는 원문의 구두가 잘못되었다는 결론에 다다랐다.

「마구간에 불이 났다. 공자께서 조정에서 돌아오셔서 묻기를 "사람이 다쳤느냐, 아니냐?" 하시고 다음에 말에 대해서 물으셨다.

(廐焚 子退朝 日傷人乎不 問馬)」

이렇게 한 글자를 달리 끊어 읽자 인명을 중시하면서 동시에 인의 정신이 미물인 말에까지 미친 공자의 덕성이 요연하게 드러났던 것이다.(➡ 불문마不問馬 참조)

그러나 이런 해석은 경전을 신성시해서 함부로 변경하지 않았던 고루한 유학자들로부터 큰 물의를 일으켜 한때 그는 사문난적이라는 비난을 듣게 되었다.

뒷날 윤휴는 사사(賜死)되었는데, 꼭 이 일 때문은 아니었지만 유학의 정통에 도전하는 일을 얼마나 큰 죄악으로 여겼는가를 보여 주는 단적인 예다.

【용례】 우리 모임은 순수한 봉사 단체로 결성되었는데, 지금 이 선생이 영리 단체로 전환하자고 하는 의견은 우리 모임의 원 취지에 배치되는 "사문난적"이나 다름없는 발언이 아닐 수 없습니다.

사반공배 事半功倍

事 : 일(사) 半 : 반(반)
功 : 공·보람·공치사할(공)
倍 : 곱·더할(배)

【뜻풀이】 일은 반을 했지만 효과는 배가 되다. 작은 힘을 기울이고도 얻는 성과가 클 때 쓰는 말이다.

【출전】『맹자·공손추장구(公孫丑章句)』 상편에 다음과 같은 이야기가 있다.

전국시대의 유명한 유학자인 맹자(孟子)가 활동한 시기는 여러 제후국들이 천하를 차지하기 위해 전쟁이 끊이지 않아 백성들은 이 와중에서 깊이 신음하고 있을 무렵이었다.

맹자는 이 같은 상황에서 제나라와 같은 대국에서 왕도(王道)를 실시하고 인정(仁政)을 베푼다면 천하를 통일하기가 주문왕(周文王) 시대보다 쉬울 것이라고 생각했다.(➡ 이여반장 易如反掌 참조) 그래서 맹자는 어느 날 그의 제자인 공손추에게 다음과 같은 말을 한 적이 있다.

"지금 백성들이 폭정에 시달리는 것은 그 어느 때보다도 심하다. 주린 사람들은 먹을 것만 있으면 족하고 목마른 사람들은 물만 있으면 되는 것이다.(飢者易爲食 渴者易爲飮) …대국인 제나라에서 어진 정치를 베푼다면 백성들의 기쁨은 마치 거꾸로 매달렸던 사람을 풀어 주는 것과 같을 것이다.(民之悅之 猶解倒懸也) 그러므로 일은 옛 성인들보다 절반만 하고서도 얻는 효과는 몇 배가 될 것이니(故事半古之人 功必倍之) 지금이 바로 그러한 때다."

맹자의 이 말에서 세 가지 성어가 나왔다.

첫째는 기자이식 갈자이음(飢者易食 渴者易飮)으로 역경에 처해 고생하던 사람들은 조금만 형편이 나아져도 만족한다는 뜻이고, 둘째는 해도현(解倒懸), 즉 해도현민(解倒懸民)으로 어려운 처지에 놓인 사람을 구해 준다는 뜻이며, 셋째가 바로 사반공배다.

그리고 사반공배의 반대말로는 성어 사배공반(事倍功半)이 있다.

【용례】 자네가 미리 협상을 잘한 덕분에 이번 일은 아주 쉽게 성사됐네. 자네 힘이 아니었으면 이런 "사반공배"는 도저히 기대할 수 없었을 거야.

사분오열 四分五裂

四 : 넉(사) 分 : 나눌(분)
五 : 다섯(오) 裂 : 찢어질(렬)

【뜻풀이】 갈기갈기 찢어지다. 의견이나 지역이 여러 갈래로 갈라져 통일이 되지 못하다. 원래 이 성어는 춘추전국시대 때 군사적인 전술을 구사하면서 나온 말이다.

【출전】 사분오열은 일찍이 『육도(六韜)』나 『전국책』 같은 고서들에 많이 나타나고 있다.

『육도·기병편(奇兵篇)』에 "넷으로 나뉘고 다섯으로 찢긴 것은 원을 치고 네모를 부수었기 때문이다.(四分五裂者 所以擊圓破方也)"라는 말이 있고, 『사기·장의열전(張儀列傳)』

에는 "천하가 사분오열되었다.(天下四分五裂)"고 했으며, 『위지·사마랑전(司馬朗傳)』에는 "바로 사분오열이 전쟁을 하는 방식이다.(乃四分五裂 戰爭之地)"라 했고, 『북사·주법상전(周法尙傳)』에는 "마침내 방비가 없어졌으니 사분오열하게 되었다.(卒有不虞 四分五裂)"는 말이 있다.

전국시대 일곱 개 나라가 자웅을 겨루고 있을 때 그 중에서도 가장 강한 나라인 진(秦)나라는 연횡책(連衡策)으로 기타 6국의 합종책(合從策)에 대처하면서 천하의 통일을 노렸다.

이때 진(秦)나라의 재상 장의(張儀)(☞ 견아설見我舌 참조)는 위나라에 가서 위나라의 불리한 처지를 이리저리 설파하면서 "이야말로 사분오열의 방도라고 할 수 있다.(此所謂四分五裂之道也)"고 말한 적이 있다.

즉, 위나라는 진나라를 섬겨야 한다는 뜻이다.

『전국책(戰國策)·위책(魏策)』에 보면, 소진(蘇秦)이 위나라의 애왕(哀王)에게 합종의 필요성을 주장하면서 그 근거를 이렇게 제시하고 있다.(☞ 경위지사傾危之士 참조)

"위나라는 땅도 그렇게 넓지도 않고, 병사도 30만에 지나지 않습니다. 또한 지세도 평탄하여 사방에서 적들이 쳐들어오면 막을 만한 산이나 요새도 없는 곳입니다.

게다가 동쪽에는 제(齊)나라가 있고, 남쪽에는 초(楚)나라가 있으며, 북쪽에는 조(趙)나라가 있고, 서쪽에는 한(韓)나라가 있어 호시탐탐 노리고 있습니다.

그래서 제나라와 연합하지 않으면 제나라가 동쪽을 치고, 초나라와 연합하지 않으면 초나라가 남쪽을 칠 것이며, 조나라와 연합하지 않으면 조나라가 북쪽을 치고, 한나라와 연합하지 않으면 한이 서쪽을 각각 공격할 것입니다.

이것을 바로 〈사분오열의 도(四分五裂之道)〉라는 것입니다."(☞ 합종연횡合從連衡 참조)

【용례】 이번에 우리가 월등한 실력을 가지고도 이웃 마을에 진 이유는 제각기 자기가 공을 차겠다고 한 탓이야. 이렇게 전력이 "사분오열" 되어서는 이길 경기도 지는 게 당연하지.

사불급설 駟不及舌

駟 : 네말수레(사) 不 : 아닐(불)
及 : 미칠(급) 舌 : 혀(설)

【뜻풀이】 네 말 수레도 혀보다 빠르지 않다. 우리 속담 "발 없는 말이 천리를 간다."와 같은 뜻을 가진 성어다.

진위 여부를 떠나서 한번 사람들의 입에 오르면 퍼지는 속도가 말할 수 없이 빠르니 항상 말조심을 하라는 뜻으로 이 말은 쓰인다.

【출전】 사(駟)는 네 필의 말이 끄는 수레를 말하는데, 대개 고대 중국에서는 네 필의 말과 수레 한 대, 두 명의 병사를 묶어 승(乘)으로 단위를 세었다.

우리가 즐겨 쓰는 천승지국(千乘之國)이란 말은 한 번에 천 승의 수레를 차출할 수 있는 능력이 있는 나라라는 뜻이다.

『논어·안연편(顔淵篇)』에 다음과 같은 이야기가 나온다.

위나라 대부 극자성(棘子成)이 말했다.

"군자는 실질적인 바탕만 세우면 된다. 문식(文飾)으로 꾸며서 무슨 소용이 있겠는가?"

이 말을 들은 자공(子貢)이 반론을 제기하였다.

"안타깝군요! 당신의 군자에 대해 말한 견해는 말 넷이 모는 수레도 당신의 혀를 따라

잡지 못할 만큼 빨리 번져갈 것입니다. 문식도 바탕만큼 중요하며 바탕 역시 문식만큼 중요한 것이지요. 호랑이나 표범의 가죽에서 털을 뽑으면 그것은 개 가죽에서 털을 뽑은 것과 같아 보일 것입니다.(惜乎 夫子之說君子也 駟不及舌 文猶質也 質猶文也 虎豹之 猶犬羊之鞹)"

【용례】 사람은 입이 무거워야 한다. 한 번 뱉은 말은 다시 담기 어렵고, 일단 소문이 퍼지면 "사불급설"이라 걷잡을 수 없이 번져 나가는 법이다.

사불여죽 죽불여육
絲不如竹 竹不如肉

絲 : 실(사) 不 : 아닐(불)
如 : 같을(여) 竹 : 대나무(죽)
肉 : 고기(육)

【뜻풀이】 여기서 말하는 사(絲)는 현악기를 말하고 죽(竹)은 관악기를 말하며, 육(肉)은 육성(肉聲)을 말하는 것이다. 즉, 현악기의 가녀리고 기교가 밴 소리보다는 관악기의 웅장하고 씩씩한 소리가 낫고, 관악기보다는 육성이 들려주는 자연스러운 음성이 낫다는 뜻이다.

【출전】 『세설신어 · 어언편(語言篇)』에 다음과 같은 이야기가 있다. 환선무(桓宣武)가 맹만년(孟萬年)에게 물었다.

"선생께서는 음악을 즐겨 들으신다니 여쭙겠습니다. 듣자니 현악기보다는 관악기가 낫고 관악기보다는 사람의 육성이 좋다는데 무엇 때문입니까?(聽伎 絲不如竹 竹不如肉 何也)"

그러자 맹만년이 대답하였다.

"점차 자연에 가까워지기 때문입니다.(漸近自然)"

이 말에 좌중에 앉아 있던 사람들이 모두 감탄하였다.

【용례】 사람의 목소리는 그야말로 자연이 준 최고의 악기야. 옛말에도 "사불여죽이요 죽불여육"이란 말이 있잖아.

사숙 私淑

私 : 사사로울(사)
淑 : 맑을 · 착할 · 사모할(숙)

【뜻풀이】 직접 배우지는 못했지만 옛 선인이나 멀리 떨어져 있는 사람을 스승으로 삼아 자신의 품성을 도야하는 것을 말한다.

【출전】 『맹자 · 이루장구(離婁章句)』 상편에 다음과 같은 말이 있다.

맹자가 말하기를 "군자가 끼친 은택도 다섯 세대가 지나면 끊기고 소인이 남긴 은택도 다섯 세대가 지나면 끊긴다. 내가 공자의 제자가 되진 못했지만 나는 그 분의 정신을 여러 사람에게서 사숙하였다.(孟子曰 君子之澤 五世而斬 小人之澤 五世而斬 予未得爲孔子徒也 予私淑諸人也)"

군자가 남긴 덕이든 소인의 덕이든 다섯 세대, 즉 150년이 지나면 끝이 난다. 그런데 다행히 맹자는 공자가 죽은 지 90년 뒤에 태어났다. 그때까지 공자의 제자들에게서 가르침을 받은 사람들이 남아 있어 맹자는 그들에게 공자의 사상을 접할 수 있었던 것이다.

맹자는 공자의 손자인 자사(子思)의 제자에게 유학을 배웠다고 알려져 있다.

【용례】 저는 그분에게 직접 훈도를 받은 적은 없지만 저서와 덕행을 통해 항상 그분을

"사숙"했습니다. 그러니 저도 제자라고 해도 과언은 아니겠지요.

사이비 似而非

似 : 비슷할(사) 而 : 어조사(이)
非 : 아닐(비)

【뜻풀이】 대개 사시이비(似是而非)라고도 한다. 겉으로 보거나 얼핏 보기에는 옳은 듯하지만 실제로는 옳지 않을 때 쓰는 말이다.
【출전】 이 성어는 위문후(魏文侯)가 서문표(西門豹)라는 사람에게 업령이라는 벼슬을 주어 지방으로 내려보낼 때 당부한 말에서 유래했다.

위문후는 서문표를 보고 임지에 내려간 뒤 여차여차히 하라고 하면서 "많은 것이 겉으로 보기에는 비슷하지만 실질은 다르다.(物多相類而非也)"고 말한 바 있다.

그리고 『맹자·진심장구(盡心章句)』 하편에도 "비슷하나 사실은 다르다.(似是而非)"란 말이 있는데 사이비는 바로 여기에서 나온 말이다.
【용례】 우리나라에는 극성스런 종교 광신도들이 많아서인지 몰라도 "사이비" 교주가 적잖이 사회에 물의를 빚고 있지. 다 민족 정신이 해이해진 탓이지.

사인사질 斯人斯疾

斯 : 이(사) 人 : 사람(인)
斯 : 병·빠를(질)

【뜻풀이】 아까운 사람이 몹쓸 병에 걸려 죽게 되었거나 죽었다는 뜻으로서 문상할 때 흔히 쓰는 말이다.
【출전】 『논어·옹야편(雍也篇)』에 다음과 같은 이야기가 나온다.

춘추시대 공자(孔子)의 72명 제자들 중에 수양이 비교적 높았던 염백우(冉伯牛)라는 사람이 있었다. 노나라 정공 연간 공자가 잠시 재상으로 있을 때 염백우로 하여금 중도현재의 벼슬을 하게 한 것도 바로 그 때문이었다.

그 후 염백우가 몹쓸 병에 걸려 위급해지자 공자는 그를 찾아가 문병하면서 "이렇게 훌륭한 사람이 이런 몹쓸 병에 걸렸구나!(斯人也而有斯疾也)" 하고 두 번이나 되풀이했다고 하는데, 그것이 줄어서 사인사질이 되었다.
【용례】 아직 열심히 일할 나이인데, 그런 몹쓸 병에 걸려 세상을 하직하다니. 하늘도 덕이 없는가? "사인사질"이라니.

사인선사마 射人先射馬

射 : 쏠(사) 人 : 사람(인)
先 : 먼저(선) 馬 : 말(마)

【뜻풀이】 사람을 쏘기 위해서는 먼저 말을 쏜다. 상대방을 제압하려면 먼저 그 사람이 의지하고 있는 것부터 제거해야 한다는 뜻이다.
【출전】 이것은 두보(杜甫, 712~770)의 시 〈전출새(前出塞)〉에서 나왔다. 이 시는 현종(玄宗)이 영토 확장을 위해 무리하게 군사들을 혹사하는 것을 지적하고 군인들의 고충을 대변한 작품이다.

「활은 마땅히 강한 것을 당기고
화살은 마땅히 긴 것을 써야지.

ㅅ

사람을 쏘려거든 먼저 말을 쏘고
적을 잡으려거든 우선 두목을 잡아라.
사람을 죽이는 것도 또한 한계가 있고
나라를 세우면 경계는 절로 있는 법.
진실로 적의 침략을 제압하면 그만이지
어찌 살상하는 것이 능사이리오.
挽弓當挽强
用箭當用長
射人先射馬
擒敵先擒王
殺人亦有限
立國自有疆
苟能制侵陵
豈在多殺傷」

전쟁이든 경쟁이든 물질적으로 상대에게 큰 손상을 입혀야만 이길 수 있는 것은 아니다. 상대의 치부나 핵심을 정확하게 찔러 그곳만 강타하면 승부는 의외로 쉽게 날 수 있다. 무리하게 움직이면 자기 편에도 피해가 일어난다는 것은 뻔한 이치다. 덕(德)으로 지배하지 못할 바에는 적은 손실을 들이고 이기는 것도 인(仁)을 실천하는 한 방법일 것이다.

【용례】 정치를 좀먹는 정치꾼들을 뿌리 뽑기 위해서 먼저 기생해 사는 부정한 정치인들을 제거할 필요가 있어. "사인선사마"라고 아예 근원을 근절해야 기강이 서는 법이지.

사자신중충 獅子身中蟲

獅 : 사자(사) 子 : 아들(자)
身 : 몸(신) 中 : 가운데(중)
蟲 : 벌레(충)

【뜻풀이】 사자의 몸 속에서 생긴 벌레. 자기 편에 해를 끼치는 사람이나 내부에서 재앙을 불러일으키는 사람, 또는 은혜를 준 사람에게 악행으로 은혜를 갚는 사람 등을 말한다.

원래는 불가(佛家)에서 쓰던 말로 불제자이면서 불교를 해치는 사람을 비유한 말이다.

【출전】『범망경(梵網經)』에 다음과 같은 말이 실려 있다.

"사자의 몸 속에 저절로 벌레가 생겨 사자의 몸을 파먹어 없애지, 밖에 있던 벌레에 의해 먹히지 않는 것과 같다. 마찬가지로 불자가 스스로 부처님의 법을 파괴할 것이니 외도나 천마가 능히 파괴할 수 있는 것은 아니다. (如獅子身中蟲 自食獅子肉 非餘外蟲 如是佛者自破佛法 非外道天魔能破壞)"

사자는 살아 있을 때의 위세 때문에 죽어서도 감히 외부의 벌레들이 접근하지 못한다. 다만 사자의 몸이 썩어 생긴 벌레가 사자의 고기를 먹어 없앤다.

마찬가지로 부처님의 법문 역시 외부의 탄압자가 파괴할 수 있는 것이 아니요, 오히려 부처님의 가르침을 알고 섬겼던 인물 가운데서 나오리라는 예언이다. 잘 알기 때문에 파괴 역시 철저하다는 말이다.

【용례】 그렇게 믿었던 사람이 나를 배신할 줄은 꿈에도 몰랐어. 내부의 적이 더 무섭다더니 "사자신중충" 때문에 이런 낭패를 당할 줄이야.

사자후 獅子吼

獅 : 사자(사) 子 : 아들(자)
吼 : 사자우는소리(후)

【뜻풀이】 사자가 울부짖는 소리라는 뜻으

로, 석가모니 부처님의 설법에 모든 마군(魔軍)들이 놀라 떨며 불교에 귀의했다는 말이다. 진리나 정의를 당당히 설파하거나 큰 목소리로 열변을 토하는 것을 비유하기도 한다.

【출전】『전등록(傳燈錄)』에 다음과 같은 말이 나온다.

"부처님은 태어나시자마자 한 손은 하늘을 가리키고, 또 한 손은 땅을 가리키시며 일곱 발자국 걷고 사방을 돌아보시면서 '천상천하 유아독존(天上天下 唯我獨尊, 위아래 온 우주 속에서 나보다 더 귀한 존재는 없다)'이라 하면서 사자후 같은 목소리를 내셨다."

또『유마경(維摩經)』에도 이런 말이 실려 있다.

"석가모니 부처님이 설법하실 때의 위엄은 마치 사자가 힘차게 울부짖는 것과 같고, 펼치는 해설은 우레가 울려 퍼지는 것처럼 청중의 마음을 사로잡았다."

이처럼 사자후는 석가모니 부처님의 설법을 비유한 말이다. 짐승들이 사자의 울부짖는 소리 앞에서 꼼짝도 못하듯이 석가모니 부처님의 설법 앞에서는 모든 대중이 고개를 조아릴 정도로 그 위력이 대단하다는 뜻이다. 요즘에는 단순히 기운차게 열변을 토하는 것을 비유할 때도 쓰인다.

이 밖에도 북송(北宋)의 시인 소식(蘇軾, 1036~1101)이 공처가 친구 진조(陳慥)와 성격이 드센 그의 부인 하동 유씨를 놀린 시에서 보이듯이 질투가 심한 여자가 남편에게 거칠게 행동하거나 고함을 지르는 것도 사자후라고 한다. (➡ 하동사후河東獅吼 참조)

【용례】 우리 회사 이 부장님은 한 번 일갈을 하면 사내가 다 쩌렁쩌렁 울릴 정도의 "사자후"를 내뿜지. 산천초목도 다 떤다니까.

사제갈주생중달
死諸葛走生仲達

死 : 죽을(사) 諸 : 모두(제)
葛 : 갈포(갈) 走 : 달아날(주)
生 : 날(생) 仲 : 둘째아우(중)
達 : 통할·달할·이를(달)

【뜻풀이】 죽은 제갈량〔諸葛亮, 181~234, 자는 공명(孔明)〕이 살아 있는 사마의〔司馬懿, 179~251, 자는 중달(仲達)〕를 쫓다. 이 이야기는 워낙 유명한 일화여서 누구나 익히 알고 있을 것이다.

【출전】『십팔사략(十八史略)』에 보면 다음과 같은 이야기가 실려 있다.

촉(蜀)나라 건흥(建興) 12년(234)에 제갈량은 위(魏)나라를 제압하기 위해 공격을 개시했다. 그는 3년 동안 훈련시킨 10만의 군사를 이끌고 사곡구(斜谷口)를 지나 오장원(五丈原)에 본진을 설치하고 군사의 일부를 위수(渭水) 유역에 배치했다.

이때 위나라의 장수는 사마의였다. 제갈량은 신속하게 전투를 벌여 승패를 결정지으려 했지만, 이를 간파한 사마의는 지구전으로 나가 촉나라 병사들이 지칠 때만 기다렸다.

그런 가운데 가을에 접어들자 제갈량은 병에 걸려 점차 병세가 위중해 갔다. 그러던 어느 날 밤 큰 별이 빨간 빛을 끌면서 촉나라 진중에 떨어졌고, 불세출(不世出)의 영웅 제갈량도 운명하고 말았다. 사태가 이에 이르자 촉나라 진영에선 양의(楊儀)의 지휘 아래 귀환을 서둘렀다.

이 소식을 접한 사마의는 급히 군사를 휘몰아 촉군을 공격하기 시작했다. 그때 제갈량의

ㅅ

사전 안배에 따라 촉나라 장수 강유(姜維)가 군사를 돌이켜 공격할 자세를 취했다. 그러자 사마의는 혹시 제갈량이 살아 있으면서 계략을 쓴 것이 아닌가 싶어 급히 말머리를 돌려 후퇴하고 말았다.

이 때문에 당시 사람들은 "죽은 공명이 산 중달이 내쫓았다.(死諸葛走生仲達)"고 하여 내내 화제가 되었다.

뒤늦게 이 사실을 안 사마의도 쓴웃음을 지으며 이렇게 말했다.

"산 사람의 계략이라면 능히 간파할 수 있겠지만, 죽은 사람의 계략이라면 내가 어찌 간파할 수 있겠는가?(吾能料生 不能料死)"

【용례】 유능한 사람은 있고 볼 일이야. 김 부장이 이번 사업에 참여한다니까 상대 회사가 같은 사업 추진을 그만두었다는군. "사제갈주생중달"인 셈이지.

사제사초 事齊事楚

事 : 일·섬길(사) **齊** : 제나라(제)
楚 : 초나라(초)

【뜻풀이】 제나라를 섬겨야 하는가, 초나라를 섬겨야 하는가. 중간에 끼어서 이러지도 저러지도 못하는 딱한 사정을 비유해서 일컫는 말이다.

【출전】『맹자·양혜왕장구(梁惠王章句)』하편에 다음과 같은 이야기가 있다.

춘추시대에 사방 50리도 못 되는 등이라는 작은 나라가 있었는데, 그의 북쪽에 이웃한 제나라와 서남쪽에 이웃한 초나라는 모두 대국이었다.

등나라는 이 두 대국의 중간에 끼어 항상 위협을 받고 있었는데, 제나라와 가까이하면 초나라에서 트집을 잡고 초나라와 친근하면 제나라에서 시비를 걸어 왔다. 이래서 등나라는 이러지도 저러지도 못하는 딱한 처지에 놓여 있었다.

그러던 어느 날 맹자가 오자, 당시 등나라의 임금이었던 문공(文公)은 "소국인 등나라는 초와 제의 중간에 끼어 있어서 처지가 모호하기 짝이 없는데, 제나라를 섬겨야 하겠습니까 아니면 초나라를 섬겨야 하겠습니까?(滕 小國也 間於齊楚 事齊乎 事楚乎)" 하고 물었다.

사제사초는 바로 등문공이 이 말에서 유래한 성어다.

【용례】 두 사람이 다 와서 자기에게 표를 찍어 달라고 하는데, 누구도 무시할 수 없는 입장이니 정말 "사제사초"로군. 아예 투표를 포기할까 봐.

사족 蛇足

➜ 화사첨족 畫蛇尖足

사체불근 오곡불분 四體不勤 五穀不分

四 : 넉(사) **體** : 몸(체) **不** : 아닐(불)
勤 : 부지런할(근) **五** : 다섯(오)
穀 : 곡식(곡) **分** : 나눌·구분할(분)

【뜻풀이】 사지를 움직이기도 싫어하고 오곡도 가리지 못한다는 뜻으로, 옛날에 선비들을 조롱하는 말이다.

【출전】『논어 · 미자편(微子篇)』에 따르면 이 말은 어떤 농부가 공자의 제자인 자로(子路)에게 한 말이라고 한다.

춘추시대 공자는 나이 예순을 넘긴 뒤에도 제후의 초빙을 받아 볼까 해서 여러 나라를 돌아다녔지만 일은 뜻대로 되지 않았다.(➡ 주유열국周遊列國 참조)

어느 날 공자는 여느 때와 마찬가지로 몇몇 제자들과 함께 어려운 길을 걷고 있었는데 자로라는 제자가 뒤처져 떨어졌다.

이때 뒤에 떨어진 자로가 밭에서 김을 매는 농부를 보고 "저의 스승님을 보지 못했습니까?" 하고 물었다. 그 농부는 "사지를 놀리기 싫어하고 오곡도 분간하지 못하는 사람을 어찌 스승이라 할 수 있소!(四體不勤 五穀不分 孰爲夫子)" 하고 대답했다.

자로가 무안해서 머리를 숙이고 공손히 서 있자 그 농부는 자로가 예절 있는 사람임을 알고 집에 데려다 놓고 푸짐하게 음식을 대접하였다. 그 후 이 말을 전해들은 공자는 그 농부가 보통 사람이 아님을 깨닫고 일부러 찾아가 보았지만 농부는 온데간데없었다고 한다.

【용례】 먹물로만 쌓은 지식은 자칫 모래탑이 될 수도 있어. "사체불근하고 오곡불분"해서 문약(文弱)에 빠지기 쉬운 게 학자 아닌가? 자네도 그런 우를 범하지 않도록 노력하게.

사택망처 徙宅忘妻

徙 : 옮길(사) 宅 : 집(택)
忘 : 잊을(망) 妻 : 아내(처)

【뜻풀이】 이사를 하면서 아내를 잊어버린다는 뜻으로, 정말 중요한 것은 놓쳐 버리는 얼빠진 사람을 비유하는 말이다.

【출전】 이 성어는 『공자가어(孔子家語) · 현군편(賢君篇)』에서 나오는 말이다.

일찍이 노애공(魯哀公)은 공자가 말한 것처럼 이처럼 얼빠진 사람이 어찌 있을 수 있겠느냐 하면서 공자에게 물어본 적이 있었다.

그랬더니 공자가 하는 말이, 이사할 때 자기 아내마저 잊는 사람(徙家忘妻)도 있다고 대답했다. 이에 노애공이 한층 더 아리송해 하자 다음과 같은 내용의 이야기를 들려주었다.

"하걸과 상주와 같은 폭군은 황음무치(荒淫無恥)하고 부화타락하여 나랏일은 전혀 돌보지 않고 민생을 돌아보지 않았을 뿐 아니라 권세에 아부하고 남을 비방하기 좋아하는 간사한 무리들을 사주해서 더 많은 악행을 저지르게 했습니다. 이리하여 충성스럽고 정직한 사람들은 죄다 추방당하여 군주에게 간할 기회마저 잃게 되었지요. 그 결과 걸주 같은 폭군들은 나라를 망치고 자신의 운명마저 담보하지 못했으니 그들은 나라와 백성을 망각했을 뿐 아니라 자기 자신마저 깡그리 잊어버리게 되었던 것입니다."

【용례】 이 사람아, 아무리 정신이 없기로서니, 이삿짐을 보내면서 주소도 안 가르쳐 주고 보내나. 하긴 그냥 온 그 사람들도 한심하지만, "사택망처"하기는 피장파장이군.

사해형제 四海兄弟

四 : 넉(사) 海 : 바다(해)
兄 : 형(형) 弟 : 아우(제)

ㅅ

【뜻풀이】 세상의 모든 사람들이 형제와 같다. 우리 속담 "이웃사촌"과 같은 뜻으로, 피붙이만 가까운 친지가 아니라 뜻을 같이하고 마음이 일치한다면 누구라도 형제와 같이 지낼 수 있다는 말이다.

【출전】 『논어·안연편(顔淵篇)』에 다음과 같은 이야기가 있다.

「사마우가 괴로움에 젖어 말했다.

"세상 사람들은 모두 다 형제가 있는데 나만 홀로 없구나."

이 말을 들은 자하가 말했다.

"내가 들으니 죽고 사는 것은 명에 달렸고 부귀는 하늘의 뜻이라고 했다. 군자는 공경스러워서 실수가 없고 사람들에게 공손해서 예의가 있으면 세상의 모든 사람들이 다 형제라고 한다. 군자가 어찌 형제가 없는 것을 걱정하겠는가?"

(司馬牛憂曰 人皆有兄弟 我獨亡 子夏曰 商聞之矣 死生有命 富貴在天 君子敬而無失 與人恭而有禮 四海之內 皆兄弟也 君子何患乎無兄弟也)」

사마우에게는 환퇴(桓魋)라는 형이 있었는데, 천하의 악한으로 송(宋)나라의 반란에 가담했다가 실패하고 외국으로 망명한 사람이었다. 이런 사람이었으니 당연히 말로가 편치 않았을 터였고, 이를 동생인 사마우가 근심했던 것이다.

원래 사해형제는 이런 의미에서 나온 성어인데, 오늘날에는 뜻이 확대되어 "천하 사람들은 모두 형제처럼 지내야 한다."는 뜻으로 쓰이고 있다.

【용례】 어려운 지경에 빠졌는데 도와주는 사람 하나 없다고 괴로워 말게. "사해형제"란 말도 있듯이 의외로 도움을 줄 사람이 가까운 곳에 있을 수도 있어.

사회부연 死灰復燃

死 : 죽을(사) 灰 : 재(회)
復 : 다시(부)/회복할(복)
燃 : 타오를(연)

【뜻풀이】 식은 재에서 다시 불길이 일다. 되살아나다. 다시 일어나다. 사멸했던 것이 다시 살아나다.

【출전】 『사기·한안국열전』에 보면 다음과 같은 이야기가 있다.

한나라 때 한안국[韓安國, 자는 장유(長孺)]이라는 사람은 한때 높은 벼슬에 있다가 옥에 갇힌 일이 있었다. 그는 전갑이라는 옥졸의 수모를 받고 분해서 말했다.

"이놈아, 잿더미에서 다시 불이 일어나지 않을 줄 아느냐?(死灰獨不復然乎)"

즉 "내가 다시 벼슬을 하지 못할 줄 아느냐?"는 뜻인데, 옥졸은 그 말을 듣고 일언지하에 비웃으며 말했다.

"다시 불이 일어나면 나는 오줌을 싸서 꺼버릴 것이다!(然卽溺之)"

그런데 얼마 뒤 한안국은 과연 풀려나와 다시 큰 벼슬을 하게 되었다. 그 옥졸은 혼비백산(魂飛魄散)해서 도망쳐 버렸지만 한안국이 그의 가족들을 모조리 죽여 버리겠다고 엄포를 놓는 바람에 옥졸은 할 수 없이 돌아와서 용서를 빌었다.

그러나 뜻밖에도 한안국은 옥졸을 죽이지 않았을 뿐 아니라 오히려 잘 대해 주면서 농담으로 "이제 오줌을 싸보려무나!" 하고 말했다.

이래서 사회부연이라는 성어가 나왔는데, 이와 비슷한 말은 『사기』 이전에도 있었다.

이 성어는 보통 나쁜 사람이나 나쁜 일이

재발하는 데 쓰인다.

【용례】 서울에서 사고가 났을 때 다시는 이런 일이 없겠다며 장담하더니 침이 마르기도 전에 이번엔 대구에서 가스가 터져 100여 명이 죽었으니, "사회부연"도 이렇게 나가다가는 한민족이 남아나지 않겠어.

산음승흥 山陰乘興

山 : 메(산) 陰 : 어두울(음)
乘 : 탈(승) 興 : 흥할(흥)

【뜻풀이】 산음 땅에서 흥이 일었다는 말로, 친구를 만나러 가는 것을 뜻한다. 산음은 산의 북쪽이란 뜻이다. 산음현은 중국 절강성(浙江省) 회계산(會稽山) 북쪽에 있는데, 지금의 소흥(紹興)이다. 이 일대가 유명해진 것은 성어 와신상담(臥薪嘗膽)의 주무대이면서 중국의 서예를 집대성한 대서예가 왕희지(王羲之)의 고향이기 때문이다. 그가 지은 불후의 명작 〈난정집서(蘭亭集序)〉도 바로 이곳에서 씌어졌다.

【출전】 『세설신어 · 임탄편(任誕篇)』에 다음과 같은 이야기가 있다.

어느 추운 겨울날 밤, 왕휘지〔王徽之, 왕희지의 아들, 자는 자유(子猷)〕는 아버지를 본받아 열심히 서예 연습을 하고 있었는데, 잠시 창밖을 보니 함박눈이 펑펑 내리고 있었다. 적막한 겨울밤에 함박눈이 쏟아지자 그는 갑자기 옛 친구 대규〔戴逵, 자는 안도(安道)〕가 간절하게 생각났다.

그는 즉시 붓을 던지고 한밤중에 배를 저어 그의 집으로 갔다. 그런데 대규의 집에 도착할 무렵이 되서 그만 눈이 멎어 버렸다. 그러자 흥이 식어 버린 왕휘지는 들어가지도 않고 문전에서 되돌아오고 말았다. 남들이 이상하게 여겨 물으니 그가 대답했다.

"흥이 일어 갔지만 흥이 다해 돌아왔네. 그러니 굳이 대규를 만나야겠는가.(乘興而行 興盡而返 何必見戴)"

이 이야기에서 성어 산음승흥이 나왔다. 달리 산음야설(山陰夜雪)이라고도 한다.

【용례】 창밖으로 낙엽이 떨어지는 것을 보다가 문득 고향 친구들이 간절히 그리워졌어. 난 곧장 고향으로 가는 차를 집어타고 "산음승흥"했지.

산전수전 山戰水戰

山 : 메(산) 戰 : 싸울(전) 水 : 물(수)

【뜻풀이】 산에서도 싸우고 물에서도 싸웠다는 말로, 온갖 고생과 시련을 겪어 경험이 많다는 뜻이다. 또는 살면서 해보지 않은 일이 없다는 뜻으로도 쓰인다.

【출전】 『손자병법(孫子兵法) · 모공편(謀攻篇)』과 유기(劉基, 1311~1357)가 저술한 『백전기략(百戰奇略)』에 나오는 말이다. 이 책은 역대의 병법서를 참고하여 100가지 전쟁을 기록한 책이다.

산전은 험준한 산을 무대로 싸우는 일이고, 수전은 거센 물줄기를 헤치면서 싸우는 일이다. 때문에 평탄한 육지에서 싸우는 것보다 강인한 체력과 고도의 전술이 필요할 뿐더러 피해와 희생 또한 만만치 않다.

따라서 강도 높은 훈련을 받지 않았거나 경험이 부족한 병사를 이끌고 산전과 수전을 치르면 패배하기 쉽다. 군사가 산전과 수전을 겪었다는 것은 그가 온갖 전투를 다 치러 본 백전노장(百戰老將) 또는 역전의 용사임을 말한다. 이런 군사와 부대를 이끌고 전쟁에 임할 때 승리를 쟁취할 수 있는 것이다.

원래 산전수전은 전술적인 측면에서 나온 성어다.

그러나 요즘에는 경험이 풍부한 것을 비유적으로 이렇게 많이 쓴다. 모진 풍파를 다 겪어 정신적으로나 육체적으로 강인한 사람을 뜻하며, 웬만한 시련이나 위기에는 조금도 동요하지 않는 사람을 말한다.

【용례】 임 부장은 사막에서 수로 공사를 하는 일에는 산전수전을 다 겪어본 베테랑입니다. 당연히 이번 공사도 그가 맡아 주도해야 할 것입니다.

살신성인 殺身成仁

殺 : 죽일(살) **身** : 몸(신)
成 : 이룰(성) **仁** : 어질(인)

【뜻풀이】 자신의 몸을 죽여서 어짊을 이룩한다. 위급한 상황에 처했을 때는 자신의 몸을 죽여 정의를 이룩하는 것이 사람의 올바른 자세라는 뜻이다. 멸사봉공(滅私奉公)의 자세와도 일치한다.

【출전】 『논어 · 위령공편(衛靈公篇)』에 다음과 같은 이야기가 있다.

"공자께서 말씀하시기를 뜻 있는 선비와 어진 사람은 삶을 구하기 위해 어짊을 해치지 않는다. 오로지 몸을 죽여서라도 어짊을 이룩하는 일이 있을 뿐이다.(子曰 志士仁人 無求生以害仁 有殺身以成仁)"

지사(志士)는 도덕과 의리에 뜻을 둔 사람을 말하고, 인인(仁人)은 어진 덕성을 갖춘 사람을 말한다.

【용례】 철길에서 놀던 아이를 구하고 자신은 죽은 철도 역무원 얘기, 자네도 들었지. 요즘처럼 각박한 세상에 이런 "살신성인"하는 사람이 있다는 사실은 참으로 마음 든든한 일이야.

살인부잡안 殺人不眨眼

殺 : 죽일(살) **人** : 사람 · 남(인)
不 : 아닐(부) **眨** : 눈깜빡할(잡)
眼 : 눈(안)

【뜻풀이】 극악무도한 성격이나 그런 사람을 비유할 때 쓰는 말이다.

【출전】 송(宋)나라 때의 스님인 보제(普濟)가 엮은 『오등회원(五燈會元)』이라는 책에 다음과 같은 이야기가 실려 있다.

송태조가 강남을 정벌할 때 대장 조한(趙翰)이 군사를 이끌고 여산사(廬山寺)로 쳐들어간 적이 있었다. 이때 여산사의 승려들은 성격이 거칠고 잔인한 장수가 군사들을 이끌고 쳐들어온다는 소식을 듣고는 모두 혼비백산(魂飛魄散)해서 숨어 버렸다.

그런데 유독 연덕선사(緣德禪師)라는 늙은 스님 한 사람만 절에 남아서 단좌(端坐)한 채 조한을 맞이하였다. 조한이 절에 들어서자 연덕선사는 인사는커녕 일어서지도 않고 태연자약하게 앉아 있었다.

잔뜩 화가 난 조한이 그를 보더니 윽박지르듯 외쳤다.

"그대는 사람을 죽이면서도 눈 하나 꿈쩍 않는 장수가 있다는 소릴 듣지 못했는가?(汝

不聞有殺人不眨眼的將軍乎)"

그러자 연덕선사는 태연스럽게 대답하였다.

"그대가 생사를 아랑곳하지 않는 중이 있다는 소식을 어찌 알겠는가?(汝安知有不惧生死和尙邪)"

조한은 연덕선사가 전혀 죽음을 두려워하지 않자 할 수 없이 부드러운 목소리로 다시 물었다.

"다른 스님들은 모두 어디로 갔소? 스님께서 그들을 불러오실 수 있을는지요?"

그러자 연덕선사는 북틀에 놓여 있는 북을 가리키면서 북을 치면 그들이 돌아올 것이라고 말했다. 이에 조한이 한동안 북을 두드렸지만 승려들은 전혀 모이지 않았다.

조한이 이게 웬일이냐고 물으니, 연덕선사는 "그대가 사람을 죽이려는 마음을 품고서 두드리기 때문이다."고 하면서 손수 북채를 잡고 북을 몇 번 가볍게 치니 숨어 있던 승려들이 모두 모여들었다.

살인부잡안은 바로 이 이야기에서 나온 성어다.

【용례】 사회 윤리가 땅에 떨어지니까 지존파 같은 무도한 인간들이 나오기까지 하는군. "살인부잡안"하는 그런 놈들은 일벌백계(一罰百戒)로 다스려야 해.

삼고초려 三顧草廬

三 : 석(삼) 顧 : 돌아볼(고)
草 : 풀(초) 廬초가집(려)

【뜻풀이】 세 번이나 선비의 누추한 초가를 찾다. 성심성의(誠心誠意)로 요청하다. 진심으로 가르침을 바라다. 때로는 삼고모려(三顧茅廬)로도 쓴다.

【출전】 나관중(羅貫中)이 쓴 『삼국지연의(三國志演義)』에 다음과 같은 이야기가 있다.

후한(後漢) 말년에 천하가 분열되어 사방에서 싸움이 그칠 날이 없더니 나중에 점차 위(魏)·촉(蜀)·오(吳) 세 나라가 정립하는 국면으로 조성되었다. 그때 나온 이야기 중에는 비록 다 사실이라고는 할 수 없지만 재미있고 생동감 넘치는 이야기들이 적지 않다.

예컨대 "유현덕이 제갈량을 세 번 찾아가다.(劉玄德三顧茅廬)"라는 이야기가 바로 그것이다. 유현덕, 즉 유비(劉備, 167~233)는 제갈량(諸葛亮, 181~234)이 지모가 출중한 사람이라는 소문을 듣고 군사(軍師) 서서(徐庶)의 소개로 세 번이나 제갈량의 초가를 찾아갔다.

제갈량은 두 번째까지의 방문 때는 고의로 만나 주지 않다가 유비의 정성이 워낙 간곡했기 때문에 세 번째는 만나서 유비를 돕겠다고 확답하였다. 이리하여 제갈량은 서서의 뒤를 이어 유비의 군사가 되어 수많은 계책을 내고 승전하게 함으로써 촉나라의 기틀을 닦았는데, 나중에 유비가 황제가 되자 그는 승상이 되었다.

유비가 현자를 구하기 위해 그토록 열성적이었다는 데서 어떤 사람을 여러 번 성심성의껏 청하는 것을 삼고초려라고 하게 되었다. 동시에 유비가 제갈량을 청하는 일이 그토록 쉽지 않았다는 데에서 여러 번 청해도 응하지 않는 것을 또한 삼고모려 또는 삼청제갈(三請諸葛)이라는 말로 비유하기도 한다.

제갈량이 처음 유비의 막하에 들어왔을 때는 바로 조조(曹操, 155~220)가 대장 하후돈(何侯惇)에게 10만 대군을 거느리고 유비를 공격하게 할 때였다. 이때 제갈량은 교묘한 전법으로 조조의 10만 대군을 물리쳤는데, 『삼국지연의』에서는 이를 가리켜 "처음 초가에서 나와 큰 공을 세우다.(初出茅廬第一功)"라며 칭송하였다. 이렇게 해서 초출모려(初出茅廬) 역시 성어가 되었다. 그러나 나중에는 그 뜻이 완전히 변해서 찬양의 말이 아니라 방금 일을 시작하여 경험이 없다는 것을 비유하는 말이 되었다.

【용례】 그분을 반드시 우리 회사 고문으로 모셔 와야 하네. 여북하면 "삼고초려" 아니라 더한 일이라도 할 생각이니, 자네도 신명을 다해 이 일을 추진하게.

삼년불비우불명
三年不飛又不鳴

三 : 석(삼) 年 : 해(년) 不 : 아닐(부)
飛 : 날(비) 又 : 또(우) 鳴 : 울(명)

【뜻풀이】 3년 동안 날지도 않고 또 울지도 않다. 뒷날 웅비(雄飛)할 기회를 엿보고 있는 것을 비유하는 말이다.

【출전】 『여씨춘추·심응람편(審應覽篇)』에 다음과 같은 이야기가 있다.

춘추시대 오패(五覇)의 한 사람인 초장왕(楚莊王, 기원전 613~기원전 591)이 등극한 지 얼마 되지 않았을 때의 일이다. 장왕은 신하들을 불러 놓고 선포하였다.

"앞으로 내게 간언을 올리는 사람은 무조건 사형에 처할 것이다."

이후 장왕은 3년 동안 정치는 팽개치고 술잔치나 벌이면서 세월을 보냈다. 나라 꼴이 점점 한심한 지경으로 접어들자 오거(伍擧)라는 신하가 간언을 올리기로 작정하였다. 그러나 차마 직접 맞대놓고 할 수는 없어 비유를 들어 말했다.

"폐하, 제가 수수께끼를 하나 내겠습니다."

"말해 보시오."

"한 마리 새가 숲속에 살고 있는데 이 새는 3년 동안 날지도 않고 울지도 않고 있습니다. 능력이 없어서 그런가 하면 그것도 아닙니다. 도대체 이 새는 무슨 새일까요?"

장왕은 한동안 그를 물끄러미 바라보더니 이윽고 대답하였다.

"이 새는 날지 않으면 그만이지만 한 번 날면 하늘 끝까지 오를 것이고, 또 울지 않으면 그만이지만 한 번 울면 천하 사람들이 놀라 깰 것이오.(此鳥不飛則已 一飛沖天 不鳴則已 一鳴驚人) 경의 뜻을 알았으니 물러나 계시오."

그러나 장왕의 황음(荒淫)은 여전히 드세져만 갔다. 다시 보다 못한 대부 소종(蘇從)이 죽음을 무릅쓰고 나아가 직간을 올렸다. 그러자 장왕이 힐난조로 말했다.

"그대는 나의 포고문도 읽지 못했는가?"

"예, 읽었습니다. 그러나 폐하께서 국정에만 전념하신다면 저는 죽어도 여한이 없겠습니다."

이 말을 들은 장왕은 그때부터 모든 연회나 주색잡기(酒色雜技)를 없애고 정치를 일신하였다. 그뿐 아니라 그동안 아부나 하면서 배를 불렸던 간신들을 모조리 처형하고 그동안 눈여겨보아 두었던 충신들을 등용해서 분위기를 바꾸었다.

죽음을 각오하고 충간을 올렸던 오거와 소종이 중신으로 기용된 것은 당연한 일이다. 충신들의 도움을 얻은 장왕은 이때부터 국력을 신장시켜 일약 오패의 한 사람으로 명성을 드날렸다.(☞ 일명경인一鳴驚人 참조)

앞의 초장왕의 말에서 일명경인(一鳴驚人)도 성어가 되었다. 새가 한 번 울면 사람이 놀란다는 뜻으로, 평소에는 과묵하던 사람이 갑자기 사람을 놀라게 할 만한 일을 해내는 것을 비유하는 말이다.

이와 비슷한 이야기가 사마천(司馬遷)의 『사기·골계열전(滑稽列傳)』에도 순우곤(淳于髡)과 제위왕(齊威王)과의 대화에 나온다.

【용례】 지금 내가 "삼년불비우불명"하니까 기세가 한풀 꺾인 걸로 다들 알고 있겠지. 하지만 나는 때를 기다리는 잠룡(潛龍)이야. 날 얕잡아 보던 사람들 곧 사지를 벌벌 떨게 될 걸세.

삼령오신 三令五申

三 : 석(삼) 令 : 명령(령)
五 : 다섯(오) 申 : 거듭할(신)

【뜻풀이】 재삼재사(再三再四) 되풀이 말하다. 거듭 천명하고 해석하다.

【출전】 『사기·손자오기열전(孫子吳起列傳)』에 다음과 같은 이야기가 있다.

『손자병법(孫子兵法)』의 저자로 중국의 유명한 지략가였던 손자〔즉, 손무(孫武)〕는 오왕 합려 때 오나라에 가 있었다. 손자의 저서를 숭상하고 있던 합려는 어느 날 손자더러 군사들을 실제로 조련시켜 보라고 하면서 여자로도 가능하냐고 물었다.

손자가 가능하다고 대답하자 오왕은 후궁의 미녀 180명을 골라 손자더러 조련시키게 하였다. 손자는 여인들을 두 편으로 편성한 다음 오왕의 애첩 두 사람을 각각 두 편의 대장으로 삼은 뒤 훈련에 들어갔다.

손자는 우선 여차여차해야 한다고 거듭 설명해(三令五申) 주고는 "알았느냐?" 하고 묻자 여인들은 모두 "알았다"고 대답하였다. 그러나 손자가 "좌로 돌앗!" 하고 명령을 내리자 여인들은 키득거리면서 웃기만 할 뿐 아무도 동작을 취하지 않았다.

이에 손자는 "이것은 장수가 설명을 제대로 하지 못했기 때문에 장수의 책임이다."라고 하면서 다시 한 번 거듭해서 설명해(三令五申) 주었다. 그리고 나서 다시 "우로 돌앗!" 해도 여인들은 여전히 깔깔거리면서 웃을 뿐 움직이지 않았다.

이에 손자는 "설명이 제대로 되었음에도 불구하고 움직이지 않는 것은 군사들이 명령에 따르지 않은 것인 즉, 두 대장을 군법에 의해 처리해야 한다."고 하면서 오왕의 두 애첩을 죽이려 하였다.

이에 놀란 합려는 죽이지 말라고 간청했지만 손자는 듣지 않고 목을 베어 버렸다. 그리고 나서 다시 "좌로 돌앗!" "우로 돌앗!" 하고 명령을 내리자 감히 명령에 따르지 않는 여자가 없었다.

"군사들을 다 조련했으니 대왕께서 한 번 검열하옵소서."

손자가 이렇게 보고를 올리자 오왕은 쓰디쓴 웃음을 날리면서 "됐소, 됐소. 그만하시오!" 하고 말했다.

이에 손자는 "대왕께옵서 저의 저작만 알고 실제로 실행하는 것은 지지하지 않습니다."라고 말했더니, 이 말에 깨달은 바 있었던 오왕은 마침내 손자를 대장으로 삼았다고 한다.

【용례】 아무리 아둔하다지만 그렇게 설명을 했는데도 이해를 못 하다니. 삼척동자(三尺童子)라도 이 정도로 "삼령오신"하면 다 알아듣겠다.

ㅅ

삼마태수 三馬太守

三 : 석(삼) 馬 : 말(마)
太 : 클(태) 守 : 지킬(수)

【뜻풀이】 청백리(淸白吏)를 가리키는 말.

【출전】 한 고을의 수령이 다른 부임지로 떠날 때나 임기가 끝났을 때 감사의 표시로 고을에서 좋은 말 여덟 마리를 바치는 것이 관례였다.

그런데 조선 중종 때 사람인 송흠(宋欽)은 새로 부임해 갈 때마다 세 마리의 밀만 받았다. 한 필은 본인이 탈 말이었고 나머지 두 필은 어머니와 아내가 탈 말이었다. 그래서 당시 사람들은 그를 삼마태수라 불렀다.

『고려사(高麗史)』 권121 열전 권34에 보면 최석(崔碩)에 대한 이야기가 나온다.

「고려 충렬왕 때 사람인 최석은 청렴한 관리였다. 당시 관례로 임기가 끝나는 부사에게 일곱 필의 말을 바치도록 되어 있었다. 그러나 그는 승평(昇平, 지금의 순천)부사로 있다가 떠날 때 일곱 필의 말을 받지 않았을 뿐 아니라, 애초 바치려던 말이 새끼를 낳아 여덟 필이 되자 그 말까지도 백성들에게 돌려주었다. 이에 고을 사람들이 그의 뜻을 기려 비를 세웠으니, 그것이 바로 팔마비(八馬碑)다.

(崔碩忠烈朝人登第 累遷昇平府使秩滿入爲秘書郎 昇平故事 每太守替還 必贈馬八匹倅七匹法曹六匹惟所擇及碩替還邑人進馬請擇良 碩笑日 馬能到京足矣 何擇爲 至家歸其馬邑人不受碩日 吾守汝邑有馬生駒帶來是我之貪也 汝今不受豈知我之貪而爲貌辭耶 并其駒授之自是其弊遂絕 邑人頌德 立石號八馬碑)

지금도 순천에서는 "팔마의 고장"이라 하여 청백리의 고장이라는 자부심이 대단하다.

【용례】 고위 공직자가 되어 한 밑천 장만하지 못하고 물러나면 바보란 소리를 듣는 세상이니, 어디서 "삼마태수"를 찾아 난세의 귀감으로 삼을지 걱정이네.

삼매경 三昧境

三 : 석(삼) 昧 : 어두울(매)
境 : 지경(경)

【뜻풀이】 산란한 마음을 한곳에 모아 움직이지 않게 하여, 마음을 바르게 유지시켜 망념에서 벗어나는 것을 말한다.

범어(梵語)인 Samdhi를 음역한 것으로, 정(定)과 등지(等持), 정수(正受), 조직정(調直定), 정심행처(正心行處)로 번역한다.

【출전】 『지론(智論)』에 보면 이에 대해 다음과 같이 설명하고 있다.

"모든 선정과 섭심을 이름하여 삼매라고 한다. 진은 말하기를 '바른 마음으로 행동하는 것이다. 이 마음은 시작이 없는 곳에서 나와 항상 굽어 있어 바르지 않다. 이 삼매를 얻은 뒤에야 마음은 단정하고 곧게 된다. 비유하자면 뱀은 항상 구불구불 다니는데 대나무통에 들어가서야 비로소 곧아지는 것과 같다. 능히 마음으로 하여금 한 경지에만 머물게 할 수 있다.' 하였다.(一切禪定攝心 皆名三昧 秦云 正心行處 是心從無始來 常曲不直 得此三昧 心則端直 如蛇行常曲 入竹筒則直 能令心住一境)"

이처럼 원래 삼매경은 불가에서 수행의 결

과 얻는 절대적인 경지를 뜻하였는데, 오늘날에는 뜻이 확대되어 여러 경우에 쓰인다. 우리가 일상적으로 쓰는 "독서삼매경에 빠졌다"는 식이 그것이다.

【용례】 우리 집 아이에게 컴퓨터를 사 주었더니 오락에 빠져 정신이 없다니까. 밤새우는 건 일도 아니야. 가히 컴퓨터 "삼매경"에 들었다고 해야겠어.

삼복백규 三復白圭

三 : 석(삼) 復 : 반복할(복)
白 : 흰(백) 圭 : 홀(규)

【뜻풀이】 〈백규〉 노래를 세 번 반복해 읊조린다는 뜻으로, 말을 할 때 함부로 하지 말고 신중하게 깊이 삼가라는 말이다.

【출전】 『논어 · 선진편(先進篇)』에 나오는 말이다.

"남용이 〈백규〉의 시를 하루에 세 번 거듭 읊자 공자가 자신의 형님의 딸을 그의 아내로 삼도록 하였다.(南容三復白圭 孔子以其兄之子)"

남용은 공자의 제자이고, 그가 거듭 읊은 시는 『시경(詩經)』에 나온다.

「흰 구슬에 난 티는 오히려 갈 수 있지만
말에 난 흠은 어찌할 수 없구나.
白圭之靡 尙可磨也
斯言之靡 不可爲也」

남용이 이 구절을 하루에도 세 번씩이나 반복할 정도였으니, 그가 얼마나 말을 신중하게 했는가를 짐작할 수 있다.

우리 속담에 "한 마디 말이 천 냥 빚을 갚는다."고 했지만, 말이란 한 번 잘못 꺼냈다가 원수가 되거나 신세를 망치는 경우도 있는 것이다.

그러니 신중해야 함은 더 말할 필요도 없을 것이다.

【용례】 돌이켜 보니 제가 그동안 너무 경솔했던 것 같습니다. 이제부터는 "삼복백규"하는 자세로 말을 아끼도록 하겠습니다.

삼불후 三不朽

三 : 석(삼) 不 : 아닐(부)(불)
朽 : 썩을(후)

【뜻풀이】 세 가지 영원히 썩지 않을 일. 불후는, 사람은 비록 죽더라도 이름은 남아 영원하리라는 뜻이다.

【출전】 『좌전 · 양공(襄公) 24년』조에 다음과 같은 이야기가 있다.

"최고의 것은 덕(德)을 세우는 일이며, 그 다음은 공(功)을 세우는 일이고, 다음 것은 말(言)을 세우는 일이다. 이들은 비록 오래되더라도 없어지지 않을 것이니 이를 일러 썩지 않는다고 한다.(太上有立德 其次有立功 其次有立言 雖久不廢 此之謂不朽)"

사람의 신체적인 수명은 길어야 백 년을 넘기지 못하지만, 그가 남긴 업적은 만 년이 지나가도 썩지 않고 영구히 남는 법이다. 남길 수 있는 업적이란 여러 가지가 있지만 그 중 가장 중요한 것을 꼽아 삼불후(三不朽)라고 한다. 이 삼불후에서 유래한 불후라는 말은 이후 최고의 것에 붙는 찬사로서 즐겨 이용되었다.

『신어(新語) · 보정편(輔政篇)』에는 "이름은 썩지 않고 전해진다.(名傳於不朽)"고 했으며, 『사기 · 저리자전(樗里子傳)』에는 "과인은 죽어도 썩지 않을 것이다.(寡人死不朽矣)"라 하였고, 조대가(曹大家)는 〈동정부(東征賦)〉에서 "오직 아름다운 덕이어야 썩지 않겠도다.(唯令德爲不朽兮)"고 하였다. 조비(曹丕, 187~226) 역시 『전론(典論)·논문(論文)』에서 "문장은 나라를 경영하는 데에 꼭 있어야 큰 업이고, 영원히 썩지 않을 풍성한 사업이다.(文章經國之大業 不朽之盛事)"라고 하였다.

(➡ 문장경국지대업文章經國之大業 참조)

【용례】 기왕 학문을 하겠다는 큰 뜻을 품었으면 어떤 난관이 닥치더라도 뜻을 굽혀서는 안 된다. 덕을 세우고 공을 세우며 말을 세우겠다는 "삼불후"의 정신으로 유종의 미를 거둬야지.

삼사이행 三思而行

三 : 석(삼) 思 : 생각할(사)
而 : 어조사(이) 行 : 갈·실천할(행)

【뜻풀이】 세 번 생각한 뒤에 떠나다. 심사숙고(深思熟考)한 다음 실천에 옮기다.

【출전】 『논어·공야장편(公冶長篇)』에 다음과 같은 이야기가 있다.

춘추시대 노(魯)나라의 대부로서 사람 됨됨이가 자못 신중한 계문자(季文子)라는 사람이 있었다. 그는 어떤 일이든지 재삼재사 생각해 본 다음에야 일을 실천에 옮겼다. 일반적으로 볼 때 어떤 일에 앞서 심각하게 여러 가지 사항을 고려해 보는 것은 좋은 일로 특히 일처리가 신중하지 못한 사람에게는 유익한 격언으로도 될 수 있다.

그런데 계문자가 죽은 후 10년 뒤에 태어난 공자(孔子)는 계문자의 이런 태도에 찬성하지 않으면서 그처럼 거듭 생각할 것 없이 두 번만 생각해 보면(再思) 된다고 했다. 사실 그때 계문자가 섬겼던 임금이 문제가 많아 여러 번 충간을 했는데 듣지를 않자 계문자는 마침내 그 나라를 떠나고 말았던 것이다. 그래서 두 번이면 족하다고 한 것이다. 그리고 송나라의 학자 주희(朱熹, 1130~1200)는 너무 지나치게 생각만 하면 사사로운 타산이 많아지고 우유부단(優柔不斷)한 입장에 빠질 수도 있다고 말했다.

물론 그들의 말이 전적으로 옳다고만 할 수는 없지만, 삼사이행이라는 성어는 어떤 문제를 처리할 때 심사숙고해서 결정하라는 정도로 이해하면 좋을 것이다.

【용례】 자넨 일을 처리할 때 항상 성급한 게 탈이니 앞으로는 무슨 일을 하든 세 번 생각하고 행동에 옮기도록 하게("삼사이행"). 그러면 실수가 좀 줄어들겠지.

삼생유행 三生有幸

三 : 석(삼) 生 : 날(생)
有 : 있을(유) 幸 : 다행(행)

【뜻풀이】 세 번 태어나는 행운이 있다는 뜻으로, 서로 간에 남다른 인연이 있음을 비유하는 말이다. 또는 아주 큰 행운을 말하기도 한다.

【출전】 『전등록(傳燈錄)』에 다음과 같은 이야기가 있다.

어떤 젊은이가 꿈을 꾸었는데 벽암(碧巖) 아래에서 한 노승을 만났다. 스님이 그를 보더니 말했다.

"이제 그대의 희망이 이루어져 향연(香煙)

이 계속될 것이니 그대는 벌써 세 번이나 태어났습니다. 일생(一生)은 명황(明皇) 때 검남안무순관(劍南按撫巡官)으로 태어났고, 이생(二生)은 헌황(憲皇) 때 서촉서기(西蜀書記)로 태어났는데, 지금의 생은 삼생(三生)입니다."

『낭야대취편(琅琊代醉編)』 권16에 보면, 이런 이야기도 있다.

당나라 때 원택(圓澤)이라는 스님이 있었다. 그는 불교에 조예가 깊어서 사람들의 존경을 받았다. 그에게는 이원(李源)이라는 친한 친구가 있었는데, 두 사람의 우정은 남다른 데가 있었다. 어느 날 두 사람이 함께 여행을 하는데, 어느 지방을 지나다가 만삭이 된 몸으로 힘겹게 물을 긷고 있는 여인을 보자, 원택은 그 부인을 가리키면서 이원에게 말했다.

"저 부인은 이미 임신한 지가 3년이 지났는데, 내가 환생해서 그의 아들이 되기를 기다리는 중일세. 내가 그동안 계속 환생하기를 피해 왔는데, 오늘 그녀를 보았으니 더 이상 피할 수는 없을 듯하네. 사흘 이내에 저 부인이 출산을 할 테니 그때 자네가 그녀의 집에 가서 한번 보게. 만약 갓난아이가 자네를 보고 웃으면 그것이 바로 난 줄 아시게나. 그리고 13년 뒤의 중추절 밤에 나는 항주(杭州)의 천축사(天竺寺)에서 자네를 기다리고 있을 테니 우리 그때 다시 만나세."

그 말을 들은 이원은 원택이 농담을 한다고 여겼다. 어떻게 아이가 3년 동안이나 뱃속에 있을 수 있으며, 또 그 아이가 원택 자신이라니 너무나 황당무계(荒唐無稽)한 소리로 들렸기 때문이었다.

두 사람은 마침내 여행을 끝내고 헤어졌는데, 바로 그날 밤 이원은 원택 스님이 입적(入寂)했다는 급보를 받았다. 그는 깜짝 놀랐다. 그렇게 건강해서 자기와 함께 여행까지 한 원택이 그날 밤 갑자기 입적했다는 것이었다. 그제서야 그는 원택이 한 말을 상기했다.

그래서 이원은 원택의 말대로 사흘이 지난 뒤 만삭이었던 부인의 집으로 가서 아기의 동태를 살폈다. 그러자 과연 아기는 그를 보고 빙그레 웃는 것이었다.

그로부터 13년이 지난 뒤 중추절 밤이 되자, 이원은 이전의 약속에 따라 항주의 천축사를 찾아갔다. 그가 막 절문에 도착했을 때 한 목동이 소 등에 앉아 이런 노래를 부르고 있었다.

「삼생의 인연으로 맺어진 영혼이여.
정든 이가 멀리서 찾아오니
달맞이가 무슨 대수리요.
이 몸은 다른 몸으로 아직 존재하도다.
三生石上舊情魂
賞月吟風不要論
慚愧情人遠相訪
此身雖異性長存」

지금도 항주 천축사에는 두 사람이 만났다는, 삼생석(三生石)이라고 불리는 돌이 있다고 한다.

오늘날 사람들은 이 성어를 가지고 서로 간에 특별한 인연이 있는 것을 비유하며, 특히 남이 나를 도와주었을 때 삼생유행이라고 감사하며 상대를 칭찬할 경우에도 이 성어를 쓴다.

【용례】 이제 살림이 펴려고 하니까 아내가 세상을 떠나다니. 평생 호강 한 번 시켜주지 못 하고 그렇게 고생만 시키다가 떠나보낸 게 너무나 가슴 아파. "삼생유행"의 인연이 있다면 내생에서라도 다시 만나고 싶어.

삼성오신 三省吾身

三 : 석(삼) 省 : 반성할·살필(성)
吾 : 나(오) 身 : 몸(신)

【뜻풀이】 거듭 자신의 행동이나 생각을 반성해 보다.

【출전】 공자(孔子)의 제자로 증자(曾子)라는 사람이 있었는데, 사람됨이 겸손해서 늘 스스로 자신을 반성한다고 하였다.

『논어·학이편(學而篇)』에 다음과 같은 말이 나온다.

「나는 항상 하루에 세 번씩 나 자신을 반성한다. 남을 위해 일을 도모하면서 충실하지는 않았는가, 친구와 더불어 사귀면서 신의가 없지는 않았는가, 전해 오는 문화를 제대로 익히지 못했는가가 그것이다.

(吾日三省吾身 爲人謀而不忠乎 與朋友交而不信乎 傳不習乎)」

여기에서의 삼성(三省)은 거듭 자신을 반성한다는 뜻으로도 되고 세 가지 일을 반성한다는 뜻으로도 이해할 수 있다.

【용례】 자신의 이익을 위해 노력하는 건 당연한 일이지만 그것이 이기적이 되어서는 안 돼. "삼성오신"하는 자세도 가질 필요가 있어.

삼십육계 三十六計

三 : 석(삼) 十 : 열(십)
六 : 여섯(육) 計 : 꾀·계획(계)

【뜻풀이】 이 성어는 삼십육계 주위상책(三十六計 走爲上策)의 준말로서 온갖 계책을 다 써 보았어도 되지 않을 때에는 달아나는 것이 제일이라는 뜻으로 쓰이며, 되지도 않을 일에 공연히 힘만 들이지 말고 일찌감치 물러서거나 상황이 불리할 때는 도망가는 것이 상책이라는 뜻이다.

【출전】 『남사(南史)·단도제전』에 보면 다음과 같은 이야기가 있다.

남북조(南北朝) 때 송(宋)나라의 개국공신으로 단도제(檀道濟)라는 장수가 있었다. 송 문제가 즉위하자 단도제는 무릉군공(武陵郡公)에 봉해지고 정남대장군이 되어 출정하여 군사들을 통솔하게 되었는데 북위(北魏)와의 전투에서 30여 차례나 싸워 거듭 승리하였다. 그러던 어느 날 북위의 역성(歷城, 오늘날의 산동성에 있음) 일대까지 쳐들어갔지만 병참 지원이 뒤를 받쳐 주지 못했기 때문에 부득이 후퇴한 적이 있었다.

당시 송나라 군대에 군량이 떨어지자 일부 병사들이 북위에 항복하였다. 이에 북위군은 송나라군에 군량이 떨어진 것을 알고 반격하기 위해 척후병을 보내어 허실을 살펴보도록 했다. 그러나 단도제는 적군의 계략을 간파하고 병졸들에게 모래를 넣어 군량으로 가장한 자루를 산더미처럼 쌓아 놓게 하고 일부 쌀을 땅에 흘려 놓았다. 이리하여 위군은 송나라 군대가 군량이 넉넉한 것으로 착각하여 감히 공격하지 못했으며, 단도제는 그때를 틈타 유유히 회군할 수 있었다.

이와 같이 단도제는 싸움에 용맹하였을 뿐 아니라 지략도 출중한 사람이었다. 그런데 훗날 남조의 송나라가 멸망하고 남제(南齊)가 일어서자 왕경칙(王敬則)이라는 사람이 단도제의 행동을 왜곡하여 "단공의 서른여섯 개 계책 중에서 줄행랑이 제일이었다.(檀公三十六策 走是上計)"라고 하였다.

송(宋)나라 때의 역사가인 사마광(司馬光, 1019~1086)이 지은 『자치통감(資治通鑑)』 권141에도 이 말이 나온다.

남북조시대 제(齊)나라 제5대 황제 명제(明帝) 소란(蕭鸞) 때 일이다.

명제는 고제(高帝)의 조카인데, 고제의 증손들(제3, 4대 황제)을 죽이고 황제자리를 빼앗았다. 그는 황제에 즉위한 이후 반란과 보복이 두려워 자기를 반대한 형제와 조카 14명을 살해한 것은 물론 자기 주위 사람들마저도 자신에게 반대하면 여지없이 죽였다. 그뿐 아니라 와병 중에도 왕족을 10여 명이나 죽였다. 명제의 가차 없는 살륙 행위에 회계(會稽) 지방 태수(太守) 왕경칙은 개국공신인데도 생명의 위협을 느껴 먼저 군사를 일으켰다. 왕경칙은 군사 1만 명을 이끌고 건강(建康, 오늘날의 남경)을 향해 진격했는데, 도중에 명제의 학정(虐政)에 불만을 가진 농민들이 가세하여 군사가 10만 명으로 불어났다. 왕경칙은 출정한 지 열흘 만에 건강과 흥성성(興盛城)을 함락하는 등 가히 파죽지세였다.

이때 병석에 누워 있던 명제 대신 정사를 돌보던 태자 소보권(蕭寶卷)은 건강과 흥성성이 함락되었다는 소식을 듣자 피난 준비를 서둘렀다. 소보권이 피난한다는 소식을 들은 왕경칙이 충고했다.

"단(檀) 장군의 36가지 계책 중에 달아나는 것이 상책이니 너희 부자는 빨리 달아나는 것이 좋을 것이다.(檀公三十六策 走爲上策 計汝父子唯有走耳)"

단 장군은 앞에 나온 단도제를 말한다. 왕경칙도 결국은 제나라 군사에게 잡혀 참수 당했다.

『냉재야화(冷齋夜話)』에서는 삼십육책 주시상계(三十六策 走是上計)를 삼십육계 주위상책(三十六計 走爲上策)이라고 하였다.

【참고】 삼십육계 전체 목록

승전계(勝戰計) : 1~6계 전쟁에서 이기기 위한 계략

■ 제1계 만천과해계(瞞天過海計) : 하늘을 속이고 바다를 건너가는 계략

삼국시대 오(吳)나라의 장수 태사자(太史慈, 166~206)는 아침마다 성에서 나와 적이 보는 앞에서 유유히 활 쏘는 연습을 하고는 다시 성안으로 되돌아가는 일을 매일 반복하였다. 처음에는 이를 경계하던 적군의 정찰병들도 매일 되풀이되는 태사자의 모습에 나중에는 무심하게 되었다. 그러던 어느 날, 그날도 평소처럼 성에서 활을 들고 나온 태사자는 갑자기 말을 잡아타고 달려 적진을 빠져나갔다.

■ 제2계 위위구조계(圍魏救趙計) : 강한 적을 분산시켜 쳐부수는 계략

전국시대에 위나라 대군에게 공격을 받아 도성인 한단(邯鄲)을 포위당한 조나라는 이웃의 제나라에게 구원을 요청했다. 제나라 장수 전기(田忌)가 급히 한단으로 진격하려 하자, 제나라 군사(軍師) 손빈(孫臏)이 다음과 같이 제안하였다.

"위나라 군사와 정면으로 부딪치면 우리 편이 불리합니다. 이런 때는 수비가 상대적으로 허술한 위나라의 수도를 공격합시다. 그러면 위나라는 한단의 포위를 풀고 급히 철수할 것입니다. 그때를 노려서 공격하면 어떻겠습니까?"

결국 이 계책을 쓴 제나라는 대승을 거두었고 조나라도 구하게 되었다.

■ 제3계 차도살인계(借刀殺人計) : 칼을 빌려서 상대를 죽이는 계략

상대방을 공격할 때 자신이 직접 치지 않고 제3자의 힘을 빌어 치는 전법이다. 제 힘이나 희생은 들이지 않고 상대를 제압하여 이긴다는 원리에 바탕을 두었다.

■ **제4계 이일대로계(以逸待勞計) : 쉬면서 힘을 길러 적이 피로하기를 기다리는 계략**

일(逸)이란 한가하고 여유가 있는 상태이고, 노(勞)는 피로하고 지친 상태다. 상대방의 전세가 강하면 수비에 치중하여 상대가 지치기를 기다리는 것을 말한다. 물론 기다린다는 것은 그저 방치하는 것이 아니라 전열을 가다듬으면서 적의 공격에 대비하는 것을 말한다.

■ **제5계 진화타겁계(趁火打劫計) : 불난 틈을 이용하여 도적질을 하는 계략**

제4계와는 상반되는 공격 작전이다. 공격을 하고 수비를 하는 상황의 판단은 적의 정세에 좌우된다. 즉, 적의 세력이 강할 때는 지치기를 기다려야 하지만, 약화되었을 때는 지체 없이 단숨에 공격하는 것이 이 계략의 요점이다. 다시 말해 상대방의 약점을 발견하면 거침없이 공격하여 상대방을 무력하게 만드는 것이다.

■ **제6계 성동격서계(聲東擊西計) : 동쪽을 향해 소리치고 서쪽을 공격하는 계략**

공격하는 방향의 적의 병력을 분산시켜 힘을 약화시키는 책략으로, 예로부터 이 전법은 즐겨 쓰였다. 그러나 잘못 쓰면 적에게 역공을 당해 큰 피해를 입을 수 있으니 특히 신중해야 한다. 상대방의 지휘 계통을 혼란시키는 것이 이 책략을 성공시키는 요결이다.

적전계(敵戰計) : 7~12계
적과 싸울 때의 계략

■ **제7계 무중생유계(無中生有計) : 아무도 모르게 지나가는 계략**

당나라 안록산(安祿山)의 난 때 포위된 옹구성의 장수 장순(張巡)이 화살이 다 떨어져서 성이 함락당하기 일보직전이었을 때 쓴 계책이다. 부하들을 시켜 허수아비 천 개를 준비하게 하고 군복을 입혀 진짜 병사인 것처럼 꾸몄다. 그런 다음 허수아비마다 새끼줄에 엮어 캄캄한 밤중에 성 밖으로 떨어뜨렸다. 이것을 본 적군은 진짜 병사가 내려온 줄 알고 마구 화살을 쏘아댔다. 장순은 인형에 꽂힌 수만 개의 화살을 적에게 보여주며 사기를 떨어뜨렸다. 이어 장순은 볏짚 인형 대신에 진짜 병사들을 성 밖으로 내보냈다.

그러나 한 번 속은 적군은 이번에는 한 개의 화살도 쏘지 않았다. 성 밖으로 내려간 병사들은 반란군을 급습하여 크게 무찔러 버렸다. 속임수를 이용하여 상대방을 혼란시킨 다음 이를 역으로 이용했던 것이다. 허와 실을 교묘히 엇바꾸어 적을 혼란에 빠뜨리고 제압하는 계략이다.(➡ 나작굴서羅雀掘鼠 참조)

■ **제8계 암도진창계(暗渡陳倉計) : 아무도 모르게 진창을 건너가는 계략**

유방(劉邦)의 부하였던 명장 한신(韓信)이 관중으로 쳐들어갈 때 정면에서 공격하는 척하다가 진창이라는 성을 공격한 일에서 나왔다. 발상으로 보면 제6계 성동격서계와 비슷하다. 일종의 양동작전(陽動作戰)이라 할 수 있다.(➡ 암도진창暗渡陳倉 참조)

■ **제9계 격안관화계(隔岸觀火計) : 언인을 사이에 두고 불을 쳐다보는 계략**

여기서 말하는 불이란 내분(內紛)을 뜻한다. 즉, 집안싸움을 일으키라는 말이다. 내분에 빠진 상대방을 기습하면 오히려 적이 단결을 유도하게 되어 아군이 피해를 볼 수도 있다. 때문에 시간을 두고 적이 자멸하기를 기다리는 것이 좋다.

■ 제10계 소리장도계(笑裏藏刀計) : 가슴에 비수를 품었으면서도 겉으로는 상냥하게 상대방을 대하는 계략

송나라 조위(曹瑋)는 지략이 뛰어난 장수였다. 어느 날 전장에서 조위는 자기 편 군사들이 적군에게로 달아났다는 보고를 받았다. 그러나 그는 조금도 동요하지 않고 오히려 빙긋이 웃으며 말했다.

"걱정 말게. 그들은 모두 내가 지시한 대로 행동한 것뿐이니까."

이 이야기를 들은 적군은 투항한 병사들을 의심하여 모조리 목을 베었다고 한다.

■ 제11계 이대도강계(李代逃僵計) : 작은 손해를 보는 대신 큰 승리를 거두는 계략

무슨 일을 하든 어느 정도의 손실은 따르게 마련이다. 문제는 그 손실을 어떻게 활용하는가 하는 것이다. 작은 손해에 집착하면 자칫 큰 손해를 입을 수도 있다. 손무는 『손자병법』에서 이렇게 말했다.

"지혜로운 사람은 이익과 손실의 양면을 생각한다. 그렇게 하면 일을 순조롭게 처리할 수 있다. 비록 손해를 당했다 해도 현명한 사람은 손실 뒤에 올 이익까지 생각한다. 그렇게 하면 두려워할 곳이 없을 것이다."

■ 제12계 순수견양계(順手牽羊計) : 손에 잡히는 대로 취하는 계략

쉽게 손에 들어오는 이익이라면 염려하지 말고 취하되, 확실한 목표를 세우고 상황에 따라 유연하게 대처하는 것이 필요하다.

공전계(攻戰計) : 13~18계
공전(攻戰)의 계략

■ 제13계 타초경사계(打草驚蛇計) : 막대기로 풀을 쳐서 뱀을 놀라게 하는 계략

상대방의 동정을 살펴보는 책략이다. 아울러 풀을 쳐서 뱀을 유인한다는 의미도 있다. 즉, 거물을 잡기 위해서 주변의 조무래기부터 차례로 잡아들여 확실한 증거를 만들어 가는 작전이다.

■ 제14계 차시환혼계(借屍還魂計) : 시신을 빌려 넋을 돌아오게 하는 계략

이 책략은 세상에서 가치가 없다고 버려진 것들을 이용하여 다시 가치 있는 것으로 만든다. 예를 들면 『삼국지』에서 조조(曹操)는 불우한 처지에 있던 허수아비 황제를 자신의 본거지로 맞아들여 세력확대 수단으로 이용했다.

■ 제15계 조호이산계(調虎離山計) : 호랑이를 산에서 떠나게 하는 계략

산 속에서의 호랑이는 무섭지만 막상 평지에 내려오면 제압하기 용이한 법이다. 마찬가지로 요새에 버티고 있는 적을 밖으로 유인하여 쳐부수는 것이다.

■ 제16계 욕금고종계(欲擒姑縱計) : 궁지에 몰리면 쥐도 고양이를 문다

퇴로를 완전히 봉쇄하면 상대방은 죽기를 무릅쓰고 반격한다. 그러므로 오히려 퇴각로를 조금 열어 주면 적은 세력이 약해져 쉽게 제압할 수 있다.

■ 제17계 포전인옥계(拋磚引玉計) : 벽돌을 던져서 구슬을 얻는 계략

미끼를 던져서 상대를 유인하는 계략이다. 이 작전의 성공 여부는 미끼다운 미끼를 사용해야 한다는 것이다.

순자도 "이로움만 보고 그 해로움을 돌보지 않는 일이 없도록 하라."고 했는데, 당장 눈앞의 이익보다는 장차의 손해를 고려해야 한다.

■ 제18계 금적금왕계(擒賊擒王計) : 도적을 잡으려면 먼저 우두머리부터 잡는다

상대방의 중추를 공격하여 적의 세력을 괴멸시키는 전략이다. 모든 사물은 반드시 약점이 있게 마련이다. 그러니 그 약점을 정확하게 파악하여 이용하면 교섭이나 설득이 의외로 쉽게 이루어질 수 있다.

혼전계(混戰計) : 19~24계
혼전(混戰)의 계책

■ **제19계 부저추신계(釜底抽薪計) : 가마솥의 장작을 치우는 계략**

적의 보급로를 차단하는 방식과 적의 사기를 꺾는 방식이 있다. 삼국시대 관도 전투에서 원소의 대군과 대치하고 있던 조조는 열세에도 불구하고 원소의 보급기지를 밤에 몰래 습격하는 바람에 대승했다. 이 기세를 몰아 단숨에 중국 북부를 지배하는 실력자로 등장했다. (▶ 낭중취물囊中取物 · 만전지책萬全之策 참조)

■ **제20계 혼수모어계(混水模漁計) : 물을 휘둘러서 고기를 찾아내는 계략**

적의 내부와 지휘본부를 혼란시켜 전력을 약화시킨 다음 아군이 원하는 방향으로 전세를 이끈다. 예컨대 아군에게 적군의 복장이나 무기를 들게 하여 적 후방에 살포함으로써 적진을 교란하고 적 지휘부를 혼란에 빠뜨리는 것을 들 수 있다.

■ **제21계 금선탈각계(金蟬脫殼計) : 매미가 허물을 벗어버리고 날아가듯 한다**

표면상으로는 진지를 구축하면서 전투 자세를 보여 적이 움직이지 못하도록 한 다음 그 틈을 이용하여 은밀하게 주력부대를 이동시키는 전략이다.

■ **제22계 관문착적계(關門捉賊計) : 문을 닫아 버리고 도적을 잡는 계략**

앞의 욕금고종계와는 반대되는 계략이다. 언뜻 보면 모순된 책략 같지만 힘이 약한 적은 포위해서 섬멸하라는 주석이 있듯이 상황에 따라 강약을 조절하여 실행하라는 뜻으로 보인다. 요컨대 상대가 이쪽보다 약할 때에는 인정사정없이 철저하게 섬멸하라는 것이다.

■ **제23계 원교근공계(遠交近攻計) : 멀리 있는 나라와는 손잡고 가까이 있는 나라는 공격하는 계략**

옛날부터 많은 나라가 대립 항쟁하고 있는 상황에서는 언제나 유효한 책략으로 삼아 이용했다. 먼 곳에 있는 나라에 군대를 보내는 것은 손실만 많을 뿐 이에 따른 이득은 적기 때문이다. 때문에 가까운 나라부터 공격하여 점차적으로 세력을 확대하라는 뜻이다.

■ **제24계 가도멸괵계(假道滅虢計) : 길을 빌려 괵나라를 치는 계략**

작은 나라의 어려움을 틈타 이를 정벌하는 계략이다. 괵나라는 춘추시대의 작은 나라다. 큰 나라인 진(晉)이 작은 나라인 우나라에게 뇌물을 주어 길을 빌려 괵나라를 공격했는데, 돌아오는 길에 우나라마저 멸망시킨 일에서 나왔다. (▶ 가도멸괵假道滅虢 참조)

병전계(竝戰計) : 25~30계
맞붙어 싸울 때의 계략

■ **제25계 투량환주계(偸梁換柱計) : 대들보를 훔치고 기둥을 바꾸는 계략**

진(秦)나라 시황제는 원교근공의 전략으로 가까운 나라를 차례로 침공한 다음 마지막으로 제나라를 멸망시킬 때 제나라의 후승(后勝)이라는 신하를 비롯해 많은 이들을 매수하는 바람에 전쟁도 하기 전에 제나라를 무력화시켜 버렸다. 상대국의 중신이나 중추 세력들을 차례로 회유하여 그 나라를 멸망시키는 방법이다.

■ **제26계 지상매회계(指桑罵槐計) : 뽕나무를 가리키면서 회화나무를 꾸짖는 계략**

갑(甲)이라는 사람을 비판하고 싶은데 그러지 못할 경우 갑(甲) 대신 을(乙)을 꾸짖어 간접적으로 갑(甲)을 비판하는 것이다. 이 전략은 삼십육계 가운데 우호 관계에 있는 국가나 가까운 부하를 다루는 방법으로 흔히 쓰인다. 우방에 대하여 정면으로 비판을 하거나 부하를 대놓고 욕하면 배반을 당할 위험이 있기 때문에 상대가 알아차릴 만하게 다른 사람을 간접적으로 꾸짖어 효과를 노리는 것이다.

■ **제27계 가치부전계(假痴不癲計) : 자신을 내세우지 않고 바보인 척하지만 이미 책략을 은밀하게 진행하는 계략**

속으로는 치밀한 계산을 하면서도 밖으로는 드러내지 않는다. 바보같이 행동하여 상대의 방심을 유도하는 책략이다. 진짜 능력이 뛰어난 지도자는 자신의 재능을 자랑하지 않는다. 노자(老子)는 "지도자는 지모를 깊숙이 감추고 있기 때문에 겉으로 보면 바보같이 보인다. 이것이 지도자의 이상적인 모습이다."라고 말했다.

■ **제28계 상옥추제계(上屋抽梯計) : 지붕 위에 올려놓고 사다리를 치우는 계략**

허술하게 꾸며 적을 유인한 뒤 후속 부대와 차단하여 적을 포위 섬멸하는 책략이다. 강한 상대를 유인할 때 이 수법을 많이 쓰는데, 온갖 지혜를 모으고 달콤한 미끼와 주도면밀(周到綿密)한 계획이 없으면 성공할 수 없다.

■ **제29계 수상개화계(樹上開花計) : 나무 위에 꽃을 피우는 계략**

아군이 열세일 때 깃발이나 창, 칼, 북 등으로 이쪽의 병력이 많은 것처럼 꾸미는 책략이다. 일단은 상대방은 물론이고 우방국들에게도 신뢰감을 주기 때문에 병력이 소수이거나 약세일 때 주로 쓴다.

■ **제30계 반객위주계(反客爲主計) : 손님으로 있다가 주인의 자리를 차지하는 계략**

처음에는 굽히고 들어갔다가 형세를 뒤집어 주도권을 차지하는 것이다. 이 책략이 성공하려면 차근차근 단계를 밟으면서 실행하지 않으면 안 된다. 조급하거나 서두르다가는 실패하기 쉽다.

패전계(敗戰計) : 31~36계
전쟁에서 불리할 때 쓰는 계략

■ **제31계 미인계(美人計) : 미인을 이용해 적장의 마음을 어지럽혀 방심하게 만드는 계략**

상대방이 영특하여 말려들 공산이 낮을수록 더욱 교묘한 계책을 세운다. 이 책략의 핵심은 상대의 마음을 현혹시켜 딴 곳으로 돌리는 데 있다. 그렇게 상대방의 마음을 빼앗으려면 반드시 절세의 미녀라야 한다.

■ **제32계 공성계(空城計) : 성을 비워둠으로써 적의 계략이 있지 않나 두려워하게 만드는 계략**

『삼국지』에서 제갈량이 쓴 공성계가 유명하다. 사마의의 대군이 공격해 왔을 때 제갈량은 성문을 활짝 열어 놓고 자신은 누각에 올라 한가롭게 거문고를 타면서 적군이 오기를 기다렸다. 이것을 본 사마의는 "꾀 많은 공명이 복병을 숨겨 놓았을 것이 틀림없다."고 생각해 군사를 철수시켰다. 그러나 적에게 발각되면 돌이킬 수 없는 패배를 자초하는, 그야말로 필사의 계책이다. 그러므로 그만큼 신중해야 한다. (➡ 공성계空城計 참조)

■ **제33계 반간계(反間計) : 상대방 첩자에게**

역정보를 흘려서 상대를 혼란케 하는 계략

첩자를 매수하는 것과 눈치 채지 못한 척하면서 고의로 거짓 정보를 흘리는 방법이 있다. 어느 방법을 선택하든지 성공했을 경우 쉽게 승리를 거둘 수 있다.(▶ 반간계反間計 참조)

■ 제34계 고육계(苦肉計) : 자신의 몸에 상처를 내어 적을 속이는 계책

『삼국지』에 나오는 적벽대전이 유명하다. 조조와 주유의 맞대결에서 승패를 가름한 것은 황개(黃蓋)의 전략이었다. 황개는 주유와 사이가 나쁜 것처럼 거짓으로 소문을 퍼뜨리고 조조에게 밀서를 보내 투항할 의사를 전한 다음 배를 접근시켜 화공(火攻)을 가했나. 이 때문에 조조의 군사는 큰 혼란에 빠졌고 조조는 겨우 목숨만 건져 달아날 수 있었다. 이 계략은 옛날부터 많이 쓰였다. 심지어 사랑하는 아내나 가족, 총애하는 신하까지도 희생시킨 예가 있을 정도였다.(▶ 고육지책苦肉之策 · 만사구비 지흠동풍萬事俱備 只欠東風 참조)

■ 제35계 연환계(連環計) : 두 가지 이상의 작전을 연속 구사하여 적을 궤멸시키는 계략

적벽대전에서 조조가 대패한 까닭은 위나라의 전함들이 쇠사슬로 묶여 있어 화공에 속수무책이었기 때문이었다. 이 책략은 촉나라의 군사 방통(龐統)이 고안한 것인데, 사전에 적의 동태를 살펴 제압한 다음, 제2 제3의 계략을 연달아 구사하여 강한 적을 궤멸시키는 것이다. 이것은 한 가지 계략으로 승리를 노리는 것이 아니고 두 가지 이상의 계략을 혼합하여 적을 무찌르는 것이다.(▶ 만사구비 지흠동풍萬事俱備 只欠東風 참조)

■ 제36계 주위상계(走爲上計) : 달아나는 계략

"삼십육계 줄행랑이 제일이다."라는 속담을 낳은 마지막 계략이다. 전황에 따라서 일시 후퇴하는 것도 필요한데, 이 또한 병법의 철칙이다. 『손자병법』에도 "병력이 열세면 물러나고, 승산이 없으면 싸우지 않는다."고 쓰여 있다. 사람이 죽으면 승리도 패배도 없다. 불리할 때는 일단 퇴각하여 전력을 재정비하면 다시 싸울 수 있다. 때문에 과감하게 후퇴할 줄 아는 사람이야말로 진정한 전략가요, 장수라고 할 수 있다.

【용례】 화랑에게는 세속오계(世俗五戒)라 해서 반드시 지켜야 할 덕목이 있었지. 그 중에 임전무퇴(臨戰無退)가 있어. 때론 "삼십육계"도 필요하다지만 화랑에게는 퇴각이 죽음보다 더 큰 치욕이었지.

삼여독서 三餘讀書

三 : 석(삼) 餘 : 나머지(여)
讀 : 읽을(독) 書 : 책(서)

【뜻풀이】 책을 읽기에 좋은 세 가지 여유 있는 시간이란 뜻으로, 여유가 있을 때 책을 많이 읽으라는 말이다.

【출전】 『위략(魏略)』에 다음과 같은 이야기가 있다.

동우(董遇)는 자를 계직(季直)이라 하였다. 성격은 소박하고 말은 잘 못했지만 배우기를 좋아하였다. 그러나 집안이 가난했기 때문에 형인 계중(季中)과 함께 짬을 내서 농사를 짓고 또 평고대로 쓸 나무를 모아 등에 지고 행상을 하며 생계를 이어갔다. 그러는 동안에도 언제나 경서를 손에 쥐고 틈만 있으면 그것을 읽고 익혔다. 후에 입조(入朝)하여 명제 때 대사농(大司農, 농수산부 장관)까지 되었다.

처음에 그는 『노자』의 주석서를 만들었고, 또 『좌씨전』에 능통하여 『좌씨전』 가운데 권

선징악(勸善懲惡)의 글귀를 간추려 붉은색과 검은색으로 이설(異說)들을 구별하였다. 그를 따라 배우려고 하는 자가 있으면 그는 가르치려고 하지 않고 이렇게 말했다.

"남에게서 가르침을 받으려 말고 먼저 반드시 그 책을 백 번 반복해서 읽어라. 그렇게 반복해서 읽으면 그 뜻이 자연스럽게 드러날 것이니라.(必當先讀百遍 言讀書百遍而義自見)"

그러자 그를 좇아 배우는 사람이 말했다.

"책을 읽을 시간이 없어 고민입니다."

이에 그가 이렇게 말했다.

"책 읽을 짬이 없다고 하지만 사람에게는 세 가지 여유 있는 시간이 있으니 그때를 이용하면 된다. 즉, 겨울은 한 해의 나머지이고, 밤은 하루의 나머지이며, 비 올 때는 때의 나머지다. 이때를 허비하지 말고 책을 읽으면 된다.(當以三餘 冬者歲之餘 夜者日之餘 陰雨者時之餘)"

이 이야기는『삼국지·위지·왕숙전(王肅傳)』의 주에 나온다.

【용례】 옛날에는 가난해서 책이 없어 읽지도 못했지만 시간이 없어 읽지 못했단다. 그런데 지금은 넉넉한데도 시간이 없다니 "삼여독서"란 말 좀 본받아라.

삼인시호 三人市虎

三 : 석(삼) 人 : 사람(인)
市 : 저자·시장(시) 虎 : 호랑이(호)

【뜻풀이】 사람 셋이 시장에 호랑이를 만들다. 유언비어(流言蜚語)를 퍼뜨려 사람을 중상모략하는 것을 말한다.

【출전】『전국책·위책(魏策)』에 다음과 같은 이야기가 있다.

어느 날 위나라의 태자가 조나라에 인질로 가게 되어 위왕(위혜왕 또는 양혜왕)은 방총(龐葱)이라는 사람을 시켜 따라가게 하였다. 작별할 때 방총은 임금과 이런 이야기를 나누었다.

"만일 지금 어떤 사람이 달려와서 시장 바닥에 호랑이가 나타나서 사람을 해치고 있다고 말하면 대왕께서는 그것을 믿겠습니까?"

"물론 믿지 않지."

"조금 뒤 또 한 사람이 뛰어와서 그렇게 말하면 어떡하시겠습니까?"

"의심할 수 있겠지."

"그러면 뒤이어 또 한 사람이 들어와서 그렇게 말하면 어떡하시겠습니까?"

"믿게 되지."

"그렇습니다. 시장 바닥에 호랑이가 나타날 수 없는 것이 당연한 이치인데 세 사람의 말에 의해 호랑이가 되는 것(三人之言 則成虎)입니다. 이제 신이 태자를 모시고 가면 이러쿵저러쿵하는 잡소리가 많을 것인데, 그 숫자가 어찌 세 사람뿐이겠습니까? 대왕께서 잘 굽어 살피시기 바랍니다."

이에 위왕은 방총의 말뜻을 깨닫고 말했다.

"알겠소. 과인은 절대 유언비어를 믿지 않을 것이오."

이와 같은 이야기가『한비자·내저설(內儲說)』에도 있다.

다만 다른 내용이 있다면 태자를 모시고 간 방총이 방공(龐恭)으로 되어 있을 뿐이다.

성어 삼인시호는 바로 이 이야기에서 나온 것으로 삼인성호(三人成虎)라고도 한다.

【용례】 말도 안 되는 소리도 여러 사람이 떠들고 다니니까 다들 믿는 눈치더군. "삼인시호"라더니 직접 확인하지도 않고 그런 황당한 말을 믿어도 되는 건가?

ㅅ

삼인행필유아사 三人行必有我師

三 : 석(삼) 人 : 사람(인) 行 : 갈(행)
必 : 반드시(필) 有 : 있을(유)
我 : 나(아) 師 : 스승(사)

【뜻풀이】 세 사람이 길을 가면 반드시 나의 스승이 될 만한 사람이 있다.

【출전】 『논어·술이편(述而篇)』에 다음과 같은 말이 있다.

「공자께서 말씀하시기를 세 사람이 길을 가면 반드시 내가 스승으로 삼을 만한 사람이 있다. 그 좋은 점은 가려서 좇고 좋지 못한 점은 살펴서 고쳐야 할 것이다.

(子曰 三人行 必有我師焉 擇其善者而從之 其不善者而改之)」

스승이란 반드시 나보다 좋은 점만 있어야 하는 것은 아니다. 못한 점이 있을 때도 그것을 보고 거울삼아 고친다면 그 또한 스승일 것이다. 세상의 어떤 일 어떤 사람에게서든 교훈을 얻어 내 수양에 도움을 받겠다는 공자의 적극적인 세계관이 잘 드러난 어구다.

한유(韓愈, 768~824)와 같은 사람도 〈사설(師說)〉을 지어 이렇게 말했다.

"나보다 먼저 태어나서 도를 들은 것이 앞서면 내 그를 좇아 스승으로 삼을 것이요, 나보다 뒤에 태어났더라도 도를 들은 것이 나보다 앞서면 또한 좇아 스승으로 삼을 것이니 나는 도를 스승으로 삼기 때문이다. 어찌 나보다 먼저 태어나고 나중에 태어난 것을 알겠는가?(生乎吾前 其聞道也 固先乎吾 吾從而師之 生乎吾後 其聞道也 亦先乎吾 吾從而師之 吾師道也 夫庸知其年之先後生於吾乎)"

이처럼 도를 기준으로 배움의 방향을 정한다면 길가의 거지에게서도 배울 점이 있을 것이다. 공자도 이를 지적하여 불치하문(不恥下問)(➡ 참조)이라고 말한 적이 있다.

【용례】 너는 더 이상 배울 게 없다고 허장성세(虛張聲勢)지만, "삼인행이면 필유아사"란 말도 모르니. 아직도 한참 더 배워야겠구나.

삼종지도 三從之道

三 : 석(삼) 從 : 좇을·부터(종)
之 : 갈(지) 道 : 길·인도할·말할(도)

【뜻풀이】 고대 동양 사회에서 여성이 지켜야 할 법도 중 하나다.

【출전】 『예기·의례(儀禮)·상복전(喪服傳)』에 "어렸을 때는 아버지의 뜻을 좇고 시집을 가서는 지아비의 뜻을 좇으며 지아비가 죽고 늙어서는 자식의 뜻을 좇아야 한다.(女子有三從之道 在家從父 適人從夫 夫死從子)"는 말이 있다. 칠거지악(七去之惡)(➡ 참조)과 함께 여성을 사회적으로 억압하려는 의도가 엿보인다.

물론 당시의 사회 상황에서는 전혀 근거 없이 나온 것은 아니었겠지만 오늘날에는 전혀 불필요한 규범이라고 하겠다.

그러나 달리 생각하면 자신의 의견이나 입장을 정리할 때 남의 의견을 충분히 감안하는 자세를 견지한다는 뜻으로 이 말의 의의를 둔다면 긍정적으로 수용할 여지도 있을 것이다. 물론 이럴 경우에는 여성에만 국한시켜서는 안 될 것이다.

삼종지례(三從之禮)라고도 하며 두 번째 규범만 따로 설정해 여필종부(女必從夫)란 말도 있다.

【용례】 무조건 자기 말만 따르라니 그런 케케묵은 "삼종지도" 같은 소리를 하려거든 조선시대에 태어나지 그랬어.

삼지무려 三紙無驢

三 : 석(삼) 紙 : 종이(지)
無 : 없을(무) 驢 : 당나귀(려)

【뜻풀이】 종이 세 장을 쓰고도 '려'자 하나 못 쓰다. 허세만 부릴 뿐 실제 재주는 없는 사람이나 그런 경우를 비유하는 말이다.

【출전】 『안씨가훈(顔氏家訓) · 면학편(勉學篇)』에 나오는 이야기다.

옛날에 어떤 선비가 살고 있었다. 그는 재주는 전혀 없으면서도 늘 붓을 들고 어깨에 힘을 주면서 재주를 자랑하고 다녔다.

이 때문에 사람들은 겉으로는 그를 공경하는 척하면서 박사라고 놀려 주곤 했다. 그래도 멍청한 선비는 몹시 기뻐할 뿐 자신을 비아냥거리는 속내용에는 관심도 두지 않았다.

그러던 어느 날 박사네 집에서 나귀를 한 마리 샀다. 당시 관습에 따르자면 물건을 사는 쪽에서 파는 사람에게 매매 계약서를 써 주게 되어 있었다. 글을 모르는 사람이라면 남에게 대필을 시켜서라도 계약서를 써 주어야 했다.

그래서 박사는 직접 계약서를 쓸 수밖에 없었는데, 종이를 펼쳐 놓고 석 장이나 썼지만 글을 마무리할 구절이 떠오르지 않았다.

나귀를 판 사람이 하도 갑갑해서 빨리 써 달라고 재촉하자, 박사는 "무식한 사람 같으니라고. 뭐가 그리 급한가! 지금 막 나귀 려(驢)자를 쓰려는 중인데." 하며 되레 화를 벌컥 냈다.

이 이야기는 종이를 석 장이나 허비했음에도 불구하고 그때까지 나귀 려자도 못 썼다는 것이다. 여기에서 연유하여 글을 쓰거나 말을 할 때 전혀 요령이 없어 허튼소리나 늘어놓는 것을 가리켜 삼지무려 또는 박사매려(博士賣驢)라고 하게 되었다.

달리 "붓을 찍어 천 마디 말을 했는데 제목과 벗어난 거리는 만 리나 된다.(下筆千言 離題萬里)"라고도 한다.

【용례】 똑똑한 체하더니, 그래 그런 계약서 한 통도 제대로 못 쓴단 말이냐. 옛날에 "삼지무려"한 박사님이 계셨다던데, 네가 그 짝이로구나.

ㅅ

삼척동자 三尺童子

三 : 석(삼) 尺 : 자 · 길이(척)
童 : 아이(동) 子 : 아들 · 자식(자)

【뜻풀이】 키가 세 척밖에 안 되는 아이. 보통 나이가 5~6세쯤 된 어린아이를 말하는데, 견문이 적은 사람을 비유할 때 주로 사용한다.

【출전】 이 말은 『맹자 · 등문공장구(文公章句)』 상편에 나온다.

"비록 다섯 척 되는 아이를 시켜 시장에 가게 하여도, 누구도 그를 속이지 않을 것이다.(雖使五尺之童適市 莫之或欺)"

그리고 호전(胡銓, 1102~1180)의 〈상고종봉사(上高宗封事)〉에는 "무릇 세 척 키의 어린아이는 지극히 어리석지만, 그에게 개나 돼지를 가리키며 절을 하게 하면 즉시 얼굴빛을 붉히면서 화를 낼 것입니다. 지금 바로 추노가 그런 개나 돼지 같은 경우입니다.(夫三尺童子至無知也 指犬豕而使之拜 則怫然怒 今醜虜則犬豕也)"라는 구절이 있다.

오척지동이나 삼척동자나 아직 사물이나 사리를 구별하고 판단할 역량이 부족한 사람을 일컫는 말이다.

【용례】 그 따위 기만적인 정책이 허장성세(虛張聲勢)에 불과하다는 것은 "삼척동자"도 다 알만한 사실이야. 구역질나게 거짓말이나 늘어놓지 말고 차라리 퇴진하는 것이 낫지 않겠어.

삼천갑자동방삭
三千甲子東方朔

三 : 석(삼) **千** : 일천(천)
甲 : 첫째천간(갑) **子** : 아들(자)
東 : 동녘(동) **方** : 모(방)
朔 : 초하루(삭)

【뜻풀이】 삼천갑자, 즉 18만 년이나 장수한 동방삭이라는 뜻으로, 오래 사는 사람을 비유하는 말이다.

【출전】 『한서(漢書)·동방삭전』에 다음과 같은 이야기가 나온다.

전한의 무제(武帝, 기원전 156~기원전 87)는 인재를 구한다는 포고령을 천하에 알렸다. 그러자 제(齊)나라 사람 동방삭(東方朔)이 대나무 한 진에 글을 써서 무제에세 올렸다. 동방삭이 올린 글은 내용도 풍부했을 뿐 아니라 필체도 당당해서 읽는 데만 두 달이나 걸렸다.

동방삭은 해학과 변론에 뛰어났고, 전설에 따르면 서왕모(西王母)의 복숭아를 훔쳐 먹었기 때문에 죽지 않고 장수했다고 한다. 그래서 삼천갑자동방삭으로 했다. 서왕모는 중국 고대의 선녀로, 호랑이의 이빨에 표범의 꼬리를 단(虎齒豹尾) 신인(神人)이라고 하며, 불사약(不死藥)을 가지고 있다고도 한다. 그의 해학과 재치는 언제나 무제를 즐겁게 해 주어 무제의 총애를 받았지만, 때로 무제의 지나친 사치에 대해 지적하고 부국강병책을 건의하는 등 단순한 해학가만은 아니었다.

다음과 같은 일화도 있다. 삼복더위가 기승을 부리던 여름날이었다. 무제가 신하에게 고기를 하사했는데, 이를 나누어 줄 관리가 오지 않았다. 동방삭은 기다리기에 지쳐 칼로 고기를 베어 가지고 갔다. 이 소식을 들은 무제가 동방삭을 불러 묻자, 대답하였다.

"황제의 명을 기다리지 않고 베어간 것은 참으로 잘못입니다. 그러나 고기는 한 점밖에 베어 가지 않았고, 그 고기는 아내에게 주었으니 인정 많은 처사가 아니겠습니까?"

삼천갑자는 3000회×60갑자=180,000년이 되니 동방삭은 무려 18만 년을 산 셈이다. 그래서 장수한 사람을 말할 때 삼천갑자동방삭이라고 하게 된 것이다.

【참조】 동방삭과 관련된 재미난 전설 하나를 소개한다. 일종의 지명(地名) 유래담이다.

동방삭이 그렇게 오래 살게 된 것은 그가 젊었을 때 저승사자가 실수로 그를 염라대왕에게 끌고 간 탓이라고 한다. 잘못 데리고 온 것을 안 염라대왕은 저승사자에게 빨리 데려다 주라고 호통을 쳤다. 그러자 동방삭이 물었다.

"기왕 저승까지 왔으니 제 수명이 얼마나 되는지 알고나 갔으면 합니다."

염라대왕이 보여 준 수명부를 보니 고작 '일

갑자(一甲子, 60년)'였다. 그래서 염라대왕과 저승사자가 한눈을 파는 틈을 타서 붓으로 획을 몇 개 더 넣어 〈삼천갑자(三千甲子)〉로 고쳤다.

나중에 이 사실을 안 염라대왕이 당장 잡아오라고 저승사자를 다시 보냈다. 그러나 이미 저승사자가 올 줄 알고 있었던 동방삭은 찾지 못할 곳으로 달아난 뒤였다.

수소문 끝에 동방의 조선 땅 어딘가에 있다는 것을 알 수 있었다. 도저히 뒤지고 다녀서는 찾을 수 없다고 생각한 저승사자는 꾀를 냈다. 그래서 조선의 중앙을 흐르는 한강가의 한 지류에 앉아 숯을 들고 강물에 연신 씻어댔다.

지나가던 사람들이 모두 미친 놈이라며 비웃었는데, 왠 노인네가 지나가다가 보더니 까닭을 묻는 것이었다.

"도대체 젊은이는 왜 숯을 강물을 빠는 게요?"

그러자 저승사자가 대답했다.

"숯이 검어서 제 옷을 더럽히기에 희게 만들려고 강물에 빠는 것입니다."

그 소리를 듣더니 노인이 배꼽을 잡으면서 웃으며 말했다.

"내가 3천 갑자를 살았지만 숯을 강물에 빨아 희게 만들겠다는 어리석은 놈은 오늘 처음 보네그려."

이렇게 해서 노인의 정체를 알게 된 저승사자는 동방삭을 데리고 저승으로 갔다고 한다.

그때 저승사자가 숯을 빤 곳이 바로 지금의 탄천(炭川)이라고 한다.

【용례】 사람은 누구나 "삼천갑자동방삭"처럼 무병장수하기를 바란다. 그러나 몸의 건강만큼이나 마음의 건강도 중요하다는 사실은 잘 알지 못한다.

삼천지교 三遷之敎

三 : 석(삼) 遷 : 옮길(천)
之 : 어조사(지) 敎 : 가르칠(교)

【뜻풀이】 세 번 거처를 옮긴 가르침. 어머니가 자식을 훌륭하게 가르치기 위해 노력하는 것을 비유하는 말이다.

【출전】 전국시대 유가(儒家) 학파의 유명한 인물인 맹자(孟子)의 모친은 맹자가 어렸을 적에 그의 교육을 위해 집을 세 번이나 옮긴 일이 있는데, 이것이 바로 맹모삼천(孟母三遷)이라는 이야기다.

한(漢)나라 때 유향(劉向, 기원전 79~기원전 8)이 편찬한 『열녀전(列女傳)』에 따르면 맹자의 모친은 처음 어린 맹자를 데리고 공동묘지 근처에서 살았다고 한다. 그런데 어린 맹자가 사람들이 송장을 묻으며 우는 흉내를 내자 "여기는 내 아들이 있을 곳이 못 된다."고 하면서 이사하였다.

그렇게 이사한 곳은 장터 근처였다. 때문에 맹자는 장사꾼들의 습성을 본받으며 노는 것이었다. 맹모는 할 수 없이 또 이사를 했는데, 이번에는 서당 근처로 옮겼다. 이에 어린 맹자는 예절을 배우며 놀고 서당을 다니고자 했다. 맹모는 그제야 "이곳이야말로 내 아들이 있을 곳이다."라고 하면서 그곳에 오랫동안 머물러 있었다고 한다.

이렇게 해서 어머니가 자녀의 교육을 위해 힘써 노력하는 것을 일러 삼천지교라고 한다.

【용례】 두 걸음 건너 술집이고 세 걸음 지나 오락실이니 어디 안심하고 자식 교육이 되겠어. "삼천지교" 아니라 "십천지교"를 해도 애하나 교육시킬 곳이 없으니, 큰일이야.

삼촌지설 三寸之舌

三 : 석(삼) 寸 : 마디(촌)
之 : 어조사(지) 舌 : 혀(설)

【뜻풀이】 세 치의 짧은 혀.

【출전】 한고조(漢高祖) 유방(劉邦)의 막하에 장량〔張良, 자는 자방(子房)〕이라는 사람이 있었다. 그는 키가 작달막한 서생이었다. 하지만 지모가 출중한데다가 구변이 대단히 좋았다. 유방은 진(秦)나라를 뒤엎고 항우(項羽)를 꺾은 뒤 한나라를 세운 다음 장량의 공로가 크기에 그를 유후로 봉했다. (➡ 운주유악運籌帷幄 참조)

그러나 장량은 이에 대해 이렇게 말했다.

"내가 세 치 혀를 놀려 이런 지위와 영예를 받는 것은 과분한 일이다. 나는 이제 모든 세속의 지위를 버리고 적송자(赤松子)를 좇아 놀며 세월을 보내려고 한다."

이로부터 삼촌설이라는 성어가 나왔는데, 삼촌지설 또는 삼촌불란지설(三寸不爛之舌)이라고도 한다.

『사기 · 평원군열전(平原君列傳)』에는 조공자 조승(趙乘, 평원군)이 초나라에 응원병을 구하러 갔을 때 수하의 모수(毛遂)라는 사람이 청산유수(靑山流水) 같은 구변으로 결국 초왕을 설복하자 "모 선생의 삼촌지설은 백만 군사보다 낫구려!(毛先生以三寸之舌 强於百萬之師)"라고 찬양했다는 말이 있다. (➡ 모수자천毛遂自薦 참조)

그리고 『사기 · 회음후열전(淮陰侯列傳)』에도 삼촌지설이라는 말이 나오는데, 모두 구변이 좋은 것을 일컫는 말이다.

【용례】 사장님께서 주신 사례는 제게는 너무나 과분합니다. 고작 "삼촌지설"을 몇 번 놀린 것뿐인데 어떻게 이런 사례를 받겠습니까? 공로는 현장에서 수고하신 분들에게 돌려야 마땅할 것 같습니다.

삼호망진 三戶亡秦

三 : 석(삼) 戶 : 지게문 · 방 · 집(호)
亡 : 망할 · 망칠(망) 秦 : 진나라(진)

【뜻풀이】 세 가구의 집만으로도 진나라를 무너뜨릴 수 있다. 내부적으로 곪아터진 것은 작은 일만 중첩되어도 쉽게 무너진다는 말이다.

【출전】 『사기 · 항우본기(項羽本紀)』에 다음과 같은 이야기가 있다.

진(秦)나라 말년 진승(陳勝)과 오광(吳廣)의 민란이 일어나자 항량(項亮)과 그의 조카 항우(項羽)도 강동에서 장정 8천여 명을 모아 봉기한 다음 서쪽으로 진군하려 하였다.

이때 진승의 부대는 진나라 군대에 의해 막 격퇴당하고, 그의 부하 소평은 진승의 명령을 빙자하여 항량을 상주국(上柱國)에 임명한 다음 곧 서진할 것을 재촉하였다. 이에 항량은 서진 길에서 진영과 경포, 진가 등의 여러 부대들을 포섭하여 강대한 세력으로 군림했다.

얼마 후 진승이 희생되었다는 확실한 소식이 들어오자 항량은 봉기군 장수들을 모아 놓고 대사를 토의했다.

이때 범증(范增)이라는 70여 세나 먹은 늙은 사람이 항량에게 말했다.

"진나라가 전국칠웅(戰國七雄)을 섬멸하는 중에 가장 억울했던 것은 초나라였습니다. 초회왕은 진나라에 들어갔다가 억류되어 거기서 죽었는데, 초나라 사람들은 지금도 초회왕을 그리워하고 있습니다. 그래서 초남공이 말하기를 '초나라에 세 가구의 인가만 남는 한이 있더라도 초나라는 기필코 진나라를 멸망시키고 말 것이다(楚雖三戶 亡秦必楚也)'라고 했습니다. 진승이 실패한 것은 바로 초왕의 후예를 왕으로 세우지 않았기 때문인즉 장군은 반드시 초왕의 후예로 왕을 세워야 합니다."

삼호망진은 바로 이 범증의 이야기에서 유래한 성어다.

항량은 범증의 권고대로 초회왕의 손자 심을 세워 왕으로 삼고 여전히 초회왕이라 부르면서 이를 빌미로 여러 반란군 장병들과 백성들의 지지를 받았다.

【용례】 아무리 파업을 선동했다지만 무턱대고 해고하는 건 좋은 방식이 아닌 것 같습니다. "삼호망진"이라고 저렇게 해고당한 사람들이 뭉치면 회사 입장에서도 불리한 일이 될 수 있습니다.

상가지구 喪家之狗

喪 : 잃을(상) 家 : 집(가)
之 : 어조사(지) 狗 : 개(구)

【뜻풀이】 초라하고 풀이 죽은 모습.

상갓집 개는 주인이 죽어 누구도 돌봐 주는 사람이 없기 때문에 슬슬 사람들의 눈치나 살피면서 지낸다는 뜻이다.

【출전】 『공자가어 · 입관편(入官篇)』에 다음과 같은 이야기가 있다.

「노나라 정공 14년에 공자는 잠시 관직에 있으면서 조국과 백성을 위해 여러 가지 선정을 베풀고자 노력하였다.

그러나 당시 수구 세력이었던 삼환씨(三桓氏)의 견제로 말미암아 뜻대로 소신을 펴지 못한 채 자리를 팽개치고 물러나왔다. 그때부터 공자는 자신의 이상을 실현시킬 수 있는 임금을 만나기 위해 정처 없이 천하를 떠돌았다.

그렇게 10여 년을 떠돌다가 정나라에 당도했는데, 고을 문 앞에 이르렀을 때 공자는 그만 제자들과 떨어져서 길을 잃고 말았다. 공자는 성곽 동쪽 문에 앉아서 제자들이 자신을 찾아오기를 기다렸다. 이때 공자의 초라한 모습을 힐끗 쳐다보다가 성안으로 들어간 정나라 사람 하나가 스승을 찾아 헤매던 제자들과 마주쳤다.

앞장서서 걷던 자공(子貢)이 그에게 스승의 행방을 물었더니 그가 말했다.

"저 동쪽 대문에 앉아 있던 사람이 혹시 당신 스승이 아닌지 모르겠군요. 키는 9척 6촌쯤 되고 눈은 크고 이마는 톡 튀어 나왔습니다. 그의 머리는 성현인 요(堯)임금을 닮았고, 목은 고요(皐陶, 요와 순을 섬긴 명재상)와 같으며, 어깨는 자산(子産, 공자보다 앞서 산 정나라의 재상)과 똑같이 생겼습니다. 다만 한 가지 다른 점은 허리에서 아랫도리까지 세 치 정도 짧아 보이고 피로에 지친 몰골이 꼭 상갓집 개와 같더군요."

이 말을 들은 제자들은 이구동성(異口同聲)으로 외쳤다.

"바로 우리 스승님이 맞습니다."

마침내 공자를 만난 제자들은 조금 전에 있었던 정나라 사람의 이야기를 들려주었다. 공자는 실소를 금치 못하면서 말했다.

"생김새에 대한 말은 정확하다고 할 수 없지만 상갓집 개라는 표현은 아주 그럴듯하구나. 정말 그렇구나."

(…孔子適鄭 與弟子相失 獨立東門外 或人謂子貢曰東門外有一人焉 其長九尺有六寸 河

目隆顙 其頭似堯 其頸似皐陶 其肩似子産 然自腰以下不及禹者三寸 纍然如喪家之狗 子貢以告 孔子欣然而歎曰 形狀未也 如喪家之狗然乎哉 然乎哉.)」

이렇게 공자는 자신의 이상에 호응해서 함께 덕치(德治)를 펼칠 군주를 만나지 못한 자신의 처지를 개탄했던 것이다. 이후로도 공자는 그런 군주를 만나지 못하고 떠돌다가 결국 고향인 노나라로 돌아오고 말았다.

【용례】 사업은 부도가 나고 게다가 집에 불까지 나다니. 그렇게 착실하고 기세가 등등하던 사람이 연달아서 날벼락을 맞으니까 완전히 "상가지구"가 되어 버렸어.

상경백유 相驚伯有

相 : 서로·도울·살필(상) 驚 : 놀랠(경)
伯 : 맏(백) 有 : 있을(유)

【뜻풀이】 있지도 않은 일에 놀라서 두려워하며 어쩔 줄 모른다.

【출전】 『좌전·소공 7년』조에 다음과 같은 이야기가 있다.

전하는 말에 따르면 춘추시대의 정나라 사람들은 백유(伯有)라고만 해도 벌벌 떨었고, "백유가 온다"는 말만 들어도 정신없이 달아났다고 한다.

그런데 백유라는 것은 한낱 사람의 이름으로서 그의 본명은 양소(良霄)였고 백유는 그의 자(字)였다.

양소는 천성이 포악하고 방탕한 사람으로 당시의 사대부들인 자석(子晳)·공손단(公孫段) 등과 대립한 사람이었다.

이에 자석은 사람들을 모아서 백유를 공격하기 시작했는데 나중에 자석의 조카 사대(駟帶)가 끝내 양소를 죽여 버리고 말았다.

일이 이쯤 되자 일부 사람들은 강자인 백유가 이렇게 비명에 죽고 가만히 있지 않을 것이라고 하면서 그가 반드시 무서운 귀신으로 변하여 보복할 것이라고 생각했다.

이 때문에 사람들은 백유라고만 해도 벌벌 떨었는데, 어떤 사람들은 꿈에 무장한 양소가 아무 달 아무 날 사대를 죽이고 아무 달 아무 날에 공손단을 죽인다고 말하는 것까지 들었노라고 소문을 퍼뜨렸다. 그런데 공교롭게도 그 후 사대와 공손단은 과연 양소가 말한 그 달 그날에 정말로 죽어 버렸다.

그래서 사람들의 공포심은 더욱 극에 달했다. 물론 귀신의 조화라는 것은 황당한 말로 이것은 사람들이 나중에 억지로 붙인 말이었지만, 어쨌든 상경백유라는 성어는 이 이야기에서 나왔다.

【용례】 아니 세상에 귀신이 어디 있다고 저 난리야. 휴거가 되면 세상이 다 망한다니 "상경백유"라지만 저렇게 생각이 모자랄까.

상궁지조 傷弓之鳥

傷 : 해칠·상처 입을(상) 弓 : 활(궁)
之 : 어조사(지) 鳥 : 새(조)

【뜻풀이】 활에 다친 새. 어떤 일로 크게 놀라 담이 극도로 작아서 작은 일에도 두려워하는 것을 비유하는 말이다.

【출전】 『전국책·조책(趙策)』에 다음과 같은 이야기가 있다.

전국시대에 조(趙)나라와 초(楚), 연(燕), 제(齊), 한(韓), 위(衛) 여섯 나라가 합종책(合

縱策)을 들고 나오면서 진(秦)나라와 대치한 적이 있었다. 이때 조나라에서는 위가(魏加)라는 사람을 초나라에 보내 초나라 승상 춘신군(春信君)과 군사 동맹에 관한 문제들을 토론하게 한 적이 있었다.

이야기 도중에 위가는 춘신군의 입을 통해 초나라에서 임무군(臨武君)을 주장(主將)으로 결정했다는 소식을 듣고는 몹시 못마땅하게 생각하였다.

왜냐하면 임무군은 진나라 군대와 싸워 패한 적이 있어서 아직까지도 그들을 두려워하는 마음을 가지고 있기 때문이었다.

이에 위가는 춘신군에게 다음과 같은 이야기를 들려주었다.

예전에 위나라에 활을 잘 쏘는 명궁(名弓)이 있었다. 어느 날 임금과 함께 들을 산책하고 있었는데, 그때 기러기 한 떼가 날아가는 것을 보고 활을 들어 화살은 메기지 않고 시위만 당겼을 뿐인데 맨 뒤를 날아가던 기러기 한 마리가 그 경황에 놀라 떨어졌다.

임금이 의아해서 그 연유를 묻자 명궁이 대답하였다.

"이 기러기는 전에 저의 화살에 맞아 다쳤던 그 기러기(傷弓之鳥)입니다. 맨 뒤에서 힘겹게 날아가면서 우는 소리를 듣고 안 것이지요. 그래서 신이 시위만 당겼는데 그 소리에 놀라서 갑자기 높이 날려다가 떨어진 것입니다.(落於虛發)"

이야기를 다 들은 춘신군은 위가가 임무군을 소리에 놀라 떨어진 기러기에 비유한 사실을 깨닫고 고개를 끄덕였다.

이 이야기에서 상궁지조 또는 경궁지조(驚弓之鳥)라는 성어가 나왔다.

【용례】 저 친구 약혼녀에게 실연당하더니만 여자만 봐도 "상궁지조"일세 그려.

상기석의 賞奇析疑

賞 : 상줄(상) **奇** : 기이할(기)
析 : 쪼갤·분석할(석) **疑** : 의심(의)

【뜻풀이】 기이한 문장을 감상하고 의심스러운 것을 풀어 나간다.

【출전】 진(晉)나라 때의 유명한 작가이자 시인이었던 도연명(陶淵明, 365~427)이 쓴 〈이거2수(移居二首)〉 중 〈제1〉에 나온다.

「기이한 문장은 서로 즐겁게 감상하고
의심나는 문제는 함께 풀어 나간다.
지난날 남쪽 촌락 머물고자 한 것은
그곳에 좋은 집 지으려는 것 아니었네.
많이 들었노니 마음 깨끗한 사람이
즐겁게 참여해 여러 날을 보냈다네.
이런 생각 가진 지 이미 여러 해러니
오늘에야 이를 좇아 이루게 되었도다.
초라한 집이 어찌 반드시 넓어야 하리
해진 상에 자리로 만족하며 취하리라.
이웃사람 때때로 나를 찾아오노니
과거사 숨김없이 즐겨 얘기하노라.
奇文共欣賞 疑義相與析
昔欲居南村 非爲卜其宅
聞多素心人 樂與數晨夕
懷此頗有年 今日從玆役
敝廬何必廣 取足蔽牀席
隣曲時時來 抗言談在昔」

여러 사람이 좋은 작품을 같이 감상하면서 어려운 문제를 풀어 나간다는 뜻이다.

도연명의 이 시구에서 나온 성어는 이 밖에도 기문공상(奇文共賞)이 있다.

그런데 상기석의는 원래의 뜻이 그대로 전해 오지만, 기문공상은 본래 뜻과는 달리 조롱하고 풍자하는 색채를 띤다. 즉, 형편없는 글 또는 표현이 부족한 글을 일부러 여러 사람들에게 공개해서 지도를 받는 것을 일컫는다.

【용례】 합평회를 갖는 것은 잘못된 부분을 지적받는 괴로움도 있지만, 함께 "상기석의" 하면서 얻을 수 있는 즐거움도 무시할 수 없는 거야. 그러니까 자신 있게 작품을 발표해 봐.

상당연 想當然

想 : 생각할·상상할(상)
當 : 마땅할(당) **然** : 그럴(연)

【뜻풀이】 실제적 근거가 없이 짐작으로 판정하다. 주관적으로 그러려니 여기다.

【출전】『후한서·공융전』에 다음의 이야기가 있다.

후한(後漢) 말년 때의 일이다. 백만 대군을 거느리고 있던 원소(袁紹)는 기주와 유주·청주·형주 일대를 점령하고 조조(曹操)와 팽팽히 맞서고 있었는데 그 기세는 금세 하늘을 찌를 듯하였다.

그러나 조조는 관도(官渡, 오늘의 하남성 중모현 동북쪽) 싸움에서 불과 7만 명의 작은 병력으로 원소군을 대파하고 뒤이어 일련의 싸움을 통해 원소군을 철저하게 궤멸시켰다.

조조의 군사들이 기주를 공략했을 때의 일이다.

조조의 아들 조비(曹丕)가 원소의 집으로 뛰어들었다가 원소의 둘째아들 원희의 아내 견씨와 그의 시어머니 유씨가 부둥켜안고 통곡하는 모습을 보았다.

견씨의 미모에 마음이 동한 조비는 견씨를 맞아 아내로 삼았고 조조는 이를 묵인했다.

이 때문에 조조의 군중에서는 말썽이 일어나게 되었는데, 특히 공융(孔融, 153~208) 같은 사람이 가만있지 않았다.

『위씨춘추(魏氏春秋)』에 따르면 당시 공융은 우스개로 조조에게 다음과 같은 편지를 써 주었다.

"주무왕은 상주를 토벌한 뒤 달기를 주공에게 주었다.(武王伐紂 以妲己賜周公)"

여기에서 달기는 상나라 주왕(紂王)의 애첩으로, 주가 대패하여 죽을 때 함께 피살되었다는 기록이 『주서·극은편』에 있고, 주무왕에 의해 피살되었다는 기록도 『열녀전(列女傳)·은주달기(殷紂妲己)』에 나온다.

공융은 조조를 풍자하기 위해 일부러 주무왕이 상나라를 멸한 뒤 달기를 그의 아우인 주공에게 아내로 주었노라고 말한 것이었다.

그런데 조조는 이때 공융이 자기를 풍자하는 뜻임을 알아차리지 못하고 "주무왕이 달기를 주공에게 주었다는 것은 금시초문(今始初聞)인데 어느 책에서 보았는가?" 하고 물었다.

그러자 공융은 웃으면서 "오늘의 일로 미루어 볼 때 틀림없이 그럴 것으로 생각되오이다!(以今之度 想當然耳)"라고 대답했다.

성어 상당연은 공융의 이 말에서 나왔다.

【용례】 백두산 호랑이를 남산에서 봤다고? 누가 한 말이기에 그렇게 "상당연"해서 함부로 믿고 그래. 어디 있을 법한 일이라야 말이지.

상덕부덕 上德不德

上 : 위(상) **德** : 큰(덕) **不** : 아닐(부)

【뜻풀이】 최상의 덕은 덕같이 여겨지지 않는다. 진심에서 우러나오는 참된 덕성은 자랑

하지 않아도 저절로 밖으로 드러나 사람들의 인정을 받는다는 뜻이다.

【출전】 『노자(老子)·제38장』에 다음과 같은 말이 있다.

「높은 덕은 덕으로 여겨지지 않으니,
이 때문에 덕이 있다.
낮은 덕은 덕을 잃지 않으려고 하니,
이 때문에 덕이 없다.
높은 덕은 일부러 함이 없으며,
억지로 해야 할 까닭도 없다.
낮은 덕은 일부러 하려 하며,
일부러 해야 할 까닭도 많다.
높은 어짊(上仁)은 일부러 하려 하지만,
일부러 해야 할 까닭은 없다.
높은 옳음(上義)은 일부러 하려 하고,
일부러 해야 할 까닭도 많다.
높은 예절(上禮)은 일부러 하려 하지만,
아무도 응하지 않기 때문에
소매를 걷어붙이고 남에게 강요한다.
도가 없어지고 난 뒤에야 덕이 나왔고,
덕이 없어지고 난 뒤에야 인이 나왔으며,
인이 없어지고 난 뒤에야 의가 나왔으며,
의가 없어지고 난 뒤에야 예가 나온 것이다.
무릇 예는 충실과 신의의 엷은 허울이요,
어지러움의 첫머리다.
앞일을 미리 아는 것은 도의 꽃이요,
어리석음의 비롯됨이다.
때문에 대장부는 두터운 곳에 머물며,
엷은 곳에 머물지 않는다.
그 열매에 자리하지 그 꽃에 몸을 두지 않으니,
그리하여 저것(仁義禮智)을 버리고 이것(道德)을 취하느니라.

(上德不德 是以有德 下德不失德 是以無德 上德無爲而無以爲 下德爲之而有以爲 上仁爲之而無以爲 上義爲之而有以爲 上禮爲之而莫之應 則攘臂而扔之 故失道而後德 失德而後仁 失仁而後義 失義而後禮 夫禮者 忠信之薄而亂之首 前識者 道之華而愚之始 是以大丈夫處其厚 不居其薄 處其實 不居其華 故去彼取此)」

상덕부덕은 『장자·추수편(秋水篇)』에 나오는 지덕부덕(至德不德)과 뜻이 같다. 진정한 도나 덕은 스스로 내적으로 충만한 것이기 때문에 굳이 꾸미고 자랑하려 할 필요가 없다. 오히려 속이 부실한 것들이 그것을 감추고자 치장하고 요란을 떠는 법이다.

『논어·헌문편(憲問篇)』에 나오는 "덕이 있는 사람은 반드시 그에 걸맞는 말이 있지만, 말이 있다고 해서 다 덕이 있지는 않다. 어진 사람은 반드시 용기가 있지만 용기를 자랑하는 사람이라고 다 어진 이는 아니다.(有德者必有言 有言者不必有德 仁者必有勇 勇者不必有仁)"라는 말과도 뜻이 통하는 성어라고 하겠다.

【용례】 사장님께서 직원들을 늘 잊지 않고 배려하는 마음을 쓰고 있었지만, 직원들은 거의 느끼지 못하고 있었지. 큰 은혜를 베푸시면서도 겉으로는 냉담하셨으니 "상덕부덕"을 몸으로 실천하셨다고 할 만해.

상분 嘗糞

嘗 : 맛볼(상) **糞** : 똥(분)

【뜻풀이】 똥을 맛본다는 뜻으로, 두 가지 뜻으로 쓰인다. 하나는 효성이 지극한 것을 말하고, 또 하나는 극단적인 아첨을 비유한다.

【출전】 『서언고사(書言故事)』와 『남사(南

史)·유검루전(庾黔婁傳)』에 다음과 같은 이야기가 나온다.

먼저 지나친 아부를 뜻하는 예는 『서언고사』에 나온다.

당(唐)나라에 위원충(魏元忠)을 모시던 곽홍패(郭弘霸)란 사람이 있었는데, 벼슬은 시어사(侍御史)였다. 위원충이 와병중이어서 동료들 모두 문병을 갔는데, 그 자리에 곽홍패가 보이지 않자 다들 의아하게 생각하였다. 그러나 사실 곽홍패는 혼자 몰래 문병을 갔다.

문병을 간 곽홍패가 위원충에게 대변을 보여 달라고 하자 아무 생각 없이 내주었다. 그러자 곽홍패는 위원충의 대변을 손으로 찍어 맛보고 나서 천연덕스럽게 말했다.

"대변의 맛이 달지 않으니 곧 완쾌하실 듯합니다."

너무나 어이가 없는 곽홍패의 아부에 위원충은 기가 막혀 조정에 가서 이 사실을 폭로하였다. 이 이야기에서 지나친 아부를 하는 것을 상분이라고 하게 되었고, 그런 사람들을 상분지도(嘗糞之徒)라 했다.

반대로 극진한 효성에 관한 이야기는 『남사·유검루전』에 나온다.

남조(南朝)시대의 제(齊)나라에 유검루〔庾黔婁, 자는 자정(子貞)〕라고 하는 효자가 살았다. 그는 여러 차례 관직에 나오라는 제안을 받았지만 부모의 봉양을 위해 한사코 거절하였다. 그가 진릉의 현령으로 재임하고 있을 때였다. 아버지가 갑자기 괴질이 걸리자 그는 관직을 사임하고 낙향하였다. 진찰을 한 의원이 병세를 알기 위해서는 대변을 맛보아야 한다고 하자 그는 주저 없이 대변을 맛보았다. 맛이 달고 매끄러운 것으로 보아 며칠 넘기지 못할 위중한 상태였다. 유검루는 정성을 다해 하늘에 빌었지만 결국 허사가 되어 아버지는 세상을 떠났다.

이 소식을 들은 제나라의 화제(和帝)는 그의 효심에 감동하여 높은 벼슬을 내렸지만 이것도 그는 사양하였다. 부모님의 병세를 알기 위해 그 대변을 직접 맛볼 정도로 지극한 효성을 상분이라 한다.

한편 춘추시대 월(越)나라의 임금 구천(勾踐)도 오(吳)나라로 잡혀가 풀려 나오기 위해 오나라 임금 부차(夫差)의 대변을 먹어 환심을 사 마침내 석방되었다는 이야기도 유명하다.

【용례】 ① 저놈은 얼마나 아부가 심한지 상관이 하라면 "상분"도 서슴지 않을 놈이야. 저런 놈이 꼭 출세를 하니 세상이 웃긴 거지.

② 어머님의 건강은 날로 나빠지시는데 자식인 나는 아무것도 못하니 답답하네. 완쾌만 된다면 "상분"이 아니라 더한 일도 하겠는데 말이야.

상사병 相思病

相 : 서로(상) 思 : 생각할(사) 病 : 병(병)

【뜻풀이】 사랑하면서도 그 뜻을 이루지 못해 생긴 마음의 병을 말한다.

【출전】 동진(東晉) 때의 학자 간보(干寶)가 지은 『수신기(搜神記)』에 나온다.

"송나라 사람들이 이를 애통하게 여겨 그 나무를 이름하여 상사수라 했는데, 상사란 이름은 이때부터 시작되었다.(宋人哀之 遂號其木曰 相思樹 相思之名 起於此也)"

이 말의 유래는 다음과 같다.

춘추시대 송(宋)나라 말기의 임금 강왕(康王)은 주색(酒色)을 밝히는 것이 도를 넘어서서 심지어 신하의 부인까지도 넘볼 정도였다.

강왕의 시종인 한빙(韓憑)에게는 하씨 성을 가진 부인이 있었는데, 절세미인(絕世美人)이었다. 강왕은 그녀를 강제로 능욕한 뒤 후궁으로 삼았다.

그리고는 한빙이 혹시라도 모반을 일으킬까 두려워 있지도 않은 죄를 뒤집어씌워 성단(城旦, 국경에서 낮에는 국경을 지키고 밤에는 성을 쌓는 형벌)이란 혹형에 처하였다. 한빙은 아내를 너무나 그리워한 나머지 얼마 뒤 자살하고 말았다. 이 무렵 하씨가 남편이 그리워 몰래 편지를 보냈는데, 그만 강왕의 손아귀에 들어갔다. 그런데 그 내용이 요상했다.

"비가 많이 내리니 냇물은 불어 깊어지고 해가 뜨면 내 마음입니다."

강왕은 도통 무슨 의미인지 알 수 없었는데, 가신(家臣) 소하(蘇賀)가 풀어 말했다.

"비가 많이 내린다는 것은 근심하고 그리워한다는 뜻이고, 냇물이 불어 깊어졌다는 것은 왕래하지 못함을 뜻하며, 해가 뜨면 이내 마음이라는 것은 죽을 결심을 하고 있다는 말입니다."

과연 얼마 있다가 강왕과 누대에 올라 경치를 구경하던 하씨가 갑자기 몸을 던져 왕의 손에 옷자락만 남긴 채 죽고 말았다. 그녀는 강왕에게 유언을 남겼다.

"폐하께서는 사는 것을 행복이라 여기지만 저는 죽는 것을 행복으로 여깁니다. 부디 제 시신은 남편과 함께 합장해 주십시오."

유언에 화가 난 강왕은 유언을 받아주기는 커녕 일부러 무덤이 멀찍이 서로 떨어지도록 만들었다. 그러자 그때부터 두 그루 나무가 각각 무덤에서 자라나기 시작했다. 열흘 뒤에는 큰 아름드리 나무가 되었다.

나무 위에는 한 쌍의 원앙새가 찾아와 서로 목을 안고 슬피 울었다. 사람들은 이 원앙새가 억울하게 죽은 두 부부의 넋이라고 여겼고, 그 나무를 이름하여 상사수(相思樹)라고 불렀다. 그래서 상사병이라는 말이 나왔다. 이처럼 원래 상사병은 서로가 그리워하지만 맺어지지 못한 사랑을 말했다. 그러나 지금은 뜻이 조금 변해 견디기 힘든 혼자만의 짝사랑을 말할 때 상사병에 걸렸다고 한다. 한편 이 이야기에서 금실이 좋은 부부 사이를 일러 원앙계(鴛鴦契)라는 성어도 나왔다.

【용례】 방학 때 귀국한 옆집 딸애를 보고 난 뒤로 넋이 나가 허구한 날 편지질에 인터넷을 붙잡고 사니, 필시 "상사병"이 난 게야.

상산사세 常山蛇勢

常 : 항상(상) 山 : 뫼(산)
蛇 : 뱀(사) 勢 : 기세(세)

【뜻풀이】 상산의 뱀과 같은 기세라는 뜻으로, 적이 공격해 왔을 때 기민하고 조직적으로 연락하여 대처하는 것을 말하기도 하고, 서로 호응이 잘 된, 잘 짜여진 완벽한 문장을 비유하기도 한다.

【출전】『손자병법·구지편(九地篇)』에 나오는 말이다.

"병사를 쓰는 데는 아홉 가지 방법이 있는데, 가장 마지막 방법을 사지(死地)라 한다. 이곳에서 용감하게 일어나서 싸우면 반드시 살 길이 있지만, 기가 꺾여 우물쭈물하면 패하고 마는 반드시 죽을 땅이다. 진퇴양난(進退兩難)의 필사적인 상황에서는 병사들이 한마음 한뜻으로 죽음을 각오하고 싸울 수 있기 때문이다. 이때 지혜롭고 유능한 장군의 용병술은 상산에 사는 머리가 둘인 큰 뱀인 솔연

(率然)처럼 행동해야 한다. 솔연은 머리를 치면 꼬리가 덤비고, 꼬리를 치면 머리가 덤비고, 몸통을 치면 머리와 꼬리가 한꺼번에 덤벼드는 뱀이다.(…故善用兵者 譬如率然 率然者 常山之蛇也 擊其首則尾至 擊其尾則首至 擊其中則首尾俱至)"

상산사세는 상산에 사는 뱀 솔연처럼 적이 기습하면 모두가 서로를 돕고 호위하는 진법을 쓰는 것을 비유한 말이다. 또는 잘 짜여진 문장을 비유하기도 한다. 상산은 산동성 제성현(諸城縣)에서 남쪽으로 약 20리 떨어진 곳에 있는 산이다.

【용례】 상대편이 기습 공격을 할 땐 정신을 바짝 차려야 해. 그래서 "상산사세"로 막아내고 역공을 펼치면 반드시 승리할 수 있을 거야.

상전벽해 桑田碧海

桑 : 뽕나무(상) 田 : 밭(전)
碧 : 푸를(벽) 海 : 바다(해)

【뜻풀이】 뽕나무 밭이 푸른 바다로 변한다는 뜻으로, 세상이 몰라볼 정도로 바뀐 것을 비유하는 말이다.(▶ 창해상전滄海桑田 참조)

【출전】『신선전(神仙傳)』의 〈마고선녀 이야기〉에 처음 나오는 말이지만, 유희이〔劉希夷, 651~679, 자는 정지(廷芝)〕의 시 〈대비백두옹(代悲白頭翁)〉에도 보인다. 우선 〈마고선녀 이야기〉의 내용은 다음과 같다.

「어느 날 선녀 마고가 왕방평(王方平)에게 말했다.

"제가 신선님을 모신 지 세월이 많이 흘러 어느 새 뽕나무밭이 세 번이나 푸른 바다로 변했습니다(桑田碧海). 이번에 봉래(逢萊)에 갔었는데, 바다가 더욱 얕아져 전보다 반 정도 줄어 있었습니다. 다시 육지가 되려는 것일까요?"」

다음으로 유정지의 시를 읽어 보자.

「낙양성 동쪽에 핀 복숭아꽃 오얏꽃
날아오고 날아가다가 어느 집에 떨어지는가.
낙양의 젊은 계집은 고운 얼굴이 아까운지
가다 만난 계집마다 길게 한숨짓는구나.
올해에 꽃이 지면 얼굴빛은 또 바뀌리니
내년에 꽃이 피면 다시 누가 있으려나.
소나무 잣나무가 베여 땔감이 된 것을 보았더니
다시 뽕나무밭이 변해 푸른 바다가 된단 말 들었네.
옛 사람은 이미 낙양성 동쪽에 없는데
지금 사람들 다시 모여 꽃잎 떨어지는 바람을 맞네.
해마다 피는 꽃은 다를 게 없건만
해마다 꽃을 반기는 사람은 같지가 않구나.
부탁하느니 잘 나가는 젊은이들이여
황혼이 들어선 흰머리 늙은이를 응당 가엾게 여기시게.
洛陽城東桃李花 飛來飛去落誰家
洛陽女兒惜顏色 行逢女兒長嘆息
今年花落顏色改 明年花開復誰在
已見松柏摧爲薪 更聞桑田變成海
古人無復洛城東 今人還對落花風
年年歲歲花相似 歲歲年年人不同
寄言全盛紅顏子 應憐半死白頭翁」

이처럼 상전벽해는 뽕나무밭이 푸른 바다가 된다는 뜻에서 세상이 급작스럽게 바뀐 모습을 보고 놀람을 비유한다. 또 뽕나무밭이 바다가 될지라도 마음은 변하지 않는다는 의미로도 쓰인다. 이렇게 세월은 무상하게 흘러가니 항상 최선을 다하여 인생을 즐기는 것이 지혜롭다고 하겠다.

이 성어는 달리 상전변성해(桑田變成海)라고도 하고, 창해상전(滄海桑田)이나 창상지변(滄桑之變), 상창지변(桑滄之變)으로도 쓴다. 비슷한 말에 능곡지변(陵谷之變)이 있는데, 언덕과 골짜기가 서로 바뀐다는 뜻이다.

또 고안심곡(高岸深谷)이란 성어도 있는데, 높은 언덕이 무너져 깊은 골짜기가 되고, 깊은 골짜기가 높은 언덕으로 변한다는 뜻이다.

【용례】 십 년이면 강산도 변한다더니 고향을 떠난 지 30년 만에 와 보니 그야말로 "상전벽해"로구나. 사람도 낯설지만 산천도 옛 모습이 아닐세.

상중지기 桑中之期

桑 : 뽕나무(상) **中** : 가운데·적중할(중)
之 : 어조사(지) **期** : 기약할(기)

【뜻풀이】 뽕나무밭에서 만나자는 약속. 남녀 사이의 불륜 관계를 말할 때 쓰는 성어다. 상중지약(桑中之約) 또는 상중지희(桑中之喜)라고도 한다.

【출전】『시경·용풍(鄘風)』에 실린 〈상중(桑中)〉의 첫 장을 읽어 보자.

「당나물을 캐기를
매읍의 시골에서 하노라.
누구를 그리워하는가
아름다운 맹강이로다.
뽕나무밭에서 만나기로 하였고
상궁에서 맞이하였으며
기수 물가에서 나를 전송하였네.
爰采唐矣
沫之鄉矣
云誰之思
美孟姜矣
期我乎桑中
要我乎上宮
送我乎淇之上矣」

유부녀인 맹강(孟姜)이 외간 남자와 남몰래 만나 운우지정(雲雨之情)을 나누는 장면이 시간 순서로 묘사되어 있다. 이 시에 대해 주희(朱熹, 1130~1200)는 『시경집전(詩經集傳)』에서 다음과 같이 평하고 있다.

"음란한 것을 풍자한 작품이다. 위나라 왕실이 음란해서 남녀가 서로 쫓아다녀 세족(世族)의 지위에 있는 자들까지도 서로 처첩을 도둑질해서 아득하고 먼 곳에서 만나기로 기약하는 지경이 되었다. 정치가 어지럽고 백성들이 떠도는데도 그치게 할 수가 없었다.(桑中 刺奔也 衛之公室淫亂 男女相奔 至于世族在位 相竊妻妾 期於幽遠 政散民流而不可止)"

【용례】 요즘 난립하는 러브호텔은 "상중지기"하는 남녀가 만나는 장소로 통하고 있어. 세상이 어떻게 되려고 이러는지 원.

상하기수 上下其手

上 : 위(상) **下** : 아래(하)
其 : 그(기) **手** : 손(수)

【뜻풀이】 권세를 이용하여 개입해서 시비를 뒤바뀌게 만들다.

【출전】『좌전·양공(襄公) 26년』조에 다음과 같은 이야기가 있다.

춘추시대에 초나라가 정나라를 공격할 때 정나라의 장수 황힐(皇頡)이 출전해 싸우다가 초나라 장수 천봉술(穿封戌)에게 사로잡혔다. 이때 초나라 공자 위(圍, 초공왕의 둘째 아들이며 초강왕의 아우로 뒷날 초영왕이 되었다)가 이것을 알고 천봉술의 손에서 포로를 인계받으려고 하였다.

이에 두 사람은 서로 자기가 포로를 잡았다면서 옥신각신하던 끝에 당시 태재의 벼슬에 있던 백주리(伯州犁)를 찾아가 판결을 받기로 하였다.

"정말 누가 잡은 포로인지는 나도 알 수 없으니 포로에게 물어보는 것이 가장 타당할 듯합니다."

백주리는 이렇게 말한 뒤에 손을 높이 들어 "이분은 왕자 위로서 우리 임금의 아우님이시오."라고 우선 초공자를 황힐에게 소개하였다.

뒤이어 그는 손을 낮추고 가볍게 천봉술을 가리키면서 말했다.

"이 사람은 천봉술이라는 사람으로 우리나라의 변방을 지키는 현감이오. 당신이 누구한테 사로잡혔는지 말하도록 하시오."

황힐은 백주리의 손짓과 말씨에서 모든 것을 짐작하고 왕자에게 포로로 잡혔다고 대답하였다. 이렇게 해서 서로 짜고 농간(弄奸)을 부리는 것을 일러 상하기수라 하게 되었다.

【용례】 분명 내가 피해자인데 어떻게 가해자기 니란 말입니까? 경찰관이리기에 당연히 사리에 맞게 일을 처리할 줄 알았더니 이렇게 "상하기수"해도 되는 겁니까?

새옹지마 塞翁之馬

塞 : 변방(새)/막을(색) 翁 : 늙은이(옹)
之 : 어조사(지) 馬 : 말(마)

【뜻풀이】 변방 늙은이의 말. 재앙이 복이 되고 복이 재앙이 되다. 즉, 세상을 살아가면서 길흉화복(吉凶禍福)의 변화가 잦은 것을 비유하는 말이다.

【출전】 『회남자·인간훈(人間訓)』에 다음과 같은 이야기가 나온다.

옛날 만리장성 변경에 한 노인이 살고 있었는데, 사람들은 그를 새상노인(塞上老人) 또는 새옹(塞翁)이라고 불렀다.

어느 날 노인이 기르던 말 한 필이 없어지자 마을 사람들이 모여서 위로하였다. 그러자 노인이 대답했다.

"말 한 필이 없어진 것이 되레 좋은 일이 될지 누가 알겠는가."

얼마 뒤 잃어버린 말이 돌아왔는데 좋은 오랑캐 말 한 필과 함께 돌아왔다. 이에 마을 사람들이 모여 축하의 말을 하니 노인이 또 말했다.

"이게 나쁜 일이 될지도 모른다."

아니나 다를까 며칠 후 노인의 아들이 그 말을 타고 놀다가 그만 말에서 떨어져 정강이뼈가 부러지고 말았다.

이에 마을 사람들이 와서 위로하니 노인이 다시 말했다.

"이게 혹시 좋은 일이 될지도 모른다."

그 후 또 한동안이 지나 갑자기 전쟁이 일어나 마을 청장년들이 모두 다 전장으로 끌려갔지만 병신이 된 노인의 아들만은 징집되지 않았다. 그렇게 전장으로 끌려간 사람들은 대부분 희생되었지만 집에 남아 있던 노인의 아들만은 무사할 수 있었다.

예부터 사람들은 불행을 만났을 때 이 이야기를 빌려 "변방 노인이 말을 잃어버린 것이 어찌 복이 아닌 줄 알겠는가.(塞翁失馬 安知非福)"라는 말로 자신을 위로하거나 남을 위로하였다. 오늘날에는 이 성어를 "일정한 조건 아래에서 나쁜 일이 좋은 일로 전환될 수 있고 또한 좋은 일이 나쁜 일로 바뀔 수도 있다."고 이해하는 것이 좋겠다.

【용례】 인생사 "새옹지마"라더니 어릴 때 축구하다가 삔 다리 때문에 징집이 면제될 줄 누가 알았겠어. 남들은 돈 주고도 못 빼다는데.

생기사귀 生寄死歸

生 : 날(생) 寄 : 부칠(기)
死 : 죽을(사) 歸 : 돌아갈(귀)

【뜻풀이】 사람이 이 세상에 사는 것은 잠시 몸을 맡겨 머무는 것이고, 죽는 것은 원래의 집인 고향으로 돌아간다는 뜻이다.

【출전】 『십팔사략(十八史略) · 권1』에 다음과 같은 이야기가 나오지만, 『회남자 · 정신훈(精神訓)』에 있는 내용이 더 실감난다.

중국 하(夏)왕조의 문을 연 우(禹)임금이 제후들과 함께 회식을 마치고 강을 건너려고 하였다. 그때 갑자기 황룡이 배를 등에 지고 물 위에 올리자 배에 타고 있던 사람들이 모두 두려움에 떨었다. 그러자 우 임금이 하늘을 우러러 탄식하면서 말했다.

"나는 하늘로부터 명을 받아 백성들을 위해 혼신의 힘을 다하였다. 삶은 이 땅에 잠시 부쳐 사는 것이고, 죽음은 고향으로 돌아가는 것이라 하였으니 하늘의 뜻에 따를 것이니라. 어찌 족히 아부를 하여 조화를 꾀하겠는가. 내 눈엔 용도 잠자리에 불과하다.(吾受命於天 竭力而勞萬民 生寄也 死歸也 何足以滑和 視龍猶蝘蜓)"

이렇게 우 임금이 두려워하지 않고 태연한 데다가 동요하지 않고 위엄 있게 대응하자 황룡은 고개를 숙인 채 하늘로 올라가 버렸다.

생기사귀는 우 임금이 황룡에게 한 말에서 나왔다. 인간의 삶은 나그네와 같아 정처 없이 이승을 떠돌다가 죽으면 원래 자기가 왔던 자리로 돌아가는 것이라는 말이다.

시선(詩仙) 이백(李白, 701~762)도 유명한 글 〈춘야연도리원서(春夜宴桃李園序)〉에서 이렇게 말했다.

"하늘과 땅이란 만물이 왔다가 묵어가는 여관과 같고, 세월이란 끝없는 길을 흘러가는 나그네와 같다.(天地者 萬物之逆旅 光陰者 百代之過客)"

【용례】 그렇게 건강하던 사람이 갑자기 사고를 당해 세상을 버렸다네. 인생은 "생기사귀"라더니, 부디 극락왕생해서 행복하게 살기를 빌 뿐이야.

생살여탈 生殺與奪

生 : 살(생) 殺 : 죽일(살)
與 : 줄(여) 奪 : 빼앗을(탈)

【뜻풀이】 사람을 살리기도 하고 죽이기도 하며, 주기도 하고 빼앗기도 한다는 뜻으로, 남의 목숨이나 재물을 마음대로 한다는 말이다.

【출전】 『한비자 · 삼수편(三守篇)』에 나오는 말이다.

전국시대 말기 한(韓)나라의 사상가 한비자가 말했다.

"군주가 직접 나라를 다스리는 일이 번거롭다고 싫어해서 대신들로 하여금 대신 그 일을 하도록 하면 모든 권한이 신하에게도 옮겨가 신하가 정권을 잡아 사람을 죽이고 살리는 기틀이나 벼슬을 주고 빼앗는 힘이 대신에게로 넘어갈 것이다.(惡自治之勞憚 使群臣輻湊用

事 因傳柄移藉 使殺生之機 奪予之要在大臣)”

생살여탈은 한비자가 절대군주제를 주장하면서 한 말에서 나왔다. 그는 군주가 전반적인 통치권을 행사해야 한다고 보았다. 그리고 대표적인 권리로써 생살여탈권을 내세웠다. 만약 이 권리를 남에게 양도한다면 그는 더 이상 군주로 있을 수 없다는 것이다.

한비자는 진(秦)나라의 시황제에게 상당한 영향력을 행사한 법가(法家) 사상가다. 그는 말은 더듬었지만 두뇌가 명석하여 지략은 진나라의 재상 이사(李斯)가 도저히 따라갈 수 없는 정도였다. 시황제의 총애가 그에게로 갈 것을 두려워한 이사는 이를 불안하게 여겨 참소하여 하옥하도록 하였다. 소심했던 한비자는 이것을 견디지 못하고 자살하고 말았는데, 그의 법가 사상은 인정(人情)을 무시하고 무자비한 법치주의를 내세운, 냉혹하고 잔인한 술책이라는 비난을 받기도 했다.

【용례】 전투가 시작되면 우리는 모두 중대장님의 명령에 따라 움직여야 한다. 이제부터는 중대장님이 우리들의 “생살여탈”권을 가졌으니 명심하도록 하자.

생탄활박 生呑活剝

生 : 날(생) 呑 : 삼킬(탄)
活 : 살·살릴(활) 剝 : 벗길(박)

【뜻풀이】 통째로 삼켰다가 그대로 산 채로 토해내다. 남의 경험을 배우지만 아무런 반성이나 비판 없이 묵수적으로 수용하는 태도를 비유하는 말이다.

【출전】 『당시기사(唐詩紀事)·이의부(李義府)』조에 보면 다음과 같은 이야기가 있다.

당나라 초기 조강현에서 현감이라는 벼슬을 하고 있던 장회경(張懷慶)이라는 사람은 글재주는 없었지만 남의 것을 표절하는 데는 남다른 솜씨를 발휘하였다. 어느 날 이의부(☞ 소리장도笑裏藏刀 참조)라는 대신이 시를 한 수 지었다.

「달을 쪼아 노래 부채를 만들고
구름을 말아 춤추는 옷으로 만들었다.
고운 자태 되돌린 것 안타까워서
즐겨 낙천으로 되돌아가네.
鏤月爲歌扇
裁雲作舞衣
自憐回雪態
好取洛川歸」

이 작품에 장회경은 각 시행 앞에 각각 생정(生情)과 출성(出性), 조경(照鏡), 내시(來時)라는 두 자를 덧붙여 오언시를 칠언시로 만들어 놓고는 자기가 지은 작품인 양 자처하였다.

이에 사람들은 장회경이 “장창령을 그대로 찍어내고 곽정일을 통째로 삼켜 버렸다.”고 비웃었는데, 이 두 사람은 모두 당시의 뛰어난 문장가들이었다.

성어 생탄활박은 바로 이 이야기에서 유래했다.

【용례】 이 보고서는 자네가 작성한 게 아니라 기존 내용을 그대로 흉내 내서 쓴 거로구먼. 청출어람(靑出於藍)하지는 못할망정 “생탄활박”해서야 되겠나.

서리지탄 黍離之嘆

黍 : 기장(서) 離 : 떠날(리)
之 : 어조사(지) 嘆 : 탄식할(탄)

【뜻풀이】 나라가 망하자 종묘나 궁궐도 모두 무너져 기장밭이 된 것을 보고 뱉는 탄식. 곧 세상의 영고성쇠(榮枯盛衰)가 무상한 것에 대해 탄식하는 것을 말한다.(➡ 맥수지탄麥秀之嘆 참조)

【출전】『시경·왕풍(王風)』에 실린 〈서리(黍離)〉의 첫 장을 읽어 보자.

「저 기장 이삭이 늘어져 있노니
저 피에는 푸른 싹이 났도다.
길 가기가 더디고 더디니
마음은 끊임없이 흔들리노라.
나를 아는 사람들은
마음속에 근심 있다 말하네.
나를 모르는 사람들은
무엇을 바라느냐 묻는구나.
아득한 저 푸른 하늘이여
어떤 이가 이렇게 하였는가?
彼黍離離
彼稷之苗
行邁靡靡
中心搖搖
知我者
謂我心憂
不知我者
謂我何求
悠悠蒼天
此何人哉」

이 시에 대해 주희(朱熹, 1130~1200)는 다음과 같은 설명을 붙이고 있다.

"주(周)나라가 동쪽으로 수도를 옮긴 뒤 대부들이 부역을 나갔다가 옛 수도에 이르러 보니 종묘와 궁실은 이미 무너져 온통 기장밭이 되어 버렸다. 이렇게 주나라 왕실의 권위가 땅에 떨어진 것을 민망하게 여겨 오가면서 차마 떠나지를 못했다. 이미 자신의 마음을 알아주는 사람이 없는 것을 한탄하고 다시 사태를 이렇게 만든 이는 누구인가 하며 자문하였다. 사무친 원한을 되새기는 심정이 역력하게 표현되어 있다."

【용례】 저번 여름에 민요를 채집하기 위해 철원에 다녀온 일이 있었지. 철원은 옛날 궁예(弓裔)가 태봉(泰封)을 세운 뒤 도읍으로 삼은 곳이잖아. 이제 옛 영화는 사라지고 들판에는 잡초들만 무성하게 자라 있더군. 참으로 "서리지탄"이 절로 나오지 않을 수 없었어.

서제막급 噬臍莫及

噬 : 물·씹을(서) 臍 : 배꼽(제)
莫 : 말(막) 及 : 미칠(급)

ㅅ

【뜻풀이】 배꼽을 물려고 하지만 입이 닿지 않는다. 기회를 잃고 난 뒤에는 아무리 후회해도 소용이 없다는 뜻이다.

【출전】『좌전·장공(莊公) 6년』조에 다음과 같은 이야기가 있다.

초(楚)나라의 문왕(文王)이 신(申)이라는 작은 나라를 치기 위해 진군하던 중 역시 약소국 중 하나였던 등(鄧)나라를 지나가게 되었다.

등나라의 기후(祁侯)는 조카가 왔다면서 그들을 쌍수를 들어 환영하였다. 기후는 성대한 잔치를 열어 노고를 위로하고 앞날을 축원하였다. 그때 현인 세 사람, 즉 추생(騅甥)과 담생(聃甥), 양생(養甥)이 나오더니 기후에게 충고하였다.

"지금 문왕은 약소국인 신나라를 치기 위해 가는 길입니다. 우리 역시 약소국인데 저들이 가만둘 리가 없지 않습니까? 무슨 대비를 하지 않으면 나중에 아무리 후회해도 때는 늦을 것입니다(噬臍莫及). 일을 도모하려면 지금이 적기입니다."

그러나 기후는 펄쩍 뛰면서 귀담아듣지 않았다. 문왕은 기후의 도움으로 무사히 신나라를 정벌하고 귀국하였다.

그러다가 10년이 지난 뒤 초는 다시 군사를 일으켜 등나라를 쳐들어왔다. 전혀 대비책이 없었던 등나라는 순식간에 초나라 군대에 의해 점령되고 말았다.

【용례】 젊었을 때 공부는 않고 딴 짓만 한 게 너무 후회스러워. 배움에도 때가 있는 법인데, "서제막급"이야.

서족이기성명 書足以記姓名

書 : 글(서) 足 : 족할(족) 以 : 써(이)
記 : 쓸(기) 姓 : 성씨(성) 名 : 이름(명)

【뜻풀이】 글은 자기 성씨와 이름만 쓸 줄 알면 족하다. 실천보다는 학식만 앞세우는 태도를 비꼬는 말로 쓰이며, 때로 문치(文治)의 중요성을 망각하는 통치자의 어리석음을 비웃을 때도 사용한다.

【출전】 『사기·항우본기』에 다음과 같은 이야기가 있다.

항우(項羽)는 초나라의 대대로 내려오던 무인 집안 출신이었다. 할아버지 항연(項燕)은 초나라의 장군으로 있었고, 작은아버지 항량(項梁) 역시 장군으로 용맹을 떨친 사람이었다.

그런 집안의 핏줄을 이어받은 항우 역시 스스로 역발산기개세(力拔山氣蓋世)라고 했듯이 대단한 용맹과 무용을 지녔다. 그러나 항우는 자신의 힘을 과신한 탓인지 무예나 병법을 익힐 생각을 전혀 하지 않았다. 이를 안타깝게 지켜보던 항량이 그를 불러 다그쳤다.

"아무리 네가 출중한 힘을 지녔다 해도 그렇게 학문을 게을리 해서야 정작 필요할 때 써먹을 수 있겠느냐?"

그러자 항우가 두 주먹을 불끈 쥐며 대답하였다.

"글이야 제 이름자나 쓰면 그만인 것입니다. 그리고 검술은 고작 한 사람만 상대할 뿐이지 않습니까? 저는 천하를 상대할 수 있는 방법을 배우고자 합니다."

그래서 항량은 그에게 병법을 배우기를 권했고, 항우도 마음을 다잡아먹고 병서를 읽었다. 그러나 대충 대의만 파악하고는 내팽개쳐 버렸다. 그로서는 그런 글귀에 적힌 비열한 방법으로 적들을 무찌르는 것이 불쾌했던 것이다.

이렇게 병법이라든가 용병술에 무관심했던 항우는 한때 승승장구(乘勝長驅)하면서 천하를 호령했지만 결국 한신(韓信)의 노련한 술책에 빠져 오강(烏江)에서 우미인(虞美人)과 함께 장렬한 최후를 마치고 말았다.(➡ 역발산기개세力拔山氣蓋世 참조)

【용례】 너야 좋은 말로 글이야 이름자나 쓸 줄 알면 그만("서족이기성명")이라고 하지만 지금처럼 첨단 지식이 난무하는 시대에 그런 생각으로 어떻게 큰일을 하겠니? 요즈음은 깡패 짓도 철학이 있어야 하는 시대란다.

석권 席卷

席 : 자리(석) 卷 : 말·책(권)

【뜻풀이】 자리를 말다. 자리를 마는 것처럼

한쪽에서부터 토지를 공격해 전체를 취하는 것을 말한다. 오늘날에는 뜻이 바뀌어 어떤 부분을 자신의 손아귀에 넣어 으뜸이 되는 것을 말한다. 장악(掌握)과 뜻이 비슷하다.

【출전】『사기·위표팽월열전』에 다음과 같은 이야기가 있다.

초(楚)나라 항우(項羽)와 한(漢)나라 유방(劉邦)이 천하를 두고 격전을 치르고 있을 무렵 위표(魏豹)와 팽월(彭越)이라는 사람이 있었다.

위표는 처음에는 항우에게서 위왕(魏王)으로 봉해졌는데 나중에 항우를 배신하고 유방에게 붙어 팽성(彭城)을 함락시켰다. 그러나 유방이 패배하자 다시 배신을 했는데 화가 난 유방은 한신(韓信)에게 토벌케 하여 포로로 잡았다가 주가(周苛)에게 명령을 내려 죽이게 하였다.

팽월은 원래 유방의 부하였는데, 유방이 진희(陳豨)의 반란을 평정하기 위해 출병을 명령했지만 머뭇거리다가 반란의 혐의가 씌어져 오히려 체포당했다. 그 뒤 그도 역시 여후(呂后)의 건의로 죽음을 당했다.

이를 두고 사마천(司馬遷)은 다음과 같이 말했다.

"위표와 팽월은 비천한 집안 출신으로 천리의 땅을 석권한 인물이다. …그 명성이 날로 높아졌지만, 반란을 꿈꾸다가 패하자 스스로 목숨을 끊지 않고 포로가 되어 죽음을 당한 것은 무슨 까닭인가? 그것은 두 사람이 모두 지략이 뛰어나 몸만 무사하면 다시 큰일을 이룰 기회가 올 것이라고 기대해서 포로가 되는 것도 꺼리지 않았기 때문이다.(太史公曰 魏豹彭越雖故賤 然已席卷千里 南面稱孤 喋血乘勝日有聞矣 懷畔逆之意 及敗 不死而虜囚 身被刑戮 何哉 中材已上 且羞其行 況王者乎 彼無異故 智略絶人 獨患無身耳 得攝尺寸之柄 其雲蒸龍變 欲有所會其度 以故幽囚而不辭云)"

사마천의 두 사람에 대한 평에서 성어 "석권"이 나왔다.

【용례】 이번에 본사 냉장고가 하반기 시장을 "석권"한 것은 광고도 광고였지만, 역시 뛰어난 기술이 밑받침되었기 때문이야. 공든 탑이 무너지겠어?

석파천경 石破天驚

石 : 돌(석) 破 : 깨질(파)
天 : 하늘(천) 驚 : 놀랄(경)

【뜻풀이】 돌이 깨지자 하늘이 놀란다. 뜻밖의 일 때문에 사람이 크게 놀랐을 때 쓰는 성어다.

【출전】 이하(李賀, 791~817)의 〈이빙공후인(李憑箜篌引)〉에 나오는 구절이다.

「거문고로 늦가을 밤에 음률을 펼치니
하늘에 뭉친 구름 멈춰 흐르지 않네.
상아의 눈물은 대나무에 어려 소녀는 근심하고
이빙의 공후 소리 도읍의 밤하늘에 울린다.
곤산에서 부서지는 옥으로 봉황은 우짖고
부용에 흐르는 이슬로 향란이 웃음짓네.
십이문 앞에서는 찬 빛이 뭉치고
스물세 줄마다 자황이 꿈틀댄다.
여와가 돌을 갈아 하늘을 메운 곳에서
돌이 깨지자 하늘도 놀란 듯 가을비도 막혔도다.
꿈에서는 곤산에 들어 신구를 가르치니
늙은 고기 물결 위로 뛰고 마른 용도 춤춘다.

ㅅ

오질은 잠 못 들어 계수나무에 기대어서
드러낸 다리에는 싸늘한 달빛이 비껴 나네.
吳絲蜀桐張高秋
空白凝雲頹不流
湘娥啼竹素女愁
李憑中國彈箜篌
崑山玉碎鳳皇叫
芙蓉泣露香蘭笑
十二門前融冷光
二十三絲動紫皇
女媧鍊石補天處
石破天驚逗秋雨
夢入坤山敎神嫗
老魚跳波瘦蛟舞
吳質不眠倚桂樹
露脚斜飛溼寒兎」

이 작품은 이하가 이빙이라는 공후의 명인이 연주하는 음악을 듣고 쓴 것이다. 이빙의 음률이 보여주는 신이한 기교와 아름다운 표현에 매료된 시인의 모습이 눈에 선하다.

〈공후인〉은 최표(崔豹)가 쓴 『고금주(古今注)』에 그 유래가 잘 나와 있다. 우리나라 문학사에서 기록된 최초의 작품으로 인정받고 있는 동명(同名)의 작품의 유래담인데, 이를 소재로 한 작품이 중국에도 의외로 많다.

작품 중 오사촉동(吳絲蜀桐)은 거문고를 만들 때 쓰이는 재료로, 특히 오나라에서 나는 실과 촉나라의 오동으로 만들어진 것이 품질이 가장 우수하다고 한다.

상아(湘娥)는 순(舜)임금의 부인인데, 순임금이 죽자 슬픔을 못 이겨 흘린 눈물이 대나무에 묻어 대나무에 얼룩 반점이 생겼다는 설화가 전한다.

중국(中國)은 당나라의 서울인 장안(長安)을 말한다. 십이문(十二門)은 장안성의 성문수이고, 자황(紫皇)은 도가에서 말하는 천제(天帝)이며, 한토(寒兎)는 너무 밝아 시린 듯한 달빛을 말한다.

【용례】 아니 걔가 대학에 합격했다고? 허구한 날 놀면서 말썽이나 피우던 놈이 무슨 재주로 대학엘 가? 정말 "석파천경"할 노릇일세.

선경후사 先景後事

先 : 먼저(선) **景** : 볕·경치(경)
後 : 뒤(후) **事** : 일·섬길(사)

【뜻풀이】 경치를 먼저 내세운 뒤 일이나 감정은 뒤로 한다. 선경후서(先景後敍)라고도 쓴다.

【출전】 한시를 창작할 때 쓰이는 시상의 전개 방식 중 하나다. 즉, 앞부분에서는 먼저 서경(敍景)을 중심으로 자연과 사물을 묘사하는 데 주력하고, 뒷부분에서 시인 자신의 감정이나 생각을 표출한다는 말이다.

이것은 시경육의(詩經六義) 중 흥(興)에 해당한다고 할 수 있다.

동양의 문학 전통은 작품의 첫머리부터 작가 자신이 제시하고자 하는 주제를 먼저 내세우는 태도를 달갑게 여기지 않았다. 차츰차츰 독자의 정서와 감각을 자극하여 마침내 주제를 인지하도록 하는 것이 훌륭한 문학이고 문인이 지녀야 할 태도라고 본 것이다. 이것이 바로 풍자(諷刺)의 정신이기도 하다.

그렇기 때문에 대개의 한시는 몇몇 예외를 제외한다면 하나같이 서경적 묘사가 앞서고 뒤이어 작가의 감정이 서술되는 형식을 갖췄던 것이다.

왕유(王維, 701~761)의 〈송원이사안서(送

元二使安西)〉를 감상해 보자.

「위성의 아침비에 먼지는 엉겨 튀는데
객사의 버들잎 푸르게 새롭구나.
술잔 들어 그대에게 한 잔 권하노니
서역으로 양관 나서면 더는 친구 없다네.
渭城朝雨浥輕塵
客舍靑靑柳色新
勸君更進一杯酒
西出陽關無故人」

이 작품의 1·2구는 아침에 비가 내려 메말랐던 대지를 적시자 먼지가 빗방울에 튀어 오르는 장면과 비가 그친 뒤 먼지에 찌들었던 버들잎이 맑게 씻겨 싱그러움을 더하는 장면을 단순하게 묘사했다.

이어지는 3·4구는 서역으로 먼 길을 떠나는 친구를 전송하면서 이별의 잔을 권하고 한동안 타향에서 고적하게 지낼 그를 위로하고자 하는 작가의 심경이 담겨 있다. 전형적인 선경후사의 방식이다.

그러나 선경후사는 무작정 서경과 술회가 이어진다고 완결되는 것은 아니다. 서경 부분에 나오는 버들잎은 동양에서 이별하는 상황에서 즐겨 등장하는 관념적인 상징이다. 때문에 서경이지만 그 가운데 버들잎을 등장시킴으로써 다음에 이어질 술회의 시상(詩想)을 준비하는 장치로서 기능을 다하는 것이다.

버들잎이 매개체가 되어 이 작품은 단조로운 감상을 엮은 작품 이상의 의미와 함축이 담긴 작품으로 자리 잡게 되었다.

【용례】 자넨 성격이 너무 급한 게 탈이야. 하고 싶은 말만 하면 듣는 입장에서는 오해할 수도 있잖은가? "선경후사"라고 먼저 상황을 잘 설명해서 이해시킨 뒤에 본론에 들어가면 더 좋겠구먼.

선발제인 先發制人

先 : 먼저(선) 發 : 필·쏠(발)
制 : 제압할(제) 人 : 사람(인)

【뜻풀이】 먼저 술수를 써서 상대를 제압하다. 상대의 허를 찔러 선수를 치다.

【출전】 『사기·항우본기』에 다음과 같은 이야기가 있다.

진(秦)나라 말기 각지에서 들고 일어난 반란군 중에 항우(項羽)와 항량(項亮)이라는 장수가 있었다. 오중(吳中, 오늘의 강소성 소주로서 당시에는 괴계군) 사람들인 그들은 일찍부터 용맹을 갖춘 사람으로 명망이 있던 장군이었다. 이야기는 진승(陳勝)과 오광(吳廣)에 의해 주도된 대규모의 농민 봉기가 일어난 뒤의 일이다.

진승과 오광에 의해 주도된 농민 봉기는 처음부터 그 기세가 하늘을 찌를 듯하였고 당시 백성들의 열렬한 지지를 받았다. 이에 진나라가 망하게 되었다고 생각한 회계군 태수 온통(溫通)은 이 기회를 타서 한몫 보려고 어느 날 항량을 불러다 놓고 거병할 뜻을 피력하였다.

"먼저 손을 쓰면 상대를 제압할 수 있고 나중에 손을 쓰면 상대에게 제압당할 것이오. 나도 이 기회에 군사를 일으키려 하는데 그대와 환초가 군사들을 지휘하는 것이 어떻겠소?(吾聞先卽制人 後則爲人所制 吾欲發兵 使公及桓楚將)"

그러면서 항량의 뜻을 넌지시 묻는 것이었다. 그러자 항량이 기다렸다는 듯이 대답했다.

"환초는 지금 외지에 나가 도피중인데 저의 조카 항우밖에는 환초의 거처를 아는 사람이 없습니다."

그런 뒤 밖에 나가 항우에게 여차여차하라고 분부한 다음 다시 들어와서 온통에게 항우를 보내 환초를 찾아보게 하는 것이 좋겠다고 하였다. 온통은 선선히 응락하였다.

뒤이어 온통이 항우를 불러들이니 항우는 숙부인 항량의 분부대로 온통을 한칼에 베어버리고 말았다. 항량은 지체 없이 회계태수의 관인을 빼앗아 회계태수의 명의로 진나라에 반기를 들어 8천 명의 강동 자제들을 규합해서 공격할 대오를 갖추었다.

이 이야기는 『한서·항적전(項籍傳)』에도 기술되어 있는데 그 내용은 대체로 비슷하다. 『한서』의 기록에는 "먼저 일어나면 남을 제압할 수 있고 뒤에 일어나면 남에게 제압당한다.(先發制人 後發制於人)"로 되어 있지만 그 뜻은 일치한다.

【용례】 우리 쪽이 유리하다고 해서 너무 방심하는 건 아닌지 모르겠습니다. 만약을 위해 "선발제인"해 둘 필요도 있을 것 같은데요.

선사좌우 善事左右

善 : 착할·잘할(선) 事 : 일·섬길(사)
左 : 왼쪽(좌) 右 : 오른쪽(우)

【뜻풀이】 임금의 좌우에 있는 측근들을 훌륭한 처신으로 잘 보필했다는 말이다. 즉, 아부나 뇌물을 쓰지 않고 정도로 관료의 길을 갔다는 뜻이다.

【출전】 『전국책·제책(齊策)』에 다음과 같은 이야기가 나온다.

제(齊)나라 왕이 하루는 즉묵(卽墨)의 대부에게 말했다.

"그대가 직무를 제대로 수행하지 못한다는 말이 들려 자세히 알아봤더니 전혀 그렇지 않았소. 토지는 개간되어 넓어졌고, 백성들의 살림이 넉넉해졌으며, 동쪽 변경도 역시 조용해졌소. 이것은 모두 그대가 나의 좌우를 잘 보필한 덕분이오."

그러면서 높은 벼슬에 임명하였다. 그리고는 아(阿)의 대부를 보더니 말했다.

"그대에게는 칭송하는 소리만 계속 들렸는데 실상은 그렇지 않았다. 토지는 황폐해졌고, 백성들은 굶는 이가 많았으며, 조나라가 침입해도 제대로 막지 못했다."

그리고는 아의 대부뿐 아니라 그를 칭찬했던 사람들까지 삶아 죽였다.

이 이야기는 선사좌우를 잘 했는가 아닌가에 따른 제나라 왕의 단호한 조치를 보여 준다. 즉묵의 대부는 왕의 주변 측근들을 섬겼지만 뇌물 또는 아부로 섬기지 않았다.

반면 아의 대부는 왕의 주변에 있는 자들에게 뇌물을 바쳐 실상을 은폐했기 때문에 이를 간파한 왕이 그와 그를 칭찬한 자들까지 삶아 죽인 것이다.

이처럼 선사좌우는 왕의 좌우를 잘 섬긴다는 뜻이다. 왕은 정사를 볼 때 자신의 좌우에 있는 사람, 즉 측근에게 많은 부분을 의지하게 된다. 때문에 이들의 말 한 마디에 따라 어진 정치를 펼치느냐 못하느냐가 결정되는 것이다.

『명심보감(明心寶鑑)·성심편하(省心篇下)』에 보면 다음과 같은 말이 나온다.

「왕량이 말했다. "그 임금을 알고자 하면 먼저 그의 신하를 보고, 그 사람을 알고자 하면 먼저 그의 친구를 볼 것이며, 그 아비를 알고자 하면 먼저 그의 자식을 보라. 임금이 성스러우면 신하도 충성스러울 것이요, 아비가 자애로우면 아들은 효성스러운 법이니라."

(王良曰 欲知其君 先視其臣 欲知其人 先視其友 欲知其父 先視其子 君聖臣忠 父慈子孝)」

좋은 신하를 두기 위해서는 먼저 훌륭한 임금이 되어야 하는 것이지만, 자신은 부족하더라도 이것을 메워 줄 수 있는 신하를 둔다면 흠이나 허물도 없어질 것이다.

【용례】 참모들은 일의 성패를 좌우하는 중요한 사람들이야. 그러나 그 참모들도 뛰어난 부하 직원들이 "선사좌우"하지 않으면 무용지물이지. 그래서 믿음을 전제로 한 인화단결(人和團結)이 중요한 걸세.

선우후락 先憂後樂

先 : 먼저(선) 憂 : 근심·근심할(우)
後 : 뒤(후) 樂 : 즐거울(락)

【뜻풀이】 천하의 모든 사람이 근심하기에 앞서서 먼저 근심하고 천하의 모든 사람이 다 즐거워한 뒤에 마지막으로 즐거워한다. 학문하는 사람으로서 또는 관료로서 가져야 할 자세를 말한다.

【출전】 원래 이 말은 『맹자·양혜왕장구(梁惠王章句)』 하편에 그 전모가 나타난다.

"백성들이 즐거워하는 것을 즐거워하는 사람은 백성들도 그 사람이 즐거워하는 것을 즐거워하며, 백성들이 근심하는 것을 근심하는 사람은 백성들도 그가 근심하는 것을 근심합니다. 천하 사람들과 함께 즐거워하고 천하 사람들과 함께 근심하면서 왕천하하지 못한 사람은 있지 않았습니다.(樂民之樂者 民亦樂其樂 憂民之憂者 民亦憂其憂 樂以天下 憂以天下 然而不王者 未之有也)"

그러나 이를 더욱 정확하게 풀어 의미를 부여한 것은 범중엄(范仲淹, 989~1052)의 〈악양루기(岳陽樓記)〉일 것이다. 이 글은 『고문진보(古文眞寶)·후집(後集)』 권6과 『범문충공문집(范文忠公文集)』 권7에 실려 있다.

전문을 옮기면 아래와 같다.

「경력 4년(1044) 봄에 등자경이 죄를 져서 파릉의 군수가 되어 왔다. 이듬해가 되자 정치가 두루 통하고 사람들이 인화해서 그간 폐지되었던 여러 제도와 문물이 모두 일어났다.

이에 악양루를 중수해서 옛 제도를 늘리고 당나라 때의 현인(賢人)과 근래 사람들이 쓴 시부(詩賦)를 그 위에 새겼다. 그런 뒤 나에게 부탁해서 글을 지어 이 일을 기록해 달라고 하였다.

내가 파릉의 아름다운 경치를 보니 동정이라는 큰 호수에 하나같이 놓여 있어 멀리로는 산을 물었고 장강을 머금고 있다. 그 모습이 호호탕탕(浩浩湯湯)해서 가로로 끝없이 펼쳐져 있어 끝간 바를 모르겠고 아침 노을과 저녁 으스름으로 기상이 천만 가지로 전개되니 이것이 바로 악양루의 볼 만한 경관이다. 이런 경치에 대한 묘사와 찬탄은 이미 전 시대의 문인들의 글 속에 다 갖추어져 있다.

그런즉 북쪽으로는 무협과 통하고 남쪽으로 소상강과 닿아 있으니 고향을 떠난 나그네와 시인들이 자주 이곳에 모이는데, 사물을 바라보는 감정에 따라서 각자 다름이 없을 수 있겠는가?

만약 장맛비가 하염없이 내리고 달이 바뀌도록 개지 않으며 으스스한 바람이 성난 듯이 울부짖으며 더러운 물결은 하늘을 가를 듯 솟구칠 때를 생각해 보자. 그때 해와 별은 밝은 빛을 감출 것이고 산악은 파도 속으로 모습을 감출 것이며, 상인들의 배조차 다니지 못해 자칫 돛대는 기울고 삿대는 부러지며 새벽부

人

터 저물 때까지 사위는 온통 어두컴컴해 호랑이는 우짖고 원숭이는 울어 옐 것이다. 이런 때 이 다락에 오르면 도성을 떠나고 고향을 그리워하며 참언과 비방에 두려워 근심에 잠겨 눈 가득히 쓸쓸한 감정이 차오를 것인데, 그런 감정이 극에 달하면 비감(悲感)에 젖게 될 것이다.

그러다가 봄날이 돌아와 따뜻한 햇빛이 밝게 비추면 아래위로 하늘의 빛은 만경(萬頃)의 넓은 수면에 번져 온통 푸른 빛깔로 수놓을 것이고, 모래사장의 기러기는 경쾌하게 날갯짓하며 모여들고 비단 잉어들은 한가하게 물속을 헤엄치며 강가의 지초(芷草)와 물가의 난초는 그윽한 향기를 푸르게 뿜어낼 것이다.

때로는 안개가 자욱하게 하늘을 뒤덮고 밝은 달빛은 천리를 밝힌다면 수면에 뜬 빛은 금빛으로 일렁이고 고요한 그림자는 옥빛으로 가라앉을 텐데, 그때 어부들은 노래로써 서로 화답을 할 터이니 그 즐거움은 얼마나 지극하겠는가? 이런 때 이 다락에 오르면 마음은 밝아지고 정신은 후련해져 임금의 총애나 세상살이의 치욕 따위는 모두 잊게 될 것이다. 더구나 술을 한잔 마시면서 부는 바람을 맞는다면 그 기쁨이야 넓고 거칠 것이 없지 않겠는가?

오호라! 내가 일찍이 옛날 어진 분들의 마음을 구해 보니 혹 이 두 가지 경우에 했던 것과는 다르니 이것은 무엇 때문인가? 그것은 상황 때문에 기뻐하지도 않고 자신의 일로 슬퍼하지도 않는 것이니, 종묘(宗廟, 중앙 정부)와 정당(政堂, 지방 관아)의 높은 곳에 있을 때는 백성들을 근심하고 벼슬에서 물러나 강호(江湖)의 먼 곳에 머물러 있을 때는 임금의 정치가 잘못되지나 않을까 근심한다. 이러니 벼슬에 나아가서도 근심이고 벼슬에서 물러나서도 또한 근심하는 것이 된다. 그런즉 어느 때인들 즐거울 수가 있겠는가? 그들은 반드시 "천하의 모든 사람들이 근심하기 이전에 먼저 근심하고 천하의 모든 사람들이 다 즐거워 한 뒤에야 즐거워해야 한다."고 말할 것이다. 오호라! 이런 사람이 아니라면 내가 누구와 함께 돌아가겠는가?

(慶曆四年春 滕子京 謫守巴陵都 越明年 政通人和 百廢俱興 乃重修岳陽樓 增其舊制 刻唐賢今人詩賦于其上 屬予 作文以記之 予觀夫巴陵勝狀 在洞庭一湖 銜遠山 呑長江 浩浩湯湯 橫無際涯 朝暉夕陰 氣象萬千 此則岳陽樓之大觀也 前人之述 備矣 然則北通巫峽 南極瀟湘 遷客騷人 多會于此 覽物之情 得無異乎

若夫霪雨霏霏 連月不開 陰風怒號 濁浪排空 日星隱曜 山岳潛形 商旅不行 檣傾楫摧 薄暮冥冥 虎嘯猿啼 登斯樓也 則有去國懷鄕 憂讒畏譏 滿目蕭然 感極而悲者矣

至若春和景明 波瀾不驚 上下天光 一碧萬頃 沙鷗翔集 錦鱗游泳 岸芷汀蘭 郁郁靑靑 而或長煙一空 皓月千里 浮光躍金 靜影沈璧 漁歌互答 此樂何極 登斯樓也 則有心曠神怡 寵辱俱忘 把酒臨風 其喜洋洋者矣

嗟夫 予嘗求古仁人之心 或異二者之爲 何哉 不以物喜 不以己悲 居廟堂之高 則憂其民 處江湖之遠 則憂其君 是進亦憂 退亦憂 然則何時而樂耶 其必曰先天下之憂而憂 後天下之樂而樂歟 噫 微斯人 吾誰與歸)」

범중엄의 이 글은 관료는 어디에 있든 늘 국가와 국민을 위해 봉사해야 한다는 엄중한 선언을 담고 있다.

국민이 근심하기 전에 먼저 문제점을 발견하여 정정함으로써 국민의 걱정을 덜고, 모든 국민이 다 안락한 생활을 향유할 때 비로소 즐거워하는 태도야말로 가장 이상적인 정치인의 자세라고 할 것이다.

【용례】 해마다 사고가 빈발하고 수많은 무고한 시민들이 목숨을 잃는 참사가 일어난 것이 단순한 사고였다고 보기에는 원인이 너무 어처구니없는 것이었지. 공무원들이 "선우후락"하는 자세를 가지고 꼼꼼히 점검을 했다면 얼마든지 막을 수 있는 사고들이었어.

선의순지 先意順旨

先 : 먼저(선) 意 : 뜻(의)
順 : 따를(순) 旨 : 뜻(지)

【뜻풀이】 그 사람이 생각하기도 전에 눈치 빠르게 의중을 알아채고 뜻을 좇는다. 다른 사람이 원하는 것을 미리 알고 비위를 맞추는 아부를 말한다. 선의승지(先意承志)라고도 한다.

【출전】 석개(石介, 1005~1045)의 글 〈격사홀설(擊蛇笏說)〉에 나오는 말이다.

「오호라! 천지에서 순연히 강하고 지극히 정대한 기운은 공의 홀에 있으니 어찌 다만 뱀 한 마리에 그칠 뿐이겠는가? 관청이나 궁궐에서 임금을 속이고 백성을 기만하며 남의 뜻을 알아채 그 뜻을 좇는 사람이 있으면 공이 이 홀(笏)로 그를 지목할 것이다. 또 묘당의 위에서 현인을 가리고 악인에게 은혜를 입히며 법을 어기고 기강을 문란케 하는 사람이 있다면 공이 이 홀로 그를 부를 것이다. 또 조정에서 용모로 아부하고 얼굴빛을 예쁘게 꾸미며 사악함에 붙어 정도(正道)를 거부하는 무리가 있다면 공이 이 홀로 그를 칠 것이다. 무릇 이와 같다면 관청과 궁궐에서는 어질지 못한 이는 떠날 것이고, 묘당에는 간신이 없을 것이며, 조정에는 예쁘게 꾸미는 사람이 없을 것이니 이것이 바로 홀의 공로인 것이다.

(噫 天地 鍾純剛至正之氣 在公之笏 豈徒斃一蛇而已 軒陛之下 有罔上欺民 先意順旨者 公以此笏指之 廟堂之上 有蔽賢蒙惡 違法亂紀者 公以此笏麾之 朝廷之內 有諛容色 附邪背正者 公以此笏擊之 夫如是則軒陛之下 不仁者去 廟堂之上 無奸臣 朝廷之內 無人 則笏之功也)」

이 글은 공도보(孔道輔)라는 사람이 영주(寧州) 천경관(天慶觀)에 살면서 백성들을 속이는 뱀을 쳐서 죽인 홀(笏)에 쓴 명(銘)이다〔홀(笏)은 벼슬아치가 조복(朝服)에 갖추어 손에 쥐던 패를 말하고, 명(銘)은 기물(器物) 따위에 새긴 글귀를 말한다〕. 석개는 자가 수도(守道)이고, 노(魯) 지방 사람이며 호는 조래선생(徂徠先生)이다.

【용례】 상급자에게 아부나 하면서 "선의순지"하는 이들이 승진하고 출세하는 풍조가 바뀌지 않는 한 우리 회사는 머지않아 큰 위험에 처할 거야.

선입주 先入主

先 : 먼저(선) 入 : 들(입) 主 : 주인(주)

【뜻풀이】 먼저 들은 말. 선입관(先入觀)과 같은 뜻이다.

【출전】 『한서·식부궁전(息夫躬傳)』에 다음과 같은 이야기가 있다.

전한의 11대 황제인 애제(哀帝) 때의 일이다. 그는 할머니 부씨(傅氏)와 어머니 정씨(丁氏) 일가에게 정치를 맡긴 뒤 동현(董賢)이라는 22세의 젊은 청년에게 빠져 그를 군사와 정치의 대권을 장악한 대사마(大司馬)에 임명하는 등 방종하기 짝이 없던 군주였다.

그때 황후의 아버지와 동향 사람인 식부궁이 흉노족이 침입한다고 하면서 군대를 변경 지역으로 집결시켜야 한다는 상소문을 올렸다. 애제는 이 말을 곧이곧대로 믿고 승상인 왕가(王嘉)에게 물었다. 왕가가 간곡하게 제지하며 말했다.

"폐하, 그 따위 헛소문에 속아서는 안 될 것입니다. 옛날 진목공(秦穆公)이 중신들의 건의를 무시한 채 정(鄭)나라에 원정병을 보냈다가 크게 낭패한 일이 있었지 않습니까? 그러나 목공은 곧 잘못을 고쳐 크게 이름을 남겼습니다. 폐하께서 먼지 들은 말(先入主)을 위주로 중시하는 순서를 정하신다면 장차 크게 위험에 처하시게 될 것입니다."

애제는 왕가의 말을 듣지 않았지만, 나중에 식부궁의 말이 거짓이라는 것이 탄로가 나 식부궁은 죽음을 당하고 말았다.

【용례】 자네가 사려 깊은 편이라면 그런 "선입주" 때문에 판단이 흐려지진 않으리라 믿네. 자료를 객관적으로만 살펴보면 진위는 금방 드러날 걸세.

선입지어 先入之語

先 : 먼저(선) 入 : 들(입)
之 : 갈(지) 語 : 말씀(어)

【뜻풀이】 먼저 들어온 말. 선입견(先入見)과 같은 뜻이다. 먼저 들은 이야기는 이미 그 사람의 마음을 흔들어 놓기 때문에 공정한 평가를 하는 데 방해가 된다는 말이다.

【출전】 『한서 · 식부궁전(息夫躬傳)』에 다음과 같은 이야기가 있다.

식부궁은 한나라 애제(哀帝) 때의 정치가다. 그는 부안(傅晏)과 같은 고을 출신으로 이를 빌미로 해서 넓은 교제 범위를 가지고 있었다.

어느 날 그가 애제에게 나가 이렇게 말했다.

"제가 알아보니 지금 흉노족들이 한나라를 공격할 만반의 준비를 갖춰 놓고 있다고 합니다. 빨리 변방으로 군사를 이동시키지 않는다면 큰 화를 부르게 될 것입니다."

이 말을 옳다고 여긴 애제는 당시 승상이었던 왕가(王嘉)를 불러 군사를 이동시키는 문제에 대해 상의하였다.

애제의 이야기를 들은 왕가는 이를 반대하면서 이렇게 말했다.

"식부궁의 말은 아무 근거도 없는 낭설일 뿐입니다. 옛날 진목공(秦穆公)도 백리해(百里奚)와 건숙(蹇叔)의 말을 듣지 않다가 결국 크게 낭패를 본 뒤에야 뉘우치지 않았습니까? 젊은 혈기로 함부로 떠드는 말에 귀기울이지 마시고 노련한 신하의 말을 경청하셔야 합니다. 그러니 폐하께서도 옛사람의 경계를 보고 살피셔서 거듭 참고하시와 먼저 귀에 들어온 말이라고 무턱대고 믿는 어리석음을 범하시지 않기 바랍니다.(唯陛下觀覽古戒 反覆參考 無以先入之語爲主)"

【용례】 그런 터무니없는 "선입지어" 때문에 제 말을 불신하시면 저는 정말 억울합니다.

선자위모 善自爲謀

善 : 착할 · 좋을(선)
自 : 스스로 · 부터(자) 爲 : 할(위)
謀 : 꾀밀(모)

【뜻풀이】 자기 속셈을 차리는 데 뛰어나다.

【출전】『남제서(南齊書)·왕승건전』에 다음과 같은 이야기가 있다.

남제(南齊) 사람인 왕승건(王僧虔)은 예서(隸書)를 아주 잘 써서 유명한 사람이다. 아울러 그가 세상을 살아가는 처세술 역시 유명하였다.

그의 친구가 이를 묘사하여 계익수만 굴기자용(戒益守滿 屈己自容)이라고 했다. 그 뜻은 일을 하면서 너무 자기의 이익을 챙기는 것을 경계하고, 다른 사람에게 한 발 양보하라는 것이다. 다른 사람이 좋고 나쁘고 간에 자기와 이해관계가 없다면 무엇 하려고 자기 고집을 피우겠는가? 어떤 때는 번거로움을 피하기 위해서라도 자신을 조금 낮추는 것이 무방하다는 것이다.

좀더 쉽게 풀이한다면 왕승건은 "칼로 두부를 자르듯이 양면이 매끄러운(刀切豆腐兩面光)" 사람이라고 할 수 있다.

당시의 황제였던 남제의 태조는 서예를 아주 좋아하는 사람이었다. 태조는 자신의 서법(書法)에 대해 평소 자부심을 가지고 있던 터라 서법으로 유명한 왕승건과 우열을 가리고 싶어 했다.

왕승건은 그 진퇴에 항상 여유를 둔 사람이지만, 글을 쓰는 데 열중하면 자신도 모르게 한 자 한 자 특별한 공을 들여 다 쓰고 나서야 흡족해하는 사람이었다. 왕승건이 흐뭇한 표정으로 자기의 작품을 보고 있는데 태조가 자기의 작품과 그의 작품을 놓고 우열을 가리라고 명령했다.

이 말을 들은 왕승건은 잠시 난감해져서 이리저리 궁리하기 시작했다. 만약 자기 작품이 우월하다고 한다면, 황제의 면전에서 황제의 작품이 부족하다고 말하는 꼴이 되는 것이다. 그런 말을 해서 황제의 노여움을 사서 도움이 될 것은 아무것도 없었다.

그러나 반대로 황제의 작품이 우월하다고 한다면, 이 역시 얼마 안 가 들통이 나고 말 것이다. 그러면 이 또한 황제를 속인 결과가 되어 뒤탈이 생길 수도 있는 일이었다.

아주 오랜 동안 고민하다가 결국 한 가지 방법을 생각해 냈다. 그는 이리저리 고개를 갸우뚱거리면서 조심스럽게 대답하였다.

"제가 보기엔 제가 쓴 것이 더 낫다고 하겠습니다. 하지만 폐하께서 쓰신 글도 저와 마찬가지로 제일이라고 할 수 있습니다."

이 말을 들은 태조는 얼굴이 붉어지도록 폭소를 터뜨리며 말했다.

"그대는 과연 말 그대로 똑똑하고 빈틈이 없는 사람이구려. 정말 자기 자신을 위해 속셈을 잘 차리는 사람이오.(善自爲謀)"

【용례】 저 친구를 참모로 쓰는 걸 반대는 않겠습니다만, 소문에 따르면 "선자위모"을 잘한다니 조심해서 가려 써야 할 것 같습니다.

선종외시 先從隗始

先 : 먼저(선) 從 : 좇을·부터(종)
隗 : 높을(외) 始 : 처음·비로소(시)

【뜻풀이】 먼저 곽외(郭隗)부터 시작하라. 가까이 있는 손쉬운 일부터 시작해서 먼 곳에 있을 어려운 일을 이루는 수단으로 삼으라는 말이다.

【출전】『전국책·연책(燕策)』〈소왕(昭王〉 조에 다음과 같은 이야기가 있다.

전국시대 연나라의 소왕은 제(齊)나라에 빼앗긴 영토를 되찾고 치욕을 갚기 위해 세상의 뛰어난 인재를 초빙하고자 하였다. 그래서 이 문제를 재상 곽외와 상의하였다. 곽외가 말했다.

"옛날에 이런 이야기가 있습니다. 어떤 임금이 천리마를 구하려고 천 냥의 돈을 걸고 기다렸습니다. 그러나 3년이 지나도 천리마는 오지 않았습니다. 그러자 궁중의 관리 한 사람이 자신이 구해 오겠다며 나섰습니다. 그는 백방으로 수소문한 결과 천리마가 있는 곳을 알았지만, 아쉽게도 그가 도착하기 전에 말은 죽어 버리고 말았습니다. 그러나 그는 그 죽은 말의 뼈를 5백 냥에 사 가지고 왔습니다. 임금은 '누가 죽은 말의 뼈다귀를 5백 냥이나 주고 사오랬느냐?'며 노발대발이었지요. 그러자 관리는 '생각해 보십시오. 죽은 천리마의 뼈를 5백 냥에 샀다면 산 말이야 얼마나 비싸겠냐고 사람들이 생각 안 하겠습니까? 잠시만 기다리면 서로 말을 팔겠다며 사람들이 모여들 것'이라고 했습니다. 과연 1년도 안 돼 천리마를 팔겠다는 사람이 셋이나 되었다고 합니다. 마찬가지로 폐하께서 천하의 영재를 얻고자 하신다면 먼저 가까이 있는 저부터 우대하십시오. 그러면 절로 천하의 영재들이 몰려들 것입니다."

이 말을 수긍한 소왕은 즉시 황금대(黃金臺)를 지어 곽외를 머물게 하고 사부(師父)로서 받들어 모셨다.

그러자 과연 얼마 안 가 악의(樂毅)와 추연(鄒衍), 극신(劇辛)과 같은 걸출한 인재들이 사방에서 연나라로 몰려왔다. 이들의 힘을 빌려 소왕은 제나라에 대한 원한도 갚고 나라를 부강하게 만들 수 있었다.

【용례】 이번 인사이동에 외부에서 이사를 초빙할 필요는 없을 것 같습니다. "선종외시"라고 자체 내에서 승진시킨다면 뛰어난 인재가 절로 찾아올 겁니다.

선착편 先着鞭

先 : 먼저(선) **着** : 입을·붙을(착)
鞭 : 채찍(편)

【뜻풀이】 먼저 채찍을 치다. 보통 "선편(先鞭)을 잡았다."는 말로 많이 쓰인다. 원래 뜻은 먼저 말에 채찍질을 가해 남보다 먼저 도착한다는 것이었는데, 오늘날에는 어떤 일을 남보다 먼저 시작한다는 것으로 바뀌었다.

【출전】 『진서(晉書)·유곤전(劉琨傳)』에 다음과 같은 이야기가 있다.

유곤(271~318)은 병주자사(并州刺使)로서 북쪽의 흉노족과 해마다 전쟁을 벌이며 동진(東晉)을 위해 노고를 아끼지 않았다. 그러나 중앙 정부에서는 이렇다 할 지원도 하지 않아 그는 늘 고립된 상태에 머물 수밖에 없었다.

이를 견디다 못한 유곤은 흉노의 두령 단필제(段匹磾)와 동맹을 맺고 석륵(石勒, 274~333)과 맞서 싸울 준비를 갖추었다.

그러나 단필제의 꼬임에 속아 그는 그만 그의 손에 죽음을 당하고 말았다.

그는 젊은 시절에 조적(祖逖, 266~321)과 친하게 지냈다. 그러던 어느 날 조적이 장군에 임명되었다는 소식을 접하고 친구에게 축하의 편지를 보냈다. 그 편지의 한 구절에 이런 말이 있었다.

"나는 창을 베고 아침을 기다리면서 뜻은 반역의 오랑캐들을 죽여 효수에 처하는 데 있었고, 항상 두려워하기는 그대가 나보다 먼저 채찍을 휘두르지나 않을까에 있었다.(吾枕戈待旦 志梟逆虜 常恐祖生先吾着鞭)"

유곤의 이 말에서 성어 선착편이 나왔다.

그리고 이 말에서 성어 침과대단(枕戈待旦)(◘ 참조)도 나왔다.

【용례】 그 사업은 원래 자네가 "선착편"한 일이 아닌가. 그런데 어찌된 일이길래 아직까지도 수익을 내지 못하고 있는가.

섭공호룡 葉公好龍

葉 : 사람이름(섭) **公** : 어른(공)
好 : 좋아할(호) **龍** : 용(룡)

【뜻풀이】 섭공이 용을 좋아하듯 겉으로는 좋아하는 것 같지만 사실은 그렇지 않다는 뜻이다.

【출전】 한나라 때의 사람 유향(劉向, 기원전 79~기원전 8)이 쓴 『신서(新序)·잡사편(雜事篇)』에 다음과 같은 이야기가 있다.

춘추시대 초나라에 섭공(葉公)이라는 사람이 있었다. 그의 본명은 심제량(沈諸梁)이라 하고 자는 자고(子高)라 하였는데, 섭이라는 곳에 있는 부친의 봉토를 계승하면서부터 섭공이라는 이름도 생겼다.

그런데 이 섭공은 특별히 용을 좋아하여 가정의 물건이나 실내의 모든 설비가 거의 전부 용과 인연이 없는 것이 없었다. 이에 하늘의 용마저 섭공이 용을 좋아한다는 소문을 듣고 어느 날 특별히 인간 세상에 내려와 섭공을 방문하게 되었다.

그러나 용을 좋아한다는 섭공이 창문으로 용의 머리가 들어오고 용의 몸체가 건넌방에서 꿈틀거리자 그만 놀라서 소리치며 도망쳐 버렸다. 그러니 섭공이 용을 좋아한다는 것도 한낱 빈말일 뿐이었다.

풍자적 의미가 다분한 이 이야기는 실은 하나의 우화라고 할 수 있는데, 이야기의 주인공 섭공은 역사상 실존한 인물이지만 이야기는 허구임이 분명하다. 그러나 섭공호룡이라는 말은 성어가 되었다.

앞에서 말한 『신서』에는 또 이런 이야기도 있다.

공자의 제자인 자장(子張)이 어느 날 노애공(魯哀公)이 현자들을 부르고 있다는 소문을 듣고 찾아갔지만 7일간이나 기다려도 만나 주지 않았다. 이에 화가 난 자장은 "노애공이 현자를 좋아한다는 것은 섭공이 용을 좋아하는 것과 같다."라고 말했다.

여기에서 용은 현자에 비유되고 노애공처럼 겉으로는 인재를 아낀다고 하면서도 실제로는 인재를 배척하는 사람을 섭공에 비유한 것이다.

【용례】 그 양반 말로는 충고하는 사람을 좋아한다고 하더니, 막상 충고 좀 했더니 아주 기분 나쁜 표정을 짓더군. 그 양반도 "섭공호룡"이야.

성공자퇴 成功者退

成 : 이룰(성) **功** : 공(공)
者 : 놈(자) **退** : 물러날(퇴)

【뜻풀이】 공을 이룬 사람은 때를 알고 물러나야 걱정이 없다는 말이다.

자기가 원한 소기의 목적을 달성했으면 더 이상 자리에 연연하지 말고 물러나는 것이 성공을 지킬 수 있는 방법이라는 교훈이 담겨 있다. 원전에서는 성공자거(成功者去)로 되어 있으며, 성공신퇴(成功身退)라고도 한다.

【출전】 『사기·범수채택열전』에 다음과 같

은 이야기가 있다.

수가(須賈)의 모함을 받아 거의 죽을 뻔한 범수(范雎)는 나중에 이름도 장록(張祿)으로 고쳐 진(秦)나라에 가서 신임을 얻어 재상이 되었다. 그는 정치를 훌륭하게 하여 마침내 진나라를 강국으로 만들었다.

그러나 범수도 나이가 들자 차츰 실수를 하기 시작했다. 덩달아 진소왕(秦昭王)의 신임도 떨어져 갈 즈음 이 소문을 들은 채택(蔡澤)이 그의 후임 자리에 앉으려는 생각으로 진나라로 들어갔다.

그는 시장을 다니면서 채택이 범수 대신 재상이 될 거라는 소문을 퍼뜨렸다. 이 소문을 듣자 범수는 곧 채택을 잡아들여 놓고 물었다.

"자네가 내 후임에 앉을 거라고 말했다는데 사실인가?"

"예, 그렇습니다."

"무엇 때문에 그래야 하는가?"

"보십시오. 봄·여름·가을·겨울도 자신의 공을 다 이루었으면 다음 계절에 자리를 물려주는 법입니다. 마찬가지로 승상께서 이 자리에 앉아 이룰 공은 이미 다 이룬 것으로 보입니다. 따라서 더 이상 자리에 얽매이지 말고 물러나 여생을 편안히 보내는 것이 현명한 태도가 아닐까 여겨집니다."

이 말에 동의한 범수는 마침내 재상의 자리를 채택에게 물려주고 자신은 은퇴하였다. 얼마 뒤 채택의 승진을 시기한 무리들의 질시가 거세지자 채택도 역시 병을 핑계로 자리를 내놓고 은퇴하고 말았다.

【용례】 저는 이 자리에 오랫동안 앉아 있으면서 제가 하고자 한 직무는 이제 다 이루었습니다. 더 이상 자리를 지킨다는 것은 아래 후임들을 위해 올바른 도리가 아닌 듯합니다. "성공자퇴"라고 이제 그만 사임할까 합니다.

성동격서 聲東擊西

聲 : 소리낼(성) **東** : 동녘(동)
擊 : 칠(격) **西** : 서녘(서)

【뜻풀이】 동쪽에서 소리를 지르고는 서쪽을 침. 상대방을 교묘하게 속여 공략하는 것을 비유하는 말이다.

【출전】 『통전(通典)·병전(兵典)』에 다음과 같은 이야기가 나온다.

초(楚)나라 항우와 한(漢)나라 유방이 천하를 두고 서로 다투던 때, 위왕(魏王) 표(豹)가 항우편에 투항하여 유방은 항우와 표에게 협공을 당하는 위험한 상황에 놓였다. 유방은 이 곤경을 벗어나기 위해 한신(韓信)을 보내어 정벌에 나섰다.

그러자 위왕 표는 백직(柏直)을 대장으로 삼아, 황하의 동쪽 포판(蒲坂)에 진을 치고, 한나라 군대의 도하를 막도록 하였다.

한신은 포판의 공격이 용이하지 않으리라 판단했지만, 사병들에게는 낮에는 함성을 지르며 훈련하게 하고 밤에는 불을 환하게 밝혀 강공(强攻)을 펼칠 의사를 분명히 하도록 하였다. 한나라 군대의 동태를 살펴본 백직은 어리석은 작전을 비웃었다.

그러면서 한신은 비밀리에 군대를 인솔하여 하양에 도착한 뒤, 강을 건널 뗏목을 준비하였다.

뗏목으로 황하를 건넌 한나라 군사들은 신속하게 진군하였고, 허를 찔린 위왕 표의 후방 본거지인 안읍(安邑)은 순식간에 점령당했다. 위왕 표는 한신에게 사로잡히는 몸이 되었다.

이처럼 한 쪽을 공격할 것처럼 허세를 떨면

서 정작 방비가 허술한 지역을 공격하여 적을 일거에 섬멸하는 작전을 일러 "성동격서"라 한다.

【용례】 저쪽 회사에서 이미 예상하고 있는 판촉 활동으로는 매출을 신장시키기는 쉽지 않을 겁니다. "성동격서"식으로 의표를 찌르는 콘셉트를 마련해 광고한다면 분명 승산이 있을 겁니다.

성명낭자 聲名狼藉

聲 : 소리(성) 名 : 이름(명)
狼 : 이리 · 어지러울(랑)
藉 : 깔개 · 빌릴 · 의지할(자)

【뜻풀이】 명성이 사방에 자자하다. 그러나 그 명성은 악명(惡名)을 말하는 것이니, 결국 명성이 땅에 떨어지거나 훼손되어 버린 것을 뜻한다.

【출전】 『사기 · 골계열전(滑稽列傳)』이나 소동파의 〈전적벽부(前赤壁賦)〉 등에 보면 모두 배반낭자(杯盤狼藉)라는 말이 있는데, 연회를 마친 뒤 술잔이나 접시 따위가 어수선하게 널려 있는 모습을 묘사한 말이다.

『사기 · 몽염열전』에는 또 이런 이야기가 있다.

몽염(蒙恬)과 몽의(蒙毅) 형제는 진시황이 가장 총애하는 장군이었는데, 진시황이 죽은 뒤 나이 어린 호해(胡亥)가 즉위하자 승상 이사(李斯)와 조고(趙高)의 모해를 받아 결국 자결했다.

몽의는 죽기에 앞서 이렇게 말하였다. "예전에 진목공과 진소양공, 초평왕, 오왕 부차가 선량한 신하들을 죽이고 그 악명을 천하에 떨치더니(以是籍於諸侯) 오늘 또 너희들이 무고한 사람을 죽이려고 하느냐."

여기서 자(藉)는 적(籍)으로 되어 있지만 어쨌든 성명낭자라는 성어는 이로부터 변화된 것으로 보인다.

【용례】 명예를 그렇게 중시하던 사람이 사람 한번 잘못 만나 개망신을 당했다는군. "성명낭자"가 되었으니, 죽을 맛이겠어.

성야소하 패야소하 成也蕭何 敗也蕭何

成 : 이를(성) 也 : 이끼(야)
蕭 : 쑥 · 시끄러울 · 쓸쓸할(소)
何 : 어찌(하) 敗 : 질(패)

【뜻풀이】 일을 성사시키는 이나 그릇되게 만드는 이나 같은 사람이라는 뜻이다. 일의 성패를 한 손에 쥐고 있는 것을 비유하는 말이다.

【출전】 『사기 · 회음후열전(淮陰侯列傳)』에 다음과 같은 이야기가 있다.

한신(韓信)은 젊어서 생활이 구차하여 갖은 수모를 겪었지만(☞ 일반지은一飯之恩 참조), 뒤에 유명한 장군이 되어 중원을 통일하는 데 이바지한 사람이다.

진(秦)나라 말기 각지에서 진시황의 폭정에 항거하는 반란이 일어나자 한신은 처음에는 항우(項羽)의 수하에 들어갔다. 그러나 항우가 그를 인정해 주지 않았기 때문에 그곳을 떠나 유방(劉邦) 아래서 일하게 되었다.

그렇지만 유방도 그의 재능에 의심이 들어 그를 잘 써 주지 않고 군량을 관리하는 자그마한 직무만 맡아보게 했다. 그러다가 어느 날

ㅅ

소하(蕭何)가 한신과 이야기하다가 그에게 탁월한 군사적 재능이 있음을 발견하게 되었다.

당시 유방은 한왕(漢王)에 봉해져서 한중 일대를 다스리고 있었는데, 그의 부하들 중에는 고향 생각이 나서 달아나는 자들이 속출하고 있었다. 이때 한신도 유방이 자신을 등용하지 않자 도망치고 말았다.

이에 놀란 소하는 그를 뒤쫓아가서 몸소 한신을 설득해 유방에게 소개하면서, "천하를 얻으려면 이 사람이 아니면 안 되니 대장군으로 삼아야 한다."라고 극구 그를 천거했다.

소하의 말이라면 팥으로 메주를 쑨다고 해도 곧이듣는 유방은 그의 말대루 날짜를 정해 한신을 대장군으로 삼고, 지켜 본 결과 과연 소하의 말대로 군사적 재능이 비상한 사람임을 알 수 있었다.

그리하여 유방은 한신으로 하여금 군사를 지휘해서 동진케 하여 위나라와 조나라를 무찌르고 연나라를 항복시킨 뒤 제나라를 정복한 다음 마지막으로 초패왕 항우를 격파하고 대업을 이루었다.

이에 천하를 통일한 유방은 한나라의 개국 황제〔한고조(漢高祖)〕가 되고 소하는 승상이 되었다. (➡ 한마공로汗馬功勞 참조)

그러나 유방은 일단 황제가 되자 재주가 남다른 한신이 걱정이 되어 잠을 이룰 수가 없었다.

마침내 유방은 먼저 한신의 군사 지휘권을 박탈하고 초왕(楚王)에 봉했다가 다시 회음후에 봉하더니, 나중에는 황후인 여후와 승상인 소하 등과 짜고 한신을 입궐케 한 뒤 죽여 버리고 말았다.

이와 같이 한신이 한때 잘된 것도 소하 때문이었고 나중에 목숨을 잃게 된 것도 소하 때문이었다. 그래서 성야소하 패야소하라는 성어가 나오게 된 것이다.

【용례】 이번 일은 자네만 믿고 모든 걸 전담시키겠네. "성야소하 패야소하"니 반드시 성공하리라 의심치 않겠네.

성중형외 誠中形外

誠 : 정성(성) **中** : 가운데(중)
形 : 형상(형) **外** : 바깥(외)

【뜻풀이】 마음속에 담긴 진실한 생각은 저절로 밖으로 드러나게 마련이다.

이 말은 역으로 생각해서 악한 마음씨를 가진 사람은 아무리 겉으로 착한 척해도 본심이 드러나 남이 눈치 챈다는 말도 된다. 그러므로 항상 마음을 선하게 갖는 것이 진정한 인간다운 인간이 되는 도리(道理)라고 하겠다.

【출전】『대학(大學)·성의장(誠意章)』에 다음과 같은 말이 나온다.

「소인이 한가롭게 지낼 때는 착하지 못한 일을 하는 것이 이르지 않는 곳이 없다. 그러다가 군자를 본 뒤에야 부끄러운 듯이 그 착하지 못한 것을 감추고 착함을 드러내고자 한다. 그러나 사람들이 자신을 보는 것이 마치 나의 간이나 폐를 들춰보는 듯한데 그런들 무슨 이익이 있겠는가? 이를 일러 마음속이 성실하면 밖으로 절로 드러난다고 하는 것이다. 때문에 군자는 반드시 그가 홀로 있을 때를 삼가야 할 것이다.

(小人閒居 爲不善 無所不至 見君子而后 厭然揜其不善而著其善 人之視己 如見其肺肝然 則何益矣 此謂誠於中 形於外 故君子必愼其獨也)」

남의 이목이 두려워서 꾸며 하는 선행은 결

국 거짓이 드러나게 마련이다. 왜냐하면 남은 속여도 자신은 속이지 못하기 때문이다. 참되고 성실한 마음에서 우러나오는 실천이야말로 내남없이 떳떳한 일일 것이다.

【용례】 많은 액수는 아니더라도 여러분들이 내주신 후원금은 어린 고학생들에게 큰 힘이 될 것입니다. 여러분들의 마음속에 담긴 따뜻한 정성이 밖으로 다 드러나 보이는데("성중형외") 누가 고마워하지 않겠습니까?

성하지맹 城下之盟

城 : 성(성) 下 : 아래(하)
之 : 어조사(지) 盟 : 맹세할(맹)

【뜻풀이】 성 아래에서의 맹세. 핍박에 못 이겨 굴욕적으로 맺은 조약을 일컫는 말이다.

【출전】 『좌전·환공(桓公) 12년』조에 다음과 같은 이야기가 있다.

춘추시대 강대한 초(楚)나라의 이웃에 교(絞)라는 작은 나라가 있었다. 어느 날 초나라에서 대군을 풀어 교나라를 공격해 교나라 도성의 남문까지 육박해 들어왔다.

이에 맞서 교나라 군사들은 죽기살기로 싸워 여러 차례 초군을 물리쳤다. 이때 초나라 진중에 굴하(屈瑕)라는 사람이 초군 장수에게 계책을 말했다.

"교나라 사람들은 경솔하고 지략이 부족하므로 우리들은 유인술을 써서 그들을 성 밖으로 끌어낼 수 있습니다. 화부들에게 산에 올라가 나무를 하게 하고 일부러 병사들을 보내지 않으면 그들은 기필코 성 밖으로 나올 것입니다."

초군 장수가 굴하의 말을 타당하다고 여겨 그대로 실행했더니 교나라 사람들은 과연 성 밖으로 나와 한꺼번에 산에서 나무를 하던 초나라 사람 30명을 붙잡아갔다. 이에 담이 커진 교나라 사람들은 이튿날에도 북문을 열고 나와 산에서 나무를 하던 초나라 사람들을 붙잡아가려 했다.

이때 사전에 매복해 있던 초나라 군사들은 북문을 막고 교나라 군사를 격파한 다음 교나라를 억압해서 성하지맹을 체결하였다.

『좌전·선공(宣公) 15년』조에 보면 초나라가 송(宋)나라를 굴복시킨 기사에서도 성하지맹이라는 말이 나온다. (☞ 편장막급鞭長莫及 참조)

【용례】 병자호란(丙子胡亂) 때 인조가 청나라와 맺은 조약은 군신 관계를 인정하는 그야말로 "성하지맹"이었지.

성호사서 城狐社鼠

城 : 성(성) 狐 : 여우(호)
社 : 땅귀신(사) 鼠 : 쥐(서)

【뜻풀이】 성벽에 숨어 사는 여우나 묘당에 기어든 쥐새끼라는 뜻으로서 탐욕스럽고 흉폭한 벼슬아치를 비유하는 말이다. 직호사서(稷狐社鼠)라고도 한다.

【출전】 『진서·사곤전(謝鯤傳)』에 다음과 같은 이야기가 있다.

동진(東晉) 때 대장군으로 있던 왕돈(王敦, 266~324)이나 대신이었던 조부 왕람(王覽)과 숙부 왕상(王祥) 등은 모두 한다 하는 세력가들이었는데, 동진시대 산동 왕씨는 모두 유명한 대귀족들이었다.

동진왕조가 중국 북부에 대한 지배권을 잃

ㅅ

고 강남 지방으로 달아나 건강(建康, 오늘날의 남경)으로 천도했을 때의 일이다. 왕씨 집안도 남하해서 여전히 동진왕조를 좌지우지(左之右之)하였다.

이때 진원제 사마예(司馬睿)의 승상이었던 왕도(王導, 276~339)는 바로 왕돈의 사촌형이었고, 왕돈의 아내는 바로 사마염의 딸 양성공주였다. 이리하여 당시 사람들은 말했다. "왕씨와 사마씨가 함께 천하를 휘두르고 있다.(王與馬 共天下)"

그러나 당시 사마씨와 왕씨 사이의 알력 또한 첨예했다. 진원제가 건강에서 등극한 뒤 왕돈은 통수로 임명되어 나중에 강주(康州)와 양주(襄州)·형주(荊州)·양주(揚州)·광주(廣州) 등 다섯 고을의 군사들을 총지휘하고 강주자사까지 겸하면서 무창(武昌)에 주둔하고 있었다.

이리하여 왕돈은 장강 상류를 장악하고 장강 하류의 도성을 위협하는 형세였다. 이에 진원제는 유외(劉隗)와 대연(戴淵)을 진북장군으로 임명하여 각각 군사 1만 명을 이끌고 나가 엄중하게 왕돈을 방비하게 하였다.

이때 왕돈은 진원제의 속셈을 간파하고 적극적으로 군사를 움직일 준비를 하였다. 그러나 만약 군사를 움직여 도성을 공격하면 완전히 반란이 되기 때문에 경거망동(輕擧妄動)할 수도 없었다.

이에 왕돈은 "유외는 나라를 망치는 간사한 무리니, 나는 임금 신변에서 빌붙어 사는 그와 같은 간신을 제거하겠다."는 명분을 내세워 군사를 일으켰다. 이런 술책은 한나라 초기 오왕 유비(劉濞)의 청군측(淸君測)에서 배워온 것이다.(◘ 지강급미舐糠及米 참조)

이때 왕돈의 수하에서 장사(長史)로 있던 사곤(謝鯤)은 왕돈에게 일처리를 신중하게 하라고 권고하면서 "유외는 간신이지만 성벽에 숨어 사는 여우이며, 묘당에 기어든 쥐새끼"라고 말하였다.

즉, 여우나 쥐는 사람마다 모두 잡아 죽이려고 하지만 궁성에 숨어 있고 묘당 안에 도사리고 있기 때문에 궁성이나 묘당을 훼손할까 싶어 잡아 없애기 어렵다는 말로, 임금 신변에 있는 탐욕스러운 관리들이 바로 그렇다는 말이다.

【용례】 저런 모리배를 수하에 두시면 안 됩니다. 당장 간이라도 내줄 것처럼 야단이지만 "성호사서"는 결국 자기 잇속만 채우고 도망갈 것이 뻔합니다.

세사부운하족문
世事浮雲何足問

世 : 세상(세) 事 : 일(사) 浮 : 뜰(부)
雲 : 구름(운) 何 : 어찌(하)
足 : 족할(족) 問 : 물을(문)

【뜻풀이】 세상사는 뜬구름과 같으니 어찌 족히 물을 수 있겠는가?

【출전】 왕유(王維, 701~761)의 작품 〈작주여배적(酌酒與裴迪)〉에 나오는 시구다.

「술을 부어 그대에게 주니 그대 절로 너그럽고

사람의 마음을 뒤집히는 것이 파란이 일 듯하는구나.

늙은 나이에 서로 알아도 오히려 칼을 매만지고

주문의 선달 역시 웃으며 관을 매만진다.

풀빛은 가는 비에 쓸려 촉촉히 이슬 머금었는데

꽃가지는 움트려 하지만 봄바람이 차구나.
세상사 뜬구름 같으니 어찌 족히 물으리요
높이 누워 조용히 섭생을 함만 못하도다.
酌酒與君君自寬
人情飜覆似波瀾
白首相知猶按劍
朱門先達笑彈冠
草色全經細雨濕
花枝欲動春風寒
世事浮雲何足問
不如高臥且加餐」

이런저런 일로 시끄럽고 떠들썩한 것이 세상사다. 자칫 휩쓸리다 보면 자신도 모르게 큰 낭패를 보기도 한다. 또 명예라든가 이익이란 것도 그때가 지나고 나면 그리 대수로울 것도 없다.

참다운 정취와 행복은 세상 사람들이 그리 워하는 일에 있는 것은 아니다. 오히려 홀로 도도하게 세상을 관조하면서 섭생술(攝生術)을 익히는 것이 진정 깨끗한 마음을 깨끗하게 지키는 길이 될 것이다.

【용례】 이번 고시에서 또 떨어졌다고 낙심 말게. "세사부운하족문"이야. 꿋꿋하게 노력하다 보면 더 좋은 일이 생길지 누가 아나?

세세불철 世世不輟

世 : 대대로(세) 不 : 아닐(불)
輟 : 그칠(철)

【뜻풀이】 대대로 제사가 끊어지지 않는다는 뜻으로, 후손들이 조상을 잘 받들어 모시는 것을 말한다.

【출전】 『여씨춘추·맹동기(孟冬紀)』에 다음과 같은 이야기가 나온다.

초장왕(楚莊王) 때의 신하 손숙오(孫叔敖)가 무공을 많이 세우자 장왕은 상으로 그에게 토지를 하사하였다.

손숙오는 장왕에게 모래와 자갈이 많은 척박한 땅을 달라고 자청하였다. 초나라 법에 의하면 신하가 상으로 받은 땅은 2대가 지난 다음에는 다시 회수하도록 되어 있었다.

하지만 손숙오가 받은 땅은 워낙 메마르고 척박해서 아무도 회수하려 하지 않았다. 때문에 계속 손숙오의 가문에 남게 되었다. 그 덕분에 9대 후손에 이를 때까지도 제사가 끊이지 않았다. 이렇게 제사가 대대로 끊이지 않고 이어져 내려온 것에 대해 〈맹동기〉는 노자의 말을 인용하고 있다.

"노자가 말하기를 잘 세우면 뽑히지 않고, 잘 안으면 달아나지 못한다. 자손들은 제사를 지냄에 대대로 끊임이 없었다 하니, 손숙오를 두고 하는 말이다.(老子曰 善建不拔 善抱不脫 子孫以爲祭祀 世世不輟 孫叔敖之謂也)"

세세불철은 이 말에서 나왔다. 조상이 먼 앞날을 내다보며 행동하면 후손들은 제사를 끊이지 않음으로써 정성껏 받드는 교훈을 보여 주는 성어다.

위와 비슷한 일화는 소하(蕭何)의 경우에도 찾을 수 있다.

한(漢)나라의 명재상 소하는 고조(高祖)로부터 다른 공신보다도 훨씬 많은 식읍(食邑)을 받았지만(➡ 한마공로汗馬功勞 참조) 평생 소박하고 검소하게 살았다. 그는 자신의 이런 생활에 대해 말했다.

"후손이 어질면 내 검소함을 본받을 것이고, 그렇지 못하더라도 물려받은 재산이 없으니 권문세가에게 빼길 걱정은 없을 것이다."

【용례】 저 집안 조상분들이 대대로 나라를

ㅅ

위해 큰 공헌을 한 것으로 유명하지. 후손들도 하나같이 뛰어난 것을 보면 "세세불철"의 귀감이 될 집안이야.

세월부대인 歲月不待人

歲 : 해(세) **月** : 달(월) **不** : 아닐(부)
待 : 기다릴(대) **人** : 사람(인)

【뜻풀이】 세월은 사람을 기다리지 않는다. 젊었을 때 부지런히 학문에 힘쓰라는 당부가 담긴 말이다.

【출전】 도연명(陶淵明, 365~427)의 〈잡시(雜詩)〉에 다음과 같은 작품이 있다.

「사람살이 뿌리가 없으니
부대끼기 길가의 먼지 같네.
흩날리며 바람 따라 구르니
이것 이미 일상의 몸 아닐세.
떨어진 곳마다 형제 되거늘
어찌 골육만 가까이할까?
즐거우면 마땅히 음악을 뜯고
이웃과 함께 한 말 술을 마시네.
좋은 날은 다시 오지 않으며
하루에도 새벽은 한 번뿐인걸.
때맞춰 부지런히 힘쓰시게나
세월은 사람을 기다리지 않는다네.
人生無根蔕
飄如陌上塵
分散逐風轉
此已非常身
落地爲兄弟
何必骨肉親
得歡當作樂
斗酒聚比隣
盛年不重來
一日難再晨
及時當勉勵
歲月不待人」

즐거운 술자리에 나가서 지은 시답게 흥겨운 자리를 마음껏 즐기라는 권주의 의미도 담겨 있지만, 한편 가장 왕성한 나이에 도락에만 빠져서는 안 된다는 교훈도 서려 있다.

윤리적인 입장에서만 삶을 보지 않고 사해형제(四海兄弟)(➡ 참조)라는 거시적이고 화합적인 입장에서 삶을 관조하는 도연명의 넉넉한 품성이 엿보이는 작품이다.

【용례】 젊었을 때 건강을 돌보지 않고 사업에만 몰두했더니, 결국 이런 고질병에 걸리고 말았어. 자네도 너무 젊음만 믿진 말게. "세월부대인"이야.

세이공청 洗耳恭聽

洗 : 씻을(세) **耳** : 귀(이)
恭 : 공경할(공) **聽** : 들을(청)

【뜻풀이】 귀를 씻고 남의 말을 경청한다는 말인데, 흔히 남이 제안한 내용을 비웃거나 우스갯소리를 할 때 쓰인다.

【출전】 진(晉)나라 때의 학자 황보밀(皇甫謐, 215~282)이 지은 『고사전(高士傳)』에 다음과 같은 이야기가 있다.

전설에 따르면 상고시대 요(堯)임금이 허유(許由)라는 사람에게 임금 자리를 물려주려 하자 정치에 뜻이 없던 허유는 요임금의 호의를 거절했을 뿐 아니라 즉시 기산에 들어가 숨어 버렸다.(➡ 월조대포越俎代庖 참조)

그런데 처음에 요임금은 허유가 겸손해서

그러는 줄로만 알고 기산(箕山)에 사람을 파견하여 허유더러 임금 자리를 물려받지 않겠으면 나와서 구주장(九州長)의 벼슬이라도 맡아 달라고 부탁하였다.

그러나 이 말을 들은 허유는 한층 더 역겨워하면서 즉시 산 아래 있는 영수(潁水)라는 강에 내려가서 두 손으로 물을 떠서 귀를 씻었다.

이때 허유의 친구로 역시 이 고장에서 은거생활을 하고 있던 소부(巢夫)라는 사람이 송아지를 몰고 강가에 와서 물을 먹이려다가 허유가 귀를 씻는 모습을 보고는 그 까닭을 물었다. 이에 허유가 자초지종(自初至終)을 말하면서 "그토록 깨끗지 못한 말을 듣고 어찌 귀를 가시지 않을 수 있으리오."라고 대답했다.

그러자 소부는 "그렇다면 괜히 송아지의 입만 더럽히겠는걸!" 하고는 돌아서서 송아지를 끌고 가 버렸다는 이야기다. 세이공청은 바로 이상의 이야기에서 나온 성어다.(➡ 기산지절箕山之節 참조)

【용례】 나더러 자네들이 탈세하는 일에 동참하란 말인가. 좋은 일만 하기에도 짧은 게 인생인데, 그런 일 때문에 "세이공청"하면서 살아야겠는가? 진심으로 충고하는데 큰 사고 당하기 전에 정직하게 살게나.

세태염량 世態炎凉

世 : 세상(세) 態 : 모양(태)
炎 : 더울(염) 凉 : 서늘할(량)

【뜻풀이】 사정이 달라지면 그때마다 바뀌는 세태를 비유하는 말이다.

【출전】 『송서(宋書)·악지(樂志)』에 보면 "교화를 다듬는 것은 추우나 더우나 고르게 하고, 정치를 베푸는 것은 더우나 서늘하나 두루 한다.(裁化遍寒懊 布政周炎凉)"는 말이 있다.

백거이(白居易)의 시 〈화원진송수시(和元稹松樹詩)〉에도 나온다.

「팔월달에 흰 서리가 내리니
홰나무 이파리도 덩달아 누래진다.
이는 마치 소인배의 얼굴과 같노니
덥고 서늘한 것에 따라 모양을 바꾸는구나.
八月白露降
槐葉次第黃
此如小人面
變態隨炎凉」

계절의 변화에 따라 날씨가 더워지기도 하고 추워지기도 하는 것처럼 세상인심도 자신이 처한 상황에 따라 대우가 바뀐다는 말이다.

올바른 가치관을 가진 사람이라면 이런 교활한 태도는 없겠지만 이익을 좇아 신의를 헌신짝처럼 저버리는 요즘 세태로 보면 영락없이 염량(炎凉)의 극치를 걷는 느낌이다.

【용례】 한때 나라를 구한다는 명분으로 모인 사람들이 이제는 남남이 되어 찢어지는 꼴을 보면 "세태염량"의 느낌을 금할 길이 없어.

소거백마 素車白馬

素 : 평소·흴(소) 車 : 수레(거)
白 : 흰(백) 馬 : 말(마)

【뜻풀이】 흰 수레와 흰 말. 아주 절친한 친구 사이를 비유하거나 친구의 죽음을 애도하는 마음을 말할 때 쓴다. 원래 흰 수레와 흰 말은 사람이 죽었을 때 상여로 썼다고 한다.

【출전】 『후한서·범식전(范式傳)』에 다음과 같은 이야기가 있다.

범식은 산양(山陽) 금향(金鄕) 사람으로 자는 거경(巨卿)이다. 그와 여남(汝南) 사람인 장소(張邵)는 아주 절친한 사이로, 장소는 특히 약속을 잘 지키기로 유명한 사람이었다.

두 사람은 함께 경성(京城)에서 공부하다가 학업을 마치고 각자 고향으로 떠나게 되었다. 헤어지면서 범식은 장소에게 2년 뒤에 그의 집을 방문해 그의 어머니를 뵙고 인사드리겠다고 약속하였다.

그로부터 2년 뒤 범식이 약속한 날이 되자 장소는 어머니에게 음식을 준비해 달라고 하였다. 그러자 어머니는 서로 헤어진 지 벌써 2년인데 어떻게 오겠느냐며 기다리지 말라고 충고하였다.

그러자 장소가 말했다.

"범식은 약속을 잘 지키는 사람이니 반드시 올 겁니다."

그의 대답에 어머니가 말했다.

"네가 그렇게까지 말하니 음식을 준비하긴 해야겠구나."

오랫동안 떨어져 있던 범식을 기다리기에 초조해진 장소는 슬슬 동구 밖으로 나가 거닐면서 마중을 나갔는데, 저 멀리서 먼 길을 오느라고 지친 듯한 범식의 모습이 눈에 띄었다. 약속대로 범식은 장소의 집을 찾아와 그의 어머니에게 인사를 하고는 술을 마시며 서로 오랜만에 회포를 풀고 며칠을 지내다가 다시 후일을 기약하고는 헤어졌다.

그로부터 몇 달이 지난 뒤에 장소가 갑자기 병이 들어 죽을 날만 기다리는 신세가 되고 말았다. 장소는 죽음에 임박해서 길게 한숨을 내쉬며 말했다.

"범식을 다시 보지 못하고 죽는 것이 한스럽구나."

그가 죽은 그날 밤에 범식은 꿈에서 장소를 보았다. 장소는 범식에게 자신은 이미 죽었으며, 곧 장례를 치르려고 하니 한번 다녀가라고 말하는 것이었다.

깜짝 놀라 꿈에서 깨어난 범식은 황급히 태수에게 휴가를 청해서 장소의 집으로 달려갔다.

한편 그가 친구의 상복을 입고 꿈에 장소가 말한 곳으로 달려가고 있을 때, 장지에서는 갑자기 관이 움직이지 않아 하관을 못해 쩔쩔매던 중이었다. 이때 장소의 어머니는 흰 말이 끄는 흰 수레가 급히 달려오는 것을 보자 통곡을 하며 뛰어가 그를 마중하였다. 그녀는 아들의 말을 들어 그가 범식이라는 것을 알았던 것이다.

범식이 장지에 도착해서 애도를 하고 나자 비로소 관이 움직여 그를 땅에 묻을 수 있었다. 이를 본 사람들은 두 사람의 우정과 신의에 감탄하지 않는 이가 없었다.

이 이야기에서 범식이 흰 말이 끄는 흰 수레를 타고 달려온 것처럼, 동양에서는 이후 상복과 장례에 쓰이는 물건들을 주로 흰색으로 했다고 한다.

범식과 장소 두 친구 사이의 두터운 믿음에서 성어 거경지신(巨卿之信)이 나왔다. 친구 사이의 굳은 약속을 뜻한다.

【용례】 동고동락(同苦同樂)하던 친구를 이렇게 졸지에 사고로 잃다니. "소거백마"하는 내 심정을 저승에 간 친구가 알지 모르겠군.

소견다괴 少見多怪

少 : 적을(소) **見** : 볼(견)
多 : 많을(다) **怪** : 괴이할(괴)

【뜻풀이】 본 것이 적으면 괴이한 일이 많다.

견문이 좁은 것을 비웃는 말이다.

【출전】 『홍명집(弘明集)』에 다음과 같은 이야기가 있다.

옛날에 어떤 사람이 낙타를 처음 보았다. "아니 저 말을 보시구려. 말잔등이 저렇게 부었으니 웬일입니까?" 하고 큰 소리로 외쳤다. 알고 보니 그는 낙타를 처음 보는 사람으로 낙타가 무엇인지도 모르는 사람이었다.

이에 뒷날 후한 사람 모융(牟融)이 이 일을 가리켜 자신의 〈이혹론(理惑論)〉이라는 글에서 "본 것이 적기 때문에 괴상하게 생각하는 것도 많다. 낙타를 보았으면서도 말 등에 혹이 났다고 말한 것이다.(少所見 多所怪 睹駝駝 言馬腫背)"라고 하였다. 또 『포박자·신선편(神仙篇)』에는 "무릇 본 것이 적으면 괴상하게 여기는 것이 많아지나니, 이것은 세상에서 일상적으로 있는 일이다.(夫所見少則所怪多 世之常也)"라는 말도 있다.

여기에서 소견다괴라는 성어가 나온 것이다.

조선의 학자 성현(成俔, 1439~1504)이 지은 『용재총화(慵齋叢話)』에 이와 관련된 재미난 이야기가 있어 여기 소개한다.

「옛날에 한 장님이 개성에 살았다. 그는 품성이 몹시 어리석고 꽉 막힌 사람으로 기괴한 이야기를 즐겨 믿었다. 때문에 항상 젊은 사람을 만나면 붙잡고는 뭔가 이상한 일이 없느냐고 묻곤 하였다.

어느 날 어떤 젊은이가 장님에게 말하였다.

"가까운 곳에 아주 이상한 일이 있습니다. 동쪽 거리가 갈라져서 천 길이나 패였는데, 땅 아래 오가는 사람들을 역력히 볼 수 있고 닭소리와 다듬이질 소리를 다 들을 수 있습니다. 제가 지금 거기서 오는 중인걸요."

이 말을 듣더니 장님이 말했다.

"정말 자네 말과 같다면 더할 나위 없는 이상한 일일세. 내 눈이 멀어서 비록 물건을 보지는 못하지만, 그 근처에 가서 그 소리라도 한 번 듣는다면 내 죽어도 한이 없겠네."

그래서 장님은 젊은이를 따라 길을 나섰다. 젊은이는 하루 종일 도성 안을 오가면서 골목길을 왕래하다가, 마침내 장님의 집 뒷동산에 올라가 말했다.

"이곳이 바로 그곳입니다."

장님은 자기 집에서 나는 닭 울음소리와 다듬이 소리를 듣더니 손뼉을 치며 웃으면서 외쳤다.

"정말 좋구나! 정말 좋구나!"

젊은이는 어처구니가 없었던지 장님을 밀어 언덕 아래로 굴렸다. 데굴데굴 굴러서 자기 집 앞까지 내려온 장님을 보고 그 집 하인이 뛰어나와 웬일이냐고 물었다. 장님은 머리를 조아리고 손바닥을 비비면서 말했다.

"나는 하늘나라에서 온 장님이니라."

이 꼴을 보고 있던 그의 아내가 기가 막혀 껄껄 웃었다. 그 소리를 들은 장님이 이번에는 아내를 향하여 말했다.

"아니, 자네는 또 언제 이곳에 왔는가?"

(昔有一盲 居開城 性癡顚 好信奇怪 每逢年少 輒問有何異事 年少云近有大異之事 東街地坼千仞 地底往來人 歷歷可見 鷄鳴砧響 歷歷可聽 余自其處來矣 盲曰果若汝言 大是奇事 兩目矇瞽 縱不見物 庶從其傍 一聞其聲 死亦無憾 隨年少而行 終日遍國中 迤邐而往還 至其家後崗 年少曰 此其處也 盲聞其家鷄鳴砧響 拍手笑曰 樂哉樂哉 年少推盲 盲墜于地 童僕問故 盲稽首撫掌曰 我是天上盲 又聞其妻笑聲曰 汝亦何時到此)」

【용례】 요놈의 강아지가 처음 세상 구경 하니까 모든 게 다 신기한 모양이구나. "소견다괴"할 만도 하지만 잘못하다간 멍멍탕 되기 꼭 알맞겠다.

ㅅ

소국과민 小國寡民

小 : 작을(소) 國 : 나라(국)
寡 : 적을(과) 民 : 백성(민)

【뜻풀이】 나라는 작고 백성은 적다. 이것은 노자(老子)가 희구한 이상 국가가 갖추어야 할 가장 핵심 조건이다.

【출전】『노자(老子)·제80장』에 다음과 같은 이야기가 있다.

「나라는 작고 백성은 적어야 하며,
열 가지 백 가지 온갖 기계가 있어도
쓰지 않도록 하라.
백성들로 하여금 죽음을 무겁게 여겨
멀리 옮기지 않도록 하라.
배와 수레가 있어도 탈 일이 없게 하고,
갑옷과 병장기가 있어도 쓸 일이 없도록 하라.
사람들로 하여금 매듭을 엮어(結繩) 쓰도록 하고,
음식을 달게 먹으며,
의복을 아름답게 여기고,
거처가 편안하도록 생각하며,
풍속을 즐기도록 해 주어라.
이웃 나라가 서로 보이고,
닭소리며 개소리가 가까이서 들려도
백성들이 늙어 죽을 때까지
서로 가고 오지 않도록 하여라.
(小國寡民 使有什伯之器而不用 使民重死而不遠徙 雖有舟輿 無所乘之 雖有甲兵 無所陳之 使人復結繩而用之 甘其食 美其服 安其居 樂其俗 隣國相望 鷄犬之聲相聞 民至老死不相往來)」

노자는 나라가 커지는 것은 곧 이웃을 해치고 욕심을 부렸기 때문으로 보았다. 그러므로 모든 이웃이 화목하고 행복하게 살기 위해서는 국가를 작게 하고 인구를 줄여 서로 욕심을 내지 않게끔 되어야 한다고 보았다.

현실과 동떨어진 주장이기는 하지만 자연의 순리를 좇아 성정(性情)을 온화하게 유지하는 도가적인 수행의 방향을 알 수 있게 한다.

【용례】 나라의 규모가 커질수록 부정도 심해지고 규모도 걷잡을 수 없으니 차라리 옛날 도시 국가처럼 "소국과민"한 게 더 이상적일지도 모르겠군.

소규조수 蕭規曹隨

蕭 : 쓸쓸할(소) 規 : 그림쇠(규)
曹 : 무리(조) 隨 : 뒤따를(수)

【뜻풀이】 소하가 정한 것을 조참이 좇다. 옛날의 법도를 그대로 물려 쓰는 것을 말한다.

【출전】 한나라 초기에 활동한 소하(蕭何)는 한고조 유방과 같은 고향 사람으로 한신(韓信)·장량(張良)과 더불어 한나라 초기의 삼걸(三傑)로 불리던 사람이며, 유방이 황제가 된 뒤에는 정승까지 지냈다.

소하는 당시 진나라의 문헌 자료들을 다루고 있었기 때문에 전국의 지리와 풍속에 대해 잘 알고 있었다. 이 때문에 한나라가 건국될 무렵 그는 일련의 법규와 제도들을 직접 제정했다.

한고조 유방에게는 조참(曹參)이라는 또 한 명의 이름난 모사가 있었는데, 그 역시 유방과 같은 고향 사람으로 사람들은 소하와 조참을 일컬어 흔히 소조라고 불렀다. 소하는 죽을 때가 되자 조참을 자신의 후임자로 유방에게 건의했다.

소하가 세상을 떠난 뒤 정승 자리를 물려받은 조참은 소하가 생전에 제정한 법규와 제도 정책을 그대로 물려받아 집행했다. 이리하여 한성제 때 양웅(揚雄)이라는 사람은 그의 저서 『법언·연건편(淵騫篇)』에서 "소하가 제정한 법규를 조참이 그대로 물려받았다.(蕭也規 曹也隨)"고 쓰고 있다.

성어 소규조수는 여기에서 나온 말이다.

【용례】 전임 장관이 일을 다 끝내지 못하고 경질된 것이 안타깝군. 신임 장관이 가능하면 "소규조수"해서 그분이 못다 한 사업을 마무리했으면 좋겠어. 새로 일만 벌이면 또 도로 아미타불이잖아.

소년이로학난성 少年易老學難成

少 : 젊을(소) **年** : 해(년) **易** : 쉬울(이)
老 : 늙을(로) **學** : 배울(학)
難 : 어려울(난) **成** : 이룰(성)

【뜻풀이】 젊은이는 쉽게 늙어 버리는데 학문은 이루기가 어렵다. 세월은 거침없이 빠르게 흘러가고 그 가운데서 일을 이루기가 힘든 것을 비유하는 말이다.

【출전】 주희(朱熹, 1130~1200)에게는 〈권학문(勸學文)〉이 두 편 있다. 그 중 한 편은 산문이고 한 편은 시인데, 이 구절은 시에 나온다.

「젊음은 쉬 가고 배움은 이루기 어렵나니
한 치 시간인들 어찌 가볍게 여기리요.
지당에 돋은 봄풀이 꿈을 깨기도 전에
섬돌 앞 오동잎은 벌써 가을 소리로구나.
少年易老學難成
一寸光陰不可輕
未覺池塘春草夢
階前梧葉已秋聲」

나머지 〈권학문〉 한 편은 다음과 같다.

「오늘 공부하지 않으면서 내일이 있다고 말하지 마라. 올해 공부하지 않으면서 내년이 있다고 말하지도 마라. 세월은 거침없이 흘러가는 것이니 나를 위해 기다려 주지 않는 법이다. 아아, 이미 늙었구나. 이 누구의 허물인가?
(勿謂今日不學而有來日 勿謂今年不學而有來年 日月逝矣 歲不我延 嗚呼老矣 是誰之愆)」

【용례】 넌 아직 시간이 많다고 여유를 부리지만 "소년이로학난성"이다. 언제 갔는지 모르게 가는 게 젊음이야.

소리장도 笑裏藏刀

笑 : 웃을·웃음(소) **裏** : 속(리)
藏 : 감출(장) **刀** : 칼(도)

【뜻풀이】 웃음 속에 칼이 있다. 겉으로는 친절한 듯하지만 속셈은 음흉한 것을 비유하는 말이다. 소중유도(笑中有刀) 또는 소중도(笑中刀), 소리도(笑裏刀)라고도 한다.

【출전】 『당서·간신열전(姦臣列傳)』에 다음과 같은 이야기가 있다.

이의부(李義府)는 당태종 때 감찰어사와 태자사인 등을 지낸 적이 있고, 고종 연간에는 이부상서와 중서령을 담당했던 벼슬이 높은 대신이었지만, 성격은 음흉하고 수단이 악랄한 사람이었다.

그러나 더욱 교활하게도 그는 겉으로는 늘 착한 척 가장하며 미소를 머금고 다녔다. 그리고 자신의 마음에 들지 않는 사람이 있으면 무슨 수를 쓰든지 그를 중상모략해 해를 끼치고야 말았다. 때문에 당시 사람들은 그를 일러 인묘(人猫)라고 불렀다.

이를테면 다음과 같은 이야기가 전한다.

어느 날 감옥에 미모의 여죄수가 갇혀 있다는 말을 듣고 옥리를 감언이설(甘言利說)로 꾀어 그녀를 석방케 하고서는 자기가 차지하고 말았다.

그 후 어떤 사람이 옥리의 소행을 고발하자, 이의부는 옥리를 윽박질러 자살하게 했으며 고발한 사람은 파직시켜 먼 변방 지역으로 추방했다.

이런 일들로 당시 사람들은 이의부를 가리켜 웃음 속에 칼을 품고 있는 자라고 했다.

【용례】 그러면 그렇지. 그 자식이 나한테 접근할 때부터 "소리장도"한 줄 알았다니까. 미리 대비책을 세웠기에 망정이지 큰일 날 뻔했군.

소상팔경 瀟湘八景

瀟 : 물이름(소) **湘** : 물이름(상)
八 : 여덟(팔) **景** : 빛·밝을·경치(경)

【뜻풀이】 중국 소수(瀟水)와 상수(湘水) 일대에 펼쳐진 여덟 군데 아름다운 경치. 세상에서 가장 아름다운 경관을 가진 곳의 대명사로 쓰인다.

【출전】 상수는 영주부(永州府)의 북쪽을 지나서 상강(湘江)에 이르러 소수와 합쳐진다. 그 사이의 경치가 너무나 아름답기 때문에 이를 팔경으로 나눠 열거했던 것이다.

소수와 상수는 모두 양자강(楊子江)의 지류로 강 중류에 있는 동정호(洞庭湖)로 흘러든다. 그 여덟 곳 경치를 열거하면 다음과 같다.

① 평사낙안(平沙落雁)
모래사장에 앉아 노니는 기러기 떼
② 원포귀범(遠浦歸帆)
먼 포구에서 귀환하는 돛단배
③ 산시청람(山市青嵐)
산속 저자에서 피어나는 푸른 이내
④ 강천모설(江天暮雪)
강가 하늘에서 저물녘에 내리는 눈
⑤ 동정추월(洞庭秋月)
동정호에 뜬 가을날의 달빛
⑥ 소상야우(瀟湘夜雨)
소상강 밤에 뿌리는 이슬비
⑦ 연사만종(煙寺晩鍾)
안개 낀 사찰에서 저물녘에 들리는 종소리
⑧ 어촌석조(漁村夕照)
어촌의 저녁에 자욱이 깔리는 황혼

『몽계필담(夢溪筆談)』에 보면 다음과 같은 말이 있다.

"탁지원외랑 송적(宋迪)은 그림에 대단한 소질이 있었는데, 특히 평탄하고 멀리까지 뻗어 있는 산수(平遠山水)를 잘 그렸다. 그 중에서도 득의의 역작으로는 평사낙안과 원포귀범, 산시청람, 강천모설, 동정추월, 소상야우, 연사만종, 어촌석조 등이 있었는데 이를 팔경이라 해서 당시 호사가들이 많이 전했다."

그리고 『과정기담(過庭紀談)』에 보면 다음과 같은 이야기도 있다.

"송(宋)나라가 남쪽으로 천도한 이후의 시인인 진형중(陳衡仲)과 장숙안(張叔安), 주공근(周公謹), 해탁연(奚卓然)에게는 모두 〈서호십경(西湖十景)〉이라는 사(詞)가 있었는데, 이후 이를 모방해서 팔경이니 십경이니 하는 말이 생겼다.

금(金)나라 때는 연도팔경(燕都八景)이 있

어 원(元)나라 사람들에게는 〈연도팔경〉이라는 시가 나왔고 소곡(小曲)도 있었다.

명(明)나라 때는 영락〔永樂, 명나라 성조(成祖) 때의 연호, 1403~1424〕 연간에 관각(館閣)의 여러 재상들이 창화(唱和)한 작품을 〈연경팔경(燕京八景)〉이라 하여 성행했다. 이때는 때때로 이경(二景)을 더 포함시켜 〈연경십경(燕京十景)〉이라고도 하였다. 이런 예는 고금을 가리지 않고 곳곳에서 이루어져서 그 수를 셀 수 없을 정도다."

소상팔경은 동양인들이 추구하는 궁극적인 이상향의 소재와 미적 탐구의 지향점이 어딘가를 보여 주는 중요한 예증이다. 이 말은 동양인들의 미(美)에 대한 기준이 대단히 복잡다단(複雜多端)하고 공감각적으로 펼쳐졌다는 뜻이다.

시각적으로 맺혀지는 영상으로서의 미의식만이 아니라 부분적으로 청각(연사만종·소상야우)과 취각(산시청람·어촌석조)까지 동원되어야만 완성되는 미이기 때문이다.

그렇기 때문에 이 팔경은 아름다움의 극치에 다다르는 숫자이고 절대적 미의 대수(代數)이기도 하다.

우리나라에도 단양팔경(丹陽八景)이나 관동팔경(關東八景)이라 해서 굳이 빼어난 경관을 열거할 때 팔경으로 한정하는 것도 이런 근거에서 유래한 말이다.

개인적인 관견이지만 굳이 여덟이라는 숫자로 절경의 수효를 제한한 것은 아마도 여덟폭 병풍이 말해 주듯이 그것을 회화화하는 과정에서 나온 결과가 아닐까 여겨진다.

당(唐)나라 때의 시인인 전기(錢起)는 〈귀안(歸雁)〉에서 이렇게 노래했다.

「소상에서 어찌하여 생각 없이 돌아왔는가

물은 푸르고 모래는 밝아 강가에는 이끼가 가득하네.

스물다섯 줄 거문고로 밤에 달빛 받으며 뜯나니

소리는 맑은 한을 이기지 못하고 날아오르는구나.

瀟湘何事等閑回

水碧沙明兩岸苔

二十五絃彈夜月

不勝淸怨却飛來」

우리가 굴원(屈原)이 망국의 한을 품고 투신자살했다고 알고 있는 멱라수(汨羅水)도 이 두 물줄기의 일부라고 전해진다.

【용례】 우리가 관동팔경이니 단양팔경이니 하는 말의 연원은 사실 중국 동정호 일대에 있는 소상강을 노래한 "소상팔경"에서 나왔다는 거야.

ㅅ

소시료료 小時了了

小 : 작을(소) 時 : 때(시)
了 : 마칠·명료할(료)

【뜻풀이】 어린아이가 아주 총명하다.

【출전】 『세설신어·언어편(言語篇)』에 다음과 같은 이야기가 있다.

후한 말년 북해 지방에 아주 박식한 사람이 살고 있었는데, 이름이 공융(孔融, 153~208)이라고 했다. 그는 공자(孔子)의 20세손이었다.

그는 어려서부터 아주 총명하였고, 더욱이 손님을 응대하는 말에 능해 어린 나이에도 이미 사람들 사이에서 이름을 떨치고 있었다.

공융이 열 살 되는 때, 그는 아버지와 함께 낙양에 간 적이 있었다. 당시 낙양의 하남태수는 유명한 이원례(李元禮)였다. 그의 남다른 명성 때문에 태수부를 드나드는 사람들은 그의 친척을 제외하고는 대부분이 저명한 인물들이었다. 때문에 문지기도 찾아온 사람이 명사가 아니면 기별을 전하지도 않았다.

그런데 이제 겨우 열 살인 공융은 대담하게도 태수를 방문하기로 하고 태수부의 문전에 가서 문지기에게 말하였다.

"우리 가문과 태수님의 가문은 세교(世交)가 있는 사이이니 어서 기별을 전하게나."

다소 어처구니가 없었지만 워낙 공융의 태도가 당당했는지라 문지기도 별수 없이 안에 기별을 전했다. 들어오라는 통보를 받은 공융은 태수의 방으로 들어가 공손하게 절을 한 뒤 좌정하였다. 공융을 만난 태수는 그가 어떤 가문의 자손인지 생각이 안 나 물었다.

"그대는 우리 가문과 대대로 교제한 집안 자손이라고 하던데, 그래 부친의 존함은 어떻게 되는가?"

그러자 공융이 공손하게 대답하였다.

"옛날에 저의 선조 중니(仲尼, 공자의 자)와 태수님 집안의 선조이신 백양(伯陽, 노자의 자)께서는 사제지간(師弟之間)이었으니, 저와 당신은 대대로 교분이 있는 사이가 아니겠습니까?"

당시 방 안에는 많은 손님들이 있었는데, 태수와 좌중에 있던 손님들은 공융의 총명함에 무릎을 치며 감탄하였다.

그때 중대부 진위(陳煒)가 태수를 방문했다가 많은 사람들이 어린아이를 칭찬하는 소리를 듣고 영문을 몰라 다른 사람에게 까닭을 물었다. 자초지종(自初至終)을 들은 진위는 별일 아니라는 듯 코웃음을 치며 말했다.

"어려서 똑똑한 아이가 커서도 반드시 똑똑한 것은 아닙니다.(小時了了 大未必佳)"

공융이 이 말을 듣더니 진위에게 공손하게 말했다.

"제가 생각하기에 진대부께서도 어렸을 때는 총명했으리라 여겨집니다.(想君小時 必當了了)"

진위는 공융의 이 말에 말문이 막혀 한 마디도 대꾸하지 못했다고 한다.

후세 사람들은 이 이야기에서 소시료료를 성어로 삼아, 어린아이가 어릴 때부터 총명해서 많은 일에 박식한 것을 비유하였다.

그러나 이어진 문장인 대미필가(大未必佳) 때문에 이 성어의 뜻이 변해서 어려서 총명한 아이가 커서는 오히려 좋은 재목이 못 된다는 것으로 변했다.

때문에 비록 칭찬의 말 같지만 속뜻에는 남을 조롱하고 경멸하는 의미가 있으니 조심해서 사용해야 하겠다.

【용례】 예전 60년대 말에 김웅용이라는 천재아이가 나타나 장안을 떠들썩하게 했지. 그 아이는 "소시료료"했지만 지금은 살아 있는지조차도 알 길이 없어.

소심익익 小心翼翼

小 : 작을(소) 心 : 마음(심)
翼 : 날개·지느러미·도울(익)

【뜻풀이】 마음을 세심하게 써서 행동을 조심하는 것을 말한다.

【출전】 『시경·대아(大雅)』에 실린 〈증민(蒸民)〉의 제2연에 나온다.

「중산보의 덕은
훌륭하고도 법도가 있네.
아름다운 거동에 아름다운 모습이요,

조심하고도 공경스럽기 그지없지.
옛 가르침을 본받으며
위의를 갖추기에도 힘쓰셨네.
천자를 따르며
밝은 명령을 펴드리네.
仲山甫之德
柔嘉維則
令儀令色
小心翼翼
古訓是式
威儀是力
天子是若
明命使賦」

이 시는 주나라 때 선왕(宣王)을 보좌한 중산보(仲山甫)의 덕을 찬양한 노래다. 중산보가 선왕의 명령으로 제(齊)나라로 가서 성을 쌓을 때 윤길보(尹吉甫)가 이 시를 지어 전송(餞送)한 것이다.

『정전(鄭箋)』에 따르면 소심은 욕심을 부리지 않는다는 뜻이고, 익익은 공경하는 모양이라고 한다.

【용례】 사장님 사업 스타일은 일을 크게 벌이기보다는 한 가지라도 "소심익익"하게 기반을 다지시는 편이죠. 그러니까 이번에 제안한 안건은 분명 부결될 겁니다.

소아변일 小兒辯日

小 : 작을(소) 兒 : 아이(아)
辯 : 말잘할(변) 日 : 해(일)

【뜻풀이】 어린아이의 해 크기 다툼. 입장을 내세우며 다투는 데 뾰족한 해결책이 없는 것을 비유하는 말이다.

【출전】 『열자(列子) · 탕문편(湯問篇)』에 다음과 같은 이야기가 나온다.

공자가 동쪽으로 길을 가고 있는데 두 아이가 다투고 있어서, 한 아이에게 까닭을 물었더니 이렇게 대답했다.

"저는 해가 아침에 뜰 때가 가깝고 낮엔 멀리 있다고 생각합니다. 왜냐하면 아침에는 크기가 수레바퀴만 하지만 낮엔 쟁반만 하니, 가까이 있으면 크게 보이지 않겠습니까?(日初出大如車蓋 及日中 則如盤盂 此不爲遠者小而近者大乎)"

그러자 다른 아이도 지지 않고 응수했다.

"저는 아침엔 멀고 낮에 가깝다고 생각합니다. 멀리 있으면 시원하고 가까이 있으면 더워지는 것이니 제 말이 맞지 않겠습니까.(日初出滄滄涼涼 及其日中 如探湯 此不爲近者熱而遠者涼乎)"

공자는 누가 옳고 그른지 결정을 내릴 수 없었다. 그러자 두 아이가 동시에 비웃으며 이렇게 말했다.

"누가 선생님께 지혜가 많다고 하겠습니까.(孰爲汝多知乎)"

【용례】 닭이 먼저냐 달걀이 먼저냐는 싸움은 아무리 따져도 선후를 정하기 어려운 "소아변일"과 같은 문제야. 골치 아프니 그만 가거라.

소인한거위불선 小人閒居爲不善

小 : 작을(소) 人 : 사람(인)
閒 : 한가할(한) 居 : 머물(거)
爲 : 할(위) 不 : 아닐(불) 善 : 착할(선)

【뜻풀이】 소인배는 한가롭게 머물 때에는 좋

지 못한 일을 한다.

【출전】 이 구절은 『대학(大學)』의 8조목 중 성의(誠意)를 해설한 말 가운데 나온다. 같은 장에 나오는 신독(愼獨) 즉 "홀로 있을 때를 삼가는 자세"와 연관 지어 생각해 보아도 좋을 것이다.

「이른바 그 뜻을 성실하게 한다는 것은 스스로를 속이지 않는 것이다. 악취를 미워하듯이 하고 예쁜 여자를 좋아하듯이 하는데, 이를 일러 스스로 겸손하다고 한다. 때문에 군자는 반드시 그가 혼자 있을 때를 삼간다. 소인은 한가롭게 지내면 좋지 못한 일을 해서 이르지 않는 곳이 없다가 군자를 본 뒤에야 부끄러운 듯이 그 좋지 못한 것을 덮고 그 좋음을 드러낸다. 사람들이 자기를 보는 것이 마치 폐나 간을 보듯 하니 어찌 이익이겠는가? 이를 일러 마음속이 성실해지면 밖으로 드러난다는 것이다. 때문에 군자는 반드시 그가 홀로 있을 때를 삼가는 것이다. 증자가 말하기를 열 사람의 눈이 지켜보고 열 사람의 손가락이 가리키고 있으니 엄숙해야 할 것이다. 부유함은 집을 윤택하게 하지만 덕은 몸을 윤택하게 하며 마음은 넓어지고 몸은 펴지니 때문에 군자는 반드시 그 뜻을 성실히 해야 할 것이다. (所謂誠其意者 毋自欺也 如惡惡臭 在好好色 此之謂自謙 故君子必愼其獨也 小人閒居爲不善 無所不至 見君子而后 厭然 其不善而著其善 人之視己 如見其肺肝然 則何益矣 此謂誠於中 形於外 故君子必愼其獨也 曾子曰 十目所視 十手所指 其嚴乎 富潤屋 德潤身 心廣體胖 故君子必誠其意)」

마음을 성실하게 갖는다는 것은 항상 진실되고 속임이 없는 것을 뜻한다. 남의 이목이 두려워 착한 척하다가도 아무도 보는 사람이 없으면 긴장이 풀리는 게 인지상정(人之常情)이다. 이렇게 홀로 있을 때 삼가고 조심하는 자세가 진정한 군자가 되는 첩경인 것이다.

그러나 소인배들은 혼자 한가하게 지내게 되면 갖은 악행을 다 저지른다. 이렇게 자신의 도덕성을 스스로 무너뜨리는 결과를 피할 수 있는 방법도 성의(誠意)의 자세에서 나오는 것이다.

【용례】 건달로 놀던 놈이 횡재를 하더니 온갖 못된 짓만 골라 하는군. "소인한거위불선"이라던데, 정작 필요한 사람은 돈이 없어 쩔쩔매니 세상 참 불공평하다.

소향무적 所向無敵

所 : 바·장소(소)
向 : 향할·나아갈(향) 無 : 없을(무)
敵 : 원수(적)

【뜻풀이】 천하무적(天下無敵). 소향은 "이르는 곳마다"라는 말이다. 그러므로 이르는 곳마다 대적할 군대가 없다는 말이다.

【출전】 『삼국지·주유전(周瑜傳)』에 다음과 같은 이야기가 있다.

삼국시대 북방의 조조(曹操)는 그 위세만 믿고 손권(孫權)에게 그의 아들을 인질로 보내라고 자주 협박하였다. 이때 주유(175~210)는 절대 굴복하지 말라고 권고하면서 이렇게 말했다.

"우리는 군사가 최정예이고 물자도 풍족하며 교통이 편리하고 인심이 안정되었기 때문에 분발한다면 이르는 곳마다 대적할 사람이 없는데(所向無敵) 어찌 하필 조조에게 굴복하겠습니까?"

그리고 제갈량이 지었다고 하는 『심서(心

書)』라는 병서에도 소향무적이라는 말이 나오고 있다.

【용례】 저 야구팀은 워낙 투수진이 좋아 대적할 팀이 없다니까. 상대하는 팀마다 완봉승을 거두니 가히 "소향무적"의 팀이라고 할 수 있어.

소훼난파 巢毁卵破

巢 : 둥지(소) 毁 : 부서질(훼)
卵 : 알(란) 破 : 깨질 · 깨뜨릴(파)

【뜻풀이】 보금자리가 부서지면 알도 깨진다는 뜻으로, 국가나 사회에 불행이 있으면 그 성원들도 불행을 당한다는 것을 비유하는 말이다.

【출전】 『삼국지 · 위서(魏書) · 최염전(崔琰傳)』에 다음과 같은 이야기가 있다.

후한 말년 공자(孔子)의 후예로 공융(孔融, 153~208)이라는 사람이 있었는데, 일찍이 한헌제 때 북해상(北海相)으로 재임한 적이 있었기 때문에 사람들은 그를 공북해(孔北海)라고 부르기도 했다.

『삼국지』에 따르면 조조(曹操)가 50만 대군을 풀어 남하하여 유비(劉備)와 손권(孫權)을 공격하려고 했을 때 공융은 이를 반대하면서 조조를 만류했다. 그러나 조조가 이를 듣지 않자 공융은 뒤에서 몇 마디 불평을 했다. 이때 공융과 알력이 있었던 어사대부 치려(郗慮)가 이 일을 조조에게 고자질해서 이간질하였다. 잔뜩 화가 난 조조는 즉시 공융과 그 일가족을 체포해서 죽이라고 명령하였다.

그런데 공융이 체포될 때 그의 어린 두 아들(큰아들은 아홉 살, 작은아들은 여덟 살)은 아무 일도 없다는 듯이 태연히 마주 앉아 장기를 두고 있었다.

공융과 집안사람들은 그들에게 빨리 피신하라고 재촉했지만 두 아이는 "새둥지가 뒤집히는 판인데 알이 어찌 깨지지 않겠습니까(安有巢毁而卵不破者乎)?"라고 태연자약하게 말하고는 아버지와 함께 잡혀가 처형당하고 말았다.

소훼난파는 바로 두 아들의 말에서 나온 성어로, 복소무완란(覆巢無完卵)이라고도 한다.

【용례】 은행이 재정난으로 쓰러지는 판인데, 우리 같은 중소기업이야 무슨 재주로 버티겠어. "소훼난파"라고 빨리 포기하는 쪽이 속 편할 거야.

속수지례 束脩之禮

束 : 묶을(소) 脩 : 육포(수)
之 : 어조사(지) 禮 : 예(례)

【뜻풀이】 묶은 육포를 올리는 예의라는 말로, 스승을 처음 만나 가르침을 청할 때 작은 선물을 함으로써 예절을 갖추는 것을 말한다.

【출전】 『논어 · 술이편(述而篇)』에 나온다.

「공자께서 말씀하셨다.

"한 묶음의 포를 예물로 가져온 사람이라면 내가 그를 가르치지 않은 적이 없노라."

(子曰 自行束脩以上 吾未嘗無誨焉)」

속(束)은 다발로 열 개를 말하고, 수(脩)는 말린 고기포를 말한다.

속수는 예물 가운데서 가장 검소한 것이다. 공자 시대의 사람들은 누군가를 만나러 갈 때면 반드시 선물을 가지고 가서 경의를 표했는데, 신분에 따라 차이가 있었다.

공자가 말년에 학당을 열어 학생을 가르친 것은 돈을 벌기 위한 생계 수단은 아니었다.

자신의 뜻이 자신의 시대에는 이루어지지 않을 것을 알고 미래에 희망을 걸기 위해서였다. 때문에 누구든 배우고자 하면 다 가르쳤다. 다만 사제 간의 예는 있어야 하므로 가장 검소한 폐백(幣帛)인 속수를 받아 성의를 갖추게 한 것이다.

공자는 사회 활동이든 배움이든 모든 것은 예(禮)에서 시작해서 예로 끝난다고 믿었다.

춘추시대의 난세가 닥친 것도 궁극적으로 예의 결핍에서 온 것으로 그는 진단했던 것이다. 때문에 그가 제자들에게 속수 정도의 예물을 가지고 오도록 한 것은 그런 사라져 버린 예를 되살리고 지키도록 하고자 한 마음에서였다.

【용례】 선생님의 존함을 듣고 항상 깊은 가르침을 기대하다가 이제야 찾아뵙게 되었습니다. 작은 성의로 "속수지례"를 올리니 가납(嘉納)해 주시기 바랍니다.

속지고각 束之高閣

束 : 묶을(속) 之 : 어조사(지)
高 : 높을(고) 閣 : 다락집(각)

【뜻풀이】 높은 누각에 묶어 두다. 내버려두고 쓰지 않다. 한쪽에 밀어 놓고 관심을 두지 않는다는 말이다.

【출전】『진서·유익전(庾翼傳)』에 다음과 같은 이야기가 있다.

동진(東晉) 때 군사 지식이 풍부한 유익이라는 사람이 있었다. 당시 그는 형주자사로 있으면서 유량(庾亮)이라는 사람을 대신하여 무창을 지키면서 북방의 침입자들과 싸워 전공을 많이 올린 사람이었다.

그런데 당시 임의(林義)나 은호(殷浩)와 같은 썩은 선비들은 공담만 일삼으면서 나라의 안위에 대해서는 조금도 생각하지 않았다.

유익은 이런 선비들을 아니꼽게 여기며 이렇게 말했다.

"이런 자들은 묶어서 누각의 천장에 높이 올려놓았다가(束之高閣) 세상이 태평해진 다음 다시 쓰는 것이 좋겠다."

성어 속지고각은 바로 여기에서 나온 말인데 속저고각(束諸高閣)이라고도 한다.

【용례】 회사 사정이 원활한 때라면 저런 사람을 그냥 둘 수도 있겠지요. 하지만 중대한 전환의 시기에 저런 사람들은 "속지고각"해야 할 겁니다. 무익무해(無益無害)한 사람들이니까요.

손방투지 孫龐鬪智

孫 : 손자·자손(손)
龐 : 어지러울·클(방)
鬪 : 싸울(투) 智 : 지혜(지)

【뜻풀이】 손빈(孫臏)과 방연(龐涓)이 지혜를 다투다.

【출전】『사기·손무오기열전(孫武吳起列傳)』에 다음과 같은 이야기가 있다.

전국시대에 귀곡자(鬼谷子)는 많은 제자를 키웠는데, 어떤 사람은 병법을 배우고 어떤 사람은 궤변을 배우기도 하였다. 그에게서 배운 학생들 가운데 손빈과 방연이 있었다. 그들은 모두 병법을 배웠다. 그런데 손빈은 사람됨이 선량했지만 방연은 시기심이 많았다.

그들은 스승 문하에서 다년간 수학하여 병법에 정통하게 되었다. 방연은 위(魏)나라 임금이 현인을 찾는다는 소문을 듣고 스승에게 작별 인사를 하고는 귀국하려고 하였다. 그는 길을 떠나기에 앞서 손빈과 헤어지면서 만약 위나라 임금이 자기를 중용한다면 반드시 손빈을 추천할 테니 함께 위나라 임금을 섬기자고 했다.

방연은 원래 위나라 사람으로, 그가 위나라 임금 앞에 나아가 귀곡자 문하에서 배운 병법을 이야기하자 왕은 크게 기뻐하며 그를 대장으로 삼고 군사(軍師)를 겸하게 했다. 방연은 자신이 크게 중용되자 기뻐하며 위(衛)나라와 송(宋)나라 등 약소국가를 정벌하니 노(魯)나라 · 정(鄭)나라 등 각국이 앞을 다투어 조공을 바쳤다.

방연이 위나라를 위해서 많은 공을 세우고 자신의 기반을 닦아 나갈 무렵 귀곡산에는 묵자(墨子)가 귀곡자를 보러 왔다가 손빈을 보고 그 재능에 놀라 위혜왕(魏惠王)에게 추천하였다. 묵자가 위혜왕에게 손빈을 적극 추천하자 혜왕은 방연에게 손빈을 아느냐고 물었다.

그러자 방연이 대답하였다.

"신은 진작부터 손빈을 추천하고자 했습니다. 그러나 그는 제나라 사람이라 우리 위나라를 위해 충성을 다하지 않을까 염려되어 감히 추천하지 못했던 것입니다."

그러자 혜왕이 말하였다.

"선비는 자기를 알아주는 사람을 위해서 목숨을 버린다고 했는데 어찌 국적을 따지겠는가?"

"대왕께서 손빈을 초빙할 뜻이 있으시니 제가 편지를 써서 그를 부르겠습니다."

그러나 방연은 속으로 손빈이 오는 것을 달가워하지 않았다. 손빈이 오면 자기의 병권을 나누어 주어야 하고, 혜왕의 총애까지 빼앗길까 두려웠기 때문이었다. 그러나 일이 이 지경에 이르자 그도 어쩔 수 없이 손빈을 부를 수밖에 없었다.

방연의 편지를 받은 손빈은 방연이 옛 친구를 잊지 않고 불러 준 것에 몹시 기뻐하며 즉시 스승 귀곡자에게 하직 인사를 하고는 위나라로 가서 방연을 찾았다.

자기를 찾아온 손빈과 이야기를 나누던 방연은 그동안 손빈의 학식이 더욱 발전해서 자기는 손빈에 비해 훨씬 처진다는 사실을 확인했다. 그러므로 만약 그를 혜왕에게 데려간다면 혜왕이 자기보다 손빈을 총애할 것은 자명한 사실이었다.

그래서 방연은 거짓으로 죄를 뒤집어씌워 손빈이 제나라와 몰래 내통했다고 혜왕에게 보고하고는 그의 무릎 아래를 자르는 형벌을 내렸다. 또한 얼굴에 문신을 새겨 햇빛 아래 얼굴을 내밀지 못하게 했다.

손빈은 이런 끔찍한 음모를 방연이 꾸민 줄은 몰랐다가, 나중에 알고서는 이대로 있다가는 생명조차 보전하기 어렵다고 생각하고는 거짓으로 미친 척하였다. 손빈이 정말 미친 것인지 여러 방법으로 시험해 보던 방연은 손빈에게 감쪽같이 속아 더 이상 그를 감시하지 않았다.

이렇게 목숨을 부지해 가던 손빈은 위나라에 온 제나라 사절단을 만나게 되었다. 그 사절단에는 묵자의 제자 금활(禽滑)이 있었는데, 손빈은 그에게 자초지종(自初至終)을 모두 말했다.

원래 금활은 스승 묵자와 함께 귀곡산에 갔다가 스승이 손빈의 재주를 칭찬하는 말을 듣고 서로 만난 적이 있던 사이였다. 지금 그가 방연의 계략으로 불구의 몸이 되고 목숨까지 위태로운 것을 보고 동정을 금치 못하였다. 그래서 그는 위나라에서의 일을 모두 끝마친 다음 제나라로 귀국할 때 손빈을 몰래 수레에 태워 데려갔다.

제나라의 대장 전기(田忌)는 오래 전부터 손빈의 재능을 들어 잘 알고 있었다. 그래서 그를 제위왕(齊威王)에게 추천하였다. 위왕 앞에 나선 손빈은 위왕의 물음에 자신의 병법을 논리정연하게 설파했고, 위나라 임금은 그의 박식함과 재주에 감탄하며 그에게 관직을 주고자 했다. 그러나 손빈은 이를 사양하며 말했다.

"제나라를 위한 공훈이 하나도 없는데 어찌 제가 감히 관직을 받을 수 있겠습니까? 더욱이 방연이 제가 이곳에 있다는 소식을 들으면 몹시 경계할 것이니 잠시 이 일을 숨기는 것이 좋을 듯합니다. 저로서는 폐하께서 저를 받아 주셔서 이 목숨을 살려 주셨으니 폐하와 제나라를 위해 온 힘을 다할 뿐입니다."

위나라 임금은 그의 청을 받아들여 그를 전기의 휘하에 머물게 했다.

손빈이 제나라에 머물면서 복수의 칼을 갈고 있을 때 위나라는 방연을 대장으로 삼아 조나라를 공격하였다. 그러자 조나라는 제나라에 도움을 요청했고, 제나라의 위왕은 전기를 대장으로 하고 손빈을 군사로 삼아 조나라를 돕게 했다. 손빈은 "위나라를 포위해서 조나라를 구한다.(圍魏救趙)"는 계략으로 위나라 군대를 궁지에 몰아넣어 퇴각시키고 조나라를 위기에서 구했다.

그러자 위혜왕은 또 태자 신(申)과 방연에게 한(韓)나라를 공격하게 했다. 이에 한나라가 제나라에 구원병을 요청했다. 이때 제나라는 위왕이 세상을 떠나고 제선왕(齊宣王)이 왕위를 계승한 상태였다. 선왕 역시 대장 전기와 손빈에게 구원병을 인솔해서 한나라를 구하도록 했다. 손빈은 전기와 함께 작전을 의논하면서 말했다.

"위나라의 군대는 평소 자기들이 강하다고 여기고 우리 제나라 군대를 우습게 보고 있습니다. 우리는 그들의 이런 생각을 이용해서 그들을 속이는 것이 어떻겠습니까? 우리 군대가 위나라 군대의 관할지 안으로 들어가 멸조지법(滅竈之法)을 써서 첫째 날에는 10만 개의 솥을 만들어 걸고 둘째 날에는 그 숫자를 줄여 5만 개를 걸고 셋째 날에는 3만 개를 만들어 적군으로 하여금 우리 군대가 나날이 줄어든다고 믿게 만든다면 저들은 우리를 더욱 깔보고 아무런 경계 없이 공격해 올 것입니다. 그때 저들의 허점을 노려 역공을 펼치는 것입니다."

대장 전기는 손빈의 계략을 그럴듯하게 여겨 그의 말대로 만반의 준비를 갖추었다.

방연은 제나라 군사가 나날이 줄어드는 것을 솥의 숫자를 보고 확인하고는 이미 반수 이상이 전의를 상실하고 달아났다고 생각했다. 이에 방연은 숫자가 많고 느린 보병은 남겨 두고 빠른 기병만 이끌고 사력을 다해 추격했다.

한편 손빈은 이미 그가 추격해 올 것을 예상하고 마릉산(馬陵山)의 샛길에 궁수를 매복시켜 두었다. 손빈은 방연의 군대가 밤이 늦어서야 이곳에 닿으리라 예상하고, 길 옆에 있는 큰 나무의 껍질을 벗기고 글자를 새겨 놓은 뒤 궁사들에게 불빛이 보이면 일제히 활을 쏘라고 명령하였다.

환한 불빛 아래 나타난 글자는 "방연이 이 나무 아래에서 죽다.(龐涓死於此樹之下)"라는 여덟 글자였다. 방연이 놀라 말머리를 돌리려 했지만 이미 때는 늦었다. 사방에서 활시위 당기는 소리가 들리며 화살이 어지럽게 날아왔다. 이미 때가 늦었음을 깨달은 방연은 크게 탄식하며 말했다.

"내가 손빈을 죽이지 않았더니 결국 내가 당해 그의 이름을 빛내는구나."

방연은 비록 손빈의 계략에 빠져 죽음을 당했지만, 그래도 손빈의 손에는 죽지 않고 스스로 자결하였다.

이 이야기에서 유래하여 서로 대등한 재능을 가진 두 사람이 온갖 지모를 동원해서 서로 각축전(角逐戰)을 벌이는 것을 손방투지라고 하게 되었다.

【용례】 저 친구들은 학교 다니는 내내 항상 1, 2등을 다투던 처지였지. 그 당시 두 사람이 경쟁하던 모습은 "손방투지"의 대혈전이나 다름없었지.

송도계원 松都契員

松 : 소나무(송) **都** : 도읍(도)
契 : 맺을(계) **員** : 수효(원)

【뜻풀이】 조그마한 지위나 얄팍한 세력을 믿고 남을 멸시하는 사람을 비유하는 말이다.

【출전】 『죽창한화(竹窓閑話)』에 다음과 같은 이야기가 나온다.

조선 초의 세력가 한명회(韓明澮, 1415~1487)는 처음 경덕궁지기로 임명됐다. 때마침 시절이 좋은 계절이라 개성부의 관리들이 만월대(滿月臺)에 모여서 잔치를 한창 열고 있었다. 술자리의 분위기가 무르익자 한 사람이 제안하였다.

"우리들은 모두 서울 땅의 오랜 친구들로 멀리 개성에서 벼슬살이를 하고 있네. 그러니 이참에 계를 맺어 지내세."

마침 옆에 있던 한명회가 자신도 끼고 싶다고 말하자 관리들은 모두 눈을 흘기며 비웃었다.

"어디 미관말직(微官末職)의 촌놈이 이런 자리에 끼려는가?"

그러나 이듬해 계유정란(癸酉靖難, 1453)이 성공적으로 끝나자 한명회는 으뜸공신이 되었다. 그러자 당시에 계를 맺었던 관리들이 모두 한명회를 부러워하면서 진작 교분을 쌓지 못한 것을 한탄했다고 한다.

이때부터 조그만 세력만 믿고 으스대며 남을 깔보는 사람들을 일컬어 송도계원이라 부르게 되었다.

【용례】 내가 무명시절에는 깔보며 아는 체도 안 하더니 이제 성공하니까 얼굴을 내미느라고 정신이 없구나. 이런 "송도계원" 같은 놈들.

송양지인 宋襄之仁

宋 : 송나라(송)
襄 : 오를 · 치울 · 이룰(양)
之 : 어조사(지) **仁** : 어질(인)

【뜻풀이】 송양공의 어짊. 적들에게도 인의를 베풀어야 한다고 말하는 어리석은 행동을 비유하는 말이다.

【출전】 『좌전 · 희공(僖公) 22년』조에 다음과 같은 이야기가 있다.

춘추시대 송나라는 크지 않은 나라였지만 송양공 시대에 이르러서는 패권을 다투어 보려는 야심을 갖게 되었다.

그래서 한번은 송나라와 초나라 사이에 홍수(泓水, 오늘의 하남 송경내)라는 강을 끼고 싸움을 벌였다. 처음 전세는 송나라에 대단히 유리했는데, 그때 송군은 이미 진을 치고 있었지만 초군은 지금 막 강을 건너는 중이었다.

이때 사마(司馬)라는 벼슬에 있는 사람이 송양공을 보고 즉시 공격할 것을 주장했지만 송양공은 남을 기습하는 것은 예의가 아니라면서 듣지 않았다. 조금 뒤 초군이 강을 건너 바야흐로 진을 치느라고 법석을 떨자 사마는 또 공격하기를 재촉하였다. 그러나 송양공은 여전히 인의를 내걸며 이에 따르지 않았다.

다시 시간이 지나 초군은 진을 쳐놓고 공세를 펼쳤다. 그제야 송양공은 정정당당(正正當當)하게 출정 명령을 내렸다. 그러나 때는 이미 늦어 송나라 군사들은 초군의 맹공격을 막아낼 수 없는 처지에 빠지고 말았다. 결국 송군은 대패하였으며 송양공마저 다리에 부상을 입고 이듬해 죽고 말았다.

이래서 사람들은 적과의 싸움에서까지 인의를 떠드는 우둔하고 가소로운 행동을 일컬어 송양지인이라고 하게 되었다.

【용례】 지금처럼 적이 수세에 몰렸을 때 바짝 조여 완전히 섬멸해야 합니다. 불쌍하다고 해서 쓸데없이 "송양지인"을 발휘했다가는 나중에 우리가 덜미를 잡히고 맙니다.

수가재주 역가복주
水可載舟 亦可覆舟

水 : 물(수) 可 : 가할(가)
載 : 실을(재) 舟 : 배(주)
亦 : 또(역) 覆 : 뒤집을(복)

【뜻풀이】 물은 배를 띄울 수도 있지만, 동시에 배를 뒤집을 수도 있다. 어떤 일에 도움을 주는 것이 때로는 해도 끼칠 수 있다는 말이다. 원래 뜻은 임금을 배에, 백성을 물에 비유한 것이다.

【출전】 『후한서·황보규전(皇甫規傳)』에 다음과 같은 이야기가 나온다.

황보규(104~174)는 한나라 조나(朝那) 사람으로 자는 위명(威明)이다. 선제 때 중랑장으로 있었는데, 당옥(黨獄)이 일어나서 많은 현인들이 연좌되어 곤욕을 치르게 되었다. 이 당에 참여하지 못한 것을 부끄럽게 여긴 그는 곧 글을 올려 자신의 입장을 말했지만 조정에서는 그의 재주를 아껴 불문에 부치고 밀았다.

그는 여러 형식의 글을 많이 남겨 27편의 작품이 남아 있는데, 『황보사농집(皇甫司農集)』에 실려 있다.

그가 쓴 〈대책(對策)〉에 "무릇 임금은 배와 같다.(夫君者舟也)"는 구절이 있다. 이 구절은 『공자가어(孔子家語)』에서 인용한 말이다.

"공자가 말하기를, 임금은 배와 같고, 백성은 물과 같다. 물은 배를 띄울 수도 있지만, 배를 가라앉힐 수도 있다. 임금으로서 이것에 유념하여 위험을 생각한다면 다스림의 도리를 안다고 할 수 있다.(孔子曰 夫君者舟也 人者水也 水可載舟 亦可覆舟 君以此思危 則可知也)"

민중이란 평시에는 고분고분하게 폭력과 불의를 감수하는 것처럼 보이지만 일단 불의에 참지 못하고 항거하면 정권조차 뒤집을 수 있다는 말이나. 권력이란 민중을 위해 사용할 때만 정당한 것임을 암시하고 있다.

【용례】 지금 정치꾼들을 볼작시면, 국민들이 자기들 손가락 움직이는 대로 다 따라오리라고 생각하는 모양인데, "수가재주지만 역가복주"인 줄은 모르는 모양이야. 지난날 민

중들의 분노가 얼마나 굉장했는지 이미 다 잊어버린 것 같아.

수담 手談

手 : 손(수) 談 : 이야기(담)

【뜻풀이】 손으로 나누는 대화. 바둑(棋)을 달리 부르는 말이다.

【출전】 『군선전(群仙傳)』에 다음과 같은 이야기가 전한다.

왕적신(王積薪)이란 사람이 여행을 떠났는데 어느 날 밤 여관에 투숙하여 막 잠이 들려고 하는데 옆방에서 두 여자가 수런수런 이야기하는 소리가 들렸다. 무슨 소린가 가만히 귀 기울여 들어 보니 두 사람이 한창 바둑을 두는 소리였다. 제법 공격하고 방어하는 품새가 상당한 경지에 든 사람들의 대결이었다.

다음날 아침 여성이 그렇게 바둑을 잘 둔다는 사실이 신기로워 옆방으로 건너가 보았다. 그런데 아무리 살펴보아도 바둑판이나 바둑알이 보이지 않았다. 너무나 궁금해진 왕적신이 물었다.

"아니 어젯밤에 두던 바둑판은 어디다 치웠습니까?"

"바둑판이오? 그런 건 처음부터 없었습니다."

"아니 그럼 어젯밤에 무엇으로 바둑을 둔 것입니까?"

"그냥 손만 놀려 바둑을 두었지요."

이때부터 바둑을 다른 말로 수담이라 부르게 되었다.

【용례】 일요일 오후라 한참 나른하구먼. 심심한데 우리 소주 내기 "수담"이나 한 판 두세.

수도호손산 樹倒猢猻散

樹 : 나무(수) 倒 : 넘어질(도)
猢 : 원숭이(호) 猻 : 원숭이(손)
散 : 흩어질(산)

【뜻풀이】 나무가 쓰러지자 그곳에서 살던 원숭이들이 흩어진다. 우두머리가 낭패(狼狽)를 당해 나가떨어지자 그에게 등을 기대고 있던 자들도 덩달아 패가망신(敗家亡身)한다는 말이다.

【출전】 명나라 때 도종의(陶宗義)가 편찬한 『설부(說郛)』에 다음과 같은 이야기가 실려 있다.

남송 때 조영(曺詠)이라는 사람이 승상 진회(秦檜, 1090~1155)를 등에 업고 큰 벼슬을 지냈다. 이때 조영의 세도는 나는 새도 떨어뜨릴 지경인지라 적지 않은 사람들이 그에게 아부했지만 그의 손위 처남인 여덕신(厲德新)만은 보는 척도 하지 않았다.

당시 여덕신은 이정(里亭, 촌장 또는 향장에 해당함)이라는 미미한 벼슬을 하고 있었는데, 조영은 깨알만한 이정이나 하는 벼슬아치가 자기에게 그토록 무례하게 구는 것을 아니꼽게 여겨 당지 현관으로 하여금 여덕신에게 갖은 압박을 가하게 하였다. 그러나 여덕신은 여전히 굴복하지 않았다.

나중에 진회가 죽자 그에게 붙어살던 자들도 모두 끝장을 보게 되었다. 기세가 등등하던 조영도 신주(新州)로 유배당하고 말았다. 이에 여덕신은 그런 자들을 풍자하는 부(賦)를 한 수 지었는데, 그 제목이 바로 〈수도호손산〉이었다.

여덕신은 그 시를 조영에게 보냈는데, 그

시를 받아 본 조영은 기가 질려 아무 말도 못했다.

또한 명나라 때의 문인 낭영(郎瑛)이 쓴 『칠수유고(七修類藁)』에 따르면, 진회는 벼슬길에 나서기 전에 일찍이 사숙의 훈장을 지낸 적이 있는데, 그때 그는 "나에게 만약 다닐 만한 길이 있다면 이처럼 원숭이 나라의 왕노릇(사숙 훈장)은 하지 않겠다.(我如有道路 不做猢猻王)"는 뜻의 시를 지은 적이 있었다. 원래 이 시는 "만약 내게 땅 삼백 평이 있다면, 이 따위 원숭이 나라 왕노릇을 하지 않으리라.(若有水田三百畝 這番不做猢猻王)"로 되어 있는데, 배우는 학동들을 원숭이에 비유한 말이다.

때문에 여덕신이 그에게 붙어살던 자들을 원숭이에 비한 것은 근거가 있을 뿐 아니라 풍자적 의미도 담겨 있는 것이다. 그리고 진회의 이름인 회(檜) 역시 공교롭게도 나무의 명칭이었다.

【용례】 대기업이 휘청하니까 하청받던 기업들도 연달아 문을 닫는군. "수도호손산"이라더니 능력이 없으니까 이루 말할 수 없이 비참하구나.

수두상기 垂頭喪氣

垂: 내릴·드리울(수) **頭**: 머리(두)
喪: 잃을(상) **氣**: 기운(기)

【뜻풀이】 풀이 죽다. 기세가 꺾이다.

【출전】 『신당서·환관열전(宦官列傳)·한전회전(韓全誨傳)』에 다음과 같은 이야기가 있다.

당(唐)나라 말년에 정치가 부패해서 각지의 번진(藩鎭)들은 조정의 명령에는 아랑곳 않고 제멋대로 행동하는 군웅할거의 국면이 전개되었다.

당시 북방에서 가장 큰 번진은 오늘날의 섬서성 일대에 할거하고 있던 이무정(李茂貞)과 하남성 일대에 진을 친 주전충〔朱全忠, 후량(後梁)의 태조 : 852~912〕이었다. 그뿐 아니라 이무정과 주전충이 허수아비 황제 소종의 황위를 빼앗기 위해 싸우고 있을 때 경성 장안 신하들도 두 파로 갈려 있었다.

그 한 파는 환관 한전회를 위시한 이무정의 편에 서 있는 무리였고 다른 한 파는 재상 최윤(崔胤)을 위시한 주전충의 편에 서 있는 무리였다.

이무정과 주전충의 치열한 싸움은 처음에는 이무정에게 대단히 유리하게 전개되었다. 그는 장안과 비교적 가까운 봉상에 본거지를 두고 환관 한전회를 통해 조정의 대권을 조정하였다.

그러나 주전충은 승상 최윤의 내응에 힘입어 장안성으로 대거 진격하였다. 다급해진 한전회가 소종을 협박해서 이무정의 본거지 봉상으로 달아나자 주전충은 다시 군사를 움직여서 봉상을 공격했다.

이무정은 성문을 닫아걸고 맞섰지만 결국 군량이 떨어져 더 이상 버틸 여력이 없어지자 부득이 주전충에게 화의할 것을 요청했다.

일이 이쯤 되자 누구보다도 풀이 죽은 것은 환관 한전회였는데, 『신당서』에서 이에 대해 다음과 같이 쓰고 있다.

한전회는 "대세가 이미 기운 것을 보고 계책도 더 이상 소용없는지라 고개를 떨구고 기가 죽었다.(自見勢已去 計無所用 垂頭喪氣)"고 한다. 그뿐 아니라 이무정은 주전충의 요구에 따라 소종을 내놓고 한전회 등 20여 명의 목까지 베어야 했다. 주전충은 그제야 봉성의 포위를 풀고 소종과 함께 장안으로 돌아가 버렸다.

수두상기는 바로 이 이야기에서 유래한 성어인데, 한유(韓愈, 768~824)의 〈송궁문(送窮文)〉에도 같은 대목이 나온다.(➡ 어언무미면목가증語言無味 面目可憎 참조)

〈송궁문〉 전문은 다음과 같다.

「원화 6년 정월 을축일 그믐에 주인은 종 성星으로 하여금 버드나무를 엮어 수레를 만들고 풀을 묶어 배를 만들어서 미숫가루와 양식을 싣고 소를 멍에 아래에 묶어 매었으며, 돛을 달고 삿대를 올려 세 번 궁귀(窮鬼)에게 읍하고 다음과 같이 말했다.

"내 들으니, '그대들이 떠나갈 길이 정해졌다.' 하니, 비루한 이 사람은 감히 어느 길로 갈 것인지는 묻지 못하겠고, 몸소 배와 수레를 마련하여 미숫가루와 양식을 골고루 실어 놓았으니, 날이 길하고 때가 좋아 사방으로 가기가 이롭다. 그대들은 한 그릇 밥을 먹고 한 잔 술을 마시고서 벗을 다 이끌고 무리들을 거느리고는 옛날 살던 집을 버리고 새로운 곳으로 떠나되 빠른 바람을 타고서 번개와 더불어 앞을 다툰다면, 그대는 지체한다는 허물이 없고 나는 물자를 주어 전송하는 은혜가 있게 되니, 그대들은 떠나갈 의향이 있는가?"

숨을 죽이고 조용히 들어보니, 마치 음성이 들리는 듯했는데, 휘파람을 부는 듯, 우는 듯하여, 획획 하고 한숨을 쉬는 듯, 우는 듯하니, 모발이 모두 쭈뼛이 서고 어깨가 올라가며 목이 움츠러들었다. 그리하여 있는 듯, 없는 듯하다가 오랜 뒤에야 분명하였다. 마치 말하는 자가 있는 듯하여 이르기를, "내가 그대와 함께 산 지 40년이 넘었다. 그대가 어릴 때에 나는 그대를 어리석다 여기지 않았으며, 그대가 배우고 그대가 농사를 지으며 관직과 명예를 구할 때에는 나는 오직 그대만을 따라 처음 뜻을 변치 않았으며, 문호(門戶)의 신령(神靈)을 내가 질타하고 꾸짖어 부정한 길을 따르는 것을 부끄러워해서 뜻이 딴 데에 있지 않았노라. 그대가 남쪽 변방으로 좌천됨에 더위가 심하고 습기와 무더위가 찌는 듯하니, 나에게 알맞은 고장이 아니었고, 온갖 귀신들이 업신여기고 능멸했으며, 태학에 있는 4년 동안 아침에는 양념을 먹고 저녁에는 소금을 먹었는데, 오직 나만이 그대를 보전하였고 다른 사람들은 모두 그대를 혐의하였다. 처음부터 끝가지 나는 일찍이 그대를 저버리지 않아 마음에 딴 생각이 없었고 입으로 떠나간다는 말을 한 적이 없는데, 어디에서 무슨 말을 듣고는 내가 마땅히 떠나간다 말하는가? 이는 반드시 부자(夫子)가 참언을 믿고서 나에게 틈이 있는 것이리라. 나는 귀신이라 사람이 아니니 어찌 수레와 배를 쓸 것이며, 코로 냄새와 향기를 맡으니 미숫가루와 양식을 버려도 된다. 단독 일신인, 누가 벗과 짝이 되겠는가? 그대가 만일 자세히 알진대 하나하나 셀 수 있겠는가? 그대가 만일 다 말한다면 성지(聖智)라고 이를 수 있겠다. 내 정상이 이미 드러났으니, 감히 회피하지 않겠는가."

주인은 다음과 같이 말했다.

"그대는 내가 참으로 모른다고 여기는가? 그대의 벗은 여섯도 아니요, 넷도 아니다. 열에서 다섯을 빼면, 일곱에서 둘을 제한 것이니, 이들은 각기 주장을 두고 사사로이 명자(名字)를 세워 손을 비틀어 국을 엎게 하고 목청을 울리면 기휘(忌諱)하는 것을 저촉하게 하여, 나로 하여금 면목을 가증스럽게 하고 언어를 무미하게 하는 것이 모두 그대들의 뜻이다.

ㅅ

그 첫째는 이름을 지궁(智窮)이라 하니, 교교항항(矯矯亢亢, 강하고 높음)하여 둥근 것을 싫어하고 모난 것을 좋아하며, 간사함과 속임수를 부끄러워하여 차마 남을 해치거나 상하지 못하게 한다. 그 다음은 이름을 학궁(學窮)이라 하니, 예수(禮數, 벼슬)와 이름을 오시〔傲視, 무시(無視)〕하여 아득하고 미묘한 것을 빼내고 여러 말을 높이 취하여 신(神)의 기틀을 잡게 한다. 또 그 다음은 문궁(文窮)이니, 한 가지 재능을 전일하게 하지 않아 기기괴괴(奇奇怪怪)하니, 세상에 베풀 수가 없고 다만 스스로 기쁘게 할 뿐이다. 또 그 다음은 명궁(命窮)이니, 그림자가 형상과 다르며 낯은 추하나 마음은 고와 이(利, 이익)는 남의 뒤에 있고 꾸짖음은 남의 앞에 있게 한다. 또 그 다음은 교궁(交窮)이니, 살과 뼈를 갈고 깎으며 심간(心肝)에 있는 것을 토해내어 발돋움하고 기다리는데도 나를 원수의 위치에 놓이게 한다.

무릇 이 다섯 귀신들이 나의 다섯 가지 폐해가 되어 나를 굶주리게 하고 나를 춥게 하며, 유언비어를 일으키고 비방을 날조하여, 나로 하여금 혼미하게 하여 다른 사람들이 끼지 못하게 한다. 아침에는 그 행실을 뉘우치다가 저녁에는 다시 그렇게 하도록 하여, 파리처럼 영영(營營, 앵앵거림)하고 개처럼 구차(苟且)하여 쫓아보내도 다시 돌아온다."

내가 말을 마치기도 전에 다섯 귀신들이 서로 눈을 휘둥그렇게 뜨고 혀를 빼고 뛰다가 쓰러지며 손바닥을 두드리고 다리를 절며 실소하여 서로 돌아보고 서서히 주인에게 말했다.

"그대는 우리들의 이름과 우리들이 하는 일을 알고 우리를 몰아 쫓아보내려 하니, 작게는 약으나 크게는 어리석다. 사람이 한 세상을 삶에 얼마나 오랫동안 살겠는가? 우리들은 그대의 이름을 세워 백세(百世)가 되도록 없어지지 않게 하려는 것이다. 소인(小人)과 군자(君子)는 그 마음이 똑같지 않으니, 세상과 괴리되어야 하늘과 통하는 것이다. 좋은 보배를 가지고서 한 양가죽과 바꾸며, 살진 음식과 단 맛에 물려서 저 쭉정이를 사모하는도다. 천하에 그대를 알아주는 것이 누가 우리들보다 더하겠는가. 우리는 비록 배척과 축출을 당하나 차마 그대를 소원히 할 수 없으니, 나더러 거짓말한다고 이를진대 시서(詩書)에 질정하기를 청하노라."

주인은 이에 머리를 떨구고 기(氣)를 상실하여 손을 올려 사례하고는 수레와 배를 불태우고 그들을 상좌(上座)에 맞이하여 앉혔다.
(成百曉 옮김)

(元和六年正月乙丑晦 主人使奴星 結柳作車 縛草爲船 載糗輿粻 牛繫軛下 引帆上檣 三揖窮鬼而告之日 聞子 行有日矣 鄙人 不敢問所途 竊具船與車 備載糗粻 日吉辰良 利行四方 子飯一盂 子啜一觴 携明挈儔 去故就新 駕塵弓廣風 與電爭先 子無底滯之尤 我有資送之恒 子等有意於行乎 屛息潛聽 如聞音聲 若嘯若啼 毛髮盡竪 竦肩縮頸 疑有而無 久乃可明 若有言者 日吾與子居 四十年餘 子在孩提吾不子愚 子學子耕 求官與名 惟子是從 不變于初 門神戶靈 我叱我呵 包羞詭隨 志不在他子遷南荒 熱爍濕蒸 我非其鄕 百鬼欺陵 太學四年 朝虀暮塩 惟我保汝 人皆汝嫌 自初及終未始背汝 心無異謀 口絕行語 於何聽聞 云我當去 是必夫子 信讒有間於予也 我鬼非人 安用車船 鼻嗅臭香 糗粻可損 單獨一身 誰爲朋儔 子苟非知 可數以不 子能盡言 可謂聖智 情狀旣僂露 敢不廻避 主人應之日 子以吾 爲眞不知也邪 子之朋儔 非六非四 在十去五 滿七

除二 各有主張 私立名字 捩手覆羹 轉喉觸諱 凡所以使吾 面目可憎 語言無味者 皆子之志也 其一名曰 智窮 矯矯亢亢 惡圓喜方 羞爲姦欺 不忍害傷 其次名曰 學窮 傲數與名 摘抉杳微 高挹群言 執神之機 又其次曰 文窮 不專一能 怪怪奇奇 不可時施 以自嬉 又其次曰 命窮 影與形殊 面醜心妍 利居衆後 責在人先 又其次曰 交窮 磨肌骨吐出心肝 企足以待我讐寃 凡此五鬼 爲吾五患 肌我寒我 興訛造仙 能使我迷 人莫能間 朝悔其行 暮已復然 蠅營狗苟 驅去復還 言未畢 五鬼相與張眼吐舌 跳偃踉仆 抵掌頓脚 失笑相顧 徐謂主人曰 子知我名 凡我所爲 驅我令去 小黠大癡 人生一世 其久幾何 吾立子名 百世不磨 小人君子 其心不同 惟乖於時 乃與天通 携持琬琰 易一羊皮 飫於肥甘 慕彼糠糜 天下知子 誰過於予 雖遭斥逐 不忍子疎 謂予不信 請質詩書 主人於是 垂頭喪氣 上手稱謝 燒車與船 廻之上座)」

【용례】 선제골을 넣었을 때는 그렇게 기세등등하던 선수들이 역전패당하니까 완전히 기가 죽어 "수두상기"하는 꼴이 정말 가관이더군.

수락석출 水落石出

水 : 물(수) 落 : 떨어질(락)
石 : 돌(석) 出 : 날(출)

【뜻풀이】 물이 마르자 바위가 드러난다는 뜻이다. 원전의 출처와는 관계없이 요즘은 흑막이 걷히고 진상이 드러나는 것을 비유하는 말이 되었다.

【출전】 송나라 때의 시인 소식(蘇軾)이 지은 〈후적벽부(後赤壁賦)〉에 나오는 구절이다.

"산은 우뚝하고 달은 기울었는데, 물이 빠지니 돌이 드러나는구나.(山高月小 水落石出)"

원래 적벽은 삼국시대 오나라의 손권(孫權)과 촉의 유비(劉備)가 연합하여 조조(曹操)의 백만대군을 화공(火攻)을 써서 격파했던 곳이다. 그러나 소식이 찾아가서 〈적벽부〉를 지은 적벽은 지난날 격전지로서의 적벽〔가어현(嘉魚縣)에 있음〕이 아니라 황주(黃州)에 있는 적벽이었다. 소식도 이 사실은 알고 있었지만, 영웅들의 대활극장이었던 적벽을 생각하면서 두 편의 〈적벽부〉를 지었던 것이다.

『고문진보(古文眞寶)』 권8에 실려 있는 〈후적벽부〉 전문을 읽어보도록 하자.

「이해(壬戌年) 10월 보름에 설당(雪堂)에서 걸어서 장차 임고정(臨皐亭)으로 돌아가려 할 때에 두 손님이 나를 따라왔다.

황니판(黃泥坂)을 지나니, 서리와 이슬은 이미 내리고 나뭇잎이 다 떨어져서 사람의 그림자가 비쳐 땅에 있기에 우러러 밝은 달빛을 보았다.

돌아보고 즐거워하여 길을 걸으며 노래부르면서 서로 화답했는데, 이윽고 길게 탄식하며 말했다.

"손님이 있으면 술이 없고, 술이 없으면 안주가 없구나. 달빛은 밝고 바람이 시원하니, 이처럼 좋은 밤을 어찌한단 말인가?"

그러자 손님이 말했다.

"오늘 저녁 무렵에 그물을 펼쳐 고기를 낚았는데, 입은 크고 비늘은 가늘어 모양새가 송강(松江)의 노어(鱸魚)와 같았습니다. 단지 술은 어느 곳에서 구할 수 있겠습니까?"

내가 돌아와서 아내와 상의하니, 아내가 말했다.

"제가 술 한 말을 갈무려 둔 지 오래되었습

니다. 서방님께서 언제라도 쓰실 수 있도록 기다렸습니다."

이에 고기와 술을 들고 다시 적벽강 아래에서 노니, 강물 소리는 아득히 들려오고, 물 빠져 끊긴 강둑은 천 자나 되었다. 산은 우뚝하고 달은 기울었는데, 물이 빠지니 바위가 드러났다.

일찍이 세월이 얼마나 흘렀는지 지난날의 강산은 다시 기억조차 할 수 없었다. 나는 마침내 옷자락을 걷어올리고 올라가서 높은 바위를 밟고 우거진 숲을 헤치면서, 호랑이 표범 모양의 바위에 걸터앉고 뱀이며 용 모양을 한 나무에 올라가고, 새매가 살고 있는 높은 둥지에도 올라가며, 수신(水神) 풍이(馮夷)의 그윽한 터전을 굽어보았다.

두 손님은 미처 따라오지도 못했다. 획연(劃然, 분명한 모양)히 길게 휘파람을 부니, 풀과 나무가 울리고 산이 울림에 골짜기가 메아리치고 바람이 일며 물이 솟구치는 듯하였다. 나 또한 초연(悄然, 슬픈 모양)히 슬퍼지고 숙연(肅然, 쓸쓸하고 비감한 모양)히 두려워져서 오래 머물 수가 없었다. 되돌아와 배에 올라 강 가운데로 들어와 배가 멈추어 돌도록 하면서 내버려 두고 쉬었다.

이날 때가 장차 한밤이 되려고 할 때, 사방을 둘러보아도 고즈넉하기만 했는데, 마침 외로운 해오라기 한 마리가 강을 가로질러 동쪽으로 날아오니, 날개는 수레바퀴만 하고, 검은 치마에 흰옷을 입고는 알연(戛然, 새가 우는 소리)히 길게 울면서 뱃전을 스치고 서쪽으로 날아갔다.

잠시 후에 손님은 돌아가고 나 또한 잠들어 있었다. 꿈을 꾸니 한 도사가 깃으로 만든 옷을 펄럭이면서 임고정 아래를 지나가다가 내게 읍하고 말했다.

"적벽강의 뱃놀이는 즐거웠는지요?"

그의 성명을 물었지만 대답하지 않았다.

"오호라! 슬프구나. 내 그대를 알겠구나. 어젯밤에 울면서 뱃전을 스쳐 지나간 것이 바로 그대가 아닌가?"

이렇게 물으니, 도사가 나를 돌아보며 웃었고, 나 역시 깜짝 놀라 잠에서 깨었다. 창문을 열어 살펴보았지만, 그가 간 곳은 끝내 알 수 없었다.

(是歲十月之望 步自雪堂 將歸于臨皐 二客從予過黃泥之坂 霜露旣降 木葉盡脫 人影在地 仰見明月 顧而樂之 行歌相答 已而歎曰 有客無酒 有酒 無肴 月白風淸 如此良夜何 客曰 今者薄暮 擧網得魚 巨口細鱗 狀如松江之 顧安所得酒乎 歸而謀諸婦 婦曰 我有斗酒 藏之久矣 以待子不時之需 於是携酒與魚 復遊於赤壁之下 江流有聲 斷岸千尺 山高月小 水落石出 曾日月之幾何 而江山不可復識矣 予乃攝衣而上 履巉巖披蒙茸 踞虎豹登虯龍 攀棲鶻之危巢 俯馮夷之幽宮 蓋二客不能從焉 劃然長嘯 草木震動 山鳴谷應 風起水涌 予亦悄然而悲 肅然而恐 凜乎其不可留也 反而登舟 放乎中流 聽其所止而休焉 時夜將半 四顧寂寥 適有孤鶴 橫江東來 翅如車輪 玄裳縞衣 戛然長鳴 掠予舟而西也 須臾客去 予亦就睡 夢一道士 羽衣翩躚 過臨皐之下 揖予而言曰 赤壁之遊樂乎 問其姓名 俛而不答 嗚呼噫嘻 我知之矣 疇昔之夜 飛鳴而過我者 非子也耶 道士顧笑 予亦驚悟 開戶視之 不見其處)」

【용례】 ① 자연의 아름다움은 같은 곳이라도 때에 따라 다른 모습을 보여 준다는 데서도 찾을 수 있어. 이 여울목도 바로 "수락석출" 하는 가을 무렵이 참 좋아.

② 그 사람 온갖 감언이설(甘言利說)로 국민들을 속이고 다녔지만, 이번 사건으로 검은

속마음이 그대로 "수락석출"했네 그려. 이제 정계를 그만 은퇴해야 할 듯하네.

수불석권 手不釋卷

手 : 손(수) 不 : 아닐(불)
釋 : 풀·놓을(석) 卷 : 책·두루마리(권)

【뜻풀이】 손에서 책을 놓지 않는다는 뜻으로, 독서에 깊이 몰입해 있는 것을 비유하는 말이다.

【출전】 『삼국지·오지·여몽전(呂蒙傳)』에 다음과 같은 이야기가 나온다.

삼국시대 오나라의 대장 여몽은 무인 출신인데, 책을 별로 읽지 못한 사람이었다. 이에 손권은 그가 젊고 재간이 있음을 알고 독서를 하라고 권했더니 여몽은 "군문에 일이 많아 독서할 겨를이 없습니다."라고 대답하는 것이었다.

"경이 일이 많기로서니 과인보다 더 할 것인가?"

손권은 자기가 젊어서 부지런히 독서하던 경험과 함께 지금까지도 역사와 병법에 관한 책들을 계속 읽고 있다고 들려준 다음, "광무〔후한 광무제 유수(劉秀)〕는 병마의 일로 그렇게 바쁠 때도 손에서 책을 놓지 않았으며, 맹덕(조조) 역시 늙어서도 독서를 즐겼다(光武當兵馬之務 手不釋卷 孟德亦謂老而好學)"면서 독서에 열중할 것을 간곡히 부탁하였다.

이에 여몽은 크게 느낀 바 있어 그 후부터 독서에 열중했다는 것이다.(➡ 괄목상대刮目相對, 오하아몽吳下阿蒙 참조)

【용례】 직장에 다니면서도 항상 "수불석권"하더니 기어이 자격증을 따고 마는구나. 정말 진심으로 축하한다.

수서양단 首鼠兩端

首 : 머리(수) 鼠 : 쥐(서)
兩 : 짝·두(량) 端 : 끝(단)

【뜻풀이】 의심이 많고 우유부단(優柔不斷)하다. 주저하면서 결단을 내리지 못하는 것을 말한다.

【출전】 『사기·무안후전(武安侯傳)』에 다음과 같은 이야기가 있다.

한경제가 세상을 떠나고 한무제가 즉위한 뒤 얼마 못 가서 두태후(竇太后, 경제의 모친)까지 죽자 두태후의 조카인 두영(竇嬰)은 하루아침에 권력을 차지했고, 무제의 외삼촌(즉, 경제의 처남)인 전분(田蚡)이 득세하여 승상이 되었다.

이에 두영과 일찍이 오초칠국(吳楚七國)의 난을 평정할 때 큰 공을 세우고 용맹을 떨친 바 있는 관부(灌夫)는 불평이 대단했다.

그러던 중 전분은 그가 소실을 맞아들이는 기회를 빌려 크게 잔치를 벌이고 만조백관을 초청했는데 두영은 억지로 관부를 데리고 연회에 참석했다.

당시의 풍습으로 연회석상에서는 주인과 손님이 번갈아가며 술을 권하게 되어 있었다. 때문에 관부도 차례가 되자 전분에게 술을 따라 주었지만 전분은 마시지 않는 것이었다. 이어 관현(灌賢, 관영의 손자)이라는 사람에게 술을 권했더니 관현은 정불식(程不識)과 이야기만 할 뿐 본 척도 하지 않았다.

이에 화가 머리끝까지 치밀어 오른 관부는 관현에게 심한 욕설을 퍼부으면서 전분까지 빗대어 매도했는데(▶ 일전불치—錢不値 참조), 이것이 관부매좌(灌夫罵座) 또는 사주매좌(使酒罵座)라는 이야기다.

이쯤 되니 전분이 가만히 있을 리가 없었다. 그는 당장 관부를 잡아 가두게 한 다음 마침내 억지로 죄목을 씌워 그의 일족을 죽이려고 했다. 두영은 관부를 살려보려고 여러 곳을 돌아다니며 그의 석방을 위해 주선하다가 나중에는 한무제에게 상소까지 올렸다.

그 글에서 관부가 비록 취중에 실언을 했다고는 하지만 죽을죄를 진 것이 아니니 황제가 판단을 내려 선처해 줄 것을 간청하였다. 이에 한무제는 신하들을 모아 놓고 이렇게 하는 것이 좋겠느냐고 묻게 되었다.

이때 어사대부 한안국〔韓安國, 한장유(韓長孺)〕이 겨우 한다는 말이 "관부가 죽을죄를 짓지 않았다는 위기후(즉, 두영)의 말도 옳고 그가 함부로 날뛰면서 기강을 해쳤다는 승상의 말도 옳으니 성상께서 알아서 재가하심이 가할 줄 아옵니다." 하는 것이었다. 다른 대신들도 한두 사람 말은 꺼냈지만 다들 이러한 태도로 일관했다.

그날 저녁이었다. 수레에 앉아 퇴궐하던 전분은 앞에서 걸어가는 한장유를 불러 수레에 오르게 한 다음 물었다.

"여보게 장유! 우리 두 사람은 응당 함께 두영에게 대처해야 하는데 오늘은 왜 쥐새끼 모양 갈팡질팡(首鼠兩端) 했는가?"

말하자면 왜 주견이 없이 우물쭈물했는가 하는 소리였다.

이래서 주저하거나 의심이 많아 결단성이 없는 것을 수서양단이라고 하게 되었다.

수서(首鼠)에 대해서는 굴에서 방금 나온 쥐가 겁에 질려 두리번거리는 것을 가리킨다고 해석하는 사람도 있고, 주저(躊躇)의 변음이라고 해석하는 사람도 있지만 성어의 뜻에 대해서는 다른 해석이 없다. 수시양단(首施兩端) 또는 수미양단(首尾兩端)이라고도 한다.

【용례】 쥐새끼처럼 그렇게 남의 눈치만 봐서야 어떻게 자네 뜻을 펴겠나. 예부터 "수서양단"하던 사람치고 제 명에 죽은 사람이 없었지.

수석침류 漱石枕流

漱 : 양치질할(수) 石 : 돌(석)
枕 : 벨(침) 流 : 흐를(류)

【뜻풀이】 돌로 이빨을 양치질하고 흐르는 물을 베고 잔다. 말이 앞뒤가 맞지 않는 것을 말한다.

【출전】 『진서·손초전(孫楚傳)』에 다음과 같은 이야기가 실려 있다.

손초는 자를 자형(子荊)이라 하고, 태원군(太原郡) 중도(中都) 사람이다. 문학적으로 소질이 있어서 비교할 만한 사람이 없었고, 성격도 시원시원해서 남다른 풍취를 지녔다. 다만 남을 우습게 보고 오만하게 굴었기 때문에 고향 사람들 사이에서 평판은 좋지 않았다.(▶ 임기응변臨機應變 참조)

나이 마흔을 넘겨 비로소 진동장군 석포(石苞)의 참모가 되었는데, 나중에는 풍익태수(馮翊太守)까지 올랐다.

젊었을 때 손초는 세속을 벗어나 자연 속에 은둔하려는 뜻을 품고 있었다. 하루는 친구인 왕제(王濟)를 찾아 이런 자신의 뜻을 토로하였다.

"나는 세상에서 벗어나 자연과 어울리면서 돌을 베개 삼아 잠자고 흐르는 물에 양치질을 하여 마음을 맑게 하려고 한다.(枕石漱流)"

이렇게 표현하려고 했는데 그만 말이 헛 나와서 "돌로 양치질을 하고 흐르는 물을 베개로 삼겠다.(漱石枕流)"라고 해 버렸다.

왕제는 이 말을 듣고 "흐르는 물은 베개로 삼을 수 없고, 돌로 양치질을 하는 것도 불가능하지 않은가?"

이렇게 윽박지르자 손초는 억지를 부리며 대답했다.

"흐르는 물로 베개를 한다는 것은 옛날이야기처럼 더러워진 귀를 씻기 위해서이고, 돌로 양치질을 한다는 것은 내 치아를 연마하려고 생각했기 때문일세."

여기에서 나온 성어가 수석침류인데, 남에게 지기 싫어하는 성격을 비유할 때 쓰인다. 또는 틀린 주장을 억지로 꿰어 맞추는 태도를 비꼬는 말로도 쓰인다.

【용례】 김 부장님은 업무 지시를 해 줄 때 가끔 "수석침류"하는 적이 있으니 늘 대비하고 있어야 할 걸세.

수식변폭 修飾邊幅

修 : 닦을(수) 飾 : 꾸밀(식)
邊 : 가(변) 幅 : 폭·족자(폭)

【뜻풀이】 베의 가장자리를 꾸미다. 속빈 강정 같은 사람이 겉만 화려하게 꾸민 것을 비유하는 말이다. 변폭은 베(布帛)의 가장자리를 말한다.

【출전】 『후한서·마원전(馬援傳)』에 다음과 같은 이야기가 나온다.

후한 말에 신(新)나라를 세운 왕망(王莽, 기원전 45~기원후 23)이 망한 뒤 천하는 크게 세 부분으로 나누어져 있었다. 촉(蜀) 땅에서 일어난 공손술(公孫述)과 낙양(洛陽) 일대에서 세력을 형성한 유수(劉秀), 농서(隴西) 지방에서 웅거했던 외효(隗囂)가 그들이다.

그때 마원은 외효의 사신으로 공손술을 방문하게 되었다.

공손술은 원래 일개 병사였는데 유현군(劉玄軍)이 횡포를 일삼자 사람들과 함께 들고일어나 정권을 잡은 사람이었다. 때문에 바탕이 천박해서 진지한 안목을 갖고 있지 못했다.

그러나 마원과 공손술은 같은 고장 출신이고 일찍부터 서로 터놓고 지내던 친구 사이였다. 마원은 당연히 공손술이 자신을 크게 환영하리라고 생각하며 길을 떠났다. 그런데 공손술은 잘 만나 주려고도 하지 않았고, 대면한 자리에서도 거만하게 거들먹거리면서 요란하게 치장한 옷에 수레를 타고 나타났다.

(▶ 정저지와井底之蛙 · 망자존대妄自尊大 참조)

공손술은 친구 마원을 보면서 말했다.

"자네가 내 부하가 된다면 내 한 자리 마련해 줌세. 어떤가?"

어안이 벙벙해진 마원은 즉석에서 자리를 박차고 일어나며 말했다.

"천하의 주인은 아직 결정되지 않았고 싸움은 나날이 거세져 가고 있다. 이런 상황에서 누가 더 뛰어난 인재를 포섭하는가가 승패의 관건이라고 할 수 있다. 밥을 토해 내고 머리카락을 걷어 올리지는 못할망정(▶ 토포악발吐哺握髮 참조) 소용도 없는 옷깃이나 꾸민다면(修飾邊幅) 이래 가지고서야 천하의 인재를 머물러 있게 할 수 있겠는가?"

그 뒤 유수를 만난 마원은 그가 참다운 지도자 감이라 생각해서 그에게 귀순하여 함께 천하를 통일하는 데 큰 공을 세웠다. 거만했던 공손술은 결국 마원이 보낸 군사에게 대패해서 자신도 죽고 말았다.

【용례】 세칭 강남 졸부들치고 "수식변폭"이 지 않은 사람이 없을 걸세.

수심화열 水深火熱

水 : 물(수) 深 : 깊을(심)
火 : 불(화) 熱 : 열·뜨거울(열)

【뜻풀이】 물은 깊고 불길은 뜨겁다. 백성들의 어려운 처지를 비유하는 말이다. 도탄에서 헤매다.

【출전】『맹자·양혜왕장구(梁惠王章句)』 하편에 다음과 같은 이야기가 있다.

전국시대 연나라 회왕 때 연나라에서 내란이 일어난 틈을 타서 제선왕(齊宣王)은 군사를 일으켜 손쉽게 승리를 쟁취한 다음 아주 연나라를 삼켜 버리려고 했다.

이에 맹자가 말했다.

"대왕께서 이번에 승전을 거둔 것은 천의(天意)가 아니라 민심에 따른 것입니다. 즉, 연나라 백성들이 도탄(水深火熱) 속에서 벗어나기 위해 대왕의 군사들을 환영했던 것입니다. 이제 대왕께서 연나라를 삼켜 버린다면 연나라 백성들은 더욱 어려운 처지(如水益深如火益熱)에 처하게 될 것인즉 그러면 그들은 반드시 항거해 일어날 것입니다."(▶ 단사호장 簞食壺漿 참조)

수심화열은 바로 맹자의 이 말에서 나온 성어다. 그리고 고난에 처한 백성들을 구원해주는 것을 가리켜 구민수화(救民水火) 또는 증분구익(拯焚救溺)이라고 한다.

【용례】 올해 극심한 가뭄 때문에 농촌은 농사는커녕 음료수조차 귀하다더군. 이렇게 농민들의 "수심화열"이 심한데 정부는 뭘 하는지.

수어지교 水魚之交

水 : 물(수) 魚 : 물고기(어)
之 : 어조사(지) 交 : 사귈(교)

【뜻풀이】 물과 물고기의 사귐. 아주 가까운 사이를 비유하는 말이다.

【출전】『삼국지·촉지(蜀志)·제갈량전(諸葛亮傳)』에 다음과 같은 이야기가 전한다.

후한 말 홍농왕(弘農王) 2년(189) 장군 동탁(董卓)은 영제(靈帝)의 뒤를 이어 제위에 오른 황제 변(辯, 홍농왕)을 몰아내고 진류왕(陳留王) 협(協)을 헌제(獻帝)라 해서 등극시킨 다음 스스로 재상이 되어 권력을 마음대로 쥐고 흔들었다.

그러자 천하의 질서는 엉망이 되어 군웅이 할거하는 시대가 이어졌는데, 192년에는 동탁도 피살되고 중국의 드넓은 천하는 점차 위나라의 조조(曹操), 오나라의 손권(孫權), 촉나라의 유비(劉備)에 의한 삼국 정립시대로 접어들었다. 이들 삼국 가운데 가장 뒤떨어져서 일어난 나라가 촉이었다.

유비의 측근에는 관우를 비롯하여 장비와 조운(趙雲) 등 훌륭한 장수들은 여럿 있었지만 한 가지 아쉬운 일은 더불어 일을 꾸밀 수 있는 모사(謀士)가 없다는 사실이었다. 이 점을 항상 뼈저리게 느끼고 있던 유비가 맞아들인 모사가 바로 제갈량이었다.

제갈량은 온 천하가 전란에 휩쓸려 있는 세상을 피해서 홀로 조용한 삶을 찾아 양양(襄陽) 서쪽 융중산(隆中山) 기슭의 와룡강(臥龍江) 가에 오두막집을 한 채 마련해서 외롭게 지내고 있었다.

그런 제갈량이었던지라 유비의 방문을 받

고도 그는 별다른 반가운 내색을 하지 않고 그를 피하기만 하였다. 그래서 세 번이나 오두막집을 찾아가 갖은 정성을 다 보인 뒤에야 겨우 함께 대업에 참여하겠다는 허락을 받아 냈던 것이다.(➡ 삼고초려三顧草廬 참조)

이렇게 하여 제갈량을 얻은 유비는 그의 지략과 재능에 반해서 그를 유일한 작전참모 겸 스승으로 받들며 침식까지 함께하였다. 제갈량도 자신의 모든 능력을 다 기울여 유비를 위해 아낌없이 헌신하였다.

처음 한동안은 관우와 장비, 조운 등 유비와는 혈육이나 다름없는 장수들이 이를 고깝게 여겨 고작 27세밖에 안 된 애숭이 제갈공명을 대하는 유비의 태도가 지나치다고 비난한 적도 있었다. 그럴 때마다 유비는 그들을 타이르며 이렇게 말했다.

"오늘날 공명이 나에게 있는 것은 마치 '물고기가 물을 만난 것과 같다.(寡人之有孔明猶魚之有水也)'고 할 수 있다. 그러니 두 번 다시 그런 말은 입 밖에 꺼내지도 마라."(➡ 여어득수如魚得水 참조)

여기에서 임금과 신하, 장수와 부하 사이가 지극히 친밀한 것을 가리켜 수어지교라고 표현하게 되었다.

【용례】 임금과 신하로서 의리를 지키고자 한다면 유비와 제갈공명 같은 굳건한 믿음이 있어야 해. 요즘 정치인 행태를 보면 "수어지교"가 무엇인지 아는 놈은 하나도 없는 것 같아.

수여쾌오 羞與噲伍

羞 : 부끄러울(수) **與** : 더불·줄(여)
噲 : 목구멍·시원할(쾌) **伍** : 대오(오)

【뜻풀이】 용렬한 사람과 어울리는 것을 수치로 생각한다는 뜻이다.

【출전】 『한서·한신전(韓信傳)』에 다음과 같은 이야기가 있다.

어느 날 한신이 우연찮게 번쾌(樊噲)의 문 앞을 지나가게 되었는데 그때 번쾌가 뛰어나와 전날 대장군을 대하던 것처럼 깍듯이 인사를 차리고 집으로 모시었다. 한신은 본래 들어갈 의사는 조금도 없었지만 굳이 물리칠 수도 없고 해서 잠깐 들어가서 몇 마디 한담을 나누다가 곧 떠나 버렸다.

이때 한신은 자기도 그리 대단한 집안 출신은 아니었지만 번쾌를 깔보고 "내가 번쾌와 같은 신세가 되었구나.(我乃與噲等爲伍)"라며 개탄을 했다고 한다.

바로 한신의 이 말에서 두 개의 성어가 나왔는데, 하나는 여쾌위오(與噲爲伍)이고 다른 하나는 수여쾌오다. 전자는 용렬한 사람과 한 패거리가 되었다는 뜻이고 후자는 용속한 사람과 한 패거리가 된 것을 부끄럽게 생각한다는 뜻이다.

번쾌는 유방(劉邦)과 같은 고향인 패현(沛縣) 사람이었다. 집안 형편이 어려워서 개잡이를 업으로 삼고 있던 그는 유방이 진나라에 항거하여 군사를 일으키자 곧 반진(反秦)의 대오에 참여했다.

번쾌는 천성이 강직하고 용감한 사람으로 유방에 대해 끝없이 충성하였는데 그는 유방의 신변을 한시도 떠나지 않고 지키면서 여러 번 큰 공로를 세웠다.

일찍이 항우가 홍문(鴻門, 오늘의 섬서성 임동현 동쪽)에서 연회를 베풀고 유방을 만났을 때 항우의 부하 범증(范增) 등이 즉석에서 유방을 해치려 하자 번쾌는 장검을 뽑아 들고 연회청에 뛰어들어가 유방을 구한 일도 있었고(➡ 치주안족사卮酒安足辭 · 항장무검項莊舞劍 참조), 유방이 진의 도성인 함양(咸陽)을 공략한 후 화려한 궁궐에 마음이 동하자 그를 설복하여 군대를 성 밖에 주둔시키게 함으로써 백성들의 지지를 받게 한 일도 있었다.

이러한 번쾌였던지라 유방이 한나라를 세우고 황제가 되자 무양후(舞陽侯)에 봉해졌던 것이다. 그러나 대장이었던 한신은 반대로 병권을 삭탈당하고 초왕에 봉해졌다가 얼마 후 회음후로 내려앉게 되었다. 이래서 전날의 대장군 한신은 두 번 강등되어 번쾌와 동급이 되었던 것이다.

【용례】 아무리 내가 형편이 어려워졌다지만 저런 사람과 같이 일을 해야 하다니. 내 굶주리는 것은 참을 수 있지만 "수여쾌오"하고 살 수는 없어.

수욕다 壽辱多

壽 : 목숨 · 오래살(수)
辱 : 치욕 · 욕스러울(욕) 多 : 많을(다)

【뜻풀이】 사람이란 오래 살면 욕된 일도 많이 겪게 된다.

【출전】 『장자 · 천지편(天地篇)』에 다음과 같은 이야기가 있다.

요(堯)임금이 화(華)라는 지방을 순시하였다. 그때 그곳을 지키던 관리가 나와 인사하며 말했다.

"오, 성인이시여. 삼가 임금님을 위해 축수합니다. 만수무강(萬壽無疆)하십시오."

그러자 요는 손을 내저으면서 말했다.

"나는 오래 살기를 바라지 않는다네."

"그럼 부귀영화(富貴榮華)를 누리시기 바랍니다."

"그것도 역시 달갑지 않네."

"그러시다면 자손이 크게 번창하기를 기원합니다."

"그것도 그만두고 싶군."

이쯤 되자 그 관리는 이상한 표정으로 요임금을 바라보며 물었다.

"아니, 도대체 오래 살고 부귀하며 자손이 많은 것은 누구나 바라는 소망인데 어찌 유독 싫어하십니까?"

"들어 보게. 자식이 많으면 그 중에 못난 놈이 나올까 염려해야 하고, 부귀해지면 혹여 잃지나 않을까 걱정해야 하며, 오래 살면 욕되게 되는 경우도 많은 법이 아닌가?(壽則辱多) 그러니 달갑지 않게 여길 수밖에 더 있겠는가?"

이 말을 들은 관리는 더욱 어처구니없는 표정을 지으며 혼자 중얼거렸다.

"내 듣기에 요임금은 성인이라고 알았는데 고작 군자 정도밖에는 되지 못하겠구나. 자식이 많으면 소질에 적당한 직업을 주면 될 것이고 부유하면 이웃에 나누어 주면 되겠고 오래 살아 세상이 싫어지면 신선이 되어 세상 밖을 떠돌면 될 터인데, 도대체 무엇이 걱정이란 말인가."

그런 뒤 요임금의 만류도 뿌리치고 떠나 버리고 말았다는 것이다.

이야기의 전반적인 흐름과는 관계없이 성어 수욕다는 사람이 오래 살면 못 볼 꼴을 많이 보게 된다는 뜻으로 쓰인다.

【용례】 "수욕다"라더니 오래 살다 보니 별 일을 다 겪는구나. 새파랗게 젊은 놈이 아 글쎄 나한테 자리를 양보하라는 거야. 말세지, 말세야.

수욕정이풍부지
樹欲靜而風不止

樹 : 나무(수) 欲 : 하고자할(욕)
靜 : 고요할(정) 而 : 어조사(이)
風 : 바람(풍) 不 : 아닐(부)(불)
止 : 그칠(지)

【뜻풀이】 나무는 조용하고자 하지만 바람이 그치지 않는다.

원래 뜻은 자식이 부모를 봉양하려고 해도 이미 세상을 떠나 그럴 수 없는 것을 비유하는 말이었다. 오늘날에는 외부로부터 오는 유혹으로 말미암아 내적인 평정을 얻지 못하는 것을 말하기도 한다. 우리 속담 "가지 많은 나무에 바람 잘 날 없다"와 뜻이 비슷하다. 이 성어는 달리 풍수지탄(風樹之歎) 또는 풍목지비(風木之悲)라고도 한다.

【출전】『한시외전(韓詩外傳)』 권9에 다음과 같은 이야기가 있다.

어느 날 공자(孔子)가 길을 가고 있는데 난데없는 곡성이 들려 왔다. 그 소리는 너무나 비탄에 잠겨 있어서 절로 눈물이 날 지경이었다.

울음소리를 따라가 보니 고어(皐魚)라는 사람이었다. 그는 베옷을 입고 낫을 쥐고는 길가에 주저앉아 울고 있었다.

공자가 수레에서 내려와 물었다.

"그대는 초상을 당한 것도 아닌데 왜 그렇게 슬피 우는가?"

고어가 대답하였다.

"저에게는 세 가지 한(恨)스러운 일이 있습니다. 첫째는 공부를 한답시고 집을 떠났다가 고향에 돌아와 보니 부모님께서는 이미 세상을 떠났습니다. 둘째는 저의 경륜(經綸)을 받아들이려는 군주를 어디에서도 만나지 못한 것입니다. 셋째는 서로 속마음을 터놓고 지내던 친구와 사이가 멀어진 것입니다.

나무는 조용하고자 하지만 바람이 그치지 않고, 자식이 봉양을 하려고 하지만 어버이는 기다리지 않습니다. 떠나가면 다시는 볼 수 없는 것이 어버이입니다. 나는 이 말을 좇고자 하여 서서 말라 죽으려고 합니다.(樹欲靜而風不止 子欲養而親不待也 往而不可得見者親也 吾請從此辭矣 立槁而死)"

이 말을 들은 공자가 제자들을 보며 말했다.

"너희들은 이 말을 마음 깊이 새겨야 할 것이다."

그때 제자들 가운데 공자에게 이별을 고한 뒤 고향으로 돌아가 어버이를 봉양한 사람이 열에 세 명이나 되었다.

이 이야기는 『공자가어 · 치사편(致思篇)』에도 나오는데 이름이 고어 대신 구오자(丘吾子)로 되어 있다.

【용례】 올해로 어머님이 돌아가신 지 세 해가 지났네. 날이 갈수록 살아 계실 때의 그 모습이 생생해져. 못다 한 효도를 하려고 해도 "수욕정이풍부지"라, 이미 가신 분은 되돌아오질 못하시는구먼.

수자부족여모
竪子不足與謀

竪 : 아이(수) 子 : 아들(자)
不 : 아닐(부) 足 : 족할(족)
與 : 더불어(여) 謀 : 꾀할(모)

【뜻풀이】 어린아이와는 더불어 모의하기가

부족하다. 사람 됨됨이가 좀 모자라서 함께 의논할 사람이 못 될 때 쓰는 말이다.

【출전】『사기 · 항우본기(項羽本紀)』에 다음과 같은 이야기가 실려 있다.

기원전 206년에 먼저 함양성(咸陽城)을 점령한 유방(劉邦)은 기세등등하게 쾌재를 불렀지만 이 소식을 들은 항우는 분통이 터져 어쩔 줄 몰라 했다. 항우의 아부(亞父) 범증(范增)은 이번 기회에 유방을 죽여 후환을 없애라고 충고하였다. 그래서 항우와 유방이 역사적인 만남을 갖게 되는데, 이 일을 일러 역사에서는 홍문연(鴻門宴)이라고 한다.

범증은 이 연회에서 유방을 제거할 생각이었지만 유방의 아부에 기고만장(氣高萬丈)해진 항우는 좀체 뜻대로 움직일 생각을 하지 않았다. 하는 수 없이 항장(項莊)을 시켜 대신 죽이게 했지만 그것도 항백(項伯)의 방해로 실패하고 결국 유방은 무사히 연회장을 빠져나가고 말았다.(◘ 치주안족사卮酒安足辭 · 항장무검項莊舞劍 참조)

자기 진영으로 돌아온 유방은 미리 빠져나간 실례를 사죄하며 항우에게는 백벽(白璧) 한 쌍을, 범증에게는 자루가 달린 술잔을 선물로 보냈다. 칼을 뽑아 일격에 술잔을 깨뜨린 범증은 혀를 차며 이렇게 말했다.

"아아, 저 따위 어린애와 일을 함께 꾀하기에는 부족하구나. 이제 천하는 항우의 손아귀에서 유방에게로 넘어가고 말 것이다."

여기서 나온 성어가 수자부족여모다.(◘ 물부충생物腐蟲生 참조)

【용례】 그렇게 이번 일의 취지를 거듭거듭 말씀드렸는데도, 사장님은 자기에게 돌아올 이익이 뭔지만 따지시지 않는가 말이야. "수자부족여모"야. 이번 기회에 이 회사 그만두겠어.

수주대토 守株待兎

守 : 지킬(수) 株 : 그루터기(주)
待 : 기다릴(대) 兎 : 토끼(토)

【뜻풀이】 그루터기에 앉아서 토끼를 기다리다. 힘을 들이지 않고 요행수를 바라다. 앉아서 일이 성취되기만 기다리다.

【출전】『한비자 · 오두편(五蠹篇)』에 다음과 같은 이야기가 있다.

옛날 송나라에 어떤 농부가 있었다. 하루는 밭에서 일을 하고 있는데 난데없이 토끼 한 마리가 황급히 뛰어가다가 나무에 부딪혀 죽는 것을 보게 되었다. 사냥개에게 쫓기던 토끼가 놀라서 도망치다가 나무에 부딪혀 죽은 것인지도 모르겠지만, 어쨌든 농부는 죽은 토끼를 집어 들고 기뻐서 어쩔 줄 몰라했다. 그러면서 농부는 이런 생각을 했다.

"젠장! 토끼가 이렇게 저절로 뛰어나와 나무에 부딪혀 죽는 줄 진작 알았더라면 농사 따위는 짓지 않았을 텐데!"

이렇게 생각한 농부는 그때부터 농사는 집어치우고 날마다 먼발치에서 그 나무를 바라보면서 토끼가 와서 부딪혀 죽기만 기다렸다.

그 결과 토끼는 한 마리도 얻지 못하고 일 년 농사만 망치고 말았다. 이렇게 해서 사람들의 웃음거리가 되었다는 이야기인데, 어떤 사람은 집에 가만히 들어앉아 아무 일도 하지 않는 것을 가리켜 주수가원(株守家園)이라고도 한다.

【용례】 어쩌다 당첨된 복권을 가지고 거기에 목매달고 허구한 날 복권만 사 대니, "수주대토"하다 일 년 농사 망친 사람 이야기도 자넨 못 들어 봤나.

수주탄작 隨珠彈雀

隨 : 뒤따를(수) 珠 : 구슬(주)
彈 : 탄알·쏠(탄) 雀 : 참새(작)

【뜻풀이】 값비싼 구슬로 참새를 쏘아 잡는다는 말로, 얻는 것보다 잃는 것이 더 많다는 뜻으로 쓰이고 있다.

【출전】 『장자·양왕편(讓王篇)』에 이런 이야기가 있다.

춘추시대 노애공(魯哀公)은 안합(顔闔)이라는 사람이 현자라는 말을 듣고 그를 불러 쓰기 위해 어느 날 사람을 시켜 후한 예물을 보냈다.

그런데 노애공이 파견한 그 심부름꾼이 안합의 거처에 닿아 보니 집이란 것이 초라하기 그지없어 볼품도 없는 데다 사람이라곤 낡은 마포옷을 몸에 걸친 어떤 사람이 저만치에서 소를 먹이고 있을 뿐이었다.

노애공의 심부름꾼은 그가 안합이라고 여겨 예물을 올렸지만 안합은 잘못 찾아왔다고 하면서 받지 않고 돌려보냈다. 조금 뒤 그 심부름꾼은 다시 찾아와서 예물을 올리려고 했지만, 안합은 이미 어디론가 사라진 뒤였다.

『장자』는 이 이야기를 끝마친 뒤 다음과 같은 평어(評語)를 덧붙였다.

"안합 같은 사람은 굴러오는 복도 받으려 하지 않지만 어떤 사람들은 부귀공명(富貴功名)을 위해 목숨까지 걸고 나선다. 만약 어떤 사람이 진귀한 수후의 구슬로 참새를 쏜다면 그를 멍청이라고 비웃을 것이다.(以隨侯之珠彈千仞之雀 世必笑之) 왜냐하면 잃는 것이 얻는 것보다도 더 귀중하기 때문이다. 그렇다면 왜 목숨은 진주보다도 더 귀중한데 목숨과 부귀를 바꾸려 하는가?"

수주탄작은 바로 장자의 이 평어에서 나온 성어로 이주탄작(以珠彈雀) 또는 명주탄작(明珠彈雀)이라고 하는데, 이 이야기에서 귀중한 구슬을 일컬어 수주라고 말한다.

【용례】 제가 보기에 그 골동품은 분명 가짜입니다. 그런데 기어이 그 값으로 구매하신다면 이건 "수주탄작"하는 짓밖에는 되지 않을 겁니다.

수지오지자웅 誰知烏之雌雄

誰 : 누구(수) 知 : 알(지)
烏 : 까마귀(오) 之 : 어조사(지)
雌 : 암컷(자) 雄 : 수컷(웅)

【뜻풀이】 누가 까마귀의 암수를 구별하겠는가? 까마귀는 암수가 거의 구별할 수 없을 정도로 비슷하다. 그래서 시비를 분명하게 가리기 힘든 경우에 이런 말을 쓴다.

【출전】 『시경·소아(小雅)』의 〈정월(正月)〉에 나오는 구절이다.

「산을 일러 낮다고 하지만
산등성이도 있고 구릉도 있네.
백성들 사이의 그릇된 말은
누구도 그것을 막을 수는 없지.
저 늙은 노인장을 불러
꿈을 점치는 사람에게 물어보네.
모두가 스스로 성인이라 하는데
누가 까마귀의 암수를 가리겠는가?
謂山蓋卑
爲岡爲陵
民之訛言
寧莫之懲

ㅅ

召彼故老
訊之占夢
具曰予聖
誰知烏之雌雄」

이 시는 소인배들이 정권을 잡고 올바르고 정직한 사람들에게 해를 가하는 혼란한 정치를 탄식한 작품이다. 〈모시서(毛詩序)〉에 보면 어떤 벼슬아치가 유왕(幽王)의 포악한 정치를 규탄한 시라고 하였다. 그러나 반드시 믿을 수 있는 신빙성은 없다.

맨 끝 구절에서 유래하여 옳고 그름을 분명하게 가릴 수 없는 난제에 봉착했을 때 이런 표현을 쓰게 되었다.

【용례】 서로 자기가 훔치지 않았다고 발뺌을 하는데 들어 보면 다 타당하단 말이야. 누가 까마귀의 암수를 구별할 수 있을지("수지오지자웅") 난감하기 짝이 없네.

수청무대어 水淸無大魚

水 : 물(수) 淸 : 맑을(청) 無 : 없을(무)
大 : 큰(대) 魚 : 물고기(어)

【뜻풀이】 물이 너무 맑으면 큰 물고기가 모이지 않는다는 뜻으로, 사람이 지나치게 강직하기만 하면 사람들이 그를 두려워해서 심복(心服)하지 않는다는 말이다.

【출전】 『후한서·반초전(班招傳)』과 『십팔사략(十八史略)』에 다음과 같은 이야기가 나온다.

반초(32~102)의 집안은 대대로 나라의 역사를 관장하였다. 아버지 반표(班彪)는 역사가로서 명망이 높았고, 형 반고(班固)는 『한서』를 남겼으며, 누이동생 반소(班昭) 역시 문학이 출중해서 세상 사람들의 존경을 받았다.

그런데 그만은 이런 문인적 기질과는 반대로 신체가 건장하고 성격이 호탈해서 용맹무쌍(勇猛無雙)하였다. 집안이 워낙 가난했기 때문에 그는 일찍부터 관직에 진출했는데, 이렇다 할 주목을 받지 못하다가 명제(明帝) 영평(永平) 14년(75)에야 발탁되어 멀리 서역으로 진출했다.

그는 그곳에서 곳곳에 흩어져 있던 나라들을 평정하여 낙양으로 인질을 보내게 하였다. 또 그는 화제(和帝) 때 서역의 도호(都護)가 되었으며 얼마 뒤에는 정원후(定遠侯)로 봉해졌다.

영원(永元) 14년(102) 귀국해도 좋다는 허락을 받고 고국으로 금의환향(錦衣還鄕)했는데, 그때 그의 후임으로 임명된 임상(任尙)이라는 사람이 반초를 찾아와 부탁했다.

"저에게 서역을 잘 통치할 수 있는 비법을 알려 주시기 바랍니다."

"보아하니 그대는 성격이 매우 엄격하고 참을성이 없어 보입니다. 그러나 원래 물이 너무 맑으면 큰 고기가 숨을 곳이 없어 모이지 않게 마련입니다. 정치도 마찬가지여서 너무 엄하고 성급해서는 원만한 통치가 이루어지지 않는 법이지요. 대담하면서도 둥글어서 모가 나지 않도록 하는 것이 좋을 것입니다.(君性嚴急 水淸無大魚 宜蕩佚簡易)"

반초의 충고를 들은 임상은 마지못해 고개만 끄덕이더니 물러 나와서는 사람들에게 그를 비방하는 말을 서슴지 않았다.

"내 딴에는 뭔가 대단한 계책이 나오리라 생각했는데 그 말이란 게 고작 상식 이하가 아닌가. 수신 교과서 같은 언설로 누굴 설교하려는 것인가."

이렇게 안하무인(眼下無人)으로 반초의 충고를 무시하고 서역에 가서 전횡을 일삼다가 마침내 반초가 힘겹게 개척한 서역 일대의 지배권을 잃어버리고 말았다.

『공자가어』에도 "물이 너무 맑으면 물고기가 없다. 사람이 지나치게 통찰하게 되면 따르는 무리가 없는 것이다."라는 말이 나온다.

【용례】 물이 너무 맑으면 큰 고기가 없다지 않니("수청무대어")? 그런 오만을 부리면서 사람을 대하면 있던 사람도 모두 떠나가고 말 거야.

수총약경 受寵若驚

受 : 받을(수) 寵 : 사랑할(총)
若 : 같을(약) 驚 : 놀랄(경)

【뜻풀이】 총애를 받고 좋아서 어쩔 줄 모르다.
【출전】 이 성어의 유래를 설명하기 위해서 먼저 수모를 당하거나 총애를 받고서도 대수롭게 여기지 않았던 이야기부터 해야겠다.

『당서·노승경전(盧承慶傳)』에 나오는 이야기다.

당나라 초기에 고공원외랑(考功員外郎)의 벼슬에 있는 노승경이라는 사람이 있었다. 고공(考功)은 관리들의 언행을 살펴서 고과 점수를 내는 것이 임무였는데, 노승경은 그의 직무에 충실하여 비교적 공정하게 일을 처리했다.

한번은 식량을 수송하는 관헌이 식량을 실은 배를 침몰시킨 사고가 발생하였다. 이에 노승경은 그를 중하(中下)로 평정하고 본인의 뜻을 물었더니 본인은 아무런 이의도 없다고 했다.

그러나 다시 생각해 보니 배가 침몰된 것은 그 한 사람만의 책임도 아니고 또 한 사람의 힘으로 만회할 수도 없는 일이기에 그 관헌을 다시 중중(中中)으로 평정하고 본인의 뜻을 물었다. 그래도 그는 여전히 아무런 이의도 없다는 것이었다.

이에 노승경은 그를 찬양하여 총욕불경(寵辱不驚)이라고 했다.

이렇게 총애를 받거나 수모를 당해도 대수롭게 여기지 않는 것을 가리켜 총욕불경이라고 하는 한편 그와 반대되는 것을 총욕약경(寵辱若驚)이라고 한다. 여기에서 피총약경(被寵若驚)이라는 성어가 나와 수총약경으로 되었다. 총애를 받거나 찬양의 말을 들었을 때 좋아서 어쩔 줄 모르는 모습을 비아냥거리는 말로 쓰이기도 한다.

【용례】 네가 회장님 눈에 들어서 일약 부장으로 발탁된 것은 축하할 일이다. 그러나 그만큼 시기하는 사람도 많을 거다. "수총약경" 하지 말고 더욱 겸손하게 처신하거라.

수화불상용 水火不相容

水 : 물(수) 火 : 불(화) 不 : 아닐(불)
相 : 서로(상) 容 : 용납할(용)

【뜻풀이】 물과 불처럼 서로 용납되기 어려운 경우나 사물을 일컫는 말이다. 빙탄불상용(氷炭不相容)이라고도 한다.
【출전】 후한 말기 철학가 왕부(王符)는 그의 『잠부론(潛夫論)』에서 사악(邪惡)과 정도(正道)는 서로 상극이라고 했다.

"사악함과 올바름의 차이는 마치 물과 불의

ㅅ

관계와 같아서 함께 근원을 두지 못하고 더불어 성행할 수도 없는 것이다.(邪之與正 猶水與火 不同源 不得并盛)"

『삼국지·촉지·위연전』에서는 위연(魏延)과 양의(楊儀) 두 사람의 관계를 가리켜 "물과 불과 같다.(有如水火)"고 했는데, 수화불상용은 수화불용(水火不容)이라고도 한다.

【용례】 내 자네 욱하는 성질을 잘 알아 처음부터 두 사람의 혼인을 반대했던 거야. "수화불상용"이라고 여자 성질 또한 어지간한가 말이야.

숙능생교 熟能生巧

熟 : 익울(숙) 能 : 능할(능)
生 : 날(생) 巧 : 공교로울(교)

【뜻풀이】 능숙함에서 기교도 나올 수 있다는 뜻으로, 뛰어난 기교도 오랜 기간의 수련을 통한 단련을 통해서만 이루어진다는 말이다.

【출전】 『송사(宋史)』 권284에 다음과 같은 이야기가 나온다.

진요자(陳堯咨)는 자를 가모(嘉謨)라 하며, 소유기(小由基)란 자호를 썼다. 송나라 때 사천 사람으로 시호는 강숙(康肅)이었다. 그는 자호에서 볼 수 있는 것처럼 활을 쏘는 솜씨가 남달라서 백 보 밖에서도 목표물을 겨냥하여 쏴도 백발백중(百發百中)이었다. 때문에 스스로 당대 최고의 궁수(弓手)로 자부하면서 남의 실력은 깔보며 지냈다.

어느 날 그가 집 앞 채소밭에서 활을 쏘고 있었다. 마침 문 앞을 지나던 기름장수가 기름통을 내려놓더니 그의 활 솜씨를 구경하는 것이었다. 한참 동안 걸음을 멈추고 그의 활 솜씨를 살피던 그는 가볍게 머리를 끄덕였다.

진요자는 활 쏘는 것을 쳐다보는 기름장수의 꼴을 보더니 언짢은 표정으로 노인에게 물었다.

"당신도 활을 쏠 줄 아시오? 내 활 솜씨는 신기에 가깝소이다."

그러자 노인이 가볍게 대꾸했다.

"별거 아니지요. 단지 몸에 익었을 뿐인 것 아닙니까?"

이 대답을 들은 진요자는 그가 자기를 깔본다고 여겨 화가 치밀어 큰 소리로 말했다.

"감히 내 활 솜씨를 멸시하는 거요?"

"나는 내 자신이 기름 따르는 일을 통해 활 쏘는 이치를 알고 있소."

그러더니 그는 호로병을 꺼내어 땅에 놓고 구멍이 뚫린 동전 한 닢을 병 입에 덮었다. 그리고 나무주걱에 기름을 가득 담아서 머리 위에서 동전 구멍으로 부어 넣었다. 그 솜씨가 얼마나 정확한지 동전에는 기름이 한 방울도 묻지 않았다. 다 붇더니 기름장수가 다시 말을 이었다.

"이것도 별것 아니랍니다. 단지 오랜 세월 동안 익숙해진 탓이지요."

진요자는 그제야 자신이 얼마나 오만했던가를 깨닫고 깊이 반성했다고 한다.

『동도사략(東都史略)』 권44에도 그에 대한 이야기가 나온다.

『경화록(鏡花錄)』 제31회에 보면 "구공은 말할 필요가 없다. 속어에서 말하기를, '숙달함에서 기교도 나온다.'고 하였다.(九公不必談了 俗語說的熟能生巧)"는 구절이 있고, 공궐(孔厥)의 『신아녀영웅속전(新兒女英雄續傳)』 제4장에는 "배우지 못했다고 걱정할 것이 아니라, 잘 깨치지 못하는 것을 걱정하라. 공부가 깊어지면 저절로 기교도 생길 것이니라.(不

怛學不會 只不肯鉆 工夫到了 自然熟能生巧)"는 말이 나온다.

【용례】 기술이란 책을 많이 읽었다고 얻어지는 것은 아니란다. 실제로 경험하는 것이 아주 중요하지. "숙능생교"란 말처럼 경험이 뒷받침되지 않은 기술은 실패하기 십상임을 명심하거라.

숙흥야매 夙興夜寐

夙 : 일찍(숙) 興 : 일어날(흥)
夜 : 밤(야) 寐 : 잠잘(매)

【뜻풀이】 아침 일찍 일어나고 밤늦게 잠자리에 들다. 자신이 맡은 역할과 책임을 다하기 위해 애쓰고 노력하는 모습을 비유하는 말이다. 숙흥야침(夙興夜寢)이라고도 한다.

【출전】 『시경·위풍(衛風)』의 〈맹(氓)〉과 『시경·소아(小雅)』의 〈소완(小宛)〉 두 군데에 나온다.

「삼 년 동안 부인이 되어
방에서 쉼 없이 고생하였네.
새벽에 일어나 밤늦게 잠들며
아침이 있는 줄도 알지 못했네.
혼인의 언약이 이루어지자마자
남편은 갑자기 난폭하게 나를 대했지.
형제들은 이를 알지도 못하고
나를 보면 그저 허허 웃기만 하네.
가만히 앉아 돌이켜 생각하니
나 자신만 그저 가여워지는구나.
三歲爲婦
靡室勞矣
夙興夜寐
靡有朝矣
言既遂矣
至于暴矣
兄弟不知
咥其笑矣
靜言思之
躬自悼矣
날아가는 할미새를 보니
언뜻 날면서 언뜻 지저귀네.
나는 날마다 꾸준히 나아가고
달도 따라서 나아가는구나.
새벽에 일어나 밤늦게 잠들며
낳아 주신 어버이 욕되게 말아야지.
題彼脊令
載飛載鳴
我日斯邁
而月斯征
夙興夜寐
無忝爾所生」

〈맹〉은 남편에게 버림받은 여인이 그 슬픔을 노래한 작품이고, 〈소완〉은 세태를 탓하면서도 올바르게 살아가려고 경계하는 마음을 담은 작품이다.

남이야 뭐라고 하든 뜻을 잃지 않고 노력하지만 이런 정성이 때로 통하지 않는 현실에 가슴 아파한다. 그러면서도 어버이를 욕되게 하지 않기 위해 재차 노력할 것을 다짐하는 것이다.

작품의 내용과는 무관하게 숙흥야매는 뜻을 세워 항상 매진하는 자세를 비유하는 성어로 정착되었다.

【용례】 옛날 선비들은 한번 뜻을 세웠으면 새벽에 일어나 밤늦게 잠들면서("숙흥야매") 학업에 잠심(潛心)하였단다. 너도 올해 고3이 되었으니 큰 목표를 위해 한시도 쉬지 말고 노력해야 하겠지?

순망치한 脣亡齒寒

脣 : 입술(순) **亡** : 무너질(망)
齒 : 이빨(치) **寒** : 추울(한)

【뜻풀이】 입술이 없어지면 이빨이 시리다. 하찮게 보이던 물건이 사실은 대단히 긴요한 것임을 강조할 때나 상호 떼려고 해도 뗄 수 없는 관계에 있는 것을 비유하는 말이다.

【출전】『좌전·희공(僖公) 5년』조에 다음과 같은 이야기가 전한다.

춘추시대 진(晉)나라의 이웃에 괵(虢)과 우(虞)라는 작은 나라가 있었다.

어느 날 진나라에서는 이 두 나라를 차지하기 위해 먼저 괵나라를 공격하려 했지만, 괵나라를 치려면 반드시 우나라를 지나가야 하기 때문에 진나라는 묘안을 찾고자 골치를 앓고 있었다. 왜냐하면 우나라가 출병해서 길을 막거나 우나라와 괵나라가 연합해서 대항하면 진나라로서도 승산이 없기 때문이었다.

이에 진나라 대부 순식(荀息)은 진헌공에게 진나라의 국보인 명마와 주옥을 우나라 임금에게 선물로 주고 길을 열어 보는 것이 좋겠다고 건의하였다. 진헌공은 처음에는 국보를 주는 것에 반대했지만 그것이 한낱 계략에 불과하다는 것을 알고는 이를 허락했다.

뒤이어 순식이 진나라의 국보를 들고 우나라에 이르자 우나라 대부 궁지기(宮之奇)는 임금 우공(虞公)에게 절대 길을 열어 주어서는 안 된다고 하면서 말했다.

"괵나라와 우나라는 보거상의(輔車相依)로 순망치한의 관계에 놓여 있습니다. 괵나라가 망하면 우나라도 위태롭게 될 것입니다."

여기에서 보거상의는 광대뼈(輔)와 아래턱뼈(車)가 서로 의지한다는 뜻인데, 한편으로 보(輔)는 수레의 덧방나무(바퀴살의 힘을 돕는 나무)를 말하고 거(車)는 수레바퀴를 뜻하여 서로 뗄 수 없는 깊은 관계라고 풀이하기도 한다. 또한 순망치한은 입술이 없으면 이빨이 시리다는 뜻으로, 순치상의(脣齒相依)라고도 한다.

모두 다 서로 의존하고 있는 양자 간의 밀접한 관계를 비유한 말이다.

궁지기의 이 말은 당시 우나라와 괵나라의 의존 관계를 더없이 분명하게 표현한 것이었다. 그러나 소견이 짧고 재물에 눈이 먼 우나라 임금은 진나라의 계책에 말려들어 결국 선물을 받고 길을 내주었을 뿐 아니라 군대까지 동원해서 진나라를 도와 괵나라를 멸망시키고 말았다.

이에 궁지기는 우나라도 머지않아 망하리라 예견하고 일찌감치 가족들을 이끌고 조(曹)나라로 달아나 버렸다.

아니나 다를까 우나라의 도움으로 손쉽게 괵나라를 손에 넣은 진나라는 퇴군 도중 쉬어간다는 명목으로 우나라에 한동안 머물더니 재빨리 손을 써서 우나라마저 멸망시키고 말았다.

이에 우나라 임금은 졸지에 죄수의 몸이 되고, 순식이 선물로 갖다 준 명마와 주옥도 다시 진나라 수중에 돌아가게 되었다. 이때 순식은 "주옥은 여전하나 말은 이빨이 몇 개 더 났구나.(璧則猶是也 而馬齒加長)"라고 말했다.

이렇게 해서 마치점증(馬齒漸增)과 마치도증(馬齒徒增)이라는 성어가 나왔다.

전자는 옛사람들이 늙은 사람이 나이를 먹는 것을 비유하던 말이고, 후자는 아무런 성취도 없이 나이만 먹는 것을 비유하던 말이다.

그리고 앞에서 이야기한 사건에서 가도멸

괵(假途滅虢)(➡ 참조)이라는 성어도 나왔는데, "길을 빌려 괵나라를 멸하다"라는 뜻으로, 남을 발판으로 삼아 제3자를 멸망시킨 다음 다시 그 사람까지 멸망시키는 계략을 비유하는 데 쓰인다.

이 성어는 『장자 · 거협편(胠篋篇)』에서는 "때문에 입술을 들어올리면 이가 시리다고 말한다.(故曰脣竭則齒寒)"는 표현으로 나오며, 『전국책 · 한책(韓策)』에도 "입술이 드러나면 그 이가 시리다.(脣揭者其齒寒)"는 말이 있다.

【용례】 경쟁사를 제쳤다고 좋아하기에는 이릅니다. 듣자 하니 재벌 그룹에서 우리 회사를 합병한다는 소문이 들리더군요. 잔뜩 설비 투자를 했는데, 저들이 주문처를 바꿔 버리면 우린 금방 쓰러질 겁니다. "순망치한"이라더니 경쟁사가 우리 보루였을 줄 누가 알았겠습니까?

순치보거 脣齒輔車

脣 : 입술(순) **齒** : 이빨(치)
輔 : 광대뼈 · 도울(보)
車 : 아래턱뼈 · 수레(거)

【뜻풀이】 이 성어는 순망치한(脣亡齒寒)과 보거상의(輔車相依)를 합쳐 만든 말이다.

【출전】 『좌전 · 희공(僖公) 5년』조에 다음과 같은 이야기가 있다.

진헌공(晉獻公)은 제환공(齊桓公)의 뒤를 이어 진문공(晉文公)이 천하의 패자가 되는 길을 연 사람이다. 진헌공이 주변 약소국인 우(虞)와 괵(虢)을 멸망시켰을 때의 일이다. 헌공은 괵을 치기 위해 우나라 임금에게 길을 빌려 달라는 부탁을 했다. 이때 우에는 궁지기(宮之奇)라는 충직한 신하가 있었다.

"폐하, 저들에게 길을 양보해서는 안 될 것입니다. 욕심에 눈이 먼 진나라 임금은 분명 괵을 멸한 뒤에 우리를 칠 것입니다."

"그럴 리가 있나. 우리는 그동안 한 번도 저들의 눈 밖에 난 일을 한 적이 없지 않은가?"

"그러면 괵은 언제 눈 밖에 난 일을 한 적이 있었습니까? 괵과 우는 한 몸이나 마찬가지입니다. 괵이 망하면 우도 망할 것입니다. 속담에 '입술이 없어지면 이빨이 시리다(脣亡齒寒)'는 말도 있고 '덧방나무와 수레바퀴는 서로 의지한다(輔車相依)'는 말도 있지 않습니까?"

그러나 이런 궁지기의 간곡한 충고에도 불구하고 우나라 임금은 결국 헌공에게 길을 열어 주고 말았다. 우가 곧 망할 것을 안 궁지기는 가족들과 함께 보따리를 싸 우를 떠나고 말았다. 아니나 다를까 괵을 멸망시킨 진헌공은 뒤이어 우를 쳐서 병탄(并呑)하고 말았다.

서로 밀접한 관계에 있어서 한 쪽이 무너지면 다른 쪽도 해를 입는 관계를 일러 순치보거라 한다.

【용례】 옆가게가 망했다고 좋아할 게 아니라, 오히려 도움을 줘서 살려 내야 합니다. "순치보거"입니다. 그 가게가 없어지면 우리 가게 매상도 덩달아 떨어질 겁니다.

술이부작 述而不作

述 : 이울(술) **而** : 어조사(이)
不 : 아닐(부) **作** : 지을(작)

【뜻풀이】 기술하기만 할 뿐 창작하지는 않는다. 선인의 업적을 이어 이를 설명하고 서

술할 뿐 새로운 부분을 만들어 첨가하지 않는 태도를 말한다.

【출전】『논어(論語) · 술이편(述而篇)』의 첫 머리에 다음과 같은 말이 있다.

"공자께서 말씀하시기를 나는 서술할 뿐 창작하지는 않으며 옛것을 믿고 좋아하는 자세를 가만히 우리 노팽과 비교하고 싶다.(子曰 述而不作 信而好古 竊比於我老彭)"

공자는 누구보다도 상고주의(尙古主義)에 투철한 인물이었다. 그는 최고의 정치는 요순(堯舜)에 비교했으며, 덕 있는 군주로 문왕(文王)과 무왕(武王)을 꼽았고, 가장 완성된 인격은 주공(周公)이나 백이숙제(伯夷叔齊)를 들었다. 모두 공자 이전에 살았던 인물이다. 즉, 공자는 이들의 언행을 본받음으로 해서 가장 이상적인 사회가 건설될 수 있다고 보았던 것이다.

때문에 그는 온고지신(溫故知新)이라 해서 옛것을 충실히 익힘으로써 새로운 것도 알 수 있다는 역사관을 내세웠던 것이다. 그런 일례를 보여 주는 예증을 우리는 이 성어에서도 찾을 수 있다.

【용례】 내 아직은 식견이 부족해 함부로 의견을 발표할 처지가 아니라고 생각하네. "술이부작"하는 자세로 좀 더 주제에 천착한 뒤에 보고할까 하네.

습인아혜 拾人牙慧

拾 : 수울(습) 人 : 사람(인)
牙 : 어금니(아)
慧 : 슬기로울 · 슬기(혜)

【뜻풀이】 남의 말이나 글을 반성 없이 그대로 본뜨다.

【출전】『세설신어(世說新語) · 문학편(文學篇)』에 다음과 같은 이야기가 있다.

진(晉)나라 때 은호(殷浩)라는 사람이 있었는데, 언변이 좋았던 그는 말을 하면 끝이 없었다. 그의 외조카 한강백〔韓康伯, 본명은 한백(韓伯), 강백은 자〕 역시 구변이 청산유수(靑山流水)여서 늘 남 앞에서 말자랑을 늘어놓곤 했다. 그러자 은호는 "한강백은 나의 이똥도 줍지 못했으면서 거드름을 피운다.(康伯未得我牙后慧)"고 핀잔을 준 일이 있었다.

여기에서 유래하여 말을 하거나 글을 쓸 때 남의 것을 졸렬하게 모방하는 것을 일러 습인아혜라고 하게 되었는데, 습인체타(拾人涕唾)라고도 한다.

【용례】 아무리 환골탈태(換骨奪胎)하는 게 허물이 안 된다지만 이건 좀 지나치군. 토씨 하나 안 틀리고 남의 논문을 그대로 "습인아혜"했으니, 사람들이 다 장님인 줄 아나?

승거목단 수적석천
繩鉅木斷 水滴石穿

繩 : 밧줄(승) 鉅 : 톱 · 자를(거)
木 : 나무(목) 斷 : 끊을(단)
水 : 물(수) 滴 : 물방울(적)
石 : 돌(석) 穿 : 뚫을(천)

【뜻풀이】 노끈으로 나무를 켜서 자르고, 물방울이 떨어져 돌에 구멍을 내다. 바늘 도둑이 소 도둑 되다. 꾸준히 노력해서 성공을 거두다.

【출전】 송나라 때 나대경(羅大經)이라는 사람이 편찬한『학림옥로(鶴林玉露)』라는 책에

다음과 같은 이야기가 있다.

승양현(崇陽縣, 오늘날의 호북성 경내) 관아에 돈창고를 지키는 창고지기가 있었는데, 어느 날 퇴근할 때 머릿수건에서 돈 한 푼이 발각되었다. 알고 보니 그가 훔친 것이었다. 현관(縣官)이 이 일을 알고 문책하였더니, 창고지기는 "돈 한 푼 훔쳤는데 죽이기까지야 하겠습니까?" 하면서 대드는 것이었다.

이에 현관은 "하루에 한 푼씩 천 일이면 천 푼이 된다. 노끈으로 나무를 켜도 오래되면 나무가 잘라지고 물방울일지라도 오래 굴러 떨어지면 돌도 뚫을 수 있다.(一日一錢 千日一千 繩鋸木斷 水滴石穿)"고 하면서 마침내 창고지기를 사형에 처해 버리고 말았다.

여기서 승거목단 수적석천은 "바늘 도둑이 소 도둑 된다."는 뜻으로 쓰이게 되었다. 즉, 작은 일일지라도 자꾸 쌓이게 되면 커진다는 말이다.

창고지기가 사형으로 판결이 나자 형벌이 가혹하다는 사람들도 많았지만 그것과는 관계없이 "바늘 도둑이 소 도둑 된다."는 뜻으로서의 이 성어는 제법 큰 교훈적인 의미를 가지고 있다. 그러나 이 성어는 꾸준히 노력하면 아무리 어려운 일도 결국 성공한다는 뜻으로도 쓰인다.

【참고】 이 성어와 직접 관계는 없지만 수적석천과 관련된 옛 이야기 한 토막을 읽어 보도록 하자.

옛날에는 시(詩)를 때워 주는 일을 직업으로 했던 사람이 있었던 모양이다. 말 그대로 남이 써 놓은 시구에서 부족한 부분이나 마음에 들지 않는 부분을 고쳐 좋은 글귀로 다듬어 주는 일이었다.

어느 고을에 한 선비가 살고 있었는데, 하루 종일 고심한 끝에 시 한 구절을 엮었다. 내용은 "빗방울은 돌을 뚫지 못해 돌 위로 흐른다.(滴不穿石石上流)"는 것이었다.

나름대로 회심의 시구라 생각하며 흐뭇해하고 있는데, 마침 시 때워 주는 사람이 "시 때우시오, 시 때우시오." 하면서 지나가는 것이었다. 자기 시구도 자랑할 겸 얼마나 잘 때우는지 알아봐야겠다는 생각으로 그를 불러 자기가 지은 시구를 보여 주며 때우라고 했다.

시를 읽은 그가 말했다.

"좋은 시구입니다. 다만 한 글자만 고치면 더욱 좋은 작품이 되겠군요."

"아니, 고칠 게 뭐란 말이오?"

그래서 고친 시구는 불(不)자 대신 욕(欲)자를 넣는 것이었다. 그렇게 하니 시는 "빗방울은 돌을 뚫으려고 돌 위로 흐른다.(滴欲穿石石上流)"가 되었다.

두 시는 글자 하나 차이지만 기상(氣像)에서는 확실히 차이가 난다.

선비는 현실에 안주하려는 사람이지만, 욕(欲)자로 시를 고친 사람은 현실을 뒤엎으려는 반골(反骨) 기질이 완연한 사람인 것이다.

【용례】 세 살 버릇 여든까지 간다는데, 어린 놈이 벌써 가게에서 물건이나 훔치길 예사로 한단 말이냐. "승거목단이고 수적석천"이야. 애 버리기 전에 단단히 혼을 내야겠어.

승영구구 蠅營狗苟

蠅 : 파리(승) **營** : 경영할·진영(영)
狗 : 개(구) **苟** : 구차할·진실로(구)

【뜻풀이】 파렴치한 인간을 비유해서 일컫는 말이다.

【출전】『시경·소아(小雅)』에 〈청승(靑蠅)〉

ㅅ

이라는 시가 있는데 이것은 쇠파리의 얄미운 형상을 빌려 아둔한 임금과 간신들을 풍자한 것이다.

〈청승〉의 저자는 이 시에서 말썽만 일으키고 시비를 따지기에 이골이 난 간신들을 얄미운 쇠파리로 비유하였다.

모두 3연으로 이루어진 이 시에는 매연 서두에 "앵앵거리는 쇠파리야!(營營靑蠅)"라는 시구가 쓰이고 있는데, 이 때문에 졸렬한 인간을 가리켜 승영(蠅營)이라고 하였다.

당나라 때의 유명한 문학가 한유(韓愈, 768~823)는 〈송궁문(送窮文)〉이라는 그의 글에서 승영(蠅營)이라는 두 자 뒤에 구구(狗苟)라는 두 자를 덧붙여 놓았다. 여기에서 쇠파리나 개처럼 얄밉고 비천한 인간들을 비유하는 성어로 승영구구라는 말이 나오게 된 것이다.

또 구양수(歐陽脩, 1007~1072)의 글에 〈증창승부(憎蒼蠅賦)〉가 있는데 역시 유사한 내용으로 이루어져 있다. 다만 글의 흐름이 대단히 해학적으로 처리된 차이는 있다. 일부만 소개하기로 한다.

「쇠파리여, 쇠파리여. 내 너의 삶을 한탄하노라. 이미 벌이나 전갈과 같은 독침도 없고, 모기나 등에와 같은 예리한 주둥이도 없어서 다행히 사람들이 두려워하지는 않지만 어찌하여 사람들의 즐거움 거리는 못 되는가? 너의 모양은 지극히 작고 너의 욕심 역시 채우기가 쉬우니 주발에 묻은 물방울이나 다듬잇돌 자리에 붙은 남은 핏방울 정도니 바라는 바는 지극히 적도다. 지나치면 이기기 어려운데 수고롭게 무엇을 구한들 부족하단 말이냐. 그런데도 하루 종일 앵앵거리면서 기운을 좇고 냄새를 찾아가지 않는 곳이 없어서 잠깐 사이에도 모여드니 누가 서로에게 알려준단 말이냐.

(蒼蠅蒼蠅 吾嗟爾之爲生 旣無蜂之毒尾 又無蚊蝱之利 幸不爲人之畏 胡不爲人之喜 爾形至眇 爾欲易盈 盃盂殘瀝 砧几餘腥 所希秒忽 過則難勝 苦何求而不足 乃終日而營營 逐氣尋香 無處不到 頃刻而集 誰相告報)」

【용례】 궁할 때는 코빼기도 안 비치던 인간들이 회장님이 위독하시다니까 재산을 노리고들 벌떼처럼 달려드는군. 저런 "승영구구" 같은 놈들 꼴 보기 싫어서라도 전부 다 물갈이를 해야겠어.

승패병가지상사
勝敗兵家之常事

勝 : 이길(승) 敗 : 집(패) 兵 : 병사(병)
家 : 집(가) 之 : 어조사(지)
常 : 항상(상) 事 : 일·섬길(사)

【뜻풀이】 이기고 지는 것은 병가에서 일상적인 일이다. 전쟁이든 경쟁이든 승패가 갈려야 하는 상황에 놓여 있으면 지고 이기는 것에 크게 개의치 말고 최선을 다하는 것이 더욱 중요하다는 말이다.

【출전】 이 말이 나오는 문헌은 많지만 특히 유명한 것은 『당서(唐書)·배도전(裴度傳)』에 나오는 "한 번 이기고 한 번 지는 것은 병가에 있어서 늘상 있는 상황이다.(一勝一負 兵家之常勢)"라는 말이다.

손무(孫武)와 같이 뛰어난 병법가도 자신의 『손자병법·모공편(謀攻篇)』에서 "적을 알고 나를 아는 자는 백 번 싸워도 위태롭지 않으며 적을 모르고 나를 아는 사람은 승부도 비슷하며 적도 모르고 나도 모르는 자는 싸울 때마다 번번이 위태로운 지경에 빠진다.(知

彼知己者 百戰不殆 不知彼而知己者 一勝一負 不知彼不知己 每戰必殆)"고 하였다.

노련한 승부사의 눈에도 역시 승부의 세계는 서로의 처지를 잘 아는 것이 필요불가결한 요소이지만 그것이 곧 승부에 직접적인 관건은 되지 않는다는 점을 이미 갈파했던 것이다.

오늘날에 와서 이 성어는 주로 사업이나 경쟁에서 실패하고 낙오한 사람을 위로할 때 많이 쓰인다.

【용례】 부도는 났지만 그래도 자네한테는 큰 공부가 됐을 걸세. "승패는 병가지상사"라 하지 않던가? 나이도 젊으니 얼마든지 재기할 수 있을 거야.

승풍파랑 乘風破浪

乘 : 탈(승) 風 : 바람(풍)
破 : 깰(파) 浪 : 물결(랑)

【뜻풀이】 풍랑을 헤치며 앞으로 나아가다. 거듭되는 난관을 이겨내고 전진하다.

【출전】 『남사(南史)·종각전(宗慤傳)』에 다음과 같은 이야기가 있다.

남북조시대에 한때 예주자사와 옹주자사를 역임한 장군 종각은 어렸을 때부터 무예가 출중하고 용감무쌍했다.

그의 형 종필이 결혼하던 날 밤이었다.

손님들이 다 돌아가고 집안사람들이 집정리를 하는 틈을 타서 떼강도가 들어왔다. 이때 나어린 종각은 조금도 두려워하지 않고 용감하게 싸워 강도들을 몰아냈다.

어느 날 종각의 숙부인 종병(宗炳)이 종각에게 물었다.

"너 이 다음에 크면 무엇을 할 것이냐? 어디 한번 너의 포부를 말해 보아라."

그는 이렇게 대답하였다.

"거센 바람을 타고 만리창파를 헤치며 나아가겠습니다.(願乘長風破萬里浪)"

이에 숙부는 "참으로 씩씩하구나. 뜻이 원대한 사람은 그래야 하느니라." 하며 기뻐했다고 한다.

【용례】 끼니를 거르면서도 "승풍파랑"하면서 돈을 모으더니, 기어이 알부자가 됐구나. 돈 없어 서러울 때를 생각해서 잘 건사하거라.

시가인 숙불가인
是可忍 孰不可忍

是 : 이(시) 可 : 가할(가) 忍 : 참을(인)
孰 : 누구(숙) 不 : 아닐(불)

【뜻풀이】 이것을 참는다면 무엇을 못 참겠는가? 도저히 참을 수 없는 일을 비유하는 말이다.

【출전】 이 성어는 『논어·팔일편(八佾篇)』에서 유래한 것으로 다음과 같은 이야기가 전한다.

춘추시대 말기 노나라의 계손씨는 그 세력이 커질 대로 커져 임금도 안중에 없었을 뿐 아니라 나중에는 자신을 천자(天子)에 비하기에 이르렀다.(▶ 화기소장禍起蕭墻 참조)

그러나 이를 긍정적인 시각에서 본다면 그는 구태의연(舊態依然)한 관례를 깨고 제도를 새롭게 개선하는 일에 힘을 기울였다고도 말할 수 있다.

무악(舞樂)에 대한 규정만 보아도 알 수 있다. 당시 천자는 팔일(八佾)을, 제후는 육일

(六佾)을, 경 또는 대부는 사일(四佾)로 행렬을 짓도록 규정되어 있었지만 계손씨는 천자와 같이 팔일을 사용하였다. 여덟 사람을 한 줄에 세운 것을 일(佾)이라고 하는데 팔일이면 64인이 된다.

일이 이쯤 되자 주나라의 정통을 옹호했던 공자는 계손씨가 "팔일로 정원에서 무악하는 일, 이것을 참는다면 다른 그 무엇을 참지 못하겠는가(八佾舞於庭 是可忍 孰不可忍)!"라며 분노해서 외쳤다. 즉, 계손씨의 이 같은 외람된 행동을 어찌 용납할 수 있겠느냐 하는 말이었다.

보는 바와 같이 이 성어는 "이것을 참는다면 다른 그 무엇을 참을 수 없단 말인가."라는 뜻으로 절대 참을 수 없다는 말이다.

【용례】 땅문서를 내놓으라더니 이젠 집문서까지 필요하단 말이냐. 내 그간 두고 봤다만 "시가인 숙불가인"이다. 네 스스로 일어설 때까지는 다시는 내 앞에 얼씬거리지도 말거라.

시랑당도 豺狼當道

豺 : 승냥이(시) **狼** : 이리(랑)
當 : 마땅·당할(당) **道** : 길(도)

【뜻풀이】 승냥이와 이리가 길을 막다. 사악한 인간들이 권력을 잡고 횡포를 부리는 것을 뜻한다.

【출전】 『후한서·장강전(張綱傳)』에 다음과 같은 이야기가 전하고 있다.

순제(順帝) 한안(漢安) 원년(142) 조정에서는 강직하고 충직한 사람 8명을 선발해서 각지를 순행하면서 민정을 살피고, 만약 태수들이 재물을 탐내서 백성들을 괴롭히든가 국법을 어기고 욕심을 채우는 자가 있으면 즉시 고발하게 하였다.

그리고 만약 그런 관리가 있으면 곧 탄원해서 현령 이하의 관리는 왕명을 기다릴 필요 없이 체포하라고 권한을 주었다. 또한 반대로 청렴하고 훌륭한 치적을 쌓은 사람은 그 명단을 작성해서 조정에 올려 표창할 수 있도록 하였다.

이 8명의 특사들은 모두 나이가 지긋하고 명망이 높은 사람들이었는데, 그 가운데 장강(張綱)이라는 사람이 있었다.

그는 나이가 가장 어리고 관직 역시 제일 낮았지만, 곧은 성품으로 보면 둘째 가라면 서러워할 위인이었다.

황제의 특명을 받은 이들은 즉시 각지로 출발했는데, 장강은 직접 마차를 몰고는 낙양성 밖 역참 부근에다 여장을 풀었다. 다른 사람들이 놀라며 그 이유를 묻자 그는 태연하게 이렇게 대답하였다.

"승냥이와 이리 떼들이 길을 막는데 어찌 여우와 살쾡이를 묻겠습니까?(豺狼當道 安問狐狸)"

이 말은 부정부패를 비호하는 세력은 버려두고 그들의 하수인들만 잡아내 무엇하겠느냐는 뜻이었다.

장강이 말하는 배후 세력이란 바로 당시 권력을 장악하고 있던 간신 양기(梁冀)를 빗대서 말한 것이었다. 양기는 황제의 장인으로, 그 세력을 이용해서 사리사욕(私利私慾)을 채웠는데, 정계에서의 온갖 부정부패는 그와 관련되지 않은 것이 없을 정도였다.

장강은 성 밖에 머물면서 양기의 죄상을 낱낱이 적어 그를 탄핵하는 상소를 올렸다. 그러나 황제도 장강이 올린 양기의 죄상에 대해서는 알고 있었지만, 조정 대신 대부분이 양기의 수족들이라 황제로서도 그의 털끝 하나 건드리지 못하는 실정이었다.

장강이 감히 자기를 탄핵하는 상소문을 올렸다는 소식을 들은 양기는 분통을 터뜨리며 언젠가 기회를 봐서 그를 없애리라 다짐하였다.

당시 광릉군(廣陵郡)에서 장영(張嬰)이라는 사람이 탐관오리(貪官汚吏)의 학정을 견디다 못해 수만 명의 백성들을 모아 그 지방 태수를 살해한 사건이 발생했는데, 벌써 10년이 다 지나도록 아직도 평정하지 못하고 있었다.

조정에서는 이 지역으로 군대를 보내 진압하고자 노력했지만 번번이 실패하여 골머리를 앓고 있었다.

이에 양기는 황제에게 장강을 광릉태수로 임명해서 장영을 토벌하도록 하라는 건의서를 올렸다. 그는 장강이 그곳에 부임하면 분명 폭도들에게 살해당하리라 여겼던 것이다.

황제의 명령에 따라 광릉태수로 부임한 장강은 도착하자마자 직접 장영을 찾아가 예의를 갖춰 백성들이 당하는 고충을 이야기하며 그들을 위무하였다.

그러자 장영은 장강이 예전의 태수들과는 다른 사람인 것을 알고 반군들을 데리고 나와 스스로 무기를 버리고 다시 선량한 백성의 신분으로 돌아갔다.(➡ 부중지어釜中之魚 참조)

이렇게 되자 조정에서도 10년이 넘도록 해결하지 못한 난제를 장강이 하루 만에 해결한 꼴이 되었다.

또한 광릉 지방 백성들도 장강의 선정을 크게 기뻐하며 열심히 생업에 종사하기 시작하였다. 그러나 장강은 부임한 지 1년 만에 갑자기 병에 걸려 죽고 말았다.

【용례】 세상이 어지러울수록 정계는 "시랑당도"하는 법이야. 저들이 물러가지 않고서는 무슨 수를 써도 세상에 정도(正道)는 서지 않을 테니, 먼저 저놈들부터 사법 처리를 해야 해.

시언지 가영언
詩言志 歌永言

詩 : 시(시) **言** : 말씀(언) **志** : 뜻(지)
歌 : 노래(가) **永** : 길(영)

【뜻풀이】 시는 뜻을 말하는 것이고, 노래는 말을 길게 읊조리는 것이다.

【출전】『서경·우서(虞書)』의 〈순전(舜典)〉에 다음과 같은 말이 나온다.

「순임금이 말했다.

"기야, 명하노니 그대는 전악을 맡아 자제들을 가르치되 강직하면서도 온화하게 하고, 너그러우면서도 위엄을 잃지 않게 하며, 굳세면서도 거칠지 않고, 간략하면서도 오만한 점이 없도록 하라. 시는 뜻을 말하는 것이고, 노래는 말을 길게 읊조린 것이며, 소리는 가락에 의지하며, 음률은 소리와 조화를 이루어야 한다. 팔음이 능히 조화를 이루어 서로의 음계를 빼앗지 않게 하면 신과 사람도 이로써 조화를 이룰 것이다."

기가 대답하였다.

"아아! 제가 돌을 치고 돌을 두드리니 뭇 짐승들도 따라와 춤을 추었습니다."

(帝曰 夔 命汝典樂 敎胄子 直而溫 寬而栗 剛而無虐 簡而無傲 詩言志 歌永言 聲依永 律和聲 八音克諧 無相奪倫 神人以和 夔曰 於予擊石拊石 百獸率舞)」

이 대화가 실린 글에는 원래 제전의식(祭典儀式)과 악교(樂敎) 등을 관장할 신하들을 등용하는 과정이 기술되어 있다. 즉, 기에게 음

人

악에 관한 일을 맡기면서 내린 당부의 말에서 성어 "시언지 가영언"이 나왔다. 이 말에서 뒤로 이어지는 부분에서 순임금은 자신의 음악관을 펼치고 있다. 그는 무엇보다 조화를 가장 이상적인 음악의 효용으로 보았다.

동양에서 음악은 단순히 예술의 한 갈래로서가 아니라 사람의 마음을 순화하고 정치와 치적의 성패를 확인하는 잣대로 여겼다. 치세에는 치세의 음악이 있고 난세에는 난세의 음악이 있다고 보는 것이 그것이다.(➡ 망국지음 亡國之音 참조) 공자(孔子)가 『시경』을 편찬하고, 한(漢)나라 때 악부(樂府)를 둔 것은 모두 음악의 이러한 효용을 극대화하려 했던 노력의 흔적이다.

【용례】 시는 뜻을 말하고 노래는 말을 길게 읊조린 것("시언지 가영언")이라는 말에서 우리는 고대 사회에서 생각했던 문학의 기능을 유추할 수 있다. 즉, 그들은 시는 노래와 불가분의 관계에 있다고 보았는데, 이는 문학의 독자성을 일면 부정한 사실을 유추하게 하지.

시우지화 時雨之化

時 : 때(시) 雨 : 비(우)
之 : 어조사(지) 化 : 될(화)

【뜻풀이】 때맞춰 비가 내리면 초목들이 무성하게 자라는 것처럼, 모든 백성들에게 고루 미치는 은혜로운 교화(敎化)를 말한다.

【출전】 『맹자(孟子) · 진심장구(盡心章句)』 상편에 다음과 같은 맹자의 말이 있다.

「군자가 남을 가르치는 방법에는 다섯 가지가 있다. 제때에 내리는 비가 초목을 저절로 자라게 하는 것과 같은 가르침이 있다. 덕을 이루게 해 주는 가르침이 있다. 재능을 발현시켜 주는 가르침이 있다. 질문에 대답해 주는 가르침이 있다. 혼자서도 덕을 잘 수양하도록 도와주는 가르침이 있다. 이 다섯 가지가 군자가 사람을 가르치는 방법이다.

(君子之所以敎者五 有如時雨化之者 有盛德者 有達財者 有答問者 有私淑艾者 此五者君子之所以敎也)」

우리는 가르친다고 하는 일을 자칫 지식을 전달하는 정도로만 생각할 수도 있다. 그러나 이런 가르침은 가장 낮은 수준의 가르침일 뿐이다. 진정한 가르침이란 도를 전하는 전도(傳道)의 가르침인 것이다.

당나라의 한유(韓愈, 768~824)가 지은 〈사설(師說)〉은 바로 그와 같은 스승의 본질을 말한 글이다. 전문을 읽어보자.

「옛날에 배웠던 사람들은 반드시 스승이 있었으니 스승은 도를 전하고 업을 가르치며 의혹을 풀어 주는 일을 한다. 사람이 태어나자마자 도를 안 경우가 아니라면 누군들 능히 의심이 없겠는가? 의심스러워하면서도 스승을 좇지 않으니 그 의혹이 끝내 풀리지 않을 것이다.

나보다 앞서 태어나서 그 도를 들은 것이 진실로 나보다 앞서면 나는 그를 좇아 스승으로 삼을 것이고, 나보다 나중에 태어났다 해도 도를 들은 것이 또한 나보다 앞서면 나는 그를 좇아 스승으로 삼을 것이다. 왜냐하면 나는 도를 스승으로 삼기 때문이다. 어찌 나이가 나보다 앞서 태어났는지 뒤에 태어났는지를 알겠는가? 이러한 까닭으로 귀한 것도 천한 것도 없으며 나이가 많고 어린 것도 없으니, 도가 있는 곳이 스승이 있는 곳이다.

오호라! 스승의 도가 전해지지 않은 것이 오래되었다. 사람들이 의혹이 없고자 하지만 어렵도다. 옛날의 성인은 사람보다 뛰어난 것이 훨씬 멀었는데도 오히려 또 스승을 좇아 물었다. 오늘날의 뭇사람들은 성인보다 못한 것이 또한 먼데도 스승에게 배우는 것을 수치로 여긴다. 이러니 성인은 더욱 성스러워지고 어리석은 사람은 더욱 어리석어진다. 성인이 성스럽게 된 까닭과 어리석은 사람이 어리석어진 까닭도 모두 여기에서 나온 것이다.

자식을 사랑해서 스승을 가려 그를 가르치게 하면서 자신은 스승 두기를 부끄럽게 여기니 괴상한 일이다. 저 동자의 스승이란 사람은 책을 주어서 구두 끊기를 익히게 하는 것이지 내가 말한 도를 전하고 의혹을 풀어 주는 것은 아니다. 구두를 알지 못하는 것과 의혹을 풀지 않는 것에서 어떤 경우는 스승을 두고 어떤 경우는 스승을 두지 않으니 작은 것은 배우고 큰 것은 버려두는 꼴이다. 내가 그런 사람들이 현명한 것을 보지 못했다.

무당이나 의사나 악사 등과 같은 많은 공장이들은 서로 스승 삼기를 부끄러워하지 않는데, 사대부라는 족속은 스승님 제자야 하면 무리지어 모여 이를 비웃는다. 그 까닭을 물으면 저와 저는 나이가 서로 같다거나 실력이 서로 비슷하다고 한다. 지위가 낮으면 족히 수치스럽다 하고 관직이 높으면 아부에 가깝다고 하니, 오호라! 사도가 다시 일어나지 못할 것을 가히 알 수 있도다. 무당이나 의사와 같은 많은 공장이들을 군자는 상종도 하지 않는데 오늘날 그 지혜는 도리어 미치지 못하니 정말 괴상한 노릇이로다.

성인은 항상 섬기는 스승은 없었다. 공자는 담자와 장홍, 사양과 노담을 스승으로 섬겼는데, 담자의 무리가 그 현명함이 공자에게 미치지는 못했다. 공자가 말하기를 "세 사람이 길을 가면 반드시 나의 스승 될 사람이 있다." 고 하셨다. 이런 까닭으로 제자가 스승만 못할 것도 없으며 스승이 반드시 제자보다 뛰어날 필요도 없다. 도를 들은 것이 선후가 있고 업을 익힌 것이 저마다 전공이 있으니 이와 같을 뿐인 것이다.

이자번이 나이 17세에 고문을 좋아해서 육예의 경전을 모두 통하고 익혀 나이에 얽매이지 않고 나에게 와서 배움을 강독하니 내 그가 능히 옛 도리를 행할 줄 아는 것을 어여삐 여겨 〈사설〉을 지어 그에게 주노라.

(古之學者 必有師 師者 所以傳道授業解惑也 人非生而知之者 孰能無惑 惑而不從師 其爲惑也 終不解矣 生乎吾前 其聞道也 固先乎吾 吾從而師之 生乎吾後 其聞道也 亦先乎吾 吾從而師之 吾師道也 夫庸知其年之先後生於吾乎 是故 無貴無賤 無長無少 道之所存 師之所存也 嗟乎 師道之不傳也 久矣 欲人之無惑也 難矣 古之聖人 其出人也 遠矣 猶且從師而問焉 今之衆人 其下聖人也 亦遠矣 而恥學於師 是故 聖益聖 愚益愚 聖人之所以爲聖 愚人之所以爲愚 其皆出於此乎 愛其子 擇師而敎之 於其身也 則恥師焉 惑矣 彼童子之師 授之書 而習其句讀者也 非吾所謂傳其道解其惑者也 句讀之不知 惑之不解 或師焉 或不焉 小學而大遺 吾未見其明也 巫醫樂師百工之人 不恥相師 士大夫之族 曰師曰弟子云者 則群聚而笑之 問之則曰彼與彼 年相若也 道相似也 位卑則足羞 官盛則近諛 嗚乎 師道之不復 可知矣 巫醫百工之人 君子不齒 今其智乃反不能及 可怪也歟 聖人無常師 孔子師郯子·萇弘·師襄·老聃 郯子之徒 其賢不及孔子 孔子曰 三人行 則必有我師 是故 弟子不必不如師 師不必賢於弟子 聞道有先後 術業有專攻 如是而已 李氏子蟠 年十七 好古文 六藝經傳 皆通

習之 不拘於時 講學於余 嘉其能行古道 作師說 以貽之)」

이처럼 스승이란 존재는 중요하고 책임이 무거운 자리인 것이다. 맹자가 말한 군자가 사람을 가르치는 다섯 가지 방법도 한유의 이 말에서 한 치도 벗어나지 않는 논리라고 하겠다.

【용례】 우리 담임선생님께서 학생들을 지도하시는 방법은 정말 온화하고 자상하기 짝이 없어. 문제가 있으면 반드시 고치게 하고 착한 일에는 아낌없이 칭찬을 주셨지. 때맞춰 내리는 비("시우지화")처럼 학생들의 가슴에 촉촉한 사랑이 가득 차게 만드신단 말이야.

시위소찬 尸位素餐

尸 : 주검·신주·시동(시)
位 : 자리·자리잡을(위)
素 : 흴·평소(소) 餐 : 먹을·음식(찬)

【뜻풀이】 자기의 능력이나 분수에 어울리지 않게 높은 자리에 앉아 하는 일 없이 놀고먹는 것을 말한다.

【출전】 시위는 시동(尸童)이 앉아 있는 자리를 말한다. 시동이란 옛날 중국에서 제사를 지낼 때 같은 핏줄의 아이를 신위(神位) 대신 놓아 그에게 접신(接神)이 되도록 했던 아이를 말한다. 이 아이는 제상에 차려진 음식을 마음대로 먹으며 배를 불릴 수 있었는데, 물론 그 음식은 아이가 먹는 것이 아니라 조상의 영령이 먹는 셈이었다. 소찬은 공짜로 음식을 축내는 것을 뜻한다.

왕충(王充)의 『논형(論衡)·양지편(量知篇)』에 이런 사실이 잘 해설되어 있다.

"벼슬아치가 가슴이 텅 비어 있는 것을 일러 시위소찬이라 한다. 소(素)는 공(空)이다. 헛되어 덕도 없이 있으면서 남의 녹봉이나 축내고 있기 때문에 소찬이라고 한다. 도예에 대한 능력도 없고 당시 정치에 참여하지도 않으면서 아무 말도 못 하고, 조정에 머물면서 일에 대해 말 한마디 못 하니 시동과 다를 바가 없다. 때문에 시위라고 한다.(文吏空胸 所謂尸位素餐者也 素者空也 空虛無德餐人祿 故曰素餐 無道藝之業 不時政治 默坐朝廷 不能言事 與尸無異 故曰尸位)"

『서경·오자지가편(五子之歌篇)』에 "태강은 헛되이 왕위에 올랐을 뿐 안일과 유희로 그 덕을 무너뜨렸다.(太康尸位 以逸豫 滅厥德)"는 말이 나오고, 『시경·위풍(魏風)』에 실린 〈벌단(伐檀)〉에는 "저 군자여 공밥은 먹지 않는구나.(彼君子兮 不素餐兮)"는 말이 나오는데, 이 둘을 합치면 원래 성어가 된다.

또 『한서·주운전(朱雲傳)』에는 "지금 조정의 대신들은 위로는 임금의 잘못을 바로잡지 못하고 아래로는 백성들에게 이익을 주지 못하니 모두 헛되이 자리에 앉아 공밥이나 축내고 있는 꼴이다.(今朝廷大臣 上不能匡主 下無以益民 皆尸位素餐)"라는 말도 있다.

자기 심복이나 가신(家臣)들에게 관직을 주기 위해 불필요한 자리를 만들어 앉히는 것을 위인설관(爲人設官)이라고 하는데, 그런 병폐의 한 양상이 시위소찬으로 나타날 수도 있을 것이다.

【용례】 지난날의 정치는 자기가 권력을 잡는 데 음모와 모략으로 힘을 쓴 사람들에게 논공행상(論功行賞)을 한답시고 "시위소찬" 한 경우가 비일비재(非一非再)했다. 작금의 정치 현실 역시 이와 다를 게 뭐가 있는가?

시유사리 詩有四離

詩 : 시(시) 有 : 있을(유)
四 : 넉(사) 離 : 떨어질(리)

【뜻풀이】 시를 지을 때 빠지지 말고 거리를 두어야 할 네 가지 상황을 말한다.

【출전】 교연(皎然)의 『시식(詩式)』에 다음과 같은 말이 있다.

「비록 도의 정취를 기약한다 해도 과감하고 편벽된 경우에서는 떠나야 하고, 비록 경전과 사서를 쓴다고 해도 먹물 든 서생의 차원은 벗어나야 하며, 비록 고아하고 은일한 것을 숭상한다 해도 우활하고 먼 경우는 떠나야 하며, 비록 날고 뛰고자 해도 경박하고 부화한 투식에서는 벗어나야 한다.

(雖期道情而離果僻 雖用經史而離書生 雖尙高逸而離迂遠 雖欲飛動而離輕浮)」

이 말은 시를 지을 때 격조(格調)의 문제를 논한 것으로 아무리 원칙이 옳다고 해도 이를 무분별하게 활용할 때 생기는 폐단을 염두에 두면서 시를 써야 한다는 지적이 담겨 있다.

시유사불 詩有四不

詩 : 시(시) 有 : 있을(유)
四 : 넉(사) 不 : 아닐(불)

【뜻풀이】 시를 지을 때 범해서는 안 될 네 가지 규칙을 말한다.

【출전】 『시식(詩式)』에 다음과 같은 말이 있다.

「기세는 높다고 해도 격노해서는 안 되니 격노하면 속된 풍습에 휩쓸려 버린다. 힘은 굳세도 드러나서는 안 되니 드러나면 도끼질 당해 다친다. 정서는 다감하다 해도 암울해서는 안 되니 암울해지면 졸렬하고 노둔한 곳에 미끄러진다. 재주가 그득하다 해도 소루해서는 안 되니 소루해지면 맥락을 잃게 된다.

(氣高而不怒 怒則失於風流 力勁而不露 露則傷於斤斧 情多而不暗 暗則蹶於拙鈍 才贍而不疎 疎則損於筋脈)」

감정과 기상의 적절한 조절을 주장하는 글이다. 자기에게 주어진 재주에만 의지하지 말고 끝없는 수련과 자기 단련을 통해 시의 깊이를 더해야 한다는 작자의 논조가 특히 강조되어 있다.

시유사심 詩有四深

詩 : 시(시) 有 : 있을(유)
四 : 넉(사) 深 : 깊을(심)

【뜻풀이】 시를 지을 때 드러나는 한계를 극복하기 위한 네 가지 심오한 수련을 말한다.

【출전】 『시식(詩式)』에 다음과 같은 말이 나온다.

「기상이 작품 속에 가득 깔리는 것은 체세를 깊게 하는 데서 이루어지며, 의도가 넓게 펼쳐지려면 그 작품을 깊게 하는 데서 이루어진다. 운율을 쓰는 것이 막히지 않고자 한다면 성률에 대한 활용에 공을 들여야 하며, 사상을 사용하는 데 너무 직선적이지 않고자 한다면 의미의 유형을 살피는 태도가 깊어져야 한다.

(氣象氤氳 由深於體勢 意度盤礴 由深於作用 用律不滯 由深於聲律 用事不直 由深於義類)」

작품의 내적 심도를 제고하기 위해 필요한

몇 가지 주의점이 기술되어 있다. 동양의 시론이 구체적인 사실을 논증적으로 서술하지 않고 축약해서 표현하기 때문에, 여기에서 논의된 문제들이 구체적으로 어떻게 극복될 수 있는가 하는 점은 보다 깊은 사고를 요한다.

그러나 함축된 문장 속에 담긴 깊은 뜻을 이해하게 되면 문학을 대하는 시야가 한층 넓어질 것은 분명할 것이다.

시자지지소지야 詩者志之所之也

詩 : 시(시) 者 : 놈(자) 志 : 뜻(지)
之 : 어조사(지) 所 : 바(소)
也 : 이끼(야)

【뜻풀이】 시란 뜻이 가는 곳이다. 즉 시란 뜻을 담는 도구란 말이다.

【출전】『시경』의 〈관저서(關雎序)〉에 나오는 말이다. 이 글은 공자(孔子)의 제자인 자하〔子夏, 이름은 복상(卜商)〕가 지었다고 한다. 「시란 것은 뜻이 가는 바다. 마음에 있으면 뜻이 되고 말로 나오면 시가 된다. 정(情)이 가운데(마음)에서 움직임이 있으면 이것이 말로 드러나는데, 말로도 부족하면 짐짓 탄식하게 된다. 그런 탄식으로도 부족하면 짐짓 길게 노래하는데, 길게 노래하는 것으로도 부족하면 자신도 모르게 손으로는 춤을 추고 발로는 땅을 구르게 되는 것이다.

(詩者 志之所之也 在心爲志 發言爲詩 情動於中 而形於言 言之不足 故嗟歎之 嗟歎之不足 故永歌之 永歌之不足 不知手之舞之 足之蹈之也)」

이 진술은 시(문학)의 발생에 대한 중요한 발언 중 하나다. 즉, 문학이란 감정의 자연스러운 분출이라는 것이다. 그리고 그 감정이 더욱 격정적으로 환기되어 시로도 주체할 수 없을 때 탄식이 나오고 노래가 나오고 춤이 나온다는 것이다.

어쩌면 이 말은 마음속의 뜻이 예술로 형상화되는 순서를 지적하고 있을 수도 있다. 가장 가깝게 시가 있으며 다음으로 탄식과 노래, 춤의 순으로 이어진다는 것이다.

물론 뜻과 개별 행동 사이의 거리가 곧 감정과 그 표현 방식 사이의 거리를 말하는 것은 아닐 것이다. 어쩌면 정반대의 결론에 우리는 도달할 수 있나.

이 글의 작자는 지(志)의 차원에서 시(詩)를 논의하고 정(情)의 차원에서 언(言)과 차탄·영가·무도에 대해 언급하였다. 이는 시와 기타 예술과의 차별성을 말하는 의도가 담긴 것이 아닌가 생각된다.

결국 시든 다른 예술이든 중요한 것은 작자의 뜻이다. 뜻이 없으면 시도 없고 예술도 없다. 그 뜻이 방향성을 가질 때 모든 예술은 현실화되는 것이다.

【용례】 저는 예술에 대해 아주 소박한 생각을 가지고 있습니다. 바로 자기 감정의 진솔한 표현이라는 것이죠. 내 생각과 감정을 글로 옮기는 것, 그것이 "시자지지소지야"라는 말로 대변할 수 있는 제 예술관입니다.

시자조슬 視子蚤蝨

視 : 볼(시) 子 : 아들·그대(자)
蚤 : 벼룩(조) 蝨 : 이(슬)

【뜻풀이】 큰 인물을 본 뒤에 평범한 사람을

보면 벼룩이나 이처럼 작게 보인다는 말로, 개인의 영달에 눈이 멀어 훌륭한 인물을 초야에 묻혀 살게 한다는 뜻이다.

【출전】『한비자(韓非子)·설림상편(說林上篇)』에 나오는 말이다.

송나라의 대부 자어(子圉)가 공자와 송나라 재상이 만나도록 주선하였다. 공자가 재상을 만나고 돌아가자 자어가 재상에게 공자를 만난 소감을 물었다. 그러자 재상은 이렇게 말했다.

"내가 지금 공자를 뵙고 보니 그대는 마치 벼룩이나 이처럼 보잘것없이 느껴지네. 이렇게 훌륭한 분을 폐하께서 만날 수 있도록 주선하겠네.(吾已見孔子 卽視子猶蚤之細者也 吾今見之於君)"

자어는 공자가 임금으로부터 존중될까 두려워 재상에게 말했다.

"폐하께서 공자를 뵙고 나면 당신 또한 벼룩이나 이처럼 보일 것입니다."

그 말을 들은 재상은 공자가 임금을 뵙도록 주선하지 않았다.

시자조슬이란 훌륭한 사람이 등용되면 자신들의 지위가 흔들릴까 두려워하여 세상에 버려두는 행위를 말한다.

【용례】 자기 자리를 지키려고 유능한 부하 직원들을 헐뜯어 좌천을 시켰다니. 그런 "시자조슬"하는 인간들 때문에 이 사회가 좀 먹어 들어가는 거야.

시작용자 始作俑者

始 : 처음·시작할(시) 作 : 지을(작)
俑 : 나무인형(용) 者 : 놈(자)

【뜻풀이】 장본인. 어떤 죄악의 근원을 만들어 낸 사람을 말한다. 지금도 작용(作俑)이라 하면 좋지 않은 전례를 만드는 것을 뜻한다.

【출전】 용(俑)은 고대에 흙이나 나무로 인형을 만들어 순장하는 순장품을 말한다. 용의 모양새는 사람과 매우 비슷하게 생겼다. 이 때문에 용으로 순장하는 것을 반대한 공자(孔子)는 "처음 용을 만든 사람은 반드시 후손도 없었을 것이다.(始作俑者 其無後乎)"〔『맹자·양혜왕장구(梁惠王章句)』 상편〕라고 저주했는데, 뒷날 맹자가 양혜왕과 이야기를 나눌 때(➡ 오십보소백보五十步笑百步 참조)에도 공자의 이 말을 인용한 적이 있다.

맹자와 양혜왕 사이에 오고 간 이야기는 대략 다음과 같다.

"막대기로 사람을 쳐 죽이는 것과 칼로 사람을 찔러 죽이는 것이 어떻게 다릅니까?"

"다를 바가 없지요."

"그러면 칼로 찔러 죽이는 것과 정치로 죽이는 것은 또 어떻게 다릅니까?"

"역시 다를 바가 없지요."

"그렇다면 지금 대왕의 창고에는 고기가 썩어 나가고 마구간에는 좋은 말들이 가득한데 백성들은 들에 쓰러져 굶어 죽고 있으니 이것은 나라에서 짐승들을 몰아 사람을 잡아먹는 것(率獸而食人)과 마찬가지입니다. 짐승이 짐승을 잡아먹는 것을 보고도 마음이 쓰라린데 하물며 백성들의 어버이라는 관료들이 어찌 이럴 수가 있단 말입니까? 공자님께서는 '처음 용을 만든 사람은 후손조차도 없을 것이다.'라 하시면서 인형을 순장하는 일에도 반대하셨는데 어찌 백성들을 굶겨 죽게 한단 말입니까?"

시작용자라는 성어는 이렇게 해서 생겨났다. 마찬가지로 맹자의 말인 솔수식인(率獸

食人)도 성어가 되었는데, 그 뜻은 백성을 괴롭히는 포학한 정치를 말한다.

【용례】 그따위 쓸데없는 조례를 만들다니, 도대체 그런 규칙이 어디에 필요하다는 거야? "시작용자"는 바로 이를 두고 하는 말이 아니겠어?

시종불투 始終不渝

始 : 처음(시) 終 : 마칠(종)
不 : 아닐(불)
渝 : 변할 · 넘칠 · 땅이름(투)

【뜻풀이】 시종일관(始終一貫)하다. 처음부터 마지막까지 변함이 없다는 뜻으로 절개나 정조·맹세 같은 것이 변치 않는 것을 일컫는 말이다.

【출전】 '불투'는 변치 않는다는 뜻으로 일찍이 『시경(詩經)·정풍(鄭風)』에 실려 있는 〈고구(羔裘)〉란 시에서 나왔다. 그 첫 구절에 보면 "염소 가죽 옷은 윤기가 나니 참으로 부드럽고 아름답구나. 저기 저 우리 님이여 명령을 받음에 변함이 없구나.(羔裘如濡 洵直且侯 彼其之子 舍命不渝)"라는 표현이 나온다.

그리고 『진서·사안전(謝安傳)』에는 시말불투(始末不渝)라는 말이 있고, 『신당서·위징전(魏徵傳)』에도 시종불투(始終弗渝)라는 말이 나오는데, 이것이 바로 오늘날 우리가 말하는 시종불투의 원형이다.

【용례】 저희들은 "시종불투" 선배님의 뜻에 따르기로 결심했습니다. 용기를 잃지 마시고 소신 있게 일하셔서 선배님의 뜻을 굽히지 마세요.

식마육불음주상인 食馬肉不飮酒傷人

食 : 먹을(식) 馬 : 말(마)
肉 : 고기(육) 不 : 아닐(불)
飮 : 마실(음) 酒 : 술(주)
傷 : 다칠·상할(상) 人 : 사람(인)

【뜻풀이】 말고기를 먹고 술을 마시지 않으면 사람의 건강을 해치게 된다.

말고기에는 독이 있기 때문에 이를 해독하기 위해 술을 마셨다는 데서 유래한 성어다. 그러나 이 성어는 내용보다는 이 말이 쓰인 상황으로 해서 빚어진 일화 때문에 더욱 유명하게 되었다.

【출전】 『사기 · 진본기(秦本紀)』에 다음과 같은 이야기가 나온다.

진목공(秦穆公)은 너그럽고 덕이 있는 임금이었다. 어느 날 목공이 기산(岐山)으로 사냥을 나갔는데, 아침에 일어나 보니 말이 몇 마리 없어졌다. 발자국을 쫓아가 보니 그 일대에 살던 토착민들이 훔쳐다가 잡아먹고 있었다.

그들은 그 자리에서 체포되어 목공 앞으로 끌려왔다. 그들의 가난한 처지를 불쌍하게 여긴 목공은 이들을 석방하며 이렇게 말했다.

"내가 들으니 말고기에는 독이 있어 술을 마셔야만 해독이 된다고 하였다. 그러니 이들에게 술을 내려 식중독에 걸리지 않게 하라."

토착민들은 죽을 목숨이 살아난데다가 술까지 거나하게 얻어먹고 백배사례(百拜謝禮)하며 마을로 돌아갔다.

그 뒤 진(晉)나라와 전쟁이 일어났다. 군사를 빌려 줘 진혜공(晉惠公)을 왕위에 앉히고 나라에 흉년이 들자 곡식까지 대여한 처지에 반대로 진(秦)나라에 흉년이 들자 은혜를 보답하기는커녕 오히려 그 틈을 타서 진나라를 공격하려 했던 것이다.(➡ 모피지부毛皮之附 · 피지부존 모장언부皮之不存 毛將焉附 · 행재낙화幸災樂禍 참조)

한원(韓原)의 언덕에서 일대 격전이 벌어졌다. 두 나라 군대가 엎치락뒤치락하는 가운데 진목공이 적에게 포위되는 위기가 닥쳤다. 모든 것을 운에 맡기고 적진을 돌파하려는 순간 갑자기 산 위에서 수백 명의 무리들이 들이닥치더니 진(晉)나라 군대를 공격하는 것이었다.

이 틈을 타서 목공은 무사히 적진을 빠져나올 수 있었고 오히려 혜공을 잡아 대승을 거둘 수 있었다.

전쟁이 끝난 뒤 목공은 그들을 불러 크게 상을 내릴 생각이었다. 그러나 그들은 이를 한사코 거절하였다.

"아닙니다, 폐하. 저희들이 이미 전에 상을 받았습니다."

"무슨 소린가? 나는 그대들을 오늘 처음 본 것 같은데."

"몇 년 전 기산에서의 일을 기억하지 못하십니까? 그때 저희들은 죽을 목숨을 폐하의 하해(河海)와 같은 은덕으로 구원을 받았습니다. 그러니 저희들이 폐하를 구한 것은 당연한 일이옵니다."

이른바 음덕양보(陰德陽報)의 아름다운 일례를 여기서도 읽을 수 있다.

오늘날에는 이런 일화에는 관계없이 술꾼들이 술 마실 핑계를 대는 데 그대로 활용될 수 있을 것이다.

【용례】 자고로 "식마육불음주면 상인이라" 했잖은가? 삼겹살로 저녁 먹는데 술 한 잔 없을 수 없지.

식소사번 食素事繁

食 : 먹을(식) 素 : 검소할(소)
事 : 일(사) 繁 : 번거로울(번)

【뜻풀이】 식사는 적고 해야 할 일은 많다. 자신의 몸은 돌보지 않고 일에 몰두하는 태도를 비유하는데, 좋은 의미보다는 나쁜 뜻이 더 강하다.

【출전】 『진서·선제기(宣帝紀)』에 다음과 같은 이야기가 전한다.

유비(劉備)가 세상을 떠난 뒤 제갈량(諸葛亮, 181~234)은 어린 주군 유선(劉禪)을 도와 유비의 유지인 천하통일을 이루려고 10만 대군을 이끌고 위나라를 향해 진군하였다. 그때 위나라의 대장인 사마의(司馬懿)는 촉나라의 사자가 오자 제갈량의 일상생활에 대해 여러 가지 질문을 하였다. 그 내용은 이러했다.

"공명(孔明) 선생의 생활은 어떠한가? 그는 무슨 음식을 먹으며, 또 하루에 얼마나 드시는가?"

이에 사자가 대답하였다.

"하루에 3~4되 드십니다."

이어서 제갈량이 업무를 처리하는 상황을 묻자 사자가 다시 대답하였다.

"보통 20건 이상의 공문서를 승상께서 직접 보시고 처결하시지요."

일이 다 끝난 다음 사마의는 주위 사람들에게 말했다.

"들으니 공명(제갈량의 자)은 하루 3~4되만 먹고 일은 20여 건에 달하는 문서를 처리한다고 한다. 그렇게 먹는 것이 적으면서 과중한 일을 하니 그가 어찌 오래 살겠느냐?(諸葛孔明 食素事繁 其能久乎)"

제갈량에 대한 사마의의 이 평은 나중에 그대로 적중하였다.

제갈량은 신병이었던 결핵이 도져 결국 한창 일할 나이에 세상을 등지고 말았고, 이와 함께 촉나라의 운명도 꺼져 버렸던 것이다.

그래서 사람들은 그의 이 말을 인용해서 식소사번을 먹는 양은 적은데 하는 일은 많아 건강이 좋지 않다는 뜻으로 사용한다.

【용례】 이 사람아, 아무리 일도 중하지만 뭘 좀 먹으면서 해야지. "식소사번"하다가 종내 병이라도 걸리면 어쩌려고 그러나.

식언이비 食言而肥

食 : 먹을(식)/밥(사) 言 : 말씀(언)
而 : 어조사(이) 肥 : 살찔(비)

【뜻풀이】 헛소리로 살이 쪘다는 말. 사람이 신용을 지키지 않고 흰소리만 계속 지껄이는 것을 비유해서 이르는 말이다.

【출전】 『좌전 · 애공(哀公) 25년』조에 다음과 같은 이야기가 실려 있다.

춘추시대 노나라에 맹무백(孟武伯)이라는 대부가 있었는데, 그는 허튼소리만 남발할 뿐 신용이라고는 조금도 없는 사람이었다. 때문에 노애공(魯哀公)은 그에 대해 항상 불만을 품고 있었다.

그러던 중 어느 날 애공은 오오(五梧)라는 곳에서 연회를 베풀고 여러 신하들을 초청하였다.

연회에는 맹무백과 함께 곽중(郭重)이라는 대신도 참석하였다.

그런데 몸집이 비대한 곽중은 노애공의 총애를 받고 있었기 때문에 늘 맹무백으로부터 심한 질시를 받고 있었다. 이날도 맹무백은 곽중을 곯려 줄 생각으로 술을 권하면서 빈정거렸다.

"곽대신은 무엇을 자셨기에 이렇게 살이 쪘습니까?"

이때 노애공이 그 말을 듣고 너무나 역겨워 다짜고짜 자신이 대신 대답했다.

"늘 식언을 하는데 왜 살이 안 찌겠소?"

이 말은 맹무백을 빗대 놓고 한 말이었다. 이 말을 들은 맹무백은 대뜸 얼굴빛이 붉어지면서 자기 자리에 주저앉고 말았다.

식언이비는 바로 이 이야기에서 나온 성어로, 절대 약속을 지키는 것을 가리켜 결불식언(決不食言)이라고 한다. 또 어리석을 정도로 요령 없이 약속에 충실한 것을 말할 때(▶ 미생지신尾生之信 참조)이라고도 한다.

【용례】 안 본 지 얼마 지나지도 않았는데 제법 몸집이 좋아졌네. 흰소리나 하고 다니더니 "식언이비"라도 된 모양이지.

식우지기 食牛之氣

食 : 먹을(식) 牛 : 소(우)
之 : 어조사(지) 氣 : 기운(기)

【뜻풀이】 소라도 잡아먹을 기상. 기백이 넘쳐흐르는 모양을 비유하는 말이다.

【출전】 이 성어는 『시자(尸子)』라는 책에서 나왔는데, 이 책은 지금은 이미 없어진 저작이다.

이 책의 저자인 시자는 진(秦)나라의 승상이었던 상앙(商鞅)까지도 그에게 가르침을 받기를 바란 적이 있다고 할 만큼 학식이 상당했던 사람인 것으로 추측된다.

이 『시자』라는 책에 "호랑이나 표범의 새끼는 털의 무늬도 생기기 전에 벌써 소 한 마리를 먹어치울 기상이 있다.(虎豹之子 雖未成文 已有食牛之氣)"는 말이 있다. 식우지기는 바로 이 말에서 생긴 성어로, 식우기(食牛氣) 또는 탄우지기(呑牛之氣)라고도 한다.

그 밖에 두보(杜甫, 712~770)의 시 〈서경이자가(徐卿二子歌)〉에도 "어린아이 나이 다섯인데 기상은 소를 삼킬 듯하니, 집안 가득한 귀한 손님들이 모두 고개를 돌려 본다.(小兒五歲氣呑牛 滿堂貴客皆回頭)"는 구절이 있고, 『포박자·청감편(淸鑒篇)』에도 "교(말과 비슷한 맹수로, 호랑이를 잡아먹는다고 함)의 새끼에게는 소를 삼킬 듯한 용모가 있으며, 악구(鶚轂, 매처럼 생긴 새로, 물고기를 잡아먹고 산다고 함)에게는 매를 능욕하는 자세가 있다.(駮子有呑牛之容 鶚轂有凌鷙之貌)"는 말이 있다.

【용례】 역시 젊은 사람이 부러워. 비록 자금은 넉넉잖지만 저런 "식우지기"라면 무슨 일인들 못 하겠는가? 젊었을 때 우리를 보는 것 같구먼.

식자우환 識者憂患

識 : 알(식) 者 : 놈(자)
憂 : 근심(우) 患 : 근심(환)

【뜻풀이】 아는 것이 근심거리의 시발점이다. 우리 속담 "아는 것이 병이고 모르는 게 약이다."와 같은 뜻의 성어다.

【출전】 『삼국지』에 다음과 같은 이야기가 나온다.

유비(劉備)가 제갈량(諸葛亮)을 얻기 전까지는 서서(徐庶)가 군사(軍師)로서 조조(曹操)를 괴롭혔다.

어떻게 해서든 서서를 자기 편으로 끌어들일 생각이었던 조조는 그의 어머니가 위나라에 있는 것을 이용해 서서를 회유할 계획을 꾸몄다.

그러나 서서의 어머니 위부인(衛夫人)은 사리분별(事理分別)이 분명하고 의리를 알던 여장부로 서서를 불러오기는커녕 오히려 아들을 격려하던 참이었다.

할 수 없이 조조는 꾀를 내어 위부인의 필적을 받아 글씨를 흉내 내어 서서로 하여금 위나라로 오게 만들었다.

당시 위부인은 여느 여자와는 달리 문장이 뛰어났고 서예에도 조예가 깊은 사람이었다.

서서는 그것이 가짜인 줄 알면서도 워낙 효성이 깊었던지라 눈물을 머금고 유비와 헤어져 위나라로 돌아왔다.

갑작스럽게 아들이 온 것을 보고 위부인은 깜짝 놀라며 까닭을 물었다. 아들의 이야기를 다 들은 위부인은 한숨을 길게 내쉬며 말했다.

"이렇기 때문에 여자가 글을 안다는 것은 화를 부르는 원인이라고 하는구나.(女子識者憂患)"

물론 이 말은 특별한 정황에서 나온 말인데, 후세 사람들은 위부인의 말을 인용해 여자가 글을 배우면 안 된다는 논리를 펴기도 했다.

여하간 때로 아는 것으로 해서 일을 망치고 재앙을 당하는 경우는 빈번하게 있었던 것이다.

소식(蘇軾)도 〈석창서취묵당시(石蒼舒醉墨堂詩)〉에서 "세상살이 안다는 것이 근심의 시작이니, 이름자나 쓸 줄 알면 그저 편히 쉬리라.(人生識者憂患始 姓名粗記可以休)"라며 옅은 지식으로 말미암아 겪는 어려움을 토로

ㅅ

하고 있다.

【용례】 "식자우환"이라더니 컴퓨터에 대해 좀 안다고 덤비더니 멀쩡한 컴퓨터를 고철 덩어리로 만들었구나. 모조리 변상해라

식지동 食指動

食 : 먹을(식) 指 : 손가락(지)
動 : 움직일(동)

【뜻풀이】 식지가 움직인다. 식지는 둘째손가락을 말하는데, 이 손가락으로 음식을 집어 먹기 때문에 붙은 이름이다. 즉, 몹시 허기가 져서 음식을 먹고 싶은 생각이 간절할 때 쓰는 말이다. 구미가 당기거나 야심을 품었을 때도 이 성어를 사용한다.

【출전】 『좌전 · 선공(宣公) 4년』조에 다음과 같은 이야기가 있다.

정(鄭)나라 영공(靈公)에게 어떤 사람이 자라를 바쳤다. 영공은 자라를 끓여 죽을 만들어 신하들과 함께 먹을 작정이었다.

그날 조회에 참석하려고 궁전으로 들어가는데 갑자기 공자 송(宋)의 손가락이 떨리기 시작했다. 송은 공자 자가(子家)를 보며 말했다.

"이것 보게. 지난번에도 손가락이 떨려 귀한 음식을 먹었는데, 오늘도 분명 귀한 음식을 먹을 일이 생기려는가 보네."

아니나 다를까 조회에 들어가니 영공이 궁중 요리사를 시켜 큰 솥에다 자라죽을 끓이고 있는 중이었다. 예측대로 일이 들어맞자 송과 자가는 서로 마주 보며 끌끌 웃었다. 까닭을 알지 못했던 영공이 둘을 보며 물었다.

"아니, 두 분은 무슨 좋은 일이라도 있소?"

두 사람은 조회에 들어오기 전에 나눈 대화를 들려주었다. 그러자 갑자기 기분이 상한 영공이 말했다.

"아무리 그대들이 귀한 음식을 먹을 운이 있다고 해도 내가 주지 않으면 그만이 아닌가."

영공은 요리사에게 일러 죽을 그릇에 담을 때 한 그릇 부족하게 하고 송을 맨 뒤차례로 돌려 죽을 먹지 못하게 하였다. 영공이 회심의 미소를 지으며 말했다.

"거 보시오. 송공의 손가락이 틀리지 않았소."

아침부터 다소 바보스런 임금으로부터 모욕을 당하자 기분이 상한 송은 솥으로 가 바닥에 남아 있던 고기 몇 점을 긁어 먹고는 말했다.

"이렇게 먹었는데 왜 내 손가락이 틀렸단 말입니까?"

그리고는 조회장을 획 뛰쳐나갔다.

이런 방자한 태도를 목격한 영공은 몹시 격분하여 그를 해칠 뜻을 품었다. 그러나 송은 자가를 얼러서 함께 영공을 죽여 버리고 말았다.

한낱 음식 때문에 임금을 시해하는 묘한 사태가 벌어졌던 것이다.

【용례】 점심을 걸렀더니 벌써 식지가 동하네("식지동"). 우리 밖에 나가서 설렁탕이나 한 그릇 먹고 옵시다.

신구개하 信口開河

信 : 믿을(신) 口 : 입(구)
開 : 열(개) 河 : 강(하)

【뜻풀이】 편한 대로 마구 떠들다. 생각나는 대로 지껄이다. 무책임하게 함부로 떠벌리다.

【출전】 이 성어는 본래 신구개합(信口開合)으로 되어야 옳겠지만 나중에 신구개하가 되었다. 원나라 때의 희곡 작품들 중에는 신구개합으로 된 예가 적지 않다.

잡극(雜劇) 〈영포(英布)〉의 경우만 봐도 그렇다. 이 극은 초한(楚漢) 전쟁을 소재로 다룬 작품인데, 영벽 싸움에서 유방이 패배하여 영양 일대로 철수하자 항우는 장군 영포(英布)로 하여금 40만 대군을 거느리고 구강(九江)에 가서 한군을 공격하게 하였다.

이 긴박한 상황에 유방은 부하 수하를 영포에게 보내 항복을 권고하도록 하였다. 수하는 영포가 옛날의 막역한 친구였던지라 영포더러 유방에게 항복하라고 권하였다.

영포는 주저하던 끝에 마침내 마음을 정하고 수하와 함께 유방에게 와서 항복하겠다는 의사를 표명했다.

유방은 일부러 영포를 만나 주지 않다가 그의 오만한 태도가 다소 누그러진 뒤에야 만나 주고는 그를 구강후에 봉하고 항우를 공격하게 했다.

성어 신구개하는 영포가 처음 수하를 만났을 때 한 신구개합에서 바뀐 것이다.

【용례】 국회의원이나 돼 가지고 저렇게 되는 대로 "신구개하"하면 그 말을 누가 믿겠어. 선거 때 했던 못된 버릇이 그대로 드러나는군.

신구자황 信口雌黃

信 : 믿을(신) 口 : 입(구)
雌 : 암컷(자) 黃 : 누루(황)

【뜻풀이】 되는대로 떠들다. 생각나는 대로 지껄이다. 구중자황(口中雌黃)이라고도 많이 쓴다.

【출전】 『문선(文選)』에 실린 유효표(劉孝標, 462~521)의 〈광절교론(廣絕交論)〉 가운데 "자황이 그 입술에서 나왔다.(雌黃出其脣吻)"는 구절의 주석에 나온다. 그리고 『진서(晉書)·왕연전(王衍傳)』에도 같은 이야기가 실려 있다.

진(晉)나라(西晉) 때의 이름난 재담가인 왕연(256~311)은 일찍이 원성현령으로 있을 때부터 매일같이 공무는 보지 않고 밑도 끝도 없이 공담(空談)만 일삼아 왔지만 별다른 과오는 저지르지 않았다.

그는 줄곧 승진을 거듭해서 벼슬이 태자사인과 상서랑에 이어 재상에까지 오르게 되었다. 벼슬이 오를수록 그는 공담에도 흥미가 늘어갔다.

왕연은 노자(老子)와 장자(莊子)의 학설을 즐겼기 때문에 입만 열면 노자와 장자의 미묘한 이치를 늘어놓았는데, 당시에는 이 같은 공담풍이 성행했는지라 어떤 사람은 그를 우러러보기도 했으며, 또 왕연 자신은 공담가의 우두머리 중 한 사람으로 인정받기도 하였다.

그러나 왕연의 공담은 앞뒤가 잘 맞지 않아 실수할 때도 적지 않았다. 이에 듣는 사람들은 간혹 오류를 지적해 주고 의문을 제기하기도 했지만 그는 아랑곳하지 않고 계속 공담을 늘어놓았다. 그리하여 사람들은 그를 "입 속의 자황(信口雌黃)"이라고 부르게 되었다.

자황(즉, 계관석)은 웅황류(雄黃類)에 속하는 광물로 당시 사람들은 노란 종이에 글을 쓰다가 틀린 곳이 나오면 아주 누런 자황으로 지워서 고쳐 쓰곤 했는데, 왕연 역시 말할 때마다 이랬다저랬다 했기 때문에 입 속에 자황이 들어 있다고 한 것이다.

그런데 자황이라는 두 글자는 그 뒤 남의

글을 고치거나 평론한다는 의미로도 쓰이게 되었으며, 무책임하게 함부로 떠들어대는 것을 가리킬 때는 신구자황이라고 한다.

【용례】 아무리 당선되는 게 급선무라지만 그렇게 책임지지도 못할 약속을 "신구자황"으로 떠벌이면 어떡하겠는가!

신목여전 천청여뢰 神目如電 天聽如雷

神 : 귀신(신) 目 : 눈(목) 如 : 같을(여)
電 : 번개(전) 天 : 하늘(천)
聽 : 들을(청) 雷 : 우레(뢰)

【뜻풀이】 귀신의 눈은 번개와 같고, 하늘이 듣는 것은 우레와 같다.

어두운 방 안에서 제 마음은 속일 수 있지만, 귀신의 눈으로 볼 때는 번개와도 같이 밝게 보이고, 사사로이 하는 말일지라도 하늘이 들을 때는 천둥소리처럼 크게 들린다는 뜻이다.

【출전】 『명심보감(明心寶鑑) · 천명편(天命篇)』에 다음과 같은 말이 있다.

"현제께서 훈계를 내리시기를 사람들의 사사로운 말이 어두운 방에서 자신의 마음은 속일 수 있을 듯하지만 하늘은 이 소리를 천둥소리처럼 듣는다. 그리고 어두운 방에서 제 마음은 속일 수 있을 듯하지만 귀신의 눈으로 볼 때는 번개와도 같이 밝게 보인다.(玄帝垂訓曰 人間私語 天聽若雷 暗室欺心 神目如電)"

아무리 비밀스럽고 감쪽같이 남을 속여 일을 처리했다고 해도 결국 하늘은 속이지 못한다는 말이다. 이때 하늘은 굳이 모든 일의 주재자로서의 의미로 볼 수도 있겠지만, 자기의 양심(良心)이라고 해도 좋을 것이다.

【용례】 그들이 그때 그 사건을 아무도 모르게 해치웠다며 자신할지도 모르지. 하지만 "신목여전이고 천청여뢰"야. 결국은 청천백일(淸天白日)하에 드러나고 말 거야.

신서단단 信誓旦旦

信 : 믿을(신) 誓 : 맹세할(서)
旦 : 아침(단)

【뜻풀이】 굳게 맹세하다.

【출전】 이 성어는 『시경 · 위풍(衛風)』에 실려 있는 〈맹(氓)〉이란 시에서 나왔다.

이 시는 위(衛)나라의 한 여성이 남편의 학대에 시달리다가 버림받은 뒤 자신의 한스럽고 억울한 사정을 하소연하는 내용으로 이루어져 있다.

시의 앞부분 제1 · 2장에서 그녀의 남편 되는 사람이 처음에는 성실한 체하고 청혼하던 일을 서술하고 뒤이어 출가하던 때를 회고하였으며, 제3장에서는 자신이 경솔했음을 후회하는 대목이 나온다. 제4 · 5장에서는 불행한 가정생활에 대한 서술과 함께 버림을 받은 그녀의 분노를 호소하는데, 마지막 부분은 다음과 같다.

「믿음으로 맹세할 때는 성실했으니
이렇게 배반할 줄은 몰랐었네.
바뀌리라고 생각도 않았는데
이제는 모두 끝이 났구나.
信誓旦旦 不思其反
反是不思 亦已焉哉」

즉, 처음에 신의를 지키겠다고 굳게 맹세하던 남편을 비난하는 말이다.

【용례】 결혼해 달라고 할 때는 여왕처럼 떠

받들겠다며 "신서단단"하더니, 막상 결혼하니까 이렇게 대접이 달라질 수 있는 거야. 팔자 탓만 하기에는 남편이 너무 야속해.

신언서판 身言書判

身 : 몸(신) 言 : 말씀(언)
書 : 글·쓸(서) 判 : 가를·판단(판)

【뜻풀이】 풍채와 언변과 문장력과 판단력. 옛날부터 선비가 가져야 할 미덕이라고 한 네 가지 기준을 이르는 말이다. 원래 이것은 당(唐)나라 때 관리를 등용하는 네 가지 기준에서 유래하였다.

【출전】『당서·선거지(選擧志)』에 다음과 같은 기록이 있다.

"무릇 사람을 가리는 방법에는 네 가지가 있다. 첫째는 신이니 풍채나 외모가 풍성하고 훌륭한 것을 말한다. 둘째는 언이니 언변이나 말투가 분명하고 바른 것이다. 셋째는 서니 글씨체가 굳고 아름다운 것을 말한다. 넷째는 판이니 글의 이치가 우아하고 뛰어난 것을 말한다. 이 네 가지를 갖추고 있으면 뽑아 쓸 만하다.(凡擇人之法有四 一曰身 言體貌豊偉 二曰言 言言辭辯正 三曰書 言楷法遒美 四曰判 言文理優長 四事皆可取)"

이는 물론 사람의 능력을 지나치게 계량화한 단점도 있지만 일을 맡길 만한 사람인가를 판별하는 데 요긴한 잣대로도 활용할 수 있다. 때문에 특히 남자의 경우 예로부터 사내구실을 제대로 하려면 이만한 덕성은 갖춰야 하는 것으로 인식되어 왔다.

요즈음에도 이런 기준은 격려하는 차원이나 실제로 사람을 선발할 때의 기준으로 이용되고 있다.

【용례】 네가 대학을 마치자마자 좋은 직장에 나가게 되었으니 축하부터 해야겠구나. 예로부터 사내는 "신언서판"을 갖춰야 제 구실을 할 수 있다고 했다. 이 점 명심하면서 사회생활을 시작하거라.

신종추원 愼終追遠

愼 : 삼갈(신) 終 : 마칠(종)
追 : 따를(추) 遠 : 멀(원)

【뜻풀이】 부모님의 장례를 엄숙하게 받들고 조상의 제사를 정성을 다해 올린다는 뜻이다. 신종(愼終)은 "부모의 임종을 신중히 한다."는 말로 장례를 극진하게 모신다는 뜻이며, 추원(追遠)은 "먼 조상을 추모한다."는 말로 제사를 정성스레 올린다는 뜻이다.

【출전】『논어·학이편(學而篇)』에 나오는 말이다.

「증자가 말했다.

"초상을 당해서는 신중하게 치르고 먼 조상을 추모하면, 백성들이 모두 두터운 덕을 갖추게 될 것이다."

(曾子曰 愼終追遠 民德歸厚矣)」

인용을 보면 알겠지만『논어』에 있긴 해도 이 말을 한 사람은 증자(曾子)다. 증자는 계모 밑에서 구박을 받으며 자랐지만 어머니를 섬기는 효성은 지극했다. 아내가 부모님의 밥상에 덜 익은 나물을 올리자 아내를 내쫓고 평생 혼자 살았다. 보다 못한 아들이 재혼을 권유하자 그가 말했다.

"고종(高宗)은 후처 때문에 효기(孝己)를 죽였고, 윤길보(尹吉甫)도 후처 때문에 백기

ㅅ

(白起)를 내쳤다. 나는 위로는 고종에 못 미치고 윤길보와도 비교할 수 없는데, 그들이 겪은 일들이 내게는 닥치지 않는다고 장담할 수 있겠느냐?"

【용례】 "신종추원"하는 것은 사람이라면 당연히 해야 할 도리야. 그걸 우상숭배니 어쩌니 하면서 막겠다는 것은 부모도 없고 조상도 없는 망나니들의 추태지.

신체발부 수지부모
身體髮膚 受之父母

身 : 몸(신) 體 : 몸(체)
髮 : 머리털(발) 膚 : 피부(부)
受 : 받을(수) 之 : 어조사(지)
父 : 아버지(부) 母 : 어머니(모)

【뜻풀이】 신체와 머리카락과 피부는 모두 부모에게서 물려받은 것이다.

【출전】 『효경(孝經)·개종명의장제일(開從明義章第一)』에 다음과 같은 이야기가 있다.

공자께서 집에 머물러 계실 때 옆에서 증자가 시중을 들고 있었다. 공자가 증자에게 말씀하셨다.

"선왕께서는 지극한 덕과 요령 있는 방법으로 천하를 순종케 하고 백성들이 화목하게 살도록 하셨으며 상하가 원망이 없도록 하셨는데, 네가 그것을 아느냐?(先王有至德要道 以順天下 民用和睦 上下無怨 女知之乎)"

증자가 자리를 피하면서 공손하게 대답하였다.

"제가 민첩하지 못한데 어찌 그것을 알겠습니까?(參不敏 何足以知之)"

그러자 공자께서 일러 주셨다.

"무릇 효는 덕의 근본이며 가르침이 말미암아 나오는 곳이다. 다시 앉거라. 내 너에게 일러 주겠다. 몸과 머리털과 피부는 모두 부모님에게서 물려받은 것이다. 감히 손상시키지 않는 것이 효성의 시작이고 몸을 세워 도를 행하고 이름을 후세에까지 떨쳐서 부모의 은공이 드러나게 하는 것이 효성의 종결이다. 무릇 효는 어버이를 섬기는 데에서 시작해서 임금을 섬기는 과정을 거쳐 몸을 세우는 데에서 끝나는 법이다. 〈대아〉에서도 '그대들 조상은 생각 말고 그 덕을 닦기만 하라.'고 말하지 않았느냐?(夫孝 德之本也 敎之所由生也 復坐 吾語女 身體髮膚 受之父母 不敢毁損 孝之端也 立身行道 揚名於後世 以顯父母 孝之終也 夫孝 始於事親 中於事君 終於立身 大雅云 無念爾祖 聿修厥德)"

마지막 〈대아〉에 나오는 시구는 〈문왕(文王)〉에 실려 있다.

『효경』은 유가 경전 중 하나로, 모두 18장으로 구성되어 있다. 지은 사람에 대해서는 증삼(曾參)이 지었다는 등 학설이 구구하지만 공자의 후대 문인들 중 한 사람이 지었다는 설이 가장 타당하다.

이 책에는 가정에서 지켜야 할 효도와 종법〔宗法, 종중(宗中)에 관계되는 규약〕이 서술되어 있는데, 한(漢)나라 이후 7경의 하나로 숭상되어 왔다. 단순히 종적(從的) 사회에서 아랫사람이 윗사람에게 순종해야 할 덕목을 열거한 책이라고 할 수도 있지만 궁극적으로 인간이 인간을 어떻게 대우해야 할 것인가의 문제를 고민하고 해답을 제시한 측면에서 보면 여전히 큰 가치를 지닌다고 할 수 있다. 효와 관련된 성어로 계족지언(啓足之言)이 있는데, 이 역시 증자와 관련된 이야기에서 나온다.

증자가 임종하는 자리에서 제자들을 불러 놓고 말했다.

"이부자리를 펼쳐서 내 다리를 살펴보거라. '신체발부는 수지부모라 불감훼손이 효지단야라.' 했으니 나는 이제 안심하고 세상을 떠날 수 있겠구나."

실제로 증자가 이런 말을 했는지는 의문의 여지가 있지만 효자로 큰 이름을 남긴 증자라면 충분히 이런 염려 속에서 일생을 살았을 수도 있을 것이다.

【용례】 조선조 말에 단발령(斷髮令)이 내렸을 때 사람들은 "신체발부 수지부모"라 해서 목을 자를지언정 머리는 못 자른다고 했다는군. 그것도 지나친 일이었지만 요즈음처럼 부모님을 섬기기는 고사하고 재산 때문에 부모를 죽이는 자식이 나오는 마당에 그리워지는 일이기도 하구나.

신출귀몰 神出鬼沒

神 : 귀신(신) **出** : 나올(출)
鬼 : 귀신(귀) **沒** : 사라질·없어질(몰)

【뜻풀이】 귀신같이 나왔다가 감쪽같이 없어지다. 출몰이 자유로워 예측할 수 없는 것을 말한다.

【출전】 『회남자·병략편(兵略篇)』에 다음과 같은 말이 나온다.

"교묘한 사람의 행동은 귀신이 나타나고 돌아다니는 것(神出鬼行)처럼 별과 같이 빛나고 하늘과 같이 운행하는 법이다. 그 나아가고 물러서며 굽히고 펴는 것에 있어서 아무런 조짐도 없고 형태도 나타나지 않는다."

이는 전략을 교묘하게 쓰고 용병에 있어서 적에게 전혀 포착되지 않는 신속함을 비유한 말이다.

황석공(黃石公)이 장량(張良)에게 주었다는 『삼략(三略)·병략(兵略)』에도 "귀신이 나오고 귀신이 돌아다닌다.(神出而鬼行)"는 말이 나오는데, 제대로 갖추어진 표현은 당나라 때의 『희장어(戱場語)』에 나오는 "머리 두 개에 얼굴이 셋인 귀신이 나타났다가 사라지다.(兩頭三面 神出鬼沒)"라는 표현이라고 할 수 있다.

【용례】 저 선수는 말 그대로 올라운드 플레이어야. 수비를 하는가 하면 금방 최전방에서 슛을 쏘거든. 그야말로 "신출귀몰"하는 선수지.

신풍절비옹 新豊折臂翁

新 : 새 · 새로울(신) **豊** : 풍성할(풍)
折 : 자를(절) **臂** : 팔(비)
翁 : 늙은이(옹)

【뜻풀이】 신풍 땅에 사는 팔이 부러진 노인네.

【출전】 백거이(白居易)의 장시인 〈신풍절비옹〉의 제목이다. 이 작품은 신악부(新樂府) 50편 가운데 제9편이다.

백거이는 신악부라는 제목으로 모두 9,252자로 된 방대한 작품을 완성했는데, 이것을 50개 부분으로 나눠 구분하였다. 각 편마다 첫 구절에서는 주제를 밝혔고 끝 구절에는 취지를 나타냈는데, 스스로 『시경』의 뜻을 따른 것이라고 〈서문〉에서 밝히고 있다.

이 〈신풍절비옹〉은 "변방에서 전공을 내세우는 것을 경계하였다.(戒邊功也)"고 주제를 밝혀 놓고 있다. 너무 긴 작품이기 때문에 전문은 인용하지 않고 서두 부분만 읽어 보기로 한다.

「신풍 사는 노인의 나이는 여든여덟
머리카락 눈썹 털이 눈처럼 모두 희네.
현손의 부축 받고 가게 앞을 지나가는데
왼팔은 달렸지만 오른팔은 부러졌도다.
묻노니 팔 부러진 지 몇 년이나 되었소
아울러 어쩌다가 부러졌는지도 물었다.
대답하길 나는 본래 신풍 사람인데
태평성대라 전쟁에 나가지 않았다오.
이원제자들의 노랫가락만 들었을 뿐
깃발과 창, 활과 화살은 구경도 못 했지.
난데없이 천보 연간에 징병령이 내려서
집안 장정 셋 중에 한 사람씩 뽑았네.
뽑아서는 어디로 몰고 갔는가
오월에 만리 밖 운남 땅으로 보내더라.
들으니 운남에는 노수란 강이 있는데
산초꽃이 떨어질 때는 독기가 일어난다네.
대군이 맨발로 건너려는데 물은 펄펄 끓어
건너기도 전에 열에 두셋은 죽는다네.
新豊老翁八十八
頭髮眉鬚皆似雪
玄孫扶向店前行
左臂憑肩右臂折
問翁臂折來幾年
兼問致折因何緣
翁云貫屬新豊縣
生逢聖代無征戰
慣聽梨園歌管聲
不識旗槍與弓箭
無何天寶大徵兵
戶有三丁點一丁
點得驅將何處去
五月萬里南雲行
聞道雲南有瀘水
椒花落時瘴煙起
大軍徒涉水如湯
未過十人二三死」

신풍은 당나라 때의 수도인 장안(長安)에서 동북쪽으로 20킬로미터 떨어진 곳에 있던 현이다. 시의 전편을 읽어 보면 신풍에 살던 24세의 젊은이가 징병을 면하고자 밤에 자신의 팔을 돌로 찍어 죽음을 면했다는 것이다. 고통으로 60여 년을 신음하며 살지만 한 몸을 건졌으니 후회는 없다고 했다.

이 작품은 몇몇 벼슬아치들, 특히 양귀비의 오빠인 양국충(楊國忠)의 무리들이 개인의 안녕과 영달을 위해 전쟁을 벌여 무고한 백성들을 몰살시키는 현실을 날카롭게 비판하고 있다.

죽음보다는 팔병신이 낫다는 늙은이의 말을 통해 무능하고 이기적인 관료 집단과 그 추종 세력들을 향해 백거이는 과감하게 규탄의 말을 퍼부었던 것이다.

【용례】 연예인들이 군대를 안 가려고 수술을 받고 한다며? 옛날 "신풍절비옹"이 난세에 목숨을 구하려고 팔을 부러뜨렸다는 말은 들었지만, 지금이 난세라서 그런 거야, 아니면 너무 살기 좋아 그런 거야?

신후지간 身後之諫

身 : 몸(신) **後** : 뒤(후)
之 : 어조사(지) **諫** : 간할(간)

【뜻풀이】 자신의 몸이 죽은 뒤에도 임금의 잘못을 바로잡기 위해 임금에게 충간을 올리는 것. 죽어서도 백성과 임금을 염려하는 지극한 자세를 비유하는 성어다.

【출전】 『공자가어 · 곤서편(困誓篇)』에 다

음과 같은 이야기가 있다.

춘추시대 위나라 대부인 거백옥(遽伯玉)은 어진 사람이었는데 군주인 영공은 그를 기용하지 않았다.

반대로 미자하(彌子瑕)는 재능이 없었는데 영공은 오히려 그를 기용하여 정치를 맡겼다.

대부인 사어(史魚)가 거듭 간언하여 거백옥을 기용하도록 진언했지만 영공은 이를 따르지 않았다. 얼마 뒤 사어가 병으로 죽게 되었을 때 아들에게 명하여 말하였다.

"나는 조정에서 거백옥을 군주에게 나아가게 하고 미자하를 물러나게 하지 못했다. 이렇게 나는 임금의 정치를 바르게 하지 못했다. 생전에 임금을 바른 길로 이끌지 못했으니 죽어서도 아무 성과가 없는 내게 굳이 예의를 갖출 필요는 없다. 내가 죽으면 시체는 창문 아래에 버려 두어라. 그것이 내 죄에 상응하는 일일 것이다."

아들은 아버지의 말대로 하였다.

영공이 찾아와서 문상을 하였다. 그리고는 시체가 창문 아래에 나동그라져 있는 것을 보고 이상하게 여겨 그 까닭을 물었다.

이에 아들은 아버지의 유언을 영공에게 말하였다. 영공은 그 말을 듣고 놀라서 얼굴빛을 잃으며 말하였다.

"이것은 나의 잘못이다. 사어는 생전에 현자를 등용하게 하고 재주 없는 사람을 물러나게 하려고 노력하였다. 그는 죽어 시체가 되어서도 내게 올바른 일을 간언하려는 것이다. 이것이야말로 지극한 충성이라고 하겠구나."

그래서 명하여 상객의 자리에 빈소를 차리게 하고, 또 거백옥을 등용해 상경으로 삼고 미자하를 내쳐 물러나게 하였다.

공자가 이 이야기를 듣고 평하여 말하였다.

"옛날에는 엄하게 간언하는 사람도 간언하는 것은 살아 있을 때뿐이고 죽으면 그것으로 끝났다. 사어와 같이 죽어서까지 간언해서 임금을 바르게 하여 충성을 다한 사람은 아무도 없었다. 어찌 충직하다고 말하지 않을 수 있단 말인가!"

【용례】 지금 정치라고 하는 사람들은 대개 욕심만 차려 아부할 줄 알았지 진정 나라를 걱정하는 사람이 몇이나 되겠는가? "신후지간"은 고사하고 살아서 잘못을 지적하는 사람조차 만나기 힘드니 나라의 장래가 걱정일세.

실부의린 失斧疑隣

失 : 잃을(실) 斧 : 도끼(부)
疑 : 의심할(의) 隣 : 이웃(린)

ㅅ

【뜻풀이】 도끼를 잃어버리자 이웃 사람을 의심하다. 한 번 의심하는 마음이 생기면 평소에는 아무렇지도 않은 일마저 의심이 생긴다는 말이다.

【출전】 『열자(列子)·설부편(說符篇)』에 다음과 같은 이야기가 있다.

옛날에 어떤 사람이 도끼 한 자루를 잃어버리고 집 안팎을 샅샅이 뒤졌지만 끝내 찾지 못하자 마침내 이웃집 청년을 의심하게 되었다. 그래서 이리저리 유심히 살펴보니 그 청년의 일거일동(一擧一動)이나 말 한마디가 모두 의심스럽게 보여 도끼를 훔친 것이 분명하다고 확신했다. 그런데 이튿날 그 사람이 산에 올라갔다가 그곳에서 잃었던 도끼를 되찾았다. 전날 나무하러 갔다가 산에 두고 온 것이었다.

이에 그 사람이 이웃집 청년을 다시 관찰해 보니 그의 일거일동이나 말투 어디에서도 도

끼를 훔친 듯한 느낌을 받지 못하였다.(▶ 의심생암귀疑心生暗鬼 참조)

이 간단한 이야기를 통해 우리는 아무런 근거도 없이 함부로 남을 의심해서는 안 된다는 것을 알 수 있다. 이렇게 남을 괜히 의심하거나 어떤 일을 당해 앞뒤도 살펴보지 않고 주관적으로 억측하는 것을 일러 실부의린이라고 한다.

【용례】 그 서류 중요하니까 잘 치워 두랬더니, 이젠 나를 의심하더군. 부주의해서 잃어버린 건 반성 않고 "실부의린"을 능사로 아니 그놈도 알조다.

실사구시 實事求是

實 : 열매 · 사실(실) **事** : 일 · 섬길(사)
求 : 구할(구) **是** : 이 · 옳을(시)

【뜻풀이】 사실에 의거해서 진리를 탐구하다. 학문이나 사업을 벌일 때 헛된 공상이나 막연한 가능성에 의지하지 않고 직접 확인하고 경험하면서 사실을 이끌어 내는 태도를 말한다.

【출전】 『한서 · 하간헌왕전(河間獻王傳)』에 다음과 같은 이야기가 나온다.

한경제 유계철(劉啓哲)의 아들 중 한 사람인 유덕(劉德, 하간왕 또는 하간헌왕이라고도 함)은 평생 책을 사랑하고 독서를 즐겨 당시에 소문난 사람이었다. 전하는 바에 따르면 유덕은 수많은 고서들을 수집하여 정리하기도 했는데, 그 중 적지 않은 것들은 대단히 비싼 값을 치르고 사들인 것이라고 한다.

어느 날 유덕이 상경해서 당시의 황제였던 한무제〔유덕의 형 유철(劉徹)〕와 함께 학문을 토론했는데, 그의 성실하고 경험에 토대를 둔 태도가 한무제의 호평을 받았다. 이에 반고(班固)는 유덕의 학문을 찬양하여 "수학호고 실사구시(修學好古 實事求是)"라고 평가하였다.

그러면 실사구시란 무엇을 뜻하는 말인가? 당나라 때 학자인 안사고(顔師古, 581~645)는 "반드시 사실에 근거해서 정확한 결론을 찾는다.(務得事實 每求眞是也)"고 해석하였다. 이런 해석은 어구상으로는 타당한 것이지만, 유덕의 학풍이 진실로 실사구시의 정신과 일치하는가와는 별개의 문제일 것이다. 실사구시는 바로 반고의 이 말에서 나온 성어다.

【용례】 조선 후기에 이 땅에서 발생한 실학(實學)은 "실사구시"의 정신으로 피폐한 경제를 되살리려는 큰 학문적 흐름이었지. 그런 정신이 오늘날까지 계승되지 못하는 게 안타깝구나.

실언 失言

失 : 잃을(실) **言** : 말씀(언)

【뜻풀이】 말을 잃다. 경우 없이 말을 해서 남에게 실례를 범하는 것을 말한다. 그러나 원래 실언의 뜻은 실인(失人)과 더불어 단순한 실수만을 의미한 것은 아니다.

【출전】 『논어 · 위령공편(衛靈公篇)』에 다음과 같은 공자(孔子)의 말이 있다.

"더불어 말할 수 있는 사람인데도 대화를 나누지 않으면 사람을 잃고, 더불어 이야기를 나눌 필요도 없는 사람인데 이야기를 나누었다면 말을 잃을 것이다. 지혜로운 사람은 사람을 잃지도 않고 말을 잃지도 않는다.(可與言而不與之言 失人 不可與言而與之言 失言 智者不失人 亦不失言)"

공자의 말 속에는 말이란 진리를 담는 그릇으로서 그를 이해할 수 없는 사람과 대화한다는 것은 곧 진리를 잃고 진리를 모욕한다는 철리(哲理)가 담겨 있다.

【용례】 자네가 "실언"을 한 것은 용서할 수 있지만, 실언을 했다는 사실조차 모르다니 그런 정신으로 무슨 일을 하는가.

심복지환 心腹之患

心 : 마음(심) 腹 : 배·먹을(복)
之 : 어조사(지) 患 : 걱정·근심할(환)

【뜻풀이】 심장과 위장병으로 받는 고통. 이 말은 내부의 알력이나 싸움 때문에 생기는 병폐나 걱정거리를 뜻한다. 또는 치명적인 타격이나 환란을 의미하기도 한다.

【출전】 『후한서·진번전(陳蕃傳)』에 "왜구나 도적이 나라 밖에 있는 것은 사지에 든 병에 비유한다면, 나라 안의 정치가 제대로 되지 않는 것은 심장과 뱃속의 병이라 할 수 있습니다.(寇賊在外 四支之疾 內政不理 心腹之疾也)"는 말이 나온다.

오(吳)나라와 월(越)나라가 전쟁을 벌일 때 오나라의 임금 합려(闔閭)는 월나라 임금 구천(勾踐)에게 치명적인 상처를 입어 죽기에 이르렀다. 합려가 죽으면서 그의 자식 부차(夫差)에게 이 원한을 잊지 말고 갚아 달라고 유언을 남기자, 부차는 눈물을 흘리며 원수를 반드시 갚겠다고 다짐하였다.

합려가 죽은 뒤 부차는 왕위에 오르면서 백비(伯嚭)를 재상으로 삼고 매일 군사들과 함께 활쏘기와 말타기를 연습하였다. 그 뒤 3년이 지나자 오나라는 군사를 일으켜 월나라를 정벌하였다.

한편 패배하여 간신히 목숨을 부지한 월나라의 구천은 남은 병사를 이끌고 회계(會稽)로 가서 은거하는 한편 대부 문종(文種)을 시켜 오나라의 재상 백비에게 많은 선물을 바치고는 앞으로는 신하의 예로 오나라를 섬기겠다며 강화를 요청했다.

이때 오자서(伍子胥)는 부차에게 이번 승세를 틈타 월나라를 멸망시켜야 한다고 간곡하게 주장하였다. 그러나 오나라 임금 부차는 구천에게 매수된 재상 백비의 말을 듣고 월나라와 강화 조약을 맺고 말았다.

이로부터 5년이 지난 뒤 제경공(齊景公)이 죽고 새로 왕위에 오른 왕이 어리석고 유약하자 부차는 군사를 일으켜 제나라를 공격하려고 하였다. 그러자 오자서가 이를 만류하며 말했다.

"월나라의 구천이 갖은 고생을 참고 단련하면서 산 자를 위로하고 죽은 자를 애도해 주어 온 백성들의 지지를 받고 있습니다. 이제 머지않아 나라의 치명적인 화근이 될 터이니, 제나라를 치기 전에 먼저 월나라부터 정벌해야 합니다."

오자서가 부차에게 올린 이 말에서 내부의 치명적인 화근을 일러 사람들은 심복지환이라고 부르게 되었다.(➡ 오월동주吳越同舟 · 와신상담臥薪嘗膽 참조)

【용례】 자금난 때문에 은행 융자로 골머리를 앓은 게 엊그젠데 이젠 파업으로 "심복지환"까지 겪어야 하게 생겼군. 아무리 이익이 앞선다지만 회사 사정을 봐가며 임금 인상도 요구를 해야지.

심부재언 시이불견 心不在焉 視而不見

心 : 마음(심) 不 : 아닐(부)(불)
在 : 있을(재) 焉 : 어조사(언)
視 : 볼(시) 而 : 어조사(이) 見 : 볼(견)

【뜻풀이】 마음에 있지 않으면 보아도 보이지 않는다. 즉, 하고자 하는 의식이 없으면 아무리 권하고 이끌어도 선뜻 따르지 않는다는 말이다.

【출전】『대하·정심장(正心章)』에 다음과 같은 말이 있다.

「이른바 몸을 수양하는 것이 그 마음을 바르게 하는 데 있다는 말은 몸에 분노하고 성내는 기운이 있으면 그 바름을 얻지 못하고, 두렵고 무서워하는 감정이 있으면 그 바름을 얻지 못하며, 좋아하고 기뻐하는 감정이 있으면 그 바름을 얻지 못하고, 근심하고 걱정하는 마음이 있으면 그 바름을 얻지 못하기 때문이다. 따라서 마음에 있지 않으면 보아도 보이지 않고 들어도 들리지 않으며 음식을 먹어도 그 맛을 모르게 되는 것이다.

(所謂修身 在正其心者 身有所忿懥 則不得其正 有所恐懼則不得其正 有所好樂則不得其正 有所憂患則不得其正 心不在焉 視而不見 聽而不聞 食而不知其味)」

이에 대한 재미있는 일화가 하나 있어 소개한다.

송대(宋代) 성리학(性理學)의 방향을 열었다고 할 정명도(程明道)와 정이천(程伊川)이 어느 날 한 고관의 잔치에 초대를 받아 갔다.

공식적인 행사도 끝나고 술상도 치워져 기생들의 유희가 막 시작되려는 판이었다. 잔치도 이쯤이면 파장이어서 그만 인사를 하고 돌아가도 실례가 되지 않았다. 기생들의 음탕하고 교태에 찬 춤이 한바탕 잔치 분위기를 휘어잡고 있었다.

정이천은 차마 눈을 뜨고 볼 수가 없어서 일어나 나가고 싶었다. 그러나 형인 정명도가 일어날 기색도 없이 즐겁게 춤추는 광경을 보고 있었기 때문에 먼저 나갈 수도 없었다.

다음날 아침 이천이 형을 만나 꾸지람 비슷하게 불만을 토로하였다.

"형님, 어제 기생들이 춤출 때 왜 일어나지 않으셨습니까?"

그러자 명도가 의아하다는 듯이 동생을 쳐다보며 대답했다.

"나는 벌써 그 기생들의 춤을 마음속에서 비워 버렸는데 너는 아직도 그 일을 가슴에 담고 있더란 말이냐?"

이 이야기는 당시 선가(禪家) 사이에 유행했던 선문답(禪問答)을 흉내 낸 것이기는 하지만 "마음에 없으면 보아도 보이지 않는다."는 말이 주는 의미를 반추할 수 있는 여지도 있다.

【용례】 마음에 없으면 보이지도 않는다("심부재언 시이불견")더니 정말 그렇더군. 다큐멘터리 프로를 보는 데 정신이 팔려서 라면이 다 불어 버렸지 뭐야.

심원의마 心猿意馬

心 : 마음(심) 猿 : 원숭이(원)
意 : 뜻(의) 馬 : 말(마)

【뜻풀이】 마음은 원숭이 같고 생각은 말과 같다. 촐랑대는 원숭이처럼 마음이 잠시도 가

만히 있지 못하는 것을 심원이라 하고, 항상 달리기를 생각하는 말처럼 뜻이 여러 갈래로 오가는 것을 의마라고 한다. 사람이 근심 걱정 때문에 잠시도 가만히 있지 못하는 것을 비유하는 성어다.

【출전】 석두대사(石頭大師)가 쓴 〈참동계(參同契)〉 가운데 이런 말이 나온다.

"마음은 원숭이처럼 정하지 못하고 뜻은 말처럼 사방을 뛰어다니며 정신의 기운은 외부의 일 때문에 산란되어 있다.(心猿不定 意馬四馳 神氣散亂於外)"

『조주록유표(趙州錄遺表)』에는 "원숭이 같은 마음은 날뛰지 못하게 하고, 생각이 많은 말이 달리지 못하게 하라.(心猿罷跳 意馬休馳)"고 하였다.

왕양명(王陽明, 1472~1528)도 이와 비슷한 말을 남기고 있다. 『전습록(傳習錄)』 상편에 실려 있다.

"하루는 배우는 공부에 대해 논했는데 선생이 말씀하시기를, 사람을 가르쳐 배우게 할 때에는 한 쪽으로 치우치면 안 되니, 처음 공부할 때는 마음은 원숭이 같고 뜻은 말과 같아서 온전히 묶어 두려고 해도 머물러 있지 못한다. 그 생각하는 바가 대개 인욕으로 치우치니 때문에 고요히 앉아 생각을 가라앉히는 것을 가르쳐야 한다.(一日論爲學工夫 先生曰 教人爲學 不可執一偏 初學時 心猿意馬 拴縛不定 其所思慮 多是人欲一邊 故且教之靜坐息思慮)"

간사한 사람의 마음은 어디 한 곳에 차분히 있지 못하고 끊임없이 움직이려는 속성이 있다는 사실을 지적한 말이다.

【용례】 내가 수능 시험에서 떨어진 것은 차분히 공부를 하지 못했기 때문이야. 도무지 책상에만 앉으면 "심원의마"가 되니 어쩌면 좋겠어?

심허 心許

心 : 마음(심) 許 : 허락할(허)

【뜻풀이】 마음속으로 허락하다. 묵인하다.

【출전】 『사기 · 오태백세가(吳太伯世家)』에 다음과 같은 이야기가 있다.

춘추시대 오왕 수몽(壽夢)에게 아들이 넷 있었는데 그 중 막내아들 계찰(季札)이 가장 총명하여 여러 번 외국에 사신으로 다녀왔다.(➡ 영영대풍泱泱大風 참조)

계찰은 사신으로 북방 여러 나라를 돌던 중에 어느 날 서(徐)나라(오늘의 안휘성 사현 이북)에 들른 적이 있었다. 그때 서나라 임금은 계찰을 접대하다가 그가 지니고 있는 보검을 보고 부러워하는 표정을 감추지 못하는 것이었다.

그러나 계찰은 아직 여러 나라를 더 방문해야겠기에 즉각 선사할 수 없는지라 돌아올 때 선사해도 늦지 않을 것이라고 생각하였다. 그런데 계찰이 북방의 여러 나라를 방문하고 귀로에 다시 서나라에 들렀을 때 서나라 임금은 이미 세상을 떠난 뒤였다.

이에 계찰은 서나라 임금의 묘소를 찾아 절을 하고는 그 곁에 서 있는 나무에 보검을 걸어 놓고 돌아왔다.

이쯤 되자 계찰의 시종들은 사람이 이미 죽었는데 하필 보검을 선사할 것이 무엇이냐고 물었고, 계찰은 다음과 같이 대답하였다.

"아니다. 이미 선사하겠다고 대답한 이상 어찌 신용을 저버릴 수 있겠는가?(不然 始吾心已許之 豈以死倍吾心哉)"

ㅅ

시종들이 그런 대답을 한 적이 언제 있었느냐고 하자, 계찰은 "비록 입으로 대답한 적은 없지만 마음속으로는 확실히 대답했다."고 했다.

이렇게 하여 계찰이 말한 심허가 성어가 되었다.

【용례】 당신이 아무리 반대한다고 해도 딸애는 이미 마음으로 허락한 것("심허") 같으니 다 소용없는 짓일 게요. 그냥 허락하도록 합시다.

심효진상 甚囂塵上

甚 : 심할(심) 囂 : 떠들썩할(효)
塵 : 먼지(진) 上 : 위(상)

【뜻풀이】 몹시 시끄럽고 먼지가 부옇게 일어나다. 원래는 전투 준비에 바쁜 병영의 모습을 묘사한 말이었는데, 나중에는 의논이 분분하거나 여론이 떠들썩한 것을 비유하는 말로 쓰이게 되었다.

지금은 대개 극우적인 언론이 기승을 부리거나 여론을 호도하는 방송 잡지가 판을 치는 상황을 가리킨다.

【출전】『좌전 · 성공(成公) 16년』조에 다음과 같은 이야기가 실려 있다.

춘추시대 초(楚)나라와 진(晉)나라가 언릉(鄢陵, 오늘의 하남성 일대)에서 싸울 때의 일이다. 싸움을 시작하기 전에 초공왕과 태제 백주리(伯州犁)가 전차에 올라 진나라 진영을 바라보면서 서로 이야기를 주고받았다.

"진나라 진영에서 말을 타고 왔다 갔다 하는 건 누구이고 무엇을 하고 있는 건가?"

"장수들을 불러 모으는 것이 아니겠습니까?"

"장수들이 꽤 많이 모였군."

"지금 작전을 상의하고 있는 것 같습니다."

"장막은 왜 치는 것인가?"

"조상에게 제사를 지내 승전을 기구하는 줄 알고 있습니다."

"장막은 왜 거두는 것이오?"

"곧 전투 명령을 내릴 듯합니다."

"큰 소리로 떠들고 먼지가 뽀얗게 이는 것(甚囂且塵上矣)은 무엇 때문인가?"

"지금 막 진을 치려고 하는 것 같습니다."

이렇게 초공왕과 백주리가 보았던 것과 같이 진나라 군대는 질서가 정연하고 사기가 높았던 것이다. 아니나 다를까 싸움이 시작되자 진나라 군대는 노도(怒濤)와 같이 밀려들어 초나라 군대를 여지없이 격파하고 말았다.

이런 이야기 중에 나온 심효차진상이라는 말이 나중에 줄어서 심효진상이 되었다.

【용례】 군사 정권이 판을 칠 땐 굽실거리면서 아부하던 언론이 이제 자기들만이 투사였던 것처럼 "심효진상"하니 격세지감(隔世之感)을 느끼네 그려. 저런 더러운 근성이 언제 가야 없어질까?

십년수목 백년수인 十年樹木 百年樹人

十 : 열(십) 年 : 해(년)
樹 : 나무 · 심을(수) 木 : 나무(목)
百 : 일백(백) 人 : 사람(인)

【뜻풀이】 십 년 뒤를 내다보며 나무를 심고 백 년 뒤를 내다보며 사람을 심는다. 장기적

인 안목에서 볼 때 어떤 일보다도 인재를 양성하는 일이 가장 중요하다는 뜻이다.

【출전】『관자(管子) · 권수편(權修篇)』에 다음과 같은 말이 있다.

「일 년에 대한 계책에는 곡식을 심는 것만 한 일이 없고, 십 년을 대비한 계책에는 나무를 심는 것만 한 일이 없으며, 평생을 위한 계책에는 사람을 심는 것만 한 일이 없다. 한 번 심어 한 번 거두는 것이 곡식이고, 한 번 심어 열 번 거두는 것이 나무며, 한 번 심어 백 번 거둘 수 있는 것이 사람이기 때문이다.

(一年之計 莫如樹穀 十年之計 莫如樹木 終身之計 莫如樹人 一樹一獲者穀也 一樹十獲者木也 一樹百獲者人也)」

그렇기 때문에 무엇보다 인재를 양성하는 일이 시급하다는 것이다. 때문에 사람들은 교육을 가리켜 국가를 경영하는 근본 사업이라고 하는 것이다.

【용례】 교육 개혁을 즉흥적인 발상만으로 처리하다니! "십년수목이고 백년수인"이라 했는데, 이런 중대한 백년지계(百年之計)를 그리도 쉽게 결정하다니.

십년한창 十年寒窓

十 : 열(십) 年 : 해(년)
寒 : 찰(한) 窓 : 창(창)

【뜻풀이】 오랜 세월 동안 두문불출(杜門不出)하면서 머리를 싸매고 학업에 매진하여 마침내 성공을 거두는 것을 비유하는 말이다.

【출전】 금(金)나라 때의 학자 유기(劉祁)가 쓴『귀잠지(歸潛志)』에 다음과 같은 시 구절이 나온다.

「10여년 세월 동안 창 아래에서 묻는 이도 없더니

단번에 이름을 이루니 천하 사람들이 다 아는구나.

十年窓下無人問

一擧成名天下知」

여기서 "이름이 나다(成名)"라는 말은 과거에 급제한 것을 뜻한다.

옛날에 선비가 이름을 알리고 뜻을 펼 수 있는 여러 가지의 방법이 있었지만, 역시 과거에 급제하는 일이 가장 일반적이면서도 분명한 방법이었다. 그렇기 때문에 청운의 꿈을 품은 젊은 선비들은 너나없이 외부와의 접촉을 끊은 채 책과 글로 씨름했다. 그런 고통스런 과정을 이기고 급제를 하면 단번에 "천하에 이름을 알리는(天下知名)" 성과를 거두었던 것이다. 십년한창은 십년창하(十年窓下)라고도 한다.

【용례】 어려운 환경에서 굴하지 않고 "십년한창"의 세월을 보내더니, 마침내 뜻하던 일을 이루었구나. 지난 세월이 헛되지 않도록 더욱 분발하거라.

십목소시 十目所視

十 : 열(십) 目 : 눈(목)
所 : 바(소) 視 : 볼(시)

【뜻풀이】 열 사람의 눈이 지켜본다는 말로, 많은 사람들이 지켜보기 때문에 숨길 수 없다는 뜻이다.

【출전】『대학(大學) · 성의장(誠意章)』에 나오는 말이다.

"증자가 말하기를, 열 사람의 눈이 지켜보

고 열 사람의 손가락이 가리키고 있으니, 엄숙해야 하느니라.(曾子曰 十目所視 十手所指 其嚴乎)"

강희장(江希張)은 『사서백화(四書百話)』에서 이 말을 다음과 같이 풀이하였다.

"십목(十目)은 열 사람의 눈이 아니라 열 방향에서 오는 모든 시선을 말한다. 사람이 의식하지 못하면서 하는 행동은 주위에 영향을 미치지 않는다. 그러나 마음에서 일어나는 움직임은 천지신명과 도를 깨우친 사람에게 전해진다. 이것을 불교에서는 심통(心通)이라 한다. 때문에 혼자 있을 때 몰래 한 생각도 다른 사람에게 널리 알려지는 것이다. 이 사실을 깨달은 사람이라면 어찌 남이 보지 않는다고 나쁜 행동이나 생각을 할 수 있겠는가?"

주희(朱熹) 역시 『대학장구』를 쓰면서 이 구절에 대해 다음과 같이 말했다.

"아무리 어둡고 혼자 있는 가운데라도 그의 선함과 악함은 감출 수 없는 것이 이와 같으니, 몹시 두려워해야 할 것이다.(言雖幽獨之中 而其善惡之不可揜如此 可畏之甚也)"

사람이란 남의 볼 때에는 나쁜 짓을 쉽게 하지 못한다. 그러나 아무도 없을 때라면 평소에 조신하던 사람도 마음이 해이해지곤 한다. 남의 시선이 있을 때뿐 아니라 혼자 있을 때조차 행동을 삼가고 조심한다면 어떤 허물도 저지르지 않을 것이다.

유교에서 혼자 있을 때 삼가라는 뜻으로 신독(愼獨), 즉 "홀로 있을 때 삼가라"는 말을 즐겨 쓴다.

【용례】 어떤 사람이 "십목소시"할 때는 군자인 것처럼 행동하다가 남이 보지 않을 땐 천하게 행동한다면 그 사람의 인격은 알 만한 것이지.

십보방초 十步芳草

十 : 열(십) 步 : 걸음(보)
芳 : 꽃다울(방) 草 : 풀(초)

【뜻풀이】 열 발자국 걷는 동안에 향기로운 풀이 있다는 말로, 어느 곳에나 인재는 있다는 뜻이다.

【출전】 한(漢)나라 때의 학자 유향(劉向)이 지은 『설원(說苑)·담총편(談叢篇)』에 나오는 말이다.

"열 발자국 걷는 동안 연못가에는 반드시 향기로운 풀이 있고, 집 열 채밖에 안 되는 작은 마을에도 반드시 충성스런 선비가 있다. 초목은 가을이 되면 말라죽지만 소나무와 잣나무는 홀로 시들지 않으며, 물이 만물을 뒤덮어도 옥과 돌은 남아 머물러 있다.(十步之澤 必有芳草 十室之邑 必有忠士 草木秋死 松柏獨在 水浮萬物 玉石留止)"

『수서·양제기(煬帝紀)』에도 비슷한 말이 나온다.

"바야흐로 우주가 하나로 평정되었고, 문장과 궤범이 통일되었으니, 열 발자국 안에 반드시 향기로운 풀이 있듯이 넓은 천하에 어찌 빼어난 인재가 없겠는가?(方今宇宙平一 文軌攸同 十步之內 必有芳草 四海之中 豈無奇秀)"

인재는 항상 어디에나 있는 법이다. 다만 세상의 범속한 사람들이 그 인재를 알아보지 못하고 없음을 탓한다.

때문에 인재는 항상 불우하게 살게 되는 것이다. 바보들의 눈에는 바보만 보일 뿐이다.

【용례】 함께 사업을 꾸릴 사람이 없다고 말씀하시지만, 둘러보면 "십보방초" 곳곳에 인재는 있습니다. 인재를 알아보는 안목을 갖춰

야만 쭉정이들에게 현혹되지 않을 것입니다.

십습이장 什襲而藏

什 : 열사람 · 열(십)
襲 : 스밀 · 엄습할(습)
而 : 어조사(이) 藏 : 감출(장)

【뜻풀이】 열 번이나 묶은 뒤에 갈무리하다. 조심스럽게 아주 소중하게 간직하는 것을 말한다.

【출전】 『감자(闞子)』에 다음과 같은 이야기가 전한다. 이 이야기는 『태평어람(太平御覽) · 지부(地部) · 석편(石篇)』에 나온다.

옛날 송나라 때 어떤 사람이 오대(梧臺)의 동쪽에서 연석(燕石)이라는 돌을 얻고 보석인가 싶어서 귀중하게 갈무려 두고 남들 앞에서 귀중한 보석을 얻었다고 자랑하였다. 연석이라는 돌은 색채가 맑고 광채가 있어 보석처럼 보이지만 사실 연산(燕山)에서는 흔히 볼 수 있는 돌이다. 때문에 연석이라 하였다.

동네 사람들과 친척들이 그 소문을 듣고 와서 모두 축하의 말을 하며 보석을 보여 달라고 부탁하였다.

이에 주인은 큰 상자를 열어 보이는데 상자 안에 또 상자가 있어 무릇 열 번 만에 꺼낸 상자에서 비단으로 싼 물건을 꺼내는 것이었다.

그런데 그 보석이라는 것이 알고 보니 연석에 불과한 보잘것없는 물건이었다. 결국 사람들은 허리를 움켜쥐고 웃으면서 다들 돌아가 버렸다. 그러나 주인은 화를 내면서 여전히 연석을 보석으로 알고 소중하게 보관했다.(➡ 요동지시遼東之豕 참조)

여기에서 십습이장이라는 성어가 나왔는데, 십습(什襲)이라는 것은 싸고 또 싼다는 뜻으로서 십(什)은 십(十)과 같으므로 십습(十襲)이라고도 한다.

그러나 성어로 쓰이는 십습이장에는 남의 어리석은 태도를 비웃는 의미는 없고, 단지 소중하게 간직하는 것을 일컫는 말로 쓰이고 있을 뿐이다. 십습진장(什襲珍藏)이라고도 한다.

【용례】 이런 귀중한 가보는 물론 "십습이장"해서 잘 보관해야 마땅하지요.

십팔반무예 十八般武藝

十 : 열(십) 八 : 여덟(팔)
般 : 돌 · 일반(반) 武 : 호반(무)
藝 : 재주(예)

【뜻풀이】 무예가 출중한 것을 일컫는 말이다.

【출전】 이 성어는 중국의 유명한 고전 소설 『수호전(水滸傳)』에 나오는 말이다. 구소설에서는 대개 "온갖 무예가 모두 신기에 가깝다.(十八般武藝 件件皆精)"라는 말을 써서 무예가 높음을 비유하였다.

그런데 십팔반무예가 도대체 무엇인가에 대해서는 의견이 분분하다. 하지만 십팔반무예는 사실 18가지의 무예라는 것이 아니라 모든 무예를 통틀어 하는 말이다.

여하간 오늘날 일반적으로 쓰이는 목록을 열거해 보면 다음과 같다.

① 쟁(鎗) 극(戟) 곤(棍) 월(鉞) 차(叉) 당(钂) 구(鉤) 삭(槊) 환(環) 도(刀) 검(劍) 괴(拐) 부(斧) 편(鞭) 간(鐗) 추(錘) 봉(棒) 저(杵)
② 모(矛) 퇴(槌) 궁(弓) 노(弩) 총(銃) 편(鞭) 간(鐗) 검(劍) 련(鏈) 과(撾) 부(斧) 월(鉞) 과(戈) 극(戟) 패(牌) 봉(棒) 쟁(鎗) 팔(朳)

③ 궁(弓) 노(弩) 쟁(鎗) 도(刀) 검(劍) 모(矛) 순(盾) 부(斧) 월(鉞) 극(戟) 편(鞭) 간(鐗) 과(撾) 수(殳) 차(叉) 파두(把頭) 면승투색(綿繩套索) 백타(白打)

④ 궁(弓) 노(弩) 쟁(鎗) 도(刀) 검(劍) 모(矛) 순(盾) 부(斧) 월(鉞) 극(戟) 편(鞭) 간(鐗) 과(撾) 수(殳) 차(叉) 파두(把頭) 면승투색(綿繩套索) 백타(白打)〔저인확(褚人穫)의 『견호집(堅瓠集)』〕

⑤ 궁(弓) 노(弩) 쟁(鎗) 도(刀) 검(劍) 모(矛) 순(盾) 부(斧) 월(鉞) 극(戟) 편(鞭) 간(鐗) 과(撾) 수(殳) 차(叉) 파두(把頭) 면승투색(綿繩套索) 백타(白打)〔『오잡조(五雜組)·인부(人部)』〕

오늘날에는 여러 부분에 걸쳐 사업을 하는 사람이 모든 일을 능란하게 처리하는 것을 일러 이런 말을 쓰기도 한다.

【용례】 저 홍콩 배우는 연기가 아니라 실제로도 그렇게 무술 솜씨가 뛰어나다더군. 쿵후, 검술 등등 할 것 없이 "십팔반무예"를 갖춘 사람이래요.

쌍관제하 雙管薺下

雙 : 쌍(쌍) **管** : 대롱(관)
薺 : 가지런히할(제) **下** : 아래(하)

【뜻풀이】 두 가지 방법을 동시에 쓰거나 두 가지 일을 동시에 진행하는 능력을 일컫는 말로 쓰이고 있다.

【출전】 당(唐)나라 때의 화가 장조(張璪)는 석송산수(石松山水)를 그리는 데 특별한 재능이 있는 화가로, 독창적인 기교와 독특한 풍격으로 하여 당송(唐宋) 미술사상 중요한 위치를 차지하고 있는 사람이다.

송나라 때 곽약허(郭若虛)가 편찬한 『도화견문지(圖畵見聞誌)』에 따르면 장조는 한손에 붓을 두 자루 쥐고 동시에 두 그루의 소나무를 그리는 특출한 재주가 있었다고 한다. 여기에서 쌍관제하라는 성어가 나왔다.

【용례】 그 친구 평소에 보면 아무것도 안 하는 것 같다가도 한번 일에 뛰어들면 서너 가지 일을 "쌍관제하"로 처리한단 말이야. 그러고도 하자(瑕疵)가 없으니 알다가도 모를 일이야.

쌍희 雙喜

雙 : 쌍(쌍) **喜** : 기쁠(희)

【뜻풀이】 경사가 잇달아 일어나는 것을 말한다.

【출전】 왕안석(王安石)이 과거를 보러 가던 도중에 어떤 마을을 지나가게 되었다. 그 마을의 어떤 집 대문을 보니 주마등(走馬燈)과 함께 시구(詩句)가 걸려 있었는데, 이 시구의 대구(對句)를 구한다는 내용이 적혀 있었다.

「주마등, 등이 말을 달리게 하네.
하지만 등불이 꺼지자 말도 멈추네.
走馬燈燈走馬
燈息馬停步」

참 재미난 구절이라고 생각하면서 어떤 대구가 좋을까 생각하다가 아래와 같은 구절을 떠올렸다.

「비호기, 기가 호랑이를 날게 하네.
그러나 기가 걷히자 호랑이도 숨었네.
飛虎旗旗飛虎
旗卷虎藏身」

그런데 공교롭게도 과거를 치르는데, 과제가 바로 그가 생각했던 대구였다. 그는 앞서 주마등의 시구로 대구를 만들어 제출했다.

과거를 치르고 귀가하는 도중에 감사의 뜻을 전하기 위해 그 마을을 다시 찾았다. 그리고는 "비호기"의 시구로 대구를 제시했다. 그의 남다른 시재(詩才)에 감탄한 주인은 그 자리에서 사위로 삼겠다면서 택일까지 했다. 예식을 막 거행하는 순간 별안간 말발굽소리가 들리더니 관리들이 들이닥쳤다. 그들이 전한 소식은 왕안석이 과거에서 장원급제했다는 것이었다.

혼례의 기쁨에 장원급제의 기쁨까지 더해지는 순간이었다. 왕안석은 너무나 기쁜 나머지 붓을 들어 희(喜)자를 두 번 겹쳐 써서 대문에 붙였다.

이 일이 있고 난 뒤부터 경사가 있는 날에는 쌍희(雙喜), 즉 희(囍)자를 써서 대문에 붙이게 되었다.

【용례】 고대하던 아들까지 본데다가 부장으로 승진되다니. 그야말로 올해는 운이 트여 "쌍희"의 기쁨까지 누리는구나.

ㅅ

아도물 阿堵物

阿 : 언덕(아) 堵 : 담(도) 物 : 사물(물)

【뜻풀이】 아도물이란 본래 중국어로 '이것'이라는 뜻인데, 돈의 대명사로 일컬어졌다. 옛사람들은 돈이라는 말을 입 밖에 내는 것을 비천한 일로 여겨 자신의 청렴함과 당당함을 나타내기 위해 돈을 가리켜 아도물이라고 하게 되었다.

【출전】 『진서(晉書)·왕연전(王衍傳)』에 다음과 같은 이야기가 있다.

왕연(➡ 신구자황信口雌黃 참조)은 자태가 의젓하고 성품이 고고한 사람으로, 돈이라는 말을 한 번도 입 밖에 낸 적이 없었다. 그래서 아내 곽씨가 몇 번이나 온갖 방법을 써서 돈이라는 말을 하게 하려고 했지만 한 번도 성공하지 못했다.

어느 날 저녁 곽씨는 왕연이 깊이 잠든 틈을 타 하녀에게 동전을 침상 주변에 가득 쌓아 놓게 했는데, 그가 깨서 침대에서 내려올 수 없게 되면 반드시 돈이라는 말을 하리라고 생각하였다.

그러나 뜻밖에도 다음날 아침 왕연은 이 상황에서 하녀를 부르더니 침상 주변의 돈을 가리키면서 "이것들을 내가거라.(擧却阿堵物)"고 하였다.

여기에서 보는 바와 같이 아도물의 원래 뜻은 이것이었지만 왕연의 일화로 인해서 이때부터 돈의 별칭이 되었다. 여기에는 경멸의 뜻도 포함되어 있다.

그리고 옛사람들은 "돈이라는 말을 입에 담지 않는다.(口不言錢)"는 경구로 자신의 청렴결백(淸廉潔白)을 표시하기도 했는데, 조선시대의 양반 사대부들이 "손으로는 돈을 만지지 않고, 쌀값을 묻지 않는다.(手勿執錢 不問米價)"고 했던 관습과도 비슷하다.

【용례】 내가 비록 공무원으로 어렵게는 살았지만, "아도물" 때문에 나 자신을 구차하게 만든 적은 없었네. 이제 와서 이런 뇌물이 나한테 통하리라 생각했나?

아두 阿頭

阿 : 언덕(아) 頭 : 머리(두)

【뜻풀이】 바보. 못난이. 멍청이. 우리말 중 '아둔하다'란 동사도 여기에서 유래한 듯하다.

【출전】 『삼국지연의』에 다음과 같은 이야기가 있다.

건안(建安) 13년(208), 형주를 정벌하려고 조조(曹操)가 50만 대군을 거느리고 10리가 되는 장판파(長板坡)를 물샐 틈 없이 포위하자 유비(劉備)는 신야성에서 강릉으로 후퇴할 처지에 놓였다. 조운〔趙雲, 자는 자룡(子龍)〕은 유비의 권속과 종자, 특히 유비의 두

부인과 공자 아두〔阿頭, 유선(劉禪)〕를 수호하는 중임을 맡았다. 식솔까지 거느리고 퇴각하던 중이었기에 행군이 느린 유비 군대는 갑자기 들이닥친 조조 대군을 맞아 경산 부근에서 조조의 추격군을 만나 교전하는 중에 그만 유비의 가족을 모두 잃고 말았다.

이에 조운은 적진 속으로 뛰어들어 잃어버린 두 부인과 아두를 찾아 헤맸다. 좌충우돌(左衝右突) 적병의 숲을 헤매던 조운은 적에게 잡혀 묶여 있던 미축(糜竺)을 구하고, 다시 간옹 장군과 유비의 첫째 부인인 감부인(甘夫人)을 구해냈다. 그리고는 다시 필마단창(匹馬單槍)으로 적의 수중으로 뛰어들어 천군만마(千軍萬馬) 사이를 헤집고 다니다가 마침내 미부인(糜夫人)과 아두를 찾아냈다. 그러나 미부인은 조운에게 아두만을 데리고 빨리 탈출하라며 자신은 우물 속에 몸을 던져 자결하고 만다. 갑옷을 풀어 세 살짜리 아두를 품속에 감싼 조운은 청홍검을 휘두르며 천겹만겹으로 둘러싸인 포위망을 뚫고 대탈주를 시작했다. 조운이 휘두르는 칼날 끝에서는 선혈이 무지개를 이루고, 그가 지나간 자리에는 적의 수급(首級)이 추풍낙엽(秋風落葉)처럼 쌓였다.

그날 해질 무렵, 조조는 금병산 위의 오래된 칠수(漆樹), 즉 옻나무 아래에서 전투 상황을 관망하고 있었다. 그런데 한 적장이 종횡무진(縱橫無盡)으로 장판파를 오르락내리락 하면서 장창을 휘두르는데 마치 구름이 광풍에 일 듯하면서 아군이 추풍낙엽처럼 쓰러지는 것이었다.

다음날 저녁까지도 꼬박 창검을 휘두르며 초인적인 무용(武勇)을 과시하는 조운의 모습에 반해 버린 조조는 이렇게 탄식을 했다.

"참으로 상산(常山) 조자룡(趙子龍)이로다! 하루에 세 번 전포를 바꿔 입도록 싸우다니, 참으로 신장(神將)이도다! 50만 대군이 조자룡 하나를 이기지 못하다니, 어찌하면 좋단 말인가?"

본래 장수를 몹시 아꼈던 조조는 경탄해 마지않으며 즉시 명령을 내렸다.

"내가 저 조자룡을 얻어 막하에 둘 수만 있다면 천하를 얻지 못한들 무슨 후회가 있으랴! 나는 오직 살아 있는 조자룡을 원할 뿐, 죽은 조자룡은 원치 않는다. 그러니 조자룡의 털끝 하나 건드리지 말고 사로잡아 와야만 한다."

그러나 이 명령으로 인해 조조의 군사들은 공격이 무뎌졌고, 그 틈을 이용하여 조운은 종횡무진으로 치달리며 50여 명의 장수들을 참살하고 아두를 보호하면서 포위망을 빠져나갈 수 있었다.

마침내 적진을 빠져나온 조운은 유비를 만나 부복한 후, 온통 피투성이가 된 갑옷 속에서 공자 아두를 꺼냈다. 피와 살이 튀기는 죽음의 계곡을 빠져 나온 줄도 모르고 세 살짜리 아기는 쌔근쌔근 잠이 들어 있었다. 조운에게 아기를 건네받은 유비의 눈가에 보일 듯 말 듯 눈물이 서렸다. 그러나 다음 순간 유비는 대갈일성(大喝一聲)과 함께 안고 있던 아기를 냅다 땅바닥에 던져 버렸다.

"이놈 때문에 하마터면 자룡과 같은 고굉지신(股肱之臣)을 잃을 뻔했다. 아들은 다시 낳아 기를 수 있으되 조운 같은 장수를 어디서 다시 얻을 수 있다는 말인가!"

이 때문에 아두가 머리를 다쳐 바보가 되었다는 말이 있다.

이후 촉(蜀)나라는 유비와 제갈량(諸葛亮)이 앞뒤로 세상을 떠나자 나라 형편이 날로 어려워지더니 마침내 위(魏)나라에 의해 멸망하였다.

촉나라가 망하자 위나라의 실권자인 사마소(司馬昭)는 촉나라 후주(後主) 유선을 성도(成都)에서 떠나 위나라 도읍인 낙양(洛陽)으로 오게 해서 한바탕 크게 힐책한 다음 안락공(安樂公)으로 봉하였다.

죽는 줄로만 알았던 유선은 이에 감읍하여 이튿날 사마소를 찾아가 은혜에 감사의 인사를 했는데, 사마소는 연회를 열어 그를 위로하였다.(◘ 사마소지심司馬昭之心 참조)

연회 석상에서는 먼저 위나라의 가무가 연주된 다음 이어 촉나라의 가무를 올렸는데, 촉나라의 옛 관리들은 그 광경을 보고 모두 눈물을 금할 수 없었지만 유선만은 좋아서 어쩔 줄 몰라 했다. 그때 사마소가 그 꼴을 보고 유선에게 물었다.

"촉나라 생각이 나지 않는가?"

유선이 대답하였다.

"이 자리가 이렇게 좋은데 무슨 생각이 나겠습니까?(此間樂 不思蜀也)"

이윽고 유선이 소변을 보러 밖으로 나가자 촉나라의 비서랑이었던 극정(郤正)이 슬그머니 따라 나가서 유선에게 말했다.

"폐하께서는 어이하여 촉나라를 생각나지 않는다고 하시옵니까? 이제 사마소가 다시 물으면 폐하께서는 울면서 이렇게 대답하소서."

유선이 연회장으로 돌아온 뒤 얼마 지나 사마소가 다시 물었다.

"촉나라가 생각나지 않는가?"

그러자 유선은 극정이 시킨 대로 "생각나옵니다." 하면서 울며 대답하였지만, 눈물은 한 방울도 흘리지 않고 두 눈만 꾹 감는 것이었다.

사마소는 극정이 일러 준 것이라 짐작하고, "그대의 말이 어쩌면 극정이 일러 준 것과 그리도 신통하게 같은가?"라고 건너짚었더니, 유선은 "바로 극정이 일러 준 것이올시다."라며 이실직고(以實直告)하는 것이었다.

이렇게 해서 이때부터 사람들은 무능한 사람을 가리켜 아두라고 하였는데, 아두는 유선의 아명(兒名)이다.

그리고 다른 고장에 미련을 두고 고국을 생각하지 않는 것을 가리켜 낙불사촉(樂不思蜀)이라고 한다.

【용례】 담배 한 갑 사 오랬더니, 그래 거스름돈도 제대로 못 받아 온단 말이냐. 그런 "아두" 같은 머리로 어떻게 세상을 살지 걱정이다.

아비규환 阿鼻叫喚

阿 : 언덕·모퉁이(아) **鼻** : 코(비)
叫 : 외칠(규) **喚** : 소리칠(환)

【뜻풀이】 아비지옥(阿鼻地獄)에서 외치는 신음 소리. 사고나 재앙을 당해 사람들이 외치는 비명을 비유하는 말이다.

【출전】 아비는 팔열지옥(八熱地獄)의 하나로 무간지옥(無間地獄)이라고도 한다. 이곳은 남섬부주 아래 2만 유순(由旬, 고대 인도의 거리 단위로 대유순이 약 80리쯤 된다.) 되는 곳에 있다고 하는데, 괴로움을 당하는 것이 끊임없기 때문에 이렇게 부른다.

5역죄를 범하거나 인과를 무시하고 절이나 탑을 무너뜨리거나 성중(聖衆)을 비방하고 공연히 시주한 물건에 손대는 사람은 모두 이 지옥에 떨어진다고 한다.

그곳에서 괴로움을 당하는 모양을 경전에서는 이렇게 묘사하고 있다.

옥졸이 죄인을 붙잡고 가죽을 벗긴다. 그 벗겨낸 가죽으로 죄인의 몸을 묶어 불수레에 싣는다. 활활 타는 불구덩이 속에 죄인을 넣어 몸을 태우는데, 야차(夜叉)들이 큰 쇠꼬챙이를 달궈 죄인의 몸을 꿰거나 입·코·배 등을 쑤셔 공중으로 날려 버리기도 한다. 또는 쇠매〔鐵鷹〕가 죄인의 눈을 파먹는 등 극심한 형벌이 이곳에서 자행된다.

한편 불가에서는 사람이 악행을 거듭 저지르다가 죽어서 가는 곳을 총칭해 지옥이라 하는데, 크게 팔열지옥이 있다고 설명한다. 무간지옥과 대초열지옥(大焦熱地獄), 초열지옥(焦熱地獄), 대규환지옥(大叫喚地獄), 규환지옥(叫喚地獄), 중합지옥(衆合地獄), 흑승지옥(黑繩地獄), 등활지옥(等活地獄)이 그것이다. 그러니까 아비규환이라고 할 때 본래 뜻은 아비지옥과 규환지옥을 합한 말로 보면 될 것이다.

【용례】 모든 참사에는 "아비규환"이 일어나지. 대구 지하철 참사도 예외가 아니었어.

아수라장 阿修羅場

阿 : 언덕(아) **修** : 닦을(수)
羅 : 비단(라) **場** : 마당(장)

【뜻풀이】 끔찍하게 흐트러진 현장이란 뜻으로, 모진 싸움으로 처참하게 된 곳, 법석을 떨어 야단이 난 곳을 말한다.

【출전】 아수라(阿修羅)는 범어 asur의 음역(音譯)이다. '아소라'·'아소락'·'아수륜' 등으로 표기하며 약칭은 수라(修羅)라고 하는데, 추악하다는 뜻이다.

아수라는 본래 육도 팔부중(八部衆)의 하나로 고대 인도신화에 나오는 선신(善神)이었는데, 나중에 하늘과 싸우면서 악신(惡神)이 되었다고 한다. 그는 증오심에 가득 차서 싸우기를 좋아하기 때문에 전쟁의 신으로도 통한다. 그가 하늘과 싸울 때 하늘이 이기면 풍요와 평화가 오고, 아수라가 이기면 빈곤과 재앙이 온다고 한다. 인간이 착한 일을 하면 하늘의 힘이 강해져 이기고, 나쁜 짓을 저지르면 불의가 만연하여 아수라의 힘이 강해진다. 아수라는 얼굴이 셋이고 팔이 여섯인 흉측하고 거대한 모습을 하고 있다.

인도의 서사시 『마하바라타』에서는 비슈누신의 원반에 맞아 피투성이가 된 아수라들이 다시 공격을 당하여 시체가 산처럼 쌓인 모습을 그리고 있다. 피비린내 나는 전쟁터를 아수라장이라 부르는 것도 여기에서 유래되었다. 눈뜨고 차마 볼 수 없는 참혹한 현장을 가리킨다.

【참조】 팔부중은 불법(佛法)을 지키는 여덟 신장(神將)을 말한다. 곧, 천(天)과 용(龍), 야차(夜叉), 건달바(乾達婆), 아수라, 가루라(迦樓羅), 긴나라(緊那羅), 마후라가(摩睺羅迦)가 그들이다.

【용례】 그 사고가 났을 때 사상자들이 널부러진 현장은 그야말로 "아수라장"이었지. 부실 공사가 빚은 결과라니 더욱 어처구니가 없구나.

아심여칭 我心如秤

我 : 나(아) **心** : 마음(심)
如 : 갈을(여) **秤** : 저울(칭)

【뜻풀이】 내 마음은 저울과 같다. 즉, 모든 일에 공평무사(公平無私)해서 사사로운 이익이나 감정을 개입시켜 처리하지 않는다는 말이다.

【출전】『양승암집(楊升菴集)』에 보면 다음과 같은 말이 있다.

"제갈량이 말하기를 '내 마음은 저울처럼 공정해서 능히 사람들은 고개 숙이거나 하늘을 우러러보게 할 수 없다.'고 하였다.

당나라 조정에서 일찍이 어떤 사람에게 준 계에서 이렇게 말했다. '제갈량과 같은 공평한 마음을 미루어 생각하고 강유와 같은 대담한 생각을 짊어지라.'(諸葛孔明語云 我心如枰 不能爲人作低昻 唐朝曾投人啓曰 推諸葛之枰心 負姜維之斗膽)"

원래 저울이란 물건의 무게를 재기 위해 필요한 도구다.

저울대와 저울추가 평형을 이룰 때가 바로 저울의 무게가 정확하게 측정된 순간인데, 그처럼 사실과 그에 대응하는 태도가 공평한 것을 저울의 비유를 들어 많이 이야기했던 것이다.

【용례】 이번 사내 인사에 불만을 가진 사원들이 많다는 얘길 들었는데, 나로서는 정말 공평하게 고과를 매긴 결과에 따른 걸세. "아심여칭"이야.

아장동사 我將東徙

我 : 나(아) **將** : 장차(장)
東 : 동녘(동) **徙** : 옮길(사)

【뜻풀이】 나는 장차 동쪽으로 이사가겠다는 말로, 자기의 잘못이나 허물은 고치지 않고 남만 탓한다는 뜻이다.

【출전】『설원(說苑)·담총편(談叢篇)』에 다음과 같은 이야기가 나온다.

「어느 날 부엉이가 올빼미네 집에 놀러 갔더니 이삿짐을 꾸리고 있었다. 부엉이가 물었다.

"뭘 하고 있느냐?"

올빼미가 대답했다.

"난 동쪽 마을로 이사 가려고 해."

그래서 그 이유를 물었더니 올빼미가 대답했다.

"사람들이 내 울음소리를 싫어해. 그러니 차라리 다른 마을로 이사 가서 마음 편하게 지낼까 싶어."

그러자 부엉이가 비웃으며 말했다.

"네가 울음소리를 고칠 생각은 않고 이사만 간다면 그 마을 사람들인들 너를 좋아하겠니? 그럼 또 이사를 해야 할 거야."

이 말에 올빼미는 더 이상 대꾸를 하지 못했다.

(梟逢鳩 鳩曰 子將安之 梟曰 我將東徙 鳩曰 何故 梟曰 隣人皆惡我鳴 以故東徙 鳩曰 子能更鳴可矣 不能更鳴 東徙 猶惡子之聲)」

【용례】 제 허물이 무엇인지는 찾아 반성하려 하지 않고 남이 도와주지 않는다고 탓만 한다면 "아장동사"하는 꼴밖에 더 될 게 없지. 너의 그 이기심이 너를 망치고 있는 줄 왜 모르니.

아향 阿香

阿 : 아름다울(아) **香** : 향기(향)

【뜻풀이】 아름다운 여인으로, 뇌신(雷神)을 가리킨다.

【출전】『법원주림(法苑珠林)』에 나오는 말이다.

진(晉)나라 의홍(義興)에 주(周)라는 사람이 살고 있었다. 어느 날 그가 여행을 떠났는데 날이 저물어 어떤 외딴 집 앞에 도착했다.

그 집 앞에는 막 자라난 여린 풀이 있었다. 문 앞에는 열예닐곱 살쯤 되어 보이는 여자가 서 있었는데 용모는 단정했고 옷차림도 깨끗했다. 주가 그냥 지나치려 하자 그 처녀가 말했다.

"날이 이미 저물었는데 어떻게 가시려고 하십니까?"

그래서 주는 하룻밤 묵어가도 좋으냐고 물었다. 그녀는 주를 맞아들인 뒤 불을 피우고 음식을 준비했다. 밤 여덟 시가 되자 밖에서 어린아이가 부르는 소리가 들렸다.

"아향! 관리가 뇌거(雷車)를 밀라고 합니다."

그녀가 나가고 나서 밤이 되자 큰 우레 소리가 들리더니 비가 왔다. 다음 날 아침 주가 말에 올라 어제 묵었던 곳을 돌아보니 그곳에는 새로 만든 무덤만 하나 있을 뿐이었다.

이 이야기에서 아향은 우레를 일으키는 신령을 가리키는 말로, 나중에 아름다운 여인을 뜻하게 되었다.

【용례】 스치듯 만난 그 "아향"은 다시 만날 기약이 없겠지만, 그 이름 모를 "아향"의 모습은 내 기억에 영원히 남아 있을 거야.

악관만영 惡貫滿盈

惡 : 악·악할(악)/미워할(오)
貫 : 뚫을(관) **滿** : 가득찰(만)
盈 : 찰(영)

【뜻풀이】 죄악이 너무 많아서 이루 다 헤아릴 수 없음을 비유하는 말이다.

【출전】『상서(尙書)·태서편(泰誓篇)』에 "상(商)나라의 죄가 너무 많았기 때문에 하늘이 명하여 그들을 죽였다.(商罪貫盈 天命誅之)"는 말이 나오는데, 그 뜻은 상주(商紂, 즉, 주임금)의 죄악이 쌓이고 쌓인 것이 결국 천벌을 내리게 했다는 것이다. 다시 말하면 상나라 주임금의 죄악은 이루 헤아릴 수 없는 것으로 그 결과 나라를 멸망시켰다는 뜻이다.

〈태서〉는 주나라 무왕(武王)이 상나라 주임금을 토벌할 때 황하를 건너 상나라의 도읍 조가(朝歌)를 함락시켜 승리를 눈앞에 둔 상황에서 발표한 선언문이다. 〈태서〉에 나오는 관영(貫盈)은 성어 악관만영의 원래 모습이기도 하고 약칭이기도 하다. 그리고 악관만영은 죄악만영(罪惡滿盈)이라고도 한다.

【용례】 지난 군사 독재 시절의 정치인들은 죄가 하도 많아 "악관만영"이야. 그런데도 뉘우치지는 못하고 뻔뻔하게 변명을 하니, 그 사람들 양심이 뭔 줄이나 아는지 모르겠어.

악목불음 惡木不蔭

惡 : 악할(악) **木** : 나무(목)
不 : 아닐(불) **蔭** : 그늘(음)

【뜻풀이】 나쁜 나무에는 그늘이 생기지 않는다는 말로, 덕망이 있는 사람이라야 주변에 따르는 무리도 많다는 뜻이다.

【출전】 법가(法家)의 학자 관중(管仲)이 지은『관자(管子)』에 다음과 같은 말이 나온다.

"무릇 선비는 덕망이 있고 큰 마음을 가져야 한다. 나쁜 나무에는 그늘이 생기지 않는 법이다. 나쁜 나무도 이것을 부끄러워하는데 하물며 악인들과 함께 있는 경우에는 어떻겠는가?(夫士懷耿介之心 不蔭惡木之枝 惡木尙能恥之 況與惡人同處)"

『순자(荀子)·권학편(勸學篇)』에도 수음조

식(樹蔭鳥息)이란 말이 나오는데, "나무에 그늘이 있어야 새가 쉴 수 있다."는 말이다. 사람이 악한 마음을 품고 있거나 행실이 악하면 주변에 사람이 모이지 않는다. 반대로 말해 덕망이 있어야만 사람이 따른다.

대인 관계를 원만하게 하도록 노력하고 인격과 덕망을 갖추도록 수양하라는 뜻에서 쓰인 말이다.

【용례】 입으로는 공사(公私)를 구별해야 한다고 뇌까리는 사람이 가족 외식에도 공금을 쓴다는군. "악목불음"이라 했거늘 누가 그런 인간을 존경하겠냐?

악사주천리 惡事走千里

惡 : 악할(악) 事 : 일·섬길(사)
走 : 달릴(주) 千 : 일천(천)
里 : 마을(리)

【뜻풀이】 나쁜 일은 단숨에 천리를 간다.

【출전】『수호지·제24회』에 보면 다음과 같은 이야기가 나온다.

부잣집의 식모였던 반금련(潘金蓮)은 주인의 유혹을 거절했다가 애꿎게도 못생긴 무대(武臺)에게 강제로 시집을 갔다. 그녀는 남편의 동생인 무송(武松)을 보고는 씩씩한 외모에 반해 유혹을 해보지만 망신만 당하고 만다.

얼마 뒤 여행을 떠나게 된 무송은 형에게 형수를 잘 살피라고 충고한 뒤 길을 떠났다.

그러나 반금련은 이웃집 남자인 서문경과 내통해 결국 남편을 독살하고 만다. 그들 사이의 추문은 금방 마을에 쫙 퍼져 모르는 사람이라곤 반금련의 남편 무대밖에는 없을 정도였다. 사람들은 이렇게 쑥덕거렸다.

"좋은 일은 문밖으로 퍼지기 어렵고 나쁜 일은 천 리를 간다더니(好事不出門 惡事走千里) 정말 소문 빠르구나."

원래 이 말은 중국에 전래하던 속담이었는데, 『수호지』에 쓰인 뒤부터 널리 알려지게 된 것이다. 우리나라 속담 "발 없는 말이 천리를 간다."와 그 의미가 비슷하다.

【용례】 딸애가 이혼했다는 사실을 그렇게 숨길 필요가 뭐 있나? "악사주천리"라고 소문만 나빠지니 솔직히 털어놓는 게 좋지 않겠어?

안거낙업 安居樂業

安 : 편안할(안) 居 : 머물(거)
樂 : 즐거울(락) 業 : 업(업)

【뜻풀이】 편안히 살고 즐겁게 일한다. 오늘날에도 널리 쓰이고 있는 성어다.

【출전】『노자』 80장에 나오는 "그 거처에서 편안하게 지내고 세상의 풍속을 좇으며 즐거워한다.(安其居 樂其俗)"는 말에서 유래했다. 노자의 이 말은 노자의 다른 판본에서는 "그 거처를 편안히 여기고 그 일을 즐거워한다.(安其居 樂其業)"로 되어 있다.

『장자·거협편(胠篋篇)』에는 "그 풍속을 즐거워하고 그 거처를 편안히 여긴다.(樂其俗 安其居)"로 되어 있는데, 모두 다 안거낙업의 초기 형태라고 할 수 있다.

그런데 당시 노자 등의 이러한 논조는 작은 고을의 백성들이 자급자족할 수 있다면 서로 교류하지 않아도 무방하다는 의미가 내포된 것(☞ 소국과민小國寡民 참조)이었는데, 오늘날의 입장에서 본다면 이런 식의 경제관은 재고해 볼 여지가 있다고 하겠다.

때문에 한(漢)나라 때의 유명한 역사가인 사마천(司馬遷)은 그의 불멸의 저서인 『사기·화식열전(貨殖列傳)』에서 노자의 이러한 견해에 찬성하지 않았던 것이다.(▶ 노사불상왕래老死不相往來 참조)

그러나 같은 한나라 때의 역사가인 반고(班固, 32~92)는 그의 저서 『한서·화식전서(貨殖傳序)』에서 노자의 논리를 인용해서 "그 거처를 편안히 여기고 그 일을 즐거워한다.(安其居而樂其業)"고 했는데, 이것은 안거낙업과 매우 유사한 논리라고 할 수 있다.

그 밖에도 『한서·곡영전(谷永傳)』에는 안가낙업(安家樂業)이라는 말이 나오고 있으며, 『삼국지·위지·가후전(賈詡傳)』에는 안토낙업(安土樂業)이라는 말도 쓰이고 있는데, 모두 안거낙업과 같은 뜻이다.

이 성어가 처음 정식으로 출현한 것은 후한(後漢) 때 사람인 중장통(仲長統, 180~220)이 자신의 글 〈창언(昌言)〉에서 "편안히 거처하면서 생업에 만족하여 길이 자손들을 먹여 살리면 천하가 편안해질 것이다.(安居樂業長養子孫 天下晏然)"라고 한 때부터로 짐작된다.

중장통에게는 〈낙지론(樂志論)〉이라는 한 편의 명문이 전한다. 전문을 읽어보도록 하자.

「거주하는 곳에 좋은 토지와 넓은 집이 산을 등지고 물가에 임하여 도랑과 연못이 빙 둘러 있고 대나무와 나무들이 두루 벌려 있으며 장포(場圃, 菜田 즉, 채소밭)가 앞에 마련되어 있고 과원(果園, 과수원)이 뒤에 심겨져 있으며, 배와 수레가 길을 걷고 물을 건너는 어려움을 대신하고 사령(使令)들이 사지(四肢)의 노역을 쉬게 하며, 부모를 봉양함에 진미(珍味)를 겸한 반찬이 있고, 처자들은 몸을 괴롭게 하는 수고로움이 없으며, 좋은 벗이 모이면 술과 안주를 베풀어 즐기고, 좋은 때나 길한 날이면 염소와 돼지를 삶아 받들어 올린다. 밭두둑과 동산을 거닐고 숲 속에서 유희(遊戲)하며 맑은 물에 씻고 시원한 바람을 좇으며 물 속에서 노는 잉어를 낚시질하고 하늘 높이 나는 기러기를 쏘아 잡으며, 무우(舞雩)의 아래에서 바람을 쐬고 고당(高堂) 위로 시를 읊으며 돌아온다.

규방(閨房)에서 정신을 편안히 하여 노씨〔老氏, 노자(老子)〕의 현허(玄虛)한 도(道)를 생각하고, 정화(精和, 맑은 기운)를 호흡하여 지인(至人)과 방불하기를 구한다. 이치를 통달한 자 몇 사람과 도(道)를 논하고 책을 강하여 이의〔二儀, 천지(天地)〕를 부앙〔俯仰, 내려다보고 우러러봄)하고 고금(古今)의 인물들을 모아놓고 평가하며, 남풍(南風)의 고상한 곡조를 타고 청상(淸商)의 묘한 곡(曲)을 발한다. 그리하여 한 세상 위에 소요(逍遙)하고 천지간을 하찮게 보아 당시의 책임을 받지 않고 성명(性命, 생명)의 기한을 길이 보존한다. 이와 같다면 운한(雲漢)을 능가하여 우주 밖에 초탈할 수 있을 것이니, 어찌 제왕(帝王)의 문에 듦을 부러워하겠는가.(成百曉 옮김)

(使居有良田廣宅 背山臨流 溝池環匝 竹木周布 場圃築前 果園樹後 舟車足以代步涉之難 使令足以息四體之役 養親有兼珍之膳 妻孥無苦身之勞 良朋萃止則陳酒肴以娛之 嘉時吉日則烹羔豚以奉之 躕躇畦苑 遊戲平林 濯淸水 追凉風 釣游鯉 高鴻 諷於舞雩之下 詠歸高堂之上 安神閨房 思老氏之玄虛 呼吸精和 求至人之彷彿 與達者數子 論道講書 俯仰二儀 錯綜人物 彈南風之雅操 發淸商之妙曲 逍遙一世之上 睥睨天地之間 不受當時之責 永保性命之期 如是則可以凌霄漢 出宇宙之外矣 豈羨夫入帝王之門哉)」

【용례】 이렇게 세상사가 불안해서야 어디 안심하고 "안거낙업"할 수 있겠나. 자고 나면 사건 사고니 치안 부재의 현실을 요즘처럼 실감할 때가 없는 것 같아.

안도 安堵

安 : 편안할(안) 堵 : 담(도)

【뜻풀이】 담 안에서 편안하게 머무름. 또는 걱정이나 근심거리가 사라져 마음이 편안해진 것을 말하기도 한다.

【출전】 『사기 · 전단열전(田單列傳)』에 다음과 같은 이야기가 있다.

전국시대 후기인 기원전 284년에 연(燕)나라 장수 악의(樂毅)는 연합군을 이끌고 제(齊)나라를 공격해 5년 만에 민왕(湣王)을 내쫓고 제나라를 점거했지만 유독 즉묵(卽墨)과 거 두 지방만 함락시키지 못했다.

즉묵을 지키던 전단은 연(燕)나라 혜왕(惠王)과 악의를 이간질시키는 한편 자신의 처자를 동원해서 제나라 군사들의 뒷바라지를 하게 해서 사기를 높였다.

그러면서 한편으로 거짓으로 항복 문서를 보내 내가 항복한다면 우리 집안 사람들은 안전하게 살 수 있도록(安堵) 해달라고 부탁하였다. 그리하여 연나라 장수는 크게 기뻐하여 이를 허락했다.(田單收民金得千鎰 令卽墨富豪遺燕將書曰 卽墨卽降 願無虜掠吾族家妻妾 令安堵 燕將大喜 許之)

이렇게 해서 연나라 군사가 방심하고 있을 때 습격을 가해 마침내 연나라 군대를 내쫓고 잃었던 국토도 되찾을 수 있었다. 그리고 죽음을 당한 민왕의 아들 양왕(襄王)을 받들어 왕위에 앉혔다.

전단이 거짓 항복 문서에 쓴 글귀에서 유래하여 안도라는 말이 널리 쓰이게 되었다.

【용례】 은행 융자를 받느라고 며칠을 정신없이 보냈네. 다행히 융자도 나왔고, 직원들도 회사 입장을 생각해 저렇게 열심히 잔업에 참여하니, 이제 "안도"의 한숨을 쉬어도 되겠어.

안도색기 按圖索驥

按 : 살필(안) 圖 : 그림 · 지도(도)
索 : 찾을(색) 驥 : 천리마(기)

【뜻풀이】 그림에 그려진 대로 말을 찾는다. 원리원칙만 따지고 변통이 없는 사람을 일컫는 말인데, 교본에 따라 필요한 사항을 찾는다는 뜻으로도 쓰인다.

【출전】 춘추시대 진(秦)나라에 말에 대해 조예가 깊었던 백락(伯樂)이라는 사람이 있었다. 그는 『상마경(相馬經)』〔『마경(馬經)』이라고도 함〕이라는 저술까지 남겼다.

그런데 사람이 조금 모자라는 백락의 아들이 어느 날 『마경』에 쓰여 있는 대로 말을 한 필 사왔지만 형편없이 비루먹은 말을 사왔다.

또 한 번은 길가에서 두꺼비를 보고 "아버지, 보십시오. 좋은 말인데요. 이마와 눈이 아버님께서 말씀하신 것과 꼭 같습니다. 다만 발굽이 좀 다를 뿐이군요."라고 말했다는 이야기도 있다. 이런 일화에서 안도색기라는 말이 나왔다.(▶ 백락자白樂子 참조)

그런데 궁금한 것은 왜 안경색기(按經索驥)라 하지 않고 안도색기라고 하게 되었는가? 다시 말하면 왜 "『마경』에 따라서 말을 찾는다."고 하지 않고 "그림에 따라서 말을 찾는다."고 하게 되었는가?

전설에 따르면 일찍이 주목왕(周穆王)에게는 여덟 마리의 신기한 천리마가 있었는데 한 필의 말마다 걸맞은 이름을 지어 줌과 동시에 〈팔준도(八駿圖)〉라는 그림까지 그려 말의 특징을 수록했다고 한다.

그래서 처음에는 안도색준(按圖索駿)이라고 하다가 준과 기가 다 같이 좋은 말을 가리키기 때문에 나중에 안도색기라 하게 되었다는 것이다. 참고로 팔준(八駿)은 적기(赤驥)와 도려(盜驪), 백의(白義), 유륜(踰輪), 산자(山子), 거황(渠黃), 화류(華騮), 녹이(綠耳)를 말한다.

오늘날은 서적이나 색인·목록 같은 것에 의해 필요한 부분을 찾는 일도 안도색기라고 한다.

【용례】 늘 빈둥빈둥 놀기만 하다가 새삼스럽게 본고사 준비라니. 수능 시험일이 코앞인데 그 일부터 준비해야지, "안도색기"라더니 그런 정신으로 대학 문턱 넘기는 어렵겠다.

안보당거 安步當車

安 : 편안할(안) 步 : 걸음·걸을(보)
當 : 당할·마땅할(당) 車 : 수레(거)

【뜻풀이】 걸어도 수레를 탄 듯 편안하게 여기다. 청렴한 생활을 하다.

【출전】 『전국책·제책(齊策)』에 다음과 같은 이야기가 있다.

전국시대 제(齊)나라에 안촉(顔蠋)이라는 재주가 많은 사람이 살고 있었는데, 벼슬에 뜻이 없어 은거 생활을 하고 있었다.

하루는 제선왕(齊宣王)의 부름을 받고 할 수 없이 입궐했더니 임금은 오만무례하게도 "촉, 자네 이리 오게!"라고 호령하는 것이었다. 그러자 안촉은 그 자리에 선 채 까딱도 않고 "왕, 너 이리 와!"라고 소리쳤다.

그러자 만조백관(滿朝百官)들이 일시에 일어서서 힐책하였다.

"한 나라의 임금 앞에서 이름도 없는 일개 서생이 어찌 그럴 수 있느냐? 무엄하기 짝이 없구나!"

그러나 안촉은 눈도 꿈쩍 않고 대답하였다.

"바로 그렇기 때문에 내가 이렇게 한 것이오. 들어 보시오. 내가 만약 걸어나가면 임금에게 굽실거리는 것이 되고 임금이 걸어오면 선비를 존중하는 것이 될 게 아닙니까?"

이 말을 들은 제선왕이 화를 벌컥 내며 물었다.

"도대체 선비가 고귀한가, 아니면 임금이 고귀한가?"

안촉은 선비가 고귀하다고 하면서 이렇게 설명을 덧붙였다.

"전에 진(秦)나라가 제나라를 치려고 노(魯)나라를 지날 때 선비 유하혜(柳下惠)의 무덤을 보호하기 위해 주변 50보 안에서 일초일목(一草一木)이라도 꺾는 자는 참수형에 처한다고 하였습니다. 그런데 진나라 군대가 제나라에 진격해 들어간 뒤에는 제나라 임금의 머리를 베어 오는 자에게는 만호후(萬戶侯)라는 벼슬을 내리며 상금 2만 5천 냥을 준다고 하였지요. 이로 보건대 살아 있는 임금의 머리가 죽은 선비의 무덤보다 못한 줄 아뢰오."

제선왕은 안촉이 만만치 않음을 알고 높은 벼슬과 부귀영화(富貴榮華)를 약속하며 그를 유혹해 보았지만 안촉은 사절하면서 이렇게 대답했다.

"식사를 늦게 하여 출출하면 고기를 먹듯 맛날 것이고, 조심해 걸으면 수레를 탄 듯 편안할 것이며, 나쁜 짓을 하지 않고 죄를 짓지 않는다면 귀하게 될 것이고, 청렴결백하게 살아가면 스스로 즐거울 것이오.(晩食以當肉 安步以當車 無罪以當貴 淸淨正以自娛)"

이렇게 해서 나온 말이 안보당거인데, 처음에는 청렴한 생활을 한다는 뜻으로 쓰이다가 나중에는 벼슬아치들이 벼슬자리에서 밀려났을 때 이런 말을 해서 자신을 위로하였다. 그러나 지금은 단순하게 보행을 비유하는 말로도 사용한다.

【용례】 복잡한 거리에서 자동차를 몰면서 시간에 맞추느라 쩔쩔매다가 지하철을 타 보니까 참 편하고 정확하더군. 몸은 좀 피곤해도 "안보당거"하는 것 같아 마음이 한결 편해요.

안서 雁書

雁 : 기러기(안) 書 : 글 · 책 · 쓸(서)

【뜻풀이】 기러기 발에 달린 글귀. 보통 편지를 이렇게 부른다.

【출전】 『한서 · 소무전(蘇武傳)』에 다음과 같은 이야기가 실려 있다.

소무는 한무제 천한(天漢) 원년(기원전 100년)에 사신 일행을 따라 흉노에게 갔다. 그런데 당시 흉노와 한나라 사이에 외교 문제가 터지는 바람에 소무는 억류되고 말았다. 흉노족의 임금은 소무를 회유시키고자 갖은 수단을 다 썼지만 그는 끝내 굴복하지 않았다.

화가 치민 임금은 그를 오늘날의 바이칼 호 부근으로 유배를 보냈다.

살을 에는 듯한 추위 속에서도 절개를 굽히지 않던 소무는 그곳에서 양을 치면서 19년을 버텼다.

이 무렵 한나라에서는 무제가 죽고 소제(昭帝)가 등극했다. 흉노와는 관계도 개선되어 한나라 사신이 흉노에 도착했다. 사신은 먼저 소무의 행방에 대해 물었다.

임금은 그가 온 뒤 곧 행방불명(行方不明)이 되었다고 거짓말을 하였다. 이를 확인할 길이 없던 사신은 아무 조치도 취할 수 없었는데, 마침 소무와 함께 왔다가 억류되어 있던 상혜(常惠)란 사람이 그를 찾아와 뭔가를 이야기해 주고 갔다. 다음날 임금을 만난 사신이 말했다.

"한나라 황제께서 어느 날 상림원(上林苑)에 행차하셔서 사냥을 하시다가 기러기를 잡았습니다. 그런데 그 기러기발에 쪽지가 묶여 있어 펼쳐 보니 거기에는 '소무는 대택(大澤)에 살고 있다.'는 글귀가 적혀 있었습니다. 이것으로 미루어 소무는 아직 살아 있는 것이 분명합니다."

이 말에 흉노의 임금도 솔직히 잘못을 시인하고 소무를 찾아서 석방시켰다.

이 이야기에서 유래해 편지를 안서 또는 안신(雁信) · 안백(雁帛)이라고 하게 되었다.

【용례】 서울 생활이 좋긴 좋은 모양이구나. 그 양반 서울로 이사를 간 뒤로 "안서" 한 장 없으니 말이야.

안여태산 安如泰山

安 : 편안할(안) 如 : 같을(여)
泰 : 클(태) 山 : 메(산)

【뜻풀이】 편안하기가 태산과 같다.

【출전】 한(漢)나라 때 매승(枚乘)이라는 사람이 오왕(吳王) 유비(劉濞)를 간하는 글에서 처음으로 안여태산(安如泰山)이라는 말을 썼다.

『한서·매승전』에 다음과 같은 이야기가 있다.

한경제(漢景帝) 때 매승은 오왕 유비 밑에서 낭중(郎中)이라는 벼슬을 지내고 있었다. 오왕은 당시 황실에 불만을 품고 초왕(楚王), 조왕(趙王) 등과 연락해서 모반을 계획하였다.(➡ 지강급미舐糠及米 참조)

매승이 나서서 극구 만류했지만, 오왕이 듣지 않자 그는 마침내 오왕을 떠나 양효왕 유무에게 몸을 맡겼다. 매승의 대표작인 〈칠발(七發)〉은 바로 그가 양효왕에게 의지한 뒤 쓴 것으로, 안여태산 또는 이여반장(易如反掌)(➡ 참조), 위여누란(危如累卵)(➡ 참조) 등의 구절이 나온다.

안우태산은 태산처럼 편안하다는 뜻으로, 온여태산(穩如泰山)이라고도 하지만 대개 안여태산이라고 한다.

【용례】 저 친구 배짱 한번 좋아. 그 난리통에도 눈 하나 깜짝 않고 느긋하기가 "안여태산"이니, 무딘 건지 대담한 건지, 하여간 부러워.

안연무양 安然無恙

安 : 편안할(안) 然 : 그럴(연)
無 : 없을(무) 恙 : 병(양)

【뜻풀이】 무사태평하다. 편안하다. 또는 어떤 물건이 파손되지 않고 잘 보존되어 있다.

【출전】 『풍속통(風俗通)』이라는 책에 따르면 양(恙)은 일종의 자그마한 벌레인데 사람이 쏘이기만 하면 병이 나거나 생명을 잃기까지 한다고 한다. 때문에 옛날에는 양은 병의 대명사가 되었고, 반대로 무양(無恙)은 건강하다는 말로 쓰이게 된 것이다.

『전국책·제책(齊策)』을 보면 다음과 같은 이야기가 있다.

한번은 제나라 왕이 조(趙)나라에 사신을 파견했는데, 조위후는 사신을 만난 자리에서 국서(國書)도 보기 전에 그에게 물었다.

"귀국의 올해 농사는 잘 되었소? 백성들은 편안합니까? 임금께서는 안녕하시오?(歲亦無恙耶 民亦無恙耶 王亦無恙耶)"

이에 제나라 사신은 천한 백성이나 농사 따위를 먼저 묻고 존귀한 임금의 안부는 나중에 물었다고 하면서 불쾌한 뜻을 표시하였다. 그러자 조위후가 이렇게 해명했다.

"그렇지 않습니다. 세월이 좋지 않으면 어찌 백성이 있을 것이며, 백성이 없다면 어찌 임금이 있을 수 있겠소? 그래서 내가 그렇게 물은 것이지 어찌 근본을 버려두고 하찮은 일부터 물을 수 있겠습니까?(舍本而問末者耶)"

이렇게 볼 때 무양이라는 말은 일찍부터 한 개인이 건강하다는 뜻뿐 아니라 백성들이 편안하고 세월이 좋다는 뜻으로도 쓰인 것을 알 수 있다. 그것이 오늘날에는 어떤 물건이 파손되지 않고 잘 보존되어 있다는 뜻으로도 쓰이게 된 것이다.

그리고 "근본은 버려두고 중요하지 않은 것을 묻는다.(舍本而問末者)"는 말에서 본말도치(本末倒置)와 사본축말(舍本逐末)이라는 성어도 나오게 되었는데, 사본축말은 대개 사본구말(舍本求末)이라고도 한다.

【용례】 그 큰 화재에도 문화재는 그래도 "안연무양"하게 잘 보존되었다니 정말 다행이구나. 건물은 다시 지을 수 있지만, 그런 문화재

는 억만금을 들여도 다시 살 수 없는 것 아니겠어.

안족 雁足

雁 : 기러기(안) 足 : 발(족)

【뜻풀이】 기러기의 발. 편지를 달리 일컫는 말이다.

【출전】 『한서·소무전』에 다음과 같은 이야기가 있다.

한무제 때 소무(蘇武)라는 사람이 중랑장의 신분으로 흉노 땅에 사신으로 갔다가 돌아오지 못하고 억류당한 일이 있었다. 흉노족 임금은 소무에게 귀순하라고 강요했지만 소무는 끝까지 절개를 굽히지 않았다. 그래서 소무는 멀리 북해(오늘의 바이칼 호 일대)로 귀양 가서 양치기 노릇을 하게 되었다.

그러다가 한소제 때 이르러 흉노족이 한나라에 화친을 제의했는데, 이에 한나라 조정에서는 사신을 보내 소무를 돌려보내 줄 것을 요구했다. 그러나 흉노족 임금은 소무가 제 발로 어디론가 사라졌다면서 거짓말을 꾸며댔다.

이에 한나라 사신도 소무의 행방을 알아내려고 역시 거짓말을 꾸며댔다. 즉, 한나라 황제가 상림원(上林園)에서 사냥을 하다가 북쪽에서 날아오는 큰 기러기 한 마리를 쏘아 잡았는데 그 기러기의 발에 소무의 친필로 된 편지가 달려 있더라는 것이었다. 그리고 편지에는 소무가 북해에서 양치기를 하고 있다는 소식이 적혀 있더라고 꾸며댔다.

이렇게 해서 흉노족 임금은 할 수 없이 19년 만에 소무를 한나라에 돌려보냈다고 하는데 이때부터 안족을 편지의 별칭으로 부르게 되었다.

옛날 사람들은 본래 잉어로 편지를 상징하는 관습이 있었는데, 이때부터 잉어와 기러기를 모두 편지로 비유했다. 어장안족(魚腸雁足)이라는 성어가 바로 그것이다.

【용례】 무슨 사람이 그렇게 무심한가. 백방으로 수소문해도 연락이 안 되던데. 아무리 바빴어도 그렇지, "안족" 한 통 보낼 여유도 없었더란 말인가?

안중지정 眼中之釘

眼 : 눈(안) 中 : 가운데(중)
之 : 어조사(지) 釘 : 못(정)

【뜻풀이】 눈 속에 박힌 못. 나에게 해를 끼치는 사람이나 몹시 싫거나 미워서 항상 눈에 거슬리는 사람을 비유하는 말이다. 우리말 "눈엣가시와 같다"와 뜻이 비슷하다.

【출전】 『신오대사(新五代史) · 조재례전(趙在禮傳)』에 다음과 같은 이야기가 있다.

당(唐)나라 말은 혼란스럽기 그지없는 시대였다. 그때 대표적인 탐관오리로 조재례가 있었다.

그는 원래 유인공(劉仁恭) 밑에서 일하던 무관이었는데, 백성들의 고혈을 짠 돈으로 조정의 관리들에게 뇌물을 바쳐 출세가도를 달린 사람이었다. 그와 같이 능란한 처세술 덕에 그는 극심한 혼란의 와중에서도 각지에서 두루 절도사를 역임할 수 있었다.

한때 송주(宋州)에서 벼슬을 하던 그가 영흥절도사(永興節度使)로 영전하자 고을의 백성들은 서로 기뻐하며 말했다.

"우라질 놈, 이제야 떠나가는구나. 눈에 박

힌 못(眼中之釘)이 빠지는 기분이야."

이 말을 우연히 전해들은 조재례는 화가 머리끝까지 나 조정에 청원하기를 1년만 유임시켜 달라고 했다. 이 청원이 받아들여지자 그는 즉시 '못 빼기 돈(拔釘錢)'이라 하면서 천 냥의 돈을 내라고 주민들을 다그쳤다.

만약 반발하거나 내지 못하는 사람이 있으면 가차 없이 체포해서 투옥하거나 태형을 가했다. 그렇게 지독한 가렴주구(苛斂誅求)를 일삼던 그가 그 1년 동안 모은 돈이 무려 1백만 냥이 넘었다.

【용례】 그 자식 항상 "안중지정"처럼 내 일을 방해만 하더니, 이제 이민을 간다고. 저도 좋을지 모르지만, 나도 십년 묵은 체증이 뚫리는 기분이다.

안토중천 安土重遷

安 : 편안할(안) 土 : 흙(토)
重 : 거듭(중) 遷 : 옮길(천)

【뜻풀이】 제가 살아왔던 고향을 편안하게 여겨 거주지를 옮기는 것을 싫어함. 사람이 하던 일에 익숙해지면 다른 일은 하기 어렵거나 하려고 하지 않는 것을 말한다.

【출전】『한서·원제기(元帝紀)』에 나오는 말이다.

원제(재위 기원전 48~기원전 33)가 조서(詔書)를 내려 말했다.

"고향을 편안하게 여겨 거처를 옮기는 것을 달가워하지 않는 것은 백성들의 일반적인 경향이고, 혈육들끼리 서로 모여 의지하는 것 역시 사람들이 원하는 바다.(安土重遷 黎民之性 骨肉相附 人情所願也)"

중국 한(漢)왕조(기원전 202~기원후 220)는 고조 유방(劉邦)이 개국한 이래 400년을 이어온 대제국이었다. 특히 무제(武帝, 재위 기원전 140~기원전 87)의 치세는 사상 최대의 대제국이 건설되는 전성기였지만, 제국(帝國)의 모순이 표면화되는 시기이기도 했다.

대규모의 원정과 토목 사업, 궁정의 사치 등으로 국가 재정이 바닥을 보이자 이를 극복하기 위하여 과도한 증세(增稅)와 화폐 제도의 개선, 소금·철·술에 대한 전매제 실시, 균수법(均輸法)과 평준법(平準法)에 의한 상업관영(商業官營) 등의 재정 정책이 행해졌다.

이런 일련의 정책은 재정의 불균형을 개선하는 효과는 거두었지만, 부담이 주로 농민들에게만 편중되어 사회적 모순이 심화되었다.

그 결과 뒤를 이은 소제(昭帝, 재위 기원전 87~기원전 73)와 선제(宣帝, 재위 기원전 73~기원전 49) 시대에는 지방 통치를 중심으로 한 내정의 안정에 힘을 기울이게 되었다. 한편, 무제의 장기에 걸친 독재적 통치 기간 중에 삼공(三公)을 중심으로 하는 중앙 정부 기관은 명목화하게 되고, 대신 황제 측근들이 정치의 실권을 잡는 경향이 두드러졌다. 그런 부조리한 현상은 원제(元帝) 이후부터는 노골화되어 외척(外戚)이나 환관(宦官) 등 근신(近臣)이 항상 국정의 실권을 잡도록 만들었고, 그 결과 궁정정치는 급속히 부패하였다. 전한 왕조가 차츰 퇴락해가는 시점에 원제의 치세가 있었던 것이다. 그 유명한 왕소군(王昭君) 사건도 원제 때 있었다.(➡ 춘래불사춘春來不似春 참조)

위 성어도 원제가 일련의 정책을 펼치면서 신하와 백성들에게 알린 조칙 속에서 나온 것이다. 사람은 새롭고 편리한 제도나 도구가 나와도 옛날부터 손에 익숙한 일에 대한 미련을 쉽게 버리지 못한다. 물론 이런 태도는 전통을 지키고 계승하는 장점도 있고, 경우에 따라 그렇게 해야 할 일도 있다. 그러나 무작정 옛것만 묵수(墨守)하는 태도는 역사 발전이나 문화 창달에 도움이 되지 못할 때도 있다. 변화를 두려워하지 말고 새로운 것에 대해 적극적으로 도전하는 자세도 필요한 것이다.

【용례】 세태의 흐름을 무조건 좇는 것도 나쁘지만, 변화를 보지 못하고 안도하는 것도 좋진 않아. 이번 사업 계획에 대해 너무 "안토중천"하지 말고 대국적으로 수용해서 시행할 필요도 있을 것 같아.

알묘조장 揠苗助長

揠 : 뽑을(알) **苗** : 싹(묘)
助 : 도울(조) **長** : 길 · 성장할(장)

【뜻풀이】 곡식의 싹을 잡아당겨 빨리 자라도록 돕는다는 뜻으로, 자연의 순리를 거스르고 억지로 일을 진행시키는 것을 일컫는 말이다.

【출전】『맹자 · 공손추장구(公孫丑章句)』 상편에 다음과 같은 이야기가 있다.

옛날 송나라에 성격이 급한 농부가 살고 있었다. 어느 봄날 그는 한 해 농사를 잘 짓기 위해 아침 일찍부터 집을 나와서 매일 거름과 물을 주며 싹이 잘 자라기를 기원하였다. 그런데 매일 밭에 나와 보아도 도무지 싹이 자라는 기미를 보이지 않았다. 그는 곡식이 너무 더디게 자라는 것 같아 고민하다가 어느 날 밭에 가서 한 포기 한 포기씩 잡아당겨 주었다. 그랬더니 겉으로 보기에 곡식은 확실히 키가 커 보였다.

그 사람은 집에 돌아가서 이 사실을 집안 식구들에게 자랑삼아 늘어놓았다. 그의 아들이 그 말을 듣고 깜짝 놀라 밭에 달려가 보니 온 밭의 곡식은 다 말라 죽어 있었다.

바로 이 이야기에서 알묘조장이라는 성어가 나왔는데 발묘조장(撥苗助長)이라고도 한다.

재미있는 사실은 춘추시대에 송(宋)나라 사람이라 하면 대개 어리석고 바보 같은 무리로 취급되었다는 점이다. 그것은 주(周)나라 이전의 왕조가 은〔殷, 또는 상(商)〕나라인데, 그 후손들이 세운 나라가 바로 송이었던 것이다. 그래서 주나라 사람들은 송나라 사람들을 망국의 유민이라며 업신여겼고, 위의 성어 알묘조장처럼 그들은 우스개 인물로 즐겨 묘사되었던 것이다. 수주대토(守株待兎)에 등장하는 농부도 역시 송나라 사람이다.(➡ 수주대토 守株待兎 참조)

【용례】 시험 성적 올리겠다고 요즘 밤 새워 자식을 닦달한다며. 그래도 잠은 재우고 공부를 시켜야지. 그러다 시험 당일 날 쓰러지기라도 하면 "알묘조장"했다는 비난을 어떻게 감수하려고 그러나?

알운곡 遏雲曲

遏 : 막을(알) **雲** : 구름(운)
曲 : 노래(곡)

【뜻풀이】 흘러가는 구름을 막는 노래라는 말로, 정말로 아름다운 노랫가락을 가리킨다.

【출전】『열자(列子) · 탕문편(湯問篇)』에 다음과 같은 이야기가 나온다.

진나라의 유명한 가수 설담(薛譚)이 진청(秦靑)에게 노래를 배울 때의 일이다. 설담은 진청에게 노래를 다 배우지 못했으면서도 더 배울 게 없다고 여겨 돌아가겠다고 말했다. 진청은 굳이 막지 않고 슬픈 노래를 부르면서 전송하였다.

그런데 노랫가락이 얼마나 구슬프고 아름다운지 숲과 나무를 뒤흔들면서 흘러가는 구름에까지 닿았다. 이 노래를 들은 설담은 그 아름다움에 감동하면서 자신의 배움은 아직도 멀었다는 사실을 깨닫고 다시 제자로 받아줄 것을 간청했다.

여기서 나온 성어가 알운곡인데, 정말로 아름다운 노래를 말한다.

【용례】 저 가수의 목소리는 너무나 애처로워 듣는 이의 심금을 울린다니까. 가슴을 파고드는 "알운곡"이라 눈물 없이는 들을 수 없어.

암도진창 暗渡陳倉

暗 : 어두울(암) 渡 : 건널(도)
陳 : 펼칠(진) 倉 : 창고(창)

【뜻풀이】 남모르게 행동해서 성공했다는 뜻으로, 군사적으로 기습을 하거나 남녀 사이의 사통(私通) 따위를 비유하는 말이다. 원래 뜻은 초(楚)나라와 한(漢)나라 사이의 전쟁 때 나온 말이다.

【출전】 『사기 · 고조본기(高祖本紀)』에 다음과 같은 이야기가 나온다.

진(秦)나라가 멸망한 직후 항우(項羽)는 장차 천하를 독차지할 야심을 품고 있었지만, 겉으로는 진나라의 옛 영토를 쪼개서 유방(劉邦) 등 반진(反秦) 장군들에게 영지로 나누어 주고 왕의 봉호를 내리는 척하였다. 그런데 당시 항우는 다른 장수들에 대해서는 별로 염려하지 않았지만, 유방에 대해서는 근심이 태산 같았다. 왜냐하면 앞으로 자기와 천하를 다툴 사람은 유방밖에 없기 때문이었다.

일찍이 진나라가 멸망하기 전이었다. 반진 장군들은 진의 도읍 함양(咸陽)을 먼저 함락시키는 사람으로 관중왕(關中王)을 삼는다는 약속을 한 일이 있었다. 우여곡절(迂餘曲折) 끝에 함양에 맨 먼저 당도한 사람은 다름 아닌 유방이었다.

관중은 오늘날의 섬서성 일대로 진나라에서 오랜 시간 개발한 결과 물산이 풍부한 고장이었으며, 군사적으로도 견고한 요새를 구축한 고장이었다. 이에 항우는 고의로 파촉(巴蜀, 오늘날의 사천성)과 한중(漢中, 오늘날의 섬서성 서남의 산악 지대) 일대를 유방에게 주어 그를 한왕(漢王)에 봉하고는 관중 지방을 셋으로 나누어 진나라의 항장(降將)들인 장한(章邯), 사마흔(司馬欣), 동예(董翳) 세 사람에게 떼 주어 유방을 견제하게 하였다.

그리고 항우 자신은 스스로 서초패왕(西楚霸王)이 되어 장강(長江) 중하류와 회하(淮河) 유역의 비옥한 토지를 차지하고는 팽성(彭城)을 도읍지로 삼았다.

한편 유방 또한 천하를 독차지할 야심이 있었던지라 항우의 이러한 조처에 불만이 대단했지만, 그의 위세에 눌려 부득이 남정(南鄭) 일대로 들어가게 되었다.

이때 유방은 장량(張良)의 계책대로 높은 벼랑에 나무로 가설해 놓은 잔도(棧道)를 모조리 불살라 버렸는데, 그것은 방어의 목적도 있었지만 주로 항우를 속이기 위한 방편이었다.

한중에 도착한 유방은 재능 있는 전략가 한신(韓信)을 대장군으로 삼고 장차 천하를 차지할 계획을 추진하였다. 한신은 우선 관중 지방을 빼앗아 항우를 꺾어 버릴 근거지로 삼을 계획을 세웠다.

그는 우선 수백 명의 군사를 파견해서 잔도를 중수하는 척하였다. 이때 관중 서부를 지키고 있던 장한은 그 소식을 듣고 "수백 명의 군사로는 어림도 없어!"라고 하면서 코웃음을 쳤다. 그런데 얼마 안 가서 유방의 대군이 관중으로 쳐들어와 진창을 점령하고 말았다. 이에 장한은 자살하고, 사마흔과 동의는 항복하고 말았다.

한신이 군사를 보내 잔도를 수리하게 한 것은 사실 속임수로 그때 그는 유방과 함께 대군을 거느리고 쥐도 새도 모르게 진창을 쳐서 빼앗았던 것이다. 그리하여 "겉으로는 잔도를 수리하면서 남몰래 진칭을 건넜다.(明修棧道 暗渡陳倉)"는 말이 나왔는데, 흔히 암도진창 또는 진창암도라고도 한다.

그리고 한신은 장량이 잔도를 불태워 버리자고 제의할 때 벌써 이런 계획을 유방에게 올렸다고 한다. 그래서 "영웅들이 보는 바는 대체로 동일하다.(英雄所見 畢竟略同)"는 말도 나왔는데, 나중에 이 말은 성어 영웅소견약동(英雄所見略同) 또는 소견약동(所見略同)이 되었다.

【용례】 부인이 "암도진창"한다는 소문을 모르는 사람이 없을 정도였는데, 정작 본인은 새까맣게 모르고 있었다더군. 마누라 바람난 건 남편이 맨 나중에 안단 말이 괜한 소리가 아니야.

암전상인 暗箭傷人

暗 : 어두울(암) 箭 : 화살촉(전)
傷 : 해칠(상) 人 : 사람(인)

【뜻풀이】 어두운 밤에 활을 쏘아 사람을 다치게 하다. 남몰래 흉계를 꾸며 남을 해치는 것을 비유하는 성어다. 암전난방(暗箭難防)이라고도 쓰는데, 남몰래 꾸민 계략은 예방하기 어렵다는 뜻이다.

【출전】『좌전·은공(隱公) 11년』조에 다음과 같은 이야기가 나온다.

춘추시대 정(鄭)나라에서 허(許)나라를 공격하던 해의 일이었다.

어느 날 정장공(鄭莊公)이 군사들을 사열할 때 노장군 영고숙(潁考叔)과 청년장군 공손자도(公孫子都) 사이에 서로 병거(兵車)를 차지하겠다고 옥신각신 다투던 중에 결국 영고숙이 이를 빼앗고 말았다. 이 일로 말미암아 공손자도는 영고숙에게 앙심을 품게 되었다.

그 해 여름 정나라 군사들은 왕명을 받들어 허나라의 도읍으로 쳐들어갔다. 백전노장 영고숙은 군대의 선봉에 서서 용감하게 싸워 마침내 대군을 이끌고 성벽을 기어오르기 시작하였다. 이때 공손자도는 영고숙이 전공을 독차지할까 싶어 뒤에서 화살을 날려 그를 쏘아 죽이고 말았다.

이렇게 해서 이때부터 사람들은 비열한 수단으로 사람을 해치거나 뒤에서 남을 헐뜯는 행위를 가리켜 암전상인이라고 일컫게 되었다.

【용례】 사나이라면 정정당당(正正堂堂)하게 맞서야지, 그런 "암전상인"으로 잔꾀를 부려 상대를 곤경에 빠뜨려서야 되겠냐?

암중모색 暗中摸索

暗 : 어두울(암) 中 : 가운데·맞출(중)
摸 : 더듬을(모) 索 : 찾을(색)

【뜻풀이】 어두운 가운데서 무엇인가를 찾으

려고 더듬거리다. 어림짐작으로 막연히 무엇을 알아내려 하거나 찾으려고 하는 것을 비유하는 말이다.

【출전】 유속(劉餗)이 쓴 『수당가화(隋唐嘉話)』에 다음과 같은 이야기가 있다.

당(唐)나라 때 허경종(許敬宗)이라는 오만무례한 사람이 있었는데, 그는 남들이 소개해서 사귄 친구들의 이름을 하나도 기억하지 못하는 위인이었다. 그래서 누가 그의 기억력이 나쁘다고 나무라면 그는 이렇게 말했다.

"자네 같은 사람을 어떻게 기억한단 말인가. 만일 하유심사 같은 인물이라면 어두운 방 안에서 더듬거려도(暗中摸索) 분별해 낼 수 있을 것일세.(卿自難記 若遇何劉沈謝 暗中摸索著 亦可識)"

'하유심사'는 남조(南朝) 때의 유명한 학자들인 하손(何遜)과 유효위(劉孝威, 490~549), 심약(沈約, 441~513), 사조(謝朓, 464~499)를 가리키는 말이다. 그 뜻은 유명한 인물이나 그들의 작품 같은 것은 눈을 감고도 분별할 수 있다는 말로, 이 이야기에서 바로 암중모색이라는 성어가 나왔다.

그러나 『주자전서(朱子全書) · 역(易)』에 나오는 "만약 오늘이라면 이미 그 방법도 얻지 못하고 또 그 말도 깨우치지 못했으면서 어두운 가운데 찾아 헤매면서 망령되이 사사로운 견해를 내놓는다.(若在今日 則已不得其法 又不曉其詞 而暗中摸索 妄起私意)"는 말을 보면 요령을 모르고 어림짐작으로 막연히 무엇을 알려고 하거나 찾으려는 것도 암중모색이라고 하는 것을 알 수 있다.

오늘날에는 기술이나 경험 그리고 지도하는 사람도 없이 스스로 대안을 모색하는 행동도 암중모색이라고 한다.

【용례】 사장님께서 일을 신중하게 처리하시려는 의도야 나무랄 게 못 되죠. 하지만 "암중모색"만 하다가 선수라도 빼앗기면 처음부터 계획을 세우지 않았던 것만도 못한 꼴이 될 테니 그게 걱정입니다.

압권 壓卷

壓 : 누를(압) 卷 : 두루마리 · 책(권)

【뜻풀이】 책(답안)을 누르다. 많은 작품이나 경우 가운데 가장 뛰어난 것을 일컫는 말이다.

【출전】 옛날 과거 시험을 치른 뒤 성적을 정리할 때 가장 뛰어난 점수를 받은 답안을 맨 위에 두었기 때문에 이런 성어가 생겼다.

이와 비슷한 뜻을 가진 성어로는 절창(絕唱)을 비롯해서 백미(白眉), 공전절후(空前絕後), 전무후무(前無後無) 등이 있다.

『문장변체(文章辯體) · 변시(辨詩)』에 보면 "황정견이 일찍이 말하기를, 두보가 위좌승에게 준 시에 대해 전배들이 기록하여 압권으로 삼았다.(山谷云 老杜贈韋左丞詩 前輩錄爲壓卷)"는 기록이 있다.

【용례】 이번 농구 경기의 "압권"은 뭐니 뭐니 해도 막판의 대 역전극이었어.

앙급지어 殃及池魚

殃 : 재앙(앙) 及 : 미칠(급)
池 : 연못(지) 魚 : 물고기(어)

【뜻풀이】 재앙이 연못 물고기에게까지 미치다. 억울하게 터무니없는 재앙을 당하는 것을 비유하는 말이다.

【출전】『여씨춘추·필기편(必己篇)』에 다음과 같은 이야기가 있다.

춘추시대 송나라의 사마(司馬)였던 환퇴(桓魋)라는 사람이 어느 날 진귀한 구슬을 얻은 적이 있었다. 송나라 임금은 그 구슬을 빼앗기 위해 환퇴에게 갖은 압력을 가했다. 그러나 환퇴는 구슬을 내놓을 생각이 조금도 없었다.

나중에 임금이 "구슬을 어디에 감추었느냐?"고 묻자, 환퇴는 연못에 던져 버렸다고 대답하였다. 이에 재물에 눈이 어두운 임금은 연못의 물을 깡그리 퍼내 찾아보게 했지만 찾아질 리가 만무였다. 결국 죄 없는 물고기들만 떼죽음을 당하는 횡액을 만났을 뿐이었다. 이것이 바로 "송나라 임금이 구슬을 잃자 재앙이 연못 물고기에까지 미쳤다.(宋君亡珠 殃及池魚)"는 이야기의 전말이다.

이것과는 달리 『태평광기(太平廣記)』 권466에서는 응소의 『풍속통』을 인용하여 "성문에 불이 나자 재앙이 연못 물고기에까지 미쳤다.(城門失火 殃及池魚)"는 이야기도 있는데, 여기에도 두 가지 설명이 있다. 하나는 어느 날 송나라 도성의 성문에 불이 났을 때 사람들이 근처 연못의 물을 몽땅 퍼냈기 때문에 물고기들이 떼죽음을 당했다는 이야기이고, 다른 하나는 어느 날 성문이 불탈 때 그 근처에 살고 있던 지중어〔池仲魚, 지어(池魚)라고도 함〕라는 사람의 집에 불이 옮겨 붙어 그마저 타 죽었다는 설이 그것이다. 이 이야기는 『예문유취(藝文類聚)』 권96 〈어(魚)〉조에도 나온다.

이로 볼 때 송군망주 앙급지어(宋君亡殊 殃及池魚)라는 말과 성문실화 앙급지어(城門失火 殃及池魚)라는 말은 옛날부터 함께 쓰였던 모양인데, 뜻은 동일하다.

【용례】 모진 놈 옆에 있다가 대신 벼락 맞는다더니, 그놈이 사기꾼인 줄 내가 어떻게 알았겠어. 놈은 달아나고 꼼짝없이 내가 죄를 다 뒤집어쓰게 생겼네. "앙급지어"라지만 이런 억울한 일이 또 어디 있겠나?

앙인비식 仰人鼻息

仰 : 우러러볼(앙) **人** : 사람(인)
鼻 : 코(비) **息** : 숨쉴·쉴(식)

【뜻풀이】 남이 숨쉬는 것만 바라보다. 남 덕분에 살아가거나 남의 눈치만 살피면서 주체성이 전혀 없는 사람을 비유하는 말이다.

【출전】『후한서·원소전(袁紹傳)』에 다음과 같은 이야기가 있다.

후한 말년에 이르러 일부 주군의 장관들에 의한 군웅할거(軍雄割據)로 인하여 천하는 사분오열(四分五裂)되어 있었다.

한현제 때 발해태수 원소는 모사인 봉기(逢紀)의 계책에 따라 기주자사 한복(韓馥)의 영토를 빼앗으려고 음모를 꾸미고 있었다. 이때 봉기는 북평자사 공손찬(公孫瓚)에게 사람을 보내 그로 하여금 남하해서 기주를 공격하도록 꼬드기는 한편 한복에게도 사람을 띄워 그로 하여금 원소에게 귀순하도록 설득하였다.

이때 무능한 한복은 사신의 말을 옳게 여기고 일찌감치 원소에게 항복하기로 결심하였다. 그러나 한복의 부하들인 경무(耿武)와 민순(閔純) 등은 원소의 무능함을 알고 항복하는 것을 끝까지 반대하였다.

당시 경무 등이 항복을 반대할 때 원소를 가리켜 "외로운 나그네 몰골인 데다 궁지에 빠진 군대라서 우리의 콧숨이나 바라보는 신세(孤客窮軍 仰我鼻息)"라고 했다.

말하자면 원소는 고립무원(孤立無援)한 처지인 데다 군대도 얼마 안 돼 우리가 코로 내쉬는 숨결을 빌려 겨우 살아 나가는 신세라는 뜻이다.

비식(鼻息)에 대해서는 이런 해석도 있다. 즉 『자치통감(資治通鑑)』 권60에 보면 "비식은 기운이 한 번 나갔다 들어오는 사이를 말한다. 콧기운은 내쉴 때는 따뜻하고 들이마실 때는 차기 때문에 이렇게 말한다.(鼻息 氣一出入之頃也 鼻氣 噓之則溫 吸之則寒 故云然)"는 기록이 있다. 줄여서 앙식(仰息)이라고도 한다.

【용례】 내가 만년 과장으로 윗사람 눈치나 보면서 "앙인비식"한 것도 벌써 십 년째야. 더 이상 이렇게 살 순 없네. 죽이 되든 밥이 되든 이번 기회에 회사 때려치우고 내 사업을 하겠어.

앙천대소 仰天大笑

仰 : 우러러볼(앙) 天 : 하늘(천)
大 : 큰(대) 笑 : 웃을(소)

【뜻풀이】 하늘을 우러러보며 큰 소리로 웃는다. 자신의 기개를 떨쳐 보이거나 남을 비웃을 때 쓰는 태도다.

【출전】 『사기 · 골계열전(滑稽列傳)』에 나오는 이야기다.

초(楚)나라 대군이 제(齊)나라를 침공하자 위급해진 제나라 왕이 순우곤(淳于髡)에게 약간의 예물을 주면서 조나라에 가서 구원병을 청해 오라고 명령하였다. 그러자 순우곤이 하늘을 보고 크게 웃으면서(仰天大笑) 말했다.

"오늘 제가 입궐하다가 보니 길가에서 어떤 농부가 돼지 족발 하나와 술 한 병을 차려놓고 가을에 수레가 휘어지도록 풍년이 들기를 기원하고 있었습니다. 하찮은 예물을 바치면서 원하는 것은 과분하니 웃지 않을 수 없었습니다.(今者臣從東方來 見道傍有禳田者 操一豚蹄 酒一盂 祝曰 甌窶滿篝 汙邪滿車 五穀蕃熟 穰穰滿家 臣見其所持者狹而所欲者奢 故笑之)"(➡ 돈제일주豚蹄一酒 참조)

제나라 왕은 그제야 자신의 생각이 좁았음을 깨닫고 예물을 듬뿍 주어 제나라에 보냈다고 한다.

【용례】 이번 사업에 대해 성공을 확신하는 사람은 나뿐인가 보네. 모두들 내 말에 "앙천대소"하며 고개를 돌리니 말일세.

애리증식 哀梨蒸食

哀 : 슬플(애) 梨 : 배(리)
蒸 : 삶을(증) 食 : 먹을(식)

【뜻풀이】 좋고 나쁨을 모르다. 맛 좋은 배를 쪄서 먹는다는 말로, 어리석은 사람 또는 그러한 작태를 일컫는 말이다.

【출전】 『세설신어 · 경저(輕詆)』에 다음과 같은 이야기가 나온다.

한(漢)나라 때 애중(哀仲)이라는 사람의 집에서 심은 배는 특히 크고 맛이 좋았다고 하는데, 애씨는 그것을 어떻게 먹는지 몰라서 궁리 끝에 쪄먹었다는 것이다. 맛 좋은 배를 쪄서 먹었다면 그가 얼마나 어리석었는가를 알 수 있다.

진(晉)나라 때 대사마 대장군으로 있던 환온(桓溫, 312~373)이라는 사람은 화가 날 때마다 "애씨네 배도 쪄서 먹을 놈"이라는 욕설

ㅇ

을 퍼부었다고 하는데, 이 역시 그래서 나온 말이다.

【용례】 살아서 펄떡이는 그 비싼 옥돔을 회를 뜨지 않고 매운탕을 끓여 먹었다고? "애리증식"이라더니, 네가 꼭 그 짝으로 어리석구나.

애옥급오 愛屋及烏

愛 : 사랑할(애) 屋 : 집(옥)
及 : 미칠(급) 烏 : 까마귀(오)

【뜻풀이】 그 사람을 사랑해서 그 집 지붕 위에 앉아 있는 까마귀마저 사랑하다. 어떤 사람이 예쁘게 보이면 그와 관계가 있는 모든 것까지도 사랑하게 된다는 말이다.

【출전】 『상서대전(尙書大典)』 권3과 『설원·귀덕편(貴德篇)』에 다음과 같은 이야기가 있다.

상(商)나라 말기에 주문왕(周文王)은 포악무도한 주왕(紂王)을 잡아죽이고 상을 멸망시키려고 강태공(姜太公)을 군사(軍師)로 삼아 부지런히 힘을 길렀지만 뜻을 이루지 못한 채 세상을 떠났다.(➡ 조주위학助紂爲虐 참조)

문왕이 세상을 떠나자 그의 아들 주무왕(周武王)이 왕위에 올라 계속 강태공을 군사로 삼고 아우들인 주공(周公)과 소공(召公)을 기용하여 힘을 기르더니 마침내 상나라를 멸망시키고 주왕으로 하여금 자살케 하였다. 이렇게 해서 주나라가 천하를 다스리게 되었다.

주무왕이 상을 멸망시킨 직후 강태공에게 상나라의 권신 귀족들을 어떻게 처리할 것인가에 대해 물었다. 이때 강태공은 이렇게 대답했다.

"신이 듣건대 한 사람을 사랑하면 그 지붕 위에 앉아 있는 까마귀마저 사랑하고(愛人者兼其屋上之烏) 한 사람을 미워하면 그의 종들마저도 미워한다고 합니다. 모두 죽여 버리는 것이 어떻겠습니까?"

『상서대전』에는 이 말이 주공의 말이라고 되어 있는데, 누구의 말인지는 분명하지 않다.

이렇게 해서 애옥급오라는 성어가 나왔는데, 당나라의 시인 두보(杜甫, 712~770)도 그의 시에서 이 이야기를 다룬 적이 있다.

까마귀는 본래 사람들이 싫어하는 흉조(凶鳥)지만 어떤 사람을 사랑하게 되면 그 집 지붕 위에 앉아 있는 까마귀조차도 사랑스럽게 보인다는 것이다.

"마누라가 이쁘면 처갓집 말뚝을 보고도 절한다."는 속담과 비슷하다. 옥오지애(屋烏之愛)라고도 한다.

【용례】 그 친구 요즘 좋아하는 처자 이름이 현주(賢珠)인데, 현주라는 이름 가진 사람에게는 "애옥급오"라고 다 잘해 준다네?

애자필보 睚眦必報

睚 : 흘길(애) 眦 : 흘길(자)
必 : 반드시(필) 報 : 갚을(보)

【뜻풀이】 남이 눈을 한 번 흘긴 것도 잊지 않고 기억했다가 나중에 원수를 갚는다는 뜻으로, 도량이 좁은 것을 비유하는 말이다.

【출전】 『한서·범수전(范雎傳)』에 다음과 같은 이야기가 있다.

진소왕 때 진(秦)나라에 말주변이 좋고 임금의 신임을 한몸에 받는 범수라는 재상이 있었는데, 그는 본래 위나라 사람이었다.

일찍이 위나라에 있을 때 범수는 수가(須

賈)라는 사람을 따라 제나라에 사신으로 간 적이 있었다.

귀국한 뒤 수가는 범수가 제나라와 내통했다고 의심하여 재상 위제에게 고변하고 말았다.

이에 범수는 죽도록 매를 맞고는 구사일생(九死一生)으로 살아남아 이름마저 장록(張祿)으로 고치고 친구 정안평(鄭安平)의 집에 숨어서 상처를 치료받았다. 그러다가 그 뒤 진나라의 사신 왕계(王稽)를 통하여 진나라에 들어가 벼슬을 하게 되었다. 왕계의 추천도 있었던 데다가 구변까지 좋아서 나중에 재상의 자리에까지 오를 수 있었다.

범수는 재상이 된 뒤 진소왕에게 위나라를 치도록 권하였다.

이에 당황한 위나라에서는 수가를 진나라에 파견하여 군사를 거두어 줄 것을 교섭하게 하였다. 이때 범수는 거지 모양을 해 가지고 수가가 투숙한 여관으로 찾아갔다.

범수를 알아본 수가는 그를 불쌍히 여겨 비단옷 한 벌을 선사하였다.(➡ 일한여차一寒如此 · 제포지의綈袍之義 참조)

얼마 후 범수가 다름 아닌 진나라 승상이라는 것을 알게 된 수가는 웃통을 벗은 채 꿇어앉아 사죄하였다. 그러나 범수는 그 자리에서 수가에게 핀잔을 주었을 뿐 아니라 성대한 연회를 베풀어 놓고 각국 사신들 앞에서 수가의 죄악을 일일이 따져 물었다.

동시에 위나라 재상 위제의 머리를 베어 오지 않는다면 위나라의 국토마저 짓밟아 버리겠다고 위협하였다. 이에 위제는 여러 나라로 피신했으나 아무도 그를 받아 주는 곳이 없자 할 수 없이 자결하고 말았다.

이처럼 범수는 개인의 이득을 위해 조국을 배신한 사람이었지만 당시 사람들은 그를 가리켜 "사랑과 증오가 분명한 사람"이라고 칭찬하였다.

그리고 범수는 "밥 한술 얻어먹은 자그마한 은혜도 잊지 않고 반드시 갚으며 남이 눈 한 번 흘긴 자그마한 원수도 잊지 않고 반드시 갚는다.(一飯之德必償 睚眦之怨必報)"고 하였다.

여기에서 나온 성어가 일반지은(一飯之恩)과 애자필보다.

【용례】 그 친구 감정 안 건드리는 게 좋아. 일을 성사시키진 못해도 방해할 수 있는 게 그 사람일세. 더구나 그 사람 "애자필보"하는 사람이야.

애홍편야 哀鴻遍野

哀 : 슬플(애) 鴻 : 큰기러기(홍)
遍 : 두루(편) 野 : 들(야)

【뜻풀이】 가는 곳마다 피난민이 가득하다. 남부여대(男負女戴)하며 살 길을 찾아 헤매다.

【출전】 이 성어는 『시경 · 소아(小雅)』에 실린 〈홍안(鴻雁)〉이라는 시에서 따온 것이다. 3장 중 제1장만 읽어보자.

「큰 기러기 날아가니
깃 소리 요란하구나.
떠도는 사람들 길을 가는데
들판에서 수고로움 끝이 없어라.
이에 불쌍한 사람들에게 미치니
저 홀아비 과부가 가여워라.
鴻雁于飛
肅肅其羽
之子于征
劬勞于野
爰及矜人
哀此鰥寡」

홍(鴻)은 큰 기러기고, 안(雁)은 작은 기러기다. 지자(之子)는 유민들이 스스로를 가리켜 한 말이다. 늙어 아내가 없는 사람을 환(鰥)이라 하고, 늙어 남편이 없는 사람을 과(寡)라고 한다.

이 작품은 선왕(宣王)을 찬양한 것이다. 백성들이 도탄에 빠져 길을 헤매는데, 그들을 위로하고 살 곳을 정해, 홀아비와 과부까지도 안정된 삶을 누리도록 했다는 내용을 담고 있다.

애홍은 안식처를 찾지 못하고 정처 없이 날아다니는 기러기를 일컫는 말이다. 그래서 뒷날 사람들은 애홍으로 유리걸식(遊離乞食)하는 이재민들의 참상을 비유했는데, 편지애홍(遍地哀鴻)이라고도 한다.

【용례】 달동네에 불이 나 졸지에 수많은 사람들이 살던 집을 잃었다더군. "애홍편야"하는 참상이 차마 눈뜨고 못 볼 지경이래.

야단법석 野壇法席

野 : 들(야) 壇 : 단(단)
法 : 본받을(법) 席 : 자리(석)

【뜻풀이】 사람들이 많이 모여 아주 시끄럽고 떠들썩하다.

【출전】 야단(野壇)이란 야외에 세운 단이란 뜻이고, 법석(法席)은 불법을 펴는 자리라는 뜻이다.

즉 "야외에 자리를 마련하여 부처님의 말씀을 듣는 자리"라는 뜻이다. 법당이 비좁아 많은 신도들을 다 들어올 수 없었기 때문에 야외에 단을 펴고 설법을 듣고자 하는 것이다. 그만큼 말씀을 듣고자 하는 사람이 많았던 것이다.

석가모니께서 야외에 단을 펴고 설법을 할 때면 항상 많은 신도들이 운집(雲集)했는데, 영취산에서 『법화경』을 설하셨을 때는 무려 3백만 명이나 모였다고 한다. 이렇게 사람이 많이 모이면 아무래도 질서가 흐트러지고 시끌벅적하며 어수선해질 수밖에 없다. 경황이나 질서가 없고 시끌벅적한 상태를 가리켜 비유적으로 쓰던 말이 야단법석인데 지금은 원래의 뜻은 완전히 사라지고 파생된 뜻만 남아 일반화되었다.

【용례】 도대체 무슨 일이기에 이렇게 "야단법석"이냐? 조용히 하지 못하겠니!

야도화쟁발 野渡花爭發

野 : 들(야) 渡 : 나루터(도)
花 : 꽃(화) 爭 : 다툴(쟁) 發 : 필(발)

【뜻풀이】 들판 나루터에 꽃은 다투어 핀다.

화창하고 따뜻한 봄날을 맞아 꽃들이 다투어 핀다는 말로, 여건이 무르익어 일이 극성하는 모양을 비유하는 성어다.

【출전】 당나라의 시인 이가우(李嘉祐)가 지은 〈송왕목왕길주알왕사군숙(送王牧往吉州謁王使君叔)〉이라는 시에 나오는 구절이다.

「가는 풀 물가에서 푸르고
왕손은 하찮은 노닒도 기꺼워.
화창한 날 처음 관대를 두르고
옛 화살 가죽옷이 문체도 곱구나.
들판 나루터에 꽃은 다투어 피고
봄 연못가 물은 어지러이 흐른다.
사군은 소완이 안타까워서
응당 문에 기대 수심에 잠겨 있으리.
細草綠汀洲
王孫耐薄遊

年華初冠帶
文體舊弓裘
野渡花爭發
春塘水亂流
憐君憐小阮
應念倚門愁」

내용 중 소완(小阮)은 진(晉)나라 때의 죽림칠현(竹林七賢) 중 한 사람인 완함(阮咸)을 말한다.

완함의 숙부(叔父) 완적(阮籍, 210~263)은 대완(大阮)이라고 말한다.

완함은 음악에 조예가 깊어 비파를 잘 탔고 여러 가지 악기를 고안해 사용했다. 왕목이라는 사람이 길주에 가서 사군 왕숙을 만나러 가자 이를 전송하면서 쓴 작품이다. 따라서 소완은 얼핏 작가 자신을 빗대서 한 말인 듯도 싶다.

【용례】 기나긴 겨울도 가고 이젠 완연한 봄이로군. 우리 꽃 피는 들 나루터에 나가("야도화쟁발") 천렵(川獵)이나 하면서 이번 일요일을 보내면 어떨까?

야랑자대 夜郎自大

夜 : 밤(야) **郎** : 사내(랑)
自 : 스스로(자) **大** : 큰(대)

【뜻풀이】 분별없이 스스로를 과대평가(過大評價)하는 것을 비유하는 말이다.

【출전】 『한서』와 『사기 · 서남이전(西南夷傳)』에 다음과 같은 이야기가 있다.

한나라 때의 일이다.

당시 중국 서남 일대에는 한나라에 복속한 소국으로 10여 개의 나라가 있었는데 그 중에 야랑(夜郎)이라는 자그마한 나라도 있었다.

이 야랑국(오늘날의 귀주성 북부에 있었다는 설도 있고 귀주성 서남부에 있었다는 설도 있다)의 면적은 하나의 현과 다를 바 없었고 인구도 적고 토지도 척박하여 생산물은 극히 적었다. 그러나 야랑국 임금은 야랑국이 세상에서 가장 큰 나라로 생각하였다.

당시의 야랑국 임금은 어려서부터 부모를 모르고 자란 버림받은 아이였다고 한다. 그가 막 태어났을 때 대나무통에 담겨 강물에 떠내려가는 것을 빨래하던 처녀가 건져내어 길렀다는 것이다. 그래서 그 아이는 성을 죽(竹)이라고 했다는 것인데 자라서 힘과 용맹이 남다르고 기개가 비범하더니 스스로 왕이 되어 야랑국을 세웠다고 한다.

〈서남이전〉에 또 이런 이야기도 있다.

어느 날 한나라에서 당몽(唐蒙)이라는 사람을 야랑국에 사신으로 파견하였는데 야랑국 임금은 한나라 사신을 만난 자리에서 "한나라와 야랑국 중 어느 나라가 더 큰가?"하고 묻기까지 했다는 것이다. 이래서 터무니없이 자신을 과대평가하는 것을 일러 야랑자대 또는 야랑최대(夜郎最大)라고 하게 되었다.

【용례】 요행으로 그 방법이 통했다고 해서 "야랑자대"하면 안 된다. 참된 실력으로 이루어진 일이 아니면 조만간 얕은 바닥이 드러나고 말 테니까.

야불폐호 夜不閉戶

夜 : 밤(야) **不** : 아닐(불)
閉 : 닫을(폐) **戶** : 집(호)

【뜻풀이】 밤에도 문을 닫지 않아도 된다는

뜻으로, 민심이 순박하고 착해 도둑 걱정이 없는 이상 세계를 말한다.

【출전】 옛날 요임금과 순임금이 다스리던 시대는 그야말로 태평성대(太平聖代)였다고 한다. 때문에 사람들은 배불리 밥 먹고 배를 두드리면서(含哺鼓腹), 〈강구요(康衢謠)〉를 부르면서 그 기쁨을 즐겼다고 한다.

그런 태평성대의 한 모습으로서 물건을 길에 놔두고 다녀도 아무도 훔쳐 가는 사람이 없었다는 노불습유(路不拾遺)(➡ 참조)와 함께 드는 것이 바로 이 성어다.

성군의 훌륭한 교화가 백성들 모두에게 미쳐 도적이나 소란을 피우는 사람도 없었다는 말이다. 때문에 집집마다 대문은 있었지만 밤에 닫아 걸 필요가 없어서, 무용지물(無用之物)이나 마찬가지였다고 한다. 후세 사람들은 이런 시대를 일러 대동세계(大同世界)라고 부르며 그리워했다.

【용례】 대낮에도 납치나 강도가 서슴없이 일어나는 세상이 되었으니, 어떻게 안심하고 살아갈 수 있겠어. "야불폐호"했던 옛날의 기풍은 이제 다시는 볼 수 없게 된 것 같아 아쉬워.

야서혼 野鼠婚

野 : 들(야) 鼠 : 쥐(서) 婚 : 혼인할(혼)

【뜻풀이】 야서(野鼠, 두더지의 한자어)의 혼인이라는 말로, 세상에는 절대적으로 강한 존재는 없고 모두가 상대적이라는 뜻이다.

【뜻풀이】 『순오지(旬五志)』에 다음과 같은 이야기가 나온다.

옛날에 두더지가 살고 있었는데, 그는 항상 땅속에서만 생활하는 처지에 불만을 품고 있었다. 그래서 자식만은 넓은 세상에서 당당하게 살게 하려고 좋은 혼처를 구해서 혼인을 시키려고 했다. 마침 하늘의 태양이 가장 훌륭하다고 듣고선 태양을 찾아가 구혼했다. 그러자 태양이 말했다.

"내가 비록 세상을 널리 비추고는 있지만 구름은 나를 가릴 수 있으니 나는 구름만 못하느니라."

그래서 구름을 찾아가 구혼하자 구름이 말했다.

"나는 바람이 불어야 따라 움직이니 바람만 못하네."

다시 바람에게 가서 구혼하니 바람이 말했다.

"나는 구름이야 마음대로 움직일 수 있지만 저 들판의 돌부처는 끄덕도 하지 않으니 돌부처만 못하지."

두더지가 돌부처에게 가서 구혼하니 돌부처가 말했다.

"내가 비록 거센 바람도 무섭지 않지만 오직 두더지가 내 발 밑을 뚫으면 기울어지고 말지. 그래서 두더지가 두려워."

이 말에 두더지는 거만한 모습으로 집으로 돌아와 자식을 결국 같은 두더지와 혼인시켰다.

【용례】 네가 조금 힘을 가졌다고 그렇게 행패를 부리다가는 큰 코 다치게 될 거다. 항상 자기보다 강한 사람이 있다는 "야서혼" 이야기도 모르니.

야이계일 夜以繼日

夜 : 밤(야) 以 : 써(이)
繼 : 이을(계) 日 : 날·해(일)

【뜻풀이】 밤을 이어 해가 뜰 때까지 몹시 바쁜 것을 비유하는 말이다. 밤낮을 쉬지 않고 열심히 일한다는 뜻이다.

【출전】『맹자·이루장구(離婁章句)』 하편에 기술된 맹자의 말에서 나온 것으로 맹자의 말은 다음과 같다.

「하나라 우임금은 맛좋은 술은 싫어하고 이로운 충고에 즐겨 귀를 기울였다. 상나라의 탕왕도 중정지도(中正之道)를 견지해서 인재를 선발할 때 고정된 격식에 구애받지 않았다. 주나라 문왕은 백성을 사랑하기를 병자를 대하듯이 하였고 도리를 추구할 때는 종착지가 없듯이 항상 만족할 줄 몰랐다. 주나라 무왕은 주변의 신하들을 꾸짖지 않았고 먼 곳의 신하들도 잊은 적이 없었다. 주공은 하·상·주 3대 군왕의 장점을 배워 우·탕·문·무 네 분 현왕의 덕정을 실시하였으며, 실제에 맞지 않는 문제에 봉착했을 때는 밤부터 날이 샐 때까지 사색을 거듭했는데 묘안이 떠오르면 기뻐서 날이 밝을 때까지 앉아 기다리다가 다행히 방안을 터득했으면 즉각 실천에 옮기곤 하였다.

(禹惡旨酒而好善言 湯執中 立賢無方 文王視民如傷 望道而未之見 武王不泄邇 不忘遠 周公思兼三王 以施四事 其有不合者 仰而思之 夜以繼日 幸而得之 坐以待旦)」

이것이 바로 성어 야이계일이 나오게 된 연유다. 어떤 사람은 일이계야(日以繼夜)라고도 하지만 낮에 못 한 일을 밤에 계속한다는 뜻으로 야이계일이라고 하는 것이 타당하겠다.

【용례】 "야이계일"하시면서 연구에 몰두하시는 것도 좋지만 그러다가 건강을 해칠까 걱정됩니다. 보약이라도 드시면서 몸을 좀 돌보시는 게 어떻겠습니까?

야화소부진 춘풍취우생
野火燒不盡 春風吹又生

野 : 들(야) 火 : 불(화) 燒 : 탈(소)
不 : 아닐(부) 盡 : 다할(진)
春 : 봄(춘) 風 : 바람(풍) 吹 : 불(취)
又 : 다시(우) 生 : 날(생)

【뜻풀이】 들판의 불길은 타올라 다함이 없고, 봄바람은 불고 불어도 다시 일어난다.

【출전】 당나라 때의 시인 백거이(白居易)의 〈부득고원초송별(賦得古原草送別)〉에 나오는 구절이다. 전편을 인용하면 다음과 같다.

「언덕 위 풀잎들은 이리저리 날리는데
한 해 한 번 자랐다 시들고 피어나지.
들판의 불길은 타올라 다함이 없고
봄바람은 불고 불어도 다시 일어난다.
아득한 향내가 옛 길 가득 스미니
푸르른 맑은 기운 무너진 성에 드리웠네.
다시 떠나는 님을 전송하노라니
쌓이고 쌓인 이별의 정은 넘쳐흐른다.
離離原上草
一歲一枯榮
野火燒不盡
春風吹又生
遠芳侵古道
晴翠接荒城
又送王孫去
萋萋滿別情」

먼 길을 떠나는 막역한 친구를 전송하면서 지어 부른 노래다. 들판에서 타오르는 불길과 같이 쉼 없이 불어오는 봄바람처럼 항상 마음속에 자리잡고 있는 친구에 대한 그리움의 감정이 은은하게 우러나고 있다.

ㅇ

【용례】 그 친구가 갑작스런 사고로 세상을 버린 지도 어느새 10년이 다 돼 가는군. 세월이 이렇게 지났는데도 타오르는 불길처럼 불어오는 봄바람처럼("야화소부진 춘풍취우생") 그리운 마음은 여전히 그날처럼 선명해.

약관 弱冠

弱 : 약할(약) 冠 : 모자(관)

【뜻풀이】 만 스물이 된 남자를 일컫는 말이다.

약(弱)은 부드럽다는 뜻인데, 기골이 완전히 성숙하지는 않았지만 사람 구실을 할 수 있게 되었다는 의미다. 관(冠)은 성년이 되면서 쓰는 갓을 말한다. 옛날에는 나이 스물이 되면 관례(冠禮)를 올려 한 사람의 성인으로 대우하는 의식을 갖추었다. 이 두 말이 합쳐서 성어가 된 것이다.

【출전】 『예기·곡례편(曲禮篇)』에 다음과 같은 말이 나온다.

「사람이 태어나 열 살이 되면 유(幼)라 하고 이때부터 배우기 시작한다. 스물이 되면 약(弱)이라 하며 관례를 올린다. 서른이 되면 장(壯)이라 해서 장가를 가 아내를 둘 수 있다. 마흔이 되면 강(强)이라 하는데 벼슬에 나갈 수 있다. 쉰이 되면 애(艾)라 해서 관청과 정치에 참여한다. 예순을 기(耆)라 하며 남에게 일을 시킬 수 있다. 일흔은 노(老)라 하는데 집안일을 전한다. 여든과 아흔은 모라 한다. 일곱 살을 도(悼)라고 하는데, 도와 모는 비록 죄를 졌다고 해도 형벌을 가하지 않는다. 백 살을 기(期)라고 해서 남의 봉양을 받아야 한다.

(人生十年曰幼 學 二十曰弱 冠. 三十曰壯 有室. 四十曰强 而仕 五十曰艾 服官政 六十曰耆 指使 七十曰老 而傳 八十九十曰 七年曰悼 悼與 雖有罪 不加刑焉 百年曰期頤)」

태어나서 죽을 때까지 삶의 주기를 십 년 단위로 나눠 이름을 붙여 놓았다. 신체와 정신의 발육 정도와 경험의 축적 정도에 따라 할 수 있는 일의 범주를 구분한 것이다. 반드시 모든 사람이 여기에 적용될 수 있는 것은 아니겠지만 한번 되새겨 볼 만한 구분이라고 하겠다.

【용례】 어려서 부모를 여의고도 네가 의지를 잃지 않고 "약관"의 나이에 이만큼 성공했다니, 그 자세는 사람들에게 큰 귀감이 될 만하네.

약로경권송생애
藥爐經卷送生涯

藥 : 약(약) 爐 : 화로(로)
經 : 지날·경전(경) 卷 : 책(권)
送 : 보낼(송) 生 : 날(생) 涯 : 물가(애)

【뜻풀이】 약탕기를 경전 삼아 생애를 보내다. 병 많은 사람은 항상 병치레가 잦아 약을 먹고 지내기 때문에 이런 말을 쓰게 되었다.

【출전】 청나라 때 시인 왕사정(王士禎) (1634~1711)의 시 〈도망(悼亡)〉에 나온다.

「약탕기를 경전 삼아 읽으며 한 생애를 보내니

선탑에 부는 봄바람에 귀밑머리는 다 셌구나

한마디 그대에게 보내니 그대는 귀 기울이시오

아녀자에게는 갈대꽃을 입히지는 마시게나

藥爐經卷送生涯
禪榻春風兩鬢華
一語寄君君聽取
不敎兒女衣蘆花」

【용례】 어릴 적부터 몸이 약해 그동안 쓴 약값만 해도 집 한 채 값은 족히 될 거야. "약로경권송생애"라더니 내가 그렇게 한세상을 살았네.

약롱중물 藥籠中物

→자가약롱중물 自家藥籠中物

약법삼장 約法三章

約 : 줄일·약속할(약) 法 : 법(법)
三 : 석(삼) 章 : 글(장)

【뜻풀이】 임시로 제정한 간단한 규칙. 공개적으로 그 어떤 조건을 내세워 성실하게 실천할 것을 약속하는 것을 말한다.

【출전】 『사기 · 고조본기(高祖本紀)』에 보면 다음과 같은 이야기가 있다.

진나라 말기에 반기를 들고 일어선 군벌들 중 가장 강력한 세력으로 항우와 유방의 부대를 들 수 있다.

항우를 우두머리로 하는 부대는 하북 일대에서 진나라 장수 장한의 주력군을 철저히 격멸하였고, 유방의 부대는 서진하여 진나라의 도읍 함양(咸陽)을 공략함으로써 진나라를 뒤엎었다.

이때 유방은 민심을 얻는 일에 특별히 관심을 두어 부대의 규율을 상당히 엄하게 집행했다. 유방이 거느린 대군이 함양을 함락시켰을 때였다.

그는 함양성의 화려한 궁궐과 수많은 보물들을 보고 일시적으로 마음이 흔들렸지만 번쾌와 장량 등의 권고대로 즉시 군대를 철수시켜 성 밖에 주둔시켰다.(▶ 조주위학助紂爲虐 · 추호무범秋毫無犯 참조) 그런 뒤 유방은 각 고을을 대표하는 사람들을 모아 놓고 민심을 안정시키는 포고문을 직접 발표하는 동시에 "살인자는 사형에 처하고 남을 상해하는 자는 중형으로 다스리며 남의 물건을 강탈하거나 훔친 사람은 엄하게 징벌한다."는 약속을 하고 이를 성실하게 실행에 옮기겠다고 선언하였다.(與父老約 法三章耳)

이 말에서, 공개적으로 어떤 규칙 또는 조건을 내세운 뒤 이를 성실하게 실행할 것을 약속하는 일을 약법삼장이라고 하게 되었는데, 그것이 반드시 3개 조목으로 되어야 하는 것은 아니다.

【용례】 모임을 시작할 때부터 규칙이 복잡하면 불필요한 것도 있을 테니까, "약법삼장"처럼 간략하게 몇 가지 원칙만 정하고 차차 첨가하도록 합시다.

양고심장약허 良賈深藏若虛

良 : 좋을(량) 賈 : 장사꾼(고)
深 : 깊을(심) 藏 : 감출(장)
若 : 같을(약) 虛 : 빌(허)

【뜻풀이】 좋은 장사꾼은 값진 물건은 깊이 감춰 두어서 상점이 텅 빈 것처럼 한다.

이것은 장사치의 태도를 설명하는 말이 아

니고 선비나 학자가 세상에 자신을 드러낼 때 갖추어야 할 태도를 비유한 것이다. 현인이 재능을 숨기고 자신을 드러내 보이지 않는 것을 말한다.

【출전】『사기 · 노담열전(老聃列傳)』에 다음과 같은 이야기가 있다.

어느 날 공자(孔子)가 노자를 방문하였다. 당시 노자는 왕실 도서관에서 사서 비슷한 일을 하고 있었는데, 옛 일에 대해 아는 것이 많다는 평판이 나서 예(禮)에 대해 묻고자 찾아왔던 것이다. 노자는 공자의 질문을 듣더니 대꾸했다.

"자네도 사람도 뼈도 다 썩어 빠지고 말만 남아 있군. 도대체 군자란 작자는 끊임없이 향상해서 관직에 나아가고 입신양명(立身揚名)할 줄만 알지 저 성인처럼 스스로를 감추어 마치 상점에 물건이 하나도 없는 것처럼 비게 하지는 못하는가? 자네도 그 무엇인가를 해보겠다는 욕심과 남에게 잘 보이려는 허영과 지나치게 큰 뜻을 버리게. 이것이 내가 자네에게 하고 싶은 이야기일세."

돌아오는 길에 공자의 제자가 무엇인가 한마디 하려고 하자 공자가 말문을 열었다.

"새는 하늘을 잘 날지만 잘 나는 것은 화살에 맞기도 쉽다. 물고기는 헤엄을 잘 치지만 헤엄을 잘 치는 것은 낚시에 걸리기도 쉽다. 그러나 용은 구름과 바람을 타고 하늘 끝까지 솟구쳐 오르지만 아무도 보질 못한다. 노자는 바로 저 용과 같은 사람이구나!"

과장된 일화이기는 하지만 노자의 무용지용(無用之用)의 정신을 읽을 수 있다. 이와 비슷한 성어로 낭중지추(囊中之錐)(➡ 참조)가 있다.

【용례】 아무리 살기가 구차하다고 해도 그렇지, 교수가 관직이 탐이 나 자기 뜻과 어긋나는 일을 해서야 되겠나? "양고심장약허"란 말을 명심했으면 좋겠네.

양금택목 良禽擇木

良 : 좋을(량) **禽** : 날짐승(금)
擇 : 가릴(택) **木** : 나무(목)

【뜻풀이】 현명한 새는 나무를 가려 앉는다. 똑똑한 사람은 훌륭한 사람을 가려서 섬긴다는 말이다. 말은 반대되지만 함의가 비슷한 속담으로 "모진 놈 곁에 있다가 벼락 맞는다"가 있다.

【출전】『좌전 · 애공(哀公) 11년』조에 다음과 같은 이야기가 있다.

자기의 주장을 펼치기 위해 공자(孔子)는 당시 여러 제후국을 떠돌며 마땅한 임금을 찾고자 노력하였다. 그러던 중 위(衛)나라에 가게 되었다.

하루는 공문자(孔文子)가 대숙질(大叔疾)을 공격할 계획을 세우고 이에 대해 공자에게 물었다.

공자는 이렇게 대답하였다.

"저는 제사 지내는 일에 대해서는 들어 알고 있습니다만 전쟁에 관한 일이라면 전혀 배운 바가 없습니다."

공문자와 헤어져 숙소로 돌아온 공자는 즉시 제자들에게 짐을 챙기라고 일렀다. 까닭을 알 리 없는 제자들이 창황중에 연유를 물었다.

"어서 위나라를 떠나는 것이 좋겠구나. 고작 전쟁에 대해서 묻는 임금 밑에 있어서 좋을 게 뭐겠냐. 예로부터 현명한 새는 좋은 나무를 가려 앉는다고 하였다.(鳥則擇木 木豈能擇鳥) 마찬가지로 훌륭한 신하가 되기 위해서는 걸맞은 군주를 섬겨야 하는 법이니라."

이 소식을 들은 공문자는 급히 말을 몰아 공자에게 와서 자신의 잘못을 깊이 사죄하였다. 공자도 언짢은 기분이 풀려 다시 짐을 푸는데 마침 노나라에서 사신이 와 그의 귀국을 간청하였다. 공자 역시 오랜 기간 타향을 떠돌면서 고향을 그리워했던지라 곧 노나라로 돌아왔다.(▶ 불치하문不恥下問 참조)

【용례】 내가 보기엔 그 사람들 의리를 내세워 사기나 치는 부류인 것 같아. 감언이설(甘言利說)에 속지 말게. "양금택목"이라고 그렇게까지 자네가 어리석지는 않겠지.

양두구육 羊頭狗肉

➜현양두매구육 懸羊頭賣狗肉

양상군자 梁上君子

梁 : 대들보(량) 上 : 위(상)
君 : 임금(군) 子 : 아들(자)

【뜻풀이】 대들보 위의 군자. 도둑을 다르게 표현하는 말이다.

【출전】 『후한서·진식전(陳湜傳)』에 다음과 같은 이야기가 있다.

후한 때 진식이라는 사람이 있었다. 그는 환제 때 태구현령으로 있었던 적이 있고, 영제 때는 대장군 두무의 수하에서 근무한 적도 있었다. 전하는 바에 따르면 진식은 본래 성품이 온화하고 일처리가 공정했지만 자식들에게는 대단히 엄격했다고 한다.

어느 날 도둑이 진식의 집에 들어와 대들보 위에 숨어서 진식의 가족들이 잠들기를 기다리고 있었다. 도둑을 발견한 진식은 가만히 아들과 손자들을 불러 놓고 훈계하기 시작했다. 진식은 목소리를 가다듬어 말했다.

"나쁜 일을 하는 사람도 처음부터 나빠서 그런 것이 아니라 평소에 잘 배우지 않고 자신을 엄격하게 제어하지 못해 나쁜 일을 반복하다가 점차 습관이 되었기 때문에 그렇게 된 것이다. 그래서 원래는 군자였던 사람이 소인이 되었다가 결국에는 대들보 위의 군자(梁上君子)까지 되고 마는 것이다."

진식의 말을 들은 도적은 그대로 엎드려 기다릴 수도 없고 그렇다고 도망칠 수도 없고 하여 뛰어내려와 용서를 빌었다. 이에 진식은 "그대는 악한 사람이 아니라 살아가기가 구차하여 이렇게 된 것이다."고 하면서 비단 두 필을 주어 돌려보냈다.

그래서 이때부터 도둑을 양상군자라고 부르게 되었다.

『세설신어·덕행편(德行篇)』에는 또 이런 이야기도 있다.

진식에게는 원방과 계방이라는 두 아들이 있었는데 어느 날 원방의 아들과 계방의 아들이 제각기 아버지 자랑을 하다가 다투어 조부인 진식을 찾아가서 묻게 되었다.

이에 진식은 "형 원방도 대단하고 아우 계방도 대단하다.(元方難爲兄 季方難爲弟)"고 했다. 이렇게 해서 난형난제(難兄難弟)라는 성어가 나왔는데 원래는 다같이 덕과 재능이 있는 사람이라고 칭찬하는 말이었다. 그러나 나중에 뜻이 다소 바뀌어 풍자적인 의미가 가미되었는데, 그럴 경우에는 곤경에 빠진 두 사람의 처지가 서로 비슷하다는 뜻으로도 쓰인다.

【용례】 어제 옆집에 도둑이 들었다는데, 그래도 신발은 벗고 훔쳤는지 방 안은 깨끗했다고 하더라고. 요즘 보기 드문 "양상군자"지 않아?

양약고어구 충언역어이 良藥苦於口 忠言逆於耳

良 : 좋을(량) 藥 : 약(약) 苦 : 쓸(고)
於 : 어조사(어) 口 : 입(구)
忠 : 충성(충) 言 : 말씀(언)
逆 : 거스를(역) 耳 : 귀(이)

【뜻풀이】 좋은 약은 입에 쓰고, 충성스런 말은 귀에 거슬린다. 몸이나 행동에 이로운 것은 대개 사람의 생각과 어긋나기 쉽다는 말이다. 귀에 거슬리고 입에 쓰더라도 먹고 따르면 건강과 행실에 큰 도움이 된다는 숨은 뜻이 담겨 있다.

【출전】 이 말은 아마도 중국에서 옛날부터 전해지던 경구였을 것으로 보인다. 문헌에서 가장 알려진 것은 『공자가어(孔子家語)』와 『한비자(韓非子) · 외저설좌상(外儲說左上)』이다. 앞에서는 "좋은 약은 입에 쓰지만 병에는 이롭고, 충성스런 말은 귀에 거슬리지만 행동에는 이롭다.(良藥 苦於口 而利於病 忠言 逆於耳 而利於行)"고 나오고, 뒤에서는 "충성스런 말은 귀에는 거슬리지만 밝은 임금이 잘 들으면 큰 공을 이루게 됨을 알 것이나.(忠言拂於耳 而明主聽之 知其可以致功也)"고 되어 있다.

예로부터 남의 충고를 잘 들은 사람치고 인생이든 사업이든 실패를 맛본 사람이 드물었다. 물론 충고도 진의(眞意)나 진실성을 잘 가려 들어야겠지만, 내가 모르는 단점이나 약점을 남은 잘 볼 수 있으니, 경청해서 해로울 일은 없을 것이다.

【용례】 무슨 사람이 저렇게 독불장군(獨不將軍)일까! 도무지 남의 말은 들으려고 하지 않고 덮어놓고 의심만 하니, "양약고어구고 충언역어이"한다는 말도 들어보지 못했나?

양웅불구립 兩雄不俱立

兩 : 두(량) 雄 : 영웅(웅)
不 : 아닐(불) 俱 : 함께(구) 立 : 설(립)

【뜻풀이】 두 영웅이 함께 천하를 가질 수는 없으며 반드시 싸워서 어느 한 쪽이 패배하거나 둘 다 무너진다는 뜻이다.

【출전】 『사기 · 역생열전(酈生列傳)』에 나오는 말이다.

한(漢)나라를 세운 유방이 아직 패공(沛公)으로 있을 때, 진류현 사람 역이기(酈食其)가 유방을 찾아왔다. 그때 유방은 의자에 앉아 다리를 뻗은 채 두 여인에게 발을 씻기게 하면서 역이기를 맞았다. 예의를 존중하는 역이기가 이를 보고 말했다.

"패공께서는 진나라를 도와서 제후를 치려는 것입니까? 아니면 제후를 이끌고 진나라를 치시려는 겁니까?"

"그야 물론 제후들을 모아 진나라를 공격해야지."

이렇게 유방이 대답하자 역이기가 다시 말했다.

"그렇다면 다리를 뻗은 채로 연장자(年長者)를 맞는 건 실례입니다."

이에 유방은 즉시 일어나 역이기를 상좌에

모시고 무례함을 사과했다. 이때부터 역이기는 유방의 군사 참모가 되었다.

그 후 유방과 항우 사이에 알력이 빚어지고 유방의 형세가 불리해지자 유방은 몇몇 지역은 포기하고 병력을 집중시켜 방어할 계획을 세웠다.

이때 역이기가 간언했다.

"하늘의 명령을 아는 사람은 패업을 이룰 수 있고, 모르는 사람은 패업을 이룰 수 없는 법입니다. 왕자는 백성을 하늘로 삼고 백성은 먹을 것을 하늘로 여긴다고 합니다. 지금 항우의 군대가 오창(하남성에 있던 식량창고)을 버린 것은 초나라의 천운이 다했다는 증거입니다. 그런데 한나라가 물러나면 한나라도 하늘의 버림을 받을 것입니다. 이 기회에 오창을 빼앗고 천하에 우리의 위세를 보이면 인심이 우리에게로 쏠릴 것입니다. 한 시대에 두 영웅이 양립할 수는 없는 법입니다. 결국 한나라와 초나라는 병존할 수는 없습니다. 두 나라가 이렇게 대치만 해 있으면 천하의 인심이 안정되지 않을 것이니, 어서 초나라를 쳐서 멸망시키십시오.(臣聞知天之天者 王事可成 不知天之天者 王事不可成 王者以民人爲天 而民人以食爲天 夫敖倉 天下轉輸久矣 臣聞其下迺有藏粟甚多 楚人拔滎陽 不堅守敖倉 迺引而東 令適卒分守成皐 此乃天所以資漢也 方今楚易取而漢反郤 自奪其便 臣竊以爲過矣 且兩雄不俱立 楚漢久相持不決…)"

그리하여 유방은 그의 제안을 받아들여 초를 토벌하기로 계획을 바꿨다.

【용례】 "양웅불구립"이라 했지만 경쟁 업체라고 해서 무조건 파산시키는 것도 현명한 방법은 아닙니다. 건전한 경쟁은 때로는 구매욕을 높이기도 하니 공존할 방안을 모색하는 것도 좋을 듯합니다.

양질호피 羊質虎皮

羊 : 양(양) 質 : 바탕(질)
虎 : 호랑이(호) 皮 : 가죽(피)

【뜻풀이】 양 바탕에 호랑이 가죽. 안팎이 다르거나 겉치레만 화려할 뿐 실속은 빈약한 것을 말한다. 우리 속남 "빛 좋은 개살구"나 "개발에 가죽 편자"와 비슷한 성어다.

【출전】 이 성어는 여러 책에 나온다.

옛날에 어떤 사람이 양의 몸뚱이에 호랑이 가죽을 씌워 놓았더니 양이 마치 호랑이처럼 보였다. 그러나 호랑이 가죽을 덮어놓았다고 해서 양이 호랑이가 될 수는 없었다. 그래서 양은 호랑이 가죽을 썼음에도 불구하고 풀을 보면 좋아하고 승냥이를 만나면 벌벌 떨게 마련이었다.

한나라 때 양웅(揚雄, 기원전 53~기원후 18)이 쓴 『법언(法言)·오자편(吾子篇)』에 나오는 "양의 몸뚱이에 호랑이 가죽을 씌워 놓았지만 풀을 보면 여전히 좋아했고 이리를 보면 벌벌 떨었다.(羊質虎皮 見草而悅 見豺而戰)"는 구절이나 『후한서·유언전(劉焉傳)』에 나오는 "양 몸뚱이에 호랑이 가죽을 씌웠어도 이리를 보면 떨었다.(羊質虎皮 見豺而恐)"나 조비(曹丕, 187~226)의 〈여오질서(與吳質書)〉에 나오는 "개나 양의 자질로 호랑이나 이리의 무늬를 뒤집어썼다.(以犬羊之質 服狐豺之文)" 등은 다 이 이야기를 두고 하는 말로 같은 뜻으로 쓰인다.

또 『삼국지·위지·진사왕식전(陳思王植傳)』에 보면 "신이 듣기에 양은 호랑이 가죽을 써도 풀을 보면 좋아하고 이리를 보면 두려워하면서 제가 호랑이 가죽을 쓴 것을 잊고 있습니다.(臣聞羊質虎皮 見草則悅 見豺則戰 忘其皮之虎也)"는 말도 나온다.

그 밖에 『남사(南史)·양간전』에는 이런 이야기도 있다.

남조 때 양간(羊侃)이라는 용맹이 남다른 사람이 있었는데 사람들은 그를 맹호라고 불렀다. 젊었을 때 한번 양간은 아버지를 따라 북위(北魏)에 간 적이 있었는데, 북위 황제는 양간을 보고 "남들은 그대를 호랑이 같다고 하지만 양질호피가 아닌가?" 하고 웃으면서 말했다.

그 말을 듣자 양간은 즉시 땅바닥에 엎드려 두 손으로 땅을 짚고 호랑이의 자세를 취하면서 으르렁거리며 힘을 쓰니 열 손가락이 땅속 깊이 박혀 들어갔다. 이에 좌중에 있던 사람들은 감탄을 금치 못했다고 한다.

성어 양질호피는 어질용문〔魚質龍文(紋)〕이라고도 한다.

【용례】 얼마 벌지도 못하는 살림에 웬 자동차야? 집부터 장만할 생각을 해야지 "양질호피" 한다고 해서 누가 알아줄 것 같은가?

양체재의 量體裁依

量 : 무게·잴(량) **體** : 몸(체)
裁 : 재단할(재) **依** : 옷(의)

【뜻풀이】 칭체재의(稱體裁衣)가 변해서 이루어진 성어로 "몸에 맞춰 옷을 마른다."는 말인데, "누울 자리를 보아가며 발을 뻗다."나 "뒹굴 자리 보고 씨름판에 나간다."는 속담과 비슷하다.

【출전】 『남제서·장융전(張融傳)』에 다음과 같은 이야기가 있다.

남북조시대 남제(南齊)에 장융이라는 사람이 있었는데 그는 제나라 태조가 총애하는 신하였다. 어느 날 태조가 그에게 자기가 입던 옷을 하사한 적이 있었는데, 당시 황제가 신하에게 입던 옷을 선물로 준다는 것은 대단히 영광스러운 일이었다. 그때 제태조는 장융에게 입던 옷을 하사하면서 이렇게 말했다.

"지금 경에게 내가 입던 옷을 한 벌 내리겠는데 비록 낡았다고 말은 했지만 사실은 새것보다 나을 거요. 이미 사람을 시켜 고치게 했으니 경의 몸에 잘 맞을 것이오.(今送一通故衣 衣謂雖故 乃勝新也 是吾所着 已令裁減 稱卿之體)"

이 밖에 청나라 때의 서예가 전영(錢泳)의 저서에서도 양체재의에 관한 이야기가 나오고 있다.

북경의 어느 한 재단사는 옷을 마를 때 옷임자의 체구 외에도 그의 연령이나 성격, 용모상의 특징 같은 것을 중시했으며 심지어 언제 과거에 급제했는가까지도 알았다고 한다.

예컨대 젊어서 과거에 급제한 사람은 흔히 앞가슴을 내밀며 우쭐해져 다니기 때문에 저고리는 앞섶을 길게 하고 뒷섶을 짧게 하며, 늙어서 과거에 급제한 사람은 소침해져서 흔히 허리를 굽히고 다니기 때문에 뒷섶을 길게 하고 앞섶을 짧게 한다는 것이다.

칭체재의는 상체재의(相體裁衣)라고도 하지만, 오늘날에는 보통 양체재의라고 한다. 어떤 일이든지 실정에서 출발해야 하며 실정에 부합되어야 한다는 뜻으로, 성어 간채흘반(看菜吃飯)과 비슷하다.

【용례】 자네 사업 구상은 그럴듯하지만, 그런 일을 하려면 자본이 엄청나게 드네. "양체재의"라고 형편을 봐가며 일을 추진해야지 무리수를 두면 안 좋아.

양탕지비 揚湯止沸

揚 : 떨칠(양) 湯 : 끓는물(탕)
止 : 그칠(지) 沸 : 끓는물(비)

【뜻풀이】 끓는 물을 퍼냈다가 다시 부어서 더 이상 끓지 못하게 한다는 뜻으로, 임시적인 미봉책(彌縫策)을 가리키는 말이다.

【출전】 『삼국지 · 위지(魏志) · 유이전(劉廙傳)』에 다음과 같은 이야기가 있다.

삼국시대 사람 유이〔자는 공사(恭嗣)〕가 조조(曹操)에게 쓴 편지에서 나온 말이다.

남양군 사람인 유이는 그의 형 유망지가 형주자사 유표에 의해 피살된 뒤 조조에게 항복하여 자그마한 벼슬에 있던 사람이었지만 조조와 그의 아들 조비(曹丕)는 유이를 몹시 총애하였다. 그런데 유이의 아우 유위(劉偉)는 위풍(魏諷)이라는 사람과 함께 조조를 반대해서 역모를 꾸미다가 조조에게 잡혀 피살되었다.

당시의 법으로 따지면 유이도 아우의 죄에 연루되어 당연히 멸족의 처벌을 받아야 했지만, 조조는 그의 재간을 아끼고 또 그의 사람됨을 알고 있었기 때문에 처벌하지는 않았다. 이에 감동한 유이는 조조에게 글을 올려 감사의 뜻을 표시했는데, 그 편지에 양탕지비라는 구절이 나온다. 유이는 그 글에서 대략 다음과 같이 쓰고 있다.

"생은 삼족을 멸할 대죄를 지었지만 천만다행히도 주군께서 끓는 물을 퍼냈다가 도로 부어 끓지 못하게 하듯이(揚湯止沸 使不燋爛) 저의 생명을 구해 주셨으니 이것은 식은 재에서 불꽃이 일게 하는 것과 같고 고목에 꽃이 피게 하는 것과 같습니다."

이처럼 이 성어는 본래 급하고 어려운 상황을 잠시 늦춘다는 뜻이었는데, 그 후 점차 변해서 일시적인 구급책을 비유하는 말이 되었다.

이 밖에도 이 성어는 『여씨춘추 · 진수편(盡數篇)』에 "무릇 끓는 물로써 끓어오르는 것을 그치게 한다면 끓는 것이 더해질 뿐 그치지는 않는다. 불을 치워야만 비로소 그칠 것이다.(夫以湯止沸 沸愈不止 去其火 則止矣)"라는 말이 나오며, 『삼국지 · 위지 · 동탁전(董卓傳)』에도 "신이 듣건대 끓는 물을 들어내 끓는 것을 그치게 하는 것은 불을 치우고 땔감을 없애는 것만 못하다고 합니다.(臣聞揚湯止沸 不如滅火去薪)"라는 말이 있다.

【용례】 현금 서비스를 받아 빚을 메운다고 해결될 문제가 아니야. 그거야 "양탕지비"지, 어떡하든 원금을 갚을 궁리 좀 하게.

양포지구 楊布之狗

楊 : 버들(양) 布 : 베 · 베풀(포)
之 : 어조사(지) 狗 : 개(구)

【뜻풀이】 양포의 개. 겉모양이 달라진 것을 보고 속까지 바뀌었다고 생각하는 사람을 가리킨다.

【출전】 『한비자 · 설림(說林)』 하편에 다음과 같은 이야기가 실려 있다.

「양주(楊朱)의 동생 양포(楊布)가 흰옷을 입고 외출했다가 도중에 비를 만나 흰옷을 벗고 검은 옷으로 갈아입은 뒤 돌아왔다. 그러자 집에서 기르던 개가 그를 몰라보고 마구 짖었다. 화가 난 양포가 막대기를 들어 때리려 하자 양주가 만류하며 말했다. "아서라. 때리지 말아라. 너 역시 마찬가지다. 만약 네 개가

ㅇ

흰 털로 나갔다가 검은 털로 바뀌어 들어오면 너 역시 어찌 괴상하게 여기지 않겠는가?"

(楊朱之弟楊布 衣素衣而出 天雨 解素衣 衣緇衣而反 其狗不知而吠之 楊布怒將擊之 楊朱曰 子毋擊 子亦猶是 嚮者使女狗白而往 黑而來 子豈能毋怪哉)」

양주는 『맹자·진심장구(盡心章句)』 하편에 나오는 인물로 자기 털 하나를 뽑아 천하가 이롭게 된다고 해도 하지 않겠다고 했다. 극단적인 이기론자(利己論者)로 알려져 있다. 그러나 여기서 볼 수 있는 것처럼 그의 이기주의는 단순한 개인주의가 아니라 자연과 융합해서 일체화된 의미의 나를 주장하는 것이다. 그런 일면을 이 성어에서도 볼 수 있다.

한편, 백왕흑귀(白往黑歸)도 성어가 되었다. 나갈 때는 희었는데 돌아올 때는 검다는 뜻으로, 겉모양이 변한 것을 보고 속까지 변한 것으로 잘못 아는 것을 비유한 말이다.

【용례】 아무리 밤에 어두웠다지만, 자기 친구를 도둑으로 몰아 저 지경으로 만들다니. "양포지구"라지만, 자네는 개도 아닌데 그렇게 사람을 못 알아보나.

어목혼주 魚目混珠

魚 : 물고기(어) 目 : 눈(목)
混 : 섞을·섞일(혼) 珠 : 구슬(주)

【뜻풀이】 물고기 눈알을 진주로 가장한다는 뜻으로, 가짜를 진짜로 가장하거나 나쁜 것을 좋은 것으로 속이는 행위를 일컫는 말이다.

【출전】 『한시외전(韓詩外傳)』에 "백골이 상아와 비슷하듯이 물고기 눈알로 진주를 가장한다.(白骨類象 魚目混珠)"는 말이 있는데 백골유상(白骨類象)과 어목혼주는 그 뜻이 동일하다. 그리고 한나라 위백양(魏伯陽)이 쓴 『참동계(參同契)』라는 책에는 "물고기 눈알이 진주가 될 수 없듯이 갈대 잎이 차나무가 될 수는 없다.(魚目豈爲珠 蓬蒿不成檟)"는 말도 있다.

어목혼주는 어목혼진(魚目混珍)이라고 해서 이백(李白)의 시 〈명고가송잠징군(鳴皐歌送岑徵君)〉에도 "도마뱀이 용을 비웃고 물고기 눈알이 보배와 뒤섞였구나.(蝘蜓嘲龍 魚目混珍)"라는 구절이 나온다.

『옥청경(玉淸經)』에 또 이런 이야기도 있다.

옛날에 만원이라는 사람과 수량이라는 사람이 각기 진주 한 알씩을 얻어 가지고 소중히 간직하고 있던 차에 어느 날 두 사람이 동시에 병에 걸리고 말았다. 알고 보니 두 사람은 신통하게도 같은 병에 걸려 있었다.

의원이 병세를 살펴보고 한다는 말이 진주가루로 약을 빚어 먹어야만 목숨을 구할 수 있다고 했다. 이에 만원과 수량 두 사람은 각기 깊이 감춰 두었던 진주를 꺼내 놓았다.

그런데 만원이 간직한 진주는 진짜였고, 수량이 간직해 두었던 진주는 진주가 아니라 커다란 고기 눈알이었다. 말하자면 어목혼주로, 수량은 여태까지 고기 눈알을 진주로 알고 있었던 것이다.

【참조】 어목연석(魚目燕石)이란 말도 있는데, 둘 다 진주처럼 보이지만 진주는 아닌 물건이다. 한유의 글에 보면 "연석을 싸서 현포를 밟고, 어목을 차고 창해를 누비었으니, 다만 비방을 들을 뿐이었다.(褢燕石而履玄圃 帶魚目游漲海 祇取誹耳)란 구절이 나온다.

【용례】 "어목혼주"라고 옛날에는 진짜 중에서 가짜를 골라냈는데, 요즈음은 어떻게 된 세상이 가짜 가운데 진짜를 골라내야 하게 생

겼어. 저 많은 후보자 중에 누가 진심으로 나라를 위해 일할지 모르겠군.

어부지리 漁父之利

➜휼방상쟁 鷸蚌相爭

어언무미 면목가증 語言無味 面目可憎

語 : 말씀(어) 言 : 말씀(언)
無 : 없을(무) 味 : 맛(미)
面 : 얼굴(면) 目 : 눈(목)
可 : 가할(가) 憎 : 미워할(증)

【뜻풀이】 말씨도 곱지 못하거니와 생김새도 가증스럽다는 뜻으로, 극히 저속한 태도나 사람을 비유하는 말이다.

【출전】 당나라 때의 유명한 문인인 한유(韓愈)는 자질이 뛰어난 사람으로 한때 높은 벼슬자리에 있기도 했지만 그의 일생은 결코 순조롭지만은 않았다. 한유가 쓴 글을 통해 그가 당시 사회상에 대해 불만을 품고 있었다는 것을 알 수 있는데(➡ 노노불휴呶呶不休 참조), 그의 〈송궁문(送窮文)〉에 특히 그의 심회가 잘 나타나 있다.

〈송궁문〉은 가난 귀신, 즉 궁귀(窮鬼)를 몰아내면서 그들을 힐책하는 작품인데, 작가의 심회를 토로한 글로 내용은 대략 다음과 같다.

원화(元和) 6년(814) 정월 을축일에 주인(한유 자신)은 버드나무를 엮어 수레를 만들고 풀을 엮어 배를 만들어 놓은 다음 제수를 마련해 놓고는 하늘을 향해 세 번 읍하면서 궁귀들에게 어서 물러가라고 하였다.

그랬더니 궁귀들은 공중에서 갑자기 떠들면서 외쳐대는 것이었다.

"우리는 40년간이나 당신과 함께 있으면서 당신이 벼슬을 하거나 명예를 얻는 데 방해한 적이 없소. 당신에게 수모를 주고 헐뜯는 것은 우리가 아니라 다른 악귀들이었지. 우리는 도리어 당신을 보호해 주었소. 당신은 우리가 어떻게 생겼는지 보지도 못했고 또 몇인지 알지도 못하면서 왜 쫓아 버리는 것이오?"

이에 주인인 한유가 대답하였다.

"왜 모른단 말이냐? 너희들은 모두 다섯 놈인데 첫째 놈은 지궁(智窮)이라는 놈으로 나를 면목가증 어언무미하게 만든 것은 다 그놈의 조화다. 둘째 놈은 학궁(學窮), 셋째 놈은 문궁(文窮), 그 다음은 명궁(命窮), 교궁(交窮)으로 이 다섯 놈의 귀신이 나의 다섯 가지 근심이 되고 있도다."

어언무미 면목가증은 바로 주인(한유)의 이 말에서 나온 성어다.

【용례】 분명히 잘못해 놓고도 끝까지 그렇게 변명을 늘어놓으면서 남을 탓하다니, "어언무미에 면목가증"하다는 것은 바로 너 같은 놈을 두고 하는 소리로구나.

언과기실 言過其實

言 : 말씀(언) 過 : 지나칠(과)
其 : 그(기) 實 : 실제(실)

【뜻풀이】 말이 사실보다 과장되다.

【출전】 『삼국지 · 촉지 · 마량전(馬良傳)』에 다음과 같은 이야기가 있다.

유비가 형주를 차지하고 유구〔油口, 오늘날

의 호북성 공안현(公安縣) 북쪽)를 공안(公安)으로 이름을 바꾼 뒤 그곳을 거점으로 형주를 다스릴 때 새로 참모로 쓴 사람이 마씨(馬氏) 형제였다.

그들은 양양 의성(宜城) 사람으로 형제가 모두 다섯이었는데, 하나같이 뛰어난 인물이었지만 특히 마량이 가장 뛰어났다. 마량은 눈썹에 하얀 털이 나 있어 백미(白眉)라는 별명도 가지고 있었다.(➡ 백미白眉 참조) 또 이들 형제 중 한 사람인 마속(馬謖)은 군사적인 계략을 세우는 데 능했다.

유비는 관우의 죽음을 복수하기 위해서 오나라를 정벌하고자 출병을 했지만 실패를 거듭해서 퇴각하다 백제성(白帝城)에 이르러 화병이 도져 쓰러져 죽게 되었다. 죽음이 임박한 유비는 제갈량에게 나라와 아들 유선(劉禪)을 부탁하면서 말했다.

"마속이 말하는 것은 사실보다 과장된 경우가 많으니 앞으로 승상이 그를 쓸 때에는 각별히 유념하도록 하시오.(馬謖言過其實 不可大用)"

유비가 세상을 떠나고 난 뒤 위나라 장수 사마의(司馬懿)가 출병해서 가정(街亭)을 공격하자 마속은 제갈량에게 자기가 가정에 가서 수비하겠다는 청원을 올렸다. 그때 제갈량은 마속을 보내면서 성을 지키기만 할 뿐 절대로 먼저 공격하지 말라고 신신당부(申申當付)하였다.

그러나 마속은 이 주의 사항을 잊고는 적장 장합(張合)의 꼬임에 빠져 선불리 공격하다가 되레 역공을 당해 패주하고 말았다.

제갈량은 군령(軍令)을 어겼다는 죄목으로 평소 아끼던 마속을 참형에 처하고는 유비가 죽으면서 남긴 유언을 상기하고는 회한의 눈물을 흘렸다.

언과기실이라는 성어는 말하는 사람이 자신이 가지고 있는 재주보다 과장되게 장담을 하고, 말과 하는 일이 서로 부합되지 않는 것을 말한다.

또 이 이야기에서 성어 읍참마속(泣斬馬謖)(➡ 참조)이 나왔다. 규율을 세우기 위해 아까운 인재를 희생하는 것을 말한다.

【용례】 몇 번 손만 대면 당장 고칠 것처럼 떠들더니, 결국 냉장고를 완전히 폐품으로 만들어 버렸구나. 네 "언과기실" 때문에 생돈 날리게 생겼다.

엄이도령 掩耳盜鈴

淹 : 감출·덮음(엄) **耳** : 귀(이)
盜 : 훔칠(도) **鈴** : 방울(령)

【뜻풀이】 자신의 귀를 막고 방울을 훔친다는 말로, "눈감고 아웅한다."는 속담과 통한다.

【출전】 『여씨춘추·자지편(自知篇)』에 다음과 같은 이야기가 있다.

어느 날 어떤 사람이 남의 집 큰 구리종을 훔치려고 했지만 종이 너무 커서 지고 갈 수가 없기에 쇠망치로 부수어 구리 조각을 만든 다음 훔쳐가려고 했다. 그는 소리가 나는 것을 방지하기 위해 묘안을 생각해 냈는데 그것은 바로 자신의 귀를 단단히 틀어막는 것이었다. 그는 이렇게 하면 다른 사람들도 듣지 못할 줄 알았던 것이다.

이 이야기에서 미루어 볼 때 성어 엄이도령은 방울을 도적질하는 것이 아니라 종을 도적질하는 것이므로 응당 엄이도종(掩耳盜鐘)으로 되어야 하겠지만 뒤에 무엇 때문에 엄이도령이 되었는지는 알 수 없다.

『자치통감·수기(隋紀)』에 따르면 당나라 개국 황제인 이연(李淵, 당고조)은 수양제가 남방을 순시하는 틈을 타서 군사를 일으켜 정권을 잡았지만, 여건이 무르익지 않아 황제라 칭하지 못하고 왕유를 세워 잠시 눈가림을 한 적이 있었다.

당시 이연 자신도 이것이 얕은 수작인 줄은 알았지만 다른 방법이 없었다. 그래서 이연은 "이 역시 〈귀를 막고 방울을 도적질하는 것〉이라고 할 수 있지만 어쩔 수 없는 일이다."라고 말했다. 그러다가 이듬해에야 이연은 재위에 올라 국호를 당(唐)이라고 했다.

【용례】 작년에도 그러더니 또 할머니가 돌아가셔서 휴가를 내야겠다고. 말도 안 되는 거짓말로 "엄이도령"하려거든 차라리 솔직히 이유를 밝히게.

여도지죄 餘桃之罪

餘 : 남을(여) 桃 : 복숭아(도)
之 : 어조사(지) 罪 : 죄(죄)

【뜻풀이】 먹다 남은 복숭아를 준 죄. 총애를 받을 때는 용서되다가 사랑이 식고 난 뒤면 죄가 되는 경우를 말한다.

【출전】『한비자·세난편(說難篇)』에 다음과 같은 이야기가 보인다.

옛날 위(衛)나라에 미자하(彌子瑕)라는 미소년이 있었다. 그는 그 미모 때문에 임금의 극진한 사랑을 받았다.

어느 날 어머니가 편찮다는 소식을 들은 미자하는 급한 김에 임금의 수레를 타고 병문안을 다녀왔다. 당시 임금의 수레를 무단으로 쓰게 되면 발을 잘리는 형벌을 받아야 했다. 그러나 임금은 죄를 용서해 주며 이렇게 칭찬했다.

"훌륭하다, 미자하여! 어머니가 걱정되어서 발을 잘리는 형벌도 잊었구나!"

또 한번은 복숭아를 먹다가 맛이 너무 좋아 하나를 임금에게 갖다 주었다. 그러자 임금은 또 침이 마르도록 칭찬을 더했다.

"훌륭하다, 미자하여! 임금을 위해서 복숭아의 단맛도 잊었구나!"

그러다가 세월이 흘러 미자하도 늙어 옛날처럼 고운 자태를 갖지 못하게 되자 임금의 사랑도 식어 갔다. 어느 날 임금이 미자하를 보더니 소리쳤다.

"네 이놈, 너는 전날 내 수레를 함부로 훔쳐 탔고 먹다 남은 복숭아를 내게 주었지. 고약한 놈이구나!"

세상의 일이란 워낙 다양하게 바뀌는 것이어서 대처하기가 참으로 어렵다. 그 한 측면을 보여 주는 이야기라고 할 것이다.

【용례】 처음에는 아랫사람에게는 아무 잘못도 없고 자신이 해결하겠다 해놓고 궁지에 몰리니까 싸잡아 아랫사람 탓을 하다니. "여도지죄"라지만 상사가 되어서 저런 표리부동(表裏不同)한 망발을 해서야 어떤 직원이 그를 믿고 일하겠어.

여민동락 與民同樂

與 : 줄·더불어(여) 民 : 백성(민)
同 : 같을·함께(동) 樂 : 즐거울(락)

【뜻풀이】 백성과 더불어 즐거움을 함께한다.

【출전】『맹자·양혜왕장구(梁惠王章句)』하편에 다음과 같은 맹자의 말이 있다.

ㅇ

「지금 임금께서 여기서 북을 두드리며 음악을 즐기고 있는데 백성들이 임금께서 북을 두드리고 종을 치는 소리와 관악기나 피리 소리를 듣고는 모두 골머리를 앓으며 얼굴을 찡그린 채 서로 말하기를, "우리 임금이 음악을 좋아함이여. 어찌 우리를 이런 극한에까지 이르게 하는가?"라고 하면서 부자는 서로 보지 않고 형제와 처자들은 뿔뿔이 흩어지게 될 것입니다. 또 임금께서 지금 사냥을 나가신다면 백성들이 수레와 말 소리를 듣고 깃을 꽂은 깃발의 아름다운 모습을 보고는 모두 골머리를 앓으며 서로 돌아보고 말하기를, "우리 임금이 사냥을 좋아함이여. 어찌 우리를 이런 극한에까지 이르게 하는가?"라고 하면서 부자는 서로 보지 않고 형제와 처자들은 뿔뿔이 흩어진다면 이는 다른 이유 때문이 아닙니다. 백성들과 더불어 즐거움을 함께하지 않기 때문입니다.

(今王鼓樂於此 百姓聞王鐘鼓之聲 管籥之音 擧疾首蹙頞 而相告曰 吾王之好鼓樂 夫何使我 至於此極也 父子不相見 兄弟妻子離散 今王田獵於此 百姓聞王車馬之音 見羽之美 擧疾首蹙頞 而相告曰 吾王之好田獵 夫何使我 至於此極也 父子不相見 兄弟妻子離散 此無他 不與民同樂也)」

자기가 듣기 좋고 즐거운 일이라면 남도 같을 것은 당연한 이치다. 그런 즐거움을 남에게는 베풀지 않고 자기만 독점하겠다면 남들이 그 즐거움을 기꺼워하지 않으리란 것도 당연하다.

그런 즐거움을 나에게만 국한시키지 않고 백성들과 더불어 함께 공유한다면 누구도 임금이 즐기는 것을 반대하지 않을 것이며, 동시에 임금이 어려움에 처했을 때 내 일인 양 뛰어와서 도울 것이다.

조선조 아악(雅樂)의 이름 중에 〈여민락(與民樂)〉이 있었던 것도 바로 군주는 이런 정신으로 음악을 즐겨야 한다는 묵시적인 선언과 같았던 것이다.

【용례】 통치자가 관저에 앉아서 사람을 불러 호통을 친다고 문제가 해결되는 건 아니야. "여민동락"의 정신이 있을 때 문제 해결의 실마리가 잡히는 거지.

여민유지 與民由之

與 : 더불어(여) 民 : 백성(민)
由 : 말미암을(유) 之 : 어조사(지)

【뜻풀이】 공직에 있으면서 백성들에게 봉사해야 하고 어려운 일이 닥쳤을 때 당당하게 맞서는 사람을 말한다. 모든 일을 백성들과 함께 공유할 줄 알 때 대장부라 할 수 있다는 뜻이다.

【출전】 『맹자·등문공장구(滕文公章句)』 하편에 다음과 같은 말이 나온다.

"천하의 넓은 곳에 머물고, 천하의 바른 지위에 서며, 천하의 큰 도를 행하여 뜻을 얻으면 백성들과 더불어 말미암고, 뜻을 얻지 못하면 홀로 그 도를 실천하느니라. 부하고 귀해도 음란하지 않고, 가난하고 천해도 뜻을 옮기지 않으며, 위엄과 무력도 굽히지 못하는 사람이 바로 대장부니라.(居天下之廣居 立天下之正位 行天下之大道 得志 與民由之 不得志 獨行其道 富貴不能淫 貧賤不能移 威武不能屈 此之謂大丈夫)"

〈양혜왕장구(梁惠王章句)〉 하편에서도 맹자는 "백성들이 즐거워하는 것을 함께 즐거워하고 백성들이 근심하는 것을 함께 걱정하는 자는 백성 또한 그의 근심을 걱정한다."고 말하면서 여민동락(與民同樂)(➡ 참조)의 정신을 강조하고 있다.

【용례】 국민들의 고통을 외면하고 그들의 고혈로 제 명예만 얻으려는 지도자를 국민들은 용서하지 않아. "여민유지"할 때 그 권력도 오래간다는 사실을 왜 알지 못할까?

여반장 如反掌

➜이여반장 易如反掌

여병말마 厲兵秣馬

厲 : 숫돌(려) 兵 : 병장기(병)
秣 : 말먹이 · 먹일(말) 馬 : 말(마)

【뜻풀이】 병장기를 갈고 군마를 살지게 먹이다. 전쟁 준비를 완벽하게 갖추는 것을 비유하는 말이다.

【출전】 『좌전 · 희공(僖公) 33년』조에 다음과 같은 이야기가 있다.

춘추시대에 진문공(晉文公)이 진목공(秦穆公)과 연합하여 정(鄭)나라를 치려고 군대를 일으키자 정문공은 즉시 촉지무(燭之武)라는 사람을 파견하여 진목공을 달래 퇴군하게 한 일이 있었다.

이때 진목공은 기자(杞子)와 봉손(逢孫), 양손(楊孫) 등 세 사람을 정나라에 파견해서 정나라를 도와 도성을 지키게 한 뒤 군사를 거두자 진문공도 할 수 없이 퇴군을 하고 말았다.(➡ 동도주東道主 참조)

그때로부터 2년이 지난 뒤였다. 앞서 진목공이 정나라에 파견한 기자가 진목공에게 비밀 편지를 띄워 정나라를 기습하자고 하면서 "정나라에서 내게 북문의 열쇠를 맡겼으니(掌其北門之管) 일이 순조롭게 진행될 것"이라고 했다.

이로부터 북문쇄약(北門鎖鑰)이라는 성어가 나왔는데, 요충지대를 지키고 있는 것을 일컫는 말이다.

이에 진목공은 즉시 맹명시(孟明視) 등에게 대군을 주어 낙양을 거쳐 동쪽으로 진군하게 하였다.

진나라 대군이 활곡(滑谷)이라는 곳에 이르렀을 때였다. 때마침 낙양 방면으로 장사를 떠난 정나라의 상인 현고(弦高)가 진나라 군사들이 동진하는 것을 보고 그들이 지금 정나라를 치러 가는 것임을 알게 되었다.

이에 현고는 소가죽 4장과 소 12마리를 진나라 군사들에게 바치면서 정나라 임금을 대표하여 대군을 위로한다고 하였다. 그러면서 남모르게 사람을 보내 정나라 임금에게 급보를 전했다.

이에 정나라 임금 목공(정문공의 아들)이 급히 사람을 보내 기자가 있는 북문에 가서 진나라 군사들의 동정을 살펴보게 하였더니 그들은 "병장기를 갈고 말을 배불리 먹여 놓은 채(厲兵秣馬)" 대응할 준비를 다 해 놓고 있는 것이었다.

정목공은 황무자(皇武子)라는 사람을 파견하여 기자 휘하의 진나라 군사들에게 그만 본국으로 돌아가라고 좋은 말로 충고했다.

이렇게 해서 기자는 자기들의 음모가 탄로 난 것을 알고 황급히 도주하고 동쪽으로 진군하던 맹명시도 정나라에서 눈치챘다는 것을 알고 퇴군하고 말았다.

여병말마는 『좌전』의 원문으로, 여병(厲

兵)은 병장기를 갈아 놓았다는 뜻이고, 말마(秣馬)는 말들을 배불리 먹여 놓았다는 뜻인데, 전투 준비가 다 갖춰진 것을 비유하는 말이다.

여병말마는 이병말마(利兵秣馬) 또는 말마이병이라고도 한다.

【용례】 앞으로 일을 할 때는 "여병말마"해서 반드시 실수가 없도록 합시다.

여산진면목 廬山眞面目

廬 : 오두막집(려) **山** : 메(산)
眞 : 참(진) **面** : 얼굴(면) **目** : 눈(목)

【뜻풀이】 여산의 참된 모습.

【출전】 송나라의 소식(蘇軾, 1037~1101)이 여산(廬山)을 소재로 해서 쓴 작품에 나온다. 그는 〈제서림벽(題西林壁)〉에서 이렇게 쓰고 있다.

「가로 보면 뻗어간 고개요, 옆으로 보면 솟은 봉우리라
멀리 가까이서 높고 낮은 곳에서 보기에 따라 각기 다르구나.
여산의 참다운 모습을 우리가 알 수 없는 것은
이 몸이 이 산중에 있기 때문이겠지.
橫着成嶺側成峰
遠近高低各不同
不識廬山眞面目
只緣身在此山中」

이 시는 소동파가 신종황제 원풍(元豊) 7년(1084)에 여산을 유람할 때 서림사(西林寺) 벽에 써 놓은 것이다.

여기에서 특히 마지막 두 구절은 사람들이 대대로 내려오면서 칭찬해 마지않는 명구다.

무릇 사물의 정체를 알아채기 힘들거나 어떤 사람의 태도가 그다지 명확하지 않음을 가리켜 불식여산진면목이라고 하게 되었으며, 자신이 복잡한 갈등 속에 빠져 객관적으로 명석하게 문제를 분석할 수 없는 경우를 가리켜 이 구절로 비유하기도 했다. 그리고 어렴풋한 가운데 정체가 차츰 드러나는 것을 가리켜 여산진면목이라고 한다.

이백에게도 〈망여산폭포(望廬山瀑布)〉라는 제목의 시가 있다.

「햇빛 비친 향로봉엔 보랏빛 안개 일더니
아득히 보니 폭포 한 줄기가 앞 내에 걸렸구나.
날듯이 떨어지는 물줄기는 삼천 척
은하의 강물이 구천에서 떨어지나 의심을 했네.
日照香爐生紫煙
遙看瀑布挂前川
飛流直下三千尺
疑是銀河落九天」

【용례】 올라올 때는 구름에 가려 아무것도 볼 수 없더니 정상에 올라오니까 설악산 전경이 한눈에 들어오는군. "여산진면목"에 호연지기(浩然之氣)가 절로 이는데.

여세추이 與世推移

與 : 더불(여) **世** : 인간(세)
推 : 옮길(추) **移** : 옮길(이)

【뜻풀이】 세상의 변화와 흐름에 맞춰 행동한다는 뜻이다.

【출전】 굴원이 지은 초사 〈어부사(漁父辭)〉

에 보면 "성인은 사물에 얽매이지 않아 세태와 함께 옮겨간다.(聖人不凝滯於物 而與世推移)"는 말이 나온다.

또 다음과 같은 이야기도 있다.

후한 때 환제(桓帝)는 천하에 조서를 내려 훌륭한 선비들을 널리 선발하여 등용했다. 탁군에 사는 최식(崔寔)이라는 선비도 천거되었지만 병을 핑계로 굳이 벼슬을 사양했다. 그리고 다음과 같은 글을 남겼다.

"성현은 어떤 일에도 얽매이지 않고 세상의 흐름에 따라 행동합니다. 그러나 평범한 사람은 융통성이 없어 마음으로만 괴로워할 뿐 시대의 변화에 적응하지 못합니다. 그래서 현실에서 벗어난 말과 글을 써서 나라를 그르치기도 합니다. 아주 오랜 옛날에는 매듭을 지어 표시했던 결승(結繩)의 정치나 하나라 우왕이 오랑캐들을 귀순시켰던 간우(干羽)의 춤만 본다면 세상은 쉽게 다스려지는 것으로 생각할 수 있습니다. 그러나 지금은 세상일이 복잡해져서 옛날처럼 쉽게 다스려지지 않습니다. 법률과 형벌은 국가의 어지러움을 다스리는 약석(藥石)이고, 도덕과 문교는 태평을 일으키는 양식입니다. 양식만으로 병을 고치려 하거나 약석만으로 영양을 섭취하려 하면 효과도 없을 뿐 아니라 오히려 해를 가져옵니다. 지금 왕조의 운은 쇠약해지는 것처럼 보입니다. 마치 마부가 고삐를 놓고 말이 재갈을 벗어 던져서 수레가 당장이라도 뒤집힐 것 같은 형세입니다. 이 사태를 수습하려면 마땅히 고삐를 잘 쥐고 재갈을 다시 물려야 합니다. 마찬가지로 우유부단한 정치를 고치고, 법률과 형벌을 엄히 하여 조정의 위신을 분명히 세워야 할 것입니다."

이 글을 읽은 중장통(仲長統)이 감탄하며 말했다.

"군주라면 이 글을 좌우에 두고 항상 참고해야 할 것이다."

위 글에서처럼 도를 닦은 성현은 사소한 일에 얽매이지 않고 물 흐르듯이 세상의 변화와 흐름에 맞춰 자연스럽게 행동할 줄 알아야 하겠다.

【용례】 세상이 모순에 차 있다고 해서 무조건 반발하고 역행만 해서는 세상을 바로잡을 수 없다. 때로는 "여세추이"하는 지혜를 발휘할 필요도 있다.

여어득수 如魚得水

如 : 같을(여) 魚 : 물고기(어)
得 : 얻을(득) 水 : 물(수)

【뜻풀이】 고기가 물을 만난 듯하다. 사람을 제대로 만났거나, 환경이 자기에게 알맞은 것을 의미한다.

【출전】 『삼국지·촉지·제갈량전(諸葛亮傳)』에서 나온 성어다.

제갈량은 처음에는 은거 생활을 하면서 한가로이 지내다가 유비가 몸소 세 번이나 찾아와서 부탁하자(☞ 삼고초려三顧草廬 참조) 그제야 유비를 만나 시국을 분석하고 천하를 얻을 대계를 제출하였다. 이때부터 유비는 제갈공명을 극진히 대해 주었는데, 유비 수하의 장군인 관우와 장비 등은 이를 못마땅하게 여기고 있었다. 이에 유비는 그들에게 이렇게 타일렀다.

"내가 공명을 얻은 것은 고기가 물을 얻은 격이니 그대들은 더 말하지 마라.(孤之有孔明 猶如魚之有水也 願諸君勿復言)"(☞ 수어지교水魚之交 참조)

ㅇ

바로 유비의 이 말에서 여어득수라는 성어가 나왔다. 때로 정치가와 백성들의 관계가 친밀한 것을 가리켜 어수지정(魚水之情) 또는 어수심정(魚水深情)이라고 한다.

【용례】 자네 사무실에서 펜대나 굴리고 있을 때는 영 힘이 없더니, 영업 파트로 나가니까 유감없이 실력을 발휘하는군. 마치 물 만난 고기("여어득수")처럼 활기찬 게 정말 보기 좋아.

여연지필 如椽之筆

如 : 같을(여) 椽 : 서까래(연)
之 : 어조사(지) 筆 : 붓(필)

【뜻풀이】 서까래 같은 필력(筆力). 글재주가 뛰어난 것을 일컫는 말이다.

【출전】『진서(晉書) · 왕도전(王導傳)』에 다음과 같은 이야기가 있다.

진무제(晉武帝) 때 왕순(王珣)이라는 문인이 있었는데 어느 날 꿈에 신선을 만나 지붕의 서까래처럼 굵고 큰 붓을 선물로 받은 일이 있었다. 꿈에서 깨어난 왕순은 이상하게 생각하던 끝에 "아마도 장차 내가 큰 문장가가 될 모양이다."라고 생각하였다.

그 후 무제가 승하하자 조의문 같은 일체 문장을 모두 왕순에게 쓰라고 했는데, 이때 쓴 글은 하나같이 명문이었다고 한다. 이래서 글재주가 뛰어난 것을 일러 여연(如椽) 또는 대필여연(大筆如椽), 여연지필이라고 하게 되었다.

옛날부터 내려오는 전설 속에는 이 같은 이야기가 비일비재(非一非再)하다.

이백(李白)도 소년 시절에 붓끝에 꽃이 피는 꿈을 꾼 적이 있다고 한다.

그래서 몽필생화(夢筆生花) · 생화지필(生花之筆) · 생화묘필(生花妙筆) 등의 성어로 글재주가 있는 사람 또는 명문을 비유한다.

【용례】 고려 중기의 대문호 이규보(李奎報)가 남긴 시문은 한 편 한 편이 주옥 같은 명편이야. 그런 "여연지필"의 문장은 백년에 하나 나올까 말까 하지.

여일월지식 如日月之食

如 : 같을(여) 日 : 날(일) 月 : 달(월)
之 : 어조사(지) 食 : 먹을(식)

【뜻풀이】 일식(日蝕)과 월식(月蝕)과 같다는 뜻으로, 군자의 어진 덕이 세상에 끼치는 영향을 말한 것이다.

【출전】『논어 · 자장편(子張篇)』에 보면 공자의 제자인 자공(子貢)이 한 말이 나온다.

「군자의 허물은 일식이나 월식과 같다. 허물을 저지르면 모든 사람이 이를 다 볼 수 있다. 그리고 허물을 바로잡으면 일식과 월식이 없어졌을 때처럼 누구나 금방 알아보아서 우러러본다.

(君子之過也 如日月之食焉 過也 人皆見之 更也 人皆仰之)」

진정한 군자는 아무 결점도 없는 완벽한 사람을 말하는 것은 아니다. 군자 역시 사람이니 잘못이 없을 수 없다. 다만 군자는 과오를 범해도 이를 감추지 않는다. 때문에 일식이나 월식이 일어나면 누구나 보는 것처럼 그 잘못을 안다.

사람들이 잘못에 대해 지탄하는 것은 그 잘못을 거듭 저지르기 때문이다. 그런데 군자는 과오가 있으면 바로 이것을 바로잡는다. 그러면 사람들은 이것을 경계로 삼아 자신도 허물이 있을까 조심하고, 또 허물이 생기면 바로 고치게 된다. 마치 일식이나 월식 때문에 세상이 어두워졌다가 다시 밝아지면 세상 사람들이 밝은 해나 만월을 쳐다보며 것과 같은 이치인 것이다.

군자는 바로 이렇게 때문에 소중한 존재다. 잘못을 저질렀을 때나 이를 고쳤을 때를 막론하고 모두 남의 모범이 되는 것이다.

당태종의 치적을 적은 『정관정요(貞觀政要)·논문사(論文史)』 제4장에 다음과 같은 이야기가 나온다.

간의대부(諫議大夫) 저수량(褚遂良, 596~658)은 사관의 역할도 겸직하고 있었다. 어느 날 태종이 자신의 언행을 어떻게 기록했는지 궁금하다면서 볼 수 없겠느냐고 요구하였다. 저수량은 이것을 한 마디에 거절하며 말했다.

"폐하의 그릇된 언행도 모두 기록하기 때문에 보여드릴 수 없습니다. 기록이 두려우시다면 법에 어긋나는 일을 하지 않으시면 될 것입니다."

이 말을 들은 황문시랑(黃門侍郎) 유계(劉洎)가 아뢰었다.

"임금에게 허물이 있으면 이것은 마치 일식이나 월식과 같아 만백성들이 다 봅니다. 때문에 저수량이 과실을 굳이 기록하지 않더라도 천하의 백성들이 모두 그 사실을 알고 있을 것입니다."

【용례】 사람은 자기가 한 일에 대해 책임을 질 줄 알아야지. 잘못했으면 솔직하게 인정하고 고칠 생각을 해야지. 무조건 감추려고만 들면 더욱 구린내가 나는 법이야. 배운 게 없는 어리석은 지도자가 "여일월지식"하는 진리를 모르는구나.

여작계륵 如嚼鷄肋

如 : 같을(여) 嚼 : 씹을(작)
鷄 : 닭(계) 肋 : 갈비뼈(륵)

【뜻풀이】 닭의 갈비뼈를 씹는 듯하다. 맛이 없다. 흥미가 없다. 또는 아무 짝에도 쓸모가 없는 것을 비유하는 말이다.

【출전】 『후한서·양수전(楊修傳)』에 다음과 같은 이야기가 있다.

조조(曹操)의 수하에 총명하고 재주가 많은 양수라는 사람이 있었는데, 그에 대한 재미있는 이야기는 지금까지도 여럿이 전해지고 있다.(➡ 황견유부黃絹幼婦 참조)

조조가 유비를 치기 위해 한중(漢中) 일대로 진격했을 때의 일이다. 조조는 막상 한중에 들어가 보니 어려운 점이 한두 가지가 아니었다. 그 바람에 퇴군하기도 어렵고 진군하기도 어려워 고민하고 있었다.

그러던 중 어느 날 저녁 조조는 구운 닭을 먹으면서 실마리를 풀 궁리를 하고 있는데 부장 하후돈(夏侯惇)이 들어와서 그날 밤의 암호를 물어왔다. 조조는 별다른 생각 없이 계륵(닭의 갈비뼈)으로 암호를 삼으라고 지시했다.

조조의 말을 전해들은 양수는 근무병더러 곧 행장을 수습하고 철군 준비를 하게 하였다. 사람들이 그 이유를 묻자 양수는 "닭의 갈비뼈란 먹기에는 맛이 없고 버리기에도 아까운 것입니다. 조공은 한중을 닭의 갈비뼈로 여겨 흥미를 느끼지 않으니 퇴군하려는 것입니다."라고 대답했다.

아니나 다를까 며칠 후 조조는 과연 퇴군령을 내리고 말았다.

이렇게 해서 사람들은 음식이나 처해진 조건이 그리 마음에 들지 않는 것을 가리켜 "닭의 갈비뼈를 씹는 듯하다.(如嚼鷄肋)" 또는 "맛이 닭의 갈비뼈와 같다.(味如鷄肋)"고 하게 되었다.(➡ 노우지독老牛舐犢 참조)

【용례】 저 선수 우리 팀에 두자니 말썽만 피우고, 방출하자니 다른 팀에선 탐을 내고, 이럴 수도 저럴 수도 없는 게 영락없이 "여작계륵"이로구먼.

여호모피 與虎謀皮

與 : 더불어 · 줄(여) 虎 : 호랑이(호)
謀 : 꾀 · 꾸밀(모) 皮 : 가죽(피)

【뜻풀이】 호랑이와 호랑이 가죽을 벗기자는 의논을 하다. 나쁜 사람과 함께 그의 이익을 손상시키는 문제를 의논하는 것을 말한다.

이 성어는 처음에 여호모피(與狐謀皮)라고 했는데 다음과 같은 이야기가 있다.

【출전】 『태평광기(太平廣記)』 권208에 다음과 같은 이야기가 있다.

옛날 주나라에 귀한 털옷과 진귀한 음식을 좋아하는 사람이 있었다. 어느 날 그는 천금짜리 여우 털옷을 만들기 위해 여우를 찾아가 여우 가죽을 보내 달라고 했다. 그러면서 여우를 대접하기 위해 양들을 찾아가서는 양고기를 보내 달라고 했다.

그랬더니 여우와 양들이 모두 다 깊은 산속으로 도망쳐 버리는 바람에 그 사람은 결국 10년이 지나도 여우 털옷을 갖지 못하고 5년이 지나도 양고기를 얻지 못했다.

이 말이 바로 여호모피 여양모수(與狐謀皮與羊謀羞)다. 그런데 오늘날 여호모피(與狐謀皮)는 여호모피(與虎謀皮)로 쓰이고 있으며 여양모수는 거의 쓰이지 않는다.

【용례】 그 친구 자네 아버지하고 앙숙지간인 사람의 아들이야. 그런 사람하고 제 아버지 말아먹자는 문제를 떠들다니, 사려분별이 있어야지. "여호모피"하다니 될 법한 일인가?

여화여도 如火如荼

如 : 같을(여) 火 : 불(화) 荼 : 씀바귀(도)

【뜻풀이】 기세가 충천하다. 기세가 하늘을 찌를 듯이 높다.

【출전】 『국어 · 오어(吳語)』에 다음과 같은 이야기가 있다.

오왕 부차(夫差)는 월나라를 꺾은 다음 북방의 패주(覇主)가 되려고 계속 제나라를 쳐서 승리를 거두더니 뒤이어 대군을 인솔하여 황지〔黃池, 오늘의 하남성 봉구현(封丘縣) 서남쪽〕에 이르러 노나라와 송나라, 진(晉)나라 등의 임금을 모아 놓고 패주의 지위를 장악하려 하였다.

그런데 공교롭게도 이때 월왕 구천(勾踐)이 오나라의 수도를 급습한다는 소식이 들어왔다. 당황한 오나라 왕 부차는 대부들을 모아 놓고 급히 대책을 논의하면서 황지의 맹세를 중지하고 즉각 회군하든지 아니면 계획대로 황지의 맹세를 진행하되 진나라 정공을 패주로 추대하자고 하였다.

그런데 대부 왕손락(王孫雒)은 이 두 개의 방안에 모두 반대하였다. 그 이유는 황지의 맹세를 중단하고 급히 회군한다면 중도에 제나라와 송나라를 지나갈 때 습격을 받을 수 있으며, 진나라 정공을 패주로 추대한다면 여러 나라가 더욱 단합해서 오나라에 대항할 수도 있다는 것이었다. 그러므로 반드시 황지의 맹세에서 패주의 지위를 얻은 다음 회군해야 한다고 주장했다.

이에 오왕 부차는 왕손락의 말을 옳게 여겨 그날 밤으로 전투 명령을 내리고 군사들을 움직이기 시작했다. 그때 오나라 군사들의 진용은 중군은 군복부터 깃발까지 전부 백색이었고 좌군은 온통 붉은색 우군은 온통 흑색으로 대오가 정연하고 기세가 드높았다.

날이 밝자 부차의 호령에 따라 군사들이 함성을 지르며 북을 치는데 그 소리 또한 천지를 진동하는 듯했다. 이에 진(晉)나라는 지레 겁을 먹고 오왕 부차를 패주로 추대하는 데 동의하였다.

『국어』에는 이 사실을 기록하면서 당시 오나라의 군사들의 진용을 이렇게 묘사했다.

"중군을 바라보면 하얀 씀바귀꽃 같고(望之如荼) 좌군을 바라보면 불덩어리 같고(望之如火) 우군을 바라보면 먹 같다(望之如墨)."

이리하여 여화여도라는 성어가 나왔는데, 처음에는 군대의 진용이 정연하고 사기가 높은 것을 일컬었지만, 지금은 기세가 하늘을 찌를 듯 충천한 것을 비유하는 말로 쓰이고 있다.

【용례】 파병 나간 우리 군의 사기는 "여화여도"라고 하는데, 다른 나라 다국적군은 사기가 엉망인 모양이다.

역린 逆鱗

逆 : 거스를(역) 鱗 : 바늘(린)

【뜻풀이】 거꾸로 솟은 비늘. 임금의 노여움을 비유하는 말이다.

【출전】『한비자 · 세난편(說難篇)』에 다음과 같은 말이 있다.

"용은 벌레처럼 순한 짐승이다. 잘만 길들인다면 타고 다닐 수 있을 정도다. 그러나 그 용의 턱밑에는 한 자쯤 되는 비늘이 거꾸로 솟아나 있는데, 자칫 이것을 건드리는 자가 있으면 용은 반드시 그 사람을 죽여 버린다고 한다. 마찬가지로 군주에게도 이런 역린이 있다. 말하는 사람이 능히 군주의 역린을 건드리지 않는다면 될 것이다.(夫龍之爲蟲也 柔可狎而騎也 然其喉下有逆鱗徑尺 若人有嬰之者 則必殺人 人主亦有逆鱗 說者能無人主之逆鱗 則幾矣)"

여기에서 임금의 노여움을 사는 것을 "역린을 건드렸다."고 하게 되었다.

오늘날에는 꼭 군주가 아니더라도 윗사람의 화를 불러일으키는 경우에도 폭넓게 사용한다.

【용례】 전임 이사는 이사 입지를 강화해야 한다고 하다가, 하루아침에 "역린"을 거슬러 경질됐다며. 떡 줄 사람을 보고 건의를 해야지, 우리 사장이 그런 사람을 그냥 둘 인품인가?

역발산기개세 力拔山氣蓋世

力 : 힘(력) 拔 : 뽑을(발) 山 : 메(산)
氣 : 기운(기) 蓋 : 덮을(개)
世 : 세상(세)

【뜻풀이】 힘은 산을 뽑을 듯하고, 기상은 천하를 뒤덮을 만하다. 용기와 기상이 월등하게 뛰어난 것을 비유하는 말이다.

원래 초패왕(楚霸王) 항우(項羽)의 늠름한 힘과 기상을 비유하는 말인데, 오늘날에는 사람의 역량이 뛰어난 것을 말할 때 주로 쓰인다.

【출전】『사기·항우본기』에 보면 다음과 같은 이야기가 있다.

유방의 군대에 패해 쫓기던 항우의 군대는 해하(垓下)에까지 몰렸다. 병사는 적고 군량마저 바닥이 났다. 유방의 군대는 몇 겹으로 항우의 군대를 포위했다.

그날 밤에 갑자기 한나라 진영에서 초나라의 민요 가락이 사방에서 울려 퍼져 나왔다. (▶ 사면초가四面楚歌 참조)

항우는 깜짝 놀라며 말했다.

"한나라가 이미 초나라를 차지한 것이 아닌가. 어떻게 적진에 초나라 사람이 저렇게도 많을 수 있는가?"

그날 밤 항우는 장막에 앉아 술을 마셨다. 옆에는 항상 그를 따르던 우미인(虞美人)과 그가 늘 타고 다니던 추라고 하는 명마가 자리하였다. 이때 항우는 비탄에 젖어 길게 한숨을 쉬더니 직접 시를 지어 노래를 불렀다.

「힘은 산을 뽑도다. 기상은 세상을 덮고
시세가 불리함이여 추마는 가지 않는구나.
추마가 가지 않음이여 이를 어찌하리요
우여, 우여, 그대를 어쩌면 좋은가?
力拔山兮氣蓋世
時不利兮騅不逝
騅不逝兮可奈何
虞兮虞兮奈若何」

노래(▶ 발산거정拔山擧鼎 참조)가 끝나자 우미인이 이에 화답하며 노래 불렀다. 항우가 몇 줄기 눈물을 주르르 흘리자 주위에 있던 장군들도 함께 소리 죽여 울며 아무도 그 모습을 바라보지 못했다.

【용례】 힘이 장사라고 세상을 지배하는 것은 아니야. "역발산기개세"하던 항우도 결국 패망하지 않았는가? 그러니 힘도 힘이지만 지혜를 기르는 것이 진짜 힘을 기르는 거야.

역보역추 亦步亦趨

亦 : 또(역) 步 : 걸음·걸을(보)
趨 : 달릴(추)

【뜻풀이】 남이 움직이는 대로 움직이다. 남이 하는 대로 덩달아 하다.

【출전】『장자·전방자편(田方子篇)』에 다음과 같은 이야기가 있다.

공자의 제자 중에 안회(顔回)라는 총명한 제자가 있었다.

어느 날 안회는 공자에게 말했다.

"스승님께서 천천히 걸으면 저도 천천히 걷고 스승님께서 빨리 걸으면 저도 빨리 걷고 스승님께서 달리시면 저도 달릴 수 있습니다. 그러나 스승님께서 먼지를 일구며 나는 듯이 달리면 생은 꼼짝 못하고 멀리 뒤에 떨어져 있게 될 것입니다.(夫子步亦步 夫子趨亦趨 夫子馳亦馳 夫子奔逸絶塵 而回瞠若乎後矣)"

뒷날 안회의 이 말에서 사람들은 남이 하는 대로 모방하는 것을 역보역추라 했고, 남의 뒤에 멀리 떨어져 있는 것을 당호기후(瞠乎其後)라 했는데, 안회가 말한 역보역추의 본래의 뜻은 스승을 따라 열심히 공부한다는 말이었다.

〈전방자편〉에서는 계속해서 이렇게 쓰고 있다.

공자가 안회에게 그 말이 무슨 뜻인가 하고 물었더니 안회가 대답하였다.

"스승님께서 천천히 걸으면 저도 천천히 걷

는다는 것은 스승님께서 이야기하시면 저도 이야기한다는 뜻이고, 스승님께서 빨리 걸으면 저도 빨리 걷는다는 것은 스승님께서 남과 논쟁하시면 저도 논쟁한다는 뜻이고, 스승님께서 달리시면 저도 달린다는 것은 스승님께서 성현들의 도리를 천명하시면 저도 그렇게 한다는 뜻입니다. '스승님께서 나는 듯이 달린다'는 것은 스승님께서 말 한마디 없이 남을 감복시키는 것을 가리키는 것이온데 여기서는 저는 그저 바라만 볼 뿐 아무런 방법도 없다는 것입니다."

【용례】 그들이 그런 방안을 제안하는 속셈이 뭔지나 알고 "역보역추"하는 건가? 결국 자네 집 저당 잡히자는 말인데, 그렇게 쉽게 승낙을 해?

역부몽 役夫夢

役 : 부릴(역) 夫 : 지아비(부) 夢 : 꿈(몽)

【뜻풀이】 일꾼의 꿈이란 말로, 인생의 부귀영화가 모두 꿈과 같다는 뜻이다.

【출전】 『열자(列子) · 주목왕편(周穆王篇)』에 다음과 같은 이야기가 나온다.

주(周)나라에 윤씨라는 사람이 있었는데, 재물에만 눈이 어두워 일꾼들을 마구 부려 먹었다. 그에게 한 늙은 일꾼이 있었다. 그는 낮에는 신음하면서 중노동에 시달렸고 밤이면 지쳐 멍하니 앉아 있다가 깊은 잠에 빠지곤 했다. 그렇지만 그는 밤마다 황제가 되어 나라를 다스리며 궁궐에서 잔치를 벌이면서 즐겁게 노는 꿈을 꾸었다. 어떤 사람이 그의 고초를 위로했더니 그는 이렇게 말했다.

"인생은 낮과 밤이 있습니다. 저는 낮에는 하인으로 죽도록 고생하지만 밤이면 한 나라의 황제가 되어 즐거움을 마음껏 누립니다. 그러니 크게 원망할 것도 없습니다."

그런데 주인인 윤씨 역시 항상 피곤에 지쳐 밤에 잠이 들었는데, 밤마다 남의 하인이 되어 힘겹게 일하는 꿈만 꾸었다. 악몽을 견디지 못한 그가 하루는 친구를 찾아가 상의를 했더니 친구가 말했다.

"자네는 지위와 재산이 남부럽지 않게 높고 많네. 그러니 밤에 하인이 되어 괴롭게 일하는 것은 어쩌면 정상적인 일이라네. 깨어 있을 때와 꿈꿀 때 둘 다 편안함을 누릴 수는 없을 노릇이 아닌가."

이 말을 들은 윤씨는 그때부터 일꾼들의 일을 줄여 나갔다. 그러자 악몽도 사라지고 고통도 없어졌다. 이처럼 인생에서 부귀영화란 헛되기 짝이 없어 한낱 꿈과 같다.

【용례】 사장이나 나나 세 끼 밥 먹고 한 평 침대에서 자기는 마찬가지야. 더구나 내게는 현명한 아내와 예쁜 자식까지 있네. 인생은 "역부몽"이니, 홀아비로 혼자 사는 사장보단 내가 나을 수도 있어.

ㅇ

역자이교지 易子而敎之

易 : 바꿀(역) 子 : 아들(자)
而 : 어조사(이) 敎 : 가르칠(교)
之 : 어조사(지)

【뜻풀이】 자식을 서로 바꿔 가르치다. 자신이 자기 자식을 가르치게 되면 피붙이의 정 때문에 엄하게 교도할 수가 없다. 때문에 남에게 맡겨 자식을 엄하게 가르치게 하는데, 그렇다고 전혀 알지도 못하는 사람에게 맡기

면 자식이 잘못된 길로 빠질 수가 있다. 그래서 친구 사이에 서로 자식을 바꿔서 가르치면 엄격함과 인자함을 겸비할 수 있다는 말이다.

【출전】『맹자·이루장구(離婁章句)』 상편에 다음과 같은 이야기가 있다.

「공손추가 물었다.

"군자는 자기 자식을 가르치지 않는다는데 어째서입니까?"

맹자가 대답하였다.

"형편이 그럴 수 없기 때문이다. 자식을 가르칠 때는 반드시 바름으로써 해야 하는데 바름으로 가르쳤는데 자식이 이를 행하지 않으면 이어 화를 내게 된다. 이렇게 이어 화를 내면 도리어 의리를 해치게 된다. '아버지는 바름으로써 나를 가르치지만 아버지의 언행도 바름에서 나오는 것은 아니다.'라고 하면 그것은 곧 부자가 서로를 해치게 되는 것이고, 부자가 서로 해치게 되면 미워하게 된다. 때문에 옛날에는 자식을 서로 바꿔가며 가르쳤다. 부자지간에는 서로 잘하라고 책하지 않으며 이를 책하게 되면 서로 사이가 멀어지게 된다. 이렇게 사이가 틈이 나면 상서롭지 못한 것이 이보다 더 큰 것이 없는 것이다."

(公孫丑曰 君子之不教子 何也 孟子曰 勢不行也 教子必以正 以正不行 繼之以怒 繼之以怒 則反夷矣 夫子教我以正 夫子未出於正也 則是父子相夷也 父子相夷 則惡矣 古者易子而教之 父子之間不責善 責善則離 離則不祥莫大焉)」

이 말에서 나온 성어가 역자이교지다.

오늘날에는 이런 식의 교육이 거의 불가능하지만, 서구의 귀족층들이 하는 것처럼 가정교사를 두어 철저하게 자식을 지도하게 하는 교육 방식은 인간을 전인적(全人的)으로 키우는 데에 꼭 필요한 일임은 부정할 수 없다. 집단 교육은 결국 인간을 획일화시키고 능력을 계발하기보다는 마모시킬 소지가 다분하기 때문이다.

【용례】 여보게, 우리 방학 때 서로 아이를 바꿔 기르면 어떻겠나. "역자이교지"라는데 방학 때만이라도 친구 집에 두어 가르치면 예절이나 행동거지를 함부로 하지는 못하겠지.

역자이식 易子而食

易 : 바꿀(역) 子 : 아들(자)
而 : 어조사(이) 食 : 먹을(식)

【뜻풀이】 먹을 것이 없어 자식을 서로 바꾸어 잡아먹는다는 말로, 극심한 기근이 든 것을 말한다. 역자석해(易子析骸)라고도 한다.

【출전】『좌전·선공(宣公) 15년조』와 『사기·송미자세가(宋微子世家)』에 다음과 같은 이야기가 있다.

『사기』에 따르면 송나라가 초나라의 침공을 맞아 포위를 당해 다섯 달을 계속 버텼다. 그러나 결국 식량이 바닥나자 극심한 굶주림에 시달려 "뼈를 부수어 밥을 짓고, 자식까지 바꾸어 먹었다.(析骨而炊 易子而食)"는 기록이 있다.

『동주열국지(東周列國誌)』에 보면 이때의 상황을 다음과 같이 전하고 있다.

송나라의 장수 화원(華元)은 최후의 수단으로 밤에 초나라 대장 등자반(登子反)이 자는 방에 들어가 칼을 겨누며 포위를 풀어 줄 것을 요구했다. 등자반이 송나라의 성 안 사정을 물으니 화원은 이렇게 대답했다.

"자식을 바꾸어 잡아먹고 뼈를 부수어 밥을 먹고 있는 실정입니다."

깜짝 놀란 등자반이 물었다.

"병법에 의하면 강할 때에는 약한 척하고 약할 때는 강한 척하라고 했는데 당신은 어찌하여 사실 그대로 말하시오?"

"군자는 남의 위급함을 불쌍히 여기고, 소인은 남의 불행을 행운으로 여긴다고 들었습니다. 원수께서 군자이신 줄 알기 때문에 감히 숨기지 않았습니다."

이 말을 듣고 등자반은 초나라 역시 식량이 7일분(『사기』에는 3일)밖에 없다는 사실을 말하고, 이튿날 포위를 풀어 30리 후퇴하겠다고 약속했다. 두 사람은 이를 계기로 의형제를 맺었으며, 약속대로 다음 날 초의 군사가 30리 후퇴를 한 다음 두 나라는 강화를 맺게 되었다.

【용례】 옛날 우리나라가 가난하게 살 때에는 초근목피(草根木皮)로 근근이 끼니를 때운 적도 있었지. 비록 "역자이식"하는 참경까진 가지 않았다고 해도 비참하기는 매한가지였네.

역책 易簀

易 : 바꿀(역) 簀 : 대자리(책)

【뜻풀이】 대자리 침상을 바꾼다는 말로, 사람이 죽는 것을 뜻한다.

【출전】 『예기(禮記) · 단궁(檀弓)』 상편에 다음과 같은 이야기가 나온다.

공자의 제자 증삼(曾參, 증자)이 병으로 자리에 누워 임종할 때의 일이다. 악정자춘(樂正子春)은 침상 밑에 앉아 있고 증원(曾元)과 증신(曾申)이 발 밑에 앉아 있었는데 방구석에서 촛불을 들고 있던 동자아이가 말했다.

"화려하고 아름답네요. 대부의 침상이 아닙니까?"

그러자 자춘이 말했다.

"말을 그치지 못하겠느냐?"

이 말을 들은 증자가 놀라며 탄식했다. 그런데 동자가 거듭 같은 말을 하자 증자가 말했다.

"그렇구나. 이것은 바로 계손(季孫)이 준 것이다. 병이 들어 내가 직접 바꿀 수 없으므로 원(元)아, 네가 일어나서 침상을 바꾸거라."

그러자 증원이 말했다.

"병이 위중하시니 자리를 바꿀 수 없습니다. 내일 아침에 바꾸십시오."

증자가 이 대답에 다시 말했다.

"너희가 나를 사랑하는 것이 저 동자만도 못하구나. 군자는 사람을 사랑할 때에 덕으로 하고 소인은 임시방편으로 한다. 내가 무엇을 구하겠느냐? 나는 정도(正道)를 좇으며 죽으려는 것이니라."

이 말을 듣고 모두 증자의 몸을 부축해서 침상을 바꾸었는데, 새 자리로 옮겨 몸을 추스르기도 전에 증자는 세상을 떠나고 말았다.

【용례】 사람이 한평생을 잘 살았다고 해도 막판에 이를 그르치는 경우가 많아. 말년에 죄를 지면 고칠 시간이 없으니, "역책"의 자리가 부끄러울 뿐이지.

ㅇ

연년세세화상사 年年歲歲花相似

年 : 해(년) 歲 : 해(세) 花 : 꽃(화)
相 : 서로(상) 似 : 같을(사)

【뜻풀이】 해마다 꽃은 피는데, 꽃마다 다를 게 없다. 자연의 변함 없는 모습을 비유하는 말이다. 이 말 속에는 무상하게 변하는 인간

사에 대한 한탄이 담겨 있다.

【출전】 당나라의 시인 유희이(劉希夷, 651~679)가 지은 〈대비백발옹(代悲白髮翁)〉에 끝 부분에 나오는 한 구절이다. 시 전문은 성어 상전벽해(桑田碧海)에 수록되어 있으니 이를 참조하기 바란다. 여기서는 이 시에 얽힌 일화 한 가지를 소개하기로 하겠다.

『당재자전(唐才子傳)』에 나오는 이야기다.

앞서 소개한 〈대비백발옹〉은 유희이의 작품이 아니고 그의 장인이자 역시 당의 대시인이었던 송지문〔宋之問, 자는 정청(廷淸)〕의 작품이라는 설도 있다. 그렇게 된 까닭은 다음과 같다.

처음에 유희이가 시를 짓고서는 장인에게 보여 주었는데, 시구에 반한 송지문이 〈연년세세화상사 세세연년인부동〉 두 구절을 달라고 했다. 장인의 부탁이라 거절하지 못하고 승낙했지만, 결국 주지 않고 말았다. 이에 화가 난 송지문은 자기를 농락했다면서 사위를 토낭(土囊)으로 압살하고 말았다.

우리나라에서도 고려 때의 시인 정지상(鄭知常)이 친구 김부식(金富軾, 1075~1151)이 시를 달라고 했을 때 주지 않았다가 나중에 묘청의 난 때 참살당한 일이 있는데, 좋은 시를 향한 시인의 지나친 열정은 혈연이나 친구 사이의 의리도 저버리게 만드는 모양이다.

【용례】 지난해 함께 꽃놀이를 갔던 그녀가 올핸 없으니, "연연세세화상사"라지만 이렇게 쓸쓸해질 줄은 꿈에도 생각지 못했어.

연리지 連理枝

連: 이을(련) **理**: 이치(리) **枝**: 가지(지)

【뜻풀이】 가지와 가지가 맞닿아 있다. 금실이 좋은 부부를 나타낼 때 쓰는 말이다.

【출전】 『후한서·채옹전(蔡邕傳)』에 다음과 같은 이야기가 있다.

후한 말의 문인 채옹(132~192)은 유학을 정리한 학자로 이름이 높지만 또한 그는 효성이 지극한 사람이기도 했다. 그의 어머니는 늙어 항상 잔병치레가 끊이지 않았다. 그래서 채옹은 어머니를 간병하기에 온갖 정성을 다해 3년 동안 옷을 벗지도 못하고 간호했다.

또 어머니가 돌아가신 뒤에는 상복을 입고 무덤가에 초막을 지어 예법에 정해진 대로 어머니를 모셨다.

그 뒤 채옹이 머물던 초막 앞에 나무가 두 그루 났는데 차츰 서로 붙어 마침내 결까지 나란한 한 그루의 나무가 되었다. 채옹의 지극한 효성이 이런 기적을 낳았다며 칭찬이 끊이지 않았다고 한다.

그러나 이 이야기는 나중에 뜻이 바뀌어 우애가 두터운 부부를 상징하는 말이 되었다. 특히 포학했던 전국시대 송(宋)나라 강왕(康王)에게 항거했던 한빙(韓憑)과 부인 하씨(何氏)의 이야기에서 연유해 금실 좋은 부부애를 표현하는 말로 굳어졌다.(☞ 상사병相思病 참조)

백거이(白居易, 772~846)의 〈장한가(長恨歌)〉에 보면 현종과 양귀비가 서로의 사랑을 확인하는 구절에 이 말이 나온다. 작품의 맨 마지막 8행을 살펴본다.

「떠날 무렵 은근히 거듭 전갈하노니
거기에는 두 사람만 아는 맹세 담겼다.
칠월하고도 칠석에 장생전에서
아무도 없는 야반에 속삭이셨다오.
하늘에 있을 때는 비익의 새가 되고

땅에 있을 때는 연리의 가지가 되고자.
장구한 천지도 끊길 때가 있겠지만
이 슬픔은 면면히 그칠 날이 없겠구나.
臨別殷勤重寄詞
詞中有誓兩心知
七月七夕長生殿
夜半無人私語時
在天願作比翼鳥
在地願爲連理枝
天長地久有時盡
此恨綿綿無盡期」

시 내용 중에 나오는 비익(比翼)은 날개가 하나밖에 없는 새로서 두 새가 같이 있어야만 날 수 있다고 한다.

【용례】 그 두 사람 어려운 형편에 "연리지"의 언약을 맺기에 걱정 많이 했는데, 마침내 크게 성공을 거뒀다는군.

연목구어 緣木求魚

緣 : 가장자리·말미암을(연)
木 : 나무(목) 求 : 구할(구)
魚 : 물고기(어)

【뜻풀이】 나무에 올라가서 물고기를 얻으려 한다는 뜻으로, 허무맹랑(虛無孟浪)한 욕심이나 대처 방식을 비유하는 말이다.

【출전】『맹자·양혜왕장구(梁惠王章句)』상편에 다음과 같은 대화가 기재되어 있다.

맹자 : 대왕께서 온 나라의 군사를 풀어 장사들의 목숨도 돌보지 않고 남의 나라를 치는 것은 무엇을 바라기 때문입니까?

제선왕 : 과인의 가장 큰 욕망을 만족시키려는 것이지요.

맹자 : 대왕의 가장 큰 욕망이란 무엇입니까? 들려주실 수 있겠습니까?

제선왕 : (웃어 보이면서 말이 없다가) 허허, 글쎄요.

맹자 : 좋은 음식이 부족합니까? 좋은 의복이 부족합니까? 화려한 노리개가 부족합니까? 아름다운 음악이 없습니까? 시중드는 사람이 적습니까? 이런 것들은 대왕께서 부족하지 않을 텐데요?

제선왕 : 물론 그런 것들은 아니지요.

맹자 : 그렇다면 알 수 있습니다. 대왕께서 바라는 것은 천하를 정복하여 진나라와 초나라 등 대국마저 조공하게 하고 사방의 이민족들도 어명에 따르게 함으로써 천하의 패주가 되어 보려는 것이지요. 그러하다면 이것은 마치 나무에 올라가서 물고기를 낚겠다는 것과 같습니다.

제선왕 : 그렇게까지 심할까요?

맹자 : 이것보다 더 엄중하다고 할 수도 있습니다. 나무 위에 올라가서 물고기를 얻으려 하는 것은 고작해야 뜻을 이루지 못할 뿐이지만, 대왕께서 그러한 방법으로 자신의 욕구를 만족시키려 한다면 뜻을 이루지 못할 뿐 아니라 크나큰 피해까지 빚어낼 수 있는 것입니다.(殆有甚焉 緣木求魚 雖不得魚 無後災 以若所爲 求若所欲 盡心力而爲之 後必有災)」

이와 같이 맹자는 제선왕에게 무모하게 천하를 제패하겠다는 욕망을 포기하고 정치를 개혁해 어진 정치를 실시하여 민심을 수습할 것을 강조하였다.

【용례】 그렇게 피둥피둥 놀면서 대학은 일류 대학을 고집하다니. 그런 "연목구어" 같은 잡생각 좀 버리고 차라리 기술이라도 배우는 게 어떻겠냐?

ㅇ

연작안지홍곡지지 燕雀安知鴻鵠之志

燕 : 제비(연) 雀 : 참새(작)
安 : 어찌(안) 知 : 알(지)
鴻 : 기러기(홍) 鵠 : 고니(곡)
之 : 어조사(지) 志 : 뜻(지)

【뜻풀이】 제비나 참새가 어찌 기러기나 고니의 뜻을 알겠는가? 소견이 좁은 사람은 뜻이 큰 사람의 야망을 이해하지 못한다는 말이다. 때로는 자신의 진심을 남들이 이해하지 못할 때 자탄하는 말로도 쓴다.

【출전】 『사기 · 진섭세가(陳涉世家)』에 다음과 같은 이야기가 있다.

진승(陳勝)의 자는 섭(涉)으로 하남성에서 날품팔이하는 노동자에 불과했다. 그러나 그의 가슴속은 날로 어지러워져가는 세태를 탄식하며 진(秦)나라의 폭정에 시달리는 백성들을 구해야 한다는 사명감으로 불타오르고 있었다.

하루는 고생하며 일하고 있는 동료를 보면서 말했다.

"장래 내가 출세를 한다 해도 내 결코 그대들을 잊지 않겠네."

그러자 친구들은 한껏 비웃으며 면박을 주었다.

"무슨 잠꼬대인가. 날품팔이 주제에 출세라니?"

"아아, 어찌 참새나 제비 따위가 기러기나 고니의 큰 뜻을 알겠는가?"

자신의 마음을 몰라주는 친구들을 보며 진승은 이렇게 중얼거렸다.

그 뒤 진승은 장성의 경비에 차출되어 어양(漁陽)으로 가다가 대택현(大澤縣)에서 큰비를 만나고 말았다. 남쪽 지방은 습지가 많아 한 번 비가 오면 길이 온통 진탕이 되어 버리기 때문에 기일에 맞춰 집결지에 도착하기란 이미 그른 일이었다. 진나라 형법에 기한 내에 도착하지 못하는 사람은 참수형에 처하게 되어 있었다.

그때 같은 고향 친구로 오광(吳廣)이란 사람이 있었는데, 두 사람은 이렇게 죽을 수는 없다고 여겨 함께 길을 떠난 900여 명의 동료들과 더불어 반란을 일으키자고 모의하였다. 그 결과 두 사람이 주동이 되어 진나라 관리를 해치우고는 마침내 진나라의 폭정에 항거하는 반란을 일으켰다.(➡ 게간이기揭竿而起 참조)

이 반란으로 말미암아 전국 각지에서는 용기를 얻은 많은 농민들이 호응하게 되었고 삽시간에 군사는 수만 명에 이르렀다. 진승은 나라를 세워 장초(張楚)라 하고 황제의 자리에 올랐다.

중국 역사상 최초의 농민 혁명이라고 할 수 있다.

【용례】 우리 같은 말단 직원이 어찌 회장님의 그 큰 뜻을 알겠냐고 하는데, 이를 참새가 홍곡의 뜻을 어찌 알겠냐("연작안지홍곡지지")고들 그러더군.

연작처당 燕雀處當

燕 : 제비(연) 雀 : 참새(작)
處 : 머물(처) 當 : 집(당)

【뜻풀이】 안락한 생활에 빠져서 경각심을 잃고 장차 닥쳐올 재앙을 예측하지 못하다.

【출전】 이 성어는 『공총자(孔叢子) · 논세편

(論世篇)』에 나온다.

전하는 바에 따르면 이 책은 공자의 9세손인 공부(孔鮒)의 저작이라고 한다.

전국시대 말년 위나라에 가 있던 공부는 당시에는 꽤 유명한 인물이었다고 하는데, 그는 〈논세편〉에서 당시 위나라에서 일어난 다음과 같은 사실에 대해 언급했다.

어느 날 진(秦)나라에서 위나라의 이웃인 조나라를 침공하자 위나라의 대부들은 대책은 고사하고 도리어 이것이 위나라에 유리하다고 떠들어댔다.

재상 자순(子順)이 대부들을 보고 무슨 근거가 있느냐고 물었더니 대부들은 "진나라가 조나라를 이기면 위나라는 진나라와 화친하고 진나라가 지면 위나라는 이 틈을 타서 진나라를 쳐서 이길 수 있다."는 것이었다.

이때 자순은 대부들의 견해가 부당함을 지적해 주면서 다음과 같은 이야기를 들려주었다.

"집집의 처마 밑이나 대들보 밑에 둥지를 틀고 있는 새들은 거기가 가장 안락한 곳인 줄 알고 날마다 즐겁게 우짖고 있다. 그러다가 어느 날 그 집 굴뚝에서 불이 났다. 그러나 그때까지도 새들은 이제 큰 재앙이 미치리라는 것을 모르고 있었다. 만약 조나라가 망하는 날이면 우리 자신에게 곧 화가 미치게 될 것이다. 이것을 알지 못한다면 처마 밑에 둥지를 틀고 있는 그 새들과 무엇이 다를 것인가?"

이 이야기에서 나온 성어가 연작처당인데 "제비와 참새가 처마 밑에 둥지를 틀고서 장차 큰 집이 타 버릴 것도 모르고 있다.(燕雀外堂 不知大廈之將焚)"라고도 한다.

이 성어는 태평성대(太平聖代)에 젖어 경각심이 무뎌진 것을 경고하는 뜻으로 쓰이는 동시에 남의 권세에 붙어 안일을 도모하려는 소인배들을 비난하는 말로도 쓰이고 있다.

【용례】 너 너무 "연작처당"하는 거 아니니? 부모님이 부자라고 이렇게 허구한 날 흥청망청거리다가는 나중에 크게 후회할 거야.

연저지인 吮疽之仁

吮 : 빨·핥을(연) 疽 : 악창·종기(저)
之 : 어조사(지) 仁 : 어질(인)

【뜻풀이】 종기가 터져 나오는 고름을 빨아 주는 은혜. 순수한 의도에서 우러나온 선행이 아니라 뭔가 목적을 가지고 행하는 선행을 가리키는 말이다.

【출전】 『사기(史記)·손자오기열전(孫子吳起列傳)』에 다음과 같은 이야기가 있다.

오기는 인간적으로는 형편없는 사람이었지만 목적을 위해 최선의 노력을 다한 점에서는 대단한 인물로 평가할 수 있다.

그는 학업을 위해 어머니의 부음(訃音)을 듣고도 가지 않다가 스승 증자(曾子)에게 내침을 당하기도 했다. 또 노(魯)나라에 있을 때는 제(齊)나라가 쳐들어오자 그를 장군으로 임명하려다가 아내가 제나라 사람이라는 이유 때문에 사람들이 주저하자 아내의 목을 베기까지 한 일도 있었다.

그가 위(衛)나라 문후(文侯) 밑에서 장군으로 있을 때의 일이다.

그는 말단 병사들과 숙식을 같이 하며 온갖 궂은일을 마다하지 않아 병사들의 두터운 신망을 얻었다. 병사들 중 다리에 종기가 나서 고생하는 이가 있었다. 오기는 서슴없이 발을 잡아 입으로 종기를 빨아낸 뒤 약을 발라 주었다.

이 소식을 들은 병사의 어머니가 대성통곡

(大聲痛哭)하며 울었다. 이웃집 사람이 사정을 듣더니 의아해하며 물었다.

"아니, 당신 아들은 고작 병사이고 오기는 장군인데, 그런 장군이 아들의 종기를 빨아주었다면 크나큰 영광일 것입니다. 그런데 이렇게 슬피 통곡을 하다니 이해가 가지 않는군요?"

어머니가 울음을 그치더니 대답하였다.

"그런 것이 아닙니다. 작년에 오 장군은 그 애 아버지의 종기도 빨아 주었더랬습니다. 그러자 그 아비는 전쟁에 나가 발꿈치를 뒤로 돌릴 생각은 않고 끝까지 싸워 마침내 적병에게 죽음을 당했었습니다. 이제 다시 그 자식의 종기를 빨아 주었다니 저는 그놈이 어디서 죽을지 모르게 되었습니다. 그 때문에 이렇게 우는 것입니다.(非然也 往年吳公 吮其父 其父戰不旋踵 遂死於敵 今又吮其子 妾不知其死所矣 是以哭之)"

【용례】 탈세한 자기를 대신해 감옥에 들어간 직원을 위해 슬피 울며 위로한 사장이 있다더군. 그런 "연저지인"에 속아 넘어간 직원도 한심한 사람이지.

연편누독 連篇累牘

連 : 이을(련) **篇** : 책 · 편(편)
累 : 쌓을(루) **牘** : 편지(독)

【뜻풀이】 연이어진 글과 쌓여 있는 편지글. 수량은 많지만 내용은 부실한 글을 비유하는 말이다.

【출전】 『수서 · 이악전(李諤傳)』에 다음과 같은 이야기가 있다.

수문제 때 치서시어사로 있던 이악은 어느 날 황제에게 〈청정문체서(淸正文體書)〉라는 글을 올려 당시 문인들 속에 미사여구(美辭麗句)만 좇고 내용을 가벼이 여기는 문풍(文風)을 바로잡아야 한다고 하면서 이렇게 말했다.

"요즘 문인들은 글을 씀에 있어서 서로 경쟁이라도 하듯이 미사여구만 좇는 풍조가 이미 좋지 않은 유행이 되어 번지고 있습니다. 글이라는 것도 정당한 도리는 따지지 않고 허황된 내용만 찾아 쓰기에 급급합니다. 한 개 운의 기괴함이나 한 개 글자의 교묘함만 추구하여, 어찌나 길게 쓰는지 한 책상 가득 쌓아 놓고도 덜이니 이슬의 형상은 드러나지 않는가 하면, 책상에 가득 차고 상자에 그득해도 오직 바람이니 구름이니 하는 것밖에는 없습니다.(竟一韻之奇 爭一字之巧 連篇累牘 不出月露之形 積案盈箱 唯是風雲之狀)"

여기에서 연편누독이나 적안영상(積案盈箱)은 모두 내용이 텅 빈 글들이 많이 쏟아져 나오는 것을 비유하는 말이다.

흔히 수량은 많지만 내용이 부실하거나 중복이 빈번한 글 또는 서류들을 이르는 말로 쓰이고 있다.

【용례】 반성문을 써 오라고 했더니, 이게 어디 무용담을 늘어놓은 것밖에 더 되냐? "연편누독"처럼 길게 쓰는 게 대수가 아니라, 반성의 뜻을 담아야 글이지.

영계기삼락 榮啓期三樂

榮 : 영광될(영) **啓** : 열(계)
期 : 때 · 기약할(기) **三** : 석(삼)
樂 : 즐거울(락)

【뜻풀이】 영계기의 세 가지 즐거움.

【출전】『공자가어(孔子家語)』에 다음과 같은 이야기가 있다.

어느 날 공자가 태산(泰山)에 가서 산천을 유람하였다. 산모퉁이를 돌고 있는데 어떤 은자를 만났다.

그의 이름은 영성기(榮聲期)〔『장자』에는 영계기(榮啓期)로 되어 있음〕로, 세상의 영고성쇠(榮苦盛衰)를 잊어버리고 산야에 묻혀 사는 사람이었다.

그는 사슴 가죽으로 만든 옷에 새끼줄로 몸을 묶고 있었다. 그 모습이 측은해 보였던 공자가 물었다.

"선생은 무슨 즐거움으로 세상을 살아가십니까?"

영성기가 대답하였다.

"하늘이 만물을 만들 때 오직 사람이 가장 귀하다. 그런데 나는 사람으로 태어났으니 이것이 첫 번째 즐거움이다. 남자는 존귀하고 여자는 비천한데 나는 남자로 태어났으니 이것이 두 번째 즐거움이다. 사람 중에는 태어나서 어머니 품에서 벗어나지도 못한 채 죽는 수도 있는데 나는 지금 95세로 장수하고 있으니 이것이 세 번째 즐거움이다.(天生萬物 惟人爲貴 吾得爲人 一樂也 男尊女卑 吾得爲男 二樂也 人生有不免襁褓者 吾行年九十五矣 三樂也)"

이 말을 들은 공자는 한동안 가만있더니 고개를 끄덕거리고는 다시 갈 길을 떠났다.

남녀 차별이 사라진 이 시대에 이런 즐거움이 꼭 타당한 것은 아니지만 자기에게 주어진 삶을 긍정하면서 분수를 알고 살아가는 자세는 여전히 미덕이라고 할 수 있다.

【용례】 내가 사람으로 태어나 남자가 되어 한창 나이에 한 회사의 부장이라는 막중한 지위에까지 올랐는데 더 바랄 게 뭐가 있겠나. 다만 건강하게 오래만 살아서 "영계기의 삼락"을 갖췄으면 좋겠네.

영불리신 影不離身

影 : 그림자(영) **不** : 아닐(불)
離 : 떨어질(리) **身** : 몸(신)

【뜻풀이】 그림자는 몸에서 떨어지지 않는다. 사람이 아무리 빨리 뛰어도 그림자는 그대로 따라오는 것처럼, 허물이 있으면 그것을 고쳐야지 이를 비난만 해서는 허물이 결코 사라지지 않는다는 말이다.

【출전】『장자·어부편(漁父篇)』에 다음과 같은 이야기가 있다.

공자(孔子)가 제자들과 숲을 거닐다가 잠시 쉬고 있었다. 그때 어떤 어부가 강가에 배를 매두고는 공자가 타는 거문고 소리를 듣더니 자공(子貢)과 자로(子路)를 불러 물었다.

"저 사람은 누군가?"

"공자올습니다."

"공자는 어질기는 하지만 아마 그 몸에 닥칠 화를 피하지는 못할 것이다. 함부로 마음을 괴롭히고 숨 가쁘게 해서 진실한 성품을 위태롭게 하고 있다. 오호? 도가 멀리도 떠났구나."

이 말을 공자에게 전하자 공자가 어부에게 와서 물었다.

"선생님의 말씀을 들었습니다. 바라건대 저에게 큰 가르침을 주셔서 저의 잘못을 깨닫게 해 주십시오."

"여덟 가지 허물이 있고 네 가지 걱정이 있다. 자기가 할 일이 아닌데 억지로 하는 총

ㅇ

(揔), 부탁하지도 않았는데 나가 천거하는 영(佞), 남의 뜻에 맞춰 말을 끌어내는 첨(諂), 일의 시비를 가리지 않고 떠드는 소(諛), 남의 잘못을 즐겨 말하는 참(讒), 남이 사귀는 것을 막고 사이를 떨어뜨리는 적(賊), 거짓으로 남을 칭찬하거나 헐뜯는 특(慝), 선악을 가리지 않고 얼굴빛을 예쁘게 꾸며 남의 뜻을 좇는 험(險)이 그것이다.

큰일을 도모하면서 자꾸만 법을 고쳐 공명을 내세우려는 도(叨), 자기의 지혜만 옳다 하고 남이 내는 견해는 무시해 이익을 얻으려는 탐(貪), 자기의 잘못은 고치지 않고 남의 충고는 도리어 꾸짖는 흔(很), 자기의 생각과 다르면 무조건 나쁘다고 우기는 긍(矜)이 또 그것이다."

이 말을 들은 공자가 슬피 탄식하면서 말했다.

"사실 저는 여러 곳에서 한결같이 난처한 경우를 당했습니다. 내가 무엇을 잘못해서 그런지 모르겠습니다."

어부가 대답하였다.

"그대는 참으로 어리석구나. 옛날 어느 곳에 자기 그림자와 발자국 소리를 싫어한 사람이 살고 있었다. 그래서 그는 그것을 버리려고 마구 들판을 내달렸다. 그렇지만 빨리 뛰면 뛸수록 그림자는 빨리 다가오고 발소리는 커져만 갔다. 결국 그 기운이 다 빠져 죽고 말았다는 것이다. 그는 그늘에 숨어 그림자를 사라지게 하고 조용히 걸어 발소리를 죽일 줄 몰랐던 것이다. 정말 어리석은 일이 아니더냐?(人有畏影惡迹而去之走者 擧足愈數而迹愈多 走愈疾而影不離身 自以爲尙遲 疾走不休 絕力而死 不知處陰以休影 靜以息迹 愚亦甚矣)

그대도 몸을 수양하고 조심스럽게 참된 성품을 지켜서 바깥 사물을 돌려 바깥 사물에 부쳐두면 곧 얽매임에서 벗어나게 될 것이다."

물론 이 이야기는 후세 사람이 만들어 놓은 허구에 불과하나 이 이야기에서 성어 영불리신이 나왔다.

사람이 어리석어 근본적인 해결책은 강구하지 못하고 미봉책으로 일을 처리해 결국 낭패를 본다는 말이다. 비슷한 성어인 외영오적(畏影惡迹)도 이 이야기에서 나왔다.

【용례】 공부를 하면서 딴생각만 하고 있는데 성적이 나아질 리가 있겠니. 아무리 오래 책상에 앉아 있으면 뭘 하겠냐. "영불리신"이라고 망상을 떨치지 않으면 성적이 좋아지긴 아예 글렀다.

영서연설 郢書燕說

郢 : 고을이름(영) **書** : 글(서)
燕 : 연나라(연) **說** : 말씀(설)

【뜻풀이】 억지로 갖다 붙이다. 제멋대로 해석하다.

【출전】『한비자·외저설좌(外儲說左)』 상편에 다음과 같은 이야기가 있다.

어느 날 어떤 사람이 밤에 초나라의 영도(郢都)에서 연나라 재상에게 편지를 쓰던 중 촛불이 밝지 못하자 촛불을 든 사람더러 "촛불을 높이 들라(擧燭)"고 말했는데, 저도 모르게 거촉(擧燭) 두 자를 편지 속에 써놓고 말았다. 물론 편지 내용과는 하등의 관계도 없는 말이었다.

그런데 편지를 받은 연나라의 국상은 거촉이라는 두 글자를 보고 기뻐서 어쩔 줄 몰라

했다.

"거촉이란 바로 광명한 정책을 시행해야 한다는 뜻이고 광명한 정책을 시행하자면 재능과 덕이 있는 현인을 천거하여 요직에 앉혀야 한다는 뜻이겠다. 훌륭한 말이로다!"

연나라 재상은 이렇게 생각하고 연왕에게 보냈더니 연왕 역시 대단히 기뻐하면서 재상이 해석하는 대로 했더니 정치가 잘 되었다고 한다.

이것이 바로 영서연설이라는 이야기인데 연나라 재상의 그런 오해 때문에 훌륭한 효과를 거둔 것이야 좋은 일이지만 어쨌든 그러한 해석 방법은 자의적 해석의 전형이라고 하지 않을 수 없다.

그리하여『한비자』의 저자인 한비는 원문 뒤에 "효과는 좋았지만 편지의 뜻은 그런 것이 아니었다. 요즘의 학자들이 대개 이러하다."고 개탄하였다. 여기에서 요즘의 학자들이라는 것은 동시대의 학자들을 가리키는 말로 한비는 현인들의 저작이나 언행에 대해 제멋대로 해석하고 억지로 갖다 붙이는 그런 소행을 풍자한 것이다.

【용례】 그냥 안부 엽서 한 장을 보내왔을 뿐인데, 그 사람이 마치 우리 사람이라도 된 듯이 말씀하시면 안 됩니다. "영서연설"하다가는 자칫 그 사람의 놀음에 우리가 말릴 수 있습니다.

영영대풍 泱泱大風

泱 : 구름일(영) 大 : 큰(대)
風 : 바람(풍)

【뜻풀이】 길고도 넓도다, 큰 기상이여. 대국의 당당한 기상을 비유하는 말이다.

춘추시대 오나라의 계찰(季札)은 여러 나라에 사신으로 나가던 중 예악이 가장 완비된 노나라에 이르러 주나라 때의 여러 제후국들의 음악을 들려달라고 부탁하였다.

【출전】『좌전·양공(襄公) 29년』조와『사기·오태백세가(吳太伯世家)』의 기록에 따르면 노나라에서는 오공자의 요구에 따라 수많은 악사들을 동원해서 각국의 가곡을 연주하였는데, 감상력과 음악에 대한 조예가 깊었던 오공자는 곡조를 연주할 때마다 번번이 곡에 대해 존평을 가했다고 한다.

예컨대 제나라의 가곡을 감상하고서는 이렇게 칭찬했다.

"아름답구나. 정말 우아하구먼. 역시 대국의 기백이 넘친다.(美哉泱泱乎 大風哉)"

영영대풍은 바로 오공자의 이 말에서 유래한 성어로, "대국의 기백이 구름이 일듯 넘쳐난다."는 뜻이다.

오공자는 아름다운 가곡을 감상할 때마다 "참으로 훌륭하구나. 만일 계속 연주하겠다면 나는 절대 그치라고 말하지 않을 것이다.(觀止矣 若有他樂 我不敢請已)"라며 감탄했는데, 여기에서 유래하여 탄관지의(嘆觀止矣) 또는 탄위관지(嘆爲觀止)라는 말로 절찬의 뜻을 표현하게 되었다.

그리고 오공자는 회(檜)나 조(曹) 등 작은 나라의 가곡에 대해선 아무런 평도 내리지 않았는데(自檜以下 無譏也), 여기에서 유래하여 후세 사람들은 평론할 가치가 없는 작품을 일러 자회이하(自檜以下)라고 한다.

【용례】 체첸이 비록 조그마한 공화국이지만 러시아의 위협에 얼마나 당당해. 작은 나라가 저런 "영영대풍"한 기상을 지니고 있는 것을 보면 정말 부러워.

예미도중 曳尾塗中

曳 : 끌(예) 尾 : 꼬리(미)
塗 : 진흙·길(도) 中 : 가운데(중)

【뜻풀이】 진흙 속에서 꼬리를 끌고 다니다. 부귀영화를 누리며 속박을 받고 살기보다는 가난하지만 내 뜻대로 자유롭게 사는 것이 좋다는 뜻이다.

【출전】 『장자·추수편(秋水篇)』에 다음과 같은 이야기가 있다.

어느 날 장자가 복수(濮水)에서 낚시를 하고 있었다. 초나라 임금이 장자가 왔다는 소식을 듣고 신하를 보내 말했다.

"선생님을 우리 초나라의 재상으로 삼고 싶습니다. 부디 허락해 주십시오."

그러자 장자가 물었다.

"듣자 하니 초나라에는 신구(神龜)라 해서 3천 년 묵은 거북 뼈를 보물처럼 모신다고 하는데 사실입니까?"

"예, 그렇습니다."

"자, 그러면 그 거북이는 진흙탕 속일지언정 살아서 꼬리를 끌고 다니기를 원했을까요? 아니면 죽어서 뼈가 귀한 대접을 받기를 원했을까요?"

"그야 물론 살아서 진흙탕 속이라도 꼬리를 끌며 다니기를 원했겠지요."

"그런 줄 아신다면 재상을 하라는 말은 아예 꺼내지도 마십시오."

아무리 권세가 당당하고 호의호식(好衣好食)이 보장된 자리라도 신변의 위협을 느낀다면 그곳은 가시방석보다도 못한 자리가 될 것이다. 정치를 외줄타기라고 하는 사람도 있지만, 항상 정적들과 대결하면서 언제 위해를 당할지 모르는 삶보다는 누추하고 불편하더라도 자연에 묻혀 안빈낙도(安貧樂道)하면서 마음 편히 사는 게 더 훌륭한 양생법(養生法)일 수 있는 것이다.

【용례】 이젠 이 자리도 신물이 나. 아무리 노른자위 자리라지만 서로 차지하려고 아웅대니 지키기에도 지쳤네. 차라리 이런 짓 때려치우고 "예미도중"하면서 살까 하네.

오관참육장 五關斬六將

五 : 다섯(오) 關 : 빗장(관) 斬 : 벨(찬)
六 : 여섯(륙) 將 : 장수(상)

【뜻풀이】 다섯 관문을 지나며 여섯 장수의 목을 베다. 주인을 찾아가기 위해 거침없이 앞으로 나가는 것을 비유하는 말이다. 유비를 향한 관우의 변함없는 의리가 담겨 있는 사건이다.

【출전】 『삼국지연의』에 다음과 같은 이야기가 나온다.

서주에서 유비(劉備)를 물리친 조조(曹操)는 관우(關羽)가 있는 하비성으로 군사를 몰고 가 항복을 권하였다. 이때 관우는 유비의 친척들을 보호하고 있었는데, 조조의 항복 권유를 받자 세 가지 조건을 내세우며 그에게 투항하였다. 세 가지 조건이란 첫째, 자신의 항복은 조조가 아니라 천자에 대한 항복이라는 점, 둘째, 유비 일가의 안전을 보장하고, 셋째, 유비의 소재가 확인되면 언제라도 떠나겠다는 것이었다.

조조는 유비를 향한 관우의 마음을 돌리기 위해 여포(呂布)가 타던 적토마(赤兎馬)를 주고, 날마다 연회를 베푸는 한편, 진귀한 보물을 주는 등 갖은 노력을 쏟았다. 그러나 관우는 유비가 원소(袁紹)에게 몸을 의탁하고 있다는 소식을 듣자마자 바로 조조를 떠났다.

이때 관우는 위나라의 다섯 관문을 지나면서 앞길을 가로막는 조조의 휘하 장수 여섯 명의 목을 베었다. 관우가 떠났다는 소식을 뒤늦게 안 조조는 장료를 보내 무사히 통과시키도록 지시를 내렸지만, 이미 자신의 부하 장수들이 희생을 당한 뒤였다.

이에 격분한 하후돈(夏侯惇)이 관우를 죽이려고 하자, 조조가 말했다.

"무릇 사람이란 자신이 섬겨야 하는 주인은 따로 있는 법이다. 또 유비의 소재를 알면 떠나도 좋다고 했는데, 이제 와서 잡는다면 천하의 웃음거리만 될 것이다."

이렇게 조조는 관우와의 약속을 지켰다.

【용례】 김 부장이 회사를 위해 일하는 모습은 마치 "오관참육장"하는 관우를 보는 듯해. 반드시 좋은 결과를 있을 거야.

오두초미 吳頭楚尾

吳 : 오나라(오) 頭 : 머리(두)
楚 : 초나라(초) 尾 : 꼬리(미)

【뜻풀이】 머리는 오나라에 가 있고 꼬리는 초나라에 가 있다. 두 지역이 아주 가까운 것을 비유하는 말이다.

【출전】 왕사정(王士禎, 1634~1711)의 시 〈강상(江上)〉에 나오는 한 구절이다.

「머리는 오에 있고 꼬리는 초에 있으니 길이 어떠한가
자욱한 비 가을은 깊고 흰 물결도 어둡구나.
해 저물자 찬 조수 밀려 강을 건너 지나가노니
숲에는 낙엽이 가득하고 기러기 소리 소란스럽네.
吳頭楚尾路如何
煙雨秋深暗白波
晩趁寒潮渡江去
滿林黃葉雁聲多」

비 오는 가을날 저녁에 강가에 앉아 바라본 풍경이 고즈넉하게 그려진 작품이다.

【용례】 자네 사는 곳이 얼마나 멀다고 한번 찾아오지도 않나. 기껏해야 "오두초미"인데 정말 섭섭하구먼. 한번 만나 회포나 푸세.

오리무중 五里霧中

五 : 다섯(오) 里 : 마을(리)
霧 : 안개(무) 中 : 가운데(중)

【뜻풀이】 사방 5리가 온통 안개로 뒤덮여 있다. 문제가 생겼지만 해결 방법을 도무지 알 수 없거나 이러지도 저러지도 못하는 상태를 비유하는 성어다.

【출전】 『후한서 · 장패전(張霸傳)』에 다음과 같은 이야기가 전한다.

후한 화제(和帝) 때는 환관이나 친척들이 활개를 치며 정치를 좌지우지(左之右之)하였다. 그때 장패라는 학자가 살고 있었는데, 화제가 죽은 뒤 등극한 상제(殤帝)가 8개월 만에 죽고 다시 안제(安帝)가 즉위했을 무렵 그는 시중의 지위에 있었다.

당시 정치적 실권은 화제의 황후인 등태후(鄧太后)와 오라비인 등즐(鄧騭)의 손아귀에 있었다. 나는 새도 떨어뜨릴 정도로 위세가 당당했던 등즐은 장패의 명성을 듣고 그와 교제를 하고자 청해 왔는데, 장패는 우물쭈물하면서 대답을 회피하였다. 얼마 후 장패는 일흔의 나이로 세상을 떠났다.

장패의 아들 장해〔張楷, 자는 공초(公招)〕 역시 아버지를 닮아 학문이 뛰어났다. 그는 『춘추(春秋)』와 『고문상서(古文尚書)』에 능통해서 문하에 제자만도 100여 명에 달했다. 이런 명성 때문에 당시 조정의 환관이나 외척들은 서로 장해와 교분을 트고자 노력했다.

그러나 그는 아버지와 마찬가지로 소인배들과의 교제를 몹시 꺼려했기 때문에 사양하다 지쳐 고향으로 돌아가고 말았다. 당시 장관들이 그를 무재〔茂才, 원래 이름을 수재(秀才)라고 했는데, 광무제의 이름인 유수(劉秀)를 피하기 위해 무재라고 하였다〕로 천거해 지방 관리로 임명하려고 했지만 역시 거절하고 홍농산(弘農山) 깊은 골짜기로 은거해 버렸다.

그러자 많은 학자와 제자들이 그를 좇아 이곳으로 와서 갑자기 시장이 생길 지경이 되어 화음산(華陰山) 남쪽 기슭에는 공초시(公招市)가 생기기까지 했다.

안제가 죽고 순제(順帝)가 즉위하자 순제는 장해의 뛰어난 덕성을 듣고 그를 예를 갖춰 초빙하였지만 역시 병을 핑계로 해서 나아가지 않았다.

장해에게는 학문뿐 아니라 도술에도 일가견이 있었다. 특히 오리무(五里霧)라 불리는 방술(方術)을 써서 사방 오리 안을 온통 안개로 자욱하게 덮이게 만드는 재주가 뛰어났다. 역시 방술의 명인으로 삼리에 안개를 일으켰던 배우(裵優)라는 사람이 소문을 듣고 제자가 되고자 그를 찾아왔지만 장해가 안개를 일으키며 몸을 감추었기 때문에 결국 만나지 못하고 돌아가기도 했다.

이 이야기에서 오리무중이란 성어가 생겨났다. 원래는 오리무였는데 나중에 중이 첨가된 것이다.

【용례】 이 친구 출장 한번 나가면 함흥차사에 "오리무중"이니 어디 안심하고 기다릴 수가 있나. 다음부터는 그 친군 무조건 열외시켜.

오매불망 寤寐不忘

寤 : 깰·깨달을(오) 寐 : 잘(매)
不 : 아닐(불) 忘 : 잊을(망)

【뜻풀이】 자나 깨나 잊지 못한다. 근심이나 생각 때문에 잠 못 드는 것을 일컫는 말이다. 주로 사랑하는 연인이 그리워서 잠 못 드는 경우에 많이 쓴다.

【출전】 『시경·국풍(國風)』의 〈관저(關雎)〉 제2연에 다음과 같은 구절이 있다.

「들쭉날쭉한 마름나물을
좌우로 물길 따라 뜯노라.
요조한 숙녀분을
자나 깨나 구하노라.
구하여도 얻지 못하니
자나 깨나 생각하며 그리네.
아득하고 아득해라
뒹굴다가 다시 뒤척거리네.
參差荇菜
左右流之
窈窕淑女
寤寐求之
求之不得
寤寐思服
悠哉悠哉
輾轉反側」

군자는 문왕(文王)을 뜻하고, 숙녀는 문왕

의 아내인 태사(太姒)라고 한다. 공자는 『논어·팔일편(八佾篇)』에서 "즐겁지만 지나치지 않고 슬퍼도 가슴 아프지 않다.(樂而不淫 哀而不傷)"고 지적하고 있듯이 오매불망은 천박하고 음란한 정서가 반영되어 있는 것은 아니다.

여기에서 전전반측(輾轉反側)이란 성어도 나왔는데, 오매불망과 비슷하다.

【용례】 이제나 저제나 빌린 돈 갚아 주기만 "오매불망" 기다렸는데, 빌린 적 없다고 오리발을 내밀다니.

오부홍교 誤付洪喬

誤 : 잘못될(오) **付** : 맡길(부)
洪 : 클(홍) **喬** : 높을(교)

【뜻풀이】 우편물을 남에게 잘못 맡겼다는 뜻으로 편지 같은 것이 분실되었을 때 쓰이는 말이다.

【출전】 『진서·은호전(殷浩傳)』에 다음과 같은 이야기가 있다.

진(晉)나라 때 은흠(殷欽, 자는 홍교)이라는 사람이 있었는데, 한때 예장태수(豫章太守)로 있었던 적이 있다. 그런데 당시의 문인들 사이에는 미치광이처럼 날뛰는 것이 활달하고 개방적인 선비의 자세로 여겨지는 풍습이 유행했는데 은흠 역시 그런 사람이었다. 어느 날 은흠이 벼슬을 버리고 남창으로 떠날 때였다.

전별의 자리에서 수많은 사람들이 그에게 편지를 전해 달라고 맡겼는데 무려 백여 통이나 되었다고 한다. 그러나 석두(石頭)라는 곳에 이른 은흠은 편지들을 모조리 강물에 던져 버리고는 "이 사나이 홍교가 배달부가 아닌 이상 너희들은 가라앉거나 뜨거나 될 대로 되어라. 나는 관계치 않겠다."라고 했다.

이와 같이 은흠은 책임감이 결여된 기이한 사람이었다. 이런 일로 해서 사람들은 우편물이 일단 분실될 때면 늘 이 이야기를 상기하면서 "홍교에게 편지 부탁을 했는가?"라고 말했다고 하는데 "서울에 감투 부탁"이라는 속담과 뜻이 비슷하다.

【용례】 아니 나를 어떻게 보고 이 따위 편지 심부름이나 시키는 겁니까? "오부홍교"가 되어 없어지더라도 내 탓일랑은 마세요.

오사필의 吾事畢矣

吾 : 나(오) **事** : 일(사)
畢 : 마칠(필) **矣** : 어조사(의)

【뜻풀이】 나의 일은 끝났다는 말로, 자신의 맡은 바 임무를 다 마쳤음을 강조하는 말이다.

【출전】 『송사(宋史)·문천상전(文天祥傳)』에 다음과 같은 이야기가 나온다.

남송(南宋)이 멸망할 때 원(元)나라에 끝까지 저항했던 신하로 문천상이라는 사람이 있었다. 그는 원래 문관 출신인데, 여러 직책을 거쳤지만 당시 실력자였던 가사도(賈似道)와 불화가 생겨 은둔생활도 자주 했다.

원나라 군대가 장강을 건너오자 가사도는 실각했고, 문천상은 자신이 다스리고 있던 평강(平江)에서 군대를 일으켜 싸움에 나섰지만 상황은 점점 더 불리하게 전개되었다.

이듬해 정월, 원나라의 재상 백안(伯眼)의 지휘 아래 있던 적군이 임안(臨安)까지 밀어닥쳤다. 진의중(陳宜中)을 비롯한 장세걸(張世傑) 등의 중신들은 모두 달아났고 문천상은 화의를 맺으라는 명령에 따라 백안이 있는 곳으로 갔다가 억류되고 말았다.

그때 송나라가 항복하겠다는 문서가 전해졌고 문천상은 북방으로 쫓겨났는데, 기회를 엿보던 그는 경구(京口)에서 탈출하였다. 그리고 다시 남송을 일으킬 계획으로 단종(端宗)의 정권에 참여했지만, 이 또한 원에게 패배하고 문천상은 포로가 되었다. 이로써 남송 왕조는 완전히 멸망하고 말았던 것이다.

이후 문천상은 북경의 감옥에 갇히게 되었다. 원나라는 남송 왕조를 위해 끝까지 절개를 지킨 그를 귀순시키려고 온갖 수단과 방법을 동원하여 회유하였다. 심지어 재상의 자리까지 약속했지만 그는 끝내 굴복하지 않고 항거하다가 3년 동안의 옥살이 끝에 처형되고 말았다.

그는 옥살이할 때의 심경을 〈정기가(正氣歌)〉라는 시에 담기도 하였다. 처형을 당하면서 그는 형리(刑吏)를 돌아보며 이렇게 말했다.

"이제 나의 일은 다 끝났네.(吾事畢矣)"

【용례】 부도를 막아보려고 백방을 뛰어다녔지만 아무도 도와주려는 사람이 없었어. 이제 내일이면 회사도 파산이야. "오사필의"로구나.

오서지기 鼯鼠之技

鼯 : 날다람쥐(오) 鼠 : 쥐(서)
之 : 어조사(지) 技 : 재주(기)

【뜻풀이】 날다람쥐의 재주. 날다람쥐는 날고 뛰고 헤엄치는 등 다양한 재주를 가지고 있지만 모두 서투르다는 뜻으로, 재주는 많아도 제대로 이룬 것이 없을 때 쓴다.

【출전】 『순자 · 권학편(勸學篇)』에 다음과 같은 말이 있다.

"날다람쥐에게는 다섯 가지 재주가 있지만 모두 신통찮다.(鼯鼠五技而窮)"

이에 대한 주에 다음과 같은 설명이 첨부되어 있다.

"여기서 말하는 기는 재주를 말한다. 다섯 가지 재주란 다음을 말한다. 날지만 지붕에까지는 미치지 못하고, 기어 올라가지만 나무 끝에 닿지는 못하며, 헤엄을 치지만 계곡을 건너지는 못하고, 구멍을 파지만 몸을 숨기지는 못하며, 달리지만 사람보다 빠르지는 않다.(技才能也 五技謂能飛不能上屋 能緣不能窮木 能游不能渡谷 能穴不能掩身 能走不能先人)"

황정견(黃庭堅, 1045~1105)은 작품 〈연아(演雅)〉에서 "시원찮은 재주 가진 날다람쥐가 기러기가 졸렬하다고 비웃는다.(五技鼯鼠笑鳩拙)"고 하였다.

이처럼 오서지기는 이것저것 잘하지만 정말 잘하는 것은 아무것도 없는 사람을 비유하거나 하찮은 재주로 남을 깔보는 사람이나 그런 행동을 비유할 때 쓰인다. 우리 속담 "우물 안 개구리"와 뜻이 비슷하다.

【용례】 시골 동네에서 일등 하던 실력만 믿고 방심하면 안 된다. 이곳 학생들은 모두 내로라하는 실력파들이야. 그러니 "오서지기"로 자만하지 말고 열심히 공부해서 누구나 인정하는 우등생이 되어야지.

오손공주 烏孫公主

烏 : 까마귀(오) 孫 : 손자(손)
公 : 귀인(공) 主 : 주인(주)

【뜻풀이】 한무제(漢武帝)의 딸로 위장하여

오손에 시집을 간 강도왕〔江都王, 유건(劉建)〕의 딸 유세군(劉細君)을 일컫는 말로, 정략결혼의 희생양이 된 슬픈 운명의 여인을 가리키는 말이다.

【출전】『한서(漢書)·서역전(西域傳)』에 다음과 같은 이야기가 나온다.

오손은 전한 때 서역 지방에 활동하던 투르크계의 유목민족이다. 한때 그 세력이 강대해져서 천산산맥 북쪽에 있는 이르츠그 호수부터 일리 강 유역의 분지를 점유하였고 수도는 적곡성(赤谷城)에 두었다.

그러나 당시 몽고 일대에 자리 잡고 있던 흉노(匈奴)는 오손보다 훨씬 더 강대한 세력이었다. 그들이 빈번하게 한나라를 침범하자 한무제는 이들을 막기 위해 우선 오손에 장건(張騫)을 사신으로 보내 동맹을 맺었다. 그리고 10년 뒤 동맹을 더욱 강화시키려고 무제의 형 강도왕의 딸인 세군을 무제의 딸이라 속여 늙은 오손왕에게 시집보냈다.

그 덕분에 흉노는 한나라와 오손의 협공을 견디지 못하고 한층 더 북방으로 쫓겨나고 말았다. 이리하여 서역 50여 국이 한나라를 상국(上國)으로 섬기게 되었고, 한나라는 이민족의 이탈을 막기 위해 구자국(龜玆國)에 감독 사찰기관으로 서역도호부(西域都護府)를 두게 되었다.

한편 유세군에게는 오손국이 아득히 멀고, 게다가 오손국왕은 벌써 늙어서 노인이었다. 그리고 무엇보다도 유세군이 보기에 오손은 완전히 야만스러운 나라였다. 그곳으로 시집간 세군은 한탄과 슬픔을 〈오손공주비수가(烏孫公主悲愁歌)〉라는 노래로 지었다.

「아! 우리 집에서 나를 시집보내니, 하늘 한쪽 변방이어라

머나먼 타국에 몸을 맡기기를, 오손왕이로다.

파오는 방이 되고, 모전은 담장이 되었으며

고기가 밥이 되고, 양젖이 국이 되었구나.

살면서 항상 고향을 그리워하니, 가슴이 아프구나

누런 고니가 되기를 원하나니, 고향으로 돌아가고 싶어라.

吾家嫁我兮天一方
遠託異國兮烏孫王
穹廬爲室兮氈爲墻
以肉爲食兮酪爲漿
居常土思兮心內傷
願爲黃鵠兮歸故鄕」

이 노래를 전해들은 한무제도 불쌍하게 생각해, 1년 걸러 세군에게 항상 선물을 보냈다. 하지만 세군에게 귀국은 실현되지 않는 꿈이었다. 수년의 세월이 지나, 늙은 남편은 더욱 더 노령이 되자 자기 손자에게 그녀를 다시 시집보내려 했다. 유목 민족은 이런 일이 매우 당연한 처사였다. 하지만 한나라에서 자란 그녀는 경악하여 한나라에 사자를 보내 이 사실을 알리게 했다.

"이런 풍습에 이제 견딜 수 없습니다. 나는 한으로 돌아가고 싶습니다."

그러나 무제의 대답은 냉담했다.

"그 나라의 풍습에 따르라. 나의 욕심은 네가 오손과 함께 공멸하는 것이다!"

결국, 그녀는 오손국왕의 손자인 손잠(孫岑)의 아내가 되어 딸을 낳았다.

무제의 회답대로 세군은 말없이 한나라 천자가 흉노를 정복할 대업을 이루기만 소원했다.

그러나 흉노의 위협에서 한나라를 구한 최고의 공로자 세군은 머나먼 이역 땅 오손에서 고향을 그리워하다가 늙어 죽었다. 생이 다하기까지 한나라로 돌아가지 못한 것이었다.

한편, 유세군과 관련되어 당나라 부현(傅玄)의 〈비파부(琵琶賦)〉 서(序)에 다음과 같은 글이 있다.

「노인들의 말을 들었다. 한나라는 오손공주를 곤미에게 시집보낼 때 가는 길에 그리워할 일을 생각하여 음악을 아는 기술자에게 금과 쟁과 축과 공후를 만들게 하여 말 위의 음악을 만들어 주었다. 악기를 보면 가운데는 비었고 둘레는 찼으니 하늘과 땅의 모양이요, 둥근 몸체에 곧은 목은 음양의 질서다. 기러기발 열둘에 율려를 맞추었다. 네 줄은 사시를 본받았고, 방언으로 이름 붙여 비파라고 한 것은 외국에 쉬이 전해주려는 것이다. 형태는 둥근 원형의 음상자에 곧은 손잡이에 네 가닥의 현 12품위의 비파로 후대에 이르러서는 한비파(漢琵琶), 당대에는 완함(阮咸)이라고 부르다가 현대에는 완이라고 부른다.

(聞之故老云 漢遣烏孫公主嫁昆彌 念其行道思慕 使工人知音者 裁琴箏築之屬 作馬上之樂 觀其器 中虛外實 天地像也 盤圓柄直 陰陽也 柱十有二 配律呂也 四弦 法四時也 以方語目之 日琵琶 取易傳乎外國主 這種圓形音箱 直柄 四弦 十二品位的琵琶 后來稱爲 漢琵琶 唐代名 阮咸 現通稱 阮)」

여기에서 공주비파(公主琵琶)라는 성어가 나왔는데, 유세군이 비파를 타면서 먼 이국땅에서 시름을 달랬기에 나온 말이다.

전한 시절 왕소군(王昭君)(➡ 춘래불사춘春來不似春 참조), 후한 때 채염〔蔡琰, 채문희(蔡文姬)〕(➡ 거주양난去住兩難 참조)과 더불어, 한나라 여인의 비애를 말해 주고 있다.

오손공주는 권력을 지키기 위해서는 피붙이도 희생한다는 비정한 현실을 잘 보여 준 이야기다.

【용례】 중국 왕조의 공주들은 적국을 속이기 위한 제물로 정략결혼을 하는 경우가 많았다고 해. "오손공주"도 그런 슬픈 운명을 걸어간 여인의 한 사람이지.

오십보소백보 五十步笑百步

五 : 다섯(오) 十 : 열(십) 步 : 걸음(보)
笑 : 웃을(소) 百 : 일백(백)

【뜻풀이】 오십 보 달아난 사람이 백 보 달아난 사람을 비웃다. 정도는 차이가 나도 본질은 같다. "검정개 돼지 흉본다"나 "뒷간 기둥이 물방아 기둥을 더럽다 한다." 등의 속담과 비슷하다. 흔히 "오십보백보"로 말한다.

【출전】 『맹자·양혜왕장구(梁惠王章句)』 상편에 다음과 같은 이야기가 있다.

전국시대 맹자가 위(魏)나라의 도읍인 대량〔大梁, 오늘의 하남성 개봉(開封)〕에 가서 양혜왕(즉, 위혜왕)을 만난 적이 있었다. 이때 양혜왕은 맹자에게 정치 문제에 대해 가르침을 바란다고 하면서 이렇게 물었다.

"과인은 나랏일을 정성껏 돌보았다고 할 수 있습니다. 이를테면 하내(오늘의 황하 북쪽 제원현 일대)의 수확이 좋지 못할 때는 일부 이재민들을 하동(오늘의 황하 동쪽 안읍 일대)으로 이주시키고 식량을 하내에 실어다가 이재민들을 구호하였으며, 하동 지방의 수확이 좋지 못할 때도 역시 그렇게 하였습니다. 그러한즉 이웃 나라의 어느 임금도 과인처럼 백성을 사랑하는 임금은 없을 것입니다. 그런데 왜 우리나라 사람들은 늘지 않고 다른 나라 사람 수는 줄지 않는단 말입니까?"

양혜왕의 물음에 맹자는 이렇게 답변하였다.

"폐하께서 전쟁을 좋아하시니 전쟁 이야기

로 비유를 들어 말씀드리겠습니다. 싸움터에서 병사가 죽음이 두려워서 무기를 버리고 뒤로 도망치는 일은 으레 있게 마련입니다. 그런데 어떤 병사가 오십 보 도망치고 어떤 병사는 백 보를 도망친 다음 걸음을 멈췄다고 합시다. 그때 오십 보 도망친 병사가 백 보를 도망친 병사를 보고 '너는 비겁한 놈이다.'라고 말했다고 합시다. 대왕께서는 이렇게 남을 비웃는 것을 옳다고 보십니까?"

이에 양혜왕은 "옳지 못하지요."라고 하면서 백 보를 도망친 병사나 오십 보를 도망친 병사나 다 같이 비겁한 놈들이라고 하였다.

그러자 맹자는 "대왕께서 그런 도리를 아신다면 어찌 스스로 이웃 나라의 임금보다 낫다고 생각할 수 있겠습니까!"라고 웃으면서 말했다.

【용례】 지각 많은 직원과 결석 잦은 직원은 결국 "오십보(소)백보"가 아닐까 생각하네.

오우천월 吳牛喘月

吳 : 오나라(오) **牛** : 소(우)
喘 : 헐떡거릴(천) **月** : 달(월)

【뜻풀이】 오나라의 물소는 달만 보아도 헐떡거린다는 뜻으로 "더위 먹은 소 달만 보아도 헐떡인다."나 "자라 보고 놀란 가슴 솥뚜껑 보고도 놀란다." 또는 "국에 덴 놈 물 보고도 성낸다." 등의 속담과 뜻이 통한다.

【출전】 『세설신어 · 언어편(言語篇)』에 다음과 같은 이야기가 있다.

중국 강남 일대는 옛날에는 오나라에 속해 있었다. 이 성어에서 말하는 오나라의 소는 더위를 몹시 타는 강남 일대의 물소를 가리킨다. 항상 더위에 지친 물소이기 때문에 달만 보아도 해가 뜬 줄 알고 숨을 헐떡인다는 말이다.

진(晉)나라 초기 상서령의 벼슬에까지 오른 만분(萬奮)이라는 사람이 진무제를 알현할 때 있었던 일이다.

진무제는 만분이 들어오자 북쪽 창문가에 앉으라고 자리를 권하였다. 그 창문가에는 투명한 유리 병풍이 한 짝 놓여 있었는데 얼핏 보기에는 마치 빈 틀만 있는 것 같았다.

이에 원래 바람을 겁내는 만분은 감히 그 자리에 앉지를 못하였다. 그러나 황제가 앉으라는데 앉지 않을 수도 없고 하여 만분은 그저 망설이고만 있을 뿐이었다.

만분이 바람을 겁내는 병증이 있다는 것을 잘 아는 진무제는 그가 병풍에 유리가 있는 것을 모르고 있다고 짐작하고 유리 병풍을 가리키며 껄껄 웃었다.

이에 만분은 겸연쩍게 웃어 보이면서 "신은 마치 오나라의 소처럼 달을 보아도 헐떡거린답니다.(臣猶如吳牛 見月而喘)" 하고 변명했다고 한다.

【용례】 한 번 여자한테 된통 당하더니 이젠 여자만 봐도 신물이 난다고? "오우천월"이라지만, 세상 여자가 다 그렇겠냐? 내가 좋은 여자 한 사람 소개할 테니 만나 볼래?

오월동주 吳越同舟

吳 : 오나라(오) **越** : 넘을 · 월나라(월)
同 : 함께 · 같을(동) **舟** : 배(주)

【뜻풀이】 오나라 사람과 월나라 사람이 같은 배를 타다. 서로 원수지간인 사람이 피치

못하여 힘을 합해서 일을 하게 된 것을 비유하는 말이다. 풍우동주(風雨同舟)라고도 한다.

【출전】 중국의 유명한 병법서인 『손자병법(孫子兵法)』은 춘추시대의 대전략가였던 손무(孫武)가 지은 책이다. 이 책은 단지 전투에 필요한 전략 외에도 삶에 교훈이 되는 이야기들이 비유적으로 많이 수록되어 있어 불멸의 고전으로 읽히고 있다.

그 중 제2편인 〈구지(九地)〉에는 군사를 쓸 수 있는 아홉 가지 땅을 열거해 놓고 있는데, 마지막 땅을 사지(死地)라고 하였다. 즉, 다른 방법은 아무것도 없고 오로지 싸워서 이기는 것만이 살 길인 그런 상황을 말하는 것이다.

"이런 경우 지휘관은 산멍애〔솔연(率然)이라 불리는 거대한 구렁이〕와 같아야 한다. 산멍애는 그 머리를 치면 꼬리가 덤벼들고, 꼬리를 치면 머리가 달려든다. 또 허리를 건드리면 머리와 꼬리가 한꺼번에 달려든다. 이처럼 전신의 힘을 하나로 모으는 것이 긴요하다. 그러면 이 구렁이처럼 머리와 허리와 꼬리가 서로를 구해 내듯이 군사를 안전하게 지킬 수 있는 것이다."

그러면서 한 실례를 덧붙였는데, 바로 그 구절이 오월동주가 나오게 된 유래다.

"옛날부터 오나라와 월나라는 원수지간으로 서로 만나면 해코지할 궁리만 할 뿐 조금도 서로를 위해 힘쓰지는 않았다. 그러나 이런 두 나라 사람이라고 해도 한 배를 타서 뱃길을 가다가 풍랑을 만나면 어쩔 수 없이 힘을 합치게 마련이다. 이는 상대를 위해서가 아니라 자기가 살기 위해서이다. 그럼으로 해서 두 사람은 무사히 풍랑을 이기고 목적지에 도달하게 된다.

군사도 마찬가지다. 오로지 사지에 이르게 되면 싸워 이겨야 산다는 생각밖에 없기 때문에 자연히 한 덩어리로 뭉치게 되는 것이다."

성어 오월동주는 오늘날에는 비단 전쟁뿐 아니라 사이가 좋지 않은 사람이 어쩔 수 없이 행동을 같이 하게 될 때도 많이 사용한다.

【용례】 두 사람 다 자기 욕심에만 혈안이 된 사람인데 과연 동업이 잘 될까? 남의 사정엔 관심도 없는 "오월동주"가 항구에 잘 닿을지 걱정되는군.

오일경조 五日京兆

五 : 다섯(오) 日 : 날·해(일)
京 : 서울(경) 兆 : 조·싱조(조)

【뜻풀이】 하던 일이 며칠 안 가서 끝장이 나리라는 뜻이다. 옛날에는 관리의 임기가 곧 만료되는 것을 비유하는 말로도 쓰였다.

【출전】 『한서·장창전(張敞傳)』에 다음과 같은 이야기가 있다.

한나라 때 장창이라는 사람이 살고 있었다. 그는 한선제 때 도읍인 장안(長安)에서 부윤(府尹)이라는 벼슬에 있었는데, 양운(楊惲)이라는 사람과 막역한 사이였다.

그런데 양운이 죄를 짓고 사형이 언도되자 (☞ 일구지학—丘之貉 참조), 평소에 그와 관계가 친밀하던 고관대작들도 모두 연루되어 처벌을 받게 되었다. 그때 사람들은 장창도 처벌을 면치 못할 것이라고 생각했지만 한선제는 그의 재능을 아껴 무인해 주고 말았다.

그런데 이에 앞서 장창의 부하인 서순(絮舜)은 장창이 불원간 망하리라 생각하고 그 앞에서 함부로 행세하기 시작했다. 사람들이 그러지 말라고 충고했지만 서순은 오히려 "나는 주인(장창)을 죽을 힘을 다해 섬겼습니다.

이제 주인은 기껏해야 부윤을 닷새밖에 못 할 것인데 뭐 어떻습니까!(今五日京兆耳 安能復案事)" 하면서 빈정거렸다.

이 말을 전해들은 장창은 서순을 즉각 체포해 죽여 버리려고 했는데, 죽이기에 앞서 장창은 사람을 보내어 서순에게 이렇게 물었다.

"너는 내가 부윤을 닷새밖에 못하리라고 하였지만 지금 보니 어떠냐? 그리고 너는 며칠 더 살고 싶은 생각이 없느냐?"

【용례】 그 사람 그런 부정이 감춰질 수 있으리라고 생각했던 모양이지. 시장이 됐다고 뻐기더니 "오일경조"가 될 줄은 왜 몰랐을까?

오장군 烏將軍

烏 : 까마귀(오) 將 : 장수(장)
軍 : 군사(군)

【뜻풀이】 돼지를 가리키는 말이다.

【출전】 왕운(王惲)이 쓴 『유괴록(幽怪錄)』에 나오는 말이다.

당(唐)나라 곽원진(郭元振)은 개원(開元) 연간에 과거시험에 낙제하여 진(晉)에서 분(汾)으로 가는 중이었다. 밤길을 가다가 방향을 잃어 사당에 들어갔는데 어떤 여자가 큰 소리로 서럽게 울고 있었다. 곽원진이 까닭을 물으니 그녀가 대답했다.

"이 마을 사당에 오장군이란 놈이 있는데, 해마다 마을에 재앙을 내린답니다. 그래서 마을 사람들이 논의한 끝에 아름다운 처녀를 뽑아 오장군에게 시집보내기로 하였습니다. 그런데 불행하게도 올해는 제가 가게 되었답니다.(此鄕之祠 有烏將軍者 每歲來禍 鄕人必擇處女之美者而嫁焉 妾父潛以應選)"

이 말을 들은 곽원진은 크게 화를 내며 말했다.

"그놈이 언제 여기에 옵니까? 내가 반드시 당신을 구해 드리겠습니다."

얼마 안 있어 과연 오장군이 들어왔다. 곽원진이 주머니에 감추었던 칼을 뽑아 팔을 잘랐지만 오장군은 달아나고 말았다. 잠시 후 날이 밝아 손에 쥔 것을 보니 돼지 발이었다.

그는 곧 사람들을 모아 활과 칼을 가지고 핏자국을 뒤따르게 했는데, 커다란 무덤 앞에 다다랐다. 그 무덤을 파헤쳐 보니 왼쪽 앞다리가 잘린 큰 돼지 한 마리가 죽어 있었다.

이 이야기에서 오장군을 돼지라 부르게 되었다.

【용례】 새벽에 고속도로를 달리다 보면 돼지를 잔뜩 실은 트럭을 보게 돼. 도살장으로 가는 것인데, 한때 "오장군"이라 불리며 위세도 좋던 것이 불쌍하더군.

오조사정 烏鳥私情

烏 : 까마귀(오) 鳥 : 새(조)
私 : 사사(사) 情 : 뜻(정)

【뜻풀이】 까마귀가 자라서 늙은 제 어미에게 먹이를 물어다 먹이듯이 부모를 극진하게 모시는 효심(孝心)을 비유하는 말이다.

【출전】 『고문진보(古文眞寶)』에 실린 이밀의 〈진정표(陳情表)〉에 나오는 구절이다.

진(晉)나라 때 무양(武陽) 사람 이밀(李密, 224~287)은 원래 촉한(蜀漢)에서 벼슬을 했던 사람이었다. 그런데 진나라 무제(武帝)가 자신에게 관직을 내렸다. 난처해진 그는 늙으신 조모를 봉양해야 한다는 명분으로 관직을 사양했다. 그러자 무제는 이밀이 관직을 사양하는 것은 충신불사이군(忠臣不事二君, 충신은 두 임금을 섬기지 않는다.)의 심정이라고 하고 크게 화를 내면서 당장 관직을 받으라는 추상(秋霜) 같은 명령을 내렸다. 그래서 이밀이 써서 올린 글이 바로 〈진정표〉다.

이 글에서 그는 어릴 때 아버지가 돌아가시고 어머니가 개가하자 고아가 된 자신을 평생 돌봐 준 조모에 대한 간절한 사랑 때문에 그러는 것이지 절개에는 아무 관심도 없음을 강조하는 한편 자신을 까마귀에 비유하면서 간곡하게 자신의 처지를 하소연했다.

"한낱 미물인 까마귀도 반포지효(反哺之孝)가 있거늘 사람으로 태어나 늙으신 할머니를 끝까지 봉양할 수 있도록 헤아려 주십시오."

이밀의 심정은 계속 이어져 다음과 같이 말했다.

"조모께서 계시지 않았더라면 저는 오늘에 이를 수 없었을 것이고, 조모께서도 제가 없으면 여생을 편하게 마칠 수 없을 것입니다. 저는 올해 나이가 마흔네 살이고, 조모 유씨는 아흔여섯 살이니, 제가 폐하께 충성을 다할 날은 길고 조모 유씨에게 은혜를 보답할 날은 짧습니다. 까마귀가 어미 새의 은혜에 보답하려는 마음으로 조모가 돌아가시는 날까지만이라도 봉양할 수 있도록 은혜를 베풀어 주시옵소서.(烏鳥私情 願乞終養)"

이처럼 성어 오조사정은 까마귀가 자라면 늙은 어미에게 먹이를 물어다 먹이늣 부모님을 모시는 효성을 이르는 말이다.(➡ 일박서산日薄西山 참조)

【용례】 옛 사람들은 벼슬을 버려가면서까지 부모님을 섬기는 "오조사정"을 가졌는데, 부모님이 아파트에서 돌아가셔도 몇 주를 방치하는 세상이 되었으니, 개탄을 넘어서서 소름이 끼치는 지경이 되어 버렸어.

오하아몽 吳下阿蒙

吳 : 오나라(오) 下 : 아래(하)
阿 : 언덕(아) 蒙 : 어리석을(몽)

【뜻풀이】 원래는 사람의 교양이 갑자기 풍부해진 것을 일컫는 말이었지만, 지금은 평범하고 교양이 없는 사람을 가리키는 말로 쓰이고 있다.

【출전】 『삼국지·오지·여몽전(呂蒙傳)』에 다음과 같은 이야기가 있다.

삼국시대 오나라의 명장 여몽은 어린 시절 살림이 어려워서 공부를 못했기 때문에 교양이 매우 낮아 일부 벼슬아치들은 그를 깔보기까지 하였다.

〈여몽전〉의 주석에 인용된 〈강표전(江表傳)〉에 보면 오나라 임금 손권(孫權)은 여몽이 젊고 똑똑한 점을 아껴 몇 번인가 책을 읽으라고 권했지만, 여몽은 군무에 바빠 읽을 겨를이 없다고 대답하였다.

손권은 자기는 어린 시절 『시경』·『서경』·『예기』·『좌전』·『국어』 같은 것은 배웠지만, 『역경(易經)』은 읽어 보지 못했노라고 하면서 근래 몇 해 동안에 역사서를 다시 읽고 병법서들을 보았더니 이득이 적지 않았다고 말했다. 그리면서 여몽더러 어서 빨리 『손자』·『육도』 등 병법서와 『좌전』 『국어』 등 역사책을 읽으라고 권고하였다.(➡ 수불석권手不釋卷 참조)

손권의 충고에 감동한 여몽은 그때부터 열심히 책을 읽기 시작했는데 얼마 후 그가 읽은 책은 보통 선비들이 읽은 것보다 더 많았다고 한다. 그 후 주유(周瑜)를 대신해서 도독이 된 노숙(魯肅)이 육구로 가던 길에 여몽의 병영을 지나가게 되었다. 노숙은 은근히 여몽을 깔보던 참이라 그냥 지나치려 했는데, 동료들의 충고에 못 이겨 마지못해 여몽을 찾아가게 되었다.

이때 여몽은 노숙을 반갑게 맞으면서 이제 육구에 가면 촉나라 장수 관우(關羽)와 이웃하게 될 텐데 그와 어떻게 손을 잡고 또 어떻게 경계해야 할 것인지에 대해 물었다.

이에 노숙은 "생각해 보지 않았습니다. 그때 가서 봐야지요." 하고 건성으로 대답하였다. 그러자 여몽이 적당한 계책을 일러 주었다. 그 계책이 적힌 글을 받아 본 노숙은 깜짝 놀라며 태도를 고쳐 자리에서 일어나 여몽 곁으로 와서 그의 어깨를 어루만지면서 말했다.

"나는 여태 장군을 군사에는 달통했지만 학문은 없는 사람이라고만 보아왔는데 지금 보니 학식이 상당하시군요. 그러고 보면 장군은 이전의 오하아몽이 아닙니다."(➡ 괄목상대 刮目相對 참조)

【용례】 그 친구 워낙 말이 없어 자넨 좀 하찮게 보지만, 그렇게 "오하아몽"으로 업신여기다가는 큰코다칠 걸세. 잘 다독거려 가르치면 제몫 이상을 할 사람이야.

오합지졸 烏合之卒

烏 : 까마귀(오) 合 : 모을(합)
之 : 어조사(지) 卒 : 군사(졸)

【뜻풀이】 까마귀를 모아 놓은 군대. 임시로 모아 훈련이 부족하고 규율이 없는 군대, 즉 어중이 떠중이를 비유하는 말이다.

【출전】 『후한서 · 경엄전(耿弇傳)』에 다음과 같은 이야기가 있다.

전한의 마지막 황제였던 평제(平帝)를 장인인 왕망(王莽)이 시해하고 유자영(劉子嬰)을 황태자로 삼았다가 3년 뒤에는 스스로 황제가 되어 신(新)나라를 세웠다. 기원후 9년의 일이었다. 그러나 제위를 찬탈한데다가 정치적인 능력도 없었던 왕망이었기 때문에 얼마 안 있어 천하는 온통 혼란의 수렁에 빠져 버렸다.

그때 천하를 바로잡고자 나선 인물이 바로 후한의 광무제가 된 유수(劉秀)였다. 그는 각지에서 왕망의 군대와 도적떼들을 격파하고 마침내 경제(景帝)의 자손인 유현(劉玄)을 제위에 앉힘으로써 한나라 황실을 재건하였다. 그러나 여전히 세상에는 적미(赤眉)를 비롯한 도적떼와 군웅(群雄)들이 할거하고 있었다. 특히 왕랑(王郎)과 번숭(樊崇) 등이 이끄는 적미군은 한단(邯鄲) 지방에서 대규모로 횡행하였다. 왕랑은 자신을 성제의 아들 유자여(劉子輿)라고 하면서 천자로 군림하였다. 마침내 유수는 이들을 정벌하기 위해 휘하 군대를 이끌고 출정의 길을 떠났다.

그때 하북성 상곡의 태수였던 경황(耿況)은 전부터 유수의 인격을 흠모해 오다가 그가 왕랑을 정벌하기 위해 나섰다는 소식을 듣고 아들 경엄을 유수의 휘하에 보내기로 작정하였다.

경엄은 총명했을 뿐 아니라 21세의 젊은 나이였음에도 사리 분별이 뛰어났고 용감무쌍하였다. 아버지의 명령이 떨어지기 무섭게 그는 부하들을 이끌고 유수를 찾아 길을 떠났다.

그런데 도중에 왕랑이 스스로 천자라 칭하며 황제로 등극했다는 소식을 들은 경엄의 부하 송창(宋倉)과 위포(衛包)가 돌연 변심하였다. 즉, 유자여로 위장을 한 왕랑을 진짜로 믿어 그를 황제로 추대해야 한다고 주장했다.

이 낌새를 차린 경엄은 그들을 조용히 불러 칼을 뽑아 들고 타일렀다.

"왕랑이란 작자는 원래 아무것도 아닌 일개 도적일 뿐이다. 그런 놈이 엉터리로 유자여라 하여 황태자의 이름을 사칭하며 난리를 일으키고 있다. 내가 장안으로 갔다가 상곡과 어양의 군세를 몰아 태원 방면으로 진출하는 날이면 왕랑의 오합지졸은 일시에 격파될 것이다. 마치 썩은 나뭇가지를 꺾듯이 왕랑을 포로로 잡을 것도 자명한 이치다. 너희들이 도리를 모르고 왕랑에게 가서 한 패거리가 된다면 그때 왕랑과 함께 죽음을 면치 못할 것이다. 그러니 마음을 고쳐먹도록 하거라."

이렇게 찬찬히 타일렀지만 그들은 끝내 달아나 왕랑의 진영에 가담했다. 경엄도 더 이상 그들을 붙잡지 않고 군대를 이끌고 유수에게 달려갔다. 그때부터 경엄은 유수의 휘하에서 혁혁한 공훈을 세워 건의대장군에까지 올라갔다.

성어 오합지졸은 경엄이 부하를 나무랄 때 쓴 말에서 유래했는데, 오합지중(烏合之衆)이라고도 한다.

【용례】 아무리 우리 팀의 전력이 약하다지만, 2진 선수를 내보내 상대하려고 해. 저 정도 "오합지졸"이라면 우리 팀도 1진이 나갈 필요는 없을 거야.

옥석혼효 玉石混淆

玉 : 구슬(옥) 石 : 돌(석) 混 : 섞일(혼)
淆 : 흐릴·어지러울(효)

【뜻풀이】 보배로운 옥돌과 쓸데없는 자갈이 뒤섞여 있다. 이는 꼭 보석에만 해당하는 성어는 아니고 뛰어난 인재와 평범한 사람이 같은 자리에 있어 가치를 구별할 수 없는 상황을 비유하기도 한다.

【출전】 『포박자(抱朴子)·외편·상전(尙傳)』에 다음과 같은 이야기가 있다.

"『시경』이나 『서경』과 같은 경전을 도의의 바다라고 한다면 제자백가(諸子百家)의 글은 그 대해를 더욱 풍성하게 하는 강물이라고 할 수 있다. 즉, 서로 방식은 다르다 해도 다 같이 도덕을 전파하는 점은 동일한 것이다.

옛사람들은 재능을 얻기 어렵다고 여겨 통탄한 나머지 곤산(崑山)의 구슬이 아니면 버려 버리고 성인의 글이 아니면 수양에 도움이 되지 않는다 해서 흘려버리고 말았다. 그러나 한위(漢魏) 이래로 우리들에게 유익한 글이 많이 쓰였음에도 불구하고 이를 올바르게 평가할 성인은 나타나지 않았으며, 소견이나 지식이 옅은 사람들은 외모를 꾸미기에만 치중하고 글자 풀이에만 골몰해서 글에 담겨 있는 깊은 뜻을 이해하려고 하지 않았다. 그뿐 아니라 오히려 불필요한 것이라 해서 경시하거나 혹세무민(惑世誣民)한다 해서 배척까지 하였다.

먼지도 쌓이면 산이 되고 갖가지 빛깔이 모여서 무지개가 된다는 사실을 깨닫지 못했던 것이다. 시원찮은 글줄이나 끄적일 줄 아는가 하면 과거 사상가들의 글을 함부로 재단해서 비판하는 잔재주를 부리기에만 급급했다.

진실과 거짓이 거꾸로 뒤집히고 구슬과 돌이 뒤섞이며(玉石混淆), 아악(雅樂)과 저속한 음악이 한 자리에 서고, 비단과 누더기를 구별할 줄 모른 채 모두가 어리석음에 빠져 있으니 참으로 서글프고 딱한 노릇이 아닐 수 없다."

바로 이렇게 당시의 세태를 비판한 글 가운데에서 성어 옥석혼효가 유래하였다.

『포박자』의 저자인 갈홍(葛洪, 284~364)은 한나라 말기의 학자로 자는 치천(稚川)이다. 그는 동진(東晉)의 원제(元帝)가 승상으로 있을 때 그의 수하에서 큰 공을 세웠기 때문에 관내후(關內侯)라는 관직에도 올랐다.

그는 교지라는 지방에서 주사(朱砂)가 나온다는 소문을 듣고 그곳에 가서 이를 채집하는데 몰두하다가 어느 날 스승을 찾아 떠난다는 전갈을 남긴 채 홀연히 세상을 떠났다. 그의 나이 81살 때의 일이다.

【용례】 우수한 성적으로 입사한 사원이라고 해서 다 뛰어난 기량을 지닌 건 아닐세. 시험 기계도 그 중에는 섞여 있을 거야. 잘 살피고 훈련을 시켜 "옥석혼효" 속의 진주를 가려내야지.

옥야천리 沃野千里

沃 : 물댈 · 비옥할(옥) 野 : 들판(야)
千 : 일천(천) 里 : 마을(리)

【뜻풀이】 기름진 들판이 천 리에 달한다.

원래 옥은 논밭에 물을 대는 것을 말하는데, 관개 시설이 잘 되어 있다는 뜻에서 수확이 많고 토질이 기름지다는 뜻으로 확대된 것이다.

【출전】 이 성어는 『전국책 · 진책(秦策)』에 처음 나온다. 소진(蘇秦)이 진혜왕(秦惠王)에게 다음과 같이 말했다.

"대왕의 나라는… 기름진 들판이 천 리에 닿아 있고, 거두어들인 곡식이 풍부하고 많으며, 땅의 형세가 당당하고 편리하니 이를 일러 '하늘이 준 창고(天府)'요 천하에서 웅장한 나라라고 할 만합니다.(大王之國…沃野千里 蓄積饒多 地勢形便 此所謂天府 天下之雄國也)"

『사기 · 유후세가(留侯世家)』에는 "무릇 관중의 왼쪽은 효함이고 오른쪽은 농촉인데 그 사이 천리는 비옥한 들판이다.(夫關中左殽函右隴蜀 沃野千里)"라고 하였다.

또 옥야라는 말로 서방(西方)을 뜻하기도 한다.

『회남자 · 지형훈(地形訓)』에 보면 "서방은 금구라 하고 또 옥야라고도 한다.(西方曰金丘 曰沃野)"는 말이 나오는데, 고주(高注)에는 "서방은 금의 위치이다. 때문에 금구라고 하고, 옥은 흰색이다. 서방은 백이니 때문에 옥야라 한다.(西方金位也 因曰金丘 沃猶白也 西方白 故曰沃野)"라고 하였다.

【용례】 호남지방 만경평야는 사방에 산이 보이지 않을 정도로 넓은 우리나라의 곡창 지대야. 전번에 한 번 간 적이 있는데 정말 들판이 "옥야천리"로 한없이 펼쳐져 있더군.

ㅇ

옥하가옥 屋下架屋

屋 : 집 · 지붕(옥) 下 : 아래(하)
架 : 시렁 · 얽을(가)

【뜻풀이】 지붕 아래 다시 지붕을 만들다. 무슨 일을 부질없이 거듭하는 것을 비유하는 말이다. 또는 앞사람이 이미 해 놓은 일을 그대로 모방해서 별로 새로울 것이 없는 경우를 말하기도 한다.

【출전】 『세설신어 · 문학편(文學篇)』에 다음과 같은 이야기가 있다.

진(晉)나라 때의 문인인 유천〔庾闡, 자는 중초(仲初)〕이 〈양도부(兩都賦)〉라는 작품을 발표했다. 이 시를 읽어 본 유량(庾亮, 289~340)이 이를 극찬하고 나섰다.

"이 작품은 장형(張衡)의 〈양경부(兩京賦)〉나 좌사(左思)의 〈삼도부(三都賦)〉에 비견할 만한 뛰어난 작품이다."

이 칭찬을 곧이들은 사람들이 서로 다투어 베끼는 바람에 갑자기 도성의 종이 값이 뛸 정도로 작품의 인기가 높아졌다. 이 사실을 접한 사안(謝安, 320~385)이 작품을 구해 읽어 본 뒤 이렇게 말했다.

"내가 읽어 보니 그 시는 고작 옛 문인들의 작품을 모방했을 뿐 이렇다 할 새로운 뜻은 담겨 있지 않았다. 겨우 지붕 밑에다가 다시 지붕을 얹은 꼴일 뿐이다.(這只是摹仿之作 竝無新意 此是屋下架屋耳)"

그 뒤부터 유천의 작품은 전혀 사람들의 관심을 끌지 못했다.

북제(北齊)의 안지추(顏之推, 531~590)도 〈안씨가훈서치(顏氏家訓序致)〉에서 "위나라와 진나라 이래로 저술된 많은 책들은 이치가 중복되고 사실이 뒤섞이며 번갈아가며 서로 본뜨고 가르쳐서 지붕 아래 다시 지붕을 얹고 상 위에 또 상을 올린 작태를 보일 뿐이다.(魏晉以來 所著諸子 理重事複 遞相模斅 猶屋下架屋 牀上施牀耳)"라고 말했다.

【용례】 사업 보고서를 자기 의견이 분명하게 개진되어야지 이렇게 남의 의견이나 "옥하가옥"으로 늘어놓으면 되겠는가?

온고지신 溫故知新

溫 : 따뜻할·익힐(온) 故 : 옛(고)
知 : 알(지) 新 : 새로운(신)

【뜻풀이】 옛 것을 익혀 새 것을 안다.

【출전】 『논어·위정편(爲政篇)』에 다음과 같은 말이 나온다.

"공자께서 말씀하시기를 옛 것을 익혀 새로운 사실을 알면 가히 스승이 될 수 있다.(子曰 溫故而知新 可以爲師矣)"

이 말은 『중용』에도 나오는데, 정현(鄭玄)은 주석을 달면서 "온(溫)은 옛 것을 익힌다는 뜻이다. 처음 배운 것을 익힌 뒤에 거듭 반복해서 익히는 것을 온고(溫故)라고 한다."고 하였다.

과거의 문화를 정확하게 이해하고 수용하시 않고서는 미래의 발전을 꾀할 수 없다는 것이 공자를 비롯한 유가(儒家)의 기본적인 역사관이자 문화관이었다. 이 때문에 유가 지식인에게 있어서 과거를 아는 것, 즉 역사적 지식을 축적하는 것은 무엇보다도 소중한 학문의 방향이었다. 이를 우리는 문화주의(文化主義) 또는 상고주의(尙古主義)라고 할 수 있을 것이다.

【용례】 무조건 새 것만 좇는 그 버릇 좀 고칠 수 없겠니. 옛 것을 익혀 새 것을 아는 "온고지신"하는 태도야말로 진짜 성실한 사람의 표본이야.

옹치봉후 雍齒封侯

雍 : 성(옹) 齒 : 이(치)
封 : 봉할(봉) 侯 : 제후(후)

【뜻풀이】 한고조(漢高祖) 유방(劉邦)이 옹치(雍齒)를 제후에 봉했다는 말로, 가장 미워하는 사람을 요직에 앉힘으로써 여러 장수들의 불만을 무마시킴을 말한다.

【출전】『사기·유후세가(留侯世家)』에 나오는 이야기다.

어느 날 한고조 유방이 낙양의 남궁(南宮)에 앉아 밖을 내다보니 넓은 뜰 여기저기에서 장수들이 모여 수군거리고 있었다.

"대체 무슨 일들이냐?"

고조의 물음에 장량(張良)이 대답했다.

"모반을 논의하고 있습니다."

깜짝 놀란 고조가 도대체 무슨 까닭인지 물었다.

"폐하께서는 소하나 조참 등 측근들만 제후로 봉하시고 평소 폐하와 소원(疏遠)하던 자들은 죄를 물어 처벌하셨습니다. 지금 저들이 각각의 공적(功績)을 논해 보니 공을 세운 이에게 상을 주려면 천하를 다 주어도 부족할 지경입니다. 그래서 저들 생각에 자신은 상을 받기는커녕 죄를 물어 처벌되지나 않을까 두려워 차라리 모반을 꾀할까 하면서 수군대고 있는 것입니다."

고조가 더욱 놀라 물었다.

"그럼 어쩌면 좋겠소?"

"폐하께서 가장 싫어하는 자라고 여기는 이가 누구입니까?"

"그건 옹치지. 옛날에 그자는 나를 여러 차례 괴롭혔는데, 워낙 공이 많아 그냥 두고 있네."

"그럼 서둘러 옹치를 제후에 봉하십시오. 그러면 신하들은 '옹치까지 제후에 봉해졌으니 우린 안심이야.' 하고 생각할 것입니다."

장량의 말대로 하자, 과연 신하들의 동요는 잠잠해졌다.

【용례】 미워하는 사람을 이용할 줄도 알아야 합니다. 유능하지만 바른 말을 잘해 눈 밖에 난 최 과장부터 승진시킨다면 "옹치봉후" 하는 효과를 거둘 수 있을 것입니다.

와신상담 臥薪嘗膽

臥 : 누울(와) 薪 : 섶·땔나무(신)
嘗 : 맛볼(상) 膽 : 쓸개(담)

【뜻풀이】 땔나무 위에 눕고 쓸개를 맛보다. 원수를 갚기 위해 분발하며 노력하거나 큰 뜻을 이루기 위하여 분투하는 것을 일컫는 말이다. "10년 동안 모으고 10년 동안 가르치다.(十年生聚 十年教訓)"는 말과 뜻이 비슷하다.

【출전】『사기·월왕구천세가(越王勾踐世家)』와『오월춘추(吳越春秋)』에 다음과 같은 이야기가 있다.

춘추시대 강남의 오(吳)·월(越) 두 나라는 대대로 내려오는 원수지간으로 무력 충돌이 그칠 사이가 없었다. 오왕 부차(夫差)가 즉위하자 오나라는 또다시 월나라를 공격하기 시작하였다.

두 나라 군대가 태호(太湖)와 고성(오늘날의 강소성 고순현 남쪽) 일대에서 교전한 결과 월나라가 패배하였다. 이에 월왕 구천(勾踐)은 대부 문종(文種)을 파견해서 오나라의 재상 백비(伯嚭)에게 화친을 제의하였다.

백비는 문종이 귀중한 예물과 함께 미녀를 데리고 온 것을 보고 그와 함께 부차를 만나러 갔다. 문종은 부차에게 월왕은 오왕의 신하가 되고 월나라의 땅도 오나라에 병합시키는 것을 환영한다고 말하였다. 이에 부차는 그 자리에서 화친을 받아들이고 예물을 받은 다음 월왕 구천에게 오나라에 와서 자기를 시중들게 했다. 이 때의 일을 회계지치(會稽之恥)라 한다.

구천은 나라의 정치는 문종과 기타 대신들에게 맡긴 뒤 처자와 대부 범예를 데리고 오나라에 가서 3년 동안이나 말을 먹였다.

한번은 부차가 앓아눕자 구천은 백비에게 청원해서 오왕의 궁중에 들어가 부차를 몸소 간호하기도 하였다. 이에 감동한 부차는 병이 나은 뒤 구천과 범예를 귀국하게 하였다.

월나라에 돌아온 구천은 복수의 칼을 갈면서 정치적·군사적인 면에서 모든 준비를 잘 다져 놓았다. 구천은 자신의 복수심이 혹시라도 약화될까 봐 안일한 생활을 포기하고 스스로 혹독한 고통을 감수하였다.

즉, 포대기도 깔지 않고 침상 위에 예리한 풀잎을 깔았으며 또 쓸개를 준비해 두었다가 식전이나 휴식을 취할 때마다 늘 쓸개에 혀를 대 쓴맛을 보았다고 하는데, 이것을 와신상담이라고 한다.

그리고 월나라에서는 또 10년 계획을 세워 생산을 장려하고 물자를 모으며 군사 훈련을 강화하였는데, 이것이 이른바 십년생취 십년교훈(十年生聚 十年教訓)이다. 그 결과 월나라는 10년이 못 되어 오나라와 싸워 이겼으며 또 몇 년 뒤에는 오나라를 멸망시키기에 이르렀던 것이다.

【용례】 네 고집에 1등 자리를 놓쳤으니 속이 상할 만도 하다만 그렇다고 밥까지 굶을 필요가 있겠느냐? "와신상담"할 각오로 노력하면 다음 번 시험에서는 다시 수석을 차지할 수 있을 거다.

와우각상지쟁 蝸牛角上之爭

蝸 : 달팽이(와) 牛 : 소(우)
角 : 뿔(각) 上 : 위(상)
之 : 어조사(지) 爭 : 다툴(쟁)

【뜻풀이】 달팽이 뿔 위에서의 싸움.

사소한 일로 다투거나 불필요한 일로 싸우는 것을 말한다. 또는 남이 보기에 사소한 일인데 심각하게 대립하는 경우를 야유조로 표현할 때도 쓸 수 있다.

【출전】『장자·칙양편(則陽篇)』에 다음과 같은 이야기가 있다.

옛날에 위혜왕(魏惠王)과 제위왕(齊威王)이 맹약을 맺었는데 제위왕이 배반하자 위혜왕이 자객을 보내 그를 없애려고 하였다. 그런데 대신 가운데 공손연(公孫衍)은 찬성하고, 계자(季子)는 반대하고 나서자 곤경에 빠지게 되었다. 이때 재상이었던 혜시(惠施)가 대진인(戴晉人)을 보내 이런 이야기를 하게 하였다.

"세상에 달팽이라는 것이 있는데 아십니까?"

"알다마다."

"그 달팽이 뿔의 왼쪽에는 촉씨(觸氏)라는 씨족이, 오른쪽에는 만씨(蠻氏)라는 씨족이 살고 있었습니다. 어느 날 두 집안에서 서로 땅을 빼앗으려고 싸움을 벌였습니다. 그때 죽은 사람이 무려 수만 명에 이르렀고 도망가는 적을 추격해서 15일 만에야 되돌아왔더랍니다."

"거 무슨 황당무계(荒唐無稽)한 소린가?"

"그렇다면 다른 일로 비유해 보겠습니다. 폐하께서는 이 우주의 끝이 있다고 보십니까?"

"물론 없지 않은가?"

"그렇다면 저 광활한 우주 속에서 노니는 사람에게는 나라란 것은 있는 것도 되고 없는 것도 되겠지요?"

"그렇겠지."

"그 나라 가운데 위나라가 있고, 위나라 안에 양(梁)이라는 도성이 있으며, 양에 임금이 있으니, 이를 무궁한 우주에 비한다면 마치 달팽이 뿔 위의 촉씨나 만씨와 폐하가 무엇이 다르겠습니까?"

이 말을 들은 혜왕은 대진인이 물러가고 난 뒤에도 어안이 벙벙해져 넋 나간 사람처럼 멍하니 서 있었다.

이 이야기에서 유래해서 성어 와우각상지쟁이 나왔다.

【용례】 결국 같은 피붙이 재산인데, 서로 상속을 많이 받겠다며 법정 소송까지 벌이다니. "와우각상지쟁"으로 돌아가신 분의 영전에 누를 끼쳐서야 되겠나.

완낭수삽 阮囊羞澁

阮 : 성(완) **囊** : 주머니(낭)
羞 : 부끄러울(수) **澁** : 껄끄러울(삽)

【뜻풀이】 완씨의 주머니가 부끄러워하다. 털면 먼지뿐이다. 살림이 아주 궁색한 것을 말한다.

【출전】 『운부군옥(韻府群玉)』에 보면 다음과 같은 이야기가 있다.

동진시대 완부(阮孚)라는 사람이 있었는데 그의 부친은 바로 죽림칠현(竹林七賢)의 한 사람인 완함(阮咸)(▶ 미능면속未能免俗 참조)이었다. 완부 역시 그의 부친처럼 안목이 높고 호탕한 사람으로 권세를 초개와 같이 여겼지만, 지배층들과 대립하지는 않고 다만 소극적인 태도를 취하고 있었다. 그리고 물욕이 없어 재산도 모으지 않아 살림은 몹시 구차하였다.

진원제 때와 명제 때 모두 벼슬을 내렸지만 그는 이름만 걸어 놓은 채 늘 술로 소일하였다.

어느 날 그가 회계(會稽)라는 고장을 유람했는데 손에 검은 가방을 들고 다녔다. 이것을 본 어떤 사람이 무엇인가 묻자 완부는 "내 돈지갑인데 비어 있습니다. 그래서 한푼도 없으면 돈지갑이 부끄러워할 것 같아 돈 한푼 넣었지요.(但有一錢守囊 恐其羞澁)"라고 대답했다.

이래서 돈이 없거나 몇 푼밖에 없을 때를 일러 완낭수삽이라고 하게 되었다.

그런데 『야항시화(夜航詩話)』에 보면 남송(南宋) 때 정앙(鄭昻)이라는 사람이 소식(蘇軾)의 이름을 빌려 『노두사실(老杜事實)』이라는 책을 만들었다고 한다. 이 책은 두보(杜甫)의 시와 관련된 여러 사실들을 정리해 놓은 것인데, 근거 없이 만든 이야기가 무척 많다는 것이다.

두보에게는 〈공낭(空囊)〉이라는 제목의 시가 있는데, 이 작품을 풀이하면서 내놓은 전거가 바로 완부의 이야기였다. 때문에 완부의 일화 역시 사실과는 다른 허구일 가능성이 높다.

이 작품에 보면 "주머니가 비어 부끄러우니, 한 푼을 담아 보았네.(囊空恐羞澁 留得一錢看)"란 구절이 나온다.

【용례】 내 비록 "완낭수삽"의 처지에 놓여 있지만 남에게 해를 끼치려고 한 적은 한 번도 없었다. 너도 공무원 생활을 할 때는 이런 정신을 잊어서는 안 된다.

완물상지 玩物喪志

玩 : 장난할(완) **物** : 물건(물)
喪 : 잃을(상) **志** : 뜻(지)

【뜻풀이】 쓸데없는 물건을 가지고 장난을

치는 데 정신을 뺏겨 소중한 자신의 본바탕을 잃어버리다. 물질이나 오락 따위에 골몰하여 원래 자신이 세운 큰 목표를 상실한다는 말이다.

물론 이 말은 처음에는 대단히 철학적인 의미가 담긴 성어였지만, 지금은 다소 가볍게 사용해도 무방하리라 여겨진다.

예컨대 컴퓨터를 배워 훌륭한 그래픽 디자이너가 되겠다던 사람이 정작 그 기술을 익히는 데는 무관심하고 컴퓨터 오락에 빠져 거기에만 몰두하여 배워야 할 기술은 등한시할 때 이 말을 쓸 수 있겠다.

【출전】『서경·주서(周書)』의 〈여오(旅獒)〉에 다음과 같은 말이 나온다.

「귀나 눈과 같은 감각의 부림을 당하지 않으면 모든 법도가 바르게 될 것입니다. 사람을 가지고 장난을 치면 덕을 잃게 될 것이고, 물건을 가지고 장난을 치면 뜻을 잃게 될 것입니다. 뜻은 도(道)로써 편안해지고 말은 도로써 이어집니다. 무익한 일을 하지 말고 유익한 일을 해치지 않으면 백성은 곧 부족한 것이 없게 될 것입니다. 개나 말은 그 토질에 맞지 않으면 기르지 마시고 진귀한 새와 짐승도 나라에 키우지 마십시오. 먼 곳의 보물을 보물로 여기지 않으면 먼 곳의 사람들이 오게 될 것이고, 오직 어진 사람을 귀중히 하면 가까운 사람들이 편안하게 될 것입니다. 아아! 이른 새벽부터 밤까지 부지런하지 못할 때가 없도록 하십시오. 사소한 행동을 삼가지 않으면 끝내 큰 덕에 누를 끼치게 될 것입니다. 아홉 길 높은 산을 만드는 데 있어 흙 한 삼태기가 없어 쌓은 공을 헛되게 하는 일은 없어야 할 것입니다. 진실로 이와 같이 한다면 백성들은 자신들이 사는 곳을 지킬 것이고 폐하께서도 대대로 왕업을 누리게 될 것입니다.

(不役耳目 百度惟貞 玩人喪德 玩物喪志 志以道寧 言以道接 不作無益 害有益 功乃成 不貴異物 賤用物 民乃足 犬馬非其土性不畜 珍禽奇獸 不育於國 不寶遠物 則遠人格 所寶惟賢 則邇人安 嗚呼 夙夜罔或不勤 不矜細行 終累大德 爲山九仞 功虧一簣 允迪玆 生民保厥居 惟乃世王)」

여(旅)는 옛날 중국의 서쪽에 살던 부족이고 오(獒)는 개〔犬〕의 일종이다. 주무왕이 천하를 통일하자 여러 나라에서 공물로 진귀한 물건을 바쳤다. 이때 여에서는 그 지방의 명물인 개를 바쳤다.

기이한 생김새를 가진 개를 보자 무왕은 흔쾌하게 이 개를 받았다. 이를 본 소공(召公) 석(奭)이 경계하는 글을 올렸는데, 그 글이 바로 〈여오〉다.

물건을 가지고 노는 데 정신이 팔리면 뜻을 잃을 수 있다는 완물상지의 의미가 가장 잘 드러나 있다. 이 말에서 연유하여 이후 유가들이 도락이나 잡기에 빠져 도심(道心)을 밝히는 일을 소홀히 하는 위험을 경계했던 것이다.

【용례】 자네는 공부하는 목적으로 컴퓨터를 들여 놓는다더니 오락을 하느라고 세월을 보낸세그려. 본 뜻은 잃고 노는 데 골몰하다니, "완물상지"해서 나중에 뭐가 남을꼬?

완벽귀조 完璧歸趙

完 : 완전할·온전히할(완)
璧 : 옥구슬(벽) 歸 : 돌아갈(귀)
趙 : 조나라(조)

【뜻풀이】 원래의 물건을 조금도 다치지 않고 완전하게 주인에게 돌려준다는 뜻으로, 원벽귀조(原璧歸趙) 또는 벽조(璧趙), 귀조(歸趙), 봉조(奉趙)라고도 한다.

【출전】『사기·인상여열전(藺相如列傳)』에 다음과 같은 이야기가 있다.

전국시대의 일이다. 조나라에 화씨지벽(和氏之璧)이라는 진귀한 구슬이 있다는 것을 알게 된 진소왕(秦昭王)은 사신을 파견하여 15개 성과 화씨벽을 교환하자고 조나라를 꾀었다. (➡ 가중연성價重連城 참조) 이때 조나라에서는 진소왕의 검은 심보를 뻔히 알 수 있었지만 국력이 약한지라 거절할 수도 없어서 속만 끓일 뿐이었다.

이때 어느 환관의 식객으로 있던 인상여가 자신이 진나라에 가서 교섭하겠노라고 하면서 만약 진소왕이 약속을 어기는 날이면 화씨지벽을 안전하게 조나라로 가지고 돌아오겠다고 했다.

인상여는 마침내 진나라 궁궐에 이르러 화씨지벽을 진소왕에게 바쳤다. 그러자 화씨지벽을 받아 든 진소왕은 좋아서 어쩔 줄 몰라 하면서도 15개 성을 주겠다는 말은 입 밖에도 내지 않는 것이었다. 이에 진소왕의 속마음을 환히 꿰뚫어 본 인상여가 한마디 했다.

"화씨지벽은 세상에 이름난 보배지만 유감스럽게도 자그마한 흠집이 있습니다."

진소왕은 그 말을 곧이듣고 화씨지벽을 인상여에게 도로 내주면서 흠집이 어디에 있느냐고 물었다.

구슬을 받아든 인상여는 곧 노기등등하여 진소왕의 간교한 술책을 규탄하였다. 이에 노발대발(怒發大發)한 진소왕은 무사들을 시켜 강제로 구슬을 빼앗으려고 하였다.

그러나 이런 일이 벌어질 것을 이미 예상했던 인상여가 소리쳤다.

"대왕께서 만일 나를 계속 협박한다면 나는 내 머리와 이 구슬을 함께 벽에 부딪혀 박살 내 버리겠습니다."

이에 진소왕은 인상여가 정말 구슬을 박살낼까 싶어 거듭 사죄하면서 약속을 지키겠노라고 확약하였다. 인상여는 닷새 후에 구슬을 넘겨주는 자리를 마련하기로 진소왕과 합의하고는 시종들을 시켜 남모르게 화씨지벽을 조나라로 가져가게 하였다.

이렇게 해서 화씨지벽은 아무런 손상도 없이 조나라에 돌아오게 되었는데, 완벽귀조라는 성어는 바로 이 이야기에서 나온 것이다.

【용례】 해외로 밀반출될 뻔한 도자기를 갖은 고생을 다 해가며 되찾아 오다니. 그분처럼 "완벽귀조"할 수 있는 사람이 있으니 우리나라의 미래도 반드시 어두운 것은 아니야.

완석점두 完石點頭

完 : 완고할(완) 石 : 돌(석)
點 : 끄덕일(점) 頭 : 머리(두)

【뜻풀이】 완고한 돌도 고개를 끄덕인다. 생생하고 절실하게 도리를 밝혀 상대방을 설득시키는 것을 비유하는 말이다.

【출전】『연사고현전(蓮社高賢傳)』에 다음과 같은 이야기가 있다.

진(晉)나라 때 소주성에 축도생(竺道生)이라는 유식한 스님이 있었는데 그의 스승인 법태가 천축국(인도)에서 왔기 때문에 사람들은 그를 축도생 또는 도생법사(道生法師), 생공(生公)이라고 불렀다.

축도생은 강서 여산에 7년 동안 머물면서

불경을 공부해서 많은 저작을 써냈다. 그러나 그의 동료들은 그의 이론을 찬성하지 않았다.

이에 화가 난 축도생은 급기야 호구산(虎丘山)에 들어가 남은 생을 고적하게 보냈는데, 이런 그의 행적으로 해서 생공석(生公石)이라는 유적과 함께 신비로운 전설을 많이 남기게 되었다.

축도생은 자기의 이론을 경청하는 사람이 없었기 때문에 호구산 아래에서 수많은 돌멩이들을 주워다가 줄지어 놓고 그것을 청중으로 삼아 『열반경(涅槃經)』을 설파하고 자신의 견해를 천명하였다.

축도생은 때때로 흥이 날 때마다 돌멩이들을 보고 "내 말이 불경에 부합되는가?" 하고 물었는데 그때마다 돌멩이들은 축도생의 말에 수긍이라도 하듯이 고개를 끄덕였다고 한다.

이론이나 도리가 너무나 잘 부합해서 비록 무정한 돌일망정 감동되어 고개를 끄덕였다는 말이다.

【용례】 사장님이 논지를 전개하는 방식은 정말 진지하고 근거가 명확해서 "완석점두"할 만큼 치밀하더군요. 삼가 경의를 표합니다.

완화자분 玩火自焚

玩 : 가지고놀(완) 火 : 불(화)
自 : 스스로(자) 焚 : 불사를(분)

【뜻풀이】 불을 가까이하다가 자신을 태운다는 말로, 무모하게 남을 해치려고 하다가 결국 자신이 해를 입게 됨을 비유하는 말이다.

【출전】 『좌전·은공(隱公) 4년』조에 다음과 같은 이야기가 나온다.

춘추시대 위(衛)나라 임금 장공(莊公)의 첩이 아들을 낳자 이름을 주우(州吁)라 지었다. 주우는 어려서부터 장공의 총애를 너무 받은 탓에 성격이 모질어져서 조금이라도 마음에 들지 않으면 힘으로 윽박질러 해결하려고 했다.

장공이 죽자 환공(桓公)이 왕위를 계승했다. 그러나 주우는 기원전 719년에 환공을 시해하고 자신이 군주의 자리에 올랐다. 왕위를 찬탈한 그는 송(宋)나라와 진(陳)나라, 채(蔡)나라 등과 연합하여 정(鄭)나라를 공격하였다. 이 사실을 들은 노나라의 은공이 대부 중중(衆仲)에게 주우의 장래가 어떨 것인지 묻자 중중이 대답하였다.

"신은 듣기에 덕으로 백성들과 평화롭게 지낸다고 했지 힘으로 한다는 말은 듣지 못했습니다. 힘으로 하는 것은 마치 실을 자으면서 북을 마구 다루는 것과 같습니다. 주우는 군사력만 믿고 잔인한 짓을 하면서도 편안합니다. 그러나 무력에 의지하는 군주는 백성들의 신망도 잃게 되고 친지도 잃게 될 뿐입니다. 백성들이 등을 돌리고 친한 이가 없다면 구제되기 어려울 것입니다. 무력이란 불과 같은 것이어서, 스스로 단속하지 않으면 장차 그 자신도 불 속에서 타 죽게 될 것입니다. 지금 주우는 제 임금을 시해하고 백성들을 학대하고 있습니다. 이럴 때 그가 덕행에는 힘쓰지 않고 힘으로만 문제를 해결하려 든다면 머지않아 죽음을 면하지 못할 것입니다.(臣聞以德和民 不聞以亂 以亂猶治絲而棼之也 夫州吁 阻兵而安忍 阻兵無衆 安忍無親 衆叛親離 難以濟矣 夫兵 猶火也 弗戢 將自焚也 夫州吁 弑其君 而虐用其民 於是乎不務令德 而欲以亂成必不免矣)"

성어 완화자분은 이처럼 무모하게 남을 해

치려다 결국 자신이 해를 입게 되는 것을 비유한다.

【용례】 말 장난으로 정권을 잡은 사람은 결국 말 때문에 망하고 말 거야. 국가의 위신이나 체통은 생각하지 않고 망발을 일삼으니 머지않아 "완화자분"할 게 뻔해.

왕고좌우이언야
王顧左右而言也

王 : 임금(왕) 顧 : 돌아볼(고)
左 : 왼쪽(좌) 右 : 오른쪽(우)
而 : 어조사(이) 言 : 말씀(언)
也 : 이끼(야)

【뜻풀이】 왕이 좌우를 돌아보며 다른 이야기를 하다. 남이 정면으로 제기하는 곤란한 문제에 대해 딴전을 피우며 대답을 회피하거나 말꼬리를 돌리는 것을 비유한 말이다.

【출전】 『맹자 · 양혜왕장구(梁惠王章句)』 하편에 보면 맹자가 제선왕과 다음과 같은 이야기를 나누고 있다.

「맹자 : 어떤 사람이 초나라에 가면서 한 친구에게 처자들을 돌봐 달라고 부탁했는데 그 사람이 돌아와 보니 그의 친구는 전혀 자기 가족을 돌보지 않았더랍니다. 이 일을 어떻게 하면 좋겠습니까?

제선왕 : 친구 관계를 당장 끊어야지!

맹자 : 법과 형벌을 집행한다는 관리로서 도리어 자기의 부하마저 단속하지 못하는 일이 있으니 이런 일은 어떻게 해야 좋겠습니까?

제선왕 : 파직시켜야지!

맹자 : 나라의 정치가 부정부패에 빠지고 혼란해져 백성들이 편안히 자기 일에 몰두하지 못한다면 이런 일은 어떻게 해야 좋겠습니까?

제선왕 : …(좌우를 둘러보며 말꼬리를 다른 곳으로 돌렸다.)(王顧左右而言也)」

바로 여기에서 나온 성어로 고좌우이언야(顧左右而言也)라고도 한다.

【용례】 그 사람 자기가 죽어도 옳다며 큰소리치더니 증거를 들이대니까 좌우를 바라보며 딴소리만 해대더군("왕고좌우이언야"). 저런 사람이 그동안 정치를 했으니 이 나라가 이 모양이 됐지.

왕자불간 내자가추
往者不諫 來者可追

往 : 지날(왕) 者 : 놈(자)
不 : 아닐(부)(불) 諫 : 충고할(간)
來 : 올(래) 可 : 가할 · 옳을(가)
追 : 좇을(추)

【뜻풀이】 지나간 일은 어쩔 수 없지만, 앞으로 올 일은 좇을 수 있다. 이전에 저질렀던 수많은 실수에 대해서는 구태여 돌이킬 수는 없지만 앞으로 올 일에 대해서는 좀더 현명하게 대처할 수 있다는 뜻이다.

【출전】 『논어 · 미자편(微子篇)』에 나오는 말이다. 춘추시대 초나라 사람 육통(陸通)은 상례를 벗어난 일을 잘 해서 이름이 난 사람이었다. 그리고 육통은 청렴함을 표방하며 벼슬에 뜻이 없어 초나라 소왕이 불러도 응하지 않았다. 정치가 엉망인 것에 실망하여 거짓으로 미친 척하며 살아 초광(楚狂)이라고도 했다.

그런데 당시 공자(孔子)는 육통과는 달리 정치 활동에 참가하여 권력을 잡아 보려고 온갖 노력을 기울이면서 자신의 정치적 주장을 이리저리 내놓았다. 그러나 어느 나라에서도 그의 주장은 받아들여지지 않았다.

공자가 초나라를 방문했을 때도 초소왕은 그를 성대히 환영은 했지만 그의 정치적 주장을 받아들이지는 않았다.

하루는 공자가 초소왕을 하직하고 숙소로 돌아가는데 미치광이 같은 사람이 그의 수레를 따라오면서 노래를 부르는데, 그 노래 속에 “지난 일이야 어쩔 수 없어도 올 일은 좇을 수 있노라.(往者不諫 來者可追)”라는 구설이 있었다.

그런데 그 미치광이 같은 사람은 다름 아닌 육통으로 그는 이 노래를 통해 공자를 풍자하고 충고했던 것이다.

육통은 달리 접여(接輿)라고도 불렸는데, 이 때문에 그가 불렀다는 노래를 〈접여가〉라고도 한다.

그리고 도연명의 〈귀거래사(歸去來辭)〉에도 이 구절이 거의 그대로 인용되어 있다. 〈귀거래사병서(歸去來辭并序)〉와 더불어 소개한다.

「내가 집안이 가난해서 밭 갈고 나무를 심어도 자급할 수조차 없었다. 어린아이는 집 안에 가득한데, 쌀동이에는 저장된 곡식은 하나도 없고, 사람이 사는 데 필요한 것을 얻을 기술도 알지 못했다. 친구가 여러 번 내게 장리라도 할 것을 권해서 후련하게 그럴 생각도 가져 길을 찾았지만 방법이 없었다. 마침 사방에서 일이 생겨 제후들은 은혜와 사랑으로 덕을 삼기 시작했다. 집안 아저씨가 내가 가난으로 고생하는 것을 보고 마침내 작은 고을의 관리로 머물게 해 주었다. 그때 풍파가 아직 그치지 않았고 마음속에도 먼 길을 떠나는 것이 달갑지 않았지만, 팽택은 집에서 거리가 백여 리이고 공전에서 나오는 이익이 족히 술을 빚을 만했다. 때문에 내 그 자리를 구하였던 것이다. 그러나 며칠이 지나자 문득 돌아가고 싶은 생각이 간절해지니 이는 무슨 까닭인가? 나의 본질과 성정이 자연스러워 교정하고 매진해서 얻은 것이 아니요, 굶주림과 추위가 비록 간절하지만 자기의 뜻과 어긋나서로 해롭기 때문이다. 일찍이 인사를 좇았던 것은 모두 생계에 따라 스스로 얽매인 것이다. 이에 서글퍼지고 강개에 차서 깊이 평생의 내 뜻에 부끄러웠다. 그래도 일 년을 기다려 마땅히 옷을 거두어 떠나고자 했는데, 마침 정씨에게 시집간 누이가 무창에서 상을 당해 인정상 급히 달려가야 했기 때문에 스스로 면직을 청해 직책을 버렸다. 따져 보니 중추에서 겨울까지 관직에 있었던 것이 80여 일쯤 되었다. 일을 따라 마음을 순히 하였으므로 작품 이름을 〈귀거래〉라 하였다. 을사년 11월이다.

(余家貧 耕植不足以自給 幼稚盈室 缾無儲粟 生生所資 未見其術 親故多勸余爲長吏 脫然有懷 求之靡途 會有四方之事 諸侯以惠愛爲德 家叔以余貧苦 遂見用于小邑 于時 風波未靜 心憚遠役 彭澤去家百里 公田之利 足以爲酒 故便求之 及少日 眷然有歸興之情 何則 質性自然 非矯勵所得 飢凍雖切 違己交病 嘗從人事 皆口腹自役 於是 悵然慷慨 深愧平生之志 猶望一稔 當斂裳宵逝 尋程氏妹喪于武昌 情在駿奔 自免去職 中秋至冬 在官八十餘日 因事順心 命篇曰歸去來兮 乙巳歲十一月也)(〈귀거래사병서〉 전문)」

돌아가련다. 전원이 장차 황폐해지려고 하는데 어찌 돌아가지 않겠는가? 스스로 마음으로써 몸의 얽매임을 당했으니 어찌 구슬프게 홀로 비감해하겠는가. 이미 지나간 일은 돌이킬 수 없는 것을 깨달았고, 올 일은 좇을 수 있는 것도 알았노라. 실로 길을 헤맨 것이 그리 멀지 않으니 지금이 옳고 어제가 잘못됐음을 깨달았도다. 배는 둥실둥실 가벼운 바람에 일렁이고, 바람도 솔솔 불어 옷깃을 스친다. 나그네에게 앞 길을 물으니 새벽 빛이 희미한 것이 한스러울 뿐이로다. 집 대문과 지붕이 차츰 보이노니 한편으로 기뻐하며 한편으로 내달리노라. 종놈들은 환영하고 아이들도 문 앞에서 기다리네. 삼경이 비록 황량해졌지만, 소나무와 국화는 여전히 남아 있다. 어린아이 손을 잡고 방으로 들어서니 술이 술동이에 가득 하도다. 술동이와 잔을 끌어 스스로 잔을 치고 정원에 나뭇가지를 보니 절로 얼굴은 밝아진다. 남쪽 창가에 기대어 오만하게 몸을 맡기니, 무릎 하나 둘 만한 공간일지라도 마음은 편안하다. 정원은 날마다 걸어 한 취향을 이루었고, 문은 비록 달렸어도 항상 닫혀 있도다. 지팡이에 늙은 몸을 의지해 이곳 저곳에서 쉬고, 때로 고개를 들어 먼 곳을 바라보도다. 구름은 무심하게 바위 구멍에서 피어나고, 새도 날기에 지치면 돌아올 줄 안다네. 햇빛도 어둑어둑 장차 저물려 하니, 외로운 소나무 쓰다듬으며 떠날 줄 모르는도다.

돌아가련다. 청컨대 사귐을 멈추고 노닒을 끊으련다. 세상이 나와 더불어 서로 어긋났으니 다시 말을 해서 무엇을 구하리요. 친지들의 정다운 대화에 기꺼워하고, 거문고 뜯고 책 읽으며 시름을 삭이는 것이 즐겁도다. 농부가 내게 와 봄이 왔다고 알리니 장차 서쪽 밭두렁에 일이 있겠구나. 때로는 휘장을 친 수레를 내라 하고, 때로는 돛단배를 몰아 노를 저으며, 요조한 산길을 좇아 골짜기를 찾고, 기구한 산길을 따라 언덕을 지난다네. 나무에는 흔연히 잎들이 돋아나고, 샘물은 퐁퐁 솟아 흐르기 시작하네. 만물이 때를 얻은 것을 부러워하고, 내 삶도 잠시 후면 쉬게 됨을 느끼노라. 그만두어라. 이 몸을 천지에 두는 것이 그 얼마겠는가? 어찌 마음에 맡겨 가고 머물지 않으리요. 어찌 황망하게 어디로 가고자 하는가? 부귀도 내가 바라는 바 아니요, 하느님 계신 곳도 기약할 수 없도다. 좋은 날이 오면 홀로 가고 때로 지팡이 꽂아 두고 김매고 밭 갈리라. 동쪽 언덕에 올라 휘파람을 불고, 맑은 물가에 앉아 시를 지으리라. 오로지 조화를 타고 다함으로 돌아가리니, 이 천명을 즐거워할 뿐 다시 무엇을 의심하리요.

(歸去來兮 田園將蕪 胡不歸 旣自以心爲形役 奚惆悵而獨悲 悟已往之不諫 知來者之可追 實迷塗其未遠 覺今是而昨非 舟搖搖以輕颺 風飄飄而吹衣 問征夫以前路 恨晨光之熹微 乃瞻衡宇 載欣載奔 僮僕歡迎 稚子候門 三徑就荒 松菊猶存 携幼入室 有酒盈樽 引壺觴以自酌 眄庭柯以怡顏 倚南窓以寄傲 審容膝之易安 園日涉以成趣 門雖設而常關 策扶老以流憩 時矯首而遐觀 雲無心以出峀 鳥倦飛而知還 景翳翳以將入 撫孤松而盤桓

歸去來兮 請息交以絶遊 世與我而相違 復駕言兮焉求 悅親戚之情話 樂琴書以消憂 農人告余以春及 將有事于西疇 或命巾車 或棹孤舟 旣窈窕以尋壑 亦崎嶇而經丘 木欣欣以向榮 泉涓涓而始流 羨萬物之得時 感吾生之行休 已矣乎 寓形宇內復幾時 曷不委心任去留 胡爲乎遑遑欲何之 富貴非吾願 帝鄕不可期 懷良辰以孤往 或植杖而耘耔 登東皐以舒嘯 臨淸流而賦詩 聊乘化以歸盡 樂夫天命復

奚疑)(〈귀거래사〉 전문)」

이 작품의 전반부는 작자가 잠시의 굶주림을 못 참고 속된 세상에 발을 담근 것을 후회하여 관직을 사직하고 고향으로 돌아와 친지를 만나 즐거워하는 글이다. 그리고 후반부에서는 자연에 몸을 맡기고 유유자적 사는 은사(隱士)의 삶을 담담하게 노래하였다. 자연의 흐름에 순종하면서 조금도 거스름이 없고자 하는 시인의 낭만이 진솔하게 묘사되어 있는 작품이다.

도연명의 이 글에서 금시작비(今是昨非, 지금이 옳고 어제가 잘못되었다.)라는 성어도 나왔다.

【용례】 이미 저지른 실수에 사로잡혀 앞으로 올 일까지 망칠 수는 없다. "왕자불간 내자가추"라고 했으니, 지금부터라도 마음을 새롭게 다져 다시는 그런 허물이 없도록 해야지.

왕좌지재 王佐之才

王 : 임금(왕) 佐 : 도울(좌)
之 : 어조사(지) 才 : 재주(재)

【뜻풀이】 임금을 호위하여 큰 공을 세울 능력을 가진 인재를 일컫는 말이다.

【출전】『후한서·순욱전(荀彧傳)』에 다음과 같은 이야기가 나온다.

삼국시대라는 난세를 살면서 천하를 통일하려던 야망을 품은 영웅들은 그에 걸맞는 뛰어난 인재를 필요로 했다. 그래서 유비에게는 제갈량이라는 병법가가 있었고, 손권에게는 노숙(魯肅)이라는 재사(才士)가 있었다면, 조조에게는 순욱이라는 참모가 있었다. 조조가 뒷날 삼국 정립의 난맥상을 극복하고 천하를 통일하는 위업을 달성할 수 있었던 것은 순욱이라는 뛰어난 참모가 있었기 때문에 가능한 일이었다.

순욱은 자가 문약(文若)이고, 영주(穎州) 영음(潁陰) 사람이다. 낭릉령(朗陵令)을 지낸 노숙(魯淑)이 할아버지고, 아버지는 노곤(魯緄)이다.

남양(南陽) 땅에 하옹(何顒)이란 사람이 살고 있었는데, 그는 사람을 잘 감식하는 것으로 유명했다. 어느 날 순욱을 본 그가 기이하게 여기며 이렇게 말했다.

"군왕을 보좌할 인재로다.(王佐才也)"

이 말에서 사람들은 순욱을 가리켜 왕좌지재라고 평하게 되었다.

그는 일찍이 한나라 조정에서 벼슬을 했지만 동탁(董卓)이 군사를 몰아 도성에 진주하자 벼슬을 버리고 낙향했다. 뒷날 원소(袁紹)에게 찾아갔지만 그의 인물됨이 작다고 생각하여 다시 조조에게 귀의하였다. 그때 나이 스물아홉 살이었다.

순욱을 얻은 조조는 "이제야 나는 장자방(張子房)을 얻었다."면서 그 기쁨을 표현했다고 한다. 장자방은 한고조 유방의 참모였던 장량(張良)으로, 유방을 호위하면서 지략과 계략을 제공했던 불세출의 인재였다. 순욱은 바로 이런 장량에 견줄 만큼 뛰어난 참모였다.

중국 역사상 왕좌지재로 불린 사람들은 여럿이 있다. 유향(劉向)은 동중서(董仲舒)를 두고 왕좌지재라 하면서 비록 이윤(伊尹)이라고 해도 더할 수 없다고 칭송하였고(『한서·동중서전』), 곽림종(郭林宗)도 왕윤(王允)을 일러 "하루에 천 리를 갈(一日千里)" 왕좌지재라 했으며(『후한서·왕윤전』), 장재(張載)는 한항(韓恒)을 두고 같은 말을 했고(『진서 · 한항전』), 원목(元穆)은 우근(于謹)을 칭찬하면서 이 말을 썼으며(『주서(周書) · 우근전』), 방교(房喬)는 두여회(杜如晦)를 이렇게 불렀고(『당서 · 두여회전), 범중엄(范仲淹)은 부필(富弼)을 이렇게 불렀다(『송사 · 부필전』).

어느 시대나 이렇게 인재는 넘쳐난다. 그런 인재들이 제 능력을 발휘하지 못하는 것은 왜일까? 그런 인재를 알아보는 눈을 가진 사람이 없기 때문이다.

【용례】 세계를 상대로 경영을 하려면 회장님 혼자의 지략으로는 어렵습니다. 충직하게 보좌할 수 있는 "왕좌지재"를 얻을 때 비로소 가능할 것입니다.

왜자간희 矮子看戲

矮 : 작을 · 짧을(왜) **子** : 아들(자)
看 : 볼(간) **戲** : 놀이 · 유희(희)

【뜻풀이】 난쟁이가 연극을 보다. 영문도 모르면서 덩달아 춤을 추는 주관이 없는 경우나 사람을 비유하는 말이다.

【출전】 속담에서 유래한 성어다. 사람들 틈에 끼여 극을 구경하는 난쟁이처럼 자기는 직접 극을 보지도 못하면서 남이 웃으면 덩달아 웃고 남이 좋다고 하면 덩달아 좋다고 하는 그런 행동을 비웃는 말이다.

송나라의 주희(朱熹, 1130~1200)의 『주자어류(朱子語類)』에 나오는 것으로 보아 이 성어는 당시에 널리 유행했던 것으로 보이는데, 왜인관(간)장〔矮人觀(看)場〕이라고도 한다.

【용례】 저 친구 영어를 알아들어서 같이 웃는 거야, 아니면 "왜자간희"하는 거야?

외불피구 내불피친 外不避仇 内不避親

外 : 바깥(외) **不** : 아닐(불)
避 : 피할(피) **仇** : 원수(구)
内 : 안(내) **親** : 어버이(친)

【뜻풀이】 인재를 뽑아 쓸 때 공명정대(公明正大)하고 사사로운 편견에 빠지지 않는 태도를 비유하는 말이다.

【출전】 『사기 · 진세가(晋世家)』에 다음과 같은 이야기가 있다.

춘추시대 진(晋)나라에 기황양(祈黃羊)이라는 공명정대한 대부가 있었는데 나이가 들자 진평공 앞으로 나아가 벼슬을 그만두게 해달라고 청원하였다.

이에 진평공은 기황양의 간청을 들어주면서 그에게 남양현 현령으로 적합한 인재를 천거해 달라고 하였다.

"해호(解狐)가 적합한 줄 아뢰오."

기황양이 이렇게 말하자 진평공은 의아해하며 물었다.

"해호는 경과 원수지간이 아닙니까?"

그러자 기해가 대답했다.

"임금께서는 신더러 인재를 천거하라고 하지 않았습니까? 신에게 해호와 원수지간인가 아닌가를 물어보신 것은 아니었습니다."

이래서 진평공은 마침내 해호를 남양현 현령으로 파견하기로 결정하였다.

과연 해호는 그의 추천에 부응해서 훌륭하게 자신의 임무를 수행했다. 그리고 얼마 뒤 이번에는 조정의 법관 자리가 하나 공석이 되었다. 이번에도 평공은 기황양에게 사람을 천거하라고 부탁했다.

"기오(祈午)가 적당한 줄 아뢰오."

기황양은 즉석에서 기오를 천거하였다. 그러자 진평공은 "아니, 기오는 경의 아들이 아닙니까?" 하면서 이번에도 놀라는 것이었다.

그러자 기황양은 "대왕께옵서는 신더러 인재를 천거하라고 하지 않았습니까? 신은 기오가 신의 아들인가 아닌가 하는 데 대해서는 생각해 보지 않았습니다."라고 대답했다.

이렇게 해서 진평공은 기오를 공석중인 법관으로 삼았다. 이와 같이 인재를 뽑아 씀에 있어서 원수지간이든 친자식이든 가리지 않고 공정하게 뽑아 쓰는 것을 이런 성어로 비유하게 되었는데, 친구불피(親仇不避)라고도 한다.(➡ 대공무사大公無私 참조)

【용례】 정말 공정한 관리자가 되려면 "외불피구하고 내불피친"하는 자세가 필요해. 사사로운 정에 얽매인다면, 사업도 망치고 사람도 잃게 되지.

외수외미 畏首畏尾

畏 : 두려워할(외) **首** : 머리(수)
尾 : 꼬리(미)

【뜻풀이】 겁이 많다. 걱정이 많다. 주저함이 많다.

【출전】『좌전·문공(文公) 17년』조에 다음과 같은 이야기가 나온다.

춘추시대 어느 날 북방의 강대국인 진(晉)나라가 주축이 되어 일부 소국들을 모아 놓고 회의를 소집한 적이 있는데 유독 정나라만 참석하지 않았다. 이에 진나라에서는 정나라가 남쪽의 대국인 초나라에 붙을까 싶어 정나라를 공격할 준비를 했다.

이 소식을 들은 정나라에서는 다음과 같은 내용의 편지를 진나라에 띄웠다.

"약소한 우리나라는 귀국에 태만하지 않고 줄곧 섬겨 왔음에도 불구하고 오히려 귀국은 우리를 의심해서 공격하려 하고 있습니다. 그렇다면 우리는 멸망하더라도 그 모욕을 더는 참을 수 없습니다. 옛사람들이 이른 바와 같이 '머리도 두려워하고 꼬리도 두려워한다면 온몸에 두려워하지 않을 곳이 어디 있을 것인가?(畏首畏尾 身其餘幾)' 하였고, '사슴도 목숨이 위험할 때면 피신할 자리를 고를 겨를이 없다.(鹿死不擇蔭)'고 하였으니 우리 정나라가 비록 약소국이기는 하지만 위태롭게 되면 사슴과 마찬가지로 아무 곳으로나 피신할 수밖에 없는데 부득이 초나라에 의탁하지 않을 수 없습니다."

이와 같이 정나라에서 강경하게 나오자 진나라에서 원래의 계획을 포기하고 사절을 파견하여 정나라와 화친을 맺었다.

【용례】 그만큼 자료를 보여 주고 설명을 했으면 한번 시도할 만한 일이라는 걸 알 만도 한데, 아직도 주저하나? 그렇게 "외수외미"하다가는 죽도 밥도 안 될 테니, 나는 그만 손 떼겠네.

요고순목 堯鼓舜木

堯 : 요임금(요) **鼓** : 북(고)
舜 : 순임금(순) **木** : 나무(목)

【뜻풀이】 요(堯)임금이 달아 놓은 북(鼓)과 순(舜)임금이 세운 나무(木)라는 뜻으로, 요임금이 대궐 문 앞에 북을 달아 놓고 나랏일로 간언(諫言)할 일이 있는 사람은 북을 치게

했고, 순임금은 잠목(箴木)을 세워 경계할 말을 쓰게 했다는 이야기에서 나온 성어다.

【출전】『구당서』에 보면 다음과 같은 말이 나온다.

"요임금은 북을 두드려 간언할 일을 말하게 했고, 순임금은 나무를 세워 경계할 말을 쓰도록 하였다.(堯鼓納諫 舜木求箴)"

요임금과 순임금이 다스린 시대는 강구연월(康衢煙月)이라는 말이 있을 만큼 백성들이 태평성대와 부귀영화를 누리며 살던 시대였다. 그래서 태평성대를 요년순일(堯年舜日)이라고도 부른다.

요임금은 초가집을 지어 궁궐로 대신 쓰면서 손수 농사를 지어 자급자족(自給自足)할 만큼 검소하게 살았다. 그는 지혜로웠고 인정이 넘쳤으며 하늘의 뜻(天命)을 받들고 정성을 다해 백성들을 사랑하였다. 천하에 단 한 사람이라도 굶주림에 허덕이거나 법을 어기는 죄인이 나오면 모두 자신의 부덕(不德)함을 탓했다. 또한 대궐 문 앞에 북을 달아 부당한 일을 겪었거나 나라에 아뢸 일이 있으면 북을 치도록 하여 여론 수렴에 소홀함이 없었다.

순임금은 전욱(顓頊)의 6대손으로 완악(頑惡)하기로 소문난 아버지 고수(瞽叟)를 극진한 효도로 섬겼다. 또한 생활 태도가 성실한 데다 항상 앞장서서 일을 처리해 남의 모범이 되었기 때문에 그를 따르는 이들이 많았다. 요임금은 그가 나라를 다스릴 뛰어난 인재임을 알아채고 두 딸을 시집보내 사람 됨됨이를 살펴보고, 그 뒤에 제위를 물려주었다.

그는 선왕의 뜻을 받들어 선정(善政)을 베풀었고, 스스로 부족한 점이 있을까 염려하여 잠목(箴木)이라 불리는 나무를 대궐 앞에 세워 백성들의 고충이 무엇인지 듣고 좋은 의견을 개진할 수 있는 통로로 삼았다.

우리가 흔히 태평성대를 말할 때 요순시대를 일컫는 것은 단순히 아주 오랜 옛날 일이기 때문이 아니다. 그만큼 그들은 백성들을 위해 자신들이 해야 할 일들이 무엇인지 알아내고 이를 실천하도록 조력했기 때문이다.

【용례】 아무리 좋은 정치라도 국민들의 뜻을 저버린 것이라면 독재에 불과할 뿐이지. "요고순목"했던 옛 성군들의 자세를 오늘날의 정치인들도 배워야 할 거야.

요동지시 遼東之豕

遼 : 땅이름(료) 東 : 동녘(동)
之 : 어조사(지) 豕 : 돼지(시)

【뜻풀이】 요동 땅의 돼지. 남이 보기에는 대단찮은 물건을 대단히 귀한 것으로 생각하는 어리석은 태도를 말한다.

【출전】『후한서·주부전(朱浮傳)』에 다음과 같은 이야기가 있다.

후한 광무제가 낙양에 도읍한 얼마 뒤까지도 천하는 아직 전쟁의 여파로 뒤숭숭했다. 그때 유주목(幽州牧)이던 유주가 곡창(穀倉)을 열어 백성들을 구휼하고자 하였다.

그런데 어양태수(漁陽太守) 팽총(彭寵)이 이를 거부하였다. 곡창을 열지 않은 사실을 유주가 조정에 보고하자 팽총은 자기가 세운 공만 믿고 교만에 빠져 오히려 유주를 공격하려고까지 하였다.

이에 유주는 주부에게 글을 짓게 하여 팽총에게 보내 그를 설득했다.

"군수의 지위에 있는 사람은 훌륭한 선비를 등용하여 나라의 적을 토벌하는 일이 무엇보다 중요하다. 그대가 나라를 위해 큰 공을 세웠다고 자부하는 모양인데 이런 이야기도 모르는가.

옛날 요동 땅에 살던 농부가 돼지를 키웠다. 어느 날 돼지가 새끼를 낳았는데, 머리가 하얀 것이 평소에 전혀 보지 못한 것이었다. 그래서 그 돼지를 임금에게 바치려고 하동 땅으로 가지고 나왔다. 그런데 하동 땅의 돼지를 보니 모두 머리가 하얀 것이 아닌가. 그래서 크게 부끄러워하며 다시 요동으로 돌아갔다고 한다.

지금 그대가 공이 크다고 자부하는 것도 이 요동 땅의 돼지와 마찬가지다. 조정에 간다면 그대와 비교도 할 수 없을 정도로 공을 세운 사람들이 들끓고 있을 것이다. 그러니 경거망동(輕擧妄動)하지 않는 것이 좋겠다.(往時遼東有豕 生子白頭 異而獻之 行至河東 見群豕皆白 懷慙而還 若以子之功 論於朝廷 則爲遼東豕也)"

이런 충고에도 불구하고 팽총은 기어이 반란을 일으켜 연왕(燕王)이라고 칭했다가 2년 뒤에 토벌되고 말았다.

주부가 쓴 이 글에서 성어 요동지시가 나왔다.(➡ 십습이장什襲而藏 참조)

【용례】 누구나 다 아는 사건인데 혼자만 신기한 듯 난리군. "요동지시"가 되지 말고 제발 신문도 좀 읽고 그래라.

요량삼일 繞梁三日

繞 : 두를(요) 梁 : 대들보(량)
三 : 석(삼) 日 : 날·해(일)

【뜻풀이】 노랫소리나 음악이 절묘한 것을 일컫는 말이다.

【출전】 『열자·탕문편(湯問篇)』에 다음과 같은 이야기가 있다.

"한(韓)나라 사람으로 유명한 성악가 한아(韓娥)라는 여인이 있었다. 어느 날 제(齊)나라를 지나가던 한아는 여비가 떨어지자 제나라 도읍지 임치의 성문 앞에서 노래를 불러 여비를 보탰는데 한아의 꾀꼬리 같은 노랫소리는 제나라 사람들의 절찬을 받았다.

그런데 한아가 투숙한 여인숙 주인은 그녀에게 무례하게 대했다. 이에 한아는 통곡하면서 임치를 떠나고 말았다.

제나라 사람들은 한아가 떠났다는 소식을 듣고 황급히 그의 뒤를 쫓아가 한 번만 더 노래를 불러 줄 것을 간청하였다. 한아는 제나라 사람들의 간곡한 청을 물리칠 수 없어 다시 돌아와 노래를 불렀는데 그 목소리가 어찌나 고왔던지 사흘 동안이나 집집의 대들보에 노랫소리가 울리는 듯했다.(餘音繞梁三日不絕)"

이래서 그 후부터 노래를 잘 부르거나 음악이 훌륭한 것을 가리켜 요량삼일이라고 하게 되었다.

진(晉)나라 때 편찬된 『박물지(博物誌)』라는 책에도 기록되어 있는데 내용에 약간 차이는 있다.

【용례】 해외에서 활동하는 많은 한국 음악가들은 역시 모두들 "요량삼일"이야.

요령부득 要領不得

➜ 부득요령 不得要領

요산요수 樂山樂水

樂 : 즐거울(락)/좋아할(요)
山 : 메(산) 水 : 물(수)

【뜻풀이】 산을 좋아하고 물을 좋아한다. 원문은 "슬기로운 사람은 물을 좋아하고 어진 사람은 산을 좋아한다.(知者樂水 仁者樂山)"로 되어 있다.

【출전】 『논어·옹야편(雍也篇)』에 나오는 전문을 마저 인용하면 이렇다.

"슬기로운 사람은 움직이나 어진 사람은 조용하고 슬기로운 사람은 즐기지만 어진 사람은 오래 산다.(知者動 仁者靜 知者樂 仁者壽)"

슬기로운 사람은 지혜롭기 때문에 항상 변화를 추구한다. 그렇기 때문에 쉬지 않고 흐르는 물을 좋아하는데, 이것은 물의 속성이 변화이기 때문이다. 그와 반대로 어진 사람은 항상 심지를 한곳에 굳히고 쉽게 움직이지 않는 우직함이 있다. 따라서 산이 천년을 가도 제자리에 굳건히 서 있는 것처럼 어진 이는 흔들리지 않으며 이런 이유로 산을 좋아하는 것이다.

또한 슬기로운 사람은 지혜를 좇고자 하여 항상 움직이지만 어진 사람은 늘 고요히 묵상하기 때문에 정숙한 것이다. 이런저런 지식과 견문이 넓어지니 자연히 슬기로운 사람은 세상 만물을 즐기게 되고, 어진 이들은 남과 맞서 싸우지 않고 융화하려 하기 때문에 위험에 빠질 일이 없어 오래 살 수 있는 것이다.

이와 유사한 처세의 술법을 이야기한 글이 당경(唐庚, 1070~1120)의 〈가장고연명(家藏古硯銘)〉이다.

「벼루와 붓과 먹은 물질이 모여서 이루어진 것이다. 나오고 머무는 곳이 서로 가까우며 맡은 일과 쓰임새가 서로 가깝다. 다만 수명에 있어서 오래 살고 요절하는 것이 서로 가깝지 않다. 붓의 수명은 날짜로 헤아릴 수 있고 먹의 수명은 달 수로 헤아리며 벼루의 수명은 세대로 계산한다. 이런 까닭은 무엇인가? 그 외모로 봤을 때 붓이 가장 예리하고 먹이 그 다음이며 벼루는 둔하게 생겼으니, 어찌 둔한 것이 오래 살고 예리한 것이 요절하지 않겠는가? 그 쓰임새로 보면 붓이 가장 바삐 움직이고 먹이 그 다음이며 벼루는 고요한 것이니 어찌 고요한 것이 오래 살고 바쁜 것이 요절하지 않겠는가? 내가 이에 양생의 방법을 터득하였다. 둔한 것으로 몸을 삼고 고요한 것으로 쓰임을 삼으리라. 그러자 어떤 사람이 말하기를 "오래 살고 요절하는 것은 운수소관일 뿐이다. 둔하고 예리하며 움직이고 고요한 것이 만들어 놓은 것은 아니다. 가령 붓으로 하여금 예리하지도 바삐 움직이지도 않게 한다고 한들 그것이 벼루와 함께 영원히 가지 못한다는 것을 나는 안다." 비록 그렇지만 나는 벼루가 될지언정 붓이 되지는 않겠다. 이에 명을 짓는다. "능히 예리하지 못한지라 이로 인해서 둔함으로 몸을 삼고 능히 바삐 움직이지 못하는지라 이로 인해 고요함으로 쓰임을 삼노라. 오직 그렇게 함으로써 내 생명을 영구히 하리라."

(硯與筆墨 蓋氣類也 出處相近 任用寵遇 相近也 獨壽夭不相近也 筆之壽 以日計 墨之壽 以月計 硯之壽 以世計 其故何也 其爲體也 筆最銳 墨次之 硯鈍者也 豈非鈍者壽而銳者夭乎 其爲用也 筆最動 墨次之 硯靜者也 豈非靜

者壽而動者夭乎 吾於是得養生焉 以鈍爲體 以靜爲用 或曰 壽夭數也 非鈍銳動靜所制 借令筆不銳不動 吾知其不能與硯久遠矣 雖然 寧爲此 勿爲彼也 銘曰 不能銳 因以鈍爲體 不能動 因以靜爲用 惟其然 是以能永年)」

선비의 일상사에서 필수품인 붓과 먹과 벼루라는 세 물건을 비교해서 어진 자의 기품이 미치는 효용과 본질을 분석한 글이라고 하겠다.

【용례】 듣자 하니 "지자요수요 인자요산"이라며. 자네는 여름엔 해수욕장 가고 겨울엔 등산을 가니 "요산요수"에 양수겸장(兩手兼將)이로구먼.

요원지화 燎原之火

燎 : 불탈(료) 原 : 들판(원)
之 : 어조사(지) 火 : 불(화)

【뜻풀이】 불타는 들판의 불길. 세력이 걷잡을 수 없이 커져서 그 진행을 막을 길이 없을 때 비유하는 말이다.

【출전】 『서경·반경(盤庚)』 상중하 세 편 중 상편에 다음과 같은 구절이 있다.

「너희가 어찌 내게 알리지 않고서 서로 들뜬 말로써 움직여 사람들이 두려움에 빠지게 하는가? 불길이 들판을 태우는 것과 같아서 나아가 가까이 갈 수도 없는데, 그것을 오히려 박멸할 수 있겠는가? 그런즉 너희들이 스스로 편안치 못하게끔 만든 것이니 내게 허물이 있는 것은 아니다.

(汝曷弗告朕 而胥動以浮言 恐沈于衆 若火之燎于原 不可嚮邇 其猶可撲滅 則惟爾衆 自作弗靖 非予有咎)」

〈반경〉 세 편은, 은(殷)나라 탕왕(湯王)의 10세손 반경이 도읍을 옮기면서 왕위에 있는 사람과 백성들에게 교훈을 주기 위해 쓴 글이다. 특히 이 부분은 왕위에 있는 사람들에게 남기는 말이다.

【용례】 남부 지방의 가뭄을 돕자는 범국민적인 성원은 요원의 불길("요원지화")처럼 전국으로 번지고 있습니다.

요조숙녀 窈窕淑女

窈 : 깊을(요) 窕 : 정숙할(조)
淑 : 조용할(숙) 女 : 계집(녀)

【뜻풀이】 행동거지(行動擧止)와 말씨가 엄숙하고 얌전한 여자를 말한다.

【출전】 『시경·주남(周南)』의 〈관저(關雎)〉에 나오는 말이다.

「꽥꽥 우는 저 물수리
황하의 모래톱에 있네요.
아리따운 아가씨는
군자의 좋은 짝이지요.
올망졸망 조아기 풀
이리저리 붙잡습니다.
아리따운 아가씨를
잠도 못 자고 찾습니다.
찾으려도 못 찾으니
잠도 못 자고 그리워하네요.
아이고 아이고, 밤마다 뒤척입니다.
올망졸망 조아기 풀
이곳저곳서 캔답니다.
아리따운 아가씨와
금슬처럼 잘 지냅니다.
올망졸망 조아기 풀

이곳저곳서 고른답니다.
아리따운 아가씨와
쇠북을 치면서 즐긴답니다.
關關雎鳩 在河之洲
窈窕淑女 君子好逑
參差荇菜 左右流之
窈窕淑女 寤寐求之
求之不得 寤寐思服
悠哉悠哉 輾轉反側
參差荇菜 左右采之
窈窕淑女 琴瑟友之
參差荇菜 左右芼之
窈窕淑女 鐘鼓樂之」

여기서 말하는 요조숙녀는 지금처럼 언행이 얌전한 규수(閨秀)라는 뜻보다는 그저 처녀나 아가씨쯤에 해당한다고 볼 수 있다. 늙도록 장가를 못 간 사내가 짝 지어 노는 새를 보고 자신의 처지를 안타깝게 여겨 부른 노래이기 때문이다. 그러니 누구라도 좋은 짝을 만나 행복하게 살았으면 좋겠다는 소박한 마음을 담았다고 하겠다.

이어지는 구절 역시 현실과 상상이 교차되어 있다. 어느 쪽으로 해석해도 좋을 것이다. 마침내 그리던 여자를 만나 즐겁게 살아가면서 아이도 낳고 기쁨도 나누는 정경이 잘 묘사되어 있다. 교양 있고 지식이 높고 팔등신이라 해서 반드시 요조숙녀 미인은 아니다. 나와 더불어 평생을 함께 할 수 있는 반려자(伴侶者)라면 그가 바로 요조숙녀일 것이다.

요조숙녀의 대구가 되는 말은 헌헌장부(軒軒丈夫)다.

【용례】 자네 집 딸이 언제 저렇게 커서 "요조숙녀"가 되었나. 내게도 괜찮은 아들놈이 있으니 우리 사돈 맺으면 어떻겠나?

욕개미창 欲蓋彌彰

欲 : 하고자할(욕) **蓋** : 덮을(개)
彌 : 더욱(미) **彰** : 드러날(창)

【뜻풀이】 감출수록 더욱 드러나다.

【출전】『좌전·소공(昭公) 31년』조에 다음과 같은 이야기가 있다.

춘추시대의 일이다. 노소공 31년 겨울 주나라의 대부 흑굉(黑肱)이라는 사람이 나라를 배반하고 노나라에 항복하자 그의 봉지인 남(濫)이라는 곳도 노나라 땅이 되어 버렸다.

이 사실에 대해 공자는 "겨울, 흑굉 남에서 들어옴"이라고 간단히 『춘추』에 적어 놓았는데, 『춘추』의 필치는 원래 이렇듯 간결하고 세련된 것이 특징이다. 그리고 어떤 사실에 대해 기록하거나 평론하거나 힐책하거나 찬양하거나 하는 데에도 문체적인 특징이 있는데 이상의 한마디 기록만 보아도 알 수 있다.

『좌전』에서는 『춘추』의 이 기록에 대해 다음과 같이 풀이하고 있다.

"흑굉은 대단한 인물이 아니었기 때문에 『춘추』에 오를 사람은 아니다. 하지만 그의 배반으로 하여 영토가 변경되었기 때문에 한마디 언급하지 않을 수 없다.

그렇다면 땅을 들고 적국에 항복한 사람은 큰 인물이 아니라 하더라도 그 때문에 이름을 날리고, 또 나라를 배반한 그의 죄도 영원히 감출 수 없는 것이라고 하겠다.

그러므로 군자는 움직일 때마다 예의(禮義)를 잊지 말아야 하고 행동할 때마다 의리(義理)를 잊지 말아야 한다. 어떤 사람은 좋은 이름을 날리려 해도 안 되고, 어떤 사람은 악명을 감추려 해도 안 되는 법이다.(或求名而

不得 或欲蓋而名彰)"

성어 욕개미창은 바로 욕개명창(欲蓋名彰)이 바뀐 것이다.

【용례】 이번 사건은 "욕개미창"이라고 용의자가 협의를 감추려고 진술할 때마다 말이 자꾸 달라지는데 그럴수록 협의 사실이 더 드러나고 있어.

욕속부달 欲速不達

欲 : 하고자할(욕) **速** : 빠를(속)
不 : 아닐(부) **達** : 통달할·이를(달)

【뜻풀이】 급히 서두르면 달성하지 못한다. 너무 조급하게 서두르면 오히려 일을 그르친다는 뜻이다.

【출전】 『논어·자로편(子路篇)』에서 나온 성어로 이런 이야기가 있다.

공자의 제자인 자하(子夏)가 거보(莒父)라는 고을의 장관으로 부임되어 가기 전에 공자를 만나 어떻게 하면 정치를 잘할 수 있겠느냐고 물은 적이 있었다. 그때 공자는 "너무 급하게 하지 말고(無欲速)", "자그마한 이득도 탐내지 말 것(無見小利)"에 대해 강조하면서 "너무 조급히 서두르면 왕왕 목적을 이룰 수 없으며 자그마한 이득에만 매달리면 대사를 이루지 못한다."고 하였다.

말하자면 빨리 대처하는 것이 반드시 나쁜 일은 아니지만 전후좌우를 살피지 않고 빠르기만을 추구한다면 도리어 일을 망친다는 뜻이다. 여기에서 욕속부달 또는 욕속즉부달(欲速則不達)이라는 성어가 나왔다.

청나라 때 마시방(馬時芳, 1762~1838)이 쓴 『박려자(朴麗子)』라는 책에는 욕속부달과 관련된 재미난 이야기가 소개되어 있다.

어느 날 해질 무렵 어떤 사람이 귤을 한 짐 지고 성안으로 들어가고 있었는데, 성문을 닫기 전에 성으로 들어오지 못할까 싶어 몹시 서둘렀다. 그 사람은 너무나 마음이 다급해서 지나가던 행인에게 물었다.

"여보시오, 성문을 닫기 전에 내가 입성할 수 있겠소?"

행인은 "좀 천천히 걸으면 입성할 수 있지요." 하고 대답했다.

그는 행인이 일부러 자기를 조롱하는 줄 알고 화가 나서 더욱 빨리 걷다가 그만 발을 잘못 디뎌 넘어지고 말았다. 그 바람에 귤이 쏟아져 여기저기 굴러 떨어졌다.

그래서 그는 땅거미 지는 행길에서 귤을 하나하나 줍느라고 결국 성문을 닫기 전에 입성하지 못했다.

【용례】 시간을 다투는 일이라고 너무 서두르지 마. "욕속부달"이라고 마무리가 잘못되면 만사휴의(萬事休矣)야.

용관규천 用管窺天

用 : 쓸(용) **管** : 대롱(관)
窺 : 엿볼(규) **天** : 하늘(천)

【뜻풀이】 대롱의 구멍으로 하늘을 엿본다는 말로, 좁은 식견으로는 광대한 사물의 모습이나 참다운 진리를 제대로 파악하지 못한다는 뜻이다. 비슷한 뜻의 성어로는 정저지와(井底之蛙)가 있다.

【출전】 『사기 · 편작창공열전(扁鵲倉公列傳)』에 나오는 이야기다.

춘추시대 말기에 편작이라는 명의가 있었

다. 본명은 진월인(秦越人)이다. 장상군(長桑君)에게 의학을 배워 금방(禁方)의 구전과 의서를 받아 명의가 되었고, 괵(虢)나라(기원전 655년 멸망) 태자의 급환을 고쳐 죽음에서 되살렸다는 이야기로 유명하다. 인도의 기파(耆婆)와 함께 명의(名醫)의 대명사이며, 진(秦)나라의 태의령승(太醫令丞)인 이혜(李醯)에게 죽음을 당했다고 한다.

그런데 편작에 대한 전기적 자료들은 기원전 7세기부터 기원전 3세기에 걸쳐 넓게 퍼져 있다. 오늘날까지 전해지는 신화 같은 이야기는 여러 명의의 일화가 편작에게 흡수되어 생긴 전설이라 본다.

그가 한번은 괵이라는 나라에 간 적이 있었는데, 방금 태자가 죽었다는 소식을 들었다. 편작이 궁궐의 어의를 만나 태자의 병에 대해 물어보니 의사는 자기가 진단한 결과를 자세하게 알려주었다. 말없이 듣고 난 편작이 말했다.

"내가 한 번 태자를 소생시켜 보겠습니다."

"괜한 짓은 하지 마시오. 삼척동자라도 그 말은 곧이듣지 않을 겁니다."

이 말을 들은 편작이 다소곳이 말했다.

"당신의 의술이란 대롱을 가지고 하늘을 엿보고(用管窺天) 좁은 틈새로 윤곽이나 살피는 것에 지나지 않아 전체를 간파했다고 할 수 없습니다. 그러나 나의 의술은 맥을 짚거나 안색을 살필 필요도 없으니, 다만 병의 상황을 듣는 것만으로도 진단할 수 있지요. 만일 내 말이 믿어지지 않는다면 한 번 더 태자를 진찰해 보시오. 귀가 울고 코가 벌름거리는 소리를 들을 수 있을 겁니다. 또 양쪽 허벅다리를 쓰다듬어 가다가 음낭에 닿으면 아직도 따뜻할 겁니다."

반신반의(半信半疑)하며 태자를 살펴보니 과연 편작의 말대로였다. 어의는 너무나 놀라 눈이 캄캄해지고 말도 제대로 나오지 않았다. 과연 편작이 침을 놓자 태자가 숨을 쉬며 소생하였다. 이렇게 20여 일 치료 끝에 태자는 일어나서 거동할 수 있을 정도가 되었다. 그 일로 편작은 죽은 사람도 살려내는 명의라는 소문이 나자 편작은 겸손하게 말했다.

"나는 죽은 사람을 살려낸 것이 아니라 아직 죽지 않은 사람을 고쳤을 뿐이다. 어떻게 하늘의 뜻으로 죽은 사람을 내가 고쳐 살려 내겠는가?"

여하간 그는 후한 말기의 명의 화타(華佗)와 함께 중국 최고의 의신(醫神)으로 존경받고 있다.

화타는 자가 원화(元化)이고, 패국(沛國) 초현(譙縣, 안휘성) 출신이다. 외과 수술에 뛰어났으며, 체조를 통해 건강을 지키는 오금희(五禽戲)를 창안했다고 한다. 또 마비산(麻沸散)이라는 전신 마취제를 개발하여 시술에 응용하였다. 화타는 훗날 조조(曹操)의 미움과 의심을 사 살해당했다.

【용례】 자기 이익만 챙기겠다고 친구를 속이다가 결국 절교를 당했구나. 너는 그 "용관규천"하는 소견 때문에 크게 후회할 일을 당할 거다.

용두사미 龍頭蛇尾

龍 : 용(룡) **頭** : 머리(두)
蛇 : 뱀(사) **尾** : 꼬리(미)

【뜻풀이】 용 대가리에 뱀 꼬리란 말로, 시작은 요란하고 그럴 듯하지만 끝에 가서는 일이 흐지부지 흐려지는 것을 말한다. 비슷한 성어

에 경천동지 서일필(驚天動地 鼠一匹, 하늘과 땅이 놀라고 흔들리는데, 나온 것은 쥐 한 마리)이 있다.

【출전】 송(宋)나라 때의 스님 원오극근(圜悟克勤)이 편찬한 『벽암록(碧巖錄)』에 다음과 같은 이야기가 나온다.

육주(陸州)에 세워진 용흥사(龍興寺)에는 이름난 스님인 진존숙(陳尊宿)이 머물고 있었다. 그는 득도하기 위해 절을 떠나 천하를 방랑하면서 나그네를 위해서 짚신을 삼아 길마다 걸어 두고 다녔다.

진존숙이 나이가 들었을 때의 일이다. 불교에는 상대방의 도력을 시험하기 위해 선문답(禪問答)을 주고받는 관행이 있었다.

어느 날 진존숙이 화두(話頭)를 던졌더니 갑자기 상대방이 으악 하고 큰소리를 치며 나왔다.

"거참 한번 지독하게 당했네."

진존숙이 투덜거리니 상대방은 또 한 번 큰소리로 외쳤다. 진존숙이 상대방을 살펴보니 호흡이 깊은 것으로 보아 상당한 수양을 쌓은 듯 했지만, 자세히 살펴보니 어쩐지 수상한 구석도 엿보였다.

"이놈이 그럴 듯하지만 진짜 도를 깨친 놈 같지는 않군. 그저 용 대가리에 뱀 꼬리는 아닌지 의심스럽군.(似則似 是則未是 只恐龍頭蛇尾)"

이렇게 생각한 진존숙이 상대방에게 물었다.

"그대가 호령하는 위세는 좋은데, 소리를 지른 뒤에는 무엇으로 마무리하려는가?"

그러자 상대방은 그만 뱀이 꼬리를 내밀듯이 슬그머니 답변을 피하고 말았다.

성어 용두사미는 시작은 거창했지만 마무리는 흐지부지한 것을 말한다. 이 말과 반대되는 뜻으로 "시작이 반"이라는 말도 있다. 흔히 과감한 사람들은 시작은 잘 하지만 끝을 맺지 못하고, 우유부단하거나 소심한 사람은 아예 시작조차 두려워하는 경우가 많다. 세상에 성공하는 사람이 적은 까닭은 유종지미(有終之美), 즉 처음 마음을 끝까지 밀고 나가는 사람이 적기 때문이다. 불가에서 초발심(初發心)을 잊지 말라고 한 것도 이런 취지다.

【용례】 그렇게 큰소리를 치기에 뭘 가져오나 궁금했는데, 고작 이거냐? "용두사미"도 정도가 있지, 정말 실망하지 않을 수 없구나.

용사지세 龍蛇之歲

龍 : 용(룡) 蛇 : 뱀(사)
之 : 어조사(지) 歲 : 세월(세)

【뜻풀이】 진(辰)과 사(巳)의 해. 현사(賢士)가 죽은 해를 말한다. 용사는 어진 선비를 비유하는 말이다.

【출전】 『주역·계사하전(繫辭下傳)』에 보면 "용과 뱀은 몸을 감춰 몸을 보전한다.(龍蛇之蟄以存身也)"고 하였고, 『한비자·난세편(難勢篇)』에는 "신자가 말하기를, 나는 용은 구름을 타고 뛰는 뱀은 안개 속에서 노닌다. 구름이 걷히고 안개가 스러지면 용과 뱀은 지렁이나 개미와 같이 되어 버린다. 즉, 그 오를 수 있는 바를 잃는다.(愼子曰 飛龍乘雲 騰蛇遊霧 雲罷霧霽 而龍蛇與螾螘 則失其所乘也)"는 말이 있다.

『후한서·정강성전(鄭康成傳)』에 보면 다음과 같은 이야기가 나온다.

「정강성의 꿈에 공자(孔子)가 나와 그에게 말했다.

"일어나거라. 일어나거라. 올해의 간지에

진이 있고 내년의 간지에는 사가 있구나."

꿈에서 깨어나 생각해 보니 과연 순서가 그 말과 같았다. 이 때문에 자신의 명이 끝났음을 알았는데, 그해 6월에 과연 죽고 말았다.

이 대목에 대한 주석에서는 이렇게 말하고 있다.

"북제의 유주는 재주가 뛰어났는데도 운이 없었다. 논의가 전해지자 강성이 말했다. 진은 용이고 사는 뱀인데, 해가 용사에 이르자 현인이 탄식하였으니 조짐과 합치한다. 대개 이것을 말하는 것이다.(北齊劉晝高才不遇 傳論 康成曰 辰爲龍 巳爲蛇 歲至龍蛇 賢人嗟以讖合之 蓋謂此也)"

【용례】 지난해에는 유독 많은 인재들이 젊은 나이에 세상을 떠나고 말았어. "용사지세"도 아닌데 이런 괴변이 생기다니 알다가도 모를 일이군.

우각괘서 牛角掛書

牛 : 소(우) 角 : 뿔(각)
掛 : 걸(괘) 書 : 책·쓸(서)

【뜻풀이】 소 뿔에 책을 걸다. 촌음(寸陰)을 아껴 독서에 열중하는 모습을 비유하는 말이다.

【출전】 『신당서·이밀전(李密傳)』에 다음과 같은 이야기가 있다.

수나라 때 조양(朝陽) 사람 이밀(582~618)은 학문에 전념하기 위해 짧은 시간이라도 낭비하지 않으려고 항상 분주한 나날을 보냈다. 그는 될 수 있으면 짬이 나는 대로 책을 읽어 학문을 넓히고자 애썼다.

어느 날 그가 평소 존경하던 포개(包愷)가 유산(緱山)에 살고 있다는 소식을 듣고 찾아가게 되었다. 그는 떠나면서 『한서(漢書)』 한 질을 챙겼다. 가는 중에도 시간을 허비할까 두려워 길을 가면서 책을 읽을 수 있는 방법이 없을까 궁리하다가 묘안을 떠올렸다. 갯버들을 뜯어 안장을 엮어 얹고 소 등에 앉은 뒤 읽던 책을 소 뿔 위에 걸었다.

이렇게 함으로써 그는 아주 편안하게 소를 타고, 한 손으로는 책을 잡고 다른 한 손으로는 고삐를 잡을 수 있었다. 그러자 책을 읽는 것이 마치 방 안에서 보는 것처럼 편하기 그지없었다.

이렇게 책을 읽던 이밀은 너무나 독서에 집중한 나머지 조금도 움직이지 않아 남이 보기에는 마치 소 등에 얹은 조각과 같았다. 그때 재상인 양소(楊素)가 지나가다가 이밀의 모습을 보고, 세상에 아직도 저렇게 열심히 공부하는 사람이 있는가 감탄하며 자기가 갈 길도 잊고 몰래 그의 뒤를 쫓아갔다.

그러나 이밀은 소가 큰길로 들어서는 것도 모른 채 책만 읽고 있었다.

얼마가 지났을까. 이밀이 책의 마지막 장을 넘기고는 다른 책을 읽으려고 할 때 양소가 재빨리 그에게 가서 무엇을 읽었느냐고 물었다. 그러자 이밀은 귀찮다는 듯 겨우 머리를 돌려 양소를 힐끗 보더니 대꾸하였다.

"항우전(項羽傳)을 읽고 있습니다."

이밀은 양소의 물음에 무뚝뚝하게 대답하고는 다시 책의 첫 장을 넘기면서 부지런히 갈 길을 가 버렸다.

이렇게 열심히 공부하던 이밀은 수나라가 혼란에 빠져 있던 시기에 스스로 군사를 일으켜서 낙구(洛口)에 진을 치고 위공(魏公)이라 칭하다가 왕세충(王世充)에게 패해서 잠시 당나라에 귀의해서 광록경(光祿卿)까지 올랐는데, 자신과 뜻이 맞지 않는다고 여겨 반란을 일으켰다가 결국 성세언(盛世彦)에게 살해되었다.

【용례】 부모님을 봉양하면서 낮엔 일하고 밤엔 학업에 힘쓰다니 정말 가상하구나. 그렇게 "우각괘서"하면서 열심히 공부한다면 반드시 좋은 성과가 있을 것이다.

우공이산 愚公移山

愚 : 어리석을(우) 公 : 어른(공)
移 : 옮길(이) 山 : 메(산)

【뜻풀이】 우공이라는 사람이 산을 옮기듯이 난관을 두려워하지 않고 굳센 의지를 가지고 노력한다면 결국 성공할 수 있다는 뜻이다.

【출전】 『열자·탕문편(湯問篇)』에 실려 있는 우화로, 우공이라는 늙은이가 태형산〔太衡山, 태항산(太行山)〕과 왕옥산(王屋山)을 옮겨 버린 이야기다.

옛날 북산에 우공이라 불리는 아흔 살 먹은 노인이 살고 있었다. 그런데 드나드는 길이 태형산과 왕옥산에 막혀 있어 몹시 불편하였다. 이에 우공은 두 산을 옮겨 버릴 마음을 먹고 식구들 앞에 이 결심을 털어놓았다.

우공의 식구들은 다 찬성했지만 그의 아내는 우공이 이미 늙은데다가 그 많은 돌과 흙을 어디에 갖다 버릴 것이냐며 미더워하지 않았다. 그래서 식구들은 돌과 흙을 발해에 갖다 버리기로 결정하고 일을 시작했는데 이웃에 사는 경성씨(京城氏)라는 과부의 어린 아들까지 와서 일손을 도와주었다.

그렇지만 일은 더디게 진행되어 겨울부터 여름까지 단 한 차례 발해에 흙을 갖다 버릴 수 있을 정도였다.

이때 하곡에 살고 있는 지수(智叟)라는 사람이 우공을 보더니 코웃음을 쳤다.

"산을 옮기기는 고사하고 산에 풀 한 포기도 뽑지 못할 늙은이가 참 어리석기도 하구려!"

이에 우공은 지수를 보고 다음과 같이 대답했다.

"답답하구려, 당신은 일개 과부나 어린애보다도 못하구려. 비록 내 당대에는 안 되겠지만 내가 죽은 다음에 아들이 있고 그 뒤에는 또 손자가 있지 않소? 아들이 손자를 낳고 손자가 또 아들을 낳고 이렇게 자자손손 이어 나가노라면 안 될 것이 뭐란 말이오?"

우공의 말에 지수라는 사람이 말문이 막힌 것은 물론이고 산신령마저도 당황하여 곧 하느님까지 알게 되었다. 이에 하느님은 우공의 끈질긴 정신에 감동하여 천신(天神) 과아씨(誇娥氏)의 두 아들을 내려보내 각기 산 하나씩을 메어다가 옹조 남부에 옮겨 놓게 했다.

이렇게 해서 기주 남부로부터 한수 양안에 이르기까지의 교통이 환히 열리게 되었다는 이야기다.

그리고 다른 성어인 이산도해(移山倒海)도 이 이야기에서 나왔다.

【용례】 나처럼 형편없는 인간이 무얼 하겠냐고 자탄하지 마라. "우공이산"한 것처럼 한번 심기일전(心機一轉)해서 정성을 기울이면 무슨 일인들 못하겠니?

우귀사신 牛鬼蛇神

牛 : 소(우) 鬼 : 귀신(귀)
蛇 : 뱀(사) 神 : 신령스러울(신)

【뜻풀이】 잡귀신. 불한당.

【출전】 당나라 말기에 활동한 시인 이하(李賀, 791~817)는 재주는 출중했지만 요절한 사람이었다. 이하의 시는 구성이 독특하고 시구가 기발한 것으로 유명하였다.

그는 어렸을 때부터 벌써 유명한 문인 한유(韓愈, 768~824)의 높은 평가를 받았다고 한다.

이하가 세상을 떠난 뒤 시인 두목(杜牧, 803~852)이 이하의 시집에 서문을 썼는데, 그는 시인의 풍부한 상상력과 낭만적인 기질을 극구 칭찬하면서 "입을 벌린 고래나 상어 그리고 우두귀신(牛鬼)이나 뱀의 신(蛇神)으로도 그의 신비한 작품 세계를 형용할 수 없다.(鯨鼇擲 牛鬼蛇神 不足爲其虛荒誕幻也)"고 말했다.

이와 같이 우귀사신은 처음에는 칭찬하는 뜻으로 쓰인 성어인데, 나중에는 나쁜 짓을 일삼는 사람들을 일컫게 되었다.

【용례】 기왕 세상에 태어났으면 뭔가 보람찬 일을 하고 죽어야지, 사기나 치고 싸움질이나 하면서 "우귀사신" 같은 인간이 되어서야 쓰겠느냐?

우맹의관 優孟衣冠

優 : 뛰어날(우) 孟 : 맏(맹)
衣 : 옷(의) 冠 : 모자(관)

【뜻풀이】 문학 작품이 겉만 번드르르할 뿐 예술성이 전혀 없는 것을 일컫는 말이다.

【출전】 『사기 · 골계열전(滑稽列傳)』에 다음과 같은 이야기가 있다.

춘추시대 초나라에 손숙오(孫叔敖)라는 사람이 있었다. 어릴 때 한번은 산에 올라가 놀던 손숙오는 머리가 둘 달린 뱀을 보고는 깜짝 놀랐다.

"들리는 말에 따르면 이런 뱀을 만나는 사람은 당장 죽고 만다던데 오늘 내가 죽으려는 게 아닌가?"

이런 생각이 든 손숙오는 다음에 또 다른 사람이 이 뱀을 보아서 재앙을 입을까 싶어 그 뱀을 잡아 죽였다. 그런데 손숙오는 그때 죽지 않았을 뿐 아니라 오래 살아 나중에 초나라의 재상이 되어 초장왕을 도와 국사를 잘 돌보았다.

그러나 손숙오가 죽은 뒤 초장왕은 그의 유가족들을 전혀 돌보지 않아 손숙오의 아들은 나무 장사를 하면서 겨우 생계만 간신히 유지하는 정도로 궁핍한 생활을 했다.

그런데 손숙오는 이런 일이 있을 것을 미리 예견하고 임종할 때 아들에게 "내가 죽은 뒤 네게 어려운 일이 생기면 우맹(優孟)을 찾아라."하고 유언했다.

우맹은 궁중 배우로서 사람 됨됨이가 훌륭한 사람이었다. 손숙오의 아들이 어렵게 산다는 사정을 안 우맹은 손숙오의 옷으로 바꿔 입고 손숙오로 변장한 다음 어느 한 연회 석상에서 초장왕 앞에 불쑥 나섰다.

이에 깜짝 놀란 초장왕은 손숙오가 환생한 줄 알고 다시 그에게 재상을 맡아 달라고 했다. 그러자 가짜 손숙오는 아내와 토의해 본 다음 사흘 뒤에 대답하겠다고 하고 물러갔다.

사흘 뒤 초장왕이 다시 그의 뜻을 묻자 우맹은 다음과 같이 대답했다.

"아내가 하는 말이 천하에 못할 것이 초나라의 국상이랍니다. 전에 손숙오 같은 사람은 대왕을 도와 패권을 잡게 했지만 오늘 그의 아들은 나무를 해서 근근이 살아가고 있다고 합니다."

"오, 알겠소!"

초장왕은 그제야 그 사람이 손숙오가 아니라는 것을 알았고 또 손숙오의 아들에게 생각이 미쳐 그에게 벼슬을 내렸다고 한다.

이렇게 해서 우맹처럼 변장하는 것을 가리켜 우맹의관이라고 하게 되었는데, 오늘날에는 이 성어를 가지고 예술성이 전혀 없는 문학 작품을 비유한다.

【용례】 남의 잡문이나 흉내 내고 되지도 않는 명구를 인용한다고 해서 좋은 글이 되는 게 아니냐. "우맹의관" 같은 잠꼬대는 그만두고 진실성이 담긴 글을 쓰도록 하게.

우사풍생 遇事風生

遇 : 만날(우) **事** : 일 · 섬길(사)
風 : 바람(풍) **生** : 날 · 일어날(생)

【뜻풀이】 시비를 일으키기 좋아하다.

【출전】 『한서 · 조광한전(趙廣漢傳)』에 다음과 같은 이야기가 실려 있다.

한나라의 탁군(涿郡)에 조광한이라는 사람이 그 군내의 말단 관료로 있었다. 그는 매사에 성실하고 청렴해서 상관의 인정을 받아 거듭 승진하여 경조윤(京兆尹, 도성을 전담해서 관리하는 장관)에까지 이르렀다.

그때 마침 소제가 세상을 떠나 도성 근처 풍현(豊縣)의 경조관 두건(杜建)이 소제의 정원을 관리하게 되었다. 두건은 사리사욕(私利私慾)에 눈이 어두워 많은 비리를 서슴없이 자행하는 인물로, 친구들이 모두 높은 관직에 있어 그들과 의기투합(意氣投合), 직권을 이용하여 법에 어긋나는 부정을 저질러서 백성들의 원성을 사고 있었다.

조광한이 그 일을 알고 두건에게 나쁜 짓을 그만두라고 은근히 암시를 주었지만 그는 여전히 자기 뒤를 돌봐주는 친구들의 세도만 믿고 들은 척도 하지 않았다. 이에 화가 난 조광한은 그를 체포해서 옥에 가두고 말았다.

그러자 도성에서 세도를 부리던 두건의 친구들이 그에게 편지와 사람을 보내 당장 두건을 풀어 주라며 협박조로 윽박질렀다.

그러나 그는 그들이 평소 같이 어울려 나쁜 짓을 수없이 저지르는 것을 못마땅하게 여기고 있던 차에 두건을 비호하는 것을 보고는 즉각 그를 참수형에 처해 버렸다. 이 일을 계기로 도성의 벼슬아치들은 그의 올곧은 성품을 두려워해서 감히 부정을 저지르려는 마음을 품지도 못하였다.

선제 때 이르러서도 그는 세도를 부리지 않고 오로지 한마음으로 나라만 생각하고 송사를 처결하였다. 이에 선제도 그를 신임해서 항상 중용하는 배려를 아끼지 않았다.

조광한은 세리(世吏, 대대로 벼슬을 하는 집안)의 자손을 등용하기를 좋아하였다. 왜냐하면 이런 젊은 사람들은 예기(銳氣)를 드러내기 좋아하고, 어떤 일이든 맞닥뜨리면 신속하게 추진하며, 사리사욕을 채우는 데 급급한 관료들을 혐오해서 비리가 끼어들 여지가 없었기 때문이었다. 즉 "일을 만나면 바람이 이는 듯 회피하는 적이 없었다.(見事風生 無所回避)"는 것이었다.

그러나 이렇게 성품이 곧았던 조광한도 그 곧은 성품 때문에 간신들의 미움을 사서 모함을 받아 죽었다.

우(遇)는 봉(逢)과 같은 뜻으로 만나다, 맞닥뜨리다는 의미이며, 풍생은 바람이 인다는 말로 바람처럼 신속해서 막을 수 없음을 비유한 것이다.

우사풍생은 젊은 청년들의 날카로운 예기를 긍정적으로 비유한 성어였지만, 세월이 흐르면서 뜻이 바뀌어 시비를 일으키기 좋아하는 사람이 작은 일을 가지고도 일을 크게 확대시킨다는 부정적인 의미로 쓰이고 있다.

【용례】 자네 그 "우사풍생"하는 못된 버릇 때문에 자네 어머님이 얼마나 걱정하셨는지 아나. 그래, 이젠 그 걱정을 아내에게까지 물려 줄 작정인가? 제발 정신 좀 차리게.

우유구화 迂儒救火

迂 : 멀(우) **儒** : 선비(유)
救 : 구할(구) **火** : 불(화)

【뜻풀이】 어리석은 선비가 불을 끄려 들다. 급박한 상황에서도 원칙만 따지다 일을 그르치는 어리석은 행동을 비유하는 말이다.

【출전】 『연서(燕書)』에 다음과 같은 이야기가 나온다.

조(趙)나라에 성양감(成陽堪)이란 선비가 살고 있었다. 마침 그의 집에 불이 났는데 사다리가 없어 지붕에 올라갈 수 없었다. 그래서 옆집에 가 사다리를 빌려오라고 아들에게 시켰다.

아들은 남의 집을 방문하는 예의를 갖추기 위해 의관(衣冠)을 잘 차려입은 뒤 팔자걸음으로 옆집을 찾았다. 그리고는 먼저 주인에게 세 번 읍(揖)하는 예를 갖추고 천천히 마루에 올라앉았다. 옆집 주인도 점잖은 손님이 오셨다면서 술상을 내와 역시 정중하게 대접하였다. 답례로 서로 한 잔씩을 나눈 뒤에 주인이 물었다.

"손님께서는 무슨 일로 이 누추한 집까지 방문하셨습니까?"

이에 아들이 천천히 입을 뗐다.

"사실 저희 집에 불이 나 불길이 급속히 번지고 있습니다. 그래서 귀댁에 사다리를 빌리려 실례를 무릅쓰고 왔습니다."

놀란 주인이 혀를 끌끌 차면서 말했다.

"어쩌면 그렇게도 세상 물정에 어둡습니까!"

뒤늦게 사다리를 끌고 달려갔지만 이미 집은 잿더미로 변해 있었다.

【용례】 어머니가 당장 숨이 넘어가게 생겼는데, 잠옷 갈아입고 화장까지 고친 뒤에 병원으로 갔더란 말이니? 아무리 "우유구화"라지만 어쩌면 그렇게 어리석냐.

우익이성 羽翼已成

羽 : 깃(우) **翼** : 날개(익)
已 : 이미(이) **成** : 이룰(성)

【뜻풀이】 새의 날개와 깃이 이미 자랐다는 말로 여건이나 능력이 충분히 성숙해졌다는 뜻이다. 이 성어에서 어느 편을 돕거나 지지하는 세력 또는 사람을 우익(羽翼)이라 부르게 되었다.

【출전】 『사기 · 유후세가(留侯世家)』에 다음과 같은 이야기가 나온다.

한고조 유방은 척부인(戚夫人)의 간청에 넘어가 태자 유영(劉盈)을 폐하고 척부인의 아들인 조왕(趙王) 유여의(劉如意)를 태자로 삼으려고 했는데, 대신들의 반대가 워낙 심해 결정을 내리지 못하고 있었다. 태자의 어머니 여후(呂后)는 두려워 어쩔 줄 모르다가 유후 장량(張良)에게 도움을 청했다.

장량은 황제가 존경하는 현자인 동원공(東園公)과 하황공(夏黃公), 녹리선생(甪里先生), 기리계(綺里季) 네 사람을 모셔와 태자를 따르면서 가르치는 모습을 황제가 보게 된다면 큰 도움이 될 것이라고 말했다. 여후는 장량의 말을 듣고 이 상산사호(商山四皓)를 초빙해 정성을 다해 모셨다. 한나라 12년 황제는 전쟁을 끝낸 뒤 병이 위중해지자 태자를 바꾸려는 생각이 더욱 강해졌다.

장량을 포함한 신하들은 목숨을 걸고 태자를 지키려고 온갖 노력을 다하였다. 그러던 어느 날 태자가 황제를 모시는 연회가 열렸다. 그 때 태자의 뒤에는 네 명의 현자들이 따르고 있었다. 황제는 그들이 바로 자신도 가까이 하려고 했지만 거절당한 상산사호라는 것을 알고 놀라 까닭을 물으니, 그들이 입을 모아 대답했다.

"폐하께서는 선비를 업신여기고 꾸짖으시기 때문에 신들은 욕이나 당하지 않을까 두려워 달아나서 숨었습니다. 그러나 들으니, 태자께서는 인품이 어질 뿐 아니라 효성도 지극하고 사람을 공경하며 선비를 사랑하셔서 천하에 태자를 위해 목숨을 내놓지 않은 이가 없다고 합니다. 그래서 신들도 찾아온 것입니다."

이 말을 들은 황제가 네 사람에게 태자를 부탁하고, 이어 척부인을 불러서 상산사호를 가리키며 말했다.

"짐이 태자를 바꾸려고 했지만, 저 네 분들이 보좌하여 태자의 날개와 깃이 이미 이루어졌소이다.(羽翼已成) 그러니 이제 와서 어찌할 수 없구려."

새에게 깃과 날개가 자랐다는 것은 혼자 힘으로 충분히 하늘을 날 수 있게 되었음을 말한다. 스스로 자립할 만한 능력과 조건을 갖춘 것을 말하는데, 태자에게는 현자 상산사호가 바로 이에 해당된다. 그러나 현자들이 태자를 따른 것도 태자의 인품과 학문이 충분히 무르익었기 때문이지 여후의 억지 간청이 있어서는 아닌 것이다. 그러니 남으로부터 존경을 받으려면 먼저 스스로 수양하고 인격을 갖추는 것이 우선이다.

【용례】 작은 성공은 자신의 노력만으로 되지만, 큰 성공은 그를 후원해주는 사람이 있어야 한다. 이제 "우익이성"했으니, 출사표를 던질 때가 온 것 같아.

우정팽계 牛鼎烹鷄

牛 : 소(우) 鼎 : 솥(정)
烹 : 삶을(팽) 鷄 : 닭(계)

【뜻풀이】 소를 끓이는 솥에 닭을 삶는다는 말로, 큰 인재를 작은 일에 쓰는 것을 비유하는 말이다.

【출전】 『후한서 · 문원전하(文苑傳下) · 변양전(邊讓傳)』에 다음과 같은 이야기가 나온다.

후한 말기 진류(陳留) 지방에 재능과 학문을 겸비한 변양이라는 사람이 살았다. 당시 조정에서 의랑(議郎)이라는 벼슬을 지내고 있던 채옹(蔡邕)은 하진(何進)의 휘하에서 일하던 변양의 능력을 알아보고 더 높은 관직에 오르도록 하려고, 하진에게 이렇게 말했다.

"변양은 뛰어난 인물로 예(禮)가 아니면 움직이지 않고, 법도에 맞지 않으면 말도 하지 않습니다. 옛말에 '소를 삶는 큰솥에 닭 한 마리를 삶게 되면 국물이 묽어 맛이 없어 먹지 못하고, 물을 너무 적게 부으면 익지 않아

먹을 수 없게 된다.'고 했습니다. 이는 큰 인재를 하찮은 일에 쓴다는 뜻이니, 진실로 올바른 일이 아닙니다. 장군께서는 그로 하여금 재능을 펼칠 수 있도록 해 주시기 바랍니다.(函牛之鼎以烹鷄 多汗則淡而不可食 少汁則熬而不可熟 此言 大器之於小用 固有所不宜也)"

채옹의 말을 들은 하진은 변양을 높은 관직에 천거하였다. 채옹의 말에서 성어 우정팽계가 나왔다.

【용례】 저 친구는 말단이지만 능력이나 열의가 대단합니다. 저렇게 "우정팽계"했다가는 조만간 경쟁 업체에 스카우트될 겁니다. 빨리 조치를 취해야 합니다.

우직지계 迂直之計

迂 : 돌아갈(우) 直 : 곧을(직)
之 : 어조사(지) 計 : 꾀(계)

【뜻풀이】 가까운 길이라고 곧바로 가는 것이 아니라 돌아갈 줄도 알아야 한다는 병법의 한 가지를 말한다.

【출전】 『손자병법(孫子兵法) · 군생편(軍生篇)』에 나오는 이야기다.

"가까운 길이라도 먼 길처럼 가는 방법을 적보다 먼저 쓰는 자가 승리하게 된다. 이것이야말로 군대가 전쟁에서 승리하는 원칙이다.(先知迂直之計者勝 此軍爭之法也)"

손자는 이 말에 덧붙여 이렇게 설명하였다.

"군쟁(軍爭)의 어려움은 돌아가는 길을 직행하는 길인 듯이 가고 불리한 걱정 근심을 이롭게 만드는 데 있다. 그러므로 그 길은 돌기도 하고, 미끼를 던져 유인하기도 하며, 상대방보다 늦게 출발하고서도 먼저 다다르기도 한다. 이런 사람이야말로 우직지계를 아는 사람이다."

병법의 핵심은 상대의 허점을 간파하여 적을 교란시켜서 오판에 빠뜨리는 것이다. 힘과 지혜가 조화를 이룰 때 전쟁에서의 승리는 보장된다. 우직지계는 상식적인 판단을 뒤집어 생각해 보라는 병법의 술법이다.

【용례】 눈앞에 보이는 이익만 추구하다가는 반드시 화를 당하네. 이보 전진을 위한 일보 후퇴라는 말도 있듯이 "우직지계"를 적절하게 쓸 줄 아는 사람이야말로 진정한 승리자의 자격이 있는 거야.

우화등선 羽化登仙

羽 : 깃(우) 化 : 될(화)
登 : 오를(등) 仙 : 신선(선)

【뜻풀이】 겨드랑이에 날개가 돋아 신선이 되어 날아가다.

【출전】 송나라 소식(蘇軾, 1036~1101)의 〈전적벽부(前赤壁賦)〉에 있는 말에서 연유하였다. 송(宋)나라 신종(神宗) 원풍(元豊) 5년(1082)에 양자강에 있는 적벽에서 노닐면서 지은 작품이다.

적벽은 삼국시대에 제갈량(諸葛亮)이 조조(曹操)와 일대 격전을 치러 대승을 거둔 곳이기도 하다. 그러나 양자강 일대에서 적벽이라 불리는 곳은 두 군데가 있는데 소식이 유람했던 적벽은 그 전쟁터는 아니었다. 그래도 작품 속에는 그 당시 전쟁의 참상과 전투의 주역인 조조가 등장하고 있어 한결 작품의 의미를 심화시키고 있다. 전후 두 편의 〈적벽부〉

가 있는데, 전편이 후편보다 더 널리 알려져 있다.

젊은 나이(22세)에 구양수(歐陽脩, 1007~1072)에 의해 과거에 급제하고 동생 소철(蘇轍, 1039~1112), 아버지 소순(蘇洵, 1009~1066)과 함께 삼소(三蘇)라 불린 소식의 문재(文才)가 유감없이 과시된 작품이다. 『소동파집(蘇東坡集) · 사략(事略)』 권1에 실린 작품의 전편을 읽기로 한다.

「임술년 가을 7월 16일에 내가 손님들과 더불어 배를 띄우고 적벽 아래에서 노닐었는데 맑은 바람은 천천히 불어오고 물결도 일지 않았다.

술을 들어 손님에게 권하고 〈명월(明月)〉의 시를 읊조리며 〈요조(窈窕)〉의 구절을 노래했다. 얼마 뒤에 달은 동산에서 떠올라 북두성과 견우성 사이를 오가는데 흰 이슬은 강에 흩뿌리고 달빛 머금은 물빛은 하늘과 닿았다. 쪽배 한 척을 띄워 가는 대로 두니 만경창파(萬頃蒼波)를 아득히 헤치며 나아가는데, 강은 넓디넓어서 허공에 기대 바람을 다스리니 어디서 멈출지 알 수가 없고, 정처 없이 떠돌아 세상을 버리고 홀로 서서 겨드랑이에 날개라도 돋아 신선이 되어 나는 듯했다. 이때 마신 술에 즐거움은 더할 나위 없어 뱃전을 두드리며 노래를 불렀는데 노래는 이러했다.

"계수나무 삿대여, 난초로 만든 노로다.
빈 하늘을 침이여, 흐르는 빛을 거슬러 가도다.
아득도 해라. 나의 심회여
미인을 그리네. 하늘 저 끝에 있구나."

손님 중에 통소를 부는 사람이 있었는데, 내 노래에 맞춰 화답했다. 그런데 그 소리는 아련히 울려 퍼지면서 원한을 담은 듯도 하고 뭔가를 그리워하는 듯도 하며, 흐느끼는 듯 하소연하는 듯했다.

여음(餘音)은 간드러져서 실오라기마냥 끊이지 않아 그윽한 골짜기에 잠긴 교룡(蛟龍)이 춤을 추고 외로운 배에 앉은 과부가 느껴 우는 듯했다. 나는 갑자기 서글퍼져서 옷깃을 여미며 단정히 앉아 손님에게 물었다.

"어찌 통소 소리가 그렇게 구슬픈가?"

손님이 대답했다.

"'달은 밝고 별은 흰데 까마귀와 까치는 남쪽으로 날아간다.'는 구절은 조맹덕〔曹孟德, 조조(曹操)〕의 시 구절이 아닙니까? '서쪽을 바라보니 하구요, 동쪽을 바라보니 무창이로다. 산천이 서로 묶여 있어서 울창하고 푸르구나.' 한 것은 조맹덕이 주유(周瑜)에게 곤욕을 치른 것이 아닙니까? 바야흐로 형주를 격파하고 강릉으로 내려오는데, 물길을 따라 동쪽으로 갑니다. 이물(舳)과 고물(艫)은 천리에 이어져 있고, 정기(旌旗, 깃발) 역시 하늘을 뒤덮고 있었습니다. 술을 걸러 마시며 강가에 앉아서 긴 창을 가로 걸고 시를 지었으니, 조맹덕은 그야말로 한 시대의 영웅이었습니다. 그렇지만 지금 그는 어디에 있습니까? 하물며 그대와 나는 강가에서 고기 잡고 나무를 하면서 고기와 새우와 벗하며 고라니와 사슴과 어울려 한 조각배에 몸을 싣고 바가지 술잔을 들어 서로 권하고 나나니 벌처럼 이 천지에 몸을 맡겼으니, 작기는 넓은 바닷가의 좁쌀 한 톨일 뿐입니다. 나의 삶이 잠깐인 것을 슬퍼하고, 장강이 무궁한 것을 부러워합니다. 또 나는 신선의 옆구리를 끼고 아득히 노닐고 밝은 달빛을 가슴에 안고 오랜 세월이 지난 뒤에 마치는 일은 갑자기 얻을 수 있는 일이 아닌 것을 저는 압니다. 그래서 슬픈 곡조로 통소 소리를 남겨

기탁하는 것이지요."

이에 내가 대답했다.

"그대는 또 저 물과 달을 아는가? 흐르는 것이 저와 같으니 일찍이 간 적도 없다. 빈 곳을 채우는 것이 저와 같아서 갑자기 사라지거나 늘어나지도 않는다. 대개 그 변하는 것으로부터 관찰하면 대지도 일찍이 한순간으로써도 안 되며, 그 불변하는 것으로부터 관찰하면 물건이니 나니 하는 것도 모두 없는 것이다. 그런데 또 무엇을 부러워하겠는가? 또 이 천지 사이에는 물건이란 각기 주인이 있어 진실로 나의 소유가 아니면 비록 터럭 하나라도 취할 수 없는 법인데, 오직 강가의 맑은 바람과 산간의 밝은 달이야 귀로 들으면 소리가 되며, 눈으로 보면 빛깔을 띤다. 취한다고 해도 금할 이 없으며 쓴다고 해도 바닥이 나지 않는다. 이것이 바로 조물주의 무진장(無盡藏)이라는 것이다. 그래서 나와 그대가 즐거움을 함께할 수 있는 것이다."

이 말을 들은 손님이 기뻐하며 웃으면서 잔을 씻어 다시 잔을 권했다. 안주도 이미 바닥나고 잔과 소반도 낭자하게 흐트러져 있는데 배 안에서 서로를 베개 삼아 누워 자니, 멀리 동녘에서 해가 훤히 밝아오는 것도 모르고 있었다.

(壬戌之秋 七月旣望 蘇子與客泛舟 遊於赤壁之下 淸風徐來 水波不興 擧酒屬客 誦明月之詩 歌窈窕之章 小焉 月出於東山之上 徘徊於斗牛之間 白露橫江 水光接天 縱一葦之所如 凌萬頃之茫然 浩浩乎如憑虛御風而不知其所止 飄飄乎如遺世獨立 羽化而登仙 於是 飮酒樂甚 扣舷而歌之 歌曰 桂棹兮蘭 擊空明兮泝流光 渺渺兮余懷 望美人兮天一方

客有吹洞簫者 倚歌而和之 其聲嗚嗚然 如怨如慕 如泣如訴 餘音 不絕如縷 舞幽壑之潛蛟 泣孤舟之婦 蘇子愀然正襟 危坐而問客 曰 何爲其然也

客曰月明星稀 烏鵲南飛 此非曹孟德之詩乎 西望夏口 東望武昌 山川相繆 鬱乎蒼蒼 此非曹孟德之困於周郎者乎 方其破荊州下江陵 順流而東也 舳艫千里 旌旗蔽空 釃酒臨江 橫槊賦詩 固一世之雄也 而今安在哉 況吾與子 漁樵於江渚之上 侶魚鰕而友麋鹿 駕一葉之扁舟 擧匏樽以相屬 寄蜉蝣於天地 渺滄海之一粟 哀吾生之須臾 羨長江之無窮 挾飛仙以遊 抱明月而長終 知不可驟得 託遺響於悲風

蘇子曰 客亦知夫水與月乎 逝者如斯 而未嘗往也 盈虛者如彼 而卒莫消長也 蓋將自其變者而觀之 則天地曾不能以一瞬 自其不變者而觀之 則物與我皆無盡也 而又何羨乎 且夫天地之間 物各有主 苟非吾之所有 雖一毫而莫取 惟江上之淸風 與山間之明月 耳得之而爲聲 目寓之而成色 取之無禁 用之不竭 是造物者之無盡藏也 而吾與子之所共樂 客喜而笑 洗盞更酌 肴核旣盡 盃盤狼藉 相與枕藉乎舟中 不知東方之旣白)」

한 시대를 호령했던 영웅호걸(英雄豪傑)도 결국 죽고 나면 덧없이 사라짐을 슬퍼하는 객에게 다함이 없는 자연을 벗삼아 살아가면 그 즐거움이 어떻겠느냐는 주장이 이 작품의 줄거리다.

인생은 유한하지만 무한한 자연과 일심동체(一心同體)가 된다면 그것이 진정한 기쁨이라고 소식은 다짐하는 것이다.

그가 물아일체(物我一體)의 황홀경 속에서 날아 신선이 된다고 생각하며 적은 글귀가 성어 우화등선으로 남게 되었다.

【용례】 내가 요즘 담배도 끊고 등산도 하면서 건강을 챙겼더니, 정말 몸도 가벼워지고 정신도 맑아지는 게 "우화등선"하는 기분이야.

운용지묘재일심
運用之妙在一心

運 : 돌·움직일(운) **用** : 쓸(용)
之 : 어조사(지) **妙** : 묘할·젊을(묘)
在 : 있을(재) **一** : 한(일) **心** : 마음(심)

【뜻풀이】 운용의 오묘함은 한 마음속에 있다.
【출전】 『송서(宋書)·악비전(岳飛傳)』에 다음과 같은 이야기가 있다.

송나라는 군사력에 의존해서 외적을 막기보다는 회유책을 써서 지탱하는 성책을 썼다. 그 결과 북방의 여러 민족이 힘을 길러 송나라를 침범하는 일이 종종 일어났다. 그 중 거란족이 세운 요(遼)나라와 여진족이 세운 금金나라가 가장 위협적인 존재였다.

1127년에 금나라가 송나라를 공격하여 수도 변경〔汴京, 오늘날의 개봉(開封)〕이 함락되고 황제가 포로가 되는 일까지 벌어졌다. 그때 수도 변경에 남아 금나라 군사와 싸운 장군은 종택(宗澤)이었다.

종택의 휘하에 젊은 장수가 한 사람 있었는데 그가 그 유명한 악비(岳飛)였다. 악비는 출중한 무예와 엄청난 힘으로 적을 무찌르며 승전보를 알리곤 하였다. 악비의 재능을 인정한 종택이 악비를 불러 충고하였다.

"여보게 악비, 자네의 힘과 용기야 누구도 당해낼 수 없지만 전쟁은 들판에서 싸우는 것만으로 끝나는 게 아닐세. 자, 이 진법(陣法)을 보게."

그러면서 어떻게 진을 짜서 사태를 유리하게 이끌 것인가를 말하려고 하였다. 그러나 악비는 이를 제지하며 말했다.

"진을 치고 적과 싸운다는 것은 누구나 아는 상식입니다. 그러나 그 진을 운용하는 참다운 묘는 한 마음속에 있다고 생각합니다. 아무리 좋은 진이라도 운용하는 사람이 잘 활용하느냐에 달려 있는 것입니다."

그 말에 종택도 고개를 끄덕이며 말을 거두고 말았다.

나중에 종택은 간신들의 모함을 받아 분사(憤死)했고, 희대의 명장인 악비 역시 금나라와의 화해를 주장하던 진회(秦檜)에게 모살(謀殺)당하고 말았다.

운용지묘재일심은 악비의 당당한 주장에서 나온 성어다.

【용례】 물량이나 인원이 많다고 사업에서 성공을 거두는 것은 아닙니다. "운용지묘는 재일심"이라고 한 마음 한 뜻으로 전 사원이 단결할 때 비로소 참다운 성공을 기약할 수 있습니다.

운주유악 運籌帷幄

運 : 움직일(운) **籌** : 산가지(주)
帷 : 휘장(유) **幄** : 휘장(악)

【뜻풀이】 전략 전술을 세우다. 계책을 짜다.
【출전】 『사기·고조본기』에 보면 다음과 같은 이야기가 있다.

진나라를 무너뜨리고 한(漢)나라를 세운 한고조 유방(劉邦)의 수하에는 한흥삼걸(漢興三傑)로 불리던 걸출한 세 영웅〔장량(張良), 소하(蕭何), 한신(韓信)〕이 있었는데, 그 중에서도 장량은 삼걸 중 첫 손가락에 꼽히는 사람이었다.

장량의 자는 자방(子房)이라 했는데, 한(韓)나라의 귀족 출신으로 그의 부친과 조부는 모두 일찍이 한나라의 재상으로 있던 인물이었다.

한(韓)나라가 진(秦)나라에게 멸망당할 때 장량은 나이는 어렸지만, 그 후 그는 한나라를 위해 복수를 다짐하고 120근이나 되는 철퇴를 만들어 한 장사를 시켜 진왕을 죽여 버리려 하였다.

그러던 중에 어느 날 진왕, 즉 진시황의 동방 순시를 틈타 장량은 그 장사와 함께 박랑사(搏浪沙, 오늘의 하남성 양무현 경내)에 매복해 있다가 진시황을 습격했는데, 뜻을 이루지 못하고 진나라 군사의 추격을 받게 되자 유방의 고향 패현에서 멀지 않은 하비(下邳)라는 곳에 가서 숨어 살았다.

그러다가 얼마 안 되어 유방이 군사를 일으키자 그는 유방의 부대에 들어가게 되었다. 장량은 몸이 허약하고 병이 많은 사람이어서 직접 군사를 거느리고 싸움을 하지는 못했지만 남다른 지략으로 유방을 도와 진나라를 뒤엎고 한나라를 세우는 데는 커다란 공훈을 세웠다.

유방이 한나라를 세우고 황제가 된 뒤 한번은 낙양의 남궁에서 성대한 잔치를 베풀고 장병들을 위로할 때였다. 유방은 장량·소하·한신 세 사람을 크게 찬양하면서 장량을 첫자리에 놓았다.

이때 유방은 "군막 안에서 계책을 짜서 천리 밖에서 싸워 이기게 하는 데는(運籌策帷帳之中 決勝於千里之外) 짐이 자방을 따르지 못하고, 나라를 안정시키고 백성을 무마하며 군량을 공급하고 식량이 끊어지지 않게 하는 데는 짐이 소하를 따르지 못하며, 백만 대군이 숲을 이룬 가운데 싸워서 이기고 쳐서 빼앗고 하는 데는 짐이 한신을 따르지 못한다." 고 말했다.

그 이듬해 한고조 유방이 수많은 공신을 봉하면서 자방을 유후(留侯)에 봉하자 많은 장병들이 장량이 실전에서의 전공이 없다는 이유로 불만을 토로하였다. 이에 유방은 "군막(帷帳) 안에서 계책을 짜서 천리 밖에서 싸워 이기게 한 것은 자방의 공로였다."며 다시 한번 강조했다고 한다.

여기서 군막 또는 군영은 '유장'으로 되어 있지만 나중에는 '유악'이라고 했는데, 이렇게 하여 성어 운주유악이 나왔다.

【용례】 이번 신제품이 특허를 얻은 기발한 상품이라고 하지만 무작정 출하하는 것은 위험하다고 봅니다. 광고든 시장 조사든 "운주유악" 음악하면서 시장을 공략할 필요가 있습니다.

웅장여어 熊掌與魚

熊 : 곰(웅) 掌 : 손바닥(장)
與 : 더불어·줄(여) 魚 : 물고기(어)

ㅇ

【뜻풀이】 이것도 탐을 내고 저것도 탐을 내다.
【출전】『맹자·고자장구(告子章句)』상편에서 나온 성어로 맹자는 일찍이 다음과 같이 말한 적이 있다.

"나는 물고기도 얻고 싶고 곰 발바닥도 역시 얻고 싶다. 그러나 둘 중에서 하나만 취해야 한다면 나는 물고기를 버리고 곰 발바닥을 취할 것이다. 마찬가지로 나는 생명도 취하고 정의도 취하고 싶다. 그러나 양자 중 하나만 취할 수 있다면 나는 생명을 버리고 정의를 취할 것이다.(魚我所欲也 熊掌亦我所欲也 二者不可得兼 舍魚而取熊掌者也 生亦我所欲也 義亦我所欲也 二者不可得兼 舍生而取義者也)"

웅장여어는 바로 맹자의 이 말에서 나온 성어다.

【용례】 연애도 잘하고 공부도 잘하겠다니, 뜻대로 되면 좋겠지만 그건 욕심이 과한 것 같구나. "웅장여어"하면서 성공한 사람은 드물다.

원교근공 遠交近攻

遠 : 멀(원) 交 : 사귈(교)
近 : 가까울(근) 攻 : 칠(공)

【뜻풀이】 먼 나라와는 사귀고 가까운 나라는 공격한다.

【출전】 『전국책·진책(秦策)』에 다음과 같은 이야기가 나온다.

전국시대 진나라 소양왕(昭襄王) 때의 재상 장록〔張祿, 본명은 범수(范雎)〕은 위나라에서 태어난 종횡가(從橫家)의 한 사람이다.

한번은 소양왕이 장록과 회견하기로 약속했다. 장록이 준비를 마치고 궁궐로 들어가는데 길에서 소양왕이 탄 마차 행렬과 마주쳤다. 그러나 장록은 소양왕을 맞이하지도 피하지도 않고 여전히 그의 길을 재촉하였다.

호위병들이 그에게 소양왕의 행차임을 알리고 비키라고 했지만, 장록은 피하지 않고 말했다.

"뭐라고, 아직도 진나라에 임금이 있단 말이냐?"

장록이 호위병들과 언쟁을 하고 있을 때 소양왕의 행렬이 도착했다. 그러나 장록은 여전히 큰소리로 떠들었다.

"진나라에는 오직 태후와 양후만 있지 어디 임금이 있느냐?"

이 말에 소양왕은 크게 깨우친 바가 있어 공손히 장록을 궁궐로 영접하였다. 그리고는 소양왕은 주위의 시종들을 물리치고 장록을 향해 두 손을 모으며 부탁했다.

"상국께서는 제게 가르침을 좀 주십시오."

그러나 장록은 한 마디도 하지 않았다. 소양왕은 그가 아무 말도 않자 다시 한 번 부탁을 했다. 그래도 역시 장록은 입을 열지 않았다. 그가 고개를 돌린 채 아무 반응도 보이지 않자 소양왕이 다시 간절하게 청하면서 말했다.

"설마 상국께서는 저를 가르칠 만한 사람이 못 된다고 생각하시는 것은 아니겠지요?"

그러자 장록이 말했다.

"옛날에 강태공이 문왕에게 의견을 내놓으면 문왕은 그의 의견을 받아들여 마침내 상나라를 멸망시키고 천하를 얻었습니다. 또한 비간(比干)은 주(紂)왕에게 의견을 냈지만 주왕은 그의 말을 듣지 않고 도리어 죽여 버렸지요. 이것은 무슨 까닭이겠습니까? 한 사람은 다른 사람의 믿음과 복종을 받아들이고, 다른 한 사람은 그것을 받아들이지 않았기 때문이 아닙니까? 지금 저와 대왕과는 아직 깊은 정분은 없지만, 제가 이야기하고자 하는 내용은 아주 깊습니다. 제가 두려운 것은 '사귐은 옅고 말은 깊은 것(交淺言深)'이니 비간과 같이 스스로 몸을 망치는 화를 부르게 될까 염려됩니다. 그래서 폐하께서 세 번이나 물어도 감히 입을 열지 못했습니다."

그의 말에 소양왕이 대답했다.

"나는 상국의 재능을 존중하기 때문에 좌우 사람들을 물리치고 진심으로 상국의 가르침을 청하는 것입니다. 위로는 태후부터 아래로는 대신들의 일에 이르기까지 어떤 일도 상관하지 않고 모두 듣기를 원합니다."

소양왕의 진정 어린 말을 듣자 그제야 장록

이 말을 꺼내기 시작하였다.

"오늘날 진나라의 지리적 위치를 보면 어느 나라가 이렇게 많은 천혜의 보호벽이 있겠습니까? 진나라의 병력으로 따지자면 어느 나라가 이보다 많은 병거(兵車)와 강력한 군대를 가지고 있습니까? 또 진나라의 백성들로 말하자면 어느 나라의 백성들이 이만큼 법을 잘 지키고 나라를 사랑하겠습니까? 그렇다면 진나라를 제외하고 어느 나라가 제후들을 호령해서 중국을 통일할 수 있겠습니까? 폐하께서는 비록 줄곧 중국을 통일하고자 하지만 몇 십 년이 지나도 아무 성과가 없으니 이것은 폐하의 정책이 근본적으로 일관성이 없어서입니다. 최근 소식을 들으니 폐하는 또 장군들의 진언에 따라서 군대를 파견해 제나라를 공격한다고 하더이다."

이 말을 듣고 소양왕이 깜짝 놀라 물었다.

"그게 뭐가 잘못됐습니까?"

"제나라와 우리 진나라의 거리는 아주 멀고, 또 중간에 한(韓)나라와 위(魏)나라가 있습니다. 만약 병마를 적게 보내 제나라에 패한다면 각국 제후들의 비웃음을 살 것이고, 병마를 많이 보내면 나라가 어지러워질 수 있습니다. 또한 아주 순조롭게 제나라를 제압한다 하더라도 중간에 한나라와 위나라가 있으니 폐하께서는 제나라와 진나라를 병합할 수 없을 것입니다. 예전에 위나라는 조나라를 넘어 중산(中山, 오늘날의 하북성 정현)을 정벌했지만 생각지도 않게 조나라가 중산을 가로챘습니다. 그것은 위나라는 중산에서 멀고 조나라는 가깝기 때문이었습니다. 제가 생각할 때 폐하께서는 먼저 제나라와 초나라와는 우호 관계를 맺고 한나라와 위나라를 공격해야 할 줄로 아옵니다. 먼 나라는 우리와 우호 관계에 있으니 간섭하지 않을 것이고, 가까운 나라를 쳐서 승리를 거두면 그만큼 영토를 확장할 수 있습니다. 우리가 두 나라를 공격한 다음에는 제나라와 초나라인들 어찌 무사할 수 있겠습니까? 이것을 일러 원교근공이라는 것입니다."

장록의 말을 다 들은 소양왕은 손뼉을 치며 말했다.

"우리 진나라가 열국(列國)을 병합하여 중원을 통일하려면 상국께서 말씀하신 원교근공의 병법을 써야겠습니다."

그 뒤 소양왕은 그의 의견을 받아들여 제나라에 대한 공격 계획을 철회하고 한나라와 위나라를 공격 목표로 삼았다.

【용례】 우리 회사 상품의 판매량을 늘리려면 먼저 도매상부터 잡아야 할 겁니다. "원교근공"의 전법이 주효할 듯하군요. 상대 회사를 자금난으로 도산하게 만들려면 시일도 시일이지만 경비는 얼마나 들겠습니까?

ㅇ

원수불구근화 遠水不救近火

遠 : 멀(원) 水 : 물(수) 不 : 아닐(불)
救 : 구할(구) 近 : 가까울(근) 火 : 불(화)

【뜻풀이】 멀리 있는 물로 가까이에서 난 불을 끄지 못한다. 즉, 아무리 도움이 되는 것이라고 해도 너무 멀리 떨어져 있다면 실제적인 도움을 주지 못한다는 뜻이다.

【출전】『한비자·설림(說林)』 상편에 다음과 같은 이야기가 있다.

전국시대 노(魯)나라는 북쪽과 동쪽으로 제(齊)나라와 국경을 접하고 남쪽에서는 월(越)나라의 공격을 받는 등 항상 대국들의 눈치를 보며 연명했던 약소국이었다. 그러던 중 기원전 386년에 제나라의 대부 전화(田和)가 나라를 통일한 뒤 패자의 자리에 오르기 위해 호시탐탐(虎視眈眈) 노나라를 공격할 기회만 노리고 있었다.

그러자 노나라 목공(穆公)은 초(楚)나라와 진(晉)나라에 구원을 청할 생각을 했다. 그래서 사신을 파견했는데, 그때 이서(犁)라는 사람이 충고했다.

"월나라에서 사람을 빌려 물에 빠진 아들을 구하겠다면 월나라 사람이 아무리 수영을 잘한다 해도 자식을 구해 내지는 못할 것입니다. 불이 나서 바닷물을 길어 이를 끄고자 한다면 바닷물이 아무리 많다 해도 불길을 잡지는 못할 것입니다. 멀리 있는 물로 가까이서 난 불을 끌 수는 없는 법입니다. 지금 진나라와 초나라는 비록 강국이기는 하지만 제나라가 더 가깝습니다. 아마도 그들이 우리나라의 재난을 구하기는 어려울 듯합니다.(假人於越而救溺子 越人雖善游 子必不生矣 失火而取水於海 海水雖多 火必不滅矣 遠水不救近火也 今晉與楚雖强而齊近 魯患其不救乎)"

이 말에서 원수불구근화라는 성어가 나왔다.

【용례】 강도가 들어왔으면 소리부터 질렀어야지, 경찰 오기만 기다렸단 말이야. "원수불구근화"라고 다급할 때는 가까운 이웃도 큰 힘이 된다네.

원앙지계 鴛鴦之契

鴛 : 원앙새(원) 鴦 : 원앙새(앙)
之 : 어조사(지) 契 : 연분·맺을(계)

【뜻풀이】 원앙새와 같이 금실이 좋은 맺음. 부부 사이에 우애가 깊은 것을 일컫는 말이다.

【출전】 『수신기(搜神記)』에 다음과 같은 이야기가 전한다.

춘추시대 때의 강국이었던 송(宋)나라는 제(齊)·위(魏)·초(楚) 세 나라의 공격을 받아 멸망했다. 그 마지막 임금인 강왕(康王) 때의 일이다.

강왕은 부하 한빙(韓憑)의 아내 하씨(何氏)가 빼어난 미인인 것을 알고는 강제로 그에게서 하씨를 빼앗아 첩으로 삼았다. 그런 뒤 후환이 두려워 한빙을 성단(城旦)에 가서 낮에는 변방을 지키고 밤에는 성을 쌓는 중벌을 내렸다. 하씨는 남편을 그리워하다가 편지를 몰래 띄웠다. 그러면서 혹시 남이 읽어도 이해할 수 없도록 비유적인 표현을 썼다.

이 편지를 중도에 가로챈 강왕은 아무리 읽어도 뜻을 알 수 없어 조바심을 내고 있었는데, 소하(蘇賀)라는 신하가 이를 풀이하였다.

"비가 주룩주룩 내린다는 것은 남편을 잊지 못해 근심한다는 뜻이고, 강은 넓고 물은 깊다는 말은 너무 멀어 가지 못한다는 뜻이며, 해가 나와서 마음을 비춘다는 것은 자신의 정조를 해를 두고 맹세한다는 이야기입니다."

그때 한빙이 변방에서 자살했다는 소식이 들어왔다.

이제 남편이 죽었으니 하씨도 별수 없이 자기에게 의지하리라 여긴 강왕이 방심하는 틈을 타 한씨는 몰래 자결할 준비를 했다. 그녀는 자신의 옷을 일부러 썩게 만들어 놓고 어느 날 강왕과 함께 누대에 올라갔을 때 강으로 투신했다. 주변에 있던 사람이 급히 그녀의 옷소매를 잡았지만 썩은 옷은 뜯겨지고 하씨는 떨어져 죽었다.

하씨는 옷소매에 이런 유언을 남겼다.

"왕은 살아 있는 저의 몸은 함부로 가지셨지만 마음만은 자유롭게 있도록 해 주십시오.

부디 저의 시체는 남편과 같이 묻힐 수 있기를 바랍니다."

그러나 잔뜩 약이 오른 강왕은 이 소원을 무시하고 사람을 시켜 두 사람의 무덤을 마주 보이는 언덕에다가 만들게 했다.

무덤이 선 지 며칠 뒤부터 무덤가에 한 그루 나무가 각각 자라나 줄기가 서로 가까워지더니 급기야는 부리가 뒤엉키면서 한 그루 나무인 것처럼 되었다. 그리고 그 나뭇가지에는 원앙새 한 쌍이 날아와 둥지를 틀고 살았다.

사람들은 두 사람의 사랑을 생각하고는 이 나무 이름을 상사수(相思樹)라고 붙였고, 원앙새 한 쌍은 두 사람의 혼이 환생한 것이라고 했다. (➡ 상사병相思病 참조)

【용례】 "원앙지계"을 지키겠다며 결혼한 사람이 고작 그 정도 허물이 있다고 이혼을 하겠다니. 자네가 그렇게 가벼운 사람인 줄 난 몰랐네.

원철골수 怨徹骨髓

怨 : 원망할·원한(원) 徹 : 뚫을(철)
骨 : 뼈(골) 髓 : 골(수)

【뜻풀이】 원한이 깊어 골수에 사무치다. 결코 잊을 수 없는 깊은 원한을 비유하는 말이다.

【출전】 『사기·진본기(秦本紀)』에 다음과 같은 이야기가 있다.

춘추시대 진목공(秦穆公)은 춘추오패(春秋五霸) 중의 한 사람으로 백리해(百里奚)와 건숙(蹇叔) 등의 도움을 받아 세력을 크게 떨쳤다.

그때 정(鄭)나라 사람이 전갈을 보내 자기 나라로 공격해 오면 성문을 열어 놓겠다고 했다. 목공은 이 일을 백리해와 건숙과 상의하였다. 두 사람은 정나라는 너무 멀리 떨어져 있고 또 조국을 배신하는 사람의 말은 믿을 수 없다고 하며 이를 반대했다.

그러나 이미 마음을 굳힌 목공은 백리해의 아들 맹명시(孟明視)와 건숙의 아들 서걸술(西乞術)·백을병(白乙丙)을 보내 정나라를 정벌하게 하였다.

진(秦)나라 군대가 진(晉)나라를 지나 진(晉)나라의 속국인 활(滑)에 이르렀을 때였다. 정나라의 상인인 현고(弦高)가 소 12마리를 끌고 길을 가다가 이 광경을 목격하였다. 그는 기지를 발휘해 진나라 진영으로 들어가 말했다.

"여러분들이 공격한다는 소식을 들은 우리 정나라 임금께서는 진지를 든든하게 구축해 놓음과 동시에 먼 곳에서 오시느라 고생이 많은 여러분을 위로하기 위해 소 12마리를 바치라 하셨습니다."

이 말을 들은 세 사람이 모여 상의하였다.

"이미 완벽하게 방어할 준비를 했다면 싸워 이기기는 그른 노릇이다."

그래서 대신 활나라를 공격해 쑥밭을 만들어 버리고 말았다.

그때 진(晉)나라에는 문공(文公)이 세상을 떠나고 아들 양공(襄公)이 즉위한 때였다. 양공은 화가 머리끝까지 났다.

"남의 나라가 약세에 처하고 더구나 상중(喪中)에 있는 나라를 공격하는 것은 천하에 무도한 짓이다."

그는 그 길로 상복을 검게 물들이고 군사를 이끌고 나가 진(秦)나라 군사를 한 사람도 남기지 않고 전멸시키고 말았다. 세 사람은 모두 포로가 되어 끌려갔다.

진(晉)나라 문공의 부인은 진(秦)나라 목공

의 딸이었다. 그들을 그대로 두면 분명 살아 남지 못하리라 여기고 그들을 구하기 위해 양공에게 말했다.

"목공은 이 세 사람을 골수에 사무치도록 원망하고 있을 것입니다. 그러니 원컨대 이 세 사람을 돌려보내 아버님이 이들을 삶아 죽일 수 있도록 해 주십시오.(穆公之怨此三人入於骨髓 願令此三人歸 令我君得自快烹之)"

그 말을 들은 양공도 옳다고 여겨 그들을 진(秦)나라로 돌려보냈다.

목공은 성 밖까지 나와 그들을 맞이하며 자신의 잘못을 탓했다.

【용례】 너하고 내가 아무리 가까운 사이라고 해도 그 자식 칭찬하는 말은 들어 줄 수 없어. 그때 그 일 때문에 아직도 "원철골수"인데 어떻게 그렇게 태연히 내가 말을 들을 수 있겠니?

원형이정 元亨利貞

元 : 으뜸(원) **亨** : 형통할(형)
利 : 이익·날카로울(리) **貞** : 곧을(정)

【뜻풀이】 『주역·건괘(乾卦)』에 나오는 네 가지 덕(四德)을 말한다.

원은 만물이 시작되는 때로 봄(春)에 속하며 어짊(仁)으로 이루어진다. 형은 만물이 성장하는 때로 여름(夏)에 속하며 예의(禮)로서 실천한다.

이는 만물이 완수되는 때로 가을(秋)에 속하며 의로움(義)으로서 행해진다. 정은 만물이 완성되는 때로 겨울(冬)에 속하며 지혜(智)로 이루어진다.

【출전】 『주역·건괘』에 "건은 원형이정이다(乾 元亨利貞)"라는 말이 있다.

그리고 〈문언전(文言傳)〉에 다음과 같은 설명이 있다.

"원은 착함이 성장하는 것이고, 형은 아름다운 것이 모인 것이며, 이는 의로움의 조화이고, 정은 사물의 근간이다. 군자는 인을 체득하여 족히 성장시킬 수 있고, 아름다운 것을 갖추고 있어서 족히 예의와 합치시킬 수 있다. 그리고 사물을 이롭게 하여 족히 의로움과 화합시킬 수 있고, 도를 굳게 지켜서 족히 사물의 근간이 될 수 있는 것이다. 군자가 이 네 가지 덕을 실행하니 때문에 건은 원형이정하다고 한다.(元者 善之長也 亨者 嘉之會也 利者 義之和也 貞者 事之幹也 君子體仁足以長 嘉會足以合禮 利物足以和義 貞固足以幹事 君子行此四德者 故曰 乾 元亨利貞)"

건괘는 여섯 효가 모두 양효(陽爻)로 가장 강하고 적극적이며 순수한 것을 상징한다. 이는 잠복에서 비약까지 두루 퍼져서 뻗어 나간다. 때문에 〈문언전〉에서 말한 것처럼 사물과 사물을 화합시키고 성장시키는 적극적인 역할을 담당할 수 있는 것이다.

【용례】 배운다는 것은 남을 이롭게 하기 위해서가 아니겠니? 남을 성공하게 하고 조화하도록 하는 것, 바로 "원형이정"을 체현하는 가장 이상적인 방법을 찾는 것이 학문이라고 생각해.

월단 月旦

月 : 달(월) **旦** : 아침(단)

【뜻풀이】 매월의 첫째 날. 초하룻날. 인물

평(人物評).

【출전】『후한서 · 허소전(許劭傳)』에 다음과 같은 이야기가 실려 있다.

후한 말에 여남(汝南) 지방에 허소라는 사람이 살고 있었다. 그는 사촌동생 허정(許靖)과 함께 고향 사람들의 언행을 비평하여 한 달에 한 번씩 제목을 바꿔가며 발표했다.

그래서 여남에서는 이들의 평을 월단평이라고 하였다. 왜냐하면 그들은 그 평을 성격별로 나누어 매달 초하룻날에 발표했기 때문이었다.

그러던 중 한번은 조조(曹操)가 와서 인물평을 해 달라고 졸랐다. 그때 조조는 아직 천하의 영웅은 되지 못했고 한낱 혈기왕성한 시골 젊은이에 불과했다. 그의 사람 됨됨이를 좋아하지 않았던 허소는 이를 거절했다. 그러나 워낙 간청하는 바람에 하는 수 없이 평을 해 주었다.

"그대는 태평한 시대라면 간악한 도적떼가 될 것이고, 어지러운 시대라면 영웅이 될 것이오.(君清平之姦賊 亂世之英雄)"

이 말을 들은 조조는 몹시 기뻐했다고 한다.

이와 같은 이야기에서 월단이 인물평을 대신하는 말이 되었다.

【참조】 허소에게는 저서『인물지(人物志)』가 있다. 그 중에 영웅에 대해 논한 글이 있어 소개한다. 제목은 〈논영웅(論英雄)〉이다.

"무릇 풀 가운데 빼어난 것을 영(英, 꽃)이라 하고, 짐승 가운데 특출한 것을 웅(雄, 수컷)이라고 한다. 때문에 사람이 문예와 무예가 출중하여 남다르면 감히 이것으로 이름을 삼는다.

이 때문에 총명함이 빼어난 사람을 일러 '영'이라 하고, 용기가 남보다 앞선 사람을 일러 '웅'이라 한다. 이것은 영웅에 대해 구별지어 붙인 이름이다.(夫草之精秀者 爲英 獸之特君者 爲雄 故人之文武 茂異 敢名於此 是故 聰明秀出 謂之英 膽力過人 謂之雄 此其大體之別名也)"

【용례】 그 사람이 내리는 "월단"은 정말 권위가 있지. 정실에 휩쓸려 가까운 사람이라고 좋게 말하지 않는단 말일세. 그러니 자네도 우선 능력부터 기를 생각이나 하게.

월락오제상만천
月落烏啼霜滿天

月 : 달(월) **落** : 떨어질(락)
烏 : 까마귀(오) **啼** : 울(제)
霜 : 서리(상) **滿** : 찰(만) **天** : 하늘(천)

【뜻풀이】 달은 지고 까마귀는 우짖는데 서리는 하늘에 가득하구나. 늦가을의 고즈넉한 경관이 한눈에 들어오도록 묘사한 아름다운 시구다.

【출전】 이 시구는 당(唐)나라 때의 시인 장계(張繼)의 7언절구 〈풍교야박(楓橋夜泊)〉에 나오는 첫 구절이다. 전문을 소개한다.

「달은 지고 까마귀 우짖는데 서리는 하늘에 차고
강가 단풍잎과 고깃배 등불 맞으며 근심스레 잠든다.
고소성 너머로 아득한 한산사에서는
한밤에 종소리가 나그네 배까지 울려퍼진다.
月落烏啼霜滿天
江楓漁火對愁眠
姑蘇城外寒山寺
夜半鐘聲到客船」

고소성은 오늘날의 소주(蘇州) 일대인데,

태호(太湖)의 동쪽 기슭에 자리하고 있어 해상 교통이 일찍부터 발달했다. 특히 고소성 일대는 경치가 빼어난 곳으로 예부터 유명했다.

풍교는 고소성과 한산사 사이를 흐르는 냇물에 놓인 다리 이름이다. 이름을 보아서도 느낄 수 있듯이 예전에 이 일대는 붉은 단풍나무로 장관을 이루었다.

여하간 장계는 이 시 한 수를 남겨 후세에 길이길이 회자되는 시인으로 유명해졌다.

고요한 달밤에 한 마리 까마귀의 울음소리가 정적을 깨고 그 가운데 나그네는 시름에 잠겨 억지로 잠을 청한다. 아스라이 잠에 빠져들려는 순간 다시 멀리서 들려오는 한산사의 종소리에 잠에서 깨어나고 만다. 그러나 이때 잠에서 깨어나는 것은 수면을 방해받은 불쾌한 감정 때문이 아니라 한층 선취(禪趣)에 잠기게 만드는 각성 때문이라고 보아야 온당할 것이다.

예부터 이 시의 마지막 두 구절은 절창(絕唱)으로 시인묵객(詩人墨客)들의 입에 자주 오르내렸다.

【용례】 오늘처럼 고즈넉하고 으스스한 밤이면 장계의 〈풍교야박〉 시가 떠오르는군. 그 시나 한번 읊어 볼까?

월명성희 月明星稀

月 : 달(월) **明** : 밝을(명)
星 : 별(성) **稀** : 드물(희)

【뜻풀이】 달이 밝으니 별도 드물다. 밤이 깊어 새벽이 다가온다는 단순히 자연 현상을 설명하는 말로도 쓰이지만, 어진 사람이 나타나면 소인(小人)들은 숨어 버린다는 비유의 뜻도 담겨 있다.

【출전】 삼국시대 위나라의 창건자인 조조(曹操)가 지은 시 〈단가행(短歌行)〉에 나오는 구절이다.

조조 나이 쉰네 살 때 적벽대전을 코앞에 둔 시점이었다. 장강(長江) 연안에 서서 승전에 취한 그는 밝게 빛나는 달빛과 한없이 흐르는 장강의 밤 경치를 보면서 흥이 도도해졌다. 그때 마침 새들이 울며 남쪽으로 나는 것을 보고 뱃전에 기대서서 술에 한껏 취한 목소리로 노래 한 곡조를 지어 불렀다. 그 노래가 바로 〈단가행〉다.

이 작품은 달리 〈대주당가(對酒當歌)〉라고도 하는데, 감정이 충만하고 박자가 처량한 서정시다. 사실 조조는 당시 뛰어난 정치가였지만 당대 문단을 이끌던 문인이기도 했다. 그는 높은 지위에 있었으면서 문풍(文風)의 혁신을 선도했으며, 새로운 찬란한 문학의 시대를 열었다. 특히 문학적 성취는 시가 창작에서 가장 두드러졌다. 그 대표작이 바로 〈단가행〉이다. 이 작품은 『문선(文選)』 권14에 실려 전한다. 그 전문을 읽어 보기로 하자.

「술을 마시며 노래를 부르니,
인생은 그 얼마런가.
마치 아침에 맺힌 이슬과 같아,
갈수록 괴로움만 많구나.
울적하고 서글프니,
괴로운 심사는 잊기 어려워라.
어떻게 하면 근심을 풀까,
오직 술만 있을 뿐일세.
푸르고 푸른 그대 옷깃이여,
아득하구나 나의 마음이여.
다만 그대 때문에,
아직도 쓸쓸히 읊조리고 있다네.

사슴은 우우 울어 예면서,
들판의 개구리밥 풀을 뜯고 있네.
내게는 좋은 손님 있으니,
북을 치고 거문고와 생황을 울려라.
밝고 밝기가 달과 같으니,
언제나 거둘 수 있겠는가?
근심이 이 가운데서 나오니,
끊어 없앨 수 없구나.
두렁을 넘고 이랑을 건너니,
두용은 서로 남아 있네.
즐겁게 만나 유쾌하게 회포를 푸니,
마음에 옛 정이 떠오르네.
달빛이 밝아지니 별은 희미해지고,
까마귀 까치도 남녘으로 날아간다.
나뭇가지를 거듭 빙빙 도는데,
어느 가지에 기댈 수 있을까?
산은 높은 것을 꺼리지 않고,
바다도 깊은 것을 싫어하지 않지.
주공께서는 토포악발로 인재를 찾았으니,
천하가 모두 한마음으로 귀의했네.
對酒當歌 人生幾何
譬如朝露 去日苦多
慨當以慷 憂思難忘
何以解憂 唯有杜康
青青子衿 悠悠我心
但爲君故 沈吟至今
呦呦鹿鳴 食野之蘋
我有嘉賓 鼓瑟吹笙
明明如月 何時可掇
憂從中來 不可斷絕
越陌度阡 枉用相存
契闊談宴 心念舊恩
月明星稀 烏鵲南飛
繞樹三匝 何枝可依
山不厭高 海不厭深
周公吐哺 天下歸心」

문인으로서의 호탕한 기상과 천하를 다투던 정치가로서의 포부와 야망이 함께 어우러진 작품이다. 특히 마지막 구절에 나오는 토포악발(吐哺握髮)의 고사는 인재를 얻기 위해 동분서주(東奔西走)한 주공(周公)의 일화를 읊은 것으로 조조의 영웅적인 모습을 잘 보여 준다.

이 노래를 마친 조조는 회심의 미소를 지으며 크게 웃었고 모두가 흥이 나서 유쾌하게 즐겼는데, 오직 유복(劉馥)이란 장수만 "달빛이 밝으니 별은 희미해지고, 까마귀 까치들은 남녘으로 날아간다. 나뭇가지를 거듭 돌아보지만, 어느 가지에 기댈 수 있을까?"라는 구절은 불길한 징조라고 걱정스레 말했다. 이 말에 흥이 깨진 조조는 창으로 유복을 찔러 죽이고 말았는데, 다음 날 술이 깬 뒤 후회했다. 물론 이것은 『삼국지연의』에 나오는 이야기일 뿐이고, 실제로 유복이 어떻게 죽었는지는 정사 『삼국지』에는 설명이 없다.

월명성희 오작남비(月明星稀 烏鵲南飛)라고 한 구절은 소식(蘇軾)이 지은 〈적벽부(赤壁賦)〉에도 인용되어 있다.

【용례】 오랜만에 시골로 휴가를 오니 오랜 피로가 다 날아가는 것 같아. "월명성희" 달 밝은 밤을 하염없이 바라보는 게 얼마 만인지 모르겠어.

월조대포 越俎代庖

越 : 넘을(월) **俎** : 도마(조)
代 : 대신할(대) **庖** : 부엌(포)

【뜻풀이】 자기의 직권을 벗어나서 남의 일

을 대행하다.

【출전】『장자·소요유편(逍遙游篇)』에 다음과 같은 이야기가 있다.

전설에 따르면 상고시대에는 왕위를 아들에게 물려주는 것이 아니라 현자(賢者)에게 물려주는 것이 관례였다고 한다. 때문에 요(堯)임금은 순(舜)에게, 순임금은 우(禹)에게 각기 왕위를 물려주었다. 이런 행위를 선양(禪讓)이라고 부른다.

요임금이 아직 순에게 왕위를 물려주기 전이었다. 처음 요임금은 허유(許由)라는 현인에게 왕위를 물려주려고 했다. 그러나 허유는 이를 마다하고 기산(箕山)에 들어가 숨어 살았다.(◘ 기산지절箕山之節 · 세이공청洗耳恭聽 참조)

허유가 왕위를 사양하면서 요임금에게 한 말이 있는데 이때 허유는 "새들이 숲속에 깃들이는 것은 나뭇가지 하나에 불과하고 두더지가 물을 많이 마신다고 해도 배가 부르면 그뿐.(鷦鷯巢於深林 不過一枝 偃鼠飮河 不過滿腹)"이라고 하였으며, "요리사가 제사 음식을 준비하지 않았다고 해서 제물을 차리는 시축이 요리사의 일을 대신할 수 없다.(庖人雖不治 尸祝不越樽俎而代之矣)"고 말하였다.

바로 허유의 이 말에서 월조대포라는 성어가 나왔다.

또 후세 사람들은 자신의 자그마한 위치에 대해 만족을 표시할 때 초료일지(鷦鷯一枝), 일지가서(一枝可栖), 일지지서(一枝之栖) 또는 일지자족(一枝自足)이라고 부르게 되었다.

【용례】저는 좋은 재목을 고르는 데는 재주가 좀 있습니다만, 이를 적절하게 활용하는 문제라면 영 숙맥입니다. "월조대포"라고 했으니, 그 일은 적당한 사람에게 맡겨야 하리라 생각합니다.

월하빙인 月下氷人

月 : 달(월) 下 : 아래(하)
氷 : 얼음(빙) 人 : 사람(인)

【뜻풀이】중매쟁이.

【출전】『속유괴록(續幽怪錄)』과 『진서·예술전(藝術傳)』에 다음과 같은 이야기가 나온다.

당나라 때 위고(韋固)라는 청년이 살았다. 그는 아직 미혼이어서 여기저기 여행을 다니면서 견문을 넓히고 있었다. 그러던 어느 날 송성(宋城)이라는 곳을 지나게 되었다.

이미 밤이 깊어 왕래하는 사람들의 자취도 뜸할 무렵이었다. 그때 어떤 집 담장에 웬 노인장이 앉아 있는 것을 보았다. 그는 보따리에 몸을 기댄 채 연신 책장을 넘기며 무언가를 찾고 있었다. 흰 수염에 푸른 달빛이 어우러져 뭔가 비범한 기운이 감돌고 있었다. 위고는 이상하게 여겨 가까이 다가가 노인에게 물었다.

"예서 무얼 하고 계십니까?"

"나 말인가? 세상 사람들의 혼처에 대해 찾아보고 있네."

"그럼 그 보따리에는 무엇이 들어 있는데요?"

"여기? 붉은 실이 가득 들어 있지. 이 끈으로 한 번 묶어 두면 아무리 멀리 떨어져 있는 쌍이라 해도 결국 부부로 맺어지고 만다네."

이 말을 들은 위고는 자신도 총각인지라 자신의 배필은 누군지 궁금해졌다.

"그럼 저의 배필은 지금 어디에 있습니까?"

"자네 아내 말인가? 지금 이 송성 안에 있다네. 바로 북쪽 성 아래에서 야채를 팔고 있는 노파가 안고 있는 젖먹이가 그 사람일세."

그로서는 썩 반가운 말도 아니고 별로 신빙성도 없었기 때문에 그냥 한 귀로 흘려버리고 말았다.

그리고 14년의 세월이 흘러갔다. 위고는 상주(相州)의 한 현에서 관리로 있다가 그 고을 태수의 딸과 혼인하게 되었다. 부인은 16~17세의 아리따운 규수였다. 행복한 결혼 생활을 꾸리던 어느 날 위고는 옛날 노인이 자기에게 한 말이 얼마나 허황된 소리인지 깨닫고는 아내에게 그 이야기를 했다. 그러자 아내는 정색을 하며 그에게 말하는 것이었다.

"사실 저는 태수님의 양녀입니다. 친아버지는 송성에서 관리로 계셨는데 제가 젖먹이였을 때 돌아가셨습니다. 의지할 데 없는 저를 유모가 채소를 팔며 길러 주셨죠. 당신은 송성에 대해 아시는지요. 그 거리 북쪽에서 유모가 채소를 팔았지요."

그제야 위고는 노인장의 말이 사실이었음을 알고 깜짝 놀랐다고 한다.

『진서·색담전』에는 다음과 같은 이야기도 있다.

진(晉)나라 때 색담(索紞)이라는 용한 점쟁이가 있었다. 어느 날 호책(狐策)이란 사람이 꿈을 해몽해 달라고 왔다.

"저는 얼음 위에 서 있었습니다. 그런데 그 얼음 밑에 누군지 사람이 있어 그와 이야기를 나누었습니다."

이 꿈에 대해 색담은 다음과 같이 해몽하였다.

"얼음 위는 양(陽)이고 아래는 음(陰)이다. 양과 음이 이야기를 나누었다는 것은 그대가 중매를 해서 그것이 잘 진행될 징조다. 아마 혼인이 이루어질 때는 얼음이 풀릴 무렵일 것이다."

말 그대로 봄이 오자 그에게 태수로부터 부탁이 들어왔다.

자기 아들과 장씨의 딸을 혼인시키고 싶은데 중매를 서 달라는 것이었다. 그래서 그의 주선으로 두 사람을 중매한 결과 순조롭게 진행되어 마침내 두 사람은 식을 올리게 되었다.

이런 두 이야기가 계기가 되어 월하로(月下老)와 빙상인(氷上人)이란 말을 묶어 월하빙인이란 성어가 나왔다.

【용례】 아무리 연애결혼이 좋다고 하지만 오히려 이혼율은 그쪽이 더 높다는군. 그러니 차라리 좋은 "월하빙인"에게 부탁해서 평생의 반려자를 구하는 것도 나쁘지는 않을 것 같아.

위군난위신불이
爲君難爲臣不易

爲 : 할(위) 君 : 임금(군)
難 : 어려울(난) 臣 : 신하(신)
不 : 아닐(불) 易 : 쉬울(이)

【뜻풀이】 임금 노릇하기도 신하 노릇하기도 어렵다는 말로, 군림(君臨)하기도 어렵지만 보좌(輔佐)하기도 쉽진 않다는 뜻이다. 제각기 자기가 맡은 본분을 잘 하기란 어렵다는 뜻으로 풀 수도 있다.

【출전】 『논어·자로편(子路篇)』에 나오는 말이다.

노(魯)나라의 정공(定公)이 공자에게 물었다.

"한 마디 말로 나라를 일으킬 수 있다는데 그런 말이 정말 있습니까?(一言而可以興邦

有諸)"

공자가 대답했다.

"말이 그렇게 한 마디로 뜻을 나타낼 수 없겠지만, 사람들이 하는 말 가운데 '임금 노릇하기도 어렵고 신하 노릇하기도 쉽지 않다.'는 말이 있습니다. 만일 임금 노릇하기가 어렵다는 것을 안다면 그 한마디가 나라를 일으키는 데 가깝지 않겠습니까?(言不可若是其幾也 人之言 日 爲君難爲臣不易 如知爲君之難也 不幾乎一言而興邦乎)"

공자의 대답에 정공은 고개를 끄덕이면서 다시 물었다.

"한 마디 말로 나라를 잃는다 하였는데 그런 말이 있습니까?"

공자가 다시 대답했다.

"말이 그렇게 한 마디로 이렇다 할 순 없지만 세상 사람들이 하는 말에 '내 임금 노릇하기가 즐거운 것이 아니라, 내가 말을 하면 아무도 어기지 못하는 것이 즐겁다.'는 것이 있습니다. 이것이 한 마디로 나라를 잃는다는 말에 가깝지 않겠습니까?(言不可以若是其幾也 人之言日 予無樂乎爲君 唯其言 而莫予違也 不幾乎一言而喪邦乎)"

공자는 남을 다스리는 위치에 있는 사람들이 자기가 맡은 일의 중요성을 깨닫고 그 직분을 제대로 수행하기가 얼마나 어려운지 깨닫기를 강조하고 있다. 특히 한 나라를 다스리는 통치자로서 임금이라면 그 역할을 다 하기가 얼마나 어려운지 알아 겸허한 마음으로 백성들을 다스린다면 나라를 번성하게 할 수 있지만 막중한 임무는 잊은 채 권력의 힘만 믿고 월권과 독재에 골몰한다면 나라를 망하게 할 수도 있다는 것이다.

【용례】 어떤 집단이든 상하의 차이는 있지만, 공존하면서 화목하게 살아가야 한다. "위군난위신불이"하다는 사실을 기억한다면 그 공존도 어렵지는 않을 것이다.

위방불입 危邦不入

危 : 위태로울(위) 邦 : 나라(방)
不 : 아닐(부)(불) 入 : 들(입)

【뜻풀이】 위태로운 나라에는 들어가지 않는다. 반드시 나라만이 아니고 사람이나 단체, 모임 또는 지역에도 들어가지 않는다는 넓은 뜻으로 해석이 가능하다.

【출전】 『논어·태백편(泰伯篇)』에 다음과 같은 공자(孔子)의 말이 있다.

「굳게 믿어 배우기를 좋아하고 죽음으로써 도를 지켜라. 위태로운 나라에는 들어가지 말고 어지러운 나라에서는 살지 마라. 천하에 도가 있으면 몸을 나타내고 도가 없으면 숨어 지내라. 나라에 도가 있는데 가난하고 미천하면 이것이 부끄러운 일이요, 나라에 도가 없는데 부유하고 귀하면 이것 역시 부끄러운 노릇이다.

(篤信好學 守死善道 危邦不入 亂邦不居 天下有道則見 無道則隱 邦有道 貧且賤焉 恥也 邦無道 富且貴焉 恥也)」

정도를 걸으며 수양을 통해 천하를 구제하려는 선비가 선비답게 행동하는 것은 어떤 것인가? 이에 대한 훌륭한 답변을 공자의 목소리를 통해 들을 수 있다. 부귀하거나 빈천한 것 그 자체만 가지고 좋다 나쁘다를 판가름할 수는 없다. 어떤 상황에서 부귀하며 어떤 상황에서 빈천한가가 중요한 것이다.

절대적 중용(中庸)에 서지 않고 상황과 처지에 따라 쓰임과 출처(出處)를 정했던 공자의 시중(時中) 정신이 엿보이는 성어다.

위방(危邦)이나 난방(亂邦)에는 들어가지 않고 머물지 않는다고 선언한 점은 공자의 사상을 감안할 때 지극히 이례적인 발언으로 볼 수 있다.

선비라고 해서 일방적으로 불이익을 당할 필요가 없으며 진정으로 자신을 알아줄 사람을 만나기 위해서라면 조국을 떠나서 피해도 좋다는 입장이 이 말에는 감추어져 있는 것이다.

【용례】 내가 보기엔 그 서클은 뭔가 수상한 기미가 보여. "위방불입"이라잖니. 가입을 한 번 더 신중하게 생각해 봐라.

위소회 葦巢悔

葦 : 갈대(위) **巢** : 집(소)
悔 : 뉘우칠(회)

【뜻풀이】 갈대 위에 집을 지은 것을 후회한다는 말로, 학문을 하는 사람은 확고한 주관을 가져야 함을 강조하면서 제시한 비유다.

【출전】『순자·권학편(勸學篇)』에 나오는 말이다.

순자는 전국시대의 유학자로, 그의 문하에서는 한비자(韓非子)를 비롯해서 이사(李斯)와 같은 탁월한 제자들이 많이 배출되었다. 그는 학문을 정의하면서 시작은 경전(經典)을 외우는 것이고, 마감은 예(禮)를 실천하는 것이라고 밝혔다. 그러면서 학문을 할 때 가장 중요시해야 할 것은 자기가 설 자리를 확고하게 다지는 것이라면서 다음과 같은 비유담을 내놓았다.

「남쪽 땅에 새가 사는데, 이름은 '몽구'다. 이 새는 깃털을 모아 둥지를 만들고 머리카락을 엮어 교묘하게 집을 만든 다음 갈대 이삭 끝에 매어 둔다.

그러나 바람이 심하게 부는 날이면 갈대 이삭이 꺾이면서 알이 깨져 새끼가 죽는다. 뱁새가 이런 참변을 당하는 것은 둥지가 허술했기 때문이 아니다. 둥지를 매어둔 자리, 곧 갈대 때문에 그렇게 된 것이다. 또 서쪽 땅에 나무가 있는데, 이름은 '사간'이다. 줄기 길이는 네 촌밖에 되지 않는데, 높은 산꼭대기에서 자라 백 길이나 되는 연못가에 있으니, 나무 줄기가 자라지 않는 것이 아니라 서 있는 자리가 그렇기 때문이다.

쑥대가 삼대 밭 숲에서 자라면 세우지 않아도 곧고 흰모래도 개흙에 섞이면 함께 검어진다. 난괴의 뿌리는 바로 향료가 되는데, 그것을 구정물에 담아 두면 군자도 가까이 하지 않거니와 서민들도 차려고 하지 않는다. 그 바탕이 아름답지 않기 때문이 아니라 담아 둔 곳 때문에 그런 것이다.

때문에 군자는 살 때에 반드시 마을을 가려 살고 어울릴 때에도 반드시 선비에게 나아가는 것이니, 이것은 악해지고 비뚤어지는 것을 막아 올바른 곳으로 나가려 하기 때문이다.

(南方有鳥焉 明日蒙鳩 以羽爲巢 而編之以髮 繫之葦巢 風至巢折 卵破子死 巢非不完也 所繫者然也 西方有木焉 名日射干 莖長四寸 生於高山之上 而臨百仞之淵 木莖非能長也 所立者然也 蓬生麻中 不扶而直 白沙在涅 與之俱黑 蘭槐之根是爲芷 其漸之滫 君子不近 庶人不服 其質非不美也 所漸者然也 故君子居必擇鄕 遊必就士 所以防邪僻而近中正也)」

【용례】 좋은 친구를 사귀라는 것은 사람이 나빠서가 아니라 행실이 나쁘기 때문이다. 잘

못된 곳에 발을 담아 "위소회"하기 전에 조심하거라.

위여누란 危如累卵

危 : 위태로울(위) 如 : 같을(여)
累 : 쌓을·쌓일(루) 卵 : 알(란)

【뜻풀이】 계란을 쌓아 놓은 것처럼 아주 위태롭다.

【출전】 『사기·범수열전(范睢列傳)』에 보면 "진왕의 나라는 위험하기가 달걀을 쌓아 놓은 듯합니다.(秦王之國 危如累卵)"라는 말이 나오고, 『한서·추양전(鄒陽傳)』에는 "신은 장군이 위태롭기가 달걀을 쌓은 듯할까 두렵습니다.(臣恐 長君危如累卵)"라는 구절이 나오며, 『후한서·신도강전(申屠剛傳)』에는 "국가가 미약해지고 간사한 모의를 금하지 않으면 육극의 효과는 위태롭기가 달걀을 쌓은 듯합니다.(國家微弱 姦謀不禁 六極之效 危如累卵)"라는 말이 나온다.

춘추시대 진(晉)나라의 임금 영공은 정사는 돌보지 않고 향락만 추구하는 군주였다. 어느 날 그가 구층단(九層壇)이라는 놀이터를 만들기 위해 큰 공사를 벌이고 수많은 인부들을 징발해서 엄청난 국고를 허비하였다. 그러면서 아무도 간언하지 못하게 하기 위해 반대하는 자는 참형에 처하겠다고 선포하였다. 이 때문에 아무도 말을 입 밖에 내지 못하는데 하루는 순식(荀息)이라는 사람이 진영공을 찾아왔다.

진영공은 순식이 간(諫)하러 들어오는 것임을 알아차리고 활에 살을 메겨 들고 그가 입궐하기를 기다렸다. 그러나 순식은 아무 일도 없다는 듯이 태연자약(泰然自若)하게 웃으면서 진영공 앞에 이르러 말문을 열었다.

"저는 장기 쪽 열두 개를 포개 놓고 그 위에 또 계란 아홉 개를 쌓아 올릴 수 있습니다."

이에 크게 흥미를 느낀 진영공은 어서 그렇게 해보라고 하였다.

순식은 정신을 가다듬고 조심스럽게 장기 쪽 열두 개를 포개 놓은 다음 계란을 하나씩 쌓아 올리기 시작했다. 곁에서 보는 사람들은 저마다 마음이 조마조마해서 견딜 수 없었고, 진영공도 조마조마해서 그만 저도 모르게 소리쳤다.

"위태롭소! 너무 위태롭소!"

그러나 순식은 침착한 어조로 대답했다.

"이것은 아무것도 아닙니다. 이보다 더 위태로운 것도 있습니다."

그러자 진영공이 물었다.

"그렇소? 이보다 더 위태한 것이란 대체 무엇이오?"

이에 순식은 엄숙하면서도 침통하게 대답했다.

"구층단 공사를 벌인 지 3년이 지났는데도 아직까지 준공도 하지 못했으니 남자들은 농사일을 전폐하고 여인들은 길쌈일을 전폐하게 되었습니다. 하여 이제 머지않아 국고가 탕진될 것은 물론이고 이웃 나라는 이 틈을 타서 우리를 침공하려 들 것입니다. 이렇게 되면 나라는 기어이 멸망할 것이니 그때 가서 대왕께서는 무슨 방도가 있겠습니까?"

신영공은 그제야 자신의 잘못을 깨닫고 구층단 건설을 중지하게 했다.

성어 위여누란은 위어누란(危於累卵)이라고도 한다.

【용례】 이렇게 무리하게 사업을 확장해 나가면 곧 재정 상태는 "위여누란"의 지경에 빠

질 겁니다. 조만간 만기 어음이 쏟아져 들어올 텐데 도대체 무슨 재주로 그것을 메우시려는 겁니까?

위연구어 위총구작 爲淵驅魚 爲叢驅雀

爲 : 할(위) 淵 : 못(연)
驅 : 몰(구) 魚 : 물고기(어)
叢 : 숲(총) 雀 : 참새(작)

【뜻풀이】 백성들이 탐관오리들을 증오하고 멀리한다는 뜻으로, 잘못된 정치가 빚어내는 과오를 비유하는 데 쓰이기도 한다.

【출전】 『맹자 · 이루장구(離婁章句)』 상편에서 나오는 성어다. 맹자는 일찍이 다음과 같은 말을 한 적이 있다.

하걸(夏桀)과 상주(商紂) 같은 역사상의 폭군들이 천하를 잃은 까닭은 백성들을 상실했기 때문인데, 이른바 백성들을 상실했다는 것은 바로 민심을 저버렸다는 것이다. 천하의 임금이 되어 천하를 얻으려면 반드시 백성들의 지지를 받아야 한다. 그리고 백성들의 지지를 받고 백성들의 마음을 자기에게 귀의하게 하려면 백성들이 원하는 바를 충족시키고 백성들이 원하지 않는 일은 절대로 강요하지 말아야 한다.

백성들이 어진 임금과 어진 정치를 옹호하는 것은 매우 자연스러운 일이다. 그것은 마치 물이 낮은 데로 흐르고 짐승들이 넓은 들판으로 가는 것과 같다는 것을 알아야 한다. 여기에서 "깊은 물에 고기를 모이게 한 것은 고기들의 천적인 수달이며, 깊은 숲속에 새들을 모이게 한 것은 새들의 천적인 새매이며(爲淵歐魚者獺也 爲叢驅雀者鸇也)", 상탕(商湯)과 주무왕(周武王)에게 모이게 한 것은 바로 백성들의 적인 하걸(夏桀)과 상주(商紂)임을 알 수 있다.

오늘 어떤 임금이 어진 정치를 베풀고 백성들을 사랑한다면 백성들은 그에게 몰려올 것이고, 다른 나라의 폭군이 모진 정치를 시행한다면 스스로 백성들을 모두 어진 임금에게 모이게 만드는 결과를 빚을 것이다. 그러면 설사 그 어진 임금이 천하의 군왕이 되지 않으려 해도 군왕이 되고 말 것이다.

【용례】 우리 부서에 사람들이 오고 싶어 하는 것은 다른 부서 책임자들이 너무 인정사정 두지 않고 몰아쳤기 때문입니다. "위연구어 위총구작"이지만, 이젠 우리 부서도 사람들에게 나름대로 업무를 분장시켜야 할 때인 것 같습니다.

위위구조 圍魏救趙

圍 : 에워쌀(위) 魏 : 위나라(위)
救 : 구조할(구) 趙 : 조나라(조)

【뜻풀이】 위나라의 도읍을 포위하는 방법으로 조나라를 구원한다는 뜻으로서, 제3자가 상대의 허점을 공격해서 다른 사람을 구한다는 말이다.

【출전】 『사기 · 손자오기열전(孫子吳起列傳)』에 다음과 같은 이야기가 있다.

전국시대 어느 날, 위혜왕은 대장 방연(龐涓)으로 하여금 군사를 이끌고 조나라를 치게 했는데, 이때 조나라는 도읍지 한단마저 포위된 형편이어서 정세가 대단히 급박했다. 상황이 이러하자 조나라는 제나라에 원조를 청했

ㅇ

다. 이에 제위왕은 즉시 전기(田忌)를 대장으로 삼고 손빈(孫臏)으로 군사를 삼아 조나라를 돕게 하였다.

제나라 군사들이 출발하기 직전, 전기는 조나라의 도읍지 한단에 가서 위나라 군대와 싸우자고 하였지만 군사 손빈은 한단에 가서 싸우느니 위나라의 도읍지 대량(大梁, 오늘의 하남성 개봉)을 공략하는 것이 상책이라고 했다.

왜냐하면 지금 위나라는 조나라를 공격하느라고 자신들의 도읍지를 비워 놓고 있으므로 일단 대량을 공격한다면 위나라 군대는 곧 돌아서서 대량을 구할 것이니 그렇게 된다면 이번 출정은 조나라를 원조하는 것도 되고 위나라에 타격을 입히는 것도 되기 때문이었다.

이렇게 해서 전기는 손빈의 계책에 따라 대량으로 진군했다. 아니나 다를까 대량이 위험해지자 위나라 군대는 즉시 철군하였다. 이때 전기는 계릉 일대에서 매복전을 벌여 위나라 군대를 완전히 섬멸하였다.(▶ 손방투지孫龐鬪智 참조)

이렇게 해서 조나라의 도읍지인 한단의 포위도 풀리게 되었는데 역사상 이 싸움을 가리켜 위위구조라고 한다.

【용례】 자네가 그 자리를 노리고 있다는 소리를 듣더니 다른 지원자들이 다 포기해 버려 자네 선배가 과장이 되었다는군. "위위구조" 해서 선행을 베풀었으니 반드시 좋은 보답이 올 걸세.

위인설항 爲人說項

爲 : 위할(위) 人 : 사람(인)
說 : 말씀(설) 項 : 목덜미·클(항)

【뜻풀이】 남을 칭찬하거나 남을 위해 부탁하는 것을 비유하는 말이다.

【출전】『당시기사(唐詩紀事)』의 〈항사(項斯)〉조에 다음과 같은 이야기가 있다.

당나라 때 강남 땅에 시문에 능하고 인품과 풍채가 당당한 항사라는 사람이 살고 있었는데, 처음에는 그를 잘 알아주는 사람이 별로 없었다.

항사는 자가 자천(子遷)이고 강동 사람이다. 일찍이 자기가 쓴 시를 가지고 당시 지위가 높은 문관 양경지(楊敬之)를 찾아가 지도해 줄 것을 부탁한 적이 있었다.

이미 항사의 일부 시를 읽어 보고 높이 평가한 바 있던 양경지는 이 만남을 통해 인상이 더욱 깊어져 즉석에서 그를 칭찬하는 시 한 수를 항사에게 써 주었다.

「여러 번 읊어 본 그대의 시 구절구절, 모두 아름답고
오늘 처음 보는 그대의 인품, 시보다도 더 고상하도다.
남의 미덕 찬양하는 일, 내 잘 모르지만
가는 곳 어디서나, 그댈 위해 노래하리.
幾度見詩詩盡好
及觀標格過於詩
平生不解藏人善
到處逢人說項斯」

이렇게 해서 그 후 양경지의 추천과 소개로 항사의 시는 도성 안에 널리 알려지기 시작했으며 그의 이름도 더불어 널리 알려지게 되었다.

이와 같이 양경지가 이르는 곳마다 항사를 자랑함으로써 위인설항이라는 성어가 나왔는데, 대인설항(代人說項)이라고도 한다.

【용례】 그 소설가의 추천을 통해 등단한 작가들은 하나같이 모두 주목받는 인물이 되었

는데, 정작 본인은 영 인정을 못 받는단 말이야. 누구 그를 위해 "위인설항"해 줄 사람은 없을까?

위인작가 爲人作嫁

爲 : 할 · 위할(위) 人 : 사람(인)
作 : 지을(작) 嫁 : 시집갈(가)

【뜻풀이】 남을 위해 바삐 서둘다. 다른 사람 밑에서 그럭저럭 살아가다. 공연히 남을 위해 고생하는 것을 말한다.

【출전】 이 성어는 당나라 말년의 시인 진도옥(秦韜玉)의 시 〈빈녀(貧女)〉에서 나온 것으로, 헐벗고 굶주린 한 가난한 처녀를 묘사한 작품이다.

〈빈녀〉에 나오는 처녀는 근검소박하고 손재주가 좋아 바느질 등 무슨 일이든 다 잘해냈고, 외모 또한 몹시 아름다웠다. 그러나 금전과 권력이 판을 치는 사회에서 그 처녀를 사랑해 주는 사람도 없었고 알아주는 사람도 얼마 없었다.

처녀는 매일 새색시들이 첫날 입을 옷을 만드느라 바쁘게 보내지만 그것은 모두 다 부잣집 아가씨들을 위해서였다.

그래서 시인 진도옥은 〈빈녀〉의 마지막 구절에서 "가장 슬픈 일 해마다 금실에 눌려서 남을 위해 시집갈 옷을 만들고 있는 것이지.(最恨年年壓金線 爲他人作嫁衣裳)"라고 쓰고 있는데, 이 성어는 바로 이 시구에서 나왔다.

【용례】 그만큼 기술을 익혔으면 "위인작가"는 그만두고, 이젠 독립할 때가 되었다. 그 정도 실력이면 충분히 일가를 이룰 수 있으리라 믿는다.

위편삼절 韋編三絶

韋 : 가죽(위) 編 : 맬 · 엮을(편)
三 : 석(삼) 絶 : 끊어질(절)

【뜻풀이】 책을 맨 가죽끈이 세 번이나 끊어졌다는 뜻으로, 독서에 열중한 모습을 비유하는 말이다.

【출전】 춘추시대 유가(儒家)의 창시자인 공자(孔子)는 늙어서도 학문을 게을리 하지 않았다. 『사기 · 공자세가』에 따르면 공자는 만년에 이르러서야 『역경(易經)』을 배우기 시작했다고 하는데, 『역경』은 아주 읽기 힘든 고서였지만 그는 오히려 재미를 붙이고 그 뜻을 완전히 터득할 때까지 꾸준히 읽었다고 한다.

그리하여 공자는 『역경』의 뜻을 깊이 터득했을 뿐 아니라 나중에는 『역경』의 뜻을 설명한 10편의 글, 즉 〈십익(十翼)〉을 써내기까지 했다.

이와 같이 『역경』을 쉴 새 없이 뒤지다 보니 책을 묶은 끈이 세 번이나 끊어졌다. 더구나 그때 말하는 끈은 평범한 실로 만든 끈이 아니라 가죽으로 꿰맨 끈이었다.

진지하고 세심하게 책에 담겨 있는 뜻을 이해하기 위해 노력하는 자세를 일컬을 때 이 성어를 사용한다.

【용례】 밤낮없이 『삼국유사(三國遺事)』만 읽더니 기어이 발군의 저작을 완성했구먼. 자네의 뛰어난 자질 때문이겠지만 "위편삼절"하는 성실성이 아니었다면 이루어 내기 어려운 성과였을 거야.

위호작창 爲虎作倀

爲 : 위할(위) 虎 : 호랑이(호)
作 : 지을(작) 倀 : 창귀(창)

【뜻풀이】 호랑위를 위해 창귀가 되다. 호랑이한테 물려 죽은 사람이 귀신이 되어 호랑이를 도와 나쁜 짓을 한다는 뜻으로, 남의 앞잡이가 되어 나쁜 짓을 일삼는 사람이나 그런 행동을 비유하는 말이다.

【출전】 이 성어는 다소 황당무계(荒唐無稽)한 전설에서 나온 것이다. 송나라 때 이방(李昉, 925~996)의 『태평광기(太平廣記)』나 명나라 때 도목(都穆)의 『청우기담(聽雨紀談)』과 명나라 때 장자열(張自烈)의 『정자통(正字通)』 등에 모두 같은 내용의 전설이 실려 있다. 아래 내용은 『장자통』에 나오는 것을 요약한 것이다.

「전설에 따르면 호환(虎患)으로 죽은 사람의 영혼은 호랑이를 위해 봉사하는 귀신이 된다고 하는데, 이런 귀신을 창귀(倀鬼)라고 한다. 창귀는 호랑이를 장군이라고 부르며 호랑이의 지휘를 받는다.

호랑이가 밖으로 나갈 때 창귀는 앞잡이가 되어 함정이나 그물 같은 것을 찾아내고 장군으로 하여금 피하게 돕는다고 한다. 또 행인을 만났을 때 창귀는 먼저 그 사람을 잡아 옷을 벗긴 다음 장군으로 하여금 잡아먹게 한다.

이를테면 어떤 사람이 호랑이를 만나면 그 사람의 허리띠나 단추 같은 것이 저절로 풀어지거나 벗겨지곤 하는데, 그것이 다 창귀의 조화라는 것이다. 이렇게 해서 한 사람이 호랑이에게 먹힌 뒤에는 그의 영혼이 다시 새 창귀가 되어 원래의 창귀를 대신하고 원래의 창귀는 창귀 노릇을 하지 않는다고 한다. 또 섬기던 호랑이가 죽으면 그를 위해 곡을 하기도 한다.(世傳虎齧人 人死魂不敢他適 輒隸事虎 名倀鬼 虎行求食 必與俱 爲虎前導 遇塗有暗機伏穽 則迂道往 呼虎曰將軍 死則哭之)」

【용례】 사기꾼에게 속아 재산을 다 날린 사람이 사기꾼하고 짜고 사기를 칠 생각을 하다니, 그런 인간을 타도하지는 못할망정 "위호작창"해서야 되겠냐?

유교무류 有教無類

有 : 있을(유) 教 : 가르칠(교)
無 : 없을(무) 類 : 무리(류)

【뜻풀이】 가르침만 있을 뿐 가르치는 대상에 차별을 두지 않는다. 즉, 가르치는 사람은 그가 배우고자 하는 의지만 있다면 사회적 신분이나 지위에 상관없이 가르쳐야 한다는 말이다.

【출전】 『논어·위령공편(衛靈公篇)』에 공자의 말로 인용된 구절이다.

공자는 특히 교육에 대해서 지대한 관심을 가지고 있었다. 올바른 덕성을 함양하기 위해서는 교육 이상의 효과적인 수단이 없으며, 또 혼탁하고 극단적인 이기주의가 팽배한 세태 속에서 인간을 구할 수 있는 길도 교육을 통해서라는 나름대로의 자각에 따른 것으로 보인다.

그렇기 때문에 『논어』 곳곳에 공자의 교육에 대한 언급이 눈에 띈다. 그것은 자신에게 이르기도 하고 가족이나 자식을 넘어서 제자나 일반인에게까지 두루 미치는 포괄적인 모습을 보인다.

〈계씨편(季氏篇)〉에는 "나면서 저절로 아는 사람이 으뜸이고, 배워서 아는 사람이 다음이며, 막히자 힘써 배우는 사람이 그 다음이다. 그러나 막혔는데도 배우려고 하지 않는 사람은 누구나 최하로 여긴다.(生而知之者上也 學而知之者次也 困而學之 又其次也 困而不學 民斯爲下矣)"라 했으며, 〈양화편(陽貨篇)〉에서는 "본성은 서로 같지만 습관으로 말미암아 서로 멀어진다.(性相近也 習相遠也)"고 했다.

다시 "오직 가장 슬기로운 사람과 가장 어리석은 사람만이 바뀌지 않는다.(唯上知與下愚不移)"고 하여 교육의 효용에 큰 의미를 두고 있다.

공자는 혼란한 시대를 살면서도 인간은 교육을 통해 얼마든지 교화될 수 있음을 추호도 의심하지 않았다. 어찌 보면 너무나 우직한 태도일 수도 있지만 그런 고집스런 점이 있기에 고난이 닥쳐도 굴하지 않고 유학(儒學)이라는 위대한 사상을 후세에 남길 수 있었는지도 모른다.

특히 공자의 교육관은 과거의 우수한 문화유산을 전수하여 이를 통해 정서를 순화한다는 점에 치중되어 있다. 그러므로 유가 교육에 있어서 경전의 암송이나 과거에 대한 지식을 풍부하게 습득하는 것을 큰 미덕으로 여겼던 것이다.

【용례】 그 어려운 시절에도 김 선생님은 가난한 학생들을 위해 자비를 써 가며 가르치고자 애쓰셨지. 배우려는 의지만 굳다면 누구도 버리려 하시지 않았으니 가히 "유교무류"의 정신을 몸으로 실천하셨다고 해야 할 거야.

유능제강 柔能制剛

柔 : 부드러울(유) **能** : 능할(능)
制 : 지을(제) **剛** : 굳셀(강)

【뜻풀이】 부드러운 것이 능히 강한 것을 제어한다. 어떤 상황에 대처할 때 강수를 두어 힘으로 억누르는 것이 이기는 듯하지만 궁극적으로는 부드러움으로 감싸는 것보다는 오래가지 못한다는 말이다. 힘으로 억압하는 것보다 덕으로 감싸 마음으로 복종하게 하는 것〔심복(心服)〕이 참다운 힘임을 일깨우는 성어다.

【출전】 『삼략(三略)·상략(上略)』에 다음과 같은 말이 나온다.

"군참에서 말하기를 부드러운 것이 능히 강한 것을 제압하고 약한 것이 능히 강한 것을 제압한다. 부드러운 것은 덕이고, 강한 것은 적이다. 약한 것에 대해서는 사람들이 돕고 강한 것에 대해서는 사람들이 공격한다.(軍讖曰 柔能制剛 弱能制强 柔者德也 剛者賊也 弱者人之所助 强者人之所攻)"

이와 비슷한 말은 『노자·제76장』과 〈제78장〉에도 나온다.

「사람이 살아 있으면 부드럽고 탱탱하지만, 죽으면 딱딱하고 뻣뻣해진다.

풀이며 나무며, 온갖 만물들도 살아 있을 때는 부드럽고 말랑말랑하지만, 죽으면 마르고 텁텁해진다.

때문에 딱딱하고 뻣뻣한 것은 죽음의 무리요, 부드럽고 탱탱한 것은 삶의 무리다.

그러니 병장기로 무장해 강해져 봤자 결국 이기지는 못하고 마니, 나무도 강하면 꺾이고 만다.

강하고 억센 것은 아래 놓이고, 부드럽고 약한 것은 위에 놓이느니라.

(人之生也柔弱 其死也堅强 草木之生也柔脆 其死也枯槁 故堅强者死之徒 柔弱者生之徒 是以兵强則滅 木强則折 强大處下 柔弱處上)(76장)

천하에 물보다 부드럽고 약한 것은 없다. 그러면서도 굳세고 강한 것을 쳐서 이기지 못하는 것이 없다. 그 무엇도 물과 바꿀 것은 없다.

약한 것이 강한 것을 이기고, 부드러운 것이 굳센 것을 이기는 이치를 천하에서 모르는 이가 없건만, 능히 행하는 이는 아무도 없다.

때문에 성인은 말했다. 한 나라의 더러움을 맡은 사람이 이로 하여 그 나라의 주인이 된다.

한 나라의 상서롭지 못함을 맡은 사람을 일러 천하의 임금이라 하니, 올바른 말일수록 역설적으로 들리는 것이다.

(天下柔弱 莫過於水 而攻堅强者 莫之無勝 其無以易之 弱之勝强 柔之勝剛 天下莫不知 莫能行 是以聖人云 受國之垢 是謂社稷主 受國不祥 是爲天下王 正言若反)(78장)」

【용례】 저 친구는 실력으로 보나 학력으로 보나 나무랄 데가 없는데, 너무 반골 기질이 강한 게 걱정이야. "유능제강"이랬는데, 저렇게 강경 일변도로 나간다면, 누가 달가워하겠어.

유무상생 有無相生

有 : 있을(유) **無** : 없을(무)
相 : 서로·도울(상) **生** : 날(생)

【뜻풀이】 유와 무는 서로를 발생시킨다.

【출전】『노자·제2장』에 다음과 같은 말이 있다.

「천하 사람들은 모두 아름다움이 아름다운 것을 아나니, 이것이 추함이 있음을 말한다.

사람들은 모두 착함이 착하다는 것을 아나니, 이것이 착하지 않음이 있음을 말한다.

때문에 있음과 없음은 서로를 낳아 주며, 어려움과 쉬움은 서로를 이루어준다.

긺과 짧음은 서로를 비교하게 해 주며, 높음과 낮음은 서로를 기울게 해 준다.

음향과 소리는 서로를 조화롭게 해 주며, 앞과 뒤는 서로를 따르게 해 준다.

때문에 성인은 함이 없는 데서 일을 처리하고, 말없는 가르침을 실천한다.

만물이 만들어져도 사양하지 않으며, 낳아도 소유하려 들지 않으며, 해도 자랑하지 않는다.

공이 이루어져도 그곳에 머물려고 하지도 않는다.

무릇 오직 머물지 않으니, 그래서 떠나지도 않는 것이로다.

(天下皆知美之爲美 斯惡已 皆知善之爲善 斯不善已 故有無相生 難易相成 長短相較 高下相傾 音聲相和 前後相隨 是以聖人處無爲之事 行不言之敎 萬物作焉而不辭 生而不有 爲而不恃 功成而弗居 夫唯弗居 是以不去)」

이와 유사한 말이『노자·제40장』에도 나온다.

「근원으로 되돌아가는 것, 이것이 도의 움직임이요, 약하고 부드러운 것, 이것은 도의 쓰임새다.

천하 만물은 있음(有)에서 생겨나고, 있음은 없음(無)에서 생겨났느니라.

(反者道之動 弱者道之用 天下萬物 生於有

有生於無)」

이와 같은 주장은 주돈이(周敦頤)가 〈태극도설(太極圖說)〉에서 밝힌 무극이태극(無極而太極)과도 유사한 논리라고 할 수 있다.

【용례】 있다가도 없고, 없다가도 있는 게 우리 인생 아니겠나. "유무상생"이니 있을 때 좀 도와주게. 자네 없을 때 내가 외면했는가 말일세.

유문사자 필유무비 有文事者 必有武備

有 : 있을(유) 文 : 글월(문)
事 : 일(사) 者 : 사람(자)
必 : 반드시(필) 武 : 무사(무)
備 : 갖출(비)

【뜻풀이】 문관이라 할지라도 반드시 무예를 익혀 만약의 전쟁에 대비해야 한다는 뜻이다.

【출전】『십팔사략(十八史略)』에 다음과 같은 말이 있다.

"문예에 관한 일을 하는 사람(有文事者)도 반드시 전쟁에 대비해야 한다고 했듯이 문(文)과 무(武)는 떨어질 수 없습니다."

이 말은 공자가 노나라의 재상으로 있을 때 노나라 정공(定公)에게 진언한 말이다. 문사를 담당하는 자란 행정관료를 말한다.

세상이 태평할 때에는 이들이 행정을 관할하지만 유사시에는 군인의 힘이 절대적으로 필요하다.

공자의 이 말은 문관의 우위를 강조하면서도 문관도 병법에 조예가 있어야 함을 강조하는 것이다.

【용례】 옛날의 선비들은 책상물림으로 살았던 것은 아닙니다. "유문사자 필유무비"란 말처럼 문무를 겸비했던 것이고, 그래서 칠예(七藝) 속에 시서예악사어수(詩書禮樂射御數)라 해서 무예도 필수 과목이었던 것이죠.

유방백세 流芳百世

流 : 흐를(류) 芳 : 향기(방)
百 : 일백(백) 世 : 대(세)

【뜻풀이】 향기로운 냄새가 1백 세대를 흘러간다는 뜻으로, 훌륭한 명성이나 업적이 후세에 영원토록 전해지는 것을 말한다.

【출전】『진서(晉書)·환온전(桓溫傳)』에 다음과 같은 이야기가 나온다.

진(晉)나라와 북방 이민족들은 오래 전부터 끊임없이 마찰을 빚어왔다.

354년에 드디어 환온은 보병과 기병 4만 명을 이끌고 북벌에 나서 전진(前秦)을 공격했다. 환온은 세 차례에 걸쳐 북벌을 단행하여 저족(氐族)을 비롯한 강족(羌族)과 선비족(鮮卑族) 등 북방의 이민족들에게 치명적인 타격을 가했고, 이후로 이들은 감히 중국을 넘보지 못했다.

363년, 환온은 그 공으로 대사마(大司馬)에 임명되었는데, 조정에서는 그에게 특별대우를 하여 그의 지위는 여느 제후들보다 훨씬 높았다.

이런 환대에 교만해진 환온은 군사력을 장악하고 중원(中原)을 회복함으로써 명망을 높여 스스로 황제가 되려는 야심까지 품게 되었다.

그는 일찍이 이처럼 말했다.

"대장부가 이미 훌륭한 명성을 후세에 전할 수 없다면, 나쁜 이름을 길이 남기는 일인들 가능하겠는가?(旣不能流芳百世 亦不足復遺臭萬載邪)"

373년, 예순한 살의 나이로 병상에 누워 있으면서도 그는 야망을 버리지 못했는데, 재상 사안(謝安)의 만류로 뜻을 이루지는 못했다.

『자치통감·진간문제함안원년(晉簡文帝咸安元年)』에도 보면 "남자가 훌륭한 명성을 후세에 남길 수 없다면 차라리 악명이라도 길이 남겨야 한다.(男子不能流芳百世 亦當遺臭萬年)"는 구절이 나오고, 『삼국지연의』 제9회에도 "장군이 만약 한 황실을 도와 일으킨다면 바로 충신일 것이요, 청사에 이름이 전하여 훌륭한 명성이 백 세를 이어질 것입니다.(將軍若扶漢室 乃忠臣也 青史傳名 流芳百世)"란 구절이 나온다.

【용례】 백 년도 안 되는 삶을 살면서 악명이나 떨치고 치욕만 남긴다면 얼마나 부끄러운가. "유방백세"할 큰 업적을 남겨 내 삶을 헛되게 하지 말아야지.

유붕자원방래 有朋自遠方來

有 : 있을(유) **朋** : 벗(붕)
自 : 스스로·부터(자) **遠** : 멀(원)
方 : 찾을(방) **來** : 올(래)

【뜻풀이】 벗이 있어 멀리서부터 찾아오다. 자신이 올바른 뜻을 가지고 있으면 어디서든 그 뜻에 동조하는 사람이 있어 함께하고자 찾아온다는 뜻이다.

【출전】 이 말은 공자(孔子)의 제자들이 스승이 세상을 떠난 뒤 만든 언행록인 『논어·학이편(學而篇)』의 첫머리를 장식하는 구절 속에 포함되어 있다.

그 전문을 소개하면 다음과 같다.

「공자께서 말씀하시기를 "배우고 때때로 익히면 또한 기쁘지 아니한가. 벗이 있어 멀리서 찾아오니 또한 즐겁지 아니한가. 사람이 알아주지 않아도 성내지 않으니 또한 군자가 아닌가."

(子曰 學而時習之 不亦說乎 有朋自遠方來 不亦樂乎 人不知不慍 不亦君子乎)」

이 말은 어쩌면 공자의 사상 전체를 포괄하는 발언으로도 간주할 수 있고, 또 『논어』라는 책이 담고 있는 내용을 한마디로 요약한 구절이라고도 말할 수 있다.

첫 번째 구절은 인간의 내적이고 개인적인 훈련과 심성 도야에 대한 입장을 서술한 것이다. 배움은 익힘을 전제로 하되 익힘은 단순한 반복이 아니라 실천으로서의 익힘인 것이다. 따라서 실천의 효과가 나타난다면 저절로 기쁨이 있다.

두 번째 구절은 배움과 익힘의 공유(共有)를 말하고 있다. 즉, 나를 알아주는 이(朋)가 먼 곳에서 명성을 듣고 찾아온다. 이는 세속적인 명예의 추구가 아니라 외로운 고행의 길을 함께하고 의지가 될 사람이 오는 것이다. 때문에 즐거워진다.

세 번째 구절은 다소 한 차원 높은 비약으로 이루어져 있다. 옳고 어진 일을 한다고 해도 때로 남이 몰라주는 경우가 왕왕 있다. 때로는 비난받고 시대로부터 배척당하는 수도 있다. 이럴 때 진정한 군자는 이를 남의 탓으로 돌리지 않는다. 한 번 더 반성의 기회를 갖는 것이다. 이런 용서(容恕)의 정신을 가질 때 비로소 배움은 완성되었다고 할 수 있겠다.

【용례】 불청객이긴 하지만 "유붕자원방래" 했는데, 대접이 소홀할 수야 있나. 나가서 맥주나 한잔 시원하게 하세.

유비무환 有備無患

有 : 있을(유) 備 : 갖출(비)
無 : 없을(무) 患 : 걱정(환)

【뜻풀이】 우환에 대비해 미리 준비를 갖춰두면 나중에 걱정할 일이 없다.

【출전】 이 성어는 『좌전·양공(襄公) 10년』조에 실려 있다.

진(晉)나라 도공(悼公)은 아주 총명하고 유능한 임금으로, 그의 신하 사마위강(司馬魏絳) 역시 법을 집행하는 데에 엄격하고 정확한 관리였다.

어느 날 도공의 동생 양간(楊干)이 곡요(曲擾)에서 말썽을 부려 군대의 진영을 어지럽혀 놓았다. 그러자 위강은 이를 다스리기 위해 양간 대신 양간의 부하를 참수형에 처해 군중들에게 법의 엄격함을 보이려고 하였다.

이 사실을 안 양간은 도공에게 자신의 억울함을 호소하며, 위강은 지금 안중에 무서운 사람이 없어 자기를 모욕했다고 말하였다. 그의 말을 들은 도공은 크게 화를 냈다.

"내 동생이 모욕을 당했다는 것은 곧 나를 모욕하는 것이니, 어찌 그리 방자할 수 있는가? 내 그를 참수형에 처해서 본때를 보여주리라."

도공은 명령을 내려 당장 그를 끌어왔다. 그러자 도공의 신하 양설적(羊舌赤)이 도공에게 간언(諫言)하였다.

"위강은 매우 충성스러운 신하로서 그는 절대로 아무 까닭도 없이 공자님의 부하를 참수하지는 않았을 것입니다. 또한 그는 매우 강직해서 스스로 자결할 수도 있으니 우선 노여움을 푸시고 자세한 사정을 알아보고 난 뒤에 문책하셔도 늦지 않으리라 사료되옵니다."

그가 도공을 만류하고 있을 때 위강이 궁 밖에 도착하였다는 전갈이 들어왔다. 궁궐에 도착한 위강은 도공에게 한 통의 상소문을 올리고는 궁 밖으로 나가 곧바로 차고 있던 칼을 뽑아 궁궐을 바라보며 앉아 자결할 준비를 갖추었다. 이를 보고 궁궐을 지키던 문지기가 위강의 성급함을 만류했다.

한편, 위강의 상소문을 읽고 난 도공은 비로소 동생 양간의 경우 없는 행위와 위강의 엄정함을 깨닫고는 신발도 미처 신지 못하고 황급하게 궁 밖으로 뛰어나가 위강을 일으켜 세웠다.

"이번 일은 내 허물이지 경과는 무관한 일이니 부디 내 불찰을 용서하시오."

이때부터 도공은 더욱 위강을 신임하여 그에게 진나라 군대의 통솔권을 맡겼다.

당시 진나라 북방에는 융족(戎族)인 무종국(無終國)이 있어 진나라에 예물을 바치며 우호 관계를 맺자고 청해 왔다. 이에 도공이 말했다.

"그동안 우리는 융족과 별다른 외교 관계가 없었으니 이번 기회에 그곳을 정벌하는 것이 좋겠다는 생각이 드는데 경들의 의견은 어떠하오?"

그러자 위강이 이를 반대하며 말했다.

"융족이 우호 관계를 맺자고 청해 온 것은 우리 진나라의 복이거늘 어찌 그것을 뿌리치려 하십니까? 또한 그들이 아무리 오랑캐들이라 하지만 이 기회에 우리 진나라의 덕을 보여 감화시킨다면 우리나라는 앞으로 오랑캐의 침입에 대해 신경을 쓰지 않아도 될 것으로 여겨집니다."

이에 도공은 위강의 말에 따라 그들과 외교관계를 맺고, 영토의 확장에 대한 욕심은 버리고 오로지 내치(內治)에만 전념하였다. 몇 년이 지난 뒤에 진나라는 충직한 위강의 보좌를 받아 국세가 나날이 강성해졌다.

한번은 정(鄭)나라가 군대를 이끌고 송(宋)나라를 침범한 적이 있었다. 다급해진 송나라는 진나라에 화급한 정황을 알려 왔다. 이에 진도공은 노(魯)나라와 위(衛)나라, 제(齊)나라, 조(曹)나라 등 11개 나라의 군대를 소집하여 위강의 지휘 아래 정나라의 도성을 포위하고는, 정나라에게 송나라에 대한 침략을 중지할 것을 강력하게 권유하였다.

주위의 모든 나라가 연합해서 자기 나라를 포위한 것을 본 정나라는 크게 놀라 진나라 등 12개 나라와의 협약에 서명하고 말았다.

한편 정나라가 12개 나라와 협약을 맺었다는 소식을 들은 초(楚)나라는 이를 몹시 불쾌하게 여겨 군사를 이끌고 정나라로 쳐들어왔다. 초나라의 막강한 병력을 본 정나라는 도저히 대항할 수 없다고 깨닫고 다시 초나라와도 동맹 관계를 맺었다.

그러나 정나라가 이렇게 진나라와 협약을 맺고도 다시 초나라와 동맹을 맺은 사실에 분노한 12개 나라는 연합해서 정나라를 공격하려고 하였다. 이에 놀란 정나라는 진나라에 사신을 파견해서 화해를 요청하였고, 진나라가 이를 받아들여 전쟁은 곧 종식되었다.

정나라는 진나라에 대한 감사의 표시로 많은 보물과 가기(歌妓)를 보내 왔다. 도공은 이번 일에 대한 위강의 공로를 치하하기 위해서 정나라가 보내온 미녀의 절반을 주고자 했지만, 위강은 이를 사양하며 말했다.

"지금 폐하께서 여러 나라를 단결시키고 통솔할 수 있었던 것은 주군의 인내와 여러 사람들의 공로이지 결코 제가 공헌한 바는 없습니다. 다만 저는 주군께서 즐거울 때 앞으로 있을 나라의 많은 일을 생각하시길 바랄 뿐입니다. 옛사람이 말하기를, '평안할 때 위태로움을 생각하라. 생각하면, 즉 준비를 해야 할 것이고, 준비를 갖추었으면 즉 걱정할 것이 없을 것이다.(居安思危 思則有備 有備則無患)'라고 했으니, 저는 이 도리에 따라 간할 뿐입니다."(➡ 거안사위居安思危 참조)

위강의 말을 들은 도공은 그의 말이 타당하다고 여기고는 정나라가 보내온 많은 보물과 미녀들을 돌려보냈다. 뒷날 진나라 도공은 위강의 보좌를 받아 마침내 진나라의 패업(霸業)을 이룩하였다.

이 성어는 평안할 때 위태로울 것을 미리 생각하고, 염려하면 그에 대한 준비를 할 것이며, 준비를 하면 걱정이 없다는 뜻이다.

【용례】 어려울 때를 대비해 "유비무환"의 정신으로 저축을 했으면 이런 일 정도에는 별 어려움 없이 대처했을 텐데. 그러게 절약하라고 내가 항상 말하지 않았니?

유속불식 무익어기
有粟不食 無益於饑

有 : 있을(유) 粟 : 곡식(속)
不 : 아닐(불) 食 : 먹을(식)
無 : 없을(무) 益 : 더할(익)
於 : 어조사(어) 饑 : 굶주릴(기)

【뜻풀이】 곡식이 있어도 먹지 않는다면 굶

주림을 채우는 데 아무 도움도 안 된다. 아무리 좋은 조건 속에 놓여 있다고 해도 스스로 노력하는 자세가 없다면 일을 이룰 수 없다는 말이다.

【출전】『염철론(鹽鐵論)·상자편(相刺篇)』에 나오는 말이다. 이 책은 전한 선제(宣帝) 때 사람 환관(桓寬)이 쓴 것으로 전한의 정치와 사회, 경제, 외교, 학문 등에 관해서 알 수 있는데, 주요 내용은 한무제(漢武帝) 때 실시한 소금과 철의 전매 제도의 존속 여부를 놓고 학자들 사이의 시비(是非) 논쟁을 기록해 놓았다.

한무제는 오랫동안 대외전쟁에 국력을 소모하여 재정이 궁핍해지자 소금과 철을 국가가 전매하는 균수평준법을 실시했다. 그러나 이 법에 대한 백성들의 원성이 높았다. 무제가 죽고 나자 이 제도를 계속 시행해서는 안 된다는 쪽과 그렇게 해야 한다는 쪽이 대립해서 논쟁이 가열되었는데 이때 환관이라는 사람이 조정에서의 회의 내용을 정리하여 기록한 글이 바로 『염철론』이다.

그 가운데 다음과 같은 기록이 있다.

"곡식이 아무리 창고에 가득 차 있어도 이것을 찧어 밥을 해 먹지 않는다면 배고픔을 면하는 데 아무런 도움이 되지 못한다.(有粟不食 無益於饑) 소금은 바다에서 나지만 염전을 만들어 구워야 소금을 얻는 것이다. 마찬가지로 아무리 질 좋은 쇠가 묻혀 있다고 해도 이를 캐내 제련하지 않으면 쓸모가 없다."

이처럼 뛰어난 자질만 있다 하여 거기에 도취되어 버리면 그 자질을 활용해야 이룰 수 있는 성과는 기대할 수 없다. 우리 속담 "구슬이 서 말이라도 꿰어야 보배"와 뜻이 같다.

【용례】 곡식이 쌓였어도 먹지 않으면 허기를 면할 수 없다("유속불식 무익어기")는 말이 있잖니. 머리는 좋은 애가 왜 그렇게 놀기만 좋아하니?

유신 維新

維: 굵은줄·맬(유) **新**: 새로울(신)

【뜻풀이】 새롭게 하다. 유(維)는 발어사로서 아무런 의미가 없다. 그러던 것이 후대로 내려오면서 독특한 의미를 부여받게 되었다. 즉, 혁명이나 폭동과 같은 물리적인 힘에 의한 변화가 아니라 자체 내에서 점진적인 개혁을 말할 때 이를 유신이라 이르는 것이다.

【출전】『시경·대아(大雅)』에 실린 〈문왕(文王)〉에 다음과 같은 구절이 있다.

「문왕께서 위에 계시는데
아아, 하늘에서 뚜렷하시도다.
주나라는 오래된 나라라고 하지만
그 명은 더욱 새롭기만 하도다.
주나라가 드러나지 않을까
상제(하느님)의 명이 때에 맞지 않을까
문왕께서는 하늘 땅을 오르내리며
하느님 곁에서 떠나지 않으셨다.
文王在上
於昭于天
周雖舊邦
其命維新
有周不顯
帝命不時
文王陟降
在帝左右」

이 시에 대해 〈모시서(毛詩序)〉에서는 "문왕이 천명을 받아 주나라를 새롭게 이룩한 치적을 읊은 작품"이라고 정리하였다. 비록 주나라가 은(殷)나라 때부터 있어 온 유서 깊은 오래된 나라지만 문왕이 나와 나라를 새롭게 혁신시켰다는 의미로 유신은 쓰이고 있는 것이다.

『서경·하서(夏書)』의 〈윤정편(胤征篇)〉에도 이 말이 나온다.

「오늘 나는 그대들과 함께 명을 받들어 천벌을 내리려 한다. 그대들 군사들은 왕실을 위해 힘을 합하고 바라건대 나를 보필하여 삼가 천자의 위명을 받들도록 하라. 곤산 등성이에서 불이 타오르면 옥과 돌을 구분하지 않고 다 태우는 법이며 나라의 관리가 덕을 잃게 되면 맹렬한 불길보다 더 사납다. 그들의 괴수는 섬멸하되 협박에 따른 사람들은 다스리지 않겠다. 예전에 물든 더러운 습속은 모두 새로워지도록 하겠다. 아아! 위엄이 사사로운 정을 극복하면 진실로 일을 이루게 될 것이나 정이 위엄을 누르면 진실로 공을 세우지 못할 것이다. 그대들 모든 군사들은 노력하고 경계하라.

(今予以爾有衆 奉將天罰 爾衆士同力王室 尙弼予欽承天子威命 火炎崑岡 玉石俱焚 天吏逸德 烈于猛火 殲厥渠魁 脅從罔治 舊染汚俗 咸與維新 嗚呼 威克厥愛 允濟 愛克厥威 允罔功 其爾衆士 懋戒哉)」

이 글은 윤후(胤侯)가 하(夏)임금의 명령으로 희화(羲和)를 정벌하러 가면서 희화를 정벌할 수밖에 없는 이유를 알린 포고문이다. 희화와 같은 간악한 인간을 없애고 오랫동안 물들어 있던 더러운 습성을 함께 씻어내 새롭게 하자는 것이다.

【용례】 올해로 우리 학과는 창설 50주년을 맞게 됩니다. 그간 선배님들이 쌓은 찬란한 업적을 발판으로 삼아 올해 다시 창설한다는 기분으로 "유신"의 새해를 맞이하면 좋겠습니다.

유약무 실약허
有若無 實若虛

有 : 있을(유) **若** : 같을(약)
無 : 없을(무) **實** : 열매(실)
虛 : 빌(허)

【뜻풀이】 있어도 없는 듯하고 가득 차도 텅 빈 듯하다. 성인의 경지에 든 사람이 보여 주는 풍모를 비유하는 말이다.

【출전】『논어·태백편(泰伯篇)』에 다음과 같은 증자(曾子)의 말이 나온다.

"유능하면서도 무능한 사람에게 묻고 박학다식하면서도 배움이 옅고 들은 게 없는 사람에게 물으며, 도를 지녔는데도 없는 듯하고, 덕이 가득 찼는데도 텅 빈 듯하다. 또 겸손하고 남에게 욕을 당해도 따지고 마주 다투지 않았다. 바로 옛날 나의 친구가 그러하였다. (以能問於不能 以多問於寡 有若無 實若虛 犯而不校 昔者 吾友嘗從事於斯矣)"

여기서 증자가 말하는 옛날 친구가 누구인지는 여러 말이 있지만 대개 안연(顔淵)을 지칭하는 것으로 보고 있다.

안연은 자로(子路)와 함께 공자 철학의 양대 산맥을 형성한 대표적인 제자였다. 워낙 청렴하고 사물의 의미를 꼼꼼히 되짚어 보는 사색적인 성격의 소유자였던 탓으로 결국 젊은 나이에 굶어죽고 말았다. 때문에 공자도 그가 죽었을 때 "하늘이 나를 버렸다.(天喪予)"〔〈선진편(先進篇)〉〕고 애통해했던 것이다.

【용례】 선생님께서 우리를 돌봐 주시는 모습은 늘 있는 듯하면서 없으시고 가득 찬 듯하면서도 텅 비어 있어("유약무 실약허") 때로 우리를 소홀히 하시는 게 아닌가 느낄 때

도 있었지.

유유상종 類類相從

類 : 무리(류) 相 : 서로(상)
從 : 좇을(종)

【뜻풀이】 같은 무리끼리 서로 왕래하며 사귄다는 뜻으로, 비슷한 부류의 사람들끼리 서로 어울려 모여 지내는 것을 말한다.

【출전】 이 성어가 처음 어디서 유래했는지는 알 수 없다. 다만 『주역(周易)·계사(繫辭)』 상편에서 그 근거를 찾을 수 있다.

"세상의 모든 물건들은 그 성질이 닮은 것끼리 모이고, 만물은 무리를 지어 나뉘어 산다. 여기서 길흉이 나온다.(方以類聚 物以群分 吉凶生矣)"

아마도 이 말에서 연관되어 만들어진 듯한데, 이 성어와 춘추전국시대의 순우곤(淳于髡)과 관련한 이야기가 전한다.

제(齊)나라의 선왕(宣王)은 순우곤에게 각 지방에 흩어져 있는 인재를 찾아 등용하도록 하였다. 며칠 뒤에 순우곤이 일곱 명의 인재를 데리고 왕 앞에 나타나자 선왕이 말했다.

"귀하다는 인재를 한 번에 일곱 명이나 데려오다니, 너무 많지 않은가?"

그러자 순우곤은 자신만만하게 말했다.

"같은 종류의 새가 무리 지어 살듯, 인재도 끼리끼리 모이는 법입니다. 때문에 신이 인재를 모으는 것은 강에서 물을 구하는 것이나 마찬가지입니다."

오늘날 이 성어는 이러한 인재의 모임보다는 배타적인 무리를 부정적으로 지적하는 의미가 더 강하고, 때로는 비꼬는 말로도 많이 쓰인다. 우리 속담 "초록은 동색"과 뜻이 통한다.

【용례】 좋은 친구를 사귀어야 한다는 것은 경제적으로 무슨 덕을 보기 위해서가 아니다. "유유상종"이라고 했듯이 좋은 친구는 사귀는 사람까지도 좋은 사람으로 만들기 때문이다.

유일불원 遺佚不怨

遺 : 버릴(유) 佚 : 숨을(일)
不 : 아닐(불) 怨 : 원망할(원)

【뜻풀이】 세상이 나를 버려 외로워도 세태를 원망하지 않는다는 뜻으로, 어떤 일이든 대범하게 처신하는 것을 일컫는 말이다.

【출전】 『맹자·공손추장구』 상편에 나오는 유하혜(柳下惠)의 일화에서 비롯한다.

"유하혜는 임금이 무능해도 부끄럽게 여기지 않았고, 낮은 벼슬에 있어도 원망하지 않았다. 벼슬에 나아가서는 자신의 능력을 숨기지 않았고, 일을 처리할 때는 반드시 공정했다. 버려져도 원망하지 않았고, 곤궁에 빠져도 번민하지 않았다. 이렇기 때문에 말하기를 '너는 너요 나는 난데, 비록 내 옆에서 옷을 벗은들 어떻게 나를 더럽힐 수 있겠느냐.'고 하였다. 따라서 그들과 더불어 있으면서도 태연하여 몸가짐을 잃지 않았다."

기록에 따르면, 유하혜는 세 번 벼슬에서 쫓겨났으면서도 원망하는 기색을 보이지 않았고, 세 번 벼슬에 올랐어도 기쁜 내색을 하지 않았다고 한다. 이런 그에게 어떤 사람이 다른 나라에 가서 벼슬을 하라고 권하자 그가 말했다.

"올바르게 임금을 섬기면 어디를 간들 쫓겨

나지 않겠습니까? 이왕 쫓겨날 바엔 부모님의 나라를 버릴 까닭이 없습니다."

이처럼 그는 모든 것을 순리대로 행했다. 또 폭풍우가 심하게 몰아치는 밤에 집을 잃은 옆집 젊은 과부가 혼자 있는 그에게 와서 재워 달라고 하였다. 그러자 유하혜는 서슴지 않고 맞아 한 방에서 밤을 새웠다. 그러나 어느 누구도 그와 과부와의 관계를 의심하지 않았다. 그가 말한 "비록 내 옆에서 옷을 벗은들 어떻게 나를 더럽힐 수 있겠느냐."는 말은 바로 이를 두고 한 말이다.

【용례】 내가 떳떳하고 당당하게 살아왔다면 남들이 뭐라고 말한들 거리낄 게 없다. "유일불원"하면서 세상이 나를 알아줄 때까지 더욱 성실하게 살 것이다.

유자가교 孺子可教

孺 : 어린아이(유) 子 : 아들(자)
可 : 가할·옳을(가) 教 : 가르칠(교)

【뜻풀이】 젊은이가 재주가 있어 가르칠 만하다. 유자는 어린아이를 뜻하고, 가교는 가르쳐 볼 만하다는 뜻으로, 열심히 공부하는 아이를 칭찬하는 말이다.

【출전】 『사기·유후세가(留侯世家)』에 다음과 같은 이야기가 있다.

장량(張良)의 조상은 3대째 한(韓)나라에서 재상을 지냈지만 6국이 진(秦)나라에 의해 멸망한 이후에는 많은 고생을 하였다. 그래서 그는 진나라의 폭정을 증오해서 매일 어떻게 하면 진나라를 무너뜨릴 수 있을까만 궁리하였다.

그는 회양 지방에 가서 예제(禮制)를 배우다가 조국을 위해 복수를 하고자 가산을 정리하고, 회양에서 힘깨나 쓴다는 장사 한 사람을 사서 그에게 진시황을 죽이라고 사주하였다.

그때 마침 진시황이 박랑사(博浪沙)에 순시하러 왔다. 그 장사는 120근이나 되는 철퇴로 시황제를 공격했지만 빗나가 시황제의 호위병만 죽이고는 붙잡혀 장량의 지시를 받았다고 자백하였다. 그러자 시황제는 전국에 장량의 수배령을 내렸다. 장량은 관군의 추적을 피하기 위해 이름을 바꾸고 하비(下邳)로 달아났다.

장량은 하비에 살면서 때때로 하비교로 산보를 나갔다. 어느 날 검은 옷을 입은 노인이 장량의 맞은편에서 걸어오면서 장량을 유심히 바라보더니 일부러 신발 한 짝을 다리 밑으로 떨어뜨리곤 장량에게 주워 오라고 시켰다. 장량은 처음에 화가 났지만 노인이 나이가 많은 것을 보고 연민의 정이 생겨 화를 누르고 신발을 주워다가 노인에게 주었다.

그러자 노인은 장량에게 발을 내밀더니 신발을 신기라고 하였다. 장량은 몹시 화가 났지만, 이왕 신발을 주워 주었으니 좀더 참자고 생각하고 무릎을 꿇고 앉아 신을 신겨 주었다. 그런 그의 모습을 바라보던 노인은 싱긋 웃더니 말 한 마디 없이 가버렸다. 장량은 아주 이상한 노인이라 생각하며 다리 위에 서서 그의 뒷모습을 멍청하게 바라보았다.

그때 뜻하지 않게 그 노인이 다시 돌아와 장량에게 "이 아이 가르칠 만하구나.(孺子可教)"라고 하고는 닷새 뒤 아침에 다리 위에서 기다리라고 말하고는 가 버렸다. 장량은 갑작스런 노인의 말에 어리둥절하였다.

그로부터 닷새가 지난 뒤 장량이 날이 밝자마자 다리 위로 가니 노인은 벌써 나와 기다리고 있었다. 노인은 화를 벌컥 내며 늦게 나왔으니 내일 다시 나오라고 말하곤 가버렸다.

그 다음날 장량은 꼭두새벽에 다리 위에 도착하였다. 그러나 노인은 그날도 그보다 먼저 나왔고, 사흘째 되는 날에도 먼저 와서 장량을 기다리고 있었다.

그러자 노인은 장량에게 약속한 시간을 지키지 않는다며 욕설을 퍼붓곤 그에게 닷새 뒤에 다시 나오라고 하였다. 노인의 태도에 영문을 알 수 없었던 장량은 노인이 말한 날이 오자 아예 캄캄한 밤중에 다리 위로 나갔다. 노인은 아직 도착해 있지 않았다.

그가 한참을 기다리자 어둠 속에서 노인이 나타났다. 그는 장량이 먼저 와서 기다리고 있는 것을 보더니 몹시 기뻐하며 장량에게 책 한 권을 주고는 10년 뒤에 제북(濟北)의 곡성산 아래로 와서 그를 찾으라고 하였다.

원래 그 책은 강태공의 병법으로 노인은 바로 황석공(黃石公)이었다. 그 뒤 장량은 그 책으로 공부를 해서 유방의 모사가 되었고, 결국 한나라가 개국하는 데 크게 공헌하였다.

【용례】 머리만 좋다고 가르치기 좋은 학생은 아니야. 똑똑한 놈들이 외려 선생을 우습게 보는 경향이 있지. "유자가교"할 만한 학생은 겸손하고 성실한 학생이지.

유자유행어잔월 遊子猶行於殘月

遊 : 노닐(유) **子** : 아들(자)
猶 : 오히려(유) **行** : 갈(행)
於 : 어조사(어) **殘** : 남을(잔)
月 : 달(월)

【뜻풀이】 나그네는 오히려 새벽달을 보며 길을 간다.

잔월은 새벽 하늘에 떠 있는 달을 말한다. 여행을 하는 나그네가 노정도 잘 모르고 숙소를 잃어 헤맬 때는 밤보다는 새벽이 되기를 기다려서 길을 간다는 말이다.

【출전】 가도(賈島, 779~843)가 지은 〈효부(曉賦)〉에 나오는 한 구절이다.

「미인은 새벽 단장을 모두 마쳤는데
위나라 궁궐에서는 종소리가 들린다.
나그네는 오히려 새벽 달을 보며 길을 가니
함곡관에서는 닭 울음소리 들린다.
佳人盡飾於晨粧
魏宮鐘動
遊子猶行於殘月
函谷鷄鳴」

【용례】 아직 산 정상은 멀었는데 벌써 날이 저물었네. "유자유행어잔월"이라니 산장에 가 밤을 샌 뒤에 새벽에 다시 떠나는 게 좋겠어.

유종유전 謬種流傳

謬 : 그릇될(류) **種** : 씨앗·심을(종)
流 : 흐를(류) **傳** : 전할(전)

【뜻풀이】 옳지 못한 관행이 널리 퍼지다.

【출전】 『송사·선거지(選擧志)』에 이런 말이 나온다.

"선발된 관리들이 올곧지 못하니 몇 년이 지난 뒤면 다시 그들에게 문장을 맡으라고 해도 시비가 전도된 것이 더욱 심할 것이니 당시 사람들이 말하기를 오류가 세상에 널리 전파되어 있다고 한다.(所取之士旣不精 數年之後復俾之主文 是非顚倒逾甚 時謂之繆種流傳)"

이것은 송나라 인종(仁宗) 때 하담〔何郯,

자는 성종(聖從)〕이라는 사람이 과거 제도를 엄격히 해야 한다면서 조정에 올린 상소문의 한 대목이다. 당시의 이른바 선거는 지금처럼 투표로 선거하는 것이 아니라 시험을 쳐서 인재를 뽑아 쓰는 것이었다.

하담의 말은 "선발한 선비들의 질이 높지 못한데 몇 년 뒤에는 또 그들이 시험관이 되어 인재를 뽑게 되니 시비가 전도되고 옳지 못한 관행이 유전된다."는 것이었다.

여기서 무종(繆種)은 유종(謬種)과 같은 뜻이며, 시비전도(是非顚倒)는 "시비가 거꾸로 되었다."는 말로 쓰이고 있다.(▶ 흑백전도黑白顚倒 참조)

【용례】 현재 사법 시험은 장점보다는 단점이 더 많은 제도가 되어 버렸습니다. 법조계의 고질적인 병폐가 아직까지 "유종유전"되고 있는 원인도 따져 보면 이 사법 시험 제도에서 유래된 것입니다.

유좌지기 宥坐之器

宥 : 용서할(유) 坐 : 앉을(좌)
之 : 어조사(지) 器 : 그릇(기)

【뜻풀이】 항상 곁에 두고 보는 그릇이라는 뜻으로, 마음을 추스르고 가지런히 하기 위해 스스로 마련한 기준을 이르는 말이다.

【출전】 『공자가어(孔子家語) · 삼서편(三恕篇)』에 다음과 같은 이야기가 나온다.

일찍이 공자가 주(周)나라 환공(桓公)의 사당을 찾았다. 사당 안에는 의식 때 쓰는 그릇인 의기(儀器)가 놓여 있었다. 이것을 본 공자가 물었다.

"저것은 무엇에 쓰는 그릇입니까?"

사당지기가 대답했다.

"항상 곁에 두고 보는 그릇입니다.(宥坐之器)"

대답을 들은 공자는 고개를 끄덕이며 말했다.

"나도 들은 적이 있습니다. 이 그릇은 속이 비면 기울고 또 가득 채워도 엎질러지는데, 알맞게 물이 차면 바로 선다고 하더군요."

공자의 말처럼, 유좌지기는 비거나 차면 기울고 엎어지지만 알맞게 차면 곧게 서 있는 그릇이다. 옛 사람들이 이것을 소중하게 여겼던 까닭은, 자신의 마음도 알맞은 균형을 유지하여 지나치거나 부족하지 않게 조절하겠다는 의지가 있었기 때문이다. 일종의 눈으로 볼 수 있는 좌우명(座右銘)이었던 것이다.

【용례】 우리 집 가보는 아주 오래된 호미입니다. 자신이 먹을 음식은 스스로 마련하라는 조상님들의 교훈이 담긴 "유좌지기"지요.

유주망국 有酒亡國

有 : 있을(유) 酒 : 술(주)
亡 : 망할(망) 國 : 나라(국)

【뜻풀이】 술로 말미암아 나라도 망할 수 있으니 지나친 음주를 경계하라는 말이다.

【출전】 『십팔사략(十八史略) · 권1』에 다음과 같은 말이 있다.

"옛날에는 단술이 있었는데, 우 임금 때 의적(儀狄)이라는 사람이 술을 처음 만들었다. 우 임금이 마셔 보고 입에 딱 맞는 것을 두고 '후세에 반드시 술 때문에 나라를 망치는 자가 있을 것'이라며 의적을 멀리하였다.(古有醴酪 至禹時 儀狄作酒 禹飮而甘之曰 後世必

有以酒亡國者 遂疏儀狄)"

과연 우 임금의 말대로 술이 주는 쾌락 때문에 나라를 망친 살인마들이 줄줄이 나타났다. 그 대표적인 예가 하(夏)나라의 걸왕(桀王)과 은(殷)나라의 주왕(紂王)이다.

걸왕은 후궁 말희(妹喜)와의 쾌락에 빠져 궁전 한쪽에 요대(瑤臺)라는 연못을 파고 향기로운 술로 가득 채웠으며, 가장자리는 고기로 산을 만들고 나무 대신 포육(脯肉)으로 숲을 이루었다고 한다. 주지육림(酒池肉林)은 바로 여기에서 나왔다.

동서고금을 막론하고 술로 인해 패가망신(敗家亡身)한 사람은 한둘이 아니다.

그러나 『명심보감·성심편(省心篇)』 하편에도 나오듯이 "술이 사람을 취하게 하는 것이 아니라 사람이 스스로 취하는 것(酒不醉人人自醉)"이다. 결국 스스로 자제하지 못했기 때문에 불러들인 재앙인 것이다.

【용례】 너 제발 술 좀 그만 마셔라. "유주망국"이라 하지 않았니? 술 때문에 나라만 망하겠냐, 사람도 망한단다.

유지경성 有志竟成

有 : 있을(유) **志** : 뜻(지)
竟 : 마침내(경) **成** : 이룰(성)

【뜻풀이】 뜻이 있는 사람은 반드시 성공한다.

【출전】『후한서·경엄전(耿弇傳)』에 다음과 같은 이야기가 있다.

남양 호족의 하나인 유수(劉秀)가 왕망(王莽) 정권에 반기를 들고 일어났을 때 그의 수하에 경엄이라는 장수가 있었다. 그는 무예가 출중했을 뿐 아니라 지략도 대단해서 많은 전공을 세움으로써 유수의 신임을 받아 왔다.

그리고 유수가 황제가 되어 후한을 세운 뒤에도 경엄은 유수(광무제)에게 계속 충성을 다하면서 각지의 민란군과 지방 세력을 일소하고 전국을 통일할 것을 제의하였으며 직접 대군을 거느리고 나가 우선 하북 일대를 평정하려 하였다.

광무제는 경엄의 제의를 옳게 여겼지만 일이 순조롭게 진전될 것인가에 대해 의심하였다. 당시 하북 일대에는 적미·동마의 부대와 함께 청독·대창 등의 부대가 있었지만, 주요한 봉기군은 거의 다 진압되고 적미군(赤眉軍)도 패퇴해서 서쪽으로(하남 섬서 일대로) 이동하고 있었다.

그러나 산동의 장보군(張步軍)은 그때까지도 세력이 막강했다. 아니나 다를까 경엄은 임치(臨治)의 일전에서 많은 사상자를 내고 그 자신도 화살에 맞아 중상을 당했다. 이에 광무제는 몸소 군대를 인솔하고 경엄을 돕고자 나섰다.

이 소식에 접한 경엄은 "황제 폐하께서 거동하시는데 소를 잡고 술을 갖추어 놓고 맞이해야지 어찌 어려운 일을 폐하께 떠맡기랴." 고 하면서 병사들을 독려해서 임치를 함락시킨 다음 대학살을 감행하였다. 경엄은 이 공로로 해서 건위대장군이 되었다.

이때 광무제는 경엄을 크게 칭찬하면서 말했다.

"경장군은 전에 남양(南陽)에 있을 때부터 천하를 얻을 중대한 방책을 들고 나왔는데 그때는 어렵게만 생각되던 것이 끝내 이룩되었다. 그야말로 '뜻이 있는 사람에게 일은 반드시 성취된다.'는 것인가 하노라!(將軍前在南陽 建此大策 常以爲落落難合 有志者事竟成也)"

유지경성(有志竟成)은 바로 이 말에서 나온 성어인데, 오늘날 우리들은 이 성어를 "올바른 의지를 지니고 꾸준히 노력한다면 반드시 성공할 수 있다"는 뜻으로 해석하고 있다.

【용례】 "유지경성"이라더니 마음을 굳게 가지고 매진하니까 결국 이런 좋은 결과를 가져오는군. 자네야말로 입지전적인 인물이라고 할 수 있어.

유치인무치법 有治人無治法

有 : 있을(유) **治** : 다스릴(치)
人 : 사람(인) **無** : 없을(무) **法** : 법(법)

【뜻풀이】 잘 다스리는 사람이 있을 뿐이지 잘 다스리는 법은 없다. 세상을 옳고 바르게 다스리는 관건은 사람에게 달려 있는 것이지 법이 잘 다스리는 것은 아니라는 말이다.

【뜻풀이】 『순자(荀子) · 군도편(君道篇)』에 다음과 같은 말이 나온다.

"어지럽히는 임금은 있어도 어지러운 나라는 없다. 잘 다스리는 사람은 있어도 잘 다스리게 하는 법은 없다. 활을 잘 쏜 예의 활 쏘는 법은 없어지지 않았지만 예가 살고 있는 세상은 아니고, 우임금의 법은 아직 존재하고 있지만 그의 나라가 대대로 전해지고 있는 것은 아니다. 때문에 법이란 독립할 수 없는 것이고, 유례란 그 자체로써 행해질 수 없다. 합당한 사람이 있으면 실행이 되지만, 합당한 사람이 없으면 실행되지 않고 없어지는 것이다. (有亂君 無亂國 有治人 無治法 羿之法非亡也 而不世中 禹之法猶存 而夏不世王 故法不能獨立 類不能自行 得其人則存 失其人則亡)"

또 『중용(中庸) · 20장』에 보면 애공(哀公)이 공자에게 정치를 물으니 공자가 대답하는 구절이 나온다.

"문왕(文王)과 무왕(武王)의 올바른 다스림은 책에 두루 실려 있습니다. 마땅한 사람이 있으면 올바른 정치가 이루어지지만 그런 사람이 없으면 정치도 없어지게 됩니다.(文武之政 布在方策 其人存 則其政擧 其人亡 則其政息)"

【용례】 아무리 제도를 잘 만든다고 해도 그것을 시행하는 것은 사람이야. "유치인무치법"이니 먼저 마땅한 인재부터 찾아 발탁하는 것이 순리일 거야.

육사자책 六事自責

六 : 여섯(륙) **事** : 일(사)
自 : 스스로(자) **責** : 꾸짖을(책)

【뜻풀이】 여섯 가지 일을 들어 스스로 반성한다는 뜻이다. 중국 은(殷)나라의 탕왕(湯王)과 관련된 고사에서 나왔다.

【출전】 『십팔사략(十八史略) · 권1』에 다음과 같이 이야기가 나온다.

은나라에 7년 동안 큰 가뭄이 들었다. 그러자 태사(太史, 법률을 담당한 관리)가 탕왕에게 하늘에 기우제를 지내면서 인신공희(人身供犧, 산 사람을 제물로 바치는 것)를 건의하였다. 그러나 탕왕은 이를 막으면서 말했다.

"하늘에 빌어 백성들에게 혜택을 주려는 것인데 어찌 사람을 죽일 수 있는가? 차라리 내가 희생이 되겠다."

그런 다음 목욕재계한 뒤 흰 띠를 몸에 두르고 상림(桑林)의 들판에 나아가 여섯 가지 일을 들어 자책을 하며 기도하였다.

"하늘이시여, 정치가 적절하게 조절되지 않았습니까? 백성들이 해야 할 직분을 잃었습니까? 궁궐이 높고 화려합니까? 여자들의 치맛바람이 심합니까? 뇌물이 성행합니까? 아첨하는 사람이 들끓습니까?(政不節歟 民失職歟 宮室崇歟 女謁盛歟 苞名行歟 讒夫昌歟)"

기도가 채 끝나기도 전에 하늘에서는 큰비가 내리기 시작했다. 이처럼 육사자책은 시대를 초월하여 오늘날의 모든 통치자들에게도 적용되는 말이다. 통치자란 남에게 책임을 전가하기보다는 스스로 허물을 찾고 반성할 때 비로소 올바른 통치가 이루어지는 것이다.

【용례】 옛날 임금들이 "육사자책"했던 교훈을 좀 본받아야 돼.

육적회귤 陸績懷橘

陸 : 뭍(륙) **績** : 실낳을(적)
懷 : 품을(회) **橘** : 귤나무(귤)

【뜻풀이】 육적(陸績, 187~219)이 귤을 품에 넣다. 효자(孝子)의 아름다운 행실을 비유하는 말이다.

【출전】 『삼국지 · 오지(吳志) · 육적전(陸績傳)』에 다음과 같은 이야기가 나온다.

제갈량이 오나라에 가서 손권(孫權)의 참모들과 논쟁을 벌일 때, 육적이 곁에 있다가 제갈량에게 물었다.

"조조는 천자를 끼고 제후들을 호령했던 한(漢)나라의 재상 조참(曹參)의 후손입니다. 그런데 유비는 비록 중산정왕(中山靖王)의 후손이라 하지만 가계를 분명하게 고증할 수 없고, 게다가 볏짚을 엮어 신발을 만들어 팔던 사람이니, 그런 사람이 어떻게 조조와 대결할 수 있겠습니까?"

이 말을 들은 제갈량이 웃으며 말했다.

"그대는 옛날 원술(袁術) 앞에서 귤을 품에 넣은 육랑(陸郎)이 아니오? 편히 앉아 내 말을 잘 들어 보시오."

제갈량은 육적을 앉혀 놓고 조목조목 예를 들어 조조와 유비를 비교하여 설명하였다. 그런 뒤 마지막으로 한 마디 하여 육적의 기를 꺾었다.

"그대는 아직 유치한 견해를 벗어 던지지 못했으니 높은 선비들과 한 자리에서 이야기를 나누기에는 부족한 사람이오."

육적은 『삼국지』에서 중요하게 거론된 사람은 아니다. 오나라의 학자로 자는 공기(公紀)이고, 24효(孝)의 한 사람으로 유명하다. 『주역』에 주를 단 사람으로 알려져 있다. 그를 유명하게 만든 것은 바로 그의 지극한 효심인데, 원(元)나라의 곽거업(郭居業)이 쓴 『이십사효(二十四孝)』란 책에 그 이야기가 나온다.

육적이 여섯 살 때였다. 구강(九江)에서 원술을 만났는데, 어린아이가 영리한 것을 기특하게 여긴 원술이 귤을 주었는데, 그 중 세 개를 품에 넣은 채 작별 인사를 하다가 귤을 떨어뜨리고 말았다. 그러자 원술이 물었다.

"육랑은 손님으로써 어찌 귤을 품에 넣었는가?(陸郎作賓客而懷橘乎)"

이에 육적은 무릎을 꿇고 말했다.

"돌아가 모친께 드리려고 실례를 범했습니다.(欲歸遺母)"

원술은 그의 지극한 효심에 큰 감동을 받았다고 한다.

우리나라 조선조 때의 문인인 박인로(朴仁老, 1561~1642)에게는 이 육적의 이야기에서 소재를 빌려 온 시조(時調) 작품이 전한다.

이름하여 〈조홍시가(早紅柿歌)〉라 한다.

「盤中(반중) 早紅(조홍) 감이 고아도 보이ᄂᆞ다
柚子(유자) 아니라도 품엄 즉 ᄒᆞ다마는
품어가 반기 리 업슬ᄉᆡ 글로 셜워ᄒᆞᄂᆞ이다」

【용례】 옛날에 육적은 어머니를 위해 귤도 품었다는데("육적회귤") 나는 한 하늘 아래 살면서 제 때 찾아뵙지도 못하니, 자식들 보기가 부끄럽네.

윤형피면 尹邢避面

尹 : 다스릴(윤) 邢 : 나라이름(형)
避 : 피할(피) 面 : 얼굴(면)

【뜻풀이】 윤씨와 형씨가 얼굴을 피하다. 서로 질투하며 만나지 않다. 사이가 벌어진 후 만나지 않다.

【출전】『사기 · 외척세가(外戚世家)』에 보면 다음과 같은 이야기가 나온다.

한무제에게는 총애하는 부인이 둘 있었는데, 한 사람은 윤씨이고 다른 사람은 형씨였다. 두 여인은 절색의 미인이었다고 하는데 한무제는 두 여자 사이의 질투를 막기 위해서 서로 만나지 못하게 하였으며, 다른 사람들에게도 두 여인이 만날 기회가 생기지 않도록 엄명을 내렸다.

어느 날 윤 부인은 형 부인을 만나게 해달라고 한무제를 졸랐다. 한무제는 할 수 없이 다른 미녀를 형 부인으로 위장시킨 다음 시녀들의 호위 아래 만나게 하였더니 윤 부인은 한눈에 그가 가짜임을 알아보았다. 한무제가 의아해서 어떻게 아느냐고 물었더니, 윤 부인은 "그의 외모라든가 풍도(風度)로 보아 폐하의 총애를 받을 사람이 아닙니다."라고 대답했다.

한무제가 다음에는 형 부인으로 하여금 초라한 옷차림으로 치장도 않게 한 뒤 만나게 했더니 윤 부인은 멀리서 벌써 알아보고 "이 사람이야말로 형 부인이다. 실로 내가 그녀보다 못하다."라고 말하면서 고개를 떨구고는 울었다고 한다.

【용례】 그놈의 자리가 뭔지. 그렇게 친했던 두 사람이 승진 문제로 다투더니 "윤형피면" 하는 원수가 되어 버렸어.

융융설설 融融泄泄

融 : 화합할(융) 泄 : 섞을(설)

【뜻풀이】 여러 사람들이 기뻐하는 모습을 비유하는 말로, 모자지정(母子之情)에 얽힌 고사에서 유래한 성어다.

【출전】『좌전 · 은공(隱公) 원년』조에 다음과 같은 이야기가 나온다.

춘추시대 정나라의 임금 무공이 세상을 떠난 뒤 그의 큰아들이 뒤를 이었는데, 그가 장공이다.

그런데 그의 어머니는 장공의 아우 공숙단(共叔段, 이름은 단)을 편애해서 일찍부터 단을 임금으로 세우려 하였다. 그러나 일이 뜻대로 되지 않자 장공더러 공숙단에게 정나라의 가장 큰 성인 경성(京城)을 봉지로 떼어주라고 강요하였다.

장공은 썩 내키지는 않았지만 어머니 강씨의 권고대로 경성을 공숙단의 봉지로 떼어 주었다. 이에 다른 뜻이 있던 공숙단은 경성에 이르자마자 군사를 기르고 성을 쌓으면서 반란을 일으킬 준비를 하였다.

공숙단이 모반을 획책하고 있다는 소식이 들어오자 대신들은 곧 군사를 풀어 진압해야 한다고 주장하였다. 그러나 정장공은 짐짓 인의(仁義)를 내세우며 믿지 않는 척하였다. 실제로 정장공은 진압할 생각이 없는 것이 아니라 시기를 기다리고 있을 뿐이었다.

그러던 중 공숙단이 도성을 공격할 날짜와 어머니 강씨가 내응하게 되어 있다는 확실한 정보를 입수하자 정장공은 지체 없이 공자(公子) 여(呂)를 파견해서 대군을 이끌고 나가 공숙단을 토벌하게 하였다. 공자 여의 대군이 손쉽게 경성을 깨뜨리자 공숙단은 도망쳤다가 나중에는 자결하고 말았다.

이 일이 있은 뒤 정장공은 어머니 강씨가 아우를 편애하는 데 분격해서 다시는 모친을 만나지 않겠다면서 "지하에서나 만나겠다."고 맹세하였다.

그러나 얼마 못 가서 정장공은 자신의 처사가 지나쳤던 점을 깨닫고 후회했지만 맹세한 바를 어길 수도 없고 해서 고민했다. 이에 영고숙(潁考叔)이라는 장군이 땅굴을 파고 거기서 모친을 만나면 지하에서 만나는 것이 되므로 맹세한 바와 어긋나지 않을 것이라고 귀띔하였다.

"그것 참 좋은 계책이오!"

정장공은 영고숙의 말대로 땅굴을 파게 하고 드디어 거기서 어머니 강씨를 만났다. 모자가 만날 때 정장공은 "큰 굴 속에서 즐거움이 넘치는구나!(大隧之中 其樂也融融)"라고 노래했으며, 강씨도 "큰 굴 밖에서 즐거움이 넘치는구나!(大隧之外 其樂也泄泄)"라고 노래하였다.

융융과 설설은 모두 기쁨이 넘친다는 뜻이다. 이래서 여러 사람들이 기뻐하는 것을 융융설설이라고 하게 되었다.

【용례】 눈 밖에 난 자식을 죽이려고 회사 자금줄을 끊은 어머니 얘기 들었지. "융융설설" 하며 즐거워한 모자도 있다는데, 죽이지 못해 안달이니 천륜도 돈 앞에선 어쩔 수 없나 봐.

융준용안 隆準龍顔

隆 : 클(융) 準 : 콧마루(조)
龍 : 용(룡) 顔 : 얼굴(안)

【뜻풀이】 콧마루가 우뚝 솟고 얼굴의 생김새가 용과 같다는 뜻으로, 임금이나 임금이 될 사람의 상(相)을 비유하는 말이다. 이 말은 원래 한고조(漢高祖) 유방(劉邦)의 얼굴상을 표현한 데에서 나왔다.

【출전】 『사기 · 고조본기(高祖本紀)』에 다음과 같은 말이 있다.

"고조는 패풍현(沛豊縣) 중양리 사람으로, 성은 유씨(劉氏)고 자는 계(季)다. 아버지는 태공으로 불렸으며, 어머니는 유온이라 했다. 유온이 어느 날 큰 연못가 언덕에서 잠을 자다가 귀신을 만나는 꿈을 꾸었다. 그때 천둥과 번개가 요란하고 천지가 온통 캄캄했는데, 태공이 가서 보니 아내의 배 위에 교룡(蛟龍)이 뒹굴고 있었다. 그로부터 태기가 있더니 고조를 낳았다. 고조의 얼굴 모습은 융준에 용안이었으며, 수염이 아름다웠고 왼쪽 다리에 72개의 검은 점이 있었다."

'융준'은 콧대가 오똑한 것을 말하고, '용안'은 얼굴 생김새가 용처럼 생겼다는 뜻이다. 중국인은 상상의 동물인 용을 신성시하여 최고로 여겼다. 그래서 임금의 얼굴을 용안이라 했고, 임금의 눈물은 용루(龍淚), 정사를 보는 의자는 용상(龍床), 호위하는 군사는 용호군(龍虎軍)이라 하였다. 또 입는 금색 빛깔의 옷은 곤룡포(袞龍袍)라 했고, 왕이 거처하는 전각에는 용틀임을 장식하기도 하였다.

【용례】 어허, 자제분의 얼굴이 "융준용안"인 것을 보니 앞으로 큰 일을 하겠습니다. 그것도 두 사람이 다 그러니 가문의 경사입니다.

은감불원 殷鑑不遠

殷 : 나라이름(은) **鑑** : 거울·볼(감)
不 : 아닐(불) **遠** : 멀(원)

【뜻풀이】 교훈으로 삼을 만한 전례가 멀리 있는 것이 아니다.

【출전】 은감(殷鑒)에서 은(殷)이라는 것은 바로 은나라, 즉 상(商)나라를 말하는 것이다. 상나라가 일찍이 은에 도읍을 정한 적이 있기 때문에 은 또는 은상(殷商)이라고 하는 것이다. 그리고 감(鑒)은 거울로 교훈 또는 경계한다는 뜻이다.

따라서 이 성어는 은상의 교훈으로 될 수 있는 전례는 멀리 있는 것이 아니라는 뜻이 된다.

『시경·대아(大雅)』에 있는 "은상의 교훈을 멀리서 찾을 것 없도다. 바로 하나라 걸왕 시대에 있도다.(殷鑒不遠 在夏后之世)"라는 시구에서 나온 말이다. 말하자면 하(夏)나라의 멸망은 바로 은나라에 대한 교훈이 된다는 것이다.

하나라는 은나라 앞에 존재했던 나라로 하의 첫 임금인 우(禹)는 바로 전설상의 유명한 임금이었다. 그러나 하나라 말기에 이르러 걸(桀)이라는 무도한 군주가 나오더니 상탕(商湯)에 의해 하나라는 멸망하고 말았다.

은나라의 첫 임금인 상탕 역시 유명한 임금이었지만 은나라 말기에 이르러 차츰 부패해져 주(紂)라는 폭군까지 나오고 만 것이다. 그리하여 당시 제후국이었던 주나라의 문왕(文王)이 주에게 정사를 바로잡을 것을 여러 차례 권고하였지만 그는 끝내 듣지 않아 마침내 문왕의 아들 무왕(武王)에 의해 은나라는 멸망하고 말았다.

이렇게 해서 무릇 교훈이 될 수 있는 전례를 은감이라 하게 되었고, 그런 교훈적인 사례가 시간적으로 멀리 있지 않은 것을 가리켜 은감불원이라고 하게 된 것이다.

【용례】 무모하게 설비 투자해서 부도낸 회사를 보지 못했나? "은감불원"일세. 능력이 되는 만큼 투자한다면 무슨 뒤탈이 있겠나?

은거방언 隱居放言

隱 : 숨을(은) **居** : 머물(거)
放 : 놓을(방) **言** : 말씀(언)

【뜻풀이】 세상을 피해 숨어 살면서 자신의 몸을 깨끗이 하고 자신의 생각을 글로 담아 표현하는 것을 말한다.

【출전】 『논어·미자편(微子篇)』에 다음과 같은 이야기가 있다.

「옛날에 뛰어난 재주를 가지고도 숨어산 사람에 백이·숙제·우중·이일·주장·유하혜·소련이 있었다.

공자께서 말씀하셨다.

"그 뜻을 굽히지 않고 그 몸을 더럽히지 않은 이는 백이와 숙제다."

유하혜와 소련에 대해서는 이렇게 말씀하

셨다.

"뜻을 굽히고 몸도 더럽혔도다. 그러나 말은 조리에 맞았고 행동거지도 생각한 바와 일치했으니 다만 이러할 뿐이었다."

우중과 이일에 대해서는 이렇게 말씀하셨다.

"숨어 살면서 글과 말로 뜻을 폈지만 몸은 맑게 두었고 몸을 숨기는 것이 권도에 맞았다."

끝으로 결론을 이렇게 내리셨다.

"나라면 이와는 다르니 나는 가한 것도 없고 가하지 않은 것도 없다."

(逸民 伯夷·叔齊·虞仲·夷逸·朱張·柳下惠·少連 子日 不降其志 不辱其身 伯夷叔齊與 謂柳下惠少連 降志辱身矣 言中倫 行中慮其斯而已矣 謂虞仲夷逸 隱居放言 身中淸 廢中權 我則異於是 無可無不可)」

공자는 일곱 사람의 은일자를 열거한 뒤 이들을 세 무리로 나눠 각각 그들이 보여 준 행동에 대해 품평을 가했다. 그런 뒤 자신에 대해서는 무가무불가라고 단정을 내렸는데, 이 말 속에는 자신은 어느 한 측면에만 머물지 않고 경우에 따라 이를 적용할 수 있다는 점을 암시한 것이다. 이른바 시중(時中)을 체현한 성인으로서의 공자의 성품을 읽을 수 있는 구절이다.

여하간 은거방언이란 성어는 몸은 세상을 피해 숨었지만 자신의 뜻은 글이나 말을 통해 세상에 알리는 것을 말한다. 사실 이는 참여도 도피도 아닌 어중간한 태도에 속함을 말하는데, 청렴과 권도를 지킨다면 이런 태도도 수용될 수 있다고 공자는 본 듯하다. 결국 공자의 입장에서 봤을 때 세상과 동떨어진 은거란 용납할 수 없는 태도라고 할 것이다.

【용례】 말로는 세상사와 무관하다며 군자연하는 사람 중에 세상의 추이에 민감하지 않은 이가 몇이나 될까? "은거방언"도 중용을 지키는 데서 인정받는 것인데, 세인들의 주목을 받으려는 방편으로 하는 인간이 우글우글한 세상이야.

을야지람 乙夜之覽

乙 : 새(을) 夜 : 밤(야)
之 : 어조사(지) 覽 : 볼(람)

【뜻풀이】 을시(乙時)의 독서. 황제는 정무를 끝내고 잠자리에 들기 전인 10시경에 독서를 하기 때문에 황제가 책을 읽는 것을 이렇게 부른다. 한(漢)나라 때부터 밤을 갑을병정무(甲乙丙丁戊)로 나눠 불렀는데, 을시는 밤 10시에 해당한다.

【출전】 당(唐)나라 때의 문인 단문창(段文昌)의 〈회서비(淮西碑)〉에 보면 "우임금이 비바람을 맞으며 백성을 위해 노력한 뜻을 좇아 광무제도 밤 10시까지 부지런히 정사에 임하였다.(遵大禹櫛風之志 有光武乙夜之勤)"는 구절이 나오고, 소악(蘇鶚)의 『두양잡편(杜陽雜編)』에는 당나라 문종(文宗)이 좌우 신하들에게 했다는 말이 실려 있다.

"문종은 조정에서 정무를 마친 뒤에는 많은 책을 읽었다. 언젠가 주변의 신하들에게 말하기를, '만약 갑야까지 정치를 살피고 을야에 책을 읽지 않는다면 어떻게 백성들의 임금이라고 자부할 수 있겠는가?'라고 하였다.(文宗視朝後 卽閱群書 謂左右日 若不甲夜視事乙夜觀書 何以爲人君邪)"

【용례】 국민들의 지지를 얻어 당선되었으면 무엇보다 분골쇄신(粉骨碎身)해서 "을야지람"하는 자세가 뒤따라야 하는 거야. 밤마다

ㅇ

접대받기로 세월을 보낸다면 누가 그를 참된 정치인으로 여기겠어?

음덕양보 陰德陽報

陰 : 그늘(음) **德** : 큰(덕)
陽 : 밝을(양) **報** : 갚을(보)

【뜻풀이】 남모르게 덕을 베풀면 밖으로 드러나는 보답을 받는다.

【출전】 『설원·복은편(復恩篇)』에 다음과 같은 이야기가 있다.

초나라의 장왕(莊王)이 어느 날 신하들에게 술을 대접하였다. 날이 저물고 술자리가 한창 무르익었을 때 갑자기 촛불이 꺼졌다. 그때 어둠을 틈타 왕의 애첩의 옷자락을 끌어당기는 자가 있었다. 첩은 얼른 그 사람의 갓끈을 끊어 들고 왕에게 달려와 고자질했다.

"지금 누가 첩의 옷자락을 잡는 사람이 있었습니다. 빨리 등불을 가져오게 해서 갓끈이 잘려진 사람이 누구인지 조사해 보십시오. 그 자가 제 옷자락을 끌어당긴 사람입니다."

그러자 왕이 이를 제지하며 말했다.

"이는 내가 사람들을 불러 놓고 술을 대접해서 취하게 만들어 실례를 범한 것이다. 어찌 아녀자의 절개를 드러내기 위해 선비를 욕되게 할 수 있겠는가."

그러면서 주위에 있던 사람들에게 명령을 내렸다.

"오늘 나와 함께 술을 마시고 갓끈이 끊기지 않은 사람은 아직 기쁨이 충분하지 않은 것이다."

백여 명의 신하는 모두 왕의 말에 따라 갓끈을 잘랐고 이어 불을 밝혔다. 이렇게 해서 누가 첩의 옷자락에 손을 댔는지 알 수 없어졌다. 다시 술자리는 무르익어 즐겁게 취한 뒤 주연을 마쳤다.

그 후 2년이 지나 진나라와 초나라가 전쟁을 시작했다. 그때 신하 한 사람이 언제나 초나라 군대의 앞에 서서 다섯 번의 싸움에서 다섯 번 모두 적장의 머리를 잘라 적을 물리치고 진나라 군대를 격파하였다.

초나라 왕은 그가 너무 용감하게 나가 싸워 승리를 거두는 것을 이상하게 여겨 그 까닭을 물었다.

"나는 덕이 부족한 사람이고 또 그대에게 특별히 잘해 준 것도 없는데 어찌 그렇게 죽음을 두려워하지 않고 싸웠는가?"

그는 장왕 앞에 무릎을 꿇고 앉아 말했다.

"신은 죽어 마땅합니다. 제가 죽을 죄를 범했는데 이를 참으시고 죽이지 않으셨습니다. 신은 마침내 남몰래 감싸 주신 덕을 밝게 드러내 폐하께 보답하지 않을 수 없었습니다. 항상 간과 뇌를 땅에 바르고 목의 피로 적을 물들이고자 한 것이 오래였습니다. 예전에 술자리에서 갓끈을 잘린 사람이 바로 접니다. (臣當死 往者醉失禮 王隱忍不暴而誅也 臣終不敢以蔭蔽之德 而不顯報王也 常願肝腦塗地 用頸血湔敵 久矣 臣乃夜絕纓者也)"

이 이야기에서 성어 음덕양보가 나왔다.

전한(前漢) 때의 학자 유안(劉安)이 지은 『회남자(淮南子)·인간훈편(人間訓篇)』에 보면 이런 말도 나온다.

"남몰래 덕을 베푼 사람에게는 반드시 그에 따른 보답이 있고(有陰德者 必有陽報), 숨은 행실이 반듯한 사람에게는 밝은 이름이 있게 된다."

그러면서 『회남자』에서는 세 가지 덕에 대해 이야기하고 있다.

"먼저, 남이 알지 못하는 음덕(陰德)이 있고, 마음으로 남을 돕고 동정하는 심덕(心德), 그리고 권력과 재물로써 남을 돕는 공덕(功德)이 있는데, 이 가운데 가장 아름다운 것이 음덕이다."

【용례】 어려운 형편에서도 남모르게 남을 돕더니 저런 큰 경사를 맞이하는군. "음덕양보"가 어딨냐며 떠들던 사람들 머리 숙여 반성해야 할 거야.

읍참마속 泣斬馬謖

泣 : 울(읍) 斬 : 벨(참)
馬 : 말(마) 謖 : 일어날(속)

【뜻풀이】 울면서 마속〔馬謖, 190~228, 자는 유상(幼常)〕의 목을 베다. 사사로운 감정을 버리고 엄정히 법을 지켜 기강을 바로 세우는 일에 비유하는 말이다.

【출전】 『삼국지·촉지(蜀志)·마속전』과 〈제갈량전〉에 다음과 같은 이야기가 나온다.

촉나라 건흥(建興) 5년(227) 3월, 제갈량은 위(魏)나라를 공격하기 위해 도성을 떠나 북진하여 한중〔漢中, 지금의 섬서성(陝西省) 남정(南鄭)〕을 나와 각지에서 적을 격파하였다. 그해 겨울 장안(長安)을 향해 진군하던 도중 위나라 장수 사마의(司馬懿)의 20만 대군과 대치하게 되었다.

이미 적을 무찌를 만반의 준비를 갖춘 제갈량이었지만, 마음에 걸리는 곳은 바로 가정(街亭)이었다. 그곳은 전략상의 요충지로 이곳이 위군의 수중에 떨어진다면 촉나라 군대는 보급품 수송로가 끊기게 되어 큰 타격을 입을 수밖에 없었다. 때문에 그곳을 누구에게 맡겨 지키게 하는가가 이번 전쟁의 성패를 좌우한다고 보아도 좋았다.

그때 자청하여 이 일을 맡겠다고 나선 사람이 마속이었다. 마속은 제갈량과 막역한 사이였던 마량〔馬良, 187~222, 자는 계상(季常)〕의 동생으로, 재주와 기개가 뛰어나서 제갈량도 앞날을 크게 기대하던 장수였다.(▶ 백미白眉 참조) 그러나 아직 대성하지 않은 어린 사람이라 큰 일을 당장 맡기기에는 불안했다. 그래도 마속은 굽히지 않고 간청하였다.

"오랫동안 병법과 전술을 배워 가정 한 곳도 지키지 못한다면 어찌 사내라 하겠습니까? 만일 제가 군령을 수행하지 못하면 저뿐 아니라 일가 권속을 다 처벌하셔도 좋습니다."

이렇게 당당하게 나오자 가정의 수비를 승낙하였다. 다만 경험 많은 장수인 왕평(王平)을 딸려 보내 예상치 못한 경거망동(輕擧妄動)을 막도록 하였다.

원래 제갈량은 마속에게 가정의 길목을 지켜 적이 접근하지 못하도록 막으라고 명령하였다. 그러나 마속은 적을 끌어들여 역습을 가하는 것이 좋다고 판단하여 길목을 통과시키고 말았다.(▶ 언과기실言過其實 참조)

왕평이 만류했지만 막무가내였다. 그러나 산등성이에서 포위당한 촉나라 군대는 힘도 제대로 써 보지 못하고 참패하고 말았다. 이 때문에 제갈량은 할 수 없이 군대를 이끌고 한중으로 전원 후퇴해야만 했다.

제갈량은 패전의 책임을 물어 마속에게 참수형을 내렸다. 도읍 성도(成都)에서 달려온 장완(蔣琬)이 다시 구하기 어려운 장수임을 들어 설득했지만, 제갈량은 끝내 듣지 않고 참수형을 집행하였다. 형장으로 끌려가는 마속을 지켜보면서 제갈량은 오열하였다.

"죄는 너를 제대로 감독하지 못한 나에게

있는데, 너를 죽이는구나. 내 목을 베어야 하지만, 조국을 위해 해야 할 일이 남아 있으니, 그렇게 하지도 못하는구나."

마침내 마속은 죽음을 당했고, 많은 사람들이 제갈량의 심정을 알고 울지 않는 이가 없었다고 한다.

【용례】 능력은 아깝지만 자네를 좌천시키지 않을 수 없네. 이번에 저지른 과오는 회사의 생존까지 위태롭게 했어. "읍참마속"의 심정으로 떠나보내니 깊이 자중하면서 권토중래(捲土重來)하도록 하게.

응대여류 應對如流

應 : 응할·대답할(응) 對 : 대할(대)
如 : 같을(여) 流 : 흐를(류)

【뜻풀이】 남의 질문에 물 흐르듯이 대답하다.

【출전】 『남사(南史)·서면전(徐勉傳)』에 다음과 같은 이야기가 실려 있다.

남조에 서면이라는 사람이 있었는데, 그는 어려서 아버지를 여의었고 집안은 가난했지만 배우기를 몹시 좋아하였다. 그는 매우 총명해서 여섯 살 때 제문(祭文)을 짓는 재능을 보였고, 18세 때는 조정으로 불려 들어가 국자생(國子生)이 되었다.

그곳에서 그는 모든 학업을 성실하게 이수하며 남다른 열의를 보였기 때문에 동기생들에게도 큰 존경을 받았다. 제주(祭酒)를 맡은 어떤 사람은 그를 만날 때마다 늘 이렇게 칭찬하였다.

"이 사람은 보통 사람과 비교할 사람이 아니다. 그에게는 재상이 될 만한 그릇과 기품이 담겨 있다."

그 뒤 과연 그는 중서시랑이 되었고, 양무제(梁武帝)가 즉위하자 상서좌승에 이르러 양나라의 대권을 장악해서 나라와 백성들을 위해 많은 공을 세웠다.

그때 양나라는 북방의 북위와 전쟁을 벌였다.

군대의 통수권을 가진 서면은 처음부터 끝까지 모든 일을 자기가 직접 처리해서 집에 돌아갈 겨를이 없었고, 고작 한 달에 한두 번 귀가할 뿐이었다. 식구들이 그의 건강을 걱정해서 자주 귀가해서 쉴 것을 권하자 그가 대답하였다.

"나는 나라를 위해 집은 잊었으니 그대들도 나를 잊고 매사에 성실히 살아라."

서면은 관직에 재직하고 있으면서 한번도 자기의 직권을 함부로 남용하지 않았고, 항상 부하들의 노고를 위로했으며, 자신의 공보다 부하들의 공로를 상신(上申)하기에 힘썼다.

또한 그는 공문(公文)을 작성하면서 사람을 접대하는 데 아주 뛰어난 재주를 가지고 있었다. 모든 공문을 직접 검토해야 직성이 풀렸던 그의 성품 때문에 그의 책상 위에는 항상 공문서들이 산더미처럼 쌓여 있었다.

여러 가지 공사 업무로 바쁜 와중에도 그를 찾아와 뵙기를 원하는 사람이 많았다. 그러면 그는 집무에 바쁜 가운데에도 여유를 잃지 않고 웃으면서 각각의 손님들을 만나 그들의 질의에 물 흐르듯 거침없이 대응하면서, 한편으로는 손에 붓을 들고 쉼 없이 일을 했다.(雖文案填集 坐客充滿 應對如流 手不停筆)

후세 사람들은 서면의 이 같은 지혜와 생활태도를 높이 기려 응대여류라는 성어를 만들어 사용하였다. 말을 잘하는 사람이 각 방면의 사람들과 담소하면서 어떤 문제에도 막힘없이 정확한 대답을 하는 것을 비유하는 말이다.

그러나 지금은 사회생활을 하면서 붙임성이 좋아 남과 교제를 원활하게 하는 사람을 비유한다. 남과 허물없이 사귀는 태도가 반드시 좋은 일만은 아니겠지만, 어쨌든 원만한 인간관계를 유지하는 데는 필수적인 조건이라고 하겠다.

【용례】 저 친구는 어디 가서도 굶어 죽지는 않겠어. 무슨 질문이든 구렁이 담 넘어가듯이 "응대여류"하니, 누가 말상대로 대적하겠나?

응성충 應聲蟲

應 : 응할·응당(응) **聲** : 소리(성)
蟲 : 벌레(충)

【뜻풀이】 아무런 소견도 없이 남의 말에 맞장구만 치는 추종자나 줏대 없는 사람을 말한다.

【출전】 송나라 때 범정민(范正敏)의 『둔재한람(遁齋閑覽)』과 방원영(龐元英)의 『문창잡록(文昌雜錄)』에 다음과 같은 이야기가 있다.

회서(淮西)에 살고 있던 양면(楊勔)이라는 사람은 중년에 이르러 괴상한 병에 걸렸는데, 그가 무슨 말을 하거나 소리를 내면 뱃속에서 똑같은 말과 소리가 울려 나오는 병이었다.

비록 그 소리는 크지 않았지만 아주 똑똑히 들려 마치 장난꾸러기 아이 하나가 뱃속에 앉아서 흉내를 내는 것과도 같았다.

그래서 양면은 숱한 의원들에게 가 보았지만 병은 좀체로 낫지 않았다.

그러다가 유백치(劉伯峙)라는 의원을 만나서야 병을 치료할 수 있었다. 그 의원의 말에 따르면 양면의 뱃속에 응성충이라는 벌레가 있는데 『본초강목(本草綱目)』에 기재되어 있는 약 이름을 하나씩 외우면 그 벌레도 따라서 소리를 낼 것인즉, 그 벌레가 소리를 내지 않는 약이 있으면 바로 그 벌레를 죽이고 병을 고칠 수 있는 약이라고 했다.

양면이 유백치의 말대로 『본초강목』에 기재되어 있는 약 이름을 하나씩 외웠더니 뱃속의 응성충도 하나씩 따라 외우는 것이었다. 그러다가 뇌환(雷丸)이라는 약 이름을 외우자 응성충은 그만 소리를 내지 않았다.

이리하여 양면이 뇌환을 복용하였더니 병이 씻은 듯이 나았다고 한다.

이와 비슷한 이야기는 송나라 홍매(洪邁, 1123~1202)의 『이견지(夷堅志)』에도 기술되어 있는데 물론 황당한 이야기임에는 틀림없지만 응성충 같은 인간들이 오늘날까지도 근절되지 않았기에 이 성어는 그런 인간들을 비유하는 데 더없이 적당한 것이라고 하겠다.

【용례】 조선 초기의 대정치가인 황희(黃喜) 선생은 무슨 일이든 좋다고만 해 "응성충"이라는 비난도 들었다는군. 따져 보면 그런 덕이 있었기에 30년을 정승으로 지낼 수 있었던 거지. 본받을 점도 많은 분이야.

ㅇ

응접불가 應接不暇

應 : 응할(응) **接** : 사귈(접)
不 : 아닐(불) **暇** : 겨를(가)

【뜻풀이】 일일이 응대하고 맞이할 겨를이 없다. 원래는 아름다운 경치가 연이어 나타나서 찬찬히 감상할 시간이 없는 것을 뜻했지만 오늘날에는 사건이 연이어 터져 깊이 생각하고 정리할 시간이 없는 것도 일컫게 되었다.

【출전】 『세설신어 · 언어편(言語篇)』에 다음

과 같은 이야기가 있다.

「왕자경이 말하기를 산음으로부터 나오는 길목의 산천경개는 경치가 서로 비추고 드러나서 사람이 일일이 응대하고 감상할 여유를 주지 않는다. 특히 가을에서 겨울로 접어드는 늦가을에는 더욱 심해져서 미처 가슴에 품어 둘 틈조차 없게 된다.

(王子敬云 從山陰道上行 山川自相映發 使人應接不暇 若秋冬之際 尤難爲懷)」

산음은 회계군(會稽郡)에 있는데 예부터 경치가 아름답기로 이름난 명승지다. 위진남북조(魏晉南北朝)라는 험난한 시대를 살면서 당시 일부 지식인들은 세사에 염증을 느끼고 청담(淸談)이라 해서 세속적인 이익과는 무관한 이야기를 주고받는 것으로 낙을 삼으며 살았다.

이런 취향은 곧 산수 자연을 벗삼고 그 순수한 상태를 동경하는 독특한 풍조를 만들었던 것이다. 이 성어 역시 그런 맥락에서 나왔다고 할 수 있다.

【용례】 새로 개장한 놀이동산에 갔는데, 야! 볼 게 하도 많아 도저히 "응접불가"더군. 너무 놀자판으로 나가는 게 흠이지만 현대 문명이 어디까지 발전했는지 한눈에 알겠어.

의기양양 意氣揚揚

意 : 뜻(의) **氣** : 기운(기) **揚** : 떨칠(양)

【뜻풀이】 흥이 나서 기세가 당당하다.

【출전】『사기·관안열전(管晏列傳)』에 다음과 같은 이야기가 있다.

춘추시대 제나라의 유명한 재상이었던 안자(晏子)는 그 됨됨이가 겸손하고 점잖아 수레에 앉아 외출할 때도 늘 고개를 숙이고 있었다고 한다.

오히려 그의 마부가 자기가 대단한 사람이라도 되는 양 고개를 잔뜩 추켜들고 의기양양해서 수레를 몰고 다녔다고 한다.

어느 날 마부의 아내는 안자가 탄 수레가 그녀의 집 앞을 지나간다는 소식을 듣고 문 뒤에 숨어서 살그머니 내다보았다. 과연 재상은 그토록 겸손하게 앉아 있는데 남편은 의기양양해서 수레를 몰고 가는 것이었다.

이에 실망한 마부의 아내는 그날 저녁 남편이 집에 돌아오자마자 무턱대고 이혼을 제의했다.

"갑작스레 이혼은 무슨 이혼이오?"

마부가 어리둥절해서 묻자 그의 아내가 쏘아붙였다.

"안자는 여섯 척도 안 되는 몸으로 재상 자리에 있지만 오늘 보니 그토록 겸손하고 점잖은데, 당신은 여덟 척의 체구로 재상의 수레를 몰면서 그렇게 의기양양해서 뽐내니 그게 뭐예요? 그래서 이혼하려는 것입니다!"

이 일이 있은 뒤부터 마부는 다시는 뽐내지 않고 아주 겸손해졌다고 하는데 그 이유를 알게 된 안자는 마부가 자신의 허물을 고치는 용기가 있다면서 대부라는 벼슬에 추천했다고 한다.

양양은 흔히 양양(洋洋)이라고도 쓰는데, 양양득의(洋洋得意)라든가 득의양양(得意洋洋) 등이 바로 그러하다. 또 안자지어(晏子之御)라 하면 어숩잖은 지위를 믿고 잘난 체하는 기량이 작은 사람을 말한다.

【용례】 잘될 때는 "의기양양"하다가 실패하면 그렇게 기가 폭삭 죽으니, 그래 가지고 어떻게 큰일을 하겠냐? 남자가 용기를 잃지 말아야지.

의문의려 倚門倚閭

倚 : 기댈·믿음·말미암을(의)
門 : 문(문) 閭 : 마을문(려)

【뜻풀이】 밖에 나간 자식들을 안타깝게 기다리는 어버이의 심정을 비유해서 이르는 말이다.

【출전】『전국책·제책(齊策)』에 다음과 같은 이야기가 있다.

전국시대 제나라 민왕(閔王) 때의 일이다. 어느 날 연나라와 진(秦)나라가 연합해서 제나라를 침공한 일이 있는데 연나라 군사들은 제나라의 도읍까지 점령하고 숱한 보물들을 몽땅 실어 갔다.

이에 제민왕은 위나라로 도망쳤다가 추·노 두 나라를 거쳐 나중에는 계읍으로 피신하였다.

이때 초나라에서는 대장 요치(淖齒)를 파견해서 제나라를 구원해 주었는데 요치는 이 일로 해서 제나라의 재상까지 되었다.

그러나 초나라에서는 충심에서 제나라를 구원한 것이 아니었다. 요치는 그 후 제민왕을 살해하고 연나라와 함께 제나라의 영토와 보물들을 분할하였다.

제민왕이 요치에 의해 피살되었을 때 사람들은 처음에 민왕이 행방불명(行方不明)이 된 줄로만 생각하고 있었다.

이에 대부 왕손고(王孫賈)의 어머니는 아들에게 말했다.

"평소 네가 아침 일찍 나갔다가 저녁 늦게 돌아오면 나는 대문에 기대어 바라보고, 네가 저녁에 나가서 늦게 돌아오면 나는 동구 밖에 나가서 바라보았다.(女朝出而晩來 則吾倚門而望 女暮出而不還 則吾倚閭而望) 너는 열다섯 살부터 임금 곁에서 일을 보았는데 지금 임금께서 행방불명이 되었는데도 그래 마음이 편안할 수 있단 말이냐?"

왕손고는 어머니의 말을 듣고 크게 느낀 바 있어 그때부터 임금의 행방을 여러 군데로 수소문하기 시작했는데 나중에 임금이 요치에게 피살되었다는 사실을 알게 되었다.

이에 그는 백성들을 선동해서 폭동을 일으켜 요치를 처단해 버렸다.

의문의려는 의문이망(倚門而望)과 의려이망(倚閭而望)이 합쳐져 만들어진 성어다.

【용례】 자네 어머님은 자네가 언제나 돌아올까 고향에서 "의문의려"하시고 계신데, 이렇게 허랑방탕하게 살다니. 어머님 얼굴을 어떻게 뵈려고 이런 못된 짓을 하고 있나? 제발 정신 좀 차리게.

의불경신하유이고 衣不經新何由而故

衣 : 옷(의) 不 : 아닐(불)
經 : 지날(경) 新 : 새(신)
何 : 어찌(하) 由 : 말미암을(유)
而 : 어조사(이) 故 : 옛(고)

【뜻풀이】 옷이 새 것을 거치지 않고서 어떻게 낡았겠는가? 낡은 것도 한 때는 새 것이었다는 뜻이다.

【출전】『세설신어(世說新語)·현원편(賢媛篇)』에 나오는 이야기다.

진(晉)나라의 거기장군(車騎將軍) 환충(桓沖)은 새 옷 입기를 무척 싫어하였다. 항상 낡은 옷만 입고 다니는 환충이 부인은 영 못

마땅했다. 어느 날 목욕을 마친 환충이 부인에게 옷을 가져오라고 하였다.

부인이 일부러 새 옷을 가져다 주자, 환충은 몹시 화를 내며 빨리 가져가라고 소리쳤다. 할 수 없이 헌 옷을 가져다 주며 부인은 중얼거렸다.

"헌 옷도 새 옷이 낡아서 되는 것이지, 아니면 무슨 재주로 헌 옷이 되겠습니까?"

그 말에 환충은 크게 웃으며 새 옷을 입었다.

이 성어는 항상 현재만을 생각하고 근원을 살피기를 잊어버리는 우리들에게 잠시 걸어온 길을 반추하게 만든다. 만물은 항상 움직이는 것이지 정지해 있는 적은 없다. 시간이 멈추지는 않기 때문이다. 지금 젊다고 하여 늙은 사람을 무시하거나, 부자가 지난날의 가난을 잊는다면 늙어서 후회하고 다시 가난해져 후회한다는 사실을 망각해서는 안 될 것이다.

【용례】 지금 사장이 자신이 젊다고 패기만 찾아 경험 있는 중견간부를 퇴출시키고 있는데, "의불경신하유이고"야. 회사를 이만큼 키운 게 누군데, 회사가 위기에 몰렸을 때 과연 그 패기가 회사를 살려낼지 내 지켜볼 테다.

의심생암귀 疑心生暗鬼

疑 : 의심할(의) **心** : 마음(심)
生 : 날(생) **暗** : 어두울(암)
鬼 : 귀신(귀)

【뜻풀이】 의심하는 마음은 가슴에 암귀를 낳게 만든다. 남을 의심하면 평소 아무렇지도 않은 남의 행동도 이상하게 보인다는 말이다. 선입견이 판단의 공정성을 잃게 만들 때 쓴다.

【출전】 『열자 · 설부편(說符篇)』에 다음과 같은 이야기가 있다.

옛날에 어떤 사람이 아끼던 도끼를 잃어버렸다. 아무리 찾아도 보이지 않자 문득 누군가 훔쳐가지 않았나 하는 생각이 들었다.

그래서인지 옆집에 사는 남자를 보니 왠지 자기만 보면 슬금슬금 피하고 곁눈질을 하는 것이 좀 이상하게 여겨졌다. 그래서 자기 도끼를 훔쳐간 장본인은 바로 저 사람이라고 단정 짓게 되었다.

그러다가 산에 나무를 하러 갔는데 그곳 나뭇가지에 자기 도끼가 걸려 있는 것을 보았다. 그제야 자신의 실수를 깨닫고는 산을 내려와 옆집 남자를 보니 그의 거동이 아무렇지도 않게 보이더라는 것이다.(▶ 실부의린失斧疑隣 참조)

이와 비슷한 이야기가 『한비자 · 세난편(說難篇)』에도 실려 있다.

송(宋)나라에 부자가 살고 있었는데, 비가 내려 담장이 무너졌다. 그러자 그 부자의 자식이 말했다.

"빨리 고치지 않으면 반드시 도둑이 들 겁니다."

이웃집 사람도 와서 똑같은 말을 하고 갔다.

그랬더니 아니나 다를까 그날 밤에 도둑이 들어 재물을 들고 달아났다. 부자는 자기 자식은 총명하다며 칭찬하고, 이웃집 사람에 대해서는 혹시 도둑이 아닐까 의심을 했다.

이를 통해 아는 것이 어려운 게 아니라 그 앎을 처리하는 것이 어려움을 알게 된다.(非知之難也 處知則難也)

【용례】 아끼던 만년필을 잃어버리니까, 온갖 사람들이 다 의심스럽더라. 알고 보니 집에다 두고 왔잖아. "의심생암귀"라더니 나도 수양이 한참 멀었어.

의양호로 衣樣葫蘆

衣 : 의지할(의) 樣 : 본·모양·무늬(양)
葫 : 마늘·호리병(호) 蘆 : 갈대(로)

【뜻풀이】 조롱박을 보고 바가지를 그리다. 아주 피상적으로 모방하는 것을 비유하는 말이다.

이 성어의 원형은 "조롱박을 보고 바가지를 그리다.(照着葫蘆畵瓢)"라는 속담으로, 다음과 같은 이야기가 전한다.

【출전】 석문영(釋文瑩)의 『속상산야록(續湘山夜錄)』에 따르면 송나라 초기 한림원에서 한림학사라는 한직에 있던 도곡(陶穀)이라는 사람이 있었다. 스스로 재능이 비범하고 문장에 능하다고 생각한 도곡은 자신이 한림학사라는 한직에 오래 머물러 있지 않으리라고 생각하면서 자신의 재간을 나타내기 위해 무진 애를 쓰고 있었다.

그러던 중 그는 어떤 사람에게 부탁해서 송태조 조광윤(趙光胤)에게 벼슬을 높여 줄 것을 청탁한 바 있다. 그랬더니 송태조는 웃으면서 "듣자 하니 한림은 문장을 쓸 때 옛날 문건을 본떠서 '박을 보고 바가지를 그린다.'고 하는데 무엇이 대단한고!(頗聞翰林草制皆撿前人舊本 改換詞語 此乃俗所謂依樣畵葫蘆 何宣力之有)"라고 말했다. 이래서 도곡은 끝내 승진하지 못했다. 이에 심사가 뒤틀린 도곡은 한림원의 벽에 불만을 나타내는 시 한 수를 썼다고 하는데 송태조가 알고 더욱 노여워했다는 것이다.

송나라 위태(魏泰)가 쓴 『동헌필록(東軒筆錄)』이라는 책에도 이와 비슷한 이야기가 있는데 의양화호로(依樣畵葫蘆)는 보통 의양호로라고 한다.

【용례】 이게 무슨 완전 국산화 제품이야. 껍데기만 덧씌웠지 내용은 일제를 그대로 조립한 거잖아. "의양호로"하는 게 세계화의 지름길이라도 되는 줄 아는가?

의공희학 懿公喜鶴

懿 : 아름다울(의) 公 : 공변될·어른(공)
喜 : 좋아할(희) 鶴 : 학(학)

【뜻풀이】 의공이 학을 좋아한다는 뜻으로, 지나치게 물건을 사랑하는 것은 재앙의 근원임을 비유하는 말이다.

【출전】 가의(賈誼)가 지은 『신서(新書)·춘추편(春秋篇)』에 다음과 같은 이야기가 나온다.

춘추시대 위(衛)나라 임금에 의공이 있었다. 그는 학을 매우 좋아하여 옷부터 학 모양의 것을 입었고, 멋지게 생긴 학은 대부(大夫)의 수레에 태우고 다녔다. 학을 키우기 위해 백성들에게 세금을 자주 걷었지만, 그들의 힘든 가계(家計)는 돌보지 않았다. 주변에는 아첨하는 무리들만 두었으며, 강직한 신하는 멀리하였다.

어느 날, 북방의 오랑캐가 침공하였다. 위기를 당하자 의공은 사람들을 모아 놓고 대책의 상의하였다.

"적군이 코앞에까지 왔습니다. 관리와 백성들은 힘을 모아 싸워 주기 바라오."

그러자 사람들은 비웃듯이 말했다.

"폐하께서 총애하는 무리와 아끼는 학들이 저렇게 많은데 무슨 걱정입니까? 저들이 싸우도록 하십시오. 우리처럼 버려진 사람들이 어찌 감히 나라를 위해 싸우겠습니까?(君亦

ㅇ

使君之貴優 將君之愛鶴 以爲君戰矣 我儕棄人也, 安能守戰)”

그리고는 다들 성문을 부수고 달아났다. 결국 의공은 도주하다가 잡혀 죽었고 나라도 잃게 말았다.

【용례】 허구한 날 아드님 의견대로 처리하셨으니 이번 일도 아드님에게 물어 처리하십시오. 평소 저희들 말은 모두 무시하고 “의공희학”하셨는데 이제 와서 무슨 건의를 하겠습니까?

이곡동공 異曲同工

異 : 다를(이) 曲 : 노래(곡)
同 : 같을(동) 工 : 공교로울(공)

【뜻풀이】 서로 다른 방법으로 같은 효과를 보다.

【출전】 이 성어는 한유(韓愈)의 글 〈진학해(進學解)〉에 들어 있는 “자운과 상여는 공교롭기는 같았지만 문풍은 달랐다.(子雲相如同工異曲)”는 말에서 나왔다. 자운은 양웅(揚雄)을 가리키고 상여는 사마상여(司馬相如)를 가리키는 것으로, 두 사람은 다 같이 한나라 때의 유명한 문학가들이었다. 그리고 두 사람 모두 사(詞)와 부(賦)에 능하고 다 같이 사천 성도 사람이며 또 공교롭게도 두 사람 다 반벙어리였다.

사마상여는 한경제와 한무제 때 벼슬을 했는데, 〈자허부(子虛賦)〉와 〈상림부(上林賦)〉 〈대인부(大人賦)〉 등이 특히 유명하다. 한나라 때는 산문시체의 하나인 부(賦)라는 문체가 성행했는데, 사람들은 사마상여를 대표적인 작가로 보고 있다.

양웅은 한성제 때의 사람으로 사마상여를 깊이 존경했는데 그의 〈감천부(甘泉賦)〉와 〈하동부(河東賦)〉, 〈장양부(長楊賦)〉, 〈우렵부(羽獵賦)〉 등은 모두 사마상여의 영향을 크게 받은 작품들이다.

양웅과 사마상여의 문필은 모두 뛰어난 것이지만 그들은 제각기 자신의 풍격과 특징을 가지고 있었다. 그래서 뒷날 당나라의 유명한 문인 한유는 그들 두 사람을 가리켜 동공이곡(同工異曲)이라고 한 것인데, 말하자면 음악과도 같이 곡조는 서로 다르지만 그 기묘함은 일치한다는 뜻이다. 동공이곡은 대개 이곡동공이라고도 한다.

여기서 한유의 〈진학해〉 전편을 읽어보도록 하자.

「국자감(國子監)의 선생(先生)이 새벽에 태학(太學)에 들어가 제생(諸生)을 불러 관(館) 아래에 세우고 다음과 같이 훈계하였다.

“업(業)은 부지런한 데에서 정(精)해지고 노는 데에서 황폐해지며, 행동은 생각하는 데에서 이루어지고 마음대로 하는 데에서 무너진다. 방금에 성군(聖君)과 현상(賢相, 어진 신하)이 서로 만나 다스리는 도구가 모두 베풀어졌다. 그리하여 흉사(凶邪)들을 뽑아버리고 준량(俊良)들을 등용하여, 작은 선(善)을 점유한 자가 모두 기록되고 한 재주로 이름난 자들이 등용되지 않은 이가 없어, 파라(爬羅, 널리 수집함)하고 척결(剔抉, 도려내어 뽑음)하며 때를 씻고 빛나게 연마하니, 요행으로 뽑힌 자는 있을지언정 어찌 훌륭함이 많고도 드러나지 않는다고 말할 수 있겠는가. 제생들은 업이 정하지 못함을 걱정할 것이요 유사(有司, 일을 맡은 관원)의 밝지 못함을 걱정하지 말며, 행실이 이루어지지 못함을 걱정할 것이요 유사(有司)의 공정하지 못함을 걱정하지 마라."

말을 마치기도 전에 제생 중에 대열에서 웃으며 말하는 자가 있었다.

"선생이 우리들을 속이고 있습니다. 저희 제자들이 선생을 섬겨 온 지가 지금 여러 해가 되었습니다. 선생이 입으로는 육예〔六藝, (六經)〕의 글을 읊기를 끊지 않고 손으로는 백가(百家)의 책을 피열(披閱, 펼쳐 읽음)하기를 멈추지 아니하여, 일을 기록함에는 반드시 그 요점을 잡고 말을 엮음에는 반드시 깊은 뜻을 찾아, 많음을 탐하고 얻기를 힘쓰며 작은 것이나 큰 것을 버리지 아니하여 기름을 태워 낮을 이으면서 항상 부지런히 해를 마치니, 선생의 학업은 부지런하다고 이를 만합니다.

이단(異端)을 배척하여 불로(佛老, 불교와 도교)를 물리치며 틈과 새는 곳을 땜질하고 그윽함과 아득함이 장황(張皇)하여, 아득히 실추된 전통을 찾아 홀로 사방으로 수집하고 멀리 계승하며, 백천(百川)을 막아 동쪽으로 흐르게 하여 미친 여울물이 이미 거꾸로 흐르는 데서 돌리게 하니, 선생은 유학(儒學)에 있어 공로가 있다고 이를 만합니다.

농울(醲鬱)에 무젖으며 영화(英華)를 삼키고 씹어서 문장을 지어 그 책이 집에 가득한데, 위로는 요〔姚, 순(舜)〕·사(禹)의 혼혼(渾渾)하여 끝이 없음과 주고(周誥)·은반(殷盤)의 문리가 굴곡하고 문장이 난삽함과 『춘추(春秋)』의 근엄함과 『춘추좌전(春秋左傳)』의 부과(浮誇)함과 『주역(周易)』의 기이하면서도 법도에 맞음과 『시경(詩經)』의 올바르면서도 화려함을 엿보며, 아래로는 『장자(莊子)』와 『이소(離騷)』와 태사공〔太史公, 사마천(司馬遷)〕의 기록한 바와 양자운〔揚子雲, 양웅(揚雄)〕과 사마상여(司馬相如)의 공부는 같지만 곡조는 다름에까지 미치니, 선생은 문장에 있어 그 속(내용)을 넓히고 그 겉(형식)을 크게 했다고 이를 만합니다.

젊어서부터 일찍 배움을 알아 과감히 실행함에 용감했고, 장성해서는 방법에 통달하여 좌우에 모두 마땅하니, 선생은 사람됨을 완성했다고 이를 만합니다.

그런데도 공적으로는 남에게 신임을 받지 못하고 사적으로도 벗에게 도움을 받지 못하여, 앞으로 가도 넘어지고 뒤로 가도 넘어져 언제나 허물을 얻고 있습니다. 잠깐 어사(御史)가 되었다가 마침내 남쪽 오랑캐 지방으로 좌천되었고, 3년 동안 박사(博士)로 있을 적에는 한직(閑職)이어서 치적을 나타내지 못하였으니, 운명이 원수와 도모하여 패함을 당한 것이 얼마 동안이나 됩니까? 겨울이 따뜻한데도 아이들은 춥다고 울부짖고 연사年事가 풍년이 들었는데도 아내는 배고파 우니, 머리가 벗겨지고 이가 빠져 끝내 죽은들 무슨 도움이 있겠습니까? 이것을 생각할 줄 모르고 도리어 남을 가르친단 말입니까?"

선생은 다음과 같이 말했다.

"아! 자네는 앞으로 오라. 큰 나무는 대들보를 삼고 작은 나무는 서까래를 삼으며, 박로(欂櫨, 斗栱: 지붕을 받치는 구조)와 주유(侏儒, 짧은 기둥)와 문지도리와 문지방, 빗장과 문설주가 각기 그 마땅함을 얻어 실옥(室屋, 집)을 이루는 것은 목수의 공(功)이요, 옥찰(玉札)과 단사(丹砂), 적전(赤箭)과 청지(青芝), 쇠오줌과 말똥버섯, 망가진 북의 가죽을 모두 거두고 아울러 쌓아 놓아 쓰이기를 기다려 버림이 없는 것은 의사의 어짊이요, 밝은 사람을 등용하고 공정한 사람을 선임하며 공교한 자와 졸렬한 자를 모두 등용하여, 재학(才學, 재능과 학문)이 넉넉한 사람을 곱다 하고 뛰어난 사람을 호걸이라 하여 길고 짧음을 따지고 헤아려서 그 기국(器局)에 맞는 직책을 주는 것은 재상의 방법이다.

옛날에 맹가〔孟軻, 맹자(孟子)〕는 변론을 좋아하시어 공자(孔子)의 도(道)가 이 때문에 밝아졌으니 수레바퀴 자국이 온 천하를 돌다가 끝내 길에서 늙으셨고, 순경(荀卿)은 정도(正道)를 지켜 큰 의론을 넓혔으나 초(楚)나라에서 참소를 피하다가 폐출(廢黜)되어 난릉(蘭陵)에서 죽었으니, 이 두 유자(儒者)들은 말을 뱉으면 경(經)이 되고 발을 들면 법(法)이 되어, 보통 사람보다 뛰어나고 무리에서 벗어나 넉넉히 성인(聖人)의 경지에 들어갈 수 있었으나, 세상을 만남이 어떠하였는가?

지금 선생은 배우기를 비록 부지런히 하지만 그 계통을 말미암지 못하고 말을 비록 많이 하지만 중도(中道)에 맞지 못하며, 문장이 비록 기특하지만 쓰임에 맞지 못하고 행실이 비록 닦아졌지만 사람들 중에서 드러나지 못하는데 오히려 달마다 봉급을 허비하고 해마다 창고의 곡식을 축내어, 아들은 밭갈 줄을 알지 못하고 아내는 길쌈할 줄을 알지 못하면서 말을 타고 하인들을 따르게 하여 편안히 앉아 밥을 먹어 평범한 길의 역역(役役, 쉬지 않고 일함)함을 따라 묵은 책편을 엿보면서 국록(國祿)을 훔쳐먹고 있다. 그런데도 성주(聖主)께서는 주벌(誅罰)을 가하지 않으시고 대신들은 배척을 하지 않으니, 이는 다행이 아니겠는가. 걸핏하면 비방을 받으나 명예도 또한 따르니, 한산(閑散)한 직책(職責)에 버려짐은 내 분수에 마땅한 것이다. 만일 재물의 있고 없음을 헤아리고 반자(班資, 반열)의 높고 낮음을 비교하여, 자기 역량에 걸맞은 바를 망각하고 전인(前人)의 하자(瑕疵)를 지적한다면, 이는 이른바 목수에게 말뚝을 기둥으로 삼지 않는다고 힐책하고, 의사가 창양〔昌陽, 창포(菖蒲), 향기가 나는 풀 이름〕으로써 수명을 연장시키는 것을 꾸짖어 희령(稀苓, 참나무 버섯을 말린 것)을 올리게 하는 것이라고 할 것이다."(成百曉 옮김)

(國子先生 晨入大學 招諸生立館下 誨之曰 業精于勤 荒于嬉 行成于思 毁于隨 方今聖賢相逢 治具畢張 拔去兇邪 登崇俊良 占小善者率以錄 名一藝者 無不庸 爬羅剔抉 刮垢磨光 蓋有幸而獲選 孰云多而不揚 諸生業還不能精 無患有司之不明 行患不能成 無患有司之不公 言未旣 有笑于列者曰 先生欺予哉 弟子事先生 于玆有年矣 先生口不絕 吟於六藝之文 手不停披於百家之編 記事者必提其要 纂言者必鉤其玄 貪多無得 細大不損 焚膏油以繼晷 恒兀兀以窮年 先生之業 可謂勤矣 觝排異端 揚斥佛老 補苴罅漏 張皇幽眇 尋墜緒之茫茫 獨旁搜而遠紹 障百川而東之 廻狂瀾於旣倒 先生之於儒 可謂勞矣 沈浸郁 含英咀華 作爲文章 其書滿家 上規姚渾渾無涯 周誥殷盤佶屈聱牙 春秋謹嚴 左氏浮誇 易奇而法 詩正而葩 下逮莊騷 太史所錄 子雲相如 同工異曲 先生之於文 可謂閎其中 而肆其外矣 少始知學 勇於敢爲 長通於方 左右其宜 先生之於爲人 可謂成矣 然而公不見信於人 私不見助於友 跋前 後 動輒得咎 暫爲御史 遂竄南夷 三爲博士 穴不見治 命與仇謀 取敗幾時 冬暖而兒號寒 年登而妻啼飢 頭童齒豁 竟死何裨 不知慮此 反教人爲 先生曰 吁 子來前 夫大木爲宋 細木爲桷 欂櫨侏儒 椳闑居楔 各得其宜 以成室屋者 匠氏之功也 玉札丹砂 赤箭青芝 牛溲馬渤 敗鼓之皮 俱收立蓄 待用無遺者 醫師之良也 登明選公 雜進巧拙 紆餘爲姸 卓犖爲傑 較短量長 惟器是適者 宰相之方也 昔者孟軻好辯 孔道以明 轍環天下 卒老于行 荀卿

守正 大論是弘 逃讒于楚 廢死於蘭陵 是二儒者 吐詞爲經 擧足爲法 絶類離倫 優入聖域 其遇於世何如也 今先生 學雖勤 而不繇其統 言雖多而不要其中 文雖奇而不濟於用 行雖修而不顯於衆 猶且月費俸錢 歲靡廩粟 子不知耕 婦不知織 乘馬從徒 安坐而食 踵常途之役役 窺陳編以盜竊 然而聖主不加誅 宰臣不見斥 玆非幸歟 動而得謗 名亦隨之 投閑置散 乃分之宜 若夫商財賄之有亡 計班資之崇庳 忘己量之所稱 指前人之瑕疵 是所謂詰匠氏之不以杙爲楹 而訾醫師以昌陽引年 欲進其稀苓也)」

【용례】 저 두 분의 작품 세계는 나름대로 일가를 이루었지만, 성격은 판이해. 한쪽이 낭만적인 태도가 완연하다면 한쪽은 다분히 사실적인 필치를 지향하지. "이곡동공"이라고 할 수 있는 우리 미술계를 대표할 분들이지.

이도살삼사 二桃殺三士

二 : 두(이) 桃 : 복숭아(도)
殺 : 죽일(살) 三 : 석(삼)
士 : 선비·병사(사)

【뜻풀이】 복숭아 두 개로 세 사람을 죽이다.

이 성어에는 두 가지 뜻이 담겨 있다. 하나는 위에 있는 사람이 악랄한 계략을 써서 강직한 사람을 죽인다는 뜻이고, 다른 하나는 성질이 급하고 강직한 사람은 일의 앞뒤를 자세히 살펴보지도 않고 일을 처리하기 때문에 자칫 남에게 이용당하기 쉽다는 뜻이다.

【출전】『안자춘추(晏子春秋)·간하편(諫下篇)』에 다음과 같은 이야기가 있다.

공손첩(公孫捷)과 전개강(田開疆), 고야자(古冶子) 세 사람은 제경공(齊景公)의 신하였다. 이들은 용기와 힘이 있었을 뿐 아니라 문장에도 능란했으며, 나라에 큰 공도 세웠지만 모두 예의가 없는 위인들인지라 경공에게도 불손하기 그지없었다. 그래서 경공은 항상 이들이 자신을 배반하지나 않을까 걱정하였다.

때로 그들을 제거하고자 했지만 이들 세 사람의 공로가 워낙 컸고 또 그들을 없앨 적당한 이유를 찾지 못했다. 이래서 이 문제에 대해 안자(晏子)를 불러 의논하였다. 안자는 경공에게 두 개의 복숭아를 세 사람에게 선물해서 그들 사이에 싸움을 벌이게 하는 방법을 건의하였다.

복숭아는 두 개밖에 없기 때문에 세 사람 모두에게 나누어 줄 수가 없으니 먼저 세 사람에게 각자의 공적을 말하게 해서 공적이 제일 큰 사람에게 복숭아를 나누어 줌으로써 세 사람 사이를 이간시키고 불화를 야기시킨다는 계략이었다.

이렇게 하면 그들은 복숭아를 얻기 위해 서로 죽이고 죽는 지경에 이를 것임이 분명했다. 경공은 안자의 건의에 따라 그들을 부르니 과연 공손첩과 전개강은 자신의 공적을 말한 뒤 복숭아를 가지려고 하였다. 이에 고야자가 화를 내며 경공에게 말했다.

"경공께서 강을 건널 때 큰 자라가 경공의 왼쪽 말을 해치고 배 밑을 뚫고 들어와 배가 뒤집히려 할 때, 내가 물속으로 잠수해서 왼손으로는 말의 꼬리를 잡아 버티고, 오른손으로는 그 자라의 머리를 베어 죽여 경공의 목숨을 구했으니 제가 복숭아 하나를 먹어야 마땅하지 않겠습니까?"

그의 말에 경공은 공손첩과 전개강에게 복숭아 하나를 고야자에게 주라고 했다. 그러자 성질이 급한 공손첩과 전개강은 이를 승복하지 못하고 분김에 그만 자결하고 말았다.

그들이 자결한 것을 본 고야자는 그때서야 정신을 차리고 탄식하며 말했다.

"오랜 친구인 두 사람이 죽었는데 나 혼자 살아 있다는 것은 도의에 어긋나는 짓이다."

말을 마치자 그는 복숭아를 경공에게 돌려주고는 자신도 자살하고 말았다.

【용례】 정적을 제거하려고 언론을 이용하다니. 놀아난 언론이나 그런 방법으로 남을 해치는 사람이나 "이도살삼사"에는 이골이 난 족속들이지 뭐야.

이란격석 以卵擊石

以 : 써(이) 卵 : 알(란)
擊 : 칠(석) 石 : 돌(석)

【뜻풀이】 달걀로 바위 치기. 강약의 대비가 현저해서 지극히 약한 것으로 지극히 강한 것을 공격하면 반드시 실패한다는 뜻이다.

【출전】 『순자 · 의병편(議兵篇)』에서 나온 말로 처음에는 "계란을 바위에 던지다.(以卵投石)"라고 하였는데 다음과 같은 이야기가 있다.

전국시대 조나라 사람이자 『순자』라는 책의 저자인 순자〔이름은 순황(荀況)〕는 어느 날 초나라 장수 임무군과 군사에 대해 의논하고 있었다.

이때 임무군은 무릇 장수란 "치고 빼앗고 변하고 속이는 것(攻奪變詐)"을 잘만 운용하면 천하무적(天下無敵)이라고 하였다. 그러나 침략과 술수를 반대했던 순자는 인인지병(仁人之兵)을 주장하면서 "걸로써 요임금을 속이는 것은 비유하자면 달걀로 바위를 치는 것과 같고, 손가락으로 뜨거운 물을 휘젓는 것과 같으며, 물이나 불 속으로 뛰어드는 것과 같아서 넣자마자 불타고 빠져 죽을 것이다.(以桀詐堯 譬之若以卵投石 以指撓沸 若赴水火 入焉焦沒耳)"라고 말했다.

즉, 폭군이 불의의 군사로 성왕인 요임금의 의로운 군사들을 교묘한 술수를 부려 공격한다면 그 결과는 달걀로 바위를 치거나 손으로 끓는 물을 젓거나 물과 불 속으로 뛰어드는 것과 같다는 것이다.

『묵자 · 귀의편(貴義篇)』에도 이란투석(以卵投石)이라는 말이 나온다.

전국시대 초기 송나라 사람 묵자가 어느 날 북방의 제나라로 가고 있는데 어떤 점쟁이가 그의 앞을 막아서면서 말했다.

"지금 북녘 하늘에 검은 기운이 서려 있고 당신의 얼굴에 또한 검은 기운이 서려 있으니 이것은 불길한 징조입니다. 북행해서는 안 됩니다."

그러나 묵자는 그것은 미신이라고 하면서 허튼소리로 진리를 부정하는 것은 "달걀로 바위를 치는 것과 같다."고 말했다.

이란투석은 흔히 이란격석이라고 한다.

【용례】 일반 시민이 개인으로 언론사 횡포에 대항하는 짓은 "이란격석"이지만 반드시 정언(正言)을 위해 해야 할 일일세.

이령지혼 利令智昏

利 : 이로울(리) 令 : 하여금(령)
智 : 지혜(지) 昏 : 어두울(혼)

【뜻풀이】 이익은 지혜를 어둡게 만든다.

【출전】『사기·평원군열전찬(平原君列傳贊)』에 다음과 같이 이야기가 나온다.

전국시대 때의 일이다. 진(秦)나라는 대장군 백기(白起)를 시켜 대군을 거느리고 나가 한(韓)나라를 공격해서 한나라의 상당성(上黨城)에서 내지로 통하는 요충지인 야왕성(野王城)을 빼앗게 하였다. 이렇게 해서 상당성이 고립무원(孤立無援)한 상태에 빠져 들자 상당성의 성주인 풍정(馮亭)은 상당성을 조나라에 바치고 조나라의 보호를 받으려 하였다.

이에 조나라 효성왕은 대신들을 모아 놓고 그들의 의향을 물었다. 영양군 조표는 "명분 없이 이득을 보고 재앙을 초래할 바엔 차라리 받지 않는 것이 좋다."고 반대했지만, 평원군 조승은 "아무런 대가도 들이지 않고 공짜로 생기는데 왜 받지 않으려는가." 하면서 받자고 주장하였다. 결국 조왕은 조승의 의견을 좇아 상당성을 접수하고 풍정을 화양군으로 봉(封)했다.

그러나 이 일을 안 진나라는 크게 노여워하면서 다시 백기를 보내 조나라를 치게 하였다. 이 싸움에서 조나라 군대는 대패해서 40만 대군을 잃어버렸다.

이 일을 두고 역사가 사마천(司馬遷)은 『사기』에 이 사건을 기록하고 나서 평원군 조승은 당시에 이름난 인물이라고 할 수 있지만 역시 안목이 짧았던 탓으로 사리사욕 때문에 판단력이 흐려졌다고 평가했다. 그러면서 이렇게 이익에 눈이 어두워 판단이 흐려지는 것을 일러 이령지혼이라고 한다면서 당시 민간에서 쓰이던 속담을 인용했다.

【용례】"이령지혼"이라더니, 강직하던 그 사람도 자식 병역 문제에는 어쩔 수 없군. 직권을 이용해 그런 무리수를 두다니 말이야.

이린위학 以隣爲壑

以 : 써(이) 隣 : 이웃(린)
爲 : 할·위할(위) 壑 : 구덩이(학)

【뜻풀이】재앙을 남에게 전가하다. 다른 사람의 사정은 전혀 돌보지 않고 자신의 이익만 챙기는 태도를 말한다.

【출전】『맹자·고자장구(告子章句)』 하편에 다음과 같은 이야기가 있다.

전국시대 위(魏)나라의 승상 백규(白圭)는 수리 사업에 힘써 위나라의 농업 생산을 발전시키는 데 공적이 많았던 사람이다. 그런데 그의 치수 방법은 언제나 높이 쌓아 물이 국경선 안으로 들어오지 못하게 하는 방식으로, 이웃 나라야 어찌 되든 간에 상관하지 않았다.(▶ 제궤의혈堤潰蟻穴 참조) 그럼에도 백규는 자기의 치수 사업을 과대평가(過大評價)해서 전설상의 하우씨(夏禹氏)를 능가하는 양 자부가 심했다.(▶ 과문불입過門不入 참조)

한번은 백규가 맹자를 보고 자신의 치수 사업이 하우씨보다 낫다고 말하자 맹자는 단호하게 이를 부인하였다.

"그렇지 않습니다. 하우씨의 치수는 홍수를 이끌어 가는 것으로, 사해를 물구덩이로 하고 있지만 당신은 언제나 높이 쌓아 올리기만 하면서 이웃 나라를 물구덩이로 하고 있으니 물은 거꾸로 흐를 것입니다. 이를 일러 강수라 하고 강수는 바로 홍수인 것입니다. 양심 있는 사람은 이럴 수 없습니다.(子過矣 禹之治水 水之道也 是故禹以四海爲壑 今吾子以隣爲壑 水逆行 謂之洚水 洚水者 洪水也 仁人之所惡也 吾子過矣)"

【용례】우리 동네만 깨끗하자고 무조건 쓰

ㅇ

레기 처리장 설치를 반대하는 것은 "이린위학"하는 몰지각한 행동입니다. 여러 사람의 편의를 위해서 나 자신을 희생하는 정신을 보여야 할 때라고 생각합니다.

이매망량 魑魅魍魎

魑 : 도깨비(이) 魅 : 도깨비 · 호릴(매)
魍 : 도깨비(망) 魎 : 도깨비(량)

【뜻풀이】 괴상망측한 요괴에 대한 총칭으로, 암암리에 사람들을 해치는 악한이나 악적 존재들을 가리키는 말이다.

【출전】 원래 '이매'는 산이나 물에 사는 괴물을 일컫는 말이고(通俗文曰 山澤怪謂之 魅)〔『일체경음의(一切經音義)』 권2)〕, 산수나 나무 돌에 사는 정령을 일러 '망량'이라고 한다(山水木石之精也).

『옥편(玉篇)』에는 "량은 물귀신으로 세 살 먹은 아이처럼 생겼는데 적흑색을 띠고 있다.(魎 水神 如三歲小兒 赤黑色)"고 써 있다. 또 『좌전(左傳) · 선공 3년』조에서는 "이는 산신이고 매는 괴물이며 망과 량은 수신"이라고 풀고 있다.

귀신 이야기는 여러 전적(典籍)에 전해 내려오는데, 꽤 이른 시기부터 있어 왔던 전설상의 괴물이다. 특히 치우(蚩尤)에 대한 신화는 『사기(史記)』를 비롯하여 『회남자(淮南子)』와 『산해경(山海經)』 등 고서에 나온다.

『사기』에 따르면 황제(黃帝) 때 치우작난(蚩尤作亂)이 있었다. 치우는 생김새가 아주 흉측한 사람이었는데, 그 생김새가 사람 몸에 소의 발을 했고 눈이 네 개에 손이 여섯 개였다고 한다. 어떤 책에서는 머리에 뿔이 나 있고 귓바퀴에 털이 수직으로 나 있었다고도 한다. 아무튼 한마디로 아주 무시무시하게 생긴 인물이었다.

전설에 따르면, 그의 형제들도 모두 "구리로 된 머리에 쇠로 된 이마, 짐승의 몸에 사람의 말을 하는" 요귀와 마귀들이었으며, 그들의 수하에는 이 · 매 · 망 · 량 등 도깨비들이 있었다고 한다. 이와 매는 사람 얼굴이기는 하지만 짐승의 몸에 발은 네 개였다고 하며, 망과 량은 세 살 난 어린아이 같았는데 온몸은 검붉었으며 귀는 길고 눈을 붉은 데다 시커먼 머리를 길게 길렀고 사람 목소리를 흉내 내어 사람을 유혹하기도 했다고 한다.

중국 역사서인 『사기』에는 황제가 대군을 거느리고 탁록(涿鹿)에서 치우와 전투를 벌여 승리하고 치우를 생포한 뒤 죽였다고 써 있으나, 우리나라 역사에서는 치우천왕에 대하여 아직까지 이견이 많다.

【용례】 이번 집달관 사건 봤지. 우리 사회를 좀먹는 "이매망량"과 같은 무리들은 한칼에 발본색원(拔本塞源)해야 해.

이목지신 移木之信

移 : 옮길(이) 木 : 나무(목)
之 : 어조사(지) 信 : 믿을(신)

【뜻풀이】 나무를 옮긴 사람에게 상을 주어서 믿음을 갖게 하다. 백성들의 신임을 얻기 위해 애쓰는 위정자의 태도를 비유하는 말이다.

【출전】 『사기 · 상군열전(商君列傳)』에 다음과 같은 이야기가 있다.

진(秦)나라 효공(孝公) 때 조정에는 상앙(商鞅)이란 명재상이 있어서 국가의 기틀을 공고히 하는 데 크게 기여하였다. 그는 법가(法家)의 정책을 써서 진나라가 일약 천하의 강국이 되는 데 밑거름이 되게 하였다.

상앙은 법령을 제정하고도 곧바로 이를 시행하지 않았다. 왜냐하면 과연 그 법을 믿고 백성들이 따라줄지 알 수 없었기 때문이었다. 그래서 그는 한 가지 묘안을 냈다.

즉, 남쪽 성문에 길이 3장쯤 되는 나무를 세워 두고 포고문을 이렇게 써 붙였다.

"이 나무를 북쪽 성문으로 옮기는 사람에게는 황금 10냥을 줄 것이다."

그러나 누구도 그 말을 믿지 않았다. 그래서 다시 상금을 50냥으로 올렸다. 그러자 웬 미친놈 하나가 기운을 써 본다며 이것을 북쪽 성문으로 옮겨 놓았다. 상앙은 즉시 그를 불러 상금을 주었다. 이렇게 하자 백성들 중 누구도 조정의 법령을 어기려 드는 사람이 없었고 덩달아 나라는 크게 부강해졌다.(…令旣具 未布 恐民之不信 已乃立三丈之木於國都市南門 募民有能徙置北門者予十金 民怪之 莫敢徙 復曰能徙者予五十金 有一人徙之 輒予五十金 以明不欺 卒下令)

【용례】 정치하는 사람이 국민들에게 믿음을 못 주면 그걸로 끝장이야. "이목지신"하며 장려하지는 못할망정 식언을 밥 먹듯 하니 누가 이 정권을 신뢰하겠어.

이소산금 二疏散金

二 : 두(이) 疏 : 트일·성씨(소)
散 : 흩어질(산) 金 : 쇠(금)

【뜻풀이】 두 소씨(疏氏)가 재산을 다 흩뿌리다. 나라로부터 받은 하사품을 자신이나 집안을 위해 쓰지 않고 나라 사람들과 함께 썼다는 뜻이다. 두 소씨란 소광(疏廣)과 그의 조카 소수(疏受)를 말한다.

【출전】 이 이야기는 『한서·열전』 권41에 나온다.

전한의 소광은 자를 중옹(仲翁)이라 하고, 동해군 난릉현(蘭陵縣) 사람이다. 형의 아들인 조카 소수는 자를 공자(公子)라 하였다. 선제 때 소광은 태자태부(太子太傅, 태자의 보좌역)가 되고 소수는 태자소부(太子少傅, 태부의 보좌역)가 되어 태자가 조정에 참내할 때마다 함께 천자를 알현하였다. 그때 태부는 태자의 앞에 서고 소부는 그 뒤를 따라 숙부와 조카가 나란히 태자의 스승이 되었다. 이것을 보고 조정 사람들은 큰 영광이라며 축하하였다.

뒷날 소광이 소수에게 말했다.

"나는 들어서 알고 있다. 만족함을 알아서 무리한 욕심을 일으키지 않으면 사람들로부터 치욕을 받는 일이 없고, 스스로 도달해야 할 곳을 알고 더 이상 나아가지 않으면 자신의 몸을 위태로운 상황에 빠뜨리지 않는다. 공명을 세운 뒤에는 미련 없이 물러 나와 후진에게 양보하는 것이 하늘이 가르치는 도리이다. 어찌 여기에서 퇴직하고 고향으로 돌아가 노후를 보내면서 천명을 누리며 여생을 마치는 것만 하겠느냐."

그래서 두 사람은 사직서를 냈다. 황제는 이것을 허락하고 위로금으로 황금 20근을 하사했고, 태자는 50근을 하사하였다. 삼공과 구경, 상급관리, 같은 고향 사람들이 조도(祖道, 먼 길 가는 사람에게 술자리를 마련하여 이별하는 일)를 설치하고 수도의 동쪽 외곽 문밖에 막을 치고 송별하는 술자리를 베풀었는데 수레의 수가 수백 량에 달했다.

향리로 돌아와서는 매일 술과 음식을 준비

ㅇ

하여 일족의 사람들이나 옛날 친구, 빈객들을 초청하여 함께 즐겼고, 비용은 하사받은 황금을 팔아 돈으로 바꾸어 술과 음식을 준비하였다. 어떤 사람이 하사받은 금으로 전답(田畓)을 사 두라고 권하였다. 소광은 그것에 대해 이렇게 대답하였다.

"나도 생각한 바가 있지만 우리 집에는 옛날부터 대대로 물려받은 땅과 집이 조금 있습니다. 자손들이 근면하게 일을 하면 의식을 해결하는 데는 부족함이 없을 것입니다. 이 돈은 성스럽고 밝은 천자께서 늙은 나를 헤아려 내려주신 것이오. 그러니 하사받은 재물을 고향 사람들이나 일가친척과 함께 써서 내 여생을 즐겁게 마칠 것입니다."

이 말을 듣고 일가 사람들은 그의 아름다운 마음씨에 감복하였다. 소광과 소수 두 사람은 모두 천명을 다하고 여생을 마쳤다.

사심(私心) 없었던 두 벼슬아치의 이야기는 당나라 초기의 문인 이한(李瀚)이 엮은 『몽구(蒙求)』에도 실려 후대에 길이 전하고 있다.

【용례】 요즘 정치를 하는 인간들을 보면 퇴직하면서 어떻게 하든 국록을 한 푼이라도 더 챙기려고 혈안이야. "이소산금"하던 청백리의 모습이란 눈을 씻고 찾으려고 해도 없으니 말세가 아니고 뭐겠어.

이시목청 耳視目聽

耳 : 귀(이) 視 : 볼(시)
目 : 눈(목) 聽 : 들을(청)

【뜻풀이】 귀로 보고 눈으로 듣다. 눈치가 빠르고 총명한 사람을 비유하는 말이다.

【출전】 『열자·중니편(仲尼篇)』에 다음과 같은 이야기가 나온다.

노자의 제자인 항창자(亢倉子)는 "귀로 보고 눈으로 듣는다.(耳視目聽)"는 소문이 있었다.

당시 그 소문을 듣고 크게 놀란 노나라 임금은 경대부를 보내어 후한 예물을 주고 그를 청해 오게 한 다음 귀로 보고 눈으로 듣는다는 것이 정말이냐고 물었다고 한다.

이에 항창자가 대답했다.

"아닙니다. 그것은 사람들이 잘못 전한 것인 줄 압니다. 신은 귀나 눈이 없어도 능히 보고 들을 수 있다고 했지 귀와 눈의 기능을 서로 바꾸었다고는 하지 않았습니다.(傳之者妄 我能視聽不用耳目 不能易耳目之用)"

여기서 항창자가 말한 이른바 "보고 듣는데 귀와 눈이 필요 없다.(視聽不用耳目)"는 말이 무슨 뜻인지는 분명치 않지만, 후에 사람들은 이시목청이라는 말로 눈치가 빠르고 감각 능력이 뛰어난 총명한 사람을 가리키게 되었다.

【용례】 눈치 빠른 놈은 절간에 가서도 고길 얻어먹는다던데, 자네만큼 "이시목청"하는 사람이 이게 웬 봉변인가?

이신위본 以信爲本

以 : 써(이) 信 : 믿을(신)
爲 : 될(위) 本 : 근본(본)

【뜻풀이】 신의를 근본으로 삼다. 아무리 어려운 처지에 놓여도 신의(信義)를 저버려서는 안 된다는 말이다.

【출전】 『삼국지』에 다음과 같은 이야기가 나온다.

건흥(建興) 9년(231년), 제갈량은 위나라를

정벌하기 위한 다섯 번째 출병을 개시하였다. 목표는 기산(岐山)이었다. 출정에 앞서 제갈량은 8개월 안에 병력을 교체하겠다고 발표했다. 때문에 조조는 단기전을 통해 전쟁을 빨리 끝내야 할 입장이었다. 제갈량은 노성 부근에서 새로 익은 보리를 베어 군량을 마련하면서 사마의(司馬懿)와 대치하였고, 조조의 지시를 받은 사마의 역시 이에 대비하면서 장기전으로 저항했다.

그 무렵 촉나라 본토에서 교대 군사가 출발했다는 소식이 도착하였다. 제갈량은 즉시 해당 부대에 명령을 내려 귀환 준비와 출발을 명령하였다. 그런데 마침 위나라 장수 손예(孫禮)가 옹주와 양주의 군사 20만을 이끌고 공격해 온다는 첩보가 들이닥쳤다.

순간 진중은 불안감으로 동요하였고, 일부 장수들도 교체할 군사들을 출발시켜서는 안 된다고 강력하게 주장했다. 그러나 제갈량은 원래 계획대로 시행하라는 명령을 내렸다.

"나는 지금까지 군사들을 이끌면서 신의를 근본으로 했다(以信爲本). 이미 시달된 명령인데 신의를 잃어서야 어찌 되겠는가? 부모와 처자들이 모두 사립문에 기대 자식과 남편 아버지가 돌아오기를 기다리고 있을 것이니, 설사 큰 어려움이 있다 해도 그들을 남겨 둘 수는 없다."

이런 제갈량의 신의에 병사들은 모두 감격했고, 사기 충천해진 그들은 모두 적을 격파한 뒤에 돌아가겠다며 자원했다. 이리하여 제갈량은 손례의 군사가 도착하자마자 공격을 개시했고, 촉나라 군사들은 용감하게 싸워 대승을 거두었다.

【용례】 아무리 회사 사정이 나빠졌다고 해도 연초 사원들과 약속한 상여금은 반드시 지급해야 합니다. 나라나 회사나 "이신위본"입니다. 사원들의 신뢰 없이 어떻게 회사를 경영할 수 있겠습니까?

이심전심 以心傳心

以 : 써(이) **心** : 마음(심) **傳** : 전할(전)

【뜻풀이】 마음으로써 마음을 전한다.

부처님은 법을 전하기 위해 여러 가지 방식으로 제자를 시험했다. 그것이 삼처전심(三處傳心)이다. 이를 통해 가섭(迦葉)이 부처님의 의발(衣鉢)을 이어받았다.

【출전】 삼처전심을 간단히 설명하면 다음과 같다.

① 영산의 모임에서 꽃을 들어올리자 가섭이 그 뜻을 알고 미소짓다. 이를 영산회상거염화(靈山會上擧拈花)라고 한다. 『대범천왕문불결의경(大梵天王問佛決疑經)』에 나온다.

② 다자탑 앞에서 설법을 할 때 가섭에게 자리를 반 비워 주셨다. 이를 다자탑전분반좌(多子塔前分半座)라고 한다. 『중본기경(中本起經)』에 나온다.

③ 쌍림에서 열반에 드실 때 가섭이 오자 관에서 발을 밖으로 내미셨다. 이를 사라쌍수시쌍부(沙羅雙樹示雙趺)라 한다. 『대반열반경후분(大般涅槃經後分)』에 나온다.

이런 행동은 모두 진정한 불법(佛法)은 글이나 말로 전해지는 것이 아니라 마음을 통해서만 전할 수 있기 때문에 취한 것이었다.

『전등록(傳燈錄)』에 나오는 "부처님의 법을 가섭에게 맡겼는데 마음으로써 마음을 전했다.(法付迦葉 以心傳心)"는 말이 그 출전인데, 오늘날에는 꼭 이와 같은 종교적 의미 외에도 서로의 처지나 생각을 말을 통하지 않고서도 이해할 때에도 널리 쓰인다.

【용례】 이번 행사를 연 까닭은 굳이 설명드리지 않아도 "이심전심"으로 아시리라 믿습니다. 이렇게 많은 분들이 성원하신 것만 봐도 알 수 있는 일이지요.

이십사효 二十四孝

二 : 둘(이) 十 : 열(십)
四 : 넷(사) 孝 : 효자(효)

【뜻풀이】 역사상 효성으로 이름을 떨쳤던 스물 네 명의 효자를 말한다.

【출전】 사람에 따라 24명에 대한 목록은 조금씩 다르다.

원(元)나라의 곽거경(郭居敬)은 다음과 같이 꼽았다.

우순(虞舜), 한문제(漢文帝), 증삼(曾參), 민손(閔損), 중유(仲由), 동영(董永), 섬자(剡子), 강혁(江革), 육적(陸績), 당부인(唐夫人), 오맹(吳猛), 왕상(王祥), 곽거(郭巨), 양향(楊香), 주수창(朱壽昌), 유검루(庾黔婁), 노래자(老萊子), 채순(蔡順), 황향(黃香), 강시(姜詩), 왕포(王褒), 정란(丁蘭), 맹종(孟宗), 황정견(黃庭堅).

『청가비본(淸家秘本) · 24효시주(孝詩註)』에서는 다음과 같이 정리하고 있다.

대순(大舜), 동영, 정란, 민손, 섬자, 맹종, 주수창, 전진(田眞), 곽거, 노래자, 오맹, 증삼, 한문제, 왕포, 양향, 유검루, 장효(張孝), 황향, 황산곡(黃山谷), 육적, 당부인, 왕상, 강시, 채순.

『수곡액재장효행록(狩谷掖齋藏孝行錄)』에서는 다음과 같이 보았다.

우순, 노래자, 곽거, 동영, 민손, 증삼, 맹종, 유은(劉殷), 왕상, 강시, 채순, 육적, 왕무자(王武子), 조아(曹娥), 정란, 유명달(劉明達), 원각(元覺), 전진, 노고(魯姑), 조효종(趙孝宗), 포산(鮑山), 한백유(韓伯瑜), 염자(琰子), 황향.

【용례】 중국 사람들이 효자로 꼽는 24명("24효")의 행적을 보면 하나같이 몸으로 실천한 사람들이야. 효(孝)란 말로 하는 게 아니고 행동으로 보여 주는 것임을 웅변으로 알려 주는 예지.

이여반장 易如反掌

易 : 쉬울(이) 如 : 같을(여)
反 : 뒤집을(반) 掌 : 손바닥(장)

【뜻풀이】 여반장(如反掌). 손바닥 뒤집듯이 일이 쉽다. "누워서 떡먹기"나 "식은 죽 먹기" 등의 속담과 뜻이 비슷하다.

【출전】 『맹자 · 공손추장구(公孫丑章句)』 상편에 맹자와 그의 제자 공손추 사이의 다음과 같은 문답이 실려 있다.

어느 날 공손추가 맹자에게 물어보았다.

"스승님께서는 제나라의 권력을 잡으신다면 관중이나 안영처럼 큰 공업을 이룩할 수 있겠습니까?"

맹자가 언짢아하면서 말했다.

"그대는 어이해서 나를 그 두 사람에게 비기는 것인가?"

그런데 맹자는 왜 불쾌해했을까? 관중과 안영으로 말하면 모두 제나라의 유명한 재상으로 일찍이 제환공과 제경공을 받들어 그들로 하여금 크게 이름을 날리게 한 인물들이었다.

공손추는 맹자가 불쾌해하는 이유를 전혀 알 수 없었다.

"관중은 제환공을 보좌해서 천하의 패권을 쥐게 하였고 안영은 제경공을 보좌해서 제후들을 호령하게 하지 않았습니까? 스승님께서는 그들을 따라 배울 것이 없다고 생각하시는 것입니까?"

이에 맹자는 이렇게 답변하였다.

"제나라로서 왕업을 이룩하는 것은 손바닥을 뒤집는 것과 같다.(以齊王 猶反手也)"

그러고 보면 맹자가 보기에 대국인 제나라로서 인정을 베풀어 천하를 통일하는 것쯤은 식은 죽 먹기라는 것이다. 이렇게 해서 이여반수(易如反手)라는 성어가 나왔는데 이여반장 또는 이어반수(易於反手)라고도 한다.

【용례】 용기와 믿음을 가지고 설득한다면, 국민들의 호응을 얻는 일은 "이여반장"입니다. 더 이상 미봉책으로 땜질할 생각은 버리고 진실되게 문제제기를 해야 한다고 봅니다.

이용후생 利用厚生

利 : 이익·예리할(리) **用** : 쓸(용)
厚 : 두터울(후) **生** : 날(생)

【뜻풀이】 기물의 사용을 편리하게 하고 재물을 풍부하게 하여 백성의 생활을 윤택하게 하는 것을 말한다.

【출전】 이 말은 『서경·대우모편(大禹謨篇)』에 다음과 같은 우(禹)임금의 말에 나온다.

"오! 제왕이시여, 생각해 보십시오. 오직 덕만이 참된 정치를 베풀 수 있고, 참된 정치는 백성을 잘 기르는 데 있습니다. 물·불·쇠·나무·흙·곡식을 잘 다스려야 하며, 정덕·이용·후생으로 삶을 조화하도록 하십시오. 구공의 질서가 잡히면 그것을 노래 부르게 하소서.(於帝念哉 德惟善政 政在養民 火水金木土穀惟修 正德利用厚生惟和 九功惟敍 九敍惟歌)"

【용례】 국민을 위한다는 위정자가 국민의 복지는 나 몰라라 하고 사리사욕을 채우기에 급급하다면 나라가 어떻게 되겠는가? 바른 덕을 세워 "이용후생"할 줄 알아야 참다운 정치가라고 말할 수 있는 게 아닐까?

이전투구 泥田鬪狗

泥 : 진흙(니) **田** : 밭(전)
鬪 : 싸움(투) **狗** : 개(구)

【뜻풀이】 진흙탕에서 싸우는 개라는 뜻으로, 원래는 함경도 사람의 강인한 성격을 평한 말이었다. 두 가지 뜻이 있으니, 하나는 강인한 성격을 평하여 이르는 말이고, 또 하나는 볼썽사납게 서로 헐뜯거나 다투는 것을 비유하여 이르는 말이다.

【출전】 조선조의 첫 번째 임금 태조는 즉위하자 정도전(鄭道傳, 1337~1398)에게 명하여 팔도(八道) 사람들의 성격을 한 구절로 평하라는 지시를 내린 적이 있었다. 이에 대해 정도전은 이렇게 대답하였다.

"경기도는 경중미인(鏡中美人, 거울 속에 비친 미인)이고 충청도는 청풍명월(淸風明月, 맑은 바람과 밝은 달빛)이며, 전라도는 풍전세류(風前細柳, 바람 앞에 하늘거리는 가는 버드나무)이고, 경상도는 송죽대절(松竹大節, 소나무나 대나무 같은 굳은 절개)이며, 강원도는 암하노불(巖下老佛, 바위 아래 늙은 부처님)이고, 황해도는 춘파투석(春波

投石, 봄 물결에 던져진 돌맹이)이며, 평안도는 산림맹호(山林猛虎, 산 속 숲에 사는 거친 호랑이)입니다."

그러나 태조의 출신지인 함경도에 대해서는 감히 평을 내리지 못했다. 그러자 태조는 무슨 말도 괜찮으니 말해보라고 재촉하였다. 이에 정도전은 이렇게 말했다.

"함경도는 이전투구(泥田鬪狗, 진흙탕에서 싸우는 개)입니다."

이 대답을 들은 태조는 이내 얼굴이 벌개졌는데, 눈치를 챈 정도전은 곧 말을 고쳐 대답하였다.

"함경도는 또한 석전경우(石田耕牛, 돌밭에서 밭을 가는 소)올습니다."

그제야 용안(龍顔)에 기뻐하는 빛이 가득해지면서 후한 상을 내렸다는 것이다.

조선조 후기 때의 지리학자인 이중환(李重煥, 1690~1756)은 자신의 저서 『택리지(擇里志)』에서 우리나라 팔도에 대한 위치와 그 역사적 배경 등을 광범위하게 논하였다.

이 책은 〈팔도총론(八道總論)〉과 〈복거총론(卜居總論)〉 두 부분으로 나누어서 서술되어 있다. 팔도총론에서는 전국을 8도로 나누어 그 지리를 논하고 그 지방의 지역성을 출신인물과 결부시켜서 밝혔고(地人相關), 복거총론에서는 살기 좋은 곳을 택하여 그 입지조건을 들어 타당성을 설명하였다. 팔도총론은 지방지(地方誌)에 해당하고, 복거총론은 인문지리적 총설에 해당된다. 사람이 살 만한 곳의 입지조건으로서 지리와 생리(生利), 인심(人心), 산수(山水) 등 네 가지를 들었으며, 여기에도 여러 가지로 구별하여 가거지(可居地)와 피병지(避兵地), 복지(福地), 은둔지(隱遁地), 일시유람지(一時遊覽地) 등으로 분류하였다.

그러면서 각 지방마다 불리는 별칭에 대해 설명하고 있는데, 아래와 같다. 경기(京畿)에는 도(道)자를 붙이지 않는 것이 원칙이어서, 경기도에는 별칭이 없다. 나머지 7도에 대한 별칭과 기준은 다음과 같다.

영남(嶺南)은 경상도로서 조령(鳥嶺)과 죽령(竹嶺)의 남쪽을 말한다. 호서(湖西)는 충청도인데, 충북 제천 의림지호(義林池湖)의 서쪽이라는 뜻이다. 호남(湖南)은 전라도인데, 전북 김제 벽골제호(碧骨堤湖)의 남쪽이라는 뜻이다. 강원도를 영동(嶺東) 또는 관동(關東)이라 함은 대관령 동쪽이라는 뜻이다. 해서(海西)는 황해도인데, 경기해(京畿海)의 서쪽이라는 뜻이고, 관북(關北)은 함경도로 철령관(鐵嶺關)의 북쪽을 말하며, 관서(關西)는 평안도로 철령관의 서쪽이라는 말이다.

이전투구란 성어는 중국에서는 쓰이지 않았던 것으로 보인다. 위에 나온 정도전의 말이 그 시작인 듯한데, 정도전도 자신이 고안한 말은 아닐 것이고, 이전부터 팔도 사람들의 특성을 그렇게 부르던 관습이 있었을 것으로 여겨진다. 지금은 이 말이 아주 막돼먹은 싸움질이나 난장판을 비유하지만, 원래는 사람의 성격을 빗댄 말이었던 것이다.

【용례】 서로 장학금을 받겠다고 절친하던 친구가 악다구니를 쓰면서 다투는데, 완전히 "이전투구"더군. 돈 앞에선 우정도 필요 없어.

이판사판 理判事判

理 : 이치(리) **判** : 가를, 나눌(판)
事 : 일·섬길(사)

【뜻풀이】 이판승(理判僧)과 사판승(事判僧).

【출전】 원래 이판과 사판은 불교 교단을 크게 양분해서 부르던 명칭이었다.

즉, 이판은 주로 교리를 연구하고 수행에 주력하면서 득도의 길을 걸었던 학승을 말했다. 반면에 사판은 수행에도 힘쓰지만 아울러 사찰의 행정 업무나 살림살이 일체를 돌보던 사람들을 일컫는 말이었다.

이렇게 단순히 사찰에서 하는 역할에 따라 두 가지로 나뉘던 것이 차츰 교구가 확정되고 사찰마다 주지가 책임자가 되는 제도가 정착되면서 묘한 문제가 일어났다. 어떤 사찰에는 이판 출신의 승려가 주지가 되고 어떤 사찰에는 사판 출신의 승려가 주지가 되는 일이 생겼던 것이다.

대개 승려는 운수행각(雲水行脚)을 하면서 고행과 수도를 겸하는 경우가 종종 있었는데, 이런 승려들이 정처없이 떠돌다가 찾는 곳이 바로 산사(山寺)였던 것도 당연하다.

산사를 찾아 들어가면 주지가 그들을 맞이하면서 대뜸 물어보는 것이 이판인가 사판인가 하는 것이었다. 물론 세속적인 욕망이나 이윤과는 거리가 먼 승려들이기에 차별이 뒤따르지는 않았지만 기왕이면 같은 판에 소속된 승려에게 정이 더 갈 것은 자명한 이치다.

때문에 산사를 찾은 운수승은 그 산사의 주지가 이판승 출신인지 사판승 출신인지를 잘 알아두는 것이 처신에도 유리했던 것이다. 이런 연유로 해서 이판사판이란 성어가 나오게 되었다.

오늘날에는 원 유래와 관계없이 사태가 막다른 곳에 다다라 더 이상 어쩔 수가 없게 되었을 때 자포자기(自暴自棄)하는 심정으로 결정을 내리는 것을 이렇게 부른다.

【용례】 이제 "이판사판"이니 이 경기는 어떻게 해서든지 이겨야 하겠네.

이포역포 以暴易暴

以 : 써(이) 暴 : 난폭할(포)(폭)
易 : 쉬울(이)/바꿀(역)

【뜻풀이】 하나의 포악한 것이 다른 하나의 포악한 것을 대체한다는 말이다.

【출전】『사기·백이열전』에 다음과 같은 이야기가 전한다.

은나라 때 고죽국 임금의 아들인 백이(伯夷)와 숙제(叔齊)가 있었는데, 아버지가 세상을 떠날 때 셋째아들 숙제로 하여금 왕위를 잇게 하라는 유언을 남겼다.

그러나 숙제는 맏아들인 백이가 왕위를 잇는 것이 옳다고 하면서 거절하였다. 백이는 부왕의 유언을 어겨서는 안 된다고 하면서 역시 사절하였다. 이렇게 두 사람이 서로 사양하다가 나중에는 두 사람 다 고국을 떠나 버리고 둘째아들이 왕위를 잇게 되었다.

백이와 숙제는 주문왕(周文王)이 노인들을 우대한다는 소식을 듣고 주(周)나라의 도읍지 풍읍으로 갔다. 그러나 주문왕은 얼마 전에 세상을 떠났고 그의 아들 무왕(武王)이 새로 즉위한 터였다. 그런데 주무왕은 왕위에 오르자마자 포악무도한 은나라의 주(紂)를 토벌할 준비를 하고 있었다.

이때 백이와 숙제는 주무왕이 제후국 임금으로, 천자인 주를 치는 것과 아직 아버지의 상중에 전쟁을 일으키는 것은 불충불효(不忠不孝)이며 대역무도(大逆無道)라고 하면서 이를 제지하였다. 그러자 무왕은 그들에게 욕설을 퍼부으면서 그들을 물리쳤다.

두 사람은 무왕의 군사들이 출정하는 날까지도 전차를 막아서서 군대의 진군을 제지했는데, 그때 만일 무왕의 군사(軍師) 강태공(姜太公)이 말리지 않았더라면 그들은 목숨마저 잃을 뻔했다.

무왕의 군사들은 목야의 일전에서 주의 군대를 격파하고 은나라의 도읍지 조가(朝歌)까지 밀고 들어갔다. 이에 주는 자결하고 상나라는 멸망하게 되었다.(☞ 애옥급오愛屋及烏 참조)

그러나 그때까지도 백이와 숙제는 그들의 주장을 고집하고 무왕의 전쟁을 포악한 행위로 치부하면서 주나라의 도읍지에서 살기 싫어 수양산(首陽山)에 들어가 숨어 살았고, 주나라의 곡식을 입에 대지 않으려고 산나물을 캐어 먹다가 굶어 죽었다.(☞ 구인득인求仁得仁 · 진선진미盡善盡美 · 천도시야비야天道是耶非耶 참조)

백이와 숙제가 수양산에서 숨어 살 때 그들은 자기들이 손수 지은 노래를 불렀다고 하는데, 그 노래를 〈채미가(采薇歌)〉라고 한다. 전문은 다음과 같다.

「저 서산을 오름이여,
고비를 캐는도다.
포학으로써 포학을 바꿈이여,
그 죄를 모르는구나.
신농 하우가 갑자기 죽음이여,
어디로 가서 귀의할 것인가.
오호라, 가고 감이여,
천명이 마침내 쇠하고 말았도다.
登彼西山兮 采其薇矣
以暴易暴兮 不知其罪矣
神農虞夏忽焉沒兮 安適歸矣
吁嗟徂兮 命之衰矣」

【용례】 예전에 아르헨티나의 후안 페론이란 군부 독재자는 아마도 "이포역포"의 한 예라고 생각해.

이화구화 以火救火

以 : 써(이) 火 : 불(화)
救 : 구조할(구)

【뜻풀이】 불로써 불을 끈다는 뜻으로 방법이 틀려 역효과를 빚어내는 경우를 일컫는 말인데, "섶을 지고 불속으로 들어간다"는 속담과 비슷하다.

【출전】 『장자 · 인간세편(人間世篇)』에 다음과 같은 이야기가 있다.

어느 날 공자의 제자 안회(顔回)가 위(衛)나라로 가겠다고 하면서 공자에게 말하였다.

"들으니 위나라의 젊은 임금은 권력을 남용하고 백성들을 전혀 돌보지 않는다고 하는데 제가 가서 의원이 되어 그의 병을 치료해 줄까 합니다."

이에 공자는 냉소하면서 가지 말 것을 권고하였는데, 그 이유는 다음과 같았다.

"위나라 임금이 그러한 것은 현사들의 말을 듣지 않고 간신들의 말만 듣기 때문이다. 만일 그대가 가서 간한다면 임금 주변의 간신들이 그대를 공격하거나 해칠 수도 있다. 그대가 만일 위왕을 돌려세우지 못하고 그에게 순종한다면 불로 불을 끄고 물로 물을 막는 것과 같을 것이다.(以火救火 以水救水)"

이화구화는 바로 공자의 이 말에서 나온 성어인데, 이수구수(以水救水) 역시 성어로서 그 뜻은 전자와 동일하다. 그리고 이화구화는 그 뜻이 포신구화(抱薪救火)와도 비슷하다.

【용례】 돈을 물쓰듯 하다가 쇠고랑을 찼는데, 앞으로는 용돈을 더 줘서 그런 일이 없도록 하겠다니. "이화구화"라는데, 그렇게 해서 자식이 바로 자랄 것 같은가?

인면도화 人面桃花

人 : 사람(인) 面 : 얼굴(면)
桃 : 복숭아(도) 花 : 꽃(화)

【뜻풀이】 사랑하는 사람을 다시는 만나지 못하다.

【출전】 『여정집(麗情集)』에 다음과 같은 이야기가 있다.

당나라 때 최호(崔護)라는 시인이 살았다. 자는 은공(殷功)이었는데, 성격이 괴팍해서 다른 사람과 잘 어울리지 못하고 혼자 고적한 생활을 하고 있었다.

어느 날 때는 청명절(淸明節)이어서 그는 홀로 성 밖의 남쪽 교외로 나갔다가 사방이 복숭아꽃으로 어우러진 소박하고 아름다운 집 한 채를 발견하였다.

그는 작지만 그 집이 아담한 게 기품이 있다고 여겨 그런 집에서 사는 사람은 누구인지 궁금해졌다. 그래서 그는 목이 마르다는 핑계를 대며 주인에게 마실 물을 청하려고 그 집 안으로 들어갔다.

그가 주인을 찾자 안에서 나온 사람은 뜻밖에도 보기 드문 절세미인(絕世美人)이었다. 그녀는 우아하고 친절한 태도로 그를 대접하였다. 그는 첫눈에 그녀에게 반했지만, 평소 남과 어울리지 못하고 고적한 생활을 하던 그인지라 차마 자신의 마음을 전하지 못하고 그냥 돌아오고 말았다.

그렇지만 우연한 그녀와의 만남은 그의 가슴에 깊은 인상을 심어 주었다.

세월이 흘러 1년이 지나고 다시 청명절이 되자 다시 한 번 그녀를 보고 싶은 마음에 그는 옛날에 걷던 길을 따라 그 집을 찾아갔다.

그러나 그가 그 집에 도착했을 때는 문은 굳게 닫혀 있었고, 안에는 아무도 살고 있지 않았다. 이에 몹시 실망한 최호는 그 집의 왼편 문 위에 한 편의 시를 적어 놓았다.

「지난해 오늘 이 문 안에서는
님의 얼굴엔 복숭아꽃으로 붉게 물들었었지.
님의 얼굴 어디로 갔는지 아무도 모르는데
복숭아꽃만 예전처럼 봄바람에 웃고 있네.
去年今日此門中
人面桃花相映紅
人面不知何處去
桃花依舊笑春風」

이런 슬픈 사연으로 인해 인면도화라는 성어는 한번 떠나간 사랑하는 사람을 다시는 만날 수 없다는 뜻으로 쓰인다.

【용례】 내가 군 제대하고 오니까 그녀는 벌써 유학을 떠났더군. "인면도화"라, 이후로 다시는 그녀를 볼 수가 없었지.

인봉구룡 麟鳳龜龍

麟 : 기린(기) 鳳 : 봉황새(봉)
龜 : 거북(구) 龍 : 용(룡)

【뜻풀이】 기린·봉황·거북·용으로, 품성이 고상한 사람을 비유하는 말이다.

【출전】 『예기·예운편(禮運篇)』에서 기린·봉황·거북·용을 가리켜 네 개의 신령이라고 했듯이 옛날 사람들은 이 네 가지 동물로 상서롭고 화목하고 장수하며 고귀한 것을 상징하였다.(▶ 봉모린각鳳毛麟角 참조)

물론 이 네 가지 동물 중 어떤 것은 실재하는 것이 아니지만 고대인들은 그것들을 상상력으로 창조해 내 그럴듯한 전설로 전해지게 한 것이다.

그래서 민간의 그림이나 궁정 장식품들에 보면 기린·봉황·거북·용 등의 기묘한 형상들이 수없이 많이 나타나며, 글을 쓸 때도 그것을 성어로 쓰고 있는 것이다.

【용례】 사회 기강을 바로 세우는 것은 법이 아니라 "인봉구룡" 같은 정신적 지주지. 사람이 사람을 바로 세우지, 법이 사람을 바로 세우겠나?

인비목석 人非木石

人 : 사람(인) 非 : 아닐(비)
木 : 나무(목) 石 : 돌(석)

【뜻풀이】 사람은 나무나 돌이 아니다. 즉, 감정을 지니고 있기 때문에 처우나 상황에 대해 민감하게 반응한다는 말이다.

【출전】 사마천(司馬遷)의 〈임소경에게 보낸 편지(與任少卿書)〉에 나오는 말이다.

"집이 가난하여 돈으로 죄를 대신할 수도 없습니다. 같이 어울려 지내던 사람들도 구해주려는 사람이 없습니다. 주변에서 가깝게 지내던 사람들도 한마디 도움의 말도 주지 않습니다. 제 몸이 목석이 아닐진대, 홀로 옥리들과 짝을 지어 깊이 감옥 안에 갇히고 말았습니다.(家貧貨賂不足以自贖 交游莫救 左右親近 不爲一言 身非木石 獨與法吏爲伍 深出囹圄之中)"

인간은 목석이 아니고 희로애락의 감정이 있다.

사마천이 한무제(漢武帝)의 노여움을 사 궁형(宮刑)이라는 치욕적인 형벌을 선고받았을 때, 믿고 따르던 사람들조차 하나하나 등을 돌리는 일은 그로서는 참으로 견디기 어려운 고통이었다. 그 참담한 심정을 이렇게 고백했던 것이다.

포조(鮑照)의 시 〈의행로난(擬行路難)〉에도 비슷한 구절이 나온다.

「평평한 땅에 물을 쏟아 부으면
제각기 동서남북으로 흘러간다네.
사람의 삶에도 또한 운명이 있거늘
어찌 다니며 탄식하고 앉아 근심하리.
술을 부어 마음을 스스로 위로하며
잔을 드니 행로가 고달프다 노래하지 않겠구나.
마음이 목석이 아닌데 어찌 느낌이 없겠는가.
울음을 삼키고 머뭇거리면서 말을 맺지 못하네.
瀉水置平地 各自東西南北流
人生亦有命 安能行歎復坐愁
酌酒以自寬 擧杯斷絕歌路難
心非木石豈無感 呑聲躑躅不能言」

【용례】 정신대 할머니의 참담한 인생 이야기를 들어 보면 말문이 막힙니다. "인비목석"이니 어느 누군들 분개하지 않겠습니까?

인생감의기 人生感意氣

人 : 사람(인) 生 : 날(생)
感 : 느낄(감) 意 : 뜻(의) 氣 : 기운(기)

【뜻풀이】 인생을 살면서 의기를 느낀다.

【출전】 당(唐)나라 초기의 정치가이자 문인인 위징(魏徵, 580~643)의 시 〈술회(述懷)〉에 나오는 한 구절이다.

위징은 태종을 도와 정관지치(貞觀之治)를

이룩한 사람이었지만, 마흔 살이 될 때까지는 별반 이름을 날리지 못한 선비에 불과했다. 그렇다고는 해도 세상에 크게 공명을 떨쳐야겠다는 다짐만은 옹골찬 사람이었다.

나이 마흔이 넘어설 무렵 위징은 산동성에서 세력을 떨치고 있던 서세적(徐世勣)을 설복시켜 투항시키겠다는 건의를 올려 황제의 허락을 받았다. 이때 그가 동관(潼關)을 향해 떠나면서 자신의 심정을 노래한 작품이 바로 〈술회〉다.

임금의 은혜에 보답하고 절의를 위해 힘써 노력하겠다는 의지가 강하게 드러나 있는데, 한편 공명심에 찬 허욕도 없지 않아 있다.

「계포에게는 이낙이란 없고
후영도 일언을 중시한다네.
사람이 살면서 의기를 느끼다니
공명은 누가 다시 논할 것인가.
季布無二諾
侯嬴重一言
人生感意氣
功名誰復論」

계포에 대해서는 성어 일락천금(一諾千金)(◘ 참조)에 자세히 나와 있다.

후영은 전국시대 위(魏)나라의 신릉군(信陵君)이 조(趙)나라를 구하려고 떠날 때 너무 고령이라 따라가지는 못하고 대신 죽어서 혼령이라도 함께하겠다며 자결한 사람이다. 한 번 뱉은 약속을 지키기 위해 목숨까지 버릴 만큼 신의를 중시한 인물이다.

이 시는 『당시선(唐詩選)』의 첫머리를 장식하고 있는 작품으로도 유명하다.

【용례】 지금 협정 당사자들을 만나기 위해 길을 떠나는 저는 벅찬 사명감으로 가슴이 복받칩니다. "인생감의기"하는 이 순간을 저는 평생 못 잊을 것입니다.

인생여조로 人生如朝露

人 : 사람(인) 生 : 날(생) 如 : 같을(여)
朝 : 아침(조) 露 : 이슬(로)

【뜻풀이】 사람살이는 아침 이슬과 같다. 아침에 잠깐 맺혔다가 볕이 들면 사라지는 이슬처럼 인생은 덧없이 왔다가 간다는 것을 비유하는 말이다.

【출전】 『한서·소무전(蘇武傳)』에 다음과 같은 이야기가 있다.

한무제 때 흉노족에 사신으로 간 소무는 외교 분쟁으로 말미암아 억류되어 20년 가까이 그곳에서 생활하였다. 비슷한 시기에 소무의 친구인 이릉(李陵)도 흉노족과 싸우다가 포로로 잡혀 같은 처지에 놓였다.

흉노족의 임금인 선우(單于)는 소무를 회유하기 위해 갖은 방법을 다 동원했지만 그는 끝내 뜻을 굽히지 않고 절개를 지켰다.

설득에 지친 선우는 그를 바이칼 호 부근에 있는 오지로 내쫓으면서 그곳에서 양을 치며 살게 하였다.

그가 유배지로 떠나는 날 선우는 전송하는 의미의 연회를 열었다. 그 자리에서 이릉이 소무의 손을 잡고 말했다.

"이제 떠나면 다시는 만나기 어렵겠구나. 생각해 보게. 선우는 자네를 신임해서 어떻게든 자기 사람으로 만들려고 하고 있네. 자네는 이미 조국 한(漢)나라로도 못 가는 신세일세. 내가 떠날 때 들으니 자네 어머님은 돌아가셨고 아내도 재혼해서 누이 둘과 딸 둘, 아들 한 사람만 남아 있다고 하네. 그것도 이미 10년이나 지난 일일세. 지금은 살았는지 죽었는지도 모르는 처지가 아닌가. 인생이란 아침

이슬과 같아서 금세 시들어 버리는 것일세. 어찌 이렇게 긴 시간을 홀로 괴로워하면서 보내는 것인가.(…人生如朝露 何久自苦如此)"

이렇게 이릉은 소무에게 여러 가지 말로 설득했지만, 소무는 끝내 의지를 굽히지 않고 유배지로 떠났다.

뒷날 소무는 기러기 발에 달린 쪽지를 핑계로 삼은 한나라 사신의 기지 덕분에 무려 19년 만에 고국으로 돌아올 수 있었다.(➡ 안서雁書 · 안족雁足 참조)

이릉의 말에서 성어 인생여조로가 나왔다.

【용례】 사람살이 아침 이슬과 같다("인생여조로")디니, 그렇게 정력적으로 일하던 사람이 하루아침에 유명을 달리하다니. 도저히 믿기지가 않는군.

인생칠십고래희 人生七十古來稀

➔ 고희 古稀

인심불가측 人心不可測

人 : 사람(인) 心 : 마음(심)
不 : 아닐(불) 可 : 가히 · 정도(가)
測 : 잴 · 헤아릴(측)

【뜻풀이】 사람의 마음은 그 깊이를 잴 수가 없다. 사람의 마음은 헤아릴 수 없다는 뜻이다. "열길 물 속은 알아도 한 길 사람 속은 모른다."는 속담과 같은 뜻이다.

【출전】 『대동기문(大東奇聞)』에 다음과 같은 이야기가 나온다.

조선 제21대 임금 영조(英祖, 재위 1724~1776)가 몸소 왕비를 간택할 때의 일이다. 후보로 올라온 규수들을 모아 놓고 물었다.

"이 세상에서 어느 꽃이 가장 아름다운가?"

여인들은 제각기 아름다운 꽃 이름을 말했다. 그런데 한 여자만 이렇게 대답하는 것이었다.

"꽃이라면 목화 꽃이 가장 아름답습니다. 다른 꽃들은 한때만 아름다울 뿐이지만 목화꽃은 사람을 항상 따뜻하게 해주는 공(功)이 있기 때문입니다."

다시 영조가 물었다.

"그러면 세상에서 가장 깊은 것은 무엇이냐?"

역시 제각기 깊다고 생각하는 물건을 댔지만 그녀만 이렇게 대답했다.

"사람의 마음이 가장 깊습니다. 다른 물건이야 그 깊이는 헤아릴 수 있지만 사람의 마음은 헤아릴 수가 없기 때문입니다."

【용례】 평생을 함께 살자고 맹세하고 맹세해 내가 번 돈을 모두 맡겼는데, 하루 만에 들고 달아나다니. 아무리 "인심불가측"이라지만 이럴 수는 없어.

인심여면 人心如面

人 : 사람(인) 心 : 마음(심)
如 : 같을(여) 面 : 낯(면)

【뜻풀이】 사람마다 얼굴이 각기 다르듯이 사람의 마음도 천차만별로 같은 것이 없다는 말이다.

【출전】 『좌전 · 양공(襄公) 31년』조에 다음과 같은 이야기가 나온다.

정(鄭)나라의 재상 자피(子皮)는 젊은 윤하(尹何)를 자기 영지의 대부로 삼으려고 했다. 대부분의 사람들은 아직 젊고 경험 또한 부족한 윤하가 임무를 제대로 수행하지 못하리라고 여겼다. 자피의 보좌관이었던 자산(子産) 또한 인사의 부적절함을 건의하였다. 그러나 자피는 자산에게 말했다.

"그는 성실하기 때문에 내가 좋아하네. 그러니 나를 실망시키는 일은 없을 것이야. 지금 대부를 시키지 않으면 앞으로 배울 기회가 없을 것이야."

그러나 자산은 다시 한 번 말했다.

"좋아하는 사람을 아끼는 심정은 잘 압니다. 하지만 그것이 도리어 그를 해치는 결과를 빚기도 합니다. 칼질이 서투른 사람에게 고기를 썰게 해서 손가락을 다치게 하는 것과 마찬가지입니다. 만약 여기에 고운 천이 있다고 할 때 공께서는 이 천을 경험도 없는 사람에게 맡겨 재단 연습을 시키지는 않을 겁니다. 높은 관직이나 큰 고을은 모두가 백성들을 위한 것입니다. 고운 천보다 훨씬 중요하지요. 그러니 미숙한 사람에게 이 일을 맡기시면 안 됩니다. 또 사냥에 비유해 보면, 마차를 몰 줄 모르고 활 쓰는 법을 모르는 사람이 들짐승을 잡겠습니까? 아마 토끼 한 마리도 잡기 전에 수레는 굴러 버릴 것입니다. 나라의 일은 이보다 훨씬 더합니다. 먼저 배우게 한 다음 일을 시키면 못할 리가 없습니다. 그러나 반대로 하면 반드시 나라에 큰 피해를 줄 것입니다."

자피가 이 말에 깨달은 듯 고개를 끄덕이며 말했다.

"알겠소. 옷감조차 다룰 줄 아는 사람에게 맡기는데, 하물며 높은 관직이나 큰 고을을 초보자에게 맡기려 한 것은 어리석은 생각이었소. 그대의 충고가 없었다면 내가 큰 실수를 저지를 뻔했구려. 그동안 나랏일은 그대에게 맡기고 집안일을 내가 보아 왔는데, 앞으로는 집안일도 그대의 말을 듣겠소."

그러자 자산이 손을 저으며 말했다.

"사람이 얼굴이 제각기 다르듯이 마음도 같지 않습니다. 내가 어떻게 공을 대신할 수 있겠습니까? 다만 위태롭다고 판단될 때에는 당연히 찾아와서 보고할 따름입니다."

자피는 그를 진심으로 칭찬하면서 나랏일의 적임자라 여겨 그를 재상에 임명하였다. 이때부터 정나라의 정치를 맡은 자산은 헌신적으로 일하여 정나라를 부강하게 만들었다. 공자도 『논어 · 헌문편(憲問篇)』에서 자산을 평하여 "은혜를 베푸는 사람(惠人)"이라 하였다.

【용례】 저 사람이 나를 그렇게 생각할 줄은 몰랐는걸. "인면여심"이라더니 겉만 보고서 사람을 믿어서는 안 된다는 교훈을 얻었네.

인언가외 人言可畏

人 : 사람(인) 言 : 말씀(언)
可 : 가할 · 옳을(가) 畏 : 두려워할(외)

【뜻풀이】 사람의 말이 두렵다. 사람들의 쑥덕공론이 두렵다는 뜻이다.

【출전】 『시경 · 정풍(鄭風)』에 〈장중자(將仲子)〉라는 사랑 노래가 있다. 이 작품은 한 처녀가 사랑하는 님 중자를 그리며 불렀던 노래다. 전 3장 중 제3장을 읽어 보자.

「장중자시여
우리 동산을 넘지 마세요
내가 심은 박달나무도 꺾지 마세요
어찌 그것을 아껴서겠나요

사람들 쑥덕공론이 두려워서랍니다.
그대는 그리워할 만하지만
사람들의 쑥덕공론이
또한 두렵습니다.
將仲子兮
無踰我園
無折我樹檀
豈敢愛之
畏人之多言
仲可懷也
人之多言
亦可畏也」

처녀는 중자를 애디게 그리면서도 남들이 알고 쑥덕공론을 할까 두려워 주저하고 있는데, 제3장에 나온 "사람들 말이 많으니 또한 두렵구나!"라는 구절에서 이 성어가 나왔다.

【용례】 이거 시의원이 된 뒤로는 무슨 일을 하든 사람들 이목을 조심해야 하니, "인언가외"란 말을 이제야 실감하겠군.

인인성사 因人成事
→ 모수자천 毛遂自薦

인지장사 기언야선
人之將死 其言也善

人 : 사람(인) 之 : 어조사(지)
將 : 장차(장) 死 : 죽을(사)
其 : 그(기) 言 : 말씀(언)
也 : 이끼(야) 善 : 착할(선)

【뜻풀이】 사람이 죽을 때는 그 하는 말이 착하다.

【출전】 『논어 · 태백편(泰伯篇)』에 다음과 같은 이야기가 나온다.

「증자가 병에 걸리자 맹경지(孟敬之)가 가서 문안하였다.

증자가 말했다.

"새가 죽을 때는 그 울음소리가 슬프고 사람이 죽을 때는 그 말이 착하다고 했습니다. 군자가 도에 대해서 귀하게 여기는 바가 세 가지 있습니다. 몸을 움직일 때는 난폭하고 거만한 자세를 멀리해야 하고, 안색을 바로 할 때는 믿음직하게 할 것이며, 말을 할 때는 비속하게 해서는 안 되는 것입니다. 또 제사를 치르는 일이라면 그 일을 맡아 할 사람이 있는 것이지요."

(曾子有疾 孟敬之問之 曾子言曰 鳥之將死 其鳴也哀 人之將死 其言也善 君子所貴乎道者三 動容貌 斯遠暴慢矣 正顔色 斯近信矣 出辭氣 斯遠鄙倍矣 籩豆之事 則有司存)」

증자는 이름이 삼(參)이고 자는 자여(子輿)라고 하며 공자보다 46세 연하의 제자였다. 그는 또 효성이 지극해 일설에 따르면 『효경(孝經)』을 쓴 사람이라고도 한다. 그의 효성에 대해서는 회자인구(膾炙人口)나 계족지언(啓足之言)을 통하여서도 잘 알 수 있다.

죽음을 앞둔 생물은 누구나 삶을 마무리 짓는 심정에 빠질 것이다.

때문에 말을 꾸미거나 남을 속이려는 사악한 마음은 사라지고 진실되고 참된 뜻을 품게 된다.

【용례】 "인지장사 기언야선"이라던데, 그놈들은 죽으면서도 끝까지 세상을 저주하며 처형됐다더군. 사람 모진 건 하늘도 어쩔 수 없는 모양이야.

인함지어질 막지어산 人咸躓於垤 莫躓於山

人 : 사람(인) 咸 : 다(함)
躓 : 넘어질(지) 於 : 어조사(어)
垤 : 개밋둑(질) 莫 : 아닐(막)
山 : 메(산)

【뜻풀이】 사람은 대개 개밋둑에 넘어지지 산부리에 걸려 넘어지지는 않는다. 사람이 일을 실패하거나 낭패를 보는 경우 그 까닭은 큰 난관 때문이 아니라 작은 어려움을 방심하거나 그것이 장애가 되는 경우가 많다는 말이다.

【출전】 『한비자 · 육반편(六反篇)』에 다음과 같은 이야기가 나온다.

"때문에 옛날의 성현들이 말씀하시기를, '사람은 산부리에 걸려 넘어지는 일은 없지만 개밋둑에 걸려 넘어진다.'고 했던 것이다. 이것은 산은 크기 때문에 사람이 늘 조심하지만, 개밋둑은 작아 사람이 가볍게 보기 때문이다. 지금 형벌을 가볍게 한다면 사람들은 반드시 깔보고 쉽게 여길 것이다. 범죄를 저질렀는데도 이를 처벌하지 않는다면, 나라 안을 온통 죄로 몰아가면서 버려두는 것과 같다. 그리고 죄를 졌을 때 처벌한다면 이것은 사람을 함정을 파 놓고 기다리는 꼴이다. 때문에 죄를 가볍게 다스리는 일은 사람에게 개밋둑인 셈이다. 죄를 가볍게 처벌하는 것으로 사람을 다스리는 방법으로 삼는 것은, 나라를 어지럽히는 짓이 아니면 사람을 함정에 빠뜨리는 것으로, 이것이 바로 사람을 다치게 하는 것이라고 말할 수 있다.

(故先聖有諺曰 不躓於山 而躓於垤 山者大故人順之 垤微小 故人易之也 今輕刑罰 民必易之 犯而不誅 是驅國而棄之也 犯而誅之 是爲民設陷也 是故輕罪者 民之也 是以輕罪之爲民道也 非亂國也 則設民陷也 此則可謂傷民矣)"

【용례】 암투병 생활을 하다가 극적으로 나았는데, 어떻게 식중독에 걸려 운명을 달리하다니, "인함지어질이요 막지어산"이라고 사람의 운명은 알 수 없어.

일가지언 一家之言

一 : 한(일) 家 : 집(가)
之 : 어조사(지) 言 : 말씀(언)

【뜻풀이】 학문에 힘써서 누가 보아도 인정할 수 있는 독자적인 학문 체계를 이룬 사람을 일컫는 말이다. 그러니까 말이나 논리에 권위를 가진 사람이나 그 사람의 논리를 가리킨다.

【출전】 『사기 · 태사공자서(太史公自序)』에 나오는 말이다.

"빠진 것을 모으고 보완하여 간략하게 만들어 일가의 말을 이루었다.(略以拾遺補藝 成一家之言)"

궁형(宮刑, 고환을 자르는 형벌)이라는 치욕적인 형벌을 당하고서도 절치부심(切齒腐心)하여 만고의 명저 『사기』를 남긴 사마천이 내놓을 만한 당연한 자부심이다.

『한서』에도 같은 말이 나온다.

"고금의 변화에 통달하여 일가의 말을 이루었다.(通古今之變 成一家之言)"

【용례】 기왕 대학에 들어갔으니, 각고의 노력을 더해 "일가지언"을 남길 수 있도록 하게나.

일거수일투족 一擧手一投足

一 : 한(일) 擧 : 들(거) 手 : 손(수)
投 : 던질(투) 足 : 발(족)

【뜻풀이】 손을 한 번 들고 발을 한 번 들다. 사람이 하는 모든 행동거지(行動擧止) 하나하나를 가리키는 말이다.

【출전】 이 말은 한유(韓愈)가 쓴 산문 〈응과목시여인서(應科目時與人書)〉에 나오는 말이다. 과목이란 과거(科擧) 시험을 뜻하며 서는 편지를 말한다. 뜻을 풀어 본다면 "과거에 응시하면서 사람에게 주는 편지"라고 할 수 있다.

글의 내용으로 볼 때 시험관에게 자신을 소개하면서 급제의 영광을 베풀어 달라는 부탁을 담고 있다. 과거에 응시하기 전에 시험관이 될 사람에게 이런 글을 올리는 것은 당시에는 하나의 관례였다고 한다. 그 전문을 옮기면 다음과 같다.

「아무 날 아무 일에 한유가 재배하며 인사드립니다.

천지라 불리는 바닷가나 큰 강가에 괴물이 산다고 합니다. 이는 보통 비늘을 가진 물고기나 조개 따위와 같은 것은 아닙니다. 그가 물을 얻으면 변화를 일으켜 비바람이 몰아치게 하고 하늘을 아래 위로 오르내리는 것도 어려운 일이 아닙니다. 그러나 물을 만나지 못하면 평범한 작은 물고기에 불과할 뿐입니다.

높은 산이나 큰 구릉이 없더라도 길은 멀어지고 끊기고 험준해져서 막히고 떨어지게 됩니다. 그러니 물이 말라 버리거나 얕은 물에 있다면 스스로 물에 갈 수가 없어서 수달 따위에게 웃음거리가 되는 경우가 열에 여덟 아홉입니다.

그러나 만약에 힘 있는 사람이 그 말라 버린 것을 안타깝게 여겨 옮겨 주는 것은 손 한 번 움직이고 다리 한 번 움직이는 노고에 불과하지만, 이 괴물에게는 뭇 동물 중에서 기이함을 짊어지는 것입니다.

또 말하기를 모래나 진흙에서 불타 죽어도 내 차라리 즐거워할지언정 머리를 숙이고 귀를 늘어뜨리고 꼬리를 흔들며 가엾음을 구걸하는 것은 제 뜻이 아닙니다.

이런 까닭으로 힘 있는 사람을 만나면 자세히 보지만 마치 아무것도 보지 않는 것처럼 하는 것입니다. 그 죽고 사는 것은 진실로 알 수 없는 것입니다. 지금 힘 있는 사람이 있어 그 앞에 서 있습니다. 애오라지 시험 삼아 고개를 들고 한 번 우렁차게 울어 봅니다. 어찌 누가 힘 있는 사람이 그 말라 버린 것을 애달프게 여겨 손 한 번 움직이고 다리 한 번 움직이는 노고를 잊어 그를 옮겨 맑은 물결에 두지 않았다는 것을 알겠습니까? 그 애달프게 여기는 것도 운명이고 여기지 않는 것도 운명이며, 그것이 운명에 달렸다는 것을 알고도 또 울부짖는 것 역시 운명입니다.

저는 지금 진실로 이와 같은 처지이니 이런 까닭으로 부족하고 어리석은 허물도 잊고 이 이야기를 하는 것입니다. 각하께서 또한 가엾게 여겨 살펴보아 주시기를 바라옵니다.

(月日 愈再拜 天池之濱 大江之濆 日有怪物焉 蓋非常鱗凡介之品彙匹儔也 其得水 變化風雨 上下於天不難也 其不及水 蓋尋常尺寸之間耳 無高山大陵曠途絶險 爲之關隔也 然其窮涸不能自致乎水 爲獱獺之笑者 蓋十八九矣 如有力者哀其窮而運轉之 蓋一擧手一投足之勞也 然是物也 負其異於衆也 且曰 爛死於沙泥 吾寧樂之 若俛首帖耳 搖尾而乞憐者

非我之志也 是以有力者遇之 熟視之若無覩也 其死其生 固不可知也 今又有有力者 當其前矣 聊試仰首一鳴號焉 庸知有力者不哀其窮而忘一擧手一投足之勞 而轉之淸波乎 其哀之命也 其不哀之命也 知其在命 而且鳴號之者亦命也 愈今者實有類於是 是以忘其疎愚之罪而有是說焉 閣下其亦憐察之)」

본문 중의 내용으로 보면 일거수일투족은 자신을 과거에 급제시키는 일은 손 한 번 움직이고 발 한 번 드는 정도로 아주 쉽게 할 수 있는 일이지만, 자신에게는 크나큰 은혜가 된다는 말이었다. 그러던 것이 오늘날에는 이와는 관계없이 사람이 하는 행동 일체를 가리키는 말이 되어 버렸다.

【용례】 비록 대단찮은 자리라고 해도 일단 수장의 위치에 서면 "일거수일투족"이 항상 남들의 주목을 받게 마련이다. 그러니 앞으로는 각별히 이 점에 유의해서 처신하도록 하거라.

일거양득 一擧兩得

一 : 한(일) 擧 : 들(거)
兩 : 짝·둘(량) 得 : 얻을(득)

【뜻풀이】 꿩 먹고 알 먹기. 한 가지 일을 해서 두 가지 이익을 얻는다는 뜻이다. 우리 속담에도 "님도 보고 뽕도 딴다"나 "도랑 치고 가재 잡는다" 등 비슷한 사례가 많다. 비슷한 성어에 일석이조(一石二鳥)도 있다.

【출전】 『춘추후어(春秋後語)』에 다음과 같은 이야기가 있다.

춘추시대 노나라에 용맹과 담력이 남다른 변장자(辨莊子)라는 사람이 있었다. 어느 날 산에 호랑이 두 마리가 나타났다는 말을 들은 그는 대뜸 장검을 뽑아들고 산으로 올라갔다. 과연 호랑이 두 마리가 지금 막 소 한 마리를 서로 제가 먹으려고 싸우는 중이었다. 이때 뒤따르고 있던 아이가 그를 말리면서 말했다.

"지금 호랑이 두 마리가 싸우고 있는데 그 결과 힘이 약한 호랑이는 물려 죽게 될 것이고 힘센 호랑이도 상처를 입게 될 것입니다. 그때 상처입은 호랑이를 잡으면 호랑이를 두 마리 얻게 될 것이고 또한 호랑이 한 마리를 잡고도 두 마리를 잡았다는 말을 듣게 될 것입니다.(一擧兩得)"

이에 변장자는 아이의 말대로 잠시 기다렸다가 나중에 상처를 입은 호랑이 한 마리를 잡아 결국 호랑이 두 마리를 얻게 되었다고 한다. 이 이야기에서 일거양획(一擧兩獲) 또는 일거양득이라는 성어가 나온 것이다.

『전국책·진책(秦策)』에도 다음과 같은 이야기가 나온다.

진(秦)나라의 혜문왕(惠文王) 때의 일이다. 패업(覇業)을 이루려고 여념이 없던 왕에게 재상 장의(張儀)는 중원으로 진출할 것을 주장했지만, 중신 사마조(司馬錯)는 이에 반대하며 이렇게 말했다.

"무릇 나라가 부유하기를 바라는 군주는 국토를 넓히는 일을 우선적으로 해야 하고, 병사들이 강해지기를 바라는 군주는 무엇보다 백성들이 잘 살 수 있게 해야 하며, 패자(覇者)를 꿈꾸는 군주는 먼저 덕을 쌓는 데 힘써야 한다고 들었습니다. 이 세 가지가 이루어지면 패업은 저절로 달성된다고 합니다. 그런데 지금 진나라의 국토는 비좁고 백성들도 가난합니다. 때문에 신은 쉬운 쪽으로 일을 하기를 바랍니다. 지금 촉나라는 서쪽에 치우친 나라고, 오랑캐의 우두머리이면서 걸·주와 같은 포악한 다스림으로 어지러워져 있습니다. 진나라로써 촉을 공격하는 것은 마치 사나운 이리와 승냥이를 시켜 양 떼를 몰아내는 것과 같습니다. 그러니 그 땅을 얻어 족히 나라를 넓힐 수 있을 것이고, 그 재물을 얻어 백성을 부유하게 하고 병사를 강하게 할 수 있을 것입니다. 이렇게 되면 국토는 넓어지고 백성들의 재물은 쌓이게 될 것입니다. 우리 국민들을 해치지 않고 저들을 굴복시키는 것이 됩니다. 이렇게 되면 한 나라를 뽑아 가지고도 난폭하다는 소리를 듣지 않고 서해의 제후들의 이익을 다 가지고도 탐욕스럽다는 소리를 듣지 않을 수 있으니, 이것이 바로 제가 한 가지 일을 하고서 명분과 실질에서 모두 이익을 얻는다는 것입니다.(臣聞之 欲富國者 務廣其地 欲强兵者 務富其民 欲王者 務博其德 三資者備 而王隨之矣 今王之地小民貧 故臣願從事於易 夫蜀西辟之國也 而戎狄之長也 而有桀紂之亂 以秦攻之 譬如使豺狼逐群羊也 取其地 足以廣國也 得其財 足以富民繕兵 不傷衆而彼已服矣 故拔一國而天下不以爲暴 利盡西海諸侯不以爲貪 是我一擧而 名實兩附)"

그래서 혜문왕은 사마조의 주장에 따라 먼저 오랑캐부터 정벌하여 국토를 넓혔다.

그리고 같은 편끼리 싸움으로 해서 어느 한 쪽이 손해를 입게 되는 것을 가리켜 "두 호랑이가 서로 싸우니 그 중 한 마리는 반드시 다친다.(兩虎相爭 必有一傷)" 또는 양패구상(兩敗俱傷)이라 하며, 남의 싸움을 곁에서 구경하는 것을 가리켜 "산에 앉아 호랑이 싸움을 구경하다.(坐山觀虎鬪)" 또는 좌관성패(坐觀成敗)라고 하게 되었다.

『동관한기(東觀漢記)』 권8 〈경엄전(耿弇傳)〉에도 "내가 임치를 함락시키면 서안은 고립될 것이니 반드시 다시 망할 것입니다. 이른바 한 번 들어 두 가지를 얻는다는 것이지요.(吾得臨淄 卽西安孤 必復亡矣 所謂一擧而兩得者也)"라는 말이 있으며, 『진서·속석전(束晳傳)』에는 "양평(陽平)과 돈구(頓丘) 두 고을은 땅이 가깝고 좁다. 말하기를 서주로 옮겨 변방의 영토를 충실히 하는 것이 좋다고 한다. …한 번 들어 둘을 얻으니, 밖은 실해지고 안은 두터워진다.(二郡田地逼狹 謂可徙遷西州 以充邊土…一擧兩得 外實內寬)"는 말이 나온다.

【용례】 이번에 낸 신간은 교육부에서 좋은책상도 받고 평판도 좋은데다가 많이 팔려서 "일거양득"이야.

일견폐형 백견폐성
一犬吠形 百犬吠聲

一 : 한(일) 犬 : 개(견)
吠 : 짖을(폐) 形 : 모양(형)
百 : 일백(백) 聲 : 소리(성)

【뜻풀이】 개 한 마리가 사람을 보고 짖으면 뭇 개들은 그 소리를 듣고 따라 짖는다. 한 사람이 헛된 말을 꾸며 퍼뜨리면 나머지 사람들은 그것을 사실인 양 믿어 버린다는 뜻이다.

【출전】 『잠부론(潛夫論)·현난편(賢難篇)』에 "개 한 마리가 사람을 보고 짖으면 뭇 개들은 그 소리만 듣고 짖어 대고, 사람 하나가 헛된 말을 꾸며 전파하면 나머지 사람들은 그것을 사실인 양 전한다.(一犬吠形 百犬吠聲 一人傳虛 萬人傳實)"는 말이 있다.

때로 백견 대신에 천견(千犬)이라고 쓰기도 한다.

또 『진서·부함전(傅咸傳)』에도 보면 "한

마리 개가 모습을 보고 짖으면 뭇 개들이 소리를 듣고 짖는다.(一犬吠形 群犬吠聲)"는 말이 나오고, 『옥천자(玉泉子)』에도 "노휴가 말하기를, '간하는 신하는 개와 같으니, 한 마리가 짖으면 곧 일시에 짖어댄다.'고 하였다.(盧携曰 諫官似狗 一個吠 輒一時有聲)"는 말이 나온다.

근거 없는 소문이 사람을 거칠 때마다 점점 과장되어 나중에는 처음 말과는 전혀 다른 이야기가 되는 경우를 우리는 종종 볼 수 있다.

【용례】 아니 도대체 그런 터무니없는 소문은 어디서 듣고 다니는 겁니까? "일견폐형에 백견폐성"이라더니 당신이 꼭 그 짝이군요.

일고작기 一鼓作氣

一 : 한(일) 鼓 : 북·두드릴(고)
作 : 지을(작) 氣 : 기운(기)

【뜻풀이】 단숨에 일을 처리하다. 기세가 오른 김에 해치우다. "쇠뿔도 단김에 빼라"는 우리 속담과 비슷하다.

【출전】 『좌전·장공(莊公) 10년』조에 다음과 같은 이야기가 있다.

춘추시대 국력이 강한 제나라에서 국력이 약한 노나라를 공격한 일이 있는데, 그 결과 약소한 노나라가 강국인 제나라를 대패시켰다. 노나라의 승리는 조귀(曹劌)라는 사람의 지모와 큰 관계가 있었다고 한다.

조귀는 무신도 아니고 문신도 아닌 사람으로, 단지 병법에 통달한 사람이었을 뿐이다. 조귀는 제나라 군사들이 쳐들어온다는 소식을 듣고 자진해 노장공을 찾아가서 전투에서 가장 중요한 준비는 무엇이며, 승리를 얻을 수 있는 비결은 백성들의 지지를 받는 것이라고 하면서 노장공이 출전할 때 자기도 함께 출전할 수 있게 해 달라고 하였다. 노장공은 그의 요구를 들어주었다.

제나라와 노나라 양군이 장작(長勺)이라는 곳에 진을 치고 대치했을 때였다. 제나라 군사들이 북을 둥둥 울리자 노장공도 북을 치려고 하였다. 이때 조귀는 노장공으로 하여금 잠깐 기다리게 하고는 제나라 군사들이 세 번 북을 칠 때를 기다려 그제야 노장공에게 북을 치게 하였다. 노나라 군사들은 북이 울리자 쏜살같이 달려나가 제나라 군사들을 쳤는데 그 기세가 하도 강해서 제나라 군사들은 산산이 무너져 뒤로 밀리기 시작하였다.

노장공이 즉시 추격하려 하자 조귀는 이번에도 제지시키고 전차에서 내려 퇴각하는 제나라 군사들의 전차 바퀴 자국을 살펴본 다음 다시 전차에 올라 적군이 퇴각하는 모습을 살펴보더니 그제야 추격할 수 있노라고 말하였다.

노장공은 조귀의 말대로 곧 추격 명령을 내려 제군을 뒤쫓아 국경선 밖으로 몰아내었다. 이렇게 해서 노장공은 싸움에서 대승을 거두었다. 그러나 조귀가 어째서 그렇게 지휘했는지는 몰랐다. 이에 조귀가 대답하였다.

"싸움이란 주로 용맹성에 의존하는 법인데 처음으로 북이 울릴 때가 바로 병사들의 용기가 가장 성한 때입니다. 만약 이때를 놓치고 두 번째로 북을 치게 되면 병사들이 용기가 없어지고 세 번째로 치게 되면 용기가 완전히 없어지게 되는 것입니다. 바로 그때 우리들이 단숨에 치면 이기는 것입니다.(夫戰 勇氣也 一鼓作氣 再而衰 三而竭 彼竭我盈 故克之)"

그리고 추격에 대해서 조귀는 이렇게 설명

하였다.

"제나라와 같은 대국을 우습게 볼 수 없습니다. 퇴각하는 것처럼 하고 복병을 심어둘 수도 있는 것입니다. 그래서 퇴각하는 제나라 군사들의 전차 바퀴 자국이 어지럽고 깃발을 거꾸로 말아 가지고 뛰는 것을 보고서야(視其轍亂 望其旗靡) 추격할 수 있었던 것입니다."

이 이야기에서 일고작기와 재쇠삼갈(再衰三竭), 철란기미(轍亂旗靡)가 모두 성어가 되었다. 기세가 오른 김에 단숨에 해치우는 것을 일고작기라 하며, 그에 반해서 처음의 용기와 기운이 점차 쇠퇴하는 것을 가리켜 재쇠삼갈이라고 한다.

【용례】 요즘처럼 수요가 폭발적으로 증가할 때 영업망을 확충해야 합니다. "일고작기" 할 때 일을 추진해야지 이런 기회를 놓치면 한동안 기회는 없을 것 같습니다.

일고지영 一顧之縈

一 : 한(일) 顧 : 돌아볼(고)
之 : 어조사(지) 縈 : 명예·영광될(영)

【뜻풀이】 한 번 돌아보아 준 영광이라는 뜻으로, 어떤 명인이 알아주거나 귀한 손님이 방문해서 자신의 지위가 올라가는 것을 일컫는 말이다. 중국 고대의 유명한 말 전문가 백락(伯樂)의 일화에서 나온 성어다.

【출전】 『전국책·초책(楚策)』에 다음과 같은 이야기가 있다.

어느 날 백락〔본명은 손양(孫陽), 춘추시대 진(秦)나라 사람〕이 어떤 곳에 이르러 소금 수레를 끌고 가는 말을 보고는 한눈에 명마임을 알아보았다. 그러나 그 말은 이미 늙은데다가 고역에 시달려 볼품없이 되어 있었다.

백락이 측은한 마음으로 수레에서 내려 말 가까이 다가가니 그 말은 하소연이라도 하듯이 소리내어 우는 것이었다. 이에 백락은 웃옷을 벗어 말 잔등에 덮어 주고는 눈물을 흘렸다.

『전국책·연책(燕策)』에는 또 이런 이야기가 있다.

어느 날 어떤 사람이 말을 팔려고 연거푸 시장에 세 번 나갔지만 한 사람도 거들떠보는 사람이 없었다. 때마침 그곳을 지나가던 백락이 그 말에 눈길을 돌리고 자세히 살펴보더니 돌아서서 저만큼 가면서까지도 다시 되돌아보았다. 그래서 남들이 거들떠보지도 않던 말이 대뜸 값이 열 배나 오르게 되었다는 이야기다. (▶ 백락일고伯樂一顧 참조)

『춘추후어(春秋後語)』에도 이와 비슷한 이야기가 있는데 이것이 바로 "백락이 한 번 돌아다보자 말 값이 뛰었다.(伯樂一顧而馬價增)"는 이야기다.

이렇게 해서 가증일고(價增一顧) 또는 일고가증이라는 성어가 나왔는데, 이로부터 일고지영이라는 성어도 나오게 되었다.

【용례】 사장님, 제게도 "일고지영"할 수 있는 기회를 주시면 자세한 대안을 말씀드리겠습니다. 말단사원이라 생각하지 마시고 꼭 허락해 주시면 감사하겠습니다.

일구지학 一丘之貉

一 : 한(일) 丘 : 언덕(구) 之 : 어조사(지)
貉 : 오소리(학)/오랑캐(맥)

【뜻풀이】 그놈이 그놈이다. 다 같은 놈이다.

학(오소리)은 여우와 비슷한 짐승으로 매우 추악하게 생긴 동물인데, 한 곳에 모여 사는 오소리라면 좋고 나쁜 것이 없을 것이다.

【출전】『한서·양운전(楊惲傳)』 열전 권36에 다음과 같은 이야기가 있다.

한소제 때의 승상 양창(楊敞)의 둘째 아들이며 한무제 때의 태사령 사마천의 외손자인 양운은 사람됨이 총명한데다가 어려서부터 외조부의 저서『사기』를 읽었기 때문에 지식이 풍부해서 일찍부터 벼슬길에 오른 사람이었다.

양운은 청렴결백한 관리였지만 남들에게 너무 많은 요구를 했기 때문에 사람들과 사이가 좋지 않았다. 그 중에서도 태복(太僕) 대장락(戴長樂)과의 알력이 가장 심했다.

한번은 대장락이 누구한테 고소를 당하자 양운의 소행이 아닌가 의심해서 그도 양운을 고발하였다. 대장락이 고발한 양운의 죄목은 여러 가지였지만 그 중 한 가지는 바로 지금의 황제를 비방했다는 것이었는데 대략 다음과 같은 내용이었다.

"흉노에서 항복해 온 자들의 입을 통해 그들의 임금이 피살되었다는 소식을 들은 양운은 그러한 무도한 임금은 죽어 마땅하다고 하였습니다. 그리고 진나라에서도 전에 소인을 쓰고 현량을 살해하더니 나라를 망쳤다고 하였습니다. 그러면서 옛날이나 지금이나 아둔한 임금은 다 한 곳에 모여 있는 오소리와 같다(古與今 一丘之貉)고 모독했습니다."

일구지학은 바로 대장락의 이 글에서 나온 성어다.

【용례】 뇌물을 받은 정치인이나 뇌물을 준 재벌이나 "일구지학"이긴 마찬가지지. 부정부패를 청산하려면 모두 일벌백계로 다스려야 해.

일국삼공 一國三公

一 : 한(일) 國 : 나라(국)
三 : 석(삼) 公 : 어른(공)

【뜻풀이】 한 나라에 삼공이 있다. 명령을 내리는 사람이 너무 많아 누구의 말을 좇아야 할지 모르겠다는 뜻이다.

【출전】『좌전·희공(僖公) 5년』조에 다음과 같은 이야기가 실려 있다.

진헌공(晉獻公) 말년에 여융(驪戎)을 치자 여국(驪國)은 헌공에게 두 미녀를 선물하였다. 한 사람은 여희(驪姬)이고 다른 하나는 소희(少姬)이다. 뒷날 이 두 미녀가 각각 아들을 낳자 여희는 자신이 헌공의 총애를 받는 것을 이용해서 자기 아들을 태자로 삼으려 하였다.

그러나 당시 진나라에는 태자 신생(申生)이 있었는데, 그는 나라에 많은 전공을 세웠기 때문에 그를 폐위시킬 명분이 없었다.

이에 여희는 헌공에게 태자로 하여금 곡옥(曲沃)을 수비하게 하고, 다른 왕자 중이(重耳)와 이오(夷吾)에게는 각각 포(蒲)와 굴(屈)이라는 작은 성을 수비하도록 하라고 건의하였다.

당시 포와 굴은 아무것도 없는 허허벌판으로 헌공은 신하 사위(士蔿)에게 명해서 성을 쌓게 하였다. 사위는 그곳에 도착하자 풀을 섞은 진흙으로 대충 성을 완성하였다. 어떤 사람이 이것을 보고 그에게 말했다.

"당신이 쌓은 성은 그다지 견고하지 않은 것 같군요."

그러자 그가 웃으며 대답하였다.

"몇 년이 지난 뒤면 이곳은 적군의 땅이 될 터인데, 견고하게 쌓아서 무엇 하겠습니까?"

이오가 이 사실을 알고는 헌공에게 알리자

헌공은 사람을 보내어 그를 문책하였다.

이에 사위는 시를 한 편 지어 올렸다.

그 시에 "여우 가죽 옷에 용마루를 우뚝 세운 집으로 한 나라에 삼공이 있으니 내 누구를 좇아야 적절하겠는가?(狐裘龍茸 一國三公 吾誰適從)"라는 구절이 있었다. 즉, 부귀와 권세를 가진 사람이 너무 많아 각자 옳다고 하니 어찌해야 좋을지 모르겠다는 내용이었다.

이 이야기에서 후세 사람들은 사위가 시에서 말한 일국삼공이라는 구절을 따와 나라의 정치를 좌지우지(左之右之)하는 사람이 너무 많고 의견 또한 분분해서 명령이 제각기 달라 어쩌면 좋을지 모르는 상황을 비유했단다.

【용례】 예전에 서대문 경무대와 동대문 경무대가 있었지. 종로에 있는 경무대와 함께 "일국삼공"이어서 나라 정치가 참으로 엉망이었다.

일규불통 一竅不通

一 : 한(일) 竅 : 구멍(규)
不 : 아닐(불) 通 : 통할(통)

【뜻풀이】 한 구멍도 뚫리지 않다. 사람의 생각이나 행동이 꽉 막혀 요령이 없는 것을 비유하는 말이다.

【출전】 『여람귀직(呂覽貴直)』에 다음과 같은 이야기가 전한다.

상나라의 주(紂)임금은 대단히 우매하고 포악한 임금이었다. 그는 총애하는 애첩 달기(妲己)와 함께 아침부터 저녁까지 술과 음악 속에서 살면서 정사는 돌보지 않고 백성들의 고충도 남의 일 보듯 하였다. 더욱이 그는 달기의 말만 듣고 많은 충신들과 무고한 백성들을 살해하기까지 하였다.

그의 숙부인 비간(比干)은 그가 이렇듯 주색에 빠져 정치를 돌보지 않는 것을 보고 신하와 백성들을 핍박해서 무고한 생명을 죽이지 말고 분발해서 국가와 백성을 위해 유익한 일을 하라고 충고하였다. 달기는 이 사실을 알고 몹시 화를 내며 비간이 쓸데없이 그녀와 주임금, 두 사람의 사생활을 간섭한다며 주임금에게 말했다.

"만약 당신 숙부 비간이 정말 충신이라면 한번 그에게 자기의 가슴을 갈라 간을 꺼내 당신에게 바치라고 해보지 그래요?"

달기의 말을 듣고 마음이 동한 주임금은 비간에게 가슴을 가르라고 명령하자, 비간은 그 자리에서 칼을 뽑아 자기의 가슴을 가르고 죽었다. 이 소식을 들은 기자(箕子)는 짐짓 미치광이 짓을 하였고, 주임금의 이복형인 미자(微子)도 멀리 달아나 자취를 감추었다.

또한 은(殷)나라의 삼공(三公)이라 불리는 서백창(西伯昌)·구후(九侯)·악후(鄂侯) 등 세 사람 가운데, 구후는 딸을 주임금의 후궁으로 바쳤지만 그녀가 주임금의 방탕한 엽색행각(獵色行脚)에 동조하지 않자 부녀를 죽여 소금에 절이는 끔찍한 형벌을 내렸고, 이를 만류하던 악후 역시 같은 운명에 처해졌다.

뒤늦게 이를 안 서백창이 하(夏)나라 걸(桀)임금의 고사를 들어 간하자 그도 살해하려 했지만 다른 신하들의 간곡한 청원으로 간신히 목숨만은 부지할 수 있었다.

뒷날 서백창의 아들 발(發)이 군대를 일으켜 주임금을 공격하고 나라를 세우니 그가 바로 주(周)나라의 무왕(武王)이다. 그는 주임금과 달기를 처형하고 오랜 동안 주임금의 학정에 시달리던 백성들을 구했으며, 아버지 서백창에게 문왕(文王)이라는 시호를 추증

하였다.

『여람귀직』에서는 이 일에 대해 "주임금은 마음이 통하지 않았기 때문에 편안하게 악행을 저지른 것이다. 만약 그가 한 구멍이라도 열려 있었다면 비간을 그렇게 죽이지는 않았을 것이다.(紂心不通 安以爲惡 若忌一竅通 則比干不殺矣)"라고 지적하고 있다.

후세 사람들은 이 일에서 일규불통의 뜻을 확대하여 다른 사람의 우둔함과 어리석음을 풍자하는 데 사용하였다.

【용례】 일선 공무원들이 저렇게 "일규불통"이니 빈축을 사지. 무슨 일이든 사정이 있고 정상 참작이 있는데, 곧이곧대로만 행정 처리를 하니 말이야.

일기이족 一夔已足

一 : 한(일) 夔 : 조심할(기)
不 : 이미(이) 通 : 발·족할(족)

【뜻풀이】 능력만 갖추고 있다면 한 사람만으로도 족하다는 뜻이다.

【출전】 『한비자·외저편(外儲篇)』과 『여씨춘추·찰전(察傳)』에 나오는 이야기다.

전설에 따르면 옛날 순임금의 악관(樂官)으로 기(夔)라는 사람이 있었는데 오랫동안 "기는 다리가 하나다.(夔一足)"라는 말이 전해지고 있었다.

그렇다면 기라는 사람이 다리가 하나뿐이란 말인가? 춘추시대에 이르러 노애공은 이 문제에 대해 공자에게 물어보았다. 공자는 이 말을 다음과 같이 해석했다.

"순임금은 예악으로 백성들을 가르치기 위해 기를 악관으로 삼은 것인데, 훗날 사람들이 악관을 늘이자고 하니 순임금은 '기 한 사람으로 족하다.'고 하셨습니다. 이래서 옛 책에 기일족이라는 말이 나온 것이지 결코 그 사람이 다리가 하나라는 말은 아닙니다."

나중에 사람들은 공자의 해석을 옳게 여기고 오해를 피하기 위해 기일족을 일기족(一夔足)이라 하게 되었으며, 나중에는 더욱 명확하게 일기이족이라고 썼다.

【용례】 사공이 많으면 배가 산으로 올라간다는 말도 있듯이, 기왕 일을 맡겼는데 끝까지 믿고 맡겨봅시다. 이번 일에는 물량 공세보다는 "일기이족"하는 신뢰가 필요한 것 같아요.

일단일표 一簞一瓢

一 : 한(일) 簞 : 도시락(단)
瓢 : 표주박(표)

【뜻풀이】 가난한 생활을 비유하는 말이다.

【출전】 공자의 제자인 안회(顔回)는 춘추시대 노나라 사람이었다. 전하는 바에 따르면 그는 천성이 총명하고 학업을 부지런히 연마하였으며 동학들에 대한 태도도 몹시 너그럽고 진지했다고 한다.

안회는 29살 때 벌써 머리칼이 온통 새하얗게 되었다고 하며 32살의 젊은 나이로 일생을 마쳤다고 한다. 안회가 세상을 떠날 때 공자는 이미 예순을 넘긴 몸이었지만 사랑하는 제자의 죽음을 슬퍼해서 땅을 치며 통곡했다.

안회는 집안이 어려워 궁핍했지만 가난하다는 소리는 한 마디도 내지 않고, 생활은 대단히 검소했다.

이에 공자는 안회를 가리켜 현인이라고 하였으며 수양이 대단히 높은 사람이라고 찬양했다.

『논어·옹야편(雍也篇)』에서 공자는 안회에 대해 이렇게 칭찬하였다.

"안회야말로 어질구나! 한 소쿠리 밥과 한 바가지 물로 끼니를 때우면서 초라한 집에서 살아온 그였다. 남들 같으면 참을 수 없었으련만 말할 수 없는 가난도 그의 낙관적 태도를 바꾸지는 못했다.(子曰 賢哉回也 一簞食一瓢飮 在陋巷 人不堪其憂 回也不改其樂 賢哉回也)"

성어 일단사일표음(一簞食一瓢飮)은 바로 공자의 이 말에서 나온 것으로, 단표누항(簞瓢陋巷)이라고도 하는데, 도연명(陶淵明)의 〈오류선생전(五柳先生傳)〉에는 단표누공(簞瓢屢空)으로 되어 있다.

【용례】 청렴한 것이 큰 미덕이긴 예나 지금이나 마찬가지지만, 이 정도면 "일단일표"도 도가 지나친 것 같네. 집안살림이 그래서야 어디 바깥일을 보겠는가.

일락천금 一諾千金

一 : 한(일) 諾 : 허락할(락)
千 : 일천(천) 金 : 쇠(금)

【뜻풀이】 말 한마디가 천금과 같다.

【출전】『사기·계포전(季布傳)』에 다음과 같은 이야기가 있다.

전국시대 말기 초나라에 계포라는 호협한 사나이가 있었는데 남을 돕기 좋아하고 언제나 말한 대로 실천해서 신망이 아주 높았다.

그리고 그는 일찍이 항우의 군대에서 일할 때 유방의 군대를 여러 번 격퇴해 유방으로 하여금 골치를 앓게 만든 사람이었다. 그리해서 훗날 항우가 오강에서 자결하고(▶ 사면초가四面楚歌 참조), 유방이 한나라를 세웠을 때 유방은 계포를 잡아들이는 사람에게 천금을 준다고 선포하는 동시에 계포를 숨겨 주는 자는 삼족을 멸할 것이라고 하였다.

그러나 아무도 돈에 눈이 멀어 계포를 고발하는 이가 없었다. 그러다가 유방의 옛 친구인 하후영의 알선으로 유방은 계포에 대한 수배령을 취소하고 그에게 벼슬을 내리게 되었다.

이때 벼슬아치들과 사귀기를 좋아하는 조구생(曹邱生)이라는 사람이 계포가 벼슬을 한다는 소문을 듣고 접근하기 시작했다. 계포는 조구생의 사람됨을 알고 있는지라 처음에는 만나 주지도 않고 냉담하게 대했지만 그의 열변에 속아 차차 좋게 대해 주었다. 그랬더니 그 후부터 조구생은 이르는 곳마다에서 계포에 대한 자랑을 늘어놓는 바람에 계포의 위신은 한층 더 올라가게 되었다.

이리하여 뒤에서 남의 자랑을 하는 것을 조구지덕(曹邱之德)이라고 하게 되었으며, 또 계포처럼, 말하면 말한 대로 약속을 지키는 것을 일락천금 또는 천금일락이라 했다.

【용례】 그분은 웬만해서는 주례를 서시지 않는데, 그런 "일락천금" 같은 허락을 받아내다니, 자네가 아니면 아무도 못 할 일이지.

일룡분이호 一龍分二虎

一 : 한(일) 龍 : 용(룡) 分 : 나눌(분)
二 : 두(이) 虎 : 호랑이(호)

【뜻풀이】 한 마리의 용이 두 마리의 호랑이를 갈라놓다.

【출전】『삼국지』 앞 부분에 보면 유비와 장

비의 고향 탁주(涿州)에서 그 지방 주민들 사이에 전해오는 이야기가 있다.

탁주성 외곽에 있는 마을 도장(桃莊)에서 대대로 살아온 장비는, 원래 돼지를 잡던 백정이었는데, 천하의 호걸과 교제하기를 좋아하였다. 그래서 고기 한 덩어리를 문 앞 우물 속에 넣어 둔 뒤, 천 근 무게의 커다란 돌로 덮어놓고 돌 위에다 이렇게 써 놓았다.

"이 돌 덮개를 여는 사람은 속에 있는 고기를 가져가도 좋다. 돈은 받지 않는다."

어느 날 불그레한 얼굴의 남자가 수레를 끌고 지나가다가 글을 보더니 곧 돌 덮개를 열고 고기를 꺼낸 뒤 성 안으로 사라져버렸다. 집으로 돌아온 장비는 이야기를 듣더니 바로 시장으로 그를 쫓아갔다.

과연 시장에서는 불그레한 얼굴에 몸집이 큰 남자가 녹두를 팔고 있었다. 장비는 그 사람 앞에 서서 녹두를 손에 쥐더니 손 안에서 잘게 부수어 가루를 내보였다.

장비의 이런 무례한 행동에 화가 난 남자는 언쟁을 벌이다가 마침내 서로 치고 받는 싸움에 이르렀다. 그러나 양쪽이 천 근을 들어 올리는 힘센 장사여서 좀체 승부가 나지 않았다.

이때에 등장한 사람이 짚신장수였다. 그는 몸집은 그리 크지 않았지만, 용모는 단정했고 양쪽 귀가 어깨까지 축 늘어져 있었다. 두 사람의 사이를 가르고 들어온 그는 두 사람의 팔을 붙잡고 들어 올리며 말했다.

"사내라면 무릇 나라를 위해 힘을 써야 하는데, 고작 이런 일에 분개하여 싸워서야 되겠는가?"

두 사람은 깜짝 놀라 엉켰던 손을 뗐고, 주변에서 구경하던 사람들은 짚신장수의 말에 일제히 호응하였다. 그 말에 크게 감동한 두 사람은 서로에게 공수(拱手, 공경한다는 뜻으로 두 손을 마주 잡는 인사법)의 예를 올리고 통성명을 나누었다. 짚신장수는 유비(劉備)였고, 불그레한 얼굴에 커다란 몸집의 남자는 관우(關羽)였다. 관우는 산서(山西) 사람으로 부당한 행패를 일삼던 그 지방 토박이인 악당을 죽이고 달아나서 6년을 이곳저곳을 다니면서 방랑하고 있었다. 이리하여 세 사람은 기이한 인연으로 만나 서로 의형제를 맺게 되었다. 이 이야기에서 일룡분이호라는 성어가 나왔다.

【용례】 저 친구들은 원래 모르던 사이였는데, 우연히 두 사람이 싸우는데 한 사람이 만류하다가 인사를 나눠 저렇게 친해졌다네. 영락없는 "일룡분이호"일세 그려.

일망타진 一網打盡

一 : 한(일) 網 : 그물질할(망)
打 : 칠(타) 盡 : 다할·자극할(진)

【뜻풀이】 한꺼번에 모조리 잡다. 세력을 완전히 꺾어 버리다.

【출전】 위태(魏泰)가 지은 『동헌필록(東軒筆錄)』에 다음과 같은 이야기가 나온다.

송나라 인종(仁宗) 때의 일이다. 원래 송나라는 태조 이래로 외국 정벌을 하면 번번이 실패하자 4대 황제인 인종은 북방의 거란족이나 남방의 안남(安南) 등에 대해 회유책을 써서 변방을 안정시키는 정책을 폈다.

그러나 그의 국내 정치는 대단히 뛰어나서 백성들은 근심 없이 살 수 있었고 실력 있는 인재들이 안팎으로 널리 등용되었다. 그리고 학술과 예술을 장려해서 한나라 문제(文帝)와 더불어 어진 임금으로 높은 평가를 받았다.

그러나 그의 신하는 모두 재능이 출중했기 때문에 저마다 자기의 이론을 가지고 주장을 굽히지 않았다. 때문에 인재의 양에 비례해서 의견도 가지각색으로 나눠지게 되어 조정에서는 입씨름이 끊일 날이 없었다.

당대의 명신으로 지금도 이름을 남기고 있는 한기(韓琦)와 구양수(歐陽脩), 사마광(司馬光), 주돈이(周敦頤) 같은 정치가들이 명론을 내세우고 탁설을 벌인 결과 정신(鼎臣)들은 두 개의 당파로 나뉘어 대립하게 되었다. 그러다 보니 두 당이 서로 번갈아 집권하게 되어 마치 정당 정치를 하는 듯한 양상이 되어 버렸다.

때문에 처음에는 어진 임금을 보좌하여 뛰어난 신하들이 나라를 잘 다스려서 이 시기를 "경력(慶曆)의 치세"라고 칭송하였지만, 나중에는 "경력의 당의(黨議)"라 해서 오히려 비난을 샀던 것이다.

이럴 즈음에 두연(杜衍)이라는 사람이 재상이 되었다. 그런데 당시 관례로 보면 임금이 일일이 신하들과 의논하지 않고 인사 문제를 처리해도 대개 그대로 시행되었다.

그런데 새로 재상이 된 두연은 이런 관례는 정치 기강을 흐리게 한다는 이유를 들어 황제의 명령서를 그냥 가지고 있다가 10통쯤 쌓이면 그대로 황제에게 되돌려 보내는 것이었다.

어느 날 황제는 구양수를 만난 자리에서 이에 대한 불만을 토로하였다.

"내가 대신들과 의논을 하지 않고 쪽지를 내려보내는데 그것을 재상 두연이 묵살한다는 사실을 다들 알고 계시오?"

이렇게 되자 당장 문제가 야기되었다. 아무리 재상이라고 해도 두연의 그 같은 행위는 임금의 성지(聖旨)를 꺾는 일이 아닐 수 없었다. 곳곳에서 두연을 비방하는 여론이 들끓게 되었다.

때마침 두연의 사위 소순흠(蘇舜欽)이 공금을 횡령했다는 사실을 조사한 사람이 어사(御史, 관리의 부정이나 범죄를 다스리는 기관)의 장관인 왕공진(王拱辰)이었다. 감히 재상을 상대로 직접 어찌할 도리가 없어 잔뜩 벼르고 있던 차에 이 같은 사실을 알아낸 왕공진은 곧바로 소순흠을 잡아 족치기 시작하였다. 이에 여러 사람의 연루자가 체포되어 취조를 당하는 바람에 두연은 고작 70여 일 만에 재상의 직위에서 사임하고 말았다.

그때 그의 사위를 비롯해서 일가친척 여러 명을 체포했을 때였다. 왕공진은 자신이 한 일을 두고 이렇게 말했다.

"내가 일망타진했다네."

이 성어는 직접적으로는 한꺼번에 그물을 펴서 많은 물고기를 모조리 잡았다는 의미로 해석되지만, 성어가 된 연유로 미루어 보면 범인들을 모조리 검거했다는 뜻이다.

【용례】 범죄와의 전쟁을 선포하며 폭력배들을 "일망타진"하겠다는 약속을 한 게 엊그젠데, 저런 정치 폭력이 다시 난무하다니, 이게 될 법이나 한 일인가.

일명경인 一鳴驚人

一 : 한(일) **鳴** : 울(명)
驚 : 놀랄(경) **人** : 사람(인)

【뜻풀이】 한 번 울어 사람을 놀라게 하다. 뜻밖에 뛰어난 일을 해서 남을 놀라게 하는 것을 비유하는 말이다.

【출전】 『사기·골계열전(滑稽列傳)』에 다음과 같은 이야기가 전한다.

전국시대 제나라에 순우곤(淳于髡)이라는 사람이 있었는데 키가 작달막한 유명한 익살꾼이었다. 전하는 바에 따르면 그의 키는 형편없이 작았다고 하지만 사신으로 외국에 가서 키 때문에 수모를 당한 적은 없었다.

당시 제나라 임금(齊威王)은 날마다 주색에 빠져 정치를 전혀 돌보지 않는 위인이어서 주변의 제후국들은 항상 제나라를 침범했다. 그러나 신하들은 아무도 감히 임금에게 간(諫)하는 자가 없었다.

이때 순우곤은 제위왕이 수수께끼 풀이를 좋아한다는 것을 알고 왕을 찾아가 물었다.

"우리나라 왕궁에 삼 년 동안 날지도 않고 울지도 않는 큰 새가 한 마리 있는데 무슨 새인지 아십니까?"

그랬더니 왕은 "이 새는 날지 않으면 몰라도 한 번 날면 하늘에 치솟아 오르고, 울지 않으면 몰라도 한 번 울면 사람들을 놀라게 한다.(不飛則已 一飛沖天 不鳴則已 一鳴驚人)"고 대답하였다. 이때부터 제위왕은 놀음을 삼가고 국사에 전력했다.

이 밖에 춘추시대 초장왕(楚莊王)에게도 비슷한 이야기가 있다.

그는 재위하는 3년 동안 호령 한마디 없이 나랏일을 전혀 돌보지 않으면서 "간하는 자는 죽인다."고까지 선포했다. 그래서 아무도 감히 간하지 못하는데 대부들인 오거(伍擧)와 소종(蘇從)이 죽음을 무릅쓰고 간했다.

『사기·초세가(楚世家)』에 따르면 오거가 초장왕을 간할 때 "삼 년 동안 날지도 않고 울지도 않는 새가 무슨 새입니까?" 하고 물으니, 초장왕은 "삼 년 날지 않았어도 이제 하늘로 날아오를 것이며 삼 년 울지 않았어도 이제 남들이 놀라도록 울 것이다. 과인도 이미 알고 있으니 경은 더 말하지 말라."고 했다.

(➡ 삼년불비우불명三年不飛又不鳴 참조)

일비충천(一飛沖天) 역시 성어인데 뜻은 일명경인과 같다.

『한비자·유로편(喻老篇)』에도 "비록 날지 않지만 날면 반드시 하늘에 닿을 것이고, 비록 울지 않지만 울면 반드시 남을 놀라게 할 것이다.(雖無飛 飛必沖天 雖無鳴 鳴必驚人)"라는 구절이 나온다.

【용례】 그 친구가 금메달을 따리라고는 아무도 기대조차 하지 않았는데. 이런 "일명경인"은 자주 있었으면 좋겠군.

일모도원 日暮途遠

日 : 날·해(일) **暮** : 저물(모)
途 : 길(도) **遠** : 멀(원)

【뜻풀이】 해는 저물고 가야 할 길은 멀기만 하다. 도모한 일이 가까운 장래에 이루어지기 어려울 때 쓰는 말이다.

【출전】『사기·오자서열전(伍子胥列傳)』에 다음과 같은 이야기가 전하고 있다.

오(吳)나라의 요왕(僚王) 5년〔초(楚)나라 평왕(平王) 7년〕 때의 일이다.

초나라를 버리고 오나라로 망명해 온 오자서가 오왕과 공자 광(光) 앞에 나타났다. 오자서의 아버지 오사(伍奢)는 일찍이 초나라 평왕을 모시는 한편 태자 건(建)에게 학문과 예의범절을 가르치는 태부(太傅)로 삼공(三公) 가운데 한 사람이었다.

평왕 2년 소부(小傅, 삼공보다 한 등급 낮은 관직) 벼슬을 하던 비무기(費無忌)라는 사람이 진나라에서 데리고 온 여자를 평왕에게 바치고 자신도 태자의 곁을 떠나 임금의 그

ㅇ

늘로 들어가서 갖은 아첨으로 평왕의 신임을 얻었다.

그러나 태자의 보복을 두려워해서 항상 임금의 귀에다 대고 태자를 중상모략하는 고자질을 서슴지 않았다. 그런 줄도 모르고 진나라 여자의 미모에 빠져 버린 평왕은 비무기의 말을 곧이듣고 드디어 태자를 초나라 동북쪽 변경인 성보(城父)를 지키라는 임무를 맡겨 내쫓고 말았다. 그러고도 비무기는 마음이 놓이지 않아서 다시 엄청난 모함을 가했다.

"태자가 세력 있는 제후들과 작당해서 폐하를 몰아낼 계획을 세우고 있습니다."

평왕은 그 말을 고스란히 믿고는 먼지 대부 오사를 불러 고문을 하며 역모를 자백하게 하였다. 그러나 오사는 오히려 임금이 간신배들의 우롱에 빠져서 누구보다도 골육지간(骨肉之間)인 태자를 푸대접하고 있다며 열렬하게 반론을 폈다.

그러나 그런 노력도 헛되이 오사는 유폐되고 태자도 송나라로 달아나고 말았다. 그러자 비무기는 오사의 두 아들 오상(伍尙)과 오자서를 살려 두었다가는 후환이 있을까 두려워 태자의 음모는 그들 두 형제가 배후에서 충동질하여 조종했다고 평왕에게 무고했다.

왕은 즉시 두 아들을 체포하게 하였다. 그러면서 이렇게 명령을 내렸다.

"만약 자진 출두한다면 너희들의 아비를 용서해 주고 그렇지 않으면 아비를 죽여 버릴 것이다."

이와 같이 방문을 써 붙이고 선전하자, 오상은 아버지와 함께 죽을 결심을 하고 자수를 했지만, 오자서는 아버지의 원수를 갚아야 한다는 결의를 다지면서 송나라로 망명했다.

그 후 평왕 7년, 오상은 아버지와 같이 죽음을 당했고 송나라로 도주했던 오자서는 그곳에서 태자 건을 만나 함께 정(鄭)나라를 거쳐 오나라 요왕을 찾아갔던 것이다.

그런데 오자서가 오나라에 와서 한동안 요왕의 주변을 살펴본 결과 오나라의 공자 광(光)이 은근히 왕위를 노리고 있다는 사실을 알게 되었다. 그뿐 아니라 광은 왕을 암살하기 위해 남몰래 자객을 물색하고 있다는 사실도 알아냈다.

오자서는 전제(專諸)라고 하는 자객을 찾아서 공자 광에게 소개한 다음 자기 자신은 초야에 묻혀 농사나 지으면서 광의 계획이 성공할 날만 기다렸다.

그리하여 5년이 지난 오나라 요왕 12년 초나라에서는 평왕이 죽고 간신 비무기가 평왕에게 뺏아다 바쳤던 진나라 여자에게서 태어난 아들 진(軫)이 대를 이어 소왕(昭王)이 되었다. 비무기는 더욱 권세를 잡고 초나라 조정을 좌지우지하면서 권력을 자랑했지만 1년이 채 못 되어 내분이 일어나 그 와중에 죽음을 당하고 말았다.

멀리 오나라로 망명한 이래 7~8년 동안 오자서는 세월의 힘으로 두 사람의 철천지원수를 잃어버린 셈이 되었던 것이다. 그러나 한시바삐 초나라로 쳐들어가서 아버지와 형의 원수를 갚아야 한다는 소원은 조금도 굽힘이 없었다.

그럴 즈음 오나라의 요왕은 초나라의 내분을 틈타 일거에 초나라를 섬멸하려는 심산으로 대군을 몰아 초나라 정벌 길에 올랐다. 또 이때를 놓칠세라 공자 광은 전제를 시켜 요왕을 암살해 버리고 자신이 왕위에 올랐다. 그가 바로 합려왕(闔閭王)이다.

오자서가 손무(孫武)와 함께 이 합려왕을 받들어 초나라를 공격해 들어가서 수도 영(郢, 오늘날의 호북성 강릉 지방)을 함락한 것은 합려왕 9년 때의 일이었다.

원한에 불타오르던 오자서는 초나라 땅에 들어서는 순간부터 우선 산 원수라 해서 소왕을 분주하게 찾았지만 이미 운(隕, 오늘날의 호북성 안릉 지방) 방면으로 달아났기 때문에 평왕의 무덤을 파헤쳐 놓고 그 뼈를 들추어 낸 다음 시체에 채찍 300대를 가함으로써 원한을 풀었다.

이 소문을 듣고 옛 친구 신포서(申包胥)라는 사람이 편지를 써서 오자서의 복수가 너무 잔인하지 않으냐고 꾸짖었다. 그러자 오자서는 답신을 통해 일모도원이라는 문구를 보냈다.

"해는 저물었는데 아직도 갈 길은 멀다."

즉, 자기는 이제 늙었고 아직 해야 할 일은 태산 같은데, 어느 겨를에 이치니 도리를 따져서 합리적으로 처결할 수 있겠느냐는 말이다.(☞ 도행역시倒行逆施 참조)

【용례】 당장 납품 날짜를 맞추기도 빠듯한 판입니다. "일모도원"한 상황에서 원칙론만 가지고 왈가왈부하는 것은 제눈 제가 찌르는 어리석은 짓일 뿐이죠.

일목난지 一木難支

一 : 한(일) 木 : 나무(목)
難 : 어려울(난) 支 : 지탱할(지)

【뜻풀이】 나무 한 그루로 지탱하기는 어렵다는 뜻으로, 이미 기울어지는 대세를 혼자 힘으로 감당할 수 없음을 비유하는 말이다.

【출전】 남조(南朝) 송(宋)나라 때의 문인 유의경(劉義慶)이 쓴 『세설신어 · 임탄편(任誕篇)』에는 다음과 같은 이야기가 나온다.

임개(任愷)는 위명제(魏明帝)의 사위였는데, 당시 권신인 가충(賈充)과 알력이 생겨 그만 면직당하고 말았다.

졸지에 권세를 잃은 그는 자포자기한 상태가 되어 건강도 돌보지 않고 무절제한 생활을 하게 되었다. 이를 보다 못한 한 사람이 임개의 친구인 화교(和嶠)에게 말했다.

"당신은 임개와는 절친한 친구인데, 어찌 저렇게 방탕한 것을 보고도 구하지 않고 좌시(坐視)하기만 하는 겁니까?"

그러자 화교가 대답하였다.

"저 사람의 방탕함은 마치 북하문(北夏門)이 무너지는 것과 같습니다. 그깟 나무 기둥 하나로 떠받쳐서 될 일이 아닙니다.(非一木所能支)"

이래서 성어 일목난지가 나왔는데, 일주난지(一柱難支)라고도 한다.

【용례】 암이란 병이 정말 무섭긴 무서워. 발견이 조금만 지체되어도 급속도로 번지는데, 그깟 의술이야 "일목난지"더군. 정말 건강해야겠어.

일박서산 日薄西山

日 : 날 · 해(일) 薄 : 엷을(박)
西 : 서녘(서) 山 : 메(산)

【뜻풀이】 일락서산(日落西山)의 처지와 같다. 나이가 들어 목숨이 얼마 남지 않은 것을 비유하는 말이다.

【출전】 이 성어는 이밀(李密, 224~287)의 〈진정표(陳情表)〉에 나오는 말인데, 중국 역사에는 이밀이라는 이름을 가진 사람이 둘 있다.

하나는 수나라 말년에 수양제에게 반기를 들고 일어선 이밀(582~618)이며(☞ 경죽난서

ㅇ

磬竹難書 · 우각괘서牛角掛書 참조), 다른 한 사람은 바로 〈진정표〉를 쓴 이밀이다. 그는 자가 영백(令伯)인데, 이건(李建)이라고도 한다. (➡ 오조사정烏鳥私情 참조)

이밀은 세상에 태어난 지 얼마 안 되어 아버지를 잃고 어머니는 재가해 버려 할머니 슬하에서 성장하였다.

삼국시대 한때 촉(蜀)나라에서 벼슬을 한 이밀은 촉나라가 망한 뒤 깨끗이 귀향하였다. 그런데 진무제는 짓궂게도 그를 불러 태자세마(太子洗馬)라는 벼슬을 내렸다. 이밀은 감히 응하지 않을 수 없었지만 연로한 할머니를 두고 떠날 수도 없어서 마침내 진무제에게 유명한 〈진정표〉를 올리게 된 것이다. 그 전문을 소개하면 다음과 같다.

「신이 불행해서 일찍이 우환과 흉사를 만나 태어난 지 여섯 달 만에 아버님을 여의고, 네 살 때는 외삼촌께서 어머님의 뜻을 빼앗으니, 할머니 유씨께서 신이 어린 나이에 고아가 된 것을 불쌍하게 여겨 몸소 어루만지며 키워주셨습니다. 신은 어려서부터 질병이 잦아 아홉 살이 되도록 걸어다니지도 못했습니다. 이렇게 해서 뜻을 잃고 고아로 고생하면서 겨우 장성할 수 있었습니다. 이미 숙부나 백부님도 안 계시고 마침내 형제도 없게 되었습니다. 집안 형편이 나빠지고 복이 엷어서 늦게야 아들을 두니, 밖으로는 공복의 힘 있는 가까운 친척도 없고, 안으로는 문에서 응대할 다섯 척 동자도 없는 지경입니다. 외로이 떨어져서 몸과 그림자가 서로를 조문하고, 유씨 역시 일찍이 병환이 들어 항상 자리에 누워 계셔서, 신이 항상 탕약을 끓여 드려 일찍이 한 번도 자리를 떠난 적이 없었습니다. 그런데 성조의 받듦에 이르러서 맑은 교화에 목욕하였는데, 전 태수 규가 신이 효성스럽고 청렴하다고 살피고 후자사 영이 신을 수재로 천거하니 신은 공양을 맡을 사람이 없었는지라 사퇴하고 직위에 나가지 못했습니다. 그러자 폐하께서 특별히 조서를 내려서 신에게 낭중이라는 벼슬을 주시고, 이어 국은을 내리셔서 세마 자리에 제수하셨습니다. 저와 같이 외람되이 미천한 몸으로 동궁을 시봉하는 일을 당하였으니, 신은 목이 떨어져도 위로 능히 갚을 수 없는 은혜를 입은 셈입니다. 그런데도 신이 갖추어 표를 올려 사퇴하고 관직에 나가지 않았는데, 조서가 다시 간절하고 긴박하게 내려와 신이 피한다 하고 거만하다며 나무라셨습니다. 군과 현에서도 신이 장도에 오를 것을 닦달하며, 주사가 문 앞에 오는 것이 성화보다 급할 정도입니다. 신이 조서를 받들어 달려나간다면 유씨의 병세는 날로 악화될 것이고, 사사로운 정을 좇고자 한다면 곧 하소연을 해도 허락을 받지 못할 것이니 실로 낭패스런 처지가 아닐 수 없습니다. 또 신은 젊어서 전대 왕조를 섬겨 낭서의 직책을 지냈습니다만, 본래 관료로서 출세하고자 한 것이지 명예와 절개를 자랑하지는 않았습니다. 지금 신은 망한 나라의 천한 포로로, 지극히 미천하고 지극히 비루한데 분에 넘치게 발탁의 은혜를 입고 두터운 은총을 내려주셨으니, 어찌 감히 머뭇거려 바라는 바가 있겠습니까? 다만 유씨가 마치 해가 서산에 가까워져 희미해지듯이 숨이 막 끊어지려고 하니, 사람 목숨이 위태로워 아침에 저녁 일을 알 수 없을 정도이기 때문입니다. 신에게 할머니가 없었다면 오늘날과 같은 신이 없었을 것이고, 할머니에게 신이 없다면 그로써 여생을 끝마칠 수 없으니, 할머니와 손자 두 사람이 번갈아 목숨을 잇고 있습니다. 이런 까닭으로 구구하게 폐하거나 멀리 갈 수 없는 것입니다. 신은 올해 나이가 마흔셋이고, 할머니 유씨는 올해 연세가 아흔여섯이니, 이는 신이 폐하에게 충절을 다할 날은 길고, 유씨의 은혜에 보답할 날은 짧은 것입니다. 까마귀의 사사로운 정으로 원하기는 봉양을 마치는 것이오니, 신의 신고는 단지 촉 땅의 사람들이나 양주(梁州)와 익주(益州)의 두 분〔가규(賈逵)와 고영(顧榮)〕뿐 아니라 황천과 후토께서도 실로 함께 비추어 보시는 바입니다. 원컨대 폐하께서는 어리석은 정성을 불쌍히 여기셔서 신의 미천한 뜻을 허락해 주시고, 바라옵건대 유씨께서 요행히 여생을 편안하게 마칠 수 있게 해주신다면, 신은 살아서는 마땅히 목을 떨어뜨리며 충성을 다할 것이고, 죽어서는 마땅히 결초보은(結草報恩)할 것이옵니다. 신은 개나 말과 같은 두려운 생각을 이기지 못하면서 삼가 재배하고 표를 올려 듣자옵기를 바라옵니다.

「臣以險釁 夙遭愍凶 生孩六月 慈父見背 行年四歲 舅脫母志 祖母劉 閔臣孤弱 躬親撫養 臣少多疾病 九歲不行 零丁孤苦 至于成立 既無叔伯 終鮮兄弟 門衰祚薄 晚有兒息 外無朞功强近之親 內無應門五尺之童 煢煢孑立 形影相弔 而劉夙嬰疾病 常在牀褥 臣侍湯藥 未嘗廢離 逮奉聖朝 沐浴淸化 前太守臣逵 察臣孝廉 後刺史臣榮 擧臣秀才 臣以供養無主 辭不赴 會詔書特下 拜臣郎中 尋蒙國恩 除臣洗馬 猥以微賤 當侍東宮 非臣隕首所能上報 臣具以表聞 辭不就職 詔書切峻 責臣逋慢 郡縣逼迫 催臣上道 州司臨門 急於星火 臣欲奉詔奔馳則以劉病日篤 欲苟順私情則告訴不許 臣之進退實爲狼狽 伏惟聖朝 以孝治天下 凡在故老 猶蒙矜育 況臣孤苦 特爲尤甚 且臣少事僞朝 歷職郎署 本圖宦達 不矜名節 今臣亡國賤俘 至微至陋 過蒙拔擢 豈敢盤桓 有所希冀 但以劉日薄西山 氣息奄奄 人命危淺 朝不慮夕 臣無祖母 無以至今日 祖母無臣 無以終餘年 母孫二人 更相爲命 是以區區 不能廢遠 臣密今年 四十有四 祖母劉 今年九十有六 是臣盡節於陛下之日長 報劉之日短也 烏鳥私情 願乞終養 臣之辛苦 非獨蜀之人士及二州牧伯 所見明知 皇天后土 實所共鑒 願陛下 矜愍愚誠 聽臣微志 庶劉僥倖 卒保餘年 臣生當隕首 死當結草 臣不勝犬馬怖懼之情 謹拜表以聞」

이밀은 이 〈진정표〉에서 우선 자신의 신세를 하소연한 다음 늙으신 할머님이 서산일락의 처지로 목숨이 겨우 붙어 있는(日薄西山 氣息奄奄) 형편이므로 벼슬을 그만두겠다며 간절하게 진정하였다.

이 성어는 바로 여기서 나왔다.

그리고 기식엄엄(氣息奄奄)도 성어가 되었는데, 엄엄일식(奄奄一息)이라고도 해서 그 뜻은 일박서산과 같다.

옛날부터 〈진정표〉를 읽고 눈물을 흘리지 않으면 효자가 아니고, 〈출사표(出師表)〉를 읽고 눈물을 흘리지 않으면 충신이 아니라고 할 만큼 이 두 작품은 자신의 진심을 간곡하게 토로한 글로 유명하다.

【용례】 어머님의 병세가 "일박서산"으로 내일을 기약할 수 없는 처진데, 난 찾아뵙지도 못하니 이런 큰 불효가 또 어디 있겠습니까? 제발 잠시라도 문안할 수 있도록 선처해 주시기 바랍니다.

일반지은 一飯之恩

一 : 한(일) 飯 : 밥(반)
之 : 어조사(지) 恩 : 은혜(은)

【뜻풀이】 밥 한 끼니 얻어먹은 은혜라는 뜻

으로, 아주 자그마한 은혜를 일컫는 말. 즉 자그마한 은혜도 잊지 않고 반드시 보답한다는 뜻이다.

일반지은은 일찬지덕(一餐之德) 또는 일반지덕(一飯之德)이라고도 하는데 이에 관한 이야기는 적지 않다.

【출전】 우선 『사기·범수전(范睢傳)』을 보면 "밥 한 끼니를 얻어먹었어도 반드시 보상했고, 눈 한 번 흘겼어도 반드시 갚는다.(一飯之德必償 睚眦之怨必報)"는 말이 있는데 이것은 전국시대 진(秦)나라의 재상으로 있던 범수가 남에게서 밥 한 끼니 얻어먹은 것과 같은 자그마한 은혜도 잊지 않고 반드시 갚았다는 말이다.(➡ 애자필보睚眦必報 · 일한여차一寒如此 참조)

『사기·회음후열전(淮陰侯列傳)』에도 이와 비슷한 이야기가 있다.

회음후 한신(韓信)은 소년 시절 집안 살림이 너무나 궁핍해서 늘 남에게 수모를 당했다고 한다. 한신이 정장(亭長)이라는 한 자그마한 벼슬아치 집에서 얹혀 살고 있을 때였다. 한신을 미워한 정장의 마누라는 어느 날 일부러 저녁 식사를 일찍 끝내고 한신을 굶게 한 일마저 있었다.

그러던 어느 날 한신은 성 밖의 강가에 나갔다가 빨래하는 늙은 아낙네에게서 음식을 얻어먹었다. 한신은 그때 너무 고마워서 "앞으로 꼭 은혜를 갚겠다."고 하면서 인사를 드렸더니 그 아낙네는 "사내대장부가 그게 무슨 말인가? 내가 먹을 것을 준 것이 어디 보답을 바라서인가?" 하고 말했다. 그 말에 한신은 더욱 감격했다고 하는데 이것이 바로 표모반신(漂母飯信)의 이야기다.

또 어느 날 한신은 회음 거리에서 돼지를 잡는 부랑자 아이에게 수모를 당한 적이 있었다. 그 부랑자 아이는 한신을 보고 "임마, 넌 키도 크고 몸에 환도까지 지녔지만 내가 보기엔 겁쟁이가 틀림없다. 네가 만일 그 칼로 나를 찌른다면 너를 곱게 돌려보내겠지만 그러지 못하면 내 사타구니 밑으로 기어 나가거라!" 하고 조롱하는 것이었다.

그러자 한신은 과연 그의 사타구니 밑으로 기어나갔는데, 이것이 바로 과하지욕(跨下之辱)의 이야기다.

이러한 한신이 그 후 유방의 부대에 들어가 대장군이 되어 중국을 통일하고 한나라를 세우는 데 혁혁한 전공을 세웠던 것이다.(➡ 국사무쌍國士無雙 · 암도진창暗渡陳倉 · 첩족선득捷足先得 · 패군지장敗軍之將 참조)

한나라가 건국되고 한신이 초왕에 봉해졌을 때였다. 한신의 봉지는 바로 그의 고향이었다. 한신은 옛적 강가에서 먹을 것을 주던 아낙네를 찾아 천금을 주고 "밥 한 끼니 얻어먹은 은혜"를 갚았으며(一飯千金), 전날의 정장에게는 돈 백 푼을 주고 훈시했으며, 돼지잡이를 하던 그 부랑자 아이를 찾아서는 장사라고 하면서 위사장(衛士長)을 시켰다고 한다.

『좌전·선공(宣公) 2년』조에 보면 포악무도한 임금인 진영공이 국상 조순(趙盾)을 해치려 할 때 영첩(靈輒)이라는 사람이 목숨을 걸고 조순을 구해 주었는데, 알고 보니 그 역시 지난날 조순에게서 밥 한 끼니 얻어먹은 사람이었더라는 것이다. 그때 영첩은 이미 진영공의 무사로 있었지만 조순을 구해 주고는 어디론지 자취를 감추었다고 한다.

【용례】 "일반지은"과 같은 작은 은혜라도 잊지 않고 반드시 갚는 사람이 되어야 한다. 은혜를 저버린다면 그걸 어떻게 사람이라고 하겠느냐?

일부당관 만부막개
一夫當關 萬夫莫開

一 : 한(일) 夫 : 지아비(부)
當 : 당할(당) 關 : 빗장·관문(관)
萬 : 일만(만) 莫 : 아닐(막) 開 : 열(개)

【뜻풀이】 한 사람이 관문을 지키면 만 사람이 와도 이를 격파할 수 없다. 지세가 험해서 적은 사람으로 능히 지킬 수 있는 요충지를 말한다.

보통 중국에서 관이라 하면 함곡관(函谷關)을 말한다. 중국 동북부 지방에서 중원으로 들어오는 길목인 이곳은 워낙 산세가 험해 적은 병사만 주둔시켜 놓아도 많은 적병을 막을 수 있는 곳이라고 한다. 그러나 아래 작품에서 말하는 관은 검문관(劍門關)을 말한다.

【출전】 이백(李白, 701~762)의 〈촉도난(蜀道難)〉 전문을 읽어 보기로 하자.

「오호라,
위태롭구나 높을시고 촉나라 길은 어렵네.
푸른 하늘 오르기보다 어렵구나
잠총과 어부와의 개국의 길은 아득하네.
그 이후로 4만 8천 년
진나라 변경과도 교섭이 없었네.
서쪽 태백산 너머로 새는 날아서
아미산 꼭대기로 빠져 나올 수 있었을까?
땅이 꺼지고 산이 무너져 장사가 죽더니
하늘에 닿은 사다리와 돌로 쌓은 잔도가 차츰 놓였네.
위로는 햇님의 수레도 돌아가는 봉우리가 있고,
아래론 세찬 물결이 거꾸로 흐르는 소용돌이가 있네.
노란 두루미의 날개로도 지나가지 못하고,
원숭이의 날랜 재주로도 기어오르기 어렵구나.
청니 고개는 서리서리,
백 걸음 걷다가 아홉 번 바위를 도네.
삼성을 잡고 정성을 지나며 어깨로 숨을 쉬네.
손으로 가슴을 쓸며 앉아서 길게 한숨 쉬네.
묻노니, 그대는 서방 여행에서 언제나 돌아오려는가?
무섭게 깎아지른 길 가파른 바위 잡고 오르지 못한다오.
보이느니, 묵은 나무에서 울부짖는 새
수컷이 날면 암컷도 좇아 숲 사이를 맴도네.
또 들리느니, 달 밤 빈 산 시름에 찬 소쩍새 소리.
촉나라 길은 어렵구나,
푸른 하늘 오르기보다 어렵구나.
얘기만 들어도 붉은 얼굴에 주름이 잡히네.
잇닿은 산봉우리는 하늘과 한 자도 안 되네.
마른 소나무는 절벽에 거꾸로 걸려 있네.
여울물은 튀고 폭포 줄기 떨어져 시끄러운데,
낭떠러지에 부딪치고 돌을 굴려 골짜기마다 천둥 소리일세.
그 험난함이 이와 같구려,
아아, 그대 먼 길손이여, 어이하려 왔는가?
검각은 가파르고 또 우뚝하구나.
한 사람이 관을 지키면
만 사람도 뚫지 못하네.
지키는 이가 혹 가까운 사람이 아니면
이리나 승냥이로 바뀔지 모른다네.
아침에는 사나운 호랑이를 피하고
저녁에는 긴 배암을 피하네.
이빨을 갈며 피를 빨아 마시고
삼대를 베듯 사람을 죽이는구나.

금성이 비록 좋다고 말하지만
어서 빨리 집으로 돌아감이 낫겠네.
촉나라로 가는 길이 어려움이여
푸른 하늘 오르기보다 더욱 힘들구나.
몸을 뉘어 서녘을 보며 길게 탄식하노라.
噫吁嚱 危乎高哉
蜀道之難 難於上靑天
蠶叢及魚鳧 開國何茫然
爾來四萬八千歲 不與秦塞通人煙
西當太白有鳥道 可以橫絕峨眉巓
地崩山摧壯士死 然后天梯石棧相鉤連
上有六龍回日之高標
下有衝波逆折之回川
黃鶴之飛尙不得過
猿猱欲度愁攀援
靑泥何盤盤 百步九折縈巖巒
捫參曆井仰脅息 以手撫膺坐長嘆
問君西游何時還 畏途巉巖不可攀
但見悲鳥號古木 雄飛雌從繞林間
又聞子規啼夜月愁空山
蜀道之難 難于上靑天
使人聽此凋朱顔 連峰去天不盈尺
枯松倒掛倚絕壁 飛湍瀑流爭喧豗
砯崖轉石萬壑雷 其險也如此
嗟爾遠道之人 胡爲乎來哉
劍閣崢嶸而崔嵬
一夫當關 萬夫莫開
所守或匪親 化爲狼與豺
朝避猛虎 夕避長蛇
磨牙吮血 殺人如麻
錦城雖云樂 不如早還家
蜀道之難 難於上靑天
側身西望長咨嗟」

이 작품은 원래 고악부(古樂府)의 이름이다. 촉(蜀)은 오늘날의 사천성 일대인데, 그곳에 촉나라가 있었기 때문에 이렇게 지칭한다. 사천성은 사방이 산으로 둘러싸인 분지로 형성되어 있어서 옛날부터 대검산(大劍山)과 소검산 사이에 난 잔도(棧道) 이외에는 달리 통할 길이 없었다고 한다. 금성은 성도(成都)의 별칭이다.

시 내용을 조금 살펴보면 잠총(蠶叢)과 어부(魚鳧)는 모두 전설상의 촉나라 임금들이고, 아미산은 사천성 아미현에 있는 산으로, 높이가 2,150미터다. 잔도는 벼랑 사이로 선반처럼 만든 다리인데, 사천 일대는 벼랑이 많아 이렇게 다리를 이었다고 한다. 청니는 고개 이름으로 협서성 약양현(略陽縣)의 서북쪽에 있다.

삼성(參星, 21번째 별자리)과 정성(井星, 22번째 별자리)은 28수(宿, 28개의 별자리)의 하나다. 소쩍새는 망명한 촉나라의 임금 두우(杜宇)가 타향에서 죽은 뒤 그 넋이 환생한 새라고 한다.

세상을 살아가면서 겪게 되는 여러 가지 난관을 촉으로 들어가는 길을 지나기 만큼 어렵다는 비유로 표현하였다.

【용례】 보시는 바와 같이 이 경보 장치는 어떤 외부 침입자도 다 격퇴할 수 있습니다. "일부당관에 만부막개"니 안심하고 퇴근하셔도 좋을 것입니다.

일부중휴 一傅衆咻

一 : 한(일) **傅** : 스승(부)
衆 : 무리(중) **咻**: 지껄일(휴)

【뜻풀이】 스승 한 사람이 가르치는데 뭇사람들이 떠들면서 방해를 하다. 한 사람이 옳

은 말을 할 때 곁에 있는 사람들이 이를 방해하는 것을 말한다.

【출전】『맹자 · 등문공장구(滕文公章句)』 하편에 다음과 같은 이야기가 있다.

전국시대 초기 오늘의 하남성 상구현 일대에 송나라가 있었는데 당시 송(宋)나라 임금은 어진 정치를 한답시고 무슨 일을 하든지 요란하게 떠들어댔다. 이에 인정(仁政)을 주장하던 맹자는 일부러 송나라를 방문하였지만 송나라 임금에 대해 실망한 그는 며칠 뒤에 떠나고 말았다.

전하는 바에 따르면 이때 송나라의 대부 대불승(戴不勝)과 맹자 사이에 대담이 있었다고 한다.

맹자 : 대인께서는 임금을 도와 국사를 잘 처리할 의향이십니까? 그러하다면 내가 먼저 묻고 싶은데, 가령 초나라의 대부가 그의 자식에게 제(齊)나라의 말을 배우게 하겠다면 제나라 사람을 청해 가르쳐야 합니까, 아니면 초나라 사람을 청해 가르쳐야 하겠습니까?

대불승 : 그야 물론 제나라 사람이지요.

맹자 : 그러나 한 사람의 제나라 스승이 가르칠 때 초나라의 여러 사람들이 방해를 한다면(一齊人傳之 衆楚人咻之) 그 애는 밤낮 때리고 욕하면서 배우라고 해도 제나라 말을 배울 수 없을 것입니다. 그러나 제나라의 서울에 그 애를 보낸다면 때리지도 않고 욕을 하지 않아도 자연스럽게 제나라 말을 배우게 될 것입니다. 마찬가지로 대인께서는 설거주(薛居州)를 현인이라 해서 임금에게 추천하였지만 설거주 혼자서 어찌하겠습니까? 송왕의 좌우에 있는 모든 사람들이 다 설거주 같아야 할 것입니다.

일부중휴는 바로 맹자의 이 말에서 나온 성어다.

【용례】 아무리 선생님 혼자 말씀을 하셔도 너희들이 이렇게 떠들기만 하면 무슨 소용이 있겠니? “일부중휴”야, 제발 선생님 말씀에 귀 좀 귀울이거라.

일부출사 천승불경
一夫出死 千乘不輕

一 : 한(일) 夫 : 지아비(부)
出 : 나갈(출) 死 : 죽을(사)
千 : 일천(천) 乘 : 탈(승)
不 : 아닐(불) 輕 : 가볍게 여길(경)

【뜻풀이】 한 사람이 죽음을 각오하고 나오면 천승의 군대라도 가볍게 여기지 못한다. 죽음을 각오하고 나오는 사람은 무서운 것이 없기 때문에 아무리 강한 상대라도 두려워할 수밖에 없다는 뜻이다.

【출전】『회남자 · 설림훈(說林訓)』에 나오는 말이다.

“대붕(大鵬)이 어지럽게 파도를 솟구치면서 고기를 잡을 때 하백(河伯)은 이 때문에 깊이 물을 들이는 것을 멈춘다. 대붕의 집중적인 행동을 두려워하기 때문이다. 그러므로 한 사내가 죽음을 각오하고 나와 싸우면 천승의 대국도 이를 가볍게 보지 못하는 것이다. (鳥有沸波者 河伯爲之不潮 畏其誠也 故一夫出死 千乘不輕)”

사람의 능력이라는 것은 단지 외모나 겉으로 드러난 힘으로만 따질 수 있는 것은 아니다. 굳은 마음을 먹고 일을 할 때는 자신도 모르는 능력이 나올 때도 있기 때문이다.

차에 치이는 자식을 품에 안아 살려낸 어머

니의 이야기는 과학적으로 설명되기 어려운 일인 것이다. 그러므로 모진 마음을 먹고 죽음을 각오하고 결전에 나오는 사람과 살아야겠다는 마음을 가진 사람이 맞서 싸우면 후자가 오히려 정신력에서 지는 것이다.

【용례】 그 사람 독하게 마음먹고 덤비는데 깔볼 수 없겠더라니까. "일부출사면 천승불경"이라더니, 순한 줄 알고 무시했다가 큰일 날 뻔했어.

일사천리 一瀉千里

一 : 한(일) 瀉 : 쏟을·쏟아질(사)
千 : 일천(천) 里 : 마을(리)

【뜻풀이】 한 번 쏟아진 물이 천리를 흐른다.

원래는 문장을 써 나가는 필력이 굳센 것을 비유하는 말이었는데, 오늘날에는 어떤 일이 급속도로 진행되어 순식간에 이루어지는 것을 말한다. 대개 긍정적인 의미로 쓰이지만 때로는 성의 없이 일을 마구 처리한다는 뜻에서 부정적인 뉘앙스를 갖기도 한다.

【출전】『복혜전서(福惠全書)』 권29에 다음과 같은 말이 있다.

"엄연한 계곡 사이를 가벼운 배는 삽시간에 일사천리로 내려간다.(儼然峽裡輕舟 片刻一瀉千里)"

한유(韓愈, 768~824)의 〈정녀협(貞女峽)〉에도 이와 비슷한 구절이 있다.

강 바위와 협곡에 묶여 봄날의 여울은 거세고
우레와 바람이 싸우니 어룡도 놀라 숨는구나.
뒤집힐 듯 쏟아지는 물결은 수궁을 쏘고
한 번 흐르면 백 리 길 구름에 닿을 듯한 파도로다.
떠돌던 배는 바위에 밀려 산산이 부서지니
지척에 있는 목숨도 기러기 털인 듯 가볍구나.

江盤峽束春湍豪
雷風戰鬪魚龍逃
懸流轟轟射水府
一瀉百里翻雲濤
漂船擺石萬瓦裂
咫尺性命輕鴻毛」

이 시는 정원(貞元) 2년(786) 한유가 유배를 당해 연주(連州)의 정녀협을 지날 때 지은 작품이다.

계곡 서쪽으로 높은 바위가 있는데 이름이 정녀산이었다. 산 아래 사람을 닮은 돌이 있어 높이가 7척이 되고 여자 형상을 하고 있어 이런 이름이 붙었다고 한다. 짧은 시임에도 불구하고 웅장하고 기괴한 시풍이 잘 드러나 있다. 한유의 뛰어난 시적 감각을 보여 주는 작품이라고 할 수 있다.

【용례】 그 친구 겉으로 보기엔 굉장히 굼뜬 것 같지만 한번 일에 몰두하면 순식간에 다 끝낸다니까. 일 처리하는 솜씨가 그야말로 "일사천리"여서 옆에서 보면 현란할 정도라네.

일시동인 一視同仁

一 : 한(일) 視 : 볼(시)
同 : 같을(동) 仁 : 어질(인)

【뜻풀이】 모든 사람을 평등하게 보아 두루두루 사랑한다는 뜻이다.

【출전】 한유(韓愈)가 쓴 글 〈원인(原人)〉에

나오는 말이다.

“하늘은 해와 달·별들의 주인이고, 땅은 풀과 나무·산·냇물 등의 주인이며, 사람은 여러 이민족과 새·짐승들의 주인이다. 주인이 되어 사납게 굴면 그 주인 된 도를 지키지 못하는 법이다. 이런 까닭에 성인은 한결같이 보고 어짊으로 함께하고, 가까운 것은 돈독하게 하여 먼 것까지 들어올린다.(天者日月星辰之主也 地者草木山川之主也 人者夷狄禽獸之主也 主而暴之 不得其爲主之道矣 是故聖人一視而同仁 篤近而擧遠)”

당송팔대가(唐宋八大家)의 한 사람인 한유가 지은 이 글의 핵심은 사람의 도리다. 즉, 어짊(仁)은 사랑이며, 어진 것은 성인(聖人)의 성품이다. 이 성인은 만물을 하나로 보며 사람을 평등하게 사랑한다. 그렇기 때문에 성인이란 자식들에게 부모와 같은 존재인 것이다.

【용례】 교육자로 교편을 잡은 지도 어느덧 30년을 헤아린다. 많은 제자들을 가르쳤지만, 하나 자부로 삼는 것은 “일시동인”의 교훈을 잊지 않고 편견 없이 제자들을 가르쳤다는 점이다.

일신시담 一身是膽

一 : 한(일) 身 : 몸(신)
是 : 이·옳을(시) 膽 : 쓸개(담)

【뜻풀이】 담이 큰 것을 일컫는 말. 온몸이 쓸개뿐이다.

【출전】 『삼국지·촉지(蜀志)·조운전』에 다음과 같은 이야기가 있다.

삼국시대 촉나라의 유비 수하에 조운〔趙雲, 자는 자룡(子龍)〕이라는 맹장이 있었다. 어느 날 조운이 군사들을 거느리고 한수 일대를 지키고 있는데 장흡과 서황이 인솔하는 조조의 군대가 공격해 왔다.

이때 조운의 수하에는 군사가 적었기 때문에 많은 장령들은 성문을 닫아걸고 사수하자고 했지만, 조운은 듣지 않고 성문을 활짝 열어 놓은 다음 대문 어귀에서 혼자 말을 타고 서서 장창을 비껴들고 조조의 군사를 기다리고 있었다.

조조의 군사들이 달려와 보니 조운의 군영은 쥐 죽은 듯 조용한데 조운 한 사람이 말을 타고 성문 앞에 서 있는데 아무래도 복병이 있는 것 같았다.

이에 조조의 군사들은 황망히 뒤로 물러서는데 조운은 적군의 질서가 흐트러진 틈을 타서 맹렬히 추격하여 대승을 거두었으며 조조의 군영마저 빼앗고 말았다. 이 싸움에서 조조의 군사들 중 한수에 빠져 죽은 군사만 해도 부지기수(不知其數)였다고 한다.

이튿날 유비와 제갈량이 조운의 진영과 전날의 싸움터를 돌아볼 때 유비는 기쁨을 감추지 못하면서 제갈량에게 “자룡은 온몸에 담력만 있다.(子龍一身都是膽也)”라고 치하했다고 한다.

이 밖에도 『삼국지·촉지·강유전(姜維傳)』에 보면 강유 또한 담이 크기로 이름난 사람이었는데, 그가 죽은 뒤 배를 갈라 보니 담이 됫박처럼 크더라는 것이었다.(死時見剖 膽如斗大) 이 때문에 담이 큰 것을 가리켜 두담(斗膽)이라고도 한다.

【용례】 아니 웬 사람이 그렇게 간이 커. 폭우가 내리는데, 그 밤길을 혼자 걸어왔단 말인가? 자네 같은 사람을 두고 “일신시담”이라고 한다네.

ㅇ

일야십기 一夜十起

一 : 한(일) 夜 : 밤(야)
十 : 열(십) 起 : 일어날(기)

【뜻풀이】 하룻밤에 열 번도 더 일어난다는 뜻으로, 병자를 정성스럽게 간호하는 것을 일컫는 말이다.

【출전】 『후한서 · 제오륜전(第五倫傳)』에 다음과 같은 이야기가 있다.

후한 초기 제오륜이라는 청렴결백하고 사람됨이 정직한 관리가 있었다. 회계태수로 있을 적에도 그는 늘 직접 작두로 풀을 썰어 말을 먹였고 그의 아내도 몸소 밥을 지으면서 가사를 돌보았다. 이 때문에 그의 명망은 당시 대단히 높았다.

그러던 어느 날 어떤 사람이 그에게 물었다.

"당신 같은 사람을 가리켜 사심이 없다고 하겠지요?"

제오륜이 이에 대답하였다.

"전에 어떤 사람이 내게 천리마를 선물한 적이 있었습니다. 나는 비록 그때 받지는 않았지요. 그러나 매번 삼공을 뽑는 일이 있으면 마음속으로 능히 그 일을 잊지 못하고 생각했지만 끝내 등용되지는 못했습니다. 그리고 내 조카가 병들었을 때 하룻밤에 열 번도 더 일어나 가 보았지만 누우면 곧 잠이 들었댔습니다. 그러나 내 자식이 병들었을 때는 달랐지요. 비록 가서 살펴보지는 않았지만 다시 누워도 좀체로 잠이 오지를 않았습니다. 이러니 어찌 사심이 없다고 할 수 있겠습니까?(昔人有與吾千里馬者 吾雖不受 每三公有所選擧 心不能忘 而亦終不用 吾兄子病 一夜十起往 退而安寢 吾子有疾 雖不省視而竟夕不眠 若是者 豈可謂無私乎)"

바로 이 이야기에서 나온 성어가 일야십기다.

【용례】 전번에 동생이 큰 사고를 당해 병원에 입원했는데, 모두 무서워 가지도 못하는 것을 어머님 혼자 "일야십기"하시며 돌보셨어. 모성애야말로 가장 위대한 인간애야.

일엽낙천하지추 一葉落天下知秋

一 : 한(일) 葉 : 나뭇잎(엽)
落 : 떨어질(락) 天 : 하늘(천)
下 : 아래 · 떨어질(하)
知 : 알(지) 秋 : 가을(추)

【뜻풀이】 나뭇잎 하나가 떨어지자 천하 사람들이 가을이 온 것을 안다. 하나의 작은 기미만 보고도 전반적인 변화가 어떻게 이루어질 것인가를 예측할 수 있다는 말이다.

이것은 긍정적으로 쓰일 수도 있지만, 사소한 증거를 가지고 과대평가(過大評價)한다는 식으로 부정적으로 쓰일 수도 있다.

【출전】 『회남자 · 설산훈편(說山訓篇)』에 다음과 같은 말이 나온다.

「저민 고기 한 점을 맛보면 한 솥 안의 고기 맛을 다 알 수 있고 깃털과 숯을 걸어 두면 메마르고 습기 찬 기운을 알 수 있다. 이런 것은 작은 것으로 큰 것을 밝히는 경우다. 떨어지는 나뭇잎 하나를 보면 한 해가 장차 저물려는 것을 알 수 있고 병 속의 물이 언 것을 보면 천하가 곧 추워지리라는 것을 알 수 있다. 이것은 가까운 것으로써 먼 일을 논하는 방식이다.

(嘗一臠肉 知一鑊之味 懸羽與炭 而知燥濕之氣 以小明大 見一葉落而知世之將暮 睹瓶中之氷而知天下之寒 以近論遠)」

【용례】 그 친구에게 결점이 하나 있다고 모조리 싸잡아 매도하면 쓰겠나. "일엽낙천하지추"라지만 그게 반드시 옳은 태도만은 아니야.

일엽장목 一葉障目

一 : 한(일) 葉 : 이파리(엽)
障 : 가릴·막을·방해할(장) 目 : 눈(목)

【뜻풀이】 나무 잎사귀 하나에 눈이 가려 앞을 내다보지 못한다는 뜻으로, 그 무엇에 현혹되어 안목이 좁아진 것을 비유하는 말이다.

【출전】 이 성어는 처음에 일엽폐목(一葉蔽目)이라고 했는데, 『할관자(鶡冠子)·천칙편(天則篇)』에서 "귀는 듣기 위한 것이고 눈은 보기 위한 것이지만 나무 잎사귀 하나가 눈을 가려 태산을 보지 못하고 콩 두 알이 귀를 막아 우레 소리를 듣지 못하는구나.(夫耳之主聽 目之主明 一葉蔽目 不見泰山 兩豆塞耳 不聞雷霆)"라고 한 말에서 나왔다.

무엇에 현혹되었을 때 일엽폐목 또는 양두색이(兩豆塞耳)라고 하는데 간단하게 일엽양두(一葉兩豆)라고도 한다. 일엽폐목은 양엽엄목(兩葉掩目) 또는 양엽폐목(兩葉閉目)이라고도 할 수 있으며, 양두색이는 쌍두색총(雙豆塞聰) 또는 쌍두색이(雙豆塞耳)라고도 한다. 오늘날 흔히 쓰이는 것은 일엽폐목 또는 일엽장목·폐목색청(閉目塞聽) 등이다.

이 밖에 이 성어에는 또 다음과 같은 재미있는 이야기도 있다.

위나라 사람 한단순(邯鄲淳)의 『소림(笑林)』을 보면 이런 이야기가 나온다.

전에 어떤 썩은 선비 한 사람이 옛 책에서 선예엽(蟬翳葉)에 관한 전설을 보고 크게 흥미를 느꼈다. 즉, 매미가 숨어 있는 나무 잎사귀〔蟬翳葉〕로 얼굴을 가리면 남들이 자기를 보지 못한다는 전설에 마음이 동했던 것이다.

선비는 어느 날 매미가 숨어 있는 곳의 나무 잎사귀들을 한 아름 따가지고 와서는 그것으로 얼굴을 가린 다음 아내에게 "내가 보이오?" 하고 물었다.

아내는 처음에는 보인다고 대답했지만 남편이 거듭 나무 잎사귀로 얼굴을 가리고 "내가 보이오?" 하고 묻기에 그만 시끄러워서 나중에는 안 보인다고 대답하였다.

그러자 선비는 매미가 숨어 있는 곳의 나무 잎사귀로 얼굴을 가리면 남들이 보지 못한다는 말을 그대로 믿고 그 길로 시장에 나가 나무 잎사귀로 얼굴을 가리고 남의 물건을 훔치다가 당장 잡히고 말았다.

그런데 더욱 우스운 것은 관청에 잡혀가 문초를 받을 때까지도 선비는 "나무 잎사귀 하나가 눈을 가려 나는 아무에게도 보이지 않소이다." 하고 말했다는 것이다.

【용례】 아무리 재물에 눈이 멀었다고 그렇게 "일엽장목"이 되어서야 쓰겠나? 양심이 우선이지 그깟 몇 푼 재물 때문에 양심을 팔겠다는 거야?

일의대수 一衣帶水

一 : 한(일) 衣 : 옷(의)
帶 : 띠·두를(대) 水 : 물(수)

【뜻풀이】 옷을 묶어 두는 띠와 같은 물. 그

만큼 강의 폭이 좁다는 뜻으로, 거리가 아주 가까울 때 쓰는 말이다.

【출전】『남사(南史)·진후주기(陳後主紀)』에 다음과 같은 이야기가 나온다.

진(晉)나라(265~317)가 망한 이래로 중국은 남북조(南北朝)시대가 되었다. 북방은 오호십육국(五胡十六國)이라 해서 이민족이 세운 왕조들이 들어서고, 남방은 주로 한족 나라가 들어서며 부침을 거듭하였다.

이런 혼란기를 통일한 사람이 바로 수(隋)나라(581~618)를 세운 문제(文帝) 양견(楊堅)이다.

그는 원래 북주(北周)의 신하였는데 북주의 어린 황제인 정제(靜帝)의 선양을 받아 황제가 되었다.

그는 집권하자마자 내실을 기하면서 차츰 천하를 통일할 기반을 닦아 나갔다. 당시 남조의 왕조는 진(陳)이었는데, 후주 진숙보(陳叔寶)는 정치에는 관심이 없고 주색잡기에 골몰한 한심한 임금이었다.

그러던 중 587년 후량(後梁)의 후주 소종(蕭琮)이 문제를 만나러 장안으로 왔는데 그 때 문제는 최홍도(崔弘度)를 보내 맞이하게 했다. 그런데 강릉을 지키던 후량의 관리들이 최홍도가 그곳을 빼앗으려고 오는 줄 알고 진나라에 항복하고 말았다.

졸지에 일이 이상하게 풀리자 문제는 먼저 후량을 쳐서 멸망시킨 뒤 뒤이어 진나라를 공격하였다. 그때 문제는 이렇게 선포했다.

"지금 진나라 임금은 황음(荒淫)에 젖어 백성을 돌보지 않아 그 고통이 이루 말할 수 없다.

나는 백성의 부모가 되어 이를 그냥 앉아 볼 수가 없다. 양자강이 험하다지만 어찌 내 뜻을 꺾겠는가? 한낱 옷을 묶는 띠와 같은 강에 막혀서 그들을 구하지 않을 수 있겠는가?(我爲民父母 豈可限一衣帶水 不拯之乎)"

그리하여 문제는 589년에 52만에 달하는 군사를 이끌고 진나라로 쳐들어가 마침내 천하를 통일했던 것이다.

【용례】 집 앞에 개천이 하나 흐른다지만 폭이 좁아 "일의대수"할 지경입니다. 천렵을 하시러 오시겠다면 저로서야 영광이지만, 그만한 시내가 아니라 송구스럽군요.

일이관지 一以貫之

一 : 한(일) 以 : 날·해(일)
貫 : 뚫을(관) 之 : 어조사(지)

【뜻풀이】 하나로써 꿰뚫다. 어떤 일이나 생각이 통일된 기준에 따라 완벽하게 정리되어 정연한 것을 말한다.

【출전】 이 말은 『논어·이인편(里仁篇)』과 〈위령공편(衛靈公篇)〉 두 곳에 나온다.

「공자께서 말씀하셨다.

"삼〔증삼(曾參)〕아, 나의 도는 하나로써 꿰뚫어져 있느니라."

"예, 그렇습니다."

공자께서 나가시자 제자들이 물었다.

"무엇을 말씀하신 것입니까?"

"선생님의 도는 충과 서일 뿐입니다."

(子曰 參乎 吾道一以貫之 曾子曰 唯 子出 門人問曰 何謂也 曾子曰 夫子之道 忠恕而已矣)

공자께서 말씀하셨다.

"사〔자공(子貢)〕야, 너는 내가 많이 배워서 도를 안다고 생각하느냐?"

자공이 대답했다.

"그렇습니다. 그렇지 않습니까?"

"아니다. 나는 도를 하나로써 꿰어 두고 있

느니라.”

(子曰 賜也 女以予爲多學而識之者與 對曰 然 非與 曰 非也 予一以貫之)」

공자와 제자들 사이의 문답으로 이루어져 있는 『논어』는 워낙 이야기가 간단명료하고 짤막하게 구성되어 있기 때문에 함축하고 있는 뜻을 찾아내기가 쉽지 않다.

그러나 공자의 언행은 촌철살인(寸鐵殺人)과 같이 정확하게 핵심을 꿰뚫고 있는 경우가 많다.

때문에 생각이 옅은 사람은 깨우치지 못해도 어느 정도 사려분별력을 갖춘 사람이 들으면 쉽게 이해할 수 있었던 것이다.

충(忠)은 중(中)과 심(心)이 합쳐진 말이다. 즉, 마음의 한가운데를 잘 지키고 있는 것을 말한다. 그것은 어떤 외부의 유혹에도 흔들리지 않는 강인한 정신력을 의미한다.

서(恕)는 여(如)와 심(心)이 합쳐진 말이다. 즉 “마음을 같이한다”는 뜻이다. 이는 마음을 열고 서로를 이해하면 어떤 경우라도 화해와 조화가 이루어질 수 있다는 말이다. 바로 그런 정신으로 공자는 자신의 생각을 관철했던 것이다. 그러므로 그는 당당하게 “나의 도는 하나로써 꿰뚫려 있다.”고 선언할 수 있었다.

【용례】 학문이란 결국 자신의 논리를 여러 가지 근거로 뒷받침해서 “일이관지”하는 이론을 끌어내는 게 아닌가 싶어. 사실 많이 아는 건 지식일 뿐이지, 학문은 아니야.

일일삼추 一日三秋

一 : 한(일) 日 : 날·해(일)
三 : 석(삼) 秋 : 가을(추)

【뜻풀이】 하루가 삼 년과 같이 길게 느껴진다.

【출전】 『시경·왕풍(王風)』에 실린 〈채갈(采葛)〉에서 유래한 것이다. 그 전문을 읽어 보면 다음과 같다.

「칡 캐러 가세
하루를 못 보면 석 달이나 된 듯.
쑥 캐러 가세
하루를 못 보면 세 가을이나 된 듯.
약쑥 캐러 가세
하루를 못 보면 삼 년이나 된 듯.
彼采葛兮 一日不見 如三月兮
彼采蕭兮 一日不見 如三秋兮
彼采艾兮 一日不見 如三歲兮」

채(采)는 채(採, 따다·모으다·캐다)이고 갈(葛)은 다년생 덩굴 풀로 흔히 칡이라 하며 식용으로 쓸 수도 있지만 주로 베를 짜는 원료로 쓰였다. 소(蕭)는 쑥으로 옛날 사람들은 이것을 제사 음식으로 사용하였다. 애(艾)는 국화과의 식물로 부드러운 잎은 먹을 수가 있어서 말려 약용으로 사용하였다.

삼추(三秋)는 세 가지 해석이 있다. 하나는 일추(一秋)를 1년으로 보는 경우다. 모든 곡식은 가을이 되어야 익는데, 옛날 사람들은 곡식이 익어야 가을이라고 하였다. 남쪽 지방을 제외하고는 곡식류는 대부분 1년에 한 번 익으니 삼추는 곧 3년인 것이다. 두 번째 해석은 삼계(三季), 즉 9개월을 말한다. 세 번째로는 가을은 음력 7·8·9월이니, 즉 3개월을 삼추라고 한다는 설명이 있다.

여하간 사람마다 해석은 구구하지만 결국 긴 시간을 비유하는 말이다. 그러므로 일일삼추는 헤어져 있는 동안 보내는 하루가 아주 길게 느껴진다는 뜻으로 해석한다.

원래는 남녀 간에 헤어져 있을 때 이 표현을 썼지만, 오늘날에는 그 의미가 확대되어 남녀

간의 그리움뿐 아니라 친구나 가족, 친척, 또는 어떤 일을 간절하게 기다릴 때도 이 성어를 사용한다.

일각여삼추(一刻如三秋)라고도 한다.

【용례】 사람 기다리는 게 이렇게 지루한 줄 예전엔 미처 몰랐군. "일일삼추"란 말이 결코 과장된 게 아니야.

일자사 一字師

一 : 한(일) 字 : 글자(자) 師 : 스승(사)

【뜻풀이】 잘못 읽은 한 자의 글자를 바로잡아 준 스승이라는 뜻으로, 정곡(正鵠)을 찔러 핵심을 깨우쳐주는 가르침을 말한다. 이야기는 여러 문헌에 나온다.

【출전】 『오대사보(五代史補)』에 다음과 같은 이야기가 나온다.

정곡(鄭谷)은 당(唐)나라 때 시인이다. 그가 원주(袁州)에 있던 어느 날 제기(齊己)라는 스님이 시고(詩稿)를 가져 왔다. 그 가운데 〈조매(早梅)〉라는 작품에 다음과 같은 구절이 있었다.

「앞마을에 깊은 눈이 내렸는데,
어제 밤에 매화 몇 가지가 벌렸구나.
前村深雪裏
昨夜數枝開」

이를 읽은 정곡이 말했다.

"참 좋은 작품입니다. 다만 수지(數枝, 몇 가지)는 조매(早梅, 일찍 핀 매화)라는 제목과는 어울리지 않으니 일지(一枝, 한 가지)로 바꾸는 것이 좋을 것 같습니다."

그렇게 고쳐 보니 과연 시의 분위기가 한결 살아났다. 이에 스님은 정곡에게 큰 절로 감사의 뜻을 표했다. 사람들은 이 일로 해서 정곡을 일자사(一字師, 한 글자를 가르쳐 준 스승)라 부르게 되었다.

『척언(摭言)』에 보면 대거수(大居守) 이상(李相)이 『춘추』를 읽다가 '숙손착(叔孫婼)'이란 구절에 이르러 착의 음이 칙략반(勅略反)인 것을 칙구반(勅晷反)으로 잘못 읽었는데, 옆에 있던 말단 관리가 이를 지적해 주자 몹시 부끄러워하면서 그를 '일자사'로 불렀다고 한다.

또 『학림옥로(鶴林玉露) · 간보(干寶)』조에 보면 성재(誠齋) 양만리(楊萬里, 1127~1206)가 관아에서 사람들과 담소하다가 진(晉)나라의 간보(317년 전후)에 대한 이야기가 나왔는데, 양만리가 우보(于寶)라고 말해버렸다. 그러자 어떤 사람이 나서더니 "간보이지 우보는 아닙니다. 무엇을 보고 그렇게 아셨습니까?" 하면서 운서(韻書)를 내놓았다. 과연 운서를 보니 간(干)자 아래 주에 "진나라에 간보가 있었다.(晉有干寶)"는 말이 있었다. 이에 양만리가 크게 웃으면서 "그대가 나의 한 자 스승일세.(汝乃吾一字之師)"라며 고마움을 표시했다고 한다.

【용례】 자네가 지적해 준 사항을 모르고 넘어갔으면 자칫 치명적인 결함이 될 뻔했네. 다행히 큰 허물없이 보고서를 제출할 수 있었으니, 자네야말로 나의 "일자사"일세.

일자천금 一字千金

一 : 한(일) 字 : 글자(자)
千 : 일천(천) 金 : 쇠(금)

【뜻풀이】 한 글자라도 고치면 상으로 천금

을 내리다. 논문이나 학설에 대한 자신감을 표현하는 말이었는데, 오늘날에는 문장이 뛰어나거나 가치가 큰 것을 비유하게 되었다.

【출전】 전국시대 말기 진(秦)나라의 효문왕에게는 20여 명이나 되는 아들이 있었는데 재상인 여불위(呂不韋)는 갖은 수단을 다 써서 왕자 이인(異人)을 태자로 삼았다. 효문왕이 죽고 이인이 즉위하여 장양왕이 되자 여불위는 승상이 되어 문신후에 봉해지고, 그 후 장양왕의 뒤를 이어 그의 아들 정(政)이 즉위하여 시황제(진시황)가 되자 여불위는 다시 재상이 되어 중부(仲父)라 불렸다.(▶ 기화가거奇貨可居 참조)

『사기·여불위전』에 따르면 당시 위나라의 신릉군(信陵君), 초나라의 춘신군(春信君), 조나라의 평원군(平原君), 제나라의 맹상군(孟嘗君) 등 유력한 인물들은 모두 천 명도 넘는 학식 있는 식객들을 기르고 있었다.

여불위도 이에 뒤질세라 3천여 명이나 되는 재능 있는 문사들을 식객으로 거느리면서 위엄을 부렸는데, 그는 식객들로 하여금 글을 쓰게 해서 26권이나 되는 책을 묶어 냈다. 이것이 바로 『여씨춘추(呂氏春秋)』라는 책이다.

여불위는 이 책을 진나라 도읍인 함양(咸陽)에 전시해서 모든 사람들로 하여금 두루 읽게 하면서 "누가 만일 이 책에서 틀린 점을 골라 글자 한 자라도 빼거나 보탤 수 있다면 상으로 돈 천금을 주리라.(有能增刪一字者賞予千金)" 하고 광고까지 내붙였다. 그러나 그것이 국상의 책인지라 천금이 아니라 만금이라 해도 누가 감히 글자 하나 고칠 엄두를 낼 것인가?

일자천금은 바로 이런 이야기에서 나온 성어데 그 후 문장의 가치가 높거나 문장이 잘된 것을 비유하는 말로 쓰이고 있다.

그리고 진(晉)나라 때의 유명한 서예가 왕헌지(王獻之, 왕희지의 아들)는 양주의 어떤 노파에게서 밥 한 끼를 얻어먹고 감사의 표시로 글씨를 한 자 써 주었더니 그 노파는 그것을 팔아 일확천금(一攫千金)을 얻었다는 이야기도 전한다.

남조 양(梁)나라 때의 문인인 종영(鍾嶸)은 그의 저서 『시품(詩品)』에서 "마음을 놀라게 하고 영혼을 움직이니 가히 일러 거의 일자천금에 가깝다고 하겠다.(驚心動魄 可謂幾乎一字千金)"는 표현을 쓰고 있다.

【용례】 조정래의 『태백산맥』은 우리 소설사가 낳은 최고의 걸작 중 하나임에 틀림없어. "일자천금"의 빛나는 가치가 이 작품에는 스며 있지.

일장공성만골고
一將功成萬骨枯

一 : 한(일) 將 : 장수(장) 功 : 공(공)
成 : 이룰(성) 萬 : 일만(만)
骨 : 뼈(골) 枯 : 마를(고)

【뜻풀이】 한 장수의 성공을 위해 사람 만 명의 뼈가 마른다. 위대한 성공의 이면에는 그를 위해 희생한 무수히 많은 사람이 있다는 뜻이다.

【출전】 당(唐)나라 때의 시인 조송(曹松)의 〈기해세시(己亥歲詩)〉에 나오는 구절이다.

「큰 나라도 온 강산이 전쟁에 휘말렸네
백성들은 무엇으로 나무하며 연명할까.
그대여 부디 봉후의 일을 말하지 마라
장군 한 사람의 성공을 위해 만여 명이 죽었다오.

澤國江山入戰圖
生民何許樂樵蘇.
憑君莫話封侯事
一將功成萬骨枯.」

조송은 당나라 말기 황소(黃巢)의 난으로 인해 천하가 온통 혼란에 빠진 시대를 살다 간 시인이다. 기해년은 당나라 희종(僖宗) 건부(乾符) 6년(879)이다. 난세를 당해 저마다 공을 세우기 위해 여념이 없지만 그 가운데에서 신음하는 백성들은 애꿎게도 죽음을 면치 못하고 있는 세태를 상심한 작품이다.

이와 유사한 시구는 꽤 많이 남아 있다.

당나라의 진도(陳陶)는 〈농서행(隴西行)〉에서 "흉노를 무찌르고자 몸도 돌보지 않겠다더니, 오천의 비단 가죽옷이 오랑캐 먼지에 날아갔구나. 가련하다 강가에 정처 없이 버려진 뼈는, 봄날 규방에서 청운을 꿈꾸던 사람이었네.(誓掃匈奴不顧身 五千貂錦喪胡塵 可憐無定河邊骨 猶是春閨夢裏人)"라 하였고, 심빈(沈彬)은 〈조변인(弔邊人)〉에서 "살인 소리 가라앉은 뒤 들바람은 슬픈데, 한나라 달은 높이 떴어도 바라보며 가지 못하네. 백골은 이미 말라 모래 위 풀로 자랐는데, 아내는 이를 모르고 겨울옷을 보내는구나.(殺聲沈後野風悲 漢月高時望不歸 白骨已枯沙上草 家人猶自寄寒衣)"라고 읊고 있다.

명(明)나라의 심련(沈鍊)도 〈감회(感懷)〉에서 "산 것을 갈라 베어 바치는 일은 예부터 없었나니, 공을 이루면 만 명 해골 마른단 말 이제야 알겠네. 흰 꽃 붉은 모래 비바람 치는 밤이면, 원혼은 떠돌면서 자기 해골을 찾는구나.(割生獻馘古來無 解道功成萬骨枯 白草黃沙風雨夜 冤魂多少覓頭顱)"라며 난세에 억울하게 죽어간 무수히 많은 사람들의 아픔을 대신 노래하고 있다.

【용례】 저 독재자의 허영을 채우기 위해 얼마나 많은 사람의 피땀이 소모되었겠어. "일장공성만골고"라고 죽어서 지옥에도 못 갈 인간이 바로 저놈들이지.

일전불치 一錢不値

一 : 한(일) **錢** : 돈(전)
不 : 아닐(부) **値** : 둘(치)

【뜻풀이】 한푼어치도 안 되다. 쓸모없다. 치(値)는 치(直)로도 쓴다.

【출전】 『사기 · 위기무안후열전(魏其武安侯列傳)』에 다음과 같은 이야기가 나온다.

한나라 때 관부(灌夫)라는 사람이 있었다. 그는 본래 장씨였지만 부친 장맹이 일찍이 대신 관영(灌嬰)의 시종관으로 있었기 때문에 관씨로 성을 고친 것이었다.

관부는 성격이 호방하고 권세에 아부할 줄 모르는 사람으로, 술주정도 잘하는 사람이었다. 어느 날 승상 전분(田蚡)이 차린 연회에서 대취한 관부는 승상과 잔을 나누려 했지만 승상이 응하지 않았다.

이에 전분을 전부터 멸시해 오던 관부는 즉석에서 몇 마디 비꼬아 주었다. 뒤이어 관부는 동석한 관현(灌賢)이라는 이와 잔을 치려 했지만 그때 관현은 정불식(程不識)이라는 장군과 귓속말을 나누느라고 관부의 말을 듣지 못했다.

이에 노발대발한 관부는 "정불식이 무어냐! 한푼어치도 안 되는 그런 것과 소곤댈 것이 뭐란 말이냐!"라고 관현을 꾸짖었다.(➡ 수서양단首鼠兩端 참조)

여기에서 일전불치라는 성어가 나왔는데

불치일전(不値一錢) 또는 불치일문(不値一文) · 일문불치 · 불치분문(不値分文) · 분문불치라고도 한다.

【용례】 자네 의견은 한낱 잠꼬대에 불과해. 여기가 어디라고 그런 "일전불치"도 못 되는 말로 사람을 현혹시키려고 하는 건가?

일전쌍조 一箭雙鳥

一 : 한(일) 箭 : 화살(전)
雙 : 쌍(쌍) 鳥 : 새(조)

【뜻풀이】 화살 한 발에 두 마리 새를 잡다. 일거양득(一擧兩得)이라는 뜻으로, 일발관이(一發貫二) 또는 일발쌍관(一發雙貫)이라고도 한다.

【출전】 『북사(北史) · 장손성전(長孫晟傳)』에 보면 다음과 같은 이야기가 있다.

남북조시대 북주 사람으로 장손성(551~609)이라는 사람이 있었다. 그는 군사에 조예가 깊고 활쏘기에 재주가 탁월했다.

북주 선제 때 서북 방면의 돌궐 임금으로부터 북주의 왕실과 혼인하기를 원한다는 전갈이 왔다. 이를 허락한 북주는 장손성과 우문신경(宇文神慶) 두 사람을 파견해서 천금공주를 돌궐에서 호송하게 했다.

돌궐왕 섭도는 장손성의 위인을 아껴 그를 일 년 동안이나 돌궐에 남아 있게 하면서 늘 사냥하러 함께 나가곤 했다. 어느 날 사냥 때 돌궐왕 섭도는 소리개 두 마리가 하늘에서 나란히 날아가면서 입에 문 고깃덩어리를 서로 다투고 있는 것을 보고 장손성에게 살 두 대를 주면서 소리개 두 마리를 모조리 쏘아 떨구라고 하였다.

이에 장손성은 화살 한 대를 날려 단번에 소리개 두 마리를 쏴 떨구었다.

이 이야기에서 일전쌍조라는 성어가 나왔는데, 일거양득 · 일거양획(一擧兩獲) · 일석양조(一石兩鳥)와 뜻이 일치한다.

【용례】 이번 연구를 통해 우리 회사가 많은 돈을 번 것도 좋았지만, 새로운 기술을 축적해 "일전쌍조"하는 성과를 거둔 것이 저로서는 더욱 기쁩니다.

일침견혈 一針見血

一 : 한(일) 針 : 침 · 바늘(침)
見 : 볼(견) 血 : 피(혈)

【뜻풀이】 한 번 침을 놓아 죽은 피를 뽑아내면 혈액 순환이 원활해진다는 뜻으로, 간단한 방법을 써서 본질적인 문제나 병을 고치는 것을 비유하는 말이다.

【출전】 인간은 질병과 어쩔 수 없이 동서(同棲)해야 할 운명을 타고났다. 때문에 동서고금(東西古今)을 막론하고 의학이 발달했던 것이다.

동양과 서양의 의학은 각각 장단점이 있다. 서양 의학이 주로 발병했을 때를 이를 치료하는 방식이라면 동양 의학은 기본적으로 예방의학(豫防醫學)이다. 병이 생기기 전에 기를 보충하여 미연에 방지한다는 것이다. 그러나 일단 병에 걸렸으면 치료를 해야 하는데, 동양에서 쓰는 치료법은 크게 세 가지, 즉 침(鍼)과 뜸(灸), 탕(湯)을 들 수 있다.

침의 사용은 역사가 대단히 오래되어 기원전 500년경, 석가모니와 같은 시대에 살았던 명의(名醫) 기파(耆婆)가 태어날 때 약낭(藥

囊)과 침을 두 손에 들고 있었다는 전설이 있고, 그밖에 많은 불전(佛典)에 보면 침구에 관한 이야기가 나와 있어 침구의 발상지를 인도라고 하는 설도 있다. 어쨌든 동양의 독특한 의료술로서 침은 중국에서 발달되어 우리나라에 건너왔다.

중국에서 가장 오래된 의학서인 『황제내경(黃帝內經)·영추편(靈樞篇)』에는 침에 대한 논설과 실기(實技)가 거의 전권에 걸쳐 상세하게 언급되어 있어서, 일명 『침경(鍼經)』이라고도 한다. 이를 통해 침은 고대 인도에서 발생하여 중국에서 독자적으로 발달했고, 실제로 활용이 가능한 의료법으로 완성된 것임을 알 수 있다.

뜸은 주로 경혈(經穴)을 많이 이용하는 구점(灸點)에 쑥을 연소시켜 체표로부터의 따뜻한 자극이 생체에 미치도록 하여 일정한 생체반응을 일으킴으로써 질병을 예방하고 치료하는 한방 특유의 시술 방법이다.

뜸 시술은 침(鍼) 시술과 함께 한방의술에서의 물리요법으로서 오랜 전통과 역사 속에서 연구 발전하여 오늘날에 이른 치료법이다.

허(虛)와 실(實)에 응하는 보(補)와 사(瀉)에 이용되었고, 수증〔隨證, 證은 서양의학의 병명에 대응하는 한방 용어. 치료의 필요성에 따라 파악하는 병의 본질을 말한다)의 요법이다. 그 기원은 대단히 오래되어 침과 역사를 함께한다고 본다.

탕은 약탕(藥湯)이라고도 하는데, 한방약(韓方藥)을 내복(內服)하는 방식 가운데 하나로 달여 먹는 것이다. 한방의 복약법에는 환(丸), 즉 정제(錠劑)로 복용하는 방법과 산약(散藥), 즉 가루로 복용하는 방법 등이 있는데 대부분은 달여서 먹는 방법에 의존한다. 이렇게 달여 먹는 경우를 탕약 또는 약탕이라 한다.

발목 같은 곳이 삐었을 때는 침을 맞는 것이 효과적이다. 삔 곳에 죽은 피가 뭉쳐 있어 통증을 가져오고 병을 악화시키니 이것을 빼내 혈액 순환이 원활해져 살아 있는 피가 공급되도록 하는 방법이다.

"침 한 방으로 피를 본다."는 일침견혈은 치료 방법이긴 하지만, 간단한 방법을 써서 근본적인 문제를 해결한다는 뜻의 비유도 담고 있다.

사람이 살면서 가장 중요한 것은 역시 건강이다. 육체적인 것이든 정신적인 것이든 건강하지 못할 때 인간은 살 의욕도 잃고 만다. 때문에 좋은 약을 써서 병을 치료하는 것도 중요하지만, 건강을 유지하는 것이 더욱 중요하다. 그래서 "느긋하게 산책하여 몸의 피로를 풀어내고, 즐겁게 이야기를 나눠 권태로움을 고친다.(逍遙以針勞 談笑以藥倦)"는 말도 나온 것이다.

【용례】 문제의 정곡을 찌를 생각은 않고 어영부영한다면 아무것도 해결되지 않아. "일침견혈"하는 방안을 모색해서 다시는 이런 부작용이 나오지 않도록 해야지, 언제까지 방치할 생각이야?

일침황량 一枕黃粱

一 : 한(일) 枕 : 베개(침)
黃 : 누를(황) 粱 : 조(량)

【뜻풀이】 허황한 꿈. 헛된 생각.

【출전】 당나라 때 이필(李泌)이 지은 전기소설 중에 『침중기(枕中記)』라는 작품이 있는데 이야기의 내용은 대략 다음과 같다.

어느 날 노생(盧生)이라는 젊은이가 여행을

하다가 한단이라는 곳에 들러 주막집에 들어갔다. 노생은 같은 방에 든, 여옹(呂翁)이라는 도인과 이야기를 나누던 끝에 자기의 가난한 신세를 개탄하면서 신세타령을 늘어놓았다.

그랬더니 그 도인은 염낭에서 베개 하나를 꺼내 주면서 말했다.

"이 베개를 베고 자면 부귀영화를 누릴 수 있을 것이오."

이때 객점(客店) 주인은 노란 좁쌀밥을 짓고 있었는데 아직 식사 시간이 멀었기에 노생이 그 베개를 베고 눕자 얼마 안 지나 꿈나라로 들어갔다. 꿈속에서 노생은 청하 최씨 댁의 아름다운 아가씨에게 장가들고 이듬해에는 진사 시험에 급제하고 벼슬길에 나섰다. 벼슬은 한층 올라 절도사, 어사대부를 거쳐 나중에는 10년간 재상을 지내고 조국공(趙國公)에까지 봉해졌다.

그리고 노생은 아들 오형제를 낳아 길렀는데 모두 명문대가(名門大家)의 딸들에게 장가들어 손자만 해도 수십 명이 되었다. 이렇게 부귀를 누리다가 노생은 80여 년을 살고 세상을 떠났다.

노생이 놀라 깨고 보니 꿈이었다. 그런데 객점 주인이 짓는 좁쌀밥은 그때까지도 아직 다 되지 않은 것이었다. 몇 십 년간의 부귀영화가 짧디 짧은 꿈에 불과하다는 사실을 깨달은 노생은 서글피 웃고만 있는데 도인은 "인생이란 바로 이러한 것이라네."라고 말했다.

이 이야기에 근거해서 원나라 사람 마치원(馬致遠, 1260~1325)과 명나라 사람 이한영이 『황량몽』이라는 잡극을 썼으며, 명나라 사람 탕현조(湯顯祖, 1550~1616)도 『한단몽』이라는 잡극을 쓴 일이 있다. 그리고 청나라 사람 포송령(蒲松齡, 1640~1715)은 이 이야기를 발전시켜 『속황량(續黃粱)』을 지었다.

일침황량은 바로 노생의 꿈 이야기에서 나온 성어로, 황량미몽(黃粱美夢) 또는 황량몽(黃粱夢)·한단몽(邯鄲夢)이라고도 한다.

또한 성어 남가일몽(南柯一夢)과도 뜻이 일치하는데 흔히 풍자적 의미에서 쓰이고 있다.

【용례】 로또복권에 당첨되어 깜짝 놀라 일어나 보니 말짱 꿈이더군. "일침황량"이라고 해도 그런 꿈이라면 한 번 더 꿨으면 좋겠어.

일패도지 一敗塗地

一 : 한(일) 敗 : 질·패할(패)
塗 : 진흙·길(도) 地 : 땅(지)

【뜻풀이】 여지없이 패배를 당하다. 코가 납작해지다. 철저하게 실패해서 도저히 수습할 방법이 없다는 뜻이다.

【출전】 『사기·고조본기(高祖本紀)』에 보면 다음과 같은 이야기가 있다.

한고조 유방(劉邦, 기원전 256~기원전 195)은 진나라 말기 패현(沛縣, 오늘의 강소성 경내)의 사수 지방에서 정장(亭長)이라는 자그마한 벼슬에 있었는데, 각지에서 진나라의 폭정에 항거하는 폭동이 일어나자 그도 거병할 준비를 했다.

이때 패현 현령은 정세가 자신에게 불리하게 발전할까 싶어 우려하던 중에 유방이 사람들 속에서 신망이 두텁다는 말을 듣자 사람을 보내어 유방을 불러오게 하였다.

그런데 유방이 백여 명의 인마를 거느리고 찾아왔을 때 패현 현령은 더럭 겁이 나서 성문을 닫아걸고 들어오지 못하게 하였다.

이에 유방은 성내의 군중들에게 봉기에 함께 일어설 것을 호소하는 편지를 써서 화살에 매어 띄웠다. 그랬더니 성내 군중들은 곧 이에 호응해서 현령을 잡아죽이고 유방을 맞이하고는 그를 현령으로 모셨다.

그때 유방이 입성하자 성내 군중들은 그를 통치자로 모시려 했다.

그러나 유방은 몇 번이나 사양하면서 이렇게 말했다.

"정세가 급박한 이때 우두머리를 추대하는 일은 극히 신중해야 한다는 것과 통치자를 잘못 선택하면 장차 크게 패할 수 있습니다.(天下方擾 諸侯竝起 今置將不善 一敗塗地)"

이때 유방이 말한 일패도지에는 장렬한 희생(肝腦塗地)이라는 내용이 포함되어 있었지만, 오늘은 그런 뜻이 전혀 없이 참패를 당했거나 처지가 극히 어렵게 되었다는 뜻으로 쓰이고 있다.

【용례】 그들이 우리를 얕잡아 보고 방심하고 있다면 우리가 어쩌면 쉽게 그들을 "일패도지"시킬 수도 있을 겁니다. 더욱 연습에 매진합시다.

일폭십한 一暴十寒

一 : 한(일) 暴 : 쬘·난폭할(폭)
十 : 열(십) 寒 : 추울(한)

【뜻풀이】 하다 말다 하다. 하는 듯 마는 듯하다. 학업이나 사업을 하면서 끈질긴 지구력이 없는 것을 비유하는 말이다.

【출전】 『맹자·고자장구(告子章句)』 상편에 다음과 같은 이야기가 있다.

제나라 사람들은 임금이 나랏일을 잘 돌보지 못한다고 불만을 표시하면서 그를 총명하지 못한 사람으로 보고 있었다. 이에 대해 맹자는 이런 내용의 말을 했다.

"이것은 총명한가 총명하지 못한가 하는 문제가 아닙니다. 예컨대 어떤 식물을 기르는데 햇빛을 보여야지 얼게 해서는 안 될 것입니다. 하루 햇빛을 보이고 열흘을 얼린다면(一日暴之 十日寒之) 식물이 어찌 자랄 수 있을 것입니까? 내가 임금에게 하루 햇빛을 보게 한 뒤에 열흘 임금을 얼게 한다면 그 임금이 어찌 임금 구실을 잘할 수 있을 것입니까?"

일폭십한은 바로 맹자의 이 말에서 나온 성어인데, 일일폭지 십일한지(一日暴之 十日寒之)의 준말이다.

【용례】 공부를 해서 장차 대학자가 되겠다는 놈이 공부를 하다 말다 하는 거냐? 그렇게 "일폭십한"하려거든 애시당초 그만두고 기술이나 배우도록 해라.

일한여차 一寒如此

一 : 한(일) 寒 : 추울(한)
如 : 같을(여) 此 : 이(차)

【뜻풀이】 이와 같이 한결같이 춥다. 가난한 것을 개탄하는 말이다.

【출전】 『사기·범수열전』에 다음과 같은 이야기가 있다.

전국시대 위나라의 범수(范雎)라는 사람이 어느 날 중대부 수가(須賈)와 재상 위제의 모함을 받고 죽도록 얻어맞은 일이 있다. 그런데 죽은 줄 알고 변소에 내버려 두었던 범수는 용케 살아나 진(秦)나라로 도망쳐 가서 장록(張祿)이라는 이름으로 진나라의 재상이 되었다.(☞ 누란지위累卵之危 · 탁발난수擢髮難數 참조)

그 후 진나라에서 군사를 일으켜 위나라를

공격하려 하자 위나라에서는 수가를 진나라에 파견해서 군사를 거두도록 교섭하게 하였다.

이때 범수는 거지 차림으로 수가가 머무는 여관에 찾아갔다. 수가는 범수를 알아보고 반기며 말했다.

"이게 누구요? 아직 살아 있구려. 어떻게 지내시오?"

범수가 "남의 집에서 머슴살이를 한다."고 대답하자 수가는 그를 측은히 여겨 한 끼 식사를 푸짐히 대접한 다음 "가난하기가 이 지경에 이르렀구려!(范叔一寒如此哉)" 하면서 비단 두루마기 한 벌을 선사하였다. 범숙(范叔)은 범수의 자다.(☞ 일반지은一飯之恩 · 제포지의綈袍之義 참조)

며칠 뒤 진나라의 재상 관저에 이르러 장록이라는 재상이 다름 아닌 범수라는 것을 알게 된 수가는 황급히 땅에 엎드려 지난날의 죄를 용서해 달라고 빌었다.

이때 범수는 "그대가 내게 비단 두루마기를 준 것으로 보아 옛 정을 잊지 않은 것만은 분명하다. 그러한즉 그대의 목숨은 살려 줄 수 있다. 그러나 위왕에게 재상 위제의 머리를 갖다 바치라고 하라."고 호령하였다.

그 후 위나라 재상 위제는 이 소식을 듣고 다른 나라에 도망가서 숨어 살던 중 끝내 자살하고 말았다.(☞ 애자필보睚眦必報 참조)

바로 수가가 한 앞의 말에서 일한여차 또는 일한지차(一寒至此)라는 성어가 나오게 되었으며, 옛 정을 잊지 않는 것을 비단 두루마기에 비유해서 제포지정(綈袍之情) 또는 제포유난(綈袍猶暖)이라고 하게 되었다.

【용례】 그 친구 사업한다고 야단치다가 망하더니 사는 꼴이 기가 막히더군. 그래도 정신 못 차리고 "일한여차" 가난한 것만 한탄하고 있으니, 정신 차리려면 아직 멀었어.

일호천 一壺天

一 : 한(일) 壺 : 호리병(호) 天 : 하늘(천)

【뜻풀이】 호리병 속의 하늘. 자기만의 세계에 빠져 즐기는 것을 뜻하기도 하고 별천지(別天地)·선경(仙境)을 말하기도 한다. 주로 후자의 뜻이 강하다.

【출전】 『후한서·방술전(方術傳)』에 다음과 같은 이야기가 있다.

후한 때 여남(汝南)이란 곳에 비장방(費長房)이란 사람이 시장의 하급 관리로 있었다. 그 시장에는 한 노인이 약을 팔고 있었다. 노인은 호리병 하나를 가게 앞에 걸어두고 장사가 끝나면 호리병 속으로 들어가 버렸다.

그러나 이것을 시장 사람들은 누구도 알아차리지 못했고 단지 비장방만이 누각에서 보고는 이상하게 여겼다. 그는 노인에게 가서 정중하게 인사를 하고 술과 마른 고기를 내놓았다. 노인은 곧 그가 자신을 신선이라고 생각해서 온 것을 눈치 챘다.

노인이 그에게 말하였다.

"당신은 내일 다시 오는 것이 좋겠소."

약속대로 다음날 다시 노인이 있는 곳으로 가자 노인은 그와 함께 호리병 속으로 들어갔다. 들어가 보니 그 안에는 옥으로 만든 집뿐 아니라 경치는 실로 장엄하고 화려했으며 맛있는 술과 고기로 가득 차 있었다. 두 사람은 그것을 먹고 마시다가 다시 호리병 밖으로 나왔다. 노인은 그에게 바깥사람들에게 이 일을 절대로 이야기하지 말라고 다짐해 두었다.

그 후 노인은 그가 시장 안을 내려다보는 누각으로 가서 그가 오는 것을 기다리다가 그를 보고 이렇게 말하였다.

"나는 신선이다. 잘못을 저질러서 천제에게 꾸지람을 듣고 지상으로 흘러들어왔는데 지금에야 허락을 받아 이곳을 떠나게 되었다. 어려운 일이겠지만 당신도 나와 함께 올라갈 수는 없겠는가? 싫다면 누각 아래에 약간의 술을 마련했으니 함께 이별주나 한잔 마시고 싶네."

그 말을 들은 비장방이 사람을 시켜 그 술동이를 가져오게 했지만 아무도 들지 못했다. 그래서 다시 열 명을 시켜 들어올리게 했지만 역시 꿈쩍도 하지 않았다. 노인이 이것을 보더니 빙그레 웃으며 누대에서 내려와 손가락 하나로 술동이를 들어올려 가지고 왔다. 가지고 온 그릇을 보니 고작 한 되밖에 안 되는 물건이었다. 그러나 두 사람이 해가 질 때까지 마셔어도 동이에 있는 술은 없어지지 않았다.

한편 호중지천(壺中之天)이라 하면 항아리 속의 하늘이라는 뜻으로, 별천지(別天地)나 별세계·선경(仙境)을 비유하여 이르는 말이다.

또는 술에 취하여 세상을 잊어버리는 즐거움이나 장소가 극히 비좁은 것을 비유하여 이르는 말이기도 하다.

【용례】 신혼 여행을 하와이로 다녀왔는데, 정말 "일호천"이더군. 맑은 날씨에 넓은 백사장하며 정말 돈만 있으면 여기가 지상낙원이구나 하는 생각이 절로 들더라니까.

일훈일획 一薰一獲

一 : 한(일) 薰 : 향초·향기로울(훈)
獲 : 거둘·얻을·맞힐(획)

【뜻풀이】 착한 것과 악한 것.

진(晉)나라 때의 학자 두예(杜預, 222~284)의 해석에 따르면 훈(薰)은 향기로운 풀로서 선(善)을 대표하고 획(獲)은 악취 나는 풀로서 악(惡)을 대표한다고 한다.

【출전】『좌전·희공(僖公) 4년』조에 다음과 같은 이야기가 있다.

춘추시대 진(晉)나라 헌공에게는 공식적인 처첩만 해도 여섯이나 되었다. 이 많은 처첩들은 모두 자기가 정실이 되어 자신의 소생으로 태자를 삼기 위해 매일같이 서로 물고 뜯고 하면서 암투를 벌이고 있었다.

그 중 여희(驪姬)는 진헌공이 가장 사랑하는 애첩으로, 그녀는 자기가 정실이 되어 태자 신생(申生)을 폐하고 자신의 소생으로 태자를 삼기 위해서 밤낮없이 진헌공을 볶아댔다.

이에 진헌공은 여희를 정실로 삼으려고 우선 점쟁이에게 길흉을 물으니 점쟁이는 불길하다고 했으며, 무당에게 물으니 무당은 길하다고 하는 것이었다. 진헌공은 마침내 무당의 말에 따라 여희를 정실로 삼으려 하였다.

그러나 점쟁이는 여전히 제가 친 점이 옳다고 하면서 "하나는 선하고 하나는 악한데 사악한 기운이 떠오르면 십년이 지나도 악취가 난다.(一薰一獲 十年尙猶有臭)"라고 했다.

이래서 착한 것과 악한 것을 가리켜 일훈일획이라고 하게 되었다.

【용례】 한 번은 휴지를 버리고 한 번은 쓰레기통에 주워 넣었다니 "일훈일획"이라 잘못이 없다고 할 수도 있겠지. 그렇지만 이훈무획했다면 더욱 좋지 않았을까?

임갈굴정 臨渴掘井

臨 : 임할(임) 渴 : 목마를(갈)
掘 : 팔(굴) 井 : 우물(정)

【뜻풀이】 목이 마를 때에야 우물을 판다. 사전에 준비 없이 지내다가 일을 당해서야 황급히 서두르는 것을 비유하는 말이다.

【출전】『안자춘추(晏子春秋)』 잡상편(雜上篇)에 보면 다음과 같은 이야기가 나온다.

춘추시대 노소공이 임금 자리를 빼앗기고 제(齊)나라로 쫓겨났을 때였다. 이때 제경공이 노소공에게 "젊은 사람이 어이해서 왕위마저 잃어버렸소?" 하고 묻자 노소공이 대답했다.

"일찍이 나는 나를 고무해 주고 권고해 주는 사람들과 가까이하지 않아 안으로는 심복이 없어지고 밖으로는 대중이 없어져 가을의 쑥대마냥 겉으로 보기엔 그럴듯했지만 실제는 대와 뿌리가 말라들어 가을바람에 뿌리째 뽑혔습니다."

제경공은 그 대답을 듣고 일리가 있는 것 같아서 안자(晏子)에게 들려준 다음에 물었다.

"지금 소공을 노나라에 돌려보낼 수만 있다면 현명한 임금으로 될 수 있지 않을까?"

이에 안자는 그럴 수 없다고 하면서 그것은 "전쟁이 임박해 급한 나머지 병장기를 만들고, 먹은 음식이 목에 걸려서야 우물을 파는 것(臨難而遽鑄兵 臨噎而遽掘井)"과 같다고 하였다.

여기서 '임난이거주병 임일이거굴정'은 나중에 '임난주병 임갈굴정(臨難鑄兵 臨渴掘井)'으로 변하였는데 임난주병은 다시 임진마창(臨陣磨槍)이라고도 하게 되었다.

임진마창은 전쟁을 코앞에 두고 창을 간다는 뜻으로, 준비성이 없는 안이한 태도를 비유하는 말이다. 『홍루몽(紅樓夢)』 70회 장면에서 나온다.

『소문(素問)·사기조신대론(四氣調神大論)』에 보면 "무릇 병이 이미 악화된 뒤에 약처방을 하고, 어지러움이 이미 극성한 뒤에 잘 다스려 보려 하는 것은 비유하자면 목이 마르자 우물을 파고 나무를 찍을 일이 있자 송곳을 만드는 꼴과 같으니 또한 늦은 것이 아니겠는가?(夫病已成而後藥之 亂已成而後治之 譬猶渴而穿井 鬪而鑄錐 不亦晩乎)"라는 말이 나온다.

주용순(朱用純)은 『치가격언(治家格言)』에서 "마땅히 비가 내리기 전에 지붕을 손보고, 목이 마른 뒤에야 우물을 파는 일이 없어야 한다.(宜未雨而綢繆 毋臨渴而掘井)"는 말을 남겼다.

【용례】 목마른 놈이 우물 판다("임갈굴정") 잖아. 난 별로 생각 없으니까 그렇게 급하면 네가 떠오렴. 그럼 나도 마시지.

임기응변 臨機應變

臨 : 임할(임) 機 : 틀·기미(기)
應 : 응할(응) 變 : 변화·변할(변)

【뜻풀이】 그때그때의 형편에 따라 수단을 강구해서 적당히 처리하다. 일의 기미를 보고 추세의 변화에 따라 적절하게 대처하는 것을 말한다.

【출전】『당서(唐書)·이적전(李勣傳)』에 보면 "그가 병사를 쓰고 일을 계획할 때는 적정을 살펴서 변화에 응하는데 모두 상황에 맞게 대처한 것이었다.(其用兵籌算 料敵應變 皆契事機)"라고 하였다.

또 『남사(南史)·양종실전(梁宗室傳)』에는 "훌륭한 모략은 호령을 한다고 해서 나오는 것은 아니다. 여러 장군들이 매사에 일에 대해 문의하도록 해서는 안 될 것이다. 문득 화를 내며 말하기를 내가 스스로 기미를 보고서 변화를 제어할 것이니 쓸데없이 말을 많이 하지 말라고 하였다.(明謀略不出號令 莫行諸將每諮事 輒怒曰 吾自臨機制變 勿多言)"란 구절도 나온다. 모두 임기응변과 관련된 사실들이다.

여하간 임기응변은 일종의 병법의 일환으로 옛날부터 많이 사용된 말임은 분명하다. 오늘날에는 사태의 기미를 미리 파악해서 적절하게 대응하는 것을 총칭하는 말로 정착되었다.

『진서·손초전(孫楚傳)』에는 다음과 같은 이야기도 나온다.

손초는 자를 자형(子荊)이라 했고, 태원군(太原郡) 중도(中都) 사람이었다. 문학적 재능이 뛰어나서 비교할 만한 사람이 없었고, 성격도 시원시원해서 남다른 풍취를 보였다. 다만 남을 우습게 보고 오만하게 굴었기 때문에 고향 사람들 사이에서 평판은 그다지 좋지 않았다. 나이 마흔을 넘어 비로소 진동장군의 참모가 되었고, 나중에 풍익태수까지 올랐다.

손초가 아직 젊었을 때의 일이다. 그는 한때 세속을 벗어나 자연 속에 은둔하려는 뜻을 품고 있었다. 그래서 친구인 왕제(王濟)를 찾아 이런 자신의 뜻을 토로하였다.

"나는 세상에서 벗어나 자연과 어울리며 돌을 베개 삼아 잠자고 흐르는 물에 양치질을 하며 마음을 맑게 하려고 하네."

이렇게 표현하려고 했는데 그만 말이 헛나와 "돌로 양치질을 하고 흐르는 물을 베개로 삼겠다."고 해 버렸다.

왕제는 이 말을 듣고 "흐르는 물은 베개로 할 수 없고, 돌로 양치질을 하는 것도 불가능하지 않은가."

이렇게 윽박지르자 손초는 억지를 부리며 대답했다.

"흐르는 물로 베개를 한다는 것은 옛날이야기처럼 더러워진 귀를 씻기 위해서이고, 돌로 양치질을 한다는 것은 내 치아를 연마하려고 생각했기 때문일세."(▶ 수석침류漱石枕流 참조)

열전의 끝에 그를 평가해서 "조정에서 만드는 계획을 잘 수립했고 임기응변이 대단히 뛰어났다.(廟算之勝 應變無窮)"고 하였다.

『세설신어·배조편(排調篇)』에는 다음과 같은 이야기가 있다.

진나라의 학륭(郝隆)이 7월 7일 대낮에 집을 나와 배를 꺼내 놓고 하늘을 향해 누워 있었다. 어떤 사람이 지나가다가 그 까닭을 물었다. 이에 그가 대답하였다.

"세간에서는 오늘이 옷이나 책을 햇볕에 쪼이는 날이라고 하더군. 그래서 나는 뱃속에 담아 두고 있는 책을 햇볕에 쪼이고 있는 것일세."

이렇게 그는 자신의 학문을 자만했다.

【용례】 네가 "임기응변"에 능한 것은 인정한다. 그렇지만 원숭이도 나무에서 떨어질 날이 있다고 하지 않니? 너무 잔꾀에만 의존하다가는 큰코 다칠 수도 있으니 조심하거라.

임난불구 臨難不懼

臨 : 임할(임) 難 : 어려울(난)
不 : 아닐(불) 懼 : 두려워할(구)

【뜻풀이】 난국에 봉착해서도 당황하지 않는 것을 일컫는 말이다.

【출전】 『장자·추수편(秋水篇)』에 다음과 같은 이야기가 있다.

춘추시대 공자가 여러 나라를 두루 돌아다닐 때의 일이다.(▶ 주유열국周遊列國 참조)

어느 날 공자는 제자들과 함께 광(匡)이라는 곳을 지나게 되었는데 이 광이라는 지방은 전에 노나라 장군 양호(陽虎)의 습격을 받은 적이 있는 고장이었다. 그때 공자의 제자 안극(顏剋)도 양호를 따라 이곳에 온 적이 있는데 이번에는 공자를 따라오게 되었다.

안극은 수레를 몰면서 공자와 친구들에게 당시 양호가 여차여차해서 쳐들어왔으며 자기는 여차여차하게 행동했노라고 우쭐거리며 자랑하였다. 그런데 이것이 화근이 되어 마침내 문제가 발생하고 말았다. 광 사람들은 공자의 모습이 양호와 비슷한데다가 안극까지 곁에서 떠벌리는 바람에 그만 화가 치밀어 즉시 공자 일행을 포위하였다.

이때 용기 있는 제자 자로(子路)가 급히 포위를 뚫고 들어가 공자가 있는 곳까지 뛰어갔다.

그런데 공자는 조금도 두려워하는 기색이 없이 옆사람들과 이야기를 나누면서 거문고까지 타고 있었다. 이에 자로는 "위험이 눈앞에 닥쳤는데 어찌 이렇게 태연할 수 있습니까?" 하고 물었더니 공자는 이렇게 대답하는 것이었다.

"물에서 오가며 교룡을 무서워하지 않음은 어부의 용기요, 산에서 오가며 호랑이를 무서워하지 않음은 사냥군의 용기이며, 시퍼런 창칼 앞에서 필사적으로 전진함은 군인의 용기다. 자기의 운명을 장악하고 눈앞의 정세를 파악해서 난국 앞에서도 두려워하지 않음은 성인의 용기이니라.(臨大難而不懼者 聖人之勇也)"

여기서 임대난이불구(臨大難而不懼)는 나중에 임난불구가 되었는데, 달리 임위불구(臨危不懼)라고도 한다.

이 이야기는 『논어·자한편(子罕篇)』에도 거의 그대로 나온다.

【용례】 이순신 장군은 어떤 어려움이 닥쳐도 "임난불구"하셨지. 그런 꿋꿋한 기상이 있었기 때문에 왜구의 침략을 물리칠 수 있었던 거야.

임하선어 불여결망
臨河羨魚 不如結網

臨 : 임할(임) 河 : 물(하)
羨 : 부러워할(선) 魚 : 물고기(어)
不 : 아닐(불) 如 : 같을(여)
結 : 맺을(결) 網 : 그물(망)

【뜻풀이】 물가에 앉아 고기를 부러워하는 것은 그물을 만들어 잡는 것만 못하다. 남이 해 놓은 일만 보고 감탄하며 부러워하는 것보다는 한시라도 빨리 실천에 옮기는 것이 성공을 거둘 수 있는 지름길이라는 말이다.

【출전】『회남자·설림훈(說林訓)』에 다음과 같은 말이 나온다.

"물의 근원을 막는 사람은 목이 마를 것이고, 근본을 등지는 사람은 몸이 마를 것이다. 아로새기며 그린 그림이 떨치지 못하고 연이어 걸린 고리가 풀리지 않으니 그것을 푸는 것은 푸는 것으로써가 아니다. 강가에 서서 고기를 부러워하는 것은 집으로 돌아가 그물을 짜는 것만 못하다. 명월처럼 빛나는 진주는 회충에게는 병이 되지만 우리에게는 이로우며, 호랑이의 발톱이나 코끼리의 어금니는 금수에게는 이롭지만 우리에게는 해가 된다.(塞其源者竭 背其本者枯 交畵不暢 連環不解 其解之不以解 臨河而羨魚 不如歸家織網 明月之珠 蚘尤之病而我之利 虎爪象牙 禽獸

之利而我之害)"

또 이 이야기는 『한서·동중서전(董仲舒傳)』에도 "연못가에 앉아 물고기를 부러워하는 것은 집으로 돌아가서 그물을 짜는 것만 못하다.(臨淵羨魚 不如退而結網)"〔〈현량대책(賢良對策)〉〕고 해서 나오며, 『문자(文子)·상덕편(上德篇)』에도 "강가에 앉아 물고기를 탐하는 것은 집으로 돌아와 그물을 짜는 것만 못하다.(臨河欲魚 不若歸而織網)"고 해서 역시 나온다.

소기의 목적을 이루기 위해서는 그만한 노력의 과정을 거쳐야만 하는 것이다. 감나무 밑에서 입을 벌리고 누워 있다 한들 장대로 가지를 쳐 주기 전에는 감이 떨어질 리 만무하다. 우리 속담 "우물가에서 숭늉 찾는다."나 "구슬이 서 말이라도 꿰어야 보배"와 뜻이 비슷하다.

【용례】 그저 남들 승진하는 모습만 부러워해서 출세하겠니? "임하선어는 불여결망"이라고 다시 마음먹고 열심히 일해라.

임현물이 任賢勿貳

任 : 맡길(임) **賢** : 어질(현)
勿 : 말(물) **貳** : 둘·두 마음(이)

【뜻풀이】 적임자에게 일을 맡겼으면 무슨 소리를 듣든 끝까지 맡겨야 한다. 이 말에는 일단 임무를 주었으면 그를 굳게 신임해서 일을 추진할 수 있도록 간섭하지 말아야 한다는 뜻도 담겨 있다.

【출전】 『서경·대우모(大虞謨)』에 있는 익(益)의 말에서 나온다.

"오! 경계하셔야 합니다. 조심이 없을 때 경계하시어 법도를 잃지 마옵시고, 편안하다 해서 놀지 마시고, 즐겁다 해서 지나치지 마시옵소서. 어진 사람을 임명하셨으면 두 마음을 갖지 마시고, 사악한 사람을 내치되 의심치 마십시오. 또 의심스러운 계획을 이루려 하지 않으시면 뜻이 이룩될 것입니다.(吁戒哉 儆戒無虞 罔失法度 罔遊于逸 罔淫于樂 任賢勿貳 去邪勿疑 疑謀勿成 百志惟熙)"

춘추오패(春秋五覇)의 한 사람인 제환공(齊桓公)이 하루는 관중(管仲)에게 물었다.

"나는 불행하게도 사냥을 좋아하고 여색을 밝히는데, 이런데도 천하의 패자가 될 수 있겠소?"

"물론입니다. 조금도 해로울 것이 없습니다."

"그러면 패자가 되는 데 방해가 되는 것은 무엇이오?"

"그것은 이러합니다. 어진 사람을 쓰지 않으면 패자가 되는 데 해가 됩니다. 사람이 어진 줄 알면서도 그를 쓰지 않는다면 패자가 되는 데 해롭습니다. 사람을 쓰고도 임무를 맡기지 않으면 패자가 되는 데 해롭습니다. 일을 맡겨 놓고 다시 소인들로 하여금 그의 일에 간섭하게 한다면 역시 패자가 되는 데 해로울 것입니다.(不用賢害覇 知賢而不用害覇 用而不任害覇 任而復以小人參之害覇)"

이처럼 한번 믿고 일을 맡겼으면 임무를 끝마칠 때까지 절대적으로 신임하는 자세가 통치자에게는 필요한 것이다. 일을 맡기고도 미심쩍어한다는 것은 벌써 그를 믿지 않는다는 말이며, 이는 결국 적임자에게 일을 맡기지 못했다는 말도 된다. 더 나아가 이는 통치자가 사람을 볼 줄 아는 안목이 없다는 반증도 되는 것이다.

『명심보감·성심편(省心篇)』에도 “사람이 의심스럽거든 쓰지를 말고, 일단 썼으면 의심하지 마라.(疑人莫用 用人勿疑)”는 말이 나온다.

【용례】 일만 터지면 갈아치우는 게 장관이었으니, 그래 가지고서야 어디 소신을 가지고 일을 했겠나. “임현물이”라고 했는데, 역대 정권들도 참으로 한심했어.

입립개신고 粒粒皆辛苦

粒 : 쌀알(립) 皆 : 모두(개)
辛 : 매울(신) 苦 : 쓸(고)

【뜻풀이】 쌀알 한 톨 한 톨이 모두 쓰디쓴 맛을 담고 있다. 일 년 내내 갖은 고생을 다 하며 수확한 곡식의 소중함과 농부의 노고를 비유하는 말이지만, 한편으로는 관리들의 수탈과 착취를 견뎌야 하는 농부의 고충을 대신하는 말이기도 하다.

【출전】 이신(李紳)의 시 〈민농(憫農)〉에 나오는 구절이다. 작품은 『고문진보(古文眞寶)·전집』 권1에 실려 있다.

「벼를 호미질하자니 해는 어느덧 중천
땀방울 떨어져 벼 아래 땅을 적시네.
누가 알리요 소반 위의 음식들에
한알 한알 모두 피눈물이 맺혀 있음을.
鋤禾日當午
汗滴禾下土
誰知盤中餐
粒粒皆辛苦」

『고문진보』에는 이 작품 바로 앞에 이와 비슷한 주제를 담은 시가 한 편 더 수록되어 있다. 제목은 〈잠부(蠶婦)〉다.

「어제는 도성에 다녀왔는데
아낙의 수건은 눈물로 가득.
비단옷 입고 있는 사람은
누에 치던 사람 중에는 하나 없다네.
昨日到城郭
歸來涙滿巾
遍身綺羅者
不是養蠶人」

【용례】 저 쌀이 어떤 쌀인데, “입립개신고” 한 쌀인 줄도 모르고 이제 죄다 수입해서 쌀 공급하겠다니, 우리 농부는 다 굶어죽으란 말인가?

입목삼분 入木三分

入 : 들(입) 木 : 나무(목)
三 : 석(삼) 分 : 나눌(분)

【뜻풀이】 글씨에 힘이 있거나 필력이 좋은 것을 비유하는 말이다.

동진(東晉) 때 왕희지(王羲之, 303~361)라는 유명한 서예가가 있었다. 그는 일찍이 우군장군의 벼슬에 있었기 때문에 사람들은 그를 왕우군(王右軍)이라고도 불렀는데, 그의 〈난정집서(蘭亭集序)〉나 『황정경(黃庭經)』 등은 중국 서예 예술의 귀중한 유산이다.

【출전】 『진서(晉書)·왕희지전』에 보면 왕희지가 글씨 연습을 얼마나 열심히 했는가에 대해 말하면서 “못가에서 글씨 연습을 하면 못의 물도 다 검어진다.(臨池學書 池水盡黑)”고 하였다.

그리고 당나라 때 편찬된 『서단(書斷)』이라는 책에는 “왕희지가 축판에 글씨를 쓸 때면 붓이 나무판자 속에 세 푼이나 박혀 들어간다.(王羲之書祝版 筆入木三分)”고 하였다.

ㅇ

즉, 그의 글씨가 그토록 힘이 있었다는 것이다. 그래서 글씨에 힘이 있는 것을 가리켜 입목삼분이라고 하게 되었으며 나중에는 문장이 힘 있고 세찬 것도 이 성어로 비유하게 되었다. 참고로 왕희지의 〈난정집서〉 전문을 읽어 보기로 하자.

「영화(永和) 9년 세재(歲在) 계축년(癸丑年) 모춘(暮春) 초순에 회계(會稽) 산음현(山陰縣)의 난정(蘭亭, 정자의 이름)에서 모이니, 이곳에는 높은 산, 큰 고개와 무성한 숲, 긴 대나무가 있고, 또 맑은 물과 격류하는 여울물이 좌우로 비추며 띠처럼 둘러 있으므로, 이것을 끌어다 유상곡수(流觴曲水, 술잔을 구비 흐르는 물에 띄우며 마심)를 만들고 차례대로 벌려 앉으니, 비록 사죽(絲竹)으로 만든 관악기와 현악기의 성대함은 없지만 술 한 잔을 들고 시(詩) 한 수를 읊는 것이 또한 그윽한 정을 펴기에 충분하였다.

이날 천기(天氣)가 맑고 혜풍(惠風, 온화한 바람)이 화창하였다. 우주의 큼을 우러러보고 품류〔品類, 삼라만상(森羅萬象)〕의 성함을 굽어 살피니, (사방으로) 눈을 돌리고 회포(懷抱)를 멋대로 달려 눈과 귀의 즐거움을 지극히 할 수 있어 참으로 즐거울 만하였다.

사람이 서로 더불어 세상을 살아감에 혹은 자신의 회포에서 취하여 한 방안에서 서로 이야기하고, 혹은 마음에 의탁한 바를 따라 형해(形骸, 육체)의 밖을 방랑하기도 하니, 비록 나아가고 멈춤이 만 가지로 다르고, 고요함과 시끄러움이 똑같지 않으나 그 만나는 바에 기뻐하여 잠시 자기 마음에 흡족함을 당해서는 쾌연(快然)히 자득(自得)하여 일찍이 늙음이 장차 이르는 줄을 모르다가 가는 바의 흥취가 이미 권태를 느껴 정(情)이 일에 따라 옮겨가면 감개(感慨)가 뒤따른다.

그리하여 조금 전에 기뻐하던 것이 고개를 숙였다 드는 사이에 이미 옛 자취가 되어 버리니, 더더욱 이 때문에 감회를 일으키지 않을 수 없다.

더구나 (사람은) 장수하거나 단명하거나 간에 조화에 따라 끝내는 다 없어지고 마니, 옛 사람이 이르기를 '사생(死生, 죽고 사는 일)이 또한 크다.' 하였으니, 어찌 애통하지 않겠는가.

매양 옛 사람들이 감회를 일으킨 이유를 보면 마치 한 문서(文書)를 맞추는 듯이 부합하니, 일찍이 옛 사람의 글을 대하고서 서글퍼하고 한탄하지 않은 적이 없으나 이것을 마음속에 깨달을 수가 없다.

진실로 사생(死生)이 하나라고 한 것은 허탄(虛誕)한 말이요, 일흔 살을 산 팽조(彭祖)와 상(殤, 어릴 적에 요절한 사람)을 똑같다 한 것은 망령된 일임을 알겠다. 후세에 지금을 봄이 또한 지금에 옛날을 보는 것과 같을 것이니, 슬프다.

그러므로 당시 사람들을 차례로 쓰고, 그들이 지은 글을 기록하니, 비록 세대가 다르고 일이 다르나 감회를 일으킨 이유는 그 이치가 마찬가지다. 후세에서 이것을 보는 자 또한 이 글에 장차 감회가 있을 것이다.

(永和九年 歲在癸丑暮 春之初 會於會稽山陰之蘭亭 修禊事也 群賢畢至 少長咸集 此地有崇山峻嶺 茂林脩竹 又有淸流激湍 映帶左右 引以爲流觴曲水 列坐其次 雖無絲竹管絃之盛 一觴一詠 亦足以暢敍幽情 是日也 天朗氣淸 惠風和暢 仰觀宇宙之大 俯察品類之盛 所以遊目騁懷 足以極視聽之娛 信可樂也 夫人之相與俯仰一世 或取諸懷抱 悟言一室之內 或因寄所託 放浪形骸之外 雖趣舍萬殊 靜躁不同 當其欣於所遇 暫得於己 快然

自得 曾不知老之將至 及其所之旣倦 情隨事遷 感慨係之矣 向之所欣 仰之間 以爲陣迹 尤不能不以之興懷 況脩短隨化 終期於盡 古人云 死生亦大矣 豈不痛哉 每攬昔人興感之由 若合一契 未嘗不臨文嗟悼 不能論之於懷 固知一死生爲虛誕 齊彭殤爲妄作 後之視今 亦猶今之視昔 悲夫 故列敍時人 錄其所述 雖世殊事異 所以興懷 其致一也 後之覽者 亦將有感於斯文)」

【용례】 자네 필력이 날로 좋아지는군. "입목삼분"하는 기세가 한눈에 보이는데.

입석시 立石矢

立 : 설(립) 石 : 돌(석) 矢 : 화살(시)

【뜻풀이】 화살이 서 있는 돌을 꿰뚫다. 정신이 집중된 상태나 몰아지경(沒我之境)에서는 평소에 할 수 없던 일까지도 해낸다는 말이다.

【출전】 『사기·이장군열전(李將軍列傳)』에 다음과 같은 이야기가 있다.

전한의 이광(李廣)은 농서군 성기현 사람이다. 그의 집안은 대대로 활 쏘는 솜씨로 이름이 났는데, 그도 이를 이어받아 활쏘기에 뛰어났다. 무제 때 우북평의 태수에 임명되어 그의 무예와 용기는 흉노족에게까지 떨치게 되었다. 그래서 흉노는 그를 한나라의 비장군(飛將軍)이라고 부르고 이광을 피하여 몇 년 동안 국경에 얼씬도 하지 않았다.

이광이 한번은 명산(冥山)의 들판에 나가서 사냥을 하고 있는데, 먼 곳에 있는 돌을 호랑이라 잘못 보고 활을 쏘았다. 화살은 돌을 꿰뚫었다. 그런데 가까이 가서 자세히 보니 호랑이와 비슷하게 생긴 돌이었다. 이상한 일이라 생각하고 나중에 이 돌에 다시 화살을 쏘았더니 이번에는 전처럼 화살이 돌에 꽂히지 않았다.

이 이야기에서 성어 중석몰촉(中石沒鏃)이 나왔다.

이광은 일곱 고을의 태수를 역임하고 전후 40년 동안 치적을 쌓아 황제에게서 자주 상을 받았는데, 그때마다 황제에게서 받은 상품을 아랫사람들에게 나누어 주었다.

음식도 병사들과 같은 것을 먹고 아랫사람을 대할 때는 관대해서 가혹하게 한 적이 없었기 때문에 병사들도 모두 그를 충심으로 따르고 있었다. 원수(元狩) 연간에 전장군(前將軍)이 되어 대장군인 위청(衛靑)을 따라 흉노를 정벌하였다.

그런데 선봉대를 이끌고 가는 도중에 길을 잃어 중요한 전투에 참여하지 못하고 말았다. 위청은 글을 올려 황제에게 승리를 놓친 까닭을 상세하게 보고해야겠다고 생각하고 이광에게 보고서를 요구했다. 서기가 명령을 받아 이광을 꾸짖고 급히 대장군의 막사로 가서 길을 잃게 된 경위서를 제출하고 보고하였다. 그는 처벌을 각오하고 그의 부하들에게 말했다.

"내가 군복을 입고 흉노와 싸운 것이 크고 작은 전투를 합하면 70회 이상에 이른다. 이 일대의 지리도 상세하게 알고 있었는데 이상하게도 이번에는 길을 잃어 생각지도 못한 실수를 저지르게 되었다. 이는 아무래도 하늘의 운이 아닌가 생각한다. 게다가 나도 나이가 예순을 넘은 사람인데 지금 다시 붓대나 휘두르는 관리에게 조사를 당하는 수치를 참아야 할 것인가."

그러면서 칼을 뽑아 스스로 목을 찔러 자살하였다. 많은 사람들은 이 일을 듣고 그를 잘 아는 사람이거나 모르는 사람이거나 늙은 사람이나 젊은이나 모두가 눈물을 흘리며 그의 죽음을 애도하였다.

찬(贊)에서 다음과 같이 말했다.

“이 장군은 성실하고 삼감이 깊어 천한 사람을 귀한 사람 대하듯이 대하고, 입은 무거워 마치 말을 하지 않는 것과 같았다. 그가 죽은 날에는 천하의 사람 중에 아는 사람이건 모르는 사람이건 모두 그의 죽음을 슬퍼하여 눈물을 흘렸다. 이것은 모두 그의 신실함이 모든 사람들에게 믿음을 주었기 때문이다.”

세상의 속담에 “복숭아나무나 자두나무가 말하지는 않아도 그 나무 아래로 자연히 작은 길이 생긴다.(桃李不言 下自成蹊)”는 말이 있다. 이 말은 비록 말한 것은 작지만 그와 같이 큰 인물에게도 비유될 수 있는 것이다.

【용례】 네 스스로 너를 포기하면 아무도 너를 도울 수 없는 거야. 정신만 집중하면 “입석시”도 할 수 있는 게 사람이야. 그런데 이게 무슨 나약한 꼴이냐?

입오구중 入吾彀中

入 : 들(입) 吾 : 나(오)
彀 : 당길(구) 中 : 가운데(중)

【뜻풀이】 독 안에 든 쥐. 구중(彀中)은 활을 쓰면 맞을 수 있는 사정거리를 말한다. 우리 속담 “독 안에 든 쥐”나 “이 손안에 있소이다.”와 뜻이 비슷하다. 상대방을 꼼짝 못하게 장악해 놓고 내 마음대로 농락(籠絡)할 수 있다는 뜻인데, 말하는 입장에서는 자랑과 자부심에 찬 과시가 되겠지만 당하는 입장에 있는 사람에게는 불쾌한 말이 될 수도 있다.

【출전】 오대(五代) 때의 문인 왕정보(王定保)가 지은 『당척언(唐摭言)·술진사(述進士)』조에 다음과 같은 이야기가 나온다.

당태종(唐太宗) 이세민(李世民)은 현명한 중국 군주 중 한 사람에 꼽히는 인물이다. 비록 우리 고구려를 침략한 사람이긴 하지만 대당제국(大唐帝國)의 기틀을 세웠다고 해서 중국인들은 한무제(漢武帝)와 함께 최고의 황제로 존경하고 있다.

그가 한번은 어사부(御史府, 과거시험장)에 순시를 나가게 되었다. 갑자기 천자의 행차가 닥치자 다들 당황하며 어쩔 줄 몰랐다. 곧이어 방금 과거에 급제한 진사(進士)들이 황급히 나와 도열하였다. 그들은 하나같이 수천대 일의 경쟁을 뚫고 당당히 급제한 사람들로, 당대 수재 중의 수재들이었다.

이런 광경을 본 당태종은 자기도 모르게 득의양양(得意揚揚)해졌다. 그들이 아무리 뛰어난 수재라 한들 모두 자신의 수하에서 일하게 될 사람들이었다. 그래서 자신도 모르게 희열에 차서 탄성이 터져 나왔다.

“천하의 영웅들이 모두 이 손안에 있구나!(天下英雄 皆入吾彀中矣)”

당태종은 재략(才略)이 뛰어났을 뿐 아니라 문무(文武)를 두루 갖춘 제왕이었다. 그는 일찍이 아버지 이연〔李淵, 당고조(唐高祖)〕에게 권하여 수(隋)나라를 멸망시키고 당제국을 건설하도록 하였다. 그 과정에서 가장 큰 공헌을 한 사람도 바로 그였다. 그야말로 권모술수(權謀術數)와 용인술(用人術)에 모두 능한 사람이었던 것이다. 그는 인재를 거느리는 데 만족한 사람이 아니라 그 인재를 어떻게 써야 이로울지도 안 사람이었고, 이것이 바로 그를 중국 역사상 가장 위대한 군주의

한 사람으로 만든 근원이었다.

청(靑)나라 백일거사(百一居士)의 『호천록(壺天錄)』에 보면 "남의 첩이 된 사람은 바른 자세로써 영광을 삼지 않음이 없으니 적자에 얽매이는 것은 무릇 기미를 모르는 것이다. 이에 그 좋아하는 것을 버려서 영광으로 바리를 바르게 하면 또한 어찌 내 수중에 들어오지 않겠는가?(爲人妾者 無不以正位爲榮 而爲嫡子所抑者 不知凡幾 玆乃投其所好 榮以正位 亦安有不入吾彀中哉)"란 말이 나온다.

【용례】 이번 새로 입사할 신입사원들은 유례를 찾아볼 수 없는 경쟁을 뚫고 합격한 사람들입니다. 이제 여러분들은 이들을 "입오구중"하여 우리 회사에 꼭 필요한 일꾼으로 양성해야 합니다.

입이착심 入耳着心

入 : 들(입) 耳 : 귀(이)
着 : 붙일(착) 心 : 마음(심)

【뜻풀이】 귀(耳)로 들어온(入) 것을 마음 속(心)에 붙여 둔다(着)는 뜻으로, 남에게 들은 충고나 경구를 마음속에 간직하여 잊지 않는다는 뜻이다.

순자(荀子)가 학문하는 사람의 자세를 얘기하면서 꺼낸 말의 서두에 나온다.

【출전】 『순자·권학편(勸學篇)』에 다음과 같은 말이 나온다.

"군자의 학문은 귀로 들어와 마음에 정착되고, 온몸으로 퍼져서, 움직이고 멈추는 가운데 나타나느니라. 소곤거리며 말하고 점잖게 움직여 모두 법도가 될 만하느니라. 그러나 소인의 학문은 귀로 들어와 입으로 나오니, 입과 귀 사이는 네 치밖에 되지 않으니, 어찌 일곱 자나 되는 몸을 아름답게 할 수 있겠는가? 옛날의 학자들은 자기 자신을 위해 학문을 닦았고, 지금 학자들은 남에게 보이려고 학문을 한다. 군자가 학문을 하는 것은 그 자신을 아름답게 하기 위해서이고, 소인이 학문을 하는 것은 남에게 내놓아 써 먹기 위해서다. 때문에 묻지도 않았는데 말하는 것을 시끄럽다(傲) 하고, 하나를 물었는데 둘을 말하는 것을 뽐낸다(囋) 하느니라. 시끄러움도 잘못이고 뽐내는 것도 잘못이니, 군자는 소리가 울리듯 일에 따라 적절하게 행동하느니라. (君子之學 入乎耳著乎心 布乎四體 形乎動靜 端而言 而動 一可以爲法則 小人之學也 入乎耳 出乎口 口耳之間 財四寸 曷足以美七尺之軀哉 古之學者爲己 今之學者爲人 君子之學也 以美其身 小人之學也 以爲禽犢 故不問而告 謂之傲 問一而告二 謂之囋 傲非也 囋非也 君子如響矣)"

순자의 이 말은 배움이란 게 무엇인지 너무나 잘 보여 주는 명언이다. 진정한 군자의 학문은 자랑하지도 않고 뽐내지도 않음을 알고 배우는 사람이 과연 얼마나 될 것인가? 물론 지금 시대에 무조건 감추고 숨기는 것만이 미덕이 아님도 분명하다. 순자가 염려하는 것은 때가 아닌데 내세우고, 필요하지도 않은데 쓰려고 하는 행동이다. 소리가 나면 거기에 응답하듯이 하는 배움과 쓰임이야말로 진정한 배움인 것이다.

【용례】 컴퓨터로 글을 쓰는 시대가 되면서 깊이 사려하지 않고 쓰는 글들이 쏟아져 나오고 있다. 사려가 깊은 글이란 속도의 문제는 아니다. "입이착심"한 뒤에 나오는 육성인지 아닌지에 달렸다고 할 것이다.

ㅇ

입향순속 入鄕循俗

入 : 들(입) 鄕 : 마을(향)
循 : 좇을(순) 俗 : 풍습·시속(속)

【뜻풀이】 다른 고장에 갔으면 그 고장의 풍습을 따른다. "로마에 가면 로마의 법을 따르라."는 말과 같은 뜻이다.

이는 반드시 눈치 빠르게 행동해서 손해를 보지 말라는 경고는 아니고 세상사에 대처하는 방식은 순리를 좇는 것이 좋다는 뜻이 강하다.

【출전】『회남자·제속편(齊俗篇)』에 보면 "그 나라에 들어가는 사람은 그 나라의 풍습을 따르라.(入其國者 從其俗)"라는 말이 있으며,『장자·외편(外篇)』의 〈산목(山木)〉편에도 "그 풍습에 들어가서는 그 풍습을 따른다.(入其俗 從其俗)"라는 말이 보인다.

『맹자·양혜왕장구(梁惠王章句)』하편에도 쓰임은 조금 다르지만 "신이 처음 변경에 닿았을 때 나라에서 크게 금하는 일이 무엇인가를 묻고난 뒤에 감히 들어왔습니다.(臣始至於境 問國之大禁 然後敢入)"라고 하고 있다.

이로 미루어 볼 때 옛날에는 남의 나라나 낯선 고장에 들어갈 때는 먼저 그곳 풍습이 어떤지 알아보고 들어가는 것이 관례였음을 알 수 있다.

【용례】 이번 방학을 이용해서 배낭여행을 떠나는 것도 좋은 공부가 되겠구나. 그러나 낯선 이국이라 여러 모로 풍습도 다를 것이니 "입향순속"하도록 각별히 조심하거라.

ㅈ

자가당착 自家撞着

自 : 스스로(자) 家 : 집(가)
撞 : 칠(당) 着 : 지을(저)/입을(착)

【뜻풀이】 자기 스스로 한 말과 행동이 앞뒤가 맞지 않아 충돌하여 일치하지 않고 모순되는 것을 말한다. 우리 속담 "제 눈 제가 찌른다"나 "꼬부랑 자지 제 발에 오줌 눈다."와 같은 뜻이다.

【출전】 『선림유취(禪林類聚)·간경문(看經門)』에 다음과 같은 남당정(南堂靜)의 시가 실려 있다.

「수미산은 높디 높아 봉우리도 보이지 않고
바닷물은 깊어 바닥에 닿지도 않네.
흙을 뒤집고 먼지를 털어도 찾을 수 없으니
머리 돌려 부딪치니 바로 자신이로구나.
須彌山高不見嶺
大海水深不見底
簸土揚塵無處尋
回頭撞著自家底」

그럴듯한 이름을 세워 진리를 찾는다고 하지만 결국 얻은 것은 아무것도 없다는 말이다. 아니 오히려 얻은 것이 없을 뿐 아니라 자신에게 해를 끼치는 피해만 자초하였다.

지식의 유희에 빠져 함부로 사실을 합리화하는 어리석은 실수에 대한 경구라고 할 수 있다.

【용례】 마치 나라와 민족을 위해 내린 결단이라고 떠들던 사람들이 다 나라를 팔아먹은 원흉이 되었지. 그런 식의 논리가 얼마나 어리석은 "자가당착"인지 이제 깨달을 때도 됐는데 말이야.

자가약롱중물 自家藥籠中物

自 : 스스로(자) 家 : 집(가)
藥 : 약(약) 籠 : 대그릇·쌀(롱)
中 : 가운데(중) 物 : 물건(물)

【뜻풀이】 자기 집 약통 안에 있는 물건. 항상 필요할 때마다 도움을 주는 사람을 말한다.

【출전】 『십팔사략(十八史略)』에 다음과 같은 이야기가 있다.

당(唐)나라 3대 황제인 고종(高宗)의 뒤를 이어 천하를 지배한 여걸이 바로 측천무후(則天武后)다. 그녀는 67세 때 제위에 올라 스스로 성신황제(聖神皇帝)라 칭하면서 나라 이름도 주(周)로 고쳤다.

그때 조정에는 적인걸(狄仁傑, 630~700)이라는 총명한 신하가 있었다. 그는 재상으로 있으면서 무후가 실정을 행하려 할 때마다 만류해서 나라가 바로 서는 데 큰 공헌을 하였다.

특히 무후가 무씨(武氏) 집안사람으로 황위를 계승시키려는 음모를 일거에 중지시킨 것은 대단한 용기와 수완이었다. 때문에 무후도 그만은 국로(國老)라고 칭하면서 존경했다고 한다.

적인걸은 재임 중에 숱한 인재를 무후에게 천거해서 조정의 중추적인 역할을 맡게 만들었다. 그런 인물 중에 원행충(元行沖)이라는 사람이 있었다. 하루는 그가 적인걸을 만나 농담으로 이런 말을 건네었다.

"선생님 댁에는 맛좋은 음식이 그득하니 자칫 과식해서 탈이 나지 않겠습니까? 그러니 저같이 쓴 약도 두어 주시지요."

그러자 적인걸이 껄껄 웃으며 대꾸하였다.

"무슨 소린가. 자네 같은 사람은 내게 있어 약통 속에 있는 약과 같다네. 항상 도움이 되어 하루라도 없으면 안 될 인재지."

적인걸의 대답에서 성어 자가약롱중물이 나왔다.

【용례】 저 친구는 우리 집에 어려운 일이 있을 때마다 자기 일인 양 달려와 도와주곤 했어. 정말 우리 집으로 보면 "자가약롱중물" 같은 존재지.

자고영웅진해시 自古英雄盡解詩

自 : 부터(자) 古 : 옛(고)
英 : 꽃부리(영) 雄 : 수컷(웅)
盡 : 다할(진) 解 : 이해할(해)
詩 : 시(시)

【뜻풀이】 예로부터 영웅치고 시를 이해하지 못한 사람은 없다.

【출전】 당나라 때의 시인 임관(林寬)의 〈가봉대(歌鳳臺)〉에 나오는 시구다.

「가시나무는 백 척 터전에 쌓였는데
술에 취해 일찍이 대풍사를 불렀지.
말 위에서 천하를 얻었다 말하지 마라
예부터 영웅들은 모두 시를 알았다네.
蒿棘空存百尺基
酒酣曾唱大風詞
莫言馬上得天下
自古英雄盡解詩」

〈대풍사(大風詞)〉는 한고조(漢高祖) 유방(劉邦)이 천하를 통일한 뒤 전국을 순행하면서 신하들과 벌인 술자리에서 부른 〈대풍가(大風歌)〉를 말한다.

「큰 바람이 이는도다, 구름은 날려 흩어지고
위세가 천하에 덮음이여, 고향으로 돌아가도다
어떻게 맹사를 얻을꼬, 천지 사방을 지켜야 함이여
大風起兮雲飛揚
威加海內兮歸故鄕
安得猛士兮守四方」

이 밖에도 임금으로서 문학 활동까지 활발하게 전개한 사람으로 위(魏)나라의 조조(曹操)와 조비(曹丕)가 있고, 남당(南唐)의 후주(後主)인 이욱(李煜, 937~978) 등이 유명하다.

【용례】 자네 정치한답시고 글 따위는 비서에게 맡기면 그만이라 했지? 예로부터 영웅치고 시를 알지 못한 사람이 없었네("자고영웅진해시"). 그렇게 경솔하다가는 나중에 낭패를 당할걸.

자광 藉光

藉 : 빌릴·꾸다(자) 光 : 빛(광)

【뜻풀이】 남들 덕분에 편리를 보거나 명예

나 이익을 얻게 되었을 때 일컫는 말로, "남의 돌팔매에 밤 줍는다."나 "남의 불에 게 굽기." 또는 "남의 떡에 설 쉰다."는 속담과 뜻이 비슷하다.

【출전】『전국책·진책(秦策)』에 다음과 같은 이야기가 있다.

전국시대 진(秦)나라에 감무(甘茂)라는 사람이 있었는데, 진혜왕 때 공을 세워 좌승상으로 있다가 진소왕 때 죄를 짓고 제나라로 달아났다.

감무가 진나라의 동부 변경 함곡관(函谷關)까지 도망쳐 갔을 때 우연찮게도 진나라에 사신으로 와 있던 제나라 사람 소대(蘇代)와 마주쳤다. 이때 감무는 소대와 몇 마디 이야기를 주고받다가 자신의 신세타령과 함께 다음과 같은 〈강변 처녀 이야기〉를 들려주었다.

어느 한 강변 마을에서 있었던 일이다. 마을 처녀들은 매일 저녁 어느 한 집에 모여 촛불을 밝혀 놓고 일을 하고 있었는데, 그 중 한 처녀는 집안 형편이 구차하여 초를 살 수 없어서 밤마다 남의 불빛을 빌려 일을 하는 처지였다. 이에 다른 처녀들은 그를 아니꼽게 여겨 내쫓으려 하였다. 그러나 그 처녀가 이렇게 하소연했다.

"나는 돈이 없어 초를 사지 못하지만 매일 저녁 일찍 나와서 방을 청소하고 깔개를 정리해서 여러 사람들로 하여금 편안히 일할 수 있게 하니 여러 사람들에게 다소 도움이 되지 않니? 너희들은 내가 없어도 불은 어차피 켤 텐데 그 불빛을 내가 좀 빌려 쓴대서 안 될 게 뭐니?"

여러 처녀들이 듣고 보니 일리가 있는 말인지라 더는 내쫓으려 하지 않았다. 감무가 이런 이야기를 들려준 다음 자기도 제나라에 들어가서 청소를 하거나 깔개를 펴는 따위의 일을 할 수 있으니 받아 달라고 간청하자 소대는 힘써 보겠다고 대답했다. 그리해서 그 후 감무는 소대의 추천으로 제나라에 들어가 상경(上卿)의 벼슬을 하게 되었다.

이상에서 본 바와 같이 성어 자광은 감무가 소대에게 들려준 〈강변 처녀 이야기〉에서 나온 것으로, 도광(叨光)과 그 뜻이 같다.

【용례】 내가 지금 "자광"하면서 공부한다고 비웃음을 당하지만, 언젠가는 꼭 이 빚을 다 갚고 말 거야. 쥐구멍에도 볕들 날이 있다고.

자상모순 自相矛盾

自 : 스스로(자) 相 : 서로·도울(상)
矛 : 창(모) 盾 : 방패(순)

【뜻풀이】 자가당착(自家撞著). 스스로 모순에 빠지다. "제 꾀에 제가 넘어간다."는 속담과 뜻이 비슷하다.

【출전】『한비자·세난편(說難篇)』에 다음과 같은 이야기가 있다.

옛날에 어떤 사람이 시장에 나가서 창과 방패를 팔았는데, 그는 자기의 창과 방패가 좋다는 자랑을 늘어놓으면서 이렇게 말했다.

"이 방패는 어떤 날카로운 창으로도 꿰뚫지 못합니다."

그런 뒤 창을 집어 들고는 이렇게 말했다.

"이 창으로 말씀드리자면 어떤 방패도 모두 꿰뚫을 정도로 예리합니다."

이때 어떤 사람이 그의 말을 듣고 있더니 되물었다.

"그렇다면 당신의 창으로 당신의 방패를 찌르면 어떻게 됩니까?"

이에 그 장사꾼은 말문이 막혀 아무 대답도

못 했다는 것이다.

이 이야기에서 사람들은 서로 대립되는 사물 또는 상황을 일러 모순이라 하게 되었고, 또 사람의 말이 앞뒤가 맞지 않거나 말과 행동이 서로 어긋나는 것을 일러 자상모순이라고 하게 되었다.

【용례】 좋은 아내가 되겠다면서 시댁 식구들을 그렇게 우습게 보다니, 그런 "자상모순"이 어디 또 있냐?

자솔이정 숙감부정 子帥以正 熟敢不正

子 : 그대(자) 帥 : 거느릴(솔)
以 : 써(이) 正 : 바를(정) 熟 : 누구(숙)
敢 : 감히(감) 不 : 아닐(불)

【뜻풀이】 그대가 앞장서서 바르게 행동한다면 누가 감히 바르지 않게 행동하겠는가? 위에 있는 사람이 정도를 걸으면 아랫사람들도 자연히 그 길을 따른다는 뜻이다.

【출전】 『논어 · 안연편(顔淵篇)』에 나오는 말이다.

계강자(季康子)가 정치하는 법에 대해 공자에게 묻자 이에 대답하여 "정치는 바로잡는 것이다.(政者正也)"라고 하면서 한 말이 바로 이 구절이다.

계강자는 당시 노나라의 정치를 좌지우지했던 삼환씨(三桓氏) 일족이다. 이미 임금을 외면한 채 정치를 마음대로 재단했으니 그의 정치가 엉망일 것은 불 보듯 뻔했다. 그런데도 정치에 대해서 묻자 이런 말로 그의 과오를 따끔하게 꾸중한 것이다.

스스로 바르지 못하면서 남을 바로잡는 정치를 한다는 것 자체가 언어도단(言語道斷)이라며 앞장서서 왜곡된 노나라의 정치 상황을 바로잡으라고 갈파했던 것이다.

【용례】 부정 행위를 하다 걸렸으면 솔직히 잘못을 시인할 것이지, 다른 학생들도 다 했다고 말하면 네 잘못이 없어지냐? 네가 먼저 바르면 누가 감히 바르지 않겠니?("자솔이정 숙감부정")

자승가강 自勝家强

自 : 스스로(자) 勝 : 이길 · 견딜(승)
家 : 집(가) 强 : 굳셀(강)

【뜻풀이】 스스로를 이기는 사람이 진정으로 강한 사람이다.

【출전】 『노자(老子) · 제33장』에 다음과 같은 말이 있다.

「남을 아는 이가 지혜롭다고 하면,
자신을 아는 사람은 밝은 자다.
남을 이기는 사람은 힘이 있지만,
자신을 이기는 사람은 강한 자다.
만족할 줄 아는 사람이 부유하고,
힘차게 나아가는 사람이 뜻을 얻으며,
그 자리를 잃지 않는 사람이 오래 갈 수 있다.
죽어도 없어지지 않는 사람이야말로
진정 오래 산 사람이니라.
(知人者智 自知者明 勝人者有力 自勝者强 知足者富 强行者有志 不失其所者久 死而不亡者壽)」

나를 이긴다는 말은 나의 욕망을 이기는 것이다. 남을 이기려면 필요한 것은 힘일 뿐이지만 자신을 이기는 데는 힘만으로 되지는 않는다. 그때에는 힘보다 더 강한 의지가 필요한 것이다. 그 의지로 자신의 욕망을 물리쳤을 때 진정한 승리자로 자부할 수 있다.

왕양명(王陽明)도 "산속의 도적을 깨기는 쉬워도 마음속의 도적을 물리치기는 어렵다.(破山中賊易 破心中賊難)"라고 했으며, 공자(孔子)도 "사사로운 욕심을 이기고 원칙으로 돌아가는 것을 어짊이라 한다.(克己復禮爲仁)"〔『논어 · 안연편(顔淵篇)』〕고 말하고 있다.

이런 말들은 그만큼 시도 때도 없이 일어나는 내부의 욕심을 끊기 어려운 것을 암시하고 있다. 때문에 진정한 군자(君子)는 사심을 버릴 때 이루어지며 "홀로 있을 때 삼가는 자세(愼獨)"가 필요하다고 역설하는 것이다.

한편 이 구절에서 지족자부(知足者富)도 성어가 되었는데, 만족할 줄 아는 사람이야말로 진정한 부자라는 말이다.

【용례】 이번 학기에 네가 수석을 차지할 수 있었던 것은 졸음을 이기고 밤새워 공부한 탓일 거야. "자승가강"이란 말처럼 너야말로 진정한 승자다.

자역유시 子亦猶是

→ 양포지구 楊布之狗

자포자기 自暴自棄

自 : 스스로(자)
暴 : 거칠·난폭할(포)(폭) 棄 : 버릴(기)

【뜻풀이】 스스로에게 난폭하고 스스로를 버린다. 아무런 기대도 걸지 않고 자신이나 일을 되는대로 방치하는 태도를 말한다.

【출전】『맹자 · 이루장구(離婁章句)』 상편에 다음과 같은 이야기가 있다.

「맹자가 말하기를 스스로를 해치는 사람과는 더불어 말할 수가 없다. 스스로를 버리는 사람과는 더불어 같이 일할 수가 없다. 입만 열면 예의를 비방하는 것을 일러 자포라고 한다. 자기 자신은 도저히 인에 머물면서 의를 실천할 수 없다고 하는 것을 자기라 한다. 인은 사람에게 있어서 편안한 집과 같고 의는 사람에게 있어서 바른 길과 같다. 편안한 집을 비워 두고 살지 않고 바른 길을 버리고 그 길을 가려고 하지 않으니 안타까운 일이다!

(孟子曰 自暴者 不可與有言也 自棄者 不可與有爲也 言非禮義 謂之自暴也 吾身不能居仁由義 謂之自棄也 仁人之安宅也 義人之正路也 曠安宅而弗居 舍正路而弗由 哀哉)」

자포는 스스로 자신의 몸을 해치는 무법자이고, 자기는 자신의 몸을 버려두는 게으른 사람이라고 해도 무방할 것이다.

【용례】 아무리 힘든 시련이 닥쳐도 "자포자기"해서는 안 된다. 열심히 살면 반드시 도와주는 사람이 있을 거야.

자허오유 自虛烏有

自 : 아들(자) 虛 : 빌(허)
烏 : 까마귀(오) 有 : 있을(유)

【뜻풀이】 있지도 않은 일.

【출전】 이 성어는 한나라 초기 때의 사람 사마상여(司馬相如, 기원전 179~기원전 118)의 〈자허부(子虛賦)〉라는 글에서 유래한 것이다. 그는 어릴 때부터 부지런히 책을 읽어

글 재간이 비상한 사람이었다.(➡ 가도사벽家徒四壁 참조)

사마상여의 〈자허부〉는 사냥을 묘사한 글인데, 사냥을 즐겨하는 한무제가 그 글을 보고 탄복하면서 "애석한 일이지만 짐은 이렇듯 재간이 있는 대작가와 동시대에 살지 못해서 만날 수 없구나!" 하고 한탄했다.

사마상여는 〈자허부〉를 써낸 그때까지 크게 이름이 나지 않았기 때문에 한무제는 그를 옛날의 대작가인 줄로만 알고 있었던 것이다.

이때 한무제 주변에서 구감(狗監, 황제의 사냥개를 관리하는 직책)이라는 벼슬을 하고 있던 양득의(楊得意)라는 사람이 사마상여를 소개하면서 자기의 친구라고 하자 한무제는 곧 그를 초대해서 만나보게 되었다.

사마상여는 한무제를 만난 자리에서 이렇게 말했다.

"〈자허부〉는 제후들의 사냥을 노래한 것으로 대단한 작품이 못 됩니다. 만일 제왕이 사냥하는 장면을 다룬다면 더 훌륭하게 쓸 수 있습니다."

한무제는 그 말을 듣고 대단히 기뻐하면서 사마상여더러 한 편 더 써 보라고 했다. 황제의 어명을 받은 사마상여는 얼마 안 가서 〈상림부(上林賦)〉라는 글을 써 올리고, 뒤이어 〈간렵소(諫獵疏)〉라는 글을 지어 사냥에 도취되면 재물을 허비하고 정치에 지장이 있다는 뜻을 한무제에게 암시적으로 알려 주었다. 사마상여가 일찍이 써낸 〈자허부〉라는 글에도 이런 뜻이 담겨 있는데 그 글에는 이런 이야기가 있다.

어느 날 초나라 임금은 자허라는 사람을 제나라에 파견하였다. 제나라 임금은 전국의 사냥꾼들을 총동원해서 자허와 함께 사냥을 떠났다.

그 후 자허는 오유라는 사람과 함께 이번 사냥에 대해 이야기를 나누었는데 자허는 이번 사냥의 규모가 성대함을 찬양하는 척하면서 제나라 임금을 조소했고 오유는 오유대로 제나라 임금을 위해 극구 변호했다.

이 이야기에서 자허와 오유는 모두 허구적인 인물로 인물 자체가 허무(虛無)의 뜻을 내포하고 있다. 그리해서 후세 사람들은 자허와 오유를 허무라는 말의 동의어로 간주하게 되었는데 사속자허(事屬子虛)와 화위오유(化爲烏有) 등이 바로 그것이다.

후한 사람 장형(張衡, 78~139)도 그의 글 〈서경부(西京賦)〉에서 빙허공자(憑虛公子)라는 인물을 허구로 만들어냈다. 그런 이유로 자허오유는 빙허오유(憑虛烏有)라고도 한다. 또 사물이 아무것도 없게 되어 버린 것을 일러 "오유로 돌아갔다."는 식으로 표현하기도 한다.

【용례】 아무리 소설이 허구라지만 실명 인물을 소재로 작품을 썼으면서 이런 "자허오유"한 이야기를 쓸 수 있는 거냐? 차라리 신화를 만드는 게 낫겠다.

자형화 紫荊花

紫 : 자줏빛(자) 荊 : 모형나무(형)
花 : 꽃(화)

【뜻풀이】 박태기나무의 꽃이라는 뜻으로, 형제가 화기애애하게 지내는 것을 비유하는 말이다. 형제가 협심하여 잘 산다는 뜻으로 쓰인다.

【출전】 『속제해기(續齊諧記)』에 다음과 같은 이야기가 나온다.

옛날 경조〔京兆, 장안(長安) 일대 관할 행정 구역〕에 전진(田眞)이라는 사람이 살았다. 그는 두 아우와 함께 살았는데, 어느 날 서로 분가하기로 하고 재산을 공평하게 똑같이 나누었다.

그러나 뜰에 심겨진 박태기나무(紫荊) 한 그루는 어떻게 할 수 없었다. 그래서 상의한 결과 나무를 셋으로 잘라 나눠 가지기로 하였다.

그런데 이튿날 박태기나무를 자르려고 하자, 순식간에 말라죽었다. 이것을 보고 놀란 전진이 두 아우에게 말했다.

"나무는 원래 한 그루로 자란다. 그런데 우리가 그것을 자르려 하자 말라죽었구나. 우리도 마찬가지이지 않겠니? 형제는 화목하게 지내야 하는데, 뿔뿔이 흩어져 버리면 모두 망할 수밖에 없지 않겠니? 재산을 나눠 헤어지려 했던 우리는 이 나무보다도 못하다!"

그러면서 나무 자르는 일을 그만두자 나무는 전처럼 싱싱하게 되살아났고 잎도 파랗게 무성해졌다. 이것을 본 형제들은 감동하여 나눈 재산을 다시 하나로 모으고, 셋이 힘을 합하여 집안을 위해 열심히 일했다.

전진은 얼마 뒤에 벼슬에 나갔는데, 태중대부(太中大夫)에까지 올랐다.

【용례】 너희 형제는 어쩌면 그렇게 만나면 싸우지 못해 안달이냐. "자형화"했던 옛 사람들의 교훈을 제발 좀 본받거라.

작법자폐 作法自斃

作 : 지을(작) 法 : 법(법)
自 : 스스로(자) 斃 : 죽을(폐)

【뜻풀이】 제가 만든 법에 제가 걸려 죽는다는 뜻으로, "제가 놓은 덫에 제가 치인다."나 "제 손으로 제발 옭아맨다."는 속담과 비슷하다.

【출전】 『사기(史記)·상군열전(商君列傳)』에 보면 다음과 같은 이야기가 있다.

전국시대 진(秦)나라 효공의 재상으로 있던 상앙(商鞅)이라는 사람은 그가 상(商)이라는 곳에 봉군(封君)이 되어 상군(商君)이라 불렸기 때문에 상앙이라고 하며, 또 그가 위나라 사람이었기 때문에 위앙(衛鞅)이라고도 했다.

상앙이 진나라에서 10년간 재상으로 있던 기간에 이룬 가장 큰 업적은 두 차례에 걸친 변법을 통해 낡은 제도를 폐지하고 일련의 새로운 제도를 정립한 것이다.

예컨대 정전제(井田制)를 폐지하고 개간을 장려해서 농업 생산을 발전시킨 것이라든지 보갑법을 실시하고 상벌 조례를 제정해서 치안을 강화한 것 등이 그것이다. 이렇게 해서 여러 나라들 중에서 비교적 뒤떨어지고 국력이 약했던 진나라는 점차 강성해지고 나라의 위신도 높아졌다.

그러나 상앙의 변법은 귀족 대신들의 이익을 침해했기 때문에 처음에는 그들의 강력한 반대에 봉착했다. 특히 효공〔孝公, 거량(渠梁)〕이 세상을 떠나고 혜문왕〔惠文王, 사(駟)〕이 즉위하면서 상앙은 더욱 어려운 처지로 몰렸다.

혜문왕은 태자로 있을 때부터 상앙의 반대파였던 만큼 그가 즉위하기 바쁘게 일부 귀족들은 상앙이 역적모의를 하고 있다고 고발했다. 이에 혜문왕은 상앙을 잡아들이라는 엄명을 내렸다. 상앙은 할 수 없이 도망치지 않을 수 없었다.

상앙은 진나라를 탈출하려고 숨어다니던 어느 날, 날이 저물자 주막을 찾아 하룻밤 묵어가려고 했다. 그랬더니 주막 주인은 "신분이 분명하지 않은 사람을 재웠다간 우리들이 벌을 받게 됩니다. 이것은 상군께서 만든 법이올시다."라고 하면서 재워 주기를 거절했다.

물론 그때 주막 주인은 앞에 서 있는 손님이 다름 아닌 상군(즉, 상앙)인 줄은 꿈에도 생각지 못했을 것이다. 이에 상앙은 "내가 만든 법이 오늘날 되레 나를 해치는구나!(爲法之弊 一至此哉)"라고 탄식했다.

작법자폐는 바로 상앙의 이 말이 변해서 된 성어로 위법자폐(爲法自斃)라고도 한다.

【용례】 지각하는 사람에게 벌금을 걷자고 자신 있게 주장하더니, 그날 이후 네가 지각을 안 한 적이 한 번도 없구나. "작법자폐"라더니 용돈깨나 축났겠다.

작사필모시 출언필고행 作事必謨始 出言必顧行

作 : 지을(작) 事 : 일(사)
必 : 반드시(필) 謨 : 꾀(모)
始 : 처음(시) 出 : 날(출) 言 : 말씀(언)
顧 : 돌아볼(고) 行 : 갈(행)

【뜻풀이】 일을 꾸밀 때는 반드시 미리 계획을 짜야 하고, 말을 할 때는 먼저 그것을 실천할 수 있는지 살펴보아야 한다. 무슨 일이나 말이든 한번 시작하고 내뱉으면 다시 그것을 수습하고 싶어도 못하는 법이다. 때문에 시작할 때 과정과 결과까지도 염두에 두고 고려해야 한다는 말이다.

【출전】 『소학(小學)·가언편(嘉言篇)』에 실려 있는 장사숙(張思叔)의 〈좌우명(座右銘)〉에 나오는 말이다. 장사숙의 이름은 역(繹)이고 하남(河南) 사람이며 정이천(程伊川)의 제자다. 이 구절은 『명심보감·입교편(立敎篇)』에도 나온다.

「모든 말은 반드시 성실하게 하고, 모든 행실은 반드시 두텁고 공손하게 하며, 음식은 반드시 삼가고 절제하며, 글자를 쓸 때는 반드시 바르게 쓴다. 용모는 반드시 단정하고 장엄하게 하고, 의관은 반드시 엄숙하고 가지런하게 하며, 걸음걸이는 반드시 편안하고 자상하게 하며, 머무는 곳은 반드시 바르고 고요하게 한다. 일을 할 때는 반드시 시작을 도모하고, 말을 할 때는 반드시 실행할 수 있는가를 돌아보며, 승낙할 때는 반드시 신중하게 응하고, 착한 일을 보면 내게서 나온 것처럼 여기며, 악한 일을 보면 마치 나의 병처럼 여겨야 한다.

무릇 이 열네 가지를 내가 깊이 살피지 못했다. 이를 자리 구석에 써 두어 아침저녁으로 보고 경계하노라.

(凡語必忠信 凡行必篤敬 飮食必愼節 字畫必楷正 容貌必端莊 衣冠必肅整 步履必安詳 居處必正靜 作事必謀始 出言必顧行 常德必固持 然諾必重應 見善如己出 見惡如己病 凡此十四者 我皆未深省 書此當坐隅 朝夕視爲警)」

무책임하게 일을 시작하고 남에게 줄 상처는 고려하지 않고 하는 말은 의외로 심각한 문제를 일으키는 경우가 종종 있다. 때문에 항상 신중하고 사려 깊게 사고하고 행동하는 마음의 수양이 필요한 것이다.

증자(曾子)가 말한 일일삼성(一日三省)〔『논어·학이편(學而篇)』〕도 같은 맥락의 말이라고 할 수 있다.

【용례】 "작사필모시 출언필고행"이라고 했습니다. 이번 사업을 추진하는 데에 우리가 먼저 염두에 두어야 할 일은 그것이 실현 가

능한가 하는 문제입니다.

작심삼일 作心三日

作 : 지을(작) 心 : 마음(심)
三 : 석(삼) 日 : 날·해(일)

【뜻풀이】 한 번 결심한 마음이 사흘을 못 간다. 결심한 일이 오래가지 못할 때 쓰는 말이다.

【출전】『맹자·등문공장구(滕文公章句)』하편에 다음과 같은 말이 있다.

「그 마음에서 일어나서 그 일을 해치고, 그 일에서 일어나서 그 다스림을 해친다. 성인이 다시 나신다 해도 나의 이 말을 바꾸지는 못할 것이다. 옛날에 우임금께서 홍수를 다스리자 천하가 평온해지고 주공이 오랑캐를 겸병하고 맹수를 몰아내자 백성들이 편안해졌다. 또 공자께서 『춘추』를 쓰시자 난신적자들이 두려움에 떨었다.

(作於其心 害於其事 作於其事 害於其政 聖人復起 不易吾言矣 昔者禹抑洪水而天下平 周公兼夷狄驅猛獸而百姓寧 孔子成春秋而亂臣賊子懼)」

작심이란 마음에서 결정짓는 것을 뜻한다. 어렵게 결정한 일을 사흘도 못 가서 깨뜨리는 이유는 여러 가지로 변명이 가능하겠지만, 결국 의지가 약하든가 아니면 실천하기가 본래 어려웠기 때문일 것이다.

누구나 새해가 되면 "술을 끊겠다."든가 "담배를 끊겠다."는 등 여러 결심을 하는데 사실 결심대로 이루어지는 경우는 거의 없다고 해도 지나친 말은 아닐 것이다.

【용례】 잠도 안 자며 공부해서 성적을 올리겠다는 녀석이 그래 하루도 못 참고 벌써 오락실 출입이냐? "작심삼일"도 네겐 과분하구나.

잔배냉적 殘杯冷炙

殘 : 남을(잔) 杯 : 술잔(배)
冷 : 찰(냉) 炙 : 고기구이(적)

【뜻풀이】 마시다 남은 술잔과 다 식은 산적이라는 뜻으로, 남에게 푸대접받는 것을 비유한 말이다.

【출전】 두보(杜甫)가 쓴 시 〈봉증위좌승장이십이운(奉贈韋左丞丈二十二韻)〉에 나온다.

「아침에는 부잣집 문을 두드리고
저녁에 고관의 말을 뒤쫓는다
마시다 남은 술잔과 식은 안주 조각 얻어먹으며
도처에 슬픔과 아픈 가슴 사무쳤거늘
朝扣富兒門
暮隨肥馬塵
殘杯與冷炙
到處潛悲辛」

여기서 말하는 위좌승은 당시 상서좌승(尙書左丞)으로 있던 위제(韋濟)를 가리킨다. 이 시는 두보가 37세 때 지었는데, 당시 당(唐)나라 조정은, 쉰이 넘은 현종(玄宗)이 젊은 양귀비(楊貴妃)의 미모에 빠져 유연(遊宴)을 일삼던 시기였다. 더구나 간신 이림보(李林甫)가 재상이 되어 막강한 권세를 부리던 때였다.

이림보는 과거로 등용된 인물이 아니었다. 때문에 현종의 명으로 과거를 열기는 했지만 "재야에는 현명한 자가 하나도 없다.(野無遺賢)"는 핑계로 한 명의 합격자도 내지 않았다.

이런 현실로 인해 두보도 낙방했고 큰 충격을 받았다. 장안을 떠나기에 앞서 평소 자신을 후원해 주던 위제에게 자기의 심경을 토로하면서 바친 작품이 이것이다.

두보는 시의 앞부분에서도 "귀족의 자식은 굶어 죽지 않고 잘 사는데, 선비들은 대개 신세를 그르쳤다.(紈袴不餓死 儒冠多誤身)"면서 현실의 모순을 예리하게 지적하였다.

이어 어려서부터 글을 열심히 읽고 뛰어난 재주를 지녔던 자신을 평가하면서 "일 만 권의 책을 두루 읽어 깨우쳤고, 글을 쓰면 마치 신들린 듯했다.(讀書破萬卷 下筆如有神)"고 했다.

이어서 지금의 자기 처지를 개탄한 것이 앞에 나온 구절이다.

남다른 능력과 원대한 포부를 가지고 있으면서도 불의무도(不義無道)한 모리배들의 간계에 덮여 제대로 펼쳐 보지 못하는, 시대를 잘못 타고난 불운한 시인의 울분이 시의 전편을 가득 메우고 있다.

【용례】 아버지 회사가 망하니까 졸졸 따라다니던 놈들이 전부 등을 돌리는데, 냉담하기가 "잔배냉적" 정도가 아니더군. 다행히 아버지가 재기하셨으니, 그런 놈들과도 영영 작별이야.

잠룡물용 潛龍勿用

潛 : 가라앉을(잠) 龍 : 용(룡)
勿 : 말(물) 用 : 쓸(용)

【뜻풀이】 물에 잠겨 승천을 준비하는 용은 쓰지 않는다.

웅지를 감추고 도약을 위해 준비하고 있는 사람을 잠룡이라고 하는데, 그런 사람을 쓰지 말라는 것은 무슨 뜻인지 분명하지는 않다. 다만 잠룡일 때는 아직 모든 능력을 완전히 발휘할 때가 아니니 좀더 두어서 완전히 터득할 때까지 두라는 의미로 볼 수도 있지 않을까 짐작한다.

옛날에는 잠룡하면 임금이 아직 왕위에 오르기 전을 말했다.

【출전】『주역 · 건괘(乾卦)』의 〈초구(初九)〉에 "잠겨 있는 용은 쓰지 마라.(潛龍勿用)"는 말이 나오고(▶ 항룡유회亢龍有悔 참조), 〈상전(象傳)〉에서는 "잠겨 있는 용은 쓰지 말 것이니, 양의 기운은 아래에 있다.(潛龍勿用 陽在下)"고 했으며, 〈정전(程傳)〉에서는 "성인이 기울고 은미한 것은 마치 용이 잠겨 숨어 있는 것과 같다.(聖人側微 若龍之潛隱)"고 하였다.

『회남자』에도 "잠겨 있는 용을 쓰지 말라는 말은 시기가 행해질 만하지 않다는 것(潛龍勿用者 言時之不可以行也)"이라고 한 말이 있다.

【용례】 "잠룡물용"이란 말이 있지. 내가 바로 그 짝이야. 아직 때가 무르익지 않았기 때문에 취직 시험에 계속 미역국만 마시는 것 같아.

장경오훼 長頸烏喙

長 : 길(장) 頸 : 목(경)
烏 : 까마귀(오) 喙 : 부리(훼)

【뜻풀이】 기다란 목에 까마귀 부리처럼 뾰족한 입이라는 뜻으로, 사람의 관상을 표현할 때 쓰는 말이다. 범려(范蠡)가 월왕(越王) 구

천(勾踐)의 관상(觀相)을 보고 한 말이다.

【출전】『사기·월세가(越世家)』에 다음과 같은 이야기가 나온다.

오왕(吳王) 합려(闔閭)가 월왕 구천에 의해 죽자, 그의 아들 부차(夫差)는 매일 장작더미 위에서 자면서〔臥薪〕 복수를 기약하였다. 이것을 눈치 챈 구천이 선수를 쳐서 부차를 공격했는데, 도리어 패배하고 사로잡혔다.

구천은 범려의 충고를 따라 부차의 신하되겠다고 자청하였다. 부차의 신하가 된 구천은, 방의 서까래 위에 돼지의 쓸개를 매달아 놓고 매일 핥았다〔嘗膽〕. 그리고 10년이 지나 마침내 구천은 오나라를 쳐서 멸망시켰다.

이것이 그 유명한 고사 와신상담〔臥薪嘗膽〕(➡ 참조)의 전말이다.

이렇게 월나라가 오나라를 멸망시키는 데 가장 크게 공헌한 사람은 범려였다. 그는 20여 년 동안 주군 구천을 보좌하면서 그를 패자(覇者)로 만들었다. 이 공로로 그는 상장군(上將軍)이 되었다. 그러나 범려는 구천의 인물됨에 대해 잘 알고 있었다. 그는 천하를 함께 차지할 순 있지만, 함께 누릴 수 있는 사람은 아니었던 것이다. 그래서 그는 구천과 헤어져서 제(齊)나라로 갔다. 제나라에서 그는 자신과 절친했던 친구인 월나라 대부(大夫) 종(種)에게 편지를 썼다.

"나는 새가 다하면 좋은 활도 쓸모가 없고, 토끼 사냥이 끝나면 사냥개는 삶겨 죽습니다.(鳥盡弓藏 兎死狗烹)(➡ 교토구팽狡兎狗烹 참조) 마찬가지로 적국이 망하면 모사(謀士)도 죽는 법이지요. 게다가 구천의 얼굴은 목이 길고 입은 까마귀 주둥이와 닮았습니다. 이런 인물은 어려움은 함께 할 수 있으나 즐거움은 함께 누릴 수 없습니다. 빨리 구천을 떠나시오."

종은 범려와 함께 오나라를 무너뜨리고 천하를 제패하는 데 크게 공헌한 충신이었지만, 범려의 말은 귀담아 듣지 않았다. 과연 구천은 얼마 뒤 종을 제거하고 말았다.

【용례】 그 사람 인상은 목은 길고 입은 튀어나온 것이 영락없는 "장경오훼"야. 즐거움은 함께 하기 어려운 사람이니 조심해야 해.

장곡망양 臧谷亡羊

臧 : 착할(장) 谷 : 골짜기(곡)
亡 : 망할·잃을(망) 羊 : 양(양)

【뜻풀이】 동기는 어떻든 그 효과는 다 같이 나쁘다는 뜻으로, 맡은 바 일을 등한히 해서 다 같이 손실을 빚어냈다는 말로 쓰인다.

【출전】『장자·병무편(駢拇篇)』에 다음과 같은 이야기가 있다.

어느 날 장(臧)이라는 아이와 곡(谷)이라는 아이가 양을 몰고 들에 나갔다가 다 같이 양을 잃어버렸다.

두 아이에게 양을 잃어버리게 된 까닭을 물었더니 장이라는 아이는 책을 보느라고 양이 도망치는 것을 몰랐다고 했으며, 곡이라는 아이는 장난에 정신이 팔려 양을 돌보지 못했다는 것이었다.

그러고 본즉 장과 곡이 양을 잃게 된 연유는 각기 달랐지만 양을 잃었다는 결과만은 다름이 없었다. 이래서 사람들은 동기 여하를 막론하고 다 같이 나쁜 결과를 빚어내게 되는 것을 가리켜 장곡망양이라고 하게 되었다.

【용례】 너는 착한 의도로 그랬고, 그는 나쁜 마음을 먹고 그런 일을 한 셈이구나. "장곡망양"이라, 결과는 다 나빴지만, 그가 한 짓이

더 괘씸하다.

장광설 長廣舌

長 : 길(장) 廣 : 넓을(광) 舌 : 혀(설)

【뜻풀이】 길고 넓은 혀. 광장설(廣長舌)이라고도 하는데, 원래는 부처님의 32상(相) 중 하나다. 극히 교묘하고 막힘없는 웅변을 비유하는 데 쓰인다.

【출전】 32상은 부처님이나 전륜성왕(轉輪聖王)이 몸에 지니고 있다는 32가지 모습을 말한다. 상(相)이란 전생에 쌓은 공덕이 신체적인 특징으로 나타난 것이다.

불상의 이마 한가운데 박혀 있는 보석이나 상투처럼 솟은 정수리는 불상의 전형적인 특징이다. 이마 한가운데 있는 보석은 본래 백호(白毫)라는 하얀 털로 부처님이 이를 통하여 세상에 빛을 비춘다고 하고, 상투처럼 솟아오른 정수리는 육계(肉髻)라 부른다. 이러한 불상의 특징은 모두 32가지에 이른다.

아시타란 이름의 선인이 어린 석가가 위인의 30가지 특징을 가지고 있는 것을 보고 세속에 머물면 전륜성왕이 될 것이고, 출가하면 부처님이 되어 인류를 구원할 것이라고 예언한 데서 유래하였다. 전륜성왕과 나란히 호칭한 이유는 알 수 없지만 이 때문에 부처님이 법을 펴는 일을 법륜(法輪)을 굴린다고 한다. 상호 32가지는 다음과 같다.

① 발바닥이 편평하다.
② 발바닥에 수레바퀴 자국이 있다.
③ 손가락이 가늘고 길다.
④ 손발이 매우 부드럽다.
⑤ 손가락, 발가락 사이에 얇은 물갈퀴가 있다.
⑥ 발꿈치가 원만하다.
⑦ 발등이 높고 원만하다.
⑧ 장딴지가 사슴 다리 같다.
⑨ 팔을 늘어뜨리면 손이 무릎 아래까지 내려온다.
⑩ 남근이 오므라져 숨어 있는 것이 말의 것과 같다.
⑪ 키가 두 팔을 편 것과 같다.
⑫ 모공에 새까만 털이 나 있다.
⑬ 몸의 털이 위로 쏠려 있다.
⑭ 온몸이 황금빛이다.
⑮ 항상 몸에서 솟는 광명이 한 길이나 된다.
⑯ 살이 부드럽고 매끄럽다.
⑰ 발바닥, 손바닥, 정수리가 모두 판판하고 둥글며 두껍다.
⑱ 두 겨드랑이가 편편하다.
⑲ 몸매가 사자와 같다.
⑳ 몸이 크고 단정하다.
㉑ 양 어깨가 둥글고 두툼하다.
㉒ 치아가 40개다.
㉓ 치아가 희고 가지런하며 빽빽하다.
㉔ 송곳니가 희고 크다.
㉕ 뺨이 사자와 같다.
㉖ 목구멍에서 향기로운 진액이 나온다.
㉗ 혀가 길고 넓다.
㉘ 목소리가 맑고 멀리 들린다.
㉙ 눈동자가 검푸르다.
㉚ 속눈썹이 소의 것과 같다.
㉛ 두 눈썹 사이에 흰털이 나 있다.
㉜ 정수리에 살이 있다.

이 가운데 손가락과 발가락에 물갈퀴가 있다는 다섯 번째 등의 내용은 위대한 인물은 보통 사람과는 다를 것이라는 선입견 때문에 생겨난 것으로 보인다. 이들 특징을 다시 80가지로 세분하여 팔십종호(八十種好)라 부르기도 한다.

【용례】 선생님은 평소에는 과묵하시다가도 한번 말문이 열리면 "장광설"이 여지없이 쏟아지는데, 한 마디 한 마디가 모두 지당하신 말씀이야.

장롱작아 裝聾作啞

裝 : 꾸밀(장) 聾 : 귀머거리(롱)
作 : 지을(작) 啞 : 벙어리(아)

【뜻풀이】 중국에서 쓰이는 속담으로, 귀 먹은 귀머거리인 척하고, 말 못하는 벙어리인 척한다는 뜻이다. 아무것도 듣지도 못하고 말하지도 못한다는 말이다.

【출전】 당나라 대종(代宗) 때의 일이다.

대종은 현종(玄宗)의 아들인데, 양귀비(楊貴妃)에 정신이 나간 아버지가 정치를 엉망으로 만드는 바람에 안사(安史)의 난까지 불러들여 한 차례의 큰 전란이 지나간 뒤에 황제의 자리에 올랐다. 그는 곽자의(郭子儀, 697~781)의 도움을 받아 궤멸 상태에 빠진 나라를 건져냈다. 대종은 곽자의의 공을 기려 자신의 딸 승평공주(升平公主)를 곽자의의 아들 곽애(郭曖)에게 시집보냈다. 그런데 이 부부는 부모의 배경만 믿고 서로 지려고 하지 않아 부부싸움이 그칠 날이 없었다. 하루는 곽애가 말했다.

"당신은 아버지가 황제라는 것만 믿고 나를 무시하고 있소. 그렇지만 우리 아버지가 안록산을 물리친 덕분에 황제 자리에 있는 거야. 만일 아버지가 다른 마음을 먹었다면 황제에 오를 수도 없었다는 사실을 잊지 마시오."

이 말을 들은 공주는 발끈해서 대종에게 남편이 반역을 꾀한다고 고자질하였다. 아버지가 당연히 남편에게 중벌을 내려 자신의 분을 풀어 줄 것으로 믿었는데, 대종은 딸의 이야기를 다 듣더니 뜻밖에도 조용히 말했다.

"아가야. 네 남편의 말은 모두 사실이니라. 지금 천하는 네 시아버지 덕에 보전된 것이야. 그가 황제가 될 마음만 먹었다면 이 자리도 진작에 그에게 넘어갔을 것이다."

그러면서 싸우지 말고 잘 살라고 딸을 타일러 보냈다. 그러나 이 일은 곧바로 곽자의의 귀에도 들어갔다. 아무리 부부 싸움을 하다가 내뱉은 말이라도 곽애의 말은 반역죄에 버금가는 중죄였다. 깜짝 놀란 곽자의는 즉시 아들을 붙잡아 가두고 급히 황제를 알현하여 죄를 청했다. 그러나 대종은 부드러운 목소리로 이렇게 대답했다.

"젊은 사람이 말다툼을 벌이다 보면 좀 지나칠 수 있는 일입니다. 그런 말을 우리 노인들이 심각하게 받아들일 필요는 없지 않겠소? 여자들이 규방에서 떠드는 말을 어찌 진실로 다 믿을 수 있겠소. 우리 노인네들은 그런 얘길 들으면 속담처럼 못 듣는 귀머거리, 말 못하는 벙어리가 되어 못 들은 척 못 본 척해야지요."

이 대답에 곽자의는 깊이 머리 숙이며 황은(皇恩)에 감읍하였다.

이 성어는 명나라 때의 학자 이지(李贄, 1527~1602)가 친구에게 보낸 편지 〈여우붕서(與友朋書)〉에도 나온다.

【용례】 사람이 홧김에 한 말을 가지고 모두 분을 풀려고 한다면 세상에 원수가 안 될 삶이 어디 있겠나? 때로는 "장롱작아"하며 눈감을 줄도 알아야 하는 것이야.

장수선무 다전선고
長袖善舞 多錢善賈

長 : 길(장) **袖** : 소매(수) **善** : 좋을(선)
舞 : 춤출(무) **多** : 많을(다) **錢** : 돈(전)
賈 : 장사할(고)

【뜻풀이】 긴 소맷자락은 춤추기에 좋고 많은 돈은 장사하기에 좋다. 즉, 자본이나 밑천이 든든하면 장사하기가 한결 수월해진다는 말이다. 능력과 함께 물질적인 조건마저 갖추어져 있다면 더 바랄 나위가 없다는 말도 된다. 우리 속담 "기왕이면 다홍치마"와 뜻이 통한다.

【출전】 『한비자·오두편(五蠹篇)』에 다음 같은 말이 나온다.

「지금 안에서는 법령을 시행하고 밖으로는 지혜로운 사람을 섬기지 않는다면 다스림이 강화되지 않을 것이다. 속담에 말하기를 "긴 소맷자락은 춤추기에 좋고 많은 돈은 장사하기에 좋다."고 하였다. 이 말은 자산이 풍부하면 일을 공교롭게 하기가 용이하다는 뜻이다. 때문에 강국을 다스릴 때는 도모하기가 쉽고 약하고 어지러운 나라에서는 계획을 세우기가 어려운 것이다. 그러므로 진나라와 같은 나라에서 쓰이는 사람은 열 번 계획을 바꾸어도 실패하는 일이 드물다. 그러나 연나라 같은 작은 나라에서 쓰이는 사람은 한 번만 바꾸어도 성공을 거두기 힘들다. 이런 차이가 나는 까닭은 진나라에서 쓰이는 사람은 지혜롭고 연나라에서 쓰이는 사람은 어리석기 때문은 아니다. 대개 나라가 잘 다스려지고 있는가 아니면 어지러운가의 차이일 뿐이다.

(今不行法術於內 而事智於外 則不至於治强矣 鄙諺曰 長袖善舞 多錢善賈 此言多資之易爲工也 故治强易爲謀 弱亂難爲計 故用於秦者 十變而謀希失 用於燕者 一變而計希得 非用於秦者必智 用於燕者必愚也 蓋治亂之資異也)」

한비자가 이 말을 한 의도는 결국 국가의 번영은 한 개인의 탁월한 능력에 좌우되는 것이 아니고 체제나 제도가 얼마나 잘 정비되어 있는가에 달려 있다는 뜻이다. 법가(法家)로서의 한비자가 주장할 만한 논리다.

오늘날 이 성어는 그런 정치적인 측면은 많이 감쇠되었다. 대신 흥겨운 잔치에서 유쾌한 기분을 높이는 데는 긴 소맷자락과 같은 소도구가 있으면 좋다는 정도로 활용되고 있다.

그리고 『사기·범수채택열전(范雎蔡澤列傳)』에도 이 성어가 나온다.

범수와 채택은 모두 전국시대 말기의 유명한 인물들이다. 범수는 본래 위나라 중대부 수가(須賈)의 수하에서 일하던 사람이었지만 한번은 있지도 않은 일로 수가에게 반죽음이 되도록 얻어맞은 뒤 진(秦)나라로 달아났다.

그는 진소왕에게 "먼 나라와는 사귀고 가까운 나라는 공격한다.(遠交近攻)"는 외교 정책을 올렸는데, 진소왕은 처음에는 그를 객경으로 삼았다가 뒤에 재상으로 승진시켰다.(➡ 누란지위累卵之危 · 두구과족杜口裹足 · 애자필보睚眦必報 · 일한여차一寒如此 · 제포지의綈袍之義 · 축객령逐客令 · 탁발난수擢髮難數 참조)

연(燕)나라 사람인 채택도 일찍이 조(趙)·한(韓)·위(衛) 등 여러 나라를 다니며 유세했지만 모두 인정하지 않자 나중에는 진(秦)나라로 와서 진소왕의 신임을 얻고 역시 재상이 되었다.

그는 비록 재상을 지낸 기간은 길지 않았지만, 진소왕으로부터 효문왕〔孝文王, 계(桂)〕

·장양왕〔莊襄王, 자초(子楚)〕을 거쳐 진시황〔秦始皇, 정(政)〕에 이르기까지 줄곧 섬기면서 호사스럽게 살았다.

범수와 채택은 모두 변사(辯士)로서 말주변이 뛰어나 순전히 말재간으로 진왕의 신임을 얻은 사람들이었다.

사마천(司馬遷)은 "한비자(韓非子)가 말한 바와 같이 '춤추는 사람은 옷소매가 길어야 춤이 잘 되고 장사꾼은 돈이 많아야 장사가 잘 된다.(長袖善舞 多錢善賈)'는 말은 확실히 이치가 맞는 말이다."라며 그들에 대해 평가하였다.

말하자면 춤추는 사람에게는 화려한 무용복이 있어야 어울리게 춤을 출 수 있고, 밑천이 든든한 상인이라야 장사 수완을 능란하게 발휘할 수 있듯이 범수와 채택에게는 남보다 나은 말재간이 있으므로 해서 쉽게 출세할 수 있었다는 뜻이다.

【용례】 "장수선무요 다전선고"라 했는데 술 한 잔에 권주가 한 가락이면 더할 나위가 없겠습니다. 사모님, 한 곡조 부탁합니다.

장욕취지 필선여지
將欲取之 必先與之

將 : 장차(장) **欲** : 하고자할(욕)
取 : 가질(취) **之** : 갈(지)
必 : 반드시(필) **先** : 먼저(선)
與 : 더불어·줄(여)

【뜻풀이】 무엇인가를 얻기 위해서는 먼저 주어야 한다는 뜻이다.

【출전】 『한비자·설림편(說林篇)』에 다음과 같은 이야기가 있다.

춘추 말기 진(晉)나라에서는 신흥 세력이 귀족 세력에 비해서 우위를 차지하고 있었는데 신흥 세력 내부에도 날카로운 알력이 있었다. 이때 지백(智伯)이라는 사람이 위선자(魏宣子)라는 사람에게 땅을 내놓을 것을 강요하였다.

이에 위선자의 참모 임장(任章)은 "정면으로 거절하지 말고 먼저 그에게 만족을 주어야 한다."면서 『주서(周書)』에 나오는 "상대를 이기기 위해서 우선 상대를 도와주고 상대에게서 얻기 위해선 우선 상대에게 주어야 한다.(將欲敗之 必姑輔之 將欲取之 必姑與之)"는 말을 인용하였다.

위선자가 그 말을 옳게 여기고 임장의 꾀를 따랐더니 아니나 다를까 지백은 나중에 망하고 말았다(姑는 先과 통한다.)

임장이 말한 『주서』는 전해지지 않기 때문에 지금 찾아볼 방법은 없다. 『노자』 36장에도 이와 비슷한 말이 있다.

【용례】 "장욕취지면 필선여지"라고 했습니다. 저들의 협조를 얻으려면 우리도 뭔가 보상이 될 만한 조건을 내세워야 하겠습니다.

장유이 복구재촉
牆有耳 伏寇在側

牆 : 담(장) **有** : 있을(유) **耳** : 귀(이)
伏 : 엎드릴(복) **寇** : 도둑(구)
在 : 있을(재) **側** : 곁·옆·기울(측)

【뜻풀이】 담장에도 귀가 있고 숨은 도적이 곁에 있다. 아무리 비밀스럽게 한 말도 결국은 밖으로 누설되어 자기에게 불리하게 될 수도 있다는 뜻이다. 우리 속담인 "낮 말은 새가 듣고 밤 말은 쥐가 듣는다."와 그 뜻이 같다.

【출전】『관자(管子)·군신편(君臣篇)』 하편에 "옛날에 두 가지 말이 있으니, 담장에도 귀가 있고 숨은 도적이 곁에 있다고 하였다.(古者有二言 牆有耳 伏寇在側)"는 말이 보인다.

『북제서(北齊書)·위수전(魏收傳)』의 〈침중편(枕中篇)〉에는 "문가에 재앙이 기대 있을 수 있으니 사안을 은밀히 하지 않을 수 없다. 담장에 숨은 도적이 있을 수 있으니 말을 할 때 실언을 해서는 안 될 것이다.(門有倚禍 事不可不密 牆有伏寇 言不可而失)"라는 문구가 있다.

【용례】 이번 프로젝트는 발표 당일까지는 절대로 비밀이 외부로 새어나가선 안 됩니다. "장유이요 복구재측"이라는 말을 명심해서 서로가 보안 유지에 각별히 신경을 써 주시기 바랍니다.

장창소인 臧倉小人

臧 : 감출(장) 倉 : 곡식창고(창)
小 : 작을(소) 人 : 사람(인)

【뜻풀이】 남을 헐뜯기 좋아하는 소인배를 일컫는 말이다.

【출전】 전국시대 노평공(魯平公)의 심복 신하에 장창(臧倉)이라는 사람이 있었다. 그는 임금의 총애만 믿고 남을 헐뜯거나 이간질하는 데 이골이 난 전형적인 소인배였다. 일례로 그가 맹자를 헐뜯은 것만 보아도 알 수 있다.

『맹자·양혜왕장구(梁惠王章句)』 하편에 다음과 같은 이야기가 있다.

어느 날 맹자는 노평공의 수하에서 일하고 있는 그의 제자 악정자(樂正子)를 통해 노나라에 간 적이 있었다. 이에 오래 전부터 맹자를 존경하던 노평공은 몸소 그를 방문해서 정치에 관해 조언을 받고자 하였다.

노평공이 수레를 준비해 놓고 떠나려 할 때였다. 임금이 맹자를 만나러 간다는 것을 알게 된 장창이 말했다.

"대왕께서 하필 신분에 맞지 않게 일개 평민을 찾아갈 것이 뭡니까? 대왕께선 맹자를 현인이라고 생각하십니까? 맹자는 어머니의 장례를 아버지의 장례보다도 더 화려하게 치렀다고 합니다. 이런 사람을 어찌 현자라고 할 수 있겠습니까? 가지 마십시오."

그래서 노평공은 맹자를 만나지 않았다고 한다.

이렇게 해서 후세 사람들은 장창을 소인배의 대표적인 인물로 간주하고 소인배들을 가리켜 장창 또는 장창소인이라고 하게 되었던 것이다.

【용례】 사장님의 방침이 잘못됐다고 말한 건 사실입니다. 그렇지만 제 뜻이 제대로 전달된 것 같진 않군요. "장창소인" 같은 사람들의 말만 믿지 마시고 당사자의 의견을 직접 들어 주셨으면 좋겠습니다.

장협귀래 식무어 長鋏歸來 食無魚

長 : 길(장) 鋏 : 부젓가락·칼(협)
歸 : 돌아올(귀) 來 : 올(래)
食 : 먹을(식)/밥(사) 無 : 없을(무)
魚 : 물고기(어)

【뜻풀이】 긴 칼이여, 돌아갈거나, 밥상에는 고기가 없구나. 유능한 인재가 의외의 박대를 받는 것을 비유하는 성어다.

【출전】『전국책·제책(齊策)』에 다음과 같은 이야기가 나온다.

제나라 사람 풍환(馮驩)은 몹시 가난했다. 여러 가지로 생계를 꾸려 보려다가 결국 아는 사람에게 부탁해 맹상군(孟嘗君)의 식객으로 들어가게 되었다.

처음 추천이 들어왔을 때 맹상군이 물었다.

"그 사람은 무엇을 좋아합니까?"

"이렇다 하게 좋아하는 것은 없습니다."

"그래요? 그러면 잘하는 것은 무엇입니까?"

"역시 잘하는 것도 없습니다."

이 말에 맹상군은 빙그레 웃더니 식객으로 두라고 허락했다. 그러나 풍환이 식객으로 들어오자 주인인 맹상군이 그를 대단찮게 여기는 것을 본 측근들은 그를 제일 낮은 식객으로 대우하였다. 며칠 뒤 풍환이 칼을 두드리며 노래하였다.

"긴 칼이여, 돌아갈거나. 밥상에는 고기가 없구나.(長鋏歸來乎 食無魚)"

이 노래를 들은 맹상군은 그의 식사에 고기를 얹으라고 하였다. 그래서 풍환은 중간 등급의 식객이 되었다.

다시 며칠이 지난 뒤 풍환은 또 칼을 잡고 노래를 불렀다.

"긴 칼이여, 돌아갈거나. 밖에 나가자니 수레가 없구나.(長鋏歸來乎 出無車)"

이 말을 들은 맹상군은 그를 수레를 타는 상등급의 식객으로 격상시켰다. 그러더니 얼마 뒤에는 집이 없다며 노래를 부르는 것이었다. 그에게 봉양해야 할 노모가 있다는 말을 들은 맹상군은 이 부탁도 들어주었다. 그 뒤부터는 풍환도 더이상 불평이 섞인 노래를 부르지 않았다.

이렇게 맹상군으로부터 후한 대접을 받은 풍환이 나중에 설(薛) 땅에 가서 세금과 채무를 탕감해 주고 대신 의(義)를 사가지고 와서 위기에 몰린 맹상군을 구해낸 일이 바로 고침무우(高枕無憂)(➡ 참조)라는 고사성어다.

【용례】 저 친구 학부 때는 수석을 휩쓸면서 졸업했는데 회사에 와서는 영 제 실력을 발휘 못 하고 있어. "장협귀래 식무어"라고 인재를 알아볼 줄 모르는 이런 회사에서 무슨 능력을 발휘하겠어?

재덕부재험 在德不在險

在 : 있을(재) 德 : 큰(덕)
不 : 아닐(부) 險 : 험준할(험)

【뜻풀이】 덕에 있는 것이지 험준한 데 있는 것은 아니다.

나라의 안전과 국민의 단결은 임금과 통치자들의 덕에 달려 있지 변방의 지리나 요새가 험준하다 해서 지켜지는 것은 아니다. 이 말은 진정한 안전은 물질적 조건이 아니라 인화단결(人和團結)에 있다는 것을 암시하고 있다.

【출전】『사기·손자오기열전(孫子吳起列傳)』에 다음과 같은 이야기가 있다.

오기는 위문후(魏文侯)를 섬겨 서하태수(西河太守)를 지내면서 많은 전공을 세웠다.(➡ 연저지인吮疽之仁 참조) 그러다가 문후가 죽고 무후(武侯)가 즉위하자 역시 그를 섬겼다.

어느 날 무후는 신하들과 함께 서하에 나가 뱃놀이를 하면서 흥겹게 잔치를 벌였다. 주변의 빼어난 경관에 흠씬 취한 무후가 노래하듯 말했다.

"정말 아름다운 경치로군. 산과 물이 이렇게 겹겹이 싸였으니 누가 우리를 넘보겠는가? 정말 우리 위나라의 보배 중의 보배로다."

이 말을 들은 오기가 벌떡 일어서더니 무후를 향해 말했다.

"폐하, 그렇지 않습니다. 나라의 진정한 안전은 덕에 있는 것이지 저런 험준한 산에 있는 것이 아니옵니다. 옛날 패권을 차지했던 많은 군주들도 산세와 지형의 험한 것만 믿고 덕치(德治)를 베푸는 데 인색하다가 크게 낭패를 당한 사람이 한둘이 아닙니다. 그러니 폐하께서 덕을 닦지 않으면 저 험준한 산과 강도 아무 소용이 없을 것입니다."

이 말에 크게 감동한 무후는 다시 오기를 중용하면서 그를 서하태수에 임명했다.

【용례】 우리 사장은 무슨 문제든 돈으로 해결하려 들어. "재덕부재험"이란 말도 모르나? 돈만 믿고 행세하다가는 언젠가 크게 욕을 보고야 말걸.

재점팔두 才占八斗

才 : 재주(재) 占 : 점칠 · 점(점)
八 : 여덟(팔) 斗 : 말(두)

【뜻풀이】 학문이 높고 글재주가 비상한 경우나 그 사람을 일러 하는 말이다.

【출전】 위무제 조조(曹操)와 그의 아들인 조비(曹丕)와 조식(曹植)은 모두 창작에서 독특한 풍격(風格)을 보여 준 문학가들로, 한나라 말기 건안시대에 출현한 이른바 건안문학(建安文學)을 대표하는 사람들이었다. 그 중에서도 조식의 글 재주가 가장 두드러진다고 할 수 있는데, 그는 어려서부터 대단히 총명하고 기량이 남달랐다고 한다.(☞ 하필성문下筆成文 참조)

조조가 살아 있을 때 조식의 생활은 안정되고 유쾌해서 그는 화려하고 아름다운 글들을 써낼 수 있었다. 그러나 조조가 죽고 조비가 제위에 오르자 그는 끊임없이 조비의 질시를 받아 생활이 불안정해지고 때로는 생명의 위협까지 받는 처지가 되었다. 더욱이 조카인 조예가 제위에 오른 뒤에는 그 정도가 더욱 심각하게 되었다.(☞ 칠보지재七步之才 참조)

그리하여 이 시기에 창작된 그의 작품들은 지배층 사이의 암투와 갈등이 반영되는 동시에 민중들의 애환에 무한한 동정을 보내고 그들의 분노를 대신하는 정신이 담겨 있다.

조식의 작품으로 지금까지 전해져 내려오는 것은 많지 않지만, 대대로 작가들로부터 높은 평가를 받아왔다. 예컨대 남북조(南北朝)시대의 유명한 시인이자 문학가였던 사령운(謝靈運, 385~433)은 『석상담(釋常談)』에서 조식에 대해 말하기를 "천하의 글 재주를 모두 한 섬이라 한다면, 조식이 여덟 말을 차지한다.(天下文才一石 而曹子建獨得八斗)"고 했다.

이 성어는 팔두지재(八斗之才) 또는 팔두재(八斗才)라고도 한다. 그리고 어떤 사람은 칠보지재와 팔두지재를 합쳐 칠보팔두(七步八斗)라고 부르기도 한다.

【용례】 저 친구는 상황 판단도 비상할 뿐 아니라 글 재주도 남달라. 그야말로 "재점팔두"를 갖춘 사람이지.

저수하심 低首下心

低 : 낮출 · 머리숙일(저) 首 : 머리(수)
下 : 아래 · 낮출(하) 心 : 마음(심)

【뜻풀이】 머리를 숙이고 자신을 낮추다.

【출전】 당나라 때의 대문학가 한유(韓愈)는 등주 낙양 사람으로, 자를 퇴지(退之)라고 하였다. 그는 산문을 쓰듯이 시를 써서 중국 문학사에 중요한 변화를 가져온 사람이었다.

그가 이부시랑을 지내고 있던 어느 날 헌종이 부처님의 사리(佛骨)를 영접해서 조정에 모시려 하자 불교를 반대하던 한유는 이 문제에 대해 반대하는 상소문을 올렸다. 이 때문에 헌종의 노여움을 사서 처형당할 위기에 놓일 뻔했는데, 재상 배도(裵度)가 그의 재주를 아껴 간언해서 다행히 목숨을 건지고 조주자사로 좌천되었다.

그가 임지에 부임해서 그곳 백성들의 고충을 살피던 중 악어가 악계(惡溪)에 모여 살면서 불시에 사람이나 가축을 습격한다는 말을 듣게 되었다. 이 때문에 백성들이 마음 놓고 생업에 종사할 수 없다는 것이었다.

그러자 한유는 곧 부하를 시켜 돼지와 양을 한 마리씩 가지고 가서 악계의 연못 속에 던져 악어에게 먹였다. 그런 뒤 〈악어문(鰐魚文)〉을 지어 악어에게 고하였다. 그 내용은 일주일 이내에 전부 남쪽으로 옮겨가 살 것이며, 만약 말을 듣지 않으면 솜씨 좋은 사수를 시켜 독을 바른 화살을 쏴서 전부 몰살시키겠다는 것이었다.

악어는 원래 열대 지방에 살고, 조주는 열대 지역이 아닌데 어떻게 악어가 있었는가는 의문시된다. 또 악어가 있다고 해도 그 글을 들은 악어가 연못을 떠날 리도 만무였다. 여하간 한유는 이렇게 글을 통해 악어를 퇴치해서 백성들의 어려운 사정을 풀어주고자 했던 것이다.

한유가 쓴 이 〈악어문〉 가운데 "자사가 비록 우둔하고 약하지만 또한 어찌 악어에게 머리를 숙이고 마음으로 굴복하겠는가?(刺史雖駑弱 亦安肯爲鰐魚低首下心)"라는 구절이 있는데, 여기에서 성어 저수하심이 나왔다.

사람들은 이 성어를 빌려 남을 향해 머리를 숙이고 조심하며 명령에 따르는 태도를 비유하였다.

【용례】 어른 말에 공손하게 복종하는 것도 좋지만 너무 "저수하심"하면 그것도 예의에 어긋나는 일이다. 과공비례(過恭非禮)란 말도 있잖니.

적선지가 필유여경
積善之家 必有餘慶

積 : 쌓을(적) 善 : 착할(선)
之 : 어조사(지) 家 : 집(가)
必 : 반드시(필) 有 : 있을(유)
餘 : 남을(여) 慶 : 경사(경)

【뜻풀이】 착한 일을 한 집안에는 반드시 남은 경사가 있다. 좋은 일을 많이 한 사람은 자신뿐 아니라 후손에 이르기까지 큰 복을 누린다는 말이다.

【출전】 『주역·곤괘(坤卦)』의 〈문언전(文言傳)〉에 다음과 같은 말이 있다.

"착한 일을 한 집안에는 반드시 남은 경사가 있고, 착하지 못한 일을 한 집안에는 반드시 남은 재앙이 있다. 신하가 임금을 죽이고 자식이 부모를 해치는 것은 하루아침에 갑자기 그렇게 된 것은 아니다. 그렇게 된 유래는 점차적으로 이루어진 것이다.(積善之家 必有餘慶 積不善之家 必有餘殃 臣弑其君 子弑其父 非一朝一夕之故 其所由來者 漸矣)"

착한 일에 대한 포상과 악한 일에 대한 처벌은 그 일을 저질렀을 때 갑자기 나타나는 것은 아니다. 오히려 그런 선행과 악행이 쌓이고 쌓여 더 이상의 여지가 없을 때 비로소 경사와 재앙은 오게 된다.

선행을 베푸는 그 자리에서 포상을 받는 일과성이 아니라 두고 두고 중첩되어야만 실현되는 덕성으로서의 선을 중시하는 태도가 완연하게 드러나는 금언이라고 할 수 있다.

이 밖에도 『설원(說苑) · 설총편(說叢篇)』에는 "착한 일을 한 사람에게는 하늘이 복으로써 보답하고, 착하지 못한 일을 한 사람에게는 하늘이 재앙으로써 보답한다.(爲善者 天報以福 不善者 天報以禍)"는 말이 있다. 그리고 『사기』에는 "착한 일을 한 사람에게는 하늘이 복으로써 보답하고 그릇된 일을 한 사람에게는 하늘이 재앙으로써 보답한다.(爲善者 天報之以福 爲非者 天報之以殃)"는 말이 있으며, 『안자(晏子)』에는 "착한 일을 한 사람에게는 하늘이 상을 내리고 착하지 못한 일을 한 사람에게는 하늘이 재앙을 내린다.(行善者 天賞之 行不善者 天殃之)"는 말도 있다. 또 『명심보감(明心寶鑑) · 계선편(繼善篇)』에도 성어와 같은 말이 수록되어 있다.

이런 여러 예문들이 주는 교훈은 악이든 선이든 참된 보상은 그것을 거듭 행함으로써 효과가 현현된다는 것이다. 악행은 차치하고 선행의 경우에도 한 번 실천했다고 해서 보답이 오지 않는 것을 원망한다면 대단히 어리석은 욕심이 될 뿐이다. 한 번의 선행이 그 사람의 인격의 모든 것을 대변하는 것은 아니다. 오히려 남이 모르게 행하는 선행이야말로 음덕(陰德)이 되어 밝게 드러나는 것이다.(➡ 음덕양보陰德陽報 참조)

【용례】 평생 죄를 짓고 살다가 한 번 회개한다고 해서 모든 죄가 씻어진다고 생각하면 큰 오산이야. "적선지가 필유여경"이란 말도 모르니? 너와 같은 인간이 이 세상에 많기 때문에 세상이 이렇게 혼탁한 거야.

전가통귀 錢可通鬼

錢 : 돈(전) **可** : 가할(가)
通 : 통할(통) **鬼** : 귀신(귀)

【뜻풀이】 돈은 귀신과도 통한다. 금전의 위력은 일의 결과를 좌우하고 사람의 처지까지도 변화시킬 수 있다는 말이다.

【출전】 『유문고취(幽聞鼓吹)』에 다음과 같은 이야기가 나온다.

당(唐)나라 장연상(張延賞)은 경사(經史)를 많이 읽은 유능한 사람으로, 정사를 공정하게 처리하기로 이름이 났다. 한번은 많은 고관대작들이 관련된 처리하기 곤란한 큰 사건을 맡게 됐다.

사건을 심사한 그는 주위의 만류에도 불구하고 모든 혐의자들을 체포하도록 명령을 내렸다. 그러자 이튿날 그의 책상 위에 3만 관의 돈이 뇌물로 올라왔다. 그러나 그는 버럭 화를 내며 돈을 내동댕이쳤다.

다음날 나가 보니 이번에는 10만 관의 돈이 올라와 있었다. 그러자 그는 태도를 바꿔 돈을 받아 숨긴 뒤 사건을 무마시켰다. 뒷날 그의 부하가 그의 행동에 대해 묻자 그는 조금도 부끄러운 기색 없이 말했다.

"10만 관의 재물이면 귀신과 통하고도 남을 뿐 아니라 세상에서 만회하지 못할 것이 없다네."

【용례】 그 심지가 굳던 양반도 1억짜리 돈다발을 보더니 결국 나가떨어지더군. "전가

통귀"란 말을 실감했어.

전거지감 前車之鑑

前 : 앞(전) 車 : 수레(거)
之 : 어조사(지) 鑑 : 거울·비출(감)

【뜻풀이】 먼저 지나간 수레의 가르침. 지난날의 실패를 교훈으로 삼아 다시는 실패하지 않도록 대비한다는 말이다.

복거지계(覆車之戒)란 말도 있는데, 뒤집힌 수레에서 얻는 교훈과 경계를 말한다. 남이 저지른 잘못이나 과오를 보고 이것을 경계로 삼아 조심하는 태도를 비유한다.

【출전】 『한시외전(韓詩外傳)』 권5에 보면 앞서 일어선 나라들이 멸망한 것을 뒤에 일어선 나라들이 교훈으로 삼아야 한다는 것을 강조하면서 "뒤에 오는 수레가 엎어진 것은 앞의 수레가 엎어진 것을 교훈으로 삼지 않았기 때문이다.(前車覆而後車不誡 是以後車之覆也)"는 말이 나온다.

『한서·가의전(賈誼傳)』에 "앞 수레가 엎어지면 뒤 수레는 조심하게 된다.(前車覆 後車戒)"는 말이 있으며, 『순자·성상편』에도 "앞 수레가 엎어지면 뒤 수레는 거울삼는다.(前車覆 後車鑒)"는 말이 있다.

같은 뜻으로 전거지복 후거지감(前車之覆後車之鑒)이라고도 하며, 간추려 전거지감이나 전거가감(前車可鑒) 또는 복거지계(覆車之戒)라고도 한다.

이 성어는 지난날의 실패를 교훈으로 삼는다는 뜻으로, "앞서의 일을 잊지 않는 것은 뒷일을 할 때 스승이 된다.(前事不忘 後事之師)"와 같은 뜻이다.

이와 반대로 전날의 실패를 교훈으로 삼지 않고 계속 그릇된 길로 나아가 실패하게 되는 것을 도습복철(蹈襲覆轍), 중도복철(重蹈覆轍) 또는 복거지패(覆車之敗)라고 한다.

『설원(說苑)·선설(善說)』에 나오는 이야기다.

전국시대 때 위(魏)나라의 문후(文侯)가 신하들에게 술대접을 했는데, 그때 공승불인(公乘不仁)이라는 하급 관료가 시중을 들었다. 술만 마시기에 무료해진 문후가 내기를 제안했다.

"그냥 마시면 싱거우니 벌칙을 정합시다. 즉, 한 번 맛보지 않고 그냥 마신 사람은 큰 대접으로 벌주를 마시는 거요."

그런데 문후가 그 금기를 어기고 말았다. 공승불인이 대접에 술을 따라 문후에게 내밀었는데, 문후는 본체만체했다. 이것을 본 신하들이 불인을 꾸짖었다.

"무엄하구나. 폐하께서는 많이 취하셨느니라."

그러자 불인이 말했다.

"앞 수레가 엎어진 것은 뒤 수레의 거울이 된다는 말이 있습니다. 지금 신하들과 약속을 해 놓고 폐하께서 먼저 어기신다면 이것은 좋지 못한 전례를 남기는 것입니다. 사소한 일이라 해서 지키지 않는다면 큰 일인들 제대로 지켜지겠으며, 백성들이 폐하의 말씀에 경청하겠습니까?"

이 말을 들은 문후는 "그대의 말이 지당하다. 과인이 잘못했노라."고 하면서 벌주를 받아 단숨에 마셨다. 이후 공승불인은 크게 중용(重用)되었다.

【용례】 네 형이 잘못 사업을 시작해서 지금 저 지경에 빠지지 않았니. 이 경우를 "전거지감"으로 삼아서 너도 충분히 타진해 본 다음

에 사업을 시작하도록 해라.

전거후공 前倨後恭

前 : 앞(전) 倨 : 거만할·걸터앉을(거)
後 : 뒤(후) 恭 : 공손할(공)

【뜻풀이】 처음에는 거만하게 우쭐거리던 사람이 나중에는 오히려 굽실거리다. 형편에 따라 태도를 달리하는 것을 말한다.

【출전】 『사기·소진열전』에 보면 다음과 같은 이야기가 있다.

전국시대 낙양 사람으로 소진(蘇秦)이라는 유세객이 있었는데, 당시는 책사(策士)들이 각국에 돌아다니면서 유세하는 기풍이 성행하여 말 한마디 잘해서 임금의 눈에만 들게 되면 벼슬을 하는 것이 상례였다. 이에 소진도 큰 벼슬을 꿈꾸면서 활동하기 시작했다.

당시 제후국으로는 일곱 나라가 있었는데 서쪽의 진(秦)나라가 가장 강해서 동쪽의 여섯 나라를 부단히 침공하였다. 이에 여섯 나라에서는 연횡을 주장하는 친진파(親秦派)와 합종을 주장하는 반진파(反秦派)가 날카롭게 대립하고 있었다.

소진은 별다른 주장도 없으면서 벼슬 하나만 바라보고 우선 진(秦)나라에 들어가서 혜문왕에게 동방의 여섯 나라를 하나씩 삼켜 버릴 일에 대해 역설하였다. 혜문왕 역시 동방 여섯 나라를 삼켜 버릴 야심이 없는 것은 아니었지만 아직 때가 이르다 여겨 소진의 말을 듣지 않았다. 소진은 할 수 없이 낙양의 고향으로 돌아오게 되었다.

소진이 해진 옷차림으로 집에 돌아오자 그의 부모와 아내는 본 체도 하지 않았고, 형수는 밥을 지어 달라고 해도 듣지 않았을 뿐 아니라 도리어 조롱하는 것이었다.

이에 화가 난 소진은 밤낮으로 책을 읽으며 병법을 연구하였다. 밤에 졸음이 올 때면 송곳으로 허벅다리를 찔러 가면서 꾸준히 독서하였다. 이렇게 한동안이 지난 뒤 이번에는 다시 동방 6개국을 돌아다니면서 합종 정책으로 진나라에 대항해야 한다는 것을 역설하기 시작했다.

소진은 우선 연나라와 조나라를 설복한 다음 마침내 초나라를 선두로 진秦나라에 대항하는 연(燕)·조(趙)·제(齊)·초(楚)·한(韓)·위(魏)나라의 동맹을 묶고, 여섯 나라의 재상을 겸임하면서 종약장(縱約長)까지 겸하였다. 이리하여 소진의 권세는 하늘을 찌를 듯하였다. (➡ 미주신계米珠薪桂 · 불가동일이어不可同日而語 · 포신구화抱薪救火 참조)

어느 날 소진이 낙양을 지나가는데 주(周)나라 천자는 대신들을 보내 영접하게 했고, 소진의 부모는 30리 밖의 큰길가에 나와서 기다리고 있었다.

집으로 돌아갔을 때 아내는 한쪽에 숨어 감히 그를 쳐다보지도 못했으며 형수는 땅바닥에 꿇어앉아 머리를 조아리는 것이었다. 이에 소진은 "아주머님께서 전에는 그토록 야박하시더니 오늘은 어이해서 이렇듯 공손하십니까?(何前倨而後恭也)" 하고 물었다.

그러자 형수는 "시아주버님께서 이젠 큰 벼슬을 하셔서 부자가 되시지 않았습니까!" 하고 대답했다.

이 소진의 말에서 "사람이 궁하면 부모도 자식을 자식으로 여기지 않고 일단 부귀해지면 친지들도 두려워하니 그래서 사람들이 권력을 중하게 여기는 것이었구나!" 하며 개탄했다.

이 말에서 나와 권세 앞에서 아부하는 것을 가리켜 전거후공이라 하게 되었는데, 전거후비(前倨後卑)라고도 한다. 그리고 소진이 일찍이 송곳으로 허벅다리를 찔러 가며 공부한 이야기로부터 인추자고(引錐刺股)라는 성어가 나왔으며, 손경(孫敬)이라는 사람이 현두독서(懸頭讀書)했다는 이야기와 합쳐져 현두자고(懸頭刺股)라는 성어가 나왔다.

【용례】 눈칫밥 먹고 공부할 때는 집안사람들조차 업신여기더니 고시에 합격하니깐 굽신거리는 꼴 하고는. 얼마나 사람을 볼 줄 몰랐으면 “전거후공”을 일삼을까.

전국옥새 傳國玉璽

傳 : 전할(전) **國** : 나라(국)
玉 : 구슬(옥) **璽** : 도장(새)

【뜻풀이】 나라에서 나라로 전한 옥으로 만든 도장. 임금을 상징하는 도장을 말한다.

【출전】 『사기(史記)』와 『후한서(後漢書)』에 나오는 이야기다.

옥새는 진시황(秦始皇)이 초(楚)나라의 화씨지벽(和氏之璧, 초나라 화씨가 봉황이 살던 들에서 캐낸 둥근 옥)을 얻어 황제를 상징하는 도장을 만든 데에서 유래하였다. 진시황은 승상 이사(李斯)를 시켜 “하늘에서 받은 명이여, 수명은 영원히 번창할지어다.(受命於天 其壽永昌)”란 글을 전서(篆書)로 새기게 하였다.

한번은 진시황이 지방을 순찰했는데 갑자기 동정호(洞庭湖)에서 심한 풍랑을 만났다. 그때 옥새를 호수에 던지니 거세게 일던 물결이 잔잔해졌다고 한다. 8년이 지난 뒤 화음(華陰) 지방을 지날 때 한 노인이 길을 막더니 옥새를 주고 사라지면서 말했다.

“용왕께서 돌려드리는 것입니다.”

진나라가 망하고 한(漢)나라가 들어서자 진시황의 손자 자영(子嬰)이 옥새를 한고조(漢高祖)에게 바쳤다. 한고조도 이 옥새를 지니고 다녀, 이때부터 전국옥새라는 말이 나오게 되었다. 이후 옥새는 천자(天子)의 상징이 되었다.

【용례】 한 나라의 존립이 어떻게 돈 같은 물질로만 따질 수 있겠어. “전국옥새”라 할 정신적 상징과 자부심이 살아 있을 때 비로소 나라는 떳떳하게 서는 거야.

전도유랑 前度劉郎

前 : 앞(전) **度** : 법도·정도(도)
劉 : 성(류) **郎** : 사내(랑)

【뜻풀이】 오랜 시일이 지나서 옛 고장에 돌아옴을 일컫는 말이다.

【출전】 우선 다음과 같은 전설이 있다. 후한 때 유진과 진조라는 사람이 천태산(天台山)에 들어가 약초를 캐다가 길을 잃고 헤맸는데, 어여쁜 두 여자를 만나 부부가 되어 살다가 반년 만에 옛 집으로 돌아와 보니 모든 것이 다 변하고 그들의 후손들도 벌써 7대나 지나갔더라는 것이다. 그들이 다시 산속에 들어가 여자들을 찾아도 보이지 않았는데 그제야 그들은 그 여자들이 선녀였다는 사실을 알게 되었다고 한다.

당나라 때 유우석(劉禹錫, 772~842)이라는 시인이 있었다. 그는 조정의 미움을 받고 멀리 낭주(朗州)로 쫓겨났다가 몇 년 뒤에 다시 장안으로 돌아오게 되었다.

장안에 도착한 그는 어느 도관인 현도관(玄都觀)을 찾아보았다. 전날의 도사(道士)들은 간 곳이 없고 복숭아꽃도 다 시들어 버린 것을 보고 감회가 일어 시 한 수를 지었다. 그 시가 바로 〈현도관시(玄都觀詩)〉라는 작품이다.

「장안 거리에는 먼지 자욱한데 얼굴 털며 왔더니

어느 사람도 꽃을 보고서 돌아온다고 말하지 않는 사람이 없다.

현도관에 심긴 복숭아나무 수천 그루

모두 유랑이 떠난 뒤에 심은 것이로구나.

紫陌紅塵拂面來

無人不道看花回

玄都觀裏桃千樹

盡是劉郎去後栽」

그런데 이 시가 당시 집권자들을 은연중에 비방했다는 혐의를 받아 유우석은 다시 파주(播州)로 좌천을 당했다.

그 뒤 10여 년이 흘러 좌천이 풀려 장안으로 올라오자 그는 지난날 노닐었던 현도관에 가서 감회에 잠겼다. 그때 느낌을 옮겨 다시 한 편의 시를 남겼다.

「넓었던 연회 자리에는 이끼만 자욱한데,

복숭아꽃은 다 없어지고 나물들만 무성하구나.

복숭아 심던 도사들은 어디로 갔는가

지난날 유랑만이 오늘 또 왔구나.

百畝庭中半是苔

桃花淨盡菜花開

種桃道士歸何處

前度劉郎今又來」

여기서 유우석은 앞의 전설을 인용하면서 자신을 전도유랑이라고 자칭한 것이다.

이리하여 오랜만에 옛 고장을 찾게 되는 것을 전도유랑 또는 재도유랑(再度劉郎)이라고 한다.

【용례】 20년 만에 "전도유랑"이 되어 고향에 오니까 달라진 것이 너무나 많아. 그래도 우리가 뛰어놀던 뒷동산은 예나 지금이나 그대로구나.

전문거호 후문진랑
前門据虎 後門進狼

前 : 앞(전) 門 : 문(문) 据 : 막을(거)
虎 : 범(호) 後 : 뒤(후) 進 : 나아갈(진)
狼 : 이리(랑)

【뜻풀이】 앞문의 호랑이를 막으니 뒷문으로 이리가 나온다는 뜻으로, 한쪽의 재앙을 피하자 또 다른 재앙이 오는 것을 비유하는 말이다. 우리 속담에 "앞문 호랑이를 막으니, 뒷문 이리가 나온다."는 것은 이런 경우를 두고 하는 말이다. 또 "엎친 데 덮친 격"이란 말도 뜻이 비슷하다.

【출전】 명나라 때의 문인 조설항(趙雪航)이 지은 『조설항평사(趙雪航評史)』에 다음과 같은 이야기가 나온다.

후한(後漢)의 장제(章帝)가 승하하자, 화제(和帝)가 열 살의 어린 나이로 제위에 올랐다. 황제나 임금이 어린 나이에 등극하면 외척이나 환관이 득세하는 경우가 많았는데, 화제 역시 예외는 아니었다. 장제의 황후인 두태후(竇太后)와 그녀의 오빠 두헌(竇憲)이 바로 그들이었다. 이들이 정권을 잡자 화제는 허수아비나 다름없이 되었다.

이렇게 권력이 주는 단맛을 본 두헌은 화제를 없애고 자신이 황제가 되려는 음모까지 꾸몄다. 그러나 이 계획은 화제의 측근에 의해 들통이 났다. 화제는 환관 정중(鄭衆)에게 두헌 일족을 제거하도록 하였다. 결국 뜻을 이루지 못한 두헌은 자살하고 말았다.

그러나 두씨 일족이 제거되었다고 해서 화제의 지위가 공고해진 것은 아니었다. 이번에는 두씨 일족을 대신해 정중이 나서서 정치에 관여하기 시작하였다. 화제 이후 이러한 혼란이 거듭되자 후한은 자멸하고 말았으니, 두씨 세력이 사라지자 이번에는 환관 세력이 일어나고 만 것이다.

【용례】 아버님이 중풍으로 쓰러지시더니, 이번에는 어머님이 간호를 하다가 과로로 쓰러지셨어. "전문거호 후문진랑"이라더니 도무지 정신을 차릴 수 없구나.

전심치지 專心致志

專 : 오로지(전) 心 : 마음(심)
致 : 다다를(치) 志 : 뜻(지)

【뜻풀이】 한마음 한뜻으로 정신을 집중하다.
【출전】 『맹자 · 고자장구(告子章句)』 상편에 다음과 같은 이야기가 있다.

어느 날 맹자는 학습 태도와 총명 여하의 관계에 대해 언급할 때 다음과 같은 말을 한 적이 있다.

"나라 안에서 이름난 바둑 명수인 혁추(奕秋)에게서 두 사람이 동시에 바둑을 배운다고 하자. 한 사람은 전심전력(專心專力)으로 마음을 도사리고 배우는데 다른 한 사람은 스승의 강의를 들으면서 이 생각 저 생각 잡생각을 그칠 새 없이 했다. 그렇다면 그 결과는 어떠할 것인가?"

두말할 것 없이 잡생각을 한 사람이 정신을 집중한 사람보다 못할 것이다. 이것은 총명하고 총명하지 못한 것 때문인가? 물론 아니다! 그러면 무엇 때문인가?

이에 대해 맹자는 "바둑처럼 자그마한 재간도 마음을 도사리고 배우지 않는다면 터득할 수 없다.(奕之爲數 小數也 不專心致志 則不得也)"는 결론을 내렸다.

전심치지는 바로 맹자의 이 말에서 나온 성어다.(☞ 일폭십한一暴十寒 참조)

【용례】 무슨 일을 하건 "전심치지"하지 않으면 소기의 성과는 기대할 수 없는 법이다. 자강불식(自强不息)하는 태도를 견지해야지.

전전긍긍 戰戰兢兢

戰 : 싸움 · 싸울 · 떨(전)
兢 : 조심할 · 떨릴(긍)

【뜻풀이】 두려워 벌벌 떨며 삼가고 조심하는 모습을 비유하는 말이다.
【출전】 『시경 · 소아(小雅)』에 있는 〈소민(小旻)〉의 마지막 제6연 구절이다.

「감히 맨손으로 호랑이도 못 잡고
감히 걸어서 황하도 못 건너네.
사람들은 그 중 하나는 알지만
나머지 것들은 전혀 모른다네.
두려워 벌벌 떨며 삼가는데
마치 깊은 연못을 건너는 듯하네.
마치 엷은 얼음 위를 걷는 듯하네.
不敢暴虎
不敢馮河
人知其一
莫知其他

ㅈ

戰戰兢兢
如臨深淵
如履薄氷」

이 시는 나쁜 방식을 추구하여 나라를 경영하다가 나라를 혼란에 빠뜨리는 것을 당시 벼슬아치들이 풍자한 작품이다. 주(周)나라 유왕(幽王)을 풍자한 작품이라고도 하는데, 뚜렷한 근거는 없지만 그 당시와 같이 혼란한 시기에 쓰인 작품인 것은 분명하다.

【용례】 그깟 일로 너무 "전전긍긍"하지 마라. 내가 보기엔 시간이 지나면 절로 해결될 문제 같구나.

전전반측 輾轉反側

輾 : 구를(전) **轉** : 구를(전)
反 : 돌이킬(반) **側** : 기울(측)

【뜻풀이】 밤새도록 잠을 이루지 못하고 뒤척이는 모습을 비유하는 말이다. 근심이나 상념으로 애태우는 것을 뜻한다.

【출전】『시경·국풍(國風)』에 실려 있는 〈관저(關雎)〉에 나오는 시구다.

〈관저〉는 『시경』의 첫머리를 장식하는 작품으로 주(周)나라 문왕이 아내 태사(太姒)를 그리워하면서 부른 노래라고 한다. 이것이 사실이라면 이 시는 무려 3천 년이나 이전에 쓰인 작품이 되는 셈이다.

작품의 앞 구절을 읽으면 다음과 같다.

「구욱구욱 물수리새가
강가 숲 속에서 우는구나.
아리따운 아가씨는
군자의 좋은 배필일세.
올망졸망 마름풀을
이리저리 헤치며 찾노라.
아리따운 그 아가씨를
꿈결에도 구한다네.
구하다가 못 얻으면
자나 깨나 생각하네.
생각은 가이없으니
이리 뒤척 저리 뒤척.
關關雎鳩
在河之洲
窈窕淑女
君子好逑
參差荇菜
左右流之
窈窕淑女
寤寐求之
求之不得
寤寐思服
悠哉悠哉
輾轉反側」

관저(關雎)는 물새의 일종으로 구욱구욱 하고 울었던 듯싶다. 이 물새를 보면서 화자는 아리땁고 정숙한 숙녀를 연상하였다. 그런 여성이 있다면 이는 군자의 훌륭한 배필로서 아름다운 인연을 맺을 수 있을 것이라고 상상하면서, 그녀를 구할 방법에 애를 쓰고 있다. 이 때문에 꿈결에도 그녀의 자태는 잊혀지지 않는 것이다.

원래 전전반측은 아름다운 여자를 그리다가 밤을 샐 때만 쓰는 성어였지만, 오늘날에는 반드시 연정과 관련되지 않더라도 근심이나 생각에 골몰해 잠을 이루지 못할 경우에도 두루 사용하고 있다.

【용례】 오늘 볼 시험 걱정 때문에 엊저녁을 "전전반측"하며 보냈더니 목덜미가 뻐근해 죽겠어. 정말 시험 완전히 망치겠네.

전화위복 轉禍爲福

轉 : 구를(전) 禍 : 재앙(화)
爲 : 될 · 위할(위) 福 : 복(복)

【뜻풀이】 재앙이 바뀌어 오히려 복이 되거나, 복인 줄 알았던 일이 재앙이 된다는 뜻이다. 사람의 인생살이란 어두운 부분과 밝은 부분이 반복된다는 말이다. 비슷한 성어에 새옹지마(塞翁之馬)(◘ 참조)가 있다.

【출전】 『사기 · 관안열전(管晏列傳)』에서 사마천은 관중의 일생을 다룬 뒤 그에 대해 이렇게 평했다.

"그가 정치를 할 때에는 재앙이 될 일도 잘 이용하여 복으로 만들고, 실패를 전환시켜 성공으로 이끌었다. 어떤 상황에 닥쳤을 때 그 경중을 잘 파악하여 득실을 저울질하는 데 신중하였다.(其爲政也 善因禍而爲福 轉敗而爲功 貴輕重 愼權衡)"

『사기 · 소진열전(蘇秦列傳)』에도 "신이 들으니 옛날 일을 잘 처리했던 사람은 재앙도 바꿔 복으로 만들고 패배를 발판으로 공을 이룬다.(臣聞古之善制事者 轉禍爲福 因敗爲功)"는 말이 나온다. 이 말은 『전국책 · 연책(燕策)』에도 똑같이 실려 있다.

사람은 살면서 여러 번 삶의 고비를 맞이한다. 대개 실패하게 되면 쉽게 좌절하고 성공을 거두면 교만해져서 방심한다. 그러나 진짜 슬기로운 사람은 자신의 처지에 주저앉는 사람이 아니고 그것을 이용하여 발전적인 전환의 기회로 삼는 사람이다. 역사상의 위대한 인물치고 재앙을 겪지 않은 사람이 드물다. 그런데도 그들이 큰 업적을 남긴 것은 바로 전화위복하는 지혜와 용기를 가졌기 때문이었다.

【용례】 이번에 대입에서 떨어졌다고 너무 좌절하지 말고 다시 용기를 내거라. 인생에 있어서 일 년 늦었다고 크게 늦은 것은 아니니 이번 일을 "전화위복"의 기회로 삼아야지.

절부구조 竊符求趙

竊 : 훔칠(절) 符 : 병부(부)
求 : 구할(구) 趙 : 조나라(조)

【뜻풀이】 훔친 병부로 조나라를 구했다는 말이다.

【출전】 『사기 · 위공자열전(魏公子列傳)』에 다음과 같은 이야기가 나온다.

전국시대 사군(四君)의 한 사람이었던 위나라 공자 신릉군(信陵君) 무기(無忌)는 위소왕의 막내아들로 안희왕(安釐王)의 이복동생이었다. 그러나 신릉군은 덕과 지혜를 겸비했고, 또 인자한 데다 겸손하고 예의가 발랐다. 이 때문에 선비들이 사방에서 앞다투어 몰려들어 식객이 무려 3천 명이나 되었다. 그러나 신릉군은 이 중에도 동문(東門)을 지키는 후영(侯嬴)이란 문지기를 스승처럼 받들었고, 백정이었던 주해(朱亥)를 귀인처럼 모셨다.

안희왕 20년, 조나라 군대를 장평(長平)에서 격파한 진(秦)나라의 소왕은 계속 진격하여 조나라의 수도 한단까지 포위했다. 조나라의 혜문왕과 평원군(平原君)은 여러 차례 위의 안희왕과 신릉군에게 편지를 보내 구원을 청했다. 안희왕이 장군 진비(晉鄙)를 시켜 10만의 군사를 이끌고 조나라를 돕게 하자, 진소왕이 사자를 보내어 이렇게 협박하였다.

ㅈ

"만약 제후들 가운데 누구든 조나라를 돕는 나라가 있으면, 조나라를 격파한 뒤에는 반드시 군사를 돌려 공격할 것이다."

이 소식을 접한 안희왕은 진비의 진격을 멈추도록 하였다. 이런 난감한 상황에서 신릉군은 후영의 조언을 받아 왕이 총애하는 여희(如姬)를 통해 병부(兵符)를 훔쳐 진비의 군대를 가로채려 하였다. 그러나 훔친 병부를 진비가 인정하지 않자 주해가 그를 격살하였다. 이렇게 하여 군대를 장악한 신릉군은 즉시 명령을 내렸다.

"부자와 형제가 함께 군중에 있으면 아버지와 형은 즉시 귀국하라. 독자로서 형이 없는 사람 역시 귀국해서 부모님을 봉양하라."

이렇게 하여 가려진 8만의 군사로 진격하여 조나라를 구했다. 전국시대는 인의(仁義)는 사라지고 오로지 힘의 논리만 팽배했던 시대였다. 때문에 누구든 힘을 장악하고 이를 이용할 줄 안다면 천하를 장악할 수 있는 시대였다. 기회가 많은 시대이기도 했지만 모략과 기만이 판을 치던 시대이기도 했다. 신릉군의 계책 역시 이런 전술의 하나였다.

【용례】 당장 일이 다급하니 우선 공금이라도 빼돌려서 급한 불부터 끄고 봅시다. 올바른 일이 아닌 줄 알지만 워낙 다급하니 "절부구조"하지 않을 수 없습니다.

절용애인 節用愛人

節 : 줄일(절) 用 : 쓸(용)
愛 : 사랑(애) 人 : 사람(인)

【뜻풀이】 나라의 재물을 아껴 쓰고 백성을 사랑하라는 뜻이다.

【출전】 『논어·학이편(學而篇)』에 나오는 말이다.

「공자께서 말씀하셨다. "천승의 나라를 다스리려면 일을 공경하고 믿음으로써 하며, 쓰임을 아끼고 사람을 사랑하며, 백성을 부리더라도 때에 맞추어야 하느니라."

(子曰 道千乘之國 敬事而信 節用而愛人 使民以時)」

공자는 나라와 백성을 잘 다스리기 위한 지도자의 덕목으로 다섯 가지를 제시하였다.

위에서 말하는 천승지국(千乘之國)이란 제후의 나라를 뜻한다. 전쟁이 일어났을 때 네 필의 말이 끄는 전차 한 대에 30명의 보병을 실은 군대 편성으로 천 대를 동원할 수 있는 나라라는 뜻이다. 이런 천승의 나라를 다스리기 위해서는 다섯 가지를 시행해야 한다고 공자는 말한다.

첫째는 자신이 맡은 일을 성실하게 수행할 것, 둘째는 이것으로 백성들의 신뢰를 얻을 것, 셋째는 물자를 아껴 쓸 것, 넷째는 백성을 사랑할 것, 다섯째로 부역은 농사철을 피해 농한기 때 할 것 등이 그것이다. 이런 덕목들의 의미를 한 마디로 간추리면 지도자는 백성들에게 모범이 되어야 한다는 말로 요약할 수 있다. 우리 속담에 "윗물이 맑아야 아랫물이 맑다."는 말과도 통한다.

나라를 경영하면서 물자와 세금을 낭비하고 부족하다고 해서 다시 거둬들인다면 국민은 그를 신뢰하지 않을 것이다. 또 시도 때도 없이 동원령을 내리고 기본권을 통제한다면, 그 정권의 와해는 시간을 두고 기다릴 수 있을 것이다. 권력은 국민으로부터 나오는 것은 예나 지금이나 변함이 없는 진리다.

【용례】 작게는 가정에서 크게는 국가에 이르기까지 물건을 아끼고 구성원을 사랑하는

마음은 그 사회를 유지하는 기본 골격이 된다. 이런 "절용애인"의 정신을 잊어서는 안 된다.

절전 折箭

折 : 부러뜨릴(절) 箭 : 화살(전)

【뜻풀이】 화살을 부러뜨린다는 뜻으로, 서로의 힘을 모아 협력하는 것을 비유하는 말이다.

【출전】 『북사(北史) · 토곡혼전(吐谷渾傳)』에 다음과 같은 이야기가 나온다.

남북조(南北朝) 시대 때의 이야기다. 북위(北魏) 토곡혼의 왕 아시(阿豺)에게는 아들이 20명 있었는데, 그 중 맏이를 위대(緯代)라 했다. 하루는 아시가 아들들을 불러 놓고 말했다.

"너희들 모두 화살 하나씩을 손에 쥐고 부러뜨려 보거라."

모두 쉽게 부러뜨리자 아시는 또 말했다.

"이번에는 화살 열아홉 개를 쥐고 한 번에 부러뜨려 보거라."

이번에는 아무도 성공하지 못했다. 젖 먹던 힘까지 다 써 보았지만 화살은 꿈쩍도 하지 않았다. 이때 아시가 말했다.

"알겠느냐? 화살 하나는 쉽게 부러졌다. 그러나 그런 화살도 많이 모이면 감히 부러뜨릴 수 없게 되는 것이다. 나라도 마찬가지다. 제각기 행동하면 분열되지만, 모두 하나로 뜻을 모으면 견고해지는 것이다."

【용례】 자식이 많으면 뭐하나. 하나같이 부모 재산이나 차지하려 들면서 허구한 날 싸움이나 한다네. 진작 "절전"의 교훈을 가르치지 못한 게 후회스러워.

절차탁마 切磋琢磨

切 : 벨 · 끊을(절) 磋 : 갈(차)
琢 : 쪼을(탁) 磨 : 갈(마)

【뜻풀이】 끊고 닦고 쪼고 갈다. 사람이 어떤 일을 하면서 성과를 거두기 위해 최선을 다하는 모습을 비유하는 말이다.

【출전】 원래 이 말은 『시경 · 위풍(衛風)』의 〈기욱(淇奧)〉 제1연에 나온다.

「저 기수 물굽이를 바라보니
왕골과 마디풀이 우거져 있네.
깨끗하신 우리 님이여!
끊는 듯 닦는 듯
쪼는 듯 가는 듯
묵직하며 위엄 있네.
훤하고 의젓하시네.
깨끗하신 우리 님이여!
끝내 잊을 수가 없네.
瞻彼淇奧
綠竹猗猗
有匪君子
如切如磋
如琢如磨
瑟兮僩兮
赫兮咺兮
有匪君子
終不可諼兮」

이 작품은 위나라 무공(武公)의 덕을 찬양하는 노래라고 한다. 절차탁마란 군자가 스스로를 수양하기 위해 힘쓰는 모양을 비유한 말로 원래는 옥이나 구슬을 다듬는 과정을 설명하는 말이다.

이 구절이 더욱 유명해진 것은 『논어 · 학이

편(學而篇)』에 나왔기 때문이다.

「자공이 공자에게 물었다.

"가난하면서도 아첨하지 않고 부유하면서도 교만하지 않다면 어떻습니까?"

공자께서 대답하셨다.

"괜찮구나. 그러나 가난하면서도 도를 즐기고 부유하면서도 예를 좋아하는 것만은 못하다."

자공이 말했다.

"시에 나와 있는 '끊는 듯 닦는 듯 쪼는 듯 가는 듯'하다는 것이 바로 이것을 말하는 것입니까?"

공자께서 말씀하셨다.

"사(賜 : 자공의 이름)야, 이제야 비로소 너와 더불어 시를 이야기할 수 있겠구나. 지나간 것을 알려주었더니 앞으로 올 것까지 알아내는구나."

(子貢曰 貧而無諂 富而無驕 何如 子曰 可也 未若貧而樂 富而好禮者也 子貢曰 詩云 如切如磋 如琢如磨 其斯之謂與 子曰 賜也 始可與言詩已矣 告諸往而知來者)」

『대학(大學)』에 보면 바로 이 구절을 인용하면서 이런 설명을 덧붙이고 있다.

「여절여차는 배움을 말한다. 여탁여마는 스스로 수양하는 것이다. 슬혜한혜는 두려워하는 것이다. 혁혜훤혜는 위의(威儀)가 당당한 것이다. 유비군자 종불가훤혜는 성대한 덕과 지극히 선함을 백성이 잊지 못함을 말한 것이다.

(如切如磋者 道學也 如琢如磨者 自修也 瑟兮僩兮者 恂慄也 赫兮喧兮者 威儀也 有匪君子 終不可諼兮者 道盛德至善 民之不能忘也)」

【용례】 너처럼 그렇게 맡은 일마다 "절차탁마"한다면 무슨 일이든 실패하겠니. 그 정신 절대로 잊으면 안 된다.

절함 折檻

折 : 끊을(절) 檻 : 난간(함)

【뜻풀이】 난간이 부러지다. 진심에서 우러나오는 간곡한 충고를 말한다.

【출전】『한서·주운전(朱雲傳)』에 다음과 같은 이야기가 나온다.

전한의 9대 황제인 성제(成帝) 때에는 환관이나 외척들이 황제를 둘러싸고 앉아 온갖 비리를 다 저지르고 있었다. 특히 외척 왕씨(王氏)의 전횡은 극에 달해 부패가 하늘에 닿을 듯하자 사방에서 이를 탄원하는 상소문이 줄을 이었다. 몇몇 신하들의 간절한 충언도 성제의 귀를 열지는 못했던 것이다.

그때 괴리자사(槐里刺史)로 있던 주운이 어전에 나와 황제에게 말했다.

"폐하, 제게 간신의 목을 벨 수 있는 칼(斬馬之劍)을 주시면 악한의 목을 쳐 다른 사람의 귀감으로 삼겠습니다. 부디 허락해 주십시오."

"아니 그런 사람이 누군가?"

"바로 안창후(安昌侯) 장우(張禹)입니다."

성제는 깜짝 놀랐다. 장우는 바로 성제의 스승으로 조정에 중대사가 있을 때마다 자문을 구하는 사람이었다. 그러나 어리석은 장우는 외척들의 미움을 살까 두려워서 적당한 변설로 말을 꾸며 위기나 모면하는 백해무익(百害無益)한 존재였다.

"아니 감히 짐의 스승을 모욕하다니. 당장 저놈을 끌어내 목을 치거라!"

관원이 나와 주운을 끌어내려고 하자 주운은 전상(殿上)의 난간을 붙잡고 계속해서 간곡하게 간언했다.

"폐하, 제 말씀을 조금만 더 들어 주십시오.

제 한 몸이야 어찌 되든 좋습니다. 다만 폐하의 앞날이 걱정될 뿐입니다."

관원은 계속 끌어당기고 주운은 끝까지 붙잡고 늘어지는 상황이 한동안 이어졌다. 그때 곁에서 이 모습을 지켜보던 신경기(辛慶忌)라는 장군이 주운의 태도를 보고는 울분을 참지 못해 뛰쳐나왔다. 그가 머리를 땅에 찧자 이마에서는 삽시간에 선혈이 줄줄 흘러내렸다.

"폐하, 저런 충신을 죽인다는 것은 더욱 폐하의 덕을 해치는 결과만 낳을 것입니다. 부디 통촉하시옵소서."

사태가 이쯤 되자 아둔하기 짝이 없던 성제도 깨달은 바가 없을 수 없었다.

"짐이 잘못했다. 자칫했으면 참된 충신을 죽일 뻔했구나. 풀어 주도록 하라."

이렇게 해서 주운은 무사히 풀려날 수 있었다. 그 뒤 부러진 난간을 고치려고 하자 성제는 충신의 간곡한 마음을 보여 주는 거울이니 그대로 두라고 했다고 한다. 그러나 성제 시대의 정치는 여전히 파국으로 치달았다.

주운의 이 용기 있는 행동에서 성어 절함이 나왔다.

【용례】 제가 오늘 선생님을 뵙고자 온 것은 "절함"의 각오로 충언을 하기 위해서입니다. 선생님께서 진심으로 나라를 걱정하신다면 당상 사퇴하십시오.

점석성금 點石成金

點 : 점·두드릴(점) **石** : 돌(석)
成 : 이룰(성) **金** : 쇠(금)

【뜻풀이】 돌을 다듬어서 금을 만들다. 대단찮은 글이 남의 손을 거쳐 훌륭하게 다듬어졌을 때 비유하는 말이다. 원래는 도가(道家)에서 썼던 연단술(鍊丹術)을 뜻하는 말이었는데, 뒤에 의미의 폭이 넓어졌다.

【출전】『열선전(列仙傳)』에 나오는 이야기다.

진(晉)나라 때 일찍이 정양령(旌陽令)으로 있던 현관이 있었는데, 이름은 허손(許遜)이었고, 남창(南昌) 사람이었다.

그런데 그는 사실 도사로서 언제나 귀신 행색을 해 가지고 별의별 괴상한 일들을 꾸며대면서 자기 도술이 얼마나 대단한가를 선전하고 자신이 신선과 같다는 사실을 알리려고 하였다. 이에 백성들은 그에게 속아 그를 허진군(許眞君)이라 부르게까지 되었다.

이때 갈홍(葛洪, 284~364)이라는 사람도 그의『신선전(神仙傳)』에서 이 허진군에 대해 언급하면서 그의 황당무계(荒唐無稽)한 사적을 다음과 같이 적고 있다.

어느 날 허진군은 백성들이 토지세를 바칠 돈이 없는 것을 알고 요술을 부려 손으로 돌을 가리키자 돌이 곧 금으로 변했다. 그래서 그 금으로 백성들은 빚진 돈을 넉넉히 갚을 수 있게 되었다.

이 이야기는 말할 필요도 없이 황당무계한 것이지만 성어로서 가치마저 없는 것은 아니다. 예컨대 그다지 변변찮은 글이라고 해도 남의 손을 거쳐 수정되고 윤문되어 훌륭한 글이나 작품이 되었다면, 우리는 그것을 가리켜 점석성금이라고 말한다.

그리고 이 성어는 창작을 할 때 전통적인 방식을 계승하면서 낡은 방식을 버리고 새 것을 받아들이는 자세를 비유할 때도 쓰이는데, 점철성금(點鐵成金)이라고도 한다. 그리고 점토성금(點土成金)·점와성금(點瓦成金)이라는 말도 있는데, 뜻은 동일하다.

당나라 때의 승려인 관휴(貫休, 832~912)

의 『선월집(禪月集)』에 〈의군자유소사(擬君子有所思)〉란 시가 있다. 제2수에 "어떻게 하면 용맹필을 얻어서 돌을 두드려 황금을 만들까.(安得龍猛筆 點石爲黃金)"라는 구절이 있다.

그리고 송나라 때의 문인인 호자(胡仔)는 『초계어은총화(苕溪漁隱叢話)』에서 맹호연(孟浩然, 689~740)을 평하면서 "시구는 한 글자도 공교로워지니 자연스럽게 빼어나고 기이해져 비범할 수 있다. 이는 마치 단약 한 톨이 돌로 두들겨서 금이 되는 것과 같다.(詩句以一字爲工 自然穎異不凡 如靈丹一粒 點石成金也)"라는 말을 한 적이 있다.

【용례】 한 번 쓰고 다시는 자기 글을 돌이다 보지 않는 태도는 아주 무책임한 짓이야. 거듭 고쳐서 "점석성금"으로 만들지는 못할망정 교정도 보지 않는단 말이냐.

점입가경 漸入佳境

漸 : 점차(점) **入** : 들(입)
佳 : 아름다울(가) **境** : 지경(경)

【뜻풀이】 점차 아름다운 상황으로 접어들다. 일이나 예술 작품이 시간이 지날수록 더욱 그 광채를 발휘할 때 쓰이는 말이다.

【출전】 『진서 · 고개지전(顧愷之傳)』에서 유래한 말이다.

역사상 인물화로 이름을 날리고 오늘날까지도 그 작품이 전해지고 있는 진(晉)나라 때의 유명한 화가 고개지(346~407)에게는 일찍이 삼절(三絕)이라는 칭호가 있었다.

즉 예절(藝絕) · 재절(才絕) · 치절(痴絕)이라는 것이었는데 그 가운데 치절에 대해서 다음과 같은 이야기가 전하고 있다.

고개지는 사탕수수를 위에서부터 아래로 먹었다. 부리 끝이 더 달 것이 뻔한데도 고개지가 사탕수수를 늘상 이렇게 먹자 사람들이 의아해서 무엇 때문에 그렇게 먹느냐고 물었다.

그랬더니 고개지는 "점차 아름다운 경지에 이르는 것(漸入佳境)"이라는 묘한 대답을 했다는 것이다.

이로부터 사람들은 형편이 점차 좋아지거나 경치가 점차 아름다워지는 것을 가리켜 점입가경이라 하게 되었는데, 고생 끝에 낙을 보는 것을 가리켜 저경(蔗境)이라고도 한다.

【용례】 처음엔 호형호제(號兄號弟)하자더니 이젠 아예 맞먹으려고 드는데, 이거 정말 "점입가경"일세. 어디 한번 오늘 맞짱 떠보고 싶어서 이러나.

접석이행 接淅而行

接 : 닿을 · 접할(접) **淅** : 쌀일(석)
而 : 어조사(이) **行** : 갈(행)

【뜻풀이】 밥을 지으려고 물에 담가 놓은 쌀마저 건져 가지고 떠난다는 뜻으로, 급히 떠나거나 조금도 주저하지 않고 흔연히 떠나는 것을 비유하는 말이다.

【출전】 『맹자 · 만장장구(萬章章句)』 하편과 〈진심장구(盡心章句)〉 하편에 다음과 같은 이야기가 나온다.

춘추시대 노나라 사람으로 유가의 창시자 공자는 뜻이 깊은 사람이었다. 그러나 노나라 임금이 써 주지 않아 뜻을 이루지 못한 공자는 나이 50에 노나라를 떠나 천하의 여러 나라를 편력한 바 있는데(☞ 주유열국周遊列國 참조), 고국인 노나라를 떠날 때 그는 이런저런 생각으로 발걸음이 몹시 무거웠다.

그러나 그가 일단 제나라에 가서 뜻을 이루지 못하게 되었을 때는 아무런 주저도 없이 흔연히 떠나 버렸다. 이에 대해 훗날 맹자는 이 행동을 이렇게 정리했다.

"공자가 제나라를 떠날 때는 물에 담가 둔 쌀마저 건져 가지고 떠났지만, 노나라를 떠날 때는 '내 발걸음이여 더디고 더디어라.'고 했으니, 이것이 부모의 나라를 떠나는 도리인 것이다.(孔子去齊 接淅而行 去魯曰 遲遲吾行也 去父母國之道也)"

그러면서 공자는 나라를 떠나면서도 빨리 할 필요가 있으면 빨리 하고 더디게 할 필요가 있으면 늦출 줄 알았다고 지적했다.

백이(伯夷)는 "성인 중의 맑은 사람(聖之淸者)"이고, 이윤(伊尹)은 "성인 중의 맡길 만한 사람(聖之任者)"이며, 유하혜(柳下惠)가 "성인 중의 조화를 이룬 사람(聖之和者)"인 데 비해, 공자는 "성인 중에 때에 맞춰 행동하는 사람(聖之時者)"이라고 각각 비교했다.

접석이행은 바로 맹자의 이 말에서 나온 성어다.

【용례】 이런 더러운 곳은 이젠 정말 지긋지긋해. 전번에 큰형님이 "접석이행"하면서 떠나신 것도 무리가 아니지. 도무지 개선의 여지가 없는 동네야.

접접자희 沾沾自喜

沾 : 경망할(접) 自 : 스스로(자)
喜 : 기쁠(희)

【뜻풀이】 뽐내다. 우쭐거리다. 의기양양(意氣揚揚)하다.

【출전】『사기 · 위기후열전(魏其侯列傳)』에 다음과 같은 이야기가 나온다.

한나라 효경제(孝景帝) 때의 일이다. 한경제의 어머니가 되는 두태후(竇太后)에게는 아들 둘이 있었는데, 장남은 한경제이고 둘째는 양효왕 유무였다. 그런데 두태후는 장남인 한경제보다도 막내인 유무를 더 사랑하였다.

이에 태후의 조카 되는 두영(竇嬰)은 장남의 권위를 살려야 한다면서 불만을 표시한 결과 태후의 미움을 사게 된 데다가 벼슬이 낮은 것을 못마땅하게 여기던 중에 마침내 병을 핑계로 사표를 내고 말았다.

그러던 중 오나라와 초나라 등 일곱 나라의 반란(◘ 지강급미舐糠及米 참조)이 일어나게 되었다. 이에 한경제는 두영이 인재임을 알고 천금을 하사하면서 그를 불러 대장군으로 삼아 반란을 평정하려고 했지만, 두영은 여전히 병을 핑계로 움직이지 않았다.

그러다가 한경제가 재삼 부르고 두태후까지 미안하다는 뜻을 표시하자 그제야 두영은 마지못해 입조하였는데, 황제로부터 하사받은 천금은 받지도 않고 물리치지도 않은 채 아무렇게나 내버려두어 부하들로 하여금 마음대로 집어가게 하였다.

반란이 평정된 뒤 두영은 위기후에 봉해져 명망이 갑작스레 높아지게 되었다. 그리고 태후도 종전의 태도를 바꾸었지만 한경제는 여전히 그를 신임하지 않았다.

그러던 중 무능한 승상 유사가 파면되고 새로 승상을 임명했는데 태후는 두영을 승상으로 삼고자 하였다. 그러나 한경제는 "위기후는 몹시 우쭐대며 자주 생각을 바꾼다. 또 행동이 경박하여 승상이 될 수 없다.(魏其侯 沾沾自喜耳 多易 難以爲相持重)"고 하면서 끝내 듣지 않더니 위관이라는 사람을 승상으로

ㅈ

삼았다.

그러다가 한무제가 즉위한 뒤에야 두영은 승상이 되었는데 그나마도 얼마 안 가서 죄를 짓고 죽음을 당했다. 접접자희는 바로 이 이야기에서 나온 성어다.

【용례】 앞뒤 정황도 모르고 그렇게 "접접자희"하지 마라. 떡 줄 사람은 생각도 않는데 김칫국부터 마시고 있는지도 모르잖아.

정건삼절 鄭虔三絶

鄭 : 성씨(정) **虔** : 정성(건)
三 : 석(삼) **絶** : 빼어날(절)

【뜻풀이】 잘 그린 그림을 칭찬하는 말이다. 화가가 그린 산수화(山水畵)를 일컫는 말이기도 하다.

【출전】 『당서 · 문예전(文藝傳)』에 다음과 같은 이야기가 나온다.

당(唐)나라 때 정건(鄭虔)이란 사람이 있었다. 그는 화가이자 학자로, 형양(滎陽, 하남성) 출신이었다. 현종 때 협율랑(協律郎)을 지내다가 10년간의 폄적(貶謫) 생활(귀양살이)을 한 뒤 홍문관학사에 발탁되었는데, 다시 대주사호(臺州司戶)로 폄직(좌천)되는 등 많은 역정을 겪었다.

그는 특히 화가로서 산수화를 잘 그렸는데, 시와 함께 그린 〈창주도(滄州圖)〉는 현종이 감탄하여 친히 그림 아래에 정건삼절이라는 찬사를 써 넣을 정도였다.

그는 수묵화법(水墨畵法)이 발전하는 데 공헌했으며, 그 밖의 작품에 〈준령계교도(峻嶺溪橋圖)〉 및 〈장인도(杖引圖)〉 등이 전한다. 뒷날 당나라 현종은 그의 재주를 아껴 광문관박사(廣文館博士)로 삼았다.

【용례】 겸재 정선의 산수화는 그가 직접 뛰어다니면서 관찰한 우리의 자연산하를 화폭에 담은, 그야말로 "정건삼절"한 위대한 작품이라고 할 수 있지.

정곡 正鵠

正 : 바를(정) **鵠** : 고니 · 과녁(곡)

【뜻풀이】 과녁의 한가운데 표적을 정확하게 맞추다. 옛날에는 과녁을 세우면서 가운데 표적으로 고니를 그려 붙였기 때문에 어떤 일을 훌륭하게 성취하거나 문제의 핵심을 정확하게 꿰뚫은 경우에 "정곡을 찔렀다."는 표현을 쓰고 있다.

【출전】 『예기 · 사의편(射義篇)』에 다음과 같은 공자(孔子)의 말이 있다.

"활을 쏘는 사람은 어떻게 쏘며 어떻게 듣는가? 소리를 좇아서 발사하고 발사하면 정곡을 놓치지 않는 이는 오직 어진 사람일 뿐이다. 저 형편없는 사람이라면 저들이 장차 어찌 능히 적중시키겠는가?(射者何以射 何以聽 循聲而發 發而不失正鵠者 其唯賢者乎 若夫不肖之人 則彼將安能以中)"

『중용 · 제14장』에는 이런 말이 있다.

"활을 쏘는 행위는 군자와 닮은 것이 있다. 정곡을 보기를 놓치면 돌이켜 자신에게서 문제점을 찾는다.(射有似乎君子 失睹正鵠 反求諸其身)"

【용례】 이 학생의 질문과 대답은 항상 문제의 "정곡"을 찌르는 경우가 많습니다. 상황의 변화를 하나도 놓치지 않고 꼼꼼히 살피는 능력이 뛰어나지요.

정관지치 貞觀之治

貞 : 곧을(정) **觀** : 볼(관)
之 : 어조사(지) **治** : 다스릴(치)

【뜻풀이】 치(治)란 "다스린다"는 뜻이지만, 단순히 지배한다는 뜻만은 아니고 "잘 다스린다"는 덕치(德治)의 개념이 내포되어 있는 말이다. 때문에 치의 반대말은 난(亂, 잘못 다스림, 그 결과 난이 일어난다)이 된다. 그래서 국가를 잘 다스린 시대를 치세(治世)라 하고, 잘못 다스려 어지러운 시대를 난세(亂世)라 부른다.

【출전】 중국 역사상 최고의 문화를 꽃피웠다는 당(唐)나라 때에는 훌륭한 문화국가에 어울리는 통치도 이루어졌다. 그 훌륭한 통치의 표본으로 드는 것이 바로 정관지치와 개원지치(開元之治)다.

먼저 정관지치는 당나라의 두 번째 황제 태종 이세민(李世民)의 치세(治世, 626~649)를 일컫는 말이다. 중국 당나라는 중국 역대 왕조사상 가장 찬란한 문화를 꽃피웠고, 강력한 국력을 과시했던 왕조였다. 이렇게 막강한 국력과 화려한 문화를 만개시킬 수 있었던 것은 여러 가지 이유가 있지만, 특히 뛰어난 황제의 훌륭한 정치에서 기인한 바가 컸다. 그런 훌륭한 정치를 베푼 임금으로 손꼽히는 사람이 바로 태종이다.

바로 그 태종이 통치할 때의 연호가 정관(貞觀)이었다. 그는 수(隋)나라 말기 전국적으로 확산된 동란으로 백성들이 피폐 선상을 헤맬 때 굳건히 일어서서 새 왕조를 열었고, 당나라의 국가적 기반을 확립하면서 중앙집권을 강화하였다. 아울러 그는 율령체제(律令體制)도 정비하였고, 학교과 과거(科擧)제도도 정착시켰다.

물론 뛰어난 군주 아래 뛰어난 신하가 있다는 말처럼 그에게는 방현령(房玄齡)과 두여회(杜如晦), 위징(魏徵) 등과 같은 명신들이 문치(文治)를 도왔으며, 밖으로는 돌궐(突厥)을 제압하고, 토번(吐審)을 회유하는 등 국위를 널리 떨쳤다. 그래서 이때의 통치를 정관지치라 불렀던 것이다.

【참조】 개원지치는 당나라의 여섯 번째 황제 현종(玄宗, 재위 712~756)이 다스리던 시대를 말한다. 현종 재위하면서 두 개의 연호를 썼는데, 먼저가 개원이고 뒤가 천보(天寶)다. 흔히 현종의 통치 기간을 개원천보시대(開元天寶時代)라 부르는데, 이것은 현종이 다스린 개원 연간 29년과 천보 연간 14년을 합한 43년간의 치세(712~756)를 말하는 것이다. 현종하면 경국지색(傾國之色)의 대명사 양귀비(楊貴妃)와 그의 말년 9년을 휩쓴 대전란 안사(安史)의 난(755~763)이 이어져 혼주(昏主, 무능하고 부패한 군주)란 인상이 먼저 떠오르지만, 초기 개원 시대의 정치는 아주 훌륭했다.

친할머니였던 측천무후(則天武后) 이후의 여인 정치를 배격하고 내란을 평정한 현종은 요숭(姚崇)을 비롯하여 송경(宋璟)과 장설(張說) 등 현명한 재상의 보필을 받아 괄호(括戶)를 실시하여 담세호구(擔稅戶口)를 조사하고, 부병제(府兵制)의 붕괴에 대한 대안으로 중앙군제를 재건하였다.

또한 절도사(節度使)에 의한 변방 방어체제를 공고히 다졌을 뿐 아니라, 한림원(翰林院)과 집현원(集賢院) 같은 학술연구기관을 정비하여 문운(文運)의 발전을 도모하였다. 이 시기에 왕유(王維)와 이백(李白), 두보(杜甫),

백거이(白居易) 등과 같은 유명한 시인을 배출된 것도 우연한 일이 아니었다. 이 시기가 당나라의 최전성기인 동시에 중국 고대 문화의 최전성기였던 것이다. 이 시기를 일러 역사에서는 개원지치라 한다.

그러나 만년에 접어들면서 현종은 양귀비의 미색에 빠지고 환락을 즐기는 등 타락일로(墮落一路)를 걸으며 정치를 게을리 한 결과, 사회적 모순이 폭발하여 마침내 안사의 난이 발발하고 말았다. 현종은 군주로써 영욕(榮辱)의 양면을 다 맛본 몇 안 되는 사람이었다.

【용례】 우리나라 조선의 네 번째 임금 세종의 치세는 조선을 500년 역사의 반석 위에 올려놓은 시기였지. 가히 "정관지치"가 이루어진 시기라고 해도 좋을 거야.

정문입설 程門立雪

程 : 한도 · 헤아릴(정) 門 : 문(문)
立 : 설(립) 雪 : 눈(설)

【뜻풀이】 스승을 존경하며 성실하게 공부하려는 자세를 일컫는 말이다.

【출전】 『송사 · 양시전』에 다음과 같은 이야기가 있다.

이 성어는 송(宋)나라 때의 학자였던 양시(楊時, 1053~1135)와 유작(游酢)이 정호(程顥, 1032~1085)와 정이(程頤, 1033~1107) 두 형제를 스승으로 모시고 가르침을 받던 이야기에서 유래한 말로, 정호와 정이는 모두 당시에 유명한 학자였다.

그리하여 그들과 다른 또 한 사람의 권위 있는 학자인 주희(朱熹, 1130~1200)와 더불어 사람들은 정주(程朱)라고 불렀고, 그들의 학문 체계를 일러 정주학(程朱學)이라고 했다.

양시와 유작은 처음에는 정호를 스승으로 모셨는데, 정호가 세상을 떠날 무렵에는 그들은 벌써 나이가 마흔에 이르렀고 진사(進士)까지 된 입장이었다. 그러나 그들은 배우려는 일념으로 다시 정호의 아우인 정이를 찾아가 스승으로 모시고 계속 가르침을 받았다. 그들이 처음 정이를 찾아갔을 때의 일이다.

양시와 유작이 정씨네 집에 도착했을 때 정이는 일부러 눈을 지그시 감고 자는 척하고 있었다. 그때 양시와 유작 두 사람은 한 마디 말도 없이 공손히 서서 정이가 잠에서 깨어나기를 기다렸다. 한동안이 지난 뒤 정이는 꿈에서 깨어난 듯 놀라는 눈길로 두 사람을 쳐다보면서 물었다.

"아니! 아직도 그대들은 돌아가지 않고 서 있었는가?"

그날따라 몹시도 추운 날씨여서 밖에는 언제 눈이 왔는지 쌓인 눈이 한 자나 되었다.

이는 불가(佛家)의 이야기를 빌려다 쓴 일화이기는 하지만 배움을 위해 모진 고생도 감수하는 자세는 본받을 만한다고 할 것이다.

【용례】 네가 그분을 정말 스승으로 모시고 싶다면 가서 정중하게 사과하고 제자의 예부터 갖춰야 할 것이야. 허락을 받을 때까지 "정문입설"하겠다는 각오가 서면 다시 오도록 하거라.

정신이출 挺身而出

挺 : 뺄 · 뽑을 · 빼낼(정) 身 : 몸(신)
而 : 어조사(이) 出 : 날(출)

【뜻풀이】 몸을 빼어 나아가다. 이 성어에서

우리 역사의 치욕스런 한 장면인 식민지 시대의 정신대(挺身隊)란 용어가 나왔다.

【출전】『구당서·충의전상(忠義傳上)·경군홍전(敬君弘傳)』(열전 권137上)에 다음과 같은 이야기가 있다.

당고조 이연(李淵)의 세 아들 이건성(李建成), 이세민(李世民), 이원길(李元吉) 사이에는 서로 제위를 계승하고자 정권 다툼이 치열하였다.

맏아들 이건성은 이미 황태자로 있던 상태였지만 그 위신이 둘째인 이세민(뒷날의 당태종)만 못했다. 당시 이세민은 진왕으로 있었는데 그는 아버지를 도와 수나라를 멸하고 당나라를 세우는 데 크게 공헌하였다.

이에 이건성은 이세민이 제위에 오를까 두려워 제왕(齊王)인 이원길과 결탁해서 이세민을 모해하려고 음모를 꾸미기 시작하였다.

그러나 이 소식을 알게 된 이세민은 선수를 쳐서 부하들과 합심해 현무문(玄武門)에서 정변을 일으켜 건성을 살해한 뒤 이원길까지 죽이고 말았다.

이때 이건성과 이원길의 부하인 풍립(馮立)과 사숙방(謝叔方) 등은 정병 2천 명으로 현무문에서 숙위군 장수 경군홍(敬君弘)과 대치하게 되었다.

이 싸움은 몹시 격렬했던 모양인데, "군홍은 온몸을 다 바쳐 용감하게 싸웠다.(君弘挺身出戰)"고 적혀 있다. 당시 경군홍의 부하들은 "일이 어떻게 될지 모르니 응원군이 오기를 기다려 싸우는 것이 좋겠다."고 충고했지만, 그는 듣지 않고 더욱 분발해서 낭중장 여세형(呂世衡)과 함께 반격을 가하였다.

정신이출은 바로 이 이야기에서 유래한 성어로, 선뜻 싸움에 나선다는 뜻이다.

【용례】 우리 선수단은 "정신이출"하여 승전보를 전하겠다는 각오로 이 설원(雪原)에 도착했습니다. 교민들도 선수단의 선전을 기대하면서 따듯하게 환영해 주었습니다.

정위전해 精衛塡海

精: 찧을(정) **衛**: 막을(위)
塡: 메울·채울(전) **海**: 바다(해)

【뜻풀이】 정위가 바다를 메우다. 원한을 갚기 위해 분투하는 것을 비유하는 말이다.

【출전】『산해경(山海經)』과『술이기(述異記)』에 다음과 같은 전설이 있다.

태고시대 염제〔炎帝, 신농씨(神農氏)〕의 딸 여왜(女娲)가 동해에 놀러갔다가 바다에 빠져 죽어 그의 영혼이 새가 되었는데 그 새를 정위(精衛)라고 불렀다. 이에 정위는 원수를 갚기 위해 매일 돌과 나뭇가지들을 물어다가 동해에 떨어뜨려 바다를 메우려 하였다.

그러던 중 정위와 갈매기가 결혼하여 새끼들을 낳았다. 수컷은 갈매기가 되고 암컷은 또다른 정위가 되었다고 하는데, 그 정위마저 날마다 돌과 나뭇가지를 물어다가 동해에 떨어뜨리면서 원수를 갚으려 했다는 것이다.

정위전해는 바로 이 전설에서 나온 성어인데, 복수의 일념에 불타 어떤 어려움도 두려워하지 않는 것을 비유하는 말이다. 정위함석(精衛銜石) 또는 정위함목(精衛銜木)이라고도 한다.

【용례】 일제가 우리 국토를 짓밟았던 지난날의 치욕을 갚기 위해 우리 배달민족은 "정위전해"의 각오로 승리의 그 날까지 싸워 나가야 할 것입니다.

정저지와 井底之蛙

井 : 우물(정) 底 : 바닥(저)
之 : 어조사(지) 蛙 : 개구리(와)

【뜻풀이】 옛날에 개구리 한 마리가 바닥이 드러난 우물 안에 앉아서 하늘을 내다보고는 하늘이 우물 둘레밖에 안 된다고 했다는 이야기는 널리 알려진 이야기로 더 이상 구구하게 설명할 필요도 없다.

그러나 이 이야기에서 나온 정저지와 또는 정와(井蛙), 감정지와(埳井之蛙), 좌정관천(坐井觀天), 정중시성(井中視星), 정와지견(井蛙之見) 등 성어들에 대해서는 몇 마디 덧붙일 필요가 있다.

정저지와는 우물 속 개구리라는 말인데, 식견이 좁아 세상 물정을 전혀 모르는 사람을 일컫는 말로 오래 전부터 쓰이고 있다.

【출전】『후한서 · 마원전(馬援傳)』에 다음과 같은 이야기가 있다.

후한 때 공손술(公孫述)이라는 사람이 사천지방에 웅거해서 스스로 황제를 칭했을 때 그의 옛 친구 마원이 성도에 가서 그를 만난 적이 있었다. 그런데 공손술은 제법 황제의 거드름을 피우면서 아는 체도 하지 않았다고 한다. (☞ 수식변폭修飾邊幅 참조)

이에 화가 난 마원은 돌아와서 "자양(공손술의 자)은 우물 안의 개구리처럼 자신만 높이고 있다.(子陽 井底蛙耳 而妄自尊大)"고 말했다. (☞ 망자존대妄自尊大 참조)

또한 이 성어의 뜻을 빌려 정와지견과 정어지견(井魚之見), 좌정관천, 정중시성 등 성어가 나왔는데 모두 극히 지엽적인 견해를 일컫는 말로 쓰이고 있다.

예컨대 당나라의 문학가 한유(韓愈)의 〈원도(原道)〉라는 글에는 "우물 안에 앉아서 하늘이 작다고 하는 것은 하늘이 작아서가 아니다.(坐井而觀天 所謂天小者 非天小也)"라는 말이 나오고 있으며, 전국시대의 저작인 『시자(尸子)』에는 "우물 안에서 별을 내다보게 되면 보이는 별은 몇 개밖에 안 된다.(自井中視星 所見不過數星)"는 말도 나오고 있다.

【용례】 그런 "정저지와" 같은 좁은 소견으로 무슨 큰일을 하겠다는 거냐? 세상을 읽는 공부가 아직 한참 부족하구나.

정훈 庭訓

庭 : 뜰(정) 訓 : 가르칠(훈)

【뜻풀이】 뜰에서의 가르침. 아버지가 자식에게 내리는 교육, 즉 가정교육(家庭敎育)을 말한다.

【출전】『논어 · 계씨편(季氏篇)』에 다음과 같은 이야기가 나온다.

「공자의 제자 진항(陳亢)이 공자의 아들 백어〔伯魚, 이름은 리(鯉)〕에게 물었다. "그대는 아버님으로부터 뭔가 색다른 말씀을 듣지 않았습니까?"

백어가 대답했다. "없습니다. 언젠가 아버님께서 홀로 계실 때 종종걸음으로 뜰을 지나가는데, 아버님께서 말씀하셨습니다. '너는 시를 배웠느냐?' '아직 배우지 못 했습니다.' 했더니 '시를 배우지 않으면 말을 할 수 없느니라.' 하셔서 물러나 시를 배웠습니다. 또 다른 날 홀로 계실 때 역시 종종걸음으로 뜰을 지나가는데, 말씀하셨습니다. '너는 예를 배웠느냐?' 하시기에 '아직 배우지 못 했습니다.' 했더니 '예를 배우지 않으면 설 수 없다.' 고 하셔서 물러나 예를 배웠습니다. 이 두 가지를 들었을 뿐입니다."

진항이 물러나 기뻐하며 말했다.

"하나를 물었다가 세 가지를 얻었구나. 시를 듣고, 예를 듣고, 또 군자는 자기 자식을 멀리함을 들었노라."

(陳亢 問於伯魚日 子亦有異聞乎 對日未也 嘗獨立 鯉趨而過庭 日學詩乎 對日 未也 不學詩 無以言 鯉退而學詩 他日 又獨立 鯉趨而過庭 日學禮乎 對日未也 不學禮 無以立 鯉退而學禮 聞斯二者 陳亢 退而喜日 問一得三 聞詩聞禮 又聞君子之遠其子也)」

진항은 스승인 공자께서 아들은 특별히 생각해서 뭔가 남다른 가르침을 내렸을 것으로 의심했다. 그래서 이런 문답이 오간 것이다. 그러나 성인은 혈육이든 제자든 차별 없이 가르친다는 사실만 알았을 뿐이다.(➡ 문일득삼 問一得三 참조)

【용례】 학교 교육도 중요하지만, 학생은 대부분의 시간을 가정에서 보냅니다. 때문에 "정훈"이 이루어지지 않으면 참된 교육은 생각할 수 없습니다. 학부모님께서는 이 점을 부디 명심하시기 바랍니다.

제궤의혈 堤潰蟻穴

堤 : 제방(제) 潰 : 무너질(궤)
蟻 : 개미(의) 穴 : 구멍(혈)

【뜻풀이】 개미굴이 제방을 무너뜨린다는 말로, "개미구멍에 공든 탑이 무너진다."는 우리 속담과 비슷한 의미를 담고 있다.

【출전】『한비자·유로편(喻老篇』에서 저자는 명의 편작(扁鵲)이 채환후의 병을 고쳐준 이야기를 할 때 대수롭지 않은 병도 제때에 치료해야 한다면서 "큰 것도 작은 것에서 야기된다."는 이치를 설명하고 있다. 그런 뒤 저자는 "백규가 수재를 막는 것은 제방의 구멍을 막는 것(白圭之行堤也 塞其穴)"이라고 했는데, 그 이야기는 다음과 같다.

전국시대 초기 위(魏)나라의 백규(白圭)라는 사람은 홍수를 예방하는 데 큰 공적을 세웠는데, 그는 스스로 자기의 공로가 상고시대의 우(禹)를 능가한다고 자신했다.

전하는 바에 따르면 백규가 홍수를 방지할 때 쓴 방법은 주로 제방을 쌓고 제방에 뚫린 구멍들을 제때에 막는 것이었다.(➡ 이린위학 以隣爲壑 참조)

그는 자그마한 개미구멍이라 할지라도 놓치지 않고 수시로 막았다. 이 때문에 백규가 위나라의 재상으로 있는 동안 위나라에는 수재가 한 번도 일어나지 않았다.

큰 재난도 사소한 부주의에서 야기된다는 것은 말할 필요도 없다. 때문에 『한비자』에는 "천 길 제방 둑은 개미구멍에 의해 무너지고 백 척의 높은 집은 자그마한 연기 구멍에 의해 타 버린다.(千丈之堤 以螻蟻之穴潰 百尺之室 以突隙之烟焚)"고 하였다.

제궤의혈은 바로 한비자의 말에서 나온 성어인데, 삼국시대 위나라 사람인 응거(應)의 시에도 "작은 것이라 해서 어찌 삼가지 않으리요, 제방 둑도 개미구멍 때문에 무너지는 것을.(細微可不愼 堤潰自蟻穴)"이라는 구절이 보이고 있다.

제궤의혈은 의혈제궤 또는 제궤의공(堤潰蟻孔)이라고도 한다.

【용례】 "제궤의혈"이라더니 선친이 일궈 놓은 그 넓은 전답을 못난 자식놈이 도박에 미

쳐 다 거덜내다니. 네 아버지가 저승에서도 눈을 감지 못하시겠구나.

제대비우 齊大非耦

齊 : 제나라(제) **大**(대) : 큰(대)
非 : 아닐(비) **耦**: 짝·나란히 갈(우)

【뜻풀이】 언감생심(焉敢生心). 감히 바라지도 못하다.

【출전】『좌전·환공(桓公) 6년』조에 다음과 같은 이야기가 나온다.

춘추시대 초기 북방에 있던 산융국(山戎國)이 남하해서 제·연·정 등의 나라를 침범했는데, 당시 제나라는 대국이었음에도 불구하고 어떤 때는 산융국 군사들과 싸워 이길 수 없었다.

어느 날 산융국에서 또 제나라를 침범하자 제희공은 각국에 구원병을 청하였다. 이에 정나라에서는 태자 홀(忽)을 보내 돕게 했는데, 용감한 홀은 산융국 군사들을 단숨에 무찌르고 적군의 대장 대량과 소량을 사로잡는 등 커다란 전공을 세웠다. 이에 그전부터 태자 홀을 기특하게 여겨 오던 제희공은 그를 더욱 사랑하게 되었다.

제희공은 전부터 홀을 사위로 삼을 생각이 있어서 정나라에 청혼한 적이 있었다. 그때 홀은 "사람마다 다 맞는 배우자가 있는 법인즉 제나라는 너무 커서 그 나라 임금의 딸은 나의 배우자가 될 수 없다.(人各有耦 齊大 非我耦也)"고 하면서 거절하였다고 한다.

그런데 이번 싸움을 통해 제희공은 홀을 사위로 삼을 생각이 더욱 간절해져 다시 한 번 청혼하였다. 그러나 홀은 "내가 전에도 대답하지 않았는데 지금 어찌 대답할 수 있단 말인가? 내가 만일 제나라 임금의 딸을 아내로 맞아들인다면 남들은 내가 이번 싸움에서 용맹스럽게 싸운 것이 그 때문이라고 하면서 비웃을 것이다."라고 하면서 여전히 응하지 않았다.

제대비우는 바로 태자 홀의 "제대 비아우야(齊大 非我耦也)"라는 말이 줄어서 된 성어로, 권세나 명성이 높아 감히 배우자로 맞이할 수 없음을 일컫는 말이다. 그리고 경우에 따라서는 상대를 높이고 자신을 낮추는 말로 쓰이기도 하는데 풍자적 의미로 쓰일 때도 있다.

『설원·권모편(權謨篇)』에는 우가 우(偶)로 되어 있다.

【용례】 제 딸년은 아직 어린 나이라 아는 게 아무것도 없습니다. 그런 부족한 애를 며느리로 맞이하시겠다니 감사합니다만, "제대비우"니 생각할 시간을 좀 주십시오.

제포지의 綈袍之義

綈: 명주(제) **袍** : 솜옷(포)
之 : 어조사(지) **義** : 옳을(의)

【뜻풀이】 명주옷과 솜옷을 내준 의로움. 비록 허물은 있지만 의로운 행동을 한 것 때문에 그를 용서해 줄 때 쓰이는 성어다.

【출전】『사기·범수전(范雎傳)』에 다음과 같은 이야기가 나온다.

범수는 위(魏)나라에서 수가(須賈)의 휘하에서 부하로 있었다. 어느 날 수가와 함께 제(齊)나라에 사신으로 갔는데 제나라 임금이 사신인 수가는 무시하고 범수만 융숭하게 대접하자 질투심이 발동한 수가는 귀국하자마자 범수가 제나라와 내통하고 있다고 고발하였다.

위나라 임금은 그 말을 그대로 믿고 범수를 체포해 초주검이 되도록 매질을 하였다. 간신히 뇌물를 써서 살아난 그는 진(秦)나라로 달아나 이름도 장록(張祿)으로 고치고 살았다. 다행히 진나라 왕의 눈에 들어 그곳에서 그는 재상의 반열까지 올랐다.

세상이 변해 수가가 진나라에 도움을 청하고자 왔다. 어느 날 밤에 범수는 거지 몰골을 하고 수가를 찾았다. 수가는 깜짝 놀라며 범수의 손을 잡더니 말했다.

"아니 범수 아닌가. 죽은 줄로만 알았더니 살아 있었구먼. 이게 웬일인가. 그 동안 고생이 말이 아니었나 보네."

그러면서 그에게 명주옷과 솜옷 한 벌을 주었다.

다음 날 수가는 진나라 재상을 만나러 조정에 재상 관저로 들어갔다. 그런데 바로 전날의 범수가 재상 장록이 아닌가. 사태를 파악한 수가는 머리를 땅에 박고 사죄하였다. 범수가 말했다.

"그대의 잘못은 필설로 다 할 수 없을 정도로 크다. 하지만 어제 나에게 보여 준 온정을 생각해서 용서하겠다. 따져보면 그대가 아니었다면 나는 한낱 그대의 부하로 늙어 죽었을 것이다."

그리하여 수가는 진나라를 방문한 목적도 달성하고 목숨도 부지해서 고국으로 돌아갈 수 있었다. (➡ 애자필보睚眦必報 · 일한여차一寒如此 · 탁발난수擢髮難數 참조)

【용례】 네가 평소 한 소행을 생각하면 도저히 용서할 수 없지만, 그래도 겨울이면 양로원에 옷가지도 보내고 했다니, 그 "제포지의"를 생각해 용서해 주겠다.

조강지처 糟糠之妻

糟 : 지게미(조) **糠** : 겨(강)
之 : 어조사(지) **妻** : 아내(처)

【뜻풀이】 어렵고 힘들 때 함께 고생한 아내를 일컫는 말. 가난할 때 얻은 아내는 고생을 함께 나누며 살았기 때문에 나중에 부귀하게 되었다 해서 함부로 폄시해서는 안 된다는 뜻이다. 조(糟)나 강(糠)은 모두 술지게미로, 먹을 양식이 없어 대신 먹는 형편없는 음식을 말한다.

【출전】 『후한서 · 송홍전(宋弘傳)』에 다음과 같은 이야기가 전한다.

송홍은 광무제 때 사람으로 정직하고 온후한 성품으로 사람들의 존경을 받았다. 당시 광무제는 송홍에게 자기 곁에서 보좌해 줄 박식하고 재능 있는 사람을 추천하라고 하였다. 그러자 송홍은 그 자리에서 환담(桓譚)을 천거하면서 말했다.

"환담의 학문은 전한 때의 양웅(揚雄)이나 유향(劉向)과 견줄 만할 정도입니다. 그 사람 정도라면 폐하를 잘 보필할 수 있을 것입니다."

송홍의 말을 들은 광무제는 두말 않고 환담을 불러 사중(事中)에 발탁해서 자기 주변에서 정치를 돕도록 하였다. 그런데 환담은 궁중에서 연회가 열릴 때면 항상 정나라의 음악을 연주하게 하였다. 이 사실을 알게 된 송홍은 크게 화를 내며 환담을 불러 꾸짖었다.

"정나라의 음악은 음탕해서 예로부터 성현들도 듣기 꺼리던 음악인데 어찌 그런 음악을 황제께 들려 드리는가? 그것이 황제를 보필할 사람이 취할 수 있는 행동인가?"

그리고 송홍은 곧바로 입궐해서 광무제에게 사죄하며 말했다.

"제가 환담을 천거한 것은 그가 충성스러운 마음으로 황실을 바로잡기를 바랐기 때문이었습니다. 그런데 오늘날 궁중에서는 정성(鄭聲)을 즐겨 듣고, 그 소리가 끊이지 않으니 모두 저의 불찰입니다. 저를 처벌해 주십시오."

이 일로 해서 광무제는 환담을 파직시키게 되었고, 광무제는 더더욱 송홍의 사람됨에 탄복하게 되었다.

당시 광무제에게는 손위 누이인 호양공주(湖陽公主)가 있었는데, 과부였다. 광무제는 누이가 혼자 몸이 된 것을 안타깝게 여겨 은밀히 신하들 가운데 배필이 될 만한 사람을 물색하고 있었다.

한번은 광무제와 호양공주가 이야기를 나누던 중 신하들의 인품에 대해 거론하였는데, 그때 호양공주가 말했다.

"인품이나 기량, 어느 면으로 보아도 송공을 따를 사람이 없지요."

이 말을 들은 광무제는 누이의 마음을 눈치채고 조용히 송홍을 불러 물었다.

"속담에 이르기를, 사람이 지위가 높아지면 옛 친구를 버리고 지위가 높은 사람들을 사귀고자 하며, 부자가 되면 아내를 새로 바꾼다고 한다는데, 공도 그것이 인지상정(人之常情)이라고 여기시오?"

그러자 송홍이 정색을 하며 대답했다.

"신은 어려울 때 사귄 친구는 결코 잊어서는 안 되며, 함께 어려움을 겪은 아내는 세상이 어떻게 바뀌든 버려서는 안 된다고 들었습니다.(貧賤之交不可忘 糟糠之妻不下堂)"

그의 대답을 들은 광무제는 송홍의 뜻을 꺾을 수 없으리라 여기고 그에게 누이를 시집보내려던 계획을 포기하고 말았다.

【용례】 "조강지처"를 버리고 달아난 놈이 어딜 가면 잘되겠어. 지금은 신바람이 나 기고만장(氣高萬丈)하겠지만, 곧 눈에서 피눈물이 날 테니 두고보라구.

조도상금 操刀傷錦

操 : 다룰(조) **刀** : 칼(도)
傷 : 해칠(상) **錦** : 비단(금)

【뜻풀이】 칼을 다루다가 비단을 상하다. 무능한 사람에게 중요한 일을 맡겨 대사를 그르치게 하는 것을 비유하는 말이다.

【출전】『좌전·양공(襄公) 31년』조에 다음과 같은 이야기가 있다.

춘추시대의 소국인 정(鄭)나라는 대국인 초(楚)나라와 진(晉)나라 사이에 끼어 그 처지가 무척 난처했던 데다가 지배층 내부의 갈등으로 나라 형편이 매우 어지러웠다. 그러나 정간공대에 이르러 공손교〔公孫僑, 자산(子産)〕가 정치를 담당하면서부터 수십 년 동안 정치가 안정되고 대외적으로도 독립을 유지할 수 있었다. 그리하여 공손교는 역사적으로 높은 평가를 받았던 것이다.(▶ 포장화심包藏禍心·득기소재得其所哉 참조)

어느 날 자피(子皮)라는 신하가 윤하(尹何)라는 청년을 자기 봉읍지의 장관으로 내세우려 하자 자산은 그가 너무 어리고 능력도 없음을 알고 찬성하지 않았다. 그러나 자피는 차차 배우면 된다고 하면서 자신의 주장을 굽히지 않았다. 이에 자산은 정중하게 타일렀다.

"만약 대인께 한 필의 비단이 있다고 한다면 대인께서는 재단도 할 줄 모르는 사람에게 비단을 맡겨 그것으로 재단술을 배우라고는 하지 않을 것입니다. 하물며 국가의 영토나 주권을 아무것도 모르는 애송이에게 맡겨 함부로 다루게 하시겠습니까? 그래 하나의 성이나 하나의 지방이 대인의 비단 한 필보다 못하다는 말씀입니까?"

이렇게 해서 자피는 자산의 원대한 식견에 감탄한 나머지 그를 더욱 신임하고 지지했다는 것이다. 이 성어는 달리 미금학제(美錦學制)라고도 한다.

【용례】 신입 사원 훈련을 시키려면 걸맞은 대상을 가지고 시켜야지. 중앙 전산 처리 컴퓨터가 고장나 지금 전 지점이 업무 마비 상태라고. "조도상금"도 이런 조도상금이 또 어디 있겠나?

조령모개 朝令暮改

朝 : 아침(조) 令 : 명령할(명)
暮 : 저녁(모) 改 : 고칠(개)

【뜻풀이】 아침에 내린 법령을 저녁에 고치다. 정책이 일관성이 없어서 제대로 정착되기도 전에 뜯어고치는 한심한 작태를 말한다.

【출전】『한서·식화지(食貨志)』에 다음과 같은 이야기가 있다.

전한의 문제(文帝) 때 변방에서 충당할 식량이 부족해지자 곡식을 희사하고 이것을 변방까지 운송하는 사람에게 벼슬을 내리는 정책을 쓰게 되었다.

이 정책은 어사대부 조착(鼂錯)이 주장한 것으로 〈논귀속소(論貴粟疏)〉라는 글이 바로 그 주장을 담은 상소문이다. 성어 조령모개는 조조의 이 글 속에 있는 글귀 중 일부다.

그는 농가에서 과중한 노역과 세금으로 허덕이고 있는 실정을 논한 뒤 이렇게 말했다.

「또 사람을 보내고 맞으며 죽은 이의 장례를 치르고 병든 자를 문상하며 아이들을 돌보는 등 일들이 태산같이 힘들고 괴롭기가 이와 같습니다. 그런 와중에 홍수와 한발(旱魃)이 연이어져 흉년이 계속되고 관리들의 세금 독촉은 득달같으니 어찌 견딜 수 있겠습니까? 또 세금이나 부역에 관한 규정이 시시때때로 변해서 아침에 내린 명령을 저녁이면 고치는 현실입니다. 이런 가운데 품질이 좋은 양곡이 있는 사람은 반값에 내다 팔고, 없는 사람은 이자가 배가 되는 빚을 내서 세금을 충당하니 결국 빚에 찌들린 백성들은 전답을 내다 팔고 제 자식이나 손자까지 팔아 세금을 내고 생계를 꾸리는 지경에 처하게 되는 것입니다.

(又私自送往迎來 弔死問疾 養孤長幼在其中 勤苦如此 尙復被水旱之災 急政暴賦 賦斂不時 朝令而暮改 當具有者半賈而賣 亡者取倍稱之息 於是有賣田宅鬻子孫 以償責者矣)」

이 성어는 왕념손(王念孫)에 따르면 조령모득(朝令暮得)이라고 고쳐야 한다고 하는데, 그러면 "아침에 명령을 내리고 저녁에 이를 철회한다."는 뜻이 된다.

【용례】 무슨 놈의 법이 사람이 바뀔 때마다 달라지나. 이렇게 "조령모개"를 능사로 일삼다가는 민심이 어디로 갈지는 불 보듯 뻔한 거 아니겠어?

조로지위 朝露之危

朝 : 아침(조) 露 : 이슬(로)
之 : 어조사(지) 危 : 위태할(위)

【뜻풀이】 아침 이슬과 같은 위험이라는 뜻

으로, 너무나 절박한 위험에 처해서 생사가 불확실한 것을 비유한 말이다.

【출전】 『사기·상군열전(商君列傳)』에 다음과 같은 이야기가 나온다.

상앙(商鞅)은 위(衛)나라 사람으로, 젊어서부터 형사법령(刑事法令)에 관한 이론을 공부하기 좋아했다.

위(魏)나라의 재상 공숙좌(公叔座)를 섬겨 중서자(中庶子)가 되었다. 공숙좌는 그가 현명하다는 것을 알았지만, 왕에게 추천하기 전에 그만 병에 걸렸다. 병상에서 공숙좌는 위나라 혜왕(惠王)에게 상앙을 중용할 것을 진언했지만, 왕은 대답하지 않았다.

그래서 공숙좌는 측근을 물리치고 다시 말했다.

"만일 상앙을 등용하지 않으시겠다면 없애버리십시오. 결코 남의 나라로 가게 해서는 안 됩니다."

왕은 고개를 끄덕였다. 왕이 나간 뒤 공숙좌는 상앙을 불렀다. 공숙좌는 왕과의 대화를 전하고 달아날 것을 권했다. 그러자 상앙은 웃으며 이렇게 말했다.

"왕은 재상의 말씀을 듣지 않을 겁니다."

과연 왕은 그를 체포하지도 않았고, 공숙좌는 병으로 죽었다. 그때 상앙은 진(秦)나라의 효공(孝公)이 널리 천하의 인재를 구하고 있다고 해서 진나라로 갔다. 효공을 만난 상앙은 그를 설득하였고, 효공은 상앙을 좌서장(左庶長)에 기용하였다.

여기서 상앙은 개혁 정치를 확고하게 펼쳐나갔다. 그러면서 이목지신(移木之信)(▶ 참조)과 같은 방법을 통해 백성들의 신뢰를 얻는 한편 법의 개혁을 추진했고 성공을 거두었다.

이렇게 새 법을 시행한 지 10년이 지나자, 진나라 군대는 막강해졌고 국가의 재정은 튼실해졌다. 상앙 또한 재상으로서 상(商)과 어(於) 두 땅을 봉지(封地)로 받아 상군으로 불렸다. 그러나 너무 엄정한 법의 적용으로 인해 상앙은 많은 귀족과 대신들로부터 원망을 샀다. 어느 날 조량(趙良)이라는 사람이 그에게 충고하면서 말했다.

"덕에 기대는 자는 일어나고 힘에 기대는 자는 망한다고 했습니다. 지금 상황에서 그대의 목숨이 위태롭기는 마치 아침에 맺힌 이슬과 같습니다. 그러면서 수명을 늘려 오래 살고 싶으십니까? 빨리 위기에 대비하십시오. (恃德者昌 恃力者亡 君之危若朝露 尙將欲延年益壽乎)"

그러나 상앙은 이 말을 깊이 새기지 않았다. 과연 혜문왕(惠文王)이 즉위하자, 많은 귀족과 신하들이 상앙이 모반을 꾸미고 있다며 서슴없이 무고했다. 위기를 느낀 상앙은 위(魏)나라로 달아났지만, 도중에 잡혀 진나라로 돌아와 죽임을 당하고 말았다.(▶ 작법자폐作法自斃 참조)

【용례】 남의 돈을 빌려 가지고 장사를 하면 제대로 자기 뜻대로 사업을 할 수 없게 된다. 실패에 대한 두려움 때문에 위축되니 위험하기가 "조로지위"다.

조맹지소귀 조맹능천지
趙孟之所貴 趙孟能賤之

趙 : 조나라(조) 孟 : 맏(맹)
之 : 어조사(지) 所 : 바(소)
貴 : 귀할(귀) 能 : 능할(능)
賤 : 천할(천)

【뜻풀이】 조맹에 의해 출세한 사람은 그에

의해 몰락할 수도 있다. 남의 힘을 빌려 성공한 사람은 그의 힘에 의해서 실패할 수도 있으니 조심해야 한다는 말이다.

이 말은 크게 보면 권력이나 벼슬도 결국 득의하여 오르는 날이 있으면 좌절해서 떨어지는 날도 있으니 뜬구름처럼 허망하다는 말도 된다.

【출전】『맹자·고자장구(告子章句)』 상편에 다음과 같은 말이 있다.

「맹자가 말했다.

"귀하고자 하는 것은 사람의 똑같은 마음이다. 사람마다 자신에게 귀한 것이 있는데 생각하지 않아서 모를 뿐이다. 남이 귀하게 만든 것은 진정으로 귀한 것이 아니다. 조맹이 귀하게 해준 것은 조맹이 능히 천하게 만들 수도 있다. 『시경』에 이런 구절이 있다.

'이미 술로 취하고 이미 덕으로 충족되었다.'

이것은 어짊과 의로움으로 충족된 것을 말하는 것이다. 이 때문에 남의 고량진미(膏粱珍味)를 원하지 않는 것이다. 좋은 명성과 넓은 명예가 몸에 베풀어져 있으니 때문에 남이 문장으로 꾸미는 것을 원하지 않는 것이다."

(孟子曰 欲貴者 人之同心也 人人有貴於己者 弗思耳 人之所貴者 非良貴也 趙孟之所貴 趙孟能賤之 詩云 旣醉以酒 旣飽以德 言飽乎仁義也 所以不願人之膏粱之味也 令聞廣譽施於身 所以不願人之文繡也)」

맹자가 사용하고 있는 양(良)은 중요한 의미를 담고 있다. 그는 양지양능(良知良能)이라 해서 하늘이 내려 준 고유한 앎과 태어나면서부터 저절로 터득한 능력을 이렇게 불렀다.

물론 그런 품성이 좋은 것임에는 틀림없지만 그것은 어떤 기준 아래서 보니 좋다는 비교의 차원은 아니다.

절대적인 좋은 것으로서 양을 말하고 있다. 따라서 여기서 말하는 양귀(良貴)도 누구에 의해 주어진 귀함이 아니라 태어나면서 선험적으로 받은 귀한 것을 말하고 있다고 해야 옳을 것이다.

이런 참된 귀한 것을 잊고 남이 주는 명예와 이익만 귀하다고 보는 세태를 맹자는 비유적으로 비판하고 있다.

【용례】 자네의 건강하고 어린아이 같은 순진한 마음이 정말 부럽군. 돈 많고 지위가 높으면 뭘 하나? "조맹지소귀 조맹능천지"야. 결국 언젠가는 스러질 것이지만 자네의 그 순수한 마음은 아마 영원한 자산일 거야.

조명시리 朝名市利

朝 : 조정(조) 名 : 이름(명)
市 : 저자(시) 利 : 이익(리)

【뜻풀이】 명예는 조정에서 다투고 이익은 시장에서 다툰다. 무슨 일을 하든 때와 장소를 가려 해야 한다는 말이다.

【출전】『전국책·진책(秦策)』에 다음과 같은 이야기가 있다.

진나라 혜문왕(惠文王) 때의 일이다. 그때 조정에는 모사(謀士)로 사마착(司馬錯)과 장의(張儀)가 있었다. 사마조가 조정 회의에서 앞으로의 국정에 대해 건의하였다.

"남쪽 촉(蜀) 지방을 정벌하면 국토도 넓어지고 백성들은 풍족해질 것입니다. 그러니 이런 일거양득(一擧兩得)의 기회를 놓쳐서는 안 될 것입니다."

그러나 장의의 견해는 달랐다.

"그깟 황량한 남쪽 지방이 무슨 대수겠습니까? 우리 진나라는 먼저 위(魏)나라, 초(楚)

나라와 국교를 맺은 뒤 서쪽으로 한(韓)나라를 치고 들어가야 할 것입니다.

그러면 주(周)나라는 스스로 구정(九鼎)을 들고 나와 우리의 보호를 요청할 것입니다. 이렇게 천자를 끼고 천하에 호령한다면 누가 감히 우리에게 반기를 들겠습니까?

속담에 이런 말이 있습니다. '명예는 조정에서 다투고 이익은 시장에서 다투라.'

지금 한나라의 삼천(三川) 지방은 천하의 시장이고, 주나라는 천하의 조정입니다. 이런 요충지를 버리고 촉을 공격한다는 것은 어리석은 일이라 생각합니다."

그러나 장의의 건의는 받아들여지지 않았고, 진나라는 촉을 공격해 영토를 넓히는 일에 주력하였다.

【용례】 명예는 조정에서 다투고 이익은 시장에서 다투라("조명시리")는 말이 있네. 그런데 지금 여기가 어디라고 장사치나 떠들 그런 말을 함부로 내뱉는 겐가?

조문도석사가의
朝聞道夕死可矣

朝 : 아침(조) **聞** : 들을(문) **道** : 길(도)
夕 : 저녁(석) **死** : 죽을(사)
可 : 옳을(가) **矣** : 어조사(의)

【뜻풀이】 아침에 도를 들으면 저녁에 죽어도 좋다.

【출전】 이 성어는 『논어·이인편(里仁篇)』에 나온다.

우주 만물 삼라만상(森羅萬象)이 모두 밟아야 할 길이라는 뜻에서 이름 붙여진 도(道)는 동양 철학 사상의 가장 중추적인 개념으로 정립되어 있었다. 공자 역시 인(仁)과 더불어 그 인을 실천할 방법으로서 도를 가슴 깊이 새길 것을 항상 강조하였다.

아침에 도를 들으면 저녁에 죽어도 좋다고 강변할 만큼 공자는 도에 대한 절대적인 믿음이 있었던 것이고, 이는 곧 공자와 그의 철학을 계승한 제자들의 가치관과 세계관의 일단을 보여 주는 측면이기도 하다.

죽음보다는 살아서 무엇을 할 것인가에 더 관심이 많았고, 한 개인의 덕성은 곧 그 사회를 지지하는 기반이 된다고 역설했던 공자는 개인의 윤리적이고 인격적인 수양뿐 아니라 개인과 개인, 사회와 사회, 집단과 집단 사이의 화해와 공존의 지향을 항상 부르짖었다.

그 같은 결과는 바로 깊은 자발적인 덕성의 실천에서 비롯되며 이 덕성이 완성되는 순간, 즉 도를 듣는 순간은 개인과 사회의 상보적인 완성이 이룩되는 순간이기도 한 것이다.

참된 의식, 떳떳하고 당당한 삶, 굳건한 의지, 이 모든 것은 바로 도를 실천하면서 이를 완성하는 곳에서 출발하는 것이며, 이같이 당당한 확신 아래 진행되고 완성되는 일은 설혹 실패가 오더라도 그 자체로 당위를 지니는 것이다. 때문에 공자는 두려움 없이 도의 성취를 위해 매진하기를 이런 구절을 통해 후학들에게 일러 주었던 것이다.

이 구절의 해석은 그 동안 크게 두 갈래로 정리되어 왔다. 하나는 위(魏)나라의 하경(何景)이라는 사람을 대표로 하는 『논어고주(論語古註)』에 따른 해석이다. 즉, 아침에 도가 행해지고 있다는 말을 들을 수 있다면 당장 저녁에 죽어도 여한이 없겠다는 말이 늙어 기력이 쇠한 공자의 입에서 한숨처럼 새어 나왔다는 주장이다. 다소 자조적(自嘲的)인 발언으로 이 구절을 풀이하고 있다.

다른 하나는 남송 때의 주희(朱熹)가 말한 『논어집주(論語集註)』에 실린 설이다. 즉, 아침에 도리를 깨달으면 그것으로써 학문을 하는 목적을 이룬 것이니, 저녁에 죽는다 해도 유감이 없다는 식의 해석이다. 이는 학문을 도야하는 사람의 정열을 토로하는 입장에서 풀이한 것이다.

【용례】 "조문도면 석사가의"랬는데, 내가 공부를 시작한 지도 어느 새 10년이 넘었군. 그런데 아직 문도는커녕 도의 그림자도 구경을 못 했으니, 남 보기 부끄럽구먼.

조삼모사 朝三暮四

朝 : 아침(조) **三** : 석(삼)
暮 : 저녁(모) **四** : 넉(사)

【뜻풀이】 이랬다 저랬다 자주 변덕이 심한 것을 일컫는 말이다. 또는 교묘한 수단으로 남을 속이는 것을 일컫기도 한다. 조변석개(朝變夕改)라고도 한다.

【출전】 『장자 · 제물론(齊物論)』에 다음과 같은 이야기가 있다.

송나라 때 원숭이를 기르는 저공(狙公, 저는 원숭이의 일종)이라는 늙은이가 있었다. 그는 밤낮 원숭이들과 같이 살았기 때문에 원숭이들의 습성을 손금 보듯이 잘 알았다고 하는데 원숭이들 역시 그의 말은 다 알아들을 정도였다.

저공은 원숭이들이 밤을 잘 먹는다는 것을 알고 매일 아침저녁으로 밤을 먹였는데, 살림이 부유하지 못한 저공으로서는 자못 힘에 겨운 일이었다. 그리하여 저공은 밤의 수량을 줄이기로 작정하고 꾀를 생각해 내게 되었다.

어느 날 아침에 저공은 원숭이들을 보고 "이제부터는 밤을 아침에 세 알씩 주고 저녁에 네 알씩 주려 하는데 어떠냐?"고 물었다. 그랬더니 원숭이들은 마구 떠들어대면서 매우 불만족스러워하는 것이었다.

"그렇다면 아침에 네 알씩 주고 저녁에 세 알씩 주면 어떠냐?"고 저공이 다시 물으니 원숭이들은 기뻐서 어쩔 줄 모르더라는 것이다.

여기에서 "아침에 세 알 저녁에 네 알(朝三暮四)"이나 "아침에 네 알 저녁에 세 알(朝四暮三)"은 결국 같은 수량으로, 저공이 원숭이들을 꾀는 수단에 불과했지만, 소견이 좁고 눈앞의 이익만 추구하는 원숭이들은 아침에 한 알 더 주는 것을 달갑게 생각했던 것이다.

이와 같이 조삼모사라는 성어는 원래 교묘한 술수를 일컫는 것이었는데, 오늘날에는 변덕스럽게 마음이 자주 바뀌는 것을 비유하는 말로도 많이 쓰이고 있다.

【용례】 어린애들을 상대로 그런 "조삼모사"하는 사기술을 써먹다니, 네가 사람이냐 짐승이냐.

조수불가여동군 鳥獸不可與同群

鳥 : 새(조) **獸** : 짐승(수) **不** : 아닐(불)
可 : 옳을(가) **與** : 더불어(여)
同 : 같을(동) **群** : 무리(군)

【뜻풀이】 새와 길짐승과는 함께 벗하며 무리지어 살 수는 없다. 서로 생각이 다른 사람과는 어떤 일을 도모할 수 없다는 말이다.

【출전】 『논어 · 미자편(微子篇)』에 다음과 같은 이야기가 나온다.

「장저와 걸닉이 함께 밭을 갈고 있었는데, 공자가 그곳을 지나가게 되었다. 이때 공자가 자로를 시켜 나루터가 어디 있는지 물어보게 하였다. 자로가 가서 장저에게 물었다.

이에 장저가 말했다.

"저기 수레를 잡고 있는 것은 누구를 위해서인가?"

"공구를 위해서입니다."

"저 사람이 노나라의 공구인가?"

"예, 그렇습니다."

"그렇다면 그는 나루터가 어디 있는지 알 걸세."

이번에는 걸닉에게 물어보았다. 걸닉이 말했다.

"자네는 누군가?"

"중유라고 합니다."

"그렇다면 노나라 공구의 무리인가?"

"그렇습니다."

"도도하게 흘러가는데 천하가 모두 이러하다. 그러니 누구와 더불어 바꾸자는 것인가? 또 그대도 사람을 피하는 선비를 따르는 것이 세상을 피하는 선비를 따르는 것만은 못할 것이다."

그런 뒤 씨앗을 덮는 일을 쉬지 않고 계속하였다. 자로가 돌아와서 두 사람과 나눈 대화를 공자에게 말했다. 공자는 안타까운 듯이 잠시 서 있더니 말했다.

"새와 길짐승과는 서로 무리지어 함께 살 수 없는 법이다. 내가 이 사람의 무리와 더불지 않고 누구와 더불어 있으란 말인가? 천하에 도가 있으면 나도 더 이상 바꾸려고 하지 않을 것이다."

(長沮桀溺 耦而耕 孔子過之 使子路問津焉 長沮曰 夫執輿者爲誰 子路曰 爲孔丘曰是魯孔丘與 曰是也 曰是知津矣 問於桀溺 桀溺曰子爲誰 曰爲仲由 曰是魯孔丘之徒與 對曰然 曰滔滔者天下皆是也 而誰以易之 且而與其從辟人之士也 豈若從辟 世之士哉 而不輟 子路行 以告 夫子憮然曰 鳥獸不可與同群 吾非斯人之徒與而誰與 天下有道 丘不與易也)」

장저와 걸닉이 자로에게 한 말은 물론 이미 개혁의 여지가 없는 세상을 두고 고심하는 공자에 대한 연민에서 비롯되었을 것이다.

이런 사실을 누구보다도 공자가 가장 잘 알고 있었다. 천하에 도가 미만해서 실천되는 날이 가까운 장래에 오지 않는다고 해도 그런 세상이 오도록 힘쓰는 노력까지 포기할 수는 없다는 것이다. 이 때문에 공자는 늘 외로운 선지자로 자리할 수밖에 없었다.

여기서 나온 "나루터를 묻는다."는 뜻의 문진(問津)은 이후 진리의 소재를 묻는 일을 비유하는 말이 되었다. 그리고 그 물음에 대한 답변을 들은 것을 문명(聞命)이라고 한다.

【용례】 역사책을 읽어 보니 "조수불가여동군"하여 죽임을 당한 사람이 참으로 많았군요.

조여청사모성설
朝如靑絲暮成雪

朝 : 아침·조정(조) **如** : 같을(여)
靑 : 푸를(청) **絲** : 실(사)
暮 : 저녁(모) **成** : 이룰(성) **雪** : 눈(설)

【뜻풀이】 아침에 푸른 실 같던 머리털이 저녁이면 흰 눈이 덮인 듯 하얗다.

세월이 무심하게 빨리 흘러 어느덧 말년이 다가온 것을 한탄할 때 쓰는 말이다. 때로는 세상 인심이나 풍광이 급속도로 변하는 것을 비유할 때도 쓰인다.

【출전】 당나라 시인 이백(李白, 701~762)의 〈장진주(將進酒)〉에 나오는 시구다. 다음은 이 시의 전문이다.

「그대는 보지 못했는가?
　황하의 물이 하늘에서 내려와
　질탕하게 바다에 이르면 다시 오지 못하는 것을.
　또 보지 못했는가?
　고대광실 밝은 거울에 비친 슬픈 백발도
　아침에는 푸른 실이었는데 저녁 되자 눈이 덮였네.
　세상살이 뜻을 얻었을 때 모름지기 즐겨야지
　금빛 술잔이 하릴없이 달빛을 맞게 두어서는 안 되네.
　하늘이 내게 재주를 주었으니 반드시 쓰일 것이요,
　천금도 다 써 버리면 다시 모일 것이네.
　양을 삶고 소를 잡아 또 즐거움을 누리세
　마신다면 모름지기 3백 잔은 들어야지.
　잠삼(岑參) 선생과 원단구(元丹丘) 아저씨
　술잔을 올리노니 그대는 멈추지 마시게.
　그대에게 노래 한 자락 올리려는데
　청컨대 나를 위해 귀 기울여 주시게.
　종과 솥 같은 그릇붙이나 옥과 비단 같은 옷가지의 호화스러움이 무에 귀하겠는가
　다만 마음껏 취해 다시 깨지 않기를 바라노라.
　예로부터 내려온 성현들 자취 모두 적막하지만
　오로지 주당들 이름은 지금도 입에 오르내리지.
　진왕은 옛날에 평락관에서 잔치를 열면서
　한 말에 만 냥 돈을 쓰면서 하냥 즐겼다네.
　주인은 무엇 때문에 돈이 적다 걱정하는가?
　곧 술을 받아 와 그대에게 잔을 치리라.
　오화의 말, 천금의 가죽옷
　아이 불러 내다 팔고 술로 바꾸게 하라
　그대와 함께 만고의 시름을 술로 씻어 내리라.
　君不見
　黃河之水天上來
　奔流到海不復廻
　又不見
　高堂明鏡悲白髮
　朝如靑絲暮成雪
　人生得意須盡懽
　莫使金罇空對月
　天生我才必有用
　千金散盡還復來
　烹羊宰牛且爲樂
　會須一飮三百杯
　岑夫子丹丘生
　進酒君莫停
　與君歌一曲
　請君爲我側耳聽
　鍾鼎玉帛不足貴
　但願長醉不願醒
　古來聖賢皆寂寞
　惟有飮者留其名
　陳王昔日宴平樂
　斗酒十千恣歡謔
　主人何爲言少錢
　且須沽取對君酌
　五花馬千金裘
　呼兒將出換美酒
　與爾同銷萬古愁」

이백의 시풍은 대단히 낭만적이면서 삶의 애환을 비극적이기보다는 낙천적으로 해석하는 경향을 띠는데, 이 작품에서도 그 같은

취향을 읽을 수 있다.

그가 기울이는 술잔은 세상의 풍상에 지쳐 이를 달래는 회한(懷恨)만은 아니다. 오히려 짧은 삶을 사는 동안에 이를 마음껏 즐기자는 다소 우울하면서도 유쾌한 정서가 해학적으로 처리되어 있다.

조선시대의 풍류 시인인 정철(鄭澈)이 남긴 사설시조(辭說時調) 〈장진주〉와 비교해서 읽으면 더욱 시의 맛을 느낄 수 있을 것이다.

「ᄒᆞᆫ 盞 먹새근여 ᄯᅩ ᄒᆞᆫ 盞 먹새근여 곳 것거 算 노코 無盡無盡 먹새근여

이 몸 주근 後면 지게 우ᄒᆡ 거적 더퍼 주리혀 ᄆᆡ여 가나 流蘇寶帳의 萬人이 우러 녜나 어욱새 속새 덥가나모 白楊 수페 가기곳 가면 누른 ᄒᆡ 흰 ᄃᆞᆯ ᄀᆞᄂᆞᆫ 비 굴근 눈 쇼쇼리 ᄇᆞ람 불 제 뉘 ᄒᆞᆫ 盞 먹쟈ᄒᆞᆯ고

ᄒᆞ믈며 무덤 우ᄒᆡ 진나비 ᄑᆞ람 불 제 뉘우ᄎᆞᆫ들 엇더리.」

【용례】 입사한 지 30년 동안 줄창 앞만 보고 달려왔는데 어느새 정년이라니 정말 감회가 새롭습니다. 젊은 혈기로 내달렸던 제가 "조여청사모성설"이랄까요, 어느새 반백이 희끗희끗한 노년에 접어들게 되었습니다.

조이불망 釣而不網

釣 : 낚시할(조)　而 : 어조사(이)
不 : 아닐(불)　網 : 그물(망)

【뜻풀이】 낚시는 드리우지만 그물질하지는 않는다. 자신에게 필요한 양만 취할 뿐 더 이상의 욕심은 부리지 않는다는 말이다.

【출전】 『논어·술이편(述而篇)』에 다음과 같은 말이 있다.

"공자께서는 낚시질은 하셨지만 그물질은 하지 않으셨고, 주살질은 하시되 잠자는 새를 쏘지는 않으셨다.(子 釣而不綱 弋不射宿)"

이에 대하여 홍씨(洪氏)가 이렇게 해설하였다.

"공자는 젊었을 때 가난해서 부모님을 봉양하고 조상의 제사에 올릴 제수를 마련하기 위해 때로 마지못해 낚시질이나 주살질을 했다. 그러나 그물을 가지고 물고기를 모조리 잡거나 잠자는 새를 쏘아 잡지는 않았다. 이는 뜻밖의 일로 나오는 것은 하지 않은 것이니, 성인께서 사물을 대하는 마음밭을 볼 수 있다. 미물을 대하는 데에도 이와 같았으니 하물며 사람을 대할 때는 어떠했는지 짐작할 수 있다."

생물을 죽이지 않는 것이 가장 좋겠지만 부득이해서 해칠 때에도 필요한 정도만 취하지 그 이상을 원하지 않는 마음, 여기에서 군자와 소인의 차이는 비롯된다. 하늘의 이치를 받아 태어난 것은 동일하기에 그 생명의 가치 역시 동일한 것이다.

우리나라 화랑(花郎)의 세속오계(世俗五戒)에 살생유택(殺生有擇)이 있는 것도 그런 정신과 일치하는 점이 있다.

【용례】 이번 일이 성사되어 귀하에게 큰 도움이 된 것은 저 역시 기쁘게 생각합니다. 그러나 그에 대해 주신 사례는 과분한 것입니다. "조이불망"하는 자세를 감히 흉내 낼 주변은 못 됩니다만 삼가 거절하니 양해하시기 바랍니다.

조장 助長

→ 알묘조장 揠苗助長

조조삼소 曹操三笑

曹 : 성(조) 操 : 잡을(조)
三 : 석(삼) 笑 : 웃을(소)

【뜻풀이】 조조가 세 번 웃다. 곧 닥칠 재앙을 알지 못하고 교만에 빠져 분수를 모르는 것을 비유하는 말이다.

【출전】 『삼국지연의(三國志演義)』에 다음과 같은 이야기가 나온다.

83만 대군을 이끌고 오(吳)나라를 정벌하려던 조조(曹操)가 적벽대전에서 참패를 당한 뒤의 일이다. 겨우 1천 명의 군사를 이끌고 퇴각하던 조조가 새벽녘에 숲이 울창하고 지형이 험한 길을 지나가게 되었다. 그때 조조가 갑자기 크게 웃어댔다.

"승상께서는 뭐가 좋아 웃으십니까?"

측근이 의아하게 묻자 조조가 대답했다.

"주유(周瑜)와 제갈량(諸葛亮)의 지혜 없음을 비웃는 것이다. 이런 곳에 군사를 매복시켰더라면 우리는 영락없이 사잣밥을 먹었을 것이야."

그 말이 채 끝나기도 전에 숲 속에서 조운(趙雲)이 튀어나왔다. 부리나케 달아나던 조조는 길목에서 잠시 쉬었는데, 역시 크게 웃는 것이었다.

"나 같으면 이곳에 미리 매복군을 숨겼을 것이야."

그러자 이번에는 장비(張飛)가 달려나왔다. 가까스로 목숨을 건진 조조는 50리를 도망쳤다. 지친 병사들과 잠시 쉬던 그가 또 한번 주유와 제갈량이 무능하다며 크게 웃었다. 그랬더니 이번에는 관우(關羽)가 나타나 우렁차게 호령하며 창을 휘둘렀다. 이런 천신만고(千辛萬苦) 끝에 조조는 겨우 목숨만 부지한 채 달아날 수 있었다.(➡ 진인사대천명盡人事待天命 참조)

이 이야기에서 조조삼소란 성어가 나왔다. 상대방을 얕잡아 보고 비웃다가 큰 화를 당하는 것을 비유한다.

【용례】 커닝할 준비를 다해 놨다며 "조조삼소"하더니 시험관이 아예 교실을 바꿔 버렸다더군. 열심히 공부해서 성적을 받을 생각은 안 하더니 자업자득(自業自得)이다.

조주위학 助紂爲虐

助 : 도울(조) 紂 : 주임금(주)
爲 : 할 · 될(위) 虐 : 잔학할(학)

【뜻풀이】 주를 도와 포학한 일을 저지르다. 나쁜 사람을 도와 나쁜 짓을 방조(傍助)하는 것을 비유하는 말이다.

【출전】 『맹자 · 등문공장구(滕文公章句)』 하편에 보면 "주공이 무왕을 도와서 주임금을 죽이고 엄을 정벌했다.(周公相武王 誅紂伐奄)"는 기사가 나오는데, 이에 대해 주희가 주석을 달면서 "엄은 동방에 있던 나라로 주임금을 도와 학정을 일삼았다.(奄 東方之國 助紂爲虐者也)"고 풀이하였다.

상(商)나라 말기의 임금 주(紂)는 역사상 보기 드문 혼군(昏君)이자 폭군으로, 그의 악행에 관한 전설은 이루 다 헤아릴 수 없을 지경이다. 예컨대 그가 조가(朝歌)에 녹대(鹿臺)니 경궁이니 경실이니 하며 지어 놓은 놀이터만 해도 얼마인지 알 수 없는데, 녹대 하나만 건조하는 데 7년이 걸렸다 하니 백성들을 얼마나 괴롭혔는가를 족히 알 수 있다.

그렇다고 누가 한 마디라도 간언을 하면 영

ㅈ

락없이 옥에 집어넣어 형벌을 내리고 목숨을 빼앗곤 하였다. 쇠꼬챙이를 불에 달구어 사람을 지져 죽이는 포락(炮烙)이라는 형벌도 바로 이때에 나온 것이다.

어느 날 주의 아우인 비간(比干)이 보다 못해 임금의 잘못을 말해 주었더니 주는 그의 배를 가르고 심장을 도려내게 했다. 그리고 한번은 구후라는 사람의 딸이 그의 첩이 되기를 원하지 않는다고 해서 그 자리에서 죽여 버렸으며 구후까지 쳐서 죽였다.

이 소문을 들은 서백〔西伯, 문왕(文王)〕이 너무 기가 막혀 말을 못 하고 한숨을 지었더니 간신 숭후호가 고발하는 바람에 역시 가차없이 투옥되어 봉변을 당했다고 한다.

보는 바와 같이 주는 이토록 악랄한 폭군이었기 때문에 3천여 년을 내려오면서 사람들은 그를 악인의 전형으로 간주하였으며 또 간신 숭후호처럼 나쁜 놈을 도와 나쁜 짓을 일삼는 것을 가리켜 조주위학이라고 하게 되었다.

하(夏)나라 말년의 임금 걸(桀) 역시 보기 드문 폭군이어서 사람들은 조주위학을 조걸위학(助桀爲虐)이라고도 하였다. 『사기』의 〈전단전찬(田單傳贊)〉이나 〈유후세가〉에 모두 조걸위학이라는 말이 나오고 있다.

『사기·유후세가(留侯世家)』의 기록에 따르면 유방(劉邦)이 진나라 서울 함양(咸陽)을 공략한 뒤 화려한 궁궐과 수많은 궁녀 및 보물 등에 마음이 동하기 시작할 때 장수 번쾌(樊噲)가 나서서 말리자 유방은 매우 불쾌하게 생각했다고 한다.

이때 장량(張良)이 나서서 "지금 주공께서 진나라 궁궐에 들어오게 된 것은 진왕이 포악했기 때문이올시다. 만일 주공께서 지금 향락과 사치를 추구한다면 걸을 도와 나쁜 짓을 하는 것과 무엇이 다르겠습니까? 번쾌의 말은 충언이올시다. 충언이 귀에는 거슬려도 행실에 이롭고 좋은 약이 입에는 써도 병에 이로운 겁니다.(忠言逆於耳 而利於行 良藥苦於口 而利於病) 번쾌의 말을 따르십시오." 하고 말했다.(➡ 약법삼장約法三章 참조)

이래서 충언과 양약이 여차여차하다는 말도 성어가 되었는데 후에 양약고구 이어병 충언역이 이어행(良藥苦口 利於病 忠言逆耳 利於行)으로 되었으며 더 줄어서 양약고구 충언역이가 되었다. 그리고 어떤 사람은 충언을 가리켜 역이지언(逆耳之言)이라고도 한다.

【용례】 자네는 시키는 대로 했으니 아무 죄도 없다고 말하지만, "조주위학"이야. 나쁜 사람을 도와 나쁜 짓을 하도록 했으니, 그 죄도 나을 게 없어.

종남첩경 終南捷徑

終 : 끝(종) 南 : 남녘(남)
捷 : 빠를(첩) 徑 : 길(경)

【뜻풀이】 종남산(終南山)은 관리가 되는 지름길이다. 오늘날 이 성어를 사용할 때는 반드시 관리가 되려는 방법에만 국한되지 않고 어떤 목적에 다다르기 위한 편법적인 수단을 말한다. 그리고 이 성어는 원래 풍자적으로 쓰이기 때문에 정직한 사람이나 도리에 맞는 일에는 비유로 들 수 없다.

성당(盛唐)은 사회적으로나 문화적으로 대단히 풍요를 구가하던 시대였지만 그 가운데에서도 좌절을 맛보고 세상을 혐오하거나 불교나 도교의 영향으로 자연에 은거해서 현실을 도피하고 개인의 초탈을 추구하는 사람도 많았다.

그래서 문학적으로 이를 주제로 한 전원시(田園詩)가 한 유파를 이루기도 하였다. 그 결과 많은 유능한 사람들이 은둔 생활을 즐기면서 벼슬하기를 기피했다. 그러나 조정에서는 이렇게 세속적인 욕심이 없고 마음이 깨끗한 사람들을 초빙하려고 노력하였다.

이에 따라 당시 사람들은 과거와 은거를 정치 무대로 나서는 두 갈래 길로 삼게 되어, 벼슬을 하고자 하는 사람들이 산림에 은거했다가 이름이 알려지면 관리들이 찾아와 모셔가는 풍조가 형성되었다.

【출전】『신당서 · 노장용전(盧藏用傳)』에 다음과 같은 이야기가 실려 있다.

노장용이라는 선비가 있었는데, 그는 진사 시험에 합격한 다음 조정에서 관리로 활동하고 싶어 했다. 그러나 자신의 실력으로는 대과를 치러 합격해서 관직에 오르기란 지극히 어려운 일이었다.

그래서 그는 시대의 조류에 따라 일단 한 발 뒤로 물러섰다가 다시 관계로 나가는 편법을 쓰기로 하고 의도적으로 장안 부근의 종남산에 가 은둔하였다.

이렇게 은거한 뒤 얼마간의 세월이 지나자 노장용의 명성은 장안 귀족층의 관심을 끌게 되었고, 오래지 않아 조정에 초빙되어 좌습유(左拾遺)라는 벼슬에 나가게 되었다.

그 뒤 사마승정(司馬承政)이라는 사람이 종남산(終南山)에 은둔했는데, 조정에서는 그가 현인이라는 소문을 듣고 그를 초빙하려고 했다. 그러나 그는 진실로 벼슬에 뜻이 없는 사람이었기 때문에 관직을 거절하고 장안에 며칠 머물고는 다시 산으로 돌아가려고 하였다.

그때 노장용이 그를 성 밖까지 배웅하게 되었다. 노장용은 함께 길을 걸으면서 멀리 보이는 종남산을 가리키며 사마승정에게 말했다.

"참 좋은 산이지요?"

그러자 사마승정은 빙그레 웃으면서 대꾸하였다.

"내가 보기에는 종남산은 관리가 되는 지름길일 뿐이지요.(以僕視之 仕宦之捷徑耳)"

노장용은 이 말이 자기를 비꼬는 말인 줄 알고 속으로 몹시 화가 났지만 어쩔 도리가 없었다.

【용례】 정의로운 법 집행을 실현하기 위해 고시 준비를 하는 사람이 몇이나 되겠나? 출세할 수 있는 "종남첩경"으로 너나없이 달려드니, 그런 작자들이 뭘 잘하겠어.

종선여등 종악여붕
從善如登 從惡如崩

從 : 좇을(종) 善 : 착할(선)
如 : 같을(여) 登 : 오를(등)
惡 : 악할(악) 崩 : 무너질(붕)

【뜻풀이】 옳은 길로 나아가 발전하기는 산을 오르는 것처럼 어렵지만 나쁜 길로 나아가 타락하기는 눈사태가 무너지듯 순식간이라는 뜻이다.

【출전】『국어 · 주어(周語)』하편에 다음과 같은 이야기가 있다.

춘추시대 말기의 일이었다. 주경왕(周敬王)의 아들 조(朝)가 반란을 일으켜 낙읍(洛邑, 오늘날의 하남성 낙양시 서쪽)을 점령하자 주경왕은 외지로 쫓겨났다가 뒤에 진(晉)나라 군사들의 도움을 받아 간신히 성주(成周, 오늘날의 낙양시 동북쪽)로 돌아오게 되었다.

이때 왕자 조는 초나라로 달아나 버렸지만 낙읍은 여전히 그의 잔당들에 의해 통제되고 있었기 때문에 주경왕은 감히 낙읍으로 들어가지 못하고 성주에 남아 있을 수밖에 없었다. 이에 주경왕의 경사(卿士)인 유문공(劉文公) 등은 성주에 성을 쌓고 이 고장에 도읍지를 정하려는 생각으로 여러 제후국들의 지지를 받기 위해 먼저 대부 장홍(萇弘)을 진(晉)나라에 파견하였다.

유문공과 장홍의 이런 생각에 대해 당시 진나라의 집권자인 위헌자(魏獻子)는 동의했지만 때마침 진나라에 와 있던 위(衛)나라 대부 표혜(彪傒)는 이에 반대하였다. 이에 표혜는 주경왕의 다른 경사 중 한 사람인 단목공(單穆公)을 찾아가서 이렇게 말했다.

"장홍과 유문공은 헛수고를 한다고 생각합니다. 주나라는 유(幽)임금 이래 날로 쇠퇴하고 있습니다. 속담에서 말한 바와 같이 '좋은 일을 하는 것은 산에 오르듯 어렵고, 나쁜 일을 하는 것은 산이 무너지듯 잠깐입니다.(從善如登 從惡如崩)' 그런즉 하(夏)나라는 공갑(孔甲) 때부터 내리막길을 걷더니 그 후 4대 만에 망하고 말았습니다.

상(商)나라도 현왕(玄王) 때부터 흥기해서 14대를 경과한 뒤 탕왕(湯王) 대에 이르러 세워지고 제갑(帝甲) 때부터 쇠망의 길을 걷기 시작하더니 그 후 7대 만에 망하고 말았습니다.

그리고 주(周)나라는 후직(后稷) 때부터 덕을 쌓기 시작해서 문왕(文王) 때에 천하를 얻기까지 15대를 거쳤습니다. 이로 볼 때 옳은 길로 나아가기는 어렵지만 내리막길을 걷기는 쉬운 것입니다. 지금 주나라는 유왕 때부터 내리막길을 걸어 벌써 14대나 지났으니 구할 방법이 어디 있겠습니까?"

【용례】 착한 일보다 나쁜 일 하기가 쉬운 게 인지상정(人之常情)이야. 오죽했으면 "종선여등이요 종악여붕"이란 말까지 생겼겠니?

종선여류 從善如流

從 : 좇을(종) 善 : 착할(선)
如 : 같을(여) 流 : 물흐를(류)

【뜻풀이】 좋은 것을 좇는 것을 물이 흘러가듯 한다. 남의 좋은 의견에 허심탄회(虛心坦懷)하게 따른다는 뜻이다.

【출전】 『좌전·성공(成公) 8년』조에 다음과 같은 이야기가 있다.

춘추시대 대국인 초(楚)나라와 진(晉)나라의 틈바구니에 정(鄭)나라라는 소국이 끼어 있었다. 정도공 때 이르러 정나라는 진나라를 위시한 북방 대국들과 맹약을 체결한 바 있다. 그런데 맹약이 성립된 이듬해 남방 대국인 초나라에서 정나라를 공격하게 되었다. 이에 진나라에서는 난서장군을 원수로 삼아 대군을 이끌고 나가 정나라를 돕게 하였다.

진나라 군사들이 출동하자 초나라에서는 싸울 용의가 없어 곧 철군하고 말았다. 그러나 진나라 군사들은 물러가지 않고 이 기회에 초나라의 채(蔡)라는 지방을 쳐서 빼앗으려고 하였다.

진나라 장수인 조동(趙同)과 조괄(趙括)은 자신들의 군세가 강한 것만 믿고 곧 남하해서 채를 공격하자고 주장하였다. 이에 난서장군(欒書將軍)이 그들의 의견에 찬성하려 하자 중군좌인 지장자(知莊子), 상군좌인 범문자(范文子), 중군장인 한헌자(韓獻子) 세 사람은 이에 반대하고 나섰다. 그러면서 그들은 이렇게 역설하였다.

"우리는 정나라를 돕기 위해 나온 의로운 군사들입니다. 초나라 군사들이 이미 물러간 마당에 채를 친다는 것은 의롭지 못한 일이며 또 싸워서 이기기도 어려울 것입니다. 그리고 이 많은 군사로 초나라의 작은 지방을 쳐서 이긴다 해도 별로 자랑스러울 것도 없을 것입니다."

이에 난서장군은 그들의 말을 옳게 여기고 곧 퇴군령을 내렸다. 그러나 절대다수의 장병들은 남하할 것을 주장하면서 물었다.

"옛날에 성인도 다수의 의견을 들었다고 하는데, 왜 장군께서는 많은 사람의 의견은 따르지 않고 중군좌 등 세 사람의 의견에 따르는 것입니까?"

이에 난서장군은 "그들은 세 사람뿐이라고 하지만 옳은 의견이다. 옳은 의견이니 다수를 대표하는 것이다."라고 하면서 끝까지 그들의 의견을 따랐다고 한다.

이에 남의 옳은 의견에 따르는 것이 물이 흐르는 것처럼 순조롭고 명쾌하다는 뜻으로 종선이류(從善而流)라는 성어가 나왔다.

『좌전·소공 13년』조에도 진나라의 대부 숙향(叔向)과 한선자(韓宣子)가 제환공에 대해 토론할 때에도 그를 가리켜 능히 종선순류(從善順流)한다고 했다.

【용례】 올바른 의견이라면 말단 직원의 것인들 어떻겠습니까? "종선여류"라고 했으니, 일단 무시하지 말고 한번 경청해 보도록 합시다.

종옥 種玉

種 : 심을(종) 玉 : 구슬(옥)

【뜻풀이】 구슬을 심는다는 뜻으로, 아름다운 여인을 아내로 맞이하는 것을 이르는 말이다.

【출전】 『수신기(搜神記)』에 다음과 같은 이야기가 나온다.

한(漢)나라 때 양공옹백(楊公雍伯)이라는 사람이 살았다. 그는 효성이 지극하기로 소문이 나 있었다. 부모님이 돌아가시자 무종산(無終山)에 장사를 치렀는데, 공교롭게도 그 산은 높은데다가 물도 없었다. 그래서 그는 우물을 파 지나가는 사람들이 물을 마실 수 있도록 하였다.

3년이 지난 어느 날이었다. 한 나그네가 물을 마신 뒤, 품속에서 돌 하나를 꺼내 주며 양공옹백에게 말했다.

"이것을 심으면 자라 아름다운 옥이 될 것입니다. 그러면 당신은 아름다운 부인을 얻게 될 것입니다."

옹백이 이것을 심고 몇 년이 지났다. 옹백은 북평(北平)의 서씨(徐氏)에게 아주 아름다운 딸이 있다는 소문을 들었다. 그는 그녀를 아내로 맞고 싶어 서씨를 찾아갔다. 서씨가 말했다.

"백옥 한 쌍을 가져오면, 내 딸을 주겠네."

옹백은 옛날 나그네의 말이 떠올라 돌을 심어 놓았던 곳으로 가 땅을 파 보았다. 그 돌은 어느새 백옥 다섯 쌍이 되어 있었고, 그것으로 아내를 얻었다.

그가 돌을 캐낸 곳을 사람들은 옥전(玉田)이라 부른다.

【용례】 사람이 그렇게 배우자를 만나지 못해 걱정하더니 저렇게 예쁜 "종옥"을 얻으려고 그랬나 보군. 축하하네, 이 사람아.

종용유상 從容有常

從 : 따를(종) 容 : 얼굴(용)
有 : 있을(유) 常 : 항상(상)

【뜻풀이】 얼굴색과 행동에 변함이 없다는 뜻

으로, 군자의 온화하고 단정한 언행을 비유하는 말이다. 사람이 떠들지 않고 얌전한 것을 두고 "조용"하다고 하는데, 조용은 한자 종용(從容)에서 온 것이다. 말 그대로 얼굴을 따른다는 뜻이다. 이와 비슷한 성어로 처변불경(處變不驚)이라는 말도 있다.

【출전】『예기(禮記)·치의편(緇衣篇)』에 나오는 말이다.

공자는 종용유상을, 지도자라면 마땅히 갖추어야 할 태도라 했는데, 백성을 다스리는 사람은 행동거지가 항상 조용하면서도 법도에 어긋나서는 안 된다는 것이다. 또 옷을 자주 갈아입어서도 안 된다고 하였다. 이렇게 해야 백성을 올바르게 다스릴 수 있고, 백성들도 그 덕에 감화되어 충성심을 보일 것이라고 하였다. 바로 변하지 않음이 주는 미덕이다.

예로부터 유가에서는 이상적인 인간상을 일러 군자(君子)라 하였다. 이런 인간상을 강조하면서 실천하려고 애쓴 사람이 공자(孔子)였다. 공자에 따르면 군자는 지식을 함양하고 수양을 함으로써 이를 수 있다고 하였다. 그러나 군자는 최고의 인격과 덕성을 갖춘 사람이기 때문에, 그런 경지에 오르기 위해서는 갖추어야 할 조건이나 제약, 불편함도 많았다. 특히 군자는 희로애락(喜怒哀樂)이라는 감정의 변화가 얼굴에 나타나서는 곤란했다. 얼굴은 인격을 나타낸다고 보았기 때문이다. 그러므로 늘 변하지 않는 얼굴색(顔色)을 지녀야 했으니, 이것이 바로 군자의 미덕이었다.

유상(有常)이라 할 때 상(常)은 항상(恒常)이란 뜻에서 '떳떳함'이란 뜻으로 넓게 쓰인다. 그래서 군자로서 변하지 않는 떳떳한 도리(常道)를 말한다. 따라서 종용유상은 어떤 상황을 당해도 안색이나 행동이 변하지 않고, 자신의 소신대로 바른 길을 걸음을 뜻한다.

【용례】 사람이 재주만 믿고 너무 날뛰면 경망스럽다는 소리를 들을 수 있네. 재주는 감출 줄 알면서 "종용유상"한 군자의 몸가짐을 가진다면 자넨 분명 존경받는 학자가 될 걸세.

종호귀산 縱虎歸山

縱 : 놓을(종) 虎 : 호랑이(호)
歸 : 돌아갈(귀) 山 : 뫼(산)

【뜻풀이】 호랑이를 풀어 산으로 돌아가게 한다는 뜻으로, 뒤끝이 좋지 않아 재앙의 여지를 남겨두는 것을 비유하는 말이다.

【출전】『삼국지연의』 제21회에 나오는 말이다.

서주(徐州)의 여포(呂布)와 싸워서 패배한 유비는 조조(曹操)를 찾아가 몸을 맡겼다. 조조는 유비를 기꺼이 맞아 잔치를 베풀며 환영하고 예주목(豫州牧)에 봉했다. 그러자 조조의 부하 정욱(程昱)이 말했다.

"유비는 야망이 큰 사람이고, 영웅의 기상이 있습니다. 지금 없애지 않으면 반드시 화근이 될 것입니다."

그러나 곽가(郭嘉)는 반대하며 말했다.

"기껏 의지하러 온 사람이나 죽인다면 승상의 명예를 손상시키고 천하 통일에도 방해가 될 것입니다."

조조는 곽가의 의견을 따랐다.

이듬해 원술(袁術)이 그의 형 원소(袁紹)에게 옥새를 가지고 가서 황제에 오를 것을 권했다는 소문이 돌았다. 그때 유비는 이번 기회에 조조로부터 벗어날 궁리를 하였다. 유비가 조조에게 말했다.

"원술이 원소를 찾아가려면 반드시 서주를 지나가야 합니다. 제가 이들을 쳐서 원술을 사로잡아 오겠습니다."

다음날 유비는 헌제를 배알하고 출정을 허락받았다. 조조는 유비에게 군사 5만을 주는 한편 주령과 노소에게 유비를 감시하게 하였다. 유비가 허창(許昌)을 떠난 지 얼마 되지 않아, 마침 외지에 있던 정욱과 곽가 두 사람이 돌아와 이 소식을 듣고 급히 조조를 찾았다. 정욱이 말했다.

"저희들이 전에 그가 예주목으로 있을 때 없애라고 말씀드렸는데 승상은 듣지 않았습니다. 지금 그에게 군사를 주는 것은, 용을 바다에 풀어 놓고 호랑이를 산으로 돌려보내는 것이나 다를 바 없습니다. 즉시 되돌아오게 해야 합니다.(昔劉備爲豫州牧時 某等請殺之 丞相不聽 今日又與之兵 此放龍入解 縱虎歸山也)"

그제야 조조는 급히 사람을 보내 회군하라고 명했지만, 유비는 듣지 않고 황급히 떠나 버렸다.

【용례】 증거가 불충분하다고 해서 그를 석방하는 것은 "종호귀산"하는 것과 마찬가지입니다. 증거를 다 없애기 전에 어떻게 하든 묶어 둬서 시간을 벌어야 합니다.

좌고우면 左顧右眄

左 : 왼쪽(좌) 顧 : 돌아볼(고)
右 : 오른쪽(우) 眄 : 돌아볼(면)

【뜻풀이】 왼쪽을 바라보고 오른쪽을 돌아다보다. 생각을 여러 갈래로 해본다는 뜻이다.

【출전】 조조(曹操)의 넷째 아들 조식(曹植)이 쓴 〈여오계중서(與吳季重書)〉에 나오는 말이다.

「식이 아룁니다. 계중 족하는 전날 관리에 등용되어 능히 가깝게 자리할 수 있었습니다. 비록 여러 날 잔치 자리에서 술을 마시긴 했지만 멀리 헤어져서 만나는 일이 드물어져 오히려 쌓인 노고를 다할 길이 없게 되었습니다. 술잔을 올리면 앞에서는 물결이 넘실거리고, 퉁소와 피리가 뒤에서는 흥겹게 연주된다면 족하는 그 풍채를 독수리처럼 드날려서 봉황이 탄복하고 호랑이가 응시할 것이니, 소하나 조참도 짝이 될 수 없고, 위청과 곽상도 벗이 될 수 없을 것입니다. 왼쪽을 둘러보고 오른쪽을 엿보아도 사람다운 사람이 없다고 하실 것이니, 어찌 당신의 장한 뜻이 아니겠습니까? 도살장 문을 지나면서 입맛을 크게 다신다면 비록 고기는 얻지 못한다 해도 귀중하고 또 통쾌한 뜻일 것입니다. 이와 같은 때를 당하여 태산을 들어서 고기를 삼고, 동해를 기울여서 술을 삼으며, 운몽의 대나무를 베어서 피리를 만들고, 사빈의 가래나무를 잘라서 아쟁을 만들기를 원합니다. 먹는다면 큰 골짜기를 덮듯이 하고, 마신다면 새는 술잔에 물을 붓듯이 마실 것이니, 그 즐거움은 진실로 헤아리기 어려우니 어찌 대장부의 즐거움이 아니겠습니까? 그러나 지금은 하루도 나와 함께할 수 없어서 마치 햇빛이 급히 꺾여 버리는 것과 같습니다. 대면할 때는 달아나는 빛처럼 흐름이 빠르더니, 이별하니 그 거리는 삼성과 상성처럼 멀기만 합니다. 생각은 육룡의 머리를 억누르고, 희화의 고삐를 휘어잡고, 약목의 꽃을 꺾으며, 몽범의 골짜기를 닫고자 합니다만, 하늘의 길이 높고 아득해 오랜 세월 인연이 닿지 않으니 생각하고 그리워하며 뒤척이는 것이 어떻겠습니까, 어떻겠습니까? 보내주신 서신을 받자오니 글발이 간곡하고 세심해서 빛나기는 봄꽃과 같고 맑기는 시원한 바람과 같았습니다. 거듭 읊조리기를 반복하노라니 환하게 밝아오는 것이 다시 얼굴을 대한 듯하고, 또한 여러 현인들이 지은 문장을 거듭거듭 읊조리는 듯하였습니다. 가히 일하기를 좋아하는 벼슬아치들에게 읊조리고 외우게 할 만하겠습니다. 무릇 문장의 어려움은 오직 오늘날의 일만은 아닙니다. 옛날의 군자들에게도 오히려 또한 어렵게 여겨졌습니다. 그러나 집안에 천 리를 달리는 준마가 있다고 해도 기에게는 별로 진귀한 것이 아닐 것이고, 어떤 사람이 한 자나 되는 구슬을 품고 있다고 해도 화씨는 보배롭게 여기지 않는 것과 같겠지요. 무릇 군자로서 음악을 아는 것은 옛날의 논의에 통달한 이들도 이를 일컬어 통달했지만 폐단이 있다고 하였습니다. 묵적은 기예를 좋아하지 않았는데 어찌하여 조가를 지날 때는 수레를 돌렸겠습니까? 족하는 기예를 좋아하시니 묵적이 수레를 돌린 고을에 가신다면 생각건대 족하는 나로 하여금 눈이 휘둥그레지도록 만들 것입니다. 또 들으니 족하께서 그곳에 계시면서 절로 좋은 다스림이 이루어졌다고 하니, 이는 무릇 구해도 얻지 못하는 것은 있으며 구하지 않고서도 얻는 것은 없다고 하겠습니다. 또 수레바퀴를 개량해서 다니기 쉽게 하는 일은 좋은 악사가 부릴 수 있는 것이 아니고, 백성들이 좋아하는 것을 바꾸어 다스리는 것은 초나라나 정나라의 정치가 아니니 원컨대 족하께서는 이에 힘쓰시기 바랄 뿐입니다. 마침 좋은 손님을 마주해서 입으로 전해 드렸습니다만 미처 다 전하지도 못했습니다. 앞으로 왕래가 잦아 서로 자주 들었으면 합니다. 조식이 아뢰었습니다.

(植白 季重足下 前日雖因常調 得爲密坐 雖燕飮彌日 其於別遠會稀 猶不盡其勞積也 若夫觴酌凌波於前 簫笳發音於後 足下鷹揚其體 鳳歎虎視 謂蕭曹不足儔 衛不足侔也 左顧右眄 謂若無人 豈非吾子壯志哉 過屠門而大嚼 雖不得肉 貴且快意 當斯之時 願擧太山以爲肉 傾東海以爲酒 伐雲夢之竹以爲笛 斬四濱之梓以爲箏 食若塡巨壑 飮若灌漏巵 其樂固難量 豈非大丈夫之樂哉 然日不我與 曜靈急節 面有逸景之速 別有參商之闊 思欲抑六龍之首 頓羲和之轡 折若木之華 閉濛汜之谷 天路高邈良久無緣 懷戀反側 如何如何 得所來訊 文采委曲 曄若春榮 瀏若淸風 申詠反覆 曠若復面 其諸賢所著文章 想還所治 復申詠之也 可令憙事小吏 諷而誦之 夫文章之難 非獨今也 古之君子 猶亦病諸 家有千里 驥而不珍焉 人懷盈尺 和氏無貴矣 夫君子而知音樂 古之達論 謂之通而蔽 墨翟不好伎 何爲過朝歌而廻車乎 足下好伎 値墨翟廻車之縣 想足下助我張目也 又聞足下在彼 自有佳政 夫求而不得者有之矣 未有不求而得者也 且改轍易行 非良樂之御 易民而治 非楚鄭之政 願足下勉之而已矣 適對嘉賓 口授不悉 往來數相聞 曹植白)」

오계중은 조가(朝家)의 장관을 지낸 사람이다. 본명은 오질(吳質)이고 계중은 그의 자(字)이다.

이 문장에는 또 하나의 유명한 성어가 나오는데, 도문대작(屠門大嚼)(➡ 참조)이 그것이다. 도살장 문을 지나면서 크게 입맛을 다신다는 말로 허장성세(虛張聲勢)를 부리는 것을 말한다.

【용례】 기왕 결정을 하실 생각이시라면 "좌고우면" 충분히 고려해 보신 뒤에 내려도 늦진 않을 겁니다. 성급한 결론보다는 신중한 판단이 더 필요하니까요.

좌우단 左右袒

左 : 왼쪽(좌) 右 : 오른쪽(우)
袒 : 웃통벗을(단)

【뜻풀이】 편을 가르다. 두 쪽으로 갈라지다. 좌단(左袒)은 같은 편에 선다는 뜻으로 왼쪽 소매를 걷어붙이는 것을 말하고, 우단(右袒)은 뜻을 달리한다는 말로 오른쪽 소매를 걷어붙이는 것이다.

【출전】『사기·여후본기(呂后本紀)』에 다음과 같은 이야기가 나온다.

한고조 유방(劉邦)이 세상을 떠난 뒤 한나라의 실권은 차츰 여후(呂后)의 손아귀에 들어가게 되었다. 처음에는 여후의 소생인 태자 유영〔劉盈, 한혜제(漢惠帝)〕이 제위를 계승했지만, 그가 7년 만에 죽었기 때문에 이때부터 여후는 사실상의 여황제로 군림하게 되었다.

여후는 자신의 기반을 튼튼히 하기 위해 조카들 중 여산(呂産)을 여왕에 봉한 다음 재상으로 삼았으며 여록(呂祿)을 조왕에 봉하고 상장군으로 삼아 그들 두 사람으로 하여금 각기 중남군과 북군을 통솔하게 하였다. 그 밖에도 여후는 여씨 일족을 수없이 등용해서 제후왕·제후승상 등 요직에 앉혀 놓았다. 이리해서 유씨 조정은 마침내 여씨 조정으로 변하게 되었다.

여후가 죽은 뒤 여산과 여록은 그들이 장악한 관중 일대의 병권을 이용해서 정변을 일으켜 유씨 조정을 완전히 뒤엎으려고 시도하였다. 이때 한고조 유방의 중신들인 진평(陳平)·주발(周勃) 등은 여씨들의 행동을 미연에 막아 보려고 여러 차례 상의했지만 실권이 없는지라 일시 별다른 방법이 없었다.

그러던 중 그들은 여록의 장인(將印)을 훔쳐 주발로 하여금 북군에 들어가서 군사들을 모아 놓고 "여씨를 따를 자는 오른팔을 드러내 놓고 유씨를 따를 자는 왼쪽 팔을 드러내 놓으라(爲呂氏者右袒 爲劉氏者左袒)!" 하고 명령했더니 모든 군사들은 일제히 옷깃을 제치고 왼쪽 팔을 드러내 보였다고 한다. 이리하여 주발은 북군의 통수가 되었으며 동시에 주허후 유장으로 하여금 여산을 처단하게 하여 남군의 문제도 해결되었던 것이다.

뒤이어 여록은 잡혀 죽고 여씨 일족의 고관대작들도 차례로 밀려 나가거나 잡혀 죽고, 유환(劉桓)이 제위를 이으니 그가 바로 한문제(漢文帝)였다. 이리하여 한나라 조정은 다시 유씨의 천하가 되었다.

이상 이야기는 『사기』 외에 『한서』에도 자세히 기록되어 있는데 한쪽 팔을 드러내는 방법으로 자신의 태도를 보여 주는 방법은 일찍이 『전국책·제책(齊策)』에도 나오고 있다.

이리하여 좌우단이라는 성어가 나왔고 또 이 성어로 해서 편단(偏袒)과 단호(袒護, 어느 한편을 두둔하다)나 불위좌우단(不爲左右袒, 어느 일방에도 기울어지지 않고 공정하다)이라는 성어도 나왔다.

【용례】 지금 우리는 편을 나눠 "좌우단"할 때가 아닙니다. 회사의 사활이 걸린 문제를 두고 말싸움으로 시간을 보내서야 말이 됩니까. 함께 힘을 모아 헤쳐 나가도 될지 안 될지 모르는 형국 아닙니까?

ㅈ

좌우수 左右手

左 : 왼쪽(좌) 右 : 오른쪽(우)
手 : 손(수)

【뜻풀이】 힘 있는 협조자나 조력자를 일컫는 말이다.

【출전】 『사기 · 회음후열전(淮陰侯列傳)』에 다음과 같은 이야기가 있다.

한고조 유방의 승상으로 있었던 소하(蕭何)는 유방과 같은 고향 사람으로, 유방이 진나라를 무너뜨리고 항우(項羽)를 물리치고 한나라를 세울 때까지 유방의 유력한 협조자로 활약하였다.(➡ 한마공로汗馬功勞 참조)

진나라가 멸망하고 유방이 한왕(漢王)으로 봉해졌을 때의 일이었다. 항우의 수하에 있던 한신은 유방에게 귀순했지만 그의 군사적 재능을 모르는 유방은 그를 군량을 관리하는 군관으로 임명하였다.

그러던 중 어느 날 소하는 한신과 이야기를 나누어 보고 그의 군사적 재질이 대단하다는 것을 알게 되었다. 이때 유방의 군사들은 진나라가 이미 망한 것을 보고 더 싸울 생각이 없어 고향으로 도주하는 자가 속출하였다. 하루는 한신도 유방이 잘 써 주지 않는 데 불만을 품고 달아나 버리고 말았다.

한신이 달아났다는 소식을 들은 소하는 부랴부랴 말을 타고 한신을 찾아 동쪽으로 달려갔다. 그런데 어떤 병졸이 소하가 도망쳤다고 유방에게 보고하였다. 그 말을 들은 유방은 화가 머리끝까지 치밀어 올라 어쩔 줄 모르고 있었다.

그러던 중 소하가 한신을 데리고 돌아왔다. 유방은 너무도 기뻐 어쩔 줄 몰라 하면서 그제야 한신을 대장군으로 임명했다.(➡ 국사무쌍國士無雙 참조)

유방이 소하가 도망쳤다는 소문을 들었을 때의 상황에 대해 "사람들이 '승상 소하가 도망쳤다.'고 하자 왕은 낙심해서 두 팔(左右手)을 잃은 듯한 표정이었다."고 쓰고 있다.

【용례】 이렇게 두 분이 저의 일에 나서 주시겠다니 천군만마(千軍萬馬)를 얻은 듯합니다. 저는 두 분을 저의 "좌우수"로 생각하고 제 길을 가겠습니다.

좌우존비 左右尊卑

左 : 왼쪽(좌) 右 : 오른쪽(우)
尊 : 높을(존) 卑 : 낮을(비)

【뜻풀이】 왼쪽은 높고 오른쪽은 낮다. 좌우의 위치에 따라 선호하는 바가 다른 것을 말한다.

【출전】 『주역』에 보면 양(陽)을 좌로 음(陰)을 우로 했는데, 이에 영향을 받아 좌우존비하는 관습이 생겼다. 그래서 좌는 길(吉)하고 우는 흉(凶)하다는 관념이 생기게 되었다. 동양에서는 같은 자리라도 왼쪽을 더 높이 치는 관습이 있었다. 물론 이것도 경우에 따라 약간 차이가 있다.

명(明)나라 전예형(田藝衡)의 『봉창일록(蓬窓日錄)』에 이런 말이 나온다.

「『예』에 보면 길사에는 왼쪽을 숭상하고 흉사에는 오른쪽을 숭상한다. 모황이 말하기를 인도에는 오른쪽을 숭상하고 왼쪽으로서 낮게 친다. 또 혹은 손발은 오른쪽이 편하기 때문에 왼쪽은 멀리한다는 것이다. 때문에 좌도·좌천·좌언·좌관이란 말이 있다. 『곡례』에 보면 상거는 왼쪽을 밝히는데, 위공자가 수레를 몰고 갈 때 왼쪽을 비워 후생을 맞이하였다. 명나라 조정은 처음에는 오른쪽을 숭상했는데 나중에 바꿔 왼쪽을 존중하였다. 오원년 정미 10월 병오에 백관들에게 명을 내려 예의를 갖출 때 왼쪽을 숭상하라고 하였다. 『예기』에 경대부의 말을 들을 때는 왼쪽을 맡게 했다고 했는데, 이에 주를 달아 무릇 섰을 때는 왼쪽을 존중하고 앉았을 때는 오른쪽을 존중한다고 하였다. 지금의 예는 옛날의 그것과 같다.

(禮 吉事尙左 凶事尙右 毛晃曰 人道尙右 以左爲卑 又或以爲手足便右 以左爲僻也 故凡曰 左道左遷左言左官 曲禮祥車曠左 魏公子從車騎 虛左以迎侯生 我朝官制初尙右 後改尊左 吳元年丁未十月丙午命百官 禮儀俱尙左 禮記聽卿任左 注凡立者尊左 座者尊右 今禮猶古也)」

사실 이런 관습은 우리나라의 경우에도 여러 가지가 있다. 자리를 잡을 때 어른이나 남자가 왼쪽에 앉는다든가 하는 것이 이 경우에 속한다.

특히 우리나라의 경우 이 관습은 남자를 귀하게 여기는 문제와 많이 연관되어 있다. 남자가 수태되는 방위가 자궁상으로 왼쪽이라고 믿었기 때문에 남자를 낳기 위해서 사정은 왼쪽으로 해야 하며, 여성은 좌와(左臥)하고 누워야 했다.

또 관직도 좌의정(左議政)이 우의정보다 높았으며, 아이를 낳아 첫 옷을 입힐 때도 아들은 왼 소매부터 딸은 오른 소매부터 입히는 것이 정식이었다.

【용례】 우리나라에는 남존여비와 함께 "좌우존비"하는 관습도 대대로 내려오고 있어. 그러나 이런 관습은 차별을 위해서라기보다는 생활상의 편의를 위해 고안되었다고 봐야 할 거야.

좌이대단 坐以待旦

坐 : 앉을(좌) 以 : 써(이)
待 : 기다릴(대) 旦 : 아침(단)

【뜻풀이】 밤중에 앉아서 새벽을 기다리다. 어진 정치를 베풀고자 아침이 오기를 기다리는 임금의 충정을 말한다.

【출전】 『서경 · 태갑상편(太甲上篇)』에 다음과 같은 말이 있다.

「태갑왕은 어리석어 신하의 말을 들으려고 하지 않았다. 이에 이윤이 나서서 말했다. "선왕께서는 이른 아침부터 크게 덕을 밝히고자 앉아서 새벽을 기다리셨으며 널리 준재와 어진 사람을 구하여 후손들에게 길을 열어 주셨습니다. 선왕의 명을 어겨 자멸하는 일이 없도록 하십시오. 삼가 폐하께서는 검약의 덕을 밝혀 길이 도모할 것을 생각하시옵소서. 우땅 사람들이 시위를 당겨 놓고 가서 살피다가 화살이 각도에 맞으면 쏘는 것과 같이 생각하신 바를 받들어 폐하의 할아버지께서 행하신 바를 좇도록 하십시오. 저도 이 일을 기뻐하고 왕도 또한 만대에 걸쳐 찬사를 듣게 될 것입니다."

(王惟庸 罔念聞 伊尹乃言曰 先王昧爽丕顯 坐以待旦 旁求俊彦 啓迪後人 無越厥命以自覆 愼乃儉德 惟懷永圖 若虞機張 往省括于度則釋 欽厥止 率乃祖攸行 惟朕以懌 萬世有辭)」

이 글은 이윤(伊尹)이 당시 임금이자 탕왕의 손자인 태갑을 경계한 글이다.

ㅈ

태갑은 임금의 자리에 올랐지만 덕스러운 정치를 베풀 줄 몰랐다. 그리하여 이윤이 여러 차례 글을 올려 훈계했지만 끝내 시정의 기미가 안 보이자 결국 동(桐)이란 곳으로 내쳤다가 뒤에 회개하자 3년 뒤에 그를 불러 다시 권좌에 앉혔던 것이다.

〈태갑〉이란 이름 아래 세 편의 글이 『서경』에 실려 있다.

고려시대의 문인인 진화(陳澕, 고려 고종 연간)에게도 이와 유사한 시상이 담긴 시가 한 편 있다. 제목은 〈봉사입금(奉使入金)〉이다.

「서녘의 화려함도 이미 색이 바랬고
북쪽 변방 역시 어지럽기 마찬가지.
앉아 문명의 아침을 기다리노니
동쪽에 떠오르는 해 붉게 퍼져간다.
西華已蕭然
北塞尙昏蒙
坐待文明旦
天東日欲紅」

진화가 산 시기는 중국 송나라의 국력은 날로 쇠미해지고 북쪽의 금나라 역시 아직 혼몽에서 깨어나지 못하고 있는 때였다. 그런 가운데 진정 문명국으로 자부할 나라는 어디에 있는가. 동녘 하늘에 햇살이 붉게 비친다는 표현을 통해 결국 그 책임은 동방 고려에 있다는 커다란 자부가 담겨 있는 웅장한 시편이다.

이 작품은 진화가 북쪽의 금나라에 서장관(書狀官)으로 사신을 가면서 쓴 오언절구다.

【용례】 언젠가 청평호로 놀러간 적이 있었지. 새벽에 물안개를 맞으면서 호반에 앉아 있는데 산봉우리에서 햇살이 호수로 비치더군. "좌이대단"하는 기상을 처음 거기에서 느낄 수 있었지.

좌중유강남객
座中有江南客

座 : 자리(좌) 中 : 가운데(중)
有 : 있을(유) 江 : 강(강)
南 : 남녘(남) 客 : 나그네(객)

【뜻풀이】 자리에 강남에서 온 나그네가 있다. 기피하고 경계해야 할 인물이 있다는 뜻이다.

【출전】 중국에서는 강남이라는 말이 때로 혐오의 감정을 불러일으켰기 때문에 그 말을 피해 말하기를 좋아하였다. 이로 말미암아 이 성어를 써서 말을 조심스럽게 하는 것을 비유하게 되었다.

정곡(鄭谷)이 지은 〈석상부가자시(席上賦歌者詩)〉에 "좌중에 또한 강남의 나그네 있으니, 봄바람을 향해서 메추라기를 노래하지 마라.(座中亦有江南客 莫向春風唱鷓鴣)"는 구절이 있다.

또 『유양잡조(酉陽雜俎)』 속집에는 "메추라기는 날 때 남쪽으로만 날지 북쪽을 향하지는 않는다.(鷓鴣飛但南 不向北)"고 했으며, 『양부교주이물지(楊孚交州異物志)』에서는 "암꿩과 비슷한 새를 자고라고 하는데, 이 새는 남쪽으로만 뜻을 둘 뿐 북쪽을 향해 날려고 하지 않는다.(鳥像雌雉名鷓鴣其志懷南不向北)"고 하였다. 둘 다 강남객이 왜 말을 꺼려야 할 대상이 되었는가 하는 유래와 연관된 사실들이다.

【용례】 이번에 총무를 바꾸자는 안건은 회의 당일까지는 비밀로 해야 해. 특히 술자리에 가면 "좌중유강남객"이니까 특히 조심해야 해.

주경야송 晝耕夜誦

晝 : 낮(주) 耕 : 밭갈(경)
夜 : 밤(야) 誦 : 외울(송)

【뜻풀이】 낮에는 밭을 갈고 밤에는 책을 암송하다. 주경야독(晝耕夜讀)과 같은 뜻을 가진 성어다.

【출전】『위서·최광전(崔光傳)』에 다음과 같은 이야기가 있다.

"집안은 가난했지만 배우기를 즐겨 낮에는 밭에 나가 일을 하고 밤에는 책을 외우면서 부모를 봉양하였다.(家貧好學 晝耕夜誦 傭書以養父母)"

최광은 후위(後魏) 동청하유(東淸河鄃) 사람으로, 본명은 효백(孝伯)이고 자는 장인(長仁)이다. 효문제(孝文帝) 때 명(名)이란 이름을 하사받았다. 태화(太和) 연간에 중서박사(中書博士)가 되어 국서(國書)를 지었는데, 효문제에게 중용되었다.

효문제는 그를 기려서 "효백의 재주는 넓고 넓어서 황하가 동쪽으로 흐르는 것과 같으니, 오늘날의 문종이다.(孝伯才浩浩 如黃河東注 今日之文宗也)"고 말했다.

효명제(孝明帝)가 동궁으로 있을 때 최광은 태자태부(太子太傅)가 되었다. 선무제(宣武帝)가 죽었을 때 광평왕(廣平王)이 궁전 위로 올라가 크게 울었는데, 아무도 감히 말리지 못했지만 그만 전례를 들며 만류하였다. 개국공(開國公)에 봉해졌고, 정광(正光) 연간에 죽었다. 시호는 문선(文宣)이다.

그는 성품이 관대하고 온화하며 자애롭고 어질어 어떤 일에도 거슬리지 않았다. 항상 호광(胡廣)과 황경(黃瓊)의 사람됨을 흠모하여 기개를 숭상했던 사람들에게는 좋은 평가를 받지 못했다. 그에 대한 기록은『위서』권67과『북사(北史)』권44에 자세히 실려 있다.

【용례】 배움은 여건보다는 정성일세. 자네가 그렇게 "주경야송"하면서 정진한다면, 반드시 목적했던 성과를 거둘 수 있을 게야.

주공삼태 周公三笞

周 : 두루(주) 公 : 공변될(공)
三 : 석(삼) 笞 : 매질할(태)

【뜻풀이】 주공의 세 차례에 걸친 매질이란 뜻으로, 엄격하게 자식을 가르치는 것을 비유하는 말이다. 주공은 주(周)나라 때의 명재상으로, 어린 조카 성왕(成王)을 도와 주나라의 기틀을 다진 사람이다.

【출전】『설원(說苑)·건본편(建本篇)』에 다음과 같은 이야기가 나온다.

백금(伯禽)과 강숙봉(康叔封)이 성왕을 알현하고 나오다가 주공을 만났다. 이들은 주공을 세 차례나 만났지만 그때마다 심한 매질을 당했다. 강숙봉이 하얗게 질린 얼굴로 백금에게 말했다.

"주공께서 무엇 때문에 우리들에게 이렇게 엄한지 상자(商子)를 찾아가 물어봅시다."

그래서 두 사람은 상자를 찾아가 그 까닭을 물었더니 상자가 대답했다.

"두 분은 남산(南山)의 남쪽에 가 보셨습니까? 거기에는 교(橋)라는 이름의 나무가 있습니다."

가서 그 나무를 보니 가지들이 하늘로 쭉쭉 뻗어 높이 솟아 있었다. 돌아와서 그 모습을 이야기하자 상자가 다시 말했다.

"이번에는 남산 북쪽에 가 보시지요? 거기에는 재(梓)라는 이름의 나무가 있습니다."

다시 남산의 북쪽으로 가 보니, 재는 교와는 반대로 낮게 아래를 향하고 있었다. 두 사람이 돌아오자 상자가 말했다.

"재는 자식의 도리입니다."

다음날 두 사람이 주공을 찾았다. 문으로 들어서는 순간 그들은 다소곳이 마루에 올라 무릎을 꿇었다. 이를 본 주공은 그들의 머리를 쓰다듬으며 음식을 주면서 물었다.

"어떤 군자를 만났느냐?"

"상자를 만났습니다."

"군자로구나 상자여!"

여기서 교목은 아버지의 도리를 말하고, 재목은 자식의 도리를 말한다.

【용례】 부모가 되어 봐야 부모 마음을 안다더니, 내가 자식을 낳아 보니까 어릴 때 아버님이 "주공삼태"하시던 심정을 알 것 같아.

주관방화 州官放火

州 : 고을(주) 官 : 관직·관리(관)
放 : 놓을(방) 火 : 불(화)

【뜻풀이】 이 성어의 원형은 "다만 주관만 불 놓는 것을 허락할 뿐 백성들이 불을 밝히는 것은 허락하지 않는다.(只許州官放火 不許百姓點燈)"로, 사악한 무리들의 전횡을 비유해서 이르는 말이다.

【출전】 송나라의 시인 육유(陸游, 1125~1210)가 편찬한 『노학암필기(老學庵筆記)』라는 책에 다음과 같은 이야기가 있다.

옛날 어느 곳에 전등(田登)이라는 주관(州官)이 있었는데, 그는 자기의 벼슬이 높은 것만 믿고 함부로 날뛰면서 하급 부하들과 백성들이 그의 이름을 부르거나 쓰는 것조차 용납하지 않았다.

누가 만일 잠깐 실수해서 그의 이름자인 등자를 한 번 입 밖에 내기만 하면 그는 가차없이 장관을 모독했다는 죄명으로 처벌을 내리기 일쑤였다. 그래서 사람들은 등도 입 밖에 낼 수 없었다고 하는데 "등불을 켠다."는 점등(點燈)도 "불을 붙인다."는 점화(點火)로 바꾸어 쓰지 않을 수 없었다.

심지어 등불명절〔燈節〕이라고 불리는 정월 보름날 관리들마저도 포고문을 쓸 때 감히 점등이라 하지 못하고 "3일간 등불을 켠다."는 것을 방화삼일(放火三日)이라고 하였다.

이래서 "주관만 불을 켜 놓게 하고 백성들은 등불도 켜지 못하게 한다.(只許州官放火 不許百姓點燈)"라는 신랄한 풍자로서의 성어가 나왔는데. 줄여서 주관방화라고 한다.

【용례】 일반 차량은 통행을 제한시키면서 관용차는 지나갈 수 있다니, 관용차 타이어는 하늘을 날아가나? "주관방화"라지만 해도 너무하는군.

주급불계부 周急不繼富

周 : 두루(주) 急 : 급할(급)
不 : 아닐(불) 繼 : 이을(계)
富 : 부할(부)

【뜻풀이】 가난하고 위급한 사람은 도와주지만 부자는 보태 주지 않는다는 말이다.

【출전】 『논어·옹야편(雍也篇)』에 나오는 말이다.

「공자께서 말씀하셨다. "적이 제나라에 갈

때 살찐 말을 타고 가벼운 갖옷(가죽옷)을 입었다. 내가 듣기에 군자는 궁핍한 사람을 도와주지만 부유한 사람에게 보태 주지 않는다고 하였느니라."

(子曰 赤之適齊也 乘肥馬衣輕裘 吾聞之也 君子周急不繼富)」

공자는 제나라에 자화(子華)를 사신으로 보냈다. 자화가 떠난 뒤 제자 중에 염자(冉子)가 자화의 어머니를 걱정하여 곡식을 보내 주자고 청했다. 그러자 공자는 여섯 말 넉 되를 보내도록 했다. 그러나 염자가 부족하다고 하며 더 청하자 열여섯 말을 보내도록 했다. 이것도 부족하다고 생각한 염자는 무려 여든 섬을 보냈다.

앞에 나온 구절은, 나중에 이 사실을 안 공자가, 자화가 제나라로 갈 때 입었던 차림새를 지적하면서 한 말이다. 즉, 살진 말과 가벼운 가죽옷은 그가 이미 부유하다는 것을 뜻한다. 그리고 급(急)이란 궁핍한 것이며, 주(周)는 부족한 것을 보탠다는 뜻이다. 계(繼)는 이어서 남는 것이 있다는 말이다. 부자인 자화의 집안에 여든 섬의 곡식을 준 것은 너무 지나쳤음을 은근히 꾸짖은 질책이다.

【용례】 너는 승억이가 집안이 어려우니 도와주자고 하지만 그럴 필요 없다. 승억이는 장학금을 받아 좋은 노트북을 바꾸려고 한다는데, 마음은 갸륵하다만 "주급불계부"할 줄도 알아야지.

주낭반대 酒囊飯袋

酒 : 술(주) **囊** : 주머니(낭)
飯 : 밥(반) **袋** : 주머니(대)

【뜻풀이】 식충이. 우리가 흔히 쓰는 밥통이나 밥주머니와 같은 뜻의 성어인데, 무능해서 먹고 마시는 것 외에는 아무 재주가 없는 사람을 비유한다.

【출전】 송나라 때 문인인 도악(陶岳)이 쓴『형상근사(荊湘近事)』에 다음과 같은 이야기가 있다.

당나라 말기 세상이 극도로 혼란에 빠진 오대(五代) 때 마은(馬殷)이라는 사람이 지방의 장관을 지내게 되었다. 그는 원래 당나라 조정에서 무안절도사를 지내던 유건봉(劉建鋒) 휘하에 있던 지휘관 중 한 사람이었다. 그런데 세태가 각박해지면서 유건봉이 부하에게 살해당하자 그가 다른 사람에 의해 추대되어 우두머리가 되었던 것이다.

이렇게 뜻하지 않게 우두머리가 된 그는 그럭저럭 하루하루를 보내면서 다른 부하들이 건의하고 처리하는 일에 결재만 해 주면서 세월을 보냈다. 그러다가 마은은, 공제한테 제위를 선양받아 당의 천하를 탈취하여 나라 이름을 양〔梁, 후량(後梁)〕으로 고친 주전충(朱全忠)으로부터 초왕에 봉해졌다. 당시 그가 점령하고 있던 지역은 호남성과 광서성 동북부 일부였다.

아무것도 모르는 일개 지휘관에 불과했던 마은은 왕으로 봉해지고 난 뒤에도 무능하기는 마찬가지여서 하는 일이라고는 여전히 놀고 마시는 것뿐 아무 쓸모없는 사람이 되었다.

그래서 사람들이 이렇게 무능한 그를 얕보고 그에게 지어 준 별명이 주낭반대였다. 이것은 그가 술과 밥으로 배를 채울 줄만 알 뿐 아는 것이 아무것도 없다는 것을 풍자한 별명이었다.

【용례】 하는 일이라고는 밥 먹고 잠자는 일뿐이니, 너 고작 "주낭반대"나 되려고 대학까

ㅈ

지 다녔단 말이냐?

주마간화 走馬看花

走 : 달릴(주) 馬 : 말(마)
看 : 볼(간) 花 : 꽃(화)

【뜻풀이】 말 타고 꽃구경을 하다. 자세히 관찰하지 않고 대충대충 보고 지나간다는 뜻이다. 주마관화(走馬觀花) 또는 주마간산(走馬看山)이라고도 한다.

【출선】 『구당서·맹교전』에 보면 다음과 같은 이야기가 나온다.

당나라 때의 유명한 시인으로 맹교(孟郊, 751~814)라는 사람이 있었다. 청년 시절의 맹교는 청렴한 생활을 하면서 벼슬에는 전혀 뜻이 없고 시를 짓는 데만 흥미가 있었다. 그러던 중 그가 41살 되는 해 어머니의 권고에 못 이겨 상경하여 과거에 응시했지만 급제는 고사하고 온갖 수모와 냉대를 다 받았던 것이다.

이리하여 그는 세상의 실정에 대해 한결 분명하게 인식할 수 있게 되었다. 그러다가 5년 뒤 그가 46살 되던 해 세 번째로 상경해서 겨우 과거에 급제하여 진사가 되었다. 오랫동안 눌려 살면서 불운한 나날을 보내던 그가 늦게나마 과거에 급제하고 보니 감개무량(感慨無量)하였다.

이에 그는 붓을 들어 〈등과후(登科後)〉라는 시를 한 수 지었다. 이 시의 마지막 두 구절은 "춘풍득의한 가운데 말발굽 나는 듯하니, 하루새에 장안의 꽃은 다 구경했도다.(春風得意馬蹄疾 一日看盡長安花)"라는 것이었다.

바로 이 시구에서 춘풍득의(春風得意)라는 성어와 주마간화라는 성어가 나왔다.

전자는 벼슬을 하게 된 기쁨을 표현하는 말로 쓰이고 있고, 후자는 어떤 사물에 대해 자세히 관찰하지 못하고 대충대충 보고 지난다는 뜻으로 쓰이고 있다.

또 송나라 때 유과(劉過)에게도 〈동곽전수유봉산사탐도리(同郭殿帥遊鳳山寺探桃李)〉라는 다소 긴 제목의 시가 있는데, "말 타고 꽃을 보니 늦어질까 두려웠는데, 과연 도리꽃은 한 산 가득 만개했구나.(走馬看花生怕晩 果然桃李一山開)"라는 구절이 있다. 역시 과거에 급제한 뒤 득의의 기쁨을 표현한 작품이다.

이 성어에 대해서는 출전 미상의 다음과 같은 이야기가 전한다.

옛날에 귀량이라는 절름발이 총각과 코병신인 엽청이라는 아가씨가 각기 미모의 아내와 씩씩한 남편을 얻기 위해 화한이라는 이에게 중매를 서줄 것을 부탁했다.

화한은 이 두 사람을 부부로 만들기 위해 꾀를 썼는데 첫 대면을 하는 날 절름발이 총각은 말을 타게 하고 코병신 처녀는 꽃을 들고 보는 체하면서 코를 가리게 했다.

이렇게 해서 각기 자신의 흠집을 교묘하게 가린 두 사람은 마침내 부부가 되었다고 한다. 이와 같이 한 사람은 말을 타고(走馬) 한 사람은 꽃을 보는 체(看花)했다고 해서 주마간화라고 했다는 것이다.

【용례】 그 넓은 한려수도를 하루 만에 다 봤다니, "주마간화"도 도가 지나쳤구먼. 그 시간에 봤댔자 바다밖에 더 봤겠나?

주마등 走馬燈

走 : 달릴(주) 馬 : 말(마) 燈 : 등불(등)

【뜻풀이】 ① 안팎 두 겹으로 된 틀의 안쪽에 갖가지 그림을 붙여서, 그 틀이 돌아감에 따라 안에 켜 놓은 등화(燈火) 때문에, 그림이 종이나 천을 바른 바깥쪽에 비치게 만든 등(燈)을 말한다. ② 사물이 덧없이 빨리 변해 돌아가는 것을 비유하는 말이다.

【출전】『형초세시기(荊楚歲時記)』에 보면 옛날 이 풍습이 어떻게 전개되었는지 잘 설명되어 있다.

"정월 초하루에 등시를 열어서 소나무 잎을 모아 네 거리로 통하는 곳 울타리에 엮어 놓고 화려한 등을 아래로 건다. 등에는 여러 종류가 있는데, 속에 종이로 만든 사람이 말의 형상을 걸어 놓고 불을 돌리는 것을 일러 주마등이라 하였다.(正月上日作燈市 採松葉結柵子於通衢 下綴華燈 燈有諸品 其懸紙人馬於中以火運 日走馬燈)"

『연경세시기(燕京歲時記)·주마등편』에도 이 풍속에 대한 기록이 자세히 나와 있다.

"주마등은 종이를 잘라 바퀴를 만들어 촛불로 바람을 불면 수레가 돌고 말이 모여들어 둥글게 도는 것을 그치지 않는다. 촛불이 꺼지면 곧 그만둔다. 주마등을 만드는 방법을 살펴보면 불로 바퀴를 제어하고 바퀴로 기계를 움직이는데, 오늘날의 윤선(輪船)이나 철궤(鐵軌)와 비슷하다. 밀어서 넓히면 더욱 정교하게 만들 수 있으니, 수백 년 동안에 이로운 기계가 되지 않을 줄 어찌 알겠는가?"

『오월풍토록(吳越風土錄)』에도 역시 주마등에 대한 기록이 있다.

【용례】 삼십 년 만에 고향에 다시 오니 어린 시절 동무들과 뛰어 놀던 기억이 "주마등"처럼 스쳐 지나가는구나. 다시는 그 시절이 오지 못한다고 생각하니 더욱 간절하게 그리워지네.

주백약지장 酒百藥之長

酒 : 술(주) 百 : 일백(백)
藥 : 약(약) 之 : 어조사(지)
長 : 길·성장할·우두머리(장)

【뜻풀이】 술은 모든 약 중에서 으뜸이다. 여기서 장(長)은 어른을 말한다.

【출전】『한서·식화지(食貨志)』에 다음과 같은 말이 있다.

신(新)을 세운 왕망(王莽)은 국고를 충당하기 위해 고심하다가 소금과 술과 쇠를 전매품으로 독점하는 묘안을 창출해 냈다. 그러면서 그 명령서를 썼는데 거기에 이런 구절이 있었다.

"무릇 소금은 모든 음식과 안주에 있어 장수와 같고 술은 약 중에서 가장 윗길인 어른이자 좋은 모임에서는 꼭 필요한 것이며, 쇠는 밭에서 농사짓는 데 근본이 되는 것이다.(夫鹽食肴之將 酒百藥之長 嘉會之好 鐵田農之本)"

또 다른 조서(詔書)에서는 이런 말도 하고 있다.

"술은 하늘이 내린 아름다운 녹봉이다. 때문에 제왕은 이것으로 천하의 백성들을 기르고 제사를 올려 복을 기원하며 쇠약한 자를 돌보고 병든 이를 구제한다. 또 행사가 있을 때마다 술이 없으면 제대로 시행되지 않는다.(酒者天之美祿 帝王所以頤養天下 享祀祈福 扶衰養疾 百禮之會 非酒不行)"

【용례】 "주백약지장"이라더니, 한 잔 마시니까 만고의 시름이 다 가시는 느낌이군. 내일 지구가 망해도 나는 오늘 한 잔 술을 마시겠노라.

주유열국 周遊列國

周 : 두루(주) 遊 : 노닐(유)
列 : 반열·줄·줄지을·벌릴(렬)
國 : 나라(국)

【뜻풀이】 원래는 여러 나라를 돌아다닌다는 뜻이었지만, 오늘날에는 이리저리 별 소득 없이 떠돌아다니는 것을 가리키는 풍자적인 의미로 쓰이고 있다.

【출전】 춘추시대 노나라 사람인 공자(孔子)는 젊어서 창고를 관리하거나 소 떼나 양 떼를 지키는 등의 자질구레한 일을 하다가 나이 쉰 살에 이르러 현재(縣宰)라는 벼슬을 하고, 나중에는 잠시 노나라의 재상대리로 있은 적이 있었다.

그런데 당시 노나라의 임금 노정공은 이름만 임금이었지 실권은 계환자의 손에 넘어가 있어서 공자로서는 도저히 그의 전횡을 막을 수가 없었다. 그래서 얼마 못 가 대리 재상 자리에서 밀려난 공자는 자기의 정치적 주장을 널리 알리고 관철시키기 위해 제자인 안회(顔回)와 자로(子路), 자공(子貢) 등과 함께 여러 나라를 주유하게 되었다.

그러나 공자의 행차는 그렇게 순조롭지는 못했다. 그가 맨 처음 찾아간 나라는 위(衛)나라였는데 위영공은 며칠 지나지도 않아 공자를 의심해서 그로 하여금 다시 진(陳)나라로 들어가지 않을 수 없게 만들었다.

그러나 그 어디에 가서도 뜻대로 되지 않았다. 광(匡)라는 곳에 이르렀을 때 공자 일행은 그곳 사람들한테 닷새 동안이나 둘러싸여 밥 한 술 얻어먹지 못하고 하마터면 목숨까지 잃을 뻔하였다.

그리고 또 한번은 정나라에 갔을 때 성문에 들어서서 얼마 안 되어 공자는 제자들과 갈라지고 말았다. 이때 자공이 어떤 이에게 여차여차한 사람을 못 보았느냐고 묻자 그 사람은 보았다고 하면서, 그 모습이 신통하게도 상갓집 개(▶ 상가지구喪家之狗 참조)와도 같더라고 말하는 것이었다.

그 후 그 사람의 말을 전해들은 공자는 "생김생김은 어떻든지 상갓집 개와 같다는 것은 옳은 말이구나." 하고 웃었다.

이와 같이 공자는 말할 수 없는 곤경을 치르면서 14년이라는 기나긴 시간을 허비하며 여러 나라를 편력하였다. 이것이 바로 성어 주유열국의 유래이며, 이 이야기에서 상가지구(喪家之狗) 또는 상가지견(喪家之犬)이라는 성어도 나왔다.

【용례】 옛날 공자님은 천하를 덕으로 뒤덮고자 "주유열국"하셨다지만, 넌 도대체 뭘 하려고 그렇게 밤낮없이 쏘다니는 거냐? 어디 속마음이나 좀 들어 보자.

주중적국 舟中敵國

舟 : 배(주) 中 : 가운데(중)
敵 : 원수·대적할(적) 國 : 나라(국)

【뜻풀이】 배 안에 적국이 있다. 덕을 쌓지 않으면 친한 사람들마저도 변해서 적이 될 수 있다는 뜻이다.

【출전】 『전국책·위책(魏策)』과 『사기·오기열전(吳起列傳)』에 보면 다음과 같은 이야기가 있다.

전국시대 위(魏)나라의 장수 오기는 병법에 정통해서 춘추시대의 유명한 군사 전문가 손무(孫武)와 어깨를 겨루는 사람이었다. 오기는 위무후와 위문후 2대에 걸쳐 장군으로 있으면서 전공도 많이 세웠다.

어느 날 위무후와 대부들이 배를 타고 서하(西河, 섬서·산서 사이 용문 일대의 황하)를 지날 때 위무후는 높은 산과 넓은 강을 가리키면서 오기에게 "산하지세가 이렇게 험준하니 이것은 위나라의 안전을 보장하는 훌륭한 조건"이라면서 득의양양(得意揚揚)해서 말했다.

이에 오기는 "나라의 안전을 보장하는 것은 지세가 아니라 덕을 쌓아 정치를 잘하는 데 있다."고 하면서 다음과 같이 실례를 들었다.

(➡ 재덕부재험在德不在險 참조)

옛날 삼묘(三苗)의 지세를 보면 왼쪽으로 동정호, 오른쪽으로 파양호를 끼고 있어 아주 험준했지만 덕을 쌓지 않았기 때문에 우(禹) 임금에게 멸망당했다.

하(夏)나라의 마지막 임금인 걸은 남쪽으로 이수와 낙수를 끼고 북쪽에는 호관과 양장이 있어 그 지세는 우임금 때와 다름이 없었지만 덕을 쌓지 않았기 때문에 탕(湯)에게 멸망당했다.

상나라가 주왕대에 이르렀을 때도 지형은 예전과 다름없었지만 덕을 쌓지 않았기 때문에 무왕(武王)에게 멸망당했다.

그러므로 위무후도 "만일 덕을 쌓지 않는다면 지세가 아무리 험준해도 쓸데없을 것이니, 배 위에 있는 사람들도 장차 적으로 변할 수 있다.(若君不修德 舟中之人 盡爲敵國)"는 것이었다.

주중적국은 바로 오기의 이 말에서 나온 성어다.

【용례】 주먹만한 권한을 쥐었다고 그렇게 월권을 자행하다가는 뒷날 후회할 일이 생길 거야. "주중적국"이라고 나중에 누가 자네 상관으로 올지 알겠나?

주지육림 酒池肉林

酒 : 술(주) 池 : 연못(지)
肉 : 고기(육) 林 : 수풀(림)

【뜻풀이】 술이 연못을 이루고 고기는 수풀을 이루었다는 뜻으로, 탐욕한 지배층들의 부화방탕(富華放蕩)한 생활을 비유하는 말이다.

【출전】 『사기·은본기(殷本紀)』에 다음과 같은 이야기가 전한다.

은나라 말년의 아둔한 임금이었던 주(紂)는 역사상 보기 드문 폭군이었는데, 그의 폭행과 방탕한 생활은 이루 헤아릴 수 없을 지경이었다.

예컨대 포락(炮烙)이라는 형벌이 있었다. 형틀에 사람을 묶어 불에 태워 죽이고 물에 익혀 죽이는 것으로써 즐거움으로 삼는다거나, 사람의 각을 떠놓고 웃어댄다거나 칼탕을 쳐서 사람을 죽인다든가 하는 일은 그에게는 보통이었다. 그래도 후환이 두려워서 아무도 감히 간(諫)하는 사람이 없었다. 어느 날 그의 아우 비간(比干)이 몇 마디 충고했다고 해서 주왕은 그를 죽여 심장마저 도려내게 했다.

주왕은 또 7년간에 걸쳐 수많은 인력과 재력을 소모하면서 높이가 천 자나 되고 넓이가 3리나 되는 녹대(鹿臺)라는 놀이터를 지어 놓고 매일 방탕하게 놀아 댔다. 그는 술로 못을 만들어 놓고 뱃놀이를 하였고 나무마다에 고깃덩이를 걸어 놓고 질탕하게 놀고 마시고 하였으며 알몸의 남녀들로 하여금 유희를 하면서 음탕한 음악(靡靡之音)을 듣기도 했다.

주지육림은 바로 이상의 이야기에서 나온

성어로, 탐욕한 지배층의 음탕하고 부화한 생활을 비유해 이르는 말이다. 간혹 술과 고기가 많은 것을 단순히 비유할 때도 있다.

【용례】 허구한 날 "주지육림"에 빠져 술이야 여자야 하더니, 결국 위암으로 세상을 떠났다는군. 한치 앞도 못 내다보는 게 인생살이라더니.

죽두목설 竹頭木屑

竹 : 대나무(죽) 頭 : 머리(두)
木 : 나무(목) 屑 : 기루 · 부술(설)

【뜻풀이】 대나무 머리와 톱밥. 살림살이를 알뜰하게 보살피는 것을 비유하는 말이다.

【출전】 『세설신어 · 정사편(政事篇)』에 다음과 같은 이야기가 나온다.

진(晉)나라 초기에 대장군으로 있던 도간〔陶侃, 259~334 : 시인 도연명(陶淵明)의 증조부〕이라는 사람은 매우 청렴하고 검소한 관리였다고 한다. 도간은 부친을 어릴 때 여의고 편모슬하에서 자랐는데 집안 살림은 넉넉지 못했다.

도간이 양어장을 관리하는 하급 관리로 있을 때의 일이었다. 어느 날 그가 절인 물고기를 몇 마리 가져다가 모친에게 드렸더니 모친은 기뻐하기는커녕 오히려 화를 내면서 나라의 물건을 가져온 아들을 꾸짖는 것이었다. 도간의 청렴결백하고 부지런한 인품은 그의 어머니가 이처럼 엄하게 가르친 결과라고 할 수 있었다.

도간이 광주로 나갔을 때의 일이다. 한가롭게 지내기를 싫어했던 도간은 매일 아침 백 장의 벽돌을 서재에서 밖으로 나르고 저녁이 되면 다시 서재로 날라 들이곤 하였다. 어느 날 한 사람이 그 이유를 묻자, 그가 이렇게 대답했다.

"중원을 수복하기 위해 안일한 생활을 해서는 안 된다. 부지런히 연마해야 한다."

그리고 도간은 시간을 몹시 아꼈다고 하는데, 그는 늘 뭇사람들에게 "대우(大禹) 성인은 한 치의 시간도 아꼈다고 하니 우리는 한 푼의 시간이라도 아껴야 할 것이다."라고 말했다.(☞ 과문불입過門不入 참조)

또 한 번은 관가에서 배를 건조할 때의 일이었다. 배가 건조된 뒤 도간은 나머지인 대나무 그릇과 나무토막, 톱밥, 대팻밥 등의 폐물들을 일일이 등기해서 보관해 두게 하였다. 이때 사람들은 웃음을 금치 못했지만, 그 후 어느 새해 모임을 할 때 요긴하게 쓴 일이 있었다. 즉, 그날따라 진눈깨비가 내려 길이 질퍽해지자 도간은 보관해 두었던 톱밥과 대팻밥을 길에 펴게 했다. 그리고 또 한 번 병선을 만들 때 도간은 보관해 두었던 대나무로 못을 만들어 적지 않은 자금을 절약했다.

성어 죽두목설은 바로 도간의 이 이야기에서 나온 것이다.

【용례】 돈 좀 번다고 그렇게 흥청망청 쓰지 말고 "죽두목설"하며 가계부도 살펴 가면서 살림을 꾸려야지. 그게 밑 빠진 독에 물 붓기지, 어디 제대로 살림이 되겠니?

죽림칠현 竹林七賢

竹 : 대나무(죽) 林 : 수풀(림)
七 : 일곱(칠) 賢 : 어질(현)

【뜻풀이】 위진남북조(魏晉南北朝)시대에

어지러운 세태에 환멸을 느끼고 청담(淸談)을 즐기며 유유자적한 일군의 사람들을 말한다. 특히 이들은 진(晉)나라 때 주로 활동하였다.

【출전】『진서·완함전(阮咸傳)』에 보면 "완함의 자는 중용(仲容)인데, 그는 성품이 활달해서 무엇에 구속받는 것을 싫어하였다.

그는 숙부 완적(阮籍)과(➡ 도방고리道傍苦李·득의망형得意忘形·미능면속未能免俗·백안시白眼視 참조) 함께 대나무 숲에서 노닐었다.(咸字仲容 任達不拘 與叔父籍爲竹林之遊)"는 기사가 보이며, 또『세설신어·임탄편(任誕篇)』에 보면 "진류(陳留)의 완적, 초국(譙國)의 혜강(嵇康), 하내(河內)의 산도(山濤), 패국(沛國)의 유령(劉伶), 진류의 완함, 하내의 향수(向秀), 낭야(琅邪)의 왕융(王戎) 등 일곱 사람이 대나무숲에서 모여 뜻을 자유롭게 가지고 술을 마시며 세상의 근심을 잊고 살았는데, 이들을 일러 세상 사람들은 죽림칠현이라고 했다.(陳留阮籍 譙國嵇康 河內山濤 三人年皆相比 康年少亞之. 預此契者 沛國劉伶 陳留阮咸 河內向秀 琅邪王戎. 七人常集於竹林之下 肆意酣暢 故世謂竹林七賢)"는 기록도 있다.(➡ 청담淸談 참조)

이때부터 난세를 살면서 세속의 어지러운 변화에 휩쓸리지 않고 산수에 묻혀 살아 자신의 깨끗한 덕성을 유지하려는 풍조가 일어났다.

우리나라에서도 고려 중엽 무신의 난(1170) 이후 선비들이 온갖 박해 속에서 신음할 때 산림에 숨어서 시와 술을 벗 삼아 살았던 인물을 해동죽림칠현(海東竹林七賢)이라고 한다.

【용례】 어떻게 모이다 보니 늘 일곱 사람이 되는군. 우리도 이 기회에 회를 하나 만들지. 이름은 건안칠자(建安七子)나 "죽림칠현"이 어떨까?

죽마지우 竹馬之友

竹 : 대나무(죽) 馬 : 말(마)
之 : 어조사(지) 友 : 벗(우)

【뜻풀이】 대나무로 만든 말을 타고 놀던 친구, 이른바 불알친구를 말한다. 죽마지호(竹馬之好) 또는 기죽지교(騎竹之交)라고도 한다.

【출전】 이런 놀이는 중국에서는 유래가 대단히 오래된 듯하다.『후한서·곽급전(郭伋傳)』에 보면 "어린이들이 죽마를 타고 나와 맞으며 인사한다.(兒童乘竹馬迎拜)"는 말이 있고, 〈도겸전(陶謙傳)〉에는 "나이가 열네 살이 되면 혼자 죽마를 타고 논다.(年十四 獨乘竹馬爲戱)"고 했으며,『서서지남(書敍指南)』이란 책에는 "일곱 살 때 노는 놀이를 죽마놀이라 하고, 다섯 살 때 노는 놀이를 구거놀이라고 한다.(七歲之戱 日竹馬之戱 五歲之戱日鳩車之戱)"고 하였다.

그리고 당나라 태종(太宗)의 질문에 "흙쌓기와 죽마놀이는 아이들의 즐거움이다.(土城竹馬 兒童樂也)"라고 한 말도 있다.

죽마지호는 달리 죽마호(竹馬好)라고도 한다. 이 말은『진서·은호전(殷浩傳)』에 보인다.

"은호가 내쫓기고 나자 환온이 사람들에게 말하기를 나는 그와 어릴 때 같이 죽마를 타고 놀았다.(殷浩旣廢 桓溫謂諸人日 少時 與之共騎竹馬)"

한편『세설신어·방정편(方正篇)』을 보면, 진(晉)나라 무제(武帝) 사마염(司馬炎)과 제갈정(諸葛靚)의 대화에도 이 말이 나온다.

제갈정은 아버지 제갈탄(諸葛誕)이 무제의 아버지 사마소(司馬昭)에게 반발하다가 죽음을 당하자 오(吳)나라로 달아났다.

그 뒤 오나라도 진나라에 망하자 하는 수 없이 귀국했는데, 무제는 옛 정리를 생각해 대사마에 임명하였다. 그러나 원한에 사무친 그는 부임하지 않았다.

무제와 제갈정은 어릴 때부터 친하게 지낸 소꿉동무였다. 어떻게든 한번 만나고 싶었던 무제는 숙모를 시켜 그를 오게 하고는 슬쩍 나타나 인사를 나누었다. 술을 마시면서 무제가 말을 건넸다.

"예전에 함께 죽마를 타고 다니던 때가 기억나시오?(卿故復憶竹馬之好不)"

이에 제갈정이 울분을 삼키며 말했다.

"신이 숯을 삼키고 옻칠을 할 줄도 몰라서 이렇게 모진 목숨을 연명해 다시 폐하를 만나게 되었습니다.(臣不能呑炭漆身 今日復覩聖顔)"

그러자 제갈정의 심정을 깨달은 무제는 남모르게 슬그머니 자리를 빠져 나갔다.(▶ 칠신탄탄漆身呑炭 참조)

우리나라에서는 이 성어를 주로 죽마고우(竹馬故友)로 많이 쓴다.

【용례】 여보, 이 친군 나하고 같은 고향에서 자란 "죽마지우"야. 멀리 시골에서 올라왔다니 그냥 보낸 수가 있어야지. 술상 좀 봐오구려.

준마매태치한주
駿馬每馱癡漢走

駿 : 준마·빠를(준) 馬 : 말(마)
每 : 매양(매) 馱 : 태울(태)
癡 : 어리석을(치) 漢 : 사내(한)
走 : 달릴(주)

【뜻풀이】 천 리를 달리는 말은 항상 멍청한 인간들이 타고 달린다. 세상의 모든 일이 불공평하게 이루어지는 것을 비유하는 말이다.

【출전】 명나라의 시인인 당인(唐寅, 1470~1524)이 쓴 시의 한 구절이다.

「준마는 매양 멍청한 인간을 태우고 달리며
좋은 아낫감은 늘 졸렬한 지아비의 품에서 잠이 드네.
세상의 이런저런 불공평한 일들을
하늘이 지었는지 알 순 없어도 짓지 않은 게 없다네.
駿馬每馱癡漢走
巧妻常伴拙夫眠
世間多少不平事
不會作天莫作天」

당인은 대단히 총명한 사람으로 아홉 살 때 향시(鄕試)에 장원으로 급제할 정도였다. 그러나 회시(會試) 때 같은 마을의 수험생이 시험관에게 뇌물을 준 일이 발각되었는데, 그도 이 일에 연루되어 응시할 자격을 박탈당하고 말았다.

이로 말미암아 청운의 꿈을 품었던 그의 앞날에는 먹구름이 드리워졌고, 충격과 상심 역시 말할 수 없이 컸다.

이때부터 그는 고향으로 돌아와 벗들과 술을 즐기면서 세상사 시름을 잊고 살았다. 워낙 출중한 기량을 지녔던 그였기 때문에 그는 세상에 많은 일화를 남겼고, 이런 일화들 중 어떤 것은 연극이나 소설화되기도 했다.

이 시에서 보여 주는 것처럼 훌륭한 재목이 때를 잘못 만나 형편없는 취급을 당하는 예는 비일비재(非一非再)하다. 다소 해학적으로 시상이 전개되고 있지만, 그 행간에 숨어 있는 풍자와 비애는 칼날처럼 서슬이 시퍼렇다. 어쩌면 이런 일은 시대의 고금을 막론하고 항상 있는 일일 수도 있는 것이다.

【용례】 "준마매태치한주"라더니 그 친구 같은 인재가 시골구석에서 썩고 있다니 말이야. 세상사가 다 그렇다고 하기에는 너무 불공평하구먼.

준조절충 樽俎折衝

樽 : 술단지(준) 俎 : 도마(조)
折 : 끊을(절) 衝 : 찌를(충)

【뜻풀이】 능란한 외교술을 비유하는 말이다. 준조는 제사에 쓰이는 제구로 술단지와 제물을 말하며, 절충은 적의 공격을 미리 끊어 버린다는 뜻이다.

【출전】 『안자춘추(晏子春秋)』에 다음과 같은 이야기가 있다.

안영(晏嬰)은 춘추시대 제(齊)나라의 명신이었다. 그는 장공(莊公)이 가신인 최저(崔杼)에게 시해당하는 내란이 일어나자 이를 슬기롭게 잘 극복해 제나라가 강국으로 부상할 수 있도록 크게 공헌하였다. 또한 청렴결백해서 생활은 지극히 검소했고 한 번 입은 옷은 30년이 넘도록 사용했다고 한다.

한번은 그가 임금과 함께 진(晉)나라를 방문한 적이 있었다. 회의가 끝난 뒤 여흥으로 투호(投壺) 시합이 벌어졌다. 진나라 신하가 나와 말했다.

"우리 임금께서 넣으시면 제후들 중에 스승이 되실 길조일 것입니다."

진평공(晉平公)은 멋지게 성공시켰고 박수갈채가 터져 나왔다. 제나라 임금의 차례가 되었다. 안영이 말했다.

"우리 임금께서 성공하시면 진나라의 뒤를 이어 천하를 제패하실 것입니다."

제경공(齊景公)도 역시 성공하였다. 사태가 이렇게 되자 일이 심상찮게 진행되었다. 이때 안영이 일어나 무마시키며 말했다.

"투호는 한낱 놀이일 뿐이고 그 말도 우스갯소리에 불과합니다."

이렇게 해서 위기를 무사히 넘겼다는 것이다. 그래서 『안자춘추』에는 이런 말이 실려 있다.

"제사 올리는 자리에서 나오지 않고도 천리 밖에서 일어난 적의 공격을 끊은 사람이 바로 안자다.(不出樽俎之間 而折衝千里之外 晏子之謂也)"

이 말에서 성어 준조절충이 나왔는데, 오늘날에도 절충은 외교적인 담판을 짓거나 의견 차이를 조정하는 뜻으로 쓰이고 있다.

【용례】 외무부 장관은 겉보기엔 맹탕인 것처럼 보이지만, 외교적인 담판에 나가면 한치의 양보도 없이 "준조절충"한 사람이 제격이야.

줄탁동시 啐啄同時

啐 : 빨(줄) 啄 : 쪼을(탁)
同 : 같을(동) 時 : 때(시)

【뜻풀이】 '줄'과 '탁'이 동시에 이루어진다는 뜻으로, 가장 이상적인 사제지간(師弟之間)을 지칭하는 말이다.

【출전】 『벽암록(碧巖錄)』 제16측에 나오는 공안(公案)의 하나로, 선불교(禪佛敎), 특히 간화선(看話禪)에서 많이 인용하는 말이다.

달걀은 어미 닭이 알을 품었다가 달이 차면 부화한다. 그때 알 속에 있는 병아리가 안에서 껍질을 쪼는 것을 '줄'이라 한다. 반대로 어미 닭이 병아리 소리를 듣고, 밖에서 마주

쪼아 껍질을 깨뜨려 주는 것을 '탁'이라 한다. 그런데 문제는 이러한 행위가 '동시에' 일어나야만 한다는 사실이다. 그럴 때 비로소 병아리는 껍질을 깨고 나와 온전한 세상을 접할 수 있다고 한다.

이 비유 속에는 선가(禪家)에서 스승이 제자를 이끌어 깨달음으로 인도하는 과정과 결과를 담고 있다. 마치 어미 닭이 소중하게 알을 품듯이, 스승이 제자를 끊임없이 보살피다가 그 근기(根機)가 무르익어 터지기 직전이 되었을 때 이를 간파하여 촌철살인(寸鐵殺人)의 행동으로서 제자를 깨달음의 길로 이끌어 주는 것이다. 안에서 수양을 통해 쪼아 나오고 밖에서 근기를 살펴 터뜨려 주는 그 시점이 딱 일치할 때 비로소 한 사람의 각자(覺者)는 탄생하는 것이다. 스승과 제자 사이에도 천생연분(天生緣分)이 있어야 하는 법이다.

【용례】 제가 이만한 수익을 낼 수 있었던 것은 오로지 부장님의 "줄탁동시"하는 배려와 보살핌이 있었기 때문에 가능한 것이었습니다. 제가 아무리 껍질을 쪼았던들 부장님의 터뜨림이 없었다면 한낱 썩은 계란으로 남았을 것입니다.

중과부적 衆寡不敵

衆 : 무리(중) **寡** : 적을(과)
不 : 아닐(부) **敵** : 원수·대적할(적)

【뜻풀이】 적은 숫자로 많은 숫자를 대적할 수 없다. 처음부터 역량 차이가 커서 싸움의 상대가 못 된다는 말이다.

【출전】『맹자·양혜왕장구(梁惠王章句)』 상편에 다음과 같은 이야기가 있다.

왕도(王道)를 외치며 천하를 순행하던 맹자가 제(齊)나라에 와서 선왕(宣王)을 만났다. 그는 천하를 경영할 이론을 말하겠다며 이렇게 서두를 꺼냈다.

"자신은 음란한 생활을 하면서 나라를 부강하게 하고 천하의 패권을 쥐겠다는 것은 비유를 들자면 '나무를 좇아 올라가 고기를 잡겠다.(緣木求魚)'는 속셈과 같습니다."

이 말에 깜짝 놀란 선왕이 대뜸 물었다.

"아니 내 행동이 그렇게까지 어리석단 말입니까?"

"어리석을 정도이겠습니까? 나무를 좇아 물고기를 구하는 일이야 실패해도 큰 해가 될 것이 없지만, 대왕의 정책은 실패하면 나라를 망칠 일입니다. 예컨대 여기 약소국인 추(鄒)나라가 강국인 초(楚)나라와 싸운다고 합시다. 그러면 승부는 어떻게 나겠습니까?"

"그야 당연히 초나라가 이기겠지요."

"자, 보십시오. 숫자가 적은 자는 많은 편을 이길 수 없으며 약국은 강국을 이길 수 없고(寡固不可以敵衆 弱固不可以敵强), 약자는 강자에게 패하게 마련입니다. 지금 천하에는 강국이 아홉 개 있사온데 제나라도 그 중 하나입니다. 한 나라가 대등한 여덟 나라와 싸워 패권을 차지하겠다는 것이 연목구어(緣木求魚)와 무엇이 다르고 약소국인 추나라가 강국인 초나라와 대적하겠다고 하는 것과 무엇이 다르겠습니까?"

"그러면 어떻게 해야 합니까? 들려주십시오."

"대왕께서 어진 덕으로 백성을 다스린다면 천하의 백성들 중 누가 대왕을 우러러보지 않겠으며, 대왕께서 자신들을 다스려 주기를 바라지 않는 사람이 누가 있겠습니까? 그러면 저절로 천하는 대왕의 것이 될 것입니다. 왕도를 따르는 자만이 천하를 지배할 수 있습니다."

그러나 제선왕은 이를 수긍하면서도 맹자의 건의를 받아들이지는 않았다.

【용례】 우리도 열심히 싸웠지만 저쪽 반 애들은 남자가 너무 많아 "중과부적"이었어. 이기지는 못했지만 최선을 다했으니 부끄러울 것도 없지.

중구난방 衆口難防

衆 : 무리(중) 口 : 입(구)
難 : 어려울(난) 防 : 막을(방)

【뜻풀이】 여러 사람의 입을 막기는 어렵다는 뜻으로, 비밀스런 일이라면 너무 많은 사람이 알지 않도록 하는 것이 좋다는 말이다.

【출전】 『십팔사략(十八史略)』에 다음과 같은 이야기가 나온다.

주여왕(周厲王)이 지나친 탄압 정책을 펴자 소공(召公)이 이에 반대하며 이렇게 충고하였다.

"백성의 입을 막기란 개천을 막는 일보다 어렵습니다.(防民之口 甚於防川) 만약 개천이 막혔다가 갑자기 터지면 많은 사람이 다치게 되는데, 백성들 역시 마찬가지입니다. 때문에 개천을 막는 사람은 한쪽으로는 물이 흘러가도록 해야 하듯이, 백성을 다스리는 사람도 그들의 생각을 말할 수 있도록 해야 합니다."

그러나 여왕은 소공의 충고를 듣지 않았고, 견디다 못한 백성들은 난을 일으켰다. 여왕은 달아나서 평생 숨어 살아야 했다.

또 한 편의 이야기가 있다.

춘추시대 송(宋)나라의 사마(司馬)가 성을 쌓는 책임자로 임명되었다. 그러자 성을 쌓는 일에 동원된 사람들이 그의 약점인, 한때 적국의 포로가 되었다가 돌아온 사실을 비꼬며 노래 불렀다. 그러자 그는 "여러 사람의 입을 막기는 어렵다."고 하면서 사람들 앞에 모습을 나타내지 않았다.

우리나라 역사책 『삼국유사(三國遺事)·수로부인(水路夫人)』조에 봐도 "뭇사람의 입은 쇠도 녹인다.(衆口鑠金)"는 말이 있는데, 이 성어와 뜻이 유사하다. 중구삭금(衆口鑠金)은 이 밖에도 『국어·주어(周語)』 하편과 『전국책·위책(魏策)』, 『등석자(鄧析子)』, 『태평어람(太平御覽)』 등에도 나온다.

【용례】 조금 봐 줬더니 군기가 완전히 빠졌구나. "중구난방"으로 떠드니 막을 방법이 없네.

중노난범 衆怒難犯

衆 : 무리(중) 怒 : 성낼(노)
難 : 어려울(난) 犯 : 범할(범)

ㅈ

【뜻풀이】 여러 사람의 분노는 거스르기 어렵다는 뜻이다.

【출전】 『좌전·양공(襄公) 10년』조에 다음과 같은 말이 나온다.

"자산이 말하기를, 여러 사람의 노여움은 거스르기 어렵고, 오로지 하고자 하는 일은 이루기 어렵다.(子産曰 衆怒難犯 專欲難成)"

『좌전·애공(哀公) 25년』조에는 다음과 같은 이야기가 나온다.

춘추시대 위(衛)나라의 왕이 대부들에게 연회를 베풀었다. 그때 저사성자(褚師聲子)가

버선을 신은 채 앉아 있었는데, 이를 본 위왕이 화를 내었다. 성자가 변명하면서 말했다.

"지금 제 다리에 상처가 났습니다. 왕께서 보시기에 언짢으실 것입니다."

그러자 왕은 더욱 화를 내며 말했다.

"네 발을 베어 버리겠다."

이 말에 성자는 놀라 허둥지둥 물러났다. 위왕은 이처럼 방자한데다 걸핏하면 화를 잘 내었다. 그는 성격이 포악하여 신하를 혹사시킬 뿐 아니라 광대들을 시켜 대부에게 창피를 주기도 하는 등 갖은 패륜을 다 저질렀다. 이런 난폭한 행동에 참다 못한 고관들이 마침내 반란을 일으켰다. 왕의 시종 견자사(甄子士)가 이를 진압하려고 나섰다. 그러자 왕의 심복 권미(拳彌)가 막으면서 말했다.

"그대는 용사니까 전쟁을 하고 싶겠지만, 이번만은 어렵겠네. 임금이 제멋대로 포학한 짓을 많이 저질렀으니, 많은 사람의 분노를 거스르기가 어려운 법일세(衆怒難犯). 다른 방법을 강구하는 것이 좋을 듯하네."

위왕은 할 수 없이 진(晉)나라로 망명하려 하자, 권미가 이를 만류하면서 말했다.

"제(齊)나라와 진나라는 모두 우리를 넘보고 있습니다. 당치 않습니다."

이번에는 노(魯)나라로 가려 하자, 또 권미가 막았다.

"노나라는 안 됩니다. 월(越)나라가 좋을 듯합니다."

할 수 없이 월나라로 가는데, 가는 도중 권미가 말했다.

"신이 먼저 가서 월나라의 동정을 살펴보겠습니다. 그렇지만 위나라 사람들이 무슨 짓을 저지를지 모르니, 보물은 먼저 보내는 것이 안전할 듯합니다."

왕의 보물이 가득 든 수레를 끌고 월나라로 가던 권미는 도중에 수레를 돌려 자기 집으로 가 버렸다. 그러면서 왕이 그동안 저질렀던 포악한 행동에 대한 보답이라고 하였다.

【용례】 그 이사가 그 알량한 권력을 믿고 부장이며 사원들을 우롱했지만, "중노난범"이라고 사정을 알았으니 회장님도 해직시키지 않을 수 없을 거야.

중류격즙 中流擊楫

中 : 가운데(중) 流 : 흐를(류)
擊 : 칠(격) 楫 : 노저을(즙)(집)

【뜻풀이】 치욕을 갚고 실지를 회복하겠다며 애국심에 불타오르는 기세를 비유해서 이르는 말이다.

【출전】 『진서·조적전』에 다음과 같은 이야기가 나온다.

진(晉)나라 때 조적(祖逖)이라는 사람이 있었다. 그는 젊어서 유곤(劉琨)이라는 사람과 함께 주부(主簿)의 벼슬에 있었는데, 두 사람 모두 애국심에 불타오르는 선비들이었다. (▶ 침과대단枕戈待旦 · 다난흥방多難興邦 참조)

당시 진나라는 겉으로 보기에는 중원에 대한 지배권을 가지고 있는 듯했지만 사실은 내우외환(內憂外患)에 시달리고 있었다. 특히 해마다 거듭되는 재해 때문에 백성들은 기아선상에서 헤매고 있었다.

그러던 중 진나라는 북중국의 광대한 영토를 상실하고 천도하여 강남에 동진(東晉)을 건국했는데, 사마예(司馬睿)가 즉위해서 진원제가 되고 건강(오늘의 남경)에 도읍을 정했다. 이때 조적은 경구(京口, 오늘의 상소성 진강) 일대에서 장사들을 모아 놓고 진원제에게 상소문을 올렸다.

"오늘날 나라 안이 어지러운 것은 조정 싸움이 심해서 외적들에게 침입의 기회를 만들어 주었기 때문입니다. 지금 적 점령 구역의 백성들은 모두 치를 떨고 있습니다. 만일 폐하께서 파병하여 북벌을 하신다면 각지의 용사들이 소리치며 모여들 것인 바 그렇게만 된다면 중원을 수복할 수 있는 것입니다. 신이 선봉장이 되겠사오니 부디 군사를 일으켜 주옵소서."

진원제는 본래 북벌에 뜻이 없었지만 조적의 간청을 물리칠 수 없고 해서 조적으로 분위장군 겸 예주자사(豫州刺史)를 삼아 북진하게 하였는데 겨우 1천 명의 군사를 주었을 뿐 병장기마저 제대로 갖춰 주지 않았다.

그러나 조적은 아무 불만 없이 부하들을 거느리고 강을 건너 북상해서 회음 지방에 이르렀다. 그는 이곳에서 병장기를 만들고 장사들을 불러 모아 힘을 기른 뒤 계속 북상해서 황하 이남의 잃어버린 땅을 모두 수복하기에 이르렀다.

그러나 진원제를 비롯한 무능한 통치배들은 도리어 이에 겁을 먹고 대연(戴淵)을 조적의 상관으로 파견해서 그를 견제하게 하였다. 이에 조적은 얼마 후 분한 나머지 자결하고 말았다.

중류격즙은 조적이 강을 건널 때 강 위에서 노를 치면서(中流擊楫) "나 조적은 중원의 적들을 쳐부수지 못하는 한 다시 이 강을 건너오지 않으리라!(祖逖不能淸中原而復濟者 有如大江)"고 맹세한 데에서 기인한 성어다.

【용례】 최후의 결전을 치르기 위해 명량 앞바다로 나서면서 "중류격즙"했던 이순신 장군의 기상을 생각해 보라. 제군들도 그런 정신으로 이 나라의 영해를 사수해야 할 것이다.

중류지주 中流砥柱

中 : 가운데(중) 流 : 흐를(류)
砥 : 숫돌(지) 柱 : 기둥(주)

【뜻풀이】 역경 속에서 핵심적 역할을 하는 힘, 또는 그런 사람을 비유해서 이르는 말이다. 중류저주(中流底柱)로도 쓴다.

【출전】 이 성어의 내력에 대해 이야기하려면 먼저 하남 성서부 삼문협 동쪽 황하에 있는 지주산〔砥柱山, 또는 저주산(底柱山)〕에서부터 시작해야 한다.

『수경주(水經註)』에 따르면 상고시대 황하의 물결은 이 산에 막혀 거침없이 흘러가지 못했다고 하는데 하우씨의 치수 때 산 양편의 수로를 넓힘으로써 강물을 좌우 양쪽으로 빠져나가게 했다고 한다.

이렇게 해서 산은 마치 높고 커다란 석주처럼 황하의 급류 속에 우뚝 솟아 있게 되었는데 그리하여 사람들은 이 산을 저주산이라고 이름지었다.

황하의 물은 삼문협(三門峽) 일대에서 가장 세차게 흐르는데, 그 일대의 강물 밑에 높고 낮은 바위들이 서 있었기 때문에 세 갈래의 급류를 형성하게 되었다. 예컨대 북쪽의 인문(人門), 가운데의 신문(神門), 남쪽의 귀문(鬼門)이 그것이다. 삼문협이라는 이름도 여기에서 나온 것이다.

황하의 거친 물결은 바로 이 삼문협에 부딪히며 저주산을 향해 내리흐르는데, 바로 그 속에서 저주산이 머리를 높이 치켜들고 태연히 솟아 있는 것이다. 이 때문에 사람들은 중류지주라는 말로 험악한 처지에서 핵심적인 역할을 하는 어떤 역량이나 영웅적 인물을 가리키게 되었다.

【용례】 기왕 큰 그릇이 되겠다면 세상이 어려울 때 구원할 수 있는 "중류지주"가 될 생각을 해야지, 일신의 영달에만 빠져 공익을 저버린단 말이냐?

중심성성 衆心成城

衆 : 무리(중) 心 : 마음(심)
成 : 이룰(성) 城 : 성(성)

【뜻풀이】 여러 사람이 마음을 합치면 견고한 성도 만들 수 있다. 사람이 단결하면 못할 일이 없음을 비유하는 말이다. 중지성성(衆志靜城)으로도 쓴다.

【출전】 『국어·주어(周語)』에 보면 다음과 같은 이야기가 나온다.

춘추전국시대 말년의 일이다. 주(周)나라 경왕(景王)이 큰 종을 만들려고 했다. 그러자 선목공(宣穆公)이 반대하며 말했다.

"그렇게 큰 종을 만드는 것은 백성들을 괴롭히고 재물을 낭비하는 것이 되고 소리 또한 듣기 좋을 수 없으니 어느 모로 보든지 좋은 일이 못 됩니다."

이에 주경왕은 신하 주구(州鳩)를 불러 그의 의향을 물었더니 주구 역시 선목공의 의견에 동의하면서 반대하는 것이었다. 그러나 경왕은 듣지 않고 종을 만들도록 지시했다.

이듬해 종이 완성되자 아부하기 좋아하는 신하들이 종소리가 아름답고 우렁차다면서 칭송을 아끼지 않았다. 그러자 경왕이 주구를 불러 빈정거리며 말했다.

"모두들 종소리가 듣기 좋다고 하더군."

그러자 주구가 말했다.

"백성들이 종을 만들고 싶어 해야 종소리가 듣기 좋은 것입니다. 그들의 원성이 자자한데 어찌 종소리가 듣기 좋겠습니까. 백성들의 마음이 합치면 그 힘은 성벽보다 굳세고, 민중의 입은 천 근의 무쇠도 녹일 수 있습니다.(衆心成城 衆口鑠金)"

성어 중지성성은 바로 중심성성이 변한 것이고, 중구삭금(衆口鑠金)도 백성의 단합된 힘이 크다는 것을 일컫는 성어다. 중구삭금은 이 밖에도 여러 문헌에서 찾아볼 수 있다.

『초사(楚辭)·구장(九章)』에는 "임금은 생각할 수 있지만 믿어서는 안 되니, 때문에 여러 사람의 말은 쇠도 녹일 수 있도다.(君可思而不可恃 故衆口鑠金)"라는 구절이 나오고, 『사기·노중련추양열전(魯仲連鄒陽列傳)』에는 "뭇사람의 말은 쇠도 녹이며, 험담이 쌓이면 뼈마저도 녹인다.(衆口鑠金 積毁鎖骨)"고 하였다.

그리고 『등석자(鄧析子)』에는 "뭇사람의 말은 쇠를 녹이고, 세 사람이 떠들면 없던 호랑이도 생긴다.(衆口鑠金 三人成虎)"하였고, 『사기·장의열전(張儀列傳)』에는 "깃털도 쌓이면 배를 가라앉힐 수 있고 가벼운 것이라도 모이면 수레축을 부러뜨리며, 뭇사람의 말은 쇠를 녹이고, 험담이 쌓이면 뼈마저도 녹인다.(積羽沈舟 群輕折軸 衆口鑠金 積毁鎖骨)"는 말이 있으며, 강엄(江淹, 444~505)은 자신의 편지에서 "험담이 쌓이면 쇠를 녹이고, 참언이 쌓이면 뼈마저 갈아 버린다.(積毁鎖金 積讒磨骨)"고 썼다.

【용례】 그 사람이 아무리 간교하다지만 "중심성성"이라고 회사 내 의견을 무조건 무시할 순 없을 겁니다. 다시 한 번 강력하게 항의해야 할 일로 생각합니다.

중오필찰 중호필찰
衆惡必察 衆好必察

衆 : 무리(중) 惡 : 미워할(오)
必 : 반드시(필) 察 : 살필(찰)
好 : 좋을·좋아할(호)

【뜻풀이】 모든 사람들이 미워하더라도 반드시 살필 것이고, 모든 사람들이 좋아 하더라도 반드시 살필 일이다. 남의 말이나 소문만 믿고 결정을 내리지 말고 반드시 직접 확인해 실정을 파악한 뒤 행동하라는 말이다.

【출전】『논어·위령공편(衛靈公篇)』에 다음과 같은 말이 있다.

"공자께서 말씀하시기를, '여러 사람이 그를 미워하더라도 반드시 살펴보며, 여러 사람이 그를 좋아하더라도 반드시 살펴보아야 한다.'고 하셨다.(子曰 *衆惡之 必察之 衆好之 必察焉*)"

또『대학·제가장(齊家章)』에는 이런 말도 있다.

"좋아하면서도 그 사람의 악한 점을 알고, 미워하면서도 그의 좋은 점을 아는 사람이 천하에 드물다.(好而知其惡 惡而知其善者 天下鮮矣)"

고려시대 때의 문인 이달충(李達衷)이 쓴 〈애오잠(愛惡箴)〉은 이런 교훈을 대단히 감동적인 이야기로 서술한 문장이다.

「유비자가 무시옹에게 물었다.

"전에 사람들이 모여 인물평을 하는데 어떤 사람은 옹을 사람답다고 하고 어떤 사람은 옹을 사람답지 않다고 하던데 옹은 무슨 까닭으로 어떤 사람에게는 사람으로 대우받고 어떤 사람에게는 사람 대접을 받지 못합니까?"

이 말을 들은 무시옹이 해명을 하며 대답하였다.

"사람이 나를 사람답다고 해도 나는 기쁘지 않고 사람이 나를 사람답지 않다고 해도 나는 두렵지 않다. 왜냐하면 사람다운 사람이 나를 사람답다고 하고 사람답지 못한 사람이 나를 사람답지 못하다고 하는 것만은 못하기 때문이다. 또 나는 모르겠다. 나를 사람답다고 하는 사람이 어떤 사람이며, 나를 사람답지 못하다고 한 사람은 어떤 사람인가? 사람다운 사람이 나를 사람답다고 하면 즉 기쁠 것이요, 사람답지 못한 사람이 나를 사람답지 않다고 하면 또한 기쁠 것이다. 사람다운 사람이 나를 사람답지 않다고 하면 두려울 것이고, 사람답지 않은 사람이 나를 사람답다고 하면 또한 두려울 것이다. 기쁨과 두려움은 마땅히 나를 사람답다고 하는 사람과 사람답지 않다고 하는 사람이 사람다운 사람인가 사람답지 못한 사람인가의 여부를 살펴야 할 것이다. 때문에 말하기를 '오직 어진 사람만이 남을 사랑할 수 있고 남을 미워할 수 있다.'는 것이다. 나를 사람답다고 하는 사람이 어진 사람인가? 아니면 나를 사람답지 않다고 하는 사람이 어진 사람인가?"

유비자가 이 말을 듣더니 아무 말 않고 빙그레 웃으며 돌아갔다. 무시옹이 이 일로 인해 잠(훈계하는 뜻을 적은 글의 형식)을 지어 스스로를 경계하였다. 잠에 이렇게 말했다.

"자도의 교태를 누가 아름답지 않다고 하겠으며 역아가 만든 요리를 누가 달지 않게 여기겠는가? 미워함과 좋아함이 분연히 일어나는데 어찌 그 기준을 자신에게서 구하지 않는가?"

(有非子 造無是翁 日日有群議人物者 人有人翁者 人有不人翁者 翁何故 或人於人 或不

人於人乎 翁聞而解之 曰人人吾 吾不喜 人不人吾 吾不懼 不如其人人吾 而其不人不人吾 吾且未知 人吾之人 何人也 不人吾之人 何人也 人而人吾 則可喜也 不人而不人吾 則亦可喜也 人而不人吾 則可懼也 不人而人吾 亦可懼也 喜與懼 當審其人吾不人吾之人之人不人如何耳 故曰惟仁人 爲能愛人 爲能惡人 其人吾之人 仁人乎 不人吾之人 仁人乎 有非者 笑而退 無是翁 因作箴 以自警 箴曰 子都之姣 儔不爲美 易牙之所調 不爲旨 好惡紛然 盍求諸己)」

이렇게 남을 평가하는 일은 항상 직접 확인해서 스스로의 기준이 정확하게 선 뒤에 이루어져야 할 것이다. 섣불리 남의 말만 믿고 판단을 내린다면 반드시 후회할 일이 따른다는 것은 불 보듯 뻔하다.

이 문장에는 무려 44개나 되는 인(人)자가 나온다. 한자가 지니고 있는 묘미를 만끽할 수 있는 문장이다.

【용례】 그 사람에 대한 소문만 듣고 함부로 말하지 말게. 자네답지 않게 경솔한 태도로군. "중오필찰하고 중호필찰"하란 말을 자네도 알지 않는가? 사태의 본질을 정확하게 알 필요가 있어.

중작풍부 重作馮婦

重 : 다시(중) 作 : 지을(작)
馮 : 성(풍) 婦 : 지어미(부)

【뜻풀이】 어떤 일을 그만두었다가 다시 하는 것을 비유해서 쓰던 말로, 풍자적인 의미도 포함되어 있다.

【출전】『맹자·진심장구(盡心章句)』 하편에 다음과 같은 이야기가 있다.

춘추시대 진(晉)나라에 호랑이를 잘 잡는 풍부(馮婦)라는 사람이 있었는데, 그의 손에 죽은 호랑이만 해도 부지기수(不知其數)였다. 그러던 그가 갑자기 더 이상 짐승을 죽이지 않고 착한 사람이 되겠다고 맹세하더니 그때부터 과연 호랑이를 잡지 않았다고 한다.

그 후 몇 년이 지난 어느 날 풍부가 수레를 타고 성 밖의 한 숲속을 지나가는데 갑자기 "때려라. 잡아라!" 하는 소리가 들려 왔다. 풍부가 머리를 들어 바라보니 사람들이 호랑이를 쫓고 있었는데, 산굽이를 돌아 돌벽에 붙어 선 호랑이는 사람들을 보며 사납게 으르렁거리고 있었다. 서슬에 눌린 사람들은 누구 하나 감히 앞으로 나서지 못하고 소리만 지르고 있었다.

이 광경을 목격한 풍부는 즉시 수레에서 뛰어내려 팔을 걷어붙이고 달려갔다. 그는 호랑이가 주의를 돌린 틈을 타서 재빨리 달려들어 호랑이의 정수리를 세차게 갈겼다. 그제야 사람들도 일제히 달려들어 호랑이를 잡을 수 있었다.

이에 사람들은 기뻐하면서 "역시 호랑이 잘 잡는 솜씨가 다르긴 다르군. 소문은 헛된 것이 아니라니까." 하면서 이구동성(異口同聲)으로 풍부를 칭찬했다. 그러나 어떤 사람은 풍부가 약속을 어겼다면서 비웃기도 하였다.

이와 같이 일찍이 그만두기로 했던 일에 다시 손을 대는 사람을 가리켜 풍부 또는 중작풍부·하거풍부(下車馮婦)·풍부하거라고 한다.

그리고 그때 사람들이 호랑이를 쫓는 광경에 대해 『맹자』에서는 "사람들이 호랑이를 쫓고 있는데 호랑이가 석벽에 기대 으르렁거리자 누구도 감히 가까이 접근하지 못했다.(有衆逐虎 虎負嵎 莫之敢攖)"고 쓰고 있는데,

여기에서 부우완항(負堣頑抗, 적이나 도적들이 유리한 지세를 이용해서 완강하게 저항하다)이라는 성어가 나왔다.

【용례】 젊은 사람으로 바뀌면 뭔가 나아질 줄 알았더니, 이건 전보다 더하군. 전임 소장이 "중작풍부"하는 게 백 번 낫겠다.

중족측목 重足側目

重 : 다시(중) **足** : 발(족)
側 : 곁 · 옆(측) **目** : 눈(목)

【뜻풀이】 중족이란 두 발이 겹쳐져 감히 걷지도 못한다는 뜻이고, 측목이란 곁에서 훔쳐보기만 할 뿐 감히 똑바로 보지 못한다는 뜻으로, 위풍이나 위세에 눌려 두려워하는 것을 비유한 말이다.

【출전】 『후한서 · 진귀전(陳龜傳)』에 다음과 같은 이야기가 있다.

한환제 때 북방의 변경이 어지러워지자 조정에서는 진귀를 도료장군으로 삼아 방어하게 하면서 그의 제안에 따라 변방 각 지역의 관리들을 조정하고 변방 주민들의 세금을 면제해 주었다.

그러자 각 지역 주민들에게서 진귀가 받은 명성은 하늘을 찌를 듯했고, 변방의 관리들도 그를 두려워하지 않는 사람이 없었다. 『후한서』에서는 이에 대해 "진귀가 부임하자 변방의 고을은 벌벌 떨었고 선비족들도 감히 쳐들어오지 못했다.(龜旣到職 州郡重足震栗 鮮卑不敢近塞)"고 쓰고 있다.

그리고 『전국책 · 진책(秦策)』에 보면 전국시대 소진(蘇秦)이라는 사람이 가난한 선비에서 일약 높은 지위에 올라 여섯 나라의 재상을 맡아 보면서 천하를 지휘했는데, 그 세도는 나는 새도 떨어뜨릴 지경이었다.(➡ 미주신계米珠薪桂 · 불가동일이어不可同日而語 · 포신구화抱薪救火 참조) 그리하여 어느 날 그가 고향을 지날 때 그의 부모는 성 밖 30리 지점에 나와서 영접했다고 하며, 평소 그를 무시했던 그의 형수는 땅에 부복하고 그의 아내는 "곁눈질로 훔쳐보며 귀를 낮춰 엿들을 뿐이었다.(側目而視 側耳而聽)"는 것이다.(➡ 전거후공前倨後恭 참조)

『사기 · 진시황본기(秦始皇本紀)』에는 가의(賈誼)의 말을 인용하여 "진나라 풍속에 이것저것 피해야 할 금지 사항이 많았다. …때문에 천하의 선비들은 귀를 낮춰 엿듣고 발을 모아 서서 입을 꼭 다문 채 한 마디 말도 하지 못했다.(秦俗多忌諱之禁…故使天下之士 傾耳而聽 重足而立 拑口而不言)"는 구절이 나오고, 『사기 · 급암열전(汲黯列傳)』에는 "천하 사람들로 하여금 다리를 모아 서게 만들고 눈을 내리깔고 보게 하라.(令天下重足而立 側目而視矣)"는 말도 실려 있다.

이렇게 해서 중족측목이라는 성어가 나왔는데, 측목이시(側目而視)와 중족이립(重足而立)을 이어서 쓰기도 한다.

【용례】 꼴 같잖은 인간 한 놈이 무서워 개나 소나 "중족측목"하는 꼴이란 게, 정말 이딴 직장은 더러워서 못 다니겠어.

중취독성 衆醉獨醒

衆 : 무리(중) **醉** : 술취할(취)
獨 : 홀로(독) **醒** : 술깰(성)

【뜻풀이】 모두 취한 가운데에서 홀로 깨어

있다. 세상의 모든 사람이 불의와 부정을 저지르는 가운데 혼자 이를 반대하여 자신의 덕성(德性)을 지키는 사람을 일컬을 때 쓰는 말이다. 인품이 고결하고 청렴한 사람이나 그런 자세를 칭송하는 데 쓰인다.

【출전】 전국시대 초(楚)나라의 굴원(屈原)은 귀족이자 풍부한 상상력과 뛰어난 재능을 가진 시인이었다. 그의 생애에 관한 기록은 『사기·굴원열전』에 남아 있지만 그렇게 자세하지는 않다. 그의 고향은 자귀(秭歸)로 무협(武峽) 부근의 산과 강을 낀 작은 마을이다.

굴원은 회왕을 가까이서 모시는 측근으로 학문이 깊었을 뿐 아니라 일 처리에도 매우 능란하고 지극히 충성스러워서 회왕의 총애를 받았다.

그러던 중 그가 회왕의 명령으로 초나라의 앞날에 중요한 영향을 미칠 새로운 법안의 초안을 잡게 되었는데, 당시 실력자 중 한 사람이었던 늑상(勒尙)이 와서 이를 보여 달라고 하였다. 그러나 굴원은 아직 발표할 단계가 아니라는 이유로 이를 거절했는데, 이 때문에 굴원에게 앙심을 품은 늑상은 회왕에게 가서 굴원을 무고하고 말았다.

원래 말 재주가 비상했던 늑상인지라 자주 굴원에 대한 비방의 말을 들은 회왕은 결국 그를 의심해서 차츰 굴원을 멀리하기 시작하였다. 그러다가 굴원은 끝내 관직에서 내쫓기고 말았다.

조정에서 추방된 굴원은 실의의 나날을 보내면서 자신의 우울한 심경을 노래한 많은 작품을 남겼는데, 그 중 대표적인 작품이 〈이소(離騷)〉와 〈어부사(漁夫辭)〉 등이다. 나중에 회왕은 진나라의 이간에 속아 전쟁에서 대패한 뒤 무관(武關)으로 유인되어 그곳에 억류되었다가 마침내 다시는 고국으로 돌아가지 못하고 죽음을 당하고 말았다.

그 와중에 굴원은 한북에서부터 호남 멱라강(汨羅江)까지 떠돌아다녔다. 그때 쓴 작품 중의 하나가 〈어부사〉인데, 이 작품에는 다음과 같은 이야기가 실려 있다.

그가 강변을 헤매면서 시를 읊고 있는데, 한 어부가 나타나 그를 알아보고는 어쩌다가 여기까지 오게 되었는지 묻자 굴원은 이렇게 대답했다.

"세상 사람들은 모두 혼탁한데 나만 오직 맑고 깨끗하며, 모두가 술에 잔뜩 취해 있는데 나만 오로지 깨어 있어 그들이 나를 추방했다.(擧世皆濁 我獨淸 衆人皆醉 我獨醒 是以見放)"

그러자 어부는 그를 위로하면서 세상의 추이를 좇으라고 충고했는데, 굴원은 다시 다음과 같이 말했다.

"어찌 자신의 깨끗한 몸에 더러운 것을 묻히려 하겠는가? 차라리 저 강물에 뛰어들어 내 몸을 물고기의 뱃속에 장사지내겠다.(安能以身之察察 受物之汶汶者乎 寧赴湘流 葬於江魚之腹中)"

그런 뒤 굴원은 〈회사부(懷沙賦)〉를 짓고 음력 5월 5일에 몸에 돌을 묶고는 멱라수에 뛰어들어 자살하고 말았다.

다음은 〈어부사〉 전문이다.

「굴원이 이미 쫓겨나 장강의 강가를 헤매면서 연못가를 다니며 시를 읊조렸는데, 안색은 초췌했고 이모는 비쩍 말라 있었다. 어부가 지나가다가 그를 보고는 물었다.

"그대는 삼려대부〔초나라의 관직 이름, 귀족인 소(昭)·굴(屈)·경(景) 세 성(姓)의 일을 맡았다〕가 아닙니까? 어쩌다가 이 지경에까지 이르렀습니까?"

굴원이 대답했다.

"세상이 온통 더러운데 나 홀로 맑았고, 뭇 사람들이 모두 취했는데 나 홀로 깨어 이렇게 쫓겨나고 말았습니다."

어부가 말했다.

"성인께서는 사물에 얽매이지 않고 능히 세태와 함께 움직인다고 했습니다. 세상 사람들이 모두 더럽거든 어째서 그 흙탕물을 흩뜨려 물결을 일으키지 않았으며, 뭇사람들이 모두 취했거든 어째서 그 술 찌개미를 먹고 술을 마시지 않았습니까? 왜 깊이 생각하여 높은 곳에 올라 스스로 쫓겨나는 꼴을 당했습니까?"

굴원이 대답했다.

"나는 들었습니다. 새로 머리를 감은 사람은 반드시 모자를 고쳐 쓰고, 새로 몸을 씻은 사람은 반드시 옷매무새를 고친답니다. 어찌 이 몸의 깨끗함으로 바깥 물건의 더러움을 받겠습니까? 내 차라리 상강의 물줄기에 뛰어들어 물고기의 뱃속에 장사지낼지언정 어찌 이 희고 흰 결백함을 세상의 티끌 먼지 속에 던져 버리겠습니까?"

이 말을 들은 어부는 빙그레 웃으면서 키를 두드리며 떠나갔고, 이에 노래하여 말했다.

"창랑의 물이 밝음이여 내 갓끈을 빨 만하고, 창랑의 물이 흐림이여 내 발을 씻을 만하구나."

마침내 떠나가서 다시는 더불어 말하지 않았다.

(屈原旣放 游於江潭 行吟澤畔 顔色 憔悴 形容 枯槁 漁夫 見而問之曰 子非三閭大夫與 何故至於斯 屈原 曰擧 世皆濁 我獨淸 衆人皆醉 我獨醒 是以見放 漁夫 曰聖人 不凝滯於物 而能與世推移 世人皆濁 何不其泥而揚其波 衆人皆醉 何不其糟而其 何故 深思高擧 自令放爲 屈原 曰吾聞之 新沐者 必彈冠 新浴者 必振衣 安能以身之察察 受物之汶汶者乎 寧赴湘流 葬於江魚之腹中 安能以皓皓之白 而蒙世俗之塵埃乎 漁夫 莞爾而笑 鼓而去 乃歌曰 滄浪之水淸兮 可以濯吾纓 滄浪之水濁兮 可以濯吾足 遂去不復與言)」

【용례】 저분은 나라가 어지럽고 사람들이 몽매(蒙昧)에서 깨어나지 못하고 있을 때에도 "중취독성"하셔서 조국의 광복을 위해 힘쓰신 어른이야.

증삼살인 曾參殺人

曾 : 일찍이·성씨(증) **參** : 석(삼)
殺 : 죽일(살) **人** : 사람(인)

【뜻풀이】 증삼이 사람을 죽이다. 허튼 소문을 사람들이 믿게 되는 것을 비유하는 말이다.

【출전】 춘추시대 노나라에 증자(曾子)라는 현인이 있었는데 본명은 증삼(曾參)이었다.

(▶ 삼성오신三省吾身 · 회자인구膾炙人口 참조)

『전국책·진책(秦策)』에는 증자에 관해서 다음과 같은 이야기가 나온다.

증자가 비성(費城, 오늘의 산동성 비현)에 있을 때 그와 동명이인(同名異人)인 증삼이라는 사람이 어느 날 사람을 죽이고 체포된 적이 있었다. 이 때문에 사람들은 증자가 살인했다고 오해를 하게 되었다.

얼마 후 한 사람이 뛰어와서 증자의 어머니에게 증자가 사람을 죽였다고 말하였다. 그러나 증자의 어머니는 "내 아들이 그럴 리 없다." 고 하면서 계속 옷감을 짜고 있을 뿐이었다.

이윽고 또 한 사람이 뛰어와서 증자가 살인했다고 해도 증자의 어머니는 여전히 믿지 않고 태연자약(泰然自若)하게 옷감을 짜고 있었

ㅈ

다. 조금 뒤 또 한 사람이 뛰어와서 같은 소식을 전했다. 증자의 어머니는 그제야 그 말을 정말로 여기고 안절부절못했다는 것이다.

이 이야기는 삼인시호(三人市虎)(➡ 참조)에서 나오는 바와 같이 분명 허튼 소문이라고 할지라도 여러 사람이 거듭해서 말하자 나중에는 사람들로 하여금 믿지 않을 수 없게 만든다는 것을 말해 주고 있다. 그래서 사람들은 거듭 괴상한 말을 퍼뜨려 남을 모해하는 것을 가리켜 증삼살인이라고 하게 되었다.

【용례】 사람이 그렇게 귀가 얇아서 무슨 일을 하겠는가? 자네 그러다간 "증삼살인"했다는 말도 믿을 테니, 자네가 조금씩 두려워지네.

지강급미 舐糠及米

舐 : 핥을(지) 糠 : 겨(강)
及 : 미칠(급) 米 : 쌀(미)

【뜻풀이】 겨를 핥아 쌀알에까지 미치다. 좀이 슬어 가듯 차츰차츰 사태가 나빠지는 것을 비유하는 말이다. 또는 내분으로 인해 전열이 와해되는 것을 말하기도 한다.

【출전】『사기 · 오왕비열전(吳王濞列傳)』에 다음과 같은 이야기가 나온다.

한나라 초기 한고조 유방(劉邦)은 유씨 가문의 자제들에게 땅을 떼어 주고 제후로 삼아 제후국을 세웠다. 그런데 한고조가 세상을 떠난 뒤 여러 제후국들은 차츰 중앙의 명령에 복종하지 않았다. 이에 한경제 수하의 어사대부 조착(鼂錯)는 제후국들의 영지를 감축해 중앙의 권력과 권위를 강화할 것을 극구 주장하였다.

그러나 조조의 이러한 주장은 처음부터 제후들의 강력한 반대에 봉착하게 되었다. 그 중에서도 오왕 유비(劉濞)는 황제의 자리까지 넘보면서 여러 제후국들과 결탁해서 중앙에 항거하자고 선동하였다. 그러면서 그는 이렇게 말했다.

"금상은 간신들의 말을 믿고 하루하루 제후들을 침삭(侵削)하고 있다. 이제 쌀에 좀이 나서 난알에까지 미치듯〔舐糠及米〕 차츰차츰 먹어들어 가면 그 결과는 영지를 좁히는 데만 그치지 않을 것이다."

이리하여 마침내 오왕 유비를 우두머리로 하는 오초칠국(吳楚七國)의 난이 일어나게 되었던 것이다.

오초칠국의 난이 일어나자 오왕 유비는 이번 거사를 반란이 아니라 "조조를 주살하고 임군 주변을 깨끗이 하려는 것"뿐이라고 떠들어댔다. 이에 어리석은 황제 한경제는 마침내 조조를 죽여 효수(梟首)까지 했는데, 그래도 유비는 만족하지 않았다.

결국 한경제는 유아부(劉亞夫)로 하여금 대군을 이끌고 나가 반란을 평정하게 하였다.

【용례】 이번 사태는 단순하게 보아넘기기에는 중대한 의미가 있습니다. "지강급미"라고 나중에는 뭘 요구할지 알 수 없는 일이에요. 강력하게 항의해야 합니다.

지록위마 指鹿爲馬

指 : 가리킬(지) 鹿 : 사슴(록)
爲 : 할(위) 馬 : 말(마)

【뜻풀이】 사슴을 가리켜 말이라고 하다. 고의로 진상을 가리고 시비(是非)를 뒤바꾸는 모략을 비유하는 말이다.

【출전】『사기 · 진이세기(秦二世紀)』에 다음과 같은 이야기가 있다.

진나라 말기에 진시황이 병사하자 환관 조고(趙高)는 조정의 대권을 찬탈하기 위해 진시황의 죽음을 일단 비밀에 부치고는 성지(聖旨)를 빙자해서 진시황의 장자 부소(扶蘇)를 자결하게 하고 나이 어린 둘째아들 호해(胡亥)를 태자로 세운 다음에야 진시황의 죽음을 세상에 알렸다. 뒤이어 조고는 호해로 제위를 잇게 하고 조고 자신은 승상이 되어 조정의 실권을 장악했다. 그러나 조고는 이에 만족하지 않고 황제의 자리마저 노리기에 이르렀다.

허수아비 황제를 앞에 내세우고 조고의 권세는 클 대로 커졌지만 혹시라도 대신들이 불복할까 싶어 골치를 앓던 중 문득 좋은 꾀를 하나 생각해 냈다. 어느 날 조고는 호해에게 사슴 한 마리를 바치면서 말했다.

"이것은 신이 폐하에게 드리는 말〔馬〕이올시다."

"승상께서는 장난이 심하십니다. 분명 사슴인데 말이라고 하시는구려!"

호해가 웃으면서 말하자 조고는 정색을 하며 말했다.

"누가 감히 폐하와 장난을 하겠습니까? 이것은 분명 말이올시다. 폐하께옵서 믿지 못하시겠으면 여기 있는 대신들에게 물어 보십시오."

호해가 대신들을 둘러보면서 "이것이 도대체 사슴이오 말이오?"라고 물었더니 조고에게 아부하는 대신들과 그를 두려워하는 대신들은 모두 다 말이라고 대답했다. 몇몇 정직한 대신들만이 사슴이라고 했거나 묵묵부답(黙黙不答)이었는데, 훗날 조고는 그들을 몽땅 죽여 버렸다.

이처럼 멀쩡한 대낮에 뭇사람들 앞에서 사슴을 가리키며 말이라고 해도 많은 사람들이 옳다면서 두둔할 정도였으니 당시 조고의 위세가 어떠했으며 당시의 사회상이 어떠했는가를 가히 짐작할 수 있다.

이것이 바로 지록위마라는 성어가 나오게 된 유래다.

【용례】 정도를 걸어야 할 언론인들이 고작 정권에 아부해 정계로 진출할 궁리만 하다니, "지록위마"를 선동하는 작자가 언론인들이라면 알 세상이 아닌가.

지만 持滿

持: 가질(지) **滿**: 찰(만)

【뜻풀이】 원래 뜻은 활을 당긴 채 화살을 쏘지 않은 상태를 말하는데, 앞날의 큰일을 도모하기 위해 긴장을 풀지 않으면서 가슴을 벅차게 하고 있는 것을 비유한다.

【출전】『사기 · 월세가(越世家)』에 다음과 같은 이야기가 나온다.

월나라의 임금 구천(勾踐)은 재상 범려(范蠡)의 충고를 듣지 않고 무모하게 오(吳)나라 부차(夫差)를 공격했다가 대패하고 회계산(會稽山)에 포위되어 항복하거나 죽는 양단의 결정을 내려야 하는 위기에 처하게 되었다. 범려의 말을 듣지 않은 것을 크게 후회하면서 그에게 이 위기를 빠져나갈 방법을 물었는데, 범려는 이렇게 말했다.

"지만(持滿), 즉 항상 마음을 긴장 속에 둔 사람은 하늘도 돕습니다. 이제 전하께서 기댈 곳은 천지신명과 사람의 도움뿐인데, 그러기 위해서는 자신을 낮추고 예를 갖추어 화해를 청하는 길뿐입니다. 항복하여 오나라의 신하가 되십시오. 그러면서 때를 기다려야 할 것입니다."

이 말에 따라 구천은 부차에게 항복했고(기원전 494) 이후 쓸개를 핥으면서 복수를 다짐했다.(▶ 와신상담臥薪嘗膽 참조) 그 결과 범려의 도움과 서시(西施)의 미인계가 통하여 20년이 지난 뒤에 마침내 오나라를 멸망시키고(기원전 475) 천하의 패권을 차지했다.

【용례】 한 번 실패했다고 해서 좌절만 하고 있어서야 되겠니. 마음을 굳게 먹고 "지만"하면 반드시 다시 기회가 올 거야.

지사미타 至死靡他

至 : 이를(지) **死** : 죽일(사)
靡 : 쓰러질 · 없을(미) **他** : 남(타)

【뜻풀이】 죽어도 마음이 변치 않는다. 한 사람에 대한 애정이 변치 않아 죽음에 이르러서도 두 마음을 가지지 않음을 비유하는 말이다.

【출전】 『시경 · 국풍(國風)』에 있는 〈백주(栢舟)〉라는 시의 한 구절에서 나왔다.

이 작품은 어머니로부터 재혼을 강요당한 한 여자가 자기에게는 이미 마음을 준 사람이 있기 때문에 그에 대한 마음이 변치 않음을 맹세하고 자신의 마음을 몰라주는 어머니를 원망하는 내용을 담고 있다.

일설에 따르면 위(衛)나라의 세자인 공백(共伯)의 아내 공강(共姜)의 이야기라고도 하는데, 이것은 시를 작품 자체로만 해석하지 않고 역사적 인물과 관련지으려는 관례에서 나온 해석이다. 시의 전문을 읽으면 다음과 같다.

「물 위를 떠도는 측백나무 배는
강 중류를 향해 배를 대고 있다.
배 위에 있는 더벅머리 총각
그가 바로 내 그리는 배필이라네.
이 마음은 죽어도 변치 않으리.
어머니여, 하늘이여!
그대는 내 마음을 알지 못하는가.
물 위를 떠도는 측백나무 배는
강 저편에 배를 대고 있다.
그가 바로 내 진정한 배필이라네.
마음은 죽어서도 변치 않으리다.
어머니여, 하늘이여!
그대는 내 마음을 알지 못하는가.
汎彼栢舟 在彼中河
髧彼兩髦 實維我儀
之死矢靡他 母也天只
不諒人只
汎彼栢舟 在彼河側
髧彼兩髦 實維我特
之死矢靡慝 母也天只
不諒人只」

이 작품에서 우리는 이미 수천 년 전 사람들도 진정한 애정에 대한 갈구와 무엇으로도 막을 수 없는 사랑을 진솔하고 소박하게 노래하고 있음을 볼 수 있다. 지사미타는 달리 백주지조(柏舟之操) 또는 백주조라고도 한다.

【용례】 20년을 교육자로 종사하면서 이게 내 천직이려니 생각하며 한 번도 후회한 적이 없었습니다. 그런 마음은 "지사미타", 영원히 변치 않을 것입니다.

지상담병 紙上談兵

紙 : 종이(지) **上** : 위(상)
談 : 이야기할(담) **兵** : 병사(병)

【뜻풀이】 지도를 펼쳐 놓고 병법을 말하다.

실제를 떠난 공리공담(空理空談)을 뜻한다.

【출전】『사기·염파인상여열전』의 부록〈조사전(趙奢傳)〉에 다음과 같은 이야기가 나온다.

전국시대 진(秦)나라에서는 여러 번 조나라를 공격했지만 명장 조사(趙奢)와 염파(廉頗)에 의해 번번이 격퇴당하고 말았다. 어느 날 진나라에서는 또 한 번 조나라를 공격했는데 조나라 군사들은 장평관(長平關, 오늘의 산서성 고평현 근처)에서 진군을 맞이해 싸우게 되었다. 이때 조사는 이미 세상을 떠나고 염파가 조나라의 대군을 지휘하고 있었다. 염파는 진나라 군사들의 군세가 막강한 것을 보고 되도록 정면충돌을 피하고 장기전을 펼쳐 적들을 지치게 만드는 전술을 썼다.

백전노장(百戰老將) 염파는 적군이 아무리 싸움을 걸어와도 모른 체하고 성 안에서 버티기만 하였다. 이때 장기전이 진군에게 불리하다는 것을 잘 알고 있는 진나라 장수 백기(白起)는 쥐도 새도 모르게 첩자들을 조나라 도성에 파견해서 진나라 군사들이 가장 두려워하는 장수는 염파가 아니라 조사의 아들 조괄(趙括)이라는 소문을 퍼뜨려 놓았다.

그러자 조나라 임금은 그렇잖아도 염파의 장기전을 못마땅하게 생각하고 있던 차에 조괄을 대장으로 삼아 염파를 대체하려고 하였다.

"전하, 아니되옵니다! 생각을 돌리십시오."

그 소식을 들은 인상여(藺相如)는 조왕의 그릇된 처사를 결사적으로 반대했다. 그리고 조괄의 어머니도 역시 극력 반대했다. 왜냐하면 조괄은 어릴 때부터 총명해서 병서도 많이 읽고 아는 것도 적지 않았지만 천성이 오만하고 실전 경험은 더더욱 없는 사람이었기 때문이다.(➡ 교주고슬膠柱鼓瑟 · 병사지야兵死地也 참조)

이에 대해 그의 아버지인 조사까지도 일찍이 조괄에 대해 "종잇장 위에서 군사를 운운하는 데 불과하다.(紙上談兵)"고 하였으며, "장차 조나라에서 조괄을 쓰지 않으면 몰라도 일단 그를 기용한다면 군대를 망칠 것은 바로 조괄이다."라고 말한 적이 있었다.

그러나 조왕은 끝내 듣지 않고 조괄을 보내어 염파를 대체하고 말았다. 조괄은 일단 전선에 이르자 염파의 장기전 계획을 모조리 뜯어고쳤다.

이에 진나라 장수 백기는 조군의 군량 보급로를 끊어 놓은 다음 40여 일간이나 물샐틈없이 포위하고 있다가 마침내 조나라의 40만 대군을 일거에 섬멸하고 조괄마저 죽였다.

【용례】 사회 생활은 전쟁이다. 전쟁에 나가겠다는 사람이 무기도 없이 뭘 하겠다는 거냐. 그런 낭만적인 생각은 "지상담병"일 뿐이다.

지우책인명 至愚責人明

至 : 이를 · 지극할(지)
愚 : 어리석을(우) 責 : 책할(책)
人 : 사람 · 남(인) 明 : 밝을(명)

ㅈ

【뜻풀이】 지극히 어리석은 사람도 남을 책망하는 데는 밝다. 우리 속담 "똥 묻은 개가 겨 묻은 개를 나무란다."와 비슷한 성어다.

【출전】『송명신언행록(宋名臣言行錄)』에 나오는 범순인(范純仁, 1027~1101)의 말에서 유래했다.

"비록 지극히 어리석은 사람이라고 해도 남을 책망할 때는 정확하고, 비록 총명한 사람이라고 해도 자신을 용서할 때는 어둡다. 내가 평생 배운 바는 오직 충서 두 자일 뿐이니, 평생을 써도 다함이 없다.(雖至愚 責人則明

雖有聰明 恕己則昏 我平生所學 唯得忠恕二字 一生不盡)"

이 말은 남을 욕하기는 쉬워도 자신의 허물을 보고 고치기는 어렵다는 뜻이다. 나를 용서하듯이 남을 용서하고 남의 허물을 꼬집듯이 자신의 허물을 지적한다면 세상은 훨씬 풍요롭고 화기애애(和氣靄靄)하게 바뀔 것이다.(▶ 일이관지—以貫之 참조)

원래 이 말은 그의 〈계자제문(戒子弟文)〉에 나오는 것인데, 위의 인용과는 조금 다른 문장이 뒤에 이어진다.

『명심보감·존심편(存心篇)』에 실린 글로 다시 읽어 보자.

「충선공 범순인이 자제들에게 경계하여 말했다. "사람이 비록 지극히 어리석어도 남을 꾸짖는 데는 밝고, 비록 총명하다고 해도 자신을 용서하는 데는 어두우니라. 너희들은 마땅히 남을 꾸짖는 마음으로 자신을 꾸짖고, 자신을 용서하는 마음으로 남을 용서하면 성현의 지위에 이르지 못함을 걱정하지 않아도 될 것이니라."

(范忠宣公戒子弟曰 人雖至愚 責人則明 雖有聰明 恕己則昏 爾曹 但當以責人之心責己 恕己之心恕人 不患不到聖賢地位也)」

【용례】 우리 과장은 자기가 져야 할 책임을 남들한테 떠넘기는 데 도사야. "지우책인명"이라더니 어디서 배워 그렇게 꼬투리를 잘 잡는지 귀신이라니까.

지음 知音

知 : 알(지) 音 : 소리(음)

【뜻풀이】 음악에 대한 감상 능력이 높은 사람. 흔히 막역한 친구를 말한다.

【출전】 『여씨춘추·본미편(本味篇)』에 다음과 같은 이야기가 있다.

춘추시대의 유명한 음악가였던 유백아(兪伯牙)는 초나라 사람이었음에도 불구하고 진(晉)나라에 가서 큰 벼슬을 하면서 상대부로 있던 사람이었다.

어느 날 진나라 임금의 명령으로 초나라에 출사했을 때의 일이었다. 유백아가 탄 배가 한양 강가에 닻을 내렸을 때 때마침 팔월 한가위라 보름달이 허공에 높이 걸려 있었다. 유백아는 달을 쳐다보면서 울적한 생각에 잠겨 거문고를 꺼내 연주하기 시작하였다. 그러던 중 유백아는 문득 누군가 암암리에 그의 거문고 소리를 경청하고 있다는 사실을 알아채고 사람을 시켜 찾아보게 하였더니 뜻밖에도 그는 일개 나무꾼이었다.

"임자는 내 곡조에 담긴 뜻을 알아들을 만하시오?"

유백아가 물었더니 그 나무꾼은 "임자가 타는 곡조는 공자의 안회탄(孔子顔回嘆)이지요?" 하고 반문하는 것이었다. "옳소이다, 옳소이다!" 유백아는 기쁨에 넘쳐 나무꾼과 함께 음악에 관한 이야기를 쉴 새 없이 주고받았는데 나무꾼은 모르는 것이 없었다.

"어느 날…" 유백아가 또 말을 꺼냈다. "공자님께서 실내에서 거문고를 타시는데 그의 제자 안회가 밖에서 들어오다가 문득 거문고 소리에 살기가 서려 있다는 것을 알아차리고 깜짝 놀랐다고 하는 이야기도 있지 않습니까? 나중에 알고 보니 그때 고양이 한 마리가 쥐를 잡아먹으려는 것을 공자님께서 보시게 되어 공자님께서 느낀 바가 거문고 소리에 묻어 살기를 띠게 된 것이라고 했지요. 그러고 보면 안회야말로 지음(知音)이라고 하겠습니다. 이제 내가 거문고를 탈 테니 내가 무엇을 생각하는가를 맞춰 보시오."

유백아가 이렇게 말하고 나서 거문고를 타며 산을 생각하자 나무꾼은 "줄기차도다, 그 뜻 높은 산에 있구나." 하였고, 강물을 생각하면 "도도하도다, 그 뜻 강물에 있구나." 하는 것이었다.

"당신은 실로 나의 지음이로소이다!"

유백아가 기쁨에 넘쳐 그의 성명을 물어 보았더니 종자기(鍾子期)라고 대답하였다. 유백아는 즉시 종자기와 의형제를 맺고 내년에 다시 초나라에 오게 되면 기어코 그의 집에 들르겠노라고 하였다.

그런데 그 이듬해 유백아가 종자기를 찾아갔을 때 그는 이미 저세상 사람이 된 뒤였다. 유백아는 너무도 슬픈 나머지 종자기의 무덤 앞에서 마지막으로 한 곡을 탄 뒤 거문고를 바위에 부딪쳐 산산조각내 버리고 말았다고 한다. 말하자면 지음을 잃고 다시 거문고를 타서는 무엇하겠느냐는 것이었다.

『열자·탕문편(湯問篇)』에도 이와 대동소이(大同小異)한 이야기가 있다.

지음이라는 말은 바로 이 이야기에서 나온 성어다. 사람들은 음악에 대한 감상 능력이 높은 사람이나 절친한 벗을 이런 말로 불렀고 고산유수(高山流水) 또는 유수고산이라는 말로 기묘한 음악과 깊은 우정을 뜻하기도 한다.

그리고 종자기가 죽자 유백아가 거문고를 부순 이야기에서 나온 성어가 백아절현(伯牙絕絃)이다. 마음에 맞는 친구의 죽음을 이렇게 부르기도 한다.

『예기·악기편(樂記篇)』에는 이런 말이 실려 있다.

"이런 까닭으로 소리는 알고 음을 모르는 자는 금수들이요, 음은 알지만 악을 모르는 자는 뭇 소인배들이 그들이다.(是故知聲而不知音者 禽獸是也 知音而不知樂者 衆庶是也)"

【용례】 요즘처럼 서로 자기만 살겠다고 아우성치는 판에 저 두 분처럼 변함없는 우정을 지속하시는 분은 정말 드물 거야. 세상 살면서 "지음"을 한 사람이라도 얻었으면 성공이라고 하던데, 저 두 분이 바로 그런 경우지.

지자국지본 地者國之本

地: 땅(지) **者**: 놈(자) **國**: 나라(국)
之: 어조사(지) **本**: 근본(본)

【뜻풀이】 땅은 나라의 근본이라는 뜻이다.

【출전】 『사기·흉노열전(匈奴列傳)』에 다음과 같은 이야기가 나온다.

흉노족은 기원전 4세기에서 기원전 1세기에 걸쳐 중국의 북방에서 세력을 떨친 유목 민족이었다. 그들은 말 타기에 능했고 활을 잘 쏘았으며, 민족성 또한 용맹 과감하여 한족과 대립하고 갈등하면서 여러 가지 이야기와 사건을 남겼다. 진(秦)나라 시황제가 만리장성(萬里長城)을 쌓은 것도 이 흉노족의 침공에 대비하기 위한 것이었다.

진나라 말년의 일이다. 흉노족을 이끌던 두만선우(頭曼單于)가 죽고 묵돌(冒頓)이 선우에 올랐다. 흉노의 주변국에 동호(東胡)가 있었는데, 당시에 가장 강성했다. 동호의 왕은 묵돌이 아버지를 죽이고 선우에 올랐다는 소식을 듣고 사신을 보내 두만이 타던 천리마(千里馬)를 달라고 청했다. 이 일을 당한 묵돌이 신하들에게 물었더니 신하들은 입을 모아 말했다.

"천리마는 우리 민족의 보마(寶馬)입니다.

절대로 주어서는 안 됩니다."

그러나 묵돌은, "어떻게 이웃 나라끼리 한 마리의 말을 아끼겠는가." 하며, 동호의 요구를 들어주었다. 흉노가 자기들을 두려워한다고 생각한 동호는 다시 사신을 보내어 묵돌의 왕비 중 한 사람을 달라고 하였다. 묵돌이 또 좌우에 물었더니 모두 분해하며 말했다.

"동호는 무도하기 짝이 없는 나랍니다. 청컨대 쳐 버리십시오."

그러나 묵돌은 말했다.

"어찌 이웃 나라끼리 여자 한 사람을 아끼겠는가."

그리고는 사랑하는 왕비 가운데 한 사람을 택하여 동호에 보냈다. 당시 흉노족과 동호의 사이에는 1천여 리나 되는, 사람이 살지 않는 황무지가 있었다. 두 나라는 이 불모의 사막을 경계로 삼아 양편에 살고 있었다.

이 무렵 더욱 교만해진 동호는 다시 사신을 보내 말했다.

"그대와 우리가 경계로 삼고 있는 불모의 황무지는 그대들에게는 가치가 없는 땅이니 우리가 차지하겠다."

이 일을 두고 다시 묵돌이 신하들에게 물었다. 그러자 신하들 중에 이렇게 말하는 자들이 나왔다.

"그곳은 이용할 가치가 전혀 없는 땅입니다. 주어도 그만이고 주지 않아도 그만입니다."

이 말을 들은 묵돌은 크게 화를 내며 말했다.

"무슨 소린가. 땅은 나라의 근본이다.(地者國之本) 어떻게 내어 주자는 말을 한단 말인가."

그는 즉시 땅을 내어 주자고 한 자들을 모조리 목 베고 말 위에 올라 전국에 명령을 내렸다.

"뒤늦게 출전하는 자는 베어 버리겠다."

그렇게 출전하여 동호를 습격하였다. 흉노를 업신여기고 방비를 않던 동호는 순식간에 힘 한번 써 보지 못하고 무너졌다. 묵돌은 동호의 왕을 죽이고 백성과 가축을 노획하여 돌아왔다.

【용례】 골프장을 짓는다고 저렇게 삼림을 마구 벌채하고 땅을 갈아엎다니. "지자국지본"이라 했는데, 나중에 하늘이 내릴 재앙을 어떻게 감당하려고 저럴까?

지자막여부 知子莫如父

知 : 알(지) 子 : 아들(자) 莫 : 말(막)
如 : 같을·만약(여) 父 : 아버지(부)

【뜻풀이】 자식을 아는 데는 부모만한 사람이 없다. 이 말은 옛날부터 속담처럼 많이 쓰였던 것 같다.

【출전】 『관자·대광편(大匡篇)』에도 나오고, 『한비자·십과편(十過篇)』에도 나오는데, 여기에는 지자막약부(知子莫若父)로 되어 있다. 막약(莫若)보다는 막여(莫如)가 뜻은 같으면서도 발음상 부드럽기 때문에 이렇게 바뀐 듯하다.

『한비자·십과편』은 임금의 허물을 열 가지로 들어 경계한 내용이 담겨 있다. 위 성어는 그 중 여덟 번째인 "충신의 충언을 듣지 않는 일"과 관련해서 인용되고 있다.

춘추오패(春秋五覇)의 한 사람인 제환공(齊桓公) 때의 일이다. 환공을 도와 천하를 제패하는 데 크게 공헌한 관중(管仲)이 병 때문에 사직하고 집에 칩거하고 있었다. 장래의 정치가 염려스러웠던 환공이 문병도 할 겸 관중을 찾았다.

"그대가 죽고 난 뒤 누구를 재상으로 쓰면 좋겠는지 추천해 주면 고맙겠소."

이에 관중이 대답하였다.

"신은 이미 늙었으니 제게 물어볼 필요는 없을 듯합니다. 제가 듣건대 신하를 아는 이에는 임금만한 사람이 없고 자식을 아는 이에 부모만한 이가 없다고 합니다. 폐하께서 마음으로 시험해서 결정하십시오.(臣老矣 不可問也 臣聞之 知臣莫若君 知子莫若父 君其試以心 決之)"

이에 환공은 포숙아(鮑叔牙)가 어떠냐고 물었다.

"제가 보기에 포숙아는 저의 둘도 없는 친구이지만 재상이 될 그릇은 아닌 듯합니다."

"그러면 수조(竪刁)는 어떻소?"

"그런 소인배를 어떻게 믿고 재상의 막중한 임무를 맡기겠습니까?"

"그럼 개방(開方)과 역아(易牙)는 어떻습니까?"

"두 사람 다 욕심이 많으니 위험한 인물입니다."

"아니 그렇게 다 마땅치 않다면 도대체 과인더러 누구를 쓰라는 말씀이오?"

"제가 생각하기에는 습붕(濕朋)이 적임자인 듯합니다."

그로부터 1년 뒤 관중은 세상을 떠났다. 그러나 환공은 관중의 말대로 습붕을 등용하지 않고 내시 출신의 수조를 재상으로 임명하였다.

수조는 재상으로 있는 3년 동안 개방과 역아와 공모해서 환공을 몰아내고 방에 가두어 굶겨 죽이고 말았다. 그런 뒤 환공의 자식들끼리 후계자 문제로 다투느라고 장례도 치르지 못해 석 달이나 시신을 버려 두었다. 환공의 몸은 썩어 구더기가 침전 밖으로 기어나올 지경이 되었다.

관중의 충간을 듣지 않은 어리석은 임금의 비참한 최후였다.

【용례】 자식의 문제를 제게만 물어 결정하신다는 건 옳은 행동이 아닙니다. "지자막여부"란 말도 있듯이 아버님께서도 신중히 생각하셔서 진학할 대학과 학과를 결정하셔야 하리라 생각합니다.

지자불언 언자부지
知者不言 言者不知

知 : 알(지) **者** : 놈(자)
不 : 아닐(불) **言** : 말씀(언)

【뜻풀이】 아는 사람은 말하지 않으며, 말한다고 해서 다 아는 것도 아니다.

참으로 슬기로운 사람은 함부로 말하지 않지만 한 번 말하면 행동에 이로운 말만 한다. 그러나 말이 많고 달변이라고 해서 반드시 슬기로운 것은 아니다. 오히려 이런 사람은 겉만 번지르르할 뿐 실속은 없고 희떠운 소리만 남발할 뿐이다. 화려한 겉치장에 현혹되지 말고 내실을 살펴야 한다는 교훈이 담긴 성어다.

【출전】『노자(老子)·제56장』에 다음과 같은 말이 있다.

「아는 사람은 말하지 않으며,
말하는 사람은 알지 못하다.
감각 기관을 막고,
욕망의 문을 닫으며,
날카로움을 꺾고,
어지러움을 풀며,
빛을 부드럽게 하고,
티끌과 한 몸이 되어라.
이를 일러 현묘한 한몸되기라 한다.
때문에 가까이 둘 수도 없고,
멀리 떼어둘 수도 없으며,

이롭게 할 수도 없고,
해칠 수도 없으며,
귀하게 할 수도 없고,
천하게 할 수도 없다.
때문에 천하에서 귀하게 여기는 것이니라.

(知者不言 言者不知 塞其兌 閉其門 挫其銳 解其分 和其光 同其塵 是謂玄同 故不可得而親 不可得而疏 不可得而利 不可得而害 不可得而貴 不可得而賤 故爲天下貴)」

『한비자·유로편(喻老篇)』에는 "지식이 있는 사람은 말로만 가르치지 않고, 또 지혜로운 사람은 책을 쌓아 두고 배우지 않는다.(知者不以言談敎 而慧者不以藏書筐)"란 말도 있다.

공자(孔子)의 문하에는 뛰어난 제자가 많지만 특히 안회(顔回)와 자공(子貢)이 그 중 뛰어난 제자였다. 자공의 경우에는 당시부터 워낙 여러 방면에 이름을 알려 누구나 그의 뛰어난 역량을 모르는 사람이 없었다.

그런데 안회의 경우에는 사람이 과묵한 데다 통 말이 없어 언뜻 보면 바보처럼 보일 정도였다.

『논어·위정편(爲政篇)』을 보면 공자도 안회를 평가한 말이 나온다.

"내가 안회와 더불어 종일 말을 나눠도 그는 바보처럼 듣고만 있다. 그러나 그가 밖에 나가 하는 행동을 보면 사리에 다 맞으니 역시 바보는 아니다.(吾與回言終日 不違如愚 退而省其私 亦足以發 回也不愚)"

그리고 『논어·공야장편(公冶長篇)』을 보면 자공과 나눈 대화에 이런 문답도 있다.

공자가 물었다.

"자공아, 너와 안회 중 누가 더 낫다고 생각하느냐?"

이에 자공이 대답하였다.

"선생님, 제가 어찌 안회와 비교될 수 있겠습니까? 안회는 하나를 들으면 열을 알지만 저는 하나를 들으면 고작 둘을 알 뿐입니다."

(➡ 문일지십聞一知十 참조)

백거이(白居易, 772~846)가 지은 〈독노자(讀老子)〉란 시가 있다.

「말하는 이는 모르고 아는 이는 침묵한다,
이 말을 나는 노자에게서 들었다.
만약 노자가 아는 이라고 말한다면
그는 무엇 때문에 오천문을 지었을까?
言者不知知者默
此語吾聞於老君
若道老君是知者
緣何自著五千文」

노자 자신이 "아는 사람은 말하지 않는다." 해놓고 다시 『도덕경』이라는 책을 낸 것을 은근히 야유하는 시다. 말로 인해 말의 오류에 빠진 예를 노자마저도 피하지 못했던 것이다.

【용례】 저 친구는 말 수가 적을 뿐이지 바보는 아니야. 가끔가다 던지는 한마디 말이 정곡(正鵠)을 찌른다니까. "지자불언 언자부지"란 말은 바로 저런 친구를 두고 하는 말일 거야.

지재사방 志在四方

志 : 뜻(지) 在 : 있을(재)
四 : 넉(사) 方 : 모·방향(방)

【뜻풀이】 뜻이 사방에 있다. 포부가 큰 사람은 안일한 생활에 미련을 두지 않고 동서남북(東西南北) 그 어디에나 갈 수 있다는 뜻으로, 원래는 사방지지(四方之志)라고 하였다. 진 공자 중이(重耳)의 이야기에서 나온 것이다.

【출전】 『좌전·희공(僖公) 23년』조에 다음과 같은 이야기가 나온다.

진(晉)공자 중이가 제나라에 망명했을 때 제환공은 그를 각별히 우대해 주면서 강씨라는 여자를 부인으로 삼게 했다.

이쯤 되니 중이는 호화로운 생활에 만족감을 느끼고 당초의 원대한 포부를 차츰 잃게 되었다. 이에 불만을 느낀 그의 측근들은 중이로 하여금 제나라를 떠나게 하기 위해 어느 날 뽕나무밭에 들어가서 비밀리에 계책을 토의하기에 이르렀다.

그런데 이때 뽕나무밭에서 뽕을 따고 있던 강씨 부인의 시녀가 그들의 말을 엿듣고는 얼른 강씨 부인에게 일러바쳤다. 그러나 부인은 그 시녀를 죽여 버리고 남편인 중이에게 말했다.

"부군께서 사방에 뜻이 있다고 하니 아무런 걱정도 말고 떠나옵소서. 부군 이하 여러분들이 밀의하는 것을 엿들은 시녀는 내가 이미 죽여 버렸나이다.(子有四方之志 其聞之者 我殺之矣)" 하고 말했다.

중이는 본디 모르는 일이라 깜짝 놀라 말했다.

"내가 언제 부인을 버리고 떠난다고 했소? 나는 그런 생각이 전혀 없소."

그러나 강씨는 계속 남편에게 권유했다.

"안 됩니다. 부군께서는 멀리 가셔야 하옵니다."

하지만 중이는 여전히 듣지 않았다. 이에 강씨는 중이의 종자들과 계책을 짜고 그가 술에 대취한 틈을 타 수레에 태워 제나라 국경 밖으로 실어 나갔다. 이리하여 진공자 중이는 조(曹)나라에 갔다가 다시 송나라·정나라·초나라와 진(秦)나라를 거쳐 나중에 고국인 진(晉)나라에 돌아와 임금이 되기에 이르렀다.(➡ 퇴피삼사退避三舍 참조)

이것이 바로 성어 사방지지의 출처인데, 오늘날에는 흔히 지재사방이라고 한다.

【용례】 이제 나라 안에서만 상품을 팔아 이익을 남기겠다는 생각은 고루해졌습니다. 뜻을 사방으로 뻗쳐서("지재사방") 세계를 시장으로 상품을 팔아 세계적인 기업으로 발돋움해야 할 것입니다.

지치득거 舐痔得車

舐 : 핥을(지) 痔 : 똥구멍(치)
得 : 얻을(득) 車 : 수레(거)

【뜻풀이】 똥구멍을 핥아 수레를 얻는다는 뜻으로, 미천한 일을 하여 큰 이득을 얻는 것을 비유하는 말이다.

【출전】 『장자 · 열어구편(列禦寇篇)』에 나오는 우화다.

송(宋)나라 사람 중에 조상(曹商)이라는 이가 있었다. 그가 송나라 임금을 위하여 진(秦)나라에 사신으로 가게 되었다. 진나라로 떠날 때는 고작 몇 대의 수레만 배당받아 끌고 왔는데, 진나라 임금은 그를 매우 반기더니 수레 1백 대를 얹어 주었다. 그가 송나라로 돌아와 장자를 만나 말했다.

"비좁고 구차한 빈민굴에서 천하게 신이나 삼고, 비쩍 마른 목덜미에다 두통 때문에 얼굴빛마저 누렇게 뜬 것은 내가 부족한 탓이었네. 그보다는 만승(萬乘)의 임금을 깨우쳐 1백 대의 수레를 얻는 것이 나의 장기였네."

이 말에 장자가 대답하였다.

"들으니 진나라의 임금이 병이 나서 의사를 불렀을 때, 종기를 째고 고름을 빼는 자에게는 수레 한 대를 주었고, 치질을 핥아서 고치는 자에게는 수레 다섯 대를 주었다네. 치료하는 하는 곳이 더러울수록 받는 수레의 숫자

ㅈ

가 많지 않은가? 그런데 자네는 어떻게 그 치질을 빨았기에 그렇게 많은 수레를 얻었는가? 더럽네. 빨리 돌아가게나.(秦王有病召醫 破癰潰痤者得車一乘 舐痔者得車五乘 所治愈下 得車愈多 子豈治其痔邪 何得車之多也 子行矣)"

【용례】 아무리 개같이 벌어서 정승같이 쓴다지만, 어떻게 그런 인간과 상종하면서 돈을 버나? "지치득거"해서 돈 버는 재미가 그렇게도 좋은가?

지피지기 知彼知己

知 : 알(지) 彼 : 저(피) 己 : 몸·나(기)

【뜻풀이】 자기와 상대방의 정황에 대해 잘 알다. 적들의 형편도 잘 알고 자기의 형편도 잘 알다.

【출전】 춘추시대 손무(孫武)라는 군사 전략가가 있었는데 손자(孫子) 또는 손무자(孫武子)라고도 불렀다.

오왕 합려는 제나라 사람인 손무를 대장으로 기용해서 남방의 대국인 초나라를 꺾고 북방의 대국인 제나라와 진나라도 진압함으로써 한때 여러 제후국 중 최강국이 된 적이 있다. 손무는 그처럼 병법에 통하고 작전을 잘 지휘하였던 것이다.(➡ 삼령오신三令五申 참조)

손무는 일찍이 그의 군사 이론을 실제 경험과 결부시켜 책 한 권을 썼는데 그것이 바로 『손자』 또는 『손자병법』이다. 모두 13편으로 된 『손자병법』은 역대의 군사 전략가들에 의해 병법서의 고전으로 치부될 만큼 유명한 저작으로, 그 중 일부 논점은 오늘날까지도 실제적인 의의가 있기도 하다.

예컨대 〈모공편(謀攻篇)〉에 나오는 "적을 알고 자기를 아는 것은 전쟁에서 승리할 수 있는 중요한 열쇠로 백 번 싸워도 위태롭지 않으며, 적을 알고 자기를 모른다면 일승일패하게 될 것이고, 적도 모르고 자기도 모른다면 싸움마다 반드시 패배할 것이다.(知彼知己 百戰不殆 不知彼而知己 一勝一負 不知彼不知己 每戰必敗)"와 같은 지적은 매우 적절하겠다.

지피지기는 바로 손자의 이 말에서 나온 성어인데 『손자병법』 중 〈지형편(地形篇)〉에는 "적을 알고 나를 알면 승리를 거둬 위태롭지 않다.(知彼知己 勝乃不殆)"는 말도 있다.

그리고 지피지기는 지기지피라고도 하는데 흔히 백전불태(百戰不殆)와 함께 쓰이고 있다.

【용례】 지난번에 우리가 방심하다가 어이없이 패하고 말았지만, 이번엔 다를 거야. "지피지기"는 재네들만 하는 줄 아나. 우리도 준비를 단단히 했어.

직금회문 織錦回文

織 : 짤(직) 錦 : 비단(금)
回 : 돌(회) 文 : 무늬(문)

【뜻풀이】 비단으로 짜서 고운 무늬를 새겨 넣는다는 뜻으로, 구성이 절묘한 훌륭한 문학 작품을 비유하는 말이다.

【출전】 『진서·열녀전(烈女傳)』에 다음과 같은 이야기가 나온다.

동진(東晉) 시대에 전진(前秦)에 진주자사(秦州刺史)를 지낸 두도(竇滔)라는 사람이 살았다. 그에게는 재주 많고 덕 있는 아내 소혜(蘇蕙) 외에도 조양대(趙陽臺)라는 어여쁜 총희(寵姬)가 있었다. 다만 두 사람 사이가 좋지 않아 두도는 늘 고민하였다.

뒷날 두도가 양양 땅으로 부임하게 되었다. 아내 소혜는 남편이 조양대와 함께 가려는 것을 보고 자신은 따라가지 않겠다고 양보하였다. 양양 땅으로 훌쩍 떠난 남편이 아예 자신을 잊어버렸다고 생각한 소혜는 몹시 상심하였다.

그래서 그녀는 정성을 다해 오색 비단에 글자를 새겨 〈회문시(回文詩)〉 한 수를 지어 남편에게 보냈다. 이것이 유명한 〈직금위회문선도시(織錦爲回文璇圖詩)〉다. 이 시를 받은 두도는 크게 감동하여 곧 총희를 돌려보내고 예의를 갖춰 정중하게 아내를 다시 맞았다.

그때 소혜가 지은 〈선기도(璇璣圖)〉에는 모두 840자가 새겨져 있었는데, 이 작품은 좌우, 종횡, 상하 어느 방향으로 어떻게 읽어도 모두 훌륭한 시가 되었다고 한다. 뒷날 사람들이 이 작품을 분석해 본 결과 〈선기도〉에 실린 시는 모두 7,958수에 이른다고 한다. 이 이야기에서 성어 직금회문이 나왔고, 구성이 절묘한 아름다운 문학 작품을 비유하게 되었다.

【용례】 요즘 나오는 국내 문학 작품들 중에 "직금회문"이라고 부를 수 있는 걸작은 찾아보기 정말 어렵군.

직정경행 直情徑行

直 : 곧을(직) 情 : 뜻(정)
徑 : 지름길(경) 行 : 행할(행)

【뜻풀이】 자신의 감정이 시키는 대로 분별없이 행동하며 절제할 줄 모른다는 뜻으로, 예의에 어긋난 행동거지를 비유하는 말이다.

【출전】 『예기(禮記) · 단궁편(檀弓篇)』에 다음과 같은 이야기가 나온다.

공자의 제자 유약(有若)과 자유(子游) 두 사람이 길을 가다가 우연히 부모를 여의고 슬피 울고 있는 소년을 보았다. 그 모습에 충격을 받은 두 사람은 자신들이 본 광경에 대해 토론하였다.

먼저 유약이 말했다.

"나는 상례(喪禮)에 있는 곡용(哭踊)이 왜 있는지 몰랐고, 그동안 차라리 없는 편이 낫다고 생각했네. 그러나 저 아이가 슬피 우는 모습을 보니, 죽은 사람에 대한 애석(哀惜)한 정이 바로 이 곡용을 있게 했음을 알았네. 역시 옛 분들이 행한 예에는 다 이유가 있는 것이야."

그러자 자유도 말했다.

"그렇네. 하지만 예는 동시에 감정을 억제하기 위해 있는 것이기도 하네. 아무리 솔직한 감정이라도 지나치면 몸을 상하지. 때문에 군자는 예로써 이를 절제하는 것이네. 그러나 어리석은 사람은 감정도 없이 이리저리 꾸미기에만 골몰하여, 그것으로 감정을 대신하네. 감정을 앞세워 분별도 없이 행동하고 절제할 줄 모르는 짓(直情徑行)은 야만이니, 군자는 항상 감정이 일어나는 것을 이성으로 제어해야만 하네."

【용례】 아무리 욱하는 성격을 못 버렸다지만 그렇게 "직정경행"해서 사람이 어디에 쓰겠냐! 제발 차분하게 생각 좀 하고 일해라.

진경고현 秦鏡高懸

秦 : 진나라(진) 鏡 : 거울(경)
高 : 높을(고) 懸 : 걸릴(현)

【뜻풀이】 밝은 거울이 높이 걸려 있다는 뜻

으로, 사리에 밝거나 판결이 공정한 것을 일컫는 말로 쓰이고 있다.

【출전】『서경잡기(西京雜記)』에 보면 다음과 같은 이야기가 있다.

전설에 따르면 진(秦)나라의 함양(咸陽) 궁중에 수많은 보물이 있는데, 그 중 진경이라 불리는 특별히 신기한 거울이 있었다고 한다. 그 거울은 넓이가 4척, 높이가 5척 9촌으로 거울 앞에 마주 서서 비춰 보면 사람이 거꾸로 비치고 가슴에 손을 얹고 비춰 보면 오장육부까지 다 비춰 보이므로 체내의 병까지 알아낸다는 것이었다. 그래서 진시황은 비빈들과 신하들을 이 거울에 비춰 보고는 심장이 어지럽게 뛰는 이들은 모조리 붙잡아 문초하고 벌을 내렸다는 것이다.

이 이야기는 물론 전설에 불과할 뿐이다. 그런데 그 거울이 어디로 갔는가? 이에 대해『서경잡기』의 편자는 훗날 진나라가 망하고 항우와 유방이 천하를 다툴 때 분실되었노라고 했다.

바로 이 전설에서 진경고현이라는 성어가 나왔는데 명경고현(明鏡高懸)이라고도 한다.

【용례】 이번엔 선출된 대법관은 공정하기가 거울 같고 엄격하기는 서릿발 같다는군. 이제 "진경고현"했으니, 위헌 문제의 판결도 많이 달라질 거라 기대되네.

진목열자 瞋目裂眦

瞋: 부릅뜰·성낼(진) **目**: 눈(목)
裂: 찢을·찢어질(렬)
眦: 눈초리(제)/흘길(자)

【뜻풀이】 너무나 화가 나 눈이 찢어질 듯하다는 뜻이다.

【출전】『사기·자객열전(刺客列傳)』에 다음과 같은 이야기가 있다.

전국시대 말기 진(秦)나라에 인질로 가 있으면서 갖은 수모를 받다가 도망쳐 본국으로 돌아온 연(燕)나라 태자 단(丹)은 진왕에 대한 복수의 일념으로 불타오르고 있었다. 그러던 중 마침내 형가(荊軻)라는 사람을 진나라에 보내 진시황을 암살하려 하였다.(▶ 도궁비현圖窮匕見 참조)

형가는 진왕 한 사람을 죽이는 것쯤은 별로 큰 의의가 없다고 생각해서 자객이 되는 것을 썩 달가워하지는 않았지만, 태자 단의 간곡한 요청과 지극한 정성에 감동해서 진나라에 가기로 결심하였다.

그는 다른 용사 한 사람을 데리고 가서 진왕에게 여러 나라에서 강점한 땅을 돌려줄 것을 요구해서 부득이한 경우가 아니면 죽일 필요까지야 있겠는가 생각하였다. 그러나 태자 단은 형가의 이런 생각을 이해하지 못하였다. 떠나는 그날도 형가는 동행하려는 용사를 기다리느라고 조금 지체하게 되었다. 그러자 태자 단은 그가 떠나기 싫어 그러는 줄 알고 빨리 떠나기를 재촉하였다. 이에 형가는 화를 내며 말했다.

"살아서 돌아올 생각을 하지 않고 그저 한 목숨 버리는 것은 쉬운 일입니다. 그러나 그것은 아이들 장난과도 같은 짓입니다. 기왕 떠나기를 재촉하니 나는 갑니다. 잘 계시오!"

사람들은 형가의 말을 듣고도 그의 심정을 꿰뚫어보지 못하고 여전히 그가 괴로워서 그러는 줄로만 알았다. 태자 단과 고점리(高漸離) 등 형가의 벗들이 소복을 입고 그를 배웅하였다.

역수(易水)에 이르러 이별할 때 고점리가 타

는 축(筑)에 맞춰 형가가 노래를 불렀다.(➡ 방약무인傍若無人 참조)

「바람은 소슬하고 역수의 물은 찬데,
장사는 한 번 가면 다시는 오지 않으리라!
風蕭蕭兮易水寒
壯士一去兮不復還」

여기에서 일거불부환 또는 일거불부반(一去不復返)이라는 성어가 나왔다.

형가가 고점리 일행과 역수에서 이별하는 장면은 다음과 같다.

"역수에 이르러 고점리는 축을 타고 형가는 그 소리에 맞춰 노래를 불렀는데, 사람들의 눈은 모두 찢어질 듯하였고, 모자 밑에서는 머리카락이 곤두섰다.(至易水之上 高漸離擊筑 荊軻和而歌 士皆瞋目 髮盡上指冠)"

또 『회남자·태족훈(泰族訓)』에도 이와 비슷한 내용과 함께 진목열자라는 말이 나온다.

【용례】 난 그 친구 얌전한 사람인 줄 알았는데, 한번 화가 나니까 기세가 무섭더군. "진목열자"해서 사람을 노려보는데 모골이 송연하더라니까.

진비일호 振臂一呼

振 : 떨칠(진) 臂 : 어깨(비)
一 : 한(일) 呼 : 부를(호)

【뜻풀이】 어깨를 흔들며 크게 외치다. 분발하며 크게 일어서는 모습을 비유하는 말이다.

【출전】 『문선(文選)』의 〈이릉답소무서(李陵答蘇武書)〉라는 글에서 나왔다.

한무제 때부터 흉노는 번번이 한나라 국경을 침입해 살육과 약탈을 자행하였다. 더 이상 견딜 수 없게 된 광무제는 이광리(李廣利)에게 군사 3만 명을 주어 흉노족을 정벌하도록 하였다.

흉노족과 접전을 벌이던 이광리는 적의 주력 부대를 분산시키기 위해 이릉에게 군사 5천 명을 줘서 흉노족을 유인하도록 하였다. 그런데 이릉의 군대는 흉노군 10만 명의 포위를 받아 악전고투(惡戰苦鬪)했지만, 그 형세는 계란으로 바위를 치는 것이나 다름이 없었다. 그래도 이릉은 군사들과 함께 선봉에 서서 용감하게 싸워 적장까지 죽이는 전과를 올렸다.

그러자 흉노족은 모든 병력을 동원해서 포위망을 좁혀 들어왔다. 그때 이릉의 부대는 그곳의 지형에 밝지 못했고, 더구나 병사들은 먼 길을 쉬지 않고 온데다 인산인해(人山人海)로 밀려오는 흉노군을 상대로 한바탕 큰 전투를 치른 뒤라 몹시 지쳐 있었다.

그러나 이같이 열악한 상황 속에서도 이릉은 온 힘을 다 쏟아 그의 부대를 지휘하였다. 이에 용기를 얻은 부하들도 한 사람이 수십 명의 적군을 맞으며 분전하였다.

이러한 피비린내 나는 전투 끝에 5천여 명의 병사는 대부분 전사하였다. 그들의 시체는 들판에 쌓였으며, 겨우 몇 십 명만이 살아남았지만 그래도 끝내 항복하지는 않았다. 그런 불리한 상황 속에서도 이릉은 여전히 팔을 흔들면서 남은 병사들을 독려하며 적을 하나라도 더 죽이기 위해 고군분투(孤軍奮鬪)하였다.

이렇듯 악전고투하는 모습을 〈이릉답소무서〉에서 다음과 같이 묘사하고 있다.

"팔을 들어 호령을 하면 창에 찔린 상처의 흔적이 다 일어났고, 칼을 들어 오랑캐를 가리키자 오랑캐의 말들은 정신없이 달아났다.(振臂一呼 創病皆起 擧刃指虜 胡馬奔走)"

이때부터 사람들은 전쟁에서 사기가 땅에

떨어졌을 때 진비일호로 구호를 외쳐 다시 사기를 높였다.

【용례】 임진왜란 때 우리 의병들은 비록 장비나 숫자에 있어서는 열세를 면치 못했지만, 불타는 우국충정의 정신으로 "진비일호"하며 왜병들을 무찔렀다. 그 선열들의 정신을 우리 역시 계승해서 우리나라를 강대국으로 키워 나가야지.

진선진미 盡善盡美

盡 : 다할·극진할(진)
善 : 착할(선) 美 : 아름다울(미)

【뜻풀이】 너무나 훌륭하고 아름답다.

【출전】 춘추시대 공자가 35세 되던 해 노나라에서 반란이 일어나자 공자는 제나라로 피신했는데 그는 여기서 뜻밖에 순(舜)임금 때의 소(韶)라는 음악을 듣고 어찌나 감동했던지 석 달 동안 고기맛까지 잃을 지경이었다.

그 후 공자는 또 무왕(武王) 때 창작된 무(武)라는 음악을 감상할 기회가 있었는데 역시 우아하고 아름다운 악곡이었다. 그러나 공자는 그것이 순임금 때의 음악보다 못하다고 평가했는데 여기에는 그의 정치사상이 적지 않게 작용한 것으로 보인다.

즉, 인의(仁義)를 주장하고 있는 공자의 안목으로 볼 때 요순시대가 좋다는 것은 말할 것도 없는 것으로, 무왕이 군사를 일으켜 상주(商紂)를 토벌한 것은 물론 인의와는 거리가 먼 것이었다. 그 때문에 공자는 무왕을 반대하고 수양산에 들어가 고사리를 캐어 먹다가 굶어죽은 백이(伯夷)와 숙제(叔齊)를 높이 평가했던 것이다. 이런 관념은 예술에 대해서까지도 자연히 무왕 때의 음악에 호감을 가질 수 없게 만들었던 것으로 보인다.

이에 대해 『논어·팔일편(八佾篇)』에서는 이렇게 쓰고 있다.

"공자께서 소에 대해 말씀하시기를, '정말로 아름답고 진실로 착하구나!'라고 하셨고, 무에 대해서는 '정말 아름답지만 진실로 착하지는 않구나!'라고 하셨다.(子謂韶 盡美矣 又盡善也 謂武 盡美矣 未盡善也)"

이 말의 뜻은 공자는 소(韶)에 대해서는 그 음조가 아름다울 뿐 아니라 사람들을 감동시키는 부분에서도 훌륭하다고 했지만, 무에 대해서는 음조는 아름다우나 사람들을 감화시키는 면에서는 그렇지 않다고 말했다는 것이다.

진선진미는 바로 공자의 이 말에서 나온 성어로, 어떤 사물이 내용상으로나 형식상으로나 모두 극치에 이르러 나무랄 데 없이 완벽함을 일컫는 말이다.

【용례】 댁의 영애(令愛)가 저렇게 미모가 출중한데다 마음 씀씀이가 저렇듯 고우니, 그야말로 "진선진미"를 갖췄다고 하겠습니다. 제 부족한 아들놈을 사위로 받아 주시겠다니 어서 빨리 택일을 했으면 좋겠습니다.

진인사대천명 盡人事待天命

盡 : 다할(진) 人 : 사람(인)
事 : 일(사) 待 : 기다릴(대)
天 : 하늘(천) 命 : 명령할(명)

【뜻풀이】 사람으로서 해야 할 일을 다하고 하늘의 뜻을 기다린다. 자신에게 주어진 일을 성실하게 수행하지 않고 요행만 바라는 사람

에게 충고할 때 쓰는 말이다. 우리 속담 "하늘은 스스로 돕는 자를 돕는다."와 뜻이 비슷하다. 『삼국지』에는 수인사대천명(修人事待天命)으로 되어 있다.

【출전】『삼국지』에 나오는 이야기다.

적벽대전 싸움 중에 관우(關羽)가 제갈량의 명령으로 조조(曹操)를 죽이러 갔다가 화용도(華容道)에서 놓아 주고 왔을 때(☞ 조조삼소曹操三笑 참조), 제갈량은 군명을 들어 그를 참수하려고 하였다. 그러나 유비의 간곡한 부탁으로 관우를 살려주었다. 그때 제갈량이 유비에게 말했다.

"조조는 아직 죽을 운이 안 됐습니다. 때문에 관우를 보내 지난 날 조조에게 입은 은혜를 갚으라고 그를 화용도로 보냈던 것입니다. 명은 하늘에 달린 것이어서 어쩔 수 없지만, 저는 인간으로서 할 수 있는 모든 방법을 다 쓸 수밖에 없었던 것입니다.(修人事待天命)"

【용례】 이번 인사에서 떨어졌다고 해서 너무 실망하지 말게. 자넨 분명히 "진인사대천명" 한 거야. 하늘의 명이 조금 뒤에 올 모양이네.

진정지곡 秦庭之哭

秦 : 진나라(진) 庭 : 뜰(정)
之 : 어조사(지) 哭 : 소리내울(곡)

【뜻풀이】 진나라 조정에서 곡하다. 남의 도움을 바라는 것을 비유해서 이르는 말이다.

【출전】『좌전(左傳)·정공(定公) 4년』조와 『국어』, 『사기』 등에 모두 기록이 나온다.

춘추시대 초나라에 오자서(伍子胥)와 신포서(申包胥)라는 막역한 친구가 있었다. 그러나 뒷날 오자서의 피붙이들이 초평왕에 의해 피살되고 오자서가 복수를 결의하며 오나라로 망명하자 두 사람은 그만 관계를 끊고 말았다. 오자서는 오나라로 망명한 뒤 무엇보다도 먼저 오공자 광을 도와 정권을 탈취하게 하고 그를 세워 왕으로 삼으니 그가 바로 오왕 합려였다.

뒤이어 오자서는 초나라 조정이 부패한 틈을 타서 오왕으로 하여금 초나라의 도읍지 영도(郢都)로 쳐들어가게 하였다. 이때 초평왕은 이미 죽고 그의 아들 소왕도 그가 온다는 소식을 듣고는 달아나고 말았다.

이에 오자서는 초평왕의 무덤을 파헤치고 송장을 끌어내어 3백 번 채찍질을 하는 것으로써 분풀이를 하였다.(☞ 도행역시倒行逆施 참조)

오자서의 이 같은 소행에 격분한 신포서는 진애공을 찾아 나라를 부흥시킬 것을 간청하였다. 그러나 진애공은 파병할 뜻이 전혀 없었다. 이에 신포서는 물 한 모금도 마시지 않고 연이어 7일 동안이나 진나라 조정에서 대성통곡(大聲痛哭)하다가 그만 실신해서 쓰러지고 말았다.

그러자 진애공은 "초나라에 이 같은 충신이 있을진대 어찌 나라를 부흥시킬 수 없겠으며, 우리가 어찌 좌시할 수 있겠는가?"라고 하면서 군사를 파견해서 초나라와 연합해 오나라 군사들을 물리치게 하였다. 이때 마침 오나라에서 정변이 일어나 오왕 합려의 아우가 왕위를 찬탈하기에 이르렀으므로 오왕은 초나라와 화의를 맺고 급히 퇴군하고 말았다.

이상이 바로 "신포서가 진나라 조정에서 대성통곡한" 이야기인데, 진정지곡은 곡진정(哭秦庭)이라고도 한다.

【용례】 지금 우리 형편이 찬물 더운물 가릴 때가 아닙니다. 협조를 기대할 곳이 있다면 어딘들 가서 "진정지곡"을 하지 않겠습니까.

당장 찾아가도록 합시다.

진진지호 秦晉之好

秦 : 진나라(진) 晉 : 진나라(진)
之 : 어조사(지) 好 : 좋을(호)

【뜻풀이】 진(秦)나라와 진(晉)나라의 우호 관계.

【출전】 춘추시대 진(秦)나라와 진(晉)나라는 서로 이웃하고 있는 강국이었는데, 두 나라 집권자들은 각기 자신의 이익을 위해서 서로 군사를 풀어 싸우기도 하고 화해하기도 하면서 통혼 관계까지 맺고 있었다.

예컨대 춘추시대 오패의 한 사람인 진목공(秦穆公)의 부인은 진헌공(晉獻公)의 딸이었고, 진헌공의 아들 진문공(역시 오패 중 한 명)의 부인은 진목공의 딸이었다.

이와 같이 두 나라는 날카롭게 대치하였지만 대대로 내려오면서 혼인 관계가 이루어졌기 때문에 전반적으로 안정을 구가할 수 있었다.

후일 사람들은 두 집안 사이에 혼인 관계가 이룩되는 것을 가리켜 호결진진(互結秦晉) 또는 진진지호라고 하게 되었다.

【용례】 뒤늦게나마 양가의 자제분들이 "진진지호"를 맺어 새롭게 친분을 쌓을 수 있게 된 것은 큰 경사가 아닐 수 없습니다.

진촌퇴척 進寸退尺

進 : 나갈(진) 寸 : 마디(촌)
退 : 물러날(퇴) 尺 : 자(척)

【뜻풀이】 촌으로 나아갔다가 척으로 물러난다는 뜻으로, 얻은 것은 적은데 잃은 것이 많을 경우에 쓰는 말이다. '촌(寸)'은 손가락 하나 굵기의 폭으로, 우리말로는 '치'라 하고, '척(尺)'은 한 자로 보통 30cm 정도 길이를 말한다. 우리 속담 "되로 주고 말로 받는다."와 같고, 반대되는 속담으로는 "이 보 전진을 위한 일 보 후퇴"가 있다.

【출전】 『노자·69장』에 다음과 같은 말이 나온다.

「병사를 쓰는 계책을 적은 책에서 말하기를, 나는 감히 전쟁에서 주인이 되기보다는 손님이 되려고 한다.

감히 한 치를 나아가기보다는 한 척 물러서려고 한다고 한다.

이를 일러 나아감이 없는 나아감(行無行)이라 하고, 팔이 없이 소매를 걷어부치며(攘無臂), 병장기도 없이 적을 잡는다고 한다(執無兵). 그러니 적수가 없는 것이다.

적을 가볍게 여기는 것보다 큰 재앙은 없으니, 적을 가볍게 여기면 나의 보배도 거의 잃게 된다.

때문에 군대로 맞서 서로 싸울 때에도 애달파하는 마음을 지닌 쪽이 이기게 되느니라.

(用兵有言 吾不敢爲主而爲客 不敢進寸而退尺 是謂行無行 攘無臂 執無兵 乃無敵矣 禍莫大於輕敵 輕敵 幾喪吾寶 故 抗兵相加 哀者勝矣)」

한유(韓愈)가 쓴 〈병부상이시랑서(兵部上李侍郎書)〉에도 보면 "한 치를 나갔다가 한 자 물러난다면 끝내 이룰 것이 없을 것이다.(進寸退尺 卒無所成)"는 구절이 나온다.

【용례】 아무리 돈을 많이 번다고 해도 너처럼 낭비하면 결국 파산하고 말 거야. "진촌퇴척"하는 생활이 네게 뭘 남겨 주겠니?

진충보국 盡忠報國

盡 : 다할(진) 忠 : 충성(충)
報 : 알릴·갚을(보) 國 : 나라(국)

【뜻풀이】 충성을 다하여 나라의 은혜에 보답하다.

【출전】 『송사·하주전(何鑄傳)』과 『송사·악비전(岳飛傳)』에 다음과 같은 이야기가 있다.

송나라 휘종(徽宗) 때 금(金)나라가 여러 차례 송나라를 침략하였다. 부정부패(不淨腐敗)가 만연했던 송나라는 그들을 이겨 내지 못하고 결국 굴복해서 황하 이북의 땅을 모두 금나라에 양도하고 휘종과 그의 아들 흠종(欽宗)마저 수도 개봉(開封)이 함락될 때 포로로 잡혀서 북방으로 끌려가 그곳에서 죽고 말았다.

이때 휘종의 아홉째아들 강왕(康王)은 감시가 소홀한 틈을 타서 탈출할 수 있었다. 그는 장강을 건너 절강(浙江) 임안(臨安)에서 즉위하여 고종이 되었고, 송나라도 겨우 명맥을 유지할 수 있게 되었다. 이를 남송(南宋)이라고 한다.

당시 송나라에는 악비(岳飛, 1103~1142)라는 영웅이 있었다. 그는 무예와 병법에 출중했으며, 밤낮으로 나라의 위기에 대해 염려하였다. 그러나 당시 조정에 있는 대신들은 대부분이 무능하고 어리석은데다가 놀기를 좋아해서 나라의 큰일은 돌보지 않고 사리사욕(私利私慾)을 채우기에 급급해 있었다. 이런 세태를 보면서 악비는 탄식을 금할 수 없었다.

악비의 어머니는 아주 현명하고 대의에 밝은 여인이었다. 그녀는 아들이 나라를 위해 늘 걱정을 하면서 국가를 위해 큰 일을 하겠다는 결심을 세운 것을 알고 매우 기뻐하며 격려하였다. 어느 날 그녀는 아들이 서재에서 나라의 장래를 걱정하며 탄식하는 것을 보고 아들에게 말했다.

"다른 사람들이 어떻게 행동하든지 간에 너는 나라의 은혜에 보답하는 것을 잊어서는 안 된다. 그런 뜻에서 내가 네 등에 문신을 새겨 주고자 하는데 너는 어떻게 생각하느냐?"

악비는 나라에 충성을 다할 뿐 아니라 부모에게도 효성을 다하는 사람이었다. 때문에 이 말을 들은 그는 즉시 웃통을 벗고 돌아앉아 어머니에게 문신을 새기게 하였다. 이에 그녀는 아들의 등에 '진충보국' 네 글자를 새겨 넣었다.

그 후 악비는 북벌을 하여 휘종과 흠종을 모셔 오고 빼앗긴 강토를 수복하자는 북벌론을 주장했지만, 고종은 화의(和議)를 주장하는 진회(秦檜, 1090~1155)에 동조하였고, 그는 진회의 음모에 빠져 서른아홉이라는 젊은 나이에 죽음을 당하고 말았다. 이 이후부터 송나라와 금나라는 군신(君臣) 관계를 맺기에 이르렀다.

악비의 어머니가 아들의 등에 정성스럽게 문신을 새겨 주었다는 이야기에서 유래하여 악비처럼 나라와 민족을 위해 개인의 이익은 돌보지 않고 일하는 것을 진충보국이라고 한다.

【용례】 나라가 어려울 때마다 분연히 일어서서 사직을 지킨 "진충보국"했던 선혈들의 정신을 잊지 말고 길이길이 계승해야지.

질풍경초 疾風勁草

疾 : 병·빠를(질) 風 : 바람(풍)
勁 : 굳셀(경) 草 : 풀(초)

【뜻풀이】 세찬 바람이 불어야 억센 풀을 알

수 있다는 말로, 진정 용기 있고 나를 위하는 사람이 누구인지는 시련을 겪어야만 알 수 있다는 말이다.

【출전】『후한서·왕패전(王霸傳)』에 다음과 같은 이야기가 나온다.

전한 말년, 왕패라는 사람이 영천군 영양(潁陽, 오늘날의 하남성 허창 일대)에서 유수(劉秀)의 수하에 들어가 많은 전공을 세운 바 있었다. 그런데 유수의 부대가 황하를 건널 때 농민군과 조우(遭遇)하여 싸움이 어렵게 되자 왕패와 함께 유수군에 가담했던 몇 십 명의 친구들은 다 도망쳐 버리고 말았다.

그러나 왕패만은 끝까지 유수에게 충성하였다. 이에 유수는 "영천에서 나를 따르던 사람들은 다 자취를 감추었어도 오직 그대만이 남아서 힘쓰고 있으니 세찬 바람이 불어야 억센 풀을 알아볼 수 있구려.(潁川從我者皆逝 而子獨留努力 疾風知勁草)"라고 말했다.

그 후 유수는 후한(後漢)을 세우고 광무제가 되자 왕패를 편장군으로 삼고 상곡태수(上谷太守)로 임명하였다. 이리하여 사람들은 그 어떤 역경 속에서도 굴하지 않는 용기를 이런 성어로 비유했는데 질풍지경초(疾風知勁草)는 질풍경초라고도 한다.

비슷한 말로『논어·자한편(子罕篇)』에 나오는 "날이 추워진 다음에야 소나무와 잣나무가 늦게서야 시든다는 것을 안다.(歲寒而後知松栢之後凋)"가 있다. 지조와 절개는 보통 때는 드러나지 않고 어렵고 힘든 일이 닥칠 때 비로소 그 진가를 드러낸다는 말이다.

그리고 당태종(唐太宗)이 소우(蕭瑀)에게 보낸 시에도 "거센 바람이 불어야 굳센 풀을 알 수 있고, 사태가 어지러워진 뒤에야 성실한 신하를 알 수 있다.(疾風知勁草 版蕩識誠臣)"는 구절이 있다.

【용례】 자네가 그렇게 헌신적으로 도와주지 않았다면 우리 회사는 도산할 뻔했네. "질풍경초"라더니 어려운 때가 닥치니까 진짜 사람을 알 수 있군.

집사광익 集思廣益

集: 모을(집) **思**: 생각할(사)
廣: 넓을(광) **益**: 이익·더할(익)

【뜻풀이】 여러 사람이 의견을 모아 나라의 이익을 넓힌다.

【출전】『삼국지·촉지·동화전(董和傳)』에 다음과 같은 이야기가 나온다.

이 성어는 제갈량(諸葛亮)이 그의 동료들과 부하들에게 쓴 편지에서 나온 말이다. 그 서두에 보면 "무릇 관직에 참여하는 사람은 여러 사람의 의견을 모아야만 충성스러움과 이익을 넓힐 수 있다.(夫參署者 集衆思 廣忠益也)"는 말이 있다. 즉, 정사를 논할 때는 반드시 사람마다 의견을 제기해야만 더욱 크고 좋은 효과를 거둘 수 있다는 뜻이다.

집사광익은 제갈량의 이 편지에서 나온 성어로, 여러 사람의 지혜를 모으고 유익한 의견을 널리 받아들이는 태도를 비유하는 데 쓰이고 있다.

송나라 때의 문인 허월경(許月卿)의 시 〈차운진조방간증이상사(次韻陳肇芳竿贈李相士)〉에도 "뜻을 모으고 이익을 넓혀야 진정한 재상이고, 정성을 열어 공익을 떨치니 간담이 기울도다.(集思廣益眞宰相 開誠布公肝膽傾)"라는 구절이 나온다.

【용례】 이 세상에 독불장군(獨不將軍)은 없는 법이야. 서로 의견을 묻고 협조해서 "집사

광익"하는 자세가 더욱 요구되는 시대지.

집우이 執牛耳

執 : 잡을(집) 牛 : 소(우) 耳 : 귀(이)

【뜻풀이】 소 귀를 잡다. 즉, 실권을 한 손에 장악하는 것을 말한다.

【출전】 『국어·초어(楚語)』에 다음과 같은 이야기가 있다.

오(吳)나라 부차(夫差)가 왕위를 계승한 다음에 아버지의 유언에 따라 오나라와 숙적이던 월(越)나라를 공격해 격파한 직후의 일이다. 이날이 오기까지 부차는 장작을 깔고 잠을 자면서 오직 월나라를 무찔러야 한다는 일념으로만 살아온 보람을 삼았다. 그는 회계산 전투를 고비로 월나라 구천(勾踐)의 대군을 공격해서 항복을 받아내 월나라를 속국으로 만들었다. 패배한 월나라 구천은 다시 쓸개를 씹으면서 복수를 별렀지만 부차는 남쪽의 초나라와 북쪽의 제나라까지 격파해 버렸다. (➡ 와신상담臥薪嘗膽 참조)

그리하여 황지(潢池) 땅에 중국의 제후를 모두 소집하였다. 여기서 인정을 받으면 명실공히 광대한 중국을 호령하고 좌지우지(左之右之)하는 맹주이자 패권자가 되는 것이었다. 그러나 소 귀〔牛耳〕에 관한 문제가 일어났다. 그 자리에 모인 여러 제후 가운데서 누가 먼저 제물로 끌어다 놓은 소 귀를 잡고 피를 빨아 삼키느냐 하는 순서를 두고 의견이 갈린 것이다.

원래 처음 소 귀를 잡는 사람은 가장 지위가 낮은 자였고 맹주는 입회만 하는 것이 관례였지만, 이 시대에 와서 제후들 가운데 제일 먼저 소 귀를 잡고 피를 마시는 사람이 가장 우위에 서는 것으로 성격이 바뀌었던 것이다.

부차가 앞으로 나서며 자기가 먼저 소 귀를 잡으려고 했지만 진(晉)나라 정공(定公)이 팔을 저으며 자기가 먼저 잡아야 한다고 우겼다. 이리하여 황지의 모임은 옥신각신 시간만 끌 뿐, 모처럼 성대하게 마련된 맹약의 잔치가 자칫 무산되고 싸움판으로 변할지도 모르는 험악한 분위기 속에 빠져 버렸다.

부차는 진나라 대표인 정공 일행을 노려보며 만약 끝내 말을 듣지 않는다면 회의장을 둘러싸고 있는 오나라 군사를 풀어 놓으리라 마음먹었다.

바로 그때였다. 허겁지겁 달려온 사자가 부차의 곁에 와서 귀에다 대고 월나라가 군사를 일으켰다는 급보를 전했다. 오나라의 주력 부대가 황지로 출동한 틈을 이용해 절치부심(切齒腐心) 재기할 기회를 노리던 구천이 반격을 취한 것이었다. 월나라의 충신이자 뛰어난 전략가인 범려(范蠡)의 대군은 회하를 건너 부차의 태자를 공격한 다음, 간단히 그를 포로로 잡아 버렸다. 정예 병사 수만 명을 거느린 월나라 구천도 역시 강을 타고 오나라의 수도를 향하여 말고삐를 늦추지 않았다.

이런 위급한 상황에 처해서도 부차는 먼저 진나라 정공의 예봉을 꺾는 일부터 손을 썼다. 소 귀를 두고 다투던 회의장에서 겉으로는 태연히 물러섰던 부차는 그날 밤 장수들을 모아 놓고 긴급하게 작전 지시를 내렸다.

말은 재갈을 물리고 소리 나지 않도록 방울을 싸게 한 다음 진나라 군사가 눈치 채지 못하게 진나라 진영 가까이로 이동해서 포진을 시켰다. 오나라 3만여 명의 대부대를 이와 같이 옮겨 놓고 날이 밝기를 기다렸다가 먼동이 트자마자 천지가 진동할 만큼 요란한 굉음과 함께 돌격전을 전개해서 진나라 진영을 에워쌌다.

부차의 전략대로 진나라 정공이 사자를 보내 자신의 의지를 꺾었기 때문에 우선 황지의 회담은 부차의 뜻대로 이루어진 셈이었다. 그러나 황지에서 소 귀를 잡고 돌아선 순간부터 부차에게는 커다란 시련과 불행한 사건들만 꼬리를 물고 뒤따랐다. 그로부터 6년이 지난 뒤 그는 월나라 군대에 의해 겹겹이 포위된 가운데 자결하고 말았다.

『좌전·애공(哀公) 10년』조에 보면 가장 높은 사람, 즉 맹주가 "소 귀를 잡는다."고 되어 있다. 이때부터 중국의 제후는 저마다 소 귀를 잡으려는 야욕으로 서로를 공격하였던 것이다.

제후는 이미 사라졌고 소 귀를 잡고 피를 마시는 의식도 없어진 지 오래지만, 어떤 조직이나 단체의 우두머리가 되거나 실권을 장악하는 일을 일러서 "소 귀를 잡는다.(執牛耳)"는 말로 표현하게 되었다.

【용례】 권력에 대한 욕망이 없는 사람이 어디 있겠는가만, 한 번 "집우이"하면 죽을 때까지 하겠다는 생각은 버려야 해. 절대 권력은 절대적으로 부패한다는 말도 있잖아.

징열갱이취회혜 懲熱羹而吹膾兮

懲 : 징계·징계할(징) 熱 : 뜨거울(열)
羹 : 국(갱) 而 : 어조사(이) 吹 : 불(취)
膾 : 날고기(회) 兮 : 어조사(혜)

【뜻풀이】 뜨거운 국에 놀라 날고기를 입으로 분다. 큰 일을 당한 사람은 마음이 소심해져서 작은 일에도 긴장한다는 뜻이다. 우리 속담인 "자라 보고 놀란 가슴 솥뚜껑 보고 놀란다."와 비슷하다.

【출전】 이 말은 굴원(屈原)의 작품인 『초사·구장(九章)』중 〈석송(惜誦)〉에 나오는 구절이다.

「뜨거운 국에 데면 날고기도 부는 법이니
어찌하여 곧은 절개 변하지 않겠는가.
사다리를 놓아 두고 하늘을 오르려는 것은
변절한 사람의 모습이나 매한가지일세.
懲熱羹而吹膾兮
何不變此志也
欲釋階而登天兮
猶有曩之態也」

굴원은 초(楚)나라 회왕(懷王) 때의 충신이었다. 그는 조국을 위해 온갖 노력을 다 기울였지만 간신들의 농간으로 결국 추방당하고 말았다. 그의 나이 46살 때의 일이었다.

이후 10여 년을 정처 없이 떠돌던 굴원은 결국 멱라수(汨羅水)에 몸을 던져 한 많은 생을 마감하고 말았다.(➡ 중취독성衆醉獨醒 참조)

【용례】 지난번에 노상강도를 만난 뒤로는 밤에 사람만 봐도 깜짝깜짝 놀란다니까. "징열갱이취회혜"라더니, 내가 바로 그 짝이야.

징전비후 懲前毖後

懲 : 징계할(징) 前 : 앞(전)
毖 : 삼갈(비) 後 : 뒤(후)

【뜻풀이】 지난날을 징계하고 뒷날을 삼간다. 이전에 저지른 오류에서 교훈을 얻어 이후에는 일을 신중하게 처리한다는 뜻이다.

【출전】 『시경·주송(周頌)』의 〈소비(小毖)〉

에 나오는 성왕의 말에서 나왔다.

주(周)나라 무왕(武王)의 아우인 주공(周公)은 무왕이 상(商)나라를 물리치고 주나라를 세우는 데 크게 기여한 사람이었다. 그는 주무왕이 세상을 떠난 뒤에는 그의 뒤를 이어 왕위에 오른 성왕(成王, 무왕의 아들)을 보좌해서 섭정하면서 나라의 기초를 다졌다. 그러나 이때 주공을 은근히 시기하는 사람들이 있었는데, 바로 주왕(紂王)의 아들 무경(武庚)을 끼고 돌면서 음모를 꾸미던 관숙(管叔)과 채숙(蔡叔)의 무리였다.

무왕의 사촌형인 관숙과 채숙은 주공을 눈에 박힌 가시처럼 여기면서 주공이 성왕을 죽이고 왕위를 찬탈하기 위해 역적모의를 하고 있다고 곳곳에다 유언비어(流言蜚語)를 퍼뜨렸다.

이에 나이 어린 성왕은 간신들의 말을 가볍게 믿고는 차츰 주공을 의심하기 시작하였다. 이쯤 되자 주공은 혐의를 피하기 위해 마침내 도성을 등지고 지방에 가서 은거했다.

주공이 물러가자 관숙·채숙과 무경의 무리들은 아무런 거리낌 없이 반기를 들고 일어났다. 이에 성왕은 주공을 불러들여 반란을 평정케 한 다음 무경과 관숙은 처형하고 채숙은 멀리 유배를 보냈다. 이때부터 주공은 다시 조정의 정사를 맡아보다가 성왕이 장성하기를 기다려 정권을 물려주었는데, 그때 성왕은 감개무량(感慨無量)해하면서 "과인은 지난날의 잘못을 뼈아프게 새기면서 앞으로의 언행을 경계하겠다.(予其懲而毖後患)"고 말했다.

이 이야기는 『상서(商書)』와 『사기(史記)』에도 기술되어 있는데, 전설적인 이야기를 그대로 믿을 수는 없다 해도 가족 간의 신의와 임금과 신하 사이의 충절을 보여 주는 성어라고 할 것이다.

조선조 때 임진왜란을 물리치는 데 크게 기여한 정치가인 서애(西厓) 유성룡(柳成龍, 1548~1607)이 전쟁을 회고하면서 저술한 『징비록(懲毖錄)』의 제목도 바로 이 성어에서 따온 것이다.

【용례】 기왕 저지른 실수를 어떡하겠느냐. 하지만 "징전비후"해서 다시 이런 실수를 저지르지 않도록 해라. 만약 또다시 그러면 그때는 나도 결코 용서하지 않겠다.

ㅊ

차래지식 嗟來之食

嗟 : 탄식할·탄식(차) 來 : 올(래)
之 : 어조사(지) 食 : 먹을(식)/밥(사)

【뜻풀이】 무례한 태도로 불러서 주는 음식. 모욕적으로 받는 구호 물품을 일컫는 말이다. '차래'는 감탄사다.

【출전】 『예기·단궁편(檀弓篇)』 하편에 다음과 같은 이야기가 있다.

제나라에 큰 흉년이 들었을 때 어느 날 검오(黔敖)라는 사람이 길가에 음식을 벌여 놓고 이재민들을 구제한 적이 있었다. 그러던 중 이재민 한 사람이 옷소매로 얼굴을 가리고 신을 질질 끌면서 걸어오고 있었는데 굶어서 눈도 제대로 뜨지 못하는 사람이었다.

금오는 마중나가면서 그 사람에게 "자! 이리 와서 드시게.(嗟來食)"라고 말했다. 그런데 뜻밖에도 그 사람은 눈을 치뜨면서 말했다.

"내가 오늘 이 지경에 이르게 된 것은 바로 이와 같은 모욕적인 음식을 받아먹지 않은 때문인데, 그대의 이 같은 적선은 받아들일 수 없다.(予唯不食嗟來之食 以至於斯也)"

금오가 잘못했다고 사죄했으나 그 사람은 끝내 먹지 않고 결국 굶어 죽었다.

이리하여 차래지식이라는 성어가 나오게 되었는데 옛사람들은 이 말을 줄여서 차래식이라고도 하였다. 어떤 사람은 이 말을 빌려 차래지금(嗟來之金)이라는 말로 모욕적인 구제금이나 상금 따위를 일컫기도 하였다. 그리고 차래지식과 차래지금은 각기 차식(嗟食) 또는 차금(嗟金)으로 쓰이기도 한다.

【용례】 아무리 우리가 살 길이 막막하다지만 이런 것까지 받을 수는 없습니다. 저는 "차래지식"을 먹느니 차라리 굶어 죽겠습니다.

착금현주 捉襟見肘

捉 : 잡을(착) 襟 : 옷깃(금)
見 : 드러날(현) 肘 : 팔꿈치(주)

【뜻풀이】 옷깃을 당기면 팔꿈치가 드러난다. 생활이 극도로 빈한하거나 이것저것 미처 돌볼 수 없는 딱한 사정을 비유하는 말이다.

【출전】 『장자·양왕편(讓王篇)』에 다음과 같은 이야기가 있다.

춘추시대 공자의 제자로 원헌(原憲)이라는 사람이 있었다. 『한시외전(韓詩外傳)』에 따르면 그의 생활은 형언할 수 없을 정도로 궁핍했다고 한다.

어느 날 공자의 다른 제자인 자공(子貢)이 원헌을 찾아갔더니 그는 예절상 옷매무새를 고친다는 것이 "모자를 만지니 모자끈이 끊어지고(正冠則纓絕)", "옷깃을 당기자 팔꿈치가 드러나며(振襟則肘見)", "신을 신으니 신 뒤축이 터졌다(納履則踵決)."고 한다.

그리고 『장자』에는 증자(曾子)도 일찍이 집안이 어려워서 "옷깃을 당기면 팔꿈치가 드러났다.(捉衿則見)"고 한 기록이 있다.

이와 같이 이 성어는 본래 옷차림이 남루한 것을 비유하는 말이었지만, 복잡한 문제에 봉착해서 이것저것 미처 돌보기 어려운 것을 비유하는 말로도 쓰이고 있다. 착금현주 또는 종결주현(踵決肘見)이라고도 한다.

【용례】 옛 선비들은 "착금현주"하는 가난한 생활을 하면서도 지조를 굽히는 일은 절대로 없었다. 가난이 자랑은 아니지만 그렇다고 비굴해져서도 안 된다.

착도 捉刀

捉 : 잡을(착) 刀 : 칼(도)

【뜻풀이】 남의 손을 빌려 글을 쓰다. 남에게 대필시키다.

【출전】 『세설신어·용지편(容止篇)』에 다음과 같은 이야기가 있다.

삼국시대 조조(曹操)의 수하에 풍채가 늠름한 최염〔崔琰, 또는 최계규(崔季珪)〕이라는 무관이 있었는데 조조는 늘 자신의 용모가 최염보다 못하다고 생각하는 터였다. 그러던 중 어느 날 흉노에서 사신이 와 조조를 만나겠다고 하였다. 조조는 외국 사신에게 위나라 황제의 위엄을 보여 줄 목적으로 최염을 위왕으로 가장시켜 만나게 하고 자신은 칼을 짚고 그가 앉은 용상 곁에 꼼짝 않고 서 있었다.

접견이 끝난 뒤 조조는 흉노 사신의 반응을 알아보고 싶은 생각에 사람을 보내 "우리 임금이 어떠하더냐."고 묻게 했다. 그랬더니 흉노 사신이 대답했다.

"위왕의 풍채는 물론 늠름하지만 그 곁에 서 있는 운검잡이(칼을 짚고 선 사람)가 되레 대단한 영웅으로 보이더라.(魏王雅望非常 然牀頭捉刀人 此乃英雄也)"

이처럼 착도라는 것은 본래 운검잡이를 말하는 것이었으나 훗날 남의 손을 빌려 문장을 쓴다는 말이 되었다. 남의 손을 빌리는 것을 청인착도(請人捉刀)라고 하고 남의 글을 대신 써 주는 사람을 착도인(捉刀人)이라고 한다.

【용례】 요즘 베스트셀러에 올라 있는 어느 국회의원의 자서전이 알고 보니 "착도"한 책이라더군. 굳이 감추는 걸 보니 부끄럽기는 한가봐.

찰나 刹那

刹 : 기둥·절·탑(찰) 那 : 어찌(나)

【뜻풀이】 지극히 짧은 시간을 말한다. 비슷한 말로 순식간(瞬息間)이 있는데, 순(瞬)은 눈을 한 번 깜빡거리는 데 걸리는 시간이고, 식(息)은 숨을 한 번 내쉬는 시간을 말한다.

【출전】 범어(梵語) Ksana의 음역으로, 이를 오늘날 우리가 쓰는 시간 단위로 계산하면 이렇다. 120찰나가 1달찰나(怛刹那)이고, 60달찰나가 1납박(臘縛)이며, 30납박이 1모호률다(牟呼栗多)이고, 30모호률다가 1주야(晝夜, 즉, 24시간)다. 따라서 이를 거꾸로 역산하면 찰나는 0.013초가 된다. 이것은 『구사론(俱舍論)』에 실린 계산법이고, 『승기율(僧祇律)』에서는 다소 다르게 소개하고 있다.

즉, 20념(念)이 1순(瞬)이고, 20순이 1탄지(彈指)이며, 20탄지가 1납박, 20납박이 1수유(須臾)로 이를 역산하면 1념은 0.018초가 된다.

세상의 모든 존재는 찰나에 나서 찰나에 죽는다고 한다. 그러니 아무리 짧은 생애를 살다 가는 하루살이라고 해도 적어도 64억 9만 9천 80번의 찰나 동안 죽고 태어나는 셈이다. 하물며 인간은 평균 잡아 70년을 산다고 해도 무려 166조 750억 번의 찰나적인 생사를 오가며 사는 것이다.

【용례】 내가 막 마시려고 하는 "찰나"에 그놈이 내 잔을 가로채 버렸어. 정말 귀신같더군.

창업수성 創業守成

創 : 만들(창) 業 : 공업·업(업)
守 : 지킬(수) 成 : 이룰(성)

【뜻풀이】 이 성어는 창업과 수성이라는 두 개의 단어로 구성되어 있는데, 창업이란 어떤 사업을 시작한다는 뜻이고, 수성이란 이미 이룩한 성과를 잘 보전해 나간다는 뜻이다.

【출전】 우선 '창업'에 대한 이야기다.

『맹자·양혜왕장구(梁惠王章句)』 하편에 다음과 같은 이야기가 있다.

전국시대 등(滕)이라는 작은 나라가 있었는데, 그 북쪽에는 강대한 제(齊)나라가 버티고 있어서 등나라는 항상 제나라의 위협을 받았다. 그러던 중 어느 날 등나라 임금 등문공이 맹자를 보고 말했다.

"지금 제나라에서는 우리나라를 공격할 준비를 하고 있다는데 어떻게 하면 좋겠습니까?"

이에 맹자는 이렇게 대답했다.

"전에 주(周)나라의 선조들도 적인(狄人)들의 침략과 위협을 받았지만 그들은 앉아서 걱정만 한 것이 아니라 후손들을 위해 주나라의 기틀을 다져 놓았습니다." 그러면서 "군자가 창업해서 그 계통을 드리우면 가히 이어갈 수 있습니다.(君子創業垂統 爲可繼也)"

그리고 삼국시대 촉(蜀)나라 승상 제갈량(諸葛亮)도 〈전출사표(前出師表)〉에서 창업이란 말을 한 적이 있다.

'수성'에 대해서는 다음과 같은 이야기가 있다.

『한서·공손홍전(公孫弘傳)』에 따르면 한나라 무제(武帝) 때 승상이었던 공손홍(기원전 200~기원전 121)은 어느 날 정치에 대해 황제에게 올린 글에서 "이미 이루어 놓은 것을 지키는 데는 글을 숭상해야 하고 변란을 당했을 때는 무장을 받들어야 한다.(守成尙文 遭禍右武)"고 하였다.

또 당나라 사람 오긍(吳兢)이 편찬한 『정관정요(貞觀政要)·논군도(論君道)』에 보면 당태종 정관 10년(637)에 태종이 신하들에게 "제왕이 하는 이루는 대업 가운데 창업과 수성 중 어느 것이 더 어려운가?(帝王之業 創業與守成 孰難)"를 물은 적이 있는데, 이것이 창업과 수성을 가장 먼저 연결한 경우가 될 것이다.

【용례】 이제 사업이 그런대로 본 궤도에 오르긴 했지만 아직 안도하기는 일러. "창업수성"이라고 기반을 완전히 굳히기 전까지는 조금도 방심해서는 안 돼.

창해상전 滄海桑田

滄 : 푸를(창) 海 : 바다(해)
桑 : 뽕나무(상) 田 : 밭(전)

【뜻풀이】 바다가 변해 뽕나무밭이 되다. 세월이 많이 흘러 세상사가 크게 바뀐 것을 비

유하는 말이다. 달리 역진창상(歷盡滄桑)·상전벽해(桑田碧海)라고도 한다.

【출전】『태평어람(太平御覽)』에 보면 다음과 같은 이야기가 전해 오고 있다.

옛날 어느 바닷가에서 세 노인이 만나 각자의 나이를 따져 예의를 갖추기로 하였다. 그 중 한 노인이 먼저 말을 꺼냈다.

"내가 어렸을 때는 반고(盤古, 이 세상을 만든 조물주)가 나기 전이었는데, 안쪽과 바깥쪽의 경계가 있었다는 게 기억나는구먼."

그러자 두 번째 노인이 말을 꺼냈다.

"나는 매번 푸른 바다가 뽕나무밭으로 변할 때마다 산(算)가지 하나씩 놓아 그것을 셌는데, 지금 그 가지를 헤아려 보니 열 채의 집에 가득 차 있다네."

이 말을 들은 세 번째 노인이 말했다.

"우리 스승님께서 반도(蟠桃, 3천 년마다 꽃을 피우고 다시 3천 년이 지나야 열매를 맺는다는 전설상의 복숭아나무)를 드시고 그 씨를 곤륜산(崑崙山) 밑에 버리셨는데, 이제 그 나무가 자라서 곤륜산만큼 커졌구먼."

이 이야기는 황당무계(荒唐無稽)한 전설이지만, 후세 사람들은 이 창해상전을 인용하여 세상의 변화가 아주 극심한 것을 비유했다.

『신선전(神仙傳)』에 보면 마고(麻姑)가 왕방평(王方平)에게 한 말에서도 나온다.

"모신 이래로 이미 동해가 세 번 뽕나무밭이 되는 것을 보았고, 봉래산이 물보다 얕게 되었으며, 지난 날 옅었던 것이 때마다 평탄해졌으니, 장차 다시 높은 언덕이나 뭍으로 어찌 되지 않겠는가?(接待以來 已見東海三爲桑田 向到蓬萊水淺 淺於往者 會時略平 豈將復還爲陵陸乎)"

『서언고사(書言故事)·지리류(地理類)』에서는 "산과 강이 뒤바뀌는 것을 창해상전이라 한다.(山河改轉曰 滄海桑田)"고 써있다.

【용례】 어릴 때 놀던 시내가 지금은 댐 공사로 완전히 호수가 되었구나. "창해상전"이라지만, 이건 상전벽해로군.

창해일속 滄海一粟

滄 : 푸를(창) 海 : 바다(해)
一 : 한(일) 粟 : 좁쌀(속)

【뜻풀이】 망망한 바닷가에 뿌려진 좁쌀 한 알과 같다는 뜻으로, 극히 하찮거나 미미한 것을 비유할 때 쓰는 말이다.

【출전】 송나라 신종(神宗) 때 소식(蘇軾, 1037~1101)은 도성에서 쫓겨나 황주(黃州) 단련부사(團練副使)로 좌천되었는데, 당시 황주 아문은 호북의 황강에 설치되어 있었다.(☞ 고망언지姑妄言之 참조)

그리고 황강부 근처에는 적비기(赤鼻磯)라고 하는 명승지가 있었는데, 이곳은 적벽(赤壁)이라고도 하여 사람들은 옛날 삼국시대 적벽대전이 벌어진 곳이라고 하였다.

즉, 오(吳)나라 도독 주유(周瑜)가 조조(曹操)의 80만 대군을 격파한 곳(☞ 만사구비 지흠동풍萬事俱備 只欠東風 참조)이라는 것이다. 그러나 어떤 사람은 적벽대전은 이곳에서 벌어진 것이 아니라 호북성 가어현 동북쪽 장강 남안에서 벌어졌다고도 한다. 여하간 황주의 적벽이 싸움터였든 아니든 간에 상관없이 경관이 빼어난 곳인 것만은 분명하다.

그는 황주에 있을 때 일찍이 두 번이나 적벽을 유람하고 두 번 다 〈적벽부(赤壁賦)〉를 지었는데(〈후적벽부後赤壁賦〉 ☞ 수락석출水落石出 참조), 바로 그 중 〈전적벽부(前赤壁賦)〉에 창해

ㅊ

일속이라는 말이 나온다.

소식은 〈전적벽부〉 첫머리에서 달밤에 달놀이하는 광경을 묘사하고 나서 동료와 함께 인생에 대해 논쟁하던 사실을 기술했는데, 동료의 인생 타령을 다음과 같이 인용하였다.

"조조는 진실로 한 시대의 영웅이었건만, 지금은 어디에 있는가? …우리 인생은 영원한 천지 속에 나나니벌처럼 깃들여 살고, 푸른 바닷가에 뿌려진 한 톨 좁쌀과도 같구나.(曹操固一世之雄也 而今何在哉…寄蜉蝣於天地 渺滄海之一粟)"

이와 같이 창해일속은 소식이 인용한 동료의 한탄에서 나온 성어다. 소극적인 사고를 버리고 개인과 집단 사이의 관계를 비유하거나 남을 위해 나를 희생하는 정신을 주장하는 등 긍정적인 의의도 가지고 있다.

성어 창해일속은 다른 성어인 태창일속(太倉一粟)·대창제미(大倉稊米)와도 그 뜻이 비슷하다.(➡ 망양흥탄望洋興嘆 참조)

【용례】 죽으면 흙으로 돌아갈 "창해일속"같은 하찮은 생명을 두고 다들 죽고 죽이며 사는 세상이 정말 싫어. 차라리 입산해서 수도승이 되고 싶은 심정이야.

채국동리하 유연견남산
採菊東籬下 悠然見南山

採 : 캘·무늬(채) **菊** : 국화(국)
東 : 동녘(동) **籬** : 울타리(리)
下 : 아래(하) **悠** : 아득할(유)
然 : 그럴(연) **見** : 볼(견)/나타날(현)
南 : 남녘(남) **山** : 뫼(산)

【뜻풀이】 동쪽 울타리 아래에서 국화를 따다가 아득히 남산을 바라본다. 숨어 사는 은일자(隱逸者)의 고즈넉한 심경을 비유하는 말이다.

【출전】 이것은 진(晉)나라 때의 대표적인 은일 시인인 도연명(陶淵明, 365~427)이 지은 〈잡시(雜詩)〉 가운데 한 수에 나온다.

「사람 사는 동네 곁에 초막을 지었는데
거마의 떠들썩한 소리 조금도 들리지 않는다.
어찌 그럴 수 있냐고 그대에게 묻노니
마음이 멀어지니 땅도 절로 치우친다네.
동쪽 울타리 아래에서 국화를 따다가
아득히 저 멀리 남산을 바라본다.
산 기운은 해 저물자 더욱 아름답고
날던 새도 서로 함께 집으로 돌아오네.
이런 가운데 참다운 뜻이 있으니
설명하고자 해도 벌써 말을 잊었노라.
結廬在人境
而無車馬喧
問君何能爾
心遠地自偏
采菊東籬下
悠然見南山
山氣日夕佳
飛鳥相與還
此間有眞意
欲辨已忘言」

사람이 많이 사는 마을에 거처를 정했다면 자연 찾아오는 사람도 많을 것이다. 그런데도 수레니 말이니 해서 자신을 번거롭게 만드는 이가 없다. 이는 무엇 때문인가. 마음이 속세에 뜻을 두지 않았기 때문에 땅도 따라서 멀어졌다는 말이다.

결국 문제는 마음에 달려 있다는 것인데, 특히 "채국동리하 유연견남산"은 그렇게 아득히 멀어진 마음을 상징적으로 비유하는 구절로 유명하다. "저잣거리에 살아도 마음이 고요하면 산중이고, 산중에 살아도 마음이 부대낀다면 저자거리만도 못하다."는 선어(禪語)와 뜻이 통한다.

【용례】 한적한 시골은 아니지만 교외에 나와 생활한 지도 어느덧 두 해가 지났다. "채국동리하 유연견남산"하는 삶에도 이제는 익숙해졌다. 도시 생활을 하면서 찌들었던 때가 말끔히 씻겨 나가는 기분이 절로 든다.

채대고축 債臺高築

債 : 빚(채)　臺 : 누대(대)
高 : 높을(고)　築 : 지을(축)

【뜻풀이】 채무의 누대를 높이 세우다. 빚더미 위에 올라앉다.

【출전】 『한서 · 제후왕표서(諸侯王表序)』의 주에 다음과 같은 이야기가 있다.

전국시대 주(周)나라의 마지막 천자인 난왕〔赧王, 희연(姬延)〕은 말할 수 없이 무능한 임금이었다. 그는 비록 천자라고는 하나 여러 제후국들은 그의 명령을 따르지 않았고 주나라에 직속된 영토도 얼마 되지 않았다.

그리고 여러 제후국들은 서로 자웅을 겨루면서 끊임없이 전쟁을 일으켰는데, 그 중에서도 가장 강한 진(秦)나라는 자주 다른 나라를 침공했다. 그런데 진나라는 한번 조나라 수도 한단(邯鄲)을 치다가 위(魏)나라 신릉군〔信陵君, 무기(毋忌)〕의 구원병을 만나 대패했다.

이때 초(楚)나라 효열왕(孝烈王)은 각국이 연합하여 진나라를 공격할 것을 주장하면서 이 기회에 한몫 단단히 보려 하였다. 효열왕은 곧 천자인 난왕에게 상주하여 명령을 내릴 것을 요구하였다. 난왕은 그러잖아도 진나라에서 천자의 지위를 침범하지 않을까 싶어 걱정하던 차에 곧 승낙하였다.

그런데 몰락해 가고 있는 주나라의 천자로서는 경비가 가장 큰 문제였다. 난왕은 할 수 없이 전쟁이 끝난 뒤에 높은 이자를 쳐서 갚기로 하고 각 나라 부호들에게서 돈을 꾸어 쓰지 않을 수 없었다. 그러나 난왕의 전쟁 동원에 겉으로나마 따르는 제후국은 초나라와 연나라밖에 없었다. 석 달이 지나도 다른 제후국에서는 병졸 하나 움직이지 않았다. 이리하여 진(秦)에 대한 전쟁은 수포로 돌아가게 되었다. 이쯤 되자 돈을 빌려 준 부호들은 날마다 궁궐 앞에 모여 와서 난왕에게 빚을 갚으라고 졸라대기 시작했다. 이에 난왕은 돈을 갚을 밑천도 없고 또 부호들을 만날 수도 없고 하여 날마다 궁중의 높은 단 위에 올라가 걱정만 하고 있었는데(有逃債之臺), 그 단을 가리켜 피채대(避債臺)라고 했다.

이것이 바로 2,200년 전 난왕의 도채지대(逃債之臺)로, 채대고축은 이 이야기에서 나온 성어다.

【용례】 신용카드가 공짜 같아서 마구 썼는데, 청구서를 받고 보니 엄청나더군. 한 달 월급 가지고는 택도 없어. "채대고축"이 되었으니 어쩌면 좋아!

ㅊ

채미가 采薇歌

采 : 캘 · 무늬(채)　薇 : 고사리 · 장미(미)
歌 : 노래(가)

【뜻풀이】 고사리를 캐면서 부른 노래.

【출전】『사기 · 백이열전(伯夷列傳)』에 다음과 같은 이야기가 있다.

백이와 숙제는 고죽국(孤竹國)의 왕자였다. 아버지가 죽으면서 셋째인 숙제에게 왕위를 물려주라고 했는데, 숙제는 큰형이 왕위를 계승해야 한다고 주장했고, 백이는 아버님의 뜻을 따라야 한다고 싸우다가 결국 둘 다 나라를 떠나고 말았다.

그러던 중 주문왕(周文王)이 어진 정치를 베풀고 노인을 공경한다는 말을 듣고 찾아가려는데, 이미 문왕은 죽고 그의 아들 무왕(武王)이 상(商)나라의 주(紂)를 정벌하기 위해 떠나는 중이었다. 두 사람은 아버지의 상중에 군사를 움직이는 것은 의롭지 못하다는 이유로 만류했지만 뜻을 이루지 못하고 결국 수양산(首陽山)에 들어가 고사리를 캐먹으면서 살다가 굶어죽고 말았다. 그때 그들이 지은 시가 남아 있는데, 이것이 〈채미가〉다.

「저 서쪽 산에 올라
고사리를 캐노라.
포학으로 포학을 바꾸었는데
잘못됨을 알지 못하네.
신농씨와 순임금 하임금도
홀연 떠나가 사라졌네.
우리들은 어디에 귀의할 것인가
아아 떠나갈 뿐이로다.
천명이 약해짐이여.
登彼西山兮
采其薇矣
以暴易暴兮
不知其非矣
神農虞夏
忽焉沒兮
我安適歸矣
于嗟徂兮
命之衰矣」

이들이 이 작품을 실제로 지었는가에 대해서는 논란의 여지가 있지만, 두 사람의 정의에 대한 투철한 정신만은 높이 살 수 있다. 공자(孔子)는 두 사람을 두고 "옛 악행을 생각지 않고 원망을 품은 일이 없었다."고 하면서 "인을 구해서 인을 얻었으니 다시 무엇을 원망하겠는가."라며 칭찬하였다.

한유(韓愈)도 〈백이송(伯夷頌)〉에서 이들 때문에 난신적자(亂臣賊子)가 두려움에 떨게 되었다고 평가하고 있다. 여기서 〈백이송〉의 전문을 읽어 보기로 하자.

「선비가 다만 서서 홀로 가는 곳은 의로움으로 나갈 뿐이요, 남들의 시비는 돌아보지 않는 법이다. 이는 모두 호탕하고 웅걸한 선비가 도를 돈독하게 믿고 스스로 밝음을 아는 것이다. 한 집안이 그를 비방해도 힘써 행하여 의혹에 빠지지 않는 사람은 적다. 한 나라와 한 고을이 그를 비방하는 데도 힘써 행하여 의혹에 빠지지 않는 사람은 천하에 한 사람이 있을 뿐이다. 만약에 온 세상이 모두 그를 비방하는데도 힘써 행하여 의혹에 빠지지 않는 사람이라면 천백 년 동안에 오직 한 사람이 있을 뿐이다. 저 백이와 같은 사람은 천지를 모두 통틀고 만고를 두루 살펴보면서 돌아다보지 않는 자이다. 밝기로 본다면 해와 달도 족히 밝을 수가 없고, 모으기로 따진다해도 태산 역시 높다고 할 수 없으며, 우뚝하기로 보면 천지도 족히 용납할 수 없을 것이다. 은나라가 망하고 주나라가 흥할 때를 만나서, 미자는 현인이지만 제기(祭器)를 가슴에 품고 떠났고, 무왕과 주공은 성인이기 때문에 천하의 현자와 천하의 제후들을 이끌고 나아가 은나라를 공격하니, 일찍이 이런 행동을 비방한 이를 듣지 못했다. 저 백이와 숙제가 이에 홀로 불가하다고 여겼고, 은나라가 이미 멸망한 뒤 천하가 주나라를 으뜸으로 삼았음에도 불구하고 저 두 사람은 그 나라의 음식을 먹는 것을 부끄럽게 여겨 굶어 죽으면서도 돌아보지 않았다. 이로 미루어 말하건대 어찌 이것이 구하는 바가 있어서 그렇게 했던 것이겠는가. 도를 돈독하게 믿고 스스로 밝음을 알았던 것이다. 지금 세상의 이른바 선비라는 작자들은 한 범부가 칭찬을 해도 스스로 덕이 넉넉하다고 여기고, 한 범부가 그를 저지해도 스스로 부족하다고 여긴다. 저들은 홀로 성인을 비방하고 스스로 옳다고 여기기를 이와 같이 했으니 무릇 성인은 바로 만세의 표준이다. 내가 이런 이유로 말하기를 저 백이와 같은 사람은 다만 서서 홀로 나가 천지를 모두 통틀고 만고를 두루 살펴보면서 돌아다보지 않는 자라고 한 것이다. 비록 그러하지만 이 두 사람이 없었다면 난신적자들이 후세에 발꿈치를 이으며 속출했을 것이다.

(士之特立獨行 適於義而已 不顧人之是非 皆豪傑之士 信道篤而自知明者也 一家非之 力行而不惑者寡矣 至於一國一州非之 力行而不惑者 蓋天下一人而已矣 若至於擧世非之 力行而不惑者 則千百年 乃一人而已耳 若伯夷者 窮天地亘萬古而不顧者也 昭乎日月 不足爲明 崒乎泰山 不足爲高 巍乎天地 不足爲容也 當殷之亡 周之興 微子 賢也 抱祭器而去之 武王周公 聖也 率天下之賢士與天下之諸侯而往攻之 未嘗聞有非之者也 彼伯夷叔齊者 乃獨以爲不可 殷旣滅矣 天下宗周 彼二子 乃獨恥食其粟 餓死而不顧 由是而言 夫豈有求而爲哉 信道篤而自知明也 今世之所謂士者 一凡人譽之 則自以爲有餘 一凡人沮之 則自以爲不足 彼獨非聖人而自是如此 夫聖人 乃萬世之標準也 余故曰 若伯夷者 特立獨行 窮天地亘萬古而不顧者也 雖然 微二子 亂臣賊子 接跡於後世矣)」

【용례】 부정과 부패로 찌든 이곳을 떠나기로 했네. 은퇴하면 시골에 집 한 채 얻어 "채미가"나 부르면서 살라네.

척단촌장 尺短寸長

尺 : 자(척) 短 : 짧은(단)
寸 : 마디(촌) 長 : 길·장성할(장)

【뜻풀이】 자(尺)는 촌(寸)에 비해 길지만 간혹 짧아 보일 때가 있고, 촌은 자보다 짧지만 간혹 길어 보일 때가 있다는 뜻이다. 즉, 긴 것도 때로는 나쁜 점이 있고 짧은 것도 때에 따라 좋은 점이 있다는 뜻으로, 어떤 사물이든지 모두 장점과 단점이 있다는 말이다.

【출전】『초사·복거(卜居)』에 나온다. 〈복거〉에는 전국시대 초나라의 위대한 시인인 굴원(屈原)에 대한 이야기가 한 토막 실려 있는데, 이 때문에 어떤 사람은 〈복거〉를 가리켜 굴원의 작품이라고도 한다.

굴원은 조국과 백성을 몹시도 사랑했지만 어리석은 초나라 임금은 그를 불신해서 충고에 따르지 않았을 뿐 아니라 그를 도성에서 쫓아내고 멀리 유배까지 보냈다.(➡ 호랑지국 虎狼之國 참조)

굴원은 유배를 간 뒤에도 여전히 조국과 백성에 대한 충성심에는 변함이 없었다. 그러던 중 그는 갑갑한 마음을 풀 길 없어 점쟁이를 청해 놓고 자신의 답답한 심정을 토로하였다.

"죄를 지을지언정 진리를 고수할 것인가, 아니면 부귀를 바라면서 그럭저럭 살아갈 것인가? 굴복하지 않고 충정을 지킬 것인가, 아

ㅊ

니면 승냥이나 호랑이가 두려워 간사한 무리들을 떠받들어야 하는가? 백조와 함께 날개를 펼치고 하늘 높이 날아야 하는가, 아니면 닭이나 오리처럼 먹을 것이나 다투는 것이 좋겠는가?"

이에 점쟁이가 대답했다.

"미안하오나 당신의 이 점은 칠 방법이 없습니다. 자도 짧아 보일 때가 있고 촌도 길어 보일 때가 있으며, 물건도 부족할 때가 있고 지혜도 밝지 못할 때가 있는 법입니다.(尺有所短 寸有所長 物有所不足 智有所不明) 그리고 점도 맞지 않을 때가 있고 신령도 영험하지 못할 때가 있으니 난 당신의 의문을 풀 수가 없습니다."

〈복거〉의 앞부분에 나오는 서문에 해당하는 글에는 이렇게 쓰여 있다.

"굴평이 이미 쫓겨난 지 세 해에 다시 만날 길은 없는데 지혜를 다했고 충성을 다했는데도 참소로 막혀 있어 갈 바를 모르게 되었다. 마음이 괴롭고 생각이 어지러워 태복 정첨윤에게 가서 물었다. '내게 의심스런 일이 있으니 원컨대 선생이 풀어 주시오.' 첨윤이 점을 치더니 굴원에게 물었다. '그대는 장차 무엇으로서 가르치겠습니까?'(屈平旣放三年 不得復見 竭智盡忠 蔽鄣於讒 心煩意亂 不知所從 乃往見太卜鄭詹尹曰 余有所疑 願因先生決之 詹尹乃端策拂龜曰 君將何以敎之)."

이어서 나오는 것이 〈복거〉의 본문이다. 척유소단 촌유소장이란 말은 『사기·백기왕전열선(白起王翦列傳)』에도 나오는데 그 이야기는 다음과 같다.

전국시대 진(秦)나라의 명장이었던 백기와 왕전은 모두 진나라를 위해 적지 않은 공훈을 세운 사람들이었다. 그러나 백기는 진소왕의 명에 의해 자살했으며, 왕전의 손자 왕리는 조부 왕전과 부친 왕분이 죽은 뒤 항우와 싸우다가 역시 목숨을 잃었다. 이에 대해 『사기』의 저자 사마천(司馬遷)은 열전의 논(論)에서 이런 평을 남기고 있다.

"자도 짧을 때가 있고 촌도 길 때가 있는 것처럼 백기와 왕전 역시 명장이었지만 그들도 단점을 면하지는 못했다."

송나라의 문인 위종무(衛宗武)의 〈이황산을고서(李黃山乙藁序)〉에는 "그러나 옛날에 시에 능했던 사람들이 그렇게 많았지만 대개 아름다움을 온전히 얻지 못했던 것은 무엇 때문인가? 자도 짧고 마디도 길어 보일 때가 있는 것처럼 억지로 가지런해질 수는 없는 것일 뿐이다.(然昔之能詩者蕃矣 多莫得全美何哉 尺短寸長 要不容强齊耳)"라는 구절이 보인다.

【용례】 공부하기 지겨워 언제 졸업하나 싶었는데, 막상 졸업하니까 더 삭막해. "척단촌장"이라더니 다시 학창 시절로 돌아가고 싶어.

척소 尺素

尺 : 자(척) 素 : 평소·본디·흴(소)

【뜻풀이】 편지. 소는 비단인데 옛날에는 종이 대신 비단을 써서 글을 쓰기도 했다. 척(尺)은 10촌(寸)으로 길이 단위다.

편지를 뜻하는 비슷한 말로 척독(尺牘)이 있는데, 독은 네모난 판자때기로 긴 것은 간(簡)이라 하고 짧은 것은 독이라고 했다.

【출전】 척소란 말은 한(漢)나라 때의 악부(樂府)인 〈음마장성굴행(飮馬長城窟行)〉에 나온다. 이 작품은 어느 아낙네가 먼 곳으로 행역(行役)을 나간 남편을 그리워하면서 가슴 아파하는 내용을 담고 있다.

「푸르디 푸른 강가의 풀들
면면히 이어지는 님을 향한 그리움.
먼 곳에 계신 님 부질없이 생각다가
어젯밤 꿈에 님을 보았네.
꿈에서는 바로 내 곁에 계시더니
깨고 나니 홀연 먼 타향에 계시네.
타향도 각자 낯선 먼 고을이니
아무리 애써도 서로 볼 수 없어라.
메마른 뽕나무도 바람 부는 줄 알고
바닷물도 날이 추운 줄 안다네.
집에 들면 모두 예쁘게 꾸미기 바쁘니
누가 서로 안부나 전해 줄까.
먼 곳에서 오신 나그네가 있어
나에게 잉어 두 마리를 주셨네.
아이를 불러 잉어를 삶으려는데
뱃속에서 비단 편지가 나왔구나.
무릎 꿇고 편지 글을 읽노라니
편지에서는 마침내 뭐라고 했는가?
앞에는 끼니를 거르지 말라는 당부를 하고
끝에는 항상 보고 싶단 말을 적었네.
青青河畔草
綿綿思遠道
遠道不可思
宿昔夢見之
夢見在我傍
忽覺在他鄕
他鄕各異縣
展轉不相見
枯桑知天風
海水知天寒
入門各自媚
誰肯相爲言
客從遠方來
遺我雙鯉魚
呼兒烹鯉魚
中有尺素書
長跪讀素書
書中竟何如
上言加飡飯
下言長相憶」

이역만리(異域萬里) 언제 목숨이 끊길지 모르는 변방에 가 있는 남편을 그리워하는 마음이 구절마다 새겨져 있는 아름다운 작품이다.

여기서 말하는 잉어는 진짜 잉어는 아니다. 옛날에는 목판 두 개를 겹쳐 그 사이에 편지를 넣는 함을 만들었는데, 목판에다가 보통 잉어를 그려 넣었기 때문에 이렇게 말할 뿐이다. 때문에 쌍리(雙鯉) 또는 잉어로서도 편지라는 뜻을 대신할 수 있었던 것이다.

조선시대 후기의 중인(中人) 출신 문인인 이상적(李尙迪, 1804~1865)은 39명의 중국 문인들과 교유하면서 받은 115편의 편지를 묶어 『해린척소(海隣尺素)』란 이름으로 발간하기도 하였다.

【용례】 서울로 가서 열심히 노력해 성공해 오겠다던 아들놈이 벌써 10년이 지나도록 편지 한 장 없다니, 성공은 안 했어도 좋으니 반가운 "척소"나 한 장 보내왔으면 좋겠구나.

척지금성 擲地金聲

擲 : 던질(척) **地** : 땅(지)
金 : 쇠(금) **聲** : 소리(성)

【뜻풀이】 땅에 던지면 쇳소리가 날 지경으로 문장이 잘 지어졌다는 말이다.

【출전】 『진서·손작전(孫綽傳)』에 다음과 같은 이야기가 나온다.

진(晉)나라 때 글 재주가 비상한 선비로 손

ㅊ

작(314~371)이라는 사람이 있었다. 그는 일찍이 회계(會稽, 오늘의 절강성 소흥)에서 10년간이나 머물러 있으면서 명산대천(名山大川)을 돌아보고 시를 짓곤 하였는데, 이때 지은 〈천태산부(天台山賦)〉가 그의 대표작이다. 이 글은 글귀가 아름답고 구성도 잘 짜여져서 손작 자신도 매우 흡족해하는 터였다.

그리하여 어느 날 손작은 〈천태산부〉를 친구인 범영기(范榮期)에게 보여 주면서 "읽어 보구려! 땅에 내던지면 쇳소리가 날 지경으로 잘된 글이라오!(卿試擲地 要作金石聲)!" 하고 말했다. 진나라 시대의 문인들이 거의 다 그러했듯 손작 역시 고삐 풀린 망아지처럼 자유분방하게 놀아대는 사람이었다.

"어디 보세!"

범영기는 코웃음을 치면서 받았다. 그런데 몇 대목 읽어 보니 과연 땅에 내던지면 쇳소리가 날 정도로 잘 쓰인 글이라 그는 한 대목 읽을 때마다 찬탄을 금치 못했다.

이리하여 척지작금석성(擲地作金石聲)이라는 성어가 나왔는데 척지금석성 또는 척지금성이라고도 한다.

【용례】 고작 한 시간밖에 시간을 안 줬는데 이런 "척지금성"할 글을 짓다니, 견지 은지는 나중에 문필가로 나서도 손색이 없겠어.

척확지굴 이구신야
尺蠖之屈 以求伸也

尺 : 자(척) 蠖 : 자벌레(확)
之 : 어조사(지) 屈 : 굽을(굴)
以 : 써(이) 求 : 구할(구)
伸 : 펼(신) 也 : 이끼(야)

【뜻풀이】 자벌레가 한 자 몸을 굽히는 것은 더 멀리 나가기 위해서다. 우리 격언 "이 보 전진을 위한 일 보 후퇴"와 같은 뜻의 성어로, 미래의 발전을 위해 현재 조금 몸을 굽혀 위축시키며 경계하고 삼가는 자세를 비유하는 말이다.

【출전】 『주역·계사(繫辭)』 하편에 나오는 말이다.

"자벌레가 한 자 몸을 굽히는 것은 앞으로 더욱 나가기 위해서이고, 용이나 뱀이 몸을 숨기는 것은 몸을 잘 보존하기 위해서다.(尺蠖之屈 以求伸也 龍蛇之蟄 以存身也)"

이에 대한 해설(疏)에서는 이렇게 이 말을 설명하고 있다.

"한 자 자벌레가 처음에 몸을 굽히는 것은 나중에 몸을 더 멀리 펴기 위해서다. 몸을 펴려면 반드시 몸을 굽혀야 하고 굽힘으로써 펴게 되니, 이것은 서로 필요한 행동이다.(尺蠖之蟲 初行必屈者 欲求在後之伸也 言伸必須屈 屈以求伸 是相須也)"

『남제서(南齊書)·공치규전(孔稚珪傳)』에 보면 다음과 같은 말이 나온다.

"또 내가 권력으로써 부귀를 얻고, 자아를 얻어 행실을 간략하게 하니 부끄러움이 어찌 싫겠는가. 이른바 자벌레가 몸을 굽혀 더 멀리 나감을 구하는 것이다.(且我以權取貴得我略行 何嫌其恥 所謂尺蠖之屈 以求伸也)"

이 성어에서 신(信)자는 신(伸)과 통한다.

【용례】 이번 승진 심사에서 네가 떨어졌다고 너무 기죽지 마라. 벌레가 움츠리는 것은 더 멀리 몸을 펴기 위해서란 말("척확지굴 이구신야")도 있듯이 더욱 열심히 노력하면 더 좋은 결과가 있을 거야.

천고마비 天高馬肥

天 : 하늘(천) **高** : 높을(고)
馬 : 말(마) **肥** : 살찔(비)

【뜻풀이】 하늘은 높아지고 말이 살찌는 계절. 가을날의 아름답고 풍성한 정경을 비유할 때 즐겨 쓰이는 성어다.

【출전】 이 성어는 원래 당나라의 시인 두심언〔杜審言, 646~708 : 두보(杜甫)의 할아버지〕의 오언배율(五言排律)에서 유래한 것이다.

중국의 북쪽 지역에는 은(殷)나라 초엽(기원전 1700년)부터 진(晉)나라 때까지 초원을 누비면서 유목 생활을 했던 이민족이 터를 잡고 살았다. 보통 흉노족(匈奴族)이라고 지칭했던 이들은 드넓은 초원 지대에 거주하면서 말을 방목하며 생활하였다. 때문에 그들은 남녀노소를 불문하고 누구나 말타기에 능란했는데, 특히 말을 달리면서 활을 쏘는 솜씨는 가히 귀신과 같을 정도였다.

봄과 여름을 나면서 울창하게 자란 풀을 배불리 뜯어 먹은 말은 하늘이 더없이 청명해지는 가을철이 되면 그야말로 살과 근육이 강철같이 탄탄해졌다.

그러나 그들에게는 한겨울을 나기 위한 저축이 충분하지 못할 때도 있는데, 이때 흉노족은 그 부족한 식량을 메우기 위해 남쪽 따뜻한 지방으로 내려와 약탈을 일삼았다.

그러므로 흉노족의 하늘이 높아지고 말이 살찌는 가을날은 흉노족 자신들이나 남쪽에 살던 정착민이나 굶주림과 추위로 고통을 겪어야 하는 겨울이 오는 신호였다. 그뿐 아니라 정착민들의 경우는 흉노족의 말발굽 아래 일년내내 지어 놓은 수확물을 빼겨야 하는 수난의 징조가 되기도 했던 것이다. 이때를 『한서(漢書)』에서는 흉노추(匈奴秋)라고 불렀다.

두심언은 이 같은 흉노족의 침입에 대비하기 위해 길을 떠나는 후배 소미도(蘇味道, 648~705)를 전송하면서 시를 남겼다. 그 시에 이런 구절이 있다.

「구름은 맑고 요사스런 별 떨어지니
하늘은 높아지고 변방의 말은 살찐다.
雲淨妖星落
秋高塞馬肥」

이 시구에서 성어 천고마비가 나왔다. 오늘날에는 이 성어가 풍요롭고 한가로운 가을날의 아름다운 정경을 비유하는 말로 운치 있게 쓰이지만, 사실은 당시 민중들의 삶의 애환이 담겨 있는 절박한 현실을 비유했던 것이다.

【용례】 바야흐로 하늘은 높아가고 말도 살찌는 계절("천고마비")이 돌아오는군. 올해 농사도 풍년이라니 날 잡아 술추렴이나 하세.

천금매소 千金買笑

千 : 일천(천) **金** : 쇠(금)
買 : 살(매) **笑** : 웃음·웃을(소)

【뜻풀이】 천금의 돈을 주고 웃음을 사다. 사랑하는 여자의 환심을 사기 위해 온갖 수단을 다 부리는 것을 말한다.

【출전】 중국에서 포악한 임금의 대명사로 불리는 사람은 여럿 있지만 그 중 가장 악명을 떨친 사람은 걸주유려(桀紂幽厲)라 해서 네 사람을 손꼽는다. 이 성어는 여왕(厲王)과 관련이 있다.

『동주열국지(東周列國志)』에 다음과 같은

이야기가 나온다.

여왕에게는 그야말로 넋이 나가도록 흠뻑 빠졌던 포사(褒姒)라는 총희가 있었다. 그녀를 위해 여왕은 왕후인 신씨(申氏)와 태자 의구(宜臼)까지 폐하고 그녀를 왕후에 앉힌 뒤 그녀의 소생인 백복(伯服)을 태자로 책봉하기까지 하였다.

그런데 포사는 도무지 웃음이 없는 여자였다. 어떤 일이 있어도 항상 무표정하게 얼굴을 찡그리고 살았다. 이에 안달이 난 여왕은 어떻게 해서든 포사의 웃음을 보고자 갖은 노력을 다 했다. 비단 찢는 소리가 듣기 좋다는 말에 여왕은 매일 백 필의 비단을 찢기도 했다. 그래도 별반 효과를 거두지 못하자 마침내 여왕은 그녀를 웃게 하는 사람에게는 천금을 내리겠다는 포고문까지 발표하였다.

당시 포사와 내통하고 있던 괵석보(虢石父)가 이런 건의를 하였다.

"봉화를 올려 기내(畿內)에 있는 제후들이 급히 달려오게 한 다음 그들이 헛걸음질 치며 아연실색하고 돌아가는 모습을 보게 되면 분명 웃으실 겁니다."

이 말에 솔깃해진 여왕은 정말 봉화를 올렸다. 봉홧불을 본 제후들은 맹약대로 군사를 모아 급히 도성을 향하여 집결하였다.

그때 여산(驪山)에서 포사와 함께 술잔치를 벌이고 있던 여왕은 제후들을 둘러보고는 이렇게 말했다.

"다행히 별일 없었으니 그만 돌아들 가시오."

어안이 벙벙해진 제후들은 망연자실(茫然自失)해 있다가 주섬주섬 행장을 챙겨 자기 나라로 돌아들 갔다. 그런데 이 모습을 보던 포사가 웃음을 참지 못하고 그만 박장대소(拍掌大笑)하는 것이 아닌가?

"과연 괵석보의 말대로 했더니 포사가 웃는구나!"

여왕은 희희낙락(喜喜樂樂)하면서 괵석보에게 약속대로 천금의 상금을 내렸다. 이런 일이 거듭 반복되자 제후들도 봉화가 올라가도 또 장난이라 생각하고 달려올 생각을 하지 않게 되었다.

이런 한심한 작태를 묵묵히 지켜보던 폐비 신씨의 아버지인 신후(申侯)가 더 이상 참지 못하고 견융후(犬戎侯)를 사주하여 여왕을 제거하게 하였다. 위기에 처한 여왕은 즉시 봉화를 올렸지만 또 장난인 줄 여긴 제후들은 아무도 달려오지 않았다.

남조 양(梁)나라 때의 문인 왕승유(王僧孺, 465~522)는 〈영총희(詠寵姬)〉에 "다시 돌아봄에 성 두 개와 바꾸었고, 한 번 웃음을 천금에 샀구나.(再顧連城易 一笑千金買)"란 시구를 남기고 있다.

【용례】 자네 그 여자 환심을 사려고 별짓을 다 하는데, 그러다가 크게 낭패를 볼 테니 조심하게. "천금매소"하려다가 패가망신(敗家亡身)한 사람이 어디 한둘인 줄 아는가?

천금지자 불사어시
千金之子 不死於市

千 : 일천(천) 金 : 쇠(금)
之 : 어조사(지) 子 : 자식·아들(자)
不 : 아닐(불) 死 : 죽을(사)
於 : 어조사(어) 市 : 시장(시)

【뜻풀이】 천금을 가진 집안의 자식은 죽을 죄를 지었어도 시장에서 처형을 당하지 않는다. 돈만 있다면 어떤 형벌도 피할 수 있다는

말로, "돈만 있으면 귀신도 부린다.(有錢使鬼神)"는 위진(魏晉)시대의 속담도 같은 뜻이다.

우리나라에서도 한때 유행했던 유전무죄 무전유죄(有錢無罪 無錢有罪)도 같은 맥락에서 이해할 수 있을 것이다.

【출전】『사기·월세가(越世家)』에 다음과 같은 이야기가 나온다.

구천(勾踐)을 도와 천하를 제패하게 한 범려(范蠡)는 영화는 순간인 줄 알았기 때문에 벼슬을 버리고 다른 지방으로 가서 장사를 해 큰 돈을 벌었다. 그리고 이름도 도주공(陶朱公)으로 고쳤다.(➡ 도주의돈지부陶朱猗頓之富 참조)

그런데 그의 둘째아들이 사람을 죽여 초(楚)나라에 갇혀 죽을 날만 기다리게 되었다. 이 소식을 들은 범려가 말했다.

"사람을 죽였으니 죽음을 당하는 것은 당연하다. 다만 '천금의 재산을 가진 집안의 자식은 저잣거리에서 죽지 않는다.'고 했으니 어디 돈으로 한번 해보자."

도주공은 막내아들을 시켜 돈 천 일(鎰)을 주어 구명 운동을 펴게 하였다. 그러자 첫째가 자기가 가겠다며 나섰다.

"동생이 죽는 일인데 장남을 안 보내고 막내를 보내는 것은 저를 믿지 못하는 처사입니다. 불신을 당하느니 차라리 죽음을 택하겠습니다."

이렇게 아우성을 치자 도주공의 아내가 남편에게 애원하였다.

"이러다가는 죽을 자식을 살리기보다는 산 자식을 죽이겠습니다. 큰놈을 보내시지요."

아버지의 허락을 받은 큰아들이 초나라를 향해 길을 떠나려고 하자 도주공이 불러 말했다.

"초나라에 가거든 장(莊) 선생을 만나 이 돈을 전해 주고 시키는 대로 따라 하거라."

초나라에 가서 장 선생의 집에 가 보니 누추하기 그지없는 초라한 오막살이에서 그가 살고 있었다. 아버지의 분부인지라 큰아들은 아무 말도 못 하고 찾아가 돈을 전달하였다. 사정을 들은 장 선생이 말했다.

"잘 알았으니 어서 바삐 고향으로 돌아가거라."

그러나 장 선생을 믿지 못한 큰아들은 말을 따르지 않고 도성에 남아 이리저리 동생을 구해낼 방도를 강구하였다.

한편 장 선생은 적당한 시기에 초나라 임금을 찾아갔다. 그는 비록 초라하기 그지없는 생활을 꾸리고는 있지만 인품만은 크게 존경을 받아 그의 말을 듣지 않는 사람이 없을 정도였다. 그가 초왕에게 말했다.

"지금 흉조를 띤 별이 나타나 초나라의 앞날에 재앙이 있을 거라고 합니다."

"아니 이 일을 어떡하면 좋겠소?"

"덕을 베푸는 일만한 것이 없을 것입니다."

이에 초왕은 즉시 대사령을 내려 모든 죄인을 석방하라는 명령을 내렸다.

그런데 이 소식을 들은 큰아들은 경위는 모르고 괜히 생때 같은 돈 천 일만 낭비했다며 속을 부글부글 끓였다. 참다 못한 그는 결국 장 선생의 집을 다시 찾아갔다.

"아니 아직 고향에 안 가고 뭘 하고 있었는가?"

"예, 이제 떠나려고 인사차 왔습니다."

큰아들의 심중을 꿰뚫어 본 장 선생은 그에게 말했다.

"자네가 가지고 온 돈은 옆방에 있으니 가져가게나."

큰아들은 아무 소리도 않고 방으로 들어가 돈 꾸러미를 둘러메고 인사도 없이 집을 나와버렸다. 장 선생은 다시 초왕에게 가 말했다.

"요즘 들리는 이야기가 이번에 폐하께서 대사령을 내린 것은 도주공의 아들을 구하려는 사람의 뇌물을 받아 이루어지게 된 것이라고들 합니다."

그 말에 잔뜩 화가 난 초왕은 먼저 도주공의 아들부터 처형한 다음에 대사령을 내렸다. 큰아들은 결국 죽은 아우의 시체를 둘러메고 고향으로 돌아올 수밖에 없었다.

이를 본 도주공이 말했다.

"큰아들은 돈을 벌기가 얼마나 힘든 줄 알기 때문에 차마 그 돈을 버리고 올 수 없었을 것이다. 그러나 막내놈은 내기는 대로 돈을 쓰며 살았기 때문에 돈 아까운 줄 모른다. 큰놈이라고 해서 아우를 사랑하지 않은 것은 아니지만 결국 돈에 대한 미련이 일을 그르치고 말았다. 나는 진작부터 둘째의 시체가 오기를 기다리고 있었다."

【용례】 이 세상에 돈으로 안 되는 일이 뭐 있겠나? "천금지자 불사어시"라고 죽을 자식도 살려내는 게 돈이란 거 아니야. 망조가 든 세상이지.

천도시야비야
天道是耶非耶

天 : 하늘(천) **道** : 길(도) **是** : 옳을(시)
耶 : 어조사(야) **非** : 아닐(비)

【뜻풀이】 하늘은 옳은가 그른가. 이 말은 하늘이 가진 공명정대(公明正大)함을 한편으로 의심하면서 한편으로 확신하는 심정 사이의 갈등을 드러내는 말이다.

【출전】 『노자·제70장』에 보면 "하늘의 도는 친함이 없지만 항상 착한 사람과 함께한다.(天道無親 常與善人)"는 말이 있다.

이 말은 아무리 악당과 악행이 판을 치는 세상이라고 해도 진정한 승리는 하늘이 항상 선한 사람의 손을 들어 준다는 뜻이다. 물론 이것은 일정 정도 정당한 논리이지만 현실 속에서 그렇지 못한 것을 우리는 비일비재(非一非再)하게 목격한다.

그런 기가 막힌 경우를 당한 사람이 바로 사마천(司馬遷)이었다. 그는 태사령(太史令)으로 있던 한무제 천한(天漢) 2년(기원전 99년)에 '이릉(李陵)의 화(禍)'를 당했다.

이릉은 용감한 장군으로 5천 명의 병력을 이끌고 흉노족을 정벌하다가 중과부적(衆寡不敵)으로 부대는 전멸하고 자신은 포로가 된 사람이다. 그러자 조정의 중신들은 황제까지 포함해 너나없이 이릉을 배반자라며 욕설을 퍼부었다. 그때 사마천은 이릉의 억울함을 잘 알고 분연히 일어나 그를 변호하였다. 이 일로 해서 사마천은 투옥되고 사내로서는 가장 치욕적인 형벌인 궁형(宮刑)을 당하고야 말았다. 그러나 여기에서 좌절하지 않고 그는 영원히 썩지 않을 사람의 역사를 남기겠다는 각오를 다지면서 쓴 책이 바로 『사기』였던 것이다.

그 『사기』 중 가장 빛나는 부분이기도 한 열전의 첫머리를 장식하는 인물이 바로 〈백이열전(伯夷列傳)〉이고 이 열전 속에 『노자』에 나오는 말이 인용되어 있다.

역사를 보면 승자가 항상 의인(義人)은 아니었다. 마찬가지로 그 결백하고 의리를 중시했던 백이나 숙제는 모두 수양산에서 굶어 죽고 말았다. 이 때문에 노자의 주장은 의심스러운 발언이 되고 따라서 "과연 하늘의 도란 것이 옳게만 작용하는가 아닌가?" 하는 존재론적인 의문에 도달하게 되는 것이다.

【용례】 한창 학계를 위해 일할 젊은 인재를 뭐가 급해 하늘은 그렇게 빨리 데려갔는가? "천도는 시야인지 비야인지?" 하늘도 무심하구나.

천려일득 千慮一得

千 : 일천(천) 慮 : 생각할(려)
一 : 한(일) 得 : 얻을(득)

【뜻풀이】 아무리 우둔한 사람이라도 많이 생각하면 하나쯤은 좋은 생각을 해낼 수 있다는 뜻이다. 부족한 사람의 말이라도 때로 경청할 필요가 있다는 말이다.

반대되는 성어는 천려일실(千慮一失)인데, 아무리 총명한 사람도 많은 생각을 하다 보면 한두 가지 실수나 그릇된 판단을 할 수 있다는 말이다.

【출전】 이 성어의 원형은 "지혜로운 사람이라도 천 가지 생각 중에 반드시 하나는 실수가 있을 것이고, 어리석은 사람이라도 천 가지 생각 중에 반드시 하나 괜찮은 것이 있다. (智者千慮 必有一失 愚者千慮 必有一得)"는 말로, 『사기 · 회음후열전(淮陰侯列傳)』 중 한신(韓信)과 광무군(廣武君) 이좌거(李左車)의 대담에서 나온 말이다.

이좌거는 조왕의 참모로서 재간이 출중한 사람이었지만 조왕이 그의 계책을 따르지 않았기 때문에 조나라 군사들은 한신에 의해 대패하고 이좌거는 사로잡히게 되었다.(➡ 패군지장敗軍之將 참조)

이때 연나라와 제나라를 계속 공격하려고 준비하고 있던 한신은 이좌거를 깍듯이 모시면서 앞으로 어떻게 해야 할 것인가에 대해 가르침을 바란 적이 있다. 이에 이좌거는 앞으로 여차여차해야 할 것이라고 말하고, 다음과 같은 말로 끝맺었다.

"전하는 말에 지자천려(智者千慮)에 필유일실(必有一失)이요, 우자천려(愚者千慮)에 필유일득(必有一得)이라 했으니 내 말이 다 옳다고는 못 하겠지만 우자의 충언으로 하는 말이니 참고해 주기 바란다."

이리하여 사람들은 자기 자신의 생각이나 의견 같은 것을 우견(愚見) · 우자일득(愚者一得) · 일득지우(一得之愚) 또는 천려일득이라고 하게 되었는데 모두 겸손을 표시하는 말이다.

그리고 이 말은 『안자춘추 · 잡편(雜篇)』 하편에도 그대로 나온다.

【용례】 그때 그 친구가 얼핏 던진 말 덕분에 큰 위기를 넘길 수 있었어. "천려일득"이라더니 세상에 가볍게 볼 사람은 아무도 없는 것 같아.

천리송아모 千里送鵝毛

千 : 일천(천) 里 : 마을 · 리(리)
送 : 보낼(송) 鵝 : 거위(아)
毛 : 터럭(모)

ㅊ

【뜻풀이】 천 리 밖에서 거위 털을 보내다. 선물은 하찮아도 성의만은 돈독하다는 뜻이다.

【출전】 명나라 사람인 서위(徐渭, 1521~1593)가 쓴 『노사(路史)』에 다음과 같은 이야기가 있다.

당나라 때 어떤 지방 관헌이 사람을 시켜 황제에게 백조 한 마리를 갖다 바치게 하였다. 그런데 그 사람은 면양호(沔陽湖)를 지날 때 백조의 털을 물에 씻어 주려다가 그만 백조를 놓치고 털 하나만 손에 잡을 수 있었다.

이에 그는 할 수 없이 백조의 털을 들고 상경하여 황제에게 바치고는 시 한 수를 지어 올렸는데 그 시에 "천 리 먼 길에 백조 털을 보내노라.(千里送鵝毛)"는 구절이 있었다.

그 밖에 소식(蘇軾)의 시 〈양주이토물기소유(揚州以土物寄少遊)〉에도 "또 천 리 길에 거위 털을 부치니, 어찌 애써 고라니 사슴을 먹이리오.(且同千里寄鵝毛 何用孜孜飮麋鹿)"라는 말이 있는데, 천리아모(千里鵝毛)라고도 한다.

【용례】 자꾸 그런 말씀을 하시면 외려 제가 송구스러워집니다. 부족하지만 "천리송아모"로 여기시고 받아주십시오.

천리안 千里眼

千 : 일천(천) 里 : 마을(리) 眼 : 눈(안)

【뜻풀이】 천 리를 내다볼 수 있는 눈. 세상사를 꿰뚫어 보거나 먼 곳에서 일어난 일을 미리 예지하는 능력을 지니고 있을 때 쓰는 말이다.

【출전】 『위서 · 양일전(楊逸傳)』에 다음과 같은 이야기가 있다.

북위(北魏) 말 약관 19세의 젊은 청년 양일이 광주자사(光州刺史)가 되어 왔다. 그는 나라의 근본은 사람인 것을 너무나 잘 아는 사람이었다. 때문에 그는 모든 행정 업무를 주민들 중심으로 처리해 나갔다. 백성들의 재산을 축낼 행사는 일체 중지시켰을 뿐 아니라 고을에 흉년이 들었을 때도 아낌없이 관청의 곡식 창고를 열어 그들을 구제하였다.

더구나 그는 청렴을 특히 강조했기 때문에 하급 관료들조차 부정행위를 저지르지 않았다. 남몰래 뇌물이나 금품을 주려고 해도 받으려고 하지를 않는 것이었다. 너무나 신기한 표변에 사람들이 물었다.

"아니, 도대체 왜 이렇게 빳빳하게 나오시는 겁니까?"

"우리 양일 자사께서는 천 리 밖에서도 세상 돌아가는 것을 잘 아시는 분이라 절대로 부정을 저지를 수 없습니다.(楊使君有千里眼 那可欺之)"

그만큼 그는 철저하게 사찰을 실시했던 것이다. 그렇게 청렴하고 매사를 백성 위주로 꾸렸던 양일도 난세의 회오리바람에 휩쓸려 31세에 살해되고 말았다. 수하에 있던 관리를 비롯해서 그가 장관으로 있던 백성들에 이르기까지 그의 죽음을 애도하지 않는 사람이 없었다.

성어 천리안은 이와 같은 공정했던 양일의 이야기에서 나왔다.

【용례】 너는 뭐 "천리안"이라도 달았냐. 그 때 내가 뭘 했는지 어떻게 알고 함부로 그런 말을 하는 거야?

천리지행 시어족하 千里之行 始於足下

千 : 일천(천) 里 : 거리(리)
之 : 어조사(지) 行 : 갈(행)
始 : 처음(시) 於 : 어조사(어)
足 : 다리(족) 下 : 아래(하)

【뜻풀이】 천 리나 되는 먼 길도 그 시작은 한 발짝 떼는 데서 출발한다. 아무리 멀고 어려운 일도 기본적인 일부터 시작해야 완성할 수

있음을 비유하는 말이다. 우리 속담 "천릿길도 한 걸음부터"와 같은 뜻이다. "아무리 바빠도 바늘 허리 꿰어 쓰지 못한다."는 뜻과도 통한다.

【출전】『노자(老子)·제64장』에 다음과 같은 말이 있다.

「안정되었을 때 지니기 쉽고,
아직 기미가 나타나지 않았을 때 꾀하기 쉽다.
연약할 때 녹이기가 쉬우며, 미세할 때 흩어버리기 쉽다.
아직 상황이 있기 전에 일을 처리하고, 아직 어지러워지기 전에 다스려야 한다.
아름드리 큰 나무도 터럭 같은 싹에서 자라나고, 아홉 층 높은 다락도 흙을 쌓아올려야 세워지며, 천 리 길을 가는 여행도 바로 발 아래서 비롯된다.
억지로 하려는 사람은 실패하게 되고, 집착이 큰 사람은 잃게 되는 것이다.
때문에 성인은 억지로 하려 하지 않아 실패하는 일이 없고, 집착을 갖지 않기 때문에 잃는 일도 없는 것이다.
사람들이 일을 좇을 때에는 항상 거의 이룰 뻔하다가 실패하고 마니, 마지막을 삼가기를 처음과 같이 한다면, 실패하는 일이 없을 것이다.
때문에 성인은 욕심 내지 않기를 욕심 내며, 얻기 어려운 재물은 귀하게 여기지 않는다.
배우지 않음을 배우고, 사람들이 지나쳐 버리는 것을 회복시켜 준다.
이로써 만물이 절로 그러함(自然)을 돕지, 억지로 하는 일은 없는 것이니라.
(其安易持 其未兆易謀 其脆易破 其微易散 爲之於未有 治之於未亂 合抱之木生於毫末 九層之臺起於累土 千里之行 始於足下 爲者敗之 執者失之 是以聖人 無爲故 無敗 無執故 無失 民之從事 常於幾成而敗之 愼終如始 則無敗事 是以聖人 欲不欲 不貴難得之貨 學不學 復衆人之所過 以輔萬物之自然 而不敢爲)」

【용례】 아무리 체력에 자신이 있어도 그렇지 마라톤을 뛰겠다는 애가 초반부터 그렇게 달리면 어떻게 하니. "천리지행도 시어족하"야. 서두른다고 기본까지 무시하면 일만 그르칠 뿐이야.

천망회회이불루실
天網恢恢而不漏失

天 : 하늘(천) 網 : 그물(망)
恢 : 넓을(회) 而 : 어조사(이)
不 : 아닐(불) 漏 : 샐(루) 失 : 잃을(실)

【뜻풀이】 하늘의 그물은 넓디넓지만 어느 곳 한 군데도 새지 않는다.

【출전】『노자·제73장』에 다음과 같은 말이 있다.

「저지르는 데 용감한 사람은 죽임을 당하고, 형세에 맞춰 나아가는 데 용감한 사람은 살아나리라.
이 두 가지는 하나는 이롭고 하나는 해롭다.
하늘이 미워한다면 누가 그 까닭을 알겠는가.
때문에 성인은 오히려 어렵게 여긴다.
하늘의 도는 다투지 않아도 잘 이기고, 말이 없으면서도 잘 응답하며, 부르지 않아도 절로 오고, 굼떠 보이지만 잘 도모한다.
하늘의 그물은 넓디넓게 펼쳐져 있으니, 성긴 듯 보이지만 그 무엇도 놓치지 않느니라.
(勇於敢則殺 勇於不敢則活 此兩者 或利或

害 天之所惡 孰知其故 是以聖人猶難之 天之道 不爭而善勝 不言而善應 不召而自來 繟然而善謀 天網恢恢 疏而不失)」

천리(天理)에 대한 믿음은 도가(道家)나 유가(儒家)나 마찬가지다. 다만 그 실현되는 과정과 현상에 대한 해석에 차이가 있을 뿐이다.

도가는 그 절대선(絕對善)을 믿고 따름으로써 천리가 실현된다고 보는 반면에 유가는 이를 완수하기 위한 인간의 노력을 항상 염두에 둔다. 도가의 그와 같은 자연의 순리에 순종하고 절대선에 대한 신뢰의 한 양상을 보여주는 성어라고 하겠다.

【용례】 지금 당장 득을 보지 못한다고 선행을 베풀 필요가 없다는 소리는 마. “천망회회 이불루실”이야. 언젠가 반드시 큰 보상이 있을 거라고 나는 믿어.

천시지리인화
天時地利人和

天 : 하늘(천) **時** : 때(시) **地** : 땅(지)
利 : 이로울(리) **人** : 사람(인)
和 : 화목할(화)

【뜻풀이】 하늘이 주는 운은 지리상의 이로움만 못하고, 지리상의 이로움도 사람들 사이의 일치단결만 못하다는 뜻이다. 우연이나 요행보다는 서로 협심하여 단결하는 것이 일을 이루는 데 유리하다는 말이다.

【출전】 맹자가 그의 왕도론(王道論)을 전개하면서 한 말이다. 『맹자·공손추장구(公孫丑章句)』 하편에 나온다.

“맹자가 말하기를, 하늘이 주는 때는 지리적인 이로움만 못하고, 지리적인 이로움도 사람 사이의 화합만 못하다.(孟子曰 天時不如地利 地利不如人和)”

이 말을 한 뒤 맹자는 부연설명을 달고 있다.

“3리의 내성(內城)과 7리의 외곽(外廓)을 에워싸고 공격하지만 함락시키지는 못한다. 에워싸고 공격을 하였으니 반드시 하늘의 때를 얻었겠지만, 함락시키지 못하는 것은 하늘의 때가 지리상의 이로움만 못하기 때문이다. 그러나 성이 높지 않은 것도 아니고, 못이 깊지 않은 것도 아니며, 병기와 갑옷이 굳고 날카롭지 않은 것도 아니고, 군량이 많지 않은 것도 아닌데 성을 버리고 달아난다. 이것은 지리상의 이로움이 사람의 화합만 못하기 때문이다.”

맹자는 전쟁에서 승리하는 기본적인 요건으로 첫째 하늘의 때, 둘째 땅의 이득, 셋째 인화의 세 가지로 보았다. 전쟁에서 이기기 위해 아무리 기상과 방위, 시일의 길흉 같은 것을 견주어 보아도 지키는 쪽의 견고함을 능가하지 못한다. 그러나 아무리 요새가 지리적 여건이 충족된 땅의 이득을 가지고 있다고 하더라도 이것을 지키는 사람들의 정신적 단결이 없으면 결코 지키지 못한다. 이것에 대해 맹자는 다음과 같이 마무리한다.

“백성들을 국경 안 영토에 머물게 하는 데는 나라의 경계로써 하지 않고, 방위를 튼튼히 하는 데는 산과 골짜기의 험함으로써 기대지 않으며, 위엄을 천하에 떨치는 데는 무력으로써 하지 않는다고 하였다. 도(道)를 얻는 사람은 돕는 사람도 많지만 도를 잃은 사람은 돕는 사람이 적다. 돕는 사람이 적은 것이 극단에 이르면 친척까지도 등을 돌리고, 돕는 사람이 많은 것이 극단에 이르면 천하(天下)의 모든 이들이 내게 순종한다. 천하의 사람들이 순종하는 위세로써 친척조차 배반하는 사람을 치는 것이기 때문에 군자(君子)는 싸우지 않지만, 싸우면 반드시 이긴다."

맹자의 말은 결국 민심(民心)을 얻는 사람만이 천하를 얻을 수 있다는 것이다. 때문에 민심이 옮겨가는 것이 바로 천심(天心)이 옮겨가는 것이고, 이것을 현실로 나타나는 것이 혁명(革命)이라는 것이다.

【용례】 회사 사정이 어려울수록 우리는 회사 가족들을 더욱 보호해야 합니다. 맹자도 "천시지리인화"를 말하면서 이 세상에 인화만큼 중요한 것은 없다고 했습니다. 이 사실을 잊지 말도록 합시다.

천양관슬 穿楊貫虱

穿 : 뚫을(천) 楊 : 버드나무(양)
貫 : 꿰뚫을(관) 虱 : 이(슬)

【뜻풀이】 활을 쏘는 솜씨가 대단히 뛰어나다는 뜻이다.

【출전】『열자·탕문편(湯問篇)』에 다음과 같은 이야기가 있다.

옛날에 기창(紀昌)이라는 사람이 당시 활의 명수였던 비위(飛衛)를 찾아가 활 쏘는 방법을 가르쳐 달라고 부탁하였다. 그러자 비위가 말했다.

"우선 눈을 깜빡이지 않는 것부터 배워야 활을 능란하게 쏠 수 있다."

이에 기창은 집으로 돌아와서 아내가 천을 짜는 베틀 아래 누워서 눈썹에 닿을 듯이 오가는 북을 매일같이 바라보았다. 이렇게 꼬박 2년을 연습한 다음에 기창은 다시 비위를 찾아갔다. 그러자 비위가 말했다.

"그것만으로는 부족하다. 다시 더 시력을 단련해서 자그마한 물건도 크게 보이고 가는 물건도 굵게 보일 때까지 연습해야 한다."

이에 기창은 다시 집으로 돌아와서 가느다란 말꼬리 털을 창문에 매달고 매일같이 바라보았더니 열흘이 지나자 점점 굵게 보이기 시작했다. 3년을 줄곧 연습했더니 마침내 그것은 수레바퀴처럼 크게 보였고, 다른 물건을 보아도 전부 몇 배씩 크게 보였다.

그러던 어느 날 기창이 특별히 만든 활로 이를 쏘았더니 그 화살은 이를 꿰뚫고 나갔다(貫). 이 일이 있고 난 뒤 기창이 비위를 찾아갔더니 비위는 "그대는 이미 모든 것을 다 배웠다."고 하면서 기뻐하였다.

이렇게 해서 기창은 비위와 함께 명궁이 되었는데, 후세에 관슬은 활 쏘는 솜씨가 비상하다는 찬사의 말로 쓰이고 있고, 백보천양(百步穿楊)의 이야기(▶ 백발백중百發百中 참조)와 연관지어 천양관슬 또는 관슬천양이라고도 한다.

【용례】 우리 낭자군들이 "천양관슬"하는 실력으로 세계 대회를 제패할 때마다 전국 방방곡곡(坊坊曲曲)에서 탄성이 안 터지는 곳이 없지.

천여불취 반수기구 天與弗取 反受其咎

天 : 하늘(천) 與 : 줄·더불어(여)
弗 : 아닐(불) 取 : 취할(취)
反 : 거꾸로(반) 受 : 줄(수)
其 : 그(기) 咎 : 허물(구)

【뜻풀이】 하늘이 주는 것을 받지 않으면 도리어 그 허물을 받게 된다.

ㅊ

【출전】『사기 · 회음후열전(淮陰侯列傳)』에 다음과 같은 이야기가 있다.

제(齊)나라를 격파한 한신(韓信)은 유방(劉邦)에게 사람을 보내 임시로 제나라 왕으로 봉해 달라고 하였다. 그때 유방은 한창 항우(項羽)의 공격으로 곤란한 지경에 빠져 있었다.

"아니 와서 돕지는 못할망정 왕으로 봉해 달라니, 이게 무슨 경우인가?"

유방이 발끈하며 화를 내자 진평(陳平)이 옆에 있다가 조용히 말했다.

"지금 형편이 우리에게 불리한데 자칫 한신이 등을 돌리기라도 한다면 큰 낭패입니다. 그냥 허락하시지요."

이 말에 유방은 표정을 누그러뜨리며 사신에게 대답했다.

"거 좋은 생각일세. 그러나 임시는 무슨 임시인가, 정식 왕으로 봉하지."

이렇게 해서 한신은 제왕(齊王)이 되었다. 한편 항우의 입장에서도 한신이 자기를 공격하면 대세가 기울 수 있다고 생각해서 역시 한신에게 사람을 보내 화해를 청했다. 그러나 의리를 중시했던 한신은 이를 거절하고 사신을 돌려보냈다. 그러자 한신의 부하로 있던 괴통(蒯通)이란 사람이 다가와 말했다.

"제가 장군의 관상을 보니 제후에 봉해질 만하지만 등을 보면 말할 수 없이 귀한 상입니다."

"그게 무슨 소린가?"

"지금 천하는 유방과 항우 두 사람의 손에 의해 통일되게 되어 있습니다. 서기에 장군이 있습니다. 누구든 장군의 지원을 받는 사람이 통일을 할 것입니다. 그렇기 때문에 유방과 항우 두 사람의 운명은 장군의 손아귀에 달려 있다고 해도 과언이 아닐 것입니다."

"그렇다면 나는 어떻게 하면 좋겠는가?"

"장군께서 취할 가장 좋은 방책은 어느 쪽도 편들지 말고 이 상태를 유지하는 것입니다. 그래서 솥의 발처럼 삼국이 나란히 서는 것이지요. 옛말에 이런 말이 있습니다. 하늘이 주는 것을 받지 않으면 오히려 허물이 돌아오고, 때가 왔는데도 실행하지 않으면 오히려 재앙을 받는다고 했습니다.(天與弗取 反受其咎 時至弗行 反受其殃) 이 점을 잊지 마시기 바랍니다."(➡ 거족경중擧足輕重 참조)

그러나 한신은 끝내 유방을 배신하지 못하고 그를 위해 최선을 다했다. 그 결과 천하는 한(漢)나라의 손에 들어갔지만, 한신은 나중에 무신들을 제거하는 과정에서 유방의 아내 여후(呂后)와 재상 소하(蕭何)의 음모에 빠져 참수형에 처해지고 말았다.(➡ 교토구팽狡兎狗烹 · 첩족선득捷足先得 참조)

그때 한신은 죽으면서 이런 말을 남겼다고 한다.

"내가 괴통의 계략을 쓰지 않아 저런 아녀자에게 죽음을 당하는구나."

【용례】 이건 뇌물이나 불법의 대가로 주는 돈이 아닐세. "천여불취면 반수기구"라고 하지 않는가. 부당한 금액이 아니니 받아 두시게나.

천의무봉 天衣無縫

天 : 하늘(천) 衣 : 옷(의)
無 : 없을(무) 縫 : 꿰맬(봉)

【뜻풀이】 선녀가 만든 옷은 꿰맨 흔적이 없다. 완벽하거나 자그마한 흠점도 없는 경우를 비유하는 말이다.

【출전】 당나라 때 사람 우교(牛嶠, 850~

920)가 편찬한 『영괴록(靈怪錄)』에 다음과 같은 이야기가 있다.

무더운 여름 어느 날 저녁 곽한(郭翰)이라는 사람이 뜰에 누워 바람을 쏘이는데 갑자기 아름다운 여인이 공중에서 내려왔다. 살포시 땅에 내려선 여인의 자태는 눈이 부시게 황홀했다.

곽한이 놀랍고도 기이하여 물어보니, 그녀는 하늘의 직녀라고 했다. 직녀가 입은 옷은 아름답기 그지없는데다가 바느질 흔적이 전혀 없어 곽한이 직녀에게 물어 보니 그녀가 대답했다.

"이 옷은 하늘 옷으로서 가위로 베고 바늘과 실로 지은 것이 아니기 때문에 티끌만한 흠집도 없습니다.(天衣 本非針線爲也)"

천의무봉은 바로 이 이야기에서 나왔다.

【용례】 방랑시인 김삿갓의 시는 해학과 풍자로 가득차 있는데, 무슨 시든 단숨에 써내리는 일필휘지(一筆揮之)인데도 가히 "천의무봉"의 경지라서 어느 한 곳 깁고 꿰맨 흔적이 없을 정도야.

천인지낙낙 불여일사지악악 千人之諾諾 不汝一士之諤諤

千 : 일천(천) 人 : 사람·남(인)
之 : 어조사(지) 諾 : 허락할(낙)
不 : 아닐(불) 如 : 같을(여) 一 : 한(일)
士 : 선비(사) 諤 : 곧은 말할(악)

【뜻풀이】 뭇사람들이 다 좋다고 하는 것은 한 선비가 하는 곧은 말만 못하다. 생각 없이 아부하기 위해 떠드는 여러 사람의 말보다는 한 사람의 뜻있는 지사가 하는 정직한 말이 훨씬 행동에 이롭다는 뜻이다.

【출전】 『사기·상군열전(商君列傳)』에 다음과 같은 이야기가 나온다.

상앙(商鞅)은 진효공(秦孝公)을 도와 재상으로 있으면서 법가 사상으로 나라를 다스려 진나라를 부강하게 한 사람이다.

어느 날 친구의 소개로 알게 된 조양(趙良)이란 사람이 찾아왔다. 성공에 도취해 있던 상앙은 그에게 자신이 이룩한 치적을 열거하며 물었다.

"자, 이런 나의 공로와 옛날 백리해(百里奚)의 그것과 비교한다면 누가 더 뛰어나다고 하겠는가?"

백리해는 진목공(秦穆公)을 도와 천하를 제패하게 한 재상이었다. 이에 조양이 대답하였다.

"천 마리 양 가죽도 한 마리 여우의 겨드랑이 털만 못하고, 천 사람이 옳다고 뇌까리는 말은 뜻있는 선비가 하는 곧은 소리만 못한 것입니다.(千羊之皮 不如一狐之掖 千人之諾諾 不如一士之諤諤)"

그러면서 조양은 상앙의 잘못된 정치와 앞으로 다가올 위험을 경계하면서 즉시 봉지(封地)를 돌려주고 은퇴할 것을 권고하였다. 그러나 그럴 생각이 추호도 없었던 상앙은 조양의 이 우정 어린 충고를 일언지하(一言之下)에 거절하고 말았다.

그러나 과연 얼마 후 효공이 죽고 태자가 등극하자 상앙은 무고를 받아 결국 함양(咸陽) 시장에서 다섯 마리 소가 끄는 수레로 온몸이 찢겨 비참한 최후를 맞이하고 말았다.

【용례】 만년 과장으로 승진에 대한 기대는 크겠지만 아무 말이나 듣고 함부로 경거망동(輕擧妄動)하지 마세요. "천인지낙낙이 불여일사지악악"하다는 말도 있지 않습니까? 순리를 좇으면 좋은 결과가 있을 겁니다.

천재일우 千載一遇

千 : 일천(천) 載 : 실을·해(재)
一 : 한(일) 遇 : 만날(우)

【뜻풀이】 천 년이 지나야 한 번 만날 수 있다. 아주 드물게 오는 기회를 말한다.

【출전】 이 말은 동진(東晉)의 문인 원굉(袁宏, 328~376)이 쓴 〈삼국명신서찬(三國名臣序贊)〉에 나온다.

원굉은 재주가 있는 사람이었지만, 아버지를 일찍 여의고 생계가 막연해지자 부두에서 막노동을 하며 자랐다. 그러다가 사상(謝尙)의 눈에 들어 환온(桓溫)의 휘하에 들어가 동양태수(東陽太守)에까지 올랐다.

이 글은 위(魏)·촉(蜀)·오(吳) 삼국을 건국하는 데 공헌한 명신 20명의 업적을 칭찬한 사자일구(四字一句)로 된 찬을 짓고 거기에 붙인 서문이다. 그 서문의 첫머리에 다음과 같은 말이 나온다.

「대저 백락을 만나지 못하면 천 년이 지난들 천리마는 한 마리도 나오지 않는다. 또 만 년에 한 번 오는 기회는 삶이 통하는 길이며 천 년에 한 번 만나는 것도 어질고 지혜로운 이의 아름다운 만남이다. 만나면 기뻐하지 않을 수 없고 잃으면 어찌 능히 통탄하지 않겠는가?
(夫未遇伯樂 則千載無一騎 夫萬歲一期 有生之通塗 千載一遇 賢智之嘉會 遇之不能無欣 喪之何能無慨)」

즉, 아무리 훌륭한 업적을 남기더라도 후세 사람이 이를 기록하고 남기지 않으면 전해지지 않듯이 정말 어렵게 온 기회를 놓치면 큰 후회를 낳는다는 말이다. 여기서 중요한 것은 천리마를 알아보는 능력을 가진 백락이 있는 것처럼 진정한 인재는 자신을 알아줄 사람을 만나야만 빛을 발할 수 있다는 사실이다.

그래서 한유(韓愈)도 〈송온처사서(送溫處士序)〉(『고문진보·후집』 권3)에서 "백락이 한 번 기북의 들판을 지나가자 말떼가 다 사라져 버렸다.(伯樂一過冀北之野 而馬群遂空)"면서 안목을 가진 자의 소중함을 말하기도 했던 것이다.

【용례】 이번 기회는 "천재일우"의 기회야. 어떻게 해서든 그녀의 환심을 사서 결혼 승낙을 받아내야지.

천지자만물지역려 天地者萬物之逆旅

天 : 하늘(천) 地 : 땅(지)
者 : 놈(자) 萬 : 일만(만)
物 : 물건(물) 之 : 어조사(지)
逆 : 맞을·거스를(역) 旅 : 나그네(려)

【뜻풀이】 천지라는 것은 온갖 만물이 잠시 들렀다 가는 여관과 같다.

【출전】 이 구절은 이백(李白, 701~762)의 산문인 〈춘야연도리원서(春夜宴桃李園序)〉에 나온다.

성당(盛唐)의 시단을 이끌었던 두 거봉인 이백과 두보(杜甫)는 물론 뛰어난 시 작품으로 명성이 자자하지만, 두보의 경우에는 단 한 편의 산문도 남기지 않은 반면에 이백에겐 주옥같은 산문이 상당수 남아 있어 읽는 이의 마음을 즐겁게 한다. 이 작품은 봄날 안개가 자욱한 복숭아꽃 동산에서 형제들과 모여 잔치를 열었을 때의 호쾌한 기분을 서술한 것이다. 전문을 감상하기로 하자. 이 글은 『이태백집』 권27에 실려 있다.

「대저 천지란 것은 만물이 머물렀다가 쉬어 가는 여관과 같고, 시간이란 것은 백대를 오가는 나그네와 같은 것이다. 이런 가운데 뜬구름 같은 인생이 꿈만 같은데 그 가운데 즐거운 날은 또 얼마나 되는가? 옛사람들이 촛불을 돋우어 밤늦게까지 노닐었던 것도 다 까닭이 있었던 것이다. 하물며 오늘은 따뜻한 봄날이 안개 낀 경치로 나를 부르고 대자연이 뛰어난 문장력을 내게 주셨다. 복숭아꽃 오얏꽃이 활짝 핀 향기로운 정원에 모여 하늘이 내린 질서에 따른 즐거운 일을 펼치는데, 뭇 동생들은 다 준수해서 혜련과 같지만 내가 읊조리는 노래 가락은 홀로 강락에게 부끄러울 뿐이다. 그윽한 감상은 다함이 없고 고아한 이야기는 돌고 돌아 맑은데 구슬 자리를 펼쳐 꽃밭에 앉고 깃털 달린 술잔을 날려 달을 취하게 만드니, 이런 유쾌한 자리에 좋은 작품이 없다면 어찌 고아한 회포를 풀겠는가? 만약 시가 이뤄지지 않는다면 그 벌은 금곡의 벌주 수와 같이할 것이다.

(夫天地者 萬物之逆旅 光陰者 百代之過客 而浮生若夢 爲歡幾何 古人秉燭夜遊 良有以也 況陽春 召我以煙景 大塊 假我以文章 會桃李之芳園 序天倫之樂事 群季俊秀 皆爲惠連 吾人詠歌 獨慙康樂 幽賞未已 高談轉淸 開瓊筵以坐花 飛羽觴而醉月 不有佳作 何伸雅懷 如詩不成 罰依金谷酒數)」

강락(康樂)은 진(晉)나라 때의 대시인 사령운(謝靈運, 385~433)을 말하고 혜련(惠連, 407~433)은 그의 동생이다. 둘 다 문학으로 이름이 높았다. 금곡(金谷)은 거부였던 석숭(石崇, 249~300)이란 사람의 별장 이름이다.

대부호 석숭은 문인들을 초대해 시를 짓게 하여 제때에 이루어지지 않으면 벌주로 술 석잔을 마시게 했다고 한다.

광활한 대공간과 덧없이 흘러가는 시간 속에서 인간이 지닌 왜소함을 통감하면서 한때의 즐거운 순간을 놓치지 말고 즐기자는 다분히 낭만적인 이백의 세계관을 엿볼 수 있는 성어라고 할 수 있다.

【용례】 이 세상은 따져 보면 여관과 같은 곳이지. 정처 없이 떠도는 나그네 같은 게 우리 인생 아닌가. 그러고 보면 이백이 "천지자는 만물지역려"라고 한 말은 정말 명언이야.

천지현황 天地玄黃

天 : 하늘(천) **地** : 땅(지)
玄 : 가물(현) **黃** : 누를(황)

【뜻풀이】 하늘은 가물가물하고 땅은 누렇다. 우주 자연의 광활함을 표현한 말이다.

【출전】 이 성어는 『천자문(千字文)』의 모두(冒頭)를 장식하는 구절이다. 『천자문』은 육조(六朝)시대 양(梁)나라 사람인 주흥사(周興嗣)가 처음 만들었다고 한다.

『천자문』은 모두 1천 개의 글자로 이루어져 있는데, 한 글자도 중복되지 않고 사자일구(四字一句)씩 총 250구로 된 장시다. 옛날부터 한자를 배울 때 섭렵해야 할 첫 번째로 손꼽히는 학습서였다.

그러나 이 책은 단순한 한자 교범으로서만 의미를 가진 것은 아니다. 오히려 이 책은 동양의 역사와 지리, 자연 등을 압축적으로 서술해 놓은 백과사전적인 의미를 지니고 있다.

첫 구절인 천지현황은 바로 이어지는 우주홍황(宇宙洪荒)과 함께 동양인의 자연관과 우주관을 극명하게 보여 주는 중요한 성어다.

4자씩 의미 있는 단락을 이루어 모두 250가지 다양한 항목을 함축적으로 설명한 이 책은 학문을 입문하는 과정에서부터 익히게 함으로써 어휘 공부와 더불어 동양의 보편적인 세계관을 심어 주는 역할도 했던 것이다.

【용례】 아니 『천자문』을 세 살 때 뗐다는 사람이 "천지현황"에 담긴 뜻이 뭔지도 몰라. 자네 날 속이는 거 아닌가? 그래 뜻도 모르고 줄줄 암송만 했다는 게 될 말인가 말이지.

【참고】 참고로 주흥사의 『천자문』과 전석우(田錫雨)의 『속천자문(續千字文)』, 김균(1888~1978)의 『대동천자문(大東千字文)』, 그리고 『광천자문(廣千字文)』 『역천자문(易千字文)』 전문을 싣도록 하겠다.

「**천자문(千字文) : 주흥사(周興嗣)**

天地玄黃(천지현황) 宇宙洪荒(우주홍황)
日月盈昃(일월영측) 辰宿列張(진숙열장)
寒來暑往(한래서왕) 秋收冬藏(추수동장)
閏餘成歲(윤여성세) 律呂調陽(율려조양)
雲騰致雨(운등치우) 露結爲霜(노결위상)
金生麗水(금생려수) 玉出崑岡(옥출금강)
劍號巨闕(검호거궐) 珠稱夜光(주칭야광)
果珍李柰(과진리내) 菜重芥薑(채중개강)
海鹹河淡(해함하담) 鱗潛羽翔(린잠우상)
龍師火帝(용사화제) 鳥官人皇(조관인황)
始制文字(시제문자) 乃服衣裳(내복의상)
推位讓國(추위양국) 有虞陶唐(유우도당)
弔民伐罪(조민벌죄) 周發殷湯(주발은탕)
坐朝問道(좌조문도) 垂拱平章(공수평장)
愛育黎首(애육여수) 臣伏戎羌(신복융강)
遐邇壹體(하이일체) 率賓歸王(솔빈귀왕)
鳴鳳在樹(명봉재수) 白駒食場(백구식장)
化被草木(화피초목) 賴及萬方(뇌급만방)
蓋此身髮(개차신발) 四大五常(사대오상)
恭惟鞠養(공유국양) 豈敢毁傷(기감훼상)
女慕貞烈(여모정렬) 男效才良(남효재량)
知過必改(지과필개) 得能莫忘(득능막망)
罔談彼短(망담피단) 靡恃己長(미시기장)
信使可覆(신사가복) 器欲難量(기욕난량)
墨悲絲染(묵비사염) 詩讚羔羊(시찬고양)
景行維賢(경행유현) 克念作聖(극념작성)
德建名立(덕건명립) 形端表正(형단표정)
空谷傳聲(공곡전성) 虛堂習聽(허당습청)
禍因惡積(화인악적) 福緣善慶(복연선경)
尺璧非寶(척벽비보) 寸陰是競(촌음시경)
資父事君(자부사군) 曰嚴與敬(왈엄여경)
孝當竭力(효당갈력) 忠則盡命(충즉진명)
臨深履薄(임심리박) 夙興溫凊(숙흥온정)
似蘭斯馨(사란사형) 如松之盛(여송지성)
川流不息(천류불식) 淵澄取映(연징취영)
容止若思(용지약사) 言辭安定(언사안정)
篤初誠美(독초성미) 愼終宜令(신종의령)
榮業所基(영업소기) 藉甚無竟(자심무경)
學優登仕(학우등사) 攝職從政(섭직종정)
存以甘棠(존이감당) 去而益詠(거이익영)
樂殊貴賤(악수귀천) 禮別尊卑(예별존비)
上和下睦(상화하목) 夫唱婦隨(부창부수)
外受傅訓(외수부훈) 入奉母儀(입봉모의)
諸姑伯叔(제고백숙) 猶子比兒(유자비아)
孔懷兄弟(공회형제) 同氣連枝(동기련지)
交友投分(교우투분) 切磨箴規(절마잠규)
仁慈隱惻(인자은측) 造次弗離(조차불리)
節義廉退(절의렴퇴) 顚沛匪虧(전패비휴)
性靜情逸(성정정일) 心動神疲(심동신피)
守眞志滿(수진지만) 逐物意移(축물의이)
堅持雅操(견지아조) 好爵自縻(호작자미)
都邑華夏(도읍화하) 東西二京(동서이경)
背邙面洛(배망면락) 浮渭據涇(부위거경)
宮殿盤鬱(궁전반울) 樓觀飛驚(누관비경)
圖寫禽獸(도사금수) 畵彩仙靈(화채선령)

丙舍傍啓(병사방계) 甲帳對楹(갑장대영)
肆筵設席(사연설석) 鼓瑟吹笙(고슬취생)
陞階納陛(승계납폐) 弁轉疑星(변전의성)
右通廣內(우통광내) 左達承明(좌통승명)
旣集墳典(기집분전) 亦聚群英(역취군영)
杜稿鍾隷(두고종례) 漆書壁經(칠서벽경)
府羅將相(부라장상) 路夾槐卿(노협괴경)
戶封八縣(호봉팔현) 家給千兵(가급천병)
高冠陪輦(고관배련) 驅轂振纓(구곡진영)
世祿侈富(세록치부) 車駕肥輕(거가비경)
策功茂實(책공무실) 勒碑刻銘(늑비각명)
磻溪伊尹(반계이윤) 佐時阿衡(좌시아형)
奄宅曲阜(엄택곡부) 微旦孰營(미단숙영)
桓公匡合(환공광합) 濟弱扶傾(제약부경)
綺回漢惠(기회한혜) 說感武丁(열감무정)
俊乂密勿(준예밀물) 多士寔寧(다사식녕)
晉楚更霸(진초갱패) 趙魏困橫(조위곤횡)
假途滅虢(가도멸괵) 踐土會盟(천토회맹)
何遵約法(하준약법) 韓弊煩刑(한폐번형)
起翦頗牧(기전파목) 用軍最精(용군최정)
宣威沙漠(선위사막) 馳譽丹靑(치예단청)
九州禹跡(구주우적) 百郡秦并(백군진병)
嶽宗恒岱(악종항대) 禪主云亭(선주운정)
雁門紫塞(안문자새) 鷄田赤城(계전적성)
昆池碣石(곤지갈석) 鉅野洞庭(거야동정)
曠遠綿邈(광원면막) 巖岫杳冥(암수묘명)
治本於農(치본어농) 務玆稼穡(무자가색)
俶載南畝(숙재남무) 我藝黍稷(아예서직)
稅熟貢新(세숙공신) 勸賞黜陟(권상출척)
孟軻敦素(맹가돈소) 史魚秉直(사어병직)
庶幾中庸(서기중용) 勞謙謹勅(노겸근칙)
聆音察理(영음찰리) 鑑貌辨色(감모변색)
貽厥嘉猷(이궐가유) 勉其祗植(면기지식)
省躬譏誡(성궁기계) 寵增抗極(총증항극)
殆辱近恥(태욕근치) 林皐幸卽(임고행즉)

兩疏見機(양소견기) 解組誰逼(래조수핍)
索居閑處(색거한처) 沈默寂寥(침묵적요)
求古尋論(구고심론) 散慮逍遙(산려소요)
欣奏累遣(선주루견) 慼謝歡招(척사환초)
渠荷的歷(거하적력) 園莽抽條(원망추조)
枇杷晩翠(비파만취) 梧桐早凋(오동모조)
陳根委翳(진근위예) 落葉飄颻(낙엽표요)
游鵾獨運(유곤독운) 凌摩絳霄(능마강소)
耽讀翫市(탐독완시) 寓目囊箱(우목낭상)
易輶攸畏(이유유외) 屬耳垣牆(속이원장)
具膳飡飯(구선손반) 適口充腸(적구충장)
飽飫烹宰(포어팽재) 饑厭糟糠(기염조강)
親戚故舊(친척고구) 老少異糧(노소이량)
妾御績紡(첩어적방) 侍巾帷房(시건유방)
紈扇圓潔(환선원결) 銀燭煒煌(은촉위황)
晝眠夕寐(주면석매) 藍筍象牀(남순상상)
絃歌酒讌(현가주연) 接杯擧觴(접배거상)
矯手頓足(교수돈족) 悅豫且康(열예차강)
嫡後嗣續(적후사속) 祭祀蒸嘗(제사증상)
稽顙再拜(계상재배) 悚懼恐惶(송구공황)
牋牒簡要(전첩간요) 顧答審詳(고답심상)
骸垢想浴(해구상욕) 執熱願凉(집열원량)
驢騾犢特(여라독특) 駭躍超驤(해약초양)
誅斬賊盜(주참적도) 捕獲叛亡(포획반망)
布射僚丸(포사료환) 嵇琴阮嘯(혜금완소)
恬筆倫紙(염필륜지) 鈞巧任釣(균교임조)
釋紛利俗(석분리속) 竝皆佳妙(병개가묘)
毛施淑姿(모시숙자) 工顰姸笑(공빈연소)
年矢每催(연시매최) 曦暉朗耀(희휘랑요)
璇璣懸斡(선기현알) 晦魄環照(회백환조)
指薪修祜(지신수우) 永綏吉劭(영수길소)
矩步引領(구보인령) 俯仰廊廟(부앙낭묘)
束帶矜莊(속대긍장) 徘徊瞻眺(배회첨조)
孤陋寡聞(고루과문) 愚蒙等誚(우몽등초)
謂語助者(위어조사) 焉哉乎也(언재호야)

ㅊ

속천자문(續千字文)

: 양리(陽里 또는 讓里) 전석우(田錫雨)

混沌肇判(혼돈조판) 浩茫失涯(호망실애)
穹司健剛(궁사건강) 陸專厚柔(육전후유)
桑旭告曙(상욱고서) 桂輪揚輝(계륜양휘)
陷濕溝瀆(함습구독) 聳峙峰巒(용치봉만)
震兌离坎(진태리감) 乾坤艮巽(건곤간손)
驪點龜紋(려점구문) 卦爻奧蘊(괘효오온)
品彙權輿(품휘권여) 變態區測(변태구측)
雷雹疊害(뇌박첩해) 電虹焂爍(전홍숙삭)
春候暄暢(춘후훤창) 枯萌蟄吪(고맹칩와)
啼鶯織柳(제앵직류) 乳鷰蹴花(유연축화)
祝融按序(축융안서) 午炎熾前(오염치전)
麥畦噓薰(맥휴허훈) 榴欄著燃(류난저연)
躔置鶉尾(전치순미) 潦歇霞殘(료헐하잔)
岸楓迷醉(안풍미취) 籬菊剩餐(리국잉찬)
送剝迎復(송박영복) 斗柄向亥(두병향해)
氷塘粧鏡(빙당장경) 雪院舞絮(설원무서)
象蒼稟寅(상창품인) 夢魂未覺(몽혼미각)
徒蠢全朴(도준전박) 慧竅稍闢(혜규초벽)
構巢綢繆(구소주무) 鑽燧炊爨(찬수취찬)
舟楫江湖(주즙강호) 耒耟陌阡(뢰거맥천)
猗歟淳厖(의여순방) 渾然熙皥(혼연희호)
堯衢擊壤(요구격양) 舜廷簫韶(순정소소)
咨俞吁咈(자유우불) 贊翊弼輔(찬익필보)
哲辟睿后(철벽예후) 或罹否數(혹리비수)
愁苦宵旰(수고소간) 詢諏芻蕘(순추추요)
滔浸逆漲(도침역창) 斧鑿順導(부롱순도)
七朞彌旱(칠기미한) 齋沐祈禱(재목기도)
棄仍創銃(기잉창총) 億兆咸戴(억조함대)
祚疆裂戟(조강렬극) 固磐措泰(고반조태)
討除暴强(토제포강) 援拯塗炭(원증도탄)
循吏劃獄(순리획옥) 蚩氓遜畔(치맹손반)
爰至苗裔(원지묘예) 戰鬪矛盾(전투모순)
鎬室雖削(호실수삭) 齊藩請覲(제번청근)
邯鄲奇貨(한단기화) 虎呑六界(호탄육계)
座撫層嶂(좌무층장) 計到萬代(계도만대)
畿址崤函(기지효함) 控距隴蜀(공거롱촉)
鋩壓瑞雯(망압서문) 鞭濺鮮血(편천선혈)
坑儒焚卷(갱유분권) 防胡採藥(방호채약)
漸築矐眸(점축학모) 荊刀斷股(형도단고)
博浪狙椎(박랑저추) 區域鼎沸(구역정비)
豐泗劉郎(풍사유랑) 恢廓雄度(회곽웅도)
殲鹿擒猴(섬록금후) 鋤蕩棘榛(서탕극진)
津頭刺船(진두자선) 峽裏燒棧(협이소잔)
誘敵毬燈(유적구등) 決勝幄籌(결승악주)
謀范憤疽(모범분저) 憎雍先侯(증옹선후)
記纛誑項(기독광항) 倚軾掉舌(의식도설)
記勳鐵卷(기훈철권) 繪象麟閣(회상린각)
秀又握符(수우악부) 備但泣髀(비단읍비)
蔽箅救濁(폐폐구탁) 厦屋濱頹(하옥빈퇴)
旺替互旋(왕체호선) 久速曾限(구속증한)
逞娛隋敗(령오수패) 講佛梁亂(강불양란)
越燕邊境(월연변경) 鄒魯褊邦(추노편방)
仲尼窮轍(중니궁철) 顔氏一簞(안씨일단)
乘桴滄溟(승부창명) 響鐸塵寰(향탁진환)
風徐沂雩(풍서기우) 杏疎洙壇(행소수단)
山嶽孕彩(산악잉채) 誕亞氤氳(탄아인온)
孩提嬉戲(해제희희) 擇隣三遷(택린삼천)
拒邪遏慾(거사알욕) 挈綱溯源(설강소원)
董襲墜緖(동습추서) 愈障狂瀾(유장광란)
程朱繼開(정주계개) 濂閩燦彬(렴민찬빈)
屈宋班楊(굴송반양) 詞賦模楷(사부모해)
咀嚼芳芬(저작방분) 咳唾瓊琚(해타경거)
拾螢捲舒(습형권서) 披蠹咿唔(피두이오)
製詔脫靴(제조탈화) 魁榜爭袍(괴방쟁포)
兎豪題篆(토호제전) 鼠鬚掃帖(서수소첩)
硯琢馬肝(연탁마간) 煙凝蛾綠(연응아록)
裁展剡藤(재전섬등) 揮灑筋骨(휘쇄근골)
矍鑠姜翁(확삭강옹) 擲竿就崎(척간취기)

猛熊挺藪(맹웅정수) 捷鷹奮翅(첩응분시)
偉材棟樑(위재동량) 勁質爪牙(경질조아)
瑯琊臥葛(랑야와갈) 罷睡太遲(파수태지)
低視孫吳(저시손오) 擬肩挈契(의견설계)
屛翰丕責(병한비책) 補袞嵬望(보곤외망)
攻蠻售智(공만수지) 跨襄飜掌(과양번장)
暗渚借箭(암저차전) 危壘偃旗(위루언기)
姦瞞割髥(간만할염) 元帥括臂(원수괄비)
宓妃波襪(복비파말) 香魂怳惚(향혼황홀)
瀟湘淚竹(소상루죽) 碧恨悽怛(벽한처달)
任姒窈窕(임사요조) 姬籙燀赫(희록천혁)
妹妲妖媚(매달요미) 社墟蓁蕪(사허진무)
婕妤齋怨(첩여재원) 姮娥搗悔(항아도회)
惜矣卓孀(석의탁상) 艶兮薜妓(염혜벽기)
許由掛瓢(허유괘표) 商皓圍棋(상호위기)
迥絕氛埃(형절분애) 激勵貪鄙(격려탐비)
報客唳鶴(보객려학) 還鄕放鷴(환향방한)
苔澗馴麋(태간순미) 幽巷呼猿(유항호원)
泛葩網桃(범파망도) 冷腮妻梅(냉시처매)
抛却簪笏(포각잠홀) 托了漁樵(탁료어초)
鷺汀拄杖(로정주장) 鴨爐煮茶(압로자다)
邀朋飮秫(요붕음출) 携伴鑱芝(휴반참지)
偓佺煉砂(악전련사) 瑤臺蛻蟬(요대태선)
瀛洲洗髓(영주세수) 閬苑驂鸞(랑원참란)
原陵擅豪(원릉천호) 曹聶掖腕(조섭액완)
馮驩彈鋏(빙환탄협) 監嬴抱關(감영포관)
崢嶸眉睫(쟁영미첩) 慷慨兇襟(강개흉금)
秘蹤屠村(비종도촌) 讐恩鏤鐔(수은루심)
梵戒淸淨(범계청정) 僧譚迂濶(승담우활)
捐吾爺孃(연오야양) 供他菩薩(공타보살)
趨晨打磬(추신타경) 汲泉滌鉢(급천척발)
萱闈負米(훤위부미) 北宸獻芹(북신헌근)
凍磯跳鯉(동기도리) 暮窓批蚊(모창비문)
鯁諫折檻(경간절함) 朽腹啖旃(후복담전)
捨粟茹薇(사속여미) 疇識夷貧(주식이빈)
醫詫扁針(의타편침) 卜誦郭筮(복송곽서)
卞璞遭刖(변박조월) 涓駿評價(연준평가)
蘇季佩印(소계패인) 里奚鬻皮(리해죽피)
賁黝銳勇(분유예용) 髡朔詼諧(곤삭회해)
晏嬰尙儉(안영상검) 豚減掩豆(돈감엄두)
愷崇誇奢(개숭과사) 碎瑚飴釜(쇄호이부)
埋蛇免厄(매사면액) 渡蟻擢科(도의탁과)
征旅墮甑(정여타증) 髧童破瓮(담동파옹)
匠梓刳腐(장재고부) 遂錐示穎(수추시영)
樗櫟延壽(저력연수) 蓂莢呈祥(명협정상)
鵠鶩彷佛(곡목방불) 鵬鵬參差(명붕참치)
鸚鵡敏辯(앵무민변) 蜘蛛縈罟(지주영고)
穴虫怕霖(혈충파림) 叢翼占飈(총익점표)
霧豹幻樣(무표환양) 井蛙小覩(정와소도)
雎鳩喚侶(저구환려) 鶺鴒雙依(척령쌍의)
雛烏反哺(추오반포) 屯蜂擁衙(둔봉옹아)
驗這各類(험저각류) 警爾共胞(경이공포)
篡艨稻粱(궤몽도양) 籩薦棗栗(변천조율)
蔬兼蘋藻(소겸빈조) 味加苾馥(미가필복)
把弄璋瓦(파롱장와) 喜畢嫁娶(희필가취)
敎誨幼穉(교회유치) 膏澤浹峕(고택협시)
細筭今昔(세산금석) 隙驥須臾(극기수유)

대동천자문(大東千字文) : 염재(念齋) 김균

天地覆載(천지복재) 日月照懸(일월조현)
人參兩間(인참양간) 父乾母坤(부건모곤)
慈愛宜篤(자애의독) 孝奉必勤(효봉필근)
兄弟同胎(형제동태) 夫婦合歡(부부합환)
委質爲臣(위질위신) 事君如親(사군여친)
師其覺後(사기각후) 友與輔仁(우여보인)
苟昧紀常(구매기상) 曷若走翔(갈약주상)
一丸朝鮮(일환조선) 二聖檀箕(이성단기)
三韓鼎峙(삼한정치) 四郡遠縻(사군원미)
五耶呑并(오야탄병) 六鎭廣拓(육진광척)
七酋內附(칠추내부) 八條外薄(팔조외박)
九城定城(구성정성) 十圖進屛(십도진병)

ㅊ

百濟句麗(백제구려) 徐伐統均(서벌통균)
開京漢都(개경한도) 孔釋敎殊(공석교수)
靑邱勝境(청구승경) 白頭雄據(백두웅거)
黃楊帝廟(황양제묘) 赤裳史庫(적상사고)
黑雲掃去(흑운소거) 蒼昊快睹(창호쾌도)
鴨綠土門(압록토문) 分嶺建碑(분령건비)
極旗特色(극기특색) 加之坎離(가지감리)
鳳熊胸背(봉웅흉배) 盤領角帶(반령각대)
官儒道服(관유도복) 宕程毛製(탕정모제)
蔽陽煖帽(폐양난모) 套袖綿襪(투수면말)
花冠圓衫(화관원삼) 巨髻維結(거계유결)
草笠蓮纓(초립연영) 小學童名(소학동명)
水田謂畓(수전위답) 羅祿曰稻(나록왈도)
飼烏飯蒸(사오반증) 辟蟲豆炒(벽충두초)
農時憂旱(농시우한) 太宗雨下(태종우하)
嘉俳秋夕(가배추석) 確樂除夜(대악제야)
扶婁赴夏(부루부하) 末欣拘夷(말흔구이)
復矢愚達(복시우달) 代命忠堤(대명충제)
解經方言(해경방언) 降巢飛檄(항소비격)
聯唐庾信(연당유신) 破隋文德(파수문덕)
斯多含郎(사다함랑) 千餘徒生(천여도생)
萬春卻敵(만춘각적) 姜贊宣威(강찬선위)
階殺妻孥(계살처노) 豊存邦畿(풍존방기)
尸諫后稷(시간후직) 肉戰丕寧(육전비령)
石磬淸響(석경청향) 竹橋血凝(죽교혈응)
甲子适變(갑자괄변) 乙巳僞約(을사위약)
丙寅洋擾(병인양요) 丁酉再掠(정유재략)
戊午株連(무오주연) 己卯網打(기묘망타)
庚戌屋社(경술옥사) 辛酸未妥(신산미타)
壬辰倭亂(임진왜란) 癸丑斁倫(계축두륜)
亥訟構罪(해송구죄) 申理平反(신리평반)
晦軒倡緖(회헌창서) 圃隱繼燭(포은계촉)
靜高資稟(정고자품) 退深純慤(퇴심순각)
栗正發揮(율정발휘) 沙嚴禮敬(사엄예경)
展也尤成(전야우성) 尊攘談柄(존양담병)

東魯近思(동노근사) 賢粹續錄(현수속록)
湛齋出處(담재출처) 重峯氣魄(중봉기백)
舍筐仰鳥(사광앙조) 研精忘暮(연정망모)
兎遂換號(토수환호) 蛛切寓慕(주절우모)
佩鈴警輕(패령경경) 植鋒祛悍(식봉거한)
亡驗擊瓢(망험격표) 操譬弄卵(조비롱란)
國系辨誣(국계변무) 至誠相感(지성상감)
音以訓民(음이훈민) 律亦諧審(율역해심)
典編綱實(전편강실) 疑覽備便(의람비편)
輯要旣獻(집요기헌) 蒙訣且傳(몽결차전)
世茂先習(세무선습) 許浚醫鑑(허준의감)
臨瀛回望(임영회망) 任堂詩贍(임당시섬)
老少南北(노소남북) 黨派爭裂(당파쟁렬)
湖洛梅華(호락매화) 心性衡決(심성형결)
遼伯星兵(요백성병) 弗負朱明(불부주명)
海牙殉身(해아순신) 滅賊哈賓(멸적합빈)
侯休政靈(후휴정령) 僧家奇偉(승가기위)
論介桂娘(논개계낭) 落巖罔美(낙암망미)
埋蓋獒驛(매개오역) 掛櫝鷄林(괘독계림)
古寺踵蓑(고사종사) 妓坊斬驂(기방참참)
采菊祭允(채국제윤) 題松忤袞(제송오곤)
捧腹絞枕(봉복교침) 銜鬚受刃(함수수인)
玄匏預供(현포예공) 紅衣超見(홍의초견)
龜船潛溟(귀선잠명) 貂裘謀征(초구모정)
隻臂呈烈(척비정렬) 寸指悔愆(촌지회건)
誰唾已瘡(수타이창) 彼譯助援(피역조원)
園柘馬鬣(원자마렵) 禁苑蜜葉(금원밀엽)
汝眞吾息(여진오식) 我豈爾表(아기이표)
玉鯉脫愁(옥리탈수) 珠鵝洗咎(주아세구)
匪伊拜焉(비이배언) 膝自屈然(슬자굴연)
激鷹勵志(격응려지) 聽猫漏禍(청묘루화)
鐵更煮冷(철갱자냉) 裙緩卽整(군완즉정)
曳賞幼慧(예상유혜) 盜佛孟浪(도불맹랑)
斥和危節(척화위절) 毁亭早朗(훼정조랑)
稱病啞瞖(칭병아예) 避仕狂廢(피사광폐)

藥守貞魂(약수정혼) 香抱舊寃(향포구원)
祝髮留髥(축발류염) 說卿苦忱(열경고침)
皓首作姿(호수작자) 愧哉沐脂(괴재목지)
拒使斷芍(거사단작) 孤憤難度(고분난탁)
跣雪傘霖(선설산림) 儉素孰能(검소숙능)
請借沒柯(청차몰가) 召幸浣紗(소행완사)
勿求良僕(물구양복) 善主是欲(선주시욕)
對芋責從(대우책종) 截餠試兒(절병시아)
投金全恩(투금전은) 椄果免欺(접과면기)
繫驢問牛(계려문우) 騎虎還駒(기호환구)
于琴蘭笛(우금란적) 率畵玖筆(솔화구필)
堅瓷曾造(견자증조) 活字又刷(활자우쇄)
棉始益漸(면시익점) 茶祖大廉(차조대렴)
非乘朽舟(비승후주) 因秤升荏(인칭승임)
粟屑脯片(속설포편) 享儀可範(향의가범)
束偶舞戲(속우무희) 女鬼現怪(여귀현괴)
鐘路逢批(종로봉비) 銅雀流視(동작류시)
於甑注江(어증주강) 用簣掩空(용궤엄공)
裸體橫刀(나체횡도) 露脚行纏(노각행전)
數砧容手(삭침용수) 暗柱觸顚(암주촉전)
盲者得閭(맹자득려) 拳而捕魚(권이포어)
西瓜舐皮(서과지피) 烹斧飮波(팽부음파)
放尿凍足(방뇨동족) 執餌雙掬(집이쌍국)
予食奪匙(여식탈시) 上樹搖枝(상수요지)
火檐揚扇(화첨양선) 瓮店縱蹄(옹점종제)
爐邊置飴(노변치이) 肛底燃柴(항저연시)
蟹尾知識(해미지식) 狗革面目(구혁면목)
喫梨修齒(끽리수치) 兼轝射雉(겸장사치)
碧龍恭義(벽룡공의) 灌漑普施(관개보시)
剛拏地異(강라지이) 此神仙界(차신선계)
所屯潮泉(소둔조천) 朴淵瀑布(박연폭포)
溫氷酒椒(온빙주초) 潘醋何故(반초하고)
銀甁貨楮(은병화저) 箭幣通寶(전폐통보)
錦蔘芝苄(금삼지하) 完薑報棗(완강보조)
苧長麻谷(저장마곡) 原紬晉木(원주진목)
貝粧煙管(패장연관) 案漆席莞(안칠석완)
梳密簾細(소밀렴세) 鉢凹簞團(발요단단)
沿岸漁獵(연안어렵) 鑛牧各業(광목각업)
收取山積(수취산적) 財源洞闢(재원동벽)
汽運風轉(기운풍전) 遞郵旋電(체우선전)
棊列絲繹(기열사역) 交互周遍(교호주편)
桑旭有昇(상욱유승) 槿榮無窮(근영무궁)
獨立無懼(독립무구) 永譽克終(영예극종)

광천자문(廣千字文) : 〔周履靖(明)〕

大樸肇判(대박조판) 胚渾倏萌(배혼숙맹)
穹然旻昊(궁연민호) 妙矣寰瀛(묘의환영)
烏晞濛氾(오희몽범) 蟾透滄溟(섬투창명)
卯昇酉沒(묘승유몰) 望溢弦停(망일현정)
數輪衍曆(수륜연역) 莢秀祥蓂(협수상명)
緯參躔度(위삼전도) 咎測昏昕(구측혼흔)
春晨漸燠(춘신점욱) 品彙咸亨(품휘함형)
暘輝漾暖(양휘양난) 曉霧籠晴(효무롱청)
杏穠迷塢(행농미오) 絮墜漂萍(서추표평)
翅翻蝴蝶(시번호접) 舌囀鶬鶊(설전창경)
驕驄紺幰(교총감헌) 雕俎瑤觥(조조요굉)
渡濱篙槳(도빈고장) 村墅犁耕(촌서리경)
忽逾袢溽(홀유번욕) 又覺炎炘(우각염흔)
嶂嵐滃靄(장람옹애) 霹靂轟霆(벽력굉정)
藕花淺沼(우화천소) 藤蔓幽扃(등만유경)
睡便筠簟(수편균점) 奕戰楸枰(혁전추평)
茶甌祛渴(다구거갈) 蔗漿析酲(자장석정)
瓣薰炷鴨(판훈주압) 勸臥憎蠅(권와증승)
柄司皞蓐(병사호욕) 候屈庚辛(후굴경신)
闌干遍倚(난간편의) 爽榭堪凭(상사감빙)
坡前樵笛(파전초적) 磯畔漁罾(가반어증)
蠶螿喧急(잠장훤급) 螢燐晶熒(형린정형)
玲瓏簾箔(영롱염박) 繚繞閨屛(요요규병)
練敲砧杵(연고침저) 拍按竽箏(박안우쟁)
暮杓乍北(모표사북) 冱冷尤凝(호냉우응)
朔飈驟洌(삭표취렬) 亂霰先零(난산선령)

ㅊ

岸橋低壓(안교저압) 冰壑稜層(빙학릉층)
蝗銷種類(황소종류) 獅塑狰獰(사소쟁녕)
釀斟醽醁(양짐령록) 果剝柑橙(과박감등)
窰烘炭熾(요홍탄치) 氈輭茵憑(전연인빙)
祖逖誓楫(조적서즙) 費褘贈刀(비위증도)
賁擁軺麾(분옹초휘) 渙頒倫綍(환반륜발)
綰印紆綬(관인우수) 縉紳彯紱(진신표불)
漕董輸輓(조동수만) 倉儲煮摘(창저자적)
茗醝稊廩(명차제름) 梯航琛舶(제항침박)
謠沸袴繻(요비고수) 恩沾棨戟(은첨계극)
伋覬併潤(급기병윤) 恂仍借一(순잉차일)
倅貳箳篁(졸이병황) 眷彰緹軾(권창제식)
龐統展驥(방통전기) 庾嵩墮幘(유호타책)
貧歎范甑(빈탄범증) 蹟稀偃室(적희언실)
薄惜棲鸞(박석서란) 尉俄讖鴂(위아참식)
緊爾衆彦(긴이중언) 全材宏偉(전재굉위)
鏌鋣淬剸(막야졸악) 璠璵呈瑞(번여정서)
旨顯筌蹄(지현전제) 縟攄盤帨(욕터반세)
咀膽加勤(저담가근) 蟠匈蓄銳(반흉축예)
函丈模楷(함장모해) 膠庠課試(교상과시)
梓里奪魁(재리탈괴) 楓廷賜第(풍정사제)
歐詹聯榜(구첨련방) 郤詵擢桂(극선탁계)
璨篋該瞻(찬협해첨) 愈檠看棄(유경간기)
館築孫弘(관축손홍) 榻邀徐穉(탑요서치)
晏嬰脫驂(안영탈참) 蔡邕倒屣(채옹도사)
閬苑崢嶸(랑원쟁영) 崙峯屹峙(륜봉흘치)
侶逢期羨(여봉기선) 齡延彭薊(영연팽계)
返還鉛澒(반환연황) 補塡肌髓(보전기수)
圃馭班麟(포어반린) 浪遨朱鯉(랑오주리)
鷲崖佛像(취애불상) 院塔僧伽(원탑승가)
緇縺稻衲(치련도납) 膝迸蘆芽(슬병로아)
屠蘇遞酌(도소체작) 椒頌爰獻(초송원헌)
燈毬煥燦(등구환찬) 髩蛾斜顫(면아사전)
祓禊泛巵(발계범치) 禁烟息爨(금연식찬)
蹴鞮逞技(축고령기) 鞦韆慵伴(추천용반)

酹滴湘纍(뢰적상류) 符揮午篆(부휘오전)
彩縷爭繫(채루쟁계) 碧筩酣吸(벽용감흡)
腹曬郝隆(복쇄학륭) 窓窺曼倩(창규만천)
穿鍼貫袵(천침관임) 擘釵遺鈿(벽채유전)
櫨梨飣座(노리정좌) 茱萸把玩(수유파완)
醪濁須賒(료탁수사) 帽欹郤戀(모의극련)
莩灰驗籥(부회험약) 繡紋添線(수기첨선)
臘蜡報嗇(납사보색) 鄕儺歡抃(향나환변)
股肱翊舜(고굉익순) 億兆戴堯(억조대요)
咨詢讜議(자순당의) 遴選耆髦(인선기모)
詎專閥閱(거전벌열) 抑采芻蕘(억채추요)
隣欽召畢(인흠소필) 揆總蕭曹(규총소조)
諫伸戇汲(간신당급) 誦詳鄭僑(송상정교)
綾衾璫珥(능금당이) 扈寺螭拗(호사리요)
聳峻黑鷹(용준흑치) 掀颺皀鵰(흔양조조)
勇抨貪佞(용평탐녕) 整肅班僚(정숙반료)
趣裝艤棹(취장의도) 捧檄代庖(봉격대포)
厖郎雖媿(방랑수괴) 詼諧復啁(회해복조)
油幕督護(유막독호) 烽塵亟消(봉진극소)
濬船鐲艦(준선견함) 霍騎嫖姚(곽기표요)
舳艫旗幟(축로기치) 鐸鐲鼙鐃(탁탁비요)
弓橐筈鏃(궁탁괄족) 鎧擐犀鮫(개환서교)
臏涓譎詐(빈연휼사) 靖勣雄驍(정적웅효)
瞿曇支許(구담지허) 梵竺遮郙(범축차염)
淨甁笻笠(정병공립) 齋鉢袈裟(재발가사)
酥郎拂妓(소랑불기) 衛質吳娃(위질오왜)
靚粧窈窕(정장요조) 嬌態婆娑(교태파사)
愁眉蹙柳(수미축류) 醉眼函波(취안함파)
香縭郁麝(향리욱사) 鬟髻堆鵶(환계퇴아)
强恢畿甸(강회기전) 勢壯江山(세장강산)
崤雍灃亳(효옹풍박) 陜鄏邯鄲(협욕한단)
淮澠藪麓(회민수록) 巴峽岑巒(파협잠만)
岷峨崒屼(민아줄올) 湊洧瀰漫(주유미만)
滹沱涉涷(호타섭동) 淇澳漪瀾(기오의란)
湍濤洶湧(단도흉용) 瀑淄潺湲(폭치잔원)

荊揚驥兗(형양기연) 濱涯斥鹵(빈애척로)
源浚畎澮(원준견회) 財蕃邦賦(재번방부)
包軌菁茅(포궤청모) 縞纁枲紵(호훈시저)
橘柚篠蕩(귤주소탕) 琅玕箘簬(낭간균로)
副笄六珈(부계륙가) 蔥珩琚瑀(총형거우)
簫籟壎竽(소래훈우) 鏞鏞簴簴(종용순거)
僖坰騨駱(희경탄락) 穆廏騄駬(목구록이)
傖猴謔弄(창후학롱) 旅獒譯贄(여오역지)
魴鱮鱅鰱(방서용련) 鯽鰣鯖鱖(즉시청궐)
槎編縮頂(사편축정) 塗龜曳尾(도구예미)
蚯蚓飲泉(구인음천) 螳螂攘臂(당랑양비)
鸎雛尚小(앵추상소) 鶯媒隱戲(앵매은희)
芍陂蘅渚(작피형저) 莎堤菝沚(사제아지)
椐檉楡栗(거정유율) 榛苓櫟椽(진령역연)
叢篁蕭灑(총황소쇄) 栟櫚瑣碎(병려쇄쇄)
屧栻菖蕨(섭식창궐) 髽攢茉莉(좌찬말리)
砌綻苔蘚(체탄태선) 屋塍糗飼(옥잉구사)
鐺備奇肴(당비기효) 廚供雜味(주공잡미)
嫁娶婚送(가취혼송) 媵孺稍饎(잉유초희)
胥儂沽販(서농고판) 倡伶奴婢(창령노비)
穎禾滯穗(영화체수) 鮮艱播穀(선간파곡)
薙芟顛莠(치삼초유) 菑畬穜稑(치여동륙)
鉶羹膾炙(형갱회자) 腒鱐饌蔌(거소찬속)
顒諳菘韭(옹암숭구) 薛嫌苜蓿(설혐목숙)
粱韻昔敘(양운석서) 韋編今錄(위편금록)
梅墟狂叟(매허광수) 姓裔姬胄(성예희주)
七略旁覽(칠략방람) 三篇繼就(삼편계취)
俱詮詁注(구전고주) 俾誨髫幼(비회초유)
序識卷末(서식권말) 聊示悠久(료시유구)

역천자문(易千字文)

洪荒之始(홍황지시) 杳乎邈焉(묘호막언)
陰陽機斡(음양기알) 寔分地大(식분지대)
宇宙俶立(우주숙립) 環逐璣璇(환축기선)
晝夜早晚(주야조만) 日月昃圓(일월측원)
盈虧世故(영휴세고) 因果夙緣(인과숙록)

皇帝王覇(황제왕패) 禪續用綿(선속용면)
歷漢而唐(력한이당) 更嗣以傳(갱사이전)
惟我聖明(유아성명) 承命萬年(승명만년)
戎羌諸夏(융강제하) 威惠推宣(위혜추선)
改過存誡(개과존계) 察理索玄(찰리색현)
八表奄有(팔표엄유) 百郡亦從(백군역종)
象魏甲令(상위갑령) 治敕羣工(치칙군공)
勸良誅罪(권량주죄) 刑惡賞功(형악상공)
名不浮實(명불부실) 慶祜攸同(경호유동)
率土來朝(솔토래조) 垂拱廣庭(수공광정)
遐邇引領(하이인령) 老少傾誠(노소경성)
闕陛宮殿(궐폐궁전) 鱗次在京(인차재경)
府州赤縣(부주적현) 列市張兵(열시장병)
丙吉受相(병길수상) 趙武建卿(조무건경)
達衿纓組(달금앵조) 居欲肥輕(거욕비경)
國賴英俊(국뢰영준) 婦竭淑貞(부갈숙정)
戔牒具藁(전첩구고) 簡紙書經(간지서경)
德重盡性(덕중진성) 學必踐形(학필천형)
湯盤浴垢(탕반욕구) 發劍刻銘(발검각명)
懼息譏誚(구식기초) 約致欣寧(약치흔녕)
克擧五石(극거오석) 靡辨壹丁(미변일정)
脩尺短寸(수척단촌) 資殊所能(자수소능)
都邑可據(도읍가거) 巖谷合登(암곡합등)
昆池空洞(곤지공동) 洛水平澄(낙수평징)
崑玉眞白(곤옥진백) 蕨草染靑(궐초염청)
羽屬解語(우속해어) 微物轉丸(미물전환)
膳宰鹹淡(선재함담) 歲移暑寒(세이서한)
磻溪晦呂(반계회려) 首止盟桓(수지맹환)
驚秋維鴈(경추유안) 唱旦者雞(창단자계)
騾恆驤步(나긍양보) 猶最多疑(유최다의)
西施佳貌(서시가모) 毛女仙姿(모녀선자)
念孤官舍(념고관사) 辭讚色絲(사찬색사)
黃裳正體(황상정체) 絳帳對師(강장대사)
秦遼閏位(진요윤위) 虞禹營時(우우영시)
生父與母(생부여모) 當極內思(당극내사)

溫凊祭祀(온정제사) 永慕男兒(영모남아)
伯叔姑戚(백숙고척) 且通給綏(차통급수)
牀眠假寐(상면가매) 飯飧飫飢(반손어기)
兩儀造化(양의조화) 動植飛潛(동식비잠)
乃爲定制(내위정제) 節操恥廉(절조치렴)
務本省己(무본성기) 持滿退謙(지만퇴겸)
扶弱罔堅(부약망견) 被竟何恃(피경하시)
貴賤尊卑(귀천존비) 夫豈不異(부기불이)
忠上匪躬(충상비궁) 孝親下氣(효친하기)
恭愼敬兄(공신경형) 惻隱懷弟(측은회제)
射御成禮(사어성례) 曰謂游藝(왈위유예)
頗翦聲馳(파전성치) 李杜詠麗(이두영려)
道濟長城(노제장성) 端木美器(단목미기)
千足耳目(천족이목) 遵矩敢忘(준구감망)
虛集星宿(허집성수) 宅寓垣墻(택우원장)
鑑磨朗曜(감마랑요) 禽想騰翔(금상등상)
云亭四顧(운정사고) 九廻切腸(구회절장)
結髮舊情(결발구정) 甘困糟糠(감곤조강)
妾謝歡好(첩사환호) 巾衣侍傍(건의시방)
是願無二(시원무이) 優養隨常(우양수상)
適骸維薄(적해유박) 奉嫡烝嘗(봉적증상)
聿求才職(율구재직) 密勿廊廟(밀물랑묘)
使臣牧佐(사신목좌) 冠弁寵光(관변총광)
攝任政訓(섭임정훈) 後義絜方(후의혈방)
秉鈞黜陟(병균출척) 翠戶華堂(취호화당)
既作丹轂(기작단곡) 累被金章(누피금장)
楹綵樓觀(영채누관) 讌潔杯觴(연결배상)
席說羔酒(석설고주) 筵肆蘭房(연사란방)
粮載輶駕(양재유가) 囊帶籃箱(낭대람상)
徘徊自得(배회자득) 殷盛煒煌(은성위황)
曦暉易去(희휘이거) 丸扇入涼(환선입량)
田橫坐覆(전횡좌복) 韓信煩傷(한신번상)
沙場顚沛(사장전패) 紫塞恐惶(자새공황)
蓋玆悲悅(개자비열) 孰非亡羊(숙비망양)
虢殆晉璧(괵태진벽) 籍駭楚歌(적해초가)

積毁封樂(적훼봉락) 甚譽烹阿(심예팽아)
主愛嚬笑(주애빈소) 家規睦和(가규목화)
力難超海(역난초해) 口會懸河(구회현하)
食餘薑芥(식여강개) 服厭綺羅(복염기라)
蒙恬筆妙(몽염필묘) 左慈鈞神(좌자균신)
匡衡抗疏(광형항소) 豫讓漆身(예양칠신)
陪輦近幸(배연근행) 嘉猷面陳(가유면진)
比說伊尹(비설이윤) 呼稱行馨(호칭행형)
君右納史(군우납사) 階東接賓(계동접빈)
事矯寡弊(사교과폐) 慮姸篤倫(여연독륜)
渠荷雅景(거하아경) 圍莽束薪(위망속신)
詩指驢背(시지려배) 志飽探根(지포패근)
益聞交友(익문교우) 仁勉出門(인면출문)
皐陶執法(고요집법) 孟軻知言(맹가지언)
墨流斬等(묵류참등) 盜捕判伐(도포판벌)
其及卽若(기급즉약) 並隸於律(병예어율)
競利嘯聚(경리소취) 遺將驅滅(유장구멸)
淵別渭涇(연별위경) 邙巨碑碣(망거비갈)
業委績紡(업위적방) 啓量問答(계량문답)
露獨抽條(노독추노) 霜尋落葉(상심낙엽)
川皆溟漠(천개명막) 樹茂起凋(수무기조)
殘枝分布(잔지분포) 林翳飄颻(임예표요)
獸處散伏(수처산복) 鵾運逍遙(곤운소요)
勒駒逸曠(륵구일광) 振鳥凌霄(진조릉소)
黎庶疲頓(여서피돈) 鉅野寂寥(거야적요)
誰劭康又(수소강우) 仕效賢勞(사효현로)
矢躍投的(시약투적) 笙吹調音(생취조음)
魚聽奏瑟(어청주슬) 民阜鼓琴(민부고금)
精新紘曲(정신굉곡) 珠履并臨(주리병림)
再拜稽顙(재배계상) 瞻仰特深(첨앙특심)
俯要審幾(부요심기) 外侮敦直(외매돈직)
謹似福基(근사복기) 安貽禍賊(안이화적)
詳論祐聆(상론우령) 耽讀取則(탐독취칙)
陋宜慼悚(누의척송) 愚摩箴策(우마잠책)
熱巧火雲(열교화운) 夕照素魄(석조소백)

眺遠弔古(조원조고) 人俠離俗(인협이속)
犢歸南畝(독귀남무) 稼穡初熟(가색초숙)
黍稷穫收(서직확수) 見助鞠育(견조국육)
農守貢稅(농수공세) 士縻爵祿(사미작록)
珍侈路車(진치로거) 連映銀燭(연영은촉)
畏途增減(외도증감) 升沈榮辱(승침영욕)
閑談嵇阮(한담혜완) 善寫斯鍾(선사사종)
默靜軍辟(묵정군벽) 莊嚴釋容(장엄석용)
畵圖岱岫(화도대수) 寶藏岳宗(보장악종)
槐柰棠笋(괴내당순) 枇杷梧桐(비파오동)
冬辰催逼(동신최핍) 鬱莫如松(울막여송)
高岡鳴鳳(고강명봉) 靈雨興龍(영우흥룡)
大哉孔子(대재공자) 富也周公(부야주공)
竟充墳典(경충분전) 心翫中庸(심완중용)
習此往跡(습차왕적) 千字文終(천자문종)

천참 天塹

天 : 하늘(천) 塹 : 해자·구덩이팔(참)

【뜻풀이】 교통에 지장을 주는 자연 하천으로, 주로 양자강을 두고 하는 말이다. 또는 하늘이 만들어 준 천연의 요새를 뜻하기도 한다.

【출전】 『남사(南史)·공범전(孔範傳)』에 보면 다음과 같은 이야기가 있다.

수문제(隋文帝)는 천하를 통일할 목적으로 건강(建康, 남경)을 기습하기 위해 군사들을 양자강에 집결시켰다. 그러나 진(陳)나라 황제 진숙보(陳叔寶)는 국사에는 관심도 두지 않고 방탕하게 놀아대고 있을 뿐이었다.

이때 진나라 조정에서는 수나라의 남침에 대해 주전파와 주화파가 갈라져 입싸움을 벌이고 있었다.

당시 진나라에서 도관이라는 벼슬에 있던 공범은 "장강의 천험은 자고로 남북을 갈라놓았으니 저들이 어찌 날아 넘을 수 있다는 말인가?(長江天塹 古來限隔南北 虜軍豈能飛渡)"라고 말했다. 이렇게 방비를 소홀히 한 결과 진나라는 결국 망하고 말았다.

명나라 말기 청나라 군대가 승승장구(乘勝長驅)로 남하하여 양주 일대로 육박해 올 때 그들은 명나라 장수 사가법(史可法, 1602~1645)의 저항을 받게 되었다.

이에 청나라 예친왕 다르곤은 사가법에게 편지를 띄워 "우리의 강대한 군사들이 장강의 천연적으로 험준한 지세를 날아 넘지 못할 줄 아는가? 채찍만 강에 던져도 흐르는 강물이 멈춰 설 것이 아닌가?(將以天塹不能飛渡 投鞭不足斷流耶)" 하면서 항복하기를 권고한 적이 있다.(▶ 투편단류投鞭斷流 참조)

이상에서 보는 바와 같이 천참은 모두 양자강을 두고 하는 말이다.

【용례】 우리나라에서 가장 범람이 심한 낙동강을 두고 한국의 "천참"이라 말들 하지.

천편일률 千篇一律

千 : 일천(천) 篇 : 책(편)
一 : 한(일) 律 : 법·가락(률)

【뜻풀이】 천 편이나 되는 많은 글이 모두 한 가지 운율로 짜여 있다. 작품이나 상황이 전에 비해 별반 발전이 없거나 시운의 글귀가 단조로워 변화가 적은 경우를 비유하는 말이다.

【출전】 소식(蘇軾, 1037~1101)의 〈답왕상서(答王庠書)〉에서 "지금 과거 시험에서 내는 답안들은 천 사람이 쓴 글이 같은 율조에 묶여 있는 듯해서 채점을 하는 관리들마저 역

겨워한다(今程試文字 千人一律 考官亦厭之)"는 말이 나온다.

또한 왕세정(王世貞, 1526~1590)의 『전당시설(全唐詩說)』에 보면 "백거이는 소년 시절에 원진과 함께 화려하고 힘차며 박식함을 다투었는데, 뜻은 경계를 통쾌하게 펼치는 데 두었다. 나이가 들어서 다시 만족할 줄 알라는 글을 썼는데, 모든 작품이 한결같았다. 〔(白居易) 少年與元稹角靡逞博 晩更作知足語 千篇一律〕"고 하였다.

【용례】 자네는 매번 낸다는 기안 서류가 왜 항상 이 모양인가? 하는 말마다 반드시 성공할 거라니, 같은 말이라도 "천편일률"적으로만 쓰지 말고 뭔가 참신한 가능성을 생각해 보게.

철면피 鐵面皮

鐵 : 쇠(철) **面** : 얼굴(면) **皮** : 가죽(피)

【뜻풀이】 얼굴에 철판을 깔았다는 뜻으로, 부끄럼이 없고 뻔뻔스럽기 짝이 없는 사람을 비유하는 말이다.

【출전】 『북몽쇄언(北夢瑣言)』에 보면 다음과 같은 이야기가 있다.

옛날에 왕광원(王光遠)이라는 사람이 살고 있었다. 그는 학문과 재능도 웬만큼 갖추어서 진사 시험도 무난히 합격하였다. 다만 그는 출세욕이 남달리 강해서 상관의 요구라면 발바닥도 핥으라면 핥을 위인이었다.

그래서 밤낮 하는 일이 고작 권력 있는 사람들 뒤를 쫓아다니며 아부하는 것이었다. 형편없는 글귀를 가지고도 온갖 칭찬을 늘어놓았고, 만취한 사람이 욕설을 퍼부어도 굽신거리며 조금도 화를 내지 않았다.

하루는 어떤 사람이 채찍을 집어 들더니 그를 보고 말하는 것이었다.

"내가 그대를 때려도 되는가?"

"물론입니다. 나으리의 채찍이라면 얼마든지 기쁘게 받겠습니다."

그러면서 등을 돌려 댔다. 이 광경을 본 그의 친구가 나중에 왕광원을 보고 꾸짖었다.

"도대체 자네는 수치심도 없는가? 사람들 앞에서 그런 창피를 당하고도 오히려 아부를 하다니 말일세."

이렇게 멸시에 찬 질책을 해도 그는 아랑곳하지 않고 대답하였다.

"그렇지만 여보게, 그렇게 잘 보여서 출세만 할 수 있다면 더욱 좋은 일이 아니겠는가?"

그만 친구도 말문이 막히고 말았다. 이런 일로 해서 당시 사람들은 그를 가리켜 "왕광원의 얼굴 가죽이 두텁기는 철갑 열 겹을 씌운 것과 같다.(光遠顔厚 如十重鐵甲)"고 하였다. 여기에서 철면피라는 성어가 나왔다.

【용례】 대학은 학문 연구를 진작시키기 위해 설립된 것이야. 남들이 읽어 주지도 않는 논문 몇 편 썼다고 대가연하는 "철면피"들이 대학의 말석을 차지하는 게 요즘 경향인 모양인데, 웃기지도 않은 일이지.

철저마침 鐵杵磨針

鐵 : 쇠(철) **杵** : 쇠공이(저)
磨 : 갈(마) **針** : 바늘(침)

【뜻풀이】 철 방망이를 갈아 바늘을 만들다. 어떤 일을 성취하기 위해 모든 정성을 다 기울이는 성실한 모습을 비유하는 말이다. 마저작침(磨杵作針)이라고도 한다.

【출전】『잠확유서(潛確類書)』에 다음과 같은 이야기가 나온다.

위대한 시인이었던 이백(李白)은 어렸을 때 공부를 열심히 하지 않고 매일 밖에 나가 노는 게 일과였다. 그러던 어느 날 그는 미주(眉州) 상이산(象耳山)에서 공부를 하다가 중도에 지쳐 포기하고 고향으로 돌아왔다. 마침 작은 시내를 건너던 중에 어느 집 할머니가 쇠를 숫돌에 갈고 있는 것을 보고 물었다.

"할머니는 그걸 갈아 뭘 하시렵니까?"

그러자 그 할머니는 "바늘을 만들려고 그러는 거지."라고 대답하였다. 이에 어린 이백은 어이없어 웃으면서 "그게 어디 될 말씀입니까? 헛수고하지 마세요." 하니, 할머니는 정색을 하며 "쉴 새 없이 꾸준히 해 나가노라면 왜 성공하지 못하겠느냐."고 대답했다.

이에 이백은 크게 깨달아 그 후부터 공부를 열심히 했으며 어려운 일에 부딪힐 때마다 그 할머니의 말씀을 되새겨 보면서 꾸준히 노력하여 마침내 위대한 시인이 되었다.

이 이야기는 민간에 널리 전해지는 이야기로 철저마침이라고 하는데 "열 번 찍어 안 넘어가는 나무가 없다."는 속담과 비슷하다. 즉, 어떤 일이든지 꾸준히 해 나가면 반드시 성공한다는 말이다.

【용례】사회에 일익을 담당할 사람이 되려면 그만큼 부단한 노력이 필요한 법이다. "철저마침"할 각오가 없으면 대학원 진학은 포기하는 게 좋을 거야.

철주 掣肘

掣: 당길(철) **肘**: 팔꿈치·끌(주)

【뜻풀이】팔을 잡아당긴다는 뜻으로, 제한이 많아 일처리가 순조롭게 되지 않는 것을 비유하는 말이다.

【출전】『여씨춘추·구비편(具備篇)』과 『신서(新序)·잡사편(雜事篇)』에 다음과 같은 이야기가 있다.

공자(孔子)의 제자에 복자천(宓子賤)이라는 사람이 있었다. 어느 날 노(魯)나라 임금이 단보현(單父縣)의 현관으로 그를 파견하게 되었는데, 재능이 뛰어난 그는 단보에 가서 한번 자신의 정치적 야심을 펼쳐 보려는 다짐을 하였다.

그러나 일단 일을 추진하려 할 때면 임금이 간신들의 말을 듣고 의심하게 될까 봐 주저하곤 하였다. 그리하여 그는 생각하던 끝에 계책 하나를 짜냈는데, 그것은 임지로 갈 때 임금의 측근 두 사람을 따라가게 해 달라는 것이었다. 임금은 의심 없이 순순히 승낙하였다.

단보에 도착한 뒤 복자천은 그 두 측근자에게 문서를 베끼는 일을 맡기고는 자신의 부하를 시켜 그들이 글을 쓸 때마다 팔을 잡아당기라고 시켰다. 그래서 임금의 두 측근자들은 글을 쓸 수가 없었고 복자천은 그때마다 번번이 그들을 엄하게 꾸짖었다.

두 사람은 더는 일할 수가 없어서 급기야 임금에게 달려와 자초지종(自初至終)을 낱낱이 일러바쳤다. 이에 임금은 괴상한 생각이 들어 공자에게 물었다. 공자가 이에 대답하였다.

"내 생각엔 복자천이 대왕께 이치 하나를 깨우쳐 드리고자 하는 일인 듯합니다. 즉, 일을 맡긴 이상에는 그를 믿어서 근심 없이 일을 할 수 있게 해야지 간섭이 많으면 일을 잘할 수 없다는 뜻인 것 같습니다."

이에 임금도 공자의 말을 옳다 여기고 단보 지방의 대소사는 복자천에게 일임하면서 5년 뒤에 성과를 보자고 전갈하였다. 그랬더니 불과 3년도 안 되어 단보현의 크고 작은 일들이 척척 풀려 나갔다.

【용례】 일을 맡겼으면 끝까지 믿음을 가지고 맡기셔야지요. 감사다 뭐다 해서 자꾸 들쑤셔 "철주"를 하면 어떻게 제대로 업무를 볼 수 있겠습니까?

철중쟁쟁 鐵中錚錚

鐵 : 쇠(철) **中** : 가운데 · 적중할(중)
錚 : 쇳소리 · 징(쟁)

【뜻풀이】 쇠가 맑게 울리는 소리. 쟁쟁은 쇠가 울리는 소리인데, 특히 질이 좋은 쇠일수록 쟁쟁거린다고 한다. 같은 종류 가운데 특히 뛰어난 것을 비유할 때 쓰는 성어다.

【출전】 『후한서 · 유분자전(劉盆子傳)』에 다음과 같은 이야기가 있다.

왕망(王莽)이 신(新)나라를 세운 뒤 세상이 어지러워지자 여러 군벌이 들고 일어나 왕망의 군대와 싸웠다. 그 중 가장 큰 세력을 형성한 군벌이 바로 적미군(赤眉軍)이었다. 그들은 한(漢)나라 왕실의 상징인 붉은색으로 눈썹을 칠했기 때문에 이런 이름으로 통용되었다.

번숭(樊崇)을 중심으로 산동성 일대에서 발기한 이들은 곧 이어 봉안(奉安) · 사록(謝祿) · 서선(徐宣) 등과 합류해서 유분자(劉盆子)를 왕으로 옹립한 뒤 한때 장안(長安)을 점령하여 경시제(更始帝) 유현(劉玄)을 제거하는 등 막강한 세력을 떨쳤다.

그러나 천하를 주름잡던 그들도 광무제(光武帝) 유수(劉秀)에게 패해 궤멸하고 말았다. 포로로 잡힌 번숭과 서선 등을 보며 광무제가 말했다.

"지금이라도 그대들이 항복한 것을 후회한다면 다시 한 번 겨뤄볼 용의가 있다. 어떠한가?"

"아닙니다. 저희들의 항복을 받아 주시니, 이는 호랑이의 아가리에서 벗어나 따뜻한 어머니의 품으로 돌아온 것과 같습니다. 저희들이 어찌 다른 생각을 가질 수 있겠습니까?"

"좋다. 그대들이야말로 철중쟁쟁이요, 용중교교한 사람들이다."

용중교교(傭中佼佼)는 같은 물건 중에서 뛰어난 것이란 말로, 철중쟁쟁과 동일한 의미다.

【용례】 이번 시장 선거에 출마한다며 하마평下馬評에 오른 사람들을 보니 하나같이 정계의 거물들이로군. 적절한 비유일지는 모르지만 "철중쟁쟁"한 사람들이 즐비해.

첨전고후 瞻前顧後

瞻 : 볼(첨) **前** : 앞(전)
顧 : 돌아볼(고) **後** : 뒤(후)

【뜻풀이】 어떤 일을 하기 전에 앞뒤를 잘 재어 보거나, 반대로 이것저것 생각하면서 결단을 내리지 못하는 경우에 쓰는 말이다.

【출전】 이 성어는 전국시대 초나라 시인 굴원(屈原)의 〈이소(離騷)〉에서 나왔다.

굴원은 한때 초나라 국상으로 있으면서 정치적 포부를 펼치고자 한 사람이었지만, 초회왕과 초경왕의 미움을 받고 쫓겨나 나중에 동정호(洞庭湖) 일대로 추방되기까지 하였다. 이때 굴원은 〈이소〉라는 그의 유명한 장시에서 비할 바 없는 풍부한 예술적 언어로 자신의 불행한 만남과 비분, 그리고 조국에 대한 열렬한 사랑을 토로하였다.

그리고 작품의 한 단락에서는 하걸이나 상주 같은 폭군이 황음무도(荒淫無道)해서 나라와 자신을 망친 일과 하우와 상탕 같은 어진 임금들이 현자를 임용해서 나라를 번영케 한 일들을 일일이 열거하면서 역사의 교훈을 잊지 말 것을 강조하였는데, 그 중에 "지난날의 왕조들을 돌아보고 앞날을 내다보아야 한다.(瞻前而顧後兮)"는 말이 들어 있다.

즉, 지난날의 교훈을 앞으로의 거울로 삼아야 한다는 것이다. 이에 대해 후한 사람 장형(張衡, 78~139)도 "전날의 일을 잊지 않는 것은 뒤에 생길 일의 스승(前事不忘 後事之師)"이라고 말한 적이 있는데, 그 역시 첨전고후라는 말을 한 적이 있다(『후한서·장형전』).

그리고 이 성어에는 또 다른 의미가 내포되어 있는데 송나라 때의 유명한 학자인 주희(朱熹)는 "이것저것 생각하며 우물쭈물하면 일을 성사시킬 수 없다.(若瞻前顧後 便做不成)"고 말한 바 있다.

여기서 첨전고후는 우유부단(優柔不斷)하다는 뜻으로 쓰이고 있는데, 오늘날에도 이 성어는 두 가지 뜻으로 같이 쓰이고 있다.

【용례】 아무래도 너무 선불리 덤벼드는 게 아닌지 걱정입니다. 사전에 "첨전고후"하면서 충분한 시장 조사를 하지 않은 게 불안한데요.

첩상가옥 疊床架屋

疊 : 겹쳐질(첩) **床** : 평상·마루(상)
架 : 시렁·횃대(가) **屋** : 집(옥)

【뜻풀이】 세련되지 못하고 군더더기가 많으며 반복이 심한 작품을 비유하는 말로, 조직이나 제도가 불합리하거나 쓸데없는 중복이 많을 때도 사용한다.

【출전】 남제(南齊)시대에 모릉(毛稜)이라는 화가가 있었는데, 그의 아버지 모혜원(毛惠遠)과 숙부 모혜수(毛惠秀)도 모두 유명한 화가였다. 모혜원은 말과 인물화에 능해서 당대의 일인자로 손꼽혔으며, 모혜수의 회화 역시 탁월해서 화법이 세련되고 결구포치(結構鋪置)가 아주 유명했다.

모릉은 바로 이 같은 가정에서 자라면서 어릴 적부터 아버지와 숙부의 지도를 받으면서 화법을 익혔다.

그러나 이 부자숙질(父子叔侄) 세 사람의 작품에 대한 평은 제각기 달랐다. 모혜원의 작품은 호방하고 대담한 맛은 있었지만 섬세한 면에서는 모혜수를 따라가지 못했으며, 모혜수는 정밀하게 가공하는 면에서는 모릉을 능가했지만 혜원의 호방하고 대담한 창작과 비교할 때 딱딱하고 얽매인 흔적이 완연했다. 쉽게 말해 모릉의 그림은 그의 아버지나 숙부에 비해 한 길 아래였다는 것이다.

『속화품(續畵品)』의 비평에 따르면 모릉의 그림은 명쾌한 맛은 있지만 기교가 부족해서 혜원과 혜수의 작품에 비하면 상상안상(床上安床)이라는 것이다. 여기에서 상상안상이라는 말은 군더더기가 많고 반복이 빈번하며 세련되지 못한 것을 일컫는 말이다.

그리고 『세설신어·문학편』에 보면 진(晉)나라 때 유중초(庾仲初)의 작품 〈양도부(兩都賦)〉에 대해 당시의 명사였던 사안(謝安, 320~385)은 옥하가옥(屋下架屋)이라는 평어를 썼는데, 여기에서 옥하가옥은 상상안상과 같은 뜻으로 뒤에 첩상가옥으로 변했다.

【용례】 이거 무슨 얘기를 어떻게 써놓은 거야. 같은 얘긴데 자꾸 반복되고만 있으니 "첩상가옥"이군.

첩족선득 捷足先得

捷 : 이길·빠를(첩) 足 : 발·족할(족)
先 : 먼저·미리(선) 得 : 얻을(득)

【뜻풀이】 행동이 재빠른 사람이 먼저 목적지에 도달한다는 뜻이다.

【출전】 『사기·회음후열전(淮陰侯列傳)』에 다음과 같은 이야기가 있다.

초한(楚漢)전쟁 때 어느 날 유방(劉邦)이 한신(韓信)을 파견하여 제나라를 치게 하자 제나라는 크게 패하여 초나라에 구조를 요청하게 되었다. 이에 초패왕 항우(項羽)는 용저(龍且)라는 장수를 파견하여 제나라를 돕게 하였지만 그 역시 대패하고 용저 자신은 전사하였다.

뒤이어 제나라를 평정한 한신은 자신을 임시로 제왕(齊王)에 봉해 달라고 유방에게 청했다. 때마침 영양에서 항우에 의해 포위돼 있던 유방은 한신이 배반할까 싶어 그의 요구대로 제왕에 봉하고 말았다.

이리하여 한신의 세력이 갑자기 커지자 괴통(蒯通)이라는 사람이 한신에게 이 틈을 타서 유방을 배반하고 독립하여 천하를 초·한·제나라로 삼분하라고 권고하였다.(➡ 천여불취 반수기구天與弗取 反受其咎 참조) 그러나 한신은 듣지 않고 계속 유방을 도와 천하를 통일하고 한나라를 세우기에 이르렀다.

그러나 천하가 통일되고 한나라가 세워지자 유방은 한신을 의심하기 시작하여 먼저 그의 병권을 박탈한 뒤 다시 초왕에 봉했다가 뒤이어 회음후로 낮춰 버렸다.

이렇게 되어 장안 거리에서 하릴없이 우울한 나날을 보내고 있던 한신은 재기할 기회만 노렸지만, 결국 유방의 아내 여후(呂后)와 재상 소하(蕭何)의 꼬임에 빠져 입궐했다가 즉석에서 처형되고 말았다.(➡ 교토구팽狡兎狗烹 참조)

죽으면서 그는 "내가 전에 괴통(蒯通)의 말을 듣지 않아 오늘 한낱 계집의 손에 죽게 되었구나!" 하고 한탄했다.

한신이 죽기 전에 한 말 때문에 괴통이 또한 유방에게 잡혀 문초를 받게 되었다. 괴통이 한신을 독립하라고 주청한 일이 있다고 인정하자 유방은 대노하여 그를 삶아 죽이라고 명령을 내렸다.

이때 괴통이 "억울하다."고 큰 소리로 외치자 유방이 "죄를 짓고 죽는 것인데 억울할 것이 뭐냐?"고 물었다.

구변이 좋은 괴통은 "진이 천하를 잃은 것은 마치 사슴 한 마리를 잃은 것과 다름없어 모든 사람들이 다 같이 뒤쫓고 있는 형국이었으니 키가 크고 발이 빠른 자가 먼저 쫓아가 그것을 얻게 마련입니다.(秦失其鹿 天下共逐之 於是材高疾足者先得焉) 당시 천하가 어지럽고 누구나 다 폐하의 오늘과 같은 자리를 얻으려고 했는데 만약 이런 사람들을 다 반역자라고 한다면 폐하께옵서는 그들을 죄다 삶아 죽일 수 있겠습니까?"라고 말했다.

이 말에는 유방도 그만 말문이 막혀서 괴통을 풀어 주는 수밖에 없었다.(➡ 걸견폐요桀犬吠堯·녹사수수鹿死誰手 참조)

그 뒤 사람들은 재고질족자선득(材高疾足者先得)이라는 말을 간추려서 질족선득(疾足先得)이라고 하다가 후에 다시 첩족선득 또는 첩족선등(捷足先登)이라고 하게 되었다.

이 성어는 공상임(孔尙任, 1648~1718)의 전기(傳奇) 〈도화선(桃花扇)〉에 "옛날부터 말하기를 중원에서 사슴을 쫓는데 발빠른 사람이 먼저 얻을 것이라고 했습니다.(自古道 中原逐鹿 捷足先得)"라는 말이 나오고, 섭치비(葉稚斐)의 전기 〈길경도(吉慶圖)〉에도 "이른바 진나라 사람이 사슴을 잃자 발빠른 사람이 먼저 차지하는 격이다.(所謂秦人失鹿 捷足先登)"라는 구절이 있다.

【용례】 이건 어차피 선착순으로 들어갈 일이야. "첩족선득"이니, 한시도 지체 말고 빨리 사무실로 나가 보게.

첩첩불휴 喋喋不休

喋 : 재재거릴·밟을(첩)
不 : 아닐(불) 休 : 쉴(휴)

【뜻풀이】 재잘거리는 것이 쉴 틈이 없다. 수다스러워 사람들의 미움을 받는 것을 비유하는 말이다.

【출전】 첩첩이라는 말은 『한서·흉노전(匈奴傳)』에 나온다.

한문제 때의 일이다. 흉노에서 선우 묵돌(冒頓)이 세상을 떠나자 그의 아들 계주가 뒤를 이어 즉위했다. 이에 한문제는 화친 정책에 따라 공주 한 사람을 물색해서 흉노에 들어가 연지〔알씨(閼氏)〕가 되게 하였다. 흉노 사람들은 임금을 선우(單于)라 하고 왕후를 연지라 하였다.

이때 한문제는 중항열(中行說)이라는 사람에게 공주를 대동하고 흉노로 들어가게 했는데, 그가 탐탁잖게 여기자 한문제는 강제로 가게 하였다. 이에 중항열은 "폐하께서 신을 기어코 흉노에 보내신다면 신은 영영 한나라와는 인연을 끊게 될 것입니다."라고 말했다.

아니나 다를까 중항열은 흉노에 들어가자마자 선우 계주에게 귀순해서 계주의 총애를 받았으며 흉노 왕의 중요한 측근이 되어 버렸다. 중항열은 항상 흉노 왕에게 계책을 올려 한나라와 맞서게 하였으며 한나라의 사신들이 흉노에 와서 조금만 무례하게 굴어도 그 자리에서 면박을 주곤 했다.

어느 날 한나라 사신들이 흉노족들이 남녀노소가 한 장막 안에서 사는 것과 의복이나 모자 등 옷차림에 서열상의 구분이 없는 것을 보며 비웃자 중항열은 조금도 꺼리지 않고 말했다.

"흥! 흙집에 사는 사람들이 말 잘하고 옷 잘 입고 월계관을 쓰고 있다 한들 대단할 게 뭐란 말인가!(嗟 土室之人 顧無多辭 令喋喋而佔佔 冠固何當)"

여기서 첩첩은 수다스럽다는 뜻으로, 『한서·장석지전(張釋之傳)』에도 첩첩이구(諜諜利口)라는 말이 나오고 있다. 흔히 첩첩불휴라고 하며 그 뜻은 노노불휴(呶呶不休)와 같다.

【용례】 수다를 떨면 좋아하는 사람도 있지만, 대개는 싫어하는 편이지. "첩첩불휴"하며 지껄여 봤자 남는 게 뭐겠어. 과묵할 필요도 있는 거야.

청군입옹 請君入甕

請 : 청할·부탁할(청) 君 : 임금(군)
入 : 들(입) 甕 : 항아리(옹)

【뜻풀이】 그가 사람을 해쳤던 방법 그대로 그 사람을 다스리다. "제가 놓은 덫에 제가 치인다"나 "제 도끼에 제 발등 찍힌다"는 속담과 뜻이 비슷하다.

【출전】 당나라 측천무후가 집권할 때 내준신(來俊臣, 651~697)과 주흥(周興)이라는 대신이 있었는데 악독하기 짝이 없는 자들이었다. 특히 형벌을 쓰는 데 잔악하기로 이름이 높았다.

그런데 『자치통감·당기(唐紀)』에는 주흥이 제가 만든 잔혹한 형벌을 제가 받게 되는 재미있는 이야기가 기록되어 있다.

어느 날 주흥이 모반하고 있다는 밀고가 들어오자 측천무후는 내준신으로 하여금 그 문제를 다스리게 하였다. 이에 내준신은 주흥을 다스리기 쉽지 않음을 알고 짐짓 술 좌석을 벌여 놓고 마주앉아 "죄수들이 교활하여 온갖 형벌을 다 써도 자백하지 않으니 노형께서는 무슨 좋은 방법이라도 없으시오?" 하고 넌지시 의중을 떠보았다.

"그야 어려울 것 없지요. 목탄불에 큰 독을 달구어 놓고 그 속에 집어넣으면 불지 않을 자가 없을 것입니다."

주흥은 자기가 밀고당한 줄은 모르고 이렇듯 악랄한 형벌을 고안하고 득의양양해하는 것이었다.

"참으로 훌륭한 방법이올시다."

내준신은 입가에 간사한 웃음을 띠더니 곧 명령하여 큰 독을 가져다가 목탄불에 시뻘겋게 달구게 하였다. 그리고는 주흥을 향해 "그대가 반역을 도모한다기에 이제 어명으로 다스리는 것이니 청컨대 독 안에 드시오.(請君入瓮)" 하고 호령하였다.

이에 주흥은 널큰 삵어앉아 죄를 인정했다고 하는데, 이 이야기에서 나온 성어가 청군입옹이다.

【용례】 선생이 장관으로 있을 때 부정 선거에 대한 강력한 처벌 규정을 만드셨다고요. 자, 이제 죄상이 천하에 드러났으니 "청군입옹"하시죠?

청담 淸談

淸 : 맑을(청) 談 : 이야기(담)

【뜻풀이】 맑은 이야기라는 뜻으로, 세속의 이익이나 명예 따위에 얽매이지 않은 허심탄회(虛心坦懷)하고 무욕무망(無慾無望)한 이야기를 말한다.

【출전】 이 성어가 나온 데에는 중국이 한창 격동기에 접어들어 연일 전쟁과 살육으로 쉴 날이 없었던 위진남북조(魏晉南北朝)시대에 형성된 일군의 선비 집단인 죽림칠현(竹林七賢)과 밀접한 연관이 있다.

빈번하게 왕조가 바뀌고 그럴 때마다 숙청과 살육이 자행되던 시기에 이런 현실에 혐오와 염증을 느낀 뜻 있는 사람들이 모였다. 그들은 세간의 흉폭한 정황은 깨끗이 잊어버리고 좀더 고상하고 운치 있는 이야기만 나누며 술에 취해 세상사의 시름을 잊고자 노력하였다. 특히 그 중 일곱 사람이 당시 크게 알려졌다〔괄호 안은 자(字)〕.

산도〔山濤(거원巨源)〕 205~283
완적〔阮籍(사종嗣宗)〕 210~263
혜강〔嵇康(숙야叔夜)〕 223~263
완함〔阮咸(중용仲容)〕 ?~?
유영〔劉伶(백륜伯倫)〕 221~300
향수〔向秀(자기子期)〕 227~272
왕융〔王戎(노중濬中)〕 234~305

이들이 술을 마시면서 시를 짓고 노닐 때 나눴던 이야기를 일러 후세 사람들이 청담이라고 한 것이다. (☞ 죽림칠현(竹林七賢) 참조)

이들에게 술은 그 무엇과도 바꿀 수 없는

다정한 벗이라고 할 수 있다.

유영은 술을 찬양하는 〈주덕송(酒德頌)〉이라는 글까지 남길 정도였다. 시속의 득실에 빠져 그들을 비방하던 세속지사(世俗之士)를 한낱 잠자리나 나나니벌로 격하시킨 풍류와 호방함은 가히 이들 칠현들의 정신 세계를 한마디로 웅변한 것이라고 하겠다.

그 전문을 읽어 보면 다음과 같다. 『문선(文選)』 권47에 실려 있다.

「대인선생(大人先生)이 있으니, 천지(天地)를 하루아침으로 여기고 만 년을 수유(須臾, 잠시)로 여기며, 해와 달을 문과 창문으로 삼고 팔황〔八荒, 팔방(八方)〕을 뜰과 거리로 삼아 다님에 일정한 수레바퀴 자국이 없고 거처함에 일정한 집이 없어, 하늘을 장막으로 삼고 땅을 자리로 삼아서 마음 가는 대로 하며, 앉으면 술잔을 잡고 잔을 잡으며 움직이면 술통을 끌어당기고 술병을 차고서 오직 술 먹는 것을 일삼으니, 어찌 그 나머지 일을 알겠는가.

존귀하고 위대한 공자(公子)와 진신처사(搢紳處士)들이 나의 풍성〔風聲(名聲, 소문)〕을 듣고는 행동하는 바를 비난하여 소매를 걷어붙이고 옷깃을 풀어헤치며 눈을 부라리고 이를 갈면서 예법을 말하여 시비가 벌떼처럼 일어났으나 선생은 이때 막 술 단지를 받들고 술통을 잡고서 술을 마셔 술로 탕구질을 하며 수염을 쓰다듬고 두 다리를 뻗고 걸터앉아서 누룩을 베고 술지게미를 깔고 앉으니, 아무런 사려(思慮)도 없어 그 즐거움이 도도하였다. 올연(兀然, 취하여 가만히 있는 모양)히 취하고 황홀하게 깨어나서 조용히 들어도 우레 소리를 듣지 못하고 익숙히 보아도 태산(泰山)의 형상을 보지 못한다. 추위와 더위가 피부에 절실함과 기욕(嗜慾)이 정(情)을 감동함을 깨닫지 못하여, 만물이 어지러운 것을 굽어보기를 강한(江漢)의 부평초(浮萍草, 개구리밥)와 같이 여기고, 두 호걸이 옆에서 모시고 있는 것을 나나니벌과 명령(螟, 잠자리)처럼 여겼다.

(有大人先生 以天地 爲一朝 萬期 爲須臾 日月 爲扃牖 八荒 爲庭衢 行無轍跡 居無室廬 幕天席地 縱意所如 止則操巵執觚 動則挈榼提壺 唯酒是務 焉知其餘 有貴介公子 搢紳處士 聞吾風聲 議其所以 乃奮袂攘衿 怒目切齒 陳說禮法 是非鋒起 先生 於是 方捧承槽 銜盃漱 奮髯踑踞 枕麴藉糟 無思無慮 其樂陶陶 兀然而醉 恍爾而醒 靜聽 不聞雷霆之聲 熟視 不見泰山之形 不覺寒暑之切肌 嗜慾之感情 俯觀萬物 擾擾焉如江漢之載浮萍 二豪侍側焉如蜾蠃之與螟蛉)」

【용례】 이런 물 맑고 공기 좋은 곳에 살면서 평생 "청담"이나 나눌 수 있다면 얼마나 좋겠나. 벌써 휴가도 다 끝났으니 내년이나 기약해야겠군.

청백리 淸白吏

淸 : 맑을(청) 白 : 흰(백)
吏 : 벼슬아치(리)

【뜻풀이】 맑고 깨끗한 마음으로 재물을 탐하지 않는 벼슬아치를 말한다.

【출전】 청백은 품행이 순수하고 깨끗한 것을 말한다. 『장자 · 어부편(漁父篇)』에 "행실이 맑고 결백하지 않으면 아래 관리들이 거칠고 게을러지니 이것이 대부의 근심이다.(行不淸白 群下荒息 大夫之憂也)"는 말이 나온다.

중국에서는 청백리란 말보다는 청백재상

ㅊ

(淸白宰相)이란 말이 더 많이 쓰였다. 청렴하고 결백한 재상을 말하는데, 이는 일반 명사가 아니고 송(宋)나라 때의 관리인 두연(杜衍, 978~1057)을 일컫는 말이다.

『연감유함(淵鑑類函)·설관부(設官部)·재상편(宰相篇)』에 다음과 같은 말이 나온다.

"송나라 경력 연간에 두연이란 사람이 재상이 되었는데, 예물로 주는 물품이 있어도 절대로 집으로 가져오지 않았다. 그래서 당시 사람들이 그를 일러 청백재상이라고 하였다.(宋慶曆中杜衍爲相 苞詳貨殖 不敢到門 時號淸白宰相)"

여기 우리 역사에 나오는 수많은 청렴했던 벼슬아치 가운데 두 사람의 행적을 소개한다. 이들의 일화가 오늘날 우리 공직 사회에서 어떤 귀감이 될지 생각해 보기로 하자.

첫 번째는 비 새는 집에서 우산을 받치며 살았던 유관(柳寬, 1346~1433)의 이야기이고, 두 번째는 검약한 생활을 스스로 지킨 한계희(韓繼禧, 1423~1482)의 이야기다. 『용재총화(慵齋叢話)』에 모두 실려 있고 『청파극담(靑坡劇談)』과 『기재잡기(企齋雜記)』에 각각 유관과 한계희 이야기가 실려 있다.

유관은 문화 유씨로 자는 경부(敬夫), 호는 하정(夏亭)이며, 공민왕 신해년(1371년) 문과에 급제하였다. 그는 기국(器局, 재능과 도량)이 큰 데다 청렴결백하였고 총명이 빼어나 가르치고 훈계하는 일에 조금도 게으름이 없었다. 조선조에 들어와 흥인문 밖에 집을 지었는데 단지 몇 칸에 불과했고 바깥에는 담장도 없었다.

태종이 선공감(繕工監)에 명하여 한밤중에 그의 집에 울타리를 만들게 하고는 그 사실을 비밀로 하였다.

유관은 스스로 청빈한 생활을 지켜 나갔다. 언젠가 장마비가 달포를 내리 쏟아지자 집안에 비가 새는데 떨어지는 물줄기가 마치 삼줄기 같았다. 유관이 방안에서 우산을 받쳐 들고 빗물을 막으며 부인에게 걱정스럽게 말했다.

"우산이 없는 집은 어떻게 장마를 견디겠소."

부인이 이 말을 받아 말했다.

"우산이 없는 사람들이야 단단히 대비를 했겠지요."

이 말에 유관도 웃어 버렸다.

때로 찾아오는 사람이 있으면 아무리 겨울이라도 맨발에 짚신을 신고 나가 맞았으며, 틈이 나면 호미를 들고 채마밭을 가꾸면서도 전혀 힘들어 하지 않았다.

세종 갑진년(1421년)에 우의정이 되었다가 나이가 차 벼슬을 그만두었다. 손님을 맞아 술상을 차릴 때면, 반드시 막걸리 한 동이를 계단 위에다 놓고, 늙은 여종이 사기 주발로 술을 떠올리면 각자 몇 사발 마시고 끝낼 뿐이었다.

한계희는 청주 한씨로 자는 자순(子順)이었다. 세종 신유년(1441년) 진사과에 급제하고 정묘년(1447년) 문과에 올라 관직은 좌찬성에 이르고 공훈으로 서평군(西平君)에 봉해졌다. 그는 일상생활이 검약하여 살림살이가 대단히 어려웠다. 풍악을 잡히지도 않았고 기생에게 눈을 돌리는 법도 없었으며, 집에는 검소한 서재 하나가 달랑 있을 뿐이었다.

형 서원군 한계미(韓繼美)와 재종동생 상당부원군 한명회(韓明澮, 1415~1487)가 크게 부귀를 누렸지만 그만이 홀로 검소한 생활을 스스로 지켜 집안 형편이 쓸쓸하고 딱했다. 조석을 채소와 현미로 이어갔으며 늙을수록 더욱 검약에 힘쓰니 서원군이 민망히 여겨 급할 때마다 도와주었지만 모두 사양하고 받지 않았다.

하루는 상당부원군 집에서 문중 모임이 열렸는데 모인 사람들이 모두 입을 모아 말했다.

"서평군이 나이가 이미 많으나 생활이 갈수록 검약하여 누추한 의복과 음식을 바라보기가 여간 민망하지 않습니다. 어떻게 대처할 바를 생각해야 하지 않겠습니까?"

상당부원군이 말했다.

"이는 모두 제 허물입니다." 하고는 아이더러 종이와 붓을 가져오게 한 뒤 그 자리에 있던 친지의 이름을 죽 적었다. 그리고 먼저 서평군의 맑고 청빈한 덕을 서술한 다음, 문중에서 받들어 모시지 못한 잘못을 적고 마지막으로 하찮은 물건이라 족히 정을 표할 만하지 못하다 쓰고는 동대문 밖 북바위 아래 있는 열 섬지기 논을 바쳤다. 서평군이 굳이 사양하고 받지 않았는데 상당군이 그곳에서 나는 추수를 매년 보내니 그것마저 그만두게 할 수는 없어 받기는 했지만, 삼가고 불안해하는 기색을 끝내 거두지 않았다.

이처럼 유관과 한계희는 높은 자리에 있으면서도 청렴하게 살았다. 유관이 보여 준 태도는 지금 우리들의 눈으로 보면 무능하다할 만큼 어리석은 행동이다. 그러나 이런 이야기에서 사욕을 채우기보다는 가난을 일상으로 여겼던 옛 벼슬아치들의 청빈한 마음을 읽을 수 있다. 유관인들 왜 부유하고 호화롭게 사는 즐거움을 몰랐겠는가? 다만 그는 의롭지 못한 방법으로 모은 재물은 내 한 몸이야 잘 치장해 주겠지만 결국 마음을 좀 먹어 몸까지 망치게 되는 독이 된다는 사실을 깨우쳤던 것이다.

더구나 그는 청빈했을 뿐 아니라 집안에 필요한 먹거리는 스스로 재배하여 해결하였다. 안방에서조차 우산을 써야 했던 곤궁한 생활이었지만, 하늘을 지붕 삼고 땅을 보료로 베었던 그 마음은 참으로 넉넉하다 할 것이다.

『논어·태백편(泰伯篇)』에 보면 이런 말이 나온다.

"나라에 도가 있는데도 가난하고 천하면 이것이 부끄러운 일이고, 나라에 도가 없는데도 부유하고 귀하면 이것이 또 부끄러움이니라.(邦有道 貧且賤焉 恥也 邦無道 富且貴焉 恥也)"

유관이 살던 시대가 도가 있었던 시대인지 아닌지는 판가름하기 어렵다. 그렇지만 나라에 도가 있다 해도 절제하며 청빈하게 살아야 하는 벼슬아치들의 생활 자세를 몸으로 실천한 사람임에는 틀림없다.

한계희는 집안사람들이 그 누구보다 당대의 권세를 누렸고 부귀영화를 만끽했던 사람들이었다. 상당부원군 한명회라면 그가 누구인가. 세조 때부터 대대로 정승 반열을 오르내리면서 권세를 누렸고, 천하의 대세를 좌지우지했던 대 권력가였다. 그런 집안 출신인 한계희가 자처한 가난은 그렇기 때문에 더욱 값져 보인다.

권력자의 인척이라 하여 어떻게 해서든 그에 빌붙어 재물을 얻으려는 눈먼 사람의 안목으로 보면 구차한 생활로 치부될 수도 있을 것이다. 그러나 늘 재물이란 멀리할수록 가까워지는 희한한 속성이 있다. 원하지 않던 재물이 왔을 때 그가 보여 준 두려워하는 마음은, 바로 그런 정신이 있었기에 자신을 올바른 길에서 벗어나지 않게 만든 힘이 되었던 것이다.

『노자(老子)·13장』에 보면 이런 말이 나온다.

"사랑을 받든 수모를 당하든 놀라운 일처럼 여기고, 큰 근심을 내 몸과 같이 귀하게 여겨라.(寵辱若驚 貴大患若身)"

한계희야말로 누구도 꿈꿀 수 없는 큰 권력 속에서도 흔들리지 않고, 어떤 비참한 지경에 빠져도 당당할 수 있는 그런 사람이라고 할 것이다. 이 두 이야기에서 우리는 청렴은 한낱 허울이 아니라 생활하고 활동하기 편한 옷처럼 여긴 두 사람의 마음과 그 긍지를 새삼 다시 되돌아보게 만든다.

【용례】 여기저기서 터지는 온갖 게이트를 보면 권력 있는 자들은 몽땅 도둑놈들 같아. 그런 놈들이 하나같이 언론의 스포트라이트를 받았더군. 왜 이 시대에는 참다운 "청백리"는 나오지 못하는 걸까?

청운지지 靑雲之志

靑 : 푸를(청) 雲 : 구름(운)
之 : 어조사(지) 志 : 뜻(지)

【뜻풀이】 푸른 구름과 같은 뜻. 이제 일을 막 시작하려는 사람이 원대한 이상을 품고 이를 이루어 나가겠다는 의지를 비유하는 말이다.

【출전】 원래 청운은 사마천(司馬遷)이 『사기·백이열전』에서 처음 사용하였다. 그는 여기서 "여항에 묻혀 있는 사람이 행실을 닦아 이름을 세우고자 해도 청운의 뜻을 가진 선비에게 의지하지 않는다면 어찌 후세에 이를 알릴 수 있겠는가?(閭巷之人 欲砥行立名者 非附青雲之士 惡能施於後世哉)"라고 쓰고 있다.

이 말은 아무리 뛰어난 업적을 남긴 사람이라고 해도 이를 전해 줄 마땅한 사람이 없으면 역사의 저편으로 사라지는 것처럼 훌륭한 덕행을 후세에 남기려는 의지를 지닌 선비를 만나는 것도 중요한 관건임을 말한 것이다. 그러나 이런 뜻은 세월이 지나면서 희석되고 지금은 단지 입신출세(立身出世)하려는 젊은 사람의 웅지를 가리키는 말이 되었다.

장구령(張九齡, 678~740)의 오언절구(五言絕句) 〈조경견백발(照鏡見白髮)〉이 그런 뜻을 담고 있는 대표적인 작품이다.

「지난날 청운의 뜻을 품었던 젊은이가
고생길 지나오니 백발 노인 되었네.
누가 알리 거울 속 저 사람을
몸과 그림자가 서로 가엾어 하는구나.
宿昔青雲志　蹉跎白髮年
誰知明鏡裏　形影自相憐」

차타(蹉跎)란 발에 물건이 걸려 넘어진다는 말인데, 세상사의 풍파를 겪어 힘겹게 살아온 삶을 비유한다. 장구령은 당(唐)나라 현종 때 재상까지 지낸 사람인데, 간신의 모함으로 사퇴하면서 이 시를 지었다고 한다.

왕발(王勃, 650~676)도 〈등왕각서(滕王閣序)〉에서 "어려울 때일수록 더욱 의지를 굳게 해서 청운의 뜻을 버리지 말아야 한다.(窮當益堅 不墜青雲之志)"고 하였다.

【용례】 서울에 올라올 때는 청운의 뜻("청운지지")을 품고 서울역을 나섰는데, 이런 한심한 몰골로 고향 땅을 밟자니 눈앞이 다 캄캄해지네.

청천백일 靑天白日

靑 : 푸를(청) 天 : 하늘(천)
白 : 흰(백) 日 : 날·해(일)

【뜻풀이】 푸른 하늘의 밝은 태양. 누구나 다 인정하는 당연한 상황이나 일을 말한다. 또는 뜻 그대로 풀어서 "청천백일하(밝은 대낮)에

다 드러났다."는 식으로 쓰기도 한다.

【출전】 한유(韓愈)의 글 〈여최군서(與崔群書)〉에 나오는 구절이다.

최군은 자가 돈시(敦詩)이고 청하(淸河) 사람이다. 정원(貞元) 8년(792)에 진사에 급제하고 그해 선주판관(宣州判官)이 되었다. 그 때 한유는 사문학박사(四門學博士)로 있었는데, 서로 불우한 처지로서 동정을 표하고 위로한 글이 바로 이 작품이다. 운명을 하늘에 맡기고 도덕을 닦을 것을 권하는 내용을 담고 있다. 다소 긴 문장이라 전문을 읽기는 곤란하니 성어가 나오는 부분만 읽기로 하자.

「내가 응답해 말했다.

"봉황이나 지초는 어진 이든 어리석은 이든 그것이 아름답고 상서로운 것을 다 안다. 푸른 하늘의 밝은 해는 노예도 역시 그 맑고 밝은 것을 안다. 또 음식물에 비유한다면 아주 먼 지방에서 나는 음식의 기이한 맛에 대해서는 즐기는 이도 있고 그렇지 않은 이도 있지만 쌀이나 수수나 날고기나 구운 고기 따위에 대해 어찌 그것을 싫어하는 이가 있다는 말을 듣겠는가?"

그러자 의심을 품던 사람도 의심이 풀리게 되었다. 그러나 풀리든 풀리지 않든 나와 최군에게 무슨 손해나 이익이 있겠는가.

(僕應之曰 鳳凰芝草 賢愚皆以爲美瑞 靑天白日 奴隸亦知其淸明 譬之食物 至於遐方異味 則有嗜者 有不嗜者 至於稻也粱也 膾也炙也 豈聞有不嗜者哉 疑者乃解 解不解 於吾崔君無所損益也)」

이처럼 청천백일은 누구나 다 인정하는 당연한 일을 비유하는 말이었다.

【용례】 당신이 한 짓은 "청천백일"하에 다 드러났소. 그러니 순순히 죄 값을 치르는 게 남자다운 태도가 아닐까요?

청천벽력 靑天霹靂

靑 : 푸를(청) 天 : 하늘(천)
霹 : 천둥·벼락(벽) 靂 : 천둥·벼락(력)

【뜻풀이】 "마른 하늘에 날벼락"이란 속담과 똑같은 뜻을 지닌 성어다. 예기치 못하게 일어난 곤란이나 걱정, 또는 큰 사고를 말한다.

【출전】 남송(南宋) 때의 대시인 육유(陸游, 1125~1210)의 시 〈구월사일계미명기작(九月四日鷄未鳴起作)〉에 나오는 시구 중 일부다.

「방옹이 병들어 가을을 보내다가
홀연히 일어나 취한 듯 붓을 옮긴다.
참으로 오랜 세월 웅크린 용과 같아
마른 하늘에 벼락이 치는 듯하구나.
비록 남들은 괴기에 빠졌다겠지만
이기고자 항상 괴롭게 침묵했었네.
하루아침에 이 몸이 죽는다면
천금을 주고도 못 살 것이지.
放翁病過秋
忽起作醉墨
正如久蟄龍
靑天飛霹靂
雖云墮怪奇
要勝常憫默
一朝此翁死
千金求不得」

방옹은 육유가 스스로 붙인 호다. 그는 금(金)나라의 위협에 전전긍긍(戰戰兢兢)하다가 결국 도읍을 옮긴 북송 말에 태어나 남송 시대를 살았다. 때문에 그는 나라의 불행을 목도하는 시인의 울분과 서정적인 감정이 혼효된 작품을 많이 남겼다. 그는 무려 1만여 수나 되는 시를 남겼고, 항전과 애국 의식으로 충천한 기운을 즐겨 시화하였다. 당시 화친파였던 진회(秦檜)의 압박으로 38세 때까지는 지방의 하급 관료로 전전하였다. 그러다가 이후 진사 출신의 자격을 얻었지만 역시 그가 주장한 북진책은 실현되지 않았다.

68세부터 85세를 일기로 죽을 때까지는 주로 고향에서 은급(恩級)을 받아서 가난하지만 한가롭게 살았다. 이 시도 그 무렵 지어진 듯 보인다. 진지한 기운보다는 해학적이고 경계하는 시상이 잘 반영된 작품이다.

【용례】 그 친구가 죽다니, 이게 무슨 "청천벽력" 같은 소리야? 왜 죽었다는 게지?

청출어람 靑出於藍

靑 : 푸를·쪽빛(청) **出** : 날(출)
於 : 어조사(어) **藍** : 쪽·남빛(람)

【뜻풀이】 푸른빛은 쪽에서 나오지만 더욱 푸르다. 제자가 스승보다 뛰어난 것을 비유하는 말이다. 청출우람(靑出于藍)이라고도 한다.

【출전】 『순자(荀子)·권학편(勸學篇)』에 보이는 "푸른색은 쪽에서 나왔지만 쪽보다 더 푸르다.(靑出於藍 勝於藍)"는 말이 최초의 용례일 것이다.

『북사(北史)·이밀전(李謐傳)』에 다음과 같은 이야기가 나온다.

후위(後魏) 때 이밀이라는 사람이 있었다. 어렸을 때부터 공부를 열심히 한 그는 공번(孔璠)을 스승으로 삼아 학업에 매진했다. 몇 년 뒤에는 스승의 학문을 넘어설 정도가 되어 버렸다. 그래서 동기생들이 그를 두고 이렇게 말했다.

"푸른색은 쪽에서 나왔지만, 쪽이 덜 푸르니, 스승이 어찌 항상 스승이겠는가.(靑成藍 藍謝靑 師何常)"

청(靑)은 학생을 말하고 남(藍)은 스승을 말하는 것이다. 청출어람은 청출어람승어람(靑出於藍勝於藍)이라고도 한다.

그리고 『당서·유학전(儒學傳)』에는 강문달(姜文達)을 보고 보항(竇抗)이 한 "얼음은 물이 얼어 된 것이지만 물보다 더 차다.(水爲之而寒於水)"는 말도 있다. 이것이 줄어 빙한어수(氷寒於水)라는 성어가 되었는데, 이 두 성어의 뜻이 비슷하므로 청출어람 빙한어수라고 붙여 쓰기도 한다.

백거이(白居易)의 〈부부(賦賦)〉에 보면 "부는 고시의 일종이다. 처음에는 순경과 송옥에게서 나왔는데, 이후 점차 넓어져 가도와 사마상여에게서도 쓰였다.

얼음은 물에서 생기지만 더욱 찬 것처럼, 부는 원래 전이나 분에서 변했는데 더욱 훌륭하다. 푸른빛은 쪽빛에서 나왔지만 더욱 푸른 것처럼, 풍과 아에서 나왔지만 더욱 화려하다(賦者 古詩之流也 始草創於筍宋 漸恢張於賈馬 氷生乎水 初變本於典墳 靑出於藍 復增華於風雅)"라는 말이 나온다.

【용례】 여보게, 자네가 키운 제자는 어쩌면 저렇게 하나같이 뛰어난가? 제자마다 "청출어람"이니 자넨 복도 많은 사람이야.

청풍양수 淸風兩袖

淸 : 맑을(청) **風** : 바람(풍)
兩 : 짝·둘(량) **袖** : 소매(수)

【뜻풀이】 양 소맷자락에 맑은 바람이 가득하다. 관리나 선비들이 청렴결백한 것을 비유

하는 말이다.

【출전】 명나라 때 우겸(于謙, 1398~1457)이라는 이가 있었는데, 그는 청렴결백(淸廉潔白)한 관리였을 뿐 아니라 글 재간이 뛰어난 시인이기도 하였다.

우겸은 명나라 선종·영종·경종 연간에 모두 높은 벼슬에 있었지만 언제나 청렴결백한 생활을 하였다. 탐욕한 관리들은 백성들의 재산을 하나라도 더 긁어내고자 혈안이 되어 날뛰고 있었지만 그만은 그런 파렴치한 짓을 하지 않았다.

전하는 말에 따르면 우겸이 병부시랑으로 있을 때 한번은 이런 일이 있었다. 하남 일대를 시찰하고 여느 때와 같이 빈손으로 귀경하면서 시 한 수를 지었는데 그 시에 "청풍양수조천거(淸風兩袖朝天去)"라는 구절이 들어 있다. 즉, 두 소매 속에 시원한 바람만 채워 넣고 귀경한다는 뜻이다.

이래서 청렴결백한 관리들이나 선비들을 가리켜 청풍양수 또는 양수청풍이라고 하게 되었다.

원(元)나라 때의 문인 위초(魏初)의 〈송양계해(送楊季海)〉에 "사귐도 영락하고 귀밑털 다 바랬어도, 양 소매 맑은 바람은 한결같이 시구 속에 묶여 있다.(交親零落鬢如絲 兩袖淸風一束詩)"는 구절이 있고, 역시 원나라 때의 문인 진기(陳基)의 시 〈차운오강도중(次韻吳江道中)〉에는 "양 소매 맑은 바람에 몸은 날 듯하고, 죽장 짚고 달을 좇으며 긴 다리를 건넌다.(兩袖淸風身欲飄 杖藜隨月步長橋)"는 구절이 있다.

또 명(明)나라 때의 문인 오응기(吳應箕)의 〈충렬양련전(忠烈楊漣傳)〉에는 "계산을 할 때는 다만 양 소매 사이에 맑은 바람만 남아 있었고, 늙은 어머니를 초로 돌아가시게 할 때도 아무런 행차 준비도 못 하고 가시게 했다.(入計時 止餘兩袖淸風 欲送其老母歸楚 至不能治裝以去)"는 구절도 있다.

【용례】 그 사람 그런 고위 관직에 있으면서도 월급 외에는 어떤 돈도 손에 안 댔다는군. 항상 "청풍양수"한 자신에 대해 긍지를 느끼며 살았다잖아.

초가벌진 楚可伐陳

楚 : 초나라(초) **可** : 가할(가)
伐 : 칠(벌) **陳** : 진나라(진)

【뜻풀이】 초나라는 진나라를 정벌할 수 있다. 작은 나라가 지나치게 전쟁에 대비한 준비를 했으면 그만큼 국력이 낭비되었다는 것이다. 따라서 겉보기에는 철벽처럼 탄탄해 보이지만 한 번 충격을 받으면 쉽게 무너져 버린다.

지나친 혹사가 오히려 힘을 약화시킬 때 쓰는 말이다. 또는 남의 장점 속에 숨겨져 있는 단점을 찾아내는 안목을 말하기도 한다.

【출전】『설원·권모편(權謀篇)』에 다음과 같은 이야기가 나온다.

초나라 장왕이 진나라를 칠 생각으로 사람을 시켜 그곳을 염탐하게 하였다. 그가 다녀오더니 보고하여 말했다.

"진나라는 공격할 수 없겠습니다."

"어찌해서 그런가?"

"예, 제가 가서 보니 진나라의 성곽은 높으며 방비용 물구덩이나 참호는 깊고 비축된 식량도 엄청났습니다."

이 말을 들은 장왕이 말했다.

"그렇다면 진나라를 공격할 수 있겠다. 진

ㅊ

나라는 작은 나라인데 비축된 식량이 많다면 이는 세금을 많이 거둬들였다는 뜻이고, 세금을 많이 거둬들였다면 당연히 백성들의 원성도 자자할 것이다. 또 성곽이 높고 구학(溝壑)이 깊다면 백성들이 녹초가 되었으리라는 것은 자명하지 않은가?"

그래서 병사를 일으켜 진나라를 공격해서 손쉽게 진나라를 취할 수 있었다.

(楚莊王欲伐陳 使人視之 使者曰 陳不可伐也 莊王曰 何故 對曰 其城郭高 溝壑深 蓄積多 其國寧也 王曰 陳可伐也 夫陳小國也 而蓄積多 則賦斂重 賦斂重 則民怨上矣 城郭高 溝壑深 則民力罷矣 興兵伐之 遂取陳)」

제 분수에 어울리지 않는 사치나 절제 없는 행동은 결국 스스로를 망치는 결과를 가져오는 것이다.

【용례】 그 정도 자본금으로 그런 설비를 갖춰 놓았다면 경영이 부실할 것은 명약관화(明若觀火)한 일입니다. 시간을 조금만 더 끈다면 분명 좋은 소식이 올 겁니다. 그런 외화내허(外華內虛)한 기업체를 인수할 수 있는 "초가벌진"할만한 안목을 가지셔야 합니다.

초관인명 草菅人命

草 : 풀(초) **菅** : 솔새 · 거적 · 주린빛(관)
人 : 사람(인) **命** : 운명 · 명령할(명)

【뜻풀이】 사람 죽이기를 풀 베듯 하다.

【출전】『한서 · 가의전(賈誼傳)』에 다음과 같은 이야기가 있다.

한문제(漢文帝) 때 유명한 학자로 가의(기원전 201~기원전 168)라는 사람이 있었다. 그는 어려서부터 자질이 출중해서 가생(賈生)이라고도 했다. 한문제에 의해 박사로 초빙되어 한때 벼슬이 태중대부(太中大夫)까지 올랐다. 그러나 나중에 그는 사람들의 질시를 받아 좌천되어 장사에 가서 장사왕(長沙王)의 태부(太傅)가 되었다. 얼마 후 한문제는 가의의 재능을 아껴 그를 다시 도성으로 불러 문제의 작은아들인 양회왕(梁懷王)의 스승으로 있게 하였다.

그때 한문제는 이 작은아들을 특히 총애해서 그로 하여금 되도록 책을 많이 읽게 하려고 했으며 아울러 장차 제위도 그에게 물려줄 작정이었다. 그러나 가의는 황자(皇子)에게 독서만 하게 하려는 한문제의 의견에 찬성하지 않고 이렇게 말하였다.

"황자를 가르침에 있어서 독서도 중요하지만 더욱 중요한 일은 그를 사람이 되게 하는 것일 줄 압니다. 진(秦)나라 말기에 조고(趙高)는 호해(胡亥)에게 혹형과 사람 죽이는 방법만 가르쳤더니 호해는 등극하자마자 사람 죽이기를 풀 베듯 하였습니다.(其視殺人 若刈草菅然) 이것은 호해가 타고난 악한이기 때문이 아니라 가르치던 사람이 그에게 올바른 도리를 가르치지 않았기 때문에 그렇게 된 것입니다."

초관인명은 바로 가의의 이 말에서 유래한 성어다.

【용례】 아무리 인간성 상실의 시대라지만, 아무 이유도 없이 그렇게 "초관인명"하다니. 황금만능 풍조가 낳은 또 하나의 비극이야.

초록몽 焦鹿夢

焦 : 파초(초) **鹿** : 사슴(록) **夢** : 꿈(몽)

【뜻풀이】 파초 잎 속에 죽은 사슴을 넣어 두었다가 나중에 잊고는 꿈속의 일이라고 여겼다는 이야기에서 나왔다. 사람이 살아가면서 잃고 얻는다는 것이 모두 꿈처럼 허무하고 덧없음을 비유하는 말이다. 초록자기(蕉鹿自欺)라고도 한다.

【출전】 『열자 · 주목왕편(周穆王篇)』에 다음과 같은 이야기가 있다.

어느 날 정나라 사람이 들에 나가 나무를 하는데 상처 입은 사슴이 황급히 달려오고 있었다. 그 사람은 지게로 사슴을 쳐 죽이고 사냥꾼이 따라올까 싶어 사슴을 웅덩이에 숨겨 파초로 덮어 놓고 몹시 기뻐하였다. 그런데 날이 어두워져도 사냥꾼은 나타나지 않았다. 그 사람은 해 놓은 나무와 사슴을 함께 메고 가려고 그 웅덩이를 찾아보았지만 끝내 찾아내지 못했다. 그래서 그는 아마 내가 꿈을 꾼 모양이구나 여기고 집으로 돌아갔다.(鄭人有薪於野者 遇駭鹿 御而擊之斃之 恐人見之也 遽而藏諸隍中 覆之以蕉 不勝其喜 …俄而遺其所藏之處 遂以爲夢焉)

그렇게 집으로 돌아가면서 그는 이 일에 대해 혼자 중얼거렸다. 그때 마침 곁을 지나가던 사람이 그 말을 설핏 듣고 긴가민가하다가 가서 사슴을 찾아냈다. 집에 돌아온 그가 아내에게 말했다.

"조금 전에 어떤 나무꾼이 사슴을 잡은 꿈을 꾸었는데 장소를 모른다고 합디다. 하지만 나는 그의 말대로 가서 사슴을 찾았소. 그 나무꾼은 바로 진실한 꿈을 꾸는 사람이오."

그러자 그의 아내가 말했다.

"당신이 혹시 나무꾼이 사슴을 잡은 꿈을 꾼 것이 아닐까요? 어떻게 그런 나무꾼이 있겠어요? 당신이 이렇게 사슴을 찾았으니 당신의 꿈이 진실한 것이지요."

이에 남편이 말했다.

"내가 그 사람의 꿈을 근거로 사슴을 찾았는데 그의 꿈이 내 꿈임을 어떻게 알겠소?"

그런데 나무꾼은 사슴을 잃은 일을 기억하고 있다가 그날 밤 꿈에서 그 장소를 알아냈고, 또 사슴을 가져간 사람에 대한 꿈도 꾸었다. 날이 밝자 나무꾼은 꿈을 따라 그를 찾아가 만났다. 나무꾼은 사슴을 달라고 했고, 그는 주지 못하겠다고 버텼다. 그리하여 마침내 소송이 벌어져, 사건은 사사(士師)에게로 넘어갔다. 사사가 나무꾼에게 말했다.

"그대는 실제로 사슴을 잡고 꿈이라 했고, 사슴을 잡은 꿈을 꾸었을 때는 그것을 사실로 여겼다. 그런데 저 사람은 그대의 사슴을 가졌으면서도 그대와 사슴을 두고 다투게 되었다. 저 사람의 아내는 꿈에 남이 사슴을 잡아 놓은 것을 알게 되었지만, 남이 사슴을 잡은 일이 없을 것이라고 말했다. 그러니 이 사슴을 둘로 나누어 가지도록 하라."

이 말을 듣고 정나라 임금이 말했다.

"아아! 사사는 다시 꿈에서 사슴을 나누어 준 것일 게다."

그러면서 이 일에 대해 재상에게 물었다. 그러자 재상이 대답했다.

"꿈을 꾸었는지 꾸지 않았는지는 저로서는 판단할 수 없는 일입니다. 생시의 일인지 꿈속의 일이었는지를 제대로 분별하실 분은 오직 황제나 공자 같은 분일 것입니다. 지금은 황제도 없고 공자도 안 계신데 누가 그것을 판단할 수 있겠습니까? 그러니 사사의 말을 따르는 것이 좋겠습니다."

【용례】 아내에게 빼앗기지 않으려고 공으로 생긴 돈을 숨겨 두었다가 자기도 결국 못 찾았다는군. "초록몽"이라더니 심보가 그러니 벌을 받아 싸지.

초목개병 草木皆兵

草 : 풀(초) 木 : 나무(목)
皆 : 모두(개) 兵 : 병사(병)

【뜻풀이】 서 있는 수풀이 다 적의 군사로 보인다는 뜻으로, 어떤 일에 크게 놀란 나머지 신경이 날카로워진 것을 비유한 말이다.

【출전】『진서(晉書)·부견재기(苻堅載記)』 하편과『자치통감(資治通鑑)·진기(晉紀)·효무제 태원(太元) 8년』조에 보면 다음과 같은 이야기가 있다.

진(晉)나라 말년에 정치가 부패하자 서북과 북방의 몇 개 민족들이 진나라의 지배에서 벗어나 전후 16개 나라를 세웠는데, 이것이 바로 오호십육국(五胡十六國)이다. 그 중에서 가장 강한 나라는 저족(氐族)이 세운 진(秦)나라였다. 역사에서는 이를 전진(前秦)이라고 하며, 당시 진나라는 동남쪽에 위치해 있었기 때문에 동진(東晉)이라고 한다.

어느 날 전진의 국왕 부견이 80만 대군을 이끌고 남침해서 중원 지방을 차지하려고 하였다. 이때 진무제는 8만의 군사를 동원해서 저항했는데, 수적인 열세가 너무나 현저해서 도저히 승산이 없어 보였다.(➡ 투편단류投鞭斷流 참조) 이 때문에 많은 관원들은 지레 겁을 먹고 떨고 있었다. 그러나 선봉 도독이었던 사현(謝玄, 343~388)은 정예군 5천 명을 이끌고 낙간(洛澗) 일대에서 부견의 군사 1만 5천 명을 일거에 섬멸한 다음 승승장구(乘勝長驅)로 진격하였다.

이에 진왕 부견과 선봉장 부융(苻融)은 기세가 꺾여 주춤하였다. 그들이 수양성루에 올라가 진군의 군세를 살펴보니 그 기세는 하늘을 찌를 듯했고 다시 서북쪽의 팔공산을 보니 산에 서 있는 초목들이 모두 적군의 병사처럼 보였다고 한다.

동진 군사들은 다시 비수(淝水)를 건너 용감하게 진격을 거듭해서 적장 부융을 사살하는 등 커다란 전과를 올렸다. 그 바람에 부견의 군사들은 일대 혼란에 빠지고 말았다. 그들은 밤에 바람소리가 나거나 학이 우는 소리만 들려와도 적병이 추격하는 줄 알고 벌벌 떨었다고 한다. 지칠 대로 지친 부견의 군사들은 이 싸움에서 거의 8할이 전사하였다. 이 싸움이 바로 적은 군사로 적의 대군을 물리친 것으로 역사상 유명한 비수대전(淝水大戰)이다.

성어 초목개병은 바로『자치통감』과『진서』에서 부견이 "팔공산의 초목과 바람 소리와 학의 울음소리를 모두 적병인 줄로 알았다.(八公山上草木 風聲鶴唳 皆以爲晉兵)"고 한 기록에서 유래한 것인데, 다른 성어인 풍성학려(風聲鶴唳)·풍학빈경(風鶴頻驚)도 이 말에서 나온 것이다.

【용례】 임진왜란 때 관군은 여지없이 패퇴하는데도 승병이나 의병은 승승장구했다잖아. 그들은 게릴라식의 전투를 벌였기 때문이라는데, 그 때문에 왜병들은 숲에 들어가서 바람만 불어도 "초목개병"인 줄 알고 달아났다고 해.

초미지급 焦眉之急

焦 : 탈(초) 眉 : 눈썹(미)
之 : 어조사(지) 急 : 급할(급)

【뜻풀이】 눈썹이 타들어가는 듯이 위급한 상황. 몹시 급해서 조금도 방치할 수 없는 중

대한 일을 말한다. 소미지급(燒尾之急)이라고도 한다.

【출전】『오등원회(五燈元會)』에 다음과 같은 대화가 있다.

어떤 승려가 장산(蔣山)에게 물었다.

"부처님의 지혜는 어떠한지 급히 한 마디로 해보시오."

장산이 대답하였다.

"불이 눈썹을 태우는 것과 같습니다.(火燒尾毛)"

『삼국지』에 보면 이런 이야기가 있다고 한다.

장소(張昭)가 제갈량(諸葛亮)을 만나서 말하였다.

"선생은 자신을 관영(管嬰)이나 악광(樂廣)에 비교한다고 들은 지 오랩니다. 지금 현덕〔玄德, 유비(劉備)의 자〕이 선생을 얻었는데도 신야(新野)를 버리고 번성(樊城)으로 달아났고, 형양(滎陽)에서 패하여 하구(夏口)로 달아나 눈썹이 타는 듯한 위급(燃眉之急)에 놓여 있으니 어찌 관영이나 악광의 1만분의 1이라도 따라가겠습니까?"

그러나 현재 전하는『삼국지』에는 이런 대화는 보이지 않는다.

【용례】 지금 이 사안은 당장 오늘중에 대안을 결정해야 할 초미의 긴급한 상황("초미지급")입니다. 빨리 이사회를 열어 대처 방안을 강구해야 할 것입니다.

초요과시 招搖過市

招 : 부를(초) 搖 : 흔들릴(요)
過 : 지날(과) 市 : 저자(시)

【뜻풀이】 허풍을 떨면서 남들의 주의를 끌다. 허장성세(虛張聲勢)로 사람들의 이목을 끄는 것을 비유하는 말이다.

【출전】『사기·공자세가(孔子世家)』에 다음과 같은 이야기가 있다.

춘추시대의 일이다. 고대 중국의 대교육가이자 사상가인 공자(孔子)는 자신의 정치적 주장을 전파하기 위해 제자들을 거느리고 여러 나라들을 방문한 적이 있는데(➡ 주유열국周游列國 참조), 그가 맨 먼저 방문한 나라는 위(衛)나라였다.

이때 위나라 임금인 위영공은 어리석어 임금 구실을 제대로 하지 못하고 그의 부인 남자(南子)에게 국정을 맡겨놓고 있었다. 그리하여 공자가 왔다는 소식을 들은 남자는 자기가 직접 공자를 만나겠다는 것이었다.

남자가 공자를 접견하는 날이었다. 남자가 발을 드리우고 공자를 만나는데 그의 치맛자락에서 방울 소리가 요란하였다. 이에 공자의 제자인 자로(子路)는 남자의 무례함에 노여움을 금할 수 없었다.

그 뒤 한 달이 지나서 공자는 위영공과 함께 수레에 앉아 거리를 구경했는데 그때 남자도 동행하였다. 그런데 이번에도 남자의 치맛자락에서 방울 소리가 전처럼 요란하게 울려 거리에 오가는 행인들까지도 아니꼽게 생각했다. 이것이 바로 초요시과지(招搖市過之)다. 이에 사람들의 의논이 자자하자 공자는 부끄러움을 느껴 곧 위나라를 떠나 버렸다는 이야기다.

초요과시는 바로 이 이야기에서 나온 성어로 초요시과지가 변한 것이다.

【용례】 자네 돈 좀 벌어 고향에 왔다고 너무 "초요과시"하지는 말게. 요즘 고향 사람들 사기 사건 때문에 신경이 몹시 날카로워져 있어.

초인유궁 초인득지 楚人遺弓 楚人得之

楚 : 초나라(초) 人 : 사람(인)
遺 : 버릴·잃을(유) 弓 : 활(궁)
得 : 얻을(득) 之 : 어조사(지)

【뜻풀이】 초나라 사람이 잃어버린 화살은 초나라 사람이 다시 줍는다. 사람됨이 인색하거나 소견이 좁은 사람의 행동을 빗대어 말할 때 사용한다.

【출전】『설원·지공편(至公篇)』에 다음과 같은 이야기가 있다.

「초나라 공왕이 사냥을 나갔다가 자신의 활을 잃어버렸다. 주위 사람들이 그에게 가서 찾아보자고 말했다. 공왕이 말했다.

"두어라. 초나라 사람이 활을 잃어버렸으니 초나라 사람이 주울 것이다. 뭐 하려고 다시 찾으려 하는가?"

중니가 이 말을 듣고 말했다.

"안타깝구나. 그는 왜 그렇게도 대범하지 못한가? '사람이 잃어버렸으니 사람이 주울 것이다.'라고 하면 그뿐 아닌가? 어찌 초나라라고만 하는가?"

중니는 이른바 크게 공정한 사람이라고 할 수 있다.

(楚共王出獵而遺其弓 左右請求之 共王曰 止 楚人遺弓 楚人得之 又何求焉 仲尼聞之曰 惜乎 其不大乎 亦曰 人遺弓 人得之而已 何必楚也 仲尼所謂大公也)」

이 말은 어떻게 보면 공자(孔子)의 대범함을 칭송한 듯도 하지만, 한편 고지식한 공자의 식견을 은근히 비방한 흔적도 있다. 지금도 이 성어를 쓸 때는 이런 의미가 다소 함축되어 있다.

【용례】 장사를 하다가 좀 손해를 봤지만 괜찮아. "초인유궁 초인득지"라잖아. 돌고 도는 게 돈인데, 언젠가 다시 주인 품에 돌아오겠지.

촌철살인 寸鐵殺人

寸 : 마디(촌) 鐵 : 쇠(철)
殺 : 죽을(살) 人 : 사람(인)

【뜻풀이】 한 치밖에 안 되는 쇠붙이로 사람을 죽이다. 짤막한 경구(警句)로 사람의 의표를 찔러 핵심을 꿰뚫는 것을 말한다.

【출전】 이 성어는 나대경(羅大經)이 쓴『학림옥로(鶴林玉露)』에 나온다. 그는 주자(朱子)의 제자 중 한 사람으로, 이 책은 그가 손님들과 주고받은 이야기들을 모아 두었다가 정리해서 발간한 책이다. 때문에 당시의 사회 사정을 아는 데 큰 도움이 되는 책이기도 하다.

「종고 스님이 선에 대해 말씀하셨다.

"비유를 든다면 만약 여기 사람이 수레에다가 가득 병장기를 싣고 와서 하나를 꺼내 휘두르고 또 다른 하나를 꺼내 휘두르더라도 결코 사람을 죽이는 흉기로는 부족하다. 나라면 이렇다. 내게는 단지 한 치밖에 안 되는 쇠붙이가 있는데 이것이라면 능히 사람을 죽일 수 있다."

(宗杲論禪曰 譬如人載一車兵器 弄了一件 又取出一件來弄 便不是殺人手段 我則只有寸鐵 便可殺人)」

대혜선사(大慧禪師) 종고(宗杲)는 임제종(臨濟宗) 계통의 선승으로 이른바 간화선(看話禪)을 완성한 인물이다. 간화선의 기본적인 골간은 바로 공안(公案)이라 불리는 독특한 이야기를 가지고 깊은 사색에 잠겨 궁극적인 해탈에 도달하는 것이다. 그런 만큼 종고가 스스로 촌철살인할 수 있는 능력이 있다고 한 것도 화두를 참구(參究)하면서 오도(悟道)하는 수행 방법과도 일치하는 부분이 있다고 할 수 있다.

【용례】 우리 할아버지는 좀체 말씀이 없으시지만, 때로 한마디씩 던지시는 말씀이 "촌철살인"이라니까. 사람을 꿰뚫어보는 힘을 지니신 것 같아.

촌초춘휘 寸草春暉

寸 : 마디(촌) **草** : 풀(초)
春 : 봄(춘) **暉** : 햇살 · 비출(휘)

【뜻풀이】 한낱 풀포기 하나가 그를 길러준 봄날의 햇볕에 어떻게 보답할 수 있겠는가. 자애로운 어머니 은혜에 보답하기 어려운 바를 비유하는 말이다.

【출전】 당나라 때의 시인 맹교(孟郊, 751~814)는 나이 쉰 살에야 겨우 진사에 급제했다고 한다. 그는 한평생 큰 벼슬자리에는 오르지 못하고 현위(縣尉)나 수륙전운종사(水陸轉運從事)와 같은 자그마한 벼슬에 있다가 그마저 밀려나 우울한 일생을 보낸 사람이었다.

이처럼 생애가 불우한데다가 집안 형편이 빈곤해서 그의 시에는 빈곤한 민중들에 대한 동정심이 많이 반영되어 있었다. 따라서 시 또한 소박하고 우아해서 당시의 유명한 문학가 한유(韓愈)의 큰 칭찬을 받았다고 한다.

(☞ 주마간화走馬看花 참조)

맹교의 작품 중 대표작으로 알려져 있는 시는 〈유자음(游子吟)〉이다. 시인은 이 작품에서 자애로운 어머니가 타향으로 떠나는 아들의 옷을 정성껏 짓는 모습을 통해 자식에 대한 어머니의 뜨거운 마음을 노래하였다.

「어머니 손에 잡힌 바느질 실은
길 떠나는 아들 위해 짓는 옷이지.
떠나기에 앞서 꼼꼼히 깁는 것은
혹여라도 늦게 돌아올까 걱정함이네.
한낱 풀포기 같은 마음으로
석 달 봄날의 햇빛 은혜를 갚기가 어렵구나.
慈母手中線
游子身上衣
臨行密密縫
意恐遲遲歸
誰言寸草心
報得三春暉」

이 시의 마지막 두 구절에서 시인은 아들의 심정을 촌초심(寸草心), 즉 한 포기 풀에 비겼으며, 어머니의 마음을 봄날의 햇빛(三春暉)에 비겼다.

이리하여 사람들은 자애로운 어머니의 은혜에 보답하기 어려운 것을 가리켜 촌초춘휘라고 하게 되었다.

【용례】 어머님은 살아 생전에 자나 깨나 자식들 걱정뿐이셨지. 그 은혜를 어찌 몰랐을까마는 이렇게 막상 돌아가시고 보니 불효막심한 일들이 가슴을 치네. "촌초춘휘"라더니, 내가 그 짝일세.

추기급인 推己及人

推 : 밀(추) **己** : 몸 · 나(기)
及 : 미칠(급) **人** : 사람 · 남(인)

【뜻풀이】 나를 미루어서 남에게까지 미치다.

입장을 바꿔서 남의 처지를 헤아리는 태도를 비유하는 말이다.

【출전】 춘추시대의 어느 겨울날, 제나라에 큰 눈이 사흘 밤낮을 쉬지 않고 내렸는데도 여전히 그치지 않고 쏟아지고 있었다. 제경공(齊景公)은 여우털로 된 옷을 입고 방에 앉아 설경을 감상하고 있었다. 그는 보면 볼수록 설경이 아름답게 느껴져 마음속으로 며칠 더 계속 눈이 내리기를 바라고 있었다. 그러면 온 세상이 하얀 눈에 덮여 더욱 아름다우리라 생각했던 것이다.

그때 안자(晏子)가 들어와서 잠시 경공 옆에 시시 뭔가를 생각하더니 그도 장 밖을 응시하며 소담스럽게 내리는 눈을 바라보고 있었다. 안자도 함께 설경을 감상하는 듯하자 경공은 더욱 흥취가 나서 안자에게 말했다.

"올해 날씨는 정말 이상하오. 밖을 보십시오. 사흘을 쉬지 않고 내린 눈으로 땅에 눈이 저렇게 두텁게 쌓였는데, 날씨는 조금도 춥게 느껴지지 않습니다. 도리어 따뜻한 봄날처럼 느껴집니다."

그러자 안자는 방 안에서 경공의 몸을 포근하게 감싸고 있는 여우털 옷을 물끄러미 바라보며 경공에게 물었다.

"정말 날씨가 조금도 춥지 않습니까?"

경공은 고개를 끄덕이며 빙그레 웃음을 지었다. 그 미소는 마치 내가 날씨가 춥고 더운 것도 모르겠느냐는 듯 보였다. 안자는 경공이 아직도 자신이 물은 의도를 알아차리지 못하는 것을 보고 직실직으로 말했다.

"제가 듣기에 옛날의 어진 임금들도 이런 상황이 있었습니다. 그러나 그들은 자기가 배불리 먹으면 혹시 누군가가 아직 굶주리지 않는가를 생각하고, 자기가 따뜻한 옷을 입었으면 누군가가 얼어죽지 않나 염려했으며, 자기의 몸이 편안하면 혹시 누군가가 아직 힘에 겨워 피로해하지 않는가 걱정했습니다. 그런데 폐하께서는 다른 사람을 위해서는 조금도 생각이 미치지 않으시고 있군요?"

안자의 말을 들은 경공은 한 마디 말도 못하고 얼굴이 붉어졌다.

이 이야기에서 유래한 성어가 추기급인으로, 자기의 현재 상황으로 미루어 다른 사람의 처지를 생각한다는 뜻이다.

주희(朱熹)의 〈여범직각서(與范直閣書)〉에 보면 "배우는 사람이 충과 서에 있어서 저와 나를 참작해 교정하는 것을 면하지 못하고 있다. 나를 미루어 남에게 미치는 것이 옳을 것이다.(學者之於忠恕 未免參校彼己 推己及人則宜)"라는 구절이 나온다.

【용례】 내가 왜 자네 심정을 모르겠나. 나도 사람인데 "추기급인"하면 그 억울한 마음 백 번이라도 이해하고도 남지. 그만 울분을 삼키게.

추녀실처 追女失妻

追 : 쫓을(추) 女 : 계집(녀)
失 : 잃을(실) 妻 : 아내(처)

【뜻풀이】 남의 여자를 좇다가 제 아내마저 잃다. 지나치게 욕심을 부리다가 자신이 가지고 있는 귀중한 것마저 잃는다는 말이다.

【출전】 『설원(說苑) · 정간편(正諫篇)』에 다음과 같은 이야기가 나온다.

진(晉)나라 조간자(趙簡子)가 군사를 모아 강국 제(齊)나라를 침공하려는 계획에 몰두하고 있었다. 이것을 본 장수 공로(公盧)가 그 계획을 비웃고 다녔다. 이 말을 들은 조간자는 화가 나서 공로를 불러 꾸짖었다.

"그대는 무슨 까닭으로 나의 계책을 비웃는가? 제대로 해명하지 못한다면 죽음이 너를 기다릴 것이다.(有以解之則可 無以解之則死)"

이에 대해 그가 대답했다.

"들판에서 뽕나무 잎을 딸 때의 일입니다. 신(臣)의 이웃에 사는 어떤 사내가 아내와 함께 길을 가다가 뽕잎을 따고 있는 아낙네를 봤습니다. 그녀의 미모에 반한 사내는 아내는 버려 두고 그녀를 쫓아갔습니다. 그렇지만 뜻을 이루지 못하고 지쳐서 집으로 돌아왔습니다. 하지만 자기를 버려 두고 간 남편에게 화가 난 부인은 남편을 버린 채 떠나고 말았습니다. 결국 이 사내는 졸지에 홀아비가 되고 말았지요.(當桑之時 臣隣家夫與妻俱之田 見桑中女 因往追之 不能得 還反 其妻怒而去之 臣笑其曠也)"

이 말을 들은 조간자가 허탈한 표정을 지으면서 말했다.

"내가 지금 이웃 나라를 탐내 치다가 자칫 내 나라마저 잃는다면 딱 홀아비 꼴이 되겠구나."

그는 무모한 도발 계획을 취소하고 말았다.

【용례】 자금은 회사의 내실을 기할 때이지 부도난 다른 회사를 탐낼 때가 아닙니다. 자칫하면 "추녀실처"할 수 있는 위기 상황이니 잘 판단하셔야 합니다.

추선 秋扇

秋 : 가을(추) 扇 : 부채(선)

【뜻풀이】 가을 부채. 부채는 날이 무더운 여름철에는 누구에게나 귀한 존재로 대접을 받지만 서늘한 계절이 돌아오면 홀대를 받는다는 말이다.

필요할 때는 대접을 받다가 쓸모가 없어지면 경시되는 상황이나 사람을 지칭하는 성어다. 특히 남자의 사랑을 잃은 여인을 뜻한다.

【출전】 한(漢)나라 성제(成帝) 홍가(鴻嘉) 3년(기원전 18년)의 일이다.

조비연(趙飛燕)은 황제의 총애를 한몸에 받자 황후 허씨(許氏)와 반첩여(班婕妤)를 중상모략하여 그들을 옥에 가두었다. 재판을 받게 된 두 사람은 곧 무죄가 드러나 석방되었지만, 이 일로 해서 멀어진 황제의 사랑은 다시는 돌아오지 않았다. 더구나 조비연 자매는 어떻게 해서든 반첩여를 제거하고자 끊임없이 흉계를 꾸미고 있었다.

이렇게 갈 곳 없는 신세가 되어 버린 반첩여는 황태후 왕씨(王氏)의 거처에 머물면서 그녀의 말벗이 되어 시간을 보냈다. 그러나 젊은 나이에 후궁에 갇혀 지난날의 추억이나 되씹으며 살아야 하는 반첩여의 심경은 하루도 편할 날이 없었다.

그 같은 추억과 번뇌 속에서 지은 시가 유명한 〈원가행(怨歌行)〉이다. 연인의 사랑을 잃은 여인의 아픔이 아로새겨진 이 작품은 『문선(文選)』과 『옥대신영(玉臺新詠)』에 실려 지금까지 전해 오고 있는데, 작품 속에 바로 '추(秋)'와 '선(扇)' 자가 안타까운 심정으로 대비되어 들어 있다.

「새로 찢는 제나라의 흰 비단
맑고 깨끗하기 눈 서리와 같구나.
재어 맞추는 합환의 부채는
둥글고 둥글어서 명월과 닮았네.
임의 품과 소매를 나들면서
움직일 때마다 미풍을 일으켰지.
못내 두렵기는 가을 바람이 불어와서
서늘한 기운이 더위를 빼앗을까.

장롱 속 아무곳에나 버려지는 신세
은혜와 애정마저 도중에 끊겨 버렸네.
新裂齊紈素
皎潔如霜雪
裁爲合歡扇
團團似明月
出入君懷袖
動搖微風發
常恐秋節至
涼風奪炎熱
棄捐篋笥中
恩情中道絕」

반첩여는 성종이 사신을 총애할 때는 무더운 여름날 부채처럼 애지중지(愛之重之)하더니 조비연이라는 미인이 나타나자 가을을 맞아 부채를 버리듯 자신을 버렸다며 상심해하였던 것이다.

이렇게 버림을 받아 고적한 생활을 하던 반첩여는 완화(綏和) 2년(기원전 7년) 성제가 세상을 떠난 지 얼마 뒤에 마흔을 넘긴 나이로 장신궁(長信宮)에서 한 많은 생애를 마치고 말았다.(▶ 하로동선夏爐冬扇 참조)

【용례】 좋을 때는 간이라도 내줄 것처럼 아양을 떨더니, 돈 떨어지니까 완전히 가을 부채("추선") 신세네. 어차피 돈으로 쌓는 화류계 사랑이라니 어쩌겠나.

추지대엽 麤枝大葉

麤 : 거칠(추)　枝 : 가지(지)
大 : 큰(대)　葉 : 이파리(엽)

【뜻풀이】 거친 가지와 큰 잎. 문장을 쓰면서 사소하고 거추장스러운 법식에 얽매이지 않고 자유롭게 글을 짓는 태도를 비유하는 말이다.

【출전】 『주자어록(朱子語錄)』에 다음과 같은 말이 있다.

"서(序)를 쓸 때는 공안국이 쓴 것만 못할까 두렵다. 한(漢)나라의 문장은 거친 가지와 큰 잎과 같다. 그런데 오늘날 서를 쓴 글들은 세밀하고 수식이 많아 단지 육조 시대 문인들의 문자와 같을 뿐이다.(書序恐不是孔安國做 漢文麤枝大葉 今書序細 只似六朝時人文字)"

『문장궤범(文章軌範) · 후자집(侯子集)』의 〈소서(小序)〉에는 "이 문집에 실린 글은 모두 거친 가지와 큰 잎처럼 툭 트인 문장이다.(此集皆麤枝大葉之文)"라고 하였다.

거친 가지는 작은 가지에 가리지 않고 거침없이 뻗어 올라가고 큰 잎 역시 작은 잎들에 아랑곳하지 않고 그늘을 드리운다. 때문에 규범에 얽매이지 않고 자유분방하게 쓴 글을 이렇게 비유한 것이다.

【용례】 학생은 글을 쓸 때 너무 원칙에 얽매여 있는 인상이 짙어. 물론 습작을 할 때는 그런 자세도 중요하지만 문법이나 따지다 보면 정작 쓰고 싶은 주제를 놓칠 수도 있으니 "추지대엽" 같은 문체를 구사할 필요도 있네.

추호무범 秋毫無犯

秋 : 가을(추)　毫 : 터럭(호)
無 : 없을(무)　犯 : 어길 · 거스를(범)

【뜻풀이】 가을 터럭만큼도 어김이 없다는 뜻으로, 흔히 군대의 기강이 엄격한 것을 일컫는 말이다.

【출전】 『사기 · 항우본기(項羽本紀)』에 다음과 같은 이야기가 있다.

진(秦)나라 말년, 극심한 폭정에 항거하는 전쟁이 일어났을 때의 일이다. 유방(劉邦)은 항우보다 먼저 진의 수도 함양(咸陽)으로 쳐들어갔지만 군사 기율이 철통같은데다가 항우가 두려워서 함양궁의 보물 같은 것은 손을 대지 못하고 있었다.

이에 대해 유방은 "내가 함곡관에 들어온 이후 추호도 감히 가까이한 적이 없다.(吾入關 秋毫不敢有所近)"고 항우의 백부 항백(項伯)에게 말한 적이 있다고 한다.(➡ 약법삼장約法三章 · 조주위학助紂爲虐 참조)

그리고 『한서 · 고제기(상)』에 "조금도 감히 취한 바가 없다.(秋毫無所敢取)"는 말이 있고, 『사기 · 회음후열전』에도 "조금도 해친 바가 없다.(秋毫無所害)"는 말이 있는데, 이런 말들이 나중에 추호무범이 되었다.

【용례】 이번 삼군 군사 훈련을 실시하는 동안 민간인들에게 억울한 피해가 돌아가지 않도록 군기를 강화해서 추호라도 어김이 없도록("추호무범") 해야 할 것입니다.

축객령 逐客令

逐 : 쫓을(축) 客 : 손님 · 나그네(객)
令 : 명령 · 하여금(령)

【뜻풀이】 외국인〔客〕을 미워하여 추방하는 것을 비유하는 말이다.

【출전】 춘추전국시대 진(秦)나라에는 다른 나라 사람으로 조정에 들어와 높은 벼슬을 하는 사람이 많았는데, 이런 사람들을 가리켜 당시 객경(客卿)이라고 하였다.

예컨대 춘추시대의 대부들인 유여와 백리해(百里奚), 건숙(蹇叔), 비표(丕豹), 공손지(公孫支) 등은 모두 타국 사람들이었으며, 전국시대 진효공의 재상이었던 상앙(商鞅)과 진혜왕의 재상이었던 장의(張儀), 장군 사마착(司馬錯)과 감무(甘茂), 진소왕의 재상 범수 등도 역시 진나라 사람이 아니었다. 그리고 진시황의 재상이었던 여불위(呂不韋) 역시 진나라 사람이 아니었다.

진시황이 여불위의 관직을 삭탈할 때 한(韓)나라 사람으로 진나라에 와서 벼슬을 하고 있던 정국이라는 사람이 그만 혐의가 갈 만한 일을 저지르고 말았다. 이에 진시황은 객경들을 의심하여 축객령을 내리게 되었던 것이다.

이때 초나라 사람인 이사(李斯)도 진나라에 와서 객경으로 있었는데, 진시황의 이 같은 처사에 반대하여 〈간축객서(諫逐客書)〉라는 글을 올렸다.

이사는 상소에서 진나라 역사상 객경들이 많은 공적을 쌓아 올렸다는 사실을 상기시키면서 축객령이 잘못된 처사임을 역설하였다. 이에 진시황은 이사의 말을 옳게 여기고 축객령을 취소함과 동시에 이사의 관직을 회복시켰다는 이야기인데, 이사는 뒷날 승상의 자리까지 오르게 되었다. 여기서 이사가 쓴 〈간축객서〉의 전문을 읽어 보기로 한다.

「신이 듣자옵건대 관리들이 객(客, 외국인)을 축출할 것을 논의한다 하오니, 저는 그것이 잘못이라고 여깁니다. 옛적에 목공(穆公)은 인재를 구하여 서쪽에서 유여(由余)를 융(戎)에서 취하고, 동쪽으로 백리해(百里奚)를 완(宛)에서 얻었으며, 건숙(蹇叔)을 송(宋)에서 맞이하고, 비표(丕豹)와 공손지(公孫支)를 진(晉)에서 오게 하였으니, 이 다섯 사람은 진(秦)나라에서 태어나지 않았지만, 목공이 이들을 등용하여 20개국을 겸병(兼并)함으로

써 마침내 서융(西戎)에서 패자(霸者)가 되었습니다.

효공(孝公)은 상앙〔商鞅, 공손앙(公孫鞅)〕의 법을 써서 풍속을 변혁시켜 백성들이 그 때문에 번성하고 나라가 그 때문에 부강해졌으며, 백성들이(국가를 위해) 쓰이기를 좋아하고 제후(諸侯)들이 가까이 하고 복종하였습니다. 그리하여 초위(楚魏)의 군사를 사로잡고 땅을 천 리나 점령하여 지금까지도 나라가 잘 다스려지고 강성합니다.

혜왕(惠王)은 장의(張儀)의 계책을 사용하여 삼천(三川)의 땅을 점령하고 서쪽으로는 파촉(巴蜀)의 땅을 겸병하였으며, 북쪽으로는 상군(上郡)을 거두어들이고, 남쪽으로는 한중(漢中)을 취하였으며, 구이〔九夷, 수많은 이족(夷族)〕를 포괄하고 언영을 제압하였으며, 동쪽으로는 성고(成皐)의 험한 지형을 점거하고 기름진 땅을 할양받아 마침내 6국의 종약(從約)을 해산시켜 그들로 하여금 서쪽을 향해 진(秦)나라를 섬기게 하여 공(功)이 지금까지 뻗어오고 있습니다.

소왕(昭王)은 범수(范雎)를 얻어 양후〔穰侯, 위염(魏冉)〕를 폐(廢)하고 화양〔華陽, 간융(芊戎)〕을 축출하여 공실(公室)을 강하게 하고 사문(私門)을 막았으며 제후(諸侯)들을 잠식(蠶食)하여 진(秦)으로 하여금 황제(皇帝)의 기업(基業)을 이룩하게 하였습니다.

이 네 군주는 모두 객들의 공(功)으로 성공하였으니, 이로써 본다면 객들이 진(秦)나라에 무엇을 저버렸습니까? 그때에 가령 네 군주가 객을 물리쳐 받아들이지 않고 인재를 물리쳐 쓰지 않았더라면 이는 국가로 하여금 부강해지고 이로워지는 실상이 없었을 것이요, 진(秦)나라로 하여금 강대(强大)하다는 명성이 없게 하였을 것입니다.

지금 폐하께서는 곤산〔崑山, 곤륜산(崑崙山)〕의 옥(玉)을 가져오시고 수후(隨侯)의 구슬과 화씨〔和氏, 변화(卞和)〕의 보배를 소유하시며, 명월주(明月珠)를 드리우고 태아(太阿)라는 칼을 차시며, 섬리(纖離)라는 말을 타시고 취봉(翠鳳)으로 만든 기(旗)를 꽂으시며, 영타(靈鼉)의 북을 세워 놓고 계십니다. 이 몇 가지 보물은 진(秦)나라에서는 하나도 생산되지 않는데도 폐하께서 좋아하시는 것은 어째서입니까? 반드시 진(秦)나라에서 생산되는 것이어야 한다면 야광주(夜光珠)가 조정에 꾸며지지 못할 것이요, 서각(犀角)과 상아(象牙)로 만든 기물(器物)이 완호품(玩好品)이 되지 못할 것이며, 정위(鄭衛)의 미녀들이 하진〔下陳, 후열(後列, 侍妾)〕과 후궁(後宮)에 채워지지 못할 것이요, 준마(駿馬)와 명마(名馬)들이 외구(外廐)에 채워지지 못할 것이며, 강남(江南) 지방에서 나오는 금석(金錫)이 쓰이지 못하고 서촉(西蜀)에서 나오는 단청(丹靑)이 채색으로 쓰이지 못할 것입니다. 후궁을 꾸미고 하진(下陳)을 채워 마음과 뜻을 즐겁게 하고 이목(耳目)을 기쁘게 하는 것이 반드시 진(秦)나라에서 나온 것이어야 한다면 완(宛) 땅에서 나는 구슬로 만든 비녀와 부기(傅璣)로 만든 귀걸이와 아(阿) 땅에서 생산되는 흰 비단으로 만든 옷과 수놓은 비단으로 만든 장식이 앞에 나오지 못할 것이며, 풍속에 따라 우아하게 변화하고 곱게 단장한 예쁜 조(趙)지방의 미녀가 곁에 서 있지 못할 것입니다.

동이를 치고 질장구를 두드리며 쟁(箏)을 타고 넓적다리를 치면서 오오(嗚嗚)를 불러서 이목을 쾌하게 하는 것은 참으로 진(秦)나라의 음악이요, 정위(鄭衛)의 상간(桑間)과 소우(韶虞)와 상무(象武)는 다른 나라의 음악입니다. 지금 동이를 치고 질장구를 두드리는 것을 버리고 정위(鄭衛)의 음악으로 나아가며, 쟁(箏)을 타는 것을 물리치고 소우(韶虞)를 취하니, 이와 같이 하는 것은 어째서입니까? 뜻에 쾌하고 앞에 마땅하여 보기에 적합하게 할 뿐입니다.

그런데 이제 인재를 취하는 것은 그렇지 않아 가부(可否)를 묻지 않고 곡직(曲直)을 논하지 않고, 진(秦)나라 태생이 아닌 자는 제거하며 객이 된 자는 축출하니, 그렇다면 이 소중히 여기는 것은 색(色)과 음악(音樂)과 주옥(珠玉)에 있고, 가벼이 여기는 것은 인민(人民)에 있는 것이니, 이는 해내(海內)를 차지하고 제후를 제어할 수 있는 방법이 아닙니다.

신(臣)은 듣자옵건대, 땅이 넓으면 생산되는 곡식이 많고, 나라가 크면 인민이 많고, 병력이 강하면 군사가 용감하다 하였습니다. 그러므로 태산(泰山)은 작은 흙덩이도 사양하지 않기 때문에 그 큼을 이루고, 하해(河海)는 작은 물도 가리지 않기 때문에 그 깊음을 이루며, 왕자(王者)는 백성들을 물리치지 않기 때문에 그 덕(德)을 밝힐 수 있는 것입니다. 이 때문에(사방이 모두 왕의 땅이므로) 땅은 사방(四方)의 한계가 없고,(온 천하가 왕의 나라이므로) 백성들은 이국(異國)이 없어서 사시(四時)에 아름다운 물건을 채우고 귀신이 복을 내리는 것이니, 이것이 오제(五帝)와 삼왕(三王)이 천하에 대적할 자가 없었던 이유입니다.

그런데 이제(왕께서는) 마침내 검수(黔首, 백성)를 버려 적국을 도와주고, 빈객(賓客)을 물리쳐서 제후들에게 공업(功業)을 이루게 하여, 천하의 선비들로 하여금 뒤로 물러나 감히 서쪽을 향하지 못하여 발을 싸매고 진(秦)나라로 들어오지 못하게 하시니, 이는 이른바 적에게 병기를 빌려 주고 도적에게 양식을 갖다 준다는 것입니다.

물건이 진(秦)나라에서 생산되지 않으나 보물로 여길 만한 것이 많고, 선비가 진(秦)나라에서 태어나지 않았지만 충성하기를 원하는 자가 많습니다. 그런데 이제 객을 축출하여 적국을 도와주고 백성을 버려 원수의 나라에 보태 주어, 안으로는 스스로 비게 하고 밖으로는 제후들에게 원망을 심으니, 나라가 위태로움이 없기를 바라나 될 수 없을 것입니다. (成百曉 옮김)

(臣 聞吏議逐客 竊以爲過矣 昔者 穆公 求士 西取由余於戎 東得百里奚於宛 迎蹇叔於宋 來丕豹公孫支於晉 此五子者 不産於秦而穆公 用之 并國二十 遂覇西戎 孝公 用商鞅之法 移風易俗 民以殷盛國以富强 百姓 樂用 諸侯 親服 獲楚魏之師擧地千里 至今致强 惠王 用 張儀之計 拔三千之地 西并巴蜀 北收上郡 南 取漢中 包九夷 制鄢郢 東擧成皐之險 割膏腴 之壤 遂散六國之從 使之西面事秦 功施到今 昭王 得范 廢穰侯 逐華陽 强公室 杜私門 蠶食 諸侯 使秦 成帝業 此四君者 皆以客之功 由此 觀之 客何負於秦哉 向使四君 郤客而不內 疏 士而不用 是使國無不利之實以秦無彊大之名 也 今陛下 致昆山之玉 有隨和之寶 垂明月之 珠 服太阿之劍 乘纖離之馬 建翠鳳之旗 樹靈 鼉之鼓 此數寶者 秦不生一焉 而陛下 說之 何 也 必秦國之所生然後 可則是 夜光之璧 不飾 朝廷 犀象之器 不爲玩好 鄭衛之女 不充後宮 而駿良 不實外廏 江南金錫 不爲用 西蜀丹靑 不爲來 所以飾後宮充下陳娛心意說耳目者 必 出於秦然後 可則是 宛珠之簪 傳璣之珥 阿縞 之衣 錦繡之飾 不進於前 而隨俗雅化佳冶窈 窕趙女 不立於側也 夫擊甕叩缶 彈箏搏而歌 呼嗚嗚 快耳目者 眞秦之聲也 鄭衛桑間昭虞

ㅊ

象武者 異國之樂也 今 棄擊甕叩而就鄭衛 退彈箏而取昭虞 若是者 何也 快意當前 適觀而耳矣 今 取人則不然 不問可否 不論曲直 非秦者 去爲客者 逐 然則是 所重者 在乎色樂珠玉 而所輕者 在乎人民也 此非所以跨海內制諸侯之術也 臣 聞地廣者 粟多 國大多者人衆 兵强則士勇 是以 秦山 不辭土壤故 能成其大 河海不擇細流故 能就其深 王者 不衆庶故 能明其德 是以 地無四方 民無異國 四時充美 鬼神降福 此 五帝三王之所以無敵也 今乃棄黔首以資敵國 郤賓客 以業諸侯 使天下之士 退而不敢西向 裹足不入秦 此 所謂敵寇兵而齎盜糧者也 夫物不產於秦 可貴者 多 士不産於秦 願忠者 衆 今逐客以資敵國 損民以益讐 內自虛而外樹怨於諸侯 求國無危 不可得也)」

【용례】 일본인들이 종전 60주년을 맞아 그것이 아시아를 해방하기 위한 성전이었다느니 하는 망발을 서슴지 않고 있는데, 도대체 우리 정부는 뭘 하는 거야. "축객령"이라도 내려서 엄중하게 항의를 해야지.

축록자불견산 逐鹿者不見山

逐 : 쫓을(축) **鹿** : 사슴(록) **者** : 놈(자)
不 : 아닐(불) **見** : 볼(견) **山** : 뫼(산)

【뜻풀이】 사슴을 쫓는 사람은 산을 볼 여유가 없다.

이 성어에는 여러 가지 뜻이 있다. 우선 명예와 욕심에 눈이 멀어 사람 된 도리를 저버린다는 뜻이 있고, 이욕(利慾)에 정신이 팔린 사람은 자신에게 다가올 위험도 돌보지 않는다는 뜻이 있으며, 한 가지 일에 골몰해서 다른 일은 염두에 두지 않는 경우를 말하기도 한다.

【출전】 『회남자 · 설림훈(說林訓)』에 다음과 같은 이야기가 있다.

"사슴을 쫓는 사람은 산을 볼 여유가 없고, 돈을 손아귀에 쥔 사람은 사람을 살필 여지가 없다. 즐기고 욕심냄이 밖에 있으면 밝은 것이 가려지기 때문이다.(逐鹿者 不見山 攫金者 不見人 嗜欲在外 則明所蔽矣)"

『허당록(虛堂錄)』에도 다음의 글이 실려 있다.

"사슴을 쫓는 사람은 산을 보지 못하고, 돈을 움켜쥐려는 사람은 사람을 보지 못한다.(逐鹿者不見山 攫金者不見人)"

명예나 이익에 눈이 먼 사람은 도리를 저버리거나 눈앞의 위험도 돌보지 않는다는 말이다. 사슴을 쫓는 사람〔逐鹿者〕이란 말은 때로 "큰 일이나 큰 이익에 뜻을 둔 사람"이라는 뜻으로도 쓰인다. 『회남자』에는 다음과 같은 글도 실려 있다.

"사슴을 쫓는 사람은 토끼를 돌보지 않고, 천금의 재물을 얻으려는 사람은 푼돈을 다투지 않는다.(逐鹿者 不顧兎 決千金之貨者 不爭銖兩之價)"

【용례】 지금 사사로운 감정 때문에 대세를 그르칠 수는 없습니다. "축록자불견산"이라고 했습니다. 동정의 여지를 남겼다가는 화를 자초하고 말 겁니다.

춘래불사춘 春來不似春

春 : 봄(춘) **來** : 올(래)
不 : 아닐(불) **似** : 같을 · 비슷할(사)

【뜻풀이】 봄은 왔지만 봄 같지가 않다. 계절

이나 절기는 제때 왔지만 거기에 어울리는 상황이 아니라는 말인데, 오늘날에는 상당히 광범위하게 쓰인다.

【출전】 원래 이 성어는 전한(前漢) 때 흉노족 임금의 아내로 선발되어 끌려간 왕소군(王昭君)의 애달픈 심정을 두고 노래한 시의 한 구절이다.

「오랑캐 땅에는 꽃도 풀도 없으니
봄이 왔다 한들 봄 같지가 않구나.
胡地無花草
春來不似春」

이런 자연 경관을 단순하게 노래한 구절이 점차 인구에 회자되면서 여러 가지 의미가 파생하게 된 것이다. 사람들은 곧잘 자신의 희망이 이루어지지 못할 때 이러한 말로 답답한 심정을 대신하기도 한다.

왕소군은 전한(前漢) 원제(元帝, 재위 기원전 49~기원전 33) 때의 후궁으로, 이름은 장(檣 또는 牆)이고, 자가 소군이다. 일설에는 소군이 이름이고 장이 자(字)라고도 한다. 남군(南郡)의 양가집 딸로 한나라 원제의 후궁으로 들어갔지만, 황제의 사랑을 받지 못하여 비관하고 있었다.

당시 흉노(匈奴)의 침입 때문에 고민하던 한나라는 우호를 유지하기 위한 수단으로 한족 여자를 보내어 혼인을 시키는 관례가 있었다. 기원전 33년 왕소군은 원제의 명으로 한나라를 떠나 흉노의 호한야선우(呼韓邪單于)에게 시집가 알지(閼氏)가 되었고, 그곳에서 아들 하나를 낳았다. 호한야가 죽은 뒤 호한야의 본처의 아들인 복주루선우(復株累單于)에게 재가하여 두 딸을 낳았다.

이것이 역사적 사실인데, 여기에 조금씩 살이 붙어 설화로 윤색되어, 흉노와의 화친정책으로 희생된 비극의 여주인공으로 알려졌다. 그러나 대부분은 사실로 인정하지 않는다.

후한(後漢) 때 쓰인 『서경잡기(西京雜記)』에 보면 다음과 같은 이야기가 나온다.

그 당시 대부분의 후궁들은 화공(畵工)에게 뇌물을 바치고 아름다운 초상화를 그리게 하여 황제의 총애를 받으려고 하였다. 그러나 강직했던 왕소군은 뇌물을 바치지 않아 추한 초상화로 남게 되었고, 그 때문에 오랑캐의 아내로 뽑히게 되었다.

왕소군이 말을 타고 떠날 즈음에 원제가 보니 절세의 미인인 데다 태도까지 단아하여 크게 후회하였으나 이미 어쩔 수 없는 일이었다. 원제는 크게 노하여 왕소군을 추하게 그린 화공 모연수(毛延壽)를 참형에 처했다고 한다.

진(晉)나라 때에는 문제(文帝) 사마소(司馬昭)의 이름과 글자가 같은 것을 피하여 왕명군(王明君)이라 하였고, 명비(明妃)로도 불렸다.

그 뒤 그녀의 슬픈 이야기는 중국 문학에 다양한 소재를 제공하였다.

〈소군사(昭君辭)〉와 〈명군탄(明君歎)〉이라는 한나라의 악부(樂府)가 가장 오래 된 것이고, 그녀를 소재로 한 희곡으로는 원(元)나라 때의 작가 마치원(馬致遠)이 지은 〈파유몽고구한궁추잡극(破幽夢孤坵漢宮秋雜劇) 한궁추(漢宮秋)〉가 가장 유명하다.

진나라의 석계륜(石季倫)이 지은 〈왕명군사병서(王明君辭并序)〉가 있고, 당(唐)나라 이후 이백(李白)과 백거이(白居易) 등 많은 시인들이 그녀를 소재로 시를 읊었다.

또 돈황(敦煌)에서 발견된 〈명비변문(明妃變文)〉에 의하여, 당말오대(唐末五代) 무렵부터 구전문학의 소재가 되었음이 밝혀졌다.

여기서는 이백의 〈왕소군(王昭君)〉 2수(首)를 감상해 본다. 『고문진보(古文眞寶)·전집(前集)』에 나온다.

「소군, 치맛자락으로 구슬 말안장 건드리듯
말 위에 오르니 붉은 두 뺨이 우네
오늘은 한궁 사람이지만
내일이면 오랑캐의 첩이 될 몸
昭君拂玉鞍
上馬啼紅頰
今日漢宮人
明朝胡地妾」

「한나라 진 땅의 달이
달 그림자 뿌리며 명비를 보내네
한 번 옥문관을 나서더니
하늘 끝에 가 다시는 오지 않네
한나라의 달은 여전히 동해에 뜨건만
명비는 서쪽 땅으로 가더니 돌아오지 않네.
연지산은 늘 추워 눈꽃을 만들고
미인은 초췌해져 오랑캐 땅에 묻히네.
살아선 황금이 없어 초상화를 잘못 그리게 하더니
죽어선 청총을 남겨 탄식케 한다.
漢家秦地月
流影送明妃
一上玉關道
天涯去不歸
漢月還從東海出
明妃西嫁無來日
燕支長寒雪作花
峨眉憔悴沒胡沙
生乏黃金枉圖畵
死留靑塚使人嗟」

■ **청총(靑塚)**: 왕소군의 무덤으로 백초(白草)가 자라는 호지(胡地)의 다른 무덤과는 달리 중국의 무덤처럼 푸른 풀이 났다하여 이런 이름이 붙여졌다고 한다.

【용례】 추석이 내일 모렌데 상여금 얘기는 꿩 구워 먹은 소식이니 "춘래불사춘"이로군. 빈손으로 고향 가게 생겼네.

춘면불각효 春眠不覺曉

春: 봄(춘) **眠**: 잠잘(면)
不: 아닐(불) **覺**: 깨달을(각)
曉: 새벽(효)

【뜻풀이】 봄잠에 취해 새벽이 오는 줄도 몰랐다. 좋은 분위기에 젖어 시간이 가는 줄도 모를 때 쓰는 말이다.

【출전】 맹호연(孟浩然, 689~740)의 〈춘효(春曉)〉라는 오언절구에 나오는 구절이다.

「봄잠에 취해 새벽 오는 줄 몰랐더니
곳곳에서 새 지저귀는 소리 드세구나.
밤새워 내린 비바람 소리에
꽃잎도 하염없이 떨어졌을 것을.
春眠不覺曉
處處聞啼鳥
夜來風雨聲
花落知多少」

곤한 졸음에 젖어 시간이 흐르는 줄도 모르고 나른한 잠결에 빠져 버렸다. 밤이 지나고 새벽이 되어서야 새 소리에 잠을 깬다. 봄비는 밤새 내렸고 비바람에 꽃잎들마저 우수수 떨어졌다. 비바람이 봄을 시새워한들, 떨어진 꽃잎들이 처량한 자신의 처지를 안타까워한들 그것이 무슨 대수겠는가? 그 자체가 자연의 순리인 것이다. 오히려 그런 어설픈 감정을 느끼는 인간의 우울한 정서가 거추장스러울 뿐이다.

자연과 인간이 하나로 합일한 가운데 우러나는 시심(詩心)을 읽을 수 있는 작품이다.

【용례】 아니 벌써 퇴근할 시간인가? 깜빡 졸

았는데 거 참, "춘면불각효"로군.

춘소일각치천금 春宵一刻値千金

春 : 봄(춘) 宵 : 밤·작을(소)
一 : 한(일) 刻 : 새길(각)
値 : 당할·가질(치)
千 : 일천(천) 金 : 쇠(금)

【뜻풀이】 봄날 밤의 한가롭고 아름다운 경치는 그 값이 천금과 비교할 수 있다. 그만큼 봄날의 경치는 비교할 수 없을 만큼 빼어나다고 비유할 때 쓰는 말이다.

각은 옛날 시각을 재는 단위다. 하루 낮밤을 100각(刻)으로 나누었을 때 1각은 1시(時)의 10분의 1에 해당한다.

【출전】 소식(蘇軾, 1037~1101)의 〈춘야(春夜)〉라는 칠언절구에 나오는 구절이다.

「봄날 밤의 한순간은 천금에 값하나니
꽃에는 맑은 향기 있고 달 뜨니 그림자진다.
노랫소리 피리 소리 누대에서 간드러지는데
그네는 떨어지고 밤은 깊어만 간다.
春宵一刻値千金
花有淸香月有陰
歌管樓臺聲細細
鞦韆院落夜沈沈」

이 구절이 널리 알려지자 단순한 봄 밤의 정취를 비유하는 데 그치지 않고 때를 만나 흥겹게 놀면서 시간을 아껴 쓴다는 의미도 갖게 되었다.

【용례】 졸업한 지 20년 만에 갖는 동창회가 아닌가. "춘소일각치천금"이라고 한번 흥겹게 놀아 보세. 옛날 기분도 내고 말이야.

춘수모운 春樹暮雲

春 : 봄(춘) 樹 : 나무(수)
暮 : 저녁(모) 雲 : 구름(운)

【뜻풀이】 먼 곳에 있는 친구를 그리워하는 사무친 심정을 비유하는 말이다.

【출전】 이백(李白)과 두보(杜甫)는 당나라 때의 위대한 시인으로 당시에 벌써 이두(李杜)라고 병칭되었던 인물이다.

당나라 현종 천보(天寶) 원년이었다. 이백과 두보는 산동성 일대에서 함께 지낸 적이 있었는데, 두 사람은 함께 산수를 유람하며 시를 짓고 하면서 각별한 사이가 되었다.

그런 뒤 두 사람은 작별을 했는데 그들 사이의 우의는 여전해서 그리운 정을 시에 담아 표현하기도 하였다. 두보가 산동에서 장안으로 돌아온 뒤 이백을 그리면서 쓴 〈춘일회이백(春日懷李白)〉이라는 시가 바로 그 중 한 작품이다.

「이백의 시는 당할 사람이 없고
표연한 시상은 뭇사람이 따르지 못한다.
맑고 새로움은 유신에 버금가고
굳세고 씩씩함은 포조와 비길 수 있다.
봄날에 만발한 위북(장안, 長安)의 꽃나무는 이백을 그리게 하고
강동(소주 일대)에 비낀 석양은 나를 그리게 하리라.
언제 또 다시 만나 술잔 높이 들고
시문에 대해 이야기해 볼 것인가?
白也詩無敵
飄然思不群
淸新庾開府
俊逸鮑參軍

ㅊ

渭北春天樹
江東日暮雲
何時一樽酒
重與細論文」

이 성어는 모운춘수라고도 한다.

【용례】 고등학교 때 단짝 친구를 못 본 지도 벌써 10년이 넘는군. 요즈음에는 가끔 그때 추억이 생각나서 "춘수모운"에 젖을 때가 한두 번이 아니야.

춘재지두이십분 春在枝頭已十分

春 : 봄(춘) 在 : 있을(재) 枝 : 가지(지)
頭 : 머리(두) 已 : 이미(이)
十 : 열(십) 分 : 나눌·분수(분)

【뜻풀이】 봄은 벌써 나뭇가지 끝에 무르익어 있다. 모르는 사이에 어느덧 때가 극점에 이른 것을 비유하는 말이다.

【출전】 대익(戴益)의 〈탐춘(探春)〉이라는 7언절구에 나오는 구절이다.

「하루 종일 봄을 찾아도 만나지 못하고
짚신 신고 다니다 언덕 끝 구름도 밟았네.
돌아오다 우연히 매화나무 가지를 보니
봄은 벌써 가지 끝에 완연히 무르익었구나.
盡日尋春不見春
芒蹊踏遍隴頭雲
歸來適過梅花下
春在枝頭已十分」

참으로 가치 있는 일은 멀리 있는 것이 아니라 바로 주변에 흔하게 널려 있는 법이다. 다만 사람의 영악한 눈길이 여기에 미치지 못할 뿐이다. 아득히 먼 곳에다가 시선을 준 채 자기 옆에 있는 보물을 잃어버리는 경우는 오늘날에도 흔히 볼 수 있다.

【용례】 저 친구 결혼하겠다며 여기저기 들쑤시는데, 내가 보기엔 같은 부서 미스 김과 잘 어울릴 것 같은데 말이야. "춘재지두이십분"이 아니겠어.

춘추오패 春秋五覇

春 : 봄(춘) 秋 : 가을(추)
五 : 다섯(오) 覇 : 제패할(패)

【뜻풀이】 중국 춘추시대 때 천하를 제패한 다섯 임금을 말한다.

【출전】 『춘추』는 공자(孔子)가 엮은 노(魯)나라의 역사책인데, 은공(隱公, 기원전 722년)부터 애공(哀公, 기원전 481년)까지 열두 명의 임금, 242년 동안의 역사를 기록하고 있다. 또 역사 시기를 일컫는 명칭으로도 쓰여 주평왕(周平王) 동천(東遷, 동천으로 수도를 옮김) 이후 위열왕(威烈王)까지 280년 기간을 가리킨다.

이 기간 동안 중국에서는 12개 열국(列國)이 천하를 제패하기 위해 치열한 다툼을 벌였다. 열두 나라의 이름은 노(魯), 위(衛), 정(鄭), 진(晉), 조(曹), 채(蔡), 연(燕), 송(宋), 제(齊), 진(陳), 초(楚), 진(秦)나라가 그것이다.

이들은 당시 천자국이었던 주(周)나라 정권의 정통성을 부분적으로만 인정하면서 자신들이 천하를 지배하는 위치에 오르고자 골몰하였다. 그런 와중에서 일시적으로 중국을 지배한 제후가 나왔는데, 그 중 가장 대표적인 제후, 즉 패자(覇者)가 바로 춘추오패다. 모두 다섯 제후가 이 지위에 올랐다.

그런데 거론하는 사람에 따라 이 오패로 꼽는 인물에 차이가 다소 있다.

순경(荀卿)은 『순자·왕패편(王霸篇)』에서 "제환공(齊桓公)과 진문공(晉文公), 초장왕(楚莊王), 오합려(吳闔閭), 월구천(越勾踐)"을 열거하고 있고, 『좌전·성공(成公) 2년』조의 두주(杜注)에서는 "곤오씨(昆吾氏)와 대팽씨(大彭氏), 시위씨(豕韋氏), 제환공, 진문공"이라 했으며, 『풍속통』과 『맹자·조주(趙注)』에서는 "제환공과 진문공(晉文公), 진목공(秦穆公), 송양공(宋襄公), 초장왕"으로 설정하였다. 어떤 설에 따르면 "제환공과 진문공, 진목공, 초장왕, 오합려"라고도 한다.

한편 전국시대에 천하를 다툰 일곱 나라를 전국칠웅(戰國七雄)이라고 한다. 이는 임금이 아니라 국가별로 묶은 것으로, 진(秦)나라와 초(楚), 연(燕), 제(齊), 조(趙), 위(魏), 한(韓)을 말한다.

【용례】 이번 시의회 선거에서 우리 당 후보가 다섯 개 선거구에서 다 승리를 차지했습니다. 이는 춘추시대 때 다섯 임금이 천하를 제패("춘추오패")한 것 이상의 쾌거라고 하겠습니다.

출이반이 出爾反爾

出 : 날(출) 爾 : 너·뿐(이)
反 : 도리어·돌아갈(반)

【뜻풀이】 자신에게서 나온 일은 결국 그 재앙이 자신에게로 되돌아간다는 뜻으로, 자신의 허물을 반성할 일이지 남의 잘못을 꾸짖을 것은 못 된다는 말이다.

【출전】 『맹자·양혜왕장구(梁惠王章句)』 하편에 다음과 같은 이야기가 나온다.

전국시대 어느 날 추(鄒)나라와 노(魯)나라 사이에 싸움이 있었는데, 추나라 백성들은 전쟁에 협력하지 않았을 뿐 아니라 오히려 통치자들에게 큰 불만을 갖고 있었다. 결국 싸움이 노나라의 승리로 끝나자 추나라 임금인 목공은 맹자(孟子)에게 물었다.

"아시는 바와 같이 저번 전쟁에서 과인의 관원들과 장수들은 무려 33명이나 죽었는데, 백성들은 그것을 보고만 있었을 뿐 누구 하나 구해 주려고 하지 않았습니다. 정말 기가 막힌 일입니다. 백성들의 잘못을 처벌해야 할지 그냥 두어야 할지 모르겠습니다. 만약 처벌한다고 하면 그 수가 부지기수(不知其數)이고 처벌하지 않는다면 나중에 또 관원들이 죽는다 해도 돌아보지 않을 것입니다. 대체 이 일을 어떻게 처리하면 좋겠습니까?"

이에 대해 맹자가 대답하였다.

"대왕의 관원들과 장수들이 많이 죽은 것은 사실입니다. 그러나 전쟁과 굶주림 속에서 고통받은 백성들은 어떠했겠습니까? 늙은 사람들과 병든 이들은 목숨을 잃었고 건장한 사람들은 산지사방(散之四方)으로 도망치고 말았습니다. 죽은 이들로 골짜기가 메워졌고 달아난 이들의 처자식들은 흩어져서 수난을 당한 사람들이 적어도 몇 천 명은 될 것입니다.

대왕께서는 백성들이 나와 싸우지 않았다고 원망하고 있지만, 그 관원들 중 누가 백성들의 이런 참담한 사정을 걱정한 이가 있었습니까? 대왕의 창고에는 곡식으로 가득 차 있었지만 관원들은 아무도 백성들의 어려운 형편을 대왕에게 알리지 않아 백성들은 굶주림에 떨어야 했습니다.

증자(曾子)가 말씀하시기를 '너에게로부터

나온 것은 너에게로 되돌아가느니라.(出乎爾者 反乎爾者也)'라고 하셨습니다. 백성들이 지난 날 관원들이 그들에게 해를 끼친 것을 오늘 이렇게 앙갚음한 것이니 어찌 백성들을 나무랄 수 있겠습니까? 임금으로서 백성들에게 관심을 가진다면 백성들도 당연히 대왕의 입장을 옹호할 것입니다."

출이반이는 바로 출호이자 반호이자야(出乎爾者 反乎爾者也)라는 말에서 나온 성어인데, "가는 말이 고와야 오는 말도 곱다."는 속담과 비슷한 의미를 담고 있다.

때로는 이 성어를 쓰면서 생각이나 행동이 자꾸 이랬다저랬다 하며 달라져서 주관이 없는 것을 비유하기도 한다.

【용례】 네가 걔를 그렇게 못살게 굴었으니 이런 치욕을 겪는 것도 한편으론 당연해. "출이반이"야. 어쩌겠냐, 감수해야지.

출필고반필면
出必告反必面

出 : 나갈(출) 必 : 반드시(필)
告 : 아뢸(고) 反 : 돌아올(반)
面 : 얼굴(면)

【뜻풀이】 일 때문에 집 문을 나설 때도 반드시 부모님께 말씀드리고, 일을 마치고 돌아와서도 반드시 얼굴을 뵙고 귀가했음을 알려야 한다는 말이다. 부모님이 걱정하지 않도록 한다는 뜻으로, 부모를 섬기는 사람의 당연한 자세요, 효의 시초라고 할 수 있다. 줄여서 출고반면(出告反面)이라고도 한다.

【출전】 『예기(禮記)·곡례(曲禮)』 상편에 다음과 같은 말이 나온다.

"무릇 남의 자식 된 사람은 외출할 때는 반드시 부모님께 아뢰어야 하고 돌아와서는 반드시 뵈어야 한다. 놀 때에도 반드시 일정한 행선지를 두어야 하고, 익히는 것은 반드시 과업이 있으며, 말할 때에는 스스로 늙었다고 하지 말아야 한다. 나이가 두 배 많으면 아버지로 그를 섬기고, 10년 정도 많으면 형으로 섬기며, 5년이 많으면 그와 어깨를 나란히 해서 따른다. 함께 있는 사람이 다섯 사람이 되면 어른은 반드시 자리를 다르게 한다.(夫爲人子者 出必告 反必面 所遊必有常 所習必有業 恒言不稱老 年長以倍 則父事之 十年以長 則兄事之 五年以長 則肩隨之 群居五人 則長者必異席)"

【용례】 그래, 학교에 온다고 해 놓고 사흘 동안이나 연락도 없이 놀았단 말이지. 남들은 "출필고반필면"한다던데 너는 어째 그 모양이냐?

충신불사이군
忠臣不事二君

忠 : 충성할(충) 臣 : 신하(신)
不 : 아닐(불) 事 : 일·섬길(사)
二 : 둘(이) 君 : 임금(군)

【뜻풀이】 충신은 두 임금을 섬기지 않는다. 이 성어 뒤에는 으레 "열녀는 두 지아비를 바꾸지 않는다.(烈女不更二夫)"는 말이 이어진다.

【출전】 『사기·전단열전(田單列傳)』에 다음과 같은 이야기가 나온다.

전국시대 제(齊)나라의 신하였던 왕촉(王蠋)이 한 말이다.

"충신은 두 임금을 섬기지 않고 정숙한 여

자는 두 지아비를 바꾸지 않는다. 나는 목숨을 건지고 의롭지 못하게 살 바에야 차라리 삶겨 죽을 것이다.(忠臣不事二君 貞女不更二夫 吾與其生而無義 固不如烹)"

그도 사실은 자신이 이 말을 만든 것은 아니고 전부터 떠돌던 속담을 인용한 것에 지나지 않는다.

이런 유사한 말은 여러 문헌에 보인다. 『자아자(子牙子)』에는 "충성스러우면 두 마음을 먹지 않는다.(忠則無二心)"고 했고, 『사기·노중련열전(魯仲連列傳)』에 보면 "충신은 자신을 앞세우고 임금을 뒤로 하지 않는다.(忠臣不先身後君)"는 말이 있다.

또 『사기·악의열전(樂毅列傳)』에는 "신이 들으니 군자는 사귐을 끊을 때 악한 소리를 내지 않으며, 충신이 나라를 떠날 때는 그 이름을 깨끗하게 하려 하지 않는다.(臣聞 君子交絶 不出惡聲 忠臣去國 不潔其名)"는 말이 있다.

『후한서·위표전(韋彪傳)』에는 공자(孔子)의 말을 인용해서 "충신을 구할 때는 반드시 효자의 집안에서 구한다.(求忠臣 必於孝子之門)"는 말도 보인다.

그리고 안자순(安子順)의 평에 "제갈공명의 〈출사표〉를 읽고서 눈물을 흘리지 않는 사람은 반드시 충성스럽지 못할 것이고, 이영백(이밀)의 〈진정표〉를 읽고서 눈물을 흘리지 않는 사람은 반드시 효자가 아닐 것이다.(讀孔明出師表 而不墮淚者 其人必不忠 讀令伯陳情表 而不墮淚者 其人必不孝)"라는 말이 있다.

이런 충신관(忠臣觀)은 후대에 조장된 부분도 적지 않지만, 절대 왕권이 유지되어야만 정권의 안정을 기약할 수 있었던 체제 아래서는 대단히 유용한 논리일 수도 있었다.

【용례】 저는 이 회사와 사장님과 운명을 함께하기로 작정했습니다. "충신불사이군"이라고 제 잔뼈가 굵은 회사를 버리고 어디를 가겠습니까?

취모멱자 吹毛覓疵

吹 : 불(취) 毛 : 털(모)
覓 : 찾을(멱) 疵 : 흉터·흉볼(자)

【뜻풀이】 머리카락을 불어가며 하자를 찾는다. 야박하고 가혹한 행동이나 정치를 비유하는 말이다.

【출전】 『한비자·대체편(大體篇)』에 보면 "머리카락을 불어 가며 작은 허물이라도 찾으려고 한다.(吹毛而求小疵)"는 말이 있다.

장열(張說)도 〈악잠(嶽箴)〉에서 이런 말을 하였다.

"귀하게 여길 것은 어짊과 용서이니 마음대로 되지 않는 것을 자랑하지는 않는다. 벼슬아치가 진실로 머리털을 불어댄다면 사람들이 어디다 수족을 두겠는가?(所貴仁恕 非矜窘束 吏苟吹毛 人安措足)"

가혹한 통치로 말미암아 고통을 당하는 것은 백성들뿐이다. 그러나 그들은 고통을 인내하며 살기만 하지는 않는다. 그들이 고통을 떨치고 일어날 때 결국 나라도 함께 무너져 버리는 것이다.

『사기·중산정왕열전(中山靖王列傳)』에도 취모구자(吹毛求疵)라는 말이 나온다.

【용례】 선생님, 저희들이 항상 옳은 것은 아닙니다만 그렇게 하신다면 털어 먼지 안 날 사람이 어디 있겠습니까. "취모멱자"도 정도를 지키셔야 하리라 생각합니다.

ㅊ

취옹지의 醉翁之意

醉 : 술취할(취) 翁 : 늙은이(옹)
之 : 어조사(지) 意 : 뜻(의)

【뜻풀이】 술에 취한 늙은이의 뜻. 다른 의도나 속셈이 있거나 안팎의 모습이 다르다는 뜻이다.

【출전】 북송의 유명한 문인 구양수(歐陽脩, 1007~1072)는 그가 저주(滁州)태수로 있을 적에 〈취옹정기(醉翁亭記)〉라는 유명한 글을 썼는데 그것은 저주현성 서남쪽 낭야산(瑯琊山)에 있는 정자 이름을 따서 지은 글이었다.

전하는 바에 따르면 그 정자는 지선(智僊)이라고 하는 스님이 지은 것인데 구양수가 취옹정이라는 이름을 붙였다고 한다.

그러면 어째서 정자의 이름을 취옹정이라고 지었는가? 이에 대해 구양수는 자신의 글에서 "태수가 친구들과 함께 여기 와서 술을 조금만 마시고도 취했고 또 나이도 가장 많은지라 그래서 스스로 호를 취옹이라고 하였다."고 쓰고 있다.

그러면 조금만 마셔도 취하는데 무엇 때문에 술을 즐겨 하는가? 이에 대해 구양수는 역시 같은 글에서 이와 같이 쓰고 있다.

"취옹의 뜻은 술에 있지 않고 산수 사이에 있기 때문에 산수의 즐거움은 마음에서 얻고 술에 기탁하는 것이다.(醉翁之意不在酒 在乎山水之間也 山水之樂 得之心而寓之酒也)"

말하자면 술을 마시기 위해 마시는 것이 아니라 산수를 감상하기 위한 것으로서 술기운을 빌려 산수를 흔상(欣賞)하기 위해 즐겁게 취한다는 것이다. 이리하여 취옹지의부재주(醉翁之意不在酒)라는 성어가 나왔는데 간략해서 취옹지의라고도 한다.

그러나 원래의 뜻과는 달리 오늘날에는 "다른 속셈이 있다."는 말로 쓰이고 있다.

【용례】 그 사람 말은 겉과 속이 다른 경우가 많았습니다. "취옹지의"을 가지고 있는 사람이니 무조건 다 들어 주어서는 안 된다고 생각합니다.

취이대지 取而代之

取 : 가질(취) 而 : 어조사(이)
代 : 대신할(대) 之 : 어조사(지)

【뜻풀이】 다른 사람을 몰아내고 자기가 대신하다. 무엇이 무엇을 대체하다.

【출전】『사기·항우본기』에는 항우(項羽)의 소년 시절에 관한 다음과 같은 이야기가 있다.

당시 진시황(秦始皇)은 연·조·한·위·제·초 여섯 나라를 멸하고 천하를 통일한 다음 자신의 위세를 떨치기 위해 부지런히 전국을 순시하였다.

어느 날 남방을 순시할 때였다. 진시황의 어마어마한 어가(御駕, 임금이 탄 수레)가 절강(浙江, 오늘날의 강소성 오현 근처)을 지나갈 때 항우와 그의 숙부 항량(項亮)도 수많은 사람들 틈에 끼여 길 옆에 서서 구경하고 있었다. 그때 소년 항우는 진시황의 어가를 바라보며 "저자를 몰아내고 우리가 대신할 수 있다.(彼可取而代之也)"고 한마디 불쑥 던지는 것이었다.

이에 항량은 소스라치게 놀라 항우의 입을 손으로 막으면서 조용히 꾸짖었지만 속으로는 그의 담력에 찬탄을 금할 수 없었다.

사실 항량 자신도 진나라를 뒤엎고 초나라를 회복하려는 생각을 품은 지 오랜 터였다. 그러다가 그 후 진승(陳勝)과 오광(吳廣)의 봉기가 일어나자 항량과 항우도 이 전쟁에 투신했다.(➡ 발산거정撥山擧鼎 · 선발제인先發制人 참조)

【용례】 왕후장상(王侯將相)의 씨가 따로 있는 건 아니잖아. 능력만 있다면 누구나 "취이대지"할 수 있는 게 민주 사회 아니겠어?

치강인의 差强人意

差 : 들쑥날쑥할(치)/어긋날(차)
强 : 힘셀 · 억지로(강)
人 : 사람(인) 意 : 뜻(의)

【뜻풀이】 사람이나 일이 다른 사람을 흡족하게 만족시키다.

【출전】 『후한서 · 오한전(吳漢傳)』에 다음과 같은 이야기가 나온다.

왕망(王莽) 말년 유수(劉秀)의 수하에 있던 오한이라는 사람은 행동거지가 바르고 말수가 적은 과묵한 사람이었다. 유수는 처음에 그를 그다지 중용하지 않다가 나중에 다른 장수들이 오한이 용감하다고 자주 칭찬하는 말을 듣고 차차 주의를 기울여 보게 되어 마침내 편장군 · 대장군으로 승진시켰다.

오한은 유수에게 충성을 다했다. 유수를 위해서는 목숨을 아끼지 않았으며 밤에도 유수가 깨어 있으면 항상 곁에서 호위하였다. 때문에 유수는 후한(後漢)을 세우고 황제가 된 다음 오한을 대사마(大司馬)에 임명하였다.

오한은 대사마가 된 뒤에도 매번 전투가 있을 때마다 유수를 그림자처럼 따라다니며 보호하였고, 싸움에 져서 군사들의 사기가 떨어지면 그는 언제나 병사들을 독려하면서 용기를 북돋아 주었다.

어느 날 싸움에서 지게 되자 장수들의 사기가 땅에 떨어졌다. 이때 유수는 오한이 주변에 없음을 발견하고 군졸들을 시켜 찾아보게 했더니 군사들이 돌아와서 "대사마께서는 지금 무기들을 점검하면서 진공할 준비를 갖추고 있습니다."라고 보고하였다.

유수는 그 말을 듣고 "오공은 실로 대단하구나(吳公差强人意)!"라며 감탄을 금치 못했다고 한다.

육유(陸游, 1125~1210)의 시 〈주행희서(舟行戲書)〉에 보면 "돛을 펼친 바다 포구에서 의기가 자못 떨치노니, 가을 파도를 누워 보며 먼 하늘을 차올린다.(揚帆海浦差强意 臥看秋濤蹴遠天)"라는 구절이 있다.

【용례】 실력도 없는 놈이 들어와서 "치강인의"하며 한몫 보는 회사가 됐으니, 앞날이 뻔하다. 나도 내 속이나 차려야겠어.

치인설몽 痴人說夢

痴 : 어리석을(치) 人 : 사람(인)
說 : 말씀 · 말할(설) 夢 : 꿈(몽)

【뜻풀이】 바보가 꿈 이야기를 하다. 앞뒤가 맞지 않는 허튼소리를 일컫는 말이다.

이 성어는 본래 "바보 앞에서 꿈 이야기를 하다." 또는 "바보 앞에서 꿈 이야기를 해서는 안 된다."는 뜻이었는데, 어떻게 해서 치인설몽이 되었는지는 알 수 없다.

그러나 문자적인 해석 여부에 관계없이 말

하는 사람의 어리석음을 비웃는 뜻이 아니라 듣는 사람의 어리석음을 풍자하고 있다.

【출전】 송나라 때의 승려 석혜홍(釋惠洪)이 편찬한 『냉재야화(冷齋夜話)』에 다음과 같은 이야기가 있다.

당나라 고종 용삭(龍朔) 연간(661~663)에 외국에서 어떤 중이 중국에 왔는데, 당시 그의 이름과 국적을 아는 사람이 하나도 없었다.

어느 날 그 승려가 말하는 모습과 행동거지를 보고 어떤 사람이 "성이 무엇입니까?(何姓)" 하고 묻자, 그 승려는 똑같이 "성이 무엇입니까?(何姓)" 하고 대답하고, 다시 "어느 나라 사람입니까?(何國人)" 하고 묻자 역시 "어느 나라 사람입니까?(何國人)" 하고 대답했다.

이 말을 들은 중국 사람은 그의 성은 아마도 하씨(何氏)일 것이고 하(何)나라에서 온 사람일 것이라고 짐작했다. 그 후 그 외국 승려가 세상을 떠나자 이옹(李邕)이라는 사람이 그의 비석에 "대사의 성은 하씨이고 하나라 사람이었다."라고 써 놓았다.

『냉재야화』의 작자는 이 이야기를 서술한 다음 "이것을 가리켜 이른바 바보에게 꿈 이야기를 하는 것이라 하겠다.(此正所謂痴人說夢耳)"라고 했다.

이와 같이 그 외국 승려는 혹시 언어가 통하지 않아 그렇게 대답했을 수도 있고, 혹시 자신의 이름과 나라를 밝히기 싫어서 일부러 그렇게 대답했을 수도 있는데, 듣는 사람이 그것을 멋대로 해석한 결과 생긴 우스개 이야기라고 하겠다.

【용례】 도대체 네 얘기는 무슨 소린지 종잡을 수가 없어. "치인설몽"하는 말을 듣고 있는 것 같으니, 네가 천재냐? 아니면 내가 바보냐?

치주안족사 巵酒安足辭

巵 : 술잔(치) 酒 : 술(주)
安 : 어찌(안) 足 : 만족할(족)
辭 : 사양할(사)

【뜻풀이】 큰 잔에 채운 한 잔 술을 어찌 사양하겠는가? 이 말은 주당들이 술을 권하거나 억지로 주는 술잔을 받아 마실 때 쓴다.

【출전】 『십팔사략(十八史略)』에 다음과 이야기가 있다.

유방(劉邦)이 먼저 함양(咸陽) 땅에 도착한 뒤 항우(項羽)가 뒤이어 입성하였다. 군사력에서 절대적으로 열세인 유방은 결국 함양을 공략한 공을 항우에게 돌리고서야 목숨을 부지할 수 있었다. 그 행사가 벌어진 곳이 홍문(鴻門)이었다.

항우의 아부(亞父)였던 범증(范曾)의 충고에 따라 유방을 죽이겠다고 약속한 항우는 술에 거나하게 취하자 약속을 이행할 생각을 하지 않았다. 안달이 난 범증은 항장(項莊)을 시켜 죽이고자 했지만 그도 여의치 않게 되었다.

이때 유방이 위험에 처했다는 소리를 듣고 달려온 사람이 번쾌(樊噲)였다. 기골이 장대한 번쾌가 연회장으로 뛰어들자 항우는 술 한 잔을 권했다. 그 잔은 말이 좋아 술잔이지 사실은 사발이나 다름없는 큰 것이었다. 번쾌는 이를 받아 그 자리에서 기세 좋게 들이켰다.

"더 마시겠는가?"

"사내대장부가 어찌 술을 마다하겠소이까(巵酒安足辭)? 그러나 사람을 초대해 놓고 그를 죽이려는 것은 도리에 어긋난 행동이라 생각하오."

이 와중에 유방은 무사히 자기 진영으로 달

아나고 말았다.(➡ 수자부족여모竪子不足與謀 · 항장무검項莊舞劍 참조)

이 이야기에서 나온 성어가 치주안족사이다.

【용례】 내가 아무리 술을 못 한들 오늘 같은 날 "치주안족사"하겠냐?

치지도외 置之度外

置 : 둘(치) 之 : 갈(지)
度 : 법도 · 정도(도) 外 : 바깥(외)

【뜻풀이】 정도 바깥으로 밀어두다. 염두에 두지 않거나 아랑곳하지 않는 태도를 비유하는 말이다.

【출전】 『후한서 · 외효전(隗囂傳)』에 다음과 같은 이야기가 있다.

전한 말년 유수(劉秀)가 왕망 정권을 뒤엎고 후한을 세운 뒤의 일이다. 광무제 유수는 새 나라를 세우고 황제가 되었지만 후한 초기 국내는 아직도 통일되지 못하고 군벌들의 할거 상태가 여전히 지속되고 있었다. 그들은 겉으로는 후한을 섬기는 척했지만 진심으로 섬기는 것은 아니었다. 그리고 적미군(赤眉軍)과 같은 농민군도 횡행해서 광무제는 5년이라는 시간을 허비하고 나서야 겨우 기본적인 통일을 이룩할 수 있었다.

그러나 감숙의 외효와 사천의 공손술(公孫述)은 여전히 강력한 세력으로 남아 있었다. 이때 외효는 유수에 대해 자신을 신하라고 낮추면서 아들을 낙양에 보내 벼슬을 하게 하는 등 귀순하는 척했지만 실상은 그렇지 않았다. 그리고 공손술은 스스로 촉왕이라 하면서 수십만 대군을 거느린 채 사천에 웅거하고 있었다.

당시 유수는 교통이 불편하여 이들을 제압할 수 없자 "이 두 사람은 잠시 내버려두자.(且當置此兩子於度外耳)"라고 말했는데, 유수가 그들을 소탕한 것은 상당한 시간이 지난 뒤의 일이었다.(➡ 득롱망촉得隴望蜀 참조)

치지도외는 바로 유수의 말에서 나온 성어로, 치지도외라고 직접 쓰기도 하고, 유수의 말대로 치차양자우도외라고도 한다.

【용례】 너무 세부적인 문제만 걸고넘어지다가는 밤을 새워도 모자랄 겁니다. 그런 문제는 담당관에게 맡겨 여기서는 일단 "치지도외"하고 원칙적인 문제에 대해서만 토의합시다.

친통구쾌 親痛仇快

親 : 가까울 · 어버이(친)
痛 : 아플 · 아파할 · 슬퍼할(통)
仇 : 원수(구) 快 : 통쾌할(쾌)

【뜻풀이】 자기 편 사람들은 가슴 아파하고 적들은 좋아할 일 처리를 비유하는 말이다. 제 살을 파먹는 어리석은 짓을 비유하는 말이다.

【출전】 『후한서 · 주부전(朱浮傳)』에 다음과 같은 이야기가 있다.

후한 광무제 때 주부와 팽총(彭寵)이라는 장군이 있었는데, 그들은 모두 후한을 건국하는 데 공로가 컸던 사람들이었다. 그런데 왕으로 봉해질 줄 알았던 팽총은 왕은커녕 유주목 주부의 관할 밑에 들어가게 되었다.

이에 팽총은 주부에게 불만이 많았는데 주부는 이것을 광무제에게 고발하고 말았다. 주부의 고발을 받은 광무제는 곧 팽총을 도읍지인 낙양으로 소환하려 했지만 주부의 장난인 줄 안 팽총은 어명에 따르지 않고 군사를 풀어 주부를 치기 시작했다.

이에 주부는 팽총에게 글을 보내 그의 소행을 꾸짖으면서 말했다.

"천하를 안정시킨 이는 사사로운 원수가 없으며, 지난날의 일로 해서 자신을 그르쳐서도 안 될 것이다. 원컨대 늙은 어머니와 어린 아우가 있는 점에 유의하기 바란다. 무슨 일을 하든지 자기 편 사람들의 가슴을 아프게 하여 적들로 하여금 기뻐하게 해서는 안 된다.(定海內者無私讐 勿以前事自誤 願留意顧老母幼弟 凡擧事無爲親厚者所痛 而爲見仇者所快)"

바로 이 말에서 나온 성어가 친자소통 구자소쾌(親者所痛 仇者所快) 또는 친자통 구자쾌(親者痛 仇者快)라는 것인데, 친통수쾌(親痛讐快)라고도 한다.

【용례】 이번 사업 계획을 포기한다면 우리 회사와 경쟁회사에서 보기에 "친통구쾌"할 일이야.

칠거지악 七去之惡

七 : 일곱(칠) 去 : 내쫓을(거)
之 : 어조사(지) 惡 : 악(악)

【뜻풀이】 아내를 내쫓을 수 있는 일곱 가지 허물. 삼종지도(三從之道)와 함께 봉건 사회에서 여성을 사회적으로 억압했던 제도다.

물론 부정적인 측면이 강한 제약이긴 했지만 "함께 고생했던 아내는 당에서 내려가게 할 수 없다.(糟糠之妻不下堂)"고 해서 칠거지악의 허물이 있다고 해도 내쫓을 수 없는 단서를 달아 이런 장치가 악용되는 것을 나름대로 방지하고 있다.

【출전】 『대대례기(大戴禮記)·본명편(本命篇)』에 나오는 말이다. 그 조목을 열거하면 다음과 같다.

① 불순구고거(不順舅姑去) : 부모에게 순종하지 않으면 내쫓는다.
② 무자거(無子去) : 자식을 낳아도 아들을 못 낳으면 내쫓는다.
③ 음거(淫去) : 부정한 행동을 저지르면 내쫓는다.
④ 유악질거(有惡疾去) : 나쁜 질병에 걸렸으면 내쫓는다.
⑤ 투거(妬去) : 투기가 심하면 내쫓는다.
⑥ 다언거(多言去) : 말이 많으면 내쫓는다.
⑦ 절도거(竊盜去) : 손버릇이 나쁘면 내쫓는다.

그러나 한편으로 삼불거(三不去)라 해서 칠거지악에 걸린다 해도 내쫓을 수 없는 경우도 있다.

① 함께 부모의 삼년상을 치른 아내는 내쫓지 못한다(與共更三年喪不去).
② 시집와서 몹시 고생하며 살림을 이룬 아내는 내쫓지 못한다(前貧賤後富貴不去).
③ 내쫓으면 갈 곳이 없는 아내는 내쫓지 못한다(有所取無所歸不去).

이와 비슷한 관례로 오불취(五不取)란 것도 있다. 이것은 사위를 얻을 때 남편감으로서 자격이 없는 다섯 가지 경우를 열거한 것이다.

① 역가자불취(逆家子不取) : 역적의 집안 사람은 취하지 않는다.
② 난가자불취(亂家子不取) : 난잡한 집안 사람은 취하지 않는다.
③ 세유형인불취(世有刑人不取) : 대대로 형벌을 받은 집안 사람은 취하지 않는다.
④ 세유악질불취(世有惡疾不取) : 대대로 나쁜 병이 있는 집안 사람은 취하지 않는다.
⑤ 상부장자불취(喪父長子不取) : 아버지와 사별한 장남은 취하지 않는다.

또 오불취(五不娶)도 있다. 이것은 아내를 얻을 때 아내로서 자격이 없는 다섯 가지 경우를 말한다.

① 상부지장녀불취(喪婦之長女不娶) : 상을 당한 여자의 장녀는 취하지 않는다.
② 세유악질불취(世有惡疾不娶) : 대대로 나쁜 병이 있는 집안 여자는 취하지 않는다.
③ 세유형인불취(世有刑人不娶) : 대대로 형벌을 받은 집안 여자는 취하지 않는다.
④ 난가녀불취(亂家女不娶) : 어지러운 집안 여자는 취하지 않는다.
⑤ 역가자불취(逆家子不娶) : 역적의 집안 여자는 취하지 않는다.

이런 제약이 얼마나 지켜졌는가는 고증할 수 없지만 나름대로의 윤리 의식을 가지고 그에 근거해서 시행된 것만은 감지할 수 있다. 모든 사람이 평등하다는 현대에 오히려 새로운 계급 제도가 형성되는 것을 우리는 더욱 경계해야 할 것이다.

【용례】 아내가 아이를 낳지 못한다고 해서 집안에서는 난리야. "칠거지악"이라나 뭐라나 하면서 떠드는데, 아내가 들어와서 우리 집이 이 정도나마 먹고 살게 되었는데 어떻게 그런 소리를 할 수가 있지?

칠보지재 七步之才

七 : 일곱(칠) 步 : 걸음·걸을(보)
之 : 어조사(지) 才 : 재주(재)

【뜻풀이】 일곱 발자국을 걷는 짧은 시간 동안 글을 짓는 재주.

【출전】 『세설신어·문학편(文學篇)』에 다음과 같은 이야기가 있다.

후한 말기 조조(曹操)의 아들 조비(曹丕)가 한나라 현제를 몰아내고 스스로 제위에 오르니 그가 바로 삼국을 통일한 위나라의 첫 황제 위문제다. 그런데 조비는 사람됨이 너그럽지 못하고 질투심이 강해서 늘 아우인 조식(曹植)을 질시했는데, 황제가 되면서는 공개적으로 아우를 괴롭히기 시작했다.

조식은 어렸을 때부터 총명했고 특히 글재주가 비상해서 열 살 때 벌써 훌륭한 시를 지었다.(☞ 재점팔두才占八斗 · 하필성문下筆成文 참조) 그래서 조조는 그의 생전에 막내아들인 조식을 특별히 사랑했다.

어느 날 위문제 조비는 조식을 해칠 목적으로 스스로 일곱 발자국을 걸을 동안에 시를 짓지 못하면 사람들을 속인 죄로 다스리겠다고 하면서 협박했다. 이에 조식은 할 수 없이 시를 읊었는데 일곱 발자국 만에 시를 한 수 지었다. 이것이 바로 유명한 〈칠보시(七步詩)〉다.

「콩깍지로 콩을 삶으니,
콩은 솥 속에서 흐느끼도다.
본디 한 뿌리에서 태어났건만,
어찌하여 이토록 성급하게 태우는가?
煮豆燃豆萁
豆在釜中泣
本是同根生
相煮何太急」

같은 핏줄을 타고난 형제간으로서 어떻게 이럴 수 있느냐며 형을 질책하는 은유가 깔린 작품이다.

이렇게 해서 뒷날, 내부에서 일어나는 불화나 골육상잔(骨肉相殘)을 가리켜 자두연기(煮豆燃萁), 기두상자(萁豆相煮) 또는 상자하급(相煮何急)이라 하였고, 글 재주가 비범한 것을 가리켜 칠보지재 또는 칠보성장(七步

成章)이라 했다.

【용례】 컴퓨터가 일반화되면서 아무나 소설을 쓰는 경향이 있어. 그러다 보니 정말 "칠보지재"와 같은 뛰어난 능력을 지닌 작가가 오히려 무시되는 일까지 생기지 않을까 걱정돼.

칠신탄탄 漆身呑炭

漆 : 옻칠할(칠) 身 : 몸(신)
呑 : 삼킬(탄) 炭 : 숯(탄)

【뜻풀이】 몸에 옻칠을 하고 숯덩이를 삼키다. 은인을 위해서라면 아무리 어려운 일이라고 해도 서슴없이 감행하는 충정을 비유하는 말이다.

【출전】 『사기 · 자객열전(刺客列傳)』에 다음과 같은 이야기가 있다.

춘추시대 말기에 진(晉)나라는 사분오열(四分五裂)되어 결국 진나라의 실력자 지백(智伯), 조(趙)나라 열후(烈侯) 조적〔趙籍, 자(字)는 양자(襄子)〕, 한(韓)나라 경후(景侯) 한호(韓虎), 위(魏)나라 문후(文侯) 위사(魏斯) 등 몇 사람의 권력자들에 의해 갈가리 찢겨졌다. 그들은 다시 권력을 독점하기 위해 서로 혈투를 벌였다.

이때 예양(豫讓)이란 사람이 지백 밑에서 일하고 있었다. 지백은 처음에는 승기를 잡아 조양자를 공격해서 수공(水攻)을 펼치는 등 기세가 당당하였다. 그런데 동맹군이었던 한나라와 위나라가 배신을 해서 그만 패배하고 마침내 죽음까지 당하고 말았다.

예양은 주군의 복수를 맹세하며 때를 기다렸다. 그러다가 조양자의 집 화장실로 숨어들어가 기회를 노리던 중 그만 발각되고 말았다. 조양자가 왜 자신을 암살하려 했는지 물었다.

"지백은 이미 죽었고, 억울하게 죽은 것도 아니다. 다만 하늘의 운이 따라 주지 않았을 뿐이다. 그런데 왜 나를 해치려고 하는가?"

"지백은 나를 국사(國士)로 대해 주셨다. 그러니 나도 마땅히 국사로서 지백에게 보답할 뿐이다."

그러자 조양자는 그를 충신의사(忠臣義士)라 하면서 석방시켰다. 그래도 예양은 여전히 복수를 위해 동분서주(東奔西走)하였다. 그는 자신의 몸에 옻칠을 해서 문둥병 환자처럼 보이게 하고 숯을 삼켜 벙어리인 척하며 다리 밑에 머물면서 좋은 기회가 오기를 기다렸다. 예양은 워낙 외모를 감쪽같이 바꾸었기 때문에 그의 아내마저도 못 알아볼 정도였다. 다만 그의 친구가 그를 알아보고서는 타이르며 말했다.

"여보게, 정말 그렇게 조양자를 죽이고 싶다면 그의 휘 하에 들어가 기회를 엿보는 것이 좋지 않겠는가?"

그러자 예양이 대꾸했다.

"그럴 수는 없다. 그렇게 되면 내가 두 마음을 품는 꼴이 된다. 아무리 복수가 힘들더라도 어찌 후세에 두 마음을 품었다는 말을 남기겠는가?"

친구도 이런 그의 결심에 더 이상 어쩌지 못하고 물러나고 말았다.

그러던 중 조양자가 다리를 지나간다는 소식을 들은 예양은 다리 밑에 웅크리고 숨어서 비수로 찌를 기회만 노리고 있었다. 그런데 다리 앞에 이르자 말이 더 이상 나아가려고 하지 않았다. 이상하게 여긴 조양자가 다리를 살피게 하니 과연 예양이 숨어 있었다. 조양자가 말했다.

"나를 한 번 죽이려다가 실패했으니 그대도 옛 주인을 위해 할 일은 다 했다. 나 역시 그대에게 할 도리는 다 했다고 생각한다. 그런데 아직도 내 목숨을 노린다니 어쩔 수 없구나."

부하에게 명령을 내려 목을 치라고 하자 예양이 입을 열었다.

"마지막으로 당신의 옷이라도 베어서 주인의 복수를 하게 해 주시오."

조양자는 그의 뜻이 갸륵해 자기 옷을 내주었다.

"지백이시여! 지백이시여! 이제 복수를 했습니다."

들고 있던 비수로 조양자의 옷을 서너 번 내리치더니 예양은 칼로 자기 가슴을 찔러 목숨을 끊고 말았다.

【용례】 개가 주인을 지키려고 강도와 싸우다가 죽었다며. 사람도 못 하는 "칠신탄탄"을 미물인 개가 하다니, 사람보다 나은 개로군.

칠종칠금 七縱七擒

七 : 일곱(칠) 縱 : 놓아줄·방종할(종)
擒 : 잡을(금)

【뜻풀이】 일곱 번 잡고 일곱 번 놓아 주다. 상대를 완전하게 제압하기 위해서 강압적인 수단보다는 마음으로 굴복하게 만드는 것을 말한다.

【출전】 『삼국지·촉지(蜀志)·제갈량전』에 다음과 같은 이야기가 있다.

유비(劉備)가 영안에서 병으로 위독할 때 성도(成都)에 있던 제갈량(諸葛亮)을 급히 불러 유언을 남겼다.

"경의 재능은 조비(曹丕)보다 훨씬 뛰어나니 능히 나라를 안정시키고 큰일을 이룰 수 있을 것이오. 내 아들 유선(劉禪)이 그대가 보필해서 제위를 유지할 만한 인물이라고 여겨지면 잘 보좌해 주고, 만약 그렇지 못하다면 그대가 서촉의 주인이 되어 주시오."

제갈량은 유비의 이 말을 듣고 눈물을 흘리면서 말했다.

"신이 어찌 감히 그럴 수 있겠습니까? 신은 오직 충정을 아끼지 않고 태자를 보필하는 데 전심전력(專心專力)을 기울일 뿐입니다."

유비가 죽은 뒤 제갈량은 한마음 한뜻으로 후주 유선을 보필하였다. 이때 유비가 죽은 것을 기회로 익주군〔益州郡, 지금의 운남성 보령(普寧)〕의 옹개(雍闓), 이왕 고정원(高定元), 양가〔귀주성 평월(平越)〕 태수 주포(朱褒)가 군사를 일으켜 촉한을 배반하였다. 실로 나라의 앞날이 바람 앞의 등불처럼 위태로운 순간이었다.

임금은 아직 어리고 나라가 어지러운 이때 이들 오랑캐의 반란은 다른 지역에도 영향을 줄 여지가 많았다. 그러나 단순히 군대를 파병해서 이들을 진압한다면 일시적으로 그들을 굴복시킬 수는 있겠지만 언젠가 다시 모반을 일으킬 가능성은 얼마든지 있었다.

그래서 제갈량은 밖으로는 연오방위(聯吳防魏), 즉 오나라와 연합해 위나라를 막는다는 정책을 쓰고 안으로는 생산을 증대시키는 정책을 실시해서 서남 오랑캐의 모반에 대한 문제는 잠시 뒤로 미루고 나라의 안팎이 안정된 다음 자신이 직접 군대를 인솔해서 남이(南夷)로 출정하였다.

제갈량은 적의 진영 내에서 내분이 일어나도록 만들어 옹개를 죽이게 한 다음 다시 고정원을 공격하였다. 이때 옹개를 대신해서 출병한 오랑캐 장수는 맹획(孟獲)이었다. 맹획의 군대는 노수(瀘水) 남쪽에 본거지를 두고 있었다. 노수를 건너는 것도 쉽진 않았지만, 그곳 주민들의 도움을 받아 무사히 노수를 건너 결국 맹획을 사로잡았다.

맹획은 아주 강직하고 용감한 남방의 새로운 영수로, 그는 제갈량이 비겁하게 계략을 써서 그를 사로잡았기 때문에 승복할 수 없다고 우겼다. 제갈량은 그를 죽이는 것만으로는 문제가 해결되지 않으며, 오히려 남방 주민들의 원한을 살 우려마저 있다고 생각하였다. 그는 오랑캐 수령의 마음에서 우러난 승복을 받아야만 진정으로 이들을 진압할 수 있다고 판단한 것이다. 그래서 제갈량은 생포했던 맹획을 다시 풀어 주었다. 맹획은 자기 진영으로 돌아가 군대를 재정비하고 다시 촉한군과의 싸움을 준비하였다. 그러나 이후 제갈량은 자신의 지혜로 일곱 차례 싸워 그때마다 맹획을 사로잡았다가 풀어 주었다.

이렇게 되풀이하니 결국 맹획은 진심으로 승복하면서 다시는 촉한에 대항하지 않겠다고 맹세하였다. 제갈량은 맹획에게 촉한의 관직을 주었는데, 나중에는 그의 벼슬이 어사중승(御史中丞)에까지 이르렀다고 한다.

【용례】 사람을 부리려면 완전히 내 사람을 만들 생각으로 부려야 해. 시간이 좀 걸리더라도 "칠종칠금"하면서 심복이 되게 만들면 절대로 나를 배신하는 일이 없지.

침과대단 枕戈待旦

枕 : 벨·베개(침) **戈** : 창(과)
待 : 기다릴(대) **旦** : 아침(단)

【뜻풀이】 무기를 베고 자면서 날 밝기를 기다린다는 뜻. 항상 전투 준비 태세를 갖추고 경계를 늦추지 않는 태도를 비유하는 말이다.

【출전】 『진서·조적전(祖逖傳)』과 『자치통감·진기(晉紀)』에 다음과 같은 이야기가 있다.

진(晉)나라 때 유곤(劉琨, 271~318)과 조적(266~321)이라는 막역한 친구가 있었는데 내우외환(內憂外患)이 중첩한 나라 사정을 보며 두 사람은 언제나 나라를 위해 목숨을 바칠 각오를 다지고 있었다. 그들은 밤에도 한 자리에 같이 자면서 늘 밤늦게까지 이야기를 나누었다.

그러던 어느 날 밤중에 닭이 우는 소리가 들려 왔는데 당시에는 밤중에 닭이 우는 것을 몹시 불길할 징조라고 생각하는 관습이 있었다. 그러나 조적과 유곤은 이 불길한 닭 울음소리를 경종으로 생각하고 자리에서 뛰쳐 일어나 밖에 나가 장검을 휘두르며 무예를 익혔다. 이것이 바로 문계기무(聞鷄起舞)라는 성어가 나온 배경이다.

그 후 조적은 과연 군사를 이끌고 북벌하여 진나라의 잃어버린 땅을 적지 않게 수복하였다. 이에 유곤은 너무도 격동되어 이렇게 외쳤다.

"나는 늘 병장기를 베고 날 밝기를 기다리면서(枕戈待旦) 나라를 위해 목숨을 바칠 것을 맹세했다. 조적이 나보다 먼저 싸움터에 나가 공을 세울까 늘 두려워했더니(常恐祖生先我着鞭) 결국 그가 앞서게 되었구나."(➡ 다난흥방多難興邦 · 중류격즙中流擊楫 · 선착편先着鞭 참조)

바로 이 이야기에서 문계기무와 침과대단이라는 두 성어가 나왔다.

그리고 또 선편(先鞭), 조편(祖鞭), 조생편(祖生鞭) 또는 착인선편(着人先鞭), 맹착선편(猛着先鞭), 쟁착조편(爭着祖鞭) 등의 말로 분투를 격려하게 되었다.

【용례】 우리 60만 국군은 불철주야 국토를 지키면서 "침과대단"하는 정신으로 무장되어 있습니다. 국민 여러분들은 조금도 걱정하지 마시고 생업에 전념하시기 바랍니다.

침어낙안 沈魚落雁

沈 : 가라앉을(침) 魚 : 물고기(어)
落 : 떨어질(락) 雁 : 기러기(안)

【뜻풀이】 물고기는 깊숙이 가라앉고 기러기는 놀라 떨어진다. 미인을 형용하는 말이다.

【출전】 『장자 · 제물론편(齊物論篇)』에 다음과 같은 이야기가 있다. 이 부분은 설결(齧缺)과 왕예(王倪)가 주고받은 문답이 중심을 이루고 있는데, 다음에 인용될 부분은 왕예의 말이다.

「백성들은 소고기와 돼지고기를 먹고, 고라니와 사슴은 풀을 먹으며, 지네는 뱀을 달게 여기고, 올빼미와 까마귀는 쥐를 즐겨 먹는다. 이 네 가지 중에서 누가 바른 맛을 가졌는지 알겠는가? 원숭이는 편저를 암컷으로 여기고 고라니는 사슴과 교미를 하고, 미꾸라지는 물고기와 더불어 노닌다. 모장과 여희는 사람들이 모두 어여쁘게 여긴다. 그러나 물고기가 그들을 보면 깊이 숨고 새가 그들을 보면 높이 날며 고라니와 사슴도 보면 재빨리 달아난다. 이 네 가지 중에서 누가 천하의 바른 아름다움을 알고 있는가? 내가 보건대 인의의 실마리나 시비의 길은 어수선하게 섞이고 어지러우니 내가 어찌 그것을 분별할 줄 알겠는가?

(民食芻豢 麋鹿食薦 蝍蛆甘帶 鴟鴉耆鼠 四者孰知正味 猨猵狙以爲雌 麋與鹿交 鰌與魚游 毛嬙麗姬人之所美也 魚見之深入 鳥見之高飛 麋鹿見之決驟 四者孰知天下之正色哉 自我觀之 仁義之端 是非之塗 樊然殽亂 吾惡能知其辯)」

이 이야기의 골자는 아름다움이란 것도 상대적인 것이지 절대적인 것은 못 된다는 말이다. 즉, 인간의 눈으로 보면 더할 나위 없이 맛있는 음식도 다른 짐승에게는 구정물만도 못하며, 나라를 뒤흔들 만한 미인도 짐승들의 눈에는 위험한 존재일 뿐이다. 때문에 인의니 시비니 하는 것도 그것을 좋다고 여기는 사람에게는 소중하겠지만 반대로 그렇지 않은 사람에게는 전혀 무의미한 것이 된다.

여하간 인용문 중 중간 부분에 나오는 이야기에서 성어 침어낙안이 나왔다. 미인을 형용할 아무런 근거도 없지만, 이후 이 말로 미인을 비유하기 시작했다.

송지문(宋之問, 650~712)은 〈완사편(浣沙篇)〉에서 "새는 놀라 소나무 덩굴로 숨고, 고기는 두려워 연꽃잎 아래로 가라앉네.(鳥驚入松蘿 魚畏沈荷花)"라면서 비슷한 용례를 보여 준다.

【용례】 요즘엔 미인이라고 하는 기준이 전부 키가 크고 볼륨이 나온 사람만 찾으니, "침어낙안"할 만큼 빼어난 절세가인(絕世佳人)은 좀처럼 보기 어려워졌어.

침윤지참 浸潤之譖

浸 : 담글(침) 潤 : 젖을(윤)
之 : 어조사(지) 譖 : 참소할(참)

【뜻풀이】 물이 조금씩 스며는 것처럼 남의

신뢰를 서서히 무너뜨리는 참소의 말을 가리킨다.

【출전】『논어·안연편(顔淵篇)』에 나오는 말이다.

「자장이 총명에 대해 여쭙자 스승께서 대답하셨다.

"조금씩 젖어드는 중상모략과 피부에 와 닿는 절박한 하소연도 내게 통하지 않으면, 총명하다고 하겠구나. 조금씩 젖어드는 중상모략과 피부에 와 닿는 절박한 하소연도 내게 통하지 않으면, 먼 안목을 지녔다고 하겠구나."

(子張問明 子曰 浸潤之譖 膚受之愬 不行焉 可謂明也已矣 浸潤之譖 膚受之愬 不行焉 可謂遠也已矣)」

물이 수건에 스며들듯 점차적으로 효과가 드러나는 참언은 지혜로운 사람도 자칫 속을 수 있는 아주 교묘한 중상모략을 말한다. 이는 어질고 정직한 사람을 모략할 때 쓰는 수법이다. 공자의 제자 자장(子張)이 명철함에 대해 묻자 공자는 이렇게 대답했던 것이다.

사람은 때때로 즉흥적인 감정에 휩쓸려 상황을 바르게 보지 못하는 경우가 있다. 특히 물이 스미듯이 서서히 침투해 오는 참소나 피부에 와 닿는 절박한 하소연이 바로 그렇다. 때문에 사태를 올바로 파악하기 위해서는 참소나 하소연에 이끌리는 감정을 버리고 바른 안목을 유지한 채 일을 처리해야 할 것이다.

【용례】 사람은 궁지에 몰릴수록 말도 간절해지게 마련이다. 그러니 "침윤지참"에 속지 않으려거든 상대의 말과 행동을 잘 살펴 판단할 필요가 있다.

쾌도참난마 快刀斬亂麻

快 : 통쾌할(쾌) 刀 : 칼(도)
斬 : 벨(참) 亂 : 어지러울(난)
麻 : 삼(마)

【뜻풀이】 날랜 칼로 어지러운 마를 베다. 복잡하게 얽힌 일이나 정황을 명쾌하게 정리하고 분석하는 것을 비유하는 말이다. 간단하게 줄여 쾌도난마(快刀亂麻)라고도 한다.

【출전】 『북제서(北齊書)·문선기(文宣紀)』에 다음과 같은 이야기가 있다.

남북조시대 북조 동위(東魏) 효정 황제의 승상으로 있던 고환(高歡)은 어느 날 자신의 아들들이 얼마나 총명한가를 시험해 보려고 흩어진 삼을 한 줌씩 나누어 주면서 누가 가장 빨리 추리는가 보겠다고 하였다.

이에 다른 아들들은 모두 한 오리 한 오리 뽑아서 추리는데 유독 고양(高洋)이라는 아들만은 잘 드는 칼을 가져다가 흩어진 삼들을 싹둑 잘라 버리고 가장 먼저 골라냈다고 말하는 것이었다.

이때 고환이 무엇 때문에 그렇게 했느냐고 묻자 고양은 "어지러운 것은 베어 버려야 한다.(亂者必斬)"고 대답했다. 이에 고환은 이 놈이야말로 장차 큰일을 할 아이라고 생각하면서 기뻐했다고 한다.

아니나 다를까 그 후 고양은 효정 황제의 제위를 찬탈하고 북제의 문선제가 되었다. 이에 소년 시절 그가 삼을 추리던 이야기가 『북제서』에 오르게 되었는데, 그 뒤부터 통치자들이 백성들을 참혹하게 탄압하는 것을 가리켜 쾌도참난마라고 하게 되었다.

쾌도참난마는 바로 이상의 이야기에서 나온 성어인데, 오늘 우리들은 이 성어를 빌려 어렵고 복잡한 문제들을 과단성을 가지고 신속하게 해결해 나가거나 일처리가 시원시원한 것을 비유하고 있다.

【용례】 전임 감사원장이 부정부패를 척결하는 모습은 정말 "쾌도참난마"식으로 통쾌하기 그지없었지. 국무총리가 되길래 기대가 컸는데, 실각했다니 실망이 더 크군.

ㅌ

타면자건 唾面自乾

唾 : 침(타) 面 : 낯(면)
自 : 스스로(자) 乾 : 마를(건)

【뜻풀이】 남이 자신의 얼굴에 침을 뱉어도 저절로 마를 때까지 기다려서 상대방의 심기를 건드리지 않는다는 뜻으로, 처세와 아부에는 그만큼 인내가 필요함을 이르는 말이다. 반드시 나쁜 뜻으로만 쓰이는 것은 아니다.

【출전】 『십팔사략(十八史略)』에 다음과 같은 이야기가 나온다.

당(唐)나라 측천무후(則天武后)는 중국사상 유일한 여성 황제로 약 15년 동안 천하를 지배하였다. 그녀는 남편 고종이 죽자, 자신의 아들 중종(中宗)과 예종(睿宗)을 차례로 즉위시킨 뒤 정권을 독차지하여 권력을 휘둘렀다.

자신의 권력을 유지하기 위해 탄압책을 쓰기는 했지만, 유능한 관리들을 많이 발탁하고 명신을 적절히 등용하여 정치를 맡겼기 때문에 천하는 그런 대로 태평했다.

측천무후의 신하 가운데 누사덕(婁師德)이란 사람이 있었다. 그는 성품이 온후하고 관대 인자하여, 어떤 무례한 일을 당해도 자세가 흔들리지 않았다. 하루는 그의 아우가 대주자사(代州刺史)로 임명되어 부임하려고 할 때였다.

그가 동생을 불러 말했다.

"우리 형제가 다같이 출세하고, 황제의 총애를 받는 것은 좋은 일이지만, 그만큼 남의 시샘과 질시도 틀림없이 클 것이다. 그러한 시샘을 막기 위해서는 어떻게 처신하면 좋겠다고 생각하느냐?"

그러자 동생이 대답했다.

"비록 남이 제 얼굴에 침을 뱉더라도 상관하거나 화내지 않고 잠자코 닦겠습니다. 만사를 이런 식으로 사람을 응대하여 결코 형님에게 걱정이나 누를 끼치지 않을 것입니다."

동생의 대답을 듣더니 누사덕은 다음과 같이 훈계했다.

"내가 염려하는 점이 바로 그것이다. 만약 누가 네게 침을 뱉는다면 네게 뭔가 크게 화가 났기 때문일 것이다. 그런데 네가 바로 그 자리에서 침을 닦아버린다면 상대의 기분을 거스르게 되어 틀림없이 더 크게 화를 낼 것이다. 침이야 닦지 않아도 시간이 지나면 저절로 마르게 되니, 그런 때는 웃으며 그냥 침을 내버려 두는 게 나을 것이다."

여기에서 타면자건이라는 성어가 나왔는데, 처세에 인내가 얼마나 중요한가를 잘 말해 준다.

【용례】 큰 뜻을 품고 정치를 하고자 마음먹었다면 이런저런 상황에서 "타면자건"하는 지혜가 많이 필요한 법이야.

타산지석 他山之石

他 : 남(타) 山 : 뫼(산)
之 : 어조사(지) 石 : 돌(석)

【뜻풀이】 남의 산에 있는 돌. 다른 사람에게는 아무 쓸모없는 돌이라도 옥돌을 갈고 닦을 때에는 긴요하게 쓸 수 있다는 말이다. 자기보다 못한 사람의 언행도 학문과 인격을 수행하는 데 큰 도움이 된다는 뜻을 담고 있다.

【출전】『시경·소아(小雅)』〈학명(鶴鳴)〉에 나오는 구절이다.

「학이 높은 언덕에서 우니
소리는 온 들에 울려 퍼지네.
물고기는 깊은 못에 잠겼다가
때로는 물가로 나오기도 하네.
즐거워라 저 동산에는
심어 놓은 박달나무가 있구나.
그 밑에는 개암나무가 있네.
다른 사람 산에 있는 돌이라도
여기 돌을 가는 숫돌이 된다네.
학이 높은 언덕에서 우니
소리는 하늘 위로 울려 퍼지네.
물고기는 물가에서 노닐다가
때로는 깊은 못에 잠기기도 하네.
즐거워라 저 동산에는
심어 놓은 박달나무가 있구나.
그 밑에는 닥나무가 있네.
다른 사람 산에 있는 돌이라도
여기 옥을 가는 데는 요긴한 것이지.
鶴鳴于九皐
聲聞于野
魚潛在淵
或在于渚
樂彼之園
爰有樹檀
其下維蘀
他山之石
可以爲錯
鶴鳴于九皐
聲聞于天
魚在于渚
或潛在淵
樂彼之園
爰有樹檀
其下維穀
他山之石
可以攻玉」

방옥윤(方玉潤, 1811~1883)은 『시경원시(詩經原始)』에서 이 작품을 초은(招隱)의 노래로 규정하고 있다. 각 연의 앞 7구절은 은자(隱者)가 살고 있는 곳의 경관을 비유적으로 읊은 것이고, 끝 2구절은 초은의 뜻을 지니고 있다.

『주자집전(朱子集傳)』에 보면 정자(程子)의 말이라 해서 이 작품에 대한 해설이 붙어 있다.

"옥은 지극히 아름다운 것이고, 돌은 지극히 형편없는 것이다. 그러나 옥을 서로 갈면 훌륭한 그릇을 만들 수 없다. 반드시 돌에 갈아야만 그릇이 되는 것이다. 마찬가지로 군자가 소인을 대할 때에도 그렇다. 횡행하고 거스르면서 공격하고 더한 연후에 마음속의 인성이 움직여져서 도덕이 갖추어지는 것이다.(玉至美也 石至惡也 然兩玉相磨 不可以成器 以石磨之然後成焉 猶君子之與小人 橫逆侵加 然後 動心忍性 而道德成焉)"

【용례】 네 친구가 실패한 경험담을 잘 새겨들어 "타산지석"으로 삼아야지. 방심하다가

ㅌ

는 너도 마찬가지 낭패를 당할 수도 있어.

타수가득 唾手可得

唾 : 침뱉을(타) 手 : 손(수)
可 : 가할·옳을(가) 得 : 얻을(득)

【뜻풀이】 손바닥에 침을 뱉는 것만큼 쉽게 얻을 수 있다. 즉, 힘들이지 않고 일을 성사시킨다는 뜻이다. 사람들이 흔히 일을 시작할 때 두 손바닥에 침을 뱉는 습관이 있는데 침이 손바닥에 닿는 것과 같이 성사되는 것이 아주 쉽사리 이루어진다는 뜻이다.

【출전】 『신당서·은태자건성전(隱太子建成傳)』에 타수가결(唾手可決)이라는 말이 나오고 있다.

이건성(李建成)은 당고조 이연(李淵)의 맏아들이다. 그는 비록 태자로 봉해졌지만 둘째인 이세민(李世民)이 전공도 많고 주변에 사람도 많아 위세가 오히려 태자를 능가하였다. 때문에 이건성의 측근인 왕규(王珪) 등은 태자의 위신이 떨어질까 크게 걱정하였다.(➡ 정신이출挺身而出 참조)

그러던 중 때마침 유흑달(劉黑闥)이라는 장수가 반란을 일으켰다. 왕규는 "지금 흑달의 무리는 만 명도 못 되는 잔당들이니 정병을 거느리고 나가 치면 쉽사리 깨뜨릴 수 있을 것입니다.(今黑闥痍叛殘孽 衆不盈萬 利兵鏖之 唾手可決)"라고 하면서 이건성에게 전공을 세워 위상을 높이라고 권고하였다.

이래서 나온 타수가득은 타수가결(唾手可決)·타수이결(唾手而決)·타수가취(唾手可取)·타수가청(唾手可淸)이라고도 한다.

【용례】 권력을 쥐면 무슨 일이든 "타수가득"으로 할 수 있지. 그렇지만 권력을 함부로 남용할 때 오는 후환도 그만큼 큰 법이야. 이 점을 요즘 정치인들은 명심해야 해.

타압경원앙 打鴨驚鴛鴦

打 : 칠(타) 鴨 : 오리(압) 驚 : 놀랄(경)
鴛 : 원앙(원) 鴦 : 원앙(앙)

【뜻풀이】 오리를 때려서 원앙을 놀라게 한다는 뜻으로, 한 사람을 잘못 벌줌으로써 다른 많은 사람들을 놀라게 하는 것을 비유하는 말이다.

【출전】 북송(北宋) 때의 시인 매요신(梅堯臣, 1002~1060)에게는 〈타압(打鴨)〉이란 작품이 있다.

「오리를 때리지 말라
오리를 때리면 원앙이 놀라나니
원앙은 막 연못 안에 내려앉았으니
외딴 섬의 고니와 견줄 수는 없구나.
莫打鴨
打鴨驚鴛鴦
鴛鴦新向池中落
不比孤洲鵠邪」

하찮은 오리를 잡으려다가 아름다운 원앙새를 놀라게 하여 달아나게 하지 말라는 뜻인데, 정직한 사람을 잘못 벌주어 많은 사람을 놀라게 해서는 안 된다는 교훈이 담겨 있다. 이 시와 관련된 옛 이야기가 있어 소개한다.

송(宋)나라에 여사륭(呂士隆)이라는 사람이 살았다. 그가 선주지사(宣州知事)로 있을 때 대수롭지 않은 일로도 관기(官妓)를 매질하곤 했다.

여사륭이 항주(杭州)로 부임해 갔을 때의

일이다. 관기 가운데 한 사람이 작은 허물을 범했다. 그러자 여사릉은 즉시 그녀를 매질하려고 했다. 그때 관기가 말했다.

"감히 따르지 못하겠습니다. 이러시면 항주의 관기들이 편안할 수 있겠습니까?"

여사릉은 이 말에 깨달은 바가 있어 채찍을 버리고 말았다.

【용례】 일벌백계(一罰百戒)로 다스리더라도 죄 있는 사람을 벌주어야지. 무고한 사람을 쥐잡듯이 족쳐 벌을 주면 "타압경원앙"하는 꼴밖에 되지 않아.

타인한수 他人鼾睡

他 : 남(타) **人** : 사람(인)
鼾 : 코고는소리(한) **睡** : 잠잘(수)

【뜻풀이】 남이 코고는 소리. 반드시 잘못한 일은 아니지만 자기에게 방해가 되어 거슬리는 일 따위를 말한다.

【출전】 『송사(宋史)』에 다음과 같은 이야기가 실려 있다.

송나라 태조가 천하를 통일하고 제위에 올랐을 무렵 양자강 이남인 강남 지방에는 이욱(李煜, 937~978)이란 사람이 남당(南唐)의 후주(後主)로 자리잡고 있었다.

이욱은 타고난 시인으로 17년간 임금의 자리에 있으면서 온갖 부귀영화(富貴榮華)도 다 누려 보았고, 나라가 망한 뒤 송나라 수도 변경京으로 끌려가 유폐 생활을 하다가 자신의 생일인 7월 칠석날에 독살된 비극의 주인공이기도 하다.

어쨌든 천하를 제패한 태조가 보기에 남당은 껄끄러운 곳이었다. 그러나 되도록 싸움을 피하려고 했던 태조는 조용히 사신을 보내 회유하기로 마음먹었다. 그러나 이욱은 이를 듣지 않고 서현(徐鉉)이란 사람을 보내 "강남은 아무 잘못도 없으니 공격하지 말아 달라."는 애원만 거듭할 뿐이었다.

원래 고집이 셌던 서현인지라 무턱대고 강남무죄(江南無罪)란 소리만 남발하자 온화한 성품의 태조도 더 이상 견디지 못하고 호통을 치기에 이르렀다.

"누가 강남이 무죄란 것을 모른다고 했느냐? 이제 천하는 한 집안이 되었는데, 침상 곁에서 드르릉거리며 코고는 소리를 어찌 용납할 수 있단 말이냐?(但天下一家 臥榻之側 豈容他人鼾睡)"

이렇게 해서 송태조는 결국 남당을 공격해서 송나라 판도 안으로 흡수하고 말았다.

【용례】 저 거렁뱅이는 꼭 구걸을 남의 가게 앞에서 하니 말이야. "타인한수"라 큰 피해를 주는 건 아니지만 손님이 싫어하니 여간 성가신 게 아니야.

타초경사 打草驚蛇

打 : 칠(타) **草** : 풀(초)
驚 : 놀랄(경) **蛇** : 뱀(사)

【뜻풀이】 풀 덤불을 건드려서 뱀을 놀라게 한다는 뜻으로, 일 처리가 민첩하지 못하고 행동이 신중하지 못해서 남들의 경계심을 자아내는 행동을 비유하는 말이다. 즉, 별다른 생각 없이 저지른 일이 예상 밖의 결과를 가져왔다는 말로, 우리 속담 "긁어 부스럼 낸다."와 뜻이 비슷하다. 또는 한쪽을 징벌해서 다른 쪽을 경계하는 것을 뜻하기도 한다.

【출전】 당(唐)나라 때의 문인 단성식(段成式, 803~863)이 편찬한 『유양잡조(酉陽雜組)』에 다음과 같은 이야기가 실려 있다.

왕로(王魯)라는 관리가 있었는데, 그가 당도(當塗, 오늘날 안휘성 근처)의 수령으로 있을 때 왕법을 어기고 적지 않은 재물과 금전을 횡령한 일이 있었다.

어느 날 왕로는 문건을 검열하던 중 어떤 백성의 공소장을 읽다가 그의 측근으로 있던 주부가 법을 어기고 남의 재물을 횡령한 일이 있다는 사실을 알게 되었다. 그러나 횡령 사건은 사실 왕로 자신도 적지 않게 저질렀던 것으로 그 주부의 횡령 역시 대부분 왕로와 직접적인 관계가 있었다. 이에 왕로는 그 공소장을 읽어 본 다음 판결문에 다음과 같이 적었다.

"너는 고작 덤불숲을 건드렸을 뿐이지만 나는 벌써 놀란 뱀처럼 되었다.(汝雖打草 我已蛇驚)"

이 이야기는 송나라 때의 문인 정문보(鄭文寶)의 『남당근사(南唐近事)』에도 실려 있다.

타초경사는 바로 왕로의 이 말에서 유래한 성어다.

【용례】 공무원이면 공인의 입장에서 일을 빨리 처리해야지, 그렇게 굼떠서 "타초경사" 하면 주민들이 어떻게 안심하고 일을 맡길 수 있겠는가.

탁발난수 擢髮難數

擢 : 뽑을·빼낼(탁) **髮** : 터럭(발)
難 : 어려울(난) **數** : 숫자·헤아릴(수)

【뜻풀이】 일일이 뽑아내서 헤아리기 어렵다. 지은 죄가 헤아릴 수 없이 많은 것을 비유하는 말이다.

【출전】『사기·범수채택열전』에 다음과 같은 이야기가 있다. 전국시대 위(魏)나라에서 있었던 일이다. 어느 날 위나라에서는 중대부 수가(須賈)를 제나라에 출사시키면서 범수(范睢)라는 사람을 종자로 따라가게 하였다.

수가와 범수가 제나라에 도착한 뒤 제나라 임금은 여러 날이 지나도록 수가를 만나주지 않고 종자인 범수만 만나 주었다. 그리고 범수의 청산유수(青山流水) 같은 달변에 감복한 나머지 많은 선물까지 하사하였다.

이에 수가는 범수가 제나라와 내통하지 않았나 하고 의심하면서 귀국한 뒤 위나라 재상 위제에게 고발하고 말았다. 그러자 위제는 범수에게 혹형을 가했는데 범수가 죽자 자리에 말아서 변소에 내버렸다.

그러나 범수는 죽지 않고 용케 살아남아 장록(張祿)이라 이름을 바꾸고 진(秦)나라로 도망쳐 훗날 진왕의 신임을 얻어 재상의 자리에까지 오르게 되었다.(➡ 애자필보睚眦必報 · 일한여차一寒如此 · 제포지의綈袍之義 참조)

그 뒤 진나라에서 위나라를 공격하려 하자 급한 나머지 위나라 임금은 수가를 진나라에 파견하여 달래 보려 하였다. 그런데 수가가 진나라에 이르러 보니 진나라의 재상이라는 장록은 다름 아닌 범수였다. 범수는 수가를 만난 자리에서 "너의 죄가 얼마나 되는지 알겠느냐?"고 호령하자 수가는 "제 머리칼을 죄다 뽑아서 헤아린다 해도 그 죄를 면할 수는 없을 줄 아오.(擢賈之髮以數賈之罪 尙未足也)"라고 대답했다.

이리하여 사람들은 지은 죄가 많은 것을 가리켜 탁발난수라고 하게 되었다.

【용례】 군부 독재 시절에 정치가들이 저지

른 과오는 너무나 많아서 여야를 막론하고 그 죄상을 따지자면 "탁발난수"야. 더구나 그들의 권력을 옹호하고 유지시켜준 이른바 먹물이란 작자들은 더 나쁜 인간들이지.

탈태환골 奪胎換骨

奪 : 빼앗을(탈) 胎 : 태아·아이밸(태)
換 : 바꿀(환) 骨 : 뼈(골)

【뜻풀이】 입장과 세계관에서 근본적인 변화를 가져오다. 지난날의 잘못을 말끔히 시정하여 새 사람이 되다. 문학적으로 보면 남의 작풍을 빌려다가 훌륭하게 자기 것으로 소화해낸다는 뜻이다.

【출전】 옛날에 문인들은 이전의 시나 문장에서 그 뜻을 따다가 쓰기를 좋아했는데 그렇다고 무조건 베끼는 것은 아니었다. 이를 문학적으로는 용사(用事)라 했는데, 이런 방식으로 글을 쓰는 것을 가리켜 달리 탈태환골 또는 환골탈태라고도 하였다.

예컨대 혜홍(惠洪)의 『냉재시화(冷齋詩話)』에 따르면 송나라의 문인 황정견(黃庭堅, 1045~1105)은 고시(古詩)의 내용을 빌려 자신이 나타내고 싶은 어떤 뜻을 자신의 언어로 표현하는 것을 가리켜 환골법(換骨法)이라 하고, 고시의 내용에 대해 깊이 연구하고 체득한 기초 위에서 어떤 형상을 한층 더 심각하게 그려내는 것을 일러 탈태법(奪胎法)이라고 했다.

"산곡이 이런 말을 하였다. 시의는 무궁한데 사람의 재주는 한계가 있다. 유한한 재주로 무궁한 시의를 좇는다면, 비록 도연명이나 두보라 할지라도 능히 공교롭게 하지 못할 것이다. 그러나 그 뜻을 바꾸지 않고 그 말을 만든다면 이것을 일러 환골법이라 하고, 그 뜻을 살펴 형용한다면 이것을 일러 탈태법이라 하겠다.(山谷云 詩意無窮 而人之才有限 以有限之才 追無窮之意 雖淵明少陵不能工也 然不易其意而造其語 謂之換骨法 窺入其意而形容之 謂之脫胎法)"

탈태환골은 여기에서 유래한 성어인데, 지금은 흔히 환골탈태(換骨奪胎)라고 말한다.

【용례】 기왕 저지른 실수야 어쩌겠느냐. 깊이 반성하고 "탈태환골"해서 다시 이런 잘못을 저지르지 않도록 하거라.

탐려득주 探驪得珠

探 : 찾을(탐) 驪 : 가라말(려)
得 : 얻을(득) 珠 : 구슬(주)

【뜻풀이】 흑룡을 찾아 진주를 얻다. 글을 지을 때 그 핵심을 정확하게 갈파하는 것을 비유하는 말이다.

【출전】 『장자·열어구편(列禦寇篇)』에 다음과 같은 이야기가 있다.

춘추시대 송나라에 아무런 재능도 없으면서 송양왕(宋襄王)의 신임을 얻어 높은 벼슬자리에 앉아 임금이 하사한 수레를 타고 다니면서 거들먹거리는 사람이 있었다. 이 꼴을 본 장자(莊子)가 그에게 다음과 같은 이야기를 들려주었다.

옛날 황하 강변에 갈대로 발을 짜서 생계를 유지해 나가는 가난한 가정이 있었다. 하루는 그 집 아이가 물속에서 진주를 주워 왔다. 그런데 그의 아버지는 도리어 아들을 힐책했다.

"빨리 돌로 쳐서 부수어 버리거라. 이런 귀

중한 진주는 오직 아홉 길 깊은 못 속에 사는 흑룡의 턱 아래에만 있는 것이다. 너는 아마 흑룡이 잠자는 틈에 얻었을 것이다. 이제 흑룡이 잠을 깨면 너의 목숨이 붙어 있을 줄 아느냐!(取石來鍛之 夫千金之珠 心在九重之淵 而驪龍頷下 子能得珠者 必遭其睡也 使驪龍而寤 子尙奚微之有哉)"

계속해서 장자는 그 사람을 이야기로 꾸짖었다.

"오늘 송나라는 깊이가 아홉 길 물속보다 더 깊고 임금의 잔인함은 흑룡 정도가 아니다. 지금 그대가 수레를 타고 행세할 수 있는 것은 임금이 일시적으로 자고 있기 때문인데, 만약 그가 깨어난다면 그대는 가루가 되어 날릴 것이오.(今宋國之深 非直九重之淵也 宋王之猛 非直驪龍也 子能得車者 必遭其睡也 使宋王而寤 子爲虀粉夫)"

이상의 이야기에서 유래하여 나온 성어가 탐려득주인데, 후세 사람들은 원래 의미와는 상관없이 시문의 핵심이 명쾌하게 드러난 것을 일러 탐려득주 또는 탐득려주(探得驪珠)라고 하게 되었다.

그리고 이 성어는 꾸준한 노력 끝에 성공에 이른 것을 비유하는 말로도 쓰인다.

『고금시화(古今詩話)』의 〈탐려득주〉에도 이런 이야기가 실려 있다.

원진(元, 779~831)과 유우석(劉禹錫, 772~842)과 위초객(韋楚客)이 백낙천(白樂天, 772~846)의 집에 모여 〈금릉회고(金陵懷古)〉란 제목으로 시 짓기 시합을 벌였다. 유우석이 가장 먼저 작품을 완성하자 백낙천이 말했다.

"네 사람이 흑룡을 찾다가 그대가 먼저 진주를 얻었으니 남아 있는 기린 뿔은 어디다 쓰겠는가?(四人探驪 子先獲珠 所餘鱗角何用)"

이 말을 듣자 나머지 두 사람도 시 짓기를 그만두었다고 한다.

【용례】 글이란 주제가 분명히 드러나도록 써야 하는 거야. 네 글은 아름답기는 하지만 정작 주제 의식이 희박해. "탐려득주"할 수 있도록 논리적인 문장 쓰는 법을 익혀야겠어.

탐어여악 耽於女樂

耽 : 즐길(탐) 於 : 어조사(어)
女 : 계집(녀) 樂 : 풍류(악)

【뜻풀이】 여악을 탐한다는 뜻으로, 여악에 빠져 정치를 소홀히 하는 것을 비유하여 이르는 말이다.

【출전】 원나라 증선지(曾先之)가 지은 『사략(史略)』과 『한비자(韓非子)·십과편(十過篇)』에 나오는 말이다.

여악(女樂)은 궁중에서 연회를 베풀 때 여기(女妓)들이 악기를 타고 노래 부르며 춤을 추는 것을 말한다.

특히 『한비자·십과편』에서는 임금이 저지르기 쉬운 열 가지 과실을 설명하면서 그것을 역사적으로 예증하고 있는데, 탐어여악은 그 가운데 여섯 번째 과실로 지적되어 "여자의 교태에 빠지는 어리석은 짓"으로 풀이되어 있다.

다음은 『사략』에 나오는 이야기다.

공자가 노(魯)나라 중도의 읍장이 되자 전국 고을의 원들이 모두 공자를 본받아 훌륭한 정치를 하였다. 나라가 잘 다스려져 길에 떨어진 물건을 주워 가는 사람조차 없고 다들 태평가를 부르니, 이웃의 제(齊)나라 왕이 매우 근심하였다. 그러자 제경공(齊景公)의 신하 여서가 말했다.

"공자를 노나라에서 제거하는 일은 터럭을 불어 없애는 것만큼 쉬운 일입니다. 임금께서 후한 봉급과 높은 지위로 공자를 초빙하시고, 다른 한편 노나라 정공(定公)에게는 여악(女樂)을 보내어 그의 마음을 흔들리게 하십시오. 그러면 정공은 여악에 빠져 정치를 멀리할 것입니다."

경공은 그 말을 좇아 여악 28인을 정공에게 보냈다. 과연 정공은 여악에 현혹되어 정치를 살피지 않았고, 공자의 충간에도 전혀 귀를 기울이지 않았다. 결국 공자는 노나라를 떠나 초(楚)나라로 갔다.

『한비자』에는 융왕(戎王)이 진(秦)나라에 유여(由余)를 사신으로 보냈다는 이야기가 나온다.

진나라 목공(穆公)이 유여와 이야기를 나눠 보니 인품이 성인에 가까운 뛰어난 사람이었다. 그래서 측근에게 유여를 융왕에게 돌려보내기는 참으로 아까운 일이라며 가지 못하게 할 방법을 물었다. 이에 측근이 대답하였다.

"폐하께서는 융왕에게 여악을 보내서 그 정치를 문란하게 만들고, 유여를 진나라에 더 머물게 해 달라고 요청하시면 될 것입니다."

진왕이 그 말대로 했더니, 과연 여악을 받은 융왕은 너무 좋아서 소와 말도 돌보지 않아 반이나 죽였다.

유여가 귀국해서 융왕을 만류했지만 끝내 듣지 않자 결국 그는 진나라로 갔다. 진목공은 유여를 상경(上卿)으로 삼고, 유여의 전략에 따라 군사를 일으켜 12개 나라를 병합했다.

【용례】 남자는 나이가 들고 사회적 기반이 닦일수록 여색을 조심해야 한다. 자칫 "탐어여악"하다가는 하루아침에 모든 것을 잃을 수도 있다.

탐천지공 貪天之功

貪 : 탐낼(탐) **天** : 하늘(천)
之 : 어조사(지) **功** : 공(공)

【뜻풀이】 하늘의 공을 욕심낸다는 뜻으로, 남의 공을 자기 것처럼 도용하는 짓을 비유하는 말이다.

【출전】 『좌전·희공(僖公) 24년』조에 다음과 같은 이야기가 나온다.

춘추시대 진(晉)나라 문공(文公)은 긴 유랑 생활 끝에 의형인 진(秦)나라 목공(穆公)의 주선으로 귀국하여 즉위하였다. 아버지 헌공(獻公)에 의해 국외로 추방되었다가 19년이란 세월이 지난 뒤에 돌아온 그는 즉위한 뒤 어진 신하를 등용했고, 망명의 고통을 함께 나눈 사람과 자금을 대준 사람에서부터 귀국할 때 환영한 사람에 이르기까지 모두 공평하게 상을 내렸다. 그러고도 빠진 사람이 있을까 싶어 해당자는 신고하라고 포고했다.

이때 문공과 함께 망명 생활을 하며 고난을 같이한 개자추(介子推)가 빠져 있었다. 그 이웃 사람이 포고를 보고 개자추에게 알려 주었다. 그러나 개자추는 문공이 귀국한 뒤 별로 한 것도 없는 사람들이 자신의 공을 떠벌리는 꼴이 어이가 없어, 벼슬할 뜻을 버리고 어머니를 모시면서 살고 있었다. 그런 그의 처지를 딱하게 여긴 이웃 사람이 당국에 신고하라고 권해도 그는 웃으며 응하지 않았다. 그러자 그의 어머니가 물었다.

"망명 생활을 하면서 굶주린 문공에게 허벅지 살까지 베어 바칠 만큼 네게는 큰 공이 있는데 왜 상을 받으려 하지 않느냐?"

그러자 개자추가 대답했다.

"헌공의 아홉 공자 가운데 문공이 가장 현명한 분이시니 오늘 즉위하신 것은 당연한 일입니다. 그런데 지금 주변에 있는 사람들은 모두 그것이 자신의 공인 양 말하고 있습니다. 군주의 즉위는 하늘의 뜻이 있은 덕분인데, 지금 하늘의 공을 탐내서 다투는 것은 도둑질을 하는 것보다도 더 수치스러운 짓입니다.(竊人之財 猶謂之盜 況貪天之功 以爲己力乎) 차라리 짚신을 삼으며 사는 편이 훨씬 즐겁습니다."

자식의 마음을 이해한 어머니는 아들과 함께 면산(綿山)에 들어가 다시는 나오지 않았다. 뒤늦게 이 사실을 알게 된 문공은 후회하면서 개자추에게 가서 사과했지만 그는 끝내 대면하려고 하지 않았다.

【용례】 선거 운동을 할 때에는 뒷짐만 지고 있던 인간들이 당선이 되자 제 공이라면서 벌떼처럼 모여드는군요. "탐천지공"이나 하는 무리와 어울려 무슨 일을 하겠습니까? 저는 깨끗이 사표를 내고 떠나겠습니다.

태산북두 泰山北斗

泰 : 클(태) 山 : 뫼(산)
北 : 북녘(북) 斗 : 말(두)

【뜻풀이】 학문과 덕이 고상하고 문학에 큰 성과가 있는 사람을 일컫는 말이다.

【출전】 당나라 때의 유명한 문인 한유(韓愈)는 고향이 창려였기 때문에 한창려(韓昌藜, 768~824)라고 자처하였고 또 남들도 그렇게 불렀다. 그는 시와 산문에 다 능했지만 특히 산문에 출중했는데, 후세 사람들은 그를 당송팔대가(唐宋八大家)의 첫자리에 놓았다. 『신당서·한유전』에 보면 "학자들은 그를 태산북두라고 하면서 우러러보았다.(學者仰之如泰山北斗)"라고 칭송하는 말이 있는데, 태산북두는 여기에서 유래한 성어다.

태산은 산동성에 있는 유명한 산이고 북두는 북두성을 말하는 것으로, 사람들은 한유의 고상한 인격을 존경하여 태산과 북두성에 비겼던 것이다.

그리고 태산북두는 간단하게 줄여 태두(泰斗)라고도 한다.

【참조】 태산은 중국 산동성에 있는 산으로 대종(岱宗) 또는 태악(太岳)이라고도 한다. 높이는 1,532m로 그다지 높은 산은 아니다. 다만 드넓은 평야 지대에 우뚝 솟아 있어 실제보다 훨씬 높아 보인다. 어쨌든 정상인 옥황정(玉皇頂)은 기후 변화가 심해 한여름에도 서리가 내리고 눈발이 휘날릴 때가 있다고 한다. 오악(五岳) 가운데 동악(東岳)이며 전체 면적은 426㎢이다.

옛날부터 이 산 정상에서 천자(天子)가 봉선(封禪) 의식을 거행하면서 하늘에 제사를 지냈다고 한다. 산 밑에서 정상까지 오르는 곳곳에 대묘(岱廟)와 만선루(萬仙樓), 보조사(普照寺) 등 명소와 유적들이 즐비하고 800여 군데의 사당이 이어져 있다. 공자(孔子)도 일찍이 이 산에 올라 "천하가 좁은 것을 알았다.(登泰山而少天下)"고 하며, 한무제(漢武帝)도 올라 그 경치에 감탄하면서 아무 할 말이 없어 무자비(無字碑)를 세운 일화로 유명하다.

【용례】 셰익스피어가 영국의 "태산북두"라면 우리나라의 "태산북두"로는 누굴 꼽을 수 있을까?

태산불사토양
泰山不辭土壤

泰 : 클(태) 山 : 뫼(산)
不 : 아닐(부)(불) 辭 : 사양할(사)
土 : 흙(토) 壤 : 흙(양)

【뜻풀이】 태산은 작은 흙덩어리도 사양하지 않는다는 뜻으로, 사소한 의견이나 인물도 수용할 수 있는 사람만이 큰 인물이 될 수 있음을 비유하는 말이다.

태산처럼 큰 산도 작은 흙덩어리를 가리지 않고 받아들임으로써 되었다는 뜻으로, 도량이 아주 넓은 사람의 자세를 말한다.

【출전】 『사기 · 이사열전(李斯列傳)』에 나오는 말이다.

이사는 초(楚)나라 사람으로 순경(荀卿)의 문하에서 제왕의 통치술을 익힌 다음, 더 큰 뜻을 펼치기 위해 초나라를 떠나 진(秦)나라로 갔다.

마침 진나라에서는 장양왕(莊襄王)이 죽었는데, 이사는 진나라의 승상 여불위(呂不韋)의 가신(家臣)이 되었다. 여불위는 그를 신임하여 시위관(侍衛官)에 임명하였다.

이후 이사는 진나라 왕에게 유세할 기회를 얻어 더욱 큰 신임을 얻게 되어 객경(客卿)의 자리에 올랐다. 객경이란 다른 나라 출신의 사람을 등용하여 공경(公卿)의 자리에 해당하는 직위를 주는 것을 말한다.

그런데 그 때 한(韓)나라에서 온 정국(鄭國)이라는 사람이 운하를 만든다는 명목 아래 진나라의 인력과 자원을 소진시켜 동쪽 정벌을 포기하게 하려는 음모를 꾸미다가 발각되는 일이 발생했다.

이런 일이 발생하자, 왕족과 대신들은 모든 외국인들을 추방하자고 들고일어났는데, 이사 역시 그 대상에 들었다. 이에 이사는 상소를 올려 그 잘못됨을 지적하였다. 그 글이 유명한 〈간축객서(諫逐客書)〉다.(➡ 축객령逐客令 참조)

다음은 그 상소문의 끝부분이다.

"들으니 땅이 넓으면 곡식이 많아지고, 나라가 크면 백성이 많으며, 병력이 강하면 병사가 용감해진다고 합니다. 태산도 본래 한 줌의 흙도 사양하지 않았기(泰山不辭土壤) 때문에 그렇게 높을 수 있었고, 큰 바다도 작은 물줄기라도 가리지 않았기(河海不擇細流) 때문에 그렇게 깊어질 수 있었던 것입니다. 마찬가지로 군주는 백성들을 물리치지 않음으로써 그 덕망을 얻을 수 있습니다. 그리하여 국토는 항상 아름답고 귀신이 복을 내립니다. 이는 일찍이 오제(五帝)와 삼왕(三王)께서 적이 없으셨던 것과 같습니다."

이 상소문을 읽은 진나라 왕은 빈객들을 축출하라는 명령을 취소하였고, 이사를 기용하여 요직에 앉히기까지 하였다.

【용례】 사업을 하는 사람이 이익을 적다고 해서 소홀히 한다면 큰 이익이 될 일도 제대로 처리하지 못할 것이다. "태산불사토양"하는 정신으로 고객들에게 봉사할 때 성공을 거둘 수 있을 것이다.

태산압란 泰山壓卵

泰 : 클(태) 山 : 뫼(산)
壓 : 누를(압) 卵 : 알(란)

【뜻풀이】 태산이 달걀을 누르다. 역량에 있

어서 현격한 차이가 나는 것을 비유하는 말로, 강자가 약자에 대해 압도적인 우세를 보이는 경우에 쓴다.

【출전】 동양에는 예부터 이런 식의 비유가 많았는데, 『진서·열녀전(烈女傳)·두유도처엄씨전(杜有道妻嚴氏傳)』에 "또한 산을 밀어 달걀을 누르고 뜨거운 물을 눈밭에 붓는다.(亦由排山壓卵 以湯沃雪耳)"는 말이 있고, 〈토후강격〉에는 "곤륜산을 들어 올려 달걀을 누른다.(捧昆崙而壓卵)"은 말도 있다.

그리고 수나라 말기 이밀(李密)이 수양제를 성토하는 격문에 보면 "곤륜산을 들어서 작은 달걀을 누른다.(擧昆崙而壓小卵)"은 구절도 나온다.

이 모두가 태산압란과 같은 뜻으로, 『진서·손혜전(孫惠傳)』의 기록에 따르면 진(晉)나라에 내란이 극심할 때 손혜라는 사람이 동해왕 사마월에게 보낸 편지 〈여사마월서(與司馬越書)〉에 그의 군세가 웅장한 것을 감탄하며 이렇게 적고 있다.

"하물며 순리를 밟아 역리를 토벌하고, 정의를 잡아 사악을 치는 형국이니, 이는 오획이 얼음을 무너뜨리고 분육이 썩은 나무를 쓰러뜨리며 맹수가 여우를 삼키고 태산이 달걀을 누르는 꼴입니다. 불타는 들판에 바람이 몰아치면 그 방향을 잡기가 어려운 듯합니다.(況履順討逆 執正伐邪 是烏獲摧氷 賁育拉朽 猛獸呑狐 泰山壓卵 因風燎原 未足方也)"

여기 나오는 오획(烏獲)과 분육(賁育)은 모두 옛날의 용맹한 무사 이름이다.

【용례】 이번 축구 결승전은 너무 시시하게 끝났어. "태산압란"이라 양 팀의 기량이 워낙 차이가 나니까 일방적으로 공격만 하다가 끝나 버렸잖아.

태산퇴 양목괴
泰山頹 梁木壞

泰 : 클(태) 山 : 뫼(산)
頹 : 무너질(퇴) 梁 : 들보(량)
木 : 나무(목) 壞 : 무너질(괴)

【뜻풀이】 태산이 무너지고 대들보가 꺾인다는 뜻으로, 한 시대의 위대한 스승이나 존경하는 인물의 죽음을 비유하는 말이다. 태산퇴 양목절(泰山頹 梁木折)로도 쓴다.

【출전】 『예기·단궁(檀弓)』 상편에 다음과 같은 이야기가 나온다.

공자(孔子)가 아침 일찍 일어나 손을 등 뒤로 돌려 지팡이를 끌고 문 앞을 거닐면서 노래했다.

"태산이 무너지려나, 대들보가 꺾이려나, 아니면 철인(哲人)이 병 드려는가?(泰山其頹 梁木其壞 哲人其萎)"

그리고는 방으로 들어가 문을 마주보고 앉았다. 이 노랫소리를 들은 자공(子貢)이 말했다.

"태산이 무너진다면 나는 누구를 그리워하며 우러러볼 것인가? 대들보가 꺾이고 철인이 병든다면 나는 장차 어디에 의지할 것인가? 선생님께서는 장차 병이 드시려는 모양이구나."

자공이 방으로 들어가자, 공자가 말했다.

"사(賜, 자공의 이름)야, 너는 어찌 이렇게 늦게 오느냐? 사람이 죽었을 때, 하후씨(夏后氏)는 동계(東階) 위에 안치했는데, 동계는 주인이 오르내리는 계단이니 죽은 사람을 주인으로 예우하는 것이다. 은나라 사람은 두 기둥 사이에 시신을 안치했는데, 죽은 사람을 빈위(賓位)와 주위(主位)의 사이에 둔 것으로 신(神)으로 예우한 것이다. 주나라 사람들은 서계(西階) 위에 안치했는데, 죽은 이를 빈(賓)으로 예우한 것이다. 구(丘, 공자의 이름)는 은나라 사람이다. 어젯밤 꿈에 나는 두 기둥 사이에 편히 앉아 있었다. 무릇 밝은 임금이 나오지 않고 있는데 천하에서 누가 나를 군(君)으로 높이겠느냐? 내가 어제 꾼 꿈은 임금이 될 조짐이 아니고 은나라 예절로 안치될 조짐이니라. 아마 머지않아 죽을 듯하구나."

그리고는 병들어 누운 지 이레 만에 자공과 증삼(曾參) 등 제자들이 지켜보는 가운데 74살의 나이로 세상을 떠났다. 여기서 태산퇴 양목괴는 공자와 같은 성현의 죽음을 비유하여 이르는 말이다.

【용례】 돌아가신 선생님은 오랫동안 정신적 학문적 지주로써 자신의 소임을 다하셨지. 이제 천수를 다 누리시고 세상을 떠나셨으니, "태산퇴 양목괴"라 하겠지만, 애통한 마음은 가눌 길이 없구나.

태산홍모 泰山鴻毛

泰 : 클(태) 山 : 뫼(산)
鴻 : 큰기러기(홍) 毛 : 터럭(모)

【뜻풀이】 태산처럼 무겁기도 하고 기러기 털처럼 가볍기도 하다. 죽음의 무게를 따지면서 쓰는 말로, 사람에게는 어떻게 사느냐보다 어떻게 죽느냐가 더욱 중요할 때도 있다는 뜻이다.

【출전】 고대 중국의 뛰어난 역사가이자 문인인 사마천(司馬遷)은 전장에서 고군분투하다가 흉노에 의해 포로가 된 장수 이릉(李陵)을 변호하는 몇 마디 말을 했다가 한무제의 노여움을 사서 하옥되었다가 궁형(宮刑)이라는 형벌을 받았다.

그러나 그는 이러한 수모와 고통 속에서도 굴하지 않고 거작 『사기』를 써냈다. 그러면서 그는 그의 친구 임소경(任少卿)에게 보내는 편지 〈보임소경서(報任少卿書)〉에서 "사람이란 한 번은 죽게 마련인데 어떤 사람에게는 태산과도 같이 무거울 것이요, 어떤 사람에게는 홍모와도 같이 가벼울 것이다. 이 차이는 그 쓰이는 바가 다르기 때문이다.(人固有一死 或重於泰山 或輕於鴻毛 用之所趨異也)"라고 쓰고 있다.

태산홍모는 여기에서 나온 성어다. 여기에서 태산은 무겁다는 뜻으로, 홍모는 가볍다는 뜻으로 비유되었는데 경산홍모(輕山鴻毛)도 나중에 성어가 되었다.

【용례】 독립 운동을 하며 의롭게 살다가 돌아가신 분들이 비록 살아서는 천대를 받았을지 모르지만, 그분들의 이름은 청사(靑史)에 길이 빛날 것이다. 지조를 "태산"처럼 여겨 목숨을 "홍모"같이 버린 충절을 우리는 영원히 기억해야 할 거야.

토문불입 討門不入

討 : 칠(토) 門 : 문(문)
不 : 아닐(불) 入 : 들(입)

【뜻풀이】 문 앞을 지나가면서도 들어가지 않다. 공무에 바빠 사사로운 감정은 접어 두는 태도를 비유하는 말이다.

【출전】 요임금과 순임금 때 20여 년 동안이나 계속된 홍수 때문에 세상은 큰 피해를 입

었다. 요임금은 먼저 곤(鯤)이라는 사람에게 명하여 홍수를 다스리게 하였다. 그러나 곤은 그 치수 방법이 적절치 못해서 9년 동안 열심히 일했지만 끝내 실패하고 나중에는 책임을 물어 처형까지 당하고 말았다.

요임금이 순임금에게 제위를 물려준 뒤 순임금은 다시 우(禹)라는 사람에게 명하여 홍수를 다스리게 했는데, 우는 바로 요임금 때 처형된 곤의 아들이었다.

우는 아버지의 실패에서 교훈을 찾아 물을 막는 방법이 아니라 끌어내는 방법으로 작은 냇물을 큰 강으로, 큰 강물은 바다로 흘러들게 하였다. 이렇게 13년이라는 긴긴 세월을 분투한 끝에 우는 마침내 홍수를 다스리게 되었다. 그가 이 기간 동안 직접 답사한 곳은 몇 군데인지 헤아릴 수도 없고, 그가 겪은 곤경은 또 얼마인지 헤아릴 수 없을 지경이었다고 한다.

『장자·천하편(天下篇)』에서는 우의 이러한 노력에 대해 "장딴지에는 솜털이 없었고 정강이에는 털이 다 빠졌으며, 세찬 빗줄기에 머리를 감고 세찬 바람으로 머리를 빗었다.(腓無胈 脛無毛 沐甚雨 櫛疾風)"고 하였다. 비록 열두 자밖에 안 되는 간단한 글이지만 오랜 세월 야외에서 홍수와 분투하는 우의 모습을 아주 생동감 넘치게 묘사하고 있는데, 후세 사람들은 이것을 다시 줄여 즐풍목우(櫛風沐雨)라고 간추렸다.

이처럼 치수 사업에 바삐 보내다 보니 그는 나이 서른이 될 때까지 장가도 들지 못하고 있었다. 그러다가 여교(女嬌)라는 아가씨를 만나 사랑하게 되었지만 말도 몇 마디 나누어 보지 못한 채 곧 재해 지역으로 떠나고 말았다.

그 후 우는 여교와 다시 만나서 급히 혼인을 하고 고향인 안읍으로 아내를 데려갔다. 그러나 여전히 세상은 홍수로 고통을 겪고 있었기 때문에 10년 동안 좀체 만날 기회가 많지 않았다.

전하는 바에 따르면 우는 그 동안 세 번이나 고향집 문 앞을 지나가면서도 "시간이 아깝다. 일촌광음(一寸光陰)이라도 아껴야 한다.(愛惜寸陰)"고 하면서 들르지 않았다고 한다.

이에 대해 『열자·양주편(楊朱篇)』에서는 "우는 자기 집 문 앞을 지나면서도 들어가지 않았는데, 그때 그의 몸골은 바짝 여위었고 손과 발에는 온통 굳은살 투성이였다.(禹…討門不入 身體偏枯 手足胼胝)"고 하였으며, 『맹자·이루장구(離婁章句)』 상편에서는 "우임금은 세 번 집 앞을 지나갔지만 한 번도 들어가지 않았다.(禹…三過其門而不入)"고 하였다.

이리하여 후세 사람들은 삼토기문이불입(三討其門而不入) 또는 삼토가문이불입(三討家門而不入)이라는 말로 일신상의 모든 잡무를 잊고 성실하게 일하는 것을 비유하게 되었는데 간단히 줄여 토문불입이라고 한다.(➡ 과문불입過門不入 참조)

그리고 "손과 발에 굳은살이 박히다.(手足胼胝)"란 말도 성어로 굳어지게 되었는데 착실하게 일한다는 뜻으로, 변수지족(胼手胝足) 또는 수족중견(手足重繭)이라고도 한다. (➡ 묵수성규墨守成規 참조)

그리고 우가 말한 애석촌음(愛惜寸陰)도 나중에 성어가 되었는데 촌음시석(寸陰是惜) 또는 촌음자석(寸陰自惜)이라고도 한다.

【용례】 남부 지방의 가뭄 때문에 노심초사(勞心焦思)하시느라고 "토문불입"도 달게 여기셨던 분인데, 그만 과로로 순직하시다니. 우리는 훌륭한 공무원을 한 사람 잃었어.

토포악발 吐哺握發

吐 : 토할(토) 哺 : 먹을(포)
握 : 잡을(악) 發 : 머리카락(발)

【뜻풀이】 먹던 것을 뱉고 감던 머리를 움켜쥐다. 현인을 모셔오기 위해 성의를 다하는 정성과 자세를 비유한다.

【출전】 주나라 무왕(武王)은 나라를 잘 다스리기 위해 밤낮을 가리지 않고 고심하다가 건강을 해쳐 병상에 눕더니 상나라를 토벌한 지 몇 년 만에 세상을 떠나고 말았다.

그의 뒤를 이어 태자 송(誦)이 제위에 올랐는데, 그가 바로 성왕(成王)이다. 그러나 성왕은 나이가 너무 어려 무왕의 동생 주공(周公)이 대신 섭정을 했다.

그는 사심 없이 성왕을 도와 천하를 태평성대(太平聖代)로 이끌어 그 이름을 역사에 찬란하게 빛냈다. 주공은 동생 관숙과 채숙의 난을 평정하고 나라의 기틀을 공고히 다진 뒤 섭정의 자리에서 물러나 성왕이 직접 정치에 임하도록 했다.

성왕은 주공이 섭정을 그만둔 뒤에도 그를 스승으로 모시고 주나라의 관제를 제정하고 예악을 일으켜 나라의 기반을 다졌다. 또한 성왕은 주공의 아들 백금(伯禽)을 노(魯) 지방의 제후로 봉해서 다스리게 했다.

백금이 임지로 떠나는 날 아버지를 뵙고 작별 인사를 하자 주공은 아들에게 백성들을 아끼고 잘 다스리라는 당부의 말을 잊지 않았다. 이때 그가 백금에게 남긴 훈계 가운데 오늘날 우리들에게 널리 알려진 성어가 바로 토포악발이다.

『한시외전(韓詩外傳)』에 보면 "한 번 머리를 감을 때 세 번 머리카락을 감싸 쥐고 나가 손님을 맞이하고, 한 번 식사를 할 때 손님이 오면 세 번 입에 있는 밥을 뱉더라도 나가 맞이하라.(一沐三握髮 一飯三吐哺)"는 말이 나온다.

주공은 이렇게 손님이나 현자를 정중하게 맞이하면서도 혹시 자신의 정성에 부족한 것이 있어 그들의 신의를 잃을까 염려했다고 한다.

왕포(王褒)가 지은 〈성주득현신송(聖主得賢臣頌)〉에도 "옛날 주공은 몸소 밥을 뱉고 머리카락을 움켜쥐는 노력을 아끼지 않았다. 그랬기 때문에 감옥이 텅 비는 태평성대가 있을 수 있었다.(昔周公躬吐握之勞 故有圄空之隆)"는 구절이 있다.

【용례】 훌륭한 재상을 모셔 오기 위해 삼고초려(三顧草廬)하기도 하고 "토포악발"하기도 했는데, 요즈음은 장관을 갈아치우는 것을 전가(傳家)의 보도(寶刀)마냥 휘둘러대니 어디 인재가 마음 놓고 일을 하겠어.

통음황룡 痛飮黃龍

痛 : 아플(통) 飮 : 마실(음)
黃 : 누를(황) 龍 : 용(룡)

【뜻풀이】 황룡에 들어가서 마음껏 술을 마시다. 적들의 소굴을 가차 없이 쳐부순다는 뜻이다.

【출전】 『송사·악비전(岳飛傳)』에 다음과 같은 이야기가 전한다.

송나라 때 북방의 여진족은 금나라를 세우고 자주 송나라를 침범했다. 금나라는 황하 일대를 차지한 다음 회하와 장강 유역으로 계속 밀고 내려왔다. 이때 송휘종과 흠종은 모두 포로가 되었고 백성들도 도탄(塗炭) 속에서 허덕이게 되었다. 그러나 무능한 송나라 조정에서는 계속 양보만 하면서 물러섰고 진회(秦檜, 1090~1155)와 같은 무리들은 금나라에 항복할 것을 주장하고 나섰다.

그러나 장수 악비(1103~1142)를 비롯한 주전파들은 결사적으로 적들과 싸워 수백 차례의 싸움을 거쳐 많은 땅을 수복하였다. 그러나 악비는 이에 만족하지 않고 계속 황하를 건너 북쪽으로 밀고 올라갈 계획을 세우고 "황룡부로 쳐들어가 오랑캐의 소굴을 깨부수자! 그리고 황룡부에 가서 통쾌하게 술을 마시자!(直抵黃龍府 與諸君痛飮爾)"라고 하면서 군사들을 격려했다. 황룡부는 금나라의 도읍으로 오늘의 길림성 농안현(農安縣)이다.

이로부터 직도황룡(直搗黃龍)이나 통음황룡이라는 성어가 나왔는데, 여기에서 황룡은 적들의 본거지를 비유하는 대명사로 쓰이고 있다.

그러나 진회의 무리들은 무능한 고종 황제에게 신임을 얻은 뒤 밖으로는 적들과 야합하고 안으로는 황제를 끼고 음모를 꾸며서 악비를 소환시킨 다음 있지도 않은 죄명을 씌워 살해하니 그때 악비의 나이 39살이었다. 이렇게 되어 본래 승리할 수 있었던 금나라와의 전쟁은 패배로 돌아가고 송나라는 마침내 금나라의 속국으로 전락하고 말았다.

악비가 억울하게 피살당하자 백성들은 그의 죽음을 슬퍼하고 통곡하면서 진회 일파의 파렴치한 작태에 치를 떨었다. 이에 장수 한세충(韓世忠, 1089~1151)이 진회에게 "악비가 도대체 무슨 죄를 지었는가?" 하고 질문하자, 진회는 악비를 죽이는 데는 죄가 "없어도 된다.(莫須有)"고 대답했다.

그러자 한세충은 "그런 말로 어떻게 천하의 백성들을 믿게 할 수 있는가!" 하면서 질책했다고 한다.

이래서 후세 사람들은 없는 죄를 억지로 덮어씌워 사람을 해치는 것을 막수유(莫須有)라 하고, 이렇게 투옥된 사람들을 가리켜 삼자옥(三字獄)이라 했다.

전하는 말에 따르면 악비가 죽게 된 것은 진회가 부인과 함께 창문가에서 밀담을 나눈 결과라고도 한다. 그리하여 사람들은 진회의 부인에 대해 분개한 나머지 그녀를 죽일 년이라고 저주하게 되었다. 이런 일 때문에 진회가 죽은 뒤 재미있는 전설이 생기게 되었다.

즉, 어떤 사람이 저승에서 진회의 귀신이 심문받는 것을 보게 되었는데 당황한 진회의 귀신은 그 사람을 보고 "창가에서 밀모한 일이 드러났다.(樂窓事發)"고 하면서 부인에게 소식을 전해 달라고 애걸복걸하더라는 것이다.

이래서 남을 해치려고 비밀리에 꾸민 일이 일단 탄로 나게 되는 것을 가리켜 낙창사발(樂窓事發) 또는 낙창사범(樂窓事犯)이라고 하게 되었다.

【용례】 적지에 뛰어들어 일본 선수들을 거침없이 "통음황룡"한 우리 선수단을 열렬히 환영합시다. 경제 전쟁 시대에 그들은 또 하나의 독립투사들입니다.

퇴고 推敲

推 : 밀(퇴)/옮을(추) **敲** : 두드릴(고)

【뜻풀이】 추고라고도 읽는다. 지은 글을 고심을 하면서 여러 번 고치는 것을 말한다.

【출전】 『당서·가도전』에 다음과 같은 이야기가 있다.

당나라 때의 시인 가도(賈島, 779~843)는 젊었을 때 과거에 여러 번 응시했지만 번번이 낙방하여 나중에 승려가 되었다가 다시 응시해서 진사는 못 되고 장가주부라는 자그마한 벼슬을 하면서 시를 썼다.

가도가 과거를 보기 위해 상경한 어느 날 나귀를 타고 장안 거리를 거닐고 있었는데 갑자기 "새는 연못가 나무에서 잠들고, 스님은 달빛을 받으며 문을 민다.(鳥宿池邊樹 僧推月下門)"는 시구가 떠올랐다.

그런데 그 퇴(推)자가 마음에 들지 않아 다시 생각해 낸 것이 고(敲)자였다. 그러고 보니 또 어쩐지 퇴자가 나은 것 같기도 했다.

이렇게 퇴와 고를 두고 거기에만 정신이 팔려 있다가 그만 당대의 유명한 작가 한유(韓愈)의 행차와 부딪쳤다. 그래서 한유한테로 이끌려간 가도는 이실직고(以實直告)하는 수밖에 없었다.

까닭을 알게 된 한유는 힐책 대신 도리어 가도의 참다운 창작 태도를 찬양하면서 잠시 생각하더니 "퇴보다 고가 나을 것 같소."라고 말했다. 이에 가도는 고자를 쓰게 되었다는 이야기다. 이렇게 해서 한유와 가도는 다정한 친구가 되었는데 후세 사람들은 글을 여러 번 고치는 것을 퇴고라고 한다.

이 일화에서 나온 시구가 삽입된 시는 〈제이응유거(題李凝幽居)〉에 실려 있다.

「한가롭게 머무니 함께하는 이웃은 드물고
풀 사이 오솔길은 황폐한 뜰로 들어간다.
새는 연못가 나무에서 잠들고
스님은 달빛을 받으며 문을 두드린다.
다리를 건너니 들판의 색도 나뉘고
돌을 옮기니 구름 뿌리가 움직인다.
잠시 떠났다가 다시 이곳에 왔노니
그윽한 기약 뒤 말 어기지 말았으면.
閑居少隣竝
草徑入荒園
鳥宿池邊樹
僧敲月下門
過橋分野色
移石動雲根
暫去還來此
幽期不負言」

【용례】 좋은 글을 만들기 위해 "퇴고"를 거듭하는 것도 좋지만, 그러다가 원래 주제를 제대로 담지 못하는 수도 있으니 주의해서 고쳐야 할 거야.

퇴피삼사 退避三舍

退 : 물러날(퇴) 避 : 피할(피)
三 : 석(삼) 舍 : 삼십리의행정(사)

【뜻풀이】 물러나 90리를 피하다. 남에게 자리를 양보하거나 멀찌감치 물러앉는 것을 비유하는 말이다.

【출전】『좌전·희공 23년』조와 〈28년〉조에 다음과 같은 이야기가 있다.

춘추시대 진(晉)나라 헌공에게는 여희(驪姬)라는 애첩이 있었는데 그녀는 자기 소생의 아들 해제(奚齊)를 태자로 삼기 위해 태자 신생(申生)과 공자 중이(重耳)와 이오(夷吾)를 모해하려 하였다.

이에 헌공은 여희의 참언을 믿고 신생을 핍박하여 죽게 하고, 중이와 이오를 잡아 가두려 했는데, 다행히 그들은 이미 다른 나라로 도망친 뒤였다.

중이는 이국땅에서 19년 동안이나 떠돌아다녔다. 한번은 초나라에 갔을 때 초성왕은 성대한 연회를 베풀며 그를 환대하였다. 그 석상에서 초성왕은 “앞으로 공자께서 귀국하면 나한테 어떻게 보답하시려오?” 하고 물었다.

이에 중이는 “대왕의 덕분으로 고국으로 돌아간 뒤 만약 우리 두 나라 사이에 싸움이 있게 되면 나는 군사들을 지휘하여 3사(三舍, 1사는 30리)를 퇴각〔軍三舍〕하는 것으로써 오늘의 성대한 접대에 보답하겠습니다. 그러나 만일 그래도 대왕께서 양해하시지 않는다면 그때는 대왕과 일전을 겨룰 것입니다.(與君周旋)”라고 대답하였다.

그 후 중이는 다시 진(晉)나라에 들어갔다가 진왕의 도움으로 귀국하여 왕위에 오르게 되었는데 3년이 지나 진(晉)나라와 초나라 사이에 과연 전쟁이 일어났다. 그때 진문공 중이는 전에 약속한 대로 90리(3사) 밖으로 물러섰다고 한다.

이래서 퇴군삼사(退君三舍)는 뒷날 퇴피삼사가 되어 남에게 양보를 하거나 멀찌감치 피하는 일을 비유하는 말로 쓰이게 되었다.

그리고 여군주선(與君周旋) 역시 성어가 되었는데 겉으론 점잖게 하는 말 같지만 실은 결사적으로 싸워보겠다는 뜻이다.

【용례】 이러다가 우리 두 사람의 우정마저 금가겠어. 승진이 중요한가, 우정이 중요하지. 내가 “퇴피삼사”할 테니, 자네도 그 친구를 적극 후원해 주게.

투편단류 投鞭斷流

投 : 던질(투) **鞭** : 채찍 · 칠(편)
斷 : 끊을(찬) **流** : 흐를(류)

【뜻풀이】 채찍을 던져 흐름을 끊다. 진용이 웅장하고 세력이 당당한 것을 비유하는 말이다.

【출전】『진서 · 부견재기(苻堅載記)』 하편에 다음과 같은 이야기가 있다.

서진(西晉) 말년에 이르러 정치가 부패의 길을 치닫자 서북 지방과 북부 지방의 여러 민족이 연이어 독립해서 서진에서 떨어져 나가게 되었다. 이리하여 흉노와 선비 · 강 · 갈 · 저 등 5개 민족이 전후로 16개 나라를 세우니 이것이 바로 중국 역사상의 오호십육국(五胡十六國)이다.

그 중에서도 저족이 세운 진국(秦國)이 가장 큰 나라였는데 전진(前秦) 혹은 부진(苻秦)이라고도 한다. 진국의 왕은 부견(苻堅)이었는데 스스로 천왕이라 하면서 한때 중국의 북부 지방을 거의 다 지배하에 두고 있었다.

부견은 진(晉)나라마저 점령하고 장차 전 중국을 통치할 야심을 품고 대대적으로 군비를 늘렸다. 이때 그의 아우 부용과 석월(石越)과 같은 대신들은 부견이 진나라를 치려는 데 대해 장강이 험준한 것을 들어 전쟁을 반대하였다. 그러자 부견이 이렇게 말하며 뽐냈다.

“나에게 천군만마(千軍萬馬)가 있는데 장강의 험준한 것이 무엇이 두렵겠는가? 병졸 한 사람이 채찍 하나씩 강물에 던져도 흐르는 강물이 멈춰 설 것이 아닌가!(以吾之衆旅 投鞭於江 足斷其流)”

이렇게 되어 투편단류라는 성어가 나왔는데 처음에는 허장성세(虛張聲勢)를 부린다는 뜻이었지만, 나중에는 군대가 막강한 것을 비유하는 말로 쓰이게 되었다.

【용례】 우리 학교를 졸업한 선배님들은 사회에 나가서는 모두 하나같이 사회의 간성으로 성장해 있습니다. 그분들이 모교를 생각하는 정성을 생각하면 “투편단류”할 만한 지원

이 있는 듯하여 마음 든든해집니다.

투필종융 投筆從戎

投 : 던질(투) 筆 : 붓(필)
從 : 좇을(종) 戎 : 군사·도울(융)

【뜻풀이】 붓을 던지고 전쟁터로 나아가다.
【출전】 『후한서·반초전(班招傳)』에 다음과 같은 이야기가 있다.

후한 초기의 반초(32~102)는 서역 지방의 지리에 통달한 사람으로, 『한서(漢書)』의 저자 반고(班固, 32~92)의 아우다.

반초는 어렸을 때부터 열심히 공부했지만 집안 살림이 넉넉지 못해 청년 시절에는 관가의 문서를 베껴 주거나 남에게 서적을 필사해 줘서 번 돈으로 생계를 유지했다. 그런데 당시 후한은 늘 흉노의 침략을 받고 있었으며 이미 개척된 서역 지방과의 관계도 50여 년간이나 끊긴 상태였다. 이 때문에 반초의 가슴에는 걱정으로 가득 차 마음이 어지러웠다.

그래서 어느 날 관가의 문서를 베끼고 있던 반초는 초조한 마음을 달랠 길 없어 훌쩍 일어나 붓을 던지면서 소리쳤다.

"사내대장부가 이렇다 할 뜻을 세우지 못하고 슬기도 없다면 마땅히 부개자나 장건처럼 서역에 출사해서 공을 세워 봉후의 자리를 취할 일이다. 어찌 붓과 벼루에 묻혀 긴 세월을 보낼 것인가!(大丈夫無他志略 猶當效傅介子張騫 立功異域 以取封侯 安能久事筆硯間乎)"

부개자는 한소제 때 서역에 출사했던 사람이고, 장건은 서역으로 출사했다가 흉노에 잡혀 10여 년간의 고생 끝에 도망쳐 나온 장군인데, 그는 도망치는 길에서까지도 주변의 여러 나라들과 한나라의 우호 관계를 유지하는 데 크게 기여했다.

그 후 반초는 군관이 되어 신강 일대에서 흉노와의 싸움에서 크게 이겼고 또 조정의 위임에 의해 부사가 되어 서역에 출사하게 되었는데 그때 그의 나이 마흔이었다. 반초는 서역에 31년 동안이나 머물러 있으면서 50여 개의 나라들과 관계를 개선하는 데 크게 기여했다.

투필종융은 바로 반초에 관한 이상의 이야기에서 나온 성어다.

당나라 때의 시인 위징(魏徵, 580~643)은 〈술회(述懷)〉라는 시에서 "중원에서 비로소 사슴을 좇으니, 붓을 던지고 전쟁터에서 일하리라.(中原初逐鹿 投筆事戎軒)"는 구절을 남기고 있다.

【용례】 나라에 위기가 닥칠 때마다 우리 학생들은 "투필종융"의 정신으로 붓을 던지고 총을 잡았었지. 지금 젊은이들은 그런 선배들을 귀감(龜鑑)으로 여기는지 의심스러워.

투향 偷香

偷 : 훔칠(투) 香 : 향기·향기로울(향)

【뜻풀이】 향을 훔치다. 남녀가 사사로이 정을 통하는 것을 말한다.
【출전】 『요재지이(聊齋志異)』에 보면 다음과 같은 이야기가 나온다.

진(晉)나라 때 한수(韓壽)란 사람이 살고 있었는데, 재능도 출중했을 뿐 아니라 인물 또한 훤칠하게 잘생긴 사람이었다. 그를 본 가충(賈充)이 재주를 어여삐 여겨 자기 수하에 부관으로 두었다.

ㅌ

가충에게는 딸이 하나 있었다. 아버지가 한수와 이야기를 나누는 장면을 보고는 그만 첫눈에 한수에게 깊이 빠지고 말았다. 그렇지만 드러내 놓고 연정을 고백할 수도 없는 일이어서 혼자 상사병을 끙끙 앓고 있었다. 이를 안 하녀가 중간에 다리를 놓아 두 사람은 서로의 감정을 확인할 수 있었다.

한수는 밤에 가충의 집 사람들이 모두 잠든 틈을 타서 담을 뛰어넘어 딸의 방으로 들어갔다. 그때부터 두 사람은 남의 눈을 피하여 방을 드나들며 사랑을 꽃피웠다.

당시 가충은 조정에서 촉망받는 신하로 임금의 총애가 남달랐다. 서역으로부터 기이한 향수가 들어오자 임금은 진건(陳騫)과 가충에게 그 향수를 하사했다. 가충은 그것을 몹시 아껴 특별히 귀한 손님이 올 때 보여 주며 자랑을 늘어놓곤 하였다. 딸은 그 향수를 몰래 훔쳐 애인에게 선물했다. 한편 내심 딸의 행동이 수상하다고 의심하던 가충은 물증이 없어서 딸의 주변만 맴돌며 감시하고 있던 중이었다. 그런데 하루는 한수가 왔는데 몸을 감싸고 있는 향내가 아주 특이한 것이었다. 가만히 냄새를 맡아 보니 그것은 다름 아닌 진건과 자기에게만 있는 그 향수의 향기였다.

이로써 물증을 잡은 가충은 딸을 불러내 사정을 추궁하자 딸은 마침내 한수와의 관계를 털어놓았다. 이미 사태가 갈 데까지 간 것을 안 가충은 서둘러 한수와 딸을 혼인시켜 무사히 망신을 피할 수 있었다.

여기에서 유래하여 남녀가 서로 부모 몰래 정을 나누는 것을 투향이라고 하게 되었다.

【용례】 아무리 말려도 둘이 그렇게 좋아하는 것을 어쩌겠나. 젊은이들이 아무리 자유분방(自由奔放)하다지만 무작정 "투향"할 만큼 어리석지도 않네. 두 사람 사이를 그만 인정해 주게.

ㅍ

파경중원 破鏡重圓

破 : 깰(파) 鏡 : 거울(경)
重 : 다시(중) 圓 : 둥글(원)

【뜻풀이】 깨졌던 거울이 다시 둥글게 되다. 헤어졌던 부부가 다시 만난 것을 일컫는 말이다.

【출전】 당나라 때의 문인 맹계(孟棨)의 『본사시(本事詩)』의 〈정감(情感)〉조에 다음과 같은 이야기가 있다.

남북조시대 말년의 일이다. 북주의 승상 양견(楊堅, 수문제)은 황제를 죽이고 스스로 제위에 올라 수나라를 세운 다음 뒤이어 대군을 풀어 남진(南陳)을 멸망시키고 중국 통일을 목전에 두었다.

당시 황제 진후주(陳後主)는 나라의 존망이 눈앞에 닥쳤음에도 불구하고 주색에만 빠져 정사를 전혀 돌보지 않고 있었다. 이때 태자 사인으로 있던 서덕언(徐德言)이라는 사람이 있었는데 그의 아내 낙창공주(樂昌公主)는 진후주의 누이동생이었다.

나라가 곧 망하리라 예견하고 또 나라가 망하는 날이면 공주인 아내가 포로가 될 것을 걱정한 서덕언은 어느 날 둥근 거울 하나를 두 조각내어 한 조각은 아내에게 주고 다른 한 조각은 자기가 가지면서 나라가 망한 뒤 첫 정월 보름날 수나라 도읍지의 사람 많은 곳에서 거울 장사로 가장하고 만나자는 약속을 했다.

남진이 망한 뒤 낙창공주는 서덕언이 예견한 대로 포로가 되어 수나라에 끌려가 양소(楊素)라는 사람의 집에서 살게 되었다. 한편 아내 생각이 간절하던 서덕언은 첫 정월 보름이 오자 수나라 도읍지에 들어가 거울 파는 사람을 찾아 헤매다가 반쪽 난 거울을 파는 옛 하인과 마주쳤다. 서덕언이 품속에서 반쪽 거울을 꺼내 맞춰 보니 빈틈없이 딱 맞아떨어졌다.

그러나 알고 보니 낙창공주는 이미 양소의 첩이 된 뒤라 다시는 만날 수가 없었다. 이에 서덕언은 거울 뒤에 〈파경시(破鏡詩)〉라는 시 한 수를 써서 하인에게 돌려보냈다.

「거울과 사람이 함께 떠났는데
거울은 왔어도 사람은 오지 않았구나.
다시는 항아의 모습 담지 못하리니
헛되이 밝은 달빛만 휘영청 품었도다.
鏡與人俱去
鏡歸人未歸
無復姮娥影
空留明月輝」

낙창공주가 그 거울을 받아 보니 남편의 친필까지 있는지라 슬픔을 금할 길이 없었다. 사람 좋은 양소는 이 일을 알고 서덕언을 불러 아내를 데려가게 했다. 이래서 옛 부부는 다시 만날 수 있었는데 이것이 바로 파경중원의 이야기이며, 그것이 또 성어가 되었다.

【용례】 사네 못 사네 하면서 헤어진다고 난리를 칠 때가 엊그제 같은데 같이 여행을 간다고? "파경중원"되어서 다행이지만 왠지 불안하구나.

파과지년 破瓜之年

破 : 깰(파) 瓜 : 오이(과)
之 : 어조사(지) 年 : 해(년)

【뜻풀이】 오이를 깨다. 과(瓜)자를 깨 보면 팔팔(八八)이 되는 데서 나온 성어다. 보통 여자 나이 18세를 말하며, 때로는 남자 나이 64세를 말하기도 한다. 더러는 여자가 처음 생리를 하거나 처녀성을 잃는 것도 파과라고 한다. 이와 관련된 문헌은 꽤 여러 가지가 있다.

【출전】 손작(孫綽, 314~371)의 시 〈정인벽옥가(情人碧玉歌)〉에서 처음으로 쓰였다고 한다.

「푸른 옥처럼 오이가 깨질 때
님은 정으로 나를 덮었네.
님을 느껴 부끄러이 붉히지도 않나니
몸을 돌려 님에게 가 포옹하였네.
碧玉破瓜時
郎爲情顚倒
感君不羞赧
回身就郎抱」

대단히 에로틱한 작품이다. 남녀 사이의 성교 장면을 생동감 넘치게 묘사한 시다.

송(宋)나라의 축목(祝穆)이 엮은 백과사전인 『사문유취(事文類聚)』에 실린 여동빈(呂洞賓)이 쓴 〈알장계류시(謁張洎留詩)〉에는 "공이 이루어지는 것은 마땅히 오이가 깨지는 해이니 햇수를 누린 지 64세에 죽었다.(功成當在破瓜年 洎年六十四歲卒)"는 말이 나오는데, 여기서는 나이 64세를 가리킨다.

이 밖에도 『통속편(通俗篇)』에는 "풍속에서는 여자가 몸을 망치는 것을 파과라고 하는데 잘못된 것이다. 〈과〉자를 깨 보면 팔이 두 개가 되는데, 이는 나이가 16세가 되는 것을 말할 뿐이다.(俗以女子破身爲破瓜 非也 瓜字破之爲二八字 言其二八十六歲耳)"라고 하였다.

청(淸)나라 원매(袁枚, 1716~1797)의 『수원시화(隨園詩話)』에도 비슷한 주장이 실려 있다.

"파과에 대해 어떤 사람은 여자가 월경을 처음 할 때 오이가 쪼개지는 것과 같다고 하며 홍조가 보인다고 풀었는데 그렇지 않다. 대개 과자는 종횡으로 깨지면 두 개의 팔자가 되는 것이다.(破瓜 或解以爲月事初來如破瓜則見紅潮者 非也 蓋瓜縱橫破之成二八字)"

이렇게 파과를 월경이나 순결을 잃는 일로 보는 것이 그릇된 속설이라고 주장하는 사람도 많이 있다.

【용례】 핏덩이였던 너를 키웠던 게 어제일 같은데, 벌써 "파과"할 나이가 되었다니. 지하에 계신 너의 아버지가 아시면 얼마나 기뻐하실까.

파락호 破落戶

破 : 깨질(파) 落 : 떨어질(락)
戶 : 집(호)

【뜻풀이】 몰락한 오래된 가문. 또는 경우 없이 마구잡이로 노는 건달이나 불량배를 지칭하기도 한다.

【출전】 남송(南宋) 때의 문인 잠설우(潛說

友)가 쓴 『함순임안지(咸淳臨安志)』에 보면 다음과 같은 말이 있다.

소흥 23년(1154) 4월 갑술일에 임금이 대신에게 말했다.

"근래에 임안부로 하여금 파락호를 잡아들여서 바깥 고을에 묶어 두라고 하였다. 이는 본래 민간에서 해를 끼치는 사람을 제거하기 위해서였다. 그런데 이른바 소화하라는 것은 사람들에게 공갈을 쳐서 위협하여 돈을 긁어내어 망령되이 돈을 바치게 만드니 백성을 위해 재해를 제거하려는 본뜻이 아니다. 가령 담당하는 관원들을 시켜 일일이 근본부터 다스리게 해서 그 실효를 거둘 수 있도록 힘쓰라."

(紹興二十三年四月甲戌 上謂大臣曰 近令臨安府收捕破落戶 編置外州 本爲民間除害 而所謂小火下者 乃爲人訴其恐嚇取錢 妄有供具 甚非爲民除害之本意 可令有司子細根治 務得其實)

【용례】 국민들이 낸 혈세를 착복해서 아파트 투기나 일삼는 공무원이 한둘이 아니라니, 그런 "파락호"만도 못한 인간들은 일벌백계(一罰百戒)로 다스려야 마땅해.

파렴치 破廉恥

破 : 깨어질(파) 廉 : 청렴할(렴)
恥 : 부끄러울(치)

【뜻풀이】 염치가 없어 도무지 부끄러움을 모르는 사람을 일컫는 말이다. 몰염치(沒廉恥) 또는 후한무치(厚顔無恥)라고도 쓴다.

【출전】 『관자·목민편(牧民篇)』에 나오는 말이다.

"나라에는 네 개의 유(維)가 있으니 한 가지 유가 끊어지면 나라가 기울고, 두 가지가 끊어지면 위태롭게 되며, 세 가지가 끊어지면 전복되고, 네 가지가 끊어지면 멸망한다. 기울면 바로잡을 수 있고, 위태로우면 안정시킬 수 있으며, 전복되면 일으킬 수 있지만, 멸망하면 착오를 바로잡을 수 없게 된다. 무엇을 일러 사유라 하는가? 첫 번째가 〈예(禮)〉이고, 두 번째가 〈의(義)〉며, 세 번째는 〈염(廉)〉이고, 네 번째는 〈치(恥)〉다. 예는 절도를 넘어서지 않는 것이고, 의는 스스로 나가지 않는 것이며, 염은 악행을 가리지 않는 것이고, 치는 굽은 일을 좇지 않는 것이다. 때문에 절도를 넘어서지 않으면 위 자리가 편해지고, 스스로 나가지 않으면 백성들 사이에 계교나 속임수가 없을 것이며, 악행을 감추지 않으면 행동이 절로 온전할 것이고, 굽은 것을 좇지 않으면 사악한 일이 일어나지 않을 것이다. (國有四維 一維絕則傾 二維絕則危 三維絕則覆 四維絕則滅 傾可正也 危可安也 覆可起也 滅不可復錯也 何謂四維 一曰禮 二曰義 三曰廉 四曰恥 禮不踰節 義不自進 廉不蔽惡 恥不從枉 故不踰節 則上位安 不自進 則民無巧詐 不蔽惡 則行自全 不從枉 則邪事不生)"

순자가 지적한 사유에서 세 번째와 네 번째 덕목이 바로 염치인 것이다. 염치(廉恥)란 사람 됨됨이가 청렴(淸廉)하여 악행을 숨기지 않고 부끄러움을 알아 굽은 곳으로 나가지 않는 마음을 말한다.

따라서 "그 염치를 깨뜨렸다.(破廉恥)"고 하면 반대의 뜻이 되어, 비리와 잘못을 저지르다 못해 부끄러운 줄도 모르는 마음인 것이다.

【용례】 차 사고 내고도 되레 큰소리치는 사람이나 정치 한답시고 돈이나 밝히고 하는 "파렴치"한 짓을 일삼는 사람이 너무 많아 큰일이야.

파로대 罷露臺

罷 : 파할(파) 露 : 이슬(로) 臺 : 대(대)

【뜻풀이】 지붕이 없는 정자 만들기를 그만둔다는 뜻으로, 올바른 민정(民政)을 펼치는 것을 비유하는 말이다.

【출전】 『사기 · 효문제본기(孝文帝本紀)』에 나오는 이야기다.

「황제가 지붕 없는 정자를 만들 마음으로 설계를 시켰더니 예산으로 백금(百金)이 든다고 했나. 백금이라면 중산 계층 열 가구의 재산과 맞먹는 막대한 돈이었다. 황제는 나만을 위해 그렇게 큰돈은 쓸 수 없다고 하면서 공사를 중단시켰다.

(嘗欲作露臺 召匠計之 直百金 上曰 百金中民十家之産 吾奉先帝宮室 常恐羞之 何以臺爲)」

이 이야기는 전한의 제4대 임금 효문제의 일화다. 역사상 성군으로 통하는 효문제는 23년 동안 제위에 있으면서 항상 검소하게 생활했다. 스스로 검은 비단을 입음으로써 검소한 옷차림에 모범을 보였고, 부인도 옷을 땅에 끌지 못하도록 했다.

신하 가운데 장무(張武)라는 사람이 뇌물을 받았다는 소식을 듣고 뇌물보다 더 많은 하사금을 내려 부끄러워 다시는 못하게 했으며, 군문(軍門)을 찾았을 때 군대 내에서는 수레를 달릴 수 없다고 하자, 황제가 직접 말을 끌고 들어가 장군을 칭찬하고 상을 내리는 등, 따뜻한 마음과 부드러운 덕으로 백성들을 교화했다. 그래서 민생의 안정에 마음을 쓰는 것을 일러 파로대라 부르게 되었다.

【용례】 국민들에게 불편과 부담을 주는 일을 할 때는 신중하게 결정을 해야 한다. 요즘 공무원 가운데 그렇게 "파로대"하는 사람이 몇이나 있는지 궁금하다.

파부침주 破釜沈舟

破 : 깰(파) 釜 : 솥(부)
沈 : 가라앉힐(침) 舟 : 배(주)

【뜻풀이】 솥을 깨고 배를 가라앉히다. 최후 결단을 내리다. 끝까지 싸울 것을 다짐하다.

【출전】 『사기 · 항우본기』에 보면 다음과 같은 이야기가 있다.

진나라 말년 각지에서 진의 통치에 항거하는 봉기가 일어나자 항우(項羽)와 그의 숙부인 항량(項亮)도 반기를 들고 일어났다. 항씨 일가는 초나라 때부터 대대로 장군으로 있었기 때문에 호응하는 사람들이 많아 그 기세가 대단하였다.(☞ 삼호망진三戶亡秦 참조)

항량과 항우는 대군을 이끌고 산동과 하남 일대에서 연달아 진나라 군대를 격파하고 항우는 진나라 승상 이사(李斯)의 아들 이유(李由)까지 잡아 죽였다. 그런데 이내 진나라 장수 장한(章邯)이 대군을 이끌고 와서 초군을 대파하고 항량의 목까지 베어 버렸다. 이에 항우 · 유방 · 여신 등의 부대는 철수하지 않을 수 없었다.

장한은 초군을 격파한 뒤 곧 황하를 건너 조(趙)나라를 공격하기 시작하였다. 이에 조왕은 거록(巨鹿)으로 철수하고 초왕은 송의(宋義)를 상장군, 항우를 차장으로 삼아 조나라를 돕게 하였다. 그런데 초군은 안양에 이르러 멈춰 선 채 46일 동안이나 움직이지 않았다. 성급한 항우는 송의에게 재삼재사 진군할 것을 재촉했지만 송의는 듣지 않았다. 이에 항우는 송의를 죽이고 전군을 호령하니 불복하는 자가 없었으며 초왕도 그를 상장군으로 삼지 않을 수 없었다.

항우는 우선 경포(黥布, 즉, 영포)와 포장군으로 하여금 2만 군을 거느리고 강을 건너 거록을 구원하게 하고 이어 대군을 인솔해서 강을 건너 북상하였다. 이때 항우는 배와 솥 따위를 모조리 강물에 처넣거나 부숴 버리고 강가의 가옥들도 모조리 불살라 버린 뒤 병졸들에게는 한 사람에게 사흘 치 식량만 지급함으로써 결사적으로 싸울 것을 독려하였다.

초군은 전선에 이르기가 바쁘게 진군을 물샐틈없이 포위하고 적군의 병참 지원로를 끊어 놓은 다음 악전고투(惡戰苦鬪) 끝에 진군을 대파하였다. 이때 조나라를 구하기 위해 각지에서 모여 온 군사들은 감히 싸울 엄두도 못 내고 있다가 초군이 용감하게 싸우는 모습을 보면서도 어리둥절하고만 있을 뿐이었다. 싸움이 끝난 뒤 항우의 기세에 눌려 머리를 숙이고 허리를 굽히며 군막에 들어와서는 모두 항우 앞에 부복하는 것이었다. 이리하여 이때부터 항우는 진나라를 격퇴하는 군대의 총지휘관이 되었다.

항우가 대군을 이끌고 강을 건너 북상할 때의 정경을 『사기』는 이렇게 기록하고 있다.

"항우는 병사들을 이끌고 강을 건넌 뒤 모두에게 배를 가라앉히고 솥을 깨뜨리고 가옥을 불살라 버리게 하였다. 그리고 사흘 치 식량만 지니게 하여 병사들에게 필사적인 전의를 보였는데, 누구 하나 마음을 돌이키는 이가 없었다.(項羽乃悉引兵渡河 皆沈船 破釜甑 燒廬舍 持三日糧 以示士卒必死 無一還心)"

파부침주는 이 이야기에서 나온 성어다.

그런데 이 말은 『사기』에 처음 나온 것이 아니라 일찍이 『손자병법·구지편(九地篇)』에 벌써 "배를 불태우고 솥을 깨야 하니, 만약 양 떼를 몰고 갔다가 몰고 온다면 그들이 어디로 갈지 알 수 없는 것이다.(焚舟破釜 若驅群羊而往 驅而來 莫知所之)"라 하여 분주파부(焚舟破釜)라는 말이 나오고 있다.

『좌전·문공(文公) 3년』조에도 진(秦)목공이 진(晉)나라를 토벌할 때 제하분주(濟河焚舟)했다는 말이 나온다.

【용례】 끝까지 우리의 건의를 받아들이지 않는다면, 우리는 "파부침주"의 각오로 최후의 한 사람까지 저항할 것입니다. 승자의 너그러움을 보여 주시기 바랍니다.

파죽지세 破竹之勢

破 : 깰(파) 竹 : 대나무(죽)
之 : 어조사(지) 勢 : 기운·세력(세)

【뜻풀이】 대나무를 쪼개는 듯한 왕성한 기운. 세력이 워낙 강하게 확산되어 누구도 막을 수 없는 경우를 비유하는 말이다.

【출전】『진서·두예전(杜預傳)』에 다음과 같은 이야기가 나온다.

진(晉)나라 무제 감녕(感寧) 5년(279)에 위(魏)나라를 완전히 정복한 진나라는 승세를 몰아 오(吳)나라를 공격해서 굴복시키기 직전에 놓여 있었다.

그때 대장군 두예(222~284)는 진나라의 중앙군을 이끌고 호북성의 강릉으로 육박해 들어갔고, 왕준(王濬, 206~285)은 수군(水軍)을 지휘해서 양자강을 거슬러 진격했으며, 왕혼(王渾, 223~297)은 동쪽으로 오나라의 수도 건업〔建業, 오늘날의 남경(南京)〕을 위협하였다.

드디어 다음 해인 태강(太康) 원년(280), 승승장구하면서 진격을 거듭하던 두예 휘하의 군대는 왕준의 군사와 무창(武昌)에서 합류하였다. 이곳에서 두예는 전열을 정비한 다음 장군들을 모아 놓고 앞으로의 계획에 대해 토론을 벌였다. 이때 한 장수가 일어서며 의견을 내놓았다.

"지금은 바야흐로 계절이 여름철로 접어들고 있습니다. 머지않아 장마철이 시작되면 강물이 불어 군사를 움직이기에 여의치 않을 것입니다. 그러니 일단 후퇴했다가 장마가 끝날 겨울 초엽에 다시 진군하는 것이 좋을 듯합니다."

그러자 이 말을 들은 두예가 이를 제지하며 말했다.

"무슨 소린가? 지금 우리 군대는 사기가 하늘을 찌를 듯하다. 이는 마치 대나무를 쪼갤 때 칼날을 조금만 대도 갈라져서 어디 손댈 곳조차 없는 상황이다.(今兵威已振 譬如破竹數節之後 皆迎刃而解 無復著手處也) 그런즉 큰 힘을 쓰지 않아도 이 기세대로 밀고 나간다면 쉽게 승리를 거둘 수 있는데, 한갓 장맛비가 두려워 후퇴한단 말인가."

그리하여 마침내 두예의 의도대로 군대를 그대로 밀고 나가 오나라의 수도 건업을 함락시키고 말았다. 이런 공로로 해서 두예는 당양후(當陽侯)에 봉해졌다.

여기에서 볼 수 있는 것처럼 두예는 지략이 뛰어났을 뿐 아니라 학문도 꾸준히 닦았다. 심지어 진중에서도 늘 책을 읽어 『춘추좌전집해(春秋左傳集解)』와 같은 저서를 남기기도 하였다. 파죽지세는 두예가 주장한 위의 말에서 유래한 성어다.

【용례】 역시 NC 다이노스는 저력이 있는 팀이야. 세 번 내리 졌다가 한 번 승세를 타니까 "파죽지세"로 4연승을 거둬 우승을 차지했잖아.

파증불고 破甑不顧

破 : 깰(파) 甑 : 질그릇(증)
不 : 아닐(불) 顧 : 돌아볼(고)

【뜻풀이】 이미 깨진 질그릇을 돌아볼 필요는 없다. 만회할 수 없는 일을 가지고 아쉬워하거나 비통해할 필요는 없다는 말이다.

【출전】 『곽림종별전(郭林宗別傳)』에 다음과 같은 이야기가 실려 있다.

후한(後漢) 때 거록(巨鹿) 사람으로 맹민(孟敏)이라는 사람이 있었다. 그가 태원(太原)에 있을 때 어느 날 시장에서 증(甑)이라는 밥짓는 질그릇을 사 가지고 오다가 그만 땅에 떨어뜨려 박살을 내고 말았다. 그러나 그는 돌아보지도 않고 태연히 걸어가는 것이었다.

이때 곽태(郭泰, 127~169)라는 사람이 그 모습을 보다가 맹민이 비범함을 한눈에 알아보고 얼른 다가가서 물었다.

"질그릇을 깼는데 왜 돌아다보지도 않으시오?"

그랬더니 맹민이 대답했다.

"이미 깨진 것을 돌아보면 무슨 소용인가.(甑已破矣 視之何益)"

이에 곽태는 맹민의 대범하고 과단성 있는 행동에 탄복하여 그 후부터 벗으로 사귀었다고 한다. 파증불고는 바로 이 이야기에서 나온 성어인데, 타증불고(墮甑不顧)라고도 한다.

『세설신어·출면편(黜免篇)』에 보면 다음과 같은 이야기도 있다.

등하(鄧遐)가 해임당한 뒤에 산릉으로 돌아오다가 길에서 대사마(大司馬)인 환온(桓溫)을 만났다. 환온이 그의 초췌한 몰골을 보고 물었다.

"그대는 어찌 그리 얼굴이 수척해졌소?"

이에 등하가 대답하였다.

"숙달(맹민의 자)에 부끄러워서입니다. 그처럼 깨진 질그릇에 미련을 두지 않을 수 없군요.(有愧於叔達 不能不恨於破甑)"

【용례】 제집 싫다고 떠난 사람 어떡하겠나? "파증불고"라 없던 자식으로 생각하고 살아가게나. 뒤늦게라도 개과천선(改過遷善)할지도 모르는 일이잖나?

파천황 破天荒

破 : 깨뜨릴(파) **天** : 하늘(천)
荒 : 거칠(황)

【뜻풀이】 천지(天地)가 아직 열리지 않은 혼돈한 상태를 천황(天荒)이라 한다. 이런 상황을 깨뜨리고 새로운 세상을 만든다는 뜻인데, 과거에 아무도 못한 일을 하는 것을 가리키는 말이다. 파벽(破僻) 또는 미증유(未曾有), 전대미문(前代未聞)과 뜻이 비슷한 성어다.

【출전】『북몽쇄언(北夢瑣言)』에 다음과 같은 이야기가 나온다.

「형주(荊州) 지방에서는 해마다 인재를 과거에 내보냈는데, 급제하는 사람이 거의 없었다. 그래서 이것을 일러 "천황"이라 하였다. 그러다가 유태(劉蛻)가 나아가 급제하자, 이를 일러 파천황이라 했다.

(荊酒每歲解送擧人 多不成名 號曰天荒 至劉蛻舍人以荊解及第 爲破天荒)」

유태의 과거 급제가 얼마나 대단한 일이었는가를 말해 주는 장면이다. 당시 형남군절도사(荊南軍節度使)가 파천황전(破天荒錢)이라 하여 상금 70만 전을 보내 축하했다는 사실로도 그 경사를 짐작할 수 있다.

중국의 과거제도는 수(隋)나라 때 시작되어 청말(淸末)까지 1천 3백 년 동안 이어져 왔다. 과거는 유교의 경전에 대한 교양과 시문(詩文)에 대한 재능을 살펴보고, 정치적 식견 등을 공개적으로 시험 보는 제도였다. 이를 통해 중국의 역대 왕조는 필요한 인재와 인력을 배출하였다.

그러나 과거 시험은 천하의 인재들이 몰려드는 데다 뛰어난 암기력과 해박한 지식을 갖추어야만 했기 때문에 급제하기란 여간 어려운 일이 아니었다. 지방시험인 향시(鄕試)를 치러 통과하고 다시 중앙정부에서 시행하는 회시(會試)까지의 과정은 그야말로 험난하기 그지없었다.

당나라 때는 지방시험인 향시에 합격하여 중앙의 과거시험에 추천되는 사람을 일러 '해(解)'라 하였다. 그 뜻은 모든 지식에 통달해 있는 사람이란 말이다. 원전에 나오는 '해'란 바로 그런 뜻이다. 거인(擧人)도 역시 향시에 합격하고 회시를 보는 사람이란 뜻으로, 과거를 볼 자격을 갖춘 사람을 말한다.

【용례】 남북통일의 물꼬를 트는 사업을 두고 가히 "파천황"이라 말할 수 있겠지.

팔월구월정장야 八月九月正長夜

八 : 여덟(팔) **月** : 달(월)
九 : 아홉(구) **正** : 바를(정)
長 : 길·자랄·어른(장) **夜** : 밤(야)

【뜻풀이】 8월과 9월은 참으로 밤이 길구나.

【출전】 백거이(白居易, 772~846)의 〈문야

ㅍ

침(聞夜砧)〉에 나오는 시구다.

「뉘 집 수심찬 아낙이 가을에 비단을 다듬질하는가

달빛은 괴롭고 바람은 찬데 다듬질 소리 처량하다.

팔구월 이 무렵은 밤도 정작 기나긴데

천 소리 만 소리 끊길 때가 없구나.

날이 훤히 밝아오면 머리도 다 세려니

소리 한 번에 한 가닥 실이 더해지기 때문이지.

誰家思婦秋擣帛

月苦風凄砧杵悲

八月九月正長夜

千聲萬聲無了時

應到天明頭盡白

一聲添得一莖絲」

음력 8~9월이면 가을이 무르익을 때다. 밤은 점점 길어지면서 날씨도 덩달아 스산해져 사람의 심금을 더욱 쓸쓸하게 만든다. 사부(思婦)가 꼭 지아비를 잃은 아낙일 까닭이야 없지만 밤늦도록 다듬질 소리가 끊이질 않는 것으로 그럴 소지가 다분하다. 치는 방망이 소리에 억장은 무너지고 긴 밤을 다듬이를 벗삼아 지새려는데 밤이 길어지면서 고되기도 하지만 수심만 깊어간다.

먼 곳에서 아련하게 들려오는 다듬이 소리를 들으면서 작자는 한에 사무친 어느 여인네의 내면의 하소연을 들었던 것이다. 한올 한올 펴지는 실오라기처럼 머리카락에도 뉴발이 흩날리고 쌓이는 백발만큼 서러움도 늘어만 가리라.

【용례】 젊어서 홀몸이 되어 30년을 자식 하나 키우는 낙으로 사신 어머님을 생각하면 눈물이 앞서네. “팔월구월정장야”에 마음은 얼마나 괴로우셨을까. 내 그런 어머님을 위해서라도 꼭 성공해야지.

팔징구징 八徵九徵

八 : 여덟(팔) 徵 : 징조·조짐(징)
九 : 아홉(구)

【뜻풀이】 여덟 가지 징조와 아홉 가지 조짐. 사람의 성품을 알아보는 방법을 일컫는 말이다.

【출전】『육도(六韜)·용도(龍韜)·선장편(選將篇)』에 ‘팔징’을 말하고 있다.

「알고자 한다면 여덟 가지 징조가 있다. 첫 번째는 말로 물어 말투를 살피는 것이다. 두 번째는 말로 궁지에 몰아넣어 변화를 살피는 것이다. 세 번째는 함께 이간질하고 도모해서 정성을 살피는 것이다. 네 번째는 분명하게 드러내 물어 덕을 살피는 것이다. 다섯 번째는 재물로써 부려 보아 청렴함을 살피는 것이다. 여섯 번째는 여자로써 시험해서 정조를 살피는 것이다. 일곱 번째는 어려운 상황으로 알려서 용기를 살피는 것이다. 여덟 번째는 술로써 취하게 만들어 태도를 살피는 것이다. 이렇게 여덟 가지 징조를 다 써보면 어질고 어리석은 것이 구별된다.

(知之有八徵 一日問之以言 以觀其辭 二日窮之以辭 以觀其變 三日與之間諜 以觀其誠 四日明白顯問 以觀其德 五日使之以財 以觀其廉 六日試之以色 以觀其貞 七日告之以難 以觀其勇 八日醉之以酒 以觀其態 八徵皆備則賢不肖別矣.)」

그리고『장자·열어구편(列禦寇篇)』에는 ‘구징’을 말하고 있다.

「멀리 사신을 보내 충성을 살핀다. 가까운 곳에 사신을 보내 공경함을 살핀다. 번거로운 일을 시켜 봐서 능력을 살핀다. 갑자기 물어 봐서 지혜를 살핀다. 갑자기 약속을 해서 신의를 살핀다. 재물을 맡겨 그 어짊을 살핀다. 위험한 일을 알려 절개를 살핀다. 술을 주어 취하게 해서 원칙을 살핀다. 잡스러운 곳에 머물게 해서 표정을 살핀다. 이 아홉 가지 조짐이 다 이루어지면 부족한 사람이 누군지 알 수 있게 될 것이다.

(遠使之觀其忠 近使之觀其敬 煩使之觀其能 卒然問之觀其知 急期之觀其信 委之以財觀其仁 告之以危觀其節 醉之以酒觀其則 雜之以處觀其色 九徵至 不肖人得)」

【용례】 시험만 치러 사원을 뽑는 시대는 지났습니다. 정말 유능한 인재를 원하신다면 시간이 걸리더라도 "팔징구징"과 같은 방법을 써서 가려낼 수 있을 것으로 사료됩니다.

패군지장 敗軍之將

敗 : 질(패) 軍 : 군사(군)
之 : 어조사(지) 將 : 장수·이끌(장)

【뜻풀이】 패전장군(敗戰將軍). 즉 전쟁에서 진 군대의 장군.

【출전】『사기·회음후열전』에 다음과 같은 이야기가 나온다.

진(秦)나라가 멸망한 직후 한왕(漢王)으로 봉해진 유방(劉邦)은 대장군 한신(韓信)의 계책에 따라 진나라의 관중 지방을 점령함으로써 동쪽으로 진격해서 서초패왕(西楚霸王) 항우(項羽)와 천하를 다툴 수 있는 토대를 닦아 놓게 되었다.(➡ 암도진창暗渡陳倉 참조)

그 후 유방은 관중으로부터 점차 동진하여 오늘날의 하남성과 안휘성 일대에서 항우와 장기간에 걸친 싸움을 벌이는 한편 한신을 파견해서 황하를 건너 친초(親楚) 세력인 위왕(魏王)을 토벌한 다음 곧 조나라로 공격해 들어갔다.

이에 조왕과 대장군 진여는 급히 부대를 모아 대항하였다. 이때 조왕의 참모인 이좌거(李左車)가 한신의 군대를 물리칠 묘안을 내놓았지만, 조왕과 진여는 듣지 않았다. 그리하여 싸움은 한신 부대의 승리로 끝나고 진여는 전사했으며, 조왕과 이좌거는 생포되고 말았다.

한신은 이좌거의 재주를 아깝게 여겨 생포당한 그에게 계책을 알려 줄 것을 간청하였다. 이에 이좌거가 이렇게 대답하였다.

"내가 듣기에 패한 군대의 장군은 용기에 대해 입에 담을 수 없고, 망한 나라의 벼슬아치는 존립을 도모할 수 없다고 했소이다.(臣聞敗軍之將 不可以言勇 亡國之大夫 不可以圖存)"

한신이 웃으면서 말했다.

"천만의 말씀입니다. 만약 조왕과 진여가 장군의 계책을 받아들였다면 이른바 패군지장은 장군이 아니라 나였을 것이오."

성어 패군지장은 바로 이 일에서 유래한 말로, 분군지장(賁軍之將)이라고도 한다.

【용례】 나는 이미 전쟁에서 패한 "패군지장"일 뿐이다. 포로로서 받아야 할 마땅한 대우를 해 주기 바란다.

패령자계 佩鈴自戒

佩 : 찰(패) 鈴 : 방울(령)
自 : 스스로(자) 戒 : 경계할(계)

【뜻풀이】 방울을 차서 스스로를 경계하다.

나쁜 습관을 고치기 위해 노력하는 자세를 비유하는 말이다.

【출전】『공사견문록(公私見聞錄)』에 다음과 같은 이야기가 나온다.

조선조 때에 이상의(李尙毅)라는 사람이 살았다. 그는 유능했지만 단점이라면 어릴 때부터 성격이 너무 경솔하여 한 곳에 오래 머물러 있지 못한다는 점이었다. 말을 할 때도 망언(妄言)이나 실수가 잦았다. 이를 걱정한 그의 부모는 항상 그것을 걱정해서 꾸짖었다.

그런 그가 어느 날 작은 방울을 허리에 차고 나타났다. 까닭을 물으니 그가 말했다.

"몸을 움직여 소리가 날 때마다 스스로 행동을 자제하고자 해서입니다."

그는 앉거나 누울 때나 항상 방울을 몸에서 떼지 않았다. 처음에는 시끄러워 성가셨지만, 세월이 지나자 소리는 조금씩 작아지기 시작했다. 그러더니 중년이 되어서는 아무리 움직여도 방울 소리가 조금도 들리지 않게 되었다. 그만큼 신중한 사람이 된 것이다.

이후 경박(輕薄)한 자녀를 둔 사람들은 항상 이상의의 예를 들며 훈계했다고 한다.

【참조】『공사견문록』은 조선 효종의 부마(駙馬) 정재륜(鄭載崙, 1648~1723)이 궁중을 출입하면서 공적·사적으로 견문한 경험을 기록한 책이다. 필사본 4책이며, 국립중앙도서관에 소장되어 있다. 주된 내용은 효종과 현종·숙종·경종의 4대에 걸친 복 받을 만한 가언선행(嘉言善行)과 경계해야 할 사패거(事悖擧)를 적은 것이다. 정지현(鄭之賢)의 서문(1701)과 정행원(鄭行源)의 발문(1708)이 붙어 있다. 이 책 뒤에는 이 밖에도『한거만록(閑居漫錄)』과『인계록(因繼錄)』이 첨가되어 있어 읽을 만하다.

【용례】 저는 어릴 때부터 주위가 산만하다는 말을 많이 들어 왔습니다. 이제부터는 "패령자계"하는 각오로 언행에 실수가 없도록 노력하겠습니다.

편언절옥 片言折獄

片 : 조각(편)　言 : 말씀(언)
折 : 끊을(절)　獄 : 감옥·가둘(옥)

【뜻풀이】 한 마디 말만 듣고 송사를 해결하다. 사람됨이 성실한 것을 일컫거나 판결이 공정한 것을 말한다.

【출전】『논어·안연편(顔淵篇)』에 다음과 같은 이야기가 나온다.

공자의 제자로 자로〔子路, 성은 중(仲), 이름은 유(由)〕라는 사람이 있었는데, 그는 나이가 많아 공자와 아홉 살 터울이었을 뿐이다. 춘추시대 노나라 변읍 사람인 자로는 체격이 우람하고 성격은 괄괄했지만 공자의 가르침을 받으면서부터는 사람이 많이 달라졌다. 그는 공자가 외출할 때마다 늘 수행원으로 따라다녔다.

자로는 거친 성격의 소유자이기는 했지만 효성이 지극하고 성실한 사람이었다. 그는 그가 대답한 일이면 어떻게 해서든지 해내는 성미였고(子路無宿諾) 낡아빠진 솜저고리를 입고서 여우 털옷을 입은 사람들 속에 서 있어도 조금도 부끄럽게 여기지 않았다.

그래서 공자는 "한쪽 송사만 듣고 판결할 수 있는 사람이 있다면 그것은 중유밖에 없을 것이다.(片言可以折獄者 其由也與)"라고 하면서 그를 칭찬한 적이 있었다. 즉, 판결할 때는 양쪽의 송사를 다 들어 봐야 하는 것이 당연한 일이지만, 성실한 사람인 자로 앞에서는 사람들이 거짓말을 할 수 없기 때문에 자로라면 한쪽 송사만 듣고도 공정한 판결을 내릴 수 있다는 뜻이다.

그래서 사람들은 훌륭한 판결을 일컬어 편언절옥이라 했으며, 편언결옥(片言決獄) 또는 편언가결(片言可決)이라고도 한다.

오늘날에는 간단히 줄여서 편언(片言)이라고 하는데, 편언지어(片言之語)가 그것이며 몇 마디 안 되는 짧은 글은 편언지자(片言之字)라고 한다.

【용례】 김 선생이 비록 법률을 따로 배우신 분은 아니지만, 시비를 가리는 데는 "편언절옥"이야. 우리 동네 사람들은 그분 말이라면 모두 따른다니까.

편장막급 鞭長莫及

鞭 : 채찍(편) **長** : 길(장)
莫 : 아닐(막) **及** : 미칠(급)

【뜻풀이】 채찍이 길어도 닿지 않는다. 힘이 미치기 어렵거나 힘이 있어도 주도면밀(周到綿密)하게 다 생각하기 어려운 것을 비유해서 이르는 말이다.

【출전】『좌전·선공(宣公) 15년』조에 다음과 같은 이야기가 나온다.

춘추시대 초장왕(楚莊王)은 신주(申舟)라는 사람을 파견해서 제(齊)나라를 방문하게 한 적이 있었다. 당시 초나라에서 제나라로 가려면 송(宋)나라를 거쳐 가야 했기 때문에 관례대로 한다면 사전에 송나라에 통지를 해야 했다. 그러나 초장왕은 초나라가 대국이라는 것만 믿고 송나라에 알리지도 않고 사신을 지나가게 하였다.

그렇게 송나라를 지나가다가 신주는 그만 억류당하고 말았다. 당시 송나라에서 국사를 장악하고 있던 화원(華元)은 임금인 송문공에게 초나라의 무례함을 상주(上奏)하고 사신을 참수형에 처해야 한다고 주장하였다. 뒤이어 송나라에서는 신주를 목 베고 초나라 군사들을 맞이할 준비를 갖추었다.

아니나 다를까 신주가 피살되었다는 소식을 접한 초장왕은 즉시 군사를 풀어 송나라를 대거 침공하였다. 그러나 그때부터 이듬해 5월까지 초군은 승리를 거두지 못한 채 쌍방은 소강상태에 놓여 있었다. 이때 송나라에서는 대부인 악영제(樂嬰齊)를 진(晉)나라에 파견해서 원조를 청하였다. 당시 진경공은 군사를 풀어 구원하려 했지만 대부인 백종(伯宗)은 강대한 초나라의 심기를 건드려 화근을 부를까 두려워 이에 찬성하지 않았다. 백종은 왕에게 나아가 이렇게 말하였다.

"옛 말에 이르기를 '채찍이 길어도 말의 배에까지 미치지 못한다.(雖鞭之長 不及馬腹)' 고 했는데, 우리가 어찌 초나라의 일에 간섭할 수 있겠습니까? 잠시 군사를 파견하지 말고 초나라의 국세가 쇠퇴해지기를 기다려 보는 것이 어떻겠습니까?"

진경공은 그 말을 옳게 여기고 대부인 해양(解揚) 한 사람만 송나라에 파견해서 한바탕 위로만 했을 뿐 구원병을 보내지는 않았다.

수편지장 불급마복이라는 구절은 말의 배는 채찍을 받는 곳이 아니며 또 채찍이 아무리 길다 해도 말의 배에까지는 미칠 수 없다는 뜻이다.

편장막급은 바로 여기에서 유래한 성어인데, 지금은 일반적으로 이 성어를 이용해 힘이 미치기 어렵거나 힘이 있어도 주도면밀하게 다 생각하기 어려운 경우를 비유적으로 표현하는 데 많이 쓰고 있다.

『좌전』에 보면 그때 초나라는 송나라의 완강한 저항에 부딪혀 진퇴양난(進退兩難)의 궁지에 빠져 있었다. 그러던 어느 날 밤 송나라의 화원은 초군 진중으로 쳐들어가 장막 안에서 자고 있던 초군 장수 자반(子反)의 덜미를 잡아 꿇어 앉혀 놓은 다음 속히 회군할 것을 독촉하였다.

깜짝 놀란 자반은 곧 회군에 동의하고 평화협정을 맺게 되었는데, 그 협정에 "우리 편에서 상대방을 속이지 않을 테니 상대도 우리를 걱정할 필요가 없다.(我無爾詐 爾無我虞)"라는 문구가 들어 있었다.

이렇게 해서 나온 성어가 이우아사(爾虞我詐)인데, 원래는 서로 공격하지 않는다는 뜻이었으나 오늘날에는 서로 믿지 않고 의심한다는 말로 쓰이고 있다. 이우아사는 이사아우(爾詐我虞)라고도 한다.

【용례】 새로 벌인 사업을 전처럼 주먹구구식으로 했다가는 큰일 나겠더군. 이거 규모가 커져 정신없이 입출금이 이루어지는데 내 능력으로는 "편장막급"이야. 유능한 회계사를 하나 고용해야겠어.

평장우 平章雨

平 : 고를(평) 章 : 문장(장) 雨 : 비(우)

【뜻풀이】 평장사 왕백승(王伯勝)이 기도한 덕분에 내린 비. 백성들의 행복을 위해 노력하는 벼슬아치의 노고와 정성을 비유하는 말이다. 또는 그 결과 이루어진 치적을 말하기도 한다.

【출전】 평장사는 관명(官名)으로, 평은 고르다(均)는 뜻이고 장은 밝다(明)는 뜻이다. 백성을 잘 다스린다는 의미다.

『원사(元史)·왕백승전』에 다음과 같은 이야기가 있다.

왕백승은 의지가 굳고 행동거지가 단정한 선비였다. 벼슬길에 나아가 요양(遼陽) 등지에서 중서성(中書省) 평장사를 지냈다. 어느 해인가 날이 가물어 몇 달 동안 비 한 방울 내리지 않는 가뭄이 들었다.

왕백승은 이런 재난이 일어난 것은 자신이 똑바로 정치를 못 해 하늘이 노한 때문이라 여기고 아침 일찍 일어나 몸을 깨끗이 씻은 뒤 하늘을 우러러보며 비를 기구(祈求)하였다. 그러자 그의 정성에 감동했는지 기도가 끝나자 하늘에서 세차게 비가 내렸다. 고을 사람들은 모두 환성을 지르며 거리로 뛰쳐나왔고, 덕분에 사람들은 흉작을 면할 수 있었다.

사람들은 왕백승의 은공을 기리기 위해 그때 내린 비를 평장우라고 불렀다.

【용례】 우리 고을은 지난해 큰 가뭄을 겪었지만 군수를 비롯한 공무원들의 헌신적인 노력으로 큰 재앙을 물리칠 수 있었지. 때마침 내린 "평장우"도 다 그 정성이 통했기 때문이었을 거야.

평지기파란 平地起波蘭

平 : 평평할(평) 地 : 땅(지)
起 : 일어날(기) 波 : 물결(파)
瀾 : 물결(란)

【뜻풀이】 평지에 파란을 일으키다. 공연히 사람들 사이에 분란을 일으키거나 일을 어렵게 만드는 것을 일컫는다.

【출전】 당(唐)나라 때의 시인 유우석(劉禹錫, 772~842)의 〈죽지사(竹枝詞)〉 9수 중 첫 작품에 나오는 구절이다.

「구당의 떠들썩한 십이 폭 여울 소리
사람마다 이 물길은 어렵다고 말들 하네.
인심이 물과 같지 않아 항상 슬퍼하노니
한가로울 때마저도 평지에 파란을 일으 키는구나.

瞿塘嘈嘈十二灘
人言道路古來難
長恨人心不如水
等閑平地起波瀾」

〈죽지사〉는 민요를 바탕으로 쓴 시를 말한다. 원래 민요는 시대마다 민중들이 느끼는 애환과 갈등이 꾸밈없이 서술되어 있다. 그렇기 때문에 당대의 민요가 보여 주는 특성을 알면 당연히 당시의 세태도 짐작할 수 있다. 공자(孔子)가 『시경』을 중시하고 한(漢)나라 때 악부(樂府)라는 관청을 설치하여 민요를 채집하고 정리하기에 힘쓴 것도 다 이런 이유에서였다.

후대로 내려오면서 이런 전통은 끊이지 않고 계승되어 시인들은 어디를 가든 그 고장에서 구전되어 오던 민요에 관심을 갖고 이를 시화하기에 힘썼다. 이를 통칭하여 '죽지사'라고 했다.

이런 죽지사의 전통은 중국뿐 아니라 우리나라에서도 이어져서 최치원(崔致遠)의 〈향악잡영(鄕樂雜詠)〉 5수를 비롯해서 고려조의 소악부〔小樂府, 이제현(李齊賢)과 민사평(閔思平)의 작품이 남아 있음〕로 이어지다가 악부 또는 죽지사라는 이름으로 조선조 후기까지 면면히 계승 발전되었다.

물줄기는 낙차가 있는 곳에서만 풍파를 일으키는데 사람들은 평탄한 곳에서마저 파란을 일으킨다. 그만큼 인심에는 모진 구석이 있다는 것이다. 우리나라에서는 이 성어를 평지풍파(平地風波)라고도 하며, 같은 뜻이다.

【용례】 아니, 다른 사람들은 얌전하게 꿀 먹은 벙어리처럼 가만있는데 너만 꼭 나서서 "평지기파란"이냐. 네가 옳은 건 알지만 세상이 너를 알아주는 세상이니?

폐문조거 閉門造車

閉 : 닫을(폐) 門 : 문(문)
造 : 만들·나아갈(조) 車 : 수레(거)

【뜻풀이】 문을 잠그고 수레를 만든다는 뜻이니, 실제를 고려하지 않거나 남의 경험을 좀체로 받아들이지 않는 편협한 행동을 비유하는 말이다.

【출전】 송(宋)나라 때 사상가 주희(朱熹)가 그의 저서 『중용혹문(中庸或問)』에서 이 성어를 가리켜 고어(古語)라고 한 것으로 보아 상당히 오래 전에 만들어진 성어로 짐작된다.

그러나 고어에서 말하는 폐문조거는 지금 우리가 말하는 뜻과는 다르다. 주희는 그의 저서에서 "고어에서 이른바 '문을 닫아걸고 수레를 만들어 밖에 나가 바퀴 자국에 짜 맞춘다는 것'은 그 조작 방법이 같기 때문이다. (古語所謂閉門造車 出門合轍 蓋言其法之同也)"라고 해석한 바 있는데, 그것은 제조 규격이나 제조 방법 등을 두고 한 말이었다.

그런데 뒷날 차츰 그 뜻이 변해 오늘 우리들이 사용하고 있는 뜻이 되었다.

【용례】 자기 고집만 내세워 "폐문조거"한다면 다른 사람들과 어울리기도 힘들 뿐더러 사회생활도 지장이 많을 걸세.

폐형폐성 吠形吠聲

吠 : 짖을(폐) 形 : 형상·형체(형)
聲 : 소리(성)

【뜻풀이】 개 한 마리가 형체를 보고 짖자 나머지 개들이 소리만 듣고 짖는다. 무슨 영문인지도 모르고 덩달아서 이러쿵저러쿵 떠드는 것을 비유하는 말이다. 한 마리 개가 우연히 짖으면 다른 개들도 덩달아 짖게 마련인데, 처음 개는 혹시 의심되는 사람이나 다른 무엇을 보고 놀라서 짖을 수도 있었겠지만 뒤에 짖는 개들은 아무것도 보지도 듣지도 못하고 덩달아 짖어대는 것이 보통이다.

【출전】 후한 때의 사람인 왕부(王符, 85~163)가 쓴 『잠부론(潛夫論)』에 보면 "속담에 한 마리 개가 그림자를 보고 짖으면 백 마리 개들이 그 소리를 듣고 따라 짖는다.(諺云 一犬吠形 百犬吠聲)"는 말이 있다.(➡ 일견폐형백견폐성一犬吠形 百犬吠聲 참조)

【용례】 아무것도 모르고 "폐형폐성"하지 말고 제발 주관을 가지고 행동하게. 그러다가 일이 그릇되면 자네가 그 죄를 다 뒤집어쓸 판일세.

포락지형 炮烙之刑

炮 : 통째로 구울(포) 烙 : 지질(락)
之 : 어조사(지) 刑 : 형벌·제어할(형)

【뜻풀이】 불에 통째로 굽거나 불로 지지는 형벌로 가혹한 형벌을 비유하는 말이다.

【출전】 『사기(史記)·은본기(殷本紀)』에 다음과 같은 이야기가 있다.

은나라의 마지막 임금 주(紂)는 포악한 임금의 대명사로 손꼽힌다. 그는 유소씨(有蘇氏)라는 나라를 정벌한 뒤 달기(妲己)라는 미녀를 공물로 얻었다. 달기의 미모에 빠진 주는 그때부터 정치는 돌보지 않고 오직 달기를 기쁘게 하는 일에만 골몰하였다.(➡ 일규불통一竅不通 · 주지육림酒池肉林 참조)

달기는 천하에 다시없을 독부(毒婦)로 한 번 그녀의 마수에 걸린 주는 그녀를 위해 온갖 추악한 짓을 다 했고, 그녀의 환심을 사고자 세금을 무리하게 징수해서 궁궐을 꾸미기에 급급하였다.(➡ 부언시용婦言是用 · 빈계지신牝鷄之晨 참조)

일이 이 지경이 되자 주의 통치에 반발하고 나서는 사람들이 속출하게 되었다. 주는 이들을 처벌하기 위해 다시 온갖 잔혹한 형벌을 고안하였다. 그 중의 하나가 포락지형이다.

이 형벌은 마당에 커다란 구리 기둥을 가로로 세워 놓고 거기에 기름을 바른 다음 죄수를 걷게 하는 것이었다. 그리고 그 밑에는 이글이글 타오르는 불구덩이를 두었다. 미끄러운 구리 기둥을 건너다가 미끄러져 떨어지면 사람은 불속에서 산 채로 타죽는 것이었다. 이를 보며 주와 달기는 박수를 치며 좋아했다는 것이다.

주문왕(周文王)도 주의 눈 밖에 나 자칫 이 형벌을 당할 뻔했지만 신하의 도움으로 간신히 화를 면했다고 한다. 그 뒤 문왕(文王)이 낙서(洛西)의 땅을 바치며 이 형벌을 철폐할 것을 주청해 그 뒤부터 이 형벌은 시행되지 않았다고 한다. 꼭 사람을 죽이지는 않더라도 악법을 만들어 백성들의 고혈을 짜는 모든 범죄를 일러 포락지형이라고 한다.

【용례】 주먹이나 몽둥이로 사람을 다스려

야 "포락지형"인 줄 아나. 더 무서운 건 서푼어치 권력으로 사람을 옥죄는 거야.

포류 蒲柳

蒲 : 부들(포) **柳** : 버들(류)

【뜻풀이】 부들이나 버들처럼 가늘고 섬약한 체질을 일컫는 말이다. 부들과 버들은 모두 일찍 잎이 떨어지는 특성이 있는데, 이 때문에 사람이 조로(早老)하는 것을 비유하게 되었다.

【출전】『세설신어·언어편(言語篇)』에 다음과 같은 이야기가 있다.

진(晉)나라 때의 화가이자 서예가였던 고개지(顧愷之, 346~407)의 아버지는 고열지(顧悅之)였다.

여러 방면에서 재능을 과시한 아들에 비해 고열지는 꿋꿋한 성품으로 뚝심이 강한 사람이었다. 그는 당시 황제였던 간문제(簡文帝)와 동갑이었다. 그런데 간문제는 같은 나이에도 검은 머리를 휘날리며 당당했는데 고열지는 백발이 성성해서 도저히 같은 또래로 보기 어려웠다. 어느 날 간문제가 그에게 우스갯소리 삼아 물었다.

"그대는 어쩌다가 그렇게 백발이 되었소?(卿何以先白)"

"갯버들은 가을이 오면 먼저 잎이 떨어지고 송백은 서리를 맞고도 더욱 꿋꿋하게 서 있는 법입니다.(蒲柳之姿 望秋而落 松柏之質 經霜彌茂)"

이 말에서 포류지질(蒲柳之質)은 섬약한 기질을, 송백지질(松柏之質)은 꿋꿋한 기질을 비유하는 말이 되었다.

환온(桓溫)이 스스로 황제가 되고자 세웠던 간문제는 말 그대로 유약한 인물로서 즉위한 지 9개월 만에 병사하였다. 따라서 그도 포류의 기질은 가지고 있었던 듯하지만 송백의 꿋꿋함은 갖지 못했던 것으로 보인다.

【용례】 걔는 사람이 꼭 계집아이 같아. 조금만 나무라도 눈물을 줄줄 흘리니. 저런 "포류" 같은 기질로 어떻게 험난한 세상을 살아갈지 걱정이 태산 같아.

포벽유죄 抱璧有罪

抱 : 안을(포) **璧** : 구슬(벽)
有 : 있을·소유할(유) **罪** : 죄(죄)

【뜻풀이】 값진 보물을 가지고 있으면 죄가 없어도 억울하게 재앙을 당하게 된다는 말이다.

【출전】『좌전·환공(桓公) 10년』조에 다음과 같은 이야기가 있다.

춘추시대 우(虞)나라 임금의 아우인 우숙(虞叔)에게는 아주 값진 옥이 하나 있었다. 워낙 아름답고 흠집 하나 없었기 때문에 누구나 탐내는 보물이었다. 이를 본 형인 우나라 임금도 역시 욕심을 내서 달라고 했는데, 우숙은 거절하고 말았다.

형이 궁궐로 돌아간 뒤 가만히 생각에 잠겼던 우숙이 무릎을 치며 말했다.

"아, 내가 잘못했구나. 주나라 속담에 필부는 죄가 없어도 좋은 옥을 가지고 있으면 그것이 죄가 된다고 했다(周諺有之 匹夫無罪 抱璧其罪). 공연히 이런 걸 가지고 있다가 재앙을 당할 필요는 없다."

우숙은 곧 사람을 시켜 구슬을 형에게 보내 버렸다. 얼마 뒤 형은 이번에는 우숙이 가지고 있던 보검을 요구해 왔다. 우숙은 다시 생각에 잠겼다.

"형의 욕심은 만족할 때가 없구나. 이런 식으로 내가 가진 보물을 달라고 하다가는 기어이 내 목숨까지도 요구할 것이다. 미리 막지 않으면 내가 위험한 지경에 빠질 수 있다."

마침내 우숙은 군사를 일으켜 형을 공격했고, 우공(虞公)은 허겁지겁 홍지(洪池)로 달아나고 말았다.

인간의 욕심이란 이처럼 혈연마저 등지게 하는 무서운 재앙이 될 수도 있다. 한갓 재물을 위해 부모를 살해하는 일이 현실 속에서 벌어지고 있는 시점에서 깊이 생각해야 할 문제다.

【용례】 내 돈을 빼앗으려고 친구를 시켜 도둑질을 하게 하다니. 걔는 정말 내게는 둘도 없는 좋은 벗이었는데. "포벽유죄"란 말이 실감나는구나.

포불각 抱佛脚

抱 : 잡을(포) **佛** : 부처(불)
脚 : 다리(각)

【뜻풀이】 급할 때 부처님 발을 끌어안는다. 평소에는 전혀 대비하지 않고 있다가 급하게 되었을 때 갑자기 구원을 바라는 것을 비유한 말이다.

【출전】 이 말은 "일이 없을 때는 향을 사르지 않더니 위급에 처하자 부처님 다리를 잡는다.(平時不燒香 急來抱佛脚)"는 말에서 유래했다.

송(宋)나라 때 장세남(張世南)이 편찬한 『유환기문(游宦紀聞)』에 다음과 같은 이야기가 나온다.

전하는 바에 따르면 운남성 남부에 있던 어느 한 나라에서는 관민이 모두 불교를 숭상하면서 죄를 범하여 사형을 받으면 절간으로 달려가 부처님의 발을 끌어안고 죄를 회개했다고 하는데, 관청에서도 그런 사람들에게는 죄를 용서해 주었다고 한다.

"한가할 때 향을 올리지 않다가 일이 급하게 되니 부처님 발을 끌어안고 애걸한다."는 이 말은 그 나라의 승려가 중국에 와서 불경을 포교할 때 함께 전래된 것이라고 한다.

다음 이야기에 따르면 이 말은 송나라 사람 유빈(劉邠)이 편찬한 『공부시화(貢父詩話)』에 실려 있는 왕안석(王安石)의 이야기에서 유래했다고 한다.

어느 날 왕안석이 몇몇 손님들과 한담을 나누던 중 우연히 불경에 대해 담론했는데, 그가 개탄조로 "난 이제 늙었으니 스님들과 사귈 때가 되었다.(投老欲依僧)"고 말하자, 곁에 앉아 있던 사람이 "일이 급하게 되니 부처님 다리를 끌어안으려 한다.(急則抱佛脚)"고 맞장구를 쳤다는 것이다.

당나라 때의 시인 맹교(孟郊, 751~814)의 시 〈독경(讀經)〉에 "나이 들자 부처님 다리를 붙잡고, 아내를 시켜 황경을 읽게 한다.(垂老抱佛脚 教妻讀黃經)"는 구절이 있다.

【용례】 다른 사람들은 거들떠보지도 않던 위인이 선거철이 되니까 "포불각"하는 꼴이라니. 저리 철면피에 염치가 없으니 정치꾼으로 먹고 사는 건지도 모르지.

포신구화 抱薪救火

抱 : 안을(포) **薪** : 섶 · 땔나무(신)
救 : 구원할(구) **火** : 불(화)

【뜻풀이】 섶을 지고 불을 끈다. 말하자면 화

를 없애기는커녕 잘못된 방법 때문에 도리어 더 큰 화를 불러들이거나 일을 확대시키는 것을 비유하는 말이다.

【출전】『전국책·위책(魏策)』에 다음과 같은 이야기가 있다.

전국시대 위나라에서는 안희왕(安釐王) 때에 이르러 거듭 진(秦)나라의 침공을 받았는데, 안희왕이 즉위하던 그해에 벌써 위나라의 2개 성이 점령당했고, 이듬해에는 또 2개 성이 떨어졌으며 나중에는 위나라의 도읍인 대량(大梁)마저 위태롭게 되었다.

이에 한(韓)나라에서 구원병을 보내 왔지만, 역시 진나라 군대에게 패하고 말았다. 위나라에서는 부득이 일부 땅을 진나라에 떼어 주는 것으로 겨우 전쟁을 종식시킬 수 있었다.

그러나 3년 후 진나라에서는 다시 전쟁을 일으켜 위나라의 4개 성을 강점하고 위나라 군사 4만 명을 포로로 잡아 죽여 버렸다. 4년 뒤에는 위나라와 한·조 연합군이 진군과 싸웠지만 군사 15만 명을 잃고 위나라 대장군 망묘(芒卯)까지 행방불명되고 말았다.

이때 위나라 장수인 단간자(段干子)가 남양을 진나라에 떼어 주는 것으로 일시적인 평화를 유지하자고 제의하자 무능한 안희왕은 그의 제의를 받아들이고 또다시 침략군 앞에서 무릎을 꿇고 말았다.

이때 위나라의 이와 같은 타협 정책을 반대하는 소대(蘇代)라는 사람이 그의 형인 소진(蘇秦)의 뜻을 이어 동방 여섯 나라가 단합해서 일제히 진나라에 대항할 것을 강력하게 주장하였다.(➡ 불가동일이어不可同日而語 참조) 그는 안희왕 앞에 나아가서 말하였다.

"진나라의 욕심이 끝이 없을진대 어찌 영토와 주권을 희생시키는 것으로 평화를 얻을 수 있겠습니까? 이것은 섶을 지고 불을 끄려는 것과 같은 것으로 섶이 남아 있는 한 불은 꺼지지 않을 것입니다.(以地事秦 譬猶抱薪而救火也 薪不盡而火不止)"

이것이 바로 포신구화라는 성어의 출처가 되었다.

한나라 때의 사상가 동중서(董仲舒, 기원전 179~기원전 104)도 〈현량대책(賢良對策)〉에서 다음과 같은 말을 쓰고 있다.

"법이 나오자 간신이 생기고, 명령이 떨어지자 속임수가 일어나니, 이는 마치 끓는 물로 끓는 물을 멈추게 하고 섶을 안고 불을 끄려는 것으로 더욱 손해만 커질 것입니다.(法出而姦生 令下而詐起 如以湯止沸 抱薪救火 愈其亡益也)"(『한서·동중서전』)

【용례】 회사를 구하겠다고 말단 사원인 자네가 집을 담보로 내놓겠다는 건가? 뜻은 고맙지만 "포신구화"야. 자네 집까지 날리게 하고 싶지는 않으니 그만두게.

포옹관휴 抱甕灌畦

抱 : 안을(포) **甕** : 항아리(옹)
灌 : 물댈(관) **畦** : 두둑·지경(휴)

【뜻풀이】 항아리를 안고 논밭에 물을 대다. 뒤떨어진 상태에서 만족하고 더 발전하려는 생각을 갖지 않는 보수적인 생각을 가리켜 하는 말이다.

【출전】『장자·천지편(天地篇)』에 나오는 자공(子貢)과 한음장인(漢陰丈人)과의 대화에서 유래한 성어다.

공자(孔子)의 제자들 중 비교적 유명한 인물이었던 자공은 위(衛)나라 사람으로 입심이 좋아 일찍이 위나라와 노나라에서 벼슬을 하면서 여러 나라를 방문한 적이 있었다.

자공이 초나라를 방문했을 때의 일이다. 어느 날 그는 한수(漢水) 남안에 이르러 어떤 노인이 밭에 물을 대는 광경을 목격하게 되었는데, 그 노인이 관개하는 방식은 낙후하기 이를 데 없는 것이었다. 그 방식은 물이 괸 우물 밑바닥까지 가파르게 내려가 물통으로 한 통씩 물을 길어다가 관개하는 식이었다.

자공은 차마 그냥 보고 있을 수만 없어서 용두레를 써 볼 것을 권했다. 그랬더니 노인은 귀찮은 듯이 "누가 그걸 모른단 말인가. 하지만 난 그 따위로 물 대기를 좋아하지 않는단 말이야. 한평생 이렇게 밭에 물을 주면서 살다 보니 이제 습관이 되었다네."라고 말했다.

바로 이 이야기에서 나온 성어가 포옹관휴 또는 포옹관포(抱甕灌圃)다.

이백(李白)은 〈증장공주혁처사(贈張公洲革處士)〉에서 "항아리를 안고 가을 채소에 물을 대니, 마음은 한가로워 하늘을 오가는 구름과 같구나.(抱甕灌秋蔬 心閑遊天雲)"라고 노래하였다. 이백은 원래 성어의 뜻과는 관계없이 이 이야기를 대단히 낭만적이고 낙천적으로 해석해 시화했던 것이다.

【용례】 지금이 어떤 시대인데 호미나 곡괭이 같은 연장으로 공단 부지를 매립하겠다는 건가? 돈 좀 쓰게. "포옹관휴"하다가는 밑천까지 날릴 수 있어.

포장화심 包藏禍心

包 : 싸·용납할(포) 藏 : 감출(장)
禍 : 재앙(화) 心 : 마음(심)

【뜻풀이】 재앙을 주려는 마음을 싸고 있다. 나쁜 심보를 품고 있다는 뜻이다.

【출전】 『좌전·소공(昭公) 원년』조에 다음과 같은 이야기가 있다.

춘추시대에 초(楚)나라 공자(公子) 위〔圍, 뒷날의 초영왕(楚靈王)〕가 예의를 갖추어 정나라를 방문한 적이 있었다. 당시 초나라는 남방의 대국이고 정나라는 북쪽에 접해 있는 작은 나라였던지라 소국인 정나라에서는 대부 공손단(公孫段)의 딸을 공자 위에게 아내로 주기로 하였다. 이에 초나라에서는 신부를 맞이해 간다는 핑계로 군대를 파견해서 정나라를 독차지하려고 하였다.

정나라의 자산(子産, 당시 정나라의 재상)은 초나라에서 군대를 보내어 신부를 맞아 가려는 것을 보고 대뜸 다른 심보가 있다는 사실을 간파하고는 곧 자우(子羽)를 파견해서 초나라에 청을 넣게 하였다.

"우리 정나라의 도읍지는 이렇듯 작은데 귀국에서는 이렇듯 많은 사람들을 보내 오셨으니 입성하지 말고 결혼식을 성 밖에서 치르는 것이 어떻겠습니까?"

자우가 이렇게 제의하자, 공자 위 측에서는 "혼인은 천하의 대사인데 어찌 야외에서 치른단 말인가? 그대들이 우리를 성안으로 들어가지 못하게 한다면 그것은 우리의 지위가 그대들보다 낮다는 것을 의미할진대 천하 사람들의 웃음거리가 되지 않겠는가? 게다가 공자 위께서는 고국을 떠날 때 묘소에 제사까지 올렸는데, 그렇게 된다면 조상을 기만하는 죄까지 지게 되는 것이 아닌가?"라면서 자우의 제의를 거절했다.

그러자 자우도 태도를 바꿔 강경하게 나왔다.

"나라가 작은 것은 잘못된 것이 없소. 바로 나라가 작은데 큰 나라에만 의지해서 스스로 방비하지 않은 것이 큰 잘못일 것이오. 우리 정나라에서 초나라와 통혼하려는 것은 큰 나라에 의지해서 우리를 보호하려는 데 있지만, 보아하니 그대들은 나쁜 심보를 품고 슬그머니 우리나라를 병탄하려고 하니 어찌 용인할 수 있단 말이오!(小國無罪 恃實其罪 將持大國之安靖已 而無乃包藏禍心以圖之)"

그제야 초나라에서도 할 수 없이 활과 무기를 풀어 놓고서 성 안으로 들어갔다고 한다.

【용례】 겉으로는 사람 좋은 미소를 짓고 있지만 사실 저 사람 속은 "포장화심"이야. 만만히 보고 상대하다가는 큰코다칠 테니 조심하게.

포전인옥 抛磚引玉

抛 : 버릴(포) 磚 : 벽돌(전)
引 : 끌(인) 玉 : 구슬(옥)

【뜻풀이】 벽돌을 버리고 옥을 받다. 남의 고견을 듣기 위해 자신의 미숙한 견해를 먼저 발표한다는 뜻으로, 자기의 의견이나 글을 먼저 내놓을 때 겸손을 표시하는 말이다.

【출전】 『역대시화(歷代詩話)』에 조화와 상건 두 사람에 대한 일화가 실려 있다.

당나라 때 조하(趙嘏)와 상건(常健)이라는 시인이 있었는데, 두 사람 다 시에 출중한 재능이 있었지만 상건은 조하의 시적 자질에 늘 탄복하고 있었다.

어느 날 조하가 소주를 유람할 기회가 생겼다. 그때 마침 소주에 가 있던 상건은 이 기회를 이용하여 조하로 하여금 좋은 시구를 남겨 놓게 하기 위해 영암사(靈巖寺) 벽에 시 두 줄을 써놓았다.

며칠 후 영암사를 돌아보던 조하는 그 시구를 보고 영감이 떠올라 두 줄을 보충해 넣었다. 이래서 상건은 교묘한 방법으로 조하로 하여금 좋은 시를 쓰게 하였는데 사람들은 그런 방법을 포전인옥이라 하였다.

【용례】 그러면 먼저 제 의견부터 말씀드리겠습니다. 부디 좋은 질정을 해 주셔서 "포전인옥"하려는 저를 도와주시기 바랍니다.

폭호빙하 暴虎馮河

暴 : 거칠(폭) 虎 : 호랑이(호)
馮 : 업신여길 · 기댈(빙)/성(풍)
河 : 물이름(하)

【뜻풀이】 맨손으로 호랑이를 잡고 도보로 강을 건너다. 용기는 있지만 지모(智謀)가 없는 사람을 비유하는 말이다.

【출전】 『논어 · 술이편(述而篇)』에 다음과 같은 이야기가 있다.

춘추시대 노나라 사람이며 공자(孔子)의 제자였던 자로(子路)는 체구가 우람하고 힘이 좋은데다가 아주 용감한 사람이었다.

그러나 자로는 용감하기만 하고 지모가 떨어져 공자는 거친 자로보다 총명한 안회(顏回)를 더 좋아하였다. 때문에 자로는 은근히 스승의 태도에 불만이 있었다.(➡ 편언절옥片言折獄 참조)

어느 날 자로는 일부러 공자에게 "스승님께서 만일 대장군이 되어 삼군을 지휘하신다면 누구를 가장 적당한 부장으로 삼으시렵니까?" 하고 물었다. 자로는 싸움을 하는 일이라면, 스승은 글밖에 모르는 안회보다 자신을 더 인정해 주리라고 생각했던 것이다.

그러나 공자는 뜻밖에도 "적수공권(赤手空拳)으로 호랑이를 잡거나 배도 없이 물을 건너려는 것은 경박한 모험이다. 나는 생명을 귀하게 여기지 않는 그런 사람은 싫다. 내가 원하는 사람은 일마다 조심하고 지모를 써 가면서 반드시 성공하는 그런 사람이다.(暴虎馮河 死而無悔者 我不與也 必也臨事而懼 好謀而成者也)"라고 대답했다.

폭호빙하는 바로 공자의 이 말에서 나온 성어인데, 여기서 폭(暴)은 박(搏)과 같은 뜻이고, 빙(馮)은 빙(淜)과 같은 뜻으로 건넌다는 뜻이다. 그래서 이 성어를 박호빙하(搏虎淜河)라고도 한다.

『시경·소아(小雅)』의 〈소민(小旻)〉에도 "감히 맨손으로 호랑이도 못 잡고, 감히 걸어서 강물도 못 건넌다. 사람들도 그런 것은 알지만, 그 밖의 것은 알지 못하네.(不敢暴虎 不敢馮河 人知其一 莫知其他)"라는 구절이 마지막 제6연에 나온다.

【용례】 약자를 구하기 위해 다섯 명이나 되는 강도와 맞대결을 펼쳤다니, 용기는 좋지만 "폭호빙하"하는 만용이야. 먼저 경찰에 신고부터 했어야지.

표사유피인사유명 豹死留皮人死留名

豹 : 표범(표) 死 : 죽을(사)
留 : 머물·남길(류) 皮 : 가죽(피)
人 : 사람(인) 名 : 이름(명)

【뜻풀이】 표범은 죽어서 가죽을 남기고 사람은 죽어서 이름을 남긴다.

【출전】 『오대사·왕언장전(王彦章傳)』에 다음과 같은 이야기가 있다.

왕언장은 당(唐)나라를 무너뜨리고 양(梁)을 세운 주전충(朱全忠)의 휘하에서 활약한 장군이다. 그는 오대(五代)라는 격란의 현장에서 백 근이 넘는 철창을 휘두르며 주전충을 보좌하였다. 워낙 위용이 무서웠기 때문에 사람들은 그를 왕철창(王鐵槍)이라고 하며 두려워했다.

양나라 황실에 내분이 일어나 주전충의 아들 주우규(朱友珪)가 정권을 잇더니 그도 동생에게 죽음을 당했다. 이렇게 국력이 약화되자 후당(後唐)의 왕이었던 이존욱(李存勖)이 쳐들어와 두 나라 군대는 덕승(德勝)에서 일전을 치르게 되었다.

이 싸움에서 패한 왕언장은 용감하게 대처하며 복수의 기회를 노렸지만 그만 초토사(招討使)라는 관직에서 파면되고 말았다. 평소 그를 밉게 본 조정의 관리들이 패전을 이유로 제재를 가한 것이었다. 그러나 상황이 다시 악화되자 그들은 왕언장을 다시 기용했고 군사를 이끌고 나간 왕언장은 죽음을 각오하고 싸웠지만 결국 패한 채 포로로 잡히고 말았다. 이존욱은 그의 재주를 아껴 투항할 것을 권했다. 그러나 왕언장은 이를 거절하며 말했다.

"아침에 양나라를 섬기다가 저녁에 당나라를 섬길 수는 없다."

결국 왕언장은 처형당하고 말았는데, 일자무식(一字無識)이어서 글을 읽지 못했던 그는 이 때문에 항상 속담을 빌려 이렇게 말했다고 한다.

"표범은 죽어서 가죽을 남기듯 사내란 죽어서 아름다운 이름을 남겨야 한다."

【용례】 표범은 죽어서 가죽을 남기고, 사람은 죽어서 이름을 남긴다("표사유피 인사유명")지만, 좋은 이름을 남길 생각을 해야지,

그렇게 악명을 떨쳐서 어쩌겠다는 거야?

풍림화산 風林火山

風 : 바람(풍) 林 : 수풀(림)
火 : 불(화) 山 : 뫼(산)

【뜻풀이】 바람처럼 숲처럼 불처럼 산처럼 적을 엄습해서 공략한다는 말로, 기회가 왔을 때 이를 가장 적절하게 이용해서 승리를 거두라는 뜻이다.

【출전】『손자병법(孫子兵法) · 제1편』에 다음과 같은 말이 나온다.

「때문에 병사는 적을 속이는 것으로써 세우고 이익이 있을 때 움직이고 모이고 흩어지게 해서 변화를 주는 법이다. 그래서 내달릴 때는 바람처럼 날래고 서서히 움직일 때는 숲처럼 하며 불과 같이 뜨겁게 돌진하고 머물러 있을 때는 산처럼 잠잠해야 한다. 또 적군이 모르게 할 때는 그림자처럼 은밀히 하고 일단 공격이 시작될 때는 번갯불처럼 순식간에 해치워야 하는 것이다. 돌아갈 것인가 곧바로 밀어붙일 것인가를 먼저 아는 사람이 이길 것이니, 이것이 군대를 가지고 싸울 때 승리를 거둘 수 있는 방법이다.

(故兵以詐立 以利動 以合分爲變者也 故其疾如風 其徐如林 侵掠如火 不動如山 難知如陰 動如雷震 先知迂直之計者勝 此軍爭之法也)」

손자는 〈모공편(謀攻篇)〉에서 "싸우지 않고 이기는 것이 최고의 병법(不戰而屈人之兵善之善者也)"이라고 했는데, 부득이 힘으로 싸우지 않을 수 없을 때는 꾀를 써서 아군의 피해를 최대한 줄이며 적군을 격파하는 것이 차선이라고 했다. 위 인용문에 실린 글은 바로 차선의 병법 중 변화를 주어 적을 혼란에 빠뜨리는 방법을 열거한 것이다.

【용례】 지금이 사세를 확장하기에 절호의 기회입니다. "풍림화산"처럼 일을 진척시켜 다른 회사가 넘보지 못하도록 선수를 쳐야 합니다.

풍마우 風馬牛

風 : 바람(풍) 馬 : 말(마) 牛 : 소(우)

【뜻풀이】 서로 아무런 관계도 없음을 비유하는 말이다.

【출전】『좌전 · 희공(僖公) 4년』조에 다음과 같은 이야기가 있다.

춘추시대 적지 않은 제후국들이 제환공의 명령에 따라 움직이고 있었지만 남방의 초나라는 나라도 컸거니와 제나라와는 멀리 떨어져 있었기 때문에 제환공에게 머리를 숙이지 않았다.

이때 초나라 북쪽에 위치하고 있던 작은 나라인 채(蔡)나라는 제나라를 무시한 채 초나라에 의지하였다. 이에 화가 난 제환공은 채나라를 토벌하려고 단단히 벼르고 있었다.

제환공은 마침내 군사를 일으켰는데 그는 노나라와 송나라, 진(陳)나라, 위(衛)나라, 정나라, 허나라, 조나라 등 여덟 제후국들의 군사들을 회동시켜 채나라를 정벌하고 계속 남하해서 초나라마저 토벌하라는 명령을 내렸다.

연합군이 초나라의 형이라는 고장에 이르렀을 때였다. 초성왕은 사신을 파견하여 제환공에게 물어보았다.

"대왕은 북해(북쪽)에 있고 과인은 남해(남쪽)에 있어 소와 말을 풀어 놓는다 해도 서로 미치지 못할 것인데 뜻밖에 대왕께서 과인의 땅을 범했으니 어인 연고입니까?(君處北海 寡人處南海 唯是風馬牛不相及也 不虞君之涉我地也 何故)"

이에 제환공의 국상인 관중(管仲)이 나와서 몇 마디 했지만 군대를 움직인 진정한 이유에 대해서는 무어라고 말할 수 없었던 까닭에 그저 억지를 부리면서 되는 대로 갖다 붙였다. 그러나 이때 초나라에서나 제나라에서나 다 같이 싸울 의사는 별로 없었으므로 양쪽에서는 결국 화약을 맺고 군사를 거두고 말았다.

여기에서 풍마우와 불상급(不相及)은 같은 뜻이며, 풍(風)은 방(放, 풀어 놓다)과 뜻이 일치한다. 이리하여 풍마우는 풍마우불상급(風馬牛不相及)이라고도 한다.

【용례】 아니, 자네 동생 일인데 어쩌면 자네는 "풍마우"처럼 모른 척할 수 있단 말인가? 친구가 잘못돼도 허전한 게 세상산데 하물며 동생이 망하면 자네한테 무슨 이익이 있다고?

풍성학려 風聲鶴唳
→ 초목개병 草木皆兵

풍우대상 風雨對牀

風 : 바람(풍) 雨 : 비(우)
對 : 마주할(대) 牀 : 자리(상)

【뜻풀이】 바람과 비가 침상을 마주 대하다. 형제가 서로 만나는 것을 비유하는 말이다.

【출전】 위응물(韋應物, 737~792)이 아우에게 보낸 시에 풍우대상이라는 구절이 있었는데, 이 작품을 읽은 소식(蘇軾, 1037~1101)도 동감하는 바가 많아 역시 아우 소철(蘇轍, 1039~1112)에게 보낸 시에 이 구절을 인용하였다. 이 때문에 성어가 되어 전하게 되었다.

먼저 위응물의 〈증제시(贈弟詩)〉부터 읽어보자.

「나는 고을의 부절을 풀고 떠났는데,
너는 아직 외사에 이끌리고 있구나.
차라리 알았으면 비바람 치는 밤에
다시 침상을 마주 대하고 잠들고 싶어라.
먼저 남지에서 술 들던 일 이야기하고
서루에서 지은 글 읊었으면 좋겠네.
한 번 꿈속에서 만나지도 못하는데
세월은 하릴없이 밀려서 흐르는구나.
余解郡符去
爾爲外事牽
寧知風雨夜
復此對牀眠
始話南池飮
更詠西樓篇
無將一會夢
歲月坐推遷」

소식과 소철이 서로 시를 주고받으면서 풍우대상을 용사(用事)한 시는 여러 편이 있는데, 여기서는 그 중 한 수만 보기로 한다.

시 제목이 너무 긴 관계로 〈신축 11월 19일…마상부시편기지(辛丑十一月十九日… 馬上賦詩篇寄之)〉로 줄인다.

「술도 마시지 않고 어찌 비틀거리는가
이 마음 이미 좇겨 가는 말도 떠났네.
가는 이 오히려 부모님을 생각는데
나는 무엇으로 적막감을 위안할까.
높이 올라 보노니 두 고을 떨어졌고

오모만 보일 듯 말 듯 깜박인다.
추위에 떨며 옷 단출한 너 생각노니
홀로 지친 말 탄 채 달빛 밟고 가리.
나그네는 떠돌며 머문 이의 즐거움을 노래하는데
어린 하인은 괴롭고 처량한 나를 의아해하는구나.
사람살이 이별 있음을 또 알았나니
다만 세월만 덧없이 흘러 안타깝도다.
찬 등불 마주하며 지난날 되새기고
밤비를 맞으며 언제나 소슬한 소리를 들을까.
그대 마음 알아서 정녕 잊지 못한다면
높은 관직에 괴로이 묶이지 마라.
不飮胡爲醉兀兀
此心已逐歸鞍發
歸人猶自念庭闈
今我何以慰寂寞
登高回首坡壟隔
但見烏帽出復沒
苦寒念爾衣裘薄
獨騎瘦馬踏殘月
路人行歌居人樂
童僕怪我苦悽惻
亦知人生要有別
但恐歲月去飄忽
寒燈相對記疇昔
夜雨何時聽蕭瑟
君知此意不可忘
愼勿苦愛高官職」

이 작품 말미에 소식은 스스로 주를 달아 "일찍이 야우대상이라는 구절이 있기 때문에 이렇게 말한다.(嘗有夜雨對牀之言 故云爾)"고 하였다.

【용례】 같은 하늘 아래 살면서도 바쁘다는 핑계로 동생을 못 본 지도 어느덧 5년째야. 언제나 "풍우대상"하며 회포를 풀 수 있을지 그것마저 기약이 없군.

풍촉잔년 風燭殘年

風 : 바람(풍) 燭 : 촛불(촉)
殘 : 남을(잔) 年 : 해(년)

【뜻풀이】 나이가 많아 여생이 얼마 남지 않은 것을 비유하는 말이다.

옛 시인들의 시문에는 풍촉(風燭)이라든가 풍중지촉(風中之燭)이라는 말이 많이 나오는데, 이것은 다 같이 "바람 앞의 촛불"이라는 뜻으로, 사람의 목숨이 몹시 위태로운 것을 비유한다.

【출전】 당나라 때의 승려 현장(玄奘, 602~664)의 『대당서역기(大唐西域記)』에는 "속세의 부귀는 바람 앞의 촛불보다 더 위태하도다.(世間富貴 危甚風燭)"라는 말이 있고, 유우석(劉禹錫, 772~842)의 시에도 "알고도 모를 인간 세상 바람 앞의 촛불인가 하노라.(不知人世如風燭)"는 시구가 보인다.

이리하여 풍촉이라는 성어가 나왔는데 달리 풍중지촉이라고 한다.

『악부시집(樂府詩集)』에 실려 있는 〈원시행(怨詩行)〉에 "백년도 못 채우는 목숨이 위태롭기는 문득 바람 앞의 등불 같구나.(百年未幾時 奄若風吹燭)"라는 구절이 나온다.

【용례】 이제 올해로 내 나이 여든이야. 언제 죽을지 모르는 "풍촉잔년" 같은 몸이지만 마지막으로 좋은 일이나 하고 죽고 싶네. 그런 뜻으로 내 재산을 장학 재단에 기증하겠다는 거야.

피지부존 모장언부
皮之不存 毛將焉附

皮 : 가죽(피) 之 : 어조사(지)
不 : 아닐(부) 存 : 있을(존)
毛 : 터럭(모) 將 : 장차(장)
焉 : 어찌(언) 附 : 붙을(부)

【뜻풀이】 "가죽이 없는데 털이 어찌 붙어 있으랴"라는 말이다. 어떤 사물이 그것이 존재할 수 있는 토대를 잃었을 때는 그 역시 존재할 수 없다는 것을 비유하는 말이다.

【출전】『좌전·희공(僖公) 14년』조에 다음과 같은 이야기가 있다.

춘추시대의 일이다. 진(晉)나라 혜공이 아직 왕위에 오르기 전에 진(秦)나라에서 그가 임금이 될 수 있도록 도와준다면 장차 황하 이남의 다섯 개 성을 떼어 주겠다고 약속한 일이 있었다. 그러나 진혜공은 진나라의 도움으로 임금이 된 뒤에도 약속을 지키지 않았다. 그런데 얼마 안 지나 진(晉)나라에 흉년이 들자 진혜공은 진(秦)나라에서 식량을 사들이려고 하였다. 이 제의에도 진나라에서는 선뜻 동의하였다.

몇 해가 지난 뒤 이번에는 진(秦)나라에 흉년이 들었다. 그래서 진혜공에게 식량을 팔라고 했지만 진혜공은 응하지 않았다. 이에 경정이라는 대부는 진혜공에게 신용을 지켜야 한다면서 식량을 팔 것을 권고하였다.(➡ 행재낙화幸災樂禍 참조) 그러나 다른 한 대부는 전에 다섯 개 성을 떼어 주지 않은 것만으로도 벌써 신용을 잃은 지 오랜데 이번에 식량을 판다 해도 신용이 없기는 마찬가지이므로 팔지 말 것을 주장하였다.

그러면서 "가죽이 남아 있지 않은데 장차 털을 어찌 전하겠는가.(皮之不存 毛將安傳)"라는 말을 하였는데 이것은 피지부존 모장언부와 같은 뜻이다.(➡ 모피지부毛皮之附 참조)

한나라 때의 사람 유향(劉向, 기원전 79~기원전 8)이 쓴 『신서(新序)』라는 책에는 또 다음과 같은 이야기가 있다.

전국시대 위(魏)나라의 임금 위문후가 사냥을 하다가 양털옷을 입은 나무꾼을 만난 적이 있었다. 당시 그 고장 사람들의 습관으로는 털옷을 입을 때 모두 다 털을 밖으로 내보이게 하는데 그 나무꾼은 가죽을 밖으로 보이게 입었다. 이에 위문후는 왜 털옷을 뒤집어 입었느냐고 물었더니 그 나무꾼이 대답했다.

"소인처럼 날마다 나뭇짐을 지고 다니는 사람이 털을 밖으로 내보인다면 며칠 못 가서 털이 다 빠질 게 아닙니까?"

이에 위문후는 웃으면서 말했다.

"털은 가죽에 붙어 있는 것인데 가죽이 떨어지면 털이 어떻게 붙어 있는단 말인가?(皮之不存 毛將焉附)"

【용례】 이미 믿음이 끊어졌는데, 무슨 정의니 원칙이니 하는 게 있겠나? "피지부존 모장언부"야. 이제는 무조건 이기는 게 능사라구.

필로남루 篳輅襤褸

篳 : 울타리·사립문(필) 輅 : 수레(로)
襤 : 누더기(람) 褸 : 누더기(루)

【뜻풀이】 되는 대로 거칠게 만든 수레와 누더기 옷. 검소한 생활을 하면서 간곡하게 노력하는 것을 비유하는 말이다. 또는 어려운 여건 속에서도 고난을 이기며 새로운 사업에

매진하는 것을 뜻하기도 한다.

【출전】『좌전·선공(宣公) 12년』조와 〈소공(昭公) 12년〉조에 다음과 같은 이야기가 나온다.

춘추시대 작은 나라였던 정(鄭)나라는 진(晉)·초(楚) 두 대국 사이에 끼어 있어 그 처지가 아주 어려웠다. 그리고 진나라와 초나라는 정나라를 차지하기 위해 서로 암투를 벌이고 있었다. 선공 12년에 초나라에서 정나라를 공격하자 국력이 약한 정나라에서는 부득이 초나라에 화친을 구걸할 수밖에 없었다.

이에 진나라에서는 즉시 군사를 파견해서 초나라의 침공을 막고 정나라를 구하려고 했는데 그것은 정나라를 차지하기 위해서 자기 편으로 예속시키자는 의도였다.

그러나 진나라 군사들이 황하를 건너기도 전에 정나라는 이미 굴복하고 승전한 초나라는 바야흐로 퇴군하려던 참이었다. 이에 진군의 중군주장 순림보(荀林父) 등은 진공을 그만두자고 주장했지만 중군부장 선곡(先穀)과 다른 일부 장수들은 초군을 공격하자고 주장하여 알력이 생겼다.(▶ 강퍅자용剛愎自用 · 명렬전모名列前茅 참조)

진군은 잠시 오(敖)와 호(鄗) 두 산 사이에 진을 치고 있었다. 이때 정나라에서는 진나라 병영으로 사람을 파견해서 "우리 정나라에서 초나라와 화친을 맺은 것은 나라를 위기에서 구하려는 것뿐으로 절대 진나라와 국교를 단절하려는 것은 아닙니다. 그리고 초나라 군대가 손쉽게 승리를 거두었으므로 지금은 교만해져서 경비도 해이한 상태에 있을 것입니다. 만일 이 기회를 노려 진나라 군대가 추격하고 우리 군대가 측면에서 협공한다면 초나라 군사들은 패배를 면치 못할 것입니다."라고 계책을 알려주었다. 그러자 선곡은 "옳다. 이것은 초나라를 깨뜨리고 정나라를 손에 넣을 수 있는 절호의 기회다."라며 기뻐하였다.

이때 하군부장 난서(欒書)가 나서면서 제지하였다.

"안 됩니다. 초나라는 조상들이 '남루한 옷을 입고 나무수레를 몰면서 황산을 개척(篳輅襤褸 以啓山林)'하던 정신으로 군사들과 백성들을 길러 왔는데 무슨 이유로 그들이 교만해지고 경비가 해이해졌다고 한단 말입니까? 게다가 정나라에서 우리더러 초군을 치라는 것은 진심에서 우러나온 말이 아닙니다. 우리가 싸워 이기면 그들은 우리와 국교를 재개하고 초군이 싸워 이기면 초나라와 국교를 열게 될 것입니다. 그런즉 우리가 어떻게 정나라 사람들의 말을 가볍게 믿을 수 있겠습니까?"

필로남루는 바로 난서의 이 말에서 유래한 성어다. 그리고 남루는 누더기옷을 입고 어렵게 생활하는 것을 뜻하는 말로,『양자방언(楊子方言)』에 "남쪽 초나라 사람들은 가난해서 옷차림도 추하고 형편없는데, 이를 일러 남루라고 한다.(南楚人貧 衣被醜弊 謂之襤褸)"는 구절이 있다.

【용례】 내가 "필로남루"를 참아가면서 한푼의 돈이라도 더 벌려고 한 건 다 자식들을 위해서였어. 그런데 저렇게 사고로 몰살을 당하다니, 난 이제 세상 살 의미를 잃었어.

필부무죄 匹夫無罪

匹 : 짝(필) 夫 : 지아비(부)
無 : 없을(무) 罪 : 죄(죄)

【뜻풀이】 "필부(보통사람)는 죄가 없다."는 말이다. 죄가 없어도 자기 신분에 어울리지

않는 귀한 물건을 갖고 있으면 재앙을 부르게 된다는 역설적인 뜻이 숨겨져 있는 말이다.

【출전】『좌전·환공(桓公) 10년』조에 다음과 같은 이야기가 나온다.

춘추시대 우나라를 다스리던 우공(虞公)은 동생 우숙(虞叔)이 가지고 있는 보옥(寶玉)을 몹시 탐냈다. 참다못한 그는 우숙을 불러 보옥을 자신에게 달라고 부탁했다. 자신도 애지중지(愛之重之)하던 물건인지라 주고 싶지 않았지만, 우공이 워낙 간절하게 부탁했기 때문에 할 수 없이 주면서 이렇게 말했다.

"주나라 속담에 '보통사람은 죄가 없어도 옥을 갖고 있는 것이 죄나.(匹夫無罪 抱璧其罪)'라는 말이 있습니다. 제가 이것을 가져서 스스로 재앙을 불러들일 까닭은 없습니다."

(➡ 포벽유죄抱璧有罪 참조)

며칠 뒤, 이번에는 우공이 우숙에게 보검을 달라고 요구했다. 그러자 우숙은 불쾌해하며 말했다.

"형님은 만족할 줄을 모르는군요. 이러다가는 결국 제 목숨까지 달라고 할 것입니다."

마침내 우숙은 군사를 일으켜 형을 공격했고, 우공은 허겁지겁 홍지(洪池)로 달아나고 말았다.

【용례】 그 여자는 어차피 자네한텐 과분한 여자였네. 자네야 "필부무죄"지. 그저 분수에 넘친 여자를 만나 겪은 불행이라 생각하고 잊어버리게나.

필부지용 匹夫之勇

匹 : 짝(필) 夫 : 지아비(부)
之 : 어조사(지) 勇 : 용기(용)

【뜻풀이】 일개 사내의 용기. 지략도 없이 혈기만 믿고 내보이는 용기를 말한다.

【출전】『사기·회음후열전(淮陰侯列傳)』에 다음과 같은 이야기가 있다.

한신(韓信)은 처음에 항우(項羽)의 부하로 있었는데, 항우로부터 이렇다 할 인정을 못 받자 유방(劉邦)의 막하에 들어와 소하(蕭何)의 추천으로 대장군이 되었다.

이때 진나라는 이미 망하기 직전이어서 국세는 여지없이 흔들리고 있었다. 그러나 항우는 양자강 중하류 일대의 넓은 지역을 차지하였고, 유방은 한중 일대의 협소한 지역을 차지하고 있을 뿐이었다.

많은 수령들이 항우의 발 아래 복종하는 것을 보자 유방의 불만은 더욱 커졌고, 장차 동진해서 항우를 격퇴하고 천하를 통일할 야망까지 품게 되었다. 이에 유방은 한신에게 현 정세를 분석하고 대안을 내놓아 보라고 명령하였다.

(➡ 성야소하 패야소하成也蕭何 敗也蕭何 참조)

그러자 한신이 물었다.

"주공께서는 용(勇)·인(仁)·강(强) 방면에서 항우보다 어떻습니까?"

유방은 잠시 동안 말이 없다가 나중에 겸연쩍게 대답하였다.

"다 못하지."

이 말을 들은 한신은 얼른 큰 절을 올리더니 이렇게 말했다.

"옳습니다. 저도 그렇게 생각하고 있습니다. 그러나 항우는 용맹하기는 하지만 현자를 뽑아 쓸 줄 모르니 그러한 용맹은 필부지용에 불과하고, 그가 착하다고는 하지만 대세를 내다보지 못하고 자그마한 은혜를 베푸는 데 불과하며, 강하다고는 하지만 분봉(分封)이 공평하지 못해서 제후들이 불복하고, 군사들의 행패가 심해서 백성들의 원성이 높은즉 얼마 못 가서 약해질 것입니다. 그러니 주공께서 그와 반대로 행한다면 앞으로 강성해져서 천하를 얻을 수 있을 것입니다."

유방은 한신의 말을 옳게 여기고 그의 계책대로 동진하여 마침내 항우를 격퇴하고 천하를 통일하여 한나라를 건립하기에 이르렀다.

(➡ 거족경중擧足輕重 · 국사무쌍國士無雙 참조)

이 밖에 『맹자 · 양혜왕장구(梁惠王章句)』 하편에도 "이는 필부의 용기로 다만 한 사람만 대적할 수 있을 뿐이다.(此匹夫之勇 敵一人者也)"라는 말이 나오고 있으며, 월왕 구천(句踐)도 일찍이 "나는 필부의 용기를 부릴 생각은 없다.(吾不欲匹夫之勇也)"고 말했다는 기록이 『국어 · 월어(越語)』에 보이고 있다.

【용례】 나라가 위태로울 땐 거들떠보지도 않더니 자네한테 해가 돌아오니까 그제야 분통을 터뜨려. 자네야말로 "필부지용"을 몸으로 실천하는 사람이로군.

필야사무송 必也使無訟

必 : 반드시(필) 也 : 어조사(야)
使 : 하여금(사) 無 : 없을(무)
訟 : 송사(송)

【뜻풀이】 백성 사이에 벌어지는 재판은 반드시 없도록 해야 한다는 뜻으로, 송사가 생기지 않도록 화합하고 양보하는 사회를 만들어야 함을 이르는 말이다. 공자가 생각한 이상적인 정치를 보여주는 말이다.

【출전】 『논어 · 안연편(顔淵篇)』에 나오는 말이다.

「공자께서 말씀하셨다. "송사를 듣고 사건을 처리하는 능력이라면 나도 남처럼 할 수 있다. 그러나 역시 송사가 없도록 해야 할 것이니라."

(子曰 聽訟 吾猶人也 必也使無訟乎)」

죄를 지은 사람을 재판하여 시비를 올바로 가려내고 처벌하는 일은 성인이라고 해서 특별히 잘할 수 없다. 증거와 죄질, 법률에 따라 진행하면 허물이 없을 것이기 때문이다. 참으로 남을 위한 정치를 하려는 사람이라면 처벌 중심주의보다는 근본적으로 사람들이 다툼을 벌이지 않고 덕과 어짊으로 양보하면서 공동의 이익을 추구하게 되도록 이끌어야 한다.

처벌만 앞세운다면 이것이야말로 맹자가 말한 "백성을 그물질하는(網民)" 최악의 정치가 될 것이다.

공자는 이 말을 하면서 송사를 처리하는 어려움을 알리려는 것은 아니다. 인간 세상에 송사가 없도록 노력하고, 또 백성을 다스리는 위정자들도 그것을 궁극적인 목표로 삼아 정치를 해야 한다는 것이다. 즉, 송사가 없어진 도덕사회를 만들어야 한다는 말이다.

【용례】 그 어려운 고시를 합격하고 어엿한 판사가 된 것을 정말 축하한다. 이 자리는 출세의 자리가 아니라 희생의 자리임을 명심해서 "필야사무송"하는 법조인이 되도록 조력하거라.

하도낙서 河圖洛書

河 : 물이름(하)　圖 : 그림(도)
洛 : 물이름(락)　書 : 책·글(서)

【뜻풀이】 황하(黃河)와 낙수(洛水)에서 나온 비밀스런 내용을 담고 있는 그림. 『주역』과 홍범구주(洪範九疇)의 근거가 된 도서로, 이를 바탕으로 중국에서는 수리학(數理學)이 발달하게 되었다.

【출전】 『주역·계사전(繫辭傳)』 상전에 다음과 같은 이야기가 있다.

「황하에서 도록이 나오고 낙수에서 서록이 나오자 성인이 이를 본받았다. 천일지이요, 천삼지사며, 천오지육이요, 천칠지팔이며, 천구지십이다. 하늘의 숫자가 다섯(1·3·5·7·9)이고, 땅의 숫자도 다섯(2·4·6·8·10)이다. 다섯 가지 위가 서로 얻어서 각기 합치되면, 하늘의 숫자는 25이고, 땅의 숫자는 30이다. 무릇 천지의 숫자는 55이니, 이것이 변화를 나타내고 귀신(음양의 작용)을 나타내는 요소다.

(河出圖洛出書 聖人則之 天一地二 天三地四 天五地六 天七地八 天九地十 天數五 地數五 伍位相得而各有合 天數二十有五 地數三十 凡天地之數五十有五 此所以成變化而行鬼神也)」

여기에 나오는 천지의 수는 하도의 수를 설명하는 것인데, 낙서의 수는 경전에 보인다. 공안국(孔安國)은 하도낙서에 대해 이런 말을 남겼다.

「하도란 것은 복희씨가 천하를 덕으로 다스리자 용마가 황하에서 나왔다. 마침내 그 무늬를 본받아서 팔괘를 그렸다. 낙서란 것은 우임금이 홍수를 다스릴 때 신령스런 거북이 무늬를 지고 나왔는데 등에 나열되어 있었다. 숫자가 9까지 있어 우임금이 마침내 이를 바탕으로 순서를 정해 아홉 종류를 만들었다.

(河圖者 伏羲氏王天下 龍馬出河 遂則其文以畵八卦 洛書者 禹治水時 神龜負文而列於背 有數至九 禹遂因而第之 以成九類)」

용마는 키가 8척 이상인 말을 용이라고 부르는 것으로, 말이지만 특이하게 생겨 용과 닮았다고 한다. 그리고 유흠(劉歆)은 〈하도낙서〉에서 "○은 양(陽)이고 ●은 음(陰)으로서, ●은 땅(地)에 속하고 ○은 하늘(天)에 해당한다."고 하였다. 앞에서 나온 구류(九類)와 구장(九章)은 모두 홍범구주를 가리킨다.

낙서洛書　　하도河圖

【용례】 이번에 개정될 우리 모임의 회칙은 적어도 21세기를 내다보는 안목으로 확정되

어야 합니다. 그래야만 우리 모임의 튼튼한 기틀을 다지게 될 "하도낙서"와 같은 문건이 이루어질 것입니다.

하동사후 河東獅吼

河 : 물이름(하) **東** : 동녘(동)
獅 : 사자(사) **吼** : 울(후)

【뜻풀이】 하동 땅 사자가 울다. 질투심이 강하고 성격이 표독한 여자를 가리키는 말로, 송나라 때의 문인이자 시인인 소식(蘇軾, 1037~1101)의 시에서 나온 말이다.

【출전】 소식이 황주에 좌천됐을 때의 일이다. 그에게는 진조〔陳慥, 자는 계상(季常)〕라는 막역한 친구가 있었는데 마주앉기만 하면 밤이 깊어가는 줄도 모르고 이야기를 나누곤 하였다.

그런데 사람됨이 표독하고 질투심이 강했던 진조의 마누라는 손님을 접대하는 연회석상에 가녀들이 앉아만 있어도 불문곡직(不問曲直)하고 몽둥이로 벽을 두드리면서 마구 소리를 내지르는 것이었다. 그래서 손님들이 할 수 없이 자리를 뜨게 되어도 공처증(恐妻症)이 심한 진조는 말 한마디 못 하는 것이었다.

이에 소식은 장난으로 진조에게 〈기오덕인겸간진계상(寄吳德仁兼簡陳季常)〉이라는 시 한 수를 써 주었다.

「용구거사는 참으로 가련하네
공(空)과 유(有)를 말하면서 밤에 잠도 자지 않지.
갑자기 하동의 사자 울음소리를 들으니
지팡이도 손에서 떨어지고 넋은 완전히 나갔네.

龍丘居士亦可憐
談空說有夜不眠.
忽聞河東獅子吼
拄杖落手心茫然.」

용구거사는 진조를 말하고, 하동은 진조의 마누라를 가리킨다. 하동에 유(柳)씨가 많은데, 진조 마누라 성씨가 유(柳)씨였기 때문에 나온 말이었다. 진조는 독실한 불교신자로 날마다 친구들과 함께 공(空)과 유(有)에 대해 토론하였다. 이를 못마땅하게 여긴 부인이 체면 불구하고 남편에게 대드니 진조가 정신을 잃어버린 것을 소동파가 희화적으로 표현한 것이다.

또 두보(杜甫)의 시에 "하동의 아낙네 성씨는 유라네.(河東女兒身姓柳)"라는 구절이 있기 때문에 나온 말이라고도 한다.

사자후는 원래 불가(佛家)에서 부처님의 음성과 위엄을 비유하는 말이지만, 소식은 "사자처럼 노호한다."는 뜻으로 사용하였다. 그래서 뒷날, 사람들은 아내를 두려워하는 사람을 '계상(季常)'이라 말했으며, 남편한테 악다구니질을 하는 여자들을 가리켜 하동사후라고 말했다.

【용례】 들으니 자네 와이프 워낙 깐깐해서 "하동사후"라던데, 이렇게 늦게까지 연락도 없이 안 들어가도 괜찮겠어. 객기 부리지 말고 어서 전화라도 하지.

하로동선 夏爐冬扇

夏 : 여름(하) **爐** : 화로(로)
冬 : 겨울(동) **扇** : 부채(선)

【뜻풀이】 여름날의 화로와 겨울날의 부채.

ㅎ

필요할 때는 환영받다가 불필요해지면 천대받는 물건이나 경우를 비유하는 말이다. 비슷한 성어로 무용지물(無用之物)이 있다. 또 하는 일이 적절하지 않는 것을 말하기도 한다.

【출전】 왕충(王充, 27~97)의 『논형(論衡)·봉우편(逢遇篇)』에 보면 다음과 같은 말이 있다.

"보탬도 안 되는 능력을 갖추고 도움이 안 되는 말을 받아들이는 것이며, 여름에 화로를 올리고 겨울에 부채를 바치는 것과 얻고자 하지 않는 일을 하고, 듣고자 하지 않는 말을 올리면서도 화를 당하지 않는다면 이는 큰 행운이다.(作無益之能 納無補之說 以夏進爐 以冬奏扇 爲所不欲得之事 獻所不欲聞之語 其不得禍 幸矣)"

이 말에서 성어 하로동선이 나왔다.

【용례】 너 붓글씨 배우는 걸 시대착오적인 "하로동선"으로 보는 모양인데, 이게 정신 수양이나 여가 선용에 얼마나 유익한지 모르고 하는 소리야. 문학을 공부하면서 휘호(揮毫) 하나 쓸 줄 모른대서야 말이 되겠니.

하분문하 河汾門下

河 : 물이름(하) **汾** : 물이름(분)
門 : 문(문) **下** : 아래(하)

【뜻풀이】 하분의 문하. 좋은 학교와 훌륭한 교사가 구비되어야 훌륭한 인재를 배출할 수 있다는 것을 비유하는 말이다.

【출전】 수나라 말기에 왕통(王通)이라는 유명한 학자가 있었다. 그는 세상의 이치라든가 학문에 대해 모르는 것이 없었는데, 당시는 수당(隋唐)의 패권 다툼이 치열할 때여서 유능한 인재가 많이 필요했기 때문에 그도 벼슬을 하고자 마음만 먹는다면 아주 쉬운 일이었다.

그러나 왕통은 벼슬에는 뜻이 없고 자신의 학문을 다른 사람에게 전수해서 나라를 바로 세울 만한 인재를 기르는 데 전력을 기울였다. 이에 그는 하분 지방에 자리를 잡고 문하생을 모집하였다.

왕통은 학문이 높았을 뿐 아니라 교육 방법도 뛰어나서 많은 사람들이 그의 가르침을 받고자 전국에서 몰려들었다. 그는 문하생을 뽑을 때 그 사람의 자질을 보고 선발하였으며, 교육법이 엄격해서 그의 문하에서 전 과정을 이수하여 무사히 학업을 마친다는 것은 쉬운 일이 아니었다.

그런 만큼 그의 문하에서 학문을 닦았던 사람들 중 상당수가 당대에 크게 이름을 떨쳤다. 그 중 유명한 사람으로는 나중에 당나라 태종을 도와서 정관의 치(貞觀之治)를 이룩한 방현령(房玄齡, 579~648), 위징(魏徵, 580~643), 이정(李靖, 570~649), 정원(程元), 두위(竇威), 가경(賈瓊), 온대아(溫大雅), 진숙달(陳叔達) 등이 있었다. 그들은 모두 한 시대의 뛰어난 명신이거나 대학자들이었다.

이 때문에 당시 사람들은 하분 문하의 학생들 중 뛰어나지 않은 사람이 없다고 말하면서 학계나 정계로 진출할 뜻이 있는 사람들은 누구나 왕통의 문하생이 되고 싶어 했다.

【용례】 학문에 뜻을 두고 내 문하에 와서 배우겠다는 마음은 참 고맙네. 하지만 큰 성과를 거두려면 "하분문하"를 찾아가야지, 나같이 박덕한 사람에게 배워서야 무슨 도움이 되겠나.

하어복질 河魚腹疾

河 : 물이름(하) 魚 : 물고기(어)
腹 : 배(복) 疾 : 아플 · 빠를(질)

【뜻풀이】 속앓이나 설사를 일컫는 말로, 중국 사람들은 하어를 설사의 대명사로 사용했는데, 하어복질 또는 하어지질(河魚之疾)이라고도 한다.

【출전】 하어복질이라는 말의 유래는 아주 오래되었다. 『좌전 · 선공(宣公) 12년』조에 다음과 같은 이야기가 있다.

그해 겨울 초나라 대부 신숙전(申叔展)이 군사들을 움직여서 송나라의 소읍성을 공격하게 되었다. 초나라 군사들은 소읍성을 물샐틈없이 에워쌌다.

그런데 송나라 대부 환무사(還無社)와 신숙전은 전부터 잘 아는 사이인지라 신숙전은 환무사를 구해내려고 성루를 향해 두어 번 고함을 질러 그에게 살 길을 암시해 주었지만 환무사는 알아듣지 못했다.

그래서 신숙전은 세번째로 "하어복질하면 어찌할 것인가?(河魚腹疾 奈何)" 하고 말하니 그제야 환무사는 "성이 함락된 뒤 신변이 위태로워지면 어찌할 것인가?" 하고 묻는 것임을 알고 "우물에 빠진 사람을 건져 주라!"고 대답했다.

이에 신숙전은 "그러면 우물 덮개 위에 쑥을 덮어 놓아라!" 하고 소리쳤다. 이튿날 소읍성이 함락되자 신숙전은 과연 쑥이 덮여 있는 우물을 찾아 환무사를 구해 주었다.

옛사람들이 물고기(河魚)로 속앓이나 설사를 비유하게 된 이유에 대해서는 여러 가지 설명이 있다. 물고기가 썩을 때 배부터 썩어 들어가기 때문이라는 설이 가장 그럴듯한 것 같다. 그래서 나라 안에서 변란이 일어나거나 정치가 부패해서 나라가 망했을 때 어란이망(魚爛而亡)이라 하게 되었다.

【용례】 자네 친구라는 그 사람 요즘 공금 유용에 뇌물 받아 챙기기에 바쁘다는 소문이 돌던데, 그러다가는 머잖아 "하어복질"하고 말 걸세. 자네가 친구 사이이니 패가망신(敗家亡身)하기 전에 따끔하게 충고해 주게.

하자 瑕疵

瑕 : 티 · 허물(하) 疵 : 흠(자)

【뜻풀이】 옥의 티. 아무리 값진 보배라고 해도 작은 허물이 있으면 제값어치를 못 한다는 뜻으로, 완벽한 가운데 보이는 결점을 지적하는 말이다.

【출전】 『회남자 · 설림훈(說林訓)』에 다음과 같은 말이 있다.

「쥐구멍을 고치려다가 마을의 문을 부서뜨리고 작은 여드름을 짜다가 뾰두라지와 등창이 나는 것은 진주에 흠이 있거나 구슬에 티가 있는 것과 같다. 그대로 놓아두면 온전할 것을, 없앤다고 하다가는 큰 것을 망치는 수가 있다.

(治鼠穴而壞里閭 潰小皰而發痤疽 若珠之有纇 玉之有瑕 置之則全 去之則虧)

무늬가 알록달록한 표범 가죽은 순수한 빛을 띤 여우 가죽만 못하다. 하얀 구슬에 흠이 있으면 보배가 될 수 없다. 이런 비유는 바로 완전히 순수하기란 어려운 것을 말한다.

(豹裘而雜 不若狐裘之粹 白璧有考 不得爲寶 言至純之難也)」

이처럼 옥에 티는 반드시 나쁜 의미만은 아니다. 오히려 그 작은 흠을 고치려고 하다가 더 큰 화근이 되는 수가 종종 있다.

작은 손해도 안 보려고 하다가 크게 피해를 입는 경우라면 차라리 그 손해를 감수하는 것이 더 큰 이익을 얻는 것일 수도 있다. 하옥(瑕玉)이라고도 한다.

【용례】 학문도 깊고 재주도 있는 사람인데, 성격이 불같아 불의를 보면 못 참는 게 "하자"이라면 "하자"지.

하청난사 河清難俟

河 : 물이름(하) 淸 : 맑을(청)
難 : 어려울(난) 俟 : 기다릴(사)

【뜻풀이】 황하가 맑아지기를 기다리기는 어렵다. 일이 이루어지는 데 너무 많은 시간이 걸릴 뿐만 아니라 된다고 해도 성사 여부를 판가름하기 어려울 때 쓰는 말이다. 백년하청(百年河淸)이라고도 한다.

【출전】 하(河)는 중국의 황하(黃河)를 말한다. 황하는 고비 사막에서 발원하기 때문에 물속에 대량의 진흙이 섞여 있다. 때문에 그 물빛이 항상 황색이면서 탁하다.

옛날 전설에 따르면 황하의 물은 1천 년에 한 번 맑아질 기회가 있다고 한다. 그러나 황하가 과거에 맑았던 적이 실제로 있었는지, 앞으로 얼마나 기다려야 맑아질 수 있는지는 아무도 모를 일이다.

하청난사는 황하의 물이 맑아지기를 기다리려면 아주 오랜 시간을 기다려야 한다는 뜻이다.

『좌전·양공(襄公) 8년』조에 보면 다음과 같은 이야기가 실려 있다.

춘추시대에 초(楚)나라와 진(晉)나라는 강성한 국가였고, 정(鄭)나라는 아주 작은 나라에 지나지 않았기 때문에 강대국 사이에 끼어 있던 정나라로서는 양쪽 모두의 비위를 맞추는 정책을 쓸 수밖에 없었다.

한번은 정나라 공자 자국(子國)과 자이(子耳)가 군사를 이끌고 채(蔡)나라를 공격해서 큰 승리를 거두었다. 그러나 자국의 아들 자산(子産)은 초나라가 정나라를 쳐들어오지 않을까 하는 두려움에 싸여 있었다. 당시 채나라는 초나라와 군신 관계를 맺은 사이였기 때문이었다.

그해에 과연 초장왕(楚莊王)은 그의 아들 정(貞)에게 군대를 주어 정나라를 공격하도록 명령하였다. 그러자 정나라의 자사(子駟)와 자국은 어찌할 바를 모른 채 발만 동동 굴렀다. 어떤 사람은 일찌감치 초나라에 항복을 하는 것이 좋다 하고, 어떤 사람은 진나라의 구원병이 올 때까지 기다리자는 등 의견이 분분하게 나왔다.

그때 자사가 말했다.

"주시(周詩)에 있는 '황하의 물이 맑아지기를 기다리려면 사람의 수명이 그렇게 길 수 있겠는가. 이에 점을 치고 사람들에게 계책을 물어보는 등 온갖 방도를 강구해 보지만, 각자 자기 주장만 내세우고 있다. 이쪽 주장을 따르자니 저쪽 의견을 소홀히 하게 되어 이 때문에 아무 결과도 얻지 못한다.(俟河之淸 人壽幾何 兆云詢多 職競作羅 謀之多族 民之多違 事滋無成)'는 시구가 생각납니다. 이제 초나라 군대가 국경까지 밀려왔고, 백성들의 목숨이 위급하니 잠시 초나라에 귀순해서 백성들의 근심을 덜어 주는 것이 전쟁 중에 죽게 하는 것보다 낫습니다."

그리고 정나라는 초나라에 항복했다.

그 후 사람들은 위 시 가운데 두 구절인 사하지청 인수기하에서 하청난사라는 성어를 만들어 시간이 너무 오래 걸려 기대하기 어려운 일을 비유하였다.

【용례】 네가 개과천선(改過遷善)하기를 바란 내가 잘못이지. 황하가 맑아지기를 기다려야지, 네 그 모진 성격이 고쳐지기를 바란다는 건 "하청난사"야.

하필성문 下筆成文

下 : 아래·내릴(하) 筆 : 붓(필)
成 : 이룰(성) 文 : 글월(문)

【뜻풀이】 붓을 드리우니 문장이 이루어진다. 글재주가 비상한 것을 일컫는 말로서 『삼국지』에 나오는 하필성초(下筆成草), 『남사(南史)』에 나오는 수필입성(授筆立成), 『북사(北史)』에 나오는 조필입성(操筆立成)과 뜻이 통한다.

【출전】 『삼국지·위지·진사왕식전(陳思王植傳)』에 다음과 같은 이야기가 있다.

조조(曹操, 192~232)의 막내아들 조식(曹植)은 어릴 때부터 총명하고 독서에 열중하더니 10여 세 때 벌써 시론과 시부 수십만 구절을 통독하고 문장에도 상당한 재간을 보였다고 한다.

어느 날 조조는 조식이 쓴 문장을 보고 너무도 놀랍고 대견해서 "너 이거 남을 시켜 대필한 것 아니냐?"고 물었다. 그랬더니 조식은 "입만 열면 경론이고 붓만 들면 명문(言出爲論 下筆成文)이온데 어찌 남을 시켜 대필하겠습니까?"라고 대답했다.

이에 조조는 조식과 그의 형제들을 새로 축조한 동작대에 모아 놓고 〈동작대부(銅雀臺賦)〉라는 제목으로 시 한 수씩 지어 오도록 했는데, 그 결과 조식이 지은 시가 가장 출중해서 조조는 그를 더욱 사랑했다.(▶ 재점팔두 才占八斗 참조)

조식은 〈왕중선뢰(王仲宣誄)〉에서 왕찬(王粲, 177~217)의 문학을 평가하면서 "하는 말마다 읊조릴 만했고, 붓을 드리우면 곧 작품이 되었다.(發言可詠 下筆成章)"고 칭송하고 있다.

【용례】 그분은 생전에 매일 100여 장의 원고를 쓰셨어. 그런데도 잡문 한 편 없이 빼어난 작품이라니, "하필성문"하는 하늘이 낸 작가였어.

하필왈리 何必曰利

何 : 어찌(하) 必 : 반드시(필)
曰 : 가로(왈) 利 : 이로울(리)

【뜻풀이】 "어찌 반드시 이익만 말하는가?"라는 뜻으로, 사람이 이익만 추구하면서 일을 행하면 그것 자체도 얻지 못할 뿐 아니라 오히려 재앙까지 따르게 마련이니, 오직 인의(仁義)에 바탕을 두고 일을 하면 이익을 추구하지 않아도 이익까지 얻을 수 있다는 말이다. 천하를 경륜하는 지도자가 가져야 할 자세를 말한 것이다.

【출전】 『맹자·양혜왕장구(梁惠王章句)』 상편에 나오는 말이다. 이 구절은 『맹자』의 모두(冒頭)를 장식하는 유명한 말이다.

중국 전국시대의 사상가 맹자가 양혜왕의 초청을 받아 만나게 되었다.

양혜왕은 맹자에게 만나자마자 천 리를 멀다 않고 찾아와 주었으니(不遠千里而來) 앞으로 우리나라를 이롭게 해 주시겠냐고 물었다. 그러자 맹자가 대답했다.

"왕께서는 어찌 반드시 이익만을 말씀하십니까? 오직 인과 의가 있을 뿐입니다.(王何必曰利 亦有仁義而已矣)"

이어서 맹자는 왕도정치의 실상에 대해 설명했다.

"만약 왕께서 오직 이익만 생각하신다면 신하들도 어떻게 하면 내 집에 이롭게 할까 생각할 것이고, 선비나 백성들은 어떻게 하면 내 한 몸이나 집안을 이롭게 할까 생각할 것입니다. 이렇게 윗사람이나 아랫사람 모두가 서로 이익만을 취하게 되면 결국 나라는 위태로워질 것입니다. 만승(萬乘)의 나라에서 그 임금을 시해하는 사람은 반드시 천승의 대신이고, 천승의 나라에서 임금을 죽이는 사람은 반드시 백승의 대신입니다. 만승의 나라에서 천승을 지니고, 천승의 나라에서 백승을 지니는 것이 결코 적은 것은 아닙니다. 그런데도 욕심에 눈이 어두워지면 그 임금을 죽여서라도 다 빼앗지 않고서는 결코 만족할 수 없는 것입니다. 들으니 어진 사람치고 제 부모를 버린 사람이 없고, 의리가 있는 사람치고 제 임금에게 등을 돌린 사람이 없다고 했습니다. 그러니 왕께서는 오직 인의(仁義)만을 말씀하셔야지 어찌 이익에 대해 말씀하십니까?"

인의(仁義)라는 덕에 의하여 난세를 바로잡고 사회의 질서와 안정을 바로 세우자는 왕도사상(王道思想)은 맹자 정치사상의 핵심을 이루는 부분이다. 맹자는 양혜왕에게 인의의 덕을 쌓아 선정(善政)을 베풀어 천하를 통일할 것을 거듭 강조했던 것이다.

【용례】 대의(大義)를 이룩하려는 사람이 작은 이익에 눈이 멀어 소탐대실(小貪大失)해서는 안 되는데 "하필왈리"인가. 오직 덕과 실천으로 나아갈 뿐이다.

하학상달 下學上達

下 : 아래(하) **學** : 배울(학)
上 : 위(상) **達** : 이를(달)

【뜻풀이】 밑에서부터 차츰 배워 올라가서 위에까지 도달한다는 뜻으로, 공부란 단계를 밟아 올라가 높은 경지에까지 이르는 방식이 좋다는 말이다. 달리 말하면 배움이란 실천을 통해 익혀 깊은 이해와 이론을 갖추는 것이 바람직하다는 뜻도 있다.

【출전】『논어·헌문편(憲問篇)』에 있는 공자의 말에 나온다.

「하늘을 원망하지 않고 사람을 허물하지 않으며, 밑에서 배워 위로 통달하니, 나를 아는 사람은 하늘일 것이다.

(不怨天 不尤人 下學而上達 知我者 其天乎)」

배움은 지식을 갖추고 지혜를 넓혀 널리 사람을 이롭게 하려는 데 그 궁극적인 목표가 있는 것이다. 개인의 영달이나 출세를 위해 공부하는 사람은 지식이든 지혜든 결국 자신도 망치고 나라도 망치는 결과를 가져온다. 고시에 합격하여 일약 출세한 사람 가운데 크게 나라를 망친 사람이 부지기수(不知其數)로 나온 것만 보아도 알 수 있다.

배움이 허영의 수단이 될 때 세상 사람들에게 끼치는 끔찍한 폐해는 인류의 역사가 증명하고 있다. 지식과 인격이 비례하지 않은 한 교육은 아무 짝에도 쓸모없는 인류의 재앙인 것이다. 왜 정상적인 학교 교육이 중요한가 다시 한 번 생각해 볼 일이다.

【용례】 어렵게 공부해서 출세를 했으니 네 놈의 야망이 큰 것은 이해한다. 그러나 "하학상달"의 과정을 겪지 못한 한계를 잊지 말거라. 허구한 날 인터넷만 들여다보지 말고 책도 읽고 신문도 읽으면서 자기 연마에 게으르지 말거라.

학립계군 鶴立鷄群

鶴 : 학(학) **立** : 설(립)
鷄 : 닭(계) **群** : 무리(군)

【뜻풀이】 많은 닭 가운데 학이 서 있다는 뜻으로, 사람됨이 출중한 것을 일컫는 말이다.

【출전】『진서·충의전(忠義傳)』에 다음과 같은 이야기가 있다.

진(晉)나라 때 체격이 우람하고 총명한 사람이 있었는데, 그가 바로 혜소(嵇紹)로 진혜제 때 시중의 벼슬에까지 오른 사람이었다. 그런데 당시 진나라 조정은 기강이 해이해지고 정권 다툼이 치열해서 자주 내란이 일어났다. 하지만 혜소는 언제나 조정에 충성을 다했다.

어느 날 하간왕 마옹(馬雍)과 사마영(司馬穎)이 반란을 일으켜 도성을 침범했다. 이에 혜소는 혜제를 따라 군사를 거느리고 탕음에서 적을 맞아 싸웠지만 불행히도 패전하고 말았다.

수많은 장졸들이 전사하고 도망치고 하는 아수라장(阿修羅場)이 연출되었지만 혜소는 끝까지 혜제의 곁을 떠나지 않고 그를 보호하였다. 혜소는 적병들이 쏜 화살을 여러 대 맞고 비틀거렸지만 잠시도 혜제의 곁을 떠나지 않았다.

그의 붉은 피는 혜제의 도포 자락을 붉게 물들였다. 결국 혜소는 전사했다. 혜제의 시종들이 도포 자락의 피를 씻으려 하자 혜제는 "혜소의 피인데 씻지 마라."고 했다.

혜소가 처음 낙양(洛陽)에 갔을 때 어떤 사람이 왕융(王戎)에게 말했다.

"어제 많은 사람들 가운데 있는 혜소를 처음 보았는데 당당한 모습이 마치 들판에 학이 닭 무리 속에 서 있는 것 같았습니다.(昨於稠人中 始見嵇紹 昻昻然 如野鶴之在鷄群)"

이에 왕융이 대답하였다.

"그대는 혜소의 아버지를 본 적이 없겠지만 혜소보다 훨씬 늠름했다네."

혜소의 아버지는 바로 왕융과 마찬가지로 죽림칠현(竹林七賢)의 한 사람인 혜강(嵇康)이다.

위(魏)의 중산대부(中散大夫)로 있던 혜강은 억울한 죄를 뒤집어쓰고 처형당했다. 그때 혜소는 나이가 열 살밖에 안 되었다. 그렇게 아버지를 여의고 홀어머니와 살고 있던 혜소가 성장하자, 같은 죽림칠현의 한 사람으로 이부(吏部)에서 벼슬하던 산도(山濤)가 무제〔武帝, 사마염(司馬炎)〕에게 상주(上奏)했다.

"『서경(書經)·강고편(康誥篇)』에 아비의 죄는 아들에게 미치지 않으며 아들의 죄는 그 아비에게 미치지 않는다고 기록되어 있습니다(혜강은 도륙당했다.) 비록 혜소는 혜강의 아들이나 그 슬기나 지혜는 춘추시대 진(晉)나라의 대부 극결에게 결코 뒤지지 않사오니 그를 비서랑(秘書郎) 벼슬을 기용하시오소서."

"그대가 추천할 만한 사람이라면 승(丞)을 시켜도 좋을 듯하오."

이렇게 말하면서 무제는 비서랑보다 한 단계 높은 벼슬인 비서승(秘書丞)으로 혜소를 등용했다.

『세설신어·용지편(容止篇)』에도 이 이야기가 나오는데, 앙앙연(昻昻然)은 탁탁(卓卓)으로 씌어 있다.

여기에서 나온 학립계군을 군계일학(群鷄一鶴)이라고도 한다.

【용례】 저 학생은 워낙 재주가 월등해서 더 이상 가르칠 게 없습니다. "학립계군"이라더니, 영재교육 과정을 밟게 하는 게 나을 것 같습니다.

학불염이교불권 學不厭而教不倦

學 : 배울(학) 不 : 아닐(불)
厭 : 물릴(염) 而 : 어조사(이)
教 : 가르칠(교) 倦 : 게으를(권)

【뜻풀이】 남에게 배울 때는 싫증을 내지 않고 남을 가르칠 때는 게으름을 피우지 않는다. 제자와 스승으로서 최선을 다하는 모습을 비유하는 말이다.

【출전】『맹자·공손추장구(公孫丑章句)』 상편에 다음과 같은 이야기가 있다.

공손추가 스승인 맹자와 긴 문답을 마친 뒤 이렇게 말했다.

"그렇다면 선생님은 이미 성인이십니다."

맹자는 두 손을 휘저으며 대답하였다.

"그게 무슨 소린가. 옛날 자공(子貢)이 공자를 보고 '선생님은 성인이시군요.'라고 하자 공자께서 말씀하시기를 '나는 성인은 아니지만 배우기를 싫어하지 않고 가르칠 때 게으르지 않다.(聖則吾不能 我學不厭而教不倦也)'고 하셨다. 공자 같은 성인도 감히 성인으로 자처하시지 않았거늘 그게 무슨 소린가?"

공자의 이 말이 『논어·술이편(述而篇)』에 다소 변형되어 나온다.

"묵묵히 새겨두고 배우기에 물리지 않고 깨우치기에 지치지 않는다. 이런 일들이 내게 무슨 어려움이 있겠는가?(黙而識之 學而不厭 誨人不倦 何有於我哉)"

【용례】 나는 33년 전에 처음 교사로 임용되면서 나 자신에게 다음과 같은 점을 굳게 지키기로 약속하였다. 그것은 배울 때는 물리지 말고 가르칠 때는 게으름을 피우지 말자("학불염이교불권")는 것이었다. 이제 정년을 앞둔 요즈음 과연 그 청년 시절의 약속을 얼마나 지켰는지 심히 부끄러울 때가 있다.

학철지부 涸轍之鮒

涸 : 물 마를(학) 轍 : 수레바퀴자국(철)
之 : 어조사(지) 鮒 : 붕어(부)

【뜻풀이】 수레바퀴 자국에 괸 물 속에 있는 물고기를 일컫는 말로, 곤궁에 빠지거나 궁지에 처해 있으면서도 당장 눈앞의 이익에 눈멀어 있는 사람을 비유하는 말이다.

【출전】『장자·외물편(外物篇)』에 다음과 같은 이야기가 있다.

전국시대 송나라 몽현(蒙縣)에 장주(莊周)라는 사람이 있었는데, 그가 바로 고대 중국의 걸출한 사상가이자 도가의 대표적인 인물이었던 장자(莊子)다.

전하는 말에 따르면 장자는 집이 몹시 가난했는데, 어느 날 감하후(監河侯, 하천을 살피는 관리)라는 벼슬에 있는 친구를 찾아가서 식량을 꾸어 달라고 부탁했다. 그 친구는 속으로는 도와줄 마음이 별로 없었지만 겉으로는 이렇게 말했다.

"그렇게 함세. 이제 세금을 걷어 들이면 3백 금을 꾸어 주지."

지금 당장 끼닛거리가 떨어져 쩔쩔매는 그에게는 별로 기대했던 대답이 아니었다. 이에 화가 난 장자가 이렇게 말했다.

"내가 어제 이곳으로 올 때 길가에서 무슨 소리가 나기에 이상해서 살펴보았더니 수레바퀴 자국에 괸 물 속에 고기 한 마리가 거의 말라죽게 된 게 아니겠는가? 물고기는 날 보고 '물 한 되만 주어 날 살려 주시오.' 하면서 애걸복걸하길래, 내가 '그렇게 함세. 난 지금 남방의 오나라와 월나라의 임금을 만나러 가는 길인데 남녘 땅에는 물이 많으니 내 서강(西江, 즉, 양자강)의 물을 끌어다 주지.' 하고 말했지. 그랬더니 고기는 '나는 지금 한 되의 물이라도 얻어 목숨을 부지하려는 건데 그렇게 말씀하시느니 어서 빨리 나를 마른 고깃간으로 가져가는 것이 나으리다.' 하고 말하는 게 아니겠는가!"

이래서 훗날 사람들은 학철지부라는 말로 궁지에 빠져 구원이 시급한 상황을 비유하고 있는데, 거철부어(車轍鮒魚)라고도 하며 간략하게 학철(涸轍) 또는 학부(涸鮒)라고도 한다.

그리고 이 이야기에서 남의 도움을 바랄 때 두승지수(斗升之水)를 바란다고 하며, 남의 도움을 받았을 때는 행소학철(幸蘇涸轍, 말라가는 바퀴 자국에서 다행히 소생하였다.)이라는 말로 감사하기도 한다.

【용례】 사업이 잘 될 때는 기고만장(氣高萬丈)하더니, 한 번 부도가 나니까 완전히 "학철지부"가 되어 버렸군. 그러지 말고 용기를 내서 재기할 생각을 해야지.

한단학보 邯鄲學步

邯 : 땅이름(한) **鄲** : 조나라서울(단)
學 : 배울(학) **步** : 걸음·걸을(보)

【뜻풀이】 남의 것을 기계적으로 모방하며 배우려다가 제 것마저 잃는다는 뜻이다.

【출전】『장자·추수편(秋水篇)』에 다음과 같은 이야기가 있다.

전국시대에 연나라 수릉(壽陵)의 몇몇 소년들이 조나라 사람들의 걸음걸이 자태가 매우 우아하다는 말을 듣고 조나라로 걸음걸이를 배우러 떠났다.

조나라에 닿은 소년들은 그 나라 사람들의 걸음걸이 자세를 유심히 관찰하면서 애써 흉내 내려 했지만 끝내 배우지 못하고 나중에는 자기들의 원래 걸음걸이 자세마저 잊어버리다시피 해서 본국으로 돌아오게 되었다.

여기에서 나온 성어가 한단학보다.

나중에『한서·서전(敍傳)』에서 이 이야기를 인용할 때 새로 고보자봉(故步自封)이라는 성어가 나왔는데, 다시 고보자봉(固步自封)이라 하게 되었다. 낡은 것을 완고하게 견지하면서 혁신을 원치 않는 태도를 비유하는 말로 쓰이고 있다.

송나라 때의 시인 강기(姜夔, 1155~1221)의 〈송항평보쉬지양(送項平甫倅池陽)〉에 보면 "문장을 논할 때는 문장 가운데 하늘을 얻어야 하지, 한단 땅에서 걸음걸이를 배운다면 끝내 그럴 수 없을 것이다.(論文要得文中天 邯鄲學步終不然)"라는 시구가 있다.

【용례】 그렇게 주체성 없이 "한단학보"만 하다가는 남의 손가락질밖에 더 받겠냐. 부족하더라도 자기 의견을 좀 내놔 봐라.

한류협배 汗流浹背

汗 : 땀(한) 流 : 흐를(류)
浹 : 적실(협) 背 : 등(배)

【뜻풀이】 식은땀이 흘러 등을 축축하게 적신다는 뜻으로, 극도로 무서워하거나 긴장된 상황을 비유하는 말이다.

【출전】 『사기 · 진승상세가(陳丞相世家)』에 다음과 같은 이야기가 나온다.

전한(前漢) 시대 한문제(漢文帝)는 주발(周勃)을 우승상에 임명하고, 진평(陳平)을 좌승상에 임명했다. 황제의 자리에 등극하여 국정을 어느 정도 파악하게 되자, 어느 날 조회에서 문제가 우승상 주발에게 물었다.

"한 해 동안 전국에서 옥사를 판결하는 건수가 모두 얼마인가?"

주발은 머리를 조아리며 모르겠다고 대답했다. 그러자 문제가 다시 물었다.

"그러면 일 년 동안 조정의 재정상의 수입과 지출은 얼마인가?"

주발은 또 모른다고 머리를 조아렸는데, 등에서는 식은땀이 줄줄 흘러내렸고, 얼굴에는 부끄러워하는 표정으로 가득했다.(汗出霑背愧不能對)

이번에는 같은 질문을 진평에게 했다. 진평은 질문에 대해 조리 있게 답변하였다. 이 일이 있고 난 뒤 우승상 주발은 자신의 능력이 부족한 것을 부끄럽게 여겼고, 진평이야말로 적임자임을 깨닫게 되었다. 그래서 얼마 후 주발은 병을 핑계로 삼아 재상의 자리에서 물러나고 말았다. 주발은 비록 능력은 부족했지만, 결단력 있는 인물이라고 할 수 있다.

【용례】 사장님의 업무 파악이 그렇게까지 완벽한 줄 몰랐어. 각 부서의 부장들이 질문에 대답하느라고 쩔쩔매는데 모두들 "한류협배"하더구만. 좋은 시절도 다 간 거야.

한마공로 汗馬功勞

汗 : 땀 · 땀흘릴(한) 馬 : 말(마)
功 : 공 · 힘쓸(공) 勞 : 힘쓸(로)

【뜻풀이】 전투에서 세운 커다란 공로나 일에서 커다란 기여를 한 것을 일컫는 말이다.

【출전】 옛날에는 전투를 할 때 말을 많이 사용해서 말의 역할은 대단히 중요했다. 그래서 전투마다 말은 많은 땀을 흘리는데, 전투가 많고 치열할수록 더욱 많은 땀을 흘렸다. 이 때문에 한마공로라는 말이 나왔다. 『한비자 · 오두편』과 『사기 · 진세가』 『사기 · 소상국세가』 『한서 · 소하전』 등 고대 문헌들에 모두 한마공로라는 말이 나오고 있다.

『사기 · 소상국세가』와 『한서 · 소하전』에 나오는 한마공로 이야기는 다음과 같다.

유방(劉邦)이 군사를 일으켜 진나라와 싸우고 항우(項羽)를 격파하기 위해 싸우고 있을 때 그의 수하에 소하(蕭何)라는 사람이 있었다.(◘ 국사무쌍國士無雙 · 성야소하 패야소하成也蕭何 敗也蕭何 · 세세불철世世不輟 · 소규조수蕭規曹隨 · 좌우수左右手 참조) 유방과 같은 고향 사람인 그는 참모로 있으면서 커다란 전공을 세운 사람이었다.

그래서 유방은 한나라를 세우고 황제(한고조)가 된 뒤 소하를 재상으로 삼고 논공행상(論功行賞)을 할 때에도 첫째 자리에 앉게 하였다.

그런데 많은 장수들은 이에 불만을 표시하였다. 왜냐하면 소하는 단 한 번의 전투에도 참가해 본 적이 없는 일개 문인이었기 때문이었다. 그럼에도 불구하고 그의 공로가 수십 번 또는 수백 번의 전투를 겪으면서 공로를 세운 장수들의 위에 놓인다는 것은 도리에 맞지 않는다는 것이었다.

이에 한고조가 물었다.

"경들은 사냥을 해보았는가? 사냥개를 알고 있는가?"

군신들은 모두 대답하였다.

"알고 있습니다."

"사냥할 때 짐승을 잡아 물어오는 것은 사냥개이지만 사냥개를 지휘하는 것은 사람이다.(夫獵 追殺獸兎者狗也 發蹤指示者人也) 그런즉 그대들을 가리켜 공을 세운 사냥개라고 한다면 소하는 공을 세운 사람이라고 할 수 있다."

이에 장수들은 아무 말도 못 했다고 한다.

오늘날 한마공로는 흔히 한마지로(汗馬之勞)라고 하는데 군사적인 경우만이 아니라 사업에서도 많이 쓰이고 있다. 그리고 한고조의 말에서 나온 발종지시(發蹤指示)도 성어가 되어 그 어떤 모임이나 행동을 지휘한다는 뜻으로 쓰이고 있다.

【용례】 이번 연구 과제를 무사히 끝마칠 수 있었던 것은 무엇보다도 박 조교의 헌신적인 "한마공로"가 있었기 때문이야. 내 이 은혜는 두고두고 잊지 않음세.

한우충동 汗牛充棟

汗 : 땀·땀흘릴(한) 牛 : 소(우)
充 : 채울(충) 棟 : 기둥(동)

【뜻풀이】 소가 땀을 흘리고 기둥을 꽉 채운다. 책이 많은 것을 비유해서 쓰는 말인데, 책을 소나 말로 실어 나르면 소나 말이 땀을 흘릴 정도이고 집에 쌓아 두면 집이 꽉 차서 대들보에까지 닿게 된다는 뜻으로, 당나라 때의 문학가 유종원(柳宗元, 773~819)의 글에서 나온 말이다.

【출전】 유종원의 글은 당나라의 학자 육지(陸贄, 754~805)를 추모하는 글인데, 〈당고급사중황태자시강육문통선생묘표(唐故給事中皇太子侍講陸文通先生墓表)〉라는 다소 긴 제목의 글이다.

육지는 공자의 『춘추』를 특별히 깊이 연구해서 20년간 강학하고 10년간 책을 편찬해서 『춘추집주(春秋集註)』 등의 저작을 남겨 놓았다. 유종원은 그의 글 첫머리에서 공자의 『춘추』가 나온 지 1천 몇 백 년 이래 숱한 사람들이 주석을 달고 의논을 해 가며 수많은 글과 책을 써냈는데 "집에 쌓아 두면 집이 꽉 차고, 실어 내려면 소와 말도 땀을 흘릴 지경(處則充棟宇 出則汗牛馬)"이라고 했다. 이 말에서 한우충동이라는 성어가 나왔다.

【용례】 전에 그 형이 이사 갈 때 도와준 적이 있었는데, 정말 책이 많더군. "한우충동"이란 말을 말로만 들었지 실제로 확인한 건 그때가 처음이야.

할계언용우도 割鷄焉用牛刀

割 : 가를(할) 鷄 : 닭(계)
焉 : 어찌(언) 用 : 쓸(용) 牛 : 소(우)
刀 : 칼(도)

【뜻풀이】 "닭을 잡는 데 어찌 소 잡는 칼을

ㅎ

쓰겠는가?"라는 뜻으로, 자그마한 일을 하는 데 큰 인재를 쓸 필요가 없다는 뜻이다.

이와 반대로 큰 인재를 자그마한 일에 쓰고(大材小用) 자그마한 일을 가지고 떠든다(小題大做)는 뜻도 된다. 그래서 큰 인재로 하여금 자그마한 일을 시험삼아 해보게 하는 것을 우도소시(牛刀小試)라고도 한다.

【출전】『논어 · 양화편(陽貨篇)』에 다음과 같은 이야기가 있다.

춘추시대 어느 날 공자가 제자들과 함께 무성〔武城, 당시 노나라의 작은 고을로 자유(子游)라는 공자의 제자가 현령으로 있었음〕에 도착했을 때였다. 어느 곳에서 거문고 소리와 책 읽는 소리가 들려오기에 자유가 학교를 설립한 것임을 알고 공자는 웃으면서 말했다.

"닭을 잡는 데 어찌 소 잡는 칼을 쓰겠느냐?(割鷄焉用牛刀)"

원래 공자의 뜻은 이렇듯 자그마한 고을을 다스리는 데 자유와 같은 큰 인재를 쓰고 있는 세태를 개탄한 말이었다.

이에 대해 자유가 대답하였다.

"전에 스승님께서는 군자들이 도를 배우면 인애지심(仁愛之心)이 있게 되고 소인들이 도를 배우면 말을 잘 듣게 된다고 하셨습니다.(君子學道則愛人 小人學道則易使也)"

그러자 공자는 제자들을 둘러보며 말했다.

"자유의 말이 옳다. 방금 내가 한 말은 농담이었다."

할계언용우도는 바로 이 이야기에서 나온 성어로, 살계언용우도(殺鷄焉用牛刀)라고도 한다.

【용례】 코흘리개를 가르치겠다고 대학 교수를 가정교사로 초빙하다니, "할계언용우도"로군. 그게 무슨 낭비야.

할고료친 割股療親

割 : 벨(할) 股 : 다리(고)
療 : 병고칠(료) 親 : 어버이(친)

【뜻풀이】 허벅지의 살을 잘라내어 병든 부모를 치료한다는 뜻으로, 지극한 효행(孝行)을 비유하는 말이다.

【출전】『송사(宋史) · 선거지(選擧志)』에 나오는 말이다.

할고(割股)는 "다리를 자르는 것"을 말하는데, 구체적으로 허벅지 살을 도려내는 것으로, 여기에는 두 가지 뜻이 있다.

첫 번째는, 자신의 넓적다리 살을 베어 먹인다는 뜻으로, 결국 제 살을 제가 깎아먹어 손해가 된다는 뜻이다.

『정관정요(貞觀政要)』에 보면 "임금이 해야 할 가장 중요한 임무는 백성을 편안하게 하는 데 있다. 백성을 다치게 하거나 그들이 몸을 바쳐 자신을 받들기를 원한다면, 이는 제가 제 허벅지 살을 베어먹는 것과 마찬가지다. 배는 부르겠지만 곧 죽게 될 것이니 얼마나 어리석은 짓인가."라는 말이 나온다.

두 번째는, 효도의 상징으로 쓰이는 경우다. 즉, 부모님의 병을 고치기 위해 허벅지 살을 자르는 것으로, 우리나라 민간 전설에도 효자가 부모님을 봉양하기 위해 허벅지 살을 도려내어 먹였다는 이야기가 자주 나온다.

당나라 때의 의사 진장기(陳藏器)가 쓴『본초습유(本草拾遺)』에 보면, 인육(人肉)이 숙환에 지친 환자의 기력을 회복시키는 데 효과가 있다고 했다. 또 명나라의 이시진(李時珍)이 쓴『본초강목(本草綱目)』에는 인체 각 부위의 약효까지도 자세히 설명되어 있다.『본초습유』가 출현한 다음부터 인육은 효자가 부모님의 병을 치료하는 데 없어서는 안 되는 중요한 약재로 등장하여, 이 때문에 많은 효자들이 자신의 허벅지를 베어 먹였다고 한다.

【용례】 간경화로 고생하는 부모님을 위해 자기 간을 이식한 뉴스가 심심찮게 들려. "할고료친"했던 효자들이 아직도 남아 있다니 참 반가운 일이야.

할석분좌 割席分坐

割 : 가를(할) 席 : 자리·돗자리(석)
分 : 나눌(분) 坐 : 앉을(좌)

【뜻풀이】 자리를 잘라 앉은 곳을 나누다. 친구 사이에 서로 뜻이 맞지 않아 절교를 선언하는 것을 말한다.

【출전】『세설신어·덕행편(德行篇)』에 다음과 같은 이야기가 있다.

삼국시대 위나라 사람인 관녕(管寧)과 화흠(華歆)은 젊은 시절에 늘 함께 공부하고 놀았는데, 두 사람의 사람됨은 완전히 달랐다.

어느 날 그들이 채마밭에서 김을 매고 있는데 호미 끝에 금덩어리가 하나 걸려 나왔다. 이때 관영은 아무 일도 없었다는 듯이 일만 열심히 했지만, 화흠은 곧 금덩이를 집어 들고 기뻐서 어쩔 줄 모르는 것이었다. 그러다가 관녕의 담담한 태도를 보더니 화흠은 슬그머니 금덩이를 던져 버렸다.

그리고 또 한번은 둘이 방 안에 앉아 책을 읽고 있는데 밖에서 어떤 귀인의 행차가 지나가는 소리가 요란하게 들려왔다. 이때도 관녕은 아무 일도 없다는 듯이 계속 독서만 하고 있었지만, 화흠은 곧 달려나가 한동안 구경하다가 들어와서는 그 귀인의 행차가 어떻더라고 떠들어대면서 부러움을 감추지 못했다.

이에 화가 동한 관녕은 칼을 뽑아 들고 그들이 깔고 앉은 돗자리 한복판을 잘라 두 쪽으로 베어 버리곤 선언하였다.

"자넨 내 친구가 아닐세. 나와 한자리에 앉지 말게.(子非吾友也)"

이렇게 해서 그 후 서로 뜻이 맞지 않아 절교하는 것을 가리켜 할석분좌 또는 할석단교(割席斷交)·할석절교(割席絕交)라 하게 되었다.

【용례】 너는 그 친구를 훌륭한 사람이라고 높이 평가하는 모양인데, 사람들 평판도 못 들어 봤니. 그런 친구라면 빨리 "할석분좌"하는 게 네게 도움이 될 거야. 안 그러다가는 진짜 좋은 친구 다 잃고 말 테니까.

함사사영 含沙射影

含 : 머금을(함) 沙 : 모래(사)
射 : 쏠(사) 影 : 그림자(영)

【뜻풀이】 모래를 물고 있다가 그림자를 쏘다. 암암리에 남을 공격하거나 해치는 것을 일컫는 말이다.

【출전】 전설에 따르면 옛날 남방의 물속에 역(蜮) 또는 단호(短狐)나 단호(短弧)라고 불리는 해충이 있었다고 한다.

대구 비슷하게 생기고 발이 세 개인 이 해충은 물속에 있다가도 기슭에 사람이 나타나기만 하면 입에 모래를 물고 있다가(含沙) 사람을 쏘거나 사람의 그림자를 맞히곤(射影) 했다. 그래서 역에게 쏘인 사람은 영락없이 온몸에 종기가 돋게 마련이고, 그림자만 쏘여도 병에 걸렸다.

물론 이 전설은 아무런 근거도 없는 황당한 이야기에 불과하다. 그러나 여기에서 나온 함사사영이라는 말은 겉으로는 다른 무엇을 의논하는 척하면서 사실상 누구를 헐뜯으며 악의에 찬 공격을 퍼붓는 행위를 비유하게 되었다.

그리고 이로부터 사영(射影)이라는 말과 귀역기량(鬼蜮伎倆)이라는 말이 나왔는데, 전자는 직접적으로 말하지 않고 빗대어 말하는 것을 일컫는 데 쓰이고, 후자는 비열한 활동을 가리키는 데 쓰이고 있다.

이 이야기는 『시경·소아(小雅)』에 실려 있는 〈하인사(何人斯)〉의 마지막 연인 제8연에 "귀신이나 단호가 되면 남들이 보지 못하려니와, 낯부끄럽게도 남에게 좋지 않게 보인다.(爲鬼爲蜮 則不可得 有靦面目 視人罔極)"는 구절이 있는데, 그 주석에 동일한 설명이 실려 있다.

백거이(白居易, 772~846)의 〈독사시(讀史詩)〉에 보면 "모래를 머금었다가 사람 그림자를 쏘니, 비록 병들더라도 사람은 모르는구나. 교묘한 말로 사람을 죄로 옭아매니, 죽어도 사람은 의심하지 않네.(含沙射人影 雖病人不知 巧言搆人罪 至死人不疑)"라는 구절이 나온다.

【용례】 세상이 어지러울 때는 "함사사영"으로 한 자리 할 수 있었는지 모르지만, 이제 자네 황금시대도 끝나가네. 빨리 속죄하고 정직한 생활을 도모하는 게 신상에 이로울 거야.

함흥차사 咸興差使

咸 : 다(함) 興 : 일어날(흥)
差 : 어긋날(차) 使 : 시킬(사)

【뜻풀이】 심부름 간 사람이 영영 소식이 없을 때 쓰는 말로 다음 이야기에서 유래했다.

【출전】 『소대기년(昭代紀年)』에 다음과 같은 이야기가 나온다.

태조(太祖) 이성계(李成桂)가 천하를 손아귀에 넣었을 때 아들 이방원(李芳遠)이 큰 공을 세웠다. 그러나 태조는 계비(繼妃)인 강(康)씨의 소생 방석(芳碩)을 세자로 봉했다. 이에 방원은 불만을 품고 방석을 옹호하는 정도전(鄭道傳) 일파를 죽이고 방석을 제거하였다. 그러자 태조는 크게 노하여 왕위를 내놓고 장남인 정종(定宗)을 임금 자리에 앉히고 고향인 함흥으로 내려가 버렸다.

이후 태종으로 즉위한 방원은 아버지의 노한 마음을 돌리려고 수없이 문안사(問安使)를 보냈다. 그러나 태조는 이들을 모조리 잡아 죽였다.

그리고 이야기는 이긍익(李肯翊)의 『연려실기술(燃藜室記述)』에서 이어진다.

그 당시에 문안사가 한 사람도 돌아온 이가 없었다. 태종이 여러 신하에게 묻기를, "누가 갈 수 있는가?" 하니 응하는 사람이 없었으나, 판중추부사(判中樞府事) 박순(朴淳)이 자청해 갔는데, 하인도 딸리지 않고 스스로 새끼 달린 어미 말을 타고 함흥에 들어가서 태조 있는 곳을 바라보고 일부러 그 새끼 말을 나무에 매어 놓고 그 어미 말을 타고 나아가니, 어미 말이 머뭇거리면서 뒤를 돌아보고 서로 부르며 울고 앞으로 나아가려 하지 않았다.

태조를 뵈오매, 태조는 말의 하는 짓을 보고 괴이히 여겨 물었더니, 그가 아뢰기를, "새끼 말이 길가는 데 방해가 되어 매어 놓았더니, 어미 말과 새끼 말이 서로 떨어지는 것을 참지 못합니다. 비록 미물이라 하더라도 지친(至親)의 정은 있는 모양입니다." 하고 풍자하여 비유하니, 태조가 척연(慽然)히 슬퍼하고 잠저(潛邸)에 있을 때 사귄 옛 친구로서 머물러 있게 하고 보내지 않았다.

하루는 태조가 순(淳)과 더불어 장기를 두고 있을 때 마침 쥐가 그 새끼를 끼어 안고 지붕 모퉁이에서 떨어져 죽을 지경에 이르렀어도 서로 떨어지지 않았다. 순이 다시 장기판을 제쳐놓고 엎드려 눈물을 흘리며 더욱 간절하게 아뢰니 태조가 이에 서울로 돌아갈 것을 허락했다. 순이 서울로 돌아가겠다는 태조의 허락을 듣고 곧 그 자리를 하직하고 떠나니 태조를 따라와 모시고 있던 여러 신하들이 극력으로 그를 죽일 것을 청했다. 태조는 그가 용흥강(龍興江)을 이미 건너갔으리라고 확신하고 사자(使者)에게 칼을 주면서 이르기를 "만약 이미 강을 건넜거든 쫓지 마라." 했다.

그러나 순은 병이 나서 중도에서 체류했다가, 이때에 겨우 강에 도달하여 배에 오르고 아직 강을 건너지 못했으므로, 드디어 그 허리를 베이었다. 그때에 "반은 강 속에 있고 반은 뱃속에 있다.(半在江中半在船)" 하는 시가 나왔다.

태조가 크게 놀라 애석하게 여겨 이르기를, "박순은 좋은 친구다. 내가 마침 내 전일에 그에게 한 말을 저버리지 않으리라." 하고, 드디어 남으로 한양에 돌아오기로 결정했다. 태종은 순의 죽음을 듣고 곧 그의 공을 생각하여 벼슬을 증직했으며, 또 화공에게 명하여 그 반신을 그려서 그 사실을 나타냈다. 그 부인 임(任)씨는 부고를 듣고 스스로 목을 매어 죽었다고 한다.

이성계가 한양 땅으로 돌아오던 날이었다. 하륜(河崙, 1347~1416)이 이성계가 돌아올 때 태종이 마중할 장소에 나무 기둥을 세우게 했다. 다들 의아해했지만 그 까닭은 곧 드러났다. 태종을 보게 된 이성계는 화가 치밀어 그 자리에서 화살을 당겨 힘껏 쐈던 것이다. 태종은 나무 뒤에 숨었고 화살은 다행히 나무에 박혔다. 신궁(神弓)이라 자랑했던 이성계도 하는 수 없이 태종을 죽일 생각을 버리고 술잔을 받으며 말했다.

"이 모든 것이 다 하늘이 내린 운수임에 어찌할 것인가.(莫非天運)"

이후 다시 함흥으로 간 이성계는 태종 이방원이 보낸 무학대사의 간청으로 결국 1402년(태종 2년) 12월에 한양으로 돌아왔다.

이 이야기에서 한 번 가면 다시는 소식도 없는 경우를 일러 함흥차사라 부르게 되었다.

【참고】 함흥차사와 비슷한 성어로 함안차사(咸安差使)도 쓰이는데, 이 이야기의 유래에 대해서는 확실한 연대와 인물은 알 수 없으나 고려 말기의 일인 듯 짐작된다.

당시 함안에 사는 사람이 대역죄를 지었는데 조정에서 안핵사(按覈使)까지 내려 보내 죄를 다스리게 하였다. 이 죄인에게는 노아(盧兒)라는 딸이 하나 있었는데, 천하절색일 뿐 아니라 가무며 학문이 능하고 구변이 청산유수(靑山流水)여서 한 번 본 남자는 노아의 치마폭에 놀아나지 않는 사람이 없었다.

노아는 효성이 지극하여 부친의 생명을 구하고자 스스로 기적(妓籍)에 입적하여 관리들을 홀려 그들의 약점을 이용, 아버지를 벌주지 못하게 하였다. 안핵사로 내려올 때마다 지방 관리들로 하여금 어떠한 핑계로든 잔치를 베풀게 했고 그 자리에는 반드시 노아가 참석하여 미색과 가무, 모든 아양을 떨며 그 때마다 수청을 자청하여 안핵사로 하여금 본분의 일을 잊고 주색에 빠지게 하여, 벌 주는 일을 차일피일 미루게 하다가 돌아가거나 아예 봉고파직(封庫罷職)당하게 했다.

그리하여 조정에서는 최후의 수단으로 성품이 강직·청렴하고 과단성이 있는 젊은 관원을 뽑아 안핵사의 임명하여 그 죄상을 낱낱이 밝히도록 했다. 이에 신임 안핵사는 호언장담(豪言壯談)하기를 "이제 기생을 가까이 아니하고 술을 멀리하여, 관리들을 희롱한 노아부터 처벌한 다음 그의 아비를 다스릴 것이다."라며 안핵길에 올랐다.

한편 노아는 밀정을 풀어 신임 안핵사의 일거일동을 손바닥 보듯 훤히 알고는 계획을 마련, 안핵사가 칠원현 웃개나루에 당도하여 객주집에 들러 점심을 들게 하였다. 노아는 계획이 적중함을 기뻐하며 멀지도 가깝지도 않은 지점에서 소복단장으로 구경꾼 속에 끼어 들랑날랑하며 안핵사의 시선을 끌기에 노력했다.

안핵사는 낯선 고장의 산천경개와 굽이쳐 흐르는 낙동강을 바라보며 노독을 풀던 중 무심코 구경꾼들을 쳐다보니 멀게 가깝게 아른거리는 한 여인을 발견하였는데, 천상의 선녀가 하계하여 노니는 듯, 백학이 알을 품고 구름 속에서 춤을 추듯, 벌 나비가 꽃밭에서 춘광을 희롱하듯 하여 정신이 아득하고 눈앞이 삼삼하여 황홀경에서 벗어날 줄을 몰랐다.

이곳은 타 고을이라 잠시 방심한 그는 몸이 불편하다는 핑계로 하룻밤 유숙하기를 명하고 주인을 불러 넌지시 소복여인에 대해 물었다. 주인은 한숨만 쉬면서 말이 없더니 "그 아이는 누구 아무개의 딸이온데 박복하게도 얼마 전 남편과 사별하고 시가에서도 의탁할 길이 없어 잠시 소인에게 돌아와 있는 중이옵니다."고 했다.

안핵사는 속으로 "옳다구나!" 하며 무릎을 치고는 슬그머니 주인의 손에 동전을 쥐어 주며 오늘밤 상면케 해 줄 것을 청했다.

주인은 딱 잡아떼며 말하기를 "그 아이는 비록 번듯한 양반집 규수는 아니오나 『내칙제서(內則諸書)』(여자의 행실과 법도를 적은 책)며 일반 학문을 익혀 정절을 소중히 하고 있사오니 천부당만부당한 줄로 아옵니다."고 하였다.

더욱 초조하고 마음이 들뜬 그가 애원조로 거듭해서 간청하자 못이기는 체하는 말이 "하룻밤에 만리장성을 쌓는다 하였으니 부디 버리지 않는다는 약조만 하신다면 한번 권하여 보겠나이다." 하니 그는 그러마고 거듭 다짐하며 멋모르고 좋아했다.

일이 계획대로 척척 진행되니 능청스런 노구와 간교한 노아는 기뻐 어쩔 줄 몰라 했는데 이윽고 해가 지고 밤이 이슥하자 주안상을 곁들여 안핵사의 방을 찾아 들었다. 낮에는 먼발치로 어름어름 보았으나 곱게 단장하여 촛불 앞에 앉은 노아를 본 순간 빼어난 절색에 그만 정신이 날아갈 것 같았으며, 무상한 인생과 덧없는 세월로 늦게 만난 것을 탄식하였다. 그럭저럭 회포를 풀고 동침을 권하자 노아는 안색마저 변하며 일언지하에 거절하였다. 그럴수록 애간장이 탄 그는 섬섬옥수(纖纖玉手)를 부여잡고 간청하니 대장부의 체면이 말이 아니었다. 그러자 노아는 이제는 되었겠지 생각하고 마지 못하는 척하며 응하면서 결코 버리지 않겠다는 다짐을 받은 후에야 원앙금침(鴛鴦衾枕) 속에 들었다.

함안에 도착한 안핵사는 왕법을 문란케 한 요녀 노아를 대령시켜 극형에 처하라고 추상같은 명령을 내렸다.

동헌 앞뜰에 끌려 온 노아는 "능지처참의 죄를 범하였다 할지라도 마땅히 공사(供辭, 변명서)를 보시고 결정함이 국법이온데 무조건 벌 주심은 과한 줄 아옵니다. 엎드려 바라옵건대 공사를 먼저 보시옵소서!" 하니 안핵사가 그 말을 옳게 여겨 공사를 보니 아비의 사연을 먼저 쓰고 끝에 시 한 구절을 적었다.

「노아의 옥 같은 팔에 그 뉘의 이름인고,
살갗에 깊이 새겨 자자히 완연하다.
차라리 낙동강 물이 마르는 걸 보지
이 몸이 맺은 맹서 변할 줄이 있으랴.
盧兒玉臂是誰名
刻入肌膚字字明
寧見洛東江水盡
妾心終不負初盟」

안핵사는 깜짝 놀라 바라보니 지난밤에 만나 백년 천년을 같이하자던 그녀가 아닌가? 비로소 그녀의 간계에 속은 것을 알았으나 엎질러진 물이었다. 안핵사는 갑자기 병을 빙자하여 치죄를 중지하고 그 길로 관직에서 물러났다.

그리하여 강원도 포수나 함흥차사와 같이 한 번 가면 다시 돌아오지 않는다 하여 함안차사란 말이 생겨났다고 한다.

【용례】 심부름 간다며 잠시 다녀오겠다던 사환이 두 시간이 넘었는데 오지를 않는군. 이 친구 영 "함흥차사"일세 그려.

합종연횡 合從連衡

合 : 합할(합) 從 : 좇을(종)
連 : 이을(련) 衡 : 가로(횡)

【뜻풀이】 서로 상반된 외교술. 중국 전국시대에 합종가(合從家)와 연횡가(連衡家)들에 의해 주장된 외교 방식으로 특히 소진(蘇秦)과 장의(張儀) 두 사람의 그것이 가장 유명하다.

【출전】『사기·소진장의열전』에 보면 다음과 같은 이야기가 실려 있다.

소진과 장의 두 사람은 전국시대 중엽에 세 치 혓바닥과 두 다리를 가지고 천하를 횡행한 책사(策士)이자 변설가들이다. 그들은 기발하고 합리적인 말솜씨를 이용해 당시 일곱 나라 군주들의 귀를 녹여냈고, 아울러 각국의 재상을 두루 지내면서 국가 사이의 외교와 정치를 떡 주무르듯 좌지우지(左之右之)했다.

이들 두 사람은 모두 귀곡선생(鬼谷先生)에게서 동문수학(同門受學)해서 스승의 학문을 계승했지만, 각자가 주장한 바는 크게 차이가 났다.

소진이 스승을 떠나 천하를 다니면서 유세한 주장은 한마디로 말해 합종책(合從策)이었다. 종은 종(縱)으로 연나라를 비롯해서 조나라와 위나라·한나라·초나라·제나라 여섯 나라가 남북으로 손을 잡아 힘을 합쳐서 강대국인 진나라와 대항해야 한다는 것이었다.

사실 당시 진나라를 제외한 여섯 나라는 국력으로 볼 때 진나라와는 상대가 안 될 정도였기 때문에 항상 진나라의 눈치를 보면서 노심초사(勞心焦思)하고 있었다. 소진은 이 공포심을 교묘히 이용해서 만약 이러한 상황에서 여섯 나라가 뭉치지 않고 반목한다면 결국 진나라에 의하여 하나씩 멸망당할 것이라고 충고하였다. 이렇게 각국을 다니면서 열변을 토한 결과 소진은 마침내 합종책의 총책임자로서 6개 나라의 재상이 되어 자신의 웅지를 펼치게 되었다.

한편 소진의 절친한 친구였던 장의 역시 학업을 마치고 산에서 내려와 소진을 찾게 되었다. 이미 크게 출세해 있던 친구의 도움을 받아 한 자리 하려는 기대를 가지고 소진의 집 문을 두드렸지만, 오히려 망신만 당하고 내침을 당하는 신세가 되었다.

"이런 망할 놈이 있나. 출세를 하면 동문수학

한 친구도 몰라보는가. 어디 두고 보자. 내 스스로 일어나서 네놈 코를 납작하게 만들어 주마."

타오르는 분노를 참지 못하고 주먹을 휘두르면서 장의는 행장을 꾸렸다. 터덜터덜 길을 떠나는데 언제부턴가 과객 한 사람이 그의 뒤를 좇으면서 이런저런 편리를 봐주는 것이었다. 생면부지(生面不知)의 사람에게 신세를 진 장의는 처음에는 떠돌이 장사꾼으로 보았지만 부쩍 이상한 생각이 들어 그를 불러 놓고 따져 물었다. 그제야 그 과객은 이실직고(以實直告)하였다.

"사실 저는 소진 대감의 분부를 받잡고 이런 일을 한 것입니다. 대감께서는 선생을 그냥 거둬들인다면 참다운 재능을 발휘하지 못할까 싶어 일부러 모욕을 주고 내쫓았던 것입니다. 그런 뒤 제게 명령해 선생의 뒤를 잘 돌봐 주라고 하셨습니다."

이 말을 들은 장의는 자신의 경솔함을 크게 뉘우치면서 이렇게 말했다.

"정말 내 생각은 소진에게 비하면 형편없구나. 가거든 내 말을 전하시오. 내 소진이 살아 있는 동안에는 어떤 경우라도 그와 충돌하는 일은 하지 않을 것이라고."

이렇게 해서 두 사람은 주장한 정책이 달랐음에도 불구하고 살아 있는 동안에 큰 대립 없이 지낼 수 있었다.

장의가 내세운 외교 정책은 연횡책(連衡策)이었다. 즉, 여섯 나라가 아무리 동맹을 맺었다 해도 진나라는 진나라 나름대로 그들 중 한 나라를 상대로 동맹을 체결하는 방식이었다. 이렇게 해서 합종을 깨뜨려 나가면 마침내 여섯 나라는 각자 고립된다는 것이었다. 그러면 고립된 그들 나라를 하나씩 정벌함으로써 통일의 위업을 달성하게 된다고 주장하였다. 이와 같은 합종에 대한 연횡의 안을 내놓아 장의는 급기야 소진이 이룩한 합종을 완전히 붕괴시키고 진나라가 전국시대를 마감하는 데 크게 기여했다.

이런 역사적 사실에서, 사람들은 합종이라고 하면 강한 자에 대해서 약한 사람들이 협력해서 대항하는 것을 가리키게 되었고, 연횡은 강자와 약자가 결탁하는 것을 비유하는 말로 사용하게 되었다.

【용례】 이번 개헌 문제를 두고 정당마다 이러쿵저러쿵 "합종연횡"책을 내는 모양인데, 다들 자기 잇속을 차리기에 급급할 뿐 누구 하나 나라의 장래를 걱정해 말하는 사람이 없으니 그게 걱정일세.

합포주환 合浦珠還

合 : 합할(합) 浦 : 개펄·포구(포)
珠 : 구슬(주) 還 : 돌아올(환)

【뜻풀이】 합포에 진주가 돌아오다. 잃었던 물건이 다시 돌아오고 폐지되었던 제도가 다시 시행된다는 뜻이다.

【출전】 『후한서·순리전(循吏傳) 맹상전(孟嘗傳)』에 보면 다음과 같은 이야기가 나온다.

합포(오늘날의 광서성 합포현 일대)는 농사는 안 되고 진주가 많이 나는 고장으로, 그 마을 주민들은 역대로 진주를 캐어 교지(交址, 오늘날의 베트남) 일대에 가서 쌀과 교환해서 생계를 유지했다.

그런데 벼슬아치들이 이 진주를 차지하려는 탐욕을 부려 무자비하게 수탈하자 지쳐 버린 합포 주민들은 의욕이 날로 저하되어 진주 생산량도 덩달아 감소하였다. 이에 주민들의 생활은 날로 빈궁해지고 살기가 어려워지자 사람들은 "합포의 진주는 모두 교지로 흘러가 버렸다."고 하면서 더 이상 진주를 채취하지 않았다. 그 덕분에 관리들의 수탈은 없어졌지만 주민들의 생활은 형편없이 저하되었다.

그러던 중에 한환제 때 맹상이라는 사람이 합포태수로 부임해 와서 제도를 개선하고 불법 행위를 엄금하면서 생산을 독려한 결과 주민들의 생산력은 다시 늘어가고 시장도 번창해져서 백성들의 생활도 넉넉하게 되었다.

그래서 사람들은 "합포의 진주가 돌아왔다.(合浦珠還)"고 하면서 기뻐했는데, 합포주환은 주환합포라고도 한다. 일부 사람들은 이런 말로 타향에 가서 떠돌아다니던 사람들이 고향에 돌아온 것을 비유하기도 하였다.

【용례】 사기당해 포기한 땅을 다시 찾게 되었다니 "합포주환"이로군. 다음에는 남 보증설 생각은 아예 하지도 말게.

항룡유회 亢龍有悔

亢 : 목·굳셀(항) **龍** : 용(룡)
有 : 있을(유) **悔** : 후회할(회)

【뜻풀이】 굳센 용에게는 후회가 뒤따른다. 일을 할 때는 적당한 선에서 만족할 줄 알아야지 무작정 밀고 나가다가는 오히려 일을 망치게 된다는 말이다.

【출전】『주역·건괘(乾卦)』의 〈육효(六爻)〉의 효사(爻辭)에 나오는 말이다.(➡ 잠룡물용潛龍勿用 참조)

항룡은 하늘 끝까지 다다른 용을 말한다. 그 기상이야 한없이 뻗쳐 좋지만 결국 하늘에 닿으면 떨어질 수밖에 없는 것이다.

잠룡물용과는 반대로 스스로 분수를 알고 만족하는 삶이 양생(養生)에 이롭다는 교훈을 이 성어는 주고 있다.

【용례】 내년 경기를 예측해서 설비 투자를 하는 것은 좋지만 그것은 한계를 두어야지. "항룡유회"라고 했네. 조금 사태를 관망하면서 늘려나가도 그리 늦지는 않을 거야.

항장무검 項莊舞劍

項 : 목덜미(항) **莊** : 엄할·꾸밀(장)
舞 : 춤출(무) **劍** : 칼(검)

【뜻풀이】 항장이 칼춤을 추다. 일을 하는데 실제 목적은 다른 곳에 숨겨져 있는 것을 비유하는 말이다.

【출전】『사기·항우본기』에 보면 다음과 같은 이야기가 있다.

한나라의 유방(劉邦)이 먼저 수도 함양(咸陽)에 들어가 진왕 자영(子嬰)의 투항을 받아들이자 40만 대군을 이끌고 뒤늦게 도착한 항우(項羽)는 몹시 분개하였다.

또한 항우의 모사인 범증(范增)은 "유방은 교활해서 믿을 수 없는 사람이며, 그의 세력이 점차 커지니 하루라도 빨리 그를 제거하는 것이 이롭다."는 건의를 항우에게 하였다. 항우 역시 그 건의를 받아들여 홍문(鴻門)의 연회에서 그를 죽이려고 하였다.

범증은 장막 뒤에 부하를 매복시켜 놓고 범증이 패옥을 들어 항우에게 신호를 보내면 항우가 마시던 술잔을 던져 부하에게 유방을 죽이도록 준비를 갖추었다.

다음날 유방은 부하 장량(張良)과 번쾌(樊噲)와 함께 패상(霸上)에서 홍문으로 와서 번쾌에게 문 밖 경비를 지시하고는 장량과 함께 항우의 군막으로 들어가 공손히 인사를 했다. 유방의 공손한 태도에 노기가 누그러진 항우는 호탕하게 웃으며 유방의 죄를 용서한 뒤 술자리로 그를 청했다.

항우는 술잔을 들어 유방에게 술을 권했다. 그때 함께 자리한 범증이 벌써 여러 번 항우에게 눈짓을 주고 패옥을 들었지만 항우는 짐짓 이를 못 본 체했다. 이에 범증은 항우가 이미 유방을 죽일 의사가 없다는 것을 알고는 군막 밖으로 나가 항우의 사촌인 항장(項莊)을 찾아 말했다.

"내가 보기에 상장군은 이미 패공(沛公)의 달콤한 말에 빠져 그를 죽일 뜻이 없는 듯싶소. 그러나 오늘 그를 죽이지 않으면 필시 후환이 있을 것이니 장군이 연회의 여흥을 북돋기 위해 검무를 추겠다고 하면서 춤을 추다가 유방 곁으로 다가가서 그를 단칼에 죽이도록 하시오. 만약 오늘 그를 살려 보낸다면 앞으로 우리는 모두 그의 포로가 될 것이오."

이 말에 항장은 잠시 후 군막 안으로 들어가 검무를 추겠다고 제의했고, 항우는 흔쾌하게 이를 허락하였다. 항우의 말이 떨어지기 무섭게 항장은 칼을 빼들고 일어나 춤을 추었는데, 그 검광이 자주 패공의 주위를 맴돌았다. 이를 지켜보던 항백(項伯)은 상황이 심상치 않음을 느끼고 급히 검을 빼들고 일어나 함께 춤을 추는 척했다. 그는 장량과 둘도 없는 친구였고, 또 그의 주선으로 유방의 누이를 재취로 맞아들여 유방과 그는 처남과 매부 사이였다. 둘도 없는 친구와 처남의 목숨이 위태로운 것을 보자 항백으로서는 가만히 구경만 할 수 없었던 것이다.

이런 가운데 사태가 심상찮게 전개되고 있음을 눈치 챈 장량은 급히 번쾌에게 가서 이 사실을 알렸다. 번쾌는 즉시 군막 안으로 뛰어들어가 좌중을 호령하며 우뚝 섰다. 번쾌의 기세에 놀란 항우가 장량에게 물었다.

"저자는 누군가?"

"저희 패공의 부하로 이름은 번쾌라 합니다."

"천하의 보기 드문 장사로다. 내가 술과 고기를 내리리라."

그러자 번쾌는 항우가 내린 술을 항아리째 들이키고는(▶ 치주안족사卮酒安足辭 참조) 들고 있던 칼로 돼지고기의 다리를 하나 자르더니 그 자리에서 먹어치웠다. 그의 입가에서는 선혈이 뚝뚝 떨어졌다.

이렇게 번쾌와 항장이 수작을 하는 동안 유방은 화장실에 간다는 핑계를 대고는 장막을 빠져나와 재빨리 말을 타고 패상으로 달아나고 말았다.(▶ 물부충생物腐蟲生 참조)

이 이야기에서 유래하여 오늘날 '항장무검(항장이 검무를 추다)에 지재패공(志在沛公, 뜻은 패공을 죽이는 데 있었다)'이라는 말이 덧붙여져, 어떤 사람이 일을 하는데 진짜 목적은 다른 데 있음을 비유하는 성어가 되었다.

【용례】 자네 미스 김한테 관심이 있어 뻔질나게 우리 부서로 행차하는 모양인데, "항장무검"할 생각은 일찌감치 버리게. 우리 부서에서도 그녀를 넘보는 사람이 한둘인 줄 아나.

항해일기 沆瀣一氣

沆 : 넓을(항) 瀣 : 이슬기운(해)
一 : 한(일) 氣 : 기운(기)

【뜻풀이】 함께 음모를 꾸미다. 서로 결탁해서 나쁜 짓을 하다.

항해는 본디 이슬을 가리키는 것으로, 나쁜 말이 아니었는데 당나라 때부터 항해일기라

해서 서로 결탁해서 나쁜 짓을 한다는 뜻으로 쓰이게 되었다.

【출전】 송나라 때의 문인 전이(錢易)가 쓴 『남부신서(南部新書)』에 다음과 같은 이야기가 수록되어 있다.

당나라 희종 때 벼슬이 중서시랑에까지 오른 최항(崔沆)이라는 관리가 있었는데 건부 2년(667)에 시험관이 되어 조정의 과거를 주관하게 되었다. 그런데 그 과거에서 최해(崔瀣)라는 사람이 예상 밖으로 급제를 해서 벼락출세를 하게 되었다.

이에 사람들은 최항과 최해 사이에 모종의 관련이 있는 게 아니냐고 의심하면서 "스승과 제자 사이니 최항과 최해가 의기투합(意氣投合)이 되었구나.(座主門生 沆瀣一氣)"라고 조소하였다. 좌주는 시관, 문생은 시험생을 일컫는 말이다.

이리해서 나중에 항해일기라는 말로 공모 결탁하는 사람을 조소하게 되었다.

【용례】 두 놈이 "항해일기"로 달려드니까 나도 어쩔 수 없더군. 개하고 싸우면 나도 개가 될 텐데, 아무리 교수 자리가 좋아도 그렇지, 그 짓을 어떻게 하겠나?

해군지마 害群之馬

害 : 해칠(해) 群 : 무리(군)
之 : 어조사(지) 馬 : 말(마)

【뜻풀이】 무리지은 말에게 해를 끼치다. 집단이나 조직에 해를 끼치는 사악한 존재를 일컫는 말이다.

【출전】 『장자·서무귀편(徐無鬼篇)』에 다음과 같은 말이 있다.

"어떤 목동이 하는 말이 '천하를 다스린다는 것은 또한 말몰이와 다를 것이 무엇이겠는가? 그 역시 말의 무리를 해치는 나쁜 말을 없애 버리는 것과 같도다.'라고 하였다.(牧馬小童日 夫爲天下者 亦奚以異乎牧馬者哉 亦去其害馬者而已矣)"

해군지마는 바로 이 말에서 유래한 성어다.

당나라 시인 고적(高適, 702~765)이 쓴 시 〈전송팔충팽중승판관지영외(餞宋八充彭中丞判官之嶺外)〉에 보면 "만약 장차 말을 해치는 원인을 없애고자 한다면, 삼가 날파리 떼 같은 무리들을 믿지 말게나.(若將除害馬 愼勿信蒼蠅)"라는 구절이 있다.

【용례】 저 사람이 계속 우리 모임에 나온다면 나는 탈퇴하겠네. "해군지마"와 함께 있어 내 몸까지 더럽히고 싶진 않으니까.

해령환시계령인
解鈴還是繫鈴人

解 : 풀(해) 鈴 : 방울(령)
還 : 돌아올(환) 是 : 옳을(시)
繫 : 실·맬(계) 人 : 사람(인)

【뜻풀이】 방울을 풀 수 있는 사람은 원래 방울을 맨 사람이다. 성어 결자해지(結者解之)와 같은 뜻이다.

【출전】 『지월록(指月錄)』 제23권 〈법등〉에 다음과 같은 이야기가 나온다.

남당 때 금릉(金陵, 오늘날의 남경)의 청량사에 법안(法眼)이라는 고승과 태음선사〔즉 법등(法燈)〕라는 승려가 있었다. 그런데 태음선사는 절간의 일에 크게 관계하지 않아 다른 승려들이 모두 그를 깔보고 있었다. 그러나 고승 법안만은 그를 특별히 존중하는 터였다.

어느 날 법안이 여러 승려들을 보고 "호랑이의 목에 방울이 매여 있다면 누가 풀 수 있겠는가?"라고 물었더니 승려들은 고개만 저을 뿐 대답하는 사람이 하나도 없었다. 때마침 태음선사가 밖에서 들어오는지라 법안이 다시 그에게 물었더니 태음선사는 별로 생각지도 않고 "그 호랑이의 목에 방울을 맨 사람이 풀 수 있소.(繫者解得)"라고 얼른 대답하는 것이었다. 이에 법안은 크게 기뻐하면서 승려들에게 말했다.

"그대들은 태음선사를 무시해서는 안 된다."

해령환시계령인 또는 해령계령(解鈴繫鈴)은 바로 여기에서 나온 성어다. 일을 야기시킨 사람이 그 일을 해결할 때도 직접 나서야 한다는 뜻이다.

【용례】 더 이상 이 문제로 골치 아파할 필요가 없습니다. "해령환시계령인"이라고, 처음 문제를 야기시킨 김 과장에게 해결도 맡깁시다.

해로동혈 偕老同穴

偕 : 함께(해) **老** : 늙을(로)
同 : 함께(동) **穴** : 구멍(혈)

【뜻풀이】 살아서는 함께 늙다가 죽어서는 같은 구멍(무덤)에 들어 영원히 더불어 산다는 뜻으로, 부부 사이에 금실(琴瑟)이 아주 좋은 것을 비유하는 말이다.

우리나라에서는 백년해로(百年偕老)란 말을 많이 쓰는데 역시 마찬가지로 부부가 한평생을 함께 사는 것을 뜻한다.

【출전】 일설에 따르면 해면(海綿) 동물 중에 이런 이름을 지닌 짐승이 있었다고 한다. 이 짐승은 모양은 수세미처럼 생겼고 밥주머니를 지니고 있으며 밑에는 커다란 오라기 모양의 털이 달려 있어 깊은 바다 밑바닥에 서서 산다는 것이다.

그리고 그 밥주머니 속에는 구멍새우가 기생해 산다고 하는데, 암컷과 수컷이 함께 살기 때문에 처음에는 이 새우를 해로동혈이라 하다가 나중에는 해면동물을 가리켜서 이 이름을 썼다고 한다. 어떻게 해서 이 짐승의 이름을 그렇게 불렀는지는 알 수 없지만 부부가 금실(琴瑟)이 유난히 좋은 것을 이 말로 대신하게 되었다.

『시경 · 패풍(風)』의 〈격고(擊鼓)〉와 『용풍(鄘風)』의 〈군자해로(君子偕老)〉, 그리고 『위풍(衛風)』의 〈맹(氓)〉, 『왕풍(王風)』의 〈대거(大車)〉 등에 이런 시구가 눈에 띈다. 이 작품들은 모두 하남성 황하 유역에 흩어져 있던 나라의 민요다.

〈격고〉는 전쟁에 나간 군인이 고향에 돌아갈 기약도 없는데 자신이 타고 출전했던 말도 죽어버리자 고향에 있는 연인을 그리워하면서 지은 작품이다. 이 작품의 4장을 보면 이렇다.

「죽음과 삶과 만남과 헤어짐을
함께하자고 그대와 언약했지.
그대의 손을 부여잡고
죽도록 함께 늙고자 했다네.
生死契闊
與子成說
執子之手
與子偕老」

〈군자해로〉는 분위기가 좀 다른데, 이 작품은 남편과 해로하지 못하는 음란한 부인을 풍자한 것이라 한다.

「낭군과 해로해야지
쪽 찌고 구슬 박은 비녀를 꽂고

얌전한 걸음걸이에
산처럼 무겁고 기품은 황하처럼 넓다.
왕후의 제복이 딱 어울리는데
그대의 정숙하지 못함은
어떻게 말해야 하는가?
君子偕老 副笄六珈
委委佗佗 如山如河
象服是宜 子之不淑
云如之何」

〈맹〉은 믿고 몸을 맡겼던 남편이 결혼을 한 뒤에는 난폭하게 대하고 첩을 끌어들이며 온갖 일로 괴롭힘을 당하는 아내가 우물가에서 동네 처녀들에게 들려주는 넋두리다. 이 시는 내용도 복잡하고 담겨 있는 정서 역시 비극적인 상황이 연출되고 있는데, 『시경』에 실린 작품 중 비교적 긴 서사시적인 형태를 보여준다. 마지막 6장을 읽어 보자.

「그대와 해로하려 했더니
늙어서 나로 하여금 원망하게 만드네.
기수에도 언덕이 있고
진펄에도 언덕이 있건만
처녀로 즐길 때에는
말마다 웃으며 부드러웠는데
믿음을 맹세할 땐 성실해서
이렇게 배반하리라 생각도 못 했네.
바뀌리라 생각도 못 했는데
이제는 모두 끝장이 났는가?
及爾偕老 老使我怨
淇則有岸 隰則有泮
總角之宴 言笑晏晏
信誓旦旦 不思其反
反是不思 亦已焉哉」

〈대거〉는 몹시 슬픈 전설이 남아 있는 작품이다. 옛날 초(楚)나라가 식(息)이라는 작은 나라를 점령했을 때의 일이다. 식나라 임금의 부인은 초나라 임금의 강권에 못 이겨 그의 부인이 되었다.

그러던 어느 날 초나라 임금이 외출한 틈을 타서 감옥에 갇힌 본남편에게 찾아가 절개를 꺾을 수 없음을 하소연하고는 남편의 만류도 뿌리치고 자살해 버렸다. 그러자 남편 역시 아내의 뒤를 따라 자결하고 말았다. 이 시의 마지막 3장은 이렇다.

「살아서는 딴 집이라 해도
죽어서는 같은 구덩이에 묻히리라.
나를 미덥지 못하다 하신다면
밝은 해를 두고 맹세하리라.
穀則異室
死則同穴
謂予不信
有如皦日」

앞에서 본 3편의 시에 나오는 해로와 마지막 시에 실린 동혈이 한데 묶여 성어 해로동혈이 나왔다.

【용례】 아내가 세상을 떠난 지도 벌써 일 주기가 돼가는군. 고생할 때 함께 "해로동혈"하자고 했는데, 아직까지 나는 살아 있으니, 더욱 아내에게 미안한 마음으로 가슴이 아프네.

해불양파 海不揚波

海 : 바다(해) 不 : 아닐(불)
揚 : 떨칠(양) 波 : 물결(파)

【뜻풀이】 태평성세(太平盛世). 바다에 잔 파도도 일지 않아 잔잔하다는 뜻으로, 옛 시절의 태평세월을 비유하는 말이다.

【출전】 『한시외전(韓詩外傳)』 권5에 다음과 같은 이야기가 실려 있다.

전하는 말에 따르면 상나라가 망하고 주나라가 세워졌을 무렵 정치가 밝고 천하엔 안온한 국면이 조성되었다고 한다.

『상서』 등 고서의 기록에 따르면 당시 멀리 월남 남부의 월상국(越裳國) 임금마저 주나라에 조공하고 글을 보냈다고 하는데, 그 글 중에 이런 구절이 나온다.

「내가 나라의 늙은이에게 명을 받으며 말하기를, "오래되었도다, 하늘에 거센 바람과 소낙비가 사라짐이여. 바다에서 파도가 넘쳐흐르지 않은 지 오늘에 삼 년이도다. 생각건대 중국에 아마도 성인이 나셨으니, 어찌 가서 조공하지 않겠는가."고 하였다.

(吾受命國之黃髮曰 久矣 天之不迅風疾雨也 海不波溢 三年於玆矣 意者中國殆有聖人盍往朝之)」

이렇게 해서 해불양파라는 성어가 나왔는데, 옛사람들은 바다가 잔잔한 것을 태평성세에 비유하면서 성인이 났다고 했다. 사해양파(四海揚波)로 난세를, 윤해횡류(淪海橫流)로 난세 또는 병란(兵亂)의 징조를 비유하였다.

【용례】 우리 역사상 가장 태평성세를 구가한 시대는 영·정조 때였을 거야. 실학(實學)의 기풍이 진작되고 대내외적으로 국가가 안정되어 "해불양파"했던 시기로 그때만한 때가 없었을 거라고 생각해.

해시신루 海市蜃樓

海 : 바다(해) **市** : 시장·저자(시)
蜃 : 큰조개(신) **樓** : 누대(루)

【뜻풀이】 신기루(蜃氣樓). 허무하고 맹랑한 것을 비유하는 말이다.

【출전】 신기루는, 광선이 일정하지 않은 밀도의 공기층을 거치면서 먼 곳의 경관이 공중과 지면 또는 바다 위에 나타나는 대기의 광학 현상인데, 흔히 바람 잔잔한 여름날 해상 또는 사막에서 많이 일어난다. 그런데 과학지식이 부족했던 옛사람들은 이런 현상을 옳게 해석할 수 없었던 만큼 신비롭게 보지 않을 수 없었다.

송나라 때 심괄(沈括, 1033~1097)은 그의 저서 『몽계필담(夢溪筆談)』에서 신기루 현상을 자세히 기록하였고 기타 많은 사람들도 이에 대해 언급하였지만 당시의 형편에서는 아무도 정확하게 해석할 수 없었다.

그러나 신기루 현상이 환영이라는 것을 알고 일찍부터 허무하고 맹랑한 것을 신기루에 비한 사람도 없지 않다.

예컨대 『수당유사(隋唐遺事)』의 기록에 따르면, 당나라 때 장창의(張昌儀)라는 사람이 조정의 권세만 믿고 함부로 세력을 부리자 벼슬에 눈이 어두운 자들은 일시 그에게 아부하느라고 사족을 못 썼지만 이담(李湛)이라는 사람은 장창의를 조소하며 "신기루 같도다. 어찌 오래 갈쏘냐?(此海市蜃樓耳 豈長久耶)"라며 코웃음을 쳤다고 한다.

【용례】 자네 어디서 무슨 "해시신루"를 봤길래 그렇게 호들갑인가? 흥분하지 말고 차근차근 얘길 해봐.

해어화 解語花

解 : 풀(해) **語** : 말씀(어) **花** : 꽃(화)

【뜻풀이】 말을 알아듣는 꽃. 미인을 비유하는 말로 쓰이는데, 때로는 화류계(花柳界)의

여인을 일컫는다.

【출전】 왕인유(王仁裕)가 쓴 『개원천보유사(開元天寶遺事)』에 다음과 같은 이야기가 있다.

「당나라 현종 가을 8일에 태액지에 흰 연꽃이 무성하게 피었다. 가지마다 만개한 꽃들로 가득 차자 현종은 여러 대신들과 함께 가서 꽃구경을 하게 되었다. 주위 사람들이 모두 연꽃을 보며 감탄하고 있는데, 한참 뒤에 현종이 양귀비를 가리키며 주위 사람들에게 말했다.

"내 말을 알아듣는 꽃과 비겨 다툴 만한가?"

(明皇秋八月 太液池有千葉白蓮 數枝盛開 帝與貴戚宴賞焉 左右皆歎羨 久之 帝指貴妃 謂於左右日 爭如我解語花)」

여기서 나온 말이 해어화인데, 이 말의 의미가 확장되어 창녀 또는 기생을 가리키게 되었다.

【용례】 이능화(李能和) 선생에게 『조선"해어화"사(朝鮮解語花史)』라는 책이 있는데 그 내용이 우리나라 기생들의 역사를 쓴 거라더군.

해옹호구 海翁好鷗

海 : 바다(해) 翁 : 늙은이(옹)
好 : 좋아할(호) 鷗 : 갈매기(구)

【뜻풀이】 바닷가에 사는 늙은이가 갈매기를 좋아한다는 뜻으로, 사람에게 흑심이 있으면 새도 그것을 알고 가까이하지 않는다는 의미다.

【출전】 『열자(列子) · 황제편(皇帝篇)』에 다음과 같은 이야기가 나온다.

바닷가에 사는 어떤 사람이 갈매기를 좋아했다. 그는 매일 아침 바닷가에 나가서 갈매기들과 어울려 놀았는데, 모여드는 갈매기가 2백 마리도 넘었다. 어느 날, 그 사람의 아버지가 말했다.

"갈매기들이 모두 너와 어울려 논다는 얘기를 들었다. 그 갈매기를 잡아오도록 하거라. 나도 갈매기들과 어울려 놀고 싶구나."

다음 날 아침, 아버지의 부탁을 들어주기 위해 그는 바닷가로 나갔다. 그런데 갈매기들은 그의 머리 위만 맴돌며 날 뿐 내려오지 않았다. 이 이야기를 소개한 뒤 열자(列子)는 이렇게 말한다.

"지극한 말이란 말을 떠나는 것이고, 지극한 행위란 작위(作爲)가 없는 것이다. 보통 지혜롭다는 사람들이 안다는 것은 대개 천박한 것이다."

열자는 노장 계열의 사상가였다. 이 이야기 속에도 인위(人爲)를 부정하고 자연을 좇는 노장의 무위자연(無爲自然) 사상이 담겨 있다. 도덕이 지극한 경지에 다다른 사람, 즉 지인(至人)은 무언무위(無言無爲, 말도 없고 작위도 없음)해야 한다는 것이다. 말이란 곧 의지인 것이고, 의지란 욕망이다. 때문에 말도 없고 마음을 먹지 않는다면 자연에 융화될 수 있다. 그런 무심무욕(無心無慾)의 깊이는 미물인 새도 알아 함께 어울리지만 일단 갈매기를 잡겠다는 욕망을 가지면 갈매기도 그를 멀리하게 되는 것이다.

【용례】 연습할 때는 잘 되던 일도 막상 마음 먹고 하려면 뜻대로 안 될 때가 많아. "해옹호구"하는 무심의 경지 속에서 기교도 나온다는 것을 알겠어.

해의추식 解衣推食

解 : 풀(해) 衣 : 옷(의)
推 : 밀(추) 食 : 먹을(식)

【뜻풀이】 옷도 벗어 주고 밥도 갈라 준다는 뜻이다. 남을 각별히 돌봐 주는 것을 일컫는 말이다.

【출전】『사기 · 회음후열전(淮陰侯列傳)』에 다음과 같은 이야기가 나온다.

초한(楚漢) 전쟁 때의 일이다. 한신(韓信)이 유방의 명령을 받아 제(齊)나라를 치자 제왕 전광(田廣)은 초패왕 항우(項羽)에게 구원을 요청하였다. 그래서 항우는 용저(龍沮)라는 장수를 보내어 제나라를 돕게 했지만 제·초 양군은 한신에 의해 여지없이 격파되고 용저는 전장에서 목숨까지 잃고 말았다.

이에 항우는 한신이 만만치 않음을 보고 무섭(武涉)이라는 사람을 보내 한신더러 유방을 버리고 독립해서 유방과 항우 그리고 한신 세 사람이 천하를 삼분하자고 권고했다. 그러나 한신은 무섭의 건의를 잠시 생각해 보더니 거절하며 말했다.

"나는 전에 초왕에게 중용되지 못하고 초왕 또한 나의 계책을 받아들이지 않았기에 부득이 한왕에게 기탁하게 된 것이오.

지금 한왕은 내게 상장군의 직위를 주고 수만의 군사를 갈라 주었으며 자기의 옷을 벗어 내게 주고 자기의 밥을 내게 갈라 주었소. 또 건의를 올리면 계책을 들어 주었기 때문에 내가 오늘 여기까지 이른 것이오.(…解衣衣我 推食食我 漢王授我上將軍印 予我數萬衆 言聽計用 故吾得以至於此)

그가 나를 이처럼 믿어 주고 존중해 주고 있을진대 내 어찌 그를 배반하리요. 나는 죽을 때까지 변심하지 않고 그를 받들겠소. 초왕에게 감사하다는 말이나 전해 주구려!"

뒤이어 괴통(蒯通)이라는 사람이 와서 한신에게 독립할 것을 권고하였지만 그는 이번에도 "(한왕은) 자기의 옷을 내게 입혀 주고 자기의 음식을 내게 물려주었다.(衣我以其衣 食我以其食)"고 하면서 역시 듣지 않았다.(➡ 거족경중擧足輕重 · 첩족선득捷足先得 · 천여불취 반수기구天與弗取 反受其咎 참조)

해의추식은 바로 한신의 이 말에서 나온 성어다.

【용례】 그 녀석, 천애고아(天涯孤兒)가 된 것을 "해의추식"하며 돌봐 줬더니, 나를 속이고 도망을 가? 이러니 세상에 믿을 놈이 누가 있겠어.

해인청문 駭人聽聞

駭 : 놀랄·놀래킬(해) **人** : 사람(인)
聽 : 들을(청) **聞** : 들을(문)

【뜻풀이】 놀라운 일 또는 놀라운 소문. 어떤 일 또는 언행이 너무 지나쳐 놀라울 지경인 것을 비유하는 말이다.

【출전】『수서 · 왕소전(王韶傳)』에 다음과 같은 이야기가 있다.

수나라 초기 왕소라는 사람이 있었는데, 그는 북제와 북주에서 벼슬하던 사람이었지만 두 나라가 망하자 수나라에 들어가 문제와 양제 휘하에서 계속 벼슬하여 저작랑(著作郎)으로 있었다.

왕소는 저작랑의 벼슬에 있는 몸으로, 국사의 편찬과 약간의 주석(注釋) 작업에 종사하기는 했지만 많은 시간을 허무맹랑(虛無孟浪)한 짓을 하는 데 허비했다.

예컨대 그는 참언을 빙자해서 황당한 동요를 퍼뜨려 수나라 강산이 만세태평(萬世太平)할 것이라는 둥 하면서 문제와 양제에게 아부하였으며, 황후가 죽었을 때도 황후는 본래 묘선보살(妙善菩薩)이었는데 죽은 것이 아니라 환원했다고 하면서 아양을 떨었다. 그래서 저작랑이라는 벼슬을 20년간이나 하게 되었다.

그러나 뒷날 사람들은 그의 사람됨에 대해 평가했는데, 그의 비열한 행위를 가리켜 "때로 그의 문장은 비루하고 천박했으며, 때로 상궤를 벗어나서 사람들의 귀와 눈을 놀라게 했다.(或文詞鄙野 或不軌不物 駭人視聽)"고 표현했다.

지금은 해인시청(駭人視聽)을 보통 해인청문 또는 용인청문(聳人聽聞)이라고 한다.

【용례】 설마설마 했는데 자식이 부모를 죽이고 강도가 한 짓인 양 꾸몄다니, 도대체 이런 "해인청문"할 이야기는 내 생전에 듣도 보도 못한 일이야.

해중방사멱삼산 海中方士覓三山

海 : 바다(해) **中** : 가운데(중)
方 : 모·방위(방) **士** : 선비(사)
覓 : 찾을(멱) **三** : 석(삼) **山** : 메(산)

【뜻풀이】 바다 속 방사가 삼산을 찾는다. 필요 없는, 즉 쓸데없는 짓을 이르는 말이다.

【출전】 소식(蘇軾, 1037~1101)의 〈여산(驪山)〉이란 시에 나오는 구절이다.

「바닷속 방사가 삼산을 찾는데
만고에 가 돌아오지 않음을 알겠다.
지척에 있는 진릉이 바로 상감인데
아침에 어찌 괴롭게 오를 필요가 있겠는가.
海中方士覓三山
萬古明知去不還
咫尺秦陵是商鑑
朝元何必苦躋攀」

방사는 신선이 되는 술법을 연마하는 사람으로 도사(道士)를 말한다. 삼산은 옛날부터 전해 오는 봉래산(蓬萊山)·방장산(方丈山)·영주산(瀛州山) 세 군데 신령한 산을 말한다. 삼신산(三神山)이라고도 하는데, 이곳에 신선이 살고 있기 때문에 그렇게 부른다.

진릉은 진나라의 능으로 진시황(秦始皇)의 무덤을 말한다. 진시황은 자기의 무덤을 여산 근처에 만들었다고 한다.

상감은 상감불원(商鑑不遠)이라 해서 나라가 망한 까닭은 멀리서 구하지 않더라도 바로 가까운 곳에 있다는 말이다.

상은 은(殷)나라를 말하는데, 때문에 이를 은감불원(殷鑑不遠)(➡ 참조)이라고도 한다.

신선이 되기 위해 전설상의 삼신산을 찾는 방사가 있다. 그러나 그곳으로 동자를 보내 불사약을 구하려고 했다는 진시황도 결국은 죽고 말았다.

이렇게 바로 눈앞에 그 어리석음을 알 수 있는 예가 있는데 고생하며 산에 오를 필요가 무엇이냐는 반문이다.

【용례】 무병장수하겠다고 보약이다 노루피다 먹어대는데 모두 "해중방사멱삼산"이야. 착한 일 하고 즐겁게 살면 절로 건강해질 텐데 저 무슨 추태란 말이냐.

해현경장 解弦更張

解 : 풀(해) **弦** : 시위·초승달(현)
更 : 바꿀(경) **張** : 펼칠(장)

【뜻풀이】 "거문고(琴)의 줄(弦)을 바꿔 맨다."

는 뜻으로, 정치적 개혁을 일컫는 말이다. 그래서 정치적 대개혁이 단행되는 것을 '경장'이라 하는데, 우리나라에서도 1894년(고종 31년)에 단행된 개혁 정치를 갑오경장(甲午更張)이라 부른다.

【출전】『한서·동중서전(董仲舒傳)』에 보면 어느 날 한무제가 동중서에게 국사에 대해 물었는데 그는 다음과 같이 대답했다.

「한(漢)나라가 진(秦)나라의 뒤를 이어 세워졌으니… 진의 낡은 제도는 적용되지 않습니다. …거문고 줄이 낡아서 소리 조절이 안 되면 벗겨내고 다른 새 줄로 메워야 합니다. 정치 제도도 마찬가지로 행하지 못할 것은 개혁해야 될 것인즉, 바꿔야 할 줄을 바꾸지 않고서는 아무리 훌륭한 악공이라 해도 청아한 소리를 튕겨낼 수 없고 개혁할 것을 개혁하지 않고서는 아무리 현명한 정치가라도 훌륭하게 다스릴 수 없을 것입니다.

(今漢繼秦之後…雖欲善治之 無可奈何…竊譬之琴瑟不調甚者 必解而更張之 乃可鼓也 爲政而不行甚者 必變而更化之 乃可理也 當更張而不更張 雖有良工不能善調也 當更化而不更化 雖有大賢不能善治也.)」

해현경장은 바로 동중서의 말에서 나온 성어인데『송서·악지(樂志)』에서는 개현경장(改弦更張)이라 하였고,『삼국지·오지(吳志)·손휴전(孫休傳)』에서는 개현역장(改弦易張)이라고도 하였다. 그리고 개현역조(改弦易調)·개현역철(改弦易轍)이라고 하는 사람들도 있는데 그 뜻은 다 같다.

【용례】 처음 국회의원이 될 때에는 "해현경장"의 정신에 투철하겠다는 신념이 있었는지 모르겠어. 하지만 지금 하는 행태를 보면 모든 게 용두사미(龍頭蛇尾)로 끝나고 항해일기(沆瀣一氣)한 짓만 난무하고 있어.

행림춘만 杏林春滿

杏 : 살구나무(행) 林 : 수풀(림)
春 : 봄(춘) 滿 : 찰(만)

【뜻풀이】 의술이 아주 빼어난 것을 비유하는 말이다.

【출전】 진(晉)나라의 학자 갈홍(葛洪)이 지은『신선전(神仙傳)·동봉편(董奉篇)』에 다음과 같은 이야기가 나온다.

삼국시대 오(吳)나라에 동봉이라는 명의(名醫)가 살았다. 의술이 뛰어난 것으로 명망이 높았던 그의 집은 항상 진찰받으러 온 사람들로 만원을 이루고 있었다.

그런데 그는 여느 의사들과는 달리 환자들에게 치료비를 받지 않았다. 대신 병의 치료가 끝났으면 살구나무 몇 그루를 심게 하였다. 병이 위중했던 사람은 다섯 그루를 심었고, 증세가 가벼웠던 사람은 한 그루를 심게 하였다. 그렇게 몇 년이 지나자 그의 집 주변에는 수십만 그루의 살구나무로 가득 차게 되었다. 사람들은 그 살구나무 숲을 동선행림(董仙杏林)이라 부르며 동봉의 인술(仁術)을 기렸다.

살구가 익자 사람들이 살구를 사러 왔는데, 동봉은 쌀 한 바가지와 한 바가지의 살구를 맞바꾸었다. 그런데 때로 쌀은 반 바가지만 놓고 살구는 한 바가지를 가져가는 사람들도 있었다. 그러면 어김없이 호랑이가 나타나서 이들을 물어뜯었다. 때문에 아무도 양심을 속이지 못했다. 이렇게 하여 모여진 쌀로 동봉은 가난한 이들을 구제하였다. 이렇게 세상에서 의로운 활동을 하던 그는 어느 날 신선이 되어 승천했다고 한다.

성어 행림춘만은 의술이 뛰어난 것만 뜻하는 것이 아니고 어진 마음으로 인술을 베푸는 정신까지 담은 성어인 것이다.

【용례】 돈벌이에만 눈먼 의사들은 돈을 보고 치료하지 환자를 보고 치료하지 않는다고 하더군. "행림춘만"하면서 인술을 펼치던 참된 의사는 이젠 박물관에서나 찾아야 할까 봐.

행백리자 반어구십 行百里者 半於九十

行 : 갈(행) 百 : 일백(백) 里 : 마을(리)
者 : 놈(자) 半 : 반(반) 於 : 어조사(어)
九 : 아홉(구) 十 : 열(십)

【뜻풀이】 백 리 길을 가는 사람에게는 구십 리를 가야 반쯤 간 것이다. 우리 속담 "시작이 반이다."와는 정반대의 뜻을 가진 성어다.

아무리 기초가 잘 다져져 있고 출발이 좋다고 해도 일이 제 궤도에 오르기 위해서 상당한 시간과 인내가 필요하다는 말이다. 방심하지 않고 차근차근 정도를 밟아가는 미덕의 중요성을 말하고 있다.

【출전】 『전국책 · 진책(秦策)』에 다음과 같은 이야기가 있다.

어떤 사람이 진무왕(秦武王)에게 와서 이런 충고를 했다.

"진나라는 지금 천하의 어느 나라보다 강하고 부유합니다. 다만 이런 치세에 폐하께서 자칫 이웃 여러 나라를 깔보지 않을까 염려됩니다. 신은 '왕자의 군대는 싸워 승리해도 교만하지 않고 패자는 궁지에 몰려도 화내지 않는다.'고 알고 있습니다. 이 시점에서 폐하가 좀더 분발한다면 대업을 이루실 것이지만, 방심하고 자만에 빠진다면 저들에게 망신을 당하지 않을까 걱정도 됩니다. 『시(詩)』(『시경』)에서 말하기를 '백 리를 가는 사람은 구십 리를 반으로 한다.'고 했는데, 이는 마무리하는 일이 어려운 것을 비유한 것입니다.(行百里者 半於九十 此言末路之難) 부디 굽어 살피시기 바랍니다."

그러나 지금 전하고 있는 『시경』에는 이 구절이 보이지 않는다.

【용례】 이번 중간고사에서 좋은 성적을 거뒀다니 축하한다. 하지만 "행백리자는 반어구십"이란 말도 있듯이 너무 자만해서는 안 된다. 네가 바라는 대학에 입학하려면 아직 많은 노력이 필요할 거야.

행불유경 行不由徑

行 : 갈(행) 不 : 아닐(불)
由 : 말미암을(유) 徑 : 지름길(경)

【뜻풀이】 길을 갈 때는 지름길을 택하지 않는다. 일을 할 때 정도를 걷지 않고 편법을 쓰면 당장은 빠르고 이로운 것 같지만 결국 그것이 화근이 되어 큰 낭패를 볼 수 있다는 말이다.

【출전】 『논어 · 옹야편(雍也篇)』에 다음과 같은 말이 있다.

「공자의 제자인 자유가 무성의 책임자가 되었다.

공자가 물었다.

"너는 적당한 사람을 얻었느냐?"

자유가 대답했다.

"예, 담대멸명이란 사람이 있습니다. 그는 길을 다닐 적에 지름길을 택하지 않으며 공무가 아니면 제 방에 온 적이 없었습니다."
(子游爲武城宰 子曰 女得人焉爾乎 曰 有澹臺滅明者 行不由徑 非公事 未嘗至於偃之室也)」

담대멸명(澹臺滅明)은 노(魯)나라 무성(武城) 사람으로 자는 자우(子羽)다. 무성은 노나라에 있는 고을 이름이다. 그는 워낙 공명정대(公明正大)한 사람이어서 공자도 그를 제자로 삼아 가르칠 정도였다.

눈앞의 이익을 위해 신의를 헌신짝처럼 버리고 자신의 이익을 위해 공금이나 세금조차도 착복하는 오늘날의 세태를 볼 때 참으로 필요한 인물이라고 하겠다.

【용례】 월급을 더 준다고 10년을 넘게 다닌 회사를 등지고 경쟁 회사에 스카우트되는 것은 좀 문제가 있는 것 같다. 그 회사에서 너를 어떻게 생각하겠니? "행불유경"이라고 편법에 익숙한 사람은 자가당착(自家撞著)하는 수도 있으니 숙고해 봐라.

행재낙화 幸災樂禍

幸 : 행운(행) 災 : 재앙(재)
樂 : 즐거울(락) 禍 : 재앙(화)

【뜻풀이】 남의 재난이나 불행을 다행스럽게 여기고 좋아하다. 남이 잘못된 것을 보고 도리어 속시원해하는 이기적인 태도를 비유하는 말이다.

【출전】 행재와 낙화는 뜻은 같으면서도 출처는 각기 다르다.

우선 '행재'를 보면 『좌전·희공(僖公) 13년』조에 다음과 같은 이야기가 있다.

희공 13년 진(晉)나라는 큰 흉년을 만나 진(秦)나라로부터 식량을 사들여 어려움을 면한 일이 있었다. 그런데 그 이듬해인 희공 14년에는 진(秦)나라에서 큰 흉년을 만나 진(晉)나라로부터 식량을 사들이려고 했다.

그러나 진(晉)나라에서는 전날의 은혜를 잊고 식량을 팔지 않겠다는 것이었다. 이때 경정(慶鄭)이라는 대부만이 지난해 진(秦)에서 도와주던 일을 회고하면서 식량을 팔자고 주장했다.

그는 "베풂에 등 돌린다면 친함이 없는 것이고, 남이 재앙을 입은 것을 보고 좋아하는 것은 어질지 못한 짓(背施無親 幸災不仁)"이라고 말했다. 행재라는 말은 여기서 나왔다.
(☞ 모피지부毛皮之附 · 피지부존 모장언부皮之不存 毛將焉附 참조)

'낙화'에 대해서는 다음과 같은 이야기가 있다.

『좌전·장공(莊公) 20년』조에 보면 주나라 장왕〔莊王, 희타(姬佗)〕이 세상을 떠난 뒤 그의 아들 희왕〔釐王, 희호제(姬胡齊)〕이 왕위를 계승하고 희왕이 세상을 떠난 뒤에는 또 혜왕〔惠王, 희낭(姬閬)〕이 왕위를 계승했는데 이때 일부 대부들은 반란을 일으켜 장왕의 애첩이 낳은 작은아들 자퇴(子頹)를 내세웠다.

어리석은 자퇴는 이 일이 본래 화인 줄은 모르고 도리어 복으로 여겨 매일 주색과 가무에 도취되어 있었다. 이에 사람들은 "지금 왕자 퇴는 가무에 취해 지칠 줄 모르면서 화를 낙으로 삼고 있다.(今王子頹歌舞不倦 樂禍也)"고 말했다.

그리고 삼국시대에 진림(陳琳)이 조조(曹操)를 토벌하기 위해 원소(袁紹)에게 써 준 격문에도 행재낙화가 나오고 있다. 행재낙화는 이와 같이 두 개의 단어가 합쳐져 나온 성어다.

【용례】 남 안 되면 좋아하던 놀부 같은 심술을 부리더니 결국 자네도 날벼락을 맞는군. "행재낙화"할 때야 좋았겠지만, 그래 지금 기분이 어떤가?

향벽허구 向壁虛構

向 : 향할(향) 壁 : 벽(벽)
虛 : 빌(허) 構 : 짤 · 지을(구)

【뜻풀이】 터무니없이 날조하다.

【출전】『서경』 또는 약칭해서 『서(書)』라고도 하는 『상서(尙書)』는 중국에서 가장 오랜 역사서로, 이 책에는 춘추시대 이전 당(唐) · 우(虞) · 하(夏) · 상(商)과 주무왕(周武王) 시대의 중요한 역사가 서술되어 있다.

그러나 한나라 때 이르러 『상서』는 벌써 자취를 감추고 말았다. 당시 사람들은 진시황이 서적들을 불태워 버릴 때 소실된 것이라고 말하기도 했다. (▶ 분서갱유焚書坑儒 참조)

그런데 공교롭게도 일찍이 진나라 때 박사 벼슬에 있던 복생(伏生)이 그때까지 살아 『상서』 100여 편 중 29편을 보존하고 있었다.

그러나 이 29편 역시 대쪽에 쓴 고문이어서 사람들은 알아볼 수가 없었고 또 그때 이미 90여 세 된 복생이 읽어 주는 산동(山東) 방언도 알아들을 수가 없어 한문제가 파견한 조착(鼂錯, 기원전 200~기원전 154)은 복생의 딸의 도움을 받아 한 자 한 자 간신히 받아적어 당시의 유일한 『상서』 판본인 『금문상서(今文尙書)』를 편집했다.

그 후 한경제 대에 이르러서는 산동 곡부(曲阜)에 있는 공자의 집 담벽에서 『금문상서』보다 16편 더 많은 『상서』가 발견되었는데 이를 공자의 후손인 공안국(孔安國)이 정리하여 『고문상서(古文尙書)』라고 불렀다.

그런데 얼마 후 이 『고문상서』는 한 차례의 궁중 정변으로 인해 소실되고 말았다. 그러다가 후한과 동진 때 이르러 공안국의 판본이라고 하는 『고문상서』가 다시 나오기 시작했는데 전에 없는 편목들이 많이 새롭게 발견되었다. 그래서 오늘 우리들이 볼 수 있는 『상서』는 45편이 아니라 58편으로 되어 있다.

이와 같이 『상서』에 대해서는 옛적부터 논쟁이 많았고, 날조한 『상서』도 적지 않아서, 공안국의 판본까지도 날조라고 하는 사람마저 있었다. 이를테면 청나라의 학자 염약거(閻若璩, 1636~1704)는 그의 저서 〈설문해자서(說文解字序)〉에서 공안국의 판본으로 되어 있는 『상서』를 가리켜 "터무니없이 날조해 낸 알고도 모를 책(向壁虛造 不可知書)"이라고 하였으며, 역시 청나라 학자인 단옥재(段玉裁, 1735~1815)도 그것을 가리켜 "공자 강의실의 담벽을 마주하고 앉아 터무니없이 날조해 낸 것"이라고 하였다.

향벽허구는 이렇게 나온 성어로, 향벽허조(向壁虛造)라고도 한다.

【용례】 중앙 일간지의 기자가 그런 터무니없는 날조 기사를 쓰다니. "향벽허구"는 과거 군사 정권 때나 있었던 줄 알았는데, 아직도 그런 고약한 악습이 남아 있었단 말인가.

허실상배 虛實相配

虛 : 빌(허) 實 : 열매 · 충실할(실)
相 : 서로(상) 配 : 짝지을(배)

【뜻풀이】 허와 실이 서로 조화를 이루다. 옛

날에 시를 짓는 데에 중요한 관건이 되었던 원리 중 하나다. 즉, 허구와 실제가 적절하게 균형을 이뤄야 좋은 작품이 된다는 이론이다.

【출전】 물론 이때 말하는 허와 실이라는 용어는 반드시 허구와 실제라는 이분법적인 분류로만 설명되지는 않는다. 즉, 양자는 등가의 가치를 지니지만 구체적인 상황에 따라 대비가 확인되는 특성을 지닌다고 보아야 옳을 것이다. 달리 말하면 문학 작품 내에서 허와 실이 실현되는 조건은 미리 정해져 있지 않으며, 선험적으로 그 같은 규범이 존재하는 것은 아니라는 말이다.

이백(李白, 701~762)의 〈횡강사(橫江詞) 6수(六首)〉 중 제6수를 보자.

「달무리진 하늘 바람 불어도 안개 걷히지 않으니
바다 고래가 동쪽에서 찡그리면 뭇 강이 소용돌이.
놀란 파도 한 번 일면 삼산이 요동하니
그대여 강 건너지 말고 어서 돌아오소서.
月暈天風霧不開
海鯨東蹙百川廻
驚波一起三山動
公無渡河歸來去」

횡강은 안휘성 동남쪽 양자강 북쪽에 있는 강이다. 특히 남쪽 강가에는 채석기(采石磯)가 있어 당나라 때는 나루터가 있던 곳이다. 여기서 삼산은 삼신산(三神山)을 말한다.

우선 기구(起句)와 승구(承句)가 허실상배다. 안개가 끼어 걷히지 않으니 사방에는 아무것도 보이지 않는다. 이런 점에서 허라고 할 수 있고, 뭇 강이 소용돌이치는 모습은 눈으로 확연하게 확인할 수 있다. 또 이런 점에서 실이라고 할 수 있는 것이다. 즉, 기구와 승구는 시각적인 의미에서 허실상배를 실현했다고 말할 수 있다.

다음 전구(轉句)와 결구(結句)도 허실상배라고 할 수 있다. 파도가 일어 산마저 들썩일 정도가 되었다는 진술의 속마음은 강을 건너지 말고 자기에게로 돌아오라는 기원을 드러내기 위한 장치다. 따라서 전구에는 작자의 본래 의도가 감추어져 있는 반면에 결구에는 그 마음이 직설적으로 표현되었다는 점에서 역시 심리적인 의미에서 허실상배가 실현되었다고 말할 수 있다.

【용례】 글을 쓸 때는 자신이 말하고자 하는 의도를 늦춰 둔 뒤 먼저 분위기를 고조시키는 방법도 필요해. 마찬가지로 말을 할 때도 네가 말하고자 하는 요점이 정확하게 대비될 수 있도록 "허실상배"하는 기교가 필요한 것이지.

헌폭지침 獻曝之忱

獻 : 바칠(헌) 曝 : 빛쬘(폭)
之 : 어조사(지) 忱 : 정성(침)

【뜻풀이】 햇빛을 선물로 바치는 정성. 남에게 선물을 줄 때 겸손하게 쓰는 표현이다.

【출전】 『열자·양주편(楊朱篇)』에 다음과 같은 이야기가 있다.

춘추시대 송나라에 농사를 짓는 늙은이가 있었는데, 그는 평생 동안 검소한 생활을 해서 대나무로 울타리를 엮은 초가집에서 낡은 베옷만 입고 살았다.

그는 큰 도시의 고대광실(高臺廣室)과 부유한 사람들이 입는 비단과 짐승의 털로 만든 고급 갖옷을 볼 기회조차 없었다. 그는 겨울이 와서 날씨가 쌀쌀해지기 시작하면 몇 벌 들어 있지 않은 옷 광주리를 뒤져 누덕누덕 기운

옷을 더 껴입고 찬바람을 막을 뿐이었다. 또 화로도 없는데다 땔감은 값이 비싸 지필 엄두도 못 내는 형편이라 그저 날이 밝아 따스한 햇볕이 대지 위로 내리쬘 때가 되면 양지에 벽을 기대고 햇빛맞이를 하는 것이었다. 이렇게 지내는 것이 그에게는 아주 편안하고 기분이 유쾌하며 겨울의 매서운 추위를 막아내는 비결이었다.

오랜 세월을 이렇게 지내오면서 그것이 겨울나기의 가장 좋은 방법이라는 것을 깨달았다. 그래서 어느 날 그가 아내에게 말했다.

"햇볕을 쬐면서 몸을 따뜻하게 하는 이 방법의 오묘함을 다른 사람들은 아직 모를 거야. 나는 이 따사로운 햇볕을 등에 지고 가서 우리 임금님께 바쳐야겠어."

공교롭게도 어떤 사람이 그 말을 듣고 그에게 말했다.

"옛날에 미나리와 부평초를 먹기 좋아하던 사람이 생각하기를, 자기는 천하의 진미를 맛보았다고 마을의 다른 사람들에게 추천을 했습니다. 그 말을 들은 사람이 그것을 먹어 보고는 비록 그것이 약간 독특한 풍미는 있지만 먹고 난 뒤에 속이 영 개운치 않았답니다. 그래서 그 사람은 자기에게 그것을 먹으라고 권한 사람을 원망했다는데, 당신이 바로 그 사람과 마찬가지입니다.(昔者宋國有田夫 常衣縕黂 僅以過冬 暨春東作 自曝於日 不知天下之有廣廈隩室 緜纊狐貉 顧謂其妻曰 負日之暄 人莫知者 以獻吾君 將有重賞 里之富室告之曰 昔人有美戎菽 甘莖芹萍子者 對鄕豪稱之 鄕豪取而嘗之 蜇於口 慘於腹 衆哂而怨之 其人大慚 子此類也)"

흔히 세상에서 높게 치는 물질적 가치의 기준을 모르는 촌로의 어리석음보다 그의 때묻지 않은 순수한 마음을 부각시킨 이야기다.

이 성어는 남에게 선물을 줄 때 우매한 촌로가 주는 선물처럼 보잘것없다는 겸양의 의미로도 사용한다.

【용례】 자네 내가 어려운 것을 걱정해서 주는 줄 알지만, 나로서는 사양할 수밖에 없네. 하지만 자네의 그 고마운 "헌폭지침"은 내 마음에 깊이 새겨 두겠네.

현거 懸車

懸 : 매달(현) **車** : 수레(거)

【뜻풀이】 수레를 거꾸로 매달다. 늙어서 벼슬을 그만두고 물러나는 일을 말한다.

【출전】 『한서(漢書) · 설광덕전(薛廣德傳)』에 다음과 같은 이야기가 나온다.

전한 시대에 설광덕이라는 사람이 살았다. 그는 여러 황제를 섬기면서 훌륭한 정치를 했지만, 나이가 들자 기력이 딸려 승상 정국(定國), 거기장군(車騎將軍) 사고(史高)와 함께 천자 원제(元帝)에게 나아가, 이제 나이가 너무 많아 쓸모가 없으니 그만두게 해 달라며 사직서를 냈다.

원제는 원로대신들과의 이별이 안타까웠지만 이를 허락했다. 그리고 그동안의 노고를 치하하면서 세 사람에게 각각 안거(安車)와 사마(駟馬), 그리고 황금 60근을 하사했다. 그리하여 설광덕은 벼슬을 그만두고 고향인 패(沛) 땅으로 돌아왔다.

패 땅에 닿아 보니 고을의 장관이 몸소 마중을 나와 있었고, 고향 사람들도 고장의 영광이라 하며 열렬히 환영했다. 설광덕은 천자로부터 하사받은 안거를 그의 집 앞에 걸어 놓고 길이 자손에게 전하도록 했다.

여기서 현거(懸車)라는 말이 나왔는데, 늙어서 관직을 그만두는 것을 비유하는 말이다. 안거는 노인이나 아녀자들이 타는 수레다. 옛날 수레는 모두 서서 탔는데, 앉아서 타는 수레는 편안하다 하여 안거라고 했다.

【용례】 40년을 공직 생활을 하면서 청렴과 성실을 생명인 양 삼아 그분은 직무에 임하셨지. 청백리(淸白吏)라곤 눈을 씻고 찾아봐도 없는 현실에서 그런 분에게는 나라에서 "현거"할 수 있는 포상을 내려야 마땅할 거야.

현두각 見頭角

見 : 볼(견)/드러날(현)
頭 : 머리(두) **角** : 뿔(각)

【뜻풀이】 두각을 드러내다. 젊은 사람이 남보다 뛰어난 재질을 드러내 주목을 받을 때 쓰는 말이다.

【출전】 한유(韓愈, 768~824)의 〈유자후묘지명(柳子厚墓誌銘)〉에 나오는 구절이다.

한유와 유종원(柳宗元, 773~819)은 다섯 살 터울이었지만 서로 깊은 이해를 가지고 교유하였다. 특히 함께 고문(古文)을 부흥시키기 위해 힘쓴 자취는 후세 문학사 전개에 크나큰 역할을 하였다.

유종원은 젊어서부터 필명을 드날렸지만 생의 후반부에 접어들면서 지방으로 좌천되는 등 불운을 겪다가 결국 47살의 나이로 유주(柳州)에서 세상을 떠나고 말았다. 역시 타향을 떠돌다가 유종원의 부음을 접한 한유는 곧 이 글을 써서 그의 명복을 빌었던 것이다.

이 성어는 유종원의 생애를 조망하는 부분 중 전반부에 나온다.

「유자후는 어릴 때부터 학문이 정치롭고 행동이 민첩해서 통해 이르지 않은 곳이 없었다. 그의 아버지가 살아 있을 때에도 비록 소년이었기는 하지만 벌써 저절로 성인의 위치에 올라 진사 시험에 급제해서 우뚝하게 두각을 드러냈다. 사람들이 말하기를 유씨 집안에 자식다운 자식이 있다고 했다. 그 뒤 폭넓은 학문과 뛰어난 문장으로 집현전 정자에 제수되었다.

(子厚少精敏 無不通達 逮其父時 雖少年已自成人 能取進士第 嶄然見頭角 衆謂 柳氏有子矣 其後以博學宏詞 授集賢殿正字)」

【용례】 어리다고 그 친구 얕잡아 봤더니 그새 이렇게 "현두각"할 정도로 자랐단 말인가. 후생가외(後生可畏)란 말을 정말 실감하겠어.

현량자고 懸梁刺股

懸 : 매달(현) **梁** : 대들보(량)
刺 : 찌를(자) **股** : 정강이(고)

【뜻풀이】 대들보에 머리털을 묶고 정강이를 찌르다. 열심히 공부하는 것을 비유하는 말로, 현량과 자고라는 두 이야기에서 나온 것이다.

【출전】 우선 '현량'은 『초국선현전(楚國先賢傳)』에 나온다.

한나라 때 손경(孫敬)이라는 사람이 있었는데 그는 어찌나 독서에 열중했던지 폐호선생(閉戶先生)이라는 별호까지 얻을 정도로 집에 틀어박혀서 책만 읽었다.

그는 독서를 하다가 피곤해서 혹시 졸기라도 하면 몹시 화를 냈는데, 졸음을 방지하기 위해 대들보에 노끈을 매 놓은 다음 그 한끝에는 머리털을 묶어 놓고 책을 읽었다. 바로 이것이 현두독서(懸頭讀書), 즉 현량의 이야기다.

'자고'는 전국시대 소진(蘇秦)의 이야기에서 나왔는데, 『전국책·진책(秦策)』에 실려 있다. 그는 독서를 하다가 졸음이 오면 송곳으로 허벅다리를 찔렀다. 이것이 바로 인추자고(引錐刺股)(➡ 전거후공前倨後恭 참조)라는 이야기다.

이와 같이 현량자고는 두 개의 이야기가 합쳐져서 만들어진 성어다.

【용례】 "현량자고"하면서 쉼 없이 공부하는 것도 좋지만 그러다가 건강이라도 해치면 어쩌려고 그러니. 좀 쉬어가면서 해라.

현양두매구육 懸羊頭賣狗肉

懸 : 매달(현) **羊** : 양(양)
頭 : 머리(두) **賣** : 팔(매)
狗 : 개(구) **肉** : 고기(육)

【뜻풀이】 양 머리를 걸어 놓고 개고기를 팔다. 겉으로는 그럴듯한 물건을 전시하고서 실제로는 형편없는 물건을 파는 사기 행위를 말한다. 줄여서 양두구육(羊頭狗肉)이라고 한다.

【출전】 이 성어의 원래 형태는 『후한서·광무기(光武紀)』에 나와 있다.

"양 머리를 걸어 놓고 말 포를 팔고, 도척이 공자의 말을 지껄인다.(懸羊頭賣馬脯 盜跖孔子語)"

뜻으로 본다면 별 차이는 없다.

『안자춘추(晏子春秋)·영공호부인편(靈公好婦人篇)』에 다음과 같은 이야기가 있다.

제영공(齊靈公)은 남장한 미인을 좋아해서 궁궐의 시녀들에게 전부 남장을 하고 시중을 들게 하였다. 그러자 이 풍습이 삽시간에 번져 제나라 거리는 온통 남장한 여자들로 들끓게 되었다.

사태가 심상치 않게 돌아가자 영공은 즉시 법령을 내려 이런 복장을 금하게 했다. 그렇지만 궁중에서는 여전히 시녀들을 남장시켜 활동하게 하였다. 당연히 저잣거리의 유행이 그칠 리 없었는데, 까닭을 알 리 없는 영공은 화를 내며 안자에게 물었다.

"왜 저잣거리의 못된 유행이 그치지 않는 거요?"

안자가 대답했다.

"폐하, 궁중에서는 그대로 남장을 하게 하고 궁궐 밖에서는 못 하게 금하면 누가 그것을 따르겠습니까? 이것은 마치 소 머리를 문에 걸어 놓고 말고기를 파는 것이나 다름없습니다.(君使服之於內 而禁之於外 猶懸牛首於門 而賣馬肉於內也)"

【용례】 정식 사원을 뽑는다면서 고작 시키는 일이 학습지 판매라니, "현양두매구육"이라지만 이렇게 사람을 속일 수가 있는 거야.

혈구지도 絜矩之道

絜 : 헤아릴(혈)/깨끗할(결)
矩 : 곱자·네모(구)
之 : 어조사(지) **道** : 길(도)

【뜻풀이】 곡척(曲尺, 곱자, 기역자)을 재는 방법. 자신의 마음을 척도로 해서 남의 마음을 추측하기 때문에 어떠한 경우에도 헤아리는 것이 분명하다는 뜻이다. 먼저 내 마음을

살펴 이를 미루어 남의 마음을 헤아린다면 결코 그릇된 일을 저지르지 않을 것이다.

【출전】『대학』의 마지막 장인 〈평천하장(平天下章)〉은 다음과 같은 말로 시작하고 있다.

「이른바 천하를 고르게 하면 나라를 잘 다스린다. 윗사람이 노인을 노인으로 대우하면 백성들 사이에서 효가 일어날 것이고, 윗사람이 어른을 어른으로 대접하면 백성들 사이에서 공경함이 일어나며, 윗사람이 고아들을 돌보면 백성들이 배반하지 않는다. 이런 까닭으로 군자에게는 곡척을 재는 방법이 있다. 위에서 싫어하는 것으로 아랫사람을 부리지 말 것이고, 아랫사람들이 싫어하는 것으로 윗사람을 섬기게 하지 말 것이다. 앞에서 싫어하는 일로 뒤를 앞세우지 말 것이며, 뒤에서 싫어하는 일로 앞을 좇도록 하지 말 것이다. 오른쪽에서 싫어하는 일로 왼쪽과 교제하지 말 것이고, 왼쪽이 싫어하는 일로 오른쪽과 교제하지 말 것이다. 이것을 일러 곡척을 재는 방법이라고 한다.

(所謂平天下在治國者 上老老而民興孝 上長長而民興弟 上恤孤而民不倍 是以君子有絜矩之道也 所惡於上 毋以使下 所惡於下 毋以事上 所惡於前 毋以先後 所惡於後 毋以從前 所惡於右 毋以交於左 所惡於左 毋以交於右 此之謂絜矩之道)」

이렇게 남이 하기 어렵고 힘들어하는 일을 먼저 실천함으로써 남을 분발시키는 정치야말로 가장 이상적인 통치 방법일 것이다.

법령으로 억누르거나 강제적인 힘으로 이끈다면 당장은 따를지 모르지만 어떤 방식으로든 법망을 빠져나갈 궁리를 하는 것이 인지상정(人之常情)이다. 그러므로 먼저 실천하기는 누구에게나 힘든 일이지만 그런 일을 해낼 때 진실로 남을 다스릴 자격을 갖춘 사람으로 떳떳하게 서게 되는 것이다.

『논어 · 위령공편(衛靈公篇)』에 나오는 "내가 하기 싫은 일은 남에게도 베풀지 마라.(己所不欲 勿施於人)" 하는 성어도 이런 충서(忠恕)의 정신이 반영된 경우라고 할 수 있다.

【용례】 수출 물량을 확보하기 위해서는 밤샘 작업이 불가피합니다. 그러나 요즘 이런 일을 달가워할 직원은 아무도 없습니다. 그러니 임원 여러분들이 솔선수범(率先垂範)하는 것이 "혈구지도"가 아닐까 생각됩니다.

혈류표저 血流漂杵

血 : 피(혈) 流 : 흐를(류)
漂 : 떠돌(표) 杵 : 쇠공이(저)

【뜻풀이】 피바다 위에 방앗공이가 떠다닌다는 뜻으로, 참혹한 전쟁 또는 참혹한 대학살을 비유하는 말이다. 혈류성하(血流成河) · 혈류성거(血流成渠)와 뜻이 같다.

【출전】『서경(書經) · 무성편(武成篇)』의 기록에 따르면, 주나라 무왕이 주(紂)를 토벌했을 때(☞ 애옥급오愛屋及烏 · 귀마방우歸馬放牛 참조) 싸움이 매우 치열하게 전개되었다.

특히 은나라의 도읍지 조가(朝歌) 이남 30리 지점인 목야(牧野) 지방에서의 싸움은 한결 더 치열해서, 앞선 무리들은 창을 거꾸로 들고서 자기 편인 뒤쪽을 향해 공격하며 달아나니 피가 흘러 강을 이루어 방앗공이마저 떠다닐 정도였다(前徒倒戈 攻于後以北 血流漂杵)고 한다.

이에 대해 맹자는 믿을 수 없는 지나친 과장이라고 하면서 의로운 군사들인 무왕의 군대가 그렇게 많은 사람들을 죽일 리 없다고 했으며, 또 은나라 군사들이 속속 주무왕의 편으로 넘어왔기 때문에 싸움이 그토록 처참하게 벌어질 수도 없었을 것이라고 말한 적이 있다.

그러면서 맹자는 『맹자·진심장구(盡心章句)』 하편에서 이렇게 말했다.

"『서경』만 믿는다면 『서경』이 없는 것보다 못하다. 나는 〈무성편〉에서 두세 쪽만 취할 뿐이다. 어진 사람은 천하에 대적할 이가 없고, 지극한 어진 이로 지극히 어질지 못한 이를 정벌하는 데 어찌 피가 흘러 절굿공이까지 뜨겠는가.(盡信書則不如無書　吾於武成取二三策而已矣 仁人無敵於天下 以至仁伐至不仁而何其血之流杵也)"

이것은 맹자가 옛 책을 맹신하지 않는다는 사실을 말해 주며, 또 『서경』의 기록에 과장이 있었다는 점을 간접적으로 증명하는 것이다. 그럼에도 혈류표저는 여전히 참혹한 전쟁 또는 처참한 대학살을 비유하는 성어로 쓰이고 있다.

그리고 맹자의 진신서즉불여무서(盡信書則不如無書)라는 말도 성어가 되었는데, 옛 책을 맹신하지 말라는 뜻으로 쓰이고 있다. 맹자의 이 말에서 인자무적(仁者無敵)이라는 성어도 나왔다.

【용례】 이곳은 한국전쟁 때 밀고 밀리는 격전이 벌어졌던 곳입니다. 얼마나 전투가 치열했는지, 전사자의 피가 흘러 "혈류표저"할 지경이었다고 합니다.

협견첨소 脅肩諂笑

脅 : 겨드랑이(협)　肩 : 어깨(견)
諂 : 아첨할(첨)　笑 : 웃을(소)

【뜻풀이】 어깨를 으쓱거리며 간사하게 웃어댄다는 뜻으로, 아부하는 모양을 비유하는 말이다.

【출전】 공자의 제자인 증자의 말에서 나온 성어로(➡ 삼성오신三省吾身 참조), 『맹자·등문공장구(滕文公章句)』 하편에 다음과 같은 이야기가 있다.

맹자의 제자 공손추(公孫丑)는 어느 날 맹자에게 문인 학사들은 권력가들과 접촉하지 말아야 하느냐(不見諸侯何義)고 물은 적이 있었다. 그러자 맹자는 구체적인 사정에 따라 결정해야 한다면서 다음과 같은 내용의 말을 했다.

옛날에는 신하가 아니면 군주를 만나지 않았는데, 어느 날 위문후〔魏文侯, 사(斯)〕가 당대의 이름난 선비 단간목(段干木)을 찾아갔더니 선비는 담벽을 뛰어넘어 피해 버린 일이 있고, 어느 날 노목공이 설류(泄柳)라는 현인을 찾아갔더니 설류 또한 문을 닫아걸고 나오지 않았다고 한다.

이것은 너무나 지나친 것으로, 필요에 따라서는 만나 주어야 하는 것이다. 그리고 또 한 번은 양화(陽貨, 춘추시대 노나라의 집권자 계손씨의 총관)라는 사람은 자기가 친히 공자를 찾아보기 싫어서 한 꾀를 생각해 내 공자가 집에 없을 때 사람을 시켜 돼지고기를 갖다 준 적이 있었다.

당시의 예절로는 대부가 선비에게 선물을 보냈을 때 선비가 집에 있지 않으면 뒷날 대부를 찾아가서 답례하는 것이 상례로 되어 있었다. 그러한즉 양화의 뜻은 공자를 오게 하려는 것이었다. 그러나 양화의 잔꾀를 알아차린 공자 역시 양화가 집에 없을 때 찾아가서 사의를 표하고는 돌아와 버렸다. 만일 양화가 꾀를 부리지 않았더라면 공자는 양화를 만나 주었을 것이다.

권력가들에게 아부하는 것은 비굴한 짓으로, 증자가 말한 것처럼 "어깨를 추켜올리고 아첨하며 웃어대는 것은 여름날 논밭에서 일하는 것보다도 더 어려운 것(脅肩諂笑 病於夏畦)"이다.

협견첨소는 맹자가 인용한 증자의 말에서 나온 성어다.

【용례】 자네가 아무리 아부하는 사람을 좋아한다지만, 진정 사업을 걱정한다면 그런 "협견첨소"하는 인간들은 멀리하는 게 좋을 거야.

형설지공 螢雪之功

螢 : 반딧불(형) 雪 : 눈(설)
之 : 어조사(지) 功 : 공(공)

【뜻풀이】 반딧불의 불빛과 눈 내린 밤의 눈빛으로 쉬지 않고 공부해서 이룩한 성공. 어려운 여건을 이겨내면서 열심히 학업에 정진하여 입신양명(立身揚名)한 것을 비유하는 말이다.

【출전】『손씨세록(孫氏世錄)』에 다음과 같은 이야기가 있다.

진나라의 손강(孫康)은 공부하기를 몹시 좋아했지만 집안이 가난해서 등불을 밝힐 기름조차 살 돈이 없었다. 그래서 겨울이면 항상 눈빛에 비추어 책을 읽었다.

그는 어렸을 때부터 마음이 맑고 지조가 굳었다. 때문에 사람을 사귀고 어울리는 데도 뜻을 같이하지 않는 이와는 교제하지 않았다. 나중에 관직에 나아가서 어사대부가 되었다.

『진서(晉書)·차윤전(車胤傳)』에 보면 다음과 같은 이야기도 실려 있다.

진나라의 차윤 역시 어려운 여건 속에서도 열심히 공부한 사람이다. 그는 항상 삼가고 근면하게 학업에 힘써 많은 서적을 독파하였다. 그러나 집안이 가난했기 때문에 기름이 떨어지는 경우가 종종 있었다. 때문에 여름에는 낡은 명주 주머니에 반딧불을 많이 잡아 넣어 그 빛으로 책을 비추어 읽으면서 밤에도 낮처럼 공부했다.

뒷날 환온(桓溫)이 형주자사가 되었을 때 불러 종사(從事, 속관)를 시켰는데, 의리에 따라 사건을 판별하는 솜씨가 뛰어나 크게 중용되었다. 계속 벼슬에 나아가 정서장군의 장사(長史, 서기장)가 되어 조정에 이름이 크게 알려졌다.

당시에 그는 오은지(吳隱之)와 함께 가난한 가운데서도 부지런히 공부해서 학문을 이룬 사람으로 유명하였다.

그는 또 연회의 자리에서 재미있는 이야기를 하여 사람들을 즐겁게 하는 재주를 가지고 있었기 때문에 당시 성대한 연회가 있을 때마다 그가 참석하지 않으면 모두들 "차공이 오지 않으니 재미가 없다."고 말했다.

손강과 차윤의 일로 인해서 성어 형설지공이 나왔다.

남송(南宋) 때의 시인인 유극장(劉克莊, 1187~1269)의 작품 〈만진사직(挽陳司直)〉에 보면 "꾀꼬리 꽃밭 사이의 귀공자는 아니요, 완연히 형설지공하던 늙은 선비였다.(不似鶯花貴公子 宛然螢雪老書生)"라는 구절이 있다.

【용례】 사나이가 한 번 뜻을 세웠으면 "형설지공"을 다해 뜻을 이룰 생각을 해야지, 벌써부터 실의에 빠져 술로 세월을 보내면 되겠냐?

형이상 形而上

形 : 형상·형체·나타날(형)
而 : 어조사(이) 上 : 위(상)

【뜻풀이】 눈으로 모양을 볼 수 있는 것 이상이라는 뜻으로, 정신적인 차원의 것을 말한다. 원래 의미는 무형(無形)이라는 말로 도(道)를 일컫는다.

【출전】 『주역 · 계사상전(繫辭上傳)』에 다음과 같은 말이 있다.

"형상화되는 이상을 일러 도라 하고 형상화되는 아래 것을 일러 기라고 한다.(形而上者 謂之道 形而下者 謂之器)"

형이상은 무형으로, 도는 바로 형상이 없는 것이며 규율 또는 법칙을 말한다. 형이하는 유형으로, 기는 형상이 있는 것이며 사물 또는 제도를 뜻한다. 이때 이(而)는 아무 뜻이 없는 어조사일 뿐이다.

여기서 잠깐 도기론(道器論)에 대해 살펴보기로 하자. 도기론이란 도와 기의 관계에 대한 논의를 말한다. 도와 기의 관계는 실제로는 추상적인 도리와 구체적인 사물 간의 관계이며, 역사적으로 볼 때 유물론자와 관념론자 사이에 벌어진 논쟁의 중심 문제이기도 하다.

관념론자였던 정이(程頤, 1033~1107)나 주희(朱熹, 1130~1200)는 "도는 기를 초월한 것"으로 인식하였다. 주희는 『주자대전』 권58 〈답황도부(答黃道夫)〉에서 "이(理)라는 것은 형이상의 도이며 사물을 낳는 근본이다. 기(氣)는 형이하의 기(器)이며 사물을 낳는 도구"라고 주장하였다.

반면에 유물론자인 왕부지(王夫之, 1619~1692) 같은 인물은 『주역외전(周易外傳)』 권5에서 "그 기(器)가 없으면 그 도도 없다."는 명제를 제시하고, "태고 시대에는 절하고 사양하는 도가 없었으며, 요순시대에는 조문하고 정벌하는 도가 없었으며, 한당(漢唐) 시대에도 현재의 도가 없었으니, 현재에도 미래의 도가 없는 것이 많을 것이다."라고 하여 역사 진화론적인 견해를 표명했다.

이러한 논쟁은 중국 청대 말기까지 이어져 동도서기론(東道西器論)이 거론되기에 이르렀다. 즉, 원칙은 동(중국)에 두고 방식만 서(서양)에서 빌려 온다는 주장이다.

【용례】 자네 그런 현학적이고 "형이상"학적인 표현 좀 그만 쓸 수 없겠나. 자네가 깡통이란 건 누구나 다 알아. 솔직하고 진솔하게 말할 것이지 그게 무슨 궤변인가?

혜이부지위정 惠而不知爲政

惠 : 은혜(혜) 而 : 어조사(이)
不 : 아닐(부) 知 : 알(지)
爲 : 할(위) 政 : 정사(정)

【뜻풀이】 은혜롭기는 하지만 정치는 할 줄 모른다는 말로, 그만큼 정치하기가 어렵다는 것을 뜻한다.

【출전】 『맹자 · 이루장구(離婁章句)』 하편에 다음의 같은 이야기가 나온다.

정(鄭)나라 대부(大夫) 자산(子産)은 어진 재상으로 이름이 나 있었다.

어느 날 그는 진수와 유수를 지나다가 백성들이 강을 건너느라고 고생하는 모습을 보고 가엾게 여겨 자신의 수레에 함께 타고 건너게 해 주었다. 백성을 사랑하는 어진 마음에서 나온 행동이었다. 그러나 맹자는 이 이야기를 듣고 정치를 할 줄 모른다고 비판하면서 말했다.

"자산은 은혜롭기는 하지만 정치는 할 줄 모르는 사람이다. 11월에 사람들이 건널 만한 작은 다리를 놓고, 12월에 수레가 지나다닐 만한 큰 다리를 놓으면 백성들이 강을 건너는 데 근심하지 않게 될 것이다. 군자가 그 정치를 공평하게 하면, 길을 가면서도 사람을 물리쳐도 좋으니, 어찌 사람마다 건네 줄 것인가? 때문에 정치를 하는 사람이 사람마다 기쁘게 하려면 날도 역시 부족할 것이다.(惠而不知爲政 歲十一月 徒杠成 十二月 輿梁成 民未病涉也 君子 平其政 行辟人 可也 焉得人人而濟之 故爲政者 每人而悅之 日亦不足矣)"

맹자는 농한기를 이용하여 11월에 사람이 다닐 수 있는 인도교를 놓고, 12월에는 수레가 다닐 수 있는 넓은 다리를 건설하면 백성들이 강을 건너는 문제가 완전히 해결될 수 있음을 말한 것이다.

정치하는 사람은 하찮은 은혜를 베푸는 일에 시간과 정력을 쓰기보다는 넓은 안목으로 정치의 원칙을 세우고 근본적인 해결책을 찾아 백성들의 생활이 편리해지도록 이끌어야 한다는 것이다.

정나라 목공의 후손으로 태어나 재상의 반열에까지 오른 자산은 중국에서 처음으로 성문법(成文法)을 제정하여 인습적인 귀족정치를 배격하고, 합리적이고 인본주의에 바탕을 둔 정치를 펼쳐 공자의 사상적 선구자가 되었다. 성인인 공자도 높이 평가한 자산이지만, 맹자의 안목으로 보면 자산의 선행은 정치인으로서는 불합격이었다. 그만큼 정치가 어렵다는 것을 말한다.

【용례】 정치란 전체 국민을 대상으로 하는 것이지 몇몇 계층만을 위한 것이 아니야. 표나 구걸하는 정치는 소수의 이익을 위해 대의를 살피지 못하는 "혜이부지위정"이라고 할 것이야.

혜전탈우 蹊田奪牛

蹊 : 좁은길(혜) **田** : 밭(전)
奪 : 빼앗을(탈) **牛** : 소(우)

【뜻풀이】 남의 소가 밭을 짓밟았다 해서 그의 소를 빼앗는다는 뜻으로, 가벼운 죄를 너무 혹독하게 다스린다는 말이다.

【출전】 『좌전·선공(宣公) 11년』조에 다음과 같은 이야기가 있다.

춘추시대의 일이다. 진(陳)나라 대부 하어숙(夏御叔)의 아들 하징서(夏徵舒)가 임금 진영공을 시해하자 초장왕(楚莊王)은 군사를 일으켜 진의 도읍지 관구(오늘의 하남성 회양현)를 공략하고 하징서를 처단함으로써 여러 제후국과 각 고을 대부들의 칭송을 받았다.

이에 초장왕은 기고만장(氣高萬丈)해져 장차 진나라를 병합하여 초나라의 현으로 만들어 버릴 야욕까지 품게 되었다. 바로 이때 외교적 사명을 띠고 제나라에 사신으로 갔던 신숙시(申叔時)가 귀국했다.

신숙시는 그간의 형편을 간단히 초장왕에게 보고한 다음 아무런 치하의 말도 없이 돌아서는 것이었다. 이에 격노한 초장왕은 신숙시를 돌려세운 다음 자기가 진나라를 치고 하징서를 처단한 일에 대해서는 왜 일언반구(一言半句)도 없느냐고 힐책하였다.

그러자 신숙시는 "신이 외람되이 변명을 해도 좋겠습니까?" 하고 묻는 것이었다. 초장왕이 마지못해 머리를 끄덕이자 신숙시는 다음과 같은 내용의 말을 하였다.

「하징서가 그의 임금을 시해한 죄는 가볍지 않으니 대왕께서 군사를 일으켜 징벌한 것은 당연한 일입니다. 그러나 어떤 사람의 소가 내 밭을 짓밟았다고 해서 그 사람의 소를 빼앗아 버린다면 당연한 일이겠습니까? 소가 남의 밭을 짓밟은 것은 물론 잘못된 일이지만 그렇다고 해서 남의 소를 빼앗는 것은 지나친 처벌이 아니겠습니까? 제후들이 대왕을 옹호하는 것은 죄인을 징벌했기 때문인데 이제 한 걸음 더 나아가서 진나라를 병탄해서 우리나라의 현으로 만들려는 것은 지나친 욕심인 듯합니다. 이렇게 하는 것이 과연 폐하와 이 나라를 위해 옳겠는지요?

(夏徵舒弑其君 其罪大矣 討而戮之 君之義也 抑人亦有言曰 牽牛以蹊人之田 而奪之牛 牽牛以蹊者 信有罪矣 而奪之牛 罰已重矣 諸侯之從也 曰討有罪也 今縣陳 貪其富也 以討召諸侯 而以貪歸之 無乃不可乎)」

초장왕은 마침내 신숙시의 말을 옳다 여기고 진나라의 왕위를 회복하고 병탄하려던 처음 욕심을 포기했다.

【용례】 선생님, 제가 지각을 여러 번 했던 잘못은 인정합니다. 그렇지만 그 처벌로 정학이라뇨. 이건 "혜전탈우"나 다름없는 중벌입니다.

호가호위 狐假虎威

狐 : 여우(호) 假 : 빌릴·거짓(가)
虎 : 호랑이(호) 威 : 위세(위)

【뜻풀이】 여우가 호랑이의 위세를 빌리다. 남의 위세를 빌려 위엄을 부린다는 뜻으로, 다음의 우화에서 나온 말이다.

【출전】 『전국책·초책(楚策)』에 다음과 같은 이야기가 나온다.

옛날에 여우 한 마리가 산속에서 갑자기 호랑이와 마주쳤다. 잔뜩 굶주렸던 호랑이는 다짜고짜 여우에게 달려들어 잡아먹으려 했다. 여우는 이미 달아날 방법이 없다는 것을 깨닫고 호랑이를 향해 외쳤다.

"너 이놈 듣거라. 나는 하느님의 명령으로 산중지왕(山中之王)이 된 터다. 오늘 네가 만일 나를 해치면 하느님의 뜻을 어기는 것이 될 것인즉 그리 알라."

호랑이가 그 말을 믿으려고 하지 않자 여우는 "믿기지 않거든 내 뒤를 따라오면서 짐승들이 어쩌는가 봐라." 하고는 성큼 앞으로 내 걷는 것이었다. 혹시나 하면서 호랑이가 여우의 뒤를 따라가며 살펴보니 과연 모든 짐승들이 걸음아 날 살려라 하고 달아났다. 이에 호랑이는 짐승들이 자기를 무서워해서 도망치는 줄은 꿈에도 모르고 여우가 진짜 산중의 왕이 되었기 때문이라고 생각했다.

초나라는 전국시대 남방의 대국으로, 당시 북방의 여러 나라들에서는 초나라의 장수 소계휼(昭奚恤)이라고만 해도 모두 다 벌벌 떠는 형편이었다. 이에 어느 날 초선왕은 대신들을 보고 "소계휼이 실로 그토록 위엄이 있는가?" 하고 묻자 소장군과 반목이 있는 강을(江乙)이라는 대신이 앞의 우화를 들려준 다음 이렇게 말했다.

"오늘 대왕께서는 땅 1천 리에 군사 백만을 가지고 있습니다. 북방의 여러 나라들이 소계휼을 두려워하는 것은 사실 대왕의 백만 군사를 두려워하는 것으로, 뭇 짐승들이 호랑이를 두려워하는 것과 같은 줄 아룁니다."

이것은 소계휼이 임금의 위세를 빌려 위엄

을 부린다는 것이며, 초선왕이 남에게 이용을 당하면서도 깨닫지 못하고 있다는 암시였다.

이렇게 해서 후세에 사람들은 남의 위세를 빌려 우쭐대는 것을 호위호가(虎威狐假)라고 하였는데 지금은 흔히 호가호위라고 한다.

【용례】 자기 형이 힘이 세다고 그걸 믿고 안하무인(眼下無人)으로 까불다니, 이런 식으로 "호가호위"하면 나도 가만있지 않겠어.

호거용반 虎踞龍盤

虎 : 호랑이(호) 踞 : 걸터앉을(거)
龍 : 용(룡) 盤 : 소반·대야·서릴(반)

【뜻풀이】 남경(南京)의 지세가 험준한 것을 일컫는 말로, 삼국시대 촉나라의 승상 제갈량(諸葛亮)이 오나라 황제 손권(孫權)과 남경의 지세를 운운할 때 이런 말을 한 적이 있다.

【출전】 남경의 옛 이름은 금릉(金陵)으로, 건업(建業) 또는 건강(建康), 집경로〔集慶(敬)路〕라고도 하였다. 삼국시대의 오나라와 동진 및 남조의 송·제·양·진 등 여섯 개 왕조의 도읍지였다.

송나라 때 지은 『육조사적편류(六朝事跡編類)』라는 책에서는 금릉의 유적과 유물에 대해 상세히 언급하면서 금릉의 지세에 대한 제갈량의 "종부는 용이 서린 듯하고, 석성은 호랑이가 걸터앉은 듯하다.(鐘阜龍盤 石城虎踞)"는 말을 인용했는데 이 성어는 여기서 나왔다.

종부는 바로 종산(鐘山)으로, 자금산이라고도 하는데 오늘날 남경시 동쪽 교외를 말한다. 석성은 석두 또는 석두성이라고도 하나 금릉과 석성은 오래 전에 벌써 남경시로 통합되었다. 이에 남경은 금릉과 건업 등 옛 이름에도 불구하고 석두성이라는 별칭을 갖게 되었다.

금릉 동쪽에는 줄기줄기 뻗어간 종산이 거룡처럼 꿈틀거리고 있으며 서쪽에는 깎아세운 듯한 석성이 호랑이가 도사리고 앉은 듯한 형상을 하고 있다. 이것이 바로 용반호거(龍盤虎踞) 또는 호거용반의 형상이다. 그리고 전통적인 설로 좌청룡 우백호(左青龍 右白虎)라는 말도 있으므로 동쪽의 용산을 용에 비기고 서쪽의 석성을 호랑이에게 비긴 것이다.

이리하여 제갈량 이후 흔히 호거용반(虎踞龍蟠)이라는 말로 남경을 상징하게 되었는데 반(蟠)은 대개 반(盤)으로 쓰인다.

【용례】 조선의 도읍지이기도 했던 서울은 북으로는 험준한 산이 가로막고 있고, 남으로는 한강이 에워싸고 있어 그야말로 "호거용반"하는 천연의 요새지였습니다.

호계삼소 虎溪三笑

虎 : 호랑이(호) 溪 : 시내(계)
三 : 석(삼) 笑 : 웃을(소)

【뜻풀이】 호계에서 세 사람이 웃다. 도의 깊은 이치를 이야기하다가 평소의 규칙을 어겼을 때 쓰는 말이다.

【출전】 송(宋)나라 때의 문인 진성유(陳聖俞)가 지은 『여산기(廬山記)』에 다음과 같은 이야기가 나온다.

「샘물이 흘러 절을 감돌아 흐르는데 아래로 흘러 호계로 들어간다. 옛날 혜원(惠遠) 법사가 손님을 보내다가 이곳을 지나는데 호랑이가 갑자기 으르렁거려 이런 이름이 붙었다고 한다. 당시 도연명은 율리산에 살고 산 남쪽에는 육수정(陸修靜)이 살고 있었는데, 그 역시 도를 갖춘 인사였다. 혜원 스님이 일찍이 이들 두 사람을 전송하면서 서로 이야기를 나누다가 뜻이 맞아 이곳을 지나가는 줄도 몰랐다. 이를 깨닫고는 서로 박장대소(拍掌大笑)했다고 한다. 지금 세상에는 이때의 모습을 담은 〈삼소도〉가 전해지고 있다.

(流泉匝寺 下入虎溪 昔惠遠法師送客過此 虎輒號鳴 故名之 時陶元亮居栗里山 山南陸修靜 亦有道之士 遠師嘗送此二人 與語合道 不覺過此 因相與大笑 今世傳三笑圖 蓋本於此)」

그런데 혜원은 진(晉)나라 의희(義熙) 12년(416)에 83세로 입적했고, 육수정은 송나라 명제(明帝) 원휘(元徽) 5년(477)에 세상을 떠나 그 간격이 무려 60년이나 차이가 난다. 따라서 혜원이 죽을 무렵 육수정은 고작 열 살 안팎의 어린아이였을 것이다. 그리고 도연명은 진나라 흥녕(興寧) 3년(365)에 태어나 원가(元嘉) 4년(427)에 세상을 떠났으니, 혜원이 죽었을 때 도연명의 나이는 이미 쉰 살이었다. 따라서 이 이야기는 후세의 호사가들이 만들어낸 이야기가 틀림없다.

【용례】 오랜만에 만난 친구라 정신없이 이야기를 나누다가 깜빡 무단횡단을 하고 말았군요. "호계삼소"로 생각하시고 좀 양해해 주셨으면 고맙겠습니다.

호구여생 虎口餘生

虎 : 호랑이(호) 口 : 입(구)
餘 : 남을(여) 生 : 날(생)

【뜻풀이】 호랑이의 아가리에서 살아났다는 뜻으로, 위험한 지경에서 벗어난 것을 일컫는 말이다.

【출전】 『송사·주태전(朱泰傳)』에 다음과 같은 이야기가 있다.

송나라 때 삭주(朔州) 지방에 주태라는 사람이 있었는데 가세가 빈곤하여 날마다 산에 가서 나무를 해다가 백리 밖 시장에 내다 팔아 생계를 유지하고 노모를 봉양했다.

어느 날 주태는 여느 때와 같이 산에 올라가 나무를 하다가 그만 호랑이에게 물려 끌려가 버렸다. 그때 주태는 "내가 죽는 건 상관없지만 늙은 어머니가 불쌍하다!"고 소리치면서 악을 쓰자 호랑이는 그 바람에 놀라 도망치고 말았다.

이리하여 주태는 다행히 목숨을 건지게 되었는데 사람들은 그를 가리켜 호구잔생(虎口殘生)이라고 하였다. 이에 주태는 아예 이름까지 주잔생이라고 고쳤다고 한다. 호구잔생은 나중에 흔히 호구여생이라고 하게 되었다. 호구는 위험한 상황이나 위험한 고장 등을 비유하는 말로, 위험한 고비에서 벗어난 것을 가리켜 호구여생이라고 한다.

이와 같은 뜻으로 탈리호구(脫離虎口)라는 말도 있는데, 그와 반대로 위험한 지경에서 도무지 벗어날 수 없음을 일컬어 난도호구(難逃虎口)라고 하며, 모험하는 것을 가리켜 심호구(深虎口)라 한다.

『장자·도척편(盜跖篇)』에 "공자가 말하기를, 마구 달려 호랑이 머리를 잡아당기고 호랑이 털을 엮으려고 드니 거의 호랑이의 아가리를 면하기 힘들 것이다.(孔子曰 疾走料虎頭 編虎須 幾不免虎口哉)"라는 말이 나온다.

【용례】 위암에 걸려 죽을 목숨이 다시 살아난 것은 모두 부처님의 큰 뜻이라고 생각합니다. 앞으로 "호구여생"한 이 목숨을 중생을 제도하는 일에 투신하겠습니다.

호구지계 狐丘之誡

狐 : 여우(호) 丘 : 언덕(구)
之 : 어조사(지) 誡 : 경계할(계)

【뜻풀이】 호구의 경계라는 뜻으로, 남들로부터 원망을 사는 일이 없도록 특별히 조심하라는 교훈을 일컫는 말이다.

【출전】 『열자(列子) · 설부편(說符篇)』에 다음과 같은 이야기가 나온다.

전국시대 때 초(楚)나라의 호구(狐丘)라는 마을에 사는 한 노인이 초나라 내부(大夫) 손숙오(孫叔敖)에게 물었다.

"사람들에게는 세 가지 원망하는 것이 있는데, 혹시 아십니까?"

손숙오가 자신은 모르겠다며 무엇이냐고 묻자 대답했다.

"사람들은 직위가 높은 사람을 시기하고, 임금은 벼슬이 높은 현신(賢臣)을 미워하며, 녹봉을 많이 받는 사람은 세상 사람들의 원망을 듣습니다.(爵高者人妒之 官大者主惡之 祿厚者怨逮之)"

그러자 손숙오가 다시 물었다.

"직위가 올라갈수록 뜻은 더욱 낮추고, 벼슬이 높아질수록 마음은 더욱 작게 가지며, 녹봉이 많아질수록 베푸는 것을 더욱 넓게 한다면, 이 세 가지 원망으로부터 자유로워질 수 있겠습니까?(吾爵益高 吾志益下 吾官益大 吾心益小 吾祿益厚 吾施益博 以是免於三怨可乎)"

세월이 흘러 손숙오가 병들어 죽을 때가 되었다. 그는 아들을 불러 훈계하였다.

"임금께서는 자주 나를 제후에 봉하시려 했지만 나는 한사코 거절하였다. 내가 죽으면 임금께서는 반드시 네게 땅을 봉해 주실 것이다. 그때 절대로 기름지고 이익이 나는 땅을 받아서는 안 된다. 대신 초나라와 월나라 사이에 침구(寢丘)라는 땅이 있는데, 그곳은 기름지지도 않고 세평 또한 아주 나쁘다. 오래도록 차지할 수 있는 땅은 그곳뿐이다.(王亟封我矣 吾不受也 爲我死 王則封汝 汝必無受利地 楚 越之閒 有寢丘者 此地不利而名甚惡 楚人鬼而越人禨 可長有者唯此也)"

손숙오가 죽자, 과연 임금은 그의 아들에게 기름지고 아름다운 땅을 분봉하려 했다. 그러나 아들은 부친의 유언대로 이를 사양하고 침구 지방을 요청했다. 그곳을 물려받은 아들은 아무도 탐내지 않는 땅이었기 때문에 잃지 않고 오래도록 자손들에게 전해 줄 수 있었다.

(➡ 세세불철世世不輟 참조)

호구지계는 호구에 사는 노인이 손숙오에게 충고한 "사람들이 갖게 마련인 세 가지 원망" 즉 "고관에 대한 세인의 질투와 현신에 대한 군주의 증오, 녹봉이 많은 고관에 대한 세인의 원망"에서 나왔다. 같은 뜻의 성어로 인유삼원(人有三怨)이란 말도 있다.

【용례】 내가 차지하고 싶은 보물은 남도 갖고 싶은 것은 인지상정입니다. 제가 그동안 이 자리에서 별 허물없이 지냈으니 "호구지계"를 본받아 후배들을 위해 그만 자리에서 물러나고자 합니다.

호단 護短

護 : 지킬 · 보호할(호) 短 : 짧을(단)

【뜻풀이】 단점이나 약점을 비호하다.

【출전】 혜강(嵇康, 223~263)의 〈여산거원

절교서(與山巨源絕交書)〉에 "공자는 자하에게서 수레의 덮개를 빌리지 않아 그의 단점을 비호하였다.(仲尼不假蓋於子夏 護其短也)"는 말이 있다.

『공자가어·관사편(觀思篇)』에 다음과 같은 이야기가 있다.

어느 날 공자가 외출을 하려는데 소나기가 내렸다. 마침 준비해 놓은 수레에는 덮개가 없어 난처한 지경에 빠졌다. 제자들이 방안을 궁리하다가 말했다.

"자하에게 있습니다. 그것을 빌려서 가시지요."

공자가 이에 대답하였다.

"자하는 사람 됨됨이가 인색해서 재물에 약점이 있다. 내가 들으니 사람과 사귈 때는 장점은 높여 주고 단점은 피하여야 능히 오래 사귐을 유지할 수 있다고 했다.(商之爲人也 嗇短於財 吾聞與人交者 推其長者 違其短者 故能久也)"

자하에 대해서는 『공자가어·72제자해(七十二弟子解)』에 잘 나와 있다.

「복상(卜商)은 위나라 사람이고 자는 자하(子夏)다. 공자보다 마흔네 살 어렸다. 시를 배워 그 뜻에 능통했다. 문학으로 이름이 났는데, 사람 됨됨이가 그리 넓지는 못했지만 정미한 토론을 즐겨 해서 당시 사람 중에 그를 따를 이가 없었다.

일찍이 위나라로 돌아왔는데 역사서를 읽던 사람이 도중에 "진(晉)나라 군사가 진(秦)나라를 정벌했는데 돼지 세 마리가 황하를 건넜다."고 말하는 것을 듣고는 자하가 말했다.

"틀렸다. 기해년을 말한 것뿐이다."

나중에 역사서를 읽던 사람이 진(晉)나라의 역사를 두루 살펴보니 과연 기해가 맞았다. (➡ 노어해시魯魚亥豕 참조) 이때부터 위나라 사람들은 자하를 성인으로 받들었다. 공자가 세상을 떠난 뒤 그는 서하에서 제자를 가르쳤는데, 위나라의 문후가 와서 스승으로 섬기면서 나라의 정치를 두루 물어 보았다.

(卜商 衛人 字子夏 少孔子四十四歲 習於詩 能通其義 以文學著名 爲人性不弘 好論精微 時人無以尙之 嘗返衛 見讀史志者 云晉師伐秦 三豕渡河 子夏曰非也 己亥耳 讀史志者問諸晉史 果曰己亥 於是衛以子夏爲聖 孔子卒後 敎於西河之上 魏文侯師事之 而諮國政焉)」

남의 약점을 보면 들춰내기를 좋아하는 것이 인지상정(人之常情)이다. 그런데도 이를 잘 덮어 주고 오히려 그 약점이 드러나지 않게 배려하는 것은 웬만한 수양이 아니면 어려울 것이다.

【용례】 남의 약점을 이용해 자기 이익을 챙기는 사람처럼 비열한 인간은 없어. 더구나 그 사람이 친구인 바에는 어떻겠는가? 남이 알까 "호단"은 못 할망정 나서서 떠들어댄다면 그런 친구는 빨리 버리는 게 나을 것이야.

호랑지국 虎狼之國

虎 : 호랑이(호) 狼 : 승냥이(랑)
之 : 어조사(지) 國 : 나라(국)

【뜻풀이】 호랑이와 같이 포학한 나라. 대개 전국시대 때의 강대국이었던 진(秦)나라를 가리킨다.

【출전】『사기(史記)·굴원열전(屈原列傳)』에 다음과 같은 이야기가 있다.

전국시대 일곱 나라 중 진(秦)나라가 가장 강해서 나머지 여섯 나라는 때 없이 진나라의 위협과 공격을 받고 있었다. 이러한 정세 아

ㅎ

래서 초(楚)나라의 애국 시인 굴원(기원전 339~기원전 278)은 제나라와 손잡고 진나라를 막자고 여러 번 주장했지만 초회왕(楚懷王)은 간신들의 말만 믿고 굴원의 말은 듣지 않았다.

이때 진나라에서도 초나라가 제나라와 손을 잡을까 두려워해서 재상 장의(張儀)를 파견해서 초나라가 제나라와 손을 끊고 진나라와 화친한다면 진나라에서는 땅 6백 리를 떼어 줄 것이라고 하였다. 초회왕은 그 말을 곧이듣고 제나라와의 관계를 끊은 다음 사절을 진에 파견해서 6백 리 땅을 접수하려 하였다.

그러자 장의는 "6백 리 땅이라니 그게 무슨 소리요? 나는 6리라고 했을 뿐이오."라고 시치미를 떼는 것이었다.

이에 격노한 초회왕은 즉각 군사를 풀어 진나라로 쳐들어갔지만 도리어 패배해서 한중 일대의 영토를 빼앗기는 결과를 빚게 되었다.

그 이듬해였다. 장의는 다시 초나라에 와서 초회왕의 신하들을 꾀어 초회왕으로 하여금 진나라와 형제지국을 맺고 영원히 "서로 공격하지 않을 것"을 약속하도록 하였다. 이때 굴원은 제나라를 방문하고 있었는데 그가 귀국하였을 때 장의는 이미 세상을 떠난 뒤였다. 굴원은 장의의 음모를 폭로하면서 초회왕에게 속지 말라고 충고했지만 왕은 여전히 듣지 않고 굴원을 멀리하였다.

얼마 뒤 진소왕은 초회왕에게 진나라를 방문해서 결맹(結盟)과 통혼(通婚)의 대사를 의논하사고 요청했다.

이때 굴원은 초회왕에게 "진나라는 호랑이같이 잔인무도한 나라(虎狼之國)로 믿을 수 없으므로 가지 않는 것이 좋을 줄 아옵니다."라는 취지의 글을 올려 극구 반대하였다.

그러나 초회왕은 그의 충고는 무시해 버리고 기어코 진나라에 들어가더니 결국 억류되어 진나라에서 여생을 마쳤다.

이리하여 호랑지국은 탐욕스런 침략자 또는 침략을 일삼는 교만한 나라의 대명사로 쓰이게 되었는데, 『전국책』에도 호랑지국이라는 말이 자주 나온다.

【용례】 "호랑지국"과 같이 우매하고 표독한 미국이 전세계를 대상으로 계속 오만한 행동으로 일삼는다면 언젠가는 9·11사태보다 더 큰 화를 당할지도 몰라.

호명지인 능양천승지국
好名之人 能讓千乘之國

好 : 좋을(호) 名 : 이름(명)
之 : 어조사(지) 人 : 사람(인)
能 : 능할(능) 讓 : 양보할(양)
千 : 일천(천) 乘 : 탈·수레(승)
國 : 나라(국)

【뜻풀이】 명예를 좋아하는 사람은 천승의 나라도 양보할 수 있다.

【출전】 『맹자·진심장구(盡心章句)』 하편에 다음과 같은 맹자의 말이 있다.

"명예를 좋아하는 사람은 천승의 나라도 능히 양보할 수 있다. 그러나 진실로 그와 같은 사람이 아니라면 한 소쿠리 밥과 한 그릇 국에도 감정이 얼굴빛에 드러난다.(好名之人 能讓千乘之國 苟非其人 簞食豆羹見於色)"

명예란 사실 그 자체로 이익이 되는 것은 아니다. 아니 명예를 얻기 위해서는 때로 이익을 포기해야 할 때도 있다. 더 나아가 명예롭게 살기 위해서는 정신적·물질적 고통을 감내해야 할 경우마저 생긴다.

그러나 이런 어려움을 이겨낼 때 명예를 얻으며, 그 아름다운 이름이 후세에까지 전해지는 것이다. 꼭 무엇을 얻기 위해 하는 행동이 바람직하다고 할 수는 없지만, 너나없이 이익과 권리만 주장하는 위선자들이 길바닥에 깔려 있는 세상에서 이렇게 세상과 동떨어져 명예를 소중히 여길 줄 아는 사람이 많이 나왔으면 하는 바람도 적지 않다.

【용례】 김 선생님은 정말 명예를 소중히 여기는 분이셔. "호명지인은 능양천승지국"이라더니 그 표창을 후배 교사에게 양보했다지 않아.

호사다마 好事多魔

好 : 좋을(호) **事** : 일·섬길(사)
多 : 많을(다) **魔** : 마귀(마)

【뜻풀이】 좋은 일에는 나쁜 일도 많이 뒤따른다. 좋은 일이 성취되기 위해서는 그만큼 노력과 고충이 뒤따른다는 말이다. 호사다마(好事多磨)로도 쓴다.

【출전】 이어(李漁)가 지은 〈신중루전기(蜃中樓傳奇)〉에 보면 "예부터 내려오는 좋은 일에는 반드시 많은 노력이 따른다는 것을 알 수 있다.(可見從來的好事必竟多磨)"는 말이 있고, 『비파기(琵琶記)·기언간부(幾言諫父)』에는 "누가 좋은 일에는 마가 많이 끼어 풍파가 일어나는 것을 알겠습니까?(誰知道好事多魔起風波)"라는 구절이 있다.

이를 봤을 때 이 성어는 문언에서보다는 구어(口語)에서 많이 쓰인 표현으로 보인다.

경우와 상황은 조금 다르지만 『북몽쇄언(北夢瑣言)』 권6에 보면 "좋은 일은 집 밖을 나가기 힘들고, 나쁜 일은 순식간에 천 리 길을 간다.(好事不出門 惡事行千里)"는 말도 있다.

【용례】 아이가 늘 반에서 일등을 하는 것은 좋지만 그러다가 건강이라도 해치면 큰일이다. "호사다마"라고 했으니 항상 건강을 잃지 않도록 유념하거라.

호사수구 狐死首丘

狐 : 여우(호) **死** : 죽을(사)
首 : 머리(수) **丘** : 언덕(구)

【뜻풀이】 여우는 죽을 때 제가 태어난 언덕을 향해 머리를 두고 죽는다. 죽으면서 고향이나 고국 생각이 간절하다는 뜻으로, 굴원(屈原)의 시에서 나온 말이다. 오늘날에는 흔히 수구초심(首丘初心)으로 쓰고 있는데 뜻은 같다.

【출전】 전국시대의 시인 굴원은 남들의 질투와 모함으로 초나라 임금의 미움을 받아 추방되어 갖은 고초를 다 겪고 있던 와중에도 〈이소(離騷)〉, 〈구가(九歌)〉, 〈구장(九章)〉 등과 같은 불후의 명작들을 수없이 남겨 놓았다.(☞ 중취독성衆醉獨醒 참조)

〈구장〉 중 〈애영도(哀郢都)〉(영도는 초나라의 도읍지)라는 시에 "새는 날아갔다가도 보금자리를 찾아오고, 여우는 굴 밖에서 죽을 때도 머리를 제가 살던 고향 쪽으로 돌리고 죽는다.(鳥飛返故鄕 狐死必首丘)"는 구절이 있다. 고국과 고향을 그리는 자신의 심정을 비유적으로 읊은 것이다.

『회남자·설림훈(說林訓)』에도 "새는 날다가도 고향으로 돌아가고, 여우는 죽을 때 살던 언덕을 향하고 죽는다.(鳥飛返鄕 狐死首

丘)"는 말이 있는데, 어떤 사람은 "월나라 새는 남쪽으로 날고 여우는 언덕으로 고개를 돌리며 죽는다.(越鳥南飛 狐死首丘)"라고도 하지만 뜻은 일치한다.

이로부터 객사한 사람의 송장이 고향으로 돌아와 묻히게 되는 것을 귀정수구(歸正首丘)라고 했다.

【용례】 "호사수구"라더니 나도 늙으니까 고향 생각이 부쩍 나는구나. 이제는 여생을 고향에서 마치고 싶다.

호사토비 狐死兎悲

狐 : 여우(호) 死 : 죽을(사)
兎 : 토끼(토) 悲 : 슬퍼할(비)

【뜻풀이】 여우가 죽자 토끼가 슬퍼한다는 말로, 상대의 불행을 슬퍼하는 것을 비유하는 말이다. 여우는 물론 토끼보다 강하지만, 약육강식(弱肉强食)의 세계에서는 맹수에게 잡아먹히기는 마찬가지다. 때문에 여우가 죽으면 비슷한 처지에 놓인 토끼도 이를 슬퍼한다는 것이다. 비슷한 처지에 놓인 사람끼리 서로의 불행이나 재앙을 위로하고 슬퍼한다는 뜻이다. 동병상련(同病相憐)이란 성어도 있고, 호사토읍(狐死兎泣)이라고도 한다.

【출전】 『송사(宋史)』에 다음과 같은 이야기가 나온다.

개국할 때부터 문약(文弱)했던 송나라는 북방 이민족의 침입을 견디지 못하고 결국 남쪽으로 쫓겨나 남송(南宋)이 되었고, 중국 북방에는 금(金)나라가 들어섰다. 그러자 북방에서 금나라 정권에 굴하지 않고 옛 영토를 회복하려는 의병 운동이 각지에서 전개되었다.

그때 양묘진(楊妙眞)이란 이름의 여성이 있었는데, 오빠가 의병을 이끌고 싸우다 세상을 떠나자 임무를 대신 맡아 적들과 싸웠다. 이때 남송에서는 군대를 보내 양묘진이 지휘하는 군대를 공격하려고 했다. 양쪽에서 협공을 받은 양묘진은 호사토비라는 말을 인용하여, 남송이나 우리들이나 다같이 금나라의 침략을 당하는 처지인데 서로 싸우지 말고 금나라를 견제하자는 뜻을 전했다.

또 『송사·이전전(李全傳)』에 보면 "여우가 죽으면 토끼가 슬피 우니, 이씨가 멸망하면 하씨인들 어찌 홀로 온전하겠는가?(狐死兎泣 李氏滅 夏氏寧得獨存)"란 말이 나온다.

【용례】 저곳에 고층 빌딩이 들어서면 이곳은 완전히 음지가 됩니다. 두 집 다 "호사토비"하는 처지인데, 일방적으로 타협을 해서는 안 됩니다.

호생지덕 好生之德

好 : 좋아할(호) 生 : 날(생)
之 : 어조사(지) 德 : 큰(덕)

【뜻풀이】 생물이 살아 있는 것을 좋아하는 덕. 참으로 훌륭한 정치는 살아 있는 사람을 먼저 염려하고 배려하는 데서 나온다는 뜻이 담긴 성어다.

【출전】 『서경·대우모(大禹謨)』 제4장에 나오는 말이다.

「순임금께서 말씀하셨다.

"고요여! 신하와 백성들 사이에 그 누구도 감히 나의 올바른 정치를 문란케 하지 못하는 것은 그대가 사가 되어 오형을 밝히고 오교로 보필하여, 나의 통치를 도와 책임을 완수했기 때문이다. 형벌로 다스리되 형벌이 없어지도록 애썼으며, 백성을 도와 올바른 길로 인도한 것은 그대의 공적이니 더욱 힘써 일해 주시오."

고요가 대답하였다.

"임금님의 덕에 허물이 없으시고 아랫사람들을 대할 때 관대함으로 다스리시며, 벌을 주어도 자손에게는 미치지 아니하시고, 상을 주시면 후손에게까지 뻗치시어 실수의 죄는 커도 관용으로 용서하시고 고의로 저지른 범죄는 작아도 처벌하셨습니다. 죄가 의심스러우면 가볍게 벌하시고 공은 의심스러워도 두텁게 상을 내리셨으며, 무고한 사람을 죽이기보다는 차라리 법을 지키는 태도를 굽히셨습니다. 이렇듯 생명을 소중히 여기는 덕이 백성의 마음속까지 스며드니 이로 인해서 관리들을 거스르지 않아도 되었습니다."

순임금이 다시 말씀하셨다.

"나로 하여금 내 마음대로 다스려 세상의 백성들이 바람에 고개를 숙이듯 따르게 된 것은 오로지 그대가 진실했기 때문이었소."

(帝日 皐陶 惟玆臣庶 罔或干予正 汝作士 明于五刑 以弼五敎 期于予治 刑期于無刑 民協于中 時乃功 懋哉 皐陶日 帝德罔愆 臨下以簡 御衆以寬 罰弗及嗣 賞延于世 宥過無大 刑故無小 罪疑惟輕 功疑惟重 與其殺不辜 寧失不經 好生之德 洽于民心 玆用不犯于有司 帝日 俾予從欲以治 四方風動 惟乃之休)」

"법은 도덕의 최소한이다."라는 말이 있다. 이는 먼저 사람의 마음에 있는 양심의 판단을 우선해서 문제를 해결하고 그것이 여의치 않을 때 법으로써 통제한다는 말이다. 그러나 사람의 양심은 생각하지 않고 무조건 법으로 눌러 획일적으로 따라오기를 바라는 사람이 많다. 더구나 양심을 가진 사람은 하나같이 다 생명체다. 신분의 고하나 연령에 따라 그 가치가 달라지지 않는다.

그런 고귀한 생명을 맡은 이가 정치인이고 따라서 정치하는 사람은 생명을 귀중하게 여기고 살아 있는 것을 좋아해야 한다. 생명을 고귀하게 생각지 않는 정치는 곧 죽음의 정치이고 암흑의 정치이며 말세의 정치다.

순임금과 고요와의 짧은 대화를 통해서도 우리는 두 사람이 얼마나 백성들의 생명을 소중히 여기고 사람을 귀하게 여기고 있는지 십분 짐작할 수 있다. 그런 호생지덕이 배어 있는 정치이기에 우리가 최고의 태평시대를 운위할 때 요순시절이란 말을 하는 것이다.

【용례】 무너지고 부서지고 터져서 사람이 죽어 나가는데도 정치하는 사람들 책임 회피하기에 바쁘니, 자기 목숨 아니라고 목청만 높이면 그만인가. "호생지덕"을 갖춘 정치인이 이 나라에는 언제나 나올지 한심스럽네.

호손입포대 猢猻入布袋

猢: 원숭이(호) 猻: 원숭이(손)
入 : 들(입) 布 : 베(포) 袋 : 주머니(대)

【뜻풀이】 원숭이가 포대 안으로 들어가다. 구속·제약·제어를 받거나 자유롭지 못한 경우를 비유하는 말이다. 우리 속담 "절에 간 색시"와 뜻이 비슷하다.

【출전】 송나라 때의 시인으로 매요신(梅堯臣, 1002~1060)이라는 사람이 있었는데 구양수(歐陽脩, 1007~1072) 등과 친하게 지내는 사이였다.

구양수의 『귀전록(歸田錄)』에 따르면 매요신은 30년간의 시명(詩名)을 가지고 있었지

ㅎ

만 벼슬에 뜻이 없고 자유로운 생활을 지향하는 사람이었다. 인종황제 때 조정에서 구양수로 하여금 『당서(唐書)』의 중수 사업을 책임지게 하고 매요신도 참여하게 하였다.

매요신으로는 도무지 내키지 않는 일이었지만 할 수 없이 참여하고는 아내에게 "내가 이 일을 하게 된 것은 원숭이가 자루에 든 격이오.(可謂猢猻入布袋矣)"라고 말했다. 그러자 아내는 "서방님의 벼슬길은 메기가 참대가지로 기어오르는 것과 다름이 없습니다.(君之仕宦 何異鮎魚上竹竿耶)"라고 받았다.

여기서 매요신의 뜻은 벼슬길에 나서는 것은 자유롭지 못하다는 말이었으며, 아내의 뜻은 남편이 벼슬하는 것은 매끄러운 고기인 메기가 매끄러운 참댓가지로 기어오르듯이 도저히 불가능하다는 말이었다.

【용례】 총각 시절에는 정말 자유로웠는데, 결혼이라고 하니까 웬 구속이 그리도 심한지, 내 발로 "호손입포대"했으니 누구를 원망하겠어.

호시탐탐 虎視眈眈

虎 : 호랑이(호) 視 : 볼(시)
眈 : 노려볼(탐)

【뜻풀이】 호랑이가 노려보듯 바라보다. 원뜻은 호랑이가 노려보듯 위엄을 갖췄다는 말이다. 한 치의 방심도 없이 목표를 지켜보는 것을 일컫는 말이다.

【출전】 『주역 · 이괘(卦)』 육사효사(六四爻辭)에 나오는 말이다.

「아랫사람에게 길러지는 것도 길한 것이다. 크게 아랫사람에게 은혜를 베풀기 때문이다. 호랑이가 노려보듯 하여 그 욕심을 좇아가도 허물이 없을 것이다.

(顚頤吉 虎視眈眈 其欲逐逐 无咎)」

『후한서 · 반고전(班固傳)』에 〈서도부(西都賦)〉가 나오는데, 그 한 구절에 "주나라는 용으로서 흥성했고, 진나라는 호랑이로서 노려보았다.(周以龍興 秦以虎視)"는 말이 나온다. 그리고 그 주에 "용흥과 호시는 풍성하고 강한 것을 비유한 말이다.(龍興虎視 喻豊疆也)"라고 했다.

【용례】 다수당이 터무니없는 법안을 통과시키려고 "호시탐탐" 기회를 노리고 있는 이때 우리 당의 당론이 이렇게 지리멸렬하다면 누가 제일 좋아하겠습니까? 자중자애해서 이 난국을 슬기롭게 극복해야 하리라 봅니다.

호연지기 浩然之氣

浩 : 넓을(호) 然 : 그럴(연)
之 : 어조사(지) 氣 : 기운(기)

【뜻풀이】 천지에 가득 찬 거대한 원기.

【출전】 『맹자 · 공손추장구(公孫丑章句)』 상편에 다음과 같은 이야기가 실려 있다.

맹자가 하루는 제자인 공손추와 이런저런 이야기를 나누다가 진정한 용기에 대해서 토론하게 되었다. 맹자는 용기가 있었던 사람의 경우를 여러 가지 예로 들면서 진정한 용기란 "마음이 흔들리지 않는 것(不動心)"이라고 설명하였다. 그러자 공손추가 기회를 놓치지 않고 물었다.

"그러면 선생님의 부동심과 고자(告子)의 그것은 어떤 차이가 있습니까?"

"고자는 '납득할 수 없는 말은 억지로 이해

하려 하지 말고, 마음에 내키지 않는 점이 있다 해도 기개(氣槪)에 맡겨서 해결하려고 해서는 안 된다.'고 하였다. 즉, 마음을 허비하지 않음으로써 부동심을 얻겠다는 것이다. 그러나 기개를 억제하는 것은 좋다고 하겠지만 납득할 수 없는 말을 이해하려 들지 말라는 것은 너무 소극적인 태도가 아니겠느냐?"

"그러면 선생님의 경우는 어떤 점이 그것보다 훌륭한 것입니까?"

"나는 '말을 안다(知言)'는 것이다. 더구나 나는 거기에다가 호연지기를 기르고 있다."

여기서 말을 안다는 것은 치우친 언사, 음란한 언사, 그릇되고 간사한 언사, 숨고 피하는 언사 등 모든 언사를 꿰뚫어볼 수 있는 지혜를 가졌다는 뜻이고, 호연지기란 천지에 가득 차서 만물에 활기를 불어넣고 성실하고 강인하게 자라도록 이끄는 힘을 말한다.

맹자는 이렇게 호연지기를 기르고 있다고 하면서도 스스로 그 실체에 대해서는 자세한 언급을 피하고 있다. 그것은 담론의 문제가 아니라 실천의 문제이기 때문일 것이다.

여하간 맹자와 공손추 사이의 이 대화에서 유래한 성어가 호연지기다.

【용례】 우리가 일주일 일정으로 극기 훈련을 온 것은 드넓은 자연과 어울리며 "호연지기"를 키우자는 데 그 뜻이 있습니다. 그러니 다소 힘들더라도 단결력을 보여 무사히 행사를 끝마치기 바랍니다.

호의불결 狐疑不決

狐 : 여우(호) 疑 : 의심할(의)
不 : 아닐(불) 決 : 결심할(결)

【뜻풀이】 의심 많은 여우에 빗대어 의심하여 결행하지 못하는 것을 뜻한다.

【출전】 전하는 말에 따르면 여우는 귀가 밝고 의심이 많은 짐승이기 때문에 호청(狐聽)이나 호의(狐疑)라는 말까지 나왔다고 한다. 그래서 한문제는 "짐의 마음은 호의와 같다."고 하였고, 또 어떤 책에는 "여우는 천성이 의심이 많아 얼음 위를 건널 때도 얼음 밑에서 물소리가 나는가 들으면서 건넌다."고 하였다.

진(晉)나라 때의 문인 곽연생(郭緣生)이 지은 『술징기(述徵記)』라는 책에는 다음과 같은 이야기도 있다.

황하의 나루터인 맹진·하진이 막 결빙이 되면 사람들은 수레나 우마차를 몰고 감히 건너지 못하는데, 의심이 많은 여우가 건너는 것을 보고서야 안심하고 건넌다고 한다.

그리고 여우는 무엇이든지 땅에 묻어 놓고는 의심을 버리지 못해 재차 다시 파보고 다시 묻곤 한다는 것이다. 그래서 호매호골(狐埋狐搰)이라는 말도 있다.

이와 같이 여우가 의심이 많기 때문에 사람들은 염려가 많고 결단성이 부족한 것을 호의불결이라고 하게 되었다. 그리고 호의는 흔히 유예(猶豫)와 서로 호응해서 호의유예(狐疑猶豫) 또는 유예호의로 쓰이고 있다.

굴원(屈原)의 〈이소(離騷)〉에 보면 "마음은 망설여지고 여우처럼 의심나지만, 스스로 가고자 해도 그럴 수 없습니다.(心猶豫而狐疑兮 欲自適而不可)"라는 구절이 나온다.

【용례】 그렇게나 충실한 직원들을 못 미더워하다니 원. 자네처럼 "호의불결"한다면 어떤 직원들이 자네의 말에 따라 안심하고 업무를 보겠나.

호접지몽 蝴蝶之夢

蝴 : 나비(호) 蝶 : 나비(접)
之 : 어조사(지) 夢 : 꿈·꿈꿀(몽)

【뜻풀이】 꿈에 나비가 되어 날아다녔다는 이야기. 장주(莊周)가 꾸었다는 꿈에서 유래했다. 나와 사물은 결국 하나라는 뜻이다. 이 성어는 몽위호접(夢爲蝴蝶) 또는 장주지몽(莊周之夢)이라고도 한다.

【출전】『장자·제물론(齊物論)』에 다음과 같은 이야기가 있다.

「어느 날 장주(莊周)는 꿈에 나비가 되었다. 훨훨 나는 것이 영락없는 나비였다. 스스로 즐거워서 자신이 장주인 줄은 전혀 몰랐었다. 그러다가 얼마 후에 잠에서 깨어났다. 깨보니 자신은 여전히 움직이는 장주였다.

장주의 꿈에 나비가 되었던가? 아니면 나비의 꿈에 주로 되었던 것인가? 그러나 주는 주일 뿐이요 나비는 나비로서 반드시 구분이 있을 것이니, 이것을 일러 물화(物化)라고 하는 것이다.

(昔者莊周 夢爲胡蝶 栩栩然胡蝶也 自喻適志與不知周也 俄然覺 則蘧蘧然周也 不知周之夢爲胡蝶與 胡蝶之夢爲周與 周與胡蝶則必有分矣 此之謂物化)」

너무나 유명한 이 이야기는 자아와 타자의 구별이 없는 이상적인 세계에 대한 장자의 우화적인 비유다. 물아일체(物我一體)의 공간에서 노닐었던 장자 철학의 심오한 구경(究境)이 잘 드러난 성어다.

【용례】 수학 시간에 꿈을 꿨는데, 글쎄 내가 수학 선생님이 되어 있잖아. 그리고는 줄줄 수학 문제를 푸는 거야. 그런데 깨보니 수학 선생님의 화난 얼굴이 눈앞에서 어른거리데. 장자의 "호접지몽"을 나도 꾼 건가?

호추불두 유수불부 戶樞不蠹 流水不腐

戶 : 방(호) 樞 : 문지도리(추)
不 : 아닐(불) 蠹 : 좀쓸(두)
流 : 흐를·무리(류) 水 : 물(수)
腐 : 썩을(부)

【뜻풀이】 문지도리는 좀을 먹지 않고 흐르는 물은 썩지 않는다. 자기 역할에 충실한 사람은 퇴보하지 않는다는 뜻이다.

【출전】 전국시대 말년에 여불위(呂不韋)의 문객들에 의해 편찬된 『여씨춘추(呂氏春秋)·진수편(盡數篇)』에 보면 "흐르는 물은 썩지 않고, 문지도리에 좀이 쓸지 않는 까닭은 그것이 움직이기 때문이다.(流水不腐 戶樞不蠹 動也)"라는 말이 있고, 진(晉)나라 사람 정본이 편찬한 『자화자(子華子)』에도 이와 비슷한 말이 있다.

그리고 송나라 때 사람 장군방(張君房)이 편찬한 『운급칠첨(云笈七簽)』이라는 책에서는 "문지도리는 좀이 슬지 않으며, 흐르는 물은 썩지 않는데, 왜냐하면 끊임없이 움직여 쉬지 않기 때문이다.(戶樞不蠹 流水不腐 以其勞動不息也)"라고 하였는데 그 뜻은 늘 운동하는 물체는 좀먹지 않고 썩지 않는다는 것이다.

그러므로 이 성어는 사람들에게 노동을 권장하면서 부지런히 단련할 것을 격려하고 있는데, 이와 비슷한 말로 자강불식(自强不息)이라는 성어도 있다.

【용례】 문지도리는 좀을 먹지 않고 흐르는 물은 썩지 않는다("호추불두 유수불부")는 말이 있잖아.

호한위천 戶限爲穿

戶 : 문·방(호) 限 : 문지방(한)
爲 : 할(위) 穿 : 뚫을(천)

【뜻풀이】 사람들의 발길에 문턱이 다 닳다. 사람들의 출입이 빈번한 것을 비유하는 말이다.

【출전】 당나라 때의 문인 이작(李綽)의 『상서고실(尙書故實)』에 다음과 같은 이야기가 있다.

남북조시대 진(陳)나라에 지영(智永)이라는 유명한 서예가가 있었는데, 그가 승려였기 때문에 사람들은 그를 지영선사라고도 했다. 지영선사는 글씨를 어찌나 잘 썼던지 사람들은 그의 글씨를 가리켜 진(晉)나라의 서예가 왕희지(王羲之, 303~361)의 예술 전통을 이어받았다고 평가했다.

지영선사가 이토록 글씨에 능하게 된 것은 전적으로 노력한 결과로 그가 30년간 글씨를 익히면서 못 쓰게 된 붓만 해도 열 독이나 된다고 한다. 나중에 그는 이 낡은 붓들을 땅속에 파묻고 그 무덤을 퇴필총(堆筆塚)이라고 하였다.

그리고 자기가 쓴 글씨를 대략 천 자를 한 책으로 해서 800책을 묶어 절강의 각 사원에 한 책씩 나누어 주었는데 각 사원들에서는 그것을 보배로 간직했다.

지영선사가 절강 오흥의 흥복사(興福寺)에 있을 때 그를 만나러 오는 사람과 글씨를 써 달라고 찾아오는 사람들이 매일같이 그칠 사이가 없었다. 그래서 그의 방문턱〔戶限〕이 다 닳아 버렸다〔爲穿〕는 것이다. 그래서 사람들은 할 수 없이 양철로 문턱을 싸 놓지 않을 수 없었는데, 그것을 철문한(鐵門限, 철문턱)이라 불렀다고 한다.

이래서 호한위천이라는 성어와 함께 철문한이라는 성어가 나왔다. 후자는 앞의 이야기와는 관계없이 제한이 심해서 마음대로 출입할 수 없는 경우를 비유하는 말로 쓰이고 있다. 또 철문한은 사람의 수명이 장구한 것을 비유하기도 한다.

그리고 소식(蘇軾, 1037~1101)의 시 〈증사어객묘선사(贈寫御客妙善師)〉에는 "도성 사람 철 문지방을 밟아 깨뜨렸고, 황금과 백벽은 공연히 상에 쌓였다.(都人踏破鐵門限 黃金白璧空堆牀)"라는 시구가 있다.

문지방이 닳은 것을 소재로 한 이야기 중 재미있는 글이 있어 소개한다. 명나라 때의 문인 유기(劉基, 1311~1375)가 지은 『욱리자(郁離子)』에 실려 있다.

「촉 땅에 상인이 세 사람 있었는데, 모두 시장에서 약재를 팔았다. 그 중 한 사람은 오로지 좋은 약재만 취해서 수입을 계산해 매출액을 정하여 손해 보는 장사를 하지 않았고 또 지나치게 이익을 남기지도 않았다. 또 한 사람은 좋은 것과 나쁜 것을 모두 취해 그 가격의 높고 낮은 것은 사는 사람의 욕심에 따라 맞춰 좋은 약재와 나쁜 약재로 응했다. 나머지 한 사람은 좋은 약재는 취하지 않고 오직 많은 것으로만 취해 팔 때는 가격을 아주 싸게 하고 손님이 더 달라고 하면 어김없이 더 주어 양을 비교하지 않았다. 이에 손님들이 다투어 몰려들어 가게의 문지방을 한 달에 한 번씩 바꾸어야 할 정도가 되었다. 이렇게 장사를 한 결과 그 해가 끝날 무렵에는 큰 부자가 되었다. 그리고 두 가지 약재를 다 취한 상인도 처음에는 손님이 몰려들다가 차츰 줄어들긴 했지만 역시 다음해에는 부자가 되었다. 그러나 오로지 좋은 약재를 취한 상인은 가게가 한낮인데도 밤처럼 한산했고, 장사가 안 돼 아침밥을 먹으면 저녁 끼니를 걱정할 지경이 되었다.

욱리자가 이것을 보고 탄식하며 말하였다.

"오늘날의 벼슬아치란 작자들도 또한 이와 마찬가지일 것이다. 전에 초나라 시골에 있는 세 고을에 원님이 세 사람 있었다. 그 중 한 사람은 청렴해서 백성들의 상관들로부터 뇌물을 일체 받지 않았는데, 임기가 끝나 떠날 때는 이삿짐을 실을 배조차 빌릴 수가 없었다. 사람들이 모두 그를 비웃으며 어리석다고 놀렸다. 또 한 사람은 받을 만한 뇌물만 받아 취해 사람들은 그가 뇌물을 받는 것을 허물삼지 않았을 뿐 아니라 그의 현명함을 칭찬하기까지 했다. 나머지 한 사람은 뇌물을 받아먹지 않는 것이 없어 상관들과 교제를 두텁게 했고, 아전들과 병졸들을 자식처럼 돌보고 부유한 백성들을 손님처럼 대접했다. 그랬더니 3년을 기다리지 않아 그는 천거를 받아 벼슬아치들의 기강을 바로잡는 관직에 나아갔는데, 비록 백성들이라도 또한 그를 훌륭하다고 칭찬했다고 하니 또한 괴이한 일이 아니겠는가?"

(蜀賈三人 皆賣藥於市 其一人 專取良 計入以爲出 不虛賈 亦不過取 一人良不良 皆取焉 其價之賤貴 惟買者之欲而隨 以其良不良應之 一人不取良 惟其多 賣則賤其價 請益則益之不較 於是爭趨之 其門之限 月一易 歲餘而大富 其兼取者 趨稍緩 再朞亦富 其專取良者 肆日中如宵 旦食而昏不足 郁離子見而歎曰 今之爲士者 亦若是夫 昔楚鄙三縣之尹三 其一廉而不獲於上官 其去也 無以僦舟 人皆笑以爲癡 其一擇可而取之 人不尤其取而稱其能賢 其一無所不取 以交於上官 子吏卒而賓富民 則不待三年 擧而仕諸綱紀之司 雖百姓 亦稱其善 不亦怪哉)」

【용례】 선생님의 글씨는 워낙 일가를 이룬 것이지. 요즘에도 글씨를 받으러 오는 사람 때문에 문턱이 닳아 없어질("호한위천") 지경이라니까.

호호선생 好好先生

好 : 좋을(호) 先 : 먼저(선)
生 : 날·선비(생)

【뜻풀이】 마음씨가 너그럽고 좋은 선생이란 뜻으로, 남의 말에 무조건 옳다고 하는 오늘날의 '예스맨'을 비유하는 말이다. 꼭 부정적인 뜻으로만 쓰이지는 않는다.

【출전】 명나라 말기의 문장가 풍몽룡(馮夢龍, 1574~1646)이 쓴 『고금담개(古今談槪)』에 다음의 이야기가 나온다. 풍몽룡은 다재다능했던 사람으로 많은 저술 활동을 했는데, 특히 통속문학에서 업적이 뛰어나다.

중국 후한(後漢) 말기 세상이 난세로 치달을 때 인품이 좋기로 소문난 사마휘(司馬徽)라는 사람이 있었다. 그는 사람들이 무슨 말을 하든 언제나 무조건 "하오(好, 좋습니다)"라고 대답하여 '호호선생'이라는 별명이 붙을 정도였다. 그는 그 정도가 심해 친구가 병에 걸렸는데도 '하오'라 했고, 심지어 누가 죽었는데 '하오'라고 말할 정도였다.

곁에서 지켜보던 아내가 보다 못해 "위로를 해야 할 처지에 무조건 좋다(好)고만 어떡합니까?"라고 질책했을 때에도 그는 여전히 '하오'라고 대답했다. 남편의 대답에 기가 막힌 아내는 화도 내지 못하고 결국 실소를 지을 수밖에 없었다고 한다.

어지러운 세상을 살 때에는 무분별하게 나서서 시비를 가리기보다는 한 걸음 물러서서 세상을 관조할 줄 아는 것도 좋은 처세술일 것이다.

【용례】 조선 초의 명재상 황희 선생은 누가 뭐라고 해도 '좋다'는 말만 연발한 "호호선생"이셨다더군. 그 분이 30년 동안 영의정을 지낸 것도 다 까닭이 있는 일이었어.

혼정신성 昏定晨省

昏 : 어두울(혼) **定** : 정할(정)
晨 : 새벽(신) **省** : 살필(성)

【뜻풀이】 저녁에는 부모님의 잠자리를 살피고, 아침에는 일찍이 문안을 드린다는 뜻으로, 부모에게 효도하는 근본적인 도리를 이르는 말이다.

【출전】『예기(禮記)·곡례편(曲禮篇)』에 나오는 말이다.

혼정(昏定)은 "밤에 잘 때 부모님의 침소에 가서 밤새 편안하게 쉬시기를 여쭙는다."는 뜻이고, 신성(晨省)은 "아침 일찍 일어나 부모의 침소에 가서 밤새 편안하셨는지를 살핀다."는 뜻이다.

동서고금을 막론하고 효는 사람이 실천해야 할 가장 중요한 덕목 가운데 하나다. 동양에서는 옛날부터 "효는 모든 행동의 근본(百行之本)"이라 하여 짐승과 사람이 구별되는 근거로 보았다. 나를 세상에 있게 만든 분에 대한 존경과 복종은 결코 빠져서는 안 될 근본 윤리라고 하겠다.

특히 공자는 이러한 효에 대해 이론적인 부분과 함께 구체적인 실천 방법을 제시하여 정착시켰다. 이러한 효 사상은 맹자 시대에 이르러서는 자식의 부모에 대한 의무가 특히 강조되었고, 한(漢)나라 때 이르러『효경(孝經)』이 알려지면서 도덕의 근원이자 우주의 원리로서 명문화되기에 이르렀다.

그러나 효는 입으로 하는 구호가 아니다. 그것은 끊임없는 실천이 뒤따라야 하는 실천 덕목이다. 실천은 몸으로 하는 것이고, 따라서 자연히 효에 대한 행동상의 규범도 다양해졌다. 그 첫 번째가 색난(色難)이다. 즉, 부모님을 대하는 얼굴 가짐을 말한다. 늘 부드러운 얼굴빛으로 부모를 섬기면서 마음을 편안하게 해드려야 한다는 것으로, 말처럼 쉬운 일은 아니다. 또 부모님의 허물에 대해서는 간언은 하지만 뜻은 거역하지 않도록 하라고 했고, 돌아가시면 살아 계실 때와 마찬가지로 정성을 다해 상례와 제례를 받들어야 하며, 3년 동안 부모의 평소 생활습관을 바꾸지 않고 지키면서 시묘(侍墓)하는 것이 철칙이었다.

그러나 무엇보다도 평소 생활을 하면서 부모님을 지성으로 받드는 것이 가장 중요하다. 그래서 나온 말이 혼정신성이다.

이 성어와 비슷한 말로 온청정성(溫凊定省)이 있다. 추운 겨울에는 따뜻하게〔溫〕 지내도록 해 드리고, 더운 여름에는 시원하게〔凊〕 해 드리며, 주무시는 밤에는 이부자리를 펴 드리고〔定〕, 아침에는 문안을 드린다〔省〕는 말이다. 또 동온하청(冬溫夏凊)이란 말도 있는데, 겨울에는 따뜻하게 봉양하고 여름에는 서늘하게 모신다는 뜻이다. 모두『예기』에 나오는 말이다.

【용례】 처자식 돌본다고 객지에 나와 변변히 고향에 계신 부모님을 찾아뵙지도 못했어. “혼정신성”은 못하더라도 명절 때만이라도 문안을 거르지 말아야 하는데, 그것도 쉽지는 않아.

홀륜탄조 囫圇呑棗

囫 : 덩어리질(홀) 圇 : 덩어리질(륜)
呑 : 삼킬(탄) 棗 : 대추(조)

【뜻풀이】 통째로 삼키다. 홀륜은 완전히 혼연일체(渾然一體)가 된 덩어리를 뜻한다. 글이나 책의 뜻을 깊이 살피지 않거나 먹어도 소화가 되지 않는 것을 비유하는 말이다. 골륜탄조(鶻崙呑棗)라고도 한다.

【출전】 옛날에 어떤 사람이 누구한테서 “배는 이빨에 도움이 되지만 비위에 좋지 않고, 대추는 비위에는 유익하지만 이빨에는 이롭지 않다.”는 말을 듣고 무릎을 탁 치면서 “옳지 알겠다. 이제 배를 먹을 땐 씹기만 하고 삼키지 말고 대추를 먹을 땐 삼키기만 하고 씹지 말아야겠다. 그러면 이빨도 상하지 않고 비위도 상하지 않을 것이니 그야말로 유익무해(有益無害)할 것이다.”라고 하면서 아주 그럴듯해하는 것이었다.

그러자 곁에 있던 사람이 “배를 씹기만 하고 삼키지 않는다는 것은 혹시 될 수 있겠지만 대추를 삼키기만 하고 씹지 않는다는 건 어려울 것 같네. 대추를 통째로 삼키고 어찌 견디겠나?” 하고 말했다.

이래서 홀륜탄조라는 성어가 나왔는데 학업을 닦으면서 깊이 파고들어가지 않고 억지로 암기하거나 남의 경험 같은 것을 받아들일 때 아무런 분석도 없이 무분별하게 도입하는 것을 이르는 말이다.

【용례】 노력을 통해서 목적을 달성할 생각을 해야지, 요행수로 대학에 합격할 생각이나 하다니. 그건 “홀륜탄조”하겠다는 생각보다 더 형편없는 짓이야.

홍구위계 鴻溝爲界

鴻 : 큰기러기(홍) 溝 : 봇도랑·시내(구)
爲 : 할(위) 界 : 지경·경계(계)

【뜻풀이】 홍구를 경계로 나누다.

【출전】『사기·항우본기』에 보면 다음과 같은 이야기가 있다.

진(秦)나라가 망한 뒤 초패왕 항우(項羽)와 한왕 유방(劉邦)이 천하를 다툴 때의 일이다. 당시 병력이 비슷한 초·한 쌍방은 하남·안휘·산동 일대에서 여러 번 교전을 벌였는데, 나중에 광무산(廣武山, 오늘의 하남성 형양동 북쪽) 일대에서의 싸움이 교착 상태에 빠지게 되었다.

이때 병사들은 더 싸우기를 원치 않았고 후방에서의 병참 지원도 곤란해져 쌍방은 모두 다 지칠 대로 지쳐 있었다. 그러나 한군이 초군에 비해 인원수도 많고 군량도 충분해서 형편이 다소 나았다.

그러나 유방의 부모가 항우의 진중에 잡혀 있었기 때문에 한나라의 처지가 상당히 난처했다. 그래서 유방은 여러 차례 사람을 보내 항우에게 부모를 돌려보내 줄 것을 부탁하였다. 이에 항우는 실력으로는 유방을 이길 수 없다고 생각해서 그의 부모를 돌려보내는 대신 홍구를 경계선으로 하여 서쪽은 한나라에, 동쪽은 초나라에 편입시키기로 결정한 다음 홍구 동쪽으로 철수하였다.

이때 유방도 관중 일대로 철수하려 했지만 참모들인 장량(張良)과 진평(陳平)은 "범을 길러 우환이 되게 할 수 없다.(養虎自遺患)" 라며 항우를 추격해서 이 기회에 완전히 섬멸해 버리자고 제의하였다.

유방은 참모들의 말을 옳게 여기고 즉각 군사들을 이동시켜 초군을 추격하였다. 이렇게 유방은 마침내 항우를 격파하고 한나라를 세웠다.(➡ 권토중래卷土重來 · 사면초가四面楚歌 · 건곤일척乾坤一擲 참조)

이와 같은 이야기에서, 초·한 두 나라가 한때 홍구를 경계선으로 나누었다고 하여 뒷날 사람들은 대치 상태에 있던 쌍방에서 경계선을 나누는 것을 가리켜 홍구위계라고 하였고, 사람들 사이에 단결이 안 되거나 알력이 있을 때 홍구가 있다고 하게 되었다.

그리고 양호자유환(養虎自遺患)도 성어가 되었는데 보통 양호유환(養虎遺患) 또는 양호이환(養虎貽患)이라고 한다.

【용례】 계속 이렇게 스카우트 경쟁을 벌이다가는 비용 때문에 자멸할 것이 뻔합니다. "홍구위계"해서 스카우트 대상을 구분하는 게 어떻겠습니까?

홍익인간 弘益人間

弘 : 넓을(홍) 益 : 더할(익)
人 : 사람(인) 間 : 사이(간)

【뜻풀이】 널리 인간 세상을 이롭게 한다. 우리의 국조(國祖) 단군(檀君)의 개국 이념이면서 우리 교육의 지표이기도 한 말이다.

【출전】 『삼국유사(三國遺事) · 기이편(紀異篇)』에 다음과 같은 이야기가 나온다.

옛날에 환인(桓因, 하느님)의 아들 환웅(桓雄)은 자주 천하에 뜻을 두고 인간 세상을 구하기를 갈망하였다. 아버지가 자식의 뜻을 헤아려 아래로 삼위태백(三危太伯, 백두산)을 내려다보니 가히 "널리 인간을 이롭게 할 만한(弘益人間)" 곳이었다.

이에 환인은 천부인(天符印, 하늘에서 주는 상징) 세 개를 주어 그곳에 내려가 다스리도록 했다. 환웅이 3천 명의 무리를 이끌고 태백산(지금의 白頭山) 정상 신단수(神檀樹)에 내려오니, 이것을 신시(神市)라 불렀고, 그가 바로 환웅천왕이었다. 환웅이 사람으로 변신한 웅녀(熊女)와 혼인하여 낳은 자식이 바로 단군(檀君)인 것이다.

『동국통감(東國通鑑)』에서는 신인(神人)이 박달나무에 내려오니 나라 사람들이 그를 임금으로 삼았다고 한다. 이때가 당요(唐堯, 도당씨 요임금) 무진세(戊辰歲, 기원전 2,333년)라고 한다.

홍익인간이라는 말은 우리 민족이 나라를 열면서 세계에 제시한 원대한 비전으로서 그 가치가 오늘날에도 여전히 세찬 빛을 발한다. 인간과 더불어 살면서 인간에게 이로움을 준다는 것은, 단순히 인간만이 아닌 우주 만물과 공영(共榮)하겠다는 세계 평화주의의 선언인 것이다. 그 정신을 오늘날에도 잘 계승하는 것은 후손된 우리의 몫일 것이다.

【용례】 단군께서 처음 나라를 여셨을 때 "홍익인간"의 원대한 이상을 제시하셨지. 그런데 국익 운운하며 불의한 전쟁에 동참하는 꼴을 보면 선조들의 영전에 얼굴을 못 들 지경일세.

홍일점 紅一點

紅 : 붉을(홍) 一 : 한(일)
點 : 점 · 점찍을(점)

【뜻풀이】 유일하게 핀 한 떨기 붉은 꽃. 유난히 이채를 드러낸다는 뜻으로, 특히 남성 가운데 여성이 혼자 끼어 있을 때 쓴다. 반대의 경우는 청일점(靑一點)이라고 한다.

【출전】 왕안석(王安石)의 시 〈석류(石榴)〉에 다음과 같은 구절이 있다.

「만 떨기 푸른 꽃 가운데 한 점 붉은 석류꽃이여

사람 마음을 움직이는 봄 빛깔은 많은 꽃떨기를 필요치 않네.

萬綠叢中紅一點

動人春色不須多」

이 작품은 범정민(范正敏)의 『둔재한람(遯齋閑覽)』에 따르면 왕안석의 작품이 아니라고 한다.

그는 "이 작품은 당나라 때 시인의 것으로 작자의 이름은 분명하지 않다. 일찍이 나는 왕안석이 가지고 있던 부채에 그가 자필로 이 구절을 써 놓은 것을 보았다. 그래서 왕안석이 직접 지었다고 생각하는 모양인데, 그것은 옳지 않다."고 못박고 있다.

이런 지적이 맞는지 현행하는 『임천선생문집(臨川先生文集)』에는 이 작품이 없다.

여하 간에 이 성어는 오늘날에도 많은 사람들에 의해서 즐겨 쓰이는 것은 사실이다.

【용례】 이번에 우리 과에 새로 들어온 신입생을 보니까 여학생은 너 하나밖에 없더라. 우리 과의 "홍일점"으로서 앞으로 많은 협조 부탁한다.

화광동진 和光同塵

和 : 온화할(화) 光 : 빛(광)
同 : 함께(동) 塵 : 먼지(진)

【뜻풀이】 빛을 감추고 속진(俗塵)에 섞이다. 자신의 뛰어난 덕성을 나타내지 않고 세속을 따른다는 뜻이다.

【출전】 『노자(老子)』 제4장과 제56장에 다음과 같이 나온다.

「도는 비어 있어 아무리 쓴다고 해도 결코 차 버리거나 넘치지 않는다.

연못처럼 깊고 깊어 만물의 으뜸인 듯하다.

날카로운 것을 무디게 만들고 어지러움을 풀어 준다.

그 빛을 부드럽게 하며 티끌과도 어울리게 만든다.

깊고 그윽하여라! 무엇인가 있는 듯이 보이지만

나는 누구의 아들인지 알지 못한다.

하느님보다 먼저일 것이로다.

(道沖而用之 或不盈 淵兮似萬物之宗 挫其銳 解其紛 和其光 同其塵 湛兮似或存 吾不知誰之子 象帝之先)(제4장)

아는 사람은 말하지 않으며 말하는 사람은 알지 못하다.

감각 기관을 막고 욕망의 문을 닫으며, 날카로움을 꺾고 어지러움을 풀며, 빛을 부드럽게 하고 티끌과 한 몸이 되어라.

이를 일러 현묘한 한몸되기(玄同)라 한다.

때문에 가까이 둘 수도 없고 멀리 떼어둘 수도 없으며, 이롭게 할 수도 없고 해칠 수도 없으며, 귀하게 할 수도 없고 천하게 할 수도 없다.

때문에 천하에서 귀하게 여기는 것이니라.

(知者不言 言者不知 塞其兌 閉其門 挫其銳 解其紛 和其光 同其塵 是謂玄同 故不可得而親 不可得而疏 不可得而利 不可得而害 不可得而貴 不可得而賤 故爲天下貴)」

【용례】 모난 돌이 정 맞고, 난세에는 보신이 최고라고 들었어. 나 역시 불의에 맞서기보다는 "화광동진"하면서 내 몸이나 지키는 것으로 보신책을 삼으려고 해.

화기소장 禍起蕭墻

禍 : 재앙(화) **起** : 일어날(기)
蕭 : 고요할(소) **墻** : 담장(장)

【뜻풀이】 재앙은 궁궐이나 가정 안에서 일어난다. 내분이나 내란이 일어나는 것을 비유하는 말이다.

【출전】 『논어 · 계씨편(季氏篇)』에 다음과 같은 이야기가 있다.

춘추시대 노(魯)나라에서는 문공〔文公, 희흥(姬興)〕 때부터 대귀족 계손씨(季孫氏)가 정권을 잡았는데 애공〔哀公, 희장(姬將)〕 시대에 이르러 경대부 계강자(季康子)라는 사람은 그 세력이 임금을 능가하는 형편이었다.(▶ 시가인 숙불가인是可忍 孰不可忍 참조)

그럼에도 계강자는 자기의 세력을 한층 더 확대하기 위해 자기의 봉지인 비읍(費邑) 근처에 있는 작은 나라 전수(顓臾, 노나라의 속국)를 쳐서 빼앗으려 했다.

이때 공자는 계강자의 이런 행동을 반대했지만 그의 제자들인 염구(冉求)와 자로(子路)는 계강자를 지지했다.

이리하여 공자는 제자들을 꾸짖으면서 "내가 보건대 계손씨가 근심하는 것은 전수국에 있는 것이 아니라 소장 안에 있는 것 같다.(吾恐季孫之憂不在顓臾 而在蕭墻之內也)"고 말했는데, 소장(蕭墻)은 대궐 앞의 담장을 말하는 것으로, 소장 안은 곧 궁궐을 가리킨다.

말하자면 공자는 계손씨가 소국인 전수국이 두려워 그러는 것이 아니라 노애공이 전수국을 이용해서 자기를 칠까 봐 선수를 친다는 것이었다. 그리고 두 사람이 주인의 그릇된 행동을 바로잡지 못하니, 장차 주인을 망친 사람은 염구와 자로 두 사람이라는 것이다. 이렇게 해서 그 후부터 사람들은 화기소장 또는 소장지화(蕭墻之禍)라는 말로 내란을 비유하게 되었다.

그리고 공자가 제자들을 꾸짖을 때 기래지 즉안지(旣來之 則安之) 또는 분붕이석(分崩離析)이라는 말도 했는데, 나중에 다 성어가 되었다.

【용례】 산업 스파이를 걱정할 때가 아닙니다. 사원들의 사기가 바닥에 떨어져 있는데, 무슨 능률이 오르겠습니까. "화기소장"한 상황에서 시급히 대책을 세우지 않는다면 큰 봉변을 당할 것입니다.

화락송정한 花落訟庭閒

花 : 꽃(화) **落** : 떨어질(락)
訟 : 다툴(송) **庭** : 뜰(정)
閒 : 한가할(한)

【뜻풀이】 꽃잎이 떨어질 정도로 소송의 마당은 한가하구나. 정치가 잘 이루어져서 법정에 서서 싸우는 사람이 없는 상황을 비유하는 말이다.

【출전】 잠삼(岑參, 715~770)의 〈초지건위시(初至犍爲詩)〉에 나오는 한 구절이다.

「산빛은 난간 안으로 들고
여울 소리는 베갯머리로 들려온다.
풀은 자라도 관아는 고요하고
꽃잎 떨어져도 법정은 한가롭다.
구름과 비는 삼협을 두루 감싸고
바람과 먼지는 백만에까지 닿았다.
도착한 지 고작 며칠이 지났는데
어느새 머리는 희끗희끗 반백일세.
山色軒檻內
灘聲枕席間
草生公府靜
花落訟庭閒
雲雨連三峽
風塵接百蠻
到來能幾日
不覺鬢毛班」

『수서(隋書)·순리전(循吏傳)』에 다음과 같은 이야기가 있다.

유광(劉曠)이 평향(平鄕)의 수령이 되었다. 그곳에 7년 동안 덕스러운 가르침으로 백성들을 교화해 고을을 두루 잘 다스렸다. 감옥에는 죄수가 한 명도 없어서 감옥 뜰에는 풀이 파릇파릇 돋을 지경이었고, 마당에는 새를 잡기 위해 그물 덫을 놓을 정도였다고 한다.

【용례】 저는 훌륭한 법관이 되는 것이 꿈입니다. 그래서 억울한 사람이 한 사람도 없게 해서 법정에 꽃잎이 떨어질 만큼 한가롭게 되도록(“화락송정한”) 힘써 보고 싶습니다.

화룡점정 畵龍點睛

畵 : 그림·그릴(화) 龍 : 용(룡)
點 : 찍을(점) 睛 : 눈동자(정)

【뜻풀이】 용 그림을 그린 뒤 눈동자에 점을 찍다. 말을 하거나 글을 지을 때 한두 마디의 긴요한 말로 중심 내용을 정확하게 포착한다는 뜻으로, 예술 작품에 적용될 수 있다.

【출전】 당나라 때의 문인 장언원(張彥遠)의 『역대명화기(歷代名畵記)』에 다음과 같은 이야기가 나온다.

남북조시대 양나라의 화가 장승요(張僧繇)가 어느 날 금릉(金陵, 오늘날의 남경) 안락사(安樂寺) 벽에 용 네 마리를 그린 적이 있는데, 모두가 살아 숨쉬는 용 같았다. 그런데 기이하게도 네 마리의 용은 모두 눈동자가 없었다.

주위 사람들이 물었다.

“왜 눈동자는 그리지 않았는가?”

이에 장승요는 “눈동자를 그리기만 하면 용들이 다 살아서 날아가기 때문”이라고 대답했다.

사람들이 그 말을 믿지 않자 장승요는 곧 붓을 들어 벽화의 용에 눈동자를 그려 넣었는데, 갑자기 번개가 치고 우레가 울더니 벽에 금이 쭉 갔다. 사람들이 깜짝 놀라 눈을 들어 쳐다보니 과연 눈동자를 그려 넣은 용 두 마리가 없어지고 말았다고 한다.

이 신화 같은 이야기는 물론 도저히 있을 수 없는 일임은 말할 필요도 없다. 그러나 이 이야기에서 나온 화룡점정이라는 성어와 다른 하나의 성어인 파벽비거(破壁飛去)(뜻이 이룩되었거나 이상이 실현되었음을 비유하는 말)는 대단히 상황을 생동감 있게 설명하는 말이라고 할 수 있다.

【용례】 좋은 취지의 발의문을 보낸 것은 좋은데, 성금을 보낼 통장 번호가 빠졌잖아. 기껏 고생하고 “화룡점정”을 못 했군.

화병충기 畫餠充饑

畫 : 그림·그릴(화) 餠 : 떡(병)
充 : 채울(충) 饑 : 굶주릴(기)

【뜻풀이】 그림 속의 떡으로 요기를 한다는 뜻이지만, 허황된 수작으로 자신을 위안한다는 말이다.

화병충기와 다른 하나의 성어 망매지갈(望梅止渴, 매실을 생각하면서 갈증을 푼다는 뜻)은 그 함의가 비슷할 뿐 아니라 문자상으로도 아주 대조적인데, 더욱 공교로운 것은 후자는 조조의 말에서 나왔다는 바로 그 점이다. (➡ 망매지갈望梅止渴 참조)

【출전】 『삼국지·위지(魏志)·노육전(盧毓傳)』에 다음과 같은 이야기가 있다.

조예(曹睿)는 삼국시대 위나라의 두 번째 황제로 그의 수하에 노육이라는 심복 대신이 있었다. 어느 날 조예는 노육더러 중서랑으로 뽑아 쓸 만한 사람을 하나 천거하라고 하면서 이렇게 말했다.

"인재를 선발하는 데는 명성만 볼 게 아니오. 명성이란 건 땅바닥에 그려 놓은 떡과 같은 것으로 먹지 못하는 것입니다.(選擧莫取有名 名如畵地作餠 不可啖也)"

노육은 이렇게 해서 우선 고과법(考課法)을 만들고 재능보다도 덕행을 중시하여 관원을 임명하게 하였다. 사실 위나라에는 조비(曹丕) 때부터 구품관인법(九品官人法)을 만들어 인재를 적절하고 공정하게 기용하는 제도를 갖추고 있었다.

조예의 이 말에서 나중에 화병충기라는 성어가 나왔는데, 당나라 때의 이상은(李商隱, 812~858)이나 송나라 때의 소식(蘇軾, 1037~1101) 등은 모두 그들의 글에서 화병(花餠)의 이야기를 인용하였으며, 『전등록(傳燈錄)』이라는 책에서는 화병불가충기(畵餠不可充饑)라고 하였다.

【참조】 구품관인법은 중국 삼국시대 이후 역대 왕조에서 시행한 관리등용제도다. 송나라 이후에는 구품중정제(九品中正制)라고도 하였다. 상서(尙書) 진군(陳群)의 건의에 따라 위왕(魏王)이 제정한 것으로, 관직의 등급을 1품에서 9품까지 구분하고 관품(官品)에 따라 대우를 달리한 것을 말한다. 중앙정부에서는 지방의 주군(州郡)에 중정관(中正官)을 설치하고, 관내 사관(仕官) 지망자의 덕행과 재능을 심사하여, 1품에서 9품까지 등급[이것을 향품(鄕品)이라 한다.]을 매겨 내신서를 작성하게 하였으며 대개 향품(鄕品)보다 4등급 낮추어 초임(初任)시켰다.

이 법은 정실에 좌우되지 않고 개인의 재주와 덕망에 따라 등용하는 것을 목적으로 했지만, 현실적으로는 그 반대의 결과를 초래하였다. 즉, 유력자의 자제는 향품 2품으로 사정되어 그 집안의 기득권으로 바뀌었고, 이에 미치지 못한 한사(寒士)와의 사이에 커다란 단절이 발생하였다. 또한 가격(家格) 2품 중에서도 상·하의 차이가 생겼으며, 같은 관품 안에서도 상류자가 오르는 청관(淸官)과 하류자가 오르는 탁관(濁官)의 구별이 생겼다. 이에 정부의 인사원(人事院), 즉 이부(吏部)는 귀족의 계보를 외어 두고 가격(家格)에 따라 임관시켰다.

이 제도는 남조(南朝)의 송(宋)·제(齊) 때 절정을 이루었다가 북조(北朝) 때 황제 권력의 강화로 점차 쇠퇴하였으며, 수(隋)나라 문제(文帝) 때 폐지되고 과거제도가 채택되었다. 그러나 관품제도만은 계속되어 청(淸)나라 말기까지 실행되었다.

【용례】 계획은 거창하다만 그것을 실천할 방안은 좀 허황된 것 같다. 명실상부(名實相符)한 계획을 세워야지 이런 식이라면 이건 "화병충기"밖엔 안 되겠는걸.

화사첨족 畵蛇添足

畵 : 그림·그릴(화) 蛇 : 뱀(사)
添 : 더할(첨) 足 : 발·족할(족)

【뜻풀이】 뱀을 그리고 발을 그려 넣는다는 뜻으로, 쓸데없는 짓을 일컫는 말이다.

【출전】『전국책·제책(齊策)』에 다음과 같은 이야기가 있다.

초나라에서 있었던 일이다. 어느 날 어떤 집에서 제사를 지낸 뒤 일꾼들에게 술 한 통을 하사하였다. 그런데 사람은 많고 술은 적은지라 일꾼들은 뱀을 먼저 그리는 사람에게 술을 주기로 하였다.

이에 일꾼들은 모두 뱀을 그리기 시작했는데 그 중 한 사람이 벼락같이 그려 놓고 보니 다른 사람들은 아직 그리지도 못한 터였다. 그래서 그 사람은 "자네들은 정말 굼뜨구먼. 난 이제 발까지 그려 넣어도 넉넉할 것이네." 하고는 이미 그려 놓은 뱀에 발을 붙여 놓았다.

그러자 다른 한 사람이 뱀을 다 그려 놓고 "이 술은 내 것이야! 자네가 빨리 그리긴 했지만 뱀에 어디 발이 있는가? 이건 뱀이 아니야!" 하고 술을 빼앗아 갔다. 그래서 술은 결국 그 사람이 마시고 말았다.

이 이야기는 초회왕 때 소양(昭陽)이라는 초나라 장수가 위나라를 쳐 여덟 개의 성을 깨뜨리고 대승한 다음 이어 제나라를 치려 하자 때마침 제나라에 와 있던 진(秦)나라의 사자 진진(陳軫)이 소양에게 들려준 이야기라고 한다. 즉, 소양은 위나라를 쳐서 이긴 것으로 만족해야지 다시 제나라를 쳐서 만일 이기지 못한다면 그것은 마치 뱀을 그린 다음 발을 그려 넣는 것과 다름없는 것으로, 앞의 공로까지 다 잃게 된다는 의미를 두고 한 말이었다. 결국 소양은 진진의 말을 옳게 여기고 퇴군했다고 한다.

화사첨족과 뜻이 같은 말로서 농교성졸(弄巧成拙) 또는 농교반졸(弄巧反拙)이라는 성어가 있다. 화사첨족은 간단히 줄여 사족(蛇足)이라고 많이 쓰인다.

【용례】 이미 네 꼼수는 백일하에 드러났어. 그런데도 계속 그 따위 변명을 늘어놓는다면, 그건 "화사첨족"에 불과할 뿐이야. 솔직히 잘못을 인정해라.

화서지몽 華胥之夢

華 : 화려할(화) 胥 : 서로(서)
之 : 어조사(지) 夢 : 꿈(몽)

【뜻풀이】 화서에서 꾼 꿈. 좋은 꿈을 뜻하는 말이다.

【출전】『열자·황제편(黃帝篇)』에 다음과 같은 이야기가 있다.

「황제는 천하가 제대로 다스려지지 않는 것을 걱정해서 총명을 다하고 지혜를 짜냈다. 그러자 피부 빛깔은 타는 듯 거무튀튀해지고 다섯 가지 감정은 어두워져 더욱 의혹에 빠졌다. 그래서 황제는 모든 일을 제쳐 놓고 물러나 대정씨의 저택에 머물며 수신재계(修身齋戒)하면서 3개월 동안은 정치에도 관여하지 않았다.

황제가 깜빡 낮잠이 들었는데, 태고 시절의 임금인 화서씨의 나라에 놀러 갔다. 그 나라에는 장수나 어른도 없이 자연스러울 뿐이었고, 백성들은 욕심이 없이 자연스러울 뿐이었으며, 삶을 즐거워할 줄도 몰랐고 죽음을 미워할 줄도 몰랐다. 때문에 요절이 있을 리 없었다.

자신을 소중히 할 줄도 몰랐고 남을 멀리할 줄도 몰랐다. 때문에 애증이 없었다. 등을 돌려 거스를 줄도 몰랐고 온순하게 향할 줄도 몰랐다. 때문에 이익이나 손해란 것도 없었다. 누구에게도 이해가 없었고 누구에게도 애증이 없으며 누구에게도 두려워하고 꺼려함이 없어서 물에 들어가도 빠지지 않았고, 불에 들어가도 뜨겁지 않았다. 종아리를 쳐도 생채기나 통증이 없고 찌르고 긁어도 아프거나 가렵지 않았다. 하늘을 떠다녀도 실상을 밟는 듯했고, 허공에 자리를 깔아도 침대 위에 있는 듯하였다.

구름이나 안개도 그들이 보는 것을 가로막지 못했으며, 우레와 천둥도 그들이 듣는 것을 어지럽히지 못했고, 아름다움이나 추함도 그들의 마음을 흐리게 하지 못했으며, 산이나 계곡도 그들이 걷는 것을 넘어뜨리지 못했다. 신비스럽게 걸을 뿐이었다. 황제는 꿈에서 깨어나 확연하게 스스로 깨우침을 얻었다. 그는 말하였다.

"오늘에야 나는 지극한 도는 감정에 치우쳐서 구할 수 있는 것이 아님을 알았다."

그로부터 28년 동안 천하는 화서씨의 나라와 같이 아주 잘 통치되었고, 황제의 자리는 형식적으로 있을 뿐이었다.

(黃帝憂天下不治 竭聰明盡智力 焦然肌色皯黣 昏然五情爽惑 於是放萬機 退而閒居大庭之館 齋心服形 三月不親政事 晝寢而夢 遊於華胥之國 其國無帥長 自然而已 其民無嗜欲 自然而已 不知樂生 不知惡死 故無夭殤 不知親己 不知疏物 故無愛憎 不知背逆 不知向順 故無利害 都無所愛惜 都無所畏忌 入水不溺 入火不熱 斫撻無傷痛 指擿無痟癢 乘空如履實 寢虛若處上 雲霧不硋其視 雷霆不亂其聽 美惡不滑其心 山谷不躓其步 神行而已 黃帝旣寤 悟然自得曰 今知至道不可以情求矣 又二十有八年 天下大治 其若華胥之國 而帝登假)」

이처럼 열자 역시 도가 계열의 사상가로 이상적인 국가는 무위이치(無爲而治)가 실현된 나라라는 주장을 펼치고 있다.

【용례】 결혼 축하한다. 신혼여행 가거든 "화서지몽"도 꾸기를 바란다.

화실상칭 華實相稱

華 : 빛날(화) **實** : 충실할(실)
相 : 서로(상) **稱** : 걸맞을(칭)

【뜻풀이】 화려함과 성실성이 서로 일치하다. 선비가 갖추어야 할 바람직한 면모를 일컫는 말이다. 지식인이라면 문장은 화려해야 하고 행동은 신실해야 한다는 뜻이다. 즉, 전인적인 인간이 되어야 한다는 것이다.

【출전】 『남사(南史)·제형양왕균전(齊衡陽王鈞傳)』에 보면 다음과 같은 무제(武帝)의 말이 있다.

어느 날 무제가 왕검(王儉)을 보더니 이렇게 말했다.

"형양왕에게는 문학적 능력이 필수적인데, 더욱이 화려함과 충실성이 서로 걸맞아야 할 것이다.(衡陽王須文學 當華實相稱)"

이 말에서 성어 화실상칭이 나왔다.

원매(袁枚, 1716~1797)는 자신의 문학 이론서인 『수원시화(隨園詩話)』 권7에서 다음과 같은 말을 남기고 있다.

「문학이란 줄기만 있고 꽃이 없으면 이는 마른 나무이고, 고기만 있고 뼈대가 없다면 이는 여름벌레일 뿐이다. 또 사람 모양만 있지 자아의식이 없으면 이는 꼭두각시일 뿐이고, 소리만 있고 운율이 없으면 이는 기왓장이나 물장군일 뿐이다. 곧기만 하고 굴곡이 없으면 이는 새는 술잔일 뿐이고, 격식만 갖추었지 운치가 없다면 이는 흙으로 만든 소일 뿐이다.

(詩 有幹無華 是枯木也 有肉無骨 是夏蟲也 有人無我 是傀儡也 有聲無韻 是瓦缶也 有直無曲 是漏巵也 有格無趣 是土牛也)」

【용례】 그 작가는 너무 기교에만 골몰해서 식상해. 서 푼어치 기교만 부리다가는 결국 바닥나고 말 텐데, 왜 "화실상칭"할 줄 모르는지 모르겠어.

화언교어 花言巧語

花 : 꽃(화) 言 : 말씀(언)
巧 : 교묘할(교) 語 : 말씀(어)

【뜻풀이】 감언이설(甘言利說). 듣기 좋은 말로 사람을 속인다는 뜻으로, 화언(花言)과 교어(巧語)는 같은 뜻인데, 『시경』이나 『논어』 등 고서들에서는 교어를 모두 교언(巧言)이라고 한다.

【출전】 『시경 · 소아(小雅)』의 〈교언〉에서는 "교묘한 말은 생황과 같고, 얼굴은 두터워 부끄러운 줄 모른다.(巧語如簧 顔之厚矣)"고 하였고, 『논어 · 학이편(學而篇)』에서는 "말은 듣기 좋고 낯색은 부드럽게 하는 사람 중에 어진 이는 드물다.(巧言令色 鮮矣仁)"고 했다.

송나라 때의 유학자 주희(朱熹)는 『주자어류(朱子語類)』라는 책에서 "교언은 화언교어를 말하는 것이다.(巧言 卽今所謂花言巧語)"라고 해석한 바 있다.

그리고 원나라 때의 극작가 왕실보(王實甫)도 그의 명작 『서상기(西廂記)』에서 화언교어라는 말을 쓰고 있다.

【용례】 너처럼 영민한 아이가 그런 "화언교어"에 속아 넘어가다니, 원숭이도 나무에서 떨어진다지만 정말 어처구니없구나.

화옥산구 華屋山丘

華 : 꽃 · 화려할(화) 屋 : 집(옥)
山 : 뫼(산) 丘 : 담장(구)

【뜻풀이】 화려했던 집이 산과 구릉으로 변하다. 상전벽해(桑田碧海)와 같은 뜻이다. 달리 인간의 수명은 유한해서 죽음과 함께 부귀공명도 사라진다는 뜻도 가지고 있다.

【출전】 『진서 · 사안전(謝安傳)』에 다음과 같은 이야기가 있다.

사안은 박식하고 재주가 많았으면서도 인간관계에서는 따뜻한 마음씨를 중요시했던 사람이다. 그는 동진의 효무제(孝武帝)를 보좌해서 많은 인재를 등용시켜 동진을 안정시키는 데 크게 공헌하기도 했다.

형설지공(螢雪之功)이라는 고사로 널리 알려진 차윤(車胤)도 그의 천거로 등용된 인물 중 하나다. 이와 같이 그는 사심 없이 나라를 위해 헌신했고 인정이 많아 사람들의 칭송을 받았다.

사안에게는 양담(羊曇)이라는 조카가 있었다. 그는 매우 총명해서 사안은 그를 친자식처럼 아꼈다. 그래서 자연히 외삼촌과 조카 사이가 아주 각별해서 마치 부자지간처럼 지냈다. 그러다가 사안이 죽자 양담은 몹시 비통해하며 삶의 의욕마저 상실할 정도였다. 사안이 죽은 뒤 가족들은 그를 서문 밖에 안장하였다.

그러나 양담은 외삼촌의 무덤에 가지 않았을 뿐 아니라 서문으로 난 길로도 지나가지 않았다. 만약 어쩔 수 없이 서문으로 가야 할 일이 있으면 일부러 먼 길을 돌아가곤 했다. 그런 그의 태도에 사람들은 모두 이상하게 여겼지만, 양담으로서는 외삼촌의 무덤을 보게 되면 너무 슬프고 상심이 되어서 견딜 수가 없었던 것이다.

그러던 어느 날 그는 술이 잔뜩 취해서 실수로 서문을 지나게 되었다. 멀리서 삼촌의 무덤을 바라본 양담은 갑자기 대성통곡(大聲痛哭)을 하며 말채찍으로 성문을 치면서 울부짖었다.

"살아 계실 때의 화려한 집이 지금은 영락해서 산구릉이 되었구나!(生存華屋處 零落歸丘山)"

이 구절은 본래 위나라의 조식(曹植, 192~232)이 쓴 시 〈공후인(箜篌引)〉의 한 부분이다. 앞부분 두 구절은 "풍성한 때는 다시 할 수 없고, 백년은 순식간에 내 앞에서 다하는구나.(盛時不可再 百年忽我遒)"이다. 사람의 삶과 죽음, 그리고 세상사의 흥망이 무상한 것을 탄식한 작품이다. 후세 사람들은 양담이 사안의 일로 통곡한 것 때문에 조카가 외삼촌의 죽음을 애도하는 말로도 쓰게 되었다.

【용례】 어려운 가운데서도 집안을 일으키려고 그렇게 노심초사(勞心焦思)하시더니 이렇게 어이없이 세상을 떠나시다니. 조카들이 "화옥산구"하는 저 곡성을 저세상에서 듣고 계실지 모르겠구나.

화우지계 火牛之計

火 : 불(화) 牛 : 소(우)
之 : 어조사(지) 計 : 헤아릴·꾀(계)

【뜻풀이】 소 꼬리에 불을 붙이는 계책.

【출전】 『사기·전단열전(田單列傳)』에 다음과 같은 이야기가 있다.

연(燕)나라 소왕(昭王)은 내우외환(內憂外患)이 겹쳐 거의 괴멸 상태에 빠져 있었다. 특히 이웃 제(齊)나라에게서 받은 피해는 엄청난 것이었다.

그는 곽외(郭隗)의 계책을 받아들여(◘ 선종외시先從隗始 참조) 천하의 인재들을 받아들인 결과 악의(樂毅)라는 장군을 얻었다. 그리고 부국강병(富國强兵)에 힘써서 마침내 주변 국가와 동맹을 맺고 주(周)나라 난왕(赧王) 31년(기원전 284)에 제나라를 공격하였다.

자만에 빠져 있던 제나라 군대는 여지없이 격파되어 거의 모든 국토가 연나라 수중에 떨어졌고, 다만 즉묵(卽墨)만이 남게 되었다. 난리통에 간신히 목숨을 구한 전단은 즉묵에 가서 장군으로 추대되어 연나라와 대치하였다.

전단은 연나라를 이길 방법은 계략을 써서 악의를 제거하지 않으면 안 된다고 생각하고 유언비어(流言蜚語)를 퍼뜨려 악의가 제나라 왕이 되려 한다고 소문을 냈다. 그러자 평소 악의를 의심하고 있던 연왕은 즉시 악의를 파면시키고 기겁(騎劫)으로 교체하였다. 그리고는 연나라 군사들로 하여금 갖은 악행을 저지르게 하여 즉묵에 있는 주민과 군인들이 죽음으로써 항전하도록 유도하였다.

그런 뒤 전단은 소 꼬리에다가 기름을 묻힌 갈대를 묶고 가죽에는 용 무늬를 그려 넣어 밤에 결사대 5천 명과 함께 성문을 열고 공격에 나섰다.

이 괴상한 공격에 혼비백산(魂飛魄散)한 연나라 군대는 여지없이 격파되었고, 전단은 여세를 몰아 마침내 연나라 군사를 몰아내고 잃었던 70여 성을 되찾아 제나라를 위기에서 구하였다.

【용례】 이번 일은 어차피 우리도 다소의 희생은 각오하고 해야 합니다. 소가 아깝다고 "화우지계"를 포기할 수는 없는 일 아니겠습니까?

화이부실 華而不實

華 : 화려할(화) 而 : 어조사(이)
不 : 아닐(부) 實 : 열매(실)

【뜻풀이】 겉은 화려하면서도 실속은 없다. 우리 속담 "빛 좋은 개살구"와 뜻이 같다.

【출전】 『논형 · 서해편(書解篇)』에 "물건 가운데에는 화려하지만 실질적이지 못한 것도 있고, 실질적인데 화려하지 않은 것도 있다.(物有華而不實 有實而不華者)"는 말이 있다.

어떤 물건이 겉은 화려하지만 실속이 없거나 실속은 있지만 겉이 화려하지 못하다는 뜻인데, 사람들은 화이부실이라는 말로 사람 또는 사물이 외형만 멀쩡할 뿐 내실은 허술한 경우를 비유한다.

『국어 · 진어(晉語)』 중에는 "겉만 화려하고 내실이 없는 것은 부끄러운 일이다.(華而不實 恥也)"라는 진목공(秦穆公)의 말이 있고, 『논어 · 자한편(子罕篇)』에는 "싹으로서 꽃피지 못하는 것도 있을 것이고, 꽃은 피되 열매를 맺지 못하는 것도 있을 것이다.(苗而不秀者有矣夫 秀而不實者有矣夫)"라고 한 공자의 말이 있다.

곡식 중에는 싹은 피어도 이삭이 패지 않는 것이 있고, 이삭이 패여도 알이 들지 않는 것이 있다는 뜻이다.

수(秀)는 이삭이 팬다는 뜻으로, 수이부실(秀而不實)과 화이부실은 뜻이 같다. 화(華)는 본래 화(花)로서 꽃만 피고 열매가 맺지 않는다는 뜻이다. 화이부실은 겉만 번지르르하고 실속이 없는 언론 보도를 비유할 때도 쓰이고 있다.

【용례】 네 글은 수식만 요란하지 정작 내용은 허술하기 짝이 없는 게 병폐야. 앞으로는 "화이부실"한 글보다는 진솔한 자기 주장을 담은 글을 쓰도록 노력하거라.

화조월석 花朝月夕

花 : 꽃(화) 朝 : 아침(조)
月 : 달(월) 夕 : 저녁(석)

【뜻풀이】 꽃 피는 아침과 달 밝은 저녁이라는 뜻으로, 아름다운 시각 또는 아름다운 경치를 일컫는 말이다.

【출전】 옛사람들은 보통 음력 2월 15일을 화조라 하고, 8월 15일을 월석이라 해서 이날을 꽃놀이 달놀이 하기 가장 좋은 때라고 하

였지만 지역에 따라 약간의 차이도 없진 않았다. 예컨대 낙양(洛陽) 풍속에는 2월 2일을 화조라 하고 동경〔東京, 개봉(開封)〕에서는 2월 12일을 화조라고 하였다.

그러나 옛사람들이 말하는 화조월석은 사실 어느 한 명절에 제한되는 것이 아니다. 흔히 아름다운 시각과 아름다운 경치를 통틀어 말하는 것으로, 꽃이나 달을 마주하고 심회를 토로하면서 시 짓기를 즐겨한 관습과도 관련되어 있다. 그들의 시에서 꽃이나 달, 바람, 눈〔雪〕 등이 자주 나오는 것도 바로 이 때문이라고 하겠다.

물론 이러한 작품들에는 아름다운 것도 있었지만 소극적이며 감상적인 감정으로 충만된 것도 없지 않았다. 그리하여 사람들은 읽기에 무료하고 감흥이 일어나지 않는 작품들을 일컬어 풍화설월(風花雪月) 또는 풍월지작(風月之作)이라고 하게 되었다.

【용례】 전번에 장편을 탈고한 뒤 한 달 정도 시골에 가서 쉬었다 왔네. 아침에는 꽃을 보고 저녁에는 달빛을 받으며("화조월석") 지내노라니까 그간 찌들었던 땟국이 다 빠져나가는 것 같더군.

화중지병 畵中之餠
→ 화병충기 畵餠充饑

화지군자 花之君子

花 : 꽃(화) 之 : 어조사(지)
君 : 임금(군) 子 : 아들(자)

【뜻풀이】 꽃 중의 군자라는 뜻. 즉 연꽃을 일컫는 말이다.

【출전】 송나라의 학자 주돈이(周敦頤, 1017~1073)가 쓴 〈애련설(愛蓮說)〉에서 유래한 말이다.

「물이나 뭍에서 자라는 풀과 나무의 꽃 가운데 정말 사랑할 만한 것은 대단히 무성하게 많다. 진나라 때의 도연명은 그 중 국화를 가장 사랑했고 이씨가 세운 당나라 이래로부터 세상 사람들은 모란을 몹시 사랑했다. 그런데 나는 유독 연꽃이 더러운 흙탕물 속에서 나와서도 그에 물들지 않고 맑은 냇물에 씻겨서도 요염하지 않은 것을 사랑한다. 연꽃은 가운데가 비었어도 외모는 꼿꼿하며 덩굴도 없고 가지도 없다. 게다가 향기는 멀리 있을수록 더욱 맑으며 우뚝하고 맑게 심어져 있어 멀리서 보기에 적당하지 가까이 두고 감상하기에는 적당하지 않다. 나는 이렇게 말하겠다. 국화는 꽃 중의 은일자이고, 모란은 꽃 중의 부귀자이며, 연꽃은 꽃 중의 군자일 것이다. 오호라! 국화를 사랑하는 사람은 도연명 이후에 들어 보지 못했고, 연꽃을 사랑하는 사람에 나와 함께할 이가 어떤 사람인가? 모란을 사랑하는 사람이 많은 것은 어쩌면 당연하다고 할 것이다.

(水陸草木之花 可愛者甚蕃 晉陶淵明 最愛菊 自李唐來 世人甚愛牡丹 予獨愛蓮之出於淤泥而不染 濯淸漣而不妖 中通外直 不蔓不枝 香遠益淸 亭亭淨植 可遠觀而不可褻翫焉 予謂菊花之隱逸者也 牡丹花之富貴者也 蓮花之君子者也 噫 菊之愛 陶後鮮有聞 蓮之愛 同予者何人 牡丹之愛 宜乎衆矣)」

주돈이는 이 글에서 국화와 모란과 연꽃을 들어 인간의 출세 지향적이고 부귀롭고자 하는 속된 욕망을 경계하고, 아울러 군자와 은 일자가 드문 세태를 풍자하였다.

【용례】 우리 부장님 꼬장꼬장하신 건 알아줘야 해. 어떤 청탁도 내쳐 거절하시는데 감히 범접할 수가 없더라니까. "화지군자"처럼 더러운 흙탕 속에서도 청렴을 지킬 줄 아는 분이셔.

화표학귀 華表鶴歸

華 : 빛날(화) 表 : 겉(표)
鶴 : 학(학) 歸 : 돌아갈(귀)

【뜻풀이】 옛날에 정령위(丁令威)가 죽어서 학이 되어 날아갔다는 말에서 나온 성어다. 화표는 묘 앞에 세우는 문으로 망주석(望柱石) 따위를 말한다.

【출전】『수신후기(搜神後記)』에 보면 다음과 같은 이야기가 있다.

정령위는 본래 요동 사람이었다.

젊어서 고향을 떠나 영허산(靈虛山)에 가서 도를 배웠다. 마침내 도를 깨치고 고향으로 돌아왔는데 올 때 학으로 변신해 날아왔다. 요동 땅에 닿은 그는 성문의 화표주 위에 집을 짓고 살았다.

어느 날 소년 하나가 지나가다가 학을 보고는 활을 겨눠 쏘려고 했다. 그러자 학은 하늘로 날아 올라 빙빙 돌더니 소년을 보고 말하는 것이었다.

「새 있도다 새 있도다 정령위인네
집 떠난 지 천년 만에 이제야 돌아왔네.
성곽은 옛날과 같은데 사람들은 다르니
어찌 신선을 배우지 않아 무덤만 가득한가.
有鳥有鳥丁令威
去家千年今始歸
城郭如古人民非
何不學仙塚纍纍」

이런 말을 남기고는 마침내 날갯짓해서 하늘 높이 날아가 버렸다.

세태에 따라 돌변하는 사람과는 어울릴 수 없어 결국 세상과 이별했다는 말인데, 고고한 신선의 자태를 비유했다고 할 수 있다.

【용례】 사람들이 내 뜻을 너무 몰라주는군. 아직은 때가 아닌가 봐. 그저 학이나 타고 훌쩍 날아갔다가("화표학귀") 내일을 도모하고 싶군그래.

화호유구 畵虎類狗

畵 : 그릴(화) 虎 : 호랑이(호)
類 : 무리·종류(류) 狗 : 개(구)

【뜻풀이】 호랑이를 그리려다가 개를 그렸다는 뜻으로, 능력에 걸맞지 않게 큰일을 도모하다가 낭패해서 도리어 웃음거리가 되는 경우를 일컫는다.

【출전】『후한서 · 마원전(馬援傳)』에 다음과 같은 이야기가 있다.

후한 때 복파장군(伏波將軍) 마원(기원전 14~기원후 49)(▶ 마혁과시馬革裹尸 참조)이라는 장수에게 마엄(馬嚴)과 마돈(馬敦)이라는 조카가 있었는데, 그들은 남의 흉허물을 잘 보고 협객들과 교제하기를 즐겨하는 등 사람됨이 아주 경솔했다. 군막에서 이것을 알게 된 마원은 곧 붓을 들어 조카들을 훈계하는 편지를 쓰게 되었다. 그 편지의 제목은 〈계형자엄돈서(誡兄子嚴敦書)〉로, 편지 내용은 대략 다음과 같다.

「용백고(龍伯高)는 사람됨이 후하고 점잖

고 청렴결백한 사람이니 그를 좇아 배우기를 바란다. 두계량(杜季良)은 사람됨이 의협심이 강하고 남과 같이 동고동락(同苦同樂)할 수 있고 좋은 사람이든 나쁜 사람이든 다 사귈 수 있는 사람이다. 그러나 용백고를 제대로 따라 배우지 못하면 그럭저럭 부지런하고 삼가는 선비 정도는 될 수 있으나 백조를 그리려다가 오리를 그린 격이 되고 말 것이며, 두계량을 제대로 따라 배우지 못하면 천하에 둘도 없는 경박한 인간이 되니, 범을 그리려다가 개를 그린 것으로 될 것이기 때문이다.

(…效伯高不得 猶爲謹勅之士 所謂刻鵠不成尙類鶩者也 效季良不得 陷爲天下輕薄者 所謂畵虎不成反類狗者也)」

용백고(龍伯高)는 당시에 돈후(敦厚)하고 두루 삼가는 성품으로 알려진 사람이고, 두계량(杜季良)은 호협(豪俠)하고 의리를 좋아하는 성품으로 유명한 인물이다.

여기에서 화호유구라는 성어가 나왔다.

【용례】 부정부패를 척결해서 믿을 수 있는 사회를 건설하겠다는 공약을 내걸었던 사람이 뇌물을 받아먹고 꼬리가 드러나니까 사퇴를 하다니. "화호유구"한 건 그놈이나 유권자나 똑같아.

확금자불견인
攫金者不見人

攫 : 움킬(확) 金 : 쇠(금) 者 : 놈(자)
不 : 아닐(부)(불) 見 : 볼(견)
人 : 사람(인)

【뜻풀이】 돈을 움켜쥐면 다른 사람이 눈에 보이지 않는다는 뜻으로, 물욕에 눈이 멀면 의리나 염치를 모름을 비유하는 말이다. 또는 명예욕이나 물욕에 현혹되면 코앞의 위험도 보지 못하는 것을 비유하기도 한다.

【출전】『열자(列子)·설부편(說符篇)』에 다음과 같은 이야기가 나온다.

제(齊)나라 사람에 금을 탐내는 사람이 있었다. 그는 아침 일찍 일어나 시장에 가서 금은방을 찾아가 그곳의 금을 훔쳐 달아났다. 그를 체포한 관원이 물었다.

"사람들이 모두 너를 보고 있었는데 무슨 마음으로 금을 훔쳤느냐?"

그가 대답했다.

"나으리, 금을 가지고 달아날 때에는 사람은 보이지 않고 금만 보였습니다.(攫金者不見人)"

이처럼 사람이 코앞에 놓인 이익만 생각하다 보면 미처 주위를 돌아다 볼 여유마저 잃게 된다. 그런 무모함이 결국 사람의 도리마저 저버리게 만드는 것이다.

『회남자(淮南子)·설림훈(說林訓)』에는 "짐승을 쫓는 사람은 눈으로 태산을 보지 못한다. 좋아하고 탐나는 것이 밖에 있으면, 곧 총명한 마음마저 가려 버리는 것이다.(逐獸者目不見太山 嗜欲在外 則明所蔽矣)"는 말이 나온다.(➡ 축록자불견산逐鹿者不見山 참조)

『허당록(虛堂錄)』에도 역시 "사슴을 쫓는 사람은 산을 보지 못하고, 돈을 움켜쥐려는 사람은 사람을 보지 못한다.(逐鹿者不見山 攫金者不見人)"는 말이 실려 있다.

【용례】 몇 푼 되지도 않는 돈을 챙기려고 친구를 방패막이로 이용하다니. 아무리 "확금자불견인"이라지만 그런 소탐대실(小貪大失)이 어디 있냐? 네가 절교를 당한 것도 당연한 일이다.

환락극혜애정다 歡樂極兮哀情多

歡 : 기쁠(환) 樂 : 즐거울(락)
極 : 다할(극) 兮 : 어조사(혜)
哀 : 슬플(애) 情 : 감정(정)
多 : 많을(다)

【뜻풀이】 기쁨과 즐거움이 극에 달하면 오히려 비애가 일어난다.

【출전】 『고문진보·후집』 권1에 실린 유방(劉邦)의 〈추풍사(秋風辭)〉에 나오는 말이다.

이 작품은 유방이 하동 지방에 가서 후토(后土)에 제사를 지내고 난 뒤 대신들에게 잔치를 베풀다가 지은 글이라고 한다.

「가을 바람이 일도다, 흰 구름 날아가고
초목은 누렇게 지도다, 기러기는 남으로 돌아가고
난초는 빼어난 자태, 국화에는 향기가 있도다.
아름다운 사람을 그리도다, 잊을 수가 없구나.
배를 띄워 노닐도다, 강물을 건너는구나.
강을 가로질러 가는도다, 흰 물결은 일렁이고
북은 둥둥 울리는도다, 뱃노래를 부르네.
기쁨이 극에 이르면 슬픈 마음이 절로 일어나나니
젊고 씩씩한 때는 얼마인가, 늙음은 어쩔 수 없도다.
秋風起兮白雲飛
草木黃落兮雁南歸
蘭有秀兮菊有芳
懷佳人兮不能忘
泛樓船兮濟汾河
橫中流兮揚素波
簫鼓鳴兮發棹歌
歡樂極兮哀情多
少壯幾時兮奈老何」

작품의 내용으로 보았을 때 그의 슬픔은 곧 강인하고 건장한 젊은 시절이 금방 지나가 버리는 것에 대한 비애라고 할 수 있다. 곧잘 즐거움이 극에 달하면 눈물을 흘리는 경우가 있는데, 바로 유방 역시 그런 기쁜 상황 가운데 젖어 있으면서 인생의 유한함을 느끼고 비애에 빠졌으리라 보인다.

이백(李白)의 〈춘야연도리원서(春夜宴桃李園序)〉에도 이 같은 정서가 표출되어 있다.
(➡ 천지자만물지역여天地者萬物之逆旅 참조)

【용례】 오늘 정말 원 없이 즐겁게 놀았는데, 헤어지기가 너무 섭섭하군. "환락극혜애정다"라더니 이렇게 헤어지기 섭섭한 건 처음이야.

활연개랑 豁然開朗

豁 : 넓을(활) 然 : 그럴(연)
開 : 열릴(개) 朗 : 밝을(랑)

【뜻풀이】 앞이 밝게 탁 트인다는 뜻. 진(晉)나라 때의 작가 도연명(陶淵明, 365~427)의 〈도화원기(桃花源記)〉에 나오는 말이다.

【출전】 도연명은 〈도화원기〉에서 계층도 전쟁도 없는 이상적인 세계를 그려 놓았는데, 이름을 도화원(桃花源)(➡ 도원낙토桃源樂土 참조)이라고 불렀다.

그 글에 보면 "한 어부가 산에서 동굴을 발견하고 들어가 보니, 처음에는 비좁던 곳이 수십 걸음 더 들어가니 앞이 탁 트이면서 밝아졌다.(復行數十步 豁然開朗)"는 대목이 나온다.

활연은 공부를 하다가 무엇인가 원리를 깨우쳤다는 뜻으로도 쓰이고 있으며, 개랑은 낙관적이며 유쾌한 성격을 비유할 때도 쓰인다. 그리고 활연개랑은 학업이나 사색 또는 남들의 도움을 받고 갑자기 그 어떤 도리를 깨닫게 되었을 때를 비유하기도 한다.

【용례】 한자에 대해 너무 몰라 정말 고민을 많이 했는데, 이 책을 읽고는 감긴 눈이 열리는 것 같은 "활연개랑"한 느낌을 받았어. 너도 읽어 보면 큰 도움이 될 거야.

황견유부 黃絹幼婦

黃 : 누루(황) 絹 : 비단(견)
幼 : 어릴(유) 婦 : 지어미(부)

【뜻풀이】 절묘(絕妙)를 뜻하는 은어(隱語)로, 매우 뛰어난 문장 따위를 찬양할 때 쓰는 말이다.

【출전】『세설신어 · 첩오편(捷悟篇)』에 다음과 같은 이야기가 있다.

후한 때 절강(浙江) 상로 땅에 조아(曹娥)라는 14세의 어린 소녀가 있었는데, 그는 강물에 빠져 죽은 아버지의 시체를 찾으려다가 끝내 찾지 못하자 자기도 빠져 죽고 말았다.

이에 그 고장 유지들이 조아의 효성을 갸륵하게 여겨 비석을 세우고 한단자례(邯鄲子禮)라는 사람을 불러 비문을 쓰게 했는데, 그것이 바로 조아비(曹娥碑)였다.

그런데 한단자례란 사람은 그때 겨우 열세 살의 소년이었는데 글 재간이 어찌나 비상했던지 일필휘지(一筆揮之)한 것마다 천하에 둘도 없는 명문이었다.

그리하여 유명한 문학가 채옹(蔡邕, 132~192)까지도 직접 가서 비문을 읽어 보고 감탄을 금치 못하면서 비석 뒤에 황견유부외손제구(黃絹幼婦外孫齏臼)라는 여덟 자를 새겨 놓았는데, 그것이 도대체 무슨 뜻인지 당시에 아는 사람이 아무도 없었다.

그러다가 그 후 조조와 그의 주부(主簿, 비서) 양수(楊修)가 이 고장을 지나다가 조아비를 보게 되었는데 조조가 양수를 보고 그 여덟 자의 뜻을 묻자 양수는 이렇게 대답하였다.

"황견이란 색사(色絲)로서 절(絕)자요, 유부(幼婦)는 소녀(少女)로서 묘(妙)자요, 외손은 여(女, 딸)의 자(子, 아들)로서 호(好)자요, 제구(齏臼)는 마늘 같은 신(辛) 것을 찧는 그릇으로, 신 것을 받으니 수신(受辛) 즉 사(辭)자라, 합치면 절묘호사(絕妙好辭)라는 뜻입니다."

이렇게 해서 그 뒤부터 사람들은 문장 따위가 절묘하다고 찬양할 때 절묘하다는 말 대신 황견유부라고 하게 되었다. 이에 따라 시문이 훌륭하다고 찬양할 때도 절묘호사(絕妙好辭)라고 하였다.

【용례】 이 추리 소설은 너무 스토리가 탄탄해서 상당히 흥미진진합니다. 더구나 구성이 기가 막히게 "황견유부"해서 도저히 범인을 찾아낼 수가 없어요.

황금용진환소삭 黃金用盡還疎索

黃 : 누를(황) 金 : 쇠(금) 用 : 쓸(용)
盡 : 다할(진) 還 : 돌아올(환)
疎 : 성길(소) 索 : 찾을 · 헤어질(삭)

【뜻풀이】 황금을 다 쓰고 나면 다시 사이는

소원해진다. 세상의 인간 관계가 결국 금전적인 상황에 따라 달라짐을 뜻하는 말이다.

【출전】 고적(高適, 707~765)의 〈한단소년행(邯鄲少年行)〉에 나오는 시구다.

「한단성 남쪽에서 노니는 한량들
한단에서 성장한 일 기꺼워하지.
어디나 멋대로 놀아도 집은 부유하니
거듭 보복당해도 몸은 죽지 않는다.
집 안의 노랫소리는 날마다 떠들썩하고
문밖의 수레는 구름 일듯 모였도다.
모르겠네, 간담은 누구를 향해 냈는지
사람들에게 저 평원군을 생각게 한다.
그대는 보지 못했는가 요즘 사람들 경박하게 사귀는 태도를
황금이 바닥나면 다시 소원해진다네.
이러니 탄식하며 옛 놀이터와 이별하고
다시 세태에 대해 구할 것이 없도다.
소년들과 어울려 좋은 술을 마시면서
서산 둔덕에서 오가며 활을 쏘고 사냥하리라.

邯鄲城南遊俠子
自矜生長邯鄲裏
千場縱博家仍富
幾處報讐身不死
宅中歌笑日紛紛
門外車馬如雲屯
未知肝膽向誰是
令人却憶平原君
君不見今人交態薄
黃金用盡還疎索
以玆感歎辭舊遊
更於時事無所求
且與少年飮美酒
往來射獵西山頭」

옛날이나 지금이나 돈 있는 곳에 사람이 모이는 것은 매일반이다. 그것이 돈이 가진 마력이다. 그러나 이런 마력으로 해서 모인 인연이라면 그 돈이 떨어지면 멀어지게 마련이다. 위 작품도 이런 돈이 가진 허망함을 토로한 것이라고 할 수 있다.

『사기 · 정당시전(鄭當時傳)』에 나오는 말처럼 "한 번 죽을 뻔했다가 한 번 다시 살아나니 사람 사귀는 본질을 알겠다.(一生一死知交情)"는 말은 만고의 진리다.

【용례】 땅 팔아서 떼돈 벌었을 때는 친구라고 날마다 환대하더니 밑천 다 날리니까 점심 사겠다는 놈 하나 없네. "황금용진환소삭"이 하나도 그른 말이 아니야.

황당무계 荒唐無稽

荒 : 거칠(황) 唐 : 황당할(당)
無 : 없을(무) 稽 : 헤아릴(계)

【뜻풀이】 황당은 언행이 거칠고 줏대가 없어서 취할 만한 것이 없다는 말이고, 무계는 유례를 찾아볼 수 없다는 뜻이다. 즉, 하는 일이 너무나 어처구니없어서 달리 그런 경우를 찾을 수 없다는 말이다.

【출전】 『장자 · 천하편(天下篇)』에 다음과 같은 말이 나온다.

「황홀하고 적막해서 형체가 없고 변화해서 항상됨이 없으며, 살아 있든 죽어 있든 천지와 더불어 짝하고 신명과 함께 존재한다. 아득히 어디로 가는가? 홀연히 어디로 가는가? 만물을 모두 포용하고 있어 귀일할 곳이 없다. 옛날 도술은 이런 경향이 있었다. 장자가 그 소문을 듣고 기뻐하며 넓고 먼 언론과 텅 빈 말과 광대무변한 말로 이를 서술하였다.

그는 때로 마음대로 아무 얽매임이 없어 편견을 보이지 않았다. 현실에 가라앉아 있어 바른 언론을 펼칠 수 없다고 여겨 무심한 말로써 무궁에 순응하고, 남들이 중시하는 옛말을 진실이라 여기며, 우언으로써 세상에 널리 말하며, 홀로 천지의 정신과 왕래하면서 만물을 무시하지 않고 세속과 더불어 동화하였다.

(芴寞無形 變化無常 死與生與 天地竝與 神明往與 芒乎何之 忽乎何適 萬物畢羅 莫足以歸 古之道術有在於是者 莊周聞其風而悅之 以謬悠之說 荒唐之言 無端崖之辭 時恣縱而不儻 不以觭見之也 以天下爲沈濁不可與莊語 以言爲曼衍 以重言爲眞 以巵寓言爲廣 獨與天地精神往來 而不敖倪於萬物 不譴是非 以與世俗處)」

이 구절은 장자의 사상을 한마디로 요약한 대목이다. 그는 이전의 여러 철학자들이 주장한 의견을 종합하고 아울러서 우언(寓言)이라는 독자적인 진술 방식을 개발했고, 이를 통해 무위자연(無爲自然)의 도를 설파했다.

한유(韓愈)의 〈송맹동야서(送孟東野序)〉에 보면 "그 말기에는 장주가 황당한 말로 초나라를 울렸다.(其末也 莊周以其荒唐之辭 鳴於楚)"는 구절이 있다.

【용례】 네가 지금 한 말은 언뜻 들으면 그럴 듯하지만 전혀 증명할 수 없는 생각이야. 도대체 어디서 그런 "황당무계"한 말을 들었는지 궁금하구나.

회광반조 廻光返照

廻 : 돌이킬(회) 光 : 빛(광)
返 : 돌이킬(반) 照 : 비출(조)

【뜻풀이】 빛을 돌이켜 거꾸로 비춘다.

불가에서 쓰는 말로, 언어나 문자에 의지하지 않고 자신을 회고반성(回顧反省)해서 곧바로 자기 심성(心性)의 신령한 성품을 비쳐 보는 것을 일컫는다. 회광반조(回光返照)로도 쓴다.

【출전】『임제록(臨濟錄)』에 보면 "네 말은 곧 스스로 빛을 돌려 거꾸로 비추어서 다시 따로 구하지 말고 몸과 마음과 부처는 구별이 없다는 것을 알게 된다.(儞言下便自回光返照 更不別求 知身心與佛祖不別)"는 말이 있고, 『경덕전등록(景德傳燈錄)·삼십석두초암가(三十石頭草庵歌)』에서는 "이 암자에 머물면서 짓고 해설하는 일을 그치니 누가 포석도인이 파는 것을 과장하는가? 빛을 돌이켜 거꾸로 비추어 문득 돌아오니 확연히 신령스러운 근기가 등을 돌리지 않았도다.(住此庵 休作解 誰誇鋪席圖人買 回光返照便歸來 廓達靈根非向背)"라고 하였다.

송(宋)나라 때의 승려 오명(悟明)이 쓴『연등회요(聯燈會要)』〈계성선사(繼成禪師)〉에 보면 "한 생애가 전도되어 영원히 쉬고 다함이 없으니, 곧바로 빛을 돌이켜 거꾸로 비추어서 밝은 스승을 친근하게 대한다.(顚倒一生 永無休歇 直須回光返照 親近明師)"는 말이 있다.

이 말은 때로는 저녁 무렵 석양이 기울다가 일시적으로 햇살이 강하게 비추는 현상을 말하기도 한다. 그래서 임종에 다다른 환자가 마지막에 잠깐 정신이 되돌아오는 것을 이렇게 비유하기도 한다.

【용례】 넌 문제가 발생한 원인을 자꾸 남의 탓으로 돌리는데 그래 가지고는 절대로 문제를 해결할 수 없을 거야. "회광반조"해서 너 자신을 반성할 때 비로소 문제의 근원을 찾

을 거다.

회록지재 回祿之災

回 : 돌아볼(회) 祿 : 녹봉(록)
之 : 어조사(지) 災 : 재앙(재)

【뜻풀이】 회록의 재앙, 즉 화재(火災)를 말한다. 회록은 전설상의 불의 신 이름이다.
【출전】 전설에 따르면 태고 시절에 고제전욱(古帝顓頊)의 손자가 뒷날 화정(火亭, 불을 관리하는 벼슬)이 되었는데 사람들은 그의 사람됨이 공명정대(公明正大)했기 때문에 축융(祝融)이라고 불렀다.

축융이 죽은 뒤 그의 아우 오회(吳回)와 아들 육종(陸終)이 뒤를 이어 화정이 되었는데, 그들 세 사람 모두 맡은 바 직무에 충직하고 사람됨이 공명정대해서 사람들은 그들을 화신(火神)으로 섬겼다.

이렇게 해서 축융과 회록은 점차 불의 대명사가 되었는데 이른바 회록은 오회와 육종 두 사람을 가리키는 것으로, 응당 회륙(回陸)이라고 써야겠지만 언제부터 잘못 썼는지는 몰라도 회록으로 관례화되었다. 그래서 사람들은 화재를 회록지재라고 하며 화재를 당했을 때는 참조회록(慘遭回祿)이라고 한다.

『좌전·소공(昭公) 18년』조에 보면 "정자산이 현명과 회록에게서 불을 물리쳤다.(鄭子産禳火於玄冥回祿)"는 기록이 있는데, 그 주에 현명(玄冥)은 수신(水神)이고 회록은 화신이라는 설명이 있다. 주희(朱熹, 1130~1200)의 〈답포정지서(答包定之書)〉에는 "근래 영가에 회록의 재앙이 있었는데 높이 머물러 크게 놀라지 않았다고 들었는데, 그렇지 않은지 걱정됩니다.(近聞永嘉有回祿之災 高居不至驚恐否)"라는 구절이 나온다.
【용례】 어제 깜빡 담뱃불 끄는 것을 잊고 나가서 어렵게 장만한 집을 다 태워 버리는 "회록지재"를 당했지 뭐야. 내가 너무 부주의했어.

회자부적 懷刺不適

懷 : 품을(회) 刺 : 명함(자)
不 : 아닐(부) 適 : 맞을(적)

【뜻풀이】 명함을 품고 다녔지만 아무도 만나지 못하다. 존경할 만한 사람을 만나지 못했거나 만날 수 없는 경우를 가리키는 말이다.
【출전】 『후한서·예형전(禰衡傳)』에 다음과 같은 이야기가 있다.

후한 때 글재간이 있고 성격이 강직한 예형(173~196)이란 사람이 있었다. 한평생 불우한 생활을 한 그는 피살될 때 겨우 26살이었다. 예형은 그를 어리게 보는 고관대작(高官大爵)들 앞에서 머리를 숙인 적이 없었으며 또 그가 공경할 만한 인물도 발견하지 못했다고 한다.

한나라 말기 건안(建安) 초년이었다. 어느 날 예형은 당시의 한나라 도읍지인 허창(許昌)으로 가는 길에 남몰래 명함 한 장을 준비해 가지고 사람이 많은 도읍지에서 존경할 만한 인물을 만나면 내밀고자 했다. 그러나 그는 도읍지를 떠날 때까지 그런 사람을 만나지 못하고 명함은 품속에서 낡아 보풀이 일 정도였다.

옛날 습관에 어떤 고귀한 인물을 만나려면 먼저 명함을 올려야 했다. 상대방은 그 명함을 보고 만나 주거나 거절하거나 하였으며,

만나 주는 경우에도 경우에 따라 구별이 있었다. 그래서 명함을 품고 다니면서도 이상적인 인물을 발견하지 못했거나 만나지 못했을 경우 회자부적이라고 하게 된 것이다.

『위서 · 경목십이왕원순전(景穆十二王元順傳)』에 보면 "원순이 일찍이 명함을 품고 고조의 문하에 갔는데 문지기가 그가 어리다고 해서 들여보내 주려고 하지 않았다.(順曾懷刺詣(高)肇門 門者以其年少 不肯爲通)"는 말이 나온다.

【용례】 살다 보니 세상이 참 각박해졌더군. 인간적으로 존경할 만한 사람을 아직 한 번도 보지 못했어. "회자부적"이란 말이 실감나는 세상이야.

회자인구 膾炙人口

膾 : 날고기(회) **炙** : 구운고기(자)
人 : 사람(인) **口** : 입(구)

【뜻풀이】 누구나 다 칭찬해서 마지않다. 칭찬이 자자하다. 널리 사람들에게 이야기되다.
【출전】『맹자 · 진심장구(盡心章句)』 하편에 다음과 같은 이야기가 있다.

증삼(曾參)과 그의 부친 증석(曾皙)은 다 같이 공자의 제자로서 증석은 양조(羊棗)라는 산열매를 매우 즐겨 먹었다. 그 후 증석이 세상을 떠난 뒤 효자인 증삼은 양조를 아예 입에도 대지 않았다.

전국시대에 이르러 맹자의 제자 공손추(公孫丑)가 이 일을 상기하고 맹자에게 회자(膾炙)와 양조 중 어느 것이 더 맛이 좋은가 하고 물었더니 맹자는 당연히 회자라고 하면서 회자는 즐겨하지 않는 사람이 없다고 했다.

이에 공손추가 다시 물었다.

"그렇다면 증석 부자도 다 회자를 즐겨했을 텐데 부친이 돌아간 뒤 증삼은 왜 양조만 먹지 않았습니까?"

맹자가 대답했다.

"회자는 누구나 다 즐겨하는 것이지만 양조는 증석의 특별한 별식이었기 때문에 증삼은 양조를 먹지 않은 것이다. 마찬가지로 이름은 피하고 성을 피하지 않는 것도 성은 함께 쓰는 것이고, 이름은 한 사람만 쓰는 것이기 때문이다.(膾炙所同也 羊棗所獨也 諱名不諱姓 姓所同也 名所獨也)"

여기에서 회자는 잘게 썬 고기를 구운 요리인데, 맹자의 회자소동(膾炙所同)이란 말에서 회자인구라는 성어가 나왔다.

【용례】 사람이 성실하게 살았으면 죽어서도 존경을 받는다는데, 어떻게 된 위인이 살아서조차 나쁜 일로만 인구에 회자("회자인구")되니, 남부끄러워 못살겠어요.

획지위뢰 劃地爲牢

劃 : 그을(획) **地** : 땅(지)
爲 : 할(위) **牢** : 우리(뢰)

【뜻풀이】 땅에 금을 그어 우리로 삼다. 적당한 경계로 범위를 삼더라도 이를 어기지 않고 잘 지킨다는 뜻으로, 태평한 시대나 그런 시대를 사는 사람들의 행동을 비유하는 말이다.
【출전】『무왕벌주평화(武王伐紂平話)』 권중(卷中)에 나오는 이야기다.

주나라 문왕(文王)은 역사상 보기 드문 어질고 훌륭한 정치를 했던 임금으로 알려져 있다. 주나라의 기초를 닦은 명군으로, 이름은 창(昌)이고, 계왕(季王)의 아들이자 무왕의 아버지였다. 어머니는 은(殷)나라에서 온 태임(太任)이며, 서백(西伯)이라고도 한다. 은나라에서 크게 덕을 베풀고 강국으로서 이름을 떨친 아버지의 업적을 계승하여, 점차 인근의 나라들을 포섭하였다. 위수(渭水)를 따라 동진하여 지금의 서안〔西安, 옛날의 장안(長安)〕 남서부 풍읍(豊邑), 즉 호경(鎬京)에 도읍을 정하였다.

은나라 주왕(紂王)이 산동반도의 동이족(東夷族) 정벌에 여념이 없는 틈을 타 제후의 지지를 받으며 세력을 길러 황하(黃河)를 따라 동으로 내려가, 화북(華北) 평원으로 진출하였다. 도하 지점인 맹진(孟津)을 제압한 뒤 은나라를 공격할 만반의 태세를 갖추었다.

만년에는 현상(賢相) 여상〔呂尙, 태공망(太公望)〕의 도움을 받아 덕치(德治)에 힘썼다. 뒷날 은나라로부터 서방 제후의 패자(覇者)로서 서백의 칭호를 사용하도록 허락받았다. 은나라와는 우호적인 태도를 취했으며, 우(虞)와 예(芮) 등 두 나라의 분쟁을 중재하여 제후들의 신뢰를 얻었고, 마침내 당시 제후의 3분의 2가 그를 따르게 되었다. 그러나 그는 직접 은나라를 공격하지는 않았는데, 죽은 뒤 아들 무왕이 은나라를 멸망시키고 주나라를 개국했으며, 그에게는 '문왕'이라는 시호가 추존되었다. 어진 성품과 차분한 정치로 뒷날 유가(儒家)로부터 이상적인 성천자(聖天子)로 숭앙받았는데, 『시경』에도 문왕과 무왕(武王) 두 임금의 덕을 기리는 많은 시가 수록되어 있다.

그의 정치가 얼마나 훌륭했는지 보여 주는 일화가 전한다. 즉 땅에 금을 그어 감옥을 삼아도 죄수들이 달아나지 않았고, 나무로 옥리(獄吏)의 형상을 깎아 세워 놓아도 죄수들이 동요하지 않았을 뿐 아니라 죄를 진 사람이 없어 감옥은 항상 텅 비어 있었다는 것이다. 이 이야기에서 성어 획지위뢰가 나왔다.

【용례】 법을 만들어 처벌하는 것이 능사는 아니야. 법을 어기지 않도록 마음을 다잡으면 "획지위뢰"한들 사람들이 법을 어기겠어. 덕치(德治)가 될 때 법치(法治)도 이루어지는 것이지.

효빈 效顰
→ 동시효빈 東施效顰

효시 嚆矢

嚆 : 외칠 · 울릴(효) 矢 : 화살(시)

【뜻풀이】 울리면서 날아가는 화살. 옛날에는 전투를 시작할 때 신호로서 날아가면서 소리가 나는 화살을 쏘아 알렸다고 하는데, 여기에서 유래한 성어다. 비슷한 성어로 남상(濫觴)과 비조(鼻祖)가 있다.

【출전】 『장자 · 재유편(在宥篇)』에 다음과 같은 말이 있다.

「지금 세상은 처형당한 사람의 시체가 서로 베개를 하고, 차꼬〔죄수를 가두어 둘 때 두 발목에 채우는 형구(刑具)〕를 찬 사람이 서로를 밀며, 형벌을 받아 죽음을 당할 사람이 서로를 바라보고 있다. 그런데도 유가와 묵가의 사람들은 이런 차꼬를 찬 사람들 사이를 오가면서 발가락이 빠지도록 팔을 걷어붙이고 있다.

오호라, 심하구나!

부끄러움도 없고 부끄러운 줄도 모른다. 심

하구나!

나는 성인이니 지혜니 하는 것이 차꼬와 쐐기가 되지 않을지 모르겠다. 또 인의가 차꼬와 본질적으로 어긋난 것이 안 될지 모르겠다. 또 증삼이나 사유와 같은 이들도 걸왕이나 도척과 같은 인간의 효시가 안 될지 어찌 알겠는가?

때문에 "성인을 끊고 지혜를 버려야 비로소 천하가 크게 다스려진다."는 것이다.

(今世殊死者相枕也 桁楊者相推也 刑戮者相望也 而儒墨乃始離跂攘臂桎梏之間 噫 甚矣哉 其無愧而不知恥也甚矣 吾未知聖知之不爲桁楊接槢也 仁義之不爲桎梏鑿枘也 焉知曾史之不爲桀跖嚆矢也 故日 絕聖棄知 而天下大治)」

이 부분은 최구(崔瞿)와 노자(老子)가 문답하는 내용을 기술한 것이다. 노장의 문명 비판이 어디까지 닿아 있는지 보여 주는 예일 것이다.

성어 효시는 이 글에서 처음으로 쓰인 이후 일반화되었다.

【용례】 이런 결과를 나오게 한 장본인이 누구인지 따지지 말도록 합시다. 일의 "효시"을 살펴보면 결국 모두에게 책임이 있으니까 말입니다.

효자종치명 부종난명
孝子從治命 不從亂命

孝 : 효도·효자(효) 子 : 아들(자)
從 : 좇을(종) 治 : 다스릴(치)
命 : 명령할(명) 不 : 아닐(불)
亂 : 어지러울(난)

【뜻풀이】 효자는 정신이 온전할 때의 명령을 따르지 어지러울 때 내린 명령을 따르지는 않는다. 결초보은(結草報恩)과 연관된 이야기에서 유래한 성어다.(➡ 결초함환結草銜環 참조)

【출전】『동주열국지(東周列國志)·제55회』에 다음과 같은 이야기가 있다.

춘추시대 진문공(晉文公) 때 위주(魏犨)라는 장군이 있었다. 그에게는 너무나 아끼는 애첩이 한 사람 있었는데 이름을 조희(祖姬)라고 했다.

그는 전장에 나갈 때마다 아들 위과(魏顆)와 위기(魏錡)를 불러 놓고 말했다.

"혹시 내가 전쟁에 나가 전사하거든 조희는 좋은 집 사람을 골라 개가시키도록 하거라."

그런데 막상 병들어 죽을 때가 되자 정신이 혼미한 가운데 위주는 그녀를 자기와 함께 합장하라는 유언을 남기고 죽었다. 장례를 치를 때 큰아들 위과가 말했다.

"아버님께서는 평상시에 조희를 좋은 집을 골라 시집보내라고 말씀하셨다. 그런데 임종 때에 정신이 혼미하셔서 같이 묻으라고 말씀하셨다. 나는 이렇게 생각한다. 참된 효자는 정신이 맑았을 때 내린 명령을 좇지 정신이 혼미했을 때 내린 명령을 좇지 않는 법이다. (孝子從治命 不從亂命)"

그리고는 조희를 좋은 사람을 골라 시집보냈다.

그 뒤 두 형제는 출정해서 진(秦)나라 장군 두회(杜回)와 싸우게 되었다. 두회는 엄청난 괴력의 소유자로 맨주먹으로 호랑이를 다섯 마리나 잡은 장사였다. 과연 첫 싸움에서 형제는 여지없이 격파당하고 말았다.

그날 밤 근심 속에서 뜬눈으로 밤을 새우는데 갑자기 위과의 귓가에 '청초파(青草坡)'라고 하는 소리가 들려 왔다. 그러나 위기에게는 전혀 들리지 않았다. 이에 청초파라는 곳으로 진영을 옮겨 다시 일전을 치르게 되었다.

그런데 두회가 탄 말이 자꾸 풀뿌리에 걸려 넘어지는 것이었다. 한참 말과 실랑이를 벌이던 두회는 아예 말에서 내려와 싸웠다. 그러나 마찬가지로 이번에는 풀뿌리가 두회의 발목을 휘어잡았다. 결국 두회는 포로로 잡히고 말았다.

그날 밤 위과의 꿈에 노인이 나타나 이렇게 말했다.

"나는 당신이 전에 살려 준 조희의 아비 되는 사람이오. 그대 덕분에 내 딸이 살아난 은혜를 어떻게 보답할까 궁리하다가 이런 수를 썼소. 그대의 음덕으로 그대의 후손 가운데 분명 임금이 나올 것입니다."

【용례】 아버님은 살아 계실 때 늘 장기를 기증하신다는 말씀을 하셨어. 그런데 돌아가실 때 경황없이 한 말씀 때문에 평소의 유언을 무시해서는 안 된다. "효자종치명 부종난명"이란 말이 있잖니. 나는 장기를 기증하기로 결심했다.

효학반 斅學半

斅 : 가르칠(효) **學** : 배울(학)
半 : 반(반)

【뜻풀이】 남을 가르치는 일이 자기 학업의 반을 차지한다는 뜻으로, 학업의 반은 남을 가르치는 동안에 이루어진다는 말이다. 즉, 학생을 가르치다 보면 자신도 많은 공부가 됨을 말한다. 학학반(學學半)이나 교학반(敎學半)과 같은 뜻이다.

【출전】『서경(書經)·열명(說命)』 하편에 나오는 말이다.

「왕께서 말씀하셨다. "이리 오라. 부열(傅說)아! 나 소자(小子)는 옛날에 감반(甘盤)에게 배웠는데 이윽고 황야(荒野)로 물러갔고, 하수(河水) 강가에 들어가 살며, 하수에서 박으로 가서 마침에 이르도록 학문이 드러나지 못하였노라. 너는 짐의 뜻을 가르쳐서 만약 술과 단술을 만들거든 너는 누룩과 엿기름이 되고, 만약 간을 맞춘 국을 만들거든 너는 소금과 매실이 되어야 하느니라. 너는 여러 가지로 나를 닦아서 나를 버리지 마라. 내가 능히 너의 가르침을 행할 것이다."

부열이 말했다. "왕이시여! 사람 가운데 견문이 많은 사람을 찾는 것은 이 일을 세우기 위해서입니다. 옛 가르침을 배워야 얻음이 있을 것이니, 일은 옛것을 본받지 않고서 능히 장구하게 한다는 것은 제가 들은 바가 아닙니다. 배움은 뜻을 겸손하게 해야 하니, 힘써서 때로 민첩하게 하면 닦여질 것이니, 독실히 믿어 이것을 생각하면 도가 몸에 쌓일 것입니다. <u>가르침은 배움의 반이니, 생각의 마침(終)과 시작(始)을 학문에 주장하면 덕이 닦여짐을 자신도 깨닫지 못할 것입니다.</u> 선왕(先王)이 이루어 놓은 법을 보시어 길이 잘못이 없게 하소서. 제가 공경히 받들어서 뛰어난 인재들을 널리 불러 여러 지위에 나열하도록 하겠습니다."

왕께서 말씀하셨다. "아! 부열아. 천하사해(天下四海)의 안이 모두 나의 덕을 우러러봄은 너의 풍교(風敎) 때문이다. 팔다리가 있어야 사람이고, 어진 신하가 있어야 군주가 성(聖)스러워지느니라. 옛날 선정(先正)인 보형〔保衡, 이윤(伊尹)〕이 우리 선왕(先王)을 진작하여 말하기를 '내 군주로 하여금 요순(堯舜) 같은 군주가 되게 하지 못하면 마음에 부끄러워하여 시장에서 종아리를 맞는 듯이 여겼고, 한 사람이라도 제 살 곳을 얻지 못하면 이는 나의 잘못이다.'라고 하여, 나의 열조(烈祖)를 도와서 공이 황천(皇天)에 이르렀으니, 너는 부디 나를 밝게 보좌하여 아형(阿衡)으로 하여금 상(商)나라에 아름다움을 독차지하게 하지 말라. 임금은 어진 신하가 없으면 다스리지 못하고, 어진 사람은 임금이 아니면 먹지 못하니, 너는 네 군주를 선왕에게 이어서 백성들을 길이 편안하게 하라."

부열이 절하고 머리를 조아리며 말했다. "감히 천자의 아름다운 명령을 널리 떨치겠습니다."

(王曰 來汝說 台小子舊學于甘盤 旣乃遯于荒野 入宅于河 自河徂亳 厥終罔顯 爾惟訓于朕志 若作酒醴 爾惟麴糵 若作和羹 爾惟鹽梅 爾交修予 罔予棄 予惟克邁乃訓 說曰 王 人求多聞 時惟建事 學于古訓 乃有獲 事不師古 以克永世 匪說攸聞 惟學遜志 務時敏 厥修乃來 允懷于茲 道積于厥躬 <u>惟斅學半 念終始典于學 厥德修罔覺</u> 監于先王成憲 其永無愆 惟說式克欽承 旁招俊乂 列于庶位 王曰 嗚呼 說四海之內 咸仰朕德 時乃風 股肱惟人 良臣惟聖 昔先正保衡 作我先王 乃曰 予弗克俾厥后惟堯舜 其心愧恥 若撻于市 一夫不獲 則曰時予之辜 佑我烈祖 格于皇天 爾尙明保予 罔阿衡專美有商 惟后非賢不乂 惟賢非后不食 其爾克紹乃辟于先王 永綏民 說拜稽首曰 敢對揚天子之休命)」

이 글은 은나라 고종(高宗)과 당시의 재상이었던 부열(傅說)이 나눈 대화를 기록한 것이다. 부열은 원래 토목 공사장의 인부였는데 재상으로 등용되어 중흥의 대업을 이룬 사람이다. 그가 자기의 주군에게 배움(學)에 대해서 훈고(訓告)하는 내용이 위의 글이다.

그 가운데 나오는 효학반은 남에게 가르치는 일은 자신의 학문을 닦는 데에도 도움이 된다는 점을 밝힌 말이다. 남을 가르치는 일이나 스승에게서 배우는 일은 모두 자신의 학문을 닦는 일에 도움이 된다는 뜻으로, 효학상장(斅學相長) 또는 교학상장(敎學相長)이라고도 한다.

【용례】 선생님들도 우리를 가르치시다 보면 아마 "효학반"을 느끼실 거라 생각해.

후고지우 後顧之憂

後 : 뒤(후) **顧** : 돌아볼(고)
之 : 어조사(지) **憂** : 근심·걱정(우)

【뜻풀이】 뒷근심. 뒷걱정.

【출전】 『위서·이충전(李衝傳)』에 다음과 같은 이야기가 있다.

이충은 남북조시대 북위 효문제 때 재상으로 있던 사람이다. 그는 사람됨이 충직하고 부지런해서 효문제의 신임을 한몸에 받고 있었다. 그래서 효문제는 매번 출전할 때마다 조정의 정사를 이충에게 일임하고 아무런 근심도 하지 않았다. 나중에 이충이 급병에 걸려 열 며칠 만에 죽게 되었는데 효문제의 비통함은 이루 형언할 수 없었다.

그 후 어느 날 이충의 무덤을 지나던 효문제는 무덤을 보고 더욱 상심에 빠져 말했다.

"이충의 사람됨은 품성이 고상하고 성품이 충직해서 짐이 맡긴 안건들을 모두 훌륭하게 처리해 짐이 뒷근심이 없었다.(朕以仁明忠雅 委以台司之寄 使我出境後顧之憂)"

여기에서 후고지우라는 성어가 나왔는데, 오늘날에는 사업상 지장이 될 일도 후고지우라고 한다.

【용례】 기왕 일을 처리하려면 아주 완벽하게 끝마쳐서 "후고지우" 때문에 고민하는 일은 없어야지. 너는 항상 뒤끝이 깨끗하지 못한 게 흠이야.

후래거상 後來居上

後 : 뒤(후) 來 : 올(래)
居 : 머물(거) 上 : 위(상)

【뜻풀이】 뒤에 발탁된 사람이 윗자리에 앉다.

【출전】『사기 · 급암열전(汲黯列傳)』에 다음과 같은 이야기가 있다.

한무제 때 중대부의 벼슬에 있던 급암이라는 사람은 성격이 강직해서 언제나 황제에게 직언으로 간하여 미움을 샀다. 그래서 한무제는 그를 동해태수(東海太守)로 좌천시켰지만 급암은 동해에서도 크게 실적을 올렸으므로 황제는 다시 그를 서울로 불러들였다.

하지만 급암은 여전히 직언으로 인해서 황제의 신임을 얻지 못해 벼슬이 오르지 못했다. 그런데 황제에게 아부하는 자들은 급암의 수하에 있던 사람들까지도 모두 급암보다 높은 벼슬을 하게 되었다.

이리해서 급암은 어느 날 한무제에게 "폐하께옵서 신하들을 등용하는 방식은 나무를 가리듯이 뒤의 것이 위에 놓이나이다.(陛下用群臣 如積薪耳 後來者居上)"라며 잘못된 인사를 비판했다.

이 이야기에서 후래거상이라는 말이 나왔는데, 나중에 사람들은 이 성어를 원래 뜻과는 달리 불복하거나 불평을 담고 있는 성격은 버리고 뒤떨어졌던 것이 앞선 것을 능가하거나 새 세대들이 낡은 세대를 추월하는 것을 비유하는 말로 사용하게 되었다.(➡ 후생가외 後生可畏 참조)

그리고 후배들 가운데 뛰어난 인물들을 가리켜 후래지수(後來之秀) 또는 후기지수(後起之秀)라고 한다.

【용례】 아니 언제 네가 이런 문제까지 풀 수 있게 되었니. 이건 나도 전혀 손을 못 대던 거야. "후래거상"이라더니, 이젠 내가 네게 배워야겠다.

후목난조 朽木難雕

朽 : 썩을(후) 木 : 나무(목)
難 : 어려울(난) 雕 : 새길(조)

【뜻풀이】 썩은 나무는 새기기가 어렵다. 전도가 암담하거나 가르칠 가치가 없는 사람을 일컫는 말이다.

【출전】『논어 · 공야장편(公冶長篇)』에 다음과 같은 이야기가 있다.

일찍이 공자는 제자로 있는 재여(宰予)를 썩은 나무(朽木)에 비유하면서 책망한 일이 있었다. 재여는 공자가 가장 싫어하는 제자였는데, 어느 날 그는 공자와 더불어 상고시대 오제(五帝)의 공적과 덕행에 대해 의논하려고 했지만 공자는 재여가 그럴 자격이 없다면서 거절한 일까지 있었다. 공자가 재여를 가리켜 썩은 나무라고 한 것은 그가 낮잠자기를 좋아하기 때문이었다.

"재여가 낮잠을 자자 공자가 말하기를, 썩은 나무는 조각할 수 없고 거름 흙으로 쌓은 담장은 흙손질할 수가 없다. 재여에 대해서는 책망할 나위도 없지 않은가?(宰予晝寢 子曰 朽木

不可雕也 糞土之墻 不可杇也 於予與何誅)"

공자는 이어서 또 이런 말도 했다.

"전에 나는 그 사람의 말만 듣고 그의 사람됨을 믿었지만 지금 그의 말도 듣거니와 그의 행동도 보고 있다. 나의 이 같은 태도는 재여 때문에 바뀐 것이다.(始吾於人也 聽其言而信其行 今吾於人也 聽其言而觀其行 於予與 改是)"

후목난조는 바로 공자의 말에서 나온 성어로, 후목분장(朽木糞墻)이라고도 한다.

【용례】 그런 사고방식으로 지금까지 용케 살아왔구나. 나도 더 이상 너를 선도하겠다는 기대는 포기하겠다. "후목난조"는 너를 두고 하는 말이야.

후문여해 侯門如海

侯 : 기다릴(후) 門 : 문(문)
如 : 같을(여) 海 : 바다(해)

【뜻풀이】 벼슬아치나 부잣집 대문이 바다 같다는 뜻으로, 단속이 엄해 마음대로 출입할 수 없는 것을 비유하는 말이다.

【출전】 당나라 때의 문인 범려(范攄)가 쓴 『운계우의(雲溪友議)』에 다음과 같은 이야기가 있다.

당나라 때 문장과 시에 뛰어난 최교(崔郊)라는 수재가 있었는데, 그의 고모 댁에 용모가 뛰어나고 노래를 잘 부르는 하녀가 한 사람 있었다.

최교는 남몰래 그 하녀를 사랑했고, 하녀 역시 최교를 마음속으로 사모했다. 그러던 중에 최교의 고모는 가세가 빈곤해져 그 하녀를 어느 한 고관대작의 집에 팔아 버리고 말았다. 그 후 최교는 그녀가 그리워 단 한 번만이라도 만나보려고 무진 애를 썼지만 이미 고관대작의 집에 들어간 사람을 쉽사리 만날 수가 없었다.

그러던 중에 어느 해 청명한 날 최교는 버드나무 밑에 서 있는 하녀를 발견하게 되었다. 그러나 두 사람은 말할 수도 없었고 아는 체를 할 수도 없었다. 이에 최교는 시를 한 수 지었는데, 그 시에 "벼슬아치 집에 한 번 들어가더니 깊기가 바닷속과 같아, 이로 하여 소랑은 길거리 행인이 되었도다.(侯門一入深如海 從此蕭郎是路人)"라는 구절이 있다.

이리하여 나중에 사람들은 관가나 부잣집의 단속이 엄한 것을 후문여해라 하게 되었으며, 연인 또는 벗 사이에 오래 헤어져 있어 낯선 사람처럼 서먹서먹해지는 것을 소랑맥로(蕭郎陌路) 또는 맥로소랑(陌路蕭郎)이라고 하게 되었다.

【용례】 부잣집이라 털릴 것도 많긴 많은 모양이군. 전기 철조망에 폐쇄회로도 부족해 독일산 셰퍼드까지 모셔 두었대. 도둑은커녕 "후문여해"하기는 손님도 마찬가지겠어.

후생가외 後生可畏

後 : 뒤(후) 生 : 날(생)
可 : 가할(가) 畏 : 두려워할(외)

【뜻풀이】 뒤에 오는 사람들은 두려워할 만하다. 젊은 세대들이 무한한 잠재력을 가지고 발전해 오는 것을 비유하는 말이다.

【출전】 『논어 · 자한편(子罕篇)』에서 공자는 "후생은 두려워할 만하다. 그들이 지금 사람보다 못할 줄 어찌 알겠는가? 그러나 나이

사오십이 되어서도 알려짐이 없다면 이런 자는 족히 두려워할 것이 없다.(後生可畏 焉知來者之不如今也 四十五十而無聞焉 斯亦不足畏也已)"고 말한 적이 있다.

『세설신어 · 문학편(文學篇)』에는 다음과 같은 이야기가 있다.

왕필(王弼, 226~249)의 별전(別傳)을 읽은 하안(何晏, 190~249)이 제사(題辭)를 붙여 말하기를 "후생은 두려워할 만하니, 이 사람이라면 가히 하늘과 사람 사이의 관계에 대해 더불어 말할 수 있을 것이다.(後生可畏 若斯人者 可與言天人之際矣)"라고 하였다. 여기에서 후생은 청년을 가리키는 것이고 가외는 두렵다는 뜻이 아니라 대단하다는 뜻이다.

【용례】 대학에 들어와 내게 강의를 듣던 것이 엊그제 같은데, 벌써 같은 동료 교수가 되어 서다니. "후생가외"라더니 이젠 나도 바짝 긴장해야겠어.

훈지상화 壎篪相和

壎 : 질나팔(훈) **篪** : 저이름(지)
相 : 서로(상) **和** : 화할(화)

【뜻풀이】 형은 질나팔을 불고 아우는 이에 화답하여 저를 분다는 뜻으로, 형제가 서로 화목한 것을 비유하는 말이다. 훈지(塤篪) 또는 훈지(塤箎)로도 쓴다.

【출전】『시경 · 소아(小雅)』〈하인사(何人斯)〉에 나오는 말이다.

"맏형은 질나팔을 불고 아우는 저를 부네. 그대와 줄을 꿴 듯이 지내려고 했더니, 진실로 나를 몰라주네. 개와 돼지, 닭을 잡아 놓고, 피 뽑아 그대를 저주하리라.(伯氏吹壎 仲氏吹篪 及爾如貫 諒不我知 出此三物 以詛爾斯)"

이 노래는 옛날 학설에 따르면 포공(暴公)이 경사(卿士)가 되어 소공(蘇公)을 참소하자, 소공이 이 노래를 지어 의절한 것이라고 한다. 위 구절은 모두 8장으로 구성된 작품 가운데 일곱 번째 장이다. 전체 내용은 의절(義絕)을 다룬 것이지만, 이 구절을 앞 부분을 따서 말할 때에는 형제가 서로 화목하게 피리와 저를 불면서 지내는 광경을 비유한다.

【용례】 몇 푼 되지도 않는 유산을 두고 두 형제가 완전히 원수가 됐다더군. "훈지상화"하라고 남긴 유산으로 저런 꼴이니 부모님의 저승에서도 눈을 못 감으시겠구나.

훼장삼척 喙長三尺

喙 : 부리(훼) **長** : 길 · 길이 · 성장할(장)
三 : 석(삼) **尺** : 자(척)

【뜻풀이】 부리 길이만 석 자나 된다. 말만 번지르르하다. 공담(空談)만 일삼을 뿐 일은 실속 있게 못 한다는 말이다.

【출전】 당나라 때의 문인 풍지(馮贄)의 『운선잡기(雲仙雜記)』에 다음과 같은 이야기가 있다.

당나라 초기에 감찰어사와 전중시어사를 지낸 육여경(陸餘慶)이라는 사람이 있었는데, 그는 언변이 대단히 좋고 또 유명한 문인들인 진자앙(陳子昂, 656~698) 등과도 가까운 사이였지만 문필에는 전혀 재주가 없었다.

어느 날 그는 황제의 명령을 받고 어전에 나가 조서(詔書)를 쓰게 되었는데 진종일 생각만 했지 한 자도 쓰지 못했다. 그래서 그만 벼슬이 강등되고 말았다. 당시 사람들은 그를 비웃으며 말할 때는 "부리가 석 자(喙長三尺)"지만 일할 때는 "손이 천 근처럼 무겁다."고 했다. 즉, 말은 잘하지만 일은 실속 있게 못한다는 것이다.

또 그가 낙주장사(洛州長史)가 되었을 때 일에 대해서 논의는 잘했지만, 정작 판결을 내릴 때는 오류가 많았다. 때문에 사람들이 그를 놀려 이렇게 말했다.

"일을 말할 때는 부리 길이가 석 자지만 글자를 가릴 때는 손 무게가 다섯 근은 된다.(說事卽喙長三尺 判字則手重五斤)"

"부리가 석 자"라는 말은 『장자·서무귀편(徐無鬼篇)』에 "구는 세 자가 되는 부리를 가지기를 원했다.(丘願有喙三尺)"에서 유래했는데, 원래 뜻은 말재주가 아주 뛰어난 것을 비유한 말이었다. 나중에는 그 근원을 따지지 않고 계속 조소하는 말로 사용하게 되었다.

【용례】 과장님이 안 계실 때는 혼자 십자가를 질 듯이 문제점을 성토하더니 어째 지금은 "훼장삼척"이 되셨나? 그러고도 스스로 대장부라 말할 수 있겠어.

휘막여심 諱莫如深

諱 : 피할·꺼릴(휘) 莫 : 아닐(막)
如 : 같을(여) 深 : 깊을(심)

【뜻풀이】 남이 알까 깊이 감춘다는 뜻이다.

【출전】 『좌전·곡량전(穀梁傳)·장공(莊公) 32년』조에 다음과 같은 이야기가 있다.

춘추시대의 일이다. 노장공이 세상을 떠난 뒤 그의 넷째 아우 계우(季友)가 노장공의 나이 어린 공자 반(般)을 임금으로 추대하자 노장공의 둘째 아우 경보(慶父)가 이에 불복해서 반을 죽이고 노장공의 다른 아들 개(開)를 임금으로 세웠는데 그가 노민공이었다. 이에 계우는 진(陳)나라로 가서 잠시 피신하게 되었다.

그로부터 1년이 좀 지나서 경보는 다시 노민공을 죽이고 스스로 임금이 되었다. 이때 나라 사람들은 경보가 연달아 두 임금을 시해한 데 분격해서 치를 떨게 되었다. 이에 계우는 노나라 사람들에게 경보를 성토하여 일어날 것을 호소하자 노나라 사람들이 한결같이 궐기하였다. 그리해서 경보는 마침내 제나라로 도망치고 말았다.(➡ 경보불사 노난미이慶父不死 魯難未已 참조)

나중에 공자는 이 사실을 『춘추』라는 책에 기재했는데 "반이 죽은 뒤 경보는 제나라로 들어갔다.(公子慶父如齊)"고만 했을 뿐 경보가 반을 죽였다는 말은 하지 않았다. 그리고 경보가 제나라로 도망친 데 대해서도 그저 "제나라로 들어갔다."고만 하였다.

이에 대해 『곡량전』은 "분명 도망친 것을 왜 들어갔다고만 했는가? 그것은 남들이 알까 봐 깊이 숨겼기 때문이다.(此奔也 其曰如何也 諱莫如深深則隱)"라고 했다.

이 이야기에서 휘막여심이라는 성어가 나왔다.

【용례】 이미 공공연한 비밀이 되어 버렸는데, 자꾸 숨긴다는 것은 장안의 웃음거리만 제공할 뿐입니다. "휘막여심"하기는 틀렸으면 사실대로 솔직히 시인합시다.

휘하 麾下

麾 : 대장기(휘) 下 : 아래(하)

【뜻풀이】 휘는 옛날 군대에서 대장이 가진

깃발이다. 이것으로 군사를 지휘했기 때문에 대장에 직속된 사람을 휘하라고 한 것이다. 희하(戱下)라고도 쓴다.

【출전】『사기 · 회음후열전(淮陰侯列傳)』에 보면 "한신이 칼을 들고 쫓아와 희하로 있었다.(信杖劍從之居下)"는 말이 있고, 『사기 · 항우본기(項羽本紀)』에도 휘하장사(麾下壯士)란 말이 있다.

『한서 · 고제기(高帝紀)』에서는 "제후들이 희하를 벗어나 각자 자기 나라로 돌아갔다.(諸侯罷戱下 各就國)"고 하였다.

【용례】 이번 선박 회사와 관련된 프로젝트는 박 과장이 신입 사원들을 "휘하"에 두고 수행하기 바랍니다.

휴척상관 休戚相關

休 : 좋을(휴) 戚 : 슬퍼할(척)
相 : 서로(상) 關 : 빗장(관)

【뜻풀이】 기쁨과 슬픔을 함께 나누다. 생사고락을 같이한다는 뜻이다.

【출전】『국어 · 주어(周語)』에 다음과 같은 이야기가 있다.

춘추시대 진(晉)양공의 증손인 주자(周子, 훗날의 진도공)는 어릴 때부터 진여공의 배척을 받고 진나라에서 쫓겨나 주나라의 도읍 낙읍〔洛邑, 훗날의 낙양(洛陽)〕에 가서 주왕 단양공(段襄公)의 가신이 되었다.

당시 주자는 겨우 10여 살밖에 안 되는 소년이었지만 예절이 바르고 행동거지가 단정한 데다가 고국인 진나라에서 좋은 일이 있으면 기뻐하고 슬픈 일이 있으면 함께 슬퍼해서(爲晉休戚 不背本也, 진나라를 위해 기뻐하고 근심하며 근본을 저버리지 않음) 주왕 단양공은 그를 몹시 공경했다고 한다.

그리해서 단양공은 병으로 눕게 되었을 때 아들(훗날의 단경공)을 불러 놓고 주자는 진나라와 기쁨과 슬픔을 같이하고 자기 나라의 임금이 될 수 있는 사람이니 잘 보살피라고 당부하기도 했다.

과연 주자가 14살 되던 해 진나라에서 탄서라는 사람이 진여공을 죽인 다음 주자를 모셔다가 왕위에 올리니 그가 바로 진도공(晉悼公)이다.

진도공의 이 이야기에서 나오는 기쁨(休)과 슬픔(戚)이 훗날 휴척상관이라는 성어가 되었다고 하는데 휴척여공(休戚與共)이라고도 한다.

【용례】 이 친구와 나는 초등학교 때부터 지금까지 "휴척상관", 기쁨과 괴로움을 함께하며 살아온 죽마고우(竹馬故友)입니다. 내가 알고 있는 그는 결코 그런 부정한 돈을 받았을 리가 없습니다.

휼방상쟁 鷸蚌相爭

鷸 : 도요새(휼) 蚌 : 조가비(방)
相 : 서로(상) 爭 : 다툴(쟁)

【뜻풀이】 도요새와 조가비가 서로 싸우다. 싸우는 쌍방에는 아무런 이득도 없고 제3자가 이득을 본다는 뜻이다. 같은 이야기에서 성어 어부지리(漁父之利)도 나왔다.

【출전】『전국책 · 연책(燕策)』에 다음과 같은 이야기가 있다.

"전국시대에 의로운 전쟁이 없었다."는 말이 있듯이 당시에는 불의한 싸움이 그칠 새가 없었다.

강대국인 진(秦)나라는 그의 우세함만 믿고 수시로 다른 나라들을 침공하였으며 기타 여섯 나라들 사이에도 자주 전쟁이 일어났다.

어느 날 조나라에서 연나라를 치려 하자 소대(蘇代)라는 사람이 연나라의 유세객이 되어 조나라에 파견되었는데 그는 조혜왕을 만난 자리에서 이렇게 말했다.

"지금 제가 귀국으로 오던 길에 역수(易水)에서 목격한 일입니다. 조개 하나가 아가리를 딱 벌리고 햇빛을 쬐고 있는데 갑자기 도요새 한 마리가 날아와서 길다란 부리로 조갯살을 쪼았습니다. 그러자 조개는 곧 아가리를 다물어 버렸는데 그 바람에 도요새의 부리가 조개 안에 갇히고 말았습니다. 이때 어부 한 사람이 와서 싸우는 조개와 도요새를 힘들이지 않고 손에 넣었습니다."

소대는 여기까지 말한 다음 결론을 맺었다.

"이제 귀국에서 연나라를 치게 되면 연나라와 조나라는 오랜 기간 서로 공방전을 벌이다가 마침내 국력이 피폐하게 될 것입니다. 그 결과 진나라가 어부지리를 보게 되지 않을까 신은 염려됩니다.(今趙且伐燕 燕趙久相攻 以敝大衆 臣恐强秦之爲漁父也)"

이와 같이 싸우는 쌍방에는 아무런 이득도 없이 제3자가 이득을 보게 되는 것을 가리켜 "도요새와 조가비의 싸움에 어부만 이익을 얻었다.(鷸蚌相爭 漁人得利)"고 하는데, 남들 덕분에 앉아서 이득을 보는 것을 종중어리(從中漁利) 또는 좌수어리(坐收漁利)라고 한다.

【용례】 우리 둘이 이렇게 싸워 봤자 이득은 딴 놈이 챙길 게 뻔해. 그러니 "휼방상쟁"은 그만두고 서로가 함께 살 수 있는 방법을 강구해 보세.

흉유성죽 胸有成竹

胸 : 가슴(흉) 有 : 있을(유)
成 : 이룰(성) 竹 : 대나무(죽)

【뜻풀이】 가슴속에 대나무가 이루어져 있다. 어떤 문제에 봉착했을 때 이미 마음속에 성숙된 주장이나 해결 방법이 있음을 말한다.

【출전】 송나라 때의 대문인인 소식(蘇軾, 1037~1101)과 동시대의 문인인 문동(文同, 1018~1079)은 둘 다 문인이었음에도 불구하고 그림에 조예가 깊은 사람들이었는데 특히 대나무를 그리는 데 특출한 재능이 있었다.

소식은 일생 동안 정치적으로 불우한 생활을 하면서 글을 쓰고 그림을 그렸는데 그의 그림은 자신의 우울한 감정을 표현하는 동시에 정신적으로 자기 위안을 위한 것 외에는 다른 목적이 없었다. 그러다가 그림과 서예에 흥미가 많은 휘종 황제 덕분으로 옥국관제거라는 벼슬을 받긴 했지만 그 역시 한직이어서 소식은 그림 그리기를 멈추지 않았다. 그리하여 그의 대나무 그림은 사람들의 절찬을 받게 되었다.

그는 〈운당곡언죽기(篔簹谷偃竹記)〉라는 글에서 이런 말을 하고 있다.

"때문에 대나무를 그리기 위해서는 반드시 먼저 마음속에 대나무가 이루어져 있어야 한다. 그런 뒤 붓을 쥐고 뚫어지게 바라보다가 그리고자 하는 것이 나타나면 재빨리 그림을 그려 그 영상을 좇는다.(故畵竹 必先得成竹於胸中 執筆熟視 乃見其所欲畵者 急起從之)"

문동 역시 대나무를 그리기 즐겨하고 솜씨가 대단해서 당시 그의 기교를 모방하는 사람들이 적지 않았다. 심지어 소식까지도 자신의 대나무 그림은 문동을 따라 배운 것이라고 말한 적이 있다. 문동 역시 대나무를 그릴 때는 "우선 가슴속에 대나무가 있어야 한다."고 주장한 사실을 조보지(晁補之, 1053~1110)의 시 〈증문잠생양극일학문여가화죽구시(贈文潛甥楊克一學文與可畫竹求詩)〉의 "여가가 대나무를 그릴 때는 마음속에 이미 대나무가 이루어져 있다.(與可畫竹時 胸中有成竹)"는 구절을 통해 알 수 있다. 여가(與可)는 문동의 자다.

말하자면 대나무를 잘 그리기 위해서는 우선 머릿속에 싱싱한 대나무의 형상이 떠올라야 한다는 것이었다. 흉유성죽은 성죽재흉(成竹在胸)이라고도 한다.

【용례】 자네는 앞뒤 안 재고 달려들어 이런 사태가 몹시 당황스럽겠지만, 나는 이미 "흉유성죽"이라 아무 걱정이 없네. 설령 땅이 꺼지고 하늘이 무너지는 재앙이 닥쳐도 나는 걱정 없다니까.

흑백혼효 黑白混淆

黑 : 검을(흑) 白 : 흰(백)
混 : 섞을(혼) 淆 : 뒤섞일(효)

【뜻풀이】 흑백이 뒤집혔다.

【출전】 전국시대 초나라의 시인 굴원(屈原)의 "흰색이 변하여 검은색이 됨이여!(變白以爲黑兮)"라는 시구에서 나온 성어다.

그 후 진(晉)나라 때 부함(傅咸, 239~294)이라는 사람의 글에도 반백위흑(反白爲黑)이라는 문구가 있는데, 모두 다 시비(是非)가 전도된 것을 비유하는 말이다.

전도흑백 또는 혼효흑백(混淆黑白)이라고도 하는데 전도시비(顚倒是非, 옳고 그름이 뒤집혔음)와 같은 뜻이다.

【용례】 정작 범인은 경찰의 비호를 받아 낮은 형량을 선고받고 무고한 시민은 사형이라니, 이런 "흑백혼효"가 말이나 되는 일이야.

흑우생백독 黑牛生白犢

黑 : 검을(흑) 牛 : 소(우) 生 : 날(생)
白 : 흰(백) 犢 : 송아지(독)

【뜻풀이】 검은 소가 흰 송아지를 낳았다는 뜻으로, 재앙이 복이 되기도 하고 복이 재앙이 되기도 함을 비유하는 말이다. 인생에서 길흉화복을 예측할 수 없다는 교훈으로, 길흉화복이 덧없음을 비유한다. 비슷한 성어에 새옹지마(塞翁之馬)가 있다. (➡ 새옹지마塞翁之馬 참조)

【출전】 『열자(列子) · 설부편(說符篇)』에 다음과 같은 이야기가 나온다.

송(宋)나라 사람 중에 어질고 의로운 행동을 즐겨 하는 사람이 있었다. 그 집안은 3대째에 계속 어질고 의로운 일에만 힘썼다. 그런 어느 날 집에서 기르는 검은 소가 흰 송아지를 낳았다(黑牛生白犢). 갑자기 이런 변괴가 일어나자 공자(孔子)에게 이유를 여쭈었다. 공자가 듣더니 말했다.

"이것은 길한 징조니, 흰 송아지를 하늘에 바치시오."

그로부터 1년이 지났는데, 그의 아버지가 갑자기 눈이 멀었고, 집의 검은 소는 또다시 흰 송아지를 낳았다. 아버지는 다시 아들에게 이 일에 대해 공자에게 여쭤보라고 하였다. 그러자 아들이 반대하며 나섰다.

"지난번에 그분에게 여쭤 보았다가 눈이 멀

었는데 왜 또 여쭈려고 합니까?"

이에 아버지가 말했다.

"성인의 말씀은 처음에는 어긋나는 것처럼 보이지만 결국에는 들어맞는다. 어서 다시 가서 여쭈어 보거라."

하는 수 없이 아들이 공자에게 다시 물어보니, 공자는 역시 길한 조짐이라며 다시 그 송아지로 하늘에 제사를 지내라고 했다. 아들이 돌아와 그의 아버지에게 공자의 말을 아뢰자, 아버지는 공자의 말대로 행하라고 말했다. 그로부터 1년이 지나자 그 집 아들도 또 눈이 멀었다.

그 뒤 초(楚)나라가 송나라를 공격하여 그들이 사는 성까지 포위당했다. 극심한 굶주림에 지친 사람들은 자식을 바꾸어 잡아먹고 유해를 쪼개 밥을 지을 정도로 끔찍한 곤경에 빠졌다. 장정들은 모두 성 위로 올라가 싸우다가 절반 이상이 목숨을 잃었다. 그러나 이들 부자(父子)는 모두 눈이 멀었기 때문에 재앙을 면할 수 있었다. 전쟁이 끝난 뒤 두 사람의 눈은 다시 정상으로 돌아와 사물을 볼 수 있게 되었다.

【용례】 노인네에게 자리를 양보하느라고 기차를 놓쳐 회사에 지각을 했는데, 그분이 바로 사장님 부친이라서 칭찬을 들었지 뭔가. "흑우생백독"이라더니 좋은 일을 하면 당장은 손해라도 결국 큰 복을 받기 마련인가 봐.

흑풍백우 黑風白雨

黑 : 검을(흑) 風 : 바람(풍)
白 : 흰(백) 雨 : 비(우)

【뜻풀이】 검은 바람에 흰 비. 흑풍은 바람이 거세게 일어 먼지가 흩날려 사방이 어두워지는 것을 말하고, 백우는 세차게 내리는 소나기를 말한다.

【출전】 이 성어는 두 시인의 작품 속에 나오는 구절 중 일부를 따서 구성되었다.

이하(李賀, 791~817)의 〈호가(浩歌)〉에서는 '흑풍'을 땄다.

「검은 바람 산으로 몰아쳐 평지를 만드니
하느님이 천오를 보내 바닷물을 옮겼도다.
서왕모의 도화는 하나같이 붉은데
팽조와 무함은 몇 번이나 죽었던가.
나의 청총마는 동전만 한 얼룩이 있고
청춘을 뽐내는 버들은 가는 연기를 머금었다.

黑風吹山作平地
帝遣天吳移海水
王母桃花千遍紅
彭祖巫咸幾回死
青毛驄馬參差錢
嬌春楊柳含細煙」

전편은 모두 8연 16구로 된 칠언절구다. 시인이 자신의 마음속에 담긴 회포를 호탕하게 노래한 것이다. 인생무상과 자신의 불만을 함축적이고 유려한 필치로 서술하고 있다. 천오(天吳)는 바다의 신이다. 팽조(彭祖)는 전설상의 장수(長壽)한 사람이며, 무함(巫咸)은 요(堯)임금의 의사로 있던 무사(巫師)로, 살아서는 상공(上公)이었고 죽어서는 귀신(貴神)이 되었다고 한다. 청(靑)은 사실은 검정색을 말한다. 총마는 흑백의 얼룩무늬가 있는 말이다.

또 소식(蘇軾, 1037~1101)의 〈유월이십칠일망호루취서(六月二十七日望湖樓醉書)〉 5수 가운데 제1수에서는 "백우"를 땄다.

「먹구름 검게 일어도 산을 가리진 못했는데

흰 소나기 구슬이 듣듯 뱃전으로 쏟아지네.
땅을 뒤집을 듯 바람 불어 홀연히 흩어지니
망호루 아래 호숫물은 하늘인 듯하구나.
黑雲翻墨未遮山
白雨跳珠亂入船
卷地風來忽吹散
望湖樓下水如天」

6월 27일에 망호루(望湖樓)에서 술에 취해 썼다는 제목으로도 알 수 있는 것처럼 망호루에서 호수를 바라보며 전개되는 날씨의 변화를 세밀하게 묘사하고 있다.

【용례】 작년 겨울에 포항에서 울릉도로 배를 타고 갔는데 갑자기 폭풍이 몰려와 죽을 뻔했잖아. "흑풍백우"가 몰아치는데 그 큰 배도 꼼짝을 못하더군.

흔흔향영 欣欣向榮

欣 : 기뻐할(흔) 向 : 향할(향)
榮 : 비침·꽃·빛·성할(영)

【뜻풀이】 초목이 무성하게 자라다. 사업이나 일이 날로 발전하고 융성하는 것을 비유하는 말이다.

【출전】 도연명(陶淵明, 365~427)은 구강(九江) 시상(柴桑) 사람이다. 그의 증조부 도간(陶侃, 259~334)은 진(晉)나라 때의 대사마(大司馬)였고, 조부와 아버지가 태수를 지냈으며, 외조부는 정서대장군을 지낸 당대의 명문거족(名門巨族) 집안이었다.

그러나 그의 대에 이르러서 형편이 궁핍해져 남의 밥을 얻어먹을 지경에 이르렀다. 그러나 그는 이것을 부끄럽게 여기지도 않았고, 당시 정치에 염증을 느껴 벼슬할 생각도 하지 않았다.

도연명은 성품이 고상하고 선비다웠으며, 학문은 넓고 깊었다. 그뿐 아니라 시와 문장에도 일가를 이룬 훌륭한 문인이었다. 그는 늘 산수와 자연을 벗삼아 노닐면서 시를 짓고 읊조리는 일을 낙으로 삼으며 살아갔다.

그러나 집안이 너무 가난해 할 수 없이 친구의 주선으로 좨주(祭酒)를 담당하는 관리가 되었는데, 그는 관리들을 대우하는 일에 익숙지 않아 얼마 안 있어 사직하고 팽택현(彭澤縣)의 현령이 되었다.

그가 팽택현의 현령이 된 지 80여 일쯤 지났을 때 조정에서 독우관(督郵官)이 파견 나왔다. 그러자 그의 부하들이 그에게 모자를 바로 쓰고 허리띠를 잘 맨 뒤 독우관을 마중 나가야 한다고 일러주었다. 그러자 도연명은 한숨을 쉬면서 말하였다.

"나는 다섯 말의 봉록(俸祿)을 위해서 허리를 굽히고 상관을 영접하는 일은 하지 않겠다."(➡ 경전서후耕前鋤後 · 왕자불간 내자가추往者不諫 來者可追 참조)

그는 말을 마치자마자 그 길로 벼슬을 그만두고는 고향으로 돌아갔다. 이때의 심경을 적은 글이 바로 유명한 〈귀거래사(歸去來辭)〉인데, 그 중 한 구절에 이런 말이 나온다.

「나무들은 싱싱하게 자라나고
샘물은 퐁퐁 흐르기 시작한다.
만물이 때를 얻음을 부러워하노니
내 삶이 가다가 머묾도 느끼겠도다.
木欣欣以向榮
泉涓涓以始流
羨萬物之得時
感吾生之行休」

이 〈귀거래사〉의 구절 가운데 흔흔향영이라는 부분이 나중에 성어가 되었다. 원래는 초목이 무성하게 자라는 모습을 형용한 것이지만, 오늘날에는 그 뜻 외에도 일이나 사업이 뜻하는 바대로 이루어지는 것을 비유하기도 한다.

【용례】 미리 공해 방지 시설을 갖춘 나야 무슨 걱정이 있나. 새로 설비 투자를 안 해도 되니 이제 내 사업은 "흔흔향영"의 길로 나가는 일밖에는 없어.

흥고채열 興高采烈

興 : 홍(홍) 高 : 높을(고)
采 : 캘·가릴(채) 烈 : 세찰(렬)

【뜻풀이】 기뻐서 어쩔 줄 모르다. 신바람나다.

【출전】 남북조시대의 유명한 문학 평론가 유협(劉勰, 466~539)의 『문심조룡(文心雕龍』에서 나오는 성어다.

『문심조룡』은 중국 문학 이론사에서 정연한 체계를 갖춘 이론서 중 불후의 걸작으로 평가받는 저작이다. 모두 10권 50편으로 구성되어 있는 이 책은 첫 5권에서는 문체의 변화에 대해 기술했고, 다른 5권에서는 글짓는 법과 작가의 수양 및 문학 평론에 대해 언급하고 있다.

흥고채열이라는 성어는 제27편인 〈체성편(體性篇)〉에 나오고 있다. 〈체성편〉에서 저자는 어떤 작가든지 그의 문체와 풍격 등은 작가의 개성과 긴밀히 연관되어 있다는 것을 논술하면서 한(漢)·위(魏)·진(晉) 등 각 왕조의 유명한 작가들을 예로 들고 있다.

숙야〔叔夜, 즉 혜강(嵇康)〕의 풍격을 말할 때 "혜강의 문풍은 당당하고 호협하기 때문에 흥취는 높고 문채는 씩씩하다.(叔夜儁俠 故興高而采烈)"고 하였다. 즉, 숙야의 성격이 호방하기 때문에 그의 글도 기백이 있고 아름답다는 것이었다.

성어 흥고채열은 이와 같이 처음에는 작가의 풍격을 비유하는 말로 쓰였지만 나중에 점차 기뻐하는 모습을 비유하는 말이 되었다.

그리고 이 성어는 보통 긍정적으로 쓰이고 있지만 간혹 부정적으로 쓰이는 경우도 있다.

【용례】 아무리 원수 집안이라지만 줄초상이 났는데 "흥고채열"하며 기뻐하다니, 네가 사람이냐! 당장 가서 문상을 하도록 하거라.

희생 犧牲

犧 : 희생(희) 牲 : 희생(생)

【뜻풀이】 원래는 천지(天地)나 종묘(宗廟)에 제사를 지낼 때 제물로 쓰는 살아 있는 소를 일컫는 말이었다. 색이 순수한 것을 희(犧)라고 하며, 길함을 얻지 못해 죽이는 것을 생(牲)이라고 하였다.

오늘날에는 다소 뜻이 바뀌어 남을 위해 자신의 목숨이나 재물 또는 권리를 포기하는 일을 말한다.

【출전】 『주례(周禮)·지관목인(地官牧人』에 "무릇 제사를 지낼 때는 그 희생을 함께 하는데 충인에게 주어서 이를 묶게 한다.(凡祭祀共其犧牲 以授充人 繫之)"는 말이 보이며, 또 『좌전』에서는 "생은 다섯이고 희는 셋이다.(五牲三犧)"라고 하였다.

『울료자(尉繚子)』에는 "야생 짐승은 희생으로 쓰지 않는다.(野物不爲犧牲)"는 말이 있다. 『여람(呂覽)』에 보면 다음과 같은 일이 기록되어 있다.

“은나라 탕왕(湯王)이 하나라를 물리치고 천하에서 왕노릇을 하였다. 그런데 5년이 지나도록 비가 내리지 않자 탕왕은 몸소 상림에 나가 기도하였다. 머리카락을 덮고 손톱을 잘라서 스스로 희생물이 되고자 하며 하느님에게 복을 기구하였다. 그러자 큰비가 하늘에서 내리기 시작하였다.(殷湯克夏而王天下 五年不雨 湯乃以身禱于桑林 塞其髮 割其爪 自以爲犧牲 用祈福于上帝 雨大至)”

【용례】 전번 해난 사고가 났을 때 선장님의 헌신적인 “희생”이 없었다면 엄청난 재앙이 올 뻔했어. 위험에 닥쳐서도 흔들리지 않는 그 자세는 우리가 꼭 배워야 할 점이야.

찾아보기

✳ 인 명 ✳

【가】
가경賈瓊　1016
가규賈逵　753
가도賈島　699, 983
가밀賈謐　328
가사도賈似道　629
가서한哥舒翰　254
가섭迦葉　725
가의賈誼　171, 715, 803, 863, 936
가충賈充　293, 332, 751, 985
가후賈詡　575
간공簡公　397
간문제簡文帝　1001
간보干寶　470, 764
간우干羽　609
간장干將　11, 221
갈천씨葛天氏　402
갈홍葛洪　174, 639, 813, 1042
감녕甘寧　197
감무甘茂　785
감반甘盤　1092
감부인甘夫人　569
강기姜夔　1023
강도왕江都王　631
강문달姜文達　934
강빈絳賓　418
강상姜尙　378
강성선생康聲先生　232
강숙봉康叔封　845
강시姜詩　726
강엄江淹　17, 860
강왕康王　470, 618, 674, 883
강유姜維　440, 572, 759
강유위康有爲　206, 342
강을江乙　1055
강일용康日用　53
강제康帝　231
강태공姜太公　109, 378, 588, 672, 730
강혁江革　726
개방開方　873
개승蓋升　362
개자추介子推　975
거백옥遽伯玉　557
건숙蹇叔　486, 945
건숙騫叔　675
걸桀　223, 273, 308
걸닉桀溺　830
검루黔婁　412
검오黔敖　888
견오肩吾　256
견융후犬戎侯　900
견자사鄄子士　858
견후甄后　168
경경耿京　211
경공景公　253
경군홍敬君弘　819
경무耿武　586

경보慶父 48, 1097
경사敬姒 325
경시제更始帝 245, 924
경엄耿弇 637, 701, 740
경정慶鄭 290, 1044
경제景帝 42, 140, 308
경중敬仲 380
경춘景春 209
경포黥布 991
경황耿況 637
계강자季康子 123, 280, 786, 1073
계량季良 161
계문자季文子 325, 450
계성선사繼成禪師 1087
계손季孫 53, 182, 617, 1073
계씨季氏 26, 279
계연計然 221
계왕季王 1090
계우季友 48, 1097
계찰季札 561, 625
계포季布 733, 746
고개지顧愷之 274, 814, 1001
고계高啓 289
고계흥高季興 262
고귀향공高貴鄉公 293
고령高靈 235
고소顧邵 392
고소자高昭子 53
고수瞽叟 653
고야자古冶子 719
고양高洋 967
고어皐魚 525
고역사高力士 255
고열지顧悅之 1001
고영顧榮 753
고요皐陶 307, 465, 1062
고자高子 195
고적高適 1035, 1086
고점리高漸離 214, 346, 399, 878
고정원高定元 963
고종高宗 327, 553, 1093
고환高歡 967
곡영谷永 575
곤鯤 980
곤오씨昆吾氏 953
공강共姜 363, 868
공공共工 371, 376
공구孔丘 40
공궐孔厥 530
공길孔姞 414
공도보孔道輔 485
공로公盧 942
공리孔鯉 312
공명의公明儀 208
공문자孔文子 414, 596
공백共伯 868
공번孔璠 934
공범孔範 921
공보목백公父穆伯 173
공보문백公父文伯 172
공부孔鮒 621
공북해孔北海 507
공상임孔尙任 926
공손가公孫賈 367
공손교公孫喬 82
공손교公孫僑 171, 824
공손단公孫段 466, 1004
공손룡公孫龍 82
공손술公孫述 29, 219, 245, 269, 521, 820
공손연公孫衍 8, 642

공손자도公孫子都 584
공손지公孫支 945
공손찬公孫瓚 299, 586
공손첩公孫捷 719
공손추公孫丑 182, 726, 1022, 1051, 1064, 1089
공손하公孫賀 51
공손홍公孫弘 71, 210, 890
공수龔遂 183
공수반公輸般 406
공수반公輸斑 76
공숙단共叔段 704
공숙좌公叔座 826
공승불인公乘不仁 803
공안국孔安國 129, 944, 1045
공야장公冶長 450, 874, 1094
공어孔圉 414
공융孔融 33, 299, 468, 503, 507
공자孔子 4, 10, 11, 26, 27, 40, 47, 49, 53, 69, 76, 83, 86, 93, 117, 118, 120, 122, 123, 131, 133, 147, 160, 192, 194, 203, 212, 222, 227, 232, 249, 273, 279, 298, 312, 333, 350, 413, 433, 437, 449, 450, 452, 505, 507, 525, 540, 544, 545, 558, 596, 614, 623, 640, 648, 660, 681, 692, 700, 746, 814, 816, 846, 850, 861, 874, 880, 894, 923, 939, 952, 955, 976, 978, 999, 1003, 1013, 1020, 1026, 1051, 1100
공치규孔稚珪 898
과아씨誇娥氏 662
곽가郭嘉 369, 838
곽거郭巨 726
곽거경郭居敬 726
곽거병霍去病 269, 414
곽거업郭居業 703
곽광霍光 70, 269, 414
곽급郭伋 853
곽림종郭林宗 650
곽박郭璞 17
곽상郭象 104
곽씨郭氏 167
곽애郭曖 795
곽약허郭若虛 566
곽연생郭緣生 1065
곽영郭永 168
곽외郭隗 487, 1079
곽원진郭元振 635
곽자의郭子儀 795
곽중郭重 548
곽태郭泰 992
곽한郭翰 909
곽홍패郭弘霸 470
관녕管寧 1027
관로管輅 173
관부灌夫 519, 766
관서공자關西孔子 288
관숙管叔 887
관영灌嬰 258, 766
관우關羽 28, 166, 219, 604, 626, 637, 747, 833, 881
관자管子 45
관저關雎 808
관중管仲 47, 84, 169, 411, 573, 776, 809, 872, 1008
관중왕關中王 583
관지부管至父 141
관현灌賢 519, 766
관휴貫休 813
광무군廣武君 903

광무제光武帝 88, 105, 178, 245, 255, 924
광평왕廣平王 845
괴통蒯通 29, 36, 137, 179, 908, 926
괵사虢射 290
괵석보虢石父 900
괵중虢仲 1
교궁交窮 516
교여僑如 127
교연皎然 543
교현橋玄 362
구방고九方皐 426
구범舅犯 371
구야자歐冶子 221
구양수歐陽脩 89, 243, 403, 536, 668, 748, 956, 1063
구양순歐陽詢 186
구양통歐陽通 186
구오자丘吾子 525
구작자瞿鵲子 40
구준寇準 405, 415
구준寇准 66
구지丘遲 324
구천句踐 221, 237, 559, 612, 641
구천勾踐 234, 470, 792, 867, 885
구천勾賤 901
구후九侯 744
국자國子 195
굴가屈暇 19
굴원屈原 99, 261, 298, 300, 325, 347, 503, 608, 864, 886, 895, 924, 1059, 1061, 1065, 1100
굴평屈平 102
굴하屈瑕 493
궁예弓裔 477
궁지기宮之奇 1, 532, 533
권미拳彌 858
귀곡선생鬼谷先生 43, 1031
귀곡자鬼谷子 508
규糾 84
극극郤克 278, 350
극신劇辛 488
극자성棘子成 435
금활禽滑 509
급암汲黯 308, 863, 1094
기夔 745
기겁騎劫 1080
기대승奇大升 431
기리계綺里季 666
기성자紀渻子 291
기오祈午 203, 652
기자杞子 607
기자箕子 285, 744
기창紀昌 907
기파耆婆 659, 767
기황양祈黃羊 203, 651
기후祁侯 477
김부식金富軾 618
김삿갓 909
김일선金日禪 385

【나】

나관중羅貫中 172, 445
나대경羅大經 339, 347, 534, 940
낙빈왕駱賓王 377
낙창공주樂昌公主 987
난서欒書 405
난염欒黶 253
난왕赧王 893, 1079
남곽南郭 160
남당정南堂靜 783

남용南容 449
남자南子 939
남제운南霽雲 150
낭영郎瑛 257, 514
내준신來俊臣 928
노고魯姑 726
노곤魯緄 650
노기盧杞 278
노래자老萊子 340, 726
노민공魯閔公 48
노반魯般 338
노반魯班 306, 338, 406
노반魯斑 76
노생盧生 768
노소공魯昭公 53
노숙魯肅 86, 637, 650
노숙魯淑 650
노승경盧承慶 529
노아盧兒 1029
노애공魯哀公 441, 489, 527, 548
노양공魯襄公 428
노육盧毓 1075
노자老子 172, 457, 500, 551, 596, 1091
노장용盧藏用 835
노조린盧照隣 376
노조천사老祖天師 378
노종도魯宗道 73
노중련魯仲連 349, 860, 955
노팽老彭 534
노평공魯平公 798
노회신盧懷愼 339
노희공魯僖公 48
녹리선생甪里先生 666
뇌환雷煥 221
누사덕婁師德 968
누창樓昌 410
늑상勒尙 864

【다】

단간목段干木 1051
단간자段干子 1003
단군檀君 1071
단도제檀道濟 89, 452
단목공單穆公 836
단문창段文昌 707
단성식段成式 972
단양공段襄公 1098
단옥재段玉裁 1045
단종端宗 630
단주丹朱 413
단필제段匹磾 488
달기妲己 223, 386, 426, 468, 744
달마達摩 277
담대멸명澹臺滅明 1043
담생聃甥 477
당경唐庚 655
당몽唐蒙 591
당부인唐夫人 726
당양후當陽侯 992
당인唐寅 854
당태종唐太宗 780
대규戴逵 443
대량大梁 632
대불승戴不勝 757
대숙질大叔疾 596
대순大舜 726
대연戴淵 494, 859
대연황제大燕皇帝 115
대우씨大禹氏 378
대익戴益 952

대장락戴長樂 743
대종代宗 795
대진인戴晉人 642
대팽씨大彭氏 953
대혜선사大慧禪師 940
대홍정戴洪正 136
덕종德宗 278
도간陶侃 852, 1102
도개到漑 420
도겸陶兼 41
도겸陶謙 144, 299
도경到鏡 420
도곡陶穀 715
도공悼公 693
도목都穆 688
도생법사道生法師 645
도신到藎 420
도악陶岳 847
도연명陶淵明 50, 220, 325, 401, 412, 467, 496, 746, 852, 892, 1056, 1081, 1084, 1102
도원道原 402
도자悼子 257
도종度宗 174
도종의陶宗義 513
도종의陶宗儀 244
도주공陶朱公 221
도척盜跖 36, 298, 1057
도치悼齒 320
독고신獨孤信 148
독고황후獨孤皇后 148
동곽자東郭子 272
동곽준東郭逡 44
동녀童女 11
동방삭東方朔 82, 198, 462
동봉董奉 1042
동시東施 237
동영董永 726
동예董翳 583
동우董遇 458
동원공東園公 666
동중서董仲舒 650, 1003, 1042
동탁董卓 104, 155, 522, 601, 650
동현董賢 485
동호董狐 241
동화董和 884
두건杜建 664
두계량杜季良 1083
두교杜喬 344
두도竇滔 876
두만선우頭曼單于 871
두목杜牧 17, 128, 180, 196, 663
두묵杜黙 243
두백비斗伯比 19
두보杜甫 17, 19, 68, 115, 145, 180, 282, 360, 419, 437, 549, 588, 643, 791, 817, 899, 910, 951, 1015
두심언杜審言 899
두여회杜如晦 344, 651, 817
두연杜衍 748, 930
두영竇嬰 519
두예杜預 772, 991
두우杜佑 180
두우杜宇 756
두위竇威 1016
두융竇融 29
두주杜周 72
두태후竇太后 519, 806, 815
두헌竇憲 806
두회杜回 44, 1091

두회정竇懷貞 159
등문공滕文公 791
등애鄧艾 143
등양鄧颺 173
등우鄧禹 75
등자반登子反 616
등즐鄧騭 336, 627
등태후鄧太后 627
등하鄧遐 992

【마】
마고麻姑 891
마대馬岱 335
마돈馬敦 1082
마량馬良 357, 603, 709
마무馬武 178
마속馬謖 131, 357, 604, 709
마엄馬嚴 1082
마옹馬雍 1021
마원馬援 23, 204, 255, 269, 521, 820, 1082
마은馬殷 847
마치원馬致遠 769, 949
마후馬后 23
막야莫射 11, 221
만백曼伯 326
만분萬奮 633
만장萬章 234
말희妺喜 701
망묘芒卯 1003
매복梅福 222
매승枚乘 579
매요신梅堯臣 970, 1063
매지환梅之渙 338
매희妹喜 223
맹가孟嘉 150
맹가孟軻 347
맹강孟姜 473
맹경지孟敬之 736
맹계孟棨 987
맹광孟光 25
맹교孟郊 65, 848, 941, 1002
맹만년孟萬年 436
맹명시孟明視 607, 675
맹무백孟武伯 548
맹민孟敏 992
맹상군孟嘗君 54, 66, 290, 765, 799
맹손孟孫 54
맹자孟子 192, 234, 350, 408, 409, 436, 463, 632, 647, 685, 718, 721, 757, 798, 807, 856, 906, 953, 1019, 1060
맹종孟宗 726
맹학사孟學士 60
맹호연孟浩然 814, 950
맹획孟獲 963
명비明妃 949
명제明帝 168, 181, 453, 528
모수毛遂 164, 286, 464
모연수毛延壽 949
모융牟融 208, 499
모혜수毛惠秀 925
모혜원毛惠遠 925
목강穆姜 325
목공穆公 674
목암睦庵 208
목암선경睦庵善卿 76
몽염蒙恬 491
몽의蒙毅 491
묘선보살妙善菩薩 1041
묘진苗振 224
무경武庚 887

무기無忌 809
무기毋忌 893
무대武臺 574
무섭武涉 1040
무송武松 574
무신武信 138
무안군武安君 125, 242
무안후武安侯 519
무염녀無鹽女 18
무왕武王 13, 109, 129, 238, 273, 307, 371, 702, 706, 744, 851, 880, 887, 981
무이군武夷君 303
무정武丁 327
무제武帝 145, 308, 384
무조武瞾 319
무측천武則天 286, 361
무함巫咸 1101
무현繆賢 309
무회씨無懷氏 402
무후武侯 74
묵돌冒頓 871, 927
묵자墨子 156, 306, 720
문공文公 213, 440, 675
문궁文窮 516
문동文同 1099
문빙文聘 182
문선文選 879
문심조룡文心雕龍 1103
문왕文王 13, 109, 331, 371, 477, 628, 702, 744, 834, 836, 1089
문종文種 559, 641
문지文摯 348
문천상文天祥 629
문추文醜 166
문혜왕文惠王 141
미부인靡夫人 569
미불米芾 95
미생고微生高 328
미자微子 744
미자하彌子瑕 557, 605
미축靡竺 569
민사평閔思平 999
민손閔損 726
민순閔純 586
민왕閔王 177, 385
민왕湣王 215, 576
민왕緡王 320

【바】
박륙후博陸侯 269
박세무朴世茂 106
박순朴淳 1028
박인량朴寅亮 421
박인로朴仁老 703
반고班固 22, 216, 306, 364, 414, 528, 558, 985, 1064
반고盤古 891
반금련潘金蓮 574
반당潘黨 185, 358
반대림潘大臨 263
반비潘妃 373
반소班昭 528
반장潘璋 85
반첩여班婕妤 943
반초班招 412, 528, 985
반표班彪 528
방공龐恭 459
방교房喬 651
방연龐涓 508, 685
방옥윤方玉潤 969

방원영龐元英 711
방이지方以智 74
방총龐葱 459
방통龐統 193, 260, 377, 392, 458
방평方平 251
방현령房玄齡 261, 344, 817, 1016
방훈龐勛 228
배도裴度 536, 801
배우裵優 628
백거이白居易 65, 139, 168, 347, 375, 405, 430, 497, 555, 618, 818, 874, 934, 949, 993, 1028
백계伯啓 335
백규白圭 721, 821
백금伯禽 845, 981
백기白起 125, 242, 287, 553, 721, 869, 896
백기伯奇 329
백낙천白樂天 47, 96, 135, 285, 300, 974
백락伯樂 355, 426, 576, 742
백리해百里奚 486, 675, 909, 945
백복伯服 900
백비伯嚭 559, 641
백안伯眼 629
백양伯陽 307, 504
백유伯有 466
백을병白乙丙 675
백이伯夷 109, 383, 534, 706, 729, 815, 880, 894
백익伯益 307
백주려伯州黎 234
백주리伯州犁 474, 562
백직柏直 103, 490
백혼무인伯昏無人 279
백희伯喜 234
백희伯姬 325
번숭樊崇 637, 924
번오기樊於期 214
번지樊遲 49
번쾌樊儈 958, 1033
번쾌樊噲 523, 834
범려范蠡 117, 221, 792, 867, 885, 901
범려范攄 1095
범문자范文子 167, 836
범방范滂 158
범방전范滂傳 158
범백凡伯 398
범수范雎 241, 297, 490, 588, 672, 684, 754, 770, 796, 822, 946, 972
범수范睢 185, 215
범순인范純仁 869
범식范式 497
범엽范曄 15
범영기范榮期 898
범왕范汪 236
범정민范正敏 711, 1072
범중엄范仲淹 133, 483, 651
범증范曾 958
범증范增 37, 140, 321, 464, 523, 526, 1033
범질范質 136
법등法燈 1035
법안法眼 1035
법장法章 320
벽암碧巖 450
변소邊韶 207
변양邊讓 666
변장자辨莊子 739
변화卞和 5, 104, 353, 946
병부상이시랑서兵部上李侍郎書 882
병원邴員 232
보욱保勛 262

보융保融 262
보제普濟 444
보항寶抗 934
복상卜商 544, 1059
복생伏生 1045
복자천宓子賤 923
복주루선우復株累單于 949
복희伏羲 31
봉기逢紀 586
봉맹蓬萌 88
봉손逢孫 607
봉안奉安 924
부견苻堅 984
부공이傅公夷 308
부소扶蘇 867
부씨傅氏 485
부안傅晏 486
부열傅說 98, 327, 1092
부융苻融 938
부의傅毅 364
부차夫差 221, 237, 470, 559, 612, 641, 793, 867, 885
부필富弼 651
부함傅咸 740, 1100
부현傅玄 134, 632
부화傅禾 342
분육賁育 978
불의不疑 391
비간比干 672, 744
비무기費無忌 234, 749
비위飛衛 907
비장군飛將軍 779
비장방費長房 771
비정丕鄭 257
비표邳豹 945
빈미인賓媚人 350
빙허공자憑虛公子 788

【사】

사가법史可法 921
사고史高 1047
사곤謝鯤 493
사광師曠 164
사금師金 176
사기경謝幾卿 322
사대駟帶 466
사령운謝靈運 322, 382, 800, 911
사록謝祿 924
사마광司馬光 6, 453, 748
사마랑司馬朗 435
사마륜司馬倫 100
사마상여司馬相如 2, 57, 716, 717, 787
사마소司馬昭 570, 853, 949
사마승정司馬承政 835
사마염司馬炎 100, 432, 853, 1021
사마영司馬穎 1021
사마예司馬睿 189, 494, 858
사마우司馬牛 442
사마위강司馬魏絳 693
사마의司馬懿 75, 100, 131, 181, 286, 359, 432, 439, 547, 604, 709, 725
사마조司馬錯 739
사마중달司馬仲達 358
사마착司馬錯 827, 945
사마천司馬遷 107, 172, 383, 447, 479, 575, 721, 732, 797, 896, 902, 932, 979
사마휘司馬徽 377, 1068
사마흔司馬欣 583
사만謝萬 46
사무일謝無逸 263

사문백士文伯 428
사상謝尙 910
사상보師尙父 379
사숙방謝叔方 819
사안謝安 46, 235, 236, 546, 640, 692, 925, 1078
사어史魚 557
사위士蔿 743
사일史佚 238
사정자士貞子 72
사조謝朓 585
사초종謝招宗 382
사현謝玄 236, 938
사회士會 185, 281
산도山濤 136, 187, 853, 928, 1021
삼환씨三桓氏 465, 786
상건常健 1005
상계常季 279
상아湘娥 480
상앙商鞅 366, 548, 722, 789, 826, 909
상자商子 845
상제殤帝 627
상주商紂 267, 573
상혜常惠 578
상홍양桑弘羊 126
새상노인塞上老人 474
새옹塞翁 474
색담索紞 681
서鋤 213
서간徐幹 33
서걸술西乞術 675
서공徐公 138, 317
서광徐廣 179
서덕언徐德言 987
서동胥童 404
서면徐勉 710
서문표西門豹 437
서백西伯 426, 834, 1090
서백창西伯昌 744
서서徐庶 347, 389, 445, 549
서선徐宣 924
서세적徐世勣 733
서시西施 8, 237, 868
서왕모西王母 462
서초패왕西楚霸王 583
서현徐鉉 971
석개石介 485
석계륜石季倫 949
석두대사石頭大師 561
석륵石勒 179, 488
석문영釋文瑩 715
석숭石崇 221, 911
석월石越 984
석작石碏 93, 208
석제石制 185
석혜홍釋惠洪 958
선곡善穀 18
선곡先穀 185, 1011
선목공宣穆公 860
선무제宣武帝 845
선백宣伯 127
선왕宣王 285, 505, 856
선제宣帝 92, 126, 145, 148, 269, 581
선태후宣太后 215
선태후宣太侯 242
설거정薛居正 403
설거주薛居州 757
설결齧缺 965
설광덕薛廣德 1047
설담薛譚 582

설류泄柳 1051
설방薛方 146
섬자剡子 726
섭공葉公 489
섭숙攝叔 252
성단成丹 178
성득신成得臣 72
성세언盛世彦 662
성양감成陽堪 665
성왕成王 13, 173, 318, 845, 887, 981
성자聲子 341
성제成帝 407, 943
성현成俔 499
소계휼昭奚恤 1055
소공召公 13, 588, 644, 857
소공昭公 374
소공蘇公 1096
소광疏廣 723
소대蘇大 290
소대蘇代 354, 785, 1003, 1099
소란蕭鸞 453
소련少連 706
소린蘇麟 133
소무蘇武 578, 580, 733
소미도蘇味道 285, 899
소백小白 84
소보권蕭寶卷 453
소부巢父 146
소부巢夫 497
소수疏受 723
소순蘇洵 342, 668
소순흠蘇舜欽 748
소식蘇軾 3, 56, 101, 254, 263, 276, 321, 342, 439, 517, 549, 643, 667, 679, 891, 921, 951, 1008, 1015, 1041, 1067, 1099, 1101
소악蘇鶚 707
소안환蘇安桓 319
소양昭陽 43, 1076
소양왕昭陽王 186
소양왕昭襄王 672
소연蕭衍 187, 324
소열제昭烈帝 357
소옹邵雍 6
소왕昭王 125, 242, 290, 320, 750
소우蕭瑀 884
소유기小由基 530
소자량蕭子良 134
소정蘇頲 407
소제昭帝 269, 578, 581
소종蘇從 446, 749
소종蕭琮 762
소준蘇峻 408
소진蘇秦 50, 52, 177, 328, 329, 399, 435, 639, 804, 809, 863, 1003, 1031, 1049
소철蘇轍 668, 1008
소통蕭統 261
소통蕭通 364
소하蕭何 113, 492, 495, 500, 670, 842, 908, 926, 1012, 1024
소하蘇賀 471, 674
소혜蘇蕙 876
소홍蕭洪 324
소희少姬 743
속석束晳 740
손강孫康 1052
손견孫堅 21, 104
손경孫敬 1048
손권孫權 21, 33, 85, 162, 165, 182, 219, 229, 260, 506, 507, 517, 519, 522, 703,

1056
손무孫武 117, 447, 536, 634, 750, 850, 876
손무자孫武子 876
손문孫文 205
손빈孫臏 453, 508, 686
손산孫山 280
손선생孫先生 165
손숙오孫叔敖 18, 495, 663, 1058
손양孫陽 742
손예孫預 725
손자孫子 667, 876
손작孫綽 66, 897, 988
손책孫策 21
손초孫楚 520, 774
손혜孫惠 978
손호孫皓 332
손휴孫休 1042
송강宋江 378
송경宋璟 817
송순宋純 296
송양공宋襄公 953
송양왕宋襄王 973
송옥宋玉 68, 248, 298, 300, 347
송의宋義 990
송적宋迪 502
송지문宋之問 618, 965
송창宋倉 637
송홍宋弘 823
송흠宋欽 448
수가須賈 185, 241, 490, 588, 770, 796, 822, 972
수공隨公 148
수로부인水路夫人 857
수몽壽夢 561
수문제隋文帝 921
수조竪刁 873
숙손叔孫 54, 127
숙손통叔孫通 390
숙손표叔孫豹 197
숙아叔牙 48
숙우叔虞 238
숙제叔齊 109, 383, 534, 706, 729, 880
숙종肅宗 116
숙향叔向 197, 837
순舜 371, 480
순경荀卿 718, 953, 977
순림보荀林父 18
순림보荀林父 72, 281, 1011
순식荀息 1, 532, 684
순언荀偃 253
순열荀悅 161
순우곤淳于髡 44, 230, 323, 354, 447, 587, 697, 749
순우분淳于棼 157
순우월淳于越 397
순욱荀彧 41, 144, 650
순자荀子 781
순제順帝 343, 391, 538, 628
순황荀況 22, 720
숭후崇候 308
습붕濕朋 873
승평공주升平公主 795
시위씨豕韋氏 953
시자時子 182
시황제始皇帝 397, 476
식부궁息夫躬 485, 486
신경기辛慶忌 813
신기질辛棄疾 211
신농씨神農氏 819
신도가申徒嘉 279

신도강申屠剛 684
신도도辛道度 385
신릉군信陵君 243, 733, 765, 809, 893
신불해申不害 283
신생申生 257, 743, 772, 983
신성황제神聖皇帝 319
신수神秀 380
신숙시申叔時 1054
신숙전申叔展 1017
신식후新息侯 255
신씨申氏 900
신원연辛垣衍 349
신종神宗 6, 202
신포서申包胥 225, 751, 881
신후申侯 900
심경沈慶 356
심괄沈括 77, 1038
심련沈鍊 766
심빈沈彬 766
심약沈約 585
심제량沈諸梁 133, 489

【아】
아교阿嬌 140
아시阿豺 811
악광樂廣 8, 348, 939
악래惡來 308
악백樂伯 252
악비岳飛 171, 670, 883, 981
악서樂書 167
악영제樂嬰齊 997
악의樂毅 320, 488, 576, 955, 1079
악정자樂正子 798
악정자춘樂正子春 617
악후鄂侯 744
안극顔剋 775
안락공安樂公 570
안량顔良 166
안록산安祿山 115, 150, 282, 454
안사고顔師古 94, 558
안솔顔率 318
안연顔淵 131, 159, 176, 194, 313, 329, 696, 1013
안영晏嬰 15, 855
안자顔子 135
안자晏子 712, 719, 773, 942
안자순安子順 955
안제安帝 627
안지추顔之推 640
안진경顔眞卿 186
안촉顔蠋 577
안합顔闔 527
안회顔回 47, 614, 730, 745, 850, 874, 1005
안희왕安釐王 809
애공哀公 702, 952
애왕哀王 435
애제哀帝 485
애중哀仲 587
양간羊侃 600
양간楊干 693
양견楊堅 148, 762, 987
양경지楊敬之 686
양고자梁故姊 3
양공襄公 675
양공穰公 215
양공옹백楊公雍伯 837
양구陽球 362
양국충楊國忠 556
양귀비楊貴妃 52, 187, 255, 282, 300, 791, 795, 817

양기梁冀 343, 391, 538
양담羊曇 1079
양대안楊大眼 91
양도부兩都賦 925
양득의楊得意 62
양만리楊萬里 764
양면楊勔 711
양목羊牧 178
양묘진楊妙眞 1062
양무제梁武帝 710
양보梁甫 44
양복공楊復恭 226
양생養甥 477
양설적羊舌赤 693
양성陽城 73
양소楊素 261, 661
양소良霄 466
양손楊孫 607
양송梁竦 343
양수楊修 611, 1085
양수楊脩 78, 175
양숭의楊崇義 181
양시楊時 818
양아陽阿 69
양왕襄王 576
양운楊惲 634, 743
양웅揚雄 125, 423, 501, 599, 716, 823
양유기養由基 358
양의楊儀 439, 530
양일楊逸 904
양자揚子 64, 144
양자운揚子雲 717
양저穰苴 116
양제煬帝 564
양주楊朱 79, 601, 980, 1046
양진楊震 288
양짐羊斟 7
양창楊敞 743
양천楊倩 99
양포楊布 601
양표楊彪 176
양필陽畢 23
양향楊香 726
양형楊炯 376
양혜왕梁惠王 121, 408, 409, 545, 798, 890, 1013, 1019
양호陽虎 86, 222, 775
양홍梁鴻 24
양화陽貨 1051
양회왕梁懷王 936
양후穰侯 242
어구御寇 380
어부魚鳧 756
어신魚臣 185
엄안嚴顔 193
여공厲公 167
여교女嬌 980
여덕신厲德新 513
여동빈呂洞賓 988
여록呂祿 841
여마동呂馬東 277
여마동呂馬童 128
여몽呂蒙 28, 85, 166, 519, 636
여백사呂伯奢 389
여불위呂不韋 149, 945, 977, 1066
여불위전 765
여사륭呂士隆 970
여산呂産 841
여상呂尙 378, 1090
여상女商 74

여세형呂世衡 819
여옹呂翁 769
여와女媧 376
여왕厲王 345, 363, 899
여왕勵王 308
여왜女媧 819
여포呂布 41, 389, 626, 838
여회呂誨 202
여후呂后 143, 479, 665, 841, 908, 926
여희驪姬 257, 743, 772, 983
여희如姬 810
역아易牙 873
역이기酈食其 102, 151, 598
연덕선사緣德禪師 444
연숙連叔 256
연왕燕王 269, 654
연칭連稱 141
열자列子 1039
염구冉求 280, 1073
염백서閻伯嶼 59
염백우冉伯牛 437
염약거閻若璩 1045
염자琰子 726
염자冉子 847
염파廉頗 309, 394, 869
영계기榮啓期 623
영고숙潁考叔 584, 705
영분盆榮 87
영성甯成 415
영성기榮聲期 623
영왕靈王 15
영이종榮夷終 308
영인郢人 388
영제靈帝 240, 522
영조英祖 734
영종英宗 202
영첩靈輒 754
영포英布 551
예양豫讓 113
예저豫且 355
예형禰衡 1088
오거伍擧 340, 446
오거俉擧 749
오경吳慶 270
오광吳廣 38, 127, 390, 464, 481, 620, 957
오균吳均 44
오긍吳矜 890
오기吳起 621, 799, 850
오맹吳猛 726
오명悟明 1087
오사伍奢 234, 749
오삼伍參 18, 341
오상伍尙 750
오용吳用 137
오은지吳隱之 1052
오응기吳應箕 935
오자목吳自牧 21
오자서伍子胥 224, 234, 355, 559, 749, 881
오자장吳子章 59
오한吳漢 245, 957
오합려吳闔閭 953
오회吳回 1088
오획烏獲 978
온교溫嶠 149, 408
온대아溫大雅 1016
온통溫通 481
옹개雍闓 963
옹계雍季 13
옹치雍齒 640
와룡선생臥龍先生 377

완부阮孚 643
완우阮瑀 33
완유阮裕 237
완적阮籍 16, 136, 218, 247, 324, 359, 591, 853, 928
완함阮咸 247, 324, 591, 643, 853, 928
왕가王嘉 486
왕거일王去一 253
왕검王儉 1077
왕경칙王敬則 453
왕계王稽 186, 410, 589
왕계우王季友 360
왕곤王琨 270
왕공王恭 368
왕공진王拱辰 748
왕광王匡 178
왕광王曠 237
왕광원王光遠 922
왕념손王念孫 825
왕도王導 46, 237, 361, 494, 610
왕돈王敦 322, 361, 493
왕람王覽 493
왕랑王郎 637
왕량王良 482
왕로王魯 972
왕릉王陵 125, 243
왕망王莽 51, 88, 105, 146, 178, 199, 204, 219, 245, 521, 637, 701, 849, 924, 957
왕명군王明君 949
왕무王楙 243
왕무자王武子 726
왕밀王密 288
왕발王勃 59, 376, 932
왕방평王方平 472, 891
왕백승王伯勝 998
왕복치王福畤 59
왕봉王鳳 178, 407
왕부王符 529, 1000
왕부지王夫之 1053
왕사정王士禎 594, 627
왕상王常 178
왕상王商 407
왕상王祥 493, 726
왕세정王世貞 922
왕세충王世充 661
왕소王韶 1040
왕소군王昭君 581, 632, 949
왕손고王孫賈 713
왕손락王孫雒 612
왕손만王孫滿 318
왕숙王肅 459
왕순王珣 610
왕승건王僧虔 487
왕승유王僧孺 900
왕실보王實甫 1078
왕안석王安石 9, 54, 136, 202, 403, 566, 1002, 1072
왕양명王陽明 39, 341, 561, 787
왕언장王彦章 1006
왕연王衍 551, 568
왕예王倪 965
왕온王溫 368
왕우王宇 88
왕우군王右軍 777
왕유王維 63, 480, 494, 817
왕윤王允 650
왕융王戎 218, 853, 928, 1021
왕인유王仁裕 1039
왕자모王子牟 341
왕장군王將軍 60

찾아보기

왕적신王積薪 513
왕전王剪 896
왕정보王定保 780
왕제王濟 520, 774
왕준王濬 991
왕찬王粲 33, 217, 1019
왕철창王鐵槍 1006
왕촉王燭 954
왕충王充 428, 1016
왕침王忱 368
왕태王駘 279
왕통王通 1016
왕패王覇 884
왕평王平 709
왕포王褒 726, 981
왕필王弼 1096
왕헌지王獻之 84, 765
왕혼王渾 991
왕휘지王徽之 443
왕흘王齕 126
왕흠약王欽若 66
왕희지王羲之 46, 84, 95, 186, 235, 237, 443, 777, 1067
외효隗囂 219, 269, 383, 521
요堯 496, 524
요순堯舜 419, 534, 1092
요숭姚崇 339, 817
요왕僚王 749
요치淖齒 713
용백고龍伯高 1082
용숙龍叔 348
용저龍且 926
용저龍沮 1040
우禹 79, 142, 318, 475, 980
우겸于謙 935
우경虞卿 409
우공虞公 532, 1002, 1012
우교牛嶠 908
우근于謹 651
우맹優孟 663
우미인虞美人 343, 478, 614
우보于寶 764
우세남虞世南 186
우숙虞叔 1001, 1012
우순虞舜 726
우중虞仲 706
우후虞詡 336
우희虞姬 81
웅거자熊渠子 137
원각元覺 726
원고생轅固生 71
원굉袁宏 910
원담袁譚 369
원매袁枚 988, 1078
원목元穆 651
원상袁尙 369
원소袁紹 165, 264, 369, 468, 586, 627, 650, 838, 1044
원순元順 1089
원술袁術 703, 838
원안袁安 270
원오극근圜悟克勤 660
원제元帝 581
원지元志 396
원진元稹 96, 135
원택圓澤 451
원하袁賀 337
원행충元行沖 784
원헌原憲 888
원희袁熙 369

월구천越勾踐 953
위가魏加 467
위강魏絳 24
위고韋固 680
위공魏公 661
위공자魏公子 809
위과魏顆 44, 1091
위기魏錡 358, 1091
위기후魏其侯 815
위대緯代 811
위령공衛靈公 444
위명제魏明帝 751
위모魏牟 82
위문후魏文侯 437, 799, 1051
위백양魏伯陽 602
위부인衛夫人 549
위상魏相 92
위선자魏宣子 797
위앙衛鞅 789
위연魏然 334
위연魏延 75, 530
위열왕威烈王 952
위왕威王 230
위왕魏王 479, 490
위웅韋雄 293
위원충魏元忠 470
위응물韋應物 430, 1008
위장韋莊 8
위제韋濟 791
위종무衛宗武 896
위주魏犨 1091
위징魏徵 45, 546, 732, 817, 985, 1016
위청衛青 216, 423, 779
위초魏初 935
위초객韋楚客 974
위태魏泰 715
위태후威太后 301
위포衛包 637
위표魏豹 479
위풍魏諷 601
위헌자魏獻子 836
위혜왕魏惠王 509, 642
위희衛姬 88
유건봉劉建鋒 847
유검루庾黔婁 470, 726
유계劉洎 611
유계철劉啓哲 558
유곤劉昆 189
유곤劉琨 488, 858, 964
유공권柳公權 80
유관柳寬 930
유광劉曠 1074
유극장劉克莊 1052
유기劉基 443, 1067
유기劉祁 563
유노로劉老老 286
유덕劉德 558
유량劉良 102
유량庾亮 408, 508, 640
유령劉伶 853
유명달劉明達 726
유묘有苗 371
유무劉戊 393
유문공劉文公 836
유문표俞文豹 133
유방劉邦 29, 37, 42, 97, 100, 102, 125, 127, 140, 143, 276, 295, 321, 343, 351, 390, 432, 454, 464, 479, 491, 523, 526, 581, 583, 595, 598, 670, 705, 746, 769, 784, 834, 841, 866, 908, 926, 945, 958,

995, 1012, 1024, 1070, 1084
유백아俞伯牙 870
유백치劉伯峙 711
유복劉馥 679
유분자劉盆子 924
유비劉備 21, 28, 33, 78, 111, 165, 219, 259, 334, 377, 421, 445, 507, 517, 522, 547, 549, 568, 626, 747, 939, 963
유비劉濞 35, 42, 57, 393, 494, 579, 866
유빈劉邠 1002
유선劉先 264
유선劉禪 111, 372, 547, 569, 604, 963
유성룡柳成龍 887
유세군劉細君 631
유소씨有蘇氏 1000
유수劉秀 29, 178, 219, 245, 269, 519, 521, 628, 637, 701, 884, 924, 957, 959
유순劉詢 269
유아부劉亞夫 866
유안劉安 51, 139, 178, 201, 337, 708
유앙劉卬 393
유약有若 877
유언劉焉 599
유여由余 975
유여의劉如意 665
유영劉伶 928
유영柳永 279
유영劉盈 665, 841
유왕幽王 13, 308, 395, 528, 808
유외劉隗 494
유우석劉禹錫 10, 430, 974, 999, 1009
유위劉偉 601
유은劉殷 726
유의경劉義慶 218, 368, 751
유이劉廙 601
유익庾翼 508
유인공劉仁恭 580
유자여劉子輿 637
유자영劉子嬰 637
유작游酢 818
유장劉璋 193
유장경劉長卿 65
유정劉楨 33
유종劉琮 229
유종원柳宗元 10, 37, 99, 153, 285, 430, 1025, 1048
유중용庾仲容 322
유중초庾仲初 925
유찬劉纘 343
유천庾闡 639
유철劉徹 558
유총劉總 292
유태劉蛻 993
유표劉表 264, 377, 421
유하劉賀 269
유하혜柳下惠 298, 577, 697, 706, 815
유향劉向 70, 192, 201, 316, 329, 355, 412, 463, 489, 564, 650, 823, 1010
유현劉玄 178, 219, 245, 637, 924
유현군劉玄軍 521
유협劉勰 10, 1103
유호씨有扈氏 335
유환劉桓 841
유효위劉孝威 585
유효표劉孝標 551
유후留侯 671
유후劉煦 226
유흑달劉黑闥 970
유흠劉歆 1014
유희이劉希夷 472, 618

유희춘柳希春 106
육개陸凱 15
육구몽陸龜蒙 174
육기陸機 12, 153
육랑陸郎 703
육사형陸士衡 328
육손陸遜 166
육수정陸修靜 1057
육여경陸餘慶 1096
육운陸雲 328
육유陸游 846, 933, 957
육유陸遊 211
육적陸績 726
육적陸績 392, 703
육종陸終 1088
육지陸贄 1025
육통陸通 647
윤길보尹吉甫 285, 329, 505, 553
윤자기尹子琦 150
윤하尹何 735, 824
윤후胤侯 696
윤휴尹鑴 404, 433
융천사融天師 33
은공隱公 952
은중감殷仲鑒 274
은호殷浩 231, 534, 629, 853
은흠殷欽 629
응봉應奉 337
응소應卲 349
응소應邵 399
응창應瑒 33
응후應侯 243
의구宜臼 900
의돈猗頓 221
의적儀狄 700
의제義帝 31
의종義縱 415
의후義姁 415
이가우李嘉祐 590
이건李建 752
이건성李建成 819, 970
이경李璟 9
이고李固 343
이고李告 239
이공좌李公佐 157
이광李廣 216, 422, 779
이광리李廣利 879
이광열李廣列 137
이국창李國昌 228
이규보李奎報 610
이극里克 257
이극용李克用 228
이긍익李肯翊 1028
이능화李能和 1039
이달충李達衷 861
이두李杜 951
이릉李陵 733, 902, 979
이릉李陵 107
이림보李林甫 101, 791
이무정李茂貞 514
이밀李密 661, 751, 978
이밀李謐 934
이밀李密 51, 635
이방李昉 20, 688
이방원李芳遠 1028
이백李白 47, 187, 249, 253, 254, 338, 354, 358, 368, 418, 419, 475, 602, 610, 755, 817, 831, 910, 923, 949, 951, 1004, 1046, 1084
이부인李夫人 47

이사李斯 104, 353, 397, 476, 491, 683, 945, 977, 990
이상은李商隱 1075
이상의李尙毅 996
이상적李尙迪 897
이성계李成桂 1028
이세민李世民 260, 780, 817, 819, 970
이수李修 336
이시진李時眞 14
이신李紳 430, 777
이악李諤 622
이어李漁 1061
이엄李弇 181
이연李淵 59, 260, 605, 780, 819, 970
이연년李延年 46, 258
이오夷吾 257, 289, 743, 983
이옹李邕 958
이욱李煜 9, 784, 971
이원李源 451
이원굉李元紘 159
이원길李元吉 819
이원례李元禮 504
이원영李元嬰 59
이유李由 990
이유원李裕元 64
이윤伊尹 307, 815, 843, 1092
이응李膺 200, 249
이의부李義府 476, 501
이이李珥 105
이인異人 149, 765
이일夷逸 706
이작李綽 1067
이적李勣 773
이전李全 1062
이정李靖 261, 1016
이제현李齊賢 336, 999
이존욱李存勖 1006
이좌거李左車 903, 995
이주한李周翰 258
이중환李重煥 728
이지李贄 795
이충李衝 1093
이충李沖 91
이표李彪 396
이필李泌 768
이하李賀 135, 360, 479, 663, 1101
이한李瀚 258, 340, 724
이혜李醯 659
이황李滉 431
인상여藺相如 5, 95, 170, 309, 394, 645, 869
인종仁宗 224, 378
일지호佚之狐 233
임개任愷 751
임관林寬 784
임무군臨武君 467
임상任尙 528
임소경任少卿 979
임신사林愼思 94
임장任章 797
임충林忠 137
임포林逋 271

【자】
자가子家 550
자경子庚 163
자고子高 489
자공子孔 163
자공子貢 47, 81, 117, 147, 194, 313, 414, 435, 465, 610, 623, 850, 874, 888, 978,

1022
자국子國 1018
자낭子囊 353
자로子路 26, 93, 159, 311, 441, 623, 658, 696, 775, 850, 939, 996, 1005, 1073
자사子思 192, 436
자사子駟 353, 1018
자산子産 244, 465, 1018, 1053
자석子石 313
자석子晳 466
자숙의子叔疑 183
자순子順 621
자영子嬰 140, 805, 1033
자우子羽 1004
자유子游 877, 1026, 1043
자이子耳 1018
자장子張 163, 400, 966
자전子展 163
자조子朝 341
자태숙子太叔 82
자퇴子頹 1044
자피子皮 735, 824
자하子夏 174, 544, 658, 1059
자화子華 847
자환子桓 33
잔잠棧潛 168
잠삼岑參 1073
잠설우潛說友 988
잠총蠶叢 756
잠팽岑彭 245
장가莊賈 116
장각張角 219
장강張綱 391, 538
장강莊姜 93
장건張騫 384, 631
장계張繼 677
장공莊公 200, 326, 646
장구령張九齡 932
장군방張君房 1066
장남張南 369
장량張良 32, 225, 432, 464, 500, 555, 583, 641, 650, 665, 670, 698, 1033, 1071
장록張祿 185, 490, 589, 672, 770, 823, 972
장무張武 990
장보長父 308
장비張飛 28, 166, 193, 219, 833
장사숙張思叔 790
장사왕長沙王 936
장산蔣山 939
장상군長桑君 145, 659
장석匠石 388
장석지張釋之 927
장설張說 817
장세걸張世傑 629
장세남張世南 1002
장소張邵 498
장소張昭 21, 939
장소원張昭遠 226
장손성長孫晟 767
장송張松 78
장숙안張叔安 502
장순張巡 150, 454
장승요張僧繇 1074
장신莊辛 267
장안세張安世 269
장양왕莊襄王 797, 977
장언원張彦遠 1074
장연상張延賞 802
장열張說 955
장영張嬰 391, 539

찾아 보기

장영張詠 415
장오자長梧子 40
장온고張蘊古 275
장완蔣琬 709
장왕莊王 7, 708
장우張禹 812
장윤張允 334
장융張融 600
장의張儀 43, 210, 435, 739, 827, 945, 1031, 1060
장의열張儀列 50, 434
장자莊子 551, 973
장자방張子房 650
장자열張自烈 688
장저長沮 830
장적張籍 419
장제章帝 806
장조張璪 566
장주莊周 1022, 1066
장준張濬 226
장진인張眞人 378
장창張敞 384, 634
장창臧倉 798
장창의張昌儀 1038
장패張覇 178, 182
장패전張覇傳 627
장한章邯 583, 990
장한張翰 16
장합張合 604
장해張楷 628
장형張衡 131, 314, 355, 640, 788, 925
장호張皓 383
장홍萇弘 836
장홍정張弘靖 292
장화張華 153, 221
장회경張懷慶 476
장효張孝 726
장흠蔣欽 85
재여宰予 1094
저공狙公 829
저리자樗里子 449
저사성자褚師聲子 857
저수량褚遂良 186, 611
적송자赤松子 464
적인걸狄仁傑 268, 783
적인걸狄仁杰 361
적산합희赤盞合喜 18
적호翟灝 77, 322
전개강田開彊 719
전광田光 178, 346
전광田廣 258, 1040
전기田忌 453, 510, 686
전기錢起 503
전단田單 87, 320, 834, 954, 1079
전단열田單列 576
전등田登 846
전륜성왕轉輪聖王 794
전문田文 66, 290
전방자田方子 614
전분田蚡 519, 766
전상田常 397
전석우田錫雨 912
전습록傳習錄 341
전야縛也 325
전영田瓔 290
전영錢泳 600
전예형田藝衡 842
전욱顓頊 653
전이錢易 1035
전제專諸 750

전종全琮 392
전진田眞 726, 789
전화田和 674
전횡田横 258
접여接輿 648
정간공鄭簡公 428
정강성鄭康成 660
정건鄭虔 816
정곡鄭谷 764, 844
정공定公 681
정국定國 1047
정국鄭國 977
정길鄭吉 92
정당시鄭當時 308, 1086
정도전鄭道傳 727, 1028
정란丁蘭 726
정령위丁令威 1082
정명도程明道 560
정문공鄭文公 233
정문보鄭文寶 972
정백鄭伯 184
정보程普 104, 198
정불식程不識 519, 766
정세익鄭世益 42
정씨丁氏 485
정안평鄭安平 185, 589
정앙鄭昻 643
정욱程昱 838
정원程元 1016
정원후定遠侯 528
정위丁謂 405
정위鄭衛 946
정이程頤 88, 818, 1053
정이천程伊川 560, 790
정자산鄭子產 279
정장공鄭莊公 584
정재륜鄭載崙 996
정제靜帝 148, 762
정중鄭衆 807
정지상鄭知常 618
정지현鄭之賢 996
정철鄭澈 296, 832
정행원鄭行源 996
정현鄭玄 14, 64, 232, 640
정호程顥 41, 88, 818
제갈각諸葛恪 162
제갈공명諸葛孔明 64, 296
제갈근諸葛瑾 162, 166
제갈량諸葛亮 75, 111, 162, 193, 200, 229, 259, 334, 347, 371, 377, 439, 445, 457, 506, 522, 547, 549, 569, 572, 604, 609, 667, 724, 759, 833, 884, 890, 939, 963, 1056
제갈정諸葛靚 853
제갈탄諸葛誕 853
제갑帝甲 836
제경공齊頃公 350
제경공齊景公 53, 195, 559, 719, 726, 855, 942, 974
제기齊己 764
제선왕齊宣王 18, 160, 182, 510, 577
제영공齊靈公 1049
제오륜第五倫 760
제왕齊王 379, 908, 926
제위왕齊威王 510, 642
제위왕齋威王 81
제중祭仲 326
제한齊澣 340
제환공齊桓公 48, 84, 169, 380, 533, 776, 872, 953

제환공 284, 726
조간자趙簡子 942
조개晁盖 137
조고趙高 390, 491, 867, 936
조괄趙括 95, 372, 836, 869
조광윤趙光胤 715
조광한趙廣漢 664
조구생曹邱生 746
조국공趙國公 769
조귀曹劌 741
조기趙岐 147
조대가曹大家 450
조돈趙盾 239, 241
조동趙同 836
조량趙良 826
조맹부趙孟頫 276
조모曹髦 432
조방曹芳 432
조보趙普 339
조보지晁補之 1100
조비曹丕 33
조비曹丕 21, 28, 111, 157, 167, 181, 196, 229, 281, 313, 315, 364, 432, 450, 468, 599, 601, 784, 800, 961, 963
조비연趙飛燕 943
조사趙奢 8, 87, 95, 132, 372, 869
조상曹爽 359, 432
조상曹商 875
조선자趙宣子 241
조설항趙雪航 806
조송曹松 765
조쇠趙衰 239
조순趙盾 754
조숭曹嵩 270
조승趙勝 132
조승趙乘 87, 464
조식曹植 168, 187, 217, 229, 281, 315, 800, 839, 961, 1019, 1079
조식曹植 33
조아曹娥 726, 1085
조양趙良 909
조양대趙陽臺 876
조양자趙襄子 114
조영曹詠 513
조예曹叡 168, 181, 432
조온趙溫 211
조왕륜趙王倫 100
조운趙雲 166, 522, 568, 759, 833
조위曹瑋 455
조일趙壹 316
조자趙咨 28
조자룡趙子龍 569
조재례趙在禮 580
조재삼趙在三 53
조적祖逖 189, 488, 858, 964
조적趙籍 962
조전趙典 210
조조曹操 21, 30, 33, 41, 86, 105, 111, 165, 168, 175, 219, 229, 259, 264, 266, 281, 315, 334, 363, 367, 369, 389, 421, 445, 455, 506, 507, 517, 519, 522, 549, 568, 601, 611, 626, 659, 667, 677, 678, 784, 800, 833, 838, 839, 881, 889, 891, 961, 1019, 1044
조주선사趙州禪師 191
조직趙直 335
조진曹眞 181
조착鼂錯 393, 825, 1045
조참曹參 500, 703
조천趙穿 241

조충국趙充國 356
조패曹覇 367
조하趙蝦 1005
조한趙翰 444
조환曹奐 432
조효종趙孝宗 726
조휴曹休 181
조희祖姬 1091
종각宗慤 537
종고宗杲 940
종군終軍 61
종리鐘離 8
종리매鍾離眛 97, 190
종밀宗密 229
종병宗炳 537
종영鍾嶸 765
종자기鍾子期 871
종택宗澤 670
종회從誨 262
좌분左芬 153
좌사左思 152, 200, 640
주周 572
주紂 223, 273, 308, 371
주가周苛 479
주경왕周敬王 835
주공周公 13, 173, 264, 341, 588, 679, 887, 981
주공근周公謹 502
주공단周公旦 307
주구州鳩 860
주극융朱克融 292
주돈이周敦頤 88, 691, 748, 1081
주매신朱買臣 379
주목왕周穆王 577, 615
주무왕周武王 267, 386, 426, 588
주문왕周文王 426, 434, 588, 729, 894, 1000
주발周勃 841, 1024
주부朱浮 653, 959
주성왕周成王 238
주세안朱世安 51
주수창朱壽昌 726
주아적심朱邪赤心 228
주여왕周厲王 857
주왕紂王 129, 285, 468, 588, 887, 1090
주우州吁 208, 646
주우규朱友珪 1006
주운朱雲 542, 812
주유周瑜 56, 85, 197, 229, 260, 334, 392, 506, 637, 833, 891
주의周顗 362
주자朱子 285, 940
주자周子 405, 1098
주장朱張 706
주장왕周莊王 141
주전충朱全忠 262, 514, 1006
주지周墀 180
주창周昌 143
주태朱泰 1057
주평만朱泙漫 215
주평왕周平王 952
주포朱褒 963
주해朱亥 809
주현종周顯宗 186
주흥周興 928
주흥사周興嗣 911
주희朱憙 1088
주희朱熹 14, 39, 88, 110, 118, 303, 450, 473, 477, 501, 818, 829, 925, 942, 999, 1053, 1078

준불의雋不疑 216
중궁仲弓 26
중니仲尼 504
중산보仲山甫 505
중산정왕中山靖王 42, 703
중손仲孫 48
중유仲由 726
중이重耳 232, 239, 257, 338, 743, 874, 983
중장통仲長統 575, 609
중중衆仲 646
중항열中行說 927
중행씨中行氏 113
중행언中行偃 405
중훼仲虺 307
증삼曾參 617, 726, 865, 979, 1089
증석曾晳 1089
증선지曾先之 377, 974
증신曾申 617
증원曾元 617
증자曾子 76, 147, 452, 621, 696, 736, 790, 865, 889, 953, 1051
지궁智窮 516
지눌知訥 229
지둔支遁 235
지백智伯 114, 797, 962
지선智僊 956
지수智叟 662
지어池魚 586
지영智永 1067
지장자知莊子 836
지중어池仲魚 586
직稷 142
진건陳騫 986
진경공晉景公 373
진군陳群 157, 181, 1075
진궁陳宮 389
진귀陳龜 863
진기陳基 935
진도陳陶 766
진도공晉悼公 24, 1098
진도옥秦韜玉 687
진려공晉厲公 358
진류왕陳留王 522
진림陳琳 33, 1044
진목공秦穆公 233, 486, 546, 607, 675, 882, 909, 953, 1080
진무왕秦武王 1043
진무제晉武帝 610
진문공晉文公 12, 232, 239, 371, 428, 432, 607, 953, 1091
진백지陳伯之 324
진번陳蕃 559
진비晉鄙 349, 809
진상陳相 156
진선공秦宣公 380
진섭陳涉 620
진성공晉成公 239, 241
진성유陳聖俞 1056
진소왕秦昭王 349, 490, 645
진수陳壽 335
진숙달陳叔達 1016
진숙보陳叔寶 762, 921
진승陳勝 38, 127, 138, 282, 390, 464, 481, 620, 957
진시황秦始皇 126, 199, 252, 805, 863, 956, 1041
진식陳寔 156
진식陳湜 597
진애공秦哀公 383
진여陳餘 351

진여공晉厲公 404
진영공晉靈公 239, 241
진요자陳堯咨 530
진원제晉元帝 189, 361
진월인秦越人 145, 659
진위陳煒 504
진의중陳宜中 629
진자陳子 182
진자앙陳子昻 1096
진장기陳藏器 1026
진조陳慥 439, 1015
진존숙陳尊宿 660
진진陳軫 1076
진청秦青 582
진충陳忠 157
진평陳平 32, 37, 97, 190, 432, 841, 908, 1024, 1071
진평공晉平公 203, 428
진평왕眞平王 33
진항陳亢 312, 820
진헌공晉獻公 239, 257, 533, 882
진형중陳衡仲 502
진혜공晉惠公 289, 546
진혜왕秦惠王 639
진화陳準 844
진환공陳桓公 209
진환공秦桓公 44
진회秦檜 513, 670, 883, 934, 982
진효공秦孝公 909
진후陳後 762
진희陳豨 479
질제質帝 343

【차】
차윤車胤 1052, 1078
차천추車千秋 126
채경蔡經 251
채공곡蔡公穀 308
채모蔡瑁 334
채무蔡茂 275
채문희蔡文姬 30
채숙蔡叔 887
채순蔡順 726
채염蔡琰 632
채옹蔡邕 217, 314, 363, 618, 666, 1085
채옹蔡雍 30
채택蔡澤 490, 796
척부인戚夫人 665
천봉술穿封戌 473
초강왕楚康王 163
초광楚狂 647
초영왕楚靈王 1004
초의艸衣 191
초자楚子 184
초장왕楚莊王 251, 318, 446, 495, 749, 953, 1018, 1055
초촉焦觸 369
초회왕 1060
촉지무燭之武 233, 607
최계규崔季珪 889
최광崔光 845
최교崔郊 1095
최구崔瞿 1091
최림崔琳 204
최식崔寔 609
최신명崔信明 42
최열崔烈 240
최염崔琰 204, 507, 889
최윤崔胤 514
최저崔杼 855

최표崔豹 480
최항崔沆 1035
최해崔瀣 1035
최호崔護 731
최홍도崔弘度 762
추기鄒忌 317
추생雛甥 477
추양鄒陽 35, 57, 353, 684, 860
추연鄒衍 488
추치推哆 308
축담祝聃 326
축도생竺道生 230, 645
축목祝穆 988
축융祝融 376
춘신군春申君 243
춘신군春信君 467, 765
충제沖帝 343
측천무후則天武后 319, 783, 817, 968
치감郗鑒 46
치려郗慮 507
치우蚩尤 722
치이자피鴟夷子皮 221

【타】
탁왕손卓王孫 2
탕湯 371
탕왕湯王 223, 656, 702, 836, 843, 1104
탕현조湯顯祖 158, 769
태갑太甲 843
태공망太公望 307, 379, 1090
태사太姒 629, 808
태사자太史慈 453
태숙질太叔疾 414
태평공주太平公主 159
태형산太衡山 662

【파】
파호破胡 81
패공沛公 151
팽월彭越 32, 226, 479
팽조彭祖 135, 778, 1101
팽총彭寵 653, 959
편작扁鵲 145, 658, 821
평공平公 23
평양공주平陽公主 47
평왕平王 1
평원군平原君 286, 372, 765, 809
포개包愷 661
포계鮑癸 252
포공暴公 1096
포사褒姒 900
포산飽山 726
포선飽宣 146
포송령蒲松齡 769
포숙아鮑叔牙 84, 873
포승지暴勝之 216
포정庖丁 141, 292
포조飽照 196
포조鮑照 732
표혜彪傒 836
풍도馮道 111
풍립馮立 819
풍몽룡馮夢龍 1068
풍부馮婦 862
풍성馮盛 278
풍연사馮延巳 9
풍정馮亭 721
풍호자風胡子 221
풍환馮驩 66, 799
피리被離 234

【하】
하걸夏桀 267
하경何景 828
하담何郯 699
하란진명賀蘭進明 150
하륜河崙 1029
하백河伯 267, 757
하선고何仙姑 164
하손何遜 585
하씨何氏 618
하안何安 173
하안何晏 1096
하옹何顒 650
하우씨夏禹氏 721
하주賀鑄 154
하주何鑄 883
하진何進 379, 666
하징서夏徵舒 1054
하통夏統 293
하황공夏黃公 666
하후돈夏侯惇 176, 389, 611, 627
하후돈何侯惇 445
하후연夏侯淵 389
학궁學窮 516
학륭郝隆 774
한강백韓康伯 534
한경제漢景帝 391, 579
한계미韓繼美 930
한계희韓繼禧 930
한고조漢高祖 492, 640, 805
한기韓琦 748
한단순邯鄲淳 761
한단자례邯鄲子禮 1085
한명회韓明澮 511, 930
한무제漢武帝 269, 303, 630, 695, 732, 780
한문제漢文帝 726, 841, 1024
한백유韓伯瑜 726
한복韓馥 586
한비자韓非子 683, 797
한빙韓憑 471, 618, 674
한생韓生 140
한석봉韓石峰 192
한선자韓宣子 837
한선제漢宣帝 356
한세충韓世忠 982
한수韓壽 985
한숭韓嵩 264
한신韓信 29, 32, 97, 102, 112, 190, 226, 351, 454, 478, 491, 500, 523, 583, 670, 754, 842, 903, 908, 926, 995, 1012, 1040, 1098
한아韓娥 654
한안韓安 16
한안국韓安國 442, 520
한영韓嬰 201
한영제漢靈帝 362
한유韓愈 9, 31, 73, 98, 135, 153, 169, 306, 311, 354, 388, 419, 424, 430, 460, 536, 540, 603, 663, 716, 738, 758, 801, 820, 894, 910, 933, 938, 941, 976, 1048, 1087
한음장인漢陰丈人 1003
한자로韓子盧 44
한장유韓長孺 520
한장제漢章帝 364
한전회韓全誨 514
한조종韓朝宗 249
한탁주韓侂冑 211
한헌자韓獻子 836
한형주韓荊州 249

한혜제漢惠帝 841
합려闔閭 11, 117, 559, 793
합려闔廬 234
합려왕闔閭王 750
항량項梁 321, 478
항량項亮 390, 956
항백項伯 526, 945, 1034
항연項燕 478
항우項羽 29, 37, 97, 113, 124, 127, 140, 182, 225, 276, 295, 321, 343, 390, 432, 464, 478, 481, 491, 523, 526, 583, 595, 614, 746, 842, 908, 926, 944, 956, 958, 990, 995, 1012, 1024, 1070, 1098
항장項莊 526, 1034
항적項籍 482
항창자亢倉子 724
해양解揚 997
해제奚齊 257, 983
해탁연奚卓然 502
해호解狐 203, 651
향수向秀 853, 928
향지왕香至王 277
허경종許敬宗 585
허공許貢 21
허균許筠 217
허백許伯 252
허소許劭 677
허손許遜 813
허월경許月卿 884
허유許由 36, 146, 307, 496, 680
허정許靖 677
허정양許旌陽 423
허진군許眞君 813
헌공獻公 1
헌제獻帝 21, 33, 315, 522
혁추奕秋 807
현고弦高 607, 675
현명玄冥 1088
현왕玄王 836
현장玄奘 1009
현종玄宗 52, 181, 282, 300, 791, 795, 817
형가荊軻 178, 214, 252, 346, 353, 400, 878
형병邢昺 222
혜강嵇康 136, 218, 359, 853, 928, 1021, 1058, 1103
혜능慧能 380
혜문왕惠文王 309, 739, 789, 826, 827
혜소嵇紹 1021
혜시惠施 207, 642
혜원惠遠 1056
혜자惠子 58
혜제惠帝 189
혜홍惠洪 973
혜희嵇喜 359
호광胡廣 845
호사고狐射姑 239
호양공주湖陽公主 824
호언狐偃 239, 371
호자胡仔 814
호전胡銓 461
호책狐策 681
호한야선우呼韓邪單于 949
호해胡亥 390, 491, 867, 936
홍농왕弘農王 522
홍만종洪萬宗 296
홍매洪邁 711
홍신洪信 378
홍인弘忍 380
화교和嶠 751
화양부인華陽夫人 149

화원華元 7, 616, 997
화제和帝 199, 470, 528, 627, 806
화타華佗 659
화흠華歆 1027
환공桓公 93, 272, 326, 646, 700
환관桓寬 695
환담桓譚 131, 217, 393, 823
환두驩兜 371
환무사還無社 1017
환선무桓宣武 436
환온桓溫 66, 150, 196, 235, 236, 587, 691, 910, 992, 1001, 1052
환웅桓雄 1071
환인桓因 1071
환제桓帝 210, 251, 343, 391, 609
환충桓沖 713
환퇴桓魋 87, 442, 586
환현桓玄 274
황개黃蓋 166, 260, 458
황경黃瓊 158, 845
황무자皇武子 607
황보규皇甫規 512
황보밀皇甫謐 153, 496
황보정皇甫禎 362
황산곡黃山谷 726
황석공黃石公 555, 699
황소黃巢 228, 262, 766
황정견黃庭堅 88, 136, 263, 630, 726, 973
황제黃帝 722
황조黃祖 21, 197
황향黃香 726
황희黃喜 53, 387, 711
황힐皇頡 473
회남왕淮南王 51
회륙回陸 1088
회왕懷王 298, 329
회제懷帝 189
효경제孝景帝 71, 815
효기孝己 553
효명제孝明帝 845
효무제孝武帝 1078
효문왕孝文王 796
효문제孝文帝 396, 845
효성왕孝成王 372
효열왕孝烈王 893
효종孝宗 211
후승后勝 456
후영侯嬴 809
후직后稷 836
휘종徽宗 883
흑굉黑肱 657
흠종欽宗 883
희공僖公 532
희낭姬閬 1044
희부기僖負羈 338
희연姬延 893
희장姬將 1073
희창姬昌 109, 379
희타姬佗 1044
희호제姬胡齊 1044
희후僖侯 363

✳ 작품명 ✳

【가】
가례家禮 107
가봉대歌鳳臺 784
가장고연명家藏古硯銘 655

가탄可嘆 360
간렵소諫獵疏 57, 788
간축객서諫逐客書 945, 977
감당甘棠 14
감자闞子 565
감천부甘泉賦 716
감회感懷 766
강구요康衢謠 58, 592
강상江上 627
강서통지江西通志 59
강설江雪 99
강표전江表傳 636
강호산인가江湖散人歌 174
강희자전康熙字典 292
개원천보유사開元天寶遺事 181, 1039
객난客難 198
격고擊鼓 1036
격몽요결擊蒙要訣 105
격사홀설擊蛇笏說 485
격양가擊壤歌 58
견서경이자가見徐卿二子歌 145
견호집堅瓠集 566
경덕전등록景德傳燈錄 1087
경세통언警世通言 171
경엄전耿弇傳 740
경여박람耕餘博覽 278
경화록鏡花錄 530
계당집溪堂集 263
계씨편季氏篇 689
계자제문戒子弟文 870
계형자엄돈서誡兄子嚴敦書 1082
고구羔裘 546
고금담개古今談慨 1068
고금시화古今詩話 974
고금주古今注 275, 480
고당부병서高堂賦并序 298
고려사高麗史 448
고문상서古文尙書 628, 1045
고문진보古文眞寶 483, 517, 635, 777, 910, 949, 1084
고사전高士傳 340, 496
고시古詩 19수 27
곡강2수曲江二首 68
공낭空囊 643
공부시화貢父詩話 1002
공사견문록公私見聞錄 996
공자孔子 762
공자가어孔子家語 4, 174, 232, 441, 465, 512, 525, 556, 598, 623, 700, 1059
공작동남비孔雀東南飛 333
공후인箜篌引 1079
과정기담過庭紀談 502
곽림종별전郭林宗別傳 992
관자管子 47, 170, 177, 411, 563, 573, 798, 872, 989
관저關雎 138
관저서關雎序 544
광달루하야시포연응제시廣達樓下夜侍酺宴應製詩 407
광절교론廣絕交論 551
교언巧言 1078
구가九歌 1061
구곡가九曲歌 303
구당서舊唐書 51, 159, 171, 319, 345, 653, 819, 848
구변九辯 300, 347
구사론俱舍論 889
구양문충공집歐陽文忠公集 89
구월사일계미명기작九月四日鷄未鳴起作 933

구장九章 1061
구지九地 634
구지필기九池筆記 73
국어國語 23, 117, 167, 345, 612, 835, 857, 860, 881, 885, 1013, 1080, 1098
군불견간소혜君不見簡蘇徯 19
군서습타群書拾唾 303
군선전群仙傳 513
군자해로君子偕老 1036
군자행君子行 80, 328
권유록倦游錄 224
권진표勸進表 189
권학문勸學文 228, 501
권학시勸學詩 228
귀거래사歸去來辭 325, 648, 1102
귀거래사병서歸去來辭并序 648
귀안歸雁 503
귀잠지歸潛志 563
귀전록歸田錄 1063
귀주의 나귀黔之驢 37
근사록近思錄 41, 107
금란부金蘭簿 136
금릉회고金陵懷古 974
금문상서今文尙書 1045
금사金史 18
기보검記寶劍 221
기신론起信論 297
기오덕인겸간진계상寄吳德仁兼簡陳季常 1015
기욱淇奧 811
기원진寄元稹 347
기재잡기企齋雜記 930
기해세시己亥歲詩 765
길경도吉慶圖 927

【나】
낙신부洛神賦 187, 281
낙지론樂志論 575
난성유언欒城遺言 227
난정집서蘭亭集序 443, 777
남가기南柯記 157
남가자南柯子 154
남당근사南唐近事 972
남당서南唐書 9
남부신서南部新書 1035
남사南史 17, 270, 322, 324, 373, 382, 452, 537, 600, 710, 762, 773, 921, 1019, 1077
남제서南齊書 487, 600, 898
남촌철경록南村輟耕錄 244
낭야대취편琅揶代醉編 355. 451
냉재시화冷齋詩話 973
냉재야화冷齋夜話 263, 453, 958
노두사실老杜事實 643
노래반의老萊斑衣 340
노사路史 903
노자老子 204, 205, 213, 302, 374, 458, 469, 500, 574, 689, 690, 786, 797, 873, 882, 902, 905, 931, 1072
노학암필기老學庵筆記 846
녹의綠衣 325
논귀속소論貴粟疏 825
논문論文 364
논서論書 26, 27, 38, 49, 55, 69, 78, 80, 81, 86, 93, 98, 106, 110, 117, 118, 120, 121, 123, 131, 134, 147, 186, 194, 195, 212, 222, 228, 273, 280, 294, 299, 303, 312, 313, 316, 328, 333, 342, 395, 400, 404, 414, 416, 435, 437, 441, 442, 444, 449, 450, 452, 460, 469, 507, 534,

537, 553, 558, 610, 629, 640, 648, 655, 658, 681, 688, 692, 696, 706, 735, 736, 746, 762, 775, 786, 787, 790, 810, 811, 820, 828, 829, 832, 846, 861, 874, 880, 884, 931, 966, 996, 1005, 1013, 1020, 1022, 1026, 1043, 1050, 1073, 1078, 1080, 1094, 1095
논어고주論語古註 828
논어집주論語集註 829
논영웅論英雄 677
논형論衡 428, 542, 1016, 1080
농서행隴西行 766

【다】
다신전茶神傳 191
단가행短歌行 678
단전彖傳 331
단청인丹青引 367
답빈희答賓戲 306
답왕상서答王庠書 921
답왕십이한야독작유회答王十二寒夜獨酌有懷 253
답진생서答陳生書 311
답포정지서答包定之書 1088
답황도부答黃道夫 1053
당고급사중황태자시강육문통선생묘표唐故給事中皇太子侍講陸文通先生墓表 1025
당서唐書 42, 80, 135, 150, 186, 229, 283, 286, 292, 319, 339, 360, 361, 377, 501, 529, 536, 553, 651, 773, 816, 934, 982
당송유사唐宋遺事 430
당시기사唐詩記事 135
당시기사唐詩紀事 476, 686
당시선唐詩選 733
당재자전唐才子傳 618
당척언唐摭言 780
대거大車 1036
대당서역기大唐西域記 1009
대대례기大戴禮記 419, 960
대동기문大東奇聞 734
대반열반경후분大般涅槃經後分 725
대범천왕문불결의경大梵天王問佛決疑經 725
대보잠大寶箴 275
대비백두옹代悲白頭翁 472
대비백발옹代悲白髮翁 618
대인부大人賦 716
대장법수大藏法數 303
대주당가對酒當歌 678
대책對策 512
대풍가大風歌 784
대풍사大風詞 784
대학大學 5, 492, 506, 560, 563, 812, 861, 1050
도겸전陶謙傳 853
도망悼亡 594
도문대작屠門大嚼 217
도정절집陶靖節集 401
도화견문지圖畫見聞誌 566
도화선桃花扇 926
도화원기桃花源記 220, 1084
독경讀經 1002
독노자讀老子 874
독맹상군전讀孟嘗君傳 54
독사시讀史詩 1028
동경부東京賦 131, 355
동곽전수유봉산사탐도리同郭殿帥遊鳳山寺探桃李 848
동관한기東觀漢記 740
동국통감東國通鑑 1071

동다송東茶頌 191
동도사략東都史略 530
동몽선습童蒙先習 106
동몽수지童蒙須知 106
동작대부銅雀臺賦 1019
동정부東征賦 450
동주열국지東周列國志 616, 899, 1091
동파집東坡集 3
동헌필록東軒筆錄 164, 715, 747
두양잡편杜陽雜編 707
두우치사지제杜佑致仕之制 285
둔재한람遯齋閑覽 1072
둔재한람遁齋閑覽 711
등과후登科後 848
등도자호색부登徒子好色賦 248
등석자鄧析子 857, 860
등왕각서滕王閣序 59, 376, 932

【마】
마경馬經 576
마하바라타 571
만가輓歌 69
만강홍滿江紅 171
만진사직挽陳司直 1052
망여산폭포望廬山瀑布 359, 418, 608
맥수가麥秀歌 273
맹氓 531, 552, 1036
맹덕신서孟德新書 78
맹자孟子 25, 79, 106, 110, 114, 119, 121, 142, 155, 156, 182, 195, 209, 228, 234, 244, 247, 250, 284, 304, 311, 330, 350, 364, 408, 409, 411, 413, 431, 434, 436, 437, 440, 461, 483, 522, 540, 545, 582, 593, 602, 605, 606, 616, 619, 632, 647, 671, 685, 697, 721, 726, 757, 770, 782, 787, 791, 798, 807, 814, 827, 833, 856, 862, 890, 906, 953, 980, 1013, 1019, 1022, 1050, 1051, 1053, 1060, 1064, 1089
맹호행猛虎行 12
명고가송잠징군鳴皐歌送岑徵君 602
명군탄明君歎 949
명비변문明妃變文 949
명심보감明心寶鑑 482, 552, 701, 777, 790, 802, 870
명월明月 668
모공편謀攻篇 876, 1007
모시서毛詩序 528, 695
모자牟子 208
목란사木蘭辭 332
목서장牧誓章 386
몽계필담夢溪筆談 77, 502, 1038
몽구蒙求 258, 340, 724
몽량록夢粱錄 21
무문관無門關 40
무왕벌주평화武王伐紂平話 1089
무이구곡도가武夷九曲櫂歌 303
묵자墨子 307, 330, 720
문선文選 27, 102, 258, 261, 298, 328, 364, 551, 678, 929, 943
문심조룡文心雕龍 10
문야침聞夜砧 993
문언전文言傳 676, 801
문왕文王 191, 554, 695
문자文子 95, 776
문장궤범文章軌範 944
문장변체文章辯體 585
문중자文中子 329
문창잡록文昌雜錄 711
미암묵담米菴墨談 73

민농憫農 777

【바】
박려자朴麗子 658
박명가인薄命佳人 3
박물전회博物典匯 166
박물지博物誌 654
반이소反離騷 423
발동파서跋東坡書 276
발본색원론拔本塞源論 341
방언放言 135
배씨어림裵氏語林 332
백이송伯夷頌 894
백전기략百戰奇略 443
백주栢舟 868
벌단伐檀 542
범망경梵網經 438
범문충공문집范文忠公文集 483
범증론范增論 321
법서원法書苑 424
법언法言 125, 501, 599
법원주림法苑珠林 572
벽암록碧巖錄 660, 855
변망론辯亡論 328
보우鴇羽 374
보임안서報任安書 979
복거총론卜居總論 728
복기서服氣書 423
복혜전서福惠全書 758
본사시本事詩 987
본초강목本草綱目 14, 711, 1026
본초습유本草拾遺 1026
봉사입금奉使入金 844
봉오수재부송귀강상逢吳秀才復送歸江上 289
봉증위좌승장이십이운奉贈韋左丞丈二十二韻 791
봉창일록蓬窓日錄 842
부독서성남符讀書城南 424
부득고원초송별賦得古原草送別 593
부부賦賦 934
북몽쇄언北夢瑣言 922, 993, 1061
북사北史 91, 382, 396, 767, 811, 845, 934, 1019
북제서北齊書 278, 798, 967
비설록霏雪錄 73
비유선생지론非有先生之論 198
비파부琵琶賦 632
빈녀貧女 687

【사】
사간斯干 184
사기史記 36, 37, 43, 50, 54, 71, 72, 75, 77, 83, 95, 97, 102, 108, 112, 113, 116, 127, 132, 137, 140, 145, 151, 170, 172, 179, 182, 185, 190, 203, 214, 215, 220, 224, 230, 238, 241, 242, 252, 276, 282, 290, 295, 296, 301, 308, 318, 320, 328, 346, 347, 351, 353, 355, 372, 383, 390, 394, 397, 409, 413, 415, 423, 432, 434, 442, 447, 449, 464, 478, 481, 489, 491, 508, 519, 526, 546, 561, 576, 583, 587, 591, 595, 596, 598, 614, 620, 621, 639, 641, 645, 651, 658, 663, 665, 670, 675, 684, 685, 698, 704, 705, 712, 721, 722, 729, 737, 746, 748, 749, 754, 765, 766, 769, 770, 779, 789, 793, 796, 799, 804, 805, 809, 815, 822, 826, 834, 841, 842, 851, 860, 863, 866, 867, 869, 871, 878, 881, 894, 896, 901, 902, 903, 908,

909, 926, 932, 939, 944, 954, 955, 956, 962, 972, 977, 990, 995, 1000, 1012, 1024, 1031, 1033, 1040, 1059, 1070, 1079, 1086, 1094, 1098
사략史略 974
사림광기事林廣記 175
사문유취事文類聚 263, 988
사설師說 460, 540
사송과사주구산사使宋過泗州龜山寺 421
산목山木 782
산중문답山中問答 368
산해경山海經 376, 383, 722, 819
산화자山花子 9
삼계三戒 99
삼국명신서찬三國名臣序贊 910
삼국유사三國遺事 33, 857, 1071
삼국지三國志 21, 28, 41, 56, 75, 78, 85, 104, 112, 131, 144, 165, 162, 167, 181, 193, 197, 217, 229, 299, 334, 347, 357, 369, 377, 389, 392, 421, 458, 459, 506, 507, 519, 522, 530, 549, 575, 599, 601, 603, 609, 636, 703, 709, 724, 746, 759, 881, 884, 939, 963, 1019, 1042, 1075
삼국지연의三國志演義 64, 172, 219, 259, 286, 445, 568, 626, 692, 833, 838
삼도부三都賦 153, 640
삼략三略 555, 689
삼제략기三齊略記 407
상고종봉사上高宗封事 461
상림부上林賦 716, 788
상마경相馬經 576
상서尙書 78, 129, 238, 393, 573, 1038, 1045
상서고실尙書故實 1067
상서대전尙書大典 588
상서서尙書序 129
상원현上元縣 8
상자商子 330
상중桑中 473
상체常棣 138
색은索隱 419
서경書經 98, 129, 223, 294, 386, 425, 539, 542, 644, 656, 696, 727, 776, 843, 1021, 1050, 1062, 1092
서경부西京賦 788
서경이자가徐卿二子歌 549
서경잡기西京雜記 878, 949
서단書斷 777
서도부西都賦 1064
서리黍離 477
서상기西廂記 1078
서서지남書敍指南 853
서언고사書言故事 469, 891
서초書焦 407
서호십경西湖十景 502
석류石榴 1072
석상담釋常談 800
석상부가자시席上賦歌者詩 844
석송惜誦 886
석씨요람釋氏要覽 403
석창서취묵당시石蒼舒醉墨堂詩 549
선기도璇璣圖 877
선림유취禪林類聚 783
선월집禪月集 814
선진편先進篇 696
설랑재일기雪浪齋日記 9
설문해자說文解字 72
설문해자서說文解字序 1045
설부說郛 513
설시舌詩 111

설원說苑 11, 70, 201, 291, 316, 329, 355, 564, 572, 588, 708, 802, 803, 822, 845, 935, 940, 942
성수패설醒睡稗說 155
성주득현신송聖主得賢臣頌 981
성학집요聖學輯要 105
세설신어世說新語 136, 143, 156, 196, 218, 231, 235, 237, 247, 266, 274, 368, 436, 443, 503, 534, 597, 633, 639, 711, 713, 774, 852, 853, 889, 925, 961, 992, 1001, 1022, 1027, 1085, 1096
소군사昭君辭 949
소년행少年行 66
소대기년昭代紀年 1028
소동파집蘇東坡集 668
소림笑林 761
소문素問 773
소민小旻 807, 1006
소완小宛 531
소요유편逍遙遊篇 304
소학小學 105, 790
속맹자續孟子 94
속몽구續蒙求 106
속미인곡續美人曲 296
속유괴록續幽怪錄 680
속전등록續傳燈錄 40
속제해기續齊諧記 44, 788
속화품續畫品 925
속황량續黃粱 769
손씨세록孫氏世錄 1052
손자병법孫子兵法 130, 370, 371, 443, 447, 458, 471, 536, 634, 667, 876, 991, 1007
송궁문送窮文 515, 536, 603
송남잡지松南雜識 53
송맹동야서送孟東野序 1087
송명신언행록宋名臣言行錄 869
송사宋史 88, 137, 202, 262, 342, 405, 530, 629, 651, 699, 818, 883, 971, 981, 1057, 1062
송서宋書 89, 283, 356, 497, 670, 1042
송양계해送楊季海 935
송온조처사서送溫造處士序 354
송온처사서送溫處士序 910
송왕목왕길주알왕사군숙送王牧往吉州謁王使君叔 590
송원이사안서送元二使安西 480
송항평보쉬지양送項平甫倅池陽 1023
수경주水經注 51
수경주水經註 859
수곡액재장효행록狩谷掖齋藏孝行錄 726
수당가화隋唐嘉話 585
수당유사隋唐遺事 1038
수서隋書 148, 564, 622, 1040, 1074
수시편首時篇 12
수신기搜神記 385, 470, 674, 837
수신후기授神後記 196
수신후기搜神後記 1082
수원시화隨園詩話 988, 1078
수호전水滸傳 137, 565
수호지水滸誌 378, 574
순오지旬五志 295, 592
순자旬子 573
순자荀子 11, 22, 48, 108, 159, 170, 177, 321, 371, 630, 683, 702, 720, 781, 803, 934, 953
술징기述徵記 1065
술회述懷 732, 985
숭고崧高 285
승기율僧祇律 889

시경詩經 14, 38, 75, 115, 138, 148, 184, 185, 191, 197, 247, 263, 285, 325, 327, 363, 374, 395, 398, 449, 473, 477, 504, 527, 531, 535, 542, 544, 546, 552, 589, 628, 656, 695, 706, 717, 735, 763, 807, 808, 811, 827, 868, 886, 969, 999, 1006, 1028, 1036, 1043, 1078, 1090, 1096
시경원시詩經原始 969
시경집전詩經集傳 473
시보詩譜 14
시식詩式 543
시인옥설詩人玉屑 35
시자尸子 64, 548, 820
시품詩品 765
시화총구詩話總龜 40
시화총귀詩話總龜 263, 271
신감申鑒 161
신당서新唐書 45, 514, 546, 661, 835, 970, 976
신론新論 131, 393, 411
신서新序 17, 137, 272, 489, 1010
신서新書 171, 715
신선전神仙傳 51, 251, 337, 472, 813, 891, 1042
신아녀영웅속전新兒女英雄續傳 530
신어新語 449
신오대사新五代史 580
신중루전기蜃中樓傳奇 1061
신풍절비옹新豊折臂翁 555
심서心書 506
십익十翼 687
십팔사략十八史略 58, 171, 240, 377, 439, 475, 691, 700, 702, 783, 857, 958, 968

【아】
아들에게示兒 212
악부시집樂府詩集 1009
악부십칠수樂府十七首 328
악양루기岳陽樓記 483
악어문鰐魚文 801
악잠嶽箴 955
안씨가훈顔氏家訓 461
안씨가훈서치顔氏家訓序致 640
안자晏子 417
안자춘추晏子春秋 37, 719, 855, 903, 1049
알장계류시謁張洎留詩 988
애강두哀江頭 282
애련설愛蓮說 88, 1081
애영도哀郢都 1061
애오잠愛惡箴 861
야객총서夜客叢書 243
야항시화夜航詩話 643
양경부兩京賦 640
양도부兩都賦 639
양부교주이물지楊孚交州異物志 844
양서梁書 420
양승암집楊升菴集 64, 572
양양가襄陽歌 187
양자방언楊子方言 424, 1011
양춘백설陽春白雪 69
양화편陽貨篇 689
어부사漁父辭 608
어부사漁夫辭 864
어옹漁翁 99
언잠言箴 169
여람呂覽 384, 1103
여람귀직呂覽貴直 744
여미지서與微之書 96
여민락輿民樂 606

여범직각서與范直閣書 942
여사마월서與司馬越書 978
여산驪山 1041
여산거원절교서與山巨源絶交書 1058
여산기廬山記 1056
여씨춘추呂氏春秋 7, 12, 175, 222, 265, 329, 371, 419, 446, 495, 586, 601, 604, 765, 870, 923, 1066
여오계중서與吳季重書 217, 839
여오질서與吳質書 33, 315, 599
여우붕서與友朋書 795
여정집麗情集 731
여제초서與弟超書 313
여최군서與崔群書 933
여한형주서與韓荊州書 249, 354
역경易經 107, 687
역대명화기歷代名畵記 1074
역대시화歷代詩話 1005
역림易林 75
역수가易水歌 346
연감유함淵鑑類函 930
연경세시기燕京歲時記 849
연경십경燕京十景 503
연경팔경燕京八景 503
연등회요聯燈會要 1087
연려실기술燃藜室記述 1028
연사고현전蓮社高賢傳 645
연서燕書 665
연아演雅 630
열녀전列女傳 192, 463, 468
열녀전列女傳 3, 81, 173, 412
열녀조烈女操 65
열반경涅槃經 274, 646
열선전列仙傳 813
열양세시기列陽歲時記 2
열자列子 79, 144, 148, 213, 256, 347, 426, 505, 557, 582, 615, 654, 662, 714, 724, 871, 907, 937, 980, 1039, 1046, 1058, 1076, 1083, 1100
염철론鹽鐵論 126, 695
영괴록靈怪錄 909
영주팔기永州八記 99
영총희詠寵姬 900
영포英布 551
예기禮記 4, 64, 98, 121, 142, 145, 206, 265, 294, 395, 401, 426, 431, 460, 594, 617, 731, 816, 838, 871, 877, 888, 954, 978, 1069
예문유취藝文類聚 586
오강정烏江亭 128
오국고사五國故事 229
오대사五代史 229, 403, 1006
오대사보五代史補 764
오등원회五燈元會 939
오등회원五燈會元 444
오류선생전五柳先生傳 401, 412, 746
오륜가五倫歌 105
오손공주비수가烏孫公主悲愁歌 631
오월춘추吳越春秋 11, 201, 234, 237, 641
오월풍토록吳越風土錄 849
오잡조五雜組 566
옥대신영玉臺新詠 943
옥중에서 양왕에게 올리는 글獄中上梁王書 36
옥중에서 양효왕에게 올리는 글獄中上梁孝王書 57
옥천자玉泉子 741
옥청경玉淸經 602
옥편玉篇 722
완사편浣沙篇 965

왕명군사병서王明君辭并序 949
왕소군王昭君 949
왕중선뢰王仲宣誄 1019
왕패편王覇篇 170
요재지이聊齋志異 985
요조窈窕 668
용재총화慵齋叢話 499, 930
우렵부羽獵賦 716
욱리자郁離子 1067
운계우의雲溪友議 1095
운급칠첨云笈七籤 1066
운당곡언죽기篔簹谷偃竹記 1099
운부군옥韻府群玉 643
운선잡기雲仙雜記 1096
울료자尉繚子 1103
원가행怨歌行 943
원구에게 드림寄贈元九 65
원도原道 820
원사元史 998
원시행怨詩行 1009
원인原人 758
월절서越絕書 94, 221, 237
위도부魏都賦 200
위략魏略 458
위령공편衛靈公篇 762
위서魏書 173, 342, 845, 904, 1089, 1093
위씨춘추魏氏春秋 468
위지魏志 204, 435
위평사를 보내며送韋評事 63
유괴록幽怪錄 635
유마경維摩經 439
유문고취幽聞鼓吹 802
유양잡조酉陽雜組 844, 972
유월이십칠일망호루취서六月二十七日望湖樓醉書 1101
유자음游子吟 941
유자후묘지명柳子厚墓誌銘 9, 98, 153, 1048
유환기문游宦紀聞 1002
유효편儒效篇 170
육도六韜 434, 994
육조사적편류六朝事跡編類 1056
윤정편胤征篇 696
율곡전서栗谷全書 105
음마장성굴행飮馬長城窟行 896
응과목시여인서應科目時與人書 738
응제왕편應帝王篇 304
의군자유소사擬君子有所思 814
의행로난擬行路難 732
이거2수移居二首 467
이견지夷堅志 711
이빙공후인李憑引 479
이소離騷 102, 261, 325, 717, 864, 924, 1061, 1065
이십사효二十四孝 703
이이수필격몽요결李珥手筆擊蒙要訣 107
이정전서二程全書 107
이혹론理惑論 499
이황산을고서李黃山乙藁序 896
익재난고益齋亂藁 336
익재진자찬益齋眞自贊 336
인계록因繼錄 996
인물지人物志 677
일유日喩 101
일체경음의一切經音義 722
임소경에게 보내는 편지與任少卿書 108, 732
임제록臨濟錄 1087
임천선생문집臨川先生文集 136, 1072
임하필기林下筆記 64

【자】

자경부봉선현영회오백자自京赴奉先縣永懷五百字 20
자아자子牙子 955
자치통감資治通鑑 6, 101, 228, 386, 391, 453, 587, 605, 692, 928, 938
자치통감강목資治通鑑綱目 14
자허부子虛賦 716, 787
자화자子華子 1066
작주여배적酌酒與裴迪 494
잠부蠶婦 777
잠부론潛夫論 76, 529, 740, 1000
잠확유서潛確類書 254, 923
잡시雜詩 496, 892
장양부長楊賦 716
장인도杖引圖 816
장자莊子 10, 40, 47, 57, 58, 74, 79, 82, 141, 176, 206, 215, 226, 237, 246, 267, 272, 279, 291, 297, 298, 301, 304, 328, 352, 388, 416, 469, 524, 527, 533, 574, 614, 623, 642, 680, 730, 774, 782, 793, 829, 875, 888, 929, 965, 973, 980, 994, 1003, 1022, 1023, 1035, 1057, 1066, 1086, 1090
장진주將進酒 359, 831
장한가長恨歌 47, 300, 618
쟁신론爭臣論 73, 306
적벽부赤壁賦 679, 891
전국책戰國策 8, 36, 44, 67, 87, 125, 161, 177, 241, 266, 301, 317, 318, 328, 329, 330, 349, 354, 409, 410, 417, 434, 435, 459, 466, 482, 487, 533, 577, 579, 639, 672, 713, 739, 742, 785, 799, 809, 827, 841, 850, 857, 863, 865, 1003, 1043, 1049, 1055, 1076, 1098
전당시全唐詩 111
전당시설全唐詩說 922
전등록傳燈錄 277, 380, 402, 403, 439, 450, 725, 1075
전론典論 364
전론典論·논문論文 33, 313, 450
전송팔충팽중승판관지영외餞宋八充彭中丞判官之嶺外 1035
전습록傳習錄 561
전적벽부前赤壁賦 491, 667, 891
전출사표前出師表 111, 890
전출새前出塞 437
전한서前漢書 258, 379
접여가 648
정감情感 987
정관정요貞觀政要 260, 611, 890, 1026
정기가正氣歌 630
정녀협貞女峽 758
정월正月 115
정인벽옥가情人碧玉歌 988
정자통正字通 688
정전鄭箋 505
정주자淨住子 134
제도부齊都賦 153
제서림벽題西林壁 608
제이응유거題李凝幽居 983
제후왕표諸侯王表 94
조경견백발照鏡見白髮 932
조매早梅 764
조변인弔邊人 766
조선해어화사朝鮮解語花史 1039
조설항평사趙雪航評史 806
조정사원祖庭事苑 76, 208
조주록유표趙州錄遺表 561
조주어록趙州語錄 191

조홍시가早紅柿歌 704
좌씨전左氏傳 458
좌우명座右銘 790
좌전左傳 6, 18, 44, 48, 71, 84, 93, 103, 127, 141, 163, 179, 195, 197, 208, 232, 239, 241, 251, 253, 257, 277, 278, 289, 325, 326, 338, 340, 350, 352, 358, 373, 380, 383, 387, 404, 428, 449, 466, 473, 477, 493, 511, 532, 533, 548, 550, 562, 584, 596, 607, 616, 625, 646, 652, 657, 693, 704, 722, 734, 741, 743, 754, 772, 822, 824, 836, 857, 874, 881, 886, 953, 975, 983, 991, 997, 1001, 1004, 1007, 1010, 1012, 1017, 1018, 1044, 1054, 1088, 1097, 1103
주덕송酒德頌 929
주례周禮 1103
주서周書 651, 797
주역周易 30, 104, 123, 136, 212, 259, 261, 323, 327, 331, 660, 676, 697, 717, 792, 801, 842, 898, 1014, 1033, 1053, 1064
주역외전周易外傳 1053
주의전周顗傳 8
주자대전朱子大全 107
주자어록朱子語錄 944
주자어류朱子語類 107, 381, 651, 1078
주자전서朱子全書 585
주자집전朱子集傳 969
주자훈학재규朱子訓學齋規 227
주행희서舟行戲書 957
죽엽잡기竹葉雜記 277
죽지사竹枝詞 999
죽창한화竹窓閑話 511
준령계교도峻嶺溪橋圖 816
중본기경中本起經 725
중용中庸 83, 129, 247, 366, 413, 702, 816
중용혹문中庸或問 999
중훼지고仲虺之誥 223
즉사卽事 136
증문잠생양극일학문여가화죽구시贈文潛甥楊克一學文與可畵竹求詩 1100
증민蒸民 504
증사어객묘선사贈寫御客妙善師 1067
증장공주혁처사贈張公洲革處士 1004
증제시贈弟詩 1008
증창승부憎蒼蠅賦 536
지론智論 448
지봉유설芝峯類說 387
지북유편知北遊篇 304
지월록指月錄 1035
지형편地形篇 876
직금위회문선도시織錦爲回文璇圖詩 877
진서晉書 8, 17, 41, 46, 50, 66, 100, 104, 149, 150, 152, 179, 231, 236, 237, 247, 293, 322, 324, 348, 359, 361, 368, 432, 488, 493, 508, 520, 546, 547, 551, 568, 610, 629, 650, 680, 691, 740, 774, 777, 814, 853, 858, 876, 897, 938, 964, 978, 984, 991, 1021, 1052, 1078
진정표陳情表 635, 751
진학해進學解 716
진한춘추晉漢春秋 112
징비록懲毖錄 887

【차】

차운오강도중次韻吳江道中 935
차운진조방간증이상사次韻陳肇芳竿贈李相士 884
참동계參同契 602
창언昌言 575

찾아
보기

창주도滄州圖 816
채갈采葛 763
채미가采薇歌 730, 894
척언摭言 764
천대天對 99
천문天問 99
천보유사天寶遺事 52
천자문千字文 1, 139, 911
천태산부天台山賦 898
청가비본淸家秘本 726
청구자가靑邱子歌 289
청승靑蠅 535
청야록淸夜錄 133
청우기담聽雨紀談 688
청정문체서淸正文體書 622
청파극담靑坡劇談 930
청파잡지靑坡雜誌 95
청평사淸平詞 47
초계어은총화苕溪漁隱叢話 814
초국선현전楚國先賢傳 1048
초사楚辭 347, 860, 886, 895
초지건위시初至犍爲詩 1073
촉도난蜀道難 755
추포가秋浦歌 358
추풍사秋風辭 1084
춘망春望 115
춘야春夜 951
춘야연도리원서春夜宴桃李園序 475, 910, 1084
춘일회이백春日懷李白 951
춘추春秋 107, 155, 184, 212, 341, 628, 764, 952, 1025
춘추좌씨전春秋左氏傳 318
춘추좌전春秋左傳 717
춘추좌전집해春秋左傳集解 992
춘추집주春秋集註 1025
춘추후어春秋後語 739, 742
춘효春曉 950
출사표出師表 111, 200, 296, 372, 753
충렬양련전忠烈楊璉傳 935
취옹정기醉翁亭記 89, 956
치가격언治家格言 773
칠보시七步詩 961
칠수유고七修類稿 257
칠수유고七修類藁 514
칠월七月 263
침경鍼經 768
침중기枕中記 768
침중편枕中篇 798

【타】
타압打鴨 970
탄금彈琴 65
탄파완계사攤破浣溪沙 9
탐춘探春 952
탕蕩 327
태극도설太極圖說 88, 691
태위교현비송太尉橋玄碑頌 363
태자소부잠太子少傅箴 134
태청기太淸記 51
태평광기太平廣記 586, 612, 688
태평어람太平御覽 20, 565, 857, 891
태평편류太平編類 20
태평환우기 238
택궁선사부澤宮選士賦 224
택리지擇里志 728
통서通書 88
통속편通俗篇 5, 77, 238, 322, 988
통전通典 490
퇴계어록退溪語錄 430

【파】
파경시破鏡詩 987
파유몽고구한궁추잡극破幽夢孤坵漢宮秋雜劇 949
팔도총론八道總論 728
팔준도八駿圖 577
평천하장平天下章 1050
포박자抱朴子 174, 499, 549, 638
포사자설捕蛇者說 99
풍교야박楓橋夜泊 677
풍속통風俗通 349, 579, 953
풍속통의風俗通義 349, 399

【하】
하동부河東賦 716
하상가河上歌 234
하인사何人斯 1028
학교모범學校模範 105
학림옥로鶴林玉露 339, 347, 534, 764, 940
학명鶴鳴 75
한거만록閑居漫錄 996
한궁추漢宮秋 949
한단소년행邯鄲少年行 1086
한무고사漢武故事 140
한비자韓非子 99, 117, 130, 160, 163, 169, 265, 271, 283, 371, 417, 459, 475, 526, 545, 598, 601, 605, 613, 624, 660, 673, 714, 737, 745, 749, 785, 796, 797, 821, 872, 874, 974, 1024
한서漢書 2, 16, 42, 47, 51, 70, 72, 82, 92, 94, 137, 146, 178, 183, 190, 198, 216, 222, 225, 269, 278, 329, 356, 364, 384, 391, 407, 418, 419, 422, 462, 482, 485, 486, 523, 542, 558, 575, 578, 580, 581, 588, 591, 631, 634, 650, 664, 684, 733, 743, 776, 803, 812, 825, 841, 849, 890, 893, 899, 927, 1003, 1023, 1024, 1042, 1047, 1098
한시외전韓詩外傳 124, 137, 200, 201, 388, 525, 602, 803, 888, 981, 1037
한유韓愈 882
할관자鶡冠子 761
함순임안지咸淳臨安志 989
해로호리가薤露蒿里歌 258
해린척소海隣尺素 897
향악잡영鄕樂雜詠 999
허당록虛堂錄 948, 1083
허생전 316
현도관시玄都觀詩 806
현량대책賢良對策 776, 1003
현우경賢愚經 427
현종론顯宗論 194
형상근사荊湘近事 847
형주기荊州記 15
형초세시기荊楚歲時記 849
혜성가彗星歌 32
호가浩歌 1101
호가18박胡十八拍 30
호천록壺天錄 781
홍구를 지나며過鴻溝 31
홍루몽紅樓夢 286, 347, 773
홍명집弘明集 499
홍안鴻雁 589
화원진송수시和元松樹詩 497
화하장관육언시和何長官六言詩 254
황보사농집皇甫司農集 512
황정경黃庭經 777
황제내경黃帝內經 768
회남자淮南子 10, 13, 48, 139, 177, 178, 201, 328, 376, 383, 388, 474, 555, 639,

708, 722, 757, 760, 775, 782, 792, 879, 948, 1017, 1061, 1083
회문시回文詩 877
회사부懷沙賦 864
회서비淮西碑 707
회암선생어류晦菴先生語類 73
횡강사橫江詞 1046
효경孝經 76, 554, 736, 1069
효부曉賦 699
후당서後唐書 268
후적벽부後赤壁賦 517, 891
후출사표後出師表 111
후한서後漢書 23, 24, 29, 75, 88, 147, 155, 158, 199, 207, 210, 218, 240, 245, 249, 255, 264, 269, 270, 275, 288, 316, 322, 336, 337, 343, 362, 379, 383, 412, 497, 512, 521, 528, 538, 559, 586, 597, 599, 611, 618, 627, 637, 650, 653, 660, 666, 677, 684, 701, 760, 771, 805, 820, 823, 853, 863, 884, 924, 925, 955, 957, 959, 985, 1032, 1049, 1064, 1082, 1088
훈민정음訓民正音 296
희장어戲場語 555

✳ 참조 및 기타 ✳

【가】

가격家格 1075
가루라迦樓羅 571
가어현嘉魚縣 165
가정街亭 131, 604, 709
각축전角逐戰 511
간의대부諫議大夫 611
간화선看話禪 855, 940
감당수甘棠樹 13
감업사感業寺 319
감연甘淵 376
감하후監河侯 1022
강남사江南詞 9
강락康樂 911
강족羌族 691
개국공開國公 845
개봉開封 670, 883, 1081
개원지치開元之治 817
개원천보시대開元天寶時代 817
객경客卿 945, 977
갱유坑儒 398
거국莒國 84
거기장군車騎將軍 269, 713, 1047
거열형車裂刑 332, 367
거인擧人 993
거촉擧燭 624
거황渠黃 577
건강建康 361, 408, 921, 1056
건달바乾達婆 32, 571
건안문학建安文學 800
건안시대建安時代 229
건안체建安體 35
건안칠자建安七子 853
건안풍골建安風骨 35, 315
건업建業 277, 991, 1056
검문관劍門關 755
검수黔首 947
게송偈頌 380
격양擊壤 58
결맹結盟 1060
결승結繩 609
결의형제結義兄弟 219

겸애兼愛 306
경구京口 630, 858
경성京城 704
경수涇水 197, 253
경조京兆 789
경중미인鏡中美人 727
경침警枕 6
경혈經穴 768
계외혹界外惑 297
계유정란癸酉靖難 511
고공考功 529
고과법考課法 1075
고굉股肱 257
고당高堂 575
고당지관高堂之館 298
고루암鼓樓岩 303
고문운동古文運動 99
고복鼓腹 58
고악부古樂府 756
고죽국孤竹國 169, 894
고죽군孤竹君 109
고희古稀 416
곡강지曲江池 282
곡옥曲沃 743
곡요曲擾 693
곡용哭踊 877
곡척曲尺 1049
곤륜산崑崙山 891
곤산崑山 638, 946
공덕功德 709
공덕옹막孔德甕幕 162
공사供辭 1030
공수拱手 747
공안公安 604
공안公案 855, 940
공정工正 380
공처증恐妻症 1015
공초시公招市 628
과원果園 575
관내후關內侯 639
관도官渡 264, 468
관도대전官渡大戰 165
관도위關都尉 415
관동팔경關東八景 503
광랑壙琅 304
광록경光祿卿 661
광무산廣武山 1070
광주자사光州刺史 904
괴리자사槐里刺史 812
괴안국槐安國 157
괵국虢國 145
교궁交窮 603
교룡蛟龍 668, 705
교지交址 1032
구사종俱舍宗 297
구오지위九五之位 104
구자국龜玆國 418, 631
구정九鼎 318, 828
구주장九州長 497
구첨龜筮 129
구품관인법九品官人法 1075
구품중정제九品中正制 1075
국로國老 784
국자감國子監 716
국자생國子生 710
궁귀窮鬼 515, 603
궁형宮刑 732, 737, 902
귀문鬼門 859
귀역기량鬼蜮伎倆 1028
귀지현貴池縣 358

규구葵丘 141
규환지옥叫喚地獄 571
균수법均輸法 581
근기根機 856
금강굴金剛窟 32
금계암金鷄岩 303
금낭錦囊 135
금릉金陵 1035, 1056, 1074
금향金鄕 498
기린각麒麟閣 145
기린아麒麟兒 377
기산岐山 264, 546, 725
기산箕山 497, 680
기시棄市 397
긴나라緊那羅 571

【나】
나지현羅池縣 153
낙구洛口 661
낙봉파落鳳坡 193
낙서洛西 1000
낙양洛陽 318, 521, 570, 1021, 1081, 1098
낙읍洛邑 835, 1098
낙주장사洛州長史 1097
난대영사蘭臺令史 364
난릉蘭陵 718
난서장군欒書將軍 836
난정蘭亭 778
남경南京 991
남곽선생南郭先生 160
남군南郡 949
남군공南郡公 236
남면南面 258
남양南陽 650
남완南阮 324
남이南夷 963
남전현藍田縣 161
남정南鄭 583
남종선南宗禪 230, 381
남창南昌 813
남풍南風 575
납박臘縛 889
낭야산瑯山 956
낭주朗州 805
노수瀘水 964
노융국虜戎國 19
노추老醜 119
녹대鹿臺 833
녹림산綠林山 178
녹이綠耳 577
농서隴西 385, 521
뇌거雷車 573
뇌환雷丸 711
능연각凌煙閣 367

【다】
다식茶食 217
단련부사團練副使 891
단발령斷髮令 555
단보현單父縣 923
단사丹砂 717
단양팔경丹陽八景 503
단호短狐 1027
단호短弧 1027
단호袒護 841
달단족韃靼族 228
당고黨錮 200
당말오대唐末五代 262
당송팔대가唐宋八大家 99, 153, 759, 976
당옥黨獄 512

당의黨議 748
대검산大劍山 756
대규환지옥大叫喚地獄 571
대량大梁 686
대려大呂 318
대만두大饅頭 217
대묘岱廟 976
대붕大鵬 757
대사공大司空 30
대사마大司馬 485, 691
대소구양체大小歐陽體 186
대완大阮 591
대종岱宗 976
대주사호臺州司戶 816
대주자사代州刺史 968
대초열지옥大焦熱地獄 571
대택大澤 578
대택향大澤鄕 38
덕승德勝 1006
도독荼毒 223
도려盜驪 577
도의陶猗 220
도장桃莊 747
도천盜泉 12
도호都護 528
도화원桃花源 1084
독우관督郵官 1102
돈구頓丘 740
돈오법문頓悟法門 381
돈오성불頓悟成佛 230
돈황敦煌 949
돌궐突厥 817
동계東階 978
동관潼關 733
동교東郊 365
동남풍東南風 260
동도문東都門 88
동린東隣 249
동마銅馬 219
동상東床 237
동선행림董仙杏林 1042
동악東岳 976
동양군東陽郡 231
동양태수東陽太守 910
동이족東夷族 1090
동정호洞庭湖 383, 502, 805, 924
동천東遷 952
동호東胡 871
두문불출杜門不出 328
두우杜郵 243
두원杜園 244
두전杜田 244
두주杜酒 244
등고절登高節 59
등지等持 448
등현滕縣 305
등활지옥等活地獄 571

【마】

마릉산馬陵山 510
마비산麻沸散 659
마후라가摩睺羅迦 571
만가輓歌 258
만리장성萬里長城 871
만선루萬仙樓 976
만승萬乘 875, 1020
만씨蠻氏 642
만월대滿月臺 511
만인蠻人 357
망구望九 416

망주석望柱石 1082
망호루望湖樓 1102
맥구麥丘 272
맹제孟諸 69
맹진孟津 1090
멱라강汨羅江 864
멱라수汨羅水 503, 886
면양호沔陽湖 903
멸조지법滅竈之法 510
명궁命窮 603
명뢰銘誄 314
명리노名利奴 278
명산冥山 779
명월주明月珠 946
명조산鳴條山 223
모사謀士 522
모호률다牟呼栗多 889
목란종군木蘭從軍 332
목야牧野 129, 426, 1050
목어木魚 294
몽현蒙縣 1022
묘당廟堂 184
무골충無骨蟲 309
무관武關 864
무릉도원武陵桃源 369
무림武林 271
무사巫師 1101
무성武城 1026
무양武陽 635
무염無鹽 8
무용지물無用之物 208
무우舞雩 575
무이武彝 303
무재茂才 628
무종국無終國 693
무종산無終山 837
무창武昌 494, 992
무치無癡 297
무협武峽 357, 864
문궁文窮 603
문수汶水 319
문안사問安使 1028
문학관文學館 345
물획勿劃 366
미가산米家山 95
미봉책彌縫策 64
미수米壽 416
미주眉州 923
미증유未曾有 993
민산岷山 160
민지澠池 309

【바】

박랑사搏浪沙 671
반도蟠桃 891
방동房東 233
방술方術 628
방장산方丈山 1041
방풍죽防風粥 217
백동제白銅蹄 187
백동제白銅鞮 187
백벽白璧 526
백수白壽 416
백의白義 577
백제성白帝城 166, 604
백호白毫 794
번성樊城 939
번진藩鎭 514
범양현范陽縣 138
법륜法輪 794

법조참군法曹參軍 268
벽골제호碧骨堤湖 728
변경汴京 670
병마病魔 373
병이류餠餌類 217
병주并州 336
병주자사并州刺使 488
보조사普照寺 976
보형保衡 1092
복마지전伏魔之殿 378
복파장군伏波將軍 204, 255
봉래逢萊 472
봉래산蓬萊山 1041
봉희封豨 383
부기傅璣 946
부병제府兵制 817
부상扶桑 376
부풍군扶風郡 204
북고루北顧樓 420
북완北阮 324
북종선北宗禪 381
북하문北夏門 751
북해상北海相 507
분봉제分封制 94
분업론分業論 156
분음후汾陰侯 143
불혹不惑 416
비공非攻 306
비서랑秘書郎 1021
비서승秘書丞 1021
비성費城 865
비읍費邑 1073
비장군飛將軍 422
비주류飛走類 217
빈객賓客 947
빙상인氷上人 681

【사】

사계四季 262
사곡구斜谷口 439
사공司空 7
사구沙丘 426
사단四端 110, 262
사덕四德 261
사리躧履 217
사마駟馬 1047
사문斯文 433
사민필수四民必須 397
사부辭賦 314
사수泗水 318
사수현泗水縣 11
사양지심辭讓之心 411
사위국舍衛國 427
사일四佾 538
사타족沙陀族 228
산림맹호山林猛虎 728
산약散藥 768
산양山陽 498
산융국山戎國 822
산음현山陰縣 778
산자山子 577
삼강령三綱領 38
삼계三戒 37
삼계三季 763
삼문협三門峽 859
삼생석三生石 451
삼성參星 756
삼소三蘇 668
삼시三豕 174
삼신산三神山 1041, 1046

삼위태백三危太伯 1071
삼자옥三字獄 982
삼절三絕 814
삼해주三亥酒 162
삼협三峽 196
상간桑間 946
상강湘江 502
상경上卿 785
상고주의尙古主義 640
상규령上邽令 362
상당군上黨郡 415
상당성上黨城 721
상림桑林 383
상림원上林苑 198, 578
상림원上林園 580
상무象武 946
상사수相思樹 471, 675
상산사호商山四皓 666
상서좌승尙書左丞 791
상이산象耳山 923
상주相州 681
상주국上柱國 464
색난色難 1069
생공석生公石 646
서강西江 1023
서계西階 979
서괵西虢 1
서론書論 314
서림사西林寺 608
서역西域 418
서역도호부西域都護府 631
서장관書狀官 844
서주徐州 838
서평군西平君 930
서하西河 851
서호西湖 271
석당사石唐寺 303
석두石頭 361, 629
석비石碑 378
석송산수石松山水 566
석이병石耳餠 217
석전경우石田耕牛 728
선견지명先見之明 176
선공감繕工監 930
선기禪機 380
선기암仙機岩 303
선문답禪問答 560, 660
선비족鮮卑族 691
선양禪讓 680
선우單于 927
선장봉仙掌峰 303
선주지사宣州知事 970
선학도仙學道 337
설당雪堂 517
섬리纖離 946
섭생술攝生術 495
성고成皐 152
성단城旦 471, 674
성당盛唐 63
성도成都 246, 709, 756, 963
성도城都 415
성리학性理學 560
성복 싸움城濮之戰 371
성부城父 750
성선설性善說 381, 411
성신황제聖神皇帝 783
성주成周 835
성중聖衆 570
세리世吏 664
세속오계世俗五戒 832

소韶 880
소릉昭陵 345
소부小傅 749
소완小阮 591
소우韶虞 946
소인삼악小人三惡 119
소장蕭墻 1073
소주韶州 381
소주蘇州 677
소주자사蘇州刺史 375
소흥紹興 443
솔경체率更體 186
솔연率然 471, 634
송강松江 517
송성宋城 680
송주宋州 580
송죽대절松竹大節 727
쇠매鐵鷹 571
수극垂棘 1
수륙재水陸齋 294
수릉壽陵 1023
수리학數理學 423, 1014
수미산須彌山 32
수사修蛇 383
수양산首陽山 110, 730, 894
수양성睢陽城 150
수오지심羞惡之心 411
수유須臾 889
수증隨證 768
수후隨侯 946
순문純門 164
순식간瞬息間 889
숭문주의崇文主義 202
숭산嵩山 277
숭안현崇安縣 303
습진拾塵 329
승도僧桃 217
승모勝母 11
승묵繩墨 171
승진동升眞洞 303
시동尸童 542
시부詩賦 314
시비지심是非之心 411
식읍食邑 495
신강新疆 418
신구神龜 626
신단수神檀樹 1071
신독愼獨 506, 564
신문神門 859
신시神市 1071
신악부新樂府 96, 555
신야新野 939
신정新亭 235
신주信州 378
신주新州 513
신촌시新村市 303
심덕心德 709
십가十駕 170
십이문十二門 480
쌍리雙鯉 897

【아】

아두阿斗 569
아부亞父 321, 526, 958
아수라장阿修羅場 1021
아형阿衡 1093
악계惡溪 801
악부樂府 540, 896, 949, 999
악부체樂府體 20
안거安車 1047

안락사安樂寺 1074
안읍安邑 490
안창후安昌侯 812
안핵사按覈使 1029
알지閼氏 949
암하노불巖下老佛 727
야광주夜光珠 946
야랑夜郎 591
야왕성野王城 721
야차夜叉 571
약석藥石 609
약양현略陽縣 756
양귀良貴 827
양대陽臺 299
양맹梁孟 25
양명학陽明學 38
양산박梁山泊 137
양생법養生法 626
양양襄陽 187, 522
양주凉州 336
양주梁州 753
양지양능良知良能 827
양천陽遷 407
양평陽平 740
양하陽夏 235
어려魚麗 326
어사부御史府 780
어양漁陽 38
어양태수漁陽太守 653
여국驪國 743
여남汝南 498, 677, 771
여산廬山 96
여산驪山 900
여산사廬山寺 444
여악女樂 974
여융驪戎 743
역수易水 878
연단술鍊丹術 813
연도팔경燕都八景 502
연산燕山 565
연석燕石 565
연주連州 758
연주兗州 144
연횡가連衡家 177, 1031
연횡책連橫策 252
연횡책連衡策 435
열고야산列姑射山 256
영도郢都 388, 624, 881
영무靈武 116, 282
영암사靈巖寺 1005
영음潁陰 650
영주穎州 650
영주부永州府 502
영주산瀛州山 1041
영천穎川 390
영타靈鼉 946
영허산靈虛山 1082
영흥절도사永興節度使 580
예장태수豫章太守 629
예주목豫州牧 838
오강烏江 125, 128, 276, 478
오관五管 142
오금희五禽戲 659
오대梧臺 565
오도悟道 941
오리무五里霧 628
오미사악五美四惡 400
오상五常 357
오승미봉伍承彌縫 326
오언배율五言排律 899

오오五梧 548
오오嗚嗚 946
오장원五丈原 439
오중吳中 343, 481
오초칠국吳楚七國 519, 866
오추마烏騅馬 343
오패五霸 283, 446
오호난화五胡亂禍 189
오호십육국五胡十六國 179, 762, 938
오환烏丸 369
오환烏桓 204
옥녀봉玉女峰 303
옥찰玉札 717
옹주군雍州郡 159
와룡강臥龍江 522
와룡봉추臥龍鳳雛 377
완호품玩好品 946
왕도王道 350, 434, 856
왕옥산王屋山 662
외홍로外鴻臚 210
요대瑤臺 701
요양遼陽 998
요참腰斬 289
용구봉추龍駒鳳雛 377
용문龍門 354
용사用事 1008
용산龍山 151
용서容恕 147
용연龍淵 221
용호산龍虎山 378
용흥강龍興江 1029
용흥사龍興寺 660
우치愚癡 297
운隕 751
운국隕國 19
운몽雲夢 97, 190
운수행각雲水行脚 729
운제雲梯 306
웅지정과熊脂正果 217
원주袁州 764
월상국越裳國 1038
월지月氏 384
월하로月下老 681
위수渭水 439, 1090
위진남북조魏晉南北朝 928
유구油口 603
유륜踰輪 577
유산綏山 661
유상곡수流觴曲水 778
유세가遊說家 50
유세객遊說客 43
유식종唯識宗 297
유주柳州 1048
유주목幽州牧 653
유주자사柳州刺史 10
육경六卿 397
육계肉髻 794
육극六極 304
육단肉袒 310
육단부형肉袒負荊 395
육일六佾 537
육조시대六朝時代 911
육주陸州 660
육혼陸渾 318
율령체제律令體制 817
융족戎族 693
융중산隆中山 522
은반殷盤 717
은허殷墟 273
음덕陰德 709

음밀陰密 243
의기儀器 700
의림지호義林池湖 728
의발衣鉢 380
의성宜城 604
의신醫神 659
의흥義興 572
이릉대전彝陵大戰 165
이립而立 416
이성제후異姓諸侯 42
이순耳順 416
익주益州 753
인묘人猫 502
인문人門 859
인물성동이론人物性同異論 404
임고정臨皐亭 517
임안臨安 629. 883
임치臨淄 344

【자】

자귀秭歸 864
자황紫皇 480
작동도作東道 233
잔도棧道 756
잠목箴木 653
잠저潛邸 1029
장강長江 678
장산長山 164
장신궁長信宮 944
장안長安 556, 634
장안령長安令 415
장작長勺 741
장초張楚 390, 620
장판파長板坡 568
장평長平 125
장포場圃 575
저경蔗境 814
저작랑著作郎 1040
저족氐族 691, 938
저주滁州 89
저주산底柱山 859
적곡성赤谷城 631
적기赤旗 351
적기赤驥 577
적미赤眉 219, 637
적미군赤眉軍 924, 959
적벽赤壁 891
적벽대전赤壁大戰 165
적비기赤鼻磯 891
적전赤箭 717
적토마赤兎馬 626
전국칠웅戰國七雄 252
전부리田部吏 132
전수顚叟 1073
전원시田園詩 835
전장군前將軍 779
절강浙江 1085
절묘호사絕妙好辭 1085
점대漸臺 18
정관의 치貞觀之治 344, 1016
정서대장군征西大將軍 235
정성井星 756
정성鄭聲 824
정수正受 448
정신鼎臣 748
정심행처正心行處 448
정위精衛 819
정장亭長 128
정전법井田法 156
정전제井田制 789

정주학程朱學 818
정형井陘 351
제석천帝釋天 32
제성현諸城縣 472
제자백가諸子百家 638
조가朝歌 129, 378, 573, 730, 833, 1050
조가현朝歌縣 336
조계曹溪 381
조도祖道 723
조령鳥嶺 728
조아비曹娥碑 1085
조양朝陽 661
조운朝雲 299
조직정調直定 448
종남산終南山 835
종리鍾離 59
종법宗法 554
종산鐘山 1056
종심從心 416
종횡가從橫家 672
종횡가縱橫家 185
좌습유左拾遺 68
주고周誥 717
주마등走馬燈 566
주사朱砂 639
주의奏議 314
주자학朱子學 38, 381
주지육림酒池肉林 223
주질현周至縣 96
죽간竹簡 51
죽령竹嶺 728
죽림칠현竹林七賢 187, 218, 359, 591, 643, 928, 1021
죽석竹席 368
중산대부中散大夫 1021
중서박사中書博士 845
중서성中書省 998
중서자中庶子 826
중원中原 691
중합지옥衆合地獄 571
즉묵卽墨 320, 482, 576, 1079
지궁智窮 603
지낭智囊 393
지만持滿 867
지주산砥柱山 859
지천명知天命 416
지학志學 416
진류陳留 666
진류현陳留縣 151
진여眞如 297
진주자사秦州刺史 876
집현원集賢院 817

【차】
차타蹉跎 932
착도인捉刀人 889
참구參究 941
창귀倀鬼 688
창양昌陽 718
창읍왕昌邑王 269
채국공蔡國公 345
채석기采石磯 338, 1046
책사策士 804
척결剔抉 716
척독尺牘 896
천견千犬 740
천경관天慶觀 485
천부인天符印 1071
천사배天賜梨 217
천승지국千乘之國 435

천인감응설天人感應說 129
천자무희언天子無戱言 239
천태산天台山 805
철령관鐵嶺關 728
철문한鐵門限 1067
철적정鐵笛亭 303
청관淸官 1075
청담淸談 712, 853
청명절淸明節 731
청지靑芝 717
청총靑塚 950
청풍명월淸風明月 727
초당사걸初唐四傑 59
초열지옥焦熱地獄 571
초패왕楚覇王 31, 113
초한전쟁楚漢戰爭 104
촉씨觸氏 642
추석秋夕 2
축융祝融 1088
춘추오패春秋五覇 239, 318, 776
춘파투석春波投石 727
취봉翠鳳 946
취옹정醉翁亭 89
측은지심惻隱之心 411
치수淄水 290
칠수漆樹 569
칠십칠자七十七子 194
침구寢丘 1058

【타】
탁관濁官 1075
탁군涿郡 664
탁전托傳 413
탁주涿州 747
탄지彈指 889
탈태법奪胎法 973
탕곡湯谷 376
태구현령太丘縣令 157
태봉泰封 477
태부太傅 749
태산泰山 623, 947
태상장고太常掌故 393
태아太阿 946
태아泰阿 221
태악太岳 976
태자세마太子洗馬 752
태자태부太子太傅 845
태중대부太中大夫 936
태평도太平道 219
태항산太行山 268, 662
태호太湖 677
토낭土囊 618
토번吐審 817
통혼通婚 1060
퇴필총堆筆塚 1067

【파】
파라爬羅 716
파벽破僻 993
파사巴蛇 383
파주播州 10, 806
판중추부사判中樞府事 1028
팔부중八部衆 571
팔십종호八十種好 795
팔왕지난八王之亂 100
팔일八佾 537
팔조목八條目 38
패도覇道 350
패상覇上 1033
패업覇業 739

패현沛縣 318, 523, 769
팽성彭城 225, 337, 583
팽택현彭澤縣 1102
팽택현彭澤懸 50
편단偏袒 841
평준법平準法 581
평향平鄕 1074
폐백幣帛 508
폐호선생閉戶先生 1048
포락炮烙 834, 851
포판蒲坂 490
포폄褒貶 212
풍교風敎 1092
풍읍豊邑 1090
풍자諷刺 480
풍전세류風前細柳 727
풍현豊縣 664

【하】
하구夏口 939
하남河南 790
하수河水 1092
하양河陽 361
하진下陳 946
학궁學窮 603
한단邯鄲 125, 349, 410, 453, 637, 893
한림원翰林院 817
한수漢水 1004
한중漢中 166, 175, 583, 611, 709
한중태수漢中太守 334
한토寒兎 480
한호조寒號鳥 244
한호충寒號蟲 244
한흥삼걸漢興三傑 670
할고割股 1026
함곡관函谷關 54, 755, 785
함곡관 945
함안차사咸安差使 1029
함양咸陽 54, 140, 182, 295, 524, 583, 595, 945, 958
함양궁咸陽宮 397
함지咸池 376
합비合肥 198
합종가合從家 1031
합종책合從策 252, 329
합종책合縱策 466
항주杭州 970
해동죽림칠현海東竹林七賢 853
해명解名 280
해수족海水族 217
해시解試 280
해원解元 280
해하垓下 124, 127, 276, 432, 614
행역行役 896
향로봉香爐峰 96
향시鄕試 280, 993
향원鄕原 234
향품鄕品 1075
허창許昌 260, 347, 839, 1088
혁명革命 907
현도관玄都觀 806
현무문玄武門 819
형양滎陽 270, 816, 939
혜풍惠風 778
호경鎬京 1090
호구狐丘 1058
호구산虎丘山 646
호락논쟁湖洛論爭 404
호색한好色漢 248
호의狐疑 1065

호주湖州 180
호청狐聽 1065
혼군昏君 833
홍농산弘農山 628
홍도문鴻都門 240
홍문鴻門 321, 523, 958, 1033
홍문연鴻門宴 526
홍범洪範 129
홍범구주洪範九疇 129
홍수泓水 511
홍지洪池 1012
화공火攻 458
화공계火攻計 166
화두話頭 403, 660
화류華騮 577
화북華北 1090
화씨지벽和氏之壁 170, 309, 645
화용도華容道 881
화음산華陰山 628
화의和議 883
화정火亭 1088
화청궁華淸宮 52
환골법換骨法 973
환성晥城 198
황건적黃巾賊 144, 240, 377
황니판黃泥坂 517
황음荒淫 386, 762
황주黃州 891
황지黃池 612
황하黃河 352, 1018, 1090
회계會稽 453, 559, 643, 778
회계산會稽山 443, 867
회계지치會稽之恥 641
회서淮西 711
회시會試 993
회하淮河 583
효수梟首 866
후토后土 1084
흉노匈奴 949
흉노족匈奴族 899
흉노추匈奴秋 899
흑승지옥黑繩地獄 571
흔종釁鐘 121, 284
흥복사興福寺 1067
흥성성興盛城 453
희수喜壽 416
희화羲和 696

참고문헌

이십오사二十五史

십삼경주소十三經注疏

십삼경인득十三經引得

사부총간四部叢刊

제자집성諸子集成

제자인득諸子引得

초사楚辭

문선文選

고문진보古文眞寶

고문관지古文觀止

고문사류편古文事類編

사문유취事文類聚

예문유취藝文類聚

연감유함淵鑑類函

세설신어世說新語

몽구蒙求

『중문대사전中文大辭典』

『대한화사전大漢和辭典』, 諸橋轍郎.

『한한대사전漢韓大辭典』, 李相殷 편, 民衆書林, 서울, 1986.

『대한한사전大韓漢辭典』, 張三植 편, 敎育書館, 서울, 1987.

『사원辭源』, 商務印書館, 香港, 1987.

『불교사전佛敎辭典』, 雲虛龍河, 동국역경원, 서울, 1976.

『불광대사전佛光大辭典』, 星雲大師 감수, 佛光出版社, 대만, 1988.

『철학대사전』, 우리나라철학사상연구회, 동녘, 서울, 1989.

『한국문화상징사전』, 동아출판사, 서울, 1992.

『국어국문학사전國語國文學事典』, 상 · 하, 우리나라사전연구사, 서울, 1994.

『국어국문학사전國語國文學事典』, 서울대학교 동아문화연구소, 신구문화사, 서울, 1989.

『민속학대사전民俗學大事典』, 우리나라사전연구사, 서울, 1994.

『고사숙어대사전故事熟語大辭典』, 池田四郎次郎, 寶文館, 東京, 大正2년.

『고사숙어대사전故事熟語大辭典』, 간행위원회, 學園社, 서울, 1965.
『고사한어성구사전』, 리민우 · 송정환, 료녕민족출판사, 瀋陽, 1987.
『동양東洋의 고사故事』, 宋志英, 아카데미, 서울, 1981.
『고사성어로 배우는 중국사』, 강용규 편, 학민사, 서울, 1981.
『고사성어故事成語』, 편집부, 홍신문화사, 서울, 1983.
『고사성어故事成語』, 朴一峰, 育文社, 서울, 1993.
『고사명구명언사전故事名句名言事典』, 車柱環 · 張基槿 편, 평범사, 서울, 1981.
『세계문장대백과사전世界文章大百科事典』, 李御寧 편, 삼중당, 서울, 1984.
『고사성어숙어대백과』, 오문영, 동아일보사, 서울, 1994.
『한국불교전서韓國佛敎全書』, 동국대학교 역경원, 1994.
『중국시가선中國詩歌選』, 池榮在, 을유문화사, 서울, 1981.
『당시감상대관唐詩鑑賞大觀』, 金元中 평석, 까치, 서울, 1993.
『송시감상대관宋詩鑑賞大觀』, 金元中 평석, 까치, 서울, 1995.
『평민열전平民列傳』, 허경진 편역, 웅진북스, 2003.
『전당시전고사전全唐詩典故辭典』, 范之麟 · 吳庚舜 편, 湖北辭書出版社, 1989.
『문학전고사전文學典故辭典』, 齊魯書社, 산동성, 중국, 1987.
『중국고전문학수책中國古典文學手册』, 吳桂就 · 全秋菊 편, 新華書店, 광서성, 중국, 1988.
『삽도본중국문학사揷圖本中國文學史』, 전4책, 鄭振鐸, 人民文學出版社, 북경, 1982.
『문사철백과사전文史哲百科辭典』, 高清海, 吉林大學出版社, 1987.
『중국미학사상휘편中國美學思想彙編』, 成均出版社, 대만, 民國72년.
『중국문화사전中國文化辭典』, 上海社會科學院出版社, 중국, 1987.
『중국유학사전中國儒學辭典』, 趙吉惠 · 郭厚安 편, 遼寧人民出版社, 중국, 1989.
『중국대백과전서中國大百科全書』 중 「中國歷史」, 「中國文學」, 「中國哲學」.
『문학이십가전文學二十家傳』, 梁容若, 中華書局, 북경, 1991.
『간명중국고적사전簡明中國古籍辭典』, 吉林文史出版社, 중국, 1985.
『시사예화詩詞例話』, 周振甫, 中國青年出版社, 북경, 1982.
『중국의 사상가 20인』, 중국민중사상연구회 옮김, 민족사, 서울, 1994.
『이판사판 야단법석』, 박일환, 우리교육, 서울, 1994.
『속담사전俗談辭典』, 李基文, 一潮閣, 서울, 1993.
『두시언해비주杜詩諺解批注』, 李丙疇, 通文館, 서울, 1958.
『대학한문大學漢文』, 李丙疇 · 李鍾燦, 集文堂, 서울, 1992.
『한문학개론漢文學槪論』, 李鍾燦, 二友出版社, 서울, 1992.
『한국불가시문학사론韓國佛家詩文學史論』, 李鍾燦, 불광출판부, 서울, 1993.
『고문진보古文眞寶』 후집, 成百曉 역주, 전통문화연구회, 1994.
『장자莊子』, 安東林 옮김, 현암사, 서울, 1993.

『화담집花潭集』, 김학주 · 임종욱 공역, 세계사, 서울, 1992.
『草衣選集』, 임종욱 역주, 동문선, 서울, 1995.
『耘谷 元天錫과 그의 문학』, 임종욱, 태학사, 서울, 1998.
『高麗時代 문학의 연구』, 임종욱, 택학사, 서울, 1988.
『한국 漢文學의 이론과 양상』, 임종욱, 이회, 서울, 2001.
『동양문학비평용어사전-중국편』, 임종욱, 범우사, 서울, 1997.
『한국한자어속담사전』, 임종욱, 이회, 서울, 2001.
『중국의 문예 인식』, 임종욱, 이회, 서울, 2001.
『중국문학에서의 문장체제 인물 유파 풍격』, 임종욱, 이회, 서울, 2001.
『한국문집소재 論 · 說 · 辭賦 자료집(17권)』, 임종욱, 역락, 서울, 2000.
『인물로 만나는 삶의 지혜와 철학』 1 · 2, 임종욱, 해들누리, 서울, 2000.
『산사에 가면 시가 보이네』, 임종욱, 이회, 서울, 2001.
『우리의 고전시가』 1 · 2, 임종욱, 나무아래사람, 서울, 2002.
『몽구蒙求』, 임종욱, 나무아래사람, 서울, 2002.
『명심보감明心寶鑑』, 임종욱, 나무아래사람, 서울, 2002.
『논어論語』, 임종욱, 나무아래사람, 서울, 2002.
『천자문千字文』, 임종욱, 나무아래사람, 서울, 2003.

비슷한 고사성어 찾아보기

비슷한 고사성어 찾아보기

【가】

가견일반 可見一斑 ⇒ 관중규표

가도벽립 家徒壁立 ⇒ 가도사벽

가렴주구 苛斂誅求 ⇒ 가정맹어호

가증일고 價增一顧 ⇒ 일고지영

각곡류무 刻鵠類鶩 ⇒ 화호유구

각득기소 各得其所 ⇒ 득기소재

간경저사 干卿底事 ⇒ 간경하사

간뇌도지 肝腦塗地 ⇒ 일패도지

간채흘반 看菜吃飯 ⇒ 양체재의

감언밀어 甘言密語 ⇒ 화언교어

강남무죄 江南無罪 ⇒ 타인한수

강랑실필 江郎失筆 ⇒ 강랑재진

개벽 開闢 ⇒ 개벽천지

개현경장 改弦更張 ⇒ 해현경장

개현역조 改弦易調 ⇒ 해현경장

개현역철 改弦易轍 ⇒ 해현경장

거철부어 車轍鮒魚 ⇒ 학철지부

건안풍골 建安風骨 ⇒ 건안칠자

걸주유려 桀紂幽厲 ⇒ 천금매소

검려지기 黔驢之技 ⇒ 검려기궁

격즙중류 擊楫中流 ⇒ 중류격즙

견마종접 肩摩踵接 ⇒ 비견접종

견불여문 見不如聞 ⇒ 견불체문

견일반지전표 見一斑知全豹 ⇒ 관중규표

견탄구자 見彈求炙 ⇒ 견란구계

견탄구효 見彈求鴞 ⇒ 견란구계

견토고견 見兎顧犬 ⇒ 망양보뢰

결불식언 決不食言 ⇒ 식언이비

결초보은 結草報恩 ⇒ 결초함환

경궁지조 驚弓之鳥 ⇒ 상궁지조

경사입초 驚蛇入草 ⇒ 비조경사

경여홍모 輕如鴻毛 ⇒ 태산홍모

경이원지 敬而遠之 ⇒ 경원시

계견상문 鷄犬相聞 ⇒ 노사불상왕래

계군일학 鷄群一鶴 ⇒ 학립계군

계륵 鷄肋 ⇒ 노우지독/여작계륵

계상지벽 季常之癖 ⇒ 하동사후

계시우종 鷄尸牛從 ⇒ 계구우후

계족지언 啓足之言 ⇒ 신체발부 수지부모

계주구검 契舟求劍 ⇒ 각주구검

고곡 顧曲 ⇒ 고곡주랑

고망청지 姑妄聽之 ⇒ 고망언지

고보자봉 故步自封 ⇒ 한단학보

고산유수 高山流水 ⇒ 지음

고약금탕 高若金湯 ⇒ 금성탕지

고약리병 충언리행 苦藥利病 忠言利行
⇒ 조주위학

고어지사 枯魚之肆 ⇒ 학철지부

고정중파 古井重波 ⇒ 고정무파

고조자상 古調自賞 ⇒ 고조불탄

고조독탄 古調獨彈 ⇒ 고조불탄

고주후목 枯株朽木 ⇒ 고목후주

고침안면 高枕安眠 ⇒ 고침무우

고침이와 高枕而臥 ⇒ 고침무우

곡진정 哭秦庭 ⇒ 진정지곡

골륜탄조 鶻崙呑棗 ⇒ 홀륜탄조

공곡족음 空谷足音 ⇒ 공곡공음

공명정대 公明正大 ⇒ 구사일생

공석불난 孔席不暖 ⇒ 묵돌불검

공중누각 空中樓閣 ⇒ 해시신루
공화련편 空話連篇 ⇒ 연편누독
과대 瓜代 ⇒ 급과이대
과리지혐 瓜李之嫌 ⇒ 과전이하
과만 瓜滿 ⇒ 급과이대
과정지훈 過政之訓 ⇒ 문일득삼
과족부전 裹足不前 ⇒ 두구과족
과하지욕 跨下之辱 ⇒ 일반지은
관규려측 管窺蠡測 ⇒ 관규추지
관부매좌 灌夫罵座 ⇒ 수서양단
관슬천양 貫虱穿楊 ⇒ 천양관슬
괄목상간 刮目相看 ⇒ 괄목상대
광망만장 光芒萬丈 ⇒ 비부감수
괴안지몽 槐安之夢 ⇒ 남가일몽
교사음일 驕奢淫逸 ⇒ 대의멸친
교어화언 巧語花言 ⇒ 화언교어
교토삼굴 狡兎三窟 ⇒ 고침무우
교투호탈 狡偸豪奪 ⇒ 교취호탈
구민수화 救民水火 ⇒ 수심화열
구불언전 口不言錢 ⇒ 아도물
구심역혈 嘔心瀝血 ⇒ 금낭가구
구중자황 口中雌黃 ⇒ 신구자황
구폐비주 狗吠非主 ⇒ 걸견폐요
국궁진력 鞠躬盡力 ⇒ 국궁진췌
국천척지 跼天蹐地 ⇒ 국척
군계일학 群鷄一鶴 ⇒ 학립계군
군맹모상 群盲模像 ⇒ 맹인모상
군불혈인 軍不血刃 ⇒ 병불혈인
군석점두 軍石點頭 ⇒ 완석점두
군측지간 君側之奸 ⇒ 지강급미
궁견노장 窮堅老壯 ⇒ 마혁과시
궁당익견 窮當益堅 ⇒ 마혁과시
궁도말로 窮途末路 ⇒ 도행역시
궁차익견 窮且益堅 ⇒ 마혁과시
권모술수 權謀術數 ⇒ 견아설
권불리수 卷不離手 ⇒ 수불석권
귀역기량 鬼蜮伎倆 ⇒ 함사사영
귀정수구 歸正首丘 ⇒ 호사수구
근묵자흑 近墨者黑 ⇒ 근주자적
근묵필치 근주필적 謹墨必緇 近朱必赤
⇒ 근주자적
근주근묵 近朱近墨 ⇒ 근주자적
금슬 琴瑟 ⇒ 해로동혈
금시작비 今是昨非 ⇒ 왕자불간 내자가추
급래포불각 急來抱佛脚 ⇒ 포불각
기가동일이어 豈可同日而語
⇒ 불가동일이어
기두상전 萁豆相煎 ⇒ 칠보지재
기래지 즉안지 旣來之 則安之 ⇒ 화기소장
기문공상 奇文共賞 ⇒ 상기석의
기소성대 器小盛大 ⇒ 경단급심
기수난하 騎獸難下 ⇒ 기호난하
기식엄엄 氣息奄奄 ⇒ 일박서산
기양난인 技痒難忍 ⇒ 불각기양
기우 杞憂 ⇒ 기인우천
기자이위식 갈자이위음
飢者易爲食 渴者易爲飮 ⇒ 사반공배

【나】

나굴구궁 羅掘俱窮 ⇒ 나작굴서
나굴태진 羅掘殆盡 ⇒ 나작굴서
낙불사촉 樂不思蜀 ⇒ 아두
낙손산후 落孫山後 ⇒ 명락손산
낙이망우 樂以忘憂 ⇒ 발분도강
낙창사발 樂窓事發 ⇒ 통음황룡
낙화유의 유수무정 落花有意 流水無情
⇒ 낙화유수
난자필참 亂者必斬 ⇒ 쾌도참난마
난형난제 難兄難弟 ⇒ 양산군자
남가일몽 南柯一夢 ⇒ 일침황량

남곽선생 南郭先生 ⇒ 남우충수
낭패불감 狼狽不堪 ⇒ 낭패위간
노당익장 老當益壯 ⇒ 마혁과시
노발상충관 怒髮上沖冠 ⇒ 노발충관
노사선생 努思善生 ⇒ 노사일음
노심초사 勞心焦思 ⇒ 각답실지
노안미골 奴顔媚骨 ⇒ 노안비슬
노어제호 魯魚帝虎 ⇒ 노어해시
노온도해 老媼都解 ⇒ 노구능해
노익장 老益壯 ⇒ 마혁과시
노중련 魯仲連 ⇒ 배난해분
녹림호객 綠林豪客 ⇒ 녹림
녹사불택음 鹿死不擇音 ⇒ 외수외미
농교성졸 弄巧成拙 ⇒ 화사첨족

【다】
다기망양 多岐亡羊 ⇒ 기로망양
다선일여 茶禪一如 ⇒ 다반사
다여우모 多如牛毛 ⇒ 봉모린각
다전선고 多錢善賈 ⇒ 장수선무
단순호치 丹脣皓齒 ⇒ 명모호치
단호 袒護 ⇒ 좌우단
답실 踏實 ⇒ 각답실지
당돌서시 唐突西施 ⇒ 각화무염
당랑사선 螳螂伺禪 ⇒ 당랑포선
당랑지위 螳螂之衛 ⇒ 당랑지부
당호기후 瞠乎其後 ⇒ 역보역추
대방지가 大方之家 ⇒ 망양흥탄
대성통곡 大聲痛哭 ⇒ 견아설
대위설항 代爲說項 ⇒ 위인설항
대창제미 大倉稊米 ⇒ 망양흥탄
대포 代庖 ⇒ 월조대포
대필여연 大筆如椽 ⇒ 여연지필
도강격즙 渡江擊楫 ⇒ 중류격즙
도도부절 滔滔不絶 ⇒ 구약현하
도로이목 道路以目 ⇒ 방민지구 심어방천
도리만천하 桃李滿天下 ⇒ 문장도리
도리영문 桃李盈門 ⇒ 문장도리
도리영지 倒履迎之 ⇒ 도리상영
도문대작 屠門大嚼 ⇒ 좌고우면
도불습유 道不拾遺 ⇒ 노불습유
도수박호 徒手搏虎 ⇒ 폭호빙하
도습복철 蹈襲覆轍 ⇒ 전거지감
도외시 度外視 ⇒ 치지도외
도채지대 逃債之臺 ⇒ 채대고축
돌돌핍인 咄咄逼人 ⇒ 맹인할마
동가지녀 東家之女 ⇒ 등도자
동고동락 同苦同樂 ⇒ 고육지책
동공이곡 同工異曲 ⇒ 이곡동공
동상 東床 ⇒ 경광도협
동일가애 冬日可愛 ⇒ 동일지인
동창사발 東窓事發 ⇒ 통음황룡
동호직필 董狐直筆 ⇒ 동호지필
두각 頭角 ⇒ 현두각
두담 斗膽 ⇒ 일신시담
두승지수 斗升之水 ⇒ 학철지부
두점방미 杜漸防微 ⇒ 곡돌사신
두주 杜酒 ⇒ 두찬
득의만만 得意滿滿 ⇒ 교룡득수
득의양양 得意揚揚 ⇒ 의기양양
득합환주 得盒還珠 ⇒ 매독환주
등화가친 燈火可親 ⇒ 비황등달

【마】
마의연괴 螞蟻緣槐 ⇒ 남가일몽
마치도증 馬齒徒增 ⇒ 순망치한
막수유 莫須侑 ⇒ 통음황룡
막여독야 莫余毒也 ⇒ 곤수유투
만문도리 滿門桃李 ⇒ 문장도리
말마리병 抹馬利兵 ⇒ 여병말마

망언망청 妄言妄聽 ⇒ 고망언지
매사문 每事問 ⇒ 불치하문
매약목계 呆若木鷄 ⇒ 목계양도
매점매석 買占賣惜 ⇒ 농단
맥로소랑 陌路蕭郎 ⇒ 후문여해
맹모단기 孟母斷機 ⇒ 단기지교
맹모삼천 孟母三遷 ⇒ 삼천지교
맹착선편 猛着先鞭 ⇒ 침과대단
면벽허구 面壁虛構 ⇒ 향벽허구
명경고현 明鏡高懸 ⇒ 진경고현
명주탄작 明珠彈雀 ⇒ 수주탄작
모사조삼 暮四朝三 ⇒ 조삼모사
모야포저 暮夜苞苴 ⇒ 모야무지
모야회금 暮夜懷金 ⇒ 모야무지
모운춘수 暮雲春樹 ⇒ 춘수모운
목우즐풍 沐雨櫛風 ⇒ 과문불입
목자욕렬 目眦欲裂 ⇒ 진목열자
몽위호접 夢爲蝴蝶 ⇒ 호접지몽
몽필생화 夢筆生花 ⇒ 여연지필
무경이행 無脛而行 ⇒ 불익이비
무내타하 無奈他可 ⇒ 무가내하
무릉도원 武陵桃源 ⇒ 도원낙토
무법천지 無法天地 ⇒ 금성탕지
무비흥탄 撫髀興嘆 ⇒ 비육부생
무안견강동부로 無顔見江東父老
⇒ 권토중래
무염녀 無鹽女 ⇒ 강안
무용지용 無用之用 ⇒ 대우탄금
무익이비 無翼而飛 ⇒ 불익이비
무족이주 無足而走 ⇒ 불익이비
묵고 黙稿 ⇒ 복고
문계기무 聞鷄起舞 ⇒ 침과대단
문과색희 聞過色喜 ⇒ 문과즉희
문명 聞命 ⇒ 조수불가여동군
문불여견 聞不如見 ⇒ 백문불여일견
문일지이 聞一知二 ⇒ 문일지십
문진 問津 ⇒ 조수불가여동군
미가동일이어 未可同日而語
⇒ 불가동일이어
미금학제 美錦學制 ⇒ 조도상금
미미지음 靡靡之音 ⇒ 주지육림
미여계륵 味如鷄肋 ⇒ 여작계륵

【바】

박사매려 博士賣驢 ⇒ 삼지무려
반수불수 反水不收 ⇒ 복수난수
발묘조장 拔苗助長 ⇒ 알묘조장
발분망식 發憤忘食 ⇒ 발분도강
발종지시 發踪指示 ⇒ 한마공로
방동 房東 ⇒ 동도주
방미두점 防微杜漸 ⇒ 곡돌사신
방촌대란 方寸大亂 ⇒ 방촌지지
방촌불란 方寸不亂 ⇒ 방촌지지
방환미연 防患未然 ⇒ 곡돌사신
배도이치 背道而馳 ⇒ 남원북철
배반낭자 杯盤狼藉 ⇒ 성명낭자
배수일전 背水一戰 ⇒ 패군지장
백골유상 白骨類象 ⇒ 어목혼주
백년가약 百年佳約 ⇒ 가도사벽
백년하청 百年河清 ⇒ 하청난사
백미 白眉 ⇒ 언과기실
백보천양 百步穿楊 ⇒ 백발백중
백아절현 伯牙絶絃 ⇒ 지음
백운고비 白雲孤飛 ⇒ 백운친사
백의창구 白衣蒼狗 ⇒ 백운창구
백일승천 白日昇天 ⇒ 계견승천
백전불태 白戰不殆 ⇒ 지피지기
백절불회 百折不回 ⇒ 백절불요
백주지조 柏舟之操 ⇒ 지사미타
번간주식 墦間酒食 ⇒ 번간걸여

범주 範疇 ⇒ 궤범
변수지족 胼手胝足 ⇒ 과문불입
보거상의 輔車相依 ⇒ 순망치한
복거지계 覆車之戒 ⇒ 전거지감
복소무완란 覆巢無完卵 ⇒ 소훼난파
복소지하 안유완란 覆巢之下 安有完卵 ⇒ 소훼난파
복철지패 覆轍之敗 ⇒ 전거지감
본말도치 本末倒置 ⇒ 안연무양
봉공수법 奉公守法 ⇒ 극기봉공
부귀영화 富貴榮華 ⇒ 국사무쌍
부모지국 父母之國 ⇒ 접석이행
부비흥차 拊髀興嗟 ⇒ 비육부생
부우완항 負堣頑抗 ⇒ 증작풍부
부족위외인도 不足爲外人道 ⇒ 도원낙토
부지노지장지 不知老之將至 ⇒ 발분도강
부지소운 不知所云 ⇒ 국궁진췌
부창부수 夫唱婦隨 ⇒ 금슬상화
북문쇄약 北門鎖鑰 ⇒ 여병말마
북원적초 北轅適楚 ⇒ 남원북철
분군지장 賁軍之將 ⇒ 패군지장
분붕이석 分崩離析 ⇒ 화기소장
분주파부 焚舟破釜 ⇒ 파부침주
불가내하 不可奈何 ⇒ 무가내하
불가사의 不可思議 ⇒ 경원시
불거경보 노난미이 不去慶父 魯難未已 ⇒ 경보불사 노난미이
불경이주 不脛而走 ⇒ 불익이비
불교이살 不敎而殺 ⇒ 불교이주
불굴불요 不屈不撓 ⇒ 백절불요
불도오강불긍휴 不到烏江不肯休 ⇒ 권토중래
불륜불류 不倫不類 ⇒ 비려미마
불명즉이 일명경인 不鳴則已 一鳴驚人 ⇒ 일명경인
불모이합 不謀而合 ⇒ 암도진창
불비즉이 일비충천 不飛則已 一飛沖天 ⇒ 일명경인
불삼불사 不三不四 ⇒ 비려비마
불식여산진명목 不識廬山眞面目 ⇒ 여산진면목
불식일정 不識一丁 ⇒ 목불식정
불원만리이래 不遠萬里而萊 ⇒ 불원천리이래
불위오두미절요 不爲五斗米折腰 ⇒ 경전서후
불위좌우단 不爲左右袒 ⇒ 좌우단
불치일문 不値一文 ⇒ 일전불치
붕정구만 鵬程九萬 ⇒ 붕정만리
비견상접 比肩相接 ⇒ 비견접종
비견제성 比肩齊聲 ⇒ 비견접종
비불위야 시불능야 非不爲也 是不能也 ⇒ 명찰추호
비육중생 髀肉重生 ⇒ 비육부생
비일비재 非一非再 ⇒ 교취호탈
빙한어수 氷寒於水 ⇒ 청출어람
빙허오유 憑虛烏有 ⇒ 자허오유

【사】

사가인 숙불가인 斯可忍 孰不可忍 ⇒ 시가인 숙불가인
사기위인 舍己爲人 ⇒ 문과즉희
사면수적 四面受敵 ⇒ 사면초가
사방지지 四方之志 ⇒ 지재사방
사배공반 事倍功半 ⇒ 사반공배
사벽소연 四壁蕭然 ⇒ 가도사벽
사본구말 舍本求末 ⇒ 안연무양
사본축말 舍本逐末 ⇒ 안연무양
사생취의 舍生取義 ⇒ 웅장여어
사서삼경 四書三經 ⇒ 격물치지

부록

사석몰우 射石沒羽 ⇒ 금석위개
사속자허 事屬子虛 ⇒ 자허오유
사영배궁 蛇影杯弓 ⇒ 배궁사영
사이비 似而非 ⇒ 사시이비
사족 蛇足 ⇒ 화사첨족
사주매좌 使酒罵座 ⇒ 수서양단
사택망처 徙宅忘妻 ⇒ 도리상영
사해양파 四海揚波 ⇒ 해불양파
산공계사 山公啓事 ⇒ 니취
산해진미 山海珍味 ⇒ 걸해골
살계언용우도 殺鷄焉用牛刀
⇒ 할계언용우도
삼과가문불입 三過家門不入 ⇒ 과문불입
삼시섭하 三豕涉河 ⇒ 노어해시
삼십육책 주위상책 三十六策走爲上策
⇒ 삼십육계
삼인성호 三人成虎 ⇒ 삼인시호
삼자옥 三字獄 ⇒ 통음황룡
삼지지참 三至之讒 ⇒ 증삼살인
삼청제갈 三請諸葛 ⇒ 삼고모려
삼촌불난지설 三寸不爛之舌 ⇒ 삼촌지설
삼춘휘 三春暉 ⇒ 촌초춘휘
상가지견 喪家之犬 ⇒ 상가지구/주유열국
상사수 相思樹 ⇒ 원앙지계
상상안상 床上安床 ⇒ 첩상가옥
상전벽해 桑田碧海 ⇒ 창해상전
상전하급 桑田何急 ⇒ 칠보지재
상체재의 相體裁衣 ⇒ 양체재의
상하안상 床下安床 ⇒ 첩상가옥
새옹실마 塞翁失馬 ⇒ 새옹지마
생사고락 生死苦樂 ⇒ 군욕신사
생화지필 生花之筆 ⇒ 여연지필
서어난입 鉏鋙難入 ⇒ 방예원착
석불가난 席不暇暖 ⇒ 묵돌불검
석오호제 舃烏虎帝 ⇒ 노어해시
선아착편 先我着鞭 ⇒ 침과대단
선의승지 先意承志 ⇒ 선의순지
선편 先鞭 ⇒ 침과대단
선하수위강 先下手爲强 ⇒ 선발제인
설중송탄 雪中送炭 ⇒ 금상첨화
성문실화 앙급지어 城門失火 殃及池魚
⇒ 앙급지어
성죽재흉 成竹在胸 ⇒ 흉유성죽
세성기호 勢成騎虎 ⇒ 기호난하
세외도원 世外桃源 ⇒ 도원낙토
소견약동 所見略同 ⇒ 암도진창
소당 召棠 ⇒ 김당유애
소랑맥로 蕭郎陌路 ⇒ 후문여해
소장지화 蕭墻之禍 ⇒ 화기소장
손산지외 孫山之外 ⇒ 명락손산
솔선수범 率先垂範 ⇒ 군자지덕풍
솔수식인 率獸食人 ⇒ 시작용자
수견강동 羞見江東 ⇒ 권토중래
수불이권 手不離卷 ⇒ 수불석권
수신제가치국평천하 修身齊家治國平天下
⇒ 격물치지
수적석천 水滴石穿 ⇒ 승거목단
수족변지 手足胼胝 ⇒ 과문불입
수필입성 授筆立成 ⇒ 하필성문
숙맥 菽麥 ⇒ 불변숙맥
순치상의 脣齒相依 ⇒ 순망치한
습인체타 拾人涕唾 ⇒ 습인아혜
승우여운 勝友如雲 ⇒ 고붕만좌
승장풍파만리랑 乘長風破萬里浪
⇒ 승풍파랑
시목유염 柴木油鹽 ⇒ 개문칠건사
시불위야 비불능야 是不爲也 非不能也
⇒ 명찰추호
시비전도 是非顚倒 ⇒ 유종유전
시축대포 尸祝代庖 ⇒ 월조대포

식도노마 識途老馬 ⇒ 노마식도
식형 識荊 ⇒ 등용문
신기루 蜃氣樓 ⇒ 공중누각
신무장물 身無長物 ⇒ 별무장물
실필강랑 失筆江郎 ⇒ 강랑재진
십년생취 십년교훈 十年生聚 十年教訓 ⇒ 와신상담
십습진장 什襲珍藏 ⇒ 십습이장
쌍두색이 雙豆塞耳 ⇒ 일엽장목

【아】
애자지원 睚眦之怨 ⇒ 애자필보
애지중지 愛之重之 ⇒ 경광도협
약견일반 略見一斑 ⇒ 관중규표
약식지무 略識之無 ⇒ 불식지무
양대 陽臺 ⇒ 무산지몽
양두색총 兩頭塞聰 ⇒ 일엽장목
양맹 梁孟 ⇒ 거안제미
양약고구 良藥苦口 ⇒ 조주위학
양약이병 良藥利病 ⇒ 조주위학
양약충언 良藥忠言 ⇒ 조주위학
양양득의 揚揚得意 ⇒ 의기양양
양양자득 揚揚自得 ⇒ 의기양양
양엽엄이 兩葉掩耳 ⇒ 일엽장목
양엽폐목 兩葉閉目 ⇒ 일엽장목
양이색두 兩耳塞頭 ⇒ 일엽장목
양자사지 楊子四知 ⇒ 모야무지
양패구상 兩敗俱傷 ⇒ 일거양득
양호상쟁 兩虎相爭 ⇒ 일거양득
양호이환 養虎貽患 ⇒ 홍구위계
어란이망 魚爛而亡 ⇒ 하어복질
어로호제 魚魯虎帝 ⇒ 노어해시
어목혼진 魚目混珍 ⇒ 어목혼주
어부지리 漁父之利 ⇒ 휼방상쟁
어수지정 魚水之情 ⇒ 여어득수
어옹득리 漁翁得利 ⇒ 휼방상쟁
어인지리 漁人之利 ⇒ 휼방상쟁
어장안족 魚腸雁足 ⇒ 안족
어질용문 魚質龍文 ⇒ 양질호피
언기식고 偃旗息鼓 ⇒ 일신시담
언무수문 偃武修文 ⇒ 귀마방우
엄엄일식 奄奄一息 ⇒ 일박서산
여군주선 與君周旋 ⇒ 퇴피삼사
여양모수 與羊謀羞 ⇒ 여호모피
여용가고 餘勇可賈 ⇒ 멸차조식
여음요량 餘音繞梁 ⇒ 요량삼일
여인위선 與人爲善 ⇒ 문과즉희
여쾌위오 與噲爲伍 ⇒ 수여쾌오
여필종부 女必從夫 ⇒ 삼종지도
역거만균 力擧萬鈞 ⇒ 명찰추호
역거백균이불거일우
力擧百鈞而不擧一羽 ⇒ 명찰추호
역이지언 逆耳之言 ⇒ 조주위학
역진창상 歷盡滄桑 ⇒ 창해상전
연성지보 連城之寶 ⇒ 가중연성
영사 影射 ⇒ 함사사영
영웅소견약동 英雄所見略同 ⇒ 암도진창
영위계구 무위우후 寧爲鷄口 無爲牛後 ⇒ 계구우후
영정 郢正 ⇒ 부정
오곡불분 五穀不分 ⇒ 사체불근 오곡불분
오만불손 傲慢不遜 ⇒ 거재두량
오사촉동 吳絲蜀桐 ⇒ 석파천경
오서오기 鼯鼠五技 ⇒ 오서지기
오언성마 烏焉成馬 ⇒ 노어해시
옥상개옥 屋上蓋屋 ⇒ 첩상가옥
옥오지애 屋烏之愛 ⇒ 애옥급오
옥하개옥 屋下蓋屋 ⇒ 첩상가옥
온여태산 穩如泰山 ⇒ 안여태산
완벽 完璧 ⇒ 완벽귀조

왜자관장 矮子觀場 ⇒ 왜자간희
용두사미 龍頭蛇尾 ⇒ 구미속초
용반호거 龍盤虎踞 ⇒ 호거용반
용비봉무 龍飛鳳舞 ⇒ 비조경사
용인청문 聳人聽聞 ⇒ 해인청문
용중교교 傭中佼佼 ⇒ 철중쟁쟁
우견 愚見 ⇒ 천려일득
우도소시 牛刀小試 ⇒ 할계언용우도
우반 隅反 ⇒ 거일반삼
우자일득 愚者一得 ⇒ 천려일득
우자천려 필유일득 愚者千慮 必有一得
⇒ 천려일득
운근성풍 運斤成風 ⇒ 부정
운우지정 雲雨之情 ⇒ 무산지몽/상중지기
원벽귀조 原璧歸趙 ⇒ 완벽귀조
원착방예 圓鑿方枘 ⇒ 방예원착
위귀위역 爲鬼爲蜮 ⇒ 함사사영
위법자폐 爲法自斃 ⇒ 작법자폐
위언용청 危言聳聽 ⇒ 맹인할마
위유운몽 僞游雲夢 ⇒ 다다익선
위인설관 爲人設官 ⇒ 시위소찬
유명무실 有名無實 ⇒ 교주고슬
유비무환 有備無患 ⇒ 거안사위/권토중래
유수고산 流水高山 ⇒ 지음
유수불부 流水不腐 ⇒ 호추불두 유수불부
유종지미 有終之美 ⇒ 미불유초 선극유종
유하면목견강동 有何面目見江東
⇒ 거안사위
육단부형 肉袒負荊 ⇒ 부형청죄
윤해횡류 淪海橫流 ⇒ 해불양파
음풍농월 吟風弄月 ⇒ 화조월석
읍참마속 泣斬馬謖 ⇒ 언과기실
응시호보 鷹視虎步 ⇒ 동병상련
의기충천 意氣衝天 ⇒ 고성낙일
의문이망 倚門而望 ⇒ 의문의려
의양화묘 依樣畫猫 ⇒ 의양호로
의혈제궤 蟻穴堤潰 ⇒ 제궤의혈
이관규표 以管窺豹 ⇒ 관중규표
이란투석 以卵投石 ⇒ 이란격석
이모취인 以貌取人 ⇒ 후목난조
이문불여목견 耳聞不如目見
⇒ 백문불여일견
이산도해 移山倒海 ⇒ 우공이산
이수위학 二豎爲虐 ⇒ 병입고맹
이실직고 以實直告 ⇒ 고침무우
이심이덕 離心離德 ⇒ 동심동덕
이우반장 易于反掌 ⇒ 이여반장
이우아사 爾虞我詐 ⇒ 편장막급
이주탄작 以珠彈雀 ⇒ 수주탄작
이하부정관 李下不整冠 ⇒ 과전이하
인과응보 因果應報 ⇒ 구강지화
인기기기 인닉기닉 人飢己飢 人溺己溺
⇒ 기기기닉
인막여독 人莫餘毒 ⇒ 곤수유투
인심부족사탄상 人心不足 蛇呑象
⇒ 봉시장사
인옥지전 引玉之磚 ⇒ 포전인옥
인인성사 因人成事 ⇒ 모수자천
인자무적 仁者無敵 ⇒ 혈류표저
인추자고 引錐刺股 ⇒ 현량자고
일각여삼추 一刻如三秋 ⇒ 일일삼추
일거불부반 一去不復返 ⇒ 진목열자
일거양획 一擧兩獲 ⇒ 일전쌍조
일고가증 一顧價增 ⇒ 일고지영
일덕일심 一德一心 ⇒ 동심동덕
일득지우 一得之愚 ⇒ 천려일득
일등용문 신가십배 一登龍門 身價十倍
⇒ 등용문
일모도궁 日暮途窮 ⇒ 도행역시
일몽황량 一夢黃粱 ⇒ 일침황량

일무장물 一無長物 ⇒ 별무장물
일발쌍관 一發雙貫 ⇒ 일전쌍조
일비충천 一飛沖天 ⇒ 일명경인
일석양조 一石兩鳥 ⇒ 일전쌍조
일심동체 一心同體 ⇒ 군욕신사
일심일덕 一心一德 ⇒ 동심동덕
일엽양목 一葉兩目 ⇒ 일엽장목
일엽폐목 一葉蔽目 ⇒ 일엽장목
일용일사 一龍一蛇 ⇒ 비황등달
일용일저 一龍一猪 ⇒ 비황등달
일우삼반 一隅三反 ⇒ 거일반삼
일우지견 一隅之見 ⇒ 거일반삼
일우지지 一隅之地 ⇒ 거일반삼
일이계야 日以繼夜 ⇒ 야이계일
일지지서 一枝之栖 ⇒ 월조대포
일척천금 一擲千金 ⇒ 고주일척
일촌광음 一寸光陰 ⇒ 과문불입
일침남가 一枕南柯 ⇒ 남가일몽
일필휘지 一筆揮之 ⇒ 고붕만좌
일한지차 一寒至此 ⇒ 일한여차
임난주병 臨難鑄兵 ⇒ 임갈굴정
임시포불각 臨時抱佛脚 ⇒ 포불각
임위불구 臨危不懼 ⇒ 임난불구
임진마창 臨陣摩槍 ⇒ 임갈굴정

【자】

자강불식 自强不息 ⇒ 호추불두 유수불부
자작자수 自作自受 ⇒ 구인득인
자짐구작 字斟句酌 ⇒ 추고
자회이하 自檜以下 ⇒ 영영대풍
작동도 作東道 ⇒ 동도주
장강천참 長江天塹 ⇒ 천참
장몌성음 휘한성우 張袂成陰 揮汗成雨 ⇒ 비견접종
장주지몽 莊周之夢 ⇒ 호접지몽
재고질족자선득 材高疾足者先得 ⇒ 첩족선득
재도유랑 再度劉郞 ⇒ 전도유랑
재쇠삼갈 再衰三竭 ⇒ 일고작기
재여부재 材與否材 ⇒ 무용지물
재작풍부 再作馮婦 ⇒ 중작풍부
쟁착조편 爭着祖鞭 ⇒ 침과대단
저사간경 底事干卿 ⇒ 간경하사
적조 赤鳥 ⇒ 금조
전거지복 후거지감 前車之覆 後車之鑒 ⇒ 전거지감
전도시비 顚倒是非 ⇒ 유종유전/흑백전도
전도흑백 顚倒黑白 ⇒ 흑백전도
전사불망 후사지사 前事不忘 後事之師 ⇒ 첨전고후
절묘호사 絶妙好詞 ⇒ 황견유부
점어상죽간 鮎魚上竹竿 ⇒ 호손입포대
점철성금 點鐵成金 ⇒ 점석성금
점토성금 點土成金 ⇒ 점석성금
접종이지 接踵而至 ⇒ 비견접종
정성소지 금석위개 精誠所至 金石爲開 ⇒ 금석위개
정시정 묘시묘 丁是丁 卯是卯 ⇒ 방예원착
정와불가이어해 井蛙不可以語海 ⇒ 정저지와
정와지견 井蛙之見 ⇒ 정저지와
정위함석 精衛銜石 ⇒ 정위전해
정중시성 井中視星 ⇒ 정저지와
제강설령 提綱挈領 ⇒ 강거목장
제포유난 綈袍猶暖 ⇒ 일한여차
제포지정 綈袍之情 ⇒ 일한여차
제하침주 濟河沈舟 ⇒ 파부침주
조걸위학 助桀爲虐 ⇒ 조주위학
조령모득 朝令謀得 ⇒ 조령모개
조변석개 朝變夕改 ⇒ 조삼모사

족리실지 足履實地 ⇒ 각답실지
종결주현 踵決肘見 ⇒ 착금현주
종반촉약 鍾盤燭籥 ⇒ 구반문촉
종선순류 從善順流 ⇒ 종선여류
종중어리 從中魚利 ⇒ 휼방상쟁
좌산관호두 坐山觀虎頭 ⇒ 일거양득
좌수어리 坐收漁利 ⇒ 휼방상쟁
좌정관천 坐井觀天 ⇒ 정저지와
좌지우지 左之右之 ⇒ 강남종귤 강북위지
주랑고곡 周郞顧曲 ⇒ 고곡주랑
주마간산 走馬看山 ⇒ 주마간화
주수 株守 ⇒ 수주대토
주위상책 走爲上策 ⇒ 삼십육계
주환합포 珠還合浦 ⇒ 합포주환
죽마지호 竹馬之好 ⇒ 죽마지우
중구삭금 衆口鑠金 ⇒ 중심성성
중도복철 重蹈覆轍 ⇒ 전거지감
중여태산 重如泰山 ⇒ 태산홍모
중원축록 中原逐鹿 ⇒ 녹사수수
중족이립 측목이시 重足而立 側目而視
⇒ 중족측목
중지성성 衆志靜城 ⇒ 중심성성
즐풍목우 櫛風沐雨 ⇒ 과문불입
증분구닉 拯焚救溺 ⇒ 수심화열
증자삼성 曾子三省 ⇒ 삼성오신
지귀낙양 紙貴洛陽 ⇒ 낙양지귀
지기지피 知己知彼 ⇒ 지피지기
지무불식 之無不識 ⇒ 불식지무
지어지화 池魚知禍 ⇒ 앙급지어
지자천려 필유일실 智者千慮 必有一失
⇒ 천려일득
지재패공 志在沛公 ⇒ 항장무검
지지오행 遲遲吾行 ⇒ 접석이행
지허주관방화 只許州官放火 ⇒ 주관방화
직도황룡 直擣黃龍 ⇒ 통음황룡
직호사서 稷狐社鼠 ⇒ 성호사서
진신서불여무서 盡信書不如無書
⇒ 혈류표저
진창암도 陳倉暗渡 ⇒ 암도진창
진퇴낭패 進退狼狽 ⇒ 낭패위간
진퇴양난 進退兩難 ⇒ 기호난하
질족선득 疾足先得 ⇒ 첩족선득
질풍지경초 疾風知勁草 ⇒ 질풍경초
짐작 斟酌 ⇒ 추고

【차】
차광 借光 ⇒ 자광
차식 嗟食 ⇒ 차래지식
착인선편 着人先鞭 ⇒ 침과대단
참조회록 慘遭回祿 ⇒ 회록지재
창해횡류 滄海橫流 ⇒ 해불양파
처낭탈영 處囊脫穎 ⇒ 모수자천
척구폐요 跖狗吠堯 ⇒ 걸견폐요
척유소단 촌유소장 尺有所短 寸有所長
⇒ 척단촌장
천금일락 千金一諾 ⇒ 일자천금
천려일실 千慮一失 ⇒ 천려일득
철난기미 轍亂旗靡 ⇒ 일고작기
철문한 鐵門限 ⇒ 호한위천
철척마성침 鐵尺磨成針 ⇒ 철저마침
첨강급미 舐糠及米 ⇒ 지강급미
첨언밀어 甛言蜜語 ⇒ 화언교어
첩경 捷徑 ⇒ 종남첩경
첩족선등 捷足先登 ⇒ 첩족선득
첩첩이구 諜諜利口 ⇒ 첩첩불휴
청기언이관기행 聽其言而觀其行
⇒ 후목난조
청인착도 請人捉刀 ⇒ 착도
청일점 靑一點 ⇒ 홍일점
초두난액 焦頭爛額 ⇒ 곡돌사신

초료일지 鷦鷯一枝 ⇒ 월조대포
초수삼호 망진필초 楚雖三戶 亡秦必楚
⇒ 삼호망진
초출모려 初出茅廬 ⇒ 삼고모려
촌심 寸心 ⇒ 방촌지지
촌음시석 寸陰是惜 ⇒ 과문불입
총욕불경 寵辱不驚 ⇒ 수총약경
총욕약경 寵辱若驚 ⇒ 수총약경
추고 推敲 ⇒ 퇴고
추상하일 秋霜夏日 ⇒ 동일지일
추죽유절 秋竹有節 ⇒ 고정무파
추처낭중 錐處囊中 ⇒ 모수자천
추풍낙엽 秋風落葉 ⇒ 건곤일척
추호불범 秋毫不犯 ⇒ 명찰추호
축록 逐鹿 ⇒ 녹사수수
춘풍득의 春風得意 ⇒ 주마간화
충서 忠恕 ⇒ 기소불욕 물시어인
충언역이 忠言逆耳 ⇒ 조주위학
측목이시 側目而視 ⇒ 중족측목
친구불피 親仇不避 ⇒ 외불피구 내불피친
친자소통 구자소쾌 親子所痛 仇者所快
⇒ 친통구쾌
칠보성장 七步成章 ⇒ 칠보지재
칠보팔두 七步八斗 ⇒ 칠보지재
침주파부 沈舟破釜 ⇒ 파부침주
칭체재의 稱體裁衣 ⇒ 양체재의

【타】
타수가결 唾手可決 ⇒ 타수가득
타장가결 唾掌可決 ⇒ 타수가득
타증불고 墮甑不顧 ⇒ 파증불고
탄복동상 坦腹東床 ⇒ 경광도협
탄우지기 呑牛之氣 ⇒ 식우지기
탄위관지 嘆爲觀止 ⇒ 영영대풍
탈리호구 脫離虎口 ⇒ 호구여생
탈영이출 脫穎而出 ⇒ 모수자천
탐심부족사탄상 貪心不足蛇呑象
⇒ 봉시장사
태두 泰斗 ⇒ 태산북두
태아도지 泰阿倒持 ⇒ 도지태아
태연자약 泰然自若 ⇒ 공성계
태창일속 太倉一粟 ⇒ 창해일속
태창제미 太倉稊米 ⇒ 망양흥탄
토사구팽 兎死狗烹 ⇒ 교토구팽
투정하석 投井下石 ⇒ 낙정하석

【파】
파벽비거 破壁飛去 ⇒ 화룡점정
파사탄상 巴蛇呑象 ⇒ 봉시장사
팔두지재 八斗之材 ⇒ 재점팔두
편단 偏袒 ⇒ 좌우단
편언가결 片言可決 ⇒ 편언절옥
편언지자 片言只字 ⇒ 편언절옥
편지애홍 遍地哀鴻 ⇒ 애홍편야
편청편신 偏聽偏信 ⇒ 겸청즉명 편신즉암
편편대복 便便大腹 ⇒ 대복편편
평수상봉 萍水相逢 ⇒ 고붕만좌
평안무사 平安無事 ⇒ 안연무양
평지풍파 平地風波 ⇒ 평지기파란
폐목색청 閉目塞聽 ⇒ 일엽장목
폐비기주 吠非基主 ⇒ 걸견폐요
폐영폐성 吠影吠聲 ⇒ 폐형폐성
폐침망식 廢寢忘食 ⇒ 발분도강
폐침망찬 廢寢忘餐 ⇒ 발분도강
포대 庖代 ⇒ 월조대포
포옹관포 抱甕灌圃 ⇒ 포옹관휴
포자지아 鮑子知我 ⇒ 관포지교
포정해우 庖丁解牛 ⇒ 목무전우
풍목지비 風木之悲 ⇒ 수욕정이풍부지
풍부하거 馮婦下車 ⇒ 중작풍부

풍성학려 風聲鶴唳 ⇒ 초목개병
풍수지탄 風樹之嘆 ⇒ 수욕정이풍부지
풍월지작 風月之作 ⇒ 화조월석
풍전지촉 風前之燭 ⇒ 풍촉잔년
풍중지등 風中之燈 ⇒ 풍촉잔년
풍중지촉 風中之燭 ⇒ 풍촉잔년
풍학빈경 風鶴頻驚 ⇒ 초목개병
풍화설월 風花雪月 ⇒ 화조월석
피총약경 被寵若驚 ⇒ 수총약경

【하】
하거풍부 下車馮婦 ⇒ 중작풍부
하어지질 河魚之疾 ⇒ 히이복질
하일가외 夏日可畏 ⇒ 동일지일
하일지일 夏日之日 ⇒ 동일지일
하일추상 夏日秋霜 ⇒ 동일지일
하자 瑕疵 ⇒ 하옥
하충불가이어빙 夏蟲不可以語氷
⇒ 정지지와
하필천언 이제만리 夏筆千言 離題萬里
⇒ 삼지무려
한단몽 邯鄲夢 ⇒ 일침황량
한신장병 韓信將兵 ⇒ 다다익선
할석단교 割席斷交 ⇒ 할석분좌
함포고복 含哺鼓腹 ⇒ 고복격양
항다반사 恒茶飯事 ⇒ 다반사
해민도현 解民倒懸 ⇒ 사반공배
해인시청 駭人視聽 ⇒ 해인청문
행등 行燈 ⇒ 불야성
행소학철 幸蘇涸轍 ⇒ 학철지부
허심탄회 虛心坦懷 ⇒ 경광도협
현두독서 懸頭讀書 ⇒ 전거후공
현두자고 懸頭刺股 ⇒ 전거후공
혈류성하 血流成河 ⇒ 혈류표저
호결진진 互結秦晉 ⇒ 진진지호
호고인효 互告人曉 ⇒ 가유호효
호구잔생 虎口殘生 ⇒ 호구여생
호매호골 虎埋狐搰 ⇒ 호의불결
혼효흑백 混淆黑白 ⇒ 흑백전도/모야무지
홍범구주 洪範九疇 ⇒ 궤범
홍안상장 鴻案相莊 ⇒ 거안제미
화벽수주 和璧隨珠 ⇒ 수수탄작
화병불가충기 畵餠不可充饑 ⇒ 화병충기
화위오유 化爲烏有 ⇒ 자허오유
환골탈태 換骨奪胎 ⇒ 탈태환골
환예방조 圜枘方鑿 ⇒ 방예원조
황량미몽 黃粱美夢 ⇒ 일침황량
황작사선 黃雀伺蟬 ⇒ 당랑포선
황지농병 潢池弄兵 ⇒ 농병황지
회남계견 淮南鷄犬 ⇒ 계견승천
회선여지 回旋餘地 ⇒ 부족회선
회자소동 膾炙所同 ⇒ 회자인구
후거지감 後車之鑒 ⇒ 전거지감
후기지수 後起之秀 ⇒ 후래거상
후래지수 後來之秀 ⇒ 후래거상
후목분장 朽木糞墻 ⇒ 후목난조
후발제인 後發制人 ⇒ 선발제인
휴척여공 休戚與共 ⇒ 휴척상관

한국 한자어 속담 사전

한국 한자어 속담 사전

가

가게 기둥에 입춘

➡ **가가주입춘 假家柱立春**

假 거짓 가, **家** 집 가, **柱** 기둥 주, **立** 설 립, **春** 봄 춘

【의미】 제 격에 맞지 않고 지나치다. 초가집 가게도 이미 초라한데 춘첩자를 붙였으니 제분수에 지나치다.

【출전】 東言解, 言草肆旣陋 挑符非分

가난 구제는 나랏님도 못한다

➡ **빈가지주 천자기우 貧家之賙 天子其憂**

貧 가난할 빈, **家** 집 가, **之** 갈 지, **賙** 진휼할 주
天 하늘 천, **子** 아들 자, **其** 그 기, **憂** 근심할 우

【의미】 조금 보태줘도 다시 궁핍해져서 힘으로 이을 수 없다. 가난한 사람을 구제하는 일은 나라의 힘으로도 힘들다.

【출전】 與猶堂全書 耳談續纂 東諺, 言纔給旋乏 力不可繼

➡ **빈실구조 국역난능 貧室救助 國亦難能**

貧 가난할 빈, **室** 집 실, **救** 건질 구, **助** 도울 조
國 나라 국, **亦** 또 역, **難** 어려울 난, **能** 능할 능

【의미】 조금 보태줘도 다시 궁핍해져서 힘으로 이을 수 없다. 가난한 사람을 구제하는 일은 나라의 힘으로도 힘들다.

【출전】 星湖全書 권7 百諺解

가난한 놈 소인 된다

➡ **빈자소인 貧者小人**

貧 가난할 빈, **者** 놈 자, **小** 작을 소, **人** 사람 인

【의미】 가난한 사람은 굽힐 일이 많기 때문에 소인처럼 되기가 쉽다.
【출전】 松南雜識 方言類

가난한 집의 손님 부엌 엿본다

➡ 객련주빈 투안간주 客憐主貧 偷安看廚

客 손 객, **憐** 불쌍히 여길 련, **主** 주인 주, **貧** 가난할 빈
偷 훔칠 투, **安** 편안할 안, **看** 볼 간, **廚** 부엌 주

【의미】 손님이 주인집이 가난한 것을 딱하게 여겨 그 집 부엌을 살핀다.
【출전】 星湖全書 권7 百諺解

가는 말이 고와야 오는 말이 곱나

➡ 거어고미 내어방호 去語固美 來語方好

去 갈 거, **語** 말씀 어, **固** 진실로 고, **美** 아름다울 미
來 올 래, **方** 바야흐로 방, **好** 좋을 호

【의미】 말이 거칠게 입에서 나가면 역시 거친 말로 돌아온다. 내가 남을 헐뜯으면 남도 마찬가지로 나를 욕하게 된다.
【출전】 星湖全書 권7 百諺解

➡ 내어불미 거어하미 來語不美 去語何美

來 올 래, **語** 말씀 어, **不** 아닐 불, **美** 아름다울 미, **去** 갈 거, **何** 어찌 하

【의미】 말이 거칠게 입에서 나가면 역시 거친 말로 돌아온다. 내가 남을 헐뜯으면 남도 마찬가지로 나를 욕하게 된다.
【출전】 松南雜識 方言類, 言悖而出 亦悖而入 / 旬五志 下, 言悖出悖入
【비교】 가는 정이 있어야 오는 정이 있다. 가는 홍두깨 오는 방망이. 가루는 칠수록 고와지고, 말은 할수록 거칠어진다. 오는 떡이 두터워야 가는 떡이 두텁다.

가랑잎으로 눈 가리기

➡ 가엽차안 柯葉遮眼

柯 자루 가, **葉** 잎 엽, **遮** 막을 차, **眼** 눈 안

【의미】 사람들은 쉽게 볼 수 있는데 가리려고 애쓰니 또한 구차한 일이다.
【출전】 東言解, 人所易見 欲掩亦苟

➡ **편엽장목 위인막도 片葉障目 謂人莫睹**

片 조각 편, 葉 잎 엽, 障 가로막을 장, 目 눈 목
謂 이를 위, 人 사람 인, 莫 없을 막, 睹 볼 도

【의미】 속이 빤히 들여다보이는 일을 감추려고 애쓰다.

【출전】 星湖全書 권7 百諺解

【비교】 가랑잎으로 하문(下門) 가리기. 낫으로 눈 가리기. 손샅으로 밑 가리기. 손으로 샅 막듯한다.

가르친 사위

➡ **소교지서 所敎之婿**

所 바 소, 敎 가르침 교, 之 갈 지, 婿 사위 서

【의미】 너무 못나서 스스로 일을 처리하지 못하는 사람. 남의 지휘만 따를 뿐 자신의 의견은 내지 못하다.

【출전】 東言解, 徒遵指揮 未出己見

가마솥 밑이 노구솥 밑을 검다 한다

➡ **부저당저 매불서저 釜底鐺底 煤不胥詆**

釜 가마 부, 底 바닥 저, 鐺 쇠사슬 당
煤 그을음 매, 不 아닐 불, 胥 서로 서, 詆 꾸짖을 저

【의미】 서로가 똑같이 더러울 때면 서로를 헐뜯어서는 안 된다.

【출전】 與猶堂全書 耳談續纂 東諺, 言彼此同醜 不可互議

➡ **부저당저 매흑하별 釜底鐺底 煤黑何別**

釜 가마 부, 底 바닥 저, 鐺 쇠사슬 당
煤 그을음 매, 黑 검을 흑, 何 어찌 하, 別 나눌 별

【의미】 서로가 똑같이 더러울 때면 서로를 헐뜯어서는 안 된다.

【출전】 星湖全書 권7 百諺解

➡ **부저소정저 釜底笑鼎底**

釜 가마 부, 底 바닥 저, 笑 웃을 소, 鼎 솥 정

【의미】 열 가지 허물을 가진 사람이 한 가지 허물 가진 사람을 손가락질한다.

【출전】 松南雜識 方言類, 以比己有十訾 而指人一訾 / 旬五志 下, 以比己有十訾 而指人一訾

➡ **정저흑 부저갹 鼎底黑 釜底噱**

鼎 솥 정, 底 밑 저, 黑 검을 흑, 釜 가마 부, 噱 크게 웃을 갹

【의미】 자신의 허물은 보지 못하고 남을 탓하는 일에만 밝다. 솥 아래 그을음은 어느 것이나 마찬가지인데 어찌 웃을 수 있겠는가?

【출전】 靑莊館全書 권62 洌上方言, 言昧己過而責李則明也 鼎之煤猶釜之煤 何笑之有

【비교】 가랑잎이 솔잎더러 바스락거린다고 한다. 겨 묻은 개가 똥 묻은 개를 흉본다. 똥 묻은 개가 겨 묻은 개를 나무란다. 똥 묻은 돼지가 겨 묻은 돼지를 나무란다. 쌍언청이가 외언청이 타령한다.

가만히 녹고 남모르게 녹는다

➡ **잠소암삭 潛銷暗鑠**

潛 자맥질 할 잠, 銷 녹일 소, 暗 어두울 암, 鑠 녹일 삭

【의미】 모르는 사이에 조금씩 줄어들어 줄어드는 것을 알지 못하다.

【출전】 松南雜識 方言類

가뭄 끝은 있어도 장마 끝은 없다

➡ **한유유유 노무여묘 旱有猶遺 澇無餘苗**

旱 가물 한, 有 있을 유, 猶 오히려 유, 遺 끼칠 유
澇 큰물결 로, 無 없을 무, 餘 남을 여, 苗 모 묘

【의미】 가뭄 뒤에는 거둘 농작물이 있지만 홍수가 밀고 가면 남는 것이 아무것도 없다.

【출전】 星湖全書 권7 百諺解

가뭄에 콩 나듯

➡ **한시태출 旱時太出**

旱 가물 한, 時 때 시, 太 콩 태, 出 날 출

【의미】 아주 어려운 상황에서 어쩌다 나오거나 나타난다. 아주 드문 일.

【출전】 東言解, 極難之會 間間生意

가을에 내 아비 제사도 못 지내거든 봄에 의붓아비 제사 지낼까

➡ **추미행지부공 우승춘재가행호 秋未行之婦公 羽僧春齋可行乎**

秋 가을 추, **未** 아닐 미, **行** 갈 행, **之** 갈 지, **婦** 며느리 부, **公** 공변될 공
羽 깃 우, **僧** 중 승, **春** 봄 춘, **齋** 재계할 재, **可** 옳을 가, **乎** 인가 호

【의미】 제사 지내기 좋은 가을철에도 건너뛰는데, 춘궁기 때 어찌 기대할 수 있겠는가?

【출전】 東言解, 易時差過 難時何望

가죽 상하지 않고 호랑이 잡을까

➡ 부불훼 호난제 膚不毁 虎難制

膚 살갗 부, **不** 아닐 불, **毁** 헐 훼, **虎** 범 호, **難** 어려울 난, **制** 마를 제

【의미】 무슨 일이든 힘들여 애쓴 다음에야 성공할 수 있다.

【출전】 星湖全書 권7 百諺解

➡ 불훼피이호착호 不毁皮而虎捉乎

不 아닐 불, **毁** 헐 훼, **皮** 가죽 피, **而** 어조사 이, **虎** 범 호, **捉** 잡을 착, **乎** 인가 호

【의미】 노력한 다음에야 어려운 일도 주선할 수 있다. 큰 이익을 얻을 때는 작은 손실은 감수해야 한다.

【출전】 東言解, 勞力而後 難事可辦

가죽 속 봄가을이다

➡ 피리춘추 皮裏春秋

皮 가죽 피, **裏** 속 리, **春** 봄 춘, **秋** 가을 추

【의미】 입으로 말하진 않지만 옳고 그른지 분별해 알고 있다. 진나라의 저계야가 마음속으로 포폄할 줄 알았다는 말이다. 지금 마음속에 분별하는 능력이 있다.

【출전】 松南雜識 方言類, 晋褚季野 內有褒貶之謂也 今心有分別之稱也

가지나무에 목을 맨다

➡ 가수결항 茄樹結項

茄 연줄기 가, **樹** 나무 수, **結** 맺을 결, **項** 목 항

【의미】 마음이 급해 일이 될지 안 될지 따져보지도 않고 일단 저지르고 본다.

【출전】 古今釋林 권28 東韓譯語 釋木, 가지 남에 목 매여 ᄃᆞ다.

➡ 여기수결항 茹芰樹結項

茹 먹을 여, 萎 세발마름 기, 樹 나무 수, 結 맺을 결, 項 목 항

【의미】 마음이 급해 일이 될지 안 될지 따져 보지도 않고 저지르고 본다.

【출전】 星湖全書 권7 百諺解

간에 붙고 쓸개에 가 붙는다

➡ 부간부염통 附肝附念通

附 붙을 부, 肝 간 간, 附 붙을 부, 念 생각할 념, 通 통할 통

【의미】 동쪽 서쪽으로 반복해 오가면서 이익만 좇아 즉시 자리를 옮긴다.

【출전】 東言解, 東西反覆 隨利輒移

【비교】 등창도 빨아주고 치질도 핥아준다. 똥 맛도 볼 놈이다.

갈모 형제라

➡ 입모형제 笠帽兄弟

笠 우리 립, 帽 모자 모, 兄 맏 형, 弟 아우 제

【의미】 아우가 잘 나고 형이 아우만 못하다. '갈모'는 비가 올 때 갓 위에 덮어쓰는 것으로 위가 좁고 아래가 넓다.

【출전】 東言解, 逐顧漸優 如紙下廣

갈보집에서 예 갖추라 꾸짖는다

➡ 창가책례 娼家責禮

娼 몸 파는 여자 창, 家 집 가, 責 꾸짖을 책, 禮 예도 례

【의미】 처사가 지나쳐 어이가 없고 가소롭다.

【출전】 旬五志 下, 言事極可笑

갈수록 태산

➡ 거유수미산 去愈須彌山

去 갈 거, 愈 나을 유, 須 모름지기 수, 彌 두루 미, 山 뫼 산

【의미】 어려운 고비만 만나 점점 더 일이 어렵게 되다.

【출전】 東言解, 過難旣極 來憂尤疊

【비교】 산은 오를수록 높고 물은 건널수록 깊다.

감나무 밑에 누워서 연시 떨어지기 기다린다

➡ 시수하 개구와 柿樹下 開口臥

柿 감나무 시, **樹** 나무 수, **下** 아래 하, **開** 열 개, **口** 입 구, **臥** 엎드릴 와

【의미】 힘도 들이지 않고 음식만 챙기려는 사람을 희롱해서 하는 말이다.

【출전】 古今釋林 권28 東韓譯語 釋果, 譏不用力謀食之人也

➡ 와시수하 망시락 臥柿樹下 望柿落

臥 엎드릴 와, **柿** 감나무 시, **樹** 나무 수, **下** 아래 하, **望** 바랄 망, **落** 떨어질 락

【의미】 스스로 노력하지는 않고 남이 와서 도와주기만 기다린다.

【출전】 東言解, 於己不修 待他自來

감옥 담 넘어 달아난 곳이 형방 집이라

➡ 월옥이투 내형방가 越獄而投 乃刑房家

越 넘을 월, **獄** 옥 옥, **而** 어조사 이, **投** 던질 투
乃 이에 내, **刑** 형벌 형, **房** 방 방, **家** 집 가

【의미】 운수가 나빠서 하는 일이 공교롭게 나쁜 쪽으로만 귀결되다.

【출전】 星湖全書 권7 百諺解

감투가 커도 귀 짐작이라

➡ 대모자짐작이 大帽子斟酌耳

大 큰 대, **帽** 모자 모, **子** 아들 자, **斟** 술 따를 짐, **酌** 따를 작, **耳** 귀 이

【의미】 일이 혹 지나치게 벌어진 경우가 생기더라도 반드시 짐작하여 헤아릴 수 있다. 모자가 비록 크더라도 귀에 걸려 더 내려가지는 않는다.

【출전】 靑莊館全書 권62 洌上方言, 言事或有過當者 必有酌量焉 如帽子雖大至耳

갑자생이 무엇이 적은가

➡ 갑자생 년기소 甲子生 年豈少

甲 첫째 천간 갑, **子** 아들 자, **生** 날 생, **年** 해 년, **豈** 어찌 기, **少** 적을 소

【의미】 스스로는 지혜롭다 하지만 어리석은 것은 어쩔 수 없다. 늙은 척하는 사람을 비꼬는 말.

【출전】 東言解, 自謂智成 其奈愚迷

부록

갑작 사랑 영 이별

➡ 견환환급 수방영리 見歡歡急 須防永離

見 볼 견, 歡 기뻐할 환, 急 급할 급
須 모름지기 수, 防 막을 방, 永 길 영, 離 떼놓을 리

【의미】 갑자기 뜨거워진 사랑은 그만큼 쉽게 식는다.
【출전】 星湖全書 권7 百諺解

➡ 급환환 이별단 急歡歡 離別端

急 급할 급, 歡 기뻐할 환, 離 떼놓을 리, 別 나눌 별, 端 바를 단

【의미】 갑작스럽게 좋아해 만나게 되면 쉽게 이별할 수 있는 징조가 된다.
【출전】 青莊館全書 권62 冽上方言, 言好合之極 睽離之兆也

값나가는 말 팔지 말고 입 하나를 덜어라

➡ 물매고마 요감일구 勿賣高馬 要減一口

勿 말 물, 賣 팔 매, 高 높을 고, 馬 말 마, 要 구할 요, 減 덜 감, 一 한 일, 口 입 구

【의미】 형편이 어려울 때 값비싼 물건을 파는 것보다는 식구 하나를 줄이는 것이 더 절약이 된다.
【출전】 星湖全書 권7 百諺解

강남 장사꾼

➡ 강남상 江南商

江 강 강, 南 남녘 남, 商 헤아릴 상

【의미】 이득이 많은 장사를 하다. 제 이익만 생각할 뿐 태도가 오만하다.
【출전】 東言解, 持狹換奢 賭利最善

강물에 돌 던지기

➡ 여수투석 如水投石

如 같을 여, 水 물 수, 投 던질 투, 石 돌 석

【의미】 아무리 투자하거나 애를 써도 별 보람이 없다.
【출전】 朝鮮顯宗實錄 권9 4년 10월 丙戌

강아지 수염 외로 길지 바로 길지

➡ 아구엽수 좌우미분 兒狗鬣垂 左右未分

兒 아이 아, 狗 개 구, 鬣 갈기 렵, 垂 드리울 수
左 왼 좌, 右 오른쪽 우, 未 아닐 미, 分 나눌 분

【의미】 사람이 착하게 되고 나쁘게 됨은 어렸을 때에는 분간하기 어렵다.

【출전】 星湖全書 권7 百諺解

강아지 어미 따르듯 한다

➡ 구수모행 역도로미 狗隨母行 歷都路迷

狗 개 구, 隨 따를 수, 母 어미 모, 行 갈 행
歷 지낼 력, 都 도읍 도, 路 길 로, 迷 미혹할 미

【의미】 다른 사정은 알지 못하고 오로지 한 일에만 매달리다가 결국 실패하고 만다.

【출전】 星湖全書 권7 百諺解

강아지한테 메주 멍석 맡긴 것 같다

➡ 견수훈조망석 犬守熏造網席

犬 개 견, 守 지킬 수, 熏 연기 낄 훈, 造 지을 조, 網 그물 망, 席 자리 석

【의미】 욕심 많은 이에게 먹을 것을 맡겨 지키라고 하면 오히려 잃는 결과를 가져온다.

【출전】 東言解, 使貪防食 欲護反失

➡ 막이구자 감차국시 莫以狗子 監此麴豉

莫 없을 막, 以 써 이, 狗 개 구, 子 아들 자
監 볼 감, 此 이 차, 麴 누룩 국, 豉 메주 시

【의미】 마땅치 않은 사람에게 일을 맡기면 반드시 지키다가 도적질을 하게 된다. 일을 망쳐 버릴 것을 뻔히 알면서도 그런 사람에게 맡겨 두고 불안해한다.

【출전】 與猶堂全書 耳談續纂 東諺, 言任非其人 必監守而自盜

【비교】 개에게 된장 덩어리 지키게 한다. 개에게 불고기 맡긴다. 고양이에게 반찬 단지 맡긴다. 굶주린 범에게 고기를 맡긴다. 도둑놈에게 곳간 지키게 한다.

강철이 간 데는 가을도 봄이다

➡ 강철거처 수추여춘 鋼鐵去處 雖秋如春

鋼 강철 강, 鐵 쇠 철, 去 갈 거, 處 살 처
雖 비록 수, 秋 가을 추, 如 같을 여, 春 봄 춘

【의미】 '강철'은 상상의 동물로, 이것이 나타나거나 지나가면 초목과 곡식이 다 말라죽는다고 하고, 이 별이 나타나면 흉년이 든다고 한다. 악독한 방해자가 나타나서 다된 일을 망쳐놓다. 강철추(强鐵秋)라고도 쓴다.

【출전】 芝峯類說 권16 言語部 俗諺 / 旬五志 下, 强鐵去處秋亦春 言到處蕭條

➡ 독룡거처 추역궁춘 毒龍去處 秋亦窮春

毒 독 독, 龍 용 룡, 去 갈 거, 處 살 처, 秋 가을 추, 亦 또 역, 窮 다할 궁, 春 봄 춘

【의미】 강철이 지나간 곳에는 초목이나 곡식이 다 말라죽듯이, 악독한 방해자가 나타나서 다 되어가던 일이 망쳐지는 것을 비유한다.

【출전】 星湖全書 권7 百諺解

강한 나무가 부러진다

➡ 강목즉절 强木則折

强 굳셀 강, 木 나무 목, 則 곧 즉, 折 꺾을 절

【의미】 사람이 강하기만 하고 부드럽지 못하면 결국 실패하고 만다.

【출전】 未詳

갖바치 겉치레하듯

➡ 피장화초 皮匠花草

皮 가죽 피, 匠 장인 장, 花 꽃 화, 草 풀 초

【의미】 누구나 겉모습은 그럴듯하게 꾸미지만 타고난 본색은 속이지 못한다.

【출전】 東言解, 瀟洒之治 作渠本色

갖바치 내일 모레

➡ 피장재일 皮匠再日

皮 가죽 피, 匠 장인 장, 再 두 재, 日 해 일

【의미】 항상 기한을 연장하면서 볼 때마다 변명을 늘어놓다.

【출전】 東言解, 每每退期 面面彌縫

같은 값이면 다홍치마

➡ 동가홍상 同價紅裳

同 같을 동, **價** 값 가, **紅** 붉을 홍, **裳** 치마 상

【의미】 값은 이것과 저것 사이에 차이가 없어도 물건의 품질은 좋고 나쁜 차이가 있다. 같은 비용이면 마음에 드는 것을 택한다.

【출전】 松南雜識 方言類, 言價無彼此之殊 物有輕重之異也

【비교】 같은 값이면 과붓집 머슴살이. 같은 값이면 처녀장가. 같은 과부면 젊은 과부. 같은 열 닷 냥이면 과붓집 머슴살이.

같은 잠자리에 꿈은 다르다

➡ 동상이몽 同床異夢

同 한 가지 동, **床** 상 상, **異** 다를 이, **夢** 꿈 몽

【의미】 한 자리에 함께 있긴 하지만 속마음은 각각 다르다. 오월동주(吳越同舟).

【출전】 未詳

개가 먹던 꿩을 어디다 쓰랴

➡ 구교지치 장언용재 狗咬之雉 將焉用哉

狗 개 구, **咬** 새소리 교, **之** 갈 지, **雉** 꿩 치
將 장차 장, **焉** 어찌 언, **用** 쓸 용, **哉** 어조사 재

【의미】 이미 더럽혀져 쓸모없게 된 물건은 아무도 쓰려고 하지 않는다.

【출전】 星湖全書 권7 百諺解

개가 싸워도 잠시는 쉰다

➡ 구투아식 계인불목 狗鬪俄息 戒人不睦

狗 개 구, **鬪** 싸움 투, **俄** 갑자기 아, **息** 숨 쉴 식
戒 경계할 계, **人** 사람 인, **不** 아닐 불, **睦** 화목할 목

【의미】 서로 싸우지 말고 화목하게 지내라.

【출전】 星湖全書 권7 百諺解

개가 주인보고 짖는다

➡ 반폐기주 反吠其主

反 되돌릴 반, 吠 짖을 폐, 其 그 기, 主 주인 주

【의미】 은혜를 몰라보는 배은망덕한 행위.

【출전】 高麗史 권122 宦子列傳

개구리도 움츠려야 뛴다

➡ 와유국의 내능약의 蛙惟跼矣 乃能躍矣

蛙 개구리 와, 惟 생각할 유, 跼 구부릴 국, 矣 어조사 의
乃 이에 내, 能 능할 능, 躍 뛸 약

【의미】 사정이 아무리 급하더라도 여유를 가지고 느긋하게 준비를 하면서 일을 처리해야 한다.

【출전】 與猶堂全書 耳談續纂 東諺, 言事雖急 宜寬晷刻 令得周旋

【비교】 거미도 줄을 쳐야 먹이를 잡는다. 나는 새도 깃을 쳐야 날아간다. 새를 보고 싶거든 나무를 심어라. 터를 닦아야 집을 짓는다.

개꼬리 삼 년 두어도 족제비 가죽 되지 않는다

➡ 구미삼기 불성초피 狗尾三朞 不成貂皮

狗 개 구, 尾 꼬리 미, 三 석 삼, 朞 돌 기
不 아닐 불, 成 이룰 성, 貂 담비 초, 皮 가죽 피

【의미】 본 바탕이 아름답지 않으면 끝내 좋게 변할 수 없다.

【출전】 與猶堂全書 耳談續纂 東諺, 言本質不美 終莫能善變

➡ 구미장구 불성광미 狗尾藏久 不成獷尾

狗 개 구, 尾 꼬리 미, 藏 감출 장, 久 오랠 구
不 아닐 불, 成 이룰 성, 獷 사나울 광, 尾 꼬리 미

【의미】 본 바탕이 아름답지 않으면 끝내 좋게 변할 수 없다.

【출전】 星湖全書 권7 百諺解

➡ 삼년구미 불위황모 三年狗尾 不爲黃毛

三 석 삼, 年 해 년, 狗 개 구, 尾 꼬리 미
不 아닐 불, 爲 할 위, 黃 누를 황, 毛 털 모

【의미】 본래의 제 천성은 언제까지 가도 고치기 어렵다.

【출전】 星湖全書 권7 百諺解

【비교】 개 입에서 상아 날까? 흰 개꼬리 굴뚝에 삼 년 두어도 흰 개꼬리다.

개 따라 가면 똥간 간다

➡ 교구여측 較狗如廁

較 견줄 교, 狗 개 구, 如 갈 여, 廁 뒷간 측

【의미】 바르지 않은 일을 한 것이 잘못이지, 어찌 상대를 미워하겠는가? 나쁜 사람과 어울리면 하는 일이 무엇일지는 안 봐도 분명하다.

【출전】 東言解, 於彼何憎 非所當事

➡ 교구지측 필경동귀 較狗之廁 必竟同歸

較 견줄 교, 狗 개 구, 之 갈 지, 廁 뒷간 측

必 반드시 필, 竟 다할 경, 同 한 가지 동, 歸 돌아갈 귀

【의미】 나쁜 사람과 어울리게 되면 결국 어떻게 될지는 안 봐도 분명하다.

【출전】 星湖全書 권7 百諺解

【비교】 개와 친하면 옷에 흙칠을 한다.

개도 무는 개를 돌아본다

➡ 구폐등이 누고질자 狗吠等耳 屢顧咥者

狗 개 구, 吠 짖을 폐, 等 가지런할 등, 耳 귀 이

屢 거듭 루, 顧 돌아볼 고, 咥 깨물 질, 者 놈 자

【의미】 할 말은 당당히 하여야 대우를 받거나 요구를 관철시킬 수 있지, 너무 온순하기만 해서는 도리어 괄시를 받는다.

【출전】 星湖全書 권7 百諺解

➡ 제구진후 필고풍구 諸狗趁後 必顧瘋狗

諸 모두 제, 狗 개 구, 趁 좇을 진, 後 뒤 후, 必 반드시 필, 顧 돌아볼 고, 瘋 두풍 풍

【의미】 악한 사람의 후환을 두려워하여 등 돌려 숨어서는 안 된다. 악하게 굴어야만 후환이 두려워서라도 대우를 해주지, 온순하기만 하면 도리어 멸시를 받는다.

【출전】 與猶堂全書 耳談續纂 東諺, 言人於惡人 不能不畏其患而顧藉之

개 마른 뼈 물어뜯듯 한다

➡ 견설고골 犬齧枯骨

犬 개 견, **齧** 물 설, **枯** 마를 고, **骨** 뼈 골

【의미】 열심히 하지만 별다른 소득이 없다.

【출전】 未詳

개미 금탑金塔 모으듯

➡ 여의수질 如蟻輸垤

如 같을 여, **蟻** 개미 의, **輸** 나를 수, **垤** 개밋둑 질

【의미】 어떤 일을 이루기 위해 공을 많이 들이다.

【출전】 旬五志 下, 言其積功

➡ 여의수질 적점이성 如蟻輸垤 積漸而成

如 같을 여, **蟻** 개미 의, **輸** 나를 수, **垤** 개밋둑 질
積 쌓을 적, **漸** 점점 점, **而** 어조사 이, **成** 이룰 성

【의미】 어떤 일을 이루기 위해 공을 많이 들이다.

【출전】 星湖全書 권7 百諺解

➡ 여의투질 如蟻偷垤

如 같을 여, **蟻** 개미 의, **偷** 훔칠 투, **垤** 개밋둑 질

【의미】 어떤 일을 이루기 위해 공을 많이 들여야 하니, 지금 속담에 개미가 금탑을 쌓는다는 말이 있다.

【출전】 松南雜識 方言類, 言其積功 今蟻子築金塔之說

【비교】 영고탑(寧古塔)을 모았다.[영안(寧安)은 중국 흑룡강성 남동부에 있는 도시다. 청나라의 발상지로, 청나라에서는 유사시를 대비하여 이곳에 재화를 비축했다고 한다.]

개미 쳇바퀴 돌듯 한다

➡ 의환사륜 蟻環篩輪

蟻 개미 의, **環** 고리 환, **篩** 체 사, **輪** 바퀴 륜

【의미】 앞으로 나아가지 못하고 제자리에서만 뱅뱅 돌다. 일이 진척은 없고 제자리에서만 공전하다.

【출전】 松南雜識 方言類, 本出天旋蟻磨之說 又與磨驢踏舊跡之語 相似

개 발바닥에 털이 났다

➡ 견족생모 犬足生毛

犬 개 견, **足** 발 족, **生** 날 생, **毛** 털 모

【의미】 나라의 치안이 안정되어 장안에 도둑이 없어졌다.

【출전】 朝鮮明宗實錄 권30 19년 7월 癸丑

개밥에 도토리

➡ 구반상실 狗飯橡實

狗 개 구, **飯** 밥 반, **橡** 상수리나무 상, **實** 열매 실

【의미】 사람들 축에 끼지 못하고 고립된 사람을 일컫는 말.

【출전】 東言解, 徒寄齟齬 勢粘裏面

개 보름 쇠듯

➡ 상원견 上元犬

上 위 상, **元** 으뜸 원, **犬** 개 견

【의미】 먹지 못해 굶주린 사람. 정월 대보름날 개에게 먹이를 주지 않는데 이 날 개에게 먹이를 주면 파리가 꾀고 마른다고 하여 하루 종일 밥을 굶기는 풍속이 있었다. 세상에서는 굶주린 사람의 희롱하여 '상원날 개'같다고 한다.

【출전】 京都雜志 권2 歲時 上元, 不飼犬 飼之則多蠅而瘦 俗戱餓者爲上元犬

개 약과 먹듯

➡ 구탄약과 狗呑藥果

狗 개 구, **呑** 삼킬 탄, **藥** 약 약, **果** 실과 과

【의미】 맛도 모르고 먹는다.

【출전】 古今釋林 권28, 東韓譯語 喩不知味也

➡ 여구식약과 如狗食藥果

如 같을 여, **狗** 개 구, **食** 먹을 식, **藥** 약 약, **果** 실과 과

【의미】 그저 입으로만 넣을 뿐이니 어찌 그 맛을 알겠는가? 먹어도 그 참 맛은 모

른다.

【출전】 東言解, 徒能入口 何知其味

【비교】 어혈(瘀血) 진 도깨비 개천 물마시듯 한다.

개에게 물린 꿩

➡ 견색지치 犬咋之雉

犬 개 견, **咋** 깨물 색, **之** 갈 지, **雉** 꿩 치

【의미】 까닭도 없이 어이없는 재앙을 입다.

【출전】 沈生傳

개천아 네 그르냐, 눈 먼 봉사 내 그르냐

➡ 개천여기비 송경오자비 開川汝豈非 誦經吾自非

開 열 개, **川** 내 천, **汝** 너 여, **豈** 어찌 기, **非** 아닐 비
誦 욀 송, **經** 경전 경, **吾** 나 오, **自** 스스로 자

【의미】 제가 실수한 것은 제 잘못이지 남을 탓할 수는 없다. 남을 탓할 겨를이 없으니 스스로 그 실수를 탓할 뿐이다.

【출전】 東言解, 不暇尤人 自憂其失

개천에 내다 버릴 종 없다

➡ 기유구독 가기노복 豈有溝瀆 可棄奴僕

豈 어찌 기, **有** 있을 유, **溝** 봇도랑 구, **瀆** 도랑 독
可 옳을 가, **棄** 버릴 기, **奴** 종 노, **僕** 종 복

【의미】 종이 아무리 어리석어도 모두 쓸 곳이 있다. 아무리 못나고 미련한 사람도 다 부릴 데가 있다.

【출전】 與猶堂全書 耳談續纂 東諺, 言僮雖不慧 皆可用也

개천에서 용 날까

➡ 개천용출호 開川龍出乎

開 열 개, **川** 내 천, **龍** 용 룡, **出** 날 출, **乎** 인가 호

【의미】 작은 곳에서 큰 것이 나올 리는 거의 없다. 변변치 못한 가문에서 큰 인물이 나오기는 힘들다.

【출전】 東言解, 小處生大 於理必無

➡ **미유와구 이산신규 未有窪溝 而産神虯**

未 아닐 미, 有 있을 유, 窪 웅덩이 와, 溝 봇도랑 구
而 어조사 이, 産 낳을 산, 神 귀신 신, 虯 규룡 규

【의미】 미천한 집안에서 호걸이나 준재는 쉽게 나오지 않는다.
【출전】 與猶堂全書 百諺解 耳談續纂 東諺, 喻微賤之家 豪俊未易出

개하고 똥 다투랴

➡ **기여구쟁 이왕혼청 豈與狗爭 而往溷圊**

豈 어찌 기, 與 줄 여, 狗 개 구, 爭 다툴 쟁
而 어조사 이, 往 갈 왕, 溷 어지러울 혼, 圊 뒷간 청

【의미】 정신이 나가고 삐뚤어진 사람과 서로 견주며 다툴 필요가 없다.
【출전】 與猶堂全書 耳談續纂 東諺, 謂狂悖之人 不足相較

갯가 사람은 소금을 먹고, 숯 굽는 사람은 물을 먹고산다

➡ **포인끽염 탄민흡수 浦人喫鹽 炭民吸水**

浦 개 포, 人 사람 인, 喫 마실 끽, 鹽 소금 염
炭 숯 탄, 民 백성 민, 吸 숨들이쉴 흡, 水 물 수

【의미】 사람마다 자신의 처지나 형편에 맞게 살아가게끔 되어 있다.
【출전】 星湖全書 권7 百諺解
【비교】 들 중은 소금을 먹고, 산 중은 물을 먹는다.

거문고 인 놈 춤을 추면 칼 쓴 놈도 춤을 춘다

➡ **슬인준준 하교수흔 瑟人蹲蹲 荷校隨欣**

瑟 큰거문고 슬, 人 사람 인, 蹲 웅크릴 준
荷 연 하, 校 학교 교, 隨 따를 수, 欣 기뻐할 흔

【의미】 부유한 집에서 기뻐 즐기는 것에 덩달아 움직인다는 뜻으로, 아주 한심스러운 모양. '校'는 '械'이다.
【출전】 與猶堂全書 耳談續纂 東諺, 言豪家歡樂者歆動 可笑之甚○校者械也

➡ **포슬족도 하교역무 抱瑟足蹈 荷校亦舞**

부록

抱 안을 포, **瑟** 거문고 슬, **足** 발 족, **蹈** 밟을 도
荷 일 하, **校** 학교 교, **亦** 또 역, **舞** 춤출 무

【의미】 남이 한다고 따라 흉내 내어 남의 웃음거리가 되다.

【출전】 星湖全書 권7 百諺解

【비교】 낙동강 잉어가 뛰니까 안방 빗자루도 뛴다. 망둥이가 뛰니까 빗자루도 뛴다. 잉어 송어가 오니 물고기라고 송사리도 온다.

거미도 줄을 쳐야 벌레를 잡는다

➡ 주모포사 사재충수 蛛蝥布絲 絲在蟲隨

蛛 거미 주, **蝥** 해충 모, **布** 베 포, **絲** 실 사, **在** 있을 재, **蟲** 벌레 충, **隨** 따를 수

【의미】 능력과 함께 필요한 여건이 마련되어야 결실을 거둘 수 있다.

【출전】 星湖全書 권7 百諺解

거북 등에서 털 깎기

➡ 구배상괄모 龜背上刮毛

龜 거북 구, **背** 등 배, **上** 위 상, **刮** 깎을 괄, **毛** 털 모

【의미】 아무리 구해도 되지 않을 곳에 대고 구하려고 하다. 당나라 때 문인의 문집 속에 이 말이 있는 것으로 보아 중국 속담인 듯하다.

【출전】 旬五志 下, 言求之於不當求之地也 唐人文集中用此語 蓋中國俚語也

➡ 구배지상 비괄기모 龜背之上 俾刮其毛

龜 거북 구, **背** 등 배, **之** 갈 지, **上** 위 상, **俾** 더할 비, **刮** 깎을 괄, **其** 그 기, **毛** 털 모

【의미】 아무리 구하려고 해도 되지 않을 곳에 대고 구하려고 하다.

【출전】 星湖全書 권7 百諺解

거북 등의 가시요, 바위 위의 대못이라

➡ 귀배초자 암정죽정 龜背草刺 巖頂竹釘

龜 거북 귀, **背** 등 배, **草** 풀 초, **刺** 찌를 자
巖 바위 암, **頂** 정수리 정, **竹** 대 죽, **釘** 못 정

【의미】 이기지 못할 줄 뻔히 알면서도 무모하게 싸움을 걸다.

【출전】 星湖全書 권7 百諺解

거의 될 듯한 희망

➡ **서기지망 庶幾之望**

庶 여러 서, 幾 기미 기, 之 갈 지, 望 바랄 망

【의미】 어떤 일이 곧 이루어질 것처럼 여겨져 갖는 희망.

【출전】 松南雜識 方言類

거적문에 돌쩌귀

➡ **고문추 藁門樞**

藁 마를 고, 門 문 문, 樞 지도리 추

【의미】 본바탕으로 따진다면 이런 물건이 마땅하겠는가? 격에 맞지 않아 어울리지 않다.

【출전】 東言解, 若論本體 奚宜此物

【비교】 개발에 가죽 편자. 까마귀 둥지에 솔개미. 속곳 벗고 은가락지 낀다. 짚신에 국화그리기.

걱정이 없을 때의 대비

➡ **불우지비 不虞之備**

不 아닐 불, 虞 헤아릴 우, 之 갈 지, 備 갖출 비

【의미】 뜻밖에 갑자기 생길 일에 대한 준비.

【출전】 松南雜識 方言類

건망증 심한 놈은 화살 맞고도 모른다

➡ **망위무겁 유시불각 忘謂無怯 遺矢不覺**

忘 잊을 망, 謂 이를 위, 無 없을 무, 怯 겁낼 겁
遺 끼칠 유, 矢 화살 시, 不 아닐 불, 覺 깨달을 각

【의미】 일을 너무 잘 잊어버려 아주 큰 고통을 당하고도 곧 잊어버린다.

【출전】 星湖全書 권7 百諺解

검둥개 도야지 편이다

➡ **흑구축체 黑狗逐彘**

黑 검을 흑, 狗 개 구, 逐 쫓을 축, 彘 돼지 체

【의미】 색깔이 비슷하면 구별하기 어렵다. 됨됨이나 형편이 비슷한 사람은 서로 잘 어울리고 감싸주기 쉽다.

【출전】 旬五志 下, 言混色難辨

검둥개 멱 감듯

➡ 검구욕 黔狗浴

黔 검을 검, 狗 개 구, 浴 목욕할 욕

【의미】 원래 검어 아무리 씻어도 깨끗해지지 않는다. 바탕이 악한 사람은 제 잘못을 뉘우치기 어렵다.

【출전】 東言解, 旣尋草率 何能潔淨

➡ 오구지욕 불변기흑 烏狗之浴 不變其黑

烏 까마귀 오, 狗 개 구, 之 갈 지, 浴 목욕할 욕
不 아닐 불, 變 변할 변, 其 그 기, 黑 검을 흑

【의미】 악한 사람은 끝내 그 허물을 고치지 못한다.

【출전】 與猶堂全書 耳談續纂 東諺, 言惡人終未改過也

➡ 유구모참 욕불가백 有狗毛黲 浴不加白

有 있을 유, 狗 개 구, 毛 털 모, 黲 검푸르죽죽할 참
浴 목욕할 욕, 不 아닐 불, 加 더할 가, 白 흰 백

【의미】 바탕이 원래 나쁜 사람은 아무리 수양을 해도 본성이 바뀌지 않는다.

【출전】 星湖全書 권7 百諺解

검은 고기도 맛은 있다

➡ 어흑품천 기미역가 魚黑品賤 其味亦嘉

魚 고기 어, 黑 검을 흑, 品 물건 품, 賤 천할 천
其 그 기, 味 맛 미, 亦 또 역, 嘉 아름다울 가

【의미】 겉보기에는 의심스러워 보여도 제 역할은 충분히 해낸다. 사람을 외모로 판단해서는 안 된다.

【출전】 星湖全書 권7 百諺解

겉모습 보고 이름 짓는다

➡ 외사내부 찰모명명 外斯內符 察貌命名

外 밖 외, 斯 이 사, 內 안 내, 符 부신 부
察 살필 찰, 貌 얼굴 모, 命 목숨 명, 名 이름 명

【의미】 대개 외모는 그 사람의 마음의 표현이므로 외모를 보면 내면까지도 짐작할 수 있다.

【출전】 星湖全書 권7 百諺解

게가 굴을 좇지 굴이 게를 좇겠는가

➡ 해즉수혈 혈기수해 蟹則隨穴 穴豈隨蟹

蟹 게 해, 則 곧 즉, 隨 따를 수, 穴 구멍 혈, 豈 어찌 기, 隨 따를 수, 蟹 게 해

【의미】 일이란 순리대로 해야지 억지를 부려서는 안 된다.

【출전】 星湖全書 권7 百諺解

게도 구럭도 다 잃었다

➡ 실해겸망 失蟹兼網

失 잃을 실, 蟹 게 해, 兼 겸할 겸, 網 그물 망

【의미】 욕심을 부리다가 모든 것을 다 잃다.

【출전】 燕巖集 권2 答巡使論密陽金貴三疑獄書

➡ 아욕착해 병상오비 我欲捉蟹 並喪吾箄

我 나 아, 欲 하고자 할 욕, 捉 잡을 착, 蟹 게 해
並 아우를 병, 喪 잃을 상, 吾 나 오, 箄 종다래끼 비

【의미】 쓸데없는 물건을 탐내다가 내가 가진 물건까지 잃고 만다.

【출전】 與猶堂全書 耳談續纂 東諺, 喻貪得外物 並失己之本有

➡ 엽해성낭 여낭구망 獵蟹盛囊 與囊俱亡

獵 사냥 렵, 蟹 게 해, 盛 담을 성, 囊 주머니 낭, 與 줄 여, 俱 함께 구, 亡 망할 망

【의미】 하던 일이 모두 틀어져 버렸다. 과하게 욕심을 부리다가 작은 성과마저 잃어 버렸다.

【출전】 星湖全書 권7 百諺解

➡ 해광구실 蟹筐俱失

蟹 게 해, 筐 광주리 광, 俱 함께 구, 失 잃을 실

【의미】 이것도 저것도 모두 잃어버리다. 되는 일이 아무 것도 없다.

【출전】 旬五志 下, 言彼此俱失

➡ 해기일 망우실 蟹旣逸 網又失

蟹 게 해, 旣 이미 기, 逸 달아날 일, 網 그물 망, 又 또 우, 失 잃을 실

【의미】 제대로 이루어진 일이 아무 것도 없다.

【출전】 靑莊館全書 권62 洌上方言, 言事無成也

➡ 해망구실 蟹網俱失

蟹 게 해, 網 그물 망, 俱 함께 구, 失 잃을 실

【의미】 하던 일이 모두 수포로 돌아가다.

【유래】 옛날에 이름이 '게'인 사람이 살고 있었는데, 그에게는 '구럭'이라 불리는 친구가 있었다. 둘은 아주 친했다. 게의 아내가 구럭의 외모에 빠져서 그를 남편으로 얻으려고 하였다. 그래서 약으로 남편인 게를 죽이자 구럭은 "선비는 자기를 알아주는 사람을 위해 죽는다." 하고는 그 자리에서 자결하고 말았다. 이렇게 해서 게의 아내는 게와 구럭을 다 잃고 말았다. 지금은 이것이 와전되어 '해망구실'이라고 쓰인다.

【출전】 松南雜識 方言類

【비교】 갯벌에서 게 잡다가 광주리만 잃었다.

게 새끼 나면서 집는다

➡ 해자수섬 오이지겸 蟹子雖纖 螯已知箝

蟹 게 해, 子 아들 자, 雖 비록 수, 纖 가늘 섬
螯 차오 오, 已 이미 이, 知 알 지, 箝 재갈먹일 겸

【의미】 악종으로 태어난 것은 어릴 때부터 남을 해친다.

【출전】 與猶堂全書 耳談續纂 東諺, 言惡種所生 自幼而害人

➡ 해재유자 오능색물 蟹纔有子 螯能齰物

蟹 게 해, 纔 겨우 재, 有 있을 유, 子 아들 자
螯 차오 오, 能 능할 능, 齰 물 색, 物 만물 물

【의미】 악종으로 태어난 것은 어릴 때부터 남을 해친다.

【출전】 星湖全書 권7 百諺解

【비교】 게 새끼는 집고, 고양이 새끼는 할퀸다.

게으른 선비 책장 넘기듯 한다

➡ 나사대권 열지빈과 懶士對卷 閱紙頻過

懶 게으를 나, **士** 선비 사, **對** 대할 대, **卷** 책 권
閱 검열할 열, **紙** 종이 지, **頻** 자주 빈, **過** 지날 과

【의미】 게으름만 피우면서 일을 제대로 할 생각은 않다.

【출전】 星湖全書 권7 百諺解

➡ 나유번책장 懶儒翻冊張

懶 게으를 나, **儒** 선비 유, **翻** 날 번, **冊** 책 책, **張** 베풀 장

【의미】 게으름만 피우면서 일을 제대로 할 생각은 않다.

【출전】 古今釋林 권28 東韓譯語 釋文, 게으런 션비 칙댱만 뒤진단 말.

➡ 여나유번책장 如懶儒飜冊丈

如 같을 여, **懶** 게으를 나, **儒** 선비 유, **飜** 뒤칠 번, **冊** 책 책, **丈** 어른 장

【의미】 마음이 엉뚱한 곳에 가 있어서 그저 손만 꼼지락거리다. 해야 할 일에 정신을 쏟지 않고 벗어날 궁리만 하다.

【출전】 東言解, 非心所當 唯手是弄

【비교】 게으른 여편네 밭고랑 세듯. 풀베기 싫어하는 놈이 단 수만 센다.

게 잡아 물에 놓는다

➡ 착해방수 捉蟹放水

捉 잡을 착, **蟹** 게 해, **放** 놓을 방, **水** 물 수

【의미】 쓸데없이 고생만 하고 보람이 없다.

【출전】 旬五志 下, 言徒勞無功

➡ 해기렵획 언방지수 蟹旣獵獲 焉放之水

蟹 게 해, **旣** 이미 기, **獵** 사냥 렵, **獲** 얻을 획
焉 어찌 언, **放** 놓을 방, **之** 갈 지, **水** 물 수

【의미】 기껏 고생하여 이룩한 일을 수포로 돌린다.

【출전】 星湖全書 권7 百諺解

겨울 토끼는 다니는 길로만 다닌다

➡ 한토주산 필천고보 寒兎走山 必踐故步

寒 찰 한, 兎 토끼 토, 走 달릴 주, 山 뫼 산
必 반드시 필, 踐 밟을 천, 故 옛 고, 步 걸음 보

【의미】 고지식하여 융통성이 없다.

【출전】 星湖全書 권7 百諺解

겨울날 딸기 찾는다

➡ 동월멱복분 冬月覓覆盆

• 冬 겨울 동, 月 달 월, 覓 찾을 멱, 覆 뒤집힐 복, 盆 동이 분

【의미】 구하기 어려운 것을 구하려고 하다.

【출전】 古今釋林 권28 東韓譯語 釋果, 싸을기 喩難得也

경상도의 좋지 못한 네 가지 단점

➡ 영남사악 嶺南四惡

嶺 재 령, 南 남녘 남, 四 넉 사, 惡 악할 악

【의미】 산세가 좋지 않고[山惡], 여자가 예쁘지 않고[女惡], 말 소리가 시끄럽고[聲惡], 음식 솜씨가 없는[食惡] 것 등을 말한다.

【출전】 未詳

경상도의 좋지 못한 세 가지 단점

➡ 영남삼악 嶺南三惡

嶺 재 령, 南 남녘 남, 三 석 삼, 惡 악할 악

【의미】 길이 나쁜 것[路惡], 기생이 예쁘지 않은 것[妓惡], 말이 좋지 못한 것[馬惡]을 말한다.

【출전】 未詳

경신년 글강 외듯

➡ 경신년서강 庚申年書講

庚 일곱째 천간 경, 申 아홉째 지지 신, 年 해 년, 書 쓸 서, 講 익힐 강

【의미】 여러 차례 거듭 부탁하다. 하지 않아도 될 말을 중언부언하다.
【출전】 東言解, 一試再試 何其重複

계란에도 뼈가 있다

➡ 계란유골 鷄卵有骨

鷄 닭 계, **卵** 알 란, **有** 있을 유, **骨** 뼈 골

【의미】 일이 안 풀리는 사람에게는 순조로운 일을 할 때에도 뜻밖의 장애가 생긴다.
【유래】 옛날 어떤 사람이 살았는데 그가 너무나 가난했기 때문에 임금이 그를 위해 특별히 명령을 내렸다. 즉 그 날 하루 새벽에 성문을 열면서 저녁에 문을 닫을 때까지 그 문으로 드나드는 물건은 모두 그에게 주라는 것이었다. 그런데 일이 어떻게 된 셈인지 그날따라 새벽부터 비바람이 쳐서 물건을 가진 이들이 한 사람도 지나가지 않았다. 그러다가 해가 저물 무렵에 한 사람이 계란 꾸러미를 들고 왔기에, 그것을 받아 집에 가지고 왔다. 계란을 삶아 먹으려고 하니 모두 곯아서 한 알도 먹을 수 없었다. 이 속담은 이 이야기에서 나온 것인데, '骨'은 '곯다'의 '곯'음을 따서 만들어졌다고 한다. 전하는 말에 그 박복한 사람은 고려 시대 사람 강일용(康日用)이라고도 하고 조선 세종 때의 명재상 황희黃喜라고도 한다.
【출전】 松南雜識 方言類 / 東言解, 窮者之事 意外生魔
【비교】 복 없는 무당은 경을 배웠어도 굿하는 집이 없다. 복 없는 봉사가 괘문을 배워 놓으면 감기 앓는 놈도 없다. 안 되는 놈은 집을 지어도 기둥이 부러진다. 재수 없는 놈은 곰을 잡아도 웅담이 없다.

계란으로 바위 치기

➡ 이란격석 以卵擊石

以 써 이, **卵** 알 란, **擊** 부딪칠 격, **石** 돌 석

【의미】 약한 것으로 강한 것을 당해내려는 무모한 태도.
【출전】 未詳
【비교】 개미가 정자나무 건드린다. 달걀로 백운대 친다. 토막나무에 낫걸이.

계열이 어미 재산 자랑한다

➡ 계열모과부 桂烈母誇富

桂 계수나무 계, **烈** 세찰 렬, **母** 어미 모, **誇** 자랑할 과, **富** 가멸 부

【의미】 이렇다 하게 가진 것도 없으면서 사람을 만나면 자랑을 늘어놓다.
【출전】 東言解, 雖無謂有 逢人輒矜

계집의 매도 자꾸 맞으면 아프다

➡ 처구수롱 항수즉통 妻毆雖弄 恒受則痛

妻 아내 처, 毆 몰 구, 雖 비록 수, 弄 희롱할 롱
恒 항상 항, 受 받을 수, 則 곧 즉, 痛 아플 통

【의미】 아주 사랑하는 사람이라고 해도 거듭 곤란하게 하면 기뻐하지 않는다.
【출전】 與猶堂全書 耳談續纂 東諺, 言雖相愛者 數困則不悅

곗술에 얼굴 내기

➡ 계주생면 契酒生面

契 맺을 계, 酒 술 주, 生 날 생, 面 낯 면

【의미】 남의 일을 빌미로 삼아 자기 일까지 본다. 남의 것으로 생색낸다.
【출전】 東言解

➡ 무장사주 이열오우 毋將社酒 以悅吾友

毋 말 무, 將 장차 장, 社 토지신 사, 酒 술 주
以 써 이, 悅 기쁠 열, 吾 나 오, 友 벗 우

【의미】 자기 물건은 축내지 않으면서 남의 일로 생색을 내려고 하다.
【출전】 與猶堂全書 耳談續纂 東諺, 戒不損己物 因他以沽恩

➡ 사주여인 략위기혜 社酒與人 掠爲己惠

社 토지신 사, 酒 술 주, 與 줄 여, 人 사람 인
掠 빼앗을 략, 爲 할 위, 己 자기 기, 惠 은혜 혜

【의미】 자기 물건은 축내지 않으면서 남의 일로 생색을 내려고 하다.
【출전】 星湖全書 권7 百諺解

고경립 바지 같다

➡ 고경립고 高景立袴

高 높을 고, 景 볕 경, 立 설 립, 袴 바지 고

【의미】 지저분하고 더러우며 천하다.

【출전】 東言解, 人賤衣汚 下類所處

고기는 씹어야 맛이다

➡ 육필세작 방각미미 肉必細嚼 方覺美味

肉 고기 육, 必 반드시 필, 細 가늘 세, 嚼 씹을 작
方 바야흐로 방, 覺 깨달을 각, 美 아름다울 미, 味 맛 미

【의미】 무슨 일이든 마음으로만 졸이지 말고 실제로 자신이 직접 해봐야 그 가치나 재미를 알 수 있다.

【출전】 星湖全書 권7 百諺解

고래 물결 악어 파도

➡ 경파악랑 鯨波鰐浪

鯨 고래 경, 波 물결 파, 鰐 악어 악, 浪 물결 랑

【의미】 거센 파도와 격랑을 비유하는 말. 고래 같은 물결과 악어 같은 파도가 바다를 뒤집고 땅을 울리는데, 물 기운이 사방에 가득하여 하늘 아래로 안개가 자욱하게 꼈다.

【출전】 玉樓夢 32回, 鯨波鰐浪 飜海動地 瀰漫水氣 下於半空而作霧

고래 싸움에 새우 등 터진다

➡ 경예투해 어하천사 鯨鯢鬪海 魚鰕遄死

鯨 고래 경, 鯢 도롱뇽 예, 鬪 싸움 투, 海 바다 해
魚 고기 어, 鰕 새우 하, 遄 빠를 천, 死 죽을 사

【의미】 강자끼리 서로 싸우게 되면 중간에 있는 약한 사람들이 피해를 보게 된다.

【출전】 星湖全書 권7 百諺解

➡ 경전하망 鯨戰蝦亡

鯨 고래 경, 戰 싸울 전, 蝦 새우 하, 亡 망할 망

【의미】 강자끼리 서로 싸우게 되면 중간에 있는 약한 사람들이 피해를 보게 된다.

【출전】 朝鮮宣祖實錄 권118 32년 10월 庚申

➡ 경전하사 鯨戰蝦死

鯨 고래 경, 戰 싸울 전, 蝦 새우 하, 死 죽을 사

【의미】 강자끼리 서로 싸우게 되면 중간에 있는 약한 사람들이 피해를 보게 된다.
【출전】 朝鮮光海君日記 권123 10년 정월 辛丑

➡ 경투하사 鯨鬪鰕死

鯨 고래 경, 鬪 싸움 투, 鰕 새우 하, 死 죽을 사

【의미】 고위 관리가 쓰러지면 그 제자나 관료들도 피해를 당하지 않을 수 없다. 강자끼리 서로 싸우게 되면 중간에 있는 약한 사람들이 피해를 보게 된다.
【출전】 與猶堂全書 耳談續纂 東諺, 喻大官相傾 其門生故吏無不受傷

➡ 하란경전 蝦爛鯨戰

蝦 새우 하, 爛 문드러질 란, 鯨 고래 경, 戰 싸울 전

【의미】 강자들끼리의 싸움에 억울하게 약자가 피해를 입는다.
【출전】 朝鮮仁祖實錄 권46 23년 12월 乙酉.

고삐가 길면 밟힌다

➡ 궐적태연 종수일천 厥靮太縯 終受一踐

厥 그 궐, 靮 고삐 적, 太 클 태, 縯 길 연
終 끝날 종, 受 받을 수, 一 한 일, 踐 밟을 천

【의미】 잘못을 저지르고도 고치지 않으면 끝내 크게 일을 그르치게 된다.
【출전】 與猶堂全書 耳談續纂 東諺, 言爲惡不悛 終有一敗

➡ 비장즉답 轡長則答

轡 고삐 비, 長 길 장, 則 곧 즉, 踏 밟을 답

【의미】 옳지 못한 일을 오래 하면 반드시 꼬리가 밟혀 탄로가 나게 된다.
【출전】 東言解, 稔於濫事 久必見覺

➡ 비장필천 轡長必踐

轡 고삐 비, 長 길 장, 必 반드시 필, 踐 밟을 천

【의미】 옳지 못한 일을 오래 하면 반드시 꼬리가 밟혀 탄로가 나게 된다.
【출전】 松南雜識 方言類, 言濫則必敗 / 旬五志 下, 言濫則必敗

➡ 비지장의 마필천언 轡之長矣 馬必踐焉

轡 고삐 비, 之 갈 지, 長 길 장, 矣 어조사 의
馬 말 마, 必 반드시 필, 踐 밟을 천, 焉 어찌 언

【의미】 남모르게 하는 일이라도 오래 하면 결국 꼬리가 밟혀 들통이 난다.
【출전】 星湖全書 권7 百諺解
【비교】 꼬리가 길면 밟힌다.

고슴도치 오이 지듯

➡ 여위부과 如蝟負瓜

如 같을 여, 蝟 고슴도치 위, 負 질 부, 瓜 오이 과

【의미】 어떻게 해보려고 해도 찔려 어쩔 수 없다. 이곳 저곳에서 남에게 빚을 많이 짊어졌다.
【출전】 東言解, 能制則刺 抔已有

➡ 여위부과 장견만공 如蝟負瓜 將見蔓空

如 같을 여, 蝟 고슴도치 위, 負 질 부, 瓜 오이 과
將 장차 장, 見 볼 견, 蔓 덩굴 만, 空 빌 공

【의미】 이곳 저곳에서 남에게 빚을 많이 짊어졌다.
【출전】 未詳
【비교】 대추나무에 연 걸리듯.

고슴도치도 제 새끼는 예쁘다 여긴다

➡ 위애자 위모미 蝟愛子 謂毛美

蝟 고슴도치 위, 愛 사랑 애, 子 아들 자, 謂 이를 위, 毛 털 모, 美 아름다울 미

【의미】 누구나 자기 자식의 허물은 잘 알지 못한다.
【출전】 靑莊館全書 권62 洌上方言, 言莫知其子之惡也

고양이 덕과 며느리 덕은 알지 못한다

➡ 묘덕부덕부지 猫德婦德不知

猫 고양이 묘, 德 덕 덕, 婦 며느리 부, 德 덕 덕, 不 아닐 부, 知 알 지,

【의미】 비록 눈에 드러나는 공덕은 없어도 저절로 말없이 의지하게 되다. 드러나지 않게 항상 베푸는 작은 덕은 알아주지 않는다.
【출전】 東言解, 雖無顯功 自然默賴

부록

고양이로 고양이 바꾸기

➡ 이묘역묘 以猫易猫

以 써 이, 猫 고양이 묘, 易 바꿀 역

【의미】 사람을 바꿔도 별 성과가 없다. 능력이 비슷한 사람끼리 바꾸고는 생색만 낸다.

【출전】 朝鮮中宗實錄 권20 9년 9월 丁亥.

➡ 이묘역묘 영류기순 以猫易猫 寧留其馴

以 써 이, 猫 고양이 묘, 易 바꿀 역, 寧 어찌 녕, 留 머무를 류, 其 그 기, 馴 길들 순

【의미】 사람을 바꿔도 별 성과가 없다. 능력이 비슷한 사람끼리 바꾸고는 생색만 낸다.

【출전】 星湖全書 권7 百諺解

고양이 목에 방울 달기

➡ 묘항현령 猫項懸鈴

猫 고양이 묘, 項 목 항, 懸 매달 현, 鈴 방울 령

【의미】 옛날에 쥐들이 모여 논의하였다. "어떻게 하면 고양이의 행패를 면할 수 있을까?" 그 때 한 쥐가 말했다. "고양이 목에 방울을 달아놓으면 그 놈이 오는 것을 알 수 있잖아." 모두 정말로 좋은 방법이라고 입을 모았다. 그러자 어떤 쥐가 말했다. "좋긴 좋은데, 그러면 누가 고양이 목에 방울을 달지?" 하기 어려운 일은 도모해서는 안 된다는 비유로 쓰이는데, '하늘에다 망치 달기'라는 속담과 뜻이 같다.

【출전】 松南雜識 方言類, 群鼠聚謀日 猫之害何以防之 一鼠日 懸鈴於猫項 則可知其來 皆日誠妙矣 一鼠日 善卽善矣 但孰能懸之 以喩難事之不可圖者 若懸椎於天上之謂也 / 旬五志 下

➡ 피묘지항 숙현기령 彼猫之項 孰懸其鈴

彼 저 피, 猫 고양이 묘, 之 갈 지, 項 목 항
孰 누구 숙, 懸 매달 현, 其 그 기, 鈴 방울 령

【의미】 실천할 방법도 없는 일을 두고 공연히 논의를 하다.

【출전】 星湖全書 권7 百諺解

고양이 발에 덕석, 말갈기에 도꼬마리

➡ 묘조고석 마렵자시 貓爪稿席 馬鬣刺葹

貓 고양이 묘, 爪 손톱 조, 稿 볏짚 고, 席 자리 석
馬 말 마, 鬣 갈기 렵, 刺 찌를 자, 葹 도꼬마리 시

【의미】 고양이가 짚 덕석을 밟으면 잘 떨어지지 않기 때문에, 서로 합해서 잘 어울리는 것을 말한다.

【출전】 星湖全書 권7 百諺解

➡ 묘족고석 猫足藁席

猫 고양이 묘, 足 발 족, 藁 볏짚 고, 席 자리 석

【의미】 한번 발에 붙으면 쉽게 떨어지지 않는다. 아주 친하여 가까운 사이. 두 사람이 아주 다정한 모습이나 아무도 모르게 감쪽같이 하는 행위를 말한다.

【출전】 東言解, 踏着不離 善於親合

고양이 불알 앓는 소리

➡ 본통묘 本痛猫

本 밑 본, 痛 아플 통, 猫 고양이 묘

【의미】 아무 뜻도 없는 말을 맥없이 지루하고 듣기 싫게 흥얼거리다.

【출전】 東言解

【비교】 내시 이 앓는 소리. 벙어리 발등 앓는 소리. 불 탄 강아지 앓는 소리. 비 맞은 중놈 같다. 여든에 이 앓는 소리.

고양이 수파 쓴 것 같다

➡ 묘착수파 猫着繡帕

猫 고양이 묘, 着 붙을 착, 繡 수놓을 수, 帕 머리띠 파

【의미】 형체는 빈약하면서 입성은 풍성하여 그 몸이 더욱 초라해 보인다. 본래 보잘것없이 생긴 주제에 어울리지 않는 옷을 입은 모양. 수파(繡帕)는 수를 놓아 만든 장신구로, 이마를 두르고 목에 건다.

【출전】 東言解, 形眇服盛 尤身其孱

고양이 앞에 쥐 걸음

➡ 가유축묘 서불자행 家有畜猫 鼠不恣行

家 집 가, 有 있을 유, 畜 기를 축 猫 고양이 묘
鼠 쥐 서, 不 아닐 불, 恣 방자할 자, 行 갈 행

【의미】 무서운 사람 앞에서 오금이 저려 절절 긴다.

【출전】 朝鮮中宗實錄 권31 13년 정월 甲寅.

고양이에게 밴댕이 달랜다

➡ 묘전걸소어 猫前乞蘇魚

猫 고양이 묘, 前 앞 전, 乞 빌 걸, 蘇 차조기 소, 魚 고기 어

【의미】 호랑이 앞에서 고기 달라기. 도모하기 어려운 일은 도모할 수 없다. 고양이 앞에서 밴댕이 달래기도 같은 뜻이다.

【출전】 松南雜識 方言類, 虎前乞肉 言難圖者不可圖也 亦猫前乞蘇魚之說

고양이 죽 쑤어 줄 것 없고 생쥐 볼가심 할 것 없다

➡ 무전묘비 무비서시 無饘猫鼻 無畀鼠腮

無 없을 무, 饘 철갑상어 전, 猫 고양이 묘, 鼻 코 비, 畀 줄 비, 鼠 쥐 서, 腮 뺨 시

【의미】 쌀 단지가 다 비어 있다. 너무나 가난해서 먹을 것이 아무것도 없다.

【출전】 與猶堂全書 耳談續纂 拾遺, 言甁罌俱空也

고욤이 아무리 달아도 감보다는 못하다

➡ 나지영첨 종불급시 那知梬甛 終不及柿

那 어찌 나, 知 알 지, 梬 고욤나무 영, 甛 달 첨
終 끝날 종, 不 아닐 불, 及 미칠 급, 柿 감 시

【의미】 별 볼 일없는 물건이 아무리 많아도 가치 있는 물건 하나만 못하다.

【출전】 星湖全書 권7 百諺解

고운 사람 미운 데 없고, 미운 사람 고운 데 없다

➡ 애인무가증 증인무가애 愛人無可憎 憎人無可愛

愛 사랑 애, 人 사람 인, 無 없을 무, 可 옳을 가, 憎 미워할 증

【의미】 전하는 말에 사랑하면서도 그 허물을 알고 미워하면서도 그 장점을 아는 사람은 세상에 드물다고 하여 사랑하면 허물이 있어도 알지 못하고 미워하면 장점이 있어도 알지 못한다는 뜻이다.

【출전】 旬五志 下, 傳曰 愛而知其惡 憎而知其美者 天下鮮矣 凡人不能如此 愛之則有惡而不知 憎之則有善而不知 其於聖訓 相反遠矣 惜哉

곡령엔 소나무가 푸르고, 계림엔 나뭇잎에 노래진다

➡ 곡령청송 계림황엽 鵠嶺青松 鷄林黃葉

鵠 고니 곡, **嶺** 재 령, **青** 푸를 청, **松** 소나무 송
鷄 닭 계, **林** 수풀 림, **黃** 누를 황, **葉** 잎 엽

【의미】 최치원이 했다고 하는 말. 신라가 장차 망하고 고려가 장차 흥하리라는 예언이다.

【출전】 東文選 권2 三都賦(崔滋)

곤쟁이젓

➡ 감동해 感動醢

感 느낄 감, **動** 움직일 동, **醢** 젓갈 해

【의미】 옛날 중국 사신이 황해도 해주 땅을 지나다가 곤쟁이젓으로 담근 외김치를 먹고는 고향에 계신 어머니를 생각하여 차마 먹지 못하자 곤쟁이젓을 구해 주었더니 몹시 감동했다는 이야기에서 유래하였다.

【출전】 於于野談 권3 學藝篇 衣食

골짜기서 배운 노래로 명창 나지 않는다

➡ 동중학가 예무명창 洞中學歌 例無名唱

洞 골 동, **中** 가운데 중, **學** 배울 학, **歌** 노래 가
例 법식 례, **無** 없을 무, **名** 이름 명, **唱** 노래 창

【의미】 배운 견문이 좁으면 큰 인물이 되기 어렵다.

【출전】 星湖全書 권7 百諺解

공든 탑이 무너지랴

➡ 적공성탑 종역불붕 積功成塔 終亦不崩

積 쌓을 적, **功** 공 공, **成** 이룰 성, **塔** 탑 탑
終 끝날 종, **亦** 또 역, **不** 아닐 불, **崩** 무너질 붕

【의미】 일을 할 때 정성을 다해 확실하게 처리하면 쉽게 그르치지 않는다.
【출전】 星湖全書 권7 百諺解

➡ 적공지탑불타 積功之塔不墮

積 쌓을 적, **功** 공 공, **之** 갈 지, **塔** 탑 탑, **不** 아닐 불, **墮** 떨어질 타

【의미】 일을 할 때 정성을 다해 확실하게 처리하면 쉽게 실패하지 않는다. 공을 들여 탑을 세우면 당연히 튼튼하고 견고할 것이다. 정성을 다해 일을 하면 반드시 그 덕을 입는다는 비유다.
【출전】 松南雜識 方言類, 積功造塔者 必牢固 以喩有功自食其力 / 旬五志 下, 積功造塔者 必應牢固 以喩有功者 自食其功

➡ 적공지탑 종고불탑 積功之塔 終古不塌

積 쌓을 적, **功** 공 공, **之** 갈 지, **塔** 탑 탑
終 끝날 종, **古** 옛 고, **不** 아닐 불, **塌** 떨어질 탑

【의미】 일을 할 때 정성을 다해 확실하게 처리하면 쉽게 실패하지 않는다.
【출전】 與猶堂全書 耳談續纂 東諺, 言作事牢固 不易壞也

➡ 적공탑불허탑 積功塔不虛塌

積 쌓을 적, **功** 공 공, **塔** 탑 탑, **不** 아닐 불, **虛** 빌 허, **塌** 떨어질 탑

【의미】 일을 할 때 정성을 다해 확실하게 처리하면 쉽게 무너지지 않는다.
【출전】 靑莊館全書 권62 洌上方言, 言勞力之事 不至虛敗也

공양할 땐 평등이라

➡ 평등공양 平等供養

平 평평할 평, **等** 가지런할 등, **供** 이바지할 공, **養** 기를 양

【의미】 주인 나그네 없이 고루 음식을 주니 이를 일러 평등공양이라 한다.
【출전】 古今釋林 권28 東韓譯語 釋食, 無主客均饋 謂之平等供養

과거 전에 창부

➡ 과전창부 科前倡夫

科 과정 과, **前** 앞 전, **倡** 여광대 창, **夫** 지아비 부

【의미】 일이 이루어지기도 전에 다된 것처럼 행동하다. 아무 대책도 없이 어리석고 망령된 행동을 하다. 과거를 앞두고 경전 공부에 부지런해야 할 선비가 기방에서 노래나 부르며 세월을 보내다.

【출전】 東言解, 未成預必 旣癡其妄

과부댁 은 팔아먹기

➡ 과부댁매은식 寡婦宅賣銀食

寡 적을 과, **婦** 며느리 부, **宅** 댁 댁, **賣** 팔 매, **銀** 은 은, **食** 밥 식

【의미】 새로 나올 것이 없어서 쌓아둔 옛 물건만 잡혀 먹는다.

【출전】 東言解, 望斷新殖 徒耗舊儲

과부집 수코양이 같다

➡ 과부댁웅묘 寡婦宅雄猫

寡 적을 과, **婦** 며느리 부, **宅** 댁 댁, **雄** 수컷 웅, **猫** 고양이 묘

【의미】 돌보는 사람이 없이 자라서 버릇이 없고 사고를 잘 저지른다. 한밤중에 고양이가 소란을 피워 이웃 사람들로부터 공연한 의심을 산다.

【출전】 東言解, 無人幇助 有物作弊

관가 돼지 배 앓는 격

➡ 관뢰유시 수념복통 官牢有豕 誰念腹痛

官 벼슬 관, **牢** 우리 뢰, **有** 있을 유, **豕** 돼지 시
誰 누구 수, **念** 생각할 념, **腹** 배 복, **痛** 아플 통

【의미】 근심이 있어도 누구 하나 알아주는 이가 없어 혼자 끙끙 앓는다.

【출전】 星湖全書 권7 百諺解

➡ 관저복통 官猪腹痛

官 벼슬 관, **猪** 돼지 저, **腹** 배 복, **痛** 아플 통

【의미】 소홀히 보아서 아무도 걱정하지 않는다. "월나라 사람 진나라 사람 여윈 것 보듯 한다."와 같다.

【출전】 松南雜識 方言類, 言泛視不憂也 亦越視秦瘠 / 旬五志 下, 言泛視不憂

부록

관가에 일이 없으면 촌 동네도 조용하다

➡ 공부무사 촌항방안 公府無事 邨巷方安

公 공변될 공, **府** 곳집 부, **無** 없을 무, **事** 일 사
邨 마을 촌, **巷** 거리 항, **方** 바야흐로 방, **安** 편안할 안

【의미】 관청에서 벌이는 일치고 신통한 일 없다. 공연히 주민들만 괴롭히는 일을 벌이기 때문에 관청에서 일을 하지 않는 것이 차라리 백성들에게 도움이 된다.
【출전】 星湖全書 권7 百諺解

광주 생원의 첫 서울 나들이라

➡ 광주생원초입경 廣州生員初入京

廣 넓을 광, **州** 고을 주, **生** 날 생, **員** 수효 원, **初** 처음 초, **入** 들 입, **京** 서울 경

【의미】 화려하고 번화한 곳에 처음 와서 정신이 벙벙하다. 또는 어떤 일에 미숙해서 보는 것마다 새롭다.
【출전】 東言解

괴 딸 아비

➡ 괴달부 怪達父

怪 기이할 괴, **達** 통달할 달, **父** 아비 부

【의미】 어디서 왔는지 내력을 전혀 알 수 없는 사람을 말한다.
【출전】 東言解, 僧耶俗耶 他人入室

구걸은 함께 가지 않는다

➡ 걸불병행 乞不并行

乞 빌 걸, **不** 아닐 불, **并** 어우를 병, **行** 갈 행

【의미】 여러 사람이 함께 요구를 하면 감당할 수 없기 때문에 몰려가서는 안 된다.
【출전】 松南雜識 方言類
【비교】 같이 다니는 거지는 동냥 못한다.

구덩이 떨어진 사람에게 돌 던진다

➡ 하정투석 下穽投石

下 아래 하, 穽 허방다리 정, 投 던질 투, 石 돌 석

【의미】 미워하는 정도가 지나치다.

【출전】 旬五志 下, 言嫉之已甚

구멍 봐 가며 쐐기 깎는다

➡ **수조변예 隨鑿變枘**

隨 따를 수, 鑿 연장 조, 變 변할 변, 枘 장부 예

【의미】 일을 할 때에는 상황과 처지를 살펴가며 해야 한다.

【출전】 大東野乘 권13 龍泉談寂記 序

구석진 골목과 궁벽한 마을

➡ **벽항궁촌 僻巷窮村**

僻 후미질 벽, 巷 거리 항, 窮 다할 궁, 村 마을 촌

【의미】 아주 오지에 있는 마을.

【출전】 松南雜識 方言類

구슬 이지러진 것은 갈면 되지만, 말 이지러진 것은 바로잡을 수 없다

➡ **백규지점상가마 사언지점불가위**
白圭之玷尙可磨 斯言之玷不可爲

白 흰 백, 圭 홀 규, 之 갈 지, 玷 이지러질 점, 尙 오히려 상, 可 옳을 가
磨 갈 마, 斯 이 사, 言 말씀 언, 不 아닐 불, 爲 할 위

【의미】 한 번 잘못 뱉은 말은 바로잡기 어려우니 말을 조심해야 한다.

【출전】 未詳

【비교】 솟은 땀은 되들어가지 않고, 뱉은 말은 지울 수 없다. 칼날 흠은 고쳐도 말 흠은 못 고친다.

구슬이 서 말이라도 꿰어야 보배

➡ **진주십두 관내성보 眞珠十斗 貫乃成寶**

眞 참 진, 珠 구슬 주, 十 열 십, 斗 말 두

貫 꿸 관, **乃** 이에 내, **成** 이룰 성, **寶** 보배 보

【의미】 아무리 바탕이 좋아도 잘 다듬고 가꾸지 않으면 쓸모 있는 물건이 되지 못한다.

【출전】 星湖全書 권7 百諺解

구운 게도 다리를 떼고 먹는다

➡ 구해거족식 灸蟹去足食

灸 뜸 구, **蟹** 게 해, **去** 없앨 거, **足** 발 족, **食** 먹을 식

【의미】 비록 걱정할 필요가 없을 줄 알아도 환란은 미리 막는 것이 유익하다.

【출전】 東言解, 雖知無慮 猶益防患

➡ 기구지해 우거기각 旣灸之蟹 又去其脚

旣 이미 기, **灸** 뜸 구, **之** 갈 지, **蟹** 게 해, **又** 또 우, **去** 갈 거, **其** 그 기, **脚** 다리 각

【의미】 재앙을 없애기 위해서는 위기만 대충 넘기고 근심을 잊어서는 안 된다.

【출전】 星湖全書 권7 百諺解

➡ 기번지오 역거기오 旣燔之螯 亦去其鰲

旣 이미 기, **燔** 구울 번, **之** 갈 지, **螯** 차오 오

亦 또 역, **去** 갈 거, **其** 그 기, **鰲** 다리 오

【의미】 재앙을 없애기 위해서는 위기만 대충 넘기고 근심을 잊어서는 안 된다.

【출전】 與猶堂全書 耳談續纂 東諺, 喩除害務盡 不可略除而忘憂

【비교】 다리를 건너갈 때에는 말에서 내려라. 돌다리도 두드려보면서 건너라. 무른 감도 쉬어가면서 먹어라.

국에 댄 놈 냉수 보고도 분다

➡ 징갱취냉수 懲羹吹冷水

懲 혼날 징, **羹** 국 갱, **吹** 불 취, **冷** 찰 냉, **水** 물 수

【의미】 지난 번 일로 혼이 난 사람은 비슷한 것만 보아도 겁이 나서 미리 조심을 한다.

【출전】 旬五志 下, 言懲前怯後 如懲羹吹韮之類

【비교】 국에 덴 놈은 회도 불어 먹는다.

국에 댄 놈 부추나물 보고도 분다

➡ 징갱취구 懲羹吹韮

懲 혼날 징, 羹 국 갱, 吹 불 취, 韮 부추 구

【의미】 지난 번 일로 혼이 난 사람은 비슷한 것만 보아도 겁이 나서 미리 조심을 한다.

【출전】 旬五志 下, 言懲前怯後 如懲羹吹韮之類

굶어 죽기는 정승하기보다 어렵다

➡ 아사지난 난어작상 餓死之難 難於作相

餓 주릴 아, 死 죽을 사, 之 갈 지, 難 어려울 난
於 어조사 어, 作 지을 작, 相 재상 상

【의미】 아무리 가난하여 먹고 살 게 없다고 해도 웬만해서는 굶어 죽지 않는다.

【출전】 星湖全書 권7 百諺解

굶으면 비단이 한 끼라

➡ 금단지귀 기역일병 錦段至貴 飢亦一餠

錦 비단 금, 段 구분 단, 至 지극할 지, 貴 귀할 귀
飢 주릴 기, 亦 또 역, 一 한 일, 餠 떡 병

【의미】 호화로운 생활도 한 때에 지나지 않는다. 비단으로 만든 귀한 옷이라 해도 팔면 한 끼 식사 값에 지나지 않는다.

【출전】 星湖全書 권7 百諺解

➡ 금수의 끽일시 錦繡衣 喫一時

錦 비단 금, 繡 수 수, 衣 옷 의, 喫 마실 끽, 一 한 일, 時 때 시

【의미】 호화로운 생활도 한 때에 지나지 않는다. 비단으로 만든 귀한 옷이라 해도 팔면 한 끼 식사 값에 지나지 않는다.

【출전】 靑莊館全書 권62 洌上方言, 言豪華不過一時也 雖錦繡之衣 賣之不過一朝之食

➡ 기무가간 필금일찬 飢無可慳 疋錦一餐

飢 주릴 기, 無 없을 무, 可 옳을 가, 慳 아낄 간
疋 필 필, 錦 비단 금, 一 한 일, 餐 먹을 찬

【의미】 천하의 어떤 물건도 밥 먹는 일보다 급한 것은 없다.

【출전】與猶堂全書 耳談續纂 東諺, 言天下之物 莫急於食

굶주린 호랑이가 내시를 가리랴

➡ 호기곤 불택환 虎飢困 不擇宦

虎 범 호, 飢 주릴 기, 困 괴로울 곤, 不 아닐 불, 擇 가릴 택, 宦 벼슬 환

【의미】일이 위급한 처지에 빠지면 가고 올 것을 가릴 수 없다. 내시는 비록 완전한 사람은 아니지만 굶주린 호랑이는 이를 가릴 겨를이 없다.

【출전】靑莊館全書 권62 冽上方言, 言事到危急 無所揀擇去就 宦雖未成人 飢虎不暇擇也

굿 뒤에 날장구

➡ 신사이과 명부언용 神祀已過 鳴缶焉用

神 귀신 신, 祀 제사 사, 已 이미 이, 過 지날 과
鳴 울 명, 缶 장군 부, 焉 어찌 언, 用 쓸 용

【의미】때가 이미 지나간 뒤에 하는 짓. 일을 해도 보람이 없다.

【출전】星湖全書 권7 百諺解

➡ 신사후 낭명부 神祀後 浪鳴缶

神 귀신 신, 祀 제사 사, 後 뒤 후, 浪 물결 랑, 鳴 울 명, 缶 장군 부

【의미】쓰임이 적절하지 않다. 귀신을 보낸 것이 꽤 지났는데 장구를 울려대면 늦은 것이 그 얼마인가?

【출전】靑莊館全書 권62 冽上方言, 言不適用也 送神已久 缶猶鳴 其奈歇後何

➡ 신사후명부 神祀後鳴缶

神 귀신 신, 祀 제사 사, 後 뒤 후, 鳴 울 명, 缶 장군 부

【의미】일이 너무 늦었다.

【출전】旬五志 下, 言後於事

➡ 신사후주부 神祀後晝缶

神 귀신 신, 祀 제사 사, 後 뒤 후, 晝 낮 주, 缶 장군 부

【의미】전날 밤에 이미 치른 행사에 다음날 낮이 되어서야 나타났으니 그 얼마나 적시가 아닌가.

【출전】東言解, 只卜其夜 又何非時

【비교】 사또 행차 떠난 뒤에 나팔 분다.

굿이나 보고 떡이나 먹지

➡ 관광단끽병 觀光但喫餠

觀 볼 관, **光** 빛 광, **但** 다만 단, **喫** 마실 끽, **餠** 떡 병

【의미】 능력이 부족하면 일이 되어가는 상황을 지켜보다가 주는 것이나 받아먹지 쓸데없이 남의 일에 관여하지 말라.

【출전】 熱河日記 渡江錄, 以余手劣黜之座 但囑安坐飮酒 諺所謂觀光但喫餠也 尤爲忿恨 亦復奈何

궁노루 묶듯

➡ 여박궁장 如縛宮獐

如 같을 여, **縛** 묶을 박, **宮** 집 궁, **獐** 노루 장

【의미】 궁노루는 사납고 굳세서 쉽게 달아나니 단단히 묶어 풀리지 않게 한다. 아랫사람을 지나치게 부드럽게 대해주면 버릇없이 굴게 되므로 단단히 단속해야 한다.

【출전】 東言解, 悍健易逸 固束難緩

귀 막고 방울 도둑질하기

➡ 엄이도령 掩耳盜鈴

掩 가릴 엄, **耳** 귀 이, **盜** 훔칠 도, **鈴** 방울 령

【의미】 얕은 꾀로 남을 속이려 들다. 자취를 숨겨서 남들이 모르게 하려는 것으로, 당나라 고조의 "귀 막고 방울 도둑질하기"라는 말과 같다.

【출전】 旬五志 下, 言欲自掩迹 而不覺人知 似唐高祖掩耳盜鈴之語

➡ 엄이투령 위인막문 掩耳偸鈴 謂人莫聞

掩 가릴 엄, **耳** 귀 이, **偸** 훔칠 투, **鈴** 방울 령
謂 이를 위, **人** 사람 인, **莫** 없을 막, **聞** 들을 문

【의미】 얕은 꾀를 써서 남을 속이려 들다.

【출전】 星湖全書 권7 百諺解

귀에 걸면 귀걸이 코에 걸면 코걸이

➡ 이현령 비현령 耳懸鈴 鼻懸鈴

耳 귀 이, 懸 매달 현, 鈴 방울 령, 鼻 코 비

【의미】 보는 상황이나 관점에 따라 같은 일도 다르게 보일 수 있다. 자기 멋대로 기준을 바꿔 자신에게 좋을 대로 해석하다.

【출전】 松南雜識 方言類

그림 속의 떡

➡ 지상병화 紙上餠畵

紙 종이 지, 上 위 상, 餠 떡 병, 畵 그림 화

【의미】 마음으로만 기다려서는 일이 되지 않고 직접 실천해야 실현도 가능하다. 파경노가 말했다. "그림 속 떡을 하루 종일 바라본들 어찌 배가 부르겠는가? 반드시 먹은 뒤에야 배가 부를 것이다."

【출전】 崔孤雲傳, 鏡奴曰 紙上餠畵 終日見之 何飽之有 必食然後可以飽之

➡ 화중유병 수미수담 畵中有餠 雖美誰啖

畵 그림 화, 中 가운데 중, 有 있을 유, 餠 떡 병
雖 비록 수, 美 아름다울 미, 誰 누구 수, 啖 먹을 담

【의미】 보기에 좋긴 하지만 가지거나 쓸 수가 없다.

【출전】 星湖全書 권7 百諺解

➡ 화중지병 畵中之餠

畵 그림 화, 中 가운데 중, 之 갈 지, 餠 떡 병

【의미】 보기에 좋긴 하지만 가지거나 쓸 수가 없다.

【출전】 未詳

【비교】 고양이 꼬막조개 보듯 한다.

그물을 들면 그물코는 딸려온다

➡ 망거목수 網擧目隨

網 그물 망, 擧 들 거, 目 눈 목, 隨 따를 수

【의미】 머리를 삶으면 귀도 절로 삶긴다. 큰 부분을 잘 다스리면 나머지 부분도 절로 따라온다. '강거목수'도 마찬가지 뜻이다.

【출전】 松南雜識 方言類, 烹頭耳熟 言治其渠魁 餘皆自服也 亦網擧目隨

글방 종도 강을 들으면 글에 능하다

➡ **횡례청강 이습능기 黌隷聽講 耳習能記**

黌 글방 횡, **隷** 붙을 례, **聽** 들을 청, **講** 익힐 강
耳 귀 이, **習** 익힐 습, **能** 능할 능, **記** 기록할 기

【의미】 제아무리 어리석은 사람도 같은 일을 반복하면 숙련된 솜씨를 보인다. 서당 개 삼년에 풍월을 읊는다.

【출전】 星湖全書 권7 百諺解

금슬지락琴瑟之樂이 없어진 슬픔

➡ **척금지통 擲琴之痛**

擲 던질 척, **琴** 거문고 금, **之** 갈 지, **痛** 아플 통

【의미】 아내를 잃은 슬픔.

【출전】 寒暄箚錄 권3 妻喪 破格

금천 원님 서울 올라 다니듯 한다

➡ **금천쉬 상경행 衿川倅 上京行**

衿 옷깃 금, **川** 내 천, **倅** 고을원 쉬, **上** 오를 상, **京** 서울 경, **行** 갈 행

【의미】 일을 빨리 하려고 하지만 오히려 더디게 진행되다.

【출전】 東言解, 雖曰欲速 失之太緩

급하다고 바늘허리에 실 꿰어 쓸까

➡ **무이용급 선박침요 毋以用急 線縛鍼腰**

毋 말 무, **以** 써 이, **用** 쓸 용, **急** 급할 급
線 줄 선, **縛** 묶을 박, **鍼** 바늘 침, **腰** 허리 요

【의미】 일이 아무리 급해도 순서에 따라야 해결이 가능하다.

【출전】 星湖全書 권7 百諺解

급하면 쥐구멍 찾는다

➡ 환지방찬 구입서혈 患至方竄 求入鼠穴

患 근심 환, 至 이를 지, 方 모 방, 竄 숨을 찬
求 구할 구, 入 들 입, 鼠 쥐 서, 穴 구멍 혈

【의미】 형세가 몹시 다급해서 몸을 숨기려고 애쓰다.

【출전】 星湖全書 권7 百諺解

급히 먹은 밥에 목이 멘다

➡ 급담반 색후관 急噉飯 塞喉管

急 급할 급, 噉 씹을 담, 飯 밥 반, 塞 막힐 색, 喉 목구멍 후, 管 피리 관

【의미】 일을 급히 서두르다 보면 실패하기 쉽다.

【출전】 青莊館全書 권62 洌上方言, 言事欲成必敗也

➡ 도도지식 필열기상 饕饕之食 必咽其嗓

饕 탐할 도, 之 갈 지, 食 밥 식, 必 반드시 필, 咽 목멜 열, 其 그 기, 嗓 목구멍 상

【의미】 빨리 나아가려고 급히 서두르는 사람은 반드시 넘어지거나 거꾸러진다.

【출전】 與猶堂全書 耳談續纂 東諺, 言貪進疾驟者 必致跲敗

➡ 망식일후 忙食噎喉

忙 바쁠 망, 食 먹을 식, 噎 목멜 일, 喉 목구멍 후

【의미】 너무 서두르다가는 일을 제대로 이루지 못한다.

【출전】 旬五志 下, 言欲速不達

➡ 연망급찬 반식인색 緣忙急餐 反致咽塞

緣 가선 연, 忙 바쁠 망, 急 급할 급, 餐 먹을 찬
反 되돌릴 반, 致 보낼 치,] 咽 목구멍 인, 塞 막힐 색

【의미】 일을 너무 서두르면 제대로 이루어지지 않는다.

【출전】 星湖全書 권7 百諺解

기르던 개에게 다리를 물렸다

➡ 양구서종 養狗噬踵

養 기를 양, 狗 개 구, 噬 씹을 서, 踵 발꿈치 종

【의미】 믿었던 사람에게 오히려 배신을 당하다.
【출전】 古今釋林 권28 東韓譯語 釋獸, 나 기른 ㄱ 발뒤축 무다.

➡ 여소축견 내서아천 予所畜犬 迺噬我腨

予 나 여, 所 바 소, 畜 쌓을 축, 犬 개 견
迺 이에 내, 噬 씹을 서, 我 나 아, 腨 장딴지 천

【의미】 힘써 기른 것이 오히려 나를 해치다. 제가 은혜를 베푼 사람에게 도리어 해를 입다.
【출전】 與猶堂全書 耳談續纂 東諺, 言我所豢養者 反害我

기름이 다 닳으면 등불은 꺼진다

➡ 유진등멸 油盡燈滅

油 기름 유, 盡 다될 진, 燈 등잔 등, 滅 멸망할 멸

【의미】 사람은 나이를 먹으면 결국 죽게 된다.
【출전】 未詳

기생은 중학생이 범하고 파직은 활인서 별제가 당한다

➡ 중학생화간 활인별제파직 中學生花姦 活人別提罷職

中 가운데 중, 學 배울 학, 生 날 생, 花 꽃 화, 姦 간사할 간
活 살 활, 人 사람 인, 別 나눌 별, 提 끌 제, 罷 방면할 파, 職 벼슬 직

【의미】 엉뚱한 일로 화를 당하는 경우가 있다.
【유래】 어떤 사인(舍人)이 응향각(凝香閣)에서 연회를 열어 밤이 깊어서야 끝났다. 한 기생이 집으로 돌아가는데 중학의 유생이 길을 가로막고 희롱을 던졌다. 기생이 옷을 뿌리치고 빠져나가려고 하는 바람에 옷이 찢어졌다. 기생이 사인에게 달려가 하소연하니 화가 난 사인이 말했다. "중학에는 숙직하는 관원이 아무도 없단 말이냐? 유생이 이런 장난을 치다니 고이얀 일이로다." 마침내 이조 낭관(郎官)에게 고발하였다. 이조의 서리가 낭관에게 무슨 일이 생길까 두려워하여 낭관이 활인서에 적간(摘奸)하러 갔다가 날이 저물어 성문이 닫혔기 때문에 돌아오지 못했다고 꾸며 말했다. 낭관도 이 거짓말에 입을 맞추려고 파루 치기를 기다렸다가 활인서로 적간을 하러 갔다. 그 때 마침 별제가 숙직을 건너뛰었기 때문에 파면시켜 버렸다. 그래서 당시 사람들이 "중학생의 화간에 활인서 별제가 파직을 당했다."고 하면서, 어이없이 횡액을 당하는 것을 여기에 비유했다.

【출전】 旬五志 下

기와 한 장 아끼다가 대들보 썩힌다

➡ 석일와옥량좌 惜一瓦屋樑挫

惜 아낄 석, **一** 한 일, **瓦** 기와 와, **屋** 집 옥, **樑** 들보 량, **挫** 꺾을 좌

【의미】 작은 일부터 조심하지 않으면 반드시 큰 재앙을 만나게 된다.

【출전】 靑莊館全書 권62 洌上方言, 言不愼其始 必遭大患也

➡ 석일와편 거량내부 惜一瓦片 巨樑乃腐

惜 아낄 석, **一** 한 일, **瓦** 기와 와, **片** 조각 편
巨 클 거, **樑** 들보 량, **乃** 이에 내, **腐** 썩을 부

【의미】 작은 일부터 조심하지 않으면 큰 재앙을 만나게 된다.

【출전】 星湖全書 권7 百諺解

➡ 유석일와 양최대하 由惜一瓦 樑摧大廈

由 말미암을 유, **惜** 아낄 석, **一** 한 일, **瓦** 기와 와
樑 들보 량, **摧** 꺾을 최, **大** 큰 대, **廈** 큰집 하

【의미】 작은 비용을 아까워하다가 큰 그릇을 잃는다.

【출전】 與猶堂全書 耳談續纂 東諺, 言惜小費而喪大器

【비교】 닭 잡아 겪을 나그네 소 잡아 겪는다. 좁쌀만큼 아끼다가 담돌만큼 손해 본다.

길가에 집짓기

➡ 작사도방 삼년불성 作舍道傍 三年不成

作 지을 작, **舍** 집 사, **道** 길 도, **傍** 곁 방
三 석 삼, **年** 해 년, **不** 아닐 불, **成** 이룰 성

【의미】 참견하는 사람이 많아 일을 뜻대로 이루지 못하다. 길가에 집을 지으면 삼년이 지나도 이루지 못한다.

【출전】 松南雜識 方言類, 今作事多言之謂也

길가 우물은 혼자서만 마시지 못한다

➡ 노방지정 아기독음 路傍之井 我豈獨飮

路 길 로, **傍** 곁 방, **之** 갈 지, **井** 우물 정

我 나 아, **豈** 어찌 기, **獨** 홀로 독, **飮** 마실 음

【의미】 모든 사람이 함께 쓰는 물건은 혼자 독점할 수 없다.

【출전】 星湖全書 권7 百諺解

길가 이슬에 옷 적신다

➡ 행로지첨 行露之沾

行 갈 행, **露** 이슬 로, **之** 갈 지, **沾** 더할 첨

【의미】 음란한 짓을 하려고 밤중에 나다닌다. 『시경』 소남 「행로」에 보면 "이슬길이 촉촉한데, 어찌 밤낮으로 그대 생각 않겠는가. 길에 이슬이 많기 때문입니다."란 구절이 나온다.

【출전】 詩經 召南 行露, 厭浥行路 豈不夙夜 謂行多露 / 萬福寺樗蒲記, 妾以蒲柳弱質 不能遠近 自入深閨 終守幽貞 棚爲行露之沾

길가의 꽃은 아무라도 꺾을 수 있다

➡ 노류장화 路柳墻花

路 길 로, **柳** 버들 류, **墻** 담 장, **花** 꽃 화

【의미】 기생, 화류계의 여자의 달리 부르는 말.

【출전】 松南雜識 方言類, 路柳墻花 人皆可折

【비교】 길가에서 고생하는 오얏꽃이다. 길가의 버들이다. 담 밑의 꽃이다.

김덕성의 중의 밑

➡ 김덕성중의저 金德誠中衣底

金 성 김, **德** 덕 덕, **誠** 정성 성, **中** 가운데 중, **衣** 옷 의, **底** 밑 저

【의미】 옷을 여러 번 기워 입은 것. 옛날 성옹 김덕성은 청백리로서 병조판서가 되었는데도 여전히 낡은 옷을 입고 있었다. 옷 아래를 여러 차례 기워 입었기 때문에 지금은 옷을 자주 기워 입은 것을 가리키게 되었다.

【출전】 松南雜識 方言類, 醒翁金德誠 淸白爲兵判尙敝衣 衣底屢補 故今衣補之稱

깊은 맛은 배 맛이 무우 맛보다 못하다

➡ 이불여청 梨不如菁

梨 배나무 리, 不 아닐 불, 如 같을 여, 菁 부추꽃 청

【의미】 호남 사람들이 말하기를, “기생이 통인(通引)보다 못하고, 배 맛이 무우 맛보다 못하며, 꿩고기는 닭고기만 못하다.”고 한다.

【출전】 古今釋林 권28 東韓譯語 釋言, 三不如 本朝, 湖南人爲之語曰 妓不如通 梨不如菁 雉不如鷄

까마귀 날자 배 떨어진다

➡ 오비이락 烏飛梨落

烏 까마귀 오, 飛 날 비, 梨 배나무 리, 落 떨어질 락

【의미】 일이 공교롭게 맞아 떨어져 오해를 불러일으킨다.

【출전】 朝鮮王朝實錄 英祖實錄 21권 5월 13일조

➡ 오재리수 리원기실 烏纔離樹 梨隕其實

烏 까마귀 오, 纔 겨우 재, 離 떼놓을 리, 樹 나무 수
梨 배나무 리, 隕 떨어질 운, 其 그 기, 實 열매 실

【의미】 일이 공교롭게 맞아 떨어서 공연한 오해를 불러일으킨다.

【출전】 星湖全書 권7 百諺解

➡ 오지방비 유운기리 烏之方飛 有隕其梨

烏 까마귀 오, 之 갈 지, 方 모 방, 飛 날 비
有 있을 유, 隕 떨어질 운, 其 그 기, 梨 배나무 리

【의미】 일이 공교롭게 꼬이면 그 책망에서 벗어날 수 없다.

【출전】 與猶堂全書 耳談續纂 東諺, 言事旣巧湊 不得而逃其責

까마귀 열두 소리에 신통한 소리 하나 없다

➡ 오성십이 무일무미 烏聲十二 無一娬媚

烏 까마귀 오, 聲 소리 성, 十 열 십, 二 두 이
無 없을 무, 一 한 일, 娬 아리따울 무, 媚 아첨할 미

【의미】 악한 사람이 하는 말과 행동은 모두 가증스럽다.

【출전】 與猶堂全書 耳談續纂 東諺, 言惡人一言一動皆可憎

➡ 오십이성 명성첩증 烏十二聲 鳴聲輒憎

烏 까마귀 오, 十 열 십, 二 두 이, 聲 소리 성

嗚 울 명, 聲 소리 성, 輒 문득 첩, 憎 미워할 증

【의미】 악한 사람이 하는 말과 행동은 모두 가증스럽다.

【출전】 星湖全書 권7 百諺解

까마귀 정신

➡ 오정신 烏精神

烏 까마귀 오, 精 찧은쌀 정, 神 귀신 신

【의미】 연암 박지원이 말하기를, "까마귀가 구름을 보고 땅에 고기를 묻어 두는데, 나중에 먹이를 찾다가 구름이 옮겨가면 고기 둔 곳을 모른다. 때문에 지금 정신이 없어 잘 잊는 것을 일러 까마귀 정신이라 한다." 하였다.

【출전】 松南雜識 方言類, 燕巖曰 烏望雲而埋肉表之 出他來覓 則雲已移去 不知肉處 故今無精神善忘 謂烏精神

깨진 그릇 맞추기

➡ 파기상준 破器相準

破 깨뜨릴 파, 器 그릇 기, 相 서로 상, 準 수준기 준

【의미】 이미 그르친 일이라 수습할 수 없게 되다.

【출전】 松南雜識 方言類

꽁지 빠진 새

➡ 발미치 적모작 拔尾雉 摘毛雀

拔 뺄 발, 尾 꼬리 미, 雉 꿩 치, 摘 딸 적, 毛 털 모, 雀 참새 작

【의미】 외모가 괴이하고 볼품이 없다.

【출전】 東言解, 外儀都沒凋殘莫甚

【비교】 뿔 빠진 소 상이다. 소나기 맞은 장닭 같다. 털 뜯은 꿩.

꽃 본 나비 물 본 기러기

➡ 여접견화 약부견수 如蝶見花 若鳧見水

如 같을 여, 蝶 나비 접, 見 볼 견, 花 꽃 화, 若 같을 약, 鳧 오리 부, 水 물 수

【의미】 남녀 사이에 정이 깊어져서 떨어지지 못하다.

【출전】 星湖全書 권7 百諺解

꽃밭에 불 지르기

➡ 유화지전 언방기화 維花之田 言放其火

維 바 유, 花 꽃 화, 之 갈 지, 田 밭 전, 言 말씀 언, 放 놓을 방, 其 그 기, 火 불 화

【의미】 몰상식한 행동을 하다.

【출전】 星湖全書 권7 百諺解

➡ 화전충화 花田衝火

花 꽃 화, 田 밭 전, 衝 찌를 충, 火 불 화

【의미】 인정머리 없는 세태를 말한다.

【출전】 旬五志 下, 言沒風情

꾸러미에 단 장 들었다

➡ 막무저포 혹저기장 莫誣苴苞 或貯其醬

莫 없을 막, 誣 무고할 무, 苴 삼 저, 苞 그령 포
或 혹 혹, 貯 쌓을 저, 其 그 기, 醬 젓갈 장

【의미】 겉모양은 보잘 것 없어도 손에 든 내용은 훌륭하다.

【출전】 星湖全書 권7 百諺解

➡ 초포입감장 草苞入甘醬

草 풀 초, 苞 그령 포, 入 들 입, 甘 달 감, 醬 젓갈 장

【의미】 겉모습은 누추하지만 내용물은 좋으니 기이하고 기이하다.

【출전】 東言解, 外惡內美 奇哉奇哉

➡ 포저감장입 苞苴甘醬入

苞 그령 포, 苴 삼 저, 甘 달 감, 醬 젓갈 장, 入 들 입

【의미】 겉모습은 소박하지만 안에는 좋은 물건이 들어 있다.

【출전】 旬五志 下, 言外樸中美

【비교】 뚝배기보다 장맛이 좋다.

꾸어다 놓은 보릿자루

➡ 대래맥대 貸來麥帒

貸 빌릴 대, 來 올 래, 麥 보리 맥, 帒 산이름 대

【의미】 여럿이 이야기하는데 혼자 말도 않고 구석에 박혀 있는 사람을 희롱하는 말.
【출전】 古今釋林 권28 東韓譯語 釋器, 쑤어 온 보리 쟈ㄹ라.

꿀 먹은 벙어리

➡ 식밀아 食蜜啞

食 먹을 식, **蜜** 꿀 밀, **啞** 벙어리 아

【의미】 맛은 알아도 말하지 못한다. 어떤 일에 대해 어떤 대답이나 변명도 하지 않다.

【출전】 東言解, 雖知其味 不能形言

➡ 아자담밀 수첨막설 啞子啖蜜 雖甛莫說

啞 벙어리 아, **子** 아들 자, **啖** 먹을 담, **蜜** 꿀 밀
雖 비록 수, **甛** 달 첨, **莫** 없을 막, **說** 말씀 설

【의미】 알고 있으면서도 어떤 사정 때문에 말하지 못하다.

【출전】 星湖全書 권7 百諺解

꿩 대신 닭이다

➡ 치지미포 계가비수 雉之未捕 鷄可備數

雉 꿩 치, **之** 갈 지, **未** 아닐 미, **捕** 사로잡을 포
鷄 닭 계, **可** 옳을 가, **備** 갖출 비, **數** 셀 수

【의미】 부족한 것을 메꿀 때 모자라는 것이라도 또한 그 자리를 채울 수 있다.

【출전】 與猶堂全書 耳談續纂 東諺, 喩承乏則不肖者 亦可充位

꿩 먹고 알 먹고

➡ 식치식란 食雉食卵

食 먹을 식, **雉** 꿩 치, **食** 먹을 식, **卵** 알 란

【의미】 한 가지 일을 하고서 두 가지 이익을 챙기다. 양주의 학. 중국 당나라 때의 속담에 이런 이야기가 있다. 한 사람은 돈 십만 냥을 벌길 바라고, 한 사람은 양주자사가 되길 바랐으며, 한 사람은 학을 타고 날아 신선이 되기를 바랐다. 마지막 사람은 돈 십만 냥을 차고 학을 탄 채 양주자사에 오르기를 바랐다고 한다.

【출전】 松南雜識 方言類, 揚州鶴

꿩고기 맛이 닭고기 맛보다 못하다

➡ 치불여계 雉不如鷄

雉 꿩 치, **不** 아닐 불, **如** 같을 여, **鷄** 닭 계

【의미】 호남 사람들이 말하기를, “기생이 통인보다 못하고, 배 맛이 무우 맛보다 못하며, 꿩고기는 닭고기만 못하다.”고 한다.

【출전】 古今釋林 권28 東韓譯語 釋言, 三不如 本朝, 湖南人爲之語曰 妓不如通 梨不如菁 雉不如鷄

끈 떨어진 망석중이

➡ 괴뢰면 견사단 傀儡面 牽絲斷

傀 클 괴, **儡** 영락할 뢰, **面** 낯 면, **牽** 끌 견, **絲** 실 사, **斷** 끊을 단

【의미】 믿고 의지하던 것을 잃어버려 아무 것도 할 수 없게 된다. 끈이 붙어 있으면 움직이지만 끈이 끊어져 버리면 아무 것도 하지 못하는 것이 바로 꼭두각시다.

【출전】 青莊館全書 권62 洌上方言, 言失所憑依 則無可爲也 絲存而傀儡活動 絲斷則寂然也

➡ 괴뢰절영 진면진로 傀儡絕纓 眞面盡露

傀 클 괴, **儡** 영락할 뢰, **絕** 끊을 절, **纓** 갓끈 영
眞 참 진, **面** 낯 면, **盡** 다할 진, **露** 이슬 로

【의미】 믿고 의지하던 것을 잃어버려 아무 것도 할 수 없게 되다.

【출전】 星湖全書 권7 百諺解

➡ 절영우면 絕纓優面

絕 끊을 절, **纓** 갓끈 영, **優** 넉넉할 우, **面** 낯 면

【의미】 능력을 발휘할 방법이 없어지다. 의지할 곳을 잃다.

【출전】 旬五志 下, 言無所衒能 / 松南雜識 方言類, 言無所衒能也 卽廣大落纓也

나

나갔던 상주 제청에 달려오는 듯

➡ 출환상제 추입제청 出還喪制 趨入祭廳

出 날 출, **還** 돌아올 환, **喪** 죽을 상, **制** 마를 제
趨 달릴 추, **入** 들 입, **祭** 제사 제, **廳** 관청 청

【의미】 일이 매우 황급해서 앞뒤 헤아리지 않고 허둥거린다.

【출전】 東言解, 不容虛徐得無顚倒

나그네 모양 보아 표주박에 밥을 담고, 주인의 모양 보아 손으로 밥 먹는다

➡ **견객용이표궤반 견주용이수끽반 見客容以瓢饋飯 見主容以手喫飯**

見 볼 견, **客** 손 객, **容** 얼굴 용, **以** 써 이, **瓢** 박 표
饋 먹일 궤, **飯** 밥 반, **主** 주인 주, **手** 손 수, **喫** 마실 끽

【의미】 사람의 생김새와 차림새를 보아 거기에 맞게 대접한다.

【출전】 旬五志 下, 言見附隨其人

나는 꿩도 제 산기슭을 지킨다

➡ **비치재산 각수기록 飛雉在山 各守其麓**

飛 날 비, **雉** 꿩 치, **在** 있을 재, **山** 뫼 산
各 각각 각, **守** 지킬 수, **其** 그 기, **麓** 산기슭 록

【의미】 누구나 다 자신이 나고 자란 고향은 사랑하고 아낀다.

【출전】 星湖全書 권7 百諺解

나는 놈 위에 타는 놈 있다

➡ **비자상 유과자 飛者上 有跨者**

飛 날 비, **者** 놈 자, **上** 위 상, **有** 있을 유, **跨** 타넘을 과, **者** 놈 자

【의미】 재주가 아무리 뛰어나다고 해도 그보다 훨씬 뛰어난 사람이 있다.

【출전】 旬五志 下, 言雖有難者 又有難於此者

➡ **비자상 유승자 飛者上 有乘者**

飛 날 비, **者** 놈 자, **上** 위 상, **有** 있을 유, **乘** 탈 승, **者** 놈 자

【의미】 어떤 일에 뛰어나다고 해도 그보다 더 뛰어난 사람이 있다.

【출전】 東言解, 此固能矣 又有過者

나루 건너 배 타기

➡ 기월기진 내반승선 旣越其津 乃反乘船

旣 이미 기, 越 넘을 월, 其 그 기, 津 나루 진
乃 이에 내, 反 되돌릴 반, 乘 탈 승, 船 배 선

【의미】 강을 건널 때 이쪽에 있는 배를 타지 않고 건너편에 있는 배를 탄다. 일을 순서대로 하지 않는 어리석은 태도.

【출전】 星湖全書 권7 百諺解

나 먹자니 싫고 개 주자니 아깝다

➡ 아담속염 시인반인 我啖屬厭 施人反吝

我 나 아, 啖 먹을 담, 屬 엮을 속, 厭 싫을 염
施 베풀시, 人 사람 인, 反 되돌릴 반, 吝 아낄 린

【의미】 나에게는 쓸모 없는 물건도 남에게 주기는 싫다.

【출전】 星湖全書 권7 百諺解

➡ 아염기찬 여구즉간 我厭其餐 予狗則慳

我 나 아, 厭 싫을 염, 其 그 기, 餐 먹을 찬
予 나 여, 狗 개 구, 則 곧 즉, 慳 아낄 간

【의미】 나에게는 쓸모 없는 물건도 남에게 주기는 싫다.

【출전】 與猶堂全書 耳談續纂 東諺, 言在我無用 猶不肯施人

➡ 오식염 급견석 吾食厭 給犬惜

吾 나 오, 食 먹을 식, 厭 싫을 염, 給 줄 급, 犬 개 견, 惜 아낄 석

【의미】 나한테 긴요하지는 않지만 남에게 주자니 아깝다.

【출전】 東言解, 在己非緊 許他則慳

➡ 오염식 여견석 吾厭食 與犬惜

吾 나 오, 厭 싫을 염, 食 밥 식, 與 줄 여, 犬 개 견, 惜 아낄 석

【의미】 '계륵'과 같은 존재다.

【출전】 青莊館全書 권62 洌上方言, 言如鷄肋也

나무 괭이 등 맞춘 것 같다

➡ 목광시배접 木廣屎背接

木 나무 목, **廣** 넓을 광, **屎** 똥 시, **背** 등 배, **接** 사귈 접

【의미】 비록 네모 손잡이를 둥근 망치 구멍에 끼우는 것[方枘圓鑿]은 아니지만 적당하지 않기는 같다. 서로 들어맞지 않고 어긋나 있다.

【출전】 東言解, 雖非鑿枘 不適則同

나무는 자라서 열매를 맺고, 사람은 자라서 자식을 낳는다

➡ 수로전과 인로전자 樹老傳果 人老傳子

樹 나무 수, **老** 늙은이 로, **傳** 전할 전, **果** 실과 과, **人** 사람 인, **子** 아들 자

【의미】 사람이든 물건이든 성장하면 거기에 맞는 구실을 한다.

【출전】 松南雜識 方言類

나무에 오르라 하고 흔드는 격이다

➡ 등루거제 登樓去梯

登 오를 등, **樓** 다락 루, **去** 갈·치울 거, **梯** 사다리 제

【의미】 일을 권해놓고서 거꾸로 일을 못하게 방해하다. 처음에는 좋은 말로 사람을 꾀어놓고는 불행한 처지로 몰아넣는다. 『세설』에 보면 은호가 간문제를 원망하며 말하기를, "사람을 백 척 다락에 올라가게 해놓고 사다리를 빼는구나" 했는데, 지금의 "나무에 올리고 흔든다"는 말과 뜻이 비슷하다.

【출전】 松南雜識 方言類, 世說殷浩恨簡文帝曰 上人著百尺樓上擔梯去 亦今乘木搖之語相似

➡ 비상수감지 俾上樹撼之

俾 더할 비, **上** 위 상, **樹** 나무 수, **撼** 흔들 감, **之** 갈 지

【의미】 권해놓고 오히려 일을 못하게 방해하다. 좋은 낯으로 사람을 꾀어서 불행한 처지로 몰아넣는다.

【출전】 東言解, 旣以慫慂 反又簸弄

나무에 잘 오르는 놈이 떨어지고 헤엄 잘 치는 놈이 빠져 죽는다

➡ 선반자락 선수자닉 善攀者落 善泅者溺

善 착할 선, **攀** 더위잡을 반, **者** 놈 자, **落** 떨어질 락, **泅** 헤엄칠 수, **溺** 빠질 닉

【의미】 사람은 반드시 자기가 능한 일 때문에 위험에 처하게 된다.

【출전】 與猶堂全書 耳談續纂 東諺, 言人必死於其所能
【비교】 원숭이도 나무에서 떨어질 때가 있다. 잘 뛰는 염소가 울타리에 뿔 걸린다. 항우도 낙상할 때 있다.

나무 위에 앉은 새 신세라

➡ 임상좌지조신 林上坐之鳥身

林 수풀 림, 上 위 상, 坐 앉을 좌, 之 갈 지, 鳥 새 조, 身 몸 신

【의미】 행여나 날아오는 화살에 맞을까 안절부절 못하다. 아주 위태롭고 불안한 처지에 놓여있다.
【출전】 東言解, 畏彍畏射 風朱危形

나무칼로 귀를 베어도 모르겠다

➡ 목도할이 역불지각 木刀割耳 亦不之覺

木 나무 목, 刀 칼 도, 割 나눌 할, 耳 귀 이
亦 또 역, 不 아닐 불, 之 갈 지, 覺 깨달을 각

【의미】 한 가지 일에 골몰해서 다른 일에는 전혀 신경을 쓰지 않는다.
【출전】 星湖全書 권7 百諺解

나이 많은 선생과 학식 높은 선비

➡ 노사숙유 老師宿儒

老 늙은이 로, 師 스승 사, 宿 묵을 숙, 儒 선비 유

【의미】 연륜과 경륜을 갖춘 사람을 이르는 말.
【출전】 松南雜識 方言類

나중 난 뿔이 우뚝하다

➡ 이선각후 후출자고 耳先角後 後出者高

耳 귀 이, 先 먼저 선, 角 뿔 각, 後 뒤 후, 出 날 출, 者 놈 자, 高 높을 고

【의미】 뒤에 시작한 일이나 나중에 난 물건이 먼저 시작하고 난 것보다 훨씬 낫다.
【출전】 星湖全書 권7 百諺解

낚시 바늘에 걸린 생선

➡ 중구지어 中鉤之魚

中 가운데 중, 鉤 갈고랑이 구, 之 갈 지, 魚 고기 어

【의미】 곤경에 빠지거나 죽을 수를 당하여 어쩔 수 없다. 가슴에 품고 귀변에 다다르니 항상 낚시 바늘에 걸린 물고기와 같아 잊기 어려운 것이 이러하였다.

【출전】 古文書集成 海南尹氏篇, 권28 簡札類 92, 懷到貴邊 每如中鉤之魚 難忘者此也

낚싯줄이 길어야 큰 고기를 잡는다

➡ 방장선 조대어 放長線 釣大魚

放 놓을 방, 長 길 장, 線 줄 선, 釣 낚시 조, 大 큰 대, 魚 고기 어

【의미】 준비를 단단히 해야 큰일을 할 수 있다. 뜻을 크게 품어야 큰일을 이룰 수 있다.

【출전】 未詳

【비교】 그물이 커야 큰 고기를 낚는다.

난장이 교자군 참여하듯

➡ 왜인참교자군 矮人參轎子軍

矮 키 작을 왜, 人 사람 인, 參 간여할 참, 轎 가마 교, 子 아들 자, 軍 군사 군

【의미】 자신의 본분은 헤아리지 않고 억지로 일에 나가다. 능력과 처지에 어울리지 않는 일을 하다.

【출전】 東言解, 不量其本 强趨於斯

➡ 주유참교자담 侏儒參轎子擔

侏 난장이 주, 儒 선비 유, 參 간여할 참, 轎 가마 교, 子 아들 자, 擔 멜 담

【의미】 자신의 본분은 헤아리지 않고 억지로 일에 나가다. 능력과 처지에 어울리지 않는 일을 하다. 마땅히 하지 말아야 할 일을 하다.

【출전】 青莊館全書 권62 洌上方言, 言不當爲而爲之也

【비교】 기도 못하면서 날려고 한다. 눈 먼 강아지 젖 탐낸다. 이도 나기 전에 갈비 뜯는다. 이 빠진 강아지 언 똥에 덤빈다.

난폭한 사람을 난폭한 사람으로 바꾸다

➡ 이포역포 以暴易暴

以 써 이, 暴 사나울 포, 易 바꿀 역

【의미】 적당한 인물이 아니어서 사람을 바꿨어도 별 소용이 없다.

【출전】 松南雜識 方言類

날면 기는 것이 능하지 못하다

➡ 비이주불능 飛而走不能

飛 날 비, 而 어조사 이, 走 달릴 주, 不 아닐 불, 能 능할 능

【의미】 아주 뛰어난 재주를 가졌다 해도 부족한 부분도 있다.

【출전】 旬五志 下, 才難神通 或有所難

남대문입납

➡ 남대문입납 南大門入納

南 남녘 남, 大 큰 대, 門 문 문, 入 들 입, 納 바칠 납

【의미】 주소나 이름을 제대로 적지 않은 편지. 또는 사람의 이름이나 주소도 제대로 알지 못하면서 집을 찾는 행동을 비웃는 말.

【출전】 未詳

남생이 등에 풀쐐기 쐼 같다

➡ 남성배 초석충 南星背 草螫虫

南 남녘 남, 星 별 성, 背 등 배, 草 풀 초, 螫 쏠 석, 虫 벌레 충

【의미】 서로 기량 차이가 너무 나서 도저히 상대가 안 되다.

【출전】 東言解, 無所容着於此所戴

➡ 영귀지척 초함재석 靈龜之脊 草蜭載螫

靈 신령 령, 龜 거북 귀, 之 갈 지, 脊 등성마루 척
草 풀 초, 蜭 쐐기 함, 載 실을 재, 螫 쏠 석

【의미】 작은 힘으로 큰 세력에 덤벼들면서도 해가 없을 것이라고 믿는다.

【출전】 與猶堂全書 耳談續纂 東諺, 言恃小力而犯大勢 不能有害

남을 해치는 말이 자신을 해친다

➡ 숙지훼인 편시훼기 孰知毁人 便是毁己

孰 누구 숙, **知** 알 지, **毁** 헐 훼, **人** 사람 인, **便** 문득 편, **是** 옳을 시, **己** 자기 기

【의미】 남을 해치려고 들면 결국 자기 자신에게도 해가 돌아오게 된다.

【출전】 星湖全書 권7 百諺解

남의 고을에 들었으면 그 곳 풍속을 좇아라

➡ 입향순속 入鄕循俗

入 들 입, **鄕** 시골 향, **循** 좇을 순, **俗** 풍속 속

【의미】 사정을 잘 모르겠으면 그 곳의 관례를 좇는 것이 좋다.

【출전】 松南雜識 方言類

남의 떡에 설 쇤다

➡ 타인지이 요락세시 他人之餌 聊樂歲始

他 남 타, **人** 사람 인, **之** 갈 지, **餌** 먹이 이
聊 애오라지 료, **樂** 즐길 락, **歲** 해 세, **始** 처음 시

【의미】 남의 일로 자기 일까지 치른다. 남의 덕택으로 형편 좋게 일을 성취하다.

【출전】 與猶堂全書 耳談續纂 東諺, 喩因人成事

【비교】 감사 덕분에 비장(裨將)나리 호사한다.

남의 말 하기는 식은 죽 먹기

➡ 논인과우 유철냉죽 論人過尤 類啜冷粥

論 말할 론, **人** 사람 인, **過** 허물 과, **尤** 허물 우
類 같을 류, **啜** 마실 철, **冷** 찰 냉, **粥** 죽 죽

【의미】 자신의 잘못을 뉘우치기는 어려워도 남의 허물을 말하기는 쉽다.

【출전】 星湖全書 권7 百諺解

➡ 담인사 여끽냉죽 談人事 如喫冷粥

談 말씀 담, **人** 사람 인, **事** 일 사, **如** 같을 여, **喫** 마실 끽, **冷** 찰 냉, **粥** 죽 죽

【의미】 남의 일에 대해서는 자세한 사정을 알아보지도 않고 멋대로 말하기가 쉽다.

【출전】 東言解, 己當不當 言之至易

➡ 언인언 냉죽손 言人言 冷粥飧

言 말씀 언, 人 사람 인, 冷 찰 냉, 粥 죽 죽, 飧 저녁밥 손

【의미】 남의 말을 하기는 너무나 쉬우니, 마치 식은 죽을 먹는 것 같아서 무슨 어려움이 있겠는가? 남의 잘잘못을 끄집어내 말하기는 쉽다.

【출전】 青莊館全書 권62 冽上方言, 言言它人之言甚易易也 如啜不熱之粥 何難之有

➡ 언타사 식냉죽 言他事 食冷粥

言 말씀 언, 他 다를 타, 事 일 사, 食 먹을 식, 冷 찰 냉, 粥 죽 죽

【의미】 남의 일이나 말에 대해 옳고 그름을 따지기는 쉽다.

【출전】 旬五志 下, 言易論人之是非

남의 상喪에 있는 힘을 다해 도와주어야 할 처지

➡ 포복지의 匍匐之義

匍 길 포, 匐 길 복, 之 갈 지, 義 옳을 의

【의미】 가까운 사람이 상을 당하다.

【출전】 寒暄箚綠 권3 父母喪 別告

남의 싸움에 칼 빼기

➡ 타인지투 발검이진 他人之鬪 拔劍而進

他 남 타, 人 사람 인, 之 갈 지, 鬪 싸움 투
拔 뺄 발, 劍 칼 검, 而 어조사 이, 進 나아갈 진

【의미】 자신과는 아무 관련도 없는 일에 공연히 흥분하고 나선다.

【출전】 星湖全書 권7 百諺解

남의 잔치에 배 놔라 감 놔라 한다

➡ 인가연 시리천 姻家宴 柿梨擅

姻 혼인 인, 家 집 가, 宴 잔치 연, 柿 감 시, 梨 배 리, 擅 멋대로 천

【의미】 하지 말아야 할 일을 저지르다. 처가 집 잔치에 가서 감 놓아라 배 놓아라 관여하는 것은 이미 지나친 행동이 아닌가?

【출전】 青莊館全書 권62 冽上方言, 言不當爲而爲也 姻家之宴 管領柿梨 不已濫乎

➡ 타인연 배시배리 他人宴 排柿排梨

他 남 타, 人 사람 인, 宴 잔치 연, 排 밀칠 배, 柿 감나무 시, 梨 배나무 리

【의미】 자신의 일도 아닌 것을 가지고 간섭하다.

【출전】 東言解, 非己之事 反泊交涉

➡ **타인지연 왈리왈시 他人之宴 曰梨曰柿**

他 남 타, 人 사람 인, 之 갈 지, 宴 잔치 연, 曰 가로 왈, 梨 배나무 리, 柿 감나무 시

【의미】 그 자리에 있지도 않으면서 쓸데없이 간섭하다.

【출전】 與猶堂全書 耳談續纂 東諺, 言不在其位 枉有干涉

남의 집 단향목을 꺾다

➡ **절수단 折樹檀**

折 꺾을 절, 樹 나무 수, 檀 박달나무 단

【의미】 남의 집 처녀를 사모하여 엿보다.

【참조】『시경』의 "장중자여, 우리 집 뜰을 넘지 마오, 우리 집 단향목을 꺾지 마오. (將仲子兮 無踰我園 無折我樹檀)"라 한 데서 유래하였다.

【출전】 李生窺墻傳

남의 턱 찌꺼기

➡ **함하지물 頷下之物**

頷 턱 함, 下 아래 하, 之 갈 지, 物 만물 물

【의미】 남이 먹고 남은 찌꺼기. 하찮은 물건.

【출전】 松南雜識 方言類

남의 흉이 한 가지면 제 흉은 열 가지

➡ **양인일과 노기십건 揚人一過 露己十愆**

揚 오를 양, 人 사람 인, 一 한 일, 過 허물 과

露 이슬 로, 己 자기 기, 十 열 십, 愆 허물 건

【의미】 자신의 허물은 보지 못하고 남의 허물 들추어 내기만 골몰하다.

【출전】 星湖全書 권7 百諺解

남이야 내 상전 두려워할까

➡ 타불외지오상전 他不畏之吾上典

他 다를 타, 不 아닐 불, 畏 두려워할 외, 之 갈 지, 吾 나 오, 上 위 상, 典 법 전

【의미】 내가 당연히 두려워한다면 남이 두려워하는지는 따질 필요가 없다. 내가 두려워한다고 해서 남이 내 주인을 두려워할 까닭은 없다.

【출전】 東言解, 我所當畏 何論人畏

남자의 말은 천년이 가도 변하지 않는다

➡ 장부일언 천년불개 丈夫一言 千年不改

丈 어른 장, 夫 지아비 부, 一 한 일, 言 말씀 언
千 일천 천, 年 해 년, 不 아닐 불, 改 고칠 개

【의미】 사람이 한번 약속을 했으면 어떤 일이 있더라도 굳게 지켜야 한다.

【출전】 未詳

남자의 말 한 마디는 천금보다 무겁다

➡ 남아일언중천금 男兒一言重千金

男 사내 남, 兒 아이 아, 一 한 일, 言 말씀 언, 重 무거울 중, 千 일천 천, 金 쇠 금

【의미】 사람을 말을 할 때에 항상 신중하게 실천할 수 있을지를 생각해야 한다.

【출전】 未詳

【비교】 깊은 물이 고요하다. 얕은 물은 소리를 내도 깊은 물은 소리가 없다.

남 잡이가 제 잡이

➡ 착타착아 捉他捉我

捉 잡을 착, 他 다를 타, 我 나 아

【의미】 남을 해치려고 일을 꾸미면 반드시 재앙이 자신에게 돌아오기 마련이다.

【출전】 東言解, 念在傷人 殃必歸己

【비교】 남을 물에 넣으려면 제가 먼저 우물에 빠진다. 남의 눈에 눈물 내면, 제 눈에는 피눈물이 난다. 피를 입에 물고 남에게 뿜으면, 제 입이 먼저 더러워진다.

낫 놓고 기역자도 모른다

➡ 목불식정 目不識丁

目 눈 목, 不 아닐 불, 識 알 식, 丁 넷째천간 정

【의미】 아무 것도 알지 못하는 일자무식. 낫 놓고 기역자도 모르고 언문자나 끄적이며 읽는 무리들을 어디다 쓰겠는가.

【출전】 迂書 論科擧條例, 今取目不識丁 諺字翻讀之類 用之何處

【비교】 '가갸' 뒷 자도 모른다.

낫으로 눈을 가린다

➡ 사겸차안 지폐아시 似鎌遮眼 只蔽我視

似 같을 사, 鎌 낫 겸, 遮 막을 차, 眼 눈 안
只 다만 지, 蔽 덮을 폐, 我 나 아, 視 볼 시

【의미】 자취를 감추고 싶지만 그럴 수 없다. 숨기려고 해도 숨길 수 없다.

【출전】 星湖全書 권7 百諺解

➡ 이겸차안 以鎌遮眼

以 써 이, 鎌 낫 겸, 遮 막을 차, 眼 눈 안

【의미】 흔적을 지우고 싶지만 그럴 수 없다. 자취를 숨겨서 남들이 모르게 하려고 하다. "당나라 고조의 귀 가리고 방울 훔치기"라는 말과 같다.

【출전】 旬五志 下, 言欲掩迹 而不能掩 / 松南雜識 方言類, 言欲掩迹而不覺人知 似唐高祖掩耳盜鈴之語

낫을 대 벨 곡식이 없다

➡ 전불괘겸 全不掛鎌

全 온전할 전, 不 아닐 불, 掛 걸 괘, 鎌 낫 겸

【의미】 혹독한 재해가 닥쳐 수확이 전혀 없다.

【출전】 度支準折 雜錄 田三稅出賦

낮 말은 새가 듣고 밤 말은 쥐가 듣는다

➡ 주어작청 야어서청 晝語雀聽 夜語鼠聽

晝 낮 주, 語 말씀 어, 雀 참새 작, 聽 들을 청, 夜 밤 야, 鼠 쥐 서

【의미】 남모르게 한 일일지라도 사람들이 반드시 알게 된다.

【유래】 전진(前秦)의 부견(苻堅)이 사면령을 내리려고 왕맹(王猛)과 감로당(甘露堂)에서 의논을 한 뒤, 좌우의 신하들을 모두 물리치고 직접 사면문을 작성하였다. 그런데 큼직한 파리가 붓대에 와 앉아 쫓아내도 또 날아오곤 하였다. 그런지 얼마 안 있어 장안에는 사면령이 내린다는 소문이 퍼졌다. 관리가 이 사실을 보고하자, 부견이 놀라면 말했다. "궁중에는 담에 귀를 대고 엿들을 사람이 없는데 어디를 통해 일이 누설되었단 말인가?" 그러면서 정황을 살펴보도록 명령했다. 그러자 모두 말하기를, 푸른 옷을 입은 한 작은아이가 거리에서 "관에서 지금 대사면령을 내릴 것이요."라고 외치더니 곧 없어졌다는 것이었다. 이 말을 들은 부견은 "그것은 바로 조금진의 그 파리인 게로구나." 하고 탄식했다고 한다.

【출전】 旬五志 下, 言暗中之事人必知之

➡ 주어조청 야어서령 晝語鳥聽 夜語鼠聆

晝 낮 주, **語** 말씀 어, **鳥** 새 조, **聽** 들을 청, **夜** 밤 야, **鼠** 쥐 서, **聆** 들을 령

【의미】 말이란 한 번 뱉으면 새나가는 것을 막기 어렵다.

【출전】 東言解, 言一出口難密泄

➡ 주언작청 야언서령 晝言雀聽 夜言鼠聆

晝 낮 주, **言** 말씀 언, **雀** 참새 작, **聽** 들을 청, **夜** 밤 야, **鼠** 쥐 서, **聆** 들을 령

【의미】 말은 삼가서 해야 한다.

【출전】 與猶堂全書 耳談續纂 東諺, 戒愼言也

➡ 주청유작 야청유서 晝聽有雀 夜聽有鼠

晝 낮 주, **聽** 들을 청, **有** 있을 유, **雀** 참새 작, **夜** 밤 야, **鼠** 쥐 서

【의미】 말은 삼가서 해야 한다.

【출전】 星湖全書 권7 百諺解

【비교】 귀는 크게 열고 입은 작게 열랬다. 귀 없는 고기도 듣는다(魚無耳而聽, 淮南子). 낮에는 보는 사람이 있고, 밤에는 듣는 사람이 있다. 눈은 뜨고 입은 다물어야 한다. 담에도 귀가 있다(牆有耳, 管子). 숨은 내쉬고 말은 내하지 말라. 쌀은 쏟고 주워도, 말은 하고 못 줍는다.

낯가죽이 쇠가죽이다

➡ 면장우피 面張牛皮

面 낯 면, **張** 베풀 장, **牛** 소 우, **皮** 가죽 피

【의미】 염치가 너무도 없다.

【출전】 未詳

【비교】 뱃가죽이 땅 두께 같다. 빈대도 낯짝이 있다.

낳은 말 갈기 외로 길지 바로 길지

➡ 구렵좌락부지 駒鬣左落不知

駒 망아지 구, 鬣 갈기 렵, 左 왼 좌, 落 떨어질 락, 不 아닐 불, 知 알 지

【의미】 실마리가 정해진 것이 없어서 결말을 헤아리기 어렵다.

【출전】 東言解, 頭緖無定 結梢難度

➡ 구지방렵 좌우난점 駒之方鬣 左右難占

駒 망아지 구, 之 갈 지, 方 모 방, 鬣 갈기 렵
左 왼 좌, 右 오른쪽 우, 難 어려울 난, 占 차지할 점

【의미】 사람이 착할지 악할지는 어릴 때에는 구별할 수 없다.

【출전】 與猶堂全書 耳談續纂 東諺, 言人之善惡 不可辨之於幼時

내가 중이 되니 고기가 천하다

➡ 아위승 어육천 我爲僧 魚肉賤

我 나 아, 爲 할 위, 僧 중 승, 魚 고기 어, 肉 고기 육, 賤 천할 천

【의미】 필요한 때엔 귀하던 물건도 소용이 없게 되자 흔하게 되었다. 지금 흔해진 것은 내가 비린 것을 끊은 탓이다.

【출전】 東言解, 今也則多 余已斷腥

내 건너 배 타기

➡ 미유섭천 이후승선 未有涉川 而後乘船

未 아닐 미, 有 있을 유, 涉 건널 섭, 川 내 천
而 어조사 이, 後 뒤 후, 乘 탈 승, 船 배 선

【의미】 일에는 순서가 있어서 이를 건너뛸 수는 없다.

【출전】 與猶堂全書 耳談續纂 東諺, 言事有次序 不可踰粵

➡ 월진승선 越津乘船

越 넘을 월, 津 나루 진, 乘 탈 승, 船 배 선

【의미】 일을 처리하는 데 앞뒤를 따져보지 않고 서두른다.

【출전】 松南雜識 方言類

내 노래를 자네가 부르네

➡ 아가군창 我歌君唱

我 나 아, 歌 노래 가, 君 그대 군, 唱 노래 창

【의미】 내가 할 말을 다른 사람이 대신 한다.

【출전】 旬五志 下, 言我言他說

내 눈에 찬 자식이라야 남의 눈에도 찬다

➡ 아생기안 방입인안 兒生己眼 方入人眼

兒 아이 아, 生 날 생, 己 자기 기, 眼 눈 안, 方 모 방, 入 들 입, 人 사람 인

【의미】 내 눈에 좋아 보이는 물건이라야 남의 눈에도 좋아 보인다.

【출전】 星湖全書 권7 百諺解

내 딸이 고와야 사위 고른다

➡ 아유미녀 내택가서 我有美女 迺擇佳婿

我 나 아, 有 있을 유, 美 아름다울 미, 女 계집 녀
迺 이에 내, 擇 가릴 택, 佳 아름다울 가, 婿 사위 서

【의미】 먼저 자신의 장점을 잘 갖추고 난 다음에 그에 맞는 짝을 구한다.

【출전】 與猶堂全書 耳談續纂 東諺, 言先度己美 乃求其匹

➡ 오녀연 택서현 吾女娟 擇婿賢

吾 나 오, 女 계집 녀, 娟 예쁠 연, 擇 가릴 택, 婿 사위 서, 賢 어질 현

【의미】 먼저 자신의 장점을 헤아린 다음에 그에 맞는 짝을 구한다. 내가 가진 것이 좋아야 바라는 것도 얻을 수 있다.

【출전】 靑莊館全書 권62 洌上方言, 言所持者好 所求者相稱也

➡ 유오녀미 방합택서 維吾女美 方合擇壻

維 바 유, 吾 나 오, 女 계집 녀, 美 아름다울 미
方 바야흐로 방, 合 합할 합, 擇 가릴 택, 壻 사위 서

【의미】 내가 가진 물건이 좋아야만 남의 것도 요구하거나 흥정할 수 있다.

【출전】 星湖全書 권7 百諺解

내 동갑에 원 나간다

➡ 아동경태수성 我同庚太守成

我 나 아, 同 한가지 동, 庚 일곱째천간 경, 太 클 태, 守 지킬 수, 成 이룰 성

【의미】 자기 또래의 남이 출세한 것을 보고 자신의 무능함을 한탄한다. 나와 같은 나이인 저 사람이 벌써 원님이 된 것은 무슨 까닭인가?

【출전】 靑莊館全書 권62 洌上方言, 言歎我不及它人也 彼與我同庚也 而彼獨成太守何也

내리막을 달리는 기세

➡ 주판지세 走坂之勢

走 달릴 주, 坂 비탈 판, 之 갈 지, 勢 기세 세

【의미】 이미 일이 어느 정도 진행되어 막기 어려운 형편이라 되는 대로 지켜볼 수밖에 없다.

【출전】 玉樓夢 51回

내리 사랑은 있어도 치사랑은 없다

➡ 하애유 상애무 下愛有 上愛無

下 아래 하, 愛 사랑 애, 有 있을 유, 上 위 상, 無 없을 무

【의미】 윗사람은 항상 아랫사람을 어여쁘게 대하지만, 아랫사람은 적당히 상황을 살펴가며 윗사람을 대한다. 부모가 자식을 사랑하는 것은 어느 때나 변함이 없지만 자식이 부모에 효도하는 경우는 극히 드물다.

【출전】 東言解, 尊常字卑 卑斟眷尊

【비교】 부모 사랑 따라갈 자식 없다.

내 몸에 붙은 배를 더럽다고 버릴까

➡ 두속오체 수예막거 肚屬吾體 雖穢莫去

肚 배 두, 屬 엮을 속, 吾 나 오, 體 몸 체

雖 비록 수, 穢 더러울 예, 莫 없을 막, 去 갈 거

【의미】 당장 눈에 성가시다고 해서 긴요한 물건을 버릴 수는 없다.
【출전】 星湖全書 권7 百諺解

내 물건이 좋아야 제 값을 받는다

➡ 아유량화 내구선가 我有良貨 乃求善價

我 나 아, 有 있을 유, 良 좋을 량, 貨 재화 화
乃 이에 내, 求 구할 구, 善 착할 선, 價 값 가,

【의미】 먼저 자기 자신을 살핀 다음에 남에게서 구하라.
【출전】 與猶堂全書 耳談續纂 東諺, 喩先求諸已後 求諸人

➡ 오화호선판 吾貨好善販

吾 나 오, 貨 재화 화, 好 좋을 호, 善 착할 선, 販 팔 판

【의미】 나에게 먼저 장점이 있어야 남들도 그것을 알아준다.
【출전】 東言解, 有美於己 乃售於人

내 부를 노래를 사돈이 먼저 부른다

➡ 아가사창 我歌査唱

我 나 아, 歌 노래 가, 査 사실할 사, 唱 노래 창

【의미】 내가 마땅히 꾸짖어야 할 일을 상대방이 오히려 나서서 꾸짖는다.
【출전】 東言解, 吾當撼彼 彼反撼吾

➡ 아가장방 혼가선창 我歌將放 婚家先唱

我 나 아, 歌 노래 가, 將 장차 장, 放 놓을 방
婚 혼인할 혼, 家 집 가, 先 먼저 선, 唱 노래 창

【의미】 내가 마땅히 너를 꾸짖어야 하는데 네가 오히려 나를 꾸짖는다.
【출전】 與猶堂全書 耳談續纂 東諺, 言我當呰汝 汝反呰我

➡ 혼제유구 인형선창 婚弟有謳 姻兄先唱

婚 혼인할 혼, 弟 아우 제, 有 있을 유, 謳 노래할 구
姻 혼인 인, 兄 맏 형, 先 먼저 선, 唱 노래 창

【의미】 내가 꾸짖으려고 하는데 남이 먼저 나서서 꾸짖는다.
【출전】 星湖全書 권7 百諺解

내 손에 장을 지져라

➡ 장상전장 掌上煎醬

掌 손바닥 장, **上** 위 상, **煎** 달일 전, **醬** 젓갈 장

【의미】 하기 어려운 일을 들어 자신의 맹세를 밝히다. 자신의 확신을 장담하는 말.

【출전】 東言解, 指所難能 明其自誓

내 울음이 정 울음이냐

➡ 오곡정곡호 吾哭正哭乎

吾 나 오, **哭** 울 곡, **正** 바를 정, **乎** 인가 호

【의미】 진심에서 우러나온 일이 아니고 건성으로 시늉만 하다.

【출전】 東言解, 非出眞情 不過嘗試

내 일 바빠 큰댁 방아

➡ 기사지망 가지용촉 己事之忙 家之舂促

己 자기 기, **事** 일 사, **之** 갈 지, **忙** 바쁠 망, **家** 집 가, **舂** 찧을 용, **促** 재촉할 촉

【의미】 내가 해야 할 일이 바쁘기 때문에 주인집 일을 서둘러 한다.

【출전】 三國遺事 권5 感通 郁面婢念佛西昇

➡ 연아사급 야대선답 緣我事急 野碓先蹋

緣 가선 연, **我** 나 아, **事** 일 사, **急** 급할 급
野 들 야, **碓** 방아 대, **先** 먼저 선, **蹋** 밟을 답

【의미】 저쪽에서 내 일을 방해하여 할 수 없이 남의 일부터 도와주고 내 길을 연다. 내 일을 하기 위하여 부득이 남의 일부터 한다.

【출전】 與猶堂全書 耳談續纂 東諺, 言彼妨我路 不得不助彼功而開其路

➡ 연여사망 로대역용 緣余事忙 露碓亦舂

緣 가선 연, **余** 나 여, **事** 일 사, **忙** 바쁠 망
露 이슬 로, **碓** 방아 대, **亦** 또 역, **舂** 찧을 용

【의미】 내 일을 하기 위해 부득이 남의 일부터 먼저 하다.

【출전】 星湖全書 권7 百諺解

➡ 오사급 노용도 吾事急 露舂擣

吾 나 오, 事 일 사, 急 급할 급, 露 이슬 로, 舂 찧을 용, 擣 찧을 도

【의미】 바쁜 제 일을 하기 위해 남의 일부터 먼저 한다.

【출전】 東言解, 自外之克 非人地也

내일의 닭은 모르고, 오늘의 달걀만 안다

➡ 부지명일지계 단지금일지란 不知明日之鷄 但知今日之卵

不 아닐 부, 知 알 지, 明 밝을 명, 日 해 일, 之 갈 지,
鷄 닭 계, 但 다만 단, 今 이제 금, 卵 알 란

【의미】 먼 장래의 일은 고려하지 않고 눈앞의 이익을 챙기기에만 골몰한다.

【출전】 未詳

내 칼도 남의 칼집에 들어가면 찾기 어렵다

➡ 아도부인 입초난환 我刀付人 入鞘難還

我 나 아, 刀 칼 도, 付 줄 부, 人 사람 인
入 들 입, 鞘 칼집 초, 難 어려울 난, 還 돌아올 환

【의미】 비록 내 물건이라 내도 남의 소유가 되면 되찾을 수 없다.

【출전】 星湖全書 권7 百諺解

➡ 아도입타초역난 我刀入他鞘亦難

我 나 아, 刀 칼 도, 入 들 입, 他 다를 타, 鞘 칼집 초, 亦 또 역, 難 어려울 난

【의미】 내 물건이라도 이미 남의 손에 들어갔으면 되찾고 싶어도 쉽지 않다.

【출전】 東言解, 物已歸人 欲推未易

➡ 아도타초 기삽난도 我刀他鞘 旣揷難掉

我 나 아, 刀 칼 도, 他 다를 타, 鞘 칼집 초
旣 이미 기, 揷 꽂을 삽, 難 어려울 난, 掉 흔들 도

【의미】 비록 내 물건이라 내도 남의 소유가 되면 되찾을 수 없다.

【출전】 與猶堂全書 耳談續纂 東諺, 言雖己物旣爲人有 不可追也

➡ 오도입타초난발 吾刀入他鞘難拔

吾 나 오, 刀 칼 도, 入 들 입, 他 다를 타, 鞘 칼집 초, 難 어려울 난, 拔 뽑을 발

【의미】 비록 내 물건이라도 남의 손에 들어가면 남의 손에 의해 움직이기 때문에 나로서는 어쩔 수 없게 된다.

【출전】 旬五志 下, 言雖己物 入他手 則操縱在彼 吾無奈何

내 칼이 남의 칼집에 꽂혔다

➡ 도입타초 刀入他鞘

刀 칼 도, 入 들 입, 他 다를 타, 鞘 칼집 초

【의미】 내 것이라고 해도 남이 가지고 있으면 어쩔 수 없다.

【출전】 燕巖集 권2 答巡使論密陽金貴三疑獄書

내 코가 석 자다

➡ 아체삼척 하지이척 我涕三尺 何知爾慼

我 나 아, 涕 눈물 체, 三 석 삼, 尺 자 척
何 어찌 하, 知 알 지, 爾 너 이, 慼 근심할 척

【의미】 내 처지가 급하게 되어 내 자신도 보살필 겨를도 없다. 내 사정이 급해서 남의 처지를 돌볼 수 없다.

【출전】 與猶堂全書 耳談續纂 東諺, 猶言我躬弗閱遑恤我後

➡ 오비체삼척예 吾鼻涕三尺曳

吾 나 오, 鼻 코 비, 涕 눈물 체, 三 석 삼, 尺 자 척, 曳 끌 예

【의미】 나 자신도 어려운 형편이어서 내 뒷감당하기에 바쁘다. 내 콧물도 닦을 겨를이 없는데 어느 겨를에 남의 콧물까지 닦겠는가?

【출전】 靑莊館全書 권62 冽上方言, 言我窮不閱 遑恤我後 吾涕不勝拭 何暇拭他人涕哉

➡ 오비체수삼척 吾鼻涕垂三尺

吾 나 오, 鼻 코 비, 涕 눈물 체, 垂 드리울 수, 三 석 삼, 尺 자 척

【의미】 처지가 어려워 남을 구할 겨를이 없다.

【출전】 旬五志 下, 言我窮不能救人

너울 쓰고 걸식한다

➡ 착라올걸식 着羅兀乞食

着 붙을 착, 羅 새그물 라, 兀 우뚝할 올, 乞 빌 걸, 食 밥 식

【의미】 부끄러운 줄 모르는 것은 아니지만 굶주리는 일은 참을 수 없다.

【출전】 東言解, 非不顧恥 素難忍飢

너하고 말하느니 달아나겠다

➡ 여여어대로주 與汝語大路走

與 더불어 여, 汝 너 여, 語 말씀 어, 大 큰 대, 路 길 로, 走 달릴 주

【의미】 사람이 너무 답답해서 말뜻을 깨치는 것이 더디다.

【출전】 東言解, 憫汝聽愬 寧我步闊

【비교】 너하고 말하느니 개하고 말하겠다.

넓은 뜰에서 하늘을 우러러본다

➡ 광정앙천 廣庭仰天

廣 넓을 광, 庭 뜰 정, 仰 우러를 앙, 天 하늘 천

【의미】 생각은 높은데 행동이 그에 미치지 못한다.

【출전】 大東韻府群玉 권5 上平聲 先, 言見高而行未到也

넘어진 나무에 물 날까

➡ 강목수생 僵木水生

僵 쓰러질 강, 木 나무 목, 水 물 수, 生 날 생

【의미】 가난하여 사리를 판별하지 못하다. 분명히 없는데 내놓으라고 억지를 부리다.

【출전】 松南雜識 方言類 乾木生水, 言貧無辨物也 今僵木水生之說

네 담장 아니면 내 쇠뿔 부러지랴

➡ 이장절각 爾牆折角

爾 너 이, 牆 담 장, 折 꺾을 절, 角 뿔 각

【의미】 자기 잘못으로 입은 손해를 공연히 남에게 뒤집어씌우려고 억지로 트집 잡다.

【출전】 松南雜識 方言類

네 떡 내가 먹었더냐?

➡ 여병오식호 汝餠吾食乎

汝 너 여, **餠** 떡 병, **吾** 나 오, **食** 먹을 식, **乎** 인가 호

【의미】 자기가 일을 저지러놓고 모르는 체 시치미를 뚝 따다. 은혜를 입지 않은 것 처럼 태연한데 어찌 화를 내겠는가?

【출전】 東言解, 恝若無恩 色何有慍

네 뱃병이 아니면 무슨 병이냐

➡ 구무복증 오녀하병 苟無腹症 吾女何病

苟 진실로 구, **無** 없을 무, **腹** 배 복, **症** 증세 증
吾 나 오, **女** 계집 녀, **何** 어찌 하, **病** 병 병

【의미】 큰 잘못이 있어 몸을 다 덮을 수 있는데, 이를 일러 작은 허물이라 할 수는 없다. 자신의 큰 허물은 덮어두고 남의 작은 허물을 탓한다.

【출전】 星湖全書 권7 百諺解

➡ 비이복질 식부하병 匪伊腹疾 媳婦何病

匪 아닐 비, **伊** 저 이, **腹** 배 복, **疾** 병 질
媳 며느리 식, **婦** 며느리 부, **何** 어찌 하, **病** 병 병

【의미】 큰 잘못이 몸을 다 덮을 만한데, 이를 일러 작은 허물이라 할 수는 없다. 자신의 큰 허물은 덮어두고 남의 작은 허물을 탓한다.

【출전】 與猶堂全書 耳談續纂 東諺, 喩有一大惡 足蔽全身 不可指之爲小疵

네 병이야 낫든 안 낫든 내 약값이나 내라

➡ 이병채부 약채의보 爾病瘥否 藥債宜報

爾 너 이, **病** 병 병, **瘥** 나을 채, **否** 아닐 부
藥 약 약, **債** 빚 채, **宜** 마땅할 의, **報** 갚을 보

【의미】 일을 해주었으면 성과를 따지지 말고 무조건 보수를 달라고 우긴다.

【출전】 東言解

네 쇠뿔이 아니면 내 담장이 무너지랴

➡ 비여우각 기훼아장 非汝牛角 豈毁我牆

非 아닐 비, **汝** 너 여, **牛** 소 우, **角** 뿔 각, **豈** 어찌 기, **毁** 헐 훼, **我** 나 아, **牆** 담 장

【의미】 자기 잘못으로 일어난 손해를 남의 탓으로 돌려 꾸짖다. 네가 아니었다면 내가 이런 낭패를 당했겠는가? 지금 내 담장이 무너진 것은 너의 집 소가 뿔로

받았기 때문이다.

【출전】松南雜識 方言類, 言微汝之故 豈敗我事 卽今爾牆折角是也 / 旬五志 下, 言微汝之故 豈敗我事

➡ 비이우각 아장하붕 匪爾牛角 我牆何崩

匪 아닐 비, 爾 너 이, 牛 소 우, 角 뿔 각
我 나 아, 牆 담 장, 何 어찌 하, 崩 무너질 붕

【의미】네가 비록 내게는 잘못이 없다 하지만 네가 아니면 이런 근심이 없었을 것이다. 자신의 잘못으로 입은 손해를 남에게 씌워 억지를 쓰다.

【출전】與猶堂全書 耳談續纂 東諺, 言爾雖曰非我有咎 非爾無此患也

➡ 아우각절 구인장견 我牛角折 咎人牆堅

我 나 아, 牛 소 우, 角 뿔 각, 折 꺾을 절
咎 허물 구, 人 사람 인, 牆 담 장, 堅 굳을 견

【의미】네가 비록 잘못이 없다 하지만 네가 아니면 이런 근심은 없었을 것이다. 자신의 잘못으로 입은 손해를 남에게 씌워 억지를 쓰다.

【출전】星湖全書 권7 百諺解

네 콩이 크니 내 콩이 크니

➡ 이태대 오태대 爾太大 吾太大

爾 너 이, 太 콩 태, 大 큰 대, 吾 나 오

【의미】사리는 모르면서 남에게 지기만을 싫어하여 서로 다투다.

【출전】星湖全書 권7 百諺解

노닥노닥해도 비단일세

➡ 남루남루 유연금루 襤褸襤褸 猶然錦縷

襤 누더기 남, 褸 남루할 루, 猶 오히려 유, 然 그러할 연, 錦 비단 금, 縷 실 루

【의미】물건의 본질이 아름다운 것은 비록 해졌어도 옛 아름다움을 보여준다.

【출전】與猶堂全書 耳談續纂 東諺, 言物之本美者 雖敗而猶見舊美

노루 쫓다가 토끼 잃는다

➡ 주장락토 走獐落兎

走 달릴 주, **獐** 노루 장, **落** 떨어질 락, **兎** 토끼 토

【의미】 원대한 문제를 도모할 겨를 없으니 먼저 가까운 이익부터 챙기도록 하라.

【출전】 東言解, 不暇遠圖 先取近利 / 松南雜識 方言類

【비교】 가는 토끼 잡으려다가 잡은 토끼 놓친다.

노루 때리던 막대기

➡ 타장장 打獐杖

打 칠 타, **獐** 노루 장, **杖** 지팡이 장

【의미】 우연히 일어난 일을 항상 일어날 것이라고 착각하다. 요행에 너무 자주 기대다.

【출전】 東言解, 一時遇獲 每冀僥

노루를 피하니 범이 나온다

➡ 피장봉호 避獐逢虎

避 피할 피, **獐** 노루 장, **逢** 만날 봉, **虎** 범 호

【의미】 작은 불이익을 피하려다 더 큰 재앙을 만난다.

【출전】 東言解, 欲免小害 反遭大畏

➡ 피장이거 내반우호 避獐而去 乃反遇虎

避 피할 피, **獐** 노루 장, **而** 어조사 이, **去** 갈 거
乃 이에 내, **反** 되돌릴 반, **遇** 만날 우, **虎** 범 호

【의미】 작은 불이익을 피하려다 더 큰 재앙을 만난다.

【출전】 星湖全書 권7 百諺解

노루잠에 개꿈이라

➡ 장수견몽 獐睡犬夢

獐 노루 장, **睡** 잘 수, **犬** 개 견, **夢** 꿈 몽

【의미】 가축이 꿈에서 깼으니 별로 영험할 게 없다. 같잖은 꿈 이야기를 늘어놓다. '노루잠'은 깊이 들지 못한 잠을 말한다.

【출전】 東言解, 畜物發悟 都不足靈

부록

노상발괄

➡ 노상백활 路上白活

路 길 로, 上 위 상, 白 흰 백, 活 살 활

【의미】 자기 편이 되어 달라고 사람들에게 부탁하거나 하소연하다.

【출전】 松南雜識 方言類

녹피에 가로 왈자

➡ 숙록피대전 熟鹿皮大典

熟 익을 숙, 鹿 사슴 록, 皮 가죽 피, 大 큰 대, 典 법 전

【의미】 경우에 따라 이렇게도 이해할 수 있고 저렇게도 이해할 수 있다. 사슴 가죽은 왼쪽으로 당기면 왼쪽으로 늘어나고 오른쪽으로 당기면 오른쪽으로 늘어난다. 세상에서 법을 집행하는 사람들이 법을 중시하지 않고 임의로 법을 멋대로 적용하는 사람이 많아 이를 비웃은 것이다.

【출전】 旬五志 下, 熟鹿皮 左之則向左 右之則向右 世之執法者 不以三尺爲重 任意伸縮者多 故以此譏之

➡ 숙록피왈자 熟鹿皮曰字

熟 익을 숙, 鹿 사슴 록, 皮 가죽 피, 曰 가로 왈, 字 글자 자

【의미】 경우에 따라 이렇게도 이해할 수 있고 저렇게도 이해할 수 있다.

【출전】 松南雜識 方言類

➡ 신축국전 여숙녹피 伸縮國典 如熟鹿皮

伸 펼 신, 縮 다스릴 축, 國 나라 국, 典 법 전
如 같을 여, 熟 익을 숙, 鹿 사슴 록, 皮 가죽 피

【의미】 노루 가죽에 日자를 쓰고 잡아당기면 曰자가 된다 하여, 이렇게도 저렇게도 이해될 수 있는 상황을 가리킨다.

【출전】 星湖全書 권7 百諺解

농담 속에 진담 들었다

➡ 희소지언 혹성실제 嘻笑之言 或成實際

嘻 웃을 희, 笑 웃을 소, 之 갈 지, 言 말씀 언
或 혹 혹, 成 이룰 성, 實 열매 실, 際 사이 제

【의미】 웃으며 농담인 것처럼 가장하지만 그 속에 실제로 하고 싶은 평소의 이야기가 숨어 있다.

【출전】 星湖全書 권7 百諺解

농부는 굶어죽어도 종자는 베고 죽는다

➡ 농부아사 침궐종자 農夫餓死 枕厥種子

農 농사 농, **夫** 지아비 부, **餓** 주릴 아, **死** 죽을 사
枕 베개 침, **厥** 그 궐, **種** 씨 종, **子** 아들 자

【의미】 어리석고 인색한 사람은 몸이 죽으면 재물은 쓸모가 없어지는 것을 모른다. 달리 생각하면 자신의 직업에 충실한 사람을 뜻할 수도 있다. 농부가 굶주린다 하여 종자마저 먹어버리면 이듬해 봄에 뿌릴 씨앗이 없어져 결국 농사도 못 짓고 굶어죽기 때문이다.

【출전】 與猶堂全書 耳談續纂 東諺, 言愚吝者 不知身死而財且無用

➡ 포종작침 표사불식 苞種作枕 殍死不食

苞 그령 포, **種** 씨 종, **作** 지을 작, **枕** 베개 침
殍 주려죽을 표, **死** 죽을 사, **不** 아닐 불, **食** 먹을 식

【의미】 사람이 아무리 힘들어도 근본을 잊어서는 안 된다.

【출전】 星湖全書 권7 百諺解

뇌물은 바리로 싣고, 진상은 꼬치로 꿴다

➡ 인정재태 진상관관 人情載駄 進上貫串

人 사람 인, **情** 뜻 정, **載** 실을 재, **駄** 탈 태
進 나아갈 진, **上** 위 상, **貫** 꿸 관, **串** 익힐 관

【의미】 뇌물은 많이 바치면서 공적인 업무는 소홀히 한다.

【출전】 旬五志 下, 言行賂多而奉公小

누구나 옛날이 더 좋았다고 한다

➡ 제구기호운 諸舊基好云

諸 모두 제, **舊** 예 구, **基** 터 기, **好** 좋을 호, **云** 이를 운

【의미】 지난날의 융성했던 일을 이제 와서 새삼 들추어낸들 무슨 소용이 있겠는가.

【출전】 東言解, 過去盛事 追提何益

누구에겐 후하고 누구에겐 박하냐

➡ 하후하박 何厚何薄

何 어찌 하, 厚 두터울 후, 何 어찌 하, 薄 엷을 박

【의미】 대우하는 것이 공평하지 못하다.

【출전】 未詳

누워서 떡을 먹으면 팥고물이 눈에 들어간다

➡ 병와끽 두설락 餠臥喫 豆屑落

餠 떡 병, 臥 엎드릴 와, 喫 마실 끽, 豆 콩 두, 屑 가루 설, 落 떨어질 락

【의미】 너무 편의만 좇다가는 오히려 손해를 불러온다. 손해를 불러올 뿐만 아니라 나태함에 빠지기 쉽다.

【출전】 靑莊館全書 권62 洌上方言, 言占便宜而反招損也 不惟招損 亦涉懶也

➡ 언와담병 두설낙모 偃臥啖餠 豆屑落眸

偃 쓰러질 언, 臥 엎드릴 와, 啖 먹을 담, 餠 떡 병
豆 콩 두, 屑 가루 설, 落 떨어질 락, 眸 눈동자 모

【의미】 자기만 편한 일을 하려고만 하면 반드시 자신에게 해로운 일이 생긴다.

【출전】 星湖全書 권7 百諺解

눈 감으면 코 베어갈 세상

➡ 순목불극 혹상궐비 瞬目不亟 或喪厥鼻

瞬 눈깜짝일 순, 目 눈 목, 不 아닐 불, 亟 빠를 극
或 혹 혹, 喪 잃을 상, 厥 그 궐, 鼻 코 비

【의미】 세상살이가 험난하니 잠시라도 긴장을 늦추어서는 안 된다.

【출전】 與猶堂全書 耳談續纂 東諺, 言世俗之險 不可須臾忘禍難

눈 먼 고양이 달걀 어루듯 한다

➡ 비피멸묘 농일계자 譬彼目蔑猫 弄一鷄子

譬 비유할 비, 彼 저 피, 目蔑 눈멀 멸, 猫 고양이 묘
弄 희롱할 롱, 一 한 일, 鷄 닭 계, 子 아들 자

【의미】 사물을 요령 좋게 잘 다루다.

【출전】 星湖全書 권7 百諺解

➡ 할묘농란 瞎猫弄卵

瞎 애꾸눈 할, 猫 고양이 묘, 弄 희롱할 롱, 卵 알 란

【의미】 그리 귀한 것도 아닌데 귀한 것인 줄 알아 혼자만 애지중지한다.

【출전】 古今釋林 권28 東韓譯語 釋獸, 눈먼 고양이 닭의 알 어룬단 말.

눈 먼 말 워낭 소리 따라간다

➡ 고마문령 瞽馬聞鈴

瞽 소경 고, 馬 말 마, 聞 들을 문, 鈴 방울 령

【의미】 자신의 주견 없이 남이 하는 대로 덩달아 따른다.

【출전】 未詳

➡ 맹마수령 盲馬隨鈴

盲 소경 맹, 馬 말 마, 隨 따를 수, 鈴 방울 령

【의미】 자신의 주견 없이 남이 하자는 대로 덩달아 따른다.

【출전】 未詳

눈 먼 삽살개 낟알 탐내다 동잇물 다 들이킨다

➡ 멸방탐립 탄갈분수 瞣尨貪粒 呑竭盆水

瞣 눈멀 멸, 尨 삽살개 방, 貪 탐할 탐, 粒 알 립
呑 삼킬 탄, 竭 다할 갈, 盆 동이 분, 水 물 수

【의미】 감당하지도 못하면서 욕심만 부리다.

【출전】 星湖全書 권7 百諺解

눈 먼 소경더러 눈 멀었다 하면 성낸다

➡ 고비불고 위고즉노 瞽非不瞽 謂瞽則怒

瞽 소경 고, 非 아닐 비, 不 아닐 불, 瞽 소경 고
謂 이를 위, 瞽 소경 고, 則 곧 즉, 怒 성낼 노

【의미】 사람의 단점을 가지고 꼬집어서 말하면 안 된다.

【출전】 與猶堂全書 耳談續纂 東諺, 言人之短處 不可斥言之

부록

눈 먼 자식이 효도한다

➡ 맹자효도 盲子孝道

盲 소경 맹, 子 아들 자, 孝 효도 효, 道 길 도

【의미】 처음에는 크게 기대하지 않던 사람에게 오히려 의지하게 된다.

【출전】 東言解, 始所不期 終反有賴

➡ 숙지맹자 이불종효 孰知盲子 而不終孝

孰 누구 숙, 知 알 지, 盲 소경 맹, 子 아들 자
而 어조사 이, 不 아닐 불, 終 끝날 종, 孝 효도 효

【의미】 크게 기대하지 않던 사람이 오히려 나중에는 요긴한 구실을 한다.

【출전】 星湖全書 권7 百諺解

➡ 피묘자자 내효궐비 彼眇者子 乃孝厥妣

彼 저 피, 眇 애꾸눈 묘, 者 놈 자, 子 아들 자
乃 이에 내, 孝 효도 효, 厥 그 궐, 妣 죽은어미 비

【의미】 의지할 데가 없는 듯 보였던 사람이 오히려 은혜를 갚는다.

【출전】 與猶堂全書 耳談續纂 東諺, 言人於其所不仗 反或受報

【비교】 굽은 나무가 선산을 지킨다. 나갔던 며느리가 효도한다. 병신 자식이 효도한다.

눈썹 아래 떨어진 재앙

➡ 낙미지액 落眉之厄

落 떨어질 락, 眉 눈썹 미, 之 갈 지, 厄 재앙 액

【의미】 생각지도 않게 갑자기 당한 재앙.

【출전】 古今釋林 권28 東韓譯語 釋形, 猶言無妄之灾 / 東言解, 意外橫逆 空中忽至 / 松南雜識 方言類

【비교】 눈썹에 불 붙었다. 매 앞에 든 꿩이다.

눈엣가시

➡ 안중극 眼中棘

眼 눈 안, 中 가운데 중, 棘 멧대추나무 극

【의미】 너무 미워서 눈에 거슬리는 사람.

【출전】 玉樓夢 20回
【비교】 원두막 주인이 쓴 외 보듯 한다.

눈 흘겨봤다고 우물가에서 바가지 깬다

➡ 제피급표 종파우정 睇彼汲瓢 終破于井

睇 흘끗볼 제, 彼 저 피, 汲 길을 급, 瓢 박 표
終 마침내 종, 破 깨뜨릴 파, 于 어조사 우, 井 우물 정

【의미】 작은 원한을 가지고 크게 보복을 하다.
【출전】 星湖全書 권7 百諺解

느린 소도 성낼 적이 있다

➡ 완우노 緩牛怒

緩 느릴 완, 牛 소 우, 怒 성낼 노

【의미】 성격이 온순하여 무던한 사람이라도 한 번 성이 나면 성 잘 내던 사람보다 더 무섭다.
【출전】 東言解, 罕忿者忿 反甚急性
【비교】 뜬 솥도 달면 무섭다. 뜬 쇠도 달면 어렵다. 부처님도 화낼 때가 있다.

느릿느릿 걸어도 황소걸음

➡ 완구완구 모우지보 緩驅緩驅 牡牛之步

緩 느릴 완, 驅 몰 구, 牡 수컷 모, 牛 소 우, 之 갈 지, 步 걸음 보

【의미】 큰 사람의 일은 더뎌 보여도 발전이 있다.
【출전】 與猶堂全書 耳談續纂 東諺, 言大人之事 徐而有進也

늘 먹는 차와 밥

➡ 항다반 恒茶飯

恒 항상 항, 茶 차 다, 飯 밥 반

【의미】 늘 있는 예사로운 일. 중국 사람들은 항상 밥을 먹고는 차를 마셨는데, 우리나라 사람들은 이것을 차게 식혀 마셨다. 지금은 모든 일을 평소 관례대로 하는 것을 일컫는다.

【출전】 松南雜識 方言類, 中朝人恒飯後啜茶 卽我國人飮熟冷也. 今每事依例之謂也.

늙으면 아이 된다

➡ 쇠로성변 반류아동 衰老性變 反類兒童

衰 쇠할 쇠, **老** 늙은이 로, **性** 성품 성, **變** 변할 변
反 되돌릴 반, **類** 무리 류, **兒** 아이 아, **童** 아이 동

【의미】 사람은 늙으면 정신이 희미해져 아이처럼 행동한다.

【출전】 星湖全書 권7 百諺解

늙은 말이 햇콩을 마다하랴

➡ 노마불사두 老馬不辭豆

老 늙을 로, **馬** 말 마, **不** 아닐 불, **辭** 사양할 사, **豆** 콩 두

【의미】 탐욕스런 마음은 늙어서도 없어지지 않는다.

【출전】 古今釋林 권28 東韓譯語 釋獸, 늘근 ᄆᆞᆯ 콩 마다 ᄒᆞ랴

➡ 노마염태호 老馬厭太乎

老 늙을 로, **馬** 말 마, **厭** 싫을 염, **太** 클 태, **乎** 인가 호

【의미】 본래부터 가진 탐욕은 비록 늙어서도 사라지지 않는다.

【출전】 東言解, 本來嗜慾 雖衰不已

➡ 노마재구 유불사두 老馬在廏 猶不辭豆

老 늙을 로, **馬** 말 마, **在** 있을 재, **廏** 마구간 구
猶 오히려 유, **不** 아닐 불, **辭** 사양할 사, **豆** 콩 두

【의미】 탐욕스런 마음은 늙어서도 없어지지 않는다.

【출전】 與猶堂全書 百諺解 耳談續纂 東諺, 喩貪得之心 老猶不滅

➡ 마수노의 영사기두 馬雖老矣 寧辭其豆

馬 말 마, **雖** 비록 수, **老** 늙을 로, **矣** 어조사 의
寧 어찌 녕, **辭** 사양할 사, **其** 그 기, **豆** 콩 두

【의미】 늙을수록 더욱 분수에 넘치는 욕심을 부리다.

【출전】 星湖全書 권7 百諺解

늙은이가 하는 일 없이 나쁜 일만 하고 다닌다

➡ 노인발피 老人潑皮

老 늙은이 로, 人 사람 인, 潑 뿌릴 발, 皮 가죽 피

【의미】 봄비가 잦은 것, 돌담 배부른 것, 사발 이 빠진 것, 늙은이의 불량스런 짓, 아이들 입빠른 것, 흙부처 냇물 건너기, 며느리 손 큰 것, 이 여덟 조목은 아무짝에도 쓸모없이 해롭기만 한 것의 비유로 삼는다.

【출전】 旬五志 下, 以春雨數來·石墻飽腹·沙鉢缺耳·老人潑皮·小兒捷口·僧人醉酒·泥佛渡川·家母手鉅八條 爲無用有害之喩

늙은이 건강은 장담할 수 없다

➡ 노건불신 老建不信

老 늙은이 로, 建 세울 건, 不 아닐 불, 信 믿을 신

【의미】 나이가 들면 언제 병들지 알 수 없다.

【출전】 未詳

늙은이 보리 쓰러지듯 한다

➡ 노인지와 흡사맥와 老人之臥 恰似麥臥

老 늙은이 로, 人 사람 인, 之 갈 지, 臥 엎드릴 와
恰 마치 흡, 似 같을 사, 麥 보리 맥

【의미】 노인은 기력이 떨어져서 병에 걸리기가 쉽다. 노인은 건강해 보여도 한 번 몸이 나빠지면 금방 악화된다.

【출전】 星湖全書 권7 百諺解

다급하자 부처님 찾는다

➡ 임급송세음 臨急誦世音

臨 임할 림, 急 급할 급, 誦 욀 송, 世 대 세, 音 소리 음

【의미】 옛날 중국 북제 때 사람 노경유가 옥에 갇혔는데, 관세음을 외우자 옥에서 풀려났다. 지금 승려와 세속에서 위급한 일을 만나면 반드시 관세음보살을 외우는데, 바로 이 일에서 나왔다.

【출전】 松南雜識 方言類, 北齊史 盧景裕繫獄 誦觀世音 枷鎖自脫 今僧與俗臨急 必誦觀世音菩薩 出此

【비교】 급하면 상감님 망건 값도 쓴다. 물에 빠지면 지푸라기라도 잡는다.

다 된 죽에 코 빠졌다

➡ 완죽방열 승요불입 椀粥方熱 蠅繞不入

椀 주발 완, 粥 죽 죽, 方 바야흐로 방, 熱 더울 열
蠅 파리 승, 繞 두를 요, 不 아닐 불, 入 들 입

【의미】 일이 잘 되어 가다가 갑자기 난관을 만나다.

【출전】 星湖全書 권7 百諺解

➡ 진전죽 비사추 盡前粥 鼻泗墜

盡 다될 진, 前 앞 전, 粥 죽 죽, 鼻 코 비, 泗 물이름 사, 墜 떨어질 추

【의미】 거의 일이 이루어져 가는데 갑자기 실패할 기미가 보이다. 일이 잘 되어 가다가 갑자기 난관을 만나다.

【출전】 東言解, 幾乎成事 忽焉敗意

다리 병신 차기 쉽고, 죽은 중놈 때리기 쉽다

➡ 가자이척 강승이격 痾者易踼 殭僧易擊

痾 팔다리병 가, 者 놈 자, 易 쉬울 이, 踼 찰 척
殭 굳어질 강, 僧 중 승, 擊 부딪칠 격

【의미】 상대가 외롭고 약하다고 함부로 폭력을 써서는 안 된다.

【출전】 與猶堂全書 耳談續纂 東諺, 言侮此孤弱 不可爲武

다리 아래서 원님 꾸짖는다

➡ 교하우맹 혹리관쉬 橋下愚氓 或詈官倅

橋 다리 교, 下 아래 하, 愚 어리석을 우, 氓 백성 맹
或 혹 혹, 詈 꾸짖을 리, 官 벼슬 관, 倅 원님 쉬

【의미】 당사자가 듣지 못하는데 그 사람의 욕을 하다. 안동 땅에 산 아래에서 고을 원을 욕한 사람이 있었다.

【출전】 星湖全書 권7 百諺解

➡ 교하자쉬 橋下訾倅

橋 다리 교, 下 아래 하, 訾 헐뜯을 자, 倅 원님 쉬

【의미】 당사자가 듣지 못하는데 그 사람의 욕을 하다.
【출전】 旬五志 下, 言詬罵於不聞之地

➡ 교하질쉬 橋下叱倅

橋 다리 교, 下 아래 하, 叱 꾸짖을 질, 倅 원님 쉬

【의미】 당사자가 듣지 못하는데 그 사람의 욕을 하다. 안동 땅에 산에서 고을 원을 욕한 사람이 있었다.
【출전】 松南雜識 方言類, 言竊罵於不聞之地也 安東有辱倅山云

다시 보니 수원 손님이라

➡ 갱견내수원객 更見乃水原客

更 다시 갱, 見 볼 견, 乃 이에 내, 水 물 수, 原 근원 원, 客 손 객

【의미】 짐작으로는 나아진 줄 알았는데 다시 보니 옛 모습 그대로 변한 것이 없다.
【출전】 東言解, 意其有勝 猶復前樣

다 퍼먹은 김칫독

➡ 진증식침채옹 盡拯食沈菜瓮

盡 다될 진, 拯 건질 증, 食 밥 식, 沈 가라앉을 침, 菜 나물 채, 瓮 독 옹

【의미】 단지 빈 그릇만 남았으니 어디다 손을 댈 것인가? 남은 것 없이 다 써버려 손 댈 곳이 없다.
【출전】 東言解, 只餘空器 安所藉手

단단한 땅에 물이 괸다

➡ 행료지취 역우경토 行潦之聚 亦于硬土

行 갈 행, 潦 큰비 료, 之 갈 지, 聚 모일 취
亦 또 역, 于 어조사 우, 硬 굳을 경, 土 흙 토

【의미】 검소하고 아끼지 않으면 재산은 모이지 않는다.
【출전】 與猶堂全書 耳談續纂 東諺, 言非儉嗇 家貨不集
【비교】 가을 식은 밥이 봄 양식이다. 소같이 벌어서 쥐같이 먹어라.

닫는 노루 등에 올라타는 놈도 있다

➡ 주장지배 역유능과 走獐之背 亦有能跨

走 달릴 주, **獐** 노루 장, **之** 갈 지, **背** 등 배
亦 또 역, **有** 있을 유, **能** 능할 능, **跨** 타넘을 과

【의미】 재능이 아주 뛰어난 사람을 일컫는 말.

【출전】 星湖全書 권7 百諺解

달리는데 발 내민다

➡ 주전출족 走前出足

走 달릴 주, **前** 앞 전, **出** 날 출, **足** 발 속

【의미】 바야흐로 넘어질까 염려하는데 어찌 가로막는가? 어려움 형편에 빠진 사람을 또 방해하며 괴롭히다.

【출전】 東言解, 方憂其蹶 何使之碍

달리는 말에 채찍 치기

➡ 주마가편 走馬加鞭

走 달릴 주, **馬** 말 마, **加** 더할 가, **鞭** 채찍 편

【의미】 그 형세를 이용해서 힘을 더욱 보태주다. 일이 더욱 잘 되도록 부추기거나 몰아치다.

【출전】 松南雜識 方言類, 言因其勢而加之力也 / 旬五志 下, 言因其勢而加之力

➡ 주마지배 가편갱쾌 走馬之背 加鞭更快

走 달릴 주, **馬** 말 마, **之** 갈 지, **背** 등 배
加 더할 가, **鞭** 채찍 편, **更** 다시 갱, **快** 쾌할 쾌

【의미】 그 형세를 이용해서 힘을 더욱 보태주다. 일이 더욱 잘 되도록 부추기거나 몰아치다.

【출전】 星湖全書 권7 百諺解

달리는 말 타고 비단 보기

➡ 주마간금 走馬看錦

走 달릴 주, **馬** 말 마, **看** 볼 간, **錦** 비단 금

【의미】 일이나 마음이 바빠서 대충 보고 지나가다.
【출전】 高麗史 권108 蔡洪哲傳

달면 삼키고 쓰면 뱉는다

➡ 석이감여 금내고토 昔以甘茹 今乃苦吐

昔 예 석, 以 써 이, 甘 달 감, 茹 먹을 여
今 이제 금, 乃 이에 내, 苦 쓸 고, 吐 토할 토

【의미】 사람의 정은 자신의 이익에 따라 변화무쌍하다.
【출전】 與猶堂全書 耳談續纂 東諺, 言人情巧於自利也

달아나는 노루 보다가 얻은 토끼 놓쳤다

➡ 견분록 실획토 見奔鹿 失獲兎

見 볼 견, 奔 달릴 분, 鹿 사슴 록, 失 잃을 실, 獲 얻을 획, 兎 토끼 토

【의미】 지나치게 욕심을 부리면 제 것마저 잃게 된다.
【출전】 於于野談 권4 社會 慾心

➡ 견분장 방획토 見奔獐 放獲兎

見 볼 견, 奔 달릴 분, 獐 노루 장, 放 놓을 방, 獲 얻을 획, 兎 토끼 토

【의미】 큰 것을 욕심내다가 작은 것까지 잃는다.
【출전】 旬五志 下, 言貪大失小

➡ 분장고 방획토 奔獐顧 放獲兎

奔 달릴 분, 獐 노루 장, 顧 돌아볼 고, 放 놓을 방, 獲 얻을 획, 兎 토끼 토

【의미】 큰 것을 욕심내다가 작은 것까지 잃는다. 저쪽 것을 탐내 한눈을 팔다가 이쪽 것까지 잃는다.
【출전】 靑莊館全書 권62 洌上方言, 言貪乎彼 失乎此也

➡ 여기주장 영취유토 與覬走獐 寧取遺兎

與 줄 여, 覬 바랄 기, 走 달릴 주, 獐 노루 장
寧 편안할 녕, 取 취할 취, 遺 끼칠 유, 兎 토끼 토

【의미】 욕심이 지나치면 이미 가진 것까지 잃어버린다.
【출전】 星湖全書 권7 百諺解
【비교】 가는 토끼 잡으려다 잡은 토끼 놓친다. 우물을 파도 한 우물을 파라.

달아나는 노루를 좇지 말고 뒤에 쳐진 토끼를 잡아라

➡ 무진주균 집차락준 毋趁走麕 執此落㕙

毋 말 무, **趁** 좇을 진, **走** 달릴 주, **麕** 노루 균
執 잡을 집, **此** 이 차, **落** 떨어질 락, **㕙** 토끼 준

【의미】 갖기 어려운 귀한 물건에 욕심내지 말고 스스로 얻을 수 있는 작은 이익부터 먼저 챙겨라.

【출전】 與猶堂全書 耳談續纂 東諺, 言毋貪難得之巨貨 先取自到之小利

【비교】 우물을 파도 한 우물을 파라.

달아나야 쌀밥 준다

➡ 주여도반 走與稻飯

走 달릴 주, **與** 줄 여, **稻** 벼 도, **飯** 밥 반

【의미】 쌀밥은 밥 가운데 맛있는 것이니, 달아나는 것이 이로운 것도 이와 같다. 단공의 서른여섯 개 계책 가운데 달아나는 것이 최고 계책이란 말과 비슷하다.

【출전】 松南雜識 方言類, 言稻飯 飯之美者 走之爲利 與此同 似檀公三十六策 走爲上計 / 旬五志 下, 言稻飯 飯之美者 走之爲利 與此同也 有檀公三十六策 走爲上之語 劉宋時 人譏道濟避魏之言也 此意同

➡ 주여도반 구위편리 走與稻飯 俱爲便利

走 달릴 주, **與** 줄 여, **稻** 벼 도, **飯** 밥 반
俱 함께 구, **爲** 할 위, **便** 편할 편, **利** 날카로울 리

【의미】 재앙에서 벗어나려면 달아나는 것이 최고의 방법이다.

【출전】 星湖全書 권7 百諺解

달콤한 말과 이로울 듯한 이야기

➡ 감언이설 甘言利說

甘 달 감, **言** 말씀 언, **利** 이로울 리, **說** 말씀 설

【의미】 남의 비위에 맞도록 꾸미거나, 또는 이로운 조건을 내세워 그럴듯하게 꾸민 말. 교언영색(巧言令色).

【출전】 未詳

달팽이도 집이 있는데 사람이 집이 없으랴

➡ 와휴유각 인기무실 蝸休有殼 人豈無室

蝸 달팽이 와, **休** 쉴 휴, **有** 있을 유, **殼** 껍질 각
人 사람 인, **豈** 어찌 기, **無** 없을 무, **室** 집 실

【의미】 사람이 아무리 형편이 어려워도 몸 하나 쉴 만한 곳은 있는 법이다.

【출전】 星湖全書 권7 百諺解

닭 좇던 개 지붕 쳐다본다

➡ 간계지견 도앙옥은 趕鷄之犬 徒仰屋檼

趕 달릴 간, **鷄** 닭 계, **之** 갈 지, **犬** 개 견
徒 무리 도, **仰** 우러를 앙, **屋** 집 옥, **檼** 대마루 은

【의미】 함께 공부하던 친구와 다투다가 친구가 먼저 지위에 오른다. 애써 하던 일이 실패로 돌아가서 어쩔 수 없게 되었다.

【출전】 與猶堂全書 百諺解 耳談續纂 東諺, 喻同學競進 其友先升

➡ 견축계비 공망옥상 犬逐鷄飛 空望屋上

犬 개 견, **逐** 좇을 축, **鷄** 닭 계, **飛** 날 비, **空** 빌 공, **望** 바랄 망, **屋** 집 옥, **上** 위 상

【의미】 정성을 기울여 하던 일이 물거품이 되어 버리다.

【출전】 星湖全書 권7 百諺解

➡ 구축계 옥지제 狗逐鷄 屋只睇

狗 개 구, **逐** 좇을 축, **鷄** 닭 계, **屋** 집 옥, **只** 다만 지, **睇** 흘끗볼 제

【의미】 애를 써서 구하던 일이 실패로 돌아가서 어쩔 수 없게 된다.

【출전】 青莊館全書 권62 洌上方言, 言事敗而無聊也 走者逐飛者 飛者上屋 走者無如之何矣

➡ 축계견첨리 逐鷄犬瞻籬

逐 좇을 축, **鷄** 닭 계, **犬** 개 견, **瞻** 볼 첨, **籬** 울타리 리

【의미】 구하려다가 얻지 못하고 망연히 바라본들 무엇하겠는가? 애써서 구하던 일이 실패로 돌아가서 어쩔 수 없게 되다.

【출전】 東言解, 求之不得 茫然何望

닭도 제각기 보금자리 만든다

➡ 계족동취 각자발토 鷄族同聚 各自撥土

鷄 닭 계, 族 겨레 족, 同 한가지 동, 聚 모일 취
各 각각 각, 自 스스로 자, 撥 다스릴 발, 土 흙 토

【의미】 누구든지 자신의 처지와 형편에 맞춰 살아갈 길을 만든다.

【출전】 星湖全書 권7 百諺解

담배 씨로 뒤웅박을 판다

➡ 남령자착호 南靈子鑿壺

南 남녘 남, 靈 신령 령, 子 아들 자, 鑿 뚫을 착, 壺 병 호

【의미】 사람이 잔소리가 많고, 사소한 일에도 이것저것 따지기를 좋아한다.

【출전】 古今釋林 권28 東韓譯語 釋草, 담빈 씨로 뒤용이 픈다.

당나발 분다

➡ 취당나팔 吹唐囉叭

吹 불 취, 唐 당나라 당, 囉 소리얽힐 라, 叭 입벌릴 팔

【의미】 큰 소리를 쳤지만 곤궁하고 위태롭기는 마찬가지다. 말도 안 되는 거짓말을 하다.

【출전】 東言解, 大費聲氣 亦一困危

대가리를 잡다가 꽁지를 잡았다

➡ 의필착두 방착궐미 擬必捉頭 方捉厥尾

擬 헤아릴 의, 必 반드시 필, 捉 잡을 착, 頭 머리 두
方 바야흐로 방, 厥 그 궐, 尾 꼬리 미

【의미】 큰 이익을 챙기려다가 이루지 못하고 작은 이익만 얻게 되다.

【출전】 星湖全書 권7 百諺解

➡ 착두근착미 捉頭僅捉尾

捉 잡을 착, 頭 머리 두, 僅 겨우 근, 捉 잡을 착, 尾 꼬리 미

【의미】 큰 것을 기대하다가 겨우 작은 것만 얻게 되었다.

【출전】 旬五志 下, 言期大而僅成小

대 끝에서도 삼 년

➡ 간두과삼년 竿頭過三年

竿 장대 간, 頭 머리 두, 過 지날 과, 三 석 삼, 年 해 년

【의미】 어려움이 극에 달해도 또한 사정이 어쩔 수 없으면 오래 견딘다.

【출전】 旬五志 下, 言其耐苦之久

➡ 간두구연 혹지삼년 竿頭苟延 或至三年

竿 장대 간, 頭 머리 두, 苟 진실로 구, 延 끌 연
或 혹 혹, 至 이를 지, 三 석 삼, 年 해 년

【의미】 어려운 처지에서 견딜 일이면 긴 시간도 꺼리지 않는다.

【출전】 與猶堂全書 耳談續纂 東諺, 言忍耐逆境 勿憚其久

➡ 간두삼년활 竿頭三年活

竿 장대 간, 頭 머리 두, 三 석 삼, 年 해 년, 活 살 활

【의미】 어려움이 극에 달해도 사정이 어쩔 수 없으면 능히 오래 견딘다.

【출전】 東言解 艱爲極處 亦能久耐

➡ 백척간두 내과삼년 百尺竿頭 耐過三年

百 일백 백, 尺 자 척, 竿 장대 간, 頭 머리 두
耐 견딜 내, 過 지날 과, 三 석 삼, 年 해 년

【의미】 어려운 처지에서 견딜 일이면 긴 시간도 꺼리지 않는다.

【출전】 星湖全書 권7 百諺解

➡ 죽간두 과삼추 竹竿頭 過三秋

竹 대 죽, 竿 장대 간, 頭 머리 두, 過 지날 과, 三 석 삼, 秋 가을 추

【의미】 어려움이 극에 달해도 또한 능히 오래 견딘다.

【출전】 靑莊館全書 권62 洌上方言, 言耐久也

대들보가 부러지면 서까래도 무너진다

➡ 동절최붕 棟折榱崩

棟 용마루 동, 折 꺾을 절, 榱 서까래 최, 崩 무너질 붕

【의미】 집안 어른이 쓰러지면 집안도 망하게 된다. 어떤 일의 중심되는 인물이 동요하면 휘하의 사람들도 모두 흔들리게 된다. 화불단행(禍不單行)이다.

【출전】 未詳

대부등大不等에 곁낫질이라

➡ 대부동점겸괘 大不動點鎌掛

大 큰 대, 不 아닌가 부, 動 움직일 동, 點 점 점, 鎌 낫 겸, 掛 걸 괘

【의미】 세력은 산처럼 무거운데 자신에게는 한 치 힘도 없다. 자신의 능력은 생각지도 않고 감당할 수 없는 일에 함부로 나서다.

【출전】 東言解, 勢重邱山 寸鐵無力

대악을 연주하는데 진어籈敔를 어디다 쓰랴

➡ 대악방장 진어하위 大樂方張 籈於何爲

大 큰 대, 樂 음악 악, 方 바야흐로 방, 張 펼칠 장
籈 채 진, 於 어조사 어, 何 어찌 하, 爲 할 위

【의미】 대규모의 음악을 연주하면서 음악을 마무리지을 때 쓰는 악기인 어敔는 쓰일 일이 없다. 어떤 물건이든지 적절하게 쓰일 때가 있다.

【출전】 星湖全書 권7 百諺解

대장간에 식칼이 논다

➡ 야가무식도 冶家無食刀

冶 불릴 야, 家 집 가, 無 없을 무, 食 밥 식, 刀 칼 도

【의미】 자신이 만드는 물건을 오히려 자기 집에서 찾을 수 없다. 당연히 흔하게 있어야 할 곳에 오히려 그 물건이 귀한 경우도 있다.

【출전】 東言解, 自爲之物 於己則乏

➡ 야장지가 역무선도 冶匠之家 亦無膳刀

冶 불릴 야, 匠 장인 장, 之 갈 지, 家 집 가
亦 또 역, 無 없을 무, 膳 반찬 선, 刀 칼 도

【의미】 자신이 만드는 물건이 자기에게 부족하다. 당연히 흔하게 있어야 할 곳에 오히려 귀한 경우가 많다.

【출전】 星湖全書 권7 百諺解

더운 여름철 바닷가에선 너나가 없다

➡ 서월해패 무아무이 暑月海壩 無我無爾

暑 더울 서, 月 달 월, 海 바다 해, 壩 방죽 패, 無 없을 무, 我 나 아, 爾 너 이

【의미】 극한 상황 속에서는 체면을 가릴 처지가 아니다.

【출전】 星湖全書 권7 百諺解

더운 죽에 혀 대기

➡ 열죽접설 熱粥接舌

熱 더울 열, 粥 죽 죽, 接 닿을 접, 舌 혀 설

【의미】 나아갈 수도 물러설 수도 없게 되다. 하찮은 일에 봉변을 당해 어쩔 줄 모르다.

【출전】 東言解, 不能須臾 乍進乍退

덕금 어미 잠

➡ 덕금모수 德今母睡

德 덕 덕, 今 이제 금, 母 어미 모, 睡 잘 수

【의미】 게으름이 습관이 되어서 스스로 깨닫지 못하다.

【출전】 東言解, 懶以成習 迷自不寤

던져 마름쇠

➡ 투역능철 投亦菱鐵

投 던질 투, 亦 또 역, 菱 마름 릉, 鐵 쇠 철

【의미】 마름쇠는 어떻게 던지든지 한 끝이 반드시 위로 향하는 데서, 사물에 익숙한 사람은 실패하는 일이 없다. 세 방향에서 두루 살필 수 있어 아무리 일을 추진해도 실패하지 않는다.

【출전】 東言解, 三隅可反 百發無失

➡ 투역질려철 投亦蒺藜鐵

投 던질 투, 亦 또 역, 蒺 납가새 질, 藜 나라이름 려, 鐵 쇠 철

【의미】 마름쇠는 어떻게 던지든지 한 끝이 반드시 위로 향하는 데서, 사물에 익숙한 사람은 실패하는 일이 없다. 잃고 얻는 것이 모두 적당하다.

【출전】 旬五志 下, 言得失俱好

부록

덩덩 하니 굿만 여겨

➡ 동동인신사 鼕鼕認神事

鼕 북소리 동, 鼕 북소리 동, 認 알 인, 神 귀신 신, 事 일 사

【의미】 일의 내용도 잘 모르고 무조건 마음이 들떠 시끄럽게 나서다.

【출전】 東言解, 聞似疑眞 浮動之致

도깨비 땅 마련하듯

➡ 망량산지 魍魎算地

魍 도깨비 망, 魎 도깨비 량, 算 셀 산, 地 땅 지

【의미】 아무런 생각 없이 일을 꾸미니 무엇이 이루이지겠는가?

【출전】 東言解, 依樣唱籌 歸計焉有

➡ 망량양세 魍魎量稅

魍 도깨비 망, 魎 도깨비 량, 量 헤아릴 량, 稅 세금 세

【의미】 계획하고 준비하는 것이 어리석고 망령되다.

【출전】 旬五志 下, 言料量虛妄

➡ 망량양세 공언무성 魍魎量稅 空言無成

魍 도깨비 망, 魎 도깨비 량, 量 헤아릴 량, 稅 세금 세
空 빌 공, 言 말씀 언, 無 없을 무, 成 이룰 성

【의미】 아무 소용도 없는 짓을 헛되이 실행하다.

【출전】 星湖全書 권7 百諺解

도깨비도 수풀이 있어야 재주를 피우지

➡ 독각지매 재주실림 獨脚之魅 在晝失林

獨 홀로 독, 脚 다리 각, 之 갈 지, 魅 도깨비 매
在 있을 재, 晝 낮 주, 失 잃을 실, 林 수풀 림

【의미】 아무리 재주가 뛰어난 사람도 여건이 무르익어야 능력을 발휘할 수 있다.

【출전】 星湖全書 권7 百諺解

➡ 무림망량 無林魍魎

無 없을 무, 林 수풀 림, 魍 도깨비 망, 魎 도깨비 량

【의미】 아무리 훌륭한 재능을 가진 사람이라도 여건이 갖추어져야 그 재능을 발휘할 수 있다.

【출전】 東言解, 倘非依勢 何能作怪

도깨비 사귄 셈이라

➡ **여교망량 如交魍魎**

如 같을 여, 交 사귈 교, 魍 도깨비 망, 魎 도깨비 량

【의미】 비록 싫어도 좇으니, 그만두려고 해도 그럴 수 없다. 귀찮은 사람이 늘 따라다녀서 떼어버리려고 하여도 떨어지지 않아 골치를 앓다.

【출전】 東言解, 雖厭猶隨 欲捨不得

도끼라 날 달아 쓸까

➡ **부야현협생 斧也懸頰生**

斧 도끼 부, 也 어조사 야, 懸 매달 현, 頰 뺨 협, 生 날 생

【의미】 사람의 목숨은 쇠가 아니라서 누구의 힘으로도 늘릴 수 없다. 도끼 날은 이가 빠지면 바꿀 수 있지만 사람의 목숨은 그럴 수 없다.

【출전】 東言解, 人壽非鐵 誰力使長

도둑개가 겻섬에 오른다

➡ **적구상강석 賊狗上糠石**

賊 도둑 적, 狗 개 구, 上 위 상, 糠 겨 강, 石 돌 석

【의미】 자기가 가고 싶은 곳으로 갈 때는 그 동작이 아주 민첩하다.

【출전】 東言解, 欲之所在 趨之必捷

도둑을 뒤로 잡지 앞으로 잡나

➡ **도이후착 불이전착 盜以後捉 不以前捉**

盜 훔칠 도, 以 써 이, 後 뒤 후, 捉 잡을 착, 不 아닐 불, 前 앞 전

【의미】 사람을 논할 때에는 마땅히 실제 증거를 가지고 말해야 한다. 뒤는 장물을 지고 있는 것이고, 앞은 얼굴이다. 도둑은 뚜렷한 증거나 근거를 가지고 잡는 것이지, 추측만으로 의심해서는 안 된다.

【출전】 與猶堂全書 耳談續纂 東諺, 言論人當執實贓○後者贓之所負 前其面目也

도독의 때는 벗겨도 화냥의 때는 못 벗긴다

➡ 도명종설 음분난백 盜名終雪 淫奔難白

盜 훔칠 도, 名 이름 명, 終 끝날 종, 雪 씻을 설
淫 음란할 음, 奔 달릴 분, 難 어려울 난, 白 흰 백

【의미】 증거가 있는 것은 증명할 수 있지만 흔적이 없으면 폭로하기 어렵다.
【출전】 星湖全書 권7 百諺解

➡ 도원경설 음무난멸 盜寃竟雪 淫誣難滅

盜 훔칠 도, 寃 원통할 원, 竟 다할 경, 雪 씻을 설
淫 음란할 음, 誣 무고할 무, 難 어려울 난, 滅 멸망할 멸

【의미】 범죄의 증거가 있는 것은 증명할 수 있지만 흔적이 없으면 폭로하기 어렵다.
【출전】 與猶堂全書 耳談續纂 東諺, 言有贓故可證 無跡故難暴

도둑이 제 발 저린다

➡ 도지취나 궐족자마 盜之就拿 厥足自麻

盜 훔칠 도, 之 갈 지, 就 이룰 취, 拿 붙잡을 나
厥 그 궐, 足 발 족, 自 스스로 자, 麻 삼 마

【의미】 악행을 저지른 사람은 양심에 찔려 그것을 감출 수 없다.
【출전】 與猶堂全書 耳談續纂 東諺, 言爲惡者 不可逭也

도래떡이 안팎이 없다

➡ 비피단병 망내망외 譬彼團餠 罔內罔外

譬 비유할 비, 彼 저 피, 團 둥글 단, 餠 떡 병, 罔 그물 망, 內 안 내, 外 밖 외

【의미】 모양새가 전후좌우가 엇비슷하게 되어 있어서 분명하게 판단하기 어렵다.
【출전】 星湖全書 권7 百諺解

➡ 혼돈지이 안유표리 餛飩之餌 安有表裏

餛 떡 혼, 飩 찐만두 돈, 之 갈 지, 餌 먹이 이
安 어찌 안, 有 있을 유, 表 겉 표, 裏 속 리

【의미】 미천한 신분의 사람이 적서의 구분에는 더 엄격하다. 또는 엇비슷하게 만들어져 어떻다고 판단하기 어려운 것.
【출전】 與猶堂全書 耳談續纂 東諺, 譏微賤之人 嚴於嫡庶之分

도령상에 아홉 방상

➡ 도령상 구방상 都令喪 九方相

都 도읍 도, **令** 영 령, **喪** 죽을 상, **九** 아홉 구, **方** 모 방, **相** 서로 상

【의미】 정도가 지나쳐서 격에 맞지 않는다. 도령은 어린애의 호칭이다. 나이 어려 죽은 도령의 상사에 아홉 방상씨를 쓰는 것은 또한 사치스러운 것이 아니겠는가? '방상씨'는 궁중에서 나례(儺禮) 의식을 거행할 때 악귀를 쫓기 위해 쓰던 나자儺者의 일종으로, 상례에서도 사용한다.

【출전】 靑莊館全書 권62 洌上方言, 言不相稱也 都令童子之號 殤之喪而用九方相 不亦侈乎

도로 아미타불

➡ 환아미타불 還阿彌陀佛

還 돌아올 환, **阿** 언덕 아, **彌** 두루 미, **陀** 비탈질 타, **佛** 부처 불

【의미】 노력한 성과를 거두지 못해 결국 원점으로 돌아오다.

【출전】 東言解, 乍變旋仍 依然舊聲

【비교】 다된 죽에 코 빠뜨리기.

도마 넘어간 혐의

➡ 월조지혐 越俎之嫌

越 넘을 월, **俎** 도마 조, **之** 갈 지, **嫌** 싫어할 혐

【의미】 주제넘게 남의 일에 간섭하다.

【출전】 松南雜識 方言類

도마 위의 고기가 칼을 두려워하랴

➡ 육등조 도불포 肉登俎 刀不怖

肉 고기 육, **登** 오를 등, **俎** 도마 조, **刀** 칼 도, **不** 아닐 불, **怖** 두려워할 포

【의미】 워낙 위급한 상황이라 두려워할 것이 없다. 도마 위의 고기가 달아나 안전할 곳을 찾겠는가?

【출전】 靑莊館全書 권62 洌上方言, 言事到危急 無所懼也 俎上之肉 顧安所逃乎

➡ 조상육 불외도 俎上肉 不畏刀

俎 도마 조, 上 위 상, 育 기를 육, 不 아닐 불, 畏 두려워할 외, 刀 칼 도

【의미】 일이 극한의 지경에 이르게 되면 두려워 피할 게 없다.

【출전】 旬五志 下, 言事到窮極 無所畏避

➡ 조상지육 기가외도 俎上之肉 豈可畏刀

俎 도마 조, 上 위 상, 之 갈 지, 肉 고기 육
豈 어찌 기, 可 옳을 가, 畏 두려워할 외, 刀 칼 도

【의미】 죽게 될 지경에 이른 사람이 무엇을 두려워하겠는가?

【출전】 星湖全書 권7 百諺解

➡ 조어불파도 俎魚不怕刀

俎 도마 조, 魚 고기 어, 不 아닐 불, 怕 두려워할 파, 刀 칼 도

【의미】 죽게 될 지경에 이른 사람이 무엇을 두려워하겠는가?

【출전】 古今釋林 권28 東韓譯語 釋魚, 도마에 고기 칼 저허ᄒᆞ랴.

도망친 곳이 형방 집이라

➡ 우연거 형방처 偶然去 刑房處

偶 짝 우, 然 그러할 연, 去 갈 거, 刑 형벌 형, 房 방 방, 處 살 처

【의미】 죄를 지면 아무리 애를 써도 피할 수 없다. 죄를 져서 달아난 사람이 자신도 모르게 형방의 집으로 찾아갔다. 자신도 모르게 지은 죄를 드러내 죗값을 받는다.

【출전】 青莊館全書 권62 洌上方言, 言罪不可巧免也 逃罪者不知而往于刑房之家也

【비교】 도둑이 제 발 저린다.

도살장에 끌려가는 소 같다

➡ 여양취사 곡속행지 如羊就死 觳觫行遲

如 같을 여, 羊 양 양, 就 이룰 취, 死 죽을 사
觳 뿔잔 곡, 觫 곱송그릴 속, 行 갈 행, 遲 늦을 지

【의미】 두려워서 벌벌 떠는 것을 비유하는 속담.

【출전】 星湖全書 권7 百諺解

도살장에서 염불하기

➡ 도문송불 屠門誦佛

屠 잡을 도, **門** 문 문, **誦** 욀 송, **佛** 부처 불

【의미】 서로 전혀 어울리지 않는 일.

【출전】 松南雜識 方言類 軺軒馬鞭, 旬五志曰 魚足堂叔權 以軺軒馬鞭·藁履丁粉……僧齋胡舞六語爲不相稱者之刺 亦屠門誦佛·娼家議禮之語也

도적이 도리어 몽둥이를 든다

➡ 방투세단 도반거봉 防偸勢單 盜反擧棒

防 둑 방, **偸** 훔칠 투, **勢** 기세 세, **單** 홑 단
盜 훔칠 도, **反** 되돌릴 반, **擧** 들 거, **棒** 몽둥이 봉

【의미】 잘못을 저지른 사람이 뉘우치기는커녕 오히려 큰 소리를 친다. 적반하장(賊反荷杖).

【출전】 星湖全書 권7 百諺解

➡ 적반하장 賊反荷杖

賊 도둑 적, **反** 되돌릴 반, **荷** 들 하, **杖** 지팡이 장

【의미】 논리가 부족한 사람이 힘으로 억지로 이기려고 들다. 좌씨가 말한 "도적이 주인을 미워한다."는 것과 같다. 잘못한 사람이 오히려 큰소리를 치면서 남을 윽박지르다.

【출전】 松南雜識 方言類, 言理屈者反自陵轢 左氏所謂盜憎主人

독 안에 든 쥐

➡ 입옹지서 무처가주 入甕之鼠 無處可走

入 들 입, **甕** 독 옹, **之** 갈 지, **鼠** 쥐 서, **無** 없을 무, **處** 살 처, **可** 옳을 가, **走** 달릴 주

【의미】 꼼짝할 수 없는 막다른 처지에 몰리다.

【출전】 星湖全書 권7 百諺解

독 안의 희롱질에도 바람은 찾아든다

➡ 희뇨지옹 풍필래중 戱嬲之甕 風必來中

戱 탄식할 희, **嬲** 희학질할 뇨, **之** 갈 지, **甕** 독 옹
風 바람 풍, **必** 반드시 필, **來** 올 래, **中** 가운데 중

【의미】 마구잡이로 즐기다가는 반드시 재앙을 초래한다. 아무리 감쪽같아도 잘못된 즐김은 반드시 재앙을 불러온다.

【출전】 與猶堂全書 耳談續纂 東諺, 言般樂必招災也

독 장수 셈하기

➡ 옹산 甕算

甕 독 옹, **算** 셀 산

【의미】 있지도 않은 이익에 정신이 팔려 큰 손해를 당하다. 옛날에 독 장수가 시장에 독을 팔러 가다가 큰 부자가 될 꿈을 꾸고는 하인들에게 호령하는 시늉을 하였다. 그 와중에 지게 작대기로 독 지게를 쳐서 독이 모두 깨지고 말았다는 이야기에서 나왔다.

【출전】 松南雜識 方言類

돈만 있으면 귀신도 부린다

➡ 유전사귀신 有錢使鬼神

有 있을 유, **錢** 돈 전, **使** 하여금 사, **鬼** 귀신 귀, **神** 귀신 신

【의미】 『유한록』에 말하기를, "장연이 상판탁지로 있을 때 옥사를 처리한 적이 있는데, 편지가 한 통 왔다. 거기에는 '돈 십 만 냥을 바칩니다'라고 써 있었다. 장연이 탄식하며 '능히 귀신들과도 통할 수 있겠구나'라 말하였다. 노포의 「전신론」에는 '귀신도 부릴 수 있다'고 했는데, 지금 돈이 있으면 귀신도 부린다는 말의 출처가 이 책이다."

【출전】 松南雜識 方言類, 幽閒錄云 張延賞判度支有冤獄 一帖云 奉錢十萬 歎日 可以通神門 魯褒錢神論日 鬼可使 今有錢使鬼神之說出此

돈만 있으면 범 눈썹도 산다

➡ 유전가매활호미 有錢可買活虎眉

有 있을 유, **錢** 돈 전, **可** 옳을 가, **買** 살 매, **活** 살 활, **虎** 범 호, **眉** 눈썹 미

【의미】 돈만 있으면 얻기 어려운 물건도 구할 수 있다.

【출전】 古今釋林 권28 東韓譯語, 言有錢則可買難得之物也

돈 빌려주고 원수 된다

➡ 수불급채 역무수원 雖不給債 亦無讐怨

雖 비록 수, **不** 아닐 불, **給** 넉넉할 급, **債** 빚 채

亦 또 역, 無 없을 무, 讐 원수 수, 怨 원망할 원

【의미】 돈이란 잘못 빌려주면 오히려 사람 사이의 정마저 깨지기 쉽다.

【출전】 星湖全書 권7 百諺解

돌 던지면 돌로 치고 떡 던지면 떡으로 친다

➡ 석척즉석척 병척즉병척 石擲則石擲 餠擲則餠擲

石 돌 석, 擲 던질 척, 則 곧 즉, 餠 떡 병

【의미】 내가 상대방을 대하는 것은 상대가 나를 대한 것에 따른다.

【출전】 旬五志 下, 言我之待彼 隨彼之待我

➡ 투석석래 척병병회 投石石來 擲餠餠回

投 던질 투, 石 돌 석, 來 올 래, 擲 던질 척, 餠 떡 병, 回 돌 회

【의미】 남이 나에게 보답하는 것은 오직 내가 베푼 것에 따른다.

【출전】 與猶堂全書 耳談續纂 東諺, 言人之報我 唯視我之所施

돌담이 배 내밀다

➡ 석장포복 石墻飽腹

石 돌 석, 墻 담 장, 飽 물릴 포, 腹 배 복

【의미】 봄비가 잦은 것, 돌담 배부른 것, 사발 이 빠진 것, 늙은이의 불량스런 짓, 아이들 입빠른 것, 흙부처 냇물 건너기, 며느리 손 큰 것, 이 여덟 조목은 아무짝에도 쓸모없이 해롭기만 한 것의 비유로 삼는다.

【출전】 旬五志 下, 以春雨數來·石墻飽腹·沙鉢缺耳·老人潑皮·小兒捷口·僧人醉酒·泥佛渡川·家母手鉅八條 爲無用有害之喩

➡ 석장포복 기퇴가대 石墻飽腹 其頹可待

石 돌 석, 墻 담 장, 飽 물릴 포, 腹 배 복

其 그 기, 頹 무너질 퇴, 可 옳을 가, 待 기다릴 대

【의미】 아무짝에도 쓸모없이 해롭기만 하다.

【출전】 星湖全書 권7 百諺解

동냥은 아니 주고 쪽박만 깬다

➡ 수불급량 무파아표 雖不給糧 毋破我瓢

雖 비록 수, 不 아닐 불, 給 넉넉할 급, 糧 양식 량
毋 말 무, 破 깨뜨릴 파, 我 나 아, 瓢 박 표

【의미】 요구하는 것은 들어주지도 않고 도리어 해를 끼치거나 나무란다.
【출전】 星湖全書 권7 百諺解

동네마다 후레자식 하나씩 있다

➡ 백가지리 필유패자 百家之里 必有悖子

百 일백 백, 家 집 가, 之 갈 지, 里 마을 리
必 반드시 필, 有 있을 유, 悖 어그러질 패, 子 아들 자

【의미】 물건이 많으면 모두다 좋을 수는 없다.
【출전】 與猶堂全書 耳談續纂 東諺, 言物衆則不能盡善

동녘이 훤하면 세상인 줄 안다

➡ 동방개 인세상 東方開 認世上

東 동녘 동, 方 모 방, 開 열 개, 認 알 인, 世 세상 세, 上 위 상

【의미】 세상 물정을 모르고 다 잘 될 줄 알다가 나쁜 결과가 닥쳐서야 상황을 깨닫는다.
【출전】 東言解

동무 몰래 양식 내면서 자기 양식은 계산 않는다

➡ 동모부지출량식 同謀不知出糧食

同 같을 동, 謀 꾀할 모, 不 아닌가 부, 知 알 지, 出 날 출, 糧 양식 량, 食 밥 식

【의미】 남들이 잘 모를 일에 공연히 힘을 기울인다.
【출전】 東言解, 處事欠明 何能自白
【비교】 절 모르고 시주하기.

➡ 비출행량 종휘화반 費出行糧 終諱火伴

費 쓸 비, 出 날 출, 行 갈 행, 糧 양식 량
終 마침내 종, 諱 꺼릴 휘, 火 불 화, 伴 짝 반

【의미】 남들이 잘 알아주지도 않는 일에 노력을 기울인다.
【출전】 星湖全書 권7 百諺解
【비교】 절 모르고 시주하기.

➡ 휘반출량 諱伴出糧

諱 꺼릴 휘, 伴 짝 반, 出 날 출, 糧 양식 량

【의미】 남을 위해서 힘을 쓰지만 정작 남은 몰라준다는 말이다. '어둠 속에서 눈 깜빡이기'와 같다.

【출전】 古今釋林 권28 東韓譯語 釋食, 本朝 동모 모로게 냥식 니다. / 松南雜識 方言類 言爲人致力 而人則不知也 亦暗中瞬目之謂也.

➡ 휘반출장 불산기량 諱伴出粻 不算其糧

諱 꺼릴 휘, 伴 짝 반, 出 날 출, 粻 양식 장
不 아닐 불, 算 셀 산, 其 그 기, 糧 양식 량

【의미】 계산이 분명치 않아서 헛되이 낭비할 뿐 보람이 없다.

【출전】 與猶堂全書 耳談續纂 東諺, 言計算不明 徒費而無功也

【비교】 절 모르고 시주하기.

동생 줄 것은 없어도 도둑 줄 것은 있다

➡ 무증제물 유증도물 無贈弟物 有贈盜物

無 없을 무, 贈 보낼 증, 弟 아우 제, 物 만물 물, 有 있을 유, 盜 훔칠 도

【의미】 가까운 사람에게는 인색해도 도적에게 빼앗기는 것은 어쩔 수 없다. 또는 자신이 보기에는 별 가치가 없어 보이는 것도 남에게는 쓸모가 있는 물건도 있다.

【출전】 與猶堂全書 耳談續纂 東諺, 言吝於所親 而難辭賊奪

동여맨 놈이 풀어라

➡ 결자해지 結者解之

結 맺을 결, 者 놈 자, 解 풀 해, 之 갈 지,

【의미】 처음 일을 벌인 사람이 마무리도 맡아야 한다. 문제의 실마리를 제공한 사람이 그 문제를 해결해야 한다.

【출전】 旬五志 下, 言作其始者 當任其終

동지에 팥죽이 쉰다

➡ 동지두죽의 冬至豆粥饐

冬 겨울 동, 至 이를 지, 豆 콩 두, 粥 죽 죽, 饐 쉴 의

【의미】 팥죽이 쉴 만큼 겨울 날씨가 따뜻하다.
【출전】 古今釋林 권28 東韓譯語 釋食, 동디에 풋듁 쉬다.

동쪽 벽 허문 흙으로 서쪽 벽을 기운다

➡ 파동벽토 이보서벽 破東壁土 移補西壁

破 깨뜨릴 파, **東** 동녘 동, **壁** 벽 벽, **土** 흙 토, **移** 옮길 이, **補** 기울 보, **西** 서녘 서

【의미】 임시변통으로 끼워 맞춰 그리 오래가지 못하다.
【출전】 星湖全書 권7 百諺解

동쪽 집에서 먹고, 서쪽 집에서 잠잔다

➡ 동가숙서가식 東家宿西家食

東 동녘 동, **家** 집 가, **宿** 묵을 숙, **西** 서녘 서, **食** 먹을 식

【의미】 일정한 거처 없이 떠돌아다니다.
【출전】 未詳
【비교】 땅을 자리로 삼고, 하늘을 이불로 삼는다.

동헌에서 원님 칭찬하는 말 그 누가 믿으랴

➡ 아중예쉬 衙中譽倅

衙 마을 아, **中** 가운데 중, **譽** 기릴 예, **倅** 원님 쉬

【의미】 남들에게 칭찬 받을 일이 없는데도 과장하여 칭찬하다. 속이 빤히 들여다보이는 칭찬을 하다.
【출전】 旬五志 下, 言人不譽而自誇

동헌에서 원님 칭찬하듯

➡ 아중예쉬 숙신기언 衙中譽倅 孰信其言

衙 마을 아, **中** 가운데 중, **譽** 기릴 예, **倅** 원님 쉬
孰 누구 숙, **信** 믿을 신, **其** 그 기, **言** 말씀 언

【의미】 속이 빤히 들여다보이는 거짓 칭찬은 아무도 믿지 않는다.
【출전】 星湖全書 권7 百諺解

되로 주고 말로 받는다

➡ 시용승수 내이두수 始用升授 迺以斗受

始 처음 시, 用 쓸 용, 升 되 승, 授 줄 수
迺 이에 내, 以 써 이, 斗 말 두, 受 받을 수

【의미】 남을 때리고 욕한 사람은 가볍게 남에게 해를 끼쳤지만 훨씬 큰 보복을 받게 된다.

【출전】 與猶堂全書 耳談續纂 東諺, 言毆罵人者 輕施而受重報

될 성 부른 나무는 떡잎부터 알아본다

➡ 소지장선 양엽가변 蔬之將善 兩葉可辨

蔬 푸성귀 소, 之 갈 지, 將 장차 장, 善 착할 선
兩 두 양, 葉 잎 엽, 可 옳을 가, 辨 분별할 변

【의미】 사람이 튼실하면 어릴 때부터 남다른 점이 있다.

【출전】 與猶堂全書 耳談續纂 東諺, 言人之俊者 自幼小而有異也

➡ 초자양엽 이변가소 草自兩葉 已辨嘉蔬

草 풀 초, 自 부터 자, 兩 두 양, 葉 잎 엽
已 이미 이, 辨 가릴 변, 嘉 아름다울 가, 蔬 푸성귀 소

【의미】 장래 크게 될 사람은 어릴 때부터 남다른 모습을 보여준다.

【출전】 星湖全書 권7 百諺解

두더지 혼인

➡ 언서혼 鼴鼠婚

鼴 두더쥐 언, 鼠 쥐 서, 婚 혼인할 혼

【의미】 좋은 혼처를 찾다가 결국에는 동류에게 돌아오는 경우를 비유한다.

【유래】 옛날에 두더지가 새끼를 위해 격이 높은 혼처를 구하기로 했다. 처음엔 오직 하늘만이 가장 존귀하다고 생각해서 드디어 하늘에다 구혼을 했다. 그러자 하늘이 말했다. "내가 비록 만물을 포용하고는 있지만 해와 달이 아니면 나의 덕을 드러낼 수 없다." 그래서 두더지는 해와 달에게 구혼을 했는데, 해와 달이 말했다. "우리가 비록 널리 비추기는 하지만 오직 구름만은 우리를 가릴 수 있으니 그가 우리보다 더 높은 셈이지." 그래서 구름에게 구혼을 했는데, 구름이 말했다. "내가 비록 해와 달로부터 그 밝은 빛을 가릴 수는 있지

만 바람만 불면 흩어지니 그가 나보다 더 높다." 그래서 바람에게 구혼하자 바람이 말했다. "내가 비록 구름은 흩트릴 수 있지만 오직 저 밭 두렁 사이 돌부처만은 불어도 넘어지지 않으니 그가 나보다 더 높은 셈이야." 돌부처에게 구혼을 했더니 돌부처가 말했다. "내가 비록 바람은 겁내지 않지만, 오직 두더지가 나의 발 밑을 뚫으면 넘어질 수밖에 없으니 그들이 나보다 더 높은 셈이구나." 그러자 두더지가 말했다. "천하에서 존귀하기로는 우리 족속만한 것이 없구나. 짤막한 꼬리에 뾰족한 주둥이, 이는 오직 우리들만 지닌 외모로다!"

【출전】旬五志 下, 世以始求高婚 而終歸儕流者 爲比也

두루 봄바람이다

➡ 사면춘풍 四面春風

四 넉 사, 面 낯 면, 春 봄 춘, 風 바람 풍

【의미】사람이 인심이 좋아서 누구에게나 잘 대해준다.

【출전】未詳

두부 먹다 이 빠진다

➡ 끽포락치 喫泡落齒

喫 마실 끽, 泡 거품 포, 落 떨어질 락, 齒 이 치

【의미】방심했을 때 실수하기 쉬우니 항상 조심하라.

【출전】古今釋林 권28 東韓譯語 釋食, 두부 먹다가 니 싸지다.

➡ 두부끽 치혹락 豆腐喫 齒或落

豆 콩 두, 腐 썩을 부, 喫 마실 끽, 齒 이 치, 或 혹 혹, 落 떨어질 락

【의미】소홀히 업신여기던 일에서 오히려 근심거리가 생긴다.

【출전】靑莊館全書 권62 洌上方言, 言患生於所忽也

【비교】홍시 먹다가 이 빠진다.

두 손에 떡을 쥐었다

➡ 쌍수지병 숙담숙사 雙手之餠 孰啖孰舍

雙 쌍 쌍, 手 손 수, 之 갈 지, 餠 떡 병, 孰 누구 숙, 啖 먹을 담, 舍 버릴 사

【의미】일시에 좋은 일이 동시에 생겨서 어느 것을 취하고 버려야 할지 모르다.

【출전】 星湖全書 권7 百諺解

➡ **양수집병 兩手執餠**

兩 두 량, 手 손 수, 執 잡을 집, 餠 떡 병

【의미】 갖기도 어렵고 버리기도 어려운 상황을 말한다.

【출전】 旬五志 下, 言不能取舍 / 朝鮮孝宗實錄 권8 3년 정월 丙申

두억시니도 울면서 두더지 고기를 먹는다

➡ **야차읍식토서육 夜叉泣食土鼠肉**

夜 밤 야, 叉 깍지낄 차, 泣 울 읍, 食 먹을 식, 土 흙 토, 鼠 쥐 서, 肉 고기 육

【의미】 위험한 것을 모르는 것은 아니지만 차마 그 단맛을 버리지 못한다.

【출전】 東言解, 非不知危 未忍捨甘

두 절 개 같다

➡ **이사구 二寺狗**

二 두 이, 寺 절 사, 狗 개 구

【의미】 양쪽 눈치를 모두 보면서 다니다가 양쪽에서 모두 이익을 잃다. 미덥지 못한 두 군데에 희망을 걸고 다니다가 어느 하나도 이루지 못하다.

【출전】 東言解, 遨遊兩間 彼此俱失

➡ **일구양사 내왕실식 一狗兩寺 來往失食**

一 한 일, 狗 개 구, 兩 두 량, 寺 절 사
來 올 래, 往 갈 왕, 失 잃을 실, 食 밥 식

【의미】 두 절에서 먹여 기르는 개가 이 절로 갔다 저 절로 갔다 하다가 아무 데서도 얻어먹지 못하다.

【출전】 星湖全書 권7 百諺解

두 절집 개 노상 굶는다

➡ **상하사불급 上下寺不及**

上 위 상, 下 아래 하, 寺 절 사, 不 아닐 불, 及 미칠 급

【의미】 옛날에 전하기를, 충주에 상사와 하사 두 절에서 함께 개를 한 마리 길렀다. 개가 상사에서 내려오면 하사 스님들은 상사에서 먹이를 준 줄 알고 밥을 안

주고, 하사에서 올라와도 마찬가지여서 결국 아무 것도 먹지 못하고 말았다. 지금 주인이 많은 나그네가 두 절집 개 같다는 탄식을 하곤 한다.

【출전】松南雜識 方言類, 諺傳 忠州有上寺下寺畜一狗 狗從上寺來 下寺以上寺給食 不給之 從下來 上亦如之 狗竟不食 今多主之客 謂兩寺之歎

➡ 양사지구 상하사불급 兩寺之狗 上下寺不及

兩 두 량, **寺** 절 사, **之** 갈 지, **狗** 개 구
上 위 상, **下** 아래 하, **寺** 절 사, **不** 아닐 불, **及** 미칠 급

【의미】옛날에 전하기를, 충주에 상사와 하사 두 절에서 함께 개를 한 마리 길렀다. 개가 상사에서 내려오면 하사 스님들은 상사에서 먹이를 준 줄 알고 밥을 안 주고, 하사에서 올라와도 마찬가지여서 결국 아무것도 먹지 못하고 말았다. 지금 주인이 많은 나그네가 두 절집 개 같다는 탄식을 하곤 한다.

【출전】松南雜識 方言類, 諺傳 忠州有上寺下寺畜一狗 狗從上寺來 下寺以上寺給食 不給之 從下來 上亦如之 狗竟不食 今多主之客 謂兩寺之歎

뒤에 난 뿔이 우뚝하다

➡ 후생각고하특 後生角高何特

後 뒤 후, **生** 날 생, **角** 뿔 각, **高** 높을 고, **何** 어찌 하, **特** 수컷 특

【의미】뒤에 태어나서 공부한 사람은 성과가 어떨지 모르기 때문에 두려워 할만하다. 뒤에 자란 뿔이 갑자기 우뚝한 것이 먼저 난 뿔과 그 높이가 같다. 뒤에 생긴 것이나 늦게 시작한 일이 먼저 것보다 훨씬 낫다.

【출전】青莊館全書 권62 冽上方言, 言後生可畏 後生之角突然而高 與前生之角同其高也

➡ 후생각올 後生角兀

後 뒤 후, **生** 날 생, **角** 뿔 각, **兀** 우뚝할 올

【의미】젊은 사람이 거둔 성과가 선배보다 엄연히 앞선다.

【출전】東言解, 少年成就 儼過前輩

➡ 후생지각환용 後生之角還聳

後 뒤 후, **生** 날 생, **之** 갈 지, **角** 뿔 각, **還** 돌아올 환, **聳** 솟을 용

【의미】뒤에 태어나서 공부한 사람은 성과가 어떨지 모르기 때문에 두려워 할만하다.

【출전】旬五志 下, 言後生可畏

뒤에 볼 나무는 그루를 높이 잘라라

➡ 부견지목 고작기근 復見之木 高斫其根

復 다시 부 **見** 볼 견, **之** 갈 지, **木** 나무 목
高 높을 고, **斫** 벨 작, **其** 그 기, **根** 뿌리 근

【의미】 앞으로의 희망이나 기대를 건 대상에 대해서는 미리부터 관심을 두게 된다.

【출전】 星湖全書 권7 百諺解

➡ 후견지목 고작기근 後見之木 高斫其根

後 뒤 후, **見** 볼 견, **之** 갈 지, **木** 나무 목, **高** 높을 고, **斫** 벨 작, **其** 그 기, **根** 뿌리 근

【의미】 앞날을 생각하고 난 뒤에 일에 임하라. 희망이나 기대를 건 대상에는 미리부터 관심을 가져라.

【출전】 松南雜識 方言類, 言事當慮後 / 旬五志 下, 言當事在慮後

뒤웅박 차고 바람 잡는다

➡ 패원호포풍 佩圓瓠捕風

佩 찰 패, **圓** 둥글 원, **瓠** 표주박 호, **捕** 사로잡을 포, **風** 바람 풍

【의미】 허무맹랑한 소리를 하며 돌아다니는 사람.

【출전】 東言解, 孟浪之人 戲謔之擧

➡ 패표착풍 佩瓢捉風

佩 찰 패, **瓢** 박 표, **捉** 잡을 착, **風** 바람 풍

【의미】 바람을 잡고 그림자를 붙잡는다는 말은 「곡영전」에 있는데, 얻을 수 없다는 말이다. 요즈음 쓰는 "뒤웅박 차고 바람 잡는다."는 속담도 여기에서 나와 변한 듯하다. 허무맹랑한 소리를 하며 돌아다니는 사람.

【출전】 松南雜識 方言類 捕風捉影, 谷永傳有之 言不可得也 今佩瓢捉風之說 似出於此而變也

➡ 포풍착영 捕風捉影

捕 사로잡을 포, **風** 바람 풍, **捉** 잡을 착, **影** 그림자 영

【의미】 허무맹랑한 말을 떠벌리고 다니다.

【출전】 松南雜識 方言類

뒷간에 갈 때 마음 다르고 올 때 마음 다르다

➡ 상청이귀 심이거시 上圊而歸 心異去時

上 위 상, 圊 뒷간 청, 而 말 이을 이, 歸 돌아갈 귀
心 마음 심, 異 다를 이, 去 갈 거, 時 때 시

【의미】 사람의 마음을 항상 변하기 쉽다.

【출전】 與猶堂全書 百諺解 耳談續纂 東諺, 喻人心變於俄頃

드는 돌이 있어야 낯이 붉어진다

➡ 거석홍안 擧石紅顔

擧 들 거, 石 돌 석, 紅 붉을 홍, 顔 얼굴 안

【의미】 들이는 노력이나 밑천이 있어야 그에 어울리는 티가 나타난다.

【출전】 東言解, 順我自效 人人生面

듣기 좋은 노래도 자꾸 들으면 물린다

➡ 가곡수염 항청사염 歌曲雖艶 恒聽斯厭

歌 노래 가, 曲 굽을 곡, 雖 비록 수, 艶 고울 염
恒 항상 항, 聽 들을 청, 斯 이 사, 厭 싫을 염

【의미】 아무리 좋은 말이라 해도 너무 길게 끌어서는 안 된다.
듣기 좋은 꽃노래도 한두 번이다., 듣기 좋은 노래도 세 번 들으면 싫어진다.

【출전】 與猶堂全書 耳談續纂 東諺, 言雖好言 不可支離

➡ 염가매창염 豔歌每唱厭

豔 고울 염, 歌 노래 가, 每 매양 매, 唱 노래 창, 厭 싫을 염

【의미】 아름답고 좋지 않은 것은 아니지만 지루해지는 것은 어쩔 수 없다.

【출전】 東言解, 非不美好 奈其支離

➡ 염가수미 청구역염 豔歌雖美 聽久亦厭

豔 고울 염, 歌 노래 가, 雖 비록 수, 美 아름다울 미
聽 들을 청, 久 오랠 구, 亦 또 역, 厭 싫을 염

【의미】 아무리 듣기 좋은 말이라도 자주 들으면 싫증이 난다.

【출전】 星湖全書 권7 百諺解

들으면 병이요 안 들으면 약이다

➡ **문즉시병 불문시약 聞則是病 不聞是藥**

聞 들을 문, **則** 곧 즉, **是** 이 시, **病** 병 병, **不** 아닐 불, **藥** 약 약

【의미】 마음을 어지럽히는 말은 안 듣느니만 못하다.

【출전】 與猶堂全書 耳談續纂 東諺, 言拂心之言 不如不聞也

➡ **문즉질 불문약 聞則疾 不聞藥**

聞 들을 문, **則** 곧 즉, **疾** 병 질, **不** 아닐 불, **聞** 들을 문, **藥** 약 약

【의미】 자기를 해치는 말은 들으면 마음이 편하지 못하니 듣지 않는 것이 듣는 것보다 낫다.

【출전】 青莊館全書 권62 冽上方言, 言毁己之言 聞則不平 不聞愈於聞也.

【비교】 아는 게 병이고 모르는 게 약이다.

들인 공이 아깝다

➡ **전공가석 前功可惜**

前 앞 전, **功** 공 공, **可** 옳을 가, **惜** 아낄 석

【의미】 지금까지 노력한 정성이 아깝다.

【출전】 松南雜識 方言類

들 중은 소금을 먹고 산 중은 물을 마신다

➡ **야승식염 산승음수 野僧食鹽 山僧飮水**

野 들 야, **僧** 중 승, **食** 먹을 식, **鹽** 소금 염, **山** 뫼 산, **飮** 마실 음, **水** 물 수

【의미】 자신이 처한 환경이나 형편에 맞춰 사는 자세를 가져야 한다. 사람은 누구나 제 처지에 어울리는 생활방식을 갖게 마련이다.

【출전】 旬五志 下, 言替當他厄 / 東言解, 非所當關 反有相感

【비교】 산중 놈은 도끼질하고, 들판 놈은 괭이질한다.

등 시린 절 받는다

➡ **냉배배 冷拜拜**

冷 찰 냉 **拜** 절 배, **拜** 절 배

【의미】 남에게 과한 대접을 받아 미안하다는 말. 또는 사위를 맞는 일. 사위 옷을

장만하느라고 온 힘을 다해 자신이 입을 옷을 준비할 여력이 되지 않는다는 이야기에서 유래하였다.

【출전】 古今釋林 권28 東韓譯語 釋親, 등 스린 절 밧다. 謂其全力於衣婿 故不暇自衣也

등에 풀 바른 듯하다

➡ 배도호군 背塗糊君

背 등 배, 塗 진흙 도, 糊 풀 호, 君 임금 군

【의미】 등에 종기가 난 것도 아니고 가시가 낀 것도 아닌데 편안히 등을 펴고 있질 못하다. 등이 빳빳해서 굽히고 펴질 못하다. 안절부절 못하다.

【출전】 東言解, 非疽非芒 難平難釋

등잔 밑이 어둡다

➡ 등하불명 燈下不明

燈 등잔 등, 下 아래 하, 不 아닐 불, 明 밝을 명

【의미】 가까운 곳에서 일어난 일을 오히려 알지 못하다.

【출전】 旬五志 下, 言在近不知

➡ 현등수명 기하반암 懸燈雖明 其下反暗

懸 매달 현, 燈 등잔 등, 雖 비록 수, 明 밝을 명
其 그 기, 下 아래 하, 反 되돌릴 반, 暗 어두울 암

【의미】 가까운 데서 일어나는 일을 오히려 잘 모를 수 있다.

【출전】 星湖全書 권7 百諺解

때가 지난 뒤의 탄식

➡ 후시지탄 後時之嘆

後 뒤 후, 時 때 시, 之 갈 지, 嘆 탄식할 탄

【의미】 기회를 놓치고 난 뒤에 하는 후회.

【출전】 松南雜識 方言類

땔나무와 양식 걱정

➡ 계옥지수 桂玉之愁

桂 계수나무 계, 玉 옥 옥, 之 갈 지, 愁 시름 수

【의미】 물가가 비싸 땔감의 값이 계수나무 값과 같고, 곡식 값은 구슬 값과 같다.

【출전】 松南雜識 方言類

떡 던지면 떡 던지고, 돌 던지면 돌 던진다

➡ 병투투병 석투투석 餠投投餠 石投投石

餠 떡 병, 投 던질 투, 石 돌 석,

【의미】 상대가 나오는 방식에 따라 이쪽에서도 적절하게 대응한다.

【출전】 星湖全書 권7 百諺解

떡도 떡이려니와 떡합이 더 좋다

➡ 병고병의 합혜우미 餠固餠矣 盒兮尤美

餠 떡 병, 固 굳을 고, 矣 어조사 의, 盒 합 합
兮 어조사 혜, 尤 더욱 우, 美 아름다울 미

【의미】 물건이 좋고 아름다우면 거기에 딸린 물건까지도 모두 좋아 보인다. 내용보다 형식이 더 좋다.

【출전】 與猶堂全書 耳談續纂 東諺, 言物有善美 其所牽通者皆美

➡ 병재병재 궐합우가 餠哉餠哉 厥盒尤嘉

餠 떡 병, 哉 어조사 재, 哉 어조사 재, 厥 그 궐
盒 합 합, 尤 더욱 우, 嘉 아름다울 가

【의미】 물건이 좋고 아름다우면 거기에 딸린 물건까지도 모두 좋아 보인다. 내용보다 형식이 더 좋다.

【출전】 星湖全書 권7 百諺解

떡 훔쳐 먹은 놈이 증인 세운다

➡ 병적간증 餠賊看證

餠 떡 병, 賊 도둑 적, 看 볼 간, 證 증거 증

【의미】 보고 살피는 것이 분명하지 않아서 말에 쓸모가 없다. 제 잘못으로 입은 손해를 공연히 하소연한다.

【출전】 旬五志 下, 看審不明 言無用也

➡ 투병불찰 지작간증 偸餠不察 只作看證

偸 훔칠 투, 餠 떡 병, 不 아닐 불, 察 살필 찰
只 다만 지, 作 지을 작, 看 볼 간, 證 증거 증

【의미】 떡을 함께 도둑질해 먹은 놈이 증인을 서듯이, 증인으로 세우지 못할 사람을 증인으로 세우면 아무 소용이 없다.

【출전】 星湖全書 권7 百諺解

떨어진 꽃은 나뭇가지에 올라 피지 못한다

➡ 낙화난상지 落花難上枝

落 떨어질 락, 花 꽃 화, 難 어려울 난, 上 오를 상, 枝 가지 지

【의미】 한번 가버린 청춘은 되돌아오지 않는다.

【출전】 未詳

떼어 둔 당상 좀 먹으랴

➡ 적치옥관 두식혹부 摘置玉貫 蠹蝕或咐

摘 딸 적, 置 둘 치, 玉 옥 옥, 貫 꿸 관
蠹 좀 두, 蝕 좀먹을 식, 或 혹 혹, 咐 분부할 부

【의미】 일이 확실해서 잘못될 것을 조금도 염려할 필요가 없다.

【출전】 與猶堂全書 耳談續纂 拾遺, 言分所固有者 不致有失

똥구멍 막힌 개가 겨를 더 핥는다

➡ 구병항폐 지강익탐 狗病肛閉 舐糠益貪

狗 개 구, 病 병 병, 肛 똥구멍 항, 閉 닫을 폐
舐 핥을 지, 糠 겨 강, 益 더할 익, 貪 탐할 탐

【의미】 돈을 쓸 줄 모르는 사람이 재물에 대한 욕심을 더 부린다.

【출전】 星湖全書 권7 百諺解

똥 누러 갈 적 다르고 올 적 다르다

➡ 방시자 거시심래시심 판이 放矢者 去時心來時心 判異

放 놓을 방, 矢 똥 시, 者 놈 자, 去 갈 거, 時 때 시
心 마음 심, 來 올 래, 判 판가름할 판, 異 다를 이

【의미】 짧은 순간에도 긴급하거나 느긋한가에 따라 한 마음도 둘로 나뉜다.
【출전】 東言解, 俄頃緊歇一念兩截

➡ 상유이귀 심이거시 上囿而歸 心異去時

上 위 상, 囿 동산 유, 而 말 이을 이, 歸 돌아갈 귀
心 마음 심, 異 다를 이, 去 갈 거, 時 때 시

【의미】 사람의 마음이 상황에 따라 순간적으로 얼마든지 변할 수 있다.
【출전】 未詳

➡ 유래시심 여거시별 維來時心 與去時別

維 바 유, 來 올 래, 時 때 시, 心 마음 심, 與 더불 여, 去 갈 거, 別 다를 별

【의미】 같은 일도 급할 때와 느긋할 때에 따라 대하는 태도가 달라진다.
【출전】 星湖全書 권7 百諺解

뜨거운 국에 맛 모른다

➡ 갱지방비 망지궐미 羹之方沸 罔知厥味

羹 국 갱, 之 갈 지, 方 바야흐로 방, 沸 끓을 비
罔 없을 망, 知 알 지, 厥 그 궐, 味 맛 미

【의미】 사람이 어려운 형편에 처하면 이해를 따질 줄 모른다. 급히 서두르면 일의 내용을 잘 파악하지 못한다.
【출전】 與猶堂全書 耳談續纂 東諺, 言人於急境 不知其利害

뜬 쇠도 달면 어렵다

➡ 나철란즉난 懶鐵爛則難

懶 게으를 나, 鐵 쇠 철, 爛 문드러질 란, 則 곧 즉, 難 어려울 난

【의미】 본성이 원래 유순한 사람도 한번 화가 나면 무섭다.
【출전】 東言解, 性雖本柔 怒則可怕

마

마구간 말이 먹이 찾듯 한다

➡ 비피력마 돈제구식 譬彼櫪馬 頓蹄求食

譬 비유할 비, 彼 저 피, 櫪 말구유 력, 馬 말 마
頓 조아릴 돈, 蹄 말굽 제, 求 구할 구, 食 밥 식

【의미】 성질이 급해 참질 못하고 잇달아 재촉한다.
【출전】 星湖全書 권7 百諺解

마누라 둘인 놈 제 옷 입을 때 없다

➡ 양처지부 유무완봉 兩妻之夫 猶無完縫

兩 두 양, 妻 아내 처, 之 갈 지, 夫 지아비 부
猶 오히려 유, 無 없을 무, 完 완전할 완, 縫 꿰맬 봉

【의미】 여럿이 있으면 더 잘될 것 같지만 오히려 일을 그르치는 경우도 있다.
【출전】 星湖全書 권7 百諺解

마른 나무에 물 내기

➡ 여교건궐 비출수적 如絞乾橛 俾出水滴

如 같을 여, 絞 목맬 교, 乾 하늘 건, 橛 말뚝 궐
俾 더할 비, 出 날 출, 水 물 수, 滴 물방울 적

【의미】 없는 것을 짜내려고 억지를 쓴다.
【출전】 星湖全書 권7 百諺解

마음을 오로지 하고 뜻을 다하다

➡ 전심치지 專心致志

專 오로지 전, 心 마음 심, 致 보낼 치, 志 뜻 지

【의미】 마음과 뜻을 한곳에 모아 씀.
【출전】 松南雜識 方言類

마포 봉사 제 점 못친다

➡ 마포맹복 갈화하방 麻浦盲卜 噶禍何妨

麻 삼 마, 浦 개 포, 盲 소경 맹, 卜 점 복
噶 더위먹을 갈, 禍 재화 화, 何 어찌 하, 妨 방해할 방

【의미】 남의 일에 조언을 하기는 쉬워도 자신의 일에 대해 결정을 내리기는 힘들다.
【출전】 星湖全書 권7 百諺解

막동이 씨름하듯

➡ 막동각저희 莫童角抵戲

莫 없을 막, **童** 아이 동, **角** 뿔 각, **抵** 거스를 저, **戲** 탄식할 희

【의미】 세력이 비슷하고 힘이 알맞아서 승부를 미리 점칠 수 없다.

【출전】 東言解, 勢均力適 勝負賦定

막상막하다

➡ 막상막하 莫上莫下

莫 없을 막, **上** 위 상, **下** 아래 하

【의미】 우열을 가릴 수 없을 정도로 차이가 없다.

【출전】 松南雜識 方言類

말 가는 곳에 소도 간다

➡ 마왕우당왕 馬往牛當往

馬 말 마, **往** 갈 왕, **牛** 소 우, **當** 마땅할 당

【의미】 남이 할 수 있는 일이라면 나 또한 노력하면 이룰 수 있다.

【출전】 寒暄箚錄 권4 生男

➡ 마왕우역왕 馬往牛亦往

馬 말 마, **往** 갈 왕, **牛** 소 우, **亦** 또 역

【의미】 민첩한 사람이 비록 일은 빨리 끝내지만, 둔한 사람도 꾸준히 하면 역시 일을 마칠 수 있다.

【출전】 東言解, 敏者雖先 鈍者亦及

➡ 마왕처 우역왕 馬往處 牛亦往

馬 말 마, **往** 갈 왕, **處** 살 처, **牛** 소 우, **亦** 또 역

【의미】 쉬지 않고 열심히 노력하면 결국 일을 이룰 수 있다.

【출전】 旬五志 下, 言不息有成

➡ 마행거시 우역여구 馬行去時 牛亦與俱

馬 말 마, **行** 갈 행, **去** 갈 거, **時** 때 시
牛 소 우, **亦** 또 역, **與** 더불어 여, **俱** 함께 구

【의미】 ①어떤 일이든 꾸준히 하면 결국 성취할 수 있다. ②능력의 차이를 알지 못하고 억지로 흉내를 내려고 한다.

【출전】 星湖全書 권7 百諺解

➡ 마행우급 馬行牛及

馬 말 마, 行 갈 행, 牛 소 우, 及 미칠 급

【의미】 어떤 일이든 꾸준히 하면 결국 성취할 수 있다.

【출전】 古今釋林 권28 東韓譯語 釋獸, 말 갈 제 쇼도 간다.

➡ 마행처 우역거 馬行處 牛亦去

馬 말 마, 行 갈 행, 處 살 처, 牛 소 우, 亦 또 역, 去 갈 거

【의미】 일의 성패는 재주가 느리고 빠른 데 달린 것이 아니라 얼마만큼 성실한가에 달려 있다.

【출전】 青莊館全書 권62 洌上方言, 言才不在遲速 在勉之如何耳

말고기 다 먹고 무슨 냄새 난다더냐

➡ 마육진식하생취 馬肉盡食何生臭

馬 말 마, 肉 고기 육, 盡 다될 진, 食 먹을 식, 何 어찌 하, 生 날 생, 臭 냄새 취

【의미】 형편이 어려웠을 때에는 못할 일이 없다가 생활이 나아지면 이것저것 불만과 요령을 피우려고 하다.

【출전】 東言解, 欲急忘陋 意滿覺厭

말 단 집 장맛이 쓰다

➡ 감언가 장불감 甘言家 醬不甘

甘 달 감, 言 말씀 언, 家 집 가, 醬 젓갈 장, 不 아닐 불

【의미】 말은 비록 번드르르 하지만 실속은 부족하다. 입만 내세우는 사람 가운데 실속 있는 사람은 적다.

【출전】 東言解, 包辭雖飾 實事不足

➡ 감언지가 시미불가 甘言之家 豉味不嘉

甘 달 감, 言 말씀 언, 之 갈 지, 家 집 가
豉 메주 시, 味 맛 미, 不 아닐 불, 嘉 아름다울 가

【의미】 입이 가벼운 사람에게 실질적인 덕은 없다.

【출전】 與猶堂全書 耳談續纂 東諺, 言尙口者 無實德

➡ 언감가 장불감 言甘家 醬不甘

言 말씀 언, 甘 달 감, 家 집 가, 醬 젓갈 장, 不 아닐 불

【의미】 희떠운 소리를 하는 사람의 말은 대개 실속이 없다.

【출전】 旬五志 下, 言徒言無實

➡ 언감지실 시장필고 言甘之室 豉醬必苦

言 말씀 언, 甘 달 감, 之 갈 지, 室 집 실
豉 메주 시, 醬 젓갈 장, 必 반드시 필, 苦 쓸 고

【의미】 말만 앞세우는 소리치고 들을 만한 내용은 없다.

【출전】 星湖全書 권7 百諺解

➡ 언언단 걸감장 言言端 乞甘醬

言 말씀 언, 端 바를 단, 乞 빌 걸, 甘 달 감, 醬 젓갈 장

【의미】 남의 뜻인 것처럼 희망을 말했지만 결국에는 제 욕심만 채우려 든다.

【출전】 東言解, 希人之志 售我之慾

【비교】 말 많은 집은 장맛도 쓰다.

말똥에 굴러도 이승이 좋다

➡ 수와마분 차생가원 雖臥馬糞 此生可願

雖 비록 수, 臥 엎드릴 와, 馬 말 마, 糞 똥 분
此 이 차, 生 날 생, 可 옳을 가, 願 원할 원

【의미】 비록 괴롭고 고통스러워도 죽는 것보다는 낫다.

【출전】 與猶堂全書 耳談續纂 東諺, 言雖苦辱 猶善於死也

말뚝으로 대들보를 바꾼다

➡ 이익대영 以杙代楹

以 써 이, 杙 말뚝 익, 代 대신할 대, 楹 기둥 영

【의미】 잘못된 인사 행정을 비꼬아 하는 말.

【출전】 朝鮮仁祖實錄 권20 7년 2월 庚子

말 살에 쇠 살

➡ 마비우비 馬肥牛肥

馬 말 마, 肥 살찔 비, 牛 소 우

【의미】 성질이 다른 것들을 억지로 엮어놓아 전혀 조화를 이루지 못하다. 앞뒤도 안 맞는 말을 마구 뇌까리다.

【출전】 東言解, 强合異同 駁而且贅

말 상 볼 줄 안다고 쇠 상도 보랴

➡ 유안상마 여상우별 有眼相馬 與相牛別

有 있을 유, 眼 눈 안, 相 볼 상, 馬 말 마, 與 줄 여, 牛 소 우, 別 나눌 별

【의미】 한 가지 일에 정통하다 해서 모든 일을 다 알지는 못한다.

【출전】 星湖全書 권7 百諺解

말에 싣는 짐을 벼룩 등에 실을까

➡ 사마소재 난임조배 駟馬所載 難任蚤背

駟 사마 사, 馬 말 마, 所 바 소, 載 실을 재
難 어려울 난, 任 맡길 임, 蚤 벼룩 조, 背 등 배

【의미】 모기가 산을 짊어지랴? 능력이 모자란 사람에게는 막중한 책무를 맡길 수 없다.

【출전】 與猶堂全書 耳談續纂 東諺, 猶言蚊 不可負山

말 위에 말을 얹는다

➡ 곡상곡 斛上斛

斛 휘 곡, 上 위 상

【의미】 욕심이 많아 그저 많이 얻으려고만 하다.

【출전】 東言解, 積之又積 貪多務得

말을 이 죽이듯 한다

➡ 언여살슬 言如殺蝨

言 말씀 언, 如 같을 여, 殺 죽일 살, 蝨 이 슬

【의미】 말을 할 때에는 자세하게 빠짐없이 하여 모든 사람들이 잘 이해할 수 있도록 해야 한다.

【출전】 東言解, 細細不遺 萬萬可聽

말이 고깃국이라면 배 터지고 남았으리

➡ 언약갱학 인필복창 言若羹臛 人必腹脹

言 말씀 언, 若 같을 약, 羹 국 갱, 臛 고깃국 학
人 사람 인, 必 반드시 필, 腹 배 복, 脹 배부를 창

【의미】 말만 번지르르할 뿐 별 실속이 없다.

【출전】 星湖全書 권7 百諺解

말이 말 같지 않다

➡ 어불성설 語不成說

語 말씀 어, 不 아닐 불, 成 이룰 성, 說 말씀 설

【의미】 말하는 것이 조리가 없어 뜻을 통하지 않는다.

【출전】 松南雜識 方言類

말이 삼은 쇠 신

➡ 마직우구 馬織牛屨

馬 말 마, 織 짤 직, 牛 소 우, 屨 신 구

【의미】 남이 쓸 물건이라고 성의 없이 만들어 거칠기만 한 물건.

【출전】 東言解, 若是其麤 以非爲喩

말 타고 산 보기

➡ 주마간산 走馬看山

走 달릴 주, 馬 말 마, 看 볼 간, 山 뫼 산

【의미】 어떤 일에 집중하지 않고 대충 처리하고 넘어가다.

【출전】 松南雜識 方言類

말 타면 경마 잡히고 싶다

➡ 기마욕솔노 騎馬欲率奴

騎 말탈 기, 馬 말 마, 欲 하고자 할 욕, 率 거느릴 솔, 奴 종 노

【의미】 한 가지 일을 이룩하면 또 다른 일도 하고 싶어진다.

【출전】 松南雜識 方言類, 得隴望蜀之意 / 旬五志 下, 得隴望蜀之意

➡ 기승기마 우사견자 旣乘其馬 又思牽者

旣 이미 기, 乘 탈 승, 其 그 기, 馬 말 마
又 또 우, 思 생각할 사, 牽 끌 견, 者 놈 자

【의미】 사람의 욕심은 다 채우기가 어렵다.

【출전】 與猶堂全書 耳談續纂 東諺, 言人之願欲難充也

➡ 기승지마 편구집적 旣乘之馬 便求執靮

旣 이미 기, 乘 탈 승, 之 갈 지, 馬 말 마
便 편할 편, 求 구할 구, 執 잡을 집, 靮 고삐 적

【의미】 사람의 욕심은 다 채우기가 어렵다.

【출전】 星湖全書 권7 百諺解

➡ 마재기 욕노수 馬纔騎 欲奴隨

馬 말 마, 纔 겨우 재, 騎 말탈 기, 欲 하고자할 욕, 奴 종 노, 隨 따를 수

【의미】 사람의 욕심은 쉽게 자라서 분수에 맞출 수가 없다. 말이 없을 때에는 말만 생각하다가 말이 생기자 말 몰아줄 노비를 생각한다.

【출전】 靑莊館全書 권62 洌上方言, 言欲易長也 不能隨分也 未得馬思得馬 旣得馬思得奴也

➡ 승마욕유견 乘馬欲有牽

乘 탈 승, 馬 말 마, 欲 하고자 할 욕, 有 있을 유, 牽 끌 견

【의미】 사람의 욕심이란 끝이 없어 제어하기 어렵다. 몸이 편안해지면 뜻도 해이해져서 만족을 알지 못하고 욕심을 더 부린다.

【출전】 東言解, 身便意濫 苦不知足

말 탄 궁인도 술 취한 놈은 피한다

➡ 기마궁인피취한 騎馬宮人避醉漢

騎 말탈 기, 馬 말 마, 宮 집 궁, 人 사람 인, 避 피할 피, 醉 취할 취, 漢 사내 한

【의미】 상황이 좋지 않으면 일단 피해서 재난을 미연에 막는 게 상책이다.

【출전】 旬五志 下, 言知幾遠辱

말하고 웃으며 당당하다

➡ 담소자약 談笑自若

談 말씀 담, 笑 웃을 소, 自 스스로 자, 若 같을 약

【의미】 놀라운 일이나 걱정되는 일을 당했을 때에도, 말하고 웃는 태도가 평상시와 다름없다.

【출전】 松南雜識 方言類

말하는 남생이

➡ 언남성 言南星

言 말씀 언, 南 남녘 남, 星 별 성

【의미】 이제는 말을 못하게 되었으니 누가 그가 능란함을 믿겠는가? 옛날 남생이가 토끼를 끌고 용궁을 갔다는 이야기에서 유래하여 그럴듯하게 거짓말을 잘하는 사람을 가리킨다.

【출전】 東言解, 今也則瘖 誰信其能

맑은 날 신으로 쓰고 비 오는 날 나막신으로 쓴다

➡ 이극구당 履屐俱當

履 신 리, 屐 나막신 극, 俱 갖출 구, 當 당할 당

【의미】 온갖 재주를 갖춰서 못하는 일이 없다.

【출전】 未詳

망건 쓰고 세수한다

➡ 선망건후세수 先網巾後洗手

先 먼저 선, 網 그물 망, 巾 수건 건, 後 뒤 후, 洗 씻을 세, 手 손 수

【의미】 일의 순서가 앞뒤로 뒤바뀌었다.

【출전】 旬五志 下, 言先後倒錯

망아지는 나면 시골 보내고, 사람은 나면 서울 보낸다

➡ 마추하향 인추상경 馬雛下鄉 人雛上京

馬 말 마, 雛 병아리 추, 下 아래 하, 鄉 시골 향, 人 사람 인, 上 위 상, 京 서울 경

【의미】 가축을 기를 때에는 먹이가 풍부한 곳으로 보내고, 자식을 가르칠 때에는 견문을 넓힐 수 있는 곳으로 보낸다.

【출전】 東言解, 飼就豊草 敎求多聞

➡ 인아필경 축추난향 人兒必京 畜雛難鄉

人 사람 인, 兒 아이 아, 必 반드시 필, 京 서울 경

畜 쌓을 축, 雛 병아리 추, 難 어려울 난, 鄉 시골 향

【의미】 가축을 기를 때에는 먹이가 풍부한 곳으로 보내고, 자식을 가르칠 때에는 견문을 넓힐 수 있는 곳으로 보낸다.

【출전】 星湖全書 권7 百諺解

망치가 가벼우면 못이 솟는다

➡ 유추지경 정즉용의 維椎之輕 釘則聳矣

維 바 유, 椎 몽치 추, 之 갈 지, 輕 가벼울 경

釘 못 정, 則 곧 즉, 聳 솟을 용, 矣 어조사 의

【의미】 윗사람이 엄격하지 않으면 아랫사람이 방종해져 해이해지기 쉽다.

【출전】 星湖全書 권7 百諺解

➡ 추경정용 椎輕釘聳

椎 몽치 추, 輕 가벼울 경, 釘 못 정, 聳 솟을 용

【의미】 윗자리에 있는 사람이 엄하게 다스리지 않으면 아랫사람이 오히려 방자해진다.

【출전】 旬五志 下, 比於在上者不嚴 則在下者反橫 / 松南雜識 方言類, 比在上不嚴 則在下者反橫

망치로 등골 친다

➡ 추골고수 椎骨敲髓

椎 몽치 추, 骨 뼈 골, 敲 두드릴 고, 髓 골수 수

【의미】 악랄한 방법으로 남의 재산을 가로채거나 몹시 괴롭힌다.

【출전】 朝鮮宣祖實錄 권112 32년 4월 辛巳.

매 앞에 장사 없다

➡ 독장지하 무장군용 毒杖之下 無將軍勇

毒 매울 독, 杖 지팡이 장, 之 갈 지, 下 아래 하
無 없을 무, 將 장수 장, 軍 군사 군, 勇 날쌜 용

【의미】 가혹한 형벌을 받으면 누구나 무릎을 굽히고 굴복한다.

【출전】 星湖全書 권7 百諺解

➡ 유장무장 惟杖無將

惟 생각할 유, 杖 지팡이 장, 無 없을 무, 將 장수 장

【의미】 가혹한 형벌 아래에서는 누구나 무릎을 굽히고 엎드린다.

【출전】 與猶堂全書 耳談續纂 東諺, 言刑威之下 無不屈伏○二字句協韻用寧爵無刁例

머리를 삶으면 귀까지 익는다

➡ 주유팽두 이불동숙 疇有烹頭 耳不同熟

疇 밭두둑 주, 有 있을 유, 烹 삶을 팽, 頭 머리 두
耳 귀 이, 不 아닐 불, 同 한가지 동, 熟 익을 숙

【의미】 기본적인 것만 처리하면 그에 딸린 일은 자연스럽게 이루어진다.

【출전】 星湖全書 권7 百諺解

머리카락을 뽑아도 담기 어렵다

➡ 탁발난용 擢髮難容

擢 뽑을 탁, 髮 터럭 발, 難 어려울 난, 容 담을 용

【의미】 저지른 죄악이 워낙 많아서 일일이 헤아리기 어렵다.

【출전】 朝鮮光海君日記 권120 9년 11월 辛卯

머리카락이 검은 재상

➡ 흑두재상 黑頭宰相

黑 검을 흑, 頭 머리 두, 宰 재상 재, 相 서로 상

【의미】 젊은 나이에 재상에 반열에 오른 사람을 일컫는 말.

【출전】 松南雜識 方言類

먹기는 발장이 먹고 뛰기는 말더러 뛰란다

➡ 발장식지 이마해치 撥長食之 爾馬奚馳

撥 다스릴 발, 長 길 장, 食 먹을 식, 之 갈 지
爾 너 이, 馬 말 마, 奚 어찌 해, 馳 달릴 치

【의미】 이익은 제가 다 차지하고 고생은 남더러 하라고 한다. '발장'은 중요한 문서를 변방에 급히 전하는 발군(撥軍)의 우두머리.

【출전】 與猶堂全書 耳談續纂 拾遺, 言勞者偏多勞也

【비교】 먹기는 파발이 먹고 뛰기는 역마가 뛴다. 재주는 곰이 부리고 돈은 왕서방이 챙긴다.

먹을 것 없는 고기가 가시만 많다

➡ 상피세어 육천골다 相彼細魚 肉淺骨多

相 서로 상, 彼 저 피, 細 가늘 세, 魚 고기 어
肉 고기 육, 淺 얕을 천, 骨 뼈 골, 多 많을 다

【의미】 크게 쓸모도 없는 사람이 까다롭게 요구한다.

【출전】 星湖全書 권7 百諺解

먹을수록 량량이다

➡ 식유량량 食猶量量

食 먹을 식, 猶 오히려 유, 量 헤아릴 량

【의미】 얻어 먹어보니 맛있어 물리지 않고 다시 달라고 한다. 주면 줄수록 더 달라고 보채다.

【출전】 東言解, 旣得亦甘 便求不厭

먹지 않는 종, 투기 없는 아내

➡ 불식노 불투처 不食奴 不妬妻

不 아닐 불, 食 밥 식, 奴 종 노, 妬 강새암할 투, 妻 아내 처

【의미】 이치상 있을 수 없는 것을 어디서 구할 수 있겠는가? 사리에 맞지 않는 일을 지나치게 바라지 말라.

【출전】 東言解, 理之所無 何處得來

먼 데 일가가 가까운 이웃만 못하다

➡ 원권당 근리린 遠眷黨 近里隣

遠 멀 원, **眷** 돌아볼 권, **黨** 무리 당, **近** 가까울 근, **里** 마을 리, **隣** 이웃 린

【의미】 옛말에 "멀리 있는 물은 가까운 데 난 불을 끄지 못하다." 했고, "멀리 있는 친척이 가까이 사는 이웃만 못하다."고 하였다. 어려운 일이 닥쳤을 때 소원했던 친척보다는 친근했던 이웃의 도움을 받기 쉽다.

【출전】 松南雜識 方言類, 古語曰 遠水不救近火 遠親不如近隣

➡ 원족근린 遠族近隣

遠 멀 원, **族** 겨레 족, **近** 가까울 근, **隣** 이웃 린

【의미】 멀리 있는 친척은 가까운 이웃만 못하다.

【출전】 旬五志 下, 言遠族不如近隣之親熟

➡ 원족불여근린 遠族不如近隣

遠 멀 원, **族** 겨레 족, **不** 아닐 불, **如** 같을 여, **近** 가까울 근, **隣** 이웃 린

【의미】 사는 곳이 먼가 가까운가에 따라 사람 사이의 정도 가까웠다 멀어졌다 바뀐다.

【출전】 東言解, 居親遐邇 情換親疎

➡ 원친불여근린 遠親不如近隣

遠 멀 원, **親** 친할 친, **不** 아닐 불, **如** 같을 여, **近** 가까울 근, **隣** 이웃 린

【의미】 옛말에 "멀리 있는 물은 가까운 데 난 불을 끄지 못하다." 했고, "멀리 있는 친척이 가까이 사는 이웃만 못하다."고 하였다. 어려운 일이 닥쳤을 때 소원했던 친척보다는 친근했던 이웃의 도움을 받기 쉽다.

【출전】 松南雜識 方言類, 古語曰 遠水不救近火 遠親不如近隣

➡ 친족원거 불여근린 親族遠居 不如近隣

親 친할 친, **族** 겨레 족, **遠** 멀 원, **居** 있을 거
不 아닐 불, **如** 같을 여, **近** 가까울 근, **隣** 이웃 린

【의미】 가까운 이웃이 먼 곳의 소원한 친척보다 낫다.

【출전】 星湖全書 권7 百諺解

【비교】 가까운 남이 먼 일가보다 낫다.

먼저 꼬리 친 개 나중 먹는다

➡ 선도미 후지미 先掉尾 後知味

先 먼저 선, 掉 흔들 도, 尾 꼬리 미, 後 뒤 후, 知 알 지, 味 맛 미

【의미】 먼저 일을 서두른 사람이 나중에 마치게 된다. 개가 밥을 먹으려고 할 때 먼저 꼬리를 치고 나오는데, 때로는 먹이는 나중에 오는 수가 있다.

【출전】 青莊館全書 권62 洌上方言, 言早計而晩就也 犬將飯 先掉尾而進 有時而在後食也

➡ 선요미구 우후득식 先搖尾狗 于後得食

先 먼저 선, 搖 흔들릴 요, 尾 꼬리 미, 狗 개 구
于 어조사 우, 後 뒤 후, 得 얻을 득, 食 밥 식

【의미】 먼저 일을 서두른 사람이 뒤떨어지게 된다.

【출전】 星湖全書 권7 百諺解

【비교】 먼저 배 탄 놈 나중에 내린다.

먼저 앓아본 사람이 의사

➡ 선병자의 先病者醫

先 먼저 선, 病 병 병, 者 놈 자, 醫 의원 의

【의미】 먼저 병을 앓아본 경험이 있는 사람이 의사. 무슨 일에나 경험 있는 사람이 남을 이끌 수 있다.

【출전】 松南雜識 方言類

먼저 할 것과 나중에 할 것이 뒤섞이다

➡ 선후도착 先後倒錯

先 먼저 선, 後 뒤 후, 倒 넘어질 도, 錯 섞일 착

【의미】 순서를 챙기지 못하고 뒤죽박죽으로 일을 해서 혼란이 막심하다.

【출전】 松南雜識 方言類

메밀떡 굿에 쌍장구 치랴

➡ 교병새조 안용이고 蕎餠賽祖 安用二鼓

蕎 메밀 교, 餠 떡 병, 賽 굿할 새, 祖 조상 조

安 어찌 안, 用 쓸 용, 二 두 이, 鼓 북 고

【의미】 힘이 원래 닿을 수 없는데 헛되이 꾸미려고 하다.

【출전】 與猶堂全書 耳談續纂 東諺, 言力本不逮 而欲爲浮文

➡ 교병일두 양부하용 蕎餠一豆 兩缶何用

蕎 메밀 교, 餠 떡 병, 一 한 일, 豆 콩 두
兩 두 양, 缶 장군 부, 何 어찌 하, 用 쓸 용

【의미】 힘이 원래 닿을 수 없는데 헛되이 꾸미려고 하다.

【출전】 星湖全書 권7 百諺解

➡ 목맥병양부 木麥餠兩缶

木 나무 목, 麥 보리 맥, 餠 떡 병, 兩 두 양, 缶 장군 부

【의미】 자기의 능력은 헤아리지 않고 모두 가지려고 여러 개를 두다. 처지나 형편에 어울리지 않게 일을 크게 벌여서는 안 된다.

【출전】 松南雜識 方言類, 比不量己力 欲兼取而兩有之 / 旬五志 下, 比不量己力 欲兼取而兩有之

➡ 목맥병 이부명 木麥餠 二缶鳴

木 나무 목, 麥 보리 맥, 餠 떡 병, 二 두 이, 缶 장군 부, 鳴 울 명

【의미】 일이 서로 어울리지 않는다. 메밀떡은 아주 검소한 것인데 쌍장고는 사치스러운 것이다. 세간에서는 이 속담으로 가난한 놈이 처와 첩을 두는 것을 비유한다.

【출전】 青莊館全書 권62 冽上方言, 言事不相稱也 木麥餠至儉 鳴二缶侈也 世譬貧而妻妾者

메밀떡에 쌍장구 치랴

➡ 목맥병 이장고 木麥餠 二長鼓

木 나무 목, 麥 보리 맥, 餠 떡 병, 二 두 이, 長 길 장, 鼓 북 고

【의미】 한 개만 먹어도 배가 부른데 두 개를 가지는 것은 무슨 사치인가?

【출전】 東言解, 一飽猶足 兩兼何侈

메밀떡에 젓가락 꽂고 빤다

➡ 운두병상 삽근대연 雲頭餠上 插筋待吮

雲 구름 운, 頭 머리 두, 餠 떡 병, 上 위 상
揷 꽂을 삽, 筋 힘줄 근, 待 기다릴 대, 吮 빨 연

【의미】 자신의 처지나 형편에 어울리지 않게 행동하다.

【출전】 星湖全書 권7 百諺解

며느리가 미우면 발뒤축이 달걀 같다고 나무란다

➡ 부무가단 종여계란 婦無可短 踵如鷄卵

婦 며느리 부, 無 없을 무, 可 옳을 가, 短 짧을 단
踵 발꿈치 종, 如 같을 여, 鷄 닭 계, 卵 알 난

【의미】 사람이 미워지면 허물이 없는 데서도 허물을 찾으려 한다.

【출전】 與猶堂全書 耳談續纂 東諺, 言求過於無疵也

➡ 부지지여계란 婦之趾如鷄卵

婦 며느리 부, 之 갈 지, 趾 발 지, 如 같을 여, 鷄 닭 계, 卵 알 란

【의미】 허물을 찾기에 혈안이 되어 예쁘게 보일 것도 밉게 보인다.

【출전】 東言解, 苛於求過 雖美亦憎

【비교】 딸의 사돈은 꽃방석에 앉히고, 며느리 사돈은 바늘방석에 앉힌다. 딸의 시앗은 바늘방석에 앉히고, 며느리 시앗은 꽃방석에 앉힌다. 저녁놀에는 딸을 밭에 보내고, 아침놀에는 며느릴 밭에 보낸다. 죽 먹은 설거지는 딸 시키고, 비빔 그릇 설거지는 며느리 시킨다.

며느리가 손이 크다

➡ 가모수거 家母手鉅

家 집 가, 母 어미 모, 手 손 수, 鉅 클 거

【의미】 봄비가 잦은 것, 돌담 배부른 것, 사발 이 빠진 것, 늙은이의 불량스런 짓, 아이들 입빠른 것, 흙부처 냇물 건너기, 며느리 손 큰 것, 이 여덟 조목은 아무짝에도 쓸모없이 해롭기만 한 것의 비유로 삼는다.

【출전】 旬五志 下, 以春雨數來·石墻飽腹·沙鉢缺耳·老人潑皮·小兒捷口·僧人醉酒·泥佛渡川·家母手鉅八條 爲無用有害之喩

며느리 손 큰 것은 봄비 잦은 것 같다

➡ 가모수활 비춘우빈 家母手闊 譬春雨頻

家 집 가, 母 어미 모, 手 손 수, 闊 트일 활
譬 비유할 비, 春 봄 춘, 雨 비 우, 頻 자주 빈

【의미】 씀씀이가 헤퍼서 가계에 크게 도움이 안 되다.

【출전】 星湖全書 권7 百諺解

➡ 부자수활 비피춘로 婦子手闊 譬彼春潦

婦 며느리 부, 子 아들 자, 手 손 수, 闊 트일 활
譬 비유할 비, 彼 저 피, 春 봄 춘, 潦 큰 물결 로

【의미】 먼저 많이 주고 써서 쓰임이 적절치 못하다. 씀씀이가 헤퍼서 가계에 도움이 되지 않다.

【출전】 與猶堂全書 耳談續纂 東諺, 言先多施洩 而不適於用

➡ 춘우빈 실처수대 春雨頻 室妻手大

春 봄 춘, 雨 비 우, 頻 자주 빈, 室 집 실, 妻 아내 처, 手 손 수, 大 큰 대

【의미】 돈이 드는 것은 마찬가지여서 나중에 반드시 곤란하게 된다.

【출전】 東言解, 經費則同 後必難

며느리 자라 시어미 되니 시어미 티를 더 잘 낸다

➡ 부로위고 婦老爲姑

婦 며느리 부, 老 늙을 로, 爲 할 위, 姑 시어미 고

【의미】 아랫자리에 있다가 윗자리에 오르면 지난날의 괴로움은 생각지 않고 아랫사람을 학대한다.

【출전】 東言解, 傳家承序 他日如今

➡ 부로위고 미불효우 婦老爲姑 靡不效尤

婦 며느리 부, 老 늙을 로, 爲 할 위, 姑 시어미 고
靡 쓰러질 미, 不 아닐 불, 效 본받을 효, 尤 허물 우

【의미】 아랫자리에 있다가 윗자리에 오르면 지난날의 괴로움은 생각지 않고 아랫사람을 학대한다.

【출전】 與猶堂全書 耳談續纂 東諺, 言自下位而居上 不念舊日之苦 而虐其在下者

➡ 부로위고 불징반효 婦老爲姑 不懲反效

婦 며느리 부, 老 늙을 로, 爲 할 위, 姑 시어미 고
不 아닐 불, 懲 혼날 징, 反 되돌릴 반, 效 본받을 효

【의미】 아랫자리에 있다가 윗자리에 오르면 지난날의 괴로움은 생각지 않고 아랫사람을 학대한다.

【출전】 星湖全書 권7 百諺解

【비교】 종이 종을 부리면 식칼로 형문(刑問)한다.

명주 자루에 개똥

➡ 금보리견시 錦褓裏犬矢

錦 비단 금, 褓 포대기 보, 裏 속 리, 犬 개 견, 矢 똥 시

【의미】 겉은 번드르르 하지만 속은 더러우니 아쉽고 아쉽다. 겉은 훌륭하지만 속은 보잘것없고 더럽다. 옷은 잘 입었지만 행실은 형편없다.

【출전】 東言解, 外美內醜 可惜可惜

➡ 제금성낭 반성구시 製錦成囊 反盛狗矢

製 지을 제, 錦 비단 금, 成 이룰 성, 囊 주머니 낭
反 되돌릴 반, 盛 담을 성, 狗 개 구, 矢 똥 시

【의미】 ①겉은 훌륭하지만 속은 보잘것없고 더럽다. ②옷은 잘 입었지만 행실은 형편없다.

【출전】 星湖全書 권7 百諺解

모기 보고 칼 빼든다

➡ 견문발검 見蚊拔劍

見 볼 견, 蚊 모기 문, 拔 뺄 발, 劍 칼 검

【의미】 중국의 왕사란 사람은 성질이 아주 급했다. 하루는 글을 쓰려고 하는데 파리가 한 마리 날아와서 붓끝을 오락가락 하였다. 화가 난 왕사는 칼을 뽑아 파리를 쫓았다. 또 천 균이나 되는 활을 꺼내 생쥐에게 쏘기도 했다.

【출전】 松南雜識 方言類, 王思性急 方書 有蠅飛筆端去復來 思怒拔劍逐之 若千勻之弩爲鼷鼠發矣

모난 돌이 정 맞는다

➡ 유류자석 섬자다촉 纍纍者石 銛者多觸

纍 간힐 류, 纍 간힐 류, 者 놈 자, 石 돌 석
銛 가래 섬, 者 놈 자, 多 많을 다, 觸 닿을 촉

【의미】 너무 강직하고 꼿꼿하면 상해를 당하기 쉽다.
【출전】 與猶堂全書 耳談續纂 東諺, 喩剛愎者 多受傷害

모로 가도 서울만 가면 된다

➡ 사행저경 斜行抵京

斜 비낄 사, 行 갈 행, 抵 닿을 저, 京 서울 경

【의미】 방법은 달라도 다다르는 곳은 같다. 발걸음은 비록 비뚤었지만 서울에 닿은 것은 마찬가지다. 목적을 달성하기 위해서는 수단이 조금 달라도 감수해야 한다.
【출전】 東言解, 事雖失正 志則竟成

➡ 횡보행 호거경 橫步行 好去京

橫 가로 횡, 步 걸음 보, 行 갈 행, 好 좋을 호, 去 갈 거, 京 서울 경

【의미】 방법은 달라도 다다르는 곳은 같다. 발걸음은 비록 비뚤었지만 서울에 닿은 것은 마찬가지다.
【출전】 靑莊館全書 권62 冽上方言, 言殊途同歸也 步雖橫越 及其入京同也

모로 던져도 마름쇠

➡ 유철질려 수투이립 維鐵蒺藜 隨投而立

維 바 유, 鐵 쇠 철, 蒺 납가새 질, 藜 나라이름 려
隨 따를 수, 投 던질 투, 而 어조사 이, 立 설 립

【의미】 어떻게 해도 실패하지 않는다.
【출전】 星湖全書 권7 百諺解

모르는 것이 부처

➡ 부지이불 不知而佛

不 아닐 부, 知 알 지, 而 어조사 이, 佛 부처 불

【의미】 어설프게 아는 것보다는 차라리 모르는 게 낫다.
【출전】 未詳

모시차돌

➡ 모시점석 毛詩粘石

毛 털 모, 詩 시 시, 粘 끈끈할 점, 石 돌 석

【의미】 차돌을 핥아도 아무 맛도 없듯이 『시경』은 아무리 읽어도 그 맛을 알지 못한다.

【출전】 古今釋林 권28 東韓譯語 釋文, 粘石雖嚼而無味 故喩毛詩之多讀而不知味也

목구멍이 포도청이다

➡ 구복지루 口腹之累

口 입 구, 腹 배 복, 之 갈 지, 累 묶을 루

【의미】 먹고 살기 위해서는 구차하고 수치스러운 일도 참고 견뎌야 한다. 한나라의 민중숙은 집안은 가난했지만 돼지 간을 좋아하였다. 안읍의 수령이 시장에 명을 내려 짐짓 간을 사서 얻게 되었다. 그가 탄식하며 말했다. "구복 때문에 안읍에 누를 끼쳤구나." 지금 구복에 관한 이야기는 여기에서 유래하였다.

【출전】 松南雜識 方言類, 漢閔仲叔 家貧嗜猪肝 安邑令勅市 故買肝輒得 歎曰 以口腹累安邑耶 今口腹之說出此

【비교】 사흘 굶어 담 안 넘어갈 놈 없다.

목마른 놈이 우물 판다

➡ 임갈굴정 臨渴掘井

臨 임할 림, 渴 목마를 갈, 掘 팔 굴, 井 우물 정

【의미】 가장 아쉬운 사람이 먼저 일을 서두르게 마련이다.

【출전】 松南雜識 方言類

【비교】 갑갑한 놈이 송사한다.

몸 치수 보아 옷 짓고 얼굴 보아 이름짓는다

➡ 의시기체 명시기모 衣視其體 名視其貌

衣 옷 의, 視 볼 시, 其 그 기, 體 몸 체, 名 이름 명, 貌 얼굴 모

【의미】 물건은 마땅히 서로 어울려야 한다.

【출전】 與猶堂全書 耳談續纂 東諺, 言物當相稱也

몸의 반쪽이 떨어져 나갔다

➡ 반할지통 半割之痛

半 반 반, 割 나눌 할, 之 갈 지, 痛 아플 통

【의미】 형제를 잃는 고통.

【출전】 寒暄箚錄 권3 兄弟喪 破格

못난 개 울타리 믿고 짖는다

➡ 열방은투 부시리근 劣狵狺鬪 負恃籬近

劣 못할 열, **狵** 개 방, **狺** 으르렁거릴 은, **鬪** 싸움 투
負 질 부, **恃** 믿을 시, **籬** 울타리 리, **近** 가까울 근

【의미】 용기 없는 사람이 제 집안에서만 큰 소리를 친다.

【출전】 星湖全書 권7 百諺解

못난 색시 달밤에 삿갓 쓰고 나선다

➡ 추녀월야 대립해아 醜女月夜 戴笠奚迓

醜 추할 추, **女** 계집 녀, **月** 달 월, **夜** 밤 야
戴 일 대, **笠** 우리 립, **奚** 어찌 해, **迓** 마중할 아

【의미】 미운 사람이 점점 더 보기 싫은 짓만 한다. 자기 몸도 잘 건사하지 못하면서 일마다 어긋나는 행동만 한다.

【출전】 與猶堂全書 耳談續纂 拾遺, 言不善持身者 事事舛錯

못된 나무에 열매가 많다

➡ 불식목다착실 不食木多着實

不 아닐 불, **食** 밥 식, **木** 나무 목, **多** 많을 다, **着** 붙을 착, **實** 열매 실

【의미】 쓸모없는 물건이 오히려 번성한다. 쓴 복숭아나 신 살구와 같은 것은 먹을 수도 없는데 오히려 많은 열매를 맺는다.

【출전】 青莊館全書 권62 洌上方言, 言無用之物必繁也 如苦桃酸杏不可食 故必繁結子也

【비교】 못된 소나무에 솔방울만 많다.

무는 말 있는 곳에 차는 말 있다

➡ 서마구 제마입 噬馬廏 踶馬入

噬 씹을 서, **馬** 말 마, **廏** 마구간 구, **踶** 찰 제, **入** 들 입

【의미】 비슷한 성질을 가진 사람들끼리 모여 사는 것은 자연스런 이치다.

【출전】 東言解, 同惡相聚 自然而然

➡ 설구지직 제마래계 齧駒之樴 蹄馬來繫

齧 물 설, 駒 망아지 구, 之 갈 지, 樴 말뚝 직
蹄 굽 제, 馬 말 마, 來 올 래, 繫 맬 계

【의미】 유유상종(類類相從)이다. 성질이나 행실이 고약한 사람이 있는 곳에는 그와 비슷한 부류의 사람들만 모여든다.

【출전】 星湖全書 권7 百諺解

무는 호랑이는 뿔이 없다

➡ 서호무각 噬虎無角

噬 씹을 시, 虎 범 호, 無 없을 무, 角 뿔 각

【의미】 반드시 갖추지 못한 것이 있으니 완벽한 사람은 없다. 조물주는 만물에게 공평하게 혜택을 베푼다.

【출전】 東言解, 有不與者 全無切也

➡ 호기능교 이불부각 虎旣能咬 而不傅角

虎 범 호, 旣 이미 기, 能 능할 능, 咬 새소리 교
而 어조사 이, 不 아닐 불, 傅 스승 부, 角 뿔 각

【의미】 한 가지 장점이 있으면 한 가지 단점이 있다.

【출전】 星湖全書 권7 百諺解

무당이 제 굿 못하고, 소경이 저 죽을 날 모른다

➡ 무가유질 불능자도 巫家有疾 不能自禱

巫 무당 무, 家 집 가, 有 있을 유, 疾 아플 질
不 아닐 불, 能 능할 능, 自 스스로 자, 禱 빌 도

【의미】 남의 일은 잘 처리하는 사람도 자신의 일은 잘 도모하지 못하고, 재앙의 기미에 대해서도 어둡다.

【출전】 星湖全書 권7 百諺解

➡ 무불능거신사 巫不能渠神事

巫 무당 무, 不 아닐 불, 能 능할 능, 渠 그 거, 神 귀신 신, 事 일 사

【의미】 남의 일을 잘 처리하는 사람도 자신의 일은 잘 도모하지 못하고, 재앙의 기

미에 대해서도 어둡다.

【출전】 東言解, 工人拙己蔽私而然

➡ **무불자기 고매종기 巫不自祈 瞽昧終期**

巫 무당 무, 不 아닐 불, 自 스스로 자, 祈 빌 기
瞽 소경 고, 昧 어두울 매, 終 끝날 종, 期 기약할 기

【의미】 남의 일을 잘 처리하는 사람도 자신의 일은 잘 도모하지 못하고, 재앙의 기미에 대해서도 어둡다.

【출전】 與猶堂全書 耳談續纂 東諺, 言人不能自謀 亦自暗於禍幾也

【비교】 갓장이 헌 갓 쓴다. 도끼가 제 자루 못 찍는다. 의사가 제 병 못 고친다. 중이 제 머리 못 깎는다.

무덤 앞에 가서야 지난 일을 말할 수 있다

➡ **도묘전언방진 到墓前言方盡**

到 이를 도, 墓 무덤 묘, 前 앞 전, 言 말씀 언, 方 모 방, 盡 다될 진

【의미】 "관 뚜껑에 못이 박힌 뒤에야 모든 일은 정해진다"는 말과 뜻이 같다.

【출전】 旬五志 下, 蓋棺事乃定之意

무덤 앞을 지나더라도 입 놀리지 말아라

➡ **과총묘전 물치구담 過塚墓前 勿哆口談**

過 지날 과, 塚 무덤 총, 墓 무덤 묘, 前 앞 전
勿 말 물, 哆 클 치, 口 입 구, 談 말씀 담

【의미】 비밀을 지키려면 아주 안전하다고 여겨지는 곳에서도 함부로 발설해서는 안 된다.

【출전】 星湖全書 권7 百諺解

무른 땅에 나무 박고 잿고리에 말뚝 치기

➡ **수지삽목 회로건탁 酥地揷木 灰栳建椓**

酥 연유 수, 地 땅 지, 揷 꽂을 삽, 木 나무 목
灰 재 회, 栳 고리 로, 建 세울 건, 椓 칠 탁

【의미】 성질이 부드럽고 말랑말랑하다. 매우 하기 쉬운 일, 또는 만만한 대상은 억누르고 업신여기기가 쉽다.

【출전】 與猶堂全書 耳談續纂 東諺, 猶言柔則茹之

무른 땅에 말뚝박기

➡ 연지삽익 軟地揷杙

軟 무를 연, 地 땅 지, 揷 꽂을 삽, 杙 말뚝 익

【의미】 약한 사람을 심하게 괴롭히다. 자기보다 연약하다고 해서 업신여기다. 또는 아주 하기 쉬운 일.

【출전】 旬五志 下, 言侵虐弱者

➡ 연지삽익 기입공이 軟地揷杙 其入孔易

軟 무를 연, 地 땅 지, 揷 꽂을 삽, 杙 말뚝 익
其 그 기, 入 들 입, 孔 구멍 공, 易 쉬울 이

【의미】 약한 사람을 심하게 괴롭히다. 자기보다 연약하다고 해서 업신여기다. 또는 아주 하기 쉬운 일.

【출전】 星湖全書 권7 百諺解

무리에서 뛰어나 우뚝 나서다

➡ 출류발췌 出類拔萃

出 날 출, 類 무리 류, 拔 뺄 발, 萃 모일 췌

【의미】 같은 동아리에서 능력이나 기량이 아주 뛰어나다.

【출전】 松南雜識 方言類

무쇠 두멍 쓰고 못에 가 빠졌다

➡ 몽차철기 입우담수 蒙此鐵錡 入于潭水

蒙 입을 몽, 此 이 차, 鐵 쇠 철, 錡 솥 기
入 들 입, 于 어조사 우, 潭 깊을 담, 水 물 수

【의미】 악행을 저지르는 자는 스스로 재앙의 그물 속에 빠진다. 제가 화를 입을 일을 제 스스로 만들다.

【출전】 與猶堂全書 耳談續纂 東諺, 喻行惡者 自陷禍罟

무심결에 달린 걸음이 난간을 뛰어넘는다

➡ **무심신주 유각횡란 無心迅走 有脚橫欄**

無 없을 무, **心** 마음 심, **迅** 빠를 신, **走** 달릴 주
有 있을 유, **脚** 다리 각, **橫** 가로 횡, **欄** 난간 란

【의미】 무아지경에 빠진 채 일을 하면 자신도 모르게 생각지도 못한 일을 해낼 수도 있다.

【출전】 星湖全書 권7 百諺解

문 앞을 지나면서 들어가지 않다

➡ **과문불입 過門不入**

過 지날 과, **門** 문 문, **不** 아닐 불, **入** 들 입

【의미】 공무에 바빠서 제 집안일을 돌보기 어렵다.

【출전】 松南雜識 方言類

묻은 불이 일어난다

➡ **기매화 起埋火**

起 일어날 기, **埋** 묻을 매, **火** 불 화

【의미】 이미 끝난 일을 공연히 부추겨 도발하다.

【출전】 東言解, 旣熄之事 公然復挑

물건 쌓아 삼 년이면 쓸 데가 있다

➡ **축물삼년 필귀유용 蓄物三年 必歸有用**

蓄 쌓을 축, **物** 만물 물, **三** 석 삼, **年** 해 년
必 반드시 필, **歸** 돌아갈 귀, **有** 있을 유, **用** 쓸 용

【의미】 무슨 물건이든지 오래 잘 보관해두면 언젠가 쓸 일이 생긴다.

【출전】 星湖全書 권7 百諺解

물건이 오래 되면 신령이 붙는다

➡ **물구즉신 物久則神**

物 만물 물, **久** 오랠 구, **則** 곧 즉, **神** 귀신 신

【의미】 사물이 오래 되면 영험해져서 조화를 부리게 된다.
【출전】 松南雜識 方言類

물고기 변해 용이 되었다

➡ 어변성룡 魚變成龍

魚 고기 어, 變 변할 변, 成 이룰 성, 龍 용 룡

【의미】 형편이 어렵던 사람이 하루아침 부귀영화를 누리게 되다. 사람의 신세가 갑자기 나아지다.
【출전】 松南雜識 方言類
【비교】 개천에서 용났다.

물고기 한 마리가 온 강물을 흐려놓는다

➡ 일개어 혼전천 一箇魚 渾全川

一 한 일, 箇 낱 개, 魚 고기 어, 渾 흐릴 혼, 全 온전할 전, 川 내 천

【의미】 한 사람의 못된 행동이 모든 사람에게 해독을 끼친다.
【출전】 旬五志 下, 言一人之害 延及於衆

➡ 일개어횡 전천위혼 一箇魚橫 全川爲渾

一 한 일, 箇 낱 개, 魚 고기 어, 橫 가로 횡
全 온전할 전, 川 내 천, 爲 할 위, 渾 흐릴 혼

【의미】 한 사람의 못된 행동이 모든 사람에게 해독을 끼친다.
【출전】 星湖全書 권7 百諺解

➡ 일조어 혼전거 一條魚 渾全渠

一 한 일, 條 가지 조, 魚 고기 어, 渾 흐릴 혼, 全 온전할 전, 渠 도랑 거

【의미】 한 사람의 못된 행동이 여러 사람에게 해독을 끼친다. 작은 기미가 큰 환란을 불러일으킨다.
【출전】 靑莊館全書 권62 洌上方言, 言小而亂大也 喩一人小橫恣 猶能汚染風俗也.
【비교】 미꾸라지 한 마리가 온 웅덩이를 흐린다.

물 긷고 절구질하는 일

➡ 정구지역 井臼之役

井 우물 정, 臼 절구 구, 之 갈 지, 役 부릴 역

【의미】 부녀자들의 수고스러운 살림살이.

【출전】 未詳

물 본 기러기 꽃 본 나비

➡ 견수안 견화접 見水雁 見花蝶

見 볼 견, 水 물 수, 雁 기러기 안, 花 꽃 화, 蝶 나비 접

【의미】 마음속으로 워낙 좋아하는 것이라서 보자마자 달려간다.

【출전】 東言解, 固性所善 旣覿必趨

물 위에 뜬 기름

➡ 수상유 水上油

水 물 수, 上 위 상, 油 기름 유

【의미】 남들과 어울리지 못하고 혼자서 겉돌기만 하다. 물과 기름은 함께 흘러도 성질이 달라서 밖에서 안으로 들어갈 수 없다.

【출전】 東言解, 同流殊性 外不入裏

물은 차면 넘친다

➡ 만즉일 滿則溢

滿 찰 만, 則 곧 즉, 溢 넘칠 일

【의미】 사람이든 상황이든 가득 차 왕성한 상태는 오래 지속하기가 어렵다.

【출전】 旬五志 下, 以比盛滿難久之類 / 松南雜識 方言類, 卽盛滿難久之意 孝經日 高而不危 滿則不溢

뭇 사람들 입은 막기 어렵다

➡ 중구난방 衆口難防

衆 무리 중, 口 입 구, 難 어려울 난, 防 둑 방

【의미】 사람들의 생각은 다 다르니 그들의 의견을 다 받아내기는 어렵다.

【출전】 松南雜識 方言類

미꾸라지 국 먹고 용트림한다

➡ **갱철니추 희발등규 羹啜泥鰍 噫發騰虯**

羹 국 갱, **啜** 마실 철, **泥** 진흙 니, **鰍** 미꾸라지 추
噫 탄식할 희, **發** 쏠 발, **騰** 오를 등, **虯** 규룡 규

【의미】 별 것도 아닌 일을 하고 스스로 대견해하며 뻐기다. 재주는 보잘것없는 사람이 주제넘게 큰소리를 치다.

【출전】 與猶堂全書 耳談續纂 拾遺, 喻才卑居傲者

미운 아이 떡 하나 더 주고, 고운 자식 매 한 대 더 때린다

➡ **증아다여병 애아다여타 憎兒多與餅 愛兒多與打**

憎 미워할 증, **兒** 아이 아, **多** 많을 다, **與** 줄 여, **餅** 떡 병, **愛** 사랑 애, **打** 칠 타

【의미】 미운 자식일수록 사랑으로 감싸고 고운 자식일수록 엄하게 가르쳐야 한다.

【출전】 士小節 권7 婦儀 教育

【비교】 미운 사람에게 좇아가 인사한다. 미운 아이 먼저 품어라. 미운 쥐도 먼저 품는다.

미운 아이 먼저 품어라

➡ **여소증아 선포지회 予所憎兒 先抱之懷**

予 나 여, **所** 바 소, **憎** 미워할 증, **兒** 아이 아
先 먼저 선, **抱** 안을 포, **之** 갈 지, **懷** 품을 회

【의미】 미워하는 사람일수록 마땅히 먼저 겉 표정을 다듬어야 한다. 미울수록 더 사랑하라.

【출전】 與猶堂全書 耳談續纂 東諺, 喻所惡之人 宜先修外面

【비교】 미운 놈 떡 하나 더 준다. 미운 사람에게 좇아가 인사한다.

미운 쥐도 품에 안는다

➡ **증서포내회 憎鼠抱內懷**

憎 미워할 증, **鼠** 쥐 서, **抱** 안을 포, **內** 안 내, **懷** 품을 회

【의미】 근심을 막는 방법으로는 미워하는 사람까지 기쁘게 하는 것 만한 일이 없다.

【출전】 東言解, 防患之道 嫉猶深歡
【비교】 미운 놈 떡 하나 더 준다. 미운 사람에게 좇아가 인사한다. 미운 아이 먼저 품어라.

미운 파리 잡으려다 고운 파리 죽인다

➡ 증승지타 반상미승 憎蠅之打 反傷美蠅

憎 미워할 증, **蠅** 파리 승, **之** 갈 지, **打** 칠 타
反 되돌릴 반, **傷** 상처 상, **美** 아름다울 미

【의미】 싫은 사람을 해치려고 하다가 자기에게 도움이 되는 사람을 오히려 다치게 만든다.
【출전】 星湖全書 권7 百諺解

➡ 타증승 상미승 打憎蠅 傷美蠅

打 칠 타, **憎** 미워할 증, **蠅** 파리 승, **傷** 상처 상, **美** 아름다울 미

【의미】 미워하는 사람을 제거하려다 오히려 아끼는 사람까지 다치게 만들다.
【출전】 松南雜識 方言類, 言除所惡之人 反害所愛也 / 旬五志 下, 言除所惡之人 反害所愛 / 靑莊館全書 권62 洌上方言, 言欲去所惡 反損所愛者

미친 중놈 집 헐기

➡ 광승철가사 狂僧撤家事

狂 미칠 광, **僧** 중 승, **撤** 거둘 철, **家** 집 가, **事** 일 사

【의미】 거칠고 성기기가 아주 심해서 뒤죽박죽으로 모양새가 없다. 일솜씨가 몹시 거칠다.
【출전】 東言解, 麤率莫甚 錯亂可知

믿는 나무에 곰이 떴다

➡ 시위량재 내발미태 恃爲良材 乃發黴苔

恃 믿을 시, **爲** 할 위, **良** 좋을 량, **材** 재목 재
乃 이에 내, **發** 쏠 발, **黴** 곰팡이 미, **苔** 이끼 태

【의미】 믿었던 사람이 오히려 추한 모습을 드러낸다. 잘 되려니 믿었던 일에서 뜻밖의 낭패를 당하다.
【출전】 與猶堂全書 耳談續纂 東諺, 言所信之人 反露其醜

➡ 신목생웅 信木生熊

信 믿을 신, 木 나무 목, 生 날 생, 熊 곰 웅

【의미】 믿었던 일에서 뜻밖의 낭패를 보다. '곰'은 '균'을 말한다. 달리 "꽃이 피었다"라고도 한다.

【출전】 古今釋林 권28 東韓譯語 釋木, 밋든 남게 곰퓌다. 熊則菌也 或稱生花

➡ 신목웅부 信木熊浮

信 믿을 신, 木 나무 목, 熊 곰 웅, 浮 뜰 부

【의미】 옛날에 어떤 사람이 산에 가서 좋은 계수나무를 하나 보아두었는데, 쓸만한 재목이라고 생각하였다. 나중에 다시 가서 가지려고 했더니 곰이 버티고 있었다. 당시는 틀림없으리라고 믿던 일이 허사로 돌아가는 것을 비유한다.

【출전】 松南雜識 方言類, 古人相桂木於山中 再進欲取 則有熊據之 今比專信者虛歸 / 旬五志 下, 古人相桂木於山中 再進欲取 則有熊據之 今比專信者虛歸

믿는 도끼에 발등 찍힌다

➡ 관숙지부 내작궐부 慣熟之斧 乃傷厥跗

慣 버릇 관, 熟 익을 숙, 之 갈 지, 斧 도끼 부
乃 이에 내, 傷 다칠 상, 厥 그 궐, 跗 발등 부

【의미】 확실하다고 믿었던 사람에게 오히려 배신을 당해 어려움에 처하다.

【출전】 與猶堂全書 耳談續纂 拾遺, 言不戒之失

➡ 수습지부 거작기족 手習之斧 遽斫其足

手 손 수, 習 익힐 습, 之 갈 지, 斧 도끼 부
遽 갑자기 거, 斫 벨 작, 其 그 기, 足 발 족

【의미】 믿고 있던 사람에게 배신을 당해 생각하지도 못한 어려움에 처하다.

【출전】 星湖全書 권7 百諺解

➡ 지부작족 知斧斫足

知 알 지, 斧 도끼 부, 斫 찍을 작, 足 발 족

【의미】 평소 가깝게 지내던 사람에게 거꾸로 해를 당한다.

【출전】 旬五志 下, 言反遭害於所親之人

➡ 지부족작 知斧足斫

知 알 지, 斧 도끼 부, 足 발 족, 斫 찍을 작

【의미】 잘 안다고 생각해서 방심하다가 큰 실수를 저지르다. 평소 가깝게 지내던 사람에게 거꾸로 해를 당하다. 근심은 가까운 곳에서 일어난다.

【출전】 東言解, 莫曰可惜 患生於親

믿어 의심치 아니하다

➡ 신지무의 信之無疑

信 믿을 신, 之 갈 지, 無 없을 무, 疑 의심할 의

【의미】 상대의 말과 행동을 믿어 전혀 의심하지 않다.

【출전】 松南雜識 方言類

밑 빠진 독에 물 붇기

➡ 무저부성수 無底釜盛水

無 없을 무, 底 바닥 저, 釜 가마 부, 盛 담을 성, 水 물 수

【의미】 아무리 힘이나 비용을 많이 들여도 들인 보람이 없는 헛된 일을 이르는 말.

【출전】 東言解, 歸於尾閭 惜矣虛勞

【비교】 고양이 죽 쑤어 줄 것 없고 생쥐 볼가심 할 것 없다

바

바가지에 밤 담아둔 듯하다

➡ 여표성률 如瓢盛栗

如 같을 여, 瓢 박 표, 盛 담을 성, 栗 밤나무 률

【의미】 어린 아이들이 울어대는 것이 마치 바가지에 밤을 담아둔 듯하니, 마음으로 너무나 가슴이 아파 비유할 말을 찾을 수 없다. 고만고만한 어린 자식이 많다.

【출전】 寒暄箚錄 권3 妻喪 破格答, 幼稚呱呱 如瓢盛栗 親心切悲 無以仰譬

바늘 도둑이 소 도둑 된다

➡ 불계절침 도우심생 不戒竊鍼 盜牛心生

不 아닐 불, 戒 경계할 계, 竊 훔칠 절, 鍼 바늘 침
盜 훔칠 도, 牛 소 우, 心 마음 심, 生 날 생

【의미】 작은 잘못이라고 눈감아주면 결국 큰 죄악을 저지르게 된다.
【출전】 星湖全書 권7 百諺解

➡ 절침불휴 종필절우 竊鍼不休 終必竊牛

竊 훔칠 절, 鍼 바늘 침, 不 아닐 불, 休 쉴 휴
終 끝날 종, 必 반드시 필, 竊 훔칠 절, 牛 소 우

【의미】 작은 잘못이라고 고치지 않고 키우다 보면 반드시 큰 잘못을 저지르게 된다.
【출전】 與猶堂全書 耳談續纂 東諺, 言養小惡 必成大惡

➡ 침도도우 針盜盜牛

針 바늘 침, 盜 훔칠 도, 盜 훔칠 도, 牛 소 우

【의미】 작은 일이라 해서 소홀히 하면 그것으로 말미암아 큰 일을 저지르게 된다.
【출전】 古今釋林 권28 東韓譯語 釋言, 바늘 도직 힌 쇼 도직. 喩由小而至大也

➡ 침자투 적대우 鍼子偷 賊大牛

鍼 바늘 침, 子 아들 자, 偷 훔칠 투, 賊 도둑 적, 大 큰 대, 牛 소 우

【의미】 작은 일을 보면 큰 일도 알게 된다. 바늘을 훔치는 일은 비록 작은 일이지만 그 마음이 커지면 결국 소까지도 훔치게 된다.
【출전】 青莊館全書 권62 冽上方言, 言觀其小者知其大者 鍼子之偷雖小 推其心則可賊牛也

➡ 침적대우적 針賊大牛賊

針 바늘 침, 賊 도둑 적, 大 큰 대, 牛 소 우, 賊 도둑 적

【의미】 악행이 작다고 말하지 말 것이니, 그것이 자라서 큰 죄악이 될 것이다.
【출전】 東言解, 毋曰惡小 其漸必長
【비교】 등겨 먹던 개가 말경에는 쌀을 먹는다. 바늘 쌈지에서 도둑이 난다.

바늘로 잉어 낚는다

➡ 이침조리 以針釣鯉

以 써 이, 針 바늘 침, 釣 낚시 조, 鯉 잉어 리

【의미】 적은 밑천으로 큰 이익을 얻으려고 한다. 작은 것을 가지고 사치를 부리려고 하니, "바늘로 잉어 낚는다"는 이야기가 있다.
【출전】 松南雜識 方言類, 言持狹欲奢也 今以針釣鯉之說

바람이 귀에 스치듯

➡ 여풍과이 如風過耳

如 같을 여, 風 바람 풍, 過 지날 과, 耳 귀 이

【의미】 남의 의견이나 생각을 귀담아 듣지 않고 흘려 버리다.

【출전】 松南雜識 方言類

바람이 불지 않으면 나무는 흔들리지 않는다

➡ 풍불괄 수불요 風不刮 樹不搖

風 바람 풍, 不 아닐 불, 刮 깎을 괄, 樹 나무 수, 不 아닐 불, 搖 흔들릴 요

【의미】 잘못을 저지르는 사람이 없으면 세상에 소란스러운 일은 없다.

【출전】 未詳

【비교】 바람이 없으면 파도는 일지 않는다.

바퀴통에 바퀴살 모이듯 한다

➡ 폭주병진 輻湊并臻

輻 바퀴살통 폭, 湊 모일 주, 并 어우를 병, 臻 이를 진

【의미】 어떤 일이나 사람이 한 곳으로 모두 몰리다.

【출전】 松南雜識 方言類

박쥐 구실

➡ 편복지역 蝙蝠之役

蝙 박쥐 편, 蝠 박쥐 복, 之 갈 지, 役 부릴 역

【의미】 자신의 이익만 챙기려고 유리한 쪽으로만 붙는 사람. 이런저런 핑계로 책임을 면하다.

【유래】 봉황이 장수연을 열자 온갖 새들이 와서 축하했는데 유독 박쥐만 오지 않았다. 봉황이 이를 꾸짖으며 말했다. “너는 내 밑에 살면서 어찌 이리 오만하냐?” 그러자 박쥐가 말했다. “나는 새가 아니다. 그 증거로 이렇게 발이 있지 않느냐. 나는 짐승에 속하는데 무엇 때문에 봉황을 축하한단 말인가.” 하루는 기린이 장수연을 열었다. 모든 짐승들이 다가서 축하했는데, 박쥐만 또 가지 않았다. 기린이 그를 불러서 꾸짖었더니 박쥐가 말했다. “나에게는 날개가 있다. 그러니 나는 새에 속하는데 무엇 때문에 축하하러 가야 하는가?”

【출전】 旬五志 下
【비교】 간에 가 붙고 쓸개에 가 붙는다. 간에 가 붙고, 염통에 가 붙는다.

밖에서 깨진 쪽박 안에선들 안 깨지랴

➡ 추인외행 내행편현 推人外行 內行便見

推 옮을 추, **人** 사람 인, **外** 밖 외, **行** 갈 행, **內** 안 내, **便** 문득 편, **見** 드러날 현

【의미】 밖에서 보여주는 행실이 그릇되어 있으면 집안에선 어떨지 미루어 짐작할 수 있다.
【출전】 星湖全書 권7 百諺解

박 오르다 떨어졌다

➡ 반상낙하 半上落下

半 반 반, **上** 위 상, **落** 떨어질 락, **下** 아래 하

【의미】 처음에는 정성껏 하다가 중도에 일을 그만두어 이루지 못하다.
【출전】 松南雜識 方言類

반은 죽고 반은 살았다

➡ 반생반사 半生半死

半 반 반, **生** 날 생,**死** 죽을 사

【의미】 거의 죽게 된 상태.
【출전】 松南雜識 方言類

발 벗고 뛰어도 따라가지 못한다

➡ 족탈불급 足脫不及

足 발 족, **脫** 벗을 탈, **不** 아닐 불, **及** 미칠 급

【의미】 아무리 노력해도 차이가 월등해서 따라가지 못하다.
【출전】 未詳

발 없는 말이 천리 간다

➡ 언비천리 言飛千里

言 말씀 언, 飛 날 비, 千 일천 천, 里 마을 리

【의미】 소문이란 근거가 없어도 잘 퍼지니 말을 조심해야 한다.

【출전】 松南雜識 方言類

밤새도록 가도 문 못 들기

➡ 달서주 불급문 達曙走 不及門

達 통달할 달, 曙 새벽 서, 走 달릴 주, 不 아닐 불, 及 미칠 급, 門 문 문

【의미】 정성과 노력을 다 기울였지만 기한에 마치지 못해 본격적으로 일을 시작하지도 못하다.

【출전】 松南雜識 方言類, 言竭盡心力 未及事之意也 / 旬五志 下, 言竭盡心力 未及事之意也

➡ 달야행주 미급입문 達夜行走 未及入門

達 통달할 달, 夜 밤 야, 行 갈 행, 走 달릴 주
未 아닐 미, 及 미칠 급, 入 들 입, 門 문 문

【의미】 열심히 노력했지만 일을 제 때에 마치지 못해 낭패를 당하다.

【출전】 星湖全書 권7 百諺解

➡ 달효왕 문불입 達曉往 門不入

達 통달할 달, 曉 새벽 효, 往 갈 왕, 門 문 문, 不 아닐 불, 入 들 입

【의미】 오랜 시간 노력을 기울여도 별다른 성과를 거두지 못하다.

【출전】 東言解, 許久積勞 末稍無成

➡ 종야치분 불입기문 終夜馳奔 不入其門

終 끝날 종, 夜 밤 야, 馳 달릴 치, 奔 달릴 분
不 아닐 불, 入 들 입, 其 그 기, 門 문 문

【의미】 정성을 들였지만 보람이 없다.

【출전】 與猶堂全書 耳談續纂 東諺, 言積誠而無功也

➡ 주경신 불급문 走竟晨 不及門

走 달릴 주, 竟 다할 경, 晨 새벽 신, 不 아닐 불, 及 미칠 급, 門 문 문

【의미】 헛되이 힘만 들였을 뿐 바라던 일은 이루지 못하다.

【출전】 靑莊館全書 권62 洌上方言, 言虛費力而業不就也

밤새도록 울다가 누가 죽었냐 묻는다

➡ 기종야곡 문수불록 旣終夜哭 問誰不祿

旣 이미 기, 終 마칠 종, 夜 밤 야, 哭 울 곡
問 물을 문, 誰 누구 수, 不 아닐 불, 祿 복 록

【의미】 어떤 일을 하고도 그 까닭을 알지 못하니, 아주 어리석은 사람을 말한다.
【출전】 與猶堂全書 耳談續纂 東諺, 喩由其事而不知其故 愚癡之甚

➡ 수인야곡 졸문수상 隨人夜哭 卒問誰喪

隨 따를 수, 人 사람 인, 夜 밤 야, 哭 울 곡
卒 마침내 졸, 問 물을 문, 誰 누구 수, 喪 죽을 상

【의미】 무엇 때문에 하는지도 모르면서 일을 하다.
【출전】 星湖全書 권7 百諺解
【비교】 밤새도록 통곡해도 어느 마누라 초상인지 모른다.

밤 잔 원수 없고 날 샌 은혜 없다

➡ 경야무원 역일무은 經夜無怨 歷日無恩

經 지날 경, 夜 밤 야, 無 없을 무, 怨 원망할 원, 歷 지낼 력, 日 해 일, 恩 은혜 은

【의미】 은혜든 원한이든 잊혀지기 쉽다. '怨'은 평성으로 '원수'를 말한다.
【출전】 與猶堂全書 耳談續纂 東諺, 言恩怨皆易忘○怨平聲讐也

밤 잔 원수 없고 웃는 얼굴엔 침 못 뱉는다

➡ 경숙무원 소면난타 經宿無怨 笑面難唾

經 지날 경, 宿 묵을 숙, 無 없을 무, 怨 원망할 원
笑 웃을 소, 面 낯 면, 難 어려울 난, 唾 침 타

【의미】 사람은 서로 오래 사귀다 보면 이해하지 못할 일이 없다. 선의로 나오는 사람에게 악한 일은 하지 못한다.
【출전】 星湖全書 권7 百諺解

밥 더 먹으려고 하다가 겨죽 먹는다

➡ 욕가식 내강죽 欲加食 乃糠粥

欲 하고자할 욕, 加 더할 가, 食 밥 식, 乃 이에 내, 糠 겨 강, 粥 죽 죽

【의미】 분수에 맞지 않게 헤프게 쓰려고 하다가는 살림이 결단난다.

【출전】 青莊館全書 권62 冽上方言, 言不安分也 適可而止 不失啖飯也 欲多食則糠粥繼之也

밥이 많아야 국말이도 하고 물말이도 한다

➡ 반유허다 방찬방손 飯有許多 方饡方飧

飯 밥 반, **有** 있을 유, **許** 허락할 허, **多** 많을 다
方 바야흐로 방, **饡** 국밥 찬, **飧** 저녁밥 손

【의미】 재료나 자본이 풍부해야 하고 싶은 일을 마음대로 할 수 있다.

【출전】 星湖全書 권7 百諺解

방귀가 잦으면 똥 싸기 쉽다

➡ 방비장 환위분 放屁長 還爲糞

放 놓을 방, **屁** 방귀 비, **長** 길 장, **還** 돌아올 환, **爲** 할 위, **糞** 똥 분

【의미】 작은 징조도 자꾸 일어나면 큰 일로 번지기 쉽다.

【출전】 旬五志 下, 言小者成大

방안 걱정

➡ 옥하우 屋下憂

屋 집 옥, **下** 아래 하, **憂** 근심할 우

【의미】 방안에서 혼자서 하는 걱정. 남에게는 말 못할 고민거리.

【출전】 朝鮮仁祖實錄 권25 9년 10월 癸卯.

방판수 떡 자루 잡듯

➡ 방판사 병탁집 方判事 餠橐執

方 모 방, **判** 판가름할 판, **事** 일 사, **餠** 떡 병, **橐** 전대 탁, **執** 잡을 집

【의미】 얻은 것을 꽉 잡고 놓지 않아 어떻게 해볼 도리가 없다. 물건을 쥐고 놓지 않다.

【출전】 東言解, 牢執所得 無所變通

밭 팔아 논 살 때는 이밥 먹자고 하였지

➡ 매전매답 욕끽도반 賣田買畓 欲喫稻飯

賣 팔 매, 田 밭 전, 買 살 매, 畓 논 답
欲 하고자 할 욕, 喫 마실 끽, 稻 벼 도, 飯 밥 반

【의미】 어떤 일을 꾸밀 때에는 이익을 보기 위해서였는데, 그만 일이 뜻대로 되지 않았다.

【출전】 旬五志 下, 言謀事超利

배 먹고 이 닦기

➡ 담리지미 겸이탁치 啖梨之美 兼以濯齒

啖 먹을 담, 梨 배나무 리, 之 갈 지, 美 아름다울 미
兼 겸할 겸, 以 써 이, 濯 씻을 탁, 齒 이 치

【의미】 편하고 이로운 물건 덕분에 한꺼번에 두 가지 이익을 챙기다.

【출전】 與猶堂全書 耳談續纂 東諺, 言因便而利物 遂獲兩利

➡ 식리정치 食梨淨齒

食 먹을 식, 梨 배나무 리, 淨 깨끗할 정, 齒 이 치

【의미】 남의 빨래에 내 발이 희게 된다. 일은 비록 남을 위해 하지만 때로 이익이 나에게 올 때도 있다. 한꺼번에 두 가지 이로운 일을 하다.

【출전】 松南雜識 方言類, 洗踏足白 言事雖爲彼 而利則在己 似食梨淨齒之謂

배 썩은 것은 딸 주고 밤 썩은 것은 며느리 준다

➡ 이부여녀 율후여부 梨腐予女 栗朽予婦

梨 배나무 리, 腐 썩을 부, 予 줄 여, 女 계집 녀
栗 밤나무 률, 朽 썩을 후, 婦 며느리 부

【의미】 사람의 마음은 평등하지 않아서 반드시 딸에게는 후하고 며느리에게는 박하다.

【출전】 與猶堂全書 耳談續纂 東諺, 一句雙韻○喩心不均一 必厚女而薄婦

【비교】 가을볕에는 딸을 쬐이고, 봄볕에는 며느리 쬐인다. 딸에게는 팥죽 주고, 며느리에게는 콩죽 준다.

배를 가르고 창자를 드러낸다

➡ 결복출장 抉腹出腸

抉 도려낼 결, 腹 배 복, 出 날 출, 腸 창자 장

【의미】 자신의 속마음을 감추지 않고 드러내다.

【출전】 彰善感義錄 12回

배운 도둑질 바뀌지 않는다

➡ 우맹학투 이습난변 愚氓學偷 已習難變

愚 어리석을 우, 氓 백성 맹, 學 배울 학, 偷 훔칠 투
已 이미 이, 習 익힐 습, 難 어려울 난, 變 변할 변

【의미】 한 번 버릇이 된 일은 고치려 해도 쉽지 않다.

【출전】 星湖全書 권7 百諺解

배지 않은 아이 낳으라고 한다

➡ 불잉아강산 不孕兒强産

不 아닐 불, 孕 아이밸 잉, 兒 아이 아, 强 굳셀 강, 産 낳을 산

【의미】 준비도 되지 않은 일을 어떻게 주선해 할 것인가? 무턱대고 무리한 요구를 하다.

【출전】 東言解, 不預之事 何從之辦

백짓장도 맞들면 낫다

➡ 유피박저 상욕대거 輶彼薄楮 尙欲對擧

輶 가벼울 유, 彼 저 피, 薄 엷을 박, 楮 닥나무 저
尙 오히려 상, 欲 하고자 할 욕, 對 대답할 대, 擧 들 거

【의미】 비록 작은 일이라도 힘을 모아 도모해야 한다. 사소한 일도 힘을 합하면 쉽게 이룰 수 있다.

【출전】 與猶堂全書 耳談續纂 東諺, 言雖小事 宜圖戮力

➡ 일지지경 양력이거 一紙之輕 兩力易擧

一 한 일, 紙 종이 지, 之 갈 지, 輕 가벼울 경
兩 두 양, 力 힘 력(역), 易 쉬울 이, 擧 들 거

【의미】 비록 작은 일이라도 힘을 모아 도모해야 한다. 사소한 일도 힘을 합하면 더욱 쉽게 이룰 수 있다.

【출전】 星湖全書 권7 百諺解

➡ 지장대거경 紙丈對擧輕

紙 종이 지, 丈 어른 장, 對 대답할 대, 擧 들 거, 輕 가벼울 경

【의미】 혼자 해도 힘들지 않지만 힘을 합치면 더욱 쉬워진다. 같은 일도 여러 사람이 함께 하면 일하기가 훨씬 수월해진다.

【출전】 東言解, 獨運非難 并力尤易

뱁새가 황새 좇아가면 가랑이가 찢어진다

➡ 안효관보 재열궐과 鴳效鸛步 載裂厥胯

鴳 메추라기 안, 效 본받을 효, 鸛 황새 관, 步 걸음 보

載 실을 재, 裂 찢을 렬, 厥 그 궐, 胯 사타구니 과

【의미】 빈한한 사람이 부유한 집을 흉내 내다가는 반드시 제 자신을 그르치고 만다.

【출전】 與猶堂全書 耳談續纂 東諺, 言貧寒者學豪門 必敗乃家

➡ 초학관 경욕단 鷦學鸛 脛欲斷

鷦 뱁새 초, 學 배울 학, 鸛 황새 관, 脛 정강이 경, 欲 하고자할 욕, 斷 끊을 단

【의미】 본받지 말아야 할 것을 본받으려 하면 거꾸로 재난을 당할 수 있다.

【출전】 青莊館全書 권62 冽上方言, 言不當效而效 反受其災也

➡ 할보축관 궐각재열 鶷步逐鸛 厥脚載裂

鶷 백설조 할, 步 걸음 보, 逐 좇을 축, 鸛 황새 관

厥 그 궐, 脚 다리 각, 載 실을 재, 裂 찢어질 렬

【의미】 자신의 역량이나 능력은 생각하지 않고 무리하게 일을 추진하다 보면 실패하기 쉽다.

【출전】 星湖全書 권7 百諺解

【비교】 게도 구멍이 크면 죽는다. 팔자에 없는 감투 쓰면 이마가 벗겨진다. 송충이가 갈잎을 먹으면 죽는다. 짝새가 황새 걸음하면 다리가 찢어진다.

번개가 잦으면 천둥이 친다

➡ 전광삭삭 벽력지조 電光索索 霹靂之兆

電 번개 전, 光 빛 광, 索 동아줄 삭, 霹 벼락 벽, 靂 벼락 력, 之 갈 지, 兆 조짐 조

【의미】 조짐이 자주 보이면 마침내 반드시 그것이 현실로 나타난다.

【출전】 與猶堂全書 耳談續纂 東諺, 喩兆朕屢見 終必有驗也

➡ 전광삭삭 위진정화 電光索索 爲震霆花

電 번개 전, 光 빛 광, 索 흩어질 삭, 索 흩어질 삭
爲 할 위, 震 벼락 진, 霆 천둥소리 정, 花 꽃 화

【의미】 조짐이 자주 보이면 마침내 반드시 그것이 현실로 나타난다.

【출전】 星湖全書 권7 百諺解

벌거벗고 전통箭筒 찰까

➡ 적라지구 난패수호 赤裸之軀 難佩繡箶

赤 붉을 적, 裸 벌거벗을 라, 之 갈 지, 軀 몸 구
難 어려울 난, 佩 찰 패, 繡 수 수, 箶 전동 호

【의미】 모든 일에 어울리지 않으면 검소한 것만 못하다. 격에 맞지 않게 꾸며 차리는 것은 볼썽사납다.

【출전】 與猶堂全書 耳談續纂 東諺, 言凡百不稱 不如儉素

벌레 먹은 어금니가 빠져도 허전한 느낌은 든다

➡ 중아홀추 상각유결 蚛牙忽墜 尙覺有缺

蚛 벌레먹을 중, 牙 어금니 아, 忽 소홀히 할 홀, 墜 떨어질 추
尙 오히려 상, 覺 깨달을 각, 有 있을 유, 缺 이지러질 결

【의미】 평소 필요 없던 물건도 없어지면 섭섭하다.

【출전】 星湖全書 권7 百諺解

범도 새끼 둔 골은 돌아본다

➡ 양추지곡 호역고 養雛之谷 虎亦顧

養 기를 양, 雛 병아리 추, 之 갈 지, 谷 골 곡, 虎 범 호, 亦 또 역, 顧 돌아볼 고

【의미】 사람에게는 사사로운 정이 없을 수 없다. 「벼슬을 그만두고」라는 시에 보면 “마치 사랑하는 자식을 두고 온 듯 다섯 걸음마다 한 번씩 돌아본다.”는 것이 이것이다.

【출전】 松南雜識 方言類, 言不無私情也 解緡詩 尙有愛子情 五步一回顧 是也 / 旬五

志 下, 言不無私情

➡ 유호유추 유호궐곡 乳虎留雛 猶護厥谷

乳 젖 유, 虎 범 호, 留 머물 류, 雛 병아리 추
猶 오히려 유, 護 보호할 호, 厥 그 궐, 谷 골 곡

【의미】 어떤 일을 하든 사사로운 정이 없을 수 없다.
【출전】 星湖全書 권7 百諺解

➡ 호역고양추곡 虎亦顧養雛谷

虎 범 호, 亦 또 역, 顧 돌아볼 고, 養 기를 양, 雛 병아리 추, 谷 골 곡

【의미】 성격이 사나운 사람이라도 한번 정을 둔 곳은 소홀히 하기 어렵다.
【출전】 東言解, 悍性猶然 情處難忽

범도 제 소리 하면 오고, 사람도 제 소리 하면 온다

➡ 담호호지 담인인지 談虎虎至 談人人至

談 말씀 담, 虎 범 호, 至 이를 지, 人 사람 인

【의미】 당사자가 없다고 해서 함부로 말해서는 안 된다.
【출전】 與猶堂全書 耳談續纂 東諺, 言不可以其人之不在而議其人

범 없는 골에 너구리가 왕 노릇 한다

➡ 무호동 리작호 無虎洞 狸作虎

無 없을 무, 虎 범 호, 洞 골 동, 狸 삵 리, 作 지을 작

【의미】 뛰어난 사람이 없는 곳에서 되지 못한 자가 뻐긴다.
【출전】 東言解, 闖其無畏 跳踉作威

➡ 무호동중리작호 無虎洞中狸作虎

無 없을 무, 虎 범 호, 洞 골 동, 中 가운데 중, 狸 삵 리, 作 지을 작

【의미】 뛰어난 사람이 없는 곳에서 되지 못한 자가 뻐긴다.
【출전】 古今釋林 권28, 東韓譯語 釋獸

범 없는 골에 토끼가 스승이라

➡ 곡무호 선생토 谷無虎 先生兎

谷 골 곡, 無 없을 무, 虎 범 호, 先 먼저 선, 生 날 생, 兎 토끼 토

【의미】 군자가 세상을 떠난 뒤 소인배들이 득세하다. 호랑이가 없는 골짜기에 교활한 토끼가 활개 치면서 스스로 선생이라 부른다.

【출전】 青莊館全書 권62 洌上方言, 言君子沒而小人得志 無虎之谷 狡兎跳踉 自爲先生也

【비교】 금(金) 없는 곳에서는 구리가 보배 노릇한다.

범은 그려도 뼈다귀는 못 그린다

➡ 화호화피 난화골 畫虎畫皮 難畫骨

畫 그림 화, 虎 범 호, 皮 가죽 피, 難 어려울 난, 骨 뼈 골

【의미】 겉은 보면 쉽게 알 수 있지만 속내는 알기 어렵다.

【출전】 謝氏南征記

【비교】 털만 보고는 말 좋은 줄 모른다.

범의 차반

➡ 호차반 虎茶飯

虎 범 호, 茶 차 차, 飯 밥 반

【의미】 굶주림을 면하지 못하여 눈에 보이는 대로 냉큼 먹어버린다. 아껴 모을 생각이 없이 생기는 대로 다 써버리다.

【출전】 東言解, 飢困不免過輒太飽

범의 탈을 쓴 여우

➡ 가호지호 假虎之狐

假 빌릴 가, 虎 범 호, 之 갈 지, 狐 여우 호

【의미】 권세를 부리는 간사한 사람을 일컫는 말.

【출전】 朝鮮明宗實錄 권29 18년 9월 辛巳

벼랑에 매달려 떨어져도 성질 참기는 어렵다

➡ 현애부하 기무난정 懸厓赴下 起武難停

懸 매달 현, 厓 언덕 애, 赴 나아갈 부, 下 아래 하

起 일어날 기, **武** 굳셀 무, **難** 어려울 난, **停** 머무를 정

【의미】 제게 불리한 일이 생겨도 나쁜 성질은 부려야 직성이 풀린다.

【출전】 星湖全書 권7 百諺解

벼룩 등에다 쇄마 싣는다

➡ 조배쇄마 蚤背刷馬

蚤 벼룩 조, **背** 등 배, **刷** 쓸 쇄, **馬** 말 마

【의미】 연약한 사람에게 무거운 짐을 지운다.

【출전】 古今釋林 권28 東韓譯語, 벼록의 등의 ᄉᆡ마 싯다. 喻可憐也

벼룩의 창자를 내어 먹는다

➡ 조장출식 蚤腸出食

蚤 벼룩 조, **腸** 창자 장, **出** 날 출, **食** 밥 식

【의미】 작은 이익을 챙기려고 남에게 큰 고통을 주는 것도 꺼리지 않다.

【출전】 東言解, 彼之瑣瑣 胡忍不忍

【비교】 모기 다리에서 피를 뺀다. 벼룩의 간을 내어먹는다.

벼슬은 높이고 뜻은 낮추어라

➡ 위사기숭 지사기공 位思其崇 志思其恭

位 자리 위, **思** 생각할 사, **其** 그 기, **崇** 높을 숭, **志** 뜻 지, **恭** 공손할 공

【의미】 자리가 높아질수록 자세는 겸손하게 낮추어야 한다.

【출전】 與猶堂全書 耳談續纂 東諺, 言位彌高而志宜卑

별 하나 나 하나

➡ 성일아일 星一我一

星 별 성, **一** 한 일, **我** 나 아

【의미】 욕심이 한이 없어 별의 개수만큼 물건을 갖고 싶어하다. 나와 대상을 서로 맞추면서 반드시 같아지려고 하다.

【출전】 東言解, 物我對峙 必欲其均

보기 좋은 떡이 먹기도 좋다

➡ 관미지이 담지역미 觀美之餌 啗之亦美

觀 볼 관, **美** 아름다울 미, **之** 갈 지, **餌** 먹이 이, **啗** 먹일 담, **亦** 또 역

【의미】 내용이 아름다운 것은 외형도 역시 아름답다. 겉이 아름다워야 속도 좋다.

【출전】 與猶堂全書 耳談續纂 東諺, 喩實美者 外貌亦美也

보리밭만 지나가도 주정한다

➡ 과맥전대취 過麥田大醉

過 지날 과, **麥** 보리 맥, **田** 밭 전, **大** 큰 대, **醉** 취할 취

【의미】 술이 아주 약해서 그 비슷한 것만 보아도 취기가 돌 정도다.

【출전】 未詳

【비교】 누룩만 보아도 술 취한다.

보리 이삭 뽑고 마른 나무 벤다

➡ 발풍진고 撥麷振枯

撥 다스릴 발, **麷** 볶은보리 풍, **振** 떨칠 진, **枯** 마를 고

【의미】 하기가 아주 손쉬운 일.

【출전】 星湖僿說 經史門 征尼麻車

보리죽에 물 탄 것 같다

➡ 맥죽화수 麥粥和水

麥 보리 맥, **粥** 죽 죽, **和** 화할 화, **水** 물 수

【의미】 음식에서 아무 맛도 나지 않다.

【출전】 古今釋林 권28 東韓譯語 釋食, 보리듁에 믈 타다. 喩無味

보채는 아이 젖 준다

➡ 기아색유 즙갈유연 飢兒索乳 汁渴猶吮

飢 주릴 기, **兒** 아이 아, **索** 찾을 색, **乳** 젖 유
汁 즙 즙, **渴** 목마를 갈, **猶** 오히려 유, **吮** 빨 연

【의미】 주겠거니 하고 기다리다가는 제 차례를 놓칠 수 있기 때문에 제때에 요구해야 된다.

【출전】 星湖全書 권7 百諺解

본래 내 땅 아니다

➡ 본비아토 本非我土

本 밑 본, 非 아닐 비, 我 나 아, 土 흙 토

【의미】 생각지 않게 얻은 물건은 잃어버려도 조금도 섭섭하지 않다.

【출전】 松南雜識 方言類

봄 꿩이 제 울음에 죽는다

➡ 애피춘치 자명이사 哀彼春雉 自鳴以死

哀 슬플 애, 彼 저 피, 春 봄 춘, 雉 꿩 치
自 스스로 자, 鳴 울 명, 以 써 이, 死 죽을 사

【의미】 이미 감춰진 죄를 스스로 드러내서 형벌을 받기에 이른다. 남이 모르는 죄를 스스로 폭로하여 형벌을 받다.

【출전】 與猶堂全書 耳談續纂 東諺, 言隱伏之罪 以其自辨之 故至於陷刑

➡ 유명춘치 자속기화 有鳴春雉 自速其禍

有 있을 유, 鳴 울 명, 春 봄 춘, 雉 꿩 치
自 스스로 자, 速 빠를 속, 其 그 기, 禍 재화 화

【의미】 제 허물을 스스로 드러내어 남이 알게 한다.

【출전】 星湖全書 권7 百諺解

➡ 춘산치이명사 春山雉以鳴死

春 봄 춘, 山 뫼 산, 雉 꿩 치, 以 써 이, 鳴 울 명, 死 죽을 사,

【의미】 환난을 피하는 방법이 서툴다. 꿩은 잘 숨는 새이지만 제 울음소리는 숨지기 못한다. 제 허물을 스스로 드러내어 남이 알게 하다.

【출전】 靑莊館全書 권62 冽上方言, 言防患疏也 雉工竄之禽也 猶不能藏其鳴也

➡ 춘치자명 春雉自鳴

春 봄 춘, 雉 꿩 치, 自 스스로 자, 鳴 울 명

【의미】 제 허물을 스스로 드러내어 남이 알게 하다.

【출전】 朝鮮肅宗實錄 권4 1년 윤5월 丙午
【비교】 개구리는 울다가 뱀에게 잡힌다.

봄비가 자주 내리는 일

➡ 춘우삭래 春雨數來

春 봄 춘, **雨** 비 우, **數** 자주 삭, **來** 올 래

【의미】 봄비가 잦은 것, 돌담 배부른 것, 사발 이 빠진 것, 늙은이의 불량스런 짓, 아이들 입빠른 것, 흙부처 냇물 건너기, 며느리 손 큰 것, 이 여덟 조목은 아무짝에도 쓸모없이 해롭기만 한 것의 비유로 삼는다.

【출전】 旬五志 下, 以春雨數來·石墻飽腹·沙鉢缺耳·老人潑皮·小兒捷口·僧人醉酒·泥佛渡川·家母手鉅八條 爲無用有害之喩

봄 추위와 늙은이 건강

➡ 춘한노건 春寒老健

春 봄 춘, **寒** 찰 한, **老** 늙은이 로, **健** 튼튼할 건

【의미】 끝장이 가까워 그 기운이 쇠퇴하여 오래 끌지 못한다. 기력이 아주 떨어지는 때이니 건강에 조심해야 한다.

【출전】 旬五志 下, 言氣力衰敗 / 松南雜識 方言類, 芝峰曰 春寒秋熱老健三者 不久長之物 本歐陽之語 健音今訛骨

봉사 단청 구경

➡ 맹불별색 파완단청 盲不別色 把玩丹靑

盲 소경 맹, **不** 아닐 불, **別** 나눌 별, **色** 빛 색
把 잡을 파, **玩** 희롱할 완, **丹** 붉을 단, **靑** 푸를 청

【의미】 보아도 이해하지 못할 사물을 건성건성 보다.

【출전】 星湖全書 권7 百諺解

➡ 맹완단청 盲玩丹靑

盲 소경 맹, **玩** 희롱할 완, **丹** 붉을 단, **靑** 푸를 청

【의미】 그 아름다움을 알지 못한다. 보이는 것이 없는 것을 비유한다. 들인 노력만큼 보람을 얻지 못하다.

【출전】 旬五志 下, 言不知其美 / 古今釋林 권28 東韓譯語 釋言, 喩無所見也

봉사 문고리 잡기 ⇒ 장님이 문 바로 들어갔다

부뚜막의 소금도 집어넣어야 짜다

➡ 재조지염 유지내함 在竈之鹽 揉之乃醎

在 있을 재, 竈 부엌 조, 之 鹽 소금 염
揉 담글 유, 之 갈 지, 乃 이에 내, 醎 짤 함

【의미】 물건이 비록 갖추어졌다 해도 효과가 나타나려면 사람의 노력도 함께 더해져야 한다.

【출전】 與猶堂全書 耳談續纂 東諺, 言物來雖具 人功宜急

➡ 조롱유염 불서물함 竈隴有鹽 不絮不鹹

竈 부엌 조, 隴 고개이름 롱, 有 있을 유, 鹽 소금 염, 不 아닐 불, 絮 솜 서, 鹹 짤 함

【의미】 아무리 쉬운 일이라도 정성을 들이지 않으면 이루어지지 않는다.

【출전】 星湖全書 권7 百諺解

➡ 조상염 집입후함 竈上鹽 執入後鹹

竈 부엌 조, 上 위 상, 鹽 소금 염, 執 잡을 집, 入 들 입, 後 뒤 후, 鹹 짤 함

【의미】 아무리 쉬운 일이라도 힘을 들이지 않으면 이루어지지 않는다.

【출전】 東言解, 近不自至 爲之乃成

부랄 차인 중놈 달아나듯

➡ 신랑견축지승분주 腎閬見蹴之僧奔走

腎 부랄 신, 閬 솟을대문 랑, 見 볼 견, 蹴 찰 축
之 갈 지, 僧 중 승, 奔 달릴 분, 走 달릴 주

【의미】 아픔을 참지 못해 소리치며 데굴데굴 구르다.

【출전】 東言解, 痛不自定 狂叫疾趨

부부싸움은 칼로 물 베기

➡ 부부전도할수 夫婦戰刀割水

夫 지아비 부, 婦 며느리 부, 戰 싸울 전, 刀 칼 도, 割 나눌 할, 水 물 수

【의미】 화를 내더라도 사랑이 끊기지 않으니 다시 돌아와 합쳐져 흔적을 남기지 않는다.

【출전】 東言解, 怒不斷愛 旋合無痕

➡ 부부지자 여도할수 夫婦之訾 如刀割水

夫 지아비 부, 婦 며느리 부, 之 갈 지, 訾 헐뜯을 자
如 같을 여, 刀 칼 도, 割 나눌 할, 水 물 수

【의미】 서로 좋아 합쳐진 정은 끊으려고 해도 그럴 수 없다. 부부는 싸워도 곧 화해한다.

【출전】 與猶堂全書 耳談續纂 東諺, 言好合之情 離開不得

➡ 여도할수 如刀割水

如 같을 여, 刀 칼 도, 割 나눌 할, 水 물 수

【의미】 부부 사이의 의리는 귀천을 막론하고 차이가 없다. 비록 때로 싸울 때도 있지만, 원래 부부의 연을 맺은 정이 있기 때문이니, 세상에서 말하는 "부부싸움은 칼로 물 베기"라는 말이 이것을 잘 지적한 속담이다.

【출전】 欽欽新書 권8 祥刑追議 13 伉儷之戕, 夫婦之義 貴賤無間 雖有反目之事 常存配禮之情 俗所云如刀割水 正是著題語

【비교】 부부싸움은 밤 자면 풀린다. 부부싸움은 해가 지면 그친다.

부안댁 가라마

➡ 부안댁가라마 扶安宅加羅馬

扶 도울 부, 安 편안할 안, 宅 집 댁, 加 더할 가, 羅 새그물 라, 馬 말 마

【의미】 겉 보기에는 번지르르 하지만 알맹이는 비어 있다.

【출전】 東言解, 風采雖好 其中未有

부엉이 방귀 같다

➡ 휴방기 鵂放氣

鵂 수리부엉이 휴, 放 놓을 방, 氣 기운 기

【의미】 자신을 놀라게 한 일이 자신으로부터 나오다. 제 방귀에 제가 놀란다.

【출전】 東言解, 驚我之事 由我而出

부엉이 셈

➡ 휴류계수 鵂鶹計數

鵂 수리부엉이 휴, **鶹** 올빼미 류, **計** 꾀 계, **數** 셀 수

【의미】 계산이 분명하지 못한 사람을 비유하는 속담이다.

【유래】 부엉이는 셈을 할 때에 반드시 짝수로 세지 홀수로 세지 못한다. 비록 수십에 이르더라도 쌍으로 세지만 그 쌍의 수가 얼마가 되는지는 알지 못한다. 때문에 한 짝을 잃어버리면 알지만 한 쌍을 잃어버리면 알지 못한다. 그래서 사람이 셈이 분명하지 못한 것을 이렇게 비유한다.

【출전】 旬五志 下, 以喻計數不分明者 / 星湖全書 권7 百諺解

➡ 휴류계수 도지기쌍 鵂鶹計數 徒知其雙

鵂 수리부엉이 휴, **鶹** 올빼미 류, **計** 꾀 계, **數** 셀 수
徒 다만 도, **知** 알 지, **其** 그 기, **雙** 쌍 쌍

【의미】 계산이 분명하지 못한 사람을 비유하는 속담이다.

【출전】 星湖全書 권7 百諺解

➡ 휴류수 鵂鶹數

鵂 수리부엉이 휴, **鶹** 올빼미 류, **數** 셀 수

【의미】 부엉이는 둘로만 셀 줄 알지 그 나머지 수는 모르기 때문에 이렇게 불린다.

【출전】 古今釋林 권28 東韓譯語 釋數, 부헝의 셈. 鵂鶹 只知二數 而不知其餘數 故云也

부엉이 집을 얻었다

➡ 득휴류가 得鵂鶹家

得 얻을 득, **鵂** 수리부엉이 휴, **鶹** 올빼미 류, **家** 집 가

【의미】 횡재한 것을 부엉이 집을 얻었다고 하는 것은 한 가지 물건을 얻으려다가 뜻밖에 한 쌍을 한꺼번에 얻었다는 말이다. 뜻밖의 재물을 덤으로 얻다.

【출전】 松南雜識 方言類, 橫財謂得鵂鶹家者 留置某一物一雙 而席卷取來 不知故也

부유한 상인과 대규모 장사치

➡ 부상대고 富商大賈

富 가멸 부, **商** 장사꾼 상, **大** 큰 대, **賈** 장사 고

【의미】 자본이 넉넉하고 규모가 큰 상인.

【출전】 松南雜識 方言類

부절 들어맞듯 하다

➡ 여합부절 如合符節

如 같을 여, 合 합할 합, 符 부신 부, 節 마디 절

【의미】 서로 딱 일치하여 틀림이 없다.

【출전】 松南雜識 方言類

부처 밑을 기울이면 삼거웃 드러난다

➡ 괄불본 마재출 刮佛本 麻滓出

刮 깎을 괄, 佛 부처 불, 本 밑 본, 麻 삼 마, 滓 찌끼 재, 出 날 출

【의미】 남의 단점을 들춰내면 자신의 단점도 반드시 드러나기 마련이다. 또는 점잖은 사람일지라도 들춰보면 추저분한 점이 나온다.

【출전】 旬五志 下, 言論人之短 己短必露

➡ 금불엄좌 기중토개 金佛儼坐 其中土芥

金 쇠 금, 佛 부처 불, 儼 의젓할 엄, 坐 앉을 좌
其 그 기, 中 가운데 중, 土 흙 토, 芥 겨자 개

【의미】 겉모습은 화려하지만 속을 들춰보면 지저분하기 짝이 없다.

【출전】 星湖全書 권7 百諺解

➡ 불저괄마모발 佛底刮麻毛發

佛 부처 불, 底 밑 저, 刮 깎을 괄, 麻 삼 마, 毛 털 모, 發 쏠 발

【의미】 겉으로는 사치하게 장식했지만 내용물은 부실하다. 금동 불상도 배는 삼거웃으로 채웠다는 것이다.

【출전】 青莊館全書 권62 冽上方言, 言侈外貌而中無實也 如金銅之佛 實腹以麻毛也

➡ 불저마거올로 佛底麻去兀露

佛 부처 불, 底 밑 저, 麻 삼 마, 去 갈 거, 兀 우뚝할 올, 露 드러날 로

【의미】 겉으로 꾸민 것은 엄연하지만 속에 든 것이 때로 터져 나올 수도 있다. 겉으로는 사치하게 장식했지만 내용물은 부실하다.

【출전】 東言解, 外飾雖嚴 內累或綻

분향은 못할망정 방귀는 뀌지 마라

➡ 녕불분향 단물통비 寧不焚香 但勿通屁

寧 차라리 녕, 不 아닐 불, 焚 불사를 분, 香 향기 향
但 다만 단, 勿 말 물, 通 통할 통, 屁 방귀 비

【의미】 도와주지는 못할망정 손해는 끼치지 말라.

【출전】 星湖全書 권7 百諺解

불 난 강변에 덴 소 날뛰듯 한다

➡ 화소강변 난우분 火燒江邊 爛牛奔

火 불 화, 燒 사를 소, 江 강 강, 邊 가 변, 爛 문드러질 란, 牛 소 우, 奔 달릴 분

【의미】 위급한 경우를 당해서 정신없이 날뛰다.

【출전】 東言解, 危急之厄 慌忙之狀

불 난 집에서 불이야 한다

➡ 화가호화 火家呼火

火 불 화, 家 집 가, 呼 부를 호

【의미】 약점이 있는 사람이 숨기면서 남이 할 말을 먼저 하다. 또는 다급한 사람이 먼저 나서기 마련이다.

【출전】 古今釋林 권28 東韓譯語 釋言, 불난 집의 불이야.

불면 날까 쥐면 꺼질까

➡ 취공비 집공휴 吹恐飛 執恐虧

吹 불 취, 恐 두려울 공, 飛 날 비, 執 잡을 집, 恐 두려울 공, 虧 이지러질 휴

【의미】 자식을 아주 귀하게 키우다. 너무나 사랑스럽다는 말이다.

【출전】 靑莊館全書 권62 冽上方言, 言愛之至也

➡ 취즉공표 악즉공감 吹則恐飄 握則恐欿

吹 불 취, 則 곧 즉, 恐 두려울 공, 飄 회오리바람 표, 握 쥘 악, 欿 시름겨울 감

【의미】 자식을 아주 귀하게 키우다.

【출전】 星湖全書 권7 百諺解

➡ 취지공비 집지공함 吹之恐飛 執之恐陷

吹 불 취, 之 갈 지, 恐 두려울 공, 飛 날 비, 執 잡을 집, 陷 빠질 함

【의미】 지극한 정성으로 자식을 아끼고 사랑하다.

【출전】 松南雜識 方言類, 言至情愛惜 / 旬五志 下, 言至情愛惜

불알 깐 소 제 힘 모르랴

➡ 선우불식력 騸牛不識力

騸 불깔 선, 牛 소 우, 不 아닐 불, 識 알 식, 力 힘 력

【의미】 일을 시작했으면 스스로 제 능력을 가늠해보고 시작하는 법이다.

【출전】 古今釋林 권28 東韓譯語 釋言, 악디쇼 제 힘 모ᄅᆞ랴.

붉은 입술과 흰 치아

➡ 단순호치 丹脣皓齒

丹 붉을 단, 脣 입술 순, 皓 휠 호, 齒 이 치

【의미】 여자의 아름다운 얼굴.

【출전】 松南雜識 方言類

비렁뱅이 비단 얻었다

➡ 걸아득금 乞兒得錦

乞 빌 걸, 兒 아이 아, 得 얻을 득, 錦 비단 금

【의미】 분수에 맞지 않는 귀한 물건이어서 어쩔 줄 몰라 하다. 분수 밖의 일을 당한 사람이 자랑스럽고 우쭐한 마음을 금하지 못하다.

【출전】 東言解, 分外之人 誇矜不已

【비교】 거지가 말을 얻었다.

비렁뱅이가 하늘을 불쌍히 여긴다

➡ 걸인련천 乞人憐天

乞 빌 걸, 人 사람 인, 憐 불쌍히 여길 련, 天 하늘 천

【의미】 주제넘게 엉뚱한 일을 걱정하다. 마땅히 걱정하지 않아도 될 처지를 지나치게 걱정하다. "종로 걸인이 도승지를 불쌍히 여긴다."는 속담도 있다.

【출전】 松南雜識 方言類, 言過憂於不當憂之地 亦鐘路乞人憐都承旨之說 / 旬五志 下, 言過憂於不當憂之地

비렁뱅이한테도 붉은 띠 빌린다

➡ 걸아처역차홍반 乞兒處亦借紅鞶

乞 빌 걸, 兒 아이 아, 處 살 처, 亦 또 역, 借 빌 차, 紅 붉을 홍, 鞶 큰띠 반

【의미】 아무 것도 없는 사람에게도 나에게 필요한 물건이 있다. 얻을 것이 아무 것도 없는 사람에게도 간혹 구하는 물건이 있다.

【출전】 東言解, 請汝無藉 或有所求

비 오는 날 쇠꼬리 같다

➡ 우뇨과우 도미방인 雨淖跨牛 掉尾妨人

雨 비 우, 淖 진흙 뇨, 跨 타넘을 과, 牛 소 우
掉 흔들 도, 尾 꼬리 미, 妨 방해할 방, 人 사람 인

【의미】 공연히 남에게 해를 끼친다. 반갑지도 않은 사람이나 물건이 귀찮게 자꾸 치근덕거린다.

【출전】 星湖全書 권7 百諺解

【비교】 날 궂은 날 개 사귄 이 같다.

비 오는 날 장독 연다

➡ 우일장옹 인수왈개 雨日醬瓮 人誰曰開

雨 비 우, 日 해 일, 醬 젓갈 장, 瓮 독 옹
人 사람 인, 誰 누구 수, 曰 가로 왈, 開 열 개

【의미】 일이 잘못될 줄 번연히 알면서도 일을 그렇게 만든다.

【출전】 星湖全書 권7 百諺解

비옷 입고 제사를 지내도 제 정성이다

➡ 우장자계 불칭기복 雨裝紫繫 不稱其服

雨 비 우, 裝 꾸밀 상, 紫 사주빛 사, 繫 맬 계
不 아닐 불, 稱 일컬을 칭, 其 그 기, 服 옷 복

【의미】 남의 의견에 흔들리지 않고 자기 주관대로 일을 한다.

【출전】 星湖全書 권7 百諺解

비지에 부른 배가 연약과도 싫다 한다

➡ 복포두박 거여염작 腹飽豆粕 粔籹厭嚼

腹 배 복, 飽 물릴 포, 豆 콩 두, 粕 지게미 박
粔 중배끼 거, 籹 중배끼 여, 厭 싫을 염, 嚼 씹을 작

【의미】 이미 배가 잔뜩 부른 사람은 더 이상 먹을 생각이 나지 않는다. 나쁜 것에 익숙해진 사람은 좋은 것이 와도 거들떠보지 않는다.

【출전】 與猶堂全書 耳談續纂 拾遺, 言宿飽者 頓無食念

비파 인 놈이 춤을 추면 칼 쓴 놈도 춤을 춘다

➡ 비파자무 가자역무 琵琶者舞 枷者亦舞

琵 비파 비, 琶 비파 파, 者 놈 자, 舞 춤출 무, 枷 도리깨 가, 者 놈 자, 亦 또 역

【의미】 풍악소리가 들리자 어울리지 않는 사람까지 나서서 행세한다. 남이 하는 짓을 덩달아 따라해 웃음거리가 되다.

【출전】 東言解, 風聲所及 不當者動

➡ 하비파자변 하질곡자역변 荷琵琶者抃 荷桎梏者亦抃

荷 질 하, 琵 비파 비, 琶 비파 파, 者 놈 자, 抃 손뼉칠 변
桎 차꼬 질, 梏 쇠고랑 곡, 亦 또 역

【의미】 영문도 모르고 덩달아 따라 하다.

【출전】 旬五志 下, 言效顰之類

빌어먹어도 절하고 싶지는 않다

➡ 수걸식염배알 雖乞食厭拜謁

雖 비록 수, 乞 빌 걸, 食 밥 식, 厭 싫을 염, 拜 절 배, 謁 아뢸 알

【의미】 사람이 비록 곤궁하더라도 자신을 굽힐 수는 없다.

【출전】 青莊館全書 권62 洌上方言, 言人雖困窮 不可屈己也.

➡ 수즉걸개 유연치배 雖則乞匃 猶然恥拜

雖 비록 수, 則 곧 즉, 乞 빌 걸, 匃 빌 개
猶 오히려 유, 然 그러할 연, 恥 부끄러워할 치, 拜 절 배

【의미】 사람이 비록 곤궁에 처했어도 또한 어찌 비굴하게 몸을 굽혀 남에게 아양을 떨겠는가?

【출전】與猶堂全書 耳談續纂 東諺, 喩人雖困窮 亦惡卑屈以媚人

빌어 온 말이 삼경이 되었다

➡ 차마삼경 借馬三更

借 빌 차, 馬 말 마, 三 석 삼, 更 고칠 경

【의미】잠시 빌려온 것이 어느새 오래되었다. 비록 이롭다 해도 잘못된 일이다.

【출전】東言解, 暫借仍久 雖利亦詭

빗물도 모이면 못이 된다

➡ 적수성연 積水成淵

積 쌓을 적, 水 물 수, 成 이룰 성, 淵 못 연

【의미】작은 것이라도 소홀히 하지 않고 아끼고 모으면 크고 값진 재산이 된다.

【출전】未詳

빚 주고 뺨 맞기

➡ 급채봉비협 給債逢批頰

給 줄 급, 債 빚 채, 逢 만날 봉, 批 칠 비, 頰 뺨 협

【의미】남들에게 후덕한 사람이 오히려 치욕을 당하다. 좋은 일을 하고도 해를 당하다.

【출전】旬五志 下, 言厚於人而反受辱者

➡ 급채봉협 給債逢頰

給 줄 급, 債 빚 채, 逢 만날 봉, 頰 뺨 협

【의미】시작할 때 마무리할 일을 잘 살피지 않으면 은혜가 오히려 원한이 된다.

【출전】東言解, 始不審終 恩反爲怨

➡ 채기급 봉비협 債旣給 逢批頰

債 빚 채, 旣 이미 기, 給 줄 급, 逢 만날 봉, 批 칠 비, 頰 뺨 협

【의미】내가 남에게 등 돌리지 않았는데 남은 나에게 등을 돌리다. 남에게 잘 대해 주고도 오히려 봉변을 당하다.

【출전】靑莊館全書 권62 冽上方言, 言我不負人 而人負我也 我旣給債於彼 彼反批我頰也

➡ **채대비혜 종수비협 債貸非惠 終受批頰**

債 빚 채, 貸 빌릴 대, 非 아닐 비, 惠 은혜 혜
終 끝날 종, 受 받을 수, 批 칠 비, 頰 뺨 협

【의미】 남에게 잘 대해 주고도 오히려 봉변을 당하다.

【출전】 星湖全書 권7 百諺解

빠른 길 찾다가 둘러가게 된다

➡ **욕색첩로 기행필우 欲索捷路 其行必迂**

欲 하고자할 욕, 索 찾을 색, 捷 이길 첩, 路 길 로{노}
其 그 기, 行 갈 행, 必 반드시 필, 迂 멀 우

【의미】 일을 빨리 하려고 서둘다가는 오히려 더뎌진다.

【출전】 星湖全書 권7 百諺解

뿌린 놈이 거둔다

➡ **결자해지 結者解之**

結 맺을 결, 者 놈 자, 解 풀 해, 之 갈 지,

【의미】 처음 일을 벌인 사람이 마무리도 맡아야 한다. 문제의 실마리를 제공한 사람이 그 문제를 해결해야 한다.

【출전】 旬五志 下, 言作其始者 當任其終

【비교】 동여맨 놈이 풀어라.

사

사귀어야 절교하지

➡ **본불결교 안유절교 本不結交 安有絕交**

本 밑 본, 不 아닐 불, 結 맺을 결, 交 사귈 교, 安 어찌 안, 有 있을 유, 絕 끊을 절

【의미】 본래 일어날 계기가 없으니 결과도 있을 수 없다. 원인이 없으면 결과도 없다.

【출전】 與猶堂全書 耳談續纂 東諺, 言本無緣起 亦無所究竟

➡ **여불상선 절교해론 如不相善 絕交奚論**

如 같을 여, 不 아닐 불, 相 서로 상, 善 착할 선

絕 끊을 절, 交 사귈 교, 奚 어찌 해, 論 말할 론

【의미】 사귀지도 않고 절교할 수 없듯이, 서로 관계가 없으면 의를 상할 수도 없다.

【출전】 星湖全書 권7 百諺解

사나운 개 콧등 아물 날 없다

➡ 가증지견 비불리선 可憎之犬 鼻不離癬

可 옳을 가, 憎 미워할 증, 之 갈 지, 犬 개 견
鼻 코 비, 不 아닐 불, 離 떨어질 리, 癬 옴 선

【의미】 사람들에게 미움을 받는 사람은 항상 상처를 받는다.

【출전】 與猶堂全書 耳談續纂 東諺, 言爲人所憎者 恒受創傷

➡ 구한가증 비단항창 狗悍可憎 鼻端恒瘡

狗 개 구, 悍 사나울 한, 可 옳을 가, 憎 미워할 증
鼻 코 비, 端 끝 단, 恒 항상 항, 瘡 부스럼 창

【의미】 싸우기를 좋아하는 사람은 상처 없는 날이 없다.

【출전】 星湖全書 권7 百諺解

➡ 악구무완비 惡狗無完鼻

惡 악할 악, 狗 개 구, 無 없을 무, 完 완전할 완, 鼻 코 비

【의미】 싸우기를 좋아하는 사람은 몸이 성할 때가 없다. 남을 해치기를 좋아하면 자신도 그만큼 손해를 본다.

【출전】 古今釋林 권28 東韓譯語 釋獸, 뮈운 ᄀᆡ 코동이 아믈 씩 업다.

➡ 증견비무완시 憎犬鼻無完時

憎 미워할 증, 犬 개 견, 鼻 코 비, 無 없을 무, 完 완전할 완, 時 때 시

【의미】 난폭한 사람은 자신도 재앙을 받게 되어 근심이 몸을 떠날 때가 없다.

【출전】 東言解, 理有反受患不離身

사당 사는 쥐새끼

➡ 빙사지서 憑社之鼠

憑 기댈 빙, 社 토지신 사, 之 갈 지, 鼠 쥐 서

【의미】 쥐가 토지신의 사당이 숨어들어 몸을 피하는 것처럼, 권력자의 밑에 붙어 자신의 안위만 챙기면서 횡포를 부리는 간악한 무리.

【출전】 朝鮮明宗實錄 권29 18년 9월 辛巳

사돈의 잔치에 중이 참여한다

➡ 사돈연객승 査頓宴客僧

査 사실할 사, **頓** 조아릴 돈, **宴** 잔치 연, **客** 손 객, **僧** 중 승

【의미】 아무 상관도 없는 사람이 일에 끼여든다.

【출전】 旬五志 下, 言其不相關

사돈의 팔촌

➡ 사돈팔촌 査頓八寸

査 사실할 사, **頓** 조아릴 돈, **八** 여덟 팔, **寸** 마디 촌

【의미】 소원하고 또 소원해서 아무런 상관도 없을 정도다. 남이나 마찬가지인 일가 친척.

【출전】 東言解, 疏而又疏 有何相關

사람 살리는 부처는 골골이 있다

➡ 활인불 동동출 活人佛 洞洞出

活 살 활, **人** 사람 인, **佛** 부처 불, **洞** 골 동, **出** 날 출

【의미】 사람을 살리는 착한 사람은 어느 곳이든 없는 곳이 없다.

【출전】 靑莊館全書 권62 冽上方言, 言急難之人 往往有之也

➡ 활인지불 동동유지 活人之佛 洞洞有之

活 살 활, **人** 사람 인, **之** 갈 지, **佛** 부처 불, **洞** 골 동, **有** 있을 유

【의미】 사람을 살리는 착한 사람은 어느 곳이든 없는 곳이 없다.

【출전】 松南雜識 方言類, 言善人救人 無處無之 / 旬五志 下, 言善人救人 無處無之

➡ 활인지불 하동불유 活人之佛 何洞不有

活 살 활, **人** 사람 인, **之** 갈 지, **佛** 부처 불
何 어찌 하, **洞** 골 동, **不** 아닐 불, **有** 있을 유

【의미】 사람을 살리는 착한 사람은 어느 곳이든 없는 곳이 없다.

【출전】 星湖全書 권7 百諺解

사람은 키 큰 덕을 입어도 나무는 키 큰 덕을 못 입는다

➡ 인피장덕 불피장덕 人被長德 不被長德

人 사람 인, **被** 이불 피, **長** 길 장, **德** 덕 덕, **不** 아닐 불

【의미】 옛말에 "먼 물은 가까운 곳에서 난 불을 끄지 못하고, 먼 친척은 가까운 이웃만 못하며……사람은 키 큰 덕은 입어도 나무는 키 큰 덕을 못 입는다."고 하였다. 큰 나무 아래에서는 작은 나무가 자라지 못해도 사람은 큰 인물의 덕을 입는다.

【출전】 松南雜識 方言類, 古語曰 遠水不救近火 遠親不如近隣 ……人被長德 不被長德

사람이 구름처럼 모이자 가마솥이 깨어진다

➡ 유중비구 적파궐부 有衆比邱 適破厥釜

有 있을 유, **衆** 무리 중, **比** 견줄 비, **邱** 땅 이름 구
適 갈 적, **破** 깨뜨릴 파, **厥** 그 궐, **釜** 가마 부

【의미】 일이 잘 되어 가다가 갑자기 뜻밖의 사고를 당하다.

【출전】 星湖全書 권7 百諺解

사랑이 병이다

➡ 애위병 愛爲病

愛 사랑 애, **爲** 할 위, **病** 병 병

【의미】 깊은 정을 잊지 못하다가는 오히려 그 허물만 받는다.

【출전】 東言解, 忘情不得 反嫌其過

사발 그릇에 이가 빠졌다

➡ 사발결이 沙鉢缺耳

沙 모래 사, **鉢** 바리때 발, **缺** 이지러질 결, **耳** 귀 이

【의미】 봄비가 잦은 것, 돌담 배부른 것, 사발 이 빠진 것, 늙은이의 불량스런 짓, 아이들 입빠른 것, 흙부처 냇물 건너기, 며느리 손 큰 것, 이 여덟 조목은 아무짝에도 쓸모없이 해롭기만 한 것의 비유로 삼는다.

【출전】 旬五志 下, 以春雨數來·石墻飽腹·沙鉢缺耳·老人潑皮·小兒捷口·僧人醉酒·

泥佛渡川·家母手鉅八條 爲無用有害之喻

사사 싸움 잘 하다가 왜놈 배에 뛰어든다

➡ 지예사투 초입왜선 志銳私鬪 超入倭船

志 뜻 지, 銳 날카로울 예, 私 사사 사, 鬪 싸움 투
超 넘을 초, 入 들 입, 倭 난장이 왜, 船 배 선

【의미】 사사로운 일로 남과 자주 다투다가는 마침내 큰 낭패를 보게 된다.

【출전】 星湖全書 권7 百諺解

사위 사랑은 장모, 며느리 사랑은 시아버지

➡ 외고련서 련부유구 外姑憐壻 憐婦惟舅

外 밖 외, 姑 시어미 고, 憐 불쌍히 여길 련, 壻 사위 서
婦 며느리 부, 惟 생각할 유, 舅 시아비 구

【의미】 보통 장모는 사위를 사랑하고 시아버지는 며느리를 귀여워한다.

【출전】 星湖全書 권7 百諺解

【비교】 미운 열 사위 없고 고운 외며느리 없다. 열 사위는 밉지 않아도 한 며느리는 밉다.

사흘 굶어 담 안 넘어갈 놈 없다

➡ 삼일불식 선무도심 三日不食 鮮無盜心

三 석 삼, 日 해 일, 不 아닐 불, 食 먹을 식
鮮 드물 선, 無 없을 무, 盜 훔칠 도, 心 마음 심

【의미】 사람이 아주 궁핍한 지경에 몰리면 평소에 못하던 짓도 하게 된다.

【출전】 星湖全書 권7 百諺解

➡ 인기삼일 무계불출 人飢三日 無計不出

人 사람 인, 飢 주릴 기, 三 석 삼, 日 해 일
無 없을 무, 計 꾀 계, 不 아닐 불, 出 날 출

【의미】 사람이 굶주리면 어떤 계책이든 나오지 않는 것이 없다. 궁핍해지면 무슨 일이든 하게 된다.

【출전】 與猶堂全書 耳談續纂 東諺, 言窮無所不爲

사흘 길을 하루 가서 열흘씩 눕는다

➡ 삼일지정 일일왕십일와 三日之程 一日往十日臥

三 석 삼, 日 해 일, 之 갈 지, 程 단위 정
一 한 일, 往 갈 왕, 十 열 십, 臥 엎드릴 와

【의미】 급한 마음으로 일을 빨리 서두르다가 오히려 더 늦게 된다. 너무 느려서 도달할 수 없다. 빨리 하고자 해도 이르지 못한다. "여드레 팔십 리"라는 말과는 다르다.

【출전】 旬五志 下, 言緩而未達 / 松南雜識 方言類, 言欲速不達也 與八日八十里之語異

산 개가 죽은 정승보다 낫다

➡ 활구자 승어사정승 活狗者 勝於死政丞

活 살 활, 狗 개 구, 者 놈 자, 勝 이길 승
於 어조사 어, 死 죽을 사, 政 정사 정, 丞 도울 승

【의미】 천하게 사는 것이 귀하게 죽는 것보다 낫다.

【출전】 旬五志 下, 言賤而生 愈貴而死

➡ 활구지자 승어사상 活狗之子 勝於死相

活 살 활, 狗 개 구, 之 갈 지, 子 아들 자
勝 이길 승, 於 어조사 어, 死 죽을 사, 相 서로 상

【의미】 아무리 구차하고 천하게 산다 해도 죽는 것보다는 낫다.

【출전】 星湖全書 권7 百諺解

【비교】 개똥 밭에 굴러도 이승이 좋다. 거꾸로 매달려도 사는 세상이 좋다. 땡감을 따 먹어도 이승이 좋다. 죽은 석숭(石崇)보다 산돼지가 낫다.

산 넘고 내 건너다

➡ 이산발천 履山跋川

履 신 리, 山 뫼 산, 跋 밟을 발, 川 내 천

【의미】 그대가 능히 늙은이와 함께 산 넘고 물을 건너 전촉 수천 리 땅을 두루 찾아 돌아다녔구나. 몹시 험준한 곳을 두루 돌아다니다.

【출전】 彰善感義錄 8回, 君能與老夫 履山跋川 周流求訪於全蜀數千里之間乎

산돼지 잡으러 갔다가 집돼지 잃었다

➡ 산저포가저실 山猪捕家猪失

山 뫼 산, **猪** 돼지 저, **捕** 사로잡을 포, **家** 집 가, **失** 잃을 실

【의미】 너무 욕심을 부리면 이미 가지고 있는 것조차 잃어버린다.

【출전】 東言解, 欲圖遠利 遽生近害

➡ 왕렵산시 책돈반망 往獵山豕 柵豚反亡

往 갈 왕, **獵** 사냥 렵, **山** 뫼 산, **豕** 돼지 시
柵 울짱 책, **豚** 돼지 돈, **反** 되돌릴 반, **亡** 망할 망

【의미】 너무 욕심을 부려서 가지려고 한 것도 잃고 원래 자기 것도 함께 잃다.

【출전】 星湖全書 권7 百諺解

➡ 착산저 실가저 捉山猪 失家猪

捉 잡을 착, **山** 뫼 산, **猪** 돼지 저, **失** 잃을 실, **家** 집 가

【의미】 큰 것을 욕심내다가 작은 것마저 잃다. "맹수 잡으려다 밭 돼지 잡았다."는 속담과 조금 달라도 비슷한 뜻이다.

【출전】 松南雜識 方言類, 言貪彼失此也 與獵猛獸而獵田彘 異而同 / 旬五志 下, 言貪彼失此也

➡ 축피산시 병실가체 逐彼山豕 並失家彘

逐 쫓을 축, **彼** 저 피, **山** 뫼 산, **豕** 돼지 시
並 아우를 병, **失** 잃을 실, **家** 집 가, **彘** 돼지 체

【의미】 근본은 제쳐두고 엉뚱한 일에 매달리다가 양쪽을 다 놓쳐버리다.

【출전】 與猶堂全書 耳談續纂 東諺, 喩舍本而趨外 並失彼此

➡ 포산저거 실가저 捕山猪去 失家猪

捕 사로잡을 포, **山** 뫼 산, **猪** 돼지 저, **去** 갈 거, **失** 잃을 실, **家** 집 가

【의미】 지금은 "게도 구럭도 다 잃었다."고도 한다. 먼 것을 잡으려다가 가까이 있는 것까지 잃어버리다.

【출전】 松南雜識 方言類, 今謂蟹網俱失

【비교】 갯벌에서 게 잡다가 광주리만 잃었다.

➡ 획산저 실가저 獲山猪 失家猪

獲 얻을 획, **山** 뫼 산, **猪** 돼지 저, **失** 잃을 실, **家** 집 가

【의미】 저쪽의 것을 욕심내다가 이쪽 것마저 잃어버리다.
【출전】 靑莊館全書 권62 冽上方言, 言欲貪彼而反失此也

산 밑 집에 절굿공이가 논다

➡ 산저저귀 山底杵貴

山 뫼 산, 底 밑 저, 杵 공이 저, 貴 귀할 귀

【의미】 물건이 생산되는 곳이 오히려 생산되지 않는 곳보다 귀할 수도 있다. 부뚜막 소금도 같다.
【출전】 松南雜識 方言類, 凡物所産之處 反貴於不産之地 亦竈上鹽

➡ 산하복택 용저난획 山下卜宅 舂杵難獲

山 뫼 산, 卜 아래 하, 卜 점 복, 宅 집 택
舂 찧을 용, 杵 공이 저, 難 어려울 난, 獲 얻을 획

【의미】 물건이 그것이 생산되는 곳에서 도리어 희귀할 수도 있다.
【출전】 與猶堂全書 耳談續纂 東諺, 言物於所産之地 反成稀貴

➡ 산하주 귀저구 山下住 貴杵臼

山 뫼 산, 下 아래 하, 住 살 주, 貴 귀할 귀, 杵 공이 저, 臼 절구 구

【의미】 물건이 생산되는 곳에서 오히려 귀할 때도 있다.
【출전】 靑莊館全書 권62 冽上方言, 言物偏貴於所産之地也

➡ 유산지하 유구궐저 維山之下 維臼厥杵

維 바 유, 山 뫼 산, 之 갈 지, 下 아래 하, 臼 절구 구, 厥 그 궐, 杵 공이 저

【의미】 물건이 그것이 나오는 곳에서 오히려 더 귀하다.
【출전】 星湖全書 권7 百諺解

산 속 싸움과 물 속 싸움

➡ 산전수전 山戰水戰

山 뫼 산, 戰 싸울 전, 水 물 수

【의미】 세상살이에서 겪어야 하는 갖가지 어려운 일.
【출전】 松南雜識 方言類

산에 들어 범 피하랴

➡ 아기지산 기탄유호 我既之山 豈憚有虎

我 나 아, 既 이미 기, 之 갈 지, 山 뫼 산
豈 어찌 기, 憚 꺼릴 탄, 有 있을 유, 虎 범 호

【의미】 이미 피치 못할 경우에 닥쳤으면 피하려고 하기보다는 어떻게든 극복할 각오를 해야 한다.

【출전】 星湖全書 권7 百諺解

➡ 입산기호 入山忌虎

入 들 입, 山 뫼 산, 忌 꺼릴 기, 虎 범 호

【의미】 꺼리지 말아야 할 일을 꺼리다.

【출전】 旬五志 下, 言不當忌而忌

➡ 입산욕피호 入山欲避虎

入 들 입, 山 뫼 산, 欲 하고자할 욕, 避 피할 피, 虎 범 호

【의미】 가려는 곳에 이미 도착했으니 작은 불편을 어찌 꺼리겠는가?

【출전】 東言解, 往處已然 勢也何嫌

산에서는 꿩을 길들이지 못하고, 내에서는 게를 기르지 못한다

➡ 산불순치 지불양해 山不馴雉 池不養蟹

山 뫼 산, 不 아닐 불, 馴 길들 순, 雉 꿩 치, 池 못 지, 養 기를 양, 蟹 게 해

【의미】 얼마든지 달아날 수 있는 곳에 사람을 가둔다면 아무도 남아 있지 않을 것이다. 달아나기 좋은 곳에 가두어 두면 어느 누가 그곳에 갇혀 있겠는가?

【출전】 與猶堂全書 耳談續纂 東諺, 言拘人於必走之地 意無存者

산이 흔들리고 바다가 뒤집힌다

➡ 산동해번 山動海翻

山 뫼 산, 動 움직일 동, 海 바다 해, 翻 날 번

【의미】 울리는 소리가 아주 큰 것을 비유하는 말. 별자리가 하늘 길을 따라 감에 악기 소리는 울려 퍼지고 개선의 노랫소리는 땅을 흔들고 바다를 뒤집히게 만든다.

【출전】 彰善感義錄 12回, 星陣天行 金鼓之響 凱歌之聲 山動海翻

산 입에 거미줄 치랴

➡ 생명지구 주불포망 生命之口 蛛不布網

生 날 생, 命 목숨 명, 之 갈 지, 口 입 구
蛛 거미 주, 不 아닐 불, 布 베 포, 網 그물 망

【의미】 아무리 가난해도 그럭저럭 생계를 꾸릴 방법은 있다.

【출전】 星湖全書 권7 百諺解

➡ 활인지상 주불포망 活人之嗓 蛛不布網

活 살 활, 人 사람 인, 之 갈 지, 嗓 목구멍 상
蛛 거미 주, 不 아닐 불, 布 베 포, 網 그물 망

【의미】 사람이 아무리 가난하다고 해도 때로 음식을 얻어먹는다. 살림이 아무리 어려워도 그럭저럭 살아갈 수 있나.

【출전】 與猶堂全書 耳談續纂 東諺, 言人雖貧 亦或得食

산 짐승 보고서 잡아먹을 생각부터 한다

➡ 대생사식 對生思食

對 대할 대, 生 날 생, 思 생각할 사, 食 밥 식

【의미】 살아있는 짐승을 보고서 어찌 잡아먹을 생각부터 하는가? 생명을 아껴야 한다. 또는 일을 너무 일찍부터 서두르다.

【출전】 星湖僿說 권7 人事門, 禽獸 豈忍對生而思食乎 此語宜警省

살가죽과 뼈가 서로 닿았다

➡ 피골상련 皮骨相連

皮 가죽 피, 骨 뼈 골, 相 서로 상, 連 잇닿을 련

【의미】 몹시 굶주려 아주 여위었다.

【출전】 松南雜識 方言類

살강 밑에서 숟가락 얻었다

➡ 주기지하 습시휴과 廚庋之下 拾匙休誇

廚 부엌 주, 庋 시렁 기, 之 갈 지, 下 아래 하
拾 주울 습, 匙 숟가락 시, 休 쉴 휴, 誇 자랑할 과

【의미】 주운 물건의 임자가 분명해서 얻은 보람이 없게 되다.
【출전】 星湖全書 권7 百諺解

살기를 좋아하고 죽기를 싫어하다

➡ 호생오사 好生惡死

好 좋을 호, 生 날 생, 惡 미워할 오, 死 죽을 사

【의미】 인간이면 누구나 가지는 보편적인 심정.
【출전】 松南雜識 方言類

➡ 호생오살 好生惡殺

好 좋을 호, 生 날 생, 惡 미워할 오, 殺 죽일 살

【의미】 인간이면 누구나 가지는 보편적인 심정.
【출전】 高麗史 권2 太祖世家

살이 살을 먹고 쇠가 쇠를 먹는다

➡ 육필담육 철혹식철 肉必啖肉 鐵或食鐵

肉 고기 육, 必 반드시 필, 啖 먹을 담, 鐵 쇠 철, 或 혹 혹, 食 먹을 식

【의미】 가까운 사람들끼리 서로 해치고 못 살게 군다.
【출전】 星湖全書 권7 百諺解

살 찐 놈 따라 붓는다

➡ 효피비장 천인팽창 效彼肥壯 倩人膨脹

效 본받을 효, 彼 저 피, 肥 살찔 비, 壯 씩씩할 장
倩 예쁠 천, 人 사람 인, 膨 부풀 팽, 脹 배부를 창

【의미】 좋지도 않은 일을 남이 하니까 따라한다. 가난한 사람이 부유한 사람의 일을 흉내 내려고 하는 것을 희롱하는 말이다. 동시효빈(東施效顰).
【출전】 與猶堂全書 耳談續纂 拾遺, 譏貧寒者 欲效富貴之者之侈靡

삼각산 바람이 오르락내리락

➡ 삼각산풍류 혹상혹하 三角山風流 或上或下

三 석 삼, 角 뿔 각, 山 뫼 산, 風 바람 풍, 流 흐를 류, 或 혹 혹, 上 위 상, 下 아래 하

부록

【의미】 조심성 없이 함부로 드나들거나 출입이 지나치게 많다. 노니는 것이 절도가 없고 오르내리는 것이 구차하다.

【출전】 東言解, 遨遊無節 乘降太屑

삼경에 당한 재앙이라

➡ 삼경액 三更厄

三 석 삼, 更 고칠 경, 厄 재앙 액

【의미】 한밤중에 당한 일이라 정신이 하나도 없다. 밤이 깊어 일이 다 끝났는데 뜻밖의 일이 터지다.

【출전】 東言解, 夜深事歇 意外生事

【비교】 자다가 날벼락 맞았다. 아닌 밤중에 홍두깨.

삼 년 간병에 불효 난다

➡ 삼년구병 정불효장 三年救病 呈不孝狀

三 석 삼, 年 해 년, 救 건질 구, 病 병 병
呈 드릴 정, 不 아닐 불, 孝 효도 효, 狀 형상 장

【의미】 오랜 간병에 한결같이 정성을 다하기는 어렵다. 정성이 간곡하지 않은 것은 아니지만 오래 되면 마음이 해이해질 수 있다.

【출전】 東言解, 誠非不篤 久或有疵

➡ 삼세시질 득불효명 三歲侍疾 得不孝名

三 석 삼, 歲 해 세, 侍 모실 시, 疾 병 질
得 얻을 득, 不 아닐 불, 孝 효도 효, 名 이름 명

【의미】 어떤 일이든 시일이 너무 오래 걸리면 한결같이 마음을 쓰지는 못한다.

【출전】 星湖全書 권7 百諺解

삼밭의 쑥대

➡ 마중지봉 麻中之蓬

麻 삼 마, 中 가운데 중, 之 갈 지, 蓬 쑥 봉

【의미】 사람은 환경에 따라 얼마든지 달라질 수 있다. 곧게 자라는 삼과 함께 자란 쑥이 삼을 닮아 바르게 자라듯이, 사람도 누구와 어울리는가에 따라 성격이나 품행이 얼마든지 달라질 수 있다.

【출전】 彰善感義錄

상전은 미고 살아도 종은 미고 못 산다

➡ 오상전유가생 오반하불가생 忤上典猶可生 忤班下不可生

忤 거스를 오, 上 위 상, 典 법 전, 猶 오히려 유,
可 옳을 가, 生 날 생, 班 나눌 반, 下 아래 하, 不 아닐 불

【의미】 같은 동아리에게 미움을 사는 것은 상전에게 미움을 사는 것보다 견디기 어렵다.

【출전】 東言解, 見忤同類 甚於忤上

상전의 빨래를 해도 발뒤축이 희어진다

➡ 비위주한 역백기한 婢爲主澣 亦白其骭

婢 여자종 비, 爲 할 위, 主 주인 주, 澣 빨 한
亦 또 역, 白 흰 백, 其 그 기, 骭 정강이뼈 한

【의미】 남을 위해 애쓰다 보면 사사로운 이익이 없을 수 없다.

【출전】 與猶堂全書 耳談續纂 東諺, 喻令人作勞 不可使無私利

➡ 업병벽 지결백 業洴澼 趾潔白

業 업 업, 洴 솜씻을 병, 澼 빨 벽, 趾 발 지, 潔 깨끗할 결, 白 흰 백

【의미】 하는 일이 비록 하찮아도 뜻밖의 이익을 얻을 수도 있다. 빨래하는 일은 하찮은 일이지만 그 덕에 발뒤꿈치가 물에 씻겨 깨끗해질 수 있다.

【출전】 靑莊館全書 권62 洌上方言, 言業雖小 猶有分外之益 洴澼賤業也 緣此而趾能白也

➡ 위인붕벽 족즉근백 爲人絣澼 足則跟白

爲 할 위, 人 사람 인, 絣 명주 붕, 澼 빨 벽
足 발 족, 則 곧 즉, 跟 발꿈치 근, 白 흰 백

【의미】 하는 일이 비록 하찮아도 뜻밖의 이익을 볼 수도 있다. 빨래하는 일은 하찮은 일이지만 그 덕에 발뒤꿈치가 물에 씻겨 깨끗해질 수도 있다.

【출전】 星湖全書 권7 百諺解

상좌중이 많으면 가마솥을 깨뜨린다

➡ 상좌다즉파부 上佐多則破釜

上 위 상, 佐 도울 좌, 多 많을 다, 則 곧 즉, 破 깨뜨릴 파, 釜 가마 부

【의미】 일을 하는 사람들이 서로 자기 주장만 내세우면 결국 화합이 깨져 탈이 나게 된다.

【출전】 東言解, 衆固生鬧 理必敗事

상추밭에 똥 싼 개는 저 개 저 개 한다

➡ 와거전일유시지견 의기매유 萵苣田一遺矢之犬 疑其每遺

萵 상추 와, 苣 상추 거, 田 밭 전, 一 한 일, 遺 끼칠 유, 矢 똥 시,
之 갈 지, 犬 개 견, 疑 의심할 의, 其 그 기, 每 매양 매

【의미】 한 번 잘못된 일을 저지르면 다음부터는 늘 의심을 받게 된다.

【출전】 旬五志 下, 言一事非義 每事見疑

➡ 일예와휴 매의궐구 一穢萵畦 每疑厥狗

一 한 일, 穢 더러울 예, 萵 상추 와, 畦 밭두둑 휴
每 매양 매, 疑 의심할 의, 厥 그 궐, 狗 개 구

【의미】 한 번 더러운 일을 하면 죽을 때까지 같은 의심에서 벗어나기 어렵다.

【출전】 星湖全書 권7 百諺解

➡ 일오와포 종의차구 一汚萵圃 終疑此狗

一 한 일, 汚 더러울 오, 萵 상추 와, 圃 밭 포
終 끝날 종, 疑 의심할 의, 此 이 차, 狗 개 구

【의미】 한 번 더러운 일을 하면 죽을 때까지 같은 의심에서 벗어나기 어렵다.

【출전】 與猶堂全書 耳談續纂 東諺, 言一有汚穢之行 終身受疑也

상하려는 고기는 배부터 갈라야 한다

➡ 여치패어 초초결복 如治敗魚 草草決腹

如 같을 여, 治 다스릴 치, 敗 깨뜨릴 패, 魚 고기 어, 草 풀 초, 決 터질 결, 腹 배 복

【의미】 잘못되어 가는 일은 원인부터 찾아 해결해야 한다.

【출전】 星湖全書 권7 百諺解

새가 알 둔 둥지 보듯 한다

➡ 여조고련 유란재소 如鳥顧戀 有卵在巢

如 같을 여, 鳥 새 조, 顧 돌아볼 고, 戀 사모할 련
有 있을 유, 卵 알 란, 在 있을 재, 巢 집 소

【의미】 자식을 항상 염려하는 부모의 마음.
【출전】 星湖全書 권7 百諺解

새끼 그물로 호랑이를 잡았다

➡ 용고망획호 用藁網獲虎

用 쓸 용, 藁 마를 고, 網 그물 망, 獲 얻을 획, 虎 범 호

【의미】 도저히 불가능한 일을 요행으로 이루었다.
【출전】 大東野乘 권4 稗官雜記 권3

새도 가지를 가려 앉는다

➡ 양금택목 良禽擇木

良 좋을 량, 禽 날짐승 금, 擇 가릴 택, 木 나무 목

【의미】 사람을 사귈 때에는 그 사람에 대해 신중하게 살펴보고 사귀어야 한다.
【출전】 未詳
【비교】 열 성방(姓房) 사귀지 말고 한 성방 사귀라.

새도 앉는 곳마다 깃이 떨어진다

➡ 금지지 우필추 禽之止 羽必墜

禽 날짐승 금, 之 갈 지, 止 발 지, 羽 깃 우, 必 반드시 필, 墜 떨어질 추

【의미】 너무 자주 옮겨다녀서는 안 된다. 새가 머무는 곳마다 깃을 떨어뜨리듯이 사람도 옮겨다니게 되면 그릇이나 집기가 닳고 깨지게 된다.
【출전】 靑莊館全書 권62 洌上方言, 言不可數遷移也 禽隨其止處 羽隨而落 人若遷移器什耗敗也

➡ 소조삭천 지필모령 巢鳥數遷 止必毛零

巢 집 소, 鳥 새 조, 數 자주 삭, 遷 옮길 천
止 그칠 지, 必 반드시 필, 毛 털 모, 零 조용히 오는 비 령

【의미】 자주 자리를 옮기면 그만큼 재산에 축이 난다.
【출전】 星湖全書 권7 百諺解

➡ 조역좌처 우첩타 鳥亦坐處 羽輒墮

鳥 새 조, 亦 또 역, 坐 앉을 좌, 處 곳 처, 羽 깃 우, 輒 문득 첩, 墮 떨어질 타

【의미】 머물던 곳을 자주 옮기면 움직일 때마다 손해가 난다.

【출전】 東言解, 移其所居 動輒有損

➡ 조지소지 유우기위 鳥之所止 有羽其委

鳥 새 조, 之 갈 지, 所 바 소, 止 발 지, 有 있을 유, 羽 깃 우, 其 그 기, 委 맡길 위

【의미】 사람이 자주 자리를 옮겨 다니면 반드시 조금씩 손해가 나게 된다.

【출전】 與猶堂全書 耳談續纂 東諺, 言人數有遷徙 必有零損

새도 오래 앉으면 살을 맞는다

➡ 조구지 필대시 鳥久止 必帶矢

鳥 새 조, 久 오랠 구, 止 그칠 지, 必 반드시 필, 帶 띠 대, 矢 화살 시

【의미】 남이 시기하거나 부러워하는 자리에 오래 앉아 있으면 결국에는 화를 입게 된다.

【출전】 靑莊館全書 권62 冽上方言, 言久安則必危也

새발의 피

➡ 조족지혈 鳥足之血

鳥 새 조, 足 발 족, 之 갈 지, 血 피 혈

【의미】 얼마 되지 않는 적은 양. 물건이 적어 흡족하지 않다.

【출전】 旬五志 下, 言凡物小不得洽足

【비교】 고양이 죽은 데 쥐 눈물만큼. 벼룩 오줌 만하다. 시앗 죽은 눈물만큼.

새벽달 보려고 초저녁부터 나앉는다

➡ 간신월 좌자석 看晨月 坐自夕

看 볼 간, 晨 새벽 신, 月 달 월, 坐 앉을 좌, 自 부터 자, 夕 저녁 석

【의미】 때가 되지도 않았는데 너무 일찍부터 서두른다. 새벽달을 보려면 새벽이 되어야 볼 수 있다.

【출전】 靑莊館全書 권62 冽上方言, 言不及時而太早計也 欲看晨月 及晨而興可也

➡ 대효월 좌황혼 待曉月 坐黃昏

待 기다릴 대, 曉 새벽 효, 月 달 월, 坐 앉을 좌, 黃 누를 황, 昏 어두울 혼

【의미】 계획을 너무 일찍 세워서 그 움직임도 너무 이르게 나타나다. 일을 너무 일찍 서두르다.

【출전】 東言解, 計之太早 動亦太預

➡ 장후효월 자황혼좌 將候曉月 自黃昏坐

將 장차 장, 候 물을 후, 曉 새벽 효, 月 달 월
自 부터 자, 黃 누를 황, 昏 어두울 혼, 坐 앉을 좌

【의미】 너무 일찍부터 일을 서두르다.

【출전】 星湖全書 권7 百諺解

➡ 효월지구 기자혼후 曉月之覯 豈自昏候

曉 새벽 효, 月 달 월, 之 갈 지, 覯 만날 구
豈 어찌 기, 自 스스로 자, 昏 어두울 혼, 候 물을 후

【의미】 일어나려면 아직 먼 일 때문에 너무 일찍부터 서둘러서는 안 된다.

【출전】 與猶堂全書 耳談續纂 東諺, 言不可爲杳茫之事 致勞太早

【비교】 떡 줄 사람은 생각도 않는데 김칫국부터 마신다. 벼슬 전에 일산(日傘) 준비. 아이 낳기 전에 포대기 장만한다. 오동나무 보고 춤을 춘다.

새벽 호랑이가 원님을 가린다더냐

➡ 뇌호효귀 서불택쉬 餧虎曉歸 噬不擇倅

餧 주릴 뇌, 虎 범 호, 曉 새벽 효, 歸 돌아갈 귀
噬 씹을 서, 不 아닐 불, 擇 가릴 택, 倅 원님 쉬

【의미】 궁지에 처한 사람은 앞뒤 사정을 가리면서 일을 할 겨를이 없다.

【출전】 星湖全書 권7 百諺解

【비교】 굶은 놈은 털도 먹는다. 굶주린 놈은 찬 밥 더운 밥 가리지 않는다. 굶주린 호랑이가 고자라고 가리지 않는다. 사흘 굶은 범이 원님을 안다더냐.

새벽 호랑이는 중이나 개를 가리지 않는다

➡ 효호불택승구 曉虎不擇僧狗

曉 새벽 효, 虎 범 호, 不 아닐 불, 擇 가릴 택, 僧 중 승, 狗 개 구

【의미】 아주 다급할 경우에는 보이는 대로 실천하지 이것저것 사리를 따질 여유가

없다.

【출전】 東言解, 渴急之際 得之爲行

【비교】 굶은 놈은 털도 먹는다. 굶주린 놈은 찬 밥 더운 밥 가리지 않는다. 굶주린 호랑이가 고자라고 가리지 않는다. 사흘 굶은 범이 원님을 안다더냐.

새 새끼를 희롱하며 때때옷을 입고 춤을 추다

➡ 농추무반 弄雛舞斑

弄 희롱할 롱, 雛 병아리 추, 舞 춤출 무, 斑 얼룩 반

【의미】 중국 춘추시대 노래자(老萊子)의 고사에서 온 말. 그는 일흔이 된 나이에도 살아 계신 부모님을 기쁘게 해드리기 위해 새 새끼를 잡아 희롱하고 때때옷을 입고는 어린아이 흉내를 냈다고 한다.

【출전】 玉樓夢 64回

새우로 잉어 낚는다

➡ 이하조리 以鰕釣鯉

以 써 이, 鰕 새우 하, 釣 낚시 조, 鯉 잉어 리

【의미】 적은 밑천으로 큰 이익을 얻으려고 한다. 작은 것을 가지고 사치를 부리려고 하니, "바늘로 잉어 낚는다"는 이야기가 있다.

【출전】 松南雜識 方言類, 言持狹欲奢也 今以針釣鯉之說 / 旬五志 下, 言持狹欲奢

➡ 이하조리 이소획대 餌鰕釣鯉 以小獲大

餌 먹이 이, 鰕 새우 하, 釣 낚시 조, 鯉 잉어 리

以 써 이, 小 작을 소, 獲 얻을 획, 大 큰 대

【의미】 노력이나 밑천을 적게 들이고 큰 이익을 얻으려 하다.

【출전】 星湖全書 권7 百諺解

➡ 하위이 조거리 鰕爲餌 釣巨鯉

鰕 새우 하, 爲 할 위, 餌 먹이 이, 釣 낚시 조, 巨 클 거, 鯉 잉어 리

【의미】 적은 비용을 쓰고도 큰 효과를 거두다.

【출전】 青莊館全書 권62 洌上方言, 言所持者狹 所求者廣也

【비교】 되로 주고 말로 받는다.

새 잡아 잔치할 것을 소 잡아서 잔치한다

➡ **살작연반재우 殺雀宴反宰牛**

殺 죽일 살, **雀** 참새 작, **宴** 잔치 연, **反** 되돌릴 반, **宰** 재상 재, **牛** 소 우

【의미】 작은 일이 큰 일로 번지다.

【출전】 旬五志 下, 言小事變大

새장에 갇혔던 새가 하늘로 날아갔다

➡ **농중수조 방출비천 籠中囚鳥 放出飛天**

籠 대그릇 롱, **中** 가운데 중, **囚** 가둘 수, **鳥** 새 조
放 놓을 방, **出** 날 출, **飛** 날 비, **天** 하늘 천

【의미】 자유를 구속당했던 사람이 해방되어 자유를 되찾았다.

【출전】 未詳

샘 솟고 산 솟는 듯하다

➡ **수용산출 水湧山出**

水 물 수, **湧** 샘솟을 용, **山** 뫼 산, **出** 날 출

【의미】 문장을 짓는 재주가 아주 뛰어나다.

【출전】 松南雜識 方言類

생 가시아비 묶듯 살아있는 장인 묶듯

➡ **여박생부공 如縛生婦公**

如 같을 여, **縛** 묶을 박, **生** 날 생, **婦** 며느리 부, **公** 공변될 공

【의미】 윗사람이 자신에게 관대하게 대한다 하여 버릇없이 행동하다.

【출전】 東言解, 道理可乎 鬆寬卽然

【비교】 손자를 예뻐하면 상투 위로 오른다.

생파리 같다

➡ **생승 生蠅**

生 날 생, **蠅** 파리 승

【의미】 잠깐 앉았다가 곧 날아가 버려 잡을 방법이 없다. 성격이 깐깐하고 잔망스러

워 가까이 하기 힘든 사람. 작은 일에도 공연히 호들갑을 떨다.

【출전】 東言解, 乍坐輒飛 無計可押

서울 까투리

➡ 경기자치 京畿雌雉

京 서울 경, 畿 경기 기, 雌 암컷 자, 雉 꿩 치

【의미】 이미 충분히 사람들을 보아서 전혀 부끄러운 기색이 없다. 낯익은 사이라 어색하거나 수줍어하는 기색이 없는 사람.

【출전】 東言解, 旣慣閱人 全無羞澁

서툰 숙수가 안반만 나무란다

➡ 생수포인 폄택안판 生手庖人 貶擇安板

生 날 생, 手 손 수, 庖 부엌 포, 人 사람 인
貶 떨어뜨릴 폄, 擇 가릴 택, 安 편안할 안, 板 널빤지 판

【의미】 자신의 재주가 졸렬한 것은 생각하지 않고 도구 탓만 한다.

【출전】 松南雜識 方言類, 言不量才拙 反訾毁物具

➡ 생숙수 자안반 生熟手 訾案盤

生 날 생, 熟 익을 숙, 手 손 수, 訾 헐뜯을 자, 案 책상 안, 盤 소반 반

【의미】 기구가 나쁜 것이 아니고 재주가 졸렬한 것을 알지 못한다.

【출전】 東言解, 非器不華 惟才之拙

➡ 선부수생 반구조안 膳夫手生 反咎俎案

膳 반찬 선, 夫 지아비 부, 手 손 수, 生 날 생
反 오히려 반, 咎 허물 구, 俎 도마 조, 案 책상 안

【의미】 자신의 능력이 부족한 것은 생각하지 않고 도구만 탓한다.

【출전】 星湖全書 권7 百諺解

➡ 수생포인 폄택안판 手生庖人 貶擇安板

手 손 수, 生 날 생, 庖 부엌 포, 人 사람 인
貶 떨어뜨릴 폄, 擇 가릴 택, 安 편안할 안, 板 널빤지 판

【의미】 자신의 재량은 헤아리지도 않고 도구가 시원찮다고 나무란다.

【출전】 旬五志 下, 言不量才拙訾物具

【비교】 글 못한 놈 붓만 고른다. 서툰 무당이 장고만 나무란다. 쟁기질 못하는 놈이 소만 탓한다.

석새 짚신에 구슬 갱기

➡ 시차고리 안유국구 眡此藁履 安有菊約

眡 볼 시, 此 이 차, 藁 마를 고, 履 신 리
安 어찌 안, 有 있을 유, 菊 국화 국, 約 신코장식 구

【의미】 바탕이 천한데 무늬만 화려하여 서로 어울리지 않다.
【출전】 與猶堂全書 耳談續纂 東諺, 言質賤而文貴 不相當也

선 떡 부스러기

➡ 생병쇄 生餠碎

生 날 생, 餠 떡 병, 碎 부술 쇄

【의미】 성글게 짜여진 일은 한번 흩어지면 합하기가 어렵다.
【출전】 東言解, 疎鹵之事 解散難合

선 무당이 사람 잡는다

➡ 생무살인 生巫殺人

生 날 생, 巫 무당 무, 殺 죽일 살, 人 사람 인

【의미】 솜씨가 미숙한 사람이 섣불리 일을 하다가 잘못되면 더 큰 재난을 가져온다.
【출전】 東言解, 術疎經試 貽災必大
【비교】 반식자우환(半識者憂患). 반 풍수(風水)가 집안 망친다. 어설픈 약국이 사람 죽인다.

선 백정이 사람 잡는다

➡ 생백정살인 生白丁殺人

生 날 생, 白 흰 백, 丁 사내 정, 殺 죽일 살, 人 사람 인

【의미】 솜씨가 미숙한 사람이 섣불리 일을 하다가 잘못되면 더 큰 재난을 가져온다.
【출전】 古今釋林 권28 東韓譯語 釋名, 선 빅댱 사름 죽인다.

선왕재善往齋하고 지벌 입었다

➠ 선왕지원 반수뢰진 善往之願 反受雷震

善 착할 선, 往 갈 왕, 之 갈 지, 願 원할 원
反 되돌릴 반, 受 받을 수, 雷 우레 뢰, 震 벼락 진

【의미】 좋은 일을 하고도 때로는 거꾸로 비난을 불러 올 수도 있다. 세력가에게 뇌물을 주었다가 도리어 그 사람의 손에 해를 당하다. '선왕재'는 죽기 전에 절에 가 죽은 뒤 천도하기 위하여 절에 들이는 불공이고, '지벌'은 부처님의 노여움을 사서 당하는 벌을 말한다.

【출전】 與猶堂全書 耳談續纂 東諺, 言雖立善功 有時乎 反速尤也

설날 떡시루

➠ 세시증 歲時甑

歲 해 세, 時 때 시, 甑 시루 증

【의미】 설이 되면 떡을 찌기 위해 어느 집에서나 시루를 쓰기 때문에, 구하거나 빌리기 어려운 물건을 비유할 때 쓴다.

【출전】 古今釋林 권28 東韓譯語 釋器, 歲時家家用甑 喻難借也

➠ 세시증병 증불차인 歲時蒸餠 甑不借人

歲 해 세, 時 때 시, 蒸 찔 증, 餠 떡 병, 甑 시루 증, 不 아닐 불, 借 빌 차, 人 사람 인

【의미】 설이 되면 떡을 찌기 위해 어느 집에서나 시루를 쓰기 때문에, 구하거나 빌리기 어려운 물건을 비유할 때 쓴다.

【출전】 星湖全書 권7 百諺解

설 때 궂긴 아이가 날 때도 궂긴다

➠ 잉시환 난어산 孕時患 難於産

孕 아이밸 잉, 時 때 시, 患 근심 환
難 어려울 난, 於 어조사 어, 産 낳을 산

【의미】 시작이 어긋나면 그 끝도 어긋나기 쉽다.

【출전】 靑莊館全書 권62 洌上方言, 言根本旣舛 則末梢乖也

설 삶은 말 대가리

➡ 마두생팽 馬頭生烹

馬 말 마, 頭 머리 두, 生 날 생, 烹 삶을 팽

【의미】 고기가 이미 딱딱해지고 맛이 없어진데다 모양 또한 보기 흉하게 되다. 고집만 세고 멋대가리가 없다.

【출전】 東言解, 臠旣硬頑 樣且麤亂

성 나서 바위 차기

➡ 노축암 怒蹴巖

怒 성낼 노, 蹴 찰 축, 巖 바위 암

【의미】 화가 난다고 해서 엉뚱한 데 화풀이를 하면 도리어 자신을 해칠 수 있다. 화를 참지 못하고 자신에게 되돌리면 화가 나 바위를 발로 차면 내 발만 다치는 결과를 가져오는 것과 같다.

【출전】 松南雜識 方言類, 言不忍忿怒反己 卽怒蹴岩石 我趾自傷之說

➡ 노축암 오족통 怒蹴巖 吾足痛

怒 성낼 노, 蹴 찰 축, 巖 바위 암, 吾 나 오, 足 발 족, 痛 아플 통

【의미】 마땅한 곳이 아닌 데 화풀이를 하면 자신의 몸만 다칠 뿐이다.

【출전】 東言解, 洩忿非所 傷體而已

➡ 발로축석 아족기탁 發怒蹴石 我足其坼

發 쏠 발, 怒 성낼 로, 蹴 찰 축, 石 돌 석, 我 나 아, 足 발 족, 其 그 기, 坼 터질 탁

【의미】 역경에 처했을 때 순리로 받아들이지 않으면 자신이 다칠 수 있다.

【출전】 與猶堂全書 耳談續纂 東諺, 言逆境不順受 適以自傷

➡ 암노축 상오족 巖怒蹴 傷吾足

巖 바위 암, 怒 성낼 노, 蹴 찰 축, 傷 상처 상, 吾 나 오, 足 발 족

【의미】 분한 일을 당해도 이어 닥칠 어려움을 생각하여 자제해야 한다. 화가 나 바위를 차보아야 화도 풀리지 않을 뿐만 아니라 발만 다치게 된다.

【출전】 靑莊館全書 권62 洌上方言, 言忿思難也 怒於巖而蹴之 不惟怒巿可洩 先傷其足也

➡ 인노축암 적상궐족 因怒蹴巖 適傷厥足

因 인할 인, 怒 성낼 노, 蹴 찰 축, 巖 바위 암

부록

適 마침 적, 傷 상처 상, 厥 그 궐, 足 발 족

【의미】 분노를 못 이겨 함부로 행동하면 자신에게 손해만 돌아온다.

【출전】 星湖全書 권7 百諺解

성복 뒤에 약방문

➡ 성복후약방문 成服後藥方文

成 이룰 성, 服 옷 복, 後 뒤 후, 藥 약 약, 方 모 방, 文 무늬 문

【의미】 이미 때가 늦어서 어쩔 도리가 없게 되다. 성복은 초상난 지 나흘만에 상복을 입히는 예를 말한다.

【출전】 未詳

【비교】 사후약방문(死後藥方文). 죽은 뒤에 청심환 구한다.

성질 나쁜 소가 내를 건너도 그 성질 안 부릴까

➡ 투우도천 불정기용 鬪牛渡川 不程其勇

鬪 싸움 투, 牛 소 우, 渡 건널 도, 川 내 천
不 아닐 불, 程 단위 정, 其 그 기, 勇 날쌜 용

【의미】 제가 싫다고 생각되면 나쁜 결과가 올 줄도 모르고 마구 고집을 피운다.

【출전】 星湖全書 권7 百諺解

세 살 버릇이 여든 간다

➡ 삼세지습 지우팔십 三歲之習 至于八十

三 석 삼, 歲 해 세, 之 갈 지, 習 익힐 습
至 이를 지, 于 어조사 우, 八 여덟 팔, 十 열 십

【의미】 어렸을 때의 일이 마침내 나쁜 습관이 되어 늙어서도 고쳐지지 않는다.

【출전】 與猶堂全書 耳談續纂 東諺, 言幼眇時事 終爲惡習 老而不改

【비교】 거지 노릇도 사흘하면 못 버린다. 배운 도둑질 못 고친다. 제 버릇 개 못 준다. 화롯불 쬐던 사람은 요강을 보고도 쬔다.

세 살 적 마음이 여든까지 간다

➡ 삼세지 팔십지 三歲志 八十至

三 석 삼, 歲 해 세, 志 뜻 지, 八 여덟 팔, 十 열 십, 至 이를 지

【의미】 어릴 때 먹은 마음이 늙도록 변하지 않는다. 묵은 습관은 고치기 힘들다. 세 살 때의 뜻이 여든이 되도록 그대로 변함이 없다.

【출전】 青莊館全書 권62 冽上方言, 言舊習難改也 三歲之志 至於八十而尙然也

➡ 유아시심 팔십유존 維兒時心 八十猶存

維 바 유, 兒 아이 아, 時 때 시, 心 마음 심

八 여덟 팔, 十 열 십, 猶 오히려 유, 存 있을 존

【의미】 어릴 때 먹은 마음이나 결심은 늙어서까지도 변하지 않는다.

【출전】 星湖全書 권7 百諺解

세월이 약이다

➡ 일구위약 日久爲藥

日 해 일, 久 오랠 구, 爲 할 위, 藥 약 약

【의미】 마음의 고통은 고칠 방법이 없으니 속담에서 말하는 “세월이 약”이라는 말이 좋은 약재다.

【출전】 寒暄箚錄 권3 子喪 破格, 在心之痛無法可醫 諺所謂日久爲藥爲先獲也

세 정승 사귀지 말고 제 한 몸이나 조심하라

➡ 막교삼공 신오궁 莫交三公 愼吾躬

莫 없을 막, 交 사귈 교, 三 석 삼, 公 공변될 공, 愼 삼갈 신, 吾 나 오, 躬 몸 궁

【의미】 바깥의 원조를 구하지 말라. 공은 삼공이다. 삼공도 믿을 게 없으니, 자신의 몸을 삼가는 것만 못하다.

【출전】 青莊館全書 권62 冽上方言, 言不求外援 只求內修也 公三公 三公不可恃 不如愼吾躬

➡ 막교삼공 신오신 莫交三公 愼吾身

莫 없을 막, 交 사귈 교, 三 석 삼, 公 공변될 공, 愼 삼갈 신, 吾 나 오, 身 몸 신

【의미】 바깥으로부터의 원조는 내면의 수양만 못하다. 윗사람에게 아첨하지 말고 자신의 일이나 잘 하라.

【출전】 松南雜識 方言類, 言外援莫如內修 / 旬五志 下, 言外援莫如內修

➡ 물견삼공 호아일궁 勿見三公 護我一躬

勿 말 물, 見 볼 견, 三 석 삼, 公 공변될 공

護 보호할 호, 我 나 아, 一 한 일, 躬 몸 궁

【의미】 남을 좇기보다는 스스로를 반성하는 것이 낫다. 상부의 높은 사람에게 아첨하지 말고 자신의 처지에서 일을 열심히 하라.

【출전】 與猶堂全書 耳談續纂 東諺, 言徇物不如反己也

➡ 물교삼상 요무일구 勿交三相 要無一仇

勿 말 물, 交 사귈 교, 三 석 삼, 相 서로 상
要 구할 요, 無 없을 무, 一 한 일, 仇 원수 구

【의미】 남을 좇기보다는 스스로를 반성하는 것이 낫다. 상부의 높은 사람에게 아첨하지 말고 자신의 처지에서 일을 열심히 하라.

【출전】 星湖全書 권7 百諺解

➡ 삼정승물교 신오신 三政丞勿交 愼吾身

三 석 삼, 政 정사 정, 丞 도울 승, 勿 말 물, 交 사귈 교
愼 삼갈 신, 吾 나 오, 身 몸 신

【의미】 어찌 남의 위세를 믿을 것인가? 오직 나의 길을 충실히 갈 뿐이다.

【출전】 東言解, 何恃人勢 唯盡我道

세 치 되는 예리한 칼

➡ 삼촌설인 三寸雪刃

三 석 삼, 寸 마디 촌, 雪 눈 설, 刃 칼날 인

【의미】 독하게 품은 강한 마음을 말한다. 만약 그렇지 않다면 첩은 가슴에 품은 세 치 시퍼런 칼날로써 맹세컨대 상공의 앞에서 죽어 저승에서 의리를 저버린 혼백이 되지는 않을 것입니다.

【출전】 彰善感義錄, 如或不然 則妾之懷中有三寸雪刃 誓必效死於相公之前 不作幽明間負義之魂也

소경 단청 구경

➡ 고자지단청 瞽者之丹靑

瞽 소경 고, 者 놈 자, 之 갈 지, 丹 붉을 단, 靑 푸를 청

【의미】 보아도 알지 못하는 것을 본다. 쓸데없이 힘만 들이고 아무 보람도 없다.

【출전】 玉樓夢 64회

소경도 날 새는 것 좋아한다

➡ **맹역서호 盲亦曙好**

盲 소경 맹, 亦 또 역, 曙 새벽 서, 好 좋을 호

【의미】 내가 능히 볼 수 없어도 좋아하는 것은 남과 마찬가지다.

【출전】 東言解, 匪我能覩 同人所好

소경도 저 죽을 날 모른다

➡ **맹인부지사일 盲人不知死日**

盲 소경 맹, 人 사람 인, 不 아닐 불, 知 알 지, 死 죽을 사, 日 해 일

【의미】 신비한 재주를 갖고 있어도 스스로를 헤아리는 데는 어둡다.

【출전】 東言解, 莫云神術 昏於自量

소경 머루 먹듯이 한다

➡ **고담영욱 불분생숙 瞽啖蘡薁 不分生熟**

瞽 소경 고, 啖 먹을 담, 蘡 까마귀머루 영, 薁 까마귀머루 욱
不 아닐 불, 分 나눌 분, 生 날 생, 熟 익을 숙

【의미】 좋고 나쁜 것을 분간하지 못하고 닥치는 대로 취하다.

【출전】 星湖全書 권7 百諺解

소경의 안질

➡ **맹인안질 盲人眼疾**

盲 소경 맹, 人 사람 인, 眼 눈 안, 疾 병 질

【의미】 있으나 없으나 별 상관이 없다.

【출전】 旬五志 下, 言全無關係

소경의 월수 돈이라도

➡ **어맹인출월리 於盲人出月利**

於 어조사 어, 盲 소경 맹, 人 사람 인, 出 날 출, 月 달 월, 利 날카로울 리

【의미】 상황이 급해 돈을 빌리게 되면 구차한 것을 가리지 않는다. 어려운 처지에 놓이게 되면 아무에게나 도움을 청하게 된다.

【출전】 東言解, 物急圖債 不計苟且
【비교】 똥 묵은 속곳을 팔아서라도. 조리 장수 매끼 돈을 내서라도. 중의 망건 사러 가는 돈이라도.

소경이 개천 나무란다

➡ 구재아고 구여하노 咎在我瞽 溝汝何怒

咎 허물 구, 在 있을 재, 我 나 아, 瞽 소경 고
溝 봇도랑 구, 汝 너 여, 何 어찌 하, 怒 성낼 노

【의미】 잘못이 자신에게 있으면 자신을 탓해야지 남을 허물해서는 안 된다.
【출전】 與猶堂全書 耳談續纂 東諺, 言曲在我當自怨吾病而恕彼惡

➡ 천거비구 유여맹고 川渠非咎 維汝盲故

川 내 천, 渠 그 거, 非 아닐 비, 咎 허물 구
維 바 유, 汝 너 여, 盲 소경 맹, 故 옛 고

【의미】 자기 잘못은 생각하지 않고 남만 나무란다.
【출전】 星湖全書 권7 百諺解

➡ 천하고 위맹고 川何辜 爲盲故

川 내 천, 何 어찌 하, 辜 허물 고, 爲 할 위, 盲 소경 맹, 故 옛 고

【의미】 남을 책망할 수 없고 스스로 반성할 일이다. 맹인이 잘못하여 냇물에 빠졌으면 자신에게 눈이 없는 까닭인 것이다.
【출전】 靑莊館全書 권62 洌上方言, 言不可責人 可自反也 盲者誤陷於川 實我無目故也

소경 잠자나 마나

➡ 맹수교 盲睡覺

盲 소경 맹, 睡 잘 수, 覺 깰 교

【의미】 보이지 않는다면 잠을 잔들 무슨 도움이 되겠는가?
【출전】 東言解, 不見則寤亦何益

➡ 맹인지수 여오여매 盲人之睡 如寤如寐

盲 소경 맹, 人 사람 인, 之 갈 지, 睡 잘 수, 如 같을 여, 寤 깰 오, 寐 잠잘 매

【의미】 일을 분명하게 분별하지 못하다.

【출전】 與猶堂全書 耳談續纂 東諺, 言事不別白也
【비교】 귀머거리 들으나 마나. 봉사 안경 쓰나 마나. 앉은뱅이 앉으나 마나.

소경 장 떠먹기

➡ 맹인식장 盲人食醬

盲 소경 맹, 人 사람 인, 食 밥 식, 醬 젓갈 장

【의미】 짐작하는 것이 밝지 못해서 많기도 하고 적기도 하다. 일을 대충대충 처리하다.
【출전】 東言解, 斟酌不明 或多或少

소경 제 닭 잡아먹기

➡ 고자기니 자양궐계 瞽者嗜臡 自攘厥鷄

瞽 소경 고, 者 놈 자, 嗜 즐길 기, 臡 뼈섞인젓 니
自 스스로 자, 攘 물리칠 양, 厥 그 궐, 鷄 닭 계

【의미】 어리석은 사람이 욕심을 부리면 때로 자신을 다치게 된다.
【출전】 與猶堂全書 耳談續纂 東諺, 言愚昧貪得者 有時乎自戕

소경 죽이고 살인 빚 갚는다

➡ 살맹상살채 殺盲償殺債

殺 죽일 살, 盲 소경 맹, 償 갚을 상, 債 빚 채

【의미】 장님은 정상인은 아니지만 그를 죽였어도 살인죄로 처벌되는 것은 마찬가지다. 하찮은 일을 하고서도 보복은 정상적으로 받는 경우를 말한다. 사람을 때려죽이고 살인죄의 형벌을 받는 것과는 다소 다르다.
【출전】 松南雜識 方言類, 盲者不成人 而殺之者亦償殺債 比行虛事而受實禍之類也 與打殺種償殺人者似異 / 旬五志 下, 盲者不成人 而殺之者亦償殺債 比行虛事而受實禍之類也

소경 팔양경 외듯한다

➡ 고사통경 구활심매 瞽師通經 口滑心昧

瞽 소경 고 師 스승 사 通 통할 통 經 지날 경
口 입 구 滑 미끄러울 활 心 마음 심 昧 새벽 매

【의미】 뜻도 모르면서 공연히 읽고 있는 모양을 비유한 말.

【출전】 星湖全書 권7 百諺解

소 궁둥이에다가 꼴을 던진다

➡ 우후사초 牛後捨草

牛 소 우, 後 뒤 후, 捨 버릴 사, 草 풀 초

【의미】 적당한 장소를 잃었는데 시행한들 무슨 이익이 있겠는가? 보람도 없는 일을 열심히 하다.

【출전】 東言解, 旣失其所 雖施何益

➡ 우후투추 牛後投芻

牛 소 우, 後 뒤 후, 投 던질 투, 芻 꼴 추

【의미】 어리석고 미련한 사람은 아무리 가르쳐도 보람이 없다.

【출전】 旬五志 下, 言下愚之人敎無益

➡ 유우지후 여추대흘 維牛之後 與芻待齕

維 바 유, 牛 소 우, 之 갈 지, 後 뒤 후
與 더불 여, 芻 꼴 추, 待 기다릴 대, 齕 깨물 흘

【의미】 들인 노력에 비해 얻는 성과가 적거나 없다.

【출전】 星湖全書 권7 百諺解

소금 팔러 나왔다가 비 만났다

➡ 매염봉우 賣鹽逢雨

賣 팔 매, 鹽 소금 염, 逢 만날 봉, 雨 비 우

【의미】 옛말에 이르기를 강태공이 고기를 팔려고 하면 날씨가 덥고 장국을 팔려고 하면 날씨가 추워 팔십이 되도록 궁핍하게 살았다고 한다. 요즈음의 “소금 팔려니 비 내린다”나 “밀가루 팔려니 바람 분다”와 같은 속담도 사실은 여기에서 나온 것이다.

【출전】 松南雜識 方言類, 古語曰 姜太公賣肉天熱 賣漿天冷 是以窮八十 今賣鹽逢雨·賣屑逢風之說 實出於此

소금에 아니 전 놈이 장에 절까

➡ 염소불엄 기외시함 鹽所不醃 豈畏豉醎

鹽 소금 염, 所 바 소, 不 아닐 불, 醃 절인남새 엄
豈 어찌 기, 畏 두려워할 외, 豉 메주 시, 醎 짤 함

【의미】 큰 어려움 속에서도 꺾이지 않은 사람은 작은 일 때문에 절개를 굽히지 않는다.

【출전】 與猶堂全書 耳談續纂 東諺, 言不挫於大事 難屈以小事

소더러 한 말은 안 나도 아내더러 한 말은 난다

➡ 어우즉멸 어처즉설 語牛則滅 語妻則洩

語 말씀 어, 牛 소 우, 則 곧 즉, 滅 멸망할 멸, 妻 아내 처, 洩 샐 설

【의미】 남에게 한 말은 반드시 누설되기 마련이다.

【출전】 與猶堂全書 耳談續纂 東諺, 戒告人之言必洩

솔개도 오래되면 꿩을 잡는다

➡ 연생삼년 획일자웅 鳶生三年 獲一雌雄

鳶 솔개 연, 生 날 생, 三 석 삼, 年 해 년
獲 얻을 획, 一 한 일, 雌 암컷 자, 雄 수컷 웅

【의미】 무능한 사람도 같은 일을 오래 익히다 보면 간혹 일을 성사시킨다.

【출전】 星湖全書 권7 百諺解

➡ 연유삼기 내획일치 鳶踰三紀 乃獲一雉

鳶 솔개 연, 踰 넘을 유, 三 석 삼, 紀 벼리 기
乃 이에 내, 獲 얻을 획, 一 한 일, 雉 꿩 치

【의미】 무능한 사람도 같은 일을 오래 익히다 보면 간혹 일을 성사시킨다.

【출전】 與猶堂全書 耳談續纂 東諺, 喻無能之人 久或有成

솔개를 매로 보았다

➡ 시치유응 視鴟猶鷹

視 볼 시, 鴟 솔개 치, 猶 오히려 유, 鷹 매 응

【의미】 못 쓸 것을 쓸 만한 것으로 잘못 보았다. 착각하여 어리석은 사람을 현명하다고 생각했다.

【출전】 古今釋林 권28 東韓譯語, 쇼로기도 매로 보다

➡ 유연기등 아시작응 有鳶其騰 我視作鷹

有 있을 유, 鳶 솔개 연, 其 그 기, 騰 오를 등
我 나 아, 視 볼 시, 作 지을 작, 鷹 매 응

【의미】 착각하여 어리석은 사람을 현명하다고 생각했다.
【출전】 與猶堂全書 耳談續纂 東諺, 言錯以不肖爲賢

➡ 처피준치 착인위응 覰彼蹲鴟 錯認爲鷹

覰 엿볼 처, 彼 저 피, 蹲 웅크릴 준, 鴟 솔개 치
錯 섞일 착, 認 알 인, 爲 할 위, 鷹 매 응

【의미】 착각하여 어리석은 사람을 현명하다고 생각했다.
【출전】 星湖全書 권7 百諺解

소 잃고 외양간 고친다

➡ 기상기마 내즙궐구 旣喪其馬 乃葺厥廐

旣 이미 기, 喪 죽을 상, 其 그 기, 馬 말 마
乃 이에 내, 葺 기울 즙, 厥 그 궐, 廐 마구간 구

【의미】 양을 잃어버리고 우리를 고친다. 이미 일이 틀어진 뒤에 새삼스럽게 대비를 하는 어리석은 태도.
【출전】 與猶堂全書 耳談續纂 東諺, 猶言亡羊而補牢也

➡ 기실지마 내치기구 旣失之馬 乃治其廐

旣 이미 기, 失 잃을 실, 之 갈 지, 馬 말 마
乃 이에 내, 治 다스릴 치, 其 그 기, 廐 마구간 구

【의미】 양을 잃어버리고 우리를 고친다. 이미 일이 틀어진 뒤에 새삼스럽게 대비를 하는 어리석은 태도.
【출전】 星湖全書 권7 百諺解

➡ 실마개외양간 失馬改喂養間

失 잃을 실, 馬 말 마, 改 고칠 개, 喂 부르는소리 외, 養 기를 양, 間 사이 간

【의미】 상황이 어쩔 수 없게 된 뒤에야 대책을 강구하다. 망양보뢰亡羊補牢.
【출전】 松南雜識 方言類, 失馬治廐 亦亡羊補牢之類也 今失馬改喂養間之謂也

➡ 실마치구 失馬治廐

失 잃을 실, 馬 말 마, 治 다스릴 치, 廐 마구간 구

【의미】 상황이 어쩔 수 없게 된 뒤에야 대책을 강구하다.
【출전】 旬五志 下, 亡羊補圈之類

➡ 실우치구 失牛治廏

失 잃을 실, 牛 소 우, 治 다스릴 치, 廏 외양간 구

【의미】 상황이 어쩔 수 없게 된 뒤에야 대책을 강구하다.
【출전】 松南雜識 方言類
【비교】 소 발 잃고 외양간 고친다. 불 난 뒤에 불조심한다. 도둑 맞고 사립문 고친다.

소 잡은 터전은 없어도 밤 깐 자리는 있다

➡ 재우무장 박율난장 宰牛無贓 剝栗難藏

宰 재상 재, 牛 소 우, 無 없을 무, 贓 장물 장
剝 벗길 박, 栗 밤나무 률, 難 어려울 난, 藏 감출 장

【의미】 일이 큰 것은 잘 가려지지만 악행은 작은 것이라도 속이기 어렵다. 밤을 까게 되면 껍질이 남는다.
【출전】 與猶堂全書 耳談續纂 東諺, 言事有大而易揜 惡有小而難欺 剝栗者有殼

손꼽아 날을 헤아린다

➡ 굴지계일 屈指計日

屈 굽을 굴, 指 손가락 지, 計 헤아릴 계, 日 해 일

【의미】 약속한 날짜를 간절하게 기다린다.
【출전】 松南雜識 方言類

손님이 도리어 주인 노릇 한다

➡ 객반위주 客反爲主

客 손 객, 反 되돌릴 반, 爲 할 위, 主 주인 주

【의미】 주객이 전도되어 제삼자가 일을 주관하려고 덤벼든다.
【출전】 松南雜識 方言類

손바닥 뒤집듯

➡ 여반장 如反掌

如 같을 여, 反 되돌릴 반, 掌 손바닥 장

【의미】 아주 쉬운 일.

【출전】 松南雜識 方言類

손바닥의 일

➡ 장중사 掌中事

掌 손바닥 장, 中 가운데 중, 事 일 사

【의미】 마음대로 할 수 있는 일.

【출전】 彰善感義錄

손안에 쇠붙이 한 쪽도 없다

➡ 수무촌철 手無寸鐵

手 손 수, 無 없을 무, 寸 마디 촌, 鐵 쇠 철

【의미】 몸에 흉기나 무기를 가지고 있지 않다.

【출전】 松南雜識 方言類

손에 붙은 밥 먹지 아니할까

➡ 점수지반 선불자연 黏手之飯 鮮不自嚥

黏 찰질 점, 手 손 수, 之 갈 지, 飯 밥 반
鮮 드물 선, 不 아닐 불, 自 스스로 자, 嚥 삼킬 연

【의미】 먹을 가까이 하면 검어진다. 나쁜 사람과 어울리다 보면 자신도 모르게 거기에 물이 든다.

【출전】 與猶堂全書 百諺解 耳談續纂 東諺, 喩言近墨者黑

손을 쓸려도 미치지 못한다

➡ 조수불급 措手弗及

措 둘 조, 手 손 수, 弗 아닐 불, 及 미칠 급

【의미】 일이 워낙 다급해서 어떻게 조처할 수가 없다.

【출전】 松南雜識 方言類

손톱 밑에 가시 드는 줄은 알아도 염통 밑에 쉬 스는 줄은 모른다

➡ 조망사탁 심저망각 爪芒思擢 心蛆罔覺

爪 손톱 조, 芒 까끄라기 망, 思 생각할 사, 擢 뽑을 탁
心 마음 심, 蛆 구더기 저, 罔 그물 망, 覺 깨달을 각

【의미】 사람이란 눈앞의 다급한 일은 알아도 숨겨져 있는 큰 재앙은 알지 못한다.

【출전】 與猶堂全書 耳談續纂 東諺, 言人知目前之所患 不知隱微之大害

손톱 여물을 썰다

➡ 조여물좌도 爪餘物剉掐

爪 손톱 조, 餘 남을 여, 物 만물 물, 剉 꺾을 좌, 掐 꺼낼 도

【의미】 남에게 무엇을 줄 때 아까워서 조금씩 준다. 또는 일을 빨리 처리하지 못하고 지연시키다.

【출전】 東言解, 喻斫蒭焦燥之狀

솔 심어 정자라고 얼마 살 인생인가

➡ 식송구정 인수기령 植松求亭 人壽幾齡

植 심을 식, 松 소나무 송, 求 구할 구, 亭 정자 정
人 사람 인, 壽 목숨 수, 幾 기미 기, 齡 나이 령

【의미】 효과가 나타나려면 아직 시간이 많이 필요한 일이라면 서둘러 크게 벌일 필요가 없다.

【출전】 與猶堂全書 耳談續纂 東諺, 言食效遲者 不必營爲

➡ 양송견정자 養松見亭子

養 기를 양, 松 소나무 송, 見 볼 견, 亭 정자 정, 子 아들 자

【의미】 뜻한 바를 이루려면 아직 시간이 까마득한데 너무 기대를 일찍부터 가지다.

【출전】 東言解

➡ 재송망정 栽松望亭

栽 심을 재, 松 소나무 송, 望 바랄 망, 亭 정자 정

【의미】 뜻한 바를 이루려면 아직 시간이 까마득한데 너무 기대를 일찍부터 가지다.

【출전】 松南雜識 方言類

➡ 재송피서 미음난대 栽松避暑 美蔭難待

栽 심을 재, 松 소나무 송, 避 피할 피, 暑 더울 서
美 아름다울 미, 蔭 그늘 음, 難 어려울 난, 待 기다릴 대

【의미】 뜻한 바를 이루려면 아직 시간이 까마득한데 너무 기대를 일찍부터 가지다.
【출전】 星湖全書 권7 百諺解

송곳으로 재 끌어내듯 한다

➡ 이추출열회 以錐出烈灰

以 써 이, 錐 송곳 추, 出 날 출, 烈 세찰 렬, 灰 재 회

【의미】 비록 일을 멈추지 않고 열심히 해도 끝내 성과를 거두지 못하다. 적절한 수난을 쓰지 않으면 어떤 효과도 나오지 않는다.
【출전】 東言解, 雖若不輟 終無成效

쇠 귀에 경 읽기

➡ 비피주경 우차우이 比彼呪經 于此牛耳

比 견줄 비, 彼 저 피, 呪 빌 주, 經 경전 경
于 어조사 우, 此 이 차, 牛 소 우, 耳 귀 이

【의미】 아무리 열심히 가르쳐도 아무 소용이 없다.
【출전】 星湖全書 권7 百諺解

➡ 우이독경 牛耳讀經

牛 소 우, 耳 귀 이, 讀 읽을 독, 經 날 경

【의미】 어리석은 사람 앞에서는 좋은 말도 귀에 들어가기 어렵다. 어리석은 사람에게는 이치에 대해 말할 수 없다.
【출전】 未詳

➡ 우이송경 牛耳誦經

牛 소 우, 耳 귀 이, 誦 욀 송, 經 날 경

【의미】 어리석은 사람 앞에서는 좋은 말도 귀에 들어가기 어렵다. 어리석은 사람에게는 이치에 대해 말할 수 없다.
【출전】 東言解, 愚人之前 善言難入

➡ 우이송경 하능체청 牛耳誦經 何能諦聽

牛 소 우, 耳 귀 이, 誦 욀 송, 經 지날 경
何 어찌 하, 能 능할 능, 諦 살필 체, 聽 들을 청

【의미】 어리석은 사람에게는 이치에 대해 말할 수 없다.

【출전】 與猶堂全書 耳談續纂 東諺, 言鹵下者不足與談理

수레 타는 일을 꾸짖다

➡ 승거지초 乘車之誚

乘 탈 승, 車 수레 거, 之 갈 지, 誚 꾸짖을 초

【의미】 짐을 져야 할 미천한 사람이 벼슬에 올라 수레를 타고 다니는 것을 희롱하여 한 말.

【출전】 朝鮮成宗實錄 권283 24년 10월 己丑

수령 비위를 맞추는 것은 기생이 통인만 못하다

➡ 기불여통 妓不如通

妓 기생 기, 不 아닐 불, 如 같을 여, 通 통할 통

【의미】 호남 사람들이 말하기를, "기생이 통인(通引)보다 못하고, 배 맛이 무우 맛보다 못하며, 꿩고기는 닭고기만 못하다"고 한다.

【출전】 古今釋林 권28 東韓譯語 釋言, 三不如 本朝, 湖南人爲之語曰 妓不如通 梨不如菁 雉不如鷄

수박 겉핥기

➡ 과종외지 영식중첨 瓜從外舐 寧識中甛

瓜 오이 과, 從 좇을 종, 外 밖 외, 舐 핥을 지
寧 차라리 녕, 識 알 식, 中 가운데 중, 甛 달 첨

【의미】 본질은 보지 않고 외양만으로 판단을 내려 바른 결론을 얻어내지 못하다.

【출전】 星湖全書 권7 百諺解

➡ 서과외지 불식내미 西瓜外舐 不識內美

西 서녘 서, 瓜 오이 과, 外 밖 외, 舐 핥을 지
不 아닐 불, 識 알 식, 內 안 내, 美 아름다울 미

【의미】 사람이란 겉모습만 보아서는 본질을 알 수 없다.

【출전】 與猶堂全書 耳談續纂 東諺, 言人不可以外貌知也

수염이 석 자라도 먹어야 양반

➡ 삼척염 식영감 三尺髥 食令監

三 석 삼, 尺 자 척, 髥 구레나룻 염, 食 밥 식, 令 영 령, 監 볼 감

【의미】 배가 불러야만 체면도 차릴 수 있다. 음식이 중요하다는 말로 영감은 존칭이다. 수염이 비록 삼 척이라도 먹고 난 뒤에야 돌볼 수 있다는 말이다.

【출전】 靑莊館全書 권62 冽上方言, 言重飮食也 令監尊稱也 髥雖三尺 惟食然後可尊重

➡ 염삼척 식영감 髥三尺 食令監

髥 구레나룻 염, 三 석 삼, 尺 자 척, 食 먹을 식, 令 영 령, 監 볼 감

【의미】 아무리 점잖은 체해도 일단 배 부르고 난 뒤의 일이다.

【출전】 東言解, 尊不以容 富而然後

【비교】 금강산도 식후경이다.

➡ 염수삼척 식내영공 髥雖三尺 食乃令公

髥 구레나룻 염, 雖 비록 수, 三 석 삼, 尺 자 척
食 먹을 식, 乃 이에 내, 令 영 령, 公 공변될 공

【의미】 아무리 점잖은 체해도 일단 배부르고 난 뒤의 일이다.

【출전】 星湖全書 권7 百諺解

【비교】 금강산도 식후경이다.

순 임금 독 장사

➡ 순제옹상 舜帝甕商

舜 순임금 순, 帝 임금 제, 甕 독 옹, 商 장사할 상

【의미】 장사를 하려면 어쩔 수 없이 남을 속여야 한다. 옛날에 순임금이 세상 인심을 알아보려고 독 파는 장사꾼이 되어 걸에 나섰다. 깨진 독을 지게에 지고 다니면서 "깨진 독 사시오!" 했더니 아무도 거들떠보지도 않았다. 이번에는 "성한 독 사시오!" 했더니 너나없이 와서 깨진 독을 사더라는 것이다.

【출전】 松南雜識 方言類

술 싫다면서 술 마신다

➡ 오주이강주 惡酒而强酒

惡 미워할 오, 酒 술 주, 而 어조사 이, 强 굳셀 강, 酒 술 주

【의미】 말과 행동이 일치하지 않는다.

【출전】 未詳

슬갑 도적

➡ 슬갑도적 膝甲盜賊

膝 무릎 슬, 甲 첫째천간 갑, 盜 훔칠 도, 賊 도둑 적

【의미】 물건을 가지고서도 어디에 쓰는지 몰라 엉뚱한 데 사용하다. 남의 글귀를 슬쩍 베껴 와서 오용하는 것을 비유한다. '슬갑'은 무릎을 감싸는 보호용구를 말한다.

【출전】 旬五志 下, 古有盜賊 偸人膝甲 而不知所用 乃添貼額上而出 人皆笑之 世以竊取他人文字 誤用者爲比

시루에 물 퍼붓기

➡ 여증급수 如甑汲水

如 같을 여, 甑 시루 증, 汲 길을 급, 水 물 수

【의미】 시루는 밑에 구멍이 있어서 물을 채우면 곧 빠지고 만다. 아무리 노력해도 보람이 없는 일.

【출전】 古今釋林 권28 東韓譯語 釋器, 甑底有孔 貯水則漏 喩其無盡也

시시덕이는 골로 빠지고 새침데기는 바위로 오른다

➡ 후후덕함곡 산진덕상암 詡詡德陷谷 酸眞德上岩

詡 자랑할 후, 詡 자랑할 후, 德 덕 덕, 陷 빠질 함
谷 골 곡, 酸 초 산, 眞 참 진, 上 위 상, 岩 바위 암,

【의미】 졸렬한 이는 나가고 능력 있는 이는 물러가니, 사람을 취하는데 어찌 외모를 보고 판단하는가? 겉모습으로 사람을 판단할 수는 없다.

【출전】 東言解, 拙進能退 取人豈貌

시앗 싸움엔 돌부처도 돌아앉는다

➡ 처첩지전 석불반면 妻妾之戰 石佛反面

妻 아내 처, 妾 첩 첩, 之 갈 지, 戰 싸울 전

石 돌 석, 佛 부처 불, 反 되돌릴 반, 面 낯 면

【의미】 비록 감정이 없는 물건일지라도 투기하는 마음이 없을 수 없다.

【출전】 與猶堂全書 耳談續纂 東諺, 言雖無情之物 不能無妒心

【비교】 겉보리를 껍질째 먹은들 시앗하고야 한 집에 살랴. 시앗하고는 하품도 옮지 않는다.

시앗 죽은 눈물이 눈 가쟁이 적시랴

➡ 곡연지루 기유점목 哭娟之淚 豈有霑目

哭 울 곡, 娟 예쁠 연, 之 갈 지, 淚 눈물 루
豈 어찌 기, 有 있을 유, 霑 젖을 점, 目 눈 목

【의미】 애통한 마음이 전혀 없이 우는 눈물이라 양이 아주 적다. 매우 양이 적다.

【출전】 與猶堂全書 耳談續纂 拾遺, 此言無情者不得盡 其辭者亦此意

시작이 반이다

➡ 사귀작시 성공지반 事貴作始 成功之半

事 일 사, 貴 귀할 귀, 作 지을 작, 始 처음 시
成 이룰 성, 功 공 공, 之 갈 지, 半 반 반

【의미】 무슨 일이든 처음 시작하기가 어렵지 일단 시작하면 다들 마음먹고 일에 전념하기 때문에 생각보다 쉽게 일을 마칠 수 있다.

【출전】 未詳

시주님이 잡수셔야 잡수었나 하지

➡ 수주식연후 帥主食然後

帥 장수 수, 主 주인 주, 食 먹을 식, 然 그러할 연, 後 뒤 후

【의미】 일이 다된 것처럼 보이지만 반드시 그렇다고 할 수 없으니 마무리가 되어야 결과를 알 수 있다.

【출전】 東言解, 似必難必 到終乃知

시집가도 아니 간 것만 못하다

➡ 가불여재가 嫁不如在家

嫁 시집갈 가, 不 아닐 불, 如 같을 여, 在 있을 재, 家 집 가

【의미】 별다른 이익을 얻지 못했고, 전과 비교하면 도리어 손해를 보다. 새롭게 일을 해 보았지만 나아진 것이 없다.

【출전】 東言解, 旣得無益 視前反損

시집갈 때 등창 난다

➡ 임가환종 臨嫁患腫

臨 임할 림, 嫁 시집갈 가, 患 아플 환, 腫 부스럼 종

【의미】 일이 임박해서 공교롭게 장애나 방해꾼이 나타난다.

【출전】 寒暄箚錄 권4 發解

【비교】 노처녀 시집 가려니 등창 난다. 여든 살 난 큰 애기가 시집 갈랬더니 차일(遮日)이 없다 한다.

식량 싸 다니는 나그네 같다

➡ 여재량객 如齎粮客

如 같을 여, 齎 가져올 재, 粮 양식 량, 客 손 객

【의미】 스스로 믿는 바가 있으니 어디를 간들 배불리 먹지 않겠는가? 어디를 가도 굶주리지 않는 사람을 가리킨다.

【출전】 東言解, 自有所恃 何往不飽

식혜 먹은 고양이 속이다

➡ 식식혜묘리 食食醯猫裏

食 밥 식, 醯 초 혜, 猫 고양이 묘, 裏 속 리

【의미】 저지른 죄가 탄로 날까 두려워 가슴이 조마조마하다.

【출전】 東言解, 有犯恐露 其心恇恚

신체의 일부가 잘려나가는 듯한 고통

➡ 여염지통 如剡之痛

如 같을 여, 剡 날카로울 염, 之 갈 지, 痛 아플 통

【의미】 형제를 잃은 슬픔. 들으니 태가 중대한 제재를 당했다 하는구나. 우애가 남다르다는 것을 평소 알고 있는데, 형제를 잃은 슬픔을 그가 어찌 견뎌내겠는가.

【출전】 寒暄箚錄 권3 兄弟喪 破格, 聞台遭重制 素知台友愛加於人 如剡之痛 其何以

堪居

실 따라가는 거미

➡ **수사지주 隨絲蜘蛛**

隨 따를 수, **絲** 실 사, **蜘** 거미 지, **蛛** 거미 주

【의미】 마땅히 서로 상종해야 할 사람들은 서로 떨어질 수 없다.

【출전】 旬五志 下, 言應隨之人 自不相離

실력이 낮은 사람이 먼저 시작한다

➡ **약자선수 弱者先手**

弱 약할 약, **者** 놈 자, **先** 먼저 선, **手** 손 수

【의미】 정기나 바둑을 둘 때 하수가 먼저 시작하는 일.

【출전】 松南雜識 方言類

실 얽힌 것은 풀어도 노 얽힌 것은 못 푼다

➡ **사분혹해 승란불해 絲棼或解 繩亂弗解**

絲 실 사, **棼** 마룻대 분, **或** 혹 혹, **解** 풀 해, **繩** 줄 승, **亂** 어지러울 란, **弗** 아닐 불

【의미】 작은 일은 다스리기 쉽지만 큰 일은 다스리기 어렵다.

【출전】 與猶堂全書 耳談續纂 東諺, 言小事易平 大事難治

심사는 없어도 이웃집 불 난 데 키 들고나선다

➡ **수왈무시 희환인재 雖曰無猜 喜歡隣災**

雖 비록 수, **曰** 가로 왈, **無** 없을 무, **猜** 새암할 시
喜 기쁠 희, **歡** 기뻐할 환, **隣** 이웃 린, **災** 재앙 재

【의미】 보통 사람의 심정은 남의 재앙을 좋아하지 않는 이가 없다.

【출전】 與猶堂全書 耳談續纂 東諺, 言常人之情 未有不倖人之災

썩은 새끼로 범 잡았다

➡ **고망착호 藁網捉虎**

藁 마를 고, **網** 그물 망, **捉** 잡을 착, **虎** 범 호

【의미】 서툰 계획을 쓰고도 우연히 적중하다.

【출전】 旬五志 下, 言闊計偶成

➡ 망수고 능착호 網雖藁 能捉虎

網 그물 망, 雖 비록 수, 藁 마를 고, 能 능할 능, 捉 잡을 착, 虎 범 호

【의미】 물건이 비록 별게 아니더라도 큰 일을 할 때 긴요하게 쓰일 수 있다. 새끼줄은 흔한 것이지만 능히 사나운 호랑이를 잡을 수도 있다.

【출전】 靑莊館全書 권62 洌上方言, 言物雖微小 用成大事 藁索雖賤 能罥猛虎也

➡ 삭도결망 역가포호 索綯結網 亦可捕虎

索 새끼 삭, 綯 새끼꼴 도, 結 맺을 결, 網 그물 망
亦 또 역, 可 옳을 가, 捕 사로잡을 포, 虎 범 호

【의미】 일은 허술하게 꾸며 놓고 큰 이익을 얻기를 바란다.

【출전】 星湖全書 권7 百諺解

➡ 삭도위고 상혹포호 索綯爲罟 尙或捕虎

索 새끼 삭, 綯 새끼꼴 도, 爲 할 위, 罟 그물 고
尙 오히려 상, 或 혹 혹, 捕 사로잡을 포, 虎 범 호

【의미】 일은 허술하게 꾸며 놓고 큰 이익을 얻기를 바란다. '尙或'은 '安能'으로도 쓴다.

【출전】 與猶堂全書 耳談續纂 東諺, 言謀事若疎冀獲大利○尙或一作安能

쏘아 놓은 화살

➡ 이발지시 已發之矢

已 이미 이, 發 쏠 발, 之 갈 지, 矢 화살 시

【의미】 이미 저지른 일은 고치거나 중단할 수 없다.

【출전】 松南雜識 方言類

쓴 배도 맛들일 탓

➡ 피고자리 상혹미지 彼苦者梨 尙或味之

彼 저 피, 苦 쓸 고, 者 놈 자, 梨 배나무 리
尙 오히려 상, 或 혹 혹, 味 맛 미, 之 갈 지

【의미】 물건이 비록 싫어도 천천히 살펴보면 좋아지기도 한다.

【출전】 與猶堂全書 耳談續纂 東諺, 言物雖可厭 當徐察而安之也

아

아끼던 것이 똥으로 간다

➡ 아소진기 경귀인시 我所珍庋 竟歸人屎

我 나 아, 所 바 소, 珍 보배 진, 庋 시렁 기
竟 다할 경, 歸 돌아갈 귀, 人 사람 인, 屎 똥 시

【의미】 노력해서 장만한 물건은 헛되게 없어지는 경우가 많다.

【출전】 與猶堂全書 耳談續纂 東諺, 言吝惜之物 多歸虛也

【비교】 술 담배 끊고 소 샀더니 호랑이가 물어 갔다.

아내 행실은 다홍치마 적부터 그루를 앉힌다

➡ 교처홍상 教妻紅裳

教 가르침 교, 妻 아내 처, 紅 붉을 홍, 裳 치마 상

【의미】 옛말에 자식은 어린아이 때 가르치고, 아내는 처음 왔을 때 가르친다 하였다. 속어에 아내는 처음 올 때 가르치고 어린아이는 어릴 때 가르친다는 말이 있다.

【출전】 松南雜識 方言類, 古語云 教子自孩 教婦初來 俗語 教妻紅裳 教兒黃吻之謂也

➡ 욕제세군 수급홍군 欲制細君 須及紅裙

欲 하고자할 욕, 制 마를 제, 細 가늘 세, 君 임금 군
須 모름지기 수, 及 미칠 급, 紅 붉을 홍, 裙 치마 군

【의미】 아내란 처음 시집을 왔을 때 마땅히 법을 세워 사나운 성격을 바로잡아야 한다.

【출전】 與猶堂全書 耳談續纂 東諺, 言妻之始來 宜立法制悍

➡ 홍상교처 紅裳教妻

紅 붉을 홍, 裳 치마 상, 教 가르침 교, 妻 아내 처

【의미】 아내의 행실을 바로잡으려거든 시집온 처음부터 바로잡아야 한다. 옛말에 자식은 어린아이 때 가르치고, 아내는 처음 왔을 때 가르친다 하였다. 속어에 아내는 처음 올 때 가르치고 어린아이는 어릴 때 가르친다는 말이 있다. 그러나 아녀자와 어린아이는 가까이 하면 불손해지고 멀리하면 원망한다.

【출전】 松南雜識 方言類, 古語云 教子自孩 教婦初來 俗語 教妻紅裳 教兒黃吻之謂也 然婦人·孺子 近之則不遜 遠之則怨

아내가 귀여우면 처갓집 말뚝 보고 절한다

➡ 부가정독 배궐마익 婦家情篤 拜厥馬杙

婦 며느리 부, **家** 집 가, **情** 뜻 정, **篤** 도타울 독
拜 절 배, **厥** 그 궐, **馬** 말 마, **杙** 말뚝 익

【의미】 아내가 사랑스러우면 처갓집의 하찮은 물건에 대해서도 지나치게 공대하게 된다.

【출전】 與猶堂全書 耳談續纂 東諺, 戒愛妻者過恭於妻家

➡ 처가마말독 妻家馬抹禿

妻 아내 처, **家** 집 가, **馬** 말 마, **抹** 바를 말, **禿** 대머리 독

【의미】 좋아하는 것이 아주 심하면 별 것 아닌 물건도 좋아 보인다.

【출전】 東言解, 惑之甚者 微物亦貴

아니 땐 굴뚝에 연기 나랴

➡ 돌불연 불생연 堗不燃 不生烟

堗 굴뚝 돌, **不** 아닐 불, **燃** 사를 연, **不** 아닐 불, **生** 날 생, **烟** 연기 연

【의미】 일이란 아무 까닭 없이 일어나지는 않으며 반드시 그렇게 된 계기가 있다. 굴뚝에 불을 지피지 않았다면 연기가 어디서 일어나겠는가?

【출전】 青莊館全書 권62 洌上方言, 言事無虛捏 必有緣起也 如堗不燃 薪烟何由生

➡ 불연돌연하생 不燃突煙何生

不 아닐 불, **燃** 사를 연, **突** 굴뚝 돌, **煙** 연기 연, **何** 어찌 하, **生** 날 생

【의미】 내가 진실로 아무 일도 하지 않았다면 어찌 내게 말이 오겠는가?

【출전】 東言解, 苟我無事 言何有至

➡ 불연지돌 기유연출 不燃之堗 豈有煙出

不 아닐 불, **燃** 사를 연, **之** 갈 지, **堗** 굴뚝 돌
豈 어찌 기, **有** 있을 유, **煙** 연기 연, **出** 날 출

【의미】 어떤 결과에나 원인은 반드시 있게 마련이다.

【출전】 推案及鞫案 罪人李家煥等推案, 純祖元年 2월 초9일

➡ 불연지돌연불생 不燃之堗煙不生

不 아닐 불, 燃 사를 연, 之 갈 지, 堗 굴뚝 돌, 煙 연기 연, 不 아닐 불, 生 날 생

【의미】 사람이 잘못한 것이 없으면 밖에서 군소리가 들어오지 않는다.

【출전】 旬五志 下, 言人無所犯 則外言不至

➡ 불취지돌 연하종생 不炊之突 烟何從生

不 아닐 불, 炊 불 땔 취, 之 갈 지, 突 굴뚝 돌
烟 연기 연, 何 어찌 하, 從 좇을 종, 生 날 생

【의미】 속담에 "아니 땐 굴뚝에 연기 나랴?"더니 장모의 지혜로 어찌 그런 흐릿한 말을 하시오?

【출전】 玉樓夢 25회, 諺曰 不炊之突 烟何從生 以聘母之明察 豈有不明之言

➡ 비조무설 나기유연 俾竈無焫 爇豈有煙

俾 더할 비, 竈 부엌 조, 無 없을 무, 焫 불사를 설
爇 굴뚝 나, 豈 어찌 기, 有 있을 유, 煙 연기 연

【의미】 어떤 결과든지 반드시 원인이 있기 마련이다.

【출전】 星湖全書 권7 百諺解

➡ 연생불취돌 煙生不炊堗

煙 연기 연, 生 날 생, 不 아닐 불, 炊 불 땔 취, 堗 굴뚝 돌

【의미】 까닭 없이 일어나는 일은 거의 없다.

【출전】 古今釋林 권28 東韓譯語 釋宮, 아니 짜인 굴독에 닉 나랴.

➡ 조구불연 돌기생연 竈苟不燃 堗豈生煙

竈 부엌 조, 苟 진실로 구, 不 아닐 불, 燃 사를 연
堗 굴뚝 돌, 豈 어찌 기, 生 날 생, 煙 연기 연

【의미】 억울한 비난도 따져 보면 다 스스로 까닭을 제공한 것이다.

【출전】 與猶堂全書 耳談續纂 東諺, 言雖浮謗皆有以自取之

【비교】 불 없는 곳에 연기 없다. 소금 먹은 놈이 물을 켠다. 아니 때린 장구에 소리 날까?

아닌 밤중에 홍두깨

➡ 암우방장출 暗隅方杖出

暗 어두울 암, 隅 모퉁이 우, 方 모 방, 杖 지팡이 장, 出 날 출

【의미】 갑자기 방망이를 불쑥 내미는 듯하여 어지러워 경위를 제대로 묻지 못하다. 예기치 않은 말을 불쑥 꺼내다.

【출전】 東言解, 突然作梗 迷不知問

【비교】 자다가 봉창 두드린다.

아랫돌 빼서 윗돌 괴고, 윗돌 빼서 아랫돌 괴기

➡ 발피하석 탱차상석 拔彼下石 撑此上石

拔 뺄 발, **彼** 저 피, **下** 아래 하, **石** 돌 석, **撑** 버팀목 탱, **此** 이 차, **上** 위 상

【의미】 당장 급한 일을 막기 위해 임시방편으로 일을 처리하다.

【출전】 星湖全書 권7 百諺解

➡ 상석하대 上石下臺

上 위 상, **石** 돌 석, **下** 아래 하, **臺** 돈대 대

【의미】 임시변통으로 이리저리 끼워 맞추다.

【출전】 未詳

➡ 하석상대 下石上臺

下 아래 하, **石** 돌 석, **上** 위 상, **臺** 돈대 대

【의미】 임시변통으로 이리저리 둘러맞추다.

【출전】 未詳

아무리 바빠도 바늘 허리 꿰어 못 쓴다

➡ 수망침요계용호 雖忙針腰繫用乎

雖 비록 수, **忙** 바쁠 망, **針** 바늘 침, **腰** 허리 요, **繫** 맬 계, **用** 쓸 용, **乎** 인가 호

【의미】 일이란 순리대로 하지 않는다면 빨리 하려고 해도 어찌 이룰 수 있겠는가?

【출전】 東言解, 事不循理 欲速何成

➡ 수유망심 선불계침 雖有忙心 線不繫鍼

雖 비록 수, **有** 있을 유, **忙** 바쁠 망, **心** 마음 심
線 줄 선, **不** 아닐 불, **繫** 맬 계, **鍼** 바늘 침

【의미】 일이 비록 다급해도 순서를 어기면서 마무리 지을 수는 없다.

【출전】 與猶堂全書 耳談續纂 東諺, 言事雖急 不可違禮而錯亂

【비교】 급하다고 갓 쓰고 똥 쌀까? 급하다고 콩 마당에서 간수 칠까?

아이도 사랑하는 데로 붙는다

➡ 해수향배 추기소애 孩誰向背 趨其所愛

孩 어린아이 해, **誰** 누구 수, **向** 향할 향, **背** 등 배
趨 달릴 추, **其** 그 기, **所** 바 소, **愛** 사랑 애

【의미】 자신을 아껴주면 좋아하는 것은 인간의 당연한 본성이다.

【출전】 與猶堂全書 耳談續纂 東諺, 言愛之則悅 人性然也

아이들이 입이 빠르다

➡ 소아첩구 小兒捷口

小 작을 소, **兒** 아이 아, **捷** 이길 첩, **口** 입 구

【의미】 봄비가 잦은 것, 돌담 배부른 것, 사발 이 빠진 것, 늙은이의 불량스런 짓, 아이들 입빠른 것, 흙부처 냇물 건너기, 며느리 손 큰 것, 이 여덟 조목은 아무짝에도 쓸모없이 해롭기만 한 것의 비유로 삼는다.

【출전】 旬五志 下, 以春雨數來·石墻飽腹·沙鉢缺耳·老人潑皮·小兒捷口·僧人醉酒·泥佛渡川·家母手鉅八條 爲無用有害之喩

아저씨 아저씨 하면서 길짐만 지운다

➡ 무왈숙존 등장녕부 毋曰叔尊 等長寧負

毋 말 무, **曰** 가로 왈, **叔** 아재비 숙, **尊** 높을 존
等 가지런할 등, **長** 길 장, **寧** 편안할 녕, **負** 질 부

【의미】 겉으로는 존경하거나 아끼는 체하면서 실제로는 부담만 지운다.

【출전】 星湖全書 권7 百諺解

아침 밥 저녁 죽

➡ 조반석죽 朝飯夕粥

朝 아침 조, **飯** 밥 반, **夕** 저녁 석, **粥** 죽 죽

【의미】 근근이 끼니를 때우며 살아가다.

【출전】 松南雜識 方言類

아침 아니면 저녁이다

➡ 비조즉석 非朝則夕

非 아닐 비, **朝** 아침 조, **則** 곧 즉, **夕** 저녁 석

【의미】 일이 아주 빨리 닥칠 것이다. 시간이 코앞에 닥쳤다.

【출전】 松南雜識 方言類

아침에 먹으려고 베고 자다 죽는다

➡ 욕조식 침이졸 欲朝食 枕而卒

欲 하고자 할 욕, **朝** 아침 조, **食** 밥 식, **枕** 베개 침, **而** 어조사 이, **卒** 죽을 졸

【의미】 그때그때 먹어야지 아낄 필요가 없다. 아끼다가 하루아침에 죽게되면 다른 사람에게만 좋은 일하는 꼴이 된다.

【출전】 靑莊館全書 권62 洌上方言, 言及時而爲 不可戀惜 猶宛其死矣 它人是婾之意也

아프지도 않은 놈이 엄살만 부린다

➡ 통유미심 방가호고 痛猶未甚 方暇呼苦

痛 아플 통, **猶** 오히려 유, **未** 아닐 미, **甚** 심할 심
方 바야흐로 방, **暇** 겨를 가, **呼** 부를 호, **苦** 쓸 고

【의미】 겁이 많은 사람은 지레 겁을 먹고 빠질 핑계만 만들 궁리를 한다.

【출전】 星湖全書 권7 百諺解

악한 일은 물레 돌듯 한다

➡ 불호사 방차사 不好事 紡車似

不 아닐 불, **好** 좋을 호, **事** 일 사, **紡** 자을 방, **車** 수레 차, **似** 같을 사

【의미】 나쁜 일에 대한 결과는 물레가 빙빙 돌듯이 꼬리를 물다가 결국 자신에게 미친다.

【출전】 靑莊館全書 권62 洌上方言, 言爲惡之報 循環如紡車之旋也

안개 속에서 소 잃었다

➡ 무중실우 霧中失牛

霧 안개 무, 中 가운데 중, 失 잃을 실, 牛 소 우

【의미】 너무 조건이 나쁜 가운데 일이 벌어져서 수습하기가 더욱 힘들어지다.

【출전】 古今釋林 권28 東韓譯語 釋獸, 안H) 속에 쇼 일탄 말.

➡ 조무사색 실우방황 朝霧四塞 失牛彷徨

朝 아침 조, 霧 안개 무, 四 넉 사, 塞 변방 새
失 잃을 실, 牛 소 우, 彷 거닐 방, 徨 노닐 황

【의미】 엉겁결에 저지른 실수가 큰 낭패를 가져온다.

【출전】 星湖全書 권7 百諺解

안광이 땅에 떨어졌다

➡ 안광낙지 眼光落地

眼 눈 안, 光 빛 광, 落 떨어질 락, 地 땅 지

【의미】 사람이 죽었다. 불가에서 쓰는 말이다.

【출전】 古今釋林 권28 東韓譯語 釋事, 佛語謂死也

안동의 답답이가 소의 발굽을 괸다

➡ 안동답답우족탱 安東沓沓牛足撑

安 편안할 안, 東 동녘 동, 沓 유창할 답, 牛 소 우, 足 발 족, 撑 버팀목 탱

【의미】 안동 사람 가운데 대단히 어리석은 사람이 있어서 소등에 짐을 실을 때 짐이 한쪽으로 기울면 기우는 쪽의 소 발굽을 돌 같은 물건으로 괴었다고 한다. 대단히 답답한 사람을 가리킨다.

【출전】 古今釋林 권28 東韓譯語 釋獸, 安東人甚迷 馱卜於牛 而馱傾則用物撑牛蹄故云

안면과 사사로운 정에 얽매이다

➡ 구어안사 拘於顔私

拘 잡을 구, 於 어조사 어, 顔 얼굴 안, 私 사사 사

【의미】 일을 공정하게 처리하지 못하고 여러 가지 사정에 맞춰 처리하다.

【출전】 松南雜識 方言類

앓던 이 빠진 것 같다

➡ **약발통치 若拔痛齒**

若 같을 약, **拔** 뺄 발, **痛** 아플 통, **齒** 이 치

【의미】 괴롭히던 일이 사라져 속이 후련하다.

【출전】 東言解, 除其極苦 何快如之

암소 곧달음에 황소 늦걸음이다

➡ **빈우돌주 모우완보 牝牛突走 牡牛緩步**

牝 암컷 빈, **牛** 소 우, **突** 갑자기 돌, **走** 달릴 주, **牡** 수컷 모, **緩** 느릴 완, **步** 걸음 보

【의미】 서로 제 고집만 앞세울 뿐 융통성이 전혀 없다.

【출전】 星湖全書 권7 百諺解

앞 못 보는 쥐

➡ **불견전지서 不見前之鼠**

不 아닐 불, **見** 볼 견, **前** 앞 전, **之** 갈 지, **鼠** 쥐 서

【의미】 가까운 곳에서 일어난 일조차 전혀 모르는 사람. 이 속담은 '등하불명'과 뜻이 같다.

【출전】 旬五志 下, 此意與燈下不明之意同

애 낳는데 씹 하잔다

➡ **임산구행방 臨産求行房**

臨 임할 림, **産** 낳을 산, **求** 구할 구, **行** 갈 행, **房** 방 방

【의미】 상황이 편하지 않고 때가 아닐 때에 갑자기 어떤 일을 요구하다.

【출전】 東言解, 勢方難便 事要非時

【비교】 상여 나가는데 귀청 후벼달란다.

약한 이의 고기는 강한 자의 먹이

➡ **약지육 강지탄 弱之肉 强之呑**

弱 약할 약, **之** 갈 지, **肉** 고기 육, **强** 굳셀 강, **之** 갈 지, **呑** 삼킬 탄

【의미】 세력이 강한 자가 약한 자를 억눌러 지배한다. 무릇 힘이 미치는 것이면 모

두 죽여 먹을 것을 생각하니 이른바 약한 자의 고기는 강한 자의 먹이가 되는 것이 금수들 사이의 법칙이다.

【출전】 星湖僿說 권7 人事門 對生思食, 凡力所及者 皆思殺喫 所謂弱之肉强之呑 禽獸之道也

양고기에서 노린내가 나면 개미가 모여든다

➡ 양전의취 羊膻蟻聚

羊 양 양, 膻 노린내날 전, 蟻 개미 의, 聚 모일 취

【의미】 어떤 일의 조짐이 나타나면 그 일이 실현될 가망성이 높다. 일이 잘못 되면 망측한 일이 생긴다. 임금은 지존의 위치다. 임금 위에는 하늘이 있으니, 임금이 하늘을 두려워하지 않는 것은 백성이 임금을 두려워하지 않는 것과 같다. 재앙과 이변이 일어나는 것은 사람이 불러들이는 것이니, 양고기에서 노린내가 나면 개미가 몰려들고, 젓갈이 시면 구더기가 끓는 것도 같은 이치다.

【출전】 星湖僿說 天地門 災異, 人君至尊也 君之上有天 君不畏天 如民不畏君也…… 則灾異之作 人有以招至 羊膻而蟻聚 醢酸而蚋至 亦其理也

양주에서 밥 먹고 고양에서 구실한다

➡ 양주식 고양역 楊州食 高陽役

楊 버들 양, 州 고을 주, 食 밥 식, 高 높을 고, 陽 볕 양, 役 부릴 역

【의미】 자신과 관련된 일은 하지 않고 엉뚱하게 남의 일에만 관심을 둔다. 보수는 갑에게서 받고 일은 을의 일을 해주다.

【출전】 東言解, 非所當關 反有相感

【비교】 제 밥 먹고 상전 일 한다.

어느 구름에서 비가 올지

➡ 부지하운 종우기운 不知何雲 終雨其云

不 아닐 불, 知 알 지, 何 어찌 하, 雲 구름 운
終 끝날 종, 雨 비 우, 其 그 기, 云 이를 운

【의미】 일의 낌새가 아직 나타나지 않아 미리 짐작할 수 없다.

【출전】 與猶堂全書 耳談續纂 東諺, 言事之未形 不可逆度

➡ 인미지이 하운과우 人未知耳 何雲果雨

人 사람 인, 未 아닐 미, 知 알 지, 耳 귀 이
何 어찌 하, 雲 구름 운, 果 실과 과, 雨 비 우

【의미】 일의 결과가 구체적으로 나타나기 전에는 그 형세를 미리 짐작하기 어렵다.
【출전】 星湖全書 권7 百諺解
【비교】 어느 구름에 눈이 들며, 어느 구름에 비가 들었나.

어느 바람이 들이 불까

➡ 하풍취입 何風吹入

何 어찌 하, 風 바람 풍, 吹 불 취, 入 들 입

【의미】 감당할 만한 힘이 있어 이를 믿으니 조금도 걱정할 게 없다.
【출전】 東言解, 自恃鎭長 謂無一憂

어 다르고 아 다르다

➡ 어이아이 於異阿異

於 어조사 어, 異 다를 이, 阿 언덕 아

【의미】 얼핏 보면 작은 차이지만 그것이 바로 본질적인 차이가 된다. 같은 이야기도 하기에 따라서 다르게 들릴 수 있다.
【출전】 東言解, 乍分機微 便有差殊

➡ 응사수균 유여아수 應辭雖均 唯與阿殊

應 응할 응, 辭 말 사, 雖 비록 수, 均 고를 균
唯 오직 유, 與 줄 여, 阿 언덕 아, 殊 다를 수

【의미】 대꾸하는 말이 비록 같다고 해도 어감의 차이는 있을 수 있다. 같은 이야기도 하기에 따라서 얼마든지 다르게 들릴 수 있다.
【출전】 星湖全書 권7 百諺解

어둔 밤에 눈 꿈쩍인들 누가 약속을 알랴

➡ 암중순목 暗中瞬目

暗 어두울 암, 中 가운데 중, 瞬 눈깜작일 순, 目 눈 목

【의미】 남을 위해서 힘을 쓰지만 남은 몰라준다는 말이다. '어둠 속에서 눈 깜빡이기'와 같다.
【출전】 松南雜識 方言類 言爲人致力 而人不知也 亦暗中瞬目之謂也.

➡ **암중현목 수지약속 暗中眴目 誰知約束**

暗 어두울 암, 中 가운데 중, 眴 눈깜작일 현, 目 눈 목
誰 누구 수, 知 알 지, 約 묶을 약, 束 묶을 속

【의미】 남들이 보지 못하는 데서 뜻을 보여봐야 보탬이 되지 않는다.

【출전】 與猶堂全書 耳談續纂 東諺, 言見志於人所不覩 亦無益也

어디 소경은 본다든지

➡ **타고능시 他瞽能視**

他 다를 타, 瞽 소경 고, 能 능할 능, 視 볼 시

【의미】 이치에 맞지 않게 서로 화목하지 못하다. 눈이 없어도 오히려 살피는데 그것만도 못한가!

【출전】 東言解, 無目猶察 反不如乎

어른도 한 그릇 아이도 한 그릇

➡ **장역일완 유역일완 長亦一碗 幼亦一碗**

長 어른 장, 亦 또 역, 一 한 일, 碗 주발 완, 幼 어릴 유

【의미】 차별을 두지 않고 모두에게 고루고루 분배하다.

【출전】 經世遺表 권6 地官修制 田制 4

어린아이 떡도 빼앗아 먹겠다

➡ **유피유자 절기기이 誘彼幼子 竊其庋餌**

誘 꾈 유, 彼 저 피, 幼 어릴 유, 子 아들 자
竊 훔칠 절, 其 그 기, 庋 시렁 기, 餌 먹이 이

【의미】 어리석은 사람을 교묘하게 속이다. 어리석은 사람을 속여서 제 욕심만 차린다.

【출전】 與猶堂全書 百諺解 耳談續纂 東諺, 喩巧者欺愚也

어린아이 말도 귀담아 들어라

➡ **부아언 유이청 負兒言 踰耳聽**

負 질 부, 兒 아이 아, 言 말씀 언, 踰 넘을 유, 耳 귀 이, 聽 들을 청

【의미】 어린아이도 때로는 지혜로울 수 있으니 그의 말을 소홀히 하거나 깔봐서는 안 된다.

【출전】 東言解, 稚或有知 毋或忘忽

➡ 아어월이청 兒語越耳聽

兒 아이 아, 語 말씀 어, 越 넘을 월, 耳 귀 이, 聽 들을 청

【의미】 저보다 못하다 하여 업신여기던 사람에게도 때론 요긴한 말을 들을 수 있다.

【출전】 古今釋林 권28 東韓譯語 釋親

➡ 아해지언 의납이문 兒孩之言 宜納耳門

兒 아이 아, 孩 어린아이 해, 之 갈 지, 言 말씀 언
宜 마땅할 의, 納 바칠 납, 耳 귀 이, 門 문 문

【의미】 충고를 받아들이는 총명함은 어린애 말에서도 마찬가지다.

【출전】 與猶堂全書 耳談續纂 東諺, 言納言之聰 宜及幼小

➡ 이후부아 언필체청 耳後負兒 言必諦聽

耳 귀 이, 後 뒤 후, 負 질 부, 兒 아이 아
言 말씀 언, 必 반드시 필, 諦 살필 체, 聽 들을 청

【의미】 자기보다 못한 사람의 말이라 해서 무시하다가는 자칫 낭패를 볼 수 있다.

【출전】 星湖全書 권7 百諺解

어린아이 보는 데서는 찬물도 못 마신다

➡ 음철역신 아필시효 飮啜亦愼 兒必視傚

飮 마실 음, 啜 마실 철, 亦 또 역, 愼 삼갈 신
兒 아이 아, 必 반드시 필, 視 볼 시, 傚 본받을 효

【의미】 아이들은 금방 따라 하기 때문에 어떤 행동이든 조심해서 해야 한다. 또는 생각이 짧은 사람은 의미는 새기지 않고 겉보기로만 판단하니 조심해서 말하거나 행동해야 한다.

【출전】 星湖全書 권7 百諺解

어린애 얼러 떡 빼앗아 먹는다

➡ 기유소아 투절병이 欺誘小兒 偸竊餠餌

欺 속일 기, 誘 꾈 유, 小 작을 소, 兒 아이 아

偸 훔칠 투, 竊 훔칠 절, 餠 떡 병, 餌 먹이 이

【의미】 자기보다 못한 사람을 속여서 제 잇속만 차리다.

【출전】 星湖全書 권7 百諺解

어미 품 버리고 호랑이 입으로 들어간다

➡ 거모회 귀호구 去母懷 歸虎口

去 갈 거, 母 어미 모, 懷 품을 회, 歸 돌아갈 귀, 虎 범 호, 口 입 구

【의미】 안전한 곳을 버리고 위험한 곳으로 자청해서 들어간다.

【출전】 謝氏南征記

어제 마신 술이 깨지 않다

➡ 작취미성 昨醉未醒

昨 어제 작, 醉 취할 취, 未 아닐 미, 醒 깰 성

【의미】 술을 많이 마셔 취기가 다음날까지 이어지다.

【출전】 松南雜識 方言類

어제 보던 손님

➡ 작일견지여객 昨日見之旅客

昨 어제 작, 日 해 일, 見 볼 견, 之 갈 지, 旅 나그네 려, 客 손 객

【의미】 생소한 얼굴이지만 금방 친한 벗이 되다. 만나자마자 뜻이 맞아 사이가 가까워지다.

【출전】 東言解, 謂以新面 還有舊親

언 발에 오줌 누기

➡ 동족방뇨 凍足放尿

凍 얼 동, 足 발 족, 放 놓을 방, 尿 오줌 뇨

【의미】 일시적인 효력만 있는 계획. "언 음식에 까마귀 부리 치기"와 같다. "잠깐 앞으로 나아가기는 하지만 곧 발을 뒤로 물린다"는 것과도 같다.

【출전】 松南雜識 方言類, 言人姑息之計也 亦飢食烏喙 俄直前走 將來後脚之說

➡ 동족방닉 凍足放溺

凍 얼 동, 足 발 족, 放 놓을 방, 溺 오줌 닉

【의미】 일시적인 효력 밖에는 없는 계획. 고식지계(姑息之計).

【출전】 旬五志 下, 言人姑息之計

➡ **족부준촉 열뇨구동 足跗皴瘃 熱尿救凍**

足 발 족, 跗 발등 부, 皴 주름 준, 瘃 동상 촉
熱 더울 열, 尿 오줌 뇨, 救 건질 구, 凍 얼 동

【의미】 근본적인 문제는 등한시하고 일시적인 효력만 도모하다.

【출전】 星湖全書 권7 百諺解

언제는 외할미 콩죽으로 살았나

➡ **고기식외조모태죽활호 古豈食外祖母太粥活乎**

古 옛 고, 豈 어찌 기, 食 밥 식, 外 밖 외, 祖 조상 조
母 어미 모, 太 콩 태, 粥 죽 죽, 活 살 활, 乎 인가 호

【의미】 남의 도움에 의지하지 않고 자기 스스로 삶을 살아가다. 지금까지 혼자 힘으로 살았는데 새삼스럽게 남의 도움을 바라겠는가.

【출전】 東言解, 不藉人惠 己資吾生

언제 빈대떡 먹어 볼까

➡ **하시식빙자 何時食氷炙**

何 어찌 하, 時 때 시, 食 밥 식, 氷 얼음 빙, 炙 고기구을 자

【의미】 덕을 볼 기회가 왔으니 어찌 그냥 넘어갈 것인가? 덕을 입는 기회는 자주 오지 않으니 기회가 왔을 때 놓치지 말라.

【출전】 東言解, 賴德之會 寧可差過

언제 쓰자는 하눌타리냐

➡ **천원자장언용재 天圓子將焉用哉**

天 하늘 천, 圓 둥글 원, 子 아들 자, 將 장차 장, 焉 어찌 언, 用 쓸 용, 哉 어조사 재

【의미】 천원자는 약 이름인데, 성능은 가래를 삭혀준다. 어떤 사람이 이 약을 벽에 걸어둔 채 거래가 심해도 쓰지 않자 아는 사람이 희롱하며 말했다. "가래가 심한데도 이 약을 쓰지 않으면 도대체 언제 이 약을 쓰겠다는 것인가?" 당연히 써야 할 데 쓰지 않는 것을 비유한다.

【출전】 旬五志 下, 天圓子藥名 性能燥痰 而有人掛壁不用 識者譏之日 有痰而不用此藥 何時用此物耶 以喻當用而不用

➡ 하시용지과루 何時用之瓜蔞

何 어찌 하, 時 때 시, 用 쓸 용, 之 갈 지, 瓜 오이 과, 蔞 쑥 루

【의미】 마땅히 필요할 때를 당했는데 지금이 아니면 언제 바로잡겠는가? 아무리 좋은 물건이라도 필요할 때에 쓰지 않으면 쓸모가 없다.

【출전】 東言解, 正當所須 舍今安正

얻은 도끼나 잃은 도끼나

➡ 득부상부 得斧喪斧

得 얻을 득, 斧 도끼 부, 喪 죽을 상

【의미】 『주역』에서 말하기를, "쓸만한 도끼를 얻었다" 했고, 또 말하기를, "쓸만한 도끼를 잃어버렸다"고 했다. 지금 얻은 물건이 이전에 잃은 물건과 같은 것을 이른 것이다.

【출전】 松南雜識 方言類, 易日 得其資斧 又日 喪其資斧 今所得之物 如所喪之物 謂也

➡ 소득지부 여실부동 所得之斧 與失斧同

所 바 소, 得 얻을 득, 之 갈 지, 斧 도끼 부, 與 줄 여, 失 잃을 실, 同 같을 동

【의미】 잃고 얻은 결과가 같아서 이익도 손해도 난 것이 없다.

【출전】 星湖全書 권7 百諺解

업어 온 중

➡ 부래승언왕 負來僧焉往

負 질 부, 來 올 래, 僧 중 승, 焉 어찌 언, 往 갈 왕

【의미】 내가 불러오긴 했지만 결국 나의 부담이 되다. 싫으면서도 무시하기도 어려운 사람. 다시 업어 보낼 수도 없고 그냥 두기도 어려운, 진퇴양난의 상황을 말한다.

【출전】 東言解, 自我致之 終爲我累

업은 아이 삼 년 찾는다

➡ 부아멱삼년 負兒覓三年

負 질 부, **兒** 아이 아, **覓** 찾을 멱, **三** 석 삼, **年** 해 년

【의미】『전등록』에 보면 "나귀를 타고 나귀를 찾는다", "소를 타고 소를 찾는다"는 말이 있다. 지금 "아이 업고 삼 년 찾는다"는 말도 여기에서 나온 듯하다.

【출전】松南雜識 方言類, 傳燈錄 騎驢覓驢·騎牛覓牛 今負兒覓三年之說 似出此而訛

➡ 아재부 삼년수 兒在負 三年搜

兒 아이 아, **在** 있을 재, **負** 질 부, **三** 석 삼, **年** 해 년, **搜** 찾을 수

【의미】가까운 데 있는 것을 모르고 먼 데 가서 찾는다. 아주 가까운 곳을 소홀히 하다. 아이를 등에 업고도 삼 년을 찾았으니 또한 바보 같은 짓이 아니겠는가?

【출전】靑莊館全書 권62 洌上方言, 言忽於至近也 兒在背上 三年搜索 不亦妄乎

【비교】담뱃대 들고 담뱃대 찾는다. 업은 아이 이레 찾는다.

없는 놈이 자두치떡 즐겨한다

➡ 속불만승 기병필척 粟不滿升 嗜餠必尺

粟 조 속, **不** 아닐 불, **滿** 찰 만, **升** 되 승

嗜 즐길 기, **餠** 떡 병, **必** 반드시 필, **尺** 자 척

【의미】가난한 사람이 분수도 모르고 사치를 즐기다.

【출전】星湖全書 권7 百諺解

➡ 승속지궤 기차척이 升粟之匱 嗜此尺餌

升 되 승, **粟** 조 속, **之** 갈 지, **匱** 함 궤

嗜 즐길 기, **此** 이 차, **尺** 자 척, **餌** 먹이 이

【의미】자신의 역량을 헤아리지 않고 사치스럽기만 즐긴다(言不量其力 而好爲侈大).

【출전】與猶堂全書 耳談續纂 東諺

➡ 핍분전 기척병 乏分錢 嗜尺餠

乏 가난할 핍, **分** 나눌 분, **錢** 돈 전, **嗜** 즐길 기, **尺** 자 척, **餠** 떡 병

【의미】역량도 없는 사람이 분수에 넘치게 호사스러운 것을 바란다.

【출전】古今釋林 권28 東韓譯語 釋食, 흔 푼 돈 업고 가두리쩍 즐기다.

➡ 핍승갱 기척병 乏升粳 嗜尺餠

乏 가난할 핍, **升** 되 승, **粳** 메벼 갱, **嗜** 즐길 기, **尺** 자 척, **餠** 떡 병

【의미】자신의 힘을 헤아리지 못하다. 집안에는 한 말 벼도 없는데 한 자나 되는 떡을 좋아하여 찾으니, 이루기 어려운 일이다.

【출전】 靑莊館全書 권62 洌上方言, 言不量力也 家無一升之粳 而但嗜盈尺之餠 難繼之道也

엎더져 가는 놈 꼭뒤 차기

➡ 견복불부 반제기협 見踣不扶 反擠其頰

見 볼 견, 踣 넘어질 복, 不 아닐 불, 扶 도울 부
反 되돌릴 반, 擠 밀 제, 其 그 기, 頰 뺨 협

【의미】 어려운 처지에 놓인 사람을 돕기는커녕 더 괴롭힌다.

【출전】 星湖全書 권7 百諺解

➡ 낙자압빈 落者壓鬢

落 떨어질 라, 者 놈 자, 壓 누를 압, 鬢 살쩍 빈

【의미】 약한 사람을 구해주기는커녕 오히려 더욱 괴롭히다.

【출전】 旬五志 下, 言不救弱者 又從而擠之

➡ 인기장전 우제기수 人旣將顚 又擠其鬚

人 사람 인, 旣 이미 기, 將 장차 장, 顚 꼭대기 전
又 또 우, 擠 밀 제, 其 그 기, 鬚 수염 수

【의미】 불우한 처지를 당한 이를 한층 더 괴롭히다.

【출전】 星湖全書 권7 百諺解

【비교】 넘어진 놈 걷어차기. 아픈 상처에 소금치기. 함정에 빠진 놈 돌로 친다.

엎어진 물

➡ 복배지수 覆盃之水

覆 뒤집힐 복, 盃 잔 배, 之 갈 지, 水 물 수

【의미】 한번 저지른 실수는 다시 회복하기 어렵다.

【유래】 옛날 중국에 강태공(姜太公)이 살았는데, 그의 아내는 남편이 무능하다고 해서 이혼하고 말았다. 나중에 강태공이 크게 성공해서 돌아오자 옛 아내가 다시 결합하자 했는데, 이 때 강태공을 물을 술잔에 부어 땅에 쏟고는 물었다. "이를 다시 술잔에 담을 수 있겠는가?" 결국 옛 아내는 울면서 떠나가고 말았다.

【출전】 松南雜識 方言類

엎친 데 덮친 격이다

➡ 기복기결 우전이파 旣覆器缺 又顚以破

旣 이미 기, **覆** 뒤집힐 복, **器** 그릇 기, **缺** 이지러질 결
又 또 우, **顚** 꼭대기 전, **以** 써 이, **破** 깨뜨릴 파

【의미】 부닥친 재앙이나 불행 위에 또 겹쳐서 불행이나 재앙이 닥친다.
【출전】 星湖全書 권7 百諺解

➡ 전지이복지 顚之而覆之

顚 넘어질 전, **之** 갈 지, **而** 어조사 이, **覆** 뒤집힐 복

【의미】 재앙이 왔는데 또 다른 재앙이 와서 하는 일마다 낭패를 당하다.
【출전】 東言解, 厄上加厄 節節狼狽

여드레 팔십 리 ⇒ 사흘 길을 하루 가서 열흘씩 눕는다

여름 메주가 담을 넘어갔으니 맛보아 무엇하랴

➡ 하시유장 궐미해상 夏豉踰牆 厥味奚嘗

夏 여름 하, **豉** 메주 시, **踰** 넘을 유, **牆** 담 장
厥 그 궐, **味** 맛 미, **奚** 어찌 해, **嘗** 맛볼 상

【의미】 버리지 말아야 할 것을 버렸으니, 그 사람에 대해 더 이상 물어볼 필요가 없음을 알 수 있다. 요긴하게 써야할 사람이 버렸다면 그 사람됨을 알 수 있다.
【출전】 與猶堂全書 耳談續纂 東諺, 喩必不棄而見棄 則其人可知不必再問

여우나 표범도 죽을 때는 제 살던 산 쪽으로 머리를 둔다

➡ 호표수구산 狐豹首丘山

狐 여우 호, **豹** 표범 표, **首** 머리 수, **丘** 언덕 구, **山** 뫼 산

【의미】 누구나 고향은 그리워한다.
【출전】 三國史記 권41 金庾信傳

여자가 한을 품으면 오뉴월에도 서리가 내린다

➡ 오월비상 五月飛霜

五 다섯 오, **月** 달 월, **飛** 날 비, **霜** 서리 상

【의미】 아녀자가 원한을 품으면 오월에도 서리가 내리는 것이 이러하다. 남자에 비해 여성이 원망을 하면 더 오래가고 사무친다.
【출전】 松南雜識 方言類, 今匹婦含寃 五月飛霜卽此也

➡ 일부함원 오월비상 一婦含怨 五月飛霜

一 한 일, 婦 며느리 부, 含 머금을 함, 怨 원망할 원
五 다섯 오, 月 달 월, 飛 날 비, 霜 서리 상

【의미】 남에게 원통한 일을 하게 되면 반드시 앙갚음을 당한다.
【출전】 漢文春香傳, 庶女呼天 震風擊空

➡ 필부함원 오월비상 匹婦含寃 五月飛霜

匹 필 필, 婦 며느리 부, 含 머금을 함, 寃 원통할 원
五 다섯 오, 月 달 월, 飛 날 비, 霜 서리 상

【의미】 아녀자가 원한을 품으면 오월에도 서리가 내리는 것이 이러하다.
【출전】 松南雜識 方言類, 今匹婦含寃 五月飛霜卽此也

여편네 손이 크면 벌어들여도 시루에 물 붇기

➡ 처우재입 비피증급 妻迂財入 譬彼甑汲

妻 아내 처, 迂 멀 우, 財 재물 재, 入 들 입
譬 비유할 비, 彼 저 피, 甑 시루 증, 汲 길을 급

【의미】 들어오는 대로 써버리면 남는 것이 아무것도 없다.
【출전】 與猶堂全書 耳談續纂 東諺, 言纔入旋洩 無以儲蓄

여편네 입방아에 오뉴월에 서리 내린다

➡ 부인장설 유월상집 婦人長舌 六月霜集

婦 며느리 부, 人 사람 인, 長 길 장, 舌 혀 설
六 여섯 륙, 月 달 월, 霜 서리 상, 集 모일 집

【의미】 여인의 원한이 깊어지면 독한 마음을 품고 보복한다.
【출전】 星湖全書 권7 百諺解

역말도 바꿔 타면 낫다

➡ 마호체승 馬好替乘

馬 말 마, **好** 좋을 호, **替** 바꿀 체, **乘** 탈 승

【의미】 옛날 것이 나빴던 것은 아니지만 새것으로 바꾸면 기분이 새로워져 한결 즐거워진다.

【출전】 東言解, 舊非不良 新愈可喜

➡ 일기사보 체승갱쾌 馹騎駛步 遞乘更快

馹 역말 일, **騎** 말탈 기, **駛** 달릴 사, **步** 걸음 보
遞 갈마들 체, **乘** 탈 승, **更** 다시 갱, **快** 쾌할 쾌

【의미】 같은 일일지라도 분위기를 바꿔보면 한결 기분이 좋아지고 의욕도 난다.

【출전】 星湖全書 권7 百諺解

연기 마신 고양이

➡ 흡연묘 吸煙猫

吸 숨들이쉴 흡, **煙** 연기 연, **猫** 고양이 묘

【의미】 어지럽고 정신이 없어 마음을 수습할 수 없다.

【출전】 古今釋林 권28 東韓譯語, ᄂᆡ 마신 괴양이. 猶不能收拾精神也

열 가운데 여덟이나 아홉이 그렇다

➡ 십상팔구 十常八九

十 열 십, **常** 항상 상, **八** 여덟 팔, **九** 아홉 구

【의미】 거의 예외 없이 그렇게 될 것이다.

【출전】 朝鮮仁祖實錄 권44 21년 5월 丙午

➡ 십중팔구 十中八九

十 열 십, **中** 가운데 중, **八** 여덟 팔, **九** 아홉 구

【의미】 거의 예외 없이 그렇게 될 것이다.

【출전】 未詳

열 길 물 속은 알아도 한 길 사람 속은 모른다

➡ 구연가측 인심난량 九淵可測 人心難量

九 아홉 구, **淵** 못 연, **可** 옳을 가, **測** 잴 측
人 사람 인, **心** 마음 심, **難** 어려울 난, **量** 헤아릴 량

【의미】 사람의 마음은 변화가 심해 헤아리기 어렵다.
【출전】 星湖全書 권7 百諺解

➡ 녕측십장수심 난측일장인심 寧測十丈水深 難測一丈人心

寧 편안할 녕, **測** 잴 측, **十** 열 십, **丈** 어른 장, **水** 물 수
深 깊을 심, **難** 어려울 난, **一** 한 일, **人** 사람 인, **心** 마음 심

【의미】 사람의 마음은 때와 사정에 따라 끊임없이 바뀌어 그 속마음을 알기가 어렵다. 본 모습을 헤아리기가 어렵다.
【출전】 與猶堂全書 耳談續纂 東諺, 言無形者難度

➡ 수심가지 인심난지 水深可知 人心難知

水 물 수, **深** 깊을 심, **可** 옳을 가, **知** 알 지, **人** 사람 인, **心** 마음 심, **難** 어려울 난

【의미】 사람의 마음은 헤아리기 어렵다.
【출전】 旬五志 下, 言人心不可測

➡ 십장수리가지 일장인리부가지
十丈水裏可知 一丈人裏不可知

十 열 십, **丈** 어른 장, **水** 물 수, **裏** 속 리, **可** 옳을 가
知 알 지, **一** 한 일, **人** 사람 인, **不** 아닐 불

【의미】 물의 깊이는 비록 알 수 있지만 사람 마음 깊이는 알기 어렵다. 사람의 마음 속은 알기 어렵다.
【출전】 松南雜識 方言類, 水深雖知人深難知 言人心不可測 今十丈水裏可知 一丈人裏不可知之說也

➡ 측수심 매인심 測水深 昧人心

測 잴 측, **水** 물 수, **深** 깊을 심, **昧** 어두울 매, **人** 사람 인, **心** 마음 심

【의미】 알 수 없는 것이 사람이다. 물의 깊이는 오히려 잴 수 있지만, 사람의 마음은 잴 수 없다.
【출전】 靑莊館全書 권62 洌上方言, 言不可知者人也 水深猶可測也 人心不可測也

열 골 물이 한 골로 모인다

➡ 십곡수 일곡췌 十谷水 一谷萃

十 열 십, **谷** 골 곡, **水** 물 수, **一** 한 일, **谷** 골 곡, **萃** 모일 췌

【의미】 재난이나 액운이 한 사람에게로만 몰리거나 여러 가지 일이 한 군데로 귀결

되다. 얼핏 보면 각기 다 다른 것도 근본을 따져보면 한 곳에서 나왔다.
【출전】 靑莊館全書 권62 冽上方言, 言萬殊一本也

➡ 십동지수 회우일동 十洞之水 會于一洞

十 열 십, 洞 골 동, 之 갈 지, 水 물 수, 會 모일 회, 于 어조사 우, 一 한 일

【의미】 재난이나 액운이 한 사람에게로만 몰리거나 여러 가지 일이 한 군데로 귀결되다.
【출전】 星湖全書 권7 百諺解

➡ 십동지수 회일동 十洞之水 會一洞

十 열 십, 洞 골 동, 之 갈 지, 水 물 수, 會 모일 회, 一 한 일

【의미】 재난이나 액운이 한 사람에게로만 몰리다.
【출전】 松南雜識 方言類, 言禍厄之來 偏重於一人 / 旬五志 下, 言禍厄之來 偏重於一人

열두 가지 재주에 저녁거리가 없다

➡ 기학십이 석궐기식 技學十二 夕闕其食

技 재주 기, 學 배울 학, 十 열 십, 二 두 이
夕 저녁 석, 闕 빠질 궐, 其 그 기, 食 밥 식

【의미】 여러 가지 재주를 배웠지만 정작 먹고사는 데 도움이 되지 않는다.
【출전】 星湖全書 권7 百諺解

➡ 십이기지장인 석공거무처 十二技之匠人 夕供去無處

十 열 십, 二 두 이, 技 재주 기, 之 갈 지, 匠 장인 장, 人 사람 인
夕 저녁 석, 供 이바지할 공, 去 갈 거, 無 없을 무, 處 살 처

【의미】 재주가 있어도 굶주림을 구하지 못하니, 능력이 많을수록 더욱 곤궁하다. 재주를 다양하게 많이 가진 사람은 한 가지 재주를 가진 사람보다 성공하기 어렵다.
【출전】 東言解, 才不救飢 多能益窮

열 번 넘어지고 아홉 번 고꾸라진다

➡ 십전구도 十顚九倒

十 열 십, 顚 꼭대기 전, 九 아홉 구, 倒 넘어질 도

【의미】 온갖 고난을 많이 겪었다.
【출전】 未詳

열 번 찍어 아니 넘어가는 나무 없다

➡ 벌수십작무궐 伐樹十斫無蹶

伐 칠 벌, 樹 나무 수, 十 열 십, 斫 벨 작, 無 없을 무, 蹶 넘어질 궐

【의미】 때문에 속담에서 말하기를 "열 번 찍어 안 넘어가는 나무 없다" 하였고, "아랫목 신에게 잘 보이느니 부뚜막 신에게 잘 보여라"고 했으니, 이를 말하는 것이다. 아무리 뜻이 굳은 사람일지라도 자주 권하고 달래면 결국 마음이 변하게 된다. 무슨 일이든 정성을 다해 하면 이루어지기 마련이다.
【출전】 燕巖集 熱河日記 馬駔傳, 故鄙諺有之曰 伐樹十斫無蹶 與其媚於奧 寧媚於竈 其此之謂歟

➡ 십번작 무불전지목 十番斫 無不顚之木

十 열 십, 番 갈마들 번, 斫 벨 작, 無 없을 무
不 아닐 불, 顚 꼭대기 전, 之 갈 지, 木 나무 목

【의미】 흔들고 또 흔들면 비록 강한 것이라도 견디기 어렵다.
【출전】 東言解, 撓之又撓 雖强難支

➡ 십작목 무불전 十斫木 無不顚

十 열 십, 斫 벨 작, 木 나무 목, 無 없을 무, 不 아닐 불, 顚 꼭대기 전

【의미】 "세 사람이 말하면 북을 던지게 된다."는 속담과 같은 뜻이다.
【출전】 旬五志 下, 三人言投杼之類

➡ 십작목 무불절 十斫木 無不折

十 열 십, 斫 벨 작, 木 나무 목, 無 없을 무, 不 아닐 불, 折 꺾을 절

【의미】 아첨하고 시기하는 것이 오래가면 지탱하지 못한다.
【출전】 靑莊館全書 권62 洌上方言, 言媢嫉之久 不可支也

➡ 십작지목 망불전복 十斫之木 罔不顚覆

十 열 십, 斫 벨 작, 之 갈 지, 木 나무 목
罔 그물 망, 不 아닐 불, 顚 꼭대기 전, 覆 뒤집힐 복

【의미】 모함하는 말이 거듭 들어오면 그 사람도 끝내 지탱할 수 없다.
【출전】 與猶堂全書 耳談續纂 東諺, 喩讒言屢至 其人終不支也

➡ **용십부작 목무불전 用十斧斫 木無不顚**

用 쓸 용, 十 열 십, 斧 도끼 부, 斫 벨 작
木 나무 목, 無 없을 무, 不 아닐 불, 顚 쓰러질 전

【의미】 주변에서 자꾸 충동질하면 아무리 마음이 굳은 사람도 흔들려 따르기 마련이다.

【출전】 星湖全書 권7 百諺解

열 사람 모임에 아홉이 윗사람

➡ **십인결사 구거상좌 十人結社 九居上座**

十 열 십, 人 사람 인, 結 맺을 결, 社 토지신 사
九 아홉 구, 居 있을 거, 上 위 상, 座 자리 좌

【의미】 사람마다 윗자리에 앉기를 좋아한다. 또는 애써 일을 벌렸더니 제 위치는 고작 윗사람 수발하는 역할을 면치 못하다.

【출전】 星湖全書 권7 百諺解

열 사람 손으로도 가리기 어렵다

➡ **십수난엄 十手難掩**

十 열 십, 手 손 수, 難 어려울 난, 掩 가릴 엄

【의미】 도저히 감추거나 숨길 수 없다.

【출전】 推案及鞫案 罪人戴榮性世等推案 純祖 3월 15일, 作此慌忽譫妄之態 以爲掉脫之計者 十手難掩

열 사람이 지켜도 한 도둑은 못 막는다

➡ **십수불능방일투 十守不能防一偷**

十 열 십, 守 지킬 수, 不 아닐 불, 能 능할 능, 防 막을 방, 一 한 일, 偷 훔칠 투

【의미】 도둑놈은 틈을 노려 거침없이 빼앗아가니, 속담에 "열 사람이 지켜도 한 도둑은 못 막는다."는 것이다.

【출전】 星湖僿說 권1 天地門 長嶺黑龍, 彼之乘隙寇掠 若建瓴然 諺謂十守不能防一偷者也

➡ **십인수물 일혹능투 十人守物 一或能偷**

十 열 십, 人 사람 인, 守 지킬 수, 物 만물 물

一 한 일, 或 혹 혹, 能 능할 능, 偷 훔칠 투

【의미】 지키는 사람은 방심하기 쉽고, 훔치는 사람은 기회를 포착하는 데 뛰어나다.

【출전】 星湖全書 권7 百諺解

➡ 십인수지 부득찰일적 十人守之 不得察一賊

十 열 십, 人 사람 인, 守 지킬 수, 之 갈 지

不 아닐 불, 得 얻을 득, 察 살필 찰, 一 한 일, 賊 도둑 적

【의미】 여러 사람이 지켜도 도적 하나를 당해내지 못한다.

【출전】 旬五志 下, 言衆人守之 一賊不能當

➡ 십인지수 난적일구 十人之守 難敵一寇

十 열 십, 人 사람 인, 之 갈 지, 守 지킬 수

難 어려울 난, 敵 원수 적, 一 한 일, 寇 도둑 구

【의미】 지키는 사람은 방심하기 쉽고, 훔치는 사람은 기회를 포착하는 데 뛰어나다.

【출전】 與猶堂全書 耳談續纂 東諺, 言守者易於忘憂 寇者精於伺機

열 소경에 한 지팡이

➡ 십고일장 十瞽一杖

十 열 십, 瞽 소경 고, 一 한 일, 杖 지팡이 장

【의미】 아주 요긴하고 간편하게 쓰이는 소중한 물건.

【출전】 旬五志 下, 言其要切

➡ 십맹지실 출유일장 十盲之室 出維一杖

十 열 십, 盲 소경 맹, 之 갈 지, 室 집 실

出 날 출, 維 바 유, 一 한 일, 杖 지팡이 장

【의미】 아주 요긴하고 간편하게 쓰이는 소중한 물건.

【출전】 星湖全書 권7 百諺解

열 소경이 풀어낸다

➡ 십소경해 十宵鏡解

十 열 십, 宵 밤 소, 鏡 거울 경, 解 풀 해,

【의미】 대단히 풀기 어려운 일. 세상에서 말하기를 풀기 어려운 일이 있으면 나라에서 관례에 따라 열 명의 장님에게 기도하게 한 데서 유래하였다.

【출전】 松南雜識 方言類, 俗謂難解之事 今國家例以十盲祈禱故也

열 손가락 깨물어 안 아픈 손가락 없다

➡ 십지편색 주불여척 十指徧齰 疇不予慼

十 열 십, 指 손가락 지, 徧 두루 편, 齰 물 색
疇 누구 주, 不 아닐 불, 予 나 여, 慼 근심할 척

【의미】 어버이가 자식을 사랑하는 마음은 누구에게도 차별이 없다.

【출전】 與猶堂全書 耳談續纂 東諺, 言慈下之情 無厚薄於彼此

➡ 십지편색 주불여통 十指徧齰 疇不余恫

十 열 십, 指 손가락 지, 徧 두루 편, 齰 물 색
疇 누구 주, 不 아닐 불, 余 나 여, 恫 상심할 통

【의미】 어버이가 자식을 사랑하는 마음은 누구에게도 차별이 없다.

【출전】 星湖全書 권7 百諺解

열 손가락 닳도록 일해도 한 입 풀칠하기 어렵다

➡ 십지력작 난호일구 十指力作 難糊一口

十 열 십, 指 손가락 지, 力 힘 력(역), 作 지을 작
難 어려울 난, 糊 풀 호, 一 한 일, 口 입 구

【의미】 아무리 고달프게 일을 해도 먹고살기가 어렵다.

【출전】 未詳

열 손가락을 꼼짝도 않는다

➡ 십지부동 十指不動

十 열 십, 指 손가락 지, 不 아닐 불, 動 움직일 동

【의미】 게을러서 아무 일도 하지 않는다.

【출전】 未詳

열 숟가락 밥이 한 그릇 밥을 만든다

➡ 십반일시 환성일반 十飯一匙 還成一飯

十 열 십, 飯 밥 반, 一 한 일, 匙 숟가락 시, 還 돌아올 환, 成 이룰 성

【의미】 여러 사람을 조금씩을 힘을 내면 적은 비용으로 큰 은혜를 베풀 수 있다.
【출전】 與猶堂全書 耳談續纂 東諺, 言衆人出力 費小而惠大

➡ 십시일반 十匙一飯

十 열 십, 匙 숟가락 시, 一 한 일, 飯 밥 반

【의미】 여러 사람이 조금씩 힘을 내면 작은 비용으로도 큰 은혜를 베풀 수 있다.
【출전】 未詳

염불에는 맘이 없고 잿밥에만 맘이 있다

➡ 염불무심 재식유심 念佛無心 齋食有心

念 생각할 념, 佛 부처 불, 無 없을 무, 心 마음 심
齋 재계할 재, 食 밥 식, 有 있을 유

【의미】 불가의 책에 "법륜이 돌기도 전에 식륜이 먼저 돈다."는 말이 있는데, 지금의 "염불에는 맘이 없고 잿밥에만 맘이 있다."는 말이 이것이다.
【출전】 松南雜識 方言類, 佛書云 法輪未轉 食輪先轉 今念佛無心 齋食有心之語 是也
【비교】 조상(弔喪)보다 팥죽에 마음이 있다. 초상난 집에 사람 죽은 것은 안 치고, 팥죽 들어오는 것만 친다.

염소 발굽도 돌산 탈 때는 쓸모 있다

➡ 양제석벽 내주탱과 羊蹄石壁 耐住撑過

羊 양 양, 蹄 굽 제, 石 돌 석, 壁 벽 벽
耐 견딜 내, 住 살 주, 撑 버틸 탱, 過 지날 과

【의미】 비록 볼품없어 보일 지라도 요긴하게 사용될 때가 있다. 남의 작은 재주라도 업신여기다가는 정말 필요할 때 낭패를 보게 된다.
【출전】 星湖全書 권7 百諺解

영리한 고양이가 밤눈이 어둡다

➡ 영리묘야안불견 伶俐猫夜眼不見

伶 영리할 령, 俐 똑똑할 리, 猫 고양이 묘, 夜 밤 야, 眼 눈 안, 不 아닐 불, 見 볼 견

【의미】 누구나 잘 살핀다고 말하지만 때로 어두운 부분도 있다. 매우 영리해서 못할 일이 없는 사람도 부족하고 어두운 부분은 있다.
【출전】 東言解, 莫云其察 亦或有昏

옛날 원수 갚으려다 새 원수 생긴다

➡ 욕보구수 신수갱출 欲報舊讐 新讐更出

欲 하고자할 욕, 報 갚을 보, 舊 예 구, 讐 원수 수, 新 새 신, 更 다시 갱, 出 날 출

【의미】 예전 원수의 앙갚음을 하려고 하면 그로 인해서 새로운 원수가 또 생기게 된다.

【출전】 星湖全書 권7 百諺解

➡ 욕보구수신수출 欲報舊讐新讐出

欲 하고자할 욕, 報 갚을 보, 舊 예 구, 讐 원수 수, 新 새 신, 出 날 출

【의미】 예전 원수의 앙갚음을 하려고 하면 그로 인해서 새로운 원수가 또 생기게 된다.

【출전】 旬五志 下, 言報復之際 又起新怨

옛날 잘 살던 일 자랑하고, 죽은 자식 나이 세기

➡ 과구기부 수망아년 誇舊基富 數亡兒年

誇 자랑할 과, 舊 예 구, 基 터 기, 富 가멸 부

數 셀 수, 亡 망할 망, 兒 아이 아, 年 해 년

【의미】 이미 지나간 일에 미련을 두고 곱씹으며 잊지 못하다.

【출전】 星湖全書 권7 百諺解

오뉴월 곁불도 쬐고 나면 서운하다

➡ 오뉴월화역퇴창 五六月火亦退悵

五 다섯 오, 六 여섯 륙, 月 달 월, 火 불 화, 亦 또 역, 退 물러날 퇴, 悵 슬퍼할 창

【의미】 당하고 있을 때에는 비록 괴롭지만, 그만두면 그것도 왠지 아쉽다.

【출전】 東言解, 當之雖苦 捨則可惜

➡ 유월화훈 거각유련 六月火燻 去却猶戀

六 여섯 륙, 月 달 월, 火 불 화, 燻 연기 낄 훈

去 갈 거, 却 물리칠 각, 猶 오히려 유, 戀 아쉬울 련

【의미】 사람의 정이란 물건에서 벗어나면 아쉬워한다. 당장에는 변변치 않게 생각되던 것도 없어진 뒤에는 아쉽다.

【출전】 星湖全書 권7 百諺解

부록

오뉴월 존장이라

➡ 오뉴월존장 五六月尊長

五 다섯 오, 六 여섯 륙, 月 달 월, 尊 높을 존, 長 길 장

【의미】 얽매여 어찌기가 어려우니 예의를 지키기가 몹시 힘들다. 음력 5·6월은 몹시 더운 때이다. 더운 여름날에 웃어른을 모시기가 대단히 어려운 것처럼, 어른을 받들고 모시기가 어렵다.

【출전】 東言解, 拘束難堪 苦生於敬

오라는 데는 없어도 갈 데는 많다

➡ 요처무 왕처다 邀處無 往處多

邀 맞을 요, 處 살 처, 無 없을 무, 往 갈 왕, 處 살 처, 多 많을 다

【의미】 서둘러 할 일도 없지만 편히 앉아 있을 만큼 한가롭지도 않다. 남들은 몰라주어도 나름대로 할 일이 있다. 거지가 반기는 곳은 없어도 갈 곳은 많다.

【출전】 東言解, 不速之行 未遑安坐

오래 앉아 있는 새는 화살을 맞는다

➡ 구좌작대촉 久坐雀帶鏃

久 오랠 구, 坐 앉을 좌, 雀 참새 작, 帶 띠 대, 鏃 살촉 촉

【의미】 남들이 부러워하는 자리에 오래 머물게 되면 마침내 재앙을 불러오게 된다.

【출전】 東言解, 忸於利處終招災

➡ 구좌지조대전 久坐之鳥帶箭

久 오랠 구, 坐 앉을 좌, 之 갈 지, 鳥 새 조, 帶 띠 대, 箭 화살 전

【의미】 편안한 자리를 너무 오래 탐내어 적당한 때에 물러나지 않는 사람은 재앙을 당하게 된다.

【출전】 旬五志 下, 言狃安而不知避者 取禍

➡ 비조좌구 필대증익 飛鳥坐久 必帶矰弋

飛 날 비, 鳥 새 조, 坐 앉을 좌, 久 오랠 구
必 반드시 필, 帶 띠 대, 矰 주살 증, 弋 주살 익

【의미】 남이 선망하는 자리에 오래 있으면 자신도 모르는 음해를 받게 된다.

【출전】 星湖全書 권7 百諺解

오르지 못할 나무는 처다 보지도 말아라

➡ 난상지목물앙 難上之木勿仰

難 어려울 난, 上 위 상, 之 갈 지, 木 나무 목, 勿 말 물, 仰 우러를 앙

【의미】 자신의 복이 아닌 일에 마음을 내어서는 안 된다. 어려운 일을 도모하지 말라.

【출전】 松南雜識 方言類 / 旬五志 下, 言無圖所難

➡ 난승지목 무연앙촉 難升之木 無然仰矚

難 어려울 난, 升 오를 승, 之 갈 지, 木 나무 목
無 없을 무, 然 그러할 연, 仰 우러를 앙, 矚 볼 촉

【의미】 자신의 복이 아닌 일에 마음을 내어서는 안 된다.

【출전】 與猶堂全書 耳談續纂 東諺, 言匪分之福 不宜生心

➡ 목난상 불가앙 木難上 不可仰

木 나무 목, 難 어려울 난, 上 오를 상, 不 아닐 불, 可 옳을 가, 仰 우러를 앙

【의미】 분수에 넘치는 일은 하지 말라. 오를 수 없는 나무를 바라본들 무슨 이익이 되겠는가?

【출전】 靑莊館全書 권62 洌上方言, 言不爲過分之事 難上之木 仰之何益

➡ 수송난연 우망하위 樹竦難緣 盱望何爲

樹 나무 수, 竦 삼갈 송, 難 어려울 난, 緣 좇을 연
盱 쳐다볼 우, 望 바랄 망, 何 어찌 하, 爲 할 위

【의미】 이루기 어려운 일에 너무 욕심을 부리지 말라.

【출전】 星湖全書 권7 百諺解

오리 치려다 원앙 놀란다

➡ 타압경원앙 打鴨驚鴛鴦

打 칠 타, 鴨 오리 압, 驚 놀랄 경, 鴛 원앙 원, 鴦 원앙 앙

【의미】 미워하는 사람을 제거하려다 오히려 아끼는 사람을 다치게 만든다.

【출전】 松南雜識 方言類, 言除所惡之人 反害所愛也

오리 홰 탄 것 같다

➡ 압승시 鴨乘塒

鴨 오리 압, 乘 탈 승, 塒 홰 시

【의미】 제가 있을 곳보다 높은 데 있어 보기에 아슬아슬하다.

【출전】 東言解, 非所處也 危乎高哉

오쟁이를 지다

➡ 부오장 負五藏

負 질 부, 五 다섯 오, 藏 감출 장

【의미】 등 뒤에서의 일을 잘 모르다가 아내를 잃게 되다. 아내가 다른 남자와 간통하는 꼴을 당하다.

【출전】 東言解, 背擔眼睫 見賣失妻

오줌에도 데겠다

➡ 난어소변자 爛於小便者

爛 문드러질 란, 於 어조사 어, 小 작을 소, 便 문득 변, 者 놈 자

【의미】 몸이 너무 허약해서 작은 충격에도 다칠 수 있다.

【출전】 東言解, 僅有孱殼 小觸亦傷

오추에 다리를 든다

➡ 오추사립 五騶斜立

五 다섯 오, 騶 말먹이는사람 추, 斜 비낄 사, 立 설 립

【의미】 합심해서 일해야 할 사람들이 제각기 따로 놀아 일이 제대로 되지 않다.

【출전】 東言解, 與人相約 末梢橫岐

온 천치는 계집 자랑하고 반 천치는 자식 자랑한다

➡ 전치과처 반치과아 全癡誇妻 半癡誇兒

全 온전할 전, 癡 어리석을 치, 誇 자랑할 과, 妻 아내 처, 半 반 반, 兒 아이 아

【의미】 사랑에 눈이 먼 사람은 판단이 밝지 못하다.

【출전】 與猶堂全書 耳談續纂 東諺, 戒溺愛者不明

【비교】 자식 자랑과 남편 자랑은 팔불출의 하나. 자식 추기 반 미친 놈, 계집 추기 온 미친 놈.

옷상자가 없어 비단 치마

➡ **유사무장 시이금상 唯笥無藏 是以錦裳**

唯 오직 유, **笥** 상자 사, **無** 없을 무, **藏** 감출 장
是 옳을 시, **以** 써 이, **錦** 비단 금, **裳** 치마 상

【의미】 재산이 부유하지 못해서 당연히 검소해야 할 때에도 사치를 부린다. 살림살이가 구차하여 입지 않아도 될 때에도 한 벌밖에 없는 비단옷을 입게 된다.

【출전】 與猶堂全書 耳談續纂 東諺, 言所蓄不富 故用奢於當儉之地

【비교】 춘포(春布) 창옷 단벌 호사. 춘포는 강원도에서 나는 베이고, 창옷은 두루마기의 일종이다.

옷 솔기의 이는 죽더라도 배부르다

➡ **의봉유슬 종사필포 衣縫有蝨 縱死必飽**

衣 옷 의, **縫** 꿰맬 봉, **有** 있을 유, **蝨** 이 슬
縱 늘어질 종, **死** 죽을 사, **必** 반드시 필, **飽** 물릴 포

【의미】 위험한 처지에 있으면서도 죽음을 무릅쓰고 탐욕을 마음껏 채운다.

【출전】 星湖全書 권7 百諺解

옷에 아무리 가선을 둘러도 등이 더 따뜻해지진 않는다

➡ **의수가선 배불증난 衣雖加禩 背不增煖**

衣 옷 의, **雖** 비록 수, **加** 더할 가, **禩** 서두를 선
背 등 배, **不** 아닐 불, **增** 불을 증, **煖** 따뜻할 난

【의미】 겉치레를 하여 꾸미는 일은 실속이 없다.

【출전】 星湖全書 권7 百諺解

옷은 새 옷이 좋고, 사람은 옛 사람이 좋다

➡ **의이신위호 인의구위호 衣以新爲好 人以舊爲好**

衣 옷 의, **以** 써 이, **新** 새 신, **爲** 할 위, **好** 좋을 호, **人** 사람 인, **舊** 예 구

【의미】 물건은 새 것이 좋지만, 사람은 오래 두고 사귄 사람이 좋다.

【출전】 旬五志 下, 出於器非求舊 人惟求舊之語

왕배야 덕배야

➡ 왕배야 덕배야 旺陪也 德陪也

旺 성할 왕, 陪 쌓아올릴 배, 也 어조사 야, 德 덕 덕

【의미】 가는 곳마다 말썽을 일으켜 괴로움을 견딜 수 없다.

【출전】 東言解, 賴到處作挐 不勝其門

왕십리에는 세 가지가 없다

➡ 왕십리삼무 往十里三無

往 갈 왕, 十 열 십, 里 마을 리, 三 석 삼, 無 없을 무

【의미】 예전 서울의 왕십리 거리에는 서당과 약국, 처녀가 없었다고 한 데서 유래한 속담.

【출전】 未詳

외손뼉이 못 울고 한 다리로는 가지 못한다

➡ 고장난명 孤掌難鳴

孤 외로울 고, 掌 손바닥 장, 難 어려울 난, 鳴 울 명

【의미】 세상 이치란 서로가 협력해야 일이 잘 마무리된다. 서로 돕는 것이 부족한데 혼자서 무슨 일을 하겠는가?

【출전】 東言解, 奈乏相助 無以獨爲

➡ 고장불명 단사난면 孤掌不鳴 單絲難綿

孤 외로울 고, 掌 손바닥 장, 不 아닐 불, 鳴 울 명
單 홑 단, 絲 실 사, 難 어려울 난, 綿 이어질 면

【의미】 세상 이치란 서로가 협력해야 일이 잘 마무리된다.

【출전】 星湖全書 권7 百諺解

➡ 척장난명 일고난행 隻掌難鳴 一股難行

隻 새한마리 척, 掌 손바닥 장, 難 어려울 난, 鳴 울 명
一 한 일, 股 넓적다리 고, 行 갈 행

【의미】 일이란 저 혼자 힘만으로는 되지 않는다. 상대방이 서로 협조해야지 제 힘만으로는 일을 성사시킬 수 없다.

【출전】 與猶堂全書 耳談續纂 東諺, 喻事不可獨成

외 손뼉이 소리나랴

➡ 독장불명 獨掌不鳴

獨 홀로 독, 掌 손바닥 장, 不 아닐 불, 鳴 울 명

【의미】 서로 비교하여 따지지 않으면 싸울 일도 없어진다.

【출전】 旬五志 下, 言不較則不爭

외손자를 귀여워하느니 절굿공이를 귀여워하지

➡ 애외손 영애저 愛外孫 寧愛杵

愛 사랑 애, 外 밖 외, 孫 손자 손, 寧 편안할 녕, 愛 사랑 애, 杵 공이 저

【의미】 남의 성받이를 귀여워 해봐야 결국엔 그 보람을 얻지 못하니 미물이라도 내 물건을 아끼는 것만 못하다.

【출전】 東言解, 親猶他姓 微亦吾物

➡ 외손지애 애저상사 外孫之愛 愛杵相似

外 밖 외, 孫 손자 손, 之 갈 지, 愛 사랑 애, 杵 공이 저, 相 서로 상, 似 같을 사

【의미】 외손자는 결국 남의 성붙이로 공들여 기른 만큼 보람을 얻지 못한다.

【출전】 星湖全書 권7 百諺解

왼손으로는 내어주고 오른손으로는 받든다

➡ 좌수우봉 左授右捧

左 왼쪽 좌, 授 줄 수, 右 오른쪽 우, 捧 받들 봉

【의미】 그 자리에서 한쪽으로는 내어주면서 다른 쪽으로는 받아 챙긴다.

【출전】 未詳

왼쪽으로 생각하고 오른쪽으로 헤아리다

➡ 좌사우량 左思右量

左 왼쪽 좌, 思 생각할 사, 右 오른쪽 우, 量 헤아릴 량

【의미】 이리저리 곰곰이 따져서 일을 처리하다. 연왕이 웃으며 말했다. "아이들이 방탕하여 만리 성역에서 헛되이 왔으니 어찌 다른 곳으로 보내겠는가? 세 첩이 너무 함부로 했으니 감히 아버지에게 알리지는 않겠다."

【출전】 玉樓夢 45回, 燕王笑曰 小子放蕩 萬里城域 空然牽來 豈可以送他門乎 左思右量 三妾太濫 故不敢稟達於爺爺

용수에 담긴 찰밥도 엎지른다

➡ **추유나반 상혹복지 篘有稬飯 尙或覆之**

篘 용수 추, **有** 있을 유, **稬** 찰벼 나, **飯** 밥 반
尙 오히려 상, **或** 혹 혹, **覆** 뒤집힐 복, **之** 갈 지

【의미】 운명이 기박한 사람은 넉넉한 녹을 받아도 이를 능히 지키지 못한다.
【출전】 與猶堂全書 耳談續纂 東諺, 喩薄命者得厚祿 不能保

우는 독 끝내 깨진다

➡ **유명자옹 종파사이 有鳴者甕 終破斯已**

有 있을 유, **鳴** 울 명, **者** 놈 자, **甕** 독 옹
終 마침내 종, **破** 깨뜨릴 파, **斯** 이 사, **已** 이미 이

【의미】 뭔가 조짐이 있으면 결국 그 일이 벌어지고 만다.
【출전】 星湖全書 권7 百諺解

우물 안 개구리의 소견

➡ **정와지견 井蛙之見**

井 우물 정, **蛙** 개구리 와, **之** 갈 지, **見** 볼 견

【의미】 세상 물정이 어둡거나 경험이 부족해 일에 대한 안목이나 식견이 부족하다.
【출전】 未詳

우물에 침 뱉은 놈 다시 와서 마신다

➡ **타로방정 중도지회 唾路傍井 重到知悔**

唾 침 타, **路** 길 로, **傍** 곁 방, **井** 우물 정
重 거듭 중, **到** 이를 도, **知** 알 지, **悔** 뉘우칠 회

【의미】 제 분수나 잘못을 모르고 남의 탓을 한 사람은 결국 남에게 부탁이나 도움을 다시 청하게 된다.
【출전】 星湖全書 권7 百諺解

우물을 파도 한 우물을 파라

➡ 착정착일정 鑿井鑿一井

鑿 뚫을 착, **井** 우물 정, **鑿** 뚫을 착, **一** 한 일

【의미】 자주 바꾸면 이루는 것이 없으니, 귀중한 태도는 한 가지 일에 깊이 매진하는 것이다.

【출전】 東言解, 數變無成 所貴有恒

울고 싶은데 때린다

➡ 욕곡시타불곡호 欲哭時打不哭乎

欲 하고자할 욕, **哭** 울 곡, **時** 때 시, **打** 때릴 타, **不** 아닐 불, **乎** 인가 호

【의미】 어떤 일을 하고 싶은 판에 마침 좋은 핑계거리가 생겼다. 하고 싶은데 핑계가 없어 못하다가 때맞춰 일이 생겨 호응하다.

【출전】 東言解, 時發之機 見觸以應

울려는 아이 뺨 치기

➡ 아지장제 우비기시 兒之將啼 又批其腮

兒 아이 아, **之** 갈 지, **將** 장차 장, **啼** 울 제
又 또 우, **批** 칠 비, **其** 그 기, **腮** 뺨 시

【의미】 공연한 화를 부르지 말라.

【출전】 與猶堂全書 耳談續纂 東諺, 戒挑禍也

➡ 타욕제지아 打欲啼之兒

打 칠 타, **欲** 하고자할 욕, **啼** 울 제, **之** 갈 지, **兒** 아이 아

【의미】 안 좋은 일이 생기려고 하는데 그것은 막지는 못할망정 더 빨리 일어나도록 조장하다.

【출전】 彰善感義錄 13回

울음 큰 새라

➡ 명대조 鳴大鳥

鳴 울 명, **大** 큰 대, **鳥** 새 조

【의미】 겉모습만 그럴듯할 뿐 내용은 보잘 것 없다.

【출전】 東言解, 聲雖藉藉 實則空空

울지 않는 아이 젖 주랴

➡ 불제지아 기수누지 不啼之兒 其誰穀之

不 아닐 불, 啼 울 제, 之 갈 지, 兒 아이 아
其 그 기, 誰 누구 수, 穀 젖줄 루, 之 갈 지

【의미】 누는 '나두' 반절이다. 구하지 않는 사람에게는 쉽게 베풀지 않는다.
【출전】 與猶堂全書 耳談續纂 東諺, 穀那斗反○喻不求者不易施也

➡ 아약불제 역불포유 兒若不啼 亦不哺乳

兒 아이 아, 若 만약 약, 不 아닐 불, 啼 울 제
亦 또 역, 不 아닐 불, 哺 먹을 포, 乳 젖 유

【의미】 주겠거니 하고 가만히 있지 말고 제 때에 요구해야 제 차례가 돌아온다.
【출전】 星湖全書 권7 百諺解

움 안에서 떡 받는다

➡ 좌요내수병식 坐窯内受餠食

坐 앉을 좌, 窯 기와굽는가마 요, 内 안 내, 受 받을 수, 餠 떡 병, 食 밥 식

【의미】 구하려고 하지도 않았던 물건이 우연히 내게로 오다. 뜻밖의 횡재를 하다.
【출전】 東言解, 不求之物 偶然歸我

웃는 낯에 침 뱉으랴

➡ 대소안 타역난 對笑顔 唾亦難

對 대할 대, 笑 웃을 소, 顔 얼굴 안, 唾 침 타, 亦 또 역, 難 어려울 난

【의미】 사람이 좋은 얼굴로 다가오면 비록 속으로는 미워도 대놓고 배척하여 침을 뱉지는 못한다.
【출전】 靑莊館全書 권62 洌上方言, 言人好顔色而至 雖嫉不可斥而唾之也

➡ 소안타호 笑顔唾乎

笑 웃을 소, 顔 얼굴 안, 唾 침 타, 乎 인가 호

【의미】 호의로 자신을 대해주는 사람에게는 막 대할 수 없다. 속이려는 마음을 알기는 하지만 반가운 안색을 거절하기는 힘들다.

【출전】 東言解, 非昧詐情 難拒和色

원님도 보고 환자還子도 탄다

➡ 수조역알수 受糶亦謁守

受 받을 수, 糶 쌀내어팔 조, 亦 또 역, 謁 아뢸 알, 守 지킬 수

【의미】 편한 김에 일을 치러서 한꺼번에 두 가지 결과를 얻다.

【출전】 東言解, 因便行事 一擧兩得

➡ 아알현재 겸수진대 我謁縣宰 兼受賑貸

我 나 아, 謁 아뢸 알, 縣 매달 현, 宰 재상 재
兼 겸할 겸, 受 받을 수, 賑 구휼할 진, 貸 빌릴 대

【의미】 겉으로는 명목적인 것에 충성을 바치면서 실제적으로는 이익도 얻는다. 한꺼번에 두 가지 좋은 결과를 맺는다.

【출전】 與猶堂全書 耳談續纂 東諺, 喻外託虛忠 實以求利

원님이 책방 노릇한다

➡ 읍재유죄 기관피형 邑宰有罪 記官被刑

邑 고을 읍, 宰 재상 재, 有 있을 유, 罪 허물 죄
記 기록할 기, 官 벼슬 관, 被 입을 피, 刑 형벌 형

【의미】 아랫사람이 윗사람이 받아야 할 벌을 대신 받는다.

【출전】 星湖全書 권7 百諺解

➡ 태수대기관 太守代記官

太 클 태, 守 지킬 수, 代 대신할 대, 記 기록할 기, 官 벼슬 관

【의미】 아랫사람이 윗사람이 받아야 할 벌을 대신 받는다.

【출전】 旬五志 下, 言在下者 替受在上之罰

원래 분수를 잃지 않는다

➡ 불실원수 不失元數

不 아닐 불, 失 잃을 실, 元 으뜸 원, 數 셀 수

【의미】 자신에게 주어진 운명을 달게 받으며 살다.

【출전】 松南雜識 方言類

원살이 고공살이

➡ 쉬거생고공거생 倅居生雇工居生

倅 버금 쉬, 居 있을 거, 生 날 생, 雇 품살 고, 工 장인 공

【의미】 잠시 머물 곳을 살필 뿐 장구한 계획은 가지고 있지 않다. ①장구한 계획이 없이 경우와 형편에 따라서 임시변통으로 생활을 꾸려나가다. ②벼슬살이하는 사람의 노고는 고용살이하는 사람의 그것과 같다.

【출전】 東言解, 視以暫寄 俱無久計

➡ 현재생활 고공생활 縣宰生活 雇工生活

縣 고을 현, 宰 재상 재, 生 날 생, 活 살 활, 雇 품살 고, 工 장인 공

【의미】 벼슬 자리에 있는 사람은 언제 그 자리에서 쫓겨날지 알 수 없다. 벼슬자리에 있는 사람이 언제 자리를 잃을지 알 수 없어 불안해하고 근심하는 것이 고용살이하는 사람의 그것과 비슷하다.

【출전】 與猶堂全書 耳談續纂 東諺, 言居官者斥罷出於不意

원수는 외나무다리에서 만나다

➡ 독목교 원가조 獨木橋 寃家遭

獨 홀로 독, 木 나무 목, 橋 다리 교, 寃 원통할 원, 家 집 가, 遭 만날 조

【의미】 일이 공교롭게 꼬여 피할 수 없게 되다.

【출전】 靑莊館全書 권62 冽上方言, 言事之巧湊也

➡ 유구필우 약표지교 有仇必遇 略杓之橋

有 있을 유, 仇 원수 구, 必 반드시 필, 遇 만날 우
略 다스릴 략, 杓 자루 표, 之 갈 지, 橋 다리 교

【의미】 꺼리고 싫어하는 사람을 피할 수 없는 곳에서 공교롭게 만난다. 평소에 남에게 원한을 사는 일은 하지 않는 것이 좋다.

【출전】 星湖全書 권7 百諺解

➡ 이봉이구 독목교두 爾逢爾仇 獨木橋頭

爾 너 이, 逢 만날 봉, 仇 원수 구, 獨 홀로 독, 木 나무 목, 橋 다리 교, 頭 머리 두

【의미】 일이 묘하게 꼬여서 요행으로 액운을 피할 수 없게 되다.

【출전】 與猶堂全書 耳談續纂 東諺, 言事必巧湊厄無幸逭

➡ **척교상봉 隻橋相逢**

隻 새한마리 척, **橋** 다리 교, **相** 서로 상, **逢** 만날 봉

【의미】 남에게 나쁜 짓을 하게 되면 언젠가는 그 보복을 받을 때가 온다.

【출전】 欽欽新書 권5 祥刑追議 1 自他之分 1

원수를 장부에 기록해 둔다

➡ **원수치부 怨讐置簿**

怨 원망할 원, **讐** 원수 수, **置** 둘 치, **簿** 장부 부

【의미】 원수에 대한 원한을 잊지 않고 기억하다.

【출전】 未詳

원숭이 잔치

➡ **후원연 猴猿宴**

猴 원숭이 후, **猿** 원숭이 원, **宴** 잔치 연

【의미】 어수선하기 짝이 없는 일이어서 모양새를 갖추기 어렵다.

【출전】 東言解, 做做之事 不能成樣

원한 원망은 빚에서 생긴다

➡ **미유수대 유불칭대 未有讐懟 由不稱貸**

未 아닐 미, **有** 있을 유, **讐** 원수 수, **懟** 원망할 대
由 말미암을 유, **不** 아닐 불, **稱** 일컬을 칭, **貸** 빌릴 대

【의미】 처음에는 비록 간략하고 엷었지만, 끝내 채무에 대한 독촉이 닥치는 것을 피하진 못한다.

【출전】 與猶堂全書 耳談續纂 東諺, 始雖簡薄 終無逋財之督迫也

월나라 사람이 진나라 사람 여윈 것 보듯 한다

➡ **월시진척 越視秦瘠**

越 월나라 월, **視** 볼 시, **秦** 진나라 진, **瘠** 파리할 척

【의미】 서로 관계가 없거나 관심이 없어 무슨 일이 일어나는지 상관하지 않는다. 일찍이 정치에 대해 한 마디 말도 언급하지 아니하여, 정치의 득실을 보기를

월나라 사람이 진나라 사람이 살찌고 수척함을 보듯이 하여, 소홀히 해서 자신의 마음에 기쁨과 슬픔을 더하지 않는다.

【출전】 昌黎集 爭臣論, 未嘗一言及於政 視政之得失 若越人視秦人之肥瘠 忽焉不可喜戚於其心

위세 빌린 여우

➡ 가위지호 假威之狐

假 빌릴 가, 威 위엄 위, 之 갈 지, 狐 여우 호

【의미】 남의 힘으로 자신의 위세를 내세우는 사람. 권력자에게 빌붙어 날뛰는 소인배.

【출전】 朝鮮明宗實錄 권30 19년 10월 丙申

윗물이 맑아야 아랫물도 맑다

➡ 상탁하불청 上濁下不清

上 위 상, 濁 흐릴 탁, 下 아래 하, 不 아닐 불, 淸 맑을 청

【의미】 윗사람이 바르게 행동하지 않으면 아랫사람도 따라 물든다.

【출전】 未詳

유손이 초립이라

➡ 유손초립 幼孫草笠

幼 어릴 유, 孫 손자 손, 草 풀 초, 笠 우리 립

【의미】 빠르기는 하지만 해놓은 솜씨가 아주 거칠다. 오로지 빠른 것에만 전념하니 어찌 정교할 수 있겠는가?

【출전】 東言解, 只務其速 那免不精

➡ 추조근성 유손초립 麤粗僅成 幼孫草笠

麤 거칠 추, 粗 거칠 조, 僅 겨우 근, 成 이룰 성
幼 어릴 유, 孫 손자 손, 草 풀 초, 笠 우리 립

【의미】 일이 빠르기는 하지만 해놓은 솜씨가 아주 거칠다.

【출전】 星湖全書 권7 百諺解

으르릉거리는 범도 함정에 빠진다

➡ 포호함포 咆虎陷浦

咆 으르렁거릴 포, **虎** 범 호, **陷** 빠질 함, **浦** 개 포

【의미】 요란하게 큰 소리 치는 사람은 성공하기 어렵다. "항우도 오랏줄에 묶인다."는 속담과 뜻이 같다.

【출전】 松南雜識 方言類, 言誇大者無成 亦項羽罥葛蔓之說

음식으로 하늘을 삼는다

➡ 이식위천 以食爲天

以 써 이, **食** 밥 식, **爲** 할 위, **天** 하늘 천

【의미】 사람들에게는 먹고사는 일이 가장 중요하다.

【출전】 未詳

음식은 갈수록 줄고 말은 할수록 는다

➡ 선전유감 언전유람 饍傳愈減 言傳愈濫

饍 반찬 선, **傳** 전할 전, **愈** 나을 유, **減** 덜 감, **言** 말씀 언, **濫** 퍼질 람

【의미】 할 수 있는 일이라면 쉽게 어기고, 늘릴 수 있는 일이라면 쉽게 늘인다.

【출전】 與猶堂全書 耳談續纂 東諺, 言可欲者易犯 可張者易增

➡ 찬전익감 언전익증 饌傳益減 言傳益增

饌 반찬 찬, **傳** 전할 전, **益** 더할 익, **減** 덜 감, **言** 말씀 언, **增** 불을 증

【의미】 할 수 있는 것은 쉽게 어기고, 늘릴 수 있는 것은 쉽게 늘인다. 음식은 전할 때마다 떼어먹어서 자꾸 줄고, 말은 절할 때마다 더해져서 자꾸 늘어난다.

【출전】 星湖全書 권7 百諺解

음지가 양지 된다 ⇒ 음지에도 볕들 날 있다

음지에도 볕들 날 있다

➡ 열피음강 상혹회양 洌彼陰岡 尙或回陽

洌 찰 렬, **彼** 저 피, **陰** 응달 음, **岡** 산등성이 강
尙 오히려 상, **或** 혹 혹, **回** 돌 회, **陽** 볕 양

【의미】 잘 되고 못 되는 것은 항상 바뀐다.
【출전】 與猶堂全書 耳談續纂 東諺, 言榮悴有變

➡ 음지전 양지변 陰地轉 陽地變

陰 응달 음, **地** 땅 지, **轉** 구를 전, **陽** 볕 양, **地** 땅 지, **變** 변할 변

【의미】 세상 일이란 돌고 도는 것이어서, 차가운 음지가 변해서 따뜻한 양지가 되기도 한다.
【출전】 青莊館全書 권62 洌上方言, 言世事循環也 陰地之寒 轉成陽地之暖也

의붓아비 아비라 하랴

➡ 비아고고 기부계부 匪我孤苦 豈父繼父

匪 아닐 비, **我** 나 아, **孤** 외로울 고, **苦** 쓸 고
豈 어찌 기, **父** 아비 부, **繼** 이을 계, **父** 아비 부

【의미】 모자라는 것을 구차하게 메우다. 아무리 어렵고 궁하더라도 의리상 옳지 않은 일은 하지 않는다.
【출전】 與猶堂全書 耳談續纂 東諺, 喻承乏而苟充也

의원이 제 병 못 고치고, 무당이 제 굿 못한다

➡ 의무자약 무불기무 醫無自藥 巫不己舞

醫 의원 의, **無** 없을 무, **自** 스스로 자, **藥** 약 약
巫 무당 무, **不** 아닐 불, **己** 자기 기, **舞** 춤출 무

【의미】 마을 속담에 "의원이 제 병 못 고치고, 무당이 제 굿 못한다."는 말이 있다. 남의 문제는 잘 해결하는 사람도 정작 자신의 문제는 잘 처리하지 못한다.
【출전】 燕巖集 放璚閣外傳 穢德先生傳 里諺有之曰 醫無自藥 巫不己舞 人皆有己所自善而人不知
【비교】 갓장이 헌 갓 쓴다. 도끼가 제 자루 못 찍는다. 의사가 제 병 못 고친다. 중이 제 머리 못 깎는다.

이가 없으면 잇몸으로 산다

➡ 치망순역지 齒亡脣亦支

齒 이 치, **亡** 망할 망, **脣** 입술 순, **亦** 또 역, **支** 버틸 지

【의미】 비록 없어져서 버티기 어려워도 대신할 것을 찾아 견뎌내다. 없으면 없는 대

로 견디며 살아가다.

【출전】 東言解, 雖失難保 尙輔蘭質

이것을 미루어 알 수 있다

➡ **추차가지 推此可知**

推 옮을 추, **此** 이 차, **可** 옳을 가, **知** 알 지

【의미】 논리적으로 따져보면 쉽게 알 수 있는 일이다.

【출전】 松南雜識 方言類

이것이나 저것이나

➡ **이차이피 以此以彼**

以 써 이, **此** 이 차, **彼** 저 피

【의미】 형세가 비슷해서 어떻게 하든 결과가 크게 달라지지 않는다.

【출전】 松南雜識 方言類

이 굿에는 춤추기 어렵다

➡ **차신사난무 此神事難舞**

此 이 차, **神** 귀신 신, **事** 일 사, **難** 어려울 난, **舞** 춤출 무

【의미】 의견이 너무나 분분해서 바른 답안을 내기가 어렵다.

【출전】 東言解, 衆議多岐 莫知適中

이 떡 먹고 말 말아라

➡ **식차병불언 食此餠不言**

食 먹을 식, **此** 이 차, **餠** 떡 병, **不** 아닐 불, **言** 말씀 언

【의미】 비밀이 발설될까 두려워 이익의 일부를 미리 떼어주다.

【출전】 東言解, 恐有其洩 先啗其利

이도 머리에 있으면 검어진다

➡ **슬처두이흑 虱處頭而黑**

虱 이 슬, **處** 살 처, **頭** 머리 두, **而** 어조사 이, **黑** 검을 흑

부록

【의미】 사람의 성격은 환경에 따라 변하기 마련이다.
【출전】 未詳

이래라 저래라 하는 데선 춤추기도 어렵다

➡ 막앙막부 차연난무 莫仰莫俯 此筵難舞

莫 없을 막, **仰** 우러를 앙, **俯** 구부릴 부, **此** 이 차
筵 대자리 연, **難** 어려울 난, **舞** 춤출 무

【의미】 명령이 일정하지 않아서 시비가 오락가락하기 때문에 무엇을 좇을지 알 수 없다.
【출전】 與猶堂全書 百諺解 耳談續纂 東諺, 喻令出無常 又多是非莫適所從

이른 새끼 고달프랴

➡ 조추피호 早雛疲乎

早 일찍 조, **雛** 병아리 추, **疲** 지칠 피, **乎** 인가 호

【의미】 무슨 일이든 남보다 먼저 도모하면 그 일이 이루어지지 않을 것이 없다.
【출전】 東言解, 圖早於先 事無不建

이름은 헛되이 얻은 것이 아니다

➡ 명불허득 名不虛得

名 이름 명, **不** 아닐 불, **虛** 빌 허, **得** 얻을 득

【의미】 명성이 나 있으면 그만한 이유나 까닭이 있다.
【출전】 松南雜識 方言類

이마에 부은 물이 발뒤꿈치로 흐른다

➡ 관두지수 류하족저 灌頭之水 流下足底

灌 물댈 관, **頭** 머리 두, **之** 갈 지, **水** 물 수
流 흐를 류, **下** 아래 하, **足** 발 족, **底** 밑 저

【의미】 사람이 착하고 악해지는 것은 반드시 앞사람에게 배워 나오는 것이니, "윗물이 흐리면 아랫물도 맑지 않다"는 속담의 뜻과 같다.
【출전】 松南雜識 方言類, 言人之善惡必從其先 亦上濁下不淨之意 / 旬五志 下, 言人之善惡必從其先

➡ **관정수 류지지 灌頂水 流至趾**

灌 물댈 관, 頂 정수리 정, 水 물 수, 流 흐를 류, 至 이를 지, 趾 발 지

【의미】 나쁜 짓을 저지르면 세상 사람들이 그 악을 본받는다.

【출전】 靑莊館全書 권62 洌上方言, 言世濟其惡也

➡ **관정지수 필류우지 灌頂之水 必流于趾**

灌 물댈 관, 頂 정수리 정, 之 갈 지, 水 물 수
必 반드시 필, 流 흐를 류, 于 어조사 우, 趾 발 지

【의미】 나쁜 일은 반드시 근원이 시작되는 곳으로부터 시작되어 결과가 나오게 된다.

【출전】 與猶堂全書 耳談續纂 東諺, 喩惡事必有源流所從受也

➡ **수주어정 유귀우종 水注於頂 流歸于踵**

水 물 수, 注 물댈 주, 於 어조사 어, 頂 정수리 정
流 흐를 류, 歸 돌아갈 귀, 于 어조사 우, 踵 발꿈치 종

【의미】 윗사람이 하는 일은 좋은 일이든 나쁜 일이든 아랫사람이 본받는다.

【출전】 星湖全書 권7 百諺解

【비교】 윗물이 맑아야 아랫물이 맑다. 어린애 앞에서는 냉수도 못 마신다.

이미 깨진 시루

➡ **이파지증 已破之甑**

已 이미 이, 破 깨뜨릴 파, 之 갈 지, 甑 시루 증

【의미】 이미 벌어진 일은 본래 상태로 되돌릴 수 없다.

【출전】 崔陟傳

이미 씌어 놓은 망건이라

➡ **기사착지망건 旣使着之網巾**

旣 이미 기, 使 하여금 사, 着 붙을 착, 之 갈 지, 網 그물 망, 巾 수건 건

【의미】 남이 한 대로 두고 감히 마음대로 바꾸지 않는다.

【출전】 星湖全書 권7 百諺解

이미 지나간 일

➡ **이왕지사 已往之事**

已 이미 이, 往 갈 왕, 之 갈 지, 事 일 사

【의미】 이미 한 일에 대해서는 후회해서는 안 된다.

【출전】 松南雜識 方言類

이미 펼친 춤사위를 하다가 말 순 없다

➡ 기장지무 불가지야 旣張之舞 不可止也

旣 이미 기, 張 베풀 장, 之 갈 지, 舞 춤출 무
不 아닐 불, 可 옳을 가, 止 그칠 지, 也 어조사 야

【의미】 이미 시작한 일이라 중도에서 그만 둘 수 없다.

【출전】 星湖全書 권7 百諺解

이불깃 봐 가며 발 편다

➡ 선시이욕 내전궐족 先視爾褥 乃展厥足

先 먼저 선, 視 볼 시, 爾 너 이, 褥 요 욕, 乃 이에 내, 展 펼 전, 厥 그 궐, 足 발 족

【의미】 먼저 처지를 헤아린 뒤에 그 뜻을 펼친다.

【출전】 與猶堂全書 耳談續纂 東諺, 言先度處地 方行其志也

➡ 선탁이금 방신이각 先度爾衾 方伸爾脚

先 먼저 선, 度 헤아릴 탁, 爾 너 이, 衾 이불 금, 方 모 방, 伸 펼 신, 脚 다리 각

【의미】 먼저 처지를 헤아린 뒤에 그 뜻을 펼친다.

【출전】 星湖全書 권7 百諺解

➡ 양금신족 量衾伸足

量 헤아릴 량, 衾 이불 금, 伸 펼 신, 足 발 족

【의미】 모든 일은 자신의 역량을 따져본 뒤에 실행에 옮겨야 한다.

【출전】 旬五志 下, 言凡事皆當量力而爲之

➡ 양오피 치오지 量吾被 置吾趾

量 헤아릴 량, 吾 나 오, 被 이불 피, 置 둘 치, 吾 나 오, 趾 발 지

【의미】 일이란 능력을 헤아린 뒤에 실행해야 한다. 이불이 짧은데도 발을 뻗으면 발은 밖으로 빠져나올 것이다.

【출전】 靑莊館全書 권62 洌上方言, 言事可度力而爲也 被短而申足 足必露矣

이불 속에서 활개 친다

➡ 방내왈자 房內曰者

房 방 방, 內 안 내, 曰 가로 왈, 若 같을 약

【의미】 혼자 있을 때는 잘난 체 하다가도 사람들 사이에 있으면 위축되어 기를 펴지 못하다. 남들이 보지 않는 곳에서만 큰 소리를 치다.

【출전】 東言解, 獨處自肆 衆中綴縮

【비교】 다리 부러진 장수 성안에서 호령한다.

이웃 색시 믿고 장가 못 간다

➡ 시린처녀불취호 恃隣處女不娶乎

恃 믿을 시, 隣 이웃 린, 處 살 처, 女 계집 녀, 不 아닐 불, 娶 장가들 취, 乎 인가 호

【의미】 크게 기대할 만한 일만 믿고 정작 제가 해야 할 일을 소홀히 하다. 제 생각으로만 되겠거니 하고 근거 없이 믿다가는 실패하게 된다.

【출전】 東言解, 望於非望 爲不爲

➡ 대인부 처불취 待隣婦 妻不娶

待 기다릴 대, 隣 이웃 린, 婦 며느리 부, 妻 아내 처, 不 아닐 불, 娶 장가들 취

【의미】 자기만의 깜냥으로 기다리다가 중요한 일을 실패하다.

【출전】 靑莊館全書 권62 冽上方言, 言膠守失着也

【비교】 누이 믿고 장가 못 간다.

이쪽저쪽을 돌아보고 살펴보다

➡ 좌우고시 左右顧視

左 왼쪽 좌, 右 오른쪽 우, 顧 돌아볼 고, 視 볼 시

【의미】 결정을 짓지 못하고 망설이다.

【출전】 松南雜識 方言類

익힌 음식은 날로 돌아가지 않는다

➡ 숙불환생 熟不還生

熟 익을 숙, 不 아닐 불, 還 돌아올 환, 生 날 생

【의미】 이미 익힌 음식은 다시 익히기 이전으로 되돌릴 수는 없다.

부록

【출전】 古今釋林 권28 東韓譯語 釋食, 言熟食不還爲生物也

일가 싸움은 개 싸움

➡ 종족지투 불이구투 宗族之鬪 不異狗鬪

宗 마루 종, 族 겨레 족, 之 갈 지, 鬪 싸움 투, 不 아닐 불, 異 다를 이, 狗 개 구

【의미】 사람으로서 화목하지 못하면 또한 짐승과 마찬가지다.

【출전】 與猶堂全書 耳談續纂 東諺, 言人而不睦 亦一禽獸也

일각이 삼추 같다

➡ 일각삼추 一刻三秋

一 한 일, 刻 새길 각, 三 석 삼, 秋 가을 추

【의미】 짧은 시간이 아주 길게 느껴져 마치 가을을 세 번 보낸 듯하다. 시간이 아주 더디게 지나가다.

【출전】 松南雜識 方言類

➡ 일각여삼추 一刻如三秋

一 한 일, 刻 새길 각, 如 같을 여, 三 석 삼, 秋 가을 추

【의미】 짧은 시간이 아주 길게 느껴져 마치 가을을 세 번 보낸 듯하다. 시간이 아주 더디게 지나가다.

【출전】 未詳

일색 소박은 있어도 박색 소박은 없다

➡ 일색유소박 박색무소박 一色有疎薄 薄色無疎薄

一 한 일, 色 빛 색, 有 있을 유, 疎 트일 소, 薄 엷을 박, 無 없을 무

【의미】 아름다운 여자는 소박을 당하는 수가 있어도 못 생긴 여자는 소박 당하는 일이 없다.

【출전】 松南雜識 方言類

일은 반드시 바름으로 돌아온다

➡ 사필귀정 事必歸正

事 일 사, 必 반드시 필, 歸 돌아갈 귀, 正 바를 정

【의미】 세상의 이치가 처음에는 그릇된 곳으로 가는 듯해도 결국에는 바른 길로 돌아온다.
【출전】 未詳

일이 잘못 되려면 모진 놈이 먼저 지나간다

➡ 사장오기 우선지후 事將誤機 愚先智後

事 일 사, 將 장차 장, 誤 그릇할 오, 機 틀 기
愚 어리석을 우, 先 먼저 선, 智 슬기 지, 後 뒤 후

【의미】 운이 안 따라주면 제대로 될 일도 이상하게 꼬여 낭패를 본다.
【출전】 星湖全書 권7 百諺解

잃은 도끼나 얻은 도끼나

➡ 실부득부동 失斧得斧同

失 잃을 실, 斧 도끼 부, 得 얻을 득, 同 같을 동

【의미】 새 것과 옛 것을 비교할 때 낫고 못한 차이가 없다. 이익도 손해도 나지 않았다.
【출전】 東言解, 將新比舊 無優無劣

임금의 죽음에 대한 슬픔

➡ 궁검지통 弓劍之痛

弓 활 궁, 劍 칼 검, 之 갈 지, 痛 아플 통

【의미】 옛날 황제(黃帝)가 용을 타고 하늘로 올라가면서 활을 떨어뜨리자 백성들이 이 활을 부여잡고 울부짖었다는 이야기에서 유래하였다.
【출전】 大東野乘 권12 乙巳傳聞錄 申寃傳旨 丁丑冬削勳敎

입안의 혀 같다

➡ 여구지설 如口之舌

如 같을 여, 口 입 구, 之 갈 지, 舌 혀 설

【의미】 뜻대로 좇아 펴고 굽히니 얼마나 편하고 적절한가? 시키는 대로 약삭빠르게 움직여 잘 순종하다.
【출전】 東言解, 隨以伸屈 何其便適

입에 맞는 떡이 먹기도 좋겠나

➡ 적구병이호 適口餠易乎

適 맞을 적, 口 입 구, 餠 떡 병, 易 쉬울 이, 乎 인가 호

【의미】 자기 뜻에 맞는 일일지라도 항상 난관은 있는 법이다.

【출전】 東言解, 愜意之事 蓋難常有

입은 삐뚤어졌어도 말은 바로 하랬다

➡ 구수사 취라당직 口雖斜 吹螺當直

口 입 구, 雖 비록 수, 斜 비낄 사, 吹 불 취, 螺 소라 라, 當 당할 당, 直 곧을 지

【의미】 사람이 비록 부족해도 말할 때는 정직을 다해야 한다.

【출전】 松南雜識 方言類, 言人雖微 言不可不盡 / 旬五志 下, 言人雖微 言不可不盡

➡ 구수와사 취라즉정 口雖喎斜 吹螺則正

口 입 구, 雖 비록 수, 喎 입비뚤어질 와, 斜 비낄 사
吹 불 취, 螺 소라 라, 則 곧 즉, 正 바를 정

【의미】 형편이 아무리 어렵더라도 말은 정직하게 해야 한다.

【출전】 星湖全書 권7 百諺解

➡ 구수와 직취라 口雖喎 直吹螺

口 입 구, 雖 비록 수, 喎 입비뚤어질 와, 直 곧을 직, 吹 불 취, 螺 소라 라

【의미】 사람의 신분이 비록 미천해도 공적인 논의는 할 수 있다.

【출전】 靑莊館全書 권62 洌上方言, 言人雖微賤 可以公議也

➡ 구와주라직취 口喎朱囉直吹

口 입 구, 喎 입비뚤어질 와, 朱 붉을 주, 囉 소리얽힐 라, 直 곧을 직, 吹 불 취

【의미】 겉모습은 비록 누추하다 해도 말은 정직하게 해야 한다.

【출전】 東言解, 外形雖陋 出言宜正

【비교】 입은 삐뚤어졌어도 나발은 제대로 불어라.

입은 사람을 해치는 도끼다

➡ 구시상인부 口是傷人斧

口 입 구, 是 옳을 시, 傷 해칠 상, 人 사람 인, 斧 도끼 부

【의미】 말을 잘못하면 남이나 자신에게 큰 해를 끼칠 수 있으니 항상 조심해야 한다.

【출전】 明心寶鑑·言語篇, 口是傷人斧 言是割舌刀 閉口深臟舌 安身處處牢

입이 열 개라도 할 말이 없다

➡ 유구무언 有口無言

有 있을 유, **口** 입 구, **無** 없을 무, **言** 말씀 언

【의미】 잘못이 분명해서 변명할 여지가 없다.

【출전】 松南雜識 方言類

자

자가사리가 용을 건드린다

➡ 앙자범룡 昻刺犯龍

昻 오를 앙, **刺** 찌를 자, **犯** 범할 범, **龍** 용 룡

【의미】 제 능력은 생각지도 않고 강한 상대에게 함부로 대들다.

【출전】 古今釋林 권28 東韓譯語 釋魚, 쟈가사리 뇽 거오다.

자기 자식의 잘못은 모르고, 자기 곡식 잘 된 건 모른다

➡ 막지기자지악 막지기묘지석 莫知其子之惡 莫知其苗之碩

莫 없을 막, **知** 알 지, **其** 그 기, **子** 아들 자
之 갈 지, **惡** 악할 악, **苗** 모 묘, **碩** 클 석

【의미】 사람에게는 가까운 사람의 일일수록 제대로 판단하지 못하는 경우가 많다.

【출전】 旬五志 下 曾氏傳

【비교】 까마귀도 제 소리는 아름답다 여긴다. 당나귀도 제 울음은 듣기 좋다. 부엉이 소리도 제 듣기에는 좋다.

자는 범 밑 찌르기

➡ 숙호충본 宿虎衝本

宿 묵을 숙, **虎** 범 호, **衝** 찌를 충, **本** 밑 본

【의미】 가만히 있는 사람이나 물건을 공연히 건드려 재앙을 불러오다.

【출전】 旬五志 下, 言誤觸而取患

자는 범 코침 주기

➡ **숙호충비 宿虎衝鼻**

宿 묵을 숙, 虎 범 호, 衝 찌를 충, 鼻 코 비

【의미】 잘못 건드려 화를 부르다. "호랑이 수염 땋아 걸고 용의 비늘 목에 걸다"는 속담도 있다.

【출전】 古今釋林 권28 東韓譯語 釋獸, 자는 범 코 지ᄅ다. / 松南雜識 方言類, 言誤觸而取患也 亦辮虎鬚 嬰龍鱗之說

자다가 남의 다리 긁는다

➡ **수여파착 정령지각 睡餘爬錯 正領之脚**

睡 잘 수, 餘 남을 여, 爬 긁을 파, 錯 섞일 착
正 바를 정, 領 옷깃 령, 之 갈 지, 脚 다리 각

【의미】 잠이 덜 깨어 엉뚱한 일을 하다. 자신을 위해 한 일이 남에게만 도움이 되다. 전혀 앞뒤가 맞지 않는 이야기를 하다.

【출전】 與猶堂全書 耳談續纂 拾遺, 言矇昧有誤也

자라 보고 놀란 가슴 솥뚜껑 보고 놀란다

➡ **혁우별자 상경정개 嚇于鼈者 尙驚鼎蓋**

嚇 노할 혁, 于 어조사 우, 鼈 자라 별, 者 놈 자
尙 오히려 상, 驚 놀랄 경, 鼎 솥 정, 蓋 덮을 개

【의미】 어떤 일에 크게 놀란 사람은 그와 비슷한 것만 보아도 놀란다. "팔공산 풀나무가 모두 진나라 병사처럼 보인다."는 말이 이와 같은 뜻이다.

【출전】 與猶堂全書 耳談續纂 拾遺, 八公山草木 皆以爲晋兵 亦此意

자식 둔 골은 범도 돌아본다

➡ **유자지곡 호역고복 留子之谷 虎亦顧復**

留 머무를 류, 子 아들 자, 之 갈 지, 谷 골 곡
虎 범 호, 亦 또 역, 顧 돌아볼 고, 復 돌아올 복

【의미】 아무리 악한 사람이라고 해도 자기 자식을 맡겨둔 곳은 돌아본다.

【출전】 與猶堂全書 耳談續纂 東諺, 言雖惡人 亦有顧藉於其子之所託

자식 없는 놈 재산 불리기

➡ 무자식허치산 無子息虛治産

無 없을 무, 子 아들 자, 息 숨쉴 식, 虛 빌 허, 治 다스릴 치, 産 낳을 산

【의미】 물려줄 자식도 없는 사람이 열심히 재산을 늘리는 것과 같이, 아무 보람도 없는 일을 헛되이 하는 사람을 가리킨다.

【출전】 東言解, 家業靡托 經營何爲

➡ 무해아 낭영위 無孩兒 浪營爲

無 없을 무, 孩 어린아이 해, 兒 아이 아, 浪 물결 랑, 營 경영할 영, 爲 할 위

【의미】 물려줄 자식도 없는 사람이 열심히 재산을 늘리는 것과 같이, 아무 보람도 없는 일을 헛되이 하는 사람을 가리킨다.

【출전】 靑莊館全書 권62 洌上方言, 言無所傳而勞

➡ 해피무자 낭사영산 咍彼無子 浪事營産

咍 웃을 해, 彼 저 피, 無 없을 무, 子 아들 자
浪 허랑할 랑, 事 일 사, 營 경영할 영, 産 낳을 산

【의미】 큰 보람도 없을 일에 헛고생을 들이다.

【출전】 星湖全書 권7 百諺解

자식은 밑 터진 바지 입었을 적에 가르쳐야 하고, 며느리 행실은 다홍치마 적부터 그루를 앉혀야 한다

➡ 회자통고 회부단상 誨子通袴 誨婦丹裳

誨 가르칠 회, 子 아들 자, 通 통할 통, 袴 바지 고
婦 며느리 부, 丹 붉을 단, 裳 치마 상

【의미】 좋은 버릇을 들이기 위해서는 어렸을 때나 처음 왔을 때부터 바로잡는 것이 좋다.

【출전】 星湖全書 권7 百諺解

자식을 길러봐야 어버이 은혜를 안다

➡ 양자식 지친력 養子息 知親力

養 기를 양, 子 아들 자, 息 숨쉴 식, 知 알 지, 親 어버이 친, 力 힘 력

【의미】 자식을 직접 키워봐야 옛날 부모님이 자신을 키울 때 얼마나 고생했는가를 알게 된다.

【출전】 青莊館全書 권62 洌上方言, 言鞠養子息 然後始知父母之劬勞也

작게 먹고 가는 똥 누어라

➡ 사사지식 가방섬시 些些之食 可放纖矢

些 적을 사, 之 갈 지, 食 밥 식, 可 옳을 가, 放 놓을 방, 纖 가늘 섬, 矢 똥 시

【의미】 천천히 나아가면서 취하여 받은 것을 잘 소화하라. 제 힘에 맞도록 분수를 지키며 사는 것이 좋다.

【출전】 與猶堂全書 耳談續纂 東諺, 言徐徐進取 得以善消受

➡ 소소식 방세시 小小食 放細屎

小 작을 소, 食 밥 식, 放 놓을 방, 細 가늘 세, 屎 똥 시

【의미】 이익을 지나치게 탐내서는 안 된다.

【출전】 旬五志 下, 言不可貪利

➡ 소소식 세방분 小小食 細放糞

小 작을 소, 食 밥 식, 細 가늘 세, 放 놓을 방, 糞 똥 분

【의미】 큰 이익을 구하지 않으니 어찌 큰 재앙을 근심하겠는가?

【출전】 東言解, 不求大利 何憂大灾

➡ 식사사진 시세세하 食些些進 屎細細下

食 먹을 식, 些 적을 사, 進 나아갈 진, 屎 똥 시, 細 가늘 세, 下 아래 하

【의미】 자기 분수에 맞게 살면서 욕심을 지나치게 부리지 말라.

【출전】 星湖全書 권7 百諺解

작은 고추가 맵다

➡ 수소유초 雖小唯椒

雖 비록 수, 小 작을 소, 唯 오직 유, 椒 산초나무 초

【의미】 번초는 일명 날여라고도 한다. 짧고 작지만 깐깐하고 사나운 사람을 비유해서 번초처럼 맵다고 한다.

【출전】 與猶堂全書 耳談續纂 東諺, 番椒也一名辣茄 以喻短小精悍之人 如番椒之辛辣

작은 물결 일으켜서 큰 물결 돕는다

➡ 양파조란 揚波助瀾

揚 오를 양, 波 물결 파, 助 도울 조, 瀾 물결 란

【의미】 불필요하게 일을 일으켜 이것이 화근이 되어 큰 재난을 가져오다.

【출전】 朝鮮肅宗實錄 권6 3년 6월 辛酉

잔 잡은 팔 밖으로 펴지 못한다

➡ 파배완 불외권 把盃腕 不外卷

把 잡을 파, 盃 잔 배, 腕 팔 완, 不 아닐 불, 外 밖 외, 卷 쇠뇌 권

【의미】 인정이 두터워서 억지로 배척하지 못하다. 잔을 잡은 팔은 자연히 안으로 굽혀 마시게 된다.

【출전】 靑莊館全書 권62 洌上方言, 言人情厚則不强斥也 把盃之腕自然向內 以其飮也

➡ 파배지비 불굴우외 把盃之臂 不屈于外

把 잡을 파, 盃 잔 배, 之 갈 지, 臂 팔 비
不 아닐 불, 屈 굽을 굴, 于 어조사 우, 外 밖 외

【의미】 사사로운 정에 끌려서 스스로 억제하지 못하다. 가까운 사람에게 인정이 더 쏠린다.

【출전】 星湖全書 권7 百諺解

➡ 파배지비 불외굴 把盃之臂 不外屈

把 잡을 파, 盃 잔 배, 之 갈 지, 臂 팔 비, 不 아닐 불, 外 밖 외, 屈 굽을 굴

【의미】 사사로운 정에 끌려서 스스로 억제하지 못하다.

【출전】 旬五志 下, 言私情所牽 自有難抑

잘 보는 이도 생각하기 어렵다

➡ 능견난사 能見難思

能 능할 능, 見 볼 견, 難 어려울 난, 思 생각할 사

【의미】 아무리 자세히 살펴보아도 이유나 까닭을 알아낼 수 없다.

【출전】 松南雜識 方言類

잠깐 사이에도 안부 묻는다

➡ 아경간 문평안 俄頃間 問平安

俄 갑자기 아, **頃** 요사이 경, **間** 사이 간, **問** 물을 문, **平** 평평할 평, **安** 편안할 안

【의미】 사람의 일이 변화무쌍해서 잠깐 사이에도 기쁨과 근심이 교차하기 쉽다.

【출전】 靑莊館全書 권62 洌上方言, 言人事無恒 雖俄頃之間 安樂憂苦 不同也

잠꾸러기 집은 잠꾸러기만 모인다

➡ 선수가 선면자취 善睡家 善眠者聚

善 착할 선, **睡** 잘 수, **家** 집 가, **眠** 잠잘 면, **者** 놈 자, **聚** 모일 취

【의미】 서로 기질이나 취향이 비슷한 사람끼리 모인다.

【출전】 旬五志 下, 類類相從

잠자는 호랑이 코털을 건드리지 마라

➡ 호수방숙 오촉기미 虎睡方熟 誤觸其尾

虎 범 호, **睡** 잘 수, **方** 모 방, **熟** 익을 숙
誤 그릇할 오, **觸** 닿을 촉, **其** 그 기, **尾** 꼬리 미

【의미】 재앙을 스스로 불러일으키지 말라.

【출전】 星湖全書 권7 百諺解

➡ 호지방수 막촉기비 虎之方睡 莫觸其鼻

虎 범 호, **之** 갈 지, **方** 모 방, **睡** 잘 수,**莫** 없을 막, **觸** 닿을 촉, **其** 그 기, **鼻** 코 비

【의미】 재앙을 스스로 불러일으키지 말라.

【출전】 與猶堂全書 耳談續纂 東諺, 言不可挑禍也

잠자리 부접 대듯

➡ 청정점수 불능내구 蜻蜓點水 不能耐久

蜻 귀뚜라미 청, **蜓** 수궁 전, **點** 점 점, **水** 물 수
不 아닐 불, **能** 능할 능, **耐** 견딜 내, **久** 오랠 구

【의미】 한 가지 일을 꾸준히 하지 못하고 항상 바쁘게 옮겨다닌다.

【출전】 星湖全書 권7 百諺解

➡ **청정접낭 蜻蜓接囊**

蜻 귀뚜라미 청, 蜓 수궁 전, 接 사귈 접, 囊 주머니 낭

【의미】 일을 해도 오래 하지 못하다. '낭'은 '신낭'의 '낭'자와 음과 뜻이 같다.

【출전】 松南雜識 方言類, 囊與腎囊之囊字同音義 言作事不能持久

장님 아무리 점 잘 쳐도 눈으로 보느니만 못하다

➡ **맹복수령 불여목도 盲卜雖靈 不如目睹**

盲 소경 맹, 卜 점 복, 雖 비록 수, 靈 신령 령
不 아닐 불, 如 같을 여, 目 눈 목, 睹 볼 도

【의미】 막연히 어림짐작하거나 추측하는 것보다는 눈으로 직접 보아 확인하는 것이 낫다.

【출전】 星湖全書 권7 百諺解

장님도 갠 날을 좋아한다

➡ **맹불행주 역희청일 盲不行走 亦喜晴日**

盲 소경 맹, 不 아닐 불, 行 갈 행, 走 달릴 주
亦 또 역, 喜 기쁠 희, 晴 갤 청, 日 해 일

【의미】 자신에게는 아무 상관이 없어도 기왕이면 조건이 좋아지는 것을 좋아한다.

【출전】 星湖全書 권7 百諺解

장님이 문 바로 들어갔다

➡ **맹방인문 우연직입 盲訪人門 偶然直入**

盲 소경 맹, 訪 찾을 방, 人 사람 인, 門 문 문
偶 짝 우, 然 그러할 연, 直 곧을 직, 入 들 입

【의미】 일이 요행으로 이루어진 것을 비유한다.

【출전】 星湖全書 권7 百諺解

➡ **맹인직문 盲人直門**

盲 소경 맹, 人 사람 인, 直 곧을 직, 門 문 문

【의미】 어리석은 사람이 어쩌다 요행으로 이치에 맞는 일을 이루었다. 일이 요행으로 이루어진 것을 비유한다.

【출전】 旬五志 下, 以諭成事之幸

➡ 맹자직문 盲者直門

盲 소경 맹, 者 놈 자, 直 곧을 직, 門 문 문

【의미】 어리석은 사람이 어쩌다 요행으로 이치에 맞는 일을 이루었다. 일이 요행으로 이루어진 것을 비유한다. 삼연 김창흡이 〈산사의 소경〉 시에서 "먼 나그네 산사에 오니, 가을 바람에 지팡이도 가볍네. 곧바로 산사 문으로 들어가니, 네 벽의 단청이 곱기도 하구나." 하였다. 여기서 말한 '遠'이니 '杖'이니 '直入'이니 '丹靑'은 모두 속어를 써서 시구를 만든 것이다.

【출전】 松南雜識 方言類, 山淵譏山寺盲者詩云 遠客來山寺 秋風一杖輕 直入寺門去 四壁丹靑明 蓋遠也·杖也·直入也·丹靑也 皆用俗語而成句

장사 나면 용마 난다

➡ 세유장군 용마역출 世有將軍 龍馬亦出

世 세상 세, 有 있을 유, 將 장수 장, 軍 군사 군
龍 용 룡, 馬 말 마, 亦 또 역, 出 날 출

【의미】 상대방끼리 서로 때를 만나면 때맞춰 나온다. 훌륭한 사람이 나면 그에게 필요한 조건도 절로 갖추어진다.

【출전】 星湖全書 권7 百諺解

➡ 장군출 용마출 將軍出 龍馬出

將 장수 장, 軍 군사 군, 出 날 출, 龍 용 룡, 馬 말 마

【의미】 상대방끼리 서로 때맞춰 나온다. 훌륭한 사람이 나면 그에게 필요한 조건도 절로 갖추어진다.

【출전】 東言解, 對往相遇 應時而出

장수 집안에서 장수 난다

➡ 장문필유장 將門必有將

將 장차 장, 門 문 문, 必 반드시 필, 有 있을 유

【의미】 훌륭한 집안에서 훌륭한 사람이 나오기 쉽다.

【출전】 未詳

【비교】 물건 도적질은 해도 핏줄 도둑질은 못한다. 인걸(人傑)은 지령(地靈)이라.

장 없는 놈이 국 즐긴다

➡ 무장기갱 無醬嗜羹

無 없을 무, 醬 젓갈 장, 嗜 즐길 기, 羹 국 갱

【의미】 자신의 분수도 모르고 실속 없이 사치를 즐긴다.

【출전】 松南雜識 方言類

➡ 무장지가 반기기갱 無醬之家 反嗜其羹

無 없을 무, 醬 젓갈 장, 之 갈 지, 家 집 가
反 되돌릴 반, 嗜 즐길 기, 其 그 기, 羹 국 갱

【의미】 자신의 분수도 모르고 실속 없이 사치를 즐긴다.

【출전】 星湖全書 권7 百諺解

재는 넘을수록 험하고 내는 건널수록 깊다

➡ 영유월금 천섭월심 嶺踰越嶔 川涉越深

嶺 재 령, 踰 넘을 유, 越 넘을 월, 嶔 높고험할 금, 川 내 천, 涉 건널 섭, 深 깊을 심

【의미】 나아갈수록 더욱 어려운 지경에 빠지게 되다. 무슨 일이 갈수록 더 어려워진다.

【출전】 與猶堂全書 百諺解 耳談續纂 東諺, 喩愈往而愈遭逆境

【비교】 가도가도 심산유곡(深山幽谷). 갈수록 첩첩산중이다. 갈수록 태산이다.

재 들은 중

➡ 문재승 聞齋僧

聞 들을 문, 齋 재계할 재, 僧 중 승

【의미】 좋아하거나 원하던 일을 하게 되어 아주 신바람이 나다.

【출전】 松南雜識 方言類

➡ 산사문초 승청필부 山寺聞醮 僧聽必赴

山 뫼 산, 寺 절 사, 聞 들을 문, 醮 초례 초
僧 중 승, 聽 들을 청, 必 반드시 필, 赴 나아갈 부

【의미】 매우 좋아하거나 원하던 일을 하게 되어 신이 나서 날뛰는 사람.

【출전】 星湖全書 권7 百諺解

재수 없는 놈은 자빠져도 코가 깨진다

➡ 궁인지사 번역파비 窮人之事 翻亦破鼻

窮 다할 궁, **人** 사람 인, **之** 갈 지, **事** 일 사
翻 날 번, **亦** 또 역, **破** 깨뜨릴 파, **鼻** 코 비

【의미】 운수가 기박한 사람에게는 뜻밖의 재앙이 자주 닥친다.

【출전】 與猶堂全書 耳談續纂 東諺, 言數奇者 多意外之災

【비교】 밀가루 장사하면 바람이 불고, 소금 장사 하면 비가 내린다. 병 든 놈 두고 약 지으러 가니, 약국도 두건을 썼더라.[상중(喪中)이라 문을 닫았다.] 안 되는 놈은 넘어져도 똥밭에 넘어진다. 안 되는 놈은 넘어져도 허리가 부러진다. 안 되는 놈은 달걀을 사도 곯은 것만 산다.

재수 다 배우니 눈이 어둡다

➡ 기성안혼 技成眼昏

技 재주 기, **成** 이룰 성, **眼** 눈 안, **昏** 어두울 혼

【의미】 재주를 완벽하게 익히고 나니 이미 늙어서 재주를 부릴 수 없게 되다. 주평만의 "용 잡는 기술"과 같은 속담으로, 기술은 배웠지만 쓸 곳이 없다는 말이다.

【출전】 旬五志 下, 言技成而已老 無能爲也 / 松南雜識 方言類, 言技成而老無用也 與朱泙漫學屠龍技 無所用其巧同

➡ 기재성안유생 技纔成眼有眚

技 재주 기, **纔** 겨우 재, **成** 이룰 성, **眼** 눈 안, **有** 있을 유, **眚** 눈에백태낄 생

【의미】 박복하다. 기술을 배워 이루니 눈이 갑자기 흐려져서 기술이 헛되게 되다.

【출전】 青莊館全書 권62 洌上方言, 言福薄也 學技而成 眼忽盲 技歸虛耳

➡ 재학기기 아안반혼 纔學其技 我眼反昏

纔 겨우 재, **學** 배울 학, **其** 그 기, **技** 재주 기
我 나 아, **眼** 눈 안, **反** 되돌릴 반, **昏** 어두울 혼

【의미】 여러 해 동안 애써 재주를 배우고 나니 이미 늙어서 그 재주를 써먹을 수 없게 되다.

【출전】 星湖全書 권7 百諺解

잿고리에 말뚝 박기

➡ **회로건탁 灰栳建椓**

灰 재 회, 栳 고리 로, 建 세울 건, 椓 칠 탁

【의미】 하기 아주 쉬운 일. 또는 만만한 상대는 제압하기가 용이하다.

【출전】 與猶堂全書 耳談續纂 東諺, 猶言柔而茹之

➡ **회퇴불견 탁익이함 灰堆不堅 椓杙易陷**

灰 재 회, 堆 언덕 퇴, 不 아닐 불, 堅 굳을 견
椓 칠 탁, 杙 말뚝 익, 易 쉬울 이, 陷 빠질 함

【의미】 하기 아주 쉬운 일. 또는 만만한 상대는 제압하기가 용이하다.

【출전】 星湖全書 권7 百諺解

저 걷던 놈도 날만 보면 타고 가려네

➡ **시피도자 견아기마 視彼徒者 見我騎馬**

視 볼 시, 彼 저 피, 徒 무리 도, 者 놈 자, 見 볼 견, 我 나 아, 騎 말탈 기, 馬 말 마

【의미】 사람이 곤궁하고 비천해지면 모두들 만만하게 보아 멸시한다. '徒'는 길을 걷는 것이다.

【출전】 與猶堂全書 耳談續纂 東諺, 言人窮則卑賤者 皆慢侮也○徒步行也

저 안 했으면 그만이지

➡ **기소불위 녕가의인 己所不爲 寧可疑人**

己 자기 기, 所 바 소, 不 아닐 불, 爲 할 위
寧 차라리 녕, 可 옳을 가, 疑 의심할 의, 人 사람 인

【의미】 쓸데없이 남을 의심하지 말라.

【출전】 星湖全書 권7 百諺解

적은 것을 욕심내다가 큰 것을 잃다

➡ **소탐대실 小貪大失**

小 작을 소, 貪 탐할 탐, 大 큰 대, 失 잃을 실

【의미】 어떤 일이든 자신의 분수에 맞게 계획을 세워 처리해야 한다.

【출전】 松南雜識 方言類

전당 잡은 촛대

➡ **전당집촉대 典當雜執燭臺**

典 법 전, 當 당할 당, 執 잡을 집, 燭 촛불 촉, 臺 돈대 대

【의미】 돌려보내려 해도 기한이 있고, 두려고 해도 그럴 수 없다. 말없이 구석에 가만히 앉아 있는 사람을 일컫는 말.

【출전】 東言解, 歸或有期 留亦無爲

전대와 그물로 호랑이 잡는다

➡ **탁망착호 橐網捉虎**

橐 전대 탁, 網 그물 망, 捉 잡을 착, 虎 범 호

【의미】 시원찮은 계획이 우연히 들어맞다.

【출전】 松南雜識 方言類, 言闊計偶成也

전루북에 춤을 춘다

➡ **전루지고 상혹준무 傳漏之鼓 尙或蹲舞**

傳 전할 전, 漏 샐 루, 之 갈 지, 鼓 북 고
尙 오히려 상, 或 혹 혹, 蹲 웅크릴 준, 舞 춤출 무

【의미】 아무런 까닭도 알지 못하면서 공연히 들떠 기뻐하다. '전루북'은 옛날에 시간을 알리기 위해 치던 북을 말한다.

【출전】 與猶堂全書 耳談續纂 拾遺, 言癡騃者 沾沾自喜

전주 지방의 네 가지 특색

➡ **전주사불여 全州四不如**

全 온전할 전, 州 고을 주, 四 넉 사, 不 아닐 불, 如 같을 여

【의미】 벼슬아치가 아전만 못하고[官不如吏], 아전이 기생만 못하고[吏不如妓], 기생이 소리만 못하고[妓不如聲], 소리가 음식만 못하다[聲不如食].

【출전】 未詳

점 잘 치는 점쟁이도 저 죽을 날은 모른다

➡ **명복지래 자매사일 明卜知來 自昧死日**

明 밝을 명, 卜 점 복, 知 알 지, 來 올 래
自 스스로 자, 昧 어두울 매, 死 죽을 사, 日 해 일

【의미】 남의 일은 잘 알아도 제 일에는 어둡기 마련이다.

【출전】 星湖全書 권7 百諺解

접시 밥도 담을 탓이다

➡ 두중지반 단재성한 豆中之飯 亶在盛限

豆 콩 두, 中 가운데 중, 之 갈 지, 飯 밥 반
亶 믿음 단, 在 있을 재, 盛 담을 성, 限 한계 한

【의미】 그릇이 비록 작아도 담기기는 많이 담긴다. 같은 일을 해도 솜씨 있게 처리하면 훨씬 능률적으로 처리할 수 있다.

【출전】 與猶堂全書 耳談續纂 拾遺, 言器雖小而容多

젓갈 가게에 중이라

➡ 어염시중 피승해지 魚鹽市中 彼僧奚至

魚 고기 어, 鹽 소금 염, 市 저자 시, 中 가운데 중
彼 저 피, 僧 중 승, 奚 어찌 해, 至 이를 지

【의미】 자신의 처지와는 아무 관계도 없는 일에 끼여들다.

【출전】 星湖全書 권7 百諺解

➡ 탐해지시 차이불자 醓醢之市 嗟爾佛子

醓 육장 탐, 醢 젓갈 해, 之 갈 지, 市 저자 시
嗟 탄식할 차, 爾 너 이, 佛 부처 불, 子 아들 자

【의미】 자신의 분수가 아닌 물건에는 눈길을 주어서는 안 된다. 당치 않은 일에 눈독을 들인다.

【출전】 與猶堂全書 耳談續纂 東諺, 喩匪分之物 不宜留目

젓갈이 시면 구더기가 끓는다

➡ 해산예지 醢酸蜹至

醢 젓갈 해, 酸 초 산, 蜹 파리매 예, 至 이를 지

【의미】 일이 잘못 되면 망측한 일이 생긴다. 임금은 지존의 위치다. 임금 위에는 하늘이 있으니, 임금이 하늘을 두려워하지 않는 것은 백성이 임금을 두려워하

지 않는 것과 같다. 재앙과 이변의 발생은 사람이 불러들이는 것이니, 양고기가 상하면 개미가 몰려들고, 젓갈이 시면 구더기가 끓는 것도 같은 이치다.

【출전】 星湖僿說 天地門 災異, 人君至尊也 君之上有天 君不畏天 如民不畏君也…… 則灾異之作 人有以招至 羊羶而蟻聚 醢酸而蚋至 亦其理也

정승 집 종은 물에 빠져 죽을지언정 개헤엄은 안 친다

➡ 상문호노 사불구수 相門豪奴 死不狗泅

相 서로 상, 門 문 문, 豪 호걸 호, 奴 종 노
死 죽을 사, 不 아닐 불, 狗 개 구, 泅 헤엄칠 수

【의미】 아무리 어려운 지경에 빠지더라도 체면에 손상되는 일은 하지 않는다.

【출전】 星湖全書 권7 百諺解

정시와 알성시는 맹인도 바란다

➡ 정시알성 맹인역망 庭試謁聖 盲人亦望

庭 뜰 정, 試 시험할 시, 謁 아뢸 알, 聖 성스러울 성
盲 소경 맹, 人 사람 인, 亦 또 역, 望 바랄 망

【의미】 정시와 알성시는 대구로 짜여진 부(賦)나 표(表)의 제술(製述)로 시험하고 급제자도 빠른 시일에 결정되기 때문에 요행으로 합격할 수 있다 하여 누구나 이에 응시하고자 한다.

【출전】 磻溪隨錄 권10 敎選之制 下

제가 기른 개에 발꿈치 물린다

➡ 아양견서종 我養犬噬腫

我 나 아, 養 기를 양, 犬 개 견, 噬 씹을 서, 腫 부스럼 종

【의미】 은혜를 베푼 사람에게 도리어 해를 입는다.

【출전】 東言解

➡ 아축와 설오과 我畜猧 囓吾踝

我 나 아, 畜 기를 축, 猧 발바리 와, 囓 물 설, 吾 나 오, 踝 복사뼈 과

【의미】 은혜를 배신하고 원수로 갚다. 애써 키운 개가 자라니까 내 발을 문다.

【출전】 靑莊館全書 권62 冽上方言, 言背恩也 所豢養之狗 大而反囓吾足也

➡ **여소축견 혹반서종 余所畜犬 或反噬踵**

余 나 여, 所 바 소, 畜 기를 축, 犬 개 견
或 혹 혹, 反 되돌릴 반, 噬 씹을 서, 踵 발꿈치 종

【의미】 은혜를 입은 사람이 도리어 자기를 해친다. 믿었던 사람에게 해를 당하다.

【출전】 星湖全書 권7 百諺解

➡ **축견반교 畜犬反噛**

畜 쌓을 축, 犬 개 견, 反 되돌릴 반, 噛 깨물 교

【의미】 은혜를 베푼 사람에게 거꾸로 봉변을 당하다.

【출전】 高麗史 권122 崔世延傳

➡ **축구서종 畜狗噬踵**

畜 쌓을 축, 狗 개 구, 噬 씹을 서, 踵 발꿈치 종

【의미】 은혜를 베푼 사람에게 거꾸로 봉변을 당하다.

【출전】 松南雜識 方言類, 言人之背恩忘德也

제 고기 베어 배를 채운다

➡ **할육충복 割肉充腹**

割 나눌 할, 肉 고기 육, 充 찰 충, 腹 배 복

【의미】 혈족의 재산을 빼앗아 자신의 잇속만 채우다.

【출전】 松南雜識 方言類

제 늙는 줄 모르고 남 늙는 줄만 안다

➡ **오로불각 각인지로 吾老不覺 覺人之老**

吾 나 오, 老 늙은이 로, 不 아닐 불, 覺 깨달을 각, 人 사람 인, 之 갈 지

【의미】 자신의 형편은 생각하지 않고 남의 형편에만 지나치게 관심을 가지다.

【출전】 星湖全書 권7 百諺解

제 발등의 불부터 끄고 아들 발등 불을 끈다

➡ **부란지구 오선아후 膚爛之救 吾先兒後**

膚 살갗 부, 爛 문드러질 란, 之 갈 지, 救 건질 구

吾 나 오, 先 먼저 선, 兒 아이 아, 後 뒤 후

【의미】 자식을 비록 끔찍하게 사랑한다 해도 자신을 아끼는 것만큼은 아니다. 아무리 친하고 가까운 사이라도 위급한 경우를 당했을 때는 우선 자기 자신의 급한 일부터 먼저 면하려 한다.

【출전】 與猶堂全書 耳談續纂 東諺, 言愛子雖切 終不如愛己

➡ 아상지화 아상지화 我上之火 兒上之火

我 나 아, 上 위 상, 之 갈 지, 火 불 화, 兒 아이 아

【의미】 아버지와 자식 사이는 한 몸이 둘로 나뉜 것이지만 결국 두 몸인 것이다. 내 자신의 몸에 난 불이 자식의 몸에 난 불보다 먼저 뜨거우니, 때문에 세상 사람들이 아버지와 자식 사이에도 또한 간격이 있다는 비유로 이 속담을 쓴다. 다만 이 말은 대개 세속에서 쓰는 말이지 군자의 말은 아니다.

【출전】 旬五志 下, 言父子之間 雖是一體之分 尙是二身 己身之火先熱於子身之火 故世人以喩父子間 亦有間隔 蓋俗語而非君子之言也

➡ 족부유화 불가염아 足趺有火 不暇念兒

足 발 족, 趺 발등 부, 有 있을 유, 火 불 화
不 아닐 불, 暇 겨를 가, 念 생각할 념, 兒 아이 아

【의미】 일이 급하게 되면 아무리 가까운 사이라도 제 일부터 살펴보게 된다.

【출전】 星湖全書 권7 百諺解

제 배 부르면 종 배고픈 줄 모른다

➡ 궐복과연 불찰노기 厥腹果然 不察奴饑

厥 그 궐, 腹 배 복, 果 실과 과, 然 그러할 연
不 아닐 불, 察 살필 찰, 奴 종 노, 饑 주릴 기

【의미】 이미 즐거움을 누린 자는 남이 곤궁한 것을 알지 못한다.

【출전】 星湖全書 권7 百諺解

➡ 아복기포 불찰노기 我腹旣飽 不察奴飢

我 나 아, 腹 배 복, 旣 이미 기, 飽 물릴 포
不 아닐 불, 察 살필 찰, 奴 종 노, 飢 주릴 기

【의미】 이미 즐거움을 누린 사람은 남이 곤궁한 것을 알지 못한다.

【출전】 與猶堂全書 耳談續纂 東諺, 言已享福樂者 不知人窘苦

제 버릇 개 주랴

➡ 거소습뉴 불이여구 渠所習狃 不以予狗

渠 그 거, 所 바 소, 習 익힐 습, 狃 친압할 뉴
不 아닐 불, 以 써 이, 予 줄 여, 狗 개 구

【의미】 나쁜 습관은 버리기 어렵다.

【출전】 與猶堂全書 耳談續纂 東諺, 言惡習難棄

제 복을 개 주랴

➡ 거복급견호 渠福給犬乎

渠 그 거, 福 복 복, 給 보낼 급, 犬 개 견, 乎 어조사 호

【의미】 자신의 분수로 얻어진 것은 결코 줄이거나 약하게 할 수 없다.

【출전】 東言解, 己分所得 不必賤衰

제 살갗에 좀이 쓴다

➡ 자피생충 自皮生蟲

自 스스로 자, 皮 가죽 피, 生 날 생, 蟲 벌레 충

【의미】 형제나 동료들끼리 싸우고 다투면 결국 서로에게 손해가 된다.

【출전】 未詳

제 손으로 제 뺨을 친다

➡ 이기지수 자비기협 以己之手 自批其頰

以 써 이, 己 자기 기, 之 갈 지, 手 손 수
自 스스로 자, 批 칠 비, 其 그 기, 頰 뺨 협

【의미】 제가 잘못하여 제 일을 망쳐 버린다. 자가당착自家撞着

【출전】 星湖全書 권7 百諺解

제 언치 뜯는 말이다

➡ 교천지마 嚙韉之馬

嚙 깨물 교, 韉 언치 천, 之 갈 지, 馬 말 마

【의미】 제 가족을 헐뜯으면 모르는 사이에 자신에게도 손해가 온다. 내가 일찍이 말

을 보니 성격이 좋은 놈은 제 언치를 물어뜯으려고 하지 않았다. 사람이 되어서도 말만 못한 사람도 있다.

【출전】 旬五志 下, 言訾毁親戚 不覺損己 余嘗視馬之性良者 不肯嚙韉 可以人而不如馬乎

➡ 마자흘천 망각배한 馬自齕韉 罔覺背寒

馬 말 마, **自** 스스로 자, **齕** 깨물 흘, **韉** 언치 천
罔 없을 망, **覺** 깨달을 각, **背** 등 배, **寒** 찰 한

【의미】 자신에게 돌아올 손해인줄 모르고 가까운 사람을 괴롭히다가 화를 당하다.
【출전】 星湖全書 권7 百諺解
【비교】 제주 말 제 갈기 뜯어먹기. 황소 제 이불 뜯어먹기.

소리복소니

➡ 조리복손이 操理福損伊

操 잡을 조, **理** 다스릴 리, **福** 복 복, **損** 덜 손, **伊** 저 이

【의미】 큰 물건 차차 줄어든다. 깎고 또 깎아 모습이 완전히 사라졌다. 좋게 만든다고 자꾸 고치다가는 완전히 다른 물건이 될 수도 있으니 조심해야 한다.
【출전】 東言解, 削之又削 專沒貌樣

조밥에도 큰 덩이 작은 덩이가 있다

➡ 속반유모괴자괴 粟飯有母塊子塊

粟 조 속, **飯** 밥 반, **有** 있을 유, **母** 어미 모, **塊** 흙덩이 괴, **子** 아들 자, **塊** 흙덩이 괴

【의미】 크고 작은 구별은 어떤 물건이든지 다 있다.
【출전】 東言解, 大小之別 無物不然

➡ 속반유유 대괴소괴 粟飯猶有 大塊小塊

粟 조 속, **飯** 밥 반, **猶** 오히려 유, **有** 있을 유, **大** 큰 대, **塊** 흙덩이 괴, **小** 작을 소

【의미】 사람에게 신분이 높고 낮으며 귀하고 천한 구분이 있는 것은 조밥에 큰 덩어리와 작은 덩어리가 있는 것과 같다.
【출전】 青莊館全書 권62 冽上方言, 言人有上下貴賤之分 如粟飯猶有大塊小塊也

➡ 탈속찬 자모단 脫粟餐 子母團

脫 벗을 탈, **粟** 조 속, **餐** 먹을 찬, **子** 아들 자, **母** 어미 모, **團** 둥글 단

【의미】 사람에게 신분이 높고 낮으며 귀하고 천한 구분이 있는 것은 조밥에도 큰 덩어리와 작은 덩어리의 차이가 있는 것과 같다.

【출전】 靑莊館全書 권62 洌上方言, 言人有上下貴賤之分 如粟飯猶有大塊小塊也

조선 땅 공사는 길어야 사흘

➡ 고려공사 불과삼일 高麗公事 不過三日

高 높을 고, **麗** 고울 려, **公** 공변될 공, **事** 일 사
不 아닐 불, **過** 지날 과, **三** 석 삼, **日** 해 일

【의미】 시작한 일이 오래가지 못하고 자꾸 바뀌다가 흐지부지 되다.

【출전】 星湖全書 권7 百諺解

➡ 고려공사삼일 高麗公事三日

高 높을 고, **麗** 고울 려, **公** 공변될 공, **事** 일 사, **三** 석 삼, **日** 해 일

【의미】 시작한 일이 오래가지 못하고 자꾸 바뀌다가 흐지부지 되다. 동방 사람들은 인내력이 없어 한번 법령을 만들면 쉽게 고쳐 오래가지 않는다. 이를 일러 '사흘'이니 오래가지 못하는 것을 비웃는 말이다.

【출전】 旬五志 下, 東方之人 不能耐久 一政一令易革無常 謂之三日 譏不能久 / 朝鮮世宗實錄 권72 18년 윤6월 丁亥

➡ 조선공사 불과삼일 朝鮮公事 不過三日

朝 아침 조, **鮮** 고울 선, **公** 공변될 공, **事** 일 사
不 아닐 불, **過** 지날 과, **三** 석 삼, **日** 해 일

【의미】 법령이 자주 바뀌어 일에 일관성이 없다.

【출전】 朝鮮世宗實錄 권65 16년 9월 丙子.

조약돌을 피하니 수마석을 만난다

➡ 피편석 우수마석 避片石 遇水磨石

避 피할 피, **片** 조각 편, **石** 돌 석, **遇** 만날 우, **水** 물 수, **磨** 갈 마

【의미】 자잘한 곤란을 겨우 피했더니 아주 큰 근심이 몰려온다.

【출전】 東言解, 纔審細難 施値强患

조카 생각하는 만큼 아재비 생각한다

➡ **위자질 대자숙 爲者姪 對者叔**

爲 할 위, **者** 놈 자, **姪** 조카 질, **對** 대답할 대, **者** 놈 자, **叔** 아재비 숙

【의미】 남이 나를 생각해주는 것만큼 나도 거기에 보답한다.

【출전】 東言解, 隨人亦施 我報稱之

종년 간통은 누운 소 타기

➡ **연비여와우승 姸婢如臥牛乘**

姸 고울 연, **婢** 여자종 비, **如** 같을 여, **臥** 엎드릴 와, **牛** 소 우, **乘** 탈 승

【의미】 일하기가 아주 쉽다. 신분 차이로 누르기 때문에 형세가 뜻을 이루기 쉽다.

【출전】 東言解, 以尊而臨 其勢則易

【비교】 썩은 나무 뽑기. 키 큰 염소 똥 누기. 호박에 침 주기. 흘러가는 물 퍼주기.

종로 거지가 도승지를 불쌍타 한다

➡ **종로걸인 연도승지 鐘路乞人 憐都承旨**

鐘 종 종, **路** 길 로, **乞** 빌 걸, **人** 사람 인

憐 불쌍히 여길 련, **都** 도읍 도, **承** 받들 승, **旨** 맛있을 지

【의미】 걸인이 하늘을 걱정한다. 자기 주제도 모르고 걱정하지 않아도 될 사람을 지나치게 걱정하다.

【출전】 松南雜識 方言類, 乞人憐天 言過憂於不當憂之地

종로에서 뺨 맞고 한강에 가서 눈 흘긴다

➡ **종루봉협 사평예안 鐘樓逢頰 沙坪睨眼**

鐘 종 종, **樓** 다락 루, **逢** 만날 봉, **頰** 뺨 협

沙 모래 사, **坪** 평평할 평, **睨** 흘겨볼 예, **眼** 눈 안

【의미】 일이 다 끝난 뒤에 엉뚱한 곳에 화풀이를 한다.

【출전】 東言解, 事過之後 移怒於他

➡ **종루비협 사평반목 鐘樓批頰 沙坪反目**

鐘 종 종, **樓** 다락 루, **批** 칠 비, **頰** 뺨 협

沙 모래 사, **坪** 평평할 평, **反** 되돌릴 반, **目** 눈 목

【의미】 종루는 한양성 안에 있고 사평은 한강가에 있으니, 때가 지난 뒤에 화를 내는 것을 말한다.

【출전】 旬五志 下, 鐘樓在城中 沙平在漢江越邊 以喻過時生怒者

➡ 협비종가 안예서도 頰批鍾街 眼睨西渡

頰 뺨 협, 批 칠 비, 鍾 쇠북 종, 街 거리 가
眼 눈 안, 睨 흘겨볼 예, 西 서녘 서, 渡 건널 도

【의미】 이곳에서 욕을 당하고 저곳에 가서 원한을 갚는다.

【출전】 星湖全書 권7 百諺解

➡ 협비종로 안예빙고 頰批鍾路 眼睨氷庫

頰 뺨 협, 批 칠 비, 鍾 쇠북 종, 路 길 로
眼 눈 안, 睨 흘겨볼 예, 氷 얼음 빙, 庫 곳집 고

【의미】 이곳에서 욕을 당하고 저곳에 가서 원한을 갚는다.

【출전】 與猶堂全書 耳談續纂 東諺, 言受辱於此 而報怨於彼

【비교】 읍에서 매 맞고 장거리에서 눈 흘긴다. 종로에서 뺨 맞고 행랑 뒤에서 눈 흘긴다.

종의 자식 귀여워하면 생원님 나룻에 꼬꼬마를 단다

➡ 애비추 취현수 愛婢雛 毳懸鬚

愛 사랑 애, 婢 여자종 비, 雛 병아리 추, 毳 솜털 취, 懸 매달 현, 鬚 수염 수

【의미】 비천한 사람을 너무 친근하게 대하면 존귀한 사람을 업신여기려 든다.

【출전】 青莊館全書 권62 冽上方言, 言親近卑賤 則狎侮尊貴也

좋은 약속은 쉽게 어그러진다

➡ 호약이천 好約易舛

好 좋을 호, 約 묶을 약, 易 쉬울 이, 舛 어그러질 천

【의미】 소저가 이야기를 듣고는 눈썹을 찡그리며 멍하니 한참을 있더니 남소저에게 말했다. "옛날부터 아름다운 인연에는 마가 많이 끼고 좋은 약속은 쉽게 깨진다 하더이다."

【출전】 彰善感義錄, 小姐聽罷 蛾眉雙蹙 憮然良久 謂南小姐曰 自古佳緣多魔 好約易舛

좋은 옷과 좋은 음식

➡ 호의호식 好衣好食

好 좋을 호, 衣 옷 의, 食 밥 식

【의미】 사는 것이 걱정 없고 풍족한 것을 비유하는 말.

【출전】 松南雜識 方言類

좋은 일에는 친구요, 궂은 일에는 일가다

➡ 길사유붕 흉유친속 吉事有朋 凶維親屬

吉 길할 길, 事 일 사, 有 있을 유, 朋 벗 붕
凶 흉할 흉, 維 바 유, 親 친할 친, 屬 엮을 속

【의미】 좋은 일일 때에는 누구나 가깝지만 막상 나쁜 일이 생기면 외면해 일가붙이만 못하다. 또는 좋은 일에는 친척 생각이 안 나지만 나쁜 일에는 생각이 난다.

【출전】 星湖全書 권7 百諺解

좌수 상사라

➡ 좌수상사 座首喪事

座 자리 좌, 首 머리 수, 喪 죽을 상, 事 일 사

【의미】 죽음에 대한 경중이 달라서 상황에 따라 태도가 달라서진다. 좌수의 부모상에는 다들 문상가지만 정작 좌수가 죽으면 문상객이 줄어든다는 말이다.

【출전】 東言解, 輕重母子 頃刻炎冷

【비교】 대감 말 죽은 데는 가도, 대감 죽은 데는 안 간다. 호장(戶長) 댁네 죽은 데는 가도, 호장 죽은 데는 가지 않는다.

주먹질에 눈이 번쩍하다

➡ 중권답지 안위현섬 衆拳遝至 眼爲眩閃

衆 무리 중, 拳 주먹 권, 遝 뒤섞일 답, 至 이를 지
眼 눈 안, 爲 할 위, 眩 아찔할 현, 閃 번쩍할 섬

【의미】 갑자기 당한 일격에 정신이 번쩍 들다.

【출전】 星湖全書 권7 百諺解

주인 모르는 공사 없다

➡ 주인부지 공사존호 主人不知 公事存乎

主 주인 주, 人 사람 인, 不 아닐 불, 知 알 지
公 공변될 공, 事 일 사, 存 있을 존, 乎 인가 호

【의미】 주장하는 사람이 알지 못하는 일은 이루어지기 어렵다.

【출전】 東言解, 自有所管 客何當也

주인 보탤 나그네 없다

➡ 객수후의 무보주가 客雖厚意 無補主家

客 손 객, 雖 비록 수, 厚 두터울 후, 意 뜻 의
無 없을 무, 補 기울 보, 主 주인 주, 家 집 가

【의미】 손님은 언제나 주인의 뜻을 거스를지언정 조금도 주인을 도와 보탤 생각은 않는다.

【출전】 星湖全書 권7 百諺解

➡ 보주인객무 補主人客無

補 기울 보, 主 주인 주, 人 사람 인, 客 손 객, 無 없을 무

【의미】 나그네란 와서 금품을 요구하지는 않지만 그를 대접하려면 경비가 들게 된다.

【출전】 東言解, 來雖非求 接之有費

주인이나 종이나 같은 솥 밥 먹는다

➡ 주존노비 취유공정 主尊奴婢 炊猶共鼎

主 주인 주, 尊 높을 존, 奴 종 노, 婢 여자종 비
炊 불 땔 취, 猶 오히려 유, 共 함께 공, 鼎 솥 정

【의미】 주인과 종이 비록 신분상 구분은 있지만 결국 한 집안 식구다.

【출전】 星湖全書 권7 方言類

주인집 장 떨어지자 나그네 국 마단다

➡ 아시적학 빈우사확 我豉適涸 賓又辭臛

我 나 아, 豉 메주 시, 適 갈 적, 涸 물마를 학
賓 손 빈, 又 또 우, 辭 말 사, 臛 고깃국 학

부록

【의미】 내가 바야흐로 싫어지는데 남도 또한 좋지 않다고 한다. 일이 공교롭게 잘 맞아떨어진다.

【출전】 與猶堂全書 耳談續纂 東諺, 言我方厭之而爾又不肯

➡ 주가핍장 객역사갱 主家乏醬 客亦辭羹

主 주인 주, 家 집 가, 乏 가난할 핍, 醬 젓갈 장
客 손 객, 亦 또 역, 辭 말 사, 羹 국 갱

【의미】 일이 아주 알맞게 잘 맞아 떨어져 불편이 없다.

【출전】 星湖全書 권7 百諺解

➡ 주무장 객사갱 主無醬 客辭羹

主 주인 주, 無 없을 무, 醬 젓갈 장, 客 손 객, 辭 말 사, 羹 국 갱

【의미】 일이 아주 알맞게 잘 맞아 떨어져 불편이 없다.

【출전】 古今釋林 권28 東韓譯語 釋食, 쥬인 쟝 업쟈 손 국 마다 ᄒᆞ다.

➡ 주인무장 객불기갱 主人無醬 客不嗜羹

主 주인 주, 人 사람 인, 無 없을 무, 醬 젓갈 장
客 손 객, 不 아닐 불, 嗜 즐길 기, 羹 국 갱

【의미】 양 편이 모두 좋아하지 않는다는 말이다.

【출전】 松南雜識 方言類, 謂彼此不肯之語

➡ 주인핍장 객염갱 主人乏醬 客厭羹

主 주인 주, 人 사람 인, 乏 가난할 핍, 醬 젓갈 장, 客 손 객, 厭 싫을 염, 羹 국 갱

【의미】 양 편이 모두 좋아하지 않는다는 말이다. 일이 공교롭게 일치했다.

【출전】 旬五志 下, 言事之湊巧

➡ 주핍장 객염갱 主乏醬 客厭羹

主 주인 주, 乏 가난할 핍, 醬 젓갈 장, 客 손 객, 厭 싫을 염, 羹 국 갱

【의미】 일이 아주 알맞게 잘 맞아 떨어져 불편이 없다. 저들도 베풀려고 하지 않는데, 나도 역시 원하지 않는다.

【출전】 東言解, 彼不欲施 我亦非願

【비교】 가시어미 장 떨어지자 사위가 국 싫다 한다.

죽기는 그릇 죽어도 발인날은 택일 안 하랴

➡ 사오발인택호 死誤發靷擇乎

死 죽을 사, 誤 그릇할 오, 發 쏠 발, 靭 질길 인, 擇 가릴 택, 乎 인가 호

【의미】 근본이야 이미 잘못되었다 해도 나머지 일마저 어찌 살피지 않겠는가?

【출전】 東言解, 其本旣謬 餘事奚審

죽기는 섧지 않으나 늙기가 서럽다

➡ **비위사비 노가비야 非爲死悲 老可悲也**

非 아닐 비, 爲 할 위, 死 죽을 사, 悲 슬플 비
老 늙을 로, 可 옳을 가, 也 어조사 야

【의미】 죽는 일보다 늙어 힘없어 천대받는 것이 더 서럽다.

【출전】 星湖全書 권7 百諺解

죽어 석 잔 술이 살아 한 잔 술만 못하다

➡ **사후대탁 불여생전일배주 死後大卓 不如生前一杯酒**

死 죽을 사, 後 뒤 후, 大 큰 대, 卓 높을 탁, 不 아닐 불
如 같을 여, 生 날 생, 前 앞 전, 一 한 일, 杯 잔 배, 酒 술 주

【의미】 죽은 후에 잘해주는 것보다 살아 있을 때 적은 정성이라도 대접하는 것이 좋다.

【출전】 未詳

죽으려 해도 땅이 없다

➡ **욕사무지 欲死無地**

欲 하고자할 욕, 死 죽을 사, 無 없을 무, 地 땅 지

【의미】 매우 분하고 원통한 심정.

【출전】 松南雜識 方言類

죽은 고양이 보고 산 쥐가 죽은 체 한다

➡ **묘즉진에 서유양폐 貓則眞殪 鼠猶佯斃**

貓 고양이 묘, 則 곧 즉, 眞 참 진, 殪 쓰러질 에
鼠 쥐 서, 猶 오히려 유, 佯 거짓 양, 斃 넘어질 폐

【의미】 죽은 제갈량이 산 사마중달을 쫓다. 어떤 일에 몹시 혼이 난 뒤에는 그와 비

숫한 것만 보아도 겁에 질린다.

【출전】 與猶堂全書 百諺解 耳談續纂 東諺, 喻言死諸葛走生仲達

【비교】 대가리 보고 놀란 놈은 꼬리만 봐도 놀란다. 더위 먹은 소 달만 봐도 허덕인다. 뜨거운 국에 덴 개는 물만 봐도 무서워한다. 뱀을 보고 놀란 사람은 새끼만 봐도 놀란다. 자라 보고 놀란 가슴 솥뚜껑 보고 놀란다.

죽은 자식 나이 세기

➡ 기요지자 호산기치 旣殀之子 胡算其齒

旣 이미 기, 殀 일찍 죽을 요, 之 갈 지, 子 아들 자
胡 어찌 호, 算 셀 산, 其 그 기, 齒 이 치

【의미】 이미 틀어진 일에 대해 쓸데없이 한탄하거나 아까워해서는 안 된다.

【출전】 與猶堂全書 耳談續纂 東諺, 喻旣誤之事 毋庸嗟惜

➡ 망자계치 亡子計齒

亡 망할 망, 子 아들 자, 計 헤아릴 계, 齒 이 치

【의미】 일은 이미 끝났는데 따져본들 무슨 이익이 있겠는가? 이왕 그릇된 일은 돌이켜 생각해도 소용이 없다.

【출전】 東言解, 事則已矣 算則何益

죽은 중에 곤장 익히기

➡ 사승무능 임습태장 死僧無能 任習笞杖

死 죽을 사, 僧 중 승, 無 없을 무, 能 능할 능
任 맡길 임, 習 익힐 습, 笞 볼기칠 태, 杖 지팡이 장

【의미】 저항할 수 없는 사람에게 폭행을 가하다.

【출전】 星湖全書 권7 百諺解

➡ 사승습장 死僧習杖

死 죽을 사, 僧 중 승, 習 익힐 습, 杖 지팡이 장

【의미】 죽은 시신에 매를 가해본들 별 위엄이 서진 않는다.

【출전】 東言解, 楚尸徒苦鞭不武 / 松南雜識 方言類

➡ 우사승습장 遇死僧習杖

遇 만날 우, 死 죽을 사, 僧 중 승, 習 익힐 습, 杖 지팡이 장

【의미】 저항할 힘이 없는 외롭고 약한 사람을 업신여기고 괴롭히다.
【출전】 旬五志 下, 言陵蔑孤弱
【비교】 죽은 중에 매질하기.

죽은 풀려도 솥 안에 있다

➡ 전죽수해 함재정내 饘粥雖解 咸在鼎內

饘 죽 전, **粥** 죽 죽, **雖** 비록 수, **解** 풀 해
咸 다 함, **在** 있을 재, **鼎** 솥 정, **內** 안 내

【의미】 별다른 손실은 없다. 일이 잘못되어 손해를 본다고 해도 따지고 보면 크게 손해가 나지는 않는다.
【출전】 與猶堂全書 耳談續纂 拾遺, 言實無大損

줏대가 없다

➡ 중무소주 中無所主

中 가운데 중, **無** 없을 무, **所** 바 소, **主** 주인 주

【의미】 마음속에 일정한 중심이 없어 갈팡질팡하는 모습을 말한다.
【출전】 松南雜識 方言類

중놈 술에 취해 횡설수설하다

➡ 승인취주 僧人醉酒

僧 중 승, **人** 사람 인, **醉** 취할 취, **酒** 술 주

【의미】 봄비가 잦은 것, 돌담 배부른 것, 사발 이 빠진 것, 늙은이의 불량스런 짓, 아이들 입빠른 것, 중놈이 술에 취한 것, 흙부처 냇물 건너기, 며느리 손 큰 것, 이 여덟 조목은 아무짝에도 쓸모없이 해롭기만 한 것의 비유로 삼는다.
【출전】 旬五志 下, 以春雨數來·石墻飽腹·沙鉢缺耳·老人潑皮·小兒捷口·僧人醉酒·泥佛渡川·家母手鉅八條 爲無用有害之喻

중 도망은 절에나 가 찾지

➡ 승도망 유가심어산사 僧逃亡 猶可尋於山寺

僧 중 승, **逃** 달아날 도, **亡** 망할 망, **猶** 오히려 유, **可** 옳을 가
尋 찾을 심, **於** 어조사 어, **山** 뫼 산, **寺** 절 사

【의미】 워낙 감쪽같이 달아나서 흔적조차 찾을 수 없다. 어디 가서 찾아야 할지 도무지 알 수 없다.

【출전】 東言解, 逃甚雲 蹤跟尤無所

➡ 승도멱사 민타난추 僧逃覓寺 民躱難追

僧 중 승, **逃** 달아날 도, **覓** 찾을 멱, **寺** 절 사
民 백성 민, **躱** 비킬 타, **難** 어려울 난, **追** 쫓을 추

【의미】 워낙 감쪽같이 달아나서 흔적조차 찾을 수 없다. 어디 가서 찾아야 할지 도무지 알 수 없다.

【출전】 星湖全書 권7 百諺解

【비교】 겨 속에서 쌀 찾기. 모래밭에서 바늘 찾기. 백운심처(白雲深處) 처사(處士) 찾기.

중매를 잘못서면 뺨이 석 대

➡ 오매자 삼차비협 誤媒者 三次批頰

誤 그릇할 오, **媒** 중매 매, **者** 놈 자, **三** 석 삼, **次** 버금 차, **批** 칠 비, **頰** 뺨 협

【의미】 중매를 잘못하면 칭찬보다 욕을 먹기 쉽다.

【출전】 玉樓夢 20回

중의 빗

➡ 승두목소 유무하관 僧頭木梳 有無何關

僧 중 승, **頭** 머리 두, **木** 나무 목, **梳** 빗 소
有 있을 유, **無** 없을 무, **何** 어찌 하, **關** 빗장 관

【의미】 승려의 머리에 나무빗은 없어도 그만인 물건이다.

【출전】 星湖全書 권7 百諺解

➡ 승소 僧梳

僧 중 승, **梳** 빗 소

【의미】 없어도 그만인 물건.

【출전】 旬五志 下, 言無用 / 松南雜識 方言類, 芝峰曰 和尙置梳篦 言無用也 / 東言解, 宜於有髮 髡也無用

중이 고기 맛을 알면 법당에 오른다

➡ 승지육미승법당 僧知肉味升法堂

僧 중 승, 知 알 지, 肉 고기 육, 味 맛 미, 升 되 승, 法 법 법, 堂 집 당

【의미】 금지하던 것을 한번 어기게 되면 평소보다 더 심하게 빠지게 된다.

【출전】 東言解, 一嘗之後 嗜欲故狂

중이 밉기로 가사도 미우랴

➡ 수질승 가하증 雖疾僧 袈何憎

雖 비록 수, 疾 미워할 질, 僧 중 승, 袈 가사 가, 何 어찌 하, 憎 미워할 증

【의미】 아무 상관도 없는 애꿎은 사람에게 분풀이를 해서는 안 된다.

【출전】 星湖全書 권7 百諺解言不遷怒也 僧雖可憎 緣僧而惡無情之袈裟 無乃不可乎.

➡ 승수증 가사하증 僧雖憎 袈裟何憎

僧 중 승, 雖 비록 수, 憎 미워할 증, 袈 가사 가, 裟 가사 사, 何 어찌 하

【의미】 갑에게 화가 났다고 을에게 이것을 옮겨서는 안 된다.

【출전】 旬五志 下, 言雖怒於甲 不可移於乙

➡ 피승수증 가사하증 彼僧雖憎 袈裟何憎

彼 저 피, 僧 중 승, 雖 비록 수, 憎 미워할 증, 袈 가사 가, 裟 가사 사, 何 어찌 하

【의미】 미운 사람과 관련되었다고 남까지 공연히 미워해서는 안 된다.

【출전】 星湖全書 권7 百諺解

중이 팔양경八陽經 읽듯 한다

➡ 승지파라경 僧之婆羅經

僧 중 승, 之 갈 지, 婆 할미 파, 羅 새그물 라, 經 지날 경

【의미】 뜻도 알지 못하면서 입에 익어 중얼중얼 거린다. 『팔양경』은 혼인이나 해산, 장례 등에 관한 미신적 행동을 없애려는 내용을 담은 불교 경전의 일종이다.

【출전】 東言解, 不識其義 但熟於口

쥐로 고양이 바꾸기

➡ 이서역묘 以鼠易猫

以 써 이, **鼠** 쥐 서, **易** 바꿀 역, **猫** 고양이 묘

【의미】 사람을 교체한 것이 오히려 전 사람만 못한 결과를 가져오다.

【출전】 朝鮮宣祖實錄 권60 28년 2월 癸亥.

쥐 불알 같다

➡ 서본아견압 鼠本牙見壓

鼠 쥐 서, **本** 밑 본, **牙** 어금니 아, **見** 볼 견, **壓** 누를 압

【의미】 약질인 자신을 미루어 미물에도 애처로움을 느낀다. 보잘것없는 물건을 가리킨다.

【출전】 東言解, 孱質己推微物同哀

쥐 안 잡는 고양이

➡ 서묘목장 鼠猫木將

鼠 쥐 서, **猫** 고양이 묘, **木** 나무 목, **將** 장수 장

【의미】 제가 해야 할 구실을 못하는 물건이나 사람.

【출전】 東言解, 慣害同類 異哉彼帥

지나는 불에 밥 익히기

➡ 과화지염 아식가임 過火之燄 我食可飪

過 지날 과, **火** 불 화, **之** 갈 지, **燄** 불 당길 염
我 나 아, **食** 밥 식, **可** 옳을 가, **飪** 익힐 임

【의미】 우연한 기회에 편승해서 자신의 일을 이루려고 한다. 힘들이지 않고 남의 덕으로 이익을 보려고 한다.

【출전】 與猶堂全書 耳談續纂 東諺, 喩因利乘便以成吾事

➡ 과화취반 過火炊飯

過 지날 과, **火** 불 화, **炊** 불 땔 취, **飯** 밥 반

【의미】 자신의 노력을 들이지 않고 일을 이루려고 하다.

【출전】 東言解, 不費己力 以成吾事

지나친 공손은 예가 아니다

➡ 과공비례 過恭非禮

過 지날 과, **恭** 공손할 공, **非** 아닐 비, **禮** 예도 례

【의미】 남에게 예절을 지키는 것도 정도가 있어야지 지나치면 오히려 강직한 것만 못하다.

【출전】 松南雜識 方言類

지렁이도 밟으면 꿈틀거린다

➡ 막무구인 천역발동 莫誣蚯蚓 踐亦發動

莫 없을 막, **誣** 무고할 무, **蚯** 지렁이 구, **蚓** 지렁이 인
踐 밟을 천, **亦** 또 역, **發** 쏠 발, **動** 움직일 동

【의미】 아무리 순하고 약한 사람이라도 함부로 건드리거나 멸시를 하면 반항한다.

【출전】 星湖全書 권7 百諺解

➡ 상피구인 천지즉준 相彼蚯蚓 踐之則蠢

相 서로 상, **彼** 저 피, **蚯** 지렁이 구, **蚓** 지렁이 인
踐 밟을 천, **之** 갈 지, **則** 곧 즉, **蠢** 꿈틀거릴 준

【의미】 비록 미천한 생물일지라도 능멸하고 짓밟기만 하면 원망이 없을 수 없게 된다.

【출전】 與猶堂全書 耳談續纂 東諺, 言雖微賤之物 不能無怨於凌踏

➡ 폐완도미 斃蜿掉尾

斃 넘어질 폐, **蜿** 굼틀거릴 완, **掉** 흔들 도, **尾** 꼬리 미

【의미】 아무리 하찮고 힘없는 사람이라도 너무 심하게 괴롭히면 반발한다.

【출전】 朝鮮明宗實錄 권29 18년 8월 戊辰

진밥 씹듯한다

➡ 여저습반 如咀濕飯

如 같을 여, **咀** 씹을 저, **濕** 축축할 습, **飯** 밥 반

【의미】 늘상 일어나는 일을 가지고 거듭 말해 그치지 않는다. 사소한 일을 가지고 잔소리를 그치지 않는다.

【출전】 東言解, 常行之事 累言不已

진상은 꼬챙이에 꿰고 뇌물은 바리로 싣는다

➡ 공이관수 뇌용태구 貢以串輸 賂用駄驅

貢 바칠 공, 以 써 이, 串 익힐 관, 輸 나를 수
賂 뇌물줄 뢰, 用 쓸 용, 駄 탈 태, 驅 몰 구

【의미】 서리의 권한이 컸던 것을 비유하는 속담이다. 나라에 올린 진상품은 꼬챙이로 꿸 만큼 적게 하고, 아전에게 바치는 뇌물은 수레에 실을 만큼 많이 보낸다.

【출전】 與猶堂全書 耳談續纂 東諺, 言吏胥之權重也

➡ 진상관천 인정만태 進上串穿 人情滿駄

進 나아갈 진, 上 위 상, 串 익힐 관, 穿 뚫을 천
人 사람 인, 情 뜻 정, 滿 찰 민, 駄 딜 태

【의미】 정당하게 바쳐야 할 세금은 적게 내려고 애쓰고 부당한 곳에 쓰려는 뇌물은 많이 바친다.

【출전】 星湖僿說 人事門 人情國

집안 돼지

➡ 가돈 家豚

家 집 가, 豚 돼지 돈

【의미】 변변치 못한 아들이란 뜻으로, 남에게 자신의 아들을 낮춰서 부르는 말. 돈아(豚兒)라고도 한다. 집 아이는 혹 별 일 없는지 여러 날 보지 못해 걱정이 됩니다.

【출전】 古文書集成 海南尹氏篇 권28, 簡札類 30, 家豚倘無恙否 多日不見是鬱鬱

집안이 망하려면 천리마도 병이 든다

➡ 거실파락 고마피병 巨室破落 高馬疲病

巨 클 거, 室 집 실, 破 깨뜨릴 파, 落 떨어질 락
高 높을 고, 馬 말 마, 疲 지칠 피, 病 병 병

【의미】 일이 안 되려면 정상적으로 잘 될 일도 뜻대로 되지 않는다.

【출전】 星湖全書 권7 百諺解

짚신도 제 날이 좋다

➡ 고리기경호 藁履其徑好

藁 마를 고, **履** 신 리, **其** 그 기, **徑** 지름길 경, **好** 좋을 호

【의미】 사람은 서로 처지나 형편이 비슷한 사람끼리 어울려야 마음이 편하다. 혼인을 할 때에는 자신에게 맞는 사람을 택하는 것이 좋다.

【출전】 旬五志 下, 言結婚當取適己

➡ 고혜기경호 藁鞋其徑好

藁 마를 고, **鞋** 신 혜, **其** 그 기, **徑** 지름길 경, **好** 좋을 호

【의미】 사람은 서로 처지나 형편이 비슷한 사람끼리 어울려야 마음이 편하다.

【출전】 東言解

➡ 구업초구 영용초경 苟業草屨 寧用草經

苟 진실로 구, **業** 업 업, **草** 풀 초, **屨** 신 구, **寧** 차라리 녕, **用** 쓸 용, **經** 날 경

【의미】 형편이나 처지가 비슷한 사람끼리 어울려야 뱃속도 편하고 뜻도 잘 맞는다.

【출전】 星湖全書 권7 百諺解

➡ 비기초위 역원초경 扉旣草緯 亦願草經

扉 짚신 비, **旣** 이미 기, **草** 풀 초, **緯** 씨 위, **亦** 또 역, **願** 원할 원, **經** 지날 경

【의미】 신분이 천한 사람은 귀한 배필을 구하지 않는다. 신분이나 환경 따위가 자신과 같은 정도의 사람끼리 짝을 맺는 것이 좋다.

【출전】 與猶堂全書 耳談續纂 東諺, 喻身賤者 不求貴匹

짚신에 국화 그린다

➡ 고혜두국화구 藁鞋頭菊花毬

藁 마를 고, **鞋** 신 혜, **頭** 머리 두, **菊** 국화 국, **花** 꽃 화, **毬** 공 구

【의미】 서로 전혀 어울리지 않는다. 짚신은 아주 천한 물건인데 그곳에 국화꽃으로 장식을 했으니 전혀 어울리지 않는다.

【출전】 靑莊館全書 권62 冽上方言, 言不相稱也 藁鞋至陋也 飾以花毬 不稱甚矣

➡ 고혜화구 藁鞋花毬

藁 마를 고, **鞋** 신 혜, **花** 꽃 화, **毬** 공 구

【의미】 아주 어울리지 않는 경우를 비유한다.

【출전】 古今釋林 권28 東韓譯語 釋服, 집신에 국화등. 以喩太不稱也

➡ 망교국억 필호철추 芒屩菊繶 蓽戶鐵樞

芒 까끄라기 망, 屩 신 교, 菊 국화 국, 繶 끈 억
蓽 콩 필, 戶 지게 호, 鐵 쇠 철, 樞 지도리 추

【의미】 어울리지 않는 곳에 지나친 호사를 부린다.

【출전】 星湖全書 권7 百諺解

➡ 초혜국화등 草鞋菊花登

草 풀 초, 鞋 신 혜, 菊 국화 국, 花 꽃 화, 登 오를 등

【의미】 전체적으로 격에 맞지 않는 짓을 한다.

【출전】 東言解, 不稱全體 旣賤草飾

【비교】 개발에 가죽 편자. 거적문에 돌쩌귀. 까마귀 둥지에 솔개미. 속곳 벗고 은가락지 낀다.

짝사랑에 혼자 즐거워한다

➡ 척애독락 隻愛獨樂

隻 새한마리 척, 愛 사랑 애, 獨 홀로 독, 樂 즐길 락

【의미】 저쪽에서는 나를 취하지 않는데 나만 홀로 취하는 것이다. "네가 남을 참지 않는데 남이 너를 참겠는가."란 말이 있다. 한 쪽에서만 일방적으로 좋아해서는 아무 소용이 없다.

【출전】 松南雜識 方言類, 言彼不取我 而我獨取彼也 似汝不忍人 人將忍汝之說

쪽박을 쓰고 벼락을 피한다

➡ 대표자 벽력피 戴瓢子 霹靂避

戴 일 대, 瓢 박 표, 子 아들 자, 霹 벼락 벽, 靂 벼락 력, 避 피할 피

【의미】 재앙을 피하기 어려운 것이 어떤 것보다 더하다. 너무 당황해서 되지도 않을 방법을 써서 곤란을 피하려고 하다. 구차하게 재난을 피하다.

【출전】 靑莊館全書 권62 洌上方言, 言苟且逃患也

➡ 벽력유가착호면 霹靂猶可着瓠免

霹 벼락 벽, 靂 벼락 력, 猶 오히려 유, 可 옳을 가
着 붙을 착, 瓠 표주박 호, 免 면할 면

【의미】 재앙을 피하기 어려운 것이 어떤 것보다 더하다. 너무 당황해서 되지도 않을 방법을 써서 곤란을 피하려고 하다.

【출전】 東言解, 厄之難避 有甚於彼

찧는 방아도 손이 나들어야 한다

➡ 삭용지구 상혹납수 數舂之臼 尙或納手

數 빠를 삭, **舂** 찧을 용, **之** 갈 지, **臼** 절구 구
尙 오히려 상, **或** 혹 혹, **納** 바칠 납, **手** 손 수

【의미】 비록 어지럽고 문란한 중이라도 기미를 맞춰 거들어야 일이 잘 이루어진다. 무슨 일이든지 기회를 보아 손을 써야만 일을 이룰 수 있다.

【출전】 與猶堂全書 耳談續纂 東諺, 言雖搶攘之中 亦可以相幾行善

【비교】 바쁘게 찧는 방아에도 손 놀 틈이 있다. 사침에도 용수 있다.

차

참깨가 기니 짧으니 한다

➡ 진임왈단왈장 眞荏曰短曰長

眞 참 진, **荏** 들깨 임, **曰** 가로 왈, **短** 짧을 단, **長** 길 장

【의미】 대수롭지 않은 일을 가지고 야단스럽게 따지거나 시비를 가리려 떠든다.

【출전】 東言解

【비교】 네 콩이 크니 내 콩이 크니 한다. 콩 났네 팥 났네 한다. 콩 심어라 팥 심어라 한다.

참새가 방앗간을 그냥 지나치랴

➡ 미유와작 허과대각 未有瓦雀 虛過碓閣

未 아닐 미, **有** 있을 유, **瓦** 기와 와, **雀** 참새 작
虛 빌 허, **過** 지날 과, **碓** 방아 대, **閣** 문설주 각

【의미】 욕심이 많은 사람은 이익을 보면 과감하게 물러서지 못한다.

【출전】 與猶堂全書 耳談續纂 東諺, 喩多慾者不能見利而勇退

➡ 진작기허과용간 眞雀豈虛過舂間

眞 참 진, **雀** 참새 작, **豈** 어찌 기, **虛** 빌 허, **過** 지날 과, **舂** 찧을 용, **間** 사이 간

【의미】 제가 좋아하는 일을 그냥 보고만 지나칠 까닭이 없다. 정신없이 이익만 좇으니 평소 익숙한 곳을 버려 두고 가기는 어렵다.

【출전】 東言解, 翾翾逐利 熟處難捨

참새가 황새 걸음 배운다

➡ 작학관보 雀學鸛步

雀 참새 작, 學 배울 학, 鸛 황새 관, 步 걸음 보

【의미】 자신의 능력이 졸렬한 줄은 헤아리지 않고 남의 능한 것만 망령되이 본받으려 하다.

【출전】 東言解, 不量己拙 妄效人能

창녀는 음란한 행적이 드러나도 부끄러운 줄 모른다

➡ 창부적로 종음무수 娼婦迹露 縱淫無羞

娼 몸파는여자 창, 婦 며느리 부, 迹 자취 적, 露 드러날 로

縱 늘어질 종, 淫 음란할 음, 無 없을 무, 羞 부끄러울 수

【의미】 원래 행실이 나빴던 사람은 그것이 폭로되어도 부끄러운 줄 모른다.

【출전】 星湖全書 권7 百諺解

창씨라 고씨라

➡ 창씨고씨 倉氏庫氏

倉 곳집 창, 氏 성씨 씨, 庫 곳집 고

【의미】 사물이 오래도록 변하지 않고 이어진다. 옛날 중국에서 창씨와 고씨가 대대로 창고 지키는 일을 맡았다는 데서 유래한 속담이다.

【출전】 松南雜識 方言類

처갓집과 뒷간은 멀수록 좋다

➡ 사가여측 유원유호 查家與厠 愈遠愈好

查 사돈 사, 家 집 가, 與 더불어 여, 厠 뒷간 측, 愈 더욱 유, 遠 멀 원, 好 좋을 호

【의미】 사돈 사이에는 괜한 말을 있을 수 있기 때문에, 그리고 뒷간은 냄새가 나기 때문에 될 수 있으면 집에서 멀리 떨어져 있는 것이 좋다.

【출전】 星湖全書 권7 百諺解

➡ 측간사가 원유호 厠間査家 遠愈好

厠 뒷간 측, 間 사이 간, 査 사실할 사, 家 집 가, 遠 멀 원, 愈 더욱 유, 好 좋을 호

【의미】 냄새는 오고 괜한 말이 가니, 폐단은 가까운 데서 생긴다. 사돈 사이에는 괜한 일로 말이 많을 수 있고, 뒷간은 냄새가 고약하니 멀수록 좋다.

【출전】 東言解, 臭來語去 弊生於近

처음부터 끝까지

➡ 자초지종 自初至終

自 부터 자, 初 처음 초, 至 이를 지, 終 끝날 종

【의미】 전체 과정의 전부.

【출전】 松南雜識 方言類

천 길 물 속은 알아도 계집 마음속은 모른다

➡ 천장연가지 미인심부지 千丈淵可知 美人心不知

千 일천 천, 丈 어른 장, 淵 못 연, 可 옳을 가, 知 알 지
美 아름다울 미, 人 사람 인, 心 마음 심, 不 아닐 불

【의미】 여자의 마음은 변하기 쉬워서 대중할 수 없다. 가까워도 충심을 헤아리기 어려운 것이 물의 깊이보다 더 심하다.

【출전】 東言解, 親難測衷 甚於水深

천릿길도 한 걸음부터다

➡ 적천리자 일보가규 適千里者 一步可規

適 갈 적, 千 일천 천, 里 마을 리, 者 놈 자
一 한 일, 步 걸음 보, 可 옳을 가, 規 법 규

【의미】 어떤 일을 할 때에는 그 기초부터 튼튼히 다지는 것이 중요하다.

【출전】 三國遺事 권6 感通 廣德嚴莊

천 마리 소의 힘을 여우나 쥐의 머리에 쏟을 수 없다

➡ 천우지력 부족가어호서지두 千牛之力 不足加於狐鼠之頭

千 일천 천, 牛 소 우, 之 갈 지, 力 힘 력, 不 아닐 부, 足 발 족, 加 더할 가

於 어조사 어, **狐** 여우 호, **鼠** 쥐 서, **頭** 머리 두

【의미】 엄청나게 큰 힘을 조그마한 일을 위하여 쓸 필요는 없다.

【출전】 彰善感義錄 11回

천방지방 한다

➡ 천방지방 天方地方

天 하늘 천, **方** 모 방, **地** 땅 지

【의미】 급한 일에 정신이 없어서 일을 두서없이 처리한다. 마음도 바쁘고 몸도 바빠서 아래위를 구분하지 못하다.

【출전】 東言解, 心慌足慌何上何下

천자문도 못 읽고 도장 위조한다

➡ 불학천자인위조 不學千字印僞造

不 아닐 불, **學** 배울 학, **千** 일천 천, **字** 글자 자
印 도장 인, **僞** 거짓 위, **造** 지을 조

【의미】 생각하는 것이 정말 어리석으면서도 남을 속이는 생각을 버리지 못한다. 자신의 능력을 키울 생각은 않고 일부터 크게 벌일 궁리만 한다.

【출전】 東言解, 知覺全矇 欺詐徑萌

철나자 망령이다

➡ 기각시의 노망선지 其覺始矣 老妄旋至

其 그 기, **覺** 깨달을 각, **始** 처음 시, **矣** 어조사 의
老 늙을 로, **妄** 허망할 망, **旋** 돌 선, **至** 이를 지

【의미】 시간이 많다고 게으름을 피우다가는 기회를 모두 놓치고 만다. 세월은 덧없이 흘러가는데 이뤄놓은 일은 아무 것도 없다.

【출전】 與猶堂全書 耳談續纂 拾遺, 戒歲月蹉跎 事業無成

초록은 동색이다

➡ 녹단초록 망불동색 綠段草綠 罔不同色

綠 초록빛 록, **段** 구분 단, **草** 풀 초, **罔** 없을 망
不 아닐 불, **同** 한가지 동, **色** 빛 색

【의미】 같은 무리들은 반드시 서로 어울린다.
【출전】 星湖全書 권7 百諺解

➡ 녹수이직 종시일색 綠雖異織 終是一色

綠 초록빛 록, **雖** 비록 수, **異** 다를 이, **織** 짤 직
終 끝날 종, **是** 이 시, **一** 한 일, **色** 빛 색

【의미】 같은 무리들은 반드시 서로 어울린다.
【출전】 與猶堂全書 耳談續纂 東諺, 言同類必相附
【비교】 가재는 게 편이다. 검정개는 돼지 편이다.

초사흘 달은 잰 며느리가 본다

➡ 초생월 혜부적 初生月 慧婦覿

初 처음 초, **生** 낳을 생, **月** 달 월
慧 슬기로울 혜, **婦** 며느리 부, **覿** 볼 적

【의미】 부지런한 사람만이 세밀하게 관찰할 수 있다. 초승달은 워낙 가늘기 때문에 금방 사라져서 오직 부지런하고 지혜로운 며느리만 먼저 볼 수 있다.
【출전】 靑莊館全書 권62 冽上方言, 言敏者可能察細微 初生之月甚細 惟敏慧之婦先見也

촌닭 관청에 잡아다 놓은 것 같다

➡ 촌계입현 궐목선현 村鷄入縣 厥目先眩

村 마을 촌, **鷄** 닭 계, **入** 들 입, **縣** 매달 현
厥 그 궐, **目** 눈 목, **先** 먼저 선, **眩** 아찔할 현

【의미】 시골 사람이 번화한 도시 분위기에 어리둥절하다.
【출전】 與猶堂全書 耳談續纂 東諺, 言野人不習於繁華之地

총총들이 반 병이라

➡ 총총입반병 總總入半甁

總 거느릴 총, **入** 들 입, **半** 반 반, **甁** 병 병

【의미】 적은 양이지만 끊임없이 흘러나와서 시간이 지나면 많아진다.
【출전】 東言解, 涓涓不絕 久久則多

추울 땐 불 쬐다가 더우면 물러난다

➡ 한즉진구 열즉편퇴 寒則進灸 熱則便退

寒 찰 한, **則** 곧 즉, **進** 나아갈 진, **灸** 뜸 구, **熱** 더울 열, **便** 문득 편, **退** 물러날 퇴

【의미】 사람은 자신에게 좋은 일에만 관심을 가진다.

【출전】 星湖全書 권7 百諺解

춘천노목궤

➡ 춘천노목궤 春川櫨木櫃

春 봄 춘, **川** 내 천, **櫨** 두공 로, **木** 나무 목, **櫃** 함 궤

【의미】 한번 얻어들은 지식을 대단한 것으로 여겨 고지식하게 지켜 사리를 잘못 판단하다.

【유래】 한 촌 늙은이가 그의 사랑하는 딸을 위해서 사윗감을 고르려고 노나무 궤를 만들고 그곳에다 쌀 쉰 말을 담아 두고서는 사람을 모아 말했다. "이 궤를 만든 나무와 궤 속의 쌀이 몇 말인가를 알아내는 사람을 사위로 삼겠다." 그런데 그 딸이 한 멍청한 장사꾼에게 몰래 그 사실을 알려줘 모집에 응하게 했다. 나중에 늙은이가 사위더러 소[牛]가 어떤지 살펴보게 했더니, 사위는 한동안 소를 바라보고 나서 "노나무 궤"라 하고는 얼마 뒤에는 "쉰 다섯 말"이라고 외치더라는 것이다.

【출전】 旬五志 下, 世以膠守舊聞 不識變通者 稱以櫨木櫃 / 松南雜識 方言類

춘천토막공

➡ 춘천토막공 春川土莫工

春 봄 춘, **川** 내 천, **土** 흙 토, **莫** 없을 막, **工** 장인 공

【의미】 춘천노목궤春川櫨木櫃와 같은 뜻이다. 천성이 어리석고 우직해서 변화하거나 움직이기 어려운 사람을 말한다.

【출전】 東言解, 天性愚朴 難化難動

충주 결은 고비

➡ 충주단미 忠州短薇

忠 충성 충, **州** 고을 주, **短** 짧을 단, **薇** 고비 미

【의미】 아주 인색한 사람. 옛날 충주에 살던 이 아무개란 사람은 아주 부자였는데,

부모님이 돌아가시자 제사 때 쓰는 지방을 태워버리기가 아까워 기름에 재워 두었다가 해마다 제사 때 꺼내 썼다고 한다.

【출전】東言解, 鄙瑣慳吝 取短爲號

취하면 임금도 없다

➡ 취중무천자 醉中無天子

醉 취할 취, **中** 가운데 중, **無** 없을 무, **天** 하늘 천, **子** 아들 자

【의미】술에 취하면 정신을 잃어 사람을 몰라보고 무례한 행동을 저지른다.

【출전】未詳

【비교】술 취한 개다.

치마폭이 넓다

➡ 상폭광 裳幅廣

裳 치마 상, **幅** 폭 폭, **廣** 넓을 광

【의미】남의 일에 시시콜콜 간섭한다. 오지랖이 넓다.

【출전】東言解

【비교】치마가 스물네 폭인가. 치마가 열두 폭인가.

치사한 짓을 하는 사람

➡ 치치한천 恥恥漢川

恥 부끄러워할 치,**漢** 한수 한, **川** 내 천

【의미】종실 가운데 한천도정이 있었는데 성격이 탐욕스럽고 천박해서 시장에서 물건을 사고 팔면서 항상 외상으로 물건을 가져오곤 하였다. 예컨대 생선국을 사먹고는 자기 입맛에 맞지 않으면 즉시 돌려주고는 값을 돌려받았다. 때문에 당시 그를 욕해서 치사하기 짝이 없는 한천이라고 했는데 이것이 와전되어 '지지하천' 정말 치사한 놈이라고 부르게 되었다.

【출전】松南雜識 方言類, 宗室漢川都正 性貪鄙 市肆賣買 每多追還 至以生鮮羹 不合於性 卽還索價 故今詈人爲耻耻漢川 而訛謂至至下賤云

친구 따라 강남 간다

➡ 수우적강남 隨友適江南

隨 따를 수, 友 벗 우, 適 갈 적, 江 강 강, 南 남녘 남

【의미】 남이 한다고 덩달아 따라 일을 한다.

【출전】 旬五志 下, 言隨人忘勞

➡ 앙수아우 혹지강남 卬隨我友 或之江南

卬 나 앙, 隨 따를 수, 我 나 아, 友 벗 우, 或 혹 혹, 之 갈 지, 江 강 강, 南 남녘 남

【의미】 자신의 뜻보다는 친구의 뜻에 끌려서 어떤 일에 덩달아 나서다.

【출전】 星湖全書 권7 百諺解

➡ 추우적강남 追友適江南

追 쫓을 추, 友 벗 우, 適 갈 적, 江 강 강, 南 남녘 남

【의미】 남이 한다고 덩달아 따라 일을 한다.

【출전】 松南雜識 方言類, 言隨人妄勞卽命駕千里之語也

친구 줄 것은 없어도 도둑 줄 것은 있다

➡ 궤우핍물 도절반유 饋友乏物 盜竊反裕

饋 먹일 궤, 友 벗 우, 乏 가난할 핍, 物 만물 물
盜 훔칠 도, 竊 훔칠 절, 反 되돌릴 반, 裕 넉넉할 유

【의미】 남 도와줄 물건은 없어도 도둑이 훔쳐갈 물건은 있다. 아무리 인색한 사람도 도적질 당하는 일은 막을 수 없다.

【출전】 星湖全書 권7 百諺解

➡ 급우지물무 적지지물유 給友之物無 賊持之物有

給 줄 급, 友 벗 우, 之 갈 지, 物 만물 물, 無 없을 무
賊 도둑 적, 持 가질 지, 有 있을 유

【의미】 친구에게 인색한 사람이 도둑에게 물건을 빼앗기다. 아무리 가난해도 도둑 맞을 물건은 있다.

【출전】 東言解

【비교】 감기 고뿔도 남 안 준다.

친구 힘입어 공신의 반열이다

➡ 뇌붕우력 모거훈반 賴朋友力 冒居勳班

賴 힘입을 뢰, 朋 벗 붕, 友 벗 우, 力 힘 력

冒 무릅쓸 모, 居 있을 거, 勳 공 훈, 班 나눌 반

【의미】 친구 덕분에 함께 출세하다.

【출전】 星湖全書 권7 百諺解

침 뱉은 우물물 다시 와서 마신다

➡ 위불재경 오차구정 謂不再綆 汚此舊井

謂 이를 위, 不 아닐 불, 再 두 재, 綆 두레박줄 경
汚 더러울 오, 此 이 차, 舊 예 구, 井 우물 정

【의미】 높은 자리에 올랐다고 옛날의 지기와 이웃을 가볍게 버려서는 안 된다. 다시는 안 볼 듯이 야박하게 굴어도 뒤에 도움을 청할 일이 생긴다.

【출전】 與猶堂全書 百諺解 耳談續纂 東諺, 戒勿以高遷 輕棄舊隣

【비교】 다시 긷지 않는다고 이 우물에 똥 눌까. 이 샘물 안 먹겠다고 똥 누고 가더니, 그 물이 맑아지기도 전에 다시 와서 마신다. 이 우물에 똥을 누어도 다시 그 물 마신다.

카

칼에 찔린 상처는 쉽게 나아도, 말에 찔린 상처는 낫기 어렵다

➡ 도창이호 악어난소 刀瘡易好 惡語難消

刀 칼 도, 瘡 부스럼 창, 易 쉬울 이, 好 좋을 호
惡 악할 악, 語 말씀 어, 難 어려울 난, 消 사라질 소

【의미】 남의 말로 인하여 받은 마음의 상처는 잊히기가 어려우니, 항상 말을 할 때에는 상대방을 배려하면서 조심스럽게 해야 한다.

【출전】 寶鑑

【비교】 말로 해치는 것이 칼로 해치는 것보다 무섭다.

코 베인 며느리도 시아비에게 폐백 바친다

➡ 피의자부 상지궐구 彼劓者婦 尙贄厥舅

彼 저 피, 劓 코벨 의, 者 놈 자, 婦 며느리 부
尙 오히려 상, 贄 폐백 지, 厥 그 궐, 舅 시아비 구

【의미】 치욕을 당하고도 스스로 노력하면 한 가지 도는 이룬다. 우리나라 풍속에 아녀자가 음행을 저지르면 그 코를 벤다.

【출전】 與猶堂全書 耳談續纂 東諺, 喩冒恥求進 亦成一道○東俗婦有淫行 輒割其鼻

코 아니 흘리고 유복하랴

➡ 비불란 유복호 鼻不爛 有福好

鼻 코 비, **不** 아닐 불, **爛** 문드러질 란, **有** 있을 유, **福** 복 복, **好** 좋을 호

【의미】 수고하지 않고 이익을 얻을 수 있겠는가?

【출전】 東諺解, 不待喫苦 坐而安享

➡ 비체불류 기복자우 鼻涕不流 其福自優

鼻 코 비, **涕** 눈물 체, **不** 아닐 불, **流** 흐를 류
其 그 기, **福** 복 복, **自** 스스로 자, **優** 넉넉할 우

【의미】 수고하지 않고 이익을 얻을 수는 없다.

【출전】 與猶堂全書 耳談續纂 拾遺, 不勞而得

콩 반 알도 남의 몫에 지어 있다

➡ 반숙공석 타인소획 半菽孔碩 他人所獲

半 반 반, **菽** 콩 숙, **孔** 구멍 공, **碩** 클 석
他 다를 타, **人** 사람 인, **所** 바 소, **獲** 얻을 획

【의미】 부러움은 시기에서 일어나서 아무도 그 싹이 커질 것을 알지 못하니 또한 이 뜻이다. 비록 작은 물건이라도 남의 물건을 탐내거나 가지려고 하지 말라.

【출전】 與猶堂全書 耳談續纂 東諺, 言羨起於妬 莫知其苗之碩 亦此意

콩 심은 데 콩 나고 팥 심은 데 팥 난다

➡ 종두득두 種豆得豆

種 씨 종, **豆** 콩 두, **得** 얻을 득

【의미】 세상 일이란 자기가 뿌린 대로 거두는 법이다.

【출전】 未詳

코에 걸면 코걸이 귀에 걸면 귀걸이

⇒ 귀에 걸면 귀걸이 코에 걸면 코걸이

콩으로 메주를 쑨다 해도 곧이 듣지 않는다

➡ 위숙합장 인혹불신 謂菽合醬 人或不信

謂 이를 위, **菽** 콩 숙, **合** 합할 합, **醬** 젓갈 장
人 사람 인, **或** 혹 혹, **不** 아닐 불, **信** 믿을 신

【의미】 워낙 믿을 수 없어서 바른 말을 해도 믿지 않는다.

【출전】 星湖全書 권7 百諺解

쾌산 땅 소의 원통함

➡ 쾌산원우 快山冤牛

快 쾌할 쾌, **山** 뫼 산, **冤** 원통할 원, **牛** 소 우

【의미】 옛날 평안도 영원군寧遠郡 쾌산 땅에서 있었던 일. 어떤 농부가 밭을 갈다가 깜빡 잠이 들었는데, 그 때 호랑이가 나타났다. 소는 주인을 지키기 위해 온 힘으로 호랑이와 싸워 물리쳤는데, 잠이 깬 농부는 소가 밭을 다 망쳐놓았다 하여 그 소를 때려 죽였다 한다.

【출전】 朝鮮顯宗實錄 권7 4년 7월 甲午

큰 나무 밑에 아름다운 풀은 없다

➡ 원수지영 근수지애 遠樹之映 近樹之礙

遠 멀 원, **樹** 나무 수, **之** 갈 지, **映** 비출 영, **近** 가까울 근, **礙** 거리낄 애

【의미】 약한 사람은 강한 사람 밑에서는 결코 강해지기가 어렵다. 또는 아랫사람은 윗사람의 칭찬을 받기가 어렵다.

【출전】 星湖全書 권7 百諺解

큰 무당 앞이라

➡ 대무지전 大巫之前

大 큰 대, **巫** 무당 무, **之** 갈 지, **前** 앞 전

【의미】 오장굉이 진림에게 보낸, 문장을 논의한 글에서 말했다. "작은 무당이 큰 무당을 보더니 신기가 다 없어지고 말았다. 두보의 시를 읽으니 내 시에 대해 자랑을 못하겠더니, 내 힘이 마치 큰 무당을 만난 듯하였다." 세속에서 말하는 '대무지전'은 여기에서 나왔다.

【출전】 松南雜識 方言類, 吳張紘與陳琳論文曰 小巫見大巫 神氣殫矣 杜詩不謂矜 余

力還來謁大巫 俗謂大巫之前出此

타

타관 양반을 누가 좌수 삼으리

➡ 타관양반 수허좌수 他官兩班 誰許座首

他 다를 타, **官** 벼슬 관, **兩** 두 양, **班** 나눌 반
誰 누구 수, **許** 허락할 허, **座** 자리 좌, **首** 머리 수

【의미】 주인과 나그네는 세력이 다르다. 다른 지방 사람에게는 요긴한 자리를 맡기지 않는다.

【출전】 松南雜識 方言類, 言主客勢異 / 旬五志 下, 言主客勢異

➡ 타관양반 좌수허호 他官兩班 座首許乎

他 다를 타, **官** 벼슬 관, **兩** 두 양, **班** 나눌 반
座 자리 좌, **首** 머리 수, **許** 허락할 허, **乎** 인가 호

【의미】 동아리 밖의 사람을 배척해 참여시키지 않다. 다른 지방 사람에게는 요긴한 자리를 맡기지 않는다.

【출전】 東言解, 局外之人 擯不得與

탐관의 밑은 안반 같고, 염관의 밑은 송곳 같다

➡ 탐관본안반 염관본예추 貪官本安盤 廉官本銳錐

貪 탐할 탐, **官** 벼슬 관, **本** 밑 본, **安** 편안할 안
盤 소반 반, **廉** 청렴할 렴, **銳** 날카로울 예, **錐** 송곳 추

【의미】 탐관오리는 오히려 재산이 더욱 늘어나고, 청렴한 관리일수록 곤궁에 빠진다.

【출전】 東言解, 濁反增盛 潔益取窮

태수 되자 턱 떨어진다

➡ 태수위탈함이 太守爲脫頷頤

太 클 태, **守** 지킬 수, **爲** 할 위, **脫** 벗을 탈, **頷** 턱 함, **頤** 턱 이

【의미】 운수가 없다. 태수가 되어 먹을 것이 풍족해졌는데, 턱이 빠지니 그 음식을 먹을 수 없다.

【출전】 青莊館全書 권62 洌上方言, 言福薄也 爲太守則食足矣 脫頷頤則不可食矣

터진 입이라고 마구 지껄인다

➡ 어불택발 語不擇發

語 말씀 어, **不** 아닐 불, **擇** 가릴 택, **發** 쏠 발

【의미】 말을 삼가지 않고 되는 대로 떠드는 것을 가리킨다.

【출전】 松南雜識 方言類

틈 난 돌이 터지고 태 먹은 독이 깨진다

➡ 경문열석 명성파옹 驚紋裂石 鳴聲破瓮

驚 놀랄 경, **紋** 무늬 문, **裂** 찢을 렬, **石** 돌 석
鳴 울 명, **聲** 소리 성, **破** 깨뜨릴 파, **瓮** 독 옹

【의미】 먼저 기미를 보인 것은 반드시 그 결과가 온다. 탈이 있는 것은 결국 실패를 가져온다.

【출전】 與猶堂全書 耳談續纂 東諺, 言先聲者後必有實

티끌 모아 태산이다

➡ 진합태산 塵合泰山

塵 티끌 진, **合** 합할 합, **泰** 클 태, **山** 뫼 산

【의미】 작은 것도 꾸준히 아껴 모으면 크고 가치 있는 재산이 된다.

【출전】 未詳

파

파리가 성가셔 칼을 뽑으랴

➡ 노승발검 怒蠅拔劍

怒 성낼 노, **蠅** 파리 승, **拔** 뺄 발, **劍** 칼 검

【의미】 무슨 큰 일이라고 쓸데없이 기를 돋구는가? 작은 일에 큰 계책을 쓰다.

【출전】 松南雜識 方言類 / 東言解, 胡大事也 浪使氣也

파주 미륵이다

➡ 파주미륵 坡州彌勒

坡 고개 파, 州 고을 주, 彌 두루 미, 勒 굴레 륵

【의미】 키가 작고 뚱뚱하다.
【출전】 松南雜識 方言類, 今坡州石孚屠也 俗爲肥大者之稱也
【비교】 하늘 높은 줄 모르고, 땅 넓은 줄만 안다.

팔불출

➡ 팔불취 八不就

八 여덟 팔, 不 아닐 불, 就 이룰 취

【의미】 아무 짝에도 쓸모가 없는 사람을 일컫는 말.
【출전】 松南雜識 方言類, 骨譜云 八面不成牌之謂也 今詈人無所用之語也

팔이 안으로 굽지 밖으로 굽으랴

➡ 비불외곡 臂不外曲

臂 팔 비, 不 아닐 불, 外 밖 외, 曲 굽을 곡

【의미】 사사로운 정은 없애기 어렵다.
【출전】 旬五志 下, 言私情不可袪

패랭이에 숟가락 꽂고 산다

➡ 유폐양상 행삽일시 惟蔽陽上 行揷一匙

惟 생각할 유, 蔽 덮을 폐, 陽 볕 양, 上 위 상
行 갈 행, 揷 꽂을 삽, 一 한 일, 匙 숟가락 시

【의미】 살림이 구차하여 이곳저곳으로 떠돌아다니며 산다.
【출전】 星湖全書 권7 百諺解

➡ 평양삽시 平陽揷匙

平 평평할 평, 陽 볕 양, 揷 꽂을 삽, 匙 숟가락 시

【의미】 집안 살림이 완전히 결단 나서 떠돌이 신세가 되다.
【출전】 東言解, 破落之身 安住不可

패배한 장수는 용맹을 말하지 않는다

➡ 패전지장 불가이언용 敗戰之將 不可以言勇

敗 깨뜨릴 패, **戰** 싸울 전, **之** 갈 지, **將** 장수 장
不 아닐 불, **可** 옳을 가, **以** 써 이, **言** 말씀 언, **勇** 날쌜 용

【의미】 어떤 일에 실패한 사람은 이런저런 변명을 구차하게 늘어놓지 않는다.

【출전】 劉忠烈傳

【비교】 패장은 말이 없다.

푸른 보자기에 개똥

➡ 청보구시 靑褓狗矢

靑 푸를 청, **褓** 포대기 보, **狗** 개 구, **矢** 똥 시

【의미】 『오대사』에 보면 풍연사가 재상이 되었는데, 손성이 이를 두고 말했다. "금술잔 옥 그릇에 개똥을 담았구나." 지금 "푸른 보자기에 개똥"라는 속담은 여기서 나왔다.

【출전】 松南雜識 方言類, 五代史 馮延巳爲相 孫晟曰 金盃玉椀乃貯狗屎 今靑褓狗矢說出此

푸줏간에서 소 잡지 말란다

➡ 도문계살 屠門戒殺

屠 잡을 도, **門** 문 문, **戒** 경계할 계, **殺** 죽일 살

【의미】 도저히 실천할 수 없는 일을 강요하다.

【출전】 旬五志 下, 言必不可行

풀 방구리에 쥐 드나들 듯

➡ 서근호분 사출사입 鼠近糊盆 乍出乍入

鼠 쥐 서, **近** 가까울 근, **糊** 풀 호, **盆** 동이 분
乍 잠깐 사, **出** 날 출, **入** 들 입

【의미】 하는 일 없이 자주 드나들다. 또는 어떤 일에 열중하여 주변의 상황을 알지 못하다.

【출전】 星湖全書 권7 百諺解

풀을 베고 뿌리를 없앤다

➡ 참초제근 斬草除根

斬 벨 참, **草** 풀 초, **除** 섬돌 제, **根** 뿌리 근

【의미】 재앙의 근원을 완전히 제거하다.

【출전】 玉樓夢 19回, 59回

풍년 거지 더 섧다

➡ 시치년풍 걸아우비 時値年豊 乞兒尤悲

時 때 시, **値** 값 치, **年** 해 년, **豊** 풍성할 풍
乞 빌 걸, **兒** 아이 아, **尤** 더욱 우, **悲** 슬플 비

【의미】 다들 잘 사는데 혼자 동냥을 해야하니 더욱 서글프다.

【출전】 星湖全書 권7 百諺解

➡ 풍년걸인우비 豊年乞人尤悲

豊 풍성할 풍, **年** 해 년, **乞** 빌 걸, **人** 사람 인, **尤** 더욱 우, **悲** 슬플 비

【의미】 남들은 풍족한데 나만 부족하니, 좋은 시절에 고통이 더욱 크다.

【출전】 東言解, 人足我乏 樂歲尤苦

➡ 풍년화자우비 豊年化子尤悲

豊 풍성할 풍, **年** 해 년, **化** 될 화, **子** 아들 자, **尤** 더욱 우, **悲** 슬플 비

【의미】 화자는 중국어로 거지를 말한다. 남들은 다 부유할 때 홀로 가난한 것을 말한다.

【출전】 旬五志 下, 化子漢語乞人 以喩人之衆富獨貧

피곤한 놈이 쓰러지는데 나무를 가리랴

➡ 피극의수 미각주방 疲極倚樹 未覺株枋

疲 지칠 피, **極** 다할 극, **倚** 의지할 의, **樹** 나무 수
未 아닐 미, **覺** 깨달을 각, **株** 그루터기 주, **枋** 나무이름 방

【의미】 어려움에 처한 사람은 이에서 벗어나기 위해서라면 어떤 일이든 마다하지 않는다.

【출전】 星湖全書 권7 百諺解

하

하늘로 호랑이 잡기

➡ 이천착호 以天捉虎

以 써 이, 天 하늘 천, 捉 잡을 착, 虎 범 호

【의미】 하기 아주 쉬운 일. 권력이 하늘을 찌르니 무엇을 구한들 얻지 못하겠는가.

【출전】 旬五志 下, 言易也 / 東言解, 權力橫空 何求不得

하늘을 보고 쏘아도 알과녁만 맞춘다

➡ 사공중곡 射空中鵠

射 쏠 사, 空 하늘 공, 中 맞출 중, 鵠 고니 곡

【의미】 반드시 격식을 갖춰 하지 않아도 일을 마무리 지을 수 있다. 멋모르고 한 일이 운 좋게 성공하다.

【출전】 旬五志 下, 言雖不中規 能成事功

➡ 앙사공 관혁중 仰射空 貫革中

仰 우러를 앙, 射 궁술 사, 空 빌 공, 貫 꿸 관, 革 가죽 혁, 中 가운데 중

【의미】 길은 달라도 돌아오는 곳은 같다. 활을 당겨 위를 향해 쏘아도 능히 정곡을 맞추는 것은 재능에 딸린 문제다. 주어진 원칙을 따르지 않고서도 능히 일을 이루다.

【출전】 青莊館全書 권62 洌上方言, 言殊途同歸也 挽弓仰射能中鵠者 在技之如何耳

➡ 앙사하방 귀재관혁 仰射何妨 貴在貫革

仰 우러를 앙, 射 궁술 사, 何 어찌 하, 妨 방해할 방
貴 귀할 귀, 在 있을 재, 貫 꿸 관, 革 가죽 혁

【의미】 주어진 원칙을 지키지 않고서도 능히 일을 이루다.

【출전】 星湖全書 권7 百諺解

하늘이 무너져도 솟아날 구멍이 있다

➡ 천수붕우출유혈 天雖崩牛出有穴

天 하늘 천, 雖 비록 수, 崩 무너질 붕, 牛 소 우, 出 날 출, 有 있을 유, 穴 구멍 혈

【의미】 비록 위험한 상황에 처해 있더라도 어찌 살아날 길이 없겠는가?

【출전】 東言解, 雖當危劫 豈無生路

➡ 천장퇴압 우출유혈 天牆頹壓 牛出有穴

天 하늘 천, 牆 담 장, 頹 무너질 퇴, 壓 누를 압
牛 소 우, 出 날 출, 有 있을 유, 穴 구멍 혈

【의미】 비록 큰 어려움을 겪는다 해도 살아날 길은 있다.

【출전】 星湖全書 권7 百諺解

➡ 천지방궐 우출유혈 天之方蹶 牛出有穴

天 하늘 천, 之 갈 지, 方 모 방, 蹶 넘어질 궐
牛 소 우, 出 날 출, 有 있을 유, 穴 구멍 혈

【의미】 비록 큰 어려움을 겪는다 해도 살아날 길은 있다.

【출전】 與猶堂全書 耳談續纂 東諺, 言雖大難 亦或有生路

【비교】 상전(桑田)이 벽해(碧海) 되어도 비켜 설 곳은 있다. 죽을 수가 닥치면 살 수가 생긴다.

하던 지랄도 멍석 펴놓으면 안 한다

➡ 상위지간 망석불위 常爲之癎 網席不爲

常 항상 상, 爲 할 위, 之 갈 지, 癎 간기 간
網 그물 망, 席 자리 석, 不 아닐 불, 爲 할 위

【의미】 평소에 늘 하던 행동도 남이 권하면 하지 않는다.

【출전】 東言解, 行之雖素 勸輒不肯

하루망아지 서울 다녀오듯

➡ 구종경래 駒從京來

駒 망아지 구, 從 좇을 종, 京 서울 경, 來 올 래

【의미】 무엇이 어떻게 되는 건지 알지도 못하고 두서없이 무엇을 보거나 무엇을 하거나 한다.

【출전】 古今釋林 권28 東韓譯語, ᄒᆞ로 ᄆᆡ아지 셔울 가 ᄃᆞᆫ녀 오다

➡ 일화구 왕경환 一禾駒 往京還

一 한 일, 禾 벼 화, 駒 망아지 구, 往 갈 왕, 京 서울 경, 還 돌아올 환

【의미】 가본들 무엇을 알겠고, 돌아온들 무엇을 들었겠는가? 철이 없어 아무리 좋은

것을 보아도 좋은 줄 알지 못하다.

【출전】 東言解, 去何所知 歸何所聞

하루 한 말로 세 번 죽을 고비 맞는다

➡ 일일지언 삼촉사기 一日之言 三觸死機

一 한 일, 日 해 일, 之 갈 지, 言 말씀 언
三 석 삼, 觸 닿을 촉, 死 죽을 사, 機 틀 기

【의미】 말 한 마디 잘못하였다가 큰 화를 당하는 경우가 많으니 말을 조심해야 한다.

【출전】 星湖全書 권7 百諺解

하룻강아지 범 무서운 줄 모른다

➡ 신생구추 부지외호 新生狗雛 不知畏虎

新 새 신, 生 날 생, 狗 개 구, 雛 병아리 추
不 아닌가 부, 知 알 지, 畏 두려워할 외, 虎 범 호

【의미】 아직 일에 미숙한 사람은 일이 잘못될 경우 닥칠 위험을 알지 못한다. 자신의 능력을 헤아리지 못하고 상대방을 업신여기다.

【출전】 星湖全書 권7 百諺解

➡ 일년견 불외호 一年犬 不畏虎

一 한 일, 年 해 년, 狗 개 구, 不 아닐 불, 畏 두려워할 외, 虎 범 호

【의미】 태어난 지 얼마 되지 않아 유치하고 어리석으니 어찌 두려운 줄 알겠는가?

【출전】 東言解, 身在稚騃 何知爲怖

➡ 일일구 불파호 一日狗 不怕虎

一 한 일, 日 해 일, 狗 개 구, 不 아닐 불, 怕 두려워할 파, 虎 범 호

【의미】 어리고 어리석은 사람은 큰 사람을 무서워하지 않는다.

【출전】 古今釋林 권28, 東韓譯語, 釋獸 ᄒᆞ로H) 범 무셔온 줄 모[金]다.

➡ 일일지구 부지외호 一日之狗 不知畏虎

一 한 일, 日 해 일, 之 갈 지, 狗 개 구
不 아닐 불, 知 알 지, 畏 두려워할 외, 虎 범 호

【의미】 어리고 어리석은 사람은 큰 사람을 무서워하지 않는다.

【출전】 與猶堂全書 耳談續纂 東諺, 言蒙騃者 不畏大人

하룻밤을 자도 만리장성을 쌓는다

➡ 일야만리성 一夜萬里城

一 한 일, 夜 밤 야, 萬 일만 만, 里 마을 리, 城 성 성

【의미】 잠시 동안의 일이라 해도 대비하지 않을 수 없다. 또는 잠깐 만나고 헤어질 사람이라도 때로 깊은 정을 맺기도 한다.

【출전】 松南雜識 方言類

➡ 일야지숙 장성혹축 一夜之宿 長城或築

一 한 일, 夜 밤 야, 之 갈 지, 宿 묵을 숙, 長 길 장, 城 성 성, 或 혹 혹, 築 쌓을 축

【의미】 잠시 동안의 일이라 해도 대비하지 않을 수 없다. 또는 잠깐 만나고 헤어질 사람이라도 때로 깊은 정을 맺기도 한다.

【출전】 與猶堂全書 耳談續纂 東諺, 言雖暫時之須 不宜無備

하마선

➡ 하마선 蝦蟆禪

蝦 새우 하, 蟆 두꺼비 마, 禪 봉선 선

【의미】 입으로는 연신 도를 말하지만 실제로는 터득한 것이 없다. 이를 '하마선'이라 한다.

【출전】 松南雜識 方言類, 佛書云 口談道而無實得者 蝦蟆禪

하인이 있었으면 이런 모욕 없었을 걸

➡ 여유동복 본무자욕 如有僮僕 本無玆辱

如 같을 여, 有 있을 유, 僮 아이 동, 僕 종 복
本 밑 본, 無 없을 무, 玆 이 자, 辱 욕되게 할 욕

【의미】 수모를 당한 사람이 그 탓을 자신이 외롭고 혼자라서 그렇다고 자탄하다. 수모를 당한 뒤에 자신의 외로움을 한탄한들 아무 소용도 없다.

【출전】 與猶堂全書 百諺解 耳談續纂 東諺, 喩受侮之人 不宜自恨其孤單

한강 가서 목욕한다

➡ 한강목욕 漢江沐浴

漢 한수 한, 江 강 강, 沐 머리감을 목, 浴 목욕할 욕

【의미】 먼 곳까지 가서 이익을 얻으려고 했지만 공연히 고생만 했을 뿐 아무런 이익도 얻지 못하다.

【출전】 東言解, 就利於遠 徒勞何益

한강에 돌 던지기

➡ 한강투석 漢江投石

漢 한수 한, **江** 강 강, **投** 던질 투, **石** 돌 석

【의미】 아무리 해도 소득이 없는 일을 하다.

【출전】 未詳

한 노래로 긴 밤을 새울까

➡ 일가달영야 一歌達永夜

一 한 일, **歌** 노래 가, **達** 통달할 달, **永** 길 영, **夜** 밤 야

【의미】 한 가지 일에만 편중되어서는 안 된다. 한 가지 일로 긴 세월을 허송하는 것을 나무라거나, 하던 일이라도 그만둘 때가 오면 깨끗이 그만두어야 한다.

【출전】 旬五志 下, 言不徧於一物

➡ 일가수미 기달영야 一歌雖美 豈達永夜

一 한 일, **歌** 노래 가, **雖** 비록 수, **美** 아름다울 미
豈 어찌 기, **達** 통달할 달, **永** 길 영, **夜** 밤 야

【의미】 한 가지 일에만 편중되어서는 안 된다. 한 가지 일로 긴 세월을 허송하는 것을 나무라거나, 하던 일이라도 그만둘 때가 오면 깨끗이 그만두어야 한다.

【출전】 星湖全書 권7 百諺解

➡ 일가장달야호 一歌長達夜乎

一 한 일, **歌** 노래 가, **長** 길 장, **達** 통달할 달, **夜** 밤 야, **乎** 인가 호

【의미】 오래하여 이제 그만 둘 때가 되었으니 새롭게 일을 도모하는 것이 좋다.

【출전】 東言解, 久斯可已 新宜是圖

➡ 창일요달영소 唱一謠達永宵

唱 노래 창, **一** 한 일, **謠** 노래 요, **達** 통달할 달, **永** 길 영, **宵** 밤 소

【의미】 한 가지 일에 얽매어 허송세월하다.

【출전】 青莊館全書 권62 洌上方言, 言膠守一事 虛送日月也

한 말 등에 두 안장 지울까

➡ 일마지배 양안난재 一馬之背 兩鞍難載

一 한 일, 馬 말 마, 之 갈 지, 背 등 배
兩 두 양, 鞍 안장 안, 難 어려울 난, 載 실을 재

【의미】 한 사람이 한꺼번에 두 일을 감당할 수는 없다.

【출전】 與猶堂全書 耳談續纂 東諺, 喩一人不可兩任

한 몸에 두 지게 지랴

➡ 일신지미 기부양미 一身之微 豈負兩機

一 한 일, 身 몸 신, 之 갈 지, 微 작을 미, 豈 어찌 기, 負 질 부, 兩 두 양, 機 틀 기

【의미】 한 사람이 한꺼번에 두 일은 하기 어렵다.

【출전】 星湖全書 권7 百諺解

한번 물든 실은 다시 희게 할 수 없다

➡ 기염지사 불가복소 旣染之絲 不可復素

旣 이미 기, 染 물들일 염, 之 갈 지, 絲 실 사
不 아닐 불, 可 옳을 가, 復 돌아올 복, 素 흴 소

【의미】 일이 일단 틀어지면 다시 바로잡거나 만회하기 힘들다.

【출전】 崔陟傳

한 불당에서 내 사당 네 사당 하느냐

➡ 일불당 아사당이사당호 一佛堂 我舍堂爾舍堂乎

一 한 일, 佛 부처 불, 堂 집 당, 我 나 아, 舍 집 사, 爾 너 이, 乎 인가 호,

【의미】 한 집안에서 내 것 네 것을 가리어 시비할 필요가 없다.

【출전】 東言解, 同類同處 我物何分

한솥 밥 먹고도 송사 간다

➡ 일정식부송 一鼎食赴訟

一 한 일, 鼎 솥 정, 食 먹을 식, 赴 나아갈 부, 訟 송사할 송

【의미】 아무리 친하고 가까운 사이라도 재물에 눈이 멀면 서로 멀어진다.

【출전】 東言解

한 술 밥에 배부르랴

➡ 재식일시 불구복기 纔食一匙 不救腹飢

纔 겨우 재, 食 밥 식, 一 한 일, 匙 숟가락 시
不 아닐 불, 救 건질 구, 腹 배 복, 飢 주릴 기

【의미】 처음 배우는 사람이 한꺼번에 모든 것을 다 배우려고 해서는 안 된다.

【출전】 與猶堂全書 耳談續纂 東諺, 喻初學者不可求速成

한숨이 절로 나오고 마음이 허전해 복받치는 슬픔

➡ 희확지통 愾廓之痛

愾 성낼 희, 廓 둘레 확, 之 갈 지, 痛 아플 통

【의미】 부모님의 삼년상을 마친 사람의 슬픔.

【출전】 寒暄箚錄 권3 父母喪 答

한식날 약속

➡ 한식언약 寒食言約

寒 찰 한, 食 밥 식, 言 말씀 언, 約 묶을 약

【의미】 약속을 지키지 않고 어기다.

【출전】 朝鮮宣祖實錄 권74 29년 4월 己酉.

한 어미 자식도 아롱이 다롱이

➡ 일구산추 유반유갈 一狗産雛 有斑有褐

一 한 일, 狗 개 구, 産 낳을 산, 雛 병아리 추, 有 있을 유, 斑 얼룩 반, 褐 털옷 갈

【의미】 한 어머니에게서 난 자식도 그 모양이나 성격이 각각 다르다.

【출전】 星湖全書 권7 百諺解

➡ 일모자우농졸농 一母子迂儂拙儂

一 한 일, 母 어미 모, 子 아들 자, 迂 멀 우, 儂 나 농, 拙 졸할 졸, 儂 나 농

【의미】 본래 같은 뿌리에서 나왔어도 모양새는 제각각이다. 이 세상에는 성격이나 능력이 똑같은 사람은 없으며, 나름대로 자기 장점은 가지고 태어난다.

【출전】 東言解, 本是同根 形形皆殊

【비교】 한 날 한 시에 난 손가락도 길고 짧다. 한 배 새끼에도 흰둥이 검둥이가 있다.

한 외양간에 암소가 두 마리

➡ 빈우이 일권집 牝牛二 一圈縶

牝 암컷 빈, 牛 소 우, 二 두 이, 一 한 일, 圈 우리 권, 縶 맬 집

【의미】 어리석은 사람이 일을 같이하여 이루어지는 것이 없다. 암소 두 마리가 같은 우리에 있어서 암수 사이의 일을 알지 못하다.

【출전】 青莊館全書 권62 洌上方言, 言痴人同事 無所成也 如二牝同縶一欄 漠然無牝牡之事也

➡ 양빈우동구 兩牝牛同廏

兩 두 량, 牝 암컷 빈, 牛 소 우, 同 한가지 동, 廏 마구간 구

【의미】 피차간에 재주가 용렬해서 일을 처리할 수 없다. 어리석은 사람끼리 일을 같이 하면 성사되지 않는다.

【출전】 旬五志 下, 言彼此皆庸才 無可辦事

➡ 양자동돈 자육무유 兩牸同囤 字育無由

兩 두 량, 牸 암컷 자, 同 한가지 동, 囤 곳집 돈

字 기를 자, 育 기를 육, 無 없을 무, 由 말미암을 유

【의미】 피차간에 재주가 용렬해서 일을 처리할 수 없다. 어리석은 사람끼리 일을 같이 하면 성사되지 않는다.

【출전】 星湖全書 권7 百諺解

➡ 일구이자우 一廏二雌牛

一 한 일, 廏 마구간 구, 二 두 이, 雌 암컷 자, 牛 소 우

【의미】 미욱한 것끼리 한 곳에 있거나, 어리석은 사람들끼리 일을 같이 하면 성사될 것이 없다.

【출전】 東言解, 兩迷同居 無足相益.

한 입으로 말하기 어렵다

➡ 일구난설 一口難說

一 한 일, 口 입 구, 難 어려울 난, 說 말씀 설

【의미】 말하려는 내용이 길거나 복잡하여 한 마디 말로 설명하기 어렵다. 죄악이나 허물이 아주 크다.

【출전】 松南雜識 方言類

한 잔 술에 눈물난다

➡ 위일잔주 해지출체 爲一盞酒 奚至出涕

爲 할 위, 一 한 일, 盞 잔 잔, 酒 술 주

奚 어찌 해, 至 이를 지, 出 날 출, 涕 눈물 체

【의미】 음식을 줄 때에는 균등하게 하지 않을 수 없다. 사소한 일로 해서 인심을 잃어서는 안 된다.

【출전】 星湖全書 권7 百諺解

➡ 유주일잔 혹루궐안 由酒一盞 或淚厥眼

由 말미암을 유, 酒 술 주, 一 한 일, 盞 잔 잔

或 혹 혹, 淚 눈물 루, 厥 그 궐, 眼 눈 안

【의미】 음식을 줄 때에는 균등하게 하지 않을 수 없다. 사소한 일로 해서 인심을 잃어서는 안 된다.

【출전】 與猶堂全書 耳談續纂 東諺, 言飮食不可不均也

➡ 일작주체출 一酌酒涕出

一 한 일, 酌 따를 작, 酒 술 주, 涕 눈물 체, 出 날 출

【의미】 은혜를 베푸는 것이 고르지 않으면 작은 일에서부터 원망은 나온다.

【출전】 東言解, 惠之不均 怨生於細.

한 판에 박은 듯하다

➡ 여인일판 如印一板

如 같을 여, 印 도장 인, 一 한 일, 板 널빤지 판

【의미】 조금도 다름이 없다.

【출전】 推案及鞫案 純祖 4년 3월 11일.

할아비 감투를 손자가 쓴 것 같다

➡ 조모손착 祖帽孫着

祖 조상 조, 帽 모자 모, 孫 손자 손, 着 붙을 착

【의미】 크고 작은 차이가 커서 보기에 우습다. 서로 어울리지 않는다.

【출전】 東言解, 大小參差 所見可笑

항우도 오랏줄에 묶여 넘어진다

➡ **항우견갈만 項羽罥葛蔓**

項 목 항, 羽 깃 우, 罥 얽을 견, 葛 칡 갈, 蔓 덩굴 만

【의미】 으르릉 대는 범도 함정에 빠진다. 요란하게 큰 소리 치는 사람은 성공하기 어려우니, "항우도 오랏줄에 묶여 넘어진다."는 속담과 뜻이 같다.

【출전】 松南雜識 方言類, 咆虎陷浦 言誇大者無成 亦項羽罥葛蔓之說

해는 깊고 세월이 오래다

➡ **연심세구 年深歲久**

年 해 년, 深 깊을 심, 歲 해 세, 久 오랠 구

【의미】 세월이 매우 오래 지났다.

【출전】 松南雜識 方言類

해진 통발이 어량에 있으면 미꾸라지 빠져나가기 쉽다

➡ **폐구재량 추활이탈 敝笱在梁 鰌滑易脫**

敝 해질 폐, 笱 통발 구, 在 있을 재, 梁 들보 량
鰌 미꾸라지 추, 滑 미끄러울 활, 易 쉬울 이, 脫 벗을 탈

【의미】 법망이 해이해져 있으면 약삭빠른 범죄자들이 교묘하게 빠져나간다.

【출전】 星湖全書 권7 百諺解

햇 비둘기 재 넘을까

➡ **구생일년 비불유전 鳩生一年 飛不踰巓**

鳩 비둘기 구, 生 날 생, 一 한 일, 年 해 년
飛 날 비, 不 아닐 불, 踰 넘을 유, 巓 산꼭대기 전

【의미】 나이가 어린 사람은 능히 큰 일을 이룰 수 없다.

【출전】 與猶堂全書 耳談續纂 東諺, 言年淺者 不能成大事

➡ 구자학습 비불과령 鳩子學習 飛不過嶺

鳩 비둘기 구, 子 아들 자, 學 배울 학, 習 익힐 습
飛 날 비, 不 아닐 불, 過 지날 과, 嶺 재 령

【의미】 어떤 일을 할 때는 능력과 경험이 갖춰져야만 목적을 달성할 수 있다.

【출전】 星湖全書 권7 百諺解

➡ 일일구 미유령 一日鳩 未踰嶺

一 한 일, 日 해 일, 鳩 비둘기 구, 未 아닐 미, 踰 넘을 유, 嶺 재 령

【의미】 나이가 어린 사람은 능히 큰 일을 이룰 수 없다.

【출전】 東言解, 猝致鬧處顧瞻惝怳.

행랑 빌면 안방까지 든다

➡ 기차당 우차방 旣借堂 又借房

旣 이미 기, 借 빌 차, 堂 집 당, 又 또 우, 房 방 방

【의미】 작은 권리라도 한번 인정해주면 남의 권리를 자꾸 침해한다. 점입가경漸入佳境. 욕심은 쉽게 자라남을 말한다.

【출전】 靑莊館全書 권62 洌上方言, 言欲易長也

➡ 선가외랑 점차내당 先假外廊 漸借內堂

先 먼저 선, 假 빌릴 가, 外 밖 외, 廊 복도 랑
漸 점점 점, 借 빌 차, 內 안 내, 堂 집 당

【의미】 사정을 보아주면 차차 더 큰 요구를 한다.

【출전】 星湖全書 권7 百諺解

➡ 차청입실 借廳入室

借 빌 차, 廳 관청 청, 入 들 입, 室 집 실

【의미】 한번 인정해주면 남의 권리를 자꾸 침해한다. 점입가경(漸入佳境). 고사성어 '지강급미'가 여기에 해당한다.

【출전】 松南雜識 方言類 借閨借廳, 言漸入佳境 今借廳入室之語 亦漢舐糠及米之語

➡ 차청차규 借廳借閨

借 빌 차, 廳 관청 청, 借 빌 차, 閨 도장방 규

【의미】 점차 깊은 곳까지 들어온다.

【출전】 旬五志 下, 言漸次就深

행수 행수 하면서 짐 지운다

➡ 칭행수 사담부 稱行首 使擔負

稱 일컬을 칭, 行 갈 행, 首 머리 수, 使 하여금 사, 擔 멜 담, 負 질 부

【의미】 겉으로는 존중하는 체하면서 속으로는 일을 부려먹는다. 행수는 존칭이다. 행수라 불러주면서 상대의 마음을 기쁘게 만든 다음 거꾸로 일을 시켜 먹는다.

【출전】 靑莊館全書 권62 洌上方言, 言陽尊而陰役也 行首尊稱也 稱行首 悅彼之心而反役之也

➡ 행수행수부복 行首行首負卜

行 갈 행, 首 머리 수, 負 질 부, 卜 점 복

【의미】 거짓으로 추겨 세우면서 힘든 일을 떠맡긴다.

【출전】 東言解, 佯推爲長 付以所苦

헌 머리에 이 꾀듯

➡ 창두취슬 瘡頭聚蝨

瘡 부스럼 창, 頭 머리 두, 聚 모일 취, 蝨 이 슬

【의미】 이익이 있는 곳에 사람이 몰리기 마련이다.

【출전】 東言解, 利之所在 成群集集

혀 아래 도끼 들었다

➡ 설저유부 舌底有斧

舌 혀 설, 底 밑 저, 有 있을 유, 斧 도끼 부

【의미】 말은 잘못할 경우 큰 재앙을 부른다.

【출전】 松南雜識 方言類

➡ 설저장부 벽출범기 舌底藏斧 劈出犯機

舌 혀 설, 底 밑 저, 藏 감출 장, 斧 도끼 부
劈 쪼갤 벽, 出 날 출, 犯 범할 범, 機 틀 기

【의미】 혓바닥 밑에 도끼가 있어서 잘못 쓰면 자신을 찌른다. 말은 잘못할 경우 큰 재앙을 부른다.

【출전】 星湖全書 권7 百諺解

➡ 설하부입 舌下斧入

舌 혀 설, 下 아래 하, 斧 도끼 부, 入 들 입

【의미】 아무 생각 없이 망령되이 지껄인 말이 자신을 해치는 칼날이 되어 돌아온다.

【출전】 東言解, 無妄之言 多觸爲鋒

➡ 설하유장 인용자장 舌下有斨 人用自戕

舌 혀 설, 下 아래 하, 有 있을 유, 斨 도끼 장
人 사람 인, 用 쓸 용, 自 스스로 자, 戕 죽일 장

【의미】 혓바닥 밑에 도끼가 있어서 잘못 쓰면 자신을 찌른다. 말은 잘못할 경우 큰 재앙을 부른다.

【출전】 與猶堂全書 耳談續纂 東諺, 戒言之招禍

형틀 지고 와서 볼기 맞는다

➡ 부형판수둔 負刑板受臀

負 질 부, 刑 형벌 형, 板 널빤지 판, 受 받을 수, 臀 볼기 둔

【의미】 애써 피하려고 힘써야 마땅한데 어찌 스스로 구하는가. 불필요한 말이나 행동을 해서 공연히 화를 부르다.

【출전】 東言解, 宜其圖免 何乃自求

호랑이 날고기 먹을 줄 누가 모르랴

➡ 호흘성육 인숙불암 虎吃腥肉 人孰不諳

虎 범 호, 吃 말더듬을 흘, 腥 비릴 성, 肉 고기 육
人 사람 인, 孰 누구 숙, 不 아닐 불, 諳 욀 암

【의미】 본질적 속성은 아무리 숨기려고 해도 숨길 수 없다.

【출전】 星湖全書 권7 百諺解

호랑이는 가죽을 아끼고, 군자는 입을 아낀다

➡ 호표애피 군자애구 虎豹愛皮 君子愛口

虎 범 호, 豹 표범 표, 愛 사랑 애, 皮 가죽 피, 君 임금 군, 子 아들 자, 口 입 구

【의미】 말을 할 때에는 항상 신중하게 해야 한다.

【출전】 未詳

【비교】 관 속에 들어가도 막말은 하지 말라.

호랑이는 죽어서 가죽을 남기고, 사람은 죽어서 이름을 남긴다

➡ 호사유피 인사유명 虎死留皮 人死有名

虎 범 호, 死 죽을 사, 留 머무를 류, 皮 가죽 피
人 사람 인, 有 있을 유, 名 이름 명

【의미】 사람은 살아서 훌륭한 일을 해야 죽어서 칭송을 들을 수 있다.

【출전】 未詳

호랑이도 제 말 하면 나타난다

➡ 야물담호 담호호지 夜勿談虎 談虎虎至

夜 밤 야, 勿 말 물, 談 말씀 담, 虎 범 호, 至 이를 지

【의미】 이야기의 화제에 올랐던 사람이 묘하게 그 자리에 나타나다. 남의 이야기라고 해서 없을 때 함부로 누설해서는 안 된다.

【출전】 星湖全書 권7 百諺解

호랑이 수염 땋고 용 비늘 건드리기

➡ 변호수 영용린 辮虎鬚 嬰龍鱗

辮 땋을 변, 虎 범 호, 鬚 수염 수, 嬰 갓난아이 영, 龍 용 룡, 鱗 비늘 린

【의미】 괜히 잘못 건드려 재앙을 불러오다.

【출전】 松南雜識 方言類, 言誤觸而取患也

호랑이 앞에서 날고기 싼다

➡ 내포성육 우호지전 乃包腥肉 于虎之前

乃 이에 내, 包 쌀 포, 腥 비릴 성, 肉 고기 육
于 어조사 우, 虎 범 호, 之 갈 지, 前 앞 전

【의미】 귀중한 물건을 욕심이 많은 사람에게 보여주거나 맡기면 반드시 잃게 된다.

【출전】 星湖全書 권7 百諺解

호랑이 없는 골에 토끼가 왕이다

➡ 유곡무호 유토작장 維谷無虎 維兎作長

維 바 유, 谷 골 곡, 無 없을 무, 虎 범 호, 兎 토끼 토, 作 지을 작, 長 우두머리 장

【의미】 진짜 뛰어난 사람이 없는 곳에서는 덜 된 이가 그 자리에 서서 뻐긴다.
【출전】 星湖全書 권7 百諺解
【비교】 금(金) 없는 곳에서는 구리가 보배 노릇한다.

호랑이에게 개 꾸어준 셈이다

➡ 구대호랑 기망보상 狗貸虎狼 豈望報償

狗 개 구, **貸** 빌릴 대, **虎** 범 호, **狼** 이리 랑
豈 어찌 기, **望** 바랄 망, **報** 갚을 보, **償** 갚을 상

【의미】 탐욕스럽고 가혹한 사람은 제 욕심밖에 챙기지 않아 재물이나 예물에 대해 믿을 수 없다.
【출전】 與猶堂全書 耳談續纂 東諺, 言貪虐之人 無信於財賄也

➡ 막지구대여호 莫持狗貸與虎

莫 없을 막, **持** 가질 지, **狗** 개 구, **貸** 빌릴 대, **與** 줄 여, **虎** 범 호

【의미】 은혜를 베풀고서도 보답을 받지 못할 일을 하다.
【출전】 靑莊館全書 권62 洌上方言, 言施而無報也

➡ 장견대호 하시가상 將犬貸虎 何時可償

將 장차 장, **犬** 개 견, **貸** 빌릴 대, **虎** 범 호
何 어찌 하, **時** 때 시, **可** 옳을 가, **償** 갚을 상

【의미】 일단 손에 들어가면 절대로 돌려 받지 못한다.
【출전】 星湖全書 권7 百諺解

➡ 호대구 虎貸狗

虎 범 호, **貸** 빌릴 대, **狗** 개 구

【의미】 약한 것이 강한 것이 잡아먹히니 누가 빌려주고 누가 돌려주겠는가? 한번 그 손에 들어가기만 하면 다시 돌려 받지 못한다.
【출전】 東言解, 弱爲强食 誰假誰推

호랑이에게 고기 달란다

➡ 호전걸육 虎前乞肉

• 虎 범 호, 前 앞 전, 乞 빌 걸, 肉 고기 육

【의미】 이루기 어려운 일은 도모해서는 안 된다. '고양이 앞에서 고기 달래기'와 같다.

부록

【출전】 松南雜識 方言類, 言難圖者不可圖也 亦描前乞蘇魚之說

호랑이에게 물려갈 줄 알았으면 누가 산에 갈까

➡ 조지우호 숙긍지산 早知遇虎 孰肯之山

早 일찍 조, **知** 알 지, **遇** 만날 우, **虎** 범 호
孰 누구 숙, **肯** 옳게 여길 긍, **之** 갈 지, **山** 뫼 산

【의미】 위험한 줄 미리 알 수 있다면 아무도 그 일을 하려고 하지 않는다.

【출전】 星湖全書 권7 百諺解

혹시 그러할지라도

➡ 용혹무괴 容或無怪

容 얼굴 용, **或** 혹 혹, **無** 없을 무, **怪** 기이할 괴

【의미】 문장의 앞에 붙는 상투어.

【출전】 松南雜識 方言類

혼인날 똥 쌌다

➡ 방혼인시유 方婚姻矢遺

方 바야흐로 방, **婚** 혼인할 혼, **姻** 혼인 인, **矢** 똥 시, **遺** 끼칠 유

【의미】 나설 수도 없고 물러설 수도 없이 추한 꼴을 드러내 창피를 무릅쓰다. 조심해야 할 날 공교롭게 일이 터져 꼴이 우습게 되다.

【출전】 東言解, 不先不後 露醜貽羞

홍두깨로 소를 몬다

➡ 홍독개구우 閧獨介驅牛

閧 싸울 홍, **獨** 홀로 독, **介** 끼일 개, **驅** 몰 구, **牛** 소 우

【의미】 일이 코앞에 닥쳤을 때 서둘러 우왕좌왕 하다.

【출전】 東言解, 臨急做事 擧措太慌

홍두깨에 꽃이 핀다

➡ 홍독개화개 閧獨介花開

閧 싸울 홍, **獨** 홀로 독, **介** 끼일 개, **花** 꽃 화, **開** 열 개

【의미】 어려웠던 일에 변화가 생겨서 뜻밖에 좋게 풀리다.

【출전】 東言解, 事有變易 祥出理外

화난 쓸개와 뻣뻣한 창자

➡ 노담탱장 怒膽撑腸

怒 성낼 노, **膽** 쓸개 담, **撑** 버팀목 탱, **腸** 창자 장

【의미】 화가 몹시 난 상태.

【출전】 九雲夢 5.

화살 떨어진 곳에 과녁 세운다

➡ 시락처입적 矢落處立的

矢 화살 시, **落** 떨어질 락, **處** 살 처, **立** 설 립, **的** 과녁 적

【의미】 세상 인심이 무상하여 이익이 있어야만 움직인다. 이익만 찾아다닌다.

【출전】 東言解, 無常之事 有利輒就

➡ 유시유락 첩구이곡 維矢攸落 輒求移鵠

維 바 유, **矢** 화살 시, **攸** 바 유, **落** 떨어질 락
輒 문득 첩, **求** 구할 구, **移** 옮길 이, **鵠** 고니 곡

【의미】 세상 인심이 무상하여 이익이 있어야만 움직인다. 이익만 찾아다닌다.

【출전】 星湖全書 권7 百諺解

활과 과녁이 서로 맞는다

➡ 궁적상적 弓的相適

弓 활 궁, **的** 과녁 적, **相** 서로 상, **適** 갈 적

【의미】 활을 미리 손질해둔 사람은 과녁을 맞추고 그렇지 못한 사람은 맞추지 못한다. 서로 잘 맞는 것을 일러 활을 잘 쏜다고 한다. 기회와 여건이 서로 잘 일치하는 것을 비유한다.

【출전】 旬五志 下, 弓調者中的 不調者不中的 相適則謂之善射 以比機會相符

➡ 궁적상적 가이선사 弓的相適 可以善射

弓 활 궁, **的** 과녁 적, **相** 서로 상, **適** 갈 적

可 옳을 가, 以 써 이, 善 착할 선, 射 쏠 사

【의미】 활을 미리 손질해둔 사람은 과녁을 맞추고 그렇지 못한 사람은 맞추지 못한다. 기회와 여건이 서로 잘 일치하는 것을 비유한다.

【출전】 星湖全書 권7 百諺解

황공무지로소이다

➡ 황공무지 惶恐無地

惶 두려워할 황, 恐 두려울 공, 無 없을 무, 地 땅 지

【의미】 두렵고 두려워 몸 둘 바를 모르겠다.

【출전】 松南雜識 方言類

황새 조알 까먹는 것 같다

➡ 여관탁식속립 如鸛啄食粟粒

如 같을 여, 鸛 황새 관, 啄 쪼을 탁, 食 밥 식, 粟 조 속, 粒 알 립

【의미】 분량이 턱없이 부족해서 까마득할 정도로 부족하다.

【출전】 東言解, 太不稱量 視之渺然

➡ 관탁속립 종탄하보 鸛啄粟粒 縱呑何補

鸛 황새 관, 啄 쪼을 탁, 粟 조 속, 粒 알 립
縱 늘어질 종, 呑 삼킬 탄, 何 어찌 하, 補 기울 보

【의미】 변변치 못하게 먹어서 양에 차지 않는다.

【출전】 星湖全書 권7 百諺解

【비교】 간에 기별도 안 갔다. 굶주린 범에 가재다. 목구멍의 때도 못 씻었다. 범 바지락조개 먹은 것 같다. 쌍태 낳은 호랑이 하루살이 하나 먹은 셈이다.

효도로 효도를 해친다

➡ 이효상효 以孝傷孝

以 써 이, 孝 효도 효, 傷 상처 상, 孝 효도 효

【의미】 부모님이 병들거나 돌아가셨을 때 너무 근심하고 슬퍼하여 오히려 몸을 해치다.

【출전】 未詳

효령대군의 북 가죽

➡ 효령대군고피 孝寧大君鼓皮

孝 효도 효, **寧** 편안할 녕, **大** 큰 대, **君** 임금 군, **鼓** 북 고, **皮** 가죽 피

【의미】 옛날에 효령대군이 산사에 왔다가 하루종일 북 하나를 두드리며 놀았더니, 그 북의 가죽이 완전히 늘어났다고 한다. 세상에서 물건이 낡고 힘이 없는 것을 '효령대군의 북 가죽'이라고 한다. 지금은 '북'이 와전되어 '주머니'라고도 한다.

【출전】 松南雜識 方言類, 孝寧嘗至山寺 以兩手打一鼓終日 鼓皮盡鬆 俗稱物之柔而無力者 謂孝寧大君鼓皮 今訛鼓爲囊

후래자 삼배라

➡ 후래삼배 後來三盃

後 뒤 후, **來** 올 래, **三** 석 삼, **盃** 잔 배

【의미】 술자리에서 나중에 온 사람은 벌로써 술 석 잔을 마셔야 한다.

【출전】 松南雜識 方言類

후추를 통째로 삼킨다

➡ 전초불말 탄불지랄 全椒不末 呑不知辣

全 온전할 전, **椒** 산초나무 초, **不** 아닐 불, **末** 끝 말
呑 삼킬 탄, **知** 알 지, **辣** 매울 랄

【의미】 자세히 살펴보지 않고 일을 하면 그 내면을 알지 못한다. 먹어도 맛을 모른다.

【출전】 與猶堂全書 耳談續纂 東諺, 言不剖析者 不知裏面

후회해도 미치지 못한다

➡ 후회막급 後悔莫及

後 뒤 후, **悔** 뉘우칠 회, **莫** 없을 막, **及** 미칠 급

【의미】 일이 잘못된 뒤에는 후회에도 어쩔 수 없다.

【출전】 松南雜識 方言類

훈수 두는 사람치고 국수 아닌 이 누구랴

➡ 국외예기 수비국수 局外睨棊 誰非國手

局 판 국, 外 밖 외, 睨 흘겨볼 예, 棊 바둑 기
誰 누구 수, 非 아닐 비, 國 나라 국, 手 손 수

【의미】 바둑을 직접 두는 사람보다 옆에서 관전하는 사람이 오히려 바둑 형세를 더 잘 본다.

【출전】 星湖全書 권7 百諺解

훌륭한 목수에게 버릴 나무는 없다

➡ 양공무기목 良工無棄木

良 좋을 량, 工 장인 공, 無 없을 무, 棄 버릴 기, 木 나무 목

【의미】 재주가 뛰어난 사람은 재료를 상관하지 않고 제 솜씨를 발휘한다.

【출전】 玉樓夢 41回

휑한 빈 집에 서발 막대 거칠 것 없다

➡ 효연혈실 장목무실 枵然穴室 丈木無室

枵 빌 효, 然 그러할 연, 穴 구멍 혈, 室 집 실, 丈 길 장, 木 나무 목, 無 없을 무

【의미】 집이 워낙 가난해서 방안에 가구 하나 없는 형편임을 말한다.

【출전】 與猶堂全書 耳談續纂 拾遺, 言貧家之情狀也

흘러가는 물도 떠주면 공덕이라

➡ 유수작급위덕 流水酌給爲德

流 흐를 류, 水 물 수, 酌 따를 작, 給 넉넉할 급, 爲 할 위, 德 덕 덕

【의미】 주는 사람에게는 비용이 들지 않아도 받는 사람에게는 은혜가 된다.

【출전】 東言解, 與者不費 受之爲感

➡ 유수지족 여인성혜 流水至足 與人成惠

流 흐를 류, 水 물 수, 至 이를 지, 足 발 족
與 줄 여, 人 사람 인, 成 이룰 성, 惠 은혜 혜

【의미】 주는 사람에게는 비용이 들지 않아도 받는 사람에게는 은혜가 된다.

【출전】 星湖全書 권7 百諺解

【비교】 마음을 잘 가지면 죽어도 옳은 귀신이 된다. 마음 한 번 잘 먹으면 북두칠성이 굽어보신다.

흙부처 냇물 건너기

➡ 니불도천 泥佛渡川

泥 진흙 니, 佛 부처 불, 渡 건널 도, 川 내 천

【의미】 봄비가 잦은 것, 돌담 배부른 것, 사발 이 빠진 것, 늙은이의 불량스런 짓, 아이들 입빠른 것, 흙부처 냇물 건너기, 며느리 손 큰 것, 이 여덟 조목은 아무짝에도 쓸모없이 해롭기만 한 것의 비유로 삼는다.

【출전】 旬五志 下, 以春雨數來·石墻飽腹·沙鉢缺耳·老人潑皮·小兒捷口·僧人醉酒·泥佛渡川·家母手鉅八條 爲無用有害之喩

홍정은 붙이고 싸움은 말려라

➡ 권매매 투즉해 勸賣買 鬪則解

勸 권할 권, 賣 팔 매, 買 살 매, 鬪 싸움 투, 則 곧 즉, 解 풀 해

【의미】 좋은 일은 권하여 이루고 나쁜 일은 풀어 말려라.

【출전】 靑莊館全書 권62 冽上方言, 言好事勸而成 惡事解而平也

편자 임종욱(林鍾旭)

경북 예천에서 출생
동국대학교 및 대학원 졸업
현재 동국대학교 문화예술대학원 강사
현재 한문 문헌 번역과 소설 창작을 병행하고 있다.
〈월간 版殿〉에 '내 마음의 선시'를, 계간 〈불교문예〉에 소설평 '화쟁의 장'을, 인터넷 신문 〈남해안시대〉에 '임종욱의 독서일기'를 연재하고 있다.
저서와 역서에 『高麗時代 文學의 研究』와 『元天錫의 詩文學 研究』, 『韓國 漢文學의 이론과 실제』, 『우리 고승들의 禪詩世界』, 『역주 村隱集』, 『역주 西浦集』, 『역주 自庵集』, 『한국역대인명사전』, 『중국역대인명사전』, 『중국불교인명사전』 등이 있다.
소설에 『소정묘 파일』과 『황진이는 죽지 않는다』, 『1780 열하』, 『이상은 왜?』가 있다.

원전에 충실한 고사성어 큰사전

1판 1쇄 발행_ 2013년 6월 24일

편 자 임종욱
발행인 이은경
발행처 이회문화사(등록 제307-2006-55)
주 소 서울시 성북구 보문동7가 11번지
전 화 02)922-4884(편집) 02)922-2246(영업)
전 송 02)922-6990
메 일 kanapub3@chol.com
www.ihbooks.co.kr

정 가_ 80,000원
ISBN _ 978-89-8107-469-2 (01700)